INTERESSES DIFUSOS E COLETIVOS

VOL. 2

O GEN | Grupo Editorial Nacional – maior plataforma editorial brasileira no segmento científico, técnico e profissional – publica conteúdos nas áreas de concursos, ciências jurídicas, humanas, exatas, da saúde e sociais aplicadas, além de prover serviços direcionados à educação continuada.

As editoras que integram o GEN, das mais respeitadas no mercado editorial, construíram catálogos inigualáveis, com obras decisivas para a formação acadêmica e o aperfeiçoamento de várias gerações de profissionais e estudantes, tendo se tornado sinônimo de qualidade e seriedade.

A missão do GEN e dos núcleos de conteúdo que o compõem é prover a melhor informação científica e distribuí-la de maneira flexível e conveniente, a preços justos, gerando benefícios e servindo a autores, docentes, livreiros, funcionários, colaboradores e acionistas.

Nosso comportamento ético incondicional e nossa responsabilidade social e ambiental são reforçados pela natureza educacional de nossa atividade e dão sustentabilidade ao crescimento contínuo e à rentabilidade do grupo.

ADRIANO ANDRADE
CLEBER MASSON
LANDOLFO ANDRADE
GABRIEL LINO
LAURO RIBEIRO
RAFAEL MACHADO

INTERESSES DIFUSOS E COLETIVOS

VOL. 2

- Ambiental
- Criança e Adolescente
- Pessoas com Deficiência
- Pessoa Idosa
- Educação
- Lei Anticorrupção Empresarial
- Saúde

6ª EDIÇÃO | REVISTA, ATUALIZADA E REFORMULADA

gen | EDITORA MÉTODO

■ Os autores deste livro e a editora empenharam seus melhores esforços para assegurar que as informações e os procedimentos apresentados no texto estejam em acordo com os padrões aceitos à época da publicação, *e todos os dados foram atualizados pelos autores até a data de fechamento do livro*. Entretanto, tendo em conta a evolução das ciências, as atualizações legislativas, as mudanças regulamentares governamentais e o constante fluxo de novas informações sobre os temas que constam do livro, recomendamos enfaticamente que os leitores consultem sempre outras fontes fidedignas, de modo a se certificarem de que as informações contidas no texto estão corretas e de que não houve alterações nas recomendações ou na legislação regulamentadora.

■ Data de fechamento do livro: *07.07.2025*

■ Os autores e a editora se empenharam para citar adequadamente e dar o devido crédito a todos os detentores de direitos autorais de qualquer material utilizado neste livro, dispondo-se a possíveis acertos posteriores caso, inadvertida e involuntariamente, a identificação de algum deles tenha sido omitida.

■ **Atendimento ao cliente: (11) 5080-0751 | faleconosco@grupogen.com.br**

Publicada pelo selo **Método**
Uma editora integrante do GEN | Grupo Editorial Nacional
Travessa do Ouvidor, 11
Rio de Janeiro – RJ – 20040-040
www.grupogen.com.br

■ Capa: Danilo Oliveira

■ CIP – BRASIL. CATALOGAÇÃO NA PUBLICAÇÃO.
SINDICATO NACIONAL DOS EDITORES DE LIVROS, RJ.

I48
6. ed.
v. 2

Interesses difusos e coletivos, volume 2 / Adriano Andrade ... [et al.]. - 6. ed., rev., atual. e reform. - Rio de Janeiro : Método, 2025.

Inclui bibliografia
ISBN 978-65-5964-778-1

1. Interesses difusos - Brasil. 2. Interesses coletivos - Brasil. 3. Ação civil pública - Brasil. I. Andrade, Adriano.

25-98847.0 CDU: 347.922(81)

Meri Gleice Rodrigues de Souza – Bibliotecária – CRB-7/6439

Para meus amores,
Vivian, Gabriela, Davi e Helena.
Adriano Andrade

À minha esposa, Carol, e às minhas filhas, Maria Luísa e Rafaela, com muito amor.
Cleber Masson

Aos meus amores, Mari e Julia, razões do meu viver. Ao Ministério Público, instituição que me ajuda a manter vivo o sonho por um país mais justo e solidário. Aos nossos editores, leitores e alunos, pela confiança em nosso trabalho.
Landolfo Andrade

À minha família, suporte que me permitiu perseguir
todos os sonhos que ousei sonhar.
Aos meus filhos, Alice e Daniel, expressão maior
do amor que trago no coração, razões do meu viver.
Aos amigos Adriano, Cleber, Landolfo, Lauro e Rafael, pela honra de integrarmos juntos este projeto.
A todos os estudantes que sonham em obter sucesso nas carreiras jurídicas, que a obra lhes sirva de apoio, reforçando-lhes a esperança e a perseverança.
Gabriel Lino

À minha amada esposa, Renata, pelo companheirismo e pelo incentivo
permanente nesta árdua missão de ensinar e aprender.
Às minhas filhas, Juliana e Carolina, e ao novo integrante desta amada família,
meu filho Rafael, que encheu nossa vida de felicidade e muito amor.
Lauro Ribeiro

A Deus, por todas as bênçãos em minha vida.
Aos meus queridos pais, João e Rosa, pelo exemplo de vida e dedicação para a conclusão dos meus estudos.
À Kátia, minha irmã, por sua doçura.
À Thaís, meu amor, por me proporcionar ótimos momentos
e conviver ao meu lado.
Ao Daniel, meu filho, por me ensinar mais uma forma de amor.
Ao Ministério Público do Estado de Goiás, instituição da qual me orgulho por integrar e que sempre possibilita meu crescimento.
Ao amigo Landolfo, pelo convite para participar desta obra consagrada no meio acadêmico.
Rafael Machado

NOTA À 6ª EDIÇÃO

Cara leitora, prezado leitor,

Nesta edição, seguimos com a imprescindível atualização jurisprudencial, legislativa e doutrinária do texto, bem como procedemos a algumas modificações pontuais de ordem didática.

No Capítulo 1, foram trazidas importantes atualizações legislativas e jurisprudenciais, destacando-se as decisões do Supremo Tribunal Federal em matéria ambiental, a Lei 14.785/2023, a assim chamada Nova Lei de Agrotóxicos, e a Lei 15.042/2024, que instituiu o Sistema Brasileiro de Comércio de Emissões de Gases de Efeito Estufa (SBCE), regulamentando o chamado mercado de carbono na esfera jurídica brasileira.

No Capítulo 2, as atualizações observaram novos julgados do STJ e do STF em temas de direito fundamental de educação básica em todas as suas fases; regime próprio de previdência e a possibilidade de inclusão de menor sob guarda como beneficiário de pensão por morte de seu mantenedor; possibilidade de adoção de filho biológico após a sua adoção por outra família; o uso do histórico de ato infracional para afastar a causa de diminuição de pena prevista no § 4º do art. 33 da Lei 11.343/2006; cômputo, no prazo máximo de 3 (três) anos da medida socioeducativa de internação, do período que o adolescente, por superveniente determinação, permaneceu em tratamento médico de doença mental, em ambiente hospitalar; remissão pré-processual e o cálculo da prescrição da pretensão executória; inclusão da Defensoria Pública na lide na condição de *custos vulnerabilis*. Também analisamos a alteração de posicionamento quanto à falta de interesse de agir para o prosseguimento de processos de apuração de ato infracionais praticados antes do início da execução de medida socioeducativa. Por fim, incluímos um tópico para tratar da aplicação da teoria da causa madura em apuração de ato infracional.

No Capítulo 3, tratamos da revogação do Decreto 10.502/2020, que era objeto de críticas por ser um retrocesso em matéria de educação inclusiva. Trouxemos anotações sobre as Normas Técnicas da ABNT (por exemplo, a NBR 9.050, que trata da acessibilidade), atualizamos dados do IBGE sobre pessoas com deficiência e desigualdade social, e atualizamos a jurisprudência do STJ e do STF.

No Capítulo 4, atualizamos a jurisprudência do STJ, por exemplo, sobre planos de saúde coletivos e fixação de competência exclusiva em varas especializadas.

Já no Capítulo 5, abordamos a mais recente decisão do STF sobre direito à creche, com referência ao chamado constitucionalismo feminista. Atualizamos também a jurisprudência do STJ com destaque para a competência da Justiça da Infância e Juventude em tema de educação.

No Capítulo 6, seguimos com a constante atualização normativa e jurisprudencial, com destaque para a recente decisão da Primeira Turma do STJ, que admitiu a cumulação de pedidos de aplicação das sanções da Lei 8.429/1992 e da Lei 12.846/2013 numa mesma ação, bem como para o Acordo de Cooperação Técnica CGU/AGU/MPF, de 25 de abril de 2025, firmado com o objetivo de estabelecer os procedimentos para a operacionalização da cooperação institucional em matéria de combate à corrupção, especificamente em relação aos acordos de leniência de que trata a Lei 12.846/2013.

Por fim, no Capítulo 7, atualizamos a jurisprudência do STJ sobre fornecimento de medicamentos pelo Poder Público, sobre o plantio de *Cannabis* com fins medicinais, dentre outros temas. Atualizamos também a jurisprudência do STF sobre requisição administrativa de bens e serviços por uma unidade da federação a outra e sobre propaganda de cigarros.

É, assim, com muita alegria e satisfação que apresentamos esta nova edição, revista, ampliada e atualizada, de uma obra muito bem recebida pelos operadores do Direito e pela Academia em todo o Brasil, o que muito agradecemos.

Desejamos a você um bom proveito deste novo resultado de nosso trabalho.

Adriano Andrade
Cleber Masson
Landolfo Andrade

APRESENTAÇÃO

O livro *Interesses Difusos e Coletivos* conta com excepcional aceitação entre os operadores do Direito, os estudantes universitários, bem como entre aqueles que enfrentam o desafio da aprovação em concursos públicos.

O reconhecimento do nosso trabalho enche-nos de satisfação e motiva-nos a seguir com a constante atualização jurisprudencial, doutrinária e legislativa.

Sabemos, contudo, das dificuldades dos nossos leitores perante outros temas igualmente importantes do Direito Coletivo, não abordados originariamente em nossa obra, caso do Direito Ambiental, do Direito da Criança e do Adolescente, do Direito da Pessoa Idosa, do Direito da Pessoa com Deficiência, do Direito à Educação, da Lei Anticorrupção Empresarial e do Direito à Saúde.

A escassez de trabalhos que forneçam aos operadores do Direito e aos candidatos a concursos públicos informações sistematizadas e com a profundidade necessária para o enfrentamento das questões mais relevantes sobre cada uma dessas disciplinas acaba comprometendo o estudo desses temas.

Depois de reiterados pedidos e de muito incentivo por parte do nosso público leitor, assumimos o desafio de ampliar o conteúdo da nossa obra, com vistas a atender todas as disciplinas mais importantes do Direito Coletivo.

Para cumprirmos essa tarefa, a premissa básica foi o comprometimento com a qualidade. Nesse sentido, convidamos três experientes colegas de Ministério Público, que reúnem duas condições que reputamos essenciais ao desenvolvimento deste trabalho: vasta experiência prática na efetiva tutela desses interesses coletivos e sólida formação acadêmica.

Agradecemos aos professores Gabriel Lino de Paula Pires e Lauro Luiz Gomes Ribeiro, colegas do Ministério Público de São Paulo, e ao professor Rafael Machado de Oliveira, colega do Ministério Público de Goiás, por terem aceitado nosso convite para participar deste projeto de expansão da obra. O profissionalismo e a competência desses colegas foram decisivos para a qualidade do segundo volume do nosso livro *Interesses Difusos e Coletivos*, que ora apresentamos ao nosso público.

Temos o orgulho de dizer que este trabalho em equipe tornou possível a concretização de um inédito estudo sobre o Direito Coletivo no Brasil. Organizada em apenas dois volumes e escrita de forma sistematizada, a obra passa a abordar todos os principais temas tanto do direito material coletivo como do direito processual coletivo.

O primeiro volume segue organizado em seis capítulos: 1º) Fundamentos de Direito Coletivo; 2º) Ação Civil Pública; 3º) Ação Popular; 4º) Mandado de Segurança Coletivo; 5º) Direito do Consumidor; e 6º) Improbidade Administrativa.

Neste segundo volume, originariamente organizado em seis capítulos, tratamos dos seguintes temas: 1º) Direito Ambiental; 2º) Direito da Criança e do Adolescente; 3º) Direitos da Pessoa com Deficiência; 4º) Direito do Idoso; 5º) Direito Educacional; e 6º) Lei Anticorrupção Empresarial. A partir da sua segunda edição, este volume passou a contar com um sétimo capítulo, sobre o Direito à Saúde.

O primeiro capítulo aborda os aspectos mais importantes do Direito Ambiental, com destaque para os princípios orientadores da proteção ao meio ambiente; as leis que instituem políticas nacionais na área ambiental, tais como a Política Nacional do Meio Ambiente, a Política Nacional de Recursos Hídricos e a Política Nacional de Resíduos Sólidos; a disciplina instituída pelo Código Florestal de 2012, com toda a polêmica que cerca a constitucionalidade dos institutos dessa lei; a regulação jurídica de atividades de risco (mineração e agrotóxicos); e os princípios e regras que norteiam a responsabilidade jurídica ambiental nas esferas administrativa, civil e penal.

No segundo capítulo, abordamos todo o conteúdo do Direito da Criança e do Adolescente, com destaque para a segunda minirreforma da adoção (Lei 13.509/2017); o sistema de garantia de direitos da criança e do adolescente vítima ou testemunha de violência (Lei 13.431/2017); o procedimento de infiltração de agentes de polícia para a investigação de crimes contra a dignidade sexual de criança e de adolescente (Lei 13.441/2017); as Leis 13.436/2017 e 13.438/2017; a Convenção 9.176/2017, que trata da cobrança internacional de alimentos para crianças e outros membros da família, além de amplo estudo sobre os direitos fundamentais, as espécies de prescrição e sua aplicação nas medidas socioeducativas, os aspectos mais relevantes da execução das medidas socioeducativas, a proteção judicial e procedimentos na área da infância e juventude.

No Capítulo 3, trazemos uma análise sobre os direitos das pessoas com deficiência a partir da Constituição Federal de 1988 e das inovações legislativas introduzidas pela "Convenção da ONU sobre os direitos das pessoas com Deficiência", também conhecida como Convenção de Nova Iorque, primeiro tratado de direitos humanos introduzido em nosso ordenamento jurídico com *status* de emenda constitucional e pela Lei Brasileira de Inclusão/Estatuto da Pessoa com deficiência. São também discutidos o novel conceito social da deficiência e as alterações produzidas por este último em vários diplomas legais nacionais, com destaque para as mudanças introduzidas ao Código Civil na parte relativa ao conceito de capacidade civil ou legal dessas pessoas.

No Capítulo 4, que trata dos diretos da pessoa idosa, a análise perpassa o texto constitucional, o Estatuto do Idoso, a Lei 8.842/1994 (Política Nacional do Idoso) e toda a legislação infraconstitucional de tutela desse segmento social. São analisados os principais direitos e garantias dessas pessoas sob a perspectiva do conceito de "envelhecimento ativo", ao que se somam os princípios da proteção integral e da prioridade absoluta. Embora esteja sendo discutida no Congresso Nacional, demos uma visão ampla da nova Convenção Interamericana sobre a proteção dos direitos da pessoa idosa, da ONU e seus principais eixos protetivos. São analisadas as medidas protetivas disponibilizadas em favor da pessoa idosa em situação de vulnerabilidade e a atuação das ILPIs (instituições de longa permanência para idosos), suas obrigações, forma de fiscalização e apuração de suas responsabilidades. Também os principais aspectos do acesso à justiça e a apuração da prática de crimes contra a pessoa idosa são objeto de nossa atenção.

Já no Capítulo 5 cuidamos dos modernos pilares do direito à educação (aprender a conhecer, aprender a fazer, aprender a ser e aprender a viver junto, a conviver) e dos mais importantes princípios que o iluminam, à luz de uma prática educacional de qualidade. De igual forma, analisamos a estrutura legislativa do direito educacional, com destaque para a Constituição Federal, a Lei de Diretrizes da Educação Nacional (LDB) e o Plano Nacional de Educação. Cuidamos desse direito social a partir de como é estruturada a educação nacional, ou seja, educação básica (integrada por educação infantil – creche e pré-escola –, ensino fundamental e médio) e ensino superior, destacando o ensino obrigatório e gratuito (dos 4 aos 17 anos) como direito público subjetivo e sua natureza de direito fundamental que integra o mínimo existencial. O contorno do ensino superior é tratado à luz das recentes decisões do STF e programas de ação afirmativa. Tecemos algumas considerações sobre a responsabilidade civil no ambiente escolar, o fenômeno do *bullying* e as propostas da desescolarização e da educação domiciliar.

No Capítulo 6, enfrentamos os aspectos mais importantes da Lei Anticorrupção Empresarial (Lei 12.846/2013), com destaque para a possibilidade de responsabilização das pessoas jurídicas por atos lesivos à administração pública, nacional ou estrangeira, mesmo nas hipóteses em que não há participação de agente público; a ampliação da responsabilização nas esferas administrativa e civil, na medida em que a lei alcança as pessoas jurídicas, inclusive as que resultarem de alteração contratual, transformação, incorporação, fusão ou cisão societária; alcança também os respectivos dirigentes, com previsão expressa da desconsideração da personalidade jurídica (arts. 3º e 14); a previsão do chamado acordo de leniência, a ser celebrado com as pessoas jurídicas responsáveis pela prática dos atos lesivos previstos na lei, para incentivá-las a colaborar efetivamente com as investigações e o processo administrativo (arts. 16 e 17); a possibilidade de atenuação da sanção por intermédio de mecanismos de integridade da pessoa jurídica (*compliance*); a possibilidade de aplicação da sanção civil de dissolução compulsória da pessoa jurídica, que corresponde à pena de porte da pessoa natural (art. 19, § 1º, I e II); a possibilidade de punir atos lesivos praticados por pessoa jurídica brasileira contra a administração pública estrangeira, ainda que cometidos no exterior (extraterritorialidade), a criação do Cadastro Nacional de Empresas Punidas, cujo objetivo é dar publicidade às sanções aplicadas às pessoas jurídicas infratoras, entre outros.

No Capítulo 7, finalmente, foram abordadas, além do aspecto histórico, as principais disposições constitucionais que tratam do Direito à Saúde, juntamente com uma análise doutrinária e jurisprudencial a respeito da estruturação do Sistema Único de Saúde (SUS), suas diretrizes (com detalhamento de cada uma delas: descentralização, atendimento integral e participação comunitária, além da gratuidade), a composição da rede de atendimento e as políticas públicas existentes para as várias demandas sociais (política pública nacional sobre medicamentos, de saúde mental etc.), o Pacto pela Saúde e a terceirização do atendimento por meio de OS e OSCIP. Também são analisados os principais diplomas legislativos, com destaque para a Lei Orgânica da Saúde (Lei 8.080/1990) e a legislação que se seguiu, inclusive Resoluções e Portarias Ministeriais mais importantes. Abrimos um tópico para tratar, especificamente, da saúde mental e da grande reforma psiquiátrica implantada no Brasil a partir dos anos 1980 e 1990, com o abandono do atendimento hospitalocêntrico (com excesso de internações psiquiátricas e uso de medicamentos) e sua substituição pelo atendimento em meio aberto (ambulatorial). Tratamos da estruturação da rede de proteção das pessoas com transtorno mental, que integra o SUS, especialmente por meio dos Centros de Atenção Psicossocial (CAPS), inclusive no caso de dependência de álcool e droga. A Lei 10.216/2001, conhecida como "Lei da Reforma Psiquiátrica", mereceu a devida atenção.

Neste segundo volume, sem perder de vista a metodologia de estudo do selo Método do Grupo GEN, procuramos produzir um livro completo e conciso, didático, sistematizado, escrito em linguagem clara e direta.

Nas matérias controversas, são expostas as diversas posições da doutrina e jurisprudência, com destaque para as orientações do Superior Tribunal de Justiça e do Supremo Tribunal Federal, quando existentes, em cada um dos tópicos abordados nos sete capítulos que compõem o volume 2 do nosso *Interesses Difusos e Coletivos*.

Para facilitar a compreensão da matéria, especialmente nos temas mais complexos, foram citados inúmeros exemplos de casos práticos, sem prejuízo dos gráficos e esquemas elaborados para facilitar a visualização do conteúdo exposto.

Como **material suplementar**, oferecemos recursos didáticos. São eles: (i) questões de concursos para prática; e (ii) videoaulas que explicam os principais temas abordados no livro.

Esperamos que este trabalho possa ser útil a todos os operadores do Direito, aos estudantes, aos professores e, em especial nestes tempos de urgência e abundância de informações, a todos os candidatos que desejam realizar o sonho da aprovação em concurso público.

Boa sorte a todos e muito obrigado pela confiança em nosso trabalho. Contem sempre conosco.

São Paulo, janeiro de 2019.

Adriano Andrade
Cleber Masson
Landolfo Andrade
Coordenadores

SOBRE OS AUTORES

Adriano Andrade (coordenador)
Promotor de Justiça em São Paulo. Doutorando em Direito Civil pela Universidade de São Paulo (USP). Mestre em Direitos Difusos e Coletivos. Especialista em Direito Ambiental e Gestão Estratégica da Sustentabilidade, ambos pela Pontifícia Universidade Católica de São Paulo (PUC-SP).

Cleber Masson (coordenador)
Promotor de Justiça em São Paulo. Doutor e Mestre em Direito Penal pela PUC-SP. Professor de Direito Penal e Legislação Penal Especial no Curso G7 Jurídico. Palestrante e conferencista em todo o Brasil.

Landolfo Andrade (coordenador e autor)
Mestre em Direitos Difusos e Coletivos pela PUC-SP. Especialista em Direito Privado pela Escola Paulista da Magistratura. Professor de Interesses Difusos e Coletivos na Escola Superior do Ministério Público de São Paulo e na Escola de Direito Coletivo. Membro Colaborador da Comissão de Defesa da Probidade Administrativa do Conselho Nacional do Patrimônio Público. Promotor de Justiça em São Paulo (também foi Promotor de Justiça em Minas Gerais).

Gabriel Lino (autor)
Promotor de Justiça no Estado de São Paulo. Doutor e Mestre em Direito do Estado pela Universidade de São Paulo (USP). Professor de Direito Administrativo e de Direito Ambiental na Toledo Prudente.

Lauro Ribeiro (autor)
Procurador de Justiça em São Paulo. Doutor em Direito Constitucional e Mestre em Direito das Relações Sociais pela PUC-SP. Professor da Escola Superior do Ministério Público do Estado de São Paulo.

Rafael Machado (autor)
Promotor de Justiça em Goiás. Especialista em Processo Civil e Tutelas Coletivas pela Fundação ESMP/RS. Foi examinador de concursos de ingresso na carreira do Ministério Público do Estado de Goiás. Foi Coordenador das áreas da Infância, Juventude e Educação do CAO, Assessor Jurídico-Administrativo da PGJ e Coordenador do Gabinete de Planejamento e Gestão Integrada. Exerce a função de Subprocurador-Geral de Justiça para Assuntos Administrativos.

ABREVIATURAS

ACP – Ação Civil Pública
CADE – Conselho Administrativo de Defesa Econômica
CDC – Código de Defesa do Consumidor
CF – Constituição Federal de 1988
CPC – Código de Processo Civil
ECA – Estatuto da Criança e do Adolescente
LAE – Lei Anticorrupção Empresarial
LIA – Lei de Improbidade Administrativa
MP – Ministério Público
OAB – Ordem dos Advogados do Brasil
STF – Supremo Tribunal Federal
STJ – Superior Tribunal de Justiça

SUMÁRIO

CAPÍTULO 1

DIREITO AMBIENTAL

GABRIEL LINO

1.1 INTRODUÇÃO

1.1.1 Concepções éticas sobre a questão ambiental

A noção de que a vida depende fundamentalmente dos recursos que a natureza oferece remonta aos filósofos da Antiguidade clássica. Já se sabia nessa época que os recursos naturais proveem ao homem e aos demais seres vivos os elementos necessários à manutenção de suas vidas.

Não obstante, a percepção de que o cuidado com o meio ambiente deve ser observado, sob pena de sucumbirem espécies, em especial a espécie humana, é bem mais recente.

Mais recente ainda é a concepção de que o meio ambiente é um bem a ser preservado por seus valores intrínsecos e não necessariamente em função dos serviços que pode prestar ao homem.

Essas diferentes perspectivas sobre o meio ambiente e os recursos naturais levaram à identificação de duas grandes concepções filosóficas sobre a questão.

A visão pragmática do meio ambiente, essencialmente marcada pelo racionalismo ocidental, acabou por cunhar a vertente do Direito Ambiental fundada no **antropocentrismo**[1]. Segundo essa visão, o homem deve ser visto como centro do universo e referência máxima de todos os valores[2]. Como consequência, a preservação ambiental só tem validade e coerência quando constitui necessidade dos seres humanos. O meio ambiente deve ser preservado pelo

---

1 A reflexão do filósofo grego Aristóteles bem retrata o sentido da formação do pensamento clássico, que fundou todo o desenvolvimento da ética ocidental: "As plantas existem para o bem dos animais, e esses, por sua vez, existem para o bem do homem – os animais domésticos para o seu uso e alimento, e os selvagens (ou seja, a maior parte deles) para fornecer alimentos e outros acessórios necessários à vida, como as roupas e inúmeras ferramentas. Uma vez que a natureza não faz nada sem propósito ou em vão, é inegavelmente verdadeiro que ela fez todos os animais para o bem do homem" (*apud* SINGER, Peter. *Libertação animal*. São Paulo: Editora WMF Martins Fontes, 2010, p. 275).

2 Nesse sentido, MILARÉ, Édis. *Direito do ambiente*. 7. ed. São Paulo: Editora Revista dos Tribunais, 2011, p. 113.

homem e para o homem. A formação do pensamento dominante no ocidente foi fortemente marcada pela visão antropocêntrica, prevalecendo a percepção da ética somente na relação entre os seres humanos e não destes em relação ao ambiente.

Bem distinta é a concepção **ecocêntrica** (ou biocêntrica) do meio ambiente. Por essa perspectiva, reconhece-se valor intrínseco à natureza e especialmente a todos os seres vivos. O homem é apenas parte do ambiente e deve respeitá-lo para a manutenção da vida de todos os seres e espécies[3].

De modo exemplificativo, mencionamos a recente decisão do Supremo Tribunal Federal, que vedou o abate de animais silvestres, domésticos ou domesticados, nativos ou exóticos, apreendidos em situação de maus-tratos. A decisão, tomada por unanimidade de votos, foi proferida em sessão virtual encerrada em 17.09.2021, no julgamento da Arguição de Descumprimento de Preceito Fundamental (ADPF) 640, ajuizada pelo Partido Republicano da Ordem Nacional (PROS). Ao apreciar o mérito da ação, a Corte declarou a inconstitucionalidade de quaisquer interpretações conferidas ao art. 25, §§ 1º e 2º, da Lei 9.605/1998 (Lei dos Crimes Ambientais) e aos arts. 101, 102 e 103 do Decreto 6.514/2008 (que dispõe sobre as infrações e sanções administrativas ao meio ambiente) e a demais normas infraconstitucionais que autorizem o abate imediato de animais apreendidos em situação de maus-tratos. Em seu voto, o Ministro Gilmar Mendes afirmou que a Constituição Federal é expressa ao impor à coletividade e ao poder público o dever de defender e preservar o meio ambiente ecologicamente equilibrado para as presentes e futuras gerações. Assim, decisões que autorizam o abate afrontam o artigo 225, § 1º, VII, da Constituição, que impõe ao poder público o dever de proteção da fauna e da flora e proíbe as práticas que coloquem em risco sua função ecológica, provoquem a extinção de espécies ou submetam os animais a crueldade.

1.1.2 O movimento ambientalista no Brasil e no mundo

Medidas que demonstram preocupação com a preservação dos recursos naturais existem de longa data no Brasil. Prova disso é a existência de inúmeras leis que estabelecem proteção aos elementos da biosfera[4]. Não obstante, a concepção de um movimento ou tendência ambientalista, com uma noção holística[5] do problema, é bem mais nova.

Assim, inevitável reconhecer que o ambientalismo, como movimento de certa expressão e relevância social, só eclodiu no Brasil após vir à tona na comunidade internacional.

E veio à tona na comunidade internacional com o reconhecimento da importância do tema na **Conferência das Nações Unidas sobre o Meio Ambiente Humano**, realizada em Estocolmo, em 1972[6]. Acatando proposta formulada pela própria Suécia, a ONU realizou, em

3 Essa noção aparece em relevante julgado do STF sobre a inconstitucionalidade da vaquejada: "a vedação da crueldade contra animais na Constituição Federal deve ser considerada uma norma autônoma, de modo que sua proteção não se dê unicamente em razão de uma função ecológica ou preservacionista, e a fim de que os animais não sejam reduzidos à mera condição de elementos do meio ambiente. Só assim reconheceremos a essa vedação o valor eminentemente moral que o constituinte lhe conferiu ao propô-la em benefício dos animais sencientes" (ADI 4983, Tribunal Pleno, Rel. Min. Marco Aurélio, j. 06.10.2016, processo eletrônico, *DJe* 27.04.2017).

4 Exemplificativamente, citamos o Código de Águas (Decreto 24.643, de 1934), o primeiro Código Florestal Brasileiro (Decreto 23.793, de 1934), o Código de Pesca (Decreto-Lei 794, de 1938) e o Código de Minas (Decreto-lei 1985, de 1940).

5 "Holismo s.m. 1. abordagem, no campo das ciências humanas e naturais, que prioriza o entendimento integral dos fenômenos, em oposição ao procedimento analítico em que seus componentes são tomados isoladamente (...)" (HOUAISS, Antônio; VILLAR, Mauro de Salles. *Grande dicionário Houaiss da língua portuguesa*. Rio de Janeiro: Objetiva, 2001, p. 1544).

6 A intensificação dos processos de industrialização trouxera ao mundo, nas décadas de 1950/1960, a percepção dos danos ambientais que resultavam de tal processo. É sempre lembrada como marco importante na construção do ambientalismo a clássica obra *Primavera silenciosa*, da cientista norte-americana Rachel Carson. Na referida obra, a autora investiga os efeitos danosos do uso de agrotóxicos em culturas agrícolas dos Estados Unidos e demonstra já naquele momento os riscos de desenvolvimento de uma economia baseada em produtos químicos perigosos para a vida e para o ambiente (CARSON, Rachel. *Primavera silenciosa*. São Paulo: Gaia, 2010).

junho daquele ano, a primeira conferência global que tinha como tema central a questão da proteção do meio ambiente, com a participação de 113 países, 250 organizações não governamentais e organismos da própria ONU[7].

Os mais importantes resultados da Conferência de Estocolmo foram sem dúvida a criação do **Programa das Nações Unidas para o Meio Ambiente – PNUMA** e a aprovação da **Declaração sobre o Meio Ambiente Humano (ou Declaração de Estocolmo)**.

O **PNUMA** é configurado como uma agência do Sistema das Nações Unidas (ONU) responsável por *promover a conservação do meio ambiente e o uso eficiente de recursos no contexto do desenvolvimento sustentável*. Seus principais objetivos são: manter o estado do meio ambiente global sob contínuo monitoramento; alertar povos e nações sobre problemas e ameaças ao meio ambiente e recomendar medidas para melhorar a qualidade de vida da população sem comprometer os recursos e serviços ambientais das gerações futuras[8].

Já a **Declaração de Estocolmo** é um importante documento[9] que contempla princípios que constituem de algum modo o ponto de partida para o desenvolvimento do Direito Ambiental nos diversos Estados nacionais e no plano global. Da leitura dos 26 princípios da Declaração extrai-se a concepção de fundamentais normas do Direito Ambiental, tais como a prevenção, a precaução, a igualdade entre gerações, a necessidade de controle público da poluição, a importância da educação ambiental e a exigência de consideração da variável ambiental nos processos decisórios.

A par do reconhecimento oficial dos organismos nacionais e internacionais de natureza pública, a questão ambiental e os movimentos de defesa do ambiente tiveram sua força incrementada em decorrência do avanço das ciências ambientais, que, desvendando novas áreas e temas, oferecem subsídios para uma crescente compreensão dos fenômenos que estudam.

De posse desse conhecimento científico, cada vez mais aprofundado, um sem número de estudiosos, organizações não governamentais e movimentos populares lançam-se na defesa dos recursos naturais, com ou sem apoio estatal. Merecem referência esses elementos porque foram e continuam sendo parte importante do movimento que se pode genericamente chamar de **ambientalismo**[10].

Interessante notar que a crescente preocupação da sociedade com o meio ambiente tem conduzido a uma mudança que atinge diversas áreas, em especial a economia, que também deve considerar a variável ambiental na tomada de decisões e na avaliação dos resultados das diversas atividades econômicas[11].

---

7 MILARÉ, Édis. *Direito do ambiente*. 8. ed. rev., atual. e ampl. São Paulo: Editora Revista dos Tribunais, 2013, p. 1533.

8 Disponível em: https://nacoesunidas.org/agencia/pnuma. Acesso em: 2 fev. 2016.

9 Frise-se que a exata natureza da Declaração de Estocolmo é discutível. Trata-se de uma enunciação geral de princípios e diretrizes que devem nortear a conformação dos atos e do ordenamento interno, embora não se encontre no direito brasileiro ato de ratificação interna da declaração. A doutrina aponta que *declaração* "é expressão utilizada para aqueles atos que estabelecem certas regras ou princípios jurídicos, ou ainda para as normas de Direito Internacional indicativas de uma posição política comum de interesse coletivo. (...) Algumas dessas declarações comuns, não obstante o seu conteúdo substancioso, não são tecnicamente tratados internacionais, a exemplo da Declaração Universal dos Direitos Humanos, de 1948, o que não significa que essa última não seja detentora de *força cogente*, pois integra aquilo que se chama de *jus cogens* em direito das gentes. Não há nada a impedir, enfim, que o termo *declaração* seja utilizado como sinônimo de tratado, podendo também ser usado para esclarecer ou interpretar um ato internacional já estabelecido ou para proclamar o modo de ver ou de agir de um ou mais Estados sobre determinado assunto" (MAZZUOLI, Valerio de Oliveira. *Curso de direito internacional público*. 10. ed. São Paulo: Editora Revista dos Tribunais, 2016, p. 215).

10 Para se ter dimensão desse fenômeno, basta lembrar da existência de renomadas ONGs, no plano nacional e internacional, que por vezes assumem a posição de protagonistas na defesa do ambiente: *exempli gratia*, Greenpeace, WWF, Fundação SOS Mata Atlântica, Instituto Ipê, Apoena.

11 A Lei 13.493, de 17 de outubro de 2017, exemplo dessa tendência, estabelece o Produto Interno Verde (PIV), em cujo cálculo será considerado o patrimônio ecológico nacional: "Art. 1º O órgão federal responsável pelo cálculo do Produto Interno Bruto (PIB) divulgará também, se possível anualmente, o Produto Interno Verde (PIV), em cujo cálculo será considerado, além dos critérios e dados tradicionalmente utilizados, o patrimônio ecológico nacional".

1.1.3 A crise ambiental e o Direito

O que, algumas décadas atrás, era apenas uma preocupação com o futuro se transfigura nos dias atuais em uma trágica realidade presente.

A humanidade já enfrenta reflexos ambientais adversos em razão de suas atividades gravemente poluidoras. Populações de diversas partes do planeta veem evaporar modos de vida sustentável praticados ao longo de décadas ou séculos. Presencia-se a destruição de importantes ecossistemas. Iniciam-se sérias discussões sobre problemas migratórios causados por desastres ambientais. O aquecimento global é uma realidade presente e irrefreável. Centenas de espécies animais e vegetais foram e continuam sendo extintas pela ação predatória do homem.

Essa perspectiva impõe ao Direito Ambiental um desafio ainda maior, a par da complexidade que a questão ambiental apresenta por natureza: a urgência das medidas jurídicas. Não se trata agora de iniciar debates sobre um futuro longínquo, mas de enfrentar problemas concretos já presentes, impondo medidas que produzam reflexos imediatos. Nada fácil, quando se trata dos fenômenos da natureza, dependentes no mais das vezes da ação duradoura do tempo.

O Direito, então, age progressivamente sobre as decisões da sociedade e dos governos quando as autoridades judiciais constatam condutas incompatíveis com a preservação ambiental, pois se trata de garantir a autoridade do próprio ordenamento, assim como o pressuposto do exercício de todos os direitos[12].

Vale citar, no Brasil, a recente assinatura do Pacto pela Transformação Ecológica entre os Poderes de Estado. O Pacto estabelece ações coordenadas entre os três Poderes para promover a sustentabilidade ecológica, o desenvolvimento econômico sustentável e a justiça social, ambiental e climática. O documento aborda também direitos das crianças e das gerações futuras e o enfrentamento de eventos climáticos extremos. O objetivo principal é o de que os Poderes atuem de forma integrada, dentro de suas competências.

As 26 medidas a serem adotadas estão organizadas em três eixos: ordenamento territorial e fundiário, transição energética e desenvolvimento sustentável com justiça social, ambiental e climática. Cabe ao Judiciário adotar medidas para agilizar ações judiciais sobre a temática ambiental, fundiária e climática.

1.2 FUNDAMENTOS DO DIREITO AMBIENTAL

1.2.1 Definição e abrangência

O Direito Ambiental pode ser definido como o sistema de normas que disciplinam atividades e relações humanas, submetendo-as a determinados padrões de comportamento

---

12 Foi essa a afirmação do Min. Barroso, na ADO 60 (recebida e convertida na ADPF 708), ação ajuizada contra a omissão do governo brasileiro no que se refere ao funcionamento do Fundo Nacional sobre Mudança do Clima: "Ementa: Direito constitucional ambiental. Alegação de omissão governamental em relação ao Fundo Clima e a outras questões ambientais. Relevância da matéria à luz da Constituição e de compromissos internacionais do Brasil. Convocação de audiência pública. 1. Ação direta de inconstitucionalidade por omissão recebida como arguição de descumprimento de preceito fundamental (ADPF). 2. A mudança climática, o aquecimento da Terra e a preservação das florestas tropicais são questões que se encontram no topo da agenda global. Deficiências no tratamento dessas matérias têm atraído para o Brasil reprovação mundial. 3. A Constituição brasileira é textual e veemente na consagração do direito de todos ao meio ambiente ecologicamente equilibrado. Ademais, impõe ao Poder Público o dever de defendê-lo e preservá-lo para as presentes e futuras gerações (CF, art. 225). 4. Além de constituir um direito fundamental em si, o direito ao meio ambiente saudável é internacionalmente reconhecido como pressuposto para o desfrute de outros direitos que integram o mínimo existencial de todo ser humano, como a vida, a saúde, a segurança alimentar e o acesso à água. 5. São graves as consequências econômicas e sociais advindas de políticas ambientais que descumprem compromissos internacionais assumidos pelo Brasil. A União Europeia e diversos países que importam produtos ligados ao agronegócio brasileiro ameaçam denunciar acordos e deixar de adquirir produtos nacionais. Há uma percepção mundial negativa do país nessa matéria. 6. O quadro descrito na petição inicial, se confirmado, revela a existência de um estado de coisas inconstitucional em matéria ambiental, a exigir providências de natureza estrutural. Vale reiterar: a proteção ambiental não constitui uma opção política, mas um dever constitucional. 7. Convocação de audiência pública para apuração dos fatos relevantes e produção, na medida do possível, de um relato oficial objetivo sobre a situação do quadro ambiental no Brasil".

e sanções por descumprimento, sempre com a finalidade de se manter/conservar a sanidade do ambiente.

Há quem já tenha utilizado outras denominações para designar tal ramo do Direito, como Direito do Ambiente, Direito Ecológico, Direito da Ecologia, mas, sem dúvida, a expressão já prevalente e historicamente consolidada é **Direito Ambiental**.

Para atingir a sua finalidade de preservação da sanidade do ambiente, o Direito Ambiental acaba por inevitavelmente manter **inter-relacionamento com outros ramos** do direito. Aliás, o caráter uno do Direito é sempre lembrado pela doutrina para reafirmar que a divisão dele em ramos tem finalidade meramente didática.

Desse modo, é oportuna a constatação de que o Direito Ambiental é fortemente influenciado e encontra suas bases no Direito Constitucional. Vê-se que normas de proteção ambiental influenciam a conformação do Direito Civil e do Direito Empresarial. Princípios do Direito Ambiental orientam a construção de normas do Direito Penal para proteção do ambiente. O Direito Tributário se transforma por vezes para fomentar tendências de proteção ambiental. A proteção ambiental se implementa na esfera extrajudicial por normas que integram o próprio Direito Administrativo. O Direito Processual Civil regula a tutela judicial do meio ambiente.

De qualquer forma, aponta-se como marco para o nascimento do Direito Ambiental a Conferência de Estocolmo, de 1972. Após esse momento, pode-se dizer que o Direito Ambiental nasceu como ramo autônomo. Evidentemente já havia normas de proteção ambiental, mas somente com as bases estabelecidas na Conferência de Estocolmo pôde o Direito Ambiental surgir como **ramo autônomo do Direito**[13].

1.2.2 Hermenêutica jurídica e Direito Ambiental (direitos fundamentais e constitucionalização do Direito)

O desenvolvimento de uma hermenêutica própria do Direito Ambiental naturalmente segue a influência e as tendências prevalentes no pensamento jurídico contemporâneo.

Nesse aspecto, vale frisar a importância do reconhecimento do **caráter fundamental do direito ao ambiente equilibrado**. No Brasil, o Supremo Tribunal Federal já afirmou expressamente esse entendimento:

> O direito ao meio ambiente ecologicamente equilibrado – direito de terceira geração – constitui prerrogativa jurídica de titularidade coletiva, refletindo, dentro do processo de afirmação dos direitos humanos, a expressão significativa de um poder atribuído não ao indivíduo identificado em sua singularidade, mas num sentido verdadeiramente mais abrangente, a própria coletividade social. Enquanto os direitos de primeira geração (direitos civis e políticos) que compreendem as liberdades clássicas, negativas ou formais, realçam o princípio da liberdade e os direitos de segunda geração (direitos econômicos, sociais e culturais), que se identificam com as liberdades positivas, reais ou concretas, acentuam o princípio da igualdade, os direitos de terceira geração, que materializam poderes de titularidade coletiva atribuídos genericamente a todas as formações sociais, consagram o princípio da solidariedade e constituem um momento importante no processo de desenvolvimento, expansão e reconhecimento dos direitos humanos, caracterizados enquanto valores fundamentais indisponíveis, pela nota de uma essencial inexauribilidade (STF, MS 22.164/SP, Plenário, Rel. Min. Celso de Mello, j. 30.10.1995, *DJ* 17.11.1995).

[13] Celso Antônio Bandeira de Mello ensina: "um ramo jurídico é verdadeiramente 'autônomo' quando nele se reconhecem princípios que formam em seu todo uma unidade e que articulam um conjunto de regras de maneira a comporem um sistema (...) diz-se que há uma disciplina jurídica autônoma quando corresponde a um conjunto sistematizado de princípios e regras que lhe dão identidade, diferenciando-as das demais ramificações do Direito" (BANDEIRA DE MELLO, Celso Antônio. *Curso de direito administrativo*. 27. ed. São Paulo: Malheiros, 2010, p. 28 e 52).

Considerado, pois, o **direito de natureza ambiental como direito constitucional fundamental**, disso decorre que às questões ambientais devem se aplicar os princípios ou postulados reconhecidos como impositivos em matéria de direitos humanos e/ou fundamentais. Cuida-se, aqui, especificamente, de frisar o princípio nomeado pela doutrina como da máxima efetividade das normas constitucionais e dos direitos fundamentais. É a ideia fundamental extraída do seguinte trecho da obra de Luís Roberto Barroso:

> O intérprete constitucional deve ter compromisso com a efetividade da Constituição: entre interpretações alternativas e plausíveis, deverá prestigiar aquela que permita a atuação da vontade constitucional, evitando, no limite do possível, soluções que se refugiem no argumento da não autoaplicabilidade da norma ou na ocorrência de omissão do legislador[14].

Ademais, em matéria de direitos fundamentais, é válido ressaltar o disposto no art. 5º, § 1º, da Constituição Federal, que, de pronto, permite refutar argumentos pretensamente técnicos que pudessem obstar a eficácia de normas jurídicas constitucionais[15].

Aliás, as referências aqui feitas a diversas normas da Constituição Federal são sintomas da tendência que marca na atualidade o pensamento jurídico no Brasil e no mundo: a chamada **constitucionalização do Direito**.

A expressão *constitucionalização* designa o efeito expansivo das normas constitucionais, que se irradiam por todo o sistema jurídico, resultando disso ao menos três principais efeitos: (a) a possibilidade de aplicação direta e imediata da Constituição a diversas situações concretas; (b) a avaliação e declaração de inconstitucionalidade de normas incompatíveis com a Constituição; (c) e a obrigatoriedade de interpretação de todas as normas e atos jurídicos em conformidade com as disposições da Constituição[16].

A Constituição passa a ser reconhecida como fator condicionante da atuação dos poderes públicos e também das relações entre os particulares.

De acordo com este novo paradigma, todos os ramos do Direito nacional são influenciados por uma assim nomeada **filtragem constitucional** e todo ato jurídico deve ser analisado a partir das normas constitucionais, repelindo-se disposições ou situações que gerem resultados contrários à vontade expressa na Constituição[17].

É importante mencionar que em diversos dispositivos a Constituição de 1988 se refere ao meio ambiente e a normas de proteção ambiental. A inserção de normas ambientais no texto da Constituição não é propriamente o que aqui se chama de *constitucionalização do Direito Ambiental*, embora não se possa negar que os dois fenômenos mantêm íntima relação[18]. Reafirma-se: a constitucionalização do Direito Ambiental é o que se pode definir como o *efeito expansivo das normas constitucionais* sobre toda a atividade de aplicação do sistema jurídico ambiental, a permitir uma perspectiva ampliada das possibilidades e métodos de aplicação do Direito ao caso concreto, conforme já explanado acima.

---

[14] BARROSO, Luís Roberto. *Curso de direito constitucional contemporâneo:* os conceitos fundamentais e a construção do novo modelo. São Paulo: Saraiva, 2009, p. 305.

[15] CF/1988, art. 5º: "§ 1º As normas definidoras dos direitos e garantias fundamentais têm aplicação imediata".

[16] Nesse sentido, BARROSO, Luís Roberto. *Curso de direito constitucional contemporâneo:* os conceitos fundamentais e a construção do novo modelo. São Paulo: Saraiva, 2009, p. 352.

[17] Nesse sentido, BARROSO, Luís Roberto. A constitucionalização do direito e suas repercussões no âmbito administrativo. *In* ARAGÃO, Alexandre Santos de; MARQUES NETO, Floriano de Azevedo. *Direito administrativo e seus novos paradigmas*. Belo Horizonte: Fórum, 2008, p. 43.

[18] Aliás, há quem denomine o movimento de inserção de normas ambientais no texto constitucional de *constitucionalização do meio ambiente* (BELCHIOR, Germana Parente Neiva. *Hermenêutica jurídica ambiental*. São Paulo: Saraiva, 2011, p. 63). Também é possível afirmar que a constitucionalização foi caracterizada pela passagem da Constituição ao centro do sistema jurídico, papel antes desempenhado pelo Código Civil. Zagrebelsky relata que o Estado concebido na França após a Revolução de 1789 teve como característica marcante a configuração dos direitos *segundo a legislação*. Observa ainda que naquele Estado francês a "verdadeira 'Constituição' juridicamente operante não foi a Declaração, mas sim o Código Civil, denominado com frequência a 'Constituição da burguesia' liberal" (ZAGREBELSKY, Gustavo. *El derecho dúctil:* ley, derechos, justicia. 9. ed. Madrid: Editorial Trotta, 2009, p. 53, tradução livre).

Reconhece-se então a supremacia formal e a supremacia material da Constituição e este documento se apresenta como parâmetro de validade e vetor de interpretação de todo o sistema jurídico.

No Direito Ambiental, esse fenômeno também se verifica e assume ainda maior relevância, na medida em que deve nortear a construção e a aplicação do Direito Ambiental brasileiro na direção e no sentido apontados pela Constituição.

A leitura do disposto no art. 225 da Constituição Federal permite concluir que a opção formulada pelo Constituinte representa a escolha de um modelo de Direito Ambiental que se preocupe de fato com a preservação dos recursos naturais e com a manutenção da sanidade do ambiente.

Dada a tendência de constitucionalização do Direito, essa diretriz protetiva deve conduzir a aplicação das normas ambientais, sempre na busca do atendimento da vontade constitucional, vinculando em certa medida o legislador, o administrador e o próprio juiz[19].

1.2.3 Caráter metaindividual e interdisciplinar do Direito Ambiental

Os direitos ligados ao meio ambiente são de índole **metaindividual** (ou transindividual), pois notadamente titularizados por um grande número de indivíduos, por vezes determinados (direitos coletivos e individuais homogêneos), outras vezes indeterminados (direitos difusos).

Quando se trata de genericamente referir-se ao direito ao meio ambiente ecologicamente equilibrado, não há dúvida de que se cuida de interesse ou direito difuso, pois pertencente a um conjunto indeterminado de titulares e de objeto nitidamente indivisível (não quantificável). No entanto, é possível também se cogitar de situações em que danos ambientais atingem outras espécies de interesses, notadamente os interesses individuais homogêneos (titularizados por pessoas determináveis, de origem comum e, para cada um dos titulares, divisível ou quantificável).

É o que ocorre, por exemplo, quando empresa industrial despeja efluentes sem o devido tratamento em determinado rio, causando intensa poluição. Eventual ação civil pública em que se pleiteie a cessação da poluição, a paralisação da atividade poluidora ou a implementação de medidas mitigatórias do dano ambiental, atua em defesa de interesses nitidamente difusos, pois titularizados por um sem número de cidadãos e de objeto indivisível (não quantificável). Se, no entanto, na mesma ação pleiteia-se indenização a indivíduos materialmente lesados pelo dano ambiental, como pescadores da região atingida, trata se então de se tutelarem também interesses individuais homogêneos.

Daí por que se diz ser **necessário avaliar de que pretensão se trata para se identificar a espécie de interesse tutelado**.

Outro aspecto a ser observado para a devida percepção do perfil do Direito Ambiental é o seu **caráter interdisciplinar (ou transdisciplinar)**[20]. A todo momento, o Direito Ambiental se vale de conceitos oriundos de outros ramos do conhecimento humano[21]. Informam o Direito Ambiental conhecimentos extraídos da Ecologia, da Biologia, da Geologia etc.

O próprio estudo dos diversos aspectos do ambiente, a que se pode genericamente chamar de *ecologia*, exige a visão global dos problemas e a integração plena entre as diversas áreas do conhecimento humano[22].

---

19 BIANCHI, Patrícia. *Eficácia das normas ambientais*. São Paulo: Saraiva, 2010, p. 354.

20 Numa linha de evolução, a fim de se vencer a fragmentariedade do conhecimento humano, estariam os conceitos postos na seguinte ordem: análise disciplinar (isolada); abordagens multidisciplinares; estudos pluridisciplinares; trabalhos interdisciplinares; e perspectiva transdisciplinar (nesse sentido, ODUM, Eugene P.; BARRET, Gary W. *Fundamentos de ecologia*. São Paulo: Cengage Learning, 2015, p. 15-16).

21 Nesse sentido, MILARÉ, Édis. Direito *do ambiente*. 7. ed. São Paulo: Editora Revista dos Tribunais, 2011, p. 117.

22 ODUM, Eugene P.; BARRET, Gary W. *Fundamentos de ecologia*. São Paulo: Cengage Learning, 2015, p. 9-10 e 15-16.

Desse modo, a concepção da legislação ambiental, bem como sua interpretação e aplicação, são atividades que devem sempre ter em vista o caráter interdisciplinar do Direito Ambiental, de modo que o resultado final das medidas jurídicas possa de fato representar benefícios à sanidade do ambiente.

Sem dúvida, a natureza preexiste ao direito, de modo que se mostra necessário que a concepção, a interpretação e a aplicação do direito levem em conta as revelações e contribuições das ciências ligadas à ecologia[23].

Acesse e assista à aula explicativa sobre este assunto.

> *http://uqr.to/21ku5*

1.2.4 O meio ambiente na Constituição Federal de 1988

O dispositivo da Constituição Federal de 1988 que eleva os direitos ambientais à condição de direitos de índole constitucional é o aclamado art. 225.

Cumpre frisar em primeiro lugar que o art. 225 está inserido e ocupa com exclusividade um capítulo do Título VIII (Da Ordem Social) da Constituição Federal. O Capítulo VI do referido título é todo dedicado ao tratamento do meio ambiente e composto tão somente pelo art. 225 e pelos seus seis parágrafos.

A par de definir o direito de todos ao meio ambiente equilibrado, referido dispositivo atribui o dever de sua proteção ao Estado e a toda a coletividade, estipulando ainda a relevância de se observarem as necessidades das futuras gerações.

Em seus parágrafos, uma série de normas de conteúdo mais específico (regras) são já estabelecidas, de modo a demonstrar a preocupação do constituinte com um mínimo de regras que protejam efetivamente os bens ambientais e em consequência a saúde pública.

A relevância das disposições contidas no art. 225 impõe-nos fazer já neste momento de nossa obra uma análise de seus principais conteúdos:

> Art. 225. Todos têm direito ao meio ambiente ecologicamente equilibrado, bem de uso comum do povo e essencial à sadia qualidade de vida, impondo-se ao Poder Público e à coletividade o dever de defendê-lo e preservá-lo para as presentes e futuras gerações.

A primeira locução que merece análise acurada é aquela que afirma que **todos têm direito ao meio ambiente ecologicamente equilibrado**. Atribui-se assim esse direito a todos os seres humanos, não importando sua condição jurídica, se nacionais ou estrangeiros, se no regular exercício de direitos de cidadania ou não. Mais do que isso, afirma-se que se trata de direito atribuído a todos os seres vivos, humanos ou não. É cada vez mais forte a voz daqueles que

---

[23] Desconsiderar as revelações científicas na formulação da legislação leva a equívocos prejudiciais ao ambiente, tal como se verificou em alguns dispositivos da Lei 12.651/2012, assim como na Emenda Constitucional 96, de 6 de junho de 2017. Esta última, a chamada "Emenda da Vaquejada", pretende definir a crueldade do sofrimento imposto ao animal pela relevância para o homem da manifestação cultural de determinada comunidade. Referida emenda inseriu dispositivo ironicamente no Capítulo do Meio Ambiente na Constituição Federal: "Art. 225. (...) § 7° Para fins do disposto na parte final do inciso VII do § 1° deste artigo, não se consideram cruéis as práticas desportivas que utilizem animais, desde que sejam manifestações culturais, conforme o § 1° do art. 215 desta Constituição Federal, registradas como bem de natureza imaterial integrante do patrimônio cultural brasileiro, devendo ser regulamentadas por lei específica que assegure o bem-estar dos animais envolvidos". Não por acaso, o rodeio e a vaquejada, entre outras práticas, já haviam sido reconhecidos como manifestações culturais relevantes pela Lei 13.364, de 29 de novembro de 2016.

defendem os direitos dos animais, numa visão biocêntrica do Direito Ambiental, não sendo surpresa já encontrar filósofos e juristas na defesa dos direitos de todos os seres vivos, isto é, todos os seres dotados de metabolismo, humanos ou não, animais ou vegetais. Sem dúvida, a redação dada ao art. 225 da Constituição Federal permite a sustentação desse pensamento.

Até porque, diz o próprio art. 225, o meio ambiente é **essencial à sadia qualidade de vida**, não se referindo aí somente à vida humana, mas a todas as espécies de vida. Evidentemente, essa expressão reforça a ideia do Direito Ambiental como direito humano fundamental, pois que se sabe que o meio ambiente equilibrado é parte imprescindível da dignidade humana e que sem ele o homem não vive, por vezes sequer sobrevive. A doutrina jurídica, aliás, vem reconhecendo a íntima relação existente entre o direito ao ambiente equilibrado e o princípio constitucional fundamental da dignidade humana. A dignidade humana agora se entende composta pela dimensão ambiental, de modo que a todos assiste o direito a exigir um mínimo patamar de sanidade do ambiente (**mínimo existencial ecológico**)[24].

Há que se tratar também da definição do meio ambiente como **bem de uso comum do povo**. Trata-se da utilização de conhecida expressão do direito público, cujas definições e cujo regramento podem ser aplicados ao menos parcialmente aos bens ambientais.

Note-se que os bens de uso comum do povo são espécie de bens públicos caracterizados justamente por serem de livre e indistinta utilização de todos os cidadãos, no que diferem dos bens de uso especial (afetados a alguma atividade pública específica, como prédios que abrigam órgãos públicos) e dos bens dominiais (desafetados, sem qualquer destinação pública). Nisso, de fato, o meio ambiente e os bens ambientais em geral se aproximam dos bens públicos de uso comum do povo. Aliás, muitos bens naturais são utilizados como exemplos de bens de uso comum do povo, tais como rios, praias, mares.

Observe-se, porém, que o Direito Constitucional que se estabelece não diz respeito propriamente aos recursos naturais que constituem o ambiente. O direito de que se cuida está ligado ao equilíbrio ambiental.

É esta a lição de José Afonso da Silva:

> O objeto de tutela jurídica não é tanto o meio ambiente considerado nos seus elementos constitutivos. O que o Direito visa a proteger é a qualidade do meio ambiente, em função da qualidade de vida. Pode-se dizer que há dois objetos de tutela, no caso: um imediato – que é a qualidade do meio ambiente – e outro mediato – que é a saúde, o bem-estar e a segurança da população, que se vêm sintetizando na expressão "qualidade de vida"[25].

É preciso também lembrar que a busca do meio ambiente ecologicamente equilibrado exige a conversão de esforços de todos, Poder Público e particulares, de modo que ninguém pode se eximir de suas obrigações ambientais sob o pretexto de se tratar de bem público e, por isso, atribuição exclusiva do Estado.

---

24 "O conteúdo normativo do direito fundamental do mínimo existencial é modulado à luz das circunstâncias históricas e culturais concretas da comunidade estatal, tendo em conta sempre os novos valores que são incorporados constantemente ao conteúdo do princípio da dignidade humana a cada avanço civilizatório. Para a conformação contemporânea do conteúdo do princípio da dignidade humana, imprescindível a noção da abertura material do rol dos direitos fundamentais, que guarda sintonia com a concepção da historicidade dos direitos humanos e fundamentais, no sentido de que a humanidade caminha permanentemente na direção da ampliação do universo de direitos fundamentais, de modo a assegurar um maior nível de tutela e promoção da pessoa individual e coletivamente considerada. Considerando que o processo histórico de afirmação de direitos humanos e fundamentais e da proteção da pessoa resultou na inserção da proteção ambiental no catálogo dos direitos fundamentais, o conteúdo do direito fundamental ao mínimo existencial deve ser modulado (para além dos direitos sociais!) mediante a inserção da dimensão ambiental, no sentido da consagração do *mínimo existencial ecológico*, que, na perspectiva integrada ora sustentada, assume as feições de um *mínimo existencial socioambiental*" (FENSTERSEIFER, Tiago; SARLET, Ingo Wolfgang. Estado socioambiental e mínimo existencial (ecológico?). *In* SARLET, Ingo Wolfgang (org.). *Estado socioambiental e direitos fundamentais*. Porto Alegre: Livraria do Advogado Editora, 2010, p. 29).

25 SILVA, José Afonso. *Comentário contextual à Constituição*. 6. ed. São Paulo: Malheiros, 2009, p. 837.

Aliás, a locução utilizada a seguir, no *caput* do art. 225, é a que impõe **ao Poder Público e à coletividade o dever de defender e preservar o meio ambiente para as presentes e futuras gerações.** A par de estabelecer a responsabilidade de todos pela proteção ambiental, envolvendo com isso as esferas pública e privada em tal tarefa, termina por esclarecer que o direito ao ambiente ecologicamente equilibrado é atribuído aos seres já hoje viventes e também àqueles que estão por vir. Insere-se, com isso, uma noção de solidariedade que transcende a geração atual para beneficiar as gerações futuras. O caminho para se fazer cumprir tal norma sem dúvida é o de instruir e educar as sociedades humanas para que limitem seus anseios econômicos, de modo a permitir que a vida na Terra seja ainda, por longos anos, sustentável.

A despeito da notória dificuldade dessa tarefa, a Constituição brasileira cumpre seu papel, ao dispor sobre a **diretriz protetiva que deve nortear a condução de todos os atos públicos e privados.**

Seguem os parágrafos do art. 225 da Constituição Federal, com importantes regras a serem observadas pela legislação infraconstitucional na construção do arcabouço jurídico-ambiental do país:

- o § 1º atribui uma série de deveres ao Poder Público justamente para que se faça cumprir a diretriz protetiva estabelecida no *caput* do art. 225[26];
- o § 2º estabelece regra especial para a exploração mineral, que, no entanto, não difere substancialmente da obrigação geral de reparar danos ambientais[27];
- o § 3º estipula a regra geral das consequências jurídicas dos danos ambientais, com a sujeição concomitante do infrator a três esferas distintas e independentes (administrativa, civil e penal)[28];
- o § 4º elege alguns dos mais famosos ecossistemas existentes no país e dá-lhes a definição de patrimônio nacional[29];
- o § 5º destaca a indisponibilidade de terras devolutas que sejam necessárias à proteção dos ecossistemas naturais[30];

[26] CF/1988, art. 225: "§ 1º Para assegurar a efetividade desse direito, incumbe ao Poder Público: I – preservar e restaurar os processos ecológicos essenciais e prover o manejo ecológico das espécies e ecossistemas; II – preservar a diversidade e a integridade do patrimônio genético do País e fiscalizar as entidades dedicadas à pesquisa e manipulação de material genético; III – definir, em todas as unidades da Federação, espaços territoriais e seus componentes a serem especialmente protegidos, sendo a alteração e a supressão permitidas somente através de lei, vedada qualquer utilização que comprometa a integridade dos atributos que justifiquem sua proteção; IV – exigir, na forma da lei, para instalação de obra ou atividade potencialmente causadora de significativa degradação do meio ambiente, estudo prévio de impacto ambiental, a que se dará publicidade; V – controlar a produção, a comercialização e o emprego de técnicas, métodos e substâncias que comportem risco para a vida, a qualidade de vida e o meio ambiente; VI – promover a educação ambiental em todos os níveis de ensino e a conscientização pública para a preservação do meio ambiente; VII – proteger a fauna e a flora, vedadas, na forma da lei, as práticas que coloquem em risco sua função ecológica, provoquem a extinção de espécies ou submetam os animais a crueldade; VIII – manter regime fiscal favorecido para os biocombustíveis e para o hidrogênio de baixa emissão de carbono, na forma de lei complementar, a fim de assegurar-lhes tributação inferior à incidente sobre os combustíveis fósseis, capaz de garantir diferencial competitivo em relação a estes, especialmente em relação às contribuições de que tratam o art. 195, I, *b*, IV e V, e o art. 239 e aos impostos a que se referem os arts. 155, II, e 156-A".

[27] CF/1988, art. 225: "§ 2º Aquele que explorar recursos minerais fica obrigado a recuperar o meio ambiente degradado, de acordo com solução técnica exigida pelo órgão público competente, na forma da lei".

[28] CF/1988, art. 225: "§ 3º As condutas e atividades consideradas lesivas ao meio ambiente sujeitarão os infratores, pessoas físicas ou jurídicas, a sanções penais e administrativas, independentemente da obrigação de reparar os danos causados".

[29] CF/1988, art. 225: "§ 4º A Floresta Amazônica brasileira, a Mata Atlântica, a Serra do Mar, o Pantanal Mato-Grossense e a Zona Costeira são patrimônio nacional, e sua utilização far-se-á, na forma da lei, dentro de condições que assegurem a preservação do meio ambiente, inclusive quanto ao uso dos recursos naturais".

[30] CF/1988, art. 225: "§ 5º São indisponíveis as terras devolutas ou arrecadadas pelos Estados, por ações discriminatórias, necessárias à proteção dos ecossistemas naturais".

- o § 6º resguarda a questão relativa à localização de usinas nucleares, submetendo-a sempre à legislação federal[31];
- o § 7º, com a redação dada pela EC 96/2017, estabelece que não se consideram cruéis as práticas desportivas que utilizem animais, desde que sejam manifestações culturais, conforme o § 1º do art. 215 da Constituição Federal, registradas como bem de natureza imaterial integrante do patrimônio cultural brasileiro, devendo ser regulamentadas por lei específica que assegure o bem-estar dos animais envolvidos.

O tema ambiental no texto constitucional não está restrito ao art. 225, encontrando lugar ainda em outros dispositivos:

- o art. 5º, LXXIII, prevê a ação popular também com a finalidade de proteção do meio ambiente;
- os arts. 21, 22, 23, 24 e 30 trazem previsões acerca das competências legislativas e administrativas em matéria ambiental;
- o art. 129 estabelece, dentre as funções institucionais do Ministério Público, a defesa do meio ambiente, por meio do inquérito civil e da ação civil pública;
- o art. 170 arrola entre os princípios da ordem econômica a defesa do meio ambiente;
- o art. 174, § 3º, exige que as atividades de exploração mineral sejam exercidas, levando-se em conta a proteção do meio ambiente;
- os arts. 182 e 183 disciplinam a política urbana, tratando assim do chamado meio ambiente urbano (ou artificial);
- o art. 186 estabelece requisitos para que se considere a propriedade rural cumpridora de sua função social, incluindo entre eles a necessidade de utilização adequada dos recursos naturais disponíveis e de preservação do meio ambiente;
- o art. 200, ao referir-se ao sistema único de saúde, confere a ele a atribuição de colaborar na proteção do meio ambiente, nele compreendido o meio ambiente do trabalho;
- os arts. 215 e 216 tratam do patrimônio cultural brasileiro, o assim chamado meio ambiente cultural.

Essas normas, estabelecidas nos parágrafos do art. 225 e também em outros dispositivos da Constituição, singelamente referidas aqui, serão retomadas ao longo da obra, no respectivo tópico com que se relacionem.

1.2.5 Perfil da legislação ambiental brasileira (competências legislativas das pessoas políticas)

Há um dado a ser considerado com atenção quando se trata do estudo da legislação ambiental brasileira: o seu **perfil esparso**. Como se sabe, não há uma codificação que permita o agrupamento das variadas disposições legais sobre o tema ambiental. Sequer está agrupada a legislação federal sobre o assunto. São encontradas inúmeras e distintas leis, sem que se identifique uma preocupação com a organização lógica ou sistêmica de todas as leis editadas. A par disso, há também um número incontável de atos normativos de caráter infralegal, a demandar

31 CF/1988, art. 225: "§ 6º As usinas que operem com reator nuclear deverão ter sua localização definida em lei federal, sem o que não poderão ser instaladas".

ainda maior esforço de conhecimento pelos estudiosos (portarias, resoluções, regulamentos etc.). Por fim, considere-se ainda que a atribuição de competência legislativa sobre proteção ambiental às três esferas da Federação (União, Estados e Municípios) apresenta-se como mais um fator complicador da sistematização do Direito Ambiental.

Todo esse arcabouço deve ser manejado, tendo em vista a **diretriz protetiva estabelecida no art. 225 da Constituição Federal**, num exercício muito próprio do que se nomeia atualmente como movimento de constitucionalização do Direito, conceito já abordado no item 1.2.2.

Nesse contexto, revela-se **de intensa relevância a figura do intérprete**, que necessita conhecer a vasta disciplina legal do meio ambiente e dominar o instrumental hermenêutico para sustentar e propagar a adequada aplicação da legislação existente. Do mesmo modo, a doutrina jurídico-ambiental ganha destaque, por ser um componente decisivo na formação e na orientação do intérprete.

Assim, para que se propicie a compreensão do sistema legislativo ambiental brasileiro, merece ser tratada a questão referente às competências legislativas das pessoas políticas em matéria ambiental.

Por primeiro, vale afirmar que todas as pessoas políticas possuem competência para editar leis para proteção ambiental[32].

Isso decorre da leitura da própria Constituição Federal, em especial do disposto nos arts. 24 e 30:

> Art. 24. Compete à União, aos Estados e ao Distrito Federal legislar concorrentemente sobre: (...)
>
> VI – florestas, caça, pesca, fauna, conservação da natureza, defesa do solo e dos recursos naturais, proteção do meio ambiente e controle da poluição;
>
> VII – proteção ao patrimônio histórico, cultural, artístico, turístico e paisagístico;
>
> VIII – responsabilidade por dano ao meio ambiente, ao consumidor, a bens e direitos de valor artístico, estético, histórico, turístico e paisagístico;
>
> (...)
>
> Art. 30. Compete aos Municípios:
>
> I – legislar sobre assuntos de interesse local;
>
> II – suplementar a legislação federal e a estadual no que couber;

Como se vê, **a competência para legislar sobre proteção ao meio ambiente é concorrente entre a União, os Estados e o Distrito Federal, cumprindo ainda ao Município legislar sobre questões ambientais, naquilo que for peculiar à sua localidade**. Por essa razão, mostra-se pertinente a preocupação com eventual antinomia entre normas federais, estaduais, distritais e municipais. Sobre essa questão, vale, por primeiro, resgatar o conteúdo do texto da própria Constituição, que, nos parágrafos do já citado art. 24, pretende estabelecer bases para solução de eventuais dúvidas:

> § 1º No âmbito da legislação concorrente, a competência da União limitar-se-á a estabelecer normas gerais.
>
> § 2º A competência da União para legislar sobre normas gerais não exclui a competência suplementar dos Estados.

32 "Sabiamente o constituinte, atendo-se ao fato de que o meio ambiente não é um bem pertencente à administração pública, mas sim a toda coletividade – brasileiros e estrangeiros residentes no país –, titulares dos direitos fundamentais protegidos pela Carta Magna (art. 5º, *caput*), não excluiu nenhum dos entes federados do direito de legislar amplamente em matéria ambiental, impondo apenas algumas regras para que haja uma melhor eficiência no propósito de tutelar este bem" (AKAOUI, Fernando Reverendo Vidal. *Compromisso de ajustamento de conduta ambiental*. 3. ed. rev. e atual. São Paulo: Editora Revista dos Tribunais, 2010, p. 33).

> § 3º Inexistindo lei federal sobre normas gerais, os Estados exercerão a competência legislativa plena, para atender a suas peculiaridades.
>
> § 4º A superveniência de lei federal sobre normas gerais suspende a eficácia da lei estadual, no que lhe for contrário.

Ao contrário do que pode parecer, porém, a questão não é singela. A uma, porque a definição do exato conteúdo do que sejam as normas gerais tem consequências decisivas sobre o que se considera o âmbito de competência legislativa da União e o que se considera o âmbito de competência dos demais entes federativos. A duas, porque a possibilidade de existirem normas estaduais e/ou municipais mais protetivas do que aquelas existentes na legislação federal reacende intensos debates sobre a primazia da proteção ambiental na ordem constitucional vigente.

Tratando-se da **possível antinomia entre normas** federais e estaduais, distritais e/ou municipais, é possível identificar ao menos **duas teses relevantes**:

1) **Prevalência da norma mais protetiva dos bens ambientais** (sustentada por parte da doutrina);
2) **Prevalência das normas gerais**, em função da estrutura federativa traçada na Constituição, **salvo se presente circunstância que torne preponderante o interesse estadual ou local** (predominante na jurisprudência).

O Supremo Tribunal Federal apreciou essas questões em julgados bastante marcantes.

Na ADI 2.396, apreciando a questão relativa ao uso do amianto na fabricação de bens destinados à construção civil, decidiu o STF que a lei do Estado do Mato Grosso do Sul que determinou a proibição de fabricação, ingresso, comercialização e estocagem de amianto ou de produtos à base de amianto, destinados à construção civil, excedeu a margem de competência concorrente que é assegurada ao Estado-membro para legislar sobre produção e consumo (art. 24, V); proteção do meio ambiente e controle da poluição (art. 24, VI); e proteção e defesa da saúde (art. 24, XII). Segundo o Tribunal, a legislação impugnada fugiu "do que corresponde à legislação suplementar, da qual se espera que preencha vazios ou lacunas deixados pela legislação federal, não que venha a dispor em diametral objeção a esta".

Também na ADI 2.656, ação em que se impugnou lei paulista que proibia a importação, extração, beneficiamento, comercialização, fabricação e instalação de produtos contendo qualquer tipo de amianto, o STF entendeu haver invasão de competência legislativa pelo Estado-membro[33]:

> (...) Inconstitucionalidade. 3. Produção e consumo de produtos que utilizam amianto crisotila. Competência concorrente dos entes federados. Existência de norma federal em vigor a regulamentar o tema (Lei 9.055/95). Consequência. Vício formal da lei paulista, por ser apenas de natureza supletiva (CF, artigo 24, §§ 1º e 4º) a competência estadual para editar normas gerais sobre a matéria. 4. Proteção e defesa da saúde pública e meio ambiente. Questão de interesse nacional. Legitimidade da regulamentação geral fixada no âmbito federal. Ausência de justificativa para tratamento particular e diferenciado pelo Estado de São Paulo. 5. Rotulagem com informações preventivas a respeito dos produtos que conte-

[33] A mesma orientação foi seguida na ADI 3.035, Ação Direta de Inconstitucionalidade ajuizada contra a lei estadual paranaense 14.162, de 27 de outubro de 2003, que estabelecia vedação ao cultivo, à manipulação, à importação, à industrialização e à comercialização de organismos geneticamente modificados: "(...) 2. Alegada violação aos seguintes dispositivos constitucionais: art. 1º; art. 22, incisos I, VII, X e XI; art. 24, I e VI; art. 25 e art. 170, *caput*, inciso IV e parágrafo único. 3. Ofensa à competência privativa da União e das normas constitucionais relativas às matérias de competência legislativa concorrente. 4. Ação julgada procedente". Na ocasião, o Ministro Relator Gilmar Mendes afirmou que, se "aplicada a Lei estadual, restará obviamente prejudicada a eficácia do ato federal, que foi editado para a solução de um problema que transcende a esfera dos Estados singulares".

nham amianto. Competência da União para legislar sobre comércio interestadual (CF, artigo 22, VIII). Extrapolação da competência concorrente prevista no inciso V do artigo 24 da Carta da República, por haver norma federal regulando a questão.

Mais recentemente, porém, voltou o STF a apreciar a constitucionalidade de lei paulista que proíbe a utilização de produtos derivados do amianto, embora tenha a nova lei (Lei Estadual 12.684/2007) redação e comandos distintos daquela anteriormente declarada inconstitucional (Lei Estadual 10.813/2001), ao apreciar a medida cautelar na ADI 3.937 (*DJ* de 10.10.2008). Dessa vez, o Supremo Tribunal não suspendeu cautelarmente o diploma normativo estadual, mas disso não é possível extrair que tenha se comprometido com a tese de que a norma estadual sempre poderá promover uma regulação mais rígida do que aquela constante das normas gerais expedidas pela União. A decisão de indeferir a cautelar na ADI 3.937 se deu pelo voto de sete ministros, vencidos outros três. As principais razões de decidir da maioria consistiram: (i) em um juízo preliminar de inconstitucionalidade da norma geral – Lei 9.055, de 1995[34] –, por ofensa ao art. 196 da Carta Magna; (ii) na existência de compromisso, assumido pelo Estado brasileiro, de reduzir o uso do amianto, que se sobreporia à Lei 9.055, de 1995 (Convenção da Organização Internacional do Trabalho 162, promulgada pelo Decreto 126, de 22 de maio de 1991)[35].

À luz das razões expostas nos votos da maioria da Corte no julgamento da medida cautelar na ADI 3.937, ainda não era possível concluir que se alterara a tendência da jurisprudência anteriormente formada referente às relações entre normas gerais e legislação estadual.

Somente em 2012 o STF iniciou o julgamento de mérito da ADI 3.937, em conjunto com o da ADI 3.357, que contesta a validade de lei gaúcha de proibição do uso de amianto. Na sessão, votaram os Ministros Carlos Britto e Marco Aurélio. O voto de Ayres Britto reafirmou que: (i) a competência suplementar dos Estados deve ser compreendida como autorizadora de produção normativa dirigida a "solver os déficits de proteção e defesa de que as normas gerais venham a padecer"; (ii) ao tratar do consumidor, da saúde e do meio ambiente, a Constituição o faz sempre para tutelá-los, corroborando a validade da lei mais protetora[36]. Já o Ministro Marco Aurélio atentou para (i) a conveniência de se tratar de maneira uniforme no país questões referentes à toxicidade de produtos, para o que apontam diversos dispositivos constitucionais (art. 22, XII, XXI, XXVI); (ii) a distinção, no tocante à competência da União para editar normas gerais, entre questões que envolvem diretamente a auto-organização, o autogoverno e a autoadministração dos entes federados e questões que não dizem respeito

34 Note-se que, se se entende que a lei federal geral padece de inconstitucionalidade material (porque, no caso específico, não resguarda, no grau constitucionalmente exigido, o direito à saúde), então não há que se falar em ofensa da lei estadual à norma geral, pois esta, nula que é, não produz efeitos obstativos da legislação estadual contrária às suas disposições. Em tal situação, é aplicável o disposto no art. 24, § 3º, da Constituição Federal (exercício de competência legislativa plena pelos Estados, por inexistência de lei federal válida sobre normas gerais).

35 Outrossim, se se considera que os tratados e convenções dos quais o Brasil faça parte constituem uma espécie normativa supralegal, na incompatibilidade entre a lei federal e a Convenção 162 da OIT, esta deve prevalecer, liberando os Estados do atendimento aos preceitos da lei federal.

36 Vale transcrever brilhante trecho de seu voto: "Finalmente, é no § 4º desse mesmíssimo art. 24 que a Constituição estatui: 'a superveniência de lei federal sobre normas gerais suspende a eficácia da lei estadual, no que lhe for contrário'. Normação que dá imediata sequência lógica à disposição do § 3º, que é o do contingente uso da competência legislativa plena pelos Estados e pelo Distrito Federal (Distrito Federal que não é mencionado nesse parágrafo, mas está autorizado pela cabeça do artigo a produzir normas suplementares). Equivale a dizer: se os Estados e o Distrito Federal se anteciparem à União, no saque de normas gerais, posterior antinomia nos respectivos comandos se resolve é em favor das normas gerais que a União venha a produzir. Mas cogitando-se dos bens jurídicos aqui especificamente versados, parece-nos claro que eventual colisão normativa há de ser compreendida em termos de proteção e defesa; isto é, o exame das duas tipologias de leis passa pela aferição do maior ou menor teor de favorecimento de tais bens ou pela verificação de algo também passível de ocorrer: as normas suplementares de matriz federativamente periférica a veicular as sobreditas proteção e defesa, enquanto a norma geral de fonte legislativa federal, traindo sua destinação constitucional, deixa de fazê-lo. Ou, se não deixa totalmente de fazê-lo, labora em nítida insuficiência protetiva e de defesa" (Disponível em: http://www.stf.jus.br/arquivo/cms/noticiaNoticiaStf/anexo/ADI3357votorelator.pdf. Acesso em: 4 out. 2016).

diretamente a tais prerrogativas; (iii) o risco que a fragmentação legislativa pode acarretar nas relações entre os Estados; (iv) a incorreção da interpretação que leve à prevalência da norma mais favorável, por acarretar subversão do federalismo erigido pelo constituinte originário, podendo levar a insegurança jurídica.

Finalmente, em 24 de agosto de 2017, o Plenário da Corte julgou improcedente a ADI 3937 – e as ADIs 3.356 e 3.357 e a ADPF 109 –, declarando a constitucionalidade formal e material das leis questionadas e afirmando a inconstitucionalidade do art. 2º da Lei Federal 9.055/1995, que autorizava a extração e o uso dessa substância. Os fundamentos utilizados para a decisão referida foram: a) o atual estágio dos estudos científicos sobre o tema, que reconhecem ser esta substância comprovadamente cancerígena; b) o caráter aberto da causa de pedir no controle concentrado e abstrato de constitucionalidade, a permitir a declaração de inconstitucionalidade da lei federal, ainda que não seja ela o diploma impugnado especificamente na inicial da ADI.

Novamente, em 29 de novembro de 2017, o STF reafirmou a inconstitucionalidade da lei federal que autorizava a extração e o uso do amianto crisotila no Brasil, dando efeito vinculante e *erga omnes* à decisão (ADIs 3.406 e 3.470).

Nos exemplos referidos **ainda se identificava uma tendência da Corte no sentido de eleger o aspecto da necessidade de uniformização nacional de determinados temas como razão para justificar uma atuação do Congresso Nacional, no âmbito da legislação concorrente, que não se limite a fixar diretrizes com grau de abstração mais elevado.** E isso pode ocorrer tanto para assegurar *standards* mínimos de cumprimento de princípios constitucionais, quanto para evitar que os entes federados se excedam na legislação de resguardo dos valores tutelados.

De todo modo, vem reafirmando o STF a relevância do art. 24, § 3º, da Constituição Federal, frisando que, na inexistência de lei federal sobre determinado tema ambiental, a competência legislativa estadual é plena (ADI 2.030/SC).

A par disso, é possível observar que houve séria consideração pelo Supremo do caráter interdisciplinar do Direito Ambiental, já que a decisão de declarar inconstitucional a lei federal sobre o amianto deu-se especialmente em razão do avanço dos estudos científicos acerca da lesividade dessa substância.

Nos últimos anos, o próprio STF vem já avançando e reconhecendo uma nova tendência de migração para uma interpretação que sempre privilegie a maior proteção ambiental. Ao suspender lei de Roraima, que autorizava o uso de mercúrio em atividades de garimpo, afirmou o Ministro Alexandre de Moraes:

> Além disso, em matéria de proteção ao meio ambiente, a Jurisprudência do Supremo Tribunal Federal admite que a legislação dos demais entes federativos seja mais restritiva do que a legislação da União, veiculadora de normas gerais. Assim, os seguintes precedente desta Corte: ADPF 101, Rel. Min. Cármen Lúcia, Pleno, *DJe* de 4/6/2012; RE 194.704 (Rel. para acórdão Min. Edson Fachin, Pleno, julgamento concluído em 296/2017); e ADI 5996, Rel. Min. Alexandre de Moraes, Pleno, *DJe* de 30.04.2020[37].

Importante também conhecer o exemplo da lei do Município de São Paulo que proibiu manuseio, utilização, queima e soltura de fogos de estampidos, artifícios e artefatos pirotécnicos somente quando produzirem efeitos sonoros ruidosos para proteção à saúde e ao meio ambiente:

> Direito constitucional. Federalismo e respeito às regras de distribuição de competência. Lei 16.897/2018 do Município de São Paulo. Predominância do interesse local (art. 30, I, da CF). Competência legislativa municipal. Proibição razoável de manuseio, utilização, queima e soltura de fogos de estampidos, artifí-

[37] Medida Cautelar na ADI 6.672/RR.

cios e artefatos pirotécnicos somente quando produzirem efeitos sonoros ruidosos. Proteção à saúde e ao meio ambiente. Impactos graves e negativos às pessoas com transtorno do espectro autista. Danos irreversíveis às diversas espécies animais. Improcedência. 1. O princípio geral que norteia a repartição de competência entre as entidades competentes do Estado Federal é o da predominância do interesse, competindo à União atuar em matérias e questões de interesse geral; aos Estados, em matérias e questões de interesse regional; aos Municípios, assuntos de interesse local e, ao Distrito Federal, tanto temas de interesse regional quanto local. 2. As competências municipais, dentro dessa ideia de predominância de interesse, foram enumeradas no art. 30 da Constituição Federal, o qual expressamente atribuiu aos Municípios a competência para legislar sobre assuntos de interesse local (art. 30, I) e para suplementar a legislação federal e a estadual no que couber (art. 30, II). A jurisprudência do Supremo Tribunal Federal já assentou que a disciplina do meio ambiente está abrangida no conceito de interesse local e que a proteção do meio ambiente e da saúde integram a competência legislativa suplementar dos Municípios. Precedentes. 3. A jurisprudência desta Corte admite, em matéria de proteção da saúde e do meio ambiente, que os Estados e Municípios editem normas mais protetivas, com fundamento em suas peculiaridades regionais e na preponderância de seu interesse. A Lei Municipal 16.897/2018, ao proibir o uso de fogos de artifício de efeito sonoro ruidoso no Município de São Paulo, promoveu um padrão mais elevado de proteção à saúde e ao meio ambiente, tendo sido editada dentro de limites razoáveis do regular exercício de competência legislativa pelo ente municipal. 4. Comprovação técnico-científica dos impactos graves e negativos que fogos de estampido e de artifício com efeito sonoro ruidoso causam às pessoas com transtorno do espectro autista, em razão de hipersensibilidade auditiva. Objetivo de tutelar o bem-estar e a saúde da população de autistas residentes no Município de São Paulo. 5. Estudos demonstram a ocorrência de danos irreversíveis às diversas espécies animais. Existência de sólida base técnico-científica para a restrição ao uso desses produtos como medida de proteção ao meio ambiente. Princípio da prevenção. 6. Arguição de Preceito Fundamental julgada improcedente[38].

De outro lado, vale citar que *os Estados e Municípios não podem, em contrariedade à lei federal, estabelecer patamar de proteção inferior a esse.* Nesse sentido, o Supremo Tribunal Federal julgou procedente pedido formulado na ADI 4988, para declarar a inconstitucionalidade de dispositivo da Lei 1.939/2008 do Estado do Tocantins, que permitia construções destinadas exclusivamente ao lazer em Áreas de Preservação Permanente (APP), com área máxima de 190 metros quadrados. A Corte entendeu configurada a inconstitucionalidade formal do dispositivo, pois o legislador estadual, ao conferir às Áreas de Proteção Ambiental (APPs) proteção deficitária em comparação ao regramento nacional (Código Florestal), teria extrapolado os limites da competência suplementar, decorrente da competência concorrente entre União e Estados (CF, art. 24, *caput*, VI, § 2º). Além disso, reconheceu a inconstitucionalidade material, por afronta à razoabilidade, com a exposição de bens jurídicos de máxima importância a risco, sem justificativa plausível[39].

1.3 PRINCÍPIOS SETORIAIS DO DIREITO AMBIENTAL

1.3.1 A relevância dos princípios na atualidade do Direito Ambiental

No pensamento jurídico contemporâneo, os princípios jurídicos apresentam papel de destaque, quer seja no campo da ciência, quer seja na atividade de aplicação do Direito.

---

38 ADPF 567, Tribunal Pleno, Rel. Min. Alexandre de Moraes, j. 01.03.2021, p. 29.03.2021.

39 Em julgado mais recente, também invalidou norma cearense que dispensava de licenciamento atividades potencialmente poluidoras. Na ocasião, por unanimidade, o STF declarou a inconstitucionalidade de dispositivo da Resolução 2/2019 do Conselho Estadual do Meio Ambiente do Ceará, que dispõe sobre processos de licenciamento e autorização ambiental no âmbito da Superintendência Estadual do Meio Ambiente. O Tribunal decidiu que o art. 8º da norma viola a Constituição Federal (art. 225), ao criar hipóteses de dispensa de licenciamento ambiental para a realização de atividades impactantes e degradadoras do meio ambiente, como o plantio com uso de agrotóxicos em imóveis com até 30 hectares (ADI 6288).

As definições clássicas sobre os princípios jurídicos realçavam a amplitude e a fundamentalidade de tais normas no ordenamento jurídico:

> A nosso ver, princípios gerais de direito são enunciações normativas de valor genérico, que condicionam e orientam a compreensão do ordenamento jurídico, quer para a sua aplicação e integração, quer para a elaboração de novas normas. Cobrem, desse modo, tanto o campo da pesquisa pura do Direito quanto o de sua atualização prática.
>
> Princípio é, por definição, mandamento nuclear de um sistema, verdadeiro alicerce dele, disposição fundamental que se irradia sobre diferentes normas, compondo-lhes o espírito e servindo de critério para sua exata compreensão e inteligência, exatamente por definir a lógica e a racionalidade do sistema normativo, no que lhe confere a tônica e lhe dá sentido harmônico[40].

Numa perspectiva mais atual, a doutrina centra esforços na análise das funções dos princípios jurídicos, aspectos que de fato realçam sua importância no mundo jurídico, notadamente porque neles se nota uma função orientadora de todo o sistema jurídico.

Assim vistos, **os princípios são normas jurídicas que propiciam larga flexibilidade, adaptando-se às mais variadas situações concretas, permitindo que de seus amplos mandamentos se extraiam normas jurídicas outras, abstratas ou concretas, a depender da situação fática que se apresenta. Ademais, influenciam a atividade de interpretação/aplicação do Direito, tanto no plano da orientação de soluções e aplicações de outras normas, quanto na solução imediata e concreta de situações conflituosas.**

Não se olvide, contudo, que a própria definição dos princípios encontra certa controvérsia doutrinária. Aliás, o desenvolvimento de critérios seguros para distinção entre normas jurídicas qualificadas como princípios e normas jurídicas tidas como regras já ensejou enorme esforço. Há quem, como Dworkin[41] e Alexy[42], proponha a distinção entre princípios e regras com fundamento em aspectos qualitativos, não somente de grau de amplitude ou de fundamentalidade.

No Brasil, merecem menção os estudos desenvolvidos por Humberto Ávila:

> As regras são normas imediatamente descritivas, primariamente retrospectivas e com pretensão de decidibilidade e abrangência, para cuja aplicação se exige a avaliação da correspondência, sempre centrada na finalidade que lhes dá suporte e nos princípios que lhes são axiologicamente sobrejacentes, entre a construção conceitual da descrição normativa e a construção conceitual dos fatos. Os

[40] BANDEIRA DE MELLO, Celso Antônio. *Grandes temas de direito administrativo.* São Paulo: Malheiros, 2007, p. 34-45.

[41] Dworkin buscou distinguir princípios e normas, sempre atento ao modo de aplicação/incidência de tais normas: "A diferença entre princípios jurídicos e regras jurídicas é de natureza lógica. Os dois conjuntos de padrões apontam para decisões particulares acerca da obrigação jurídica em circunstâncias específicas, mas distinguem-se quanto à natureza da orientação que oferecem. As regras são aplicáveis à maneira do tudo-ou-nada. Dados os fatos que uma regra estipula, então ou a regra é válida, e neste caso a resposta que ela fornece deve ser aceita, ou não é válida, e neste caso em nada contribui para a decisão. (...) Mas não é assim que funcionam os princípios apresentados como exemplos nas citações. Mesmo aqueles que mais se assemelham a regras não apresentam consequências jurídicas que se seguem automaticamente quando as condições são dadas. (...) Essa primeira diferença entre regras e princípios traz consigo uma outra. Os princípios possuem uma dimensão que as regras não têm – a dimensão do peso ou importância" (DWORKIN, Ronald. *Levando os direitos a sério.* Tradução de Nelson Boeira. 3. ed. São Paulo: WMF Martins Fontes, 2010, p. 35, 40 e 42).

[42] Alexy sustenta também a necessidade de distinção entre princípios e regras, ambos caracterizados como espécies do gênero norma, fazendo-o em um sentido não muito distante daquele realizado por Dworkin: "O ponto decisivo na distinção entre regras e princípios é que princípios são normas que ordenam que algo seja realizado na maior medida possível dentro das possibilidades jurídicas e fáticas existentes. Princípios são, por conseguinte, mandados de otimização, que são caracterizados por poderem ser satisfeitos em graus variados e pelo fato de que a medida devida de sua satisfação não depende somente das possibilidades fáticas, mas também das possibilidades jurídicas. O âmbito das possibilidades jurídicas é determinado pelos princípios e regras colidentes. Já as regras são normas que são sempre ou satisfeitas ou não satisfeitas. Se uma regra vale, então, deve se fazer exatamente aquilo que ela exige; nem mais, nem menos. Regras contêm, portanto, determinações no âmbito daquilo que é fática e juridicamente possível. Isso significa que a distinção entre regras e princípios é uma distinção qualitativa, e não uma distinção de grau" (ALEXY, Robert. *Teoria dos direitos fundamentais.* Tradução de Virgílio Afonso da Silva. São Paulo: Malheiros, 2008, p. 90-91).

> princípios são normas imediatamente finalísticas, primariamente prospectivas e com pretensão de complementaridade e de parcialidade, para cuja aplicação demandam uma avaliação da correlação entre o estado de coisas a ser promovido e os efeitos decorrentes da conduta havida como necessária à sua promoção[43].

O caráter finalístico dos princípios logo demonstra sua relevância para a formulação e correta orientação de uma disciplina jurídica.

No caso do Direito Ambiental, ramo de elaboração ainda muito recente, não codificado no Brasil (de legislação esparsa), assumem os princípios relevância ainda maior, na condução da atividade do legislador e do intérprete para que se cumpra a diretriz constitucional estabelecida no art. 225 de nossa Lei Maior.

Os princípios jurídico-ambientais, normas estruturantes e conformantes do sistema jurídico-ambiental, devem conduzir os aplicadores do Direito a uma interpretação das normas que seja consentânea com as diretrizes constitucionais vigentes.

A diretriz constitucional maior em matéria ambiental é aquela que se extrai do *caput* do art. 225 da Constituição Federal, segundo a qual o direito ao ambiente equilibrado pertence a todos e por todos deve ser preservado, para as presentes e futuras gerações.

Toda atividade de interpretação/aplicação do Direito deve, pois, atentar aos princípios setoriais do Direito Ambiental, todos eles orientados ao cumprimento da vontade expressa no texto constitucional. Só assim se pode ter de fato um Direito Ambiental voltado à sua real finalidade, qual seja, a manutenção de um ambiente equilibrado.

1.3.2 Princípios em espécie

1.3.2.1 Princípio da sustentabilidade ou do desenvolvimento sustentável

Dentre as expressões mais utilizadas e repetidas na atualidade está a sustentabilidade ou o adjetivo sustentável. Sustentável é termo definido como característica do "que pode ser sustentado, passível de sustentação, suportável"[44].

Leonardo Boff analisa a sustentabilidade, conferindo-lhe um sentido passivo e outro ativo. Proclama, então, que a sustentabilidade abrange "tudo o que fizermos para que um ecossistema não decaia e se arruíne" (passivo) e ainda "os procedimentos que se tomam para permitir que um bioma se mantenha vivo, protegido, alimentado de nutrientes a ponto de sempre se conservar bem e estar sempre à altura dos riscos que possam advir" (ativo)[45].

Aplicada aos problemas ambientais, a sustentabilidade deve refletir a característica das atividades que possam ser racional e razoavelmente suportadas pela própria sociedade e/ou pelo ambiente habitado por esta.

Desse modo, a sustentabilidade, como prática e valor a ser buscado[46], deve nortear toda e qualquer decisão pública ou privada, especialmente aquelas de grande expressão ou abrangência social.

---

43 ÁVILA, Humberto. *Teoria dos princípios:* da definição à aplicação dos princípios jurídicos. 12. ed. ampl. São Paulo: Malheiros, 2011, p. 193.

44 HOUAISS, Antônio; VILLAR, Mauro de Salles. *Grande dicionário Houaiss da Língua Portuguesa.* Rio de Janeiro: Objetiva, 2001, p. 2649.

45 BOFF, Leonardo. *Sustentabilidade:* o que é: o que não é. Petrópolis: Vozes, 2012, p. 31-32.

46 Para Juarez Freitas, a sustentabilidade pode ser definida, em termos jurídicos, como o "princípio constitucional que determina, independentemente de regulamentação legal, com eficácia direta e imediata, a responsabilidade do Estado e da sociedade pela concretização solidária do desenvolvimento material e imaterial, socialmente inclusivo, durável e equânime, ambientalmente limpo, inovador, ético e eficiente, no intuito de assegurar, preferencialmente de modo preventivo e precavido, no presente e no futuro, o direito ao bem-estar físico, psíquico e espiritual, em consonância homeostática com o bem de todos" (FREITAS, Juarez. *Sustentabilidade:* direito ao futuro. Belo Horizonte: Fórum, 2011, p. 40-41).

A finitude dos recursos naturais, por sua vez, torna imperativa sua racional utilização, de modo a se garantir um mínimo de segurança ambiental às presentes e futuras gerações[47].

Esse raciocínio redunda inevitavelmente na necessária reflexão acerca do conceito de desenvolvimento econômico[48].

A Declaração das Nações Unidas sobre Meio Ambiente e Desenvolvimento (Rio de Janeiro, 1992), proclama que "o direito ao desenvolvimento deve ser exercido, de modo a permitir que sejam atendidas equitativamente as necessidades de gerações presentes e futuras" (Princípio 3); "para alcançar o desenvolvimento sustentável, a proteção ambiental deve constituir parte integrante do processo de desenvolvimento, e não pode ser considerada isoladamente deste" (Princípio 4).

O próprio Supremo Tribunal Federal já se manifestou sobre este princípio, conferindo-lhe contornos definidos:

> Desenvolvimento sustentável: crescimento econômico com garantia paralela e superiormente respeitada da saúde da população, cujos direitos devem ser observados em face das necessidades atuais e daquelas previsíveis e a serem prevenidas para garantia e respeito às gerações futuras[49].

Os entes públicos brasileiros e o Poder Judiciário em especial, em atenção aos fundamentos da República (art. 1º da CF) e também a seus objetivos (art. 3º), em sua cotidiana atividade de ponderação de interesses, devem considerar o valor da sustentabilidade na adoção de medidas e tomada de decisões[50].

1.3.2.2 *Princípio da prevenção*

Pelo mandamento contido no **princípio da prevenção, deve ser dada preferência a medidas que busquem evitar ou prevenir os possíveis danos ambientais**. A tutela ambiental adequada não pode se contentar tão somente com a reparação de danos já ocorridos, mas deve buscar com preferência medidas que evitem a ocorrência de danos. Não se olvide também que muitos danos ambientais podem se revelar tecnicamente irreparáveis na espécie, restando a possibilidade insatisfatória de uma compensação ou indenização. Por isso mesmo, deve ser dada absoluta primazia às medidas preventivas do dano[51].

É o princípio da prevenção que sustenta a existência de importante instituto do Direito Ambiental: o E.I.A. (Estudo de Impacto Ambiental). Previsto no art. 225, § 1º, IV, da Constituição Federal, referido instrumento consiste na elaboração de análise técnica sobre os futuros impactos de empreendimento potencialmente poluidor[52].

Reconhece-se também o princípio da prevenção nas normas internacionais[53].

---

47 Imposição do próprio art. 225 da Constituição Federal, ao estabelecer que incumbe ao Poder Público e à sociedade o dever de preservar e defender o meio ambiente, garantindo-o sadio às "presentes e futuras gerações".

48 "O conceito de desenvolvimento transcende, substancialmente, a ideia limitada de crescimento econômico" (SARLET, Ingo Wolfgang; FENSTERSEIFER, Tiago. Estado socioambiental e mínimo existencial (ecológico?): algumas aproximações. *In* SARLET, Ingo Wolfgang. *Estado socioambiental e direitos fundamentais*. Porto Alegre: Livraria do Advogado Editora, 2010, p. 21).

49 STF, ADPF 101/DF, Pleno, Rel. Min. Cármen Lúcia, *DJe* 04.06.2012.

50 "A sustentabilidade não é, pois, princípio abstrato ou de observância adiável: vincula plenamente e se mostra inconciliável com o vicioso descumprimento da função socioambiental dos bens e serviços" (FREITAS, Juarez. *Sustentabilidade:* direito ao futuro. Belo Horizonte: Fórum, 2011, p. 39).

51 LEMOS, Patrícia Faga Iglecias. *Meio ambiente e responsabilidade civil do proprietário*. São Paulo: Editora Revista dos Tribunais, 2012, p. 70.

52 CF/1988, art. 225, § 1°, IV: "Para assegurar a efetividade desse direito, incumbe ao Poder Público: (...) V – exigir, na forma da lei, para instalação de obra ou atividade potencialmente causadora de significativa degradação do meio ambiente, estudo prévio de impacto ambiental, a que se dará publicidade".

53 Declaração de Estocolmo sobre o Ambiente Humano – 1972: "Princípio 4 – O homem tem a responsabilidade especial de preservar e administrar judiciosamente o patrimônio da flora e da fauna silvestres e seu habitat, que se encontram atualmente em grave perigo, devido a uma combinação de fatores adversos. Consequentemente, ao planificar o desenvolvimento econômico deve-se atribuir importância à conservação da natureza, incluídas a flora e a fauna silvestres. Princípio

Observe-se, ainda, que o princípio da prevenção tem sido acolhido também na jurisprudência brasileira:

> Agravo regimental em recurso especial. Penal. Crime ambiental. Princípios do desenvolvimento sustentável e da prevenção. Poluição mediante lançamento de dejetos provenientes de suinocultura diretamente no solo em desconformidade com leis ambientais. Art. 54, § 2º, v, da Lei n. 9.605/1998. Crime formal. Potencialidade lesiva de causar danos à saúde humana evidenciada. Crime configurado. Agravo regimental provido. Recurso especial improvido. I. Os princípios do desenvolvimento sustentável e da prevenção, previstos no art. 225, da Constituição da República, devem orientar a interpretação das leis, tanto no direito ambiental, no que tange à matéria administrativa, quanto no direito penal, porquanto o meio ambiente é um patrimônio para essa geração e para as futuras, bem como direito fundamental, ensejando a adoção de condutas cautelosas, que evitem ao máximo possível o risco de dano, ainda que potencial, ao meio ambiente. II. A Lei n. 9.605/1998, ao dispor sobre as sanções penais e administrativas derivadas de condutas e atividades lesivas ao meio ambiente e dar outras providências, constitui um divisor de águas em matéria de repressão a ilícitos ambientais. Isto porque ela trouxe um outro viés, um outro padrão de punibilidade em matéria de crimes ambientais, trazendo a figura do crime de perigo. III. O delito previsto na primeira parte do art. 54, da Lei n. 9.605/1998, possui natureza formal, porquanto o risco, a potencialidade de dano à saúde humana, é suficiente para configurar a conduta delitiva, não se exigindo, portanto, resultado naturalístico. Precedente. IV. A Lei de Crimes Ambientais deve ser interpretada à luz dos princípios do desenvolvimento sustentável e da prevenção, indicando o acerto da análise que a doutrina e a jurisprudência têm conferido à parte inicial do artigo 54 da Lei n. 9.605/1998, de que a mera possibilidade de causar dano à saúde humana é idônea a configurar o crime de poluição, evidenciada sua natureza formal ou, ainda, de perigo abstrato. V. Configurado o crime de poluição, consistente no lançamento de dejetos provenientes da criação de cerca de dois mil suínos em sistema de confinamento em 3 (três) pocilgas verticais, despejados a céu aberto, correndo por uma vala que os levava até às margens do Rio do Peixe, situado em área de preservação permanente, sendo a atividade notoriamente de alto potencial poluidor, desenvolvida sem o devido licenciamento ambiental, evidenciando a potencialidade do risco à saúde humana[54].

É bem verdade que muitas vezes são observadas em julgamentos de nossos tribunais referências ao conteúdo do princípio da prevenção, com a utilização do nome precaução. Isso se justifica porque muitos autores não distinguem as duas normas, tratando-as como sinônimas ou como subespécie uma da outra.

Entendemos, porém, que são elas normas distintas, como se verá no tópico seguinte.

Com relação à prevenção, observa-se que se aplica tal princípio nos casos em que não há dúvida acerca do caráter poluidor de determinada atividade. Não se trata de incerteza científica, mas tão somente de se adotar postura de privilegiar o tratamento antecipado dos problemas, evitando-os, ao invés de simplesmente remediá-los.

Não se olvide que, a despeito da prevalência da prevenção, caso não se evite o dano e este venha a ocorrer na realidade, é preciso frisar que, em matéria de responsabilidades jurídicas por danos ambientais, **não se deve admitir a aplicação da teoria do fato consumado.** É a disposição atualmente contida na Súmula 613 do Superior Tribunal de Justiça: "Não se admite a aplicação da teoria do fato consumado em tema de Direito Ambiental".

---

5 – Os recursos não renováveis da Terra devem empregar-se de forma que se evite o perigo de seu futuro esgotamento e se assegure que toda a humanidade compartilhe dos benefícios de sua utilização. (...) Princípio 7 – Os Estados deverão tomar todas as medidas possíveis para impedir a poluição dos mares por substâncias que possam pôr em perigo a saúde do homem, os recursos vivos e a vida marinha, menosprezar as possibilidades de derramamento ou impedir outras utilizações legítimas do mar". Declaração do Rio sobre Meio Ambiente e Desenvolvimento Humano (Rio 92): "Princípio 2 – Os Estados, de acordo com a Carta das Nações Unidas e com os princípios do direito internacional, têm o direito soberano de explorar seus próprios recursos segundo suas próprias políticas de meio ambiente e de desenvolvimento, e a responsabilidade de assegurar que atividades sob sua jurisdição ou seu controle não causem danos ao meio ambiente de outros Estados ou de áreas além dos limites da jurisdição nacional".

[54] STJ, AgRg no REsp 1.418.795/SC, Rel. Min. Marco Aurélio Bellizze, Rel. para acórdão Min. Regina Helena Costa, *DJe* 07.08.2014.

Não é só. Além disso, o STJ admite a imputação simultânea ao causador do dano das obrigações de fazer ou de não fazer e de indenizar. É o conteúdo da Súmula 629 da Corte, recentemente aprovada: "Quanto ao dano ambiental, é admitida a condenação do réu à obrigação de fazer ou à de não fazer cumulada com a de indenizar".

1.3.2.3 *Princípio da precaução*

Já o **princípio da precaução contém em si a ideia de que, ainda que não haja certeza sobre o caráter degradador de determinada atividade, devem ser adotadas cautelas para que se evite dano ambiental**, ou seja, na dúvida deve ser prolatada uma decisão em favor do meio ambiente. É o que se expressa por meio da máxima *in dubio pro* ambiente.

Esse princípio está expressamente previsto no enunciado 15 da Declaração da Rio 92:

> Princípio 15: Com o fim de proteger o meio ambiente, o princípio da precaução deverá ser amplamente observado pelos Estados, de acordo com suas capacidades. Quando houver ameaça de danos graves ou irreversíveis, a ausência de certeza científica absoluta não será utilizada como razão para o adiamento de medidas economicamente viaveis para prevenir a degradação ambiental.

Como se vê, o princípio da precaução é chamado a atuar quando se está diante de **situação de incerteza científica** sobre as atividades de que se trata ou ainda sobre as consequências de tais atividades para o meio ambiente e a saúde pública[55].

É relevante ainda fazer referência a entendimento largamente privilegiado em nossa jurisprudência, qual seja o de estabelecer como consequência do princípio da precaução a **possibilidade de inversão do ônus da prova em favor da proteção ambiental**, numa aplicação subsidiária do disposto no art. 6º, VIII, da Lei 8.078/1990 (Código de Defesa do Consumidor)[56]. O princípio da precaução, nesta linha de raciocínio, imporia a inversão do ônus da prova, cumprindo ao poluidor o ônus de demonstrar a ausência de nocividade ou lesividade de sua atividade ou empreendimento (nesse sentido, STJ – AgRg no REsp 183.202/SP; STJ – REsp 1.330.027/SP).

A questão ganha relevância diante da disposição do Novo Código de Processo Civil acerca da possibilidade de distribuição dinâmica do ônus da prova. Dada a disposição contida no art. 373, § 1º, do referido Código[57], ao juiz é dado, no momento do saneamento do processo (art. 357 do CPC) e diante de peculiaridades da causa, alterar a regra legal de distribuição do ônus da prova de maneira fundamentada[58]. A nosso ver, as imposições do princípio

---

55 É verdade, porém, que há também diferentes perspectivas sobre a precaução, havendo na doutrina aqueles que exigem maior grau de proteção e outros que entendem correto tolerar maiores riscos: "Em doutrina, são identificadas três concepções sobre o conteúdo, extensão e acepção do princípio da precaução, que podem ser divididas em: a) radical – visa a garantir o risco zero, pregando a moratória ou a abstenção definitiva e gerando a inversão do ônus da prova; b) minimalista – requer riscos sérios e irreversíveis, afasta a moratória e não conduz à inversão do ônus da prova; e c) intermediária – requer risco científico crível, não exclui a moratória e implica a carga dinâmica da prova" (ANDRADE, Adriano; MASSON, Cleber; ANDRADE, Landolfo. *Interesses difusos e coletivos esquematizado*. 5. ed. rev., atual. e ampl. Rio de Janeiro: Forense; São Paulo: Método, 2015, p. 439).

56 A inversão do ônus da prova, prevista no Código de Defesa do Consumidor, é instituto extensível à tutela dos demais interesses difusos e coletivos, conforme preconiza a melhor doutrina (nesse sentido, LEONEL, Ricardo de Barros. *Manual do processo coletivo*. 3. ed., São Paulo: Editora Revista dos Tribunais, 2013, p. 372-375). A doutrina jurídica, aliás, já reconhece a possibilidade de aplicação da teoria dinâmica do ônus da prova, expressamente acolhida no Código de Processo Civil de 2015, segundo a qual a incumbência de provar os fatos submetidos ao julgamento deve ser atribuída à parte que tenha melhores condições objetivas de fazê-lo (nesse sentido, ANDRADE, Landolfo. *O ônus da prova na ação civil pública. Regime atual e influências do novo CPC*. São Paulo: Editora Verbatim, 2015).

57 CPC, art. 373, § 1º: "Nos casos previstos em lei ou diante de peculiaridades da causa relacionadas à impossibilidade ou à excessiva dificuldade de cumprir o encargo nos termos do *caput* ou à maior facilidade de obtenção da prova do fato contrário, poderá o juiz atribuir o ônus da prova de modo diverso, desde que o faça por decisão fundamentada, caso em que deverá dar à parte a oportunidade de se desincumbir do ônus que lhe foi atribuído".

58 Na lição dos processualistas baianos: "o legislador brasileiro autoriza o juiz a, preenchidos certos pressupostos, redistribuir o ônus da prova, diante de peculiaridades do caso concreto. A redistribuição é feita caso a caso. É chamada, por isso, de

da precaução, evidentemente diante de relevantes circunstâncias do caso concreto, devem constituir motivo suficiente para a distribuição dinâmica prevista no art. 373, § 1º, do CPC.

Atente-se agora para a recente edição da Súmula 618 do Superior Tribunal de Justiça, que, a nosso ver, sacramenta a questão: **"A inversão do ônus da prova aplica-se às ações de degradação ambiental"**.

Outras consequências são extraídas do princípio da precaução, tais como a flexibilização de normas processuais, como a que exige prévia intimação do Poder Público para concessão de medida liminar contra o Estado, sempre tendo em vista a necessidade de proteção ambiental. No Agravo Regimental em Recurso Especial 431.420/MG (2013/0378235-3), decidiu o STJ que não se poderia revogar a liminar concedida anteriormente, "uma vez que a verificação do risco de dano ambiental que justificou a tutela de urgência, ou mesmo de dúvida que a impõe pelo princípio da precaução, demanda reexame dos elementos fático-probatórios". Além disso, afirmou a Corte que, quanto à vedação de concessão de medidas liminares de caráter satisfativo, a orientação seria a de que "a Lei n. 8.437/1992 deve ser interpretada restritivamente, sendo tais medidas cabíveis quando há o *fumus boni iuris* e o *periculum in mora*, com o intuito de resguardar bem maior". Por fim, o STJ frisou que tem mitigado, em hipóteses excepcionais, a regra que exige a oitiva prévia da pessoa jurídica de direito público nos casos em que presentes os requisitos legais para a concessão de medida liminar em ação civil pública (art. 2º da Lei 8.437/1992).

Outra decisão a ser referida é aquela proferida na ADI 5447. O Ministro Luís Roberto Barroso, do Supremo Tribunal Federal, restabeleceu de imediato todos os períodos de defeso que haviam sido suspensos pela Portaria Interministerial 192/2015 por 120 dias, prorrogáveis por igual período. O defeso é a proibição transitória da atividade pesqueira para preservação das espécies. Segundo o Ministro Barroso, havia evidências de que a decisão de suspender o período de defeso foi tomada com o objetivo exclusivo de economizar recursos com o pagamento de benefício previdenciário aos pescadores, em razão da crise econômica, sem se atentar à necessidade de proteção do meio ambiente. Na Ação Direta de Inconstitucionalidade 5447, a presidente Dilma Rousseff questionou o Decreto Legislativo 293/2015, que sustou os efeitos da portaria interministerial e restabeleceu o defeso. Inicialmente, em janeiro de 2016, foi concedida liminar na ADI para suspender os efeitos do Decreto Legislativo, sob o entendimento de que o Poder Executivo não havia exorbitado de seu poder regulamentador ao editar a Portaria Interministerial. Esta liminar fora deferida pelo Presidente do Supremo Tribunal Federal, Ministro Ricardo Lewandowski, no exercício do Plantão Judiciário daquela Corte. Em março de 2016, o Ministro Barroso revogou a liminar anteriormente deferida, fundamentando sua decisão fortemente no conteúdo do princípio da precaução:

> 1. Ação que tem por objeto a inconstitucionalidade do Decreto Legislativo n. 293/2015, que sustou os efeitos da Portaria Interministerial n. 192/2015, ao argumento de que o Executivo, ao editá-la, teria exorbitado de seu poder regulamentar. 2. Portaria que, com a justificativa de definir os períodos de defeso (proibição temporária à atividade pesqueira para preservação de espécies) nela especificados, suspendeu tais períodos por 120 dias, prorrogáveis por mais 120 dias. 3. Não apresentação de dados objetivos ou de estudos técnicos ambientais que comprovem a desnecessidade do defeso. Inobservância do princípio ambiental da precaução. Risco ao meio ambiente equilibrado, à fauna brasileira, à segu-

distribuição dinâmica do ônus da prova – embora, como já se viu, também ser dinâmica a distribuição feita por convenção das partes. A redistribuição judicial do ônus da prova pode ser feita de ofício e é impugnável por agravo de instrumento (art. 1.015, XI, CPC). É preciso destacar que a regra é a distribuição legal do ônus da prova; a dinamização depende de decisão do magistrado, seja de ofício, seja a requerimento de uma das partes. Ou seja, a dinamização é excepcional e depende do reconhecimento dos pressupostos do § 1º do art. 373" (DIDIER JR., Fredie. *Curso de direito processual civil:* teoria da prova, direito probatório, ações probatórias, decisão, precedente, coisa julgada e antecipação dos efeitos da tutela. 11. ed., Salvador: JusPodivm, 2016, p. 125).

rança alimentar da população e à preservação de grupos vulneráveis, que se dedicam à pesca artesanal. 4. Não apresentação de indícios objetivos mínimos que indiquem a verossimilhança da ocorrência de fraude em proporção tal que justifique a medida extrema. 5. Evidências de que o poder regulamentar foi exercido com desvio de finalidade, para fins estritamente fiscais de economizar custos com o pagamento de seguro defeso aos pecadores e em detrimento do meio ambiente. 6. Revogação da liminar que suspendeu os efeitos do Decreto Legislativo n. 293/2015. Restabelecimento de todos os períodos de defeso suspensos pela Portaria Interministerial n. 192/2015. (...) Ora, de acordo com o princípio constitucional da precaução, norma elementar e comezinha regedora de todo o Direito Ambiental, na dúvida quanto ao risco de dano, deve o Poder Público atuar de forma a proteger o meio ambiente – e não liberar atividade potencialmente danosa. (...).

Finalmente, é válido apontar uma última decisão do STF, por sua atualidade e por sua relevância: trata-se da decisão monocrática adotada pela Ministra Rosa Weber na ADPF 747 MC/DF, ação ajuizada contra a decisão veiculada pela Resolução Conama 500/2020, por meio da qual tal órgão revogou relevantes resoluções anteriores, por proposição do próprio Ministro do Meio Ambiente. A gravidade dessas revogações levou o STF a privilegiar aqui o princípio da precaução, freando o ímpeto de desregulamentação adotado pelo governo brasileiro[59].

Funciona, portanto, o princípio da precaução como norma que protege o meio ambiente de medidas públicas ou privadas que se revelem impensadas, por não considerarem seriamente a variável ambiental.

1.3.2.4 *Princípio do poluidor-pagador (e usuário-pagador e protetor-recebedor)*

O conhecido **princípio do poluidor-pagador exige que a pessoa responsável pela atividade poluidora arque com os custos dos danos ambientais causados**. Tal norma tem origem no preceito lógico-econômico de que os custos sociais da produção de bens ou serviços devem ser internalizados pela empresa ou pessoa que aufere as vantagens de tal atividade.

Toda atividade econômica acaba por gerar efeitos reflexos, comumente chamados de externalidades negativas. A poluição é uma das mais sérias e graves externalidades negativas causadas por diversas atividades econômicas.

Atribuir, pois, ao próprio poluidor a responsabilidade por tais externalidades é reequilibrar a balança de sua relação com a sociedade, pois se o empreendedor aufere o bônus deve também suportar os ônus de sua atividade.

O princípio do poluidor-pagador tem duas finalidades: (i) a primeira, dita sancionatória ou reparatória, pela qual busca atribuir ao poluidor a integral responsabilidade pela reparação dos danos efetivamente causados; (ii) a segunda, dissuasiva, pela qual se intenta prevenir

[59] STF, ADPF 747: "Arguição de descumprimento de preceito fundamental. Pedido de liminar. Alegação de afronta ao art. 225 da Constituição da República. Resolução Conama n. 500/2020. Revogação das Resoluções n. 84/2001, 302/2002 e 303/2002. Licenciamento de empreendimentos de irrigação, parâmetros, definições e limites de áreas de preservação permanente de reservatórios artificiais e regime de uso do entorno. Parâmetros, definições e limites de áreas de preservação permanente em geral. 1. A mera revogação de normas operacionais fixadoras de parâmetros mensuráveis necessários ao cumprimento da legislação ambiental, sem sua substituição ou atualização, compromete a observância da Constituição, da legislação vigente e de compromissos internacionais. 2. A revogação da Resolução Conama n. 284/2001 sinaliza dispensa de licenciamento para empreendimentos de irrigação, mesmo que potencialmente causadores de modificações ambientais significativas. Evidenciados graves e imediatos riscos para a preservação dos recursos hídricos, em prejuízo da qualidade de vida das presentes e futuras gerações (art. 225, *caput* e § 1°, I, da CF). 3. A revogação das Resoluções n. 302/2002 e n. 303/2002 distancia-se dos objetivos definidos no art. 225 da CF, baliza material da atividade normativa do Conama. Aparente estado de anomia e descontrole regulatório, a configurar material retrocesso no tocante à satisfação do dever de proteger e preservar o equilíbrio do meio ambiente, incompatível com a ordem constitucional e o princípio da precaução. Precedentes. *Fumus boni juris* demonstrado. 4. Elevado risco de degradação de ecossistemas essenciais à preservação da vida sadia, comprometimento da integridade de processos ecológicos essenciais e perda de biodiversidade, a evidenciar o *periculum in mora*. 5. Liminar deferida, *ad referendum* do Plenário, para suspender os efeitos da Resolução Conama n. 500/2020".

novos danos, pela demonstração aos empreendedores das desvantagens ou consequências do cometimento de condutas lesivas ao meio ambiente.

É importante frisar que o princípio do poluidor-pagador nunca pode ser erroneamente interpretado, como se fora lido na ordem pagador-poluidor. Isto é, **não é o pagamento que possibilita a livre e lícita poluição**, mas a ilícita poluição que impõe integral reparação. Desse modo, **não há direito adquirido à poluição ou à atividade poluidora**, devendo esta cessar tão logo constatada, numa aplicação do já abordado princípio da prevenção[60]. Evidente que entre a prevenção de novos danos e a responsabilização de pessoas por danos já constatados, o Direito Ambiental deve preferir a primeira opção, tal como já mencionado no tópico relativo ao princípio da prevenção.

Em nosso ordenamento são encontrados exemplos evidentes de aplicação do princípio do poluidor-pagador:

> Constituição Federal
>
> Art. 225. (...)
>
> § 2º Aquele que explorar recursos minerais fica obrigado a recuperar o meio ambiente degradado, de acordo com solução técnica exigida pelo órgão público competente, na forma da lei.
>
> § 3º As condutas e atividades consideradas lesivas ao meio ambiente sujeitarão os infratores, pessoas físicas ou jurídicas, a sanções penais e administrativas, independentemente da obrigação de reparar os danos causados.
>
> Lei n. 6.938/1981
>
> Art. 4º A Política Nacional do Meio Ambiente visará: (...)
>
> VII – à imposição, ao poluidor e ao predador, da obrigação de recuperar e/ou indenizar os danos causados e, ao usuário, da contribuição pela utilização de recursos ambientais com fins econômicos.
>
> Art. 14. (...)
>
> § 1º Sem obstar a aplicação das penalidades previstas neste artigo, é o poluidor obrigado, independentemente da existência de culpa, a indenizar ou reparar os danos causados ao meio ambiente e a terceiros, afetados por sua atividade. O Ministério Público da União e dos Estados terá legitimidade para propor ação de responsabilidade civil e criminal, por danos causados ao meio ambiente.

A Declaração da ONU sobre Meio Ambiente e Desenvolvimento (Rio 92) trouxe visão renovada, atenta à internacionalização do capital e, portanto, dos poluidores. Recomenda o documento, em seu princípio 16, a internacionalização dos custos ambientais, de modo que não se submeta um só povo nacional aos efeitos negativos de processo produtivo causado por empreendedor internacional. Nota-se ainda a preocupação com a manutenção de certa isonomia ou lealdade na concorrência estabelecida entre empreendedores de diversas nacionalidades:

> Princípio 16
>
> As autoridades nacionais devem procurar promover a internacionalização dos custos ambientais e o uso de instrumentos econômicos, tendo em vista a abordagem segundo a qual o poluidor deve, em

60 "Não há direito adquirido a poluir ou degradar o meio ambiente, não existindo permissão ao proprietário ou posseiro para a continuidade de práticas vedadas pelo legislador". Precedentes: REsp 1172553/PR, 1ª T., Rel. Min. Arnaldo Esteves Lima, j. 27.05.2014, *DJe* 04.06.2014; AgRg no REsp 1367968/SP, 2ª T., Voto-Vista Eliana Calmon, j. 17.12.2013, *DJe* 12.03.2014; EDcl nos EDcl no Ag 1323337/SP, 2ª T., Rel. Min. Mauro Campbell Marques, j. 22.11.2011, *DJe* 01.12.2011; REsp 948921/SP, 2ª T., Rel. Min. Herman Benjamin, j. 23.10.2007, *DJe* 11.11.2009; MC 023429/SC (decisão monocrática), Min. Marga Tessler (Juíza Federal convocada do TRF 4ª Região), j. 17.10.2014, *DJe* 21.10.2014; REsp 1240201/PR (decisão monocrática), Min. Benedito Gonçalves, j. 07.08.2014, *DJe* 14.08.2014 (Brasil, STJ, *Jurisprudência em Teses*, disponível em: http://www.stj.jus.br/internet_docs/jurisprudencia/jurisprudenciaemteses/Jurisprudência%20em%20teses%2030%20-%20direito%20ambiental.pdf. Acesso em: 25 ago. 2016).

princípio, arcar com o custo da poluição, com a devida atenção ao interesse público e sem provocar distorções no comércio e nos investimentos internacionais.

Como norma complementar ao princípio do poluidor-pagador, mais recentemente passou a doutrina a tratar de outro princípio, nomeado usuário-pagador, segundo o qual os usuários dos recursos naturais devem pagar pelo bem de que usufruem.

É preciso compreender que se trata de norma diferente do poluidor-pagador. A começar pela condição do sujeito, num caso, poluidor, causador de alteração negativa ao ambiente. No outro, mero usuário de algum recurso natural. Além disso, difere o objeto, ou seja, a atividade realizada por cada um deles. No caso do poluidor, é o dano ao ambiente que exige reparação, é a ilícita agressão à natureza que demanda sanção. No caso do usuário, trata-se apenas do uso lícito de um bem ambiental, cuja escassez impõe cuidados, razão pela qual se institui um pagamento, para que de algum modo esse uso reverta para o bem da própria coletividade.

É possível também encontrar esse princípio em nossa legislação:

> Lei 6.938/1981
>
> Art. 4º – A Política Nacional do Meio Ambiente visará: (...)
>
> VII – à imposição, ao poluidor e ao predador, da obrigação de recuperar e/ou indenizar os danos causados e, ao usuário, da contribuição pela utilização de recursos ambientais com fins econômicos.
>
> Lei 9.433/1997
>
> Art. 1º – A Política Nacional de Recursos Hídricos baseia-se nos seguintes fundamentos: (...)
>
> II – a água é um recurso natural limitado, dotado de valor econômico; (...)
>
> Art. 11 – O regime de outorga de direitos de uso de recursos hídricos tem como objetivos assegurar o controle quantitativo e qualitativo dos usos da água e o efetivo exercício dos direitos de acesso à água.
>
> (...)
>
> Art. 19 – A cobrança pelo uso de recursos hídricos objetiva:
>
> I – reconhecer a água como bem econômico e dar ao usuário uma indicação de seu real valor;
>
> II – incentivar a racionalização do uso da água;
>
> III – obter recursos financeiros para o financiamento dos programas e intervenções contemplados nos planos de recursos hídricos.

A jurisprudência também já reconheceu a importância do princípio do usuário-pagador, sendo célebre a decisão exarada pelo Supremo Tribunal Federal na ADI 3378. Assentou-se a constitucionalidade do art. 36 da Lei 9.985/2000 (que institui o Sistema Nacional de Unidades de Conservação – SNUC), o qual estabelece:

> Art. 36. Nos casos de licenciamento ambiental de empreendimentos de significativo impacto ambiental, assim considerado pelo órgão ambiental competente, com fundamento em estudo de impacto ambiental e respectivo relatório – EIA/RIMA, o empreendedor é obrigado a apoiar a implantação e manutenção de unidade de conservação do Grupo de Proteção Integral, de acordo com o disposto neste artigo e no regulamento desta Lei.

A exigência da compensação ambiental referida neste dispositivo encontra fundamento no princípio do usuário-pagador. O empreendedor deve prestar apoio à implantação e manutenção de unidade de conservação, porque se afigura usuário dos recursos naturais daquele determinado ecossistema.

No julgamento da ADI 3378, o Ministro Relator Carlos Ayres Brito asseverou que o art. 36 da Lei 9.985/2000 "densifica o **princípio usuário-pagador,** este a significar um mecanismo de assunção da responsabilidade social (partilhada, insista-se) pelos custos ambientais derivados da atividade econômica" (grifo nosso).

Finalmente, fala-se também em **princípio do protetor-recebedor**, cujo conteúdo é relacionado aos dois anteriores, mas distinto deles. Entende-se que **o cidadão que efetiva e voluntariamente pratica atos benéficos ao meio ambiente deve receber compensação financeira por isso, a qual se revelaria um prêmio por sua ação**.

É justamente o princípio que dá fundamento aos institutos que se reúnem sob o conhecido nome PSA (*pagamento por serviços ambientais*).

Os **pagamentos por serviços ambientais** podem ser conceituados como relações ou transações entre duas ou mais pessoas "envolvendo a remuneração àqueles que promovem a conservação, recomposição, incremento ou manejo de áreas de vegetação considerada apta a fornecer certos serviços ambientais"[61].

Este princípio está expressamente previsto no art. 6º, II, da Lei 12.305/2010 (Lei de Política Nacional de Resíduos Sólidos).

Também no Código Florestal, como um dos princípios da lei, elege-se a diretriz de criação e mobilização de incentivos econômicos para fomentar a preservação e a recuperação da vegetação nativa e para promover o desenvolvimento de atividades produtivas sustentáveis (art. 1º-A, parágrafo único, VI, da Lei 12.651/2012).

Além disso, é possível encontrar na legislação normas e institutos outros que visam a dar concretude ao ideal do protetor-recebedor.

O art. 41 do próprio Código Florestal autoriza o Poder Executivo federal a instituir **programa de apoio e incentivo à conservação do meio ambiente**, bem como para adoção de tecnologias e boas práticas que conciliem a produtividade agropecuária e florestal, com redução dos impactos ambientais, como forma de promoção do desenvolvimento ecologicamente sustentável[62].

Vale também citar que, antes mesmo da edição do Código Florestal de 2012, a Lei 12.512/2011 criou o Programa de Apoio à Conservação Ambiental, sob a responsabilidade do Ministério do Meio Ambiente, com objetivos nitidamente conservacionistas[63].

Para tanto, a União ficou autorizada a transferir recursos financeiros e a disponibilizar serviços de assistência técnica a famílias em situação de extrema pobreza que desenvolvam atividades de conservação de recursos naturais no meio rural.

Podem ser beneficiárias do Programa de Apoio à Conservação Ambiental as famílias em situação de extrema pobreza que desenvolvam atividades de conservação nas seguintes áreas (art. 3º da Lei 12.512/2011):

- florestas nacionais, reservas extrativistas e reservas de desenvolvimento sustentável federais;
- projetos de assentamento florestal, projetos de desenvolvimento sustentável ou projetos de assentamento agroextrativista instituídos pelo Instituto Nacional de Colonização e Reforma Agrária – Incra;
- territórios ocupados por ribeirinhos, extrativistas, populações indígenas, quilombolas e outras comunidades tradicionais; e
- outras áreas rurais definidas como prioritárias por ato do Poder Executivo.

---

61 NUSDEO, Ana Maria de Oliveira. *Pagamento por serviços ambientais:* sustentabilidade e disciplina jurídica. São Paulo: Atlas, 2012, p. 69.

62 O referido programa deve observar as categorias e linhas de ação previstas no próprio art. 41 do Código Florestal, dentre elas o "pagamento ou incentivo a serviços ambientais como retribuição, monetária ou não, às atividades de conservação e melhoria dos ecossistemas e que gerem serviços ambientais".

63 Art. 1º da Lei 12.512/2011.

Por fim, menciona-se a **recente edição da Lei 14.119/2021, que institui a Política Nacional de Pagamento por Serviços Ambientais**. Esta lei agora consolida as modalidades de PSA, arrolando-as no art. 3º: I – pagamento direto, monetário ou não monetário; II – prestação de melhorias sociais a comunidades rurais e urbanas; III – compensação vinculada a certificado de redução de emissões por desmatamento e degradação; IV – títulos verdes (*green bonds*); V – comodato; VI – Cota de Reserva Ambiental (CRA), instituída pela Lei 12.651, de 25 de maio de 2012.

Além disso, outras modalidades de pagamento por serviços ambientais poderão ser estabelecidas por atos normativos do órgão gestor da PNPSA e deverão elas sempre ser previamente pactuadas entre pagadores e provedores de serviços ambientais (§§ 1º e 2º do art. 3º).

1.3.2.5 *Princípio da vedação ao retrocesso*

Os direitos humanos são, sem dúvida, frutos de um **processo histórico de conquistas progressivamente incorporadas** ao patrimônio jurídico do povo.

O princípio da vedação do retrocesso impõe que esse processo seja sempre ampliativo dos direitos dos cidadãos, proibindo-se a diminuição ou eliminação de direitos já assegurados pelo ordenamento jurídico.

Concebido inicialmente em relação aos direitos civis, teve sua aplicação ampliada aos direitos sociais prestacionais e também aos direitos de terceira geração (dentre os quais se insere o direito ao ambiente sadio).

A doutrina aponta a previsão expressa desse princípio em Tratados Internacionais:

> Nesse sentido, vários tratados de direitos humanos já contêm cláusulas que dispõem que nenhuma de suas disposições "pode ser interpretada no sentido de limitar o gozo e exercício de qualquer direito ou liberdade que possam ser reconhecidos em virtude de leis de qualquer dos Estados-partes ou em virtude de Convenções em que seja parte um dos referidos Estados", tal como faz o art. 29, alínea *b*, da Convenção Americana sobre Direitos Humanos de 1969[64].

Também se aponta a noção de progressividade da proteção jurídica no art. 2º, parágrafo 1, do Pacto Internacional dos Direitos Econômicos, Sociais e Culturais, de 1966[65].

O Supremo Tribunal Federal já abordou o tema, em acórdão de relatoria do Ministro Celso de Mello:

> Refiro-me ao princípio da proibição do retrocesso, que, em tema de direitos fundamentais de caráter social, impede que sejam desconstituídas as conquistas já alcançadas pelo cidadão ou pela formação social em que ele vive (...)
>
> Na realidade, a cláusula que proíbe o retrocesso em matéria social traduz, no processo de sua concretização, verdadeira dimensão negativa pertinente aos direitos sociais de natureza prestacional (como o direito à saúde), impedindo, em consequência, que os níveis de concretização dessas prerrogativas, uma vez atingidos, venham a ser reduzidos ou suprimidos, exceto na hipótese – de todo inocorrente na espécie – em que políticas compensatórias venham a ser implementadas pelas instâncias governamentais (STF, ARE 745745 AGR/MG).

Especificamente com relação ao Direito Ambiental, há manifestação do Superior Tribunal de Justiça, em que se aplica o princípio da proibição do retrocesso:

---

64 MAZZUOLI, Valerio de Oliveira. *Curso de direito internacional* público. 10. ed. São Paulo: Editora Revista dos Tribunais, 2016, p. 901.

65 SARLET, Ingo Wolfgang; FENSTERSEIFER, Tiago. Notas sobre os deveres de proteção do Estado e a garantia da proibição de retrocesso em matéria (sócio)ambiental. *In* MORATO LEITE, José Rubens (coord.). *Dano ambiental na sociedade de risco*. São Paulo: Saraiva, 2012, p. 149.

> (...) O relaxamento, pela via legislativa, das restrições urbanístico-ambientais convencionais, permitido na esteira do *ius variandi* de que é titular o Poder Público, demanda, por ser absolutamente fora do comum, ampla e forte motivação lastreada em clamoroso interesse público, postura incompatível com a submissão do Administrador a necessidades casuísticas de momento, interesses especulativos ou vantagens comerciais dos agentes econômicos. (...) O exercício do *ius variandi*, para flexibilizar restrições urbanístico-ambientais contratuais, haverá de respeitar o ato jurídico perfeito e o licenciamento do empreendimento, pressuposto geral que, no Direito Urbanístico, como no Direito Ambiental, é decorrência da crescente escassez de espaços verdes e dilapidação da qualidade de vida nas cidades. Por isso mesmo, submete-se ao princípio da não regressão (ou, por outra terminologia, princípio da proibição de retrocesso), garantia de que os avanços urbanístico-ambientais conquistados no passado não serão diluídos, destruídos ou negados pela geração atual ou pelas seguintes (...) (RE 302.906/SP, 2ª T., Rel. Min. Herman Benjamin, j. 26.08.2010, *DJe* 01.12.2010).

A proibição do retrocesso é também referida com alusão ao chamado efeito *cliquet*. Trata-se de referência aos equipamentos utilizados pelos alpinistas, que por meio de um sistema de travamento possibilita que a escalada siga sempre progressivamente para o topo, sem descidas involuntárias, impedindo que haja perda do esforço já realizado.

1.3.2.6 *Princípio da função socioambiental da propriedade*

O direito de propriedade, sagradamente protegido pelos ordenamentos jurídicos ao longo da história, permanece reconhecido em nosso sistema, o que se infere do disposto no art. 5º, XXII, da Constituição Federal, e evidentemente de inúmeros dispositivos da legislação infraconstitucional que regulamentam a questão[66].

Contudo, **a concepção atual do direito de propriedade**, muito diferente da noção individualista e quase absoluta que predominou por séculos, tem em conta que **o exercício desse direito deve se dar em consonância com o bem-estar geral, em sintonia com os interesses da coletividade**.

A própria Constituição Federal, logo em seguida a enunciar o direito de propriedade, afirma que "a propriedade atenderá a sua função social" (art. 5º, XXIII).

O art. 170, III, da Constituição institui a função social da propriedade como um dos princípios da ordem econômica.

O Código Civil também enuncia e reconhece a função social na conformação do direito de propriedade:

> Art. 1.228. (...)
>
> § 1º O direito de propriedade deve ser exercido em consonância com as suas finalidades econômicas e sociais e de modo que sejam preservados, de conformidade com o estabelecido em lei especial, a flora, a fauna, as belezas naturais, o equilíbrio ecológico e o patrimônio histórico e artístico, bem como evitada a poluição do ar e das águas.

Nota-se, por evidente, que um dos principais componentes da função social é o aspecto ambiental. Exercer o direito de propriedade em conformidade com os interesses da coletividade passa inevitavelmente por exercê-lo de acordo com as normas que garantem a sanidade do ambiente. Não fosse assim, poderia o proprietário usar e abusar de seu direito, sem qualquer preocupação com os efeitos reflexos que a atividade traria aos demais cidadãos.

[66] Cita-se exemplificativamente o art. 1.228 do Código Civil: "O proprietário tem a faculdade de usar, gozar e dispor da coisa, e o direito de reavê-la do poder de quem quer que injustamente a possua ou detenha".

É possível ainda especificar o modo de cumprimento da função social na zona rural e na zona urbana, pois a própria Constituição da República faz tal distinção.

Com relação à zona rural, o art. 186 estipula os requisitos para que se considere atendida a função social da propriedade:

> Art. 186. A função social é cumprida quando a propriedade rural atende, simultaneamente, segundo critérios e graus de exigência estabelecidos em lei, aos seguintes requisitos:
>
> I - aproveitamento racional e adequado;
>
> II - utilização adequada dos recursos naturais disponíveis e preservação do meio ambiente;
>
> III - observância das disposições que regulam as relações de trabalho;
>
> IV - exploração que favoreça o bem-estar dos proprietários e dos trabalhadores.

Observa-se, assim, que a questão ambiental é essencial quando se trata de avaliar a **função social da propriedade rural**. Exige-se, como se vê, **utilização adequada dos recursos naturais disponíveis e preservação do meio ambiente**.

Frise-se que a propriedade rural que cumpre sua função social, inclusive pela racional utilização dos bens ambientais, não se sujeita à chamada desapropriação-sanção, aquela que incide sobre a propriedade justamente como pena pelo descumprimento de sua função social, para fins de reforma agrária:

> Art. 184. Compete à União desapropriar por interesse social, para fins de reforma agrária, o imóvel rural que não esteja cumprindo sua função social, mediante prévia e justa indenização em títulos da dívida agrária, com cláusula de preservação do valor real, resgatáveis no prazo de até vinte anos, a partir do segundo ano de sua emissão, e cuja utilização será definida em lei.

Evita-se, pois, essa modalidade de desapropriação, pela observância dos requisitos dispostos no art. 186, acima citado, pelo qual se considera definida a função social da propriedade na zona rural.

Com relação à propriedade localizada na zona urbana, também dispõe a Constituição Federal sobre sua função social, estabelecendo que a **"propriedade urbana cumpre sua função social quando atende às exigências fundamentais de ordenação da cidade expressas no plano diretor"** (art. 182, § 2º).

Naturalmente, a legislação infraconstitucional deve conformar de maneira legítima, razoável e proporcional as exigências necessárias ao atendimento da função socioambiental da propriedade[67].

1.3.2.7 *Princípio da participação democrática*

Decorrência natural do princípio democrático[68], estabelecido no art. 1º da Constituição Federal, **o princípio da participação democrática na proteção ambiental determina que se busque, no grau máximo de efetividade, a inserção do povo nos processos e decisões que tenham relevância ambiental**.

67 "A função socioambiental é verdadeira causa de legitimação das intervenções legislativas, que necessariamente devem ter uma conformação constitucional" (LEMOS, Patrícia Faga Iglecias. *Meio ambiente e responsabilidade civil do proprietário*. São Paulo: Editora Revista dos Tribunais, 2012, p. 87).

68 Paulo de Bessa Antunes ressalta que "o princípio democrático se materializa naqueles dos direitos à informação e à participação contemplados na Constituição. Ele assegura aos cidadãos o direito pleno de participar na elaboração das políticas públicas ambientais" (*Manual de Direito Ambiental*, 4. ed. São Paulo: Atlas, 2012, p. 24).

Evidentemente as decisões que trazem reflexos para o meio ambiente influenciam a vida de toda a população, razão pela qual deve ser esta inserida nas discussões e processos preparatórios daquelas.

A própria redação do art. 225 da Constituição Federal autoriza essa conclusão, ao afirmar que "**todos têm direito ao meio ambiente ecologicamente equilibrado**, bem de uso comum do povo e essencial à sadia qualidade de vida, **impondo-se ao Poder Público e à coletividade** o dever de defendê-lo e preservá-lo para as presentes e futuras gerações".

Como se nota, o povo é simultaneamente sujeito dos direitos e dos deveres relativos à proteção ambiental, pois que se beneficia do ambiente equilibrado, mas também deve contribuir, participar dos eventos para sua defesa.

Também a Declaração da ONU sobre Meio Ambiente e Desenvolvimento (Rio 92) reafirma a importância da participação democrática:

> Princípio 10
>
> A melhor maneira de tratar as questões ambientais é assegurar a participação, no nível apropriado, de todos os cidadãos interessados. No nível nacional, cada indivíduo terá acesso adequado às informações relativas ao meio ambiente de que disponham as autoridades públicas, inclusive informações acerca de materiais e atividades perigosas em suas comunidades, bem como a oportunidade de participar dos processos decisórios. Os Estados irão facilitar e estimular a conscientização e a participação popular, colocando as informações à disposição de todos. Será proporcionado o acesso efetivo a mecanismos judiciais e administrativos, inclusive no que se refere à compensação e reparação de danos.

Enumeram-se alguns instrumentos jurídicos que viabilizam a participação democrática na proteção ambiental:

- iniciativa popular, prevista no art. 14, III, da Constituição Federal, instrumento que permite que considerável grupo de cidadãos deflagre processo legislativo;
- ação popular, prevista no art. 5º, LXXIII, da Carta, por meio da qual qualquer cidadão pode impugnar e buscar a anulação de ato lesivo ao meio ambiente;
- plebiscito e referendo, mecanismos de consulta à população, previstos no art. 14, I e II, da Carta, clássicos exemplos de exercício direto do poder pelo povo;
- audiências públicas, atos em que se permite a manifestação da sociedade civil e de todos os atores interessados em tema específico, instituto cujo objetivo principal é justamente ampliar a participação social em determinados processos decisórios[69];

[69] Encontra-se a previsão acerca das audiências públicas somente em um dispositivo da Constituição, quando se trata das atribuições das comissões instituídas no âmbito do Poder Legislativo (art. 58, § 2°, II, da Constituição Federal). Na legislação brasileira, porém, o instituto aparece em variados diplomas (legais e infralegais) nos mais diversos temas do direito público. Citem-se, como exemplos, as previsões: da Lei 9.784/1999 (Lei do Processo Administrativo Federal – "Art. 32. Antes da tomada de decisão, a juízo da autoridade, diante da relevância da questão, poderá ser realizada audiência pública para debates sobre a matéria do processo"); da Resolução Conama 237/1997 (que regulamenta o EIA (Estudo de Impacto Ambiental – "Art. 10 – O procedimento de licenciamento ambiental obedecerá às seguintes etapas: (...) V – Audiência pública, quando couber, de acordo com a regulamentação pertinente"); da Resolução CNMP 82/2012 (que regulamenta as audiências públicas realizadas no âmbito do Ministério Público – "Art. 1° Compete aos Órgãos do Ministério Público, nos limites de suas respectivas atribuições, promover audiências públicas para auxiliar nos procedimentos sob sua responsabilidade, na identificação de demandas sociais que exijam a instauração de procedimento, para elaboração e execução de Planos de Ação e Projetos Estratégicos Institucionais ou para prestação de contas de atividades desenvolvidas. (Redação dada pela Resolução n. 159, de 14 de fevereiro de 2017.) § 1° As audiências públicas serão realizadas na forma de reuniões organizadas, abertas a qualquer cidadão, representantes dos setores público, privado, da sociedade civil organizada e da comunidade, para discussão de situações das quais decorra ou possa decorrer lesão a interesses difusos, coletivos e individuais homogêneos, e terão por finalidade coletar, junto à sociedade e ao Poder Público, elementos que embasem a decisão do órgão do Ministério Público quanto à matéria objeto da convocação ou para prestar contas de atividades desenvolvidas. (Redação dada pela Resolução n. 159, de 14 de fevereiro de 2017.)".

- o direito de petição, estabelecido no art. 5º, XXXIV, *a*, segundo o qual, independentemente do pagamento de taxas, todo cidadão pode peticionar aos Poderes Públicos em defesa de direitos ou contra ilegalidade ou abuso de poder;
- o direito de representação, expresso no art. 17, § 1º, da LC 140/2011, desdobramento natural do próprio direito de petição[70].

O Supremo Tribunal Federal fez valer o princípio da participação democrática no julgamento da ADPF 651, decidindo que: "A exclusão da participação popular na composição dos órgãos ambientais frustra a opção constitucional pela presença da sociedade civil na formulação de políticas públicas ambientais. Contrariedade ao princípio da participação popular direta em matéria ambiental, à vedação do retrocesso e ao princípio da isonomia". Além disso, "a eliminação da paridade na composição dos órgãos ambientais confere ao Poder Executivo federal o controle das suas decisões, neutralizando-se o caráter crítico e diversificado da fiscalização, que deve permear a condução dos trabalhos e políticas públicas". Por fim, declarou que "a organização administrativa em matéria ambiental está protegida pelo princípio de proibição do retrocesso ambiental, o que restringe a atuação do administrador público, de forma a autorizar apenas o aperfeiçoamento das instituições e órgãos de proteção ao meio ambiente"[71].

Há que se fazer referência, por fim, ao **direito à informação**, titularizado por todos os cidadãos, os quais têm a prerrogativa de receber ou conhecer os dados ou informações relativas aos processos públicos e privados que possam afetar a sanidade do ambiente.

O cidadão só pode efetivamente influenciar os processos decisórios quando tem conhecimento da relevância e das consequências das questões ambientais que se discutem. O direito à informação é pressuposto necessário ao regular exercício dos demais direitos ligados ao meio ambiente. Daí porque a educação ainda se mostra a real forma de emancipação de um povo. Ninguém pode participar de decisão acerca de tema sobre o que não tem conhecimento ou informação.

Aliás, decisão recente do Superior Tribunal de Justiça deu o devido realce ao direito à informação ambiental:

> Tese A) O direito de acesso à informação no Direito Ambiental brasileiro compreende: i) o dever de publicação, na internet, dos documentos ambientais detidos pela Administração não sujeitos a sigilo (transparência ativa); ii) o direito de qualquer pessoa e entidade de requerer acesso a informações ambientais específicas não publicadas (transparência passiva); e iii) direito a requerer a produção de informação ambiental não disponível para a Administração (transparência reativa);
>
> Tese B) Presume-se a obrigação do Estado em favor da transparência ambiental, sendo ônus da Administração justificar seu descumprimento, sempre sujeita a controle judicial, nos seguintes termos: i) na transparência ativa, demonstrando razões administrativas adequadas para a opção de não publicar; ii) na transparência passiva, de enquadramento da informação nas razões legais e taxativas de sigilo; e iii) na transparência ambiental reativa, da irrazoabilidade da pretensão de produção da informação inexistente[72];

---

[70] LC 140/2011, art. 17. (...) "§ 1º Qualquer pessoa legalmente identificada, ao constatar infração ambiental decorrente de empreendimento ou atividade utilizadores de recursos ambientais, efetiva ou potencialmente poluidores, pode dirigir representação ao órgão a que se refere o *caput*, para efeito do exercício de seu poder de polícia".

[71] STF, ADPF 651: "Arguição de descumprimento de preceito fundamental julgada procedente para a) declarar inconstitucional a norma prevista no art. 5º do Decreto n. 10.224/2020, pela qual se extinguiu a participação da sociedade civil no Conselho Deliberativo do Fundo Nacional do Meio Ambiente, restabelecendo-se quanto ao ponto o disposto no Decreto n. 6.985/2009, pelo qual alterado o art. 4º do Decreto n. 3.524/2000; b) declarar a inconstitucionalidade do Decreto n. 10.239/2020, especificamente no ponto em que se excluiu a participação de Governadores no Conselho Nacional da Amazônia Legal; e c) declarar a inconstitucionalidade do art. 1º, CCII, do Decreto n. 10.223/2020, especificamente no ponto em que se extinguiu o Comitê Orientador do Fundo Amazônia".

[72] STJ, teses vinculantes fixadas em IAC, Recurso Especial 1857098-MS.

Trata-se de reconhecer a necessidade de que o Estado detenha dados precisos para uma adequada construção de políticas públicas ambientais. Como se sabe, dados colhidos com seriedade são o primeiro e imprescindível passo para a construção de qualquer política pública, tal como reconheceu o STF por ocasião do julgamento da ação civil originária 3508, em que determinou providências da União para a efetiva realização do Censo do IBGE.

1.3.2.8 *Princípio da igualdade entre gerações*

O princípio da igualdade entre as gerações (ou da equidade intergeracional) se revela como uma das mais importantes normas norteadoras do Direito Ambiental.

Preconiza que **o direito ao ambiente equilibrado tem por destinatários/beneficiários não somente as gerações hoje viventes, mas também aquelas ainda não nascidas, potencialmente existentes**, e sabidamente dependentes dos recursos naturais que eventualmente deixarmos (preservarmos).

A noção referida está expressa no já citado *caput* do art. 225, que categoricamente impõe ao Poder Público e à coletividade o dever de defender e preservar o meio ambiente equilibrado **para as presentes e futuras gerações.**

É relevante mencionar que há quem observe duas vertentes da equidade intergeracional. Édis Milaré ensina, com propriedade, que:

> Em círculos ambientalistas e universitários, fala-se muito em dois tipos de solidariedade: a sincrônica e a diacrônica. A primeira, sincrônica ("ao mesmo tempo"), fomenta as relações de cooperação com as gerações presentes, nossas contemporâneas. A segunda, diacrônica ("através do tempo"), é aquela que se refere às gerações do após, ou seja, as que virão depois de nós, na sucessão do tempo[73].

Nota-se, pois, que a chamada solidariedade sincrônica significa a cooperação entre as pessoas e os povos que de algum modo convivem na mesma época[74]. A solidariedade diacrônica, esta sim, refere-se à relação entre as gerações que se sucedem no tempo. Ambas as ideias são pertinentes e relevantes e mantêm íntima relação com o princípio do desenvolvimento sustentável (ou sustentabilidade). A noção de sustentabilidade da atividade deve ser analisada tanto no aspecto de suas relações com outras atividades, pessoas e grupos conviventes no mesmo tempo, quanto na perspectiva do que se deixa de legado para as gerações futuras.

1.3.2.9 *Princípio da natureza pública da proteção ambiental*

Este último princípio a que fazemos referência tem significado fundamental para o Direito Ambiental.

A **proteção do meio ambiente**, longe de constituir faculdade de quem quer que seja, é **função de natureza pública**. A uma, **porque beneficia a todos** ("todos tem direito ao meio ambiente ecologicamente equilibrado, bem de uso comum do povo e essencial à sadia qualidade de vida"). A duas, **porque constitui dever do Estado e dos cidadãos** ("impondo-se

---

73 MILARÉ, Édis. *Direito do ambiente*. 7. ed. São Paulo: Editora Revista dos Tribunais, 2011, p. 1066.

74 Importante exemplo da aplicação do princípio da solidariedade sincrônica pôde ser visto na Ação Civil Originária proposta pelo Ministério Público Federal no Supremo Tribunal Federal para análise das questões relativas a obras de transposição projetadas pelo Estado de São Paulo no Rio Paraíba do Sul, com a finalidade de suprir as necessidades graves urgentes sentidas por ocasião da chamada crise hídrica na Região Sudeste no ano de 2014. Na ocasião, de maneira praticamente inédita, compareceram ao Supremo o Ministério Público Federal, os Estados de Minas Gerais, São Paulo e Rio de Janeiro, a União, a ANA – Agência Nacional de Águas – e o IBAMA – Instituto Brasileiro do Meio Ambiente e dos Recursos Renováveis – para realização de audiência de conciliação sobre relevante questão ambiental, na perspectiva de se adotar uma solução técnica e politicamente adequada, que não desprezasse as necessidades das populações dos três Estados envolvidos.

ao Poder Público e à coletividade o dever de defendê-lo e preservá-lo para as presentes e futuras gerações").

Afirmada a natureza pública da proteção ambiental, exsurge como consequência a aplicação de determinados princípios do direito público também ao Direito Ambiental. Trata-se aqui especialmente dos princípios da **supremacia do interesse público** sobre o privado e da **indisponibilidade do interesse público**. A supremacia do interesse público sobre o privado consiste no oferecimento de uma diretriz que se aplica quando se verificam situações de conflito ou confronto entre o interesse público e um interesse tipicamente privado. A diretriz aponta no sentido de que deve prevalecer o primeiro, em função de uma natural prevalência dos interesses da coletividade[75]. A indisponibilidade do interesse público implica reconhecer que tal interesse, por pertencer à coletividade e não propriamente ao Estado, é, para terceiros, inapropriável, e, para os agentes públicos, irrenunciável. Por tal razão, todos os poderes do Estado são, a rigor, deveres, e as finalidades a serem perseguidas não são definidas livremente pelo Poder Público, mas, antes disso, são aquelas previamente estabelecidas no direito vigente[76].

Observa-se, pois, que os referidos princípios do direito público irradiam seus efeitos também para o âmbito do Direito Ambiental, ramo jurídico em que se nota sua clara influência, seja na definição dos institutos pelo legislador, seja no próprio funcionamento do sistema jurídico. Exemplifica-se: (i) a supremacia do interesse público sobre o privado fundamenta perfeitamente a existência do instituto da reserva legal florestal, que conforma o exercício do direito de propriedade na zona rural, determinando que toda área tenha um percentual mínimo de vegetação nativa, o que certamente visa à proteção dos recursos naturais e à defesa do interesse da coletividade com relação à sustentabilidade das atividades econômicas; (ii) a indisponibilidade do interesse público sustenta a afirmação de que os órgãos administrativos de fiscalização, quando constatam infração ambiental, têm o dever de agir, adotando as providências que a lei prevê, pois seus poderes se revelam, antes de tudo, deveres, irrenunciáveis pelos agentes públicos competentes.

1.4 A POLÍTICA NACIONAL DO MEIO AMBIENTE E O SISTEMA NACIONAL DO MEIO AMBIENTE

1.4.1 A Lei 6.938/1981 e sua importância no panorama legislativo brasileiro (aspecto histórico, LPNMA como vértice e conceitos fundamentais)

A Lei 6.938/1981 é o diploma que instituiu a chamada Política Nacional do Meio Ambiente e tem **importância fundamental no histórico de formação do Direito Ambiental brasileiro**.

Quase uma década após o surgimento e a consolidação do movimento ambientalista no mundo (Conferência de Estocolmo – 1972), foi inspirada no diploma legal existente já na época nos Estados Unidos da América (NEPA – *National Environmental Policy Act* – 1969).

Primeira grande lei ambiental do país, trouxe ao nosso ordenamento inovações significativas, tais como a previsão dos princípios setoriais do Direito Ambiental, a responsabilidade

---

75 "Proclama a superioridade do interesse da coletividade, firmando a prevalência dele sobre o do particular, como condição, até mesmo, da sobrevivência e asseguramento deste último. É pressuposto de uma ordem social estável, em que todos e cada um possam sentir-se garantidos e resguardados" (BANDEIRA DE MELLO, Celso Antônio. *Grandes temas de direito administrativo*. São Paulo: Malheiros, 2007, p. 69).

76 "A indisponibilidade dos interesses públicos significa que, sendo interesses qualificados como próprios da coletividade – internos ao setor público –, não se encontram à livre disposição de quem quer que seja, por inapropriáveis. O próprio órgão administrativo que os representa não tem disponibilidade sobre eles, no sentido de que lhe incumbe apenas curá-los – o que é também um dever – na estrita conformidade do que predispuser a *intentio legis*" (BANDEIRA DE MELLO, Celso Antônio. *Grandes temas de direito administrativo*. São Paulo: Malheiros, 2007, p. 73).

civil objetiva do poluidor, o Sisnama (Sistema Nacional de Meio Ambiente), os conceitos legais fundamentais do Direito Ambiental (conceitos de meio ambiente, de poluição, de poluidor etc.), a legitimidade ativa do Ministério Público para ações de responsabilidade por danos ambientais.

É possível afirmar que a Lei 6.938/1981 inaugurou nova fase do Direito Ambiental brasileiro, concebido a partir de então numa perspectiva autônoma do ambiente. Aponta-se a existência de **três grandes fases das normas de proteção ao ambiente**. A **primeira fase seria a da tutela econômica do ambiente**, época em que se encontravam normas que protegiam o meio ambiente apenas remotamente, visando diretamente a proteção do patrimônio individual dos cidadãos. Exemplifica-se com a referência a normas do revogado Código Civil de 1916, que cuidavam dos direitos de vizinhança (exemplo: "Art. 584. São proibidas as construções capazes de poluir, ou inutilizar para o uso ordinário, a água de poço ou fonte alheia, a elas preexistente"). **A segunda fase seria a chamada tutela sanitária do ambiente**, momento em que se encontravam diversas normas de proteção direta aos bens ambientais, mas sempre com a finalidade de tutela da saúde e da qualidade da vida humana, numa perspectiva claramente antropocêntrica. Nesse período, encontram-se leis como o Código Florestal (Lei 4.771/1965), o Código de Caça (Lei 5.197/1967) e o Código de Mineração (Decreto-lei 227/1967). Finalmente, com a **LPNMA inaugura-se a tutela autônoma do meio ambiente**, fundada no valor intrínseco da proteção ambiental, numa perspectiva biocêntrica (ou ecocêntrica). O próprio conceito de meio ambiente trazido pela lei comprova essa tendência, ao fazer referência a todos os elementos que permitem, abrigam e regem **a vida em todas as suas formas**[77].

Também pode ser considerada como importante instrumento por se revelar uma lei que impõe atuação permanente e duradoura aos governos em geral, numa nova perspectiva de gestão pública, comprometida com o interesse público. A noção de *política* contida na lei se coaduna com o significado hoje reconhecido ao termo *política pública*, atualmente tão estudado e debatido na ciência jurídica[78].

Já em seu art. 1º, a Lei 6.938/1981 aponta como seus fundamentos os incisos VI e VII do art. 23 e o art. 225[79] da Constituição Federal e afirma que se presta a estabelecer a Política Nacional do Meio Ambiente, seus fins e mecanismos de formulação e aplicação, constituir o Sistema Nacional do Meio Ambiente (Sisnama) e instituir o Cadastro de Defesa Ambiental.

Trata-se, de fato, de uma **lei que funciona como vértice**, no qual se articulam outros diversos diplomas normativos, outras diversas políticas nacionais, tudo a convergir para o atingimento das metas estabelecidas na LPNMA.

---

[77] Nesse sentido, RODRIGUES, Marcelo Abelha. *Direito ambiental esquematizado*. 2. ed. São Paulo: Saraiva, 2015, p. 57-59.

[78] "Processo ou conjunto de processos que culmina na escolha racional e coletiva de prioridades, para a definição dos interesses públicos reconhecidos pelo Direito" (LIBERATI, Wilson Donizeti. *Políticas públicas no Estado constitucional*. São Paulo: Atlas, 2013, p. 85).

[79] Frise-se que a lei se refere ao art. 235 da Constituição Federal, mas logo se vê que se trata de equívoco na edição do texto legal, devendo a referência ser lida em relação ao art. 225 da Carta. Nem se poderia entender de outro modo, já que o art. 235 da Constituição trata de normas de organização política dos Estados, de caráter transitório, nenhuma relação havendo com o tema ambiental.

Alguns dos conceitos fundamentais do Direito Ambiental brasileiro são extraídos da própria LPNMA, especialmente das disposições de seu art. 3º.

É no dispositivo citado que se encontra o próprio **conceito legal de meio ambiente**, definido como "o conjunto de condições, leis, influências e interações de ordem física, química e biológica, que permite, abriga e rege a vida em todas as suas formas" (inciso I).

Também ali define-se **degradação da qualidade ambiental** como "a alteração adversa das características do meio ambiente" (inciso II).

A **poluição** é conceituada (inciso III) como:

> a degradação da qualidade ambiental resultante de atividades que direta ou indiretamente:
>
> a) prejudiquem a saúde, a segurança e o bem-estar da população;
>
> b) criem condições adversas às atividades sociais e econômicas;
>
> c) afetem desfavoravelmente a biota;
>
> d) afetem as condições estéticas ou sanitárias do meio ambiente;
>
> e) lancem matérias ou energia em desacordo com os padrões ambientais estabelecidos.

Logo em seguida, o inciso IV do art. 3º aponta que **poluidor** é "a pessoa física ou jurídica, de direito público ou privado, responsável, direta ou indiretamente, por atividade causadora de degradação ambiental".

E finalmente, o inciso V arrola os elementos que nomeia como **recursos ambientais**: "a atmosfera, as águas interiores, superficiais e subterrâneas, os estuários, o mar territorial, o solo, o subsolo, os elementos da biosfera, a fauna e a flora".

1.4.2 Princípios, objetivos e diretrizes da PNMA

Encontram-se nos dispositivos iniciais da Lei 6.938/1981 três distintas ordens de normas, nomeadas pela própria lei como princípios, objetivos e diretrizes da Política Nacional do Meio Ambiente.

O art. 2º da lei estabelece um **objetivo geral da Política Nacional do Meio Ambiente, qual seja a preservação, melhoria e recuperação da qualidade ambiental propícia à vida, visando assegurar, no País, condições ao desenvolvimento socioeconômico, aos interesses da segurança nacional e à proteção da dignidade da vida humana**.

O mesmo dispositivo prevê os chamados **princípios da PNMA**, assim enumerados:

> I – ação governamental na manutenção do equilíbrio ecológico, considerando o meio ambiente como um patrimônio público a ser necessariamente assegurado e protegido, tendo em vista o uso coletivo;
>
> II – racionalização do uso do solo, do subsolo, da água e do ar;
>
> III – planejamento e fiscalização do uso dos recursos ambientais;
>
> IV – proteção dos ecossistemas, com a preservação de áreas representativas;
>
> V – controle e zoneamento das atividades potencial ou efetivamente poluidoras;
>
> VI – incentivos ao estudo e à pesquisa de tecnologias orientadas para o uso racional e a proteção dos recursos ambientais;
>
> VII – acompanhamento do estado da qualidade ambiental;
>
> VIII – recuperação de áreas degradadas;
>
> IX – proteção de áreas ameaçadas de degradação;
>
> X – educação ambiental a todos os níveis de ensino, inclusive a educação da comunidade, objetivando capacitá-la para participação ativa na defesa do meio ambiente.

Os princípios da PNMA não são propriamente metas a serem buscadas. Na verdade, a própria lei disciplina os objetivos (metas) da política. Os princípios expostos no art. 2º, a nosso ver, constituem o apontamento da direção e do sentido que deve nortear o exercício das competências públicas que se inserem na PNMA. Constituem mandados de otimização que apontam os rumos a se seguirem na formulação e na aplicação da referida política pública.

Os **objetivos específicos da PNMA** estão arrolados no art. 4º da Lei 6.938/1981:

> Art. 4º A Política Nacional do Meio Ambiente visará:
>
> I – à compatibilização do desenvolvimento econômico-social com a preservação da qualidade do meio ambiente e do equilíbrio ecológico;
>
> II – à definição de áreas prioritárias de ação governamental relativa à qualidade e ao equilíbrio ecológico, atendendo aos interesses da União, dos Estados, do Distrito Federal, dos Territórios e dos Municípios;
>
> III – ao estabelecimento de critérios e padrões de qualidade ambiental e de normas relativas ao uso e manejo de recursos ambientais;
>
> IV – ao desenvolvimento de pesquisas e de tecnologias nacionais orientadas para o uso racional de recursos ambientais;
>
> V – à difusão de tecnologias de manejo do meio ambiente, à divulgação de dados e informações ambientais e à formação de uma consciência pública sobre a necessidade de preservação da qualidade ambiental e do equilíbrio ecológico;
>
> VI – à preservação e restauração dos recursos ambientais com vistas à sua utilização racional e disponibilidade permanente, concorrendo para a manutenção do equilíbrio ecológico propício à vida;
>
> VII – à imposição, ao poluidor e ao predador, da obrigação de recuperar e/ou indenizar os danos causados e, ao usuário, da contribuição pela utilização de recursos ambientais com fins econômicos.

Finalmente, o art. 5º menciona **diretrizes** a serem também observadas na formulação e na execução da PNMA.

> Art. 5º As diretrizes da Política Nacional do Meio Ambiente serão formuladas em normas e planos, destinados a orientar a ação dos Governos da União, dos Estados, do Distrito Federal, dos Territórios e dos Municípios no que se relaciona com a preservação da qualidade ambiental e manutenção do equilíbrio ecológico, observados os princípios estabelecidos no art. 2º desta Lei.
>
> Parágrafo único. As atividades empresariais públicas ou privadas serão exercidas em consonância com as diretrizes da Política Nacional do Meio Ambiente.

Parece-nos relevante, para bem compreender o significado dos princípios, dos objetivos e das diretrizes, investigar a relação que se estabelece entre tais elementos.

É possível, assim, afirmar que os princípios são comandos previamente definidos na Lei 6.938/1981 (art. 2º), pelos quais se buscam estabelecer a direção e o sentido para os quais deve apontar a PNMA. As diretrizes devem ser posteriormente definidas em atos normativos infralegais (*vide* art. 5º), apoiadas nos princípios previamente estabelecidos na LPNMA. As ações e instrumentos da PNMA, fundadas e norteadas nos princípios e diretrizes referidos, devem buscar atingir os objetivos também arrolados na Lei 6.938/1981 (art. 4º).

PRINCÍPIOS, OBJETIVOS E DIRETRIZES DA PNMA (relação entre os conceitos)

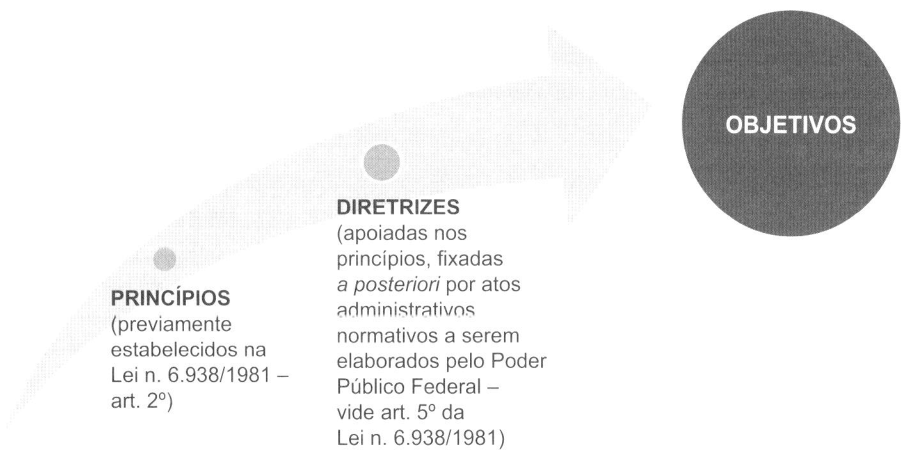

1.4.3 O Sisnama e a questão das competências administrativas de natureza ambiental

1.4.3.1 Caracterização do Sisnama

Em matéria ambiental, as competências administrativas (ou materiais) atribuídas às pessoas políticas são em grande parte comuns, propiciando a ação de todas elas para proteção do meio ambiente.

O **Sisnama** é justamente o **mecanismo legal de articulação entre todos os órgãos** desses atores constitucionais.

De fato, o Sisnama não é um ente de existência autônoma e concreta, mas apenas a concepção ideal de articulação entre os órgãos públicos de proteção ao meio ambiente existentes no âmbito das diferentes esferas federativas (federal, estadual, distrital e municipal).

Por isso mesmo, o art. 6º da LPNMA define o Sisnama como um sistema que é constituído, na essência, pelos órgãos e entidades da União, dos Estados, do Distrito Federal, dos Territórios e dos Municípios, bem como pelas fundações instituídas pelo Poder Público, responsáveis pela proteção e melhoria da qualidade ambiental.

O mesmo dispositivo estabelece, em seguida, as pessoas e órgãos componentes do Sisnama, atribuindo-lhes funções e nomenclatura específica:

> I – órgão superior: o Conselho de Governo, com a função de assessorar o Presidente da República na formulação da política nacional e nas diretrizes governamentais para o meio ambiente e os recursos ambientais;
>
> II – órgão consultivo e deliberativo: o Conselho Nacional do Meio Ambiente (CONAMA), com a finalidade de assessorar, estudar e propor ao Conselho de Governo, diretrizes de políticas governamentais para o meio ambiente e os recursos naturais e deliberar, no âmbito de sua competência, sobre normas e padrões compatíveis com o meio ambiente ecologicamente equilibrado e essencial à sadia qualidade de vida;
>
> III – órgão central: a Secretaria do Meio Ambiente da Presidência da República, com a finalidade de planejar, coordenar, supervisionar e controlar, como órgão federal, a política nacional e as diretrizes governamentais fixadas para o meio ambiente;
>
> IV – órgãos executores: o Instituto Brasileiro do Meio Ambiente e dos Recursos Naturais Renováveis – IBAMA e o Instituto Chico Mendes de Conservação da Biodiversidade – Instituto Chico Mendes, com a finalidade de executar e fazer executar a política e as diretrizes governamentais fixadas para o meio ambiente, de acordo com as respectivas competências;
>
> V – órgãos seccionais: os órgãos ou entidades estaduais responsáveis pela execução de programas, projetos e pelo controle e fiscalização de atividades capazes de provocar a degradação ambiental;
>
> VI – órgãos locais: os órgãos ou entidades municipais, responsáveis pelo controle e fiscalização dessas atividades, nas suas respectivas jurisdições.

Como se vê, são os órgãos da Administração Pública Direta e as pessoas jurídicas da Administração Pública Indireta, das esferas federal, estadual, distrital e municipal, os componentes do Sisnama. Os órgãos definidos nos incisos I, II, III e IV são todos da esfera federal, como se nota pela simples leitura do dispositivo legal, que aponta os referidos entes federais e lhes dá designação específica. Os órgãos seccionais são os de nível estadual (Secretarias de Estado de Meio Ambiente, órgãos integrantes das referidas secretarias, como diretorias, coordenadorias e departamentos, e pessoas estaduais criadas para controle de poluição, como a Cetesb). Os órgãos locais são os da esfera municipal (como as Secretarias Municipais de Meio Ambiente).

Observe-se, porém, que nos dias atuais não é possível analisar a conformação e o funcionamento do Sisnama sem ter em conta as disposições da Lei Complementar 140/2011, editada justamente para fixar normas, nos termos dos incisos III, VI e VII do *caput* e do parágrafo único do art. 23 da Constituição Federal, para a cooperação entre a União, os Estados, o Distrito Federal e os Municípios nas ações administrativas decorrentes do exercício da competência comum relativas à proteção das paisagens naturais notáveis, à proteção do meio ambiente, ao combate à poluição em qualquer de suas formas e à preservação das florestas, da fauna e da flora.

Além disso, está de certo modo desatualizada a estrutura do Sisnama estabelecida na Lei 6.938/1981, pois o órgão outrora denominado Secretaria do Meio Ambiente da Presidência da República foi substituído pelo Ministério do Meio Ambiente, e o regulamento da Lei 6.938/1981 incluiu entre os órgãos seccionais outros "órgãos ou entidades da Administração Pública Federal direta e indireta, as fundações instituídas pelo Poder Público cujas atividades estejam associadas às de proteção da qualidade ambiental ou àquelas de disciplinamento do uso de recursos ambientais", além dos órgãos e entidades estaduais já mencionados na lei ordinária.

Vale anotar, ainda, as recentes alterações normativas promovidas pela Medida Provisória 1.154, de 1º de janeiro de 2023 (convertida na Lei 14.600/2023), que formulou a reorganização administrativa da União e assim produz relevantes mudanças nos ministérios. O Ministério do Meio Ambiente passa a ser denominado Ministério do Meio Ambiente e Mudança do Clima (art. 17, XVIII).

O art. 36 da Lei 14.600/2023 estabelece as atribuições do MMAMC:

> Art. 36. Constituem áreas de competência do Ministério do Meio Ambiente e Mudança do Clima:
>
> I – política nacional do meio ambiente;
>
> II – política nacional sobre mudança do clima;
>
> III – política de preservação, conservação e utilização sustentável de ecossistemas, biodiversidade e florestas;
>
> IV – gestão de florestas públicas para a produção sustentável;
>
> V – estratégias, mecanismos e instrumentos regulatórios e econômicos para a melhoria da qualidade ambiental e o uso sustentável dos recursos naturais;
>
> VI – políticas para a integração da proteção ambiental com a produção econômica;
>
> VII – políticas para a integração entre a política ambiental e a política energética;
>
> VIII – políticas de proteção e de recuperação da vegetação nativa;
>
> IX – políticas e programas ambientais para a Amazônia e para os demais biomas brasileiros;
>
> X – zoneamento ecológico-econômico e outros instrumentos de ordenamento territorial, incluído o planejamento espacial marinho, em articulação com outros Ministérios competentes;
>
> XI – qualidade ambiental dos assentamentos humanos, em articulação com o Ministério das Cidades;
>
> XII – política nacional de educação ambiental, em articulação com o Ministério da Educação;
>
> XIII – gestão compartilhada dos recursos pesqueiros, em articulação com o Ministério da Pesca e Aquicultura; e
>
> XIV – políticas de proteção de espécies ameaçadas de extinção.

Trata-se de alteração que busca a revalorização das atribuições do Ministério do Meio Ambiente, nitidamente relegado a um papel secundário durante o governo anterior.

1.4.3.2 O Conama: conceito e funções

Dentre os órgãos componentes do Sisnama, cumpre destacar o papel desempenhado pelo Conama (Conselho Nacional do Meio Ambiente). O Conama está definido no art. 6º, II, da Lei 6.938/1981, como **órgão consultivo e deliberativo, com a finalidade de assessorar, estudar e propor ao Conselho de Governo, diretrizes de políticas governamentais para o meio ambiente e os recursos naturais e deliberar, no âmbito de sua competência, sobre normas e padrões compatíveis com o meio ambiente ecologicamente equilibrado e essencial à sadia qualidade de vida**.

As funções do Conama estão arroladas também na Lei de Política Nacional de Meio Ambiente, em seu art. 8º[80].

[80] "Art. 8º Compete ao Conama: I – estabelecer, mediante proposta do IBAMA, normas e critérios para o licenciamento de atividades efetiva ou potencialmente poluidoras, a ser concedido pelos Estados e supervisionado pelo IBAMA; II – determinar, quando julgar necessário, a realização de estudos das alternativas e das possíveis consequências ambientais de projetos públicos ou privados, requisitando aos órgãos federais, estaduais e municipais, bem assim a entidades privadas, as informações indispensáveis para apreciação dos estudos de impacto ambiental, e respectivos relatórios, no caso de obras ou atividades de significativa degradação ambiental, especialmente nas áreas consideradas patrimônio nacional; III – (Revogado pela Lei n. 11.941, de 2009); IV – (VETADO); V – determinar, mediante representação do IBAMA, a perda ou restrição de benefícios

Os atos praticados pelo Conama podem ser basicamente agrupados em quatro categorias[81]:

- moções, constituindo verdadeira manifestação pública do órgão sobre tema de interesse ambiental;
- proposições, acerca de matéria ambiental, encaminhadas ao Conselho de Governo ou às comissões da Câmara dos Deputados e do Senado Federal;
- recomendações, especialmente sobre a implementação de políticas, programas públicos e normas com repercussão na área ambiental;
- resoluções, traçando assim diretrizes e normas técnicas, padrões e critérios relativos à proteção ambiental e ao uso sustentável dos recursos ambientais.

A composição do Conama está definida no Decreto 99.274/1990, que lhe atribui composição bem eclética, participando do órgão de maneira decisiva tanto organismos estatais quanto entidades e representantes da sociedade civil. Vale lembrar que as alterações feitas por decretos de 2019 foram questionadas no STF por terem reduzido sensivelmente a participação social no órgão. O Supremo de fato declarou a inconstitucionalidade de tais mudanças, por violação aos princípios da participação democrática e da proibição de retrocesso[82]. A redação atual da norma foi dada pelo Decreto 11.417/2023.

---

fiscais concedidos pelo Poder Público, em caráter geral ou condicional, e a perda ou suspensão de participação em linhas de financiamento em estabelecimentos oficiais de crédito; VI – estabelecer, privativamente, normas e padrões nacionais de controle da poluição por veículos automotores, aeronaves e embarcações, mediante audiência dos Ministérios competentes; VII – estabelecer normas, critérios e padrões relativos ao controle e à manutenção da qualidade do meio ambiente com vistas ao uso racional dos recursos ambientais, principalmente os hídricos".

[81] Nesse sentido, AMADO, Frederico. *Direito ambiental esquematizado*. 6. ed. rev., atual. e ampl. Rio de Janeiro: Forense; São Paulo: Método, 2015, p. 108.

[82] "Ementa. Direito Constitucional. Arranjos Institucionais Da Democracia Constitucional. Democracia direta e engajamento cívico. Participação social e políticas públicas. Igualdade política. Estado de Direito Ambiental e sua dimensão organizacional-procedimental. Direitos procedimentais ambientais. Perfil normativo e deliberativo do Conama. Reformulação da composição e processo decisório. Decreto n. 9.806/2019. Inconstitucionalidade. Violação dos direitos fundamentais procedimentais ambientais e da igualdade política. Redução da participação como direito de efetiva influência nos processos decisórios. Retrocesso institucional-democrático e socioambiental. Discricionariedade administrativa do Poder Executivo encontra limites na arquitetura constitucional. Possibilidade de controle jurisdicional para a observância dos padrões e práticas necessárias para a operação da democracia. 1. O Conama é instância administrativa coletiva que cumula funções consultiva e deliberativa (art. 6º, II, da Lei n. 6.938/1981). Esse perfil funcional autoriza a sua categorização como autêntico fórum público de criação de políticas ambientais amplas e setoriais, de vinculatividade para o setor ambiental e para a sociedade, com obrigação de observância aos deveres de tutela do meio ambiente. 2. A governança ambiental exercida pelo Conama deve ser a expressão da democracia enquanto método de processamento dos conflitos. A sua composição e estrutura hão de refletir a interação e arranjo dos diferentes setores sociais e governamentais. Para tanto necessária uma organização procedimental que potencialize a participação marcada pela pluralidade e pela igualdade política, bem como a real capacidade de influência dos seus decisores ou votantes. 3. Na democracia constitucional, o cidadão deve se engajar nos processos decisórios para além do porte de título de eleitor. Esse engajamento cívico oferece alternativas procedimentais para suprir as assimetrias e deficiências do modelo democrático representativo e partidário. 4. A igualdade política agrega o qualificativo paritário à concepção da democracia, em sua faceta cultural e institucional. Tem-se aqui a dimensão procedimental das instituições governamentais decisórias, na qual se exigem novos arranjos participativos, sob pena do desenho institucional isolar (com intenção ou não) a capacidade ativa da participação popular. 5. Ao conferir à coletividade o direito-dever de tutelar e preservar o meio ambiente ecologicamente equilibrado (art. 225), a Constituição Federal está a exigir a participação popular na administração desse bem de uso comum e de interesse de toda a sociedade. E assim o faz tomando em conta duas razões normativas: a dimensão objetiva do direito fundamental ao meio ambiente e o projeto constitucional de democracia participativa na governança ambiental. 6. Análise da validade constitucional do Decreto n. 9.806/2019 a partir das premissas jurídicas fixadas: (i) perfil institucional normativo-deliberativo do Conama, (ii) quadro de regras, instituições e procedimentos formais e informais da democracia constitucional brasileira, (iii) igualdade política na organização-procedimental, e (iv) direitos ambientais procedimentais e de participação na governança ambiental. 7. O desmantelamento das estruturas orgânicas que viabilizam a participação democrática de grupos sociais heterogêneos nos processos decisórios do Conama tem como efeito a implementação de um sistema decisório hegemônico, concentrado e não responsivo, incompatível com a arquitetura constitucional democrática das instituições públicas e suas exigentes condicionantes. 8. A discricionariedade decisória do Chefe do Executivo na reestruturação administrativa não é prerrogativa isenta de limites, ainda mais no campo dos Conselhos com perfis deliberativos. A moldura normativa a ser respeitada na organização procedimental dos Conselhos é antes uma garantia de contenção do poder do Estado frente à participação popular, missão civilizatória que o constitucionalismo se propõe a cumprir. O espaço decisório do Executivo não permite intervenção ou regulação desproporcional. 9. A Constituição Federal

Sem dúvida, a função de maior relevância e que acarreta maiores consequências e controvérsias é a de natureza deliberativa, por meio do qual **o Conama edita normas jurídicas para a proteção do meio ambiente, especialmente as chamadas resoluções**.

Evidentemente a **natureza jurídica de tais normas é infralegal, situando-se no mesmo patamar dos atos normativos regulamentares expedidos pela Administração Pública**.

Nesse sentido, o Supremo Tribunal Federal afirmou não ser adequado pretender o controle concentrado de constitucionalidade das resoluções do Conama, por lhes faltar o atributo da autonomia, que consiste na relação direta entre o ato normativo cujo controle se pretende e a própria Constituição Federal. Por decisão do Plenário, em 28.05.2014, os Ministros concluíram, no Agravo Regimental na Ação Direta de Inconstitucionalidade 3.074, de relatoria do Ministro Teori Zavascki, que "não se admite a propositura de ação direta de inconstitucionalidade para impugnar Resolução do Conama, ato normativo regulamentar e não autônomo, de natureza secundária". Reafirmaram que "o parâmetro de análise dessa espécie de ato é a lei regulamentada e não a Constituição". Desse modo, seguiram a linha do precedente citado no próprio acórdão, a ADI 2.714, de 13.03.2003.

Por outro lado, o Supremo tem velado por certa parcimônia no enfrentamento de questões técnicas submetidas a normas do Conama:

> Ação Direta de Inconstitucionalidade. Constitucional, Administrativo e Ambiental. Padrões de qualidade do ar. Conselho Nacional do Meio Ambiente (Conama): competência para exercer juízo técnico discricionário de normatização da matéria. Princípio democrático. Autocontenção judicial. Resolução Conama n. 491, de 2018: norma constitucional em vias de se tornar inconstitucional. Concessão do prazo de 24 (vinte e quatro) meses para edição de nova Resolução: observância da atual realidade fática. 1. O Conselho Nacional do Meio Ambiente (CONAMA) é órgão colegiado criado pela Lei n. 6.938, de 1981, dotado de capacidade institucional e responsabilidade, para, a partir de estudos e debate colegiado, dispor sobre "normas e padrões compatíveis com o meio ambiente ecologicamente equilibrado e essencial à sadia qualidade de vida". 2. Diante das múltiplas vicissitudes e peculiaridades do caso, cabe, prioritariamente, ao CONAMA, como órgão regulador e no exercício da sua capacidade institucional, aquilatar, com devida atenção e aprofundado rigor técnico, qual o melhor conjunto de medidas apto a orientar a política de controle da qualidade do ar. 3. Impropriedade do Poder Judiciário em adentrar, ou mesmo substituir, o juízo técnico discricionário realizado na elaboração e no aprimoramento da política pública em foco. 4. Não se afigura salutar a conduta judicial de permanente e minudente escrutínio incidente sobre a condução das políticas públicas selecionadas pelo Administrador. 5. Em se tratando de tema de complexa e controvertida natureza técnico-científica, cabe ao Poder Judiciário atuar com ainda maior deferência em relação às decisões de natureza técnica tomadas pelos órgãos públicos com maior capacidade institucional para o tratamento e solução da questão. 6. Eventual atuação desta Suprema Corte no sentido de rever os critérios que redundaram na opção empreendida pelo CONAMA dependeria de manifesta falta de razoabilidade, de ausência de justificação ou de evidente abusividade na escolha empreendida pelo Administrador, não sendo este o caso dos autos. 7. A Organização Mundial da Saúde (OMS) indica que as diretrizes por ela traçadas não devem ser aplicadas automática e indistintamente, devendo cada país levar em conta os riscos à saúde, sua viabilidade tecnológica, questões econômicas e fatores políticos e sociais peculiares, além do nível de desenvolvimento e da capacidade de cada ente competente para atuar na gestão da qualidade do ar. 8. Sob a ótica do desenvolvimento sustentável, é necessário que sejam consideradas, pelo órgão regulador, o estágio mais atual da realidade nacional, das peculiaridades locais, bem como as possibilidades momentâneas de melhor aplicação dos primados da livre iniciativa, do desenvolvimento social, da redução da pobreza e da promoção da saúde pública,

não negocia retrocessos, sob a justificativa de liberdade de conformação decisória administrativa. A eficiência e a racionalidade são vetores constitucionais que orientam o Poder Executivo na atividade administrativa, com o objetivo de assegurar efetividade na prestação dos serviços públicos, respeitados limites mínimos razoáveis, sob pena de retrocessos qualitativos em nome de incrementos quantitativos. Inconstitucionalidade do Decreto n. 9.806/2019. 10. Arguição de descumprimento de preceito fundamental julgada procedente" (ADPF 623, Tribunal Pleno, Rel. Min. Rosa Weber, j. 22.05.2023, processo eletrônico *DJe*-s/n divulg. 17.07.2023, p. 18.07.2023).

como elementos de indispensável consideração para construção e progressiva evolução da norma, de forma a otimizar a proteção ambiental, dentro da lógica da maior medida possível. 9. Reconhecimento de que a Resolução CONAMA n. 491, de 2018, afigura-se "ainda constitucional". Determinação ao CONAMA de edição de nova resolução sobre a matéria que considere (i) as atuais orientações da Organização Mundial de Saúde sobre os padrões adequados da qualidade do ar; (ii) a realidade nacional e as peculiaridades locais; e (iii) os primados da livre-iniciativa, do desenvolvimento social, da redução da pobreza e da promoção da saúde pública. 10. Se decorrido o prazo de 24 (vinte e quatro) meses, sem a edição de novo ato que represente avanço material na política pública relacionada à qualidade do ar, passarão a vigorar os parâmetros estabelecidos pela Organização Mundial de Saúde enquanto perdurar a omissão administrativa na edição da nova Resolução. 11. Ação Direta de Inconstitucionalidade julgada improcedente (ADI 6148, Tribunal Pleno, Rel. Min. Cármen Lúcia, Rel. para acórdão André Mendonça, j. 05.05.2022, processo eletrônico *DJe*-184 divulg. 14.09.2022, p. 15.09.2022).

Desde que atribuída ao Conama a competência deliberativa acima citada, o órgão passou a expedir uma série de importantes resoluções em matéria ambiental, sendo válido apontar exemplos importantes:

- Resolução 1/1986: dispõe sobre critérios básicos e diretrizes gerais para o Estudo de Impacto Ambiental e para o respectivo Relatório de Impacto sobre o Meio Ambiente (EIA/RIMA);
- Resolução 5/1988: dispõe sobre o licenciamento de obras de saneamento básico;
- Resolução 1/1994: define vegetação primária e secundária nos estágios pioneiro, inicial, médio e avançado de regeneração da Mata Atlântica, a fim de orientar os procedimentos de licenciamento de exploração da vegetação nativa em São Paulo;
- Resolução 237/1997: instituiu regras sobre o licenciamento ambiental;
- Resolução 357/2005: dispõe sobre a classificação dos corpos de água e diretrizes ambientais para o seu enquadramento, bem como estabelece as condições e padrões de lançamento de efluentes;
- Resolução 371/2006: estabelece diretrizes aos órgãos ambientais para o cálculo, cobrança, aplicação, aprovação e controle de gastos de recursos advindos de compensação ambiental, conforme a Lei 9.985, de 18 de julho de 2000, que institui o Sistema Nacional de Unidades de Conservação da Natureza – SNUC;
- Resolução 382/2006: estabelece os limites máximos de emissão de poluentes atmosféricos para fontes fixas;
- Resolução 418/2009: dispõe sobre critérios para a elaboração de Planos de Controle de Poluição Veicular – PCPV e para a implantação de Programas de Inspeção e Manutenção de Veículos em Uso – I/M pelos órgãos estaduais e municipais de meio ambiente e determina novos limites de emissão e procedimentos para a avaliação do estado de manutenção de veículos em uso.

1.4.3.3 A questão das competências administrativas em matéria ambiental

Acesse e assista à aula explicativa sobre este assunto.

> http://uqr.to/21ku6

No que se refere às competências administrativas das pessoas políticas, é a própria Constituição Federal que lhes atribui competência comum para a proteção do meio ambiente:

> Art. 23. É competência comum da União, dos Estados, do Distrito Federal e dos Municípios: (...)
>
> III – proteger os documentos, as obras e outros bens de valor histórico, artístico e cultural, os monumentos, as paisagens naturais notáveis e os sítios arqueológicos; (...)
>
> VI – proteger o meio ambiente e combater a poluição em qualquer de suas formas;
>
> VII – preservar as florestas, a fauna e a flora; (...)
>
> Parágrafo único. Leis complementares fixarão normas para a cooperação entre a União e os Estados, o Distrito Federal e os Municípios, tendo em vista o equilíbrio do desenvolvimento e do bem-estar em âmbito nacional.

O texto constitucional, como se pode notar, atribui a todas as pessoas políticas o dever de executar a proteção do meio ambiente. Desde logo, porém, estabelece que **lei complementar definirá o modo de atuação de um sistema pretensamente cooperativo**, como método de organização da ação dos órgãos públicos, algo nitidamente desejável.

Por meio da LC 140/2011, o Poder Legislativo da União pretende então realizar a mencionada organização, fazendo-o em diversos dispositivos da citada lei.

Os dispositivos que estabelecem propriamente a divisão de competências entre a União, os Estados, o Distrito Federal e os Municípios são os arts. 7º, 8º, 9º e 10.

O art. 7º arrola as numerosas competências administrativas da União. Em seguida, o art. 8º disciplina as atribuições legais dos Estados. E é o art. 9º o dispositivo que arrola as competências dos Municípios. Finalmente, o art. 10 da LC 140/2011 atribui ao Distrito Federal cumulativamente as competências outorgadas aos Estados e aquelas deferidas aos Municípios[83].

A despeito da divisão de competências definida nos arts. 7º, 8º, 9º e 10, outros dispositivos devem ser analisados para completo entendimento da questão, pois criam outras formas de atuação das pessoas políticas, numa ideia de cooperação para atingir finalidades comuns[84].

O art. 2º estabelece os conceitos de atuação supletiva e atuação subsidiária.

A **atuação supletiva** é definida como ação do ente da Federação que se substitui ao ente federativo originariamente detentor das atribuições, nas hipóteses definidas na própria LC 140/2011 (arts. 2°, II, e 15). O art. 15 da LC 140/2011 prevê hipótese de ação supletiva no caso do licenciamento ambiental:

> Art. 15. Os entes federativos devem atuar em caráter supletivo nas ações administrativas de licenciamento e na autorização ambiental, nas seguintes hipóteses:
>
> I – inexistindo órgão ambiental capacitado ou conselho de meio ambiente no Estado ou no Distrito Federal, a União deve desempenhar as ações administrativas estaduais ou distritais até a sua criação;
>
> II – inexistindo órgão ambiental capacitado ou conselho de meio ambiente no Município, o Estado deve desempenhar as ações administrativas municipais até a sua criação; e
>
> III – inexistindo órgão ambiental capacitado ou conselho de meio ambiente no Estado e no Município, a União deve desempenhar as ações administrativas até a sua criação em um daqueles entes federativos.

---

[83] Os dispositivos citados, com exceção do art. 10, possuem semelhante estrutura, com extenso rol de competências atribuídas a cada uma das pessoas políticas. Pela extensão dos arts. 7°, 8° e 9°, optamos por não transcrevê-los no corpo de nosso texto, mas recomendamos atenta leitura, especialmente na preparação para provas de primeira fase dos diversos concursos públicos.

[84] LC 140/2011: "Art. 6° As ações de cooperação entre a União, os Estados, o Distrito Federal e os Municípios deverão ser desenvolvidas de modo a atingir os objetivos previstos no art. 3° e a garantir o desenvolvimento sustentável, harmonizando e integrando todas as políticas governamentais".

A **ação subsidiária** é conceituada como ação do ente da Federação que visa a auxiliar no desempenho das atribuições decorrentes das competências comuns, quando solicitado pelo ente federativo originariamente detentor das atribuições definidas na referida Lei Complementar:

> Art. 16. A ação administrativa subsidiária dos entes federativos dar-se-á por meio de apoio técnico, científico, administrativo ou financeiro, sem prejuízo de outras formas de cooperação.
>
> Parágrafo único. A ação subsidiária deve ser solicitada pelo ente originariamente detentor da atribuição nos termos desta Lei Complementar.

Outros instrumentos de cooperação institucional estão previstos no art. 4º da LC 140/2011, oferecendo às pessoas políticas alternativas para atuação integrada:

> I - consórcios públicos, nos termos da legislação em vigor;
>
> II - convênios, acordos de cooperação técnica e outros instrumentos similares com órgãos e entidades do Poder Público, respeitado o art. 241 da Constituição Federal[85];
>
> III - Comissão Tripartite Nacional, Comissões Tripartites Estaduais e Comissão Bipartite do Distrito Federal[86];
>
> IV - fundos públicos e privados e outros instrumentos econômicos;
>
> V - delegação de atribuições de um ente federativo a outro, respeitados os requisitos previstos nesta Lei Complementar;
>
> VI - delegação da execução de ações administrativas de um ente federativo a outro, respeitados os requisitos previstos nesta Lei Complementar[87].

O tema das competências administrativas de caráter ambiental voltará a ser por nós abordado, especificamente no tratamento dos instrumentos da PNMA, em especial do licenciamento ambiental.

O instituto do licenciamento desperta relevantes debates acerca da competência para sua realização e a própria lei traz normas sobre a questão.

Frise-se, por ora, que **a própria LC 140/2011 formula distinção entre a competência para licenciar empreendimentos e a competência geral para combate à poluição e/ou fiscalização de poluidores**[88].

---

85 LC 140/2011: "§ 1º Os instrumentos mencionados no inciso II do *caput* podem ser firmados com prazo indeterminado".

86 LC 140/2011: "§ 2º A Comissão Tripartite Nacional será formada, paritariamente, por representantes dos Poderes Executivos da União, dos Estados, do Distrito Federal e dos Municípios, com o objetivo de fomentar a gestão ambiental compartilhada e descentralizada entre os entes federativos. § 3º As Comissões Tripartites Estaduais serão formadas, paritariamente, por representantes dos Poderes Executivos da União, dos Estados e dos Municípios, com o objetivo de fomentar a gestão ambiental compartilhada e descentralizada entre os entes federativos. § 4º A Comissão Bipartite do Distrito Federal será formada, paritariamente, por representantes dos Poderes Executivos da União e do Distrito Federal, com o objetivo de fomentar a gestão ambiental compartilhada e descentralizada entre esses entes federativos. § 5º As Comissões Tripartites e a Comissão Bipartite do Distrito Federal terão sua organização e funcionamento regidos pelos respectivos regimentos internos".

87 LC 140/2011: "Art. 5º O ente federativo poderá delegar, mediante convênio, a execução de ações administrativas a ele atribuídas nesta Lei Complementar, desde que o ente destinatário da delegação disponha de órgão ambiental capacitado a executar as ações administrativas a serem delegadas e de conselho de meio ambiente. Parágrafo único. Considera-se órgão ambiental capacitado, para os efeitos do disposto no *caput*, aquele que possui técnicos próprios ou em consórcio, devidamente habilitados e em número compatível com a demanda das ações administrativas a serem delegadas".

88 LC 140/2011: "Art. 17. Compete ao órgão responsável pelo licenciamento ou autorização, conforme o caso, de um empreendimento ou atividade, lavrar auto de infração ambiental e instaurar processo administrativo para a apuração de infrações à legislação ambiental cometidas pelo empreendimento ou atividade licenciada ou autorizada.
§ 1º Qualquer pessoa legalmente identificada, ao constatar infração ambiental decorrente de empreendimento ou atividade utilizadores de recursos ambientais, efetiva ou potencialmente poluidores, pode dirigir representação ao órgão a que se refere o *caput*, para efeito do exercício de seu poder de polícia.

1.4.4 Instrumentos da PNMA

Os instrumentos da PNMA podem ser genericamente **definidos como os mecanismos jurídicos para a concreta busca dos objetivos idealmente traçados na Lei 6.938/1981**.

Por meio dos institutos referidos, o Estado e a sociedade buscam fazer cumprir a diretriz constitucional estabelecida no art. 225 da Carta e as metas definidas na legislação infraconstitucional.

Os instrumentos da PNMA estão arrolados no art. 9º da Lei 6.938/1981:

> Art. 9º – São instrumentos da Política Nacional do Meio Ambiente:
>
> I – o estabelecimento de padrões de qualidade ambiental;
>
> II – o zoneamento ambiental;
>
> III – a avaliação de impactos ambientais;
>
> IV – o licenciamento e a revisão de atividades efetiva ou potencialmente poluidoras;
>
> V – os incentivos à produção e instalação de equipamentos e a criação ou absorção de tecnologia, voltados para a melhoria da qualidade ambiental;
>
> VI – a criação de espaços territoriais especialmente protegidos pelo Poder Público federal, estadual e municipal, tais como áreas de proteção ambiental, de relevante interesse ecológico e reservas extrativistas;
>
> VII – o sistema nacional de informações sobre o meio ambiente;
>
> VIII – o Cadastro Técnico Federal de Atividades e Instrumentos de Defesa Ambiental;
>
> IX – as penalidades disciplinares ou compensatórias ao não cumprimento das medidas necessárias à preservação ou correção da degradação ambiental;
>
> X – a instituição do Relatório de Qualidade do Meio Ambiente, a ser divulgado anualmente pelo Instituto Brasileiro do Meio Ambiente e Recursos Naturais Renováveis – IBAMA;
>
> XI – a garantia da prestação de informações relativas ao Meio Ambiente, obrigando-se o Poder Público a produzi-las, quando inexistentes;
>
> XII – o Cadastro Técnico Federal de atividades potencialmente poluidoras e/ou utilizadoras dos recursos ambientais;
>
> XIII – instrumentos econômicos, como concessão florestal, servidão ambiental, seguro ambiental e outros.

Por meio dos instrumentos, busca-se atingir os objetivos da PNMA, sempre com apoio e norte nos princípios e diretrizes da Política.

Dentre os instrumentos arrolados pela lei, há exemplos de mecanismos de comando e controle, numa perspectiva mais conservadora do direito, de estabelecer proibições e as respectivas sanções para condutas que violem a norma posta. Este perfil se identifica mais proximamente do instrumento previsto no inciso IX.

De outro lado, há instrumentos representativos de uma nova visão da proteção ambiental, mais voltada ao estabelecimento de incentivos econômicos que fomentem e induzam a proteção do meio ambiente. Este perfil se aproxima do instrumento previsto no inciso XIII.

Seja por uma vertente, seja por outra, busca-se a criação de uma cultura de proteção ambiental, algo que efetivamente ainda não se desenvolveu plenamente na consciência coletiva brasileira.

---

§ 2º Nos casos de iminência ou ocorrência de degradação da qualidade ambiental, o ente federativo que tiver conhecimento do fato deverá determinar medidas para evitá-la, fazer cessá-la ou mitigá-la, comunicando imediatamente ao órgão competente para as providências cabíveis.

§ 3º O disposto no *caput* deste artigo não impede o exercício pelos entes federativos da atribuição comum de fiscalização da conformidade de empreendimentos e atividades efetiva ou potencialmente poluidores ou utilizadores de recursos naturais com a legislação ambiental em vigor, prevalecendo o auto de infração ambiental lavrado por órgão que detenha a atribuição de licenciamento ou autorização a que se refere o *caput*".

1.4.4.1 *O poder de polícia em matéria ambiental*

O poder de polícia se caracteriza como o conjunto de instrumentos de que dispõe a Administração Pública para restringir ou condicionar o exercício de direitos e atividades individuais, de modo a compatibilizá-los com os interesses da coletividade.

A proteção do meio ambiente é, sem dúvida, finalidade que justifica fazer atuar o poder de polícia da Administração Pública. **As atividades individuais ou coletivas devem ser exercidas de acordo com a necessidade de se manter um meio ambiente ecologicamente equilibrado**, direito fundamental de todos os cidadãos.

Como de resto ocorre em outras áreas de atuação da Administração Pública, também na esfera da proteção ambiental, o poder de polícia se revela por atos de várias espécies. Observa-se o exercício do poder de polícia: na expedição de atos regulamentadores de determinadas atividades ou processos públicos (atos normativos); num ato de fiscalização de atividades poluidoras (atos fiscalizatórios); também nos atos de licenciamento de atividades potencialmente poluidoras (atos negociais); assim como num ato de imposição de sanção por descumprimento de normas ambientais (atos punitivos).

Vale destacar que **não se confundem as competências para fiscalizar empreendimento poluidor e para licenciar o mesmo objeto**. Desse modo, revela-se possível cogitar da realização de fiscalização e aplicação de sanção por parte de ente federativo diverso daquele responsável pelo licenciamento.

A questão, porém, pode ser observada sob várias perspectivas e a jurisprudência brasileira oferece bons subsídios para tal compreensão.

O Superior Tribunal de Justiça proferiu decisão sobre a questão ainda no ano de 2009:

> Processual civil. Administrativo. Ambiental. Multa. Conflito de atribuições comuns. Omissão de órgão estadual. Potencialidade de dano ambiental a bem da União. Fiscalização do IBAMA. Possibilidade. 1. Havendo omissão do órgão estadual na fiscalização, mesmo que outorgante da licença ambiental, pode o IBAMA exercer o seu poder de polícia administrativa, pois não há confundir competência para licenciar com competência para fiscalizar. 2. A contrariedade à norma pode ser anterior ou superveniente à outorga da licença, portanto a aplicação da sanção não está necessariamente vinculada à esfera do ente federal que a outorgou. 3. O pacto federativo atribuiu competência aos quatro entes da federação para proteger o meio ambiente através da fiscalização. 4. A competência constitucional para fiscalizar é comum aos órgãos do meio ambiente das diversas esferas da federação, inclusive o art. 76 da Lei Federal n. 9.605/98 prevê a possibilidade de atuação concomitante dos integrantes do Sisnama. 5. Atividade desenvolvida com risco de dano ambiental a bem da União pode ser fiscalizada pelo IBAMA, ainda que a competência para licenciar seja de outro ente federado. Agravo regimental provido (AgRg no REsp 711.405/PR, Rel. Min. Humberto Martins).

Há, porém, nova disposição legislativa sobre o tema (LC 140/2011):

> Art. 17. Compete ao órgão responsável pelo licenciamento ou autorização, conforme o caso, de um empreendimento ou atividade, lavrar auto de infração ambiental e instaurar processo administrativo para a apuração de infrações à legislação ambiental cometidas pelo empreendimento ou atividade licenciada ou autorizada.
>
> § 1º Qualquer pessoa legalmente identificada, ao constatar infração ambiental decorrente de empreendimento ou atividade utilizadores de recursos ambientais, efetiva ou potencialmente poluidores, pode dirigir representação ao órgão a que se refere o *caput*, para efeito do exercício de seu poder de polícia.
>
> § 2º Nos casos de iminência ou ocorrência de degradação da qualidade ambiental, o ente federativo que tiver conhecimento do fato deverá determinar medidas para evitá-la, fazer cessá-la ou mitigá-la, comunicando imediatamente ao órgão competente para as providências cabíveis.

§ 3º O disposto no *caput* deste artigo não impede o exercício pelos entes federativos da atribuição comum de fiscalização da conformidade de empreendimentos e atividades efetiva ou potencialmente poluidores ou utilizadores de recursos naturais com a legislação ambiental em vigor, prevalecendo o auto de infração ambiental lavrado por órgão que detenha a atribuição de licenciamento ou autorização a que se refere o *caput*.

Observa-se que **a regra estabelecida no *caput* do art. 17 da LC 140/2011 é a de que a fiscalização de empreendimento poluidor incumbe à pessoa política a quem compete o licenciamento. Não obstante, os parágrafos do mesmo dispositivo criam possibilidades de relativas exceções à regra** ao definirem que:

- qualquer pessoa pode dirigir representação aos órgãos públicos para exercício de seu poder de polícia, ao constatar infração ambiental decorrente de empreendimento ou atividade utilizadores de recursos ambientais, efetiva ou potencialmente poluidores;
- nos casos de iminência ou ocorrência de degradação da qualidade ambiental, o ente federativo que tiver conhecimento do fato deverá determinar medidas para evitá-la, fazer cessá-la ou mitigá-la, comunicando imediatamente ao órgão competente para as providências cabíveis;
- o disposto no *caput* do art. 17 não impede o exercício pelos entes federativos da atribuição comum de fiscalização da conformidade de empreendimentos e atividades efetiva ou potencialmente poluidores ou utilizadores de recursos naturais com a legislação ambiental em vigor, prevalecendo o auto de infração ambiental lavrado por órgão que detenha a atribuição de licenciamento ou autorização a que se refere o *caput*.

Finalmente, encontramos decisão do Superior Tribunal de Justiça proferida já sob a vigência da LC 140/2011:

Ambiental. Processual civil. Ministério Público federal. Ação civil pública. Licenciamento ambiental. Zona de amortecimento do parque nacional de Jericoacoara. Legitimidade ativa *ad causam*. Recurso especial provido. 1. Em se tratando de proteção ao meio ambiente, não há falar em competência exclusiva de um ente da federação para promover medidas protetivas. Impõe-se amplo aparato de fiscalização a ser exercido pelos quatro entes federados, independentemente do local onde a ameaça ou o dano estejam ocorrendo, bem como da competência para o licenciamento. 2. O domínio da área em que o dano ou o risco de dano se manifesta é apenas um dos critérios definidores da legitimidade para agir do *parquet* federal. Ademais, o poder-dever de fiscalização dos outros entes deve ser exercido quando a atividade esteja, sem o devido acompanhamento do órgão competente, causando danos ao meio ambiente. 3. A atividade fiscalizatória das atividades nocivas ao meio ambiente concede ao IBAMA interesse jurídico suficiente para exercer seu poder de polícia administrativa, ainda que o bem esteja situado em área cuja competência para o licenciamento seja do município ou do estado. 4. Definida a controvérsia em sentido contrário à posição adotada no aresto estadual, deve ser provido o agravo regimental para dar provimento ao recurso especial, reconhecer a legitimidade do Ministério Público Federal e determinar o regular prosseguimento da ação. Agravo regimental provido (AgRg no REsp 1.373.302/CE, Rel. Min. Humberto Martins).

É essa, portanto, a configuração da questão relativa à independência existente entre a competência para licenciar e a competência para fiscalizar empreendimentos potencialmente poluidores[89].

---

[89] Vale também mencionar o conteúdo da Orientação Jurídica Normativa 49-2013, da Procuradoria Federal Especializada do Ibama. Ementa: "I. Competência dos entes federativos em matéria de fiscalização ambiental atualmente regulada pelo art.

1.4.4.2 *O licenciamento ambiental*

1.4.4.2.1 Definição e incidência

O licenciamento ambiental está definido no art. 2º, I, da LC 140/2011 como o **procedimento administrativo destinado a licenciar atividades ou empreendimentos utilizadores de recursos ambientais, efetiva ou potencialmente poluidores ou capazes, sob qualquer forma, de causar degradação ambiental**[90].

É possível encontrar o fundamento constitucional do licenciamento no próprio art. 225 da Constituição Federal, especialmente nos deveres do Poder Público, estabelecidos no § 1º[91].

O art. 10 da Lei 6.938/1981, agora com redação dada pela LC 140/2011, dispõe sobre a exigibilidade do licenciamento, referindo que dependem da prévia realização de tal procedimento a construção, instalação, ampliação e funcionamento de estabelecimentos e atividades utilizadores de recursos ambientais, efetiva ou potencialmente poluidores ou capazes, sob qualquer forma, de causar degradação ambiental.

É bem verdade que sob a égide da Resolução Conama 237/1997 já havia um rol de atividades que deveriam se sujeitar ao licenciamento. Aliás, naquilo que não conflitar com a legislação posterior (LC 140/2011), permanece vigente a resolução do Conama. Também nas legislações dos Estados é possível encontrar listas de atividades a serem licenciadas. No Estado de São Paulo, a relação se encontra no Decreto 47.397, de 4 de dezembro de 2002, que constitui o regulamento da Lei Estadual 997, de 31 de maio de 1976. Entende-se, porém, que tais enumerações não são taxativas, dado que a disposição legal é a de que qualquer atividade efetiva ou potencialmente poluidora ou degradadora deve se submeter ao licenciamento.

Vale lembrar que já decidiu o Supremo Tribunal Federal que os Estados não podem editar atos normativos menos protetivos que a legislação federal, excluindo atividades poluidoras da exigência de licenciamento ambiental. Em julgado recente, o Supremo Tribunal Federal invalidou norma cearense que dispensava de licenciamento atividades potencialmente poluidoras[92].

A fim de que se dê a devida e ampla publicidade às questões e decisões ambientais, o § 1º do art. 10 determina que os pedidos de licenciamento, sua renovação e a respectiva concessão sejam publicados no jornal oficial, bem como em periódico regional ou local de grande circulação, ou em meio eletrônico de comunicação mantido pelo órgão ambiental competente.

---

17 da Lei Complementar n. 140/2011, que instituiu um sistema de prevalência, sem afastar a competência comum constitucionalmente prevista. II. Atividade concretamente licenciada deve ser preferencialmente fiscalizada pelo órgão ambiental emissor da licença, impondo-se a efetiva atuação do órgão fiscalizador supletivo em caso de omissão do órgão primariamente competente. Em situação de duplicidade de autuações, caberá a prevalência da fiscalização realizada pelo órgão licenciador, com reconhecimento da insubsistência do auto de infração anteriormente lavrado pelo órgão fiscalizador supletivo, desde que a penalidade aplicada no processo originário ainda não esteja definitivamente constituída. III. Atividades não licenciadas e não licenciáveis podem ser fiscalizadas por qualquer órgão ambiental, prevalecendo o primeiro auto de infração lavrado. Necessidade de se evitar sobreposição de atividade e de se atender aos princípios administrativos aplicáveis e objetivos traçados pelo legislador. IV. Aplicação de medidas cautelares em caso de iminência ou de já ocorrência de degradação ambiental. Prevalência das medidas aplicadas pelo órgão efetivamente licenciador, prevalecendo sobre aquelas eventualmente impostas pelo órgão fiscalizador supletivo, excetuando-se as que já surtiram, no caso concreto, todos os efeitos práticos admissíveis".

90 O licenciamento já era definido desde 1997 na Resolução Conama 237/1997: "Art. 1º – Para efeito desta Resolução são adotadas as seguintes definições: I – Licenciamento Ambiental: procedimento administrativo pelo qual o órgão ambiental competente licencia a localização, instalação, ampliação e a operação de empreendimentos e atividades utilizadoras de recursos ambientais, consideradas efetiva ou potencialmente poluidoras ou daquelas que, sob qualquer forma, possam causar degradação ambiental, considerando as disposições legais e regulamentares e as normas técnicas aplicáveis ao caso".

91 "Art. 225. (...) § 1º Para assegurar a efetividade desse direito, incumbe ao Poder Público: (...) **V – controlar a produção, a comercialização e o emprego de técnicas, métodos e substâncias que comportem risco para a vida, a qualidade de vida e o meio ambiente;** (...)" (grifo nosso).

92 Na ocasião, por unanimidade, o STF declarou a inconstitucionalidade de dispositivo da Resolução 2/2019 do Conselho Estadual do Meio Ambiente do Ceará, que dispõe sobre processos de licenciamento e autorização ambiental no âmbito da Superintendência Estadual do Meio Ambiente. Decidiu-se que o art. 8º da norma viola a Constituição Federal (art. 225), ao criar hipóteses de dispensa de licenciamento ambiental para a realização de atividades impactantes e degradadoras do meio ambiente, como o plantio com uso de agrotóxicos em imóveis com até 30 hectares (ADI 6288).

E para potencializar a coercibilidade da exigência legal de licenciamento, o art. 12 da Lei 6.938/1981 estabelece que as entidades e órgãos de financiamento e incentivos governamentais condicionarão a aprovação de projetos habilitados a esses benefícios ao licenciamento, na forma desta Lei, e ao cumprimento das normas, dos critérios e dos padrões expedidos pelo Conama.

1.4.4.2.2 Competência para licenciar

Questão importante cuja solução se pretendeu dar pela LC 140/2011 é aquela atinente à **competência para licenciar**.

Há que se frisar, por primeiro, que a lei passou a prever a **regra da unicidade do órgão ou ente licenciador**[93]. Assim, sempre deve ser identificado um único órgão competente para o licenciamento. A regra visa a evitar a sobreposição de atuação dos entes federativos, fenômeno no mais das vezes contraproducente e ampliativo da burocracia das relações.

Pois bem. Estabelecido que cabe somente a uma das pessoas políticas o licenciamento de determinado empreendimento, há que se perquirir sobre a definição da pessoa competente, em face das regras estabelecidas na LC 140/2011.

O critério geral é o da **prevalência ou predominância do interesse**, que pode se revelar:

- pela extensão ou dimensão do impacto ambiental[94];
- pela dominialidade do bem público afetado.

Essa redução da questão relativa à competência a dois principais critérios é possível extrair da análise dos dispositivos da LC 140/2011 que estabelecem a competência das pessoas políticas para licenciar:

> Art. 7º São ações administrativas da União: (...)
>
> XIV – promover o licenciamento ambiental de empreendimentos e atividades:
>
> a) localizados ou desenvolvidos conjuntamente no Brasil e em país limítrofe;
>
> b) localizados ou desenvolvidos no mar territorial, na plataforma continental ou na zona econômica exclusiva;
>
> c) localizados ou desenvolvidos em terras indígenas;
>
> d) localizados ou desenvolvidos em unidades de conservação instituídas pela União, exceto em Áreas de Proteção Ambiental (APAs);
>
> e) localizados ou desenvolvidos em 2 (dois) ou mais Estados;
>
> f) de caráter militar, excetuando-se do licenciamento ambiental, nos termos de ato do Poder Executivo, aqueles previstos no preparo e emprego das Forças Armadas, conforme disposto na Lei Complementar 97, de 9 de junho de 1999;
>
> g) destinados a pesquisar, lavrar, produzir, beneficiar, transportar, armazenar e dispor material radioativo, em qualquer estágio, ou que utilizem energia nuclear em qualquer de suas formas e aplicações, mediante parecer da Comissão Nacional de Energia Nuclear (Cnen); ou

---

93 "Art. 13. Os empreendimentos e atividades são licenciados ou autorizados, ambientalmente, por um único ente federativo, em conformidade com as atribuições estabelecidas nos termos desta Lei Complementar. § 1° Os demais entes federativos interessados podem manifestar-se ao órgão responsável pela licença ou autorização, de maneira não vinculante, respeitados os prazos e procedimentos do licenciamento ambiental. § 2° A supressão de vegetação decorrente de licenciamentos ambientais é autorizada pelo ente federativo licenciador. § 3° Os valores alusivos às taxas de licenciamento ambiental e outros serviços afins devem guardar relação de proporcionalidade com o custo e a complexidade do serviço prestado pelo ente federativo".

94 O conceito de impacto ambiental é trazido pelo art. 1° da Resolução Conama 1/1986: "Artigo 1° – Para efeito desta Resolução, considera-se impacto ambiental qualquer alteração das propriedades físicas, químicas e biológicas do meio ambiente, causada por qualquer forma de matéria ou energia resultante das atividades humanas que, direta ou indiretamente, afetam: I - a saúde, a segurança e o bem-estar da população; II - as atividades sociais e econômicas; III - a biota; IV - as condições estéticas e sanitárias do meio ambiente; V - a qualidade dos recursos ambientais".

h) que atendam tipologia estabelecida por ato do Poder Executivo, a partir de proposição da Comissão Tripartite Nacional, assegurada a participação de um membro do Conselho Nacional do Meio Ambiente (Conama), e considerados os critérios de porte, potencial poluidor e natureza da atividade ou empreendimento; (...).

Art. 8º São ações administrativas dos Estados: (...)

XIV – promover o licenciamento ambiental de atividades ou empreendimentos utilizadores de recursos ambientais, efetiva ou potencialmente poluidores ou capazes, sob qualquer forma, de causar degradação ambiental, ressalvado o disposto nos arts. 7º e 9º;

XV – promover o licenciamento ambiental de atividades ou empreendimentos localizados ou desenvolvidos em unidades de conservação instituídas pelo Estado, exceto em Áreas de Proteção Ambiental (APAs).

Art. 9º São ações administrativas dos Municípios: (...)

XIV – observadas as atribuições dos demais entes federativos previstas nesta Lei Complementar, promover o licenciamento ambiental das atividades ou empreendimentos:

a) que causem ou possam causar impacto ambiental de âmbito local, conforme tipologia definida pelos respectivos Conselhos Estaduais de Meio Ambiente, considerados os critérios de porte, potencial poluidor e natureza da atividade; ou

b) localizados em unidades de conservação instituídas pelo Município, exceto em Áreas de Proteção Ambiental (APAs).

Note-se, portanto, que **a definição da competência para licenciar determinado empreendimento deve passar, em primeiro lugar, pela verificação da incidência de uma das hipóteses de atuação da União**.

Não configurada hipótese de atuação da União, há que se verificar se se trata de impacto ambiental de âmbito local, *conforme tipologia definida pelo respectivo Conselho Estadual de Meio Ambiente, considerados os critérios de porte, potencial poluidor e natureza da atividade*, **caso em que a competência para licenciar é Municipal**.

Afigura-se, portanto, **a competência estadual como de caráter residual**, evidentemente quando houver o ato do Conselho Estadual de Meio Ambiente a definir as hipóteses de licenciamento pelos Municípios.

Há que se frisar, também, que a existência de fundamento para atuação da União sempre acarreta o deslocamento da competência para a área federal, ainda que aparentemente também presente fundamento para atuação do Estado ou do Município. É que tanto o art. 8º quanto o art. 9º ressalvam a aplicação das normas relativas à competência da União, demonstrando sua prevalência em relação a qualquer outro critério.

Não se olvide ainda que pode haver certas alterações ou deslocamentos de competência na execução dos atos em determinado processo de licenciamento, já que a LC 140/2011 traz as regras de atuação subsidiária e supletiva (arts. 2º, 15 e 16) e também prevê outros mecanismos de atuação integrada ou cooperada (art. 4º).

1.4.4.2.3 Prazos de tramitação do licenciamento

A questão relativa aos prazos de tramitação do processo de licenciamento tem relevância ímpar, seja porque, como já se viu, a tutela ambiental deve ser preferencialmente preventiva e atuar a tempo de evitar possíveis danos, seja porque, mormente nos dias atuais, o tempo se revela fator significativo para os interesses econômicos envolvidos em determinados empreendimentos potencialmente poluidores.

Nota-se, portanto, que a demora e a incerteza ou indefinição de um processo de licenciamento configura fator de risco tanto à sanidade do ambiente quanto ao desenvolvimento econômico do país.

Não se ignora também que a Constituição Federal estabelece o direito fundamental à duração razoável do processo, aplicável também aos processos administrativos (art. 5º, LXXVIII)[95].

Na linha de implementação efetiva do princípio referido, a LC 140/2011 trouxe importantes contribuições, especialmente pelas previsões de seu art. 14.

O *caput* do art. 14 dispõe que os órgãos licenciadores devem observar os prazos estabelecidos para tramitação dos processos de licenciamento.

Seus parágrafos, também relevantes, mencionam deveres do Poder Público e do empreendedor, tudo no intuito de impulsionar o procedimento em direção ao seu adequado desfecho:

> § 1º As exigências de complementação oriundas da análise do empreendimento ou atividade devem ser comunicadas pela autoridade licenciadora de uma única vez ao empreendedor, ressalvadas aquelas decorrentes de fatos novos.
>
> § 2º As exigências de complementação de informações, documentos ou estudos feitas pela autoridade licenciadora suspendem o prazo de aprovação, que continua a fluir após o seu atendimento integral pelo empreendedor.
>
> § 3º O decurso dos prazos de licenciamento, sem a emissão da licença ambiental, não implica emissão tácita nem autoriza a prática de ato que dela dependa ou decorra, mas instaura a competência supletiva referida no art. 15.
>
> § 4º A renovação de licenças ambientais deve ser requerida com antecedência mínima de 120 (cento e vinte) dias da expiração de seu prazo de validade, fixado na respectiva licença, ficando este automaticamente prorrogado até a manifestação definitiva do órgão ambiental competente.

Importante mencionar que a Resolução Conama 237/1997 já prevê a possibilidade ou, mais do que isso, a necessidade de se estabelecerem prazos diferenciados para cada modalidade de licença ambiental, a depender das peculiaridades e/ou complexidade da questão[96]. Neste aspecto evidentemente as disposições da LC 140/2011 devem ser interpretadas conjunta e sistematicamente com as disposições da Resolução Conama 237/1997 naquilo em que não houver contrariedade ou integral regulamentação pela nova legislação (LC 140/2011).

1.4.4.2.4 Rito procedimental do licenciamento

Como procedimento administrativo, o licenciamento se caracteriza por uma sequência ordenada de atos, todos dirigidos à mesma finalidade, qual seja o desfecho adequado do procedimento com a decisão sobre a possibilidade, a necessidade de adequação ou mesmo a impossibilidade de exercício da atividade pretendida.

A Resolução Conama 237/1997 segue dando subsídios ao tema do licenciamento e estipula etapas a serem observadas no licenciamento:

> Art. 10 – O procedimento de licenciamento ambiental obedecerá às seguintes etapas:

[95] CF, art. 5º, LXXVIII: "a todos, no âmbito judicial e administrativo, são assegurados a razoável duração do processo e os meios que garantam a celeridade de sua tramitação".

[96] Resolução Conama 237/1997: "Art. 14 – O órgão ambiental competente poderá estabelecer prazos de análise diferenciados para cada modalidade de licença (LP, LI e LO), em função das peculiaridades da atividade ou empreendimento, bem como para a formulação de exigências complementares, desde que observado o prazo máximo de 6 (seis) meses a contar do ato de protocolar o requerimento até seu deferimento ou indeferimento, ressalvados os casos em que houver EIA/RIMA e/ou audiência pública, quando o prazo será de até 12 (doze) meses. § 1º A contagem do prazo previsto no *caput* deste artigo será suspensa durante a elaboração dos estudos ambientais complementares ou preparação de esclarecimentos pelo empreendedor. § 2º Os prazos estipulados no *caput* poderão ser alterados, desde que justificados e com a concordância do empreendedor e do órgão ambiental competente. Art. 15 – O empreendedor deverá atender à solicitação de esclarecimentos e complementações, formuladas pelo órgão ambiental competente, dentro do prazo máximo de 4 (quatro) meses, a contar do recebimento da respectiva notificação. Parágrafo único – O prazo estipulado no *caput* poderá ser prorrogado, desde que justificado e com a concordância do empreendedor e do órgão ambiental competente".

I – Definição pelo órgão ambiental competente, com a participação do empreendedor, dos documentos, projetos e estudos ambientais, necessários ao início do processo de licenciamento correspondente à licença a ser requerida;

II – Requerimento da licença ambiental pelo empreendedor, acompanhado dos documentos, projetos e estudos ambientais pertinentes, dando-se a devida publicidade;

III – Análise pelo órgão ambiental competente, integrante do Sisnama, dos documentos, projetos e estudos ambientais apresentados e a realização de vistorias técnicas, quando necessárias;

IV – Solicitação de esclarecimentos e complementações pelo órgão ambiental competente, integrante do Sisnama, uma única vez, em decorrência da análise dos documentos, projetos e estudos ambientais apresentados, quando couber, podendo haver a reiteração da mesma solicitação caso os esclarecimentos e complementações não tenham sido satisfatórios;

V – Audiência pública, quando couber, de acordo com a regulamentação pertinente;

VI – Solicitação de esclarecimentos e complementações pelo órgão ambiental competente, decorrentes de audiências públicas, quando couber, podendo haver reiteração da solicitação quando os esclarecimentos e complementações não tenham sido satisfatórios;

VII – Emissão de parecer técnico conclusivo e, quando couber, parecer jurídico;

VIII – Deferimento ou indeferimento do pedido de licença, dando-se a devida publicidade.

§ 1º No procedimento de licenciamento ambiental deverá constar, obrigatoriamente, a certidão da Prefeitura Municipal, declarando que o local e o tipo de empreendimento ou atividade estão em conformidade com a legislação aplicável ao uso e ocupação do solo e, quando for o caso, a autorização para supressão de vegetação e a outorga para o uso da água, emitidas pelos órgãos competentes.

§ 2º No caso de empreendimentos e atividades sujeitos ao estudo de impacto ambiental – EIA, se verificada a necessidade de nova complementação em decorrência de esclarecimentos já prestados, conforme incisos IV e VI, o órgão ambiental competente, mediante decisão motivada e com a participação do empreendedor, poderá formular novo pedido de complementação.

O desenvolvimento de um fluxograma sobre a tramitação do licenciamento facilita a compreensão desse fenômeno:

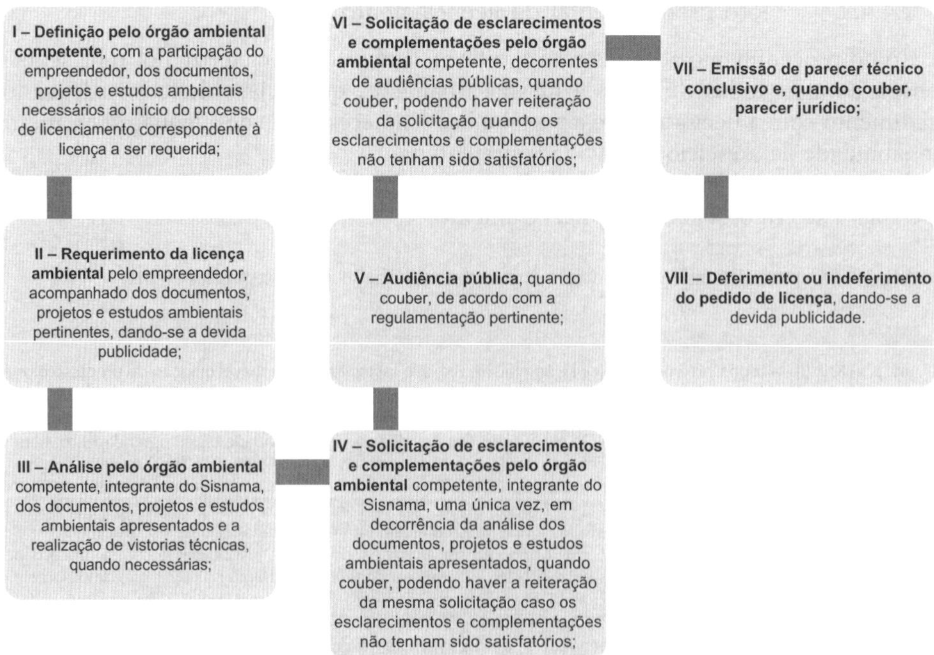

1.4.4.2.5 Definição e espécies de licenças ambientais

A Resolução Conama 237/1997 define licença ambiental como *ato administrativo pelo qual o órgão ambiental competente, estabelece as condições, restrições e medidas de controle ambiental que deverão ser obedecidas pelo empreendedor, pessoa física ou jurídica, para localizar, instalar, ampliar e operar empreendimentos ou atividades utilizadoras dos recursos ambientais consideradas efetiva ou potencialmente poluidoras ou aquelas que, sob qualquer forma, possam causar degradação ambiental.*

Questão polêmica diz respeito à **natureza jurídica da licença ambiental**. Parte do problema advém de se pretender enquadrar a licença ambiental na tradicional classificação de atos do Direito Administrativo, que distingue atos vinculados e discricionários e dá exemplos dessas espécies respectivamente pelos atos de licença e autorização.

Ocorre, porém, que a licença administrativa, tradicionalmente estudada pela doutrina do Direito Público, se apresenta como ato absolutamente vinculado, no qual se permite apenas a verificação pelo Poder Público do preenchimento de determinados requisitos legais, caso em que, preenchidos os requisitos, surge para o interessado direito subjetivo à obtenção do ato. É o caso, por exemplo, da licença para dirigir automóveis.

A licença ambiental, por sua vez, ostenta claras peculiaridades e intensa complexidade, o que não permite perfeita identificação em relação à tradicional licença administrativa. **As imposições dos princípios da prevenção e da precaução, além da discricionariedade técnica que permeia as análises próprias da área ambiental, são circunstâncias que demonstram que a licença ambiental, embora possa ter certas aproximações com a licença administrativa, não se identifica perfeitamente com esta**[97].

A Resolução Conama 237/1997 arrola as espécies de licenças ambientais existentes no nosso sistema:

> I – Licença Prévia (LP) – concedida na fase preliminar do planejamento do empreendimento ou atividade aprovando sua localização e concepção, atestando a viabilidade ambiental e estabelecendo os requisitos básicos e condicionantes a serem atendidos nas próximas fases de sua implementação;
>
> II – Licença de Instalação (LI) – autoriza a instalação do empreendimento ou atividade de acordo com as especificações constantes dos planos, programas e projetos aprovados, incluindo as medidas de controle ambiental e demais condicionantes, da qual constituem motivo determinante;
>
> III – Licença de Operação (LO) – autoriza a operação da atividade ou empreendimento, após a verificação do efetivo cumprimento do que consta das licenças anteriores, com as medidas de controle ambiental e condicionantes determinados para a operação.
>
> Parágrafo único – As licenças ambientais poderão ser expedidas isolada ou sucessivamente, de acordo com a natureza, características e fase do empreendimento ou atividade.

Como expõe o parágrafo único do art. 8º, acima citado, as licenças ambientais podem ser expedidas isoladamente, mas observamos ser natural e corriqueiro que elas tenham o perfil de encadeamento sucessivo, de modo que a licença prévia seja a permissão para o adequado planejamento do empreendimento, seguindo-se sua instalação e efetiva operação. Vejamos:

---

[97] Observem-se, por exemplo, as disposições do art. 19 da Resolução Conama 237/1997: "Art. 19. O órgão ambiental competente, mediante decisão motivada, poderá modificar os condicionantes e as medidas de controle e adequação, suspender ou cancelar uma licença expedida, quando ocorrer: I – violação ou inadequação de quaisquer condicionantes ou normas legais; II – omissão ou falsa descrição de informações relevantes que subsidiaram a expedição da licença; III – superveniência de graves riscos ambientais e de saúde". Essas disposições, especialmente aquela contida no inciso III, demonstram certa precariedade que caracteriza a licença ambiental, sempre em benefício da proteção dos recursos naturais, o que impede que se lhe reconheça a natureza absolutamente vinculada.

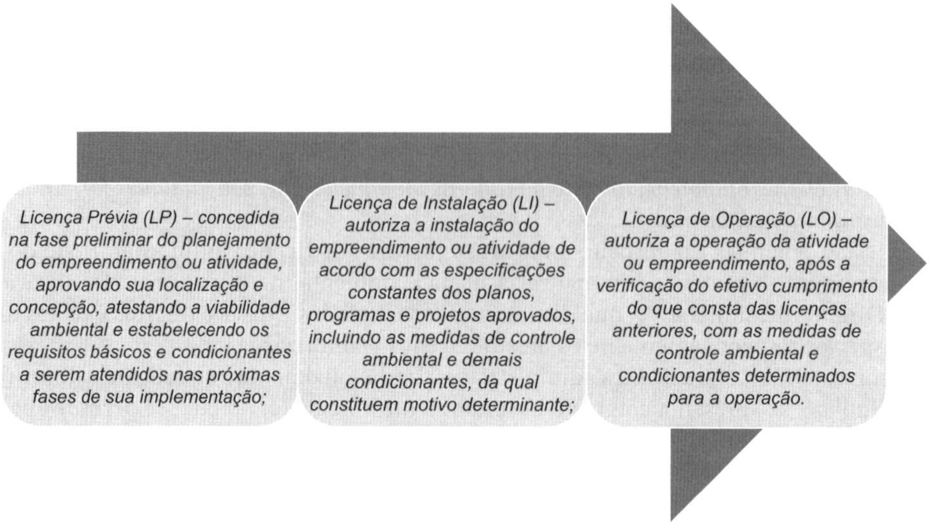

Finalmente, há que se ter ainda cuidado com o tema do **prazo de validade das licenças**, cujas avaliações estão evidentemente sujeitas à ação do tempo e por isso devem ser reeditadas periodicamente.

É também a Resolução Conama 237/1997 o ato que prevê regras para essas definições:

> Art. 18 - O órgão ambiental competente estabelecerá os prazos de validade de cada tipo de licença, especificando-os no respectivo documento, levando em consideração os seguintes aspectos:
>
> I - O prazo de validade da Licença Prévia (LP) deverá ser, no mínimo, o estabelecido pelo cronograma de elaboração dos planos, programas e projetos relativos ao empreendimento ou atividade, não podendo ser superior a 5 (cinco) anos.
>
> II - O prazo de validade da Licença de Instalação (LI) deverá ser, no mínimo, o estabelecido pelo cronograma de instalação do empreendimento ou atividade, não podendo ser superior a 6 (seis) anos.
>
> III - O prazo de validade da Licença de Operação (LO) deverá considerar os planos de controle ambiental e será de, no mínimo, 4 (quatro) anos e, no máximo, 10 (dez) anos.
>
> § 1º A Licença Prévia (LP) e a Licença de Instalação (LI) poderão ter os prazos de validade prorrogados, desde que não ultrapassem os prazos máximos estabelecidos nos incisos I e II.
>
> § 2º O órgão ambiental competente poderá estabelecer prazos de validade específicos para a Licença de Operação (LO) de empreendimentos ou atividades que, por sua natureza e peculiaridades, estejam sujeitos a encerramento ou modificação em prazos inferiores.
>
> § 3º Na renovação da Licença de Operação (LO) de uma atividade ou empreendimento, o órgão ambiental competente poderá, mediante decisão motivada, aumentar ou diminuir o seu prazo de validade, após avaliação do desempenho ambiental da atividade ou empreendimento no período de vigência anterior, respeitados os limites estabelecidos no inciso III.
>
> § 4º A renovação da Licença de Operação (LO) de uma atividade ou empreendimento deverá ser requerida com antecedência mínima de 120 (cento e vinte) dias da expiração de seu prazo de validade, fixado na respectiva licença, ficando este automaticamente prorrogado até a manifestação definitiva do órgão ambiental competente.

Como se vê, cabe ao órgão ambiental competente para a expedição de determinada licença definir previamente seu prazo de validade, dentro dos parâmetros traçados na Resolução Conama[98].

---

[98] No Estado de São Paulo, o Decreto 47.397/2002 define os critérios para identificação dos prazos de validade das licenças: "Artigo 70 - Os empreendimentos licenciados terão um prazo máximo de 2 (dois) anos, contados a partir da data da emissão

1.4.4.3 *O zoneamento ambiental*

O zoneamento ambiental é um dos instrumentos da Política Nacional do Meio Ambiente e se destina a analisar o território e dividi-lo em zonas ou áreas, observando sua vocação econômica e as possibilidades de exploração, tendo em vista sempre a necessidade de preservação ambiental.

Há na doutrina autores que entendem o zoneamento ambiental como sinônimo de zoneamento ecológico-econômico. A questão, porém, não é pacificada.

Entendemos que o zoneamento ambiental previsto como um dos instrumentos da Política Nacional do Meio Ambiente é gênero (**zoneamento ambiental *lato sensu***), que pode abranger várias espécies de zoneamento, tais como: o zoneamento ecológico-econômico regulado pelo Decreto Federal 4.297/2002 (**zoneamento ambiental *stricto sensu***); o zoneamento industrial em áreas críticas de poluição, regulado pela Lei 6.803/1980; o Plano de Gerenciamento Costeiro, previsto na Lei 7.661/1988; o Plano Diretor, espécie de zoneamento ambiental municipal, dentre outros.

O Decreto Federal 4.297/2002 estabelece regras para o zoneamento ecológico-econômico, afirmando que se trata de regulamento do art. 9º, II, da Lei n. 6.938/1981. Entendemos que se trata de regulamentação parcial, que cuida de uma espécie de zoneamento ambiental (o zoneamento ecológico-econômico, que sugerimos nomear zoneamento ambiental *stricto sensu*), não excluindo a possibilidade de regulamentação de outras espécies de zoneamento ambiental *lato sensu*.

Segundo a disciplina encontrada no referido decreto, o zoneamento pode ser conceituado como **instrumento de organização do território a ser obrigatoriamente seguido na implantação de planos, obras e atividades públicas e privadas, por meio do qual se estabelecem medidas e padrões de proteção ambiental destinados a assegurar a qualidade ambiental, dos recursos hídricos e do solo e a conservação da biodiversidade, garantindo o desenvolvimento sustentável e a melhoria das condições de vida da população**[99].

Tal instrumento tem como **objetivo geral organizar, de forma vinculada, as decisões dos agentes públicos e privados** quanto a planos, programas, projetos e atividades que, direta ou indiretamente, utilizem recursos naturais, assegurando a plena manutenção do capital e dos serviços ambientais dos ecossistemas. Para tanto, na organização do território e na distribuição espacial das atividades econômicas, **deve considerar a importância ecológica, as limitações e as fragilidades dos ecossistemas, estabelecendo vedações, restrições e alternativas de exploração do território** e **determinando, quando for o caso, inclusive a relocalização de atividades incompatíveis** com suas diretrizes gerais[100].

A elaboração deste importante instrumento deve se dar por meio de um processo público que observe as diretrizes previstas nos arts. 4º e 5º do Decreto 4.297/2002, os quais, em suma, determinam que tal processo deve:

---

da Licença Prévia, para solicitar a Licença de Instalação e o prazo máximo de 3 (anos) para iniciar a implantação de suas instalações, sob pena de caducidade das licenças concedidas. § 1º A Licença de Instalação concedida para os parcelamentos do solo perderá sua validade no prazo de 2 (dois) anos, contados a partir da data de sua emissão, caso o empreendedor não inicie, nesse período, as obras de implantação. § 2º A pedido do interessado e a critério da Companhia de Tecnologia de Saneamento Ambiental – CETESB, os prazos previstos neste artigo poderão ser prorrogados por igual período. Artigo 71 – A Licença de Operação terá prazo de validade de até 5 (cinco) anos, a ser estabelecido de acordo com o fator de complexidade da listagem do anexo 5, conforme o seguinte critério: I – 2 (dois) anos: W = 4, 4,5 e 5; II – 3 (três) anos: W = 3 e 3,5; III – 4 (quatro) anos: W = 2 e 2,5; IV – 5 (cinco) anos: W = 1 e 1,5. Parágrafo único – As Licenças de Operação a que se refere o inciso IV, do artigo 62, não estarão sujeitas a renovação. Artigo 71-A – As fontes de poluição que já obtiveram a Licença de Funcionamento até a data de vigência deste decreto, serão convocadas pela CETESB no prazo máximo de 5 (cinco) anos, para renovação da respectiva licença. § 1º As fontes instaladas antes de 8 de setembro de 1976, que não possuam Licença de Operação, serão convocadas a obter a respectiva licença. § 2º Decorrido o prazo mencionado no *caput* deste artigo, as Licenças de Operação não renovadas perderão sua validade".

99 Art. 2º do Decreto 4.297/2002.

100 Art. 3º, *caput* e parágrafo único, do Decreto 4.297/2002.

- buscar a sustentabilidade ecológica, econômica e social, com vistas a compatibilizar o crescimento econômico e a proteção dos recursos naturais, em favor das presentes e futuras gerações, em decorrência do reconhecimento de valor intrínseco à biodiversidade e a seus componentes;
- contar com ampla participação democrática, compartilhando suas ações e responsabilidades entre os diferentes níveis da administração pública e da sociedade civil;
- valorizar o conhecimento científico multidisciplinar;
- orientar-se pela Política Nacional do Meio Ambiente, estatuída nos arts. 21, IX, 170, VI, 186, II, e 225 da Constituição, na Lei 6.938, de 31 de agosto de 1981, pelos diplomas legais aplicáveis, e obedecer aos princípios da função socioambiental da propriedade, da prevenção, da precaução, do poluidor-pagador, do usuário-pagador, da participação informada, do acesso equitativo e da integração.

Vale lembrar ainda que o atual Código Florestal (Lei 12.651/2012), ao tratar da questão atinente ao dimensionamento e à localização das áreas de reserva legal florestal, estabelece a obrigatoriedade de realização de zoneamento pelos Estados, determinando que *os Estados que não possuem seus Zoneamentos Ecológico-Econômicos (ZEEs) segundo a metodologia unificada, estabelecida em norma federal, terão o prazo de 5 (cinco) anos, a partir da data da publicação do próprio Código, para a sua elaboração e aprovação.*

Curioso observar que não se encontra na legislação norma que expressamente exija que o zoneamento seja formalizado por meio de lei.

A questão merece reflexão mais cautelosa, mormente porque há opiniões divergentes na doutrina.

O art. 19, § 1º, do Decreto 4.297/2002 dispõe que alterações no zoneamento somente poderão ocorrer, após consulta pública e aprovação pela comissão estadual do ZEE e pela Comissão Coordenadora do ZEE, *mediante processo legislativo de iniciativa do Poder Executivo.*

Por uma ideia de simetria naturalmente seria possível concluir que a feitura do zoneamento deve ocorrer por meio de lei, já que sua alteração assim se procede.

Percebe-se, no entanto, que a disposição do § 1º do art. 19 é uma garantia estabelecida em favor da proteção ambiental, pois que o *caput* do mesmo artigo prevê que *a alteração dos produtos do ZEE, bem como mudanças nos limites das zonas e indicação de novas diretrizes gerais e específicas, poderão ser realizadas após decorridos prazo mínimo de dez anos de conclusão do ZEE, ou de sua última modificação,* **prazo este não exigível na hipótese de ampliação do rigor da proteção ambiental da zona a ser alterada, ou de atualizações decorrentes de aprimoramento técnico-científico**.

Além disso, é preciso atentar para as disposições do próprio Decreto 4.297/2002, as quais atribuem ao zoneamento um **efeito vinculante das decisões públicas e privadas**, tendo, assim, portanto, força de lei nos temas que forem parte de seu objeto.

Importante também observar o disposto na Lei 6.803/1980, que estabelece normas para o zoneamento industrial nas áreas críticas de poluição, logo prevendo em seu art. 1º que *as zonas destinadas à instalação de indústrias serão definidas em esquema de zoneamento urbano,* **aprovado por lei**, *que compatibilize as atividades industriais com a proteção ambiental*[101].

Desse debate, conclui-se que, de fato, **o zoneamento deve ser formulado (aprovado) por lei**, para que se garanta maior legitimidade democrática no processo de elaboração,

---

[101] Lei 6.803/1980: "Art. 1º Nas áreas críticas de poluição a que se refere o art. 4º do Decreto-lei n. 1.413, de 14 de agosto de 1975, as zonas destinadas à instalação de indústrias serão definidas em esquema de zoneamento urbano, aprovado por lei, que compatibilize as atividades industriais com a proteção ambiental. § 1º As zonas de que trata este artigo serão classificadas nas seguintes categorias: a) zonas de uso estritamente industrial; b) zonas de uso predominantemente industrial; c) zonas de uso diversificado".

bem como para que se observe na máxima intensidade o princípio constitucional da legalidade.

As questões relativas à competência para elaboração e aprovação do zoneamento, embora disciplinadas no Decreto 4.297/2002, devem agora observar as disposições da Lei Complementar 140/2011, norma posterior e hierarquicamente superior, que aborda pontualmente o tema:

> Art. 7º São ações administrativas da União: (...)
>
> IX – elaborar o zoneamento ambiental de âmbito nacional e regional; (...)
>
> Art. 8º São ações administrativas dos Estados: (...)
>
> IX – elaborar o zoneamento ambiental de âmbito estadual, em conformidade com os zoneamentos de âmbito nacional e regional; (...)
>
> Art. 9º São ações administrativas dos Municípios: (...)
>
> IX – elaborar o Plano Diretor, observando os zoneamentos ambientais; (...)

Frise-se, por fim, que o caráter vinculante do zoneamento e sua aplicabilidade imediata impõe consequências aos empreendedores, mesmo para aqueles cujas atividades já vinham sendo exercidas e se mostrem agora incompatíveis com o zoneamento aprovado. No limite das consequências, estaria a imposição de cessação de atividade e/ou de realocação da empresa poluidora, quando constatado descompasso entre a atividade e o zoneamento[102].

1.4.4.4 Os estudos ambientais (avaliação de impactos ambientais)

Os estudos ambientais são mais um dos instrumentos de que se vale o Poder Público para cumprimento da Política Nacional do Meio Ambiente.

O art. 9º da LPNMA arrola tal instrumento em seu inciso III, nomeando-o de **avaliação de impactos ambientais, expressão que pode ser considerada sinônima de estudos ambientais**.

Os estudos ambientais estão definidos na Resolução Conama 237/1997 (art. 1º):

> III – Estudos Ambientais: são todos e quaisquer estudos relativos aos aspectos ambientais relacionados à localização, instalação, operação e ampliação de uma atividade ou empreendimento, apresentado como subsídio para a análise da licença requerida, tais como: relatório ambiental, plano e projeto de controle ambiental, relatório ambiental preliminar, diagnóstico ambiental, plano de manejo, plano de recuperação de área degradada e análise preliminar de risco.

Por meio deste instrumento, avaliam-se os eventuais e futuros impactos ambientais a serem causados por atividade ou empreendimento potencialmente poluidor.

A expressão **impacto ambiental** é também definida na legislação brasileira, encontrando-se seu conceito no art. 1º da Resolução Conama 1/1986:

> Art. 1º Para efeitos desta Resolução, considera-se impacto ambiental qualquer alteração das propriedades físicas, químicas e biológicas do meio ambiente, causada por qualquer forma de matéria ou energia resultante das atividades humanas que, direta ou indiretamente, afetam:

---

102 "Direito Público não especificado. Ação civil Pública. Poluição industrial. Rejeição da preliminar de nulidade por dispensa de prova oral e agravo retido. Desnecessidade de prova oral ante a clareza dos laudos, que não foram fundadamente impugnados. Conceito de poluição. Degradação da qualidade ambiental, pela emissão de odores poluidores. Zona urbana. FEPAM. Persistência da poluição, não obstante melhorias realizadas pela indústria. Ausência de solução técnica. Relocalização da empresa. Sentença confirmada. Apelo improvido" (TJRS, Apelação Cível 70002536845, Rel. Des. Vasco Della Giustina).

I – a saúde, a segurança e o bem-estar da população;

II – as atividades sociais e econômicas;

III – a biota;

IV – as condições estéticas e sanitárias do meio ambiente;

V – a qualidade dos recursos ambientais.

As AIAs (avaliações de impacto ambiental) ou estudos ambientais são gênero, do qual são espécies:

a) o EIA (estudo de impacto ambiental), célebre instrumento que tem previsão constitucional e se revela bastante complexo para atender às necessidades de proteção ambiental nos grandes empreendimentos;
b) outros estudos ambientais mais singelos, como o relatório ambiental preliminar, o plano de manejo e o plano de recuperação de área degradada.

Observe-se que **todo empreendimento potencialmente poluidor exige alguma espécie de avaliação de impactos ambientais, o que ocorre no âmbito do licenciamento, mas nem toda atividade exige o complexo EIA (estudo de impacto ambiental)**.

O EIA, comumente chamado de **EIA/RIMA** (estudo de impacto ambiental, do qual resulta um relatório de impacto sobre o meio ambiente), é exigível somente para **instalação de obra ou atividade potencialmente causadora de significativa degradação do meio ambiente**, dando-se publicidade ao estudo, conforme dispõe o art. 225, § 1º, IV, da Constituição Federal[103].

Também a Resolução Conama 237/1997 reafirma:

Art. 3º A licença ambiental para empreendimentos e atividades consideradas efetiva ou potencialmente causadoras de significativa degradação do meio dependerá de prévio estudo de impacto ambiental e respectivo relatório de impacto sobre o meio ambiente (EIA/RIMA), ao qual dar-se-á publicidade, garantida a realização de audiências públicas, quando couber, de acordo com a regulamentação.

A **Resolução Conama 1/1986 traz rol de atividades** cujo licenciamento deve abranger a realização de estudo de impacto ambiental[104].

---

[103] Note-se que o regramento constitucional dado genericamente ao instituto não permite que sejam criadas exceções também de caráter geral em quaisquer instrumentos infraconstitucionais. O Supremo Tribunal Federal decidiu nesse sentido: "Ação direta de inconstitucionalidade. Artigo 182, § 3º, da Constituição do Estado de Santa Catarina. Estudo de impacto ambiental. Contrariedade ao artigo 225, § 1º, IV, da Carta da República. A norma impugnada, ao dispensar a elaboração de estudo prévio de impacto ambiental no caso de áreas de florestamento ou reflorestamento para fins empresariais, cria exceção incompatível com o disposto no mencionado inciso IV do § 1º do artigo 225 da Constituição Federal. Ação julgada procedente, para declarar a inconstitucionalidade do dispositivo constitucional catarinense sob enfoque" (STF, ADI 1086, Tribunal Pleno, Rel. Min. Ilmar Galvão, j. 10.08.2001, *DJ* 10.08.2001).

[104] A Resolução 1/1986 exemplifica: "Artigo 2º – Dependerá de elaboração de estudo de impacto ambiental e respectivo relatório de impacto ambiental – RIMA, a serem submetidos à aprovação do órgão estadual competente, e do IBAMA em caráter supletivo, o licenciamento de atividades modificadoras do meio ambiente, tais como: I – Estradas de rodagem com duas ou mais faixas de rolamento; II – Ferrovias; III – Portos e terminais de minério, petróleo e produtos químicos; IV – Aeroportos, conforme definidos pelo inciso I, artigo 48, do Decreto-Lei n. 32, de 18.11.66; V – Oleodutos, gasodutos, minerodutos, troncos coletores e emissários de esgotos sanitários; VI – Linhas de transmissão de energia elétrica, acima de 230KV; VII – Obras hidráulicas para exploração de recursos hídricos, tais como: barragem para fins hidrelétricos, acima de 10MW, de saneamento ou de irrigação, abertura de canais para navegação, drenagem e irrigação, retificação de cursos d'água, abertura de barras e embocaduras, transposição de bacias, diques; VIII – Extração de combustível fóssil (petróleo, xisto, carvão); IX – Extração de minério, inclusive os da classe II, definidas no Código de Mineração; X – Aterros sanitários, processamento e destino final de resíduos tóxicos ou perigosos; XI – Usinas de geração de eletricidade, qualquer que seja a fonte de energia primária, acima de 10MW; (...)".

A análise do referido rol conduz à conclusão de que se trata de **relação meramente exemplificativa**, que, assim, não afasta a possibilidade de se verificarem outros empreendimentos potencialmente causadores de significativa degradação, ainda que não previstos na relação normativa.

De outro lado, é possível afirmar que, **nas hipóteses previstas na resolução, o reconhecimento de que a atividade é potencialmente causadora de significativa degradação é presumido**, sendo imperiosa a realização do EIA quando se tratar de qualquer atividade prevista no ato normativo citado.

Não se olvide que o atual Código Florestal (Lei 12.651/2012) também contém norma que trata da exigência do EIA, denominado agora EPIA:

> Art. 11-A. (...)
>
> § 3º São sujeitos à apresentação de Estudo Prévio de Impacto Ambiental – EPIA e Relatório de Impacto Ambiental – RIMA os novos empreendimentos:
>
> I – com área superior a 50 (cinquenta) hectares, vedada a fragmentação do projeto para ocultar ou camuflar seu porte;
>
> II – com área de até 50 (cinquenta) hectares, se potencialmente causadores de significativa degradação do meio ambiente; ou
>
> III – localizados em região com adensamento de empreendimentos de carcinicultura ou salinas cujo impacto afete áreas comuns.

O artigo 5º da Resolução Conama 1/1986 estabelece como **diretrizes gerais para o EIA** (estudo de impacto ambiental)[105]: I – contemplar todas as alternativas tecnológicas e de localização de projeto, confrontando-as com a hipótese de não execução do projeto; II – identificar e avaliar sistematicamente os impactos ambientais gerados nas fases de implantação e operação da atividade; III – definir os limites da área geográfica a ser direta ou indiretamente afetada pelos impactos, denominada área de influência do projeto, considerando, em todos os casos, a bacia hidrográfica na qual se localiza; IV – considerar os planos e programas governamentais, propostos e em implantação na área de influência do projeto, e sua compatibilidade.

O desenvolvimento dos estudos deve passar pelas seguintes **atividades técnicas**[106]:

---

[105] Além das diretrizes arroladas no art. 5° da Resolução Conama 1/1986, o parágrafo único do mesmo dispositivo estabelece que *ao determinar a execução do estudo de impacto ambiental o órgão estadual competente, ou o IBAMA ou, quando couber, o Município, fixará as diretrizes adicionais que, pelas peculiaridades do projeto e características ambientais da área, forem julgadas necessárias, inclusive os prazos para conclusão e análise dos estudos.*

[106] Trata-se de exposição extraída do art. 6° da Resolução Conama 1/1986, que adverte ainda em seu parágrafo único que *ao determinar a execução do estudo de impacto ambiental o órgão estadual competente, ou o IBAMA ou quando couber, o Município fornecerá as instruções adicionais que se fizerem necessárias, pelas peculiaridades do projeto e características ambientais da área.*

I – Diagnóstico ambiental da área de influência do projeto, completa descrição e análise dos recursos ambientais e suas interações, tal como existem, de modo a caracterizar a situação ambiental da área, antes da implantação do projeto, considerando:

a) o meio físico – o subsolo, as águas, o ar e o clima, destacando os recursos minerais, a topografia, os tipos e aptidões do solo, os corpos d'água, o regime hidrológico, as correntes marinhas, as correntes atmosféricas;	b) o meio biológico e os ecossistemas naturais – a fauna e a flora, destacando as espécies indicadoras da qualidade ambiental, de valor científico e econômico, raras e ameaçadas de extinção e as áreas de preservação permanente;	c) o meio socioeconômico – o uso e ocupação do solo, os usos da água e a socioeconomia, destacando os sítios e monumentos arqueológicos, históricos e culturais da comunidade, as relações de dependência entre a sociedade local, os recursos ambientais e a potencial utilização futura desses recursos.

II – Análise dos impactos ambientais do projeto e de suas alternativas,

através de identificação, previsão da magnitude e interpretação da importância dos prováveis impactos relevantes, discriminando: os impactos positivos e negativos (benéficos e adversos), diretos e indiretos, imediatos e a médio e longo prazos, temporários e permanentes; seu grau de reversibilidade; suas propriedades cumulativas e sinérgicas; a distribuição dos ônus e benefícios sociais.

III – Definição das medidas mitigadoras dos impactos negativos, entre elas os equipamentos de controle e sistemas de tratamento de despejos, avaliando a eficiência de cada uma delas.

IV – Elaboração do programa de acompanhamento e monitoramento dos impactos positivos e negativos, indicando os fatores e parâmetros a serem considerados.

Exigia também a Resolução Conama 1/1986 que o estudo de impacto ambiental fosse realizado por equipe multidisciplinar habilitada, não dependente direta ou indiretamente do proponente do projeto e que fosse responsável tecnicamente pelos resultados apresentados (art. 7º). No entanto, tal dispositivo foi expressamente revogado pelo art. 21 da Resolução Conama 237/1997.

Vale ainda citar as disposições contidas na Resolução Conama 9/1987. Trata-se da regulamentação relativa à realização de audiências públicas para apresentação e discussão do conteúdo da avaliação de impacto ambiental realizada[107]. O art. 1º da referida Resolução estabelece que tal audiência pública *tem por finalidade expor aos interessados o conteúdo do produto em análise e do seu referido RIMA, dirimindo dúvidas e recolhendo dos presentes as críticas e sugestões a respeito.*

---

[107] Resolução Conama 9/1987: "Art. 2º (...) § 4º A audiência pública deverá ocorrer em local acessível aos interessados. § 5º Em função da localização geográfica dos solicitantes, e da complexidade do tema, poderá haver mais de uma audiência pública sobre o mesmo projeto de respectivo Relatório de Impacto Ambiental - RIMA".

Ela deve ser realizada sempre que o órgão licenciador julgar necessário, ou quando for solicitado por entidade civil, pelo Ministério Público, ou por 50 (cinquenta) ou mais cidadãos (art. 2º da Resolução 9/1987)[108]. Não se olvide que **no caso de haver solicitação de audiência pública e não ser ela realizada pelo órgão ambiental, eventual licença concedida não terá validade**.

A audiência pública será dirigida por agente do órgão licenciador do projeto (art. 3º da mesma Resolução) e dela se lavrará ata sucinta, anexando-se todos os documentos eventualmente apresentados na audiência (art. 4º).

Os resultados da audiência servirão de base então, juntamente com o RIMA, para análise e decisão final do órgão licenciador (art. 5º).

Frise-se que **os custos da realização dos estudos de impactos ambientais correrão por conta do proponente do projeto**, despesas que a própria resolução exemplifica: coleta e aquisição dos dados e informações, trabalhos e inspeções de campo, análises de laboratório, estudos técnicos e científicos e acompanhamento e monitoramento dos impactos, elaboração do RIMA e fornecimento de pelo menos 5 (cinco) cópias (art. 8º da Resolução 1/1986). Trata-se de evidente imposição do princípio do poluidor-pagador, pelo qual se impõe que os ônus do empreendimento sejam suportados pelo empreendedor.

Finalmente, a Resolução 1/1986 (art. 9º) disciplina o conteúdo do relatório que resultar dos estudos de impacto ambiental realizados. O chamado RIMA deve revelar minimamente as seguintes conclusões[109]:

> I – Os objetivos e justificativas do projeto, sua relação e compatibilidade com as políticas setoriais, planos e programas governamentais;
>
> II – A descrição do projeto e suas alternativas tecnológicas e locacionais, especificando para cada um deles, nas fases de construção e operação a área de influência, as matérias-primas, e mão de obra, as fontes de energia, os processos e técnica operacionais, os prováveis efluentes, emissões, resíduos de energia, os empregos diretos e indiretos a serem gerados;
>
> III – A síntese dos resultados dos estudos de diagnósticos ambiental da área de influência do projeto;
>
> IV – A descrição dos prováveis impactos ambientais da implantação e operação da atividade, considerando o projeto, suas alternativas, os horizontes de tempo de incidência dos impactos e indicando os métodos, técnicas e critérios adotados para sua identificação, quantificação e interpretação;
>
> V – A caracterização da qualidade ambiental futura da área de influência, comparando as diferentes situações da adoção do projeto e suas alternativas, bem como com a hipótese de sua não realização;
>
> VI – A descrição do efeito esperado das medidas mitigadoras previstas em relação aos impactos negativos, mencionando aqueles que não puderam ser evitados, e o grau de alteração esperado;
>
> VII – O programa de acompanhamento e monitoramento dos impactos;
>
> VIII – Recomendação quanto à alternativa mais favorável (conclusões e comentários de ordem geral).

Nota-se, assim, a complexidade e a relevância desse instrumento, apto que deve ser a demonstrar as prováveis consequências dos empreendimentos consideravelmente poluidores.

---

108 Para ciência dos interessados e da população em geral e abrindo-se a possibilidade de requerimento da audiência, exige o § 1º do art. 2º da Resolução Conama 9/1987 que o órgão ambiental, a partir da data do recebimento do RIMA, fixe em edital e anuncie pela imprensa local a abertura de prazo, que deve ser de, no mínimo, 45 dias, para solicitação de audiência pública.

109 Note-se que o parágrafo único do art. 9º da Resolução Conama 1/1986 dispõe que *o RIMA deve ser apresentado de forma objetiva e adequada a sua compreensão* e as informações contidas no relatório *devem ser traduzidas em linguagem acessível*, ilustradas por mapas, cartas, quadros, gráficos e demais técnicas de comunicação visual, *de modo que se possam entender as vantagens e desvantagens do projeto, bem como todas as consequências ambientais de sua implementação.*

Também desperta intensos debates a questão do caráter vinculante do EIA/RIMA. Trata-se de saber se as conclusões dos estudos ambientais vinculam a decisão da Administração Pública a respeito daquele determinado empreendimento.

Respeitadas opiniões em contrário, entendemos que as conclusões dos estudos não possuem caráter vinculante, mas apenas informam as decisões administrativas.

Evidentemente o conteúdo dos estudos apresentados fará com que a Administração Pública tenha de lhe fazer referência expressa na motivação de suas decisões. Não obstante, as conclusões apresentadas pelo empreendedor (ou por equipe contratada por ele) não serão obrigatoriamente chanceladas pelo Poder Público.

O art. 4º, VII, da Lei 10.650/2003 permite e reforça tal conclusão. Trata-se de diploma legal que regula *o acesso público aos dados e informações existentes nos órgãos e entidades integrantes do Sisnama*. O art. 4º trata dos atos que devem ser publicados na imprensa oficial e ficar disponíveis ao acesso público, incluindo entre eles o *registro de apresentação de estudos de impacto ambiental e sua aprovação ou rejeição*[110].

1.4.5 Outras políticas nacionais relativas ao meio ambiente

1.4.5.1 Política Nacional de Recursos Hídricos

A Lei 9.433/1997, que instituiu a Política Nacional de Recursos Hídricos e criou o chamado Sistema Nacional de Gerenciamento dos Recursos Hídricos, tem importância fundamental na evolução da legislação ambiental brasileira, pois representa um modelo aperfeiçoado de gestão da água, precioso recurso natural, no Brasil abundante e de certo modo negligenciado pelo Poder Público e pela sociedade.

Inicia a lei reconhecendo e afirmando expressamente que a **Política Nacional de Recursos Hídricos baseia-se nos seguintes fundamentos** (art. 1º):

I	a água é um bem de domínio público;
II	a água é um recurso natural limitado, dotado de valor econômico;
III	em situações de escassez, o uso prioritário dos recursos hídricos é o consumo humano e a dessedentação de animais;
IV	a gestão dos recursos hídricos deve sempre proporcionar o uso múltiplo das águas;
V	a bacia hidrográfica é a unidade territorial para implementação da Política Nacional de Recursos Hídricos e atuação do Sistema Nacional de Gerenciamento de Recursos Hídricos;
VI	a gestão dos recursos hídricos deve ser descentralizada e contar com a participação do Poder Público, dos usuários e das comunidades.

Esses fundamentos constituem a base para a implementação de um novo sistema de gestão dos recursos hídricos no Brasil, que tem por objetivos (art. 2º):

[110] Vale transcrever o dispositivo da Lei 10.650/2003, dada sua importância e sua relação com os princípios da publicidade e da participação democrática: "Art. 4° Deverão ser publicados em Diário Oficial e ficar disponíveis, no respectivo órgão, em local de fácil acesso ao público, listagens e relações contendo os dados referentes aos seguintes assuntos: I - pedidos de licenciamento, sua renovação e a respectiva concessão; II - pedidos e licenças para supressão de vegetação; III - autos de infrações e respectivas penalidades impostas pelos órgãos ambientais; IV - lavratura de termos de compromisso de ajustamento de conduta; V - reincidências em infrações ambientais; VI - recursos interpostos em processo administrativo ambiental e respectivas decisões; VII - registro de apresentação de estudos de impacto ambiental e sua aprovação ou rejeição. Parágrafo único. As relações contendo os dados referidos neste artigo deverão estar disponíveis para o público trinta dias após a publicação dos atos a que se referem".

> I – assegurar à atual e às futuras gerações a necessária disponibilidade de água, em padrões de qualidade adequados aos respectivos usos;
>
> II – a utilização racional e integrada dos recursos hídricos, incluindo o transporte aquaviário, com vistas ao desenvolvimento sustentável;
>
> III – a prevenção e a defesa contra eventos hidrológicos críticos de origem natural ou decorrentes do uso inadequado dos recursos naturais;
>
> IV – incentivar e promover a captação, a preservação e o aproveitamento de águas pluviais. (Incluído pela Lei n. 13.501, de 2017.)

Também estabelece a lei diretrizes gerais de ação para implementação da Política Nacional de Recursos Hídricos, arrolando-as em seu art. 3º:

> I – a gestão sistemática dos recursos hídricos, sem dissociação dos aspectos de quantidade e qualidade;
>
> II – a adequação da gestão de recursos hídricos às diversidades físicas, bióticas, demográficas, econômicas, sociais e culturais das diversas regiões do País;
>
> III – a integração da gestão de recursos hídricos com a gestão ambiental;
>
> IV – a articulação do planejamento de recursos hídricos com o dos setores usuários e com os planejamentos regional, estadual e nacional;
>
> V – a articulação da gestão de recursos hídricos com a do uso do solo;
>
> VI – a integração da gestão das bacias hidrográficas com a dos sistemas estuarinos e zonas costeiras.

Fundamental referir que a Lei 9.433/1997, no art. 5º, contemplou de maneira inovadora os **instrumentos por meio dos quais se busca de fato implementar a Política Nacional de Recursos Hídricos**:

I	os Planos de Recursos Hídricos;
II	o enquadramento dos corpos de água em classes, segundo os usos preponderantes da água;
III	a outorga dos direitos de uso de recursos hídricos;
IV	a cobrança pelo uso de recursos hídricos;
V	a compensação a municípios;
VI	o Sistema de Informações sobre Recursos Hídricos.

Segundo o art. 6º da Lei 9.433/1997, os **Planos de Recursos Hídricos** são planos diretores que visam a fundamentar e orientar a implementação da Política Nacional de Recursos Hídricos e o gerenciamento dos recursos hídricos[111].

Devem:

- ser de longo prazo, com horizonte de planejamento compatível com o período de implantação de seus programas e projetos (art. 7º);
- ter o seguinte conteúdo mínimo: diagnóstico da situação atual dos recursos hídricos; análise de alternativas de crescimento demográfico, de evolução de atividades produtivas e de modificações dos padrões de ocupação do solo; balanço entre dis-

[111] "A regulamentação da sustentabilidade da água tem no plano a sua base estratégica material e instrumental. Sua proposta é orientar o gerenciamento da água e, para tanto, consolidar metas e perquirir parâmetros qualitativos previamente pactuados" (D'ISEP, Clarissa Ferreira Macedo. Água juridicamente sustentável. São Paulo: Editora Revista dos Tribunais, 2010, p. 243).

ponibilidades e demandas futuras dos recursos hídricos, em quantidade e qualidade, com identificação de conflitos potenciais; metas de racionalização de uso, aumento da quantidade e melhoria da qualidade dos recursos hídricos disponíveis; medidas a serem tomadas, programas a serem desenvolvidos e projetos a serem implantados, para o atendimento das metas previstas; prioridades para outorga de direitos de uso de recursos hídricos; diretrizes e critérios para a cobrança pelo uso dos recursos hídricos; propostas para a criação de áreas sujeitas a restrição de uso, com vistas à proteção dos recursos hídricos (art. 7º);

- ser elaborados por bacia hidrográfica, por Estado e para o País (art. 8º).

O **enquadramento dos corpos de água em classes**, segundo os usos preponderantes da água, deve visar a: (i) assegurar às águas qualidade compatível com os usos mais exigentes a que forem destinadas; (ii) diminuir os custos de combate à poluição das águas, mediante ações preventivas permanentes (art. 9º) e as classes de corpos de água serão estabelecidas pela legislação ambiental (art. 10).

O chamado **regime de outorga dos direitos de uso de recursos hídricos é um método que visa a assegurar o controle quantitativo e qualitativo dos usos da água e o efetivo exercício dos direitos de acesso à água** (art. 11).

Por meio do sistema estabelecido, **ficam sujeitos a outorga pelo Poder Público os direitos dos seguintes usos de recursos hídricos** (art. 12):

I	derivação ou captação de parcela da água existente em um corpo de água para consumo final, inclusive abastecimento público, ou insumo de processo produtivo;
II	extração de água de aquífero subterrâneo para consumo final ou insumo de processo produtivo;
III	lançamento em corpo de água de esgotos e demais resíduos líquidos ou gasosos, tratados ou não, com o fim de sua diluição, transporte ou disposição final;
IV	aproveitamento dos potenciais hidrelétricos[112];
V	outros usos que alterem o regime, a quantidade ou a qualidade da água existente em um corpo de água[113].

As outorgas estarão condicionadas às prioridades de uso estabelecidas nos Planos de Recursos Hídricos e deverão respeitar a classe em que o corpo de água estiver enquadrado e a manutenção de condições adequadas ao transporte aquaviário, quando for o caso. De todo modo, pretende-se que a outorga de uso dos recursos hídricos preserve o uso múltiplo destes (art. 13, *caput* e parágrafo único).

A outorga efetivar-se-á por ato da autoridade competente do Poder Executivo Federal, dos Estados ou do Distrito Federal, mas o Poder Executivo Federal poderá delegar aos Estados e ao Distrito Federal competência para conceder outorga de direito de uso de recurso hídrico de domínio da União (art. 14, *caput* e § 1º). Toda outorga de direitos de uso de recursos hídricos far-se-á por prazo não excedente a trinta e cinco anos, renovável (art. 16).

112 É oportuno frisar que a outorga e a utilização de recursos hídricos para fins de geração de energia elétrica estarão subordinadas ao Plano Nacional de Recursos Hídricos, aprovado na forma do disposto no inciso VIII do art. 35 da Lei 9.433/1997, obedecida a disciplina da legislação setorial específica (art. 12, § 2º, da Lei 9.433/1997).

113 É bom lembrar o disposto no § 1º do art. 12, que dispensa de outorga: "I – o uso de recursos hídricos para a satisfação das necessidades de pequenos núcleos populacionais, distribuídos no meio rural; II – as derivações, captações e lançamentos considerados insignificantes; III – as acumulações de volumes de água consideradas insignificantes".

Frise-se que a outorga não implica a alienação parcial das águas, que são inalienáveis, mas o simples direito de seu uso (art. 18).

Há que se mencionar a possibilidade de suspensão parcial ou total da outorga concedida, nas seguintes hipóteses (art. 15):

> I – não cumprimento pelo outorgado dos termos da outorga;
>
> II – ausência de uso por três anos consecutivos;
>
> III – necessidade premente de água para atender a situações de calamidade, inclusive as decorrentes de condições climáticas adversas;
>
> IV – necessidade de se prevenir ou reverter grave degradação ambiental;
>
> V – necessidade de se atender a usos prioritários, de interesse coletivo, para os quais não se disponha de fontes alternativas;
>
> VI – necessidade de serem mantidas as características de navegabilidade do corpo de água.

Também está entre os instrumentos da Política Nacional de Recursos Hídricos a **cobrança pelo uso da água**, que, segundo dispõe o art. 19 da referida lei, objetiva: (i) reconhecer a água como bem econômico e dar ao usuário uma indicação de seu real valor; (ii) incentivar a racionalização do uso da água; (iii) obter recursos financeiros para o financiamento dos programas e intervenções contemplados nos planos de recursos hídricos.

Veja-se que a valoração econômica dos recursos hídricos e a cobrança do uso da água "geram relações jurídicas que são norteadas por amparo normativo com vistas a repudiar conflitos e salvaguardar a água"[114].

Devem ser cobrados todos os usos de recursos hídricos sujeitos a outorga, nos termos do art. 12 da lei (art. 20).

A fixação dos valores a serem cobrados pelo uso dos recursos hídricos deve observar (art. 21):

- nas derivações, captações e extrações de água, o volume retirado e seu regime de variação;
- nos lançamentos de esgotos e demais resíduos líquidos ou gasosos, o volume lançado e seu regime de variação e as características físico-químicas, biológicas e de toxidade do afluente.

Outrossim, dispõe a lei que os valores arrecadados com a cobrança pelo uso de recursos hídricos serão aplicados prioritariamente na bacia hidrográfica em que foram gerados e serão utilizados (art. 22)[115]:

- no financiamento de estudos, programas, projetos e obras incluídos nos Planos de Recursos Hídricos;
- no pagamento de despesas de implantação e custeio administrativo dos órgãos e entidades integrantes do Sistema Nacional de Gerenciamento de Recursos Hídricos.

O art. 24 da lei, na concepção do projeto que tramitou no Congresso Nacional, previa **mecanismo de compensação financeira aos Municípios** que tivessem áreas inundadas por

---

114 D'ISEP, Clarissa Ferreira Macedo. Água juridicamente sustentável. São Paulo: Editora Revista dos Tribunais, 2010, p. 272.

115 Observe-se que o § 1° do art. 22 restringe as possibilidades de aplicação de recursos oriundos de outorgas nas despesas previstas no inciso II do mesmo artigo, limitando-a a 7,5% do total arrecadado. Diz ainda o § 2° do art. 22 que os valores arrecadados poderão ser *aplicados a fundo perdido* em projetos e obras que alterem, de modo considerado benéfico à coletividade, a qualidade, a quantidade e o regime de vazão de um corpo de água.

reservatórios ou sujeitas a restrições de uso do solo com finalidade de proteção de recursos hídricos. Não obstante, **houve veto presidencial a tal dispositivo**, de maneira que, embora arrolado na lei como um de seus instrumentos, na prática não existe tal medida.

O último dos instrumentos da Política Nacional de Recursos Hídricos arrolados pela Lei 9.433/1997 é o chamado **Sistema Nacional de Informações sobre Recursos Hídricos**, definido no art. 25 como um sistema de coleta, tratamento, armazenamento e recuperação de informações sobre recursos hídricos e fatores intervenientes em sua gestão. Os dados gerados pelos órgãos integrantes do Sistema Nacional de Gerenciamento de Recursos Hídricos devem ser incorporados ao Sistema Nacional de Informações sobre Recursos Hídricos.

A lei prevê ainda os princípios básicos para funcionamento do sistema (art. 26 - descentralização da obtenção e produção de dados e informações; coordenação unificada do sistema; e acesso aos dados e informações garantido à toda a sociedade) e os seus objetivos (art. 27 - reunir, dar consistência e divulgar os dados e informações sobre a situação qualitativa e quantitativa dos recursos hídricos no Brasil; atualizar permanentemente as informações sobre disponibilidade e demanda de recursos hídricos em todo o território nacional; e fornecer subsídios para a elaboração dos Planos de Recursos Hídricos).

Sobre a ação do Poder Público para a implementação da Política Nacional de Recursos Hídricos, estabelece a lei que:

- compete ao Poder Executivo Federal (art. 29): tomar as providências necessárias à implementação e ao funcionamento do Sistema Nacional de Gerenciamento de Recursos Hídricos; outorgar os direitos de uso de recursos hídricos, e regulamentar e fiscalizar os usos, na sua esfera de competência; implantar e gerir o Sistema de Informações sobre Recursos Hídricos, em âmbito nacional; promover a integração da gestão de recursos hídricos com a gestão ambiental;
- cabe aos Poderes Executivos Estaduais e do Distrito Federal, na sua esfera de competência (art. 30): outorgar os direitos de uso de recursos hídricos e regulamentar e fiscalizar os seus usos; realizar o controle técnico das obras de oferta hídrica; implantar e gerir o Sistema de Informações sobre Recursos Hídricos, em âmbito estadual e do Distrito Federal; promover a integração da gestão de recursos hídricos com a gestão ambiental;
- aos Poderes Executivos do Distrito Federal e dos municípios cabe promover a integração das políticas locais de saneamento básico, de uso, ocupação e conservação do solo e de meio ambiente com as políticas federal e estaduais de recursos hídricos (art. 31).

Finalmente, cuida a Lei 9.433/1997 da **instituição do Sistema Nacional de Gerenciamento de Recursos Hídricos, com os objetivos de coordenar a gestão integrada das águas, arbitrar administrativamente os conflitos relacionados com os recursos hídricos, implementar a Política Nacional de Recursos Hídricos, planejar, regular e controlar o uso, a preservação e a recuperação dos recursos hídricos e promover a cobrança pelo uso de recursos hídricos** (art. 32).

Integram o Sistema Nacional de Gerenciamento de Recursos Hídricos (art. 33):

I - o Conselho Nacional de Recursos Hídricos[116];

I-A - a Agência Nacional de Águas;

---

116 O art. 34 da Lei 9.433/1997 trata da composição do Conselho Nacional de Recursos Hídricos e suas competências estão estabelecias no art. 35.

> II – os Conselhos de Recursos Hídricos dos Estados e do Distrito Federal;
>
> III – os Comitês de Bacia Hidrográfica[117];
>
> IV – os órgãos dos poderes públicos federal, estaduais, do Distrito Federal e municipais cujas competências se relacionem com a gestão de recursos hídricos;
>
> V – as Agências de Água[118].

São estes os órgãos que devem buscar a realização dos objetivos abstratamente definidos na lei, praticando diversos atos dotados de mais concretude e diretamente dirigidos à gestão eficiente dos recursos hídricos.

Evidentemente a eficiência das disposições legais somente se verificará pela boa gestão a ser realizada por tais órgãos, cuja atuação se revela, portanto, fundamental para a manutenção e melhoria de nossos recursos, nos aspectos quantitativo e qualitativo.

1.4.5.2 Política Nacional de Educação Ambiental

A Lei 9.795/1999 é o diploma que institui a Política Nacional de Educação Ambiental, conceituando a educação ambiental como o conjunto dos **processos pelos quais o indivíduo e a coletividade constroem valores sociais, conhecimentos, habilidades, atitudes e competências voltadas para a conservação do meio ambiente** (art. 1º) e definindo-a como **um componente essencial e permanente da educação nacional, que deve estar presente, de forma articulada, em todos os níveis e modalidades do processo educativo, em caráter formal e não formal** (art. 2º).

Sendo a educação ambiental parte do processo educativo mais amplo, todos os cidadãos têm direito a ela, e para cumprimento de tal finalidade, incumbe (art. 3º)[119]:

> I – ao Poder Público, nos termos dos arts. 205 e 225 da Constituição Federal, definir políticas públicas que incorporem a dimensão ambiental, promover a educação ambiental em todos os níveis de ensino e o engajamento da sociedade na conservação, recuperação e melhoria do meio ambiente;
>
> II – às instituições educativas, promover a educação ambiental de maneira integrada aos programas educacionais que desenvolvem;
>
> III – aos órgãos integrantes do Sistema Nacional de Meio Ambiente – Sisnama, promover ações de educação ambiental integradas aos programas de conservação, recuperação e melhoria do meio ambiente;
>
> IV – aos meios de comunicação de massa, colaborar de maneira ativa e permanente na disseminação de informações e práticas educativas sobre meio ambiente e incorporar a dimensão ambiental em sua programação;
>
> V – às empresas, entidades de classe, instituições públicas e privadas, promover programas destinados à capacitação dos trabalhadores, visando à melhoria e ao controle efetivo sobre o ambiente de trabalho, bem como sobre as repercussões do processo produtivo no meio ambiente;

---

[117] Segundo o disposto na lei, os Comitês de Bacia Hidrográfica devem ter como área de atuação a totalidade de uma bacia hidrográfica; ou sub-bacia hidrográfica de tributário do curso de água principal da bacia, ou de tributário desse tributário; ou ainda grupo de bacias ou sub-bacias hidrográficas contíguas (art. 37). As competências dos Comitês de Bacia Hidrográfica estão estabelecidas no art. 38 da Lei 9.433/1997, assim como o art. 39 da referida lei trata da composição dos Comitês.

[118] As Agências de Água devem exercer a função de secretaria executiva do respectivo ou respectivos Comitês de Bacia Hidrográfica (art. 41) e terão a mesma área de atuação de um ou mais Comitês de Bacia Hidrográfica (art. 42). Suas funções estão disciplinadas no art. 44 da Lei 9.433/1997.

[119] Note-se que, segundo o disposto no art. 7º da Lei 9.795/1999, "a Política Nacional de Educação Ambiental envolve em sua esfera de ação, além dos órgãos e entidades integrantes do Sistema Nacional de Meio Ambiente – Sisnama, instituições educacionais públicas e privadas dos sistemas de ensino, os órgãos públicos da União, dos Estados, do Distrito Federal e dos Municípios, e organizações não-governamentais com atuação em educação ambiental".

VI – à sociedade como um todo, manter atenção permanente à formação de valores, atitudes e habilidades que propiciem a atuação individual e coletiva voltada para a prevenção, a identificação e a solução de problemas ambientais.

Os **princípios básicos da educação ambiental** estão assim arrolados no art. 4º:

I	o enfoque humanista, holístico, democrático e participativo;
II	a concepção do meio ambiente em sua totalidade, considerando a interdependência entre o meio natural, o socioeconômico e o cultural, sob o enfoque da sustentabilidade;
III	o pluralismo de ideias e concepções pedagógicas, na perspectiva da inter, multi e transdisciplinaridade;
IV	a vinculação entre a ética, a educação, o trabalho e as práticas sociais;
V	a garantia de continuidade e permanência do processo educativo;
VI	a permanente avaliação crítica do processo educativo;
VII	a abordagem articulada das questões ambientais locais, regionais, nacionais e globais;
VIII	o reconhecimento e o respeito à pluralidade e à diversidade individual e cultural.

Em seguida, estipula a lei os **objetivos fundamentais da educação ambiental**: o desenvolvimento de uma compreensão integrada do meio ambiente em suas múltiplas e complexas relações, envolvendo aspectos ecológicos, psicológicos, legais, políticos, sociais, econômicos, científicos, culturais e éticos; a garantia de democratização das informações ambientais; o estímulo e o fortalecimento de uma consciência crítica sobre a problemática ambiental e social; o incentivo à participação individual e coletiva, permanente e responsável, na preservação do equilíbrio do meio ambiente, entendendo-se a defesa da qualidade ambiental como um valor inseparável do exercício da cidadania; o estímulo à cooperação entre as diversas regiões do País, em níveis micro e macrorregionais, com vistas à construção de uma sociedade ambientalmente equilibrada, fundada nos princípios da liberdade, igualdade, solidariedade, democracia, justiça social, responsabilidade e sustentabilidade; o fomento e o fortalecimento da integração com a ciência e a tecnologia; o fortalecimento da cidadania, autodeterminação dos povos e solidariedade como fundamentos para o futuro da humanidade; o estímulo à participação individual e coletiva, inclusive das escolas de todos os níveis de ensino, nas ações de prevenção, de mitigação e de adaptação relacionadas às mudanças do clima e no estancamento da perda de biodiversidade, bem como na educação direcionada à percepção de riscos e de vulnerabilidades a desastres socioambientais; e o auxílio à consecução dos objetivos da Política Nacional do Meio Ambiente, da Política Nacional sobre Mudança do Clima, da Política Nacional da Biodiversidade, da Política Nacional de Proteção e Defesa Civil, do Programa Nacional de Educação Ambiental e das Diretrizes Curriculares Nacionais para a Educação Ambiental, entre outros direcionados à melhoria das condições de vida e da qualidade ambiental (síntese do art. 5º da Lei 9.795/1999).

As atividades vinculadas à Política Nacional de Educação Ambiental devem ser desenvolvidas na educação em geral e na educação escolar, por meio de linhas de atuação inter-relacionadas: capacitação de recursos humanos; desenvolvimento de estudos, pesquisas e experimentações; produção e divulgação de material educativo; e acompanhamento e avaliação (síntese do art. 8º).

Lembrando novamente que **a educação ambiental deve se desenvolver tanto no ensino formal quanto na educação não formal**, a lei estabelece que a **educação ambiental no ensino formal é aquela que deve necessariamente ocorrer no âmbito dos currículos das**

instituições de ensino públicas e privadas, englobando: "I – educação básica: a) educação infantil; b) ensino fundamental e c) ensino médio; II – educação superior; III – educação especial; IV – educação profissional; V – educação de jovens e adultos" (art. 9º).

Frise-se também que a educação ambiental deve ser desenvolvida como uma prática educativa integrada, contínua e permanente em todos os níveis e modalidades do ensino formal (art. 10). **Como área do conhecimento de natureza transdisciplinar, deve a educação ambiental ser desenvolvida de maneira transversal, não devendo ser implantada como disciplina específica no currículo de ensino (§ 1º). Somente nos cursos de pós-graduação, extensão e em áreas voltadas ao aspecto metodológico da educação ambiental, quando se fizer necessário, permite-se criação de disciplina específica (§ 2º). Não se olvide que**, nos cursos de formação e especialização técnico-profissional, em todos os níveis, deve ser incorporado conteúdo que trate da ética ambiental das atividades profissionais a serem desenvolvidas (§ 3º). Além disso, **deve ser assegurada a inserção de temas relacionados às mudanças do clima, à proteção da biodiversidade, aos riscos e emergências socioambientais e a outros aspectos referentes à questão ambiental nos projetos institucionais e pedagógicos da educação básica e da educação superior, conforme diretrizes estabelecidas pelo Conselho Nacional de Educação, no uso de suas atribuições legais (§ 4º).**

A dimensão ambiental deve constar dos currículos de formação de professores, em todos os níveis e em todas as disciplinas (art. 11)[120].

De outro lado, define a lei que a **educação ambiental não formal é constituída pelas ações e práticas educativas voltadas à sensibilização da coletividade sobre as questões ambientais e à sua organização e participação na defesa da qualidade do meio ambiente** (art. 13, *caput*).

Dada a importância dessa vertente da educação ambiental, determina a lei que o Poder Público, em níveis federal, estadual e municipal, incentive: a difusão, por intermédio dos meios de comunicação de massa, em espaços nobres, de programas e campanhas educativas, e de informações acerca de temas relacionados ao meio ambiente; a ampla participação da escola, da universidade e de organizações não governamentais na formulação e execução de programas e atividades vinculadas à educação ambiental não formal; a participação de empresas públicas e privadas no desenvolvimento de programas de educação ambiental em parceria com a escola, a universidade e as organizações não governamentais; a sensibilização da sociedade para a importância das unidades de conservação; a sensibilização ambiental das populações tradicionais ligadas às unidades de conservação; a sensibilização ambiental dos agricultores; e o ecoturismo (parágrafo único do art. 13).

Vale citar a recente edição da Lei 14.296/2024, que fez pontuais alterações no texto da Lei 9.795/1999 para assegurar atenção às mudanças do clima, à proteção da biodiversidade e aos riscos e vulnerabilidades a desastres socioambientais no âmbito da Política Nacional de Educação Ambiental.

1.4.5.3 Política Nacional da Biodiversidade

A questão da biodiversidade brasileira[121] está expressamente tratada pela Constituição Federal, pois determina o art. 225, § 1º, II, que ao Poder Público incumbe preservar a diversidade

[120] Há que se destacar que o art. 12 da Lei 9.795/1999 estabelece que "a autorização e supervisão do funcionamento de instituições de ensino e de seus cursos, nas redes pública e privada, observarão o cumprimento do disposto nos arts. 10 e 11". Além disso, "os professores em atividade devem receber formação complementar em suas áreas de atuação, com o propósito de atender adequadamente ao cumprimento dos princípios e objetivos da Política Nacional de Educação Ambiental" (art. 11, parágrafo único).

[121] "Biodiversidade: é a diversidade biológica, isto é, refere-se ao conjunto de todas as espécies de seres vivos da biosfera, incluindo-se todos os ecossistemas. A biodiversidade refere-se à variedade de tipos de seres vivos (diversidade genotípica,

e a integridade do patrimônio genético do País e fiscalizar as entidades dedicadas à pesquisa e manipulação de material genético.

Vale ressaltar que o Brasil é signatário da Convenção Internacional de Biodiversidade (1992), que ingressou em nosso ordenamento por meio do Decreto 2.519/1998, que a promulgou, após a devida ratificação por meio do Decreto Legislativo 2/1994.

A Política Nacional da Biodiversidade tem seus princípios[122] e diretrizes[123] estabelecidos pelo Decreto 4.339/2002, os quais são declaradamente derivados daqueles previstos na Convenção sobre Diversidade Biológica e na Declaração do Rio, ambas de 1992, na Constituição e na legislação nacional vigente sobre a matéria.

Segundo o item 3 do Decreto 4.339/2002, a Política Nacional da Biodiversidade deve se aplicar aos componentes da diversidade biológica localizados nas áreas sob jurisdição nacional, incluindo o território nacional, a plataforma continental e a zona econômica exclusiva, e ainda aos processos e atividades realizados sob sua jurisdição ou controle, independentemente de onde ocorram seus efeitos, dentro da área sob jurisdição nacional ou além dos limites desta.

O objetivo geral da Política Nacional da Biodiversidade é a promoção, de forma integrada, da conservação da biodiversidade e da utilização sustentável de seus componentes, com a repartição justa e equitativa dos benefícios derivados da utilização dos recursos genéticos, de componentes do patrimônio genético e dos conhecimentos tradicionais associados a esses recursos.

O tema mais relevante relacionado à Política Nacional da Biodiversidade é o que se refere aos seus chamados **Componentes, eixos temáticos que orientarão as etapas de implementação desta Política**:

Componente 1	Conhecimento da biodiversidade: congrega diretrizes voltadas à geração, sistematização e disponibilização de informações que permitam conhecer os componentes da biodiversidade do país e que apoiem a gestão da biodiversidade, bem como diretrizes relacionadas à produção de inventários, à realização de pesquisas ecológicas e à realização de pesquisas sobre conhecimentos tradicionais;
Componente 2	Conservação da biodiversidade: engloba diretrizes destinadas à conservação *in situ* e *ex situ* de variabilidade genética, de ecossistemas, incluindo os serviços ambientais, e de espécies, particularmente daquelas ameaçadas ou com potencial econômico, bem como diretrizes para implementação de instrumentos econômicos e tecnológicos em prol da conservação da biodiversidade;
Componente 3	Utilização sustentável dos componentes da biodiversidade: reúne diretrizes para a utilização sustentável da biodiversidade e da biotecnologia, incluindo o fortalecimento da gestão pública, o estabelecimento de mecanismos e instrumentos econômicos, e o apoio a práticas e negócios sustentáveis que garantam a manutenção da biodiversidade e da funcionalidade dos ecossistemas, considerando não apenas o valor econômico, mas também os valores sociais e culturais da biodiversidade;

de espécies, populações e comunidades) e de ecossistemas (terrestres, marinhos ou aquáticos) e processos ecológicos em uma determinada região" (...) "Biodiversidade brasileira: a biodiversidade brasileira é enorme: o Brasil possui cerca de 20% do número total de espécies do planeta (24% de primatas, 11% de mamíferos, 15% de anfíbios, 7% de répteis, 17% de aves, 16% de borboletas e 22% da flora mundiais), e alguns dos ecossistemas mais ricos em diversidade de espécies (Amazônia, Mata Atlântica, cerrado). Porém, esses números não minimizam os valores alarmantes das espécies ameaçadas de extinção no Brasil: 34% dos peixes, 25% dos mamíferos e anfíbios, 20% dos répteis, 12,5% das plantas e 11% das aves (NARVAES, Patrícia. *Dicionário ilustrado de meio ambiente*. 2. ed. São Caetano do Sul, SP: Yendis Editora; Secretaria do Meio Ambiente do Estado de São Paulo, 2012, p. 58-59).

[122] A Política Nacional da Biodiversidade deve reger-se pelos princípios previstos no item 2 do Decreto 4.339/2002, cujo rol é composto por 20 incisos bastante relevantes para compreensão da política que se quer implementar.

[123] As diretrizes da Política Nacional da Biodiversidade estão previstas no item 4 do mesmo decreto, possuindo um caráter de certo modo complementar em relação aos princípios do item 2.

Componente 4	Monitoramento, avaliação, prevenção e mitigação de impactos sobre a biodiversidade: engloba diretrizes para fortalecer os sistemas de monitoramento, de avaliação, de prevenção e de mitigação de impactos sobre a biodiversidade, bem como para promover a recuperação de ecossistemas degradados e de componentes da biodiversidade sobre-explotados;
Componente 5	Acesso aos recursos genéticos e aos conhecimentos tradicionais associados e repartição de benefícios: alinha diretrizes que promovam o acesso controlado, com vistas à agregação de valor mediante pesquisa científica e desenvolvimento tecnológico, e a distribuição dos benefícios gerados pela utilização dos recursos genéticos, dos componentes do patrimônio genético e dos conhecimentos tradicionais associados, de modo que sejam compartilhados, de forma justa e equitativa, com a sociedade brasileira e, inclusive, com os povos indígenas, com os quilombolas e com outras comunidades locais;
Componente 6	Educação, sensibilização pública, informação e divulgação sobre biodiversidade: define diretrizes para a educação e sensibilização pública e para a gestão e divulgação de informações sobre biodiversidade, com a promoção da participação da sociedade, inclusive dos povos indígenas, quilombolas e outras comunidades locais, no respeito à conservação da biodiversidade, à utilização sustentável de seus componentes e à repartição justa e equitativa dos benefícios derivados da utilização de recursos genéticos, de componentes do patrimônio genético e de conhecimento tradicional associado à biodiversidade;
Componente 7	Fortalecimento jurídico e institucional para a gestão da biodiversidade: sintetiza os meios de implementação da política; apresenta diretrizes para o fortalecimento da infraestrutura, para a formação e fixação de recursos humanos, para o acesso à tecnologia e transferência de tecnologia, para o estímulo à criação de mecanismos de financiamento, para o fortalecimento do marco legal, para a integração de políticas públicas e para a cooperação internacional.

Evidentemente, tratar da preservação da biodiversidade e da política que se implemente em relação à biodiversidade brasileira impõe considerar regras de biossegurança e também de acesso ao patrimônio genético.

Para tanto, foram editadas duas específicas leis: a **Lei 11.105/2005 (Lei de Biossegurança – OGM)** e a **Lei 13.123/2015 (Lei do Acesso ao Patrimônio Genético)**.

A primeira estabelece normas de segurança e mecanismos de fiscalização sobre a construção, o cultivo, a produção, a manipulação, o transporte, a transferência, a importação, a exportação, o armazenamento, a pesquisa[124], a comercialização[125], o consumo, a liberação no meio ambiente e o descarte de organismos geneticamente modificados – OGM e seus derivados, tendo como diretrizes o estímulo ao avanço científico na área de biossegurança e biotecnologia, a proteção à vida e à saúde humana, animal e vegetal, e a observância do princípio da precaução para a proteção do meio ambiente.

Com a finalidade de se garantir certo controle sobre as atividades de pesquisa com OGMs, **a lei determina que as atividades e projetos que envolvam OGM e seus derivados, relacionados ao ensino com manipulação de organismos vivos, à pesquisa científica, ao desenvolvimento tecnológico e à produção industrial fiquem restritos ao âmbito de entidades**

[124] A Lei 11.105/2005 considera atividade de pesquisa a realizada em laboratório, regime de contenção ou campo, como parte do processo de obtenção de OGM e seus derivados ou de avaliação da biossegurança de OGM e seus derivados, o que engloba, no âmbito experimental, a construção, o cultivo, a manipulação, o transporte, a transferência, a importação, a exportação, o armazenamento, a liberação no meio ambiente e o descarte de OGM e seus derivados (art. 1º, § 1º).

[125] A Lei 11.105/2005 considera atividade de uso comercial de OGM e seus derivados a que não se enquadra como atividade de pesquisa, e que trata do cultivo, da produção, da manipulação, do transporte, da transferência, da comercialização, da importação, da exportação, do armazenamento, do consumo, da liberação e do descarte de OGM e seus derivados para fins comerciais (art. 1º, § 2º).

de direito público ou privado, que serão responsáveis pela obediência aos preceitos da lei e de sua regulamentação, bem como pelas eventuais consequências ou efeitos advindos de seu descumprimento (*caput* do art. 2º da Lei 11.105/2005). De outro lado, proíbe-se expressamente que tais atividades sejam realizadas por pessoas físicas em atuação autônoma e independente, ainda que mantenham vínculo empregatício ou qualquer outro com pessoas jurídicas (art. 2º, § 2º). Os interessados em realizar tais atividades deverão requerer autorização à Comissão Técnica Nacional de Biossegurança – CTNBio (§ 3º).

Além disso, as organizações financiadoras ou patrocinadoras de atividades ou de projetos envolvendo OGMs devem exigir a apresentação de Certificado de Qualidade em Biossegurança, emitido pela CTNBio, sob pena de se tornarem corresponsáveis pelos eventuais efeitos decorrentes do descumprimento da lei ou de sua regulamentação.

O art. 3º da Lei 11.105/2005 traz conceitos relevantes, destacando-se:

I - organismo	toda entidade biológica capaz de reproduzir ou transferir material genético, inclusive vírus e outras classes que venham a ser conhecidas;
II - ácido desoxirribonucleico - ADN, ácido ribonucleico - ARN	material genético que contém informações determinantes dos caracteres hereditários transmissíveis à descendência;
III - moléculas de ADN/ARN recombinante	as moléculas manipuladas fora das células vivas mediante a modificação de segmentos de ADN/ARN natural ou sintético e que possam multiplicar-se em uma célula viva, ou ainda as moléculas de ADN/ARN resultantes dessa multiplicação; consideram-se também os segmentos de ADN/ARN sintéticos equivalentes aos de ADN/ARN natural;
IV - engenharia genética	atividade de produção e manipulação de moléculas de ADN/ARN recombinante;
V - organismo geneticamente modificado - OGM	organismo cujo material genético - ADN/ARN tenha sido modificado por qualquer técnica de engenharia genética;
VI - derivado de OGM	produto obtido de OGM e que não possua capacidade autônoma de replicação ou que não contenha forma viável de OGM;
VII - célula germinal humana	célula-mãe responsável pela formação de gametas presentes nas glândulas sexuais femininas e masculinas e suas descendentes diretas em qualquer grau de ploidia;
VIII - clonagem	processo de reprodução assexuada, produzida artificialmente, baseada em um único patrimônio genético, com ou sem utilização de técnicas de engenharia genética;
IX - clonagem para fins reprodutivos	clonagem com a finalidade de obtenção de um indivíduo;
X - clonagem terapêutica	clonagem com a finalidade de produção de células-tronco embrionárias para utilização terapêutica;
XI - células-tronco embrionárias	células de embrião que apresentam a capacidade de se transformar em células de qualquer tecido de um organismo.

A Lei 11.105/2005 não se aplica quando a modificação genética for obtida por meio das seguintes técnicas, desde que não impliquem a utilização de OGM como receptor ou doador: mutagênese; formação e utilização de células somáticas de hibridoma animal; fusão celular, inclusive a de protoplasma, de células vegetais, que possa ser produzida mediante métodos tradicionais de cultivo; autoclonagem de organismos não patogênicos que se processe de maneira natural (art. 4º).

O mais polêmico dispositivo da lei referida é seu **art. 5º, que expressamente permite, para fins de pesquisa e terapia, a utilização de células-tronco embrionárias obtidas de embriões humanos produzidos por fertilização *in vitro* e não utilizados no respectivo procedimento, desde que sejam embriões inviáveis ou sejam embriões congelados há 3 (três) anos ou mais, na data da publicação da Lei, ou que, já congelados na data da publicação da lei, depois de completarem 3 (três) anos, contados a partir da data de congelamento.**

Frise-se que o tema foi enfrentado pelo Supremo Tribunal Federal no célebre julgamento da **ADI 3.510**, da relatoria do Ministro Ayres Brito. Na ocasião, **o STF julgou improcedente a ação, declarando assim a constitucionalidade do dispositivo citado e reafirmando: a proteção constitucional à vida humana, a possibilidade jurídica das pesquisas científicas com células-tronco embrionárias, a existência de diferentes graus de proteção a depender do estágio de vida de que se cuida (embrião, feto e pessoa humana – realidades diferentes), a proclamação de um direito à liberdade de expressão científica e a suficiência do patamar de proteção estabelecido nas medidas da própria Lei 11.105/2005**[126].

Não se olvide que há importantes advertências estabelecidas nos parágrafos do próprio art. 5º:

- em qualquer caso, **para a realização de pesquisas com células-tronco embrionárias, é necessário o consentimento dos genitores** (§ 1º);
- **instituições de pesquisa e serviços de saúde que realizem pesquisa ou terapia com células-tronco embrionárias humanas devem submeter seus projetos à apreciação e aprovação dos respectivos comitês de ética em pesquisa** (§ 2º);
- **é vedada a comercialização do material biológico referido e sua prática implica o crime tipificado no art. 15 da Lei 9.434/1997** (§ 3º).

A Lei 11.105/2005 proíbe expressamente (art. 6º): a implementação de projeto relativo a OGM sem a manutenção de registro de seu acompanhamento individual; engenharia genética em organismo vivo ou o manejo *in vitro* de ADN/ARN natural ou recombinante, realizado em desacordo com as normas previstas nesta Lei; engenharia genética em célula germinal humana, zigoto humano e embrião humano; clonagem humana; destruição ou descarte no meio ambiente de OGM e seus derivados em desacordo com as normas estabelecidas pela CTNBio, pelos órgãos e entidades de registro e fiscalização, referidos no art. 16 da mesma

[126] Vale a leitura do acórdão, ao menos da ementa, pela relevância da decisão no cenário constitucional brasileiro, o que se nota pela simples menção dos tópicos que integram a organização da ementa: "Constitucional. Ação direta de inconstitucionalidade. Lei de biossegurança. Impugnação em bloco do art. 5º da Lei 11.105, de 24 de março de 2005 (Lei de biossegurança). Pesquisas com células-tronco embrionárias. Inexistência de violação do direito à vida. Constitucionalidade do uso de células-tronco embrionárias em pesquisas científicas para fins terapêuticos. Descaracterização do aborto. Normas constitucionais conformadoras do direito fundamental a uma vida digna, que passa pelo direito à saúde e ao planejamento familiar. Descabimento de utilização da técnica de interpretação conforme para aditar à lei de biossegurança controles desnecessários que implicam restrições às pesquisas e terapias por ela visadas. Improcedência total da ação. I – O conhecimento científico, a conceituação jurídica de células-tronco embrionárias e seus reflexos no controle de constitucionalidade da lei de biossegurança. (...) II – legitimidade das pesquisas com células-tronco embrionárias para fins terapêuticos e o constitucionalismo fraternal. (...) III – a proteção constitucional do direito à vida e os direitos infraconstitucionais do embrião pré-implanto. (...) IV – as pesquisas com células-tronco não caracterizam aborto. Matéria estranha à presente ação direta de inconstitucionalidade. (...) V – os direitos fundamentais à autonomia da vontade, ao planejamento familiar e à maternidade. (...) VI – direito à saúde como corolário do direito fundamental à vida digna. (...) VII – o direito constitucional à liberdade de expressão científica e a lei de biossegurança como densificação dessa liberdade. (...) VIII – suficiência das cautelas e restrições impostas pela lei de biossegurança na condução das pesquisas com células-tronco embrionárias. (...) IX – improcedência da ação. (...)" (ADI 3510, Tribunal Pleno, j Rel. Min. Ayres Britto,. 29.05.2008, *DJe* 28.05.2010).

lei, e as constantes da referida lei e de sua regulamentação; liberação no meio ambiente de OGM ou seus derivados, no âmbito de atividades de pesquisa, sem a decisão técnica favorável da CTNBio e, nos casos de liberação comercial, sem o parecer técnico favorável da CTNBio, ou sem o licenciamento do órgão ou entidade ambiental responsável, quando a CTNBio considerar a atividade como potencialmente causadora de degradação ambiental, ou sem a aprovação do Conselho Nacional de Biossegurança – CNBS, quando o processo tenha sido por ele avocado, na forma desta Lei e de sua regulamentação; a utilização, a comercialização, o registro, o patenteamento e o licenciamento de tecnologias genéticas de restrição do uso[127].

Veja-se ainda que constituem providências obrigatórias, previstas no art. 7º da lei:

> I – a investigação de acidentes ocorridos no curso de pesquisas e projetos na área de engenharia genética e o envio de relatório respectivo à autoridade competente no prazo máximo de 5 (cinco) dias a contar da data do evento;
>
> II – a notificação imediata à CTNBio e às autoridades da saúde pública, da defesa agropecuária e do meio ambiente sobre acidente que possa provocar a disseminação de OGM e seus derivados;
>
> III – a adoção de meios necessários para plenamente informar à CTNBio, às autoridades da saúde pública, do meio ambiente, da defesa agropecuária, à coletividade e aos demais empregados da instituição ou empresa sobre os riscos a que possam estar submetidos, bem como os procedimentos a serem tomados no caso de acidentes com OGM.

Oportuno ainda mencionar **que a Lei de Biossegurança cria dois importantes órgãos na estrutura da Administração Pública Federal**[128]:

- o **Conselho Nacional de Biossegurança – CNBS**, vinculado à Presidência da República, composto basicamente por Ministros de Estado, órgão de assessoramento superior do Presidente da República para a formulação e implementação da Política Nacional de Biossegurança – PNB, a quem compete: fixar princípios e diretrizes para a ação administrativa dos órgãos e entidades federais com competências sobre a matéria; analisar, a pedido da CTNBio, quanto aos aspectos da conveniência e oportunidade socioeconômicas e do interesse nacional, os pedidos de liberação para uso comercial de OGM e seus derivados; e avocar e decidir, em última e definitiva instância, com base em manifestação da CTNBio e, quando julgar necessário, dos órgãos e entidades referidos no art. 16 desta Lei, no âmbito de suas competências, sobre os processos relativos a atividades que envolvam o uso comercial de OGM e seus derivados (art. 8º);

---

127 Nos termos do parágrafo único do art. 6ºda Lei 11.105/2005, tecnologias genéticas de restrição do uso equivalem a *qualquer processo de intervenção humana para geração ou multiplicação de plantas geneticamente modificadas para produzir estruturas reprodutivas estéreis, bem como qualquer forma de manipulação genética que vise à ativação ou desativação de genes relacionados à fertilidade das plantas por indutores químicos externos*.

128 Não confundir os órgãos da Administração Pública Federal (CNBS e CTNBio) com a Comissão Interna de Biossegurança – CIBio. Esta última é órgão obrigatório para toda instituição que utilizar técnicas e métodos de engenharia genética ou realizar pesquisas com OGM e seus derivados, que deverá criar uma Comissão Interna de Biossegurança – CIBio, além de indicar um técnico principal responsável para cada projeto específico. A essa CIBio compete, no âmbito da instituição onde constituída: (i) manter informados os trabalhadores e demais membros da coletividade, quando suscetíveis de serem afetados pela atividade, sobre as questões relacionadas com a saúde e a segurança, bem como sobre os procedimentos em caso de acidentes; (ii) estabelecer programas preventivos e de inspeção para garantir o funcionamento das instalações sob sua responsabilidade, dentro dos padrões e normas de biossegurança, definidos pela CTNBio; (iii) encaminhar à CTNBio os documentos necessários para efeito de análise, registro ou autorização do órgão competente, quando couber; (iv) manter registro do acompanhamento individual de cada atividade ou projeto em desenvolvimento que envolvam OGM ou seus derivados; (v) notificar à CTNBio, aos órgãos e entidades de registro e fiscalização, referidos no art. 16 da Lei, e às entidades de trabalhadores o resultado de avaliações de risco a que estão submetidas as pessoas expostas, bem como qualquer acidente ou incidente que possa provocar a disseminação de agente biológico; (vi) investigar a ocorrência de acidentes e as enfermidades possivelmente relacionados a OGM e seus derivados e notificar suas conclusões e providências à CTNBio (arts. 17 e 18 da Lei 11.105/2005).

- a **Comissão Técnica Nacional de Biossegurança – CTNBio**, integrante do Ministério da Ciência e Tecnologia[129], basicamente composta por especialistas indicados pelos diversos Ministérios, instância colegiada multidisciplinar de caráter consultivo e deliberativo, para prestar apoio técnico e de assessoramento ao Governo Federal na formulação, atualização e implementação da PNB de OGM e seus derivados, bem como no estabelecimento de normas técnicas de segurança e de pareceres técnicos referentes à autorização para atividades que envolvam pesquisa e uso comercial de OGM e seus derivados, com base na avaliação de seu risco zoofitossanitário, à saúde humana e ao meio ambiente (art. 10).

A CTNBio é o órgão que detém poder legal para as mais importantes decisões administrativas relacionadas aos OGMs, tais como: estabelecer normas para as pesquisas com OGM e derivados de OGM; estabelecer normas relativamente às atividades e aos projetos relacionados a OGM e seus derivados; estabelecer, no âmbito de suas competências, critérios de avaliação e monitoramento de risco de OGM e seus derivados; proceder à análise da avaliação de risco, caso a caso, relativamente a atividades e projetos que envolvam OGM e seus derivados; estabelecer requisitos relativos à biossegurança para autorização de funcionamento de laboratório, instituição ou empresa que desenvolverá atividades relacionadas a OGM e seus derivados; autorizar, cadastrar e acompanhar as atividades de pesquisa com OGM ou derivado de OGM, nos termos da legislação em vigor; autorizar a importação de OGM e seus derivados para atividade de pesquisa; prestar apoio técnico consultivo e de assessoramento ao CNBS na formulação da PNB de OGM e seus derivados; emitir Certificado de Qualidade em Biossegurança – CQB para o desenvolvimento de atividades com OGM e seus derivados em laboratório, instituição ou empresa e enviar cópia do processo aos órgãos de registro e fiscalização referidos no art. 16 da Lei 11.105/2005; emitir decisão técnica, caso a caso, sobre a biossegurança de OGM e seus derivados no âmbito das atividades de pesquisa e de uso comercial de OGM e seus derivados, inclusive a classificação quanto ao grau de risco e nível de biossegurança exigido, bem como medidas de segurança exigidas e restrições ao uso; definir o nível de biossegurança a ser aplicado ao OGM e seus usos, e os respectivos procedimentos e medidas de segurança quanto ao seu uso, bem como quanto aos seus derivados; classificar os OGM segundo a classe de risco; emitir resoluções, de natureza normativa, sobre as matérias de sua competência; identificar atividades e produtos decorrentes do uso de OGM e seus derivados potencialmente causadores de degradação do meio ambiente ou que possam causar riscos à saúde humana (art. 14).

Relevante observar que, quanto aos aspectos de biossegurança do OGM e seus derivados, a decisão técnica da CTNBio vincula os demais órgãos e entidades da administração. De outro lado, a decisão técnica da CTNBio deverá conter resumo de sua fundamentação técnica, explicitar as medidas de segurança e restrições ao uso do OGM e seus derivados e considerar as particularidades das diferentes regiões do País, com o objetivo de orientar e subsidiar os órgãos e entidades de registro e fiscalização no exercício de suas atribuições.

Para orientar suas decisões e ampliar a participação social em seus processos, a CTNBio poderá realizar audiências públicas (art. 15).

Aos órgãos e entidades de registro e fiscalização do Ministério da Saúde, do Ministério da Agricultura, Pecuária e Abastecimento e do Ministério do Meio Ambiente, e da Secretaria Especial de Aquicultura e Pesca da Presidência da República, no campo de suas competências, observadas a decisão técnica da CTNBio e as deliberações do CNBS, caberá: fiscalizar as

[129] Observe-se que, em razão de alteração efetivada pela Lei 14.600/2023, trata-se agora do Ministério da Ciência, Tecnologia e Inovação.

atividades de pesquisa de OGM e seus derivados; registrar e fiscalizar a liberação comercial de OGM e seus derivados; emitir autorização para a importação de OGM e seus derivados para uso comercial; manter atualizado no SIB[130] o cadastro das instituições e responsáveis técnicos que realizam atividades e projetos relacionados a OGM e seus derivados; tornar públicos, inclusive no SIB, os registros e autorizações concedidas; aplicar as penalidades de que trata a Lei; e subsidiar a CTNBio na definição de quesitos de avaliação de biossegurança de OGM e seus derivados (art. 16).

É importante frisar que **a CTNBio delibera, em última e definitiva instância, sobre os casos em que a atividade é potencial ou efetivamente causadora de degradação ambiental, bem como sobre a necessidade do licenciamento ambiental** (art. 16, § 3º). A interpretação dos §§ 2º e 3º do art. 16 permite concluir que a CTNBio decide efetivamente se a atividade deve ou não se sujeitar ao licenciamento ambiental.

Aos órgãos de registro e fiscalização referidos, após manifestação favorável da CTNBio, ou do CNBS, em caso de avocação ou recurso, caberá, em decorrência de análise específica e decisão pertinente:

I - ao Ministério da Agricultura, Pecuária e Abastecimento	emitir as autorizações e registros e fiscalizar produtos e atividades que utilizem OGM e seus derivados destinados a uso animal, na agricultura, pecuária, agroindústria e áreas afins;
II - ao órgão competente do Ministério da Saúde	emitir as autorizações e registros e fiscalizar produtos e atividades com OGM e seus derivados destinados a uso humano, farmacológico, domissanitário e áreas afins;
III - ao órgão competente do Ministério do Meio Ambiente	emitir as autorizações e registros e fiscalizar produtos e atividades que envolvam OGM e seus derivados a serem liberados nos ecossistemas naturais, bem como o licenciamento, nos casos em que a CTNBio deliberar que o OGM é potencialmente causador de significativa degradação do meio ambiente;
IV - à Secretaria Especial de Aquicultura e Pesca da Presidência da República	emitir as autorizações e registros de produtos e atividades com OGM e seus derivados destinados ao uso na pesca e aquicultura.

Finalmente, trata a Lei 11.105/2005, do regime de responsabilidades administrativa, civil e criminal, pelas violações às normas estabelecidas com relação à biossegurança.

Numa reprodução de outros dispositivos já conhecidos, o art. 20 da lei estabelece, com relação à responsabilidade civil, que os responsáveis pelos danos ao meio ambiente e a terceiros responderão, solidariamente, por sua indenização ou reparação integral, independentemente da existência de culpa. Evidentemente, trata-se de responsabilidade de natureza objetiva e integral.

No que se refere à responsabilidade administrativa, o art. 21 versa que infração administrativa é toda ação ou omissão que viole as normas previstas na lei e demais disposições legais pertinentes.

Em seu parágrafo único, dispõe que as infrações administrativas serão punidas na forma estabelecida no regulamento da lei[131], independentemente das medidas cautelares de apreensão

[130] SIB é o Sistema de Informações em Biossegurança, criado no âmbito do Ministério da Ciência e Tecnologia (agora Ministério da Ciência, Tecnologia e Inovação – *vide* Lei 14.600/2023), destinado à gestão das informações decorrentes das atividades de análise, autorização, registro, monitoramento e acompanhamento das atividades que envolvam OGM e seus derivados (art. 19). Os órgãos e entidades de registro e fiscalização deverão alimentar o SIB com as informações relativas às atividades de que trata a Lei, processadas no âmbito de sua competência.

[131] O regulamento da lei foi veiculado por meio do Decreto 5.591/2005. Seu art. 69 arrola uma série de condutas que caracterizam infração administrativa. Exemplificativamente: "Art. 69. Considera-se infração administrativa toda ação ou omissão que viole as normas previstas na Lei n. 11.105, de 2005, e neste Decreto e demais disposições legais pertinentes, em especial: I

de produtos, suspensão de venda de produto e embargos de atividades, com as seguintes sanções: advertência; multa; apreensão de OGM e seus derivados; suspensão da venda de OGM e seus derivados; embargo da atividade; interdição parcial ou total do estabelecimento, atividade ou empreendimento; suspensão de registro, licença ou autorização; cancelamento de registro, licença ou autorização; perda ou restrição de incentivo e benefício fiscal concedidos pelo governo; perda ou suspensão da participação em linha de financiamento em estabelecimento oficial de crédito; intervenção no estabelecimento; proibição de contratar com a administração pública, por período de até 5 (cinco) anos.

Com relação à multa, compete aos órgãos e entidades de registro e fiscalização, referidos no art. 16 da mesma lei, definir critérios, valores e aplicar multas de R$ 2.000,00 (dois mil reais) a R$ 1.500.000,00 (um milhão e quinhentos mil reais), proporcionalmente à gravidade da infração (art. 22). As multas poderão ser aplicadas cumulativamente com as demais sanções previstas e, em caso de reincidência, devem ser aplicadas em dobro. No caso de infração continuada, caracterizada pela permanência da ação ou omissão inicialmente punida, será a respectiva penalidade aplicada diariamente até cessar sua causa, sem prejuízo da paralisação imediata da atividade ou da interdição do laboratório ou da instituição ou empresa responsável (§§ 1º, 2º e 3º).

Finalmente, traz a Lei de Biossegurança tipos penais específicos com relação ao tema:

Dispositivo legal	Conduta típica	Pena prevista
Art. 24	Utilizar embrião humano em desacordo com o que dispõe o art. 5º da lei	Detenção, de 1 (um) a 3 (três) anos, e multa.
Art. 25	Praticar engenharia genética em célula germinal humana, zigoto humano ou embrião humano	Reclusão, de 1 (um) a 4 (quatro) anos, e multa.
Art. 26	Realizar clonagem humana	Reclusão, de 2 (dois) a 5 (cinco) anos, e multa.
Art. 27	Liberar ou descartar OGM no meio ambiente, em desacordo com as normas estabelecidas pela CTNBio e pelos órgãos e entidades de registro e fiscalização	Reclusão, de 1 (um) a 4 (quatro) anos, e multa[132].

– realizar atividade ou projeto que envolva OGM e seus derivados, relacionado ao ensino com manipulação de organismos vivos, à pesquisa científica, ao desenvolvimento tecnológico e à produção industrial como pessoa física em atuação autônoma; II – realizar atividades de pesquisa e uso comercial de OGM e seus derivados sem autorização da CTNBio ou em desacordo com as normas por ela expedidas; (...) IV – utilizar, para fins de pesquisa e terapia, células-tronco embrionárias obtidas de embriões humanos produzidos por fertilização *in vitro* sem o consentimento dos genitores; V – realizar atividades de pesquisa ou terapia com células-tronco embrionárias humanas sem aprovação do respectivo comitê de ética em pesquisa, conforme norma do Conselho Nacional de Saúde; VI – comercializar células-tronco embrionárias obtidas de embriões humanos produzidos por fertilização *in vitro*; VII – utilizar, para fins de pesquisa e terapia, células tronco embrionárias obtidas de embriões humanos produzidos por fertilização *in vitro* sem atender às disposições previstas no Capítulo VII; (...) XI – realizar engenharia genética em célula germinal humana, zigoto humano e embrião humano; XII – realizar clonagem humana; XIII – destruir ou descartar no meio ambiente OGM e seus derivados em desacordo com as normas estabelecidas pela CTNBio, pelos órgãos e entidades de registro e fiscalização e neste Decreto; XIV – liberar no meio ambiente OGM e seus derivados, no âmbito de atividades de pesquisa, sem a decisão técnica favorável da CTNBio, ou em desacordo com as normas desta; (...) XIX – deixar a instituição de notificar imediatamente a CTNBio e as autoridades da saúde pública, da defesa agropecuária e do meio ambiente sobre acidente que possa provocar a disseminação de OGM e seus derivados; (...) XXI – deixar de criar CIBio, conforme as normas da CTNBio, a instituição que utiliza técnicas e métodos de engenharia genética ou realiza pesquisa com OGM e seus derivados; (...); XXVII – produzir, armazenar, transportar, comercializar, importar ou exportar OGM e seus derivados, sem autorização ou em desacordo com as normas estabelecidas pela CTNBio e pelos órgãos e entidades de registro e fiscalização".

132 "§ 2º Agrava-se a pena: I – de 1/6 (um sexto) a 1/3 (um terço), se resultar dano à propriedade alheia; II – de 1/3 (um terço) até a metade, se resultar dano ao meio ambiente; III – da metade até 2/3 (dois terços), se resultar lesão corporal de natureza grave em outrem; IV – de 2/3 (dois terços) até o dobro, se resultar a morte de outrem".

Dispositivo legal	Conduta típica	Pena prevista
Art. 28	Utilizar, comercializar, registrar, patentear e licenciar tecnologias genéticas de restrição do uso	Reclusão, de 2 (dois) a 5 (cinco) anos, e multa.
Art. 29	Produzir, armazenar, transportar, comercializar, importar ou exportar OGM ou seus derivados, sem autorização ou em desacordo com as normas estabelecidas pela CTNBio e pelos órgãos e entidades de registro e fiscalização	Reclusão, de 1 (um) a 2 (dois) anos, e multa.

Por sua vez, a Lei 13.123/2015 dispõe sobre bens, direitos e obrigações relativos (art. 1º):

> I – ao acesso ao patrimônio genético do País, bem de uso comum do povo encontrado em condições *in situ*, inclusive as espécies domesticadas e populações espontâneas, ou mantido em condições *ex situ*, desde que encontrado em condições *in situ* no território nacional, na plataforma continental, no mar territorial e na zona econômica exclusiva;
>
> II – ao conhecimento tradicional associado ao patrimônio genético, relevante à conservação da diversidade biológica, à integridade do patrimônio genético do País e à utilização de seus componentes;
>
> III – ao acesso à tecnologia e à transferência de tecnologia para a conservação e a utilização da diversidade biológica;
>
> IV – à exploração econômica de produto acabado ou material reprodutivo oriundo de acesso ao patrimônio genético ou ao conhecimento tradicional associado;
>
> V – à repartição justa e equitativa dos benefícios derivados da exploração econômica de produto acabado ou material reprodutivo oriundo de acesso ao patrimônio genético ou ao conhecimento tradicional associado, para conservação e uso sustentável da biodiversidade;
>
> VI – à remessa para o exterior de parte ou do todo de organismos, vivos ou mortos, de espécies animais, vegetais, microbianas ou de outra natureza, que se destine ao acesso ao patrimônio genético; e
>
> VII – à implementação de tratados internacionais sobre o patrimônio genético ou o conhecimento tradicional associado aprovados pelo Congresso Nacional e promulgados.

Segundo o parágrafo primeiro do art. § 1º, **o acesso ao patrimônio genético ou ao conhecimento tradicional associado será efetuado sem prejuízo dos direitos de propriedade material ou imaterial que incidam sobre o patrimônio genético ou sobre o conhecimento tradicional associado acessado ou sobre o local de sua ocorrência.**

Dispõe a lei que o **acesso ao patrimônio genético existente no País ou ao conhecimento tradicional associado para fins de pesquisa ou desenvolvimento tecnológico e a exploração econômica de produto acabado ou material reprodutivo oriundo desse acesso somente serão realizados mediante cadastro, autorização ou notificação, e serão submetidos a fiscalização, restrições e repartição de benefícios** (art. 3º)[133].

O completo entendimento das disposições da Lei 13.123/2015 só se atinge pelo estudo dos conceitos trazidos em grande número pelo art. 2º da própria lei, dentre os quais destacamos:

Patrimônio genético	informação de origem genética de espécies vegetais, animais, microbianas ou espécies de outra natureza, incluindo substâncias oriundas do metabolismo destes seres vivos;

[133] O próprio parágrafo único do art. 3º estabelece que são de competência da União a gestão, o controle e a fiscalização das atividades descritas no *caput*, nos termos do disposto no inciso XXIII do *caput* do art. 7º da Lei Complementar 140/2011.

Conhecimento tradicional associado	informação ou prática de população indígena, comunidade tradicional ou agricultor tradicional sobre as propriedades ou usos diretos ou indiretos associada ao patrimônio genético;
Comunidade tradicional	grupo culturalmente diferenciado que se reconhece como tal, possui forma própria de organização social e ocupa e usa territórios e recursos naturais como condição para a sua reprodução cultural, social, religiosa, ancestral e econômica, utilizando conhecimentos, inovações e práticas geradas e transmitidas pela tradição;
Consentimento prévio informado	consentimento formal, previamente concedido por população indígena ou comunidade tradicional segundo os seus usos, costumes e tradições ou protocolos comunitários;
Acesso ao patrimônio genético	pesquisa ou desenvolvimento tecnológico realizado sobre amostra de patrimônio genético;
Acesso ao conhecimento tradicional associado	pesquisa ou desenvolvimento tecnológico realizado sobre conhecimento tradicional associado ao patrimônio genético que possibilite ou facilite o acesso ao patrimônio genético, ainda que obtido de fontes secundárias tais como feiras, publicações, inventários, filmes, artigos científicos, cadastros e outras formas de sistematização e registro de conhecimentos tradicionais associados;
Pesquisa	atividade, experimental ou teórica, realizada sobre o patrimônio genético ou conhecimento tradicional associado, com o objetivo de produzir novos conhecimentos, por meio de um processo sistemático de construção do conhecimento que gera e testa hipóteses e teorias, descreve e interpreta os fundamentos de fenômenos e fatos observáveis;
Produto acabado	produto cuja natureza não requer nenhum tipo de processo produtivo adicional, oriundo de acesso ao patrimônio genético ou ao conhecimento tradicional associado, no qual o componente do patrimônio genético ou do conhecimento tradicional associado seja um dos elementos principais de agregação de valor ao produto, estando apto à utilização pelo consumidor final, seja este pessoa natural ou jurídica;
Acordo de repartição de benefícios	instrumento jurídico que qualifica as partes, o objeto e as condições para repartição de benefícios;
Acordo setorial	ato de natureza contratual firmado entre o poder público e usuários, tendo em vista a repartição justa e equitativa dos benefícios decorrentes da exploração econômica oriunda de acesso ao patrimônio genético ou ao conhecimento tradicional associado de origem não identificável;
Termo de transferência de material	instrumento firmado entre remetente e destinatário para remessa ao exterior de uma ou mais amostras contendo patrimônio genético acessado ou disponível para acesso, que indica, quando for o caso, se houve acesso a conhecimento tradicional associado e que estabelece o compromisso de repartição de benefícios de acordo com as regras previstas na Lei 13.123/2015;
Condições *in situ*	condições em que o patrimônio genético existe em ecossistemas e *habitats* naturais e, no caso de espécies domesticadas ou cultivadas, nos meios onde naturalmente tenham desenvolvido suas características distintivas próprias, incluindo as que formem populações espontâneas;
Condições *ex situ*	condições em que o patrimônio genético é mantido fora de seu *habitat* natural.

Vale ressaltar que as disposições da Lei 13.123/2015 não se aplicam ao patrimônio genético humano (art. 4º).

De outro lado, **é terminantemente vedado** o acesso ao patrimônio genético e ao conhecimento tradicional associado **para práticas nocivas ao meio ambiente, à reprodução cultural e à saúde humana e para o desenvolvimento de armas biológicas e químicas** (art. 5º).

Criou-se na legislação referida importante órgão federal, qual seja o **Conselho de Gestão do Patrimônio Genético (CGen)**, integrante do Ministério do Meio Ambiente, órgão colegiado de caráter deliberativo, normativo, consultivo e recursal, responsável por coordenar a elaboração e a implementação de políticas para a gestão do acesso ao patrimônio genético e ao conhecimento tradicional associado e da repartição de benefícios[134].

O CGen é formado por representação de órgãos e entidades da Administração Pública federal que detêm competência sobre as diversas ações de que trata a Lei 13.123/2015, com participação máxima de 60% (sessenta por cento) e a representação da sociedade civil em no mínimo 40% (quarenta por cento) dos membros, assegurada a paridade entre o setor empresarial, o setor acadêmico, e as populações indígenas, comunidades tradicionais e agricultores tradicionais.

A lei ainda estabelece proteção jurídica aos conhecimentos tradicionais associados ao patrimônio genético de populações indígenas, de comunidade tradicional ou de agricultor tradicional contra a utilização e exploração ilícita[135].

Afirma categoricamente o § 1º do art. 8º que o Estado reconhece o direito de populações indígenas, de comunidades tradicionais e de agricultores tradicionais de participar da tomada de decisões, no âmbito nacional, sobre assuntos relacionados à conservação e ao uso sustentável de seus conhecimentos tradicionais associados ao patrimônio genético do País.

O acesso ao conhecimento tradicional associado de origem identificável está condicionado à obtenção do consentimento prévio informado[136] e a comprovação do consentimento prévio informado poderá ocorrer, a critério da população indígena, da comunidade tradicional ou do agricultor tradicional, pelos seguintes instrumentos, na forma do regulamento: I – assinatura de termo de consentimento prévio; II – registro audiovisual do consentimento; III – parecer do órgão oficial competente; ou IV – adesão na forma prevista em protocolo comunitário (art. 9º, *caput*, e § 1º).

O art. 10 da lei garante às populações indígenas, às comunidades tradicionais e aos agricultores tradicionais que criam, desenvolvem, detêm ou conservam conhecimento tradicional associado os direitos de:

> I – ter reconhecida sua contribuição para o desenvolvimento e conservação de patrimônio genético, em qualquer forma de publicação, utilização, exploração e divulgação;
>
> II – ter indicada a origem do acesso ao conhecimento tradicional associado em todas as publicações, utilizações, explorações e divulgações;
>
> III – perceber benefícios pela exploração econômica por terceiros, direta ou indiretamente, de conhecimento tradicional associado, nos termos desta Lei;
>
> IV – participar do processo de tomada de decisão sobre assuntos relacionados ao acesso a conhecimento tradicional associado e à repartição de benefícios decorrente desse acesso, na forma do regulamento;
>
> V – usar ou vender livremente produtos que contenham patrimônio genético ou conhecimento tradicional associado, observados os dispositivos das Leis n. 9.456, de 25 de abril de 1997, e n. 10.711, de 5 de agosto de 2003; e

---

134 As competências do CGen estão arroladas no art. 6º, § 1º, da Lei 13.123/2015.

135 O conhecimento tradicional associado ao patrimônio genético integra o patrimônio cultural brasileiro e poderá ser depositado em banco de dados, conforme dispuser o CGen ou legislação específica (art. 8º, § 2º). Além disso, são formas de reconhecimento dos conhecimentos tradicionais associados, entre outras: publicações científicas, registros em cadastros ou bancos de dados ou inventários culturais (§ 3º).

136 No entanto, o intercâmbio e a difusão de patrimônio genético e de conhecimento tradicional associado praticados entre si por populações indígenas, comunidades tradicionais ou agricultor tradicional para seu próprio benefício e baseados em seus usos, costumes e tradições são isentos das obrigações da Lei 13.123/2015 (art. 8º, § 4º).

> VI – conservar, manejar, guardar, produzir, trocar, desenvolver, melhorar material reprodutivo que contenha patrimônio genético ou conhecimento tradicional associado.

As exigências da lei se submetem às seguintes atividades: acesso ao patrimônio genético ou ao conhecimento tradicional associado, remessa para o exterior de amostras de patrimônio genético e exploração econômica de produto acabado ou material reprodutivo oriundo de acesso ao patrimônio genético ou ao conhecimento tradicional associado realizado após a vigência da lei (art. 11).

Nota-se uma forte preocupação com o interesse nacional na definição das balizas estabelecidas na Lei 13.123/2015. Veja-se que: é vedado o acesso ao patrimônio genético ou ao conhecimento tradicional associado por pessoa natural estrangeira (art. 11, § 1º); a remessa para o exterior de amostra de patrimônio genético depende de assinatura do termo de transferência de material, na forma prevista pelo CGen (art. 11, § 2º); a conservação *ex situ* de amostra do patrimônio genético encontrado na condição *in situ* deverá ser preferencialmente realizada no território nacional (art. 14); a autorização ou o cadastro para remessa de amostra do patrimônio genético para o exterior depende da informação do uso pretendido, observados os requisitos do regulamento (art. 15).

De modo geral, **as principais exigências da lei são o cadastramento das atividades de acesso ao patrimônio genético e ao conhecimento tradicional**[137]**, bem como a repartição dos benefícios oriundos dessas atividades**[138].

É a perspectiva estabelecida na referida lei, a de exigir a notificação das atividades para conhecimento do Poder Público e da sociedade e também propiciar o compartilhamento dos ganhos das atividades econômicas que envolvam o acesso ao patrimônio genético e ao conhecimento tradicional.

Vale ainda citar a recente edição da Lei 15.021/2024, que dispõe sobre o controle de material genético animal e sobre a obtenção e o fornecimento de clones de animais domésticos destinados à produção de animais domésticos de interesse zootécnico e dá outras providências.

Trata-se de nova legislação que influencia o tema, trazendo importantes definições (art. 2º):

> I – animal doméstico de interesse zootécnico: bovinos, bubalinos, caprinos, ovinos, equinos, asininos, muares, suínos, coelhos e aves;
>
> II – clonagem: processo de reprodução assexuada, realizada artificialmente, baseado no uso de material genético animal de um único indivíduo, com ou sem a utilização de técnicas de engenharia genética;
>
> III – clone: indivíduo gerado exclusivamente pelo processo de clonagem;

---

137 "Art. 12. Deverão ser cadastradas as seguintes atividades: I – acesso ao patrimônio genético ou ao conhecimento tradicional associado dentro do País realizado por pessoa natural ou jurídica nacional, pública ou privada; II – acesso ao patrimônio genético ou conhecimento tradicional associado por pessoa jurídica sediada no exterior associada a instituição nacional de pesquisa científica e tecnológica, pública ou privada; III – acesso ao patrimônio genético ou ao conhecimento tradicional associado realizado no exterior por pessoa natural ou jurídica nacional, pública ou privada; IV – remessa de amostra de patrimônio genético para o exterior com a finalidade de acesso, nas hipóteses dos incisos II e III deste *caput*; e V – envio de amostra que contenha patrimônio genético por pessoa jurídica nacional, pública ou privada, para prestação de serviços no exterior como parte de pesquisa ou desenvolvimento tecnológico. § 1° O cadastro de que trata este artigo terá seu funcionamento definido em regulamento. § 2° O cadastramento deverá ser realizado previamente à remessa, ou ao requerimento de qualquer direito de propriedade intelectual, ou à comercialização do produto intermediário, ou à divulgação dos resultados, finais ou parciais, em meios científicos ou de comunicação, ou à notificação de produto acabado ou material reprodutivo desenvolvido em decorrência do acesso. § 3° São públicas as informações constantes do banco de dados de que trata o inciso IX do § 1° do art. 6°, ressalvadas aquelas que possam prejudicar as atividades de pesquisa ou desenvolvimento científico ou tecnológico ou as atividades comerciais de terceiros, podendo ser estas informações disponibilizadas mediante autorização do usuário".

138 O art. 16 estabelece as exigências para a exploração econômica de produto acabado ou material reprodutivo oriundo de acesso ao patrimônio genético ou ao conhecimento tradicional associado e os arts. 17, 18 e 19 traçam as principais regras para que os benefícios resultantes da exploração econômica de produto acabado ou de material reprodutivo oriundo de acesso ao patrimônio genético de espécies encontradas em condições *in situ* ou ao conhecimento tradicional associado, ainda que produzido fora do País, sejam repartidos, de forma justa e equitativa.

IV – doador: macho ou fêmea de animal doméstico do qual será recolhido o material genético animal;

V – fiscalização: ação direta do Poder Público, de caráter obrigatório, para verificação do cumprimento da legislação em vigor;

VI – fornecedor: estabelecimento ou pessoa, física ou jurídica, instituição, entidade ou empresa pública ou privada, nacional ou estrangeira, que desenvolve atividade de produção, manipulação, criação, doação, importação, exportação, distribuição e comercialização de material genético animal e de clones de animais domésticos destinados à produção de animais domésticos de interesse zootécnico;

VII – informação genética: resultado do teste de identificação genética ou genotipagem;

VIII – inspeção: atividade destinada a constatar as condições higiênico-sanitárias e técnicas dos produtos ou dos estabelecimentos produtores;

IX – material genético animal: sêmen, embrião, ovócito, ovos, células somáticas ou qualquer outro material de multiplicação animal capaz de transmitir genes à progênie e destinado, exclusivamente, à produção de animais domésticos de interesse zootécnico;

X – ciclo de produção fechado: ciclo de produção realizado em ambiente controlado, em regime de contenção ou de confinamento, que impeça a liberação ou o escape de animais no meio ambiente;

XI – atividade de pesquisa científica: toda atividade relacionada com ciência básica, ciência aplicada, desenvolvimento tecnológico, produção e controle da qualidade de drogas, medicamentos, alimentos, imunobiológicos, instrumentos ou quaisquer outros testados em animais.

Segue a lei, prevendo que a inspeção e a fiscalização ficarão a cargo do órgão competente do Poder Público federal e deverão considerar os aspectos industrial, higiênico-sanitário, de identidade, de propriedade, de sanidade, de segurança, de desempenho produtivo, de fertilidade e de viabilidade do material genético animal e dos clones de animais domésticos, sem prejuízo de outros aspectos definidos em regulamento, destinados à produção de animais domésticos de interesse zootécnico (art. 3º).

Somente o fornecedor devidamente registrado ou cadastrado no órgão competente do Poder Público federal e após atender aos requisitos estabelecidos pelo regulamento poderá desenvolver as atividades de que trata o inciso VI do art. 2º da Lei (art. 4º). O fornecimento de material genético animal ou o fornecimento de clones de animais domésticos destinados à produção de animais domésticos de interesse zootécnico, no País, para registro de propriedade e de identidade genética, somente será permitido mediante controle oficial dos animais doadores (art. 4º, parágrafo único).

A supervisão e a emissão de certificados sanitários e de propriedade, bem como a autorização do fornecimento de material genético animal e de clones de animais domésticos destinados à produção de animais domésticos de interesse zootécnico, são de competência dos serviços veterinários oficiais, nos termos do regulamento da lei (art. 5º).

Por outro lado, as atividades de pesquisa científica relacionadas à clonagem de animais não domésticos, exóticos ou de companhia desenvolvidas por instituições de pesquisa públicas ou privadas devem atender aos dispositivos legais vigentes e aos termos do regulamento próprio (art. 6º). Os clones dos animais referidos devem ser mantidos em ciclo de produção fechada e sob controle e monitoramento oficial durante todo o seu ciclo de vida, nos termos do regulamento da Lei (parágrafo único do art. 6º).

Numa importante advertência, prevê o art. 7º da lei que o fornecedor será responsável por indenizar e reparar integralmente os danos que causar a terceiros, à sanidade animal, à saúde pública ou ao meio ambiente em virtude de ação ou omissão na produção, manipulação, criação, doação, importação, exportação, distribuição e comercialização de material genético animal e de clones de animais domésticos destinados à produção de animais domésticos de interesse zootécnico, sem prejuízo da aplicação das penalidades previstas na própria lei e da ação penal cabível.

Em acréscimo, o fornecedor que permitir que se desenvolvam clones de animais domésticos destinados à produção de animais domésticos de interesse zootécnico, com material genético cuja propriedade e origem não tenham sido comprovadas oficialmente será corresponsável com quem desenvolver ou engendrar esforços nesse sentido pelos danos que causarem (art. 7º, parágrafo único).

Estabelece ainda a lei que os clones de animais domésticos destinados à produção de animais domésticos de interesse zootécnico deverão ser controlados e identificados durante todo o seu ciclo de vida (art. 8º). Para tanto, será mantido, no órgão competente do Poder Público federal, um banco de dados de acesso público com informações genéticas, com o propósito de se estabelecer, por teste de exclusão de paternidade, o controle e a garantia de identidade e de propriedade do material genético animal e dos clones de animais domésticos fornecidos para produção de animais domésticos de interesse zootécnico e pesquisa (§ 1º). O fornecedor deverá apresentar informações sobre qualidade, características e identidade do material genético animal e dos clones de animais domésticos destinados à produção de animais domésticos de interesse zootécnico, bem como sobre os procedimentos usados na sua obtenção (art. 9º).

A circulação e a manutenção de material genético animal ou de clones de animais domésticos destinados à produção de animais domésticos de interesse zootécnico no País devem dispor de documentação que permita o seu controle e acompanhamento pelo órgão competente do Poder Público federal (art. 10).

O registro genealógico de animais domésticos destinados à produção de animais domésticos de interesse zootécnico gerados pelo processo de clonagem será realizado, em todo o território nacional, de acordo com a orientação estabelecida pelo órgão competente do Poder Público federal (art. 11).

O órgão competente do Poder Público federal, na inspeção e fiscalização de material genético animal e de clones de animais domésticos destinados à produção de animais domésticos de interesse zootécnico, poderá colher amostras desses produtos, com o objetivo de efetuar análises laboratoriais, na forma definida no seu regulamento (art. 12).

As informações sobre produção, circulação, manutenção e destinação do material genético animal e dos clones de animais domésticos destinados à produção de animais domésticos de interesse zootécnico serão centralizadas e disponibilizadas em banco de dados de acesso público (art. 13).

Por fim, trata a lei de infrações administrativas, realçando que se considera infração toda ação ou omissão que viole as normas previstas na Lei (art. 14) e arrolando as penas aplicáveis ao infrator, isolada ou cumulativamente: I – advertência; II – multa; III – apreensão; IV – suspensão; V – interdição, temporária ou definitiva, parcial ou total, do local de atuação do fornecedor ou do local onde ocorreu a infração, conforme o que for mais adequado para impedir a continuidade ou a repetição da ofensa ao disposto nessa lei; VI – destruição do material genético animal; VII – cancelamento de registro, autorização ou cadastro; VIII – (VETADO); ou IX – esterilização dos clones de animais domésticos.

Termina o legislador ressaltando aspectos relacionados aos animais silvestres:

a) a produção comercial de clones de animais silvestres nativos do Brasil requer a autorização prévia do órgão ambiental competente do Poder Público federal, nos termos do regulamento (art. 16);

b) a liberação no meio ambiente de clones de animais silvestres nativos do Brasil e de clones de animais domésticos de interesse zootécnico que possuam parentes silvestres ou ancestrais diretos com ocorrência nos biomas brasileiros requer a autorização prévia do órgão ambiental competente do Poder Público federal, nos termos do regulamento (art. 17).

1.4.5.4 *Política Nacional sobre Mudança do Clima*

Na esteira de atos internacionais que passaram a reconhecer a magnitude e a urgência do aquecimento global, **a Lei 12.187/2009 instituiu a Política Nacional sobre Mudança do Clima – PNMC.**

A mesma lei estabeleceu os princípios, objetivos, diretrizes e instrumentos da PNMC, a começar por definições importantes estabelecidas no art. 2º:

I - adaptação	iniciativas e medidas para reduzir a vulnerabilidade dos sistemas naturais e humanos frente aos efeitos atuais e esperados da mudança do clima;
II - efeitos adversos da mudança do clima	mudanças no meio físico ou biota resultantes da mudança do clima que tenham efeitos deletérios significativos sobre a composição, resiliência ou produtividade de ecossistemas naturais e manejados, sobre o funcionamento de sistemas socioeconômicos ou sobre a saúde e o bem-estar humanos;
III - emissões	liberação de gases de efeito estufa ou seus precursores na atmosfera numa área específica e num período determinado;
IV - fonte	processo ou atividade que libere na atmosfera gás de efeito estufa, aerossol ou precursor de gás de efeito estufa;
V - gases de efeito estufa	constituintes gasosos, naturais ou antrópicos, que, na atmosfera, absorvem e reemitem radiação infravermelha;
VI - impacto	os efeitos da mudança do clima nos sistemas humanos e naturais;
VII - mitigação	mudanças e substituições tecnológicas que reduzam o uso de recursos e as emissões por unidade de produção, bem como a implementação de medidas que reduzam as emissões de gases de efeito estufa e aumentem os sumidouros;
VIII - mudança do clima	mudança de clima que possa ser direta ou indiretamente atribuída à atividade humana que altere a composição da atmosfera mundial e que se some àquela provocada pela variabilidade climática natural observada ao longo de períodos comparáveis;
IX - sumidouro	processo, atividade ou mecanismo que remova da atmosfera gás de efeito estufa, aerossol ou precursor de gás de efeito estufa; e
X - vulnerabilidade	grau de suscetibilidade e incapacidade de um sistema, em função de sua sensibilidade, capacidade de adaptação, e do caráter, magnitude e taxa de mudança e variação do clima a que está exposto, de lidar com os efeitos adversos da mudança do clima, entre os quais a variabilidade climática e os eventos extremos.

Também prevê a referida lei que a PNMC e as ações dela decorrentes, a serem executadas sob a responsabilidade dos entes políticos e dos órgãos da Administração Pública, devem observar os princípios da precaução, da prevenção, da participação cidadã e do desenvolvimento sustentável. Finalmente, faz referência a outro princípio, o das responsabilidades comuns, porém diferenciadas, válido para o âmbito internacional (art. 3º)[139].

[139] Esses princípios são, de algum modo, explicados em seu conteúdo e extensão no mesmo art. 3º, que estabelece ainda que "(...) quanto às medidas a serem adotadas na sua execução, será considerado o seguinte: I – todos têm o dever de atuar, em benefício das presentes e futuras gerações, para a redução dos impactos decorrentes das interferências antrópicas sobre o sistema climático; II – serão tomadas medidas para prever, evitar ou minimizar as causas identificadas da mudança climática com origem antrópica no território nacional, sobre as quais haja razoável consenso por parte dos meios científicos e técnicos ocupados no estudo dos fenômenos envolvidos; III – as medidas tomadas devem levar em consideração os diferentes

Os objetivos da Política Nacional sobre Mudança do Clima – PNMC estão arrolados no art. 4º e podem ser assim sumariados[140]:

- compatibilização do desenvolvimento econômico-social com a proteção do sistema climático;
- redução das emissões antrópicas de gases de efeito estufa (GEE) em relação às suas diferentes fontes;
- fortalecimento das remoções antrópicas por sumidouros de gases de efeito estufa no território nacional;
- implementação de medidas para promover a adaptação à mudança do clima pelas 3 (três) esferas da Federação, com a participação e a colaboração dos agentes econômicos e sociais interessados ou beneficiários, em particular aqueles especialmente vulneráveis aos seus efeitos adversos;
- preservação, conservação e recuperação dos recursos ambientais, com particular atenção aos grandes biomas naturais tidos como Patrimônio Nacional;
- consolidação e expansão das áreas legalmente protegidas e incentivo aos reflorestamentos e à recomposição da cobertura vegetal em áreas degradadas;
- estímulo ao desenvolvimento do Mercado Brasileiro de Redução de Emissões – MBRE.

Importante frisar que **os compromissos assumidos pelo Brasil na Convenção-Quadro das Nações Unidas sobre Mudança do Clima, no Protocolo de Quioto e nos demais documentos sobre mudança do clima dos quais vier a ser signatário devem funcionar como diretrizes da PNMC**, segundo disposição do art. 5º, I, da Lei 12.187/2009[141].

Os instrumentos da Política Nacional sobre Mudança do Clima[142] vêm arrolados no art. 6º, sendo **em geral relacionados à estruturação de planos sobre o tema e ao estabelecimento de mecanismos de incentivo econômico ao desenvolvimento de novos**

contextos socioeconômicos de sua aplicação, distribuir os ônus e encargos decorrentes entre os setores econômicos e as populações e comunidades interessadas de modo equitativo e equilibrado e sopesar as responsabilidades individuais quanto à origem das fontes emissoras e dos efeitos ocasionados sobre o clima; IV – o desenvolvimento sustentável é a condição para enfrentar as alterações climáticas e conciliar o atendimento às necessidades comuns e particulares das populações e comunidades que vivem no território nacional; V – as ações de âmbito nacional para o enfrentamento das alterações climáticas, atuais, presentes e futuras, devem considerar e integrar as ações promovidas no âmbito estadual e municipal por entidades públicas e privadas; (...)".

140 Segundo o parágrafo único do art. 4º, "Os objetivos da Política Nacional sobre Mudança do Clima deverão estar em consonância com o desenvolvimento sustentável a fim de buscar o crescimento econômico, a erradicação da pobreza e a redução das desigualdades sociais".

141 As diretrizes da Política Nacional sobre Mudança do Clima estão previstas num extenso rol do art. 5º, cuja leitura também se recomenda.

142 Exemplifica-se: "Art. 6º São instrumentos da Política Nacional sobre Mudança do Clima: I – o Plano Nacional sobre Mudança do Clima; II – o Fundo Nacional sobre Mudança do Clima; III – os Planos de Ação para a Prevenção e Controle do Desmatamento nos biomas; (...) VI – as medidas fiscais e tributárias destinadas a estimular a redução das emissões e remoção de gases de efeito estufa, incluindo alíquotas diferenciadas, isenções, compensações e incentivos, a serem estabelecidos em lei específica; VII – as linhas de crédito e financiamento específicas de agentes financeiros públicos e privados; VIII – o desenvolvimento de linhas de pesquisa por agências de fomento; IX – as dotações específicas para ações em mudança do clima no orçamento da União; X – os mecanismos financeiros e econômicos referentes à mitigação da mudança do clima e à adaptação aos efeitos da mudança do clima que existam no âmbito da Convenção-Quadro das Nações Unidas sobre Mudança do Clima e do Protocolo de Quioto; XI – os mecanismos financeiros e econômicos, no âmbito nacional, referentes à mitigação e à adaptação à mudança do clima; (...) XVII – o estabelecimento de padrões ambientais e de metas, quantificáveis e verificáveis, para a redução de emissões antrópicas por fontes e para as remoções antrópicas por sumidouros de gases de efeito estufa; XVIII – a avaliação de impactos ambientais sobre o microclima e o macroclima". Além disso, "os instrumentos institucionais para a atuação da Política Nacional de Mudança do Clima incluem: I – o Comitê Interministerial sobre Mudança do Clima; II – a Comissão Interministerial de Mudança Global do Clima; III – o Fórum Brasileiro de Mudança do Clima; IV – a Rede Brasileira de Pesquisas sobre Mudanças Climáticas Globais – Rede Clima; V – a Comissão de Coordenação das Atividades de Meteorologia, Climatologia e Hidrologia" (art. 7º da Lei 12.187/2009).

métodos e tecnologias que contribuam para redução de emissões e remoções de gases de efeito estufa[143].

Segundo o art. 8º da Lei de PNMC, as instituições financeiras oficiais devem disponibilizar linhas de crédito e financiamento específicas para desenvolver ações e atividades que atendam aos objetivos da lei e voltadas a induzir a conduta dos agentes privados à observância e execução da PNMC, no âmbito de suas ações e responsabilidades sociais.

É prevista, também, a organização do Mercado Brasileiro de Redução de Emissões – MBRE, a ser operacionalizado em bolsas de mercadorias e futuros, bolsas de valores e entidades de balcão organizado, autorizadas pela Comissão de Valores Mobiliários – CVM, onde se dará a negociação de títulos mobiliários representativos de emissões de gases de efeito estufa evitadas certificadas (art. 9º).

As políticas públicas e os programas governamentais deverão compatibilizar-se com os princípios, objetivos, diretrizes e instrumentos da Política Nacional sobre Mudança do Clima (art. 11).

Ressalte-se que, para alcançar os objetivos da PNMC, **o Brasil adotará, como compromisso nacional voluntário, ações de mitigação das emissões de gases de efeito estufa, com vistas em reduzir entre 36,1% (trinta e seis inteiros e um décimo por cento) e 38,9% (trinta e oito inteiros e nove décimos por cento) suas emissões projetadas até 2020** (art. 12, *caput*)[144].

Mencione-se também a existência da Lei 13.576/2017, que institui a Política Nacional de Biocombustíveis, parcialmente regulamentada pelo Decreto 9.308/2018, que dispõe sobre a definição das metas compulsórias anuais de redução de emissões de gases causadores do efeito estufa para a comercialização de combustíveis.

---

143 O Decreto 9.172, de 17 de outubro de 2017, instituiu o Sistema de Registro Nacional de Emissões - Sirene: "Art. 1° Fica instituído o Sistema de Registro Nacional de Emissões - Sirene, com o objetivo de disponibilizar os resultados do Inventário Brasileiro de Emissões Antrópicas por Fontes e Remoções por Sumidouros de Gases de Efeito Estufa não Controlados pelo Protocolo de Montreal e de outras iniciativas de contabilização de emissões, tais como as Estimativas Anuais de Emissões de Gases de Efeito Estufa no Brasil. § 1° O Ministério da Ciência, Tecnologia, Inovações e Comunicações será responsável pela implementação e pela manutenção do Sirene, conforme o disposto no inciso XIII do *caput* do art. 6° da Lei n. 12.187, de 29 de dezembro de 2009. § 2° O Sirene tem por missão conferir segurança e transparência ao processo de confecção do Inventário Brasileiro de Emissões Antrópicas por Fontes e Remoções por Sumidouros de Gases de Efeito Estufa não Controlados pelo Protocolo de Montreal, e servir de insumo à tomada de decisão nas ações governamentais relativas à mudança do clima".

144 "A projeção das emissões para 2020 assim como o detalhamento das ações para alcançar o objetivo expresso no *caput* serão dispostos por decreto, tendo por base o segundo Inventário Brasileiro de Emissões e Remoções Antrópicas de Gases de Efeito Estufa não Controlados pelo Protocolo de Montreal, a ser concluído em 2010" (art. 12, parágrafo único, da Lei 12.187/2009). O Protocolo de Montreal é um tratado internacional em que os países signatários se comprometeram a eliminar o CFC (cloro-flúor-carbono), substância comprovadamente nociva à camada de ozônio. Está vigente atualmente o Decreto 9.578/2018: "Art. 19. Para alcançar o compromisso nacional voluntário de que trata o art. 12 da Lei n. 12.187, de 2009, serão implementadas ações que almejem reduzir entre 1.168 milhões de tonCO2eq e 1.259 milhões de tonCO2eq do total das emissões estimadas no art. 18. § 1° Para cumprimento do disposto no *caput* , serão inicialmente consideradas as seguintes ações contidas nos planos a que se refere o art. 17: I - redução de oitenta por cento dos índices anuais de desmatamento na Amazônia Legal em relação à média verificada entre os anos de 1996 a 2005; II - redução de quarenta por cento dos índices anuais de desmatamento no Bioma Cerrado em relação à média verificada entre os anos de 1999 a 2008; III - expansão da oferta hidroelétrica, da oferta de fontes alternativas renováveis, notadamente centrais eólicas, pequenas centrais hidroelétricas e bioeletricidade, da oferta de biocombustíveis e do incremento da eficiência energética; IV - recuperação de 15 milhões de hectares de pastagens degradadas; V - ampliação do sistema de integração lavoura-pecuária-floresta em 4 milhões de hectares; VI - expansão da prática de plantio direto na palha em 8 milhões de hectares; VII - expansão da fixação biológica de nitrogênio em 5,5 milhões de hectares de áreas de cultivo, em substituição ao uso de fertilizantes nitrogenados; VIII - expansão do plantio de florestas em 3 milhões de hectares; IX - ampliação do uso de tecnologias para tratamento de 4,4 milhões de metros cúbicos de dejetos de animais; e X - incremento da utilização na siderurgia do carvão vegetal originário de florestas plantadas e melhoria na eficiência do processo de carbonização. § 2° Outras ações de mitigação que contribuam para o alcance do compromisso nacional voluntário previsto no *caput* serão definidas nos planos de que tratam os art. 6° e art. 11 da Lei n. 12.187, de 2009, e em outros planos e programas governamentais. § 3° As ações de que trata este artigo serão implementadas de maneira coordenada e cooperativa pelos órgãos governamentais e deverão ser revisadas e ajustadas, sempre que for necessário, para o alcance dos objetivos finais pretendidos, observado o disposto nos § 1° e § 2° do art. 3°. § 4° As ações a que se refere este artigo poderão ser implementadas inclusive por meio do mecanismo de desenvolvimento limpo ou de outros mecanismos no âmbito da Convenção-Quadro das Nações Unidas sobre Mudança do Clima, promulgada pelo Decreto n. 2.652, de 1° de julho de 1998".

Por fim, vale lembrar a existência do Decreto Federal 9.578/2018, que consolida os atos normativos editados pelo Poder Executivo federal que dispõem sobre o Fundo Nacional sobre Mudança do Clima, de que trata a Lei 12.114, de 9 de dezembro de 2009, e a Política Nacional sobre Mudança do Clima, de que trata a Lei 12.187, de 29 de dezembro de 2009.

Já no final de 2024 foi editada a Lei 15.042, que institui o Sistema Brasileiro de Comércio de Emissões de Gases de Efeito Estufa (SBCE), além de alterar as Leis 12.187/2009, 12.651/2012 (Código Florestal), 6.385/1976 (Lei da Comissão de Valores Mobiliários) e 6.015/1973 (Lei de Registros Públicos).

Trata-se da aguardada regulamentação de mercado de carbono, em que se possam negociar papéis representativos de emissões, reduções ou remoções de gases de efeito estufa.

A lei institui o Sistema Brasileiro de Comércio de Emissões de Gases de Efeito Estufa (SBCE), ambiente regulado submetido ao regime de limitação das emissões de GEE e de comercialização de ativos representativos de emissão, redução de emissão ou remoção de GEE no País. O SBCE tem por finalidade dar cumprimento à PNMC e aos compromissos assumidos sob a Convenção-Quadro das Nações Unidas sobre Mudança do Clima, mediante definição de compromissos ambientais e disciplina financeira de negociação de ativos (art. 3º).

A lei frisa a necessidade de que o SBCE observe os seguintes princípios (art. 4º): harmonização e coordenação entre os instrumentos disponíveis para alcançar os objetivos e as metas da PNMC, inclusive mecanismos de precificação setoriais de carbono; compatibilidade e articulação entre o SBCE e a Convenção-Quadro das Nações Unidas sobre Mudança do Clima e seus instrumentos, com particular atenção aos compromissos assumidos pelo Brasil nos regimes multilaterais sobre mudança do clima; participação e cooperação entre a União, os Estados, os Municípios, o Distrito Federal, os setores regulados, outros setores da iniciativa privada e a sociedade civil; transparência, previsibilidade e segurança jurídica; promoção da competitividade da economia brasileira; redução de emissões e remoção de GEE nacionais de forma justa e custo-efetiva, com vistas a promover o desenvolvimento sustentável e a equidade climática; promoção da conservação e da restauração da vegetação nativa e dos ecossistemas aquáticos como meio de fortalecimento dos sumidouros naturais de carbono; respeito e garantia dos direitos e da autonomia dos povos indígenas e dos povos e comunidades tradicionais; respeito ao direito de propriedade privada e de usufruto dos povos indígenas e dos povos e comunidades tradicionais.

No âmbito do SBCE, podem ser comercializados os seguintes ativos: I – CBE; II – CRVEs.

A Cota Brasileira de Emissões (CBE) é um ativo fungível, transacionável, representativo do direito de emissão de 1 tCO2e (uma tonelada de dióxido de carbono equivalente), outorgado pelo órgão gestor do SBCE, de forma gratuita ou onerosa, para as instalações ou as fontes reguladas.

O Certificado de Redução ou Remoção Verificada de Emissões (CRVE) é um ativo fungível, transacionável, representativo da efetiva redução de emissões ou remoção de GEE de 1 tCO2e (uma tonelada de dióxido de carbono equivalente), seguindo metodologia credenciada e com registro efetuado no âmbito do SBCE, nos termos de ato específico do órgão gestor do SBCE.

A lei ainda considera a existência de ativos outros, externos ao SBCE, nomeados como créditos de carbono e assim definidos (art. 2º): "VII – crédito de carbono: ativo transacionável, autônomo, com natureza jurídica de fruto civil no caso de créditos de carbono florestais de preservação ou de reflorestamento – exceto os oriundos de programas jurisdicionais, desde que respeitadas todas as limitações impostas a tais programas por essa lei –, representativo de efetiva retenção, redução de emissões ou remoção, nos termos dos incisos XXX e XXXI do *caput*, de 1 tCO2e (uma tonelada de dióxido de carbono equivalente), obtido a partir de projetos ou programas de retenção, redução ou remoção de GEE, realizados por entidade pública ou privada, submetidos a metodologias nacionais ou internacionais que adotem critérios e regras para mensuração, relato e verificação de emissões, externos ao SBCE".

Vale frisar que os ativos integrantes do SBCE e os créditos de carbono, quando negociados no mercado financeiro e de capitais, são valores mobiliários sujeitos ao regime da Lei 6.385/1976 - Lei da Comissão de Valores Mobiliários (art. 14).

1.4.5.5 *Política Nacional de Resíduos Sólidos*

A questão atinente aos resíduos que constantemente geramos diz respeito diretamente ao modo de vida que adotamos. Por certo, os resíduos que produzimos têm o exato perfil daquilo que consumimos[145].

O modo de vida que predomina nas cidades, tal como se desenvolveram e como as conhecemos ainda hoje, produz efeitos perversos sobre o meio ambiente, o mesmo ocorrendo em relação aos resíduos que resultam de nossas atividades e que em seguida necessitamos dispor[146].

Do ponto de vista da relação que o resíduo que produzimos mantém com o meio ambiente, duas importantes vertentes hão de ser consideradas: resíduos sólidos mal geridos acarretam graves danos ao ambiente (especialmente por propiciarem contaminações de solo, água e ar, com danos reflexos à fauna e à flora); resíduos sólidos não reduzidos e não reaproveitados importam novas e crescentes extrações de recursos naturais, sabidamente finitos.

A percepção de tais aspectos é o ponto de partida para se compreender a necessidade de promover uma adequada gestão dos resíduos sólidos gerados pela sociedade urbana: a gestão dos resíduos tem função ambiental de alta relevância.

Mas não é só. Há outro dado indispensável a ser considerado: os resíduos gerados pelas atividades humanas têm potencialidades ainda não exploradas pela sociedade, podendo ser economicamente aproveitados, acarretando reflexamente a inclusão social de uma camada da população absolutamente excluída e dependente de ações estatais inclusivas.

Ou seja, **o aproveitamento econômico de muitos dos resíduos gerados produz bons efeitos no campo ambiental, assim como no âmbito socioeconômico**.

As nuances acima expostas foram todas, na essência, observadas e acolhidas pela Lei de Política Nacional de Resíduos Sólidos como fundamentos que devem nortear a organização do Estado e da sociedade para tratamento adequado do problema.

Observa-se a adoção de tais premissas especialmente no art. 6º da Lei 12.305/2010, definidor dos princípios da Política Nacional de Resíduos Sólidos:

> Art. 6º São princípios da Política Nacional de Resíduos Sólidos: I - a prevenção e a precaução; II - o poluidor-pagador e o protetor-recebedor; III - a visão sistêmica, na gestão dos resíduos sólidos, que considere as variáveis ambiental, social, cultural, econômica, tecnológica e de saúde pública; IV - o desenvolvimento sustentável; V - a ecoeficiência, mediante a compatibilização entre o fornecimento, a preços competitivos, de bens e serviços qualificados que satisfaçam as necessidades humanas e tragam qualidade de vida e a redução do impacto ambiental e do consumo de recursos naturais a um nível, no mínimo, equivalente à capacidade de sustentação estimada do planeta; VI - a cooperação entre as diferentes esferas do poder público, o setor empresarial e demais segmentos da sociedade; VII - a

[145] Interessante abordagem sobre a relação que o consumo mantém com a exploração dos recursos naturais (origem) e com os resíduos que produzimos (destino) é encontrada no livro *A história das coisas*: "Alguém extraiu da terra os metais do seu telefone celular; alguém descarregou os fardos do descaroçador de algodão para fazer sua camiseta. Alguém montou seus óculos escuros numa fábrica, e talvez tenha sido exposto a carcinógenos ou forçado a trabalhar além do horário. Por terra ou ar, alguém transportou um buquê de flores pelo país ou pelo mundo para levá-lo até você. Precisamos compreender o valor de nossas coisas muito além do seu preço e do *status* da etiqueta" (LEONARD, Annie. *A história das coisas*: da natureza ao lixo, o que acontece com tudo que consumimos. Tradução de Heloisa Mourão. Rio de Janeiro: Zahar, 2011, p. 21-22).

[146] "As cidades industriais modernas possuem um sistema linear de consumo e descarte. Elas geram uma pegada ecológica que excede os seus limites geográficos. Para que seu metabolismo funcione, importam energia, bens e insumos de lugares distantes e os transformam. Nesse processo, consomem energia e recursos naturais, e descartam resíduos líquidos e sólidos, poluindo o ar, principalmente com a emissão de GEE (...)" (HERZOG, Cecilia Polacow. *Cidade para todos:* (re) aprendendo a conviver com a natureza. Rio de Janeiro: Mauad X - Inverde, 2013, p. 93).

responsabilidade compartilhada pelo ciclo de vida dos produtos; VIII – o reconhecimento do resíduo sólido reutilizável e reciclável como um bem econômico e de valor social, gerador de trabalho e renda e promotor de cidadania; IX – o respeito às diversidades locais e regionais; X – o direito da sociedade à informação e ao controle social; XI – a razoabilidade e a proporcionalidade.

Também o art. 7º da LPNRS, que aponta os objetivos da política, merece menção:

Art. 7º São objetivos da Política Nacional de Resíduos Sólidos: I – proteção da saúde pública e da qualidade ambiental; II – não geração, redução, reutilização, reciclagem e tratamento dos resíduos sólidos, bem como disposição final ambientalmente adequada dos rejeitos; III – estímulo à adoção de padrões sustentáveis de produção e consumo de bens e serviços; IV – adoção, desenvolvimento e aprimoramento de tecnologias limpas como forma de minimizar impactos ambientais; V – redução do volume e da periculosidade dos resíduos perigosos; VI – incentivo à indústria da reciclagem, tendo em vista fomentar o uso de matérias-primas e insumos derivados de materiais recicláveis e reciclados; VII – gestão integrada de resíduos sólidos; VIII – articulação entre as diferentes esferas do poder público, e destas com o setor empresarial, com vistas à cooperação técnica e financeira para a gestão integrada de resíduos sólidos; IX – capacitação técnica continuada na área de resíduos sólidos; X – regularidade, continuidade, funcionalidade e universalização da prestação dos serviços públicos de limpeza urbana e de manejo de resíduos sólidos, com adoção de mecanismos gerenciais e econômicos que assegurem a recuperação dos custos dos serviços prestados, como forma de garantir sua sustentabilidade operacional e financeira, observada a Lei n. 11.445, de 2007; XI – prioridade, nas aquisições e contratações governamentais, para: a) produtos reciclados e recicláveis; b) bens, serviços e obras que considerem critérios compatíveis com padrões de consumo social e ambientalmente sustentáveis; XII – integração dos catadores de materiais reutilizáveis e recicláveis nas ações que envolvam a responsabilidade compartilhada pelo ciclo de vida dos produtos; XIII – estímulo à implementação da avaliação do ciclo de vida do produto; XIV – incentivo ao desenvolvimento de sistemas de gestão ambiental e empresarial voltados para a melhoria dos processos produtivos e ao reaproveitamento dos resíduos sólidos, incluídos a recuperação e o aproveitamento energético; XV – estímulo à rotulagem ambiental e ao consumo sustentável.

A Lei Federal 12.305, de 2 de agosto de 2010, instituiu a chamada Política Nacional de Resíduos Sólidos, estabelecendo normas com vistas a impulsionar a ação estatal no sentido de se implantar um sistema de adequada e eficiente gestão do lixo[147] no Brasil.

Nesse sentido, referida lei trouxe ao ordenamento brasileiro importantes definições sobre resíduos sólidos e outros conceitos e institutos correlatos[148], a conformação de uma Política Nacional de Resíduos Sólidos, seus princípios, objetivos e instrumentos[149], as grandes diretrizes aplicáveis aos resíduos sólidos no Brasil[150], a instituição dos planos de resíduos sólidos em diversos níveis e esferas[151], a definição de responsabilidades compartilhadas na adequada gestão dos resíduos[152], o regramento específico dos resíduos perigosos[153], instrumentos econômicos de incentivo ao cumprimento das obrigações legais atinentes aos resíduos[154] e a proibição de condutas já sabidamente lesivas ao meio ambiente[155].

---

147 A palavra lixo, usada por séculos para designar o conjunto de resíduos gerados pelas atividades humanas, já não mais exprime a ideia incutida na LPNRS, de aproveitamento econômico dos resíduos. A grande maioria dos resíduos gerados pelas nossas atividades são reaproveitáveis e, por isso, não são mais designados pela palavra lixo, que exprime a ideia de inutilidade dos resíduos.

148 Art. 3º da Lei 12.305/2010.

149 Arts. 4º a 8º da Lei 12.305/2010.

150 Arts. 9º a 13 da Lei 12.305/2010.

151 Arts. 14 a 24 da Lei 12.305/2010.

152 Arts. 25 a 36 da Lei 12.305/2010.

153 Arts. 37 a 41 da Lei 12.305/2010.

154 Arts. 42 a 46 da Lei 12.305/2010.

155 Arts. 47 a 49 da Lei 12.305/2010.

Vale iniciar a abordagem dos dispositivos da Lei 12.305/2010 mencionando os **relevantes conceitos trazidos pelo art. 3º**. Importante destacar algumas das distinções formuladas pela lei.

Distinção entre resíduos sólidos e rejeitos:

Rejeitos	resíduos sólidos que, depois de esgotadas todas as possibilidades de tratamento e recuperação por processos tecnológicos disponíveis e economicamente viáveis, não apresentem outra possibilidade que não a disposição final ambientalmente adequada;
Resíduos sólidos	material, substância, objeto ou bem descartado resultante de atividades humanas em sociedade, a cuja destinação final se procede, se propõe proceder ou se está obrigado a proceder, nos estados sólido ou semissólido, bem como gases contidos em recipientes e líquidos cujas particularidades tornem inviável o seu lançamento na rede pública de esgotos ou em corpos d'água, ou exijam para isso soluções técnica ou economicamente inviáveis em face da melhor tecnologia disponível;

Distinção entre destinação final de resíduos e disposição final dos rejeitos:

Destinação final ambientalmente adequada	destinação de resíduos que inclui a reutilização, a reciclagem, a compostagem, a recuperação e o aproveitamento energético ou outras destinações admitidas pelos órgãos competentes do Sisnama, do SNVS e do Suasa, entre elas a disposição final, observando normas operacionais específicas de modo a evitar danos ou riscos à saúde pública e à segurança e a minimizar os impactos ambientais adversos;
Disposição final ambientalmente adequada	distribuição ordenada de rejeitos em aterros, observando normas operacionais específicas de modo a evitar danos ou riscos à saúde pública e à segurança e a minimizar os impactos ambientais adversos[156];

Distinção entre as diversas atividades ligadas à gestão dos resíduos:

V - coleta seletiva	coleta de resíduos sólidos previamente segregados conforme sua constituição ou composição;
VI - controle social	conjunto de mecanismos e procedimentos que garantam à sociedade informações e participação nos processos de formulação, implementação e avaliação das políticas públicas relacionadas aos resíduos sólidos;
X - gerenciamento de resíduos sólidos	conjunto de ações exercidas, direta ou indiretamente, nas etapas de coleta, transporte, transbordo, tratamento e destinação final ambientalmente adequada dos resíduos sólidos e disposição final ambientalmente adequada dos rejeitos, de acordo com plano municipal de gestão integrada de resíduos sólidos ou com plano de gerenciamento de resíduos sólidos, exigidos na forma desta Lei;
XI - gestão integrada de resíduos sólidos	conjunto de ações voltadas para a busca de soluções para os resíduos sólidos, de forma a considerar as dimensões política, econômica, ambiental, cultural e social, com controle social e sob a premissa do desenvolvimento sustentável;

[156] A disposição dos rejeitos deve preferencialmente ser realizada nos chamados aterros sanitários, forma de disposição que se mostra ambientalmente adequada, pois contempla uma série de medidas de engenharia que previnem ou mitigam os danos ambientais decorrentes daquela atividade. Nos aterros sanitários, deve haver a coleta, a condução e o tratamento do chorume (líquido contaminante que se forma pela decomposição dos resíduos), a adequada drenagem dos gases formados também pela decomposição dos resíduos, a impermeabilização do solo com a finalidade de evitar contaminação do lençol freático, dentre outras técnicas. Aterro controlado é outra estrutura, dotada de técnicas simplificadas de minimização da poluição, basicamente destinados a aglomerações urbanas de menor porte e geradoras de pequena quantidade de resíduos. Consiste no confinamento dos resíduos em valas que devem ser diariamente recobertas com terra. Não há, porém, impermeabilização do solo e drenagem e tratamento de chorume, o que aumenta significativamente o risco de contaminação do solo e dos recursos hídricos. É um método preferível ao lixão, mas bastante inferior ao aterro sanitário. Finalmente, o lixão é uma forma condenável de disposição final dos resíduos, que consiste no seu singelo lançamento em área destinada para tal finalidade, sem qualquer estudo, monitoramento ou prevenção de danos.

XII - logística reversa	instrumento de desenvolvimento econômico e social caracterizado por um conjunto de ações, procedimentos e meios destinados a viabilizar a coleta e a restituição dos resíduos sólidos ao setor empresarial, para reaproveitamento, em seu ciclo ou em outros ciclos produtivos, ou outra destinação final ambientalmente adequada;
XIV - reciclagem	processo de transformação dos resíduos sólidos que envolve a alteração de suas propriedades físicas, físico-químicas ou biológicas, com vistas à transformação em insumos ou novos produtos, observadas as condições e os padrões estabelecidos pelos órgãos competentes do Sisnama e, se couber, do SNVS e do Suasa;
XVIII - reutilização	processo de aproveitamento dos resíduos sólidos sem sua transformação biológica, física ou físico-química, observadas as condições e os padrões estabelecidos pelos órgãos competentes do Sisnama e, se couber, do SNVS e do Suasa;
XIX - serviço público de limpeza urbana e de manejo de resíduos sólidos	conjunto de atividades previstas no art. 7° da Lei 11.445, de 2007.

Outros conceitos fundamentais para a compreensão da Lei 12.305/2010, ainda extraídos do art. 3º:

> IX – **geradores de resíduos sólidos**: pessoas físicas ou jurídicas, de direito público ou privado, que geram resíduos sólidos por meio de suas atividades, nelas incluído o consumo;
>
> XIII – **padrões sustentáveis de produção e consumo**: produção e consumo de bens e serviços de forma a atender as necessidades das atuais gerações e permitir melhores condições de vida, sem comprometer a qualidade ambiental e o atendimento das necessidades das gerações futuras.

Oportuno mencionar, ainda, que o art. 13 da LPNRS contém **classificação dos resíduos**, adotando **dois critérios distintos: o da origem e o da periculosidade dos resíduos gerados**[157].

Alguns dos institutos e normas trazidos pela Lei 12.305/2010 merecem abordagem específica.

Vale citar inicialmente a diretriz constante do art. 9º da referida lei, que estabelece que, **na gestão e no gerenciamento de resíduos sólidos, deve ser observada a seguinte ordem de prioridade: não geração, redução, reutilização, reciclagem, tratamento dos resíduos sólidos e disposição final ambientalmente adequada dos rejeitos.**

---

157 Lei 12.305/2010: "Art. 13 Para os efeitos desta Lei, os resíduos sólidos têm a seguinte classificação: I – quanto à origem: a) resíduos domiciliares: os originários de atividades domésticas em residências urbanas; b) resíduos de limpeza urbana: os originários da varrição, limpeza de logradouros e vias públicas e outros serviços de limpeza urbana; c) resíduos sólidos urbanos: os englobados nas alíneas 'a' e 'b'; d) resíduos de estabelecimentos comerciais e prestadores de serviços: os gerados nessas atividades, excetuados os referidos nas alíneas 'b', 'e', 'g', 'h' e 'j'; e) resíduos dos serviços públicos de saneamento básico: os gerados nessas atividades, excetuados os referidos na alínea 'c'; f) resíduos industriais: os gerados nos processos produtivos e instalações industriais; g) resíduos de serviços de saúde: os gerados nos serviços de saúde, conforme definido em regulamento ou em normas estabelecidas pelos órgãos do Sisnama e do SNVS; h) resíduos da construção civil: os gerados nas construções, reformas, reparos e demolições de obras de construção civil, incluídos os resultantes da preparação e escavação de terrenos para obras civis; i) resíduos agrossilvopastoris: os gerados nas atividades agropecuárias e silviculturais, incluídos os relacionados a insumos utilizados nessas atividades; j) resíduos de serviços de transportes: os originários de portos, aeroportos, terminais alfandegários, rodoviários e ferroviários e passagens de fronteira; k) resíduos de mineração: os gerados na atividade de pesquisa, extração ou beneficiamento de minérios; II – quanto à periculosidade: a) resíduos perigosos: aqueles que, em razão de suas características de inflamabilidade, corrosividade, reatividade, toxicidade, patogenicidade, carcinogenicidade, teratogenicidade e mutagenicidade, apresentam significativo risco à saúde pública ou à qualidade ambiental, de acordo com lei, regulamento ou norma técnica; b) resíduos não perigosos: aqueles não enquadrados na alínea 'a'. Parágrafo único. Respeitado o disposto no art. 20, os resíduos referidos na alínea 'd' do inciso I do *caput*, se caracterizados como não perigosos, podem, em razão de sua natureza, composição ou volume, ser equiparados aos resíduos domiciliares pelo poder público municipal".

Nota-se, portanto, a preocupação do legislador com visão sistêmica dos resíduos, de modo que se deve buscar o atendimento a essa diretriz na implementação das políticas públicas sobre o tema.

Outro destaque da LPNRS é a previsão dos chamados planos de resíduos sólidos, previstos como importantes instrumentos para elaboração e implementação das políticas públicas acerca do tema.

O art. 14 da lei arrola os diversos planos de resíduos sólidos, exigindo ainda que seja assegurada ampla publicidade ao seu conteúdo, bem como controle social efetivo em sua formulação, implementação e operacionalização:

> I – o Plano Nacional de Resíduos Sólidos;
>
> II – os planos estaduais de resíduos sólidos;
>
> III – os planos microrregionais de resíduos sólidos e os planos de resíduos sólidos de regiões metropolitanas ou aglomerações urbanas;
>
> IV – os planos intermunicipais de resíduos sólidos;
>
> V – os planos municipais de gestão integrada de resíduos sólidos;
>
> VI – os planos de gerenciamento de resíduos sólidos.

O **Plano Nacional de Resíduos Sólidos** deve ser elaborado pela União, sob a coordenação do Ministério do Meio Ambiente[158], com vigência por prazo indeterminado e horizonte de 20 (vinte) anos, devendo ainda ser atualizado a cada 4 (quatro) anos (art. 15).

Os Estados, por sua vez, também devem elaborar planos para tratamento da questão dentro da sua esfera de competência. O **plano estadual de resíduos sólidos** deve ser elaborado para vigência por prazo indeterminado, abrangendo todo o território do Estado, com horizonte de atuação de 20 (vinte) anos e revisões a cada 4 (quatro) anos (art. 17).

Além do plano estadual de resíduos sólidos, os Estados poderão elaborar planos microrregionais de resíduos sólidos, bem como planos específicos direcionados a regiões metropolitanas ou a aglomerações urbanas. Esses planos microrregionais deverão ser elaborados com a participação dos Municípios envolvidos e não excluem de modo algum as responsabilidades destes (§§ 1º e 2º do art. 17). O plano microrregional de resíduos sólidos deve atender ao previsto para o plano estadual e estabelecer soluções integradas para a coleta seletiva, a recuperação e a reciclagem, o tratamento e a destinação final dos resíduos sólidos urbanos e, consideradas as peculiaridades microrregionais, outros tipos de resíduos (§ 3º).

Note-se que os planos estaduais constituem condição para que o Estado possa ter acesso a recursos da União destinados à melhoria da gestão de resíduos sólidos (art. 16). Além disso, a lei determina que, na concessão de recursos federais, sejam priorizados os Estados que instituírem microrregiões, nos termos do § 3º do art. 25 da Constituição Federal, para promover a integração da gestão de resíduos sólidos a cargos dos Municípios envolvidos (art. 16, § 1º). Prevê ainda a LPNRS que as microrregiões devem ser instituídas para abranger atividades de coleta seletiva, recuperação e reciclagem, tratamento e destinação final dos resíduos sólidos urbanos, a gestão de resíduos de construção civil, de serviços de transporte, de serviços de saúde, agrossilvopastoris ou outros resíduos, de acordo com as peculiaridades microrregionais (art. 16, § 3º).

Prevê ainda a LPNRS a figura dos **Planos Municipais de Gestão Integrada de Resíduos Sólidos.**

---

158 Após anos de demora, finalmente foi aprovado e publicado o Plano Nacional de Resíduos Sólidos, editado por meio do Decreto Federal 11.043, de 13 de abril de 2022. Informações disponíveis em: https://www.in.gov.br/en/web/dou/-/decreto-n-11.043-de-13-de-abril-de-2022-393566799. Acesso em 23 maio 2022.

Trata-se de **importante instrumento de definição de ações no âmbito do território do Município, ente público que mais diretamente se relaciona com a gestão dos resíduos sólidos e que mais responsabilidades tem neste tema**[159].

Em princípio, é instrumento obrigatório para todos os Municípios, embora permita a lei que o plano municipal de gestão integrada de resíduos sólidos esteja inserido no plano de saneamento básico previsto na Lei 11.445/2007, respeitado o conteúdo mínimo previsto na LPNRS (art. 19, § 1º, da Lei 12.305/2010). Aliás, para Municípios com menos de 20.000 (vinte mil) habitantes, o plano municipal de gestão integrada de resíduos sólidos poderá ter conteúdo simplificado (art. 19, § 2º), salvo se se tratar de Município: integrante de áreas de especial interesse turístico; inserido na área de influência de empreendimentos ou atividades com significativo impacto ambiental de âmbito regional ou nacional; ou cujo território abranja, total ou parcialmente, Unidades de Conservação (§ 3º). Além disso, o Município que optar por soluções consorciadas intermunicipais para a gestão dos resíduos sólidos, assegurado que o plano intermunicipal preencha os requisitos estabelecidos nos incisos do art. 19 da LPNRS, pode ser dispensado da elaboração de plano municipal de gestão integrada de resíduos sólidos (§ 9º do art. 19 da LPNRS).

Também com relação ao Plano Municipal, a lei opta por formular vinculação deste com a obtenção de recursos federais ligados à gestão de resíduos sólidos, fazendo do primeiro condição para a segunda (*caput* do art. 18). Ademais, o § 1º do art. 18 estabelece que serão priorizados no acesso aos recursos da União os Municípios que: I – optarem por soluções consorciadas intermunicipais para a gestão dos resíduos sólidos, incluída a elaboração e implementação de plano intermunicipal, ou que se inserirem de forma voluntária nos planos microrregionais de resíduos sólidos referidos no § 1º do art. 16; II – implantarem a coleta seletiva com a participação de cooperativas ou outras formas de associação de catadores de materiais reutilizáveis e recicláveis formadas por pessoas físicas de baixa renda.

---

[159] O conteúdo mínimo do Plano Municipal deve ser: diagnóstico da situação dos resíduos sólidos gerados no respectivo território, contendo a origem, o volume, a caracterização dos resíduos e as formas de destinação e disposição final adotadas; identificação de áreas favoráveis para disposição final ambientalmente adequada de rejeitos, observado o plano diretor de que trata o § 1º do art. 182 da Constituição Federal e o zoneamento ambiental, se houver; identificação das possibilidades de implantação de soluções consorciadas ou compartilhadas com outros Municípios, considerando, nos critérios de economia de escala, a proximidade dos locais estabelecidos e as formas de prevenção dos riscos ambientais; identificação dos resíduos sólidos e dos geradores sujeitos a plano de gerenciamento específico nos termos do art. 20 ou a sistema de logística reversa na forma do art. 33, observadas as disposições da Lei 12.305/2010 e de seu regulamento, bem como as normas estabelecidas pelos órgãos do Sisnama e do SNVS; procedimentos operacionais e especificações mínimas a serem adotados nos serviços públicos de limpeza urbana e de manejo de resíduos sólidos, incluída a disposição final ambientalmente adequada dos rejeitos e observada a Lei 11.445, de 2007; indicadores de desempenho operacional e ambiental dos serviços públicos de limpeza urbana e de manejo de resíduos sólidos; regras para o transporte e outras etapas do gerenciamento de resíduos sólidos de que trata o art. 20, observadas as normas estabelecidas pelos órgãos do Sisnama e do SNVS e demais disposições pertinentes da legislação federal e estadual; definição das responsabilidades quanto à sua implementação e operacionalização, incluídas as etapas do plano de gerenciamento de resíduos sólidos a que se refere o art. 20 a cargo do poder público; programas e ações de capacitação técnica voltados para sua implementação e operacionalização; programas e ações de educação ambiental que promovam a não geração, a redução, a reutilização e a reciclagem de resíduos sólidos; programas e ações para a participação dos grupos interessados, em especial das cooperativas ou outras formas de associação de catadores de materiais reutilizáveis e recicláveis formadas por pessoas físicas de baixa renda, se houver; mecanismos para a criação de fontes de negócios, emprego e renda, mediante a valorização dos resíduos sólidos; sistema de cálculo dos custos da prestação dos serviços públicos de limpeza urbana e de manejo de resíduos sólidos, bem como a forma de cobrança desses serviços, observada a Lei 11.445, de 2007; metas de redução, reutilização, coleta seletiva e reciclagem, entre outras, com vistas a reduzir a quantidade de rejeitos encaminhados para disposição final ambientalmente adequada; descrição das formas e dos limites da participação do poder público local na coleta seletiva e na logística reversa, respeitado o disposto no art. 33, e de outras ações relativas à responsabilidade compartilhada pelo ciclo de vida dos produtos; meios a serem utilizados para o controle e a fiscalização, no âmbito local, da implementação e operacionalização dos planos de gerenciamento de resíduos sólidos de que trata o art. 20 e dos sistemas de logística reversa previstos no art. 33; ações preventivas e corretivas a serem praticadas, incluindo programa de monitoramento; identificação dos passivos ambientais relacionados aos resíduos sólidos, incluindo áreas contaminadas, e respectivas medidas saneadoras; periodicidade de sua revisão, observado prioritariamente o período de vigência do plano plurianual municipal (síntese do art. 19).

É importante, por fim, para bem compreender a natureza do Plano Municipal, fazer referência às seguintes normas, constantes dos parágrafos do art. 19 da LPNRS:

- a existência de plano municipal de gestão integrada de resíduos sólidos não exime o Município ou o Distrito Federal do licenciamento ambiental de aterros sanitários e de outras infraestruturas e instalações operacionais integrantes do serviço público de limpeza urbana e de manejo de resíduos sólidos pelo órgão competente do Sisnama (§ 4º);
- a inexistência do plano municipal de gestão integrada de resíduos sólidos não pode ser utilizada para impedir a instalação ou a operação de empreendimentos ou atividades devidamente licenciados pelos órgãos competentes (§ 8º).

Finalmente, **o último dos planos previstos na LPNRS é o chamado Plano de Gerenciamento de Resíduos Sólidos, de responsabilidade dos geradores de resíduos, pessoas e entes arrolados no art. 20 da lei**[160].

Trata-se de instrumento que deve ser elaborado pelo gerador do resíduo, isto é, pelo empreendedor responsável por tal espécie de poluição, de modo que o plano deve conter minimamente: descrição do empreendimento ou atividade; diagnóstico dos resíduos sólidos gerados ou administrados, contendo a origem, o volume e a caracterização dos resíduos, incluindo os passivos ambientais a eles relacionados; observadas as normas estabelecidas pelos órgãos do Sisnama, do SNVS e do Suasa e, se houver, o plano municipal de gestão integrada de resíduos sólidos: a) explicitação dos responsáveis por cada etapa do gerenciamento de resíduos sólidos; b) definição dos procedimentos operacionais relativos às etapas do gerenciamento de resíduos sólidos sob responsabilidade do gerador; identificação das soluções consorciadas ou compartilhadas com outros geradores; ações preventivas e corretivas a serem executadas em situações de gerenciamento incorreto ou acidentes; metas e procedimentos relacionados à minimização da geração de resíduos sólidos e, observadas as normas estabelecidas pelos órgãos do Sisnama, do SNVS e do Suasa, à reutilização e reciclagem; se couber, ações relativas à responsabilidade compartilhada pelo ciclo de vida dos produtos, na forma do art. 31; medidas saneadoras dos passivos ambientais relacionados aos resíduos sólidos; periodicidade de sua revisão, observado, se couber, o prazo de vigência da respectiva licença de operação a cargo dos órgãos do Sisnama (síntese do art. 21 da LPNRS).

Além disso, o plano de gerenciamento de resíduos sólidos atenderá ao disposto no plano municipal de gestão integrada de resíduos sólidos do respectivo Município, sem prejuízo das normas estabelecidas pelos órgãos do Sisnama, do SNVS e do Suasa (§ 1º do art. 21).

O § 2º do art. 21 dispõe acertadamente que a inexistência do plano municipal de gestão integrada de resíduos sólidos não obsta a elaboração, a implementação ou a operacionalização do plano de gerenciamento de resíduos sólidos.

Exige-se, ainda, que seja designado um responsável técnico devidamente habilitado para a elaboração, implementação, operacionalização e monitoramento de todas as etapas do plano de gerenciamento de resíduos sólidos, nelas incluído o controle da disposição final ambientalmente adequada dos rejeitos (art. 22 da LPNRS).

---

160 Lei 12.305/2010: "Art. 20. Estão sujeitos à elaboração de plano de gerenciamento de resíduos sólidos: I – os geradores de resíduos sólidos previstos nas alíneas 'e', 'f', 'g' e 'k' do inciso I do art. 13; II – os estabelecimentos comerciais e de prestação de serviços que: a) gerem resíduos perigosos; b) gerem resíduos que, mesmo caracterizados como não perigosos, por sua natureza, composição ou volume, não sejam equiparados aos resíduos domiciliares pelo poder público municipal; III – as empresas de construção civil, nos termos do regulamento ou de normas estabelecidas pelos órgãos do Sisnama; IV – os responsáveis pelos terminais e outras instalações referidas na alínea 'j' do inciso I do art. 13 e, nos termos do regulamento ou de normas estabelecidas pelos órgãos do Sisnama e, se couber, do SNVS, as empresas de transporte; V – os responsáveis por atividades agrossilvopastoris, se exigido pelo órgão competente do Sisnama, do SNVS ou do Suasa. Parágrafo único. Observado o disposto no Capítulo IV deste Título, serão estabelecidas por regulamento exigências específicas relativas ao plano de gerenciamento de resíduos perigosos".

A preocupação com a fiscalização do cumprimento desses planos está estampada no *caput* do art. 23 da lei, que exige que os responsáveis por plano de gerenciamento de resíduos sólidos mantenham atualizadas e disponíveis ao órgão municipal competente, ao órgão licenciador do Sisnama e a outras autoridades, informações completas sobre a implementação e a operacionalização do plano sob sua responsabilidade. Exige-se ainda para o funcionamento da fiscalização pretendida, que seja implementado sistema declaratório com periodicidade, no mínimo, anual (art. 23, § 1º).

Também de maneira acertada, a lei federal explicita que o plano de gerenciamento de resíduos sólidos é parte integrante do processo de licenciamento ambiental do empreendimento ou atividade pelo órgão competente do Sisnama (art. 24), estabelecendo a devida participação dos órgãos públicos competentes no processo de aprovação dos planos:

- nos empreendimentos e atividades não sujeitos a licenciamento ambiental, a aprovação do plano de gerenciamento de resíduos sólidos cabe à autoridade municipal competente (§ 1º do art. 24);
- nos empreendimentos sujeitos a licenciamento ambiental a cargo de órgão federal ou estadual do Sisnama, será assegurada oitiva do órgão municipal competente, em especial quanto à disposição final ambientalmente adequada de rejeitos (§ 2º do art. 24).

Encerrado o estudo dos planos de resíduos sólidos, cumpre agora tratar da definição de responsabilidades compartilhadas na adequada gestão dos resíduos[161].

Note-se que a lei eleva à condição de **princípio da política nacional de resíduos sólidos a responsabilidade compartilhada pelo ciclo de vida dos produtos** (art. 6º, VII, da Lei 12.305/2010)[162].

O art. 3º, XVII, define a responsabilidade compartilhada pelo ciclo de vida dos produtos como o **conjunto de atribuições individualizadas e encadeadas dos fabricantes, importadores, distribuidores e comerciantes, dos consumidores e dos titulares dos serviços públicos de limpeza urbana e de manejo dos resíduos sólidos, para minimizar o volume de resíduos sólidos e rejeitos gerados, bem como para reduzir os impactos causados à saúde humana e à qualidade ambiental decorrentes do ciclo de vida dos produtos.**

Neste particular, é possível encontrar na própria LPNRS uma série de dispositivos que atribuem responsabilidades aos diversos setores da sociedade.

O art. 10 atribui **ao Distrito Federal e aos Municípios a responsabilidade pela gestão integrada dos resíduos sólidos gerados nos respectivos territórios**, sem prejuízo das competências de controle e fiscalização dos órgãos federais e estaduais do Sisnama, do SNVS e do Suasa, bem como da **responsabilidade do gerador pelo gerenciamento de resíduos**[163].

Aos Estados o art. 11 determina que incumbe:

---

[161] Arts. 25 a 36 da Lei 12.305/2010.

[162] A Lei 12.305/2010 também define a expressão ciclo de vida do produto: "Art. 3º (...) IV – ciclo de vida do produto: série de etapas que envolvem o desenvolvimento do produto, a obtenção de matérias-primas e insumos, o processo produtivo, o consumo e a disposição final".

[163] Para bem compreender a partilha das responsabilidades entre os entes e pessoas é importante lembrar dos conceitos trazidos pelo art. 3º da lei, notadamente: "IX – **geradores de resíduos sólidos:** pessoas físicas ou jurídicas, de direito público ou privado, que geram resíduos sólidos por meio de suas atividades, nelas incluído o consumo; X – **gerenciamento de resíduos sólidos:** conjunto de ações exercidas, direta ou indiretamente, nas etapas de coleta, transporte, transbordo, tratamento e destinação final ambientalmente adequada dos resíduos sólidos e disposição final ambientalmente adequada dos rejeitos, de acordo com plano municipal de gestão integrada de resíduos sólidos ou com plano de gerenciamento de resíduos sólidos, exigidos na forma desta Lei; XI – **gestão integrada de resíduos sólidos:** conjunto de ações voltadas para a busca de soluções para os resíduos sólidos, de forma a considerar as dimensões política, econômica, ambiental, cultural e social, com controle social e sob a premissa do desenvolvimento sustentável".

I – promover a integração da organização, do planejamento e da execução das funções públicas de interesse comum relacionadas à gestão dos resíduos sólidos nas regiões metropolitanas, aglomerações urbanas e microrregiões, nos termos da lei complementar estadual prevista no § 3º do art. 25 da Constituição Federal;

II – controlar e fiscalizar as atividades dos geradores sujeitas a licenciamento ambiental pelo órgão estadual do Sisnama.

Reafirmando o **princípio da responsabilidade compartilhada**[164], o art. 25 da lei expressa que **o poder público, o setor empresarial e a coletividade são responsáveis pela efetividade das ações voltadas para assegurar a observância da Política Nacional de Resíduos Sólidos**.

Veja-se que o titular dos serviços públicos de limpeza urbana e de manejo de resíduos sólidos, leia-se, o Município, é responsável pela organização e prestação direta ou indireta desses serviços, observados o respectivo plano municipal de gestão integrada de resíduos sólidos, a Lei 11.445/2007, e as disposições da LPNRS (art. 26)[165].

Por sua vez, as pessoas físicas ou jurídicas arroladas no art. 20 são responsáveis pela implementação e operacionalização integral do plano de gerenciamento de resíduos sólidos aprovado pelo órgão competente. Frise-se que as pessoas previstas no art. 20 são aqueles que possuem a obrigação legal de elaborar planos de gerenciamento de resíduos sólidos, popularmente chamados de *grandes geradores*. Rememore-se que estas pessoas não se eximem de sua responsabilidade por eventuais danos causados pelo mau gerenciamento de resíduos, ainda que tenham contratado com terceiros serviços de coleta, armazenamento, transporte, transbordo, tratamento ou destinação final de resíduos sólidos, ou de disposição final de rejeitos (art. 27, § 1º).

É verdade que deve o poder público atuar, subsidiariamente, com vistas a minimizar ou cessar o dano, logo que tome conhecimento de evento lesivo ao meio ambiente ou à saúde pública relacionado ao gerenciamento de resíduos sólidos (*caput* do art. 29), mas os responsáveis pelo dano deverão ressarcir integralmente o poder público pelos gastos decorrentes das ações empreendidas (art. 29, parágrafo único).

---

164 É o art. 30 da LPNRS o dispositivo que pretende instituir um sistema de responsabilidade compartilhada: "Art. 30. É instituída a responsabilidade compartilhada pelo ciclo de vida dos produtos, a ser implementada de forma individualizada e encadeada, abrangendo os fabricantes, importadores, distribuidores e comerciantes, os consumidores e os titulares dos serviços públicos de limpeza urbana e de manejo de resíduos sólidos, consoante as atribuições e procedimentos previstos nesta Seção. Parágrafo único. A responsabilidade compartilhada pelo ciclo de vida dos produtos tem por objetivo: I – compatibilizar interesses entre os agentes econômicos e sociais e os processos de gestão empresarial e mercadológica com os de gestão ambiental, desenvolvendo estratégias sustentáveis; II – promover o aproveitamento de resíduos sólidos, direcionando-os para a sua cadeia produtiva ou para outras cadeias produtivas; III – reduzir a geração de resíduos sólidos, o desperdício de materiais, a poluição e os danos ambientais; IV – incentivar a utilização de insumos de menor agressividade ao meio ambiente e de maior sustentabilidade; V – estimular o desenvolvimento de mercado, a produção e o consumo de produtos derivados de materiais reciclados e recicláveis; VI – propiciar que as atividades produtivas alcancem eficiência e sustentabilidade; VII – incentivar as boas práticas de responsabilidade socioambiental".

165 Vale transcrever o art. 36 da LPNRS, que determina, dentre outras atividades, a implantação de sistemas municipais de coleta seletiva, conferindo ainda prioridade à organização, ao funcionamento e à contratação pública de cooperativas ou outras formas de associação de catadores de materiais reutilizáveis e/ou recicláveis de baixa renda: "Art. 36. No âmbito da responsabilidade compartilhada pelo ciclo de vida dos produtos, cabe ao titular dos serviços públicos de limpeza urbana e de manejo de resíduos sólidos, observado, se houver, o plano municipal de gestão integrada de resíduos sólidos: I – adotar procedimentos para reaproveitar os resíduos sólidos reutilizáveis e recicláveis oriundos dos serviços públicos de limpeza urbana e de manejo de resíduos sólidos; II – estabelecer sistema de coleta seletiva; III – articular com os agentes econômicos e sociais medidas para viabilizar o retorno ao ciclo produtivo dos resíduos sólidos reutilizáveis e recicláveis oriundos dos serviços de limpeza urbana e de manejo de resíduos sólidos; IV – realizar as atividades definidas por acordo setorial ou termo de compromisso na forma do § 7º do art. 33, mediante a devida remuneração pelo setor empresarial; V – implantar sistema de compostagem para resíduos sólidos orgânicos e articular com os agentes econômicos e sociais formas de utilização do composto produzido; VI – dar disposição final ambientalmente adequada aos resíduos e rejeitos oriundos dos serviços públicos de limpeza urbana e de manejo de resíduos sólidos. § 1º Para o cumprimento do disposto nos incisos I a IV do *caput*, o titular dos serviços públicos de limpeza urbana e de manejo de resíduos sólidos priorizará a organização e o funcionamento de cooperativas ou de outras formas de associação de catadores de materiais reutilizáveis e recicláveis formadas por pessoas físicas de baixa renda, bem como sua contratação. § 2º A contratação prevista no § 1º é dispensável de licitação, nos termos do inciso XXVII do art. 24 da Lei n. 8.666, de 21 de junho de 1993".

O setor empresarial tem ainda responsabilidade socioambiental no investimento de recursos e esforços dirigidos ao atingimento de padrões sustentáveis de produção e consumo:

> Art. 31. Sem prejuízo das obrigações estabelecidas no plano de gerenciamento de resíduos sólidos e com vistas a fortalecer a responsabilidade compartilhada e seus objetivos, os fabricantes, importadores, distribuidores e comerciantes têm responsabilidade que abrange:
>
> I – investimento no desenvolvimento, na fabricação e na colocação no mercado de produtos:
>
> a) que sejam aptos, após o uso pelo consumidor, à reutilização, à reciclagem ou a outra forma de destinação ambientalmente adequada;
>
> b) cuja fabricação e uso gerem a menor quantidade de resíduos sólidos possível;
>
> II – divulgação de informações relativas às formas de evitar, reciclar e eliminar os resíduos sólidos associados a seus respectivos produtos;
>
> III – recolhimento dos produtos e dos resíduos remanescentes após o uso, assim como sua subsequente destinação final ambientalmente adequada, no caso de produtos objeto de sistema de logística reversa na forma do art. 33;
>
> IV – compromisso de, quando firmados acordos ou termos de compromisso com o Município, participar das ações previstas no plano municipal de gestão integrada de resíduos sólidos, no caso de produtos ainda não inclusos no sistema de logística reversa.
>
> Art. 32. As embalagens devem ser fabricadas com materiais que propiciem a reutilização ou a reciclagem.
>
> § 1º Cabe aos respectivos responsáveis assegurar que as embalagens sejam:
>
> I – restritas em volume e peso às dimensões requeridas à proteção do conteúdo e à comercialização do produto;
>
> II – projetadas de forma a serem reutilizadas de maneira tecnicamente viável e compatível com as exigências aplicáveis ao produto que contêm;
>
> III – recicladas, se a reutilização não for possível.
>
> § 2º O regulamento disporá sobre os casos em que, por razões de ordem técnica ou econômica, não seja viável a aplicação do disposto no *caput*.
>
> § 3º É responsável pelo atendimento do disposto neste artigo todo aquele que:
>
> I – manufatura embalagens ou fornece materiais para a fabricação de embalagens;
>
> II – coloca em circulação embalagens, materiais para a fabricação de embalagens ou produtos embalados, em qualquer fase da cadeia de comércio.

A responsabilidade do cidadão (chamado gerador de resíduos domiciliares) é tão somente a de disponibilizar adequadamente os resíduos para a coleta, o que se encontra expressamente dito no art. 28 da LPNRS.

Estabelecido, porém, o sistema de coleta seletiva no Município, os consumidores são obrigados a (art. 35):

> I – acondicionar adequadamente e de forma diferenciada os resíduos sólidos gerados;
>
> II – disponibilizar adequadamente os resíduos sólidos reutilizáveis e recicláveis para coleta ou devolução[166].

Há que se mencionar também que a LPNRS prevê a instituição dos chamados sistemas de logística reversa para algumas espécies de resíduos.

Como já citado, o art. 3º, XII, conceitua **logística reversa** como instrumento de desenvolvimento econômico e social caracterizado por um **conjunto de ações, procedimentos e meios**

[166] O poder público municipal pode instituir incentivos econômicos aos consumidores que participam do sistema de coleta seletiva referido no *caput* do art. 35, na forma de lei municipal.

destinados a viabilizar a coleta e a restituição dos resíduos sólidos ao setor empresarial, para reaproveitamento, em seu ciclo ou em outros ciclos produtivos, ou outra destinação final ambientalmente adequada.

Trata-se, portanto, de um modo pelo qual o resíduo retorne ao setor produtivo, minimizando o impacto ambiental da produção e o do consumo e propiciando o aproveitamento econômico dos resíduos.

O art. 33 estabelece que são obrigados a estruturar e implementar sistemas de logística reversa, mediante retorno dos produtos após o uso pelo consumidor, de forma independente do serviço público de limpeza urbana e de manejo dos resíduos sólidos, os fabricantes, importadores, distribuidores e comerciantes de:

> I – agrotóxicos, seus resíduos e embalagens, assim como outros produtos cuja embalagem, após o uso, constitua resíduo perigoso, observadas as regras de gerenciamento de resíduos perigosos previstas em lei ou regulamento, em normas estabelecidas pelos órgãos do Sisnama, do SNVS e do Suasa, ou em normas técnicas;
>
> II – pilhas e baterias;
>
> III – pneus;
>
> IV – óleos lubrificantes, seus resíduos e embalagens;
>
> V – lâmpadas fluorescentes, de vapor de sódio e mercúrio e de luz mista;
>
> VI – produtos eletroeletrônicos e seus componentes.

O § 1º do art. 33 permite que, havendo previsão em regulamento ou em acordos setoriais e termos de compromisso firmados entre o poder público e o setor empresarial, **os sistemas de logística reversa poderão ser estendidos a produtos comercializados em embalagens plásticas, metálicas ou de vidro, e aos demais produtos e embalagens**, considerando, prioritariamente, o grau e a extensão do impacto à saúde pública e ao meio ambiente dos resíduos gerados[167].

Os sistemas de logística reversa podem abranger variadas medidas, tais como (art. 33, § 3º):

> I – implantação de procedimentos de compra de produtos ou embalagens usados;
>
> II – disponibilização de postos de entrega de resíduos reutilizáveis e recicláveis;
>
> III – atuação dos geradores em parceria com cooperativas ou outras formas de associação de catadores de materiais reutilizáveis e recicláveis, nos casos de resíduos abrangidos pela logística reversa por meio da extensão permitida pelo § 1º do art. 33.

Nos produtos abrangidos pela logística reversa, os consumidores deverão efetuar a devolução, após o uso, aos comerciantes ou distribuidores, dos produtos ou respectivas embalagens (art. 33, § 4º). Por sua vez, os comerciantes e distribuidores deverão efetuar a devolução aos fabricantes ou aos importadores dos produtos e embalagens reunidos ou devolvidos (§ 5º). Finalmente, os fabricantes e os importadores darão destinação ambientalmente adequada aos produtos e às embalagens reunidos ou devolvidos, sendo o rejeito encaminhado para a disposição final ambientalmente adequada, na forma estabelecida pelo órgão competente do Sisnama e, se houver, pelo plano municipal de gestão integrada de resíduos sólidos (§ 6º).

Os **acordos setoriais** são instrumentos públicos, por meio dos quais o setor empresarial assume responsabilidades e propõe soluções com relação à adequada gestão de resíduos sólidos. Tal instrumento está definido no art. 3º, I, da LPNRS, como **ato de natureza**

167 A extensão referida deve levar em conta a viabilidade técnica e econômica da logística reversa, bem como o grau e a extensão do impacto à saúde pública e ao meio ambiente dos resíduos gerados (art. 33, § 2º, da Lei 12.305/2010).

contratual firmado entre o poder público e fabricantes, importadores, distribuidores ou comerciantes, tendo em vista a implantação da responsabilidade compartilhada pelo ciclo de vida do produto.

Por meio de tais acordos, serão definidas regras para a implantação de sistemas de logística reversa, poderá ser estendida a logística reversa a outros resíduos não perigosos, serão estabelecidas normas sobre as responsabilidades do setor empresarial e a relação de suas tarefas com aquelas desempenhadas pelo ente responsável pela coleta de resíduos no território do Município etc.

Veja-se, porém que, se o titular do serviço público de limpeza urbana e de manejo de resíduos sólidos, por acordo setorial ou termo de compromisso firmado com o setor empresarial, encarregar-se de atividades de responsabilidade dos fabricantes, importadores, distribuidores e comerciantes nos sistemas de logística reversa dos produtos e embalagens a que se refere este artigo, as ações do poder público serão devidamente remuneradas, na forma previamente acordada entre as partes (art. 33, § 7º).

Vale mencionar que o art. 33 da LPNRS foi regulamentado pelo recentíssimo Decreto 9.177, de 23 de outubro de 2017, que afirma estabelecer normas para assegurar a isonomia na fiscalização e no cumprimento das obrigações imputadas aos fabricantes, aos importadores, aos distribuidores e aos comerciantes de produtos, seus resíduos e suas embalagens sujeitos à logística reversa obrigatória. O mérito do decreto está em afirmar que os fabricantes, os importadores, os distribuidores e os comerciantes de produtos, seus resíduos e suas embalagens aos quais se refere o *caput* do art. 33 não signatários de acordo setorial ou termo de compromisso firmado com a União são assim mesmo obrigados a estruturar e implementar sistemas de logística reversa, consideradas as mesmas obrigações imputáveis aos signatários e aos aderentes de acordo setorial firmado com a União.

Segundo dispõe o art. 34 da LPNRS, **os acordos setoriais podem ter abrangência nacional, regional, estadual ou municipal**. Os acordos setoriais e termos de compromisso firmados em âmbito nacional têm prevalência sobre os firmados em âmbito regional ou estadual, e estes sobre os firmados em âmbito municipal (§ 1º do art. 34).

O § 2º do art. 34 contém importante regra de interpretação e aplicação dos acordos setoriais, dispondo que, na aplicação de regras concorrentes consoante o § 1º, os acordos firmados com menor abrangência geográfica podem ampliar, mas não abrandar, as medidas de proteção ambiental constantes nos acordos setoriais e termos de compromisso firmados com maior abrangência geográfica.

Trata também a LPNRS dos chamados **resíduos perigosos**, definidos no art. 13, II, *a*, como **aqueles que, em razão de suas características de inflamabilidade, corrosividade, reatividade, toxicidade, patogenicidade, carcinogenicidade, teratogenicidade e mutagenicidade, apresentam significativo risco à saúde pública ou à qualidade ambiental, de acordo com lei, regulamento ou norma técnica**.

O art. 37 da LPNRS demonstra a preocupação com tal espécie de resíduos pois estabelece que a instalação e o funcionamento de empreendimento ou atividade que gere ou opere com resíduos perigosos somente podem ser autorizados ou licenciados pelas autoridades competentes se o responsável comprovar, no mínimo, capacidade técnica e econômica, além de condições para prover os cuidados necessários ao gerenciamento desses resíduos.

Além disso, as pessoas jurídicas que operam com resíduos perigosos, em qualquer fase do seu gerenciamento, são obrigadas a se cadastrar no Cadastro Nacional de Operadores de Resíduos Perigosos (art. 38).

As pessoas jurídicas referidas no art. 38 são obrigadas a elaborar plano de gerenciamento de resíduos perigosos (art. 39), o qual pode integrar o plano de gerenciamento de resíduos a que se refere o art. 20.

Além disso, tais pessoas devem:

> I - manter registro atualizado e facilmente acessível de todos os procedimentos relacionados à implementação e à operacionalização do plano;
>
> II - informar anualmente ao órgão competente do Sisnama e, se couber, do SNVS, sobre a quantidade, a natureza e a destinação temporária ou final dos resíduos sob sua responsabilidade;
>
> III - adotar medidas destinadas a reduzir o volume e a periculosidade dos resíduos sob sua responsabilidade, bem como a aperfeiçoar seu gerenciamento;
>
> IV - informar imediatamente aos órgãos competentes sobre a ocorrência de acidentes ou outros sinistros relacionados aos resíduos perigosos.

Importante inovação foi trazida pelo art. 40 da LPNRS, ao se permitir que, no licenciamento ambiental de empreendimentos ou atividades que operem com resíduos perigosos, o órgão licenciador do Sisnama possa exigir a contratação de seguro de responsabilidade civil por danos causados ao meio ambiente ou à saúde pública.

Finalmente, trata a Lei 12.305/2010 de questões ligadas à **disposição final ambientalmente adequada**, conceituada no art. 3º, VIII, como **distribuição ordenada de rejeitos em aterros, observando normas operacionais específicas de modo a evitar danos ou riscos à saúde pública e à segurança e a minimizar os impactos ambientais adversos**.

O método mais adequado para a disposição final dos rejeitos é o chamado aterro sanitário, sendo este o modo pretendido pela legislação federal, como se vê pela definição legal de disposição final ambientalmente adequada.

O aterro sanitário pode ser definido como um método de disposição de resíduos sólidos no solo, com a utilização de princípios de engenharia que permitam confinar resíduos sólidos à menor área possível e reduzi-los ao menor volume possível, cobrindo-os com uma camada de terra no menor intervalo possível e adotando-se outras técnicas auxiliares, minimizando-se assim danos ou riscos ao ambiente e à saúde pública.

Frisa-se ainda que **a lei proíbe formas de disposição que são sabidamente nocivas ao meio ambiente**:

> Art. 47. São proibidas as seguintes formas de destinação ou disposição final de resíduos sólidos ou rejeitos:
>
> I - lançamento em praias, no mar ou em quaisquer corpos hídricos;
>
> II - lançamento *in natura* a céu aberto, excetuados os resíduos de mineração;
>
> III - queima a céu aberto[168] ou em recipientes, instalações e equipamentos não licenciados para essa finalidade;
>
> IV - outras formas vedadas pelo poder público.

Nas áreas de disposição de resíduos ou rejeitos, deve também ser prevenida a ocorrência de outras condutas, também nocivas ao ambiente, à saúde e à dignidade das pessoas envolvidas:

> Art. 48. São proibidas, nas áreas de disposição final de resíduos ou rejeitos, as seguintes atividades:
>
> I - utilização dos rejeitos dispostos como alimentação;
>
> II - catação, observado o disposto no inciso V do art. 17;
>
> III - criação de animais domésticos;
>
> IV - fixação de habitações temporárias ou permanentes;
>
> V - outras atividades vedadas pelo poder público.

A rigor, não basta a projeção de um aterro sanitário, mas é necessário que, de fato, a operação desse aparelho público ocorra de maneira adequada, proibindo-se condutas inadequadas como aquelas arroladas no art. 48.

---

168 Lei 12.305/2010: "Art. 47 (...) § 1º Quando decretada emergência sanitária, a queima de resíduos a céu aberto pode ser realizada, desde que autorizada e acompanhada pelos órgãos competentes do Sisnama, do SNVS e, quando couber, do Suasa".

A jurisprudência também já reconheceu o caráter impositivo das normas relativas à adequada disposição de resíduos sólidos:

> Agravo regimental em recurso extraordinário. 2. Aterro sanitário localizado na divisa dos municípios de Cubatão e Santos, no Estado de São Paulo. Danos ambientais causados em razão de irregularidades de aterro sanitário. Revisão de fatos e provas. Óbice da Súmula 279 do STF. 3. Alegação de violação ao princípio da separação dos poderes. Improcedência. O Poder Judiciário, em situações excepcionais, pode determinar que a Administração Pública adote medidas assecuratórias de direitos constitucionalmente reconhecidos como essenciais, sem que isso configure violação do princípio da separação de Poderes. Precedentes. 4. Agravo regimental a que se nega provimento (STF, Agravo Regimental no RE 577.996/SP, Rel. Min. Gilmar Mendes).

> Administrativo e ambiental. Reexame necessário (de ofício). Apelação cível. Ação civil pública. Lixo urbano. Município de Riachinho/MG. Depósito irregular de resíduos. Lixão. Violação ao artigo 47, II, da Lei n. 12.305/2010. Danos ao meio ambiente e à saúde pública. Exigências impostas pelo TAC em parte não cumpridas. Implantação de aterro sanitário e recuperação da área degradada. Responsabilidade do Poder Público municipal. A CF/1988 estabelece, no art. 225, que todos possuem direito ao meio ambiente ecologicamente equilibrado, tendo o Poder Público o dever de defendê-lo e preservá-lo, para que seja assegurado o interesse coletivo. A Lei n. 12.305/10, que instituiu a Política Nacional dos Resíduos Sólidos, dispôs em seu art. 47, II, que é proibido o lançamento in natura a céu aberto de resíduos sólidos ou rejeitos. Já a Deliberação Normativa n. 118/2008, do COPAM, no art. 3º, estabelece critérios para escolha da localização da área, além de procedimentos para implantação e operação do depósito de lixo, até que seja implantado sistema adequado de disposição final e tratamento. O funcionamento irregular do lixão em Riachinho/MG causa graves danos ambientais e, por isso, demanda uma efetiva atuação dos órgãos competentes. Cumpre ao réu eliminar o lixo a céu aberto e proceder à correta destinação dos resíduos sólidos, através do licenciamento e implantação do aterro sanitário, bem como recuperação da área degradada, elaboração e execução do Plano Municipal de Gestão Integrada de Resíduos Sólidos (art. 19, Lei n. 12.305/2010), o Plano de Gerenciamento Integrado de Resíduos Sólidos Urbanos – PGIRSU, e demais providências determinadas pela sentença de primeiro grau. Não cabe argumentar a falta de recursos financeiros e orçamentários, a questão da destinação dos RSU tem que ser tratada pelos administradores públicos como prioridade. Ademais, o Termo de Ajustamento de Conduta (TAC), firmado entre o Município-réu e o Ministério Público de Minas Gerais, demonstra que aquele estava ciente da necessidade de se buscar uma solução efetiva para o problema do lixão em Riachinho/MG desde dezembro de 2003. Não há que se falar em confecção de perícia judicial nesse momento processual, preclusa a oportunidade para a prática do ato, descabida a insurgência ao laudo depois de esgotada a fase instrutória. Sentença confirmada no reexame necessário. Recurso prejudicado (TJMG, Apelação Cível 1.0082.12.000644-8/001, Rel. Des. Heloisa Combat, j. 09.06.2016).

Andou bem ainda o legislador de 2010 ao proibir a importação de resíduos sólidos perigosos e rejeitos, bem como de resíduos sólidos cujas características causem dano ao meio ambiente, à saúde pública e animal e à sanidade vegetal, ainda que para tratamento, reforma, reúso, reutilização ou recuperação (art. 49). Não obstante, a Lei 15.088/2025 alterou a redação desse dispositivo para prever:

> Art. 49. É proibida a importação de resíduos sólidos e de rejeitos, inclusive de papel, derivados de papel, plástico, vidro e metal.
>
> § 1º É ressalvada da proibição prevista no *caput* deste artigo a importação de resíduos utilizados na transformação de materiais e minerais estratégicos, inclusive aparas de papel de fibra longa, nos termos de regulamento, e de resíduos de metais e materiais metálicos.
>
> § 2º O importador ou o fabricante de autopeças, exceto de pneus, são autorizados a importar resíduos sólidos derivados de produtos nacionais previamente exportados, para fins exclusivos de logística reversa e reciclagem integral, ainda que classificados como resíduos perigosos, nos termos de regulamento. (NR)

Noutra recente alteração promovida no art. 54 da Lei 12.305/2010, estenderam-se os prazos de regularização da disposição final de resíduos para grande parte dos municípios brasileiros[169].

Observa-se, então, o grande avanço legislativo propiciado pela Lei 12.305/2010. Resta, porém, lutar pela sua efetiva implantação, fato ainda não constatado de modo amplo na realidade brasileira. É preciso, além da solução simplista de mudar a lei, mudar a realidade naquilo que é possível e benéfico à sociedade.

1.5 UNIDADES DE CONSERVAÇÃO - ESPAÇOS TERRITORIAIS ESPECIALMENTE PROTEGIDOS EM SENTIDO ESTRITO

1.5.1 A criação de áreas protegidas como método de proteção ambiental

A criação de determinadas áreas do território em que se estabelece especial proteção legal é um dos métodos pelos quais o Poder Público pode implementar a proteção ambiental no país.

A par de métodos como a regulação de setores econômicos, o exercício do poder de polícia, a exigência de padrões de sustentabilidade de produtos e serviços, dentre outros, podemos observar a relevância da criação de áreas protegidas para o cumprimento da diretriz protetiva estabelecida no *caput* do art. 225 da Constituição Federal.

1.5.2 A definição jurídica de espaços territoriais especialmente protegidos - ETEPs - e suas espécies

Os espaços territoriais especialmente protegidos estão previstos no art. 225, § 1º, III, da Constituição Federal, dispositivo que atribui ao Poder Público o dever de "definir, em todas as unidades da Federação, espaços territoriais e seus componentes a serem especialmente protegidos, sendo a alteração e a supressão permitidas somente através de lei, vedada qualquer utilização que comprometa a integridade dos atributos que justifiquem sua proteção".

São, portanto, espaços que merecem, evidentemente por seus atributos naturais, uma especial proteção, o que deve ser definido em ato do Poder Público.

Observe-se que a doutrina jurídica aponta a existência de **duas espécies de ETEPs**[170]:

- os **espaços territoriais especialmente protegidos em sentido estrito**, quais sejam, as unidades de conservação, que consistem na definição de um espaço específica e concretamente definido no território, de modo que se possa instituir naquele delimitado espaço um regime especial de administração, com vistas a atingir os objetivos que motivaram a criação da unidade;

---

[169] Lei 12.305/2010: "Art. 54. A disposição final ambientalmente adequada dos rejeitos deverá ser implantada até 31 de dezembro de 2020, exceto para os Municípios que até essa data tenham elaborado plano intermunicipal de resíduos sólidos ou plano municipal de gestão integrada de resíduos sólidos e que disponham de mecanismos de cobrança que garantam sua sustentabilidade econômico-financeira, nos termos do art. 29 da Lei n. 11.445, de 5 de janeiro de 2007, para os quais ficam definidos os seguintes prazos: (Redação dada pela Lei n. 14.026, de 2020) I - até 2 de agosto de 2021, para capitais de Estados e Municípios integrantes de Região Metropolitana (RM) ou de Região Integrada de Desenvolvimento (Ride) de capitais; (Incluído pela Lei n. 14.026, de 2020) II - até 2 de agosto de 2022, para Municípios com população superior a 100.000 (cem mil) habitantes no Censo 2010, bem como para Municípios cuja mancha urbana da sede municipal esteja situada a menos de 20 (vinte) quilômetros da fronteira com países limítrofes; (Incluído pela Lei n. 14.026, de 2020) III - até 2 de agosto de 2023, para Municípios com população entre 50.000 (cinquenta mil) e 100.000 (cem mil) habitantes no Censo 2010; e (Incluído pela Lei n. 14.026, de 2020) IV - até 2 de agosto de 2024, para Municípios com população inferior a 50.000 (cinquenta mil) habitantes no Censo 2010. (Incluído pela Lei n. 14.026, de 2020) § 1º (VETADO). (Incluído pela Lei n. 14.026, de 2020) § 2º Nos casos em que a disposição de rejeitos em aterros sanitários for economicamente inviável, poderão ser adotadas outras soluções, observadas normas técnicas e operacionais estabelecidas pelo órgão competente, de modo a evitar danos ou riscos à saúde pública e à segurança e a minimizar os impactos ambientais. (Incluído pela Lei n. 14.026, de 2020)".

[170] Nesse sentido: MILARÉ, Édis. *Direito do ambiente*. 7. ed. São Paulo: Editora Revista dos Tribunais, 2011, p. 1.203.

- os **espaços territoriais especialmente protegidos em sentido lato**, representados basicamente pelas áreas de preservação permanente e de reserva legal: espaços definidos em caráter geral e abstrato, para que sejam protegidos sempre que se verifiquem as condições fáticas naturais para sua incidência.

1.5.3 As Unidades de Conservação (ETEPs em sentido estrito) – significado da expressão e utilização de tal método para preservação

A unidade de conservação é definida pela própria legislação federal como **espaço territorial e seus recursos ambientais, incluindo as águas jurisdicionais, com as características naturais relevantes, legalmente instituído pelo Poder Público, com objetivos de conservação e limites definidos, sob regime especial de administração, ao qual se aplicam garantias adequadas de proteção** (art. 2º, I, da Lei 9.985/2000).

Trata-se, com já dito, da indicação de um espaço específica e concretamente definido no território, de modo que se possa instituir naquele delimitado espaço um regime especial de administração, com vistas a atingir os objetivos que motivaram a criação da unidade.

A criação de unidades de conservação representa um importante método de preservação de ecossistemas locais ou regionais. Sem dúvida, trata-se de uma das formas de que o Direito Ambiental se utiliza para cumprimento das diretrizes que a Constituição Federal impõe, especialmente em seu art. 225, já referido.

É certo, porém, que a imensa maioria dos casos de unidades de conservação constituem espaços protegidos pelos recursos do Estado, já que um grande número de unidades são efetivamente áreas de domínio público.

Essa questão se revela bastante relevante, por dizer respeito a tema que está sempre em voga, em especial em momentos de crise econômica como o atual.

Atribuir ao Estado todo o ônus da preservação nesses casos parece um tanto demasiado, já que a iniciativa privada acaba por ser responsável por grande parte da poluição e da degradação ambiental que marcam nosso modo de vida.

Surge com força também a discussão sobre a possibilidade de concessão dos espaços públicos que constituem unidades de conservação.

No Estado de São Paulo, é recente a edição da Lei 16.260/2016, que permite a concessão de áreas, serviços e usos em unidades de conservação de domínio do Estado.

1.5.3.1 O Sistema Nacional de Unidades de Conservação da Natureza (SNUC) – objetivos, diretrizes e estrutura

Embora já existissem unidades de conservação no Brasil há muitos anos[171], foi a **Lei 9.985/2000 que instituiu o chamado Sistema Nacional de Unidades de Conservação da Natureza, conjunto das diversas espécies de unidades previstas em nosso ordenamento**, com características e regimes variados.

O Sistema Nacional de Unidades de Conservação da Natureza – SNUC é constituído pelo conjunto das unidades de conservação federais, estaduais e municipais (art. 3º da Lei do SNUC) e tem os seguintes objetivos (art. 4º):

> I – contribuir para a manutenção da diversidade biológica e dos recursos genéticos no território nacional e nas águas jurisdicionais;
>
> II – proteger as espécies ameaçadas de extinção no âmbito regional e nacional;

[171] Aponta-se o Parque Nacional de Itatiaia como a primeira unidade de conservação criada no Brasil, instituída pelo Decreto 1.713/1937, editado no Governo Getúlio Vargas.

III – contribuir para a preservação e a restauração da diversidade de ecossistemas naturais;

IV – promover o desenvolvimento sustentável a partir dos recursos naturais;

V – promover a utilização dos princípios e práticas de conservação da natureza no processo de desenvolvimento;

VI – proteger paisagens naturais e pouco alteradas de notável beleza cênica;

VII – proteger as características relevantes de natureza geológica, geomorfológica, espeleológica, arqueológica, paleontológica e cultural;

VIII – proteger e recuperar recursos hídricos e edáficos;

IX – recuperar ou restaurar ecossistemas degradados;

X – proporcionar meios e incentivos para atividades de pesquisa científica, estudos e monitoramento ambiental;

XI – valorizar econômica e socialmente a diversidade biológica;

XII – favorecer condições e promover a educação e interpretação ambiental, a recreação em contato com a natureza e o turismo ecológico;

XIII – proteger os recursos naturais necessários à subsistência de populações tradicionais, respeitando e valorizando seu conhecimento e sua cultura e promovendo-as social e economicamente.

A Lei estabelece também que o SNUC (art. 5º) deve ser regido por diretrizes que:

I – assegurem que no conjunto das unidades de conservação estejam representadas amostras significativas e ecologicamente viáveis das diferentes populações, habitats e ecossistemas do território nacional e das águas jurisdicionais, salvaguardando o patrimônio biológico existente;

II – assegurem os mecanismos e procedimentos necessários ao envolvimento da sociedade no estabelecimento e na revisão da política nacional de unidades de conservação;

III – assegurem a participação efetiva das populações locais na criação, implantação e gestão das unidades de conservação;

IV – busquem o apoio e a cooperação de organizações não-governamentais, de organizações privadas e pessoas físicas para o desenvolvimento de estudos, pesquisas científicas, práticas de educação ambiental, atividades de lazer e de turismo ecológico, monitoramento, manutenção e outras atividades de gestão das unidades de conservação;

V – incentivem as populações locais e as organizações privadas a estabelecerem e administrarem unidades de conservação dentro do sistema nacional;

VI – assegurem, nos casos possíveis, a sustentabilidade econômica das unidades de conservação;

VII – permitam o uso das unidades de conservação para a conservação *in situ* de populações das variantes genéticas selvagens dos animais e plantas domesticados e recursos genéticos silvestres;

VIII – assegurem que o processo de criação e a gestão das unidades de conservação sejam feitos de forma integrada com as políticas de administração das terras e águas circundantes, considerando as condições e necessidades sociais e econômicas locais;

IX – considerem as condições e necessidades das populações locais no desenvolvimento e adaptação de métodos e técnicas de uso sustentável dos recursos naturais;

X – garantam às populações tradicionais cuja subsistência dependa da utilização de recursos naturais existentes no interior das unidades de conservação meios de subsistência alternativos ou a justa indenização pelos recursos perdidos;

XI – garantam uma alocação adequada dos recursos financeiros necessários para que, uma vez criadas, as unidades de conservação possam ser geridas de forma eficaz e atender aos seus objetivos;

XII – busquem conferir às unidades de conservação, nos casos possíveis e respeitadas as conveniências da administração, autonomia administrativa e financeira; e

XIII – busquem proteger grandes áreas por meio de um conjunto integrado de unidades de conservação de diferentes categorias, próximas ou contíguas, e suas respectivas zonas de amortecimento e corredores ecológicos, integrando as diferentes atividades de preservação da natureza, uso sustentável dos recursos naturais e restauração e recuperação dos ecossistemas.

Finalmente, quanto à estrutura do SNUC, esclarece a lei (art. 6º) que o SNUC será gerido pelos seguintes órgãos, com as respectivas atribuições:

I – Órgão consultivo e deliberativo: o Conselho Nacional do Meio Ambiente – Conama, com as atribuições de acompanhar a implementação do Sistema;

II – Órgão central: o Ministério do Meio Ambiente, com a finalidade de coordenar o Sistema; e

III – órgãos executores: o Instituto Chico Mendes e o Ibama, em caráter supletivo, os órgãos estaduais e municipais, com a função de implementar o SNUC, subsidiar as propostas de criação e administrar as unidades de conservação federais, estaduais e municipais, nas respectivas esferas de atuação.

Parágrafo único. Podem integrar o SNUC, excepcionalmente e a critério do Conama, unidades de conservação estaduais e municipais que, concebidas para atender a peculiaridades regionais ou locais, possuam objetivos de manejo que não possam ser satisfatoriamente atendidos por nenhuma categoria prevista nesta Lei e cujas características permitam, em relação a estas, uma clara distinção.

1.5.3.2 *As diferentes categorias de unidades de conservação*

As unidades de conservação previstas na Lei 9.985/2000 dividem-se em dois grandes gêneros, conforme a finalidade de sua instituição e os usos que se permitem: as unidades de proteção integral e as unidades de uso sustentável.

As **unidades de conservação de proteção integral** estão disciplinadas nos arts. 8º a 13 da lei e podem ser definidas como espaços territoriais e seus recursos ambientais, com características naturais relevantes, legalmente instituídos pelo Poder Público, com **objetivo de manutenção dos ecossistemas livres de alterações causadas por interferência humana, admitido apenas o uso indireto dos seus atributos naturais** (art. 2º, I, e VI, c.c. art. 7º, § 1º).

As **unidades de conservação de uso sustentável** estão disciplinadas nos arts. 14 a 21 e podem ser definidas como espaços territoriais e seus recursos ambientais, com características naturais relevantes, legalmente instituídos pelo Poder Público, com **objetivos de compatibilizar a conservação da natureza com a exploração sustentável do ambiente, de maneira a garantir a perenidade dos recursos ambientais renováveis e dos processos ecológicos, mantendo a biodiversidade e os demais atributos ecológicos, de forma socialmente justa e economicamente viável** (art. 2º, I e XI, c.c. art. 7º, § 2º).

1.5.3.3 *As unidades de conservação de proteção integral*

As unidades de conservação de proteção integral são gênero composto pelas seguintes espécies, cada qual com suas particularidades, mas todas mantendo o objetivo geral de manutenção integral dos recursos naturais (art. 8º):

I – Estação Ecológica;

II – Reserva Biológica;

III – Parque Nacional;

IV – Monumento Natural;

V – Refúgio de Vida Silvestre.

1.5.3.3.1 Estação Ecológica

A Estação Ecológica é unidade de conservação de posse e domínio públicos e tem como objetivo a preservação da natureza e a realização de pesquisas científicas (art. 9º, *caput*).

Como se trata de unidade que deve ser sempre de domínio público, as áreas particulares incluídas em seus limites deverão ser desapropriadas (§ 1º do art. 9º).

Diante dos objetivos da unidade, a lei proíbe a visitação pública, exceto quando houver objetivo educacional, de acordo com o que dispuser o Plano de Manejo da unidade ou regulamento específico (§ 2º).

Mesmo a pesquisa científica depende de autorização prévia do órgão responsável pela administração da unidade e está sujeita às condições e restrições por este estabelecidas (§ 3º).

Na Estação Ecológica só podem ser permitidas alterações dos ecossistemas no caso de: medidas que visem a restauração de ecossistemas modificados; manejo de espécies com o fim de preservar a diversidade biológica; coleta de componentes dos ecossistemas com finalidades científicas; pesquisas científicas cujo impacto sobre o ambiente seja maior do que aquele causado pela simples observação ou pela coleta controlada de componentes dos ecossistemas, em uma área correspondente a no máximo três por cento da extensão total da unidade e até o limite de um mil e quinhentos hectares (§ 4º).

1.5.3.3.2 Reserva Biológica

A Reserva Biológica é unidade de conservação também de posse e domínio públicos e tem como objetivo a preservação integral da biota e demais atributos naturais existentes em seus limites, sem interferência humana direta ou modificações ambientais, excetuando-se as medidas de recuperação de seus ecossistemas alterados e as ações de manejo necessárias para recuperar e preservar o equilíbrio natural, a diversidade biológica e os processos ecológicos naturais (art. 10, *caput*).

Assim como ocorre com a estação ecológica, na reserva biológica, tratando-se área necessariamente pública, as áreas particulares incluídas em seus limites serão desapropriadas (art. 10, § 1º).

Repetem-se as normas que: proíbem a visitação pública, exceto aquela com objetivo educacional, de acordo com regulamento específico (§ 2º); condicionam a pesquisa científica à autorização prévia do órgão responsável pela administração da unidade e às condições e restrições por este estabelecidas, bem como àquelas previstas em regulamento (§ 3º).

1.5.3.3.3 Parque Nacional

Os Parques Nacionais são unidades de posse e domínio públicos que tem como objetivo básico a preservação de ecossistemas naturais de grande relevância ecológica e beleza cênica, possibilitando a realização de pesquisas científicas e o desenvolvimento de atividades de educação e interpretação ambiental, de recreação em contato com a natureza e de turismo ecológico (art. 11).

Também devem ser desapropriadas as áreas particulares eventualmente inseridas nos limites do parque (§ 1º).

Permite-se a visitação pública, que está sujeita às normas e restrições estabelecidas no Plano de Manejo da unidade, às normas estabelecidas pelo órgão responsável por sua administração, e àquelas previstas em regulamento (§ 2º).

Também a pesquisa científica depende de autorização prévia do órgão responsável pela administração da unidade e está sujeita às condições e restrições por este estabelecidas, bem como àquelas previstas em regulamento (§ 3º).

As regras que disciplinam os parques nacionais aplicam-se também aos Parques Estaduais e aos Parques Naturais Municipais, assim denominados quando criados respectivamente Estado ou Município.

1.5.3.3.4 Monumento Natural

O Monumento Natural tem como objetivo básico preservar sítios naturais raros, singulares ou de grande beleza cênica e pode ser constituído por áreas particulares, desde que seja possível compatibilizar os objetivos da unidade com a utilização da terra e dos recursos naturais do local pelos proprietários (art. 12, *caput* e § 1º).

Se houver incompatibilidade entre os objetivos da área e as atividades privadas ou não havendo aquiescência do proprietário às condições propostas pelo órgão responsável pela administração da unidade para a coexistência do Monumento Natural com o uso da propriedade, a área será desapropriada (art. 12, § 2º).

Permite-se a visitação pública, que, no entanto, está sujeita às condições e restrições estabelecidas no Plano de Manejo da unidade, às normas estabelecidas pelo órgão responsável por sua administração e àquelas previstas em regulamento (§ 3º).

1.5.3.3.5 Refúgio de Vida Silvestre

A última das unidades de conservação de proteção integral é o chamado **Refúgio de Vida Silvestre, instituto que tem como objetivo proteger ambientes naturais onde se asseguram condições para a existência ou reprodução de espécies ou comunidades da flora local e da fauna residente ou migratória** (art. 13, *caput*).

O Refúgio de Vida Silvestre também pode ser constituído por áreas particulares, desde que seja possível compatibilizar os objetivos da unidade com a utilização da terra e dos recursos naturais do local pelos proprietários (art. 13, § 1º).

Dispõe a lei que, se houver incompatibilidade entre os objetivos da área e as atividades privadas, ou não havendo aquiescência do proprietário às condições propostas pelo órgão responsável pela administração da unidade para a coexistência do Refúgio de Vida Silvestre com o uso da propriedade, a área deve ser desapropriada (§ 2º).

A visitação pública também se submete às normas e restrições estabelecidas no Plano de Manejo da unidade, às normas estabelecidas pelo órgão responsável por sua administração, e àquelas previstas em regulamento (§ 3º) e a pesquisa científica depende de autorização prévia do órgão responsável pela administração da unidade e está sujeita às condições e restrições por este estabelecidas, bem como àquelas previstas em regulamento (§ 4º).

1.5.3.4 As unidades de conservação de uso sustentável

As unidades de conservação de uso sustentável são gênero composto pelas seguintes espécies, cada qual com suas particularidades, mas todas mantendo o objetivo geral de compatibilizar a conservação da natureza com o uso sustentável de parcela dos seus recursos naturais (art. 14):

I - Área de Proteção Ambiental;

II - Área de Relevante Interesse Ecológico;

III - Floresta Nacional;

IV - Reserva Extrativista;

V - Reserva de Fauna;

VI – Reserva de Desenvolvimento Sustentável; e

VII – Reserva Particular do Patrimônio Natural.

1.5.3.4.1 Área de Proteção Ambiental

A Área de Proteção Ambiental, prevista no art. 15 da Lei do SNUC, é uma área bastante extensa, com um certo grau de ocupação humana, dotada de atributos abióticos, bióticos, estéticos ou culturais especialmente importantes para a qualidade de vida e o bem-estar das populações humanas, e tem como objetivos básicos proteger a diversidade biológica, disciplinar o processo de ocupação e assegurar a sustentabilidade do uso dos recursos naturais.

A Área de Proteção Ambiental é constituída por terras públicas ou privadas. Nessas áreas, respeitados os limites constitucionais, podem ser estabelecidas normas e restrições para a utilização de uma propriedade privada (art. 15, §§ 1º e 2º).

As condições para a realização de pesquisa científica e visitação pública nas áreas de domínio público serão estabelecidas pelo órgão gestor da unidade e nas áreas de propriedade privada, cabe ao proprietário estabelecer as condições para pesquisa e visitação pelo público, observadas as exigências e restrições legais (§§ 3º e 4º).

A Área de Proteção Ambiental deve dispor de um Conselho presidido pelo órgão responsável por sua administração e constituído por representantes dos órgãos públicos, de organizações da sociedade civil e da população residente (§ 5º).

1.5.3.4.2 Área de Relevante Interesse Ecológico

A Área de Relevante Interesse Ecológico é uma área de pequena extensão, com pouca ou nenhuma ocupação humana, com características naturais extraordinárias ou que abriga exemplares raros da biota regional, e tem como objetivo manter os ecossistemas naturais de importância regional ou local e regular o uso admissível dessas áreas, de modo a compatibilizá-lo com os objetivos de conservação da natureza (art. 16, *caput*).

Também a Área de Relevante Interesse Ecológico é constituída por terras públicas ou privadas e, respeitados os limites constitucionais, podem ser estabelecidas normas e restrições para a utilização de uma propriedade privada localizada em uma Área de Relevante Interesse Ecológico (art. 16, *caput* e §§ 1º e 2º).

1.5.3.4.3 Floresta Nacional

A Floresta Nacional é uma área com cobertura florestal de espécies predominantemente nativas e tem como objetivo básico o uso múltiplo sustentável dos recursos florestais e a pesquisa científica, com ênfase em métodos para exploração sustentável de florestas nativas (art. 17, *caput*).

Floresta Nacional é de posse e domínio públicos, razão pela qual as áreas particulares incluídas em seus limites devem ser desapropriadas (art. 17, § 1º).

Nas Florestas Nacionais, admite-se a permanência de populações tradicionais que a habitam quando de sua criação, em conformidade com o disposto em regulamento e no Plano de Manejo da unidade (§ 2º).

Permite-se a visitação pública, evidentemente condicionada às normas estabelecidas para o manejo da unidade pelo órgão responsável por sua administração (§ 3º).

Também a pesquisa é permitida e incentivada, sujeitando-se à prévia autorização do órgão responsável pela administração da unidade, às condições e restrições por este estabelecidas e àquelas previstas em regulamento (§ 4º).

A Floresta Nacional disporá de um Conselho Consultivo, presidido pelo órgão responsável por sua administração e constituído por representantes de órgãos públicos, de organizações da sociedade civil e, quando for o caso, das populações tradicionais residentes (§ 5º).

A unidade desta categoria, quando criada pelo Estado ou Município, será denominada, respectivamente, Floresta Estadual e Floresta Municipal (§ 6º).

1.5.3.4.4 Reserva Extrativista

A Reserva Extrativista é uma área utilizada por populações extrativistas tradicionais, cuja subsistência baseia-se no extrativismo e, complementarmente, na agricultura de subsistência e na criação de animais de pequeno porte, e tem como objetivos básicos proteger os meios de vida e a cultura dessas populações, e assegurar o uso sustentável dos recursos naturais da unidade (art. 18, *caput*).

A Reserva Extrativista é sempre de domínio público, tendo seu uso concedido às populações extrativistas tradicionais[172], de modo que as áreas particulares incluídas em seus limites devem ser desapropriadas (art. 18, § 1º).

As unidades desta espécie serão geridas por um Conselho Deliberativo, presidido pelo órgão responsável por sua administração e constituído por representantes de órgãos públicos, de organizações da sociedade civil e das populações tradicionais residentes na área, conforme se dispuser em regulamento e no ato de criação da unidade (§ 2º).

Permitem-se:

- a visitação pública é permitida, desde que compatível com os interesses locais e de acordo com o disposto no Plano de Manejo da área (§ 3º);
- a pesquisa científica, sujeitando-se à prévia autorização do órgão responsável pela administração da unidade, às condições e restrições por este estabelecidas e às normas previstas em regulamento (§ 4º).

O Plano de Manejo da unidade será aprovado pelo seu Conselho Deliberativo (§ 5º).

Na reserva extrativista, são proibidas a exploração de recursos minerais e a caça amadorística ou profissional (§ 6º) e a exploração comercial de recursos madeireiros só será admitida em bases sustentáveis e em situações especiais e complementares às demais atividades desenvolvidas na Reserva Extrativista, conforme o disposto em regulamento e no Plano de Manejo da unidade (§ 7º).

1.5.3.4.5 Reserva de Fauna

Reserva de Fauna é uma área natural com populações animais de espécies nativas, terrestres ou aquáticas, residentes ou migratórias, adequadas para estudos técnico-científicos sobre o manejo econômico sustentável de recursos faunísticos (art. 19, *caput*).

A Reserva de Fauna é de posse e domínio públicos e as áreas particulares incluídas em seus limites devem ser desapropriadas (art. 19, § 1º).

---

[172] O art. 23 da Lei 9.985/2000 trata da concessão de uso acima referida: "Art. 23. A posse e o uso das áreas ocupadas pelas populações tradicionais nas Reservas Extrativistas e Reservas de Desenvolvimento Sustentável serão regulados por contrato, conforme se dispuser no regulamento desta Lei. § 1º As populações de que trata este artigo obrigam-se a participar da preservação, recuperação, defesa e manutenção da unidade de conservação. § 2º O uso dos recursos naturais pelas populações de que trata este artigo obedecerá às seguintes normas: I – proibição do uso de espécies localmente ameaçadas de extinção ou de práticas que danifiquem os seus habitats; II – proibição de práticas ou atividades que impeçam a regeneração natural dos ecossistemas; III – demais normas estabelecidas na legislação, no Plano de Manejo da unidade de conservação e no contrato de concessão de direito real de uso".

Pode ser permitida a visitação pública, desde que compatível com o manejo da unidade e de acordo com as normas estabelecidas pelo órgão responsável por sua administração (§ 2º).

É proibido o exercício da caça amadorística ou profissional (§ 3º) e a comercialização dos produtos e subprodutos resultantes das pesquisas obedecerá ao disposto nas leis sobre fauna e regulamentos (§ 4º).

1.5.3.4.6 Reserva de Desenvolvimento Sustentável

A Reserva de Desenvolvimento Sustentável é uma área natural que abriga populações tradicionais, cuja existência baseia-se em sistemas sustentáveis de exploração dos recursos naturais, desenvolvidos ao longo de gerações e adaptados às condições ecológicas locais e que desempenham um papel fundamental na proteção da natureza e na manutenção da diversidade biológica (art. 20, *caput*).

A Reserva de Desenvolvimento Sustentável tem como objetivo básico preservar a natureza e, ao mesmo tempo, assegurar as condições e os meios necessários para a reprodução e a melhoria dos modos e da qualidade de vida e exploração dos recursos naturais das populações tradicionais, bem como valorizar, conservar e aperfeiçoar o conhecimento e as técnicas de manejo do ambiente, desenvolvido por estas populações (§ 1º).

As áreas que compõem a Reserva de Desenvolvimento Sustentável são de domínio público, devendo ser desapropriadas as áreas particulares incluídas em seus limites (§ 2º).

O uso das áreas ocupadas pelas populações tradicionais será regulado de acordo com o disposto no art. 23 da lei e em regulamentação específica[173].

A Reserva de Desenvolvimento Sustentável será gerida por um Conselho Deliberativo, presidido pelo órgão responsável por sua administração e constituído por representantes de órgãos públicos, de organizações da sociedade civil e das populações tradicionais residentes na área, conforme se dispuser em regulamento e no ato de criação da unidade (§ 4º).

Na Reserva de Desenvolvimento Sustentável (§ 5º):

- é permitida e incentivada a visitação pública, desde que compatível com os interesses locais e de acordo com o disposto no Plano de Manejo da área;
- é permitida e incentivada a pesquisa científica voltada à conservação da natureza, à melhor relação das populações residentes com seu meio e à educação ambiental, sujeitando-se à prévia autorização do órgão responsável pela administração da unidade, às condições e restrições por este estabelecidas e às normas previstas em regulamento;
- deve ser sempre considerado o equilíbrio dinâmico entre o tamanho da população e a conservação; e
- é admitida a exploração de componentes dos ecossistemas naturais em regime de manejo sustentável e a substituição da cobertura vegetal por espécies cultiváveis, desde que sujeitas ao zoneamento, às limitações legais e ao Plano de Manejo da área.

O Plano de Manejo da Reserva de Desenvolvimento Sustentável definirá as zonas de proteção integral, de uso sustentável e de amortecimento e corredores ecológicos, e será aprovado pelo Conselho Deliberativo da unidade (§ 6º).

---

173 Reafirma-se que é o art. 23 da Lei 9.985/2000 o dispositivo que trata da concessão de uso referida.

1.5.3.4.7 Reserva Particular do Patrimônio Natural

A Reserva Particular do Patrimônio Natural, prevista no art. 21 da Lei do SNUC, é uma área privada, gravada com perpetuidade, com o objetivo de conservar a diversidade biológica.

O gravame de que se trata constará de termo de compromisso assinado perante o órgão ambiental, que verificará a existência de interesse público, e será averbado à margem da inscrição no Registro Público de Imóveis (§ 1º).

Só poderá ser permitida, na Reserva Particular do Patrimônio Natural, conforme se dispuser em regulamento (§ 2º):

- a pesquisa científica;
- a visitação com objetivos turísticos, recreativos e educacionais.

Note-se que a RPPN é uma unidade de conservação criada por requerimento voluntário de um proprietário privado, submetida a solicitação à avaliação do órgão ambiental estatal. A disciplina de criação da RPPN está explicitada no Decreto 5.746/2006, que regulamenta as disposições legais acerca do instituto.

Criada a RPPN, os órgãos integrantes do SNUC, sempre que possível e oportuno, prestarão orientação técnica e científica ao proprietário de Reserva Particular do Patrimônio Natural para a elaboração de um Plano de Manejo ou de Proteção e de Gestão da unidade (art. 21, § 3º, da Lei 9.985/2000).

1.5.3.4.8 Reserva da Biosfera

Finalmente, prevê a Lei 9.985/2000 mais uma unidade de conservação, a chamada Reserva da Biosfera.

Segundo dispõe o art. 41, **a Reserva da Biosfera é um modelo, adotado internacionalmente**[174]**, de gestão integrada, participativa e sustentável dos recursos naturais, com os objetivos básicos de preservação da diversidade biológica, o desenvolvimento de atividades de pesquisa, o monitoramento ambiental, a educação ambiental, o desenvolvimento sustentável e a melhoria da qualidade de vida das populações.**

A Reserva da Biosfera pode ser constituída por áreas públicas ou privadas é composta por:

> I – uma ou várias áreas-núcleo, destinadas à proteção integral da natureza;
>
> II – uma ou várias zonas de amortecimento, onde só são admitidas atividades que não resultem em dano para as áreas-núcleo; e
>
> III – uma ou várias zonas de transição, sem limites rígidos, onde o processo de ocupação e o manejo dos recursos naturais são planejados e conduzidos de modo participativo e em bases sustentáveis (art. 41, §§ 1º e 2º).

Esta espécie de unidade pode ser integrada por unidades de conservação já criadas pelo Poder Público, respeitadas as normas legais que disciplinam o manejo de cada categoria específica e é gerida por um Conselho Deliberativo, formado por representantes de instituições públicas, de organizações da sociedade civil e da população residente, conforme se dispuser em regulamento e no ato de constituição da unidade (§§ 3º e 4º do art. 41).

---

174 A Reserva da Biosfera é reconhecida pelo Programa Intergovernamental "O Homem e a Biosfera – MAB", estabelecido pela Unesco, organização da qual o Brasil é membro (art. 41, § 5º).

1.5.3.5 *Unidades de conservação atípicas*

É possível afirmar a existência de unidades de conservação atípicas, não expressamente previstas nos arts. 8º e 14 da Lei do SNUC, mas claramente enquadráveis na definição genérica contida no art. 2º, I, da referida lei.

Trata-se de formas tradicionais e conhecidas como os hortos florestais, jardins botânicos, parques urbanos, dentre outros.

É importante, porém, compreender que não são passíveis de enquadramento como unidades de conservação as áreas de preservação permanente e as áreas de reserva legal, os assim chamados espaços territoriais especialmente protegidos em sentido amplo. Frise-se uma vez mais que os espaços em sentido estrito (unidades de conservação) se caracterizam por serem concretamente definidos no território, diferentemente dos espaços em sentido amplo (APPs e RLs), que são definidos em caráter geral e abstrato na legislação.

1.5.3.6 *Criação, implantação e gestão das unidades de conservação*

As **unidades de conservação são criadas por ato do Poder Público** (art. 22, *caput*, da Lei 9.985/2000), ato este que deve ser **precedido de estudos técnicos e de consulta pública**[175] que permitam identificar a localização, a dimensão e os limites mais adequados para a unidade (§ 2º do art. 22).

Segundo o art. 2º do Decreto 4.340/2002, que regulamenta dispositivos da Lei do SNUC, o ato de criação de uma unidade de conservação deve indicar:

> I – a denominação, a categoria de manejo, os objetivos, os limites, a área da unidade e o órgão responsável por sua administração;
>
> II – a população tradicional beneficiária, no caso das Reservas Extrativistas e das Reservas de Desenvolvimento Sustentável;
>
> III – a população tradicional residente, quando couber, no caso das Florestas Nacionais, Florestas Estaduais ou Florestas Municipais; e
>
> IV – as atividades econômicas, de segurança e de defesa nacional envolvidas.

A lei admite que as unidades de conservação do grupo de Uso Sustentável possam ser transformadas total ou parcialmente em unidades do grupo de Proteção Integral, por instrumento normativo do mesmo nível hierárquico daquele que criou a unidade, desde que obedecidos os procedimentos de consulta estabelecidos na própria lei (art. 22, § 5º, da Lei 9.985/2000). Da mesma forma, obedecidos os procedimentos de consulta referidos, poderá ser feita a ampliação dos limites de uma unidade de conservação, sem modificação dos seus limites originais, exceto pelo acréscimo proposto, também por instrumento normativo do mesmo nível hierárquico do que criou a unidade (§ 6º).

Diz ainda a Lei do SNUC que a desafetação ou redução dos limites de uma unidade de conservação só poderá ser feita mediante lei específica.

De modo geral, nota-se que a sistemática criada permite a instituição e/ou ampliação de unidades de conservação por meio de atos infralegais, mas a supressão ou redução de uma unidade somente pode ocorrer por meio de lei. Aliás, a lógica da Lei 9.985/2000 decorre da disposição da própria Constituição Federal, que já determinava esse sistema (art. 225, § 1º, III).

Vale aqui mencionar recente decisão do Supremo Tribunal Federal na ADI 4.717, em que se decidiu que é inconstitucional a diminuição, por meio de medida provisória, de espaços

---

[175] Frise-se que, no processo de consulta pública, o Poder Público é obrigado a fornecer informações adequadas e inteligíveis à população local e a outras partes interessadas (art. 22, § 3º) e na criação de Estação Ecológica ou Reserva Biológica não é obrigatória a consulta referida (§ 4º).

territoriais especialmente protegidos. Na ocasião, questionava-se a validade da MP 558/2012, que dispunha sobre alteração nos limites dos Parques Nacionais da Amazônia, dos Campos Amazônicos e Mapinguari, das Florestas Nacionais de Itaituba I, Itaituba II e do Crepori e da Área de Proteção Ambiental do Tapajós, com o objetivo de construir o Aproveitamento Hidrelétrico Tabajara, no Rio Machado. O STF não declarou a nulidade da norma questionada nos autos, uma vez que os efeitos da medida provisória, posteriormente convertida em lei, já haviam se concretizado, incluindo a construção de usinas que já estavam em funcionamento. Contudo, apesar da irreversibilidade verificada no específico caso enfrentado, fixou-se a interpretação no sentido da inconstitucionalidade da possibilidade de edições de futuras medidas provisórias que esvaziem a salvaguarda do meio ambiente[176].

A fim de propiciar adequada proteção aos recursos naturais relativos a área sobre a qual haja interesse na instituição de unidade de conservação, incluiu-se, em 2005, o art. 22-A na Lei 9.985/2000, facultando-se ao Poder Público, ressalvadas as atividades agropecuárias e outras atividades econômicas em andamento e obras públicas licenciadas, a decretação de limitações administrativas provisórias ao exercício de atividades e empreendimentos efetiva ou potencialmente causadores de degradação ambiental, para a realização de estudos com vistas na criação de Unidade de Conservação, quando, a critério do órgão ambiental competente, houver risco de dano grave aos recursos naturais ali existentes. Na área submetida a tais limitações administrativas, não serão permitidas atividades que importem em exploração a corte raso da floresta e demais formas de vegetação nativa (§ 1º). A questão relativa à destinação final da área submetida às limitações deverá ser definida no prazo de 7 (sete) meses, improrrogáveis, após o que fica extinta a limitação administrativa.

Segundo dispõe o art. 24 da Lei 9.985/2000, **o subsolo e o espaço aéreo, sempre que influírem na estabilidade do ecossistema, integram os limites das unidades** de conservação[177].

Além disso, as unidades de conservação, exceto Área de Proteção Ambiental e Reserva Particular do Patrimônio Natural, **devem possuir uma zona de amortecimento e, quando conveniente, corredores ecológicos**.

A Lei 9.985/2000 define tais institutos:

> Art. 2º (...)
>
> XVIII – zona de amortecimento: o entorno de uma unidade de conservação, onde as atividades humanas estão sujeitas a normas e restrições específicas, com o propósito de minimizar os impactos negativos sobre a unidade; e
>
> XIX – corredores ecológicos: porções de ecossistemas naturais ou seminaturais, ligando unidades de conservação, que possibilitam entre elas o fluxo de genes e o movimento da biota, facilitando a dispersão de espécies e a recolonização de áreas degradadas, bem como a manutenção de populações que demandam para sua sobrevivência áreas com extensão maior do que aquela das unidades individuais.

O órgão responsável pela administração da unidade deve estabelecer normas específicas para regulamentar a ocupação e o uso dos recursos da zona de amortecimento e dos corredores ecológicos de uma unidade de conservação (art. 25, § 1º). A rigor, permite a lei que os limites

---

176 Em julgado ainda mais recente, o Min. Alexandre de Moraes reafirmou esse entendimento, ao conceder a medida cautelar requerida na ADI 6553 para suspender a eficácia da Lei 13.452/2017, originada do projeto de conversão da Medida Provisória (MP) 758/2016, que alterou os limites e excluiu cerca de 862 hectares do Parque Nacional do Jamanxim, no Pará. O Ministro assinalou que a alteração territorial em unidade de conservação não poderia ter sido realizada por meio de medida provisória.

177 Decreto 4.340/2002: "Art. 6º Os limites da unidade de conservação, em relação ao subsolo, são estabelecidos: I – no ato de sua criação, no caso de Unidade de Conservação de Proteção Integral; e II – no ato de sua criação ou no Plano de Manejo, no caso de Unidade de Conservação de Uso Sustentável. Art. 7º Os limites da unidade de conservação, em relação ao espaço aéreo, são estabelecidos no Plano de Manejo, embasados em estudos técnicos realizados pelo órgão gestor da unidade de conservação, consultada a autoridade aeronáutica competente e de acordo com a legislação vigente".

da zona de amortecimento e dos corredores ecológicos e as normas sobre sua ocupação e uso sejam ser definidas no ato de criação da unidade ou posteriormente (§ 2º)[178].

Norma importantíssima é aquela que estabelece que **as unidades de conservação devem dispor de um Plano de Manejo** (art. 27).

O plano de manejo tem seu conceito formulado na própria Lei do SNUC (art. 2º, XVII), a qual estabelece que se trata de **documento técnico por meio do qual se estabelece o seu zoneamento e as normas que devem reger o uso da área e o manejo dos recursos naturais**.

O Plano de Manejo deve abordar a área da unidade de conservação, sua zona de amortecimento e os corredores ecológicos, prevendo medidas com o fim de promover sua integração à vida econômica e social das comunidades vizinhas, tratando também da implantação das estruturas físicas necessárias à gestão da unidade (art. 27, § 1º)[179].

Segundo a lei, o Plano de Manejo de uma unidade de conservação deve ser elaborado no prazo máximo de cinco anos a partir da data da criação da unidade (art. 27, § 3º).

Como se trata de instrumentos que definem as regras de utilização e conservação dos recursos naturais existentes numa unidade de conservação, a lei proíbe quaisquer alterações, atividades ou modalidades de utilização em desacordo com o seu Plano de Manejo, seus objetivos e regulamentos (art. 28)[180].

No que se refere à gestão, prevê o art. 29 da Lei do SNUC que cada unidade de conservação do grupo de Proteção Integral disporá de um Conselho Consultivo, presidido pelo órgão responsável por sua administração e constituído por representantes de órgãos públicos, de organizações da sociedade civil, por proprietários de terras localizadas em Refúgio de Vida Silvestre ou Monumento Natural, quando for o caso, e, na hipótese prevista no § 2º do art. 42, das populações tradicionais residentes, conforme se dispuser em regulamento e no ato de criação da unidade.

De outro lado, as unidades de conservação podem ser geridas por organizações da sociedade civil de interesse público com objetivos afins aos da unidade, o que se faz pela assinatura de termo de parceria a ser firmado com o órgão responsável por sua gestão (art. 30).

Como regra e para assegurar a conservação dos ecossistemas naturais, é proibida a introdução nas unidades de conservação de espécies não autóctones[181] (art. 31)[182].

Prevê ainda a lei que os órgãos executores deverão articular-se com a comunidade científica com a finalidade de incentivar o desenvolvimento de pesquisas sobre a fauna, a flora e a ecologia das unidades de conservação e sobre formas de uso sustentável dos recursos naturais,

---

178 Ressalte-se que, *quando existir um conjunto de unidades de conservação de categorias diferentes ou não, próximas, justapostas ou sobrepostas, e outras áreas protegidas públicas ou privadas, constituindo um mosaico, a gestão do conjunto deverá ser feita de forma integrada e participativa, considerando-se os seus distintos objetivos de conservação, de forma a compatibilizar a presença da biodiversidade, a valorização da sociodiversidade e o desenvolvimento sustentável no contexto regional* (art. 26 da Lei 9.985/2000).

179 Art. 27, § 2º, da Lei 9.985/2000: "§ 2º Na elaboração, atualização e implementação do Plano de Manejo das Reservas Extrativistas, das Reservas de Desenvolvimento Sustentável, das Áreas de Proteção Ambiental e, quando couber, das Florestas Nacionais e das Áreas de Relevante Interesse Ecológico, será assegurada a ampla participação da população residente".

180 Art. 28, parágrafo único, da Lei 9.985/2000: "Parágrafo único. Até que seja elaborado o Plano de Manejo, todas as atividades e obras desenvolvidas nas unidades de conservação de proteção integral devem se limitar àquelas destinadas a garantir a integridade dos recursos que a unidade objetiva proteger, assegurando-se às populações tradicionais porventura residentes na área as condições e os meios necessários para a satisfação de suas necessidades materiais, sociais e culturais".

181 "Autóctone: o termo significa 'nativo' (ver aborígine) e se refere a espécies, indivíduos ou populações (de plantas ou animais) originários de um determinado lugar ou região. As espécies autóctones, em comparação com as espécies introduzidas, estão adaptadas ao solo e ao clima da região onde vivem, sendo também mais resistentes a pragas e doenças e a alterações climáticas (longos períodos de estiagem ou de chuvas intensas)" (NARVAES, Patrícia. *Dicionário ilustrado de meio ambiente*. 2. ed. São Caetano do Sul, SP: Yendis Editora; Secretaria do Meio Ambiente do Estado de São Paulo, 2012, p. 49).

182 Excetuam-se dessa proibição "as Áreas de Proteção Ambiental, as Florestas Nacionais, as Reservas Extrativistas e as Reservas de Desenvolvimento Sustentável, bem como os animais e plantas necessários à administração e às atividades das demais categorias de unidades de conservação, de acordo com o que se dispuser em regulamento e no Plano de Manejo da unidade" (art. 31, § 1º). Além disso, "nas áreas particulares localizadas em Refúgios de Vida Silvestre e Monumentos Naturais podem ser criados animais domésticos e cultivadas plantas considerados compatíveis com as finalidades da unidade, de acordo com o que dispuser o seu Plano de Manejo" (§ 2º).

valorizando-se o conhecimento das populações tradicionais (art. 32). No entanto, as pesquisas científicas nas unidades de conservação não podem colocar em risco a sobrevivência das espécies integrantes dos ecossistemas protegidos (§ 1º). Ademais, a realização de pesquisas científicas nas unidades de conservação, exceto na Área de Proteção Ambiental e na Reserva Particular do Patrimônio Natural, depende de aprovação prévia e está sujeita à fiscalização do órgão responsável por sua administração (§ 2º).

Ainda sobre a gestão das unidades, observe-se que a exploração comercial de produtos, subprodutos ou serviços obtidos ou desenvolvidos a partir dos recursos oriundos da unidade de conservação, exceto Área de Proteção Ambiental e Reserva Particular do Patrimônio Natural, dependerá de prévia autorização e sujeitará o explorador a pagamento, conforme disposto em regulamento (art. 33)[183].

Conhecida a situação de frequente escassez de recursos públicos destinados à gestão de unidades de conservação, a Lei do SNUC autoriza que os órgãos responsáveis pela administração das unidades de conservação recebam recursos ou doações de qualquer natureza, nacionais ou internacionais, com ou sem encargos, provenientes de organizações privadas ou públicas ou de pessoas físicas que desejarem colaborar com a sua conservação, definindo apenas que a administração dos recursos obtidos cabe ao órgão gestor da unidade e determinando que estes sejam utilizados exclusivamente na sua implantação, gestão e manutenção (art. 34, *caput* e parágrafo único).

Estabelece ainda a lei que os recursos obtidos pelas unidades de conservação do Grupo de Proteção Integral, mediante a cobrança de taxa de visitação e outras rendas decorrentes de arrecadação, serviços e atividades realizadas na própria unidade, devem ser aplicados de acordo com os seguintes critérios (art. 35):

Percentual de aplicação	Finalidade/destinação dos recursos
I - até cinquenta por cento, e não menos que vinte e cinco por cento	na implementação, manutenção e gestão da própria unidade;
II - até cinquenta por cento, e não menos que vinte e cinco por cento	na regularização fundiária das unidades de conservação do Grupo;
III - até cinquenta por cento, e não menos que quinze por cento	na implementação, manutenção e gestão de outras unidades de conservação do Grupo de Proteção Integral.

Finalmente, rememore-se a abordagem já formulada no item 1.3.2.4 desta obra sobre o princípio do usuário-pagador. É o que se reconhece como conteúdo subjacente ao disposto no art. 36 da Lei do SNUC:

> Art. 36. Nos casos de licenciamento ambiental de empreendimentos de significativo impacto ambiental, assim considerado pelo órgão ambiental competente, com fundamento em estudo de impacto ambiental e respectivo relatório - EIA/RIMA, o empreendedor é obrigado a apoiar a implantação e manutenção de unidade de conservação do Grupo de Proteção Integral, de acordo com o disposto neste artigo e no regulamento desta Lei.

Como já referido, o STF já reconheceu a importância do princípio do usuário-pagador e a constitucionalidade do art. 36 da Lei 9.985/2000 (ADI 3378). A exigência da compensação ambiental referida neste dispositivo encontra fundamento no princípio do usuário-pagador.

---

[183] Regulamentado pelos arts. 25 a 30 do Decreto 4.340/2002.

O empreendedor deve prestar apoio à implantação e manutenção de unidade de conservação porque se afigura usuário dos recursos naturais daquele determinado ecossistema.

Vale lembrar, contudo, que o STF declarou a inconstitucionalidade da expressão "não pode ser inferior a meio por cento dos custos totais previstos para a implantação do empreendimento", constante do § 1º do art. 36 da Lei 9.985/2000. Considerou, assim, que o valor da compensação deve ser fixado pelo órgão ambiental proporcionalmente ao impacto ambiental, após estudo em que se assegurem o contraditório e a ampla defesa, prescindindo-se da prévia e abstrata fixação de percentual sobre os custos do empreendimento[184].

Observe-se, por fim, que recente alteração inseriu no art. 36 da Lei 9.985/2000 o § 4º, autorizando que a obrigação prevista no *caput* do artigo, em virtude do interesse público, seja cumprida em unidades de conservação de posse e domínio públicos do grupo de Uso Sustentável, especialmente as localizadas na Amazônia Legal (alteração realizada pela Lei 13.668/2018).

1.6 CÓDIGO FLORESTAL BRASILEIRO

Acesse e assista à aula explicativa sobre este assunto.

> http://uqr.to/21ku7

1.6.1 Antecedentes históricos, debate político e jurídico e perfil da lei editada

A edição da Lei 12.651/2012, atual Código Florestal Brasileiro, foi permeada por polêmicos debates políticos, científicos e jurídicas, em razão de representar profundas alterações na legislação então existente. O anterior Código Florestal Brasileiro, representado pela Lei 4.771/1965, ostentava normas que conferiam aos institutos jurídico-ambientais razoável patamar de proteção, com a finalidade de se conferir às propriedades rurais em geral um nível de exploração econômica sustentável.

Promovida pela chamada bancada ruralista, a reforma legislativa realizada acabou por ter o **nítido perfil de reduzir ou flexibilizar as normas de proteção florestal, concedendo amplas anistias em relação a obrigações de recomposição que a legislação e a jurisprudência até então existentes vinham reconhecendo de maneira crescente**.

---

184 "Ação direta de inconstitucionalidade. Art. 36 e seus §§ 1°, 2° e 3° da Lei n. 9.985, de 18 de julho de 2000. Constitucionalidade da compensação devida pela implantação de empreendimentos de significativo impacto ambiental. Inconstitucionalidade parcial do § 1° do art. 36. 1. O compartilhamento-compensação ambiental de que trata o art. 36 da Lei n. 9.985/2000 não ofende o princípio da legalidade, dado haver sido a própria lei que previu o modo de financiamento dos gastos com as unidades de conservação da natureza. De igual forma, não há violação ao princípio da separação dos Poderes, por não se tratar de delegação do Poder Legislativo para o Executivo impor deveres aos administrados. 2. Compete ao órgão licenciador fixar o *quantum* da compensação, de acordo com a compostura do impacto ambiental a ser dimensionado no relatório – EIA/RIMA. 3. O art. 36 da Lei n. 9.985/2000 densifica o princípio usuário-pagador, este a significar um mecanismo de assunção partilhada da responsabilidade social pelos custos ambientais derivados da atividade econômica. 4. Inexistente desrespeito ao postulado da razoabilidade. Compensação ambiental que se revela como instrumento adequado à defesa e preservação do meio ambiente para as presentes e futuras gerações, não havendo outro meio eficaz para atingir essa finalidade constitucional. Medida amplamente compensada pelos benefícios que sempre resultam de um meio ambiente ecologicamente garantido em sua higidez. 5. Inconstitucionalidade da expressão "não pode ser inferior a meio por cento dos custos totais previstos para a implantação do empreendimento", no § 1° do art. 36 da Lei n. 9.985/2000. O valor da compensação-compartilhamento é de ser fixado proporcionalmente ao impacto ambiental, após estudo em que se assegurem o contraditório e a ampla defesa. Prescindibilidade da fixação de percentual sobre os custos do empreendimento. 6. Ação parcialmente procedente" (STF, ADI 3378/DF, Rel. Min. Carlos Ayres Brito).

Utilizando-se de argumentos relacionados à defesa do crescimento econômico do país e à suposta onerosidade excessiva que caracterizaria as obrigações ambientais, o projeto referido teve êxito, revogando-se a Lei 4.771/1965 e editando-se a Lei 12.651/2012, logo em seguida alterada em parte pela Lei 12.727/2012.

Atente-se para a circunstância de que o assim chamado Novo Código Florestal trouxe **contribuições importantes para modernizar mecanismos de nossa legislação, tais como o Cadastro Ambiental Rural (CAR), a Cota de Reserva Ambiental (CRA) e o Pagamento por Serviços Ambientais (PSA)**.

Não obstante, **o perfil que se observa na grande maioria dos dispositivos da lei é de redução do patamar de proteção anteriormente existente, sem que se observasse o arcabouço científico existente nas diversas áreas da ecologia**. Por isso mesmo, a Lei 12.651/2012 foi severamente criticada pela imensa maioria dos especialistas consultados.

Referida lei teve diversos de seus dispositivos questionados por meio das ações diretas de inconstitucionalidade 4901, 4902 e 4903, as quais foram ajuizadas pelo Procurador-Geral da República. Mencione-se também a existência da ADI 4.937, ajuizada pelo PSOL, e da Ação Declaratória de Constitucionalidade 42.

A fundamentação dessas ações passava especialmente pela afronta às normas constitucionais extraídas dos termos do art. 225 da Constituição Federal, assim como aos princípios da vedação à proteção deficiente[185] e da proibição de retrocesso[186].

Finalmente, em 8.3.2018, referidas ações de controle direto de constitucionalidade foram julgadas pelo Supremo.

Foi, sem dúvida, um julgamento de suma importância para o Direito Ambiental brasileiro, ocasião em que se solucionaram várias controvérsias estabelecidas acerca de dispositivos da lei florestal.

Com relação à grande maioria dos dispositivos questionados, o Tribunal afastou as arguições, reconhecendo a validade dos dispositivos atacados.

O julgamento evidenciou um aspecto bastante relevante e, de certo modo, preocupante. Houve um certo menosprezo em relação à natureza interdisciplinar do Direito Ambiental. A voz da ciência não foi propriamente ouvida, muito embora o STF tenha recebido inúmeras manifestações de cientistas, em especial por ocasião das audiências públicas realizadas no ano de 2017.

Questões como o marco inicial das APPs de cursos d'água a partir do leito regular, como a definição insuficiente das APPs de reservatórios artificiais anteriores a 2001, como o regime excepcional das áreas rurais consolidadas em APPs, ou ainda como o plantio de espécies exóticas na recomposição da área de reserva legal, todas elas decididas como válidas (constitucionais) pelo STF, são exemplos da postura acima mencionada.

A decisão da Corte acabou por alterar ou influenciar a aplicação de alguns poucos dispositivos, quais sejam:

a) deu-se interpretação conforme a Constituição ao art. 59, §§ 4º e 5º, do Código Florestal, de modo a afastar, no decurso da execução dos termos de compromissos

---

185 "O postulado da proporcionalidade também pode ser entendido como instrumento de controle contra abusos cometidos pelo poder público (*proibição de excesso*), bem como mecanismo contra a *omissão* ou *ação insuficiente* dos poderes estatais (*proibição de insuficiência*)" (CAMBI, Eduardo. *Neoconstitucionalismo e neoprocessualismo*: direitos fundamentais, políticas públicas e protagonismo judiciário. São Paulo: Editora Revista dos Tribunais, 2009, p. 464).

186 "Portanto, quando referimos o princípio de proibição da retrogradação socioambiental e fazemos visível o seu objeto, vedação da degradação ambiental, queremos afirmar uma proposição empírica, que através de uma eleição valiosa de nossa existência e desde uma perspectiva intergeracional, não permite ou impede que se retroceda a condições ambientais prévias àquelas que desfrutamos presentemente" (MOLINARO, Carlos Alberto. *Direito ambiental*: proibição de retrocesso. Porto Alegre: Livraria do Advogado Editora, 2007, p. 80).

subscritos nos programas de regularização ambiental, o risco de decadência ou prescrição, seja dos ilícitos ambientais praticados antes de 22.7.2008, seja das sanções deles decorrentes, aplicando-se extensivamente o disposto no § 1º do art. 60 da Lei 12.651/2012, segundo o qual "a prescrição ficará interrompida durante o período de suspensão da pretensão punitiva";

b) declarou-se a inconstitucionalidade das expressões "gestão de resíduos" e "instalações necessárias à realização de competições esportivas estaduais, nacionais ou internacionais", contidas no art. 3º, VIII, b, da Lei 12.651/2012 (Código Florestal);

c) deu-se interpretação conforme a Constituição ao art. 3º, VIII e IX, do Código Florestal, de modo a se condicionar a intervenção excepcional em APP, por interesse social ou utilidade pública, à inexistência de alternativa técnica e/ou locacional à atividade proposta;

d) deu-se interpretação conforme a Constituição ao art. 3º, XVII, e ao art. 4º, IV, do Código Florestal, para fixar a interpretação de que os entornos das nascentes e dos olhos d'água intermitentes também configuram área de preservação permanente;

e) declarou-se a inconstitucionalidade das expressões "demarcadas" e "tituladas", contidas no art. 3º, parágrafo único, do Código Florestal.

De todo modo, a Lei 12.651/2012 adota em seu primeiro artigo princípios que poderiam inaugurar diploma legal de perfil nitidamente protetivo[187]:

> Art. 1º-A. Esta Lei estabelece normas gerais sobre a proteção da vegetação, áreas de Preservação Permanente e as áreas de Reserva Legal; a exploração florestal, o suprimento de matéria-prima florestal, o controle da origem dos produtos florestais e o controle e prevenção dos incêndios florestais, e prevê instrumentos econômicos e financeiros para o alcance de seus objetivos.
>
> Parágrafo único. Tendo como objetivo o desenvolvimento sustentável, esta Lei atenderá aos seguintes princípios:
>
> I – afirmação do compromisso soberano do Brasil com a preservação das suas florestas e demais formas de vegetação nativa, bem como da biodiversidade, do solo, dos recursos hídricos e da integridade do sistema climático, para o bem estar das gerações presentes e futuras;
>
> II – reafirmação da importância da função estratégica da atividade agropecuária e do papel das florestas e demais formas de vegetação nativa na sustentabilidade, no crescimento econômico, na melhoria da qualidade de vida da população brasileira e na presença do País nos mercados nacional e internacional de alimentos e bioenergia;
>
> III – ação governamental de proteção e uso sustentável de florestas, consagrando o compromisso do País com a compatibilização e harmonização entre o uso produtivo da terra e a preservação da água, do solo e da vegetação;
>
> IV – responsabilidade comum da União, Estados, Distrito Federal e Municípios, em colaboração com a sociedade civil, na criação de políticas para a preservação e restauração da vegetação nativa e de suas funções ecológicas e sociais nas áreas urbanas e rurais;
>
> V – fomento à pesquisa científica e tecnológica na busca da inovação para o uso sustentável do solo e da água, a recuperação e a preservação das florestas e demais formas de vegetação nativa;

[187] Vale lembrar que o art. 1º-A teve sua redação determinada pela Lei 12.727/2012, fruto de conversão de medida provisória editada pelo governo federal por ocasião do veto parcial ao texto do Código Florestal aprovado no Congresso Nacional. A rigor, o veto parcial não significou mudanças profundas no Código e a enunciação dos princípios do art. 1º-A mais pareceu uma tentativa de dar a aparência de que se tratava de lei que atendia aos anseios do movimento ambientalista. Não se trata disso, muitos dos princípios parecem ser ironicamente contrariados no decorrer da lei, com os institutos e conceitos desenvolvidos para flexibilizar a proteção existente na legislação anterior.

VI – criação e mobilização de incentivos econômicos para fomentar a preservação e a recuperação da vegetação nativa e para promover o desenvolvimento de atividades produtivas sustentáveis.

Na mesma linha de enunciação de princípios e prioridades, o art. 2º da lei refere que *as florestas existentes no território nacional e as demais formas de vegetação nativa, reconhecidas de utilidade às terras que revestem, são bens de interesse comum a todos os habitantes do País.* Afirma ainda que os direitos ligados à propriedade devem ser exercidos *com as limitações que a legislação em geral e especialmente esta Lei estabelecem.*

O anunciado intuito protetivo deveria se implementar nos dispositivos que vêm a seguir. No entanto, o que se implementa de fato é uma legislação com perfil mais voltado aos interesses econômicos e menos atenta à efetiva e pronta proteção/recuperação do meio ambiente.

Também por isso, superado o debate acerca da constitucionalidade da lei emergiu como tema relevante a discussão acerca da aplicação temporal do Código Florestal de 2012.

Muitas vezes o proprietário ou possuidor de área rural busca a revisão de instrumentos jurídicos já firmados sob a égide da lei revogada – como o compromisso de ajustamento de conduta –, pretendendo adequá-los às disposições da nova lei.

Isso porque a Lei 12.651/2012, na maioria dos temas, concebeu disposições menos protetivas do que aquelas até então vigentes.

Nesses casos, o STJ vem decidindo pela irretroatividade do Código de 2012, em razão de seu perfil mais permissivo e menos protetivo:

> Processual civil. Agravo interno em recurso especial. Enunciado Administrativo 3/STJ. Novo Código Florestal. Fato pretérito. Princípio *tempus regit actum*. Vedação de retrocesso ambiental. [...] 2. "O novo Código Florestal não pode retroagir para atingir o ato jurídico perfeito, os direitos ambientais adquiridos e a coisa julgada, tampouco para reduzir de tal modo e sem as necessárias compensações ambientais o patamar de proteção de ecossistemas frágeis ou espécies ameaçadas de extinção, a ponto de transgredir o limite constitucional intocável e intransponível da 'incumbência' do Estado de garantir a preservação e a restauração dos processos ecológicos essenciais (art. 225, § 1º, I)" (AgRg no REsp 1.434.797/PR, Rel. Ministro Humberto Martins, Segunda Turma, julgado em 17.05.2016, *DJe* 07/06/2016) 3. No presente caso, conforme consta do acórdão do Tribunal de origem, o Termo de Ajustamento de Conduta – TAC foi celebrado em 2007, devendo o seu cumprimento ser regido pelo Código Florestal vigente à época da celebração do acordo. 4. Agravo interno não provido (AgInt no REsp 1.759.746/SP, 2ª T., Rel. Min. Mauro Campbell Marques, *DJe* 02.04.2019).

Aliás, vale mencionar que os principais fundamentos da decisão de irretroatividade da lei são as garantias constitucionais do ato jurídico perfeito, da coisa julgada e do direito adquirido. Vale também mencionar a relevância do princípio da proibição de retrocesso.

Cite-se ainda a decisão de relatoria do Ministro Herman Benjamin constante da PET no REsp 1.240.122-PR, 2011/0046149-6. Na ocasião, o Ministro concebeu a ideia dos chamados *direitos difusos (ou ambientais) adquiridos.*

> Por certo, todo esse debate sobre a intertemporalidade jurídico-florestal não escapará, em boa parte das demandas, de ir além do ato jurídico prefeito. A questão maior, sem dúvida, será sobre o reconhecimento de direitos ambientais adquiridos, a última fronteira da dogmática jurídica brasileira, no âmbito da credibilidade e da efetividade da transformação normativa por que passou a Teoria Geral dos sujeitos (gerações futuras) e dos bens (autonomização do direito ao meio ambiente ecologicamente equilibrado) a partir de 1981 (com a Lei da Política Nacional do Meio Ambiente) e 1985 (com a Lei da Ação Civil Pública), chegando ao ápice de 1988 (com a Constituição cidadã).
>
> Nessa matéria, incumbe ao juiz não perder de vista que a Constituição, em seu art. 225, *caput*, de maneira expressa, reconheceu as gerações futuras como cotitulares do direito ao meio ambiente ecologicamente equilibrado. Em paralelo, a legislação de disciplina da ação civil pública (especificamente o art. 81 do

Código de Defesa do Consumidor) agasalha a quádrupla categorização dos direitos subjetivos em individuais, individuais homogêneos, coletivos *stricto sensu* e difusos.

Evidente, portanto, que o ordenamento brasileiro outorgou às gerações futuras (e à própria coletividade atual) a possibilidade, nessa sua condição de titular de direito subjetivo transindividual, de se beneficiar da proteção constitucional, na integralidade, conferida aos direitos adquiridos; a ser diferente, teríamos no art. 225, *caput*, um "direito meia-boca", com nome e sobrenome de "direito", mas sem os dotes e eficácia temporal que a todos os direitos, patrimoniais ou não, tradicionalmente se atrelam e deles decorrem.

Por essa ótica, tanto ao indivíduo (visão individualístico-intrageracional), como à coletividade presente e futura (visão coletivo-intrageracional e coletivo-intergeracional) se garantem contra a retroatividade da lei posterior os direitos adquiridos sob o regime antecedente que se incorporarem ao seu patrimônio. Um e outro são sujeitos; um e outro contam com patrimônio constitucional e legalmente inabalável, que, além de material e moral no enfoque clássico, é também ecológico.

Em suma, podemos e devemos considerar a existência de direitos ambientais adquiridos, que emergem a partir e sob o império de uma ordem jurídica pretérita revogada ou substituída por outra, na linha de clássicos direitos adquiridos ao estado, ao regime de bens no casamento, à posse e domínio, à aposentadoria, à posição contratual, etc.[188].

Frise-se, por fim, que em outros casos não há propriamente um ato negocial firmado sob a lei anterior, mas há danos ambientais indubitavelmente verificados sob a sua vigência. Ainda assim, a jurisprudência do STJ vem reconhecendo que os danos ocorridos na vigência da lei anterior devem se submeter às exigências materiais daquela lei e não às da lei superveniente:

Processo civil. Ambiental. Agravo interno nos embargos de declaração no recurso especial. Danos ambientais em área de preservação permanente. Ausência de instituição de área de reserva legal. Aplicabilidade do novo Código Florestal. Situações pretéritas. Impossibilidade. Recurso não provido. 1. De acordo com a jurisprudência do Superior Tribunal de Justiça, "o novo Código Florestal não pode retroagir para atingir o ato jurídico perfeito, os direitos ambientais adquiridos e a coisa julgada, tampouco para reduzir de tal modo e sem as necessárias compensações ambientais o patamar de proteção de ecossistemas frágeis ou espécies ameaçadas de extinção, a ponto de transgredir o limite constitucional intocável e intransponível da 'incumbência' do Estado de garantir a preservação e a restauração dos processos ecológicos essenciais (art. 225, § 1º, I)" (AgRg no REsp 1.434.797/PR, Rel. Min. Humberto Martins, Segunda Turma, *DJe* 7/6/2016). 2. No caso, ainda que a ação civil pública tenha sido ajuizada posteriormente, as irregularidades encontradas na propriedade precedem a entrada em vigor do atual Código Florestal, pois a demanda decorreu dos inquéritos civis n. 242/10 e 128/11, em que se apurou a supressão de vegetação em áreas de preservação permanente e a ausência de instituição de reserva legal. 3. Desse modo, em obediência ao princípio do *tempus regit actum*, não é possível a aplicação do permissivo constante do art. 67 da Lei n. 12.651/2012, tampouco é admissível o cômputo das áreas de preservação permanente na contabilização da área de reserva legal. 4. Agravo interno a que se nega provimento[189].

Anotamos nosso posicionamento no sentido de que se a lei traz nova exigência ambiental, até então inexistente, deve sem dúvida incidir a novel legislação.

Trata-se aqui de aplicação imediata da lei e não de retroatividade. A aplicação imediata é decorrência da eficácia geral e irrestrita das leis.

188 No mesmo sentido, no próprio STJ, vide REsp 1802754/SP.

189 STJ, AgInt nos EDcl no REsp 1.719.149-SP (2018/0009693-2) Rel. Min. Og Fernandes.

Aliás, a própria jurisprudência do STJ refuta as alegações de direito adquirido a poluir[190] e de eficácia jurídica do fato consumado em matéria ambiental[191].

Frise-se: na ressalva feita, não se trata de pretender a retroatividade da lei, mas sim de compreender a sua aplicação imediata, para garantir a proteção ambiental pretendida pelo legislador, numa específica aplicação do princípio geral da supremacia do interesse público sobre o privado.

1.6.2 Áreas de preservação permanente

1.6.2.1 Definição e regime de proteção

As áreas de preservação permanente são **espaços especialmente protegidos definidos por normas gerais e abstratas em função da presença de determinadas características naturais da área, de seu entorno ou de elementos da natureza ali presentes**.

O art. 3º, II, da Lei 12.651/2012 define-as:

> Área de Preservação Permanente – APP: área protegida, coberta ou não por vegetação nativa, com a função ambiental de preservar os recursos hídricos, a paisagem, a estabilidade geológica e a biodiversidade, facilitar o fluxo gênico de fauna e flora, proteger o solo e assegurar o bem-estar das populações humanas.

Os artigos seguintes, em especial os arts. 4º e 5º, seus diversos parágrafos e incisos, estabelecem a configuração das APPs, de acordo com características naturais presentes em determinada região (*exempli gratia*, em função da existência de rios, nascentes, lagos, morros, montes, montanhas e serras, altitude da área, manguezais, restingas etc.).

Observe-se, portanto, que, via de regra, é elemento conceitual das áreas de preservação permanente a circunstância de ser ela incidente ou aplicável a áreas com determinadas características naturais, qualquer que seja o destinatário do dever de proteção (norma geral), qualquer que seja o território ou região em que se localiza (norma abstrata)[192].

---

[190] "[...] Inexiste direito adquirido a poluir ou degradar o meio ambiente. O tempo é incapaz de curar ilegalidades ambientais de natureza permanente, pois parte dos sujeitos tutelados – as gerações futuras – carece de voz e de representantes que falem ou se omitam em seu nome. 3. Décadas de uso ilícito da propriedade rural não dão salvo-conduto ao proprietário ou posseiro para a continuidade de atos proibidos ou tornam legais práticas vedadas pelo legislador, sobretudo no âmbito de direitos indisponíveis, que a todos aproveita, inclusive às gerações futuras, como é o caso da proteção do meio ambiente. [...]" (REsp 948.921 SP, 2ª T., Rel. Min. Herman Benjamin, j. 23.10.2007, *DJe* 11.11.2009).

[191] Súmula 613 do STJ: "Não se admite a aplicação da teoria do fato consumado em tema de Direito Ambiental".

[192] É verdade, porém, que o art. 6º da Lei 12.651/2012 prevê a possibilidade de que o Poder Público institua outras áreas de preservação permanente, além daquelas enumeradas na lei. Trata-se, neste caso, de exceção à regra de definição geral e abstrata das áreas de preservação permanente: "Art. 6º Consideram-se, ainda, de preservação permanente, quando declaradas de interesse social por ato do Chefe do Poder Executivo, as áreas cobertas com florestas ou outras formas de vegetação destinadas a uma ou mais das seguintes finalidades: I – conter a erosão do solo e mitigar riscos de enchentes e deslizamentos de terra e de rocha; II – proteger as restingas ou veredas; III – proteger várzeas; IV – abrigar exemplares da fauna ou da flora ameaçados de extinção; V – proteger sítios de excepcional beleza ou de valor científico, cultural ou histórico; VI – formar faixas de proteção ao longo de rodovias e ferrovias; VII – assegurar condições de bem-estar público; VIII – auxiliar a defesa do território nacional, a critério das autoridades militares; IX – proteger áreas úmidas, especialmente as de importância internacional". *Paulo Affonso Leme Machado* aponta que o art. 6º do Código Florestal, ao exigir declaração de interesse social para definição de novas APPs em ato do Chefe do Executivo, submete a questão à disciplina da Lei 4.132/1962, equiparando e exigindo para tal definição a desapropriação da área: "A 'declaração de interesse social' é prevista na Lei 4.132/1962. Nessa Lei apontam-se os casos de interesse social e, entre eles, estão 'a proteção do solo e a preservação de cursos de mananciais de água e de reservas florestais' (art. 2º, VII). A Lei 12.651/2012 acrescenta nove situações que caracterizam o 'interesse social'. As áreas que contêm os bens a serem protegidos podem ser de domínio público ou de domínio privado. Sendo áreas privadas, a declaração de interesse social possibilitará a efetivação da desapropriação, tendo o expropriante o prazo de dois anos para concretizá-la (art. 3º da Lei 4.132/1962). A desapropriação deve ser feita 'mediante justa e prévia indenização em dinheiro, ressalvados os casos previstos nesta Constituição (art. 5º, XXIV, da CF/1988). Há uma diferença conceitual entre a APP da Lei 4.771/1965 e a do art. 6º da Lei 12.651/2012. Na Lei anterior dizia-se 'Consideram-se, ainda, de preservação permanente, quando assim declaradas por ato do Poder Público, as florestas e demais formas de vegetação natural destinadas (...)' (art. 3º). Na Lei 12.651/2012 também há uma declaração, mas uma declaração especial – a de interesse

Definida a existência de determinada área de preservação permanente, o regime legal que incide sobre esse espaço é aquele estabelecido no art. 7º da Lei 12.651/2012:

> Art. 7º A vegetação situada em Área de Preservação Permanente deverá ser mantida pelo proprietário da área, possuidor ou ocupante a qualquer título, pessoa física ou jurídica, de direito público ou privado.
>
> § 1º Tendo ocorrido supressão de vegetação situada em Área de Preservação Permanente, o proprietário da área, possuidor ou ocupante a qualquer título é obrigado a promover a recomposição da vegetação, ressalvados os usos autorizados previstos nesta Lei.
>
> § 2º A obrigação prevista no § 1º tem natureza real e é transmitida ao sucessor no caso de transferência de domínio ou posse do imóvel rural.
>
> § 3º No caso de supressão não autorizada de vegetação realizada após 22 de julho de 2008, é vedada a concessão de novas autorizações de supressão de vegetação enquanto não cumpridas as obrigações previstas no § 1º.

O regime geral das APPs, como se vê, é o de necessária proteção dessas áreas, com a manutenção de sua vegetação natural. Caso já tenha ocorrido a supressão da vegetação nativa, deve ela ser recomposta pelo proprietário ou possuidor, conforme determina o § 1º do art. 7º, acima citado. Não se exime da obrigação aquele que alega não ter suprimido a vegetação, pois o § 2º do mesmo artigo atribui a obrigação a qualquer pessoa que se revele sucessor. Finalmente, o § 3º do art. 7º proíbe qualquer ato que autorize nova supressão de vegetação quando houver ocorrido supressão posterior a 22 de julho de 2008 e ainda não se houver recomposto a vegetação.

Esse é, portanto, o regime de proteção das APPs, o qual **só pode ser excepcionado nas hipóteses estabelecidas na própria lei, como exposto nos arts. 8º e 9º**:

> Art. 8º A intervenção ou a supressão de vegetação nativa em Área de Preservação Permanente somente ocorrerá nas hipóteses de utilidade pública, de interesse social ou de baixo impacto ambiental previstas nesta Lei.
>
> § 1º A supressão de vegetação nativa protetora de nascentes, dunas e restingas somente poderá ser autorizada em caso de utilidade pública.
>
> § 2º A intervenção ou a supressão de vegetação nativa em Área de Preservação Permanente de que tratam os incisos VI e VII do *caput* do art. 4º poderá ser autorizada, excepcionalmente, em locais onde a função ecológica do manguezal esteja comprometida, para execução de obras habitacionais e de urbanização, inseridas em projetos de regularização fundiária de interesse social, em áreas urbanas consolidadas ocupadas por população de baixa renda.
>
> § 3º É dispensada a autorização do órgão ambiental competente para a execução, em caráter de urgência, de atividades de segurança nacional e obras de interesse da defesa civil destinadas à prevenção e mitigação de acidentes em áreas urbanas.
>
> § 4º Não haverá, em qualquer hipótese, direito à regularização de futuras intervenções ou supressões de vegetação nativa, além das previstas nesta Lei.
>
> Art. 9º É permitido o acesso de pessoas e animais às Áreas de Preservação Permanente para obtenção de água e para realização de atividades de baixo impacto ambiental.

Nota-se que são **três as circunstâncias excepcionais em que se permite a intervenção em APPs: utilidade pública, interesse social e baixo impacto ambiental**.

---

social. A mudança de termos tem consequência jurídica marcante, pois vai levar o Poder Público, se quiser efetivamente instituir a APP, a desapropriar a área, o que não ocorre nos casos da APP do art. 4º da mesma Lei 12.651/2012" (MILARÉ, Édis; MACHADO, Paulo Affonso Leme (coord.). *Novo Código Florestal:* comentários à Lei 12.651, de 25 de maio de 2012, à Lei 12.727, de 17 de outubro de 2012 e ao Decreto 7.830, de 17 de outubro de 2012. 2. ed. rev., atual. e ampl. São Paulo: Editora Revista dos Tribunais, 2013, p. 175-176).

Conceitualmente, os **casos de utilidade pública deveriam se referir a obras e atividades próprias do Poder Público**, a serem admitidas em razão do interesse público inerente a tais atividades. Já **o interesse social se caracterizaria em situações mais diretamente relacionadas a atividades privadas com nítido caráter de relevância ou expressão social**. Não obstante, é possível notar que o legislador criou certa confusão entre os conceitos, ao arrolar entre os casos de utilidade pública atividades privadas como a mineração e entre os casos de interesse social obras de infraestrutura pública. Finalmente, **as hipóteses de baixo impacto são caracterizadas por atividades relevantes no aspecto econômico e social que não produzam graves danos ambientais**, ou seja, que se possam suportar pelo ambiente em face do interesse existente na manutenção da própria atividade.

As hipóteses que podem configurar esses três conceitos legais são previstas pelo art. 3º do Código Florestal:

> Art. 3º Para os efeitos desta Lei, entende-se por: (...)
>
> VIII – utilidade pública:
>
> a) as atividades de segurança nacional e proteção sanitária;
>
> b) as obras de infraestrutura destinadas às concessões e aos serviços públicos de transporte, sistema viário, inclusive aquele necessário aos parcelamentos de solo urbano aprovados pelos Municípios, saneamento, gestão de resíduos, energia, telecomunicações, radiodifusão, instalações necessárias à realização de competições esportivas estaduais, nacionais ou internacionais, bem como mineração, exceto, neste último caso, a extração de areia, argila, saibro e cascalho;
>
> c) atividades e obras de defesa civil;
>
> d) atividades que comprovadamente proporcionem melhorias na proteção das funções ambientais referidas no inciso II deste artigo;
>
> e) outras atividades similares devidamente caracterizadas e motivadas em procedimento administrativo próprio, quando inexistir alternativa técnica e locacional ao empreendimento proposto, definidas em ato do Chefe do Poder Executivo federal;
>
> IX – interesse social:
>
> a) as atividades imprescindíveis à proteção da integridade da vegetação nativa, tais como prevenção, combate e controle do fogo, controle da erosão, erradicação de invasoras e proteção de plantios com espécies nativas;
>
> b) a exploração agroflorestal sustentável praticada na pequena propriedade ou posse rural familiar ou por povos e comunidades tradicionais, desde que não descaracterize a cobertura vegetal existente e não prejudique a função ambiental da área;
>
> c) a implantação de infraestrutura pública destinada a esportes, lazer e atividades educacionais e culturais ao ar livre em áreas urbanas e rurais consolidadas, observadas as condições estabelecidas nesta Lei;
>
> d) a regularização fundiária de assentamentos humanos ocupados predominantemente por população de baixa renda em áreas urbanas consolidadas, observadas as condições estabelecidas na Lei n. 11.977, de 7 de julho de 2009;
>
> e) implantação de instalações necessárias à captação e condução de água e de efluentes tratados para projetos cujos recursos hídricos são partes integrantes e essenciais da atividade;
>
> f) as atividades de pesquisa e extração de areia, argila, saibro e cascalho, outorgadas pela autoridade competente;
>
> g) outras atividades similares devidamente caracterizadas e motivadas em procedimento administrativo próprio, quando inexistir alternativa técnica e locacional à atividade proposta, definidas em ato do Chefe do Poder Executivo federal;
>
> X – atividades eventuais ou de baixo impacto ambiental:

a) abertura de pequenas vias de acesso interno e suas pontes e pontilhões, quando necessárias à travessia de um curso d'água, ao acesso de pessoas e animais para a obtenção de água ou à retirada de produtos oriundos das atividades de manejo agroflorestal sustentável;

b) implantação de instalações necessárias à captação e condução de água e efluentes tratados, desde que comprovada a outorga do direito de uso da água, quando couber;

c) implantação de trilhas para o desenvolvimento do ecoturismo;

d) construção de rampa de lançamento de barcos e pequeno ancoradouro;

e) construção de moradia de agricultores familiares, remanescentes de comunidades quilombolas e outras populações extrativistas e tradicionais em áreas rurais, onde o abastecimento de água se dê pelo esforço próprio dos moradores;

f) construção e manutenção de cercas na propriedade;

g) pesquisa científica relativa a recursos ambientais, respeitados outros requisitos previstos na legislação aplicável;

h) coleta de produtos não madeireiros para fins de subsistência e produção de mudas, como sementes, castanhas e frutos, respeitada a legislação específica de acesso a recursos genéticos;

i) plantio de espécies nativas produtoras de frutos, sementes, castanhas e outros produtos vegetais, desde que não implique supressão da vegetação existente nem prejudique a função ambiental da área;

j) exploração agroflorestal e manejo florestal sustentável, comunitário e familiar, incluindo a extração de produtos florestais não madeireiros, desde que não descaracterizem a cobertura vegetal nativa existente nem prejudiquem a função ambiental da área;

k) outras ações ou atividades similares, reconhecidas como eventuais e de baixo impacto ambiental em ato do Conselho Nacional do Meio Ambiente – CONAMA ou dos Conselhos Estaduais de Meio Ambiente; (...).

Entendemos correto afirmar que todas essas atividades, via de regra, devem ser autorizadas pelo órgão ambiental competente, de modo que a configuração da hipótese legal de intervenção em APP passe pelo crivo técnico do Poder Público.

Mesmo a disposição do art. 9º da Lei 12.651/2012, que permite o *acesso de pessoas e animais às Áreas de Preservação Permanente para obtenção de água e para realização de atividades de baixo impacto ambiental,* deve ser interpretada em consonância com a previsão do § 3º do art. 8º da lei. É esse dispositivo que faz concluir nesse sentido, ao afirmar que é dispensada a autorização do órgão ambiental competente para a execução, em caráter de urgência, de atividades de segurança nacional e obras de interesse da defesa civil destinadas à prevenção e mitigação de acidentes em áreas urbanas. *A contrario sensu*, extrai-se que todas as outras hipóteses de intervenção devem ser autorizadas.

Frise-se, por oportuno, que, por ocasião dos julgamentos das ADIs ajuizadas contra dispositivos do Código Florestal (ADIs 4.901, 4.902, 4.903 e 4.937), o Supremo Tribunal Federal declarou a inconstitucionalidade das expressões "gestão de resíduos" e "instalações necessárias à realização de competições esportivas estaduais, nacionais ou internacionais", contidas no art. 3º, VIII, *b*, da Lei 12.651/2012. Além disso, deu-se interpretação conforme a Constituição ao art. 3º, VIII e IX, do Código Florestal, de modo a se condicionar a intervenção excepcional em APP, por interesse social ou utilidade pública, à inexistência de alternativa técnica e/ou locacional à atividade proposta.

Vale, por fim, mencionar que as normas do Código Florestal devem ter certa prevalência em relação a outros diplomas, no que se refere às normas definidoras de APPs. Foi o que decidiu o Superior Tribunal de Justiça, ao se debruçar sobre aparente antinomia entre o Código Florestal e a Lei de Parcelamento do Solo Urbano:

Ambiental. Processual civil. Recurso especial. Antinomia de normas. Aparente. Especificidade. Incidência do Código Florestal. Área de preservação permanente. Maior proteção ambiental. Provimento. Respeito

> ao limite imposto pelo Código Florestal. 1. A proteção ao meio ambiente integra, axiologicamente, o ordenamento jurídico brasileiro, e as normas infraconstitucionais devem respeitar a teleologia da Constituição Federal. Dessa forma, o ordenamento jurídico precisa ser interpretado de forma sistêmica e harmônica, por meio da técnica da interpretação corretiva, conciliando os institutos em busca do interesse público primário. 2. Na espécie, a antinomia entre a Lei de Parcelamento do Solo Urbano (Lei n. 6.766/1979) e o Código Florestal (Lei n. 12.651/2012) é apenas aparente, pois a primeira estabelece uma proteção mínima e a segunda tutela a proteção específica, intensificando o mínimo protetivo às margens dos cursos de água. 3. A proteção marginal dos cursos de água, em toda a sua extensão, possui importante papel de proteção contra o assoreamento. O Código Florestal tutela em maior extensão e profundidade o bem jurídico do meio ambiente, logo, é a norma específica a ser observada na espécie. 4. Recurso especial provido[193].

A despeito da clareza do julgamento proferido, é preciso cautela na compreensão de suas conclusões. Advertimos que, por vezes, há normas em outros diplomas que se revelam mais protetivas do que aquelas encontradas no próprio Código Florestal, situação que, a nosso ver, deve ensejar interpretação distinta daquela dada no acórdão acima citado.

1.6.2.2 Hipóteses de configuração de APPs

Os principais dispositivos da Lei 12.651/2012 que tratam de hipóteses de áreas de preservação permanente são os arts. 4º e 5º. Nesses dois artigos, são definidas as **APPs em função de cada particular elemento da natureza**, e.g., em razão da existência de rios, nascentes, lagos ou lagoas etc.

É possível estabelecer uma classificação das APPs, agrupando-as em três grandes classes: APPs definidas para proteção das águas; APPs definidas em função do relevo e APPs definidas para proteção de ecossistemas específicos[194].

Na primeira categoria, encontram-se as seguintes previsões: I – faixas marginais de cursos d'água; II – áreas localizadas no entorno de lagos e lagoas naturais; III – áreas localizadas no entorno de reservatórios d'água artificiais; IV – áreas localizadas no entorno de nascentes e olhos d'água perenes.

Na segunda categoria, encontram-se: V – as encostas ou partes destas com declividade superior a 45°, equivalente a 100% (cem por cento) na linha de maior declive; VIII – as bordas dos tabuleiros ou chapadas, até a linha de ruptura do relevo, em faixa nunca inferior a 100 (cem) metros em projeções horizontais; IX – no topo de morros, montes, montanhas e serras, com altura mínima de 100 (cem) metros e inclinação média maior que 25°, as áreas delimitadas a partir da curva de nível correspondente a 2/3 (dois terços) da altura mínima da elevação sempre em relação à base, sendo esta definida pelo plano horizontal determinado por planície ou espelho d'água adjacente ou, nos relevos ondulados, pela cota do ponto de sela mais próximo da elevação; X – as áreas em altitude superior a 1.800 (mil e oitocentos) metros, qualquer que seja a vegetação.

Finalmente, na terceira categoria de APPs encontramos: VI – as restingas, como fixadoras de dunas ou estabilizadoras de mangues; VII – os manguezais, em toda a sua extensão; XI – em veredas, a faixa marginal, em projeção horizontal, com largura mínima de 50 (cinquenta) metros, a partir do espaço permanentemente brejoso e encharcado.

---

[193] STJ, RE 1.546.415/SC, 2ª T., Rel. Min. Og Fernandes, j. 21.02.2019.

[194] Classificação inspirada naquela proposta por Paulo Affonso Leme Machado (MILARÉ, Édis; MACHADO, Paulo Affonso Leme (coord.). *Novo Código Florestal*: comentários à Lei 12.651/2012, de 25 de maio de 2012, à Lei 12.727, de 17 de outubro de 2012 e ao Decreto 7.830, de 17 de outubro de 2012. 2. ed., rev., atual. e ampl. São Paulo: Editora Revista dos Tribunais, 2013, p. 158).

Desse modo, o estudo das APPs definidas no Código Florestal deve assim ser sistematizado, analisando-se particularmente cada uma das hipóteses referidas.

APPs PROTETORAS DE ÁGUAS

– *faixas marginais de cursos d'água;*

Entenda-se a expressão cursos d'água como corpos de água corrente que se revelam na superfície como rios, córregos, ribeirões, riachos.

O art. 4º, I, define as faixas de APP desses elementos, estabelecidas nas suas **respectivas margens em metragens fixadas em relação diretamente proporcional à variação da largura do leito do curso d'água**[195]:

a – cursos d'água que tenham menos de 10 metros de largura = APP de 30 metros

b – cursos d'água que tenham de 10 a 50 metros de largura = APP de 50 metros

c – cursos d'água que tenham de 50 a 200 metros de largura = APP de 100 metros

d – cursos d'água que tenham de 200 a 600 metros de largura = APP de 200 metros

e – cursos d'água que tenham largura superior a 600 metros = APP de 500 metros

Questão polêmica sobre as APPs dos cursos d'água diz respeito ao **marco inicial de delimitação dessas faixas**. Observe-se que o art. 4º, I, determina que sejam elas demarcadas **desde a borda da calha do leito regular**[196], marco que desconsidera a necessidade de proteção de determinadas faixas marginais aos rios, frequente ou periodicamente alagadas pelos movimentos e alterações naturais do curso d'água ao longo das diferentes épocas do ano. Explica-se: em períodos de cheias, certamente a área ocupada pelo leito do rio é bem maior do que aquela pela qual correm suas águas no período de seca. Sob a égide da legislação anterior e com vistas a ampliar a proteção ambiental de tais áreas, demarcavam-se as APPs *desde o maior leito sazonal*[197], o que foi propositadamente modificado com a nova disposição legal. Essa crítica fundamentou também a ADI 4903[198], mas foi rechaçada pelo STF, que declarou constitucional o dispositivo em questão.

---

195 "Art. 4° Considera-se Área de Preservação Permanente, em zonas rurais ou urbanas, para os efeitos desta Lei: I – as faixas marginais de qualquer curso d'água natural perene e intermitente, excluídos os efêmeros, desde a borda da calha do leito regular, em largura mínima de:
a) 30 (trinta) metros, para os cursos d'água de menos de 10 (dez) metros de largura;
b) 50 (cinquenta) metros, para os cursos d'água que tenham de 10 (dez) a 50 (cinquenta) metros de largura;
c) 100 (cem) metros, para os cursos d'água que tenham de 50 (cinquenta) a 200 (duzentos) metros de largura;
d) 200 (duzentos) metros, para os cursos d'água que tenham de 200 (duzentos) a 600 (seiscentos) metros de largura;
e) 500 (quinhentos) metros, para os cursos d'água que tenham largura superior a 600 (seiscentos) metros;".

196 O art. 3° da Lei 12.651/2012 define: "XIX – leito regular: a calha por onde correm regularmente as águas do curso d'água durante o ano".

197 A Lei 4.771/1965 (antigo Código Florestal) definia: "Art. 2° Consideram-se de preservação permanente, pelo só efeito desta Lei, as florestas e demais formas de vegetação natural situadas: a) ao longo dos rios ou de qualquer curso d'água desde o seu nível mais alto em faixa marginal cuja largura mínima será (...)".

198 Observe-se a argumentação contida na inicial da ADI ajuizada pelo Procurador-Geral da República: "(...) A Lei n. 4.771/65 definia como áreas de preservação permanente as florestas e demais formas de vegetação natural situadas ao longo dos rios ou de qualquer curso d'água, desde o seu nível mais alto em faixa marginal, com larguras mínimas de 30, 50, 100, 200 ou 500 metros, a depender da largura do curso d'água (art. 2°, 'a'). 121. A Lei 12.261/12 alterou tal disciplina legal, ao estatuir

A doutrina vem observando a dificuldade trazida pelo conceito de *leito regular*:

> A concepção de leito regular como aquele leito pelo qual o rio flui durante o ano merece crítica, pois a variação das chuvas, secas e outros fatores faz com que o leito dos rios se desloque durante o ciclo anual. Assim, podemos falar em leito médio, jamais em um leito regular, como se ele permanecesse estático durante todo o ano[199].

Outro ponto criticado pelos ambientalistas neste dispositivo foi o fato de ter ele desprezado a necessidade de proteção de todos os cursos d'água, excluindo expressamente as APPs dos cursos d'água efêmeros, mantendo a **proteção apenas dos perenes e dos intermitentes**[200].

Vale aqui citar a importante decisão do Superior Tribunal de Justiça, que, dirimindo dúvidas sobre a aplicação das faixas de APP à zona urbana, aprovou o tema 1010 no julgamento de recursos repetitivos: "Na vigência do novo Código Florestal (Lei n. 12.651/2012), a extensão não edificável nas Áreas de Preservação Permanente de qualquer curso d'água, perene ou intermitente, em trechos caracterizados como área urbana consolidada, deve respeitar o que disciplinado pelo seu art. 4º, *caput*, I, *a*, *b*, *c*, *d* e *e*, a fim de assegurar a mais ampla garantia ambiental a esses espaços territoriais especialmente protegidos e, por conseguinte, à coletividade".

– *áreas localizadas no entorno de lagos e lagoas naturais;*

Prossegue o art. 4º da Lei 12.651/2012, definindo as APPs, tratando daquelas existentes ao redor de lagos e lagoas naturais:

> II – as áreas no entorno dos lagos e lagoas naturais, em faixa com largura mínima de:
>
> a) 100 (cem) metros, em zonas rurais, exceto para o corpo d'água com até 20 (vinte) hectares de superfície, cuja faixa marginal será de 50 (cinquenta) metros;
>
> b) 30 (trinta) metros, em zonas urbanas;

Como se vê, as faixas variam de acordo com a localização dessas áreas. Se na zona rural se localiza o lago ou lagoa, a faixa de APP deve ser de 50 metros para o corpo d'água que tiver área de superfície de até 20 hectares (200.000 m^2), e de 100 metros para os lagos ou lagoas de superfície maior do que 20 hectares. Se o lago ou lagoa se localiza na zona urbana, a faixa de APP deve ser sempre de 30 metros.

---

que são áreas de preservação permanente 'as faixas marginais de qualquer curso d'água natural perene e intermitente, excluídos os efêmeros, desde a borda da calha do leito regular, em larguras mínimas' de 30, 50, 100, 200 ou 500 metros, a depender da largura do curso d'água. 122. A definição de leito regular, por sua vez, consta do art. 3º, XIX, *verbis*: Art. 3º – Para os efeitos desta Lei, entende-se por: XIX – leito regular: a calha por onde correm regularmente as águas do curso d´água durante o ano. 123. Ocorre que a definição de leito regular prevista no art. 3º, inciso XIX da Lei 12.651/2012 não é clara no sentido de que este corresponde ao leito maior, ou seja, o leito do rio em sua cheia sazonal, até porque o termo mudou para leito regular mas a definição é a mesma utilizada em versão do projeto de lei para leito menor. 124. Cabe frisar que o art. 2º, I, da Resolução Conama 303/2002 define 'nível mais alto', expressão empregada pela Lei 4.771/65, como 'nível alcançado por ocasião da cheia sazonal do curso d'água perene ou intermitente', sendo este o conceito correto tanto sob o aspecto técnico-científico, quanto constitucional, pois é o conceito que efetivamente assegura a preservação de áreas ambientalmente relevantes e frágeis. 125. A determinação das áreas de preservação permanente pelo leito menor dos cursos d'água, ao invés de seu nível mais alto, pode levar ao esvaziamento das próprias funções ecossistêmicas de muitas APP's e à colocação de pessoas em situações de grave risco. 126. Assim sendo, deve ser declarado inconstitucional o inciso XIX do art. 3º da Lei 12.651/12 ou conferida interpretação conforme a Constituição ao referido dispositivo, para que o termo leito regular seja compreendido como leito maior, na forma anteriormente prevista pela legislação".

199 ANTUNES, Paulo de Bessa. *Comentários ao novo* Código *Florestal*. São Paulo: Atlas, 2013, p. 74-75.

200 Os cursos d'água estão definidos conforme sua perenidade/sazonalidade no Decreto 7.830/2012: "Art. 2º (...) XII – rio perene – corpo de água lótico que possui naturalmente escoamento superficial durante todo o período do ano; XIII – rio intermitente – corpo de água lótico que naturalmente não apresenta escoamento superficial por períodos do ano; XIV – rio efêmero – corpo de água lótico que possui escoamento superficial apenas durante ou imediatamente após períodos de precipitação".

Note-se que a referida regulamentação aplica-se somente às acumulações de água que sejam naturais[201].

– *áreas localizadas no entorno de reservatórios artificiais;*

Tratando-se de acumulações de água que sejam artificiais, porque decorram de barramento ou represamento de cursos d'água naturais, incide a regra do inciso III do art. 4º:

> III – as áreas no entorno dos reservatórios d'água artificiais, decorrentes de barramento ou represamento de cursos d'água naturais, na faixa definida na licença ambiental do empreendimento;

A questão relativa aos reservatórios artificiais foi cercada de grande polêmica. Como se sabe, as intervenções em corpos d'água já existentes ensejam sério impacto ambiental e deve isso ser considerado para definição das APPs de acumulações de água que se revelam fruto da intervenção humana no ambiente.

Ora, se para os reservatórios naturais de água as matas ciliares são importantes, também o são em relação aos reservatórios artificiais, que já não possuem naturalmente qualquer defesa ou proteção em relação às atividades desenvolvidas no seu entorno.

Anteriormente, a Resolução Conama 302 de 2002 definia *a priori* as APPs e reservatórios artificiais[202]. Agora, a lei federal deixa a definição da questão para o âmbito e o momento do licenciamento do empreendimento, como se vê pelo disposto no art. 4º, III. É verdade, porém, que há parâmetros mínimo e máximo para tal decisão, estabelecidos no art. 5º do Código Florestal:

> Art. 5º Na implantação de reservatório d'água artificial destinado a geração de energia ou abastecimento público, é obrigatória a aquisição, desapropriação ou instituição de servidão administrativa pelo empreendedor das Áreas de Preservação Permanente criadas em seu entorno, conforme estabelecido no licenciamento ambiental, observando-se a faixa mínima de 30 (trinta) metros e máxima de 100 (cem) metros em área rural, e a faixa mínima de 15 (quinze) metros e máxima de 30 (trinta) metros em área urbana.

A questão, porém, não se esgota nesses dispositivos já citados, havendo também que se observar o disposto no art. 62 da Lei 12.651/2012, que disciplina as APPs de reservatórios

---

[201] A diferença entre lago e lagoa não é encontrada de forma uniforme na comunidade científica. Ambos são extensões de água cercadas por terra, que se distinguem, segundo entendimento predominante, por aspectos de tamanho e de formação geológica. É comum encontrar a afirmação de que as lagoas são menores que os lagos, embora sem que se aponte um critério determinado de extensão que defina os limites entre um e outro conceito. As lagoas também são definidas como acúmulos de água em espaços rasos, que surgem geralmente em locais atingidos por depressões formadas pelo tectonismo ou geleiras. Muitas lagoas estão situadas nas regiões costeiras, mantendo ligação com o mar e dele recebendo parte da água – o que faz com que esta seja salobra. Há inúmeras lagoas famosas no Brasil, como a Lagoa Rodrigo de Freitas, no Rio de Janeiro, a Lagoa da Pampulha, em Belo Horizonte, e a Lagoa da Conceição, em Florianópolis. Diferentemente das lagoas, os lagos não se formam artificialmente a não ser que algum curso de água seja propositalmente desviado para evitar enchentes ou outros acidentes geográficos. As águas dos lagos geralmente são doces, provenientes de chuvas, de um curso de água já existente, como um rio ou a partir de uma nascente natural. A maioria dos lagos surgiu durante as glaciações do período pleistoceno (entre 1,6 milhão e 10 mil anos atrás), quando boa parte da Terra ficava coberta de gelo. Isso explica a alta concentração de lagos no hemisfério norte, como os Grandes Lagos, na fronteira entre os Estados Unidos e o Canadá (informações disponíveis em: http://www.pensamentoverde.com.br/meio-ambiente/voce-sabe-qual-e-diferenca-entre-lago-e-lagoa/#). Acesso em 05.12.2017. Frise-se que a regra de APP estabelecida no art. 4º, II, só incide sobre lagos e lagoas naturais. Caso se trate de acumulação de água que seja artificial, incidem outros dispositivos do Código Florestal, como veremos adiante.

[202] Resolução Conama 302 de 2002: "Art. 3º Constitui Área de Preservação Permanente a área com largura mínima, em projeção horizontal, no entorno dos reservatórios artificiais, medida a partir do nível máximo normal de: I – trinta metros para os reservatórios artificiais situados em áreas urbanas consolidadas e cem metros para áreas rurais; II – quinze metros, no mínimo, para os reservatórios artificiais de geração de energia elétrica com até dez hectares, sem prejuízo da compensação ambiental; III – quinze metros, no mínimo, para reservatórios artificiais não utilizados em abastecimento público ou geração de energia elétrica, com até vinte hectares de superfície e localizados em área rural".

artificiais destinados a geração de energia ou abastecimento público que foram registrados ou tiveram seus contratos de concessão ou autorização assinados anteriormente à Medida Provisória 2.166-67, de 24 de agosto de 2001:

> Art. 62. Para os reservatórios artificiais de água destinados a geração de energia ou abastecimento público que foram registrados ou tiveram seus contratos de concessão ou autorização assinados anteriormente à Medida Provisória n. 2.166-67, de 24 de agosto de 2001, a faixa da Área de Preservação Permanente será a distância entre o nível máximo operativo normal e a cota máxima *maximorum*.

Trata-se de disposição que diminui sensivelmente as áreas de preservação permanente ao redor dos reservatórios mencionados. Os conceitos de *nível máximo operativo normal* e *cota máxima "maximorum"* são emprestados pela lei da linguagem utilizada no setor energético e representam marcos de altimétricos. Por exemplo, se determinado reservatório tem como *nível máximo operativo normal* a chamada cota 257, isso quer dizer que, em condições normais, o reservatório é operado com água a 257 metros de altitude em relação ao nível do mar. Se a chamada *cota máxima "maximorum"* é a 259, isso quer dizer que excepcionalmente, poderia o reservatório atingir 259 metros de altitude acima do nível do mar. Neste caso, a APP se define pela diferença entre essas duas cotas, devendo a diferença de altitude ser aplicada aos terrenos marginais. É possível concluir, portanto, que a faixa de APP varia conforme o relevo existente nas margens dos reservatórios. Havendo relevo acidentado nas margens do reservatório, como um barranco com alta declividade, a APP pode até mesmo se aproximar da medida zero (a distância horizontal entre as linhas de nível máximo operativo normal e cota máxima *maximorum* será mínima), prejudicando sensivelmente a função ecológica desse instituto.

Vale também apontar que, na implantação de reservatórios artificiais d'água, no âmbito do licenciamento, o empreendedor deve apresentar o chamado Plano Ambiental de Conservação e Uso do Entorno do Reservatório (Pacuera), que, aliás, *deverá ser apresentado ao órgão ambiental concomitantemente com o Plano Básico Ambiental e aprovado até o início da operação do empreendimento, não constituindo a sua ausência impedimento para a expedição da licença de instalação* (art. 5º, §§ 1º e 2º, da Lei 12.651/2012).

Finalmente, vale mencionar as normas flexibilizadoras previstas nos §§ 1º e 4º do art. 4º do Código Florestal, que acabam por alterar o regime dessas áreas no entorno de reservatórios:

> § 1º Não será exigida Área de Preservação Permanente no entorno de reservatórios artificiais de água que não decorram de barramento ou represamento de cursos d'água naturais.
>
> (...)
>
> § 4º Nas acumulações naturais ou artificiais de água com superfície inferior a 1 (um) hectare, fica dispensada a reserva da faixa de proteção prevista nos incisos II e III do *caput*, vedada nova supressão de áreas de vegetação nativa, salvo autorização do órgão ambiental competente do Sistema Nacional do Meio Ambiente - Sisnama.

Esses dois últimos dispositivos claramente diminuem o patamar de proteção até então existente, por excluírem do regime das APPs áreas que, pela regra geral, estariam submetidas a tal regramento.

- *áreas localizadas no entorno de nascentes e olhos d'água;*

Com relação a este ponto, importante ter em conta os conceitos trazidos pela própria Lei 12.651/2012 para tais elementos da natureza.

> Art. 3º Para os efeitos desta Lei, entende-se por:

> XVII – nascente: afloramento natural do lençol freático que apresenta perenidade e dá início a um curso d'água;
>
> XVIII – olho d'água: afloramento natural do lençol freático, mesmo que intermitente;

Como se vê, a lei conceitua tanto a nascente quanto o olho d'água como afloramento natural do lençol freático, fazendo distinção entre os conceitos por considerar que a nascente é sempre perene e dá início a um curso d'água, enquanto o olho d'água pode ser intermitente e não necessariamente dá início a curso d'água.

Ocorre que, ao disciplinar as APPs de nascentes e olhos d'água, o art. 4º, IV, do Código, estabelece proteção sobre:

> IV – as áreas no entorno das nascentes e dos olhos d'água perenes, qualquer que seja sua situação topográfica, no raio mínimo de 50 (cinquenta) metros;

São, portanto, protegidas por lei as faixas localizadas no entorno das nascentes e dos olhos d'água perenes.

Desse modo, deixaria de existir proteção legal sobre as áreas localizadas no entorno de quaisquer afloramentos que não se enquadrem nos conceitos definidos nestes dois dispositivos.

Explica-se: não se protegeriam como APPs as faixas localizadas no entorno de afloramentos do lençol freático que não sejam perenes, dando ou não início a cursos d'água, o que acaba por desproteger diversas áreas cientificamente reconhecidas como nascentes intermitentes e olhos d'água intermitentes, resguardadas no Código revogado.

Em razão disso, questionou-se a constitucionalidade dessas normas perante o Supremo Tribunal Federal, nas ADIs já aqui referidas (ADIs 4.901, 4.902, 4.903 e 4.937). No julgamento dessas ações, no dia 8.3.2018, o STF deu interpretação conforme a Constituição ao art. 3º, XVII, e ao art. 4º, IV, do Código Florestal, para fixar a interpretação de que os entornos das nascentes e dos olhos d'água intermitentes também configuram área de preservação permanente.

APPs PROTETORAS DO RELEVO

São também áreas de preservação permanente, segundo disposição do art. 4º do Código Florestal, espaços assim definidos em função de uma necessidade imposta pelo relevo acidentado do local ou região. Assim, constituem APPs:

> V – as encostas ou partes destas com declividade superior a 45°, equivalente a 100% (cem por cento) na linha de maior declive; (...)
>
> VIII – as bordas dos tabuleiros ou chapadas[203], até a linha de ruptura do relevo, em faixa nunca inferior a 100 (cem) metros em projeções horizontais;
>
> IX – no topo de morros, montes, montanhas e serras, com altura mínima de 100 (cem) metros e inclinação média maior que 25°, as áreas delimitadas a partir da curva de nível correspondente a 2/3 (dois terços) da altura mínima da elevação sempre em relação à base, sendo esta definida pelo plano horizontal determinado por planície ou espelho d'água adjacente ou, nos relevos ondulados, pela cota do ponto de sela mais próximo da elevação[204];

---

[203] Tabuleiro ou chapada é um elemento da natureza definido no art. 2º, XI, da Resolução Conama 303/2002: "XI – tabuleiro ou chapada: paisagem de topografia plana, com declividade média inferior a dez por cento, aproximadamente seis graus e superfície superior a dez hectares, terminada de forma abrupta em escarpa, caracterizando-se a chapada por grandes superfícies a mais de seiscentos metros de altitude".

[204] A Resolução Conama 303/2002 já definia morro e montanha e fixava conceitos técnicos relevantes para a delimitação das APPs: "Art. 2º (...) IV – morro: elevação do terreno com cota do topo em relação a base entre cinquenta e trezentos metros e encostas com declividade superior a trinta por cento (aproximadamente dezessete graus) na linha de maior declividade; V – montanha: elevação do terreno com cota em relação a base superior a trezentos metros; VI – base de morro ou

X – as áreas em altitude superior a 1.800 (mil e oitocentos) metros, qualquer que seja a vegetação;

Evidentemente, são situações em que se estabelece importante proteção que se dá em função do relevo acidentado de tais áreas. A existência de vegetação nativa nessas áreas cumpre uma série de funções, dentre as quais se destaca a de propiciar lenta, perene e proporcional infiltração de águas, com a consequente preservação do solo e da estabilidade geológica, a fim de se evitarem deslocamentos e deslizamentos de grandes quantidades de terra.

APPs PROTETORAS DE ECOSSISTEMAS ESPECÍFICOS

– *APPs de restingas;*

Consideram-se também áreas de preservação permanente, nos termos do art. 4º do Código Florestal:

> VI – as restingas, como fixadoras de dunas ou estabilizadoras de mangues;

A restinga é um espaço geográfico formado por depósitos arenosos paralelos à linha da costa, de forma geralmente alongada, produzido por processos de sedimentação, onde se encontram diferentes comunidades que recebem influência marinha, podendo ter cobertura vegetal em mosaico. Esse tipo de formação, encontrado em praias, cordões arenosos, dunas e depressões, costuma apresentar vegetação de porte variado (herbáceo, arbustivo e arbóreo) em diversos estágios sucessionais[205].

As restingas têm uma importante função de fixação e estabilização de dunas e de manguezais, como a própria lei adverte.

Segundo a Resolução Conama 303/2002, as restingas são delimitadas da seguinte forma:

> Art. 3º Constitui Área de Preservação Permanente a área situada:
>
> IX – nas restingas:
>
> a) em faixa mínima de trezentos metros, medidos a partir da linha de preamar máxima;
>
> b) em qualquer localização ou extensão, quando recoberta por vegetação com função fixadora de dunas ou estabilizadora de mangues;

É ainda latente o debate sobre a vigência e a validade das resoluções do Conama que tratam de áreas de preservação permanente, especialmente após a edição do Novo Código Florestal.

O Código Florestal anterior (Lei 4.771/1965) já dispunha (art. 2º, *f*) que se consideravam de preservação permanente *as florestas e demais formas de vegetação natural situadas nas restingas, como fixadoras de dunas ou estabilizadoras de mangues.*

Observe-se, portanto, que não houve alteração sensível na redação do dispositivo referente às restingas, na comparação entre o Código Florestal revogado (Lei 4.771/1965) e o Código vigente (Lei 12.651/2012).

---

montanha: plano horizontal definido por planície ou superfície de lençol d'água adjacente ou, nos relevos ondulados, pela cota da depressão mais baixa ao seu redor; VII – linha de cumeada: linha que une os pontos mais altos de uma sequência de morros ou de montanhas, constituindo-se no divisor de águas; (...) Art. 3º Constitui Área de Preservação Permanente a área situada: (...) V – no topo de morros e montanhas, em áreas delimitadas a partir da curva de nível correspondente a dois terços da altura mínima da elevação em relação a base". Agora, porém, como se nota pela redação do dispositivo do Código Florestal de 2012, altera-se o modo de delimitação das chamadas APPs de topos de morros.

205 O Código Florestal define a restinga: "Art. 3º (...) XVI – restinga: depósito arenoso paralelo à linha da costa, de forma geralmente alongada, produzido por processos de sedimentação, onde se encontram diferentes comunidades que recebem influência marinha, com cobertura vegetal em mosaico, encontrada em praias, cordões arenosos, dunas e depressões, apresentando, de acordo com o estágio sucessional, estrato herbáceo, arbustivo e arbóreo, este último mais interiorizado".

Neste caso particular, entendemos que permanece válida a delimitação estabelecida na Resolução Conama, especialmente porque a lei posterior não dispôs de outro modo (quando comparada ao Código revogado), sendo perfeitamente compatível com o conteúdo da referida resolução[206].

Finalmente, é válido apontar uma última decisão do STF, por sua atualidade e por sua relevância: trata-se da decisão monocrática adotada pela Ministra Rosa Weber na ADPF 747 MC/DF, ação ajuizada contra a decisão veiculada pela Resolução Conama 500/2020, por meio da qual tal órgão revogou relevantes resoluções anteriores, por proposição do próprio Ministro do Meio Ambiente. Uma das resoluções em questão é justamente a Resolução 303/2002[207] e a decisão referida a mantém vigente por ora.

– *APPs de manguezais;*

O Código Florestal (art. 4º) também estabelece proteção sobre o ecossistema chamado de manguezal, considerando APPs:

> VII – os manguezais, em toda a sua extensão;

O manguezal revela-se como uma zona litorânea e pode ser definido como

> XIII – manguezal: ecossistema litorâneo que ocorre em terrenos baixos, sujeitos à ação das marés, formado por vasas lodosas recentes ou arenosas, às quais se associa, predominantemente, a vegetação natural conhecida como mangue, com influência fluviomarinha, típica de solos limosos de regiões estuarinas e com dispersão descontínua ao longo da costa brasileira, entre os Estados do Amapá e de Santa Catarina[208].

Os manguezais são formados por uma variada gama de espécies vegetais, resistentes ao fluxo das marés – e, portanto, ao sal –, que inclui árvores e outras espécies arbustivas, sendo formado ainda por bancos de lama e de sal, salinas e pântanos salinos. Entre essas fisionomias estão os apicuns, também chamados de "salgados". Cientificamente são definidos como um ecótono, uma zona de transição, de solo geralmente arenoso, sem cobertura vegetal ou abrigando uma vegetação herbácea[209].

---

206 O Poder Judiciário, aliás, acolheu essa tese, sustentada pelo Ministério Público, no âmbito de ação civil pública ambiental proposta perante a 1ª Vara da Justiça Federal em Caraguatatuba, na qual foi concedida "tutela de urgência para determinar que a Cetesb Aplique a Resolução do Conselho Nacional do Meio Ambiente – Conama n. 303, de 20/03/2002, que dispõe sobre parâmetros, definições e limites de áreas de preservação permanente, mais especificamente no tocante à definição de restinga prevista no seu artigo 3°, inciso IX, alínea 'a', aplicando-a em todos os seus procedimentos administrativos de licenciamento e autorização ambientais em curso sob sua competência".

207 STF, ADPF 747: "Arguição de descumprimento de preceito fundamental. Pedido de liminar. Alegação de afronta ao art. 225 da Constituição da República. Resolução Conama n. 500/2020. Revogação das Resoluções n. 84/2001, n. 302/2002 e n. 303/2002. Licenciamento de empreendimentos de irrigação, parâmetros, definições e limites de áreas de preservação permanente de reservatórios artificiais e regime de uso do entorno. Parâmetros, definições e limites de áreas de preservação permanente em geral. 1. A mera revogação de normas operacionais fixadoras de parâmetros mensuráveis necessários ao cumprimento da legislação ambiental, sem sua substituição ou atualização, compromete a observância da Constituição, da legislação vigente e de compromissos internacionais. 2. A revogação da Resolução Conama n. 284/2001 sinaliza dispensa de licenciamento para empreendimentos de irrigação, mesmo que potencialmente causadores de modificações ambientais significativas. Evidenciados graves e imediatos riscos para a preservação dos recursos hídricos, em prejuízo da qualidade de vida das presentes e futuras gerações (art. 225, *caput* e § 1°, I, da CF). 3. A revogação das Resoluções n. 302/2002 e n. 303/2002 distancia-se dos objetivos definidos no art. 225 da CF, baliza material da atividade normativa do Conama. Aparente estado de anomia e descontrole regulatório, a configurar material retrocesso no tocante à satisfação do dever de proteger e preservar o equilíbrio do meio ambiente, incompatível com a ordem constitucional e o princípio da precaução. Precedentes. *Fumus boni juris* demonstrado. 4. Elevado risco de degradação de ecossistemas essenciais à preservação da vida sadia, comprometimento da integridade de processos ecológicos essenciais e perda de biodiversidade, a evidenciar o *periculum in mora*. 5. Liminar deferida, *ad referendum* do Plenário, para suspender os efeitos da Resolução Conama n. 500/2020".

208 Definição encontrada no art. 3°, XIII, da Lei 12.651/2012.

209 O art. 3° da Lei 12.651/2012 também define os apicuns: "XV – apicum: áreas de solos hipersalinos situadas nas regiões entremarés superiores, inundadas apenas pelas marés de sizígias, que apresentam salinidade superior a 150 (cento e cinquenta)

A conservação dos manguezais em toda sua extensão, incluindo os apicuns, reveste-se de intensa relevância ambiental e igualmente de importância social por serem considerados berçários para os recursos pesqueiros, sustentando direta ou indiretamente mais de 1 milhão de pessoas[210].

Não obstante, a análise das disposições da Lei 12.651/2012 permite concluir que o legislador não considerou os apicuns como parte integrante dos manguezais, excluindo os primeiros da disciplina das APPs, submetendo-os a um regime de exploração, ainda que sustentável, traçado no art. 11-A.

- *APPs de veredas;*

Finalmente, a lei estabelece proteção a áreas localizadas nas margens das chamadas veredas, espaços definidos pela própria lei, cuja relevância ecológica se justifica pela própria identidade específica de sua vegetação. Nas veredas, as APPs estão assim definidas (art. 4º):

> XI – em veredas, a faixa marginal, em projeção horizontal, com largura mínima de 50 (cinquenta) metros, a partir do espaço permanentemente brejoso e encharcado.

De outro lado, é importante mencionar que a conceituação da vereda vem também estabelecida na Lei 12.651/2012, sendo ela definida como fitofisionomia de savana, encontrada em solos hidromórficos, usualmente com a palmeira arbórea Mauritia flexuosa – buriti emergente, sem formar dossel, em meio a agrupamentos de espécies arbustivo-herbáceas[211].

1.6.2.3 *Exceções ao regime geral de proteção*

Foi visto que o regime geral de proteção das APPs é aquele estabelecido no art. 7º da Lei 12.651/2012, que consiste na necessidade de impedir intervenções em tais áreas, mantendo-as cobertas com vegetação nativa.

Não obstante, aqui e ali na lei encontramos diversas exceções a esse regime, destacando-se especialmente as chamadas áreas rurais consolidadas, analisadas no item 1.6.4.2. Também há que se fazer referência à possibilidade de intervenção nas áreas de APPs, nos estritos casos previstos na própria Lei 12.651/2012, quais sejam as hipóteses de utilidade pública, interesse social e baixo impacto ambiental, sempre sob o crivo do órgão integrante do Sisnama.

1.6.3 Reserva legal

1.6.3.1 *Definição e regime de proteção*

A Reserva Legal constitui o percentual de todo imóvel rural que deve abrigar vegetação nativa, não se confundindo com as áreas de preservação permanente.

Esse instituto está definido no próprio Código Florestal (art. 3º, III) como:

> III – área localizada no interior de uma propriedade ou posse rural com a função de assegurar o uso econômico de modo sustentável dos recursos naturais do imóvel rural, auxiliar a conservação e a reabilitação dos processos ecológicos e promover a conservação da biodiversidade, bem como o abrigo e a proteção de fauna silvestre e da flora nativa.

O art. 12 da Lei 12.651/2012 é o dispositivo legal que institui a obrigatoriedade de Reserva Legal para todo imóvel rural, ressalvando a aplicação das normas relativas às APPs e

---

partes por 1.000 (mil), desprovidas de vegetação vascular".

210 Informações extraídas do sítio oficial do Ministério do Meio Ambiente. Disponível em: http://www.mma.gov.br/biodiversidade/biodiversidade-aquatica/zona-costeira-e-marinha/manguezais. Acesso em: 18 jul. 2016.

211 Art. 3º, XII, da Lei 12.651/2012.

estabelecendo o percentual exigido em relação à área total do imóvel a depender da região do país e do bioma de que se trata:

> Art. 12. Todo imóvel rural deve manter área com cobertura de vegetação nativa, a título de Reserva Legal, sem prejuízo da aplicação das normas sobre as Áreas de Preservação Permanente, observados os seguintes percentuais mínimos em relação à área do imóvel, excetuados os casos previstos no art. 68 desta Lei:
>
> I – localizado na Amazônia Legal:
>
> a) 80% (oitenta por cento), no imóvel situado em área de florestas;
>
> b) 35% (trinta e cinco por cento), no imóvel situado em área de cerrado;
>
> c) 20% (vinte por cento), no imóvel situado em área de campos gerais;
>
> II – localizado nas demais regiões do País: 20% (vinte por cento).

Não obstante, os §§ 4º e 5º do mesmo dispositivo autorizam que:

- nos casos da alínea *a* do inciso I, o poder público poderá reduzir a Reserva Legal para até 50% (cinquenta por cento), para fins de recomposição, quando o Município tiver mais de 50% (cinquenta por cento) da área ocupada por unidades de conservação da natureza de domínio público e por terras indígenas homologadas;
- nos casos da alínea *a* do inciso I, o poder público estadual, ouvido o Conselho Estadual de Meio Ambiente, poderá reduzir a Reserva Legal para até 50% (cinquenta por cento), quando o Estado tiver Zoneamento Ecológico-Econômico aprovado e mais de 65% (sessenta e cinco por cento) do seu território ocupado por unidades de conservação da natureza de domínio público, devidamente regularizadas, e por terras indígenas homologadas.

Além disso, quando indicado pelo Zoneamento Ecológico-Econômico – ZEE estadual, realizado segundo metodologia unificada, o poder público federal poderá (art. 13):

> I – reduzir, exclusivamente para fins de regularização, mediante recomposição, regeneração ou compensação da Reserva Legal de imóveis com área rural consolidada, situados em área de floresta localizada na Amazônia Legal, para até 50% (cinquenta por cento) da propriedade, excluídas as áreas prioritárias para conservação da biodiversidade e dos recursos hídricos e os corredores ecológicos[212];
>
> II – ampliar as áreas de Reserva Legal em até 50% (cinquenta por cento) dos percentuais previstos nesta Lei, para cumprimento de metas nacionais de proteção à biodiversidade ou de redução de emissão de gases de efeito estufa.

Caso ocorra fracionamento ou desmembramento de imóvel, a qualquer título, inclusive para assentamentos pelo Programa de Reforma Agrária, a área que deve ser considerada para o fim de se calcular o percentual de reserva legal é a área do imóvel antes do fracionamento (art. 12, § 1º). Esta regra é de suma importância, pois impede a divisão do imóvel em parcelas menores conduza à anistia, à dispensa e/ou à atenuação da obrigação de instituir reserva legal. Deve ser considerada a área global existente antes de eventual divisão para que se atinja o percentual legal.

---

[212] No caso previsto no inciso I do *caput* do art. 13, o proprietário ou possuidor de imóvel rural que mantiver Reserva Legal conservada e averbada em área superior aos percentuais exigidos no referido inciso poderá instituir servidão ambiental sobre a área excedente e Cota de Reserva Ambiental (art. 13, § 1º). De outro lado, segundo o § 2º do art. 13, os Estados que não possuam Zoneamentos Ecológico-Econômicos – ZEEs segundo a metodologia unificada, estabelecida em norma federal, terão o prazo de 5 (cinco) anos, a partir da data da publicação da Lei 12.651/2012, para a sua elaboração e aprovação.

Além disso, nos imóveis que ocupem simultaneamente áreas de formações florestais, de cerrado ou de campos gerais na Amazônia Legal, o percentual de reserva legal será definido considerando separadamente os índices contidos nas alíneas *a*, *b* e *c* do inciso I do *caput* (art. 12, § 2º).

Os §§ 6º, 7º e 8º do art. 12 sofreram sérias críticas da comunidade ambientalista, porque dispensaram da instituição de reserva legal:

- os empreendimentos de abastecimento público de água e tratamento de esgoto;
- as áreas adquiridas ou desapropriadas por detentor de concessão, permissão ou autorização para exploração de potencial de energia hidráulica, nas quais funcionem empreendimentos de geração de energia elétrica, subestações ou sejam instaladas linhas de transmissão e de distribuição de energia elétrica;
- as áreas adquiridas ou desapropriadas com o objetivo de implantação e ampliação de capacidade de rodovias e ferrovias.

Questão importante diz respeito à **localização da reserva legal na respectiva propriedade rural**. Frise-se que o art. 14 da Lei 12.651/2012 traz relevantes diretrizes que devem ser observadas para tal definição. Não se olvide, ainda, que tais diretrizes devem nortear tanto a escolha e a proposta a serem formuladas pelo proprietário/possuidor da área quanto pelo órgão ambiental, que necessariamente deve aprovar a localização da reserva legal. Essas normas estão todas dispostas no referido art. 14:

> Art. 14. A localização da área de Reserva Legal no imóvel rural deverá levar em consideração os seguintes estudos e critérios:
>
> I – o plano de bacia hidrográfica;
>
> II – o Zoneamento Ecológico-Econômico;
>
> III – a formação de corredores ecológicos com outra Reserva Legal, com Área de Preservação Permanente, com Unidade de Conservação ou com outra área legalmente protegida;
>
> IV – as áreas de maior importância para a conservação da biodiversidade; e
>
> V – as áreas de maior fragilidade ambiental.
>
> § 1º O órgão estadual integrante do Sisnama ou instituição por ele habilitada deverá aprovar a localização da Reserva Legal após a inclusão do imóvel no CAR, conforme o art. 29 desta Lei.
>
> § 2º Protocolada a documentação exigida para a análise da localização da área de Reserva Legal, ao proprietário ou possuidor rural não poderá ser imputada sanção administrativa, inclusive restrição a direitos, por qualquer órgão ambiental competente integrante do Sisnama, em razão da não formalização da área de Reserva Legal.

Como já se referiu há pouco, as áreas de reserva legal não se confundem com as áreas de preservação permanente, tratando-se de institutos distintos, que possuem, aliás, funções ecológicas também distintas.

Não obstante, atento também aos aspectos econômicos de tais questões, o legislador abriu a possibilidade de se sobrepor a reserva legal às APPs, ou seja, de se computar[213] o percentual

[213] É relevante ressaltar alguns aspectos sobre o tema do cômputo das APPs no cálculo da RL: a) o regime de proteção da Área de Preservação Permanente não se altera na hipótese de passar a área a integrar a Reserva Legal (art. 15, § 1º); b) o proprietário ou possuidor de imóvel com Reserva Legal conservada e inscrita no Cadastro Ambiental Rural – CAR, cuja área ultrapasse o mínimo exigido pela lei, poderá utilizar a área excedente para fins de constituição de servidão ambiental, Cota de Reserva Ambiental e outros instrumentos congêneres (art. 15, § 2º); c) o cômputo das APPs é possível em todas as modalidades de cumprimento da Reserva Legal, abrangendo a regeneração, a recomposição e a compensação (art. 15, § 3º); d) é dispensada a aplicação do inciso I do *caput* do art. 15, quando as Áreas de Preservação Permanente conservadas

de APPs existentes na propriedade para a formulação do cálculo da área necessária à instituição da reserva legal, desde que preenchidos os requisitos previstos no art. 15 da Lei 12.651/2012:

> Art. 15. Será admitido o cômputo das Áreas de Preservação Permanente no cálculo do percentual da Reserva Legal do imóvel, desde que:
>
> I – o benefício previsto neste artigo não implique a conversão de novas áreas para o uso alternativo do solo;
>
> II – a área a ser computada esteja conservada ou em processo de recuperação, conforme comprovação do proprietário ao órgão estadual integrante do Sisnama; e
>
> III – o proprietário ou possuidor tenha requerido inclusão do imóvel no Cadastro Ambiental Rural – CAR, nos termos desta Lei.

Note-se que o conceito de *uso alternativo do solo* é dado pela própria Lei 12.651/2012, em seu art. 3º:

> VI – uso alternativo do solo: substituição de vegetação nativa e formações sucessoras por outras coberturas do solo, como atividades agropecuárias, industriais, de geração e transmissão de energia, de mineração e de transporte, assentamentos urbanos ou outras formas de ocupação humana;

Ainda sobre a instituição da reserva legal, mencione-se que é permitida a criação deste espaço em regime de condomínio ou em caráter coletivo, para que sirva uma determinada área à função de reserva legal para duas ou mais propriedades. Também no caso de parcelamento de imóvel rural, a área de reserva pode ser mantida em caráter comum (art. 16 do Código Florestal).

Sobre o regime de proteção da área de reserva legal, o art. 17 dispõe que ela deve ser conservada com cobertura de vegetação nativa pelo proprietário do imóvel rural, possuidor ou ocupante a qualquer título, pessoa física ou jurídica, de direito público ou privado.

A exploração econômica da área de reserva legal é possível em caráter excepcional, mediante manejo sustentável, previamente aprovado pelo órgão competente do Sisnama, de acordo com as modalidades previstas na lei[214].

Adotando uma vez mais o marco temporal que elegeu como relevante, o Código Florestal estabelece que é obrigatória a suspensão imediata das atividades em área de Reserva Legal

---

ou em processo de recuperação, somadas às demais florestas e outras formas de vegetação nativa existentes em imóvel, ultrapassarem 80% (oitenta por cento) do imóvel rural localizado em áreas de floresta na Amazônia Legal (art. 15, § 4º).

214 Quanto ao chamado manejo sustentável é preciso frisar: a) o art. 3º, VII, do Código Florestal define o manejo sustentável como a administração da vegetação natural para a obtenção de benefícios econômicos, sociais e ambientais, respeitando-se os mecanismos de sustentação do ecossistema objeto do manejo e considerando-se, cumulativa ou alternativamente, a utilização de múltiplas espécies madeireiras ou não, de múltiplos produtos e subprodutos da flora, bem como a utilização de outros bens e serviços; b) o art. 20 da lei estabelece que no manejo sustentável da vegetação florestal da Reserva Legal, serão adotadas práticas de exploração seletiva nas modalidades de manejo sustentável sem propósito comercial para consumo na propriedade e manejo sustentável para exploração florestal com propósito comercial; c) segundo o art. 21, é livre a coleta de produtos florestais não madeireiros, tais como frutos, cipós, folhas e sementes, devendo-se observar: I – os períodos de coleta e volumes fixados em regulamentos específicos, quando houver; II – a época de maturação dos frutos e sementes; III – técnicas que não coloquem em risco a sobrevivência de indivíduos e da espécie coletada no caso de coleta de flores, folhas, cascas, óleos, resinas, cipós, bulbos, bambus e raízes; d) o manejo florestal sustentável da vegetação da Reserva Legal com propósito comercial depende de autorização do órgão competente e deverá atender as seguintes diretrizes e orientações: I – não descaracterizar a cobertura vegetal e não prejudicar a conservação da vegetação nativa da área; II – assegurar a manutenção da diversidade das espécies; III – conduzir o manejo de espécies exóticas com a adoção de medidas que favoreçam a regeneração de espécies nativas (art. 22); e) o manejo sustentável para exploração florestal eventual sem propósito comercial, para consumo no próprio imóvel, independe de autorização dos órgãos competentes, devendo apenas ser declarados previamente ao órgão ambiental a motivação da exploração e o volume explorado, limitada a exploração anual a 20 (vinte) metros cúbicos (art. 23); f) no manejo florestal nas áreas fora de Reserva Legal, aplica-se igualmente o disposto nos arts. 21, 22 e 23 (art. 24); g) para fins de manejo de Reserva Legal na pequena propriedade ou posse rural familiar, os órgãos integrantes do Sisnama deverão estabelecer procedimentos simplificados de elaboração, análise e aprovação de tais planos de manejo (art. 17, § 2º).

desmatada irregularmente após 22 de julho de 2008 (art. 17, § 3º). Dispõe também que, nestas áreas, sem prejuízo das sanções administrativas, cíveis e penais cabíveis, deverá ser iniciado o processo de recomposição da Reserva Legal em até 2 (dois) anos contados a partir da data da publicação da Lei, devendo tal processo ser concluído nos prazos estabelecidos pelo Programa de Regularização Ambiental – PRA, de que trata o art. 59 (art. 17, § 4º).

Note-se que, **para sua regular instituição, a área de Reserva Legal deverá ser registrada no órgão ambiental competente por meio de inscrição no CAR de que trata o art. 29, sendo vedada a alteração de sua destinação, nos casos de transmissão, a qualquer título, ou de desmembramento** (art. 18, *caput*). Tal inscrição deverá feita mediante a apresentação de planta e memorial descritivo, contendo a indicação das coordenadas geográficas com pelo menos um ponto de amarração (art. 18, § 1º). Aliás, o registro da Reserva Legal no CAR desobriga a averbação no Cartório de Registro de Imóveis, sendo que, no período entre a data da publicação da Lei e o registro no CAR, o proprietário ou possuidor rural que desejar fazer a averbação terá direito à gratuidade deste ato (art. 18, § 4º)[215].

Vale lembrar que o Código Florestal anterior (Lei 4.771/1965) exigia a averbação da reserva legal florestal à margem da matrícula do imóvel rural no respectivo Cartório de Registro de Imóveis (art. 16, § 8º). A Lei 12.651/2012 pretendeu, portanto, substituir o sistema anterior, vinculado ao registro de imóveis, pelo CAR, um instrumento eletrônico, pretensamente mais ágil e diretamente integrado aos mecanismos de controle estatal[216].

Analisando o tema, decidiu o Superior Tribunal de Justiça:

> (...) A simples apresentação de projeto e a formulação de requerimento administrativo perante o CAR não implicam desoneração de obrigações múltiplas avençadas e consolidadas em TAC. É impróprio ao Poder Judiciário, sobretudo para desconstituir título executivo escorreito, antecipar-se à análise administrativa ainda não finalizada pela autoridade técnica competente.
>
> (...) A instituição do Cadastro Ambiental Rural – CAR – pelo Código Florestal (Lei 12.651/2012) não retira, no que tange à Reserva Legal, a obrigação do proprietário de delimitá-la, averbá-la no Cartório de Registro de Imóveis, conservá-la e recuperá-la. O legislador apenas possibilitou que, alternativamente, a averbação seja, a critério e conveniência do proprietário, substituída por registro administrativo no Cadastro Ambiental Rural - CAR.
>
> (...) Sensível à necessidade, no plano burocrático, de se facilitar a regularização de milhares de propriedades pelo País afora e, ao mesmo tempo, reconhecendo as dificuldades práticas e custos de averbação isolada da Reserva Legal no Cartório de Registro de Imóveis, dispõe o art. 18, § 4º, do novo Código Florestal:

215 O Tribunal de Justiça de São Paulo, por meio do E. Conselho Superior da Magistratura, nos autos da apelação 1000891-63.2015.8.26.0362, da Comarca de Mogi-Guaçu, decidiu que é lícito ao Oficial de Registro de Imóveis recusar o registro de imóvel sem a prova de efetiva demarcação da Reserva Legal "se, no CAR, inexistir informação relativa à reserva legal florestal, essa, porque limita o direito de propriedade, deve constar do registro de imóveis, em prestígio da segurança jurídica e do princípio da publicidade. E inclusive para permitir o cumprimento de obrigações ambientais decorrentes dessa limitação. Agora, a averbação da reserva legal será prescindível, bastando a do número de inscrição no CAR, se determinada, no cadastro, sua posição, seu lugar".

216 No entanto, há precedente do STJ determinando a averbação da reserva legal no Cartório de Imóveis quando se trata de fatos anteriores à vigência do Código Florestal de 2012: "Processual civil e ambiental. Reserva legal em propriedade rural. Incidência da Lei n. 4.771/1964. Regularização. Aplicação do art. 66 da Lei n. 12.651/2012. Possibilidade. Comando retroativo expresso. Precedente. Averbação. Cartório de Registro de imóveis. *Tempus regit actum*. Recurso especial parcialmente provido, com as devidas vênias ao Relator. 1. Trata-se de recurso especial interposto pelo Ministério Público do Estado de São Paulo contra acórdão que determinou fosse a Reserva Legal delimitada por meio da aplicação da Lei n. 12.651/2012; todavia a controvérsia foi instaurada antes da entrada em vigor do novo Código Florestal. 2. O caso dos autos deve ser regido pela Lei n. 4.771/1964, à exceção da possibilidade de as rés regularizarem a Reserva Legal, nos termos do art. 66 da Lei n. 12.651/2012, que contém comando retroativo expresso. Precedente: REsp 1.646.193/SP, Rel. Min. Napoleão Nunes Maia Filho, Rel. para acórdão Min. Gurgel de Faria, Primeira Turma, *DJe* 4/6/2020. 3. A Corte de origem autorizou o registro da Reserva Legal apenas no Cadastro Ambiental Rural – CAR. Ocorre que o caso deve ser regido pela lei vigente ao tempo do fato, com respaldo no princípio *tempus regit actum*, razão por que o registro da Reserva Legal deve ser feito por meio de sua averbação no competente Cartório de Imóveis. 4. Recurso especial parcialmente provido" (REsp 1.681.074/SP, Min. Napoleão Nunes Maia Filho, Rel. para acórdão Min. Benedito Gonçalves).

> "O registro da Reserva Legal no CAR desobriga a averbação no Cartório de Registro de Imóveis, sendo que, no período entre a data da publicação desta Lei e o registro no CAR, o proprietário ou possuidor rural que desejar fazer a averbação terá direito à gratuidade deste ato" (...). "Desobriga" enquanto não houver necessidade de alteração, por outra razão (transmissão, desmembramento ou retificação), dos assentos no Registro de Imóveis.
>
> E assim é porque o novo Código não revogou o art. 167, II, 22, da Lei 6.015/1973, que expressamente prescreve, como mecanismo de garantia reforçada de terceiros e da sociedade (grau máximo de publicidade, segurança e fé pública das informações), a averbação da Reserva Legal no Registro de Imóveis.
>
> (...) Em síntese, quanto à Reserva Legal, convivem em perfeita harmonia o regime jurídico do Código Florestal e o da Lei de Registros Públicos: poderá a instituição ser realizada, alternativamente e à escolha do proprietário, no Cartório de Registro Imobiliário (= averbação) ou no Cadastro Ambiental Rural - CAR (= registro administrativo). Ocorrendo, contudo, negócio jurídico — compra e venda, usucapião, hipoteca, loteamento, incorporação, parcelamento do solo, servidão, usufruto, convenção antenupcial etc. - que, por constituição, transferência ou modificação, judicial ou extrajudicial, de direitos reais atrelados ao imóvel, exija atualização nos assentos do Registro Imobiliário, para este devem ser transplantados, no mesmo momento, os dados da Reserva Legal anteriormente inseridos no cadastro administrativo.
>
> 10. Recurso Especial parcialmente provido[217].

Ainda com relação à formalização da reserva legal, a lei versa que, na posse, a área de Reserva Legal é assegurada por termo de compromisso firmado pelo possuidor com o órgão competente do Sisnama, com força de título executivo extrajudicial, que explicite, no mínimo, a localização da área de Reserva Legal e as obrigações assumidas pelo possuidor e que a transferência da posse implica a sub-rogação das obrigações assumidas no termo de compromisso (art. 18, §§ 2º e 3º).

Finalmente, vale frisar que a inserção do imóvel rural em perímetro urbano não desobriga o proprietário ou posseiro da manutenção da área de Reserva Legal, que só será extinta concomitantemente ao registro do parcelamento do solo para fins urbanos aprovado segundo a legislação específica e consoante as diretrizes do plano diretor (art. 19).

1.6.3.2 Formas de instituição da reserva legal

A reserva legal, como já afirmado no item anterior, **deve ser instituída mediante sua inscrição no Cadastro Ambiental Rural - CAR, o que possibilita a análise de sua conformação pelo órgão ambiental. Com efeito, somente após a aprovação do órgão ambiental é que se perfaz a instituição jurídica da reserva**.

No entanto, é preciso lembrar que a instituição jurídica da reserva legal pode não significar propriamente sua existência na realidade. Na prática, é preciso verificar se de fato existe a vegetação nativa afirmada como existente ou projetada para ser recomposta na propriedade.

É curioso, porém, que não se encontra no Capítulo IV do Código Florestal, que trata das áreas de Reserva Legal, norma que determine o modo de cumprimento da obrigação de recomposição da vegetação nativa em tal área se for ela inexistente.

É necessário buscar o disposto nos arts. 66 e seguintes do Código Florestal, os quais se encontram, contudo, no capítulo relativo às disposições transitórias, em seção destinada a tratar das áreas consolidadas em áreas de reserva legal. O tema será tratado logo mais na segunda parte do tópico 1.6.4.2.

---

[217] STJ, REsp 1742149/MG, Rel. Min. Herman Benjamin.

1.6.4 Outros temas relevantes no Código Florestal

1.6.4.1 O Cadastro Ambiental Rural (CAR)

O Código Florestal (Lei 12.651/2012) criou o chamado **Cadastro Ambiental Rural – CAR**, instituto já mencionado no tópico relativo à reserva legal.

Trata-se de um registro público eletrônico de caráter nacional, obrigatório para todos os imóveis rurais, com a finalidade de integrar as informações ambientais das propriedades e posses rurais, compondo base de dados para controle, monitoramento, planejamento ambiental e econômico e combate ao desmatamento (art. 29 do Código Florestal).

Segundo o § 1º do art. 29, a inscrição do imóvel rural no CAR deverá ser feita, preferencialmente, no órgão ambiental municipal ou estadual, que, nos termos do regulamento, exigirá do proprietário ou possuidor rural:

> I – identificação do proprietário ou possuidor rural;
>
> II – comprovação da propriedade ou posse;
>
> III – identificação do imóvel por meio de planta e memorial descritivo, contendo a indicação das coordenadas geográficas com pelo menos um ponto de amarração do perímetro do imóvel, informando a localização dos remanescentes de vegetação nativa, das Áreas de Preservação Permanente, das Áreas de Uso Restrito, das áreas consolidadas e, caso existente, também da localização da Reserva Legal[218].

É relevante frisar que § 2º do art. 29 ressalva que o cadastramento não é considerado título para fins de reconhecimento do direito de propriedade ou posse, tampouco elimina a necessidade de cumprimento do disposto no art. 2º da Lei 10.267/2001 (a referência à Lei 10.267/2001 diz respeito ao Cadastro Nacional de Imóveis Rurais – CNIR, com base de informações comuns, gerenciada conjuntamente pelo INCRA e pela Secretaria da Receita Federal, produzida e compartilhada pelas diversas instituições públicas federais e estaduais produtoras e usuárias de informações sobre o meio rural brasileiro).

O prazo para inscrição das áreas rurais no CAR foi prorrogado por diversas vezes desde a edição do Código Florestal de 2012. A última alteração ocorreu pela Lei 13.887/2019. Por força da redação dada pela referida lei, dispõe agora o § 3º do art. 29 que a inscrição no CAR é obrigatória e por prazo indeterminado para todas as propriedades e posses rurais. Já o § 4º do art. 29 estabelece que teriam direito à adesão ao PRA, de que trata o art. 59 da lei, os proprietários e possuidores dos imóveis rurais com área acima de 4 (quatro) módulos fiscais que os inscrevessem no CAR até o dia 31 de dezembro de 2023, bem como os proprietários e possuidores dos imóveis rurais com área de até 4 (quatro) módulos fiscais ou que atendam ao disposto no art. 3º da Lei 11.326, de 24 de julho de 2006, que os inscrevessem no CAR até o dia 31 de dezembro de 2025 (redação dada pela Lei 14.595, de 2023). Finalmente, a Lei 14.595, de 2023, também alterou a redação do art. 59 do Código Florestal, estabelecendo em seu § 2º que a inscrição do imóvel rural no CAR é condição obrigatória para a adesão ao PRA, que deve ser requerida no prazo de 1 ano, contado da notificação pelo órgão competente, que realizará previamente a validação do cadastro e a identificação de passivos ambientais, observado o disposto no § 4º do art. 29 dessa lei. Observe-se a sutil distinção:

---

[218] Não se olvide que o art. 30 do Código Florestal estabelece que, *nos casos em que a Reserva Legal já tenha sido averbada na matrícula do imóvel e em que essa averbação identifique o perímetro e a localização da reserva, o proprietário não será obrigado a fornecer ao órgão ambiental as informações relativas à Reserva Legal previstas no inciso III do § 1º do art. 29*. Além disso, *para que o proprietário se desobrigue desse modo, deverá apresentar ao órgão ambiental competente a certidão de registro de imóveis onde conste a averbação da Reserva Legal ou termo de compromisso já firmado nos casos de posse* (parágrafo único do art. 30).

a) a inscrição no CAR é obrigatória e por prazo indeterminado (art. 29, § 3º), submetendo-se, porém, o direito de adesão ao PRA a essa inscrição nos prazos estabelecidos no art. 29, § 4º;
b) o prazo para adesão ao Programa de Regularização Ambiental (PRA) é de 1 ano, contado da notificação pelo órgão competente, que realizará previamente a validação do cadastro e a identificação de passivos ambientais (art. 59, § 2º).

Nesse ponto, anote-se que a Lei 13.887/2019 deu nova redação aos dispositivos que tratam justamente do PRA (Programa de Regularização Ambiental), estabelecendo que:

i) a União, os Estados e o Distrito Federal deverão implantar Programas de Regularização Ambiental (PRAs) de posses e propriedades rurais, com o objetivo de adequá-las ao disposto no Capítulo XIII do Código Florestal (art. 59, *caput*);
ii) na regulamentação dos PRAs, a União estabelecerá normas de caráter geral, e os Estados e o Distrito Federal ficarão incumbidos do seu detalhamento por meio da edição de normas de caráter específico, em razão de suas peculiaridades territoriais, climáticas, históricas, culturais, econômicas e sociais, conforme preceitua o art. 24 da Constituição Federal (art. 59, § 1º);
iii) caso os Estados e o Distrito Federal não tenham implantado o PRA até 31 de dezembro de 2020, o proprietário ou possuidor de imóvel rural pode aderir ao PRA implantado pela União (art. 59, § 7º).

1.6.4.2 *As áreas rurais consolidadas*

Dispõe a Lei 12.651/2012 sobre o conceito de área rural consolidada, definindo-a como a área de imóvel rural com ocupação antrópica preexistente a 22 de julho de 2008, com edificações, benfeitorias ou atividades agrossilvipastoris, admitida, neste último caso, a adoção do regime de pousio[219] (art. 3º, IV).

A adoção do marco temporal estabelecido em 22 de julho de 2008 tem por razão o fato de que no dia seguinte a essa data foi publicado o Decreto Federal 6.514/2008, que dispôs sobre infrações administrativas de caráter ambiental e respectivas sanções[220].

A análise dos dispositivos legais pertinentes e seu cotejo com o regime geral imposto a áreas de preservação permanente e de reserva legal demonstra que foi dado ao instituto das áreas rurais consolidadas tratamento diferenciado, **marcado especialmente pela concessão de ampla anistia aos proprietários e possuidores que, em princípio, teriam a obrigação de recompor a vegetação nativa originalmente existente em tais áreas**.

A razão para a concessão da ampla anistia citada é evidentemente de ordem econômica, baseada no raciocínio lógico de que os custos pela recomposição de tais áreas, se suportados integralmente pelos proprietários/possuidores, onerá-los-ia por demais, numa realidade econômica que já não se mostra favorável a um grande número de produtores rurais, especialmente os de menor porte.

Observe-se, pois, que a definição de área rural consolidada distingue nitidamente as áreas já utilizadas na data apontada daquelas não utilizadas naquele tempo.

[219] O art. 3º da Lei 12.651/2012 também define pousio: "XXIV - pousio: prática de interrupção temporária de atividades ou usos agrícolas, pecuários ou silviculturais, por no máximo 5 (cinco) anos, para possibilitar a recuperação da capacidade de uso ou da estrutura física do solo".

[220] O Decreto 6.514/2008 representou, de fato, um importante marco nos mecanismos de comando e controle ao criar e prever sanção para o ilícito administrativo de deixar de averbar a reserva legal (art. 55). Isso acabou por catalisar a reação do setor ruralista, o que culminou com a aprovação do Novo Código Florestal (Lei 12.651/2012).

Segue a Lei 12.651/2012 estabelecendo o regime legal aplicável a tais áreas, o que faz com especificidade nos arts. 61-A e seguintes. Nos dispositivos citados, cuida de fazer referência às áreas consolidadas em áreas de preservação permanente (Seção II do Capítulo XIII) e às áreas consolidadas em áreas de reserva legal (Seção III do Capítulo XIII).

Em ambos os casos, trata a lei de: **(i) dispensar os proprietários ou possuidores das obrigações de recompor vegetação nativa em espaços protegidos; (ii) permitir a continuidade da exploração econômica das áreas citadas.**

– Áreas rurais consolidadas em APPs;

O Código Florestal define, nos arts. 61-A e seguintes, obrigações de proteger e recompor áreas de preservação permanente em metragens e espaços muito menores do que aqueles inicialmente estabelecidos no art. 4º da mesma lei, regra geral para delimitação das áreas de preservação permanente.

Desde logo, frisa-se **a regra que se impõe sobre as áreas rurais consolidadas, aquela prevista no art. 61-A do Código Florestal: "nas Áreas de Preservação Permanente, é autorizada, exclusivamente, a continuidade das atividades agrossilvipastoris, de ecoturismo e de turismo rural em áreas rurais consolidadas até 22 de julho de 2008"**.

Note-se ainda que o Código Florestal, desde logo, dispõe que, a partir da data da publicação da lei, até o término do prazo de adesão ao PRA de que trata o § 2º do art. 59, fica autorizada a continuidade das atividades desenvolvidas nas áreas rurais consolidadas em APPs, as quais deverão ser informadas no CAR para fins de monitoramento, sendo exigida a adoção de medidas de conservação do solo e da água (art. 61-A, § 15).

Tendo em vista esse permissivo de caráter geral, as disposições que seguem nos parágrafos do art. 61-A exigem apenas a proteção/recomposição de pequena parte das APPs, faixas estas definidas de acordo com o tamanho do imóvel[221].

Note-se, pois, que autoriza-se a continuidade das atividades desenvolvidas sobre as APPs, exigindo-se tão somente a recomposição de uma pequena parte dessa área.

Tratando-se de áreas de preservação permanente existentes nas margens de cursos d'água, vigoram as seguintes faixas (art. 61-A, §§ 1º a 4º, da Lei 12.651/2012, e art. 19, § 4º, do Decreto 7.830/2012):

Tamanho do Imóvel Rural	Faixa de APP a Recompor nas Margens de Cursos d'Água
Área de até 1 módulo fiscal	5 metros
Área maior que 1 e de até 2 módulos fiscais	8 metros
Área maior que 2 e de até 4 módulos fiscais	15 metros
Área maior que 4 e de até 10 módulos fiscais, em cursos d'água com até 10 metros de largura	20 metros
Área maior que 4 módulos fiscais – demais casos	Metade da largura do curso d'água, observado o mínimo de 30 e o máximo de 100 metros

[221] A questão relativa ao tamanho do imóvel vem disposta na Lei 12.651/2012 de acordo com o sistema dos módulos fiscais. Módulos fiscais são unidades de medida expressa em hectares fixadas pelo Incra para cada um dos municípios brasileiros, em função de critérios socioeconômicos definidos no art. 50, § 2º, da Lei 4.504/1964 (Estatuto da Terra). Exemplificativamente, menciona-se que em Corumbá (MS) o módulo fiscal equivale a 110 hectares, enquanto em Bananal (SP) o módulo corresponde a 24 hectares. Os valores estão atualmente definidos pela Instrução Especial Incra 20, de 28 de maio de 1980.

Tratando-se de áreas de preservação permanente ao redor de nascentes e olhos d'água perenes, permite-se a consolidação das atividades ali realizadas, nos mesmos termos já acima explicitados, sendo obrigatória a recomposição do raio mínimo de 15 (quinze) metros (art. 61-A, § 5º, do Código Florestal).

Nas hipóteses de áreas rurais consolidadas nas APPs que se localizam no entorno de lagos ou lagoas naturais, admite-se a manutenção das atividades agrossilvipastoris, de ecoturismo ou de turismo rural, sendo obrigatória a recomposição de faixa marginal com larguras que variam em função do tamanho da área rural de que se cuida (art. 61-A, § 6º):

Tamanho do Imóvel Rural	Faixa de APP a Recompor no Entorno de Lagos e Lagoas Naturais
Área de até 1 módulo fiscal	5 metros
Área maior que 1 e de até 2 módulos fiscais	8 metros
Área maior que 2 e de até 4 módulos fiscais	15 metros
Área maior que 4 módulos fiscais	30 metros

Também nos casos de áreas rurais consolidadas em veredas, vigora a lógica de estabelecer faixas diferenciadas em função do tamanho da propriedade ou posse rural:

Tamanho do Imóvel Rural	Faixa de APP a Recompor nas Margens de Veredas
Área de até 4 módulos fiscais	30 metros
Área maior que 4 módulos fiscais	50 metros

A lógica de estabelecer faixas de APPs diferenciadas em função do tamanho da propriedade leva em conta um critério exclusivamente econômico e, ainda assim, bastante falho, pois não se exige comprovação de que se caracterize ali agricultura familiar ou qualquer atividade de mera subsistência[222]. Imagine-se, pois, que um grande empresário que seja proprietário de uma área de pequenas dimensões poderá se valer da anistia concedida, ainda que seja proprietário de inúmeros latifúndios. De todo modo, a despeito da relevância do critério econômico, desprezou-se todo o arcabouço científico que fundamenta a definição das faixas de APP em função da largura dos leitos dos rios ou de outros critérios extraídos das ciências naturais. Evidentemente isso não é bom, pois aumenta significativamente a possibilidade de que o instituto não cumpra suas funções na realidade.

Frise-se que, para o fim de se definir a faixa a recompor no caso de áreas rurais consolidadas, a lei considera válida a área detida pelo imóvel rural em 22 de julho de 2008 (art. 61-A, § 8º).

As áreas rurais consolidadas deverão ser devidamente declaradas no CAR para fins de monitoramento, sendo exigida, nesses casos, a adoção de técnicas de conservação do solo e da água que visem à mitigação dos eventuais impactos (art. 61-A, § 9º). Observe-se, porém, que antes mesmo da disponibilização do CAR, no caso das intervenções já existentes, é o

[222] O art. 61-C do Código Florestal especifica que "para os assentamentos do Programa de Reforma Agrária, a recomposição de áreas consolidadas em Áreas de Preservação Permanente ao longo ou no entorno de cursos d'água, lagos e lagoas naturais observará as exigências estabelecidas no art. 61-A, observados os limites de cada área demarcada individualmente, objeto de contrato de concessão de uso, até a titulação por parte do Instituto Nacional de Colonização e Reforma Agrária – Incra".

proprietário ou possuidor rural responsável pela conservação do solo e da água, por meio de adoção de boas práticas agronômicas (art. 61-A, § 10).

Note-se que as devidas técnicas de conservação do solo e da água devem estar minimamente especificadas no chamado Programa de Regularização Ambiental (PRA), ato regulamentar a ser editado pelos Estados da Federação com as regras específicas para regularização das propriedades em seu território (art. 61-A, § 11)[223].

É importante também frisar que não serão permitidas regularizações de indevidas intervenções futuras, mas apenas daquelas já consolidadas ao longo do tempo. É o que se extrai do mesmo § 11, diante da utilização da célebre expressão "vedada a conversão de novas áreas para uso alternativo do solo nesses locais"[224].

O § 12 do art. 61-A estabelece que será admitida a manutenção de residências e da infraestrutura associada às atividades agrossilvipastoris, de ecoturismo e de turismo rural, inclusive o acesso a essas atividades, independentemente das determinações contidas no *caput* e nos §§ 1º a 7º, desde que não estejam em área que ofereça risco à vida ou à integridade física das pessoas. Aparentemente, deseja o legislador que, mesmo exigida a recomposição de faixas mínimas, tal como previsto nos parágrafos anteriores, seja possibilitada a manutenção de estruturas necessárias ao desenvolvimento das atividades consolidadas. A única ressalva feita diz respeito a estruturas que ofereçam risco à vida ou à integridade física das pessoas, as quais devem ser demolidas.

A recomposição das faixas exigidas pela lei em áreas rurais consolidadas pode ser dar pelos seguintes métodos, isolada ou conjuntamente (art. 61-A, § 13):

> I – condução de regeneração natural de espécies nativas;
>
> II – plantio de espécies nativas;
>
> III – plantio de espécies nativas conjugado com a condução da regeneração natural de espécies nativas;
>
> IV – plantio intercalado de espécies lenhosas, perenes ou de ciclo longo, exóticas com nativas de ocorrência regional, em até 50% (cinquenta por cento) da área total a ser recomposta, no caso dos imóveis a que se refere o inciso V do *caput* do art. 3º[225].

Outra inovação bastante indesejável para a proteção ambiental trazida pelo Código Florestal de 2012 foi a disposição do art. 61-B da lei, que cria a figura do que se pode chamar

---

[223] É importante frisar que em todos os casos de áreas rurais consolidadas em APPs, o poder público, verificada a existência de risco de agravamento de processos erosivos ou de inundações, deve determinar a adoção de medidas mitigadoras que garantam a estabilidade das margens e a qualidade da água, após deliberação do Conselho Estadual de Meio Ambiente ou de órgão colegiado estadual equivalente (disposição extraída do art. 61-A, § 14, do Código Florestal).

[224] Também vale lembrar que: a) as Áreas de Preservação Permanente localizadas em imóveis inseridos nos limites de Unidades de Conservação de Proteção Integral criadas por ato do poder público até a data de publicação do Código Florestal não são passíveis de ter quaisquer atividades consideradas como consolidadas, ressalvado o que dispuser o Plano de Manejo elaborado e aprovado de acordo com as orientações emitidas pelo órgão competente do Sisnama, nos termos do que dispuser regulamento do Chefe do Poder Executivo, devendo o proprietário, possuidor rural ou ocupante a qualquer título adotar todas as medidas indicadas (art. 61-A, § 16); b) em bacias hidrográficas consideradas críticas, conforme previsto em legislação específica, o Chefe do Poder Executivo poderá, em ato próprio, estabelecer metas e diretrizes de recuperação ou conservação da vegetação nativa superiores às definidas no *caput* e nos §§ 1º a 7º do art. 61-A, como projeto prioritário, ouvidos o Comitê de Bacia Hidrográfica e o Conselho Estadual de Meio Ambiente (art. 61-A, § 17).

[225] O Código Florestal define: "Art. 3º (...) V – pequena propriedade ou posse rural familiar: aquela explorada mediante o trabalho pessoal do agricultor familiar e empreendedor familiar rural, incluindo os assentamentos e projetos de reforma agrária, e que atenda ao disposto no art. 3º da Lei n. 11.326, de 24 de julho de 2006". Por sua vez, a Lei n. 11.326/2006, diploma que estabelece as diretrizes para a formulação da Política Nacional da Agricultura Familiar e Empreendimentos Familiares Rurais, exige: "Art. 3º Para os efeitos desta Lei, considera-se agricultor familiar e empreendedor familiar rural aquele que pratica atividades no meio rural, atendendo, simultaneamente, aos seguintes requisitos: I – não detenha, a qualquer título, área maior do que 4 (quatro) módulos fiscais; II – utilize predominantemente mão de obra da própria família nas atividades econômicas do seu estabelecimento ou empreendimento; III – tenha percentual mínimo da renda familiar originada de atividades econômicas do seu estabelecimento ou empreendimento, na forma definida pelo Poder Executivo; IV – dirija seu estabelecimento ou empreendimento com sua família".

teto de APP. Garante-se ao proprietário ou possuidor o direito de não lhe ser exigida a recuperação de grandes áreas de preservação permanente, limitando-se a possibilidade de exigência a percentuais previamente fixados na lei. Trata-se de disposição que incide para as propriedades de até 10 módulos fiscais:

> Art. 61-B. Aos proprietários e possuidores dos imóveis rurais que, em 22 de julho de 2008, detinham até 10 (dez) módulos fiscais e desenvolviam atividades agrossilvipastoris nas áreas consolidadas em Áreas de Preservação Permanente é garantido que a exigência de recomposição, nos termos desta Lei, somadas todas as Áreas de Preservação Permanente do imóvel, não ultrapassará:
>
> I - 10% (dez por cento) da área total do imóvel, para imóveis rurais com área de até 2 (dois) módulos fiscais;
>
> II - 20% (vinte por cento) da área total do imóvel, para imóveis rurais com área superior a 2 (dois) e de até 4 (quatro) módulos fiscais;
>
> III - VETADO.

Trata-se de norma que protege o interesse individual em detrimento do interesse público na proteção ambiental, submetendo a recuperação de espaços aos limites de capacidade financeira que o legislador imaginou razoáveis para a definição da questão. Não nos parece válida tal opção legislativa, que descumpre a diretriz protetiva estabelecida no art. 225 da Constituição Federal, ferindo, assim, a supremacia da Constituição. Vale aqui também a crítica há pouco formulada sobre não ter o legislador agregado outros critérios para a definição de responsabilidades ambientais, fixando-se em fator exclusivamente econômico e ainda assim bastante falho, pois não se exige comprovação de que se caracterize ali agricultura familiar ou qualquer atividade de mera subsistência.

De todo modo, vigente a lei posta, cria-se a figura do chamado *teto de APP*, nas situações especificadas no art. 61-B.

Finalmente, o art. 63 do Código refere-se a áreas rurais consolidadas em outras espécies de APPs[226], todas elas existentes em função do relevo da área, determinando que, nas áreas que especifica, seja admitida a manutenção de atividades florestais, culturas de espécies lenhosas, perenes ou de ciclo longo, bem como da infraestrutura física associada ao desenvolvimento de atividades agrossilvipastoris, vedada a conversão de novas áreas para uso alternativo do solo[227].

- *Áreas rurais consolidadas em RLs;*

Também estabelece o Código Florestal um regime diferenciado para as chamadas áreas rurais consolidadas em áreas de reserva legal, o que faz nos arts. 66 e seguintes.

Inicia o Código Florestal pela previsão das formas de regularização de propriedades que não atendem à exigência de manutenção da chamada reserva legal, estabelecida no art. 12 da lei.

É o art. 66 que dispõe que o proprietário ou possuidor de imóvel rural que detinha, em 22 de julho de 2008, área de Reserva Legal em extensão inferior ao estabelecido no art. 12,

---

226 Trata-se de disposição que faz referência aos incisos V, VIII, IX e X do art. 4° do Código Florestal, pretendendo, pois, incidir sobre as APPs de encostas ou áreas com declividade superior a 45°, bordas dos tabuleiros ou chapadas, topos de morros, montes, montanhas e serras, e áreas em altitude superior a 1.800 (mil e oitocentos) metros.

227 Ainda dispõe o Código Florestal que o pastoreio extensivo nas áreas consolidadas em APPs de relevo deverá ficar restrito às áreas de vegetação campestre natural ou já convertidas para vegetação campestre, admitindo-se o consórcio com vegetação lenhosa perene ou de ciclo longo (art. 63, § 1°). A manutenção das culturas e da infraestrutura é também condicionada à adoção de práticas conservacionistas do solo e da água indicadas pelos órgãos de assistência técnica rural (§ 2°). Autoriza, por fim, a lei florestal que nas APPs de bordas de tabuleiros ou chapadas, nos imóveis rurais de até 4 (quatro) módulos fiscais, no âmbito do PRA, a partir de boas práticas agronômicas e de conservação do solo e da água, mediante deliberação dos Conselhos Estaduais de Meio Ambiente ou órgãos colegiados estaduais equivalentes, a consolidação de outras atividades agrossilvipastoris, ressalvadas as situações de risco de vida (§ 3°).

poderá regularizar sua situação, independentemente da adesão ao PRA, adotando as seguintes alternativas, isolada ou conjuntamente:

> I – recompor a Reserva Legal;
>
> II – permitir a regeneração natural da vegetação na área de Reserva Legal;
>
> III – compensar a Reserva Legal.

A recomposição de que trata o inciso I do art. 66 deve ocorrer de acordo com os critérios estipulados pelo órgão competente do Sisnama e ser concluída em até 20 (vinte) anos, abrangendo, a cada 2 (dois) anos, no mínimo 1/10 (um décimo) da área total necessária à sua complementação (art. 66, § 2º).

A Lei 12.651/2012, reafirmando entendimento que já havia sido consagrado pela jurisprudência, reconhece que essa obrigação tem natureza real e é transmitida ao sucessor no caso de transferência de domínio ou posse do imóvel rural (art. 66, § 1º).

Admite-se a recomposição da área de reserva legal mediante o plantio intercalado de espécies nativas com exóticas ou frutíferas, em sistema agroflorestal, observados os seguintes parâmetros (art. 66, § 3º):

> I – o plantio de espécies exóticas deverá ser combinado com as espécies nativas de ocorrência regional;
>
> II – a área recomposta com espécies exóticas não poderá exceder a 50% (cinquenta por cento) da área total a ser recuperada.

O § 4º do art. 66 afirma expressamente que os proprietários ou possuidores do imóvel que optarem por recompor a Reserva Legal na forma dos §§ 2º e 3º terão direito à sua exploração econômica, nos termos dispostos na própria Lei 12.651/2012. Trata-se de referência genérica aos chamados Planos de Manejo, previstos nos arts. 20 e seguintes do Código.

O método da compensação da reserva legal, previsto inciso III do *caput* do art. 66, consiste no cumprimento da exigência de manutenção do percentual de reserva legal pela existência de área de vegetação nativa fora dos limites da propriedade em favor da qual se cumpre a norma. Trata-se, portanto, de outra área rural, serviente, que funciona como reserva legal da área servida (dominante). Segundo o § 5º do art. 66, a compensação deverá ser precedida pela inscrição da propriedade no CAR e poderá ser feita mediante uma das seguintes formas:

> I – aquisição de Cota de Reserva Ambiental – CRA;
>
> II – arrendamento de área sob regime de servidão ambiental ou Reserva Legal;
>
> III – doação ao poder público de área localizada no interior de Unidade de Conservação de domínio público pendente de regularização fundiária;
>
> IV – cadastramento de outra área equivalente e excedente à Reserva Legal, em imóvel de mesma titularidade ou adquirida em imóvel de terceiro, com vegetação nativa estabelecida, em regeneração ou recomposição, desde que localizada no mesmo bioma.

As áreas a serem utilizadas para compensação deverão (art. 66, § 6º):

> I – ser equivalentes em extensão à área da Reserva Legal a ser compensada;
>
> II – estar localizadas no mesmo bioma da área de Reserva Legal a ser compensada;
>
> III – se fora do Estado, estar localizadas em áreas identificadas como prioritárias pela União ou pelos Estados[228].

[228] O § 7º do art. 66 estabelece que a definição de áreas prioritárias de que trata o § 6º, III, deve buscar favorecer, entre outros, a recuperação de bacias hidrográficas excessivamente desmatadas, a criação de corredores ecológicos, a conservação de grandes áreas protegidas e a conservação ou recuperação de ecossistemas ou espécies ameaçados. Observe-se que, por

Finalmente, existe regra específica que dispõe sobre os imóveis públicos que necessitem de instituição de reserva legal. Neste caso, a compensação de que trata o inciso III do *caput* do art. 66 poderá ser feita mediante concessão de direito real de uso ou doação, por parte da pessoa jurídica de direito público proprietária de imóvel rural que não detém Reserva Legal em extensão suficiente, ao órgão público responsável pela Unidade de Conservação de área localizada no interior de Unidade de Conservação de domínio público, a ser criada ou pendente de regularização fundiária (art. 66, § 8º).

Ainda expõe a lei que as medidas de compensação da reserva legal previstas no art. 66, § 5º, não poderão ser utilizadas como forma de viabilizar a conversão de novas áreas para uso alternativo do solo (art. 66, § 9º).

Mas não é só. A questão das áreas rurais consolidadas em reservas legais assume maior gravidade quando se olha para o disposto nos arts. 67 e 68 do Código Florestal.

O art. 67 dispõe que, nos imóveis rurais que detinham, em 22 de julho de 2008, área de até 4 (quatro) módulos fiscais e que possuam remanescente de vegetação nativa em percentuais inferiores ao previsto no art. 12, a Reserva Legal será constituída com a área ocupada com a vegetação nativa existente em 22 de julho de 2008.

O entendimento prevalente sobre o dispositivo citado é no sentido de que se trata de verdadeira dispensa da obrigação de recomposição para os casos referidos. A lei possibilita que se constitua a reserva legal somente com a vegetação já existente na propriedade.

Também o **art. 68 concede o que se pode chamar de ampla anistia, afirmando que os proprietários ou possuidores de imóveis rurais que realizaram supressão de vegetação nativa respeitando os percentuais de Reserva Legal previstos pela legislação em vigor à época em que ocorreu a supressão são dispensados de promover a recomposição, compensação ou regeneração** para os percentuais exigidos na Lei.

Estas situações consolidadas poderão ser provadas por documentos tais como a descrição de fatos históricos de ocupação da região, registros de comercialização, dados agropecuários da atividade, contratos e documentos bancários relativos à produção, e por todos os outros meios de prova em direito admitidos (art. 68, § 1º).

Finalmente, o § 2º do art. 68 autoriza que os proprietários ou possuidores de imóveis rurais, na Amazônia Legal, e seus herdeiros necessários, que possuam índice de Reserva Legal maior que 50% (cinquenta por cento) de cobertura florestal e não realizaram a supressão da vegetação nos percentuais previstos pela legislação em vigor à época, se utilizem da área excedente de Reserva Legal também para fins de constituição de servidão ambiental, Cota de Reserva Ambiental – CRA e outros instrumentos congêneres.

1.6.4.3 *As áreas de preservação permanente e de reserva legal e o perfil das limitações administrativas de natureza ambiental*

Os institutos jurídico-ambientais das áreas de preservação permanente e da área de reserva legal sempre despertaram intensos debates. Dentre outros aspectos, discute-se com frequência sobre a extensão das obrigações dos proprietários/possuidores, sobre a transferência de obrigações quando há alienação de posse/propriedade, sobre a irretroatividade de novas disposições legais e ainda sobre eventual direito a indenização do proprietário.

Para bem responder a tais questionamentos é preciso compreender a natureza desses institutos.

---

ocasião do julgamento das ADIs sobre o Código Florestal de 2012, o STF deu interpretação conforme a Constituição ao art. 48, § 2º, do Código Florestal, para permitir compensação de reserva legal apenas entre áreas com identidade ecológica. No entanto, a questão, posteriormente, foi objeto de embargos de declaração, e o Tribunal acabou por rever sua posição anterior, mantendo única e exclusivamente o critério legal de mesmo bioma entre as áreas relacionadas na compensação.

Embora seja relevante também a transposição de conceitos e teorias ligados ao tema da responsabilidade civil, a análise de tais institutos permite concluir que possuem eles natureza híbrida, já que constituem claramente limitações administrativas específicas da área ambiental. Essa perspectiva facilita a demonstração das respostas adequadas para os questionamentos acima mencionados.

Como limitações administrativas que são, esses institutos:

- têm aplicação imediata, quando há sua criação legislativa ou alteração em seu regime, não se tratando de retroatividade de lei, mas de aplicação imediata das normas aos proprietários/possuidores atuais[229];
- possuem caráter *propter rem*, acompanhando inteiramente o bem, quando ocorre sua transferência[230];
- não ensejam indenização, pois conformam o próprio direito de propriedade, não sendo algo externo a ele. Trata-se da própria conformação do direito. Para além da limitação e em desrespeito a ela, já não há mais direito regularmente exercido, mas somente abuso do direito.

Vale registrar a opinião de Rafael Carvalho Rezende Oliveira:

> As limitações administrativas não geram, em regra, o dever de indenizar, pois as restrições à propriedade são fixadas de maneira genérica e abstrata. Os destinatários sofrem ônus e bônus proporcionais. Aplica-se, aqui, a mesma lógica da irresponsabilidade civil do Estado por atos normativos. Todavia, as limitações administrativas serão, excepcionalmente, indenizáveis quando: a) acarretarem danos desproporcionais ao particular ou grupo de particulares: o fundamento da indenização é a teoria da repartição dos encargos sociais, segundo a qual a sociedade, que se beneficia com a atuação estatal, deve ter o ônus de compensar o particular que sofreu prejuízos desproporcionais (ex: limitação que determina o fechamento de ruas para tráfego de veículos, causando prejuízo desproporcional ao proprietário de um posto de gasolina ou edifício-garagem); e b) configurarem verdadeira desapropriação indireta: as limitações podem, em certos casos, impor restrições tão fortes que retirarão as faculdades inerentes do direito de propriedade de alguns particulares (ex: criação de reserva ambiental que, na prática, inviabiliza o direito de propriedade de determinados proprietários)[231].

---

[229] Vale aqui fazer nova referência ao entendimento consolidado em nossa jurisprudência no sentido de que não há direito adquirido a poluir.

[230] "Recurso especial. Faixa ciliar. Área de preservação permanente. Reserva legal. Terreno adquirido pelo recorrente já desmatado. Impossibilidade de exploração econômica. Responsabilidade objetiva. Obrigação *propter rem*. Ausência de prequestionamento. Divergência jurisprudencial não configurada. As questões relativas à aplicação dos artigos 1º e 6º da LICC, e, bem assim, à possibilidade de aplicação da responsabilidade objetiva em ação civil pública, não foram enxergadas, sequer vislumbradas, pelo acórdão recorrido. Tanto a faixa ciliar quanto a reserva legal, em qualquer propriedade, incluída a da recorrente, não podem ser objeto de exploração econômica, de maneira que, ainda que se não dê o reflorestamento imediato, referidas zonas não podem servir como pastagens. Não há cogitar, pois, de ausência de nexo causal, visto que aquele que perpetua a lesão ao meio ambiente cometida por outrem está, ele mesmo, praticando o ilícito. A obrigação de conservação é automaticamente transferida do alienante ao adquirente, independentemente deste último ter responsabilidade pelo dano ambiental" (STJ, REsp 343.741/PR, Rel. Min. Franciulli Netto).

[231] *Curso de direito administrativo*. 2. ed. rev., atual. e ampl. Rio de Janeiro: Forense; São Paulo: Método, 2014, p. 531-532. Na mesma linha, as percucientes observações do STJ: "Pressupostos internos do direito de propriedade no Brasil, as Áreas de Preservação Permanente e a Reserva Legal visam a assegurar o mínimo ecológico do imóvel, sob o manto da inafastável garantia constitucional dos 'processos ecológicos essenciais' e da 'diversidade biológica'. Componentes genéticos e inafastáveis, por se fundirem com o texto da Constituição, exteriorizam-se na forma de limitação administrativa, técnica jurídica de intervenção estatal, em favor do interesse público, nas atividades humanas, na propriedade e na ordem econômica, com o intuito de discipliná-las, organizá-las, circunscrevê-las, adequá-las, condicioná-las, controlá-las e fiscalizá-las. Sem configurar desapossamento ou desapropriação indireta, a limitação administrativa opera por meio da imposição de obrigações de não fazer (*non facere*), de fazer (*facere*) e de suportar (*pati*), e caracteriza-se, normalmente, pela generalidade da previsão primária, interesse público, imperatividade, unilateralidade e gratuidade. Precedentes do STJ" (REsp 1240122/PR, 2ª T., Rel. Min. Herman Benjamin, j. 28.06.2011, *DJe* 11.09.2012).

De fato, observar alguns dos institutos jurídico-ambientais – tais como a reserva legal e as áreas de preservação permanente – facilita a compreensão de sua natureza e de sua extensão.

1.6.4.4 *O uso do fogo nas atividades agrossilvipastoris*

Na zona rural, tornou-se célebre o litígio que se repetiu em diversas comarcas brasileiras sobre a questão da queima da palha da cana-de-açúcar. As queimadas, utilizadas como método integrado ao seu processo produtivo, causavam intensos danos ambientais, mormente ao ar, que recebe todas as partículas de poluição oriundas do processo de queima, o que acarreta reflexos maléfícios à saúde e ao ambiente.

O Ministério Público vem há anos buscando a proibição da utilização desse método, sendo válido referir a existência de importantes decisões judiciais nesse sentido[232]:

> Direito ambiental. Ação civil pública. Cana-de-açúcar. Queimadas. Art. 21, parágrafo único, da Lei n. 4771/65. Dano ao meio ambiente. Princípio da precaução. Queima da palha de cana. Existência de regra expressa proibitiva. Exceção existente somente para preservar peculiaridades locais ou regionais relacionadas à identidade cultural. Inaplicabilidade às atividades agrícolas industriais. 1. O princípio da precaução, consagrado formalmente pela Conferência das Nações Unidas sobre o Meio Ambiente e o Desenvolvimento – Rio 92 (ratificada pelo Brasil), a ausência de certezas científicas não pode ser argumento utilizado para postergar a adoção de medidas eficazes para a proteção ambiental. Na dúvida, prevalece a defesa do meio ambiente. 2. A situação de tensão entre princípios deve ser resolvida pela ponderação, fundamentada e racional, entre os valores conflitantes. Em face dos princípios democráticos e da Separação dos Poderes, é o Poder Legislativo quem possui a primazia no processo de ponderação, de modo que o Judiciário deve intervir apenas no caso de ausência ou desproporcionalidade da opção adotada pelo legislador. 3. O legislador brasileiro, atento a essa questão, disciplinou o uso do fogo no processo produtivo agrícola, quando prescreveu no art. 27, parágrafo único, da Lei n. 4.771/65 que o Poder Público poderia autorizá-lo em práticas agropastoris ou florestais desde que em razão de peculiaridades locais ou regionais. 4. Buscou-se, com isso, compatibilizar dois valores protegidos na Constituição Federal de 1988, quais sejam o meio ambiente e a cultura ou o modo de fazer, este quando necessário à sobrevivência dos pequenos produtores que retiram seu sustento da atividade agrícola e que não dispõem de outros métodos para o exercício desta, que não o uso do fogo. 5. A interpretação do art. 27, parágrafo único, do Código Florestal não pode conduzir ao entendimento de que estão por ele abrangidas as atividades agroindustriais ou agrícolas organizadas, ou seja, exercidas empresarialmente, pois dispõe de condições financeiras para implantar outros métodos menos ofensivos ao meio ambiente. Precedente: (AgRg nos EDcl no REsp 1094873/SP, Rel. Min. Humberto Martins, Segunda

---

232 Também a decisão proferida pelo Relator, Ministro Herman Benjamin: "Ambiental. Desmatamento de mata nativa sem autorização. Queimadas. Dano reconhecido pela instância ordinária. Cumulação de obrigação de fazer (reparação da área degradada) e de pagar quantia certa (indenização). Possibilidade. Natureza *propter rem*. Interpretação da norma ambiental. Precedentes do STJ. 1. As queimadas representam a negação da modernidade da agricultura e pecuária brasileiras, confrontando-se com os fundamentos mais elementares do Direito Ambiental. O primitivismo no meio de exploração da terra – o fogo – aproxima-nos dos nossos ancestrais mais remotos e incivilizados. Maior paradoxo tecnológico, mas também ético, impossível: abandonamos a matriz da força humana na movimentação do machado e do arado, nos cercamos de um arsenal de equipamentos sofisticados, de apetrechos químicos, de biotecnologia e de avançado conhecimento científico multidisciplinar, tudo para sucumbir, mesmo nas atividades empresariais e de larga escala, ao fácil apelo da força natural extrema, que nada respeita no seu caminho, indistintamente estorricando flora, fauna e solo. 2. Quem queima, e ao fazê-lo afeta, degrada ou destrói o meio ambiente, tem o dever legal de recuperá-lo, sem prejuízo de eventual indenização, com base em responsabilidade civil objetiva, além de submeter-se a sanções administrativas e penais. 3. A jurisprudência do STJ está firmada no sentido de que a necessidade de reparação integral da lesão causada ao meio ambiente permite a cumulação de obrigações de fazer, de não fazer e de indenizar, que têm natureza *propter rem*. Precedentes: REsp 1.178.294/MG, Rel. Ministro Mauro Campbell Marques, j. 10/8/2010; REsp 1.115.555/MG, Rel. Ministro Arnaldo Esteves Lima, j. 15/2/2011; AgRg no REsp 1170532/MG, Rel. Ministro Hamilton Carvalhido, j. 24/8/2010; REsp 605.323/MG, Rel. para acórdão Ministro Teori Albino Zavascki, j. 18/8/2005, entre outros. 4. Recurso Especial parcialmente provido para reconhecer a possibilidade, em tese, de cumulação da indenização pecuniária com as obrigações de fazer voltadas à recomposição *in natura* do bem lesado, com a devolução dos autos ao Tribunal de origem para que verifique se, na hipótese, há dano indenizável e fixe eventual quantum debeatur" (STJ, REsp 1.248.214/MG, Rel. Min. Herman Benjamin, j. 18.08.2011).

Turma, julgado em 04/08/2009, *DJe* 17/08/2009). 6. Ademais, ainda que se entenda que é possível à administração pública autorizar a queima da palha da cana de açúcar em atividades agrícolas industriais, a permissão deve ser específica, precedida de estudo de impacto ambiental e licenciamento, com a implementação de medidas que viabilizem amenizar os danos e a recuperar o ambiente, Tudo isso em respeito ao art. 10 da Lei n. 6.938/81. Precedente: (EREsp 418.565/SP, Rel. Min. Teori Albino Zavascki, Primeira Seção, julgado em 29/09/2010, *DJe* 13.10.2010). Recurso especial provido (REsp 1.285.463/SP, Rel. Min. Humberto Martins, j. 28.02.2012).

No Estado de São Paulo, a histórica Lei 11.241/2002 estabeleceu cronograma para redução e completa eliminação do uso do método da queima controlada pelos plantadores de cana-de-açúcar[233].

Não se olvide que atualmente o próprio Código Florestal trata o uso do fogo na zona rural como algo excepcional:

Art. 38. É proibido o uso de fogo na vegetação, exceto nas seguintes situações:

I – em locais ou regiões cujas peculiaridades justifiquem o emprego do fogo em práticas agropastoris ou florestais, mediante prévia aprovação do órgão estadual ambiental competente do Sisnama, para cada imóvel rural ou de forma regionalizada, que estabelecerá os critérios de monitoramento e controle;

II – emprego da queima controlada em Unidades de Conservação, em conformidade com o respectivo plano de manejo e mediante prévia aprovação do órgão gestor da Unidade de Conservação, visando ao manejo conservacionista da vegetação nativa, cujas características ecológicas estejam associadas evolutivamente à ocorrência do fogo;

III – atividades de pesquisa científica vinculada a projeto de pesquisa devidamente aprovado pelos órgãos competentes e realizada por instituição de pesquisa reconhecida, mediante prévia aprovação do órgão ambiental competente do Sisnama.

O próprio § 1º do art. 38 exige que, na situação prevista no inciso I, o órgão estadual ambiental integrante do Sisnama exija que os estudos demandados para o licenciamento da atividade rural contenham planejamento específico sobre o emprego do fogo e o controle dos incêndios.

Note-se que, na perspectiva da sustentabilidade, excetuam-se da proibição constante no *caput* as práticas de prevenção e combate aos incêndios e as de agricultura de subsistência exercidas pelas populações tradicionais e indígenas (§ 2º do art. 38).

Os §§ 3º e 4º do art. 38 referem-se à evidente exigência da comprovação do nexo causal na apuração da responsabilidade pelo uso irregular do fogo em terras públicas ou particulares. Frise-se, porém que a correta compreensão do nexo causal nestes casos exige a consideração de que a responsabilidade jurídico-ambiental no Brasil baseia-se na Teoria do Risco Integral, conforme decidiu o STJ em recurso repetitivo[234].

233 MORAES, Rodrigo Jorge. *Setor sucroalcooleiro*: regime jurídico ambiental das usinas de açúcar e álcool. São Paulo: Saraiva, 2011, p. 190.

234 "Responsabilidade civil por dano ambiental. Recurso especial representativo de controvérsia. Art. 543-C do CPC. Danos decorrentes do rompimento de barragem. Acidente ambiental ocorrido, em janeiro de 2007, nos municípios de Miraí e Muriaé, estado de Minas Gerais. Teoria do risco integral. Nexo de causalidade. 1. Para fins do art. 543-C do Código de Processo Civil: a) a responsabilidade por dano ambiental é objetiva, informada pela teoria do risco integral, sendo o nexo de causalidade o fator aglutinante que permite que o risco se integre na unidade do ato, sendo descabida a invocação, pela empresa responsável pelo dano ambiental, de excludentes de responsabilidade civil para afastar sua obrigação de indenizar; b) em decorrência do acidente, a empresa deve recompor os danos materiais e morais causados e c) na fixação da indenização por danos morais, recomendável que o arbitramento seja feito caso a caso e com moderação, proporcionalmente ao grau de culpa, ao nível socioeconômico do autor, e, ainda, ao porte da empresa, orientando-se o juiz pelos critérios sugeridos pela doutrina e jurisprudência, com razoabilidade, valendo-se de sua experiência e bom senso, atento à realidade da vida e às peculiaridades de cada caso, de modo que, de um lado, não haja enriquecimento sem causa de quem recebe a indenização e, de outro, haja efetiva compensação pelos danos morais experimentados por aquele que fora lesado. 2. No caso concreto, recurso especial a que se nega provimento" (REsp 1.374.284/MG, Rel. Min. Luis Felipe Salomão, j. 27.08.2014).

1.7 REGULAÇÃO JURÍDICA DE ATIVIDADES DE RISCO

1.7.1 Agrotóxicos

A Lei Federal 14.785/2023 é o diploma que dispõe sobre a pesquisa, a experimentação, a produção, a embalagem, a rotulagem, o transporte, o armazenamento, a comercialização, a utilização, a importação, a exportação, o destino final dos resíduos e das embalagens, o registro, a classificação, o controle, a inspeção e a fiscalização de agrotóxicos, de produtos de controle ambiental, de seus produtos técnicos e afins.

Os **agrotóxicos são definidos no art. 2º** da lei, ao lado dos produtos chamados afins e de outros componentes:

> Art. 2º Para os efeitos desta Lei, consideram-se: [...]
>
> XXVI – agrotóxicos: produtos e agentes de processos físicos ou químicos isolados ou em mistura com biológicos destinados ao uso nos setores de produção, no armazenamento e no beneficiamento de produtos agrícolas, nas pastagens ou na proteção de florestas plantadas, cuja finalidade seja alterar a composição da flora ou da fauna, a fim de preservá-las da ação danosa de seres vivos considerados nocivos;

Importante norma protetiva é aquela estabelecida no art. 3º da lei, que dispõe que os **agrotóxicos**, os produtos de controle ambiental, os produtos técnicos e afins somente poderão ser pesquisados, produzidos, exportados, importados, comercializados e utilizados se previamente autorizados ou registrados em órgão federal, nos termos da Lei.

A lei atualmente vigente, editada em 2023, revogou a antiga Lei 7.802/1989.

Uma das inovações foi trazer agora previsões de prazos para registro dos produtos (art. 3º, § 1º). Os prazos variam de acordo com a espécie de produto a ser registrado.

Num dos pontos polêmicos da nova lei, o art. 4º estabelece que o ***órgão federal responsável pelo setor da agricultura é o órgão registrante de agrotóxicos, de produtos técnicos e afins***, bem como o ***órgão federal responsável pelo setor do meio ambiente como o órgão registrante de produtos de controle ambiental, de produtos técnicos e afins***.

> "As exigências para o registro de agrotóxicos, de produtos de controle ambiental e afins, de que trata o *caput* deste artigo, deverão seguir o GHS, o Acordo sobre a Aplicação de Medidas Sanitárias e Fitossanitárias (SPS) e o Codex Alimentarius" (art. 4º, § 1º). "O processo decisório de gestão de riscos será fundamentado na análise de riscos nos processos de registro de agrotóxicos, de produtos de controle ambiental, de produtos técnicos e afins" (§ 2º).

É proibido o registro de agrotóxicos, de produtos de controle ambiental e afins que apresentem risco inaceitável, observado o disposto no § 1º, ***para os seres humanos ou para o meio ambiente, por permanecerem inseguros, mesmo com a implementação das medidas de gestão de risco*** (§ 3º).

> A análise dos riscos é obrigatória para a concessão de registro de agrotóxicos e de produtos de controle ambiental (§ 4º).

Cabe aos órgãos registrantes: aplicar as penalidades legais; auditar entidades públicas e privadas de ensino, de assistência técnica e de pesquisa que realizam experimentação e pesquisa e emitem pareceres técnicos; autorizar as empresas a realizar a comunicação de risco e a emitir rótulos e bulas em consonância com o GHS; controlar e fiscalizar a pesquisa, a produção, a importação e a exportação dos produtos técnicos, dos produtos técnicos equivalentes, das pré-misturas, dos produtos formulados e dos produtos genéricos, bem como os estabelecimentos que realizam essas atividades; coordenar as reanálises dos riscos; coordenar o processo de registro; estabelecer critérios de prioridades de análise, de acordo com as demandas ou as ocorrências fitossanitárias ou ambientais; adotar medidas para desburocratizar e informatizar o processo de registro; emitir as autorizações e registros; estabelecer procedimentos para o registro, a autorização, a inclusão, a reavaliação e a fiscalização de produtos; fiscalizar a qualidade dos produtos técnicos, dos produtos técnicos equivalentes, das pré-misturas, dos produtos formulados e dos produtos genéricos em face das características do produto registrado; promover a capacitação dos técnicos incumbidos de registro, de autorização e de fiscalização dos produtos (§ 5º).

Compete ao ***órgão federal responsável pelo setor da agricultura (art. 5º)***:

- analisar propostas de edição e de alteração de atos normativos sobre as matérias tratadas nesta Lei e promover ajustes e adequações considerados cabíveis quanto aos agrotóxicos;
- apoiar tecnicamente os órgãos competentes no processo de investigação de acidentes e de enfermidades verificados nas atividades com uso de agrotóxicos, de produtos técnicos e afins;
- autorizar e emitir o documento eletrônico de RET para a realização de pesquisa e desenvolvimento de novos agrotóxicos, de novos produtos técnicos e afins e estabelecer as medidas de segurança que deverão ser adotadas, bem como auditar os registros já expedidos;
- conceder os registros e as autorizações de agrotóxicos para os fins previstos no *caput* do art. 1º da lei;
- dar publicidade no seu sítio eletrônico aos pleitos de registro de agrotóxicos em até 30 (trinta) dias após a submissão pelo registrante, bem como à conclusão das avaliações;
- definir e estabelecer prioridades de análise dos pleitos de registro de agrotóxicos para os órgãos federais responsáveis pelos setores da saúde e do meio ambiente;
- analisar e homologar os pareceres técnicos apresentados nos pleitos de registro de produtos técnicos, de produtos equivalentes, de pré-misturas, de produtos formulados e de produtos genéricos, conforme as análises de risco à saúde e ao meio ambiente, e divulgar em seu sítio eletrônico;
- monitorar conjuntamente com o órgão federal responsável pelo setor da saúde os resíduos de agrotóxicos em produtos de origem vegetal.

Compete ao ***órgão federal responsável pelo setor da saúde (art. 6º)***:

- apoiar tecnicamente os órgãos competentes no processo de investigação de acidentes e de enfermidades verificados nas atividades com uso de agrotóxicos, de produtos de controle ambiental e afins;
- elaborar e manter as monografias referentes aos ingredientes ativos e dar-lhes publicidade;
- estabelecer exigências para a elaboração dos dossiês de toxicologia ocupacional e dietética;
- analisar e homologar a avaliação de risco toxicológico apresentada pelo requerente dos agrotóxicos, dos produtos de controle ambiental, dos produtos técnicos e afins, facultada a solicitação de complementação de informações;
- priorizar as análises dos pleitos de registros de agrotóxicos e de produtos de controle ambiental conforme estabelecido pelo órgão registrante.

Compete ao ***órgão federal responsável pelo setor do meio ambiente (art. 7º)***:

- apoiar tecnicamente os órgãos competentes no processo de investigação de acidentes de natureza ambiental verificados nas atividades com uso de agrotóxicos, de produtos de controle ambiental e afins;
- estabelecer exigências para a elaboração dos dossiês de ecotoxicologia;
- analisar e homologar a análise de risco ambiental apresentada pelo requerente dos agrotóxicos, dos produtos de controle ambiental e afins, facultada a solicitação de complementação de informações;
- priorizar as análises dos pleitos de registros de agrotóxicos e de produtos de controle ambiental conforme estabelecido pelo órgão registrante;
- analisar propostas de edição e de alteração de atos normativos sobre as matérias tratadas nessa lei e promover ajustes e adequações considerados cabíveis quanto aos produtos de controle ambiental;
- autorizar e emitir o documento eletrônico de RET para a realização de pesquisa e desenvolvimento de novos produtos de controle ambiental, de novos produtos técnicos e afins e estabelecer as medidas de segurança que deverão ser adotadas, bem como auditar os registros já expedidos;
- conceder os registros e as autorizações de produtos de controle ambiental para os fins previstos no *caput* do art. 1º da lei;
- dar publicidade no seu sítio eletrônico aos pleitos de registro de produtos de controle ambiental em até 30 (trinta) dias após a submissão pelo registrante, bem como à conclusão das avaliações;
- definir e estabelecer prioridades de análise dos pleitos de registro dos produtos de controle ambiental;
- priorizar as análises dos pleitos de registro dos agrotóxicos conforme estabelecido pelo órgão registrante.

No exercício de sua ***competência, a União*** adotará as seguintes providências (art. 8º):

> I – legislar sobre a produção, o registro, o comércio interestadual, a exportação, a importação, o transporte, a classificação e o controle tecnológico e toxicológico;
>
> II – controlar e fiscalizar os estabelecimentos de produção, de importação e de exportação;
>
> III – analisar e homologar a análise de risco dos agrotóxicos e dos produtos de controle ambiental, de seus componentes e afins, nacionais e importados, facultada a solicitação de complementação de informações;
>
> IV – controlar e fiscalizar a produção, a exportação e a importação.
>
> Parágrafo único. A União, por meio dos órgãos federais competentes, prestará o apoio necessário às ações de controle e de fiscalização à unidade da Federação que não dispuser dos meios necessários.

Compete aos Estados e ao Distrito Federal, nos termos dos arts. 23 e 24 da Constituição Federal, legislar supletivamente sobre o uso, a produção, o consumo, o comércio e o armazenamento dos agrotóxicos e dos produtos de controle ambiental, de seus componentes e afins, bem como fiscalizar o uso, o consumo, o comércio, o armazenamento e o transporte interno deles (art. 9º). Por sua vez, ***compete aos Municípios***, nos termos do inciso II do *caput* do art. 30 da Constituição Federal, legislar supletivamente sobre o uso e o armazenamento dos agrotóxicos e dos produtos de controle ambiental, de seus componentes e afins.

De modo geral, ***compete ao poder público a fiscalização***:

> I – da devolução e da destinação adequada de embalagens vazias de agrotóxicos, de produtos de controle ambiental e afins, de produtos apreendidos pela ação fiscalizadora e daqueles impróprios para utilização ou em desuso;
>
> II – do armazenamento, do transporte, da reciclagem, da reutilização e da inutilização das embalagens vazias dos produtos referidos no inciso I (art. 10).

A lei institui o ***Sistema Unificado de Cadastro e de Utilização de Agrotóxicos e de Produtos de Controle Ambiental Informatizado***, de abrangência nacional, que será implantado, mantido e atualizado pelos órgãos registrantes, no âmbito de suas competências (art. 22, *caput*).

Deverão ser cadastrados no Sistema os estabelecimentos produtores, manipuladores, importadores e exportadores, as instituições dedicadas à pesquisa e à experimentação, os distribuidores, os profissionais legalmente habilitados, os agricultores usuários e as prestadoras de serviços para terceiros na aplicação de agrotóxicos e de produtos de controle ambiental (§ 1º). Tal sistema será regulamentado pelos órgãos registrantes, no âmbito de suas competências (§ 2º), e deve ser estruturado por meio da captura de dados por via eletrônica dos receituários agronômicos emitidos por profissionais legalmente habilitados (§ 3º).

A ***venda de agrotóxicos e de produtos de controle ambiental aos usuários será feita por meio de receituário agronômico*** prescrito por profissionais legalmente habilitados, salvo casos excepcionais que forem previstos na regulamentação da Lei (§ 4º).

O ***receituário agronômico eletrônico obtido do Sistema*** deverá conter, no mínimo: "I – nome do usuário e endereço; II – cultura e área ou volumes tratados; III – local da aplicação e endereço; IV – nome comercial do produto usado; V – quantidade empregada do produto comercial; VI – forma de aplicação; VII – data da prestação do serviço; VIII – precauções de uso e recomendações gerais relativas à saúde humana, a animais domésticos e à proteção ao meio ambiente; IX – identificação e assinatura do responsável técnico, do aplicador e do usuário" (§ 5º).

Os agrotóxicos, os produtos de controle ambiental e afins serão ***comercializados diretamente aos usuários mediante a apresentação de receita agronômica*** própria emitida por profissional legalmente habilitado, salvo casos excepcionais que forem previstos na regulamentação da lei (art. 39, *caput*). O profissional habilitado poderá prescrever receita agronômica antes da ocorrência da praga, de forma preventiva, com vistas ao controle de alvos biológicos que necessitam de aplicação de agrotóxicos, de produtos de controle ambiental e afins (§ 1º). O profissional habilitado poderá recomendar mistura em tanque, quando necessário (§ 2º).

A lei também estabelece que as ***embalagens dos agrotóxicos***, dos produtos de controle ambiental e afins deverão, entre outros requisitos: "I – ser projetadas e fabricadas de forma a impedir qualquer vazamento, evaporação, perda ou alteração de seu conteúdo e a facilitar as operações de lavagem, de classificação, de reutilização e de reciclagem; II – ser constituídas de materiais insuscetíveis de serem atacados pelo conteúdo ou de formar com ele combinações nocivas ou perigosas; III – ser suficientemente resistentes em todas as suas partes, de forma a não sofrer enfraquecimento e a responder adequadamente às exigências de sua normal conservação; IV – ser providas de lacre que seja irremediavelmente destruído ao ser aberto pela primeira vez" (art. 41, *caput*).

A manipulação, o fracionamento e a reembalagem de agrotóxicos, de produtos de controle ambiental e afins com o objetivo de comercialização somente poderão ser realizados pela empresa produtora, ou por estabelecimento devidamente autorizado e sob responsabilidade daquela, em locais e em condições previamente autorizados pelos órgãos competentes (§ 1º).

Os usuários de agrotóxicos, de produtos de controle ambiental e afins deverão efetuar a devolução das embalagens vazias, suas tampas e eventuais resíduos pós-consumo dos produtos aos estabelecimentos comerciais em que foram adquiridos, de acordo com as instruções previstas nas respectivas bulas, no prazo de até 1 (um) ano, contado da data de compra, ou da data de vencimento, ou prazo superior, se autorizado pelo órgão registrante, podendo a devolução ser intermediada por postos ou centrais de recebimento, bem como por ações de recebimento itinerantes, desde que autorizados e fiscalizados pelo órgão competente (§ 2º). Quando o produto não for fabricado no País, assumirá essa responsabilidade a pessoa jurídica responsável pela importação, e, quando se tratar de produto importado submetido a processamento industrial ou a novo acondicionamento, caberá ao órgão registrante defini-la (§ 3º).

As embalagens rígidas que contiverem formulações miscíveis ou dispersíveis em água deverão ser submetidas pelo usuário à operação de tríplice lavagem ou tecnologia equivalente, conforme normas técnicas oriundas dos órgãos competentes e orientação constante de seus rótulos e bulas (§ 4º).

As empresas produtoras e comercializadoras de agrotóxicos, de produtos de controle ambiental e afins são responsáveis pela destinação das embalagens vazias e de eventuais resíduos pós-consumo dos produtos por elas fabricados e comercializados com vistas à sua reutilização, reciclagem ou inutilização após a devolução pelos usuários e pela ação fiscalizatória, obedecidas as normas e as instruções dos órgãos competentes (§ 5º). As empresas produtoras de equipamentos para pulverização agrícola deverão inserir nos novos equipamentos adaptações destinadas a facilitar as operações de tríplice lavagem ou tecnologia equivalente (§ 6º). As empresas produtoras e comercializadoras de agrotóxicos, de produtos de controle ambiental e afins implementarão, em colaboração com o poder público, programas educativos e mecanismos de controle da devolução das embalagens vazias por parte dos usuários (§ 7º).

A lei também se preocupa em estabelecer regras mínimas de um sistema de responsabilidades jurídicas, ressaltando que, sem prejuízo da aplicação das penas previstas na lei, ***os responsáveis pelos danos ao meio ambiente e a terceiros responderão, solidariamente, por sua indenização ou reparação integral*** (art. 49).

Pretendendo organizar um sistema de justa responsabilização, define o art. 50 que as responsabilidades pelos danos causados à saúde das pessoas e ao meio ambiente por ocasião da produção, da comercialização, da utilização e do transporte de agrotóxicos, de produtos de controle ambiental e afins, bem como por ocasião da destinação de embalagens vazias, cabem:

> I – ao profissional, quando for comprovada receita errada ou constatada imperícia, imprudência ou negligência;
>
> II – ao usuário ou ao prestador de serviços, quando tiver procedido em desacordo com o receituário agronômico ou as recomendações do fabricante e dos órgãos registrantes e sanitário-ambientais;
>
> III – ao comerciante, quando tiver efetuado venda sem o receituário agronômico ou em desacordo com ele, se o receituário for exigido;
>
> IV – ao registrante, quando tiver omitido informações ou fornecido informações incorretas;
>
> V – ao agricultor, quando tiver produzido produtos agrícolas em desacordo com as recomendações do fabricante ou em desacordo com o receituário agronômico, ou quando não tiver dado destinação às embalagens vazias em conformidade com a legislação pertinente;
>
> VI – ao empregador, quando não tiver fornecido os equipamentos adequados à proteção da saúde dos trabalhadores na produção, na distribuição e na aplicação dos produtos e quando não tiver feito a manutenção dos equipamentos.

Reafirma a lei que aquele que produzir, importar, comercializar, transportar, aplicar, prestar serviço ou der destinação a sobras e embalagens vazias de agrotóxicos, de produtos de controle ambiental e afins em descumprimento às exigências estabelecidas na legislação pertinente estará sujeito às sanções estabelecidas na lei (art. 51).

No que se refere à esfera administrativa, a lei considera infração administrativa toda ação ou omissão que viole as normas nela previstas e as demais disposições legais pertinentes (art. 52). Ainda segundo a lei, as infrações administrativas serão punidas na forma estabelecida em regulamento, independentemente das medidas cautelares de apreensão de produtos, de suspensão de venda de produto e de embargos de atividades, com as seguintes sanções (art. 52, § 1º):

> I - advertência;
>
> II - multa;
>
> III - apreensão ou interdição do agrotóxico, do produto de controle ambiental ou afim;
>
> IV - inutilização do agrotóxico, do produto de controle ambiental ou afim;
>
> V - suspensão de registro, de autorização ou de licença do agrotóxico, do produto de controle ambiental ou afim;
>
> VI - cancelamento de registro, de autorização ou de licença do agrotóxico, do produto de controle ambiental ou afim;
>
> VII - interdição temporária ou definitiva parcial ou total do estabelecimento, da atividade ou do empreendimento;
>
> VIII - destruição de vegetais, de partes de vegetais e de alimentos com resíduos acima do permitido;
>
> IX - destruição de vegetais, de partes de vegetais e de alimentos, nos quais tenha havido aplicação de produtos de uso não autorizado, a critério do órgão competente.

Numa medida de reforço de publicidade e prevenção, ordena a lei que a autoridade fiscalizadora faça a divulgação das sanções impostas aos infratores dessa lei nos veículos oficiais, ressalvado o direito ao contraditório e observado o disposto no art. 23 da Lei 12.527/2011 (Lei de Acesso à Informação).

> Os agrotóxicos, os produtos de controle ambiental e afins apreendidos como resultado da ação fiscalizadora serão inutilizados ou poderão ter outro destino, a critério da autoridade competente (art. 53).

Por sua vez, o poder público deve desenvolver ações de educação, de instrução, de divulgação e de esclarecimento que estimulem o uso seguro e eficaz de agrotóxicos, de produtos de controle ambiental e afins, com o objetivo de reduzir eventuais efeitos prejudiciais aos seres humanos e ao meio ambiente e de prevenir acidentes decorrentes de sua utilização indevida (art. 54).

Compete aos órgãos de registro e de fiscalização definir critérios e valores e aplicar multas de R$ 2.000,00 (dois mil reais) a R$ 2.000.000,00 (dois milhões de reais), proporcionalmente à gravidade da infração. As multas poderão ser aplicadas cumulativamente com as demais sanções previstas na lei. No caso de reincidência na mesma infração, a multa será aplicada em dobro. No caso de infração continuada, caracterizada pela permanência da ação ou da omissão inicialmente punida, será a respectiva penalidade aplicada diariamente até cessar sua causa, sem prejuízo da paralisação imediata da atividade ou da interdição do laboratório ou da instituição ou empresa responsável (art. 55).

Por outro lado, quando a infração constituir crime ou contravenção, ou lesão à Fazenda Pública ou ao consumidor, a autoridade fiscalizadora encaminhará cópia do auto de infração aos órgãos competentes para a apuração das responsabilidades administrativa e penal (art. 55, § 6º).

Por fim, a lei prevê duas figuras penais relacionadas às infrações das suas disposições:

> Art. 56. Produzir, armazenar, transportar, importar, utilizar ou comercializar agrotóxicos, produtos de controle ambiental ou afins não registrados ou não autorizados:
>
> Pena: reclusão, de 3 (três) a 9 (nove) anos, e multa.

Parágrafo único. A pena será aumentada:

I - de 1/6 (um sexto) a 1/3 (um terço), se do crime resultar dano à propriedade alheia;

II - de 1/3 (um terço) até a metade, se do crime resultar dano ao meio ambiente;

III - da metade até 2/3 (dois terços), se do crime resultar lesão corporal de natureza grave em outrem;

IV - de 2/3 (dois terços) até o dobro, se do crime resultar a morte.

Art. 57. Produzir, importar, comercializar ou dar destinação a resíduos e a embalagens vazias de agrotóxicos, de produtos de controle ambiental ou afins em desacordo com esta Lei:

Pena: reclusão, de 2 (dois) a 4 (quatro) anos, e multa.

Andou bem o legislador ao prever figuras penais específicas, já que toda a precaução que se possa adotar é válida quando se trata de dar proteção jurídica adequada ao ambiente e à saúde humana, diante de produtos que são perigosos por natureza.

1.7.2 Mineração

A produção mineral, a despeito de se revelar uma importante atividade econômica no modelo de sociedade em que vivemos, sabidamente causa danos ambientais gravíssimos.

Atento a isso, o legislador constituinte, tratou do tema de modo a traçar suas diretrizes básicas no próprio texto constitucional.

Discute-se se é possível tratar o direito minerário como disciplina autônoma. Entendemos que, de fato, é possível cogitar de uma disciplina autônoma, que representa a interface e recebe a influência de vários ramos do direito, tais como o Direito Ambiental, o Direito Administrativo e o Direito Civil[235].

O texto constitucional inicia o tema por dizer que as jazidas são bens da União, passíveis de serem explorados por particulares pelos regimes de autorização e de concessão:

Art. 176. As jazidas, em lavra ou não, e demais recursos minerais e os potenciais de energia hidráulica constituem propriedade distinta da do solo, para efeito de exploração ou aproveitamento, e pertencem à União, garantida ao concessionário a propriedade do produto da lavra.

Em seguida, **dispõe o § 1º do art. 176 que a pesquisa e a lavra de recursos minerais e o aproveitamento dos potenciais de energia hidráulica somente poderão ser efetuados mediante autorização ou concessão da União, no interesse nacional, por brasileiros ou empresa constituída sob as leis brasileiras e que tenha sua sede e administração no País, na forma da lei, que estabelecerá as condições específicas quando essas atividades se desenvolverem em faixa de fronteira ou terras indígenas**.

Assegura-se a participação ao proprietário do solo nos resultados da lavra, na forma e no valor que dispuser a lei (art. 176, § 2º).

Finalmente, segundo o § 3º do art. 176, a autorização de pesquisa será sempre por prazo determinado, e as autorizações e concessões para pesquisa e lavra não poderão ser cedidas ou transferidas, total ou parcialmente, sem prévia anuência do poder concedente.

A lei geral sobre o tema da mineração é o Código de Mineração (Decreto-lei 227/1967). Esta lei define os conceitos e princípios básicos da matéria, sendo relevante citar ao menos três noções imprescindíveis ao tema:

[235] Nesse sentido, a opinião de Bruno Feigelson. *Curso de direito minerário*. São Paulo: Saraiva, 2012, p. 24.

Jazida (art. 4º)	Toda massa individualizada de substância mineral ou fóssil, aflorando à superfície ou existente no interior da terra, e que tenha valor econômico; e mina, a jazida em lavra, ainda que suspensa.
Pesquisa mineral (art. 14)	A execução dos trabalhos necessários à definição da jazida, sua avaliação e a determinação da exequibilidade preliminar do seu aproveitamento econômico.
Lavra (art. 36)	O conjunto de operações coordenadas objetivando o aproveitamento industrial da jazida, desde a extração das substâncias minerais úteis que contiver, até o beneficiamento das mesmas.

A doutrina aponta como **princípios específicos do Direito Minerário**: a dualidade imobiliária e a prioridade:

- **dualidade imobiliária: os recursos minerais são bens da União, enquanto a propriedade do solo é das pessoas privadas ou públicas que tenham o domínio do respectivo imóvel**[236];
- **prioridade: a outorga dos direitos de pesquisa e de lavra deve respeitar a ordem cronológica dos respectivos requerimentos feitos pelos particulares perante o poder concedente**[237].

Observa-se no regime jurídico da mineração uma natural sequência de requerimentos e atos que se inicia pela **pesquisa** e se encaminha para a **lavra** dos recursos minerais.

A autorização de pesquisa deverá ser requerida ao Diretor-Geral do DNPM (Departamento Nacional de Produção Mineral), requerimento a ser entregue mediante recibo no protocolo do órgão, onde será mecanicamente numerado e registrado, o que tem séria relevância em função do já explicitado princípio da prioridade[238].

Já a concessão da lavra deve ser requerida ao Ministro de Minas e Energia[239] pelo titular da autorização de pesquisa após a aprovação do relatório apresentado ao final do período de pesquisa[240] de recursos minerais.

Importante observar que as atividades de extração de recursos minerais dependem de licenciamento ambiental, sendo inclusive as primeiras atividades previstas no Anexo I da Resolução Conama 237/1997[241].

De outro lado, ocorrida a exploração mineral de determinada área, o empreendedor fica obrigado a recuperar o meio ambiente degradado, de acordo com solução técnica exigida pelo órgão público competente, na forma da lei (art. 225, § 2º, da Constituição Federal).

Cabe, por fim, lembrar que a Lei 9.605/1998 (Lei dos Crimes Ambientais) prevê figura penal específica, punindo a conduta de executar pesquisa, lavra ou extração de recursos

---

236 *Vide* o disposto no art. 176 da Constituição Federal.

237 *Vide* o disposto no art. 11 do Código de Mineração.

238 A autorização de pesquisa será pleiteada em requerimento dirigido ao Diretor-Geral do DNPM, entregue mediante recibo no protocolo do DNPM, onde será mecanicamente numerado e registrado, devendo ser apresentado em duas vias e conter os elementos de instrução arrolados no art. 16 do Código de Mineração.

239 O requerimento de autorização de lavra será dirigido ao Ministro das Minas e Energia, pelo titular da autorização de pesquisa, ou seu sucessor, e deverá ser instruído com os elementos de informação e prova arrolados no art. 38 do Código de Mineração.

240 Relatório Final de Pesquisa (RFP), previsto no art. 14, §§ 3º e 5º, do Código de Mineração. Também é documento relevante para concessão da lavra o Plano de Aproveitamento Econômico (PAE) da jazida, que se destina a demonstrar a viabilidade geológica e econômica da exploração pretendida.

241 Resolução Conama 237/1997: "Anexo 1 - Atividades ou empreendimentos sujeitos ao licenciamento ambiental - Extração e tratamento de minerais: pesquisa mineral com guia de utilização; lavra a céu aberto, inclusive de aluvião, com ou sem beneficiamento; lavra subterrânea com ou sem beneficiamento; lavra garimpeira; perfuração de poços e produção de petróleo e gás natural".

minerais sem a competente autorização, permissão, concessão ou licença, ou em desacordo com a obtida, com a pena de detenção, de seis meses a um ano, e multa (art. 55). Segundo o parágrafo único deste dispositivo, nas mesmas penas incorre quem deixa de recuperar a área pesquisada ou explorada, nos termos da autorização, permissão, licença, concessão ou determinação do órgão competente.

1.8 REGIME DE RESPONSABILIDADES JURÍDICAS PELOS DANOS AO MEIO AMBIENTE

Para garantir uma efetiva proteção aos bens e interesses ligados ao meio ambiente equilibrado o ordenamento jurídico institui um regime próprio de responsabilidades jurídicas por violações de normas ambientais e por danos causados ao meio ambiente.

Esse regime de responsabilidades jurídicas tem seu fundamento constitucional expresso no art. 225, § 3º, da Constituição Federal:

> § 3º As condutas e atividades consideradas lesivas ao meio ambiente sujeitarão os infratores, pessoas físicas ou jurídicas, a sanções penais e administrativas, independentemente da obrigação de reparar os danos causados.

Do disposto no § 3º do art. 225 é possível extrair a **coexistência de responsabilidades por violações às normas ambientais em três diferentes esferas do Direito: a administrativa, a civil e a criminal**. Outros dispositivos infraconstitucionais reproduzem a ideia da coexistência das responsabilidades administrativa, civil e criminal (*exempli gratia*, o art. 14, § 1º, da Lei 6.938/1981, o art. 3º da Lei 9.605/1998, e o art. 2º, § 1º, da Lei 12.651/2012).

Acesse e assista à aula explicativa sobre este assunto.

> *http://uqr.to/21ku8*

Não se olvide ainda que, em matéria de responsabilidades jurídicas por danos ambientais, **não se deve admitir a aplicação da teoria do fato consumado.** É a disposição atualmente contida na Súmula 613 do Superior Tribunal de Justiça: "Não se admite a aplicação da teoria do fato consumado em tema de Direito Ambiental".

1.8.1 Independência relativa entre as instâncias

Tal como ocorre com outras várias espécies de atos e fatos da realidade, **uma conduta lesiva ao meio ambiente pode ensejar consequências nas três esferas de responsabilidade jurídica: administrativa, civil e criminal**.

Desse modo, um mesmo ato ou fato pode ensejar: a autuação e imposição de sanções administrativas pelos órgãos públicos integrantes do Sisnama, o ajuizamento de ação civil de responsabilidade por dano ambiental e a deflagração de ação penal por crime ambiental.

No inter-relacionamento entre estas três instâncias (esferas) de julgamento, **predomina a relativa independência entre as decisões proferidas em cada uma delas**.

Assim, a decisão proferida em cada uma dessas esferas, via de regra, não determina exatamente o sentido das decisões proferidas nas outras esferas. Exemplificando: a extinção da punibilidade na esfera criminal pela ocorrência de prescrição não necessariamente exime o réu da responsabilidade civil pela reparação do dano; o pagamento da multa ambiental na esfera administrativa não afasta eventuais responsabilidades civil ou penal etc.

Nesse sentido, a clássica redação do art. 935 do Código Civil expressa que *a responsabilidade civil é independente da criminal.*

Veja-se ainda que o art. 64 do Código de Processo Penal versa que *a ação para ressarcimento do dano poderá ser proposta no juízo cível, contra o autor do crime e, se for caso, contra o responsável civil.*

Na mesma linha de raciocínio, o art. 66 do Código de Processo Penal possibilita que seja proposta a ação civil, *não obstante a sentença absolutória no juízo criminal, quando não tiver sido, categoricamente, reconhecida a inexistência material do fato.*

Em complemento, as disposições do art. 67, segundo o qual também não impedirão a propositura da ação civil:

- *o despacho de arquivamento do inquérito ou das peças de informação;*
- *a decisão que julgar extinta a punibilidade;*
- *a sentença absolutória que decidir que o fato imputado não constitui crime.*

É verdade que há exceções, hipóteses em que as diferentes instâncias podem ter mútua influência:

- o próprio art. 935 do Código Civil ressalva que *não se pode questionar mais sobre a existência do fato, ou sobre quem seja o seu autor, quando estas questões se acharem decididas no juízo criminal*;
- o parágrafo único do art. 64 do Código de Processo Penal estabelece que, *intentada a ação penal, o juiz da ação civil poderá suspender o curso desta, até o julgamento definitivo daquela*;
- também o art. 65 do Código de Processo Penal disciplina que *faz coisa julgada no cível a sentença penal que reconhecer ter sido o ato praticado em estado de necessidade, em legítima defesa, em estrito cumprimento de dever legal ou no exercício regular de direito.*

A regra, portanto, é a independência entre as instâncias, havendo, contudo, situações em que as decisões proferidas especialmente na esfera criminal irradiam efeitos para as esferas administrativa e civil.

Finalmente, há ainda a possibilidade de se suspender a ação penal em curso quando o julgamento desta depender decisivamente de questão a ser solucionada no juízo civil. É o que se extrai dos arts. 92 e seguintes do Código de Processo Penal:

- se a decisão sobre a existência da infração depender da solução de controvérsia, que o juiz repute séria e fundada, sobre o estado civil das pessoas, o curso da ação penal ficará suspenso até que no juízo cível seja a controvérsia dirimida por sentença passada em julgado, sem prejuízo, entretanto, da inquirição das testemunhas e de outras provas de natureza urgente (art. 92);
- se o reconhecimento da existência da infração penal depender de decisão sobre questão diversa daquela mencionada no item anterior, da competência do juízo cível, e se neste houver sido proposta ação para resolvê-la, o juiz criminal poderá, desde que essa questão seja de difícil solução e não verse sobre direito cuja prova a lei civil limite, suspender o curso do processo, após a inquirição das testemunhas e realização das outras provas de natureza urgente (art. 93)[242].

[242] Não se olvide que a suspensão do processo, decretada pelo juiz de ofício ou por requerimento das partes (art. 94), deve se dar por prazo marcado pelo juiz, o qual poderá ser razoavelmente prorrogado, se a demora não for imputável

1.8.2 Responsabilidade civil

A responsabilidade civil ambiental consiste no sistema jurídico por meio do qual se atribui a alguém a obrigação por reparar os danos causados ao meio ambiente por qualquer conduta ou atividade que se mostre lesiva.

A atribuição de responsabilidade civil por dano ambiental é essencial para a garantia de um ambiente minimamente equilibrado numa sociedade marcada por inúmeras atividades potencialmente poluidoras.

Frise-se, porém, que o regime tradicional da responsabilidade civil, consistente na imposição de sanção após a efetiva ocorrência do dano, não atende satisfatoriamente às exigências de um Direito Ambiental que se mostre efetivo, pois que, como já mencionado, pretende-se, antes de tudo, que se evitem os danos ambientais. Desse modo, **já se discute uma perspectiva da responsabilidade civil mais aproximada da prevenção de riscos do que da reparação dos danos**[243].

Além disso, os danos ambientais podem ser tecnicamente irreparáveis, de modo que somente alguns deles são passíveis de **reparação *in natura***.

Assim, é possível formular adotar certa perspectiva que distingue os danos ambientais de acordo com a forma de reparação que se lhes pode aplicar. Os danos que se revelarem tecnicamente reparáveis deverão ser reparados *in natura*. Já os danos cuja reparação *in natura* seja inviável podem ser compensados e/ou indenizados em pecúnia[244].

Vale ainda citar a distinção estabelecida pelo art. 2º da Lei 9.985/2000 (SNUC), que distingue os termos recuperação e restauração:

> XIII – recuperação: restituição de um ecossistema ou de uma população silvestre degradada a uma condição não degradada, que pode ser diferente de sua condição original;
>
> XIV – restauração: restituição de um ecossistema ou de uma população silvestre degradada o mais próximo possível da sua condição original;

A nosso ver, tanto a recuperação quanto a restauração são espécies de reparação *in natura* dos danos causados.

Adotemos ainda o entendimento de que a **compensação** consiste na adoção de medidas que não representem propriamente a reparação *in natura*, mas sejam representativas da mitigação dos danos causados, por se revelarem benéficas ao equilíbrio ou ao reequilíbrio dos ecossistemas locais[245].

à parte. Expirado o prazo, sem que o juiz cível tenha proferido decisão, o juiz criminal fará prosseguir o processo, retomando sua competência para resolver, de fato e de direito, toda a matéria da acusação ou da defesa (art. 93, § 1º). Suspenso o processo, e tratando-se de crime de ação pública, o Ministério Público deve intervir imediatamente na causa cível, para o fim de promover-lhe o rápido andamento (art. 93, § 3º).

243 Nesse sentido, FIGUEIREDO, Guilherme José Purvin de. *Curso de direito ambiental*. 6. ed. rev., atual. e ampl. São Paulo: Editora Revista dos Tribunais, 2013, p. 175. Não se olvide que a jurisprudência do Superior Tribunal de Justiça tem reafirmado que se *admite a condenação simultânea e cumulativa das obrigações de fazer, de não fazer e de indenizar na reparação integral do meio ambiente*. Precedentes: REsp 1328753/MG, 2ª T., Rel. Min. Herman Benjamin, j. 28.05.2013, *DJe* 03.02.2015; REsp 1307938/GO, 1ª T., Rel. Min. Benedito Gonçalves, j. 16.06.2014, *DJe* 16.09.2014; AgRg no REsp 1415062/CE, 2ª T., Rel. Min. Humberto Martins, j. 13.05.2014, *DJe* 19.05.2014; REsp 1269494/MG, 2ª T., Rel. Min. Eliana Calmon, j. 24.09.2013, *DJe* 01.10.2013; REsp 1264250/MG, Rel. Min. Mauro Campbell Marques, j. 03.11.2011, *DJe* 11.11.2011; AGREsp 294496/SC (decisão monocrática), Rel. Min. Napoleão Nunes Maia Filho, j. 13.05.2013, *DJe* 23.05.2013; AGREsp 56382/MG (decisão monocrática), Rel. Min. Assusete Magalhães, j. 17.09.2014, *DJe* 03.10.2014; REsp 1229768/MG (decisão monocrática), Rel. Min. Sérgio Kukina, j. 29.08.2013, *DJe* 05.09.2013 (Brasil, STJ, Jurisprudência em Teses, disponível em: http://www.stj.jus.br/internet_docs/jurisprudencia/jurisprudenciaemteses/Jurisprudência%20em%20teses%2030%20-%20direito%20ambiental.pdf. Acesso em: 25 ago. 2016).

244 FREITAS, Gilberto Passos de. *Ilícito ambiental e reparação do dano*. São Paulo: Editora Revista dos Tribunais, 2005, p. 69.

245 "2. O artigo 36 da Lei 9.985/2000 prevê o instituto de compensação ambiental com base em conclusão de EIA/RIMA, de que o empreendimento teria significativo impacto ambiental e mensuração do dano previsível e indispensável a sua realização. 3. A compensação tem conteúdo reparatório, em que o empreendedor destina parte considerável de seus esforços em

Finalmente, a **indenização** seria a conversão em pecúnia dos danos causados ao ambiente, sendo esta a menos desejável forma de responsabilidade civil, por não refletir diretamente medidas benéficas ao meio em que vivemos[246].

Exemplificativamente, cita-se: uma determinada área de preservação permanente, se degradada, pode vir a ter sua vegetação integralmente recomposta; no entanto, a morte de animais silvestres pelo indevido uso do fogo na zona rural é um dano tecnicamente irreparável, somente passível de reparação jurídica por meio de compensação e/ou indenização.

Vale novamente citar a recente edição da Súmula 629 pelo STJ: "Quanto ao dano ambiental, é admitida a condenação do réu à obrigação de fazer ou à de não fazer cumulada com a de indenizar".

De todo modo, dentro das teorias tradicionais da responsabilidade civil, **a responsabilidade de natureza ambiental adotou em nosso sistema jurídico o perfil objetivo, de modo que não se apresenta a existência de dolo ou culpa como requisito para reconhecimento da responsabilidade.**

A responsabilidade civil por danos ambientais no Brasil baseia-se na chamada **teoria do risco integral, preconizando-se que a pessoa que exerce a atividade potencialmente poluidora responde integralmente por todos os riscos que sua atividade acarreta.**

A Lei de Política Nacional de Meio Ambiente (Lei 6.938/1981) expressamente institui a responsabilidade civil ambiental de natureza objetiva em nosso ordenamento:

> Art. 14. (...)
>
> § 1º – Sem obstar a aplicação das penalidades previstas neste artigo, é o poluidor obrigado, independentemente da existência de culpa, a indenizar ou reparar os danos causados ao meio ambiente e a terceiros, afetados por sua atividade. O Ministério Público da União e dos Estados terá legitimidade para propor ação de responsabilidade civil e criminal, por danos causados ao meio ambiente.

Atualmente, também o próprio parágrafo único do art. 927 do Código Civil fornece subsídios ao reconhecimento da responsabilidade objetiva na esfera civil ambiental:

> Art. 927. Aquele que, por ato ilícito (arts. 186 e 187), causar dano a outrem, fica obrigado a repará-lo.
>
> Parágrafo único. Haverá obrigação de reparar o dano, independentemente de culpa, nos casos especificados em lei, ou quando a atividade normalmente desenvolvida pelo autor do dano implicar, por sua natureza, risco para os direitos de outrem.

Note-se, pois, que a lei brasileira (Lei 6.938/1981) institui expressamente a responsabilidade objetiva por danos ambientais[247], mas, ainda que não o fizesse, seria possível sustentá-la pelo perfil das atividades potencialmente poluidoras, que logicamente implicam riscos para os direitos da coletividade. **Da adoção da teoria do risco integral, que fundamenta a responsabilidade civil ambiental no Brasil, decorrem três importantes consequências: a prescindibilidade da investigação de culpa, a irrelevância da licitude da atividade e a inaplicabilidade de excludentes de responsabilidade**[248].

---

ações que sirvam para contrabalançar o uso de recursos naturais indispensáveis à realização do empreendimento previsto no estudo de impacto ambiental e devidamente autorizados pelo órgão competente" (REsp 896.863/DF, Rel. Min. Castro Meira, j. 19.05.2011, *DJe* 02.06.2011).

246 "5. A indenização por dano ambiental, por seu turno, tem assento no artigo 225, § 3º, da Carta da República, que cuida de hipótese de dano já ocorrido em que o autor terá obrigação de repará-lo ou indenizar a coletividade. Não há como se incluir nesse contexto aquele foi previsto e autorizado pelos órgãos ambientais já devidamente compensado" (REsp 896.863/DF, Rel. Min. Castro Meira, j. 19.05.2011, *DJe* 02.06.2011).

247 MANCUSO, Rodolfo de Camargo. *Ação civil pública*: em defesa do meio ambiente, do patrimônio cultural e dos consumidores – Lei 7.347/1985 e legislação complementar. 14. ed. rev., atual. e ampl. São Paulo: Editora Revista dos Tribunais, 2016, p. 432.

248 Nesse sentido, o ensinamento de MILARÉ (*Direito do ambiente*. 7. ed. São Paulo: Editora Revista dos Tribunais, 2011, p. 1256-1258).

Prescindindo-se da demonstração de dolo ou culpa, basta para o reconhecimento da responsabilidade a comprovação de três requisitos básicos: a conduta, o dano e o nexo de causalidade[249].

Além disso, a lei ambiental prevê a obrigação de reparar os danos causados ao meio ambiente, independentemente da licitude da atividade realizada.

As diversas atividades humanas potencialmente poluidoras podem de fato ser licenciadas e licitamente realizadas. No entanto, causado dano ambiental, emerge a obrigação de repará-lo, pois que tal obrigação tem seu fundamento no próprio risco inerente à atividade realizada.

Assim, embora lícita, *a priori*, a atividade, são inerentes a ela o risco causado aos direitos da coletividade e, por isso mesmo, a responsabilidade civil que advém desse risco. Somente dessa maneira é possível compatibilizar o exercício das variadas atividades poluidoras com o interesse público na proteção ambiental. Pretender realizar atividades empresariais sem a correspondente responsabilidade por danos é postura que já invade o campo do abuso do direito, sendo veementemente rechaçada pela perspectiva do direito atenta aos fins sociais e coletivos do sistema jurídico.

A última consequência da adoção da teoria do risco integral é a inaplicabilidade das chamadas causas excludentes de responsabilidade. As circunstâncias tradicionalmente levantadas como defesa do réu em ação de responsabilidade civil (caso fortuito ou força maior e fato de terceiro) não são aptas a eximir o poluidor da responsabilidade de natureza ambiental, pois, pela teoria do risco integral, essa responsabilidade advém da própria existência da atividade que traz risco ao ambiente.

No que se refere ao sujeito responsável pelo dano, é possível vislumbrar situações em que há mais de uma pessoa responsável e por isso obrigada a reparar o dano ambiental. Nestas situações, vige a regra da solidariedade entre os responsáveis, podendo qualquer deles ser acionado, havendo ainda a possibilidade do litisconsórcio[250].

Outra questão juridicamente relevante é a que diz respeito à responsabilidade do Estado, já que sabidamente o Poder Público executa (ao menos deve executar) o controle das atividades potencialmente poluidoras.

Nesse sentido, é comum observar a possibilidade de responsabilização do Estado por sua omissão ou ineficiência na realização de tais atividades de controle. A jurisprudência do STJ é no sentido de que há responsabilidade do Estado quando sua omissão no dever de fiscalização

---

249 "A responsabilidade por dano ambiental é objetiva, informada pela teoria do risco integral, sendo o nexo de causalidade o fator aglutinante que permite que o risco se integre na unidade do ato, sendo descabida a invocação, pela empresa responsável pelo dano ambiental, de excludentes de responsabilidade civil para afastar sua obrigação de indenizar" (Tese julgada sob o rito do art. 543-C do CPC). Precedentes: REsp 1374284/MG, 2ª S., Rel. Min. Luis Felipe Salomão, j. 27.08.2014, *DJe* 05.09.2014 (julgado sob o rito do art. 543-C); AgRg no AgRg no AREsp 153797/SP, 4ª T., Rel. Min. Marco Buzzi, j. 05.06.2014, *DJe* 16.06.2014; REsp 1373788/SP, 3ª T., Rel. Min. Paulo de Tarso Sanseverino, j. 06.05.2014, *DJe* 20.05.2014; AgRg no REsp 1412664/SP, 4ª T., Rel. Min. Raul Araújo, j. 11.02.2014, *DJe* 11.03.2014; AgRg no AREsp 273058/PR, 4ª T., Rel. Min. Antonio Carlos Ferreira, j. 09.04.2013, *DJe* 17.04.2013; AgRg no AREsp 119624/PR, 3ª T., Rel. Min. Ricardo Villas Bôas Cueva, j. 06.12.2012, *DJe* 13.12.2012; REsp 1114398/PR, 2ª S., Rel. Min. Sidnei Beneti, j. 08.02.2012, *DJe* 16.02.2012 (julgado sob o rito do art. 543-C); REsp 442586/SP, 1ª T., Rel. Min. Luiz Fux, j. 26.11.2002, *DJe* 24.02.2003; AREsp 642570/PR (decisão monocrática), Rel. Min. Maria Isabel Gallotti, j. 02.02.2015, *DJe* 18.02.2015 (Brasil, STJ, Jurisprudência em Teses, disponível em: http://www.stj.jus.br/internet_docs/jurisprudencia/jurisprudenciaemteses/Jurisprudência%20em%20teses%2030%20-%20direito%20ambiental.pdf. Acesso em: 25 ago. 2016).

250 *Os responsáveis pela degradação ambiental são coobrigados solidários, formando-se, em regra, nas ações civis públicas ou coletivas litisconsórcio facultativo.* Precedentes: AgRg no AREsp 432409/RJ, 2ª T., Rel. Min. Herman Benjamin, j. 25.02.2014, *DJe* 19.03.2014; REsp 1383707/SC, 1ª T., Rel. Min. Sérgio Kukina, j. 08.04.2014, *DJe* 05.06.2014; AgRg no AREsp 224572/MS, 2ª T., Rel. Min. Humberto Martins, j. 18.06.2013, *DJe* 11.10.2013; REsp 771619/RR, 1ª S., Rel. Min. Denise Arruda, j. 16.12.2008, *DJe* 11.02.2009; REsp 1060653/SP, 1ª T., Rel. Min. Francisco Falcão, j. 07.10.2008, *DJe* 20.10.2008; REsp 884150/MT, 1ª T., Rel. Min. Luiz Fux, j. 19.06.2008, *DJe* 07.08.2008; REsp 604725/PR, 2ª T., Rel. Min. Castro Meira, j. 21.06.2005, *DJe* 22.08.2005; REsp 1377700/PR (decisão monocrática), Rel. Min. Paulo de Tarso Sanseverino, j. 08.09.2014, *DJe* 12.09.2014; Ag 1280216/RS (decisão monocrática), Rel. Min. Arnaldo Esteves Lima, j. 28.03.2014, *DJe* 03.04.2014 (STJ, *Jurisprudência em Teses*, disponível em: http://www.stj.jus.br/internet_docs/jurisprudencia/jurisprudenciaemteses/Jurisprudência%20em%20teses%2030%20-%20direito%20ambiental.pdf. Acesso em: 25 ago. 2016).

for determinante para a ocorrência ou o agravamento do dano ambiental[251]. Nesses casos, é comum encontrar referência às figuras do poluidor direto (pessoa que exerce a atividade poluidora) e do poluidor indireto (pessoa responsável pela fiscalização, que falha ou se omite).

Sem dúvida, **o Estado responde também por danos ao meio ambiente quando falha ou se omite nos seus deveres de fiscalização**. A jurisprudência majoritária considera haver solidariedade entre o poluidor direito e o Estado (aqui poluidor indireto). Julgado relativamente recente do STJ bem explica esta questão, ressalvando, porém, haver ordem de preferência entre os devedores. Seria, pois, a responsabilidade do Estado solidária, porém de execução subsidiária:

> 13. A Administração é solidária, objetiva e ilimitadamente responsável, nos termos da Lei 6.938/1981, por danos urbanístico-ambientais decorrentes da omissão do seu dever de controlar e fiscalizar, na medida em que contribua, direta ou indiretamente, tanto para a degradação ambiental em si mesma, como para o seu agravamento, consolidação ou perpetuação, tudo sem prejuízo da adoção, contra o agente público relapso ou desidioso, de medidas disciplinares, penais, civis e no campo da improbidade administrativa.
>
> 14. No caso de omissão de dever de controle e fiscalização, a responsabilidade ambiental solidária da Administração é de execução subsidiária (ou com ordem de preferência).
>
> 15. A responsabilidade solidária e de execução subsidiária significa que o Estado integra o título executivo sob a condição de, como devedor-reserva, só ser convocado a quitar a dívida se o degradador original, direto ou material (= devedor principal) não o fizer, seja por total ou parcial exaurimento patrimonial ou insolvência, seja por impossibilidade ou incapacidade, inclusive técnica, de cumprimento da prestação judicialmente imposta, assegurado, sempre, o direito de regresso (art. 934 do Código Civil), com a desconsideração da personalidade jurídica (art. 50 do Código Civil)[252].

Recentemente, o STJ sumulou a questão: "**Súmula 652 – A responsabilidade civil da Administração por danos ao meio ambiente decorrente de sua omissão no dever de fiscalização é de caráter solidário, mas de execução subsidiária**".

Outro relevante aspecto jurídico a ser lembrado é o **caráter *propter rem* da obrigação de reparar o dano ambiental**, quando este é inerente ao próprio bem. É o caso, por exemplo, da obrigação de recompor a cobertura florestal das áreas de preservação permanente, tal como afirmado pela expressa letra do Código Florestal:

> Art. 7º A vegetação situada em Área de Preservação Permanente deverá ser mantida pelo proprietário da área, possuidor ou ocupante a qualquer título, pessoa física ou jurídica, de direito público ou privado.
>
> § 1º Tendo ocorrido supressão de vegetação situada em Área de Preservação Permanente, o proprietário da área, possuidor ou ocupante a qualquer título é obrigado a promover a recomposição da vegetação, ressalvados os usos autorizados previstos nesta Lei.
>
> § 2º A obrigação prevista no § 1º tem natureza real e é transmitida ao sucessor no caso de transferência de domínio ou posse do imóvel rural.

Ademais, a jurisprudência pátria já vinha afirmando o caráter real dessas obrigações, numa evolução gradativa do patamar de proteção que se garante ao meio ambiente na esfera judicial[253].

---

[251] Nesse sentido: AgRg no REsp 1001780/PR, 1ª T., Rel. Min. Teori Albino Zavascki, j. 27.09.2011, *DJe* 04.10.2011; REsp 1113789/SP, 2ª T., Rel. Min. Castro Meira, j. 16.06.2009, *DJe* 29.06.2009; REsp 1071741/SP, 2ª T., Rel. Min. Herman Benjamin, j. 24.03.2009; *DJe* 16.12.2010; AgRg no Ag 973577/SP, 2ª T,. Rel. Min. Mauro Campbell Marques, j. 16.09.2008, *DJe* 19.12.2008; AgRg no Ag 822764/MG, 1ª T., Rel. Min. José Delgado, j. 05.06.2007, *DJe* 02.08.2007; REsp 647493/SC, 2ª T., Rel. Min. João Otávio de Noronha, j. 22.05.2007, *DJe* 22.10.2007; AGREsp 495377/RJ (decisão monocrática), Rel. Min. Humberto Martins, j. 28.05.2014, *DJe* 02.06.2014.

[252] STJ, REsp 1.071.741/SP, 2ª T., Rel. Min. Herman Benjamin, j. 24.03.2009, *DJe* 16.12.2010.

[253] "A obrigação de reparação dos danos ambientais é *propter rem* (...), sem prejuízo da solidariedade entre os vários causadores do dano, descabendo falar em direito adquirido à degradação. O novo proprietário assume o ônus de manter a preservação,

Finalmente, vale mencionar a recente aprovação da Súmula 623 pelo STJ, com o seguinte teor: "As obrigações ambientais possuem natureza *propter rem*, sendo admissível cobrá-las do proprietário ou possuidor atual e/ou dos anteriores, à escolha do credor". Não se olvide ainda que o art. 4º da Lei 9.605/1998, prevê a possibilidade de **desconsideração da personalidade jurídica** "sempre que sua personalidade for obstáculo ao ressarcimento de prejuízos causados à qualidade do meio ambiente".

Trata-se, segundo o entendimento majoritário, da chamada Teoria Menor da Desconsideração da Personalidade Jurídica, segundo a qual não se exige a comprovação do abuso da personalidade para a possibilidade de desconsideração.

Finalmente, no que se refere à prescrição da pretensão de reparação de danos ambientais, a despeito de não haver uma previsão legislativa específica sobre o tema, nossa jurisprudência vem reconhecendo a **imprescritibilidade** dessa pretensão, por entender que se trata de direitos fundamentais indisponíveis, de natureza difusa, pertencentes à atual e às futuras gerações[254].

Aliás, a imprescritibilidade da pretensão de reparação de danos ambientais foi reafirmada pelo STF em tese de repercussão geral (Tema 999): É imprescritível a pretensão de reparação civil de dano ambiental.

Posteriormente, nova tese de repercussão geral afirmou (Tema 1194): É imprescritível a pretensão executória e inaplicável a prescrição intercorrente na execução de reparação de dano ambiental, ainda que posteriormente convertida em indenização por perdas e danos.

1.8.3 Responsabilidade penal

A prática de atos danosos ao meio ambiente também pode levar à responsabilização criminal, evidentemente desde que presentes os requisitos próprios da esfera penal, tais como tipicidade, antijuridicidade e culpabilidade.

Não se olvide que, muito embora, nesta esfera incida o regime geral do Direito Penal, há importantes aspectos que são específicos à criminalidade ambiental, os quais serão pontualmente tratados neste tópico.

Por primeiro, vale fazer referência à possibilidade de **responsabilização penal das pessoas jurídicas pela prática de crimes ambientais,** algo inicialmente previsto pela própria Constituição Federal[255] e posteriormente regulamentado pelo art. 3º da Lei 9.605/1998:

> Art. 3º As pessoas jurídicas serão responsabilizadas administrativa, civil e penalmente conforme o disposto nesta Lei, nos casos em que a infração seja cometida por decisão de seu representante legal ou contratual, ou de seu órgão colegiado, no interesse ou benefício da sua entidade.
>
> Parágrafo único. A responsabilidade das pessoas jurídicas não exclui a das pessoas físicas, autoras, coautoras ou partícipes do mesmo fato.

---

tornando-se responsável pela reposição, mesmo que não tenha contribuído para o desmatamento" (STJ, REsp 1240122/PR, 2ª T., Rel. Min. Herman Benjamin, j. 28.06.2011, *DJe* 11.09.2012).

254 "5. Tratando-se de direito difuso, a reparação civil assume grande amplitude, com profundas implicações na espécie de responsabilidade do degradador que é objetiva, fundada no simples risco ou no simples fato da atividade danosa, independentemente da culpa do agente causador do dano. 6. O direito ao pedido de reparação de danos ambientais, dentro da logicidade hermenêutica, está protegido pelo manto da imprescritibilidade, por se tratar de direito inerente à vida, fundamental e essencial à afirmação dos povos, independentemente de não estar expresso em texto legal. 7. Em matéria de prescrição cumpre distinguir qual o bem jurídico tutelado: se eminentemente privado seguem-se os prazos normais das ações indenizatórias; se o bem jurídico é indisponível, fundamental, antecedendo a todos os demais direitos, pois sem ele não há vida, nem saúde, nem trabalho, nem lazer, considera-se imprescritível o direito à reparação. 8. O dano ambiental inclui-se dentre os direitos indisponíveis e como tal está dentre os poucos acobertados pelo manto da imprescritibilidade a ação que visa reparar o dano ambiental (STJ, REsp 1.120.117/AC, 2ª T., Rel. Min. Eliana Calmon, j. 26.08.2010, *DJe* 28.04.2011).

255 CF/1988, art. 225, § 3º "As condutas e atividades consideradas lesivas ao meio ambiente sujeitarão os infratores, pessoas físicas ou jurídicas, a sanções penais e administrativas, independentemente da obrigação de reparar os danos causados".

Nota-se, portanto, a necessidade do preenchimento de **dois requisitos para a responsabilização criminal da pessoa jurídica**: (i) que a infração seja cometida por decisão de seu representante legal ou contratual, ou de seu órgão colegiado; (ii) que a infração seja cometida no seu interesse ou benefício.

Ainda com relação à autoria, há na Lei 9.605/1998 norma de extensão subjetiva da incidência dos tipos penais ambientais:

> Art. 2º Quem, de qualquer forma, concorre para a prática dos crimes previstos nesta Lei, incide nas penas a estes cominadas, na medida da sua culpabilidade, bem como o diretor, o administrador, o membro de conselho e de órgão técnico, o auditor, o gerente, o preposto ou mandatário de pessoa jurídica, que, sabendo da conduta criminosa de outrem, deixar de impedir a sua prática, quando podia agir para evitá-la.

A parte final teria, segundo se entende, ampliado a figura do garantidor, punindo aquele que, tendo alguma espécie de vínculo funcional com a pessoa jurídica, ciente da conduta criminosa de outrem e podendo agir para evitá-la, nada faz.

Debatem a doutrina e a jurisprudência sobre a necessidade de se imputar crime também à pessoa física, para que se possa validamente pugnar pela responsabilização da pessoa jurídica.

O STJ demonstrou forte inclinação no sentido de se exigir a imputação de crime também contra pessoa física para que se condene pessoa jurídica por delito ambiental[256]:

> Processual penal. Recurso ordinário em mandado de segurança. Crimes contra o meio ambiente. Denúncia. Inépcia. Sistema ou teoria da dupla imputação. Nulidade da citação. Pleito prejudicado. I – Admite-se a responsabilidade penal da pessoa jurídica em crimes ambientais desde que haja a imputação simultânea do ente moral e da pessoa física que atua em seu nome ou em seu benefício, uma vez que "não se pode compreender a responsabilização do ente moral dissociada da atuação de uma pessoa física, que age com elemento subjetivo próprio" cf. REsp n. 564960/SC, 5ª Turma, Rel. Ministro Gilson Dipp, *DJ* de 13.06.2005 (Precedentes). II – No caso em tela, o delito foi imputado tão somente à pessoa jurídica, não descrevendo a denúncia a participação de pessoa física que teria atuado em seu nome ou proveito, inviabilizando, assim, a instauração da *persecutio criminis in iudicio* (Precedentes). III – Com o trancamento da ação penal, em razão da inépcia da denúncia, resta prejudicado o pedido referente à nulidade da citação. Recurso provido (RMS 20.601/SP, 5ª T., Rel. Min. Felix Fischer, j. 29.06.2006, *DJe* 14.08.2006).

No entanto, o posicionamento atual do STF aponta em sentido contrário, desvinculando-se completamente a responsabilidade penal das pessoas jurídicas e das pessoas físicas envolvidas:

> Recurso extraordinário. Direito penal. Crime ambiental. Responsabilidade penal da pessoa jurídica. Condicionamento da ação penal à identificação e à persecução concomitante da pessoa física que não encontra amparo na constituição da república. 1. O art. 225, § 3º, da Constituição Federal não condiciona a responsabilização penal da pessoa jurídica por crimes ambientais à simultânea persecução penal da pessoa física em tese responsável no âmbito da empresa. A norma constitucional não impõe a necessária dupla imputação. 2. As organizações corporativas complexas da atualidade se caracterizam pela descentralização e distribuição de atribuições e responsabilidades, sendo inerentes, a esta realidade, as dificuldades para imputar o fato ilícito a uma pessoa concreta. 3. Condicionar a aplicação do art. 225, §3º, da Carta Política a uma concreta imputação também a pessoa física implica indevida restrição da

[256] Já decidiu o STJ que "para a validade da tramitação de feito criminal em que se pura o cometimento de delito ambiental, na peça exordial devem ser denunciados tanto a pessoa jurídica como a física (sistema ou teoria da dupla imputação). Isso porque a responsabilização penal da pessoa jurídica não pode ser desassociada da pessoa física – quem pratica a conduta com elemento subjetivo próprio. Oferecida a denúncia somente contra a pessoa jurídica, falta pressuposto para que o processo-crime desenvolva-se corretamente" (RMS 37.293).

norma constitucional, expressa a intenção do constituinte originário não apenas de ampliar o alcance das sanções penais, mas também de evitar a impunidade pelos crimes ambientais frente às imensas dificuldades de individualização dos responsáveis internamente às corporações, além de reforçar a tutela do bem jurídico ambiental. 4. A identificação dos setores e agentes internos da empresa determinantes da produção do fato ilícito tem relevância e deve ser buscada no caso concreto como forma de esclarecer se esses indivíduos ou órgãos atuaram ou deliberaram no exercício regular de suas atribuições internas à sociedade, e ainda para verificar se a atuação se deu no interesse ou em benefício da entidade coletiva. Tal esclarecimento, relevante para fins de imputar determinado delito à pessoa jurídica, não se confunde, todavia, com subordinar a responsabilização da pessoa jurídica à responsabilização conjunta e cumulativa das pessoas físicas envolvidas. Em não raras oportunidades, as responsabilidades internas pelo fato estarão diluídas ou parcializadas de tal modo que não permitirão a imputação de responsabilidade penal individual. 5. Recurso Extraordinário parcialmente conhecido e, na parte conhecida, provido (RE 548.181/PR, 1ª T., Rel. Min. Rosa Weber, j. 06.08.2013, *DJe* 30.10.2014).

O STJ então também passou a alterar sua inclinação inicial para uniformizar a questão:

– Penal e processual penal. Recurso em mandado de segurança. Responsabilidade penal da pessoa jurídica por crime ambiental: desnecessidade de dupla imputação concomitante à pessoa física e à pessoa jurídica. 1. Conforme orientação da 1ª Turma do STF, "O art. 225, § 3º, da Constituição Federal não condiciona a responsabilização penal da pessoa jurídica por crimes ambientais à simultânea persecução penal da pessoa física em tese responsável no âmbito da empresa. A norma constitucional não impõe a necessária dupla imputação." (RE 548181, Relatora Min. Rosa Weber, Primeira Turma, julgado em 6/8/2013, acórdão eletrônico *DJe*-213, divulg. 29.10.2014, public. 30.10.2014). 2. Tem-se, assim, que é possível a responsabilização penal da pessoa jurídica por delitos ambientais independentemente da responsabilização concomitante da pessoa física que agia em seu nome. Precedentes desta Corte. 3. A personalidade fictícia atribuída à pessoa jurídica não pode servir de artifício para a prática de condutas espúrias por parte das pessoas naturais responsáveis pela sua condução. 4. Recurso ordinário a que se nega provimento (STJ, RMS 39.173/BA, 5ª T., Rel. Min. Reynaldo Soares da Fonseca, j. 06.08.2015, *DJe* 13.08.2015).

É possível atualmente afirmar que **a jurisprudência brasileira caminha no sentido do reconhecimento da desnecessidade da dupla imputação para a responsabilização criminal da pessoa jurídica**.

Não se pode, no entanto, perder de vista a relevância da peça acusatória para o válido exercício do direito de defesa, de modo que deve a denúncia conter a descrição exata dos fatos que são imputados aos denunciados, a fim de que se lhes permita a defesa de modo amplo, como determina a Constituição Federal, sejam eles pessoas naturais ou jurídicas.

Além disso, predomina o entendimento de que não cabe a impetração de *habeas corpus* em favor de pessoa jurídica, já que esta não se sujeita a penas privativas de liberdade (nesse sentido: STF, HC 92.921/BA, 1ª T., Rel. Min. Ricardo Lewandowski, j. 19.08.2008, *DJe* 26.09.2008).

Vale dizer que a ação penal é sempre pública incondicionada nos delitos ambientais, já que as condutas criminosas nitidamente sempre afetam bens difusos. Esta aliás é a disposição expressa do art. 26 da Lei 9.605/1998.

Interessa também fazer referência a especiais circunstâncias previstas na Lei 9.605/1998, que agravam ou atenuam a situação do agente, a depender da condição fática e da previsão legal de que se trata (arts. 14 e 15)[257].

[257] "Art. 14. São circunstâncias que atenuam a pena: I – baixo grau de instrução ou escolaridade do agente; II – arrependimento do infrator, manifestado pela espontânea reparação do dano, ou limitação significativa da degradação ambiental causada; III – comunicação prévia pelo agente do perigo iminente de degradação ambiental; IV – colaboração com os agentes encarregados da vigilância e do controle ambiental. Art. 15. São circunstâncias que agravam a pena, quando não constituem ou qualificam o crime: I – reincidência nos crimes de natureza ambiental; II – ter o agente cometido a infração: a) para obter vantagem

A transação penal (art. 76 da Lei 9.099/1995) é possível nos crimes ambientais, desde que haja prévia composição acerca do dano ambiental[258]. Note-se que não se exige a prévia reparação do dano, o que poderia ser tecnicamente difícil de se obter antes da transação, mas prévia composição acerca do dano, expressão que a nosso ver deve ser entendida como prévio ajuste, acordo. Nada impede também que haja a composição acerca do dano na mesma ocasião do oferecimento da transação penal, como uma de suas condições.

A questão referente à suspensão condicional do processo nos crimes ambientais é ligeiramente mais polêmica, pois a redação do art. 28 da Lei 9.605/1998 deu ensejo a sérias controvérsias sobre a melhor interpretação cabível[259].

A despeito de formular importantes exigências sobre a comprovação da reparação do dano para declaração da extinção da punibilidade do autor, o *caput* do dispositivo utilizou a expressão "crimes de menor potencial ofensivo", conceito que, pelo regime da Lei 9.099/1995, não ostenta vinculação com a suspensão condicional do processo, mas sim com a transação penal.

Surgiram ao menos três correntes sobre a questão:

- para os delitos ambientais da Lei 9.605/1998, vale o requisito da pena mínima de até 2 (dois) anos, dada a redação do *caput* do art. 28;
- para dos delitos ambientais da Lei 9.605/1998, aplica-se o conceito de menor potencial ofensivo também para o cabimento da suspensão condicional o processo, ou seja, pena máxima de até 2 (dois) anos;
- persiste como requisito objetivo da suspensão condicional do processo a pena mínima de até 1 (um) ano, tal como disposto no art. 89 da Lei 9.099/1995, mesmo nos crimes ambientais.

Entendemos correta a terceira posição mencionada, por considerarmos uma impropriedade técnica a utilização do conceito de "crime de menor potencial ofensivo" na estipulação de requisito para a suspensão condicional do processo. Necessário, portanto, que se dê uma interpretação de caráter teleológico ao dispositivo.

A suspensão condicional da pena tem regra especial na Lei 9.605/1998, dispondo o art. 16 que, nos crimes previstos nesta lei, o *sursis* pode ser aplicado nos casos de condenação a pena privativa de liberdade não superior a três anos.

---

pecuniária; b) coagindo outrem para a execução material da infração; c) afetando ou expondo a perigo, de maneira grave, a saúde pública ou o meio ambiente; d) concorrendo para danos à propriedade alheia; e) atingindo áreas de unidades de conservação ou áreas sujeitas, por ato do Poder Público, a regime especial de uso; f) atingindo áreas urbanas ou quaisquer assentamentos humanos; g) em período de defeso à fauna; h) em domingos ou feriados; i) à noite; j) em épocas de seca ou inundações; l) no interior do espaço territorial especialmente protegido; m) com o emprego de métodos cruéis para abate ou captura de animais; n) mediante fraude ou abuso de confiança; o) mediante abuso do direito de licença, permissão ou autorização ambiental; p) no interesse de pessoa jurídica mantida, total ou parcialmente, por verbas públicas ou beneficiada por incentivos fiscais; q) atingindo espécies ameaçadas, listadas em relatórios oficiais das autoridades competentes; r) facilitada por funcionário público no exercício de suas funções".

[258] "Art. 27. Nos crimes ambientais de menor potencial ofensivo, a proposta de aplicação imediata de pena restritiva de direitos ou multa, prevista no art. 76 da Lei n. 9.099, de 26 de setembro de 1995, somente poderá ser formulada desde que tenha havido a prévia composição do dano ambiental, de que trata o art. 74 da mesma lei, salvo em caso de comprovada impossibilidade".

[259] "Art. 28. As disposições do art. 89 da Lei n. 9.099, de 26 de setembro de 1995, aplicam-se aos crimes de menor potencial ofensivo definidos nesta Lei, com as seguintes modificações: I - a declaração de extinção de punibilidade, de que trata o § 5° do artigo referido no *caput*, dependerá de laudo de constatação de reparação do dano ambiental, ressalvada a impossibilidade prevista no inciso I do § 1° do mesmo artigo; II - na hipótese de o laudo de constatação comprovar não ter sido completa a reparação, o prazo de suspensão do processo será prorrogado, até o período máximo previsto no artigo referido no *caput*, acrescido de mais um ano, com suspensão do prazo da prescrição; III - no período de prorrogação, não se aplicarão as condições dos incisos II, III e IV do § 1° do artigo mencionado no *caput*; IV - findo o prazo de prorrogação, proceder-se-á à lavratura de novo laudo de constatação de reparação do dano ambiental, podendo, conforme seu resultado, ser novamente prorrogado o período de suspensão, até o máximo previsto no inciso II deste artigo, observado o disposto no inciso III; V - esgotado o prazo máximo de prorrogação, a declaração de extinção de punibilidade dependerá de laudo de constatação que comprove ter o acusado tomado as providências necessárias à reparação integral do dano".

O art. 7º da Lei de Crimes Ambientais prevê que as penas privativas de liberdade podem ser substituídas por penas restritivas de direitos[260] quando: (i) tratar-se de crime culposo ou for aplicada a pena privativa de liberdade inferior a quatro anos; (ii) a culpabilidade, os antecedentes, a conduta social e a personalidade do condenado, bem como os motivos e as circunstâncias do crime indicarem que a substituição seja suficiente para efeitos de reprovação e prevenção do crime. Observe-se que, por expressa disposição do parágrafo único do art. 7º, *as penas restritivas de direitos a que se refere este artigo terão a mesma duração da pena privativa de liberdade substituída.*

Conforme disposto no art. 20 da Lei 9.605/1998, "a sentença penal condenatória, sempre que possível, fixará o valor mínimo para reparação dos danos causados pela infração, considerando os prejuízos sofridos pelo ofendido ou pelo meio ambiente". Transitada em julgado a sentença condenatória, a execução poderá iniciar-se pelo valor fixado no âmbito criminal, sem prejuízo da liquidação para apuração do dano efetivamente sofrido.

Tema controvertido é o da **aplicação do princípio da insignificância ou bagatela aos delitos ambientais.**

De modo geral, a jurisprudência do STF e do STJ admite a aplicação do princípio, o que acarretaria a atipicidade penal do fato. No entanto, é preciso ressaltar que a avaliação da insignificância deve ser feita no caso concreto, à luz das circunstâncias fáticas demonstradas e em vista do caráter especial do bem jurídico ambiental[261]. Por vezes, encontra-se a afirmativa genérica dos acórdãos no sentido de que não cabe a aplicação do princípio da insignificância, mas é possível notar que se trata de conclusão extraída da própria análise do caso concreto, em que se verificam circunstâncias que apontam para a reprovabilidade e/ou lesividade da conduta[262]. Isto é, em se tratando de crime ambiental, a análise da possível insignificância do fato não se restringe ao *quantum* representado pelos produtos ou instrumentos apreendidos mas também abrange as circunstâncias reveladoras da reprovabilidade e/ou lesividade da conduta[263].

---

[260] "Art. 8º As penas restritivas de direito são: I - prestação de serviços à comunidade; II - interdição temporária de direitos; III - suspensão parcial ou total de atividades; IV - prestação pecuniária; V - recolhimento domiciliar. Art. 9º A prestação de serviços à comunidade consiste na atribuição ao condenado de tarefas gratuitas junto a parques e jardins públicos e unidades de conservação, e, no caso de dano da coisa particular, pública ou tombada, na restauração desta, se possível. Art. 10. As penas de interdição temporária de direito são a proibição de o condenado contratar com o Poder Público, de receber incentivos fiscais ou quaisquer outros benefícios, bem como de participar de licitações, pelo prazo de cinco anos, no caso de crimes dolosos, e de três anos, no de crimes culposos. Art. 11. A suspensão de atividades será aplicada quando estas não estiverem obedecendo às prescrições legais. Art. 12. A prestação pecuniária consiste no pagamento em dinheiro à vítima ou à entidade pública ou privada com fim social, de importância, fixada pelo juiz, não inferior a um salário mínimo nem superior a trezentos e sessenta salários mínimos. O valor pago será deduzido do montante de eventual reparação civil a que for condenado o infrator. Art. 13. O recolhimento domiciliar baseia-se na autodisciplina e senso de responsabilidade do condenado, que deverá, sem vigilância, trabalhar, frequentar curso ou exercer atividade autorizada, permanecendo recolhido nos dias e horários de folga em residência ou em qualquer local destinado a sua moradia habitual, conforme estabelecido na sentença condenatória".

[261] STJ, REsp 1.620.778/SC, 6ª T., Rel. Min. Nefi Cordeiro, j. 15.09.2016, *DJe* 27.09.2016; STF, HC 130.533/AM, 2ª T., Rel. Min. Dias Toffoli, j. 21.06.2016, *DJe* 10.08.2016.

[262] STJ, AgRg no AREsp 901.961/RS, 5ª T., Rel. Min. Reynaldo Soares da Fonseca, j. 18.08.2016, *DJe* 26.08.2016.

[263] "Processo penal e penal. Recurso em *habeas corpus*. Transporte de peixes provenientes de pesca proibida. 7 quilos de peixes diversos. Não apreensão de instrumentos de pesca. Aplicação do princípio da insignificância. Impossibilidade. Quantidade relevante. Recurso improvido. 1. Orienta-se a jurisprudência no sentido de que o trancamento da ação penal é medida de exceção, o que se verifica na hipótese. 2. A atipicidade material, no plano da insignificância, pressupõe a concomitância de mínima ofensividade da conduta, o reduzidíssimo grau de reprovabilidade do comportamento e inexpressividade da lesão jurídica provocada. 3. É entendimento desta Corte que somente haverá lesão ambiental irrelevante no sentido penal quando a avaliação dos índices de desvalor da ação e de desvalor do resultado indicar que é ínfimo o grau da lesividade da conduta praticada contra o bem ambiental tutelado, isto porque não deve-se considerar apenas questões jurídicas ou a dimensão econômica da conduta, mas deve-se levar em conta o equilíbrio ecológico que faz possíveis as condições de vida no planeta. Precedente. 4. Em que pese a ausência de apreensão de redes ou outros instrumentos, é significativo o desvalor da conduta do recorrente, porquanto a quantidade apreendida (7 kg de peixes) não pode ser considerada ínfima. 5. Recurso em *habeas corpus* improvido" (STJ, RHC 60.419/GO, 6ª T., Rel. Min. Nefi Cordeiro, j. 09.08.2016, *DJe* 19.08.2016).

1.8.4 Responsabilidade administrativa

Vale ainda tratar da responsabilidade que se efetiva na esfera administrativa, em razão de danos ou ilícitos ambientais.

É preciso compreender que a Administração Pública pode (e deve) impor sanção administrativa ao responsável por determinado dano ambiental. Trata-se de faceta própria do poder de polícia da Administração, especificamente dirigido à defesa do meio ambiente.

Dado que todas as pessoas políticas possuem competência legislativa para proteção do meio ambiente, podem ser encontradas previsões de infrações administrativas ambientais nas diversas esferas de legislação (federal, estadual, distrital e municipal).

Interessando nesta obra traçar o panorama global da legislação ambiental, cumpre-nos expor as normas encontradas na legislação federal, campo em que se podem colher as principais diretrizes da responsabilidade administrativa ambiental no Brasil.

Por primeiro, oportuno observar que **o reconhecimento de qualquer infração administrativa exige a observância do princípio da legalidade**. Evidentemente a infração administrativa que se imputa a alguém e que acarreta a imposição de penas precisa ter prévia previsão legal. Não há óbice, porém, que a previsão legal seja complementada e/ou integrada por previsões de atos regulamentares de natureza administrativa.

O art. 70 da Lei 9.605/1998 estabelece que "considera-se infração administrativa ambiental toda ação ou omissão que viole as regras jurídicas de uso, gozo, promoção, proteção e recuperação do meio ambiente".

Observe-se, portanto, que a descrição legal acaba por ser de certo modo genérica, remetendo o intérprete ao conhecimento e à análise das diversas regras de proteção do meio ambiente, estando estas nos atos normativos oriundos do Legislativo ou mesmo nos atos normativos da Administração Pública.

É justamente o que ocorre com o Decreto Federal 6.514/2008, norma infralegal que prevê um grande número de infrações administrativas de natureza ambiental, em complemento/regulamentação do disposto no art. 70 da Lei 9.605/1998.

As sanções aplicáveis em razão das referidas infrações estão previstas no art. 72 da Lei 9.605/1998, também cumprindo a exigência da legalidade[264]:

> Art. 72. As infrações administrativas são punidas com as seguintes sanções, observado o disposto no art. 6º:
>
> I – advertência;
>
> II – multa simples;
>
> III – multa diária;
>
> IV – apreensão dos animais, produtos e subprodutos da fauna e flora, instrumentos, petrechos, equipamentos ou veículos de qualquer natureza utilizados na infração;
>
> V – destruição ou inutilização do produto;
>
> VI – suspensão de venda e fabricação do produto;
>
> VII – embargo de obra ou atividade;
>
> VIII – demolição de obra;

[264] Nesse sentido: "É vedado ao Instituto Brasileiro do Meio Ambiente e dos Recursos Naturais Renováveis – Ibama impor sanções administrativas sem expressa previsão legal". Precedentes: AgRg no REsp 1164140/MG, 2ª T., Rel. Min. Humberto Martins, j. 13.09.2011, *DJe* 21.09.2011; AgRg no REsp 1144604/MG, 1ª T., Rel. Min. Hamilton Carvalhido, j. 20.05.2010, *DJe* 10.06.2010; REsp 1080613/PR, 1ª T., Rel. Min. Denise Arruda, j. 23.06.2009, *DJe* 10.08.2009; REsp 1050381/PA, 2ª T., Rel. Min. Eliana Calmon, j. 16.12.2008, *DJe* 26.02.2009; AREsp 557714/MG (decisão monocrática), 1ª T., Rel. Min. Napoleão Nunes Maia Filho, j. 18.12.2014, *DJe* 03.02.2015; AREsp 574512/RO (decisão monocrática), 2ª T., Rel. Min. Humberto Martins, j. 18.09.2014, *DJe* 30.09.2014; AREsp 385055/PA (decisão monocrática), 2ª T., Rel. Min. Herman Benjamin, j. 21.02.2014, *DJe* 07.03.2014 (Brasil, STJ, *Jurisprudência em Teses*, disponível em: http://www.stj.jus.br/internet_docs/jurisprudencia/jurisprudenciaemteses/Jurisprudência%20em%20teses%2030%20-%20direito%20ambiental.pdf. Acesso em: 25 ago. 2016).

IX – suspensão parcial ou total de atividades;

X – (VETADO)

XI – restritiva de direitos.

Tais penas devem ser dosadas de acordo com os critérios definidos no art. 6º da Lei 9.605/1998, que determina que a autoridade observe, para imposição e gradação da penalidade: a gravidade do fato, tendo em vista os motivos da infração e suas consequências para a saúde pública e para o meio ambiente; os antecedentes do infrator quanto ao cumprimento da legislação de interesse ambiental; e a situação econômica do infrator, no caso de multa.

Ademais, a responsabilidade administrativa é de natureza pessoal, afastando-se do caráter *propter rem* que se atribui à responsabilidade civil. É o posicionamento do STJ[265].

Questão controversa diz respeito a ser a responsabilidade administrativa de caráter objetivo ou subjetivo.

Édis Milaré tem opinião bem particular sobre o tema, sustentando que se trata de responsabilidade de natureza híbrida, estando ela entre a responsabilidade civil objetiva e a responsabilidade penal subjetiva. Aponta as seguintes particularidades: conforme a definição estabelecida no art. 70 da Lei 9.605/1998, a responsabilidade administrativa prescinde de culpa; por outro lado, exige-se a ilicitude da conduta, além de estar presente a característica da pessoalidade da sanção; por fim, afirma que a responsabilidade administrativa pode ser elidida por meio das excludentes de caso fortuito, força maior ou fato de terceiro[266].

É possível ainda fazer referência à decisão do STJ, a mesma acima citada, que aborda a questão, concluindo que "a aplicação de penalidades administrativas não obedece à lógica da responsabilidade objetiva da esfera cível (para reparação dos danos causados), mas deve obedecer à sistemática da teoria da culpabilidade, ou seja, a conduta deve ser cometida pelo alegado transgressor, com demonstração de seu elemento subjetivo, e com demonstração do nexo causal entre a conduta e o dano".

A nosso ver, a questão se resolve pela interpretação das disposições do art. 72 da própria Lei 9.605/1998. Ao arrolar as sanções administrativas que se aplicam às infrações ambientais, faz-se referência ao elemento subjetivo (dolo ou culpa) apenas no que se refere à pena de multa simples. Com relação às outras sanções previstas, são estabelecidos outros critérios para a decisão acerca de sua aplicação, não importando propriamente a existência dos elementos subjetivos citados. Exemplificando, para a aplicação da advertência, basta a inobservância das disposições da lei (art. 72, § 2º); a multa diária será aplicada sempre que o cometimento da infração se prolongar no tempo (art. 72, § 5º); a apreensão e a destruição e/ou inutilização dos animais, produtos e subprodutos da fauna e flora, instrumentos, petrechos, equipamentos ou veículos de qualquer natureza utilizados na infração são imposições inafastáveis, conforme disposição do art. 25 da Lei 9.605/1998 (art. 72, § 6º); as sanções de suspensão de venda e fabricação do produto, embargo de obra ou atividade, demolição de obra, suspensão parcial ou

265 "(...) 12. Em resumo: a aplicação e a execução das penas limitam-se aos transgressores; a reparação ambiental, de cunho civil, a seu turno, pode abranger todos os poluidores, a quem a própria legislação define como 'a pessoa física ou jurídica, de direito público ou privado, responsável, direta ou indiretamente, por atividade causadora de degradação ambiental' (art. 3º, inc. V, do mesmo diploma normativo). 13. Note-se que nem seria necessária toda a construção doutrinária e jurisprudencial no sentido de que a obrigação civil de reparar o dano ambiental é do tipo *propter rem*, porque, na verdade, a própria lei já define como poluidor todo aquele que seja responsável pela degradação ambiental – e aquele que, adquirindo a propriedade, não reverte o dano ambiental, ainda que não causado por ele, já seria um responsável indireto por degradação ambiental (poluidor, pois). 14. Mas fato é que o uso do vocábulo 'transgressores' no *caput* do art. 14, comparado à utilização da palavra 'poluidor' no § 1º do mesmo dispositivo, deixa a entender aquilo que já se podia inferir da vigência do princípio da intranscendência das penas: a responsabilidade civil por dano ambiental é subjetivamente mais abrangente do que as responsabilidades administrativa e penal, não admitindo estas últimas que terceiros respondam a título objetivo por ofensa ambientais praticadas por outrem. 15. Recurso especial provido" (STJ, 2ª T., REsp 1.251.697/PR, Rel. Min. Mauro Campbell Marques, j. 12.04.2012, *DJe* 17.04.2012).

266 *Direito ambiental brasileiro*. 13. ed. rev., atual. e ampl. São Paulo: Malheiros, 2005, p. 1.149.

total de atividades, indicadas nos incisos VI a IX do *caput* do art. 72 serão aplicadas quando o produto, a obra, a atividade ou o estabelecimento não estiverem obedecendo às prescrições legais ou regulamentares (art. 72, § 7º).

É este o preciso ensinamento de Paulo Affonso Leme Machado:

> Das 10 sanções previstas no art. 72 da Lei 9.605/98 (ins. I a XI), somente a multa simples utilizará o critério da responsabilidade com culpa; e as outras nove sanções, inclusive a multa diária, irão utilizar o critério da responsabilidade sem culpa ou objetiva, continuando a seguir o sistema da Lei 6.938/81, onde não há necessidade de serem aferidos o dolo e a negligência do infrator submetido ao processo[267].

De fato, filiamo-nos a esta linha de pensamento.

É oportuno, porém, mencionar recente decisão que, consolidando o entendimento do Superior Tribunal de Justiça na matéria, afirmou expressamente que a responsabilidade administrativa ambiental é de natureza subjetiva:

> Processual civil. Embargos de divergência submetidos ao Enunciado Administrativo 2/STJ. Embargos à execução. Auto de infração lavrado em razão de dano ambiental. Necessidade de demonstração da responsabilidade subjetiva. 1. Na origem, foram opostos embargos à execução objetivando a anulação de auto de infração lavrado pelo Município de Guapimirim – ora embargado –, por danos ambientais decorrentes do derramamento de óleo diesel pertencente à ora embargante, após descarrilamento de composição férrea da Ferrovia Centro Atlântica (FCA). 2. A sentença de procedência dos embargos à execução foi reformada pelo Tribunal de Justiça do Estado do Rio de Janeiro pelo fundamento de que "o risco da atividade desempenhada pela apelada ao causar danos ao meio ambiente consubstancia o nexo causal de sua responsabilidade, não havendo, por conseguinte, que se falar em ilegitimidade da embargante para figurar no polo passivo do auto de infração que lhe fora imposto", entendimento esse mantido no acórdão ora embargado sob o fundamento de que "[a] responsabilidade administrativa ambiental é objetiva". 3. Ocorre que, conforme assentado pela Segunda Turma no julgamento do REsp 1.251.697/PR, de minha relatoria, *DJe* de 17/4/2012), "a aplicação de penalidades administrativas não obedece à lógica da responsabilidade objetiva da esfera cível (para reparação dos danos causados), mas deve obedecer à sistemática da teoria da culpabilidade, ou seja, a conduta deve ser cometida pelo alegado transgressor, com demonstração de seu elemento subjetivo, e com demonstração do nexo causal entre a conduta e o dano". 4. No mesmo sentido decidiu a Primeira Turma em caso análogo envolvendo as mesmas partes: "A responsabilidade civil ambiental é objetiva; porém, tratando-se de responsabilidade administrativa ambiental, o terceiro, proprietário da carga, por não ser o efetivo causador do dano ambiental, responde subjetivamente pela degradação ambiental causada pelo transportador" (AgRg no AREsp 62.584/RJ, Rel. para acórdão Min. Regina Helena Costa, *DJe* 07.10.2015). 5. Embargos de divergência providos[268].

Finalmente, entende o STJ que prescreve em cinco anos, contados do término do processo administrativo, a pretensão da Administração Pública de promover a execução da multa por infração ambiental (Súmula 467 – tese julgada sob o rito do art. 543-C do Código de Processo Civil de 1973)[269].

Uma última observação sobre a pena de multa deve ser feita: o Decreto Federal 9.179, de 23 de outubro de 2017, trouxe novidade ao tema, por instituir Programa de Conversão de Multas Ambientais emitidas por órgãos e entidades da União integrantes do Sistema Nacional

---

267 MACHADO, Paulo Affonso Leme. *Direito ambiental brasileiro*. 13. ed., rev., atual. e ampl. São Paulo: Malheiros, 2005, p. 307.

268 STJ, Embargos de Divergência em REsp 1.318.051/RJ, 1ª S., Rel. Min. Mauro Campbell Marques, , j. 08.05.2019.

269 Precedentes: AgRg no REsp 1363437/DF, 2ª T., Rel. Min. Mauro Campbell Marques, j. 12.11.013, *DJe* 20.11.2013; REsp 1275014/RS, 2ª T., Rel. Min. Herman Benjamin, j. 11.04.2013, *DJe* 09.05.2013; AgRg no REsp 1152786/SC, 1ª T., Rel. Min. Benedito Gonçalves, j. 17.02.2011, *DJe* 23.02.2011; AgRg no Ag 1158805/SC, 2ª T., Rel. Min. Eliana Calmon, j. 10.08.2010, *DJe* 20.08.2010; AgRg no Ag 1069662/SP, 1ª T., Rel. Min. Luiz Fux, j. 01.06.2010, *DJe* 30.06.2010; REsp 1115078/RS (recurso repetitivo), 1ª S., Rel. Min. Castro Meira, j. 24.03.2010, *DJe* 06.04.2010.

do Meio Ambiente (Sisnama). Segundo o disposto no parágrafo único do art. 139 do Decreto 6.514/2008, a autoridade ambiental federal competente para a apuração da infração poderá converter a multa simples em serviços de preservação, melhoria e recuperação da qualidade do meio ambiente, exceto as multas decorrentes de infrações ambientais que tenham provocado morte humana e outras hipóteses previstas em regulamento do órgão ou da entidade ambiental responsável pela apuração da infração ambiental.

Também o Decreto 9.760/2019 fez alterações no corpo do Decreto 6.514/2008, regulamentando o Procedimento de Conversão de Multa Simples em Serviços de Preservação, Melhoria e Recuperação da Qualidade do Meio Ambiente.

Finalmente, no início de 2023, sobreveio o Decreto 11.373, com novas alterações normativas. Vale mencionar e recomendar atenta leitura da nova redação dos seguintes dispositivos:

- o art. 140 do Decreto 6.514/2008, que traz o rol das atividades, obras e projetos considerados benéficos ao ambiente;
- o art. 140-A, que estabelece que os órgãos ou as entidades da administração pública federal ambiental poderão realizar procedimentos administrativos de competição para selecionar projetos apresentados por órgãos e por entidades públicas ou privadas, para execução dos serviços de que trata o art. 140, em áreas públicas ou privadas;
- o art. 141, que proíbe a conversão de multa para reparação de danos decorrentes das próprias infrações;
- o art. 143, que determina que o valor dos custos dos serviços de preservação, conservação, melhoria e recuperação da qualidade do meio ambiente será igual ou superior ao valor da multa convertida.

Anote-se ainda que o § 1º do art. 143 impõe, independentemente do valor da multa aplicada, a obrigação de reparar integralmente o dano causado.

Em caso de decisão favorável ao pedido de conversão, as partes celebrarão termo de compromisso, que estabelecerá os termos da vinculação do autuado ao objeto da conversão de multa pelo prazo de execução do projeto aprovado ou de sua cota-parte no projeto escolhido pelo órgão federal emissor da multa (art. 146). A assinatura do termo de compromisso suspende a exigibilidade da multa aplicada e implica renúncia ao direito de recorrer administrativamente (§ 4º do art. 146) e a celebração do termo de compromisso não põe fim ao processo administrativo, já que o órgão ambiental monitorará e avaliará, a qualquer tempo, o cumprimento das obrigações pactuadas (§ 5º). O termo de compromisso produz efeito nas esferas civil e administrativa e o seu inadimplemento implica: (i) na esfera administrativa, a inscrição imediata do débito em dívida ativa para cobrança da multa resultante do auto de infração em seu valor integral, acrescido dos consectários legais incidentes; e (ii) na esfera civil, a execução judicial imediata das obrigações pactuadas, tendo em vista seu caráter de título executivo extrajudicial (art. 146, §§ 7º e 8º).

CAPÍTULO 2

DIREITO DA CRIANÇA E DO ADOLESCENTE

RAFAEL MACHADO

2.1 PROTEÇÃO DA INFÂNCIA NOS ÂMBITOS INTERNACIONAL E NACIONAL

2.1.1 Declarações e convenções internacionais

A **Declaração de Genebra sobre os Direitos da Criança (1924)** foi aprovada pela União Internacional de Proteção à Infância e se tornou o primeiro documento no âmbito internacional a proclamar a necessidade de proteção da criança, estabelecendo que devem "ser concedidos os meios necessários para o seu *desenvolvimento integral* normal, tanto material como espiritual" (destacou-se).

Posteriormente, surgiu a **Declaração Universal dos Direitos Humanos (1948)**, aprovada pela Assembleia Geral da Organização das Nações Unidas – ONU, determinando que a maternidade e a infância têm direito à ajuda e assistência especiais, bem como que toda criança, nascida dentro ou fora do matrimônio, goza da mesma proteção social (art. 25, § 2º)[1].

Em 1959, a Assembleia Geral da ONU aprovou a **Declaração Universal dos Direitos da Criança**, dispondo expressamente sobre o princípio da proteção especial e interesse superior da criança (Princípio II)[2], sendo composta de 10 (dez) princípios.

No ano de 1966, na cidade de Nova York, foram celebrados o Pacto Internacional de Direitos Civis e Políticos (art. 24, item 1) e o Pacto Internacional de Direitos Econômicos, Sociais e Culturais (art. 10, item 3), nos quais restou estabelecido, respectivamente:

---

1 Art. 25, § 2º, da Declaração Universal dos Direitos Humanos de 1948: "A maternidade e a **infância têm direito a cuidados e assistência especiais. Todas as crianças, nascidas dentro ou fora de matrimônio, gozarão da mesma proteção social**" (grifou-se).

2 Princípio II da Declabração dos Direitos da Criança adotada pela Assembleia Geral da ONU em 1959: "A criança gozará de proteção especial e disporá de oportunidade e serviços, a serem estabelecidos em lei por outros meios, de modo que possa desenvolver-se física, mental, moral, espiritual e socialmente de forma saudável e normal, assim como em condições de liberdade e dignidade. Ao promulgar leis com este fim, a consideração fundamental a que se atenderá será o interesse superior da criança" (grifou-se).

> **Art. 24, item 1.** Toda criança terá direito, sem discriminação alguma por motivo de cor, sexo, língua, religião, origem nacional ou social, situação econômica ou nascimento, às **medidas de proteção** que a sua condição de menor requerer por parte de sua família, da sociedade e do Estado.
>
> **Art. 10, item 3.** Os Estados Partes do presente Pacto reconhecem que: [...] 3. Devem-se adotar **medidas especiais de proteção** e de assistência em prol de todas as crianças e adolescentes, sem distinção alguma por motivo de filiação ou qualquer outra condição. Devem-se proteger as crianças e adolescentes contra a exploração econômica e social. O emprego de crianças e adolescentes em trabalhos que lhes sejam nocivos à moral e à saúde ou que lhes façam correr perigo de vida, ou ainda que lhes venham a prejudicar o desenvolvimento normal, será punido por lei (grifou-se).

Como se vê, o Pacto Internacional de Direitos Civis e Políticos reconheceu que a condição especial do menor deve ser observada solidariamente pela família, sociedade e Estado.

Os Pactos Internacionais de Direitos Civis e Políticos e de Direitos Econômicos, Sociais e Culturais entraram, respectivamente, em vigor no Brasil pelos Decretos 592 e 591, de 6 de julho de 1992.

No âmbito regional da América, foi aprovada a **Convenção Americana sobre Direitos Humanos (1969)**, conhecida como **Pacto de San Jose da Costa Rica**, adotada pela Organização dos Estados Americanos - OEA, que, em seu art. 19, estabelece: "toda criança tem direito às medidas de proteção que a sua condição de menor requer por *parte da sua família, da sociedade e do Estado*" (destacou-se).

Embora seja de 1969, referida Convenção somente entrou em vigor na esfera internacional em 18 de julho de 1978 (art. 74, § 2º)[3], e o Brasil depositou sua carta de adesão em 25 de setembro de 1992, sendo promulgada pelo Decreto 678, de 6 de novembro de 1992.

Em 25 de outubro de 1980, na cidade de Haia, foi concluída a **Convenção sobre os Aspectos Civis do Sequestro Internacional de Crianças**, que entrou em vigor no âmbito internacional em 1º de dezembro de 1983, sendo aprovada no Brasil pelo Decreto Legislativo 79/1999 e promulgada pelo Decreto 3.413/2000. A aplicação da Convenção é para "criança" até completar 16 (dezesseis) anos de idade e que tenha residência habitual num Estado signatário, imediatamente antes da violação do direito de guarda ou de visita (art. 4º)[4].

A Assembleia Geral da ONU adotou as **Regras Mínimas das Nações Unidas para a Administração da Justiça de Menores**, também conhecida como **Regras de Beijing ou Regras de Pequim**, elaboradas em 1984, em Beijing. A finalidade dessas Regras foi estabelecer a necessidade de promover o bem-estar do menor delinquente e da sua família, de forma a:

1) afastá-lo de possível contato com a criminalidade e a delinquência;
2) reduzir a necessidade de intervenção da lei e tratar de forma eficaz, equitativa e humanitária o jovem em conflito com a lei;
3) conceber a Justiça de menores para a proteção dos jovens e a manutenção da paz e da ordem na sociedade;
4) aplicar estas regras dentro do contexto das condições econômicas, sociais e culturais existentes em cada Estado; e
5) capacitar os funcionários que trabalham nos serviços da Justiça de menores, em especial aos seus métodos, modos de atuação e atitudes.

---

3 Art. 74, § 2º, da Convenção Americana sobre Direitos Humanos de 1969: "A ratificação desta Convenção ou a ela efetuar-se-á mediante depósito de um instrumento de ratificação ou de adesão na Secretaria-Geral da Organização dos Estados Americanos. Esta Convenção entrará em vigor logo que onze Estados houverem depositado os seus respectivos instrumentos de ratificação ou adesão. Com referência a qualquer outro Estado que a ratificar ou que a ela aderir ulteriormente, a Convenção entrará em vigor na data do depósito do seu instrumento de ratificação ou de adesão".

4 A competência sobre eventual ação de busca e apreensão fundada nessa convenção será tratada no item 2.15.4.2.

No dia **20 de novembro de 1989**, na cidade de Nova York, a Assembleia Geral da ONU adotou a **Convenção sobre os Direitos da Criança**, constituída de 54 (cinquenta e quatro) artigos. Esta Convenção entrou em vigor no âmbito internacional na data de 2 de setembro de 1990[5]. O Brasil ratificou-a em 24 de setembro de 1990 e a promulgou mediante o Decreto 99.710, de 21 de novembro de 1990.

Essa Convenção é apontada como o principal documento internacional de proteção à criança, conta com 196 Estados e influenciou vários Estados-partes a editar suas leis nacionais baseadas na ratificação[6], destacando-se nos seguintes aspectos:

1) **conceitua criança** como todo ser humano menor de dezoito anos de idade, exceto se a maioridade for alcançada antes, conforme a lei local (art. 1º);
2) explicita o **princípio da proteção integral**, obrigando os Estados-partes a assegurar à criança a proteção e o cuidado necessários para o seu bem-estar (art. 3º, item 2);
3) estabelece o **princípio do interesse maior da criança** como norteador das ações levadas a efeito por instituições públicas ou privadas, tribunais e autoridades administrativas, bem como o Poder Legislativo (art. 3º). Além disso, há previsão de aplicação da norma mais conveniente para a garantia dos direitos da criança (art. 41);
4) prevê o **princípio da absoluta prioridade**, haja vista que os Estados signatários adotarão todas as medidas administrativas, legislativas e de outra índole para a implementação dos direitos nela reconhecidos e, quanto aos direitos econômicos, sociais e culturais, serão utilizados ao máximo os recursos disponíveis (art. 4º);
5) a criança é reconhecida como **sujeito de direitos**, tanto que a sua opinião deve ser respeitada;
6) **proíbe qualquer forma de discriminação** das crianças (art. 2º);
7) assegura os **direitos fundamentais** para o pleno desenvolvimento da criança, podendo ser divididos em direitos à sobrevivência, ao desenvolvimento, à proteção e à participação; e
8) aduz que a criança tem **direito à convivência familiar**, somente podendo ser separada de seus pais para atender ao seu interesse maior, como no caso de ser vítima de maus-tratos ou descuido (art. 9º).

No ano de 2000, em complemento à aludida Convenção, foram aprovados o **Protocolo Facultativo sobre o envolvimento de crianças em conflitos armados** e o **Protocolo Facultativo referente à venda de crianças, à prostituição infantil e à pornografia infantil**, sendo ambos promulgados no Brasil pelos Decretos 5.006 e 5.007, de 8 de março de 2004, respectivamente.

Em 29 de maio de 1993, na cidade de Haia, foi concluída a **Convenção de Haia**, relativa à proteção das crianças e à cooperação em matéria de **adoção internacional**, aprovada pelo Decreto Legislativo 1/1999, e promulgada pelo Decreto 3.087/1999. Conforme o art. 1º, três são os objetivos desta Convenção:

5 Art. 49, item 1, da Convenção sobre os Direitos da Criança (1989): "A presente Convenção entrará em vigor no trigésimo dia após a data em que tenha sido depositado o vigésimo instrumento de ratificação ou de adesão junto ao Secretário-Geral das Nações Unidas".

6 Nesse sentido: JÚNIOR, Hermes Siedler da Conceição; PES, João Hélio Ferreira. Os direitos das crianças e adolescentes no contexto histórico dos direitos humanos. In: PES, João Hélio Ferreira (coord.). *Direitos humanos:* crianças e adolescentes. 2. reimpr. Curitiba: Juruá, 2010, p. 35.

1) estabelecer garantias para que as adoções internacionais sejam processadas segundo o interesse superior da criança e com o respeito aos direitos fundamentais reconhecidos pelo direito internacional;
2) instaurar um sistema de cooperação entre os Estados-partes que assegure o respeito às mencionadas garantias e, em consequência, previna o sequestro, a venda ou o tráfico de crianças; e
3) assegurar o reconhecimento das adoções realizadas segundo a Convenção nos Estados-partes.

Na data de 23 de novembro de 2007, também na cidade de Haia, foi aprovada **Convenção** que tem por objeto assegurar a eficácia da **cobrança internacional de alimentos para crianças e outros membros da família**, sendo composta de 65 artigos[7]. No Brasil, tal Convenção foi aprovada pelo **Decreto 9.176, de 19 de outubro de 2017**, e entrou em vigor em 1º de novembro de 2017, com reserva aos arts. 20, § 1º, *e*, e 30, § 1º[8].

Os objetivos da Convenção são: estabelecer um sistema abrangente de cooperação entre as autoridades dos Estados Contratantes; possibilitar a apresentação de pedidos para a obtenção de decisões em matéria de alimentos; garantir o reconhecimento e a execução das medidas em matéria de alimentos; e requerer medidas eficazes para a rápida execução das decisões (art. 1º). A presente Convenção tem incidência somente para as seguintes hipóteses (art. 2º, § 1º):

> a) às obrigações de prestar alimentos derivadas de uma relação de filiação, **em favor de uma pessoa menor de 21 anos**;
>
> b) a reconhecimento e execução ou a execução de decisão relativa a obrigações de prestar alimentos **decorrentes de relação conjugal, quando o pedido for apresentado juntamente com a solicitação de que trata a alínea *a* deste artigo**; e
>
> c) às obrigações de prestar alimentos decorrentes de relação conjugal, com exceção dos capítulos II e III (grifou-se).

Como se vê, os alimentos decorrentes de ilícito civil ou parentesco, com exceção de filhos menores de 21 (vinte e um) anos, estão excluídos do âmbito da Convenção.

Conforme o § 1º do art. 4º, cada Estado contratante designará uma Autoridade Central encarregada de cumprir as obrigações descritas nos arts. 5º e 6º, as quais possuem natureza de cooperação administrativa[9]. Por consequência, a Autoridade Central não pode exercer fun-

---

7 Recomenda-se a leitura integral de todas as Convenções aqui tratadas, haja vista que neste trabalho serão abordados somente os pontos considerados mais relevantes.

8 Art. 20, § 1°, *e*, da Convenção: "Uma decisão proferida em um Estado Contratante ("o Estado de origem") será reconhecida e executada em outros Estados Contratantes se: [...] e) as partes tiverem acordado por escrito a competência, salvo em litígios sobre obrigações de prestar alimentos para crianças". Art. 30, § 1°, da Convenção: "O acordo em matéria de alimentos celebrado em um Estado Contratante poderá ser reconhecido e executado como decisão de acordo com este Capítulo, desde que seja executável com força de decisão no Estado de origem".

9 Art. 5° da Convenção: "As Autoridades Centrais deverão: a) cooperar entre si e promover a cooperação entre as autoridades competentes de seus respectivos Estados para alcançar os objetivos da Convenção; b) procurar, na medida do possível, soluções para as dificuldades que surjam na aplicação da Convenção". Art. 6° da Convenção: "§ 1° As Autoridades Centrais prestarão auxílio com relação aos pedidos previstos no Capítulo III. Em particular, deverão: a) transmitir e receber tais pedidos; b) iniciar ou facilitar o início de procedimentos relativos a esses pedidos. § 2° Em relação a tais pedidos, tomarão todas as medidas apropriadas para: a) prestar ou facilitar a prestação de assistência jurídica, quando as circunstâncias assim o requeiram; b) ajudar a localizar o devedor ou o credor; c) ajudar a obter informações pertinentes relativas à renda e, se necessário, a outros aspectos econômicos do devedor ou do credor, incluindo a localização de ativos; d) estimular soluções amigáveis a fim de obter pagamento voluntário de alimentos, recorrendo, quando apropriado, à mediação, à conciliação ou a outros procedimentos análogos; e) facilitar a execução permanente das decisões em matéria de alimentos, inclusive o pagamento de valores atrasados; f) facilitar a cobrança e a rápida transferência dos pagamentos de alimentos; g) facilitar a obtenção de documentos ou outros elementos de prova; h) prover assistência para a determinação de filiação quando esta for necessária para a cobrança de alimentos; i) iniciar ou facilitar o início de procedimentos para obter as medidas cautelares

ções que, conforme a lei do Estado Requerido, são de competência exclusiva de autoridades judiciais (art. 6º, § 4º).

Há a possibilidade de designação de mais de uma Autoridade Central em Estados Federados, Estados com mais de um sistema jurídico ou Estados que possuam unidades territoriais autônomas (art. 4º, § 2º).

A Convenção abrange as decisões proferidas por autoridade judicial ou administrativa em matéria de obrigação de prestar alimentos e os ajustes ou acordos celebrados perante ditas autoridades ou homologadas por essas (art. 19, § 1º).

Dessa forma, considerando que acordos homologados perante o Ministério Público e a Defensoria Pública, sob a vigência do CPC/1973, segundo o STJ, já eram títulos hábeis para exigir o cumprimento da obrigação alimentar e, inclusive, ensejar a prisão civil[10], também poderão ser utilizados no âmbito desta Convenção. O CPC/2015 os elenca como títulos executivos extrajudiciais (art. 784, IV).

Quanto à forma de fixação dos alimentos, a decisão ou o acordo poderão "estabelecer método de ajuste automático por indexação e exigência de pagar atrasados, alimentos retroativos ou juros, bem como fixação de custos ou despesas" (art. 19, § 1º).

O pedido de reconhecimento e execução de alimentos será acompanhado do texto completo do acordo em matéria de alimentos e do documento que o indique como decisão executável no Estado de origem (art. 30, § 3º).

Enquanto estiver em andamento recurso a respeito de acordo em matéria de alimentos perante autoridade competente de um Estado Contratante, os procedimentos de reconhecimento e execução desse acordo serão suspensos (art. 30, § 6º).

A execução será rápida e observará a lei do Estado Requerido (art. 32, §§ 1º e 2º), o qual disponibilizará, para os casos compreendidos no âmbito da Convenção, ao menos, as mesmas medidas de execução aplicáveis aos casos internos (art. 33).

O art. 34, § 1º, prevê que os Estados Contratantes tornarão disponíveis nos seus direitos internos medidas efetivas para executar as decisões com base na Convenção.

Por seu turno, o § 2º do art. 34, verbera que as medidas poderão abranger: **(a)** retenção do salário; **(b)** bloqueio de contas bancárias ou de outras fontes; **(c)** deduções nas prestações de seguro social; **(d)** gravame ou alienação forçada de bens; **(e)** retenção do reembolso de tributos; **(f)** retenção ou suspensão de benefícios de pensão; **(g)** informação aos organismos de crédito; **(h)** denegação, suspensão ou revogação de certas permissões (carteira de habilitação, por exemplo); e **(i)** recurso à mediação, à conciliação ou a outros meios alternativos de solução de litígios que favoreçam a execução voluntária.

Dentre essas medidas, no âmbito interno do Brasil, há divergência quanto à admissibilidade de suspensão da habilitação ou da permissão para dirigir de devedor de alimentos, existindo posicionamento favorável[11] e contrário[12].

---

necessárias que tenham caráter territorial e cuja finalidade seja assegurar o resultado de um pedido de alimentos em curso; j) facilitar a comunicação de atos processuais. § 3º As funções da Autoridade Central estabelecidas por este artigo poderão ser desempenhadas, na medida do permitido na lei de seu Estado, por órgãos públicos ou outras instituições submetidas à supervisão das autoridades competentes desse Estado. A designação desses órgãos públicos ou outras instituições, bem como os dados de contato e o âmbito de suas funções, serão comunicados pelo Estado Contratante à Secretaria Permanente da Conferência da Haia de Direito Internacional Privado. Os Estados Contratantes comunicarão prontamente qualquer alteração à Secretaria Permanente".

10 STJ, REsp 1.285.254/DF, 4ª T., Rel. Min. Marco Buzzi, *DJe* 01.08.2013; REsp 1.117.639/MG, 3ª T., Rel. Min. Massami Uyeda, *DJe* 21.02.2011.

11 TJRS, AI 70072172513, 8ª Câmara Cível, Rel. Luiz Felipe Brasil Santos, j. 25.05.2017; AI 70072532914, 8ª Câmara Cível, Rel. Des. Ricardo Moreira Lins Pastl, j. 06.04.2017. TJPR, AI 1632977-6, 11ª Câmara Cível, Rel. Antônio Domingos Ramina Junior, j. 14.06.2017.

12 TJSP, AI 2055346-09.2017.8.26.0000, 11ª Câmara de Direito Privado, Rel. Renato Rangel, Desinano, j. 06.07.2017; AI 2113286-29.2017.8.26.0000; 5ª Câmara de Direito Privado, Rel. Erickson Gavazza Marques; j. 06.09.2017. TJDFT, AI 07011354420178070000, 5ª T. Cível, Rel. Sebastião Coelho, *DJE* 17.05.2017.

O art. 139, IV, do CPC é o argumento utilizado para sustentar a possibilidade de referida medida, haja vista que assegura ao juiz "determinar todas as medidas indutivas, coercitivas, mandamentais ou sub-rogatórias necessárias para assegurar o cumprimento de ordem judicial, inclusive nas ações que tenham por objeto prestação pecuniária".

Nesse sentido, a conjugação do art. 139, IV, do CPC e do art. 34, § 2º, *h*, desta Convenção possibilita decisão judicial que determina a suspensão da habilitação ou da permissão de dirigir, tanto no âmbito internacional como no direito interno.

2.1.2 Evolução do direito da infância no Brasil

2.1.2.1 Constituições Federais

A **Constituição Política do Império do Brasil (1824)** e a **Constituição da República dos Estados Unidos do Brasil (1891)** foram silentes quanto à proteção da criança ou adolescente.

A **Constituição Federal de 1934** foi a primeira a dispor sobre proteção da infância, sob os aspectos de amparo à maternidade e proteção ao trabalho infantil, mediante a proibição de trabalho aos menores de 14 (quatorze) anos, aos menores de 16 (dezesseis) anos em período noturno e aos menores de 18 (dezoito) anos em indústrias insalubres.

Por seu turno, a **CF de 1937** manteve as mesmas disposições da anterior, incluindo um capítulo com o título "da família", no qual assegurou a educação integral dos filhos (art. 125) e a igualdade entre os filhos naturais e os legítimos (art. 126). O seu art. 127, assim versava:

> **Art. 127.** A **infância e a juventude devem ser objeto de cuidados e garantias especiais por parte do Estado**, que tomará todas as medidas destinadas a assegurar-lhes condições físicas e morais de vida sã e de harmonioso desenvolvimento das suas faculdades.
>
> O abandono moral, intelectual ou físico da infância e da juventude importará falta grave dos responsáveis por sua guarda e educação, e cria ao Estado o dever de provê-las do conforto e dos cuidados indispensáveis à preservação física e moral.
>
> Aos pais miseráveis assiste o direito de invocar o auxílio e proteção do Estado para a subsistência e educação da sua prole (grifou-se).

Deste modo, a CF de 1937 foi a primeira a assumir a obrigação do Estado de assegurar condições dignas para o desenvolvimento na área da infância e juventude.

Já a **CF de 1946**, em seu art. 164, tornou obrigatória a assistência à maternidade, à infância e à adolescência, bem como determinou o amparo da família de prole numerosa por lei infraconstitucional.

De outra parte, a **CF de 1967**, em seus arts. 167 a 172, cuidava "da família, da educação e da cultura", sendo estabelecido o ensino obrigatório e gratuito dos sete aos quatorze anos (art. 168, § 3º, II).

Em seguida, a **Emenda Constitucional 1/1969** estabeleceu que lei especial disciplinaria o acesso ao ensino das crianças excepcionais (art. 175, § 4º).

Por fim, a **CF de 1988**, em seu art. 227, *caput*, prescreveu como dever da família, da sociedade e do Estado, assegurar à criança e ao adolescente, *com absoluta prioridade*, os direitos fundamentais, além de colocá-los a salvo de toda forma de negligência, discriminação, exploração, violência, crueldade e opressão.

O Constituinte originário assegurou a absoluta prioridade somente na área da infância e juventude, a demonstrar a relevância dispensada às crianças e aos adolescentes como sujeitos de direitos e não meros objetos.

Há ainda a previsão da *proteção especial* das crianças e adolescentes, incluindo os aspectos de idade mínima para trabalho, direitos previdenciários e trabalhistas, garantia de acesso do trabalhador adolescente à escola, garantias na apuração de ato infracional, estabelecimento de princípios de medida privativa de liberdade e *estímulo do acolhimento, sob a forma de guarda, de criança ou adolescente órfão ou abandonado* (art. 227, § 3º).

Além disso, é previsto que a adoção será assistida pelo poder público, na forma da lei, que estabelecerá casos e condições de sua efetivação por parte de estrangeiros (art. 227, § 5º).

Portanto, o Constituinte, com esta estipulação de acolhimento sob a forma de guarda, e a adoção, inclusive por estrangeiros, pretendeu erradicar a permanência de crianças e adolescentes abandonados ou órfãos em entidades de assistência.

De forma inédita, o texto constitucional proclama a inimputabilidade dos menores de 18 (dezoito) anos, sujeitando-os às normas da legislação especial (art. 228).

2.1.2.2 *Legislação infraconstitucional*

O **Código Criminal do Império do Brasil de 1830** estabelecia a imputabilidade penal aos 14 (quatorze) anos de idade (10, § 1º). Todavia, se um menor entre 7 (sete) e 14 (quatorze) anos praticasse um crime e tivesse discernimento, deveria ser recolhido à casa de correção, pelo tempo fixado pelo juiz, desde que não excedesse aos seus 17 (dezessete) anos de idade (art. 13).

Dessa forma, sob a égide deste Código Penal, a inimputabilidade somente era aplicada aos menores de 7 (sete) anos de idade.

A **Lei 2.040, de 28 de setembro de 1871, conhecida como Lei do Ventre Livre**, foi a primeira lei brasileira a reconhecer o direito à liberdade na área da infância, haja vista que garantiu a condição de livre ao filho de escrava, nascido a partir da sua publicação.

Entretanto, esta liberdade do filho da escrava era relativa, uma vez que sua criação competia ao patrão desta até que ele completasse 8 (oito) anos de idade. Atingida esta, o patrão poderia receber uma indenização do Estado ou utilizar-se do serviço da criança até os 21 (vinte e um anos) de idade (art. 1º, § 1º)[13].

Se, por outro lado, a escrava conseguisse sua liberdade, seu filho menor de 8 (oito) anos lhe seria entregue pelo patrão ou ela poderia optar por deixá-lo, desde que o patrão concordasse (art. 1º, § 4º).

Posteriormente, foi aprovado o **Código Penal Brasileiro de 1890**, o qual manteve a imputabilidade penal aos 14 (quatorze) anos de idade, mas alterou a inimputabilidade penal aos menores de 9 (nove) anos de idade (art. 27, § 1º).

O menor entre 9 (nove) e 14 (quatorze) anos que tivesse agido com discernimento era submetido a estabelecimento disciplinar industrial, podendo ali permanecer até os 17 (dezessete) anos de idade, conforme determinado pela autoridade judiciária (arts. 27, § 2º, e 30).

O primeiro diploma a tratar da proteção à infância foi o **Decreto 17.943-A, de 12 de outubro de 1927**, que consolidou as leis de assistência e proteção a menores e ficou conhecido como **Código Mello Mattos**, em razão de ter sido elaborado pelo 1º Juiz Titular do Juizado de Menores do Brasil, José Cândido Albuquerque de Mello Mattos.

Este Código era destinado ao *menor de 18 (dezoito)* anos de idade, sujeito a medidas de assistência e proteção (art. 1º). Os menores submetidos ao Código eram divididos em:

---

13 Art. 1º, § 1º, da Lei do Ventre Livre: "Os ditos filhos menores ficarão em poder o sob a autoridade dos senhores de suas mãis, os quaes terão obrigação de crial-os e tratal-os até a idade de oito annos completos. Chegando o filho da escrava a esta idade, o senhor da mãi terá opção, ou de receber do Estado a indemnização de 600$000, ou de utilisar-se dos serviços do menor até a idade de 21 annos completos. No primeiro caso, o Governo receberá o menor, e lhe dará destino, em conformidade da presente lei. A indemnização pecuniaria acima fixada será paga em titulos de renda com o juro annual de 6%, os quaes se considerarão extinctos no fim de 30 annos. A declaração do senhor deverá ser feita dentro de 30 dias, a contar daquelle em que o menor chegar á idade de oito annos e, se a não fizer então, ficará entendido que opta pelo arbítrio de utilizar-se dos serviços do mesmo menor".

a) **expostos**: menores de 7 (sete) anos que fossem encontrados em estado de abandono (art. 14 e ss.). Foi extinto o ***sistema de rodas do exposto***, instrumento utilizado pela mãe que pretendia abandonar o seu filho, colocando-o num sistema giratório existente em hospitais, de forma a permitir a entrega dele para cuidados sem sua identificação (art. 15);
b) **abandonados**: eram considerados todos os menores de 18 (dezoito) anos de idade que não tivessem habitação ou meios de subsistência, que estivessem em estado habitual de vadiagem, mendicidade ou libertinagem, frequentassem lugares de jogos ou de moralidade duvidosa ou, por qualquer modo, não pudessem estar na companhia dos pais em razão de enfermidade, prisão, prática de atos contrários à moral, aos bons costumes, castigos imoderados, dentre outros (art. 26 e ss.);
c) **delinquentes**: eram os menores entre 14 (quatorze) e 18 (dezoito) anos de idade que praticassem fato qualificado como crime, ficando sujeitos a um processo especial (art. 69, *caput*).

Os menores de 14 (quatorze) anos de idade eram inimputáveis (art. 68, *caput*), mas estavam sujeitos a tratamentos apropriados se a sua condição assim exigisse (ex. deficiência mental). Caso fossem abandonados, pervertidos ou estivessem em perigo, seriam colocados em casa de educação, escola de preservação ou sob a guarda de pessoa idônea.

Portanto, o Código apenas tutelava os menores expostos, abandonados e delinquentes, de forma que eles eram vistos como objetos e não como sujeitos de direito, tanto que a legislação privilegiava a internação ou a institucionalização de crianças e adolescentes, de forma a provocar a "eliminação dos indesejáveis da sociedade"[14].

A **Lei 6.697, de 10 de outubro de 1979**, instituiu o **Código de Menores**, baseado na *doutrina da situação irregular do menor*, que dispunha sobre assistência, proteção e vigilância aos menores de até 18 (dezoito) anos, que se encontrassem em situação irregular e entre 18 (dezoito) e 21 (vinte e um) anos, nos casos expressos em lei, revogando o Código anterior.

Por **menor em situação irregular**, o legislador entendia aquele privado de condições essenciais à sua subsistência, saúde e instrução obrigatória; vítima de maus-tratos ou castigos imoderados impostos pelos pais ou responsável; em perigo moral, devido a encontrar-se, de modo habitual, em ambiente contrário aos bons costumes ou exploração em atividade contrária aos bons costumes; com desvio de conduta, em virtude de grave falta de adaptação familiar ou comunitária; e autor de infração penal (art. 2º).

Dessa forma, conforme bem pontua Andréa Rodrigues Amin: "aqui se apresentava o campo de atuação do Juiz de Menores, *restrito ao binômio carência-delinquência*" (destacou-se)[15].

O menor em situação irregular, *sendo autor de infração penal ou não*, estava sujeito à medida de internação em estabelecimento educacional, ocupacional, psicopedagógico, hospitalar, psiquiátrico ou outro adequado (arts. 14, VI, e 41). Sobre o tema, oportuna a lição de Wilson Donizeti Liberati:

> A medida de internação era considerada o remédio para todos os "casos": destinava-se à criança abandonada, que precisa de um lar, e ao adolescente autor de ato infracional, sendo ele perigoso ou não. Bastaria que a criança ou o adolescente estivesse num "grupo de risco" para autorizar o juiz a aplicar a medida.
>
> Com a visão no presente, percebe-se que a medida extrema de internação – ou da institucionalização – era, na verdade, uma ofensa ao direito de locomoção da criança e do adolescente. Sua aplicação

14 SANCHES, Helen Crystine Corrêa; VERONESE, Josiane Rose Petry. *Justiça da Criança e do Adolescente*: da vara de menores à vara da infância e juventude. Rio de Janeiro: Lumen Juris, 2016, p. 51.

15 AMIN, Andréa Rodrigues. Doutrina da proteção integral. In: MACIEL, Kátia Regina Ferreira Lobo Andrade (coord.). *Curso de direito da criança e do adolescente*: aspectos teóricos e práticos. 8. ed. rev. e atual. São Paulo: Saraiva, 2016, p. 58.

pretendeu regenerar o infrator, porém sua prática revelou a retributividade, como se pena fosse, com expoente caráter punitivo.

Além da ofensa ao direito de ir e vir, as medidas aplicadas agrediam o princípio da legalidade, vez que a criança ou adolescente, na maioria das vezes, não praticavam qualquer ato ilícito, e mesmo assim eram condenados à institucionalização, com a privação de liberdade[16].

Por seu turno, o art. 8º do Código autorizava o juiz a atuar como legislador, pois era possível a edição de portaria ou provimento para determinar medidas de ordem geral, necessárias à assistência, proteção e vigilância ao menor[17].

No Código de Menores continuava a inexistir a previsão de direitos e não eram estabelecidas medidas de apoio à família. Portanto, o menor permanecia sendo um objeto e não um sujeito de direito.

Sob a influência da CF/1988 e da Convenção sobre os Direitos da Criança (1989), foi publicada a **Lei 8.069, de 13 de julho de 1990**, que dispõe sobre o **Estatuto da Criança e do Adolescente - ECA**.

Logo em seu art. 1º, versa sobre a **proteção integral à criança e ao adolescente** e estes passam a ser sujeitos de direito.

Trata-se de uma moderna Lei que estabelece os direitos e garantias fundamentais *(direitos à vida, à saúde, à liberdade, ao respeito, à dignidade, à convivência familiar e comunitária, à educação, à cultura, ao esporte, ao lazer, à profissionalização e à proteção no trabalho)*, normas sobre prevenção *(informação, cultura, lazer, esportes, diversões, espetáculos, produtos, serviços e autorização para viajar)*, política de atendimento, medidas de proteção, prática de ato infracional, medidas socioeducativas, remissão, medidas aplicáveis aos pais ou responsável, Conselho Tutelar, acesso à Justiça, procedimentos, proteção judicial dos interesses individuais, difusos e coletivos, crimes, infrações administrativas e disposições finais.

No âmbito do ECA, há a tutela da criança e do adolescente sob todas as instâncias (administrativa, civil e penal), de forma a efetivar sua proteção integral.

Sem dúvida, referido Estatuto inova em vários aspectos, notadamente quanto ao direito da criança e adolescente de ser criado no seio de sua família natural e, excepcionalmente, em família substituta, num ambiente que garanta seu pleno desenvolvimento.

A municipalização com a participação popular na escolha das políticas públicas pelo Conselho Municipal dos Direitos da Criança e do Adolescente e a criação do Conselho Tutelar, como órgão permanente, autônomo, não jurisdicional, escolhido pela sociedade para zelar pelo cumprimento dos direitos da criança e do adolescente, também são novidades trazidas pelo Estatuto.

2.2 DISPOSIÇÕES PRELIMINARES DO ECA

2.2.1 Definição de criança e adolescente

O art. 2º, *caput*, dispõe: "Considera-se criança, para os efeitos desta Lei, a pessoa até doze anos de idade incompletos, e adolescente aquela entre doze e dezoito anos de idade".

Como se vê, o ECA conceitua **criança** ("até doze anos de idade incompletos") e **adolescente** ("entre doze e dezoito anos de idade"). Já o art. 104 preceitua: "São penalmente inimputáveis os menores de dezoito anos".

[16] LIBERATI, Wilson Donizeti. *Adolescente e ato infracional. Medida socioeducativa é pena?* 2. ed. São Paulo: Malheiros Editores, 2012, p. 65.

[17] Art. 8º do Código de Menores: "A autoridade judiciária, além das medidas especiais previstas nesta Lei, poderá, através de portaria ou provimento, determinar outras de ordem geral, que, ao seu prudente arbítrio, se demonstrarem necessárias à assistência, proteção e vigilância ao menor, respondendo por abuso ou desvio de poder".

Da conjugação desses dispositivos, conclui-se que adolescente é aquele entre doze e dezoito anos de idade *incompletos*. Assim, a maioridade penal é atingida no exato dia em que o jovem completa 18 (dezoito) anos de idade, independentemente do horário de seu nascimento[18].

Caso o adolescente tenha nascido no dia 29 de fevereiro, sua maioridade será atingida no primeiro dia subsequente, ou seja, na data de 1º de março, consoante o art. 3º da Lei 810, de 6 de setembro de 1949[19].

O ECA adotou o **critério cronológico absoluto**, de forma que eventual aquisição de capacidade civil pela emancipação não tem o condão de retirar a condição de adolescente para a garantia de seus direitos.

Por outro lado, a **Convenção sobre os Direitos da Criança não fez distinção entre criança e adolescente**, definindo por criança todo ser humano com menos de 18 anos de idade, salvo se a lei estipular que a maioridade seja alcançada antes[20].

O ECA dispensa alguns tratamentos diversos para criança e adolescente:

Tema	Criança	Adolescente
Colocação em família substituta	**Sempre que possível**, será ouvida pela equipe interprofissional e a sua opinião devidamente considerada (art. 28, § 1º)	**Deve consentir** com a sua colocação em família substituta (art. 28, § 2º)
Trabalho	**Não pode** trabalhar	A partir dos 14 anos **como aprendiz** A partir dos 16 anos pode trabalhar, exceto em trabalho noturno, perigoso ou insalubre
Viagens domésticas desacompanhado dos pais ou responsável	**Depende** de autorização judicial (art. 83)	**Independe** de autorização judicial (art. 83)
Prática de ato infracional	Possibilidade de aplicação de **medidas de proteção** (art. 105) Procedimento tramita pelo Conselho Tutelar	Possibilidade de aplicação de **medidas socioeducativas e/ou de proteção** (art. 112) Procedimento tramita na Delegacia de Polícia

De outra parte, o parágrafo único do art. 2º assim estabelece: "Nos *casos expressos em lei*, aplica-se *excepcionalmente* este Estatuto às pessoas entre dezoito e vinte e um anos de idade" (destacou-se).

Este dispositivo tem incidência para a apuração de ato infracional cometido enquanto adolescente e para a execução da respectiva medida socioeducativa aplicada.

Com efeito, o legislador adotou a teoria da atividade para definir o momento da prática do ato infracional (art. 104, parágrafo único). Já o art. 121, § 5º, prevê a liberação compulsória da medida socioeducativa de internação aos 21 (vinte e um) anos de idade, o que também tem aplicação para a semiliberdade (art. 120, § 2º).

---

18 STJ, REsp 133.579/SP, 6ª T., Rel. Min. Hamilton Carvalhido, *DJ* 05.06.2000; REsp 90.105/GO, 5ª T., Rel. Min. Cid Flaquer Scartezzini, *DJ* 06.10.1997; RHC 3.358/RJ, 5ª T., Rel. Min. José Dantas, *DJ* 07.03.1994.

19 Art. 3º da Lei 810/1949: "Quando no ano ou mês do vencimento não houver o dia correspondente ao do início do prazo, este findará no primeiro dia subsequente".

20 Art. 1º da Convenção sobre os Direitos da Criança: "Para efeitos da presente Convenção considera-se como criança todo ser humano com menos de dezoito anos de idade, a não ser que, em conformidade com a lei aplicável à criança, a maioridade seja alcançada antes".

Quanto à execução das demais medidas socioeducativas, o **STJ** possui precedente estampado na **Súmula 605**: "A superveniência da maioridade penal não interfere na apuração de ato infracional nem na aplicabilidade de medida socioeducativa em curso, inclusive na liberdade assistida, enquanto não atingida a idade de 21 anos". Do mesmo modo, é o entendimento do STF[21].

Assim, considerando que as medidas socioeducativas são aplicáveis até o jovem completar 21 (vinte e um) anos, em caso de violação de direitos inerentes ao seu cumprimento, há incidência do ECA para o ajuizamento de ações ou adoção de medidas extrajudiciais[22].

O ECA também aplica-se para as adoções de maiores de idade, por força do art. 1.619 do Código Civil, com redação dada pela Lei 12.010, de 3 agosto de 2009[23]. Contudo, a competência somente permanecerá perante a Vara da Infância e Juventude se a ação de adoção tiver sido proposta enquanto o adotando era criança ou adolescente.

Quanto à idade núbil, o Código Civil somente permite o casamento de adolescente a partir de dezesseis anos, exigindo-se a autorização de ambos os pais, ou de seu representante legal, enquanto não atingida a maioridade civil, sendo revogadas as exceções que admitiam o casamento para evitar imposição ou cumprimento de pena criminal ou em caso de gravidez (art. 1.520, com redação dada pela Lei 13.811, de 12 de março de 2019).

2.2.1.1 *Aplicação do ECA ao nascituro*

O nascituro é o ser que já foi concebido, mas ainda não nasceu. O ECA expressamente não o incluiu como seu destinatário, pois prevê que a proteção integral se dirige à criança ou adolescente.

Contudo, visando a proteção integral e o melhor interesse da criança, há de garantir-lhe que sua gestação ocorra com todos os cuidados necessários, sob pena de não nascer com vida. Para tanto, o ECA, em sua redação original, estabelecia à gestante o atendimento pré e perinatal (art. 8º, *caput*).

Além disso, o art. 7º prevê que toda criança e adolescente têm direito a proteção à vida e à saúde, mediante a efetivação de políticas públicas que "permitam o nascimento e o desenvolvimento sadio e harmonioso, em condições dignas de existência".

Nessa linha, a doutrina majoritária sustenta a aplicação do ECA ao nascituro[24]. Outra corrente defende a incidência apenas do Código Civil[25].

Com a edição da Lei 13.257, de 8 de março de 2016, conhecida como Lei da Primeira Infância, que alterou e incluiu novos dispositivos ao ECA, reforça-se a tese de incidência deste ao nascituro, pelos seguintes argumentos: **(a)** são asseguradas a nutrição adequada da gestante e a atenção humanizada da gravidez, do parto, do atendimento pré-natal, perinatal e pós-natal (art. 8º, *caput*); **(b)** há garantia de assistência psicológica à gestante e em caso de manifestação de vontade de entrega de seu filho para adoção (art. 8º, § 5º); **(c)** há previsão de

---

21 HC 94.939, 2ª T., Rel. Min. Joaquim Barbosa, *DJe* 06.02.2009; HC 96.745, 1ª T., Rel. Min. Carlos Britto, *DJe* 29.05.2009; HC 81.519, 2ª T., Rel. Min. Celso de Mello, *DJ* 02.05.2003.

22 No mesmo sentido: ROSSATO, Luciano Xavier; LÉPORE, Paulo Eduardo; CUNHA, Rogerio Sanches da. *Estatuto da Criança e do Adolescente*: Lei n. 8.069/90 comentada artigo por artigo. 8. ed. rev., atual. e ampl. São Paulo: Saraiva, 2016, p. 78.

23 Art. 1.619 do CC: "A adoção de maiores de 18 (dezoito) anos dependerá da assistência efetiva do poder público e de sentença constitutiva, aplicando-se, no que couber, as regras gerais da Lei n. 8.069, de 13 de julho de 1990 – Estatuto da Criança e do Adolescente".

24 Nesse sentido, dentre outros: CHAVES, Antônio. *Comentários ao Estatuto da Criança e do Adolescente*. 2. ed. São Paulo: LTr, 1997, p. 53; NOGUEIRA, Paulo Lúcio. *Estatuto da Criança e do Adolescente comentado*: Lei n. 8.069, de 13 de julho de 1990. 4. ed. aum. e atual. São Paulo: Saraiva, 1998, p. 12; VIANNA, Guaraci. *Direito infantojuvenil*: teoria, prática e aspectos multidisciplinares. Rio de Janeiro: Freitas Bastos, 2004, p. 135.

25 Nesse sentido: TAVARES, José de Farias. *Comentários ao Estatuto da Criança e do Adolescente*. 8. ed. rev. e atual. Rio de Janeiro: Forense, 2012, p. 10.

acompanhamento saudável durante toda a gestação (art. 8º, § 8º); e **(d)** afirma-se a busca ativa da gestante que não iniciar ou abandonar as consultas de pré-natal, bem como da puérpera que não comparecer às consultas de pós-parto (art. 8º, § 9º).

2.2.1.2 *Primeira infância e jovem*

A Lei 13.257/2016 conceitua a **primeira infância** como o período que abrange *os primeiros 6 (seis) anos completos ou 72 (setenta e dois) meses de vida da criança* (art. 2º). A Resolução CNJ 470, de 31 de agosto de 2022, instituiu a Política Judiciária Nacional para a Primeira Infância, com o fim de assegurar, com absoluta prioridade, os direitos fundamentais de crianças de 0 a 6 anos de idade no âmbito do Poder Judiciário, em consideração à especificidade e à relevância dos primeiros anos de vida no desenvolvimento infantil e do ser humano.

Já a Resolução CNJ 585, de 4 de outubro de 2024, instituiu o Plano Nacional de ações da Política Judiciária Nacional pela Primeira Infância, alterando a Resolução CNJ 470/2022. A nova norma estabeleceu diretrizes e ações específicas para garantir maior efetividade à proteção integral e prioridade absoluta das crianças de 0 a 6 anos, reforçando o compromisso do Poder Judiciário com a implementação do Marco Legal da Primeira Infância.

Até a Emenda Constitucional 65/2010, o art. 227 da CF era destinado à criança e ao adolescente. Todavia, referida EC acrescentou a expressão "jovem" como destinatário da proteção do art. 227 e dispôs que lei estabelecerá o estatuto da juventude (art. 227, § 8º, I).

Desse modo, foi publicada a Lei 12.852, de 5 de agosto de 2013, que instituiu o Estatuto da Juventude[26], e define o **jovem** como a *pessoa com idade entre 15 (quinze) e 29 (vinte e nove) anos de idade* (art. 1º, § 1º).

Estabeleceu ainda que, aos adolescentes entre 15 (quinze) e 18 (dezoito) anos aplica-se o ECA e, excepcionalmente, a referida Lei, quando não conflitar com as normas de proteção integral do adolescente (art. 1º, § 2º).

2.2.2 Proteção integral

O ECA dispõe sobre a **proteção integral** à criança e ao adolescente (art. 1º). A inspiração da proteção integral pode ser apontada na Declaração de Genebra sobre os Direitos da Criança (1924)[27], na Declaração Universal dos Direitos Humanos (1948, art. 25, § 2º), na Declaração Universal dos Direitos da Criança (1959, art. Princípio II), no Pacto Internacional de Direitos Civis e Políticos (1966, art. 24, item 1), no Pacto Internacional de Direitos Econômicos, Sociais e Culturais (1966, art. 10, item 3), na Convenção Americana sobre Direitos Humanos (1969, art. 19) e na Convenção sobre os Direitos da Criança (1989)[28].

No âmbito constitucional, o § 3º do art. 227 explicita que o direito à **proteção especial** abrange os seguintes aspectos:

a) idade mínima de quatorze anos para admissão ao trabalho, observado o disposto no art. 7º, XXXIII (inciso I);

b) garantia de direitos previdenciários e trabalhistas (inciso II);

---

26 O Decreto 9.306, de 15 de março de 2018, dispõe sobre o Sistema Nacional de Juventude.

27 Declaração de Genebra de 1924 sobre os Direitos da Criança: "À criança que tem fome deve ser alimentada, a criança que está doente deve receber os cuidados de saúde necessários, a criança que está atrasada deve ser ajudada, a criança delinquente deve ser recuperada, e o órfão e a criança abandonada deve ser **protegida** e abrigada" (grifou-se).

28 Art. 3º, item 2, da Convenção sobre os Direitos da Criança de 1989: "Os Estados Partes se comprometem a assegurar à criança a **proteção e o cuidado que sejam necessários para seu bem-estar**, levando em consideração os direitos e deveres de seus pais, tutores ou outras pessoas responsáveis por ela perante a lei e, com essa finalidade, tomarão todas as medidas legislativas e administrativas adequadas" (grifou-se).

c) garantia de acesso do trabalhador adolescente e jovem à escola (inciso III);

d) garantia de pleno e formal conhecimento da atribuição de ato infracional, igualdade na relação processual e defesa técnica por profissional habilitado, segundo dispuser a legislação tutelar específica (inciso IV);

e) obediência aos princípios da brevidade, excepcionalidade e respeito à condição peculiar de pessoa em desenvolvimento, quando da aplicação de qualquer medida privativa de liberdade (inciso V);

f) estímulo do poder público, através de assistência jurídica, incentivos fiscais e subsídios, nos termos da lei, ao acolhimento, sob a forma de guarda, de criança ou adolescente órfão ou abandonado (inciso VI); e

g) programas de prevenção e atendimento especializado à criança, ao adolescente e ao jovem dependente de entorpecentes e drogas afins (inciso VII).

A **doutrina da proteção integral** objetiva assegurar o respeito e efetivo cumprimento de todos os direitos e garantias assegurados na Constituição Federal, tratados internacionais, leis, resoluções, decretos etc., em favor de toda criança e adolescente, independentemente de sua condição.

Para a promoção da proteção integral, há a necessidade de efetiva atuação da família, da comunidade e do poder público (art. 4º do ECA), visando assegurar *todo tipo de assistência social, material, moral e jurídica* à criança e ao adolescente, amparando-os por completo.

A criança e o adolescente são sujeitos de direitos, não podendo ser tratados como objetos, de maneira que o art. 3º assegura que eles gozam de todos os direitos fundamentais inerentes à pessoa humana, sem prejuízo da proteção integral de que trata o ECA.

Os direitos previstos no ECA aplicam-se a todas as crianças e adolescentes, sem discriminação de nascimento, situação familiar, idade, sexo, raça, etnia ou cor, religião ou crença, deficiência, condição pessoal de desenvolvimento e aprendizagem, condição econômica, ambiente social, região e local de moradia ou outra condição que diferencie as pessoas, as famílias ou a comunidade em que vivem (art. 3º, parágrafo único, incluído pela Lei 13.257/2016).

Tais direitos decorrem dos princípios constitucionais da dignidade da pessoa humana (art. 1º, III) e de que todos são iguais perante a lei (art. 5º, *caput*).

O ECA dispõe sobre os seguintes direitos fundamentais: *vida e saúde* (arts. 7º a 14), *liberdade, respeito e dignidade* (arts. 15 a 18-B), *convivência familiar e comunitária* (arts. 19 a 52-D), *educação, cultura, esporte e lazer* (arts. 53 a 59) e *profissionalização e proteção no trabalho* (arts. 60 a 69).

2.2.3 Princípio do melhor interesse ou interesse superior

A Declaração Universal dos Direitos da Criança, em seus princípios II e VII, prevê expressamente o princípio do superior interesse da criança:

> **Princípio II.** A criança gozará de proteção especial e disporá de oportunidade e serviços, a serem estabelecidos em lei por outros meios, de modo que possa desenvolver-se física, mental, moral, espiritual e socialmente de forma saudável e normal, assim como em condições de liberdade e dignidade. **Ao promulgar leis com este fim, a consideração fundamental a que se atenderá será o interesse superior da criança**.
>
> **Princípio VII.** O interesse superior da criança deverá ser o interesse diretor daqueles que têm a responsabilidade por sua educação e orientação; tal responsabilidade incumbe, em primeira instância, a seus pais (grifou-se).

Do mesmo modo, o art. 3º, item 1, da Convenção sobre os Direitos da Criança, dispõe acerca do princípio do maior interesse da criança: "Todas as ações relativas às crianças, levadas a efeito por instituições públicas ou privadas de bem estar social, tribunais, autoridades administrativas ou órgãos legislativos, devem considerar, primordialmente, o *interesse maior da criança*" (destacou-se).

Esse princípio também é previsto nos arts. 9º, itens 1 e 3; 18, item 1; 20, item 1; 21; 37, *c*; e 40, item 2, *b*, III, da mencionada Convenção.

O ECA, em sua redação original, não continha expressamente o princípio do melhor interesse, mas decorria de uma interpretação sistemática. Contudo, por intermédio da Lei 12.010/2009, houve a inclusão do inciso IV ao parágrafo único do art. 100, que trata sobre a aplicação das medidas de proteção:

> **IV – interesse superior da criança e do adolescente**: a intervenção deve atender prioritariamente aos interesses e direitos da criança e do adolescente, sem prejuízo da consideração que for devida a outros interesses legítimos no âmbito da pluralidade dos interesses presentes no caso concreto (grifou-se).

A referida Lei também incluiu e alterou outros dispositivos do ECA (arts. 19, § 2º; 52-C, §§ 1º e 2º; e 197-E, § 1º), os quais expressam a observância deste princípio.

O melhor interesse deve servir como norte para qualquer matéria afeta à criança ou ao adolescente, aplicando-se desde a elaboração e aprovação de leis (Poder Legislativo), no momento da escolha de políticas públicas para assegurar os direitos fundamentais (Conselhos de Direitos e Poder Executivo) e na efetiva aplicação dos direitos (Poder Executivo, Poder Judiciário, Ministério Público, Conselho Tutelar, CMDCA, família, comunidade etc.).

A sua aplicação demanda a análise do caso concreto, levando-se em consideração a interpretação sistemática dos direitos das crianças e dos adolescentes, de maneira a englobar o conjunto mais amplo e que melhor os assegure.

O STJ, em vários julgados, aplicou o princípio do melhor interesse da criança, podendo-se citar, exemplificativamente: **(a)** retratação do genitor biológico acerca do consentimento para adoção antes da sentença, mas a manutenção da criança com a família que buscava a adoção[29]; **(b)** permanência de criança em ambiente familiar em vez de acolhimento institucional[30]; **(c)** adoção por família não inscrita no cadastro de adoção quando existente vínculo afetivo consolidado[31]; **(d)** restrição ao direito de visitação do pai ou mãe que não tenha a guarda do filho, em caso de risco à integridade física e emocional do infante[32]; **(e)** mitigação do princípio da perpetuação da jurisdição em caso de mudança de endereço do infante[33]; **(f)** manutenção do vínculo registral entre o filho e o pai quando não comprovado o erro ou falsidade do registro de nascimento (art. 1.604 do CC)[34]; e **(g)** possibilidade de adoção de neto por avós, desde que demonstrado o melhor interesse do infante[35].

Quanto a essa última hipótese, do voto da Ministra Nancy Andrighi infere-se o seguinte:

> O princípio do melhor interesse da criança é o critério primário para a interpretação de toda a legislação atinente a menores, sendo capaz, inclusive, de retirar a peremptoriedade de qualquer texto legal atinente aos interesses da criança ou do adolescente, submetendo-o a um crivo objetivo de apreciação judicial da situação específica que é analisada.

---

29 REsp 1.578.913/MG, 3ª T., Rel. Min. Nancy Andrighi, *DJe* 24.02.2017.

30 HC 370.636/SP, 4ª T., Rel. Min. Raul Araújo, *DJe* 21.02.2017.

31 REsp 1.567.812/SC, 4ª T., Rel. Min. Raul Araújo, *DJe* 05.12.2016.

32 REsp 1.497.628/DF, 3ª T., Rel. Min. Moura Ribeiro, *DJe* 07.03.2016. No mesmo sentido: AgRg no AREsp 771.087/DF, 5ª T., Rel. Min. Reynaldo Soares da Fonseca, *DJe* 02.02.2016.

33 CC 134.471/PB, 2ª S., Rel. Min. Raul Araújo, *DJe* 03.08.2015.

34 REsp 1.713.123/MS, 3ª T., Rel. Min. Ricardo Villas Bôas Cueva, *DJe* 12.03.2018.

35 REsp 1.635.649/SP, 3ª T., Rel. Min. Nancy Andrighi, *DJe* 02.03.2018.

2.2.4 Absoluta prioridade

O art. 227, *caput*, da CF, preceitua:

> **Art. 227.** É dever da família, da sociedade e do Estado assegurar à criança, ao adolescente e ao jovem, **com absoluta prioridade**, o direito à vida, à saúde, à alimentação, à educação, ao lazer, à profissionalização, à cultura, à dignidade, ao respeito, à liberdade e à convivência familiar e comunitária, além de colocá-los a salvo de toda forma de negligência, discriminação, exploração, violência, crueldade e opressão (grifou-se).

A expressão **absoluta prioridade** é utilizada pela CF apenas nesta oportunidade para expressar a necessidade de sua observância para a proteção dos direitos da criança, do adolescente e do jovem, o que revela a prevalência do atendimento na área da infância e juventude.

Acertadamente, o Ministro Herman Benjamin, do STJ, assentou que "Se um direito é qualificado pelo legislador como absoluta prioridade, deixa de integrar o universo de incidência da reserva do possível, já que a sua possibilidade é, preambular e obrigatoriamente, fixada pela Constituição ou pela lei"[36].

Com o fim de garantir a absoluta prioridade para a criança e o adolescente, a CF impõe ao Estado a aplicação de recursos públicos destinados à saúde na assistência materno-infantil (art. 227, § 1º, I).

O parágrafo único do art. 4º do ECA elenca o que se compreende sobre garantia de prioridade:

a) primazia de receber proteção e socorro em quaisquer circunstâncias, bem como precedência de atendimento nos serviços públicos ou de relevância pública: estas garantias devem ser analisadas à luz do caso concreto, não se podendo afirmar que, em qualquer situação, a criança ou adolescente tem preferência no atendimento à saúde em detrimento de outro ser humano.

De fato, essa precedência somente se justifica em condições de igualdade de urgência. Portanto, se um adulto chega ao hospital em estado grave e há uma criança com tosse aguardando consulta, certamente o médico deverá atender o adulto em primeiro lugar[37].

A Lei 13.721, de 2 de outubro de 2018, incluiu o parágrafo único ao art. 158 do Código de Processo Penal, para estabelecer prioridade na realização de exame de corpo de delito quando se tratar de crime que envolva violência doméstica ou violência contra criança, adolescente, idoso ou pessoa com deficiência.

Por seu turno, a Lei 14.022, de 7 de julho de 2020, que dispõe sobre medidas de enfrentamento à violência doméstica e familiar contra a mulher e de enfrentamento à violência contra crianças, adolescentes, pessoas idosas e pessoas com deficiência durante a emergência de saúde pública internacional decorrente do coronavírus responsável pelo surto de 2019, estabelece: *i)* o poder público deve adotar as medidas necessárias para garantir a manutenção do atendimento presencial de mulheres, idosos, crianças ou adolescentes em situação de violência (art. 3º); *ii)* se, por razões de segurança sanitária, não for possível o atendimento presencial a todas as demandas relacionadas à violência doméstica e familiar contra a mulher e à violência contra idosos, crianças ou adolescentes, o poder público deve, obrigatoriamente, garantir o atendimento presencial para situações que possam envolver, efetiva ou potencialmente, os seguintes

[36] REsp 1.608.044/DF, 2ª T., Rel. Min. Herman Benjamin, *DJe* 05.11.2019.

[37] No mesmo sentido: TAVARES, José de Farias. *Comentários ao Estatuto da Criança e do Adolescente*. 8. ed. rev. e atual. Rio de Janeiro: Forense, 2012, p. 12-3; DALLARI, Dalmo de Abreu. Comentários ao art. 4º. In: CURY, Munir (org.). *Estatuto da Criança e do Adolescente comentado. Comentários jurídicos e sociais*. 11. ed. São Paulo: Malheiros Editores. 2010, p. 46.

ilícitos, na modalidade, consumada ou tentada: feminicídio, lesão corporal de natureza grave e gravíssima, lesão corporal seguida de morte, ameaça praticada com arma de fogo, estupro, estupro de vulnerável, corrupção de menores, satisfação de lascívia mediante presença de criança ou adolescente; e os ilícitos previstos no ECA, no Estatuto da Pessoa Idosa e o de descumprimento de medidas protetivas de urgência, previsto na Lei Maria da Penha (art. 3º, § 2º); *iii)* deve ser garantida a realização prioritária do exame de corpo de delito quando se tratar de crime que envolva violência doméstica e familiar contra a mulher e violência contra criança, adolescente, idoso ou pessoa com deficiência (art. 3º, § 3º)[38].

b) preferência na formulação e na execução das políticas sociais públicas: na escolha de políticas públicas, o administrador tem o dever de formular e executar, preferencialmente, as referentes à área da infância e juventude. Sobre o tema, cita-se a lição de Wilson Donizeti Liberati:

> Por absoluta prioridade, entende-se que, na área administrativa, enquanto não existirem creches, escolas, postos de saúde, atendimento preventivo e emergencial às gestantes, dignas moradias e trabalho, não se deveriam asfaltar ruas, construir praças, sambódromos, monumentos artísticos etc., porque a vida, a saúde, o lar, a prevenção de doenças são mais importantes que as obras de concreto que ficam para demonstrar o poder do governante[39].

c) destinação privilegiada de recursos públicos nas áreas relacionadas com a proteção à infância e à juventude: os entes federados, prioritariamente, devem destinar recursos mediante leis orçamentárias para atendimento das políticas públicas voltadas à garantia dos direitos da criança e adolescente.

De outra parte, o art. 5º do ECA preceitua: "Nenhuma criança ou adolescente será objeto de qualquer forma de negligência, discriminação, exploração, violência, crueldade e opressão, punido na forma da lei qualquer atentado, por ação ou omissão, aos seus direitos fundamentais".

Como transcrito acima, a redação deste artigo é reprodução da parte final do *caput* do art. 227 da CF, cujo § 4º verbera: "A *lei punirá severamente* o abuso, a violência e a exploração sexual da criança e do adolescente" (grifou-se).

Neste dispositivo há um ***mandado de criminalização***, uma vez que o constituinte determina ao legislador a punição severa de práticas criminosas contra criança e adolescente.

Dessa forma, o ECA criou o crime de tortura (art. 233), o qual teve vigência até a Lei de Tortura (Lei 9.455/1997), que tratou da matéria e revogou expressamente referido tipo penal.

2.2.5 Interpretação do ECA

O art. 6º preceitua a observância de quatro vertentes para a interpretação do ECA, sendo elas: fins sociais a que ele se dirige, exigências do bem comum, direitos e deveres individuais e coletivos e *condição peculiar da criança e do adolescente como pessoas em desenvolvimento.*

A principal vertente da interpretação do ECA é o aplicador considerar a condição peculiar da criança e do adolescente como pessoas em desenvolvimento, que significa que estes ainda se encontram em processo de formação psíquica, moral e social, de maneira a exigir atenção especial.

---

[38] Recomenda-se a leitura integral da Lei Federal 14.022, de 7 de julho de 2020.

[39] LIBERATI, Wilson Donizeti. *Comentários ao Estatuto da Criança e do Adolescente*. 12. ed. São Paulo: Malheiros Editores, 2015, p. 21.

Portanto, é necessário buscar a melhor interpretação, dentre as possíveis, para a preservação de seus interesses, desde que não sejam contrários à lei. Ou seja, dentre as interpretações possíveis, não é admissível adotar-se a que possa prejudicar os interesses dos infantes.

Sobre o tema, a Lei 12.010/2009 incluiu o inciso II ao parágrafo único do art. 100, que trata sobre aplicação das medidas de proteção: "a interpretação e aplicação de toda e qualquer norma contida nesta Lei deve ser voltada à proteção integral e prioritária dos direitos de que crianças e adolescentes são titulares".

O respeito à condição peculiar de pessoa em desenvolvimento é garantido constitucionalmente quando da aplicação de qualquer medida privativa de liberdade imposta ao adolescente (art. 227, § 3º, V, da CF).

2.3 DIREITOS FUNDAMENTAIS

2.3.1 Direito à vida e à saúde

2.3.1.1 Introdução

O art. 196 da CF diz: "A saúde é direito de todos e dever do Estado...". Por seu turno, o art. 227, *caput*, da CF, assegura à criança, ao adolescente e ao jovem, **com absoluta prioridade**, o direito à vida e à saúde, dentre outros direitos.

Assim, no conflito entre direito à vida de uma criança e de um adulto, em igualdade de condições, a CF estipula a absoluta prioridade daquela, tendo em vista que se trata de pessoa em desenvolvimento.

A Lei 8.080/1990 dispõe sobre as condições para a promoção, proteção e recuperação da saúde, a organização e o funcionamento dos serviços correspondentes.

O ECA cuida do direito à vida e à saúde, em seus arts. 7º a 14, os quais foram parcialmente alterados e receberam nova redação pela Lei 13.257/2016. O art. 7º dispõe: "A criança e o adolescente têm direito a proteção à vida e à saúde, mediante a efetivação de políticas sociais públicas que permitam o nascimento e o desenvolvimento sadio e harmonioso, em condições dignas de existência".

O art. 11, *caput*, assegura o acesso integral às linhas de cuidado voltadas à saúde da criança ou adolescente, por intermédio do SUS, observado o princípio da equidade no acesso a ações e serviços para promoção, proteção e recuperação da saúde.

Em recentes julgados, o STF decidiu duas questões pertinentes ao direito à vida:

a) **ADI 3.510/DF**: discutia a constitucionalidade do art. 5º da Lei 11.105, de 24 de março de 2005 (Lei de Biossegurança), que dispõe sobre a pesquisa com células-tronco embrionárias.[40]

   O STF, por maioria, entendeu que é possível o uso de referidas células para fins de pesquisa, tendo em vista que o objetivo da norma é o enfrentamento e cura de patologias e traumatismos que severamente limitam, atormentam, infelicitam e degradam a vida de expressivo contingente populacional[41].

---

[40] Art. 5º da Lei 11.105/2005: "É permitida, para fins de pesquisa e terapia, a utilização de células-tronco embrionárias obtidas de embriões humanos produzidos por fertilização *in vitro* e não utilizados no respectivo procedimento, atendidas as seguintes condições: I - sejam embriões inviáveis; ou II - sejam embriões congelados há 3 (três) anos ou mais, na data da publicação desta Lei, ou que, já congelados na data da publicação desta Lei, depois de completarem 3 (três) anos, contados a partir da data de congelamento. § 1º Em qualquer caso, é necessário o consentimento dos genitores. § 2º Instituições de pesquisa e serviços de saúde que realizem pesquisa ou terapia com células-tronco embrionárias humanas deverão submeter seus projetos à apreciação e aprovação dos respectivos comitês de ética em pesquisa. § 3º É vedada a comercialização do material biológico a que se refere este artigo e sua prática implica o crime tipificado no art. 15 da Lei n. 9.434, de 4 de fevereiro de 1997".

[41] ADI 3.510/DF, Tribunal Pleno, Rel. Min. Ayres Britto, *DJe* 28.05.2010.

b) **ADPF 54/DF**: questionava a possibilidade de a gestante submeter-se a antecipação terapêutica do parto na hipótese de gravidez de anencéfalo, previamente diagnosticada por profissional habilitado, sem a necessidade de autorização judicial ou outra forma de permissão do Estado.

Por maioria, o STF declarou a inconstitucionalidade da interpretação de que a interrupção da gravidez de anencéfalo é crime de aborto[42].

2.3.1.2 *Direitos da maternidade*

O art. 8º, *caput*, do ECA prevê que é assegurado a todas as **mulheres** o acesso aos programas e às *políticas de saúde da mulher e de planejamento reprodutivo*. Embora esteja previsto no ECA, cuida de um direito da mulher e não da criança ou adolescente.

Por outro lado, as **gestantes** têm direito à nutrição adequada, atenção humanizada à gravidez, ao parto, ao puerpério e atendimento pré-natal, perinatal e pós-natal integral no âmbito do SUS (art. 8º, *caput*), bem como a um acompanhante de sua preferência durante o período de pré-natal, do trabalho de parto e do pós-parto imediato (art. 8º, § 6º).

Os **profissionais de atenção primária à saúde** realizarão: pré-natal (art. 8º, § 1º) e busca ativa da gestante que não iniciar ou que abandonar as consultas de pré-natal, e da puérpera que não comparecer às consultas pós-parto (art. 8º, § 9º).

Já os **profissionais de saúde de referência** da gestante garantirão sua vinculação, *no último trimestre da gestação,* ao estabelecimento em que será realizado o parto, garantido o direito de opção da mulher (art. 8º, § 2º).

Os serviços de saúde onde o parto for realizado assegurarão às mulheres e seus filhos alta hospitalar responsável e contrarreferência na atenção primária, assim como o acesso a outros serviços e a grupos de apoio à amamentação (art. 8º, § 3º).

O poder público também deve proporcionar **assistência psicológica à gestante e à mãe**, no período pré e pós-natal, inclusive como forma de prevenir ou minorar as consequências do estado puerperal (art. 8º, § 4º). A Lei 14.721, de 8 de novembro de 2023, aprimorou essa assistência psicológica ao incluir o § 11 ao art. 8º do ECA, determinando que ela deve ser indicada após avaliação do profissional de saúde no pré-natal e no puerpério, com encaminhamento de acordo com o prognóstico.

Além disso, a gestante deve receber orientação sobre aleitamento materno, alimentação complementar saudável e crescimento e desenvolvimento infantil, bem como sobre formas de favorecer a criação de vínculos afetivos e de estimular o desenvolvimento integral da criança (art. 8º, § 7º).

O art. 8º, § 8º, assegura ainda à gestante o direito a acompanhamento saudável durante toda a gestação e a parto natural cuidadoso, estabelecendo-se a aplicação de cesariana e outras intervenções cirúrgicas por motivos médicos. Portanto, *o legislador impôs o parto natural como regra geral, ocorrendo cesariana apenas em caso de necessidade.*

A Lei 13.798, de 3 de janeiro de 2019, acrescentou o art. 8º-A ao ECA para instituir a Semana Nacional de Prevenção da Gravidez na Adolescência, a ser realizada anualmente na semana que incluir o dia 1º de fevereiro, com o objetivo de disseminar informações sobre medidas preventivas e educativas que contribuam para a redução da gravidez na adolescência.

2.3.1.3 *Aleitamento materno*

O art. 5º, L, da CF, prevê: "às presidiárias serão asseguradas condições para que possam permanecer com seus filhos durante o período de amamentação".

---

[42] ADPF 54/DF, Tribunal Pleno, Rel. Min. Marco Aurélio, *DJe* 30.04.2013.

O art. 9º, *caput*, do ECA, impõe ao poder público, às instituições e aos empregadores a existência de condições adequadas ao aleitamento materno[43], inclusive aos filhos de mães submetidas à pena privativa de liberdade (arts. 83, § 2º, da LEP e 63, § 2º, da Lei 12.594, de 18 de janeiro de 2012, conhecida como Lei do Sinase)[44].

Por seu turno, a Lei 13.257/2016 incluiu os §§ 1º e 2º no referido art. 9º do ECA:

> **Art. 9º** [...]
>
> **§ 1º** Os **profissionais das unidades primárias de saúde** desenvolverão ações sistemáticas, individuais ou coletivas, visando ao planejamento, à implementação e à avaliação de ações de promoção, proteção e apoio ao aleitamento materno e à alimentação complementar saudável, de forma contínua.
>
> **§ 2º** Os serviços de unidades de terapia intensiva neonatal deverão dispor de banco de leite humano ou unidade de coleta de leite humano (grifou-se).

2.3.1.4 *Mãe privada de liberdade*

O § 10 do art. 8º do ECA dispõe:

> **Art. 8º** [...]
>
> **§ 10.** Incumbe ao poder público garantir, à gestante e à mulher com filho na primeira infância que se encontrem sob custódia em unidade de privação de liberdade, ambiência que atenda às normas sanitárias e assistenciais do Sistema Único de Saúde para o acolhimento do filho, em articulação com o sistema de ensino competente, visando ao desenvolvimento integral da criança.

Conforme salientado acima, a primeira infância abrange a criança de até 6 (seis) anos completos e o legislador impõe que esta permaneça encarcerada junto à sua genitora.

Não concordamos com tal dispositivo pois, como cediço, o sistema prisional brasileiro, como regra, não fornece as condições necessárias para o cumprimento da pena para o adulto e, por consequência, não há como encarcerar a criança para que tenha convívio com sua genitora em um ambiente altamente pernicioso para o seu pleno desenvolvimento integral[45].

Ademais, a CF apenas assegurou o direito de a presidiária ter contato com o seu filho durante o período de amamentação e não nos seus 6 (seis) primeiros anos de vida.

Mutatis mutandis, o STJ já entendeu que o direito de visitação garantido ao pai ou à mãe que não tenha a guarda da criança, apesar de sua natureza afetiva, não tem caráter definitivo e não é absoluto, podendo ser restringido ou suprimido em situações excepcionais, como na hipótese em que confronte diretamente com o princípio da proteção integral[46].

A Lei 14.326, de 12 de abril de 2022, incluiu o § 4º ao art. 14 da Lei 7.210, de 11 de julho de 1984 (Lei de Execução Penal), para assegurar tratamento humanitário à mulher grávida nos atos médico-hospitalares preparatórios do parto e durante a sua realização, assim como à mulher no período de puerpério, competindo ao poder público promover a assistência integral à sua saúde e à do recém-nascido. Tal alteração decorre dos princípios da dignidade da pessoa

---

43 Art. 400 da CLT: "Os locais destinados à guarda dos filhos das operárias durante o período da amamentação deverão possuir, no mínimo, um berçário, uma saleta de amamentação, uma cozinha dietética e uma instalação sanitária".

44 Art. 83, § 2º, da LEP: "Os estabelecimentos penais destinados a mulheres serão dotados de berçário, onde as condenadas possam cuidar de seus filhos, inclusive amamentá-los, no mínimo, até 6 (seis) meses de idade".
Art. 63, § 2º da Lei do Sinase: "Serão asseguradas as condições necessárias para que a adolescente submetida à execução de medida socioeducativa de privação de liberdade permaneça com o seu filho durante o período de amamentação".

45 No mesmo sentido: NUCCI, Guilherme de Souza. *Estatuto da Criança e do Adolescente comentado*: em busca da Constituição Federal das crianças e dos adolescentes. 3. ed. rev., atual. e ampl. Rio de Janeiro: Forense, 2016, p. 39.

46 REsp 1.497.628/DF, 3ª T., Rel. Min. Moura Ribeiro, *DJe* 07.03.2016. No mesmo sentido: AgRg no AREsp 771.087/DF, 5ª T., Rel. Min. Reynaldo Soares da Fonseca, *DJe* 02.02.2016.

humana e da isonomia, visando que a mulher encarcerada não seja vítima de qualquer ato de violência obstétrica.

2.3.1.5 *Direito ao parto anônimo*

A gestante que manifestar o interesse em entregar seu filho para adoção será encaminhada, sem constrangimento, à Justiça da Infância e Juventude (art. 13, § 1º, do ECA), sob pena de infração administrativa descrita no art. 258-B[47]. Este encaminhamento tem a finalidade de coibir eventual comércio que poderia ser realizado com o bebê logo após o seu nascimento.

Manifestada esta vontade, o poder público deve proporcionar-lhe assistência psicológica, como forma de conscientizá-la das consequências de seu ato (art. 8º, §§ 4º e 5º)[48].

2.3.1.6 *Programas de assistência médica e odontológica*

O art. 14, *caput*, do ECA estabelece que o SUS promoverá **programas de assistência médica e odontológica** para a prevenção de enfermidades que ordinariamente afetam a população infantil, e campanhas de educação sanitária para pais, educadores e alunos.

Há **obrigatoriedade de vacinação das crianças** nos casos recomendados pelas autoridades sanitárias (art. 14, § 1º). Em 17.12.2021, o STF, no Recurso Extraordinário com Agravo (ARE) 1.267.879/SP, sobre o tema de vacinação obrigatória de crianças e adolescentes, no julgamento do tema 1.103 da repercussão geral, fixou a seguinte tese:

> É constitucional a obrigatoriedade de imunização por meio de vacina que, registrada em órgão de vigilância sanitária, (i) tenha sido incluída no Programa Nacional de Imunizações ou (ii) tenha sua aplicação obrigatória determinada em lei ou (iii) seja objeto de determinação da União, Estado, Distrito Federal ou Município, com base em consenso médico-científico. Em tais casos, não se caracteriza violação à liberdade de consciência e de convicção filosófica dos pais ou responsáveis, nem tampouco ao poder familiar[49].

Para tanto, o STF, dentre outros fundamentos, reconheceu que: **a)** o Estado pode, em situações excepcionais, proteger as pessoas mesmo contra a sua vontade; **b)** a vacinação é importante para a proteção de toda a sociedade, não sendo legítimas escolhas individuais que afetem gravemente direitos de terceiros; e **c)** o poder familiar não autoriza que os pais, invocando convicção filosófica, coloque em risco a saúde dos filhos.

De outra parte, a Lei 13.438, de 26 de abril de 2017, acrescentou o § 5º ao art. 14: "É obrigatória a aplicação a todas as crianças, **nos seus primeiros dezoito meses de vida**, de protocolo ou outro instrumento construído com a finalidade de facilitar a detecção, em consulta pediátrica de acompanhamento da criança, de risco para o seu desenvolvimento psíquico" (grifou-se).

O objetivo da norma é detectar qualquer **risco para o desenvolvimento psíquico** logo no início da vida da criança, a fim de iniciar seu tratamento o quanto antes, se necessário.

Quanto à **saúde bucal**, o ECA possui os seguintes dispositivos:

---

47 Art. 258-B do ECA: "Deixar o médico, enfermeiro ou dirigente de estabelecimento de atenção à saúde de gestante de efetuar imediato encaminhamento à autoridade judiciária de caso de que tenha conhecimento de mãe ou gestante interessada em entregar seu filho para adoção: Pena – multa de R$ 1.000,00 (mil reais) a R$ 3.000,00 (três mil reais). Parágrafo único. Incorre na mesma pena o funcionário de programa oficial ou comunitário destinado à garantia do direito à convivência familiar que deixa de efetuar a comunicação referida no *caput* deste artigo".

48 O tema "gestante ou mãe que manifeste interesse em entregar seu filho para adoção" será mais abordado no item 2.4.1.5, de acordo com a Lei 13.509/2017.

49 ARE 1.267.879, Tribunal Pleno, Rel. Roberto Barroso, j. 17.12.2020, *DJe* 07.04.2021.

a) o SUS promoverá a atenção bucal das crianças e das gestantes, de forma transversal, integral e intersetorial com as demais linhas de cuidado direcionados à mulher e à criança (art. 14, § 2º);

b) a atenção odontológica à criança terá função educativa protetiva e será prestada antes de o bebê nascer, por meio de aconselhamento pré-natal e, posteriormente, **no sexto e décimo segundo anos de idade**, com orientações sobre saúde bucal (art. 14, § 3º); e

c) a **criança** com necessidade de cuidados odontológicos especiais será atendida pelo SUS (art. 14, § 4º). Esta obrigatoriedade de fornecimento de tratamento odontológico somente foi incluída com a Lei 13.257/2016.

No entanto, antes de tal dispositivo, o STJ já tinha decidido que o poder público deve fornecer tratamento ortodôntico, caso haja recomendação médica, mesmo se não demonstrado perigo de vida[50].

Embora o dispositivo apenas se refira à criança, o adolescente também tem direito a tratamento odontológico, tanto que o § 3º do art. 14 se refere à pessoa com doze anos de idade, portanto, de adolescente[51]. Além disso, tal conclusão decorre dos arts. 4º, 11, *caput*, e § 2º, do ECA, e 196 e 227 da CF.

2.3.1.7 *Deficiência*

O art. 227, § 1º, II, da CF, prevê a criação de programas de prevenção e atendimento especializado para os adolescentes e crianças com deficiência física, sensorial ou mental.

O ECA, no § 1º do art. 11, prevê que a criança e o adolescente serão atendidos, sem discriminação ou segregação, em suas necessidades gerais de saúde e específicas de habilitação e reabilitação.

O poder público deve fornecer gratuitamente àqueles que necessitarem, medicamentos, órteses, próteses e outras tecnologias assistivas relativas ao tratamento, habilitação ou reabilitação para crianças e adolescentes, conforme as linhas de cuidado voltadas às suas necessidades específicas (art. 11, § 2º). Visando melhor entendimento, tem-se que:

> *Órtese:* é qualquer aparelho externo usado para imobilizar ou auxiliar os movimentos dos braços e pernas ou da coluna vertical.
>
> *Prótese:* é dispositivo implantado no corpo para suprir a falta de um órgão ou restaurar uma função comprometida.
>
> *Tecnologia assistiva:* "engloba produtos, recursos, metodologias, estratégias e serviços que objetivam promover a funcionalidade, relacionada à participação de pessoas com deficiência, incapacidades ou mobilidade reduzida, visando sua autonomia, independência, qualidade de vida e inclusão social"[52].

Consoante o STJ, para o tratamento de criança ou adolescente com deficiência, o poder público deve fornecer transporte[53], cadeira de rodas[54], prótese auditiva[55] e fraldas descartáveis, se houver prescrição médica[56].

---

50 REsp 1.104.353/RS, Rel. Min. Sérgio Kukina, p. 19.06.2015.

51 No mesmo sentido: ROSSATO, Luciano Xavier; LÉPORE, Paulo Eduardo; CUNHA, Rogério Sanches da. *Estatuto da Criança e do Adolescente*: Lei n. 8.069/90 comentado artigo por artigo. 8. ed. rev., atual. e ampl. São Paulo: Saraiva, 2016, p. 112-3.

52 Conceito proposto pelo Comitê de Ajudas Técnicas da Secretaria de Direitos Humanos da Presidência da República (Ata da Reunião VII, SDH/PR, 2007).

53 REsp 937.310/SP, 1ª T., Rel. Min. Luiz Fux, *DJe* 19.02.2009.

54 REsp 1.324.144, Rel. Min. Herman Benjamin, j. 09.05.2014.

55 REsp 700.853/RS, 1ª T., Rel. Min. Francisco Falcão, Rel. para acórdão Min. Luiz Fux, *DJ* 21.09.2006.

56 AgRg no AREsp 601.458/MG, 2ª T., Rel. Min. Herman Benjamin, *DJe* 06.04.2015; REsp 1.153.055/RS, Rel. Min. Sérgio Kukina, p. 12.05.2015.

A fim de identificar sinais de risco para o desenvolvimento psíquico, os profissionais que atuam no cuidado diário ou frequente de crianças na primeira infância receberão formação específica e permanente, bem como para o acompanhamento que se fizer necessário (art. 11, § 3º).

Em caso de disponibilização de tratamento pelo Estado e de genitores omissos na estimulação precoce de filho com deficiência, tem-se a caracterização da infração administrativa descrita no art. 249 do ECA, ante o evidente descumprimento dos deveres decorrentes do poder familiar[57].

2.3.1.8 *Fornecimento de medicamento*

Para a garantia do direito à vida, em regra, há necessidade do fornecimento de medicamento para a cura da doença. Sobre este tema, os Tribunais Superiores possuem os seguintes entendimentos:

a) a responsabilidade é solidária dos entes federados (União, Estados e Municípios), podendo figurar no polo passivo qualquer um deles, em conjunto ou isoladamente, competindo à autoridade judiciária, diante dos critérios constitucionais de descentralização e hierarquização, direcionar o cumprimento conforme as regras de repartição de competências e determinar o ressarcimento a quem suportou o ônus financeiro[58]. Contudo, é vedado o chamamento ao processo da União quando a ação judicial for manejada apenas em desfavor do Estado, do Município ou de ambos[59];

b) os entes federados devem fornecer os medicamentos necessários para o tratamento da doença mencionada na petição inicial, ainda que supervenientes ao ingresso da ação, desde que constantes em receita médica[60];

c) caso não seja fornecido o medicamento ou tratamento, é possível o bloqueio de valores dos entes federados[61] e a fixação de multa (astreintes) para garantir a efetivação da decisão judicial[62];

d) quanto à necessidade de receita oriunda de médico credenciado no SUS para obrigar o poder público ao fornecimento de medicamento, a jurisprudência do STJ não é pacífica[63];

e) sobre o fornecimento de medicamento não constante na relação do SUS, no julgamento do REsp 1.657.156/RJ, sob o rito de recurso repetitivo, o STJ assentou a seguinte tese no Tema 106:

> A concessão dos medicamentos não incorporados em atos normativos do SUS exige a presença cumulativa dos seguintes requisitos: (i) Comprovação, por meio de laudo médico fundamentado e circunstanciado expedido por médico que assiste o paciente, da imprescindibilidade ou necessidade do medicamento, assim como da ineficácia, para o tratamento da moléstia, dos fármacos fornecidos

57 STJ, REsp 1.795.572/MS, 3ª T., Rel. Min. Ricardo Villas Bôas Cueva, *DJe* 29.04.2019.

58 STF, Tema 793 da repercussão geral, decidido no RE 855.178/RG ED, Pleno, Rel. Min. Edson Fachin, *j.* 23.05.2019.

59 STJ, Tema 686 de recurso repetitivo, decidido no REsp 1.203.244/SC, 1ª S., Rel. Min. Herman Benjamin, *DJe* 17.06.2014.

60 STJ, AgInt no REsp 1.597.584/RJ, 2ª T., Rel. Min. Assusete Magalhães, *DJe* 30.11.2016; AgRg no AREsp 450.960/SP, 1ª T., Rel. Min. Benedito Gonçalves, *DJe* de 07.04.2014; AgRg no AREsp 24.283/MG, 1ª T., Rel. Min. Sérgio Kukina, *DJe* 10.04.2013.

61 STJ, Tema 84 de recursos repetitivos, decidido no REsp 1.069.810/RS, 1ª S., Rel. Min. Napoleão Nunes Maia Filho, *DJe* 06.11.2013.

62 STJ, REsp 1.650.762/PE, 2ª T., Rel. Min. Herman Benjamin, *DJe* 19.04.2017; AgInt no REsp 1.593.816/DF, 1ª T., Rel. Min. Regina Helena Costa, *DJe* 16.08.2016.

63 Necessidade de receita de médico do SUS: AgInt no REsp 1.514.409/RJ, 2ª T., Rel. Min. Diva Malerbi (Desembargadora convocada do TRF 3ª Região), *DJe* 19.04.2016. Possibilidade de receita de médico particular: AgInt no AREsp 405.126/DF, 1ª T., Rel. Min. Gurgel de Faria, *DJe* 26.10.2016; REsp 1.614.636/PI, 2ª T., Rel. Min. Herman Benjamin, *DJe* 09.09.2016.

pelo SUS; (ii) incapacidade financeira de arcar com o custo do medicamento prescrito; (iii) existência de registro na Anvisa do medicamento[64].

f) o STF, no julgamento do RE 657.718/MG, com repercussão geral reconhecida, decidiu sobre dois assuntos: i) medicamentos experimentais; e ii) ausência de registro de medicamento na Agência Nacional de Vigilância Sanitária – Anvisa, e a possibilidade de decisão judicial, excepcionalmente, obrigar o seu fornecimento, conforme se infere do Tema 500:

> 1. O Estado não pode ser obrigado a fornecer medicamentos experimentais. 2. A ausência de registro na Anvisa impede, como regra geral, o fornecimento de medicamento por decisão judicial. 3. É possível, excepcionalmente, a concessão judicial de medicamento sem registro sanitário, em caso de mora irrazoável da Anvisa em apreciar o pedido (prazo superior ao previsto na Lei n. 13.411/2016), quando preenchidos três requisitos: (i) a existência de pedido de registro do medicamento no Brasil (salvo no caso de medicamentos órfãos para doenças raras e ultrarraras); (ii) a existência de registro do medicamento em renomadas agências de regulação no exterior; e (iii) a inexistência de substituto terapêutico com registro no Brasil. 4. As ações que demandem fornecimento de medicamentos sem registro na Anvisa deverão necessariamente ser propostas em face da União[65].

g) o STF, no julgamento do Tema 1.234 da repercussão geral, estabeleceu critérios objetivos para definir a competência nas ações sobre medicamentos não incorporados ao SUS. Assim, as demandas tramitarão na Justiça Federal quando o valor do tratamento anual do medicamento, com base no Preço Máximo de Venda do Governo, for igual ou superior a 210 salários mínimos. Havendo mais de um medicamento do mesmo princípio ativo, considera-se o de menor valor na lista CMED. No tocante ao custeio, a União arcará integralmente com os custos nas ações da Justiça Federal, devendo ressarcir Estados e DF em caso de condenação supletiva. Nas ações da Justiça Estadual, a União ressarcirá 65% dos desembolsos decorrentes de condenações entre 7 e 210 salários mínimos. Para o deferimento do pedido, o Poder Judiciário deverá analisar o ato administrativo que indeferiu o medicamento, restringindo-se ao exame da regularidade do procedimento e da legalidade do ato, sendo ônus do autor demonstrar a segurança e eficácia do fármaco com base em evidências científicas de alto nível[66].

Como se vê, segundo a decisão do STF, quando se tratar de medicamento sem registro sanitário, a competência para se processar a ação judicial será da Justiça Federal (art. 109, I, da CF), ante a necessidade de figurar no polo passivo a União, desde que o valor seja igual ou superior a 210 salários mínimos. Assim, ainda que se trate de criança ou adolescente, nesse caso, a competência não será da Justiça da Infância e Juventude, mas, sim, da Justiça Federal.

Por outro lado, cumpre observar que o tema 106 do STJ, que exige a existência de registro na ANVISA do medicamento, foi afetado pelo tema 500 do STF, pois este, excepcionalmente, autoriza que decisão judicial determine o fornecimento de medicamento não registrado na Anvisa, desde que preenchidos os requisitos acima transcritos.

2.3.1.9 Comunicação de maus-tratos e atendimento na primeira infância

Os casos de **suspeita** ou **confirmação de castigo físico**, de **tratamento cruel** e de **maus-tratos** contra criança ou adolescente serão obrigatoriamente comunicados ao Conselho Tutelar

---

64 STJ, Tema 106 de recursos repetitivos, decidido no REsp 1.657.156/RJ, 1ª S., Rel. Min. Benedito Gonçalves, *DJe* 04.05.2018.

65 STF, Tema 500 de recurso extraordinário com repercussão geral, decidido no RE 657.718/MG AgR, Pleno, Rel. Min. Roberto Barroso, *j.* 22.05.2019.

66 STF, Tema 1.234 da repercussão geral, decidido no RE 1.366.243/SC, Tribunal Pleno, Rel. Min. Gilmar Mendes, *DJ* 11.10.2024.

da localidade, *sem prejuízo de outras providências legais* (art. 13, *caput, do ECA*). Esta última parte do dispositivo autoriza também que sejam acionados o Ministério Público, o Poder Judiciário e as Polícias Civil e Militar.

O objetivo dessa norma é possibilitar a garantia da integridade física e mental do infante, haja vista que, em regra, as agressões ocorrem no interior da residência e há ameaça para não se noticiar os fatos.

A omissão a esta comunicação caracteriza a infração administrativa prevista no art. 245[67].

A Lei 13.257/2016 incluiu o § 2º ao art. 13 para estipular a ***máxima prioridade*** do atendimento das **crianças na faixa etária da primeira infância** (seis primeiros anos completos), em casos de suspeita ou confirmação de violência de qualquer natureza, a ser realizado pelos serviços de saúde em suas diferentes portas de entrada, os serviços de assistência social em seu componente especializado, o Centro de Referência Especializado de Assistência Social (CREAS) e os demais órgãos do sistema de garantia dos direitos da criança e do adolescente, mediante projeto terapêutico singular que inclua intervenção em rede e, se necessário, acompanhamento domiciliar.

2.3.1.10 *Obrigações de hospitais e demais estabelecimentos*

O art. 10 do ECA obriga os hospitais e demais estabelecimentos de atenção à saúde da gestante, públicos e particulares, a:

> Art. 10. [...]
>
> **I** – manter registro das atividades desenvolvidas, através de prontuários individuais, pelo prazo de dezoito anos;
>
> **II** – identificar o recém-nascido mediante o registro de sua impressão plantar e digital e da impressão digital da mãe, sem prejuízo de outras formas normatizadas pela autoridade administrativa competente;
>
> **III** – proceder a exames visando ao diagnóstico e terapêutica de anormalidades no metabolismo do recém-nascido, bem como prestar orientação aos pais;
>
> **IV** – fornecer declaração de nascimento onde constem necessariamente as intercorrências do parto e do desenvolvimento do neonato;
>
> **V** – manter alojamento conjunto, possibilitando ao neonato a permanência junto à mãe;
>
> **VI** – acompanhar a prática do processo de amamentação, prestando orientações quanto à técnica adequada, enquanto a mãe permanecer na unidade hospitalar, utilizando o corpo técnico já existente (acrescido pela Lei 13.436, de 12 de abril de 2017);
>
> **VII** – desenvolver atividades de educação, de conscientização e de esclarecimentos a respeito da saúde mental da mulher no período da gravidez e do puerpério (acrescido pela Lei 14.721, de 8 de novembro de 2023).

O descumprimento dos incisos I a IV implica nos crimes previstos nos arts. 228 e 229[68]. Já a violação ao inciso V não caracteriza crime por ausência de previsão legal.

---

[67] Art. 245 do ECA: "Deixar o médico, professor ou responsável por estabelecimento de atenção à saúde e de ensino fundamental, pré-escola ou creche, de comunicar à autoridade competente os casos de que tenha conhecimento, envolvendo suspeita ou confirmação de maus-tratos contra criança ou adolescente: Pena – multa de três a vinte salários de referência, aplicando-se o dobro em caso de reincidência".

[68] Art. 228 do ECA: "Deixar o encarregado de serviço ou o dirigente de estabelecimento de atenção à saúde de gestante de manter registro das atividades desenvolvidas, na forma e prazo referidos no art. 10 desta Lei, bem como de fornecer à parturiente ou a seu responsável, por ocasião da alta médica, declaração de nascimento, onde constem as intercorrências do parto e do desenvolvimento do neonato: Pena – detenção de seis meses a dois anos. Parágrafo único. Se o crime é culposo: Pena – detenção de dois a seis meses, ou multa".
Art. 229 do ECA: "Deixar o médico, enfermeiro ou dirigente de estabelecimento de atenção à saúde de gestante de identificar corretamente o neonato e a parturiente, por ocasião do parto, bem como deixar de proceder aos exames referidos no art.

Com o fim de garantir uma vida digna e detectar doenças no recém-nascido, a Lei n. 14.154, de 26 de maio de 2021, que entrou em vigor após decorridos 365 (trezentos e sessenta e cinco) dias de sua publicação (art. 2º), acrescentou os §§ 1º ao 4º ao art. 10 do ECA, estabelecendo que os testes para rastreamento de doenças no recém-nascido sejam disponibilizados pelo SUS, na forma da regulamentação elaborada pelo Ministério da Saúde, com implementação de forma escalonada, de acordo com a seguinte ordem de progressão (§ 1º):

> **I - etapa 1:** a) fenilcetonúria e outras hiperfenilalaninemias; b) hipotireoidismo congênito; c) doença falciforme e outras hemoglobinopatias; d) fibrose cística; e) hiperplasia adrenal congênita; f) deficiência de biotinidase; g) toxoplasmose congênita;
>
> **II - etapa 2:** a) galactosemias; b) aminoacidopatias; c) distúrbios do ciclo da ureia; d) distúrbios da betaoxidação dos ácidos graxos;
>
> **III - etapa 3:** doenças lisossômicas;
>
> **IV - etapa 4:** imunodeficiências primárias;
>
> **V - etapa 5:** atrofia muscular espinhal.
>
> **§ 2º** A delimitação de doenças a serem rastreadas pelo teste do pezinho, no âmbito do PNTN, será revisada periodicamente, com base em evidências científicas, considerados os benefícios do rastreamento, do diagnóstico e do tratamento precoce, priorizando as doenças com maior prevalência no País, com protocolo de tratamento aprovado e com tratamento incorporado no Sistema Único de Saúde.

O rol estabelecido acima poderá ser expandido pelo poder público, observados os critérios estabelecidos no § 2º do art. 10 (§ 3º). Para difundir sobre o teste do pezinho, durante os atendimentos de pré-natal e de puerpério imediato, os profissionais de saúde devem informar a gestante e os acompanhantes sobre a sua importância e sobre as diferenças existentes entre as modalidades oferecidas no SUS e na rede privada de saúde (§ 4º).

Por seu turno, o art. 12 obriga os estabelecimentos de atendimento à saúde, inclusive as unidades neonatais, de terapia intensiva e de cuidados intermediários, a proporcionar condições para a **permanência em tempo integral** de um dos pais ou responsável, nos casos de internação de criança ou adolescente.

Embora o ECA assegure a permanência em tempo integral, sempre deve ser avaliado, no caso concreto, se a presença de um dos pais ou responsável atende que os melhores interesses da criança sejam efetivamente preservados. Inclusive, em recente julgado, o STJ entendeu como lícita a restrição na visita por uma hora do dia, todos os dias, à criança internada, em razão do comportamento dos guardiães que comprometiam o tratamento médico, por expor em risco a sobrevivência do infante[69].

Nota-se que o art. 12 prevê um direito do infante, e não uma obrigação dos pais ou do responsável. Assim, caso algum destes não possa permanecer em tempo integral com seu filho ou se trate de criança e adolescente em desamparo, o estabelecimento hospitalar deve providenciar profissional para acompanhar o período de internação ou de atendimento[70].

A Lei 14.950, de 2 de agosto de 2024, incluiu o parágrafo único no art. 12 do ECA para garantir à criança e ao adolescente o direito de visitação à mãe ou ao pai internados em instituição de saúde, nos termos das normas regulamentadoras. O dispositivo visa preservar o

10 desta Lei: Pena - detenção de seis meses a dois anos. Parágrafo único. Se o crime é culposo: Pena - detenção de dois a seis meses, ou multa".

69 HC 632.992/MG, 3ª T., Rel. Min. Marco Aurélio Bellizze, *DJe* 04.05.2021.

70 No mesmo sentido: AMIN, Andréa Rodrigues. Dos direitos fundamentais. In: MACIEL, Kátia Regina Ferreira Lobo Andrade (coord.). *Curso de direito da criança e do adolescente*: aspectos teóricos e práticos. 8. ed. rev. e atual. São Paulo: Saraiva, 2016, p. 96-7; NUCCI, Guilherme de Souza. *Estatuto da Criança e do Adolescente comentado*: em busca da Constituição Federal das crianças e dos adolescentes. 3. ed. rev., atual. e ampl. Rio de Janeiro: Forense, 2016, p. 50.

vínculo familiar e afetivo durante períodos de internação hospitalar, em consonância com o direito fundamental à convivência familiar (art. 227 da CF).

2.3.2 Direito à liberdade, ao respeito e à dignidade

2.3.2.1 Introdução

Os arts. 15 a 18-B cuidam dos direitos fundamentais referentes à liberdade, ao respeito e à dignidade da criança e adolescente como pessoas em processo de desenvolvimento e como sujeitos de direitos civis, humanos e sociais garantidos na CF e nas leis.

Conforme os incisos do art. 16, em rol meramente exemplificativo[71], o **direito à liberdade** abrange os seguintes aspectos:

a) ir, vir e estar nos logradouros públicos e espaços comunitários, ressalvadas as restrições legais (inciso I): como regra geral, as crianças e adolescentes podem transitar em todo lugar público, salvo se houver restrição de seu acesso em determinados eventos (art. 149, I), ou se não for autorizado por seus pais no exercício do poder familiar.

Quanto à portaria da Justiça da Infância e Juventude que limita a circulação de criança e adolescentes em vias públicas após determinados horários, conhecida por instituir o **toque de recolher**, o STJ entende que é ilegal a sua edição por restringir o direito de ir e vir do infante e ser de caráter geral[72].

No STF, foi proposta a ADI 3446 que impugnava, além de outros dispositivos[73], os arts. 16, I, e 230, ambos do ECA, por inconstitucionalidade ao direito de liberdade de ir e vir. A Corte julgou improcedente a ação, pelos seguintes fundamentos[74]: *(i)* a liberdade de locomoção da criança e do adolescente *ressalvadas as restrições legais*, está de acordo com a doutrina da proteção integral positivada no art. 227 da CF, e das regras da Declaração Universal dos Direitos do Homem, da Convenção sobre os Direitos da Criança, das Regras de Pequim para a Administração da Justiça de Menores e da Convenção Americana de Direitos Humanos; *(ii)* o pedido da ação busca eliminar completamente o direito de liberdade da criança e do adolescente, o que permitiria a restrição de liberdade de crianças em condição de rua, restabelecendo a doutrina menorista que encarava essas pessoas enquanto meros objetos da intervenção estatal; e *(iii)* a declaração de inconstitucionalidade do tipo penal do art. 230 do ECA possibilitaria detenções arbitrárias, restrições indevidas à liberdade e violências de todo tipo que pudessem ser praticadas contra crianças e adolescentes. Assentou-se que referido crime se aproxima mais da proibição de proteção deficiente que de inconstitucionalidade por excesso de criminalização.

b) opinião e expressão (inciso II): a criança e o adolescente têm o direito de opinião (pensamento e sua manifestação) e expressão (atividade intelectual, artística, científica e de comunicação). Não são direitos absolutos, pois os excessos devem ser reparados civilmente e até no âmbito do ECA, se caracterizar ato infracional (injúria, difamação, calúnia, desacato etc.).

c) crença e culto religioso (inciso III): a liberdade de crença é o direito de professar ou não determinada religião, enquanto o direito ao culto religioso representa a forma de exteriorização da crença.

---

[71] No mesmo sentido: LAMENZA, Francismar; MACHADO, Antônio Cláudio da Costa (org.). *Estatuto da Criança e do Adolescente interpretado*: artigo por artigo, parágrafo por parágrafo. Barueri: Manole, 2012, p. 20; MARÇURA, Jurandir Norberto. MUNIR, Cury. PAULA, Paulo Afonso Garrido de. *Estatuto da Criança e do Adolescente anotado*. 2. ed. rev. e atual. São Paulo: Editora Revista dos Tribunais, 2000, p. 28.

[72] HC 251.225/MS, 1ª T., Rel. Min. Arnaldo Esteves Lima, *DJe* 22.11.2012; HC 207.720/SP, 2ª T., Rel. Min. Herman Benjamin, *DJe* 23.02.2012.

[73] Os demais artigos questionados foram os arts. 105, 136 e 138, todos do ECA, que serão abordados no item 2.9.2, e o art. 122, II e III, do ECA, que será tratado no item 2.11.14.4.

[74] ADI 5359, Pleno, Rel. Min. Gilmar Mendes, j. 08.08.2019 (Informativo 946 do STF).

Em regra, o filho segue a mesma religião dos pais. Todavia, ele é livre para ter ou não religião, tanto que o art. 1.634 do CC não elenca a escolha religiosa do filho como decorrência do poder familiar[75].

O art. 5º, VIII, da CF, dispõe: "ninguém será privado de direitos por motivo de crença religiosa ou de convicção filosófica ou política, salvo se as invocar para eximir-se de obrigação legal a todos imposta e recusar-se a cumprir prestação alternativa, *fixada em lei*" (grifou-se).

Para regulamentar esse direito fundamental, foi publicada a Lei 13.796, de 3 janeiro de 2019, que acrescentou o art. 7º-A à Lei 9.394/1997 (LDB), para fixar, em virtude de escusa de consciência e de crença, prestações alternativas à aplicação de provas e à frequência a aulas realizadas em dias de guarda religiosa.

Para tanto, em instituição de ensino público ou privado, o aluno deve apresentar prévio e motivado requerimento, justificando que, segundo os preceitos de sua religião, na data da prova ou da aula marcada, seja vedado o exercício destas atividades.

Nessa hipótese, a instituição de ensino, a seu critério e sem custo para o aluno, adotará uma das seguintes prestações alternativas, observados os parâmetros curriculares e o plano de aula do dia da ausência do aluno: **(a)** prova ou aula de reposição, conforme o caso, em data alternativa, mediante anuência expressa do aluno; **(b)** trabalho escrito ou outra modalidade de atividade de pesquisa, com tema, objetivo e data de entrega definidos pela instituição de ensino.

Dessa forma, o aluno pode invocar sua liberdade de consciência e de crença, segundo os preceitos de sua religião, para ausentar-se de prova ou de aula marcada, desde que cumpra a prestação alternativa, o que substitui a obrigação original e regulariza o registro de frequência.

A lei teve um prazo de *vacatio legis* de 60 (sessenta) dias, a partir do qual, no prazo de 2 (dois) anos, as instituições de ensino deveriam ter implementado, progressivamente, as providências e adaptações necessárias à adequação de seu funcionamento às medidas estabelecidas.

Por expressa previsão legal, essa lei não se aplica ao ensino militar disciplinado no art. 83 da LDB.

d) brincar, praticar esportes e divertir-se (inciso IV): a criança e o adolescente têm direito a divertir-se, observadas as limitações dos arts. 75 ao 80 e 149 do ECA.

e) participar da vida familiar e comunitária, sem discriminação (inciso V): consiste em manifestar o seu ponto de vista na sua família e comunidade.

f) participar da vida política na forma da lei (inciso VI): a criança e o adolescente podem organizar e participar em entidades estudantis (art. 53, IV). O adolescente, a partir dos 16 anos, tem a faculdade de exercitar o direito constitucional do voto (art. 14, § 1º, II, *c*, da CF).

g) buscar refúgio, auxílio e orientação (inciso VII): no caso de criança ou adolescente em situação de risco (art. 98), deve-se garantir um local adequado para a sua permanência ou buscar o afastamento do agressor da residência (art. 130).

Por seu turno, o **direito ao respeito** consiste na inviolabilidade da integridade física, psíquica e moral da criança e do adolescente, abrangendo a preservação da imagem, da identidade, da autonomia, dos valores, das ideias e crenças, dos espaços e objetos pessoais (art. 17).

Como decorrência desse direito, o ECA veda a divulgação de atos judiciais, policiais e administrativos que digam respeito a crianças e adolescentes a que se atribua autoria de ato infracional, vedando-se que qualquer notícia contenha fotografia, referência a nome, apelido, filiação, parentesco, residência, iniciais do nome e sobrenome (art. 143).

---

75 No mesmo sentido: DEL-CAMPO, Eduardo Roberto Alcântara; OLIVEIRA, Thales Cezar de. *Estatuto da Criança e do Adolescente. Série leituras jurídicas: provas e concursos*. 7. ed. São Paulo: Atlas, 2012. v. 28, p. 26.

A infringência a esta proibição caracteriza a infração do art. 247[76], sem prejuízo de eventual ação por danos morais[77].

O STJ decidiu que a criança ou o adolescente, desde a mais tenra idade, vítima de agressão verbal e física[78], ou que tenha divulgada sem autorização sua imagem na condição de autor de ato infracional[79], tem direito à indenização por dano moral *in re ipsa* (a partir da simples violação).

Por outro lado, também já se decidiu pela existência de dano moral por ofensa ao princípio da intranscendência e ao direito ao pleno desenvolvimento de forma sadia e integral, em razão de publicação de reportagem que tratou de crime histórico praticado por imputável, expondo a vida cotidiana de sua família, inclusive de seus filhos (menores de idade)[80].

O direito fundamental à dignidade da criança e do adolescente é dever de todos (não somente dos pais ou responsável), pondo-os a salvo de qualquer tratamento desumano, violento, aterrorizante, vexatório ou constrangedor (art. 18).

2.3.2.2 Castigo físico e medidas aplicáveis

A Lei 13.010, de 26 de junho de 2014, conhecida como Lei da Palmada e Lei Menino Bernardo, em homenagem à criança que foi morta por seus familiares, incluiu os arts. 18-A e 18-B ao ECA.

O art. 18-A assegura que a criança e o adolescente têm o direito de ser educados sem o uso de castigo físico ou de tratamento cruel ou degradante, como formas de correção, disciplina, educação ou qualquer outro pretexto.

Entende-se por *castigo físico* a ação de natureza disciplinar ou punitiva aplicada com o uso da força física sobre o infante e que resulte em sofrimento físico ou lesão (art. 18-A, parágrafo único, I). Já o *tratamento cruel ou degradante* considera-se a conduta ou forma cruel de tratamento em relação ao infante que o humilhe, ameace gravemente ou ridicularize (art. 18-A, parágrafo único, II).

O direito de educar a criança e o adolescente sem o uso de castigo físico ou de tratamento cruel ou degradante deve ser observado *pelos pais, pelos integrantes da família ampliada, pelos responsáveis, pelos agentes públicos executores de medidas socioeducativas ou por qualquer outra pessoa encarregada de cuidar, tratar, educar ou protegê-lo.*

Se algum desses indivíduos violar este direito do infante, estará sujeito, sem prejuízo de outras sanções cíveis e providências legais, às seguintes medidas que serão **aplicadas pelo Conselho Tutelar**, de acordo com a gravidade do caso (art. 18-B e incisos): **(a)** encaminhamento a programa oficial ou comunitário de proteção à família; **(b)** encaminhamento a tratamento psicológico ou psiquiátrico; **(c)** encaminhamento a cursos ou programas de orientação; **(d)** obrigação de encaminhar a criança a tratamento especializado; **(e)** advertência; e **(f)** garantia de tratamento de saúde especializado à vítima (inciso acrescido pela Lei 14.344, de 24 de maio de 2022).

---

76 Art. 247 do ECA: "Divulgar, total ou parcialmente, sem autorização devida, por qualquer meio de comunicação, nome, ato ou documento de procedimento policial, administrativo ou judicial relativo a criança ou adolescente a que se atribua ato infracional: Pena – multa de três a vinte salários de referência, aplicando-se o dobro em caso de reincidência. § 1.º Incorre na mesma pena quem exibe, total ou parcialmente, fotografia de criança ou adolescente envolvido em ato infracional, ou qualquer ilustração que lhe diga respeito ou se refira a atos que lhe sejam atribuídos, de forma a permitir sua identificação, direta ou indiretamente. § 2º Se o fato for praticado por órgão de imprensa ou emissora de rádio ou televisão, além da pena prevista neste artigo, a autoridade judiciária poderá determinar a apreensão da publicação".

77 STJ, REsp 1.297.660/RS, 4.ª T., Rel. Min. Luís Felipe Salomão, Rel. para acórdão Min. Marco Buzzi, *DJe* 16.10.2015.

78 REsp 1.642.318/MS, 3.ª T., Rel. Min. Nancy Andrighi, *DJe* 13.02.2017.

79 REsp 1.795.572/MS, 3.ª T., Rel. Min. Ricardo Villas Bôas Cueva, *DJe* 29.04.2019.

80 STJ, REsp 1.736.803/RJ, 3.ª T., Rel. Min. Ricardo Villas Bôas Cueva, *DJe* 04.05.2020.

A inovação legislativa consistiu na aplicação destas medidas para integrantes da família ampliada, agentes públicos executores de medidas socioeducativas ou por qualquer outra pessoa encarregada de cuidar, tratar, educar ou proteger o infante, haja vista que o art. 129 já cuida das medidas aplicáveis aos pais ou responsável[81].

Além destas medidas, os sujeitos também podem responder nos âmbitos administrativo (se for funcionário público), cível e criminal.

2.3.2.3 Bullying *(Lei 13.185/2015)*

Em decorrência do direito fundamental ao respeito, a Lei 13.185, de 6 de novembro de 2015, instituiu o programa de combate à intimidação sistemática – *bullying*[82]. Esta palavra vem do inglês *bully*, que significa valentão.

Bullying corresponde aos atos de amedrontar, aterrorizar. O § 1º do art. 1º da citada Lei o define da seguinte forma:

> Art. 1º [...]
>
> **§ 1º** No contexto e para os fins desta Lei, considera-se intimidação sistemática (*bullying*) todo ato de violência física ou psicológica, intencional e repetitivo que ocorre sem motivação evidente, praticado por indivíduo ou grupo, contra uma ou mais pessoas, com o objetivo de intimidá-la ou agredi-la, causando dor e angústia à vítima, em uma relação de desequilíbrio de poder entre as partes envolvidas.

Nos termos do art. 2º, ocorre *bullying* quando há violência física ou psicológica em atos de intimidação, humilhação ou discriminação e ainda mediante: **(a)** ataques físicos; **(b)** insultos pessoais; **(c)** comentários sistemáticos e apelidos pejorativos; **(d)** ameaças por quaisquer meios; **(e)** grafites depreciativos; **(f)** expressões preconceituosas; **(g)** isolamento social consciente e premeditado; e **(h)** pilhérias (piadas, graça).

O art. 3º classifica *bullying*, conforme as ações praticadas, como:

> Art. 3º [...]
>
> **I – verbal**: insultar, xingar e apelidar pejorativamente;
>
> **II – moral**: difamar, caluniar, disseminar rumores;
>
> **III – sexual**: assediar, induzir e/ou abusar;
>
> **IV – social**: ignorar, isolar e excluir;
>
> **V – psicológica**: perseguir, amedrontar, aterrorizar, intimidar, dominar, manipular, chantagear e infernizar;
>
> **VI – físico**: socar, chutar, bater;
>
> **VII – material**: furtar, roubar, destruir pertences de outrem;
>
> **VIII – virtual**: depreciar, enviar mensagens intrusivas da intimidade, enviar ou adulterar fotos e dados pessoais que resultem em sofrimento ou com o intuito de criar meios de constrangimento psicológico e social.

Por outro lado, há *cyberbullying* quando ocorre intimidação sistemática na rede mundial de computadores, mediante instrumentos que lhe são próprios para depreciar, incitar a violência, adulterar fotos e dados pessoais, com o intuito de criar meios de constrangimento psicossocial (art. 2º, parágrafo único).

Na prática de *bullying* há **três sujeitos**: **(a)** intimidador; **(b)** vítima; e **(c)** espectador.

---

[81] O tema "medidas aplicáveis aos pais ou responsável" será abordado no item 2.8.3.

[82] Considerando o objetivo desta obra de comentar sobre o ECA, recomenda-se a leitura integral da referida Lei que trata sobre o *bullying*.

O art. 5º impõe como dever do ***estabelecimento de ensino, dos clubes e das agremiações recreativas*** assegurar medidas de conscientização, prevenção, diagnose e combate à violência e ao *bullying*.

O programa de combate ao *bullying* poderá fundamentar ações do Ministério da Educação e das Secretarias Estaduais e Municipais de Educação, bem como de outros órgãos, aos quais a matéria diga respeito (art. 1º, § 2º).

Recentemente, a Lei 14.811, de 12 de janeiro de 2024, trouxe maior proteção contra o *bullying* ao incluir o art. 146-A no Código Penal, criando o tipo penal de intimidação sistemática (*bullying*), que se caracteriza por intimidar sistematicamente, individualmente ou em grupo, mediante violência física ou psicológica, uma ou mais pessoas, de modo intencional e repetitivo, sem motivação evidente, por meio de atos de intimidação, de humilhação ou de discriminação ou de ações verbais, morais, sexuais, sociais, psicológicas, físicas, materiais ou virtuais, com pena de multa, se a conduta não constituir crime mais grave.

2.3.2.4 *Mecanismos para a prevenção e o enfrentamento da violência doméstica e familiar contra a criança e o adolescente (Lei 14.344/2022)*

Em observância ao disposto no § 8º do art. 226 e no § 4º do art. 227 da Constituição Federal, foi publicada a Lei 14.344, de 24 de maio de 2022, que cria mecanismos para a prevenção e o enfrentamento da violência doméstica e familiar contra a criança e o adolescente[83].

A lei institui o dia 3 de maio de todo ano como Dia Nacional de Combate à Violência Doméstica e Familiar contra a Criança e o Adolescente, em homenagem ao menino Henry Borel, morto no ano de 2018, por espancamento, no apartamento em que morava com a mãe e o padrasto, no Rio de Janeiro.

Configura violência doméstica e familiar contra criança e o adolescente qualquer ação ou omissão que cause morte, lesão, sofrimento físico, sexual, psicológico ou dano patrimonial (art. 2º):

> I – no âmbito do domicílio ou da residência da criança e do adolescente, compreendida como o espaço de convívio permanente de pessoas, com ou sem vínculo familiar, inclusive as esporadicamente agregadas;
>
> II – no âmbito da família, compreendida como a comunidade formada por indivíduos que compõem a família natural, ampliada ou substituta, por laços naturais, por afinidade ou por vontade expressa;
>
> III – em qualquer relação doméstica e familiar na qual o agressor conviva ou tenha convivido com a vítima, independentemente de coabitação.

A lei define que a violência doméstica contra a criança e o adolescente constitui uma das formas de violação dos direitos humanos (art. 3º).

A autoridade policial que tomar conhecimento de ação ou omissão que implique ameaça ou a prática de violência doméstica e familiar contra a criança e o adolescente deverá adotar, de imediato, as providências legais cabíveis, inclusive em relação ao descumprimento de eventual medida protetiva de urgência deferida (art. 11, *caput*, e parágrafo único).

Existindo risco atual ou iminente à vida ou à integridade física da criança e do adolescente, ou de seus familiares, o agressor será imediatamente afastado do lar, do domicílio ou

[83] Art. 147-A do Código Penal: "Perseguir alguém, reiteradamente e por qualquer meio, ameaçando-lhe a integridade física ou psicológica, restringindo-lhe a capacidade de locomoção ou, de qualquer forma, invadindo ou perturbando sua esfera de liberdade ou privacidade. Pena – reclusão, de 6 (seis) meses a 2 (dois) anos, e multa. § 1º A pena é aumentada de metade se o crime é cometido: I – contra criança, adolescente ou idoso; II – contra mulher por razões da condição de sexo feminino, nos termos do § 2º-A do art. 121 deste Código; III – mediante concurso de 2 (duas) ou mais pessoas ou com o emprego de arma. § 2º As penas deste artigo são aplicáveis sem prejuízo das correspondentes à violência. § 3º Somente se procede mediante representação".

do local de convivência com a vítima, o que será feito pela autoridade judicial; pelo delegado de polícia, quando o Município não for sede de comarca; pelo policial, quando o Município não for sede de comarca e não houver delegado disponível no momento da denúncia (art. 14, I a III). O Conselho Tutelar pode representar à essas autoridades para requerer o afastamento do agressor.

Quando a medida de afastamento for determinada pelo delegado de polícia ou pelo policial, a autoridade judicial será comunicada no prazo máximo de 24 (vinte e quatro) horas e decidirá, em igual prazo, sobre a manutenção ou a revogação da medida aplicada, dando ciência ao Ministério Público (art. 14, § 2º).

Por outro lado, se houver risco à integridade física da vítima ou à efetividade da medida protetiva de urgência, não será concedida liberdade provisória ao preso (art. 14, § 3º).

A lei estabelece o procedimento das medidas protetivas de urgência (arts. 15 a 19) e as suas espécies, que obrigam o agressor (art. 20), e as medidas protetivas de urgência à vítima (art. 21).

Constitui crime o descumprimento de decisão judicial que defere medida protetiva de urgência, podendo ser de juiz com competência cível ou criminal e, em caso de prisão em flagrante, a fiança apenas poderá ser concedida pela autoridade judicial (art. 25). Também configura crime deixar de comunicar à autoridade pública a prática de violência, tratamento cruel ou degradante ou forma de violência de educação, correção ou disciplina contra criança ou adolescente ou o abandono de incapaz (art. 26).

Em observância ao art. 22, I, da lei[84], o Conselho Nacional do Ministério Público editou a Resolução 298, de 10 de setembro de 2024, que institui o Cadastro Nacional de Casos de Violência contra Criança e Adolescente. O cadastro, acessível aos Ministérios Públicos, registrará todos os processos e procedimentos extrajudiciais que apurem violência contra criança e adolescente, não se limitando à violência doméstica. A gestão será feita por Comitê específico e as informações públicas serão disponibilizadas eletronicamente, resguardando-se o sigilo dos dados pessoais das vítimas.

2.3.3 Sistema de garantia de direitos da criança e do adolescente vítima ou testemunha de violência – Lei 13.431/2017

2.3.3.1 Introdução

A Lei 13.431, de 4 abril de 2017, dispõe sobre: **(a)** normatização e organização do **sistema de garantia de direitos** da criança e do adolescente vítima ou testemunha de violência; **(b)** criação de mecanismos para prevenir e coibir violência; e **(c)** medidas de assistência e proteção à criança e ao adolescente em situação de violência.

Esta Lei tem por objetivo disciplinar o **direito fundamental** da criança ou adolescente **vítima ou testemunha de violência**, em seus mais diversos aspectos, incluindo a prevenção, a apuração do fato e medidas contra seu agressor.

O campo de incidência obrigatório da Lei é para criança ou adolescente vítima ou testemunha de violência. Facultativamente, também poderá ser aplicada para os jovens entre 18 (dezoito) e 21 (vinte e um) anos de idade (art. 3º, parágrafo único).

A União, os Estados, o Distrito Federal e os Municípios devem desenvolver políticas integradas e coordenadas que visem garantir os direitos humanos da criança e do adolescente no âmbito das relações domésticas, familiares e sociais, com a finalidade de

---

[84] Art. 22, I, da Lei 14.344/2022: "Art. 22. Caberá ao Ministério Público, sem prejuízo de outras atribuições, nos casos de violência doméstica e familiar contra a criança e o adolescente, quando necessário: I – registrar em seu sistema de dados os casos de violência doméstica e familiar contra a criança e o adolescente; [...]".

resguardá-los de toda forma de negligência, discriminação, exploração, violência, abuso, crueldade e opressão.

O art. 4º descreve quatro formas de violência: física, psicológica, sexual e institucional:

> **Art. 4º** Para os efeitos desta Lei, sem prejuízo da tipificação das condutas criminosas, são formas de violência:
>
> **I – violência física**, entendida como a ação infligida à criança ou ao adolescente que ofenda sua integridade ou saúde corporal ou que lhe cause sofrimento físico;
>
> **II – violência psicológica**:
>
> a) qualquer conduta de discriminação, depreciação ou desrespeito em relação à criança ou ao adolescente mediante ameaça, constrangimento, humilhação, manipulação, isolamento, agressão verbal e xingamento, ridicularização, indiferença, exploração ou intimidação sistemática (*bullying*) que possa comprometer seu desenvolvimento psíquico ou emocional;
>
> b) o ato de alienação parental, assim entendido como a interferência na formação psicológica da criança ou do adolescente, promovida ou induzida por um dos genitores, pelos avós ou por quem os tenha sob sua autoridade, guarda ou vigilância, que leve ao repúdio de genitor ou que cause prejuízo ao estabelecimento ou à manutenção de vínculo com este;
>
> c) qualquer conduta que exponha a criança ou o adolescente, direta ou indiretamente, a crime violento contra membro de sua família ou de sua rede de apoio, independentemente do ambiente em que cometido, particularmente quando isto a torna testemunha;
>
> **III – violência sexual**, entendida como qualquer conduta que constranja a criança ou o adolescente a praticar ou presenciar conjunção carnal ou qualquer outro ato libidinoso, inclusive exposição do corpo em foto ou vídeo por meio eletrônico ou não, que compreenda:
>
> a) abuso sexual, entendido como toda ação que se utiliza da criança ou do adolescente para fins sexuais, seja conjunção carnal ou outro ato libidinoso, realizado de modo presencial ou por meio eletrônico, para estimulação sexual do agente ou de terceiro;
>
> b) exploração sexual comercial, entendida como o uso da criança ou do adolescente em atividade sexual em troca de remuneração ou qualquer outra forma de compensação, de forma independente ou sob patrocínio, apoio ou incentivo de terceiro, seja de modo presencial ou por meio eletrônico;
>
> c) tráfico de pessoas, entendido como o recrutamento, o transporte, a transferência, o alojamento ou o acolhimento da criança ou do adolescente, dentro do território nacional ou para o estrangeiro, com o fim de exploração sexual, mediante ameaça, uso de força ou outra forma de coação, rapto, fraude, engano, abuso de autoridade, aproveitamento de situação de vulnerabilidade ou entrega ou aceitação de pagamento, entre os casos previstos na legislação;
>
> **IV – violência institucional**, entendida como a praticada por instituição pública ou conveniada, inclusive quando gerar revitimização;
>
> **V – violência patrimonial**, entendida como qualquer conduta que configure retenção, subtração, destruição parcial ou total de documentos pessoais, bens, valores e direitos ou recursos econômicos, incluídos os destinados a satisfazer suas necessidades, desde que a medida não se enquadre como educacional (inciso incluído pela Lei n. 14.344/2022). (Grifou-se.)

Portanto, para os efeitos da Lei, é indiferente a existência de crime ou contravenção, bastando a caracterização de uma forma de violência explicitada em seu art. 4º.

Os direitos e garantias fundamentais da criança ou adolescente vítima ou testemunha de violência estão previstos no art. 5º[85].

---

[85] Art. 5º da Lei 13.431/2017: "A aplicação desta Lei, sem prejuízo dos princípios estabelecidos nas demais normas nacionais e internacionais de proteção dos direitos da criança e do adolescente, terá como base, entre outros, os direitos e garantias fundamentais da criança e do adolescente a: I – receber prioridade absoluta e ter considerada a condição peculiar de pessoa em desenvolvimento; II – receber tratamento digno e abrangente; III – ter a intimidade e as condições pessoais protegidas

Dentre eles, destaca-se o direito de ter a intimidade e as condições pessoais protegidas quando vítima ou testemunha de violência. Todavia, se tal direito for violado, não se caracterizará a infração administrativa do art. 247 do ECA, haja vista que esta somente tipifica a conduta de divulgar, sem autorização devida, nome, ato ou documento de procedimento policial, administrativo ou judicial relativo a criança ou adolescente a que se atribua ato infracional.

Os casos omissos da Lei serão interpretados à luz do ECA, da Lei 11.340, de 7 de agosto de 2006 (Lei Maria da Penha), e em normas conexas (art. 6º, parágrafo único).

A Lei 13.431/2017 foi regulamentada pelo Decreto 9.603, de 10 de dezembro de 2018, e pela Resolução CNJ 299, de 5 de novembro de 2019. Essa resolução tem por objetivo o envidamento de esforços para a celebração de convênios entre os tribunais estaduais e federais, preferencialmente com o MP, a Defensoria Pública, a OAB, Secretarias de Segurança Pública, de Assistência ou Desenvolvimento Social e de Saúde e com o Conselho Estadual dos Direitos da Criança e do Adolescente, com a finalidade de contemplar a notificação compulsória (art. 13 do ECA), a denúncia espontânea (art. 15 da Lei 13.431/2017), a tomada do depoimento especial, de preferência por produção antecipada de prova, e os atendimentos paralelos necessários à criança, ao adolescente e às suas famílias em decorrência da situação de violência.

Por seu turno, o CNMP aprovou a Resolução 287, de 12 de março de 2024, que dispõe sobre a atuação integrada do Ministério Público para a efetiva defesa e proteção das crianças e adolescentes vítimas ou testemunhas de violência. A resolução estabelece diretrizes para uma atuação articulada entre os membros do MP que atuam nas áreas criminal, de violência doméstica, família e infância, evitando a revitimização. Entre os principais pontos, destacam-se a priorização da produção antecipada de provas, a necessidade de ambiente adequado para realização do depoimento especial, o respeito ao direito de silêncio da criança/adolescente e a importância da capacitação continuada dos profissionais. Em procedimentos investigatórios exclusivos do MP, admite-se excepcionalmente a realização do depoimento especial quando imprescindível a oitiva e inexistirem elementos suficientes para a propositura de ação cautelar de produção antecipada de provas.

2.3.3.2 *Escuta especializada e depoimento pessoal*

Caracterizada alguma espécie de violência (art. 4º), a criança e o adolescente serão ouvidos sobre tal situação por meio de escuta especializada e depoimento pessoal (art. 4º, § 1º).

A Recomendação CNJ 33/2010 já estabelecia aos tribunais a criação de serviços especializados para escuta de crianças e adolescentes vítimas ou testemunhas de violência nos processos judiciais.

quando vítima ou testemunha de violência; IV – ser protegido contra qualquer tipo de discriminação, independentemente de classe, sexo, raça, etnia, renda, cultura, nível educacional, idade, religião, nacionalidade, procedência regional, regularidade migratória, deficiência ou qualquer outra condição sua, de seus pais ou de seus representantes legais; V – receber informação adequada à sua etapa de desenvolvimento sobre direitos, inclusive sociais, serviços disponíveis, representação jurídica, medidas de proteção, reparação de danos e qualquer procedimento a que seja submetido; VI – ser ouvido e expressar seus desejos e opiniões, assim como permanecer em silêncio; VII – receber assistência qualificada jurídica e psicossocial especializada, que facilite a sua participação e o resguarde contra comportamento inadequado adotado pelos demais órgãos atuantes no processo; VIII – ser resguardado e protegido de sofrimento, com direito a apoio, planejamento de sua participação, prioridade na tramitação do processo, celeridade processual, idoneidade do atendimento e limitação das intervenções; IX – ser ouvido em horário que lhe for mais adequado e conveniente, sempre que possível; X – ter segurança, com avaliação contínua sobre possibilidades de intimidação, ameaça e outras formas de violência; XI – ser assistido por profissional capacitado e conhecer os profissionais que participam dos procedimentos de escuta especializada e depoimento especial; XII – ser reparado quando seus direitos forem violados; XIII – conviver em família e em comunidade; XIV – ter as informações prestadas tratadas confidencialmente, sendo vedada a utilização ou o repasse a terceiro das declarações feitas pela criança e pelo adolescente vítima, salvo para os fins de assistência à saúde e de persecução penal; XV – prestar declarações em formato adaptado à criança e ao adolescente com deficiência ou em idioma diverso do português. Parágrafo único. O planejamento referido no inciso VIII, no caso de depoimento especial, será realizado entre os profissionais especializados e o juízo".

Os órgãos de saúde, assistência social, educação, segurança pública e justiça, quando tiverem conhecimento de revelação espontânea de violência, adotarão os procedimentos necessários para que as crianças e adolescentes sejam chamados a confirmar os fatos, aplicando-se a escuta especializada e depoimento pessoal, salvo em caso de intervenções de saúde (art. 4º, §§ 2º e 3º).

A Lei assim definiu escuta especializada (art. 7º) e depoimento pessoal (art. 8º):

> **Art. 7º Escuta especializada** é o procedimento de entrevista sobre situação de violência com criança ou adolescente **perante órgão da rede de proteção**, limitado o relato estritamente ao necessário para o cumprimento de sua finalidade.
>
> **Art. 8º Depoimento especial** é o procedimento de oitiva de criança ou adolescente vítima ou testemunha de violência **perante autoridade policial ou judiciária** (grifou-se).

Como se vê, a escuta especializada é realizada pelo órgão da rede de proteção, enquanto o depoimento pessoal é perante a autoridade policial ou judicial.

A expressão "perante" do art. 8º, em princípio, não significa na presença física da autoridade policial ou judicial, porque os incisos do art. 12 estabelecem o procedimento de colheita do depoimento especial, evidenciado que é feita por profissionais especializados e não diretamente pelo juiz[86].

Contudo, se entender pertinente, há a possibilidade de a vítima ou testemunha de violência requerer o direito de prestar o depoimento diretamente ao juiz (art. 12, § 1º).

Embora haja omissão legal, o depoimento especial também pode ser feito perante o Ministério Público, na hipótese de procedimento de investigação criminal em trâmite neste órgão.

A escuta especializada e o depoimento pessoal devem ser realizados em local apropriado e acolhedor, com infraestrutura e espaço físico que garantam a privacidade da criança ou do adolescente vítima ou testemunha de violência (art. 10), de forma que também sejam resguardados de contato, ainda que visual, com o suposto autor ou acusado, ou com outra pessoa que represente ameaça, coação ou constrangimento (art. 9º).

Conforme o art. 11, *caput*, o depoimento pessoal reger-se-á por protocolos e, *sempre que possível*, será feito **uma única vez**, em sede de **produção antecipada de prova**, garantida a ampla defesa do investigado.

Em regra, não será admitida a tomada de novo depoimento especial, salvo quando justificada a sua imprescindibilidade pela autoridade competente e houver a concordância da vítima ou da testemunha, ou de seu representante legal (art. 11, § 2º).

A finalidade dessa previsão é adotar-se a produção antecipada de prova, com observância do princípio constitucional do contraditório, de maneira a evitar que a vítima tenha que narrar e relembrar os fatos por mais de uma oportunidade, causando-lhe desnecessário sofrimento.

Ocorrerá em duas hipóteses: **(a)** "quando a criança ou adolescente tiver menos de 7 (sete) anos". Todavia, como cediço, a adolescência se inicia aos 12 (doze) anos de idade; e **(b)** em caso de violência sexual (art. 11, § 1º, I e II).

Contudo, se a autoridade policial não requerer ao Ministério Público para que seja formulado pedido de produção antecipada de provas (art. 21, VI), a criança ou adolescente vítima ou testemunha de violência será ouvida perante a autoridade policial, por meio de profissionais especializados.

Em razão disso, com a deflagração da ação penal, como não houve a oitiva em sede de produção antecipada de provas, haverá a necessidade de repetição do ato. Assim, sempre que

---

86 No mesmo sentido: CIRQUEIRA DE SOUZA, Jadir. Depoimento especial de crianças e adolescentes no sistema de justiça. São Paulo: Editora Pillares, 2018, p. 210; HEERDT, Fábio Vieira. A audiência de tomada do Depoimento Especial: a vítima no seu lugar, por direito. In: PÖTTER, Luciane (org.). A escuta protegida de crianças e adolescentes: os desafios da implantação da Lei n. 13.431/2017. Porto Alegre: Livraria do Advogado, 2019, p. 108.

possível, recomenda-se a adoção deste procedimento a fim de evitar maiores danos à criança ou adolescente.

O § 1º do art. 11 estipula que o depoimento seguirá o "rito cautelar de antecipação de prova".

O CPP não dispõe de procedimento de antecipação de prova, apenas prevendo que o juiz poderá "ordenar, mesmo antes de iniciada a ação penal, a produção antecipada de provas consideradas urgentes e relevantes, observando a necessidade, adequação e proporcionalidade da medida" (art. 156, I).

Por seu turno, no CPC/1973 existia o procedimento cautelar de antecipação de prova (art. 846 e ss.) e o atual CPC/2015 trata do tema dentro do capítulo sobre "provas" (art. 381 e ss.).

Assim, em razão da inexistência de procedimento próprio no CPP, cabível a aplicação do CPC, por força do art. 3º daquele[87].

A competência para apreciação de tal pedido será da Vara Criminal (quando se tratar de investigado imputável) ou da Vara da Infância e Juventude (ato infracional praticado por adolescente ou quando tiver competência para julgamento de crimes praticados contra criança ou adolescente).

Se, na fase investigativa, a autoridade policial constatar a ocorrência da necessidade de produção antecipada de provas, representará ao Ministério Público, o qual, verificando presentes os pressupostos legais, deverá propor o presente processo, com a finalidade de evitar que a demora possa causar prejuízo ao desenvolvimento da criança ou do adolescente.

Os incisos do art. 12 da Lei 13.431/2017 estipulam o procedimento de colheita do depoimento especial:

> Art. 12. [...]
>
> I – os **profissionais especializados** esclarecerão a criança ou o adolescente sobre a tomada do depoimento especial, informando-lhe os seus direitos e os procedimentos a serem adotados e planejando sua participação, sendo **vedada a leitura da denúncia ou de outras peças processuais**;
>
> II – é assegurada à criança ou ao adolescente a livre narrativa sobre a situação de violência, **podendo o profissional especializado intervir** quando necessário, utilizando técnicas que permitam a elucidação dos fatos;
>
> III – no curso do processo judicial, o depoimento especial será transmitido em tempo real para a sala de audiência, preservado o sigilo;
>
> IV – findo o procedimento previsto no inciso II deste artigo, o juiz, após consultar o Ministério Público, o defensor e os assistentes técnicos, avaliará a pertinência de perguntas complementares, organizadas em bloco;
>
> V – o profissional especializado poderá adaptar as perguntas à linguagem de melhor compreensão da criança ou do adolescente;
>
> VI – o depoimento especial será gravado em áudio e vídeo (grifou-se).

O juiz deve tomar todas as medidas apropriadas para a preservação da intimidade e da privacidade da vítima ou testemunha, podendo aplicar as medidas de proteção cabíveis, nos casos de risco à vida ou à integridade física da vítima ou testemunha (art. 12, §§ 2º e 4º).

Constatando que a presença do autor da violência pode prejudicar o depoimento pessoal ou colocar a testemunha em situação de risco, o profissional especializado comunicará ao juiz, o qual constará tal fato no termo da audiência, e determinará o afastamento do imputado (art. 12, § 3º).

87 Art. 3º do CPP: "A lei processual penal admitirá interpretação extensiva e aplicação analógica, bem como o suplemento dos princípios gerais de direito".

As condições de preservação e de segurança da mídia relativa ao depoimento da criança ou do adolescente serão objeto de regulamentação (art. 12, § 5º).

O depoimento pessoal tramita em segredo de justiça (art. 12, § 6º) e a violação ao sigilo processual (permitir que o depoimento de criança ou adolescente seja assistido por pessoa estranha ao processo, sem autorização judicial e sem o consentimento do depoente ou de seu representante legal) implica no crime previsto no art. 24, cuja pena é de reclusão, de um a quatro anos, e multa.

2.3.3.3 Medidas de proteção

Se a criança ou adolescente vítima ou testemunha de violência estiver em risco, segundo o art. 21, *caput*, a autoridade policial "*requisitará* à autoridade judicial responsável..." (destacou-se) as medidas de proteção pertinentes.

Tecnicamente, incorreta a expressão "requisitará", haja vista que a autoridade policial não emana ordem ao juiz, mas, sim, formula representação pela aplicação de uma ou mais medidas protetivas cabíveis ao caso.

Por outro lado, o texto legal do *caput* do art. 21 somente menciona que a autoridade policial poderá formular medidas de proteção. Todavia, em que pese a omissão legislativa, se a investigação for realizada diretamente pelo Ministério Público, o que é possível, conforme assentado pelo STF, no RE 593.727/MG, em sede de repercussão geral[88], também poderá haver requerimento do órgão ministerial para aplicação judicial de medida protetiva.

Além disso, importante mencionar que o art. 6º, *caput*, da lei, dispõe que: "A criança e o adolescente vítima ou testemunha de violência têm direito a pleitear, por meio de seu representante legal, medidas protetivas contra o autor da violência".

Nesse caso, a Lei é silente quanto ao processamento da análise judicial das medidas protetivas requeridas pelo representante legal da criança ou adolescente vítima ou testemunha de violência. Contudo, por força do parágrafo único do art. 6º, incide a Lei 11.340/2006 (Lei Maria da Penha), a qual trata do tema no art. 12, III, e §§ 1º e 2º[89].

As medidas protetivas podem ser aplicadas em qualquer momento dos procedimentos de investigação e responsabilização dos suspeitos, e têm por finalidade resguardar a integridade psíquica e física da criança ou adolescente vítima ou testemunha de violência.

A competência para análise do pedido de medidas de proteção será da Vara Criminal (investigado imputável) ou da Vara da Infância e Juventude (ato infracional cometido por adolescente infrator ou competência desta especializada para julgamento de crimes praticados contra criança ou adolescente).

O rol de medidas de proteção é meramente **exemplificativo**, uma vez que o legislador utilizou a expressão "entre as quais" (art. 21, *caput*), a indicar a possibilidade de outras medidas, desde que pertinentes e necessárias ao caso concreto, entre elas, as previstas na Lei Maria da Penha (art. 22).

Exemplificativamente, o art. 21 prevê as seguintes medidas de proteção:

---

[88] RE 593.727/MG, Tribunal Pleno, Rel. Min. Cezar Peluso, Rel. para acórdão Min. Gilmar Mendes, j. 14.05.2015, *DJe* 04.09.2015.

[89] Art. 12 da Lei 11.340/2006: "Em todos os casos de violência doméstica e familiar contra a mulher, feito o registro da ocorrência, deverá a autoridade policial adotar, de imediato, os seguintes procedimentos, sem prejuízo daqueles previstos no Código de Processo Penal: [...] III – remeter, no prazo de 48 (quarenta e oito) horas, expediente apartado ao juiz com o pedido da ofendida, para a concessão de medidas protetivas de urgência; [...] § 1.º O pedido da ofendida será tomado a termo pela autoridade policial e deverá conter: I – qualificação da ofendida e do agressor; II – nome e idade dos dependentes; III – descrição sucinta do fato e das medidas protetivas solicitadas pela ofendida. § 2º A autoridade policial deverá anexar ao documento referido no § 1º o boletim de ocorrência e cópia de todos os documentos disponíveis em posse da ofendida".

Art. 21. [...]

I - evitar o contato direto da criança ou do adolescente vítima ou testemunha de violência com o suposto autor da violência: trata-se de medida protetiva cuja finalidade é retirar o investigado do contato com a vítima ou testemunha de violência, de forma a prevenir qualquer espécie de pressão. A Lei Maria da Penha também prevê esta medida protetiva (art. 22, II, *a* e *b*);

II - solicitar o afastamento cautelar do investigado da residência ou local de convivência, em se tratando de pessoa que tenha contato com a criança ou o adolescente: quando o agressor residir com a vítima ou testemunha de violência, deve haver o afastamento daquele do ambiente da residência e não o acolhimento institucional da pretensa vítima, sob pena de dupla punição a esta. Medida idêntica é prevista na Lei Maria da Penha (art. 22, II);

III - requerer a prisão preventiva do investigado, quando houver suficientes indícios de ameaça à criança ou adolescente vítima ou testemunha de violência: a prisão preventiva é cabível quando preenchidos os requisitos do art. 313 e os pressupostos autorizadores do art. 312, ambos do CPP[90];

IV - solicitar aos órgãos socioassistenciais a inclusão da vítima e de sua família nos atendimentos a que têm direito: a autoridade policial pode requerer diretamente aos órgãos socioassistenciais esta medida protetiva, podendo também acionar o Conselho Tutelar para tal fim (art. 101, IV, do ECA);

V - requerer a inclusão da criança ou do adolescente em programa de proteção a vítimas ou testemunhas ameaçadas: esta medida de proteção somente deve ser aplicada se não for possível a prisão preventiva do investigado, sob pena de punir-se a vítima ou testemunha de violência;

VI - representar ao Ministério Público para que proponha ação cautelar de antecipação de prova, resguardados os pressupostos legais e as garantias previstas no art. 5º desta Lei, sempre que a demora possa causar prejuízo ao desenvolvimento da criança ou do adolescente: o tema foi tratado no item anterior.

2.3.3.4 *Integração das políticas de atendimento*

Entre os arts. 13 e 23, há o título IV (da integração das políticas de atendimento), composto de capítulos sobre disposições gerais, saúde, assistência social, segurança pública e Justiça.

Segundo o *caput* do art. 13, qualquer pessoa que tenha conhecimento ou presencie ação ou omissão, cometida em local público ou privado, que constitua violência contra criança ou adolescente, tem o dever de comunicar o fato imediatamente ao serviço de recebimento e monitoramento de denúncias, ao conselho tutelar ou à autoridade policial, os quais cientificarão imediatamente o MP.

Embora todos tenham este dever de comunicação, somente o médico, professor ou responsável por estabelecimento de atenção à saúde e de ensino fundamental, pré-escola ou creche, podem praticar a infração administrativa do art. 245 do ECA, em razão da omissão de levar ao conhecimento da autoridade competente ato envolvendo suspeita ou confirmação de maus-tratos contra criança ou adolescente.

Por outro lado, se a omissão for dos pais ou responsável legal, poderá haver a prática de crime (art. 13, § 2º, *a*, do CP).

A denúncia de violação de direitos de crianças e adolescentes recebida pelo serviço de atendimento, de ouvidoria ou de resposta, deverão ser encaminhadas (parágrafo único do

---

[90] Art. 312 do CPP: "A prisão preventiva poderá ser decretada como garantia da ordem pública, da ordem econômica, por conveniência da instrução criminal, ou para assegurar a aplicação da lei penal, quando houver prova da existência do crime e indício suficiente de autoria. Parágrafo único. A prisão preventiva também poderá ser decretada em caso de descumprimento de qualquer das obrigações impostas por força de outras medidas cautelares (art. 282, § 4º)". Art. 313 do CPP: "Nos termos do art. 312 deste Código, será admitida a decretação da prisão preventiva: I - nos crimes dolosos punidos com pena privativa de liberdade máxima superior a 4 (quatro) anos; II - se tiver sido condenado por outro crime doloso, em sentença transitada em julgado, ressalvado o disposto no inciso I do *caput* do art. 64 do Decreto-Lei n. 2.848, de 7 de dezembro de 1940 - Código Penal; III - se o crime envolver violência doméstica e familiar contra a mulher, criança, adolescente, idoso, enfermo ou pessoa com deficiência, para garantir a execução das medidas protetivas de urgência; [...]".

art. 15): **(a)** à autoridade policial do local dos fatos, para apuração, quando envolver prática de crime; **(b)** ao conselho tutelar, para aplicação de medidas de proteção; e **(c)** ao Ministério Público, nos casos que forem de sua atribuição específica.

As políticas implementadas nos sistemas de justiça, segurança pública, assistência social, educação e saúde deverão adotar ações articuladas, coordenadas e efetivas voltadas ao acolhimento e ao atendimento integral às vítimas de violência (art. 14). Para tanto, devem ser observadas as diretrizes previstas no § 1º do art. 14[91].

Quando envolver violência sexual, cabe ao responsável da rede de proteção garantir a urgência e celeridade necessárias ao atendimento de saúde e à produção probatória, preservada a confidencialidade (art. 14, § 2º).

No tocante às **políticas públicas** nas áreas de saúde, assistência social, segurança pública e Justiça, nota-se que o legislador não impôs aos órgãos públicos a sua efetiva implementação para a atenção da criança e do adolescente em situação de violência, haja vista que utilizou as expressões "poderá" ou "poderão" nos arts. 13, parágrafo único, 15, *caput*, 16, 17, 19, 20 e 23[92].

A coleta, guarda provisória e preservação de material com vestígios de violência serão realizadas pelo Instituto Médico Legal (IML) ou por serviço credenciado do sistema de saúde mais próximo, que entregará o material para perícia imediata (art. 18).

Os órgãos policiais envolvidos devem envidar esforços para que o depoimento especial não seja o único meio de prova para o julgamento do réu (art. 22). Portanto, há necessidade

---

[91] Art. 14, § 1º, da Lei 13.431/2017: "§ 1º As ações de que trata o *caput* observarão as seguintes diretrizes: I - abrangência e integralidade, devendo comportar avaliação e atenção de todas as necessidades da vítima decorrentes da ofensa sofrida; II - capacitação interdisciplinar continuada, preferencialmente conjunta, dos profissionais; III - estabelecimento de mecanismos de informação, referência, contrarreferência e monitoramento; IV - planejamento coordenado do atendimento e do acompanhamento, respeitadas as especificidades da vítima ou testemunha e de suas famílias; V - celeridade do atendimento, que deve ser realizado imediatamente - ou tão logo quanto possível - após a revelação da violência; VI - priorização do atendimento em razão da idade ou de eventual prejuízo ao desenvolvimento psicossocial, garantida a intervenção preventiva; VII - mínima intervenção dos profissionais envolvidos; e VIII - monitoramento e avaliação periódica das políticas de atendimento".

[92] Lei 13.431/2017: "Art. 13. [...] Parágrafo único. A União, os Estados, o Distrito Federal e os Municípios **poderão** promover, periodicamente, campanhas de conscientização da sociedade, promovendo a identificação das violações de direitos e garantias de crianças e adolescentes e a divulgação dos serviços de proteção e dos fluxos de atendimento, como forma de evitar a violência institucional. [...]

Art. 15. A União, os Estados, o Distrito Federal e os Municípios **poderão** criar serviços de atendimento, de ouvidoria ou de resposta, pelos meios de comunicação disponíveis, integrados às redes de proteção, para receber denúncias de violações de direitos de crianças e adolescentes.

Art. 16. O poder público **poderá** criar programas, serviços ou equipamentos que proporcionem atenção e atendimento integral e interinstitucional às crianças e adolescentes vítimas ou testemunhas de violência, compostos por equipes multidisciplinares especializadas. Parágrafo único. Os programas, serviços ou equipamentos públicos **poderão** contar com delegacias especializadas, serviços de saúde, perícia médico-legal, serviços socioassistenciais, varas especializadas, Ministério Público e Defensoria Pública, entre outros possíveis de integração, e deverão estabelecer parcerias em caso de indisponibilidade de serviços de atendimento. Art. 17. A União, os Estados, o Distrito Federal e os Municípios **poderão** criar, no âmbito do Sistema Único de Saúde (SUS), serviços para atenção integral à criança e ao adolescente em situação de violência, de forma a garantir o atendimento acolhedor. [...]

Art. 19. A União, os Estados, o Distrito Federal e os Municípios **poderão** estabelecer, no âmbito do Sistema Único de Assistência Social (Suas), os seguintes procedimentos: I - elaboração de plano individual e familiar de atendimento, valorizando a participação da criança e do adolescente e, sempre que possível, a preservação dos vínculos familiares; II - atenção à vulnerabilidade indireta dos demais membros da família decorrente da situação de violência, e solicitação, quando necessário, aos órgãos competentes, de inclusão da vítima ou testemunha e de suas famílias nas políticas, programas e serviços existentes; III - avaliação e atenção às situações de intimidação, ameaça, constrangimento ou discriminação decorrentes da vitimização, inclusive durante o trâmite do processo judicial, as quais deverão ser comunicadas imediatamente à autoridade judicial para tomada de providências; e IV - representação ao Ministério Público, nos casos de falta de responsável legal com capacidade protetiva em razão da situação de violência, para colocação da criança ou do adolescente sob os cuidados da família extensa, de família substituta ou de serviço de acolhimento familiar ou, em sua falta, institucional.

Art. 20. O poder público **poderá** criar delegacias especializadas no atendimento de crianças e adolescentes vítimas de violência. [...]

Art. 23. Os órgãos responsáveis pela organização judiciária **poderão** criar juizados ou varas especializadas em crimes contra a criança e o adolescente. Parágrafo único. Até a implementação do disposto no *caput* deste artigo, o julgamento e a execução das causas decorrentes das práticas de violência ficarão, preferencialmente, a cargo dos juizados ou varas especializadas em violência doméstica e temas afins" (original sem grifos).

de oitiva de testemunhas, sempre que possível, e a realização de exame pericial se o crime deixar vestígios.

Por derradeiro, cumpre observar que os arts. 26 e 27 estipulam o prazo para estabelecimento de normas pelo poder público, Estados, Distrito Federal e Municípios:

> **Art. 26.** Cabe ao **poder público**, no **prazo máximo de 60 (sessenta) dias contado da entrada em vigor desta Lei**, emanar atos normativos necessários à sua efetividade.
>
> **Art. 27.** Cabe aos **Estados, ao Distrito Federal e aos Municípios, no prazo máximo de 180 (cento e oitenta) dias contado da entrada em vigor desta Lei**, estabelecer normas sobre o sistema de garantia de direitos da criança e do adolescente vítima ou testemunha de violência, no âmbito das respectivas competências. (grifou-se).

2.3.4 Direito à educação

2.3.4.1 Introdução

Vários diplomas legais tratam do direito à educação, destacando-se: **(a)** Constituição Federal – arts. 205 a 214; **(b)** ECA – arts. 53 a 59; **(c)** Lei 9.394/1996, que dispõe sobre as diretrizes e bases da educação nacional (LDB); **(d)** Lei 9.870/1999, que dispõe sobre o valor total da anuidade escolar de estabelecimento de ensino particular; **(e)** Lei 13.005/2014, que aprova o plano nacional de educação (PNE); **(f)** arts. 27 a 30 da Lei 13.146/2015, que institui o Estatuto da Pessoa com Deficiência; **(g)** Lei 13.185/2015, que institui o programa de combate à intimidação sistemática (*bullying*).

Sobre a educação básica, segue quadro esquemático acerca das obrigações de cada ente federativo, quanto às três etapas que a compõe (art. 21, I, da LDB):

Etapas da educação básica	Descrição	Obrigação
Educação infantil (arts. 29 a 31 da LDB)	Engloba a creche (0 a 3 anos) e a pré-escola (4 a 5 anos), e tem por finalidade o desenvolvimento integral da criança em seus aspectos físico, psicológico, intelectual e social – arts. 29 a 31 da LDB.	Município (art. 211, § 2º, da CF)
Ensino fundamental (arts. 32 a 34 da LDB)	Inicia-se aos 6 anos de idade, com duração de 9 anos, e tem por objetivo a formação básica do cidadão – arts. 32 a 34 da LDB.	Município, Estado e DF (art. 211, §§ 2º e 3º, da CF)
Ensino médio (arts. 35 a 40 da LDB)	Possui duração mínima de 3 anos, sendo etapa final da educação básica, cujas finalidades estão descritas no art. 35 da LDB.	Estado e DF (art. 211, § 3º, da CF)

O art. 208, I, da CF, diz que a educação básica é obrigatória e gratuita dos 4 (quatro) aos 17 (dezessete) anos de idade. No mesmo sentido, o art. 6º da LDB preceitua: "É dever dos pais ou responsáveis efetuar a matrícula das crianças na educação básica a partir dos 4 (quatro) anos de idade". Portanto, a matrícula de criança na pré-escola é obrigatória a partir dos quatro anos.

A CF, a LDB e o ECA não estipulam a data limite a ser considerada a idade para o ingresso das crianças ao sistema de ensino, o que é feito mediante os arts. 2º ao 4º da Resolução 6, de 20 de outubro de 2010, do Conselho Nacional de Educação, que fixam o nascimento até o dia 31 de março do ano em que ocorrer a matrícula[93].

[93] Arts. 2º a 4º da Resolução 6, de 20.10.2010, do Conselho Nacional de Educação: "Art. 2º Para o ingresso na Pré-Escola, a criança deverá ter idade de 4 (quatro) anos completos até o dia 31 de março do ano que ocorrer a matrícula. Art. 3º Para

A respeito do tema, o STJ entende que é legal a fixação de data de corte por intermédio desta resolução federal, podendo também ser fixada no âmbito estadual ou municipal[94].

Do mesmo modo, o STF, no julgamento conjunto da ADC 17 e da ADPF 292, por maioria de votos, julgou constitucional o estabelecimento de data para o corte etário para matrícula na educação infantil e no ensino fundamental, haja vista que a Resolução do CNE foi precedida de audiências públicas e de estudos de especialistas, não havendo ofensa ao direito de acesso à educação[95].

2.3.4.2 Direito à educação pela criança e adolescente

O art. 53, *caput*, verbera que a criança e o adolescente têm direito à educação, visando três finalidades: *(i)* pleno desenvolvimento de sua pessoa; *(ii)* preparo para o exercício da cidadania; e *(iii)* qualificação para o trabalho. Para garantir tais objetivos, os incisos do art. 53 asseguram-lhe os seguintes direitos:

1) igualdade de condições para o acesso e permanência na escola (inciso I): o acesso ao ensino obrigatório e gratuito é direito público subjetivo, não podendo haver discriminação para ingresso no estabelecimento de ensino.

2) direito de ser respeitado por seus educadores (inciso II): assim como os alunos devem respeito aos professores, estes também devem observar o direito de respeito dos alunos, o que também se aplica entre os próprios alunos, tanto que, para coibir a prática de *bullying*, foi aprovada a Lei 13.185/2015.

3) direito de contestar critérios avaliativos, podendo recorrer às instâncias escolares superiores (inciso III): os alunos têm direito ao duplo grau de suas avaliações, podendo recorrer às instâncias superiores (Conselho Escolar ou quem o Regimento Interno determinar).

4) direito de organização e participação em entidades estudantis (inciso IV): os alunos podem se organizar e participar de entidades estudantis (grêmios, centros acadêmicos, associações etc.).

5) acesso à escola pública e gratuita, próxima de sua residência (inciso V): segundo o STJ, este direito constitui uma possibilidade e não uma imposição, pois se o aluno já frequenta uma escola, o poder público não pode, de ofício, transferi-lo para outra mais perto de sua residência (denominado de *critério de georreferenciamento*)[96]. A Lei 13.845, de 18 de junho de 2019, deu nova redação ao inciso V do art. 53 do ECA, para estabelecer que o acesso à escola pública e gratuita, próxima de sua residência, assegura vagas **no mesmo estabelecimento a irmãos que frequentem a mesma etapa ou ciclo de ensino da educação básica**.

A Lei 13.882, de 8 de outubro de 2019, incluiu o § 7º ao art. 9º da Lei 11.340/2006 (Lei Maria da Penha), para prever que a mulher em situação de violência doméstica e familiar tem prioridade para matricular seus dependentes em instituição de educação básica mais próxima de seu domicílio, ou transferi-los para essa instituição, bastando a apresentação dos documentos do registro da ocorrência policial ou do processo de violência doméstica.

Se necessário, a mulher nessa situação também poderá solicitar medida protetiva de urgência para esse fim, hipótese na qual a determinação judicial deverá ser cumprida independentemente da existência de vaga (art. 23, V, da Lei Maria da Penha).

---

o ingresso no primeiro ano do Ensino Fundamental, a criança deverá ter idade de 6 (seis) anos completos até o dia 31 de março do ano em que ocorrer a matrícula. Art. 4º As crianças que completarem 6 (seis) anos de idade após a data definida no artigo 3º deverão ser matriculadas na Pré-Escola".

[94] REsp 1.483.105/RS, Rel. Min. Napoleão Nunes Maia Filho, p. 10.04.2017; REsp 1.525.755/CE, Rel. Min. Sérgio Kukina, p. 01.03.2016; REsp 1.412.704/PE, 1ª T., Rel. Min. Sérgio Kukina, *DJe* 19.12.2014; AgRg no REsp 1.539.731/MT, 2ª T., Rel. Min. Humberto Martins, *DJe* 11.09.2015.

[95] ADC 17, Tribunal Pleno, Rel. Min. Edson Fachin, j. 01.08.2018; ADPF 292, Tribunal Pleno, Rel. Min. Luiz Fux, j. 01.08.2018.

[96] REsp 1.189.615/PR, 2ª T., Rel. Min. Mauro Campbell Marques, *DJe* 10.03.2011; REsp 1.175.445/PR, 2ª T., Rel. Min. Eliana Calmon, *DJe* 18.03.2010.

Os pais ou responsáveis têm direito ao conhecimento do processo pedagógico e de participar da definição das propostas pedagógicas (art. 53, parágrafo único, do ECA).

A Lei 13.840, de 5 de junho de 2019, incluiu o art. 53-A no ECA, o qual tem a seguinte redação: "É dever da instituição de ensino, clubes e agremiações recreativas e de estabelecimentos congêneres assegurar medidas de conscientização, prevenção e enfrentamento ao uso ou dependência de drogas ilícitas". Note-se que inexiste restrição à instituição de ensino, abarcando a pública e a particular. Busca-se que o tema sobre drogas seja amplamente debatido naqueles ambientes, com o fim de conscientizar os jovens acerca das consequências nefastas de seu uso.

Por seu turno, a Lei 14.952, de 6 de agosto de 2024, incluiu o art. 81-A na LDB para estabelecer que os sistemas de ensino deverão implementar **regime escolar especial** na educação básica e superior para atender a duas situações: **(a)** estudantes impossibilitados de frequentar as aulas em razão de tratamento de saúde ou de condição de saúde que impossibilite o acesso à instituição de ensino; e **(b)** mães estudantes lactantes. Trata-se de importante inovação legislativa que busca garantir o direito à educação e a permanência escolar desses estudantes em situação de vulnerabilidade temporária, mediante comprovação de que se encontram em uma das hipóteses legais e que a inclusão nesse regime é condição necessária para garantir a continuidade de suas atividades escolares.

2.3.4.3 Dever do Estado

Os incisos do art. 54 estabelecem os deveres do poder público quanto à educação para crianças e adolescentes:

1) ensino fundamental, obrigatório e gratuito, inclusive para os que a ele não tiveram acesso na idade própria (inciso I): conforme prevê o § 1º do art. 54, o acesso ao ensino obrigatório e gratuito é direito público subjetivo. O ensino para todos aqueles que não puderam ter acesso na idade própria será realizado por meio de educação de jovens e adultos, cursos e exames supletivos (arts. 37 e 38 da LDB)[97].

O art. 57 do ECA estabelece: "O poder público estimulará pesquisas, experiências e novas propostas relativas a calendário, seriação, currículo, metodologia, didática e avaliação, com vistas à inserção de crianças e adolescentes excluídos do ensino fundamental obrigatório".

2) progressiva extensão da obrigatoriedade e gratuidade ao ensino médio (inciso II): tal inciso do ECA encontra-se derrogado pelo art. 4º, I, *c* da LDB, com redação dada pela Lei 12.796/2013, que garante educação básica obrigatória e gratuita dos quatro aos dezessete anos idade de idade, englobando a pré-escola, o ensino fundamental e o ensino médio.

3) atendimento educacional especializado às pessoas com deficiência, preferencialmente na rede regular de ensino (inciso III): o direito à educação de pessoa com deficiência também está previsto nos arts. 27 ao 30 da Lei 13.146/2015 (Estatuto da Pessoa com Deficiência).

---

[97] Art. 37 da LDB: "A educação de jovens e adultos será destinada àqueles que não tiveram acesso ou continuidade de estudos no ensino fundamental e médio na idade própria. § 1º Os sistemas de ensino assegurarão gratuitamente aos jovens e aos adultos, que não puderam efetuar os estudos na idade regular, oportunidades educacionais apropriadas, consideradas as características do alunado, seus interesses, condições de vida e de trabalho, mediante cursos e exames. § 2º O Poder Público viabilizará e estimulará o acesso e a permanência do trabalhador na escola, mediante ações integradas e complementares entre si. § 3º A educação de jovens e adultos deverá articular-se, preferencialmente, com a educação profissional, na forma do regulamento".
Art. 38 da LDB: "Os sistemas de ensino manterão cursos e exames supletivos, que compreenderão a base nacional comum do currículo, habilitando ao prosseguimento de estudos em caráter regular. § 1º Os exames a que se refere este artigo realizar-se-ão: I - no nível de conclusão do ensino fundamental, para os maiores de quinze anos; II - no nível de conclusão do ensino médio, para os maiores de dezoito anos. § 2º Os conhecimentos e habilidades adquiridos pelos educandos por meios informais serão aferidos e reconhecidos mediante exames".

Os alunos com deficiência têm direito a atendimento educacional especializado, em regra, na rede regular de ensino, de forma a promover uma educação inclusiva. Na impossibilidade de atendimento na mesma sala de aula, em função das condições específicas dos alunos, haverá classes, escolas ou serviços especializados (art. 58, § 2º, da LDB)[98].

O STJ já garantiu contratação de profissional habilitado em libras para alfabetização de criança com deficiência auditiva[99] e transporte adequado[100].

4) atendimento em creche e pré-escola às crianças de zero a cinco anos de idade (inciso IV): o art. 214 da CF diz que lei estabelecerá o plano nacional de educação, com duração decenal, com o objetivo de definir diretrizes, objetivos, metas e estratégias para assegurar a manutenção e desenvolvimento do ensino em seus diversos níveis, etapas e modalidades, de forma a conduzir a universalização do atendimento escolar.

Para tanto, foi aprovada a Lei 13.005, de 25 de junho de 2014, que instituiu o plano nacional de educação, com vigência por 10 (dez) anos, que trouxe como primeira meta: "universalizar, até 2016, a educação infantil na pré-escola para as crianças de 4 (quatro) a 5 (cinco) anos de idade e ampliar a oferta de educação infantil em creches de forma a atender, no mínimo, 50% (cinquenta por cento) das crianças de até 3 (três) anos até o final da vigência deste PNE".

Assim, vê-se que o legislador ordinário estabeleceu o prazo de até o ano de 2024 para o Município atender, no mínimo, 50% (cinquenta por cento) das crianças de até 3 (três) anos em creche.

Observa-se que a CF assegura a educação básica e obrigatória dos 4 (quatro) aos 17 (dezessete) anos de idade (art. 208, I), silenciando quanto ao acesso à creche das crianças de até 3 (três) anos de idade. Todavia, o próprio art. 208, IV, da CF e o art. 54, IV, do ECA estabelecem, como dever do Estado, o atendimento em creche para crianças de até 3 (três) anos.

Nessa esteira, o STJ tem reconhecido esse direito público subjetivo de acesso à creche, mesmo após a vigência da Lei 13.005/2014[101], inclusive com a possibilidade de bloqueio de valores para custear ensino em rede particular[102].

Caso, no Município, exista **fila de espera e seja ajuizada demanda individual**, alguns julgados de Tribunais de Justiça têm entendido que deve haver observância da fila de espera, sob pena de violar o direito à isonomia[103]. O STJ, por seu turno, não tem conhecido de recurso especial sobre esta matéria, por se tratar de ofensa à norma constitucional[104]. O STF, em decisões monocráticas, decidiu que a existência de fila de espera não pode ser óbice para a garantia do direito de vaga do autor de ação individual[105].

A Corte Suprema, em sede de repercussão geral, fixou a seguinte tese ao Tema 548:

---

98 Art. 58, § 2º, da LDB: "O atendimento educacional será feito em classes, escolas ou serviços especializados, sempre que, em função das condições específicas dos alunos, não for possível a sua integração nas classes comuns de ensino regular".

99 AgRg no REsp 1.207.683/RS, 1ª T., Rel. Min. Sérgio Kukina, *DJe* 11.12.2015; REsp 984.078/SC, 2ª T., Rel. Min. Herman Benjamin, *DJe* 09.03.2009.

100 AgRg nos EDcl no REsp 1.463.765/SP, 2ª T., Rel. Min. Humberto Martins, *DJe* 10.06.2015; REsp 937.310/SP, 1ª T., Rel. Min. Luiz Fux, *DJe* 19.02.2009.

101 AgInt no AREsp 965.325/RS, 1ª T., Rel. Min. Napoleão Nunes Maia Filho, *DJe* 09.12.2020; AgInt no AREsp 789.071/DF, 1ª T., Rel. Min. Napoleão Nunes Maia Filho, *DJe* 05.03.2018; REsp 1.645.204/MG, 2ª T., Rel. Min. Herman Benjamin, *DJe* 20.04.2017; AgRg no AREsp 760.830/MG, 2ª T., Rel. Min. Diva Malerbi (Desembargadora convocada do TRF 3ª Região), *DJe* 27.04.2016.

102 REsp 1.655.699/GO, Rel. Min. Regina Helena Costa, p. 27.04.2017.

103 Nesse sentido: TJDFT, Apelação 20160111001009, 7ª T. Cível, Rel. Leila Arlanch, *DJE* 31.05.2017; Apelação 20160110888939, 5ª T. Cível, Rel. Josapha Francisco dos Santos, *DJE* 17.05.2017; Apelação 20160110844730, 2ª T. Cível, Rel. Sandoval Oliveira, *DJE* 10.05.2017. TJMG, AI 1.0183.16.011941-2/002, 8.a Câmara Cível, Rel. Des. Paulo Balbino, p. 24.05.2017; AI 1.0183.16.012015-4/001, 5ª Câmara Cível, rel. Des. Wander Marotta, p. 23.05.2017.

104 REsp 1.597.558/DF, Rel. Min. Napoleão Nunes Maia Filho, p. 04.05.2017; AgInt no REsp 1.635.650/DF, 2ª T., Rel. Min. Assusete Magalhães, *DJe* 06.04.2017; REsp 1.607.889/DF, Rel. Min. Assusete Magalhães, p. 18.11.2016; AgInt no REsp 1.607.178/DF, 1ª T., Rel. Min. Sérgio Kukina, *DJe* de 20.10.2016; REsp 1.614.128/DF, 2ª T., Rel. Min. Herman Benjamin, *DJe* 14.10.2016.

105 RE 1.025.115/DF, Rel. Min. Celso de Mello, p. 01.03.2017; RE 909.986/DF, Rel. Min. Cármen Lúcia, p. 02.10.2015.

> **1. A educação básica em todas as suas fases – educação infantil, ensino fundamental e ensino médio – constitui direito fundamental de todas as crianças e jovens, assegurado por normas constitucionais de eficácia plena e aplicabilidade direta e imediata.**
>
> **2. A educação infantil compreende creche (de zero a 3 anos) e a pré-escola (de 4 a 5 anos). Sua oferta pelo Poder Público pode ser exigida individualmente, como no caso examinado neste processo.**
>
> **3. O Poder Público tem o dever jurídico de dar efetividade integral às normas constitucionais sobre acesso à educação básica**[106].

Por oportuno, registre-se que o STF, no julgamento do ARE 639.337/SP, de relatoria do Ministro Celso de Mello, assentou: ***(a)*** que a educação infantil constitui prerrogativa constitucional indisponível e não se situa como ato discricionário do Município; ***(b)*** que o descumprimento de políticas públicas definidas em sede constitucional legitimam a intervenção jurisdicional; ***(c)*** que não cabe alegação de reserva do possível para a garantia do mínimo existencial; ***(d)*** a proibição do retrocesso social como obstáculo constitucional à frustração e ao inadimplemento, pelo poder público, de direitos prestacionais; e ***(e)*** a possibilidade de fixação de astreintes em desfavor do Município para compeli-lo a cumprir a decisão judicial[107].

A Lei 14.851, de 3 maio de 2024, estabelece que o Distrito Federal e os Municípios, com apoio da União e dos Estados, devem realizar anualmente o levantamento da demanda por vagas em creches, mediante cooperação intersetorial entre órgãos públicos. Os resultados devem ser amplamente divulgados e as listas de espera organizadas por ordem de colocação e unidade escolar, observando critérios de prioridade que considerem aspectos situacionais e territoriais locais, incluindo situação socioeconômica familiar e monoparentalidade.

Após apurada a demanda não atendida, o ente federado deverá realizar o planejamento da expansão da oferta de vagas, e os recursos federais para expansão da infraestrutura e aquisição de equipamentos serão repassados prioritariamente às redes públicas que tiverem realizado o levantamento.

5) acesso aos níveis mais elevados do ensino, da pesquisa e da criação artística, segundo a capacidade de cada um (inciso V): conforme a capacidade da criança ou aluno, é garantido o acesso aos níveis mais elevados da educação.

6) oferta de ensino noturno regular, adequado às condições do adolescente trabalhador (inciso VI): caso o adolescente seja trabalhador, o poder público deve ofertar ensino no período noturno.

7) atendimento no ensino fundamental, através de programas suplementares de material didático-escolar, transporte, alimentação e assistência à saúde (inciso VII): além das aulas para os alunos do ensino fundamental, o poder público tem a obrigação de ofertar material didático, transporte, alimentação e assistência à saúde.

O § 2º do art. 54 prevê: "O não oferecimento do ensino obrigatório pelo poder público ou sua oferta irregular importa responsabilidade da autoridade competente".

Por seu turno, o art. 58 estabelece: "No processo educacional respeitar-se-ão os valores culturais, artísticos e históricos próprios do contexto social da criança e do adolescente, garantindo-se a estes a liberdade da criação e o acesso às fontes de cultura".

2.3.4.4 Obrigação de matrícula e sistema educacional domiciliar (homeschooling)

O art. 55 obriga os pais ou responsável a matricular seus filhos ou pupilos na rede regular de ensino, sob pena de prática da infração administrativa prevista no art. 249[108]. O STJ

[106] RE 1.008.166/SC, Pleno, Rel. Min. Luiz Fux, j. 22.9.2022.

[107] ARE 639.337/SP, 2ª T., Rel. Min. Celso de Mello, *DJe* 15.09.2011.

[108] Art. 249 do ECA: "Descumprir, dolosa ou culposamente, os deveres inerentes ao poder familiar ou decorrente de tutela ou guarda, bem assim determinação da autoridade judiciária ou Conselho Tutelar: Pena – multa de três a vinte salários de

já entendeu inaplicável a multa prevista na referida infração, em observância da condição econômico-financeira dos genitores e do comprometimento da manutenção familiar, sendo suficiente a adoção de outras medidas previstas na legislação[109].

Por outro lado, quando **forem graves os atos** praticados contra o filho, considerando o cunho sancionatório, preventivo, coercitivo e disciplinador da infração administrativa do art. 249 do ECA, o STJ decidiu pela impossibilidade de afastamento da multa, podendo, contudo, sua fixação ocorrer abaixo do mínimo legal, com o devido sopesamento, em caso de hipossuficiência financeira[110].

Os pais que, sem justa causa, deixarem de prover a instrução primária de filho em idade escolar, também poderão incorrer no crime do art. 246 do CP[111].

Discute-se acerca da possibilidade de os próprios pais ministrarem aulas para os seus filhos em casa, sem matriculá-los em escola. O STJ já decidiu que inexiste previsão legal ou constitucional que autorize tal medida, uma vez que não há controle do poder público sobre a frequência do estudo e ao total de horas indispensáveis à aprovação do aluno[112].

Do mesmo modo, o STF, em recente julgamento do RE 888.815/RS[113], entendeu que a falta de regulamentação legal impede a aplicação de ensino domiciliar e que a Constituição Federal estabelece um núcleo mínimo curricular e a necessidade de frequência escolar (art. 208, § 3º) e convivência familiar e comunitária. Além disso, assentou que o ECA e a LDB estabelecem a obrigatoriedade de os pais matricularem seus filhos na rede regular de ensino.

2.3.4.5 *Aprovação em vestibular e não conclusão do ensino médio*

O art. 208, V, da CF, verbera que é dever do Estado a educação mediante a garantia de "acesso aos níveis mais elevados do ensino, da pesquisa e da criação artística, *segundo a capacidade de cada um*" (grifou-se). No mesmo sentido, é a disposição do art. 54, V, do ECA.

De outra parte, o art. 44, II, da LDB, preceitua que o curso de graduação é "aberto a candidatos que tenham *concluído o ensino médio ou equivalente* e tenham sido classificados em processo seletivo" (grifou-se).

Não raras vezes, surge situação de aluno do ensino médio que não o concluiu e obtém aprovação em vestibular. Diante disso, há discussão sobre a possibilidade de cursar a graduação ainda que não finalizada uma etapa anterior.

Os Tribunais Regionais Federais não admitem a matrícula no ensino superior sem a conclusão do ensino médio, por se constituir em etapa necessária e constante no edital do vestibular[114], salvo se o motivo é oriundo de greve ou de atraso na expedição do certificado[115].

---

referência, aplicando-se o dobro em caso de reincidência".

109 AgInt no AREsp 1.280.494/RJ, 4ª T., Rel. Min. Luis Felipe Salomão, *DJe* 05.09.2018; REsp 1.584.840/RJ, 4ª T., Rel. Min. Marco Buzzi, *DJe* 28.09.2016.

110 AgInt no REsp 1.937.756/MG, 2ª T., Rel. Min. Herman Benjamin, *DJe* 13.12.2022; REsp 1.995.403/MG, 3ª T., Rel. Min. Nancy Andrighi, *DJe* 25.08.2022.

111 Art. 246 do CP: "Deixar, sem justa causa, de prover à instrução primária de filho em idade escolar: Pena – detenção, de quinze dias a um mês, ou multa".

112 MS 7.407/DF, 1ª S., Rel. Min. Francisco Peçanha Martins, *DJ* 21.03.2005.

113 RE 888.815/RS, Tribunal Pleno, Rel. para acórdão Min. Alexandre de Moraes, j. 12.09.2018.

114 TRF 2ª Região, AG 0001546-39.2016.4.02.0000, Rel. Marcelo Pereira da Silva, 27.07.2016; TRF 3ª Região, AC 366107-0015199-36.2015.4.03.6105, Rel. Mônica Nobre, 02.06.2017; AI 565458-0020243-18.2015.4.03.0000, Rel. Marli Ferreira, 08.03.2017. TRF 4ª Região, AC 5000017-35.2016.404.7115, 3ª T., Rel. Fernando Quadros da Silva, 01.06.2017; AC 5051929-19.2016.404.7100, 4ª T., Rel. Luís Alberto D'azevedo Aurvalle, 18.05.2017. TRF 5ª Região, Remessa Necessária 08006122120154058400, 2ª T., Rel. Ivan Lira de Carvalho (convocado), 05.04.2017; Apelação 08000898720164058201, 3ª T., Rel. Paulo Machado Carneiro, 15.07.2016.

115 TRF 2ª Região, Remessa Necessária 201651030079566, 6ª T., Carmen Silvia Lima de Arruda, 21.02.2017; Remessa Necessária 2016.51.03.007309-6, 3ª T., Rel. Guilherme Calmon Nogueira da Gama; TRF 4ª Região, Apelação/Remessa Necessária 5004962-80.2016.404.7110, 4ª T., Rel. Vivian Josete Pantaleão Caminha, 03.02.2017; TRF 5ª Região, Apelação/Remessa Necessária 08000119420154058309, 2ª T., Rel. Ivan Lira de Carvalho (convocado), 23.02.2017.

Por outro lado, o art. 38, § 1º, II, da LDB, estabelece:

> **Art. 38.** Os sistemas de ensino manterão cursos e **exames supletivos**, que compreenderão a base nacional comum do currículo, habilitando ao prosseguimento de estudos em caráter regular.
>
> § 1º Os exames a que se refere este artigo realizar-se-ão: [...]
>
> II – no nível de **conclusão do ensino médio, para os maiores de dezoito anos** (grifou-se).

Ante esta previsão legal, isolados julgados de Tribunais de Justiça admitiram a **realização de exame supletivo** (Centro de Educação de Jovens Adultos – CEJA) em razão do princípio da razoabilidade e da previsão constitucional de acesso ao nível mais elevado, segundo a capacidade de cada um (art. 208, V)[116]. Todavia, o STJ decidiu:

> 1. Não é autorizado ao aluno do ensino médio, com menos de 18 (dezoito) anos, inscrever-se em curso supletivo com o objetivo de obter certificado de conclusão e, assim, ingressar em instituição de ensino superior na qual logrou êxito no exame de vestibular.
>
> 2. Pela leitura do art. 38, § 1º, inciso II, da Lei n. 9.394/1996, o exame supletivo foi concebido com o escopo de contemplar aqueles que não tiveram acesso ao ensino na idade própria ou, mesmo o tendo, não lograram concluir os estudos, sendo por esse motivo que o legislador estabeleceu como 18 (dezoito) anos como idade mínima para ingresso no curso supletivo relativo ao ensino médio[117].

Com o objetivo de pacificar a matéria, o STJ afetou os Recursos Especiais 1.945.879/CE e 1.945.851/CE, sob o Tema Repetitivo 1.127, fixando a seguinte tese:

> É ilegal menor de 18 anos, mesmo que emancipado ou com altas habilidades, antecipar a conclusão de sua educação básica submetendo-se ao sistema de avaliação diferenciado oferecido pelos Centros de Educação de Jovens e Adultos – CEJAs, ainda que o intuito seja obter o diploma de ensino médio para matricular-se em curso superior[118].

Nessa tese, houve modulação dos efeitos para preservar a consequência das decisões judiciais que autorizaram menores de 18 (dezoito) anos que não haviam concluído a educação básica a se submeterem ao sistema de avaliação diferenciado de jovens e adultos, proferidas até a data da publicação do acórdão.

A Suprema Corte concedeu medida cautelar na ADI 2.667/DF para suspender a eficácia de lei distrital que autorizava o fornecimento de certificado de conclusão de ensino médio para aluno do 3º ano do ensino médio, independentemente de frequência às aulas, que fosse aprovado em curso superior[119].

Ainda que na fixação da tese do Tema Repetitivo 1.127 o STJ não tenha reconhecido a possibilidade de o menor de 18 anos utilizar o CEJA para a conclusão do ensino médio e o ingresso no ensino superior, ressaltou-se que há outro instrumento previsto no art. 24, II, *c*, da LDB, para possibilitar o **avanço do aluno mediante aferição de seu mérito**:

> Conforme consta no acórdão embargado, o sistema de avaliação diferenciado oferecido pelos Centros de Educação de Jovens e Adultos – CEJAs não pode ser manejado pelo aluno do ensino regular como forma de avanço escolar e obtenção do certificado de conclusão da educação básica. **Para essa finali-**

---

116 TJSP, Remessa Necessária 1014546-59.2015.8.26.0053, 13ª Câmara de Direito Público, Rel. Ferraz de Arruda, 01.06.2016; TJGO, Mandado de Segurança 14534-3/101, 2ª Câmara Cível, Rel. Wilson Safatle Faiad, *DJe* 17.01.2007; TJSC, Reexame Necessário em Mandado de Segurança 2008.059005-3, 1ª Câmara de Direito Público, Rel. Des. Sérgio Roberto Baasch Luz, j. 10.02.2009; TJDFT, Remessa Necessária 20160110707938RMO, 4ª T. Cível, Rel. Arnaldo Camanho, *DJe* 15.05.2017.

117 REsp 1.394.719/DF, 2ª T., Rel. Min. Mauro Campbell Marques, *DJe* 18.11.2013; REsp 1.262.673/SE, 2ª T., Rel. Min. Castro Meira, *DJe* 30.08.2011.

118 REsp 1.945.851/CE, 1ª S., Rel. Min. Afrânio Vilela, *DJe* 13.6.2024.

119 ADI 2.667/DF MC, Tribunal Pleno, Rel. Min. Celso de Mello, *DJ* 12.03.2004.

dade, subsiste instrumento próprio, previsto no art. 24, II, *c*, da Lei 9.394/1996, voltado justamente à aferição do mérito do estudante que almeje avançar nos estudos, mediante avaliação feita pela própria instituição de ensino.

Por isso, o acesso aos níveis mais elevados do ensino, segundo a capacidade de cada um, assegurado pela Constituição Federal (art. 208, V) e pela própria Lei de Diretrizes e Bases da Educação (art. 4º, V), deve se dar pelo cumprimento das etapas educacionais relativas ao avanço escolar, na forma estabelecida pela legislação (art. 24, II, *c*, da Lei 9.394/1996).

O avanço escolar, portanto, é o instrumento adequado para possibilitar que os alunos com altas habilidades ou superdotação possam concluir em menos tempo o programa escolar, enquanto que o EJA é voltado àqueles que não tiveram acesso ou continuidade de estudos nos ensinos fundamental e médio na idade própria.

Se a regulação vigente tem dificultado o avanço escolar segundo a capacidade do aluno, o ensino reservado aos jovens e adultos não pode ser desvirtuado e utilizado em substituição, notadamente porque não é destinado a aferir o mérito do estudante[120].

Em suma, o STJ não admite a utilização do CEJA para a conclusão do ensino médio como forma de ingresso de menor de 18 anos no ensino superior, mas ressalva a possibilidade da utilização do instrumento previsto no art. 24, II, *c*, da LDB, voltado à aferição do mérito do estudante e o seu avanço nos estudos[121].

Por fim, cumpre observar que o Tribunal de Justiça de Goiás, no julgamento de IRDR, firmou a tese de que é possível o ingresso do aluno em curso de graduação sem a conclusão definitiva do ensino médio, desde que esteja cursando o terceiro ano[122]. Como condição para a matrícula, estabeleceu que o estudante deve comprovar, ao final do ano letivo, a conclusão do ensino médio, sob pena de perda da matrícula e do ano letivo cursado na instituição de ensino superior. O fundamento da decisão foi que a vedação do art. 44, II, da LDB deve ser interpretada conforme o art. 208, V, da CF/1988, que estabelece o acesso aos níveis mais elevados do ensino segundo a capacidade de cada um.

2.3.4.6 *Dever de comunicação e certidões criminais dos colaboradores*

O art. 56 prevê o dever de comunicação de determinados fatos ao Conselho Tutelar:

Art. 56. Os dirigentes de estabelecimentos de ensino fundamental comunicarão ao Conselho Tutelar os casos de:

I – maus-tratos envolvendo seus alunos;

II – reiteração de faltas injustificadas e de evasão escolar, esgotados os recursos escolares;

III – elevados níveis de repetência.

Como se vê, no art. 56, o legislador impõe aos *dirigentes de estabelecimentos de ensino fundamental* o dever de comunicação ao Conselho Tutelar dos casos enumerados em seus incisos, nada impedindo a comunicação à Polícia, ao Ministério Público e à autoridade judiciária.

Entretanto, quanto à situação envolvendo suspeita ou confirmação de maus-tratos, a obrigação de comunicação também é do *professor de ensino fundamental, de creche e de pré-escola,* sob pena da infração administrativa prevista no art. 245[123].

---

120 EDcl no REsp 1.945.851/CE, 1ª S., Rel. Min. Afrânio Vilela, *DJe* 16.09.2024.

121 Art. 24, II, c, da LDB: "Art. 24. A educação básica, nos níveis fundamental e médio, será organizada de acordo com as seguintes regras comuns: [...] II – a classificação em qualquer série ou etapa, exceto a primeira do ensino fundamental, pode ser feita: [...] c) independentemente de escolarização anterior, mediante avaliação feita pela escola, que defina o grau de desenvolvimento e experiência do candidato e permita sua inscrição na série ou etapa adequada, conforme regulamentação do respectivo sistema de ensino; [...]".

122 IRDR 5506253.98.2021.8.09.0000, Órgão Especial do TJGO, Rel. Des. Guilherme Gutemberg Isac Pinto, j. 29.09.2022.

123 Art. 245 do ECA: "Deixar o médico, professor ou responsável por estabelecimento de atenção à saúde e de ensino fundamental, pré-escola ou creche, de comunicar à autoridade competente os casos de que tenha conhecimento, envolvendo

Nas situações dos incisos II e III, o dever de comunicação ao Conselho Tutelar é somente do dirigente de estabelecimento de ensino fundamental. No caso de faltas injustificadas e de evasão escolar (inciso II), inicialmente, a escola deve buscar informar aos pais ou responsável e, apenas quando esgotados os recursos escolares, acionar o Conselho Tutelar.

A finalidade deste inciso II é encontrada no art. 54, § 3º, que dispõe: "Compete ao poder público recensear os educandos no ensino fundamental, fazer-lhes a chamada e zelar, junto aos pais ou responsável, pela frequência à escola".

Segundo o inciso VIII do art. 12 da LDB, alterado pela Lei 13.803, de 10 de janeiro de 2019, os estabelecimentos de ensino, respeitadas as normas comuns e as do seu sistema de ensino, têm a incumbência de notificar ao Conselho Tutelar a relação dos alunos que apresentem quantidade de faltas acima de 30% (trinta por cento) do percentual permitido em lei.

Antes dessa alteração, o estabelecimento de ensino tinha que notificar ao Conselho Tutelar, ao juiz e ao MP, quando o aluno apresentasse faltas acima de 50% (cinquenta por cento) do percentual permitido em lei.

Assim, atualmente, em caso de aluno faltoso, a escola, após esgotar suas tentativas, deve notificar ao Conselho Tutelar. Este empreenderá diligências para buscar o retorno do aluno à escola e, em caso de constatação de omissão dos pais, comunicará ao MP, o qual analisará a eventual prática da infração administrativa do art. 249 do ECA.

A Lei 14.811/2024 incluiu o art. 59-A no ECA, prevendo que os estabelecimentos educacionais e similares, públicos ou privados, que desenvolvem atividades com crianças e adolescentes, independentemente de recebimento de recursos públicos, deverão manter fichas cadastrais e certidões de antecedentes criminais atualizadas de todos os seus colaboradores. A norma também impõe que as instituições sociais públicas ou privadas que desenvolvam atividades com crianças e adolescentes e que recebam recursos públicos devem exigir e manter certidões de antecedentes criminais de todos os seus colaboradores, as quais deverão ser atualizadas a cada 6 (seis) meses. O objetivo é reforçar a proteção das crianças e adolescentes, permitindo um controle mais efetivo sobre o histórico criminal das pessoas que com eles trabalham.

2.3.5 Direito à cultura, ao esporte e ao lazer

O art. 59 diz: "Os municípios, com apoio dos estados e da União, estimularão e facilitarão a destinação de recursos e espaços para programações culturais, esportivas e de lazer voltadas para a infância e a juventude"[124].

Assim, incumbe ao Município a obrigação de estimular e facilitar a destinação de recursos para cultura, esporte e lazer para a infância e juventude, mediante apoio do Estado e da União, visando a melhoria da qualidade de vida.

2.3.6 Direito à profissionalização e à proteção no trabalho

2.3.6.1 Noções gerais

Os arts. 60 ao 69 cuidam do capítulo "do direito à profissionalização e à proteção de trabalho". A proteção ao trabalho dos adolescentes também é regulada pela CLT (arts. 402 a 441), por força do art. 61[125].

---

suspeita ou confirmação de maus-tratos contra criança ou adolescente: Pena - multa de três a vinte salários de referência, aplicando-se o dobro em caso de reincidência".

124 No mesmo sentido, prevê o art. 31 da Convenção sobre os Direitos da Criança: "1. Os Estados Partes reconhecem o direito da criança ao descanso e ao lazer, ao divertimento e às atividades recreativas próprias da idade, bem como à livre participação na vida cultural e artística. 2. Os Estados Partes respeitarão e promoverão o direito da criança de participar plenamente da vida cultural e artística e encorajarão a criação de oportunidades adequadas, em condições de igualdade, para que participem da vida cultural, artística, recreativa e de lazer".

125 Art. 61 do ECA: "A proteção ao trabalho dos adolescentes é regulada por legislação especial, sem prejuízo do disposto nesta Lei".

O adolescente tem direito à profissionalização e à proteção no trabalho, observados os seguintes aspectos, sem prejuízo de outros: **(a)** respeito à condição peculiar de pessoa em desenvolvimento; e **(b)** capacitação profissional adequada ao mercado de trabalho (art. 69 do ECA).

A Emenda Constitucional 20/1998 deu nova redação ao inciso XXXIII do art. 7º da CF, passando a dispor: "proibição de trabalho noturno, perigoso ou insalubre a menores de dezoito e de qualquer trabalho a menores de dezesseis anos, salvo na condição de aprendiz, a partir de quatorze anos".

Assim, não houve recepção dos arts. 60 e 64 que permitem a condição de aprendiz para menores de 14 (quatorze) anos, tendo em vista que somente a partir desta idade é permitido o contrato de trabalho de aprendizagem. Da mesma forma, a idade mínima para o trabalho foi elevada de 14 (quatorze) para 16 (dezesseis) anos.

O art. 62 define a aprendizagem como "a formação técnico-profissional ministrada segundo as diretrizes e bases da legislação de educação em vigor". Por seu turno, o art. 428 da CLT define o contrato de aprendizagem da seguinte maneira:

> **Art. 428.** Contrato de aprendizagem é o contrato de trabalho especial, ajustado por escrito e por prazo determinado, em que o empregador se compromete a assegurar ao maior de 14 (quatorze) e menor de 24 (vinte e quatro) anos inscrito em programa de aprendizagem formação técnico-profissional metódica, compatível com o seu desenvolvimento físico, moral e psicológico, e o aprendiz, a executar com zelo e diligência as tarefas necessárias a essa formação.

O contrato de aprendizagem não poderá ser assinado por prazo superior a 2 (dois) anos, salvo quando se tratar de aprendiz com deficiência (art. 428, § 3º, da CLT).

Ao adolescente com deficiência é assegurado trabalho protegido à sua condição (art. 66 do ECA), em observância ao previsto no art. 227, § 1º, II, da CF[126].

A validade do contrato de aprendizagem pressupõe anotação na Carteira de Trabalho e Previdência Social, assegurados os direitos trabalhistas e previdenciários (arts. 428, § 1º, da CLT e 65 do ECA).

A formação técnico-profissional do adolescente obedecerá aos seguintes princípios (art. 63): **(a)** garantia de acesso e frequência obrigatória ao ensino regular; **(b)** atividade compatível com o desenvolvimento do adolescente; e **(c)** horário especial para o exercício das atividades.

O adolescente empregado, aprendiz, em regime familiar de trabalho, aluno de escola técnica, assistido em entidade governamental ou não governamental, **não pode laborar em (art. 67)**:

1) período noturno, compreendido entre as vinte e duas horas de um dia e as cinco horas do dia seguinte;

2) trabalho perigoso, insalubre ou penoso: *trabalho perigoso* é aquele que, por sua natureza ou método, implique risco acentuado em virtude de exposição do trabalhador a inflamáveis, explosivos, energia elétrica, roubos ou outras espécies de violência física nas atividades de segurança pessoal ou patrimonial (art. 193 da CLT).

Insalubre é aquele realizado em condições que expõem o trabalhador a agentes nocivos à saúde acima dos limites tolerados. *Penoso* é o trabalho que, por sua natureza, provoca sacrifício em demasia.

A lista de atividades insalubres e perigosas para trabalho infantil está no anexo I do Decreto 6.481/2008;

[126] Art. 227, § 1º, II, da CF: "criação de programas de prevenção e atendimento especializado para as pessoas portadoras de deficiência física, sensorial ou mental, bem como de integração social do adolescente e do jovem portador de deficiência, mediante o treinamento para o trabalho e a convivência, e a facilitação do acesso aos bens e serviços coletivos, com a eliminação de obstáculos arquitetônicos e de todas as formas de discriminação".

3) horários e locais prejudiciais à sua formação e ao seu desenvolvimento físico, psíquico, moral e social: é aquele realizado em tabacaria, motéis, *sex shop*, casa de massagem etc.;

4) horários e locais que não permitam a frequência escolar: o contrato de aprendizagem não pode inviabilizar a continuidade ou o início dos estudos pelo adolescente.

O **programa social** que tenha por base o trabalho educativo deve ser registrado perante o CMDCA (art. 90, § 1º, do ECA e Resolução 164/2014 do Conanda), seja governamental ou não governamental sem fins lucrativos, sendo assegurado ao adolescente, que dele participe, as condições de capacitação para o exercício de atividade remunerada (art. 68).

O **trabalho educativo** é "a atividade laboral em que as exigências pedagógicas relativas ao desenvolvimento pessoal e social do educando prevalecem sobre o aspecto produtivo" (art. 68, § 1º).

Por seu turno, "a remuneração que o adolescente recebe pelo trabalho efetuado ou a participação na venda dos produtos de seu trabalho não desfigura o caráter educativo" (art. 68, § 2º). Contudo, o seu trabalho não pode consistir apenas em vendas ou empacotamento de embalagens, sob pena de descaracterizar o contrato de aprendizagem para um contrato de trabalho tradicional.

Quanto à **idade permitida ao trabalho e às suas condições**, tem-se:

Idade	Trabalho
Menor de 14 anos	Proibição
Dos 14 anos completos aos 16 anos incompletos	Permitido, na condição de aprendiz
Dos 16 completos aos 18 anos incompletos	Permitido na condição de aprendiz e o trabalho regular, exceto o noturno, insalubre ou perigoso
A partir dos 18 anos	Permitido, sem restrições

2.3.6.2 Atividades no âmbito doméstico familiar

O art. 1.634, IX, do CC dispõe que compete aos pais exigir dos filhos que lhe "prestem obediência, respeito e os serviços próprios de sua idade e condição".

O art. 28, II e III, da LDB preceitua que, na oferta de educação básica para a população rural, os sistemas de ensino promoverão as adaptações necessárias à sua adequação às peculiaridades da vida rural e de cada região, especialmente na organização escolar própria, incluindo adaptação do calendário às fases do ciclo agrícola e à natureza do trabalho na zona rural.

Portanto, conclui-se que inexiste proibição de atividades aos menores de 14 (quatorze) anos no âmbito doméstico da família, desde que respeitada a sua condição peculiar de pessoa em desenvolvimento[127].

2.4 DIREITO FUNDAMENTAL À CONVIVÊNCIA FAMILIAR

2.4.1 Direito de crescer no seio familiar

2.4.1.1 Introdução

O *caput* do art. 19, com redação dada pela Lei 13.257/2016, prevê: "É direito da criança e do adolescente ser criado e educado no seio de sua família e, excepcionalmente, em família

[127] No mesmo sentido: SANTOS, Ângela Maria Silveira dos. Prevenção In: MACIEL, Kátia Regina Ferreira Lobo Andrade (coord.). *Curso de direito da criança e do adolescente*: aspectos teóricos e práticos. 8. ed. rev. e atual. São Paulo: Saraiva, 2016, p. 408-9; MADALENO, Rolf. *Direito de família*. 6. ed. rev., atual. e ampl. Rio de Janeiro: Forense, 2017, p. 700.

substituta, assegurada a convivência familiar e comunitária, em ambiente que garanta seu desenvolvimento integral".

Como regra geral e pela lei da natureza, os filhos devem ser criados por seus pais naturais (*no seio de sua família*). Contudo, excepcionalmente, na ausência destes (desaparecimento ou morte) ou na impossibilidade do exercício do poder familiar ante a falta de aptidão, a criança ou adolescente será inserido em *família substituta*, de forma a garantir o seu desenvolvimento integral (arts. 19, *caput*, e 100, parágrafo único, X).

A excepcionalidade do afastamento dos pais é demonstrada pelo § 3º do art. 19, o qual diz que a manutenção ou a reintegração de criança ou adolescente à sua família natural terá preferência em relação a qualquer outra providência, caso em que esta será incluída em serviços e programas de proteção, apoio e promoção.

Entretanto, tal medida apenas será cabível se atender ao melhor interesse do infante. Com efeito, o objetivo do ECA ao tratar do direito fundamental à convivência familiar, é garantir um ambiente que proporcione o desenvolvimento integral da criança ou adolescente. Ou seja, os **pais não têm direito absoluto de criar os seus filhos** – apenas o farão se tiverem todas as condições necessárias.

Verificada situação de risco e havendo necessidade de afastamento do infante da convivência de seus pais ou responsável, *em regra*, não haverá inserção imediata em família substituta. De fato, os §§ 1º dos arts. 101 e 34 estabelecem:

> **Art. 101, § 1º** O acolhimento institucional e o acolhimento familiar são medidas provisórias e excepcionais, utilizáveis como forma de transição para reintegração familiar ou, não sendo esta possível, para colocação em família substituta, não implicando privação de liberdade.
>
> **Art. 34, § 1º** A inclusão da criança ou adolescente em programas de acolhimento familiar terá preferência a seu acolhimento institucional, observado, em qualquer caso, o caráter temporário e excepcional da medida, nos termos desta Lei.

Da conjugação destes dispositivos, nota-se que o legislador estabelece o acolhimento familiar (em preferência) e o acolhimento institucional (entidade) como medidas provisórias e excepcionais, de modo a possibilitar a transição para família natural. Contudo, não sendo esta possível, haverá a colocação do infante em família substituta.

A Lei 13.509, de 22 de novembro de 2017, que promoveu a segunda minirreforma da convivência familiar, introduziu os §§ 5º e 6º ao art. 19 do ECA:

> Art. 19. [...]
>
> **§ 5º** Será garantida a convivência integral da criança com a **mãe adolescente** que estiver em acolhimento institucional.
>
> **§ 6º** A mãe adolescente será assistida por equipe especializada multidisciplinar (grifou-se).

Esses dispositivos decorrem da regra de que todo infante tem o direito de crescer no seio de sua família (art. 19, *caput*), haja vista que a situação de acolhimento institucional de mãe adolescente não lhe tolhe o direito de cuidar de seu filho, salvo motivo devidamente justificado e comprovado.

Embora o § 5º do art. 19 somente garanta o direito da convivência integral do infante com a **mãe adolescente**, não raras vezes, há casos de abusos sexuais contra crianças que engravidam e são acolhidas institucionalmente por tais fatos, de forma que entendemos que referido direito também se estende à **mãe criança**, por força do *caput* do art. 19.

2.4.1.2 *Classificações de família*

O ECA utiliza três classificações:

a) família natural, biológica ou nuclear: é "a comunidade formada pelos pais ou por qualquer deles e seus descendentes" (art. 25, *caput*).

b) família extensa ou ampliada: é "aquela que se estende para além da unidade pais e filhos ou da unidade do casal, formada por parentes próximos com os quais a criança ou adolescente convive e mantém vínculos de afinidade e afetividade" (art. 25, parágrafo único).

Observa-se que o legislador não limitou o grau de parentesco, desde que o infante conviva e mantenha vínculos de afinidade e afetividade com o parente biológico. Para definir família extensa, o ECA exige "vínculos de afinidade e afetividade".

Todavia, no momento da apreciação do pedido de inserção em família substituta, o que inclui a família extensa, deverá ser levado em consideração o grau de parentesco e a relação de "afinidade ou de afetividade", a fim de evitar ou minorar as consequências decorrentes da medida (art. 28, § 3º).

Portanto, para a inserção do infante em sua família extensa basta que seja demonstrada a afinidade ou afetividade, pois o objetivo é manter a criança ou adolescente no seio de sua família biológica, desde que, por óbvio, isto represente o melhor para seu interesse.

Não se deve buscar a inserção do infante a qualquer custo e, não raro, por inúmeras tentativas, sob os cuidados de sua família extensa, se inexistentes afinidade ou afetividade, apenas por questão de permanecer na mesma família, como uma forma de visão monocular ao biologismo, sem se atentar ao princípio do melhor interesse. Afinal, o infante tem o direito ao crescimento num ambiente que propicie um crescimento equilibrado, seja com parentes ou não.

O princípio da prioridade das famílias natural ou extensa é relativo e deve ser flexibilizado quando não atender ao melhor interesse da criança[128]. Em recente julgado, o STJ concedeu ordem em *habeas corpus* para manter criança com seus guardiões de fato há quase um ano, em detrimento da pretensão dos avós maternos, pois estes não tinham estrutura material e emocional para o saudável desenvolvimento do infante, tendo o laudo multiprofissional atestado que o estágio de convivência estava sendo positivo e que sua retirada da família substituta poderia caracterizar violação de direitos, ante o forte vínculo socioafetivo e de pertencimento construído[129].

c) família substituta: é a família constituída por parentes ou não da criança ou adolescente que o acolhe quando não for mantido ou reinserido no seio de sua família natural. A colocação em família substituta ocorre nas modalidades de guarda, tutela ou adoção.

2.4.1.3 *Audiência concentrada*

É a denominação dada pelo Conselho Nacional de Justiça, mediante o Provimento 118, de 29 de junho de 2021, da Corregedoria Nacional de Justiça, para a audiência realizada, em cada semestre, preferencialmente nos meses de "abril e outubro" ou "maio e novembro", com a presença dos atores do sistema de garantia dos direitos da criança e do adolescente, para reavaliação de cada uma das medidas protetivas de acolhimento. Sempre que possível, deverá ser realizada nas dependências das entidades de acolhimento.

O juízo que determinar o acolhimento institucional será o responsável pela audiência concentrada, ainda que a medida esteja em execução em entidade localizada fora de sua jurisdição territorial, podendo valer-se de videoconferência ou de outros meios de comunicação (art. 1º, § 5º, do Provimento 118/2021).

Tal audiência foi inicialmente prevista no § 1º do art. 19 do ECA, incluído pela Lei 12.010/2009 e no Provimento 32/2013 da Corregedoria Nacional de Justiça, e estabelecia que

---

[128] HC 920.220/SC, 3ª T., Rel. Min. Moura Ribeiro, *DJe* 19.11.2024.

[129] HC 926.772/SP, 3ª T., Rel. Min. Marco Aurélio Bellizze, *DJe* 24.09.2024.

a situação da criança ou adolescente em programa de acolhimento familiar ou institucional deveria ser reavaliada, no máximo, a cada 6 (seis) meses.

Ao ser aprovada pelo Congresso Nacional, a Lei 13.509/2017 alterou o § 1º do art. 19 para reduzir o prazo de reavaliação para, no máximo, a cada 3 (três) meses. Contudo, este dispositivo foi vetado pelo Presidente da República.

Entretanto, posteriormente, tal veto foi derrubado pelo Congresso Nacional e, em 22 de fevereiro de 2018, o mencionado dispositivo foi promulgado com a seguinte redação:

> Art. 19. [...]
>
> § 1º Toda criança ou adolescente que estiver inserido em programa de acolhimento familiar ou institucional terá sua situação reavaliada, **no máximo, a cada 3 (três) meses**, devendo a autoridade judiciária competente, com base em relatório elaborado por equipe interprofissional ou multidisciplinar, decidir de forma fundamentada pela possibilidade de reintegração familiar ou pela colocação em família substituta, em quaisquer das modalidades previstas no art. 28 desta Lei (grifou-se).

Logo, o ECA determina a reavaliação da situação da criança ou adolescente inserido em programas de acolhimento familiar ou institucional, no máximo, a cada 3 (três) meses. Não obstante, diante do caso concreto, nada impede a reavaliação da medida em tempo inferior ao estipulado, sempre que sobrevier informação acerca da possibilidade de reinserção do infante em sua família natural ou extensa. Aliás, esta é a redação do § 8º do art. 101:

> **Art. 101, § 8º** Verificada a possibilidade de reintegração familiar, o responsável pelo programa de acolhimento familiar ou institucional fará **imediata comunicação** à autoridade judiciária, que dará vista ao Ministério Público, pelo prazo de 5 (cinco) dias, decidindo em igual prazo (grifou-se).

Como há possibilidade de acolhimento de criança ou adolescente, *em caráter excepcional e de urgência*, sem prévia determinação da autoridade judiciária (art. 93, *caput*)[130], recomenda-se, após ratificação judicial do acolhimento em pedido formulado pelo Ministério Público, a designação imediata desta audiência, a fim de analisar a possibilidade do retorno do infante à família natural ou aplicação de outra medida de proteção adequada à situação.

Diante dos bons resultados nas avaliações periódicas dessa audiência concentrada, o CNJ publicou a Recomendação 98, de 26 de maio de 2021, para recomendar aos tribunais e autoridades judiciais a adoção de diretrizes e procedimentos para realização de audiências concentradas a fim de reavaliar as medidas socioeducativas de internação e semiliberdade (v. item 2.13.5).

2.4.1.4 *Prazo máximo de permanência em acolhimento institucional*

A permanência da criança ou adolescente em entidade de acolhimento institucional **não se prolongará por mais de dezoito meses,** *salvo comprovada necessidade* que atenda ao seu superior interesse, devidamente fundamentada pela autoridade judiciária (art. 19, § 2º, com redação dada pela Lei 13.509/2017). Antes da alteração, o prazo máximo era de dois anos.

2.4.1.5 *Gestante ou mãe que manifeste interesse em entregar seu filho para adoção*

A Lei 13.509/2017 incluiu o art. 19-A e parágrafos para tratar sobre a gestante ou mãe que manifeste interesse em entregar seu filho para adoção, antes ou logo após o nascimento. A matéria foi regulamentada pela Resolução CNJ 485, de 18 de janeiro de 2023.

---

[130] Art. 93, *caput*, do ECA: "As entidades que mantenham programa de acolhimento institucional poderão, em caráter excepcional e de urgência, acolher crianças e adolescentes sem prévia determinação da autoridade competente, fazendo comunicação do fato em até 24 (vinte e quatro) horas ao Juiz da Infância e da Juventude, sob pena de responsabilidade".

Após manifestada a vontade de entrega do filho para adoção, o encaminhamento da gestante ou mãe deverá ser feito, sem constrangimento, à Justiça da Infância e Juventude por hospitais, maternidades, unidades de saúde, conselhos tutelares, Centros de Referência de Assistência Social (CRAS), Centros de Referência Especializada de Assistência Social (CREAS), instituições de ensino ou demais órgãos do Sistema de Garantia de Direitos. O juízo da Infância deverá formalizar o procedimento judicial para acompanhamento do caso.

A gestante ou mãe deverá ser acolhida por equipe interprofissional do Poder Judiciário. Na ausência desta, poderá a autoridade judiciária, de forma excepcional e provisória, designar servidor qualificado da Vara com competência da Infância e Juventude.

Em seguida, a equipe interprofissional competente ouvirá a gestante ou mãe e, considerando os eventuais efeitos do estado gestacional ou puerperal, elaborará relatório à autoridade judiciária (art. 19-A, § 1º, do ECA), contendo: se a manifestação de vontade é fruto de decisão amadurecida e consciente ou determinada pela falta de garantia de direitos; se foi oferecida orientação sobre direitos de proteção, inclusive de aborto legal em caso de gestação decorrente de crime; se foi oferecido apoio psicossocial e socioassistencial; se as condições cognitivas da gestante ou mãe reclamam apoio para tomada de decisão; se as condições emocionais e psicológicas demandam avaliação clínica; e se há conhecimento sobre a identidade e paradeiro do pai e da família paterna.

Recebido o relatório, a autoridade judiciária poderá determinar o encaminhamento da gestante ou mãe, mediante sua expressa concordância, à rede pública de saúde e assistência social para atendimento especializado (art. 19, § 2º).

Mesmo que silente o dispositivo, após o início do acompanhamento por esses órgãos, os relatórios deverão ser encaminhados à Justiça da Infância e Juventude, com a finalidade de acompanhamento da vontade anteriormente manifestada.

Também será iniciada busca à **família extensa**[131] para o acolhimento da criança, observando-se o prazo máximo de 90 (noventa) dias, prorrogável por igual período, por decisão fundamentada (§ 3º). Não há menção expressa sobre o órgão competente por essa busca, mas, conforme previsto no § 9º do art. 101, ficará a cargo dos técnicos da entidade de acolhimento ou dos responsáveis pela execução da política municipal de garantia do direito à convivência familiar.

Após a comunicação do nascimento da criança no processo, ou em se tratando de criança já nascida quando da judicialização, a autoridade judiciária determinará inicialmente o acolhimento familiar ou, não sendo este possível, o acolhimento institucional. Persistindo o interesse na entrega do recém-nascido para adoção, com base em relatório emitido por equipe técnica interprofissional, e após a alta hospitalar, salvo restrições médicas, será designada audiência para ratificação do consentimento sobre a adoção, em até 10 (dez) dias.

Em audiência ou perante a equipe interprofissional, caso os genitores manifestem desistência quanto à entrega da criança após o nascimento, o infante permanecerá com os pais e será determinado pela Justiça da Infância e Juventude o acompanhamento familiar pelo prazo de 180 (cento e oitenta) dias (§ 8º).

Por outro lado, inexistindo indicação do genitor e de outro representante da família extensa apto a receber a guarda da criança, a autoridade judiciária decretará a **extinção do poder familiar** e determinará a colocação da criança sob a guarda provisória de quem estiver habilitado a adotá-la ou de entidade que desenvolva programa de acolhimento familiar ou institucional (§ 4º).

Importante ressaltar que essa decretação da extinção do poder familiar somente ocorrerá após o nascimento da criança e em audiência designada para o consentimento da mãe ou de

[131] Art. 25, parágrafo único, do ECA: "Entende-se por família extensa ou ampliada aquela que se estende para além da unidade pais e filhos ou da unidade do casal, formada por parentes próximos com os quais a criança ou adolescente convive e mantém vínculos de afinidade e afetividade".

ambos os genitores, se houver pai registral ou pai indicado, na forma do § 1º do art. 166[132], garantido o sigilo sobre a entrega (art. 19-A, § 5º). Caso a gestante ou mãe não tenha advogado constituído, ser-lhe-á nomeado um defensor público ou advogado dativo.

O consentimento é retratável até a data da realização da audiência, e os genitores podem exercer o arrependimento no prazo de 10 (dez) dias, contado da data de prolação da sentença de extinção do poder familiar. O exercício desse direito deve ser garantido de forma simplificada, mediante certidão cartorária ou informação à equipe técnica.

Após o decurso do prazo para arrependimento previsto no art. 166, § 5º do ECA, o juízo determinará a inclusão imediata da criança no Sistema Nacional de Adoção e Acolhimento, para adoção por pessoas habilitadas.

Conforme previsão do § 6º do art. 19-A, objeto de derrubada de veto do Congresso Nacional em 22 de fevereiro de 2018, se o genitor e nenhum representante da família extensa comparecerem à audiência para confirmar a intenção de exercer o poder familiar ou a guarda, a autoridade judiciária suspenderá o poder familiar da mãe, e a criança será colocada sob a guarda provisória de quem esteja habilitado a adotá-la.

Isso se aplica quando há indicação de genitor, mas o registro apenas ocorreu em nome da genitora. Embora haja menção de suspensão do poder familiar desta, tal providência somente poderá ser adotada em processo no qual se assegure seu contraditório (arts. 24, 153, parágrafo único, 155 e 169 do ECA)[133]. Por outro lado, se houver pai registral e este também não comparecer à audiência, há necessidade de ajuizamento de destituição do poder familiar em desfavor de ambos.

Os detentores da guarda deverão propor ação de adoção no prazo de 15 (quinze) dias, contado do dia seguinte ao término do estágio de convivência (§ 7º).

Conforme o § 9º, é assegurado à mãe o direito ao sigilo sobre o nascimento, respeitado o disposto no art. 48, que prevê o direito do adotado de conhecer sua origem biológica. A gestante ou parturiente que manifeste interesse em entregar seu filho para adoção tem direito ao sigilo judicial tanto do nascimento quanto da entrega, inclusive em relação ao suposto genitor e à família ampla[134]. Esse sigilo estende-se aos prontuários médicos e à finalidade do atendimento nas unidades de saúde, maternidades e perícias médicas. Tal proteção tem por finalidade resguardá-la de prejulgamentos, preconceitos e constrangimentos, garantindo um procedimento humanizado e prevenindo situações como aborto clandestino, adoção irregular e abandono em vias públicas.

2.4.1.6 *Recém-nascido e criança abandonados e inscrição no cadastro nacional de adoção*

A Lei 13.509/2017, ao ser aprovada pelo Congresso Nacional, incluía o art. 19-A, § 10: "Serão cadastrados para adoção recém-nascidos e crianças acolhidas não procuradas por suas famílias no prazo de 30 (trinta) dias, contado a partir do dia do acolhimento".

Porém, referido parágrafo foi vetado pelo Presidente da República, pelas seguintes razões:

> O prazo previsto no dispositivo é exíguo, e mostra-se incompatível com a sistemática do Estatuto e com o prazo de busca à família extensa, conforme disposto no § 3º do mesmo artigo. Além disso, é insuficiente para se resguardar que a mãe não tenha agido sob influência do estado puerperal e que, assim, possa ainda reivindicar a criança.

[132] PINTO DE OLIVEIRA, Olívia Marcelo. O parto anônimo à luz do constitucionalismo brasileiro. Curitiba: Juruá, 2011, p. 129.

[133] No mesmo sentido: Ministério Público do Estado do Paraná. *Comparativo ECA – Estatuto da Criança e do Adolescente e as alterações definidas pela Lei n. 13.509, de 22 de novembro de 2017*. Disponível em: http://www.crianca.mppr.mp.br/arquivos/File/legis/eca/comparativo_eca_x_lei_13509_2017_caopcae.pdf. Acesso em: 21 out. 2018.

[134] STJ, REsp 2.086.404/MG, 3ª T., Rel. Min. Moura Ribeiro, *DJe* 07.10.2024.

Entretanto, o Congresso Nacional derrubou o veto e o referido dispositivo foi promulgado em 22 de fevereiro de 2018.

Da redação legal do § 10 do art. 19-A infere-se que o legislador cuida do recém-nascido e da criança que **não possuem genitora registrada e conhecida**, e encontram-se em situação de abandono, estão acolhidos e não são procurados por seus familiares no prazo de 30 (trinta) dias.

A inclusão no cadastro nacional de adoção após esse prazo justifica-se desde que inexistam informações acerca de família extensa. É a situação de recém-nascido abandonado em via pública, lixeira, porta de residência etc.

Nesses casos, mostra-se impossível a realização de audiência para anuência da genitora ou até mesmo o ajuizamento de ação de destituição do poder familiar, por ausência de polo passivo. Logo, independentemente de qualquer ação, haverá a inscrição do recém-nascido ou criança no cadastro nacional de adoção.

Por outro lado, o dispositivo em questão **não se aplica para a situação na qual o recém-nascido ou criança abandonado tem genitora registrada**. De fato, se houve o abandono, o acolhimento e a criança não foi procurada por familiar no prazo de 30 (trinta) dias, deve-se buscar por família extensa pelo prazo máximo de 90 (noventa) dias, prorrogável por igual período (art. 19-A, § 3º). Após este prazo, será colhido o consentimento da genitora para a entrega da criança (art. 19-A, § 5º). Caso haja concordância, insere-se o infante no cadastro nacional de adoção.

Inexistindo a concordância e não sendo localizada a genitora ou qualquer ente da família extensa, há necessidade de ajuizamento de destituição do poder familiar, não sendo possível, em nosso entendimento, a inscrição direta no cadastro para adoção, haja vista que o ECA prevê que a adoção depende de consentimento dos pais biológicos (arts. 45, *caput*, e 166, § 1º) ou de sentença judicial de destituição do poder familiar (art. 45, § 1º).

No mesmo sentido, confira-se o posicionamento do Centro de Apoio Operacional das Promotorias da Criança e do Adolescente do Ministério Público do Estado do Paraná:

> Na verdade o dispositivo viola toda a estrutura da parte do ECA que trata da destituição do poder familiar, estabelecendo uma forma de colocação da criança em adoção sem que haja o devido processo legal em relação a seus genitores que em tese descumprem com seus deveres, e sob a ótica deste CAOP esta parte pode ser considerada ilegal eis que viola vários dispositivos e princípios norteadores da legislação infantojuvenil sendo o principal deles a prevalência dos vínculos familiares estabelecidos no art. 100, não se recomendando a sua aplicação. Devendo ser mantida a sistemática de, em caso de abandono, tentar a promoção familiar e somente em esta não sendo possível ajuizar a DPF, e somente procedendo-se ao cadastro na lista de adoção após o trânsito em julgado desta[135].

2.4.1.7 *Acolhimento familiar*

O art. 34 e seus parágrafos cuidam do programa de acolhimento familiar, o qual se caracteriza pelo cadastro de uma pessoa ou um casal para o fim de receber, sob a sua responsabilidade, na modalidade de guarda, criança ou adolescente afastado do convívio familiar.

O ECA determina que o poder público, mediante assistência jurídica, incentivos fiscais e subsídios, estimule o programa de acolhimento familiar (art. 34, *caput*).

O art. 50, § 11, dispõe: "Enquanto não localizada pessoa ou casal interessado em sua adoção, a criança ou o adolescente, sempre que possível e recomendável, será colocado sob guarda de família cadastrada em programa de acolhimento familiar".

---

135 Ministério Público do Estado do Paraná. *Comparativo ECA – Estatuto da Criança e do Adolescente e as alterações definidas pela Lei n. 13.509, de 22 de novembro de 2017*. Disponível em: http://www.crianca.mppr.mp.br/arquivos/File/legis/eca/comparativo_eca_x_lei_13509_2017_caopcae.pdf. Acesso em: 21 out. 2018.

Por implicar na permanência da criança ou do adolescente num ambiente familiar devidamente cadastrado (pessoa ou casal – art. 34, § 2º), este programa tem preferência em relação à medida de proteção de acolhimento institucional (art. 34, § 1º)[136].

O CNMP publicou a Recomendação 82, de 10 de agosto de 2021, que dispõe sobre o aprimoramento da atuação do Ministério Público por intermédio do acompanhamento do cofinanciamento federal aos serviços de acolhimento de crianças e adolescentes e à promoção do fortalecimento do serviço de acolhimento familiar, e estabelece como seu objetivo a concentração de esforços na atuação do MP, visando a salvaguardar o direito à convivência familiar e comunitária das crianças e adolescente mediante ações que promovam: **a)** a ampliação do serviço de acolhimento familiar; **b)** a redução do número de acolhidos institucionalmente; e **c)** o acompanhamento do cofinanciamento federal ao serviço de acolhimento.

A Lei 13.257/2016 incluiu os §§ 3º e 4º ao art. 34 do ECA. O § 3º prevê que a União apoiará a implementação de serviços de acolhimento em família acolhedora como política pública, os quais deverão dispor de equipe que organize o acolhimento temporário de crianças e adolescentes em residência de famílias *selecionadas, capacitadas e acompanhadas que não estejam no cadastro de adoção.*

O objetivo da norma ao excluir deste programa pessoa ou casal que esteja no cadastro de adoção foi evitar burla à fila do CNA mediante a obtenção prévia da guarda (art. 50, § 13, III).

A pessoa ou o casal cadastrado no referido programa será acompanhado quando estiver na guarda de criança ou adolescente, haja vista a necessidade de reavaliação da situação, no máximo, a cada três meses (art. 19, § 1º, com redação dada pela Lei 13.509/2017).

Podem ser utilizados recursos federais, estaduais, distritais e municipais para a manutenção dos serviços de acolhimento em família acolhedora, sendo *facultado o repasse* de recurso para a referida família (art. 34, § 4º). Do mesmo modo, há a previsão do art. 260, § 2º[137]. Por isso, denomina-se como **guarda subsidiada ou por incentivo**.

2.4.1.8 *Ordem de preferência do direito à convivência familiar*

Após a análise do direito fundamental à convivência familiar e comunitária, as classificações de família (natural, extensa e substituta) e as modalidades de acolhimento (familiar e institucional), pode-se estabelecer a seguinte ordem de preferência para a convivência da criança ou adolescente:

1º) **família natural:** se caracteriza pelo direito fundamental de a criança e o adolescente crescer no seio de sua família biológica (arts. 19 e 25 do ECA);

2º) **família extensa:** na impossibilidade de manutenção no seio da família natural, o infante será entregue aos parentes próximos (art. 25, parágrafo único, do ECA);

3º) **família substituta nacional:** ocorre quando inexiste ou é impossível a manutenção da criança ou adolescente no seio da sua família natural ou extensa, podendo ocorrer mediante guarda, tutela ou adoção (art. 28 do ECA). A preferência pela família nacional residente no país está prevista no art. 50, § 10, do ECA;

4º) **família substituta internacional:** somente é possível se inexistir família substituta nacional residente no país. Dentre a família substituta internacional, brasileiro resi-

---

[136] Sobre "acolhimento institucional", v. item 2.8.1.6.

[137] Art. 260, § 2º, do ECA: "Os conselhos nacional, estaduais e municipais dos direitos da criança e do adolescente fixarão critérios de utilização, por meio de planos de aplicação, das dotações subsidiadas e demais receitas, aplicando necessariamente percentual para incentivo ao acolhimento, sob a forma de guarda, de crianças e adolescentes e para programas de atenção integral à primeira infância em áreas de maior carência socioeconômica e em situações de calamidade".

dente no exterior tem preferência sobre estrangeiro (art. 51, § 2º, do ECA). A adoção constitui a única forma possível de inserção em família substituta internacional;

5º) **acolhimento familiar:** é a modalidade de inserção de criança ou adolescente afastado do convívio familiar para permanecer com uma família previamente cadastrada, enquanto não é possível a sua reinserção na família natural, extensa ou substituta. Por expressa previsão legal, tem preferência em relação ao acolhimento institucional (art. 34, § 1º, do ECA);

6º) **acolhimento institucional:** quando não se mostrar possível qualquer das hipóteses anteriores, o infante será acolhido em entidade de atendimento, como forma de reintegração familiar ou posterior colocação em família substituta (art. 101, § 1º, do ECA).

Por oportuno, cumpre registrar que a inserção em família substituta nacional ou internacional, em regra, precederá de acolhimento familiar ou institucional, tendo em vista a necessidade de busca da reintegração familiar do infante e a prévia avaliação da família substituta, se for o caso (§§ 1º dos arts. 34 e 101).

2.4.1.9 Apadrinhamento

O programa de apadrinhamento era comum à realidade da Justiça da Infância e Juventude, mas não era previsto expressamente no ECA até o advento da Lei 13.509/2017, que tratou do tema em seu art. 19-B e parágrafos.

Esse instituto consiste em proporcionar à criança e ao adolescente **acolhido em entidade institucional ou em família acolhedora** vínculos externos, visando a convivência familiar e comunitária e a colaboração com o seu desenvolvimento nos aspectos social, moral, físico, cognitivo, educacional ou financeiro.

Em regra, concretiza-se em passeios nos finais de semana, feriados prolongados e férias.

Os programas ou serviços de apadrinhamento apoiados pela Justiça da Infância e Juventude podem ser executados por órgãos públicos ou por organizações da sociedade civil (art. 19-B, § 5º).

Podem ser padrinhos ou madrinhas: **(a)** as pessoas físicas; e **(b)** as pessoas jurídicas (art. 19-B, § 3º).

Quanto às pessoas físicas, num primeiro momento, o § 2º do citado artigo foi aprovado pelo Congresso Nacional, mas vetado pelo Presidente da República, sob as seguintes razões:

> A manutenção do dispositivo implicaria prejuízo a crianças e adolescentes com remotas chances de adoção, ao vedar a possibilidade de serem apadrinhadas por quem está inscrito nos cadastros de adoção, sendo que o perfil nos programas de apadrinhamento é justamente o de crianças e adolescentes com remotas possibilidades de reinserção familiar. A realidade tem mostrado que parte desse contingente tem logrado sua adoção após a participação em programas de apadrinhamento e construção gradativa de vínculo afetivo com padrinhos e madrinhas, potenciais adotantes.

Todavia, o veto ao § 2º foi derrubado pelo Congresso Nacional e promulgado pelo Presidente da República, em 22 de fevereiro de 2018, com a seguinte redação: "Podem ser padrinhos ou madrinhas pessoas maiores de 18 (dezoito) anos *não inscritas nos cadastros de adoção*, desde que cumpram os requisitos exigidos pelo programa de apadrinhamento de que fazem parte" (grifou-se). Como se vê, qualquer pessoa maior de 18 (dezoito) anos não inscrita no cadastro de adoção pode ser padrinho ou madrinha. A intenção do legislador, ao afastar pessoa inscrita, certamente, foi evitar que pessoas habilitadas nos cadastros buscassem a formação de vínculo com criança ou adolescente em acolhimento, para, num segundo momento, tentar a adoção, com possível burla à ordem cronológica. Entretanto, quando se tratar de criança ou adolescente em situação de acolhimento há muito tempo e sem interessados na sua adoção, nada impede que o apadrinhamento seja realizado por pessoa inscrita no cadastro. Afinal, conforme as razões do veto, com as quais concordamos, o apadrinhamento pode possibilitar a criação de vínculo afetivo com crianças e adolescentes com remotas chances de adoção, de forma que essa aproximação poderá resultar numa vontade de adotar por parte do padrinho ou madrinha.

Assim, a análise do caso concreto e o princípio do melhor interesse sempre devem nortear as decisões no âmbito da infância, pois a vedação legal do § 2º do art. 19-B do ECA aplicada, indiscriminadamente, prejudicaria diretamente o infante que há muito espera por uma família[138].

Há duas espécies de apadrinhamento:

a) **financeiro**: é aquele que se caracteriza por uma contribuição financeira à criança ou ao adolescente, conforme as suas necessidades, podendo ter como padrinho pessoa física ou jurídica; e
b) **afetivo**: é o decorrente da existência de vínculos afetivos entre o padrinho (pessoa física) e o afilhado (criança ou adolescente acolhido institucionalmente ou em família acolhedora). Tem por finalidade possibilitar que o afilhado tenha uma família que lhe dispense tempo e afeto.

O perfil da criança ou adolescente a ser apadrinhado será definido no âmbito de cada programa de apadrinhamento, devendo-se dar prioridade para os infantes com remota possibilidade de reinserção familiar ou colocação em família substituta (art. 19, § 4º).

Ocorrendo violação das regras do apadrinhamento, os responsáveis pelo programa e pelos serviços de acolhimento deverão imediatamente notificar a autoridade judiciária competente (art. 19, § 6º).

2.4.2 Poder familiar ou função parental

2.4.2.1 Introdução

O poder familiar está disciplinado nos arts. 1.630 ao 1.638 do CC e nos arts. 21 ao 24 do ECA.

Tal instituto se caracteriza pelo poder-dever exercido pelos pais em relação ao filho menor de dezoito anos, em igualdade de condições, num regime de família democrática, com a finalidade de guardá-lo, sustentá-lo e educá-lo, de forma a proporcionar seu desenvolvimento integral, cabendo-lhes ainda a obrigação de cumprir e fazer cumprir as determinações judiciais (art. 22, *caput*). Em caso de discordância entre os pais, é assegurado o direito de recorrer à autoridade judiciária para a solução da divergência (art. 21).

O STJ, em recente julgado, ao analisar *habeas corpus* impetrado por genitores contra decisão judicial que determinou seu comparecimento, juntamente com o filho menor, ao CREAS I para avaliação psicossocial, em razão de procedimento de apuração de eventuais maus-tratos, entendeu que é obrigação dos pais cumprir e fazer cumprir as determinações judiciais no interesse dos filhos menores, ante a expressa previsão do art. 22 do ECA. Além disso, assentou que a convocação dos genitores para prestarem esclarecimentos na rede protetiva não configura ameaça ao direito de locomoção, sendo incabível o manejo do *writ* para tal finalidade[139].

---

[138] No mesmo sentido: PIEROZAN, Júlia Höpner; VERONESE, Josiane Rose Petry. *Apadrinhamento afetivo como garantia do direito à convivência familiar*. In: VERONESE, Josiane Rose Petry (autora e organizadora). Estatuto da Criança e do Adolescente – 30 anos: grandes temas, grandes desafios. Rio de Janeiro: Lumen Juris, 2020, p. 367.

[139] AgInt no HC 939.193/SP, 3ª T., Rel. Min. Moura Ribeiro, *DJEN* 10.12.2024.

A Lei 13.257/2016 incluiu o parágrafo único ao art. 22:

> Art. 22. [...]
>
> **Parágrafo único.** A mãe e o pai, ou os responsáveis, têm direitos iguais e deveres e responsabilidades compartilhados no cuidado e na educação da criança, devendo ser resguardado o direito de transmissão familiar de suas crenças e culturas, assegurados os direitos da criança estabelecidos nesta Lei.

Pode-se afirmar que o **poder familiar não é absoluto**, pois, se ficar provada situação que autorize sua suspensão ou destituição, os genitores podem ser privados do exercício de tal direito, vez que o objetivo é sempre buscar o melhor interesse do infante, mesmo que a genitora tenha manifestado o desejo de criá-lo, mas o tenha abandonado[140].

2.4.2.2 Hipóteses de destituição e suspensão

Há a necessidade de ajuizamento de **ação de destituição** do poder familiar caso ocorra uma dessas situações:

1) descumprimento injustificado das determinações judiciais ou dos deveres de sustento, guarda e educação do filho (arts. 22 e 24);

2) condenação do pai ou da mãe por crime doloso sujeito à pena de reclusão contra outrem igualmente titular do mesmo poder familiar ou contra filho, filha ou outro descendente (art. 23, § 2º, com redação dada pela Lei 13.715, de 24 de setembro de 2018).

Em sua redação original, o dispositivo apenas abrangia o ato criminoso praticado contra o filho. A inovação legislativa reside na possibilidade de destituição se o crime for praticado contra quem também exerce o poder familiar (pai ou mãe) ou contra outro descendente (neto, bisneto etc.).

Assim, se um genitor provoca lesão corporal de natureza grave (art. 129, § 1º, do CP) contra o outro genitor, a sua condenação poderá dar ensejo à sua destituição do poder familiar em relação aos seus filhos, ainda que estes não tenham sido vítimas do crime.

Por sua vez, a destituição do poder familiar na hipótese de condenação por crime "contra outro descendente" poderá ocorrer quando o avô, genitor de dois filhos, um adulto (que tem uma criança) e um menor de idade, cometer algum crime punido reclusão contra o seu neto. Nessa situação, em havendo condenação, o avô será destituído do poder familiar do seu filho menor de idade, pois este é sujeito ao poder familiar e não o neto, vítima do crime.

Importante notar que o dispositivo em análise exige a condenação, não podendo o juízo cível, baseado no art. 23, § 2º, do ECA, promover a destituição do poder familiar sem a sentença de procedência da pretensão punitiva descrita na denúncia, diferentemente das hipóteses do parágrafo único do art. 1.638 do CC, acrescidas pela Lei 13.715/2018, que serão estudadas a seguir.

3) incidência dos incisos do art. 1.638 do CC: "I – castigar imoderadamente o filho; II – deixar o filho em abandono; III – praticar atos contrários à moral e aos bons costumes; IV – incidir, reiteradamente, nas faltas previstas no artigo antecedente; e *V – entregar de forma irregular o filho a terceiros para fins de adoção*" (grifou-se).

Esse último inciso foi acrescentado pela Lei 13.509/2017 e tem por objetivo qualificar a "adoção à brasileira" como causa de destituição do poder familiar. Assim, antes de tal alteração legislativa, a simples entrega irregular do filho não ensejava a perda do poder familiar e a consequente adoção, caso não ficasse demonstrada alguma hipótese legal de destituição[141].

---

140 STJ, AREsp 1.005.745/SP, Rel. Min. Marco Buzzi, p. 04.04.2017.

141 STJ, REsp 1.674.207/PR, 3ª T., Rel. Min. Moura Ribeiro, *DJe* 24.04.2018.

A Lei 13.715/2018, além de alterar o ECA e o CP, também incluiu novas causas de destituição do poder familiar no CC, sendo elas previstas no parágrafo único do art. 1.638:

> Art. 1.638. [...]
>
> Parágrafo único. Perderá também por ato judicial o poder familiar aquele que:
>
> I – **praticar** contra outrem igualmente titular do mesmo poder familiar:
>
> a) homicídio, feminicídio ou lesão corporal de natureza grave ou seguida de morte, quando se tratar de crime doloso envolvendo violência doméstica e familiar ou menosprezo ou discriminação à condição de mulher;
>
> b) estupro ou outro crime contra a dignidade sexual sujeito à pena de reclusão;
>
> II – **praticar** contra filho, filha ou outro descendente:
>
> a) homicídio, feminicídio ou lesão corporal de natureza grave ou seguida de morte, quando se tratar de crime doloso envolvendo violência doméstica e familiar ou menosprezo ou discriminação à condição de mulher;
>
> b) estupro, estupro de vulnerável ou outro crime contra a dignidade sexual sujeito à pena de reclusão (original sem grifos).

De início, registre-se que o legislador utiliza a palavra "praticar" no CC, o que afasta a exigência de condenação, diferentemente do § 2º do art. 23 do ECA, o qual menciona "condenação". Logo, as hipóteses do parágrafo único do art. 1.638 do CC são autônomas do juízo penal, pois independem da sentença criminal condenatória.

Embora o legislador, no parágrafo único do art. 1.638 do CC, não exija a condenação para se operar a destituição do poder familiar, não basta a ocorrência de qualquer crime doloso contra outrem igualmente titular do mesmo poder familiar ou contra filho ou outro descendente para que ela se concretize. De fato, o legislador expressamente elencou os seguintes tipos penais que acarretam este efeito: homicídio, feminicídio ou lesão corporal grave ou seguida de morte, estupro, estupro de vulnerável ou outro crime contra a dignidade sexual sujeito à pena de reclusão.

Portanto, praticado qualquer desses crimes, admissível o ajuizamento de ação de destituição do poder familiar, independentemente de condenação criminal. Todavia, se for crime diverso punido com reclusão e praticado nas situações do art. 23, § 2º, do ECA, haverá a necessidade da condenação no âmbito penal, para o aforamento da ação de destituição do poder familiar, salvo se presente outra hipótese autorizadora prevista na legislação.

4) abusar, reiteradamente, de sua autoridade, faltando com os deveres a eles inerentes ou arruinando os bens dos filhos (arts. 1.638, IV, c. c. 1.637, *caput*, do CC).

A destituição do poder familiar e a adoção podem ser impostas por **juízo estrangeiro** e homologadas pelo STJ, desde que preenchidos os requisitos legais previstos nos arts. 5º e 6º da Resolução 9/2005 do STJ, não havendo ofensa à soberania nem à ordem jurídica[142].

Os casos de destituição (art. 1.638 do CC) não se confundem com as hipóteses de extinção do poder familiar (art. 1.635 do CC). De fato, são hipóteses de perda: a morte dos pais ou do filho, a emancipação, a maioridade, a adoção ou a decisão judicial em caso de destituição do poder familiar.

Assim, pode-se afirmar que toda destituição acarreta a extinção do poder familiar, mas nem toda extinção implica destituição.

Por outro lado, justifica-se o ajuizamento de **ação de suspensão** do poder familiar, se o pai ou a mãe: **1)** abusar de sua autoridade, faltando com os deveres a eles inerentes ou arruinando os bens dos filhos (art. 1.637, *caput*, do CC); ou **2)** for condenado por sentença

[142] SEC 259/HK, Corte Especial, Rel. Min. João Otávio de Noronha, *DJe* 23.08.2010.

irrecorrível, em virtude de crime cuja pena exceda a dois anos de prisão (art. 1.637, parágrafo único, do CC).

A ação de **suspensão do poder familiar** tem cabimento quando há possibilidade do retorno do filho ao convívio familiar, enquanto a de **destituição do poder familiar** é proposta quando há inviabilidade de tal regresso.

O procedimento da perda e da suspensão do poder familiar será tratado no item 2.16.2.

2.4.2.3 *Pais dependentes químicos*

O *caput* do art. 19, em sua redação original, era expresso ao assegurar o direito à convivência familiar e comunitária, "em ambiente livre da presença de pessoas dependentes de substâncias entorpecentes". Todavia, a Lei 13.257/2016 deu nova redação ao citado dispositivo, de forma a substituir esta frase por: "em ambiente que garanta seu desenvolvimento integral".

Embora exista a alteração legislativa, se o genitor dependente químico abandonar o seu filho, deixar de exercer os deveres de sustento, guarda e educação, abusar reiteradamente de sua autoridade ou praticar atos contrários à moral e aos bons costumes, será destituído do poder familiar, pois as hipóteses autorizadoras deste instituto permanecem hígidas no art. 1.638 do CC e arts. 22 c. c. 24 do ECA.

Afinal, o objetivo do legislador é garantir ao infante o direito de crescer em ambiente que propicie seu pleno desenvolvimento integral.

Portanto, a dependência química, *por si só*, não implica destituição do poder familiar. Todavia, infelizmente, a regra é o genitor dependente incorrer em uma causa legal que acarrete sua destituição. A propósito, o STJ, em recente julgado, decidiu:

> Ficou sobejamente demonstrado nos autos ser a genitora dependente química que não consegue abster-se das drogas, da prostituição e da prática de delitos e, portanto, não revela condições de prestar os cuidados básicos aos filhos, colocando-os em situação de risco. A antecipação dos efeitos da tutela com a determinação das providências adotadas foi devidamente justificada pela situação de risco dos menores em proteção e ante o perigo na demora a ser combatido na tutela de urgência, de modo a se preservar a utilidade e a efetividade da medida constritiva adotada[143].

2.4.2.4 *Pobreza*

O ECA, em seu art. 23, *caput*, prevê: "A falta ou a carência de recursos materiais não constitui motivo suficiente para a perda ou a suspensão do poder familiar". Tal redação se justifica, pois a **pobreza não figura como causa de destituição do poder familiar** (art. 1.638 do CC e arts. 22 c. c. 24 do ECA).

Em sendo constatada tal situação, não existindo outro motivo que autorize o afastamento do convívio familiar, o infante será mantido em sua família de origem, a qual deverá, obrigatoriamente, ser incluída em serviços e programas oficiais de proteção, apoio e promoção (art. 23, § 1º). Aliás, em recente julgado, o STJ entendeu que a vulnerabilidade socioeconômica da família, por si só, não constitui motivo para a destituição do poder familiar, especialmente quando os pareceres técnicos indicam a possibilidade de reintegração familiar e há forte vínculo afetivo entre pais e filhos. Nessas situações, em observância ao princípio da primazia da família natural, deve-se priorizar a inclusão da família em programas oficiais de proteção, apoio e promoção, buscando-se preservar os vínculos familiares[144].

---

143 AgInt no AREsp 890.218/RJ, 4ª T., Rel. Min. Raul Araújo, *DJe* 09.03.2017. No mesmo sentido: AgRg no AREsp 345.889/MS, 4ª T., Rel. Min. Raul Araújo, *DJe* 23.08.2016.

144 REsp 2.140.879/SC, 3ª T., Rel. Min. Marco Aurélio Bellizze, *DJe* 20.06.2024.

2.4.2.5 *Prisão e condenação criminal*

Sobre prisão e condenação criminal, importante a transcrição do § 4º do art. 19 e do § 2º do art. 23:

> **Art. 19, § 4º** Será garantida a convivência da criança e do adolescente com a mãe ou o pai privado de liberdade, por meio de visitas periódicas promovidas pelo responsável ou, nas hipóteses de acolhimento institucional, pela entidade responsável, independentemente de autorização judicial.
>
> **Art. 23, § 2º** A condenação criminal do pai ou da mãe não implicará a destituição do poder familiar, exceto na hipótese de condenação por crime doloso sujeito à pena de reclusão contra outrem igualmente titular do mesmo poder familiar ou contra filho, filha ou outro descendente (com redação dada pela Lei 13.715/2018).

Na hipótese de **genitor privado de liberdade**, o infante realizará visitas periódicas promovidas pelo responsável ou pelo representante da entidade de acolhimento institucional, *independentemente de ordem judicial.*

Todavia, tal **direito de visitas do genitor, privado ou não de liberdade, não é absoluto**, haja vista que a autoridade judiciária pode restringi-lo, expressa e fundamentadamente, quando da concessão de guarda, ou quando for aplicada guarda como preparação para adoção (art. 33, § 4º)[145].

Quanto ao direito de convivência com o genitor privado de liberdade, entendemos que este somente deve ser realizado se houver prévio contato entre este e o seu filho. Do contrário, caracterizaria uma obrigação ao infante de visitar o seu genitor em ambiente não propício para o seu desenvolvimento, mesmo tendo sido abandonado anteriormente. Assim, o direito de visita apenas deverá ser exercido se atender ao melhor interesse do infante[146].

Por outro lado, a **condenação criminal do genitor**, *por si só*, não acarreta a destituição do poder familiar, exceto se caracterizada hipótese descrita no § 2º do art. 23 do ECA, o qual foi tratado no item 2.4.2.2.

Já o Código Penal, em seu art. 92, II, alterado pela Lei 13.715/2018, prevê: "a incapacidade para o exercício do poder familiar, da tutela ou da curatela nos crimes dolosos sujeitos à pena de reclusão cometidos contra outrem igualmente titular do mesmo poder familiar, contra filho, filha ou outro descendente ou contra tutelado ou curatelado".

A lei penal, como se vê, trata da mesma situação do art. 23, § 2º, do ECA, e apenas amplia as incapacidades para o exercício da tutela ou curatela, em caso de prática de crime contra o tutelado ou curatelado. Logo, se o tutor agride a sua companheira, pelo CP, incabível a decretação de incapacidade do tutor em relação ao seu tutelado.

Os efeitos decorrentes das hipóteses do inciso II do art. 92 do CP não são automáticos, devendo ser motivadamente declarados na sentença (art. 92, parágrafo único, do CP).

Entretanto, se o infante havia sido abandonado por seu genitor antes da prisão, tal conduta já implica hipótese autorizadora da destituição do poder familiar, consoante jurisprudência do STJ[147].

2.4.2.6 *Alienação parental (Lei 12.318/2010)*

A alienação parental, também chamada de implantação de falsas memórias, é tratada na Lei n. 12.318, de 26 de agosto de 2010[148], sendo definida no *caput* do art. 2º:

---

145 Art. 33, § 4º, do ECA: "Salvo expressa e fundamentada determinação em contrário, da autoridade judiciária competente, ou quando a medida for aplicada em preparação para adoção, o deferimento da guarda de criança ou adolescente a terceiros não impede o exercício do direito de visitas pelos pais, assim como o dever de prestar alimentos, que serão objeto de regulamentação específica, a pedido do interessado ou do Ministério Público".

146 No mesmo sentido: NUCCI, Guilherme de Souza. *Estatuto da Criança e do Adolescente comentado*: em busca da Constituição Federal das crianças e dos adolescentes. 3. ed. rev., atual. e ampl. Rio de Janeiro: Forense, 2016, p. 89.

147 AREsp 1.005.745/SP, Rel. Min. Marco Buzzi, p. 04.04.2017; AREsp 857.744, Rel. Min. João Otávio de Noronha, p. 26.08.2016.

148 Considerando o objetivo desta obra de comentar sobre o ECA, recomenda-se a leitura integral da referida Lei que trata sobre a alienação parental.

> **Art. 2º** Considera-se ato de alienação parental a **interferência na formação psicológica da criança ou do adolescente** promovida ou induzida por um dos genitores, pelos avós ou pelos que tenham a criança ou adolescente sob a sua autoridade, guarda ou vigilância **para que repudie genitor ou que cause prejuízo ao estabelecimento ou à manutenção de vínculos com este** (grifou-se).

A respeito do tema, oportuna a lição de Maria Berenice Dias:

> O filho é utilizado como instrumento da agressividade, sendo induzido a odiar um dos genitores. Trata-se de verdadeira campanha de desmoralização. A criança é levada a afastar-se de quem ama e que também a ama. Este fenômeno manifesta-se principalmente no ambiente da mãe, devido à tradição de que a mulher seria mais indicada para exercer a guarda dos filhos, notadamente quando ainda pequenos. O alienador também pode ser o pai, em relação à mãe ou ao seu companheiro. [...]
>
> Os resultados são perversos. Pessoas submetidas à alienação mostram-se propensas a atitudes antissociais, violentas ou criminosas; depressão, suicídio e, na maturidade – quando atingida – revela-se o remorso de ter alienado e desprezado um genitor ou parente, assim padecendo de forma crônica de desvio comportamental ou moléstia mental, por ambivalência de afetos[149].

Pela leitura do art. 2º, vê-se que são **sujeitos ativos**: *genitores, avós e aqueles que tenham a criança ou adolescente sob sua guarda, autoridade ou vigilância*. Quanto ao **sujeito passivo** do ato de alienação, o legislador apenas figurou *o genitor*.

O parágrafo único do art. 2º, em **rol exemplificativo**, elenca atos de alienação parental, sem prejuízo de outros declarados pelo juiz ou constatados por perícia[150].

A prática da alienação parental viola os seguintes **direitos fundamentais** do infante (art. 3º): ***(a) direito à convivência familiar***, haja vista que prejudica a troca de afeto nas relações com o genitor e com o grupo familiar; e ***(b) direito à vida***, sob os aspectos das integridades psíquica e moral.

Essa prática ilícita também importa em descumprimento dos deveres inerentes à autoridade parental ou decorrentes de tutela ou guarda (art. 3º).

O reconhecimento judicial do ato de alienação parental tem as seguintes características (arts. 4º ao 8º):

1) pode ocorrer em qualquer momento processual, em **ação autônoma ou incidentalmente**, possuindo tramitação prioritária.
2) a autoridade judiciária, a requerimento ou de ofício, se presentes os requisitos da tutela de urgência (*probabilidade do direito e o perigo de dano* – art. 300 do CPC), determinará, com urgência, ouvido o Ministério Público, as medidas provisórias necessárias para a preservação da integridade psicológica do infante, inclusive para assegurar sua convivência com o genitor alienado ou viabilizar a reaproximação entre ambos, conforme o caso.
3) o juiz, se necessário, determinará perícia psicológica ou biopsicossocial, a ser realizada por profissional ou equipe multidisciplinar habilitada, exigido, em qualquer caso,

149 DIAS, Maria Berenice. *Manual de direito das famílias*. 11. ed. rev., atual. e ampl. São Paulo: Editora Revista dos Tribunais, 2016, p. 539.

150 Art. 2º, parágrafo único, da Lei 12.318/2010: "São formas exemplificativas de alienação parental, além dos atos assim declarados pelo juiz ou constatados por perícia, praticados diretamente ou com auxílio de terceiros: I – realizar campanha de desqualificação da conduta do genitor no exercício da paternidade ou maternidade; II – dificultar o exercício da autoridade parental; III – dificultar contato de criança ou adolescente com genitor; IV – dificultar o exercício do direito regulamentado de convivência familiar; V – omitir deliberadamente a genitor informações pessoais relevantes sobre a criança ou adolescente, inclusive escolares, médicas e alterações de endereço; VI – apresentar falsa denúncia contra genitor, contra familiares deste ou contra avós, para obstar ou dificultar a convivência deles com a criança ou adolescente; VII – mudar o domicílio para local distante, sem justificativa, visando a dificultar a convivência da criança ou adolescente com o outro genitor, com familiares deste ou com avós".

aptidão comprovada por histórico profissional ou acadêmico para diagnosticar atos de alienação parental (art. 5º, *caput*, e § 2º). O laudo deverá ser entregue no prazo de 90 (noventa) dias, prorrogável exclusivamente por autorização judicial baseada em justificativa circunstanciada (art. 5º, § 3º).

4) ao final da instrução, caracterizado ato de alienação parental ou qualquer conduta que dificulte a convivência da criança ou adolescente com o genitor, o juiz poderá, cumulativamente ou não, sem prejuízo da responsabilidade civil ou criminal e da ampla utilização de instrumentos processuais aptos a inibir ou atenuar seus efeitos, segundo a gravidade do caso, aplicar as medidas previstas nos incisos do art. 6º[151]. Assim, ainda que caracterizada a prática de alienação parental, isto não implica automática alteração de guarda do infante[152].

Por outro lado, caso fique caracterizada mudança abusiva de endereço, inviabilização ou obstrução à convivência familiar, o juiz também poderá inverter a obrigação de levar ou retirar a criança ou adolescente da residência do genitor, por ocasião das alternâncias dos períodos de convivência familiar (art. 6º, § 1º).

O genitor que viabiliza a efetiva convivência do infante com o outro genitor tem a preferência da atribuição ou alteração da guarda nas hipóteses em que seja inviável a guarda compartilhada (art. 7º).

5) a alteração de domicílio do infante é irrelevante para a determinação da competência relacionada às ações fundadas em direito de convivência familiar, *salvo se decorrente de consenso entre os genitores ou de decisão judicial* (art. 8º).

A Lei 14.340, de 18 de maio de 2022, promoveu as seguintes alterações na Lei de alienação parental:

a) alterou a redação do parágrafo único do art. 4º, para estabelecer o local da visitação assistida: no fórum em que tramita a ação ou em entidades conveniadas com a Justiça;

b) na ausência ou insuficiência de serventuários responsáveis pela realização de perícia, a autoridade judiciária poderá proceder à nomeação de perito com qualificação e experiência pertinentes ao tema, conforme previsto nos arts. 156 e 465 do CPC (art. 5º, § 4º). A lei também estabeleceu que os processos em curso há mais de 6 (seis) meses que estejam pendentes de laudo psicológico ou biopsicossocial terão o prazo de 3 (três) meses para a sua apresentação (art. 5º da Lei 14.340/2022);

c) revogou o inciso VII do art. 6º, que estabelecia a declaração da suspensão da autoridade parental em caso de caracterização de ato típico de alienação parental ou qualquer conduta que dificulte a convivência de criança ou adolescente com genitor;

d) o acompanhamento psicológico ou biopsicossocial deve ser submetido a avaliações periódicas, tendo, ao menos, um laudo inicial com a avaliação do caso e o indicativo da metodologia a ser empregada, e de um laudo final, ao término do acompanhamento (art. 6º, § 2º); e

e) a oitiva de crianças e de adolescentes em caso de alienação parental, quando necessária, será realizada nos termos da Lei 13.431/2007, sob pena de nulidade processual (art. 8º-A).

---

[151] Art. 6º e incisos da Lei 12.318/2010: "I – declarar a ocorrência de alienação parental e advertir o alienador; II – ampliar o regime de convivência familiar em favor do genitor alienado; III – estipular multa ao alienador; IV – determinar acompanhamento psicológico e/ou biopsicossocial; V – determinar a alteração da guarda para guarda compartilhada ou sua inversão; VI – determinar a fixação cautelar do domicílio da criança ou adolescente; VII – declarar a suspensão da autoridade parental" (Inciso revogado pela Lei 14.340/2022).

[152] STJ, REsp 1.859.228/SP, 3ª T., Rel. Min. Nancy Andrighi, *DJe* 04.05.2021.

2.4.3 Reconhecimento de filhos

O *caput* do art. 26 verbera que os filhos havidos fora do casamento poderão ser reconhecidos pelos pais, conjunta ou separadamente, no próprio termo de nascimento, por testamento, mediante escritura ou outro documento público, qualquer que seja a origem da filiação.

Por seu turno, a Lei 8.560, de 29 de dezembro de 1992, que regula a ação de investigação de paternidade, prevê que o ato de reconhecimento é irrevogável e, além das formas acima mencionadas, pode ser feito: **(a)** por escrito particular, a ser arquivado em cartório; e **(b)** por manifestação expressa e direta perante juiz, ainda que o reconhecimento não tenha sido o objeto único e principal do ato que o contém (art. 1º).

Para a averbação do ato de reconhecimento de filho, há necessidade de consentimento deste, se maior de idade, ou da mãe, se menor, na forma do art. 7º do Provimento 16/2012 da Corregedoria Nacional de Justiça[153].

Os registros, certidões e a averbação necessários à inclusão, a qualquer tempo, do nome do pai no assento de nascimento do infante, são isentos de multas, custas e emolumentos, gozando de absoluta prioridade, devendo também ser *expedida gratuitamente a certidão devidamente averbada* (art. 102, §§ 5º e 6º, do ECA, incluídos pela Lei 13.257/2016).

O ECA veda qualquer designação discriminatória relativa à filiação, tendo em vista que todos os filhos, havidos ou não da relação de casamento, ou por adoção, terão os mesmos direitos e qualificações (art. 20). Idêntica previsão há no art. 227, § 6º, da CF[154].

2.4.4 Reconhecimento do estado de filiação

O art. 27 possui a seguinte redação: "O reconhecimento do estado de filiação é direito personalíssimo, indisponível e imprescritível, podendo ser exercitado contra os pais ou seus herdeiros, sem qualquer restrição, observado o segredo de Justiça".

Como se vê, o ECA aponta três características ao reconhecimento do estado de filiação:

1) **personalíssimo**: significa que a ação de investigação de paternidade/maternidade somente pode ser ajuizada pelo filho. Todavia, com o advento da Lei 8.560/1992, que regulamenta a ação de investigação de paternidade, o Ministério Público e "quem tenha legítimo interesse" também podem propor a referida ação (art. 2º, § 6º).

   Ademais, o CC, em seu art. 1.606, *caput*, prevê que, se o pretenso filho morrer menor ou incapaz, a legitimidade para a propositura de ação de prova de filiação passará aos seus herdeiros. Uma vez iniciada a ação pelo filho, os herdeiros poderão continuá-la, salvo se julgado extinto o processo (art. 1.606, parágrafo único).

   Assim, conclui-se que este caráter personalíssimo da ação de investigação de paternidade foi **derrogado**[155].

---

153 Art. 7º do Provimento 16/2012 da Corregedoria Nacional de Justiça: "A averbação do reconhecimento de filho realizado sob a égide do presente Provimento será concretizada diretamente pelo Oficial da serventia em que lavrado o assento de nascimento, independentemente de manifestação do Ministério Público ou decisão judicial, mas dependerá de anuência escrita do filho maior, ou, se menor, da mãe. § 1º. A colheita dessa anuência poderá ser efetuada não só pelo Oficial do local do registro, como por aquele, se diverso, perante o qual comparecer o reconhecedor. § 2º. Na falta da mãe do menor, ou impossibilidade de manifestação válida desta ou do filho maior, o caso será apresentado ao Juiz competente (art. 4º). § 3º. Sempre que qualquer Oficial de Registro de Pessoas Naturais, ao atuar nos termos deste Provimento, suspeitar de fraude, falsidade ou má-fé, não praticará o ato pretendido e submeterá o caso ao magistrado, comunicando, por escrito, os motivos da suspeita".

154 Art. 227, § 6º, da CF: "Os filhos, havidos ou não da relação do casamento, ou por adoção, terão os mesmos direitos e qualificações, proibidas quaisquer designações discriminatórias relativas à filiação".

155 No mesmo sentido, dentre outros: DEL-CAMPO, Eduardo Roberto Alcântara; OLIVEIRA, Thales Cezar de. *Estatuto da Criança e do Adolescente. Série leituras jurídicas: provas e concursos.* 7. ed. São Paulo: Atlas, 2012. v. 28, p. 54; MARÇURA, Jurandir

2) **indisponível**: em razão de interesse público, o direito ao reconhecimento do estado de filiação não pode ser renunciado, o que não se confunde com não ser exercido.
3) **imprescritível**: a ação de investigação de paternidade pode ser manejada a qualquer momento. Contudo, se for cumulada com petição de herança, esta fica sujeita ao prazo de prescrição (Súmula 149 do STF)[156].

A ação de **investigação de paternidade/maternidade** deverá ser ajuizada em desfavor dos pretensos pais ou de seus herdeiros, em caso de falecimento daqueles. Neste caso, no polo passivo figurarão todos os herdeiros e não o espólio do falecido[157].

A Lei 14.138, de 16 de abril de 2021, incluiu o § 2º ao art. 2º-A da Lei 8.560/1992, para prever que se o suposto pai houver falecido ou não existir notícia de seu paradeiro, o juiz determinará, a expensas do autor, a realização de exame de DNA em parentes consanguíneos, preferindo os de grau mais próximo aos mais distantes, importando a recusa em presunção de paternidade, a ser apreciada em conjunto com o contexto probatório. Trata-se, pois, de importante alteração legislativa que visa que os filhos tenham o nome de seu pai em seu registro.

A ação de investigação de paternidade deverá ser proposta perante a Vara de Família ou outra indicada pela lei de organização judiciária local, pois não figura como de competência da Justiça da Infância e Juventude.

De outra parte, a **ação negatória de paternidade**, que é aquela na qual o genitor pretende a sua exclusão do registro de nascimento, tem natureza de ação personalíssima, não tendo legitimidade seus sucessores para dar início ao processo, somente para continuá-lo, nos termos do art. 1.601, parágrafo único, do CC[158].

2.4.5 Família substituta

2.4.5.1 Introdução

Em regra, o infante deve ser criado no seio de sua família. A inserção de criança ou adolescente em família substituta constitui uma medida excepcional, apenas sendo utilizada quando esgotados os meios de reinserção na família natural, de forma a garantir um ambiente adequado para o desenvolvimento integral do infante (arts. 19, *caput*, e 100, parágrafo único, X).

A colocação em família substituta terá caráter **provisório** *(tutela ou guarda)* ou **definitivo** *(adoção)*. Também é medida de proteção prevista no ECA (art. 101, IX), que sempre dependerá de ordem judicial para seu deferimento (art. 101, § 2º) e, como o próprio nome diz, importa na substituição da família natural do infante.

Tal instituto não se confunde com o **acolhimento familiar** (arts. 34 e 101, VIII), pois, neste, a família é previamente cadastrada, podendo receber incentivos fiscais e subsídios, e visa cuidar da criança ou adolescente, em caráter temporário e excepcional, mediante termo de guarda, ficando sujeito à reavaliação da medida a cada três meses, no máximo (art. 19, § 1º, com redação dada pela Lei 13.509/2017). O acolhimento familiar pode ser utilizado como forma de inserção do infante em família substituta (art. 101, § 1º).

Por seu turno, a família substituta é a última etapa para inserção da criança ou adolescente em outra família que não a natural, após findos os meios de retorno aos pais biológicos. A

Norberto; MUNIR, Cury; PAULA, Paulo Afonso Garrido de. *Estatuto da Criança e do Adolescente Anotado*. 2. ed. rev. e atual. São Paulo: Editora Revista dos Tribunais, 2000, p. 38.

156 Súmula 149 do STF: "É imprescritível a ação de investigação de paternidade, mas não o é a de petição de herança".

157 STJ, REsp 1.466.423/GO, 4ª T., Rel. Min. Maria Isabel Gallotti, *DJe* 02.03.2016; REsp 1.028.503/MG, 3ª T., Rel. Min. Nancy Andrighi, *DJe* 09.11.2010.

158 STJ, REsp 1.867.308/MT, Rel. Min. Ricardo Villas Bôas Cueva, 3ª T., *DJe* 11.5.2022; AgInt no AREsp 1.215.274/MG, 3ª T., Rel. Min. Ricardo Villas Bôas Cueva, *DJe* 01.03.2019.

família não é previamente cadastrada, com exceção dos casos de adoção, não recebe incentivos e benefícios, podendo ocorrer em uma das três modalidades existentes: guarda, tutela ou adoção (art. 28).

O *caput* do art. 28 determina que a colocação em família substituta ocorrerá "independentemente da situação jurídica da criança ou adolescente". Isto significa que tal procedimento independe de o infante ainda estar sob o poder familiar dos pais, desde que a medida seja necessária para o seu pleno desenvolvimento em outro ambiente familiar.

Por fim, o art. 32 prevê: "Ao assumir a guarda ou a tutela, o responsável prestará compromisso de bem e fielmente desempenhar o encargo, mediante termo nos autos".

Na adoção não há termo de guarda, pois a criança ou adolescente torna-se filho da então família substituta, podendo ser lavrado o termo de guarda provisória durante o curso da ação, caso haja pedido de tutela de urgência.

2.4.5.2 *Oitiva da criança e do adolescente (princípio da autonomia progressiva)*

Os §§ 1º e 2º do art. 28 disciplinam a oitiva da criança e do adolescente, antes de sua colocação em família substituta:

> Art. 28. [...]
>
> **§ 1º** Sempre que possível, a criança ou o adolescente será previamente ouvido por equipe interprofissional, respeitado seu estágio de desenvolvimento e grau de compreensão sobre as implicações da medida, e terá sua opinião devidamente considerada.
>
> **§ 2º** Tratando-se de maior de 12 (doze) anos de idade, será necessário seu consentimento, colhido em audiência.

Da mesma forma, o art. 100, parágrafo único, XII, prevê como princípio a oitiva obrigatória e participação da criança e do adolescente na definição da medida de promoção dos direitos e de proteção[159].

Pela redação do citado § 1º, em se tratando de **criança**, *sempre que possível*, a sua oitiva será realizada somente pela equipe interprofissional a serviço da Justiça da Infância e Juventude. Contudo, o próprio ECA, em seus arts. 161, § 3º ("desde que possível e razoável") e 168 ("sempre que possível"), também prevê a possibilidade de oitiva da criança em audiência[160].

O **adolescente**, por seu turno, será ouvido perante a equipe interprofissional e, posteriormente, em audiência, oportunidade na qual deverá manifestar seu *consentimento* para sua inserção em família substituta.

Como se vê, a criança e o adolescente são colocados como protagonistas, não se constituindo em mero objeto, o que resulta no **princípio da autonomia progressiva**, consistente na relevância da palavra da criança e do adolescente na solução do litígio, conforme o avanço da sua idade e discernimento[161].

---

159 Art. 100, parágrafo único, XII, do ECA: "oitiva obrigatória e participação: a criança e o adolescente, em separado ou na companhia dos pais, de responsável ou de pessoa por si indicada, bem como os seus pais ou responsável, têm direito a ser ouvidos e a participar nos atos e na definição da medida de promoção dos direitos e de proteção, sendo sua opinião devidamente considerada pela autoridade judiciária competente, observado o disposto nos §§ 1º e 2º do art. 28 desta Lei".

160 Art. 161, § 3º, do ECA: "Se o pedido importar em modificação de guarda, será obrigatória, desde que possível e razoável, a oitiva da criança ou adolescente, respeitado seu estágio de desenvolvimento e grau de compreensão sobre as implicações da medida.
Art. 168 do ECA: Apresentado o relatório social ou o laudo pericial, e ouvida, sempre que possível, a criança ou o adolescente, dar-se-á vista dos autos ao Ministério Público, pelo prazo de cinco dias, decidindo a autoridade judiciária em igual prazo".

161 Nesse sentido: SARAIVA, João Batista Costa. *Compêndio de direito penal juvenil*: adolescente e ato infracional. 4. ed. Porto Alegre: Livraria do Advogado, 2010, p. 44.

O autor José Luiz Mônaco da Silva elenca situações de impossibilidade de oitiva: crianças recém-nascidas, infantes portadores de doenças mentais e desprovidos de discernimento suficiente para expressarem-se em audiência[162].

A oitiva da criança ou adolescente pela equipe interprofissional respeitará o estágio de desenvolvimento e grau de compreensão da medida, e terá a sua opinião devidamente considerada. Entretanto, ter a opinião considerada não significa que a autoridade judiciária deva sempre acolher a vontade do infante, pois o que norteia a atuação judicial é o melhor interesse daquele[163].

2.4.5.3 Critérios e acompanhamento da medida

Para a inserção em família substituta, há necessidade de prévia preparação gradativa e acompanhamento posterior, realizados pela equipe interprofissional a serviço da Justiça da Infância e Juventude, preferencialmente com o apoio dos técnicos responsáveis pela execução da política municipal de garantia do direito à convivência familiar (art. 28, § 5º).

Já o § 3º do art. 197-C, incluído pela Lei 13.509/2017, prevê que é recomendável que as crianças e adolescentes acolhidos institucionalmente ou por família acolhedora sejam preparados por equipe interprofissional, antes da inclusão em família adotiva.

Ademais, o ECA estabelece os seguintes critérios para a colocação em família substituta:

1) na apreciação do pedido, levar-se-á em consideração o grau de parentesco e a relação de afinidade ou de afetividade, a fim de evitar ou minorar as consequências decorrentes da medida (art. 28, § 3º): o legislador busca manter a criança ou adolescente com seus familiares, desde que exista relação de afinidade e/ou de afetividade.

Portanto, se a criança ou adolescente nunca teve qualquer relação de afinidade ou afetividade com pessoas ligadas por consanguinidade, não há como impor-lhe a colocação em família substituta com estas pessoas, unicamente baseada no parentesco, uma vez que sempre se deve buscar o melhor interesse do infante[164].

2) os grupos de irmãos serão colocados sob adoção, tutela ou guarda na mesma família substituta, salvo comprovada existência de risco de abuso ou outra situação que justifique plenamente a excepcionalidade de solução diversa, procurando-se, em qualquer caso, evitar o rompimento definitivo dos vínculos fraternais (art. 28, § 4º): como regra geral, os irmãos devem permanecer na mesma família substituta.

A impossibilidade pode decorrer da *existência de risco de abuso* (decorrente da própria relação entre os irmãos, como, por exemplo, um irmão cometeu violência sexual contra o outro) ou de *outra situação plenamente justificada* (é a hipótese da existência de muitos irmãos e a ausência de interessados para assumir a responsabilidade de todos).

Caso haja a separação dos irmãos, deve-se evitar o rompimento do vínculo entre eles, o que poderá ser realizado mediante o deferimento de medida para outra família na mesma cidade, com incentivo ao convívio.

3) não se deferirá a medida à pessoa que revele, por qualquer modo, incompatibilidade com a natureza da medida ou não ofereça ambiente familiar adequado (art. 29): sempre deve ser buscado o melhor interesse da criança ou adolescente, de forma que, para a sua inserção em família substituta, há necessidade de demonstração da real vantagem da medida.

---

162 SILVA, José Luiz Mônaco da. *Estatuto da Criança e do Adolescente*: comentários. São Paulo: Editora Revista dos Tribunais, 1994, p. 47.

163 No mesmo sentido, dentre outros: FONSECA, Antônio Cézar Lima da. *Direitos da criança e do adolescente*. 3. ed. São Paulo: Atlas, 2015, p. 147; DEL-CAMPO, Eduardo Roberto Alcântara; OLIVEIRA, Thales Cezar de. *Estatuto da Criança e do Adolescente. Série leituras jurídicas: provas e concursos*. 7. ed. São Paulo: Atlas, 2012. v. 28, p. 60.

164 No mesmo sentido: NUCCI, Guilherme de Souza. *Estatuto da Criança e do Adolescente comentado*: em busca da Constituição Federal das crianças e dos adolescentes. 3. ed. rev., atual. e ampl. Rio de Janeiro: Forense, 2016, p. 114.

Logo, pessoa que não revele compatibilidade com a medida ou não ofereça ambiente familiar adequado, não pode receber do Estado a responsabilidade para cuidar de um infante.

4) a medida não admitirá transferência da criança ou adolescente a terceiros ou entidades governamentais ou não-governamentais, sem autorização judicial (art. 30): a criança ou adolescente, uma vez inserido em família substituta, apenas pode ser transferido a terceiros ou entidades, mediante processo judicial.

5) a colocação em família substituta estrangeira constitui medida excepcional, somente admissível na modalidade de adoção (art. 31): o infante somente será colocado em família substituta estrangeira na modalidade de adoção e desde que não exista pretendentes no Brasil. Por isso, afirma-se que esta medida é excepcional. Tal previsão também consta do art. 21, *b*, da Convenção sobre os Direitos da Criança[165].

Em caso de **família substituta de brasileiros residentes no exterior**, em razão da inexistência de vedação legal, há entendimento sobre a possibilidade de inserção do infante nas modalidades de guarda e tutela[166].

2.4.5.4 *Criança ou adolescente indígena ou de comunidade de quilombo*

O § 6º do art. 28 trata da criança ou adolescente indígena ou proveniente de comunidade remanescente de quilombo, e fixa **requisitos obrigatórios** para a colocação em família substituta, quais sejam:

1) deverão ser consideradas e respeitadas sua identidade social e cultural, os seus costumes e tradições, bem como suas instituições, desde que compatíveis com os direitos fundamentais reconhecidos pelo ECA e pela CF;
2) ocorra prioritariamente no seio de sua comunidade ou junto a membros da mesma etnia; e
3) haja intervenção e oitiva de representantes do órgão federal responsável pela política indigenista (FUNAI), no caso de crianças e adolescentes indígenas, e de antropólogos, perante a equipe interprofissional que acompanhará o caso. Conforme julgado do STJ, a ausência de intervenção de referido órgão é causa de nulidade, desde que demonstrado prejuízo[167].

Como se vê, o objetivo do legislador é manter essas crianças ou adolescentes no seio de sua comunidade de origem, a fim de evitar choque cultural.

2.5 MODALIDADES DE COLOCAÇÃO EM FAMÍLIA SUBSTITUTA

2.5.1 Guarda

2.5.1.1 *Introdução*

O ECA, em seus arts. 33 a 35, trata da guarda como modalidade de colocação em família substituta. Isto implica que a eventual disputa de guarda entre os pais da criança ou adolescente

---

165 Art. 21, *b*, da Convenção sobre os Direitos da Criança: "Os Estados Partes que reconhecem ou permitem o sistema de adoção atentarão para o fato de que a consideração primordial seja o interesse maior da criança. Dessa forma, atentarão para que: [...] b) a adoção efetuada em outro país possa ser considerada como outro meio de cuidar da criança, no caso em que a mesma não possa ser colocada em um lar de adoção ou entregue a uma família adotiva ou não logre atendimento adequado em seu país de origem".

166 No mesmo sentido: TAVARES, José de Farias. *Comentários ao Estatuto da Criança e do Adolescente*. 8. ed. rev. e atual. Rio de Janeiro: Forense, 2012, p. 47; MACIEL, Kátia Regina Ferreira Lobo Andrade. Regras gerais sobre a colocação em família substituta. In: MACIEL, Kátia Regina Ferreira Lobo Andrade (coord.). *Curso de direito da criança e do adolescente*: aspectos teóricos e práticos. 9. ed. rev. e atual. São Paulo: Saraiva, 2016, p. 261.

167 REsp 1.566.808/MS, 3ª T., Rel. Min. Marco Aurélio Bellizze, *DJe* 02.10.2017.

será disciplinada pelo Código Civil (arts. 1.583 a 1.590), e não pelo ECA. Importante a transcrição dos §§ 1º e 2º do art. 33:

> Art. 33. [...]
>
> **§ 1º** A guarda destina-se a regularizar a posse de fato, podendo ser deferida, liminar ou incidentalmente, nos procedimentos de tutela e adoção, exceto no de adoção por estrangeiro.
>
> **§ 2º** Excepcionalmente, deferir-se-á a guarda, fora dos casos de tutela e adoção, para atender a situações peculiares ou suprir a falta eventual dos pais ou responsável, podendo ser deferido o direito de representação para a prática de atos determinados.

Da leitura dos dispositivos acima, infere-se que o legislador objetiva, como *regra geral*, a colocação em família substituta nas modalidades de **tutela ou adoção**, e *excepcionalmente*, na modalidade de **guarda**.

A guarda do ECA é destinada para atender **quatro situações**:

1) **regularizar a posse de fato da criança ou adolescente com terceiras pessoas** (art. 33, § 1º): é a chamada ***guarda de fato*** e que tem o objetivo de regularizar a situação momentânea do infante com aquele que o tem em sua posse.
2) **como medida liminar de adoção ou tutela** (art. 33, § 1º): pode ser deferida de forma liminar (no início da ação, sem a oitiva da parte contrária) ou incidentalmente (após o início da ação) nos procedimentos de tutela e adoção nacional. Há vedação de guarda provisória para adoção por estrangeiro para evitar que, com o termo de guarda, haja a subtração da criança ou adolescente.
3) **como medida excepcional, fora dos casos de tutela e adoção**, para atender a situações peculiares ou suprir a falta eventual dos pais ou responsável, podendo ser deferido o direito de representação para a prática de determinados atos (art. 33, § 2º): ocorrerá nas situações peculiares ou falta temporária dos pais, como nos casos de doença, viagem e trabalho[168]. É a chamada ***guarda excepcional***.
4) **como medida de proteção** (art. 101, IX): se dá quando o infante estiver em situação de risco (art. 98) e a autoridade judiciária inseri-lo em família substituta.

O deferimento da guarda como modalidade de colocação em família substituta **sempre pressupõe intervenção judicial**, não possuindo o Ministério Público e o Conselho Tutelar o poder de concedê-la.

Na escolha do guardião, a autoridade judiciária levará em consideração "o grau de parentesco e a relação de afinidade ou afetividade, no intuito de evitar ou minorar as consequências decorrentes da medida" (art. 28, § 3º). Idêntica previsão se encontra no art. 1.584, § 5º, do CC[169].

Deferida a medida, o guardião prestará compromisso de bem e fielmente desempenhar o encargo, mediante termo nos autos (art. 32), e se obriga à prestação de assistência material, moral e educacional à criança ou adolescente, podendo opor-se a terceiros, inclusive aos pais (art. 33, *caput*).

O STJ já admitiu a concessão de **guarda compartilhada** entre a avó paterna e o tio, na hipótese de concordância entre os genitores, aquiescência da adolescente e para atender ao seu melhor interesse[170].

---

[168] Nesse sentido: MARÇURA, Jurandir Norberto; MUNIR, Cury; PAULA, Paulo Afonso Garrido de. *Estatuto da Criança e do Adolescente Anotado*. 2. ed. rev. e atual. São Paulo: Editora Revista dos Tribunais, 2000, p. 46.

[169] Art. 1.584, § 5º, do CC: "Se o juiz verificar que o filho não deve permanecer sob a guarda do pai ou da mãe, deferirá a guarda a pessoa que revele compatibilidade com a natureza da medida, considerados, de preferência, o grau de parentesco e as relações de afinidade e afetividade".

[170] REsp 1.147.138/SP, 4ª T., Rel. Min. Aldir Passarinho Junior, *DJe* 27.05.2010.

Por derradeiro, registre-se que o dirigente de entidade de acolhimento institucional é equiparado a guardião para todos os efeitos de direito (art. 92, § 1º). Contudo, não há necessidade de termo de guarda, pois a guia de acolhimento do CNJ já demonstra a posse de fato e de direito da criança ou do adolescente.

2.5.1.2 *Classificações*

A autora Kátia Regina Ferreira Lobo Andrade Maciel sistematizou as seguintes classificações de guarda[171]:

1) **guarda provisória**: é aquela concedida no curso do processo, podendo ter prazo determinado ou não.
2) **guarda instrumental**: é a deferida no curso da ação de adoção ou de tutela. Diz-se instrumental porque serve como instrumento processual de finalidade mais ampla. Todavia, não há possibilidade de guarda em processo de adoção por estrangeiro (art. 33, § 1º).
3) **guarda definitiva**: é a concedida ao final do processo de guarda. Embora definitiva, há possibilidade de sua revogação/modificação, conforme será analisado a seguir.
4) **guarda derivada**: é a decorrente de processo de tutela no qual foi deferida a guarda em seu curso.
5) **guarda excepcional**: é a que visa atender a situações peculiares ou suprir a falta eventual dos pais ou responsável.
6) **guarda de fato**: é a situação daquele que não tem atribuição legal (pais) ou judicial para estar na posse da criança ou adolescente.
7) **guarda como medida protetiva ou estatutária**: se dá quando a criança ou adolescente se encontra em situação de risco (art. 98) e a autoridade judiciária aplica a guarda como forma de colocação em família substituta (art. 101, IX).
8) **guarda subsidiada ou por incentivo**: é a guarda concedida para pessoa ou casal cadastrado no programa de acolhimento familiar. Diz-se subsidiada ou por incentivo pois o ECA estabelece que podem ser utilizados recursos federais, estaduais, distritais e municipais para a manutenção dos serviços de acolhimento em família acolhedora, sendo facultado seu repasse (art. 34, § 4º).
9) **guarda legal**: ocorre quando a criança ou adolescente é acolhido institucionalmente e o dirigente da entidade de acolhimento equipara-se ao guardião (art. 92, § 1º).

2.5.1.3 *Guarda e condição de dependente*

O art. 227, § 3º, II, da CF, estabelece que o direito à proteção especial abrange a garantia de direitos previdenciários. O art. 33, § 3º, prevê: "A guarda confere à criança ou adolescente a *condição de dependente*, para todos os fins e efeitos de direito, *inclusive previdenciários*" (grifou-se).

Assim, uma vez deferida a guarda, o guardião pode incluir a criança ou adolescente como seu dependente no imposto de renda, plano de saúde, clube associativo etc. Em relação ao **plano de saúde**, o infante sob guarda deve figurar como dependente natural do guardião, equiparando-se ao filho natural, e não como agregado, tendo em vista que o art. 33, § 3º, do

[171] MACIEL, Kátia Regina Ferreira Lobo Andrade. Guarda. In: MACIEL, Kátia Regina Ferreira Lobo Andrade (coord.). *Curso de direito da criança e do adolescente*: aspectos teóricos e práticos. 9. ed. rev. e atual. São Paulo: Saraiva, 2016, p. 266-283.

ECA, lhe assegura a condição de dependente "para todos os fins e efeitos de direito". Este também é o entendimento do STJ[172].

Quanto à condição de **dependente no regime previdenciário social**, a Lei 8.213, de 24 de julho de 1991, que dispõe sobre os planos de benefícios da previdência social, na redação original de seu § 2º do art. 16, incluía a criança ou adolescente sob guarda, como dependente.

Todavia, referido artigo foi alterado pela Lei 9.528, de 10 de dezembro de 1997, e passou a ter a seguinte redação: "*O enteado e o menor tutelado* equiparam-se a filho mediante declaração do segurado e desde que comprovada a dependência econômica na forma estabelecida no Regulamento" (grifou-se).

Portanto, o legislador ordinário excluiu como dependente de segurado do regime da previdência social a criança ou adolescente sob guarda, o que provocou divergência no STJ:

1) **posição mais atual da 1ª Seção, em julgamento sob o rito de recurso repetitivo**: "O menor sob guarda tem direito à concessão do benefício de pensão por morte do seu mantenedor, comprovada a sua dependência econômica, nos termos do art. 33, § 3º do Estatuto da Criança e do Adolescente, ainda que o óbito do instituidor da pensão seja posterior à vigência da medida provisória 1.523/96, reeditada e convertida na lei 9.528/97. Funda-se essa conclusão na qualidade de lei especial do estatuto da criança e do adolescente (8.069/90), frente à legislação previdenciária"[173].
2) **posição anterior**: "O entendimento desta Corte é no sentido de que, após a Lei 9.528/97, o menor sob guarda não pode mais ser incluído como dependente de segurado do Regime Geral de previdência social"[174].

Sobre o tema, a Procuradoria-Geral da República ajuizou a ADI 4.878 no STF, na data de 19.11.2012, para o fim de dar interpretação conforme ao § 2º do art. 16 da Lei 8.213/1991 visando incluir a criança ou adolescente sob guarda judicial como dependente, sendo o pedido julgado procedente para contemplar o "menor sob guarda" como dependente para fins previdenciários, em consonância com os princípios da proteção integral e da prioridade absoluta[175].

O atual posicionamento do STF e do STJ se mostra mais consentâneo com a doutrina da proteção integral, uma vez que a CF assegura que o direito à proteção especial da criança e do adolescente abrange a garantia de direitos previdenciários (art. 227, § 3º, II). Nesta esteira, o ECA, norma especial, expressamente afirma a condição de dependente para o infante sob guarda (art. 33, § 3º), devendo prevalecer sobre a norma da previdência social.

Esse entendimento também se aplica para pensão no âmbito do **regime próprio de previdência**, caso inexista previsão expressa de inclusão de menor sob guarda como beneficiário de pensão por morte de seu mantenedor[176]. Nessa situação, como o fundamento do deferimento da pensão será o art. 33, § 3º, do ECA, o termo final será até o menor atingir 18 (dezoito) anos, uma vez que não verificada a exceção prevista no parágrafo único do art. 2º do ECA[177].

---

172 AgInt no REsp 1.677.584/SP, 4ª T., Rel. Min. Raul Araújo, *DJe* 04.06.2024; REsp 2.026.425/MS, 3ª T., Rel. Min. Nancy Andrighi, *DJe* 25.05.2023; REsp 1.751.453/MS, 3ª T., Rel. Min. Paulo de Tarso Sanseverino, *DJe* 21.06.2021.

173 REsp 1.411.258/RS, 1ª S., Rel. Min. Napoleão Nunes Maia Filho, j. 11.10.2017, *DJe* 21.02.2018. No mesmo sentido: PUIL 67/RS, 1ª S., Rel. Min. Sérgio Kukina, j. 22.11.2017, *DJe* 01.12.2017; EREsp 1.141.788/RS, Corte Especial, Rel. Min. João Otávio de Noronha, j. 07.12.2016, *DJe* 16.12.2016.

174 AgInt no AgInt no AREsp 880.230/MG, 2ª T., Rel. Min. Humberto Martins, *DJe* 18.08.2016. No mesmo sentido: AgRg no REsp 1.370.171/PI, 2ª T., Rel. Min. Herman Benjamin, *DJe* 06.04.2015; AgRg no REsp 1.482.391/PR, 2ª T., Rel. Min. Humberto Martins, *DJe* 20.04.2015; AgRg no REsp 1.141.788/RS, 6ª T., Rel. Min. Rogerio Schietti Cruz, *DJe* 24.11.2014.

175 ADI 4.878, Tribunal Pleno, Rel. Gilmar Mendes, Rel. para acórdão Edson Fachin, j. 08.06.2021, *DJe* 05.08.2021.

176 STJ, AgInt no REsp 1.902.627/CE, 2ª T., Rel. Min. Og Fernandes, *DJe* 01.06.2021; AgInt no REsp 1.842.847/CE, 2ª T., Rel. Min. Francisco Falcão, *DJe* 22.10.2020.

177 STJ, REsp 1.947.690/DF, 2ª T., Rel. Min. Assusete Magalhães, *DJe* 23.05.2022; AgRg no REsp 1.387.323/MG, 2ª T., Rel. Min. Assusete Magalhães, *DJe* 24.02.2016.

Por outro lado, é pacífico que **não se admite ação de guarda** com o único fim de inserção em plano de saúde[178] e previdenciário[179], caso não caracterizada a posse de fato, que se constitui em elemento essencial da guarda.

Em outras palavras, não existe guarda previdenciária, mas é possível que da guarda decorram efeitos previdenciários.

2.5.1.4 Guarda e a posição dos pais

O guardião pode opor-se contra os pais da criança ou adolescente (art. 33, *caput*). Como a guarda não pressupõe a destituição do poder familiar, em regra, os pais têm o exercício do **direito-dever de visitas a seus filhos**, com exceção nas seguintes hipóteses: **(a)** existência de decisão judicial expressa e fundamentada com determinação em contrário; ou **(b)** quando a medida de guarda for aplicada em preparação para adoção (art. 33, § 4º).

Ademais, os pais ainda têm o **dever de prestar alimentos a seus filhos**, que serão objeto de regulamentação específica, a pedido do interessado ou do Ministério Público[180].

Noutro giro, registre-se que, como regra geral, o **guardião não possui o direito de representação** do infante (art. 33, § 2º), tendo em vista que a guarda não implica a destituição ou a suspensão do poder familiar, permanecendo este com os pais[181].

Assim, salvo direito de representação deferido judicialmente, eventual ação de investigação de paternidade a ser ajuizada pelo infante deverá ter como representante legal a genitora, e não o guardião, podendo, ainda, atuar como substituto processual o Ministério Público, no caso de inércia da mãe[182].

Caso inexista concordância dos pais, estes forem falecidos ou estiverem ausentes, haverá necessidade de concessão judicial específica (mediante alvará judicial) para a prática de determinados atos da vida civil, tais como nas situações de autorização para casamento ou administração dos bens da criança ou adolescente[183].

Já na tutela, por necessitar da extinção ou da destituição do poder familiar (arts. 1.635 e 1.638 do CC), o **tutor possui direito de representação** (art. 1.747, I, do CC).

2.5.1.5 Revogabilidade

O art. 35 estabelece: "A guarda poderá ser revogada a qualquer tempo, mediante ato judicial fundamentado, ouvido o Ministério Público". Sobre a possibilidade de modificação a qualquer tempo, há dois posicionamentos na doutrina, quanto à formaçao de **coisa julgada material** (manto da imutabilidade e indiscutibilidade):

1) a primeira corrente afirma que "a decisão que concede a guarda não faz coisa julgada material, somente formal, aplicando-se a regra igualmente na vara da infância e da juventude, como na de família"[184];

---

178 STJ, AgRg no AREsp 626.298/MT, 3ª T., Rel. Min. Moura Ribeiro, *DJe* 29.06.2016.

179 STJ, AgRg no REsp 1.531.830/MG, 3ª T., Rel. Min. João Otávio de Noronha, *DJe* 20.05.2016; REsp 1.297.881/MG, 3ª T., Rel. Min. Paulo de Tarso Sanseverino, *DJe* 19.05.2014; AgRg no Ag 1.207.108/RJ, 3ª T., Rel. Min. Vasco Della Giustina (Desembargador convocado do TJRS), *DJe* 10.11.2010.

180 No mesmo sentido: FIGUEIRÊDO, Luiz Carlos de Barros. *Guarda – Estatuto da Criança e do Adolescente*. 1. ed., 6. reimpr. Curitiba: Juruá, 2011, p. 45.

181 No mesmo sentido: DIGIÁCOMO, Murilo José; DIGIÁCOMO, Ildeara de Amorim. *Estatuto da Criança e do Adolescente anotado e interpretado*. 6. ed. Curitiba: Ministério Público do Estado do Paraná. Centro de Apoio Operacional das Promotorias da Criança e do Adolescente, 2013, p. 37; MACIEL, Kátia Regina Ferreira Lobo Andrade. Guarda. In: MACIEL, Kátia Regina Ferreira Lobo Andrade (coord.). *Curso de direito da criança e do adolescente*: aspectos teóricos e práticos. 9. ed. rev. e atual. São Paulo: Saraiva, 2016, p. 268.

182 STJ, REsp 1.761.274/DF, 3ª T., Rel. Min. Nancy Andrighi, *DJe* 06.02.2020.

183 No mesmo sentido: FONSECA, Antônio Cézar Lima da. *Direitos da criança e do adolescente*. 3. ed. São Paulo: Atlas, 2015, p. 167.

184 ISHIDA, Válter Kenji. *Estatuto da Criança e do Adolescente*: doutrina e jurisprudência. 17. ed. rev., ampl. e atual. Salvador: JusPodivm, 2016, p. 132. No mesmo sentido: COSTA, Tarcísio José Martins. *Estatuto da Criança e do Adolescente comentado*.

2) a segunda corrente sustenta que a guarda produz coisa julgada material, pois permitir a sua alteração a qualquer tempo não implica na sua impossibilidade[185].

Concordamos com este segundo posicionamento, pois, assim como ocorre com os alimentos, que podem ser modificados a qualquer momento, caso se altere a realidade fática, também se admite o ajuizamento de nova ação referente à guarda do infante, o que não significa dizer que não há a formação da coisa julgada material da sentença anterior.

Logo, não perfilhamos do entendimento do STJ no sentido de que a sentença que condena em alimentos não produz coisa julgada material[186].

Assim, a revogação da guarda demanda **novo processo**, a ser instaurado sobre o crivo do contraditório e da ampla defesa, ouvido o Ministério Público[187].

2.5.2 Tutela

2.5.2.1 Introdução

A tutela é disciplinada no ECA (arts. 36 a 38) e no Código Civil (arts. 1.728 a 1.766), constituindo-se em um encargo público e obrigatório, apenas podendo ser recusado nas hipóteses dos arts. 1.736 e 1.737 do CC.

Será cabível quando houver suspensão ou destituição do poder familiar (art. 36, parágrafo único, do ECA), falecimento dos pais ou quando estes forem julgados ausentes (art. 1.728, I, do CC).

O art. 36, *caput*, do ECA estabelece: "A tutela será deferida, nos termos da lei civil, a pessoa de até 18 (dezoito) anos incompletos".

Tal instituto impõe ao tutor o dever de prestar assistência material, moral e educacional, e de representar e administrar os bens da criança ou adolescente. **A tutela acarreta necessariamente o dever de guarda** (art. 36, parágrafo único) e tem por finalidade suprir a ausência do poder familiar.

O exercício da tutela equipara-se ao poder familiar. Contudo, o tutor possui restrições, tais como: **(a)** não pode emancipar o tutelado, necessitando de sentença judicial (art. 5º, parágrafo único, I, do CC); **(b)** exerce o encargo sob fiscalização do juiz; **(c)** necessita de autorização judicial para a prática dos atos descritos no art. 1.748 do CC[188].

Por implicar no direito de representação do infante, a tutela pressupõe a **suspensão ou a destituição do poder familiar** (art. 36, parágrafo único), sendo admissível o ajuizamento de ação de tutela c. c. pedido de suspensão ou destituição do poder familiar.

Embora a doutrina majoritária[189] e a redação legal do ECA admitam a tutela na hipótese de suspensão do poder familiar, há quem defenda que a tutela somente é possível quando há

Belo Horizonte: Del Rey, 2004, p. 63.

[185] MACIEL, Kátia Regina Ferreira Lobo Andrade. Ação de guarda. In: MACIEL, Kátia Regina Ferreira Lobo Andrade (coord.). *Curso de direito da criança e do adolescente*: aspectos teóricos e práticos. 9. ed. rev. e atual. São Paulo: Saraiva, 2016, p. 878. No mesmo sentido, quanto aos alimentos: DIAS, Maria Berenice. *Manual de direito das famílias*. 11. ed. rev., atual. e ampl. São Paulo: Editora Revista dos Tribunais, 2016, p. 639; FARIAS, Cristiano Chaves; ROSENVALD, Nelson. *Curso de direito civil*: famílias. 8. ed. rev. e atual. Salvador: JusPodivm, 2016, p. 786.

[186] AgInt no REsp 1.531.597/MG, 4ª T., Rel. Min. Luís Felipe Salomão, *DJe* 28.03.2017; REsp 1426082/MG, 3ª T., Rel. Min. Ricardo Villas Bôas Cueva, *DJe* 10.06.2015; REsp 1.121.031/MG, 3ª T., Rel. Min. Nancy Andrighi, *DJe* 22.11.2010.

[187] No mesmo sentido: CAHALI, Yussef Said. Comentários ao art. 35. In: CURY, Munir (org.). *Estatuto da Criança e do Adolescente comentado. Comentários jurídicos e sociais*. 11. ed. São Paulo: Malheiros Editores, 2010, p. 186.

[188] Art. 1.748 do CC: "Compete também ao tutor, com autorização do juiz: I – pagar as dívidas do menor; II – aceitar por ele heranças, legados ou doações, ainda que com encargos; III – transigir; IV – vender-lhe os bens móveis, cuja conservação não convier, e os imóveis nos casos em que for permitido; V – propor em juízo as ações, ou nelas assistir o menor, e promover todas as diligências a bem deste, assim como defendê-lo nos pleitos contra ele movidos. Parágrafo único. No caso de falta de autorização, a eficácia de ato do tutor depende da aprovação ulterior do juiz".

[189] Nesse sentido, dentre outros: DIGIÁCOMO, Murilo José; DIGIÁCOMO, Ildeara de Amorim. *Estatuto da Criança e do Adolescente anotado e interpretado*. 6. ed. Curitiba: Ministério Público do Estado do Paraná. Centro de Apoio Operacional das Promotorias

destituição do poder familiar, tendo em vista que o art. 1.728, II, do CC prevê: "em caso de os pais *decaírem* do poder familiar" (destacou-se), de forma que, como a redação diz "decaírem", não há possibilidade em caso de suspensão do poder familiar[190].

Adotamos o entendimento da doutrina dominante, haja vista que a Lei 12.010/2009 alterou a redação legal do parágrafo único do art. 36 do ECA, mantendo a suspensão do poder familiar como hipótese autorizadora de tutela e modificou a redação do art. 1.734 do CC, de maneira a possibilitar a nomeação de tutor em caso de pais suspensos do poder familiar[191].

Cumpre esclarecer que os pais permanecem na certidão de nascimento como genitores do infante, havendo apenas averbação da suspensão ou destituição do poder familiar, inexistindo campo destinado à informação da tutela.

Não há direitos sucessórios entre tutor e tutelado, o que ocorre somente na adoção (art. 41, *caput*).

Ao assumir a tutela, o responsável prestará compromisso de bem e fielmente desempenhar o encargo, mediante termo nos autos judiciais (art. 32).

2.5.2.2 Termo de tutela provisória

O ECA e o CC não dispõem acerca da possibilidade de concessão de termo de tutela provisória. Contudo, o art. 33, §§ 1º e 2º, do ECA, tem previsão de guarda provisória em ações de tutela e adoção, podendo também ser deferido o direito de representação para a prática de atos determinados.

O termo de guarda provisória somente será lavrado quando houver ação de suspensão ou destituição do poder familiar em andamento.

Por seu turno, nos casos de *pais falecidos, suspensos ou destituídos do poder familiar e de infante órfão,* há possibilidade de concessão do **termo de tutela provisória**, e não apenas de guarda[192]. Contudo, há posicionamento que sustente que inexiste essa figura da tutela provisória[193].

2.5.2.3 Tutela compartilhada

Tradicionalmente, apontava-se que o exercício da tutela era indivisível e uno, sendo exercido apenas por uma pessoa. Entretanto, a doutrina majoritária tem admitido o exercício de tutela compartilhada, normalmente por casal, desde que enseje benefício ao infante[194].

Ademais, a Lei 13.146/2015 incluiu o art. 1.775-A ao CC, com a seguinte redação: "Na nomeação de curador para a pessoa com deficiência, o juiz poderá estabelecer curatela

da Criança e do Adolescente, 2013, p. 41; LAMENZA, Francismar; MACHADO, Antônio Cláudio da Costa (org.). *Estatuto da Criança e do Adolescente interpretado*: artigo por artigo, parágrafo por parágrafo. Barueri: Manole, 2012, p. 52; MADALENO, Rolf. *Direito de família*. 6. ed. rev., atual. e ampl. Rio de Janeiro: Forense, 2017, 1.195; VENOSA, Sílvio de Salvo. *Direito civil*: família. 17. ed. São Paulo: Atlas, 2017, p. 523.

190 MACIEL, Kátia Regina Ferreira Lobo Andrade. Tutela. In: MACIEL, Kátia Regina Ferreira Lobo Andrade (coord.). *Curso de direito da criança e do adolescente*: aspectos teóricos e práticos. 9. ed. rev. e atual. São Paulo: Saraiva, 2016, p. 297.

191 Art. 1.734 do CC: "As crianças e os adolescentes cujos pais forem desconhecidos, falecidos ou que tiverem sido **suspensos** ou destituídos do poder familiar terão tutores nomeados pelo Juiz ou serão incluídos em programa de colocação familiar, na forma prevista pela Lei n. 8.069, de 13 de julho de 1990 - Estatuto da Criança e do Adolescente" (grifou-se).

192 No mesmo sentido: MACIEL, Kátia Regina Ferreira Lobo Andrade. Tutela. In: MACIEL, Kátia Regina Ferreira Lobo Andrade (coord.). *Curso de direito da criança e do adolescente*: aspectos teóricos e práticos. 9. ed. rev. e atual. São Paulo: Saraiva, 2016, p. 302.

193 ISHIDA, Válter Kenji. *Estatuto da Criança e do Adolescente*: doutrina e jurisprudência. 17. ed. rev., ampl. e atual. Salvador: JusPodivm, 2016, p. 142.

194 Nesse sentido, dentre outros: FARIAS, Cristiano Chaves; ROSENVALD, Nelson. *Curso de direito civil*: famílias. 8. ed. rev. e atual. Salvador: JusPodivm, 2016, p. 875; DIAS, Maria Berenice. *Manual de direito das famílias*. 11. ed. rev., atual. e ampl. São Paulo: Editora Revista dos Tribunais, 2016, p. 660; LAMENZA, Francismar; MACHADO, Antônio Cláudio da Costa (org.). *Estatuto da Criança e do Adolescente interpretado*: artigo por artigo, parágrafo por parágrafo. Barueri: Manole, 2012, p. 52.

compartilhada a mais de uma pessoa". Assim, por força do art. 1.781 do CC, este dispositivo também se aplica à tutela[195].

2.5.2.4 *Tutela testamentária ou documental*

O art. 37 do ECA verbera:

> **Art. 37.** O tutor nomeado por testamento ou qualquer documento autêntico, conforme previsto no parágrafo único do art. 1.729 da Lei 10.406, de 10 de janeiro de 2002 – Código Civil, deverá, no prazo de 30 (trinta) dias após a abertura da sucessão, ingressar com pedido destinado ao controle judicial do ato, observando o procedimento previsto nos arts. 165 a 170 desta Lei.
>
> Parágrafo único. Na apreciação do pedido, serão observados os requisitos previstos nos arts. 28 e 29 desta Lei, somente sendo deferida a tutela à pessoa indicada na disposição de última vontade, se restar comprovado que a medida é vantajosa ao tutelando e que não existe outra pessoa em melhores condições de assumi-la.

O direito de nomear tutor compete aos pais, em conjunto (art. 1.729, *caput*, do CC). Portanto, por testamento ou qualquer outro documento autêntico, os pais (caso o infante esteja registrado em nome de ambos) ou apenas um deles (quando falecido o outro ou registrado apenas em nome da genitora) poderão escolher o tutor para os seus filhos.

Para a garantia desse direito, os pais devem estar necessariamente no exercício do poder familiar, na data do ato e da sua morte, sob pena de nulidade da nomeação (art. 1.730 do CC).

Com o falecimento dos pais, no prazo de 30 (trinta) dias, o tutor deverá ingressar com pedido de colocação em família substituta e a sua nomeação para o exercício do encargo[196].

A escolha do tutor pelos pais não culmina necessariamente em sua nomeação, pois deverá ser realizado o controle judicial do ato, no qual será averiguado o preenchimento dos requisitos dos arts. 28 e 29 do ECA. A tutela somente será deferida se ficar comprovado que a medida é a mais vantajosa ao tutelado e que inexiste outra pessoa em melhores condições para o seu exercício.

2.5.2.5 *Tutela ou curatela*

A tutela e a curatela destinam-se à representação legal e administração dos bens de uma pessoa por outra. Todavia, enquanto a tutela visa a proteção de criança ou adolescente, a curatela, em regra, tem por objetivo o resguardo de pessoa maior de idade com transtorno mental.

Na hipótese de infante órfão com transtorno mental, haverá a necessidade de se aferir a possibilidade de colocá-lo sob a forma de tutela ou curatela.

Caso seja menor de 16 (dezesseis) anos de idade, por ser absolutamente incapaz para a prática de todos os atos da vida civil, cabível será a sua colocação em tutela. Por outro lado, se o adolescente for relativamente incapaz (entre dezesseis e dezoito anos de idade), a doutrina tem admitido a curatela, tendo em vista que ele pode praticar determinados atos da vida civil[197].

2.5.2.6 *Cessação*

O ECA silencia quanto às hipóteses de cessação da tutela. Já o art. 1.763 do CC elenca os seguintes casos de **cessação da condição de tutelado**: a maioridade, a emancipação, ou ao retornar o infante sob o poder familiar, nos casos de reconhecimento ou adoção.

---

[195] Art. 1.781 do CC: "As regras a respeito do exercício da tutela aplicam-se ao da curatela, com a restrição do art. 1.772 e as desta Seção".

[196] Sobre o tema "procedimento de colocação em família substituta", v. item 2.16.4.

[197] No mesmo sentido: GONÇALVES, Carlos Roberto. *Direito civil brasileiro*: direito de família. 14. ed. São Paulo: Saraiva, 2017, v. 6, p. 687; FARIAS, Cristiano Chaves; ROSENVALD, Nelson. *Curso de direito civil*: famílias. 8. ed., rev. e atual. Salvador: JusPodivm, 2016, p. 906.

Por outro lado, o art. 1.764 do CC prevê como hipóteses de **cessação das funções de tutor**: expiração do termo em que era obrigado a servir, sobrevir escusa legítima ou ser removido.

Além disso, embora omisso o CC, o restabelecimento do poder familiar dos pais do infante também acarreta a cessação da condição de tutelado e das funções do tutor.

2.5.2.7 Destituição do tutor

O art. 38 do ECA prevê: "Aplica-se à destituição da tutela o disposto no art. 24", e o seu respectivo procedimento será estudado no item 2.16.3.

2.5.3 Adoção nacional

2.5.3.1 Introdução

A adoção é a forma mais completa das modalidades de colocação em família substituta, pois o adotado passa a integrá-la como membro, diferentemente do que ocorre na guarda ou tutela.

Na adoção há o **parentesco eletivo**, constituído por ato de vontade, pois os laços de filiação são construídos e planejados, diferentemente do que pode ocorrer numa gravidez indesejada.

O deferimento da adoção de criança ou adolescente pressupõe o **falecimento, o consentimento ou a destituição do poder familiar dos pais biológicos**.

O ECA, em seus arts. 39 a 50, trata sobre adoção por nacional (brasileiro ou estrangeiro residente no Brasil), e nos arts. 51 ao 52-D, regulamenta a adoção internacional (pessoa ou casal postulante residente ou domiciliado fora do Brasil).

O CC dispunha sobre adoção nos arts. 1.618 ao 1.629. Todavia, a Lei 12.010/2009 deu nova redação aos arts. 1.618 e 1.619, sendo revogados os demais dispositivos:

> **Art. 1.618**. A adoção de crianças e adolescentes será deferida na forma prevista pela Lei n. 8.069, de 13 de julho de 1990 – Estatuto da Criança e do Adolescente.
>
> **Art. 1.619**. A adoção de maiores de 18 (dezoito) anos dependerá da assistência efetiva do poder público e de sentença constitutiva, aplicando-se, no que couber, as regras gerais da Lei n. 8.069, de 13 de julho de 1990 – Estatuto da Criança e do Adolescente.

Assim, o ECA regula a adoção da criança, do adolescente e do maior de idade, no que couber. Embora seu art. 45 exija o consentimento dos pais ou do representante legal do adotando, o STJ já entendeu que este é dispensável na adoção dos maiores de 18 (dezoito) anos, pois os pais não mais exercem o poder familiar sobre o filho[198].

A Lei 12.010/2009 provocou diversas alterações sobre adoção, sendo conhecida como *Lei da Adoção*. Em 2017, foi aprovada a Lei 13.509, a qual pode ser nominada de *minirreforma da convivência familiar* e tem por finalidade conferir celeridade e agilidade a tais processos, visando atender aos melhores interesses dos adotandos.

2.5.3.2 Características

O ECA aponta as seguintes características da adoção (art. 39, § 1º):

1) **excepcional**: entende-se que a criança ou adolescente tem o direito de crescer no seio de sua família natural ou extensa e, somente após esgotados os recursos para a sua manutenção, deve ocorrer a adoção.

---

[198] HDE 2.662/EX, Corte Especial, Rel. Min. João Otávio de Noronha, *DJe* 28.9.2022; REsp 1.444.747/DF, 3ª T., Rel. Min. Ricardo Villas Bôas Cueva, *DJe* 23.03.2015.

Contudo, o caráter excepcional não pode significar a tentativa de manter a criança ou adolescente em um ambiente inadequado para o seu pleno desenvolvimento a qualquer custo. Afinal, o direito a ser preservado é o do infante, de ser criado num ambiente sadio e adequado, e não o dos pais biológicos, de manter o vínculo com seu filho, mesmo que não lhe dispensem os cuidados necessários.

2) **irrevogável**: significa que a adoção não pode ser revogada, tendo em vista três objetivos: **(a)** garantir a estabilização do novo vínculo de filiação; **(b)** assegurar a permanência da família; e **(c)** garantir o direito de convivência familiar ao adotado.

Contudo, o STJ, no julgamento do REsp 1.545.959/SC, de relatoria da Ministra Nancy Andrighi, na data de 06.06.2017, por maioria de votos (4 x 1), entendeu pela possibilidade de revogação da adoção unilateral, no caso em que o enteado, com quatorze anos à época da adoção, consentiu e foi adotado pelo seu padrasto em razão do óbito de seu genitor.

Um ano após a adoção, o adotado foi residir com os parentes de seu genitor falecido e com eles estabeleceu vínculos afetivos, afastando-se do adotante. Assim, o adotado, aos 31 anos de idade, com anuência do adotante, ajuizou ação para revogar a adoção unilateral. Em seu voto, a Ministra Nancy Andrighi asseverou:

> *In casu*, a determinação legal de irrevogabilidade da adoção não tem substrato teleológico, pois não visa à proteção do adotado pela manutenção de seus vínculos parentais, mas ao revés, aprisiona-lhe na condição de não ter uma família. 40. Em outras palavras, uma norma que foi forjada para a proteção do adotado, não pode, em nenhuma circunstância, ser utilizada em detrimento do seu próprio bem-estar.

Há posição doutrinária que defende a possibilidade de os pais biológicos adotarem o filho que ficou órfão pela morte do adotante, tendo em vista a ausência de vedação legal[199]. Observe-se que, por força do art. 49 do ECA, "A morte dos adotantes não restabelece o poder familiar dos pais naturais".

Noutro giro, existe entendimento sobre a possibilidade de **readoção** pelos pais biológicos, independentemente do óbito dos adotantes, de forma a restaurar os efeitos jurídicos da filiação[200]. Inclusive, em recente julgado, o STJ admitiu que a genitora biológica adotasse a sua filha anteriormente adotada por outra pessoa durante a infância, uma vez que ela não buscava a nulidade ou revogação da adoção anterior, a qual permaneceu hígida[201].

2.5.3.3 Requisitos

O ECA, em dispositivos esparsos, dispõe sobre os seguintes requisitos para a adoção:

1) apresentar reais vantagens para o adotando e fundar-se em motivos legítimos (art. 43): este é o principal requisito para o processo de adoção, pois o que deve ser buscado é o bem-estar da criança ou adolescente e não o do adotante.

Dessa forma, a Lei 13.509/2017 incluiu o § 3º ao art. 39 do ECA: "Em caso de conflito entre direitos e interesses do adotando e de outras pessoas, inclusive seus pais biológicos, devem prevalecer os direitos e os interesses do adotando".

Não por outro motivo, antes de citado dispositivo, o STJ já tinha assentado: "o direito de adoção não é dos pais biológicos, nem dos pais adotivos, mas do adotando"[202].

---

199 DIAS, Maria Berenice. *Manual de direito das famílias*. 11. ed. rev., atual. e ampl. São Paulo: Editora Revista dos Tribunais, 2016, p. 481. No mesmo sentido: FIGUEIRÊDO, Luiz Carlos de Barros. *Guarda - Estatuto da Criança e do Adolescente*. 1. ed., 6. reimpr. Curitiba: Juruá, 2011, p. 32.

200 MESSIAS CARVALHO, Dimas. *Adoção e guarda*. 2. ed. Belo Horizonte: Del Rey, 2013, p. 39.

201 REsp 1.293.137/BA, 4ª T., Rel. Min. Raul Araújo, *DJe* 24.10.2022.

202 RMS 19.508/SC, 3ª T., Rel. Min. Nancy Andrighi, *DJ* 27.06.2005. No mesmo sentido: WEBER, Lídia Natália Dobrianskyj. *Laços de ternura*: pesquisas e histórias de adoção. 3. ed. (2004), 7. reimpr. Curitiba: Juruá, 2011, p. 47; VENOSA, Sílvio de Salvo. *Direito civil*: família. 17. ed. São Paulo: Atlas, 2017, p. 309.

A adoção deve importar em *reais vantagens ao adotando*, tendo em vista que este, em regra, já teve violado o seu direito de crescer no seio de sua família natural e, não raras vezes, permaneceu em entidade de acolhimento institucional sem o direito de conviver num ambiente familiar adequado à sua condição de ser em desenvolvimento.

A necessidade de demonstrar reais vantagens ao adotando também reside no fato de que a adoção é irrevogável. Logo, se o infante novamente tiver violado os seus direitos, haverá a necessidade de propositura de nova ação de destituição do poder familiar em face do adotante.

A exigência de *fundar-se em motivos legítimos* significa que a adoção deve ter por finalidade o bem-estar do infante, consistente em sua inserção num ambiente familiar para o seu pleno desenvolvimento com amor e carinho, não simplesmente por motivos egoísticos, religiosos ou altruísticos.

2) não se admite adoção por procuração (art. 39, § 2º): tendo em vista a necessidade de interação entre o adotante e o adotado, inclusive mediante estágio de convivência, a lei veda a adoção por intermédio de terceiras pessoas.

3) o adotando deve contar com, no máximo, dezoito anos à data do pedido, salvo se já estiver sob a guarda ou tutela dos adotantes (art. 40, *caput*): em verdade, após a Lei 12.010/2009, que deu nova redação ao art. 1.619 do CC, este requisito perdeu a sua razão de existir, pois a adoção do menor ou do maior de idade será disciplinada pelo ECA.

A única distinção é que a adoção da criança ou adolescente é da competência absoluta da Justiça da Infância e Juventude (art. 148, III), enquanto a adoção do maior de idade é da competência da Vara de Família ou de outra designada pela lei de organização judiciária local.

Caso o adotando torne-se maior de idade no curso da ação de adoção, a competência permanecerá da Justiça da Infância e Juventude, por força da regra da perpetuação da jurisdição (art. 43 do CPC).

4) podem adotar os maiores de 18 (dezoito) anos, independentemente do estado civil (art. 42, *caput*): o ECA somente exige que o adotante seja maior de dezoito anos, independentemente de seu estado civil, de forma que não é possível qualquer tipo de discriminação quanto a sua orientação sexual.

Embora o legislador não tenha estipulado *idade máxima para os adotantes*, entendemos que deverá ser analisado o melhor interesse do infante no caso concreto, com o fim de garantir sua proteção integral.

Com efeito, a adoção objetiva a imitação de uma família (*imitatio familiae*)[203]. Assim, uma pretendente de 60 (sessenta) anos não tem condições biológicas de conceber um filho, recomendando-se, neste caso, a adoção de um infante com mais idade, e não de um recém-nascido[204].

Em recente julgado, versando sobre dano moral contra os pais adotivos de 55 e 85 anos à época da adoção de uma criança de 9 anos e que a abandonaram afetivamente, o STJ ponderou que inexiste vedação legal desta adoção em tais circunstâncias, mas que "era possível inferir o acentuado risco de insucesso da adoção em virtude da notória diferença geracional entre pais e filho, de modo que era possível prever que a criança muito provavelmente exigiria cuidados muito especiais e diferenciados dos pais adotivos que possivelmente não estivessem realmente dispostos ou preparados para despendê-los"[205].

Inclusive, conforme também assentado em referido julgado, cabe ao Poder Judiciário e ao Ministério Público, por meio das equipes técnicas, assegurar que o melhor interesse do infante seja observado, inclusive "controlar o eventual ímpeto dos pretensos adotantes, conferindo maior racionalidade e eficiência à política pública de adoção".

---

203 Nesse sentido: MADALENO, Rolf. *Direito de família*. 6. ed. rev., atual. e ampl. Rio de Janeiro: Forense, 2017, p. 637.

204 No mesmo sentido: FERREIRA, Luiz Antônio Miguel. Comentários aos arts. 197-A e 197-E. In: CURY, Munir (org.). *Estatuto da Criança e do Adolescente comentado. Comentários jurídicos e sociais*. 11. ed. São Paulo: Malheiros Editores, 2010, p. 877 e 887.

205 REsp 1.698.728/MS, 3ª T., Rel. Min. Moura Ribeiro, Rel. para acórdão Min. Nancy Andrighi, *DJe* 13.05.2021.

5) o adotante há de ser, pelo menos, dezesseis anos mais velho que o adotando (art. 42, § 3º): o objetivo da norma foi que, com essa diferença de dezesseis anos de idade entre adotante e adotado, haja a proximidade com uma família biológica. Parcela da doutrina defende que essa diferença deve ser comprovada com apenas um dos adotantes, podendo o outro possuir menos de dezesseis anos de diferença do adotando[206].

Em observância ao princípio da socioafetividade, o STJ já admitiu a flexibilização dessa diferença de idade, tendo em vista que "o reconhecimento de relação filial por meio da adoção pressupõe a maturidade emocional para a assunção do poder familiar, a ser avaliada no caso concreto"[207].

De igual modo, foi considerada justa a pretensão de o adotante casado com a mãe do adotando e já com dois filhos em comum, procedesse a adoção unilateral, ainda que a diferença não fosse de 16 (dezesseis) anos entre adotante e adotado, pois a adoção "não pode ser frustrada por apego ao método de interpretação literal, em detrimento dos princípios em que se funda a regra em questão ou dos propósitos do sistema do qual faz parte"[208].

Dessa forma, conclui-se que, embora o ECA estabeleça a necessidade de diferença de 16 (dezesseis) anos entre adotante e adotando, o STJ tem flexibilizado tal requisito, sempre em observância à análise do caso concreto e na preservação do melhor interesse do adotando.

6) não podem adotar os ascendentes e os irmãos do adotando (art. 42, § 1º): trata-se de ***impedimento total***, no intuito de evitar confusão sucessória e familiar, haja vista que o avô se transformaria em pai, quando da adoção por ascendente. Além disso, o objetivo da adoção é criar laços afetivos e estes já são existentes entre avós e netos.

Por seu turno, a proibição de adoção por irmão visa evitar sério prejuízo sucessório ao adotado, que deixaria de ser herdeiro necessário de seus pais biológicos, além da confusão mental.

Contudo, excepcionalmente, o STJ já admitiu a adoção por ascendente, no caso em que a infante tinha oito anos e já estava grávida quando de sua adoção, de forma que, com o nascimento de seu filho, os adotantes passaram a dispensar todos os cuidados necessários e ajuizaram nova ação de adoção, sendo esta julgada procedente:

> A vedação da adoção de descendente por ascendente, prevista no art. 42, § 1º, do ECA, visou evitar que o instituto fosse indevidamente utilizado com intuitos meramente patrimoniais ou assistenciais, bem como buscou proteger o adotando em relação a eventual "confusão mental e patrimonial" decorrente da "transformação" dos avós em pais. Realidade diversa do quadro dos autos, porque os avós sempre exerceram e ainda exercem a função de pais do menor, caracterizando típica filiação socioafetiva. Observância do art. 6º do ECA: na interpretação desta Lei levar-se-ão em conta os fins sociais a que ela se dirige, as exigências do bem comum, os direitos e deveres individuais e coletivos, e a condição peculiar da criança e do adolescente como pessoas em desenvolvimento[209].

Do mesmo modo, em recente julgado, aplicando o princípio do melhor interesse, o STJ entendeu que os avós podem adotar o neto que fora decorrente de um estupro sofrido por sua genitora, a qual o rejeitou desde o nascimento, e os avós passaram a cuidá-lo como se filho fosse[210].

---

206 Nesse sentido: LAMENZA, Francismar; MACHADO, Antônio Cláudio da Costa (Org.). *Estatuto da Criança e do Adolescente interpretado*: artigo por artigo, parágrafo por parágrafo. Barueri: Manole, 2012, p. 58; FONSECA, Antônio Cézar Lima da. *Direitos da criança e do adolescente*. 3. ed. São Paulo: Atlas, 2015, p. 204; FERREIRA, Luiz Antônio Miguel. *Adoção*: guia prático doutrinário e processual com as alterações da Lei n. 12.010, de 3/8/2009. São Paulo: Cortez, 2010, p. 56.

207 REsp 1.785.754/RS, 3ª T., Rel. Min. Ricardo Villas Bôas Cueva, *DJe* 11.10.2019. No mesmo sentido: TJSC, Apelação Cível 0016100-43.2018.8.24.0038, 3ª Câmara de Direito Civil, Rel. Des. Marcus Tulio Sartorato, j. 06.08.2019.

208 STJ, REsp 1.338.616/DF, 4ª T., Rel. Min. Marco Buzzi, *DJe* 25.06.2021.

209 REsp 1.448.969/SC, 3ª T., Rel. Min. Moura Ribeiro, *DJe* 03.11.2014. No mesmo sentido: REsp 1.587.477/SC, 4ª T., Rel. Min. Luis Felipe Salomão, *DJe* 27.08.2020.

210 REsp 1.635.649/SP, 3ª T., Rel. Min. Nancy Andrighi, *DJe* 02.03.2018. No mesmo sentido: REsp 1.957.849/MG, 3ª T., Rel. Min. Nancy Andrighi, *DJe* 21.6.2022.

A possibilidade de adoção de descendente por ascendente, segundo demonstrado, deve ser considerada como exceção, tanto que o STJ já decidiu pela impossibilidade de bisneto ser adotado pelo seu bisavô, ainda que houvesse relação paterno-filial, tendo em vista que isso "não é suficiente para se afastar a ponderação já realizada pelo legislador ao vedar a adoção do descendente por ascendente"[211].

Por razões humanitárias e sociais ou para preservar situações jurídicas consolidadas, o STJ admite a possibilidade de flexibilização da norma em situações excepcionais. Não é suficiente que a criança identifique o avô como pai para superar a vedação legal na adoção. Para tanto, é necessária a demonstração de outras circunstâncias extraordinárias que justifiquem o afastamento da proibição[212].

Atenção

Reconhecimento de filiação socioafetiva não se confunde com ação de adoção. A vedação legal de adoção de descendente por ascendente somente existe para adoção. Diante disso, o STJ, em recentes julgados, decidiu ser possível o reconhecimento de filiação socioafetiva entre avós e neto maior de idade, por não se tratar de adoção, e sim de reconhecimento de vínculo socioafetivo com fundamento no art. 1.593 do CC, que admite parentesco de outra origem. Além disso, destacou que equiparar socioafetividade à adoção inviabilizaria outras relações jurídicas dela decorrentes, como o reconhecimento de vínculo fraterno socioafetivo[213].

Em regra, os ascendentes e os irmãos somente podem obter a guarda ou a tutela da criança ou adolescente. Quanto aos demais parentes, não há vedação para adoção.

7) enquanto não der conta de sua administração e saldar o seu alcance, não pode o tutor ou o curador adotar o pupilo ou o curatelado (art. 44): trata-se de ***impedimento parcial*** para adoção. O objetivo do legislador foi evitar que o curador ou tutor que tivesse realizado má administração dos bens do curatelado ou do tutelado, optasse pela adoção para deixar de prestar as contas, haja vista que os pais não têm este dever.

Todavia, uma vez apresentada e aprovada a conta do curador ou tutor, há possibilidade do deferimento da adoção, tratando-se, pois, de impedimento superável.

8) na adoção conjunta é indispensável que os adotantes sejam casados ou mantenham união estável, comprovada a estabilidade da família (art. 42, § 2º): se o pedido de adoção for formulado em conjunto, haverá a necessidade de comprovação de casamento ou da união estável e da estabilidade da família, seja o casal heterossexual ou homossexual.

Embora o ECA traga tal exigência para a adoção conjunta, o STJ já permitiu esta modalidade de adoção por **família anaparental**, constituída por dois irmãos, que passaram a cuidar de uma criança, como se filho fosse:

> O art. 42, § 2º, do ECA, que trata da adoção conjunta, buscou assegurar ao adotando a inserção em um núcleo familiar no qual pudesse desenvolver relações de afeto, aprender e apreender valores sociais, receber e dar amparo nas horas de dificuldades, entre outras necessidades materiais e imateriais supridas pela família que, nas suas diversas acepções, ainda constitui a base de nossa sociedade. A existência de núcleo familiar estável e a consequente rede de proteção social que podem gerar para o adotando, são os fins colimados pela norma e, sob esse prisma, o conceito de núcleo familiar estável não pode ficar restrito às fórmulas clássicas de família, mas pode, e deve ser ampliado para abarcar uma noção plena de família, apreendida nas suas bases sociológicas.[214]

[211] REsp 1.796.733/AM, 3ª T., Rel. Min. Paulo de Tarso Sanseverino, *DJe* 06.09.2019.

[212] REsp 2.067.372/MT, 3ª T., Rel. Min. Nancy Andrighi, *DJe* 07.11.2024.

[213] REsp 2.107.638/SP, 3ª T., Rel. Min. Nancy Andrighi, *DJe* 14.11.2024; REsp 2.088.791/GO, 3ª T., Rel. Min. Nancy Andrighi, *DJe* 20.09.2024.

[214] REsp 1.217.415/RS, 3ª T., Rel. Min. Nancy Andrighi, *DJe* 28.06.2012.

Noutro giro, o STJ decidiu que, para o deferimento da adoção conjunta, há necessidade de inequívoca manifestação de vontade dos adotantes, de forma que, caso um deles formule pedido de desistência e o outro venha a falecer em seu curso, não será possível a adoção póstuma (art. 42, § 6º)[215].

Inclusive, considerando que a sentença constitutiva da adoção apenas produz efeitos a partir do trânsito em julgado (art. 47, § 7º), um dos adotantes pode desistir da adoção em grau recursal[216].

9) divorciados, separados judicialmente e os ex-companheiros podem adotar conjuntamente, desde que acordem sobre guarda, regime de visitas e que o estágio de convivência tenha iniciado na constância da convivência e haja vínculos de afinidade e afetividade com aquele não detentor da guarda (art. 42, § 4º): para o deferimento desta adoção conjunta, há necessidade dos seguintes requisitos cumulativamente: **(a)** existência de acordo sobre a guarda e regime de visitas; **(b)** que o estágio de convivência tenha se iniciado durante a constância do casamento ou da união estável do casal; e **(c)** existência de vínculos de afinidade e afetividade com aquele não detentor da guarda.

O art. 42, § 5º, prevê sobre a fixação de guarda compartilhada, desde que demonstrado efetivo benefício ao adotando.

10) adoção depende de consentimento dos pais naturais ou do representante legal do adotando (art. 45): o consentimento dos pais deve observar as formalidades previstas no art. 166 e abordadas no item 2.16.4.4.

Quanto à concordância dos "pais", se a criança ou adolescente apenas estiver registrado em nome da mãe e esta concordar com o pedido, não haverá a necessidade de instauração de procedimento contraditório, por implicar na situação de pai desconhecido, o que dispensa seu consentimento (art. 45, § 1º).

Entende-se como responsável legal do adotando, para o consentimento da adoção, o *tutor ou curador*. Já o guardião, por não possuir o direito de representação, não poderá consentir, salvo se houver decisão judicial para tanto (art. 33, § 2º).

O art. 45, § 1º, preceitua: "O consentimento será dispensado em relação à criança ou adolescente cujos pais sejam desconhecidos ou tenham sido destituídos do poder familiar".

A expressão "pais sejam desconhecidos" significa que não há seus nomes nos registros e, por consequência, dispensa-se o consentimento. Esta hipótese também abarca o **infante exposto**, que é a criança abandonada por um ou ambos os pais, logo após o seu nascimento, sem que seja lavrado o seu registro de nascimento.

Por outro lado, se no registro há os nomes dos pais e eles estão em local incerto e não sabido, não será possível o consentimento, de forma que haverá a necessidade de propositura de ação de destituição do poder familiar c. c. adoção.

Caso os pais estejam somente *suspensos do poder familiar*, haverá necessidade do consentimento, pois a adoção pressupõe sua destituição. Inexistindo o consentimento, imprescindível o ajuizamento de referida ação.

11) consentimento do adotando maior de doze anos de idade (art. 45, § 2º): se o adotando for adolescente, é imprescindível o seu consentimento para o deferimento da adoção.

Entretanto, mesmo sendo *criança*, há necessidade de sua oitiva em razão do disposto no art. 28, § 1º[217].

[215] REsp 1.421.409/DF, 3ª T., Rel. Min. João Otávio de Noronha, *DJe* 25.08.2016.

[216] STJ, REsp 1.849.530/DF, 3ª T., Rel. Min. Nancy Andrighi, *DJe* 19.11.2020.

[217] Art. 28, § 1º, do ECA: "Sempre que possível, a criança ou o adolescente será previamente ouvido por equipe interprofissional, respeitado seu estágio de desenvolvimento e grau de compreensão sobre as implicações da medida, e terá sua opinião devidamente considerada".

12) a adoção será precedida de estágio de convivência (art. 46): o estágio de convivência tem por objetivo analisar o relacionamento entre o adotante e o adotado. O *caput* do art. 46, em sua redação original, estabelecia que o prazo do estágio de convivência era fixado pela autoridade judiciária, observadas as peculiaridades do caso.

A Lei 13.509/2017 alterou a redação de mencionado artigo para o fim de estabelecer que o estágio de convivência terá o *prazo máximo de 90 (noventa) dias*, observadas a idade da criança ou adolescente e as peculiaridades do caso. Este prazo poderá ser prorrogado por *até* igual período, mediante decisão fundamentada da autoridade judiciária (art. 46, § 2º-A, incluído pela referida Lei).

O legislador não fixou prazo mínimo, de maneira que a autoridade judiciária analisará o caso concreto para determinar o período necessário do estágio de convivência.

Mencionado estágio poderá ser dispensado se o adotando já estiver sob a tutela ou guarda legal do adotante durante tempo suficiente para que seja possível aferir a conveniência da constituição do vínculo (art. 46, § 1º). Entretanto, *a mera guarda de fato, por si só, não autoriza a dispensa do estágio de convivência* (art. 46, § 2º).

A desistência da adoção durante o estágio de convivência não configura ato ilícito nem implica responsabilização dos pretendentes, uma vez que o ECA não estabelece qualquer sanção nessa hipótese. O STJ já decidiu que a desistência pode ser justificada quando houver motivos relevantes, como o diagnóstico de doença grave do adotando aliado à falta de condições financeiras dos pretendentes para o tratamento, bem como a existência de contestação da genitora biológica ao processo de adoção com pedidos de devolução da criança ou de direito de visitação[218].

O estágio será acompanhado pela equipe interprofissional a serviço da Justiça da Infância e Juventude, preferencialmente com o apoio dos técnicos responsáveis pela execução da política de garantia do direito à convivência familiar, que apresentarão relatório minucioso acerca da conveniência do deferimento da adoção (art. 46, § 4º).

Atenção

O Anexo II da Resolução 289/2019 do CNJ contém minuta de ato a ser publicado pelos Tribunais de Justiça para dar publicidade às funcionalidades do SNA ao pretendente, e prevê que compete ao juízo da Infância e Juventude responsável pela criança ou adolescente vinculado a um pretendente dar início ao **processo de aproximação** entre os envolvidos.

O pretendente, após formalmente consultado, terá o prazo de 2 (dois) dias para manifestar interesse em conhecer a criança ou adolescente. Em caso de omissão ou desinteresse, será iniciada nova busca por pretendente habilitado. Manifestado o interesse, o pretendente deverá comparecer ao juízo que o convocou para dar início aos procedimentos prévios à adoção.

Durante a aproximação, a criança ou o adolescente ainda permanece em acolhimento familiar ou institucional e apenas recebe a visita do pretendente ou, eventualmente, o visita em sua residência. Assim, **não se deve confundir o processo de aproximação e o estágio de convivência**, pois neste a criança ou o adolescente passa a conviver efetivamente com o pretendente, diferentemente daquele em que ainda permanece em acolhimento.

13) adoção depende de decisão judicial (art. 47, *caput*): a adoção sempre depende de intervenção judicial, inexistindo adoção por escritura pública ou qualquer outra forma.

14) em regra, o adotante deve estar inscrito no cadastro nacional de adoção (CNA) (art. 50): o referido artigo e seus parágrafos tratam sobre os cadastros da comarca ou foro regional, estadual e nacional. Já os arts. 197-A a 197-E disciplinam o procedimento da habilitação de pretendentes à adoção. Os cadastros serão tratados a seguir.

[218] REsp 1.842.749/MG, 4ª T., Rel. Min. Maria Isabel Gallotti, *DJe* 03.11.2023.

2.5.3.4 *Cadastro de adoção e Sistema Nacional de Adoção e Acolhimento (SNA)*

O CNJ, mediante a Resolução 289/2019, instituiu o Sistema Nacional de Adoção e de Acolhimento (SNA), que tem por finalidade consolidar dados fornecidos pelos Tribunais de Justiça referentes ao acolhimento institucional e familiar, à adoção, incluindo as *intuitu personae*, e as outras modalidades de colocação em família substituta, bem como sobre pretendentes nacionais e estrangeiros habilitados à adoção.

A Lei 12.010/2009 incluiu a Seção VIII no Capítulo III (Dos Procedimentos) do Título VI do ECA, disciplinando nos arts. 197-A a 197-E a habilitação dos pretendentes domiciliados no Brasil ao cadastro nacional de adoção. Referida seção também foi modificada pela Lei 13.509/2017, que alterou e incluiu dispositivos. Os brasileiros e os estrangeiros residentes no país deverão observar esse procedimento de cadastro.

A Lei 14.979, de 18 de setembro de 2024, alterou o § 5º do art. 50 do ECA para tornar obrigatória a consulta pela autoridade judiciária aos cadastros estaduais, distrital e nacional de crianças e adolescentes em condições de serem adotados e de pessoas ou casais habilitados à adoção em qualquer procedimento de adoção.

Referida alteração legislativa tem por finalidade garantir maior efetividade ao SNA, uma vez que passa a impor à autoridade judiciária a consulta obrigatória aos cadastros em qualquer procedimento de adoção. A regra somente comporta duas exceções: **(a)** as hipóteses do § 13 do art. 50 do ECA, que tratam das situações em que é dispensável a prévia inscrição no cadastro de adoção; e **(b)** as particularidades das crianças e adolescentes indígenas ou provenientes de comunidade remanescente de quilombo, previstas no inciso II do § 6º do art. 28 do ECA.

A inovação legislativa reforça o entendimento de que a observância dos cadastros é a regra, enquanto sua dispensa é excepcional, de forma a evitar eventual burla à ordem cronológica e privilegiar aqueles que aguardam há mais tempo pela adoção.

O SNA integra todos os cadastros estaduais, distrital e nacional de crianças e adolescentes em condições de serem adotados e de pretendentes habilitados à adoção, inclusive os cadastros internacionais, sendo desnecessário que os Tribunais mantenham cadastros separados.

A inscrição dos pretendentes no SNA ocorre após a sua habilitação e observa a ordem cronológica, a partir da sentença de habilitação, observando-se, em caso de empate, a data do ajuizamento do pedido (art. 1º do Anexo I da Resolução 289/2019 do CNJ).

A busca por pretendentes no SNA ocorre por criança ou adolescente e retorna os habilitados do Município, Estado, Nacional e Internacional, conforme constante no Manual do SNA[219].

As autoridades estaduais e federais, em matéria de adoção, têm acesso integral aos cadastros, incumbindo-lhes a troca de informações e a cooperação mútua, para melhoria do sistema (art. 50, § 7º).

Compete à Autoridade Central Estadual zelar pela manutenção e correta alimentação do cadastro, com posterior comunicação à Autoridade Central Federal Brasileira (art. 50, § 8º).

A alimentação do cadastro e a convocação criteriosa dos postulantes à adoção serão fiscalizadas pelo Ministério Público (art. 50, § 12).

Haverá cadastros distintos para pessoas ou casais residentes fora do Brasil, que somente serão consultados na inexistência ou recusa de postulantes nacionais habilitados (art. 50, § 6º).

Como regra geral, todo pretendente à adoção deve estar previamente cadastrado perante a Justiça da Infância e Juventude, **somente se admitindo a adoção por pessoa não habilitada, nas hipóteses do § 13 do art. 50, quando**:

---

[219] *Sistema Nacional de Adoção e Acolhimento (SNA): manual passo a passo.* Disponível em: https://www.cnj.jus.br/sna/imgs/Manual%20SNA.pdf. Acesso em: 31 ago. 2021.

Art. 50. [...]

§ 13. [...]

I – se tratar de pedido de adoção unilateral;

II – for formulada por parente com o qual a criança ou adolescente mantenha vínculos de afinidade e afetividade;

III – oriundo o pedido de quem detém a tutela ou guarda legal de criança maior de 3 (três) anos ou adolescente, desde que o lapso de tempo de convivência comprove a fixação de laços de afinidade e afetividade, e não seja constatada a ocorrência de má-fé ou qualquer das situações previstas nos arts. 237 ou 238 desta Lei.

Nos casos acima, mesmo sem prévio cadastro, há necessidade de consentimento do(s) genitor(es), prévia destituição do poder familiar ou morte dos pais do infante para a consumação da adoção.

Observe-se que o inciso II utiliza a expressão "parente", sem, contudo, limitar o seu grau. O STJ, ao interpretar tal expressão no âmbito de adoção, entendeu que a adoção por parente engloba o consanguíneo, colateral ou por afinidade, desde que demonstrado o laço de afetividade entre a criança e o pretendente à adoção e atendidos os demais requisitos[220].

Além disso, no curso do processo de adoção, os adotantes devem comprovar o preenchimento dos requisitos necessários para tanto (art. 50, § 14).

O § 15 acrescentado ao art. 50, pela Lei 13.509/2017, prescreve que será assegurada prioridade no cadastro aos interessados em adotar crianças ou adolescente com deficiência, com doença crônica ou com necessidades específicas de saúde, além de grupo de irmãos.

O intuito do legislador foi incentivar e dar prioridade para o cadastro de pretendentes estas crianças e adolescentes que encontram maiores dificuldades para o surgimento de interessados.

2.5.3.5 *Adoção personalíssima*, intuitu personae *ou dirigida*

Acesse e assista à aula explicativa sobre este assunto.

> *http://uqr.to/21ku9*

A adoção personalíssima, *intuitu personae* ou dirigida se caracteriza quando os pais escolhem uma pessoa ou casal e entregam o seu filho para adoção. Na maioria dos casos, o consentimento é somente da mãe, pois a criança não possui pai declarado ou é desconhecido.

Esta modalidade de adoção é criticada por parcela minoritária da doutrina, sob o argumento de burla ao cadastro de adoção, pois uma pessoa não habilitada seria contemplada em detrimento aos pretendentes regularmente habilitados[221].

Por outro lado, a doutrina majoritária defende que deverá ser analisado o caso concreto, realizado estudo psicossocial e aferido se há formação de vínculo de afinidade e afetividade entre o infante e a pessoa ou casal escolhido pelos pais, no intuito de garantir o melhor interesse da criança ou adolescente[222].

---

[220] REsp 1.911.099/SP, 4ª T., Rel. Min. Marco Buzzi, *DJe* 03.08.2021.

[221] Nesse sentido: DIGIÁCOMO, Murilo. Comentários ao art. 50. In: CURY, Munir (org.). *Estatuto da Criança e do Adolescente comentado. Comentários jurídicos e sociais.* 11. ed. São Paulo: Malheiros Editores, 2010, p. 237-8.

[222] Nesse sentido, dentre outros: DEL-CAMPO, Eduardo Roberto Alcântara; OLIVEIRA, Thales Cezar de. *Estatuto da Criança e do Adolescente. Série leituras jurídicas: provas e concursos.* 7. ed. São Paulo: Atlas, 2012. v. 28, p. 101; ISHIDA, Válter Kenji.

Como reforço a esta tese, sustenta-se que o art. 1.729 do CC autoriza aos pais a escolha de tutor aos seus filhos em caso de morte[223], o que não poderia impedir a entrega para pessoa de sua confiança em vida[224].

Filiamo-nos à corrente majoritária, pois o cadastro de adoção não pode constituir-se em obstáculo para o atendimento do melhor interesse do infante, desde que não fique demonstrada má-fé dos pais e da pessoa detentora da guarda de fato e que, no curso do processo, haja a comprovação de todos os requisitos necessários para a habilitação no cadastro (art. 50, § 14).

Sobre o tema, o STJ tem julgados que garantem a observância do melhor interesse da criança ou adolescente em confronto com a preferência estabelecida no cadastro de adoção[225]. Em recente decisão, o Tribunal da Cidadania assentou: "não se pode perder de vista que o registro e a classificação de pessoas interessadas em adotar não têm um fim em si mesmos, antes devem servir, precipuamente, ao melhor interesse das crianças e dos adolescentes"[226].

Inclusive, na hipótese de decisão judicial que determina o acolhimento institucional de infante oriundo de adoção personalíssima, em caso de impetração de *habeas corpus*, ainda que não o conheça como sucedâneo ou substitutivo de recurso ordinário cabível, o STJ tem concedido, de ofício, a ordem para a manutenção do infante no seio familiar que lhe tem dispensado os cuidados necessários[227].

Em julgados envolvendo a pandemia provocada pelo novo coronavírus (Covid-19), o STJ reiterou a sua jurisprudência pela preferência de manutenção do infante em família substituta em detrimento ao acolhimento institucional, principalmente levando-se em consideração o potencial risco de contaminação pela mencionada doença[228].

Entretanto, se houver **indícios de fraude ou suspeita de tráfico de criança**, não há como admitir a permanência desta com a "pessoa escolhida" pela mãe, sendo necessário o acolhimento institucional, conforme entendimento do STJ[229].

Do mesmo modo, se a criança foi recém-entregue pela genitora em favor de terceiros sem vínculo de parentesco, a medida de proteção de acolhimento institucional é a que melhor resguarda aos seus interesses, pois evita maior vinculação afetiva e possibilita a observância dos procedimentos legais de adoção[230]. Igualmente ocorre quando inexiste vínculo socioafetivo do infante com o pai registral que tentou burlar o cadastro nacional de adotantes[231].

Estatuto da Criança e do Adolescente: doutrina e jurisprudência. 16. ed. São Paulo: Atlas, 2015, p. 182; BORDALLO, Galdino Augusto Coelho. Adoção. In: MACIEL, Kátia Regina Ferreira Lobo Andrade (coord.). *Curso de direito da criança e do adolescente*: aspectos teóricos e práticos. 9. ed. rev. e atual. São Paulo: Saraiva, 2016, p. 384.

223 Art. 1.729 do CC: "O direito de nomear tutor compete aos pais, em conjunto. Parágrafo único. A nomeação deve constar de testamento ou de qualquer outro documento autêntico".

224 Nesse sentido: DIAS, Maria Berenice. *Manual de direito das famílias*. 11. ed. rev., atual. e ampl. São Paulo: Editora Revista dos Tribunais, 2016, p. 494; MADALENO, Rolf. *Direito de família*. 6. ed. rev., atual. e ampl. Rio de Janeiro: Forense, 2017, p. 661.

225 HC 747.318/RS, 3ª T., Rel. Min. Moura Ribeiro, *DJe* 5.8.2022; HC 487.812/CE, 3ª T., Rel. Min. Paulo de Tarso Sanseverino, *DJe* 01.03.2019; REsp 1.567.812/SC, 4ª T., Rel. Min. Raul Araújo, *DJe* 05.12.2016; REsp 1.347.228/SC, 3ª T., Rel. Min. Sidnei Beneti, *DJe* 20.11.2012; REsp 1.172.067/MG, 3ª T., Rel. Min. Massami Uyeda, *DJe* 14.04.2010.

226 HC 468.691/SC, 4ª T., Rel. Min. Luis Felipe Salomão, *DJe* 11.03.2019.

227 HC 901.927/SC, 3ª T., Rel. Min. Moura Ribeiro, *DJe* 23.05.2024; HC 574.439/SP, 3ª T., Rel. Min. Moura Ribeiro, *DJe* 26.08.2020; HC 575.883/SP, 3ª T., Rel. Min. Paulo de Tarso Sanseverino, *DJe* 20.08.2020; HC 554.557/MA, 4ª T., Rel. Min. Raul Araújo, *DJe* 01.07.2020; HC 404.545/CE, 3ª T., Rel. Min. Ricardo Villas Bôas Cueva, *DJe* 29.08.2017; HC 358.536/SP, 3ª T., Rel. Min. Ricardo Villas Bôas Cueva, *DJe* 24.06.2016.

228 HC 570.728/SP, 3ª T., Rel. Min. Paulo de Tarso Sanseverino, *DJe* 05.03.2021; HC 574.439/SP, 3ª T., Rel. Min. Moura Ribeiro, *DJe* 26.08.2020; HC 572.854/SP, 3ª T., Rel. Min. Ricardo Villas Bôas Cueva, *DJe* 07.08.2020.

229 HC 902.694/PA, 3ª T., Rel. Min. Moura Ribeiro, *DJe* 10.10.2024; HC 570.636/SP, 4ª T., Rel. Min. Raul Araújo, *DJe* 22.06.2020; RHC 118.696/MS, 3ª T., Rel. Min. Marco Aurélio Bellizze, *DJe* 21.02.2020; HC 406.739/RS, 4ª T., Rel. Min. Marco Buzzi, *DJe* 24.08.2017; HC 370.636/SP, 4ª T., Rel. Min. Raul Araújo, *DJe* 21.02.2017; HC 342.325/RJ, 3ª T., Rel. Min. Paulo de Tarso Sanseverino, *DJe* 09.03.2016.

230 STJ, HC 439.885/SP, 4ª T., Rel. Min. Lázaro Guimarães (Desembargador convocado do TRF 5ª Região), Rel. para acórdão Min. Marco Buzzi, *DJe* 21.05.2018. No mesmo sentido: AgInt no HC 930.999/SP, 4ª T., Rel. Min. Marco Buzzi, *DJe* 29.11.2024; RHC 165.534/SC, 3ª T., Rel. Min. Moura Ribeiro, *DJe* 23.6.2022.

231 STJ, HC 673.722/RS, 3ª T., Rel. Min. Ricardo Villas Bôas Cueva, *DJe* 31.08.2021.

Em recente julgado, o STJ, por maioria de votos, reconheceu a ausência de interesse processual do Ministério Público para ajuizar ação civil pública buscando indenização por dano moral coletivo e dano social contra casal que tentou realizar adoção à brasileira. No caso julgado, os adotantes já estavam inscritos no cadastro nacional de adoção e a criança não permaneceu sob sua guarda. Pontuou-se que a adoção *intuitu personae* não pode ser incentivada por contrariar os interesses protegidos pelo Sistema Nacional de Adoção. Todavia, entendeu-se que, para a configuração do dano moral coletivo, é necessário reconhecer conduta de razoável significância, o que não ocorreu no caso analisado[232].

2.5.3.6 *Adoção unilateral, singular ou semiplena*

A adoção unilateral, singular ou semiplena é aquela na qual um dos cônjuges ou companheiros resolve adotar o filho do outro (art. 41, § 1º). Esta modalidade de adoção pressupõe a existência de casamento ou união estável entre o adotante e o genitor do adotado. Inexistindo esse requisito, a adoção romperá todos os vínculos com ambos os pais (art. 41, *caput*) e estes deverão consentir ou incidir em alguma hipótese de destituição do poder familiar.

Ou seja, um filho não pode ser tolhido do(a) genitor(a) biológico(a) pelo simples fato de o outro genitor constituir nova família e o seu companheiro(a) pretender adotá-lo, sem que inexista causa justificadora para a destituição do poder familiar.

Diz-se **semiplena** pois o adotado mantém os vínculos com o genitor supérstite e há formação de nova relação somente com o adotante.

A adoção unilateral não se confunde com a adoção por uma pessoa sozinha, pois nesta há o rompimento de todos os vínculos anteriores, enquanto naquela persistem os vínculos de um genitor.

Em não havendo genitor registral, tem-se a **adoção alateral**, pois somente ocorrerá a inclusão do nome do adotante no campo de filiação da certidão de nascimento do adotado.

Caso o adotado seja registrado em nome dos pais, há necessidade de consentimento do genitor para a adoção pelo cônjuge ou companheiro do outro genitor do infante.

Havendo consentimento, bastará a propositura de ação de adoção, que poderá ser realizada diretamente em cartório da Infância e Juventude, independentemente de assistência de advogado (art. 166). Inexistindo consentimento, o adotante deverá ajuizar ação de destituição do poder familiar c. c. adoção, de forma a demonstrar hipótese que enseje a perda do poder familiar (art. 1.638 do CC), necessitando de capacidade postulatória para tanto.

No caso de o genitor ser falecido, há divergência sobre a necessidade de inclusão de seus parentes no polo passivo:

1) a primeira corrente entende que não há necessidade de inclusão dos sucessores do genitor falecido no polo passivo, pois inexiste interesse processual[233], bastando o consentimento do genitor supérstite e do infante, se for o caso[234]. Esta é a nossa posição e há julgado do STJ neste sentido[235].
2) a segunda corrente sustenta que há necessidade de citação dos sucessores do genitor falecido na ação de adoção unilateral, pois esta não pode "servir como subterfúgio

[232] REsp 2.126.256/SC, 3ª T., Rel. Min. Nancy Andrighi, Rel. para acórdão Min. Ricardo Villas Bôas Cueva, *DJe* 10.06.2024.

[233] Nesse sentido: NUCCI, Guilherme de Souza. *Estatuto da Criança e do Adolescente comentado*: em busca da Constituição Federal das crianças e dos adolescentes. 3. ed. rev., atual. e ampl. Rio de Janeiro: Forense, 2016, p. 176.

[234] Nesse sentido: MADALENO, Rolf. *Direito de família*. 6. ed. rev., atual. e ampl. Rio de Janeiro: Forense, 2017, p. 661; DEL--CAMPO, Eduardo Roberto Alcântara; OLIVEIRA, Thales Cezar de. *Estatuto da Criança e do Adolescente. Série leituras jurídicas: provas e concursos*. 7. ed. São Paulo: Atlas, 2012. v. 28, p. 105; PACHI, Carlos Eduardo. Comentários ao art. 41. In: CURY, Munir (org.). *Estatuto da Criança e do Adolescente comentado. Comentários jurídicos e sociais*. 11. ed. São Paulo: Malheiros Editore, 2010, p. 199.

[235] AgInt na SE 14.097/EX, Corte Especial, Rel. Min. Laurita Vaz, j. 20.11.2017, *DJe* 27.11.2017.

para extinguir da vivência do filho toda e qualquer ligação com o genitor que já morreu"[236]. Aliás, o STF, em decisão monocrática do Ministro Ricardo Lewandowski, entendeu que há necessidade de inclusão dos avós biológicos do genitor falecido, tendo em vista que "eventual sentença de adoção altera a relação jurídica entre eles e os netos"[237].

Contudo, nada impede a manutenção do genitor biológico na certidão de nascimento do infante e o acréscimo do nome do adotante também como pai ou mãe, desde que caracterizada a relação de afetividade e afinidade do infante com o falecido e o adotante, resultando na chamada **multiparentalidade**.

Sobre o tema, em sede de repercussão geral, no julgamento do RE 898.060/SC, na data de 22 de setembro de 2016, o **STF** assentou a **tese 622**: "A paternidade socioafetiva, declarada ou não em registro público, não impede o reconhecimento do vínculo de filiação concomitante baseado na origem biológica, com os efeitos jurídicos próprios".

Importante assinalar que, consoante recente julgado do STJ, a multiparentalidade constitui uma possibilidade, e não uma obrigatoriedade, uma vez que somente será admissível se forem comprovados o melhor interesse do infante e a relação de socioafetividade entre os envolvidos:

> [...] 5. **O reconhecimento de vínculos concomitante de parentalidade é uma casuística, e não uma regra, pois, como bem salientado pelo STF naquele julgado, deve-se observar o princípio da paternidade responsável e primar pela busca do melhor interesse da criança**, principalmente em um processo em que se discute, de um lado, o direito ao estabelecimento da verdade biológica e, de outro, o direito à manutenção dos vínculos que se estabeleceram, cotidianamente, a partir de uma relação de cuidado e afeto, representada pela posse do estado de filho. 6. As instâncias ordinárias afastaram a possibilidade de reconhecimento da multiparentalidade na hipótese em questão, pois, de acordo com as provas carreadas aos autos, notadamente o estudo social, o pai biológico não demonstra nenhum interesse em formar vínculo afetivo com a menor e, em contrapartida, o pai socioafetivo assiste (e pretende continuar assistindo) à filha afetiva e materialmente. Ficou comprovado, ainda, que a ação foi ajuizada exclusivamente no interesse da genitora, que se vale da criança para conseguir atingir suas pretensões. 7. Ressalva-se, contudo, o direito personalíssimo, indisponível e imprescritível, da menor pleitear a inclusão do nome do pai biológico em seu registro civil ao atingir a maioridade, momento em que poderá avaliar, de forma independente e autônoma, a conveniência do ato. 8. Recurso especial desprovido[238].

A paternidade socioafetiva produz os mesmos efeitos jurídicos de uma paternidade biológica, de forma que na certidão de nascimento não deverá constar qualquer discriminação de tratamento, como, por exemplo, a qualificação de "genitor socioafetivo"[239].

Por oportuno, cumpre registrar que a Corregedoria Nacional de Justiça do CNJ editou o Provimento 63, de 14 de novembro de 2017, que dispõe a respeito do reconhecimento voluntário e a averbação da paternidade e maternidade socioafetiva na certidão de nascimento (arts. 10 a 15), o qual foi parcialmente alterado pelo Provimento 83, de 14 de agosto de 2019[240].

Assim, de acordo com esse regramento, caso o padrasto ou a madrasta pretenda reconhecer o seu enteado como filho em razão de relação de socioafetividade existente entre eles,

---

236 ROSA, Conrado Paulino. *Curso de direito de família contemporâneo*. Salvador: JusPodivm, 2016, p. 296. No mesmo sentido: DIAS, Maria Berenice. *Manual de direito das famílias*. 11. ed. rev., atual. e ampl. São Paulo: Editora Revista dos Tribunais, 2016, p. 486.

237 AI 840.484/RS, Rel. Min. Ricardo Lewandowski, *DJe* 29.03.2011.

238 REsp 1.674.849/RS, 3ª T., Rel. Min. Marco Aurélio Bellizze, *DJe* 23.04.2018.

239 STJ, REsp 1.487.596/MG, 4ª T., Rel. Min. Antonio Carlos Ferreira, *DJe* 01.10.2021.

240 Recomenda-se a leitura integral de referidos Provimentos, haja vista que eles também disciplinam os modelos únicos de certidão de nascimento, casamento e de óbito, bem como sobre o registro de nascimento e emissão da respectiva certidão de nascimento dos filhos havidos por reprodução assistida.

bastará se dirigir ao oficial de registro civil das pessoas naturais e proceder o reconhecimento voluntário da paternidade ou da maternidade, o qual será irrevogável, somente podendo ser desconstituído pela via judicial, nas hipóteses de vício de vontade, fraude ou simulação.

Tal como ocorre na adoção, poderão realizar o reconhecimento as pessoas maiores de dezoito anos, que não sejam irmãos entre si nem ascendentes e ser pelo menos dezesseis anos mais velho que o filho a ser reconhecido.

O reconhecimento exige a anuência da mãe e do pai do reconhecido, bem como deste quando for maior de doze anos. Na falta da mãe ou do pai do menor, na impossibilidade de manifestação válida destes ou do filho, quando exigido, o caso será apresentado ao juiz competente nos termos da legislação local.

Havendo processo judicial sobre o reconhecimento de paternidade ou de procedimento de adoção, não será possível seguir essa sistemática do Provimento. Assim, pessoa que pretende o reconhecimento também deve declarar o desconhecimento da existência de processo judicial em que se discuta filiação, sob pena de ilícito civil e penal.

Se o filho almejar buscar a sua verdade biológica, poderá fazê-lo judicialmente.

O Provimento 83/2019 promoveu as seguintes alterações:

1) o reconhecimento voluntário de paternidade ou de maternidade socioafetiva somente é possível de pessoa acima de doze anos de idade. Em sua redação original, o Provimento 63/2019 permitia o reconhecimento de pessoa de qualquer idade, o que poderia dar ensejo à prática de adoção à brasileira e sem a anuência do infante de tenra idade, uma vez que menor de doze anos sequer era ouvido pelo oficial de registro.
2) explicita que a paternidade ou a maternidade socioafetiva deve ser estável e exteriorizada socialmente, elencando, exemplificativamente, alguns documentos passíveis de demonstração desse estado (apontamento escolar como responsável ou representante do aluno; registro oficial que residem na mesma unidade domiciliar; fotografias em celebrações relevantes; declaração de testemunhas com firma reconhecida etc.), os quais, contudo, em sua ausência, não impedirão o registrador a atestar como apurou o vínculo socioafetivo.
3) preenchidos os requisitos para o reconhecimento da paternidade ou da maternidade, há a necessidade de o procedimento ser encaminhado ao representante do Ministério Público para emissão de parecer terminativo. Se favorável, o registro será realizado pelo registrador. Por outro lado, se desfavorável, o registro não será lavrado, sendo o procedimento arquivado e o requerente cientificado. Eventual dúvida referente ao registro deverá ser remetida ao juízo competente para dirimi-la.
4) estipula que somente será possível a inclusão de um ascendente socioafetivo, seja do lado paterno ou do materno. Com isso, evita-se a eventual prática de adoção à brasileira, pois será impossível a inclusão de dois genitores socioafetivos diretamente no oficial de registro civil, demandando a propositura de ação judicial para tanto.

Diferentemente da adoção unilateral em que há a exclusão do pai ou da mãe, salvo a existência de multiparentalidade, **no reconhecimento de paternidade ou maternidade são mantidos os nomes dos pais biológicos**.

2.5.3.7 *Adoção póstuma ou* post mortem

O art. 42, § 6º, dispõe: "A adoção poderá ser deferida ao adotante que, após inequívoca manifestação de vontade, *vier a falecer no curso do procedimento*, antes de prolatada a sentença" (grifou-se).

Conforme bem pontua Rolf Madaleno, a finalidade da adoção póstuma é atender "ao princípio supremo dos melhores interesses da criança e do adolescente, porque ameniza a fatalidade que seria dupla, no caso de morte do adotante, se também fosse cancelada a adoção"[241].

Infere-se pelo texto legal que apenas há possibilidade desta adoção nos casos de o adotante ajuizar ação de adoção e falecer durante seu curso, desde que não tenha manifestado o desejo de dela desistir.

Atenção

O STJ já entendeu possível a adoção póstuma, mesmo que não iniciada a ação de adoção quando do óbito do adotante, se ficar evidenciado que este pretendia a adoção e tinha o adotando como seu filho[242]. Os julgados se referem à situação na qual, após o falecimento do cônjuge, o supérstite ajuizou ação de adoção e incluiu o falecido no polo ativo também como adotante.

Além disso, importante notar que o STJ admite o ajuizamento de **ação declaratória de reconhecimento de paternidade socioafetiva** a quem desejar possuir o estado de filho de pessoa falecida, com fundamento no art. 1.593 do CC: "O parentesco é natural ou civil, conforme resulte de consanguinidade ou outra origem". Na expressão "outra origem", funda-se a socioafetividade.

Para o sucesso desta demanda, há a necessidade de comprovação de dois requisitos: tratamento do autor como se filho fosse e o conhecimento público dessa condição[243].

2.5.3.8 *Adoção de nascituro*

O art. 372 do CC/1916 era expresso ao permitir a adoção de nascituro: "Não se pode adotar sem o consentimento do adotado ou de seu representante legal se for incapaz ou nascituro". No entanto, o ECA e o atual CC nada dispõem sobre esta possibilidade e inexiste julgado do STJ.

No campo doutrinário, há dois posicionamentos a respeito do assunto:

1) a primeira corrente sustenta que é admissível a adoção de nascituro, haja vista que a existência de vínculo entre os adotantes e a gestante traz benefício para a criança[244]. Além disso, argumenta que, como a lei qualifica o concepturo como sujeito de direitos (art. 2º do CC), há possibilidade da adoção condicionada ao nascimento com vida[245]. Pondera-se, ainda, pela possibilidade dessa modalidade, mediante interpretação sistemática do ordenamento jurídico, especialmente considerando os direitos constitucionais à vida e à convivência familiar, bem como o fato de que o nascituro tem idade biológica (gestacional) e seus direitos são resguardados desde a concepção;

2) a segunda corrente afirma que não há previsão legal de adoção de nascituro, assim como ocorria com o CC/1916, de forma que é impossível esta modalidade de adoção. Ademais, o ECA exige a qualificação da criança ou adolescente a ser adotado (art.

---

241 MADALENO, Rolf. *Direito de família*. 6. ed. rev., atual. e ampl. Rio de Janeiro: Forense, 2017, p. 665.

242 REsp 1.663.137/MG, 3ª T., Rel. Min. Nancy Andrighi, *DJe* 22.08.2017; REsp 457.635/PB, 4ª T., Rel. Min. Ruy Rosado de Aguiar, *DJ* 17.03.2003.

243 STJ, REsp 1.500.999/RJ, 3ª T., Rel. Min. Ricardo Villas Bôas Cueva, *DJe* 19.04.2016; REsp 1.326.728/RS, 3ª T., Rel. Min. Nancy Andrighi, *DJe* 27.02.2014; REsp 457.635/PB, 4ª T., Rel. Min. Ruy Rosado de Aguiar, *DJ* 17.03.2003.

244 Nesse sentido: DIAS, Maria Berenice. *Manual de direito das famílias*. 11. ed. rev., atual. e ampl. São Paulo: Editora Revista dos Tribunais, 2016, p. 494.

245 Nesse sentido: MADALENO, Rolf. *Direito de família*. 6. ed. rev., atual. e ampl. Rio de Janeiro: Forense, 2017, p. 661; LÔBO, Paulo. *Direito civil*: famílias. 7. ed. São Paulo: Saraiva, 2017, p. 268.

165, III) e estágio de convivência para o deferimento da adoção (art. 46), o que seria impossível com o nascituro[246].

Concordamos com a segunda posição, pois, além dos argumentos acima esposados, o art. 166, § 6º, preceitua que o consentimento somente terá valor se ofertado após o nascimento da criança, o que inviabiliza a adoção de nascituro.

2.5.3.9 *Adoção de fato ou "à brasileira"*

A chamada adoção de fato ou à brasileira é aquela na qual **uma pessoa registra outra como se fosse seu filho**. Tecnicamente, não se trata de adoção propriamente dita, qualificando-se, inclusive, como o crime previsto no art. 242 do CP, podendo o juiz deixar de aplicar a pena se entender que o crime foi cometido por motivo de reconhecida nobreza[247].

Em regra, ocorre quando o infante não possui pai registral e o companheiro ou cônjuge da mãe comparece perante o Cartório de Registro Civil e o registra como seu filho. Uma vez realizado o registro, o infante adquire o *status* de filho, não podendo haver discriminação.

Todavia, ainda que posteriormente o cônjuge ou companheiro se arrependa do ato, normalmente após o término do relacionamento, não será possível a sua anulação, tendo em vista a ausência de erro ou falsidade do registro (art. 1.604 do CC)[248].

Caso se demonstre um desses requisitos, também deverá ser comprovada a ausência de socioafetividade entre as partes, sob pena de improcedência do pedido[249].

Por outro lado, o filho tem direito ao reconhecimento de seu estado biológico de filiação, por constituir direito personalíssimo, indisponível e imprescritível, consubstanciado no princípio constitucional da dignidade da pessoa humana, podendo ajuizar ação de anulação de registro c. c. investigação de paternidade, de forma a prevalecer a filiação biológica sobre a socioafetiva[250].

2.5.3.10 *Adoção por homossexuais*

O ECA não estabelece proibição acerca de adoção por homossexuais. Os Tribunais Superiores reconheceram a possibilidade de união estável (ADI 4277 e ADPF 132) e de casamento entre pessoas do mesmo sexo (REsp 1.183.378/RS).

Assim, o CNJ editou a Resolução 175/2013, que dispõe sobre habilitação, celebração de casamento civil, ou de conversão de união estável de casais do mesmo sexo.

Os Tribunais Superiores são pacíficos sobre a possibilidade de adoção por casais homossexuais[251].

---

246 Nesse sentido: ISHIDA, Válter Kenji. *Estatuto da Criança e do Adolescente*: doutrina e jurisprudência. 17. ed. rev., ampl. e atual. Salvador: JusPodivm, 2016, p. 168-9; DEL-CAMPO, Eduardo Roberto Alcântara; OLIVEIRA, Thales Cezar de. *Estatuto da Criança e do Adolescente. Série leituras jurídicas: provas e concursos*. 7. ed. São Paulo: Atlas, 2012. v. 28, p. 98; FARIAS, Cristiano Chaves. ROSENVALD, Nelson. *Curso de direito civil: famílias*. 8. ed., rev. e atual. Salvador: JusPodivm, 2016, p. 972.

247 Art. 242 do CP: "Dar parto alheio como próprio; registrar como seu o filho de outrem; ocultar recém-nascido ou substituí-lo, suprimindo ou alterando direito inerente ao estado civil: Pena – reclusão de dois a seis anos. Parágrafo único. Se o crime é cometido por motivo de reconhecida nobreza: Pena – detenção, de um a dois anos, podendo o juiz deixar de aplicar a pena".

248 STJ, AgRg no REsp 1.482.906/PR, 3ª T., Rel. Min. Moura Ribeiro, *DJe* 26.06.2015.

249 STJ, REsp 1.333.360/SP, 4ª T., Rel. Min. Luís Felipe Salomão, *DJe* 07.12.2016; REsp 1.383.408/RS, 3ª T., Rel. Min. Nancy Andrighi, *DJe* 30.05.2014.

250 STJ, REsp 1.417.598/CE, 3ª T., Rel. Min. Paulo de Tarso Sanseverino, *DJe* 18.02.2016; AgRg no REsp 1.417.597/RS, 3ª T., Rel. Min. Marco Aurélio Bellizze, *DJe* 17.11.2015; REsp 1.167.993/RS, 4ª T., Rel. Min. Luís Felipe Salomão, *DJe* 15.03.2013.

251 STJ, REsp 1.540.814/PR, 3ª T., Rel. Min. Ricardo Villas Bôas Cueva, *DJe* 25.08.2015; REsp 1.281.093/SP, 3ª T., Rel. Min. Nancy Andrighi, *DJe* 04.02.2013; REsp 889.852/RS, 4ª T., Rel. Min. Luís Felipe Salomão, *DJe* 10.08.2010. STF, RE 846.102, Rel. Min. Cármen Lúcia, *DJe* 17.03.2015.

Em 2023, o CNJ e o CNMP editaram, respectivamente, as Resoluções 532/2023 e 269/2023, vedando manifestações discriminatórias de magistrados e membros do Ministério Público nos processos de habilitação e adoção com fundamento exclusivo na orientação sexual ou identidade de gênero dos postulantes.

2.5.3.11 Efeitos pessoais

A adoção produz três efeitos de ordem pessoal:

1) condição de filho: o art. 227, § 6º, da CF verbera: "Os filhos, havidos ou não da relação do casamento, ou por adoção, terão os mesmos direitos e qualificações, proibidas quaisquer designações discriminatórias relativas à filiação".

Por seu turno, o art. 41, *caput*, do ECA prescreve: "A adoção atribui a condição de filho ao adotado, com os mesmos direitos e deveres, inclusive sucessórios, desligando-o de qualquer vínculo com pais e parentes, salvo os impedimentos matrimoniais".

Portanto, no registro de nascimento do adotado não pode constar designação quanto à adoção.

O adotante exercerá plenamente o poder familiar em relação ao adotado e haverá o rompimento de todos os vínculos com seus pais naturais, salvo os impedimentos matrimoniais. Dessa forma, se os pais naturais do adotado falecerem e deixarem bens, este nada herdará, ante o rompimento dos vínculos.

O § 1º do art. 41 trata da hipótese de **adoção unilateral**, na qual o cônjuge ou companheiro adota seu enteado e constitui ***exceção à regra do rompimento do vínculo dos pais naturais***, pois o adotado manterá todos os vínculos de filiação com o seu pai ou mãe, conforme o caso, e os respectivos parentes, rompendo-os apenas com o genitor falecido ou destituído do poder familiar.

2) impedimento matrimonial: embora haja o rompimento de todos os vínculos com os pais e parentes da sua família biológica, eles serão mantidos apenas para este fim.

3) nome: a sentença conferirá ao adotado o sobrenome do adotante e, a pedido de qualquer deles, poderá determinar a modificação do prenome do adotado (art. 47, § 5º).

Caso o pedido de alteração do prenome tenha sido formulado pelo adotante, há obrigatoriedade de oitiva do adotado, na forma dos §§ 1º e 2º do art. 28, que tratam sobre consentimento para colocação em família substituta (art. 47, § 6º), desde que, em razão de sua idade, seja possível a prática do ato, uma vez que a alteração do prenome lhe afetará diretamente e ele poderá desejar mantê-lo por qualquer motivo.

Questão interessante que se coloca é sobre a possibilidade do uso do **nome afetivo** antes da prolação da sentença de mérito na ação de adoção, em sede de tutela antecipatória. O nome afetivo é o utilizado pelos pretensos adotantes ao adotado no curso da ação de adoção, após o deferimento de tutela antecipatória para tal fim. Tem por finalidade a sua utilização nas relações sociais, escolares, de saúde e lazer. Contudo, não implica em alteração no registro civil do infante.

Sobre o tema, o STJ, em recente julgado, por maioria de votos, entendeu que a matéria está em debate perante o Poder Legislativo e que o Poder Judiciário somente pode deferir o uso do nome afetivo se houver elementos fático-probatórios científicos (estudo psicossocial para tal finalidade), e a comprovação da probabilidade de êxito da adoção e o benefício causado à criança em comparação com o malefício eventualmente provocado na hipótese de a adoção não ser concretizado, como consta na decisão[252].

---

[252] REsp 1.878.298/MG, 3ª T., Rel. Min. Ricardo Villas Bôas Cueva, Rel. para acórdão Min. Nancy Andrighi, *DJe* 26.04.2021.

2.5.3.12 *Efeitos patrimoniais*

A adoção produz dois efeitos patrimoniais:

1) **direitos sucessórios**: conforme já salientado, a adoção atribui a condição de filho ao adotado, com os mesmos direitos e deveres, inclusive sucessórios.

   O § 2º do art. 41 dispõe sobre a **reciprocidade do direito sucessório** entre o adotado, seus descendentes, o adotante, seus ascendentes, descendentes e colaterais até o 4º grau, observada a ordem de vocação hereditária. Assim, como o adotado é filho do adotante, possuirá todos os direitos sucessórios e transmitirá os seus bens segundo as respectivas regras de sucessão.

2) **alimentos**: diante da condição de filho, os adotantes e o adotado têm o dever de alimentos reciprocamente (art. 1.696 do CC).

2.5.3.13 *Prazo de conclusão da ação de adoção*

A Lei 12.955, de 5 de fevereiro de 2014, acrescentou o § 9º ao art. 47 do ECA: "Terão prioridade de tramitação os processos de adoção em que o adotando for criança ou adolescente com deficiência ou doença crônica".

O ECA não estabelecia o prazo para a conclusão da ação de adoção, o que somente era feito quanto à ação de destituição do poder familiar, que tem o prazo máximo de 120 (cento e vinte) dias para julgamento (art. 163, *caput*, do ECA).

Todavia, com o advento da Lei 13.509/2017, o legislador fixou o prazo máximo de 120 (cento e vinte) dias para a conclusão da ação de adoção, prorrogável uma única vez por igual período, mediante decisão fundamentada da autoridade judiciária (art. 47, § 10).

O objetivo é garantir maior celeridade nas ações de adoção, uma vez que, não raras vezes, estas se arrastam por anos pelo Poder Judiciário e a situação da criança ou adolescente perante o adotante permanece indefinida, enquanto não sobrevém o julgamento do mérito, provocando angústias e inseguranças em todos os envolvidos.

2.5.3.14 *Sentença*

A sentença de adoção e os seus efeitos são tratados no art. 47 e parágrafos. O vínculo da adoção é formado exclusivamente por **sentença judicial**, que será inscrita no registro civil mediante mandado do qual não se fornecerá certidão (art. 47, *caput*).

Com o trânsito em julgado da sentença judicial de adoção, há o cancelamento do registro original do adotado (§ 2º) e a confecção de novo assento de nascimento, constando o nome dos adotantes como pais e o nome de seus ascendentes (§ 1º), não podendo ter nenhuma observação sobre a origem do ato (§ 4º). Há a abertura de novo registro "como se fosse um novo nascimento, imitando a natureza"[253]. Este novo registro, a pedido do adotante, poderá ser lavrado no Cartório do Registro Civil do Município de sua residência (§ 3º).

A **adoção unilateral**, que preserva o vínculo do adotando com qualquer dos pais biológicos, não acarreta o cancelamento da certidão de nascimento do adotando, mas apenas a averbação com a inclusão do nome do adotante e a eventual exclusão do nome do genitor biológico, se existente[254].

---

[253] SILVA FILHO, Artur Marques da. Adoção: regime jurídico, requisitos, efeitos, inexistência e anulação. 4. ed. rev., atual. e ampl. São Paulo: RT, 2020, p. 183.

[254] Nesse sentido, Enunciado 273 do CJF/STJ: "Tanto na adoção bilateral quanto na unilateral, quando não se preserva o vínculo com qualquer dos genitores originários, deverá ser averbado o cancelamento do registro originário de nascimento do adotado,

Conforme o § 7º, a sentença possui natureza constitutiva e os seus efeitos são, em regra, *ex nunc* (a partir do trânsito em julgado da sentença). Todavia, tratando-se de adoção póstuma (art. 42, § 6º), como exceção legal, a sentença produz efeitos *ex tunc* (retroage à data do óbito).

Quanto aos efeitos, o § 7º do art. 47 determina que estes se operam "*a partir do trânsito em julgado* da sentença constitutiva" (destacou-se). Assim, em adoção conjunta, há a possibilidade de um dos adotantes desistir da adoção em grau de recurso, uma vez que a adoção somente se torna irrevogável com o trânsito em julgado da sentença, observando-se que o adotando poderá ajuizar ação de reparação de danos patrimoniais e morais, caso existentes[255].

Já o art. 199-A prevê que a sentença que deferir adoção *produz seus efeitos desde logo*, uma vez que a apelação será recebida somente no efeito devolutivo, exceto se for adoção internacional ou se houver perigo de dano irreparável ou de difícil reparação ao adotando.

Para solucionar este conflito de normas, entendemos que a adoção produz os efeitos práticos desde logo, tal como manter ou incluir a criança ou adolescente na posse dos adotantes. Todavia, os demais efeitos jurídicos, como o cancelamento do registro de nascimento anterior e lavratura do novo, inclusão do sobrenome do adotante ou alteração do nome do adotado, apenas ocorrerá com o trânsito em julgado da sentença constitutiva[256].

Com o trânsito em julgado, a adoção possui a característica de irrevogabilidade, não sendo possível a **desadoção**, pois reconhecida a condição de filho, não é possível desconstituí-la por vontade dos pais (adotantes) por meio de outra decisão judicial. Tal situação não se confunde com a prática de atos que importem em destituição do poder familiar dos pais (adotantes), que sempre demandará apreciação judicial.

2.5.3.15 Direito de conhecer sua origem biológica

O adotado, *ao completar dezoito anos*, tem o direito de conhecer sua origem biológica, bem como obter acesso irrestrito ao processo no qual foi deferida a sua adoção e seus eventuais incidentes (art. 48, *caput*). Trata-se de direito personalíssimo, que não se estende a terceiros, salvo àquele que demonstrar interesse devidamente fundamentado, como, por exemplo, os filhos do adotado[257].

Para tanto, o art. 47, § 8º, prevê que estes serão mantidos em arquivo, admitindo-se seu armazenamento em microfilme ou por outros meios, garantida a sua conservação para consulta a qualquer tempo.

Por outro lado, o *adotado menor de dezoito anos*, também pode exercitar esse direito, a seu pedido, desde que lhe seja assegurada orientação e assistência jurídica e psicológica (art. 48, parágrafo único).

2.5.3.16 Direitos previstos na CLT

A Lei 13.509/2017 incluiu o parágrafo único ao art. 391-A e alterou a redação dos arts. 392-A e 396, todos da CLT.

O dispositivo incluído assegura o direito à estabilidade provisória ao empregado adotante cuja guarda provisória tenha sido concedida para fins de adoção, assim como ocorre desde a confirmação do estado de gravidez.

---

lavrando-se novo registro. Sendo unilateral a adoção, e sempre que se preserve o vínculo originário com um dos genitores, deverá ser averbada a substituição do nome do pai ou da mãe natural pelo nome do pai ou da mãe adotivos" (destacou-se).

255 STJ, REsp 1.849.530/DF, 3ª T., Rel. Min. Nancy Andrighi, *DJe* 19.11.2020.

256 No mesmo sentido: DUPRET, Cristiane. *Curso de direito da criança e do adolescente*. 3. ed. Belo Horizonte: Letramento, 2015, p. 110.

257 No mesmo sentido: ROSA, Conrado Paulino da. *Curso de direito de família contemporâneo*. 6. ed. rev., ampl. e atual. Salvador: JusPodivm, 2020, p. 416.

Já a redação do art. 392-A foi modificada para conceder licença-maternidade à empregada que adotar ou obtiver guarda judicial para fins de adoção de criança ou adolescente. Anteriormente a adoção ou guarda de adolescente não ensejava direito à mencionada licença.

Por fim, o art. 396 foi alterado para incluir o direito à amamentação do filho advindo de adoção, até que este complete seis meses de idade, mediante dois descansos especiais de meia hora cada, durante a jornada de trabalho.

2.5.4 Adoção internacional

2.5.4.1 Caracterização

O art. 227, § 5º, da CF, preceitua: "A adoção será assistida pelo Poder Público, na forma da lei, que estabelecerá casos e condições de sua efetivação por parte de estrangeiros".

Por seu turno, o art. 50, § 10, do ECA, com redação dada pela Lei 13.509/2017, verbera:

> **Art. 50, § 10.** Consultados os cadastros e verificada a ausência de pretendentes habilitados residentes no País com perfil compatível e interesse manifesto pela adoção de criança ou adolescente inscrito nos cadastros existentes, será realizado o encaminhamento da criança ou adolescente à adoção internacional.

O ECA considera adoção internacional aquela em que o pretendente possui residência habitual em país parte da Convenção de Haia, de 23 de maio de 1993, e deseja adotar criança em outro país parte do tratado (art. 51, *caput*, com redação dada pela Lei 13.509/2017). Ou seja, para a caracterização da adoção internacional utiliza-se o **critério territorial**.

Essa também é a previsão do **art. 2º da Convenção de Haia**, de 29 de maio de 1993, relativa à proteção das crianças e à cooperação em matéria de adoção internacional, aprovada pelo Decreto Legislativo 1/1999, e promulgada pelo Decreto 3.087/1999:

> **Art. 2º**
>
> **1.** A Convenção será aplicada quando uma criança com residência habitual em um Estado Contratante ("o Estado de origem") tiver sido, for, ou deva ser deslocada para outro Estado Contratante ("o Estado de acolhida"), quer após sua adoção no Estado de origem por cônjuges ou por uma pessoa residente habitualmente no Estado de acolhida, quer para que essa adoção seja realizada, no Estado de acolhida ou no Estado de origem.
>
> **2.** A Convenção somente abrange as Adoções que estabeleçam um vínculo de filiação.

Assim, pode-se afirmar que a **adoção internacional se dá quando a pessoa ou o casal é residente fora do Brasil, seja brasileiro ou estrangeiro**. Por outro lado, **a adoção por estrangeiro domiciliado no Brasil segue as regras da adoção nacional**.

O § 2º do art. 51 verbera: "Os brasileiros residentes no exterior terão *preferência* aos estrangeiros, nos casos de adoção internacional de criança ou adolescente brasileiro" (destacou-se). Nota-se que a preferência apenas existe se a criança ou adolescente for brasileiro. Caso o infante seja estrangeiro, o brasileiro não tem preferência.

2.5.4.2 Requisitos

A adoção internacional de **criança ou adolescente domiciliado no Brasil** somente será cabível se demonstrados, cumulativamente, os seguintes requisitos (art. 51, § 1º):

1) **que a colocação em família adotiva é a solução adequada ao caso concreto** (inciso I, com redação dada pela Lei 13.509/2017): em regra, toda criança e adolescente têm

o direito de crescer no seio de sua família natural. Todavia, na impossibilidade de manutenção ou reintegração familiar do infante, há a necessidade de sua inserção em família substituta, como forma de garantir o seu pleno desenvolvimento (arts. 19, *caput* e § 1º, e 101, § 1º).

2) **que foram esgotadas todas as possibilidades de colocação da criança ou adolescente em família adotiva brasileira, com a comprovação, certificada nos autos, da inexistência de adotantes habilitados residentes no Brasil com perfil compatível com a criança ou adolescente, após consulta aos cadastros mencionados no ECA** (inciso II, com redação dada pela Lei 13.509/2017): a busca nos cadastros se dá de forma gradual, iniciando-se na comarca ou no foro regional, depois no estadual e, por fim, no nacional (art. 50, § 8º). Portanto, imprescindível que seja certificada a inexistência de pessoa ou casal interessado na adoção da criança ou do adolescente.

3) **que, em se tratando de adoção de adolescente, este foi consultado, por meios adequados ao seu estágio de desenvolvimento, e que se encontra preparado para a medida, mediante parecer elaborado por equipe interprofissional, observado o disposto nos §§ 1º e 2º do art. 28 do ECA** (inciso III): o dispositivo somente menciona acerca da consulta do adolescente. Entretanto, o ECA prevê a oitiva, *sempre que possível*, da criança e adolescente por equipe interprofissional, respeitado seu estágio de desenvolvimento e grau de compreensão sobre as implicações da colocação em família substituta, devendo a sua opinião ser considerada (art. 28, § 1º). Assim, entendemos que há necessidade de prévia oitiva da criança e do adolescente por equipe interprofissional e em juízo, sempre que possível (art. 168)[258].

Em toda adoção internacional há necessidade de intervenção das Autoridades Centrais Estaduais e Federal (art. 51, § 3º), conforme se verá no próximo item.

2.5.4.3 Procedimento

A adoção internacional segue o procedimento da colocação em família substituta (arts. 165 a 170)[259], com as seguintes adaptações (art. 52):

1) a pessoa ou casal estrangeiro interessado em adotar criança ou adolescente brasileiro deverá formular pedido de habilitação à adoção perante a Autoridade Central em matéria de adoção internacional no país de acolhida, *assim entendido onde está situada sua residência habitual* (inciso I).

   Esta Autoridade Central, em regra, existe nos países que ratificaram a Convenção de Haia, como forma de realizar o controle da habilitação dos pretendentes e da própria adoção, tanto que ela pode, a qualquer tempo, solicitar informações sobre a situação das crianças e adolescentes adotados (art. 52, § 10).

   No Brasil, a **Autoridade Central Federal Brasileira (ACFB)** é representada pela *Secretaria Especial dos Direitos Humanos (SEDH)*, conforme prevê o Decreto 3.174/1999.

   Por outro lado, as **Autoridades Centrais Estaduais (ACE)** são representadas pelas *Comissões Estaduais Judiciárias de Adoção Internacional (CEJAI), ou Comissões Esta-*

[258] Art. 168 do ECA: "Apresentado o relatório social ou o laudo pericial, e ouvida, sempre que possível, a criança ou o adolescente, dar-se-á vista dos autos ao Ministério Público, pelo prazo de cinco dias, decidindo a autoridade judiciária em igual prazo".

[259] Sobre o "procedimento de colocação em família substituta", v. item 2.16.4.

duais Judiciárias de Adoção (CEJA), sendo, em regra, compostas por sete membros e presididas por um juiz ou desembargador.

2) caso a Autoridade Central do país de acolhida considerar que a pessoa ou casal está habilitado e apto para adotar, emitirá um relatório à ACE, com cópia para a ACFB, que contenha informações sobre a identidade, a capacidade jurídica e adequação dos solicitantes para adoção, sua situação pessoal, familiar e médica, seu meio social, os motivos que os animam e sua aptidão para assumir uma adoção internacional (incisos II e III).

   O relatório deverá ser instruído com toda a documentação necessária, incluindo estudo psicossocial elaborado por equipe interprofissional habilitada e cópia da legislação pertinente, acompanhada da prova da vigência (inciso IV).

   Os documentos em língua estrangeira serão devidamente autenticados pela autoridade consular, observados os tratados e convenções internacionais, e acompanhados da respectiva tradução, por tradutor público juramentado (inciso V).

3) a ACE poderá fazer exigências e solicitar complementação sobre o estudo psicossocial do postulante estrangeiro à adoção, já realizado no país de acolhida (inciso VI).

   Após estudo realizado pela ACE, verificada a compatibilidade da legislação estrangeira com a nacional, além do preenchimento por parte dos postulantes dos requisitos objetivos e subjetivos necessários ao seu deferimento, tanto à luz do que dispõe o ECA como da legislação do país de acolhida, será expedido laudo de habilitação à adoção internacional, que terá validade por, no máximo, 1 (um) ano, podendo ser renovada (inciso VIII e § 13).

   A decisão da ACE é de natureza administrativa. Embora o art. 52 seja omisso, no procedimento de habilitação há necessidade de participação do Ministério Público[260].

4) de posse do laudo de habilitação, o interessado será autorizado a formalizar pedido de adoção perante o Juízo da Infância e da Juventude do local em que se encontra a criança ou adolescente, conforme indicação efetuada pela ACE (inciso VIII).

5) o legislador fixava que o **estágio de convivência** fosse cumprido no território nacional por, no mínimo, 30 (trinta) dias (art. 46, § 3º, incluído pela Lei 12.010/2009). Entretanto, a Lei 13.509/2017 fixou o estágio de convivência para adoção internacional no **prazo mínimo de 30 (trinta) dias e máximo de 45 (quarenta e cinco) dias, prorrogável por até igual período, uma única vez,** mediante decisão fundamentada da autoridade judiciária (art. 46, § 3º).

   O legislador infraconstitucional pretendeu fixar parâmetro máximo para a adoção internacional, tendo em vista que somente havia a previsão de prazo mínimo de 30 (trinta) dias, o que possibilitava ao juiz fixar o prazo que lhe entendesse adequado.

   Nota-se que a prorrogação é permitida uma única vez e por até igual período, de maneira que é possível que o prazo prorrogado seja inferior ao inicialmente fixado.

260 No mesmo sentido: CARVALHO, Reinaldo Cintra Torres de. Comentários ao art. 52. In: CURY, Munir (org.). *Estatuto da Criança e do Adolescente comentado. Comentários jurídicos e sociais*. 11. ed. São Paulo: Malheiros Editores. 2010, p. 250; DEL-CAMPO, Eduardo Roberto Alcântara; OLIVEIRA, Thales Cezar de. *Estatuto da Criança e do Adolescente. Série leituras jurídicas: provas e concursos*. 7. ed. São Paulo: Atlas, 2012. v. 28, p. 135.

Findo o prazo do estágio de convivência, deverá ser apresentado laudo fundamentado pela equipe técnica, que recomendará ou não o deferimento da adoção à autoridade judiciária (art. 46, § 3º-A, incluído pela referida Lei).

O estágio deve ser cumprido no território nacional, preferencialmente na comarca de residência da criança ou adolescente, ou, a critério do juiz, em cidade limítrofe, respeitada, em qualquer hipótese, a competência do juízo da comarca de residência da criança (art. 46, § 5º, incluído pela citada Lei).

6) enquanto a sentença que concedeu a adoção internacional não transitar em julgado, não será permitida a saída do adotando do território nacional (art. 52, § 8º) e eventual recurso de apelação será recebido no duplo efeito (art. 199-A).

7) transitada em julgado a decisão, a autoridade judiciária determinará a expedição de alvará com autorização de viagem, e para obtenção de passaporte, constando, obrigatoriamente, as características da criança ou adolescente adotado, como idade, cor, sexo, eventuais sinais ou traços peculiares, assim como foto recente e a aposição da impressão digital do seu polegar direito, instruindo o documento com cópia autenticada da decisão e certidão de trânsito em julgado (art. 52, § 9º).

Além destas adaptações, os **arts. 4º e 5º da Convenção de Haia** estabelecem:

Art. 4º As adoções abrangidas por esta Convenção só poderão ocorrer quando as autoridades competentes do Estado de origem:

a) tiverem determinado que a criança é adotável;

b) tiverem verificado, depois de haver examinado adequadamente as possibilidades de colocação da criança em seu Estado de origem, que uma adoção internacional atende ao interesse superior da criança;

c) tiverem-se assegurado de:

1) que as pessoas, instituições e autoridades cujo consentimento se requeira para a adoção hajam sido convenientemente orientadas e devidamente informadas das consequências de seu consentimento, em particular em relação à manutenção ou à ruptura, em virtude da adoção, dos vínculos jurídicos entre a criança e sua família de origem;

2) que estas pessoas, instituições e autoridades tenham manifestado seu consentimento livremente, na forma legal prevista, e que este consentimento se tenha manifestado ou constatado por escrito;

3) que os consentimentos não tenham sido obtidos mediante pagamento ou compensação de qualquer espécie nem tenham sido revogados; e

4) que o consentimento da mãe, quando exigido, tenha sido manifestado após o nascimento da criança; e

d) tiverem-se assegurado, observada a idade e o grau de maturidade da criança, de:

1) que tenha sido a mesma convenientemente orientada e devidamente informada sobre as consequências de seu consentimento à adoção, quando este for exigido;

2) que tenham sido levadas em consideração a vontade e as opiniões da criança;

3) que o consentimento da criança à adoção, quando exigido, tenha sido dado livremente, na forma legal prevista, e que este consentimento tenha sido manifestado ou constatado por escrito;

4) que o consentimento não tenha sido induzido mediante pagamento ou compensação de qualquer espécie.

Art. 5º As adoções abrangidas por esta Convenção só poderão ocorrer quando as autoridades competentes do Estado de acolhida:

a) tiverem verificado que os futuros pais adotivos encontram-se habilitados e aptos para adotar;

b) tiverem-se assegurado de que os futuros pais adotivos foram convenientemente orientados;

c) tiverem verificado que a criança foi ou será autorizada a entrar e a residir permanentemente no Estado de acolhida.

2.5.4.4 *Organismos de intermediação da adoção e seu credenciamento*

É possível que o pedido de habilitação à adoção internacional seja intermediado por organismos credenciados, os quais podem ser nacionais e estrangeiros, se a legislação do país de acolhida assim o autorizar (art. 52, §§ 1º e 2º).

Os organismos ou as agências têm a função de facilitar a adoção internacional, haja vista que, em regra, realizam toda tramitação para a habilitação dos pretendentes.

A ACFB tem a incumbência de promover o credenciamento destes organismos, com posterior comunicação às Autoridades Centrais Estaduais, publicação nos órgãos oficiais de imprensa e em sítio próprio da internet.

O credenciamento de organismo depende dos requisitos elencados nos incisos do § 3º do art. 52:

> I – deve ser oriundo de países que ratificaram a Convenção de Haia e esteja devidamente credenciado pela Autoridade Central do país onde estiver sediado e no país de acolhida do adotando para atuar em adoção internacional no Brasil;
>
> II – é preciso satisfazer as condições de integridade moral, competência profissional, experiência e responsabilidade exigidas pelos países respectivos e pela Autoridade Central Federal Brasileira;
>
> III – deve ser qualificado por seus padrões éticos e sua formação e experiência para atuar na área de adoção internacional;
>
> IV – **é necessário** cumprir os requisitos exigidos pelo ordenamento jurídico brasileiro e pelas normas estabelecidas pela Autoridade Central Federal Brasileira (grifou-se).

Ademais, os organismos credenciados deverão cumprir os requisitos previstos nos incisos do art. 52, § 4º[261]. Caso não sejam apresentados os relatórios mencionados nos incisos IV e V do aludido parágrafo, o organismo poderá ter suspenso o seu credenciamento (art. 52, § 5º).

O prazo de validade do credenciamento será de 2 (dois) anos e poderá ser renovado mediante requerimento protocolado na ACFB nos 60 (sessenta) dias anteriores ao seu término (art. 52, §§ 6º e 7º).

Os organismos credenciados podem realizar a cobrança de valores, desde que não sejam considerados abusivos pela ACFB e estejam devidamente comprovados, sob pena de descredenciamento (art. 52, § 11). Assim, tem-se que estes não são obrigados a realizar o trabalho gratuitamente, mas também não podem visar o lucro.

Uma mesma pessoa ou seu cônjuge não podem ser representados por mais de uma entidade credenciada para atuar na cooperação em adoção internacional (art. 52, § 12).

Somente após a devida autorização judicial é possível o contato direto de representantes de organismos de adoção (nacionais e estrangeiros) *com dirigentes de programas de acolhimento*

---

[261] Art. 52, § 4º, do ECA: "Os organismos credenciados deverão ainda: I – perseguir unicamente fins não lucrativos, nas condições e dentro dos limites fixados pelas autoridades competentes do país onde estiverem sediados, do país de acolhida e pela Autoridade Central Federal Brasileira; II – ser dirigidos e administrados por pessoas qualificadas e de reconhecida idoneidade moral, com comprovada formação ou experiência para atuar na área de adoção internacional, cadastradas pelo Departamento de Polícia Federal e aprovadas pela Autoridade Central Federal Brasileira, mediante publicação de portaria do órgão federal competente; III – estar submetidos à supervisão das autoridades competentes do país onde estiverem sediados e no país de acolhida, inclusive quanto à sua composição, funcionamento e situação financeira; IV – apresentar à Autoridade Central Federal Brasileira, a cada ano, relatório geral das atividades desenvolvidas, bem como relatório de acompanhamento das adoções internacionais efetuadas no período, cuja cópia será encaminhada ao Departamento de Polícia Federal; V – enviar relatório pós-adotivo semestral para a Autoridade Central Estadual, com cópia para a Autoridade Central Federal Brasileira, pelo período mínimo de 2 (dois) anos. O envio do relatório será mantido até a juntada de cópia autenticada do registro civil, estabelecendo a cidadania do país de acolhida para o adotado; VI – tomar as medidas necessárias para garantir que os adotantes encaminhem à Autoridade Central Federal Brasileira cópia da certidão de registro de nascimento estrangeira e do certificado de nacionalidade tão logo lhes sejam concedidos" (destacou-se).

institucional ou familiar, bem como com crianças e adolescentes em condições de serem adotados (art. 52, § 14).

A ACFB poderá limitar ou suspender a concessão de novos credenciamentos sempre que julgar necessário, mediante ato administrativo fundamentado (art. 52, § 15).

2.5.4.5 Repasse de recursos

Com o fim de evitar interesses escusos, o ECA veda o repasse de recursos provenientes de organismos estrangeiros encarregados de intermediar pedidos de adoção internacional a organismos nacionais ou a pessoas físicas, sob pena de responsabilidade e descredenciamento (art. 52-A, *caput*).

Eventual repasse apenas pode ser efetuado via Fundo dos Direitos da Criança e do Adolescente, sendo objeto de deliberação do respectivo Conselho de Direitos da Criança e do Adolescente (art. 52-A, parágrafo único).

2.5.4.6 Adoção por brasileiro residente no exterior

O art. 52-B disciplina a adoção internacional realizada por **brasileiro residente no exterior e seu posterior reingresso no Brasil**, nos seguintes casos:

1) adoção foi realizada em país ratificante da Convenção de Haia (*caput* e § 1º): com o reingresso no Brasil, a ***adoção será automaticamente recepcionada*** (*caput*), se ela foi processada em conformidade com a legislação vigente do país de residência e houve a **participação das Autoridades Centrais de ambos os Estados (país de residência e do Brasil)** para o prosseguimento da adoção, na forma da alínea *c* do art. 17 da Convenção de Haia e do art. 23, item 1, da citada Convenção[262].

Por outro lado, se a adoção no país de residência transcorreu **sem a participação das Autoridades Centrais de ambos os Estados** (art. 17, *c*, de referida Convenção), ao reingressar ao Brasil, haverá ***necessidade de homologação da sentença de adoção pelo STJ*** (art. 52-B, § 1º).

2) adoção foi processada em país não ratificante da Convenção de Haia (§ 2º): neste caso, o brasileiro residente no exterior, ao ingressar no Brasil, deverá requerer a homologação da sentença estrangeira de adoção no STJ (art. 52-B, § 2º).

A finalidade de tal exigência é conferir executoriedade interna à sentença proferida em outro país. No juízo de delibação são analisadas as formalidades da sentença à luz de princípios fundamentais para se considerar um processo justo (respeito ao contraditório e à ampla defesa, legalidade dos atos processuais, respeito aos direitos humanos e adequação aos bons costumes), não havendo aprofundamento ao mérito[263].

Os requisitos objetivos para a homologação de sentença estrangeira estão nos arts. 216-A ao 216-N do Regimento Interno do STJ e art. 15 da Lei de Introdução às Normas do Direito Brasileiro (LINDB)[264].

---

[262] Art. 23, item 1, da Convenção de Haia: "Uma adoção certificada em conformidade com a Convenção, pela autoridade competente do Estado onde ocorreu, será reconhecida de pleno direito pelos demais Estados Contratantes. O certificado deverá especificar quando e quem outorgou os assentimentos previstos no artigo 17, alínea *c*".

[263] STJ, SEC 7.634/EX, Corte Especial, Rel. Min. Napoleão Nunes Maia Filho, *DJe* 14.12.2016; SEC 8.600/EX, Corte Especial, Rel. Min. Og Fernandes, *DJe* 16.10.2014; SEC 274/EX, Rel. Min. Castro Meira, *DJe* 19.11.2012.

[264] Art. 15 da LINDB: "Será executada no Brasil a sentença proferida no estrangeiro, que reúna os seguintes requisitos: a) haver sido proferida por juiz competente; b) terem sido as partes citadas ou haver-se legalmente verificado à revelia; c) ter passado em julgado e estar revestida das formalidades necessárias para a execução no lugar em que foi proferida; d) estar traduzida

2.5.4.7 *Adoção internacional e o Brasil como país de acolhida*

Os arts. 52-C e 52-D cuidam da adoção internacional **quando o Brasil for o país de acolhida**, prevendo duas situações:

1) se houver decisão da autoridade competente de origem da criança ou do adolescente: ela será conhecida pela ACE que tiver processado o pedido de habilitação dos pais adotivos, que comunicará o fato à Autoridade Central Federal e determinará as providências necessárias à expedição do certificado de naturalização provisório (art. 52-C, *caput*).

Em seguida, a ACE ouvirá o Ministério Público e somente deixará de reconhecer os efeitos da decisão de adoção se ficar demonstrado que esta é manifestamente contrária à ordem pública ou não atende ao interesse superior da criança ou adolescente (art. 52-C, § 1º).

Como se vê, o reconhecimento da adoção internacional compete à ACE e não à Justiça da Infância e Juventude ou ao STJ.

Não sendo reconhecida a adoção pela ACE, o Ministério Público deverá imediatamente requerer o que for de direito para resguardar os interesses do infante, comunicando-se as providências àquela Autoridade, que fará a comunicação à ACFB e à Autoridade Central do país de origem (art. 52-C, § 2º).

2) não há decisão do país de origem porque a sua legislação a delega ao país de acolhida ou há decisão, mas o país de origem não aderiu à Convenção de Haia: nestes casos, a adoção seguirá as regras da adoção nacional (art. 52-D), sendo processada na Justiça da Infância e Juventude. Esta hipótese não se confunde com a prevista no art. 52-B, § 2º, pois nesta o Brasil não é o país de acolhida.

2.5.4.8 *Nacionalidade do adotado*

A CF, dentre as causas de perda da nacionalidade (art. 12, § 4º), não prevê a adoção para residência em outro país. Assim, o infante brasileiro que for adotado e passar a residir no exterior, manterá a nacionalidade brasileira, podendo adquirir outra nacionalidade, a depender da legislação do país de acolhida[265]. O infante adotado continua sendo brasileiro, tanto que a ACFB poderá, a qualquer momento, solicitar informações sobre a sua situação (art. 52, § 10).

De outra parte, se o adotante for brasileiro e o adotado estrangeiro, vindo este a residir no Brasil, há discussão quanto à sua nacionalidade:

1) a primeira corrente entende que, desde que o adotado tenha sido registrado em repartição brasileira competente, e optar pela nacionalidade brasileira, a qualquer tempo, depois de atingida a maioridade, será considerado **brasileiro nato** (art. 12, I, *c*, da CF)[266]. Tal conclusão também se deflui do § 6º do art. 227 da CF que veda quaisquer discriminações relativas à filiação[267].

2) a segunda corrente afirma que a adoção não implica na aquisição de nacionalidade pelo adotado, o qual, após atingida a sua maioridade, poderá ingressar com **processo de naturalização**. Argumenta que o art. 227, § 6º, da CF somente se refere aos efeitos civis e não quanto à nacionalidade[268].

---

por intérprete autorizado; e) ter sido homologada pelo Supremo Tribunal Federal". Sobre esta última alínea, a EC 45 conferiu ao STJ a competência para homologação de sentença estrangeira (art. 105, I, "i", da CF).

265 No mesmo sentido: ROSSATO, Luciano Xavier; LÉPORE, Paulo Eduardo; CUNHA, Rogério Sanches da. *Estatuto da Criança e do Adolescente*: Lei n. 8.069/90 comentado artigo por artigo. 8. ed. rev., atual. e ampl. São Paulo: Saraiva, 2016, p. 220.

266 Art. 14, I, c, da CF: "São brasileiros: I - natos: [...] c) os nascidos no estrangeiro de pai brasileiro ou de mãe brasileira, desde que sejam registrados em repartição brasileira competente ou venham a residir na República Federativa do Brasil e optem, em qualquer tempo, depois de atingida a maioridade, pela nacionalidade brasileira".

267 Nesse sentido: FARIAS, Cristiano Chaves; ROSENVALD, Nelson. *Curso de direito civil*: famílias. 8. ed., rev. e atual. Salvador: JusPodivm, 2016, p. 988.

268 Nesse sentido: MAZZUOLI, Valério de Oliveira. *Curso de direito internacional privado*. 2. ed. reform., atual. e ampl. São Paulo: Forense, 2017, p. 330-1. Nos Tribunais: TRF 2ª Região, AC 200651020040465, 6ª T., Rel. Des. Frederico Gueiros, p. 07.03.2008. TRF 3ª Região, AC 759974, 3ª T., Juiz Batista Pereira, *DJU* 11.09.2002.

2.5.4.9 *Quadro sinótico*

Com o fim de melhor ilustrar as possibilidades de adoção internacional e as suas peculiaridades, tem-se:

Modalidade	Peculiaridade	Autoridade competente
Adoção internacional por brasileiro ou estrangeiro residente fora do Brasil (arts. 52 e 52-A)	Criança ou adolescente residente no Brasil e postulantes residentes no exterior	Habilitação perante a ACE e ação de adoção na Justiça da Infância e Juventude do local em que se encontrar a criança ou adolescente (art. 52, VII e VIII)
Adoção por brasileiro residente no exterior em país ratificante da Convenção de Haia e posterior reingresso no Brasil (art. 52-B)	Se houve a participação das Autoridades Centrais de ambos os países	A adoção será automaticamente recepcionada com o reingresso no Brasil (art. 52-B, *caput*)
	Se não houve a participação das Autoridades Centrais	A sentença estrangeira de adoção deverá ser homologada no STJ (art. 52-B, § 1º)
Adoção por brasileiro residente no exterior em país não ratificante da Convenção de Haia e posterior reingresso no Brasil (art. 52-B, § 2º)	Há decisão do país de origem, mas este não ratificou a Convenção de Haia	A sentença estrangeira de adoção deverá ser homologada no STJ (art. 52-B, § 1º)
Adoção por brasileiro ou estrangeiro, quando o Brasil for o país de acolhida e o país de origem tiver aderido à Convenção de Haia (art. 52-C)	Há decisão do país de origem e o MP concorda com o reconhecimento da adoção	A ACE reconhecerá os efeitos da decisão de adoção
	Há decisão do país de origem, mas o MP não concorda com o reconhecimento da adoção por ser manifestamente contrária à ordem pública ou não atender ao interesse superior do infante	A ACE, se entender procedente a argumentação do MP, não reconhecerá os efeitos da adoção e comunicará à Autoridade Central do país de origem.
Adoção por brasileiro ou estrangeiro, quando o Brasil for o país de acolhida (art. 52-D)	A adoção não foi deferida no país de origem porque a sua legislação a delega ao país de acolhida ou há decisão de adoção, mas o país de origem não aderiu à Convenção de Haia	O processo de adoção seguirá as regras da adoção nacional, sendo processado perante a Justiça da Infância e Juventude (art. 52-D)

2.6 PREVENÇÃO

2.6.1 Disposições gerais

O art. 227, *caput*, da CF, preceitua que é dever da família, da sociedade e do Estado colocar a salvo a criança e o adolescente, com absoluta prioridade, de qualquer forma de negligência, exploração, violência e opressão.

O ECA contém o capítulo "da prevenção" que trata de disposições gerais (arts. 70 a 73) e da prevenção especial referente à informação, cultura, lazer, esportes, diversões e espetáculos (arts. 74 a 80), produtos e serviços (arts. 81 e 82) e da autorização para viajar (arts. 83 a 85).

Ao iniciar o referido capítulo, o art. 70 determina: "É dever de todos prevenir a ocorrência de ameaça ou violação dos direitos da criança e do adolescente".

Como decorrência da prevenção, o ECA tipifica crimes (arts. 228 a 244-B) e infrações administrativas (arts. 245 a 258-C).

A Lei 13.010/2014 incluiu os arts. 70-A e 70-B ao ECA. O primeiro estabelece que a União, os Estados, o DF e os Municípios deverão atuar de forma articulada na elaboração de políticas públicas e na execução de ações destinadas a coibir o uso de castigo físico ou de tratamento cruel ou degradante, e difundir formas não violentas de educação de crianças e adolescentes, elencando as principais ações em seus incisos[269].

Já o art. 70-B, com redação dada pela Lei 14.344/2022, determina, em seu *caput*, que as entidades, públicas e privadas, que atuem nas áreas da saúde e da educação, além daquelas às quais se refere o art. 71, entre outras, devem contar, em seus quadros, com pessoas capacitadas a reconhecer e comunicar ao Conselho Tutelar eventuais suspeitas ou casos de maus-tratos praticados contra crianças ou adolescentes.

O parágrafo único do art. 70-B prevê: "São igualmente responsáveis pela comunicação de que trata este artigo, as pessoas encarregadas, por razão de cargo, função, ofício, ministério, profissão ou ocupação, do cuidado, assistência ou guarda de crianças e adolescentes, punível, na forma deste Estatuto, o injustificado retardamento ou omissão, culposos ou dolosos".

A omissão a este dever de prevenção importa em infração administrativa (art. 245)[270] e eventual crime por omissão, caso existente o dever legal de impedir o resultado (art. 13, § 2º, *a*, do CP)[271].

---

[269] Art. 70-A do ECA: "A União, os Estados, o Distrito Federal e os Municípios deverão atuar de forma articulada na elaboração de políticas públicas e na execução de ações destinadas a coibir o uso de castigo físico ou de tratamento cruel ou degradante e difundir formas não violentas de educação de crianças e de adolescentes, tendo como principais ações: I – a promoção de campanhas educativas permanentes para a divulgação do direito da criança e do adolescente de serem educados e cuidados sem o uso de castigo físico ou de tratamento cruel ou degradante e dos instrumentos de proteção aos direitos humanos; II – a integração com os órgãos do Poder Judiciário, do Ministério Público e da Defensoria Pública, com o Conselho Tutelar, com os Conselhos de Direitos da Criança e do Adolescente e com as entidades não governamentais que atuam na promoção, proteção e defesa dos direitos da criança e do adolescente; III – a formação continuada e a capacitação dos profissionais de saúde, educação e assistência social e dos demais agentes que atuam na promoção, proteção e defesa dos direitos da criança e do adolescente para o desenvolvimento das competências necessárias à prevenção, à identificação de evidências, ao diagnóstico e ao enfrentamento de todas as formas de violência contra a criança e o adolescente; IV – o apoio e o incentivo às práticas de resolução pacífica de conflitos que envolvam violência contra a criança e o adolescente; V – a inclusão, nas políticas públicas, de ações que visem a garantir os direitos da criança e do adolescente, desde a atenção pré-natal, e de atividades junto aos pais e responsáveis com o objetivo de promover a informação, a reflexão, o debate e a orientação sobre alternativas ao uso de castigo físico ou de tratamento cruel ou degradante no processo educativo; VI – a promoção de espaços intersetoriais locais para a articulação de ações e a elaboração de planos de atuação conjunta focados nas famílias em situação de violência, com participação de profissionais de saúde, de assistência social e de educação e de órgãos de promoção, proteção e defesa dos direitos da criança e do adolescente; VII – a promoção de estudos e pesquisas, de estatísticas e de outras informações relevantes às consequências e à frequência das formas de violência contra a criança e o adolescente para a sistematização de dados nacionalmente unificados e a avaliação periódica dos resultados das medidas adotadas; VIII – o respeito aos valores da dignidade da pessoa humana, de forma a coibir a violência, o tratamento cruel ou degradante e as formas violentas de educação, correção ou disciplina; IX – a promoção e a realização de campanhas educativas direcionadas ao público escolar e à sociedade em geral e a difusão desta Lei e dos instrumentos de proteção aos direitos humanos das crianças e dos adolescentes, incluídos os canais de denúncia existentes; X – a celebração de convênios, de protocolos, de ajustes, de termos e de outros instrumentos de promoção de parceria entre órgãos governamentais ou entre estes e entidades não governamentais, com o objetivo de implementar programas de erradicação da violência, de tratamento cruel ou degradante e de formas violentas de educação, correção ou disciplina; XI – a capacitação permanente das Polícias Civil e Militar, da Guarda Municipal, do Corpo de Bombeiros, dos profissionais nas escolas, dos Conselhos Tutelares e dos profissionais pertencentes aos órgãos e às áreas referidos no inciso II deste *caput*, para que identifiquem situações em que crianças e adolescentes vivenciam violência e agressões no âmbito familiar ou institucional; XII – a promoção de programas educacionais que disseminem valores éticos de irrestrito respeito à dignidade da pessoa humana, bem como de programas de fortalecimento da parentalidade positiva, da educação sem castigos físicos e de ações de prevenção e enfrentamento da violência doméstica e familiar contra a criança e o adolescente; XIII – o destaque, nos currículos escolares de todos os níveis de ensino, dos conteúdos relativos à prevenção, à identificação e à resposta à violência doméstica e familiar. [Incisos VII a XIII incluídos pela Lei 14.344/2022.] Parágrafo único. As famílias com crianças e adolescentes com deficiência terão prioridade de atendimento nas ações e políticas públicas de prevenção e proteção".

[270] Art. 245 do ECA: "Deixar o médico, professor ou responsável por estabelecimento de atenção à saúde e de ensino fundamental, pré-escola ou creche, de comunicar à autoridade competente os casos de que tenha conhecimento, envolvendo suspeita ou confirmação de maus-tratos contra criança ou adolescente: Pena – multa de três a vinte salários de referência, aplicando-se o dobro em caso de reincidência".

[271] Art. 13, § 2º, *a*, do CP: "O resultado, de que depende a existência do crime, somente é imputável a quem lhe deu causa. Considera-se causa a ação ou omissão sem a qual o resultado não teria ocorrido. [...] § 2º A omissão é penalmente relevante

O art. 71 assegura à criança e ao adolescente o direito à informação, cultura, esportes, diversões, espetáculos e produtos e serviços que respeitem a sua condição peculiar de pessoa em desenvolvimento.

O art. 72 dispõe: "As obrigações previstas nesta Lei não excluem da prevenção especial outras decorrentes dos princípios por ela adotados". Portanto, as hipóteses de prevenção especial existentes no ECA são meramente exemplificativas.

A propósito, o art. 1º da Lei 12.921, de 26 de dezembro de 2013 proíbe "a fabricação, a importação, a comercialização, a distribuição e a propaganda, em todo o território nacional, de produtos de qualquer natureza, bem como embalagens, destinados ao público infantojuvenil, reproduzindo a forma de cigarros ou similares". Em caso de descumprimento, há previsão de apreensão do produto e multa de R$ 10,00 (dez reais) por embalagem apreendida (art. 2º).

O art. 73 preceitua: "A inobservância das normas de prevenção importará em responsabilidade da pessoa física ou jurídica, nos termos desta Lei".

O STJ é pacífico acerca da possibilidade de punição da pessoa jurídica[272] e solidariamente do responsável pelo estabelecimento na hipótese da infração administrativa do art. 258[273], bem como do fabricante e do comerciante diretamente envolvidos na comercialização de revista embalada inadequadamente e que contenha mensagem imprópria ao público infantil e juvenil (art. 78 do ECA)[274].

2.6.2 Informação, cultura, lazer, esportes, diversões e espetáculos

2.6.2.1 Classificação indicativa

O art. 74, *caput*, estabelece que o poder público, mediante órgão competente, regulará as diversões e espetáculos públicos, informando sobre a natureza deles, as faixas etárias a que não se recomendam, locais e horários nos quais sua apresentação se mostre inadequada.

A fixação de faixa etária não importa em censura por decorrer de mandamento constitucional (art. 220, § 3º)[275] e a competência para tanto é da União (art. 21, XVI)[276].

No caso, o órgão competente é o Ministério da Justiça e Segurança Pública e, atualmente, vige a Portaria MJSP 502, de 23 de novembro de 2021, que regulamenta o processo de classificação indicativa de que trata o art. 74 do ECA, o art. 3º da Lei 10.359/2001 e o art. 11 da Lei 12.485/2011. A classificação, para efeito indicativo (art. 2º), é acerca:

> **Art. 2º** Portaria MJSP n. 502/2021 [...]:
>
> I – do conteúdo de diversões e espetáculos públicos, tais como as circenses, as teatrais, os shows musicais, as exposições e as mostras de artes visuais, informando sobre a natureza deles, as faixas etárias às quais não são recomendados, os locais e os horários a partir dos quais sua apresentação se mostre inadequada;

---

quando o omitente devia e podia agir para evitar o resultado. O dever de agir incumbe a quem: a) tenha por lei obrigação de cuidado, proteção ou vigilância".

272 AgInt no AREsp 1.421.276/GO, 2ª T., Rel. Min. Mauro Campbell Marques, *DJe* 28.05.2019; REsp 601.141/SC, 1ª T., Rel. Min. Sérgio Kukina, *DJe* 31.05.2016.

273 REsp 1.727.270/MG, 2ª T., Rel. Min. Herman Benjamin, *DJe* 21.11.2018; AgRg no REsp 1.384.707/RJ, 2ª T., Rel. Min. Mauro Campbell Marques, *DJe* 04.12.2013.

274 REsp 1.569.814/RJ, 2ª T., Rel. Min. Herman Benjamin, *DJe* 30.10.2019.

275 Art. 220, § 3º, da CF: "A manifestação do pensamento, a criação, a expressão e a informação, sob qualquer forma, processo ou veículo não sofrerão qualquer restrição, observado o disposto nesta Constituição. [...] § 3º Compete à lei federal: I – regular as diversões e espetáculos públicos, cabendo ao Poder Público informar sobre a natureza deles, as faixas etárias a que não se recomendem, locais e horários em que sua apresentação se mostre inadequada; II – estabelecer os meios legais que garantam à pessoa e à família a possibilidade de se defenderem de programas ou programações de rádio e televisão que contrariem o disposto no art. 221, bem como da propaganda de produtos, práticas e serviços que possam ser nocivos à saúde e ao meio ambiente".

276 Art. 21, XVI, da CF: "Compete à União: [...] XVI – exercer a classificação, para efeito indicativo, de diversões públicas e de programas de rádio e televisão".

II - das obras, dos programas e das programações radiofônicas e de televisão aberta, das obras audiovisuais destinadas ao vídeo doméstico;

III - obras audiovisuais destinadas aos segmentos de mercados de salas de cinema e espaços de exibição, incluindo os trailers e teasers;

IV - jogos eletrônicos e aplicativos comercializados em mídia física ou digital;

V - jogos de interpretação de personagens (RPG);

VI - obras oferecidas por aplicações de internet desde que destinadas ao mercado brasileiro;

VII - obras destinadas à televisão por assinatura; e

VIII - obras disponibilizadas pelos serviços de vídeo sob demanda (Vod) e as chamadas de programação.

De outra parte, não se sujeitam à classificação indicativa do MJSP (art. 6º): (i) as competições, os eventos e os programas esportivos; (ii) os programas e as propagandas eleitorais; (iii) as propagandas e as publicidades em geral; (iv) os programas jornalísticos; e (v) os conteúdos audiovisuais produzidos por usuários de aplicações de internet, mediante pagamento ou não; (vi) os conteúdos referentes às transmissões, ao vivo ou não, de rituais, cultos, missas, procissões ou quaisquer celebrações religiosas ou liturgias.

Os art. 7º e 10 da Portaria cuidam do exercício do poder familiar e da autorização dos pais, tutores, curadores e responsáveis, respectivamente, assim dispondo:

Art. 7º A classificação indicativa tem natureza pedagógica e informativa, capaz de garantir às pessoas e às famílias o conhecimento prévio para escolher diversões e espetáculos públicos adequados à formação de seus filhos, tutelados ou curatelados.

§ 1º O poder familiar se exerce pela liberdade de escolha de conteúdos, com possibilidade de:

I - controle e bloqueio de acesso a programas ou a obras exibidas pelas aplicações de internet que exibem conteúdos classificáveis destinados ao mercado nacional pelos canais de televisão por acesso condicionado e pelos serviços de vídeos por demanda, todos especificados no Capítulo IV, Seção VII, desta Portaria.

II - controle e bloqueio de acesso a jogos eletrônicos e aplicativos, quando aplicável; e

III - autorização de acesso a diversões e espetáculos públicos e salas de cinema, compra ou aluguel de vídeos e de jogos para uso doméstico, nos termos definidos nesta Portaria.

§ 2º O sistema de bloqueio deve permitir a seleção das faixas etárias especificadas pela Política de Classificação Indicativa, de forma que o cidadão possa selecionar aquelas que deseja deixar disponível aos menores sob sua responsabilidade.

Art. 10. A autorização dos pais, tutores, curadores e responsáveis será feita da seguinte maneira:

I - a autorização de acesso aos cinemas e aos espetáculos abertos ao público, quando da exibição de obras classificadas como "não recomendado para menores de dezoito anos", poderá ser feita apenas para adolescentes com idade igual ou superior a dezesseis anos; e

II - a autorização de acesso aos cinemas e aos espetáculos abertos ao público, quando da exibição de obras classificadas como "não recomendado para menores de 16 (dezesseis) anos" ou inferior poderá ser feita para crianças e adolescentes com idade igual ou superior a dez anos.

§ 1º Em conformidade com o parágrafo único art. 75 da Lei n. 8.069, de 1990, as crianças menores de dez anos somente poderão ingressar e permanecer nos locais de apresentação ou exibição quando acompanhadas dos pais ou responsável.

§ 2º A autorização de que trata o *caput* deverá ser feita:

I - mediante a presença do responsável ou acompanhante legal durante o transcorrer do evento, pela apresentação da documentação que identifica o menor de idade, comprovando o vínculo; ou

II - por escrito, assinada exclusivamente pelos pais, tutores, curadores ou responsáveis, no caso de menores desacompanhados.

> § 3º Serão considerados como responsáveis, para os fins dessa autorização, os pais, os avós, os padrastos, os irmãos, os tios, os primos, os tutores, os curadores ou os detentores da guarda.
>
> § 4º Serão considerados acompanhantes os que, embora não se enquadrem como responsáveis, possuam autorização por escrito.

Como se vê, a Portaria menciona que a classificação indicativa não é uma imposição, tendo **natureza pedagógica e informativa**, pois a decisão de acesso às diversões e aos espetáculos públicos dos menores de 18 (dezoito) anos será exercida pelos pais ou responsável. Isto decorre do exercício do poder familiar (arts. 1.630 e 1.634, I, do CC)[277] e a sua única limitação é o acesso às obras classificadas como não recomendadas para menores de dezoito anos, haja vista que, nesta situação, ainda que acompanhados ou autorizados, somente terão acesso adolescentes com idade igual ou superior a 16 (dezesseis) anos.

Já o parágrafo único do art. 74 do ECA determina: "Os responsáveis pelas diversões e espetáculos públicos deverão afixar, em lugar visível e de fácil acesso, à entrada do local de exibição, informação destacada sobre a natureza do espetáculo e a faixa etária especificada no certificado de classificação". O objetivo da norma é evitar o ingresso de crianças e adolescentes em local inapropriado.

O descumprimento desta regra acarreta à sujeição das penalidades do art. 252[278]. Sobre esta infração, o STJ entende que a responsabilidade alcança tanto o organizador quanto o responsável pelo estabelecimento[279].

Por outro lado, se houver anúncio de peças teatrais, filmes ou quaisquer representações ou espetáculos, sem indicar os limites de idade a que não se recomendam, haverá a infração administrativa do art. 253[280].

O art. 75, *caput*, versa: "Toda criança ou adolescente terá acesso às diversões e espetáculos adequados à sua faixa etária" e, uma vez exibido filme, trailer, peça, amostra ou congênere classificado pelo órgão competente como inadequado às crianças ou adolescentes admitidos no espetáculo, haverá a infração administrativa prevista no art. 255[281].

Todavia, as crianças menores de dez anos somente poderão ingressar e permanecer nos locais de apresentação (teatros, casas de espetáculos, circos ou afins) e exibição (cinemas) quando acompanhadas dos pais ou responsável (art. 75, parágrafo único), sob pena das sanções do art. 255.

2.6.2.2 Emissoras de rádio de televisão

No horário recomendado para o público infantojuvenil, as emissoras de rádio e televisão somente exibirão programas com finalidades educativas, artísticas, culturais e informativas (art. 76, *caput*).

---

277 Art. 1.630 do CC: "Os filhos estão sujeitos ao poder familiar, enquanto menores".
Art. 1.634, I, do CC: "Compete a ambos os pais, qualquer que seja a sua situação conjugal, o pleno exercício do poder familiar, que consiste em, quanto aos filhos: I - dirigir-lhes a criação e a educação".

278 Art. 252 do ECA: "Deixar o responsável por diversão ou espetáculo público de afixar, em lugar visível e de fácil acesso, à entrada do local de exibição, informação destacada sobre a natureza da diversão ou espetáculo e a faixa etária especificada no certificado de classificação: Pena - multa de três a vinte salários de referência, aplicando-se o dobro em caso de reincidência".

279 AgRg no AREsp 305.822/RJ, 2ª T., Rel. Min. Humberto Martins, *DJe* 19.06.2013.

280 Art. 253 do ECA: "Anunciar peças teatrais, filmes ou quaisquer representações ou espetáculos, sem indicar os limites de idade a que não se recomendem: Pena - multa de três a vinte salários de referência, duplicada em caso de reincidência, aplicável, separadamente, à casa de espetáculo e aos órgãos de divulgação ou publicidade".

281 Art. 255 do ECA: "Exibir filme, trailer, peça, amostra ou congênere classificado pelo órgão competente como inadequado às crianças ou adolescentes admitidos ao espetáculo: Pena - multa de vinte a cem salários de referência; na reincidência, a autoridade poderá determinar a suspensão do espetáculo ou o fechamento do estabelecimento por até quinze dias".

O art. 254 do ECA, em sua redação original, assim dispunha: "Transmitir, através de rádio ou televisão, espetáculo em horário diverso do autorizado ou sem aviso de sua classificação". Todavia, o STF, no julgamento da ADI 2.404, decidiu pela inconstitucionalidade da expressão "em horário diverso do autorizado", por entender que o exercício da liberdade de programação pelas emissoras é incompatível com ação estatal prévia, e que não há horário autorizado, mas recomendado[282]. Inclusive, em recente julgado, o STJ concedeu efeitos infringentes aos embargos de declaração para afastar a imposição de multa administrativa do art. 254 do ECA por veiculação de propaganda adulta em horário inapropriado[283].

O STJ, por seu turno, julgou que é passível de condenação em dano moral coletivo a exibição de filme fora do horário recomendado pelo órgão competente, desde que verificada conduta que ofenda gravemente os valores e interesses coletivos fundamentais[284]. Deste julgado do STJ, colhe-se:

> Desse modo, entende-se que a classificação indicativa feita pelos órgãos governamentais é dirigida aos pais, que deverão, em última análise, exercer o papel de supervisão efetiva sobre o conteúdo acessível aos seus filhos, como reflexo do exercício do poder familiar, pois não se tem um horário autorizado para a exibição da programação, mas, sim, um horário recomendado. Adotar pensamento diverso implicaria a inadmissível substituição dos pais pelo Estado no poder decisório.

O art. 76, parágrafo único, do ECA, diz: "Nenhum espetáculo será apresentado ou anunciado sem aviso de sua classificação, antes de sua transmissão, apresentação ou exibição".

Se a casa de espetáculo for a responsável pelo descumprimento, haverá a infração administrativa descrita no art. 253, ao passo que, se a omissão se der pela emissora de rádio ou televisão, incidirá a infração do art. 254.

2.6.2.3 Venda e aluguel de filmes

O art. 77 exige que os proprietários, diretores, gerentes e funcionários de empresas que explorem a venda ou aluguel de fitas de programação em vídeo cuidem para que não haja venda ou locação em desacordo com a classificação indicativa atribuída pelo órgão competente. As fitas de vídeo deverão exibir, no invólucro, *informações sobre a natureza da obra e a faixa etária a que se destinam.*

Embora o legislador apenas mencione "fitas de programação em vídeo", também estão abrangidos os DVDs ou outras formas de mídia[285].

A venda ou locação à criança ou adolescente de tais produtos em desacordo com a classificação atribuída pelo órgão competente caracteriza a infração administrativa do art. 256[286].

2.6.2.4 Revistas e publicações

As revistas e publicações que contenham **material impróprio ou inadequado** (fotografia sensualizada sem corpo desnudo) para crianças e adolescentes deverão ser comercializadas

---

282 ADI 2.404, Tribunal Pleno, Rel. Min. Dias Toffoli, *DJe* 31.07.2017.

283 EDcl no AgInt no Ag 1.323.944/DF, 4ª T., Rel. Min. Marco Buzzi, *DJe* 18.12.2020.

284 REsp 1.840.463/SP, 3ª T., Rel. Min. Marco Aurélio Bellizze, *DJe* 03.12.2019.

285 No mesmo sentido: FONSECA, Antônio Cézar Lima da. *Direitos da criança e do adolescente*. 3. ed. São Paulo: Atlas, 2015, p. 247; ROSSATO, Luciano Xavier; LÉPORE, Paulo Eduardo; CUNHA, Rogério Sanches da. *Estatuto da Criança e do Adolescente*: Lei n. 8.069/90 comentado artigo por artigo. 8. ed. rev., atual. e ampl. São Paulo: Saraiva, 2016, p. 276.

286 Art. 256 do ECA: "Vender ou locar a criança ou adolescente fita de programação em vídeo, em desacordo com a classificação atribuída pelo órgão competente: Pena – multa de três a vinte salários de referência; em caso de reincidência, a autoridade judiciária poderá determinar o fechamento do estabelecimento por até quinze dias".

em *embalagem lacrada*, com a advertência de seu conteúdo (art. 78, *caput*). Se a capa tiver **mensagem pornográfica ou obscena**, deverá ser protegida com *embalagem opaca* (art. 78, parágrafo único).

Observa-se que inexistem tais exigências para DVDs e *Blu-rays*, o que demonstra ser uma grave omissão do legislador[287].

O autor Franscimar Lamenza, acertadamente, defende ainda que, se a mensagem pornográfica ou obscena for veiculada mediante a rede mundial de computadores (*internet*), há a necessidade de somente permitir o acesso após o preenchimento de cadastro e senha[288].

As revistas e publicações que tenham como destinatários o público infantojuvenil não poderão ter ilustrações, fotografias, legendas, crônicas ou anúncios de bebidas alcoólicas, tabaco, armas e munições, e deverão respeitar os valores éticos e sociais da pessoa e da família (art. 79).

A infringência desses dispositivos acarreta a infração administrativa do art. 257: "Descumprir obrigação constante dos arts. 78 e 79 desta Lei".

O *caput* e o parágrafo único do art. 78, mencionam "comercializadas" e "editoras", respectivamente. Assim, uma interpretação literal conduz à conclusão de que apenas os comerciantes e as editoras poderão ser autores de mencionada infração administrativa. Todavia, o STJ decidiu que também abarca as transportadoras e distribuidoras de revistas, considerando os fins sociais de proteção da norma[289].

2.6.2.5 *Bilhar, sinuca ou congênere ou casa de jogo que realize aposta*

O art. 80 versa sobre proibição de entrada e permanência de criança ou adolescente nos seguintes lugares:

> **Art. 80.** Os responsáveis por estabelecimentos que **explorem comercialmente** bilhar, sinuca ou congênere ou por casas de jogos, assim entendidas as que realizem apostas, ainda que eventualmente, cuidarão para que não seja permitida a entrada e a permanência de crianças e adolescentes no local, afixando aviso para orientação do público (grifou-se).

O encargo pelo cumprimento desta vedação é do responsável do estabelecimento, devendo ser afixado, no local, aviso para orientação ao público. O descumprimento do art. 80 acarreta a infração administrativa do art. 258[290].

Observa-se que o legislador veda a entrada e permanência de infante se houver **exploração comercial**. A proibição também incidirá se a criança ou adolescente estiver acompanhado dos pais ou responsável, ou apenas assistindo ao jogo de terceira pessoa. Ou seja, a consumação do ilícito ocorre com a simples entrada ou permanência de menor de 18 (dezoito) anos.

Noutro giro, se a mesa de bilhar, sinuca ou congênere estiver instalada em uma residência ou clube recreativo que não explore comercialmente o seu uso, não haverá infringência ao art. 80.

Quanto às **casas de jogos**, o legislador exige que sejam realizadas apostas, ainda que eventualmente.

---

287 No mesmo sentido: SILVA, José Luiz Mônaco da. *Estatuto da Criança e do Adolescente*: comentários. São Paulo: Editora Revista dos Tribunais, 1994, p. 112.

288 LAMENZA, Francismar; MACHADO, Antônio Cláudio da Costa (org.). *Estatuto da Criança e do Adolescente interpretado*: artigo por artigo, parágrafo por parágrafo. Barueri: Manole, 2012, p. 119.

289 REsp 1.584.134/RJ, 1ª T., Rel. Min. Napoleão Nunes Maia Filho, *DJe* 05.03.2020.

290 Art. 258 do ECA: "Deixar o responsável pelo estabelecimento ou o empresário de observar o que dispõe esta Lei sobre o acesso de criança ou adolescente aos locais de diversão, ou sobre sua participação no espetáculo: Pena – multa de três a vinte salários de referência; em caso de reincidência, a autoridade judiciária poderá determinar o fechamento do estabelecimento por até quinze dias".

Portanto, na proibição deste artigo, não estão abarcadas as **casas de jogos eletrônicos** (*lan houses*). Todavia, a autoridade judiciária, em sua competência disciplinar (portaria ou alvará), pode dispor sobre a entrada e permanência de crianças e adolescentes desacompanhados dos pais ou responsável em casas que explorem diversões eletrônicas (art. 149, I, *d*)[291]. Caso haja portaria ou alvará para disciplinar tal situação e esta seja descumprida, também haverá a infração administrativa acima mencionada.

A classificação indicativa dos jogos eletrônicos é realizada pela Portaria 502, de 23 de novembro de 2021, do Ministério da Justiça e Segurança Pública.

2.6.3 Produtos e serviços

2.6.3.1 Produtos com venda proibida para criança ou adolescente

O art. 81, em seus incisos, proíbe a **venda** à criança ou ao adolescente de:

a) **armas, munições e explosivos** (inciso I): as condutas de vender, fornecer (ainda que gratuitamente) ou entregar, de qualquer forma, à criança ou adolescente, arma, munição ou explosivo, implica no crime do art. 16, § 1º, V, da Lei 10.826/2003[292], por ser posterior ao art. 242 e ter disciplinado a matéria[293].

b) **bebidas alcoólicas** (inciso II): o responsável incorre na prática da infração administrativa do art. 258-C, cuja pena é de multa de R$ 3.000,00 (três mil reais) a R$ 10.000,00 (dez mil reais) e interdição administrativa até o recolhimento da penalidade aplicada[294]. Referida infração administrativa foi incluída pela Lei 13.106, de 17 de março de 2015.

   Além disso, há o crime do art. 243, que se consuma com as condutas de vender, fornecer, servir, ministrar ou entregar, ainda que gratuitamente[295]. Inclusive, o STJ publicou a **Súmula 669**: "O fornecimento de bebida alcoólica para criança ou adolescente, após o advento da Lei 13.106, de 17 de março de 2015, configura o crime previsto no artigo 243 do Estatuto da Criança e do Adolescente (ECA)".

c) **produtos cujos componentes possam causar dependência física ou psíquica ainda que por utilização indevida** (inciso III): são os produtos como base de éter, benzina, cola de sapateiro, tolueno (*thinner*) etc. Caracteriza o crime do art. 243, inexistindo infração administrativa correspondente.

d) **fogos de estampido e de artifício, exceto aqueles que pelo seu reduzido potencial sejam incapazes de provocar qualquer dano físico em caso de utilização indevida**

---

[291] No mesmo sentido, dentre outros: LIBERATI, Wilson Donizeti. *Comentários ao Estatuto da Criança e do Adolescente*. 12. ed. São Paulo: Malheiros Editores, 2015, p. 87; VIEIRA, Francisco Xavier Medeiros. Comentários ao art. 80. In: CURY, Munir (org.). *Estatuto da Criança e do Adolescente comentado. Comentários jurídicos e sociais*. 11. ed. São Paulo: Malheiros Editores. 2010, p. 345.

[292] Art. 16, § 1°, V, da Lei 10.826/2003 (Estatuto do Desarmamento): "Possuir, deter, portar, adquirir, fornecer, receber, ter em depósito, transportar, ceder, ainda que gratuitamente, emprestar, remeter, empregar, manter sob sua guarda ou ocultar arma de fogo, acessório ou munição de uso restrito, sem autorização e em desacordo com determinação legal ou regulamentar: Pena – reclusão, de 3 (três) a 6 (seis) anos, e multa. § 1° Nas mesmas penas incorre quem: [...] V – vender, entregar ou fornecer, ainda que gratuitamente, arma de fogo, acessório, munição ou explosivo a criança ou adolescente".

[293] Art. 242 do ECA: "Vender, fornecer ainda que gratuitamente ou entregar, de qualquer forma, a criança ou adolescente arma, munição ou explosivo: Pena – reclusão, de 3 (três) a 6 (seis) anos".

[294] Art. 258-C do ECA: "Descumprir a proibição estabelecida no inciso II do art. 81. Pena – multa de R$ 3.000,00 (três mil reais) a R$ 10.000,00 (dez mil reais); Medida Administrativa – interdição do estabelecimento comercial até o recolhimento da multa aplicada".

[295] Art. 243 do ECA: "Vender, fornecer, servir, ministrar ou entregar, ainda que gratuitamente, de qualquer forma, a criança ou a adolescente, bebida alcoólica ou, sem justa causa, outros produtos cujos componentes possam causar dependência física ou psíquica: Pena – detenção de 2 (dois) a 4 (quatro) anos, e multa, se o fato não constitui crime mais grave".

(inciso IV): a comercialização de fogos de estampido e de artifício, com exceção daqueles de reduzido potencial ("traques"), amolda-se ao tipo penal previsto no art. 244[296].

e) **revistas e publicações a que alude o art. 78** (inciso V): este artigo exige que revistas e publicações que contenham material impróprio ou inadequado a crianças ou adolescentes sejam comercializadas em embalagem lacrada, com a advertência de seu conteúdo, bem como que as capas com mensagens pornográficas ou obscenas sejam protegidas com embalagem opaca. O descumprimento desta proibição implica na infração administrativa do art. 257.

f) **bilhetes lotéricos e equivalentes** (inciso VI): a venda de bilhetes lotéricos e equivalentes à criança ou adolescente enseja discussão acerca da existência de infração administrativa. Quanto à existência de sanção pelo descumprimento desta proibição, há duas posições doutrinárias:

  1) a primeira corrente sustenta que pode configurar a infração administrativa do art. 258 com o simples ingresso da criança ou adolescente ao estabelecimento que comercializa bilhetes lotéricos e equivalentes[297].

  2) a segunda corrente afirma que não há sanção se houver a venda de bilhetes lotéricos e equivalentes à criança ou adolescente, tendo em vista a ausência de crime ou infração administrativa[298]. Concordamos com este posicionamento, haja vista que a infração administrativa do art. 258 pune o acesso de criança ou adolescente aos locais de diversão, ou sobre sua participação no espetáculo, o que, certamente, não se trata da venda de bilhetes de loteria.

Quanto à natureza dos incisos do art. 81, a doutrina aponta tratar-se de rol *meramente exemplificativo*, podendo existir a proibição de outros produtos nocivos à criança ou adolescente[299].

2.6.3.2 Hospedagem de criança ou adolescente

O art. 82 dispõe: "É proibida a hospedagem de criança ou adolescente em hotel, motel, pensão ou estabelecimento congênere, salvo se autorizado ou acompanhado pelos pais ou responsável".

Todo estabelecimento que realiza hospedagem deve manter ficha nacional de registro de hóspede (art. 26 do Decreto Federal 7.381/2011 e Portaria 177/2011 do Ministério do Turismo).

Para hospedagem de criança ou adolescente há necessidade da companhia dos pais ou responsável ou, na ausência destes, de sua **autorização por escrito**. Portanto, se houver autorização, eles podem se hospedar sozinhos.

Se o infante estiver somente na companhia de parente (avós, tios, primos etc.), também não poderá se hospedar sem autorização por escrito dos pais ou responsável. Já a disciplina da viagem de criança e adolescente será tratada no item 2.6.4.1.

---

[296] Art. 244 do ECA: "Vender, fornecer ainda que gratuitamente ou entregar, de qualquer forma, a criança ou adolescente fogos de estampido ou de artifício, exceto aqueles que, pelo seu reduzido potencial, sejam incapazes de provocar qualquer dano físico em caso de utilização indevida: Pena – detenção de seis meses a dois anos, e multa".

[297] Nesse sentido: SANTOS, Ângela Maria Silveira dos. Prevenção. In: MACIEL, Kátia Regina Ferreira Lobo Andrade (coord.). *Curso de direito da criança e do adolescente*: aspectos teóricos e práticos. 8. ed. rev. e atual. São Paulo: Saraiva: 2016, p. 428; DEL-CAMPO, Eduardo Roberto Alcântara; OLIVEIRA, Thales Cezar de. *Estatuto da Criança e do Adolescente. Série leituras jurídicas: provas e concursos*. 7. ed. São Paulo: Atlas, 2012. v. 28, p. 192.

[298] Nesse sentido: SILVA, José Luiz Mônaco da. *Estatuto da Criança e do Adolescente*: comentários. São Paulo: Editora Revista dos Tribunais, 1994, p. 119; FULLER, Paulo Henrique Aranda. Estatuto da Criança e do Adolescente Comentado. São Paulo: Editora Revista dos Tribunais, 2017, p. 222.

[299] Nesse sentido: DEL-CAMPO, Eduardo Roberto Alcântara; OLIVEIRA, Thales Cezar de. *Estatuto da Criança e do Adolescente. Série leituras jurídicas: provas e concursos*. 7. ed. São Paulo: Atlas, 2012. v. 28, p. 189.

Quanto à **forma** da autorização por escrito, parcela da doutrina entende que há necessidade do reconhecimento de firma das assinaturas dos pais ou responsável, visando evitar falsificações, por analogia ao disposto no art. 84, II, que exige este tipo de autorização para viagem internacional quando o infante viajar na companhia de apenas um dos pais[300].

Todavia, não concordamos com esse entendimento, haja vista que o legislador apenas mencionou autorização por escrito (art. 82), silenciando quando à necessidade de assinatura com firma reconhecida, como fez expressamente no art. 84, II. Trata-se, pois, de silêncio eloquente do legislador[301].

Contudo, a autorização por escrito deve estar acompanhada de cópia do documento do responsável pela assinatura, a fim de possibilitar conferência da sua veracidade.

Nota-se que o dispositivo exige autorização "dos pais". Entretanto, basta a autorização de um deles, haja vista que ambos exercem o poder familiar sobre os filhos. Ademais, interpretação literal poderia levar ao absurdo de necessidade de autorização judicial para hospedagem de infante, quando um dos pais estivesse em local incerto e não sabido[302].

O descumprimento do art. 82 acarreta a infração administrativa do art. 250[303]. Segundo este dispositivo, a existência de **autorização judicial** também torna lícita a hospedagem da criança ou adolescente em hotel, motel, pensão ou congênere.

2.6.4 Autorização para viajar

2.6.4.1 Viagem no território nacional

O ECA garante o direito de ir e vir da criança e do adolescente (art. 16, I). Todavia, quando este direito implicar em locomoção para outra cidade, o Estatuto estabelece regras para o seu exercício, tendo em vista que se trata de pessoa em desenvolvimento.

Nessa esteira, o art. 83, *caput*, com redação dada pela Lei 13.812, de 16 de março de 2019, preceitua: "Nenhuma criança ou adolescente menor de 16 (dezesseis) anos poderá viajar para fora da comarca onde reside desacompanhado dos pais ou dos responsáveis sem expressa autorização judicial". Em sua redação original, o legislador somente vedava a viagem de criança, de forma que adolescente poderia viajar desacompanhado em todo o território nacional.

Atualmente, após essa alteração, como regra geral, toda criança ou adolescente **menor de dezesseis anos** não pode viajar para fora da comarca de onde reside sem a companhia dos pais ou dos responsáveis "sem expressa autorização judicial". Agora somente o adolescente **maior de 16 (dezesseis) anos** pode viajar sem a companhia dos pais ou responsáveis e independentemente de autorização judicial.

Cumpre observar que o art. 3º da Resolução 4.308/2014 da Agência Nacional de Transportes Terrestres (ANTT) e o art. 16 da Resolução 400/2016 da Agência Nacional de Aviação

300 Nesse sentido: ISHIDA, Válter Kenji. *Estatuto da Criança e do Adolescente*: doutrina e jurisprudência. 17. ed. rev., ampl. e atual. Salvador: JusPodivm, 2016, p. 248; SILVA, José Luiz Mônaco da. *Estatuto da Criança e do Adolescente*: comentários. São Paulo: Editora Revista dos Tribunais, 1994, p. 119.

301 No mesmo sentido: SILVA, José Luiz Mônaco da. *Estatuto da Criança e do Adolescente*: comentários. São Paulo: Editora Revista dos Tribunais, 1994, p. 119; SANTOS, Ângela Maria Silveira dos. Prevenção. In: MACIEL, Kátia Regina Ferreira Lobo Andrade (coord.). *Curso de direito da criança e do adolescente*: aspectos teóricos e práticos. 8. ed. rev. e atual. São Paulo: Saraiva, 2016, p. 429.

302 No mesmo sentido: SILVA, José Luiz Mônaco da. *Estatuto da Criança e do Adolescente*: comentários. São Paulo: Editora Revista dos Tribunais, 1994, p. 120.

303 Art. 250 do ECA: "Hospedar criança ou adolescente desacompanhado dos pais ou responsável, ou sem autorização escrita desses ou da autoridade judiciária, em hotel, pensão, motel ou congênere: Pena – multa. § 1º Em caso de reincidência, sem prejuízo da pena de multa, a autoridade judiciária poderá determinar o fechamento do estabelecimento por até 15 (quinze) dias. § 2º Se comprovada a reincidência em período inferior a 30 (trinta) dias, o estabelecimento será definitivamente fechado e terá sua licença cassada".

Civil (ANAC) exigem que a identificação de adolescente seja realizada por documento com fotografia, não sendo suficiente a apresentação da certidão de nascimento.

O § 1º do art. 83, também com redação dada pela Lei 13.812/2019, elenca que **não será exigida autorização judicial** quando:

a) tratar-se de comarca contígua à da residência da criança ou do adolescente menor de dezesseis anos, se na mesma unidade da Federação, ou incluída na mesma região metropolitana (alínea *a*): por comarca contígua entende-se aquela próxima a outra comarca, desde que seja dentro do mesmo Estado.

b) a criança ou o adolescente menor de dezesseis anos estiver acompanhado: 1) de ascendente ou colateral maior, até o terceiro grau, comprovado documentalmente o parentesco; 2) de pessoa maior, expressamente autorizada pelo pai, mãe ou responsável (alínea *b*): assim, se a criança estiver na companhia de ascendente (avós, bisavós etc.) ou colateral maior, até o terceiro grau (irmãos, tios e sobrinhos), desde que comprovado documentalmente o parentesco, poderá viajar sem autorização judicial.

De outra parte, se o pai, a mãe ou o responsável autorizar expressamente, por escrito, a criança poderá viajar na companhia de pessoa maior de idade, independentemente da relação de parentesco. Nessa hipótese, o ECA não exige a autorização de ambos os pais e o reconhecimento de firma da assinatura, diversamente da redação do art. 84, II.

É certo que a Lei 13.726, de 8 de outubro de 2018, que racionaliza atos e procedimentos administrativos dos Poderes da União, dos Estados, do Distrito Federal e dos Municípios e institui o Selo de Desburocratização e Simplificação, em seu art. 3º, VI, dispensa: "apresentação de autorização com firma reconhecida para viagem de menor se os pais estiverem presentes no embarque".

Portanto, *a contrario sensu*, de acordo com novel dispositivo, se os pais não estiverem presentes no momento do embarque da criança, ainda que se trate de viagem nacional, imprescindível será a autorização com reconhecimento de firma da assinatura.

O CNJ aprovou a Resolução 295, de 13 de setembro de 2019, que dispõe sobre autorização de viagem nacional para crianças e adolescentes, com a finalidade, entre outros "considerandos", para a "necessidade de uniformização na interpretação dos artigos 83 e 85 do ECA", tendo em vista a elevação abrupta do volume de pedidos de autorização judicial.

Seguindo idêntica disciplina conferida à autorização para viagem internacional de criança e adolescente, às hipóteses previstas no § 1º do art. 83 do ECA, a mencionada Resolução acrescenta mais duas situações que independem de autorização judicial:

c) a criança ou o adolescente menor de dezesseis anos viajar desacompanhado expressamente autorizado por qualquer de seus genitores ou responsável legal, por meio de escritura pública ou de documento particular com firma reconhecida por semelhança ou autenticidade (art. 2º, III): nesse caso, nota-se que a autorização é para a viagem da criança ou do adolescente menor de dezesseis viajar desacompanhado, e segue o tratamento dispensado para autorização de viagem ao exterior (art. 1º, III, da Resolução CNJ 131, de 26.05.2011).

d) a criança ou o adolescente menor de dezesseis anos apresentar passaporte válido e que conste expressa autorização para que viajem desacompanhados ao exterior (art. 2º, IV): é admissível a confecção de passaporte que permita a viagem ao exterior de criança ou adolescente ainda que desacompanhado dos pais ou responsável. Portanto, em sendo possível a viagem ao exterior, a Resolução, por coerência, somente a estendeu ao território nacional.

Já o § 2º do art. 83 do ECA estabelece: "A autoridade judiciária poderá, a pedido dos pais ou responsável, conceder autorização válida por dois anos". A finalidade deste dispositivo é para quando há necessidade de autorização judicial, pois se não houver, os próprios pais ou responsável podem conceder a autorização pelo prazo máximo de dois anos, independentemente de ordem judicial.

O art. 3º da Resolução CNJ 295/2019 prevê que a autorização concedida pelos genitores ou responsáveis deverá fazer constar o prazo de validade, compreendendo-se, em caso de omissão, que será válida por dois anos.

2.6.4.2 *Viagem ao exterior*

O inciso IV do art. 1.634 do Código Civil preceitua que compete aos pais, qualquer que seja a sua situação conjugal, o pleno exercício do poder familiar, que consiste em, quanto aos filhos, "conceder-lhes ou negar-lhes consentimento para viajarem ao exterior".

O art. 84 do ECA trata da viagem ao exterior e diz que a **autorização judicial é dispensável**, caso a **criança ou adolescente**:

1) estiver acompanhado de ambos os pais ou responsável (inciso I): se o infante viajar na companhia dos pais ou responsável não há necessidade de autorização judicial.

Todavia, se houver **discordância entre os pais** ou **algum deles estiver em local incerto e não sabido**, deverá ser intentada ação de suprimento de consentimento para emissão de passaporte, obtenção de visto (se necessário) e para a viagem, cuja competência será da Justiça da Infância e Juventude, independentemente da situação de risco da criança ou adolescente (art. 148, IV, e 208, § 1º)[304].

O STJ entende que o pedido de alvará judicial para suprir o consentimento para emissão de passaporte e obtenção de visto não implica na autorização para viagem ao exterior se não houver pedido nesse sentido[305], e que é possível a fixação de prazo para esta autorização, com fundamento no art. 83, § 2º[306].

Por **responsável** entende-se o detentor de guarda ou tutela. Se for **guarda provisória** (concedida no curso do processo), haverá necessidade de autorização judicial, por força do art. 7º da Resolução CNJ 131/2011[307].

2) viajar na companhia de um dos pais, autorizado expressamente pelo outro através de documento com firma reconhecida (inciso II): a necessidade de anuência do outro genitor tem por objetivo evitar o descumprimento de decisão judicial que tenha estabelecido a guarda da criança ou adolescente em favor de um genitor, e o outro busque a viagem como forma de dificultar o seu cumprimento.

A autorização deve ser assinada com firma reconhecida em duas vias originais, pois uma ficará retida pela Polícia Federal (art. 8º, *caput*, da citada Resolução). Com base nesse inciso, o STJ entendeu que a autorização assinada perante a Polícia Federal não supria a necessidade de reconhecimento de firma[308].

Todavia, conforme visto acima, a Lei 13.726/2018 dispensa a apresentação de autorização com firma reconhecida para viagem de infante quando os pais estão presentes no embarque.

Além destas hipóteses, a referida Resolução do CNJ acrescentou mais um caso de dispensa de autorização judicial: se o infante estiver **"desacompanhado ou em companhia de terceiros**

---

304 No mesmo sentido: ISHIDA, Válter Kenji. *Estatuto da Criança e do Adolescente*: doutrina e jurisprudência. 17. ed. rev., ampl. e atual. Salvador: JusPodivm, 2016, p. 447. Na jurisprudência: TJMG, CC 1.0000.14.046682-2/000, 4ª Câmara Cível, Rel. Des. Ana Paula Caixeta, p. 03.09.2014; Apelação cível 1.0024.12.318827-8/001, 6ª Câmara Cível, Rel. Des. Corrêa Junior, p. 25.03.2014. TJRS, AI 70068388735, 7ª Câmara Cível, Rel. Jorge Luís Dall'Agnol, j. 29.06.2016; Reexame necessário 70068957851, 4ª Câmara Cível, Rel. Francesco Conti, j. 19.04.2016.

305 REsp 1.649.758/SP, Rel. Min. Ricardo Villas Bôas Cueva, p. 04.04.2017.

306 REsp 1.453.117/SP, Rel. Min. Ricardo Villas Bôas Cueva, p. 10.11.2014.

307 Art. 7º da Resolução 131/2011 do CNJ: "O guardião por prazo indeterminado (anteriormente nominado guardião definitivo) ou o tutor, ambos judicialmente nomeados em termo de compromisso, que não sejam os genitores, poderão autorizar a viagem da criança ou adolescente sob seus cuidados, para todos os fins desta resolução, como se pais fossem".

308 REsp 1.249.489/MS, 4ª T., Rel. Min. Luís Felipe Salomão, *DJe* 23.09.2013; REsp 685.003/RJ, 3ª T., Rel. Min. Nancy Andrighi, *DJ* 01.02.2005.

maiores e capazes, designados pelos genitores, desde que haja autorização de ambos os pais, com firma reconhecida" (art. 1º, III).

Portanto, conforme a Resolução, caso os pais concordem, mediante autorização com firma reconhecida, a criança ou adolescente pode viajar desacompanhado ou na companhia de terceiros maiores e capazes. Em regra, esta situação ocorre quando há intercâmbio de estudo para outro País.

Noutro giro, o art. 85 estabelece: "Sem prévia e expressa autorização judicial, nenhuma criança ou adolescente nascido em território nacional poderá sair do País em companhia de estrangeiro residente ou domiciliado no exterior". O objetivo da norma é evitar o tráfico de menores. Todavia, o art. 3º da mencionada Resolução dispensa a autorização judicial nas seguintes situações:

a) se o estrangeiro for o genitor da criança ou adolescente;

b) se a criança ou adolescente, nascido no Brasil, não tiver nacionalidade brasileira.

O art. 10 da Resolução 131/2011 estabelece que a autorização concedida pelos genitores ou responsáveis deverá fazer constar o prazo de validade, compreendendo-se, em caso de omissão, que será válida por dois anos.

O descumprimento das regras dos arts. 83, 84 ou 85, todos do ECA, implica infração administrativa do art. 251[309], ainda que, em momento posterior, fique demonstrado o vínculo de parentesco entre o infante e o responsável que estava na sua posse[310].

2.7 POLÍTICA E ENTIDADES DE ATENDIMENTO

2.7.1 Política de atendimento

2.7.1.1 Introdução

O art. 227, § 7º, da CF, preceitua: "No atendimento da criança e do adolescente levar-se-á em consideração o disposto no art. 204". Este artigo, por seu turno, dispõe:

> **Art. 204.** As ações governamentais na área da assistência social serão realizadas com recursos do orçamento da seguridade social, previstos no art. 195, além de outras fontes, e organizadas com base nas seguintes diretrizes:
>
> **I** – descentralização político-administrativa, cabendo a coordenação e as normas gerais à esfera federal e a coordenação e a execução dos respectivos programas às esferas estadual e municipal, bem como a entidades beneficentes e de assistência social;
>
> **II** – participação da população, por meio de organizações representativas, na formulação das políticas e no controle das ações em todos os níveis.

Portanto, o Constituinte fixou duas diretrizes para o atendimento na área da infância e juventude: descentralização político-administrativa (execução pelas esferas estadual e municipal) e participação popular.

Seguindo esta mesma trilha, o ECA também prevê a municipalização do atendimento dos direitos da criança e do adolescente (art. 88, I) e a participação popular mediante os conselhos municipais, estaduais e nacional dos direitos da criança e do adolescente, para atuar na formulação das políticas públicas e controlar as ações dos entes federados (art. 88, II).

---

309 Art. 251 do ECA: "Transportar criança ou adolescente, por qualquer meio, com inobservância do disposto nos arts. 83, 84 e 85 desta Lei: Pena – multa de três a vinte salários de referência, aplicando-se o dobro em caso de reincidência".

310 STJ, REsp 568.807/RJ, 2ª T., Rel. Min. Castro Meira, *DJ* 17.05.2006.

A **política de atendimento** dos direitos da criança e do adolescente será realizada mediante um conjunto articulado de ações governamentais e não governamentais da União, dos Estados, do Distrito Federal e dos Municípios (art. 86).

O Conselho Nacional dos Direitos da Criança e do Adolescente (Conanda) publicou a Resolução 113/2006 para dispor sobre os parâmetros de institucionalização e fortalecimento do **Sistema de Garantia dos Direitos da Criança e do Adolescente (SGD)**, o qual é definido da seguinte forma:

> **Art. 1º** O Sistema de Garantia dos Direitos da Criança e do Adolescente constitui-se na articulação e integração das instâncias públicas governamentais e da sociedade civil, na aplicação de instrumentos normativos e no funcionamento dos mecanismos de promoção, defesa e controle para a efetivação dos direitos humanos da criança e do adolescente, nos níveis Federal, Estadual, Distrital e Municipal.

Portanto, o SGD atua para **promover, defender e controlar** a efetivação dos direitos humanos da criança e do adolescente.

A *promoção* se exterioriza na elaboração e implementação de política de atendimento pelos Conselhos de Direitos da Criança e do Adolescente, haja vista que a garantia de prioridade da criança e do adolescente compreende a formulação e a execução das políticas sociais públicas (art. 4º, parágrafo único, *c*, do ECA). Deve-se buscar garantir o acesso de todos os direitos assegurados para a criança e o adolescente.

A *defesa* constitui na atuação de todos os órgãos integrantes do SGD (Conselhos de Direitos, Conselhos Tutelares, Ministério Público, Poder Judiciário, Polícias, CREAS, CRAS, CAPS e todas as demais entidades de atendimento) para garantir os direitos da criança e do adolescente e a responsabilização, em caso de eventuais violações.

Já o *controle* é realizado pelos Conselhos de Direitos, mediante a participação democrática da população, para a elaboração de políticas públicas para o poder público.

As **linhas de ação** da política de atendimento estão previstas nos incisos do art. 87 e destinam-se às ***políticas públicas*** a serem implementadas na área da infância e juventude, devendo abarcar todas as áreas (assistência social, saúde, educação, trabalho, lazer, cultura, fortalecimento do convívio familiar etc.), visando atender aos direitos da criança e do adolescente[311]

A Lei 14.987, de 25 de setembro de 2024, alterou o inciso III do art. 87 para estender o direito ao atendimento psicossocial às crianças e aos adolescentes que tiverem qualquer dos pais ou responsáveis vítima de grave violência ou preso em regime fechado. Essa alteração reconhece a necessidade de atenção especial a essas crianças e adolescentes, que, em razão da violência sofrida por seus pais ou responsáveis, ou do encarceramento destes em regime fechado, podem apresentar sofrimento psíquico e vulnerabilidades que demandam cuidado especializado.

Por outro lado, a Lei 14.548, de 13 de abril de 2023, incluiu o parágrafo único no art. 87, determinando que a linha de ação da política de atendimento referente ao serviço de identificação e localização de pais, responsáveis, crianças e adolescentes desaparecidos (inciso IV) será executada em cooperação com o Cadastro Nacional de Pessoas Desaparecidas (Lei 13.812/2019),

[311] Art. 87 do ECA: "São linhas de ação da política de atendimento: I – políticas sociais básicas; II – serviços, programas, projetos e benefícios de assistência social de garantia de proteção social e de prevenção e redução de violações de direitos, seus agravamentos ou reincidências; III –serviços especiais de prevenção e atendimento médico e psicossocial às vítimas de negligência, maus-tratos, exploração, abuso, crueldade e opressão e às crianças e aos adolescentes que tiverem qualquer dos pais ou responsáveis vitimado por grave violência ou preso em regime fechado; IV – serviço de identificação e localização de pais, responsável, crianças e adolescentes desaparecidos; V – proteção jurídico-social por entidades de defesa dos direitos da criança e do adolescente; VI – políticas e programas destinados a prevenir ou abreviar o período de afastamento do convívio familiar e a garantir o efetivo exercício do direito à convivência familiar de crianças e adolescentes; VII – campanhas de estímulo ao acolhimento sob forma de guarda de crianças e adolescentes afastados do convívio familiar e à adoção, especificamente inter-racial, de crianças maiores ou de adolescentes, com necessidades específicas de saúde ou com deficiências e de grupos de irmãos".

com o Cadastro Nacional de Crianças e Adolescentes Desaparecidos (Lei 12.127/2009) e com os demais cadastros, tanto nacionais quanto estaduais ou municipais. Além disso, referida lei acrescentou o § 3º no art. 208 para estabelecer que a notificação sobre o não oferecimento ou oferta irregular do referido serviço será imediatamente comunicada aos mencionados cadastros, que deverão ser prontamente atualizados a cada nova informação.

Já as **diretrizes** (conjunto de instruções) da política de atendimento estão previstas nos incisos do art. 88, destacando-se as seguintes, sem prejuízo das demais[312]: municipalização do atendimento, Conselhos de Direitos e manutenção de fundos.

2.7.1.2 Municipalização do atendimento e Conselhos

Os incisos I e II do art. 88 preveem como diretrizes da política de atendimento:

a) municipalização do atendimento (inciso I): é consequência da descentralização político-administrativa prevista no art. 204, I, da CF. Assim, compete aos Conselhos de Direitos Municipais a elaboração das políticas públicas para atender aos interesses locais da comunidade, garantida a participação popular.

A exigência de que todo Município e que cada região administrativa do Distrito Federal deva possuir, no mínimo, um Conselho Tutelar, garante o atendimento para a preservação dos direitos da criança e adolescente (art. 132).

Além disso, tendo em vista que os Conselheiros Tutelares conhecem as demandas sociais, pois estão em contato direto com a população, o legislador incluiu a atribuição de o Conselho Tutelar assessorar o Poder Executivo na elaboração da proposta orçamentária para planos e programas de atendimento dos direitos da criança e do adolescente (art. 136, IX).

b) criação de conselhos municipais, estaduais e nacional dos direitos da criança e do adolescente, órgãos deliberativos e controladores das ações em todos os níveis, assegurada a participação popular paritária por meio de organizações representativas, segundo leis federal, estaduais e municipais (inciso II): as políticas públicas são decididas e controladas pelos respectivos Conselhos dos entes federativos, observada a participação popular paritária (mediante organizações representativas) à quantidade de representantes governamentais.

Os Conselhos são **órgãos deliberativos** e **controladores** das políticas públicas na área da infância.

Portanto, suas decisões quanto às políticas públicas para a proteção e promoção dos direitos da criança e do adolescente têm caráter vinculante em relação ao Administrador Público[313]. A propósito, o STJ assim decidiu:

---

[312] Art. 88 do ECA: "São diretrizes da política de atendimento: I - municipalização do atendimento; II - criação de conselhos municipais, estaduais e nacional dos direitos da criança e do adolescente, órgãos deliberativos e controladores das ações em todos os níveis, assegurada a participação popular paritária por meio de organizações representativas, segundo leis federal, estaduais e municipais; III - criação e manutenção de programas específicos, observada a descentralização político-administrativa; IV - manutenção de fundos nacional, estaduais e municipais vinculados aos respectivos conselhos dos direitos da criança e do adolescente; V - integração operacional de órgãos do Judiciário, Ministério Público, Defensoria, Segurança Pública e Assistência Social, preferencialmente em um mesmo local, para efeito de agilização do atendimento inicial a adolescente a quem se atribua autoria de ato infracional; VI - integração operacional de órgãos do Judiciário, Ministério Público, Defensoria, Conselho Tutelar e encarregados da execução das políticas sociais básicas e de assistência social, para efeito de agilização do atendimento de crianças e de adolescentes inseridos em programas de acolhimento familiar ou institucional, com vista na sua rápida reintegração à família de origem ou, se tal solução se mostrar comprovadamente inviável, sua colocação em família substituta, em quaisquer das modalidades previstas no art. 28 desta Lei; VII - mobilização da opinião pública para a indispensável participação dos diversos segmentos da sociedade; VIII - especialização e formação continuada dos profissionais que trabalham nas diferentes áreas da atenção à primeira infância, incluindo os conhecimentos sobre direitos da criança e sobre desenvolvimento infantil; IX - formação profissional com abrangência dos diversos direitos da criança e do adolescente que favoreça a intersetorialidade no atendimento da criança e do adolescente e seu desenvolvimento integral; X - realização e divulgação de pesquisas sobre desenvolvimento infantil e sobre prevenção da violência".

[313] No mesmo sentido: MARÇURA, Jurandir Norberto; MUNIR, Cury; PAULA, Paulo Afonso Garrido de. *Estatuto da Criança e do Adolescente anotado*. 2. ed. rev. e atual. São Paulo: Editora Revista dos Tribunais, 2000, p. 90; LIBERATI, Wilson Donizeti;

1. Na atualidade, o império da lei e o seu controle, a cargo do Judiciário, autoriza que se examinem, inclusive, as razões de conveniência e oportunidade do administrador. 2. Legitimidade do Ministério Público para exigir do Município a execução de política específica, a qual se tornou obrigatória por meio de resolução do Conselho Municipal dos Direitos da Criança e do Adolescente. 3. **Tutela específica para que seja incluída verba no próximo orçamento, a fim de atender a propostas políticas certas e determinadas** (grifou-se)[314].

O art. 260-I impõe aos Conselhos de Direitos da Criança e do Adolescente a ampla divulgação à comunidade: (**a**) do calendário de suas reuniões; (**b**) das ações prioritárias para aplicação das políticas de atendimento à criança e ao adolescente; (**c**) dos requisitos para a apresentação de projetos a serem beneficiados com recursos dos fundos dos direitos da criança e do adolescente nacional, estaduais, distrital ou municipais; (**d**) da relação dos projetos aprovados em cada ano-calendário e o valor dos recursos previstos para implementação das ações, por projeto; (**e**) do total dos recursos recebidos e a sua respectiva destinação, por projeto atendido, inclusive com cadastramento na base de dados do Sistema de Informações sobre a Infância e a Adolescência; e (**f**) da avaliação dos resultados dos projetos beneficiados com recursos dos fundos dos direitos da criança e do adolescente nacional, estaduais, distrital e municipais.

A criação dos Conselhos de Direitos depende de lei específica do respectivo ente federativo (anexo da Resolução 106/2005 do Conanda). Os Conselhos de Direitos têm natureza de órgãos estatais especiais, uma vez que são instâncias essencialmente colegiadas.

Os parâmetros para criação e funcionamento dos Conselhos de Direitos estão definidos na Resolução 105/2005 do Conanda.

Segundo o art. 89, a função de membro dos Conselhos de Direitos é considerada de interesse público relevante e não será remunerada. Além disso, visando garantir a efetiva participação popular e a não ingerência do ente federativo, ocupantes de cargo de confiança ou função comissionada do poder público não podem compor o Conselho como representantes da organização da sociedade civil (art. 11, III, da citada Resolução).

Caso inexista Conselho de Direitos da Criança e do Adolescente no âmbito municipal, a autoridade judiciária da Justiça da Infância e Juventude ficará responsável pelos registros, inscrições e alterações das entidades de atendimento da sua comarca (art. 261, *caput*)[315].

Em caso de irregularidade praticada no âmbito do CMDCA, o STJ declarou a competência da Justiça da Infância e Juventude para cassar o mandato de seu membro[316] e para regularizar a sua composição[317].

2.7.1.3 *Fundos geridos pelos Conselhos de Direitos*

O inciso IV do art. 88 estipula como diretriz da política de atendimento a manutenção de fundos nacional, estaduais e municipais vinculados aos respectivos conselhos dos direitos da criança e do adolescente.

A criação dos fundos de direito da criança e do adolescente ou fundo da infância e juventude (FIA) é novidade trazida pelo ECA. Como decorrência da garantia de prioridade,

CYRINO, Públio Caio Bessa. *Conselhos e Fundos no Estatuto da Criança e do Adolescente*. 2. ed. São Paulo: Malheiros Editores, 2003, p. 90.

[314] REsp 493.811/SP, 2ª T., Rel. Min. Eliana Calmon, *DJ* 15.03.2004.

[315] Art. 261, *caput*, do ECA: "A falta dos conselhos municipais dos direitos da criança e do adolescente, os registros, inscrições e alterações a que se referem os arts. 90, parágrafo único, e 91 desta Lei serão efetuados perante a autoridade judiciária da comarca a que pertencer a entidade".

[316] REsp 557.117/SP, 2ª T., Rel. Min. Castro Meira, *DJ* 17.05.2006.

[317] REsp 47.104/PR, 2ª T., Rel. Min. Eliana Calmon, *DJ* 05.06.2000.

há a previsão de destinação privilegiada de recursos públicos nas áreas relacionadas com a proteção à infância e à juventude (art. 4º, parágrafo único, *d*).

Os parâmetros para a criação e o funcionamento dos fundos estão fixados na Resolução 137/2010 do Conanda. Existe um único FIA por ente federativo, cuja criação depende de lei específica, não possuindo personalidade jurídica própria e utilizando o mesmo CNPJ do órgão ou da Secretaria ao qual estiver vinculado por lei. No entanto, o FIA deve constituir unidade orçamentária própria e integrar o orçamento público.

Quanto à **natureza jurídica**, o FIA constitui **fundo especial** e o produto de sua receita especificada por lei se vincula à realização de determinados objetivos ou serviços (art. 71 da Lei 4.320/1964)[318].

É gerido pelos Conselhos de Direitos para determinar como serão aplicados os recursos mediante a escolha dos projetos e programas escolhidos pelos membros do Conselho. Já a sua administração compete a quem for indicado pelo Chefe do Poder Executivo para atuar como gestor e/ou ordenador de despesas (art. 8º da referida Resolução).

Constituem-se **recursos** dos fundos (art. 10 da Resolução):

a) recursos públicos que lhes forem destinados, consignados no orçamento da União, dos Estados, do Distrito Federal e dos Municípios, inclusive mediante transferências do tipo "fundo a fundo" entre essas esferas de governo, desde que previsto na legislação específica;

b) doações de pessoas físicas e jurídicas, sejam elas de bens materiais, imóveis ou recursos financeiros;

c) contribuições de governos estrangeiros e de organismos internacionais multilaterais;

d) o resultado de aplicações no mercado financeiro, observada a legislação pertinente;

e) destinações de receitas dedutíveis do Imposto de Renda, com incentivos fiscais, nos termos do ECA e demais legislações pertinentes: os arts. 260 ao 260-H, e 206-J ao 260-L do ECA dispõem sobre a doação aos citados Fundos para posterior dedução do imposto de renda do contribuinte doador;

f) recursos provenientes de multas, concursos de prognósticos, dentre outros que lhes forem destinados: o ECA, em seus arts. 154 e 214, estabelece que as multas aplicadas por violação aos direitos nele previstos serão revertidas ao FIA do respectivo Município.

Entretanto, caso inexista o referido Fundo no Município, o dinheiro ficará depositado em estabelecimento oficial de crédito, em conta com correção monetária (art. 214, § 2º).

A Lei 13.440, de 8 de maio de 2017, alterou o preceito secundário do crime previsto no art. 244-A do ECA, para o fim de estabelecer que, na hipótese de a criança ou o adolescente ser vítima de prostituição ou exploração sexual, os bens e valores utilizados na prática criminosa serão perdidos em favor do Fundo dos Direitos da Criança e do Adolescente da unidade da Federação (Estado ou Distrito Federal) em que foi cometido o crime, ressalvado o direito de terceiro de boa-fé.

Os recursos dos fundos estão sujeitos à prestação de contas de gestão aos órgãos de controle interno do Poder Executivo e aos Conselhos de Direitos, bem como ao controle externo do Poder Legislativo, Tribunal de Contas e do Ministério Público (art. 22, *caput*, da Resolução 137/2010 do Conanda).

---

[318] Art. 71 da Lei 4.320/1964: "Constitui fundo especial o produto de receitas especificadas que por lei se vinculam à realização de determinados objetivos ou serviços, facultada a adoção de normas peculiares de aplicação".

Além disso, o Ministério Público determinará a forma de fiscalização da aplicação dos incentivos fiscais com a dedução do imposto de renda em cada comarca (art. 260-J do ECA).

Caso haja constatação de indícios de irregularidades, ilegalidades ou improbidade em relação ao Fundo ou suas dotações nas leis orçamentárias, o Conselho dos Direitos da Criança e do Adolescente representará ao Ministério Público para as medidas cabíveis (art. 22, parágrafo único, da mencionada Resolução).

Há discussão doutrinária no que se refere à possibilidade de **doação casada** ao FIA, caracterizada pela doação com escolha da sua destinação, existindo duas correntes:

1) a primeira entende que não é possível a doação direcionada, uma vez que, ao ingressar no FIA, esta se torna recurso público e fica sujeita à competência exclusiva dos Conselhos de Direitos da Criança e do Adolescente para deliberação quanto sua aplicação[319];
2) a segunda defende que a CF e o ECA garantem a participação popular, de forma que é possível a doação para determinada política pública na área da infância e juventude. Aliás, o art. 12, §§ 1º e 2º, da Resolução 137/2010 do Conanda possibilita essa modalidade de doação[320].

A divergência, contudo, deve ser pacificada com o advento da Lei 14.692, de 3 de outubro de 2023, que acrescentou os §§ 2º-A e 2º-B ao art. 260 do ECA, para permitir expressamente que o contribuinte indique o projeto que receberá os recursos por ele doados ao FIA, desde que tal iniciativa esteja previamente aprovada pelo respectivo conselho. A legislação também autorizou os conselhos a chancelarem projetos ou banco de projetos, mediante regulamentação própria, estabelecendo regras específicas como: necessidade de garantia dos direitos fundamentais das crianças e adolescentes, captação pela instituição proponente, formalização do repasse dos recursos, fixação de percentual de retenção pelos conselhos, prazo de dois anos entre aprovação e captação (prorrogável por igual período) e previsão de que a chancela não obriga o financiamento se não houver captação suficiente.

2.7.2 Entidades de atendimento

2.7.2.1 Espécies, inscrição e registro

As entidades de atendimento são responsáveis pela manutenção de suas unidades, bem como pelo planejamento e execução de programas de proteção e socioeducativos destinados a crianças e adolescentes, em regime de (art. 90):

a) **orientação e apoio sociofamiliar** (inciso I): caracteriza-se por medidas para orientar os pais e os filhos, mediante assistentes sociais, psicólogos, médicos etc., visando garantir uma plena convivência familiar.
b) **apoio socioeducativo em meio aberto** (inciso II): refere-se ao oferecimento de programas sociais nas áreas de profissionalização, educação, esportes etc., para crianças e adolescentes, autores ou não de ato infracional.

---

319 Nesse sentido: TAVARES, Patrícia Silveira. A política de atendimento. In: MACIEL, Kátia Regina Ferreira Lobo Andrade (coord.). *Curso de direito da criança e do adolescente*: aspectos teóricos e práticos. 9. ed. rev. e atual. São Paulo: Saraiva, 2016, p. 476.

320 Art. 12, §§ 1º e 2º, da Resolução 137/2010 do Conanda: "A definição quanto à utilização dos recursos dos Fundos dos Direitos da Criança e do Adolescente, em conformidade com o disposto no artigo 7º, deve competir única e exclusivamente aos Conselhos dos Direitos. § 1º Dentre as prioridades do plano de ação aprovado pelo Conselho de Direitos, deve ser facultado ao doador/destinador indicar, aquela ou aquelas de sua preferência para a aplicação dos recursos doados/destinados. § 2º As indicações previstas acima poderão ser objeto de termo de compromisso elaborado pelo Conselho dos Direitos para formalização entre o destinador e o Conselho de Direitos".

c) **colocação familiar e acolhimento institucional** (incisos III e IV): são medidas provisórias e excepcionais, utilizáveis como forma de transição para reintegração familiar (art. 101, § 1º). A obrigação de instalação de unidade de acolhimento institucional é do Município, sendo cabível o manejo de ação civil pública para tal fim[321].

d) **prestação de serviços à comunidade e liberdade assistida** (incisos V e VI): são as medidas socioeducativas de meio aberto, cuja criação e manutenção dos programas de atendimento é de competência do Município (art. 5º, III, da Lei do Sinase – Sistema Nacional de Atendimento Socioeducativo – Lei 12.594/2012).

e) **semiliberdade e internação** (incisos VII e VIII): são as medidas socioeducativas de meio fechado e a sua responsabilidade é do Estado (art. 4º, III, da Lei do Sinase).

Todas as entidades governamentais ou não governamentais deverão realizar a inscrição de seus programas, especificando os regimes de atendimento perante o CMDCA, que manterá registro das inscrições e de suas alterações, sendo necessária a comunicação ao Conselho Tutelar e à autoridade judiciária (art. 90, § 1º). Essas instituições devem ser comunicadas, porque também realizam a fiscalização das entidades de atendimento (art. 95).

No entanto, o legislador olvidou-se de que o Ministério Público também figura como legitimado para fiscalizar estas entidades (arts. 95 e 201, XI), e não exigiu a sua comunicação acerca dos registros das inscrições e de suas alterações.

O CMDCA é **órgão deliberativo e de controle das políticas públicas** na área da infância e juventude no respectivo Município. Assim, torna-se imprescindível a inscrição dos programas de atendimento existentes para a sua fiscalização.

Embora o dispositivo estabeleça que os programas das entidades de atendimento serão realizados perante o CMDCA, quando se tratar de entidades destinadas à semiliberdade ou internação, a inscrição será realizada no Conselho Estadual dos Direitos da Criança e do Adolescente, tendo em vista que estas medidas são de responsabilidade do Estado (arts. 4º, III, e 9º da Lei do Sinase)[322].

Os recursos destinados à implementação e manutenção dos programas das entidades de atendimento serão previstos nas dotações orçamentárias dos órgãos públicos encarregados das áreas de educação, saúde e assistência social, entre outros, observando-se o princípio da prioridade absoluta à criança e ao adolescente (art. 90, § 2º).

Os programas em execução serão reavaliados pelo CMDCA, no máximo, a cada 2 (dois) anos, constituindo-se critérios para renovação da autorização de funcionamento (art. 90, § 3º):

> I – o efetivo respeito às regras e princípios desta Lei, bem como às resoluções relativas à modalidade de atendimento prestado expedidas pelos Conselhos de Direitos da Criança e do Adolescente, em todos os níveis;
>
> II – a qualidade e eficiência do trabalho desenvolvido, atestadas pelo Conselho Tutelar, pelo Ministério Público e pela Justiça da Infância e da Juventude;
>
> III – em se tratando de programas de acolhimento institucional ou familiar, serão considerados os índices de sucesso na reintegração familiar ou de adaptação à família substituta, conforme o caso.

Quanto ao **atestado de qualidade e eficiência do trabalho** desenvolvido pela entidade de atendimento (inciso II), a autora Patrícia Silveira Tavares tece as seguintes críticas: **(a)** a

---

321 STJ, AREsp 199.058/BA, Rel. Min. Regina Helena Costa, p. 18.05.2016.

322 Art. 4º, III, da Lei do Sinase: "Compete aos Estados: [...] III – criar, desenvolver e manter programas para a execução das medidas socioeducativas de semiliberdade e internação".
Art. 9º da citada Lei: "Os Estados e o Distrito Federal inscreverão seus programas de atendimento e alterações no Conselho Estadual ou Distrital dos Direitos da Criança e do Adolescente, conforme o caso".

função de fiscalizar não pode se cingir à emissão de atestado de regular funcionamento; (**b**) não foram fixados os critérios para avaliação da qualidade e eficiência da entidade, gerando margem ao subjetivismo; e (**c**) é incompatível com as funções do Ministério Público e do Poder Judiciário a expedição de atestado desta natureza[323].

Por seu turno, o *caput* do art. 91 verbera: "As *entidades não governamentais* somente poderão funcionar depois de registradas no Conselho Municipal dos Direitos da Criança e do Adolescente" (destacou-se). Após o registro, haverá a comunicação ao Conselho Tutelar e à autoridade judiciária.

Atenção

A entidade não governamental precisa da inscrição de seu programa (art. 90, § 1º) e da aprovação de seu projeto (registro) para possibilitar o seu funcionamento (art. 91, *caput*).

Já a entidade governamental necessita somente da inscrição, prescindindo de seu registro para funcionamento, tendo em vista que ela já é vinculada a algum órgão público, estando, assim, natural e automaticamente integrada à rede de proteção dos direitos da criança e do adolescente[324].

Conforme o § 1º do art. 91, não será concedido o registro à entidade que: (**a**) não ofereça instalações físicas em condições adequadas de habitabilidade, higiene, salubridade e segurança; (**b**) não apresente plano de trabalho compatível com os princípios desta Lei; (**c**) esteja irregularmente constituída; (**d**) tenha, em seus quadros, pessoas inidôneas; e (**e**) não se adequar ou deixar de cumprir as resoluções e deliberações relativas à modalidade de atendimento prestado, expedidas pelos Conselhos de Direitos da Criança e do Adolescente, em todos os níveis.

O **registro** terá **validade máxima de 4 (quatro) anos**, cabendo ao CMDCA, periodicamente, reavaliar o cabimento da renovação, desde que preenchidos os requisitos mencionados anteriormente.

O art. 94-A determina que as entidades públicas ou privadas, que abriguem ou recepcionem crianças e adolescentes, ainda que em caráter temporário, devem ter, em seus quadros, profissionais capacitados a reconhecer e reportar ao Conselho Tutelar suspeitas ou ocorrências de maus-tratos.

2.7.2.2 Entidades de acolhimento familiar ou institucional

As entidades que desenvolvem programas de acolhimento familiar ou institucional deverão adotar os seguintes **princípios** (art. 92)[325]:

a) preservação dos vínculos familiares e promoção da reintegração familiar (inciso I): o acolhimento institucional e familiar são medidas provisórias e excepcionais, aplicáveis como forma de transição para reintegração familiar (art. 101, § 1º). Estas modalidades de acolhimento não podem afastar os pais ou responsável do infante, salvo se houver decisão judicial em contrário, podendo contar com o auxílio do Conselho Tutelar e dos órgãos de assistência social (art. 92, § 4º).

O legislador objetiva a preservação e a reintegração dos vínculos familiares, pois todo infante tem o direito de ser criado e educado no seio de sua família (art. 19, *caput*).

---

[323] Nesse sentido: TAVARES, Patrícia Silveira. A política de atendimento. In: MACIEL, Kátia Regina Ferreira Lobo Andrade (coord.). *Curso de direito da criança e do adolescente*: aspectos teóricos e práticos. 9. ed. rev. e atual. São Paulo: Saraiva, 2016, p. 486.

[324] No mesmo sentido: LIBERATI, Wilson Donizeti; CYRINO, Públio Caio Bessa. Conselhos e fundos no Estatuto da Criança e do Adolescente. 2. ed. São Paulo: Malheiros, 2003, p. 119.

[325] O tema "acolhimento institucional e familiar" será analisado no item 2.8.1.6.

Considerando a necessidade da realização de audiência para reavaliação do caso de cada criança ou adolescente acolhido em instituição ou em família (art. 19, § 1º), os dirigentes das entidades devem remeter à autoridade judiciária, no máximo, a cada 3 (três) meses, relatório circunstanciado acerca da situação de cada infante.

Embora o art. 92, § 2º, ainda estabeleça que o mencionado relatório deve ser encaminhado no máximo a cada 6 (seis) meses, com a edição da Lei 13.509/2017 o art. 19, § 1º, foi alterado, de forma que o prazo foi reduzido para, no máximo, a cada 3 (três) meses.

b) integração em família substituta, quando esgotados os recursos de manutenção na família natural ou extensa (inciso II): se não for possível a reintegração da criança ou adolescente à família (natural ou extensa), deverá ocorrer a integração em família substituta (arts. 19, *caput*, e 101, § 1º).

c) atendimento personalizado e em pequenos grupos (inciso III): o manual de orientações técnicas sobre os serviços de acolhimento para crianças e adolescentes aprovado pela Resolução conjunta do Conanda/CNAS 1/2009, recomenda que cada entidade de **acolhimento institucional** tenha, no máximo, 20 (vinte) infantes.

Há também a previsão de **casa lar**, na qual uma pessoa ou um casal trabalha como educador/cuidador residente, numa casa que não é a sua, podendo acolher, no máximo, 10 (dez) crianças e adolescentes[326].

d) desenvolvimento de atividades em regime de coeducação (inciso IV): compreende a realização de atividades entre crianças e adolescentes de idade e sexo diferentes, como forma de integração.

e) não desmembramento de grupos de irmãos (inciso V): conforme previsão do art. 28, § 4º, os grupos de irmãos serão colocados sob adoção, tutela ou guarda da mesma família substituta, ressalvada a comprovada existência de risco de abuso ou outra situação que justifique plenamente a excepcionalidade de solução diversa.

f) evitar, sempre que possível, a transferência para outras entidades de crianças e adolescentes abrigados (inciso VI): tendo em vista que os infantes abrigados já foram afastados de suas famílias, deve-se evitar transferências para não provocar mais traumas.

g) participação na vida da comunidade local (inciso VII): a convivência comunitária é direito fundamental da criança e do adolescente (art. 19, *caput*). Os acolhimentos institucional e familiar não são medidas de enclausuramento, devendo-se possibilitar que os infantes tenham acesso a lazer, escola, clubes etc.

h) preparação gradativa para o desligamento (inciso VIII): a finalidade desta preparação é que as medidas de acolhimento institucional e familiar são transitórias, de forma que a equipe técnica da entidade deve começar a preparar a criança e o adolescente para seu retorno ao convívio de sua família (natural ou extensa) ou sua colocação em família substituta. Esta preparação também se aplica ao adolescente que está completando a maioridade e terá que se desligar da entidade de acolhimento, e enfrentará dificuldades para reintegração social e independência financeira. Para mitigar esses desafios, o Conselho Nacional de Justiça (CNJ) instituiu o Programa Novos Caminhos/CNJ, conforme a Resolução 543/2024, que estabelece diretrizes para a desinstitucionalização e a reinserção social de jovens egressos das unidades de acolhimento.

O programa viabiliza a capacitação profissional e a empregabilidade, articulando parcerias entre o Poder Judiciário, empresas e órgãos públicos para garantir acesso à educação, trabalho e suporte psicossocial. A adesão ao programa é obrigatória para os tribunais que não tenham iniciativas similares, reforçando a responsabilidade estatal na transição para a vida adulta desses jovens.

[326] Conselho Nacional dos Direitos da Criança e do Adolescente e Conselho Nacional de Assistência Social. (coord.). Orientações técnicas: serviços de acolhimento para crianças e adolescentes. Brasília, 2009, p. 64 e 70, respectivamente.

i) participação de pessoas da comunidade no processo educativo (inciso IX): é a possibilidade de a comunidade participar ativamente na educação das crianças e adolescentes acolhidos institucionalmente ou em famílias.

Além disso, quando se tratar de criança de 0 (zero) a 3 (três) anos em acolhimento institucional, dar-se-á especial atenção à atuação de educadores de referência estáveis e qualitativamente significativos, às rotinas específicas e ao atendimento das necessidades básicas, incluindo as de afeto, como prioritárias (art. 92, § 7º).

O **dirigente da entidade** de acolhimento familiar ou institucional é **equiparado ao guardião**, para todos os efeitos de direito. **É a chamada guarda legal** (art. 92, § 1º).

Os entes federados, por intermédio dos Poderes Executivo e Judiciário, promoverão conjuntamente a permanente qualificação dos profissionais que atuam direta ou indiretamente em programas de acolhimento institucional e destinados à colocação familiar de crianças e adolescentes, incluindo membros do Poder Judiciário, Ministério Público e Conselho Tutelar (art. 92, § 3º).

O recebimento de **recursos públicos** pelas entidades de atendimento fica condicionado ao atendimento dos *princípios, exigências e finalidades do ECA* (art. 92, § 5º).

Quanto às **obrigações** das entidades de acolhimento familiar ou institucional, aplicam-se, no que couber, as constantes no art. 94, que se referem às entidades que desenvolvem programas de internação, por força do § 1º do referido artigo. O seu descumprimento implica deflagração de procedimento de apuração de irregularidades em entidade de atendimento (art. 190 e ss.), sem prejuízo de atuação nos âmbitos civil e penal (art. 97, *caput*).

Os dirigentes dessas entidades também ficam sujeitos à destituição em caso de descumprimento das disposições do ECA, além de eventuais responsabilidades nas demais esferas administrativa, civil e criminal (art. 92, § 6º).

Conforme a Resolução CNMP 293, de 28 de maio de 2024, o membro do **Ministério Público** deve fiscalizar **semestralmente** os serviços de acolhimento sob sua atribuição, verificando se respeitam o prazo máximo de 18 (dezoito) meses de permanência, salvo comprovada necessidade que atenda ao superior interesse do acolhido. Deve ainda priorizar o encaminhamento para serviços de acolhimento familiar, fiscalizar a elaboração e execução do Plano Individual de Atendimento (PIA) e zelar pela reavaliação da situação de cada acolhido no máximo a cada 3 (três) meses.

2.7.2.3 *Acolhimento emergencial (art. 93)*

Em regra, o afastamento da criança ou do adolescente do convívio familiar depende de ordem judicial (art. 101, § 2º). Entretanto, em *caráter excepcional e de urgência*, admite-se o acolhimento institucional sem prévia determinação judicial, desde que o dirigente da entidade comunique o fato em até 24 (vinte e quatro) horas ao Juiz da Infância e Juventude, sob pena de responsabilidade (art. 93, *caput*)[327].

Tal conclusão decorre da redação do § 2º do art. 101: "Sem prejuízo da tomada de medidas emergenciais para proteção de vítimas de violência ou abuso sexual e das providências a que alude o art. 130 desta Lei", o que demonstra a possibilidade de acolhimento emergencial, pois nestas situações há necessidade de medida urgente.

Após essa comunicação, a autoridade judiciária dará vista dos autos ao Ministério Público, o qual, se entender pela necessidade da manutenção do acolhimento emergencial, em razão

[327] No mesmo sentido, dentre outros: NUCCI, Guilherme de Souza. *Estatuto da Criança e do Adolescente comentado*: em busca da Constituição Federal das crianças e dos adolescentes. 3. ed. rev., atual. e ampl. Rio de Janeiro: Forense, 2016, p. 370; DEL-CAMPO, Eduardo Roberto Alcântara; OLIVEIRA, Thales Cezar de. *Estatuto da Criança e do Adolescente. Série leituras jurídicas: provas e concursos*. 7. ed. São Paulo: Atlas, 2012. v. 28, p. 225.

da impossibilidade ou por não ser recomendável o retorno do infante à família, deflagrará procedimento judicial contencioso para afastamento da criança ou adolescente do convívio familiar (art. 101, § 2º).

Nessa hipótese, o infante será encaminhado ao programa de acolhimento familiar, institucional ou família substituta (art. 93, parágrafo único).

Por outro lado, se o Ministério Público entender que não é o caso da manutenção do acolhimento, manifestará pelo apoio do Conselho Tutelar ou outro órgão de fortalecimento de vínculo familiar para promover a imediata reintegração familiar do infante, sendo decidido pela autoridade judiciária.

2.7.2.4 *Obrigações das entidades de internação e acolhimento*

O Estado tem a obrigação de manter o programa de **internação** (art. 5º, III, da Lei do Sinase), devendo as entidades cumprir as obrigações elencadas em rol exemplificativo do art. 94[328]. Conforme salientado, estas obrigações, no que couber, também são aplicáveis para as entidades de **acolhimento institucional e familiar**.

O § 2º do art. 94 prevê: "No cumprimento das obrigações a que alude este artigo as entidades utilizarão preferencialmente os recursos da comunidade". Isso caracteriza o **princípio da incompletude institucional**, que consiste em tornar a entidade o mais dependente possível dos serviços fornecidos pelo mundo exterior (saúde, educação, lazer etc.), de maneira a possibilitar a plena integração dos infantes[329].

2.7.3 Fiscalização das entidades e medidas aplicáveis

Os planos de aplicação e as prestações de contas serão apresentados ao Estado ou ao Município, conforme a origem das dotações orçamentárias (art. 96).

As entidades governamentais e não governamentais descritas no art. 90 serão fiscalizadas pelo Poder Judiciário, Ministério Público e Conselhos Tutelares (art. 95).

Segundo o art. 97, *caput*, em caso de constatação de que as entidades de atendimento descumpriram obrigação constante no art. 94, é possível a apuração dos fatos nos âmbitos cível e criminal, quanto aos dirigentes ou prepostos, bem como mediante procedimento de apuração de irregularidade em entidade de atendimento (arts. 190 e ss.).

---

[328] Art. 94 do ECA: "As entidades que desenvolvem programas de internação têm as seguintes obrigações, entre outras: I - observar os direitos e garantias de que são titulares os adolescentes; II - não restringir nenhum direito que não tenha sido objeto de restrição na decisão de internação; III - oferecer atendimento personalizado, em pequenas unidades e grupos reduzidos; IV - preservar a identidade e oferecer ambiente de respeito e dignidade ao adolescente; V - diligenciar no sentido do restabelecimento e da preservação dos vínculos familiares; VI - comunicar à autoridade judiciária, periodicamente, os casos em que se mostre inviável ou impossível o reatamento dos vínculos familiares; VII - oferecer instalações físicas em condições adequadas de habitabilidade, higiene, salubridade e segurança e os objetos necessários à higiene pessoal; VIII - oferecer vestuário e alimentação suficientes e adequados à faixa etária dos adolescentes atendidos; IX - oferecer cuidados médicos, psicológicos, odontológicos e farmacêuticos; X - propiciar escolarização e profissionalização; XI - propiciar atividades culturais, esportivas e de lazer; XII - propiciar assistência religiosa àqueles que desejarem, de acordo com suas crenças; XIII - proceder a estudo social e pessoal de cada caso; XIV - reavaliar periodicamente cada caso, com intervalo máximo de seis meses, dando ciência dos resultados à autoridade competente; XV - informar, periodicamente, o adolescente internado sobre sua situação processual; XVI - comunicar às autoridades competentes todos os casos de adolescentes portadores de moléstias infectocontagiosas; XVII - fornecer comprovante de depósito dos pertences dos adolescentes; XVIII - manter programas destinados ao apoio e acompanhamento de egressos; XIX - providenciar os documentos necessários ao exercício da cidadania àqueles que não os tiverem; XX - manter arquivo de anotações onde constem data e circunstâncias do atendimento, nome do adolescente, seus pais ou responsável, parentes, endereços, sexo, idade, acompanhamento da sua formação, relação de seus pertences e demais dados que possibilitem sua identificação e a individualização do atendimento".

[329] Nesse sentido: MENDEZ, Emílio Garcia; COSTA, Antônio Carlos Gomes da. Das necessidades aos direitos. São Paulo: Malheiros Editores, 1994, p. 114.

Nessa última hipótese, a **autoridade judiciária** deflagra procedimento mediante *portaria*, e o **Ministério Público e o Conselho Tutelar** o iniciam por *representação*.

São previstas as seguintes medidas:

1) **às entidades governamentais** (inciso I): advertência, afastamento provisório de seus dirigentes, afastamento definitivo de seus dirigentes e fechamento de unidade ou interdição de programa.
2) **às entidades não governamentais** (inciso II): advertência, suspensão total ou parcial do repasse de verbas públicas, interdição de unidades ou suspensão de programa e cassação do registro.

Em caso de reiteradas infrações cometidas por entidades de atendimentos governamentais ou não governamentais que coloquem em risco os direitos assegurados no ECA, deverá o fato ser comunicado ao Ministério Público ou iniciado procedimento perante autoridade judiciária competente para as providências cabíveis, inclusive com a suspensão das atividades ou dissolução da entidade (art. 97, § 1º).

Havendo motivo grave, poderá a autoridade judiciária decretar liminarmente o afastamento provisório da entidade governamental e não governamental (art. 191, parágrafo único).

Sobre a aplicação das sanções, confira-se o seguinte entendimento do STJ:

> A jurisprudência do Superior Tribunal de Justiça firmou orientação no sentido de que **as medidas punitivas do ECA não devem ser aplicadas às entidades, mas aos dirigentes responsáveis ou ao programa de atendimento irregular, uma vez que a imposição de sanção à pessoa jurídica implica no acarretamento de prejuízo aos seus beneficiários, as crianças e adolescentes**, que ficariam desprovidos dos correspondentes serviços assistenciais (grifou-se)[330].

Por fim, é estabelecido que as pessoas jurídicas de direito público e as organizações não governamentais responderão pelos danos que seus agentes causarem às crianças e aos adolescentes, caracterizado o descumprimento dos princípios norteadores das atividades de proteção específica (art. 97, § 2º).

2.8 MEDIDAS DE PROTEÇÃO E MEDIDAS PERTINENTES AOS PAIS OU RESPONSÁVEL

2.8.1 Medidas de proteção

2.8.1.1 Hipóteses de aplicação (situações de risco)

O art. 98 verbera que as medidas de proteção à criança e ao adolescente são aplicáveis sempre que os direitos reconhecidos no ECA forem **ameaçados ou violados**. Ou seja, para a aplicação de referidas medidas não há necessidade da violação ao direito do infante, bastando sua iminência.

O legislador fixou as seguintes fórmulas genéricas para a caracterização da situação de risco:

1) por ação ou omissão da sociedade ou do Estado (inciso I): conforme previsão dos arts. 4º e 70, todos devem zelar para prevenir a ocorrência de ameaça ou violação dos direitos da criança e do adolescente.

A ação do Estado se dá na hipótese em que há violação aos direitos do adolescente mediante tortura quando internados, por exemplo. Já sua omissão decorre da ausência de políticas

330 AgInt no AREsp 555.869/MS, 2ª T., Rel. Min. Assusete Magalhães, *DJe* 24.10.2017; REsp 578.582/SP, 2ª T., Rel. Min. Castro Meira, *DJU* 30.03.2006; REsp 555.125/SP, 1ª T., Rel. Min. Luiz Fux, *DJU* 12.09.2005.

públicas para a infância e juventude, oferta irregular de vagas em escolas, não fornecimento de medicamentos e tratamentos.

2) por falta, omissão ou abuso dos pais ou responsável (inciso II): a falta ocorre quando o infante não tem os pais ou responsável em razão de morte, permanecendo em situação de abandono. Também se caracteriza quando os pais ou responsável são existentes, mas são omissos (p. ex., abandono) ou abusam do poder familiar ou do dever de guarda ou tutela.

O fato de a genitora entregar o seu filho aos cuidados de uma pessoa ou casal, sendo-lhe dispensado todas as condições necessárias para seu pleno desenvolvimento, não configura situação de risco, devendo o infante permanecer na posse do escolhido pela genitora, segundo entendimento do STJ[331].

3) em razão de sua conduta (inciso III): é a situação na qual a própria criança ou adolescente se coloca em situação de risco, como, por exemplo, mediante o uso de drogas e bebidas alcoólicas, prostituição etc. O adolescente que pratica ato infracional receberá a aplicação de medidas socioeducativas e/ou de proteção pela autoridade judiciária (art. 112).

O enquadramento da situação de risco ganha relevo para a **aplicação das medidas de proteção** (art. 101) e a **fixação de competência da Justiça da Infância e Juventude nas situações do parágrafo único do art. 148**.

2.8.1.2 *Cumulação e substituição*

De acordo com o art. 99, as medidas específicas de proteção poderão ser aplicadas **isolada ou cumulativamente**, bem como **substituídas a qualquer tempo**. A substituição ocorrerá sempre que houver necessidade de alteração para melhor atender aos interesses da criança ou do adolescente, considerado o caso concreto.

2.8.1.3 *Parâmetros e princípios para aplicação*

O *caput* do art. 100 preceitua que, na aplicação das medidas, levar-se-ão em conta dois parâmetros/critérios:

1) **as necessidades pedagógicas**: a medida de proteção não é punição e deve buscar a orientação, educação e instrução para o restabelecimento da dignidade da criança ou adolescente, com o objetivo de possibilitar o seu pleno desenvolvimento. As medidas de proteção têm nítido ***cunho assistencial***.
2) **fortalecimento dos vínculos familiares e comunitários**: o legislador estabelece que a avaliação da necessidade pedagógica das medidas deve ter, como objetivo, manter a criança ou adolescente no seio de sua família e comunidade, mediante o fortalecimento dos vínculos eventualmente rompidos ou inexistentes.

O art. 19 prevê como direito fundamental da criança e do adolescente ser criado e educado no seio de sua família e, excepcionalmente, em família substituta, assegurada a convivência familiar e comunitária.

Além destes parâmetros, para a aplicação das medidas, a autoridade competente deve observar os seguintes princípios previstos no parágrafo único do art. 100:

a) **condição da criança e do adolescente como sujeitos de direitos**: crianças e adolescentes são os titulares dos direitos previstos nesta e em outras Leis, bem como na Constituição Federal (inciso I);

---

331 HC 358.536/SP, 3ª T., Rel. Min. Ricardo Villas Bôas Cueva, *DJe* 24.06.2016; HC 274.845/SP, 3ª T., Rel. Min. Nancy Andrighi, *DJe* 29.11.2013.

b) **proteção integral e prioritária**: a interpretação e aplicação de toda e qualquer norma contida nesta Lei deve ser voltada à proteção integral e prioritária dos direitos de que crianças e adolescentes são titulares (inciso II);

c) **responsabilidade primária e solidária do poder público**: a plena efetivação dos direitos assegurados aos infantes pelo ECA e pela Constituição Federal, salvo nos casos por esta expressamente ressalvados, é de responsabilidade primária e solidária das 3 (três) esferas de governo, sem prejuízo da municipalização do atendimento e da possibilidade da execução de programas por entidades não governamentais (inciso III);

d) **interesse superior da criança e do adolescente**: a intervenção deve atender prioritariamente aos interesses e direitos da criança e do adolescente, sem prejuízo da consideração que for devida a outros interesses legítimos no âmbito da pluralidade dos interesses presentes no caso concreto (inciso IV);

e) **privacidade**: a promoção dos direitos e proteção da criança e do adolescente deve ser efetuada no respeito pela intimidade, direito à imagem e reserva da sua vida privada (inciso V);

f) **intervenção precoce**: a intervenção das autoridades competentes deve ser *efetuada logo que a situação de perigo seja conhecida* (inciso VI);

g) **intervenção mínima**: a intervenção deve ser exercida exclusivamente pelas autoridades e instituições cuja ação seja indispensável à efetiva promoção dos direitos e à proteção da criança e do adolescente (inciso VII);

h) **proporcionalidade e atualidade**: a intervenção deve ser ***necessária e adequada à situação de perigo*** em que a criança ou o adolescente se encontra ***no momento da tomada de decisão*** (inciso VIII);

i) **responsabilidade parental**: a intervenção deve ser efetuada de modo que os pais assumam os seus deveres para com a criança e o adolescente (inciso IX);

j) **prevalência da família**: na promoção de direitos e na proteção da criança e do adolescente, deve ser dada prevalência às medidas que os mantenham ou reintegrem na sua família natural ou extensa ou, se isso não for possível, que promovam a sua ***integração em família adotiva*** (inciso X, com redação dada pela Lei 13.509/2017);

k) **obrigatoriedade da informação**: a criança e o adolescente, respeitado seu estágio de desenvolvimento e capacidade de compreensão, seus pais ou responsável devem ser informados dos seus direitos, dos motivos que determinaram a intervenção e da forma como esta se processa (inciso XI); e

l) **oitiva obrigatória e participação**: a criança e o adolescente, em separado ou na companhia dos pais, de responsável ou de pessoa por si indicada, bem como os seus pais ou responsável, têm direito a ser ouvidos e a participar nos atos e na definição da medida de promoção dos direitos e de proteção, sendo sua opinião devidamente considerada pela autoridade judiciária competente, observado o disposto nos §§ 1º e 2º do art. 28 desta Lei (inciso XII).

2.8.1.4 Competência para aplicação e execução

Caracterizada qualquer situação de risco do art. 98, a **autoridade competente** poderá determinar a aplicação de medidas protetivas à criança ou adolescente (art. 101, *caput*).

As medidas de proteção podem ser aplicadas à **criança ou ao adolescente** em **situação de risco** ou que **cometa ato infracional** (arts. 105 e 112, VII). Quando a criança pratica ato infracional, a competência para a aplicação é exclusiva do **Conselho Tutelar** (art. 136, I), salvo se houver necessidade de seu afastamento do convívio familiar.

Com efeito, as medidas de acolhimento institucional (VII), inclusão em programa de acolhimento familiar (VIII) e colocação em família substituta são de competência da **autoridade judiciária** (art. 101, § 3º e 136, I). Somente em caráter excepcional e de urgência, o Conselho Tutelar pode realizar o acolhimento institucional da criança ou adolescente, sem prévia determinação judicial (art. 93).

As demais medidas de proteção podem ser aplicadas pelo Conselho Tutelar ou pela autoridade judiciária, observando-se que, com a criação do Conselho Tutelar, compete a este, preferencialmente, a aplicação de medida de proteção, visando evitar a judicialização de demandas individuais.

Em caso de medida protetiva aforada pelo Ministério Público, o juízo competente é o local onde se encontra a criança ou o adolescente e, em caso de evasão ou mudança para outra comarca, a competência é deslocada para a sua nova residência, em vista dos princípios do melhor interesse e do juízo imediato[332]. Idêntico entendimento também se aplica à medida de proteção aplicada pelo Conselho Tutelar, que deverá encaminhá-la ao órgão protetivo da nova residência do infante.

Atenção

Questão: o Ministério Público pode aplicar medida de proteção?

O ECA não prevê a possibilidade de aplicação de medida de proteção pelo representante do Ministério Público. Todavia, o art. 201, V, VIII e IX, prevê, como função do Ministério Público, a promoção de inquérito civil, ação civil pública, mandado de segurança e medidas extrajudiciais cabíveis para a proteção de interesses individuais, coletivos ou difusos relativos à infância e juventude.

Assim, em determinadas situações que chegam ao conhecimento do MP, como, por exemplo, a necessidade de medicamentos, tratamento médico, vaga em escola, tratamento dedependência química etc., há possibilidade de requisição de tais serviços essenciais, o que, em última análise, confundem-se com algumas medidas de proteção (art. 101, III, IV, V e VI), mas formalmente não se trata de aplicação de medida de proteção[333].

O Conselho Tutelar pode aplicar medidas de proteção, mas a competência para executá-las é da entidade de atendimento, governamental ou não (art. 90), conforme previsto no art. 22 da Resolução 231/2022 do Conanda[334].

2.8.1.5 *Medidas de proteção em espécie*

O rol de medidas protetivas previsto no art. 101 é **meramente exemplificativo**, uma vez que o legislador utiliza a expressão *dentre outras*. Sem prejuízo de eventuais medidas pertinentes aos pais ou responsável (arts. 129 e 130), vejamos as medidas elencadas no ECA e que podem ser aplicadas isolada ou cumulativamente:

1) **encaminhamento aos pais ou responsável, mediante termo de responsabilidade** (inciso I): esta medida se esgota em si mesma, pois se aplica para a hipótese na qual há a entrega do infante aos seus pais ou responsável.

---

332 STJ, CC 172.725/RS, 2ª S., Rel. Min. Marco Buzzi, *DJe* 01.07.2021.

333 No mesmo sentido: ISHIDA, Válter Kenji. *Estatuto da Criança e do Adolescente: doutrina e jurisprudência*. 17. ed. rev., ampl. e atual. Salvador: JusPodivm, 2016, p. 291.

334 Art. 22 da Resolução 231/2022 do Conanda: "É vedado ao Conselho Tutelar executar serviços e programas de atendimento, os quais devem ser requisitados aos órgãos encarregados da execução de políticas públicas".

2) **orientação, apoio e acompanhamento temporários** (inciso II): tem incidência quando há necessidade de acompanhamento da criança ou adolescente.
3) **matrícula e frequência obrigatórias em estabelecimento oficial de ensino fundamental** (inciso III): embora a medida de proteção apenas mencione "ensino fundamental" (1º ao 9º ano), com a edição da Emenda Constitucional 59/2009 a obrigatoriedade da matrícula na rede de ensino inicia-se aos 4 anos (art. 208, I), na pré-escola. O art. 6º da LDB também prevê: "É dever dos pais ou responsáveis efetuar a matrícula das crianças na educação básica a partir dos 4 (quatro) anos de idade". Assim, como o rol do art. 101 é exemplificativo, é possível a aplicação de medida de proteção para obrigar os pais a matricularem seu filho na pré-escola a partir dos 4 anos de idade.

   Por outro lado, nota-se que o legislador não estabeleceu como medida de proteção a matrícula e frequência à creche. Todavia, do mesmo modo, nada impede a aplicação de medida protetiva para esta etapa de ensino, caso necessária.
4) **inclusão em serviços e programas oficiais ou comunitários de proteção, apoio e promoção da família, da criança e do adolescente** (inciso IV): é a medida a ser aplicada quando a família não dispõe de recursos financeiros para a sua subsistência. De fato, o ECA estabelece que a falta ou a carência de recursos materiais não constitui motivo suficiente para a perda ou a suspensão do poder familiar (art. 23).
5) **requisição de tratamento médico, psicológico ou psiquiátrico, em regime hospitalar ou ambulatorial** (inciso V): tem aplicação sempre que ficar constatada a necessidade de qualquer tipo de tratamento à criança ou adolescente.
6) **inclusão em programa oficial ou comunitário de auxílio, orientação e tratamento a alcoólatras e toxicômanos** (inciso VI): é a medida destinada para os casos de crianças ou adolescentes dependentes de álcool e drogas.
7) **colocação em família substituta** (inciso IX): ocorre nas modalidades de guarda, tutela ou adoção. Para a aplicação destas medidas há necessidade de procedimento judicial contencioso, de forma a assegurar o contraditório e a ampla defesa dos pais ou responsável.

2.8.1.6 *Acolhimento institucional e familiar*

Os incisos VII e VIII do art. 101 também preveem como medidas de proteção o acolhimento institucional e familiar.

O **acolhimento institucional** é a medida de proteção consistente na inserção da criança ou adolescente em entidade de atendimento, governamental ou não. Os requisitos para o regular funcionamento encontram-se no manual de orientações técnicas do Conanda e CNAS[335].

Já o **programa de acolhimento familiar** é tratado no art. 34 e consiste na medida de proteção de colocação da criança ou adolescente em família previamente cadastrada, a qual pode receber incentivos fiscais e subsídios, e visa cuidar da criança ou adolescente, mediante expedição de *termo de guarda*.

A medida de inclusão em programa de acolhimento familiar tem **preferência** à medida de acolhimento institucional (arts. 34, § 1º e 50, § 11). Ambas são provisórias e excepcionais, utilizáveis como forma de transição para reintegração familiar ou, não sendo possível, para colocação em família substituta, (art. 101, § 1º), ficando sujeitas à reavaliação judicial a cada três meses, no máximo (art. 19, § 1º).

[335] Conselho Nacional dos Direitos da Criança e do Adolescente e Conselho Nacional de Assistência Social. (coord.). Orientações técnicas: serviços de acolhimento para crianças e adolescentes. Brasília, 2009, p. 63.

Assim, como decorrência do caráter excepcional das medidas de acolhimento, se houver família extensa (ou ampliada) interessada na guarda da criança, tem-se como incabível o acolhimento institucional, sob pena de ofensa ao princípio do melhor interesse do petiz[336].

O § 1º do art. 101 diz que as medidas de acolhimento institucional ou familiar *não implicam privação de liberdade*, o que significa que o infante deverá ter uma vida regular com frequência à escola, lazer, culto religioso, não devendo permanecer enclausurado na entidade de atendimento.

Afinal, a medida de proteção de acolhimento não se confunde com medida socioeducativa de internação, aplicável aos adolescentes autores de ato infracional.

A determinação de afastamento do infante do seu convívio familiar é de competência exclusiva da autoridade judiciária, sem prejuízo das tomadas de medidas emergenciais para a proteção das vítimas de violência física e/ou sexual e do afastamento do agressor (art. 130), havendo a necessidade de deflagração de procedimento judicial contencioso (com as garantias do contraditório e da ampla defesa), a ser formulado pelo Ministério Público ou de quem tenha legítimo interesse (art. 101, § 2º).

Embora este afastamento seja de competência exclusiva da autoridade judiciária, em *caráter excepcional e de urgência*, admite-se o acolhimento institucional sem prévia determinação da autoridade judiciária, devendo a entidade realizar comunicação do fato em até 24 (vinte e quatro) horas ao Juiz da Infância e da Juventude, sob pena de responsabilidade (art. 93, *caput*)[337].

Para o **acolhimento institucional** haverá a expedição da *guia de acolhimento* pela autoridade judiciária, devendo conter, obrigatoriamente, sem prejuízo de outros dados (art. 101, § 3º): **(a)** identificação completa do infante e de seus pais ou responsável, se conhecidos; **(b)** endereço de residência dos pais ou do responsável, com pontos de referência; **(c)** nomes de parentes ou de terceiros interessados em ter o infante sob sua guarda; e **(d)** motivos da retirada ou da não integração ao convívio familiar.

Com a inserção da criança ou adolescente em acolhimento familiar ou institucional, imediatamente a entidade responsável pelo programa elaborará um **plano individual de atendimento (PIA)**, visando a reintegração familiar, salvo a existência de ordem escrita e fundamentada em contrário da autoridade judiciária, caso no qual também deverá contemplar sua colocação em família substituta (art. 101, § 4º).

O PIA será elaborado pela equipe técnica da entidade de acolhimento institucional ou pela equipe técnica responsável pelo programa de acolhimento familiar, devendo levar em consideração a opinião do infante e a oitiva dos pais ou responsável (art. 101, § 5º).

No PIA devem constar, dentre outros (art. 101, § 6º): **(a)** os resultados da avaliação interdisciplinar; **(b)** os compromissos assumidos pelos pais ou responsável; e **(c)** a previsão das atividades a serem desenvolvidas com a criança ou com o adolescente acolhido e seus pais ou responsável, com vista na reintegração familiar ou, *caso seja esta vedada por expressa e fundamentada determinação judicial*, as providências a serem tomadas para sua colocação em família substituta, sob direta supervisão da autoridade judiciária.

O acolhimento familiar ou institucional ocorrerá no local mais próximo à residência dos pais ou responsável. A finalidade é promover a reintegração familiar da criança ou adolescente.

Sempre que identificada a necessidade, a família de origem será incluída em programas de orientação, de apoio e de promoção social, sendo facilitado e estimulado o contato com o infante acolhido (art. 101, § 7º).

Durante o acolhimento familiar ou institucional, se houver a possibilidade de retorno da criança ou adolescente à família, o responsável pelo programa fará *imediata comunicação*

336 STJ, HC 500.782/ES, 4ª T., Rel. Min. Raul Araújo, *DJe* 10.12.2019; HC 440.752/PR, 3ª T., Rel. Min. Ricardo Villas Bôas Cueva, *DJe* 27.04.2018.

337 O tema "acolhimento emergencial" foi tratado no item 2.7.2.3.

à autoridade judiciária, que dará vista ao Ministério Público, pelo prazo de 5 (cinco) dias, decidindo em igual prazo (art. 101, § 8º).

Constatada esta impossibilidade, após seu encaminhamento a programas oficiais ou comunitários de orientação, apoio e promoção social, será enviado relatório fundamentado ao Ministério Público, no qual conste as providências tomadas e a expressa recomendação, subscrita pelos técnicos da entidade ou responsáveis pela execução da política municipal de garantia do direito à convivência familiar, para a destituição do poder familiar, ou destituição de tutela ou guarda (art. 101, § 9º).

Recebido o relatório, o representante do MP terá o prazo de 15 (quinze) dias para o ingresso com a respectiva ação, salvo se entender necessária a realização de estudos complementares ou outras providências indispensáveis para o ajuizamento da demanda (art. 101, § 10, com redação dada pela Lei 13.509/2017). Antes da referida alteração, o MP dispunha do prazo de 30 (trinta) dias para tal fim.

Se a autoridade judiciária discordar da manifestação ministerial de não ajuizar a ação de destituição ou suspensão do poder familiar, por analogia ao disposto no § 2º do art. 181 do ECA, remeterá os autos ao Procurador-Geral de Justiça, para ratificação ou designação de outro membro para propor referida ação.

Importante observar que o Ministério Público não detém legitimidade exclusiva para o ingresso da ação de destituição do poder familiar e destituição de tutela, bem como revisão da guarda, uma vez que o ECA também a garante a "quem tenha legítimo interesse" (arts. 155 e 164).

Em cada comarca ou foro regional, a autoridade judiciária deve manter um cadastro contendo informações atualizadas sobre as crianças e adolescentes em regime de acolhimento familiar e institucional sob sua responsabilidade, com informações pormenorizadas sobre a situação jurídica de cada um, assim como das providências adotadas para sua reintegração familiar ou colocação em família substituta, sob as modalidades de guarda, tutela ou adoção (art. 101, § 11).

A esse cadastro terão acesso o Ministério Público, o Conselho Tutelar, o órgão gestor da Assistência Social e os Conselhos Municipais dos Direitos da Criança e do Adolescente e da Assistência Social, aos quais incumbe deliberar sobre a implementação de políticas públicas que permitam reduzir o número de crianças e adolescentes afastados do convívio familiar e diminuir o período de permanência em programa de acolhimento (art. 101, § 12).

Por outro lado, quando se tratar de acolhimento institucional ou familiar decorrente de indicação do Programa de Proteção a Crianças e Adolescentes Ameaçados de Morte (PPCAAM), conforme dispõe a Resolução CNJ 498/2023, tal medida não será cadastrada no Sistema Nacional de Adoção (SNA) e não se confunde com a medida de proteção prevista no art. 98 do ECA. Se o infante já estiver submetido à medida protetiva de acolhimento e for inserido no PPCAAM, o cadastro no SNA deverá ser desativado e permanecer inativo enquanto perdurar a ação de proteção. Os Tribunais de Justiça devem envidar esforços para que os serviços de acolhimento recepcionem essas crianças e adolescentes quando expressamente indicado pelo PPCAAM.

2.8.2 Regularização do registro civil

O art. 102, *caput*, preceitua que as medidas de proteção serão acompanhadas da regularização do registro civil. A finalidade do dispositivo é garantir o exercício da cidadania pelo infante. Os parágrafos do referido artigo tratam de duas situações distintas: inexistência de registro de nascimento anterior e inclusão do nome do genitor.

Como regra geral, o prazo para o registro de nascimento é de 15 (quinze) dias (art. 50, *caput*, da Lei 6.015/1973 – LRP). Ultrapassado este, ainda é possível que os pais realizem o registro diretamente no Cartório de Registro de Pessoas Naturais sem a necessidade de intervenção judicial, salvo suspeita de falsidade da declaração (art. 46, §§ 3º e 4º, da citada Lei).

No entanto, caso não seja realizado o registro ainda que tardiamente pelos próprios genitores, a autoridade judiciária o fará, sendo competente a Justiça da Infância e Juventude, se o infante estiver em situação de risco (art. 148, parágrafo único, *h*, do ECA). Inexistindo situação de risco, a competência é da Vara de Registros Públicos ou outra designada pela lei de organização judiciária local.

Na hipótese de **inexistência do registro de nascimento anterior** da criança ou adolescente, a **autoridade judiciária** requisitará sua lavratura à vista dos elementos disponíveis (art. 102, § 1º, do ECA).

A requisição da Justiça da Infância e Juventude para a lavratura do registro de nascimento pode ocorrer: **(a)** incidentalmente em procedimento para aplicação de medida de proteção; ou **(b)** em procedimento verificatório, também conhecido como pedido de providências (art. 153)[338].

Atenção

O Conselho Tutelar tem atribuição para requisitar certidões de nascimento e de óbito de criança ou adolescente quando necessário (art. 136, VIII), o que não se confunde com o próprio registro da certidão de nascimento, quando inexistente, o qual somente pode ser requisitado pela autoridade judiciária (art. 102, § 1º). O Ministério Público não detém atribuição por falta de previsão legal.

Para a lavratura da certidão de nascimento, se o parto tiver ocorrido em hospital, a autoridade judiciária requisitará cópia da declaração de nascido vivo (DNV) ou de eventuais prontuários médicos.

Recomenda-se o envio de ofício ao Cartório de Registro Civil das Pessoas Naturais para obter informações acerca do registro de nascimento da criança, principalmente se existente a DNV, com a finalidade de evitar duplicidade.

Caso o campo sexo da DNV ou na declaração de óbito (DO) fetal seja preenchido como "ignorado", o assento de nascimento será lavrado registrando o sexo "ignorado". A designação de sexo será feita por opção, a ser realizada a qualquer tempo e averbada no registro civil de pessoas naturais, independentemente de autorização judicial ou de comprovação de realização de cirurgia de designação sexual ou de tratamento hormonal, ou de apresentação de laudo médico ou psicológico, sendo facultada a mudança do prenome juntamente com a opção de designação de sexo. Tratando-se de optante sob poder familiar, este poderá ser representado ou assistido pela mãe ou pelo pai, sendo necessário o consentimento do maior de 12 anos. Após a morte da pessoa, a opção será feita pela mãe ou pelo pai. A regulamentação sobre esse tema está prevista no Provimento 122, de 13 de agosto de 2021, da Corregedoria Nacional de Justiça do CNJ.

Inexistentes tais documentos e havendo necessidade de colheita de informações, a autoridade judiciária, de ofício ou a requerimento do Ministério Público, realizará audiência para oitiva de eventuais testemunhas, visando possibilitar o preenchimento dos dados necessários para a lavratura do registro de nascimento.

Na hipótese de criança abandonada ou de exposto (expressão utilizada na LRP), o registro será feito de acordo com as declarações que os estabelecimentos de caridade, as autoridades ou os particulares comunicarem ao oficial competente, sendo realizado apenas por iniciativa da autoridade judiciária (arts. 61 e 62 da citada Lei)[339].

---

[338] O tema "procedimento verificatório ou pedido de providências" será analisado no item 2.16.1.3.

[339] Art. 61 da LRP: "Tratando-se de exposto, o registro será feito de acordo com as declarações que os estabelecimentos de caridade, as autoridades ou os particulares comunicarem ao oficial competente, nos prazos mencionados no art. 51, a partir

Se **os pais forem desconhecidos**, a autoridade judiciária deve escolher o nome e o sobrenome da criança[340]. Nesta situação, não há necessidade de destituição do poder familiar para colocação do infante em adoção, haja vista que os pais não são identificados.

O registro e certidões necessários à regularização são isentos de multas, custas, emolumentos, gozando de absoluta prioridade (art. 102, § 2º).

Por outro lado, tratando-se de infante **sem paternidade definida**, será deflagrado procedimento específico destinado à sua averiguação, de acordo com a Lei 8.560/1992 (art. 102, § 3º). Apenas não será iniciado este procedimento se, após o não comparecimento ou a recusa do suposto pai em assumir a paternidade a ele atribuída, a criança ou adolescente for encaminhado para adoção (art. 102, § 4º).

A Lei 13.257/2016 incluiu os §§ 5º e 6º ao art. 102 para estipular: **(a)** os registros e certidões necessários à inclusão, a qualquer tempo, do nome do pai no assento de nascimento são isentos de multas, custas e emolumentos, gozando de absoluta prioridade; e **(b)** são gratuitas, a qualquer tempo, a averbação requerida do reconhecimento de paternidade no assento de nascimento e a certidão correspondente.

O Provimento 82, de 3 de julho de 2019, da Corregedoria Nacional de Justiça do CNJ, dispõe sobre o procedimento de averbação no registro de nascimento e no casamento dos filhos, da alteração do nome do genitor. Assim, diretamente no oficial de registro civil competente, é possível a averbação nos registros de nascimento e de casamento do patronímico dos genitores em decorrência de casamento, separação e divórcio, para fazer constar o nome mais atual, sendo desnecessária autorização judicial.

Tal Provimento também permite a averbação do acréscimo do patronímico do genitor ao nome do filho menor quando houver alteração do nome desse em decorrência de separação, divórcio ou viuvez, ou quando tiver sido registrado apenas com o patronímico do outro genitor, sendo necessário o consentimento do filho maior de dezesseis anos. Essas averbações são realizadas diretamente no oficial de registro.

2.8.3 Medidas aplicáveis aos pais ou responsável

O art. 129 do ECA verbera:

> **Art. 129.** São medidas aplicáveis aos pais ou responsável:
>
> **I** – encaminhamento a serviços e programas oficiais ou comunitários de proteção, apoio e promoção da família;
>
> **II** – inclusão em programa oficial ou comunitário de auxílio, orientação e tratamento a alcoólatras e toxicômanos;
>
> **III** – encaminhamento a tratamento psicológico ou psiquiátrico;
>
> **IV** – encaminhamento a cursos ou programas de orientação;
>
> **V** – obrigação de matricular o filho ou pupilo e acompanhar sua frequência e aproveitamento escolar;
>
> **VI** – obrigação de encaminhar a criança ou adolescente a tratamento especializado;
>
> **VII** – advertência;

---

do achado ou entrega, sob a pena do art. 46, apresentando ao oficial, salvo motivo de força maior comprovada, o exposto e os objetos a que se refere o parágrafo único deste artigo. Parágrafo único. Declarar-se-á o dia, mês e ano, lugar em que foi exposto, a hora em que foi encontrado e a sua idade aparente".

Art. 62 da LRP: "O registro do nascimento do menor abandonado, sob jurisdição do Juiz de Menores, poderá fazer-se por iniciativa deste, à vista dos elementos de que dispuser e com observância, no que for aplicável, do que preceitua o artigo anterior".

[340] No mesmo sentido: ALICKE, José Luís. Comentários ao art. 102. In: CURY, Munir (org.). *Estatuto da Criança e do Adolescente comentado. Comentários jurídicos e sociais.* 11. ed. São Paulo: Malheiros Editores. 2010, p. 484; SILVA, José Luiz Mônaco da. *Estatuto da Criança e do Adolescente*: comentários. São Paulo: Editora Revista dos Tribunais, 1994, p. 158.

> **VIII** – perda da guarda;
>
> **IX** – destituição da tutela;
>
> **X** – suspensão ou destituição do poder familiar.
>
> **Parágrafo único.** Na aplicação das medidas previstas nos incisos IX e X deste artigo, observar-se-á o disposto nos arts. 23 e 24.

Em recente decisão, o STJ reforçou que é obrigação dos pais cumprir e fazer cumprir as determinações judiciais no interesse dos filhos menores, conforme previsão do art. 22 do ECA. No caso, ao analisar *habeas corpus* impetrado por genitores contra decisão judicial que determinou seu comparecimento, juntamente com seu filho menor, ao CREAS I para avaliação psicossocial, em razão de procedimento de apuração de eventuais maus-tratos, a Corte assentou que a convocação dos genitores para prestarem esclarecimentos na rede protetiva não configura ameaça ao direito de locomoção, sendo incabível o manejo do *writ* para tal finalidade[341].

O ECA dá preferência pela manutenção ou reintegração da criança ou adolescente em sua família natural em relação a qualquer outra providência, determinando a aplicação de medidas específicas de proteção dos incisos I (*encaminhamento aos pais ou responsável, mediante termo de responsabilidade*) e V (*requisição de tratamento médico, psicológico ou psiquiátrico, em regime hospitalar ou tratamento ambulatorial*) do *caput* do art. 101 e dos incisos I a IV do *caput* do art. 129, nos termos do art. 19, § 3º.

Da mesma forma, o art. 23 dispõe que a falta ou a carência de recursos materiais não constitui motivo suficiente para a perda ou a suspensão do poder familiar, devendo a família ser incluída em serviços e programas oficiais de proteção, apoio e promoção.

Antes da decretação das medidas mais drásticas aos pais ou responsável, deve-se buscar a restruturação da família natural, mediante aplicação das medidas do art. 129, de forma a permitir que a criança ou adolescente cresça no seio de sua família.

As medidas dos **incisos I a VII** podem ser aplicadas pelo **Conselho Tutelar** (art. 136, II) e pela **autoridade judiciária** (art. 148, VII).

Quanto às medidas dos **incisos I a IV**, há discussão doutrinária se elas podem ser aplicadas em procedimento de apuração de ato infracional, existindo duas correntes:

1) as medidas dos incisos I a IV possuem caráter eminentemente protetivo e podem ser aplicadas aos pais ou responsável em procedimento de apuração de ato infracional. Todavia, o descumprimento não enseja **sanção por ausência de medida coercitiva**, podendo apenas adverti-los de que a omissão poderá ensejar o ajuizamento de ação de suspensão ou destituição do poder familiar[342];

2) as medidas pertinentes aos pais **não podem ser aplicadas em procedimento de apuração de ato infracional**, pois os pais ou responsável não integram a relação processual[343]. Esta é a nossa posição.

O descumprimento das medidas aplicáveis aos pais ou responsáveis pode ensejar a representação pela infração administrativa do art. 249 do ECA, o eventual crime de abandono intelectual do art. 246 do Código Penal, no caso do inciso V do art. 129 do ECA, a propositura

---

341 AgInt no HC 939.193/SP, 3ª T., Rel. Min. Moura Ribeiro, *DJEN* 10.12.2024.

342 Nesse sentido: DEL-CAMPO, Eduardo Roberto Alcântara; OLIVEIRA, Thales Cezar de. *Estatuto da Criança e do Adolescente. Série leituras jurídicas: provas e concursos.* 7. ed. São Paulo: Atlas, 2012. v. 28, p. 313.

343 Nesse sentido: ISHIDA, Válter Kenji. *Estatuto da Criança e do Adolescente: doutrina e jurisprudência.* 17. ed. rev., ampl. e atual. Salvador: JusPodivm, 2016, p. 391; MARÇURA, Jurandir Norberto. MUNIR, Cury. PAULA, Paulo Afonso Garrido de. *Estatuto da Criança e do Adolescente Anotado.* 2. ed. rev. e atual. São Paulo: Editora Revista dos Tribunais, 2000, p. 120.

de ação de suspensão ou de destituição do poder familiar, assim como a ação de revisão da guarda do responsável.

As medidas dos **incisos VIII a X** apenas podem ser aplicadas pela **autoridade judiciária**, em ação própria (arts. 35, 155 e 164).

Por fim, cumpre observar que as medidas do art. 129 têm como destinatários os pais ou responsável, enquanto nas hipóteses do art. 18-B, decorrentes de castigo físico ou tratamento cruel ou degradante, como formas de correção, disciplina, educação ou qualquer outro pretexto, podem ser impostas aos "pais, os integrantes da família ampliada, os responsáveis, os agentes públicos executores de medidas socioeducativas ou qualquer pessoa encarregada de cuidar de crianças e de adolescentes"[344].

2.8.4 Afastamento do agressor da moradia comum

O art. 130, *caput*, prevê: "Verificada a hipótese de maus-tratos, opressão ou abuso sexual impostos pelos pais ou responsável, a autoridade judiciária poderá determinar, como medida cautelar, o afastamento do agressor da moradia comum".

Esta medida possui natureza de tutela provisória de urgência acautelatória, podendo ser concedida em caráter antecedente ou incidental (art. 294, parágrafo único, do CPC) e tem por objetivo manter a criança ou adolescente, que já fora vítima, em seu ambiente familiar e não acolhido em entidade de atendimento.

Diante da redação do parágrafo único do art. 153 do ECA, incluído pela Lei 12.010/2009, não há possibilidade de tal afastamento ocorrer em sede de procedimento verificatório ou pedido de providências, tendo em vista que demanda procedimento judicial contencioso.

Nota-se que o *caput* do art. 130 assevera que a autoridade judiciária "poderá determinar, como medida cautelar". Ante a utilização da palavra "poderá", há divergência doutrinária a respeito da possibilidade de a autoridade judiciária determinar, de ofício, o afastamento do lar do agressor, havendo três correntes:

1) a primeira entende que a autoridade judiciária, no bojo de um processo judicial, pode determinar, de ofício, a cautelar de afastamento do agressor da moradia comum, ante o permissivo legal[345];
2) a segunda sustenta que a autoridade judiciária poderá, de ofício, afastar o agressor da moradia comum, seja em processo judicial ou em procedimento verificatório ou de pedido de providências do art. 153 do ECA, tendo em vista que a medida não se constitui em medida final, mas cautelar, exigindo um pronto atendimento pelo juiz[346];
3) a terceira afirma que a autoridade judiciária não poderá afastar o agressor sem provocação do Ministério Público ou de quem tenha legítimo interesse[347].

Concordamos com o terceiro posicionamento, pois a redação legal do parágrafo único do art. 153 veda o procedimento verificatório ou de pedido de providências quando demandar procedimento contencioso e o art. 299 do CPC exige que seja formulado pedido de tutela provisória de urgência, não podendo a autoridade judiciária agir de ofício.

[344] Sobre o tema "castigo físico e medidas aplicáveis", v. item 2.3.2.2.

[345] Nesse sentido: PASCOAL SILVA, André. Comentários ao art. 130. In: CURY, Munir (org.). *Estatuto da Criança e do Adolescente comentado. Comentários jurídicos e sociais*. 11. ed. São Paulo: Malheiros Editores. 2010, p. 622.

[346] Nesse sentido: NUCCI, Guilherme de Souza. *Estatuto da Criança e do Adolescente comentado*: em busca da Constituição Federal das crianças e dos adolescentes. 3. ed. rev., atual. e ampl. Rio de Janeiro: Forense, 2016, p. 525.

[347] Nesse sentido: LAMENZA, Francismar; MACHADO, Antônio Cláudio da Costa (org.). *Estatuto da Criança e do Adolescente interpretado*: artigo por artigo, parágrafo por parágrafo. Barueri: Manole, 2012, p. 227.

Ademais, quando o legislador autorizou a atuação de ofício pela autoridade judiciária, assim o fez expressamente (arts. 155, *caput*; 160; 161, § 1º; 167; e 204, todos do ECA).

O parágrafo único do art. 130 permite que a autoridade judiciária fixe provisoriamente os alimentos de que necessitam a criança ou adolescente dependentes do agressor.

2.9 ATO INFRACIONAL

2.9.1 Introdução

O art. 103 estabelece: "Considera-se ato infracional a conduta descrita como crime ou contravenção penal". Assim, a criança (pessoa até doze anos de idade incompletos) e o adolescente (pessoa entre doze e dezoito anos de idade incompletos) apenas praticam ato infracional caso suas condutas resultem em adequação típica na legislação penal.

Portanto, em matéria de ato infracional, tal como ocorre no âmbito penal, vige o **princípio constitucional da legalidade ou da reserva legal**, previsto no art. 5º, XXXIX: "não há crime sem lei anterior que o defina, nem pena sem prévia cominação legal".

Em recente decisão do STF, foi reconhecida a inconstitucionalidade do art. 28 da Lei 11.343/2006, sem redução de texto, para afastar a repercussão criminal do porte de *Cannabis sativa* (maconha) para uso pessoal. Como consequência, não configura ato infracional a posse de até 40 gramas de maconha ou 6 plantas fêmeas por adolescente, tratando-se de presunção relativa, que pode ser afastada mediante elementos concretos que indiquem a finalidade de tráfico.

A decisão manteve o caráter ilícito da conduta, porém afastou sua natureza criminal, estabelecendo que o porte para uso próprio não configura infração penal, embora permita a aplicação de medidas administrativas[348]. Assim, tratando-se de adolescente, em vez de procedimento para apuração de ato infracional, devem ser aplicadas medidas protetivas na esfera cível.

O legislador somente remeteu à caracterização do ato infracional o **preceito primário** do crime ou contravenção (descrição típica). O **preceito secundário** (pena) é previsto no próprio art. 112 do ECA, o qual estipula a(s) **medida(s) socioeducativa(s) e/ou medida(s) de proteção** que pode(m) ser aplicada(s) para o ato infracional.

O ato infracional não impõe a necessidade de representação ou manifestação da vítima como condição de procedibilidade, por ser sempre de **iniciativa exclusiva do Ministério Público** (arts. 180, III, e 201, II)[349].

2.9.2 A criança e a prática de ato infracional

O ECA diz que criança também pratica ato infracional (art. 105), porém sujeita-se às medidas de proteção previstas no art. 101, I a VI[350], as quais devem ser aplicadas pelo Conselho Tutelar (art. 136, I) ou, na sua inexistência, pela autoridade judiciária (art. 262).

O STF julgou a ADI 3446 que, entre outros dispositivos[351], questionava os arts. 105, 136 e 138 todos do ECA, por violação à inafastabilidade da jurisdição, pois preveem que compete ao

348 RE 635.659/SP, Tribunal Pleno, Rel. Min. Gilmar Mendes, *DJe* 27.09.2024.

349 STJ, HC 160.292/MG, 5ª T., Rel. Min. Jorge Mussi, *DJe* 02.06.2011; RHC 15.617/GO, 6ª T., Rel. Min. Paulo Medina, *DJ* 20.06.2005.

350 Art. 101 do ECA: "Verificada qualquer das hipóteses previstas no art. 98, a autoridade competente poderá determinar, dentre outras, as seguintes medidas: I - encaminhamento aos pais ou responsável, mediante termo de responsabilidade; II - orientação, apoio e acompanhamento temporários; III - matrícula e frequência obrigatórias em estabelecimento oficial de ensino fundamental; IV - inclusão em serviços e programas oficiais ou comunitários de proteção, apoio e promoção da família, da criança e do adolescente; V - requisição de tratamento médico, psicológico ou psiquiátrico, em regime hospitalar ou ambulatorial; VI - inclusão em programa oficial ou comunitário de auxílio, orientação e tratamento a alcoólatras e toxicômanos".

351 Os demais artigos questionados foram os arts. 16, I, e 230, ambos do ECA, que foram abordados no item 2.3.2.1, e o art. 122, II e III, do ECA, que será tratado no item 2.11.14.4.

Conselho Tutelar a atribuição de aplicar medida protetiva à criança autora de ato infracional. Tal pedido, contudo, foi julgado improcedente pelos seguintes argumentos[352]: *(i)* o legislador dentro de sua discricionaridade conferiu este tratamento à criança em situação de risco criada por seu próprio comportamento, por considerar que se trata de um ser em desenvolvimento que se encontra com condição de maior vulnerabilidade; *(ii)* a atuação do Conselho Tutelar não representa ofensa a inafastabilidade da jurisdição, pois o órgão é colegiado, formado por leigos, assim como o Tribunal do Júri, assegurado na CF; e *(iii)* a atuação do Conselho Tutelar não afasta eventual demanda ao Poder Judiciário.

A criança, ao praticar ato infracional, não deve ser conduzida à autoridade policial para lavratura de procedimento, pois a medida de proteção é aplicada diretamente pelo Conselho Tutelar. Entretanto, em havendo apreensão de arma, faca ou qualquer outro instrumento utilizado por ela para a prática do ato infracional, o Conselho Tutelar deverá encaminhá-lo ao juízo da Infância e Juventude[353].

O art. 137 preceitua: "As decisões do Conselho Tutelar somente poderão ser revistas pela autoridade judiciária a pedido de quem tenha legítimo interesse". Portanto, caso os genitores ou responsável pela criança discordem da medida de proteção aplicada pelo Conselho Tutelar, poderão ajuizar ação para a revisão da medida.

2.9.3 Início da maioridade penal

O ato infracional pode ser cometido por criança ou adolescente. A doutrina diverge qual seria o marco inicial da maioridade penal, existindo três correntes sobre o tema:

1) esta é alcançada quando o agente completa 18 (dezoito) anos, mas após a hora declarada de seu nascimento;
2) apenas deve ser reconhecida depois do décimo oitavo ano da pessoa; e
3) é atingida no **exato dia** em que o agente completa 18 (dezoito) anos, independentemente do horário de seu nascimento. Esta é a nossa posição e a do STJ[354].

Caso o adolescente tenha nascido no dia 29 de fevereiro, a sua maioridade penal será atingida no primeiro dia subsequente, ou seja, na data de 1º de março, na forma do art. 3º da Lei 810/1949[355].

2.9.4 Nomenclaturas

Em matéria de ato infracional, a doutrina se divide na utilização das seguintes expressões:

1) **direito penal juvenil**: afirma que o ato infracional, por estar ligado ao Direito Penal, acarreta as garantias penais e processuais penais nos procedimentos de apuração de ato infracional e na fase executiva das medidas socioeducativas[356].

---

[352] ADI 5359, Pleno, Rel. Min. Gilmar Mendes, j. 08.08.2019 (Informativo 946 do STF).

[353] LIBERATI, Wilson Donizeti. *Comentários ao Estatuto da Criança e do Adolescente*. 12. ed. São Paulo: Malheiros Editores, 2015, p. 125.

[354] REsp 133.579/SP, 6ª T., Rel. Min. Hamilton Carvalhido, *DJ* 05.06.2000; REsp 90.105/GO, 5ª T., Rel. Min. Cid Flaquer Scartezzini, *DJ* 06.10.1997; RHC 3.358/RJ, 5ª T., Rel. Min. José Dantas, *DJ* 07.03.1994. No mesmo sentido: SARAIVA, João Batista Costa. *Compêndio de Direito Penal Juvenil: adolescente e ato infracional*. 4. ed. Porto Alegre: Livraria do Advogado, 2010, p. 16.

[355] Art. 3º da Lei 810/1949: "Quando no ano ou mês do vencimento não houver o dia correspondente ao do início do prazo, este findará no primeiro dia subsequente".

[356] Nesse sentido, dentre outros: COSTA, Ana Paula Motta. *As garantias processuais e o direito penal* juvenil: como limite na aplicação da medida socioeducativa de internação. Porto Alegre: Livraria do Advogado, 2005, p. 65; FERRANDIN, Mauro. *Ato*

2) **doutrina da proteção integral:** sustenta que o ECA é autônomo e não há necessidade de aplicação dos institutos de direito penal e processual penal, uma vez que nele e na CF estão previstos os princípios, direitos e garantias. Além disso, afirma que a finalidade da medida socioeducativa não se confunde com a natureza da pena[357].

2.9.5 Requisitos

A doutrina é pacífica no sentido de que o ato infracional resulta de uma **conduta típica** (previsão de crime ou contravenção) e **antijurídica** (contrária ao ordenamento jurídico).

Na hipótese de ato infracional análogo ao crime de homicídio, praticado sob o manto da legítima defesa, há fato típico (art. 121 do CP). Entretanto, está presente a excludente de antijuridicidade (art. 23, II, do CP), o que afasta a ilicitude e, por consequência, o ato infracional.

A divergência doutrinária reside na existência de um terceiro requisito: a **culpabilidade**, que é constituída por potencial consciência da ilicitude, exigibilidade de conduta diversa e imputabilidade, havendo duas correntes:

1) a primeira corrente entende que o adolescente não preenche o requisito da culpabilidade (imputabilidade), por ser pressuposto de aplicação da pena. Portanto, a culpabilidade não integra o conceito de ato infracional[358]; e
2) a segunda corrente, com a qual concordamos, sustenta que a culpabilidade é o juízo de censura ou de reprovação social da conduta, sendo afastado apenas o elemento biológico da imputabilidade penal. Assim, os demais elementos devem ser considerados (potencial consciência da ilicitude e exigibilidade de conduta diversa), de forma que, presente excludente de culpabilidade (p. ex., erro de proibição, coação moral irresistível etc.), não haverá ato infracional[359].

2.9.6 Teoria do momento

O ECA adotou a **teoria da atividade** quanto ao momento da prática do ato infracional, nos termos do art. 104, parágrafo único: "Para os efeitos desta Lei, deve ser considerada a idade do adolescente *à data do fato*" (grifou-se).

Caso um adolescente de 17 (dezessete) anos, 11 (onze) meses e 28 (vinte e oito) dias, agindo com intenção homicida, efetue disparos de arma de fogo contra uma pessoa que apenas venha a óbito quinze dias depois, responderá por ato infracional análogo ao crime de homicídio, pois será considerado o momento dos disparos.

---

penal juvenil - aplicabilidade dos princípios e garantias do ato penal. Curitiba: Juruá, 2009, p. 110; SHECAIRA, Sérgio Salomão. *Sistemas de garantias e o direito penal juvenil*. 2. ed. rev. e atual. São Paulo: Editora Revista dos Tribunais, 2015, p. 171; SPOSATO, Karyna Batista. *O direito penal juvenil*. São Paulo: Editora Revista dos Tribunais, 2006, p. 111; SARAIVA, João Batista Costa. *Descontruindo o mito da impunidade*: um ensaio de direito (penal) juvenil. Brasília: GV Formulários, 2002, p. 48.

357 Dentre outros, citam-se: NUCCI, Guilherme de Souza. *Estatuto da Criança e do Adolescente comentado*: em busca da Constituição Federal das crianças e dos adolescentes. 3. ed. rev., atual. e ampl. Rio de Janeiro: Forense, 2016, p. 391; ISHIDA, Válter Kenji. *Estatuto da Criança e do Adolescente*: doutrina e jurisprudência. 17. ed. rev., ampl. e atual. Salvador: JusPodivm, 2016, p. 307.

358 Nesse sentido, dentre outros: ISHIDA, Válter Kenji. *Estatuto da Criança e do Adolescente*: doutrina e jurisprudência. 17. ed. rev., ampl. e atual. Salvador: JusPodivm, 2016, p. 302; DUPRET, Cristiane. *Estatuto da Criança e do Adolescente*. Salvador: JusPodivm, 2016, p. 97.

359 Sobre essa posição, citam-se: SPOSATO, Karyna Batista. *O direito penal juvenil*. São Paulo: Editora Revista dos Tribunais, 2006, p. 113; DEZEM, Guilherme Madeira; AGUIRRE, João Ricardo Brandão; FULLER, Paulo Henrique Aranda. *Estatuto da Criança e do Adolescente*: difusos e coletivos. 3. ed. rev., atual. e ampl. São Paulo: Editora Revista dos Tribunais, 2013, p. 93; SARAIVA, João Batista Costa. *Adolescente em conflito com a lei*: da indiferença à proteção integral: uma abordagem sobre a responsabilidade penal juvenil. 4. ed. rev. e atual. Porto Alegre: Livraria do Advogado Editora, 2013, p. 109; PAULA, Paulo Afonso Garrido de. Comentários ao art. 189. In: CURY, Munir (org.). *Estatuto da Criança e do Adolescente comentado. Comentários jurídicos e sociais*. 11. ed. São Paulo: Malheiros Editore, 2010, p. 835-6.

No caso de crime permanente, se a sua execução iniciar na adolescência, mas perdurar até o jovem completar 18 (dezoito) anos, ser-lhe-á aplicável a sanção da norma penal.

2.9.7 Princípio da insignificância

O princípio da insignificância resulta na excludente da tipicidade material (lesividade a bem jurídico), restando configurada a tipicidade formal (conduta amolda-se ao tipo penal).

É aplicável ao **ato infracional praticado contra o patrimônio**, desde que, na esteira do entendimento do STF, estejam presentes os seguintes requisitos: ***(a)*** mínima ofensividade da conduta do adolescente; ***(b)*** nenhuma periculosidade social da ação; ***(c)*** reduzidíssimo grau de reprovabilidade do comportamento; e ***(d)*** a inexpressividade da lesão jurídica provocada.

No STF, o assunto é controvertido apenas na situação em que o adolescente possui outros registros de atos infracionais, existindo julgados favoráveis[360] e contrários à aplicação do princípio da insignificância[361].

O STJ é pacífico que a reiteração de atos infracionais impede o reconhecimento do princípio da insignificância[362]. Esta é a posição que adotamos.

Do mesmo modo, incabível o princípio da insignificância para ato infracional de **ameaça**, tendo em vista a periculosidade da ação[363].

2.9.8 Escusas absolutórias

As escusas absolutórias estão previstas no art. 181 do CP[364] e têm incidência nos crimes contra o patrimônio, exceto nas situações previstas no art. 183 do citado Código[365]. Implicam situações nas quais há ato infracional contra o patrimônio na existência de laços familiares ou afetivos, como, por exemplo, na situação em que o adolescente furta o seu genitor.

Da mesma forma que se aplica aos imputáveis, as escusas também se estendem aos adolescentes, sob pena de lhes conferir tratamento mais severo em relação àqueles. Esse é o posicionamento do STJ[366].

Entretanto, parcela da doutrina defende que as escusas absolutórias não atingem os atos infracionais, pois a aplicação das medidas socioeducativas escapa do conceito restrito de crime, tendo em vista a natureza eclética das medidas[367].

2.9.9 Extradição

De acordo com pacífica jurisprudência do STF, é incabível a extradição de pessoas menores de 18 (dezoito) anos à época da prática de infrações, tendo em vista a **ausência de dupla**

360 HC 112.400, 2ª T., Rel. Min. Gilmar Mendes, *DJe* 08.08.2012.

361 RHC 112.694, 1ª T., Rel. Min. Rosa Weber, *DJe* 25.10.2012; HC 101.144, 2ª T., Rel. Min. Ellen Gracie, *DJe* 22.10.2010.

362 AgRg no REsp 1.593.923/MG, 5ª T., Rel. Min. Reynaldo Soares da Fonseca, *DJe* 05.12.2016; HC 292.824/SP, 5ª T., Rel. Min. Gurgel de Faria, *DJe* 05.08.2015; HC 253.769/ES, 6ª T., Rel. Min. Sebastião Reis Júnior, *DJe* 15.10.2013.

363 STJ, HC 357.845/SC, 6ª T., Rel. Min. Nefi Cordeiro, *DJe* 26.08.2016.

364 Art. 181 do CP: "É isento de pena quem comete qualquer dos crimes previstos neste título, em prejuízo: I - do cônjuge, na constância da sociedade conjugal; II - de ascendente ou descendente, seja o parentesco legítimo ou ilegítimo, seja civil ou natural".

365 Art. 183 do CP: "Não se aplica o disposto nos dois artigos anteriores: I - se o crime é de roubo ou de extorsão, ou, em geral, quando haja emprego de grave ameaça ou violência à pessoa; II - ao estranho que participa do crime; III - se o crime é praticado contra pessoa com idade igual ou superior a 60 (sessenta) anos".

366 HC 251.681/PR, 6ª T., Rel. Min. Sebastião Reis Júnior, *DJe* 24.10.2013.

367 ISHIDA, Válter Kenji. *Estatuto da Criança e do Adolescente*: doutrina e jurisprudência. 16. ed. São Paulo: Atlas, 2015, p. 255; DEL-CAMPO, Eduardo Roberto Alcântara; OLIVEIRA, Thales Cezar de. *Estatuto da Criança e do Adolescente. Série leituras jurídicas: provas e concursos.* 7. ed. São Paulo: Atlas, 2012. v. 28, p. 259.

tipicidade, exigida pelo art. 82, II, da Lei 13.445/2017[368]. Idêntica previsão havia no revogado art. 77, II, da Lei 6.815/1980. Nesse sentido, confira-se o seguinte trecho do voto do Ministro do STF, Teori Zavascki:

> Todavia, o requisito da dupla tipicidade previsto no art. 77, II, da Lei 6.815/1980 não se acha atendido, já que documentação trazida aos autos indica que o estrangeiro era menor de idade à época dos fatos, portanto inimputável segundo a legislação penal brasileira (art. 27 do Código Penal Brasileiro).
>
> Sobre a temática, cabe registrar que o Estatuto da Criança e do Adolescente esclarece que o menor de dezoito anos não pratica propriamente crime, mas ato infracional, sujeito às medidas socioeducativas estabelecidas na legislação de regência. **Considerando, pois, que o ato infracional não se qualifica como crime, sobretudo pela falta de imputabilidade penal, não se mostra satisfeito o requisito da dupla tipicidade** (grifou-se)[369].

Por outro lado, o art. 10 do Acordo de Extradição entre os Estados-partes do Mercosul prevê a impossibilidade da extradição por fato cometido quando a pessoa era menor de 18 (dezoito) anos[370].

Portanto, nesse caso, o referido artigo apenas permite que o Estado-parte aplique as medidas corretivas previstas em seu ordenamento jurídico, que, no Brasil, são as medidas socioeducativas e de proteção (art. 112 do ECA).

Contudo, somente será possível a aplicação destas se o jovem tiver menos de 21 (vinte e um) anos, por ser esta a idade limite para a aplicação de medidas socioeducativas (arts. 2º, par. único, c. c. 121, § 5º, do ECA).

2.9.10 Prescrição

A prescrição incide sobre os atos infracionais, conforme a **Súmula 338 do STJ**: "A prescrição penal é aplicável nas medidas socioeducativas", tema que será mais bem estudado no item 2.13.10.3.

2.9.11 Prática de ato infracional e consequências na maioridade

O ato infracional praticado antes da maioridade do imputável não importa em maus antecedentes[371]. Todavia, o cometimento de ato infracional durante a adolescência, segundo o STJ:

1) pode justificar a **decretação da prisão preventiva** para a garantia da ordem pública. Sobre o tema, vale colacionar o seguinte trecho do RHC 63.855/MG, julgado pela 3ª Seção (reunião das 5ª e 6ª Turmas), por maioria de votos (7 x 2), na data de 11.05.2016:

> 3. **Os registros sobre o passado de uma pessoa, seja ela quem for, não podem ser desconsiderados para fins cautelares.** A avaliação sobre a periculosidade de alguém impõe que se perscrute todo o seu histórico de vida, em especial o seu comportamento perante a comunidade, em atos exteriores, cujas consequências tenham sido sentidas no âmbito social. **Se os atos infracionais não servem, por óbvio, como antecedentes penais e muito menos para firmar reincidência (porque tais conceitos implicam**

---

[368] Art. 82, II, da Lei 13.445/2017: "Não se concederá a extradição quando: [...] II – o fato que motivar o pedido não for considerado crime no Brasil ou no Estado requerente".

[369] Ext 1.395, 2ª T., Rel. Min. Teori Zavascki, *DJe* 30.11.2015. No mesmo sentido: Ext 1.135, Pleno, Rel. Min. Eros Grau, *DJe* 27.11.2009.

[370] Art. 10 do Acordo de Extradição entre os Estados-partes do Mercosul: "Dos Menores. 1. Não se concederá a extradição quando a pessoa reclamada for menor de dezoito anos na época da prática do fato ou dos fatos pelos quais a pessoa é reclamada. 2. Nesse caso, o Estado Parte requerido tomará as medidas corretivas que, de acordo com o seu ordenamento jurídico, seriam aplicáveis caso os fatos houvessem sido praticados em seu território por um menor inimputável".

[371] STJ, RHC 76.721/PI, 5ª T., Rel. Min. Reynaldo Soares da Fonseca, *DJe* 10.03.2017; HC 377.420/SP, 5ª T., Rel. Min. Joel Ilan Paciornik, *DJe* 24.02.2017.

a ideia de "crime" anterior), não podem ser ignorados para aferir a personalidade e eventual risco que sua liberdade plena representa para terceiros. [...]

5. A toda evidência, isso não equivale a sustentar a possibilidade de decretar-se a prisão preventiva, para garantia da ordem pública, simplesmente porque o réu cometeu um ato infracional anterior. O raciocínio é o mesmo que se utiliza para desconsiderar antecedente penal que, por dizer respeito a fato sem maior gravidade, ou já longínquo no tempo, não deve, automaticamente, supedanear o decreto preventivo.

6. Seria, pois, indispensável que a autoridade judiciária competente, para a consideração dos atos infracionais do então adolescente, averiguasse: a) A particular gravidade concreta do ato ou dos atos infracionais, não bastando mencionar sua equivalência a crime abstratamente considerado grave; b) A distância temporal entre os atos infracionais e o crime que deu origem ao processo (ou inquérito policial) no curso do qual se há de decidir sobre a prisão preventiva; c) A comprovação desses atos infracionais anteriores, de sorte a não pairar dúvidas sobre o reconhecimento judicial de sua ocorrência (grifou-se)[372].

2) afasta a possibilidade do reconhecimento do **princípio da insignificância**[373];

3) considerando que o histórico de atos infracionais pode afastar a **causa de diminuição prevista no § 4º do art. 33 da Lei 11.343/2006**, desde que presentes "circunstâncias excepcionais, nas quais se verifique a gravidade de atos pretéritos, devidamente documentados nos autos, bem como a razoável proximidade temporal de tais atos com o crime em apuração"[374].

Diante dessas consequências reconhecidas pela jurisprudência do STJ, conclui-se que a prática de ato infracional simplesmente não se apaga meramente com a maioridade do adolescente, uma vez que serve como fundamento para a prisão preventiva, para rechaçar o princípio da insignificância e para afastar a causa de diminuição de pena prevista no § 4º do art. 33 da Lei 11.343.2006.

2.9.12 Redução da maioridade penal

O art. 228 da CF verbera: "São penalmente inimputáveis os menores de dezoito anos, sujeitos às normas da legislação especial". No mesmo sentido, é o art. 27 do CP[375]. Nessa esteira, o art. 104, *caput*, do ECA, dispõe: "São penalmente inimputáveis os menores de dezoito anos, sujeitos às medidas previstas nesta Lei".

Diante do aumento dos índices de criminalidade e da evolução da sociedade, o tema a respeito da redução da maioridade penal é debatido na doutrina, na sociedade e no Congresso Nacional. Sem prejuízo das questões ideológicas suscitadas, o art. 228 da CF é o ponto central, existindo dois posicionamentos doutrinários:

1) a primeira corrente entende que é possível, tendo em vista que referido artigo não é cláusula pétrea por não se constituir materialmente em direito individual, tanto que em outros países esta é atingida antes dos 18 (dezoito) anos. Assim, por meio de emenda constitucional, é possível a redução da maioridade penal[376];
2) a segunda corrente sustenta que o art. 228 da CF é cláusula pétrea e, embora não conste no art. 5º da CF, representa direito e garantia individual (art. 60, § 4º, IV).

[372] RHC 63.855/MG, 3ª S., Rel. Min. Nefi Cordeiro, Rel. para acórdão Min. Rogerio Schietti Cruz, j. 11.05.2016, *DJe* 13.06.2016.

[373] HC 381.316/PR, 5ª T., Rel. Min. Jorge Mussi, *DJe* 03.03.2017.

[374] EREsp 1.916.596/SP, 3ª S., Rel. Min. Joel Ilan Paciornik, Rel. para acórdão Min. Laurita Vaz, *DJe* 4.10.2021; AgRg no HC 748.609/SP, 5ª T., Rel. Min. Joel Ilan Paciornik, *DJe* 17.11.2022.

[375] Art. 27 do CP: "Os menores de 18 (dezoito) anos são penalmente inimputáveis, ficando sujeitos às normas estabelecidas na legislação especial".

[376] Nesse sentido, dentre outros: NUCCI, Guilherme de Souza. *Estatuto da Criança e do Adolescente comentado*: em busca da Constituição Federal das crianças e dos adolescentes. 3. ed. rev., atual. e ampl. Rio de Janeiro: Forense, 2016, p. 404-5.

Portanto, qualquer emenda constitucional tendente a promover a redução da maioridade é inconstitucional[377].

2.10 DIREITOS INDIVIDUAIS E GARANTIAS PROCESSUAIS

2.10.1 Direitos individuais

Os direitos individuais do adolescente que comete ato infracional estão previstos nos arts. 106 ao 109 e não demandam maiores dificuldades para sua compreensão, sendo eles:

1) apenas ser apreendido em flagrante de ato infracional ou por ordem escrita e fundamentada da autoridade judiciária (art. 106). As situações de flagrância são as previstas no art. 302 do CPP[378]. Por uma questão terminológica do ECA, o adolescente não é preso em flagrante, mas apreendido.

   A apreensão por ordem judicial pode decorrer de: (**a**) internação provisória; (**b**) internação-sanção; (**c**) internação por prazo indeterminado; (**d**) busca e apreensão por não ter sido localizado para audiência de apresentação; (**e**) busca e apreensão para justificar descumprimento de medida socioeducativa.
2) direito à identificação dos responsáveis por sua apreensão, devendo ser informado acerca de seus direitos (art. 106, parágrafo único);
3) a apreensão deve ser comunicada *incontinenti* à autoridade judiciária competente e à família do adolescente apreendido ou à pessoa que ele indicar, devendo o juízo analisar a possibilidade de liberação imediata (art. 107, *caput*, e parágrafo único).

   Entende-se que a comunicação deve ocorrer em até 24h (vinte e quatro horas), sob pena do crime descrito no art. 231[379].
4) adolescente civilmente identificado não será submetido à identificação compulsória pelos órgãos policiais, de proteção e judiciais, salvo para efeito de confrontação, e se houver dúvida (art. 109). O adolescente também poderá ser identificado nas situações previstas no art. 3º da Lei 12.037/2009[380].
5) a internação, antes da sentença, pode ser determinada pelo prazo máximo de 45 (quarenta e cinco) dias (arts. 108 e 183). É a modalidade de internação provisória que será tratada no próximo item.

---

[377] Nesse sentido, dentre outros: SARAIVA, João Batista Costa. *Adolescente em conflito com a lei*: da indiferença à proteção integral: uma abordagem sobre a responsabilidade penal juvenil. 4. ed. rev. e atual. Porto Alegre: Livraria do Advogado Editora, 2013, p. 94; LIBERATI, Wilson Donizeti. *Comentários ao Estatuto da Criança e do Adolescente*. 12. ed. São Paulo: Malheiros Editores, 2015, p. 124; SPOSATO, Karyna Batista. *Direito penal de adolescentes*: elementos para uma teoria garantista. São Paulo: Saraiva, 2013, p. 222-5; RAMIDOFF, Mário Luiz. *Lições de direito da criança e do adolescente. Ato infracional e medidas socioeducativas*. 3. ed. Curitiba: Juruá, 2011, p. 191.

[378] Art. 302 do CPP: "Considera-se em flagrante delito quem: I - está cometendo a infração penal; II - acaba de cometê-la; III - é perseguido, logo após, pela autoridade, pelo ofendido ou por qualquer pessoa, em situação que faça presumir ser autor da infração; IV - é encontrado, logo depois, com instrumentos, armas, objetos ou papéis que façam presumir ser ele autor da infração".

[379] Art. 231 do ECA: "Deixar a autoridade policial responsável pela apreensão de criança ou adolescente de fazer imediata comunicação à autoridade judiciária competente e à família do apreendido ou à pessoa por ele indicada: Pena - detenção de seis meses a dois anos".

[380] Art. 3º da Lei 12.037/2009: "Embora apresentado documento de identificação, poderá ocorrer identificação criminal quando: I - o documento apresentar rasura ou tiver indício de falsificação; II - o documento apresentado for insuficiente para identificar cabalmente o indiciado; III - o indiciado portar documentos de identidade distintos, com informações conflitantes entre si; IV - a identificação criminal for essencial às investigações policiais, segundo despacho da autoridade judiciária competente, que decidirá de ofício ou mediante representação da autoridade policial, do Ministério Público ou da defesa; V - constar de registros policiais o uso de outros nomes ou diferentes qualificações; VI - o estado de conservação ou a distância temporal ou da localidade da expedição do documento apresentado impossibilite a completa identificação dos caracteres essenciais".

Além desses, o ECA é permeado por outros direitos, tais como: não ser conduzido em compartimento fechado de veículo policial (art. 178); e vedação de cumprimento da internação em estabelecimento prisional (art. 185).

2.10.1.1 Internação provisória

Acesse e assista à aula explicativa sobre este assunto.

> *http://uqr.to/21kua*

2.10.1.1.1 Requisitos

A internação provisória encontra fundamento no art. 108 do ECA:

Art. 108. A internação, antes da sentença, pode ser determinada pelo prazo máximo de quarenta e cinco dias.

Parágrafo único. A decisão deverá ser fundamentada e basear-se em indícios suficientes de autoria e materialidade, demonstrada a necessidade imperiosa da medida.

A internação provisória equivale à **custódia processual** e tem **natureza cautelar** do processo de apuração de ato infracional. Possui os seguintes requisitos para a sua decretação:

1) **decisão fundamentada**: como toda decisão judicial, deve ser fundamentada, sob pena de nulidade (art. 93, IX, da CF);
2) **indícios suficientes de autoria e materialidade**: implica no reconhecimento da fumaça do bom direito. Deve haver elementos de autoria e materialidade, não se prestando para a colheita de provas; e
3) **demonstrada a necessidade imperiosa da medida (garantia da ordem pública)**: é o perigo da demora. A medida deve ser necessária e proporcional ao ato infracional praticado. A gravidade em abstrato do ato infracional não autoriza a medida restritiva de liberdade, devendo ficar caracterizada sua gravidade concreta, não bastando a mera repercussão social.

O ECA, em seu art. 122, I e II, prevê as hipóteses de internação por prazo indeterminado, quais sejam: ato infracional cometido mediante violência ou grave ameaça à pessoa e reiteração de atos infracionais graves. Por outro lado, o art. 108, parágrafo único, apenas exige a demonstração da "necessidade imperiosa da medida".

Assim, há posicionamento doutrinário que defende a desnecessidade da cumulação do art. 108 com o art. 122, bastando ser demonstrada a necessidade da medida, tendo em vista a ausência de previsão legal[381].

Contudo, a jurisprudência do STJ é pacífica acerca da **demonstração da necessidade imperiosa da medida (art. 108, parágrafo único) e a presença do(s) inciso(s) I**

---

381 MORAES, Bianca Mota de; RAMOS, Helane Vieira. A prática de ato infracional. In: MACIEL, Kátia Regina Ferreira Lobo Andrade (coord.). *Curso de direito da criança e do adolescente*: aspectos teóricos e práticos. 8. ed. rev. e atual. São Paulo: Saraiva, 2016, p. 1.143.

e/ou II do art. 122, sob pena de aplicar-se a medida provisória e, ao final, ser incabível a decretação da internação por prazo indeterminado, o que seria ilógico, razão pela qual sustentamos esta posição[382].

Em recente julgado, o STJ ratificou o entendimento de que atos infracionais envolvendo violência ou grave ameaça autorizam a internação provisória (ameaça e lesão corporal). No caso concreto, destacou-se que a adolescente apresentava comportamento agressivo, tendo agredido e ameaçado funcionários e professores, o que corroborava a necessidade da medida constritiva de sua liberdade[383].

2.10.1.1.2 Necessidade de representação

A representação é a peça formal que inicia o procedimento de apuração de ato infracional (art. 180, III). **Em regra, o pedido de internação provisória será acompanhado da representação**, tendo em vista que possuem os mesmos requisitos: indícios de autoria e materialidade. Todavia, os arts. 106 e 184, *caput*, preveem:

> **Art. 106.** Nenhum adolescente será privado de sua liberdade senão em flagrante de ato infracional ou por ordem escrita e fundamentada da autoridade judiciária competente.
>
> **Art. 184.** Oferecida a representação, a autoridade judiciária designará audiência de apresentação do adolescente, decidindo, desde logo, sobre a decretação ou manutenção da internação, observado o disposto no art. 108 e parágrafo.

Da leitura dos dispositivos, conclui-se que há possibilidade de internação independentemente de representação, tanto que o art. 184 dispõe que a autoridade judiciária deve decidir sobre a *manutenção da internação*, indicando a possibilidade de sua decretação em momento anterior à representação.

A propósito, o STJ decidiu que "a representação do Ministério Público não constitui pressuposto para a expedição de busca e apreensão de menor, sendo possível o decreto de internação provisória anteceder esse ato"[384].

Em sentido contrário, há quem sustente que a internação provisória não pode ser decretada sem o oferecimento de representação, uma vez que os requisitos (indícios de autoria e prova da materialidade) são idênticos para ambas[385].

2.10.1.1.3 Prazo máximo

O ECA, nos arts. 108 e 183, estipulou o prazo máximo e improrrogável de 45 (quarenta e cinco) dias para internação provisória, não se suspendendo em feriado, final de semana e recesso, sendo iniciada a contagem no dia da apreensão (art. 16, § 2º, da Resolução CNJ 165/2012).

Ultrapassado esse prazo temporal sem que tenha sido proferida sentença, o adolescente deverá ser imediatamente liberado, sob pena de caracterização do crime previsto no art. 235

---

[382] HC 369.894/SE, 5ª T., Rel. Min. Ribeiro Dantas, *DJe* 19.12.2016; AgRg no HC 336.665/SP, 5ª T., Rel. Min. Felix Fischer, *DJe* 04.03.2016; HC 331.888/SP, 5ª T., Rel. Min. Ribeiro Dantas, *DJe* 09.11.2015; HC 330.488/MS, 6ª T., Rel. Min. Rogerio Schietti Cruz, *DJe* 19.11.2015; HC 320.991/SP, 5ª T., Rel. Min. Ribeiro Dantas, *DJe* 21.10.2015. No mesmo sentido: SARAIVA, João Batista Costa. *Compêndio de direito penal juvenil*: adolescente e ato infracional. 4. ed. Porto Alegre: Livraria do Advogado, 2010, p. 103.

[383] AgRg no RHC 204.941/MG, 6ª T., Rel. Min. Og Fernandes, *DJEN* 02.12.2024.

[384] HC 193.614/RJ, 6ª T., Rel. Min. Sebastião Reis Júnior, *DJe* 09.11.2011.

[385] ROSSATO, Luciano Xavier; LÉPORE, Paulo Eduardo; CUNHA, Rogério Sanches da. *Estatuto da Criança e do Adolescente*: Lei n. 8.069/90 comentado artigo por artigo. 8. ed. rev., atual. e ampl. São Paulo: Saraiva, 2016, p. 342.

do ECA[386]. Os Tribunais Superiores são uníssonos acerca da impossibilidade de prorrogação do prazo[387].

Contudo, conforme se posiciona parcela da doutrina, em situações excepcionais, analisado o caso concreto e ponderada a razoabilidade, justifica-se a manutenção da internação provisória do adolescente, mesmo que ultrapassado o prazo de 45 (quarenta e cinco) dias, tal como na situação em que a instrução se findou e a defesa não apresenta os memoriais escritos[388], bem como na hipótese em que há instauração de incidente de insanidade mental do adolescente[389].

Se, antes do prazo de 45 (quarenta e cinco) dias, o adolescente for liberado e, dentro do mesmo processo, surgir a necessidade de nova decretação de internação provisória, ele apenas poderá permanecer internado até completar o prazo faltante da primeira internação (art. 16, § 3º, da citada Resolução).

Durante a internação provisória serão obrigatórias atividades pedagógicas (art. 123, parágrafo único).

O prazo de cumprimento da internação provisória será computado para fins do limite temporal da internação.

O ECA estipula que a internação provisória não poderá ser cumprida em estabelecimento prisional (art. 185) e, inexistindo local na comarca, o adolescente será imediatamente transferido para a localidade mais próxima (art. 185, § 1º).

Na impossibilidade da transferência imediata, o adolescente aguardará sua remoção em repartição policial, desde que em cela isolada dos adultos e com instalações próprias, não podendo ultrapassar o prazo de 5 (cinco) dias, sob pena de responsabilidade (art. 185, § 2º), período este que será incluído no computo do prazo máximo.

2.10.2 Garantias processuais

As garantias processuais estão elencadas nos arts. 110 e 111 do ECA. O art. 110 estabelece: "Nenhum adolescente será privado de sua liberdade sem o devido processo legal". É a garantia prevista constitucionalmente (art. 5º, LIV) e que assegura a observância dos princípios constitucionais do contraditório e da ampla defesa.

Como decorrência do devido processo legal, podem ser mencionadas as Súmulas 265 e 342 do STJ:

> **Súmula 265**: É necessária a oitiva do menor infrator antes de decretar-se a regressão da medida socioeducativa.
>
> **Súmula 342**: No procedimento para aplicação de medida socioeducativa, é nula a desistência de outras provas em face da confissão do adolescente.

Os incisos do art. 111 do ECA apresentam o seguinte **rol exemplificativo** de garantias:

386 Art. 235 do ECA: "Descumprir, injustificadamente, prazo fixado nesta Lei em benefício de adolescente privado de liberdade: Pena – detenção de seis meses a dois anos".

387 STF, HC 102.057, 1ª T., Rel. Min. Ricardo Lewandowski, *DJe* 18.06.2010. STJ, HC 580.480/SP, 6ª T., Rel. Min. Rogerio Schietti Cruz, *DJe* 23.06.2020; HC 306.667/SP, 6ª T., Rel. Min. Rogerio Schietti Cruz, *DJe* 02.03.2015; RHC 27.268/RS, 5ª T., Rel. Min. Laurita Vaz, *DJe* 15.03.2010.

388 Nesse sentido: ROSSATO, Luciano Xavier; LÉPORE, Paulo Eduardo; CUNHA, Rogério Sanches da. *Estatuto da Criança e do Adolescente*: Lei n. 8.069/90 comentado artigo por artigo. 8. ed. rev., atual. e ampl. São Paulo: Saraiva, 2016, p. 341; ISHIDA, Válter Kenji. *Estatuto da Criança e do Adolescente*: doutrina e jurisprudência. 17. ed. rev., ampl. e atual. Salvador: JusPodivm, 2016, p. 323; MORAES, Bianca Mota de; RAMOS, Helane Vieira. A prática de ato infracional. In: MACIEL, Kátia Regina Ferreira Lobo Andrade (coord.). *Curso de direito da criança e do adolescente*: aspectos teóricos e práticos. 8. ed. rev. e atual. São Paulo: Saraiva, 2016, p. 1.147.

389 Nesse sentido: SILVA, José Luiz Mônaco da. *Estatuto da criança e do adolescente*: 852 perguntas e respostas. São Paulo: Editora Juarez de Oliveira, 2000, p. 170.

a) **pleno e formal conhecimento da atribuição de ato infracional, mediante citação ou equivalente** (inciso I): o procedimento para apuração de ato infracional se inicia mediante representação do Ministério Público, que deverá conter o breve resumo dos fatos e a classificação do ato infracional (art. 182, § 1º).

O adolescente se defende dos fatos e não da classificação jurídica feita na representação. Todavia, na hipótese de adolescente apreendido em flagrante e havendo pedido de internação provisória, a autoridade judiciária deverá ter uma maior cautela na análise da descrição dos fatos, haja vista que a medida restritiva de liberdade apenas é admitida nas circunstâncias expressamente elencadas nos incisos do art. 122.

O presente inciso diz "mediante citação ou equivalente". A citação é o meio pelo qual forma-se a relação processual e o adolescente toma conhecimento da imputação que lhe é feita.

O "equivalente" corresponde à situação na qual a representação é feita oralmente e o adolescente toma ciência pessoalmente de seu teor (art. 182, § 1º) e quando ele e o seu defensor comparecem em juízo, dando-se por citado.

b) **igualdade na relação processual, podendo confrontar-se com vítimas e testemunhas e produzir todas as provas necessárias à sua defesa** (inciso II): é a observância da garantia de paridade de armas, contraditório e ampla defesa. O adolescente deve ter a oportunidade de provar as suas alegações por todos os meios de prova.

c) **defesa técnica por advogado** (inciso III): é a garantia da ampla defesa, sob o viés da defesa técnica. Ainda que o adolescente esteja foragido ou ausente, haverá a necessidade de nomeação de advogado para defendê-lo (art. 207)[390].

d) **assistência judiciária gratuita e integral aos necessitados** (inciso IV): caso o adolescente ou seus pais ou responsável não disponham de condições financeiras, a autoridade judiciária, deverá nomear-lhe defensor.

e) **direito de ser ouvido pessoalmente pela autoridade competente** (inciso V): é a garantia da ampla defesa, oportunizando ao adolescente ter contato pessoal com a autoridade policial, Ministério Público e autoridade judiciária para expor a sua defesa (exercício do direito de autodefesa).

Expressa-se, conforme demonstrado acima, por meio das Súmulas 265 e 342 do STJ.

A audiência de apresentação é a primeira oportunidade na qual o adolescente comparecerá à presença da autoridade judiciária para dar a sua versão dos fatos ou permanecer em silêncio. **A presença do adolescente é condição de procedibilidade da audiência e prosseguibilidade do processo de apuração de ato infracional.**

De fato, se o adolescente for citado e não comparecer à audiência, a autoridade judiciária determinará a sua condução coercitiva (art. 187).

Por outro lado, se o adolescente não for localizado para citação pessoal, haverá a expedição de mandado de busca e apreensão (art. 184, § 3º) e o processo será suspenso até a apreensão do adolescente e a realização da audiência de apresentação. Assim, tem-se:

390 Art. 207 do ECA: "Nenhum adolescente a quem se atribua a prática de ato infracional, ainda que ausente ou foragido, será processado sem defensor".

Motivo	Consequência
Adolescente é regularmente citado e não comparece à audiência de apresentação	Mandado de condução coercitiva (art. 187)
Adolescente não é localizado para citação e não comparece à audiência de apresentação	Mandado de busca e apreensão (art. 184, § 3º)

f) **direito de solicitar a presença de seus pais ou responsável em qualquer fase do procedimento** (inciso VI): por se tratar de pessoa em desenvolvimento, o adolescente poderá solicitar a presença de seus genitores ou responsável na fase policial, durante a oitiva informal no Ministério Público e na fase judicial.

Na audiência de apresentação, se o adolescente comparece, mas os seus pais ou responsável não forem localizados ou não comparecerem, a autoridade judiciária nomeará curador especial para acompanhá-lo (art. 184, § 2º).

2.11 MEDIDAS SOCIOEDUCATIVAS

2.11.1 Introdução

O adolescente, ao praticar ato infracional, poderá receber a imposição de medida(s) socioeducativa(s) e/ou de medida(s) de proteção. Diz-se poderá, pois, a depender das circunstâncias, da gravidade e das consequências do ato infracional, bem como a personalidade do adolescente, há a possibilidade de remissão própria (sem cumulação de medida socioeducativa).

As medidas socioeducativas têm três características:

1) **caráter ressocializador/pedagógico** do adolescente, de forma que o seu cumprimento o faça compreender a ilicitude da prática do ato infracional, a fim de que se recupere e se afaste da prática de atos ilícitos;
2) **caráter impositivo**, pois a medida socioeducativa é imposta ao adolescente, salvo na hipótese de remissão cumulada com medida, hipótese em que esta é acordada; e
3) **caráter sancionatório/expiatório**, tendo em vista que representam uma resposta à sociedade e ao adolescente acerca de seu ato, a exemplo das penas, e não como forma de recompensa[391]. Sobre esta característica, o STJ decidiu que o caráter pedagógico da medida socioeducativa pode, eventualmente, trazer como efeito secundário, a característica expiatória[392].

A autora Ana Paula Motta Costa sustenta que "coerente é o entendimento que atribui natureza sancionatória às medidas socioeducativas, embora seu conteúdo na execução deva ser predominantemente educativo"[393].

---

391 Nesse sentido, dentre outros: LIBERATI, Wilson Donizeti. *Processo penal juvenil. A garantia da legalidade na execução da medida socioeducativa*. São Paulo: Malheiros Editores, 2006, p. 142; COSTA, Ana Paula Motta. *As garantias processuais e o Direito Penal juvenil*: como limite na aplicação da medida socioeducativa de internação. Porto Alegre: Livraria do Advogado, 2005, p. 79; MORAES, Bianca Mota de; RAMOS, Helane Vieira. A prática de ato infracional. In: MACIEL, Kátia Regina Ferreira Lobo Andrade (coord.). *Curso de direito da criança e do adolescente*: aspectos teóricos e práticos. 8. ed. rev. e atual. São Paulo: Saraiva, 2016, p. 1.124; SARAIVA, João Batista Costa. *Adolescente em conflito com a lei*: da indiferença à proteção integral: uma abordagem sobre a responsabilidade penal juvenil. 4. ed. rev. e atual. Porto Alegre: Livraria do Advogado Editora, 2013, p. 116-7.

392 HC 299.243/SP, 6ª T., Rel. Min. Maria Thereza de Assis Moura, *DJe* 03.02.2015; HC 149.429/RS, 5ª T., Rel. Min. Arnaldo Esteves Lima, *DJe* 05.04.2010.

393 MOTTA COSTA, Ana Paula. *As garantias processuais e o direito penal juvenil*: como limite na aplicação da medida socioeducativa de internação. Porto Alegre: Livraria do Advogado, 2005, p. 79.

O ato infracional pode acarretar a aplicação de **medidas socioeducativas e/ou medidas de proteção**, previstas em **rol taxativo**, no art. 112: advertência, obrigação de reparar o dano, prestação de serviços à comunidade, liberdade assistida, regime de semiliberdade, internação em estabelecimento educacional e qualquer das medidas de proteção previstas no art. 101, I a VI[394]. Estas medidas de proteção, quando aplicadas ao adolescente infrator, caracterizam-se como **medida socioeducativa imprópria**.

De acordo com a forma de cumprimento, podemos classificar as medidas socioeducativas em: **(a) regime de meio aberto**: advertência, obrigação de reparar o dano, prestação de serviços à comunidade e liberdade assistida; e **(b) regime de meio fechado**: semiliberdade e internação.

Os **objetivos** das medidas socioeducativas estão previstos nos incisos I ao III do § 2º do art. 1º da Lei do Sinase:

> **I – a responsabilização do adolescente quanto às consequências lesivas do ato infracional**, sempre que possível incentivando a sua reparação;
>
> **II – a integração social do adolescente e a garantia de seus direitos individuais e sociais**, por meio do cumprimento de seu plano individual de atendimento; e
>
> **III – a desaprovação da conduta infracional**, efetivando as disposições da sentença como parâmetro máximo de privação de liberdade ou restrição de direitos, observados os limites previstos em lei.

O procedimento para apuração de ato infracional está previsto nos arts. 171 ao 190 e será analisado no item 2.17.

Por fim, cumpre apontar as distinções entre as medidas socioeducativas e as medidas de proteção:

	Medidas socioeducativas	Medidas de proteção
Destinatários	Adolescente (art. 112)	Criança e adolescente (art. 98)
Quem aplica	Autoridade judicial (art. 148, I)	Autoridade judicial (art. 148, VII) e Conselho Tutelar (art. 136, I)
Cabimento	Cometimento de ato infracional (art. 112)	Situação de risco (art. 98) ou ato infracional cometido por criança (art. 105)
Natureza do rol	Taxativo (art. 112)	Exemplificativo (art. 101)

2.11.2 Competência

O art. 112, *caput*, dispõe: "Verificada a prática de ato infracional, a autoridade competente poderá aplicar ao adolescente as seguintes medidas". Incialmente, houve discussão acerca do alcance da expressão "autoridade competente", suscitando se o Ministério Público, na fase pré-processual, poderia acordar com o adolescente infrator remissão cumulada com medida socioeducativa.

[394] Art. 101 do ECA: "Verificada qualquer das hipóteses previstas no art. 98, a autoridade competente poderá determinar, dentre outras, as seguintes medidas: I – encaminhamento aos pais ou responsável, mediante termo de responsabilidade; II – orientação, apoio e acompanhamento temporários; III – matrícula e frequência obrigatórias em estabelecimento oficial de ensino fundamental; IV – inclusão em serviços e programas oficiais ou comunitários de proteção, apoio e promoção da família, da criança e do adolescente; V – requisição de tratamento médico, psicológico ou psiquiátrico, em regime hospitalar ou ambulatorial; VI – inclusão em programa oficial ou comunitário de auxílio, orientação e tratamento a alcoólatras e toxicômanos".

Com o fim de pacificar o tema, foi publicada, na data de 16.06.1994, a **Súmula 108 do STJ**, que assim prevê: "A aplicação de medidas socioeducativas ao adolescente, pela prática de ato infracional, é de competência exclusiva do juiz".

Assim, o Ministério Público pode acordar remissão cumulada com medida socioeducativa, exceto as de semiliberdade ou internação, havendo a necessidade de homologação pela autoridade judiciária para sua execução, conforme redação do § 1º do art. 181: "Homologado o arquivamento ou a remissão, a autoridade judiciária *determinará, conforme o caso, o cumprimento da medida*" (grifou-se). Este também é o pacífico entendimento do STJ[395].

2.11.3 Princípios

O art. 113 prevê a observância às medidas socioeducativas o art. 100, que cuida da aplicação e princípios das medidas de proteção. Em matéria de medida socioeducativa, quanto aos princípios elencados no art. 100, parágrafo único, apesar da relevância de cada um, interessa-nos, neste momento, a análise dos incisos VI e VIII:

> **VI – intervenção precoce**: a intervenção das autoridades competentes deve ser efetuada logo que a situação de perigo seja conhecida;
>
> **VIII – proporcionalidade e atualidade**: a intervenção deve ser a necessária e adequada à situação de perigo em que a criança ou o adolescente se encontram **no momento em que a decisão é tomada**;

Baseado no **princípio da intervenção precoce**, o STJ entende que há possibilidade de cumprimento imediato da medida socioeducativa de internação imposta na sentença, ainda que o adolescente tenha respondido o processo em liberdade e interponha recurso de apelação, desde que demonstrada a necessidade da segregação do adolescente infrator[396].

Em se tratando dos **princípios da proporcionalidade e atualidade**, este também chamado pelo STJ de **princípio da imediaticidade**, a medida socioeducativa deve levar em consideração o "momento em que a decisão é tomada" (art. 101, parágrafo único, VIII).

A prática do ato infracional análogo ao crime de porte de uso de drogas para consumo próprio (art. 28 da Lei 11.343/2006), com exceção de posse de até 40 gramas de maconha ou 6 plantas fêmeas (presunção relativa)[397], autoriza a medida socioeducativa de prestação de serviços à comunidade, apenas não se admitindo as medidas de internação e semiliberdade, que ofenderiam o princípio da proporcionalidade[398].

Conforme entendimento do STJ, impõe-se a medida socioeducativa de internação se, entre o ato infracional e a imposição de tal medida, não transcorreu prazo considerável, as condições pessoais do adolescente e os objetivos de reeducação e reabilitação justifiquem a medida extrema, por ser proporcional e atual[399], como na hipótese de transcurso de lapso temporal inferior a um ano entre o ato infracional e a sentença[400].

Em outra situação, na qual transcorreu prazo de dois anos entre a prática do ato infracional e a sentença de procedência da representação que impôs a medida de internação, o STJ

---

395 REsp 1.392.888/MS, 6ª T., Rel. Min. Rogerio Schietti Cruz, *DJe* 01.08.2016; HC 260.461/MG, 6ª T., Rel. Min. Og Fernandes, *DJe* 20.03.2013; HC 177.611/SP, 6ª T., Rel. Min. Og Fernandes, *DJe* 21.05.2012; REsp 157.012/SP, 5ª T., Rel. Min. José Arnaldo da Fonseca, *DJ* 07.12.1998.

396 HC 346.380/SP, 3ª S., Rel. Min. Maria Thereza de Assis Moura, Rel. para acórdão Min. Rogerio Schietti Cruz, *DJe* 13.05.2016.

397 RE 635.659/SP, Tribunal Pleno, Rel. Min. Gilmar Mendes, *DJe* 27.09.2024.

398 AgRg no HC 623.436/SC, 5ª T., Rel. Min. Ribeiro Dantas, *DJe* 17.12.2021; REsp 1.753.563/MG, 6ª T., Rel. Min. Nefi Cordeiro, *DJe* 16.10.2018; HC 338.851/SP, 5ª T., Rel. Min. Reynaldo Soares da Fonseca, *DJe* 04.03.2016.

399 HC 353.490/SP, 6ª T., Rel. Min. Nefi Cordeiro, *DJe* 20.09.2016.

400 HC 432.525/SP, 6ª T., Rel. Min. Nefi Cordeiro, *DJe* 09.10.2018.

entendeu que esta não era mais proporcional e atual, devendo ser substituída por outra[401]. Por outro lado, no caso de ato infracional de estupro de vulnerável, ainda que a condenação tenha ocorrido cerca de dois anos após os fatos, o STJ já entendeu como possível a fixação da medida de semiliberdade, tendo em vista a gravidade concreta do ato e a necessidade de orientação e apoio ao adolescente[402].

Em recente julgado, o STJ ratificou que o princípio da atualidade deve ser avaliado "no momento em que a decisão é tomada", conforme previsto no art. 100, parágrafo único, VIII, e que a inexistência de desídia do Judiciário por dificuldade na localização do adolescente no processo de apuração de ato infracional não implica violação ao referido príncipio, existindo a necessidade de constatação do ato e aplicação de eventual medida socioeducativa[403].

No mesmo sentido, a Corte entendeu que o princípio da atualidade não é violado quando o transcurso do tempo decorre de ato do próprio adolescente. No caso concreto, o jovem descumpriu condição fixada em remissão pré-processual, o que ocasionou o prosseguimento da representação e a aplicação de medida socioeducativa após dois anos do ato infracional[404].

2.11.4 Critérios de aplicação

O art. 112, § 1º, determina que, na aplicação das medidas, serão consideradas, cumulativamente:

1) **a capacidade de cumprimento**: o adolescente deverá possuir condições para sua satisfação, de forma que não é possível a aplicação de medida de obrigação de reparar o dano para aquele que não possui condição financeira para seu adimplemento.
2) **as circunstâncias do ato infracional**: a forma de execução, os motivos, as consequências, enfim, tudo referente à prática do ato infracional.
3) **a gravidade do ato infracional**: deve ficar demonstrada no caso concreto, não bastando a mera prática de um ato infracional para automaticamente qualificá-lo como grave.

A gravidade em abstrato do ato infracional, por si só, desprovida de fundamentação idônea, não possibilita a imposição da medida socioeducativa de internação, por caracterizar constrangimento ilegal[405].

Ademais, nos termos do art. 113 c. c. art. 100, *caput*, e parágrafo único, serão consideradas as **necessidades pedagógicas**, preferindo-se aquelas que visem ao fortalecimento dos vínculos familiares e comunitários, bem como há a imprescindibilidade de **observância dos princípios previstos no parágrafo único do art. 100 do ECA**, destacando-se os seguintes: **(a)** condição do adolescente como sujeito de direito (inciso I); **(b)** proteção integral e prioritária (inciso II); **(c)** interesse superior do adolescente (inciso IV); **(d)** privacidade (inciso V); **(e)** intervenção precoce (inciso VI); **(f)** proporcionalidade e atualidade (inciso VIII); **(g)** prevalência da família (inciso X); **(h)** obrigatoriedade da informação (inciso XI); e **(i)** oitiva obrigatória e participação (inciso XII).

---

401 HC 334.560/SP, 5ª T., Rel. Min. Ribeiro Dantas, *DJe* 18.10.2016. No mesmo sentido: AgRg no HC 516.454/SP, 6ª T., Rel. Min. Nefi Cordeiro, *DJe* 08.10.2019; HC 411.721/SP, 6ª T., Rel. Min. Nefi Cordeiro, *DJe* 26.02.2018.

402 AgRg no HC 672.823/SC, 6ª T., Rel. Min. Laurita Vaz, *DJe* 02.09.2021.

403 AgRg no HC 704.540/SC, 5ª T., Rel. Min. Jesuíno Rissato (Desembargador convocado do TJDFT), *DJe* 25.02.2022.

404 AgRg no HC 756.388/SC, 6ª T., Rel. Min. Antonio Saldanha Palheiro, *DJe* 23.03.2023.

405 STJ, HC 356.638/SP, 5ª T., Rel. Min. Ribeiro Dantas, *DJe* 03.03.2017; HC 380.211/SP, 6ª T., Rel. Min. Antonio Saldanha Palheiro, *DJe* 24.02.2017.

2.11.5 Requisitos

O art. 114 preceitua que, para a imposição das medidas socioeducativas previstas nos incisos II a VI do art. 112 (obrigação de reparar o dano, prestação de serviços à comunidade, liberdade assistida, regime de semiliberdade e internação em estabelecimento educacional), há necessidade de "provas suficientes da autoria e da materialidade".

A materialidade do ato infracional que deixa vestígios sempre deve comprovada por meio de exame pericial, somente sendo possível supletivamente ser suprido por outros meios de prova. Assim, p. ex., se houver tentativa de homicídio que provoque ferimentos na vítima, imprescindível a prova técnica para a demonstração da materialidade, salvo impossibilidade de realizá-la[406].

Quanto à medida socioeducativa de **advertência** (art. 112, I), o art. 114, parágrafo único, prevê que deve haver "prova da materialidade e indícios da autoria". A doutrina critica a redação legal pois, para a imposição de qualquer medida, sempre há necessidade de prova da autoria, não bastando meros indícios[407].

Por fim, em relação às **medidas de proteção** (art. 112, VII), basta a comprovação de situação de risco do adolescente (art. 98)[408] para a sua imposição, sendo prescindível a comprovação da autoria e da materialidade do ato infracional[409].

2.11.6 Cumulação

O art. 113 diz que se aplica às medidas socioeducativas o disposto no art. 99, o qual estipula que as medidas específicas de proteção "poderão ser aplicadas **isolada ou cumulativamente**, bem como substituídas a qualquer tempo" (grifou-se).

A cumulação sempre deve observar a **compatibilidade** das medidas entre si. Por exemplo: **(a)** não é possível a cumulação entre as medidas de internação (meio fechado) e prestação de serviços à comunidade (meio aberto); e **(b)** é admissível a cumulação entre as medidas de liberdade assistida (meio aberto) e prestação de serviços à comunidade (meio aberto).

A prática de um único ou de vários atos infracionais possibilita a cumulação de **medidas socioeducativas e/ou medidas de proteção**. A cumulação pode decorrer de sentença de procedência da representação ou de homologação de remissão extrajudicial (Ministério Público) ou judicial.

A **cumulação homogênea** ocorre quando há cumulação de medidas socioeducativas ou de proteção. Dá-se a **cumulação heterogênea** quando há a cumulação entre medida socioeducativa e de proteção.

No caso de cumulação decorrente de **processos diversos**, há necessidade de análise da compatibilidade de cumprimento simultâneo das medidas socioeducativas.

Assim, se o adolescente cumpre medida socioeducativa de internação e sobrevém sentenças que fixaram medidas em meio aberto, haverá a cumulação das medidas. No entanto, será inviável o cumprimento simultâneo, de forma que a internação absorverá as demais.

---

406 STJ, HC 414.857/RJ, 5ª T., Rel. Min. Jorge Mussi, *DJe* 28.05.2018.

407 Nesse sentido: NUCCI, Guilherme de Souza. *Estatuto da Criança e do Adolescente comentado*: em busca da Constituição Federal das crianças e dos adolescentes. 3. ed. rev., atual. e ampl. Rio de Janeiro: Forense, 2016, p. 447. CARVALHO, Jeferson Moreira de. *Estatuto da Criança e do Adolescente*: manual funcional. 3. ed rev. e atual. Belo Horizonte: Del Rey, 2012, p. 26. LIMA, Miguel Moacyr Alves. Comentários ao art. 115. In: CURY, Munir (org.). *Estatuto da Criança e do Adolescente comentado. Comentários jurídicos e sociais*. 11. ed. São Paulo: Malheiros Editores. 2010, p. 558.

408 Art. 98 do ECA: "As medidas de proteção à criança e ao adolescente são aplicáveis sempre que os direitos reconhecidos nesta Lei forem ameaçados ou violados: I – por ação ou omissão da sociedade ou do Estado; II – por falta, omissão ou abuso dos pais ou responsável; III – em razão de sua conduta".

409 Nesse sentido: LAMENZA, Francismar; MACHADO, Antônio Cláudio da Costa (org.). *Estatuto da Criança e do Adolescente interpretado*: artigo por artigo, parágrafo por parágrafo. Barueri: Manole, 2012, p. 199.

Com efeito, as medidas de meio fechado (internação e semiliberdade) possuem uma abrangência pedagógica superior às medidas de meio aberto, de forma que estas são absorvidas por aquelas e a execução prosseguirá apenas quanto à medida de meio fechado. As medidas de meio aberto serão extintas[410].

2.11.7 Substituição

O art. 99 explicita que as medidas específicas de proteção "poderão ser aplicadas isolada ou cumulativamente, bem como *substituídas a qualquer tempo*" (grifou-se), tendo incidência para as medidas socioeducativas, por força do art. 113[411].

2.11.8 Adolescente com transtorno mental

Os §§ 1º e 3º do art. 112 verberam:

> Art. 112. [...]
>
> **§ 1º** A medida aplicada ao adolescente levará em conta a sua capacidade de cumpri-la, as circunstâncias e a gravidade da infração. [...]
>
> **§ 3º** Os adolescentes portadores de doença ou deficiência mental receberão tratamento individual e especializado, em local adequado às suas condições.

Na hipótese de ficar demonstrado, no curso do processo de apuração de ato infracional, que o adolescente infrator tem transtorno mental, o STJ entende que não é possível a medida socioeducativa de internação, uma vez que ele não tem condição de assimilá-la, o que resultaria num caráter apenas retributivo e não pedagógico.

Assim, o STJ já entendeu pela possibilidade de aplicação de medida de proteção de tratamento ambulatorial ou hospitalar[412] e medida socioeducativa de liberdade assistida associada à medida de proteção de acompanhamento ambulatorial, pedagógico e familiar[413].

2.11.9 Advertência

Consiste na admoestação/reprimenda verbal do adolescente infrator acerca das consequências da prática de ato infracional. É a mais branda medida socioeducativa, sendo aplicada para os atos infracionais menos graves.

Trata-se de um **ato formal**, que deve ser reduzido a termo e realizado pela autoridade judiciária, na presença do Ministério Público, do advogado, dos pais ou responsável pelo adolescente, devendo ser assinada por todos os presentes (art. 115)[414].

Contudo, quando acordada em sede de remissão imprópria na fase extrajudicial, entendemos que não há necessidade de designação de audiência admonitória, afinal o adolescente já foi advertido pelo promotor de Justiça, sendo prescindível nova admoestação na presença da autoridade judiciária.

Segundo o STJ, pode constar no termo de advertência que o adolescente se absterá da prática de atos infracionais[415].

---

410 No mesmo sentido: LIBERATI, Wilson Donizeti. *Processo penal juvenil. A garantia da legalidade na execução da medida socioeducativa*. São Paulo: Malheiros Editores, 2006, p. 2016; FRASSETO, Flávio Américo. *Pela necessidade de uma doutrina do processo de execução de medida socioeducativa*. Congresso Nacional da Associação Brasileira de Magistrados e Promotores da Infância e Juventude. Belém/PA, 2002.

411 A matéria referente à substituição das medidas socioeducativas será tratada no item 2.13.6.

412 HC 45.752/SP, 6ª T., Rel. Min. Paulo Medina, *DJ* 26.02.2007; HC 54.961/SP, 5ª T., Rel. Min. Gilson Dipp, *DJ* 22.05.2006.

413 HC 88.043/SP, 6ª T., Rel. Min. Og Fernandes, *DJe* 04.05.2009; HC 47.178/SP, 5ª T., Rel. Min. Laurita Vaz, *DJ* 27.11.2006.

414 STJ, REsp 104.485/DF, 5ª T., Rel. Min. Gilson Dipp, *DJ* 15.04.2002.

415 REsp 1.368.208/RS, 5ª T., Rel. Min. Moura Ribeiro, *DJe* 11.11.2013.

A advertência pode ser aplicada em **três momentos:**

a) na oitiva informal: pelo Ministério Público, consistente na remissão imprópria, como forma de exclusão do processo.
b) na audiência de apresentação: após a oferta de representação, mediante remissão imprópria, o que, em regra, ocorre após a oitiva do adolescente.
c) na sentença de procedência da representação: finda a instrução processual, o juiz aplica a citada medida.

Nas hipóteses **(a)** e **(b)**, conforme o art. 127, "A remissão não implica necessariamente o reconhecimento ou comprovação da responsabilidade".

No tocante ao item **(c)**, de acordo com o parágrafo único do art. 114: "A advertência poderá ser aplicada sempre que houver prova da materialidade e indícios suficientes da autoria".

Desta forma, diferentemente das demais medidas socioeducativas que exigem "provas suficientes da autoria" (art. 114, *caput*), para a advertência bastam "indícios suficientes da autoria", o que é motivo de críticas por parte da doutrina, uma vez que, para a imposição de qualquer medida, há sempre a necessidade de comprovação da autoria[416].

A medida socioeducativa de advertência encerra-se em si mesma, não havendo necessidade de acompanhamento. Assim, se for a única medida aplicada, não há necessidade de formação de processo de execução (art. 38 da Lei do Sinase)[417], aplicando-se no próprio processo de conhecimento.

2.11.10 Obrigação de reparar o dano

Decorre de um dos objetivos das medidas socioeducativas, consistente na "responsabilização do adolescente quanto às consequências lesivas do ato infracional, sempre que possível incentivando a sua reparação" (art. 1º, § 2º, I, da Lei do Sinase).

Apenas tem aplicação para ato infracional com **reflexos patrimoniais**. Parcela da doutrina sustenta que a reparação também pode abarcar indenização por **dano moral**[418].

A forma de cumprimento pode ocorrer mediante **restituição** da coisa, **ressarcimento** do dano ou **outra forma de compensação** do prejuízo da vítima (art. 116). Há posicionamento doutrinário que defende que o adolescente poderá **prestar serviços à vítima** como forma de compensar o dano[419].

Somente será aplicada se o próprio adolescente tiver condições de cumpri-la, não podendo ser exigida dos seus pais ou responsável. Em caso de impossibilidade de cumprimento, a medida pode ser substituída por outra (art. 116, parágrafo único).

---

416 Nesse sentido, vejam-se: SARAIVA, João Batista Costa. *Compêndio de direito penal juvenil*: adolescente e ato infracional. 4. ed. Porto Alegre: Livraria do Advogado, 2010, p. 79. CARVALHO, Jeferson Moreira de. *Estatuto da Criança e do Adolescente*: manual funcional. 3. ed rev. e atual. Belo Horizonte: Del Rey, 2012, p. 26. LIMA, Miguel Moacyr Alves. Comentários ao art. 115. In: CURY, Munir (org.). *Estatuto da Criança e do Adolescente comentado. Comentários jurídicos e sociais*. 11. ed. São Paulo: Malheiros Editores. 2010, p. 558.

417 Art. 38 da Lei do Sinase: "As medidas de proteção, de advertência e de reparação do dano, quando aplicadas de forma isolada, serão executadas nos próprios autos do processo de conhecimento, respeitado o disposto nos arts. 143 e 144 da Lei n. 8.069, de 13 de julho de 1990 (Estatuto da Criança e do Adolescente)".

418 Nesse sentido: ARAÚJO JÚNIOR, Gediel Claudino de. *Prática no Estatuto da Criança e do Adolescente*. São Paulo: Atlas, 2010, p. 83. LIBERATI, Wilson Donizeti. *Adolescente e ato infracional. Medida socioeducativa é pena?* 2. ed. São Paulo: Malheiros Editores, 2012, p. 123.

419 Nesse sentido, dentre outros: ELIAS, Roberto João. *Comentários ao Estatuto da Criança e do Adolescente*: Lei n. 8.069, de 13 de julho de 1990. 4. ed. São Paulo: Saraiva, 2010, p. 158. NUCCI, Guilherme de Souza. *Estatuto da Criança e do Adolescente comentado*: em busca da Constituição Federal das crianças e dos adolescentes. 3. ed. Rio de Janeiro: Forense, 2016, p. 450.

A obrigação de reparar o dano pode decorrer de remissão concedida pelo MP ou pela autoridade judicial, assim como de sentença de procedência da representação.

Se esta for a única medida aplicada, não há necessidade de fiscalização por entidade de atendimento, bastando a **fiscalização pela autoridade judiciária**, no bojo do processo em que foi imposta ou acordada (art. 38 da Lei do Sinase).

2.11.11 Prestação de serviços à comunidade

A medida socioeducativa de prestação de serviços à comunidade consiste na realização de tarefas gratuitas em entidades assistenciais, hospitais, escolas e outros estabelecimentos congêneres, bem como em programas comunitários ou governamentais (art. 117).

Como se vê, a medida pode ser cumprida tanto em **entidades governamentais ou não governamentais**, desde que não possuam fins lucrativos.

A medida de PSC pode decorrer de remissão concedida pelo MP ou pela autoridade judiciária, bem como de sentença de procedência da representação.

Compete à **direção do programa** de medida de PSC a seleção e credenciamento das entidades de atendimento em que o adolescente poderá cumprir a medida (art. 14, *caput*, da Lei do Sinase).

Em caso de impugnação pelo Ministério Público ou se a autoridade judiciária considerar inadequado o local credenciado, será instaurado **incidente de impugnação**, com aplicação subsidiária do procedimento de apuração de irregularidade em entidade de atendimento (art. 191 e ss.), devendo ser citado o dirigente do programa e a direção da entidade ou órgão credenciado (art. 14, parágrafo único, da Lei do Sinase).

A medida de PSC comporta **prazo máximo de 6 (seis) meses** e **carga horária semanal não excedente a 8 (oito) horas**, a qual poderá ser cumprida em um ou em vários dias da semana, úteis ou não, de acordo com a disponibilidade do adolescente, desde que não prejudique a frequência escolar ou sua eventual jornada de trabalho.

O **legislador não fixou os prazos mínimos**, de modo que o juiz ou promotor de Justiça, este na hipótese de remissão imprópria na fase extrajudicial, deverá avaliar, no caso concreto, o tempo razoável e proporcional, conforme a gravidade do ato infracional, para o adolescente cumprir a medida.

As tarefas devem ser atribuídas ao adolescente conforme suas aptidões (art. 117, parágrafo único).

Uma vez aplicada a medida socioeducativa de PSC, o seu cumprimento não pode ser forçado ao adolescente, tendo em vista a existência de vedação constitucional (art. 5º, XLVII, *c*)[420] e legal (art. 112, § 2º)[421]. Todavia, em caso de descumprimento da medida socioeducativa, poderá haver sua substituição ou a imposição de internação-sanção.

Há necessidade da formação de processo de execução para o acompanhamento da medida socioeducativa de PSC, ainda que decorra de remissão como forma de suspensão do processo (art. 39 da Lei do Sinase)[422].

A gestão da medida socioeducativa de PSC é de competência dos Municípios ou do Distrito Federal, podendo haver consórcio entre os Municípios para garantia de oferta de programa de atendimento socioeducativo em meio aberto (arts. 5º, III, § 1º, e 6º, da Lei do Sinase).

---

420 Art. 112, § 2º, do ECA: "Em hipótese alguma e sob pretexto algum, será admitida a prestação de trabalho forçado".

421 Art. 5º, XLVII, da CF: "não haverá penas: [...] c) de trabalhos forçados".

422 Art. 39 da Lei do Sinase: "Para aplicação das medidas socioeducativas de prestação de serviços à comunidade, liberdade assistida, semiliberdade ou internação, será constituído processo de execução para cada adolescente, respeitado o disposto nos arts. 143 e 144 da Lei n. 8.069, de 13 de julho de 1990 (Estatuto da Criança e do Adolescente), e com autuação das seguintes peças: [...] Parágrafo único. Procedimento idêntico será observado na hipótese de medida aplicada em sede de remissão, como forma de suspensão do processo".

2.11.12 Liberdade assistida

Está prevista nos arts. 118 e 119 e é destinada para casos nos quais seja recomendável *acompanhar, auxiliar e orientar o adolescente*. Visa a integração familiar e comunitária do adolescente, pois não há a privação de liberdade, mas apenas o seu acompanhamento por um orientador, podendo decorrer de remissão judicial ou extrajudicial.

Também é denominada de **medida de ouro**, pois, se executada adequadamente, pode interferir na dinâmica do adolescente e de sua família, de forma a constituir-se na medida mais eficaz[423].

Quanto à indicação do orientador, o art. 118, § 1º, estabelece: "A autoridade designará pessoa capacitada para acompanhar o caso, a qual poderá ser recomendada por entidade ou programa de atendimento".

Noutro giro, o art. 13, IV, da Lei do Sinase afirma que compete à direção do programa de liberdade assistida "encaminhar o adolescente ao orientador credenciado".

Com o fim de harmonizar os dispositivos, entende-se que, em havendo entidade de atendimento de liberdade assistida, a escolha do orientador será feita pela direção do programa. Todavia, na hipótese de inexistência de tal entidade, competirá ao juiz a escolha deste para acompanhar o adolescente[424].

O art. 119 elenca, em *rol exemplificativo*, os encargos do orientador: **(a)** promover socialmente o adolescente e sua família, fornecendo-lhes orientação e inserindo-os, se necessário, em programa oficial ou comunitário de auxílio e assistência social; **(b)** supervisionar a frequência e o aproveitamento escolar do adolescente, promovendo, inclusive, sua matrícula; **(c)** diligenciar no sentido da profissionalização do adolescente e de sua inserção no mercado de trabalho; e **(d)** apresentar relatório do caso.

Diante desses encargos, pode-se dizer que a medida socioeducativa de liberdade assistida **não visa apenas o adolescente, mas também sua família**, devendo o orientador ter uma postura ativa, não se cingindo em mero espectador.

O ECA não definiu as condições que deverão ser cumpridas pelo adolescente. No entanto, à luz dos encargos do orientador, a doutrina aponta que as condições podem envolver relações familiares, laborais e escolares do adolescente, assim como a fixação de determinadas proibições, tais como, proibição de uso de cigarro, bebida alcoólica, frequência a determinados lugares etc.[425].

Portanto, competirá ao orientador, sob a supervisão da autoridade judiciária (art. 119, *caput*), considerando a capacidade de cumprimento, as circunstâncias e a gravidade do ato infracional (art. 112, § 1º), a escolha das condições.

Quanto ao prazo de cumprimento da medida, o art. 118, § 2º, apenas determina que será fixada pelo **prazo mínimo de 6 (seis) meses, silenciando quanto ao prazo máximo**.

O **STJ** decidiu que, por analogia ao prazo máximo da medida socioeducativa de internação, que é a mais grave, deverá ser de **3 (três) anos o limite máximo da liberdade assistida**[426].

A doutrina, por sua vez, diverge sobre o tema. A primeira corrente entende conforme o STJ. A segunda corrente afirma que, ante a omissão legal, o prazo máximo deve perdurar enquanto houver a necessidade da medida socioeducativa de liberdade assistida.

---

423 Nesse sentido: SARAIVA, João Batista Costa. *Compêndio de direito penal juvenil*: adolescente e ato infracional. 4. ed. Porto Alegre: Livraria do Advogado, 2010, p. 165.

424 Nesse sentido: ROSSATO, Luciano Xavier; LÉPORE, Paulo Eduardo; CUNHA, Rogério Sanches da. *Estatuto da Criança e do Adolescente*: Lei n. 8.069/90 comentado artigo por artigo. 8. ed. rev., atual. e ampl. São Paulo: Saraiva, 2016, p. 362.

425 Nesse sentido: LIBERATI, Wilson Donizeti. *Comentários ao Estatuto da Criança e do Adolescente*. 12. ed. São Paulo: Malheiros Editores, 2015, p. 144.

426 AgRg no AREsp 1.218.434/SP, 6ª T., Rel. Min. Nefi Cordeiro, *DJe* 18.02.2019; HC 172.017/SP, 5ª T., Rel. Min. Laurita Vaz, *DJe* 18.05.2011; HC 81.438/SP, 5ª T., Rel. Min. Jane Silva (Desembargadora convocada do TJMG), *DJ* 08.10.2007.

Entendemos mais acertado o primeiro posicionamento, haja vista que as medidas em meio fechado (semiliberdade e internação) possuem o limite máximo de 3 (três) anos, não podendo uma medida mais branda sujeitar-se a um prazo maior.

O art. 42, *caput*, da Lei do Sinase preceitua que a medida de LA deve ser reavaliada pela autoridade judiciária no máximo a cada 6 (seis) meses. Essa reavaliação será possível em duas situações: **a)** se a sentença não estipular um prazo certo para o cumprimento da medida; ou **b)** se o termo certo for superior a 6 (seis) meses, haja vista que a medida deve ser reavaliada no máximo a cada 6 (seis) meses.

De fato, se a sentença delimitar que a medida será cumprida *"pelo prazo de 6 (seis) meses"*, este será o tempo máximo, não estando sujeito à reavaliação. Inclusive sobre tal prazo certo será computada a prescrição[427].

Por outro lado, caso a sentença determine o cumprimento da medida, mas não estipule termo certo ou a fixe *"por prazo não inferior a 6 (seis) meses" ou "pelo prazo necessário à ressocialização"*, será necessária sua reavaliação, para fins de análise da prorrogação, substituição ou extinção da medida. Em consequência, inexistindo termo certo, a prescrição considerará o prazo máximo abstrato de 3 (três) anos, resultando a perda do direito punitivo estatal em 4 (quatro) anos[428].

Assim, tem-se como imprescindível o cuidado na análise da redação da sentença e de eventual termo de remissão que estabelecem/acordam a medida de liberdade assistida, pois possui relevância para a contagem do prazo prescricional e a possibilidade de reavaliação para prorrogação, substituição ou extinção.

Para o seu cumprimento, é necessária a formação de processo de execução, ainda que a medida seja decorrente de remissão como forma de suspensão do processo (art. 39 da Lei do Sinase).

Da mesma forma que na medida de PSC, a gestão da medida de LA é de competência dos Municípios ou do Distrito Federal, podendo haver consórcio entre os Municípios para garantia de oferta de programa de atendimento socioeducativo em meio aberto (arts. 5º, III, § 1º, e 6º, da Lei do Sinase).

2.11.13 Semiliberdade

Representa a medida socioeducativa que resulta na **privação parcial da liberdade** do adolescente, assemelhando-se ao regime aberto da Lei de Execução Penal. Distingue-se da medida de internação, uma vez que o *adolescente apenas se recolhe no período noturno*. Objetiva manter o adolescente com restrição parcial de liberdade, permitindo, contudo, sua plena integração familiar, educacional e profissional.

Há quem defenda a existência da medida socioeducativa de **semiliberdade invertida**, consistente na permanência do adolescente durante o dia na entidade de atendimento, com o pernoite na residência de sua família[429].

Pode ser aplicada "desde o início, ou como forma de transição para o meio aberto" (art. 120, *caput*), decorrendo, daí, a sua forma **originária** (na sentença de procedência da pretensão deduzida na representação) ou **derivada** (como forma de progressão de medida).

Em razão de previsão constitucional (art. 227, § 3º, V) e legal (art. 120, § 2º, do ECA), a medida de semiliberdade sujeita-se aos princípios da brevidade, excepcionalidade e respeito à condição peculiar de pessoa em desenvolvimento, que serão tratados a seguir.

---

427 STJ, REsp 1.582.099/RS, Rel. Min. Reynaldo Soares da Fonseca, p. 18.04.2016; HC 112.530/MG, 5ª T., Rel. Min. Laurita Vaz, *DJe* 06.10.2008; HC 47.473/SP, 5ª T., Rel. Min. Arnaldo Esteves Lima, *DJ* 22.10.2007.

428 STJ, AgRg no HC 695.148/SC, 6ª T., Rel. Min. Laurita Vaz, *DJe* 19.10.2021; HC 172.017/SP, 5ª T., Rel. Min. Laurita Vaz, *DJe* 18.05.2011; HC 147.318/SP, 6ª T., Rel. Min. Og Fernandes, *DJe* 14.06.2010.

429 RAMIDOFF, Mário Luiz. *Sinase - Sistema Nacional de Atendimento Socioeducativo. Comentários à Lei n. 12.594, de 18 de janeiro de 2012*. São Paulo: Saraiva, 2012, p. 42.

A medida socioeducativa de semiliberdade possui *a escolarização e a profissionalização do adolescente como atividades externas obrigatórias*, devendo, sempre que possível, ser utilizados os recursos existentes na comunidade (art. 120, § 1º).

O art. 120, *caput*, diz que é "possibilitada a realização de atividades externas, independentemente de autorização judicial". Portanto, é da natureza da medida de semiliberdade a prática de outras atividades externas, tais como visitas familiares, além das obrigatórias, sendo *desnecessária decisão judicial*.

Apesar da disposição legal, no STJ há dois posicionamentos, prevalecendo o entendimento de que o juiz pode restringir as atividades externas do adolescente, tendo em vista que o referido artigo não retira do magistrado a possibilidade de controlá-las[430].

No STF, o assunto também não é pacífico, haja vista que, em três oportunidades, foi afastada a possibilidade de restrição por ausência de fundamentação idônea[431]. Em outro aresto, foi decidido pela impossibilidade de restrição, ante a vedação legal[432].

Quanto à decretação da medida socioeducativa de semiliberdade, há posição doutrinária que argumenta pela necessidade de preenchimento dos mesmos requisitos ensejadores da internação (art. 122)[433].

No entanto, o STJ é pacífico acerca da desnecessidade dos requisitos do art. 122 para a imposição do regime de semiliberdade, uma vez que tal artigo apenas tem incidência para a internação[434].

Segundo o art. 120, § 2º, do ECA, "A medida não comporta prazo determinado, aplicando-se, no que couber, as disposições relativas à internação".

Embora inexista prazo determinado, o art. 42 da Lei do Sinase determina que a medida deve ser reavaliada no máximo a cada 6 (seis) meses, e o seu **limite de duração é de 3 (três) anos** (art. 120, § 2º, c. c. art. 121, § 3º).

Não obstante, nada impede que esta seja reavaliada, substituída ou suspensa a qualquer tempo, a pedido da direção do programa de atendimento, do defensor, do MP, do adolescente, ou de seus pais ou responsável (art. 43 da Lei do Sinase).

A liberação será compulsória aos 21 (vinte e um) anos de idade (art. 120, § 2º, c. c. art. 121, § 5º).

Incabível sua aplicação em sede de remissão pela autoridade judiciária ou pelo Ministério Público, em razão de expressa vedação legal (art. 127)[435].

Uma vez aplicada, é necessária a formação do processo de execução de medida socioeducativa para seu cumprimento (art. 39 da Lei do Sinase).

A criação, o desenvolvimento e a manutenção de programas para a execução da medida socioeducativa de semiliberdade é de competência dos Estados ou do Distrito Federal (arts. 4º, III, e 6º, da Lei do Sinase).

---

430 Pela possibilidade de restrição: HC 67.845/RJ, 5ª T., Rel. Min. Arnaldo Esteves Lima, *DJ* 22.10.2007; HC 78.446/RJ, 5ª T., Rel. Min. Felix Fischer, *DJ* 12.11.2007; HC 62.293/RJ, 6ª T., Rel. Min. Hamilton Carvalhido, *DJ* 09.04.2007. Pela impossibilidade de restrição: HC 35.413/RJ, 6ª T., Rel. Min. Paulo Gallotti, *DJ* 27.11.2006; RHC 13.065/R, 6ª T., Rel. Min. Paulo Gallotti, *DJ* 04.10.2004; e HC 19.603/RJ, 5ª T., Rel. Min. Felix Fischer, *DJ* 16.12.2002.

431 HC 98.518, 2ª T., Rel. Min. Eros Grau, *DJe* 18.06.2010; HC 88.639, 2ª T., Rel. Min. Joaquim Barbosa, *DJ* 24.11.2006; HC 89.054, 1ª T., Rel. Min. Sepúlveda Pertence, *DJ* 27.10.2006.

432 HC 91.173/RJ, Rel. Min. Celso de Mello, *DJe* 22.05.2013.

433 BARATTA, Alessandro. Comentários ao art. 120. In: CURY, Munir (org.). *Estatuto da Criança e do Adolescente comentado. Comentários jurídicos e sociais.* 11. ed. São Paulo: Malheiros Editores. 2010, p. 578.

434 HC 364.758/DF, 5ª T., Rel. Min. Ribeiro Dantas, *DJe* 25.11.2016; HC 330.573/SP, 6ª T., Rel. Min. Rogerio Schietti Cruz, *DJe* 23.11.2015; HC 319.539/SP, 6ª T., Rel. Min. Sebastião Reis Júnior, *DJe* 03.08.2015; e HC 306.249/MG, 6ª T., Rel. Min. Éricson Maranhão (Desembargador convocado do TJSP), *DJe* 29.04.2015.

435 Art. 127 do ECA: "A remissão não implica necessariamente o reconhecimento ou comprovação da responsabilidade, nem prevalece para efeito de antecedentes, podendo incluir eventualmente a aplicação de qualquer das medidas previstas em lei, exceto a colocação em regime de semiliberdade e a internação".

2.11.13.1 Semiliberdade provisória

Há dissenso acerca da possibilidade de **cumprimento provisório** da medida de semiliberdade imposta provisoriamente no curso do processo de apuração de ato infracional ou na sentença.

Na doutrina, há posicionamento que defende o cumprimento provisório da medida de semiliberdade na **fase pré-sentencial**. Isto porque o art. 108 autoriza a decretação de internação provisória e, por consequência, entende-se possível aplicá-lo à semiliberdade, por ser menos restritiva[436].

De outra parte, no tocante à possibilidade de cumprimento imediato da medida socioeducativa de semiliberdade **imposta na sentença**, mesmo que interposto recurso, a jurisprudência do **STJ** era oscilante, existindo julgados em quatro sentidos:

1) impossibilidade do cumprimento provisório da medida de semiliberdade, na hipótese em que o adolescente permaneceu em liberdade e na sentença houve a imposição da medida, tendo em vista o duplo efeito do recurso de apelação[437];
2) possibilidade de a sentença determinar o imediato cumprimento da medida de semiliberdade, porém, à semelhança da internação provisória, o prazo máximo é de 45 (quarenta e cinco) dias (art. 108, *caput*, do ECA)[438];
3) possibilidade do cumprimento imediato da semiliberdade, no caso em que o adolescente permaneceu internado provisoriamente e na sentença foi imposta a semiliberdade, por equivaler à confirmação dos efeitos da tutela antecipada (art. 1.012, § 1º, V, do CPC)[439]; e
4) possibilidade do imediato cumprimento da medida de semiliberdade, ainda que o adolescente tenha respondido o processo em liberdade e haja pendente recurso de apelação, desde que, no caso concreto, a sentença demonstre a necessidade da medida cautelar[440].

Conforme se verá adiante, o STJ possui novo entendimento acerca da possibilidade de cumprimento imediato da medida socioeducativa de internação (HC 346.380/SP)[441], sendo também adotado para a semiliberdade[442].

2.11.14 Internação

2.11.14.1 Introdução

A internação encontra-se disciplinada entre os arts. 121 e 125. Constitui a medida mais rigorosa dentre as espécies socioeducativas, visto que implica a **privação total da liberdade** do adolescente em conflito com a lei, devendo ser cumprida em local destinado exclusivamente para tal fim.

Por importar em restrição da liberdade, somente deve ser aplicada nas hipóteses taxativamente previstas no art. 122, sob pena de configuração de constrangimento ilegal.

---

[436] Nesse sentido: MORAES, Bianca Mota de; RAMOS, Helane Vieira. A prática de ato infracional. In: MACIEL, Kátia Regina Ferreira Lobo Andrade (coord.). *Curso de direito da criança e do adolescente*: aspectos teóricos e práticos. 8. ed. rev. e atual. São Paulo: Saraiva, 2016, p. 1.140.

[437] HC 323.305/PE, 5ª T., Rel. Min. Felix Fischer, *DJe* 25.08.2015.

[438] HC 216.584/PA, 5ª T., Rel. Min. Laurita Vaz, *DJe* 11.12.2012.

[439] HC 219.263/PA, 5ª T., Rel. Min. Marco Aurélio Bellizze, *DJe* 01.02.2012.

[440] RHC 32.700/PA, 5ª T., Rel. Min. Laurita Vaz, *DJe* 19.09.2012, RHC 31.774/PA, 5ª T., Rel. Min. Marco Aurélio Bellizze, *DJe* 28.06.2012 e RHC 30.684/PA, 5ª T., Rel. Min. Laurita Vaz, *DJe* 27.04.2012.

[441] Sobre cumprimento imediato da sentença que impõe medida socioeducativa, v. item 2.18.4.2.

[442] RHC 82.971/RJ, 6ª T., Rel. Min. Maria Thereza de Assis Moura, j. 01.06.2017, *DJe* 09.06.2017.

Aplicada a medida socioeducativa de internação, há a necessidade de formação de processo de execução de medida socioeducativa (art. 39 da Lei do Sinase).

A criação, o desenvolvimento e a manutenção de programas para a execução da medida socioeducativa de internação são de competência dos Estados ou do Distrito Federal (arts. 4º, III, e 6º, da Lei do Sinase).

A Resolução CNJ 367, de 19 de janeiro de 2021, dispõe sobre diretrizes e normas gerais para a criação da Central de Vagas no Sistema Estadual de Atendimento Socioeducativo, de competência do Poder Executivo, sendo responsável pela gestão e coordenação das vagas em unidades de internação, semiliberdade e internação provisória.

2.11.14.2 Espécies

O ECA prevê três espécies de internação, sendo elas:

1) **internação por prazo indeterminado**: ocorre nas hipóteses do art. 122, I (ato infracional praticado mediante grave ameaça ou violência a pessoa) e II (reiteração de atos infracionais graves).

   A sentença que decreta esta espécie de internação **não fixa prazo determinado**, ficando seu cumprimento limitado a **3 (três) anos**, salvo se houver a prática de novo ato infracional durante a execução da medida, o que autoriza a dilação de tal prazo, conforme art. 45, § 1º, da Lei do Sinase[443].

   A medida deve ser **reavaliada no máximo a cada 6 (seis) meses**, nada impedindo, que ocorra em prazo menor.

2) **internação-sanção**: está prevista no art. 122, III, e trata da situação em que há o reiterado e injustificado descumprimento da medida socioeducativa imposta. A decisão que impõe esta modalidade de internação fixa **prazo certo** para cumprimento, tendo **3 (três) meses** como limite temporal máximo[444].

3) **internação provisória**: encontra fundamento no art. 108 e se dá na hipótese em que haja indícios suficientes de autoria e materialidade, cumulados com a necessidade da segregação cautelar do adolescente. O prazo máximo da medida é de **45 (quarenta e cinco) dias**[445].

2.11.14.2.1 Internação domiciliar

O ECA prevê expressamente três espécies de internação: por prazo indeterminado, sanção e provisória. Contudo, a partir do julgamento do HC 143.988/ES[446], realizado em 24.08.2020, o STF autorizou a **conversão da medida de internação em internação domiciliar**, podendo ser cumulada com a imposição de medidas protetivas e acompanhada de advertência ao adolescente em conflito com a lei de que o descumprimento injustificado do plano individual de atendimento ou a reiteração em atos infracionais poderá acarretar a volta ao estabelecimento de origem.

O objeto do HC foi a superlotação das unidades de internação e as condições de cumprimento da medida em meio fechado, em clara violação à legislação nacional (CF, ECA e Lei do Sinase) e internacional (Convenção sobre os Direitos da Criança, Regras Mínimas das

[443] Art. 45, § 1º, da Lei do Sinase: "É vedado à autoridade judiciária determinar reinício de cumprimento de medida socioeducativa, ou deixar de considerar os prazos máximos, e de liberação compulsória previstos na Lei n. 8.069, de 13 de julho de 1990 (Estatuto da Criança e do Adolescente), excetuada a hipótese de medida aplicada por ato infracional praticado durante a execução". Sobre o tema, v. item 2.13.7.

[444] A "internação-sanção" será abordada no item 2.11.14.4.3.

[445] A "internação provisória" foi tratada no item 2.10.1.1.

[446] HC 143.988/ES, 2ª T., Rel. Min. Edson Fachin, *DJe* 03.09.2020.

Nações Unidas para Administração da Justiça Juvenil, Regras de Beijing e Regras Mínimas das Nações Unidas para a Proteção dos Jovens Privados de Liberdade).

Dessa forma, o STF decidiu que o limite máximo de lotação das unidades de cumprimento de medida socioeducativa de internação é de 100% (cem por cento) do número de vagas existentes, sendo vedada a permanência de qualquer adolescente além da capacidade, como forma de assegurar o princípio da proteção integral, que deve nortear as políticas públicas na área da infância.

Na ocasião, para as unidades que estivessem operando com número de adolescentes acima da capacidade, o Supremo fixou os seguintes critérios e parâmetros a serem seguidos pelos juízes:

i) a adoção do princípio *numerus clausus* como estratégia de gestão, significando que para possibilitar a entrada de um adolescente deverá haver a saída de outro;

ii) reavaliação dos adolescentes que estivessem internados exclusivamente em razão de reiteração em infrações cometidas sem violência ou grave ameaça à pessoa;

iii) transferência dos adolescentes para outras unidades que não estivessem com a capacidade máxima, desde que a localidade fosse próxima à residência dos familiares do adolescente;

iv) a inclusão do adolescente em programa de meio aberto quando inexistir vaga para o cumprimento de medida de privação da liberdade, exceto quando o ato infracional tenha sido cometido com violência ou grave ameaça à pessoa, situação na qual o adolescente deverá ser internado em outra unidade mais próxima da residência de seus familiares (art. 49, II, da Lei do Sinase);

v) na impossibilidade de adoção das medidas anteriores, a conversão da medida de internação em internação domiciliar, sem qualquer prejuízo ao escorreito cumprimento do plano individual de atendimento (PIA);

vi) a internação domiciliar poderá ser cumulada com a imposição de medidas protetivas e/ou acompanhada da advertência ao adolescente de que o descumprimento injustificado do PIA ou a reiteração em atos infracionais poderá acarretar a sua volta ao estabelecimento de origem;

vii) a fiscalização da internação domiciliar poderá ser deprecada ao domicílio dos responsáveis do adolescente, caso não coincida com o da execução da medida de internação;

viii) alternativamente, a adoção de outras medidas, desde que adequadas e condizentes com a legislação.

A partir da leitura dos critérios e parâmetros fixados pela Suprema Corte, tem-se que a conversão para a internação domiciliar pode ser oriunda de quaisquer das espécies de internação (por prazo indeterminado, sanção ou provisória), pois em todas há a necessidade de confecção do PIA.

O adolescente inserido em internação domiciliar poderá ausentar-se de sua residência para receber escolarização e profissionalização, bem como para realizar atividades culturais, esportivas e de lazer, tudo na mesma forma que participaria se tivesse em cumprimento da medida de internação em meio fechado, sob pena de a internação domiciliar lhe ser mais prejudicial, impedindo o seu pleno desenvolvimento.

O acompanhamento da medida de internação domiciliar será realizado pelo órgão estatal responsável pelas medidas em meio fechado (art. 4º, III, da Lei do Sinase), caso a residência dos responsáveis pelo adolescente seja na mesma localidade do cumprimento da medida, ou será do órgão municipal responsável pelas medidas em meio aberto (art. 5º, III, da Lei do Sinase), se o adolescente residir em localidade diversa da unidade de internação.

Se houver o descumprimento da decisão proferida pelo STF no mencionado HC, assentou-se que a parte deverá manejar o recurso cabível, e não reclamação diretamente à Suprema Corte, de acordo com o já fixado no HC 143.641.

Por fim, ressalte-se que, conforme o critério e parâmetro *viii)* acima transcrito, a autoridade judiciária poderá fixar outra medida que entenda adequada e pertinente para evitar a superlotação das unidades de internação, observadas as normas nacionais e internacionais.

2.11.14.3 Princípios

O art. 227, § 3º, V, da CF, determina que o direito da proteção especial do adolescente abrange a "obediência aos princípios de brevidade, excepcionalidade e respeito à condição peculiar de pessoa em desenvolvimento, quando da aplicação de qualquer medida privativa de liberdade".

No mesmo sentido, o art. 121, *caput*, do ECA, preceitua que a medida socioeducativa de internação está sujeita aos princípios da *brevidade, excepcionalidade e respeito à condição peculiar de pessoa em desenvolvimento*. Por força do art. 120, § 2º, do ECA, a medida de semiliberdade também se sujeita aos citados princípios, os quais serão analisados individualmente a seguir:

1) brevidade: significa dizer que a medida socioeducativa de internação deve perdurar apenas o necessário para a readaptação do adolescente ao convívio em sociedade. Em observância a este princípio, o ECA exige a reavaliação da medida no máximo a cada 6 (seis) meses e estabelece o limite temporal de 3 (três) anos de internação (art. 121, §§ 2º e 3º).

Superado o prazo, o juiz poderá inserir o adolescente em semiliberdade ou liberdade assistida (art. 121, § 4º), bem como julgar extinta a medida, se entender realizada a sua finalidade.

2) excepcionalidade: o juiz deve ter cautela para aplicação da medida socioeducativa de internação, tendo em vista a privação da liberdade do adolescente, sendo possível sua aplicação apenas nas hipóteses taxativamente previstas no art. 122.

A medida socioeducativa de internação somente deve ser aplicada quando não houver outra adequada (art. 122, § 2º) e deve ser vista como *ultima ratio*.

3) respeito à condição peculiar de pessoa em desenvolvimento: também está previsto no art. 6º, que determina a observância de referido princípio na interpretação do ECA. Sobre este princípio, vale citar a lição de Bianca Mota de Moraes e Helane Vieira Ramos:

> A adolescência é fase de erupção. Tudo é intenso e contraditoriamente duvidoso no indivíduo. É momento de muitas escolhas e poucas opções. Ímpar como é, a adolescência causa um verdadeiro terremoto interior que não pode ser ignorado pelos que exercem a prática jurídica nesta área, ao analisarem a conduta do jovem em conflito – também – com a lei[447].

Ainda como decorrência do princípio, o Estado deve zelar pelos direitos e garantias do adolescente apreendido (arts. 124 e 125).

2.11.14.4 Hipóteses legais

O art. 122 elenca as hipóteses autorizadoras da medida socioeducativa de internação, constituindo um **rol taxativo e exaustivo**.

Os **incisos do art. 122 são independentes**, de forma que basta a incidência de um deles para possibilitar ao juiz, conforme a análise do caso concreto e a necessidade, a aplicação da medida socioeducativa de internação[448].

---

447 MORAES, Bianca Mota de. RAMOS, Helane Vieira. A prática de ato infracional. In: MACIEL, Kátia Regina Ferreira Lobo Andrade (coord.). *Curso de direito da criança e do adolescente*: aspectos teóricos e práticos. 9. ed. rev. e atual. São Paulo: Saraiva, 2016, p. 1.141.

448 No mesmo sentido: STJ. AgRg no AREsp 1.193.146/AL, 6ª ., Rel. Min. Sebastião Reis Júnior, *DJe* 21.05.2018; HC 360.040/MS, Rel. Min. Rogerio Schietti Cruz, *DJe* 26.09.2016.

A simples incidência de uma hipótese legal, por si só, não implica na medida de internação. Aliás, o art. 122, *caput*, diz que esta "poderá" e não "deverá" ser aplicada.

A ADI 3446 proposta perante o STF, além de outros artigos analisados anteriormente[449], impugnava os incisos II e III do art. 122 do ECA por entender que eles violavam a proporcionalidade. A Corte Suprema julgou improcedente a ação, pois reputou que as hipóteses autorizadoras da medida socioeducativa de internação foram objeto da margem de discricionariedade do legislador e que a restrição de liberdade de adolescente autor de ato infracional deve ser vista como último recurso, de acordo com os princípios da excepcionalidade, brevidade e respeito à condição peculiar de pessoa em desenvolvimento[450].

Para melhor estudo das hipóteses autorizadoras da medida socioeducativa de internação, cada inciso será analisado individualmente:

2.11.14.4.1 Ato infracional cometido com violência ou grave ameaça à pessoa (inciso I)

A situação retrata os atos infracionais considerados mais graves, tais como homicídio, latrocínio, roubo, extorsão, estupro, lesão corporal de natureza grave[451], tortura etc.

Para a incidência deste inciso, basta o cometimento de um ato infracional, desde que seja com violência ou grave ameaça à pessoa e não contra a coisa. Logo, na prática de furto qualificado com rompimento de obstáculo, há violência contra a coisa, sendo incabível a internação.

Conforme pacífica jurisprudência do STJ, demonstrada a violência ou grave ameaça à pessoa, torna-se viável a internação do adolescente, ainda que o ato infracional ocorra na modalidade tentada[452].

No ato infracional de roubo mediante o emprego de arma de fogo, ainda que não seja proferida ameaça, o STJ entende que o uso da arma já implica ameaça, o que possibilita a internação[453].

O ato infracional de lesão corporal no âmbito de violência doméstica (art. 129, § 9º, do CP) possibilita a medida socioeducativa de internação, por ser praticado mediante violência, segundo entendimento do STJ[454].

Os atos infracionais de vias de fato, ameaça e lesão corporal de natureza leve caracterizam-se como crimes de menor potencial ofensivo (art. 61 da Lei 9.099/1995). Não obstante, embora estes atos sejam praticados com violência ou grave ameaça à pessoa, não podem admitir, por si só, a medida socioeducativa de internação, com o fim de evitar tratamento mais severo ao adolescente em relação ao imputável, o que é vedado pelo art. 35, I, da Lei do Sinase[455]. Neste mesmo sentido, posiciona-se a doutrina[456] e a jurisprudência do STJ[457].

---

449 Os demais artigos questionados foram os arts. 16, I, e 230, ambos do ECA, que foram abordados no item 2.3.2.1, e os arts. 105, 136 e 138, todos do ECA, que foram objeto de análise no item 2.9.2.

450 ADI 5359, Pleno, Rel. Min. Gilmar Mendes, j. 08.08.2019 (Informativo 946 do STF).

451 STJ, HC 397.877/MS, 6ª T., Rel. Min. Nefi Cordeiro, *DJe* 13.09.2017.

452 HC 251.716/DF, 5ª T., Rel. Min. Joel Ilan Paciornik, *DJe* 28.04.2016; RHC 66.670/ES, 5ª T., Rel. Min. Reynaldo Soares da Fonseca, *DJe* 09.03.2016; HC 332.176/DF, 5ª T., Rel. Min. Ribeiro Dantas, *DJe* 13.11.2015.

453 AgInt no AREsp 859.544/MG, 5ª T., Rel. Min. Ribeiro Dantas, *DJe* 09.11.2016; RHC 41.903/SP, 5ª T., Rel. Min. Regina Helena Costa, *DJe* 09.12.2013.

454 AgRg no HC 546.008/SC, 5ª T., Rel. Min. Felix Fischer, *DJe* 23.06.2020; HC 219.465/DF, 5ª T., Rel. Min. Adilson Vieira Macabu (Desembargador convocado do TJRJ), *DJe* 20.03.2012.

455 Art. 35, I, da Lei do Sinase: "A execução das medidas socioeducativas reger-se-á pelos seguintes princípios: I – legalidade, não podendo o adolescente receber tratamento mais gravoso do que o conferido ao adulto".

456 Nesse sentido: SHECAIRA, Sérgio Salomão. *Sistemas de garantias e o direito penal juvenil*. 2. ed. rev. e atual. São Paulo: Editora Revista dos Tribunais, 2015, p. 228. SARAIVA, João Batista Costa. *Compêndio de Direito Penal Juvenil: adolescente e ato infracional*. 4. ed. Porto Alegre: Livraria do Advogado, 2010, p. 175-6.

457 HC 338.517/SP, 6ª T., Rel. Min. Nefi Cordeiro, *DJe* 05.02.2016; HC 284.110/MG, 6ª T., Rel. Min. Marilza Maynard (Desembargadora convocada do TJSE), *DJe* 11.04.2014; HC 99.501/PI, 5ª T., Rel. Min. Jorge Mussi, *DJe* 28.10.2008.

Apesar da prática isolada de ameaça não autorizar a internação, o STJ admitiu a aplicação desta medida ao aluno que ameaçou a professora de morte, incendiou a biblioteca, usou drogas no interior da escola e portava arma de fogo e munições[458]. Do mesmo modo, a Corte já confirmou a possibilidade de internação provisória envolvendo atos infracionais análogos aos crimes de ameaça e lesão corporal, quando há reiterados comportamentos agressivos, descumprimento de regras institucionais e ameaças a funcionários e educadores, de forma a evidenciar risco à segurança de terceiros[459].

No ato infracional equiparado ao crime de **estupro de vulnerável** (art. 217-A do CP), a violência é presumida, sendo de natureza absoluta, consoante entendimento do STJ, julgado sob o rito de recurso repetitivo[460] e Súmula 593:

> **Súmula 593:** O crime de estupro de vulnerável se configura com a conjunção carnal ou prática de ato libidinoso com menor de 14 anos, sendo irrelevante eventual consentimento da vítima para a prática do ato, sua experiência sexual anterior ou existência de relacionamento amoroso com o agente.

Sobre o tema, o STJ admite a medida socioeducativa de internação, pois no estupro de vulnerável há o emprego de violência e grave ameaça, ainda que de natureza presumida[461]. Filiamo-nos a esse posicionamento, tendo em vista a inegável violência sofrida pela vítima, além de eventual ameaça proferida para a manutenção do silêncio quanto ao ato.

Em sentido contrário, há quem sustente a impossibilidade de internação, "por conta da ausência de violência física: não houve violência à pessoa, mas substituição dos elementos do tipo legal de crime"[462].

2.11.14.4.2 Reiteração no cometimento de outras infrações graves (inciso II)

Para a incidência deste inciso, é indiferente que o ato infracional seja cometido com violência ou grave ameaça a pessoa, bastando que os atos infracionais sejam graves.

O inciso emprega a expressão "reiteração", que o ECA não definiu, diferentemente do Código Penal, que dispõe acerca da "reincidência". Em razão dessa omissão, surgiu o debate sobre quantos atos infracionais configuram a "reiteração".

O STJ entende que, como o ECA não estabeleceu um número mínimo, basta a prática antecedente de um ato infracional e a análise do caso concreto pelo juiz para justificar a medida socioeducativa de internação[463].

Na mesma esteira, o STF também já decidiu que um ato infracional anterior é o suficiente para qualificar como reiteração[464].

Diante disso, podemos afirmar que, para a atual jurisprudência do STF e do STJ, a prática de **um ato infracional anterior é o suficiente para caracterizar a "reiteração" do inciso II do art. 122**.

---

[458] HC 403.518/SC, 6ª T., Rel. Min. Maria Thereza de Assis Moura, *DJe* 18.09.2017.

[459] AgRg no RHC 204.941/MG, 6ª T., Rel. Min. Og Fernandes, *DJEN* 02.12.2024.

[460] REsp 1.480.881/PI, 3ª S., Rel. Min. Rogerio Schietti Cruz, *DJe* 10.09.2015.

[461] AgRg no AREsp 1.409.791/RS, 6ª T., Rel. Min. Laurita Vaz, *DJe* 19.11.2019; AgRg no HC 480.580/SP, 6ª T., Rel. Min. Nefi Cordeiro, *DJe* 18.02.2019; AgRg no AREsp 774.961/RS, 6ª T., Rel. Min. Ericson Maranhão (Desembargador convocado do TJSP), *DJe* 18.02.2016; HC 325.907/SP, 6ª T., Rel. Min. Maria Thereza de Assis Moura, *DJe* 03.11.2015.

[462] FULLER, Paulo Henrique Aranda. *Estatuto da Criança e do Adolescente comentado*. São Paulo: Editora Revista dos Tribunais, 2017, p. 321.

[463] RHC 76.252/MG, 5ª T., Rel. Min. Reynaldo Soares da Fonseca, *DJe* 01.02.2017; AgRg no AREsp 837.060/SP, 5ª T., Rel. Min. Jorge Mussi, *DJe* 01.02.2017; AgRg no HC 496.822/SP, Rel. Min. Laurita Vaz, *DJe* 02.08.2019; HC 479.048/SC, 6ª T., Rel. Min. Antonio Saldanha Palheiro, *DJe* 01.03.2019; HC 373.531/RJ, 6ª T., Rel. Min. Antonio Saldanha Palheiro, j. 17.11.2016, *DJe* 30.11.2016; HC 290.350/SP, 6ª T., Rel. Min. Rogerio Schietti Cruz, j. 15.12.2016, *DJe* 02.02.2017.

[464] HC 94.447, 1ª T., Rel. Min. Luiz Fux, *DJe* 06.05.2011; HC 84.218/SP, 1ª T., Rel. Min. Joaquim Barbosa, *DJ* 18.04.2008.

Questão também controvertida no âmbito doutrinário recai sobre a **necessidade do trânsito em julgado** do ato infracional anterior que impôs medida socioeducativa. Assim, indaga-se: o termo "reiteração" é sinônimo de "reincidência"? Há dois posicionamentos:

1) parcela da doutrina sustenta que, como o ECA utilizou a expressão "reiteração" e não "reincidência", instituto previsto no Código Penal, não há similitude entre as expressões. Portanto, comungamos do entendimento de que basta a sentença de procedência da prática de um ato infracional, independentemente do trânsito em julgado da sentença de ato anterior[465];

2) outra parte da doutrina entende que há necessidade do trânsito em julgado do primeiro ato infracional, tal como exigido na reincidência, sob pena de se aplicar tratamento mais gravoso ao adolescente do que ao adulto[466].

Sobre o tema, após oscilação de entendimento das 5ª e 6ª Turmas do STJ[467], atualmente, a jurisprudência da Corte está pacífica no sentido de **desnecessidade do trânsito em julgado** para a caracterização de "reiteração" de outras infrações graves, sendo **suficiente a prévia aplicação de medida socioeducativa em um processo anterior**, desde que evidenciada a necessidade da medida de internação[468].

Como exposto, o inciso II do art. 122 menciona "reiteração", termo que significa repetir, de modo que basta a prática dos atos infracionais, sendo dispensável o trânsito em julgado. Aliás, o ECA, quando exige o trânsito em julgado, o menciona expressamente (arts. 47, § 7º; 52, § 9º; 197-E, § 5º; 213, § 3º; 214, § 1º; 217), o que não fez nesse inciso, a demonstrar que basta a reiteração. Logo, inexiste necessidade da reincidência, sendo suficiente que o Judiciário tenha julgado o processo e considerado o adolescente o autor do ato infracional.

Por seu turno, a **remissão** cumulada com medida socioeducativa não implica reiteração de atos infracionais. Isto porque, o art. 127 diz que ela não prevalece para fins de antecedentes, sendo pacífico o tema no STJ[469].

Este inciso exige que os atos infracionais sejam "graves", porém não os elenca. Contudo, é prescindível que os atos sejam cometidos com violência ou grave ameaça à pessoa, conforme exigido pelo inciso I do art. 122.

---

465 Nesse sentido, confiram-se: MORAES, Bianca Mota de; RAMOS, Helane Vieira. A prática de ato infracional. In: MACIEL, Kátia Regina Ferreira Lobo Andrade (coord.). *Curso de direito da criança e do adolescente*: aspectos teóricos e práticos. 9. ed. rev. e atual. São Paulo: Saraiva, 2016, p. 1.150; SHECAIRA, Sérgio Salomão. *Sistemas de garantias e o direito penal juvenil*. 2. ed. rev. e atual. São Paulo: Editora Revista dos Tribunais, 2015, p. 231; ISHIDA, Válter Kenji. *Estatuto da Criança e do Adolescente*: doutrina e jurisprudência. 17. ed. rev., ampl. e atual. Salvador: JusPodivm, 2016, p. 365.

466 Nesse sentido, vejam-se: NOGUEIRA, Paulo Lúcio. *Estatuto da Criança e do Adolescente comentado: Lei n. 8.069, de 13 de julho de 1990*. 4. ed., aum. e atual. São Paulo: Saraiva, 1998, p. 193. LIBERATI, Wilson Donizeti. *Comentários ao Estatuto da Criança e do Adolescente*. 12. ed. São Paulo: Malheiros Editores, 2015, p. 153.

467 **Necessidade do trânsito em julgado:** AgRg no HC 450.910/SP, 6ª T., Rel. Min. Nefi Cordeiro, *DJe* 21.11.2018 HC 388.762/ES, 5ª T. Rel. Min. Felix Fischer, *DJe* 27.04.2017; AgInt no AREsp 840.388/SC, 6ª T., Rel. Min. Antônio Saldanha Palheiro, *DJe* 24.11.2016; HC 310.309/SP, 6ª T., Rel. Min. Sebastião Reis Júnior, *DJe* 04.08.2015. **Desnecessidade do trânsito em julgado:** AgInt no HC 446.320/SP, 5ª T., Rel. Min. Jorge Mussi, *DJe* 12.11.2018; HC 441.252/MS, 6ª T., Rel. Min. Nefi Cordeiro, *DJe* 22.08.2018; HC 305.987/RJ, 5ª T., Rel. Min. Walter de Almeida Guilherme (Desembargador convocado do TJSP), *DJe* 27.11.2014; RHC 37.213/ES, 5ª T., Rel. Min. Laurita Vaz, *DJe* 19.11.2013.

468 AgRg no HC 928.605/AL, 5ª T., Rel. Min. Ribeiro Dantas, *DJEN* 03.12.2024; AgRg no HC 679.557/SC, 5ª T., Rel. Min. Reynaldo Soares da Fonseca, *DJe* 04.10.2021; AgRg no HC 528.501/SP, 5ª T., Rel. Min. Reynaldo Soares da Fonseca, *DJe* 24.10.2019; AgRg no AREsp 1.484.530/ES, 5ª T., Rel. Min. Ribeiro Dantas, *DJe* 23.08.2019; HC 478.937/SP, 6ª T., Rel. Min. Laurita Vaz, *DJe* 10.04.2019; HC 461.241/SP, 6ª T., Rel. Min. Laurita Vaz, *DJe* 22.02.2019.

469 HC 451.376/SP, 5ª T., Rel. Min. Reynaldo Soares da Fonseca, *DJe* 15.08.2018; HC 374.981/SP, 5ª T., Rel. Min. Ribeiro Dantas, *DJe* 23.02.2017; HC 370.857/SP, 6ª T., Rel. Min. Rogerio Schietti Cruz, *DJe* 18.11.2016.

De acordo com a jurisprudência do STJ, qualificam-se como graves os atos infracionais análogos aos crimes de furto[470], porte ilegal de arma de fogo[471], tráfico de drogas[472], receptação[473], associação criminosa[474], lesão corporal[475], ameaça[476], direção de veículo automotor sem habilitação em concurso com desobediência[477], dentre outros.

Por derradeiro, quanto ao ato infracional análogo à conduta tipificada no art. 28 da Lei 11.343/2006 (porte de droga para consumo próprio), com exceção de posse de até 40 gramas de maconha ou 6 plantas fêmeas (presunção relativa)[478], por inexistir a previsão de pena restritiva de liberdade, inviável qualificar-se como infração grave para autorizar a internação fundamentada no inciso II do art. 122 do ECA. Afinal, se o imputável não fica sujeito à prisão, o adolescente não poderá receber tratamento mais gravoso. Nesse sentido, há julgado do STF[479].

2.11.14.4.3 Descumprimento reiterado e injustificável da medida (inciso III)

Denomina-se **"internação-sanção"** a medida que se aplica quando o adolescente não cumpre a medida socioeducativa inicialmente imposta. Atua como uma "punição" pelo descumprimento da medida socioeducativa anteriormente estabelecida[480].

Esta modalidade tem o **prazo máximo de 3 (três) meses** (art. 122, § 1º), **não possuindo prazo mínimo**.

A lei exige que o descumprimento seja "reiterado", ou seja, um único ato não enseja a internação-sanção[481], mas a partir do segundo descumprimento já é possível decretá-la[482].

Além de reiterado, a relutância no cumprimento da medida deve ser "injustificável". Portanto, antes da decretação da regressão do adolescente para a internação-sanção, deve-se observar o devido processo legal, ouvindo-se o adolescente sobre as razões de seu inadimplemento (art. 122, 1º, do ECA, art. 43, § 4º, da Lei do Sinase e Súmula 265 do STJ).

Atenção

Segundo o STJ, caso, regularmente intimado, o adolescente não compareça à audiência de justificação, é admissível a decretação da internação-sanção, tendo em vista que foi oportunizada a sua defesa[483].

Noutro giro, quando o adolescente não é encontrado para ser intimado da audiência por estar em local incerto e não sabido, é possível a expedição de mandado de busca e apreensão para possibilitar a realização da audiência de justificação, oportunidade em que será decidida acerca da internação-sanção[484].

---

470 AgRg no REsp 1.593.923/MG, 5ª T., Rel. Min. Reynaldo Soares da Fonseca, *DJe* 05.12.2016.

471 HC 327.097/DF, 5ª T., Rel. Min. Ribeiro Dantas, *DJe* 24.08.2016. Em sentido contrário: AgRg no AREsp 2.080.776/AL, 6ª T., Rel. Min. Olindo Menezes (Desembargador convocado do TRF 1ª Região), *DJe* 24.06.2022.

472 RHC 76.252/MG, 5ª T., Rel. Min. Reynaldo Soares da Fonseca, *DJe* 01.02.2017.

473 HC 331.473/DF, 5ª T., Rel. Min. Reynaldo Soares da Fonseca, *DJe* 10.02.2016.

474 HC 269.318/PE, 5ª T., Rel. Min. Laurita Vaz, *DJe* 23.08.2013.

475 HC 302.696/SP, 5ª T., Rel. Min. Joel Ilan Paciornik, *DJe* 14.10.2016.

476 HC 160.292/MG, 5ª T., Rel. Min. Jorge Mussi, *DJe* 02.06.2011.

477 HC 436.276/MG, 6ª T., Rel. Min. Antonio Saldanha Palheiro, *DJe* 04.06.2018.

478 RE 635.659/SP, Tribunal Pleno, Rel. Min. Gilmar Mendes, *DJe* 27.09.2024.

479 HC 124.682/SP, 2ª T., Rel. Min. Celso de Mello, *DJe* 25.02.2015.

480 No mesmo sentido: LIBERATI, Wilson Donizeti. *Processo penal juvenil. A garantia da legalidade na execução da medida socioeducativa.* São Paulo: Malheiros Editores, 2006, p. 192; CARVALHO, Jeferson Moreira de. *Estatuto da Criança e do Adolescente*: manual funcional. 3. ed. rev. e atual. Belo Horizonte: Del Rey, 2012, p. 38.

481 STJ, HC 252.038/DF, 6ª T., Rel. Min. Assusete Magalhães, *DJe* 10.02.2014.

482 STJ, HC 280.970/SP, 6ª T., Rel. Min. Marilza Maynard (Desembargadora convocada do TJSE), *DJe* 10.04.2014.

483 STJ, HC 306.772/SP, 6ª T., Rel. Min. Maria Thereza de Assis Moura, *DJe* 12.12.2014.

484 STJ, HC 369.160/SP, 6ª T., Rel. Min. Nefi Cordeiro, *DJe* 10.11.2016; HC 313.714/SP, 5ª T., Rel. Min. Reynaldo Soares da Fonseca, *DJe* 31.05.2016.

Há divergência doutrinária quanto à **manutenção da medida socioeducativa aplicada anteriormente, após o cumprimento desta restrição de liberdade**, existindo duas posições:

1) a primeira entende que a internação-sanção **tem natureza instrumental**, de forma que ela não substitui a medida socioeducativa imposta originalmente, cujo cumprimento se reinicia após ultrapassado o prazo fixado para a internação-sanção[485];
2) a segunda defende que, **uma vez atingido o prazo máximo de 3 (três) meses da internação-sanção**, há a extinção da medida socioeducativa inicialmente imposta[486].

Adotamos a segunda posição, haja vista que, se o adolescente cumpriu o período máximo da internação-sanção, não se demonstra proporcional a retomada do cumprimento da medida inicialmente imposta. Ademais, se fosse adulto, o descumprimento da pena restritiva de direito importaria na conversão em pena privativa de liberdade, não subsistindo aquela pena. Portanto, considerando que não se pode dar tratamento mais gravoso ao adolescente infrator (art. 35, I, da Lei do Sinase), não se justifica a manutenção da medida reiteradamente descumprida.

Outra questão controvertida é sobre a possibilidade de aplicação da internação-sanção na hipótese da medida socioeducativa decorrente de **remissão**, havendo dois entendimentos:

1) o primeiro afirma que o art. 127 prescreve: "A remissão não implica necessariamente no reconhecimento ou comprovação da responsabilidade, nem prevalece para efeito de antecedentes". Ademais, o art. 122, III, estabelece que o descumprimento deve ser de medida anteriormente "imposta", o que não ocorre com a remissão, na qual há acordo sobre a medida socioeducativa. Assim, pondera que, em havendo seu descumprimento, há necessidade da revogação da remissão e a retomada do procedimento de apuração de ato infracional, sob pena de afronta ao devido processo legal. Este é o posicionamento do **STJ**[487].
2) o segundo sustenta que o art. 128 do ECA admite a revisão judicial da remissão e a internação-sanção tem o caráter de coação do adolescente ao cumprimento da medida, sob pena de impunidade. Portanto, caracterizado o descumprimento reiterado e injustificado da medida socioeducativa cumulada com a remissão, cabível a referida modalidade de internação[488].

Comungamos do primeiro entendimento, uma vez que, em similitude com a hipótese de descumprimento da transação penal (Súmula Vinculante 35 do STF), deve haver a revogação da remissão e a retomada da marcha processual, sendo incabível a aplicação da internação-sanção.

---

485 Nesse sentido: SHECAIRA, Sérgio Salomão. *Sistemas de garantias e o direito penal juvenil*. 2. ed. rev. e atual. São Paulo: Editora Revista dos Tribunais, 2015, p. 232.

486 Nesse sentido: SILVA, José Luiz Mônaco da. *Estatuto da criança e do adolescente*: 852 perguntas e respostas. São Paulo: Editora Juarez de Oliveira, 2000, p. 167; DIGIÁCOMO, Murilo José. DIGIÁCOMO, Ildeara de Amorim. *Estatuto da criança e do adolescente anotado e interpretado*. 6. ed. Curitiba: Ministério Público do Estado do Paraná. Centro de Apoio Operacional das Promotorias da Criança e do Adolescente, 2013, p. 190.

487 RHC 73.558/MG, 6ª T., Rel. Min. Antonio Saldanha Palheiro, *DJe* 18.11.2016; HC 348.143/SP, 6ª T., Rel. Min. Rogerio Schietti Cruz, *DJe* 18.04.2016; HC 68.182/SP, 5ª T., Rel. Min. Arnaldo Esteves Lima, *DJ* 18.12.2006.

488 TJDFT, HC 20170020136566HBC, 1ª T. Criminal, Rel. Romão C. Oliveira, *DJE* 14.08.2017. TJMG, HC 1.0000.14.096414-9/000, 1ª Câmara Criminal, Rel. Des. Walter Luiz, p. 30.01.2015; AI 1.0024.06.113555-4/001, 1ª Câmara Criminal, Rel. Des. Eduardo Brum, j. 30.05.2008. TJRS, HC 70051520419, 7ª Câmara Cível, Rel. Sérgio Fernando de Vasconcellos Chaves, *DJ* 28.11.2012.

Noutro giro, o STJ[489] e a doutrina[490] entendem que o **prazo** da internação-sanção deve ser **certo**, cabendo ao juiz, analisadas as circunstâncias do caso concreto, fixar o período da medida.

Também é controvertido na doutrina se **o novo descumprimento da mesma medida socioeducativa inicialmente imposta possibilita nova internação-sanção**, existindo duas correntes:

1) a primeira defende que, se houver novo descumprimento da medida socioeducativa originalmente imposta, há possibilidade de renovação da internação-sanção[491];
2) a segunda afirma que é possível a decretação de nova internação-sanção, desde que respeitado o prazo máximo global de 3 (três) meses da medida[492]. Filiamo-nos a esta corrente, pois, segundo ressaltado acima, a internação-sanção perde a sua natureza instrumental se o adolescente a cumpre pelo período máximo estipulado pelo descumprimento da medida imposta inicialmente. Portanto, se num primeiro momento o adolescente cumpre a internação-sanção pelo prazo de um mês e deixa de retomar o cumprimento da medida em meio aberto ou de semiliberdade, mostra-se possível nova decretação de sua internação-sanção pelo prazo máximo de dois meses. Cumprido integralmente o prazo máximo, haverá a extinção da medida inicialmente imposta.

Entretanto, se o juiz optar pela **substituição** da medida ou sua regressão, a internação será por prazo indeterminado, com reavaliação no máximo a cada 6 (seis) meses[493].

Por último, se o adolescente cumpriu medida socioeducativa de internação e progrediu para outra medida mais branda, porém, a descumpriu reiterada e injustificadamente, também será possível a decretação da internação-sanção[494].

2.11.14.5 Tráfico de drogas

O tema referente ao ato infracional de tráfico de drogas e a possibilidade de imposição de medida socioeducativa de internação está sedimentado na Súmula 492 do STJ: "O ato infracional análogo ao tráfico de drogas, por si só, não conduz obrigatoriamente à imposição de medida socioeducativa de internação do adolescente".

Da leitura da Súmula, conclui-se que, em regra, o ato infracional análogo ao crime de tráfico de drogas, por não envolver violência ou grave ameaça a pessoa, não admite a medida

[489] HC 40.602/SP, 6ª T., Rel. Min. Hélio Quaglia Barbosa, *DJ* 05.09.2005; HC 10.972/SP, 6ª T., Rel. Min. Fernando Gonçalves, *DJ* 21.02.2000.

[490] Nesse sentido: SHECAIRA, Sérgio Salomão. *Sistemas de garantias e o direito penal juvenil.* 2. ed. rev. e atual. São Paulo: Editora Revista dos Tribunais, 2015, p. 223; LAMENZA, Francismar; MACHADO, Antônio Cláudio da Costa (org.). *Estatuto da Criança e do Adolescente interpretado*: artigo por artigo, parágrafo por parágrafo. Barueri: Manole, 2012, p. 211.

[491] LAMENZA, Francismar; MACHADO, Antônio Cláudio da Costa (org.). *Estatuto da Criança e do Adolescente interpretado*: artigo por artigo, parágrafo por parágrafo. Barueri: Manole, 2012, p. 211; MARÇURA, Jurandir Norberto. MUNIR, Cury. PAULA, Paulo Afonso Garrido de. *Estatuto da Criança e do Adolescente Anotado.* 2. ed. rev. e atual. São Paulo: Editora Revista dos Tribunais, 2000, p. 112.

[492] NUCCI, Guilherme de Souza. *Estatuto da Criança e do Adolescente comentado*: em busca da Constituição Federal das crianças e dos adolescentes. 3. ed. rev., atual. e ampl. Rio de Janeiro: Forense, 2016, p. 488; ISHIDA, Válter Kenji. *Estatuto da Criança e do Adolescente*: doutrina e jurisprudência. 16. ed. São Paulo: Atlas, 2015, p. 315.

[493] Este tema será tratado no item 2.13.6.

[494] STJ, HC 280.970/SP, 6ª T., Rel. Min. Marilza Maynard (Desembargadora convocada do TJSE), *DJe* 10.04.2014; HC 211.957/SP, 5ª T., Rel. Min. Laurita Vaz, *DJe* 15.03.2012; HC 98.683/SP, 5ª T., Rel. Min. Laurita Vaz, *DJe* 28.06.2010. No mesmo sentido: LIBERATI, Wilson Donizeti. *Processo penal juvenil. A garantia da legalidade na execução da medida socioeducativa.* São Paulo: Malheiros Editores, 2006, p. 194-5.

socioeducativa de internação, sendo pacífica a jurisprudência do STJ, possibilitando, todavia, a medida socioeducativa de **semiliberdade**[495].

No entanto, a Súmula também não afasta a possibilidade da decretação da medida de internação nestes casos, tanto que o enunciado diz "por si só".

Logo, a aplicação desta medida é admissível se houver outros elementos concretos da sua necessidade, como ocorre quando o adolescente foi liberado recentemente pela prática de tráfico de drogas e reiterou neste ato infracional:

> Não há que se falar em constrangimento ilegal quando, embora se trate de ato infracional cometido sem violência ou grave ameaça à pessoa, a sentença, seguindo as orientações do Estatuto da Criança e do Adolescente, aplicou a medida socioeducativa mais apropriada ao caso concreto, uma vez que **o Magistrado fez constar que o adolescente possuía outro registro na Vara da Infância e Juventude, inclusive por ato equiparado ao tráfico de drogas, no qual havia sido concedida a liberdade há pouco tempo.** Sem falar que o local onde o adolescente foi apreendido, segundo os depoimentos dos policiais, é dominado pela facção do Comando Vermelho (grifou-se)[496].

Nota-se que, no referido julgado, o adolescente apenas tinha outro registro de ato infracional, sem o trânsito em julgado. Embora o julgado e o voto não tenham explicitado o inciso do art. 122, entendemos que a hipótese autorizativa foi a reiteração de ato infracional (inciso II), pois, como vimos, basta a prática de um segundo ato infracional para sua caracterização.

Em outra oportunidade, o STJ admitiu a internação provisória quando o adolescente fora apreendido com vultosa quantidade e diversidade de drogas (388g de maconha, 120g de cocaína e 154g de *crack*), e ostentava outras representações contra si, inclusive pela prática de ato infracional análogo ao crime de tráfico de drogas, e beneficiado anteriormente com remissões[497].

Assim, vê-se que, à luz do caso concreto e considerando os princípios da proporcionalidade e da atualidade (art. 100, parágrafo único, VIII, do ECA), é admissível, em tese, a aplicação da medida socioeducativa de internação e, por consequência, da internação provisória, em decorrência da prática de ato infracional análogo ao crime de tráfico de drogas, independentemente de condenação anterior, bastando, para tanto, a existência de outras representações em desfavor do adolescente e desde que tal medida se mostre necessária para um acompanhamento estatal.

Na hipótese de reiteração de atos infracionais graves (inciso II), específicos ou não, incluindo a prática de tráfico de drogas, a jurisprudência do STJ é pacífica sobre a possibilidade da imposição da medida socioeducativa de internação[498]. Para tanto, exige-se fundamentação adequada quanto à necessidade da medida extrema, especialmente diante do histórico de infrações da mesma natureza e da demonstração de que o adolescente não se recuperou mediante a aplicação de medidas mais brandas[499].

Há doutrinadores que defendem a possibilidade de decretar a internação mesmo que o adolescente não tenha passagem anterior, por considerarem que a conduta do traficante representa uma violência contra a sociedade:

> Um caso concreto com que se deparam aqueles que atuam na área e enfrentam todos os dias é o do adolescente traficante de drogas. Aquele que, além de estar estragando sua vida pela conduta infracional

---

[495] HC 374.981/SP, 5ª T., Rel. Min. Ribeiro Dantas, *DJe* 23.02.2017; HC 376.612/SP, 6ª T., Rel. Min. Antonio Saldanha Palheiro, *DJe* 02.02.2017; HC 371.964/SP, 6ª T., Rel. Min. Nefi Cordeiro, *DJe* 07.12.2016.

[496] STJ, RHC 76.516/RJ, 6ª T., Rel. Min. Sebastião Reis Júnior, *DJe* 02.02.2017.

[497] AgRg no HC 567.090/SC, 5ª T., Rel. Min. Reynaldo Soares da Fonseca, *DJe* 30.06.2020.

[498] HC 408.792/MS, 5ª T., Rel. Min. Reynaldo Soares da Fonseca, *DJe* 27.09.2017; HC 290.350/SP, 6ª T., Rel. Min. Rogerio Schietti Cruz, *DJe* 02.02.2017; AgRg no AREsp 837.060/SP, 5ª T., Rel. Min. Jorge Mussi, *DJe* 01.02.2017; AgRg no AREsp 837.060/SP, 5ª T., Rel. Min. Jorge Mussi, *DJe* 01.02.2017.

[499] HC 814.600/SP, 5ª T., Rel. Min. Daniela Teixeira, *DJEN* 10.12.2024.

que pratica, em regra, de maneira permanente, também está acabando com a vida de outras pessoas, em regra, também adolescentes e crianças, que pela própria condição de pessoa em desenvolvimento, portanto, ausente a maturidade, se deixam enganar por aquele que trafica.

A conduta infracional do adolescente traficante não se caracteriza por uma violência física à pessoa, mas, sim, por violência espiritual, moral, intelectual e social, agindo também como uma violência contra a sociedade, que além de conviver com o traficante, passa também a conviver com as vítimas do tráfico (grifou-se)[500].

Nesse sentido, também há julgados dos Tribunais de Justiça dos Estados de São Paulo[501], Rio de Janeiro[502] e Rio Grande do Sul[503].

O STF, por seu turno, entende que é incabível a medida socioeducativa de internação pela prática de tráfico de drogas, quando se tratar de fato isolado[504].

2.11.14.6 *Prazo da internação e sua reavaliação*

Com exceção da internação-sanção, cujo prazo máximo é de 3 (três) meses (art. 122, § 1º), na internação por prazo indeterminado, o art. 121, § 3º, explicita que, "Em nenhuma hipótese o período máximo de internação excederá a três anos".

De acordo com este dispositivo, não se admite qualquer extrapolação do prazo de 3 (três) anos. Todavia, na hipótese em que o adolescente pratica novo ato infracional durante o cumprimento da execução da medida socioeducativa de internação e lhe é imposta nova internação (art. 45, § 1º, da Lei do Sinase), torna-se possível a sua internação por prazo superior, conforme será analisado no item 2.13.7.

A sentença que impõe a medida socioeducativa de internação não fixa prazo de cumprimento, constando apenas que será por **tempo indeterminado**, o que, aliás, é preconizado pelo art. 121, § 2º: "A medida não comporta prazo determinado".

Computa-se no prazo da internação por prazo indeterminado o período em que o adolescente permaneceu internado provisoriamente, pois o limite da medida é de 3 (três) anos[505].

De igual modo, também é computado no prazo máximo de 3 (três) anos da medida socioeducativa de internação o período que o adolescente, por superveniente determinação, permaneceu em tratamento médico de doença mental, em ambiente hospitalar. Para tanto, consideram-se os princípios da legalidade e da brevidade, previstos na Lei do Sinase (art. 35), bem como a aplicação analógica do art. 183 da LEP[506] e da Súmula 527 do STJ[507], sob pena de o adolescente ter um regramento mais severo que um adulto[508].

---

[500] CARVALHO, Jeferson Moreira de. *Estatuto da Criança e do Adolescente*: manual funcional. 3. ed. rev. e atual. Belo Horizonte: Del Rey, 2012, p. 35-36. No mesmo sentido: MORAES, Bianca Mota de. RAMOS, Helane Vieira. In: MACIEL, Kátia Regina Ferreira Lobo Andrade (coord.). *Curso de direito da criança e do adolescente*: aspectos teóricos e práticos. 9. ed. rev. e atual. São Paulo: Saraiva, 2016, p. 1.161-2; FERNANDES. Márcio Mothé. *Ação socioeducativa pública. Inovação do Estatuto da Criança e do Adolescente*. 2. ed. rev., ampl. e atual. Rio de Janeiro: Editora Lumen Juris, 2002, p. 110.

[501] Apelação Cível 1619900200, Rel. Des. Moreira de Carvalho, p. 16.07.2008.

[502] Apelação 0019704-39.2013.8.19.0066, 1ª Câmara Criminal, Rel. Des. Marcus Henrique Pinto Basílio, p. 10.04.2014.

[503] Apelação Cível 70070467774, Rel. Des. Rui Portanova, j. 29.09.2016; Apelação Cível 70066069717, Rel. Des. Sandra Brisolara Medeiros, j. 18.05.2016.

[504] HC 129.148/SP, 2ª T., Rel. Min. Teori Zavascki, *DJe* 05.02.2016; HC 126.910/SP, 2ª T., Rel. Min. Gilmar Mendes, *DJe* 13.05.2015.

[505] STJ, AgRg no Ag 442.435/DF, 6ª T., Rel. Min. Paulo Medina, *DJ* 07.06.2004; HC 12.595/SP, 6ª T., Rel. Min. Hamilton Carvalhido, *DJ* 13.08.2001.

[506] Art. 183 da LEP: "Quando, no curso da execução da pena privativa de liberdade, sobrevier doença mental ou perturbação da saúde mental, o Juiz, de ofício, a requerimento do Ministério Público, da Defensoria Pública ou da autoridade administrativa, poderá determinar a substituição da pena por medida de segurança".

[507] Súmula 527 do STJ: "O tempo de duração da medida de segurança não deve ultrapassar o limite máximo da pena abstratamente cominada ao delito praticado".

[508] STJ, REsp 1.956.497/PR, 5ª T., Rel. Min. Ribeiro Dantas, *DJe* 08.04.2022.

A medida de internação deve ser reavaliada pela equipe técnica da entidade no máximo a cada 6 (seis) meses (art. 121, § 2º), sendo decidida pela autoridade judiciária a necessidade da sua manutenção (art. 42 da Lei do Sinase), limitada a 3 (três) anos, salvo imposição de nova internação por ato infracional praticado durante a execução da medida[509].

2.11.14.7 Consequências com o cumprimento do prazo de 3 (três) anos

Atingido o prazo máximo de 3 (três) anos de cumprimento da medida socioeducativa de internação, de acordo com o art. 121, § 4º, "o adolescente deverá ser liberado, colocado em regime de semiliberdade ou de liberdade assistida". Portanto, este dispositivo confere três possibilidades:

1) caso o juízo da execução entenda que a medida socioeducativa de internação cumpriu a sua finalidade (art. 46, II, da Lei do Sinase), é admissível a extinção da medida socioeducativa, sem a necessidade de imposição de outra, sendo o adolescente **liberado**; ou
2) conversão da medida de internação em **semiliberdade**, como forma de transição da restrição total de liberdade para restrição parcial. Assim, em tese, o adolescente pode permanecer 3 (três) anos em regime de internação e mais 3 (três) anos com a privação parcial da sua liberdade; ou
3) conversão da medida de internação em **liberdade assistida** e o adolescente já é posto em liberdade, iniciando o cumprimento da medida em meio aberto.

Por oportuno, registre-se que, de acordo com o art. 121, § 6º, "Em qualquer hipótese a desinternação será precedida de autorização judicial, ouvido o Ministério Público".

2.11.14.8 Transtorno mental e interdição no cível

Cumprido o prazo máximo da medida socioeducativa de internação, se houver decisão/sentença do juízo cível em ação de interdição, é possível que o então adolescente infrator com transtorno mental, seja submetido a internação psiquiátrica compulsória em hospital adequado, por força da Lei 10.216, de 6 de abril de 2001. Cita-se o seguinte trecho do julgado do STJ:

> A internação compulsória em sede de ação de interdição, como é o caso dos autos, não tem caráter penal, não devendo ser comparada à medida de segurança ou à medida socioeducativa à que esteve submetido no passado o paciente em face do cometimento de atos infracionais análogos a homicídio e estupro. Não se ambiciona nos presentes autos aplicar sanção ao ora paciente, seja na espécie de pena, seja na forma de medida de segurança. Por meio da interdição civil com internação compulsória resguarda-se a vida do próprio interditando e, secundariamente, a segurança da sociedade[510].

Conforme visto, há necessidade de ajuizamento de ação de interdição com pedido de internação psiquiátrica compulsória, a qual será cumprida em ambiente diverso do local de execução da medida socioeducativa de internação.

2.11.14.9 Cumprimento imediato da medida e recurso de apelação

A matéria afeta a este tópico será amplamente abordada no capítulo sobre recursos, no item 2.18.4.2.

---

[509] O tema "reavaliação" será tratado no item 2.13.5.

[510] HC 169.172/SP, 4ª T., Rel. Min. Luís Felipe Salomão, *DJe* 05.02.2014. No mesmo sentido: HC 135.271/SP, 3ª T., Rel. Min. Sidnei Beneti, *DJe* 04.02.2014.

2.11.14.10 *Liberação compulsória*

A liberação compulsória ocorrerá quando o infrator atingir 21 (vinte e um) anos de idade (art. 121, § 5º), independentemente da existência de medida socioeducativa a ser cumprida[511]. Esta impossibilidade da continuidade da medida socioeducativa denomina-se **prescrição educativa e executiva**[512].

Assim como estudado, o art. 121, § 6º, diz que qualquer desinternação depende de autorização judicial, ouvido o MP. De outra parte, o art. 19 da Resolução 165/2012 do CNJ, preceitua que: "A liberação quando completados os 21 (vinte e um) anos independe de decisão judicial, nos termos do § 5º do art. 121 do Estatuto da Criança e do Adolescente".

Discordamos da Resolução do CNJ, haja vista que sempre há necessidade de ordem judicial, conforme previsão expressa do art. 121, § 6º, tendo em vista que pode existir mandado de prisão expedido em processo criminal ou haver decisão judicial determinando a interdição e a internação compulsória[513].

Em matéria recursal, o STJ já estabeleceu que há a liberação compulsória quando o jovem completa 21 anos, ocasionando a perda superveniente do objeto, o que torna prejudicado o recurso[514].

2.11.14.11 *Atividades externas*

Em regra, a autorização da atividade externa fica a critério da equipe técnica da entidade e, excepcionalmente, haverá determinação judicial em contrário, que poderá ser revista a qualquer momento (art. 121, §§ 1º e 7º).

Se o juízo do processo de conhecimento de apuração de ato infracional tiver elementos para restringir as atividades externas do adolescente, já pode fazê-lo, consoante entendimento do STJ[515]. Todavia, se sobrevier nova informação, nada impede sua revogação ou ampliação pelo juízo da execução, como, por exemplo, em caso de comportamento insatisfatório e evasão da unidade de internação[516].

Por outro lado, o art. 50 da Lei do Sinase, determina:

> **Art. 50.** Sem prejuízo do disposto no § 1º do art. 121 da Lei n. 8.069, de 13 de julho de 1990 (Estatuto da Criança e do Adolescente), a **direção do programa de execução de medida de privação da liberdade** poderá autorizar a **saída, monitorada,** do adolescente nos casos de tratamento médico, doença grave ou falecimento, devidamente comprovados, de pai, mãe, filho, cônjuge, companheiro ou irmão, **com imediata comunicação ao juízo competente** (grifou-se).

Como se vê, nas situações do referido art. 50, haverá a saída monitorada e a decisão será da direção do programa de execução de medida de privação de liberdade, com imediata comunicação ao juízo competente.

---

511 STJ, AgRg no REsp 1.872.380/SC, 6ª T., Rel. Min. Laurita Vaz, *DJe* 04.09.2020.

512 Nesse sentido: DUPRET, Cristiane. *Curso de direito da criança e do adolescente*. 3. ed. Belo Horizonte: Letramento, 2015, p. 208.

513 No mesmo sentido: NUCCI, Guilherme de Souza. *Estatuto da Criança e do Adolescente comentado*: em busca da Constituição Federal das crianças e dos adolescentes. 3. ed. rev., atual. e ampl. Rio de Janeiro: Forense, 2016, p. 467.

514 AgRg no AREsp 1.601.006/SE, 5ª T., Rel. Min. João Otávio de Noronha, *DJe* 30.09.2022; AgRg no AREsp 1.440.011/SE, 6ª T., Rel. Min. Nefi Cordeiro, *DJe* 01.08.2019.

515 HC 133.584/RS, 5ª T., Rel. Min. Napoleão Nunes Maia Filho, *DJe* 02.08.2010 e HC 133.085/RS, 6ª T., Rel. Min. Og Fernandes, *DJe* 22.03.2010.

516 RHC 26.371/RS, 5ª T., Rel. Min. Napoleão Nunes Maia Filho, *DJe* 07.12.2009.

2.11.14.12 Direitos do adolescente internado

O art. 124 elenca, em rol exemplificativo, os direitos do adolescente internado[517].

Dentre eles, destaca-se o inciso VI, o qual preceitua o direito de permanecer internado na mesma localidade ou naquela mais próxima ao domicílio de seus pais ou responsável. O referido inciso deve ser complementado com o art. 49, II, da Lei do Sinase:

> **Art. 49.** São direitos do adolescente submetido ao cumprimento de medida socioeducativa, sem prejuízo de outros previstos em lei: [...]
>
> II – **ser incluído em programa de meio aberto** quando inexistir vaga para o cumprimento de medida de privação da liberdade, **exceto nos casos de ato infracional cometido mediante grave ameaça ou violência à pessoa**, quando o adolescente deverá ser internado em Unidade mais próxima de seu local de residência;

Assim, caso o ato infracional seja cometido **com violência ou grave ameaça à pessoa**, o adolescente poderá ser internado na unidade mais próxima de sua residência.

Por outro lado, quando o ato infracional for praticado **sem violência ou grave ameaça** e inexistir vaga para cumprimento em unidade no local de residência do adolescente, deverá este ser incluído em medida de meio aberto. Nesta hipótese, o STJ possui dois posicionamentos:

1) o primeiro entende que é **relativo o direito** do adolescente de cumprir a medida de internação em unidade mais próxima da residência dos pais ou responsável do adolescente. Esse também é o nosso posicionamento e dos julgados mais recentes do STJ[518];
2) o segundo sustenta que há **ilegalidade na manutenção da internação** do adolescente, se não houver unidade no local de sua residência, a teor do art. 49, II, da Lei do Sinase[519].

O art. 49, § 2º, da Lei do Sinase, dispõe: "A oferta irregular de programas de atendimento socioeducativo em meio aberto não poderá ser invocada como motivo para aplicação ou manutenção de medida de privação de liberdade".

O art. 124, § 1º, do ECA diz: "Em nenhum caso haverá incomunicabilidade do adolescente internado".

No § 2º do citado artigo há a *possibilidade de suspensão temporária de visita*, se existirem motivos sérios e fundados de sua prejudicialidade aos interesses do adolescente.

---

517 Art. 124 do ECA: "São direitos do adolescente privado de liberdade, entre outros, os seguintes: I – entrevistar-se pessoalmente com o representante do Ministério Público; II – peticionar diretamente a qualquer autoridade; III – avistar-se reservadamente com seu defensor; IV – ser informado de sua situação processual, sempre que solicitada; V – ser tratado com respeito e dignidade; VI – permanecer internado na mesma localidade ou naquela mais próxima ao domicílio de seus pais ou responsável; VII – receber visitas, ao menos, semanalmente; VIII – corresponder-se com seus familiares e amigos; IX – ter acesso aos objetos necessários à higiene e asseio pessoal; X – habitar alojamento em condições adequadas de higiene e salubridade; XI – receber escolarização e profissionalização; XII – realizar atividades culturais, esportivas e de lazer: XIII – ter acesso aos meios de comunicação social; XIV – receber assistência religiosa, segundo a sua crença, e desde que assim o deseje; XV – manter a posse de seus objetos pessoais e dispor de local seguro para guardá-los, recebendo comprovante daqueles porventura depositados em poder da entidade; XVI – receber, quando de sua desinternação, os documentos pessoais indispensáveis à vida em sociedade".

518 HC 439.327/SP, 6ª T., Rel. Min. Antonio Saldanha Palheiro, *DJe* 01.06.2018; HC 430.342/SP, 5ª T., Rel. Min. Joel Ilan Paciornik, *DJe* 24.04.2018; HC 401.642/SP, 6ª T., Rel. Min. Rogério Schietti Cruz, *DJe* 31.08.2017; HC 328.967/SP, 5ª T., Rel. Min. Felix Fischer, *DJe* 28.03.2016.

519 HC 343.315/SP, 5ª T., Rel. Min. Ribeiro Dantas, *DJe* 10.03.2016; HC 311.865/SP, 5ª T., Rel. Min. Newton Trisotto (Desembargador convocado do TJSC), *DJe* 29.06.2015.

2.11.14.13 Local de cumprimento

O local da internação deverá ser **entidade exclusiva para adolescentes**, em espaço diverso do destinado ao abrigo, obedecida a *separação por critérios de idade, compleição física e gravidade da infração* (art. 123, *caput*), sendo obrigatórias atividades pedagógicas, inclusive no período da internação provisória (art. 123, parágrafo único).

Em recente julgado, o STJ entendeu que é incabível o cumprimento de medida socioeducativa em estabelecimento prisional. No caso, o Tribunal determinou o imediato recambiamento do adolescente para estabelecimento próprio ou, na ausência de vaga, a sua colocação em liberdade assistida até a disponibilidade de local apropriado[520].

O STJ, em ação civil pública movida pela Defensoria Pública, condenou o Estado de Minas Gerais ao pagamento de danos morais coletivos em razão da prática realizada no município de Ipatinga de transferir jovens em conflito com a lei que completavam 18 (dezoito) anos para celas de presos provisórios e definitivos, vestindo o mesmo uniforme dos adultos[521].

A norma do ECA é complementada com os arts. 16 e 17 da Lei do Sinase, que tratam, respectivamente, sobre o local do cumprimento da pena e da função de dirigente de programa de atendimento em regime de semiliberdade ou internação[522].

2.12 REMISSÃO

2.12.1 Introdução

A remissão prevista nos arts. 126 a 128 decorre do instituto *diversion*, que significa afastamento ou diversificação. Tal instituto encontra previsão nas Regras Mínimas das Nações Unidas para a Administração da Justiça, da Infância e da Juventude, também conhecidas como **Regras de Beijing**, adotadas na Assembleia Geral da ONU, por meio da Resolução 40/33, de 29 de novembro de 1985, que prevê:

> **11. Remissão dos casos**
>
> **11.1** Examinar-se-á a possibilidade, quando apropriada, de atender os jovens infratores sem recorrer às autoridades competentes, mencionadas na regra 14.1 adiante, para que os julguem oficialmente.
>
> **11.2** A polícia, o ministério público e outros organismos que se ocupem de jovens infratores terão a faculdade de arrolar tais casos sob sua jurisdição, sem necessidade de procedimentos formais, de acordo com critérios estabelecidos com esse propósito nos respectivos sistemas jurídicos e também em harmonia com os princípios contidos nas presentes regras.
>
> **11.3** Toda remissão que signifique encaminhar o jovem a instituições da comunidade ou de outro tipo dependerá do consentimento dele, de seus pais ou tutores; entretanto, a decisão relativa à remissão do caso será submetida ao exame de uma autoridade competente, se assim for solicitado.

A propósito da expressão *diversion* e a tradução para o português como remissão, oportuna a transcrição da lição de Alexis Couto de Brito e Giancarlo Silkunas Vay:

---

520 RHC 92.302/MG, 5ª T., Rel. Min. Joel Ilan Paciornik, *DJe* 24.10.2018.

521 REsp 1.793.332/MG, 2ª T., Rel. Min. Herman Benjamin, *DJe* 26.08.2020.

522 Art. 16 da Lei do Sinase: "A estrutura física da unidade deverá ser compatível com as normas de referência do Sinase. § 1º É vedada a edificação de unidades socioeducacionais em espaços contíguos, anexos, ou de qualquer outra forma integrados a estabelecimentos penais. § 2º A direção da unidade adotará, em caráter excepcional, medidas para proteção do interno em casos de risco à sua integridade física, à sua vida, ou à de outrem, comunicando, de imediato, seu defensor e o Ministério Público".
Art. 17 da Lei do Sinase: "Para o exercício da função de dirigente de programa de atendimento em regime de semiliberdade ou de internação, além dos requisitos específicos previstos no respectivo programa de atendimento, é necessário: I – formação de nível superior compatível com a natureza da função; II – comprovada experiência no trabalho com adolescentes de, no mínimo, 2 (dois) anos; e III – reputação ilibada".

> Daí é de se concluir que o termo *diversion*, oriundo da versão oficial do documento em inglês, foi equivocadamente traduzido para o espanhol, também tido como versão oficial do documento, como *remisión*, do qual se fez a tradução para o português e, então, chegou para nós na forma de remissão. Assim, estamos com Cornelius e Santos, quando dizem que onde deveria constar algo como "encaminhamento diferente do original" – diversificação, consta remissão, termo conhecido na língua portuguesa por "perdão", algo absolutamente diferente dos propósitos desestigmatizantes das Regras de Beijing que sequer teriam o problema para as vias formais de resolução de conflito[523].

A ação para apuração de ato infracional é de natureza pública incondicionada. Portanto, **a remissão concedida pelo Ministério Público implica mitigação do princípio da obrigatoriedade, com a aplicação do princípio da oportunidade**, tal como ocorre na transação penal do Juizado Especial Criminal (art. 76 da Lei 9.099/1995).

A remissão judicial, por seu turno, é aquela aplicada pela autoridade judiciária, ouvido o Ministério Público, sempre que as circunstâncias e consequências do fato, o contexto social, a personalidade do adolescente e a sua maior ou menor participação no ato infracional não demandarem o prosseguimento do processo.

2.12.2 Classificações

A remissão pode receber quatro classificações, conforme o momento processual, a cumulação de medida socioeducativa, o sujeito e os efeitos. Vejamos:

a) **momento processual**: extrajudicial ou judicial. Dá-se a **remissão extrajudicial** quando a sua concessão é pelo Ministério Público, na oitiva informal do adolescente. A **judicial** ocorre quando há o oferecimento de representação e, no curso do processo, o juiz a concede ao adolescente, após ouvido o Ministério Público (art. 186, § 1º, do ECA).

b) **cumulação de medida socioeducativa**: própria e imprópria. A **remissão própria** é aquela na qual não há cumulação de medida socioeducativa, ou seja, há o perdão puro e simples. A **imprópria** se dá na hipótese em que a remissão é cumulada com medida socioeducativa, excetuadas as de semiliberdade e internação.

   O autor Paulo Lúcio Nogueira defende que a remissão sempre deve ser incondicional, pois não é possível perdoar e impor medida socioeducativa[524].

c) **sujeito**: ministerial ou judicial. A **ministerial** é a remissão concedida pelo Ministério Público na fase extrajudicial. Por seu turno, a **judicial** é quando o juiz a aplica no curso do processo de apuração de ato infracional.

d) **efeitos**: exclusão, extinção e suspensão. A **exclusão** do processo se opera quando a remissão decorre do Ministério Público (art. 126, *caput*). A **extinção e a suspensão** do processo de apuração de ato infracional são decorrentes da remissão judicial (art. 126, parágrafo único).

2.12.3 Natureza jurídica

A **remissão própria** (sem a cumulação de medida socioeducativa), por implicar clemência, tem natureza jurídica de **perdão extrajudicial**, não havendo necessidade de aceitação pelo adolescente e seu responsável.

---

523 BRITO, Alexis Couto de; VAY, Giancarlo Silkunas. Justiça negociada e a defesa dos direitos dos adolescentes nos processos socioeducativos. In: ANDREUCCI, Ana Cláudia Pompeu Torezan; CARACIOLA, Andrea Boari. JUNQUEIRA, Michelle Asato (org.). *Estatuto da Criança e do Adolescente*: 25 anos. São Paulo: LTr, 2015, p. 395-6.

524 NOGUEIRA, Paulo Lúcio. *Estatuto da Criança e do Adolescente comentado*: Lei n. 8.069, de 13 de julho de 1990. 4. ed. aum. e atual. São Paulo: Saraiva, 1998, p. 209.

A **remissão imprópria** (com cumulação de medida socioeducativa) tem natureza jurídica de **transação**. O Ministério Público ou a autoridade judiciária propõe a remissão cumulada com medida, sendo imprescindível a concordância do adolescente e de seus pais ou responsável para sua validade, apesar da omissão legal, por implicar em típica transação do Juizado Especial Criminal, que exige expressa aceitação (art. 76, § 3º, da Lei 9.099/1995)[525]. Este também é o entendimento do STJ[526].

Aliás, o **item 11.3 das Regras de Beijing** prevê: "toda remissão que signifique encaminhar o jovem a instituições da comunidade ou de outro tipo dependerá do consentimento dele, de seus pais ou tutores".

Se a discordância do adolescente ou de seu responsável for na fase extrajudicial, o Ministério Público deverá ofertar representação para dar início ao procedimento. Quando ocorrer na fase judicial, o processo seguirá o seu curso (audiência em continuação ou sentença).

2.12.4 Características

A remissão possui as seguintes características:

1) **não implica necessariamente no reconhecimento ou comprovação da responsabilidade**: por importar em extinção do processo sem a análise do mérito, não há coisa julgada material;
2) **não prevalece para efeito de antecedentes**: o ato infracional em que o adolescente foi beneficiado com remissão não se computa em seu histórico de antecedentes, ainda que beneficiado por diversas vezes[527]; e
3) **pode ser cumulada com medida socioeducativa**: é a hipótese da remissão imprópria, que pode ocorrer na fase extrajudicial (Ministério Público) ou judicial, desde que não importe nas medidas de semiliberdade ou internação.

2.12.5 Requisitos

O art. 126, *caput*, estipula os seguintes requisitos para análise do cabimento: **(a)** das circunstâncias e consequências do fato; **(b)** do contexto social; e **(c)** da personalidade do adolescente e sua maior ou menor participação no ato infracional.

Observa-se que o legislador pretendeu destinar a remissão para os adolescentes sem antecedentes e para os atos infracionais desprovidos de maiores consequências.

2.12.6 Remissão pelo Ministério Público

A possibilidade de o Ministério Público conceder remissão durante a oitiva informal, na fase extrajudicial, encontra-se expressa no art. 126, *caput*. A remissão, neste caso, tem incidência para ato infracional sem maior gravidade, aliado ao contexto social, à personalidade e ao grau de participação do adolescente, não sendo recomendado o ajuizamento de representação, com as consequências de um processo formal, tendo em vista a condição de pessoa em desenvolvimento.

525 Nesse sentido: MARÇURA, Jurandir Norberto; MUNIR, Cury; PAULA, Paulo Afonso Garrido de. *Estatuto da Criança e do Adolescente anotado*. 2. ed. rev. e atual. São Paulo: Editora Revista dos Tribunais, 2000, p. 116; ISHIDA, Válter Kenji. *Estatuto da Criança e do Adolescente*: doutrina e jurisprudência. 17. ed. rev., ampl. e atual. Salvador: JusPodivm, 2016, p. 387.

526 HC 348.143/SP, 6ª T., Rel. Min. Rogerio Schietti Cruz, *DJe* 18.04.2016; HC 68.182/SP, 5ª T., Rel. Min. Arnaldo Esteves Lima, *DJ* 18.12.2006.

527 STJ, HC 370.857/SP, 6ª T., Rel. Min. Rogerio Schietti Cruz, *DJe* 18.11.2016; HC 291.176/SP, 5ª T., Rel. Min. Jorge Mussi, *DJe* 21.08.2014.

Assim, considerando os possíveis traumas decorrentes de uma acusação formal para o adolescente, sempre que possível, deve o membro do MP conceder-lhe a remissão e, se for o caso, cumular com medida socioeducativa em meio aberto, desde que haja aceitação pelo adolescente e seus pais ou responsável.

Conforme estudado, o art. 127 veda a possibilidade de remissão cumulada com colocação em regime de semiliberdade e internação. Não obstante, existe divergência doutrinária quanto à hipótese de concessão de remissão acordada com a cumulação de medida socioeducativa em meio aberto:

1) a primeira corrente defende que o Ministério Público apenas pode conceder remissão própria (pura e simples), haja vista que a aplicação da medida socioeducativa é de competência exclusiva da autoridade judiciária[528];
2) a segunda corrente, a qual filiamo-nos, sustenta que o Ministério Público poderá conceder remissão e acordar a cumulação de medida socioeducativa em meio aberto, desde que haja homologação judicial. A remissão prescinde de comprovação da materialidade e de autoria do ato infracional, e não implica reconhecimento de antecedentes infracionais, de forma que inexiste violação aos princípios do contraditório e da ampla defesa[529].

Ainda como argumento desta segunda corrente, o art. 181, § 1º, determina: "Homologado o arquivamento ou *a remissão*, a autoridade judiciária determinará, conforme o caso, *o cumprimento da medida*" (destacou-se). Logo, o ECA permitiu remissão cumulada com medida socioeducativa, mas apenas a condicionou à homologação judicial.

Embora haja dissenso doutrinário, o STF já decidiu pela **constitucionalidade da remissão cumulada com medida socioeducativa** concedida pelo Ministério Público, tendo em vista que não prevalece para fins de antecedentes e não pressupõe a apuração de responsabilidade[530].

No mesmo sentido, o **STJ** publicou, na data de 16.06.1994, a **Súmula 108**: "A aplicação de medidas socioeducativas ao adolescente, pela prática de ato infracional, é de competência exclusiva do juiz". Assim, o STJ comunga do segundo entendimento doutrinário acima exposto[531].

Quanto à **necessidade de advogado** para aceitação da remissão cumulada com medida socioeducativa na fase pré-processual, parcela da doutrina afirma que há obrigatoriedade da sua presença, pois "decorre de uma interpretação sistêmica das garantias constitucionais asseguradas a todos"[532]. Em recente julgado, o STJ entendeu que é necessária a presença de advogado para a aceitação de remissão extraprocessual[533].

---

528 Nesse sentido: NUCCI, Guilherme de Souza. *Estatuto da Criança e do Adolescente comentado*: em busca da Constituição Federal das crianças e dos adolescentes. 3. ed. rev., atual. e ampl. Rio de Janeiro: Forense, 2016, p. 507; NOGUEIRA, Paulo Lúcio. *Estatuto da Criança e do Adolescente comentado*: Lei n. 8.069, de 13 de julho de 1990. 4. ed., aum. e atual. São Paulo: Saraiva, 1998, p. 208; TAVARES, José de Farias. *Comentários ao Estatuto da Criança e do Adolescente*. 8. ed. rev. e atual. Rio de Janeiro: Forense, 2012, p. 118; ELIAS, Roberto João. *Comentários ao Estatuto da Criança e do Adolescente*: Lei n. 8.069, de 13 de julho de 1990. 4. ed. São Paulo: Saraiva, 2010, p. 175.

529 Nesse sentido: BUENO DA SILVA, Rafael Simonetti. MASSON, Cléber (coord.). *Estatuto da criança e do adolescente (ECA)*: Magistratura e Ministério Público. Rio de Janeiro: Forense, 2011, p. 121; FERNANDES. Márcio Mothé. *Ação socioeducativa pública. Inovação do Estatuto da Criança e do Adolescente*. 2. ed. rev., ampl. e atual. Rio de Janeiro: Editora Lumen Juris, 2002, p. 125; SARAIVA, João Batista Costa. *Compêndio de direito penal juvenil*: adolescente e ato infracional. 4. ed. Porto Alegre: Livraria do Advogado, 2010, p. 133-4; MARÇURA, Jurandir Norberto. MUNIR, Cury. PAULA, Paulo Afonso Garrido de. *Estatuto da Criança e do Adolescente Anotado*. 2. ed. rev. e atual. São Paulo: Editora Revista dos Tribunais, 2000, p. 116.

530 RE 248.018, 2ª T., Rel. Min. Joaquim Barbosa, *DJe* 20.06.2008.

531 RHC 72.370/MG, 5ª T., Rel. Min. Ribeiro Dantas, *DJe* 14.06.2017; REsp 1.392.888/MS, 6ª T., Rel. Min. Rogerio Schietti Cruz, *DJe* 01.08.2016; HC 260.461/MG, 6ª T., Rel. Min. Og Fernandes, *DJe* 20.03.2013; HC 177.611/SP, 6ª T., Rel. Min. Og Fernandes, *DJe* 21.05.2012; REsp 157.012/SP, 5ª T., Rel. Min. José Arnaldo da Fonseca, *DJ* 07.12.1998.

532 SARAIVA, João Batista Costa. *Direito penal juvenil:* adolescente e ato infracional: garantias processuais e medidas socioeducativa. 2. ed. Porto Alegre: Livraria do Advogado, 2002, p. 60. No mesmo sentido: ZOCCAL ROSA, Rodrigo. Das medidas socioeducativas e o ato infracional (do ECA ao Sinase). 2. ed. Rio de Janeiro: Lumen Juris, 2019, p. 77.

533 RHC 102.132/DF, 6ª T., Rel. Min. Nefi Cordeiro, *DJe* 01.02.2019.

Entretanto, a oitiva informal e, por consequência, a proposta de remissão, ainda que cumulada com medida socioeducativa, ocorrem na fase extrajudicial, na qual inexistem contraditório e ampla defesa, sendo desnecessária a presença de advogado, bastando a aquiescência do adolescente e de seu responsável legal[534].

De fato, o art. 179, *caput*[535], que cuida da oitiva informal do adolescente, não exige a presença de advogado, diferentemente do art. 184, § 1º[536], que trata da audiência de apresentação e dispõe sobre esta exigência.

Ademais, o art. 180 dispõe que, realizada a oitiva informal, o Ministério Público poderá promover o arquivamento, conceder a remissão ou ofertar representação. Se o legislador entendesse que há obrigatoriedade da presença de advogado no ato, o teria feito expressamente.

Por derradeiro, registre-se que a eventual medida socioeducativa cumulada com a remissão "não se trata de medida definitiva, estando sujeita a revisões, de acordo com o comportamento do menor"[537].

Caso o Ministério Público conceda a remissão cumulada com medida socioeducativa e o juiz discorde, mesmo que parcialmente, este deverá remeter os autos ao Procurador-Geral de Justiça, o qual poderá ofertar representação, designar outro membro do MP para apresentá-la, ou ratificar a remissão, sendo que, nesta hipótese, o juiz estará obrigado a homologá-la (art. 181, § 2º)[538].

Quando entender que o ato infracional não comporta remissão própria ou imprópria, o membro do Ministério Público, ao ofertar a representação, não precisa justificar os motivos[539].

2.12.7 Remissão judicial

Conforme o parágrafo único do art. 126, iniciado o procedimento, a autoridade judiciária poderá conceder remissão como forma de **suspensão ou extinção do processo**.

A remissão judicial pode ser concedida em qualquer fase do procedimento, desde que antes da sentença. Em regra, ocorre na audiência de apresentação (art. 186, *caput*). Se, no curso do processo, o juiz entender que é o caso de remissão, deverá ouvir o Ministério Público, decidindo em seguida (art. 181, § 1º).

O STJ já reconheceu a nulidade do feito, por ausência de intervenção do Ministério Público[540] e de ausência de defesa técnica para a homologação da remissão judicial[541].

Para a extinção ou suspensão do processo, o juiz levará em conta a natureza da medida socioeducativa acordada com o adolescente. Caso a medida se encerre em si mesma, tal como ocorre com a advertência, haverá a extinção do processo.

---

534 TJSC, Apelação 0000697-42.2016.8.24.0058, 1ª Câmara Criminal, Rel. Des. Carlos Alberto Civinski, j. 23.08.2016; TJDFT, HC 20080020075327, 2ª T. Criminal, Rel. Maria Ivatônia, *DJE* 03.10.2008. No mesmo sentido: FERNANDES. Márcio Mothé. *Ação sócio-educativa pública. Inovação do Estatuto da Criança e do Adolescente*. 2. ed. Rio de Janeiro: Editora Lumen Juris, 2002, p. 125.

535 Art. 179, *caput*, do ECA: "Apresentado o adolescente, o representante do Ministério Público, no mesmo dia e à vista do auto de apreensão, boletim de ocorrência ou relatório policial, devidamente autuados pelo cartório judicial e com informação sobre os antecedentes do adolescente, procederá imediata e informalmente à sua oitiva e, em sendo possível, de seus pais ou responsável, vítima e testemunhas".

536 Art. 184, § 1º, do ECA: "O adolescente e seus pais ou responsável serão cientificados do teor da representação, e notificados a comparecer à audiência, acompanhados de advogado".

537 STJ, HC 260.461/MG, 6ª T., Rel. Min. Og Fernandes, *DJe* 20.03.2013.

538 SRJ, REsp 1.392.888/MS, 6ª T., Rel. Min. Rogerio Schietti Cruz, *DJe* 01.08.2016.

539 STJ, AREsp 1.201.621, Rel. Min. Reynaldo Soares da Fonseca, p. 19.12.2017; HC 74.880/SP, 5ª T., Rel. Min. Jane Silva (Desembargadora convocada do TJMG), *DJ* 24.09.2007.

540 REsp 1.024.580/MG, 5ª T., Rel. Min. Laurita Vaz, *DJe* 15.09.2008; AgRg no REsp 696.280/MG, 6ª T., Rel. Min. Paulo Medina, *DJ* 19.06.2006.

541 AgInt no REsp 1.824.227/BA, 5ª T., Rel. Min. Ribeiro Dantas, *DJe* 14.10.2019; HC 415.295/DF, 6ª T., Rel. Min. Sebastião Reis Júnior, *DJe* 03.09.2018.

Noutro giro, tratando-se de medida socioeducativa na qual há necessidade de acompanhamento, haverá a suspensão do processo e formação de processo de execução de medida.

Da decisão que concede a remissão e suspende o processo, o recurso cabível é o agravo de instrumento[542]. Já da decisão que extingue o processo, o recurso é o de apelação.

2.12.8 Descumprimento da remissão imprópria

Se houver o descumprimento da medida socioeducativa cumulada com a remissão, há a necessidade de oitiva do adolescente, cujo procedimento será abordado no próximo item. Após a apresentação das justificativas, a medida socioeducativa pode ser mantida ou substituída por outra de meio aberto. Em hipótese alguma, admite-se a substituição da medida pelo regime de semiliberdade ou internação.

Há controvérsia sobre a possibilidade de **internação-sanção**, conforme analisado no item 2.11.14.4.3.

Além da situação de revisão/substituição da medida, em caso de descumprimento desta, discute-se se seria possível a **retomada da marcha processual do processo** de apuração de ato infracional.

No tocante à remissão judicial na qual há suspensão ou extinção do processo, parcela da doutrina realiza a seguinte distinção: se houve a **suspensão** do processo, é possível retomar o seu curso; se o processo foi **extinto**, há apenas a possibilidade de revisão/substituição da medida, pois impossível retomar processo já extinto. Logo, a medida socioeducativa constituiria apenas uma obrigação natural[543].

O STJ, por seu turno, em caso de descumprimento da medida socioeducativa, já admitiu a retomada do curso do processo no qual houve a remissão como **forma de suspensão**[544] e **extinção**[545], por entender que ambas as sentenças ***não são atingidas pela coisa julgada material***, uma vez que não é analisado o mérito da responsabilidade do ato infracional.

Na remissão imprópria, como forma de **exclusão do processo**, o descumprimento injustificado da medida, após a oitiva do adolescente, pode ensejar o início do processo para apuração de ato infracional, mediante oferecimento de representação, à semelhança do entendimento do STJ, que permitiu a retomada do processo no caso de extinção, bem como na esteira da Súmula Vinculante 35 do STF, que trata do descumprimento da transação penal[546].

Nesse sentido, o STJ, em recente julgado, entendeu que é possível a revogação da medida e a oferta de representação pelo MP, tendo em vista que: "Entendimento em sentido contrário implicaria a conclusão de que a medida imposta tornar-se-ia inofensiva e inútil, o que vai de encontro ao princípio da proteção integral e impede, em tese, o processo de recondução e reintegração do menor à sociedade"[547].

---

542 TJDFT, Acórdão 1318629, 07435633620208070000, Rel. Robson Barbosa de Azevedo, 2ª T. Criminal, PJe 01.03.2021; Acórdão 1236039, 07235418820198070000, Rel. Jesuino Rissato, 3ª T. Criminal, PJe 22.03.2020.

543 Nesse sentido: SHECAIRA, Sérgio Salomão. *Sistemas de garantias e o direito penal juvenil*. 2. ed. rev. e atual. São Paulo: Editora Revista dos Tribunais, 2015, p. 237; CARVALHO, Jeferson Moreira de. *Estatuto da Criança e do Adolescente: manual funcional*. 3. ed. rev. e atual. Belo Horizonte: Del Rey, 2012, p. 40; DEL-CAMPO, Eduardo Roberto Alcântara; OLIVEIRA, Thales Cezar de. *Estatuto da Criança e do Adolescente. Série leituras jurídicas: provas e concursos*. 7. ed. São Paulo: Atlas, 2012. v. 28, p. 259.

544 AgRg no HC 649.421/SC, 5ª T., Rel. Min. Reynaldo Soares da Fonseca, *DJe* 13.04.2021; RHC 73.558/MG, 6ª T., Rel. Min. Antonio Saldanha Palheiro, *DJe* 18.11.2016; REsp 1.368.208/RS, 5ª T., Rel. Min. Moura Ribeiro, *DJe* 11.11.2013.

545 HC 348.143/SP, 6ª T., Rel. Min. Rogerio Schietti Cruz, *DJe* 18.04.2016.

546 Súmula Vinculante 35 do STF: "A homologação da transação penal prevista no artigo 76 da Lei 9.099/1995 não faz coisa julgada material e, descumpridas suas cláusulas, retoma-se a situação anterior, possibilitando-se ao Ministério Público a continuidade da persecução penal mediante oferecimento de denúncia ou requisição de inquérito policial". No mesmo sentido: FULLER, Paulo Henrique Aranda. *Estatuto da Criança e do Adolescente comentado*. São Paulo: Editora Revista dos Tribunais, 2017, p. 344.

547 AgInt no HC 507.934/DF, 6ª T., Rel. Min. Antonio Saldanha Palheiro, *DJe* 26.09.2019. No mesmo sentido: AgRg no HC 463.879/PR, Rel. Min. Reynaldo Soares da Fonseca, *DJe* 30.04.2020.

Assim, a remissão, como forma de exclusão do processo, também não se sujeita à formação de coisa julgada, pois pode ser objeto de revisão pela autoridade judiciária.

2.12.9 Revisão da medida socioeducativa cumulada com a remissão

O art. 128 dispõe: "A medida aplicada por força de remissão poderá ser revista judicialmente a qualquer tempo, mediante pedido expresso do adolescente ou de seu responsável legal, ou do Ministério Público".

Destarte, na hipótese de medida socioeducativa cumulada com remissão, o ECA não possibilita que a autoridade judiciária promova, de ofício, a revisão desta, uma vez que os legitimados são apenas o adolescente, seu responsável legal ou o Ministério Público.

O ECA não menciona o rito a ser adotado para tal revisão, o que leva a doutrina a pugnar pela aplicação do art. 153 de referido Estatuto[548]. Sobre o procedimento, o autor Guilherme de Souza Nucci leciona:

> O interessado – adolescente, por seu defensor, ou Ministério Público – ingressa com petição, propondo a revisão judicial da medida socioeducativa homologada. Trata-se de procedimento verificatório simples, que pode auferir o caráter contencioso. Se o MP ingressar com o pedido, cita-se o adolescente para que responda aos termos do pleito. Não concordando, oferta impugnação. O juiz, tratando-se de questão de direito, decide na sequência. Havendo invocação de fato novo, dependente de prova, determina-se a sua produção (se necessário, em audiência). Finaliza-se com debates e julgamento (procedente ou improcedente). Da decisão, cabe apelação. Se o adolescente ingressar, cita-se o Ministério Público para responder aos termos do pleito da revisão. Havendo impugnação, segue-se o mencionado acima[549].

Não concordamos com este posicionamento, pois o *caput* do art. 153 verbera: "Se a medida judicial a ser adotada não corresponder a procedimento previsto nesta ou *em outra lei*" (grifou-se).

Como é cediço, o art. 43 da Lei do Sinase disciplina o procedimento para a reavaliação da manutenção, da substituição ou da suspensão das medidas de meio aberto. Portanto, entendemos que a revisão da medida socioeducativa também está englobada neste artigo, de forma a aplicar-se o procedimento existente.

O rito do art. 43 da Lei do Sinase é bem simplificado, por se constituir em incidente da execução da medida socioeducativa[550]. Protocolado o pedido de reavaliação da medida, se a autoridade judiciária entender insuficiente a motivação, o indeferirá de pronto.

---

548 Art. 153 do ECA: "Se a medida judicial a ser adotada não corresponder a procedimento previsto nesta ou em outra lei, a autoridade judiciária poderá investigar os fatos e ordenar, de ofício, as providências necessárias, ouvido o Ministério Público".

549 NUCCI, Guilherme de Souza. *Estatuto da Criança e do Adolescente comentado*: em busca da Constituição Federal das crianças e dos adolescentes. 3. ed. rev., atual. e ampl. Rio de Janeiro: Forense, 2016, p. 516. No mesmo sentido: MARÇURA, Jurandir Norberto; MUNIR, Cury; PAULA, Paulo Afonso Garrido de. *Estatuto da Criança e do Adolescente anotado*. 2. ed. rev. e atual. São Paulo: Editora Revista dos Tribunais, 2000, p. 117; MIRABETE, Júlio Fabbrini. Comentários ao art. 128. In: CURY, Munir (org.). *Estatuto da Criança e do Adolescente comentado. Comentários jurídicos e sociais*. 11. ed. São Paulo: Malheiros Editores, 2010, p. 597.

550 Art. 43 da Lei do Sinase: "A reavaliação da manutenção, da substituição ou da suspensão das medidas de meio aberto ou de privação da liberdade e do respectivo plano individual pode ser solicitada a qualquer tempo, a pedido da direção do programa de atendimento, do defensor, do Ministério Público, do adolescente, de seus pais ou responsável. § 1° Justifica o pedido de reavaliação, entre outros motivos: I – o desempenho adequado do adolescente com base no seu plano de atendimento individual, antes do prazo da reavaliação obrigatória; II – a inadaptação do adolescente ao programa e o reiterado descumprimento das atividades do plano individual; e III – a necessidade de modificação das atividades do plano individual que importem em maior restrição da liberdade do adolescente. § 2° A autoridade judiciária poderá indeferir o pedido, de pronto, se entender insuficiente a motivação. § 3° Admitido o processamento do pedido, a autoridade judiciária, se necessário, designará audiência, observando o princípio do § 1° do art. 42 desta Lei. § 4° A substituição por medida mais gravosa somente ocorrerá em situações excepcionais, após o devido processo legal, inclusive na hipótese do inciso III do art. 122 da Lei n. 8.069, de 13 de julho de 1990 (Estatuto da Criança e do Adolescente), e deve ser: I – fundamentada em parecer técnico; II – precedida de prévia audiência, e nos termos do § 1° do art. 42 desta Lei".

Admitido o pedido, a autoridade judiciária designará audiência, a qual será instruída com o relatório da equipe técnica do programa de atendimento sobre a evolução do plano individual.

Além dos legitimados do art. 128 do ECA, o art. 43 da Lei do Sinase incluiu a *autoridade judiciária e a direção do programa de atendimento* para promover este incidente.

2.13 EXECUÇÃO DAS MEDIDAS SOCIOEDUCATIVAS

2.13.1 Introdução

Antes da edição da Lei 12.594, de 19 de janeiro de 2012, conhecida como **Lei do Sinase** – Sistema Nacional de Atendimento Socioeducativo, que regulamenta a execução das medidas socioeducativas destinadas a adolescente que pratique ato infracional, inexistia lei para tratar do assunto.

Tal norma dispõe sobre os objetivos das medidas socioeducativas (art. 1º, § 2º); as competências da União, Estados, Municípios e Distrito Federal (arts. 3º ao 6º); dos planos de atendimento socioeducativo (arts. 7º e 8º); dos programas de atendimento de meio aberto e de privação de liberdade (arts. 9º ao 17); da avaliação e acompanhamento da gestão do atendimento socioeducativo (arts. 18 ao 27); da responsabilização dos gestores, operadores e entidades de atendimento (arts. 28 e 29); do financiamento e das prioridades (arts. 30 e 31); da execução das medidas socioeducativas (arts. 35 ao 48); dos direitos individuais (arts. 49 ao 51); do plano individual de atendimento – PIA (arts. 52 ao 59); da atenção integral à saúde de adolescente em cumprimento de medida socioeducativa (arts. 60 ao 65); das visitas ao adolescente em cumprimento de medida de internação (arts. 67 ao 70); dos regimes disciplinares (arts. 71 ao 75); e das disposições finais e transitórias (arts. 81 ao 90).

Considerando os objetivos deste capítulo e a extensão da **Lei do Sinase**, analisaremos a execução das medidas socioeducativas por ser imprescindível para sua compreensão, recomendando ao leitor o estudo completo da referida Lei e da **Resolução CNJ 165/2012**, que dispõe sobre normas gerais para o atendimento, pelo Poder Judiciário, ao adolescente em conflito com a lei, no âmbito da internação provisória e do cumprimento das medidas socioeducativas.

2.13.2 Princípios

A execução das medidas socioeducativas é regida pelos princípios previstos no art. 35 da Lei do Sinase[551].

Em sede de execução de medidas socioeducativas é importante notar que o **princípio da legalidade** ganha contorno diverso do convencionalmente dado em qualquer outro ramo do Direito, haja vista que significa o estrito cumprimento à norma, somado à proibição de tratamento mais gravoso do que o conferido ao adulto (inciso I). Há, ainda, quem o denomine **"princípio da punição mitigada"**[552].

---

[551] Art. 35 da Lei do Sinase: "A execução das medidas socioeducativas reger-se-á pelos seguintes princípios: I – legalidade, não podendo o adolescente receber tratamento mais gravoso do que o conferido ao adulto; II – excepcionalidade da intervenção judicial e da imposição de medidas, favorecendo-se meios de autocomposição de conflitos; III – prioridade a práticas ou medidas que sejam restaurativas e, sempre que possível, atendam às necessidades das vítimas; IV – proporcionalidade em relação à ofensa cometida; V – brevidade da medida em resposta ao ato cometido, em especial o respeito ao que dispõe o art. 122 da Lei n. 8.069, de 13 de julho de 1990 (Estatuto da Criança e do Adolescente); VI – individualização, considerando-se a idade, capacidades e circunstâncias pessoais do adolescente; VII – mínima intervenção, restrita ao necessário para a realização dos objetivos da medida; VIII – não discriminação do adolescente, notadamente em razão de etnia, gênero, nacionalidade, classe social, orientação religiosa, política ou sexual, ou associação ou pertencimento a qualquer minoria ou status; e IX – fortalecimento dos vínculos familiares e comunitários no processo socioeducativo".

[552] NUCCI, Guilherme de Souza. *Estatuto da Criança e do Adolescente comentado*: em busca da Constituição Federal das crianças e dos adolescentes. 3. ed. rev., atual. e ampl. Rio de Janeiro: Forense, 2016, p. 888.

Dessa forma, na aplicação de qualquer execução de medida socioeducativa, a autoridade judiciária deve pautar-se na determinação legal, mas limitar-se ao tratamento mais gravoso que poderia receber o adulto.

O STJ já decidiu que o princípio da legalidade, no âmbito da Lei do Sinase, "tem **caráter orientador** e não pode ser invocada para impedir a adoção de medida socioeducativa destinada a proteger o menor e retirá-lo da situação de vulnerabilidade"[553]. No caso, tratava-se de adolescente que cometera ato infracional análogo ao crime de porte de arma de fogo com numeração raspada (art. 16, § 1º, IV, da Lei 10.826/2003), que tivera decretada a medida socioeducativa de semiliberdade, a qual, conforme vimos no item 2.11.13, não necessita dos requisitos do art. 122 do ECA.

No tocante ao inciso II, referente à **excepcionalidade da intervenção judicial e da imposição de medidas**, buscando favorecer os meios de autocomposição de conflitos, há quem defenda que é impossível a sua aplicação, tendo em vista que, ao juízo da execução, competirá apenas acompanhar seu cumprimento[554].

O tema sobre Justiça Restaurativa (inciso III) será tratado no item 2.17.4.16.

Por outro lado, o **princípio da individualização** (inciso VI) reflete na necessidade de elaboração do plano individual de atendimento – PIA (arts. 52 ao 59 da Lei do Sinase).

Os demais princípios não demandam maiores questionamentos, pois são autoexplicativos.

2.13.3 Direitos individuais

O art. 49 da Lei do Sinase prevê, em rol exemplificativo, os direitos individuais do adolescente em cumprimento de medida socioeducativa[555]. Dentre eles destaca-se o inciso II, que trata do direito de o adolescente cumprir medida socioeducativa de privação da liberdade em unidade mais próxima de seu local de residência, cujo tema foi tratado no item 2.11.14.12.

O inciso IV traz a possibilidade de o adolescente peticionar, por escrito ou verbalmente, diretamente a qualquer autoridade ou órgão público, devendo ser respondido em 15 (quinze) dias. Portanto, no âmbito da execução de medida socioeducativa, o adolescente não necessita de assistência de advogado para peticionar.

Por seu turno, o § 2º do art. 49 dispõe acerca da ilegalidade na aplicação ou manutenção do adolescente em medida de meio fechado, ante a ausência de vaga para cumprimento de medida de meio aberto.

O § 2º do art. 63 de referida Lei assegura que a adolescente submetida à execução de medida socioeducativa de privação de liberdade permaneça com o seu filho durante o período de amamentação.

---

553 HC 520.476/RJ, 5ª T., Rel. Min. Reynaldo Soares da Fonseca, *DJe* 28.02.2020.

554 Nesse sentido: NUCCI, Guilherme de Souza. *Estatuto da Criança e do Adolescente comentado*: em busca da Constituição Federal das crianças e dos adolescentes. 3. ed. Rio de Janeiro: Forense, 2016, p. 888.

555 Art. 49 da Lei do Sinase: "São direitos do adolescente submetido ao cumprimento de medida socioeducativa, sem prejuízo de outros previstos em lei: I – ser acompanhado por seus pais ou responsável e por seu defensor, em qualquer fase do procedimento administrativo ou judicial; II – ser incluído em programa de meio aberto quando inexistir vaga para o cumprimento de medida de privação da liberdade, exceto nos casos de ato infracional cometido mediante grave ameaça ou violência à pessoa, quando o adolescente deverá ser internado em Unidade mais próxima de seu local de residência; III – ser respeitado em sua personalidade, intimidade, liberdade de pensamento e religião e em todos os direitos não expressamente limitados na sentença; IV – peticionar, por escrito ou verbalmente, diretamente a qualquer autoridade ou órgão público, devendo, obrigatoriamente, ser respondido em até 15 (quinze) dias; V – ser informado, inclusive por escrito, das normas de organização e funcionamento do programa de atendimento e também das previsões de natureza disciplinar; VI – receber, sempre que solicitar, informações sobre a evolução de seu plano individual, participando, obrigatoriamente, de sua elaboração e, se for o caso, reavaliação; VII – receber assistência integral à sua saúde, conforme o disposto no art. 60 desta Lei; e VIII – ter atendimento garantido em creche e pré-escola aos filhos de 0 (zero) a 5 (cinco) anos. § 1º As garantias processuais destinadas a adolescente autor de ato infracional previstas na Lei n. 8.069, de 13 de julho de 1990 (Estatuto da Criança e do Adolescente), aplicam-se integralmente na execução das medidas socioeducativas, inclusive no âmbito administrativo. § 2º A oferta irregular de programas de atendimento socioeducativo em meio aberto não poderá ser invocada como motivo para aplicação ou manutenção de medida de privação da liberdade".

Assim, por si só, o simples fato de a adolescente em conflito com a lei estar em período de amamentação não acarreta a substituição da medida de internação por outra em meio aberto, desde que lhe sejam asseguradas condições necessárias para que permaneça com o seu filho durante a amamentação[556].

O adolescente no cumprimento da medida socioeducativa também possui as garantias processuais que foram tratadas no item 2.10.2.

2.13.4 Formação da execução

As **medidas de proteção, de advertência e de reparação do dano**, quando aplicadas de forma isolada, serão executadas nos *próprios autos do processo de conhecimento* (art. 38 da Lei do Sinase) e fiscalizadas por este próprio juízo.

Já para a aplicação das **medidas de prestação de serviços à comunidade, liberdade assistida, semiliberdade ou internação** será constituído *processo autônomo de execução para cada adolescente*, devendo ser instruído com cópia dos documentos constantes no art. 39, I e II, da Lei do Sinase[557].

Esse procedimento também incide na hipótese de medida acordada em sede de remissão, como forma de suspensão do processo (art. 39, parágrafo único).

Além dos documentos do art. 39 da Lei do Sinase, para o ingresso do adolescente em unidade de internação e semiliberdade, ou no serviço de execução de medidas de prestação de serviços à comunidade ou liberdade assistida, o juiz do processo de conhecimento deve expedir guia de execução para cada adolescente (arts. 5º e 6º da Resolução 165/2012 do CNJ).

Segundo o art. 2º da Resolução CNJ 165/2012, há as seguintes espécies de guia de execução:

a) guia de internação provisória (internação cautelar);

b) guia de execução provisória de medida socioeducativa de internação/semiliberdade;

c) guia de execução provisória de medida socioeducativa em meio aberto;

d) guia de execução definitiva de medida socioeducativa de internação ou semiliberdade;

e) guia de execução definitiva de medida socioeducativa em meio aberto;

f) guia de execução de internação-sanção; e

g) guia unificadora (expedida pelo juízo da execução para unificar duas ou mais guias de execução em face do mesmo adolescente). Apenas essa guia de execução é expedida pelo juízo de execução, pois todas as demais são confeccionadas pelo juízo de conhecimento.

Com a autuação das peças, a autoridade judiciária encaminhará cópia integral do expediente ao órgão gestor do atendimento socioeducativo para designação do programa ou da unidade de cumprimento da medida (art. 40).

Após a confecção da proposta do PIA, o juiz dará vista para manifestação do defensor e do MP, pelo prazo sucessivo de 3 (três) dias. Não havendo impugnação, a proposta do PIA considera-se homologada.

---

556 STJ, AgRg no HC 756.092/SP, 6ª T., Rel. Min. Olindo Menezes (Desembargador convocado do TRF 1ª Região), *DJe* 30.09.2022; HC 543.279/SP, 5ª T., Rel. Min. Reynaldo Soares da Fonseca, *DJe* 25.03.2020.

557 Art. 39, I e II, da Lei do Sinase: "I – documentos de caráter pessoal do adolescente existentes no processo de conhecimento, especialmente os que comprovem sua idade; e II – as indicadas pela autoridade judiciária, sempre que houver necessidade e, obrigatoriamente: a) cópia da representação; b) cópia da certidão de antecedentes; c) cópia da sentença ou acórdão; e d) cópia de estudos técnicos realizados durante a fase de conhecimento".

Noutro giro, se houver necessidade de qualquer avaliação ou perícia para complementação do PIA, o defensor ou o MP poderá requerê-la fundamentadamente, bem como o juiz decretá-la de ofício.

Deferida a impugnação do PIA, ou se entender que o plano é inadequado, o juiz, caso necessário, designará audiência, cientificando-se o defensor, o MP, a direção do programa de atendimento, o adolescente e seus pais ou responsável.

Em regra, a impugnação não suspende a execução do plano individual, *salvo determinação judicial em contrário* (art. 41, § 4º, da Lei do Sinase).

2.13.5 Reavaliação

A reavaliação é prevista nos arts. 42 e 43 da Lei do Sinase e é necessária para aferir a manutenção, substituição (progressão ou regressão) ou extinção das medidas socioeducativas de **liberdade assistida, de semiliberdade e de internação**, devendo ser realizada no máximo a cada 6 (seis) meses.

No entanto, nada impede que seja solicitada a reavaliação, a substituição ou a suspensão das medidas *a qualquer tempo*, a pedido da direção do programa de atendimento, do defensor, do MP, do adolescente, de seus pais ou responsável (art. 43, *caput*), podendo a autoridade judiciária indeferir, de pronto, se entender insuficiente a motivação (art. 43, § 2º).

Admitido o pedido requerido por qualquer legitimado ou no caso de reavaliação obrigatória, *se necessário,* será designada audiência, no prazo máximo de 10 (dez) dias, cientificando-se o defensor, o MP, a direção do programa de atendimento, o adolescente e seus pais ou responsável, sendo instruída com relatório da equipe do programa de atendimento sobre a evolução do PIA (arts. 42, § 1º, e 43, § 3º).

Por outro lado, a Recomendação CNJ 98, de 26 de maio de 2021, recomenda aos tribunais e autoridades judiciárias a adoção de diretrizes e procedimentos para a realização de audiências concentradas com vistas a reavaliar as medidas socioeducativas de internação e semiliberdade, preferencialmente a cada 3 (três) meses e nas dependências de cada uma das unidades sob a responsabilidade da autoridade judiciária.

Essas audiências concentradas tiveram como inspiração os bons resultados daquelas realizadas pelas Varas da Infância e Juventude nas reavaliações periódicas das medidas protetivas de acolhimento (Provimento 118/2021, que revogou o Provimento 32/2013, da Corregedoria Nacional de Justiça).

Diante das regras previstas na Lei do Sinase e na Recomendação CNJ 98/2021, temos as seguintes situações:

a) a reavaliação da medida pela Lei do Sinase deve ser realizada no máximo a cada 6 (seis) meses;

b) é recomendável a realização de audiência concentrada, preferencialmente a cada 3 (três) meses. Contudo, a reavaliação da medida socioeducativa não pode ser postergada para a audiência concentrada nos casos em que isso implique extrapolamento do prazo máximo de 6 (seis) meses; e

c) a realização de audiência concentrada não prejudica o processamento do pedido de reavaliação da medida a qualquer tempo nos termos do art. 43 da Lei do Sinase.

O pedido de reavaliação da medida a qualquer tempo tem como fundamento as seguintes situações *exemplificativas* previstas no art. 43, § 1º, da Lei do Sinase:

> Art. 43. [...]
>
> **§ 1º** Justifica o pedido de reavaliação, **entre outros motivos**:

> **I** – o desempenho adequado do adolescente com base no seu plano de atendimento individual, antes do prazo da reavaliação obrigatória;
>
> **II** – a inadaptação do adolescente ao programa e o reiterado descumprimento das atividades do plano individual; e
>
> **III** – a necessidade de modificação das atividades do plano individual que importem em maior restrição da liberdade do adolescente (grifou-se).

A audiência não é obrigatória e apenas se justifica caso a autoridade judiciária entenda necessária a produção de outras provas ou a oitiva do adolescente, bem como se houver pedido das partes para produção de provas orais.

Em razão do princípio do livre convencimento motivado, **a autoridade judiciária não está adstrita ao relatório apresentado pela equipe técnica** de atendimento, podendo decidir em sentido contrário, desde que tenha outros elementos não constantes no mencionado relatório e que fundamente concretamente a sua decisão, sob pena de constrangimento ilegal[558].

Nesse aspecto, pontua-se que o STJ, em recente julgado, entendeu como fundamentação idônea para a manutenção da medida de internação "a necessidade de acompanhamento do adolescente para o cumprimento integral de seu plano de atendimento, além da gravidade do ato infracional e do curto tempo de cumprimento da medida"[559].

Importante registrar que o § 2º do art. 42 da citada Lei dispõe: "A gravidade do ato infracional, os antecedentes e o tempo de duração da medida não são fatores que, por si, justifiquem a não substituição da medida por outra menos grave".

A reavaliação pode ensejar as seguintes consequências:

1) **extinção**: quando se entender que foi realizada a finalidade da medida socioeducativa (art. 46, II);
2) **manutenção**: na situação na qual o adolescente ainda não apresentou evolução no plano individual de atendimento e há necessidade de continuar no cumprimento da medida socioeducativa, desde que respeitado o prazo máximo de 3 (três) anos das medidas de internação, semiliberdade e liberdade assistida;
3) **progressão**: o adolescente apresentou evolução e merece ser inserido em medida socioeducativa mais branda; e
4) **regressão**: o adolescente não atendeu ao plano individual de atendimento, devendo ser inserido em medida socioeducativa mais grave.

2.13.6 Substituição, progressão e regressão

O ECA, em seu art. 99, explicita que as medidas específicas de proteção "poderão ser aplicadas isolada ou cumulativamente, bem como *substituídas a qualquer tempo*" (destacou-se). Por força do art. 113, esta determinação também se aplica às medidas socioeducativas.

O procedimento para a substituição da medida socioeducativa está previsto no art. 43 da Lei do Sinase e foi tratado no item anterior.

O **incidente de substituição (gênero)** tem por fundamento a adequação da medida socioeducativa às condições pessoais e o comportamento do adolescente, podendo ser para fins de **progressão ou regressão da medida (espécies)**. A modificação da medida socioeducativa

558 STJ, AgRg no HC 538.276/ES, 5ª T., Rel. Min. Leopoldo de Arruda Raposo (Desembargador convocado do TJPE), *DJe* 19.02.2020; AgRg no HC 513.020/ES, 6ª T., Rel. Min. Nefi Cordeiro, *DJe* 11.11.2019; HC 343.920/RJ, 6ª T., Rel. Min. Nefi Cordeiro, *DJe* 09.03.2016; HC 325.441/SP, 6ª T., Rel. Min. Rogerio Schietti Cruz, *DJe* 02.12.2015.

559 HC 450.328/PE, 6ª T., Rel. Min. Nefi Cordeiro, *DJe* 01.08.2018.

imposta pelo juízo de conhecimento não impede a sua alteração pelo juízo das execuções, desde que se mostre necessária, não havendo falar em ofensa à coisa julgada[560].

A **progressão** ocorre quando o adolescente cumpre medida de meio fechado (semiliberdade ou internação) e é inserido no cumprimento de medida de meio aberto.

A **regressão** se opera quando o adolescente é inserido numa medida socioeducativa mais gravosa. Ou seja, ele cumpre medida de meio aberto (obrigação de reparar o dano, prestação de serviços à comunidade ou liberdade assistida) e é regredido para medida de meio fechado (semiliberdade ou internação).

A decisão de regressão pressupõe o devido processo legal e somente ocorrerá em situações excepcionais, desde que seja fundamentada em parecer técnico e prévia audiência do adolescente em audiência de justificação (art. 43, § 4º, I e II, da Lei do Sinase e Súmula 265 do STJ). Quando o adolescente está em paradeiro incerto e não é encontrado para ser intimado da audiência de justificação, o STJ admite a expedição de mandado de busca e apreensão para possibilitar a realização da audiência, oportunizando-lhe a apresentação de justificativa[561].

Quanto à possibilidade de regressão para o regime de **semiliberdade**, não há discussão sobre o tema, pois o **STJ é pacífico acerca da desnecessidade dos requisitos do art. 122 do ECA** para a imposição do citado regime, uma vez que tal artigo apenas tem incidência para a internação[562].

Já a **regressão para a medida de internação** demanda uma análise do fundamento legal utilizado para tal finalidade.

Se o **fundamento para a regressão é o art. 122, III** (descumprimento reiterado e injustificado de medida socioeducativa anteriormente imposta), é possível a **internação-sanção** pelo prazo de até 3 (três) meses, devendo ser fixado prazo certo para seu cumprimento.

Na internação-sanção verifica-se apenas a existência do descumprimento reiterado e injustificado da medida imposta, pouco importando a natureza do ato infracional.

Assim, ainda que se trate de ato infracional de tráfico de drogas ou outro sem violência ou grave ameaça à pessoa, bem como não seja o caso de reiteração de atos infracionais graves, admissível a internação-sanção, com prazo certo, sendo pacífica a jurisprudência do STJ:

> Considerando que, na espécie, o adolescente foi representado por ato infracional equiparado ao delito descrito no art. 33, *caput*, da Lei n. 11.343/2006 – praticado sem grave ameaça ou violência à pessoa – e não havia, quando da sentença, notícia de reiteração no cometimento de outras infrações graves, **inviável aplicar a regra prevista no art. 113 c/c o art. 99 da Lei n. 8.069/1990, substituindo-se a medida de semiliberdade por internação por prazo indeterminado, sendo possível apenas a regressão fundada no art. 122, III – que se limita ao prazo máximo de 3 (três) meses** (grifou-se)[563].

Conforme já visto anteriormente, há duas correntes doutrinárias quanto à consequência do cumprimento da internação-sanção e a medida originalmente imposta:

1) a primeira entende que a internação-sanção tem natureza **instrumental**, de forma que não substitui a medida socioeducativa imposta originalmente, cujo cumprimento se reinicia após ultrapassado o prazo fixado para tanto[564];

---

560 STJ, AgRg no HC 628.372/SC, 6ª T., Rel. Min. Antonio Saldanha Palheiro, *DJe* 31.08.2021.

561 AgRg no HC 752.204/GO, 5ª T., Rel. Min. Reynaldo Soares da Fonseca, *DJe* 22.08.2022; HC 381.127/SP, 6ª T., Rel. Min. Nefi Cordeiro, *DJe* 22.03.2017.

562 HC 364.758/DF, 5ª T., Rel. Min. Ribeiro Dantas, *DJe* 25.11.2016; HC 330.573/SP, 6ª T., Rel. Min. Rogerio Schietti Cruz, *DJe* 23.11.2015; HC 319.539/SP, 6ª T., Rel. Min. Sebastião Reis Júnior, *DJe* 03.08.2015; HC 306.249/MG, 6ª T., Rel. Min. Éricson Maranhão (Desembargador convocado do TJSP), *DJe* 29.04.2015.

563 HC 286.407/PE, 5ª T., Rel. Min. Marco Aurélio Bellizze, *DJe* 23.04.2014. No mesmo sentido: HC 280.970/SP, 6ª T., Rel. Min. Marilza Maynard (Desembargadora convocada do TJSE), *DJe* 10.04.2014.

564 Nesse sentido: SHECAIRA, Sérgio Salomão. *Sistemas de garantias e o direito penal juvenil*. 2. ed. rev. e atual. São Paulo: Editora Revista dos Tribunais, 2015, p. 232.

2) a segunda defende que, **uma vez atingido o prazo máximo de 3 (três) meses da internação-sanção**, há a extinção da medida socioeducativa inicialmente imposta[565]. Essa é a nossa posição.

A respeito da possibilidade de internação-sanção em caso de descumprimento de medida socioeducativa decorrente de remissão imprópria, v. item 2.11.14.4.3.

Se o adolescente não comparecer à audiência de justificação, embora regularmente intimado, é admissível a decretação da internação-sanção, uma vez que foi oportunizada a sua defesa[566].

Quando o adolescente está em paradeiro incerto e não é encontrado para ser intimado da audiência, o STJ tem admitido a expedição de mandado de busca e apreensão para possibilitar a realização da audiência de justificação, oportunidade na qual será decidida acerca da internação-sanção[567].

Por outro lado, se o **fundamento da regressão da medida socioeducativa para a internação for os arts. 99 e 113**, há a imprescindibilidade da presença do inciso I (violência ou grave ameaça à pessoa) ou do inciso II (reiteração de atos infracionais graves) do art. 122, para a decretação da **internação por prazo indeterminado**, sob pena de constrangimento ilegal. A propósito:

> 1. À luz dos arts. 99, 100 e 113 do ECA, é cabível a substituição de medida anteriormente imposta em sentença transitada em julgado, quando verificada sua insuficiência à ressocialização do adolescente, tendo em vista que o Magistrado deve estar atento às condutas supervenientes dos menores, respeitando-se, à toda evidência, os postulados da ampla defesa e do contraditório.
>
> 2. A disposição taxativa inserta no art. 122 do ECA não descarta a possibilidade de substituição da medida de semiliberdade pela de internação, quando esta for compatível com a situação do adolescente e aquela, demonstradamente, insuficiente.
>
> **3. Para o cabimento dessa substituição é necessário, apenas, que o ato infracional praticado pelo menor se enquadre em alguma das hipóteses taxativas do art. 122 do ECA, de sorte que, uma vez aplicada inicialmente uma medida socioeducativa diversa da internação, para ato infracional que, em tese, a admita, nada impede que o Julgador a substitua posteriormente pela internação, caso aquela outra se mostre inadequada** (grifou-se)[568].

Com a regressão para a internação por prazo indeterminado, após o prazo máximo previsto em lei (3 anos) ou liberação depois da reavaliação, é possível a progressão do adolescente para o regime de semiliberdade ou inserção em liberdade assistida (art. 121, § 4º), bem como a extinção da medida socioeducativa (art. 46, II, da Lei do Sinase).

Feitas essas distinções entre as hipóteses de regressão para internação, de acordo com o **STJ**, tem-se:

Modalidade	Internação-sanção	Internação por prazo indeterminado
Fundamento	Art. 122, III, do ECA c. c. art. 43 da Lei do Sinase	Arts. 99 e 113 do ECA c. c. art. 43 da Lei do Sinase
Hipóteses	Descumprimento reiterado e injustificado de medida socioeducativa anteriormente imposta	Ato infracional cometido com violência ou grave ameaça à pessoa, ou reiteração de atos infracionais graves

565 Nesse sentido: SILVA, José Luiz Mônaco da. *Estatuto da Criança e do Adolescente*: 852 perguntas e respostas. São Paulo: Editora Juarez de Oliveira, 2000, p. 167; DIGIÁCOMO, Murilo José; DIGIÁCOMO, Ildeara de Amorim. *Estatuto da Criança e do Adolescente anotado e interpretado*. 6. ed. Curitiba: Ministério Público do Estado do Paraná. Centro de Apoio Operacional das Promotorias da Criança e do Adolescente, 2013, p. 190.

566 STJ, HC 306.772/SP, 6ª T., Rel. Min. Maria Thereza de Assis Moura, *DJe* 12.12.2014.

567 HC 369.160/SP, 6ª T., Rel. Min. Nefi Cordeiro, *DJe* 10.11.2016; HC 313.714/SP, 5ª T., Rel. Min. Reynaldo Soares da Fonseca, *DJe* 31.05.2016.

568 STJ, HC 117.129/SP, 5ª T., Rel. Min. Napoleão Nunes Maia Filho, *DJe* 12.04.2010. No mesmo sentido: HC 209.614/SP, 5ª T., Rel. Min. Marco Aurélio Bellizze, *DJe* 01.02.2012.

Modalidade	Internação-sanção	Internação por prazo indeterminado
Prazo	Até 3 (três) meses	Prazo indeterminado, com limite temporal de 3 (três) anos
Consequência	Há divergência doutrinária: manutenção ou extinção da medida originalmente imposta	Progressão para semiliberdade ou liberdade assistida, ou extinção da medida socioeducativa

O **STF não admite a substituição de medida socioeducativa anteriormente imposta por internação por prazo indeterminado**, por entender que tal instituto apenas é possível para as medidas de proteção[569].

Com base no entendimento do STF, há autores que sustentam que "uma regra infraconstitucional (art. 99 do ECA) não pode afastar a limitação emanada da garantia da coisa julgada (art. 5º, XXXVI, da CF)"[570].

O autor João Batista Costa Saraiva defende que, se a medida socioeducativa foi fixada em meio aberto, apenas poderá haver a substituição por outra de meio aberto, pois esta foi a "sanção máxima afirmada pelo Estado"[571].

Porém, o referido autor afirma que será possível a internação-sanção, no caso de descumprimento reiterado e injustificado da medida socioeducativa de meio aberto. Por fim, pondera que, se houve a imposição de medida de meio fechado, pode haver a substituição por outra de meio fechado.

Não adotamos esse posicionamento do STF e filiamo-nos ao do STJ, haja vista que os arts. 99 e 113 do ECA são expressos em permitir a substituição da medida socioeducativa, "a qualquer tempo", bem como pelo fato de haver previsão legal no art. 43 da Lei do Sinase[572].

Assim, firme na jurisprudência do STJ, afirmamos que a sentença que fixa ao adolescente o cumprimento de medida socioeducativa não faz coisa julgada material, pois há a possibilidade de substituição da medida.

Por derradeiro, observa-se que, caso o adolescente tenha progredido da medida de internação para outra medida mais branda, mas não a cumpra, será possível a sua regressão à internação[573].

2.13.7 Cumulação e unificação

Acesse e assista à aula explicativa sobre este assunto.

> http://uqr.to/21kub

[569] HC 85.503/SP, 2ª T., Rel. Min. Carlos Velloso, *DJ* 26.08.2005; HC 84.682/SP, 2ª T., Rel. Min. Cezar Peluso, *DJ* 01.07.2005; HC 84.608/SP, 1ª T., Rel. Min. Eros Grau, *DJ* 03.06.2005; HC 84.603/SP, 1ª T., Rel. Min. Sepúlveda Pertence, *DJ* 03.12.2004; HC 74.715/SP, 2ª T., Rel. Min. Maurício Corrêa, *DJ* 16.05.1997.

[570] Nesse sentido: DEZEM, Guilherme Madeira; AGUIRRE, João Ricardo Brandão; FULLER, Paulo Henrique Aranda. *Estatuto da Criança e do Adolescente*: difusos e coletivos. 3. ed. rev., atual. e ampl. São Paulo: Editora Revista dos Tribunais, 2013, p. 120; LIBERATI, Wilson Donizeti. *Processo penal juvenil. A garantia da legalidade na execução da medida socioeducativa*. São Paulo: Malheiros Editores, 2006, p. 192.

[571] SARAIVA, João Batista Costa. *Direito penal juvenil*: adolescente e ato infracional: garantias processuais e medidas socioeducativa. 2. ed., rev. e ampl. Porto Alegre: Livraria do Advogado, 2002, p. 95.

[572] No mesmo sentido: MAIOR, Olympio Sotto. Comentários ao art. 113. In: CURY, Munir (org.). *Estatuto da Criança e do Adolescente comentado. Comentários jurídicos e sociais*. 11. ed. São Paulo: Malheiros Editores. 2010, p. 549; ROSSATO, Luciano Xavier; LÉPORE, Paulo Eduardo; CUNHA, Rogério Sanches da. *Estatuto da Criança e do Adolescente*: Lei n. 8.069/90 comentado artigo por artigo. 8. ed. rev., atual. e ampl. São Paulo: Saraiva, 2016, p. 379.

[573] STJ, AgRg no HC 549.994/ES, Rel. 6ª T., Min. Nefi Cordeiro, *DJe* 16.03.2020; HC 211.957/SP, 5ª T., Rel. Min. Laurita Vaz, *DJe* 15.03.2012; HC 88.243/SP, 5ª T., Rel. Min. Napoleão Nunes Maia Filho, *DJ* 28.04.2008.

A **cumulação** pressupõe a **diversidade da natureza das medidas** socioeducativas e/ou medidas de proteção e pode decorrer do mesmo processo ou de processos diversos. Na cumulação haverá o cumprimento simultâneo das medidas impostas ao adolescente, salvo se não forem compatíveis entre si.

Caso o adolescente cumpra medida socioeducativa de internação e sobrevenha sentença que fixe medida em meio aberto, haverá a cumulação das medidas. Contudo, será inviável o cumprimento simultâneo, de forma que a internação absorverá a de meio aberto.

De fato, as medidas de meio fechado (internação e semiliberdade) possuem uma abrangência pedagógica superior às medidas de meio aberto, de maneira que estas são absorvidas por aquelas e a execução prosseguirá apenas quanto à medida de meio fechado, culminando com a extinção das medidas de meio aberto[574].

Todavia, importante registrar que, em recente julgado, o STJ entendeu que se o adolescente cumpre medida socioeducativa de PSC e, durante a sua execução, comete novo ato infracional que lhe impõe internação, deve haver "unificação", de modo que, "em primeiro, se cumpra a mais grave e, em seguida, a concernente em meio aberto"[575]. Embora o Tribunal tenha utilizado a expressão "unificação", em verdade, trata-se de cumulação.

O STJ também já decidiu que é incabível a "unificação" das medidas socioeducativas de PSC aplicada em sede de remissão e de semiliberdade imposta por sentença transitada em julgado, tendo em vista as naturezas e consequências distintas em caso de descumprimento[576]. Assim, nesse julgado, o Tribunal, corretamente, decidiu pela impossibilidade da "unificação", pois trata-se de hipótese de "cumulação" (medidas distintas).

Por seu turno, a **unificação** é o incidente da execução de medida socioeducativa que implica na soma de todas as **medidas idênticas** existentes em desfavor do adolescente. Sempre decorre da existência de medidas impostas em processos de apuração de atos infracionais diversos e visa o controle de todas as medidas impostas ao adolescente.

Com a unificação, as medidas serão reunidas em um único processo e haverá a expedição da guia unificadora, com o arquivamento dos processos unificados (art. 11, § 3º, da Resolução CNJ 165/2012).

O ECA não contempla o incidente de unificação e a sua previsão encontra-se expressa no art. 45 da Lei do Sinase:

> **Art. 45.** Se, no transcurso da execução, sobrevier sentença de aplicação de nova medida, a autoridade judiciária procederá à unificação, ouvidos, previamente, o Ministério Público e o defensor, no prazo de 3 (três) dias sucessivos, decidindo-se em igual prazo.
>
> **§ 1º** É vedado à autoridade judiciária determinar reinício de cumprimento de medida socioeducativa, ou deixar de considerar os prazos máximos, e de liberação compulsória previstos na Lei n. 8.069, de 13 de julho de 1990 (Estatuto da Criança e do Adolescente), excetuada a hipótese de medida aplicada por ato infracional praticado durante a execução.
>
> **§ 2º** É vedado à autoridade judiciária aplicar nova medida de internação, por atos infracionais praticados anteriormente, a adolescente que já tenha concluído cumprimento de medida socioeducativa dessa natureza, ou que tenha sido transferido para cumprimento de medida menos rigorosa, sendo tais atos absorvidos por aqueles aos quais se impôs a medida socioeducativa extrema.

---

[574] No mesmo sentido: LIBERATI, Wilson Donizeti. *Processo penal juvenil. A garantia da legalidade na execução da medida socioeducativa*. São Paulo: Malheiros Editores, 2006, p. 206; FRASSETO, Flávio Américo. *Pela necessidade de uma doutrina do processo de execução de medida socioeducativa*. Congresso Nacional da Associação Brasileira de Magistrados e Promotores da Infância e Juventude. Belém/PA, 2002; FULLER, Paulo Henrique Aranda. *Estatuto da Criança e do Adolescente comentado*. São Paulo: Editora Revista dos Tribunais, 2017, p. 297. Na jurisprudência: TJSP, Apelação 0000315-45.2015.8.26.0570, Câmara Especial, Rel. Des. Lídia Maria Andrade Conceição, *DJ* 14.08.2017.

[575] AgRg no HC 663.299/SE, 5ª T., Rel. Min. Jesuíno Rissato (Desembargador convocado do TJDFT), *DJe* 24.08.2021.

[576] AgRg no HC 683.950/SC, 6ª T., Rel. Min. Laurita Vaz, *DJe* 31.08.2022.

O procedimento do incidente de unificação é célere, uma vez que as partes (MP e defesa) têm o prazo sucessivo de 3 (três) dias para se manifestar, devendo o juiz decidir em igual prazo.

Como *regra geral*, o § 1º do art. 45 da Lei do Sinase veda o reinício de cumprimento de medida socioeducativa, ou deixar de considerar os prazos máximos, **salvo** se a nova medida se referir a **ato infracional praticado durante a execução**.

Para melhor compreensão do tema, exemplifica-se da seguinte maneira: processo de apuração de ato infracional impõe ao adolescente a medida socioeducativa de PSC, pelo prazo de 3 (três) meses e ele inicia o cumprimento da medida, tendo cumprido 2 (dois) meses.

Posteriormente, sobrevém sentença que lhe condena à medida de PSC de 4 (quatro) meses, por ato infracional cometido *antes da execução*. Nessa hipótese, a unificação resultará que o adolescente deverá cumprir mais 4 (quatro) meses de PSC, tendo em vista que a primeira sentença já impôs 3 (três) meses e o prazo máximo da medida é de 6 (seis) meses (art. 117 do ECA). Assim, o adolescente não cumprirá o prazo total das sentenças.

Todavia, se o ato infracional tivesse sido cometido *durante a execução* da medida de PSC, seria possível que ele cumprisse o que lhe fora imposto na segunda sentença (4 meses), além do tempo faltante da primeira sentença (1 mês). Ou seja, o tempo total de PSC seria de 7 (sete) meses.

Essa mesma regra também tem aplicação para a medida socioeducativa de internação. Se o adolescente pratica ato infracional durante a execução da medida de internação e é condenado à nova medida de internação, o seu prazo de internação será reiniciado, de forma que, se ele já estivesse internado por 2 (dois) anos pela primeira sentença, seria possível, em tese, o cumprimento de mais 3 (três) anos de internação.

O art. 45, § 2º, da Lei do Sinase traz a regra de que, se for imposta medida socioeducativa de internação e o adolescente já a *tiver cumprido integralmente* ou *tiver progredido para outra medida menos rigorosa,* é vedado ao juiz aplicar nova medida de internação para atos infracionais praticados anteriormente, havendo a **absorção destes**. Veja-se o seguinte julgado do STJ:

> 2. *In casu*, o paciente foi condenado à medida socioeducativa de internação por ato infracional praticado anteriormente (4/3/2012) ao cumprimento de internação em outro processo (27/7/2013 até 2/7/2014), pelo qual fora beneficiado com medidas em meio aberto. **3. O art. 45, § 2°, da Lei n. 12.594/2012 (Sinase) veda expressamente que se aplique e se execute nova medida de internação, por fato anterior, a adolescente que já tenha cumprido a internação ou se encontre cumprindo medida mais favorável.** Precedentes (grifou-se)[577].

Quanto ao termo "anteriormente" utilizado no citado dispositivo, o STJ já entendeu que se refere ao termo inicial da execução e não à data da prática do ato infracional que culminou na primeira internação[578].

Para a aplicação da citada regra, existe a necessidade de que o adolescente *tenha cumprido integralmente a medida de internação ou haja progredido para outra menos rigorosa*. Presentes estes requisitos, há a absorção dos atos infracionais anteriores e inexiste necessidade de prosseguimento do processo de apuração de ato infracional, devendo o juiz extinguir o feito.

Em situação na qual ao adolescente tenha sido imposta medida socioeducativa de internação, mas em razão de ausência de estabelecimento adequado esteja em cumprimento de medida de semiliberdade, mostra-se cabível que nova condenação, ainda que por ato infracional anterior, lhe imponha novamente a medida de internação[579]. Afinal, ele não tinha cumprido a medida de internação e não tinha progredido.

---

577 HC 311.963/SP, 5ª T., Rel. Min. Ribeiro Dantas, *DJe* 28.09.2016.

578 HC 274.565/RJ, 5ª T., Rel. Min. Jorge Mussi, *DJe* 21.05.2015.

579 AgRg no HC 553.725/SC, 5ª T., Rel. Min. João Otávio de Noronha, *DJe* 20.09.2021.

Resta a análise da situação na qual o adolescente está em cumprimento da medida socioeducativa de internação, estabelecida por sentença transitada em julgado e tem contra si diversos processos de apuração de atos infracionais cometidos antes da execução.

Nesse caso, conforme se depreende da leitura do artigo, não há absorção dos atos infracionais anteriores, pois o adolescente ainda não cumpriu a medida e não foi progredido para outra menos gravosa. Sobre o tema, o STJ entende que os processos de apuração de ato infracional devem continuar o seu curso, cabendo apenas ao juízo da execução julgar extinta a medida:

> 2. O referido dispositivo não respalda a extinção do processo sem resolução do mérito, em especial, porque a vida pregressa do adolescente é fundamental para orientar o estabelecimento de futuras medidas socioeducativas, caso sejam cometidos novos atos infracionais, tendo em vista inclusive o art. 122, II, do ECA. O que se apura é a possibilidade de o juízo da execução extinguir a medida extrema imposta a posteriori em sentença socioeducativa, pois não faria sentido impor ao adolescente nova medida de internação, por cometimento de ato infracional anterior ao que ensejou a medida socioeducativa já cumprida ou abrandada. **3. Na hipótese, não se aplica o entendimento disposto no mencionado artigo da Lei n. 12.594/2012, eis que o paciente ainda cumpre medida de internação, sendo plenamente possível a unificação das medidas socioeducativas, respeitado o prazo máximo de liberação compulsória**, o que impede a determinação de reinício da medida, tendo em vista que o ato infracional em apreço é anterior ao que resultou a medida de internação que está em andamento (grifou-se)[580].

Até a 5ª edição desta obra, defendíamos o posicionamento de que não haveria interesse de agir para o prosseguimento dos demais processos de apuração de atos infracionais praticados antes da execução, tendo em vista que o § 1º do art. 45 não permite o reinício da contagem do prazo da internação, nos seguintes termos:

Diante disso, se os processos continuarem e forem fixadas novas internações, não haverá reflexos para a execução da medida socioeducativa em andamento, pois os atos infracionais foram praticados anteriormente.

Aliás, pondere-se que o art. 42, § 2º, da Lei do Sinase diz: "A gravidade do ato infracional, os antecedentes e o tempo de duração da medida não são fatores que, por si, justifiquem a não substituição da medida por outra menos grave".

Além do mais, o STJ utilizou como argumento fundamental o fato da continuidade do processo para a formação da vida pregressa do adolescente para fins de caracterização de reiteração de atos infracionais graves. Entretanto, conforme vimos anteriormente, o STJ e o STF são pacíficos no sentido de que basta um ato infracional anterior grave para possibilitar a aplicação de medida socioeducativa de internação, com fundamento no art. 122, II[581].

Portanto, nova decretação não influenciará em eventual progressão da medida de internação imposta ao adolescente e não trará consequências para fins de reiteração de atos infracionais graves, de forma que se conclui pela falta superveniente do interesse de agir dos processos de apuração de atos infracionais praticados anteriormente à execução da medida de internação (art. 395, II, 2ª parte, do CPP c. c. art. 152 do ECA)[582].

---

580 HC 391.986/ES, 6ª T., Rel. Min. Maria Thereza de Assis Moura, *DJe* 17.04.2017. No mesmo sentido: AgInt no HC 496.746/SC, 6ª T., Rel. Min. Laurita Vaz, *DJe* 24.05.2019; AgInt no HC 473.600/SC, 5ª T., Rel. Min. Felix Fischer, *DJe* 19.03.2019; AgRg no AREsp 1.059.053/ES, 5ª T., Rel. Min. Ribeiro Dantas, *DJe* 11.05.2018; RHC 60.612/DF, 6ª T., Rel. Min. Nefi Cordeiro, *DJe* 15.09.2015. Na doutrina: MORAES, Bianca Mota de; RAMOS, Helane Vieira. In: MACIEL, Kátia Regina Ferreira Lobo Andrade (coord.). *Curso de direito da criança e do adolescente*: aspectos teóricos e práticos. 9. ed. rev. e atual. São Paulo: Saraiva, 2016, p. 1.155.

581 STJ, RHC 76.252/MG, 5ª T., Rel. Min. Reynaldo Soares da Fonseca, *DJe* 01.02.2017; AgRg no AREsp 837.060/SP, 5ª T., Rel. Min. Jorge Mussi, *DJe* 01.02.2017; HC 373.531/RJ, 6ª T., Rel. Min. Antonio Saldanha Palheiro, *DJe* 30.11.2016; HC 290.350/SP, 6ª T., Rel. Min. Rogerio Schietti Cruz, *DJe* 02.02.2017. STF, HC 94.447/SP, 1ª T., Rel. Min. Luiz Fux, *DJe* 06.05.2011; HC 84.218/SP, 1ª T., Rel. Min. Joaquim Barbosa, *DJ* 18.04.2008.

582 No mesmo sentido: SARAIVA, João Batista Costa. *Compêndio de direito penal juvenil*: adolescente e ato infracional. 4. ed. Porto Alegre: Livraria do Advogado, 2010, p. 188; FULLER, Paulo Henrique Aranda. *Estatuto da Criança e do Adolescente*

Antes do advento da Lei do Sinase, tal posicionamento não se sustentaria, uma vez que o STJ entendia que os prazos das medidas socioeducativas de internação eram independentes, de maneira que, se o adolescente fosse condenado com três medidas de internação, cada nova internação reiniciaria a contagem do prazo máximo, independentemente do momento da prática dos atos infracionais:

> **As internações urgem de procedimentos distintos, autônomos, assim, o limite de 3 (três) anos descrito no estatuto menorista deve ser contado de forma separada, independente se as infrações foram praticadas antes ou após o cumprimento do prazo limite.** A tese defensiva de aplicação do princípio da unificação da pena ao ECA conduz ao esvaziamento incontestável da efetiva participação do Estado na recuperação do menor infrator, pois a prática reiterada de atos infracionais não encontraria a necessária aplicação da medida extrema (internação) (grifou-se)[583].

Todavia, com a publicação da Lei do Sinase, há previsão expressa da unificação e da absorção dos atos infracionais praticados anteriormente à execução, o que corrobora o nosso entendimento.

Entretanto, evoluímos nosso posicionamento a partir da 6ª edição desta obra, tendo em vista que a 3ª Seção do STJ, no julgamento do EREsp 1.916.596/SP, na data de 08.09.2021, firmou entendimento sobre a possibilidade de uso do histórico infracional para impedir a aplicação da minorante prevista no § 4º do art. 33 da Lei 11.343/2006:

> 6. No entanto, prevaleceu, no âmbito da Terceira Seção, para fins de consolidação jurisprudencial e ressalvado o entendimento desta Relatora para o acórdão, entendimento intermediário no sentido de que **o histórico infracional pode ser considerado para afastar a minorante prevista no art. 33, § 4º, da Lei n. 11.343/2006, por meio de fundamentação idônea que aponte a existência de circunstâncias excepcionais, nas quais se verifique a gravidade de atos pretéritos, devidamente documentados nos autos, bem como a razoável proximidade temporal de tais atos com o crime em apuração** (original sem grifos)[584].

Dessa forma, ao contrário do que sustentávamos anteriormente, diante do atual posicionamento do STJ, há interesse de agir na apuração de atos infracionais cometidos anteriormente à execução da medida socioeducativa, tendo em vista que, se forem contemporâneos a eventual crime cometido pelo então adolescente e devidamente documentado nos autos, poderão afastar a aplicação do § 4º do art. 33 da Lei 11.343/2006. Além disso, a prolação de sentença na representação poderá ser considerada na avaliação de medidas socioeducativas e na análise de substituição destas por outras menos gravosas, bem como para fins de reiteração de atos infracionais (art. 122, II, do ECA)[585].

2.13.8 Revisão da sanção disciplinar

Toda entidade de atendimento socioeducativo deverá, em seu respectivo regimento, realizar a previsão de sanção disciplinar que obedeça aos princípios do art. 71 da Lei do Sinase[586].

---

comentado. São Paulo: Editora Revista dos Tribunais, 2017, p. 616.

583 RHC 14.609/DF, 6ª T., Rel. Min. Paulo Medina, *DJ* 29.03.2004. No mesmo sentido: HC 173.639/RS, 5ª T., Rel. Min. Marco Aurélio Bellizze, *DJe* 10.02.2012; REsp 1.067.575/RS, 5ª T., Rel. Min. Arnaldo Esteves Lima, *DJe* 15.03.2010; HC 99.565/RJ, 5ª T., Rel. Min. Napoleão Nunes Maia Filho, *DJe* 08.06.2009.

584 EREsp 1.916.596/SP, 3ª S., Rel. Min. Joel Ilan Paciornik, Rel. para acórdão Min. Laurita Vaz, *DJe* 04.10.2021. No mesmo sentido: AgRg no HC 760.719/MG, 5ª T., Rel. Min. Jesuíno Rissato (Desembargador convocado do TJDFT), *DJe* 04.11.2022; AgRg no HC 735.959/SP, 5ª T., Rel. Min. Ribeiro Dantas, *DJe* 04.10.2022; AgRg no AREsp 2.117.354/MG, 6ª T., Rel. Min. Olindo Menezes (Desembargador convocado do TRF 1ª Região), *DJe* 23.09.2022.

585 STJ, AgRg no HC 799.631/PR, 5ª T., Rel. Min. Ribeiro Dantas, *DJe* 14.09.2023; AgRg no HC 781.050/SC, 6ª T., Rel. Min. Rogerio Schietti Cruz, *DJe* 11.05.2023.

586 Art. 71 da Lei do Sinase: "Todas as entidades de atendimento socioeducativo deverão, em seus respectivos regimentos, realizar a previsão de regime disciplinar que obedeça aos seguintes princípios: I – tipificação

A aplicação da sanção disciplinar compete a uma comissão composta por, no mínimo, 3 (três) integrantes, sendo 1 (um), obrigatoriamente, oriundo da equipe técnica, vedada a participação de socioeducando (art. 73).

O art. 48 da Lei do Sinase disciplina o procedimento de revisão da sanção disciplinar e prevê como legitimados o defensor, o MP, o adolescente e seus pais ou responsável. Se entender plausíveis as alegações, a autoridade judiciária poderá suspender a execução da sanção até decisão final do incidente.

Após o pedido de revisão, será ouvida a autoridade colegiada que aplicou a sanção. Em seguida, se houver necessidade de produção de provas, será designada audiência, a qual será instruída com relatório da equipe técnica do programa de atendimento sobre a evolução do PIA e qualquer outro parecer técnico requerido pelas partes e deferido pela autoridade judiciária.

O § 2º do art. 48 veda a aplicação de sanção disciplinar de isolamento a adolescente interno, *salvo se imprescindível para a garantia de sua segurança ou de outros internos*, sendo imperiosa a comunicação ao defensor, MP e ao juízo em até 24 (vinte e quatro) horas.

2.13.9 Suspensão

A Lei do Sinase, em artigos esparsos, prevê as seguintes situações nas quais a execução da medida socioeducativa será suspensa:

1) **não localização do adolescente**: se dá quando o adolescente não é encontrado para iniciar ou reiniciar o cumprimento da medida socioeducativa. Dessa forma, para possibilitar o andamento da execução, há a expedição de mandado de busca e apreensão, com prazo de validade máximo de 6 (seis) meses, podendo ser renovado, se necessário (art. 47);
2) **impugnação da proposta de plano individual de atendimento (PIA)**: após a confecção de referido plano, a autoridade judiciária ouvirá o defensor e o MP. Se houver impugnação do PIA, em regra, não haverá a suspensão da sua execução, salvo decisão judicial em contrário (art. 41, § 4º); e
3) **adolescente portador de transtorno mental ou associados**: no curso da execução, se sobrevier esta situação, o adolescente poderá ser incluído em programa de atenção integral à saúde mental, de forma a atender aos objetivos terapêuticos estabelecidos para o caso, nos termos do art. 64 da Lei do Sinase.

   No prazo máximo de 3 (três) anos da medida socioeducativa de internação, será computado o período no qual o adolescente, por superveniente determinação, permanecer em tratamento médico de doença mental em ambiente hospitalar. Para tanto, consideram-se os princípios da legalidade e da brevidade, previstos na Lei do Sinase (art. 35), bem como a aplicação analógica do art. 183 da LEP[587] e da Súmula 527 do STJ[588], sob pena de o adolescente ter um regramento mais severo que um adulto[589].

---

explícita das infrações como leves, médias e graves e determinação das correspondentes sanções; II – exigência da instauração formal de processo disciplinar para a aplicação de qualquer sanção, garantidos a ampla defesa e o contraditório; III – obrigatoriedade de audiência do socioeducando nos casos em que seja necessária a instauração de processo disciplinar; IV – sanção de duração determinada; V – enumeração das causas ou circunstâncias que eximam, atenuem ou agravem a sanção a ser imposta ao socioeducando, bem como os requisitos para a extinção dessa; VI – enumeração explícita das garantias de defesa; VII – garantia de solicitação e rito de apreciação dos recursos cabíveis; e VIII – apuração da falta disciplinar por comissão composta por, no mínimo, 3 (três) integrantes, sendo 1 (um), obrigatoriamente, oriundo da equipe técnica".

587 Art. 183 da LEP: "Quando, no curso da execução da pena privativa de liberdade, sobrevier doença mental ou perturbação da saúde mental, o Juiz, de ofício, a requerimento do Ministério Público, da Defensoria Pública ou da autoridade administrativa, poderá determinar a substituição da pena por medida de segurança".

588 Súmula 527 do STJ: "O tempo de duração da medida de segurança não deve ultrapassar o limite máximo da pena abstratamente cominada ao delito praticado".

589 STJ, REsp 1.956.497/PR, 5ª T., Rel. Min. Ribeiro Dantas, *DJe* 08.04.2022.

2.13.10 Extinção

2.13.10.1 Causas previstas na Lei do Sinase

As hipóteses de extinção estão elencadas nos **incisos do art. 46 da Lei do Sinase**, a seguir transcritos:

2.13.10.1.1 Morte do adolescente (inciso I)

A morte do adolescente acarreta a extinção da medida socioeducativa (art. 46, I, da Lei do Sinase), tal como ocorre com o imputável (art. 107, I, do CP), decorrendo da previsão constitucional de que a pena não pode passar da pessoa do condenado (art. 5º, XLV). Deve ser comprovada por certidão de óbito (art. 62 do CPP).

2.13.10.1.2 Realização de sua finalidade (inciso II)

O legislador utilizou a expressão "realização de sua finalidade" e não cumprimento integral da medida socioeducativa, o que possibilita a sua extinção quando inexistir necessidade específica de proteção integral dos interesses do adolescente[590].

Isso porque, há medidas com **prazo indeterminado** (internação, semiliberdade e liberdade assistida), mas limitado ao máximo de 3 (três) anos, salvo se houver o cometimento de novo ato infracional durante a execução. Nestas medidas, a autoridade judiciária, após relatório da equipe técnica, pode concluir que houve a realização de sua finalidade, julgando-a extinta.

Quando a medida socioeducativa tem **prazo certo** (prestação de serviços à comunidade), a extinção se opera quando o adolescente a cumpre integralmente. Contudo, entendemos que, ainda que ele a tenha cumprido parcialmente, é possível a sua extinção, caso a equipe técnica conclua pela realização da finalidade a que se propunha.

Há extinção da medida de obrigação de reparar o dano após o seu adimplemento. Já a medida de advertência extingue-se com a sua imposição.

2.13.10.1.3 Aplicação de pena privativa de liberdade (inciso III)

A partir do momento em que o adolescente se torna imputável, pratica crime e é condenado à pena em regime fechado ou semiaberto, seja sua execução provisória ou definitiva, a medida socioeducativa perde a finalidade e há a **extinção obrigatória**.

Nota-se que a pena imposta deve ser cumprida em **regime fechado ou semiaberto** e a execução pode ser **provisória ou definitiva**, não havendo necessidade do trânsito em julgado da sentença. Portanto, se o imputável responde o processo em liberdade e recorre da sentença penal condenatória, não há causa extintiva da medida socioeducativa.

Do mesmo modo, pena em regime aberto, penas restritivas de direito e suspensão da pena não importam em extinção automática da medida socioeducativa.

No entanto, nessas hipóteses e no caso de oferta de denúncia em desfavor de imputável que responde pela prática de ato infracional, há a **extinção facultativa** da medida socioeducativa (art. 46, § 1º, da Lei do Sinase): "No caso de o maior de 18 (dezoito) anos, em cumprimento de medida socioeducativa, *responder a processo-crime, caberá à autoridade judiciária decidir sobre eventual extinção da execução*, cientificando da decisão o juízo criminal competente" (grifou-se).

Como se vê, o legislador facultou à autoridade judiciária a **extinção da execução da medida socioeducativa**, no caso de o imputável responder a processo criminal, não havendo necessidade de sentença com resolução de mérito.

---

590 STJ, AgRg no HC 696.013/SC, 6ª T., Rel. Min. Rogerio Schietti Cruz, *DJe* 17.12.2021.

Em caso concreto, o STJ já entendeu como fundamentação idônea para a extinção da medida socioeducativa, o fato de o jovem de 20 anos ter contra si decretada prisão preventiva após o cometimento de crime, por entender que a medida não mais cumpria a finalidade socioeducativa[591].

Após a extinção da execução, a autoridade judiciária comunicará a decisão ao juízo criminal.

Situação que merece análise é o caso de o **imputável que responde a processo de apuração de ato infracional e tem oferecida denúncia em seu desfavor**. Nessa hipótese, o STJ entende que o mero ajuizamento de ação penal não implica extinção automática no processo de apuração de ato infracional ou na aplicabilidade da medida socioeducativa em curso, tendo em vista que é possível que o jovem seja absolvido na instância criminal e retorne ao cumprimento de eventual medida socioeducativa[592].

Sobre o tema, há ainda entendimento de que, após a análise do caso concreto, considerando as circunstâncias, é possível a extinção do processo de apuração de ato infracional, tendo em vista que **a aplicação da medida socioeducativa já teria perdido a sua finalidade**[593].

Adotamos essa segunda posição, pois a prisão provisória do imputável e o seu contato com o ambiente carcerário poderão ser prejudiciais ao convívio com os demais adolescentes em cumprimento de medida socioeducativa, de forma que, no caso concreto, haverá ausência de interesse processual para o prosseguimento do procedimento de apuração de ato infracional.

No livro *Comentários à Lei n. 12.594/2012*, elaborado por promotores de Justiça atuantes na seara da infância e juventude do Ministério Público do Estado de Minas Gerais, é salientado o seguinte:

> Haverá situações em que, durante o cumprimento de uma medida socioeducativa privativa de liberdade – pela prática, portanto, de ato infracional grave – o jovem imputável praticará um crime grave que leve à sua prisão, ainda que flagrancial ou provisória. Mas se essa prisão for eventualmente revogada, seria cabível o retorno do jovem para o programa de atendimento socioeducativo?
>
> Ainda que a resposta possa ser positiva em tese, uma vez que não há obrigatoriedade da extinção da medida socioeducativa, e não haja nenhuma decisão no sentido de sua apreensão, a prática demonstra que a (re)inserção de jovens nas unidades de internação e semiliberdade, após terem passado pela experiência do cárcere, é extremamente danosa para o ambiente da instituição socioeducativa[594].

De outro lado, o art. 46, § 2º, da Lei do Sinase, dispõe acerca da possibilidade de **detração** da medida socioeducativa, na hipótese de o imputável cumprir prisão provisória que não for convertida em pena privativa de liberdade: "Em qualquer caso, o tempo de prisão cautelar não convertida em pena privativa de liberdade deve ser descontado do prazo de cumprimento da medida socioeducativa".

Embora a legislação seja omissa, o STJ, por analogia, também já admitiu a detração prevista no art. 387, § 2º, do CPP[595], no caso em que o imputável apresentou-se como menor de idade e lhe foi aplicada a medida socioeducativa de internação e, posteriormente, apurou-se que o registro de nascimento era falso e ele era maior de idade[596].

---

591 HC 551.319/RS, 6ª T., Rel. Min. Nefi Cordeiro, *DJe* 18.05.2020.

592 AgRg no HC 732.634/SC, 5ª T., Rel. Min. Reynaldo Soares da Fonseca, *DJe* 13.5.2022; AgRg no HC 653.918/SC, 5ª T., Rel. Min. Ribeiro Dantas, *DJe* 17.12.2021; AgRg no HC 682.245/SC, 6ª T., Rel. Min. Antonio Saldanha Palheiro, *DJe* 28.09.2021.

593 Enunciado Administrativo 31 da Coordenadoria da Infância e Juventude do Tribunal de Justiça de Pernambuco: "É aplicável, por analogia, o art. 46, § 1º da Lei n. 12.594/2012 ao processo do conhecimento". No mesmo sentido: TJRS, Apelação Cível 7005366156, Rel. Des. Rui Portanova, j. 02.05.2013.

594 CARELLI, Andrea Mismotto (org.). *Comentários à Lei n. 12.594/2012*. Belo Horizonte, Revista do Ministério Público do Estado de Minas Gerais, 2014, p. 83.

595 Art. 387, § 2º, do CPP: "O tempo de prisão provisória, de prisão administrativa ou de internação, no Brasil ou no estrangeiro, será computado para fins de determinação do regime inicial de pena privativa de liberdade".

596 HC 314.484/RS, 5ª T., Rel. Min. Félix Fischer, *DJe* 07.10.2015.

2.13.10.1.4 Condição de doença grave (inciso IV)

O art. 35, VI, da Lei do Sinase, determina que, na execução da medida socioeducativa, observar-se-á o princípio da "*individualização*, considerando-se a idade, *capacidades e circunstâncias pessoais* do adolescente" (grifou-se).

O art. 112, § 1º, do ECA, também prevê que, "A medida aplicada ao adolescente levará em conta a sua **capacidade de cumpri-la**, as circunstâncias e a gravidade da infração" (grifou-se).

Se, no **curso da execução da medida socioeducativa**, sobrevier **doença grave** ao adolescente que o torne incapaz de cumpri-la, o juízo poderá decretar a **extinção da execução** (art. 46, IV, da Lei do Sinase). Por doença grave não se compreende apenas a doença ou deficiência mental, mas também fratura de perna, tuberculose, falência renal, cirrose etc.[597].

A autoridade judiciária também poderá **suspender a execução** da medida socioeducativa na hipótese de indícios de que o adolescente possua **transtorno mental ou associados**. Neste caso, o adolescente poderá ser incluído em programa de atenção integral à saúde mental, de forma a atender aos objetivos terapêuticos estabelecidos para o caso (art. 64 da Lei do Sinase)[598].

Por outro lado, se houver a comprovação de **doença ou deficiência mental do adolescente no curso do processo de apuração de ato infracional**, o STJ entende que é incabível a medida socioeducativa de internação, mas é possível a aplicação de: **a) medida de proteção** de tratamento ambulatorial ou hospitalar[599]; ou **b)** medida socioeducativa de **liberdade assistida associada à medida de proteção** de acompanhamento ambulatorial, pedagógico e familiar[600].

Em suma, temos as seguintes situações:

Momento processual	Incapacidade	Consequência
Processo de apuração de ato infracional	Doença ou deficiência mental	Duas possibilidades: 1) aplicação de medida de proteção de tratamento ambulatorial ou hospitalar; 2) aplicação de medida socioeducativa de liberdade assistida associada à medida de proteção de acompanhamento ambulatorial, pedagógico e familiar.
	Doença grave	Extinção da execução da medida socioeducativa (art. 46, IV, da Lei do Sinase)
Processo de execução de medida socioeducativa	Doença ou deficiência mental	A autoridade judiciária poderá suspender a execução da medida socioeducativa e incluir o adolescente em programa de atenção integral à saúde mental (art. 64, § 4º, da Lei do Sinase)

597 Nesse sentido: NUCCI, Guilherme de Souza. *Estatuto da Criança e do Adolescente comentado*: em busca da Constituição Federal das crianças e dos adolescentes. 3. ed. Rio de Janeiro: Forense, 2016, p. 905.

598 Art. 64 da Lei do Sinase: "O adolescente em cumprimento de medida socioeducativa que apresente indícios de transtorno mental, de deficiência mental, ou associadas, deverá ser avaliado por equipe técnica multidisciplinar e multissetorial. § 1º As competências, a composição e a atuação da equipe técnica de que trata o *caput* deverão seguir, conjuntamente, as normas de referência do SUS e do Sinase, na forma do regulamento. § 2º A avaliação de que trata o *caput* subsidiará a elaboração e execução da terapêutica a ser adotada, a qual será incluída no PIA do adolescente, prevendo, se necessário, ações voltadas para a família. § 3º As informações produzidas na avaliação de que trata o *caput* são consideradas sigilosas. § 4º Excepcionalmente, o juiz poderá suspender a execução da medida socioeducativa, ouvidos o defensor e o Ministério Público, com vistas a incluir o adolescente em programa de atenção integral à saúde mental que melhor atenda aos objetivos terapêuticos estabelecidos para o seu caso específico. § 5º Suspensa a execução da medida socioeducativa, o juiz designará o responsável por acompanhar e informar sobre a evolução do atendimento ao adolescente. § 6º A suspensão da execução da medida socioeducativa será avaliada, no mínimo, a cada 6 (seis) meses. § 7º O tratamento a que se submeterá o adolescente deverá observar o previsto na Lei n. 10.216, de 6 de abril de 2001, que dispõe sobre a proteção e os direitos das pessoas portadoras de transtornos mentais e redireciona o modelo assistencial em saúde mental".

599 HC 45.752/SP, 6ª T., Rel. Min. Paulo Medina, *DJ* 26.02.2007; HC 54.961/SP, 5ª T., Rel. Min. Gilson Dipp, *DJ* 22.05.2006.

600 HC 88.043/SP, 6ª T., Rel. Min. Og Fernandes, *DJe* 04.05.2009; HC 47.178/SP, 5ª T., Rel. Min. Laurita Vaz, *DJ* 27.11.2006.

2.13.10.1.5 Demais hipóteses previstas em lei (inciso V)

No inciso V, o legislador explicitou que o rol do art. 46 da Lei do Sinase é meramente **exemplificativo** ("demais hipóteses previstas em lei"), podendo ser citadas outras causas:

1) **prescrição**: a posição doutrinária que defende a aplicação da prescrição das medidas socioeducativas ampara-se neste inciso. O tema sobre prescrição será tratado a seguir.
2) **liberação compulsória**: o art. 121, § 5º, do ECA dispõe: "A liberação será compulsória aos vinte e um anos de idade". Por seu turno, o art. 19 da Resolução 165/2012 do CNJ preceitua que: "a liberação quando completados os 21 (vinte e um) anos independe de decisão judicial, nos termos do § 5º do art. 121 do Estatuto da Criança e do Adolescente".

   Conforme já visto, não concordamos com a Resolução do CNJ, haja vista que sempre há necessidade de ordem judicial para a liberação, ante a previsão expressa do art. 121, § 6º, pois podem ocorrer as seguintes hipóteses: **(a)** o jovem responder a processo criminal e ter mandado de prisão expedido; e **(b)** a existência de processo de interdição do jovem, com a decretação de sua internação compulsória, em razão de doença mental grave[601].
3) **falta de interesse de agir**: pode ocorrer a situação na qual o adolescente inicia o cumprimento de medida socioeducativa de internação e responde a outros processos de apuração de ato infracional praticados anteriormente à execução, conforme tratado no item 2.13.7.
4) **unificação das medidas socioeducativas**: com a unificação, as medidas serão reunidas em um único processo e haverá a expedição da guia unificadora, com o arquivamento dos processos unificados (art. 11, § 3º, da Resolução 165/2012 do CNJ).
5) **superveniência de medida socioeducativa de menor abrangência**: se o adolescente cumpre medida socioeducativa de internação e sobrevém condenação de medida de meio aberto (prestação de serviços à comunidade ou liberdade assistida), não será possível a ***unificação*** por se tratar de medidas diversas. Também não haverá ***cumulação*** pela incompatibilidade. De qualquer modo, a medida de meio fechado tem cunho pedagógico mais amplo e abarca a de meio aberto, havendo a extinção desta[602].

   Aliás, o § 3º do art. 42 da Lei do Sinase diz: "Considera-se mais grave a internação, em relação a todas as demais medidas, e mais grave a semiliberdade, em relação às medidas de meio aberto".
6) **perda do caráter ressocializador da medida**: o procedimento de apuração de ato infracional, em decorrência do princípio da intervenção precoce, demanda que a intervenção da autoridade seja efetuada logo que a situação de perigo seja conhecida, enquanto o princípio da atualidade impõe que essa intervenção seja necessária e adequada à situação de perigo a qual o adolescente se encontra quando da prolação da decisão (art. 100, parágrafo único, VI e VIII, do ECA).

Todavia, entre a prática do ato infracional e a decisão que impõe a medida socioeducativa, por questões diversas (p. ex., demora na apuração dos fatos, não localização do adolescente,

---

601 Nesse sentido: NUCCI, Guilherme de Souza. *Estatuto da Criança e do Adolescente comentado*: em busca da Constituição Federal das crianças e dos adolescentes. 3. ed. rev., atual. e ampl. Rio de Janeiro: Forense, 2016, p. 467.

602 Nesse sentido: PINHO DE CARVALHO, Márcio. *Execução de medidas socioeducativas*: prática processual de aplicação da Lei do Sinase e da Resolução n. 165 do Conselho Nacional de Justiça. Rio de Janeiro: Processo, 2018, p. 148.

morosidade da Justiça etc.), pode levar um prazo demasiadamente extenso, demonstrando que, no momento da execução da medida socioeducativa, o adolescente tornou-se maior de idade, possui família e não se envolveu em outro ato infracional ou crime na maioridade.

Diante disso, durante a execução da medida socioeducativa, na análise do caso concreto, é possível a constatação da perda do caráter ressocializador dela, pois a ressocialização realizou-se por si própria e o cumprimento da medida teria apenas efeito punitivo[603].

O STJ, contudo, em recente julgado, afastou a perda da atualidade de imposição de medida socioeducativa em meio aberto após cinco anos do acontecimento dos fatos, pois entendeu que a situação não demonstra prejuízo ao jovem e a maioridade não impede o cumprimento da medida[604].

2.13.10.2 Maioridade penal

O fato de o adolescente infrator atingir a maioridade penal no curso do processo de execução de medida socioeducativa acarreta a sua extinção?

No que se refere às medidas socioeducativas de **internação e semiliberdade**, não há discussão doutrinária e jurisprudencial, uma vez que, conforme expressa previsão do ECA (arts. 120, § 2º, e 121, § 5º), referidas medidas podem ser cumpridas até os 21 anos de idade.

Quanto às demais medidas socioeducativas de **advertência, obrigação de reparar o dano, PSC e LA (medidas em meio aberto)**, há *duas posições* sobre o tema:

1) a primeira afirma que o advento da maioridade penal acarreta a extinção das medidas em meio aberto, haja vista que o legislador apenas excepcionou a aplicação do ECA aos maiores de 18 (dezoito) anos e menores de 21 (vinte e um) anos nos casos de internação e semiliberdade, silenciando quanto às demais. Há julgados de Tribunais de Justiça que extinguiram os processos nos quais os adolescentes se tornaram imputáveis e não houve a imposição de medidas socioeducativas de semiliberdade ou internação[605];

2) a segunda entende que a maioridade penal não extingue as medidas em meio aberto, uma vez que não há qualquer sentido a legislação admitir a aplicação das medidas socioeducativas mais severas (internação e semiliberdade) e proibir a imposição das mais brandas (liberdade assistida e prestação de serviços à comunidade). Além disso, afirma que o art. 46 da Lei do Sinase não prevê como causa extintiva da medida socioeducativa a maioridade do adolescente infrator, e os §§ 1º e 2º do aludido artigo reforçam a tese de que as medidas podem ser aplicadas para o maior de 18 (dezoito) anos, uma vez que disciplina a hipótese do adolescente que pratica crime após atingir a maioridade.

O **STJ**, em 14 de março de 2018, aprovou a **Súmula 605**, cujo teor se transcreve: "A superveniência da maioridade penal não interfere na apuração de ato infracional nem na aplicabilidade de medida socioeducativa em curso, inclusive na liberdade assistida, enquanto não atingida a idade de 21 anos". Tal enunciado tem força vinculante, pois trata-se de precedente (art. 927, IV, do CPC).

---

603 No mesmo sentido: LIBERATI, Wilson Donizeti. *Processo penal juvenil: a garantia da legalidade na execução da medida socioeducativa*. São Paulo: Malheiros Editores, 2006, p. 2016; FRASSETO, Flávio Américo. *Pela necessidade de uma doutrina do processo de execução de medida socioeducativa*. Congresso Nacional da Associação Brasileira de Magistrados e Promotores da Infância e Juventude. Belém/PA, 2002.

604 AgInt no HC 439.203/SC, 5ª T., Rel. Min. Jorge Mussi, *DJe* 22.08.2019.

605 TJRJ, HC 00601156522012819000, 1ª Câmara Criminal, Rel. Des. Antônio Jayme Boente, *DJ* 12.11.2012. TJPR, Apelação 0326125-12.2009.8.19.0001, 2ª Câmara Criminal, Rel. Des. Paulo Sérgio Rangel do Nascimento, *DJe* 16.10.2012.

Além disso, posteriormente à edição da Súmula, o STJ julgou dois recursos especiais sob o rito de recurso repetitivo, também considerado precedente a teor do art. 927, III, do CPC, no mesmo sentido[606]. O STF também tem esse entendimento[607].

Diante desse cenário, conclui-se que, no âmbito dos Tribunais Estaduais, a discussão acerca da possibilidade de continuidade do processo de apuração de ato infracional e de execução de medida socioeducativa se encerra com a edição da Súmula 605 do STJ, ante o seu caráter vinculante.

2.13.10.3 Prescrição das medidas socioeducativas

A prescrição é a perda da pretensão punitiva ou executória do Estado, decorrente de sua inércia durante o prazo previsto em lei. Há três posicionamentos acerca de seu reconhecimento quanto às medidas socioeducativas:

1) o primeiro entende que a prescrição não tem incidência, pelos seguintes motivos: *(i)* as medidas socioeducativas têm caráter pedagógico-protetivo e, por consequência, não possuem a mesma natureza jurídica das penas restritivas de direito, previstas no Código Penal; e *(ii)* o ECA e a Lei do Sinase não preveem o instituto da prescrição para as medidas socioeducativas;
2) o segundo defende que a aplicação da prescrição, pois: *(i)* as medidas socioeducativas são protetivas, mas também têm a natureza retributiva e repressiva; *(ii)* os casos de imprescritibilidade devem estar previstos em Lei, o que não ocorre com as medidas socioeducativas; *(iii)* não se pode dar tratamento mais gravoso ao adolescente do que o conferido ao adulto (art. 35, I, da Lei do Sinase)[608]; *(iv)* o art. 46, V, da Lei do Sinase estipula que a medida socioeducativa será declarada extinta "nas demais hipóteses previstas em lei", o que engloba a prescrição; e *(v)* o art. 100, parágrafo único, VI, do ECA, que cuida das medidas de proteção, também aplicável às medidas socioeducativas (art. 113), explicita o princípio da intervenção precoce, significando que "a intervenção das autoridades competentes deve ser efetuada logo que a situação de perigo seja conhecida";
3) o terceiro pugna pelo entendimento de que, como a Lei do Sinase não contemplou a prescrição dentre as causas extintivas das medidas socioeducativas, o único critério biológico aplicável para sua extinção é o previsto no art. 121, § 5º, do ECA: "A liberação será compulsória aos vinte e um anos de idade". Portanto, essa corrente sustenta que a extinção da medida socioeducativa não pode ocorrer por simples operação matemática, devendo o juiz, no caso concreto, analisar a necessidade e utilidade e, uma vez reconhecida a desnecessidade da medida, extingui-la por perda do caráter socioeducativo.

A despeito das diversas posições doutrinárias, concordamos com a segunda corrente, sendo este também o posicionamento do STF[609].

---

[606] REsp 1.717.022/RJ, 3ª S., Rel. Min. Sebastião Reis Júnior, *DJe* 13.08.2018; REsp 1.705.149/RJ, 3ª S., Rel. Min. Sebastião Reis Júnior, *DJe* 13.08.2018.

[607] HC 94.939/RJ, 2ª T., Rel. Min. Joaquim Barbosa, *DJe* 06.02.2009; HC 96.745/RJ, 1ª T., Rel. Min. Carlos Britto, *DJe* 29.05.2009; HC 81.519/MG, 2ª T., Rel. Min. Celso de Mello, *DJ* 02.05.2003.

[608] Art. 35, I, da Lei do Sinase: "A execução das medidas socioeducativas reger-se-á pelos seguintes princípios: I – legalidade, não podendo o adolescente receber tratamento mais gravoso do que o conferido ao adulto".

[609] HC 107.200 MC, 2ª T., Rel. Min. Celso de Mello, *DJe* 06.12.2011; HC 96.631, 1ª T., Rel. Min. Ricardo Lewandowski, *DJe* 20.11.2009; HC 88.788/SP, 2ª T., Rel. Min. Joaquim Barbosa, *DJe* 27.06.2008.

Importante observar que, no HC 88.788/SP, julgado em 22.04.2008, o **STF** entendeu pela possibilidade da aplicação da prescrição nas medidas socioeducativas e adotou como critério para o cálculo o prazo máximo previsto para o crime, reduzido pela metade, face a menoridade do adolescente.

Ressalte-se que a Suprema Corte adotou esse posicionamento, pois, à época, este era um dos entendimentos do STJ, conforme bem se observa do trecho do voto do Relator, Ministro Joaquim Barbosa:

> Assim, a maneira mais adequada de resolver a questão, sem criar um *tertium genus* e sem violar o princípio da reserva legal, que incide na espécie, é justamente aquela solução que o Superior Tribunal de Justiça adotou: considerar a pena máxima cominada ao crime pela norma incriminadora pertinente, combinada com a redução à metade do prazo prescricional prevista no art. 115 (quando o agente, à época do fato, era menor de vinte e um anos)[610].

Por seu turno, os julgados do **STJ** oscilavam entre as duas primeiras posições doutrinárias, até a edição da **Súmula 338**, na data de 09.05.2007, pacificando a matéria da seguinte maneira: "A prescrição penal é aplicável nas medidas socioeducativas".

Com a publicação da Súmula, o STJ passou a balizar a forma de cálculo da prescrição de acordo com os prazos previstos no art. 109 do Código Penal, considerando, em regra, para o cálculo da prescrição em abstrato, o prazo máximo de 3 (três) anos da medida de internação, com a redução pela metade, em razão da menoridade do adolescente (art. 115 do CP), conforme será analisado adiante.

Dessa forma, conclui-se que o STJ não mais aplica a forma de cálculo do prazo prescricional adotado pelo STF no julgamento do HC 88.788.

As **causas impeditivas e interruptivas do prazo prescricional**, previstas no Código Penal (arts. 116 e 117), **têm incidência no cálculo da prescrição** da pretensão em abstrato e na pretensão executória, conforme pacífica jurisprudência do STJ[611].

A aceitação de remissão extraprocessual, acordada entre o MP, o adolescente autor de ato infracional e o seu representante legal, não provoca a suspensão, impedimento ou interrupção do prazo prescricional, por ausência de previsão legal expressa[612], tal como ocorre com a transação penal prevista no art. 76 da Lei 9.099/1995[613]. Assim, nessa situação, é de se reconhecer a fluência do prazo prescricional entre a data do ato infracional até a primeira causa interruptiva da prescrição, que, provavelmente, será a eventual decisão de recebimento da representação (art. 117, I, do CP), afinal o adolescente não pode receber tratamento mais gravoso do que o conferido ao adulto (art. 35, I, da Lei do Sinase).

A prescrição e as suas modalidades podem ser representadas graficamente da seguinte maneira:

- Prescrição
  - da pretensão punitiva
    - em abstrato
    - retroativa
    - intercorrente
  - da pretensão executória

[610] HC 88.788/SP, 2ª T., Rel. Min. Joaquim Barbosa, *DJe* 27.06.2008.

[611] AgInt no REsp 1.422.168/RN, 6ª T., Rel. Min. Rogerio Schietti Cruz, *DJe* 02.02.2017; HC 313.610/SP, 6ª T., Rel. Min. Nefi Cordeiro, *DJe* 29.10.2015; REsp 1.187.090/RS, 5ª T., Rel. Min. Gilson Dipp, *DJe* 11.05.2011.

[612] TJMG, Apelação 1.0701.15.000749-3/001, 5ª Câmara Criminal, Rel. Des. Adilson Lamounier, j. 01.08.2017.

[613] STJ, RHC 80.148/CE, 6ª T., Rel. Min. Antonio Saldanha Palheiro, *DJe* 04.10.2019.

2.13.10.4 Prescrição da pretensão punitiva em abstrato

A prescrição da pretensão punitiva em abstrato é aquela que ocorre antes do trânsito em julgado da sentença que impõe medida socioeducativa (art. 109 do CP) e que ainda não resultou na aplicação de medida socioeducativa no processo de apuração de ato infracional. **Como regra**, seu **prazo é calculado tendo como parâmetro o prazo máximo de três anos da medida socioeducativa de internação** (art. 121, § 3º, do ECA).

Portanto, de acordo com o Código Penal, a prescrição da pena de 3 (três) anos ocorre em 8 (oito) anos (art. 109, IV), sendo reduzida pela metade em razão da menoridade do adolescente (art. 115), resultando, como **regra geral, no prazo prescricional de 4 (quatro) anos**[614].

Contudo, na hipótese em que a **pena máxima** prevista para o ato infracional análogo ao crime seja **igual a 1 (um) ano ou, sendo superior, não exceda a 2 (dois) anos**, a aplicação dessa regra geral conduziria a uma situação mais prejudicial ao adolescente. Assim, o STJ entende que, no cálculo da prescrição em abstrato, deve-se considerar a pena máxima de um ano, a qual prescreve em 4 (quatro) anos (art. 109, V), reduzida pela metade (art. 115), resultando no **prazo prescricional de 2 (dois) anos**[615].

Por outro lado, em se tratando de ato infracional análogo ao crime cuja **pena máxima seja inferior a 1 (um) ano**, a prescrição ocorre em **1 (um) ano e 6 (seis) meses** (art. 109, VI, c. c. art. 115)[616].

No tocante ao ato infracional de **porte de drogas para consumo próprio (art. 28 da Lei 11.343/2006)**, com exceção de posse de até 40 gramas de maconha ou 6 plantas fêmeas (presunção relativa)[617], o STJ entende que a prescrição também se opera em 1 (um) ano e 6 (seis) meses, posto que, conforme previsão legal, a duração máxima da pena de prestação de serviços à comunidade e medida educativa de comparecimento ao programa ou curso educativo é 5 (cinco) meses (art. 28, § 3º), de forma a aplicar-se a regra contida no parágrafo anterior[618].

Nesse ponto, discordamos do STJ, uma vez que, para o cálculo da prescrição, não se deve levar em consideração o prazo máximo da prestação de serviços à comunidade previsto para o porte de droga para consumo pessoal e do prazo prescricional do art. 109 do Código Penal, mas, sim, o prazo prescricional expresso no art. 30 da Lei 11.343/2006: "Prescrevem em 2 (dois) anos a imposição e a execução das penas".

Adotado esse entendimento, a prescrição em abstrato para a imposição de medida socioeducativa pelo referido ato infracional se dá em 1 (um) ano, ante a menoridade do adolescente. Se assim não for, o adolescente terá tratamento mais gravoso do que o imputável maior de 18 (dezoito) e menor de 21 (vinte e um) anos que vier a praticar o referido crime, o que é vedado pelo art. 35, I, da Lei do Sinase, conforme já estudado[619].

O quadro abaixo é uma síntese do entendimento do STJ:

---

[614] STJ, AgRg no HC 386.708/ES, 5ª T., Rel. Min. Jorge Mussi, *DJe* 21.11.2017; HC 236.349/SP, 6ª T., Rel. Min. Maria Thereza de Assis Moura, *DJe* 13.03.2013.

[615] AgRg no HC 701.572/SC, 6ª T., Rel. Min. Rogerio Schietti Cruz, *DJe* 21.02.2022; HC 192.312/SP, 6ª T., Rel. Min. Maria Thereza de Assis Moura, *DJe* 20.02.2013.

[616] HC 153.085/SP, 6ª T., Rel. Min. Maria Thereza de Assis Moura, *DJe* 21.02.2011; HC 93.281/SP, 5ª T., Rel. Min. Felix Fischer, *DJe* de 04.08.2008. Nos presentes julgados, a prescrição ocorreu em um ano, tendo em vista que os atos infracionais foram praticados antes do advento da Lei 12.234, de 05.05.2010, que deu nova redação ao inciso IV do art. 109 do Código Penal, de forma a elevar de dois para três anos o prazo de prescrição para a pena inferior a um ano.

[617] RE 635.659/SP, Tribunal Pleno, Rel. Min. Gilmar Mendes, *DJe* 27.09.2024.

[618] HC 153.080/SP, 6ª T., Rel. Min. Maria Thereza de Assis Moura, *DJe* 08.06.2011; HC 116.692/SP, 5ª T., Rel. Min. Laurita Vaz, *DJe* 13.04.2009. Da mesma forma que mencionado na nota anterior, os atos infracionais foram praticados anteriormente à Lei 12.234/2010 e, por isso, o prazo prescricional se deu em um ano.

[619] No mesmo sentido: FULLER, Paulo Henrique Aranda. *Estatuto da Criança e do Adolescente comentado*. São Paulo: Editora Revista dos Tribunais, 2017, p. 293.

Prazo da pena cominada ao ato infracional análogo ao crime	Parâmetro	Prazo prescricional da pretensão em abstrato
Regra geral	Leva-se em consideração o prazo máximo de 3 (três) anos da medida socioeducativa de internação, aplicando-se o prazo prescricional previsto no art. 109, IV, do CP, reduzido pela metade (art. 115 do CP)	4 (quatro) anos
Pena máxima igual a 1 (um) ano ou, sendo superior, não superior a 2 (dois) anos	Considera-se o prazo prescricional previsto no art. 109, V, do CP, reduzido pela metade (art. 115 do CP)	2 (dois) anos
Pena máxima inferior a 1 (um) ano	Considera-se o prazo prescricional previsto no art. 109, VI, do CP, reduzido pela metade (art. 115 do CP)	1 (um) ano e 6 (seis) meses

2.13.10.5 Prescrição da pretensão punitiva retroativa

A prescrição retroativa está prevista no art. 110, § 1º, do CP[620], e se efetiva com o trânsito em julgado da sentença que impõe medida socioeducativa ou depois de improvido o recurso do Ministério Público.

Essa modalidade de prescrição é calculada considerando a medida socioeducativa aplicada *in concreto* e os respectivos prazos prescricionais da pretensão executória, os quais serão tratados abaixo, de modo a retroagir entre os *marcos interruptivos anteriores à sentença* (entre a publicação da sentença ou acórdão que impõe a medida e o recebimento da representação – art. 117 do CP).

Em nenhuma hipótese, pode-se computar data anterior à representação, por expressa vedação do art. 110, § 1º, do CP.

A jurisprudência do STJ admite a aplicação da prescrição retroativa no processo de apuração de ato infracional[621].

Exemplo: ato infracional de furto simples cometido na data de 20.11.2013; recebimento da representação no dia 10.06.2015; sentença de procedência da representação com a imposição da medida socioeducativa de prestação de serviços à comunidade, pelo prazo de 2 (dois) meses, em razão de 6 (seis) horas por semana, publicada no dia 19.12.2016; trânsito em julgado para o Ministério Público na data de 20.03.2017.

Dessa forma, constata-se que houve a prescrição retroativa, pois transcorreu prazo superior a 1 (um) ano e 6 (seis) meses entre o recebimento da representação e a sentença de procedência da representação.

Entretanto, caso não houvesse prazo superior a 1 (um) ano e 6 (seis) meses entre esses marcos, não poderia ser considerado o período entre o ato infracional e o recebimento da representação, ante a vedação legal prevista no § 1º do art. 110 do CP.

620 Art. 110, § 1º, do CP: "A prescrição, depois da sentença condenatória com trânsito em julgado para a acusação ou depois de improvido seu recurso, regula-se pela pena aplicada, não podendo, em nenhuma hipótese, ter por termo inicial data anterior à da denúncia ou queixa".

621 HC 347.714/SP, Rel. Min. Joel Ilan Paciornik, p. 22.06.2016; HC 219.842/PR, 6ª T., Rel. Min. Maria Thereza de Assis Moura, *DJe* 25.04.2012.

2.13.10.6 Prescrição da pretensão punitiva intercorrente, superveniente ou subsequente

Trata-se da modalidade de prescrição aplicada *após a sentença ou acórdão condenatório*, quando ocorre o trânsito em julgado para o Ministério Público ou quando é improvido seu recurso, sendo calculada com base na medida socioeducativa *in concreto*, de acordo com o prazo prescricional da pretensão executória, até o trânsito em julgado para a defesa. Em outras palavras, é **o lapso temporal prescricional entre o decreto condenatório e o seu trânsito em julgado definitivo**.

A prescrição intercorrente pode ocorrer pela demora na intimação do defensor ou do adolescente quanto à sentença condenatória, se necessário, ou no julgamento do recurso exclusivo da defesa.

Diferentemente da prescrição retroativa, que considera os marcos anteriores à sentença, a prescrição intercorrente ou superveniente é calculada após a sentença ou acórdão condenatório, após o trânsito em julgado para o MP ou o desprovimento de seu recurso, até o trânsito em julgado para a defesa.

O **STJ aplica a prescrição intercorrente, superveniente ou subsequente** para as medidas socioeducativas[622].

2.13.10.7 Prescrição da pretensão executória

A prescrição da pretensão executória consiste na perda do direito e do dever do Estado de executar a medida socioeducativa, em decorrência de sua inércia. O prazo calcula-se considerando a natureza da medida ou o seu tempo de cumprimento.

No caso de imposição de medida socioeducativa de prestação de serviços à comunidade na qual há prazo certo para o seu cumprimento, a prescrição da pretensão executória é calculada considerando o prazo da medida, de forma a aplicar o prazo prescricional previsto no Código Penal.

A medida socioeducativa de **prestação de serviços à comunidade** tem o prazo máximo de duração de 6 (seis) meses (art. 117 do ECA) e, portanto, a prescrição se dá em **1 (um) ano e 6 (seis) meses** (arts. 109, VI, e 115, ambos do CP).[623]

Do mesmo modo, quando se tratar das medidas socioeducativas de **advertência e obrigação de reparar o dano**, nas quais **não há prazo para cumprimento**, a prescrição também ocorrerá em **1 (um) ano e 6 (seis) meses** (arts. 109, VI, e 115, ambos do CP)[624].

Por outro lado, tratando-se das medidas socioeducativas de **internação, semiliberdade e liberdade assistida (sem prazo certo para cumprimento)**, cujo prazo máximo é de 3 (três) anos, conforme a necessidade da continuidade da medida, a prescrição da pretensão executória é calculada sobre o tempo máximo das referidas medidas, operando-se em **4 (quatro) anos** (arts. 109, IV, e 115, ambos do CP)[625].

Assim, o parâmetro é o tempo máximo da medida (3 anos), e não o tempo que poderá ser cumprido até que o socioeducando complete 21 (vinte e um) anos de idade[626].

De outra parte, se a sentença estipular **prazo certo** para o cumprimento da **liberdade assistida** o período fixado na sentença será considerado[627] para fins de cálculo da prescrição.

---

622 HC 46.231/SP, 5ª T., Rel. Min. Gilson Dipp, *DJ* 03.04.2006; REsp 564.353/MG, 5ª T., Rel. Min. Gilson Dipp, *DJ* 23.05.2005.

623 STJ, HC 321.729/PB, 6ª T., Rel. Min. Maria Thereza de Assis Moura, *DJe* 20.10.2015.

624 STJ, REsp 1.122.262/RS, 6ª T., Rel. Min. Og Fernandes, j. 07.12.2009. No presente julgado, o ato infracional foi praticado anteriormente à Lei 12.234/2010 e, por isso, o prazo prescricional se deu em um ano.

625 STJ, REsp 2.124.058/RS, 5ª T., Rel. Min. Daniela Teixeira, *DJEN* 06.12.2024; AgRg no HC 695.148/SC, 6ª T., Rel. Min. Laurita Vaz, *DJe* 19.10.2021; AgRg no HC 527.658/SP, Rel. Min. Jorge Mussi, *DJe* 16.03.2020; HC 111.060/MG, 5ª T., Rel. Min. Jorge Mussi, *DJe* 02.08.2010.

626 STJ, AgRg no REsp 1.856.028/SC, 5ª T., Rel. Min. Reynaldo Soares da Fonseca, *DJe* 19.05.2020.

627 STJ, REsp 1.582.099/RS, Rel. Min. Reynaldo Soares da Fonseca, p. 18.04.2016; HC 112.530/MG, 5ª T., Rel. Min. Laurita Vaz, *DJe* 06.10.2008; HC 47.473/SP, 5ª T., Rel. Min. Arnaldo Esteves Lima, *DJ* 22.10.2007.

Logo, se a sentença determina a medida pelo prazo certo de 6 (seis) meses, a prescrição da pretensão executória será em 1 (um) ano e 6 (seis) meses (arts. 109, VI, e 115, ambos do CP).

De acordo com o entendimento do STJ, tem-se:

Natureza da medida socioeducativa	Parâmetro	Prazo prescricional da pretensão executória
Internação, semiliberdade e liberdade assistida – com prazo incerto, mas limitado a 3 (três) anos	Leva-se em consideração o prazo máximo de 3 (três) anos das medidas socioeducativas de internação, semiliberdade e liberdade assistida, aplicando-se o prazo prescricional previsto no art. 109, IV, do CP, reduzido pela metade (art. 115 do CP)	4 (quatro) anos
Liberdade assistida – com prazo certo	Computa-se a prescrição considerando-se o prazo fixado na sentença, reduzido pela metade (art. 115 do CP)	4 (quatro) anos se for igual ou superior a 1 (um) ano 1 (um) ano e 6 (seis) meses se for inferior a um ano
Prestação de serviços à comunidade – prazo certo de cumprimento	Considera-se o prazo prescricional previsto no art. 109, VI, do CP, reduzido pela metade (art. 115 do CP)	1 (um) ano e 6 (seis) meses
Advertência e obrigação de reparar o dano – sem prazo	Considera-se o prazo prescricional previsto no art. 109, VI, do CP, reduzido pela metade (art. 115 do CP)	1 (um) ano e 6 (seis) meses

Essa modalidade de prescrição tem aplicação quando a medida decorre de sentença de procedência da pretensão deduzida na representação, não tendo incidência em **remissão** que acorda medida socioeducativa.

Assim, celebrado acordo de remissão pré-processual ou processual cumulada com medida socioeducativa de prestação de serviços à comunidade pelo prazo de 3 (três) meses, não se levará em conta esse período para o cálculo da prescrição da pretensão executória, mas sim o prazo máximo da prescrição em abstrato, conforme visto no item 2.13.10.4.

Tal entendimento decorre por força do art. 110 do CP, o qual prevê que a prescrição, depois do trânsito em julgado da "sentença condenatória", regula-se pela pena aplicada. Todavia, em se tratando de remissão, inexiste essa modalidade de sentença. Dessa forma, com o descumprimento da medida acordada, haverá o prosseguimento com o oferecimento de representação, se se tratar de remissão pré-processual, ou a continuidade do procedimento, na remissão judicial, regulando-se pelo prazo prescricional da pretensão em abstrato, consoante jurisprudência do STJ[628].

2.13.11 Sistema recursal

Por força do art. 198, *caput*, nos procedimentos que se referem à Justiça da Infância e Juventude, **inclusive os relativos à execução das medidas socioeducativas**, aplicam-se o sistema recursal do Código de Processo Civil.

Portanto, a sentença que extingue a medida socioeducativa desafia recurso de **apelação**, o qual, em regra, é dotado dos efeitos suspensivo e devolutivo (art. 1.012, *caput*, do CPC)[629].

---

628 AgRg no AREsp 1.645.241/MG, 5ª T., Rel. Min. João Otávio de Noronha, *DJe* 16.09.2022; AgRg no HC 600.711/SC, 6ª T., Rel. Min. Rogerio Schietti Cruz, *DJe* 17.03.2021.

629 Sobre o tema "sentença que impõe medida socioeducativa", v. item 2.18.4.2.

A decisão interlocutória proferida no curso da execução comporta recurso de **agravo de instrumento**, nos termos do art. 1.015, parágrafo único, do CPC: "Também caberá agravo de instrumento contra decisões interlocutórias proferidas na fase de liquidação de sentença ou de cumprimento de sentença, no processo de execução e no processo de inventário".

2.14 CONSELHO TUTELAR

2.14.1 Introdução

O art. 227, *caput*, da CF, estabelece, como dever da sociedade, a garantia com absoluta prioridade dos direitos da criança e do adolescente, e o seu § 7º prevê o atendimento desses direitos com a observância do art. 204 da CF, o qual dispõe sobre a participação popular na formulação das políticas e no controle das ações da assistência social em todos os níveis.

Diante desse texto constitucional, o ECA inovou ao criar o Conselho Tutelar, disciplinando-o nos arts. 131 ao 140, como forma de democracia participativa, tendo por finalidade zelar pelo cumprimento dos direitos da criança e do adolescente (art. 131) e desjudicializar demandas.

O Conselho Tutelar constitui órgão essencial do Sistema de Garantia dos Direitos, sendo fruto de intensa mobilização da sociedade brasileira no contexto de luta pela democracia participativa. Sua criação busca efetivar a consolidação do Sistema de Garantia dos Direitos da Criança e do Adolescente e a implementação das políticas públicas em âmbito local.

Enquanto não instalado o Conselho Tutelar, as atribuições a ele conferidas serão exercidas pela autoridade judiciária (art. 262).

Com a edição da Lei 12.696, de 25 de julho de 2012, que alterou e incluiu diversos dispositivos sobre o Conselho Tutelar, foi publicada a Resolução 231/2022 do Conanda, que dispõe sobre o processo de escolha, em data unificada em todo o território nacional, dos membros do Conselho Tutelar.

2.14.2 Características

O art. 131 elenca as seguintes características do órgão Conselho Tutelar:

1) **permanente**: indica que o Conselho Tutelar é perene, não podendo ser extinto, e somente há renovação de seus membros.
2) **autônomo**: expressa que o Conselho Tutelar não está vinculado a órgão ou Poder na tomada das suas decisões. Todavia, isso não importa em insubordinação, pois está sujeito às determinações judiciais e à fiscalização do CMDCA e do Ministério Público. Embora autônomo, suas decisões estão sujeitas à revisão judicial mediante pedido de quem tenha legítimo interesse (art. 137).
3) **não jurisdicional**: significa que a atuação do Conselho Tutelar se dá no âmbito administrativo, pois para aplicação do direito ao caso concreto é necessária intervenção judicial. Atua na proteção dos direitos da criança e do adolescente, **não estando apto a decidir conflitos de interesses**.

O Conselho Tutelar é também um **órgão colegiado**, característica que decorre da interpretação sistemática do ECA (seu art. 136, III, *b*, estabelece que é atribuição do Conselho Tutelar: "representar junto à autoridade judiciária nos casos de descumprimento injustificado de suas *deliberações*") e foi consolidada pela Resolução 231/2022 do Conanda. Tal característica manifesta-se no art. 27 da referida resolução, que determina que as decisões colegiadas do Conselho Tutelar, proferidas no âmbito de suas atribuições e obedecidas as formalidades legais, têm eficácia plena e são passíveis de execução imediata.

O art. 21 da mesma resolução reforça essa característica ao estabelecer que as decisões do Conselho Tutelar serão tomadas pelo seu colegiado, conforme determinar o regimento interno, ressaltando que as medidas de caráter emergencial, tomadas durante os plantões, serão comunicadas ao colegiado no primeiro dia útil subsequente, para ratificação ou retificação.

2.14.3 Organização

O art. 132, com redação dada pela Lei Federal 13.824, de 9 de maio de 2019, estabelece que, em cada Município e em cada região administrativa no Distrito Federal haverá, no mínimo, 1 (um) Conselho Tutelar, composto de 5 (cinco) membros, escolhidos pela população local, para mandato de 4 (quatro) anos, permitida recondução por novos processos de escolha.

A novidade da alteração do art. 132 reside na possibilidade de reconduções sucessivas de Conselheiros Tutelares, pois, anteriormente, somente era permitida uma única recondução.

A Resolução 231/2022 do Conanda estabelece que, para assegurar a equidade de acesso, os municípios e o Distrito Federal devem observar a proporção mínima de um Conselho para cada cem mil habitantes.

Quando houver mais de um Conselho Tutelar na localidade, a gestão municipal e/ou distrital deverá distribuí-los conforme a configuração geográfica e administrativa, a população de crianças e adolescentes e a incidência de violações de direitos, assim como os indicadores sociais. Nesses casos, a votação deverá respeitar, preferencialmente, a correspondência entre o domicílio eleitoral do eleitor e a região de atendimento do Conselho Tutelar, devendo o candidato comprovar residência fixa na região do Conselho a que pretende concorrer.

Inexiste, na legislação federal ou na Resolução 231/2022 do Conanda, regra que determine a necessidade de desincompatibilização para reeleição, salvo legislação municipal em sentido contrário, o que faria com que o Conselho Tutelar, que é um órgão "permanente" (art. 131 do ECA), perdesse essa característica intrínseca à sua atuação, na hipótese em que todos os Conselheiros titulares e suplentes concorressem à reeleição e não houvesse membro apto a assumir as funções, pois haveria a interrupção das atividades, com a assunção de suas atribuições pela autoridade judiciária (art. 262 do ECA).

Diversamente, o Conselheiro que almejar concorrer a cargo eletivo de Vereador, Prefeito, Deputado etc., deverá se afastar de suas funções três meses antes das eleições (art. 1º, II, *l*, c. IV, *a*, da Lei Complementar 64/1990 – Lei das Inelegibilidades)[630]. Contudo, esse afastamento não implica renúncia ao cargo de membro do Conselho Tutelar, mas apenas o afastamento durante o período previsto pela legislação eleitoral, assegurada a percepção de remuneração e a convocação do respectivo suplente (art. 43, parágrafo único, da Resolução 231/2022).

Se o Município ou o Distrito Federal não implementar o Conselho Tutelar ou não o colocar em condições de pleno funcionamento, caberá ação civil pública para impor obrigação de fazer[631].

Da mesma forma, o STJ confirmou decisão que condenou Prefeito por ato de improbidade administrativa consistente em não ter fornecido condições mínimas de funcionamento do Conselho Tutelar, consoante se depreende da decisão monocrática do Ministro Herman Benjamin:

---

630 TSE, Ac. 16.878, Rel. Min. Nelson Jobim, j. 27.9.2000

631 STF, ARE 827.568 AgR, 2ª T., Rel. Min. Dias Toffoli, *DJe* 16.05.2016.

> Não se pode transigir com o comando de inclusão de verba orçamentária suficiente para administrar o Conselho Tutelar. O apelante deixou de agir – omissão dolosa – violando os princípios da legalidade e moralidade em afronta ao interesse público meta a ser intransigentemente perseguida pelo administrador responsável. Se não bastasse o prejuízo proporcionado ao Conselho tutelar, o apelante – reticente em celebrar termo de ajustamento de conduta – revelou incúria no trato da coisa pública (fls. 1028-1029/STJ)[632].

Caso o Conselho Tutelar esteja com menos de 5 (cinco) membros, há necessidade de nomeação do suplente ou a realização de eleição suplementar, se for o caso.

O art. 134 prevê que lei municipal ou distrital disporá sobre local, dia e horário de funcionamento do Conselho Tutelar, inclusive sobre a remuneração dos membros, assegurando-se os seguintes direitos: cobertura previdenciária; gozo de férias anuais remuneradas, acrescidas de 1/3 do valor da remuneração mensal; licença-maternidade; licença-paternidade; e gratificação natalina.

Da lei orçamentária municipal ou do Distrito Federal deve constar previsão dos recursos necessários ao funcionamento do Conselho Tutelar, remuneração e formação continuada dos conselheiros tutelares (art. 134, parágrafo único).

O art. 138 estabelece que, ao Conselho Tutelar, aplica-se a regra de competência constante no art. 147[633]. Portanto, tratando-se de órgão municipal, a sua competência para atuação na proteção dos direitos da criança e do adolescente é restrita nos limites territoriais do município. Se for aplicada medida de proteção pelo Conselho Tutelar e o infante mudar de domicílio, deverá ser diligenciado para o conhecimento do Conselho do novo domicílio.

2.14.4 Requisitos e processo de escolha

O art. 133 estabelece os seguintes requisitos para a candidatura a membro do Conselho Tutelar:

1) **reconhecida idoneidade moral** (inciso I): trata-se de conceito jurídico indeterminado. É a necessidade de o conselheiro tutelar ter as suas ações pautadas em preceitos éticos e morais. Assim, se este não possui idoneidade moral, é possível o ajuizamento de ação civil pública para sua destituição do cargo.

   A idoneidade moral é aferida no momento da inscrição para o processo de escolha e durante todo o cumprimento do mandato[634]. Portanto, se o conselheiro tutelar, após assumir como membro, praticar condutas que maculem a sua idoneidade moral, será cabível a adoção de medidas administrativas e judiciais para a sua destituição.
2) **idade superior a vinte e um anos** (inciso II): mesmo com a alteração da maioridade civil aos 18 (dezoito) anos, ainda persiste a idade de 21 (vinte e um) anos para concorrer a membro do Conselho Tutelar.
3) **residir no município** (inciso III): a finalidade do requisito é que o Conselheiro Tutelar esteja inserido na comunidade.

O ECA apenas estipulou os requisitos mínimos e o legislador municipal ou distrital pode ampliá-los para atender ao interesse local, desde que compatíveis com as atribuições do cargo,

---

632 AREsp 159.858/SP, Rel. Min. Herman Benjamin, p. 18.12.2012.

633 O tema "competência" será amplamente abordado no item 2.15.4.

634 Nesse sentido: TAVARES, Patrícia Silveira. O conselho tutelar. In: MACIEL, Kátia Regina Ferreira Lobo Andrade (coord.). *Curso de direito da criança e do adolescente*: aspectos teóricos e práticos. 9. ed. rev. e atual. São Paulo: Saraiva, 2016, p. 549.

conforme a Resolução 231/2022 do Conanda. Nessa esteira, o STJ entende que Lei Municipal pode exigir primeiro grau completo[635] e prova escrita[636].

A Resolução 231/2022 do Conanda, em seu art. 12, prevê que a legislação local considere como requisitos adicionais: a comprovada experiência na promoção, proteção ou defesa dos direitos da criança e do adolescente em entidades registradas no CMDCA e a comprovação de, no mínimo, conclusão de ensino médio. Havendo previsão na legislação local, é admissível a aplicação de prova de conhecimento sobre o direito da criança e do adolescente, de caráter eliminatório.

O processo de escolha ocorrerá mediante sufrágio universal e direto, pelo voto uninominal facultativo e secreto dos eleitores do respectivo município ou Distrito Federal.

A resolução estabelece regras detalhadas sobre a propaganda eleitoral, vedando expressamente: o abuso do poder econômico, político-partidário e religioso; a doação ou entrega de brindes; a propaganda por meio de anúncios luminosos ou inscrições em qualquer local público; a participação em inaugurações de obras públicas nos três meses anteriores ao pleito; a propaganda em rádio, televisão, *outdoors*, carro de som.

A propaganda eleitoral somente poderá ser feita com santinhos contendo número, nome, foto e currículo do candidato, de forma individual, sem possibilidade de constituição de chapas. Quanto à propaganda na internet, esta poderá ser realizada em página eletrônica do candidato ou perfil em rede social, por meio de mensagem eletrônica para endereços cadastrados gratuitamente e por meio de *blogs* e redes sociais, desde que não utilize sítios comerciais nem contrate impulsionamento de conteúdo, sendo vedado o abuso de propaganda nesse meio.

O processo para escolha dos membros do Conselho Tutelar será estabelecido em lei municipal, realizado sob a **responsabilidade do CMDCA e fiscalizado pelo Ministério Público** (art. 139, *caput*).

A Lei 12.696/2012 incluiu parágrafos no art. 139 do ECA para estabelecer a uniformização no processo de escolha dos conselheiros tutelares:

a) a eleição será realizada em data unificada em todo o território nacional, a cada 4 (quatro) anos, no primeiro domingo do mês de outubro do ano subsequente à eleição presidencial (§ 1º). Dessa forma, o mandato de conselheiro tutelar é de 4 (quatro) anos e o primeiro processo de escolha unificado ocorreu no dia 4 de outubro de 2015.

b) a posse dos conselheiros tutelares será no dia 10 de janeiro do ano subsequente ao processo de escolha (§ 2º).

c) na eleição dos membros do Conselho Tutelar é vedado ao candidato doar, oferecer, prometer ou entregar bem ou vantagem pessoal de qualquer natureza, inclusive brindes de pequeno valor (§ 3º). Aliás, antes mesmo dessa previsão legal, o STJ já tinha confirmado decisão que cassou Conselheiro Tutelar que fora surpreendido transportando eleitores no dia da eleição[637].

A resolução atribui à comissão especial do processo de escolha a competência para processar e decidir sobre denúncias referentes à propaganda eleitoral e demais irregularidades, podendo determinar a retirada ou suspensão da propaganda, o recolhimento do material e a cassação da candidatura, assegurados o contraditório e a ampla defesa. Das decisões da comissão especial caberá recurso ao Conselho Municipal ou Distrital dos Direitos da Criança e do Adolescente.

---

635 REsp 402.155/RJ, 1ª T., Rel. Min. Francisco Falcão, *DJ* 15.12.2003.

636 AgRg na MC 11.835/RS, 2ª T., Rel. Min. Humberto Martins, *DJ* 28.03.2007.

637 AgRg no AREsp 687.380/RS, 2ª T., Rel. Min. Diva Malerbi (Desembargadora convocada do TRF 3ª Região), *DJe* 10.02.2016.

O art. 139, *caput*, do ECA, conforme visto, prevê que o processo para escolha dos membros do Conselho Tutelar será estabelecido em lei municipal. Já os arts. 7º, § 1º, *c*, e 8º, ambos da Resolução verberam que a relação de condutas ilícitas e vedadas seguirá o disposto na legislação local.

Portanto, eventual conduta vedada deve estar expressamente prevista na Lei Municipal e no respectivo Edital de processo de escolha dos membros do Conselho Tutelar, não podendo o Edital estabelecer além do previsto na legislação municipal, sob pena de ilegalidade. Inexistente vedação legal de determinada prática, em princípio, não há falar em cassação da candidatura do Conselheiro Tutelar[638].

O art. 8º, § 7º, da resolução inovou ao estabelecer a aplicação subsidiária, no que couber, das regras relativas à campanha eleitoral previstas na Lei 9.504/1997, "que poderão ser consideradas aptas a gerar inidoneidade moral do candidato". Com isso, busca-se dar maior segurança jurídica ao processo de escolha dos membros do Conselho Tutelar, aplicando-se regras já consolidadas no direito eleitoral brasileiro.

Como exemplo dessa aplicação subsidiária, é vedado aos candidatos: o abuso do poder econômico na propaganda realizada nos veículos de comunicação social; a participação em inaugurações de obras públicas nos três meses que precedem o pleito; o abuso do poder político-partidário, entendido como a utilização da estrutura e financiamento das candidaturas pelos partidos políticos; e o abuso do poder religioso, compreendido como o financiamento das candidaturas pelas entidades religiosas e veiculação de propaganda em templos de qualquer religião.

Dessa forma, ainda que omissa a legislação municipal a respeito das condutas vedadas, a conduta do candidato a Conselheiro Tutelar pode se amoldar ao disposto no § 3º do art. 139 do ECA, que veda ao candidato doar, oferecer, prometer ou entregar ao eleitor bem ou vantagem pessoal de qualquer natureza, inclusive brindes de pequeno valor, bem como no § 7º do art. 8º da resolução.

Observe-se que referido dispositivo do ECA estabelece as condutas vedadas, mas é omisso quanto à sanção em razão de sua prática pelo candidato a Conselheiro Tutelar. Assim, a leitura do art. 139, § 3º deve ser feita com o art. 133, I, que exige reconhecida idoneidade moral do membro do Conselho Tutelar.

A idoneidade moral é um conceito jurídico indeterminado. É a necessidade de o Conselheiro Tutelar ter as suas ações pautadas em preceitos éticos e morais. Assim, se esse não possui idoneidade moral, é possível o ajuizamento de ação civil pública para a sua destituição do cargo[639].

Desse modo, na omissão da legislação municipal, para que a pretensa conduta tida por ilícita pelo candidato a Conselheiro Tutelar enseje a sua cassação, imprescindível que implique em conduta grave, acarretando a ausência de idoneidade moral (art. 133, I, do ECA), o que poderá ocorrer, a título exemplificativo, nas hipóteses do art. 139, § 3º, do ECA e do art. 8º, § 7º, da resolução.

Eventual cassação deve ser decretada pela própria Comissão Eleitoral do Conselho Municipal dos Direitos da Criança e do Adolescente, observado o contraditório e a ampla defesa[640], podendo a "denúncia" ser formalizada por qualquer cidadão, incluindo, por consequência, o Ministério Público, fiscal do processo eleitoral. Assim, a cassação não depende exclusivamente de ação civil pública a ser ajuizada pelo MP.

638 TJRS, Reexame Necessário 70069064137, 3ª Câmara Cível, Rel. Eduardo Delgado, j. 05.06.2017.

639 TJRS, Agravo de Instrumento 70038439220, 4ª Câmara Cível, Rel. Ricardo Moreira Lins Pastl, j. 13.10.2010.

640 TJRS, Apelação Cível 70050482330, 4ª Câmara Cível, Rel. José Luiz Reis de Azambuja, j. 29.05.2013; Apelação Cível 70009631136, 4ª Câmara Cível, Rel. Wellington Pacheco Barros, j. 29.12.2004.

2.14.5 Regime jurídico do conselheiro tutelar

O conselheiro tutelar é equiparado a agente público para todos os fins (administrativo, civil e penal). O STJ reconheceu a prática de improbidade administrativa de conselheiro tutelar que utilizava o carro oficial com fim particular[641].

O art. 135 diz: "O exercício efetivo da função de conselheiro constituirá serviço público relevante e estabelecerá presunção de idoneidade moral".

Como se vê, é imprescindível o exercício efetivo e não a mera suplência da função de conselheiro tutelar para constituir em serviço público relevante, assim como ocorre com o jurado (art. 439 do CPP). Quanto à presunção de idoneidade moral, por óbvio, se trata de presunção relativa e admite prova em contrário.

O conselheiro tutelar não pode cumular qualquer outro cargo público, tendo em vista a ausência de previsão constitucional do acúmulo de cargos (art. 37, XVI). Do mesmo modo, **também não poderá exercer outra atividade privada**, isto porque o art. 38 da Resolução 231/2022 do Conanda versa: "a função de membro do Conselho Tutelar exige *dedicação exclusiva*, vedado o exercício concomitante de qualquer outra atividade pública ou privada" (grifou-se).

Dessa forma, o membro deve se dedicar exclusivamente ao Conselho Tutelar, sob pena de destituição, conforme assentado pelo STJ[642].

2.14.6 Atribuições

O Conselho Tutelar pode aplicar medidas de proteção, mas nunca executá-las como entidade de atendimento, de acordo com o art. 22 da Resolução 231/2022 do Conanda, que assim dispõe: "é vedado ao Conselho Tutelar executar serviços e programas de atendimento, os quais devem ser requisitados aos órgãos encarregados da execução de políticas públicas".

As atribuições do Conselho Tutelar previstas no art. 136 do ECA são **taxativas**[643], no sentido de que não pode a autoridade do Poder Judiciário, do Ministério Público, do Poder Legislativo ou do Poder Executivo, determinar o cumprimento de outras obrigações. O art. 136 verbera as seguintes atribuições do Conselho Tutelar:

a) **atender as crianças e adolescentes nas hipóteses previstas nos arts. 98 e 105, aplicando as medidas previstas no art. 101, I a VII** (inciso I): ao Conselho Tutelar incumbe o atendimento das crianças e adolescentes em situação de risco (art. 98) e as crianças autoras de ato infracional (art. 105), aplicando as medidas específicas de proteção dos incisos I e VII do art. 101[644], isoladas ou cumulativamente (art. 99).

b) **atender e aconselhar os pais ou responsável, aplicando as medidas previstas no art. 129, I a VII** (inciso II): o Conselho Tutelar também pode aplicar medidas aos pais

[641] REsp 1.186.969/SP, 1ª T., Rel. Min. Napoleão Nunes Maia Filho, Rel. para acórdão Min. Sérgio Kukina, *DJe* 05.11.2013.

[642] Ag no REsp 966.192/PB, Rel. Min. Sérgio Kukina, p. 16.08.2016.

[643] Art. 25 da Resolução 231/2022 do Conanda: "O Conselho Tutelar exercerá exclusivamente as atribuições previstas na Lei n. 8.069, de 1990, não podendo ser criadas novas atribuições por ato de quaisquer outras autoridades do Poder Judiciário, Ministério Público, do Poder Legislativo ou do Poder Executivo municipal, estadual ou do Distrito Federal". No mesmo sentido, entre outros: LAMENZA, Francismar; MACHADO, Antônio Cláudio da Costa (Org.). *Estatuto da Criança e do Adolescente interpretado*: artigo por artigo, parágrafo por parágrafo. Barueri: Manole, 2012, p. 232; NUCCI, Guilherme de Souza. *Estatuto da Criança e do Adolescente comentado*: em busca da Constituição Federal das crianças e dos adolescentes. 3. ed. rev., atual. e ampl. Rio de Janeiro: Forense, 2016, p. 540.

[644] Art. 101, I a VII, do ECA: "I – encaminhamento aos pais ou responsável, mediante termo de responsabilidade; II – orientação, apoio e acompanhamento temporários; III – matrícula e frequência obrigatórias em estabelecimento oficial de ensino fundamental; IV – inclusão em serviços e programas oficiais ou comunitários de proteção, apoio e promoção da família, da criança e do adolescente; V – requisição de tratamento médico, psicológico ou psiquiátrico, em regime hospitalar ou ambulatorial; VI – inclusão em programa oficial ou comunitário de auxílio, orientação e tratamento a alcoólatras e toxicômanos; VII – acolhimento institucional".
Sobre a possibilidade de "acolhimento emergencial", v. item 2.7.2.3.

ou responsável[645]. Em caso de descumprimento destas, conforme a análise do caso concreto, este poderá representar em desfavor dos pais ou responsável pela infração administrativa prevista no art. 249 ou encaminhar o fato ao Ministério Público.

c) **promover a execução de suas decisões, podendo para tanto: a) requisitar serviços públicos nas áreas de saúde, educação, serviço social, previdência, trabalho e segurança; b) representar junto à autoridade judiciária nos casos de descumprimento injustificado de suas deliberações** (inciso III): o Conselho Tutelar tem o poder de *requisitar, no sentido de ordenar e não de mero pedido*, a prestação de serviços públicos às crianças e adolescentes nas áreas de saúde, educação, serviço social, previdência, trabalho e segurança.

   Caso a requisição não seja atendida, em princípio, haveria a prática da infração administrativa do art. 249. Entretanto, o STJ era pacífico no sentido de que referida infração tem por sujeito ativo os pais ou responsável, não alcançando Secretários Municipais que não cumpram a requisição para fornecimento de serviço público[646].

   Todavia, em recente julgado, o STJ assentou que o art. 249 tem dupla abrangência: a primeira parte trata do descumprimento dos deveres inerentes ao poder familiar, tutela ou guarda; já a segunda parte refere-se ao descumprimento de determinações da autoridade judiciária ou Conselho Tutelar. Quanto à segunda parte, ponderou que a interpretação deve ser ampla, alcançando qualquer pessoa física ou jurídica que descumpra determinações judiciais ou do Conselho Tutelar. Tal interpretação extensiva justifica-se pelos princípios da proteção integral e do melhor interesse, derivados da prioridade absoluta prevista no art. 227, *caput*, da CF[647].

d) **encaminhar ao Ministério Público notícia de fato que constitua infração administrativa ou penal contra os direitos da criança ou adolescente** (inciso IV): ao tomar conhecimento de fato que constitui infração administrativa, o Conselho Tutelar pode encaminhar ao Ministério Público ou representar diretamente (art. 194). Por outro lado, tratando-se de infração penal contra os direitos da criança ou adolescente, o Conselho Tutelar encaminhará ao Ministério Público, podendo também comunicar à autoridade policial.

e) **encaminhar à autoridade judiciária os casos de sua competência** (inciso V): como o Conselho Tutelar não é órgão jurisdicional, ao tomar conhecimento de fato que demande intervenção judicial, deverá encaminhá-lo à autoridade judiciária, a qual aplicará as medidas cabíveis (art. 148, VII) e instaurará procedimento verificatório ou pedido de providências, se for o caso.

f) **providenciar a medida estabelecida pela autoridade judiciária, dentre as previstas no art. 101, de I a VI, para o adolescente autor de ato infracional** (inciso VI): se a autoridade judiciária aplicar medida de proteção dos incisos I ao VI do art. 101 ao adolescente infrator, competirá ao Conselho Tutelar seu acompanhamento, devendo informar o cumprimento e/ou suas intercorrências.

---

645 Art. 129 do ECA: "São medidas aplicáveis aos pais ou responsável: I – encaminhamento a serviços e programas oficiais ou comunitários de proteção, apoio e promoção da família; II – inclusão em programa oficial ou comunitário de auxílio, orientação e tratamento a alcoólatras e toxicômanos; III – encaminhamento a tratamento psicológico ou psiquiátrico; IV – encaminhamento a cursos ou programas de orientação; V – obrigação de matricular o filho ou pupilo e acompanhar sua frequência e aproveitamento escolar; VI – obrigação de encaminhar a criança ou adolescente a tratamento especializado;".

646 REsp 824.682/SC, 2ª T., Rel. Min. Carlos Fernando Mathias (Juiz Federal convocado do TRF 1ª Região), *DJe* 03.02.2009; REsp 822.807/SC, 1ª T., Rel. Min. Luiz Fux, *DJ* 12.11.2007; REsp 769.443/SC, 1ª T., Rel. Min. Denise Arruda, *DJ* 04.12.2006.

647 REsp 1.944.020/MG, 4ª T., Rel. Min. Antonio Carlos Ferreira, *DJe* 30.10.2024.

g) **expedir notificações** (inciso VII): o Conselho Tutelar pode expedir notificação para dar ciência a alguém acerca de sua deliberação ou para o cumprimento desta.

A doutrina diverge sobre a possibilidade de ***notificar os pais ou responsável para comparecimento*** à sede do órgão para tratar de assunto referente aos direitos do infante, existindo duas posições:

1) a primeira entende que não é possível a notificação para comparecimento, tendo em vista que notificar significa dar conhecimento de determinado ato que gere ou tenha gerado consequências na ordem jurídica[648];

2) a segunda afirma que é admissível a notificação dos pais ou responsável para comparecer à sede do Conselho Tutelar para receber orientações[649]. Esta é a nossa posição, pois a notificação é um dos principais instrumentos do Conselho Tutelar para o cumprimento de suas funções[650].

h) **requisitar certidões de nascimento e de óbito de criança ou adolescente quando necessário** (inciso VIII): caso, no atendimento realizado no Conselho Tutelar, exista a necessidade de certidão de nascimento e de óbito de criança ou adolescente, quando não apresentados pelos pais ou responsável, poderá o referido órgão requisitá-las.

Entretanto, se a criança ou adolescente não tiver sido registrado, deverá comunicar o fato à autoridade judiciária, que requisitará a sua lavratura (art. 102, § 1º)[651].

i) **assessorar o Poder Executivo local na elaboração da proposta orçamentária para planos e programas de atendimento dos direitos da criança e do adolescente** (inciso IX): tendo em vista que os Conselheiros Tutelares conhecem as demandas sociais, pois estão em contato direto com a população, o legislador incluiu a atribuição de assessorar o Poder Executivo na elaboração da proposta orçamentária para planos e programas de atendimento dos direitos da criança e do adolescente.

j) **representar, em nome da pessoa e da família, contra a violação dos direitos previstos no art. 220, § 3º, II, da Constituição Federal** (inciso X): se o Conselho Tutelar tomar conhecimento de programas ou programações de rádio e televisão que contrariem o disposto no art. 221 da CF, em especial aos valores éticos e sociais da pessoa e da família, bem como da propaganda de produtos, práticas e serviços que possam ser nocivos à saúde e ao meio ambiente, deverá representar ao Ministério Público para a adoção das providências cabíveis.

k) **representar ao Ministério Público para efeito das ações de perda ou suspensão do poder familiar, após esgotadas as possibilidades de manutenção da criança ou do adolescente junto à família natural** (inciso XI): a perda e a suspensão do poder familiar dependem de ação judicial. Assim, o Conselho Tutelar deverá representar ao Ministério Público para a adoção das providências cabíveis, quando esgotadas as possibilidades de manutenção da criança ou adolescente em sua família natural.

---

648 Nesse sentido: TAVARES, Patrícia Silveira. O conselho tutelar. In: MACIEL, Kátia Regina Ferreira Lobo Andrade (coord.). *Curso de direito da criança e do adolescente*: aspectos teóricos e práticos. 9. ed. rev. e atual. São Paulo: Saraiva, 2016, p. 549.

649 Nesse sentido: LAMENZA, Francismar; MACHADO, Antônio Cláudio da Costa (org.). *Estatuto da Criança e do Adolescente interpretado*: artigo por artigo, parágrafo por parágrafo. Barueri: Manole, 2012, p. 234; DIGIÁCOMO, Murilo José; DIGIÁCOMO, Ildeara de Amorim. *Estatuto da criança e do adolescente anotado e interpretado*. 6. ed. Curitiba: Ministério Público do Estado do Paraná. Centro de Apoio Operacional das Promotorias da Criança e do Adolescente, 2013, p. 222.

650 No mesmo sentido: PASCOAL SILVA, André. Comentários ao art. 136. In: CURY, Munir (org.). *Estatuto da Criança e do Adolescente comentado. Comentários jurídicos e sociais*. 11. ed. São Paulo: Malheiros Editores. 2010, p. 680.

651 Art. 102, § 1º, do ECA: "Verificada a inexistência de registro anterior, o assento de nascimento da criança ou adolescente será feito à vista dos elementos disponíveis, mediante requisição da autoridade judiciária".

l) **promover e incentivar, na comunidade e nos grupos profissionais, ações de divulgação e treinamento para o reconhecimento de sintomas de maus-tratos em crianças e adolescentes** (inciso XII): esse inciso foi acrescido pela Lei n. 13.046/2014 e busca coibir a prática de maus-tratos contra crianças e adolescentes, mediante ações de divulgação e treinamento para o reconhecimento de sintomas. A propósito, a maioria destes casos chega ao conhecimento do Conselho Tutelar através de profissionais da educação e da saúde.

m) **adotar, na esfera de sua competência, ações articuladas e efetivas direcionadas à identificação da agressão, à agilidade no atendimento da criança e do adolescente vítima de violência doméstica e familiar e à responsabilização do agressor** (inciso XIII): os incisos XIII a XX foram acrescidos pela Lei 14.344/2022 e versam sobre mecanismos para a prevenção e o enfretamento da violência doméstica e familiar contra a criança e o adolescente. Essa atribuição decorre da atividade do Conselho Tutelar quando toma conhecimento de violência contra criança e adolescente.

n) **atender à criança e ao adolescente vítima ou testemunha de violência doméstica e familiar, ou submetido a tratamento cruel ou degradante ou a formas violentas de educação, correção ou disciplina, a seus familiares e a testemunhas, de forma a prover orientação e aconselhamento acerca de seus direitos e dos encaminhamentos necessários** (inciso XIV): em razão de tomar conhecimento dos fatos, o Conselho Tutelar deve orientar e aconselhar a criança e adolescente sobre os seus direitos, realizando as demais providências legais.

o) **representar à autoridade judicial ou policial para requerer o afastamento do agressor do lar, do domicílio ou do local de convivência com a vítima nos casos de violência doméstica e familiar contra a criança e o adolescente** (inciso XV): a previsão de representação à autoridade judicial ou policial decorre do disposto no art. 14, § 1º. A representação também pode ser dirigida à autoridade policial, pois o art. 14, II e III, da Lei 14.344/2022, permite o deferimento de afastamento do agressor do lar pelo delegado de polícia, quando o Município não for sede de comarca; ou pelo policial, quando o Município não for sede de comarca e não houver delegado disponível no momento da denúncia.

p) **representar à autoridade judicial para requerer a concessão de medida protetiva de urgência à criança ou ao adolescente vítima ou testemunha de violência doméstica e familiar, bem como a revisão daquelas já concedidas** (inciso XVI): a medida de afastamento do lar pode ser concedida pela autoridade judicial ou policial (art. 14 e incisos), já as demais medidas protetivas de urgências devem ser deferidas apenas pela autoridade judicial. O Conselho Tutelar, se necessário, também poderá pleitear a revisão da medida.

q) **representar ao Ministério Público para requerer a propositura de ação cautelar de antecipação de produção de prova nas causas que envolvam violência contra a criança e o adolescente** (inciso XVII): sempre que necessária a antecipação de produção de provas, o Conselho Tutelar deve representar ao Ministério Público.

r) **tomar as providências cabíveis, na esfera de sua competência, ao receber comunicação da ocorrência de ação ou omissão, praticada em local público ou privado, que constitua violência doméstica e familiar contra a criança e o adolescente** (inciso XVIII): ao tomar conhecimento de fatos que impliquem violência doméstica e familiar contra a criança e o adolescente, o Conselho Tutelar deve adotar todas as medidas cabíveis (comunicação da autoridade policial, representação por medida de afastamento ou de outras medidas protetivas de urgência etc.).

s) **receber e encaminhar, quando for o caso, as informações reveladas por noticiantes ou denunciantes relativas à prática de violência, ao uso de tratamento cruel ou degradante ou de formas violentas de educação, correção ou disciplina contra a criança e o adolescente** (inciso XIX): tomando conhecimento desses fatos, o Conselho Tutelar deve receber e encaminhá-los às autoridades competentes.

t) **representar à autoridade judicial ou ao Ministério Público para requerer a concessão de medidas cautelares direta ou indiretamente relacionada à eficácia da proteção de noticiante ou denunciante de informações de crimes que envolvam violência doméstica e familiar contra a criança e o adolescente** (inciso XX): além da proteção da criança e do adolescente, o noticiante também deve receber proteção com a concessão de medidas cautelares, mediante representação do Conselho Tutelar à autoridade judicial ou ao Ministério Público.

Por seu turno, o art. 136, parágrafo único, diz que o Conselho Tutelar comunicará *incontinenti* o Ministério Público sobre a necessidade de afastamento do convívio familiar, prestando-lhe informações sobre os motivos de tal entendimento e as providências tomadas para a orientação, o apoio e a promoção social da família.

Embora o rol do referido artigo seja taxativo, o próprio ECA prevê mais quatro atribuições do Conselho Tutelar: **(a)** fiscalização de entidades de atendimento (art. 95); **(b)** representação para apuração de irregularidades em entidade de atendimento (art. 191); **(c)** representação para apuração de infração administrativa às normas de proteção à criança e ao adolescente (art. 194); e **(d)** aplicação de medidas nos casos de infringência ao art. 18-B do ECA.

Além disso, a Lei Federal 13.812/2019 prevê que o caso de desaparecimento de criança ou adolescente será comunicado ao Conselho Tutelar (art. 8º, § 3º), enquanto a Lei Federal 13.819, de 26 de abril de 2019, que institui a Política Nacional de Prevenção da Automutilação e do Suicídio, determina que os casos suspeitos ou confirmados de violência autoprovocada envolvendo criança ou adolescente, são de notificação compulsória pelos estabelecimentos de ensino públicos e privados ao Conselho Tutelar (art. 6º, II).

2.14.7 Revisão das decisões

O art. 137 prevê: "As decisões do Conselho Tutelar somente poderão ser revistas pela autoridade judiciária a pedido de quem tenha legítimo interesse". Ou seja, a autoridade judiciária **não pode revisar, de ofício**, o ato praticado pelo Conselho Tutelar, dependendo de provocação do interessado (parte ou Ministério Público).

Enquanto não houver decisão judicial revisando o ato do Conselho Tutelar, este terá plena eficácia.

O Conselho Tutelar não possui personalidade jurídica própria, constituindo-se em órgão da administração pública municipal ou distrital. Assim, eventual ação ajuizada em desfavor de ato ou omissão do Conselho Tutelar, deve voltar-se contra o Município ou o Distrito Federal.

O ECA não prevê rito específico, de forma que há incidência do procedimento previsto no art. 153[652].

[652] No mesmo sentido: MARÇURA, Jurandir Norberto: MUNIR, Cury; PAULA, Paulo Afonso Garrido de. *Estatuto da Criança e do Adolescente anotado*. 2. ed. rev. e atual. São Paulo: Editora Revista dos Tribunais, 2000, p. 123; DIGIÁCOMO, Murilo José; DIGIÁCOMO, Ildeara de Amorim. *Estatuto da Criança e do Adolescente anotado e interpretado*. 6. ed. Curitiba: Ministério Público do Estado do Paraná. Centro de Apoio Operacional das Promotorias da Criança e do Adolescente, 2013, p. 224.

2.14.8 Sigilo das informações

Os registros do Conselho Tutelar são protegidos pelo sigilo, não se aplicando ao Ministério Público e à autoridade judiciária (art. 21, § 4º, da Resolução 231/2022 do Conanda).

Por seu turno, os demais interessados ou seus procuradores constituídos têm acesso às atas das sessões e dos registros que lhe digam respeito, salvo se colocar em risco a imagem, a integridade física ou psíquica da criança ou adolescente, bem como a segurança de terceiros (art. 21, § 5º, da citada Resolução)[653].

O sigilo encontra respaldo legal nos arts. 17, 18, 100, parágrafo único, V, e 143, todos do ECA.

2.14.9 Impedimentos

O art. 140 versa sobre os impedimentos para **servir no mesmo Conselho**, sendo eles: marido e mulher, ascendentes e descendentes, sogro e genro ou nora, irmãos, cunhados, durante o cunhadio, tio e sobrinho, padrasto ou madrasta e enteado.

Observa-se que tal vedação é para "servir no mesmo Conselho", inexistindo proibição de participação de pessoas impedidas no processo de escolha ou em Conselhos distintos.

O impedimento entre os companheiros, embora não previsto no ECA, também deve subsistir[654]. Esta é a previsão do art. 15, *caput*, da Resolução 231/2022 do Conanda[655].

Tais proibições também se estendem à autoridade judiciária e ao representante do Ministério Público com atuação na Justiça da Infância e Juventude, em exercício na comarca, foro regional ou distrital (art. 140, parágrafo único).

Como se vê, o legislador não estende essas proibições à Defensoria Pública. No entanto, entendemos que, *lege ferenda*, mostra-se imprescindível que os Conselheiros Tutelares não tenham relação de parentesco com os Defensores Públicos em exercício na Justiça na Infância e da Juventude.

2.15 ACESSO À JUSTIÇA

2.15.1 Disposições gerais

O ECA, em seus arts. 141 a 144, estabelece disposições gerais sobre o acesso à justiça nas questões afetas à Justiça da Infância e Juventude.

2.15.1.1 Acesso à Justiça

O art. 141, *caput*, prevê: "É garantido o acesso de toda criança ou adolescente à Defensoria Pública, ao Ministério Público e ao Poder Judiciário, por qualquer de seus órgãos". O dispositivo está em harmonia com o princípio da proteção integral (art. 1º), de maneira a permitir o acesso da criança e do adolescente a todos os órgãos do sistema da Justiça da Infância e Juventude.

O § 1º do art. 141 estabelece a **assistência judiciária gratuita** aos que dela necessitem, mediante defensor público ou advogado nomeado. Disposição semelhante é encontrada no art.

---

653 No mesmo sentido: PESTANA, Denis. *Manual do conselheiro tutelar*. 1. ed., 2. reimpr. Curitiba: Juruá, 2011, p. 150-1; BORDALLO, Galdino Augusto Coelho. O advogado. In: MACIEL, Kátia Regina Ferreira Lobo Andrade (coord.). *Curso de direito da criança e do adolescente*: aspectos teóricos e práticos. 9. ed. rev. e atual. São Paulo: Saraiva, 2016, p. 603.

654 No mesmo sentido: NUCCI, Guilherme de Souza. *Estatuto da Criança e do Adolescente comentado*: em busca da Constituição Federal das crianças e dos adolescentes. 3. ed. rev., atual. e ampl. Rio de Janeiro: Forense, 2016, p. 550.

655 Art. 15 da Resolução 231/2022 do Conanda: "São impedidos de servir no mesmo Conselho Tutelar os cônjuges, companheiros, mesmo que em união homoafetiva, ou parentes em linha reta, colateral ou por afinidade, até o terceiro grau, inclusive".

206, parágrafo único. A assistência judiciária gratuita tem por fundamento o art. 5º, LXXIV, da CF.

Por seu turno, o art. 141, § 2º, dispõe sobre a **isenção de custas e emolumentos** para as ações judiciais da competência da Justiça da Infância e Juventude, ressalvada a hipótese de litigância de má-fé. Com isso, o legislador visou a proteção integral da criança e do adolescente. Nesse sentido, o STJ entende que a regra é de aplicação restrita às crianças e adolescentes enquanto partes, não alcançando as demais pessoas que eventualmente demandem na Infância e Juventude[656].

O art. 142, *caput*, apenas explicita sobre a representação dos absolutamente incapazes (menores de dezesseis anos) e a assistência dos relativamente incapazes (adolescente entre dezesseis anos e dezoito anos).

Não obstante, se houver colidência de interesses entre a criança ou adolescente e seus pais ou responsável legal, bem como na situação de inexistência de representação ou assistência, a autoridade judiciária nomeará curador especial ao infante (art. 142, parágrafo único).

2.15.1.2 Sigilo

O art. 143 do ECA verbera:

> **Art. 143.** É vedada a divulgação de atos judiciais, policiais e administrativos que digam respeito a crianças e adolescentes a que se **atribua autoria de ato infracional**.
>
> **Parágrafo único**. Qualquer notícia a respeito do fato não poderá identificar a criança ou adolescente, vedando-se fotografia, referência a nome, apelido, filiação, parentesco, residência e, inclusive, iniciais do nome e sobrenome (grifou-se).

O objetivo do legislador foi preservar a identidade do adolescente ou criança autor de ato infracional, tendo em vista a sua situação de pessoa em desenvolvimento, e para não macular sua vida com a exposição de seus dados ou fotografia. A vedação abrange a divulgação de **atos judiciais, policiais e administrativos**.

Dessa forma, o próprio Poder Judiciário, ao dar publicidade aos dados do processo de adolescente autor de ato infracional, principalmente em acórdãos disponíveis pela rede mundial de computadores, somente deve mencionar as iniciais de seu nome.

O descumprimento do art. 143 implica, em tese, a prática da infração administrativa prevista no art. 247[657], que se caracterizará quando for possível a identificação do adolescente, ainda que não pelo público em geral, mas perante a sua comunidade ou família, por meio de fotografias de suas tatuagens pelo corpo ou veiculação de fotografias e nomes completos das genitoras[658].

Nota-se que o legislador apenas vedou a divulgação de atos judiciais, policiais e administrativos nos quais o adolescente **seja autor de ato infracional**. Portanto, em princípio, é permitida a divulgação de dados quando a criança ou o adolescente for vítima, desde que não

---

656 AgRg no AREsp 66.306/GO, 1ª T., Rel. Min. Napoleão Nunes Maia Filho, *DJe* 05.04.2017; AgRg no AREsp 672.687/DF, 2ª T., Rel. Min. Mauro Campbell Marques, *DJe* 27.05.2015; AgRg no AREsp 538.722/DF, 2ª T., Rel. Min. Herman Benjamin, *DJe* 09.10.2014; AgRg no REsp 996.558/RJ, 1ª T., Rel. Min. Benedito Gonçalves, *DJe* 02.02.2010.

657 Art. 247 do ECA: "Divulgar, total ou parcialmente, sem autorização devida, por qualquer meio de comunicação, nome, ato ou documento de procedimento policial, administrativo ou judicial relativo a criança ou adolescente a que se atribua ato infracional: Pena – multa de três a vinte salários de referência, aplicando-se o dobro em caso de reincidência. § 1° Incorre na mesma pena quem exibe, total ou parcialmente, fotografia de criança ou adolescente envolvido em ato infracional, ou qualquer ilustração que lhe diga respeito ou se refira a atos que lhe sejam atribuídos, de forma a permitir sua identificação, direta ou indiretamente. § 2° Se o fato for praticado por órgão de imprensa ou emissora de rádio ou televisão, além da pena prevista neste artigo, a autoridade judiciária poderá determinar a apreensão da publicação".

658 STJ, REsp 1.636.815/DF, 2ª T., Rel. Min. Og Fernandes, *DJe* 18.12.2017.

a exponha desnecessariamente, como na situação de divulgação de fotos de vítimas de estupro, ou que a coloquem em situação de risco[659].

A divulgação de ato infracional praticado por adolescente **falecido** não afasta a infração administrativa do art. 247, haja vista que o respeito à imagem não se extingue com a morte[660].

Em decorrência do sigilo dos processos da Justiça da Infância e Juventude, o art. 144 preceitua: "A expedição de cópia ou certidão de atos a que se refere o artigo anterior somente será deferida pela autoridade judiciária competente, se demonstrado o interesse e justificada a finalidade". Assim, o sigilo previsto no art. 143 do ECA não é absoluto, e poderá ser relativizado no caso concreto, desde que demostrado o interesse e comprovada a finalidade.

Dentre outras, são hipóteses autorizadoras para a obtenção de certidão ou cópia de atos judiciais de processos de atos infracionais: certidão para análise da vida pregressa do jurado[661], cópia dos autos ao Ministério Público para instruir processo de crime conexo[662] e cópia dos autos para ajuizamento de ação de deserdação contra a autora do ato infracional[663].

O **segredo de justiça** nos processos da infância e juventude também incidirá nos casos de reconhecimento do estado de filiação, guarda, tutela, adoção e alimentos (art. 189, II, do CPC), bem como em todos os casos para a preservação da imagem e da identidade, objetivando não colocar em situação vexatória ou constrangedora a criança ou adolescente (arts. 17 e 18 do ECA).

2.15.2 Justiça da Infância e Juventude

O art. 145 preceitua que os Estados e o Distrito Federal poderão criar varas especializadas e exclusivas da infância e juventude, cabendo ao Poder Judiciário estabelecer os critérios para a sua instalação por número de habitantes, dotá-las de infraestrutura e dispor sobre o atendimento, inclusive em plantões.

No tocante à infraestrutura, o Poder Judiciário deve dotar a Justiça da Infância e Juventude com um corpo técnico composto por psicólogo e assistente social, de forma a subsidiar as decisões judiciais com dados técnicos.

O ECA, em vários dispositivos, menciona a expressão "autoridade judiciária", que se refere ao Juiz da Infância e Juventude, ou o Juiz que exerça essa função, conforme a lei de organização judiciária local (art. 146).

2.15.3 Noções gerais sobre competência

O ECA, em seus arts. 147 e 148, trata sobre a competência da Justiça da Infância e Juventude. Todavia, para fixação do juízo competente, deve-se proceder a análise na seguinte ordem:

1) se o processo é de competência originária dos Tribunais Superiores;

2) se o processo deve ser julgado por alguma das Justiças especializadas (Justiça do Trabalho ou Justiça Militar), de primeira ou segunda instância;

---

659 No mesmo sentido: DEL-CAMPO, Eduardo Roberto Alcântara; OLIVEIRA, Thales Cezar de. *Estatuto da Criança e do Adolescente. Série leituras jurídicas: provas e concursos.* 7. ed. São Paulo: Atlas, 2012. v. 28, p. 333. STJ, REsp 509.968/SP, 3ª T., Rel. Min. Ricardo Villas Bôas Cueva, *DJe* 17.12.2012.

660 STJ, REsp 55.168/RJ, 6ª T., Rel. Min. Luiz Vicente Cernicchiaro, *DJ* 09.10.1995.

661 ISHIDA, Válter Kenji. *Estatuto da Criança e do Adolescente*: doutrina e jurisprudência. 17. ed. rev., ampl. e atual. Salvador: JusPodivm, 2016, p. 413.

662 DEL-CAMPO, Eduardo Roberto Alcântara; OLIVEIRA, Thales Cezar de. *Estatuto da Criança e do Adolescente. Série leituras jurídicas: provas e concursos.* 7. ed. São Paulo: Atlas, 2012. v. 28, p. 334.

663 RMS 65.046/MS, 6ª T., Rel. Min. Laurita Vaz, *DJe* 16.06.2021.

3) não sendo da Justiça especializada, se o processo é da justiça estadual ou federal, de primeira ou segunda instância;
4) confirmada a competência da justiça estadual, verifica-se se a competência é da Justiça da Infância e Juventude (art. 148). Se positivo, observa-se qual será o foro competente (art. 147 e normas de organização judiciária).

Assim, por uma questão técnica e didática, analisaremos primeiro as hipóteses de competência do art. 148 e, posteriormente, a competência do art. 147.

2.15.4 Competência do art. 148

O art. 148, em seu ***caput***, menciona as ações de competência exclusiva da Justiça da Infância e Juventude (competência absoluta). Já o seu **parágrafo único** exige a situação de risco da criança ou adolescente para fixar tal competência.

Diante disso, pode-se afirmar que a competência do ***caput*** do art. 148 é **exclusiva ou plena**, enquanto a do **parágrafo único é concorrente** com a Vara de Família, ou outra mencionada na lei de organização judiciária local.

O rol do art. 148, *caput* e parágrafo único, não prevê expressamente a competência da Justiça da Infância e Juventude para processar o requerimento de cumprimento de honorário sucumbencial. Entretanto, considerando que o art. 516, II, do CPC, estabelece que o cumprimento de sentença dar-se-á no "juízo que decidiu a causa no primeiro grau de jurisdição", e que o art. 152 do ECA determina a aplicação subsidiária da legislação processual pertinente, tem-se como competente a Justiça da Infância e Juventude para o cumprimento de suas sentenças[664].

2.15.4.1 Competência exclusiva ou plena

A competência será exclusiva da Justiça da Infância e Juventude nas seguintes hipóteses (art. 148):

a) conhecer de representações promovidas pelo Ministério Público, para apuração de ato infracional atribuído a adolescente, aplicando as medidas cabíveis (inciso I): a competência será sempre da Justiça da Infância e Juventude (Justiça Estadual), ainda que o ato infracional seja praticado contra interesse da União, de acordo com pacífico entendimento do STJ[665].

b) conceder a remissão, como forma de suspensão ou extinção do processo (inciso II): é a hipótese de remissão judicial, após o oferecimento de representação pelo Ministério Público, podendo ocorrer como forma de suspensão ou extinção do processo, ouvido o Ministério Público (art. 186, § 1º). Da decisão que concede a remissão e suspende o processo, o recurso cabível é o agravo de instrumento[666]. Já da decisão que extingue o processo, o recurso é a apelação.

Também compete exclusivamente à autoridade judiciária da Infância e Juventude homologar a remissão imprópria acordada pelo Ministério Público, na fase extraprocessual, como forma de exclusão do processo (art. 181, § 1º).

c) conhecer de pedidos de adoção e seus incidentes (inciso III): toda ação de adoção de criança ou adolescente tramitará na Justiça da Infância e Juventude. Da mesma forma, se

---

664 STJ, REsp 1.859.295/MG, 1ª T., Rel. Min. Sérgio Kukina, *DJe* 29.05.2020.

665 CC 145.166/MG, 3ª S., Rel. Min. Ribeiro Dantas, *DJe* 01.02.2017; CC 140.850/MT, Rel. Min. Nefi Cordeiro, p. 10.09.2015; CC 101.029/BA, Rel. Min. Laurita Vaz, p. 13.09.2009; CC 86.408/MA, 3ª S., Rel. Min. Maria Thereza de Assis Moura, *DJ* 17.09.2007.

666 TJDFT, Acórdão 1318629, 07435633620208070000, Rel. Robson Barbosa de Azevedo, 2ª T. Criminal, PJe 01.03.2021; Acórdão 1236039, 07235418820198070000, Rel. Jesuino Rissato, 3ª T. Criminal, PJe 22.03.2020.

o pedido de **destituição do poder familiar for cumulado com adoção**, a competência **será sempre da Justiça da Infância e Juventude**, independentemente de estar a criança ou adolescente em situação de risco (art. 148, III)[667].

Caso o adotando torne-se maior de idade no curso da ação de adoção, a competência permanecerá da Justiça da Infância e Juventude, por força da regra da perpetuação da jurisdição (art. 43 do CPC).

Por outro lado, tratando-se de ação de adoção envolvendo adotando maior de idade, a competência será da Vara de Família ou de outra estabelecida na lei de organização judiciária do Estado.

d) conhecer de ações civis fundadas em interesses individuais, difusos ou coletivos afetos à criança e ao adolescente, observado o disposto no art. 209 (inciso IV): numa rápida leitura do presente inciso, poder-se-ia afirmar que toda ação civil ajuizada em interesse de criança ou adolescente seria da competência da Justiça da Infância e Juventude.

Todavia, o presente inciso somente atrai a competência desta Justiça especializada se envolver **direitos fundamentais** da criança ou adolescente, tais como saúde, educação, convivência familiar e profissionalização (art. 208 do ECA). Assim, tratando-se de ação de indenização[668] ou de cunho contratual/obrigacional[669], por envolver matéria estritamente patrimonial, a competência será da Vara Cível, da Fazenda Pública (se envolver ente público) ou de outra indicada pela lei de organização judiciária local.

O STJ tem pacífico entendimento de que as demandas envolvendo negativa de cobertura por plano de saúde, mesmo quando o beneficiário for criança ou adolescente, são de competência da Justiça Comum, e não da Vara da Infância e Juventude, por se tratar de discussão estritamente contratual/obrigacional, não se confundindo com a tutela de direitos fundamentais previstos no ECA[670].

Por seu turno, o art. 209 dispõe: "As ações previstas neste Capítulo serão propostas no foro do local onde ocorreu ou deva ocorrer a ação ou omissão, cujo juízo terá competência absoluta para processar a causa, ressalvadas a competência da Justiça Federal e a competência originária dos tribunais superiores".

Portanto, se a ação for de competência da Justiça Federal ou originária dos tribunais superiores, ficará afastada a da Justiça da Infância e Juventude. É o caso de ação previdenciária na qual o beneficiário seja criança ou adolescente, em que prevalecerá a competência da Justiça Federal (art. 109, I, da CF)[671], com a ressalva do § 3º do art. 109 da CF (redação dada pela Emenda Constitucional 103/2019): "Lei poderá autorizar que as causas de competência da Justiça Federal em que forem parte instituição de previdência social e segurado possam ser processadas e julgadas na justiça estadual quando a comarca do domicílio do segurado não for sede de vara federal".

Por outro lado, será competente a Justiça da Infância e Juventude e não Vara de Fazenda Pública, se o próprio poder público figurar no polo passivo de eventual ação civil pública ou mandado de segurança, desde que o objeto da ação seja direito fundamental de criança ou adolescente[672].

Não por outra razão, o STJ, em 10 de fevereiro de 2021, fixou a seguinte tese no **Tema Repetitivo 1.058**: "A Justiça da Infância e da Juventude tem competência absoluta para processar

---

667 STJ, AgRg no REsp 1.099.959/DF, 3ª T., Rel. Min. Paulo de Tarso Sanseverino, *DJe* 21.05.2012.

668 TJMG, CC 1.0000.18.067543-1/000, 4ª Câmara Cível, Rel. Des. Renato Dresch, p. 17.10.2018; TJRS, CC 70078548013, 8ª Câmara Cível, Rel. Des. Rui Portanova, j. 04.10.2018.

669 STJ, AgInt no REsp 1.877.334/MS, 4ª T., Rel. Min. Luis Felipe Salomão, *DJe* 17.8.2022.

670 AgInt no REsp 1.899.994/PR, 3ª T., Rel. Min. Humberto Martins, *DJe* 20.09.2023; AgInt no REsp 1.877.334/MS, 4ª T., Rel. Min. Luis Felipe Salomão, *DJe* 17.08.2022.

671 STJ, CC 161.373/MG, 1ª S., Rel. Min. Francisco Falcão, *DJe* 19.08.2019.

672 Nesse sentido: STJ, REsp 1.486.219/MG, 2ª T., Rel. Min. Herman Benjamin, *DJe* 04.12.2014; AgRg no REsp 871.204/RJ, 1ª T., Rel. Min. Francisco Falcão, *DJ* 29.03.2007.

e julgar causas envolvendo matrículas de menores em creches ou escolas, nos termos dos arts. 148, IV, e 209 da Lei n. 8.069/1990".

O STJ também já decidiu pela competência da Justiça da Infância e Juventude para julgar ação civil pública para fornecimento de medicamento[673], reforma de estabelecimento de ensino[674], construção de locais adequados para a orientação e tratamento de crianças e adolescentes alcoólatras e toxicômanos[675], unidade de internação de adolescentes em conflito com a lei[676], para ampliação no número de leitos nas unidades de terapia intensiva infantis[677] e recusa de matrícula[678].

Em suma, o fator determinante para fixar a competência da Justiça da Infância e Juventude é a ação envolver frontalmente direito fundamental da criança ou adolescente, podendo, inclusive, quando tratar-se de ação de improbidade administrativa.

Importante observar que, tratando-se de medicamento sem registro sanitário na Anvisa, a competência será da Justiça Federal, tendo em vista a necessidade de inclusão da União no polo passivo, consoante tese assentada pelo STF[679].

Com base nesse inciso, o STJ já declarou a competência da Justiça da Infância e Juventude para cassar mandato de membro de Conselho Municipal dos Direitos da Criança e do Adolescente - CMDCA[680] e de Conselheiro Tutelar[681], bem como para regularizar a composição do CMDCA[682].

Noutro giro, importante transcrever o § 1º do art. 208: "As hipóteses previstas neste artigo não excluem da proteção judicial outros interesses individuais, difusos ou coletivos, próprios da infância e da adolescência, protegidos pela Constituição e pela Lei".

Logo, **a autorização para viagem e alvará para entrada de crianças e adolescentes nas hipóteses do art. 149** também são da competência da Justiça da Infância e Juventude, por envolver ação civil individual, próprias da Justiça especializada, conforme disciplinado pelo ECA[683].

e) conhecer de ações decorrentes de irregularidades em entidades de atendimento, aplicando as medidas cabíveis (inciso V): em razão de irregularidades em entidades de atendimento, a autoridade judiciária poderá, de ofício e mediante portaria, iniciar o procedimento, podendo também ser ofertada representação pelo Ministério Público ou Conselho Tutelar, sob o rito do art. 191 e ss., ou proposta ação civil pública. Nestas duas hipóteses, a competência será da Justiça da Infância e Juventude.

f) aplicar penalidades administrativas nos casos de infrações contra norma de proteção à criança ou adolescente (inciso VI): as infrações administrativas estão previstas nos arts. 245 a 258-C e são apuradas mediante o procedimento do art. 194 e ss.

g) conhecer de casos encaminhados pelo Conselho Tutelar, aplicando as medidas cabíveis (inciso VII): o art. 136, III, *b*, dispõe que é atribuição do Conselho Tutelar representar

673 REsp 1.486.219/MG, 2ª T., Rel. Min. Herman Benjamin, *DJe* 04.12.2014.
674 AREsp 1.840.462/SP, 2ª T., Rel. Min. Francisco Falcão, *DJe* 18.03.2022.
675 AgRg no REsp 871.204/RJ, 1ª T., Rel. Min. Francisco Falcão, *DJ* 29.03.2007.
676 AgInt nos EDcl no REsp 1.859.746/MS, 1ª T., Rel. Min. Gurgel de Faria, *DJe* 17.09.2021.
677 REsp 437.279/MG, 1ª T., Rel. Min. Francisco Falcão, *DJ* 05.04.2004.
678 REsp 113.405/MG, 4ª T., Rel. Min. César Asfor Rocha, *DJ* 18.09.2000.
679 STF, Tema 500 de recurso extraordinário com repercussão geral, decidido no RE 657.718/MG AgR, Pleno, Rel. Min. Roberto Barroso, j. 22.05.2019.
680 REsp 557.117/SP, 2ª T., Rel. Min. Castro Meira, *DJ* 17.05.2006.
681 REsp 255.455/GO, 5ª T., Rel. Min. José Arnaldo da Fonseca, *DJ* 06.11.2000.
682 REsp 47.104/PR, 2ª T., Rel. Min. Eliana Calmon, *DJ* 05.06.2000.
683 No mesmo sentido: ISHIDA, Válter Kenji. *Estatuto da Criança e do Adolescente*: doutrina e jurisprudência. 17. ed. rev., ampl. e atual. Salvador: JusPodivm, 2016, p. 447. Na jurisprudência: TJMG, CC 1.0000.14.046682-2/000, 4ª Câmara Cível, Rel. Des. Ana Paula Caixeta, p. 03.09.2014; Apelação cível 1.0024.12.318827-8/001, 6ª Câmara Cível, Rel. Des. Corrêa Junior, p. 25.03.2014. TJRS: AI 70068388735, 7a Câmara Cível, Rel. Jorge Luís Dall´Agnol, j. 29.06.2016; Reexame necessário 70068957851, 4ª Câmara Cível, Rel. Francesco Conti, j. 19.04.2016.

perante a autoridade judiciária nos casos de descumprimento injustificado de suas deliberações. Já o art. 136, V, prevê que o Conselho Tutelar encaminhará à autoridade judiciária os casos de sua competência.

Após o recebimento do caso encaminhado pelo Conselho Tutelar, se houver necessidade de propositura de ação, a autoridade judiciária dará vista dos autos ao Ministério Público, para conhecimento e adoção das providências cabíveis.

Por outro lado, a depender do caso concreto, a autoridade judiciária poderá instaurar **procedimento verificatório ou pedido de providências** e ordenar, de ofício, as medidas necessárias[684].

Realizadas tais considerações, cumpre analisar se a competência da Justiça da Infância e Juventude também pode abarcar o **julgamento de crimes** que figurem crianças e adolescentes como vítimas. Os Tribunais Superiores decidiram que é possível, desde que esta competência seja fixada na lei de organização judiciária local[685].

Posteriormente, foi publicada a Lei 13.431/2017, que, em seu art. 23, prescreve:

> **Art. 23.** Os órgãos responsáveis pela organização judiciária poderão criar juizados ou varas especializadas em crimes contra a criança e o adolescente.
>
> **Parágrafo único**. Até a implementação do disposto no *caput* deste artigo, o julgamento e a execução das causas decorrentes das práticas de violência ficarão, preferencialmente, a cargo dos juizados ou varas especializadas em violência doméstica e temas afins.

Como se vê, poderão ser criados juizados ou varas especializadas em crimes contra crianças e adolescentes, e, enquanto não implementados, a execução e o julgamento ficarão, preferencialmente, a cargo dos juizados ou varas especializadas em violência doméstica.

Em recente julgado, após divergência de entendimento entre a 5ª e a 6ª Turma do STJ, a 3ª Seção fixou a seguinte tese sobre competência para julgamento de crime sexual contra criança no contexto de violência doméstica:

> A tese ora firmada terá sua aplicação modulada nos seguintes termos:
>
> a) nas comarcas em que não houver juizado ou vara especializada nos moldes do art. 23 da Lei 13.431/2017, as ações penais que tratam de crimes praticados com violência contra a criança e o adolescente, distribuídas até a data da publicação do acórdão deste julgamento (inclusive), tramitarão nas varas às quais foram distribuídas originalmente ou após determinação definitiva do Tribunal local ou superior, sejam elas juizados/varas de violência doméstica, sejam varas criminais comuns;
>
> b) nas comarcas em que não houver juizado ou vara especializada nos moldes do art. 23 da Lei 13.431/2017, as ações penais que tratam de crimes praticados com violência contra a criança e o adolescente, distribuídas após a data da publicação do acórdão deste julgamento, deverão ser obrigatoriamente processadas nos juizados/varas de violência doméstica e, somente na ausência destas, nas varas criminais comuns[686].

2.15.4.2 *Competência concorrente*

Nas situações das alíneas do parágrafo único do art. 148, há a **imprescindibilidade de demonstração de situação de risco da criança ou do adolescente**, na forma do art. 98 (por ação ou omissão da sociedade; por falta, omissão ou abuso dos pais ou responsável; ou em razão de sua conduta), para a fixação da competência da Justiça da Infância e Juventude.

---

[684] Sobre o tema "procedimento verificatório ou pedido de providências", v. item 2.16.1.3.

[685] STJ, AgRg no AgRg no AREsp 580.350/RN, 5ª T., Rel. Min. Joel Ilan Paciornik, *DJe* 16.12.2016; HC 316.292/RS, 6ª T., Rel. Min. Sebastião Reis Júnior, *DJe* 06.10.2016. STF, HC 134.504, 2ª T., Rel. Min. Ricardo Lewandowski, Rel. para acórdão Min. Teori Zavascki, *DJe* 05.12.2016; HC 113.102/RS, 1ª T., Rel. Min. Marco Aurélio, *DJe* 18.02.2013.

[686] EAREsp 2.099.532/RJ, 3ª S., Rel. Min. Sebastião Reis Júnior, *DJe* 30.11.2022.

Assim, estando a criança ou adolescente sob a guarda de algum dos pais ou parentes, ainda que anteriormente estivesse em situação de acolhimento institucional, a competência será da Vara de Família e não da Justiça da Infância e Juventude[687].

São as hipóteses do art. 148, parágrafo único:

a) **conhecer de pedidos de guarda e tutela**: a competência apenas será da Justiça da Infância e Juventude se a criança ou adolescente estiver em situação de risco. Do contrário, a competência é da Vara de Família.

E se a ação envolver "criança" de até 16 anos que tinha residência habitual num país e é transferida ou retida indevidamente para outro, violando o direito de guarda ou visita, qual será o juízo competente? Nessa situação há a necessidade de se diferenciar as seguintes hipóteses:

> (i) **ação de busca e apreensão de menor e restituição ao país de seu domicílio, tendo por fundamento a Convenção sobre os Aspectos Civis do Sequestro Internacional de Crianças**, concluída na cidade de Haia, em 25 de outubro de 1980, promulgada no Brasil pelo Decreto n. 3.413/2000, a competência será da **Justiça Federal** (art. 109, III, da CF)[688]. O CNJ publicou a Resolução 449, de 30 de março de 2022, que dispõe sobre a tramitação das ações judiciais fundadas na Convenção da Haia sobre os aspectos civis do sequestro internacional de crianças.
>
> A aplicação da Convenção é sobre qualquer "criança" (expressão utilizada) até completar dezesseis anos e que tenha residência habitual num Estado signatário, imediatamente antes da violação do direito de guarda ou de visita (art. 4º).
>
> A determinação de retorno imediato da criança depende de ter decorrido menos de um ano entre a data da transferência ou da retenção indevidas e a data do início do processo perante a autoridade judicial ou administrativo do Estado signatário de onde a criança se encontrar. Em recentes julgados, o STJ entendeu que, se o pedido for formulado menos de um ano depois da data da transferência ou da retenção indevida, não há que perquirir acerca da adaptação do menor ao meio em que foi inserido, sendo desnecessária a realização de estudo psicossocial[689]. Todavia, ainda que expirado o prazo de um ano, a autoridade judicial ou administrativa ordenará o retorno da criança, salvo quando for provado que a criança já se encontra integrada no seu novo meio (art. 12).
>
> (ii) **ação de guarda, por envolver direito de família**, a competência é da **Justiça Comum Estadual**, no caso, a Vara de Família[690].
>
> (iii) **o ajuizamento de uma ação de guarda e outra ação de busca e apreensão fundadas na mencionada Convenção não enseja a conexão entre as demandas**, podendo existir prejudicialidade externa, o que recomenda a suspensão da ação de guarda. Afastada a conexão, a ação de guarda tramitará na Vara de Família e a ação de busca e apreensão na Justiça Federal[691].

b) **conhecer de ações de destituição do poder familiar, perda ou modificação da tutela ou guarda**: conforme dito anteriormente, se o pedido de destituição do poder familiar for cumulado com adoção, a competência será sempre da Justiça da Infância e Juventude, independentemente de situação de risco da criança ou adolescente (art. 148, III).

c) **suprir a capacidade ou o consentimento para o casamento**: se o adolescente estiver na guarda de seus pais ou responsável legal, a competência é da Vara de Família. Caso o

---

687 No mesmo sentido: BORDALLO, Galdino Augusto Coelho. As regras gerais do processo. In: MACIEL, Kátia Regina Ferreira Lobo Andrade (coord.). *Curso de direito da criança e do adolescente*: aspectos teóricos e práticos. 9. ed. rev. e atual. São Paulo: Saraiva, 2016, p. 795.

688 STJ, REsp 1.727.052/MG, 2ª T., Rel. Min. Herman Benjamin, *DJe* 20.11.2018.

689 STJ, REsp 1.959.226/SP, 1ª T., Rel. Min. Regina Helena Costa, *DJe* 27.6.2022; REsp 1723068/RS, 2ª T., Rel. Min. Herman Benjamin, *DJe* 18.12.2020.

690 STJ, CC 153.274/AC, 2ª S., Rel. Min. Marco Buzzi, *DJe* 27.10.2017.

691 STJ, CC 133.010/MG, 2ª S., Rel. Min. Marco Buzzi, *DJe* 26.06.2015; CC 132.100/BA, 2ª S., Rel. Min. João Otávio de Noronha, *DJe* 14.04.2015.

adolescente esteja em situação de abandono, sem responsável legal, a competência é da Justiça da Infância e Juventude.

d) conhecer de pedidos baseados em discordância paterna ou materna, em relação ao exercício do poder familiar: a competência somente será da Justiça da Infância e Juventude se a criança ou adolescente estiver em situação de risco.

Todavia, se a divergência for quanto à autorização para viagem e assuntos correlatos (emissão de passaporte, obtenção de visto etc.), a competência será da Justiça da Infância e Juventude, por envolver matéria disciplinada no ECA (arts. 148, IV e 208, § 1º), independentemente de situação de risco, conforme analisado acima.

e) conceder a emancipação, nos termos da lei civil, quando faltarem os pais: se o adolescente conviver com os pais ou algum responsável legal, apenas estes poderão emancipá-lo. A situação mencionada nesta alínea refere-se ao adolescente que não possui pais ou responsável e deseja emancipar-se. Para tanto, a autoridade judiciária deverá designar audiência para oitiva do adolescente e determinar a realização de estudo psicossocial.

f) designar curador especial em casos de apresentação de queixa ou representação, ou de outros procedimentos judiciais ou extrajudiciais em que haja interesses de criança ou adolescente: é a hipótese em que a criança ou adolescente foi vítima de crime de ação penal privada ou pública condicionada, mas não possui pais ou responsável, ou estes estão em local incerto e não sabido, e há necessidade de oferecimento de queixa-crime ou representação em desfavor do autor do fato.

g) conhecer de ações de alimentos: a competência somente será da Justiça da Infância e Juventude se a criança ou adolescente estiver acolhido institucionalmente e o Ministério Público ingressar com ação de alimentos em desfavor dos pais.

Por outro lado, se a ação for proposta por algum dos pais ou guardião que esteja na guarda da criança ou do adolescente, a ação será ajuizada perante a Vara de Família, por ausência de situação de risco.

h) determinar o cancelamento, a retificação e o suprimento dos registros de nascimento e óbito: somente a situação de risco atrai a competência da Justiça da Infância e Juventude. Se a criança ou adolescente tiver pais ou responsável, a competência é da Vara dos Registros Públicos ou de outra estabelecida na lei de organização judiciária local.

2.15.4.3 Competência do Juizado de Violência Doméstica e Familiar

Em recente julgado, o STJ, por maioria (4x1), decidiu que o pedido de suprimento judicial de autorização para viagem de filho, se decorrente de **violência cometida no âmbito familiar e doméstico contra mulher**, por força do art. 14 da Lei 11.340/2006 (Lei Maria da Penha)[692], será da competência do **Juizado de Violência Doméstica e Familiar**, e não da Justiça da Infância e Juventude[693]. Do voto do Ministro Marco Aurélio Bellizze, colhe-se:

> Assim, para o estabelecimento da competência da Vara Especializada da Violência Doméstica ou Familiar Contra a Mulher nas ações de natureza civil (notadamente, as relacionadas ao Direito de Família), imprescindível que a causa de pedir da correlata ação consista justamente na prática de violência doméstica ou familiar contra a mulher, não se limitando, assim, apenas às medidas protetivas de urgência previstas nos arts. 22, incisos II, IV e V; 23, incisos III e IV; e 24, que assumem natureza civil.

---

692 Art. 14 da Lei 11.340/2006: "Os Juizados de Violência Doméstica e Familiar contra a Mulher, órgãos da Justiça Ordinária com **competência cível** e criminal, poderão ser criados pela União, no Distrito Federal e nos Territórios, e pelos Estados, para o processo, o julgamento e a execução das causas decorrentes da prática de violência doméstica e familiar contra a mulher" (grifou-se).

693 REsp 1.550.166/DF, 3ª T., Rel. Min. Marco Aurélio Bellizze, j. 21.11.2017, *DJe* 18.12.2017.

> Tem-se, por relevante, ainda, para tal escopo, que, no momento do ajuizamento da ação de natureza cível, **seja atual a situação de violência doméstica e familiar a que a demandante se encontre submetida**, a ensejar, potencialmente, a adoção das medidas protetivas expressamente previstas na Lei n. 11.340/2006, sob pena de banalizar a competência das Varas Especializadas. Ressalta-se, inclusive, que a competência para conhecer e julgar determinada ação resta instaurada por ocasião de seu ajuizamento, afigurando-se desinfluente, para tanto, superveniente alteração fática (grifou-se).

Portanto, a situação de violência doméstica contra a mulher deve ser atual para atrair a competência cível do Juizado de Violência Doméstica e Familiar e, uma vez caracterizada, os pedidos cíveis (alimentos, divórcio, guarda etc.) também serão de competência deste Juizado.

Enquanto não estruturados os referidos Juizados, a competência será das Varas Criminais, inclusive para a matéria cível (art. 33 da Lei 11.340/2006)[694].

2.15.5 Competência do art. 147

2.15.5.1 Ações cíveis

A competência territorial é aquela que a autoridade judiciária não pode conhecer de ofício e será prorrogada se não for alegada em preliminar de contestação (art. 65, *caput*, do CPC). No ECA, esta competência está veiculada nos incisos I e II do art. 147, *in verbis:*

> **Art. 147.** A competência será determinada:
>
> **I** – pelo domicílio dos pais ou responsável;
>
> **II** – pelo lugar onde se encontre a criança ou adolescente, à falta dos pais ou responsável.

Embora tal dispositivo veicule regra de competência territorial (por isso, em tese, de competência relativa), o STJ entende que se trata de norma de natureza de **competência absoluta** por envolver norma cogente que não admite prorrogação[695]. Portanto, a autoridade judiciária pode declará-la de ofício, independentemente de provocação da parte (art. 64, § 1º, do CPC).

Em regra, a ação deve ser ajuizada no **domicílio dos pais ou responsável da criança ou adolescente (art. 147, I, do ECA)**, objetivando mantê-los em sua família natural. No mesmo sentido, é o teor da **Súmula 383 do STJ**: "A competência para processar e julgar as ações conexas de interesse de menor é, em princípio, do foro do domicílio do detentor de sua guarda".

Como consequência, o ECA estabeleceu o **princípio do juízo imediato** com o fim de possibilitar o contato direto da autoridade judiciária e da equipe interprofissional com a criança ou adolescente e seus pais ou responsável legal.

Observa-se que o inciso I dispõe que a competência será do domicílio dos pais ou responsável. Assim, se a guarda da criança ou adolescente é deferida à terceira pessoa, o domicílio desta será o competente para o ajuizamento de eventual ação de destituição do poder familiar c. c. adoção em desfavor dos genitores, consoante pacífica jurisprudência do STJ[696].

---

[694] Art. 33 da Lei 11.340/2006: "Enquanto não estruturados os Juizados de Violência Doméstica e Familiar contra a Mulher, as varas criminais acumularão as **competências cível** e criminal para conhecer e julgar as causas decorrentes da prática de violência doméstica e familiar contra a mulher, observadas as previsões do Título IV desta Lei, subsidiada pela legislação processual pertinente" (grifou-se). Cumpre observar que referido artigo foi declarado constitucional pelo STF (ADC 19, Tribunal Pleno, Rel. Min. Marco Aurélio, *DJe* 28.04.2014).

[695] AgInt nos EDcl no CC 160.102/SC, 2ª S., Rel. Min. Nancy Andrighi, *DJe* 16.05.2019; REsp 1.404.036/GO, 3ª T., Rel. Min. Nancy Andrighi, *DJe* 24.02.2017; CC 119.318/DF, 2ª S., Rel. Min. Nancy Andrighi, *DJe* 02.05.2012.

[696] CC 157.473/SP, 2ª S., Rel. Min. Marco Aurélio Bellizze, *DJe* 01.10.2018; CC 147.057/SP, Rel. Min. Moura Ribeiro, p. 07.12.2016; CC 43.322/MG, 2ª S., Rel. Min. Barros Monteiro, *DJ* 09.05.2005; CC 38.922/RJ, 2ª S., Rel. Min. Nancy Andrighi, *DJ* 01.07.2004.

Exemplificando: os genitores da criança residem na cidade de Goiânia/GO e é concedida a guarda para um casal domiciliado em Caldas Novas/GO. Posteriormente, o casal, detentor da guarda, ajuíza ação de destituição do poder familiar c. c. adoção em desfavor dos genitores da criança. Nesta situação, o foro competente será de Caldas Novas/GO, por ser o domicílio dos guardiões.

Noutro giro, há a necessidade de analisar a regra da perpetuação da jurisdição, prevista no art. 43 do CPC, em confronto com o art. 147, I e II, do ECA.

A regra da perpetuação da jurisdição significa que, registrada ou distribuída a petição inicial, são irrelevantes as modificações de fato ou de direito ocorridas posteriormente, salvo quando houver supressão de órgão judiciário ou alteração da competência absoluta. Em outras palavras, se há a propositura de uma ação e as partes mudam de domicílio, a competência permanecerá no local em que já tramitava o processo. Esta é a regra geral aplicada no CPC.

Contudo, no âmbito da Justiça da Infância e Juventude, o STJ possui entendimento pacificado de que, **na colidência entre a regra da perpetuação da jurisdição e a regra de competência do art. 147, I e II, do ECA, esta deve prevalecer**, para permitir que o juízo imediato tenha contato com a criança ou adolescente[697].

Assim, retornando ao exemplo acima, se o casal ajuizasse mesma ação perante a Vara da Infância e Juventude de Caldas Novas/GO e, posteriormente, mudasse para São Paulo/SP, o processo deveria ser remetido para esta comarca.

Ainda sobre o tema, o art. 8º da Lei 12.318/2010, que trata sobre alienação parental, prevê: "A alteração de domicílio da criança ou adolescente é irrelevante para a determinação da competência relacionada às ações fundadas em direito de convivência familiar, *salvo se decorrente de consenso entre os genitores ou de decisão judicial*" (grifou-se).

Portanto, em caso de mudança de endereço do infante, a referida Lei também possibilita a alteração da competência se houver consenso entre os genitores.

Por fim, caso os **pais estejam em local incerto e não sabido**, a competência será a do **local onde se encontra a criança ou adolescente** (art. 147, II).

2.15.5.2 Apuração de ato infracional

A **competência para apuração do ato infracional** é da Justiça da Infância e Juventude do **lugar da ação ou omissão**, observadas as regras de conexão, continência e prevenção (art. 147, § 1º). Ou seja, é indiferente o fato de o adolescente mudar-se de residência, pois a competência continuará sendo do lugar da ação ou omissão do ato infracional[698].

Nota-se que o ECA, quanto a essa competência, adotou a **teoria da atividade (lugar da ação ou omissão)**, enquanto o art. 70 do CPP sufragou a teoria do resultado (lugar em que se consumou a infração).

2.15.5.3 Execução da medida socioeducativa ou de proteção

A **competência para a execução da medida** socioeducativa ou de proteção também é da Vara da Infância e Juventude ou do juiz que exerça essa função, na forma da lei de organização judiciária local, podendo, contudo, ser delegada à autoridade competente da **residência dos pais ou responsável, ou do local onde sediar-se a entidade que abrigar o adolescente** (art. 147, § 2º). No mesmo sentido, o art. 36 da Lei do Sinase diz: "A competência para

---

[697] REsp 1.404.036/GO, 3ª T., Rel. Min. Nancy Andrighi, *DJe* 24.02.2017; CC 145.410/PR, Rel. Min. Moura Ribeiro, p. 04.08.2016; CC 119.318/DF, 2ª S., Rel. Min. Nancy Andrighi, *DJe* 02.05.2012; CC 92.473/PE, 2ª S., Rel. Min. Luís Felipe Salomão, *DJe* 27.10.2009.

[698] STJ, CC 156.903/SP, 3ª S., Rel. Min. Ribeiro Dantas, *DJe* 17.04.2018.

jurisdicionar a execução das medidas socioeducativas segue o determinado pelo art. 146 da Lei 8.069, de 13 de julho de 1990 (Estatuto da Criança e do Adolescente)".

Obtida a progressão da medida de internação ou semiliberdade para outra de meio aberto, o processo de execução do adolescente será encaminhado ao local da residência de seus pais ou responsável para o acompanhamento do cumprimento da medida. A finalidade desse é a consagração do princípio do fortalecimento dos vínculos familiares e comunitários no processo socioeducativo (art. 35, IX, da Lei do Sinase).

A Resolução 165/2012 do CNJ dispõe acerca de normas gerais para o atendimento, pelo Poder Judiciário, ao adolescente em conflito com a lei no âmbito da internação provisória e do cumprimento das medidas socioeducativas.

O seu art. 12 dispõe: "Em caso de transferência do adolescente ou de modificação do programa para outra comarca ou estado da federação, deverão ser remetidos os autos da execução ao novo juízo responsável pela execução, no prazo de 72 (setenta duas) horas".

Não há a expedição de carta precatória para acompanhamento do cumprimento da medida socioeducativa, pois deve ocorrer a **remessa dos autos originais da execução**. Aliás, citada Resolução veda expressamente o envio de carta precatória para tal fim (art. 11, § 1º).

O juízo da execução é o responsável pelo acompanhamento **integral** da medida socioeducativa ou de proteção, podendo julgá-la extinta em caso de cumprimento.

Se a medida socioeducativa foi acordada em sede de remissão e houve a suspensão do procedimento de apuração de ato infracional, o juízo da execução comunicará ao juízo do processo de conhecimento sobre o cumprimento da medida, para fins de extinção daquele.

Caso o adolescente não seja localizado para iniciar o cumprimento da medida acordada em **remissão**, o processo de execução de medida socioeducativa será devolvido ao juízo de origem (local da ação ou omissão – art. 147, § 1º, do ECA), para prosseguimento do processo de conhecimento do ato infracional ou oferecimento de representação, em caso de remissão extraprocessual[699].

Por outro lado, tratando-se de **execução de medida socioeducativa definitiva**, excluídas as hipóteses de remissão processual ou extraprocessual, ainda que o adolescente não seja localizado pelo juízo delegado no endereço fornecido nos autos (local de residência de seus genitores ou responsável), o processo de execução continuará neste juízo, salvo se sobrevier novo endereço do adolescente em juízo diverso, o que demandará nova remessa dos autos (art. 12 da Resolução).

A permanência do processo de execução no juízo delegado se justifica porque ele pode determinar a regressão do adolescente para medida mais gravosa. Sobre o tema, oportuna a transcrição do trecho do voto da Relatora, Ministra Laurita Vaz, do STJ, no julgamento do CC 160.215/GO:

> Ao contrário do que ocorre com a execução de medidas socioeducativas definitivas, relativamente às quais o Juízo competente para a execução, mesmo que no exercício de competência delegada (art. 147, § 2º, do ECA), pode, preenchidos os requisitos, determinar a regressão do adolescente para medida mais gravosa, o descumprimento de eventual condição de remissão imprópria implica a necessidade de se avaliar a conveniência, ou não, de dar prosseguimento à apuração do ato infracional.
>
> Sendo assim, em caso de remissão imprópria, ainda que o único endereço presente nos autos indique que o infrator reside em outra Comarca, a delegação a que se refere o art. 147, § 2º, do ECA não prevalece sobre a competência do Juízo do local dos fatos quando o adolescente nem sequer é localizado para dar início à execução da medida[700].

---

[699] STJ, CC 166.959/DF, Rel. Min. Sebastião Reis Júnior, j. 07.08.2019; CC 160.215/GO, 3ª S., Rel. Min. Laurita Vaz, *DJe* 09.10.2018.

[700] CC 160.215/GO, 3ª S., Rel. Min. Laurita Vaz, *DJe* 09.10.2018.

2.15.5.4 *Infração cometida por rádio e televisão*

O art. 147, § 3º, prevê que, se a infração administrativa dos arts. 247 ou 254 for cometida por meio de transmissão simultânea de rádio ou televisão, que atinja mais de uma comarca, será competente, para aplicação da penalidade, a autoridade judiciária do local da sede estadual da emissora ou rede, tendo a sentença eficácia para todas as transmissoras ou retransmissoras do respectivo Estado.

2.15.6 Competência disciplinar (art. 149)

2.15.6.1 *Portaria e alvará*

O ECA garante o direito da criança ou adolescente de divertir-se (art. 16, IV). Entretanto, em determinados eventos, o art. 149 possibilita à autoridade judiciária a competência disciplinar, que poderá ser realizada mediante portaria ou alvará.

A **portaria** é ato administrativo que regulamenta determinado assunto sobre entrada e permanência ou participação de crianças ou adolescentes em diversões públicas ou certos eventos (art. 149, I e II).

Há posicionamento que entende que não é possível a edição de portarias pela autoridade judiciária, por ser inconstitucional o poder disciplinar conferido no art. 149[701]. Todavia, a doutrina majoritária e o STJ admitem portaria judicial para disciplinar as hipóteses legais dos incisos I e II do art. 149.

Sobre a necessidade de procedimento judicial para a edição de portaria, há duas posições doutrinárias:

1) a primeira corrente defende que há imprescindibilidade de procedimento judicial, observando-se os arts. 152 e 153, a fim de garantir o contraditório e ampla defesa dos interessados, havendo a participação do Ministério Público[702];
2) a segunda corrente sustenta que, para a edição de portaria, não há necessidade de procedimento específico e de provocação, haja vista que a autoridade judiciária exerce função típica de natureza administrativa e não jurisdicional, sendo o seu conteúdo restrito à lei[703]. Esta é a nossa posição, mas entendemos que o Ministério Público tem legitimidade para iniciar procedimento para disciplinar determinado evento, caso não o faça a autoridade judiciária.

A portaria somente será editada para disciplinar as hipóteses dos incisos I e II do art. 149 (rol taxativo) e tampouco poderá contrariar dispositivo legal.

A edição de portaria deverá ser fundamentada, caso a caso, vedada a determinação de caráter geral, sob pena de nulidade (art. 149, § 2º)[704].

---

[701] NUCCI, Guilherme de Souza. *Estatuto da Criança e do Adolescente comentado*: em busca da Constituição Federal das crianças e dos adolescentes. 3. ed. rev., atual. e ampl. Rio de Janeiro: Forense, 2016, p. 577.

[702] Nesse sentido: DIGIÁCOMO, Murilo José; DIGIÁCOMO, Ildeara de Amorim. *Estatuto da Criança e do Adolescente anotado e interpretado*. 6. ed. Curitiba: Ministério Público do Estado do Paraná. Centro de Apoio Operacional das Promotorias da Criança e do Adolescente, 2013, p. 239; MARÇURA, Jurandir Norberto; MUNIR, Cury; PAULA, Paulo Afonso Garrido de. *Estatuto da Criança e do Adolescente anotado*. 2. ed. rev. e atual. São Paulo: Editora Revista dos Tribunais, 2000, p. 134.

[703] Nesse sentido: SANTOS, Ângela Maria Silveira dos. Procedimento de portaria e de expedição de alvará. In: MACIEL, Kátia Regina Ferreira Lobo Andrade (coord.). *Curso de direito da criança e do adolescente*: aspectos teóricos e práticos. 8. ed. rev. e atual. São Paulo: Saraiva: 2016, p. 951; NOGUEIRA, Paulo Lúcio. *Estatuto da Criança e do Adolescente comentado*: Lei n. 8.069, de 13 de julho de 1990. 4. ed., aum. e atual. São Paulo: Saraiva, 1998, p. 259.

[704] STJ, REsp 1.292.143/SP, 1ª T., Rel. Min. Teori Albino Zavascki, *DJe* 07.08.2012.

Diferentemente dispunha o art. 8º do revogado Código de Menores de 1979, que permitia que a autoridade judiciária editasse portaria de ordem geral[705].

Dessa forma, na vigência do ECA, o **toque de recolher**, que é decorrente de portaria da Justiça da Infância e Juventude e tem por objetivo a restrição do direito de permanência e locomoção de crianças e adolescentes em ruas e logradouros públicos desacompanhados dos pais ou responsável, por se tratar de ato genérico, abstrato e sem fundamentação, é ilegal, segundo pacífica jurisprudência do STJ[706].

Noutro giro, o **alvará** é ato administrativo que concede uma autorização específica para alguém. Exemplo: organizador de um evento festivo ingressa com pedido de alvará judicial para permitir o ingresso de crianças ou adolescentes, desacompanhados dos pais ou responsável.

Para a edição de portaria ou alvará, a autoridade judiciária levará em conta, *dentre outros fatores*: os princípios do ECA, as peculiaridades locais, a existência de instalações adequadas, o tipo de frequência habitual ao local, a adequação do ambiente, a eventual participação ou frequência de crianças e adolescentes e a natureza do espetáculo (art. 149, § 1º).

O descumprimento do alvará, da portaria ou dos incisos I e II do art. 149, implica infração administrativa descrita no art. 258.

Será cabível recurso de **apelação** das decisões que editam portaria ou concedem alvará (art. 199). No mesmo sentido, o STJ já decidiu que contra edição de portaria não cabe mandado de segurança, pois há previsão de recurso específico[707].

2.15.6.2 *Hipóteses*

O *caput* do art. 149 é composto de dois incisos que cuidam:

1) da entrada e permanência de criança ou adolescente, desacompanhado dos pais ou responsável, em estádio, ginásio, campo desportivo, bailes ou promoções dançantes, boate ou congênere, casa que explore comercialmente diversões eletrônicas, estúdios cinematográficos, de teatro, rádio e televisão (inciso I).

Por esse dispositivo, tem-se que, se o infante estiver acompanhado de um dos genitores ou do responsável, não há necessidade de portaria ou alvará judicial, posto que o dever de guarda e de cuidado compete aos pais, salvo se o evento proibir a entrada de menores de 18 (dezoito) anos.

No caso concreto, a autoridade judiciária, por exemplo, poderá editar portaria ou conceder alvará para proibir a entrada de criança ou adolescente em evento *open bar*, ainda que acompanhado dos pais ou responsável[708].

2) da participação de criança e adolescente em espetáculos públicos e seus ensaios, e certames de beleza (inciso II). Neste inciso, há necessidade de portaria ou alvará judicial para participação da criança e adolescente em espetáculo e seus ensaios, o que não se confunde com a condição de espectador do infante, tratada no inciso anterior, que não necessita de alvará ou portaria, se estiver acompanhado dos pais ou responsável.

Por espetáculo público entende-se peças teatrais, espetáculos circenses, shows musicais etc. Também engloba programa televisivo, havendo necessidade de portaria ou alvará se houver

---

705 Art. 8º do Código de Menores de 1979: "A autoridade judiciária, além das medidas especiais previstas nesta Lei, poderá, através de portaria ou provimento, determinar outras de ordem geral, que, ao seu prudente arbítrio, se demonstrarem necessárias à assistência, proteção e vigilância ao menor, respondendo por abuso ou desvio de poder".

706 HC 251.225/MS, 1ª T., Rel. Min. Arnaldo Esteves Lima, *DJe* 22.11.2012; HC 207.720/SP, 2ª T., Rel. Min. Herman Benjamin, *DJe* 23.02.2012.

707 RMS 8.563/MA, 3ª T., Rel. Min. Carlos Alberto Menezes Direito, *DJ* 06.11.2000.

708 TJMG, Apelação cível 1.0042.14.000834-5/001, 5ª Câmara Cível, Rel. Des. Áurea Brasil, p. 29.11.2016.

a participação de criança ou adolescente, ainda que na condição de figurante[709], mesmo se presentes os pais ou responsável[710].

Caso se trate de adolescente que participe em espetáculos públicos de forma rotineira e em mais de uma comarca a competência para a apreciação do pedido de alvará judicial será a do local de seu domicílio (art. 147 do ECA), e não haverá a necessidade de formulação de alvará em cada comarca de apresentação, cabendo ao juízo imediato (de seu domicílio) fixar as balizas mínimas do deferimento, garantindo-se a fixação de critérios uniformes. Não se admite, todavia, o deferimento de autorização judicial ampla, geral e irrestrita, até que o adolescente atinja a maioridade, conforme vedado pelo § 2º do art. 149 do ECA[711].

Após discussão acerca da competência da Justiça do Trabalho ou da Infância e Juventude para julgamento do pedido de **autorização judicial para participação de crianças e adolescentes em representações artísticas**, na **ADI 5.326**, o STF, por maioria, referendou medida cautelar deferida para assentar a **competência da Justiça da Infância e Juventude**[712].

2.15.7 Serviços auxiliares

Os arts. 150 e 151 disciplinam os serviços auxiliares da equipe interprofissional, que tem por finalidade assessorar a Justiça da Infância e Juventude, mediante laudos, ou verbalmente em audiência, bem como desenvolver trabalhos de aconselhamento, orientação, encaminhamento, prevenção e outros, sob supervisão da autoridade judiciária, assegurada a livre manifestação do ponto de vista técnico.

A Lei 13.509/2017 incluiu o parágrafo único ao art. 151 para estabelecer que, na *ausência ou insuficiência de servidores* públicos integrantes do Poder Judiciário responsáveis pela realização dos estudos psicossociais ou de quaisquer outras espécies de avaliações técnicas exigidas pelo ECA ou por determinação judicial, a autoridade judiciária poderá proceder à nomeação de perito, nos termos do art. 156 do CPC.

Assim, com o fim de garantir o cumprimento dos prazos de encerramento dos procedimentos, se o quadro técnico do Poder Judiciário estiver com acúmulo de serviço, há a possibilidade de ser nomeado perito pela autoridade judiciária, tudo com a finalidade de melhor garantir os interesses do infante.

A criação, a forma de composição e a manutenção da equipe interprofissional competem ao Poder Judiciário de cada Estado, conforme elaboração de sua proposta orçamentária. O ECA não estabelece quais profissionais devem compor a equipe interprofissional, mas recomenda-se ter em sua estrutura: psicólogo, assistente social, pedagogo e médico psiquiatra[713].

2.15.8 Ministério Público

2.15.8.1 Atribuições

O art. 200 preceitua: "As funções do Ministério Público previstas nesta Lei serão exercidas nos termos da respectiva lei orgânica". No caso, a Lei Orgânica Nacional do Ministério Público é a Lei 8.625/1993 e cada Estado também possui a sua própria.

---

709 STJ, AgRg no Ag 702.704/RJ, 2ª T., Rel. Min. João Otávio de Noronha, *DJ* 13.02.2006. No mesmo sentido: AgInt no REsp 1.973.063/SP, 2ª T., Rel. Min. Mauro Campbell Marques, *DJe* 05.05.2022.

710 STJ, AgRg no REsp 621.224/RJ, 1ª T., Rel. Min. Denise Arruda, *DJ* 30.04.2007; AgRg no Ag 663.273/RJ, 2ª T., Rel. Min. Humberto Martins, *DJ* 17.10.2006; AgRg no Ag 545.737/RJ, 1ª T., Rel. Min. Teori Albino Zavascki, *DJ* 28.03.2005.

711 STJ, REsp 1.947.740/PR, 3ª T., Rel. Min. Nancy Andrighi, *DJe* 08.10.2021.

712 ADI 5.326 MC/DF, Tribunal Pleno, Rel. Min. Marco Aurélio, j. 27.09.2018.

713 No mesmo sentido: FIGUEIRÊDO, Luiz Carlos de Barros. *Guarda – Estatuto da Criança e do Adolescente*. 1. ed., 6. reimpr. Curitiba: Juruá, 2011, p. 43.

Embora a redação legal estabeleça que as funções serão exercidas nos termos da respectiva norma, em verdade, o substrato para atuação do Ministério Público encontra-se nos arts. 127 e 129 da CF.

Por seu turno, o art. 201 do ECA elenca, em seus incisos, **atribuições judiciais e extrajudiciais** do Ministério Público perante a Justiça da Infância e Juventude, quais sejam:

a) conceder a remissão como forma de exclusão do processo (inciso I): o art. 126 possibilita ao Ministério Público, antes de iniciado o procedimento judicial para apuração de ato infracional, a concessão de remissão como forma de exclusão do processo.

b) promover e acompanhar os procedimentos relativos às infrações atribuídas a adolescentes (inciso II): o Ministério Público tem **iniciativa exclusiva** para propositura de representação por ato infracional para imposição de medida socioeducativa (art. 180, III), seja este análogo a crime de ação penal privada ou ação penal pública condicionada à representação[714]. Além disso, o Ministério Público deve acompanhar todos os incidentes da execução da medida socioeducativa.

c) promover e acompanhar as ações de alimentos e os procedimentos de suspensão e destituição do poder familiar, nomeação e remoção de tutores, curadores e guardiães, bem como oficiar em todos os demais procedimentos da competência da Justiça da Infância e da Juventude (inciso III): quanto às ações de alimentos, a legitimidade do Ministério Público independe do exercício do poder familiar dos pais, ou de o menor se encontrar em situação de risco, da existência e eficiência da Defensoria Pública na comarca, conforme **Súmula 594 do STJ** e julgamento sob o rito de recurso repetitivo[715].

Embora o inciso apenas mencione "ações de alimentos", o STJ já decidiu que o Ministério Público também possui legitimidade para a sua execução[716].

Quando o MP for o autor da ação de suspensão e destituição do poder familiar, nomeação e remoção de tutores, curadores e guardiães, ele já resguardada os interesses da criança e do adolescente, de forma que não há necessidade de nomeação de curador especial ao infante[717].

A competência somente será da Justiça da Infância e Juventude caso a criança ou adolescente esteja em situação de risco (art. 148, parágrafo único, *a*, *b* e *g*).

O ECA silenciou quanto à possibilidade de o Ministério Público figurar como **autor da ação de adoção**, existindo dois posicionamentos doutrinários:

1) o primeiro entende que o órgão ministerial não possui legitimidade para ajuizar ação de adoção, tendo em vista que "o conflito ali gerado supõe sua participação apenas como fiscal da lei"[718]. Ademais, **a ação de adoção é personalíssima**, de maneira que tão somente os pretendentes podem fazê-lo, após a destituição do poder familiar dos genitores da criança ou adolescente, inexistindo necessidade de advogado para sua postulação (art. 166, *caput*)[719];

2) o segundo afirma que o Ministério Público está legitimado a ajuizar ação de destituição ou suspensão do poder familiar, não lhe podendo negar legitimidade para ação de adoção, que beneficiará diretamente o infante[720].

---

714 STJ, HC 160.292/MG, 5ª T., Rel. Min. Jorge Mussi, *DJe* 02.06.2011; RHC 15.617/GO, 6ª T., Rel. Min. Paulo Medina, *DJ* 20.06.2005.

715 Tema 717 no REsp 1.327.471/MT, 2ª S., Rel. Min. Luís Felipe Salomão, *DJe* 04.09.2014.

716 REsp 510.969/PR, 3ª T., Rel. Min. Nancy Andrighi, *DJ* 06.03.2006.

717 STJ, AgRg no REsp 1.497.113/RJ, 3ª T., Rel. Min. João Otávio de Noronha, *DJe* 11.06.2015; AgRg no REsp 1.416.820/RJ, 4ª T., Rel. Min. Maria Isabel Gallotti, *DJe* 05.02.2015.

718 Nesse sentido: LIBERATI, Wilson Donizeti. *Comentários ao Estatuto da Criança e do Adolescente*. 12. ed. São Paulo: Malheiros Editores, 2015, p. 255.

719 Nesse sentido: DIGIÁCOMO, Murilo José; DIGIÁCOMO, Ildeara de Amorim. *Estatuto da Criança e do Adolescente anotado e interpretado*. 6. ed. Curitiba: Ministério Público do Estado do Paraná. Centro de Apoio Operacional das Promotorias da Criança e do Adolescente, 2013, p. 301.

720 Nesse sentido: FONSECA, Antônio Cézar Lima da. *Direitos da criança e do adolescente*. 3. ed. São Paulo: Atlas, 2015, p. 196.

d) promover, de ofício ou por solicitação dos interessados, a especialização e a inscrição de hipoteca legal e a prestação de contas dos tutores, curadores e quaisquer administradores de bens de crianças e adolescentes nas hipóteses do art. 98 (inciso IV): o Código Civil de 2002 extinguiu a figura da especialização de hipoteca legal dos tutores e curadores, sendo substituída pela caução (art. 1.745)[721]. O atual CPC substituiu a expressão "ação de prestação de contas" por "ação de exigir contas" (art. 550 e ss.).

A competência somente será da Justiça da Infância e Juventude se envolver criança ou adolescente em situação de risco.

e) promover o inquérito civil e a ação civil pública para a proteção dos interesses individuais, difusos ou coletivos relativos à infância e à adolescência, inclusive os definidos no art. 220, § 3º, II, da Constituição Federal (inciso V): o inquérito civil , conforme definido pelo ECA, é o instrumento de titularidade exclusiva do Ministério Público e tem por finalidade a coleta de elementos para analisar a necessidade de providências para a proteção de interesses individuais, difusos ou coletivos. Embora o inquérito civil conste como o meio adequado para a proteção de interesses individuais, a Resolução 174/2017 do CNMP preceitua que o procedimento administrativo é o instrumento próprio para apurar fato que enseje a tutela desses interesses (art. 8º, III).

A instauração do inquérito civil é prescindível, caso o órgão ministerial disponha dos elementos necessários para a proteção dos direitos supostamente violados.

Após o término das investigações, podem ser adotadas as seguintes posturas: **(a)** expedição de recomendação; **(b)** celebração de termo de ajustamento de conduta; **(c)** propositura de ação civil pública ou outra ação; e **(d)** promoção de arquivamento perante o Conselho Superior do Ministério Público (Ministério Público Estadual) ou Câmara de Revisão (Ministério Público Federal).

O ECA legitima expressamente o Ministério Público a promover inquérito civil e ação civil pública em face de programas ou programações de rádio e televisão que contrariem o disposto no art. 221, em especial aos valores éticos e sociais da pessoa e da família, bem como da propaganda de produtos, práticas e serviços que possam ser nocivos à saúde e ao meio ambiente (art. 220, § 3º, II, da CF).

No campo da ação para proteção de interesse individual, o Ministério Público não poderá ajuizar ação de interesse estritamente individual que não seja fundamental e indisponível da criança ou adolescente, como, por exemplo, ação de cobrança de crédito, uma vez que esta deve ser proposta pelo representante legal do infante[722].

Assim, o limite de atuação do Ministério Público encontra-se no objeto da ação que verse sobre direito individual indisponível e se alinhe à função institucional do órgão.

Inclusive, em recentes precedentes, o STJ[723] e o STF[724] reconheceram que o Ministério Público é parte legítima para o ajuizamento de ação civil pública que tenha por objeto o fornecimento de medicamentos a beneficiários determinados que sejam portadores de doença.

---

721 Art. 1.745 do CC: "Os bens do menor serão entregues ao tutor mediante termo especificado deles e seus valores, ainda que os pais o tenham dispensado. Parágrafo único. Se o patrimônio do menor for de valor considerável, poderá o juiz condicionar o exercício da tutela à prestação de caução bastante, podendo dispensá-la se o tutor for de reconhecida idoneidade".

722 Nesse sentido: MAZZILLI, Hugo Nigro. Comentários ao art. 201. In: CURY, Munir (org.). *Estatuto da Criança e do Adolescente comentado. Comentários jurídicos e sociais.* 11. ed. São Paulo: Malheiros Editores. 2010, p. 946.

723 REsp 1.681.690/SP, 1ª S., Rel. Min. Og Fernandes, *DJe* 03.05.2018, sendo firmada a seguinte tese: "O Ministério Público é parte legítima para pleitear tratamento médico ou entrega de medicamentos nas demandas de saúde propostas contra os entes federativos, mesmo quando se tratar de feitos contendo beneficiários individualizados, porque se trata de direitos individuais indisponíveis, na forma do art. 1º da Lei n. 8.625/1993 (Lei Orgânica Nacional do Ministério Público)".

724 RE 605.533/MG, Tribunal Pleno, Rel. Min. Marco Aurélio, j. 15.08.2018, sendo aprovada a seguinte tese: "O Ministério Público é parte legítima para ajuizamento de ação civil pública que vise o fornecimento de remédios a portadores de certa doença".

f) instaurar procedimentos administrativos e, para instruí-los: (**a**) expedir notificações para colher depoimentos ou esclarecimentos e, em caso de não comparecimento injustificado, requisitar condução coercitiva, inclusive pela polícia civil ou militar; (**b**) requisitar informações, exames, perícias e documentos de autoridades municipais, estaduais e federais, da administração direta ou indireta, bem como promover inspeções e diligências investigatórias; (**c**) requisitar informações e documentos a particulares e instituições privadas: no inciso anterior, o legislador utilizou a expressão "inquérito civil". Neste mencionou "procedimentos administrativos".

Tecnicamente, o CNMP editou a Resolução 174, de 4 de julho de 2017, que, em seu art. 8º, destina o procedimento administrativo para acompanhar o cumprimento das cláusulas de termo de ajustamento de conduta celebrado; acompanhar e fiscalizar, de forma continuada, políticas públicas ou instituições; apurar fato que enseje a tutela de interesses individuais indisponíveis; e embasar outras atividades não sujeitas a inquérito civil.

O procedimento administrativo será instaurado por portaria sucinta, com delimitação de seu objeto, aplicando-se, no que couber, o princípio da publicidade dos atos, previsto para o inquérito civil (art. 9º da Resolução).

No âmbito do ECA, o procedimento administrativo será, em regra, utilizado para tutelar interesse individual indisponível (vaga em escola, professor de apoio à inclusão, saúde etc.).

g) instaurar sindicâncias, requisitar diligências investigatórias e determinar a instauração de inquérito policial, para apuração de ilícitos ou infrações às normas de proteção à infância e à juventude (inciso VII): baseado neste inciso, o STF já admitiu a instauração de sindicância pelo Ministério Público para apurar crime sexual praticado contra criança ou adolescente[725].

Atualmente, o nome dado ao auto extrajudicial instaurado no âmbito do Ministério Público para apurar crime é *procedimento de investigação criminal – PIC*, disciplinado pela Resolução 181/2017 do CNMP.

O Ministério Público também pode requisitar a instauração de inquérito policial para apuração de crimes ou contravenções. Tal previsão encontra respaldo no art. 129, VIII, da CF.

h) zelar pelo efetivo respeito aos direitos e garantias legais assegurados às crianças e adolescentes, promovendo as medidas judiciais e extrajudiciais cabíveis (inciso VIII): quando houver violação de direito e garantia da criança ou do adolescente, o Ministério Público promoverá todas as medidas judiciais e extrajudiciais cabíveis, podendo: (**a**) reduzir a termo declarações do reclamante, instaurando o competente procedimento; (**b**) entender-se diretamente com a pessoa ou autoridade reclamada; e (**c**) efetuar recomendações visando à melhoria dos serviços públicos e de relevância afetos à criança ou adolescente, fixando prazo razoável para sua perfeita adequação (art. 201, § 5º).

A Resolução 164/2017 do CNMP disciplina a expedição de recomendações pelo Ministério Público, a qual somente pode ser efetivada no curso de inquérito civil, procedimento administrativo ou procedimento preparatório (art. 3º, *caput*). Portanto, não há possibilidade de recomendação sem a existência de procedimento em trâmite no Ministério Público.

i) impetrar mandado de segurança, de injunção e habeas corpus, em qualquer juízo, instância ou tribunal, na defesa dos interesses sociais e individuais indisponíveis afetos à criança e ao adolescente (inciso IX): nota-se que o legislador legitimou o Ministério Público para a defesa de interesses sociais e individuais indisponíveis da criança ou adolescente.

---

[725] HC 96.617, 1ª T., Rel. Min. Ricardo Lewandowski, *DJe* 13.12.2010; HC 82.865, 2ª T., Rel. Min. Nelson Jobim, *DJ* 30.04.2004.

O STJ já reconheceu esta legitimidade para impetração de mandado de segurança/ação civil pública para fornecimento de medicamento[726], vaga em creche[727], exame de supletivo[728] e fornecimento de histórico escolar de estabelecimento de ensino particular[729].

Todas essas ações são da competência exclusiva da Justiça da Infância e Juventude, independentemente da situação de risco da criança ou adolescente (art. 148, IV).

j) representar ao juízo visando à aplicação de penalidade por infrações cometidas contra as normas de proteção à infância e à juventude, sem prejuízo da promoção da responsabilidade civil e penal do infrator, quando cabível (inciso X): as infrações administrativas estão previstas nos arts. 245 ao 258-C e o seu procedimento é o descrito nos arts. 194 e ss. Um mesmo fato pode ensejar a representação por infração administrativa, ação civil pública e denúncia por prática de crime.

k) inspecionar as entidades públicas e particulares de atendimento e os programas de que trata esta Lei, adotando de pronto as medidas administrativas ou judiciais necessárias à remoção de irregularidades porventura verificadas (inciso XI): o art. 95 legitima o Ministério Público, a autoridade judiciária e o Conselho Tutelar para realizar a fiscalização das entidades de atendimento governamentais e não governamentais descritas no art. 90 do mesmo diploma.

As Resoluções 67/2011 e 71/2011 do CNMP determinam a inspeção pelo representante do Ministério Público nas unidades para cumprimento de medidas socioeducativas de internação e de semiliberdade, e dos serviços de acolhimento institucional e programas de acolhimento familiar, podendo adotar medidas administrativas ou judiciais para a remoção de irregularidades eventualmente encontradas.

Já a Resolução 204/2019 do CNMP dispõe sobre a fiscalização pelo MP dos programas municipais de atendimento para a execução das medidas socioeducativas em meio aberto, impondo a inspeção com periodicidade, no mínimo anual.

Poderá, também, o membro do MP, mediante ação judicial, representar em desfavor do dirigente da entidade e da própria entidade[730], bem como ajuizar ação civil pública.

l) requisitar força policial, bem como a colaboração dos serviços médicos, hospitalares, educacionais e de assistência social, públicos ou privados, para o desempenho de suas atribuições (inciso XII): no desempenho de suas atribuições, o ECA permite que o Ministério Público requisite força policial para efetuar condução coercitiva, garantir acesso a lugar onde se encontre criança ou adolescente, inspecionar entidades de atendimento etc. O presente inciso também admite a requisição de colaboração de serviços médicos, hospitalares, educacionais e de assistência social para essa finalidade.

m) intervir, quando não for parte, nas causas cíveis e criminais decorrentes de violência doméstica e familiar contra a criança e o adolescente (inciso XIII): tal previsão, incluída pela Lei 14.344/2022, todavia, mostrava-se prescindível, pois, no âmbito cível, envolve-se criança ou adolescente, já é obrigatória a intervenção do MP (art. 178, I, do CPC) e, do mesmo modo, no âmbito criminal, ainda que seja de ação penal privada (art. 45 do CPP).

A legitimação do Ministério Público para as ações cíveis previstas nestes incisos não impede a de terceiros, conforme determina a CF e as leis (art. 201, § 1º).

---

726 REsp 1.486.219/MG, 2ª T., Rel. Min. Herman Benjamin, *DJe* 04.12.2014; REsp 948.944/SP, 1ª T., Rel. Min. José Delgado, *DJe* 21.05.2008.

727 AREsp 817.723/MG, Rel. Min. Herman Benjamin, p. 10.02.2016; REsp 440.502/SP, 2ª T., Rel. Min. Herman Benjamin, *DJe* 24.09.2010.

728 REsp 1.231.489/SE, 2ª T., Rel. Min. Eliana Calmon, *DJe* 19.06.2013; REsp 1.201.623/SE, 2ª T., Rel. Min. Mauro Campbell Marques, *DJe* 13.04.2011.

729 REsp 167.541/GO, 3ª T., Rel. Min. Antônio de Pádua Ribeiro, *DJ* 19.12.2003; REsp 208.872/GO, 3ª T., Rel. Min. Waldemar Zveiter, *DJ* 09.04.2001.

730 O "procedimento de apuração de irregularidades em entidades de atendimento" será analisado no item 2.16.5.

O **rol de atribuições do art. 201 não é taxativo**, tanto que o seu § 2º preceitua: "As atribuições constantes deste artigo não excluem outras, desde que compatíveis com a finalidade do Ministério Público". Como exemplos, podemos citar: art. 260, § 4º, do ECA e arts. 13 e 14 da Lei do Sinase.

Para possibilitar o exercício de suas atribuições, o representante do Ministério Público, no exercício de suas funções, tem acesso a todo e qualquer local que se encontre criança ou adolescente (art. 201, § 3º). Nas hipóteses legais de sigilo, caso este use indevidamente as informações e documentos que requisitar, será responsabilizado civil, administrativa e penalmente, conforme o caso (art. 201, § 4º).

2.15.8.2 *Fiscal da ordem jurídica*

Quando o Ministério Público não figurar como parte nos processos e procedimentos na defesa dos direitos e interesses tratados no ECA, atuará obrigatoriamente como fiscal da ordem jurídica, tendo vista dos autos depois das partes, podendo juntar documentos, requerer diligências e interpor os recursos cabíveis (art. 202).

O ECA não dispõe especificamente quanto ao prazo para manifestação do Ministério Público nesta atuação, de forma que, como regra geral, este será de 30 (trinta) dias (arts. 152 do ECA c. c. art. 178, *caput*, do CPC), salvo quando houver outro previsto para manifestação, tais como nos arts. 101, §§ 8º e 10, 161, 168, 194, 196 e 197-B, todos do ECA.

Por outro lado, o art. 204 preceitua: "A falta de intervenção do Ministério Público acarreta a nulidade do feito, que será declarada de ofício pelo juiz ou a requerimento de qualquer interessado". Esta também era a previsão do art. 246, *caput*, do CPC/1973: "É nulo o processo, quando o Ministério Público não for intimado a acompanhar o feito em que deva intervir".

Da interpretação literal desses dispositivos infere-se que a ausência de intervenção do Ministério Público acarreta a nulidade do feito, independentemente de prejuízo.

Contudo, o CPC/2015, em seu art. 279, § 2º, verbera: "A nulidade só pode ser decretada após a intimação do Ministério Público, que se manifestará sobre a existência ou a inexistência de prejuízo". Assim, a simples ausência de intervenção do Ministério Público não gera nulidade do feito se não houver prejuízo. A propósito, mesmo na vigência do CPC/1973, este era o posicionamento do STJ[731].

O Ministério Público, seja como parte ou fiscal da ordem jurídica, sempre será intimado pessoalmente (art. 203), fundamentando suas manifestações (art. 205).

O início do cômputo do prazo para a manifestação ou fluência de prazo recursal ocorre com a *entrada dos autos no Ministério Público*, sendo irrelevante a data de aposição da ciência pelo seu representante[732].

2.15.9 Advogado

O art. 133 da CF estabelece: "O advogado é indispensável à administração da justiça, sendo inviolável por seus atos e manifestações no exercício da profissão, nos limites da lei".

Assim, o art. 206 do ECA prevê que a criança ou o adolescente, seus pais ou responsável, e qualquer pessoa que tenha legítimo interesse na solução da lide, poderão intervir nos procedimentos de que trata o referido diploma, por intermédio de advogado, o qual será intimado

---

731 REsp 1.101.324/RJ, 4ª T., Rel. Min. Antonio Carlos Ferreira, *DJe* 12.11.2015; REsp 1.496.695/SP, 2ª T., Rel. Min. Mauro Campbell Marques, *DJe* 30.06.2015; AgRg na PET no REsp 1.066.996/DF, 6ª T., Rel. Min. Nefi Cordeiro, *DJe* 11.05.2015.

732 STJ, AgRg no AREsp 182.528/DF, 5ª T., Rel. Min. Ribeiro Dantas, *DJe* 19.12.2016; AgRg nos EDcl no REsp 1.420.425/SC, 2ª T., Rel. Min. Humberto Martins, *DJe* 08.03.2016; AgRg no AREsp 418.107/MA, 2ª T., Rel. Min. Mauro Campbell Marques, *DJe* 11.12.2013.

para todos os atos do processo, pessoalmente ou via publicação oficial, desde que respeitado o segredo de justiça.

O **ECA dispensa a necessidade de advogado para alguns procedimentos**: **(a)** procedimento da colocação em família substituta (art. 166); **(b)** procedimento para autorização de viagem; **(c)** procedimento da habilitação de pretendentes à adoção.

Como regra do CPC, todos os processos são públicos. Entretanto, seu art. 189 prevê hipóteses de **segredo de justiça**, nas quais apenas o defensor constituído ou nomeado terá acesso aos autos[733].

Da mesma forma, o art. 143 do ECA dispõe: "É vedada a divulgação de atos judiciais, policiais e administrativos que digam respeito a crianças e adolescentes a que se atribua autoria de ato infracional".

Neste contexto, o advogado apenas terá acesso aos autos para o qual foi nomeado ou constituído. Portanto, se o advogado foi nomeado ou constituído para o processo de destituição do poder familiar, não terá acesso aos autos de colocação da criança ou adolescente em família substituta, salvo se peticionar e a autoridade judiciária lhe autorizar[734].

O art. 5º, LXXIV, da CF, preceitua: "o Estado prestará assistência jurídica integral e gratuita aos que comprovarem insuficiência de recursos". No mesmo sentido, é a redação do art. 206, parágrafo único, do ECA.

O **advogado dativo**, nomeado pela autoridade judiciária, por não integrar o quadro da Defensoria Pública, **não dispõe de prazo em dobro** para manifestar nos autos, na forma do art. 5º, § 5º, da Lei 1.060/1950, consoante pacífica jurisprudência do STJ e do STF[735].

Contudo, os Tribunais Superiores entendem que o advogado dativo tem direito à intimação pessoal de todos os atos do processo[736].

O art. 207 verbera: "Nenhum adolescente a quem se atribua a prática de ato infracional, ainda que ausente ou foragido, será processado sem defensor". Este artigo decorre do art. 111, III, que assegura o direito processual de defesa técnica ao adolescente infrator.

Se o adolescente não tiver defensor, a autoridade judiciária deve nomear-lhe, ressalvado o direito de, a qualquer tempo, constituir advogado de sua preferência (art. 207, § 1º).

O art. 207, § 2º, diz: "A ausência do defensor não determinará o adiamento de nenhum ato do processo, devendo o juiz nomear substituto, ainda que provisoriamente, ou para o só efeito do ato". O objetivo do legislador foi imprimir celeridade ao procedimento de apuração de ato infracional, haja vista que pode ocorrer a situação de o adolescente se encontrar internado provisoriamente.

Sobre a nomeação de defensor para audiência em continuação, há divergência na doutrina, existindo duas posições:

---

[733] Art. 189 do CPC: "Os atos processuais são públicos, todavia tramitam em segredo de justiça os processos: I – em que o exija o interesse público ou social; II – que versem sobre casamento, separação de corpos, divórcio, separação, união estável, filiação, alimentos e guarda de crianças e adolescentes; III – em que constem dados protegidos pelo direito constitucional à intimidade; IV – que versem sobre arbitragem, inclusive sobre cumprimento de carta arbitral, desde que a confidencialidade estipulada na arbitragem seja comprovada perante o juízo".

[734] Nesse sentido: LAMENZA, Francismar; MACHADO, Antônio Cláudio da Costa (org.). *Estatuto da Criança e do Adolescente interpretado*: artigo por artigo, parágrafo por parágrafo. Barueri: Manole, 2012, p. 338; NUCCI, Guilherme de Souza. *Estatuto da Criança e do Adolescente comentado*: em busca da Constituição Federal das crianças e dos adolescentes. 3. ed. rev., atual. e ampl. Rio de Janeiro: Forense, 2016, p. 731.

[735] STJ, AgInt no AREsp 963.469/SP, 3ª T., Rel. Min. Nancy Andrighi, *DJe* 24.03.2017; AgInt no AREsp 781.285/SC, 3ª T., Rel. Min. Paulo de Tarso Sanseverino, *DJe* 16.03.2017; AgRg no AREsp 947.520/SP, 6ª T., Rel. Min. Rogerio Schietti Cruz, *DJe* 19.12.2016; AgRg no AREsp 880.892/DF, 5ª T., Rel. Min. Ribeiro Dantas, *DJe* 12.12.2016. STF, ARE 970.397 AgR, 1ª T., Rel. Min. Roberto Barroso, *DJe* 16.12.2016; HC 131.198, 2ª T., Rel. Min. Gilmar Mendes, *DJe* 21.09.2016.

[736] STJ, RHC 50.739/SC, 5ª T., Rel. Min. Reynaldo Soares da Fonseca, *DJe* 05.04.2017; RHC 30.469/PA, 6ª T., Rel. Min. Vasco Della Giustina (Desembargador convocado do TJRS), *DJe* 28.11.2011. STF, ARE 814.800 AgR, 1ª T., Rel. Min. Dias Toffoli, *DJe* 17.11.2014.

1) a primeira entende que ainda que formalizada a justificativa, a autoridade judiciária poderá nomear outro defensor para o ato, com o fim de não retardar a marcha processual[737];
2) a segunda afirma que, se houver justificativa anterior ao ato, na forma do art. 265, § 2º, do CPP[738], a autoridade judiciária pode adiar a audiência, pois o defensor nomeado não teria condições de avaliar os elementos já contidos nos autos antes de seu início, o que poderia provocar prejuízos ao adolescente[739].

Concordamos com a segunda posição, pois, conforme previsão do art. 152 do ECA, no procedimento de apuração de ato infracional aplica-se subsidiariamente o CPP, o qual tem previsão específica quanto a este assunto e que foi incluída pela Lei 11.719/2008, ou seja, após a edição do ECA.

Há **dispensa da apresentação de procuração** quando se tratar de defensor dativo ou quando o defensor for indicado por ocasião de qualquer ato formal do processo, na presença do juiz (art. 207, § 3º).

O STJ não admite a habilitação de **assistente de acusação** em procedimento de apuração de ato infracional[740].

2.15.10 Defensoria Pública

O art. 134 da CF dispõe:

> **Art. 134.** A Defensoria Pública é instituição permanente, essencial à função jurisdicional do Estado, incumbindo-lhe, como expressão e instrumento do regime democrático, fundamentalmente, a orientação jurídica, a promoção dos direitos humanos e a defesa, em todos os graus, judicial e extrajudicial, dos direitos individuais e coletivos, de forma integral e gratuita, aos necessitados, na forma do inciso LXXIV do art. 5º desta Constituição Federal.

Se houver Defensor Público na comarca, a autoridade judiciária deve nomeá-lo ao necessitado que não tiver condições de constituir um advogado. Caso inexista, o juiz nomeará defensor dativo.

O art. 4º, XI, da LC 80/1994, prevê como função institucional da Defensoria Pública: "exercer a defesa dos interesses individuais e coletivos da criança e do adolescente".

A inclusão da Defensoria Pública na lide na condição de *custos vulnerabilis* (guardiã dos vulneráveis) somente se justifica se houver necessidade de defesa da criança ou adolescente e somente quando chamada ao feito pelo juízo da Vara da Infância e Juventude, desde que vislumbrada tal necessidade. Dessa forma, o STJ já decidiu que, quando o MP propõe medida protetiva em favor de adolescente em situação de risco, não se justifica a inclusão da Defensoria na qualidade de *custos vulnerabilis*, sob pena de violação ao princípio da intervenção mínima previsto no art. 100, parágrafo único, VII, do ECA[741].

---

737 Nesse sentido: BORDALLO, Galdino Augusto Coelho. O advogado. In: MACIEL, Kátia Regina Ferreira Lobo Andrade (coord.). *Curso de direito da criança e do adolescente*: aspectos teóricos e práticos. 9. ed. rev. e atual. São Paulo: Saraiva, 2016, p. 601; LAMENZA, Francismar; MACHADO, Antônio Cláudio da Costa (org.). *Estatuto da Criança e do Adolescente interpretado*: artigo por artigo, parágrafo por parágrafo. Barueri: Manole, 2012, p. 340.

738 Art. 265, § 2º, do CPP: "Incumbe ao defensor provar o impedimento até a abertura da audiência. Não o fazendo, o juiz não determinará o adiamento de ato algum do processo, devendo nomear defensor substituto, ainda que provisoriamente ou só para o efeito do ato".

739 Nesse sentido: ISHIDA, Válter Kenji. *Estatuto da Criança e do Adolescente*: doutrina e jurisprudência. 17. ed. rev., ampl. e atual. Salvador: JusPodivm, 2016, p. 638; COSTA, Tarcísio José Martins. *Estatuto da Criança e do Adolescente comentado*. Belo Horizonte: Del Rey, 2004, p. 396.

740 Para uma melhor análise do tema "assistente de acusação", v. item 2.17.4.8.

741 AgInt no REsp 2.051.144/RJ, 3ª T., Rel. Min. Ricardo Villas Bôas Cueva, *DJe* 11.04.2024; AgInt no AREsp 2.033.871/MS, 3ª T., Rel. Min. Marco Aurélio Bellizze, *DJe* 08.06.2022; AgInt no AREsp 1.819.420/MS, 4ª T., Rel. Min. Raul Araújo, *DJe* 02.12.2021.

O STF, em repercussão geral, no julgamento do RE 733.433/MG, na data de 04.11.2015, aprovou a tese 607: "A Defensoria Pública tem legitimidade para a propositura de ação civil pública que vise a promover a tutela judicial de direitos difusos ou coletivos de que sejam titulares, em tese, pessoas necessitadas".

Por força do art. 128, I, da citada LC, os Defensores Públicos possuem a prerrogativa de: "receber, inclusive quando necessário, mediante entrega dos autos com vista, intimação pessoal em qualquer processo e grau de jurisdição ou instância administrativa, contando-se-lhes em dobro todos os prazos". Aliás, tal previsão também é estampada no art. 186, § 1º, do CPC.

No âmbito do ECA, a Defensoria Pública possui **prazo em dobro** para todas as suas manifestações. O § 2º do art. 152 do ECA, incluído pela Lei 13.509/2017, somente vedou prazo em dobro para o Ministério Público e a Fazenda Pública, de forma que a Defensoria Pública ainda goza de tal prerrogativa, consoante entendimento do STJ[742], embora exista entendimento no sentido de que a expressão "Fazenda Pública" inclui a Defensoria Pública[743].

2.16 PROCEDIMENTOS

2.16.1 Disposições gerais

2.16.1.1 Aplicação subsidiária da legislação processual pertinente

O art. 152, *caput*, do ECA prevê a aplicação subsidiária das normas gerais na legislação processual pertinente em seus procedimentos. Assim, nos procedimentos cíveis é aplicável subsidiariamente o CPC, enquanto no procedimento de apuração de ato infracional tem incidência subsidiária o CPP, com exceção do sistema recursal, no qual incide o CPC, por força do art. 198 do ECA.

Já o procedimento de infiltração de agentes de polícia para a investigação de crimes contra a dignidade sexual de criança e de adolescente (arts. 190-A a 190-E do ECA), embora previsto no ECA, é matéria eminentemente criminal e, portanto, a competência para a sua apreciação será do juízo com competência criminal, seguindo os meios de impugnação criminais cabíveis, não tendo incidência a sistemática recursal do Estatuto, salvo se o investigado se tratar de adolescente.

Contudo, tal previsão não significa a aplicação subsidiária de todas as normas pertinentes do CPC ou do CPP, pois há a necessidade de analisar se o ECA não disciplinou a matéria expressamente e se este é compatível com a legislação processual pertinente. Estas peculiaridades serão estudadas em cada procedimento.

2.16.1.2 Contagem dos prazos

O § 1º do art. 152 estipula a prioridade absoluta na tramitação dos processos e procedimentos previstos no ECA, bem como na execução dos atos e diligências judiciais a ele referentes, sob pena de responsabilidade.

Com o advento do CPC/2015, o prazo processual civil passou a ser contado em dias úteis (art. 219, *caput*), excluindo-se o dia do começo e incluindo o dia do vencimento (art. 224, *caput*). Segundo o art. 224, § 1º, os dias do começo e do vencimento do prazo serão protraídos para o primeiro dia útil seguinte.

---

742 REsp 2.138.845/PR, 3ª T., Rel. Min. Nancy Andrighi, *DJe* 29.08.2024; REsp 2.042.708/DF, 3ª T., Rel. Min. Marco Aurélio Bellizze, *DJe* 28.08.2023.

743 Nesse sentido: NUCCI, Guilherme de Souza. Estatuto da Criança e do Adolescente comentado: em busca da Constituição Federal das crianças e dos adolescentes. 4. ed. rev., atual. e ampl. Rio de Janeiro: Forense, 2018, p. 632.

Quanto à contagem de prazo processual penal, aplicável subsidiariamente ao procedimento de apuração de ato infracional, há a exclusão do dia inicial e a inclusão do dia do vencimento, também prorrogando-se para o primeiro dia útil (art. 798, §§ 1º e 3º do CPP).

Visando garantir celeridade e uniformidade nos procedimentos previstos no ECA, no tocante à forma de contagem dos prazos, a Lei 13.509/2017 incluiu o § 2º ao art. 152 de referido Estatuto: "Os prazos estabelecidos nesta Lei e aplicáveis aos *seus procedimentos* são contados em dias corridos, excluído o dia do começo e incluído o dia do vencimento, *vedado o prazo em dobro para a Fazenda Pública e o Ministério Público*" (grifou-se).

De início, pontue-se que tal dispositivo somente tem incidência para os prazos previstos no ECA e em seus procedimentos que lhe são próprios. Logo, estão fora do alcance dessa norma os prazos da ação civil pública, do mandado de segurança, das ações cíveis em geral etc., que ainda são contados em dias úteis.

Nesse aspecto, em recente julgado, o STJ decidiu: "Não se enquadrando a presente demanda entre os procedimentos especiais previstos no ECA, o prazo recursal a ser observado era o quinzenal, computado em dias úteis, consoante estipulado pelo Novo CPC"[744].

A contagem em dobro para a Fazenda Pública e o Ministério Público persistem para os prazos e procedimentos previstos em outras leis. Todavia, tratando-se de procedimento previsto no ECA, somente a Defensoria Pública terá prazo em dobro (art. 186 do CPC), haja vista que o legislador não a excluiu, assim como fez expressamente com o Ministério Público e a Fazenda Pública[745].

Embora se trate de previsão legal, há quem entenda que a Defensoria não dispõe de prazo em dobro[746], posição com a qual não concordamos, tendo em vista que, se essa fosse a vontade do legislador, tê-lo-ia feito expressamente. A propósito, o STJ, em recente julgado[747], confirmou que o silêncio do legislador quanto à Defensoria Pública foi proposital ao incluir o § 2º no art. 152 do ECA pela Lei 13.509/2017, mantendo, assim, a prerrogativa do prazo em dobro para esta instituição. A decisão fundamentou-se em três razões: *(i)* o grande volume de trabalho da Defensoria Pública; *(ii)* a histórica deficiência estrutural do serviço jurídico-assistencial público; e *(iii)* o princípio da indeclinabilidade das causas.

Observa-se que, apesar de o prazo processual ser contado em dias corridos, o seu início e encerramento somente podem ocorrer em dias úteis, em razão da aplicação subsidiária do CPC (art. 224, § 1º) e do CPP (art. 798, § 3º).

Por outro lado, a contagem do prazo da internação provisória, por envolver restrição de liberdade, é contado na forma da lei penal, ou seja, há inclusão do dia inicial, na forma do art. 10 do CP. Quanto ao seu término, não há prorrogação para o primeiro dia útil[748]. Contudo, a contagem dos prazos processuais do procedimento seguirá as regras acima tratadas.

2.16.1.3 *Procedimento verificatório ou pedido de providências*

O art. 153 prevê: "Se a medida judicial a ser adotada não corresponder a procedimento previsto nesta ou em outra lei, a autoridade judiciária poderá investigar os fatos e ordenar de ofício as providências necessárias, ouvido o Ministério Público".

[744] REsp 1.697.508/RS, 4ª T., Rel. Min. Luis Felipe Salomão, *DJe* 04.06.2018.

[745] No mesmo sentido: FULLER, Paulo Henrique Aranda. Estatuto da Criança e do Adolescente comentado. São Paulo: Editora Revista dos Tribunais, 2017, p. 405; ROSSATO, Luciano Xavier; LÉPORE, Paulo Eduardo; CUNHA, Rogério Sanches da. Estatuto da Criança e do Adolescente: Lei n. 8.069/90 comentado artigo por artigo. 10. ed. rev., atual. e ampl. São Paulo: Saraiva, 2018, p. 471.

[746] NUCCI, Guilherme de Souza. Estatuto da Criança e do Adolescente comentado: em busca da Constituição Federal das crianças e dos adolescentes. 4. ed. rev., atual. e ampl. Rio de Janeiro: Forense, 2018, p. 632.

[747] REsp 2.138.845/PR, 3ª T., Rel. Min. Nancy Andrighi, *DJe* 29.08.2024.

[748] Art. 10 do CP: "O dia do começo inclui-se no cômputo do prazo. Contam-se os dias, os meses e os anos pelo calendário comum".

A doutrina denomina essa situação de **procedimento verificatório** ou **pedido de providências**. O referido artigo visa estipular que a ausência de procedimento no ECA ou em outra legislação não pode tolher das partes e da autoridade judiciária a apuração de um fato que importe em lesão a direito previsto no citado diploma, bem como a adoção das providências necessárias para a garantia do direito.

Entende-se que a autoridade judiciária, ao tomar conhecimento de um fato que enseje a violação de direito de criança ou adolescente, pode, inclusive, agir de ofício, conforme pacífica jurisprudência do STJ[749].

O STJ já admitiu a utilização do procedimento do art. 153 para as seguintes situações: **(a)** o Núcleo de Perícias do Poder Judiciário realizar estudo, a pedido do Ministério Público, no intuito de constatar eventual situação de risco de criança residente em comarca desprovida de órgãos para tal finalidade[750]; **(b)** caso de criança com envolvimento com droga e evasão escolar[751]; e **(c)** para garantia de vaga em escola[752].

No tocante à vaga em escola, o STJ decidiu que o Município é obrigado a cumprir a determinação da autoridade judiciária, ainda que não seja em processo judicial contencioso, pois o "juízo da infância pode agir de ofício para demandar providência em prol dos direitos de crianças e de adolescentes"[753].

Segundo o art. 136, V, é atribuição do Conselho Tutelar encaminhar à autoridade judiciária os casos de sua competência. Por seu turno, o art. 148, *caput*, VII, determina que é competência da Justiça da Infância e Juventude conhecer de casos encaminhados pelo Conselho Tutelar.

Diante disso, o STJ entendeu possível o processamento do pedido de providências para o Município ser compelido ao fornecimento de cadeira de rodas para uma criança, após o Conselho Tutelar ter encaminhado o caso à Justiça da Infância e Juventude[754].

Por outro lado, não há necessidade de esgotamento da via administrativa pelo Conselho Tutelar ou pelo Ministério Público para dar início ao procedimento verificatório ou pedido de providências. A propósito:

> O art. 201, VI e VII, do Estatuto da Criança e do Adolescente, que atribui ao Ministério Público instaurar procedimentos administrativos e sindicâncias, podendo expedir notificações para colher depoimentos ou esclarecimentos, requisitar informações, exames, perícias, dentre outros, **tem o fito inequívoco de ampliar a proteção estatal à criança e ao adolescente, por isso não pode servir de fundamento para a recusa da prestação jurisdicional** (grifou-se)[755].

O parágrafo único do art. 153, incluído pela Lei 12.010/2009, impede a aplicação deste procedimento para o fim de afastamento da criança ou do adolescente de sua família de origem, e em outros procedimentos necessariamente contenciosos.

2.16.1.4 Multa

O art. 154 prescreve: "Aplica-se às multas o disposto no art. 214". Assim, por força do art. 214, as multas serão revertidas ao fundo do Conselho dos Direitos da Criança e do Adolescente

[749] AgRg no REsp 1.323.470/SE, 2ª T., Rel. Min. Mauro Campbell Marques, *DJe* 10.12.2012; REsp 1.308.666/MG, 4ª T., Rel. Min. Luís Felipe Salomão, *DJe* 16.10.2012; RMS 36.949/SP, 2ª T., Rel. Min. Humberto Martins, *DJe* 19.03.2012.

[750] REsp 1.318.386/SE, 3ª T., Rel. Min. João Otávio de Noronha, *DJe* 29.04.2016.

[751] AgRg no REsp 1.323.470/SE, 2ª T., Rel. Min. Mauro Campbell Marques, *DJe* 10.12.2012.

[752] RMS 36.949/SP, 2ª T., Rel. Min. Humberto Martins, *DJe* 19.03.2012.

[753] RMS 38.415/SP, 1ª T., Rel. Min. Ari Pargendler, *DJe* 03.12.2012. No mesmo sentido: RMS 36.949/SP, 2ª T., Rel. Min. Humberto Martins, *DJe* 19.03.2012.

[754] REsp 1.324.144, Rel. Min. Herman Benjamin, p. 09.05.2014.

[755] STJ, REsp 1.308.666/MG, 4ª T., Rel. Min. Luís Felipe Salomão, *DJe* 16.10.2012. No mesmo sentido, quanto ao Conselho Tutelar: AgRg no REsp 1.323.470/SE, 2ª T., Rel. Min. Mauro Campbell Marques, *DJe* 10.12.2012.

do respectivo Município. Não havendo o fundo, o dinheiro será depositado em estabelecimento oficial de crédito, em conta com correção monetária (§ 1º).

As multas que serão revertidas em favor do fundo do CMDCA são as oriundas de **infração administrativa ou por descumprimento de obrigação de fazer ou de não fazer de ação coletiva *(astreintes)***, previstas no ECA.

Caso as multas não sejam recolhidas até trinta dias após o trânsito em julgado, o Ministério Público deverá formular cumprimento de sentença, facultada igual iniciativa aos demais legitimados (§ 2º).

2.16.2 Procedimento de perda e de suspensão do poder familiar

2.16.2.1 Introdução

O procedimento da perda e da suspensão do poder familiar é disciplinado nos arts. 155 ao 163 do ECA. Já as disposições acerca do poder familiar estão previstas nos arts. 1.630 ao 1.638 do CC e art. 22 do ECA, cujas hipóteses de destituição e suspensão do poder familiar foram tratadas no item 2.4.2.2.

A ação de **suspensão** do poder familiar tem cabimento quando há *possibilidade do retorno do filho ao convívio familiar*, enquanto a de **destituição** do poder familiar é proposta quando há *inviabilidade de seu regresso.*

2.16.2.2 Petição inicial

O art. 156 diz que a petição inicial indicará:

> I - a autoridade judiciária a que for dirigida;
>
> II - o nome, o estado civil, a profissão e a residência do requerente e do requerido, dispensada a qualificação em se tratando de pedido formulado por representante do Ministério Público;
>
> III - a exposição sumária do fato e o pedido;
>
> IV - as provas que serão produzidas, oferecendo, desde logo, o rol de testemunhas e documentos.

Apenas os incisos II e IV demandam maiores questionamentos. De fato, o **inciso II** diz que o Ministério Público fica dispensado da qualificação do genitor. O objetivo dessa norma é possibilitar o ajuizamento da ação de destituição do poder familiar com os elementos de identificação existentes, pois, às vezes, em razão da urgência, não há como obter todos os dados do requerido. Todavia, há necessidade do mínimo de sua qualificação, até mesmo para possibilitar a citação.

O **inciso IV** prevê a necessidade de oferecimento do **rol de testemunhas** na própria petição inicial, sob pena de preclusão[756]. Somente pode ocorrer a substituição das testemunhas nas situações especificadas do art. 451 do CPC[757].

Cada parte poderá arrolar até 10 (dez) testemunhas, sendo 3 (três), no máximo, para cada fato (art. 357, § 6º, do CPC).

---

756 No mesmo sentido, dentre outros: FILHO, Nazir David Milano; MILANO, Rodolfo Cesar. *Estatuto da Criança e do Adolescente*: comentado e interpretado de acordo com o novo Código Civil. 2. ed. São Paulo: Livraria e Editora Universitária, 2004, p. 198; LAMENZA, Francismar; MACHADO, Antônio Cláudio da Costa (org.). *Estatuto da Criança e do Adolescente interpretado*: artigo por artigo, parágrafo por parágrafo. Barueri: Manole, 2012, p. 263.

757 Art. 451 do CPC: "Depois de apresentado o rol de que tratam os §§ 4º e 5º do art. 357, a parte só pode substituir a testemunha: I - que falecer; II - que, por enfermidade, não estiver em condições de depor; III - que, tendo mudado de residência ou de local de trabalho, não for encontrada".

2.16.2.3 Legitimidade ativa

O art. 155 prevê a legitimidade ativa do **Ministério Público ou de quem tenha legítimo interesse** para propor ação de suspensão ou destituição do poder familiar.

Destaca-se que o **Ministério Público** tem o **dever** de ajuizar tais ações caso tome conhecimento de uma das hipóteses autorizadoras, dispondo do prazo de 15 (quinze) dias para tanto, na forma do art. 101, § 10, com redação dada pela Lei 13.509/2017:

> **Art. 101, § 10.** Recebido o relatório, o Ministério Público terá o prazo de quinze dias para o ingresso com a ação de destituição do poder familiar, salvo se entender necessária a realização de estudos complementares ou de outras providências que entender indispensáveis ao ajuizamento da demanda.

O relatório mencionado acima será confeccionado quando ficar constatada a impossibilidade de reintegração da criança ou adolescente à família de origem, após seu encaminhamento a programas oficiais ou comunitários de orientação, apoio e promoção social, e será subscrito pelos técnicos da entidade ou responsáveis pela execução da política municipal de garantia do direito à convivência familiar (art. 101, § 9º).

Conforme se depreende da redação do § 10 do art. 101, o simples recebimento do relatório pelo Ministério Público não lhe impõe o dever de ajuizar a ação, caso entenda necessária a realização de novos estudos ou outras providências.

Na ação de suspensão ou destituição do poder familiar aforada pelo Ministério Público não há necessidade de nomeação de *curador especial* à criança ou ao adolescente, tendo em vista que o agente ministerial já zela pelo efetivo respeito aos direitos e garantias a eles assegurados[758]. Esse entendimento foi sedimentado com a Lei 13.509/2017, que incluiu o § 4º ao art. 162[759].

Noutro giro, entende-se por *quem tenha legítimo interesse* aquela pessoa que detenha a guarda de fato da criança ou adolescente, ou qualquer parente. Para o STJ, a pessoa dotada de legítimo interesse "se caracteriza por uma estreita relação entre o interesse pessoal do sujeito ativo e o bem-estar da criança"[760], e a existência de vínculo familiar ou de parentesco não constitui requisito para a legitimidade ativa, "devendo a aferição do legítimo interesse ocorrer na análise do caso concreto, a fim de se perquirir acerca do vínculo pessoal do sujeito ativo com o menor em estado de vulnerabilidade"[761]. Logo, se o autor não possui a guarda de fato, lhe faltará legitimidade para o ajuizamento da ação de suspensão ou destituição do poder familiar.

Diante disso, o STJ entende que o *padrasto* tem legitimidade para propor ação de destituição do poder familiar em desfavor do pai da criança ou adolescente, visando **adoção unilateral**[762].

A pessoa que tenha legítimo interesse não possui capacidade postulatória, sendo necessária a assistência de advogado para a propositura da ação.

Caso o Ministério Público não seja o autor da ação, obrigatoriamente, deverá intervir no feito (arts. 201, III).

2.16.2.4 Legitimidade passiva

Na ação de suspensão ou destituição do poder familiar devem figurar no polo passivo os **genitores (biológicos ou adotivos)** no exercício do poder familiar que figurem na certidão

---

758 STJ, AgRg no REsp 1.497.113/RJ, 3ª T., Rel. Min. João Otávio de Noronha, *DJe* 11.06.2015; AgRg no REsp 1.478.366/RJ, 4ª T., Rel. Min. Luís Felipe Salomão, *DJe* 11.12.2014; AgRg no REsp 1.177.622/RJ, 3ª T., Rel. Min. Ricardo Villas Bôas Cueva, *DJe* 29.04.2014.

759 Art. 162, § 4º, do ECA: "Quando o procedimento de destituição do poder familiar for iniciado pelo Ministério Público, não haverá necessidade de nomeação de curador especial em favor da criança ou adolescente".

760 REsp 1.106.637/SP, 3ª T., Rel. Min. Nancy Andrighi, *DJe* 01.07.2010.

761 REsp 1.203.968/MG, 4ª T., Rel. Min. Marco Buzzi, *DJe* 23.10.2019.

762 REsp 1.207.185/MG, 4ª T., Rel. Min. Luís Felipe Salomão, *DJe* 22.11.2011 e REsp 1.106.637/SP, 3ª T., Rel. Min. Nancy Andrighi, *DJe* 01.07.2010.

de nascimento. Logo, se o pretenso genitor biológico não figura no registro civil do infante, tem-se que a ausência de sua citação não acarreta a nulidade da sentença de destituição do poder familiar, pois inexistente à época qualquer relação entre eles[763].

Questão debatida na doutrina é a possibilidade de **genitor menor de idade** figurar no polo passivo da ação de suspensão ou destituição do poder familiar, existindo duas correntes:

1) a primeira entende que não é possível, tendo em vista que ele ainda não detém a plena capacidade civil e, portanto, não exerce o poder familiar, inviabilizando a perda daquilo que não tem[764];

2) a segunda afirma que é admissível, pois o genitor possui capacidade para estar em juízo, de forma que o absolutamente incapaz será representado e o relativamente incapaz será assistido por seus genitores[765]. Concordamos com esse posicionamento, pois a menoridade dos genitores não pode constituir óbice à destituição do poder familiar, sob pena de funcionar como escudo para a irresponsabilidade, não se assegurando o melhor interesse do infante.

Por outro lado, o **genitor interditado** também pode figurar no polo passivo da ação de suspensão ou destituição do poder familiar, desde que caracterizada uma das hipóteses legais.

Sobre o tema, o STJ decidiu que a incapacidade por doença mental não figura como causa de perda do poder familiar, nada impedindo, contudo, a análise de eventual abandono ou outra situação ensejadora para a destituição, conforme se infere do voto do Ministro Aldir Passarinho Júnior:

> O Tribunal *a quo* considerou que a doença que vitimara a mãe não é causa autorizadora de destituição do poder familiar. Na verdade, não é necessário que o seja diretamente, mas pode acontecer que sim, indiretamente, se a consequência for uma daquelas situações elencadas nos arts. 1637 e 1638 do Código Civil atual, particularmente a do inciso II[766].

2.16.2.5 *Cumulação de pedidos e conexão*

É possível o ajuizamento apenas de ação de suspensão ou de destituição do poder familiar, havendo cumulação de ambas somente na hipótese em que há necessidade liminar de suspensão do poder familiar com pedido final de destituição.

Também é cabível a cumulação de pedido de destituição do poder familiar com adoção ou tutela, sendo utilizado o procedimento da perda e da suspensão do poder familiar.

Todavia, **não é admissível a cumulação de ação de suspensão do poder familiar com adoção**, tendo em que vista que aquela é temporária e esta constitui vínculos permanentes.

Por fim, na hipótese em que há ação de destituição do poder familiar ajuizada pelo MP, com liminar de suspensão do poder familiar já concedida, o pretendente, detentor da guarda, habilitado e cadastrado, pode ajuizar ação de adoção da criança ou adolescente, não havendo necessidade de cumular com pedido de destituição do poder familiar. Configurada a conexão, haverá a reunião dos processos para julgamento conjunto (art. 55, § 1º, do CPC)[767].

---

763 STJ, REsp 1.819.860/SP, 3ª T., Rel. Min. Nancy Andrighi, *DJe* 09.09.2020.

764 Nesse sentido: DIGIÁCOMO, Murilo José; DIGIÁCOMO, Ildeara de Amorim. *Estatuto da Criança e do Adolescente anotado e interpretado*. 6. ed. Curitiba: Ministério Público do Estado do Paraná. Centro de Apoio Operacional das Promotorias da Criança e do Adolescente, 2013, p. 247.

765 Nesse sentido: ISHIDA, Válter Kenji. *Estatuto da Criança e do Adolescente*: doutrina e jurisprudência. 17. ed. rev., ampl. e atual. Salvador: JusPodivm, 2016, p. 473.

766 REsp 927.324/RS, 4ª T., Rel. Min. Aldir Passarinho Junior, *DJe* 01.12.2010.

767 No mesmo sentido: MACIEL, Kátia Regina Ferreira Lobo Andrade. Ação de suspensão e de destituição do poder familiar. In: MACIEL, Kátia Regina Ferreira Lobo Andrade (coord.). *Curso de direito da criança e do adolescente*: aspectos teóricos e práticos. 9. ed. rev. e atual. São Paulo: Saraiva, 2016, p. 835.

2.16.2.6 *Tutela provisória de suspensão do poder familiar*

Na ação de destituição ou suspensão do poder familiar, havendo motivo grave, poderá a autoridade judiciária, ouvido o MP, se este não for o requerente, decretar a suspensão do poder familiar, liminar ou incidentalmente, até o julgamento definitivo, ficando a criança ou adolescente confiado à pessoa idônea, mediante termo de responsabilidade (art. 157).

A Lei 14.340/2022 incluiu o § 3º no art. 157, prevendo: "A concessão de liminar será, preferencialmente, precedida de entrevista da criança ou do adolescente perante equipe multidisciplinar e de oitiva da outra parte, nos termos da Lei n. 13.431, de 4 de abril de 2017".

Da redação legal, infere-se que não há obrigatoriedade de entrevista e de oitiva da parte contrária, pois a lei diz "preferencialmente". A entrevista e a oitiva poderão ser dispensadas, por exemplo, quando a inicial já está instruída com documentos comprobatórios ou a parte está em local incerto e não sabido.

O STJ já decidiu que não há óbice para o início da colocação em família substituta, mesmo antes da conclusão da ação de destituição do poder familiar, em especial para evitar a prolongada institucionalização da criança, que pode causar graves prejuízos ao seu desenvolvimento psicológico, desde que tal medida atenda ao seu melhor interesse[768].

Como regra, o infante será colocado sob a guarda de pretendentes habilitados à adoção, na modalidade de família substituta, ficando advertidos acerca da possibilidade do retorno daquele aos pais biológicos, caso a ação seja julgada improcedente[769]. Inclusive, sobre o tema, o CNJ emitiu a Recomendação 8, de 7 de novembro de 2012:

> Art. 1º Recomendar aos juízes com jurisdição na infância e juventude que ao conceder a guarda provisória, em se tratando de criança com idade menor ou igual a 3 anos, seja ela concedida somente a pessoas ou casais previamente habilitados nos cadastros a que se refere o art. 50 do ECA, em consulta a ser feita pela ordem cronológica da data de habilitação na seguinte ordem: primeiro os da comarca; esgotados eles, os do Estado e, em não havendo, os do Cadastro Nacional de Adoção.

No mesmo sentido, o art. 4º do Anexo I da Resolução 289/2019 do CNJ prevê que a autoridade judiciária poderá, no melhor interesse da criança ou do adolescente, determinar a sua inscrição cautelar no SNA na situação de "apta para adoção" antes do trânsito em julgado da decisão que destitui ou extingue o poder familiar, devendo o pretendente ser informado a respeito do risco jurídico.

Inexistindo família substituta interessada, a criança ou adolescente permanecerá em entidade de acolhimento institucional no curso da ação.

O pedido equivale a uma **tutela provisória de urgência antecipatória liminar antecedente ou incidental** e, para tanto, o requerente deve comprovar "motivo grave", que compreenda a probabilidade do direito que se objetiva assegurar e o perigo de dano ou risco ao resultado útil do processo (arts. 300, *caput*, e 305 do CPC).

Além da suspensão do poder familiar, são possíveis o **pedido de afastamento do agressor da moradia** e a sua condenação em alimentos em favor do agredido (art. 130 do ECA)[770], e o pedido de **proibição de visitação** do agressor.

---

768 HC 790.283/SP, 3ª T., Rel. Min. Moura Ribeiro, *DJe* 23.03.2023; HC 775.298/MG, 3ª T., Rel. Min. Moura Ribeiro, *DJe* 02.12.2022.

769 STJ, REsp 1.654.099/MS, 3ª T., Rel. Min. Nancy Andrighi, *DJe* 10.04.2017.

770 Art. 130 do ECA: "Verificada a hipótese de maus-tratos, opressão ou abuso sexual impostos pelos pais ou responsável, a autoridade judiciária poderá determinar, como medida cautelar, o afastamento do agressor da moradia comum. Parágrafo único. Da medida cautelar constará, ainda, a fixação provisória dos alimentos de que necessitem a criança ou o adolescente dependentes do agressor".

Havendo indícios de ato de violação de direitos da criança ou de adolescente, o juiz comunicará o fato ao Ministério Público e encaminhará os documentos pertinentes (art. 157, § 4º, do ECA, incluído pela Lei 14.340/2022).

2.16.2.7 *Estudo social ou perícia por equipe interprofissional*

A Lei 13.509/2017 incluiu o § 1º ao art. 157 para tratar do estudo social ou perícia por equipe interdisciplinar ou multidisciplinar:

> **Art. 157, § 1º** Recebida a petição inicial, a autoridade judiciária determinará, concomitantemente ao despacho de citação e independentemente de requerimento do interessado, a realização de estudo social ou perícia por equipe interprofissional ou multidisciplinar para comprovar a presença de uma das causas de suspensão ou destituição do poder familiar, ressalvado o disposto no § 10 do art. 101 desta Lei, e observada a Lei n. 13.431, de 4 de abril de 2017.

Antes de referido dispositivo, a determinação para a realização do estudo social ou perícia por equipe interprofissional somente ocorria após a contestação ou o decurso de seu prazo (arts. 161, § 1º, e 162, § 1º, sendo este revogado pela Lei 13.509/2017). Apenas era obrigatório quando o pedido não era contestado, sendo facultativo quando apresentada a contestação.

Como se vê, com a alteração legislativa, a determinação para a realização de estudo social ou perícia por equipe interprofissional ocorre com o recebimento da petição inicial e em conjunto com o despacho de citação, ainda que não haja pedido do interessado.

O estudo social ou a perícia será realizado durante o prazo de citação e defesa, de forma a imprimir maior celeridade ao procedimento, tendo em vista o prazo de 120 (cento e vinte) dias para a sua conclusão.

Será obrigatório para comprovar a presença de uma das causas de suspensão ou destituição do poder familiar, salvo se já evidenciado pelo relatório, subscrito pelos técnicos da entidade ou responsáveis pela execução da política municipal de garantia do direito à convivência familiar, e encaminhado ao Ministério Público para subsidiar a propositura da ação (art. 101, § 10), e observada a Lei 13.431/2017.

Sendo os pais oriundos de comunidades indígenas, é ainda obrigatória a intervenção de representante do órgão federal responsável pela política indigenista – FUNAI, perante a equipe profissional ou multidisciplinar para a confecção do estudo, observado o disposto no § 6º do art. 28 (art. 157, § 2º, incluído pela Lei 13.509/2017).

A participação da FUNAI não se restringe somente nas hipóteses de suspensão liminar ou incidental do poder familiar, mas em todos os litígios relacionados à destituição do poder familiar e à adoção de menores indígenas ou menores cujos pais são indígenas, pois, de acordo com a Ministra Nancy Andrighi, do STJ, "apresenta caráter de ordem pública, visando-se, em ambas as hipóteses, que sejam consideradas e respeitadas a identidade social e cultural do povo indígena, os seus costumes e tradições, bem como suas instituições, bem como que a colocação familiar ocorra prioritariamente no seio de sua comunidade ou junto a membros da mesma etnia"[771].

2.16.2.8 *Citação e defesa*

O requerido será citado para, no prazo de 10 (dez) dias, oferecer resposta escrita, indicar as provas que pretende produzir e oferecer o rol de testemunhas (art. 158). Da mesma forma que o autor, o requerido deve oferecer seu rol de testemunhas no primeiro momento em que manifestar nos autos, sob pena de preclusão.

---

[771] REsp 1.698.635/MS, 3ª T., Rel. Min. Nancy Andrighi, *DJe* 09.09.2020.

A **citação será pessoal**, salvo se esgotados todos os meios para a sua realização (art. 158, § 1º).

A Lei 13.509/2017 incluiu o § 4º ao art. 158: "Na hipótese de os genitores encontrarem-se em local incerto ou não sabido, serão citados por edital no prazo de 10 (dez) dias, em publicação única, dispensado o envio de ofícios para a localização".

O objetivo desse dispositivo é conferir celeridade, efetividade e melhor atender aos interesses dos infantes, pois se os genitores estão com paradeiro incerto ou não sabido, é porque abandonaram os seus filhos, os quais, em regra, estarão em entidade de acolhimento ou família acolhedora.

Da mesma forma, por expressa previsão legal, não há necessidade de requisição aos cadastros de órgãos públicos ou de concessionárias de serviços públicos sobre o endereço dos genitores, ao contrário do disposto no CPC (art. 256, § 3º).

Todavia, recomenda-se cautela na aplicação dessa regra, pois pode ocorrer de o requerente fornecer endereço fictício dos genitores. Assim, considerando que a autoridade judiciária e o Ministério Público dispõem de acesso direto a diversos bancos de dados, entendemos que estes devem ser consultados antes de se deferir a citação editalícia.

Não sendo localizados os genitores e inexistindo outros endereços no processo de destituição do poder familiar, ocorrerá a **citação por edital**, cujo prazo é de 10 (dez) dias, diferentemente do prazo entre 20 (vinte) e 60 (sessenta) dias, previsto no CPC (art. 257, III).

A referida Lei também incluiu o § 3º ao art. 158 para tratar sobre a **citação por hora certa**[772]. Idêntica previsão há no *caput* do art. 252 do CPC. Em verdade, tal inclusão era desnecessária, pois o CPC tem aplicação subsidiária ao ECA, por força do art. 152, *caput*.

Quanto ao requerido **privado de liberdade**, sua citação também será pessoal (art. 158, § 2º) e, no momento da sua realização, o oficial de justiça perguntará se ele deseja que lhe seja nomeado defensor (art. 159, § 1º).

Ao requerido privado de liberdade e ao citado por edital ou com hora certa, a autoridade judiciária deverá nomear curador especial, caso não seja constituído advogado nos autos (art. 72, II, do CPC).

Na hipótese de o requerido não ter condições de constituir advogado sem prejuízo do próprio sustento e de sua família, poderá requerer, **em cartório**, que lhe seja nomeado defensor dativo, o qual apresentará a resposta, *contando-se o prazo da intimação do despacho de nomeação* (art. 159).

Se a comarca for desprovida de defensor público, o juiz nomeará advogado para realizar a defesa técnica.

2.16.2.9 Poder requisitório de documentos

Segundo o art. 160, a autoridade judiciária requisitará de qualquer repartição ou órgão público a apresentação de documentos que interesse à causa, **de ofício ou a requerimento** das partes ou do Ministério Público.

2.16.2.10 Consequências da não apresentação de resposta

O art. 161 e seus parágrafos disciplinam o procedimento a ser adotado no caso de não ser apresentada resposta escrita pelo requerido citado pessoalmente. Por envolver interesse

---

[772] Art. 158, § 3º, do ECA: "Quando, por 2 (duas) vezes, o oficial de justiça houver procurado o citando em seu domicílio ou residência sem o encontrar, deverá, havendo suspeita de ocultação, informar qualquer pessoa da família ou, em sua falta, qualquer vizinho do dia útil em que voltará a fim de efetuar a citação, na hora que designar, nos termos do art. 252 e seguintes da Lei n. 13.105, de 16 de março de 2015 (Código de Processo Civil)".

indisponível, a decretação da revelia não importa no reconhecimento de seus efeitos (art. 345, II, do CPC).

Ao requerido citado por edital ou por hora certa, bem como ao privado de liberdade que não constituir advogado, haverá a nomeação de curador especial, o qual apresentará contestação por negativa geral (art. 341, parágrafo único, do CPC).

Conforme o *caput* do art. 161, com redação dada pela Lei 13.509/2017, se o pedido não for contestado e tiver sido concluído o estudo social ou a perícia realizada por equipe interprofissional ou multidisciplinar, a autoridade judiciária dará vista dos autos ao Ministério Público por 5 (cinco) dias, salvo quando este for o requerente, e decidirá em igual prazo.

A principal consequência da não apresentação de defesa, ou sendo esta tão somente formal (contestação por negativa geral), segundo o art. 161, é a necessidade de **instrução obrigatória**, nos seguintes termos:

1) a autoridade judiciária, de ofício ou a requerimento das partes ou do MP, determinará a oitiva das testemunhas que comprovem a presença de uma das causas de suspensão ou destituição do poder familiar previstas nos arts. 1.637 e 1.638 do Código Civil, ou no art. 24 do ECA (art. 161, § 1º, com redação dada pela Lei 13.509/2017);
2) se o pedido importar em modificação de guarda, será **obrigatória, desde que possível e razoável, a oitiva da criança ou adolescente**, respeitado seu estágio de desenvolvimento e grau de compreensão sobre as implicações da medida (art. 161, § 3º).
3) é **obrigatória a oitiva dos pais** sempre que forem **identificados e estiverem em local conhecido**, ressalvados os casos de não comparecimento perante a Justiça quando devidamente citados (art. 161, § 4º, com redação dada pela Lei 13.509/2017). Contudo, se forem intimados e não comparecem à audiência, não há cabimento de sua condução coercitiva, uma vez que a sua ausência revela o desinteresse pela filiação[773].

   Por outro lado, o comparecimento do requerido em audiência e a colheita de sua oitiva pela autoridade judiciária não implica nova oportunidade de defesa[774].
4) se o **requerido estiver privado de liberdade**, a autoridade judiciária requisitará sua apresentação para **oitiva** (art. 161, § 5º).

2.16.2.11 *Consequências da apresentação de resposta*

Apresentada a resposta, a autoridade judiciária dará vista ao MP por 5 (cinco) dias, salvo quando este for o requerente, designando, desde logo, audiência de instrução e julgamento (art. 162, *caput*).

Contestada a ação, as consequências são bem mais simples em relação à hipótese de não apresentação de resposta, uma vez que há a designação de **audiência de instrução e julgamento**, ocasião em que serão ouvidas as testemunhas e colhido oralmente o parecer técnico, salvo quando apresentado por escrito, manifestando-se sucessivamente, o requerente, o requerido e o MP, se este não for o requerente, pelo prazo de 20 (vinte) minutos cada um, prorrogável por mais 10 (dez), conforme o art. 162, § 2º, com redação dada pela Lei 13.509/2017.

Na referida audiência, embora omisso o dispositivo, será obrigatória a oitiva da criança ou adolescente, se o pedido importar em modificação de guarda, desde que possível e razoável, por força do § 3º do art. 161, que trata do procedimento quando não há contestação.

[773] Nesse sentido: CURY, Munir. Comentários ao art. 161. In: CURY, Munir (org.). *Estatuto da Criança e do Adolescente comentado. Comentários jurídicos e sociais*. 11. ed. São Paulo: Malheiros Editores. 2010, p. 761.

[774] Nesse sentido: MACIEL, Kátia Regina Ferreira Lobo Andrade. Ação de suspensão e de destituição do poder familiar. In: MACIEL, Kátia Regina Ferreira Lobo Andrade (coord.). *Curso de direito da criança e do adolescente: aspectos teóricos e práticos*. 9. ed. rev. e atual. São Paulo: Saraiva, 2016, p. 846.

A sentença será dada em audiência, podendo a autoridade judiciária, excepcionalmente, designar data para sua leitura no prazo máximo de 5 (cinco) dias (art. 162, § 3º, incluído pela Lei 13.509/2017).

Como se vê, com a apresentação da resposta, é prescindível a oitiva obrigatória dos genitores, pois, afinal, eles já contestaram o pedido.

2.16.2.12 Prazo para conclusão

A Lei 13.509/2017 alterou parcialmente a redação do art. 163, *caput,* mantendo que o procedimento deverá ser concluído no prazo de 120 (cento e vinte) dias, mas acrescentou que "caberá ao juiz, no caso de notória inviabilidade de manutenção do poder familiar, dirigir esforços para preparar a criança ou o adolescente com vistas à colocação em família substituta".

O legislador fixou prazo para a conclusão do procedimento para possibilitar a reinserção da criança ou adolescente ao convívio de seus pais, se for julgado improcedente o pedido de destituição ou suspensão do poder familiar, ou, em caso de procedência, possibilitar tão logo a inclusão da criança ou adolescente em família substituta.

Da mesma forma, se no curso do processo de destituição, superado o prazo de 120 (cento e vinte) dias, ficar demonstrada a inviabilidade de manutenção do poder familiar, a autoridade judiciária já poderá envidar esforços para a preparação do infante para sua colocação em família substituta.

Afinal, em regra, durante a tramitação do processo, a criança ou adolescente estará acolhido institucionalmente em entidade e tal medida deve ser provisória e excepcional (art. 101, § 1º).

2.16.2.13 Sentença e efeitos

Se, ao final da ação de **destituição** do poder familiar, a autoridade judiciária se convencer da possibilidade de reintegração do filho e seu genitor, **é possível ser decretada somente a suspensão** do poder familiar, com visita orientada, para tentar preservar o vínculo afetivo[775].

A sentença que destituir ou suspender o poder familiar será **averbada** à margem do registro de nascimento da criança ou adolescente (art. 163, parágrafo único). A previsão de averbação no "livro de nascimento" está no art. 102, item 6º, da Lei 6.015/1973 (Lei dos Registros Públicos), incluído pela Lei 12.010/2009.

Tais sentenças produzem efeitos imediatamente e eventual recurso de **apelação** será recebido apenas no ***efeito devolutivo*** (art. 199-B do ECA).

Diante disso, julgado procedente o pedido de destituição ou suspensão do poder familiar, independentemente do trânsito em julgado, já é possível a averbação à margem do registro de nascimento da criança ou adolescente.

A destituição do poder familiar somente retira dos pais o poder que lhes é conferido para gerir a vida de seu filho, contudo, não rompe o vínculo de parentesco que os une, de forma que persiste aos genitores destituídos a obrigação de prestação de assistência material ao filho[776]. O rompimento do parentesco somente ocorrerá com a adoção do infante.

2.16.2.14 Restabelecimento do poder familiar

A sentença de procedência da **suspensão** do poder familiar **deve fixar o prazo** da medida, pois, findo o prazo, o pai e/ou mãe retornarão ao poder familiar, independentemente de nova decisão judicial.

---

[775] STJ, AgRg no AREsp 383.001/SC, 3ª T., Rel. Min. João Otávio de Noronha, *DJe* 01.09.2014.

[776] STJ, REsp 1.698.728/MS, 3ª T., Rel. Min. Moura Ribeiro, Rel. para acórdão Min. Nancy Andrighi, *DJe* 13.05.2021.

Por outro lado, a sentença de procedência da **destituição** do poder familiar é de **caráter permanente e prescinde de prazo**.

Em ambos os casos, a sentença pode ser revista mediante ação de restabelecimento do poder familiar, se a parte demonstrar que sobreveio alteração fática autorizadora da medida, de modo que, uma vez julgada procedente, o pai e/ou mãe reassume(m) o poder familiar.

Somente **não será cabível** nas seguintes situações: **(a)** se a criança ou adolescente foi adotado, haja vista que a adoção é medida irrevogável e introduz o adotado como filho dos adotantes, desligando-o de qualquer vínculo com os pais e parentes, salvo os impedimentos matrimoniais (arts. 39, § 1º, 41, *caput*, e 47, § 1º); **(b)** emancipação; **(c)** maioridade; e **(d)** falecimento dos pais ou do filho.

A legitimidade ativa é dos pais destituídos ou suspensos do poder familiar. Já a legitimidade passiva é do tutor ou do guardião do filho dos pais destituídos.

O genitor destituído do poder familiar, ainda que por meio de sentença transitada em julgado, detém legitimidade para recorrer de sentença que concede guarda de seu filho para família substituta, pois permanece o laço de parentesco entre o genitor e o filho, o que somente será rompido com a adoção[777].

2.16.2.15 Ação de adoção sem pedido de destituição do poder familiar

Imagine a situação na qual o autor ingressou com ação de adoção, mas não formulou pedido de destituição do poder familiar dos pais da criança ou do adolescente. Diante disso, indaga-se: é possível que a autoridade judiciária destitua os pais do poder familiar para possibilitar a adoção? Sobre o tema, a jurisprudência do STJ é dividida, existindo duas posições:

1) alguns julgados entendem que não é possível, pois, para ocorrer a adoção, **há a necessidade de prévia destituição do poder familiar** e a comprovação de uma das suas hipóteses autorizadoras[778];
2) outros julgados afirmam que **é admissível a adoção sem o pedido de destituição do poder familiar**, caso a situação do adotando esteja consolidada há muito tempo com o adotante, de forma que isso implica no abandono do(s) genitor(es) e melhor benefício para o adotando[779].

Comungamos do segundo entendimento e acrescentamos o fato de que o requerido foi citado para uma ação de adoção e que tem como pressuposto lógico a sua destituição do poder familiar, constituindo um efeito anexo da sentença[780].

Portanto, *em regra*, o pedido de destituição do poder familiar deve ser formulado expressamente na inicial, inclusive com o fim de possibilitar o exercício do contraditório. Todavia, *excepcionalmente*, caso não tenha sido formulado, mas o adotando esteja há muito tempo com o adotante e haja vínculo entre eles, com o fim de melhor atender o interesse do infante, **é admissível o deferimento da adoção, mesmo sem pedido expresso da destituição**.

---

[777] STJ, REsp 1.845.146/ES, 4ª T., Rel. Min. Raul Araújo, *DJe* 29.11.2019.

[778] STJ, AgRg no Ag 1.269.899/MG, 3ª T., Rel. Min. Massami Uyeda, *DJe* 17.02.2011; REsp 476.382/SP, 3ª T., Rel. Min. Castro Filho, *DJ* 26.03.2007; REsp 283.092/SC, 3ª T., Rel. Min. Humberto Gomes de Barros, Rel. para acórdão Min. Castro Filho, *DJ* 21.08.2006.

[779] STJ, REsp 1.207.185/MG, 4ª T., Rel. Min. Luís Felipe Salomão, *DJe* 22.11.2011; REsp 100.294/SP, 4ª T., Rel. Min. Aldir Passarinho Junior, *DJ* 19.11.2001.

[780] No mesmo sentido: DIAS, Maria Berenice. *Filhos do afeto*. São Paulo: Editora Revista dos Tribunais, 2016, p. 485.

2.16.3 Procedimento de destituição da tutela

A remoção do tutor pode ocorrer quando: **(a)** for negligente, prevaricador ou incurso em incapacidade (art. 1.766 do Código Civil); **(b)** descumprir injustificadamente as determinações judiciais ou os deveres de sustento, guarda e educação do tutelado (arts. 22, 24 e 38 do ECA); ou **(c)** for condenado a pagar o saldo e não o fizer no prazo legal em ação de exigir contas (art. 553, parágrafo único, do CPC).

O art. 164 do ECA versa: "Na destituição da tutela, observar-se-á o procedimento para a remoção de tutor previsto na lei processual civil e, no que couber, o disposto na seção anterior".

O procedimento de remoção de tutor encontra previsão nos arts. 761 e 762 do CPC. Assim, no que for omisso o CPC, incidem as regras do procedimento da perda e suspensão do poder familiar.

A **competência** será da Justiça da Infância e Juventude se a criança ou adolescente estiver em situação de risco (art. 148, parágrafo único, *a*, do ECA). Se não envolver situação de risco, a competência será da Vara de Família.

Conforme o art. 761 do CPC, a **legitimidade ativa** é do Ministério Público ou de quem tenha legítimo interesse (parente da criança ou adolescente ou aquele que tenha a guarda de fato).

A **legitimidade passiva** é do tutor, o qual será citado para contestar o pedido no prazo de 5 (cinco) dias (art. 761, parágrafo único, do CPC), findo o qual observar-se-á o procedimento comum (art. 318 e ss. do CPC).

Embora a redação do art. 761, parágrafo único, do CPC, seja clara ao estipular tal prazo para a contestação, parcela da doutrina, com a qual não concordamos, entende que deve ser concedido o prazo de 10 (dez) dias, tendo em vista que o art. 164 do ECA estabelece que, "no que couber", aplica-se o procedimento da perda e da suspensão do poder familiar, que estipula este prazo (art. 158, *caput*, do ECA)[781].

Se regularmente citado o tutor não ofertar resposta, é possível a decretação e a aplicação dos **efeitos da revelia**, pois não versa sobre direito indisponível[782].

Em caso de extrema gravidade, a autoridade judiciária poderá **suspender o tutor** do exercício de suas funções, nomeando tutor interino (art. 762 do CPC). Como cautela, a autoridade judiciária também deve determinar que o tutor entregue o termo de tutela original, bem como oficiar o registro de interdições e tutela informando acerca de sua suspensão[783].

2.16.4 Procedimento de colocação em família substituta

2.16.4.1 Introdução

O procedimento da colocação em família substituta é disciplinado nos arts. 165 ao 170. A colocação em família substituta é espécie de medida específica de proteção (art. 101, IX) e pode ocorrer por meio da guarda, tutela ou adoção.

---

[781] Nesse sentido: LIBERATI, Wilson Donizeti. *Comentários ao Estatuto da Criança e do Adolescente*. 12. ed. São Paulo: Malheiros Editores, 2015, p. 207; DEL-CAMPO, Eduardo Roberto Alcântara; OLIVEIRA, Thales Cezar de. *Estatuto da Criança e do Adolescente. Série leituras jurídicas: provas e concursos*. 7. ed. São Paulo: Atlas, 2012. v. 28, p. 353; ISHIDA, Válter Kenji. *Estatuto da Criança e do Adolescente: doutrina e jurisprudência*. 17. ed. rev., ampl. e atual. Salvador: JusPodivm, 2016, p. 490.

[782] Nesse sentido: NOGUEIRA, Paulo Lúcio. *Estatuto da Criança e do Adolescente comentado*: Lei n. 8.069, de 13 de julho de 1990. 4. ed. aum. e atual. São Paulo: Saraiva, 1998, p. 274; LIBERATI, Wilson Donizeti. *Comentários ao Estatuto da Criança e do Adolescente*. 12. ed. São Paulo: Malheiros Editores, 2015, p. 207; ROSSATO, Luciano Xavier; LÉPORE, Paulo Eduardo; CUNHA, Rogério Sanches da. *Estatuto da Criança e do Adolescente*: Lei n. 8.069/90 comentado artigo por artigo. 8. ed. rev., atual. e ampl. São Paulo: Saraiva, 2016, p. 465; LAMENZA, Francismar; MACHADO, Antônio Cláudio da Costa (org.). *Estatuto da Criança e do Adolescente interpretado*: artigo por artigo, parágrafo por parágrafo. Barueri: Manole, 2012, p. 270.

[783] Nesse sentido: MACIEL, Kátia Regina Ferreira Lobo Andrade. Ação de tutela e procedimentos correlatos. In: MACIEL, Kátia Regina Ferreira Lobo Andrade (coord.). *Curso de direito da criança e do adolescente*: aspectos teóricos e práticos. 9. ed. rev. e atual. São Paulo: Saraiva, 2016, p. 890.

2.16.4.2 Hipóteses autorizadoras

O referido procedimento não é pautado pelo contraditório e se constitui em jurisdição voluntária, podendo as partes interessadas formular o pedido diretamente em cartório, sem a assistência de advogado.

Somente será cabível nas situações previstas no art. 166, *caput*: **(a)** pais falecidos; **(b)** pais que tenham sido destituídos ou suspensos do poder familiar; ou **(c)** pais que houverem aderido expressamente ao pedido de colocação em família substituta.

Também será observado este procedimento no caso de tutor nomeado por testamento ou qualquer documento autêntico, conforme previsto no parágrafo único do art. 1.729 do CC (art. 37, *caput*, do ECA).

Se os pais estiverem vivos e no exercício do poder familiar, havendo consentimento deles ao pedido de colocação em família substituta, a doutrina diverge quanto à necessidade de procedimento contraditório referente à forma de tutela ou adoção, existindo dois posicionamentos:

1) a primeira corrente entende que o art. 169, *caput*, que está inserido na seção do procedimento da colocação em família substituta, exige que, nas hipóteses em que a destituição da tutela, a perda ou a suspensão do poder familiar constituírem pressuposto lógico da medida de colocação em família substituta, haverá a necessidade de procedimento contraditório da perda e suspensão do poder familiar (arts. 155 e ss.)[784];

2) a segunda corrente é amplamente **majoritária** e afirma que o art. 166, *caput*, é expresso ao estipular que o procedimento da colocação em família substituta será aplicável quando os pais "houverem aderido expressamente ao pedido de colocação em família substituta", de forma que não há necessidade de instauração de procedimento contraditório, salvo se não existir tal consentimento[785].

Adotamos a segunda posição, pois a concordância dos pais, mesmo com o poder familiar suspenso, não é causa de extinção do poder familiar, mas apenas hipótese autorizadora da adoção, nos termos do art. 45: "A adoção depende de consentimento dos pais ou responsável legal do adotando".

Além do mais, com a adoção há a extinção poder familiar (art. 1.635, IV, do CC), que não se confunde com as hipóteses de perda do poder familiar (art. 1.638 do CC)[786].

Quanto à concordância dos "pais", se a criança ou o adolescente apenas estiver registrado em nome da mãe e esta concordar com o pedido, não haverá a necessidade de instauração de procedimento contraditório, por implicar na situação de pai desconhecido, nos termos do art. 45, § 1º, do ECA[787].

---

784 Nesse sentido: DEL-CAMPO, Eduardo Roberto Alcântara; OLIVEIRA, Thales Cezar de. *Estatuto da Criança e do Adolescente. Série leituras jurídicas: provas e concursos.* 7. ed. São Paulo: Atlas, 2012. v. 28, p. 357; MACIEL, Kátia Regina Ferreira Lobo Andrade. Tutela. In: MACIEL, Kátia Regina Ferreira Lobo Andrade (coord.). *Curso de direito da criança e do adolescente*: aspectos teóricos e práticos. 9. ed. rev. e atual. São Paulo: Saraiva, 2016, p. 305.

785 Nesse sentido, dentre outros: PELUSO, Antônio Cézar. Comentários ao art. 166. In: CURY, Munir (org.). *Estatuto da Criança e do Adolescente comentado. Comentários jurídicos e sociais.* 11. ed. São Paulo: Malheiros Editores. 2010, p. 773; COSTA, Tarcísio José Martins. *Estatuto da Criança e do Adolescente comentado.* Belo Horizonte: Del Rey, 2004, p. 329; ISHIDA, Válter Kenji. *Estatuto da Criança e do Adolescente*: doutrina e jurisprudência. 17. ed. rev., ampl. e atual. Salvador: JusPodivm, 2016, p. 501; DIGIÁCOMO, Murilo José; DIGIÁCOMO, Ildeara de Amorim. *Estatuto da Criança e do Adolescente anotado e interpretado.* 6. ed. Curitiba: Ministério Público do Estado do Paraná. Centro de Apoio Operacional das Promotorias da Criança e do Adolescente, 2013, p. 255.

786 No mesmo sentido: MARÇURA, Jurandir Norberto; MUNIR, Cury; PAULA, Paulo Afonso Garrido de. *Estatuto da Criança e do Adolescente anotado.* 2. ed. rev. e atual. São Paulo: Editora Revista dos Tribunais, 2000, p. 146.

787 Art. 45, § 1.º, do ECA: "O consentimento será dispensado em relação à criança ou adolescente cujos pais sejam desconhecidos ou tenham sido destituídos do poder familiar".

Portanto, o **procedimento contraditório** mencionado no art. 169 para colocação em família substituta será observado nas seguintes hipóteses:

a) ausência de consentimento dos pais à colocação em família substituta;
b) pais existentes, mas em local incerto e não sabido;
c) apenas um dos pais concorda com a colocação em família substituta e o outro discorda ou se encontra em local incerto e não sabido;
d) pais suspensos do poder familiar, mas não anuentes com a colocação do filho em família substituta;
e) pais concordam com a colocação em família substituta, mas se retratam até a audiência de consentimento ou se arrependem no prazo de 10 (dez) dias, contados da data de prolação da sentença de extinção do poder familiar (art. 166, §§ 1º, 4º e 5º, alterados pela Lei 13.509/2017);
f) pais manifestam por escrito sobre o consentimento em colocação em família substituta, mas não ratificam em juízo ou não são localizados para a audiência.

2.16.4.3 Requisitos da inicial

O art. 165 do ECA estabelece:

> **Art. 165.** São requisitos para a concessão de pedidos de colocação em família substituta:
>
> I – qualificação completa do requerente e de seu eventual cônjuge, ou companheiro, com expressa anuência deste;
>
> II – indicação de eventual parentesco do requerente e de seu cônjuge, ou companheiro, com a criança ou adolescente, especificando se tem ou não parente vivo;
>
> III – qualificação completa da criança ou adolescente e de seus pais, se conhecidos;
>
> IV – indicação do cartório onde foi inscrito nascimento, anexando, se possível, uma cópia da respectiva certidão;
>
> V – declaração sobre a existência de bens, direitos ou rendimentos relativos à criança ou ao adolescente.
>
> Parágrafo único. Em se tratando de adoção, observar-se-ão também os requisitos específicos.

O inciso I não exige que o pedido seja formulado pelos cônjuges ou companheiros, mas se for formulado por apenas um deles há necessidade da anuência do outro.

A exigência do inciso II tem por objetivo manter a criança ou adolescente com um parente mais próximo e que tenha relação de afetividade ou afinidade, no intuito de evitar ou minorar as consequências da medida (art. 28, § 3º) e coibir adoção por irmãos (art. 42, § 1º).

Quanto ao inciso III, caso não seja possível a juntada da certidão de nascimento, o requerente poderá indicar o cartório responsável pela sua lavratura, e a autoridade judiciária requisitará a sua apresentação em juízo.

A declaração sobre a existência de bens, direitos ou rendimentos relativos à criança ou adolescente se justifica para a tutela, vez que esta exige a discriminação pormenorizada dos bens quando da entrega do tutelado ao tutor (art. 1.745, *caput*, do CC).

Por fim, em relação à adoção, também há a necessidade dos requisitos específicos tratados no item 2.5.3.3.

2.16.4.4 Consentimento dos pais

O consentimento dos pais deve observar as seguintes formalidades:

1) apenas pode ser formalizado após o nascimento da criança (art. 166, § 6º);

2) há necessidade de prévia orientação e esclarecimentos prestados pela equipe interprofissional da Justiça da Infância e Juventude, em especial, do caráter irrevogável da adoção (art. 166, § 2º);

3) o consentimento prestado por escrito não terá validade se não for ratificado em audiência designada para a oitiva dos pais na presença da autoridade judiciária e do representante do Ministério Público (art. 166, § 4º);

4) "São garantidos a livre manifestação de vontade dos detentores do poder familiar e o direito ao sigilo das informações" (art. 166, § 3º, com redação dada pela Lei 13.509/2017);

5) o § 1º do art. 166 tinha a seguinte redação: "Na hipótese de concordância dos pais, esses serão ouvidos pela autoridade judiciária e pelo representante do Ministério Público, tomando-se por termo as declarações".

   A Lei 13.509/2017 deu nova redação ao citado dispositivo para incluir as seguintes alterações: **(a)** fixa o prazo de dez dias, contado da data do protocolo da petição ou da entrega da criança em juízo, para o juiz ouvir as partes, devidamente assistidas por advogado ou por defensor público, para verificar sua concordância com a adoção, na presença do Ministério Público, tomando por termo as declarações (inciso I); e **(b)** prevê que o juiz declarará a extinção do poder familiar na audiência de consentimento (inciso II). Ou seja, esta Lei incluiu mais uma hipótese de extinção do poder familiar, além das previstas no art. 1.635 do CC.

6) o § 5º do art. 166 estabelecia: "O consentimento é retratável até a data da publicação da sentença constitutiva da adoção". Mesmo na vigência desta norma, o STJ, em dois julgados, decidiu que, ainda que haja retratação antes da publicação da sentença ou fique demonstrado vício do consentimento do genitor, se a situação da infante estiver consolidada com a família substituta, há de prevalecer o melhor interesse da criança ou do adolescente e não o seu retorno à família natural[788].

   A mencionada Lei alterou a redação legal do § 5º para estabelecer dois momentos: **(a)** até a data da audiência do § 1º do art. 166, o consentimento é **retratável**; e **(b)** contado da data de prolação da sentença de extinção do poder familiar, os pais podem exercer o **arrependimento** no prazo de dez dias. Esse prazo de dez dias é contado em dias corridos, nos termos do art. 152, § 2º, do ECA: "Os prazos estabelecidos nesta Lei e aplicáveis aos seus procedimentos são contados em dias corridos, excluído o dia do começo e incluído o dia do vencimento...". Ademais, o legislador, quando pretendeu estipular prazo em dia útil, assim o fez (arts. 117, parágrafo único, 158, § 3º, 174 e 223, todos do ECA). Por fim, o prazo não se suspende com o recesso forense, no período compreendido entre 20 de dezembro e 20 de janeiro, pois neste apenas há a suspensão do "curso do prazo processual" (art. 220, *caput*, do CPC), e não do direito material.

2.16.4.5 *Procedimento*

O ECA não disciplinou de forma sistemática o procedimento para colocação em família substituta, mas pode-se estabelecer a seguinte marcha processual:

[788] REsp 1.578.913/MG, 3ª T., Rel. Min. Nancy Andrighi, *DJe* 24.02.2017; REsp 1.199.465/DF, 3ª T., Rel. Min. Nancy Andrighi, *DJe* 21.06.2011.

1) petição inicial ou pedido formulado pelas partes diretamente em cartório (escrivania);

2) a autoridade judiciária, de ofício ou a requerimento das partes, *determinará* a realização de **estudo social** ou, *se possível*, **perícia por equipe multidisciplinar**, decidindo sobre a concessão de guarda provisória, bem como sobre o estágio de convivência, se for adoção (art. 167, *caput*).

Na mesma oportunidade, a autoridade judiciária designará **equipe técnica para prévia orientação e esclarecimentos dos pais** acerca do consentimento para colocação em família substituta, em especial sobre a irrevogabilidade da adoção (art. 166, § 2º).

Deferida a guarda provisória ou o estágio de convivência, a criança ou adolescente será entregue ao interessado, mediante termo de responsabilidade (art. 167, parágrafo único).

A família natural e a substituta receberão a devida orientação por intermédio da equipe interprofissional a serviço da Justiça da Infância e Juventude, preferencialmente com apoio dos técnicos responsáveis pela execução da política municipal de garantia do direito à convivência familiar (art. 166, § 7º, com redação dada pela Lei 13.509/2017).

3) realização de **audiência para oitiva dos pais** da criança ou adolescente para a coleta do consentimento, devendo ser realizada no prazo de dez dias, contado da data do protocolo da petição ou da entrega da criança em juízo (art. 166, § 1º, I, com redação dada pela Lei 13.509/2017).

Se, na audiência, os pais ou um deles, não consentir com a colocação em família substituta, há a necessidade de propositura de ação de destituição do poder familiar, podendo ser cumulada com tutela ou adoção, sob o rito contencioso do art. 155 e ss.

Por outro lado, se houver o consentimento, na audiência de oitiva do(s) pai(s), o juiz já proferirá sentença de extinção do poder familiar e a criança ou adolescente se tornará apto a adoção, caso não haja arrependimento no prazo de dez dias, contado da prolação da sentença (art. 166, §§ 1º e 5º, com redações alteradas pela Lei 13.509/2017).

Superado o prazo de arrependimento, o processo seguirá o seu trâmite para sentença quanto à colocação em família substituta.

4) após a apresentação do estudo social ou da perícia pela equipe multidisciplinar, haverá designação de audiência para **oitiva da criança ou adolescente** (art. 168), com posterior vista dos autos ao Ministério Público para apresentação de parecer em 5 (cinco) dias, decidindo a autoridade judiciária em igual prazo (art. 168).

5) segundo o art. 170, concedida a guarda ou a tutela, deverá ser confeccionado termo de responsabilidade (art. 32). Quanto à adoção, deverá ser expedido mandado ao Cartório de Registro de Pessoas Naturais para proceder novo registro de nascimento e cancelar o anterior (art. 47).

Como se vê, no procedimento para a colocação em família substituta **não há audiência de instrução e julgamento**, mas apenas audiências para coleta de consentimento dos pais e oitiva da criança ou adolescente.

A perda ou a modificação da guarda poderá ser decretada nos mesmos autos do procedimento (art. 169, parágrafo único).

2.16.4.6 *Programa de acolhimento familiar*

O art. 170, parágrafo único, diz: "A colocação de criança ou adolescente sob a guarda de pessoa inscrita em programa de acolhimento familiar será comunicada pela autoridade judiciária à entidade por este responsável no prazo máximo de 5 (cinco) dias".

Estando a criança ou adolescente em entidade de acolhimento institucional e existindo pessoa interessada e cadastrada em **programa de acolhimento familiar**, a autoridade judiciária poderá conceder-lhe a guarda, devendo comunicar tal decisão ao responsável da entidade de atendimento, no prazo máximo de 5 (cinco) dias[789].

2.16.5 Procedimento de apuração de irregularidades em entidade de atendimento

2.16.5.1 *Introdução*

Os arts. 191 ao 193 disciplinam o procedimento de apuração de irregularidades em entidades de atendimento governamental e não governamental (entidades de orientação e apoio sócio familiar, apoio socioeducativo em meio aberto, colocação familiar, acolhimento institucional, prestação de serviços à comunidade, liberdade assistida, semiliberdade e internação – art. 90).

A competência para julgar procedimento de irregularidade em entidade de atendimento é da Justiça da Infância e Juventude (art. 148, V).

2.16.5.2 *Natureza jurídica*

Há controvérsia doutrinária em relação à natureza jurídica do procedimento de apuração de irregularidade em entidade de atendimento, existindo três posicionamentos:

1) possui **natureza administrativa**, pois a autoridade judiciária realiza atividade tipicamente administrativa[790];
2) tem **natureza judicial**, tendo em vista o caráter jurisdicional do procedimento, em que há necessidade de observância do contraditório e da ampla defesa; e
3) **depende da forma de instauração**, se for por meio de portaria do juiz, assume natureza administrativa ou judicialiforme, mas se for deflagrado mediante representação do Ministério Público ou do Conselho Tutelar, possui natureza judicial.

2.16.5.3 *Legitimidade ativa*

O procedimento pode ser iniciado pela autoridade judiciária, Ministério Público e Conselho Tutelar (art. 191).

A **autoridade judiciária** o deflagra por intermédio de *portaria*. Em princípio, poder-se-ia questionar a possibilidade de o juiz iniciar o procedimento de ofício. Contudo, o art. 95 elenca a autoridade judiciária como responsável pela fiscalização das entidades de atendimento, juntamente com o Ministério Público e o Conselho Tutelar.

A propósito, o STF decidiu pela possibilidade de a autoridade judiciária deflagrar tal procedimento:

---

789 Sobre o programa de "acolhimento familiar", v. item 2.4.1.7.

790 Nesse sentido: ROSSATO, Luciano Xavier; LÉPORE, Paulo Eduardo; CUNHA, Rogério Sanches da. *Estatuto da Criança e do Adolescente*: Lei n. 8.069/90 comentado artigo por artigo. 8. ed. rev., atual. e ampl. São Paulo: Saraiva, 2016, p. 490; ISHIDA, Válter Kenji. *Estatuto da Criança e do Adolescente*: doutrina e jurisprudência. 17. ed. rev., ampl. e atual. Salvador: JusPodivm, 2016, p. 575.

> A autorização para que a apuração de irregularidades em entidade de atendimento se inicie por portaria da autoridade judiciária **é mera decorrência do poder fiscalizador outorgado pelo legislador no art. 95 do Estatuto da Criança e do Adolescente**, sendo certo que a outorga desse poder corregedor, **juntamente com a natureza especial das normas de proteção aos menores, justificam uma atuação ativa, e não meramente passiva por parte do Judiciário,** a fim de sanar as perniciosas infrações cometidas pelas entidades responsáveis pela execução de programas de proteção às crianças e adolescentes infratores, tão deletérias à recuperação e inclusão social destes (grifou-se)[791].

Por outro lado, o **Ministério Público** e o **Conselho Tutelar** o iniciam mediante *representação*.

Tanto a portaria quanto a representação devem conter a qualificação completa da entidade e seus dirigentes, descrição dos fatos, a classificação da infração cometida, as provas que pretendem produzir e o rol de testemunhas, se houver.

No procedimento deflagrado mediante portaria ou representação do Conselho Tutelar, obrigatoriamente, haverá intervenção do Ministério Público (art. 206).

Em casos graves, o Ministério Público pode instaurar inquérito civil e optar pelo ajuizamento de **ação civil pública** para a proteção dos interesses difusos, coletivos ou individuais das crianças ou adolescentes (art. 201, V).

2.16.5.4 Legitimidade passiva e sanções

O art. 192 determina: "O dirigente da entidade será citado para, no prazo de dez dias, oferecer resposta escrita, podendo juntar documentos e indicar as provas a produzir". Da leitura do dispositivo, em princípio, poder-se-ia concluir que a **legitimidade passiva** é apenas do **dirigente da entidade**.

Todavia, se a representação ou a portaria buscar a aplicação de sanção para a **entidade ou o programa de atendimento, a pessoa jurídica** também deverá figurar no polo passivo.

Inclusive, as penalidades para a entidade são as previstas no art. 97, variando quando se tratar de entidade governamental ou não governamental[792]. Para o dirigente da entidade, estas estão previstas no art. 193, § 4º (multa e advertência).

Dentre as penalidades para as entidades não governamentais (art. 97, II), não há previsão do afastamento definitivo do dirigente da entidade.

Quanto à pena de multa, ao dirigente da entidade, parcela da doutrina entende que ela não é possível de ser aplicada por ausência de previsão legal do art. 97[793]. Ademais, argumenta-se que o legislador silenciou quanto aos seus parâmetros, o que impossibilita a sua aplicação[794].

Contudo, o STJ decidiu: "o art. 97 do ECA, ao elencar as medidas disciplinares, determina que são elas aplicáveis às entidades de atendimento que descumprirem as obrigações

---

791 RE 571.068, Rel. Min. Gilmar Mendes, *DJe* 29.10.2015.

792 Art. 97 do ECA: "São medidas aplicáveis às entidades de atendimento que descumprirem obrigação constante do art. 94, sem prejuízo da responsabilidade civil e criminal de seus dirigentes ou prepostos: I – às entidades governamentais: a) advertência; b) afastamento provisório de seus dirigentes; c) afastamento definitivo de seus dirigentes; d) fechamento de unidade ou interdição de programa. II – às entidades não-governamentais: a) advertência; b) suspensão total ou parcial do repasse de verbas públicas; c) interdição de unidades ou suspensão de programa; d) cassação do registro".

793 Nesse sentido: LIBERATI, Wilson Donizeti. *Comentários ao Estatuto da Criança e do Adolescente*. 12. ed. São Paulo: Malheiros Editores, 2015, p. 236; MARÇURA, Jurandir Norberto; MUNIR, Cury; PAULA, Paulo Afonso Garrido de. *Estatuto da Criança e do Adolescente anotado*. 2. ed. rev. e atual. São Paulo: Editora Revista dos Tribunais, 2000, p. 172; LAMENZA, Francismar; MACHADO, Antônio Cláudio da Costa (org.). *Estatuto da Criança e do Adolescente interpretado*: artigo por artigo, parágrafo por parágrafo. Barueri: Manole, 2012, p. 305.

794 RUFINO, Almir Gasquez. Comentários ao art. 193. In: CURY, Munir (org.). *Estatuto da Criança e do Adolescente comentado. Comentários jurídicos e sociais*. 11. ed. São Paulo: Malheiros Editores. 2010, p. 852.

constantes do art. 94 do Estatuto, enquanto o § 4º do art. 193 direciona aos dirigentes a multa e a advertência"[795].

Por oportuno, a respeito da aplicação das sanções, confira-se o seguinte entendimento do STJ:

> A jurisprudência do Superior Tribunal de Justiça firmou orientação no sentido de que **as medidas punitivas do ECA não devem ser aplicadas às entidades, mas aos dirigentes responsáveis ou ao programa de atendimento irregular, uma vez que a imposição de sanção à pessoa jurídica implica no acarretamento de prejuízo aos seus beneficiários, as crianças e adolescentes**, que ficariam desprovidos dos correspondentes serviços assistenciais (grifou-se)[796].

2.16.5.5 *Afastamento provisório do dirigente*

Sendo os fatos graves, a autoridade judiciária poderá determinar liminarmente o afastamento provisório do dirigente da entidade de atendimento, mediante decisão fundamentada. Se o Ministério Público não for o autor, será ouvido, antes de tal decisão (art. 191, parágrafo único).

Quando houver o afastamento provisório ou definitivo de dirigente de **entidade governamental**, a autoridade judiciária oficiará a autoridade administrativa imediatamente superior ao afastado, para nomear outro dentro do prazo fixado (art. 193, § 2º).

2.16.5.6 *Necessidade de advogado para resposta escrita*

Sobre a necessidade de advogado para o oferecimento de resposta, há três posicionamentos doutrinários:

1) o requerido pode apresentar sua defesa sem assistência de advogado, uma vez que o art. 193 dispõe que "as partes" oferecerão alegações finais e, quando se trata do procedimento de apuração de infração administrativa, o art. 197 menciona que as alegações serão oferecidas pelo "procurador do requerido"[797],

2) o dirigente da entidade, enquanto pessoa física, tem capacidade postulatória, mas a entidade ou o programa de atendimento, enquanto pessoa jurídica, necessita da assistência de advogado, inclusive pela gravidade das penalidades do art. 97[798]; e

3) sempre há necessidade de advogado, tanto para o dirigente quanto para a entidade (art. 206), tendo em vista que somente por uma defesa técnica haverá equilíbrio entre as partes[799]. Este é o nosso posicionamento.

---

795 REsp 555.125/SP, 1ª T., Rel. Min. Luiz Fux, *DJ* 12.09.2005; REsp 489.522/SP, 2ª T., Rel. Min. Eliana Calmon, *DJ* 15.09.2003.

796 AgInt no AREsp 555.869/MS, 2ª T., Rel. Min. Assusete Magalhães, *DJe* 24.10.2017; REsp 578.582/SP, 2ª T., Rel. Min. Castro Meira, *DJU* 30.03.2006; REsp 555.125/SP, 1ª T., Rel. Min. Luiz Fux, *DJU* 12.09.2005.

797 Nesse sentido: ISHIDA, Válter Kenji. *Estatuto da Criança e do Adolescente*: doutrina e jurisprudência. 17. ed. rev., ampl. e atual. Salvador: JusPodivm, 2016, p. 576; ROSSATO, Luciano Xavier; LÉPORE, Paulo Eduardo; CUNHA, Rogério Sanches da. *Estatuto da Criança e do Adolescente*: Lei n. 8.069/90 comentado artigo por artigo. 8. ed. rev., atual. e ampl. São Paulo: Saraiva, 2016, p. 491.

798 Nesse sentido: RUFINO, Almir Gasquez. Comentários ao art. 192. In: CURY, Munir (org.). *Estatuto da Criança e do Adolescente comentado. Comentários jurídicos e sociais.* 11. ed. São Paulo: Malheiros Editores. 2010, p. 847.

799 Nesse sentido: MACIEL, Kátia Regina Ferreira Lobo Andrade. Procedimento de apuração de irregularidades em entidade de atendimento. In: MACIEL, Kátia Regina Ferreira Lobo Andrade (coord.). *Curso de direito da criança e do adolescente*: aspectos teóricos e práticos. 9. ed. rev. e atual. São Paulo: Saraiva, 2016, p. 920; CARVALHO, Jeferson Moreira de. *Estatuto da Criança e do Adolescente*: manual funcional. 3. ed. rev. e atual. Belo Horizonte: Del Rey, 2012, p. 98; COSTA, Tarcísio José Martins. *Estatuto da Criança e do Adolescente comentado.* Belo Horizonte: Del Rey, 2004, p. 366.

2.16.5.7 Contagem do prazo para resposta escrita e revelia

Diferentemente do procedimento de apuração de infração administrativa, no qual o ECA estabelece a forma de intimação ou citação do réu e da contagem do prazo para defesa, no procedimento em estudo, o legislador foi silente, de forma que há incidência das normas do CPC, por força do art. 152 daquele diploma legal.

Caso não seja apresentada a resposta, ocorrerá revelia, mas não se operará os seus efeitos por versar sobre direitos indisponíveis (art. 344, III, do CPC). Dessa forma, para a imposição de penalidade, é indispensável a existência de provas do alegado.

2.16.5.8 Audiência de instrução e julgamento

Apresentada ou não a resposta, se houver necessidade de produção de provas, a autoridade judiciária designará audiência de instrução e julgamento (art. 193). Finda a instrução, as partes poderão apresentar as alegações orais e a autoridade judiciária decidirá em seguida.

Contudo, também é possível a apresentação de alegações finais escritas, no prazo de 5 (cinco) dias para cada parte, decidindo a autoridade judiciária em igual prazo (art. 193, § 1º), a partir da conclusão dos autos.

2.16.5.9 Prazo para remoção das irregularidades

Além da possibilidade de aplicação das sanções dos arts. 97 e 193, § 4º, o legislador possibilitou que a autoridade judiciária possa fixar prazo para a remoção das irregularidades verificadas e, uma vez satisfeitas as exigências, o processo será extinto, sem julgamento de mérito (art. 193, § 3º). Nessa situação, há perda superveniente do interesse de agir.

A concessão de prazo para a remoção de irregularidades pode ser concedida em sede de **tutela de urgência**, sem a oitiva da parte contrária, desde que a medida se revele razoável e proporcional para a proteção dos direitos da criança do adolescente.

A tutela de urgência tem por fundamento os arts. 193, § 3º (prazo para remoção das irregularidades), 152 (aplicação subsidiária da legislação processual pertinente, no caso, o CPC) e 153 (a autoridade judiciária pode determinar "as providências necessárias"), todos do ECA, bem como por constituir "consectário lógico da doutrina dos poderes implícitos amplamente reconhecida pelo STF para os mais diversos tipos de procedimento administrativo. Trata-se de aplicação do princípio de que 'a concessão dos fins importa a concessão dos meios'"[800].

2.16.6 Procedimento de apuração de infração administrativa

2.16.6.1 Introdução

O ECA, em seus arts. 194 ao 197, prevê o procedimento de apuração de infração administrativa às normas de proteção à criança e ao adolescente. As infrações administrativas estão previstas entre os arts. 245 e 258-C.

A competência para a aplicação de penalidade administrativa nos casos de infração administrativa é da Justiça da Infância e Juventude (art. 148, VI).

2.16.6.2 Natureza jurídica

Quanto à natureza jurídica, há divergência doutrinária:

---

[800] STJ, REsp 1.653.359/MG, 2ª T., Rel. Min. Herman Benjamin, *DJe* 01.02.2018.

1) possui natureza administrativa, haja vista que a autoridade judiciária realiza atividade tipicamente administrativa[801];
2) tem natureza judicial, pois há uma lide que será solucionada por um processo judicial, instaurando uma relação jurídica processual e que será julgado extinto por sentença[802].

Sobre o tema, adotamos a posição que defende ser o procedimento de natureza administrativa, tanto que o STF se pronunciou expressamente que este é destituído de índole jurisdicional[803].

O STJ ainda não se manifestou sobre a natureza jurídica do procedimento. Porém, entende que o prazo prescricional das sanções por infração administrativa segue a regra de direito administrativo, sendo de 5 (cinco) anos, à semelhança da prescrição das ações pessoais contra a Fazenda Pública (Decreto-lei 20.910/1932)[804].

2.16.6.3 Legitimidade ativa

A legitimidade ativa é do Ministério Público, do Conselho Tutelar ou de servidor efetivo ou voluntário credenciado (art. 194).

O **Ministério Público e o Conselho Tutelar** iniciarão o procedimento mediante *representação*, devendo conter a descrição dos fatos, os fundamentos jurídicos, o pedido para aplicação de sanção prevista para a infração administrativa cometida e as provas que pretende produzir.

A representação não demanda prova pré-constituída. Contudo, em regra, estará acompanhada de elementos de convicção acerca do fato.

Quanto ao momento de apresentação do rol de testemunhas, o ECA não menciona que deva ser na exordial, de maneira que poderá ocorrer em momento posterior. Aliás, quando o referido Estatuto pretendeu estipular tal necessidade, assim o fez expressamente (arts. 156, IV, e 182, § 1º)[805].

Já o **servidor efetivo ou credenciado** perante a Vara da Infância e Juventude iniciará o procedimento por *auto de infração*, podendo usar fórmulas impressas, especificando a natureza e as circunstâncias do fato, colhendo, se possível, a assinatura de duas testemunhas.

O ECA estabelece que, constatada a prática de infração administrativa, deve ser lavrado o auto de infração e, em caso da não lavratura imediata, serão declinados os motivos do retardamento (art. 194, § 2º).

Uma vez confeccionado, o responsável pela autuação procederá sua distribuição perante a Justiça da Infância e Juventude, tendo em vista a necessidade de instauração de procedimento, sob o crivo do contraditório e da ampla defesa.

Caso não haja lavratura do auto de infração, o servidor efetivo ou voluntário remeterá relatório ao Ministério Público para análise dos fatos e ajuizamento de representação, se for o caso.

---

801 Nesse sentido: ISHIDA, Válter Kenji. *Estatuto da Criança e do Adolescente*: doutrina e jurisprudência. 17. ed. rev., ampl. e atual. Salvador: JusPodivm, 2016, p. 583.

802 Nesse sentido: RAMOS, Patrícia Pimentel de Oliveira Chambers. Procedimento das infrações administrativas. In: MACIEL, Kátia Regina Ferreira Lobo Andrade (coord.). *Curso de direito da criança e do adolescente*: aspectos teóricos e práticos. 9. ed. rev. e atual. São Paulo: Saraiva, 2016, p. 934-5.

803 RE 510.334 AgR, 2ª T., Rel. Min. Ellen Gracie, *DJe* 17.05.2011; RE 508.030, Rel. Min. Celso de Mello, *DJ* 13.12.2006.

804 REsp 892.941/RN, 1ª T., Rel. Min. Teori Albino Zavascki, *DJe* 11.05.2009; REsp 849.184/RN, 2ª T., Rel. Min. Eliana Calmon, *DJ* 11.09.2007; REsp 822.839/SC, 2ª T., Rel. Min. Castro Meira, *DJ* 25.08.2006.

805 No mesmo sentido: SILVA, José Luiz Mônaco da. *Estatuto da Criança e do Adolescente*: 852 perguntas e respostas. São Paulo: Editora Juarez de Oliveira, 2000, p. 263.

A **autoridade judiciária não pode agir de ofício** para deflagrar o procedimento. Caso tome conhecimento de algum fato que implique em infração administrativa, deverá encaminhá-lo ao Ministério Público para adoção das providências cabíveis.

No procedimento deflagrado por representação do Conselho Tutelar ou auto de infração de servidor efetivo ou voluntário credenciado, obrigatoriamente, o Ministério Público intervirá como fiscal da ordem jurídica (art. 202).

2.16.6.4 Legitimidade passiva

A legitimidade passiva é do autor da infração administrativa, podendo ser tanto a **pessoa física** como a **jurídica**, ou ambas, segundo pacífica jurisprudência do STJ[806].

2.16.6.5 Prazo para defesa e necessidade de advogado

O art. 195 determina que o requerido será "intimado" para apresentação de defesa no **prazo de 10 (dez) dias**. O termo "intimado" apenas deve ser utilizado na situação na qual o autuante lavra o auto de infração e dá ciência ao requerido.

Todavia, quando houver a necessidade de chamamento inicial por meio judicial, o correto é falar em "citação", pois haverá a formação de uma relação jurídica processual.

Os incisos do referido artigo determinam o início da contagem do prazo de defesa:

1) **pelo autuante, no próprio auto, quando este for lavrado na presença do requerido** (inciso I): o servidor efetivo ou voluntário credenciado poderá, após a lavratura do auto, proceder a intimação do requerido para apresentar sua defesa no processo que será autuado perante a Justiça da Infância e Juventude. Neste caso, **a contagem do prazo se inicia com a entrega da intimação do auto de infração**.
2) **por oficial de justiça ou funcionário legalmente habilitado, que entregará cópia do auto ou da representação ao requerido, ou a seu representante legal, lavrando certidão** (inciso II): caso o procedimento se instaure por representação (Ministério Público ou Conselho Tutelar) ou por auto de infração que não intimou o requerido logo após a sua lavratura, o ECA estabelece a necessidade de intimação (citação) por oficial de justiça. O *início do prazo para defesa ocorre com o efetivo cumprimento do mandado*, sendo indiferente a data de sua juntada aos autos (art. 231, II, do CPC), por expressa disposição do *caput* do art. 195 do ECA.
3) **por via postal, com aviso de recebimento, se não for encontrado o requerido ou seu representante legal** (inciso III): na hipótese de o oficial de justiça não localizar o requerido, o ECA diz que a intimação (citação) se dará por via postal, com aviso de recebimento (AR). Este deve ser recebido pelo próprio requerido ou por seu representante legal, sob pena de nulidade. O *início do prazo para defesa ocorre com a aposição da assinatura no AR* (art. 195, *caput*, do ECA) e não da sua juntada aos autos (art. 231, I, do CPC).
4) **por edital, com prazo de trinta dias, se incerto ou não sabido o paradeiro do requerido ou de seu representante legal** (inciso IV): se frustradas as tentativas de intimação (citação) por oficial de justiça ou por via postal, e forem esgotados todos os meios para obter o atual paradeiro do requerido, haverá a publicação de edital

[806] REsp 601.141/SC, 1ª T., Rel. Min. Sérgio Kukina, *DJe* 31.05.2016; REsp 622.707/SC, 2ª T., Rel. Min. Eliana Calmon, *DJe* 10.02.2010; REsp 937.748/SC, 1ª T., Rel. Min. Francisco Falcão, *DJ* 02.08.2007.

para tal fim. Findo o prazo nele fixado, se o requerido não apresentar defesa, o juiz deverá nomear curador especial (art. 72, II, do CPC).

A defesa do requerido deve ser apresentada por advogado[807]. Afinal, o art. 197, parágrafo único, diz que, finalizada a instrução, será dada a palavra ao "procurador do requerido". Todavia, há entendimento da desnecessidade de advogado, em razão da dispensa de formalismo processual[808].

2.16.6.6 *Revelia e seus efeitos*

O art. 196 prevê: "Não sendo apresentada a defesa no prazo legal, a autoridade judiciária dará vista dos autos do Ministério Público, por cinco dias, decidindo em igual prazo".

Sendo o réu revel, por versar sobre direito disponível, os fatos narrados na representação ou descritos no auto de infração presumir-se-ão verdadeiros e serão aplicados os efeitos da revelia (art. 344 do CPC), culminando com o julgamento antecipado do mérito (art. 355, II, do CPC).

Aliás, o STJ decidiu que a ausência de defesa possibilita a imposição da sanção prevista para a infração administrativa[809].

2.16.6.7 *Audiência de instrução e julgamento*

Apresentada a defesa, se o MP não for o autor da representação, terá vista dos autos e, em sendo necessário, a autoridade judiciária designará audiência de instrução e julgamento (art. 197, *caput*).

Após produzida a prova oral, será dada a palavra ao Ministério Público e ao procurador do requerido, pelo tempo de vinte minutos para cada, prorrogável por mais dez, a critério da autoridade judiciária, que em seguida proferirá sentença (art. 197, parágrafo único).

Pela sistemática da audiência de instrução em julgamento, vê-se que, embora o Conselho Tutelar e o servidor efetivo ou voluntário credenciado possam deflagrar o procedimento, somente o Ministério Público detém a legitimidade para dar-lhe prosseguimento.

2.16.6.8 *Prescrição*

O ECA foi omisso quanto ao prazo prescricional das infrações administrativas, o que gerou discussões na doutrina e na jurisprudência acerca da sua natureza jurídica.

Entretanto, atualmente, o STJ é pacífico no sentido de que as multas cominadas nestes casos têm natureza administrativa, de forma que prescrevem no prazo de 05 (cinco) anos, conforme o art. 1º do Decreto-lei 20.910/1932[810].

Por seu turno, o § 1º do art. 214 do ECA dispõe: "As multas não recolhidas até trinta dias após o trânsito em julgado da decisão serão exigidas através de execução promovida pelo Ministério Público, nos mesmos autos, facultada igual iniciativa aos demais legitimados".

---

[807] Nesse sentido: MARÇURA, Jurandir Norberto; MUNIR, Cury; PAULA, Paulo Afonso Garrido de. *Estatuto da Criança e do Adolescente anotado*. 2. ed. rev. e atual. São Paulo: Editora Revista dos Tribunais, 2000, p. 247; LIBERATI, Wilson Donizeti. *Comentários ao Estatuto da Criança e do Adolescente*. 12. ed. São Paulo: Malheiros Editores, 2015, p. 238.

[808] Nesse sentido: DUPRET, Cristiane. Curso de direito da criança e do adolescente. 3. ed. Belo Horizonte: Letramento, 2015, p. 441.

[809] AgInt no AREsp 892.785/MA, 2ª T., Rel. Min. Francisco Falcão, *DJe* 09.12.2016; AgRg no AREsp 84.508/MG, 1ª T., Rel. Min. Napoleão Nunes Maia Filho, *DJe* 24.06.2016.

[810] REsp 892.941/RN, 1ª T., Rel. Min. Teori Albino Zavascki, *DJe* 11.05.2009; REsp 849.184/RN, 2ª T., Rel. Min. Eliana Calmon, *DJ* 11.09.2007; REsp 822.839/SC, 2ª T., Rel. Min. Castro Meira, *DJ* 25.08.2006.

Assim, vê-se que, somente após o trânsito em julgado da sentença, inicia-se a contagem do prazo de 30 (trinta) dias para pagamento espontâneo da multa administrativa. Após esse lapso temporal, começa a contagem do prazo prescricional, consoante pacífica jurisprudência do STJ:

> 2. Pela leitura do art. 214, § 1º, do ECA, verifica-se que a multa por infração administrativa, não paga espontaneamente no prazo de trinta dias, só pode ser executada pelo Ministério Público após o trânsito em julgada da decisão que a aplicou. **Assim, não havendo o trânsito em julgado da decisão condenatória, não corre prazo para o pagamento espontâneo, não podendo se falar em prescrição da execução.** 3. **O marco inicial para a contagem do prazo prescricional para a cobrança da multa administrativa imposta, em razão de infração prevista no ECA, é o trânsito em julgado para efeito de pagamento da multa e não a data da infração administrativa** (grifou-se)[811].

Alguns Tribunais de Justiça entendem que também há a possibilidade de prescrição entre a data do fato e a sentença que impôs a multa administrativa, tal como ocorre com a constituição do crédito tributário[812].

Sobre este posicionamento, o STJ reiterou a sua jurisprudência para assentar que o termo a quo da prescrição é o trânsito em julgado da sentença (art. 214, § 1º) e não a data dos fatos[813].

2.16.7 Procedimento de habilitação de pretendentes à adoção

2.16.7.1 Introdução

O CNJ, mediante a Resolução 54/2008, criou o Cadastro Nacional de Adoção - CNA, que tinha o objetivo de consolidar, em banco de dados único e nacional, informações sobre crianças e adolescentes a serem adotados e os pretendentes à adoção.

Todavia, em 15 de agosto de 2019, foi publicada a Resolução 289 do CNJ, que dispõe sobre a implantação e o funcionamento do Sistema Nacional de Adoção e de Acolhimento - SNA, cuja finalidade é consolidar dados fornecidos pelos Tribunais de Justiça referentes ao acolhimento institucional e familiar, à adoção, incluindo as *intuitu personae*, e as outras modalidades de colocação em família substituta, bem como sobre pretendentes nacionais e estrangeiros habilitados à adoção. Este novo regramento revogou a Resolução 54/2008 do CNJ que disciplinava o CNA (art. 9º).

Finda a migração dos dados para o SNA, foram extintos o CNA e o CNCA (Cadastro Nacional de Crianças Acolhidas).

A Lei 12.010/2009 incluiu a seção VIII no capítulo III do ECA (dos procedimentos), composta dos arts. 197-A ao 197-F, para disciplinar a habilitação ao cadastro de adoção dos pretendentes (brasileiros ou estrangeiros) domiciliados no Brasil.

A adoção por residente ou domiciliado fora do Brasil é disciplinada nos art. 51 ao 52-D[814].

Em regra, todos os pretendentes à adoção devem se submeter ao procedimento de habilitação dos arts. 197-A ao 197-E. Todavia, *excepcionalmente*, nos casos elencados no § 13 do art. 50[815], não haverá necessidade de prévia habilitação, mas os adotantes, no

---

811 REsp 1.323.653/SC, 2ª T., Rel. Min. Mauro Campbell Marques, *DJe* 01.04.2013. No mesmo sentido: REsp 894.528/RN, 2ª T., Rel. Min. Eliana Calmon, *DJe* 08.05.2009.

812 TJSC, Apelação/ECA 2013.038882-5, Rel. Des. Salete Silva Sommariva, j. 11.03.2014; TJDFT: Apelação Cível 20080130104637, Rel. Simone Lucindo, *DJe* 17.03.2015.

813 REsp 1.655.163/SC, 1ª T., Rel. Min. Napoleão Nunes Maia Filho, *DJe* 01.09.2020; REsp 1.558.329/SP/SC, Rel. Min. Humberto Martins, j. 15.10.2015; REsp 1.302.930/SC, Rel. Min. Sérgio Kukina, j. 08.05.2013.

814 Este tema de "adoção internacional" foi analisado com profundidade no item 2.5.4.

815 Art. 50, § 13, do ECA: "Somente poderá ser deferida adoção em favor de candidato domiciliado no Brasil não cadastrado previamente nos termos desta Lei quando: I - se tratar de pedido de adoção unilateral; II - for formulada por parente com o qual a criança ou adolescente mantenha vínculos de afinidade e afetividade; III - oriundo o pedido de quem detém a tutela ou guarda legal de criança maior de 3 (três) anos ou adolescente, desde que o lapso de tempo de convivência comprove a

curso do processo de adoção, deverão comprovar o preenchimento dos requisitos (art. 50, § 14)[816].

A Lei 13.509/2017 incluiu o art. 197-F para estabelecer que o prazo máximo para a conclusão da habilitação à adoção é de **120 (cento e vinte) dias, prorrogável por igual período**, mediante decisão fundamentada da autoridade judiciária.

2.16.7.2 *Competência*

O ECA não define expressamente a **competência** para o procedimento de habilitação de pretendentes à adoção. Entretanto, de sua análise sistemática, infere-se que a competência é a do *local da residência dos pretendentes* para permitir a permanência do adotado em sua região de origem, bem como para facilitar a realização do estudo técnico pela equipe interprofissional e a participação no curso a que se refere o art. 197, § 1º.

Com a edição da Resolução 289/2019 do CNJ, que trata do Sistema Nacional de Adoção e Acolhimento (SNA), houve a inserção, em seu Anexo II, de minuta a ser editada pelos Tribunais de Justiça para dar publicidade às funcionalidades do SNA, prevendo que o pretendente poderá realizar o seu pré-cadastro no SNA e se dirigir à Vara da Infância e Juventude da comarca de seu domicílio para protocolar o pedido de habilitação para adoção (art. 1º), e que o juízo deverá verificar se o pretendente possui residência habitual na comarca (art. 3º).

Não há necessidade de se formular pedido em vários juízos pois, em caso de mudança de endereço do pretendente, bastará que ele dê imediata ciência à Vara da Infância e Juventude, devendo juntar comprovante do novo endereço ou requerer a remessa dos autos na vara com competência em infância e juventude do novo endereço (art. 4º do Anexo II).

O magistrado da comarca da nova residência verificará a necessidade de realizar outra avaliação psicossocial, podendo suspender o processo. A inclusão dos novos dados não altera a data-base de habilitação inicial (art. 5º do Anexo II).

2.16.7.3 *Petição inicial e documentos*

O *caput* do art. 197-A diz: "Os postulantes à adoção, domiciliados no Brasil, apresentarão petição inicial na qual conste". Embora o legislador utilize a expressão *petição inicial,* não há necessidade de preenchimento dos requisitos formais do art. 319 do CPC, uma vez que se trata de procedimento de natureza administrativa e, inclusive, em algumas comarcas, os pretendentes juntam os documentos exigidos por lei e preenchem um formulário impresso com os campos necessários para a análise do processamento da habilitação ou formulário fornecido pelo próprio Poder Judiciário, prescindindo de capacidade postulatória para tanto.

Todavia, há quem defenda que a petição inicial deve preencher todos os requisitos do art. 319 do CPC[817].

O pedido de habilitação dos pretendentes deve vir acompanhado dos documentos elencados nos incisos I ao VIII do art. 197-A: qualificação completa, dados familiares, cópias autenticadas de certidão de nascimento ou casamento, ou declaração relativa ao período de união estável, cópias da cédula de identidade e inscrição no Cadastro de Pessoas Físicas, comprovante de

---

fixação de laços de afinidade e afetividade, e não seja constatada a ocorrência de má-fé ou qualquer das situações previstas nos arts. 237 ou 238 desta Lei".

816 Art. 50, § 14, do ECA: "Nas hipóteses previstas no § 13 deste artigo, o candidato deverá comprovar, no curso do procedimento, que preenche os requisitos necessários à adoção, conforme previsto nesta Lei".

817 Nesse sentido: BORDALLO, Galdino Augusto Coelho. Procedimento da habilitação para adoção. In: MACIEL, Kátia Regina Ferreira Lobo Andrade (coord.). *Curso de direito da criança e do adolescente*: aspectos teóricos e práticos. 9. ed. rev. e atual. São Paulo: Saraiva, 2016, p. 892; LIBERATI, Wilson Donizeti. *Comentários ao Estatuto da Criança e do Adolescente*. 12. ed. São Paulo: Malheiros Editores, 2015, p. 240.

renda e domicílio, atestados de sanidade física e mental, certidão de antecedentes criminais e certidão negativa de distribuição cível.

Quanto à certidão de antecedentes criminais, a simples existência de processo criminal, por si só, não importa no indeferimento do pedido de habilitação, desde que o crime não seja grave, tais como de violência doméstica, estupro, roubo, homicídio, latrocínio etc.

Da mesma forma, mediante a certidão negativa de distribuição cível, busca-se analisar o histórico dos pretendentes, de forma a não permitir que pessoas que foram destituídas do poder familiar ou ostentem processos de execução de alimentos devidos a filhos menores, possam se habilitar para adoção.

2.16.7.4 *Necessidade de advogado*

Não há necessidade de advogado para ingresso do procedimento de habilitação ao cadastro de adoção, o que reforça o argumento da prescindibilidade dos requisitos da petição inicial (art. 319 do CPC).

Contudo, se for indeferida a habilitação, **há necessidade de advogado** para interposição do **recurso** de apelação[818].

2.16.7.5 *Ministério Público e providências*

Formulado o pedido de habilitação, a autoridade judiciária, no prazo de 48 (quarenta e oito) horas, dará vista dos autos ao Ministério Público, o qual, no prazo de 5 (cinco) dias, poderá (art. 197-B e incisos):

a) apresentar quesitos a serem respondidos pela equipe interprofissional encarregada de elaborar o estudo técnico (inciso I);

b) requerer a designação de audiência para oitiva dos postulantes em juízo e testemunhas (inciso II);

c) requerer a juntada de documentos complementares e a realização de outras diligências que entender necessárias (inciso III).

O legislador explicitou que as providências a serem adotadas pelo Ministério Público são *exemplificativas*, tanto que o inciso III do art. 197-B diz: "realização de outras diligências que entender necessárias", podendo, por exemplo, suscitar a incompetência do juízo.

2.16.7.6 *Estudo psicossocial, preparação e contato dos pretendentes*

A equipe técnica a serviço da Justiça da Infância e Juventude, *obrigatoriamente*, intervirá no feito, para elaborar estudo psicossocial, que conterá subsídios para aferir a capacidade e o preparo dos postulantes ao exercício de uma paternidade ou maternidade responsável, à luz dos requisitos e princípios do ECA (art. 197-C, *caput*).

Na *ausência ou insuficiência de servidores* públicos integrantes do Poder Judiciário responsáveis pela realização dos estudos psicossociais ou quaisquer outras espécies de avaliações técnicas exigidas pelo ECA ou por determinação judicial, a autoridade judiciária poderá

---

[818] Nesse sentido: DEL-CAMPO, Eduardo Roberto Alcântara; OLIVEIRA, Thales Cezar de. *Estatuto da Criança e do Adolescente. Série leituras jurídicas: provas e concursos.* 7. ed. São Paulo: Atlas, 2012. v. 28, p. 396; FERREIRA, Luiz Antônio Miguel. Comentários ao art. 197-E. In: CURY, Munir (org.). *Estatuto da Criança e do Adolescente comentado. Comentários jurídicos e sociais.* 11. ed. São Paulo: Malheiros Editores. 2010, p. 887.

proceder à nomeação de perito, nos termos do art. 156 do CPC (art. 151, parágrafo único, do ECA, incluído pela Lei 13.509/2017).

Além do citado estudo, os pretendentes à habilitação também devem frequentar **programa oferecido pela Justiça da Infância e Juventude**, preferencialmente com apoio dos técnicos responsáveis pela execução da política municipal de garantia do direito à convivência familiar, que inclua **preparação psicológica, orientação e estímulo à adoção inter-racial**, de crianças ou adolescentes com deficiência, com doença crônica, ou com necessidades específicas de saúde, e de grupos de irmãos (art. 197-C, § 1º, com redação dada pela Lei 13.509/2017).

Já o art. 50, § 3º, acrescenta a necessidade de **preparação psicossocial e jurídica**[819].

Por outro lado, *sempre que possível e recomendável*, a etapa obrigatória do programa previsto no art. 197-C, § 1º, incluirá o **contato dos pretendentes com as crianças e adolescentes** em regime de acolhimento familiar ou institucional, a ser realizado sob orientação, supervisão e avaliação da equipe técnica da Justiça da Infância e Juventude, dos grupos de apoio à adoção com apoio dos técnicos responsáveis pelo programa de acolhimento familiar e institucional e pela execução da política municipal de garantia do direito à convivência familiar (art. 197-C, § 2º, com redação dada pela Lei 13.509/2017).

A mencionada Lei também incluiu o § 3º ao art. 197-C para prever que é recomendável que as crianças e adolescentes acolhidos institucionalmente ou por família acolhedora sejam preparados por equipe interprofissional, antes da inclusão em família adotiva.

A importância da preparação e do contato dos pretendentes com as crianças e adolescentes é demonstrada pelo art. 6º da Lei 12.010/2009, que estipulou o prazo de um ano, a contar da sua vigência, para que as pessoas e casais já inscritos nos cadastros de adoção comprovassem a sua realização, sob pena de cassação da inscrição.

Assim, quanto ao estudo psicossocial, programa de preparação e contato dos pretendentes, tem-se:

Modalidade	Obrigatoriedade	Responsável
Estudo psicossocial	Obrigatório	Equipe técnica da Justiça da Infância e Juventude
Programa de curso de preparação	Obrigatório	Oferecido pela Justiça da Infância e Juventude, preferencialmente com apoio dos técnicos responsáveis pela política municipal de garantia do direito à convivência familiar
Contato dos pretendentes com as crianças e adolescentes	Sempre que possível e recomendável	Equipe técnica da Justiça da Infância e Juventude, com apoio dos técnicos responsáveis pela política municipal de garantia do direito à convivência familiar

2.16.7.7 *Audiência de instrução e julgamento*

Concluída a participação dos pretendentes no programa estipulado no art. 197-C, a autoridade judiciária, no prazo de 48 (quarenta e oito) horas, decidirá sobre as diligências requeridas pelo Ministério Público e determinará a juntada do estudo psicossocial, designando audiência de instrução e julgamento, se for o caso (art. 197-D).

[819] Art. 50, § 3º, do ECA: "A inscrição de postulantes à adoção será precedida de um período de preparação psicossocial e jurídica, orientado pela equipe técnica da Justiça da Infância e da Juventude, preferencialmente com apoio dos técnicos responsáveis pela execução da política municipal de garantia do direito à convivência familiar".

Caso não sejam requeridas diligências, ou sendo essas indeferidas, a autoridade judiciária determinará a juntada do estudo psicossocial e dará vista dos autos ao Ministério Público, pelo prazo de 5 (cinco) dias, decidindo em igual prazo (art. 197-D, parágrafo único).

2.16.7.8 *Inscrição no Sistema Nacional de Adoção e Acolhimento (SNA)*

Deferida a habilitação, o pretendente será inscrito no SNA, sendo a convocação para a adoção realizada de acordo com a data cronológica da habilitação e não a data do início do procedimento de habilitação, conforme haja disponibilidade de crianças ou adolescentes adotáveis (art. 197-E, *caput*).

Conforme o art. 1º do Anexo I da Resolução 289/2019 do CNJ, a inscrição será efetuada em ordem cronológica, a partir da data da sentença de habilitação, observando-se, como critério de desempate a data do ajuizamento do pedido, não sendo alterada a data em caso de mudança do pretendente para outra comarca.

A ordem cronológica somente não será observada nas situações do § 13 do art. 50, quando comprovada que essa é a melhor solução ao interesse do adotando (art. 197-E, § 1º).

Conforme aponta Antônio Cézar da Lima Fonseca, "o fato de o casal estar inscrito no cadastro de adoção não gera direito líquido e certo à adoção de determinada criança", devendo ser analisado o caso concreto, com o fim de melhor atender aos interesses do infante[820].

Entre a habilitação dos pretendentes e o surgimento de criança ou adolescente apto à adoção pode levar tempo considerável em razão de diversos fatores.

Assim, visando aferir permanentemente as condições física, financeira e psíquica dos habilitados, foi incluído o § 2º ao art. 197-E, pela Lei 13.509/2017, com a seguinte redação: "A habilitação à adoção deverá ser renovada *no mínimo trienalmente* mediante avaliação por equipe interprofissional" (grifou-se).

Dessa forma, a reavaliação da habilitação dos pretendentes, no mínimo, a cada três anos, é uma imposição do legislador. Por se tratar de norma que busca a proteção do infante, toda habilitação feita há mais de três anos, independentemente se anterior à Lei 13.509/2017, deve ser submetida a uma nova avaliação da equipe interprofissional da Justiça da Infância e Juventude.

O art. 197-E, § 2º, com redação dada pela Lei 12.010/2009, estabelecia que a *recusa sistemática* na adoção de crianças ou adolescentes indicados importava na reavaliação da habilitação concedida.

A Lei 13.509/2017 alterou referido dispositivo para explicitar o que se entende por recusa sistemática, prevendo que **após três recusas injustificadas** pelo habilitado à adoção de crianças ou adolescentes indicados dentro do perfil escolhido, haverá a reavaliação da habilitação concedida (art. 197-E, § 4º).

O autor Guilherme de Souza Nucci defende que a não observância da ordem cronológica da habilitação desafia o recurso de agravo de instrumento[821].

Todavia, entendemos que não é cabível agravo de instrumento, pois as hipóteses autorizadoras estão previstas taxativamente no art. 1.015 do CPC. Assim, por importar em violação à ordem cronológica estabelecida em lei, é possível a impetração de mandado de segurança.

2.16.7.9 *Indeferimento do cadastro*

O art. 50, § 2º, versa: "Não será deferida a inscrição se o interessado não satisfizer os requisitos legais, ou verificada qualquer das hipóteses previstas no art. 29".

[820] FONSECA, Antônio Cézar Lima da. *Direitos da criança e do adolescente*. 3. ed. São Paulo: Atlas, 2015, p. 223.

[821] NUCCI, Guilherme de Souza. *Estatuto da Criança e do Adolescente comentado*: em busca da Constituição Federal das crianças e dos adolescentes. 3. ed. rev., atual. e ampl. Rio de Janeiro: Forense, 2016, p. 702.

De seu turno, o art. 29 prevê: "Não se deferirá colocação em família substituta a pessoa que revele, por qualquer modo, incompatibilidade com a natureza da medida ou não ofereça ambiente familiar adequado".

Já o § 5º do art. 197-E, incluído pela Lei 13.509/2017, dispõe que a desistência do pretendente em relação à guarda para fins de adoção ou a devolução da criança ou do adolescente depois do trânsito em julgado da sentença de adoção importará na sua exclusão dos cadastros de adoção e na vedação de renovação da habilitação, salvo decisão judicial fundamentada, sem prejuízo das demais sanções previstas na legislação vigente.

Portanto, de acordo com o ECA, há quatro hipóteses de indeferimento de inscrição no cadastro: **(a)** não cumprimento dos requisitos legais; **(b)** incompatibilidade com a natureza da medida; **(c)** inexistência de ambiente familiar adequado; e **(d)** pretendente que desistir em relação à guarda para fins de adoção ou devolver a criança ou adolescente depois do trânsito em julgado da sentença de adoção.

Além destas situações, Luiz Antônio Miguel Ferreira aponta as seguintes justificativas ou causas para indeferimento do cadastro:

> **Econômica:** a questão econômica, por si só, não é motivo para justificar o indeferimento do cadastro. No entanto, a pobreza extrema somada a outros fatores, como prole numerosa, pode levar à não aceitação do cadastro.
>
> **Médicas:** a saúde precária e doenças físicas e emocionais graves do interessado também podem justificar o indeferimento do pedido. A questão emocional é algo que deve ser analisada com muita atenção em face dos prejuízos que proporcionam à criança ou ao adolescente a ser adotado.
>
> **Idade dos pretendentes:** a idade dos pretendentes, por si só, também não se apresenta como impeditivo para o cadastro. O certo é que os interessados com idade mais avançada devem ser orientados a buscar a adoção de crianças com mais idade ou adolescentes. Como a adoção pretende a constituição de uma família, nos moldes de um modelo concebido socialmente, apresenta-se inviável que pretendentes idosos venham a adotar crianças recém-nascidas, que naturalmente não seriam concebidas desta relação. Na verdade, a diferença de idade não autoriza o indeferimento do cadastro, mas somada a outros fatores negativos pode justificar tal decisão[822].

Sobre a idade dos pretendentes, em recente julgado versando sobre dano moral contra os pais adotivos de 55 e 85 anos à época da adoção de uma criança de 9 anos e que a abandonaram afetivamente, o STJ ponderou que inexiste vedação legal de tal adoção nestas circunstâncias, mas que "era possível inferir o acentuado risco de insucesso da adoção em virtude da notória diferença geracional entre pais e filho, de modo que era possível prever que a criança muito provavelmente exigiria cuidados muito especiais e diferenciados dos pais adotivos que possivelmente não estivessem realmente dispostos ou preparados para despendê-los"[823].

2.16.7.10 Recadastramento do pretendente que já adotou

Até o advento da Lei 13.509/2017, o ECA era silente quanto à necessidade de recadastramento do pretendente que já adotou e almeja uma nova adoção.

Contudo, referida Lei incluiu o § 3º ao art. 197-E para estipular que, quando o pretendente se candidatar a uma nova adoção, será dispensável renovar a habilitação, bastando a avaliação por equipe interprofissional.

---

822 FERREIRA, Luiz Antônio Miguel. Comentários ao art. 197-E. In: CURY, Munir (org.). *Estatuto da Criança e do Adolescente comentado. Comentários jurídicos e sociais.* 11. ed. São Paulo: Malheiros Editores. 2010, p. 887.

823 REsp 1.698.728/MS, 3ª T., Rel. Min. Moura Ribeiro, Rel. para acórdão Min. Nancy Andrighi, *DJe* 13.05.2021.

Embora o ECA seja omisso, a inclusão da nova adoção observará a fila existente no cadastro, de forma que o pretendente ocupará o último lugar[824]. A única exceção para a infringência desta ordem cronológica pode ocorrer na hipótese de adoção de um irmão do adotado, tendo em vista o objetivo de manter os irmãos no mesmo grupo familiar (art. 28, § 4º).

2.16.8 Procedimento de infiltração de agentes de polícia para a investigação de crimes contra a dignidade sexual de criança e de adolescente

Em razão da crescente e massiva utilização da rede mundial de computadores e aplicativos de trocas de mensagens, tornou-se comum o uso destes meios para o aliciamento de crianças e adolescentes para a prática de atos sexuais, desde compartilhamentos de fotografias sem roupas até convites para encontros sexuais, aproveitando-se da inexperiência das vítimas.

Dessa forma, a Lei 13.441, de 8 de maio de 2017, acrescentou a Seção V-A ao capítulo III do título VI da parte especial do ECA, para incluir os arts. 190-A ao 190-E, que tratam da possibilidade de infiltração de agentes de polícia para a investigação de crimes contra a dignidade sexual de criança e de adolescente.

Essa forma de obtenção de prova possibilita a investigação dos crimes descritos nos arts. 240, 241, 241-A, 241-B, 241-C e 241-D do ECA, e arts. 154-A, 217-A, 218, 218-A e 218-B do Código Penal (art. 190-A, *caput*).

Depreende-se da leitura daqueles dispositivos que somente os crimes expressamente previstos autorizam esta modalidade de obtenção de prova, desde que praticados contra criança ou adolescente, conforme o título da seção e a parte final do parágrafo único do art. 190-E: "e a intimidade das crianças e dos adolescentes envolvidos".

A infiltração do agente de polícia para investigar a prática destes crimes será realizada exclusivamente por meio da internet, tratando-se de um **agente policial virtual** ou de uma **infiltração cibernética**.

Esse procedimento possibilita que um agente de polícia, devidamente treinado, ingresse na internet, apresente outra identidade, conquiste a confiança do investigado e dissimule a sua real intenção, tudo com o fim de amealhar provas para comprovar a autoria e a materialidade de crimes sexuais praticados contra criança ou adolescente.

Importante observar que o agente infiltrado não pode provocar a prática de crime para possibilitar a prisão do investigado, conforme a Súmula 145 do STF: "Não há crime, quando a preparação do flagrante torna impossível a sua consumação". Embora previsto no ECA, o pedido de infiltração de agente policial somente será requerido perante a Vara da Infância e Juventude se esta tiver competência definida pela lei de organização judiciária para julgar crimes praticados contra criança ou adolescente[825], ou quando houver informação de que o investigado se trata de adolescente.

Do contrário, a competência para autorização judicial da infiltração de agente será da Vara Criminal.

Caso ocorra algum dos crimes acima descritos contra criança ou adolescente e inexistam outros meios de obtenção de provas da sua prática (*caráter subsidiário* – art. 190-A, § 3º), o MP formulará requerimento ou o delegado de polícia representará, demonstrando a necessidade da medida, o alcance das tarefas dos policiais, os nomes ou apelidos das pessoas investigadas e, quando possível, os dados de conexão ou cadastrais que permitam a identificação dessas pessoas (art. 190-A, II).

---

[824] No mesmo sentido: FERREIRA, Luiz Antônio Miguel. Comentários ao art. 197-E. In: CURY, Munir (org.). *Estatuto da Criança e do Adolescente comentado. Comentários jurídicos e sociais*. 11. ed. São Paulo: Malheiros Editores. 2010, p. 888.

[825] STJ, AgRg no AgRg no AREsp 580.350/RN, 5ª T., Rel. Min. Joel Ilan Paciornik, *DJe* 16.12.2016; HC 316.292/RS, 6ª T., Rel. Min. Sebastião Reis Júnior, *DJe* 06.10.2016. STF, HC 134.504, 2ª T., Rel. Min. Ricardo Lewandowski, Rel. para acórdão Min. Teori Zavascki, *DJe* 05.12.2016; HC 113.102/RS, 1ª T., Rel. Min. Marco Aurélio, *DJe* 18.02.2013.

Quando se tratar de representação do delegado de polícia, será ouvido o MP e, em seguida, o juiz, se entender admissível, autorizará fundamentadamente, estabelecendo os limites da infiltração para obtenção de prova (art. 190-A, I).

O prazo máximo da infiltração é de 90 (noventa) dias, sem prejuízo de eventuais renovações, desde que não exceda a 720 (setecentos e vinte) dias e seja demonstrada a sua necessidade, a critério da autoridade judiciária (art. 190-A, III).

A autoridade judiciária e o MP poderão requisitar, a qualquer momento, relatórios parciais da operação de infiltração antes mesmo do término do prazo de 90 (noventa) dias (art. 190-A, § 1º).

Todas as informações da operação de infiltração serão encaminhadas diretamente ao juiz que autorizou a medida, o qual deverá zelar por seu sigilo. Enquanto não houver a conclusão da operação, o acesso aos autos é reservado ao juiz, ao MP e ao delegado de polícia responsável, visando garantir o sigilo da investigação (art. 190-B).

O agente de polícia infiltrado que oculta a sua identidade para colher indícios de autoria e materialidade dos crimes acima descritos não comete crime (art. 190-C, *caput*), podendo, contudo, responder pelos excessos praticados, se deixar de observar a estrita finalidade a que se propõe (art. 190-C, parágrafo único).

Os órgãos de registro e cadastro público poderão incluir nos bancos de dados próprios, mediante procedimento sigiloso e requisição da autoridade judicial, as informações necessárias à efetividade da identidade fictícia criada para o agente (art. 190-D).

Finda a investigação, todos os atos eletrônicos praticados durante a operação devem ser registrados, gravados, armazenados e encaminhados ao juiz e ao MP, acompanhado do relatório circunstanciado (art. 190-E).

Esses atos eletrônicos serão reunidos em autos apartados e apensados ao processo criminal, juntamente com o inquérito policial, assegurando-se a preservação da identidade do agente policial e a intimidade das crianças e dos adolescentes envolvidos (art. 190-E, parágrafo único).

2.17 PROCEDIMENTO DE APURAÇÃO DE ATO INFRACIONAL

2.17.1 Introdução

O art. 227, § 3º, IV, da CF, versa que o direito à proteção especial da criança e do adolescente deve considerar a "garantia de pleno e formal conhecimento da atribuição de ato infracional, igualdade na relação processual e defesa técnica por profissional habilitado, segundo dispuser a legislação tutelar específica".

O ECA, em seus arts. 171 a 190, disciplina o procedimento de apuração de ato infracional atribuído a adolescente. Se o ato infracional for praticado por criança, a aplicação da medida de proteção é de atribuição do Conselho Tutelar, não ficando sujeito ao presente procedimento.

Por força do art. 152, aplicam-se subsidiariamente ao procedimento de apuração ato infracional as normas gerais do CPP, exceto no sistema recursal, no qual haverá incidência do CPC, em razão de disposição expressa do art. 198, *caput*, do ECA.

Salienta-se que a aplicação subsidiária do CPP não significa a aplicação de todas as suas normas, pois há a necessidade de analisar sua compatibilidade com o procedimento do ECA. Assim, haverá sua incidência nas normas referentes sobre competência por prevenção, conexão ou continência, número de testemunhas, conceito de flagrante etc.

Por outro lado, não haverá incidência do CPP sobre assistente de acusação, prisão, fiança, princípio da identidade física do juiz, rito procedimental etc.

O procedimento de apuração de ato infracional pode ser dividido em três fases: policial ou investigativa, Ministério Público e judicial.

2.17.2 Fase policial ou investigativa

2.17.2.1 Apreensão do adolescente por ordem judicial

O art. 171 prevê: "O adolescente apreendido por força de ordem judicial será, desde logo, encaminhado à autoridade judiciária".

A apreensão por ordem judicial pode ser decorrente de internação provisória, internação-sanção, internação por prazo indeterminado ou busca e apreensão por não ter sido localizado para audiência de apresentação ou para justificar descumprimento de medida socioeducativa.

Nos três primeiros casos, o adolescente não precisa ser apresentado à autoridade judiciária, bastando a comunicação ao juiz e o encaminhamento do adolescente à entidade de atendimento de medida de internação para seu cumprimento.

Quanto ao prazo para comunicação do juiz, o referido artigo apenas diz "desde logo". Entende-se que esta expressão significa que a comunicação deve ser realizada em, no máximo, 24 (vinte e quatro) horas.

Também há a necessidade de comunicação à família do apreendido ou à pessoa por ele indicada (art. 107).

2.17.2.2 Apreensão do adolescente em situação de flagrância

O adolescente, ao ser apreendido em flagrante (art. 302 do CPP), será, desde logo, encaminhado à autoridade policial (art. 172, *caput*, do ECA). O ECA diferencia os procedimentos nas situações em que o ato infracional foi praticado com e sem violência ou grave ameaça à pessoa.

2.17.2.3 Ato infracional com violência ou grave ameaça à pessoa e manutenção da apreensão

A apreensão em flagrante do adolescente após a prática de ato infracional **com violência ou grave ameaça à pessoa** autoriza a lavratura do *auto de apreensão* (art. 173, *caput*), devendo a autoridade policial tomar as seguintes providências descritas nos incisos do referido artigo: ouvir as testemunhas, vítima e o adolescente (inciso I); apreender os produtos e os instrumentos do ato infracional (inciso II); e requisitar os exames ou perícias necessários para a comprovação da materialidade e autoria do ato infracional (inciso III).

Por força do art. 152 do ECA, a autoridade policial também poderá tomar qualquer das providências do art. 6º do CPP[826].

O ato infracional com violência ou grave ameaça à pessoa não abarca a lesão corporal de natureza leve, ameaça e vias de fato, sob pena de dar tratamento mais rigoroso ao adolescente em relação ao imputável.

Contudo, roubo, extorsão, tortura, homicídio, latrocínio, estupro etc., qualificam-se como atos infracionais com violência ou grave ameaça à pessoa.

---

[826] Art. 6º do CPP: "Logo que tiver conhecimento da prática da infração penal, a autoridade policial deverá: I - dirigir-se ao local, providenciando para que não se alterem o estado e conservação das coisas, até a chegada dos peritos criminais; II - apreender os objetos que tiverem relação com o fato, após liberados pelos peritos criminais; III - colher todas as provas que servirem para o esclarecimento do fato e suas circunstâncias; IV - ouvir o ofendido; V - ouvir o indiciado, com observância, no que for aplicável, do disposto no Capítulo III do Título VII, deste Livro, devendo o respectivo termo ser assinado por duas testemunhas que lhe tenham ouvido a leitura; VI - proceder a reconhecimento de pessoas e coisas e a acareações; VII - determinar, se for caso, que se proceda a exame de corpo de delito e a quaisquer outras perícias; VIII - ordenar a identificação do indiciado pelo processo datiloscópico, se possível, e fazer juntar aos autos sua folha de antecedentes; IX - averiguar a vida pregressa do indiciado, sob o ponto de vista individual, familiar e social, sua condição econômica, sua atitude e estado de ânimo antes e depois do crime e durante ele, e quaisquer outros elementos que contribuírem para a apreciação do seu temperamento e caráter. X - colher informações sobre a existência de filhos, respectivas idades e se possuem alguma deficiência e o nome e o contato de eventual responsável pelos cuidados dos filhos, indicado pela pessoa presa".

Também não haverá liberação quando "pela gravidade do ato infracional e sua repercussão social, deva o adolescente permanecer sob internação para garantia da sua segurança pessoal ou manutenção da ordem pública" (art. 174).

Para parcela da doutrina, a apreensão do adolescente pela autoridade policial não se confunde com os requisitos para a decretação de sua internação provisória (art. 122 e incisos)[827]. Contudo, entendemos que a apreensão deste pela autoridade policial apenas pode existir se presentes os requisitos dos incisos I ou II do art. 122, que autorizam a medida de internação[828].

Do contrário, o adolescente seria apreendido, mas o Ministério Público não teria os requisitos para formular pedido de sua internação provisória, o que culminaria com sua liberação imediata, revelando um enorme contrassenso.

Por outro lado, a **repercussão social do ato infracional**, por si só, não autoriza a apreensão do adolescente pela autoridade policial, devendo, no caso concreto, ficar associada à gravidade do ato infracional.

Ao contrário do disposto no art. 174, a **garantia da segurança pessoal do adolescente** não se constitui em fundamento idôneo para sua internação provisória, afinal "nenhum acusado, em sã consciência, prefere estar preso, em lugar de solto, porque se sente de algum modo ameaçado"[829]. No mesmo sentido, há julgado do STJ[830].

Se o ato infracional for cometido em concurso de pessoas com imputável, será lavrado apenas um auto de apreensão e prisão em flagrante, a ser confeccionado na repartição policial especializada para atendimento de adolescente (art. 172, parágrafo único). Após a lavratura do auto, o imputável será encaminhado à outra repartição policial juntamente com o seu procedimento.

Caso inexista repartição especializada, o adolescente e o imputável serão encaminhados à autoridade policial com atribuição para a realização do procedimento.

O auto de apreensão segue o procedimento previsto para a lavratura do auto de prisão em flagrante (art. 304 do CPP)[831], em razão do art. 152 do ECA.

2.17.2.4 *Ato infracional sem violência ou grave ameaça à pessoa*

O adolescente apreendido em flagrante por ato infracional praticado **sem violência ou grave ameaça à pessoa** não terá lavrado contra si auto de apreensão, sendo confeccionado *boletim de ocorrência circunstanciado* – *BOC* (art. 173, parágrafo único). Este é um procedimento

---

827 Nesse sentido: MARÇURA, Jurandir Norberto. MUNIR, Cury. PAULA, Paulo Afonso Garrido de. *Estatuto da Criança e do Adolescente anotado*. 2. ed. rev. e atual. São Paulo: Editora Revista dos Tribunais, 2000, p. 152.

828 No mesmo sentido: COSTA, Tarcísio José Martins. *Estatuto da Criança e do Adolescente comentado*. Belo Horizonte: Del Rey, 2004, p. 338.

829 NUCCI, Guilherme de Souza. *Estatuto da Criança e do Adolescente comentado*: em busca da Constituição Federal das crianças e dos adolescentes. 3. ed. rev., atual. e ampl. Rio de Janeiro: Forense, 2016, p. 398. No mesmo sentido: DEZEM, Guilherme Madeira; AGUIRRE, João Ricardo Brandão; FULLER, Paulo Henrique Aranda. *Estatuto da Criança e do Adolescente*: difusos e coletivos. 3. ed. rev., atual. e ampl. São Paulo: Editora Revista dos Tribunais, 2013, p. 104.

830 HC 193.614/RJ, 6ª T., Rel. Min. Sebastião Reis Júnior, *DJe* 09.11.2011.

831 Art. 304 do CPP: "Apresentado o preso à autoridade competente, ouvirá esta o condutor e colherá, desde logo, sua assinatura, entregando a este cópia do termo e recibo de entrega do preso. Em seguida, procederá à oitiva das testemunhas que o acompanharem e ao interrogatório do acusado sobre a imputação que lhe é feita, colhendo, após cada oitiva suas respectivas assinaturas, lavrando, a autoridade, afinal, o auto. § 1.º Resultando das respostas fundada a suspeita contra o conduzido, a autoridade mandará recolhê-lo à prisão, exceto no caso de livrar-se solto ou de prestar fiança, e prosseguirá nos atos do inquérito ou processo, se para isso for competente; se não o for, enviará os autos à autoridade que o seja. § 2º A falta de testemunhas da infração não impedirá o auto de prisão em flagrante; mas, nesse caso, com o condutor, deverão assiná-lo pelo menos duas pessoas que hajam testemunhado a apresentação do preso à autoridade. § 3º Quando o acusado se recusar a assinar, não souber ou não puder fazê-lo, o auto de prisão em flagrante será assinado por duas testemunhas, que tenham ouvido sua leitura na presença deste. § 4º Da lavratura do auto de prisão em flagrante deverá constar a informação sobre a existência de filhos, respectivas idades e se possuem alguma deficiência e o nome e o contato de eventual responsável pelos cuidados dos filhos, indicado pela pessoa presa".

mais simplificado para formalização e não demanda a oitiva das testemunhas. Todavia, são necessárias as providências dos incisos II e III do art. 173.

Em seguida, o adolescente será **liberado** a qualquer dos pais ou responsável, sob termo de responsabilidade de sua apresentação ao representante do Ministério Público, no mesmo dia ou, sendo impossível, no primeiro dia útil imediato (art. 174).

Responsável é aquele que possui termo de guarda do adolescente ou a pessoa que demonstrar que dispensa a ele os cuidados necessários[832].

O **Conselheiro Tutelar**, por óbvio, não se qualifica como "responsável" para o recebimento do adolescente mediante o termo de compromisso e responsabilidade de apresentá-lo ao representante do Ministério Público[833].

Observa-se que, nesse caso, sequer existe previsão legal para comunicar o Conselho Tutelar, pois quando o ECA a pretendeu, o fez expressamente (arts. 13, 56, 70-B, 90, § 1º, 91 e 94-A)[834].

Caso não compareça qualquer dos pais ou responsável do adolescente, este será mantido apreendido perante entidade de atendimento ou na repartição policial, desde que em seção isolada dos adultos e em instalações apropriadas, não podendo ultrapassar o prazo máximo de 5 (cinco) dias (art. 185, § 2º)[835].

A **entidade de atendimento** a que se refere os § 1º e 2º do art. 175 é aquela destinada ao cumprimento de medida de internação e não entidade de acolhimento de criança ou adolescente, "pois o contato entre eles poderia ser extremamente prejudicial"[836].

2.17.2.5 Apresentação ao Ministério Público

Na fase policial, o adolescente pode permanecer apreendido em duas situações previstas nos arts. 173 e 174: **(a)** apreensão em flagrante por ato infracional cometido com violência ou grave ameaça à pessoa; ou **(b)** não comparecimento de qualquer dos pais ou responsável para a sua liberação no caso de ato infracional praticado sem violência ou grave ameaça à pessoa.

Na segunda hipótese, após a autuação judicial do auto de apreensão, do boletim de ocorrência ou do relatório policial, e a juntada de informação sobre os antecedentes do adolescente (art. 179), a autoridade policial, desde logo, deverá encaminhá-lo ao representante do Ministério Público (art. 175, *caput*)[837].

Contudo, se for impossível a apresentação imediata, encaminhará o adolescente à entidade de atendimento de medida de internação, cujo responsável fará a apresentação do adolescente ao Ministério Público, em até 24 (vinte e quatro) horas.

---

832 Nesse sentido: ISHIDA, Válter Kenji. *Estatuto da Criança e do Adolescente*: doutrina e jurisprudência. 17. ed. rev., ampl. e atual. Salvador: JusPodivm, 2016, p. 510.

833 Nesse sentido: PESTANA, Denis. *Manual do Conselheiro Tutelar*. 1. ed., 2. reimpr. Curitiba: Juruá, 2011, p. 93; FRANCISCO DE SOUZA, Ismael. Conselho Tutelar: novos caminhos para proteção aos direitos de crianças e adolescentes no Brasil. In: VERONESE, Josiane Rose Petry (autora e organizadora). Estatuto da Criança e do Adolescente: 30 anos: grandes temas, grandes desafios. Rio de Janeiro: Lumen Juris, 2020, p. 238.

834 Art. 107 do ECA: "A apreensão de qualquer adolescente e o local onde se encontra recolhido serão incontinenti comunicados à autoridade judiciária competente e à família do apreendido ou à pessoa por ele indicada".

835 Nesse sentido, dentre outros: LAMENZA, Francismar; MACHADO, Antônio Cláudio da Costa (org.). *Estatuto da Criança e do Adolescente interpretado*: artigo por artigo, parágrafo por parágrafo. Barueri: Manole, 2012, p. 283; MARÇURA, Jurandir Norberto; MUNIR, Cury; PAULA, Paulo Afonso Garrido de. *Estatuto da Criança e do Adolescente anotado*. 2. ed. rev. e atual. São Paulo: Editora Revista dos Tribunais, 2000, p. 153; LIBERATI, Wilson Donizeti. *Comentários ao Estatuto da Criança e do Adolescente*. 12. ed. São Paulo: Malheiros Editores, 2015, p. 218; ROSSATO, Luciano Xavier; LÉPORE, Paulo Eduardo; CUNHA, Rogério Sanches da. *Estatuto da Criança e do Adolescente*: Lei n. 8.069/90 comentado artigo por artigo. 8. ed. rev., atual. e ampl. São Paulo: Saraiva, 2016, p. 477; FULLER, Paulo Henrique Aranda. *Estatuto da Criança e do Adolescente comentado*. São Paulo: Editora Revista dos Tribunais, 2017, p. 445.

836 NUCCI, Guilherme de Souza. *Estatuto da Criança e do Adolescente comentado*: em busca da Constituição Federal das crianças e dos adolescentes. 3. ed. rev., atual. e ampl. Rio de Janeiro: Forense, 2016, p. 630. No mesmo sentido: MARÇURA, Jurandir Norberto; MUNIR, Cury; PAULA, Paulo Afonso Garrido de. *Estatuto da Criança e do Adolescente anotado*. 2. ed. rev. e atual. São Paulo: Editora Revista dos Tribunais, 2000, p. 153.

837 Nesse sentido: COSTA, Tarcísio José Martins. *Estatuto da Criança e do Adolescente comentado*. Belo Horizonte: Del Rey, 2004, p. 345.

Caso inexista entidade de atendimento, o adolescente permanecerá na repartição policial, desde que em seção isolada dos adultos e em instalações apropriadas, devendo ser apresentado pela autoridade policial em até 24 (vinte e quatro) horas ao Ministério Público (art. 175, § 2º).

2.17.2.6 *Procedimento para apuração de ato infracional*

O ECA não prevê a instauração de inquérito policial para apurar ato infracional. Assim, na prática forense, se houver a necessidade de realização de diligências, a autoridade policial instaura procedimento para colher os elementos de autoria e materialidade e o remete ao Ministério Público (art. 177).

2.17.2.7 *Transporte e uso de algema*

O art. 178 veda o transporte de adolescente, a quem se atribua autoria de ato infracional, em compartimento fechado de veículo policial, em condições atentatórias à sua dignidade, ou que impliquem risco à sua integridade física ou mental, sob pena de responsabilidade. Portanto, há possibilidade de transportá-lo no banco traseiro da viatura policial.

O uso de algemas foi disciplinado pela Súmula Vinculante 11 do STF[838].

2.17.3 Fase do Ministério Público

2.17.3.1 *Oitiva informal*

O art. 179 dispõe sobre a oitiva informal do adolescente, de seus pais ou responsável, vítima e testemunhas a ser realizada pelo Ministério Público. Para tanto, há necessidade de autuação judicial do auto de apreensão, do boletim de ocorrência ou do relatório policial, e a juntada de informação sobre os antecedentes do suposto infrator[839].

Em sendo possível e necessário, o MP poderá realizar a oitiva informal dos pais ou responsável do adolescente, da vítima e das testemunhas.

A oitiva informal do adolescente **não é condição de procedibilidade** e se constitui em ato discricionário do Ministério Público, sendo realizada apenas se houver necessidade para a formação da sua *opinio delicti*, para a concessão de remissão própria (perdão puro e simples) ou acordar sobre a remissão imprópria (cumulada com medida socioeducativa). Não se justifica a designação de tal ato se o Ministério Público já dispõe de elementos para o oferecimento de representação e o ato infracional não comporta remissão ou arquivamento.

A jurisprudência do STJ é pacífica acerca da ausência de nulidade ante sua não realização[840]. Todavia, parcela da doutrina defende a sua obrigatoriedade, por corresponder a direito subjetivo do adolescente[841].

---

838 Súmula Vinculante 11 do STF: "Só é lícito o uso de algemas em casos de resistência e de fundado receio de fuga ou de perigo à integridade física própria ou alheia, por parte do preso ou de terceiros, justificada a excepcionalidade por escrito, sob pena de responsabilidade disciplinar, civil e penal do agente ou da autoridade e de nulidade da prisão ou do ato processual a que se refere, sem prejuízo da responsabilidade civil do Estado".

839 Nesse sentido, dentre outros: MARÇURA, Jurandir Norberto. Comentários ao art. 179. In: CURY, Munir (org.). *Estatuto da Criança e do Adolescente comentado. Comentários jurídicos e sociais*. 11. ed. São Paulo: Malheiros Editores. 2010, p. 794; LIBERATI, Wilson Donizeti. *Comentários ao Estatuto da Criança e do Adolescente*. 12. ed. São Paulo: Malheiros Editores, 2015, p. 222.

840 AgRg no HC 244.399/SP, 5ª T., Rel. Min. Marco Aurélio Bellizze, *DJe* 04.12.2012; HC 121.733/SP, 6ª T., Rel. Min. Og Fernandes, *DJe* 23.03.2009; REsp 662.499/SC, 5ª T., Rel. Min. Felix Fischer, *DJ* 14.02.2005; RHC 9.215/SP, 6ª T., Rel. Min. Hamilton Carvalhido, *DJ* 09.04.2001.

841 Nesse sentido: SPOSATO, Karyna Batista. *O direito penal juvenil*. São Paulo: Editora Revista dos Tribunais, 2006, p. 147; VERONESE, Josiane Rose Petry. *Direito penal juvenil e responsabilização estatutária*: elementos aproximativos e/ou distanciadores?

A oitiva deve ser informal, ou seja, nada deve constar sobre os pormenores do ato infracional praticado. Se o legislador pretendesse que fosse realizado verdadeiro interrogatório do adolescente, certamente não teria utilizado a expressão: "informalmente à sua oitiva"[842].

Assim, o promotor de Justiça somente deve mencionar no termo que procedeu a oitiva informal do adolescente. Em regra, na prática forense, no próprio termo no qual consta esta oitiva, se for o caso, já é promovido o arquivamento, concedida a remissão própria ou acordada a remissão imprópria com o adolescente e seus pais ou responsável.

Se a oitiva informal for reduzida completamente a termo, o adolescente deverá ser advertido do seu direito constitucional de permanecer em silêncio, pois o ato, em verdade, tratará de interrogatório.

A oitiva informal prescinde da presença de advogado por se constituir em procedimento extrajudicial, não sujeito aos princípios do contraditório e da ampla defesa[843]. Contudo, caso o adolescente compareça com advogado, o promotor de Justiça não poderá impedi-lo de acompanhar o ato, desde que não formule perguntas[844].

Há entendimento de que sempre há obrigatoriedade de presença de advogado durante a oitiva informal, pois o adolescente não é "mero objeto de procedimento administrativo"[845]. E, em recente julgado, o STJ entendeu que é necessária a presença de advogado para a aceitação de remissão extraprocessual[846].

Caso seja realizada sem a presença dos pais ou responsável, não haverá nulidade, se inexistir prejuízo[847].

O art. 179, parágrafo único, prevê que o Ministério Público poderá notificar os pais ou responsável para apresentação do adolescente, podendo requisitar o concurso das polícias civil e militar.

A não apresentação do adolescente para oitiva informal pode acarretar na requisição de apoio policial para a condução coercitiva do adolescente ao Ministério Público, conforme permissivo legal e doutrina majoritária[848].

Em regra, a notificação será feita pelo próprio Ministério Público. Todavia, excepcionalmente, se ficar demonstrada a impossibilidade, o STJ admite que seja realizada judicialmente[849].

O que diz a Lei Sinase: a imputabilidade penal em debate. Rio de Janeiro: Lumen Juris, 2015, p. 176; COSTA, Tarcísio José Martins. *Estatuto da Criança e do Adolescente comentado.* Belo Horizonte: Del Rey, 2004, p. 345.

842 No mesmo sentido: VERONESE, Josiane Rose Petry. *Direito penal juvenil e responsabilização estatutária*: elementos aproximativos e/ou distanciadores? O que diz a Lei Sinase: a imputabilidade penal em debate. Rio de Janeiro: Lumen Juris, 2015, p. 176; MARÇURA, Jurandir Norberto; MUNIR, Cury; PAULA, Paulo Afonso Garrido de. *Estatuto da Criança e do Adolescente anotado.* 2. ed. rev. e atual. São Paulo: Editora Revista dos Tribunais, 2000, p. 212; LAMENZA, Francismar; MACHADO, Antônio Cláudio da Costa (org.). *Estatuto da Criança e do Adolescente interpretado*: artigo por artigo, parágrafo por parágrafo. Barueri: Manole, 2012, p. 287.

843 STJ, HC 349.147/RJ, 5ª T., Rel. Min. Reynaldo Soares da Fonseca, *DJe* 08.06.2017; HC 109.242/SP, 5ª T., Rel. Min. Arnaldo Esteves Lima, *DJe* 05.04.2010.

844 No mesmo sentido: BORDALLO, Galdino Augusto Coelho. O advogado. In: MACIEL, Kátia Regina Ferreira Lobo Andrade (coord.). *Curso de direito da criança e do adolescente*: aspectos teóricos e práticos. 9. ed. rev. e atual. São Paulo: Saraiva, 2016, p. 602.

845 VIANNA, Guaraci. *Direito infantojuvenil*: teoria, prática e aspectos multidisciplinares. Rio de Janeiro: Freitas Bastos, 2004, p. 371-2.

846 RHC 102.132/DF, 6ª T., Rel. Min. Nefi Cordeiro, *DJe* 01.02.2019.

847 STJ, HC 108.432/SP, 5ª T., Rel. Min. Felix Fischer, *DJe* 10.11.2008.

848 MORAES, Bianca Mota de; RAMOS, Helane Vieira. A prática de ato infracional. In: MACIEL, Kátia Regina Ferreira Lobo Andrade (coord.). *Curso de direito da criança e do adolescente*: aspectos teóricos e práticos. 9. ed. rev. e atual. São Paulo: Saraiva, 2016, p. 1.102; FERNANDES. Márcio Mothé. *Ação socioeducativa pública. Inovação do Estatuto da Criança e do Adolescente.* 2. ed. rev., ampl. e atual. Rio de Janeiro: Editora Lumen Juris, 2002, p. 38; LAMENZA, Francismar; MACHADO, Antônio Cláudio da Costa (org.). *Estatuto da Criança e do Adolescente interpretado*: artigo por artigo, parágrafo por parágrafo. Barueri: Manole, 2012, p. 287; LIBERATI, Wilson Donizeti. *Comentários ao Estatuto da Criança e do Adolescente.* 12. ed. São Paulo: Malheiros Editores, 2015, p. 223.

849 REsp 702.857/SC, 5ª T., Rel. Min. Felix Fischer, *DJ* 29.08.2005; REsp 650.564/SC, 5ª T., Rel. Min. Laurita Vaz, *DJ* 25.10.2004.

Entretanto, há autor que defende que não é possível a condução coercitiva do adolescente realizada pela polícia, pois sempre há necessidade de ordem judicial por constituir espécie de privação de liberdade[850].

2.17.3.2 *Outras providências*

Após a oitiva informal, se necessária, o Ministério Público, conforme o art. 180 e incisos, poderá tomar as seguintes providências: **(a)** promover o **arquivamento** dos autos (inciso I); **(b)** conceder a **remissão** (inciso II); e **(c)** **representar** à autoridade judiciária para aplicação de medida socioeducativa (inciso III).

Além dessas situações expressamente previstas no referido artigo, o Ministério Público poderá pedir a **complementação de diligências** pela autoridade policial, formular pedido de **internação provisória** ou **liberar o adolescente**.

Passemos à análise de cada providência.

2.17.3.3 *Arquivamento dos autos*

Em decorrência da natureza pública do procedimento para apuração do ato infracional, o representante do Ministério Público, mediante **termo fundamentado** (art. 181), promoverá o arquivamento dos autos, sempre que constatar a ocorrência de qualquer causa prevista nos incisos do art. 189, quais sejam: **(a)** ficar provada a inexistência do fato; **(b)** não haver prova da existência do fato; **(c)** não constituir o fato ato infracional; e **(d)** não existir prova de ter o adolescente concorrido para o ato infracional.

O arquivamento também poderá ocorrer se caracterizada excludente de antijuridicidade ou culpabilidade, ocorrência de prescrição, adoção do princípio da insignificância, dentre outros motivos.

Após a promoção de arquivamento pelo Ministério Público, a autoridade judiciária deverá homologá-la e, em caso de discordância, encaminhará os autos ao PGJ, o qual poderá ofertar representação ou designar outro membro para tanto, bem como ratificar o arquivamento. Caso ratificado, a autoridade judiciária será obrigada a homologar o arquivamento (art. 181, § 2º).

Na promoção de arquivamento deve constar a ressalva do art. 18 do CPP, consistente na possibilidade de reiniciar as investigações se surgirem novas provas.

2.17.3.4 *Remissão*

Ocorrido o ato infracional, o Ministério Público tem o dever legal de agir, em razão da obrigatoriedade da sua atuação. Todavia, a remissão implica mitigação ao princípio da obrigatoriedade e, portanto, deve ser realizada em **termo fundamentado** e fica sujeita à homologação pela autoridade judiciária[851].

Se a remissão for cumulada com medida socioeducativa, havendo sua homologação, o juízo determinará seu cumprimento (art. 181, § 1º).

Por outro lado, se o juízo divergir da remissão ou da medida socioeducativa acordada entre o MP e o adolescente e seus pais ou responsável, remeterá os autos ao PGJ, que poderá concordar com a remissão, hipótese em que o magistrado estará obrigado a homologá-la. O PGJ também poderá ofertar representação ou designar outro membro para tanto (art. 181, § 2º).

[850] NUCCI, Guilherme de Souza. *Estatuto da Criança e do Adolescente comentado*: em busca da Constituição Federal das crianças e dos adolescentes. 3. ed. rev., atual. e ampl. Rio de Janeiro: Forense, 2016, p. 638-9.

[851] O tema "remissão pelo Ministério Público" foi amplamente debatido no item 2.12.6.

2.17.3.5 Representação

Não sendo caso de arquivamento ou remissão, o Ministério Público, por ser o titular exclusivo para iniciar o processo (arts. 180, III, e 201, II)[852], ofertará representação em desfavor do adolescente para aplicação da medida socioeducativa que se afigurar a mais adequada (art. 182).

A ação socioeducativa é sempre de natureza pública incondicionada, prescindindo de representação da vítima.

A representação é a peça formal que deflagra a fase judicial para a apuração do ato infracional e deve conter os seguintes requisitos: breve resumo dos fatos, classificação jurídica do ato infracional e rol de testemunhas, se necessário (art. 181, § 1º).

O ECA é silente quanto ao prazo para seu oferecimento, mas em se tratando de adolescente apreendido, não há como aplicar o prazo de 5 (cinco) dias legalmente previsto para o preso imputável (art. 46, *caput*, do CPP).

De fato, esse é o prazo máximo que o adolescente pode permanecer em cela separada na Delegacia de Polícia (art. 185, § 2º, do ECA), devendo, posteriormente, ser encaminhado ao estabelecimento adequado para o cumprimento da internação provisória.

Assim, considerando toda a sistemática célere do ECA ("desde logo" - art. 175, *caput*; "imediatamente" - art. 179, *caput*), o MP deverá formular a representação no prazo **máximo de 24 (vinte e quatro) horas quando se tratar de adolescente apreendido**, de forma a permitir que a autoridade judiciária delibere acerca da internação provisória e possibilite o encaminhamento do adolescente para o local apropriado.

Por outro lado, na hipótese de **adolescente solto**, o prazo para o oferecimento da representação será de **15 (quinze) dias** (art. 46, *caput*, do CPP).

Na representação não há necessidade de declinar a medida a ser aplicada ao adolescente, nada impedindo que, após a instrução processual, as partes postulem a medida que entenderem mais pertinente ao caso.

A representação pode ser escrita ou oral. Esta última hipótese é de rara aplicação, pois não há designação de audiência para tal fim pela autoridade judiciária.

O ECA não estabelece o número de testemunhas, de forma a aplicar-se subsidiariamente o CPP. Assim, se o ato infracional tiver pena máxima igual ou superior a quatros anos, o rol poderá ser de até 8 (oito) testemunhas (art. 401 do CPP). Para o ato infracional com pena inferior a quatro anos, o rol poderá conter até 5 (cinco) testemunhas (art. 532 do CPP).

Com o fim de garantir celeridade ao procedimento, o art. 181, § 2º, do ECA prevê: "A representação independe de prova pré-constituída da autoria e materialidade". Entretanto, há necessidade de indícios razoáveis da autoria e da materialidade do ato infracional, haja vista que, caso inexistentes, não é possível iniciar um processo.

Já para a imposição de medida socioeducativa ao adolescente sempre há a necessidade de comprovação da autoria e materialidade do ato infracional.

Na cota introdutória da representação, o MP poderá pugnar pela juntada de laudos e realização de diligências, promover arquivamento em desfavor de algum adolescente que não participou do ato infracional, formular pedido de internação provisória etc.

2.17.3.6 Internação provisória

Se o adolescente foi apreendido em flagrante e o Ministério Público entender pela necessidade da manutenção da medida privativa de liberdade, na cota introdutória da representação, fará o pedido de internação provisória[853].

---

852 STJ, HC 160.292/MG, 5ª T., Rel. Min. Jorge Mussi, *DJe* 02.06.2011; HC 105.729/MG, 5ª T., Rel. Min. Napoleão Nunes Maia Filho, *DJe* 24.11.2008.

853 Sobre o tema "internação provisória", v. item 2.10.1.1.

Oferecida a representação, a autoridade judiciária decidirá sobre a *manutenção ou a decretação da internação provisória do adolescente* (art. 184, *caput*).

2.17.3.7 Liberação do adolescente pelo MP

O adolescente, uma vez apreendido pela autoridade policial, deverá ser imediatamente apresentado ao MP, após a autuação judicial do boletim de ocorrência ou do auto de apreensão e a juntada da informação de antecedentes.

Como visto, se o MP entender pertinente a oitiva informal ou dispensá-la, em seguida, poderá arquivar, conceder remissão ou representar para aplicação de medida socioeducativa.

Na hipótese de **arquivamento ou remissão**, o Ministério Público poderá liberar imediatamente o adolescente, sem a necessidade de decisão judicial, mediante termo de compromisso e responsabilidade dos pais ou responsável. Tal posicionamento se justifica porque inexiste processo judicial e a própria autoridade policial pode liberar o adolescente, se não for caso de apreensão (art. 174)[854].

Registre-se que a Conselheira Relatora Daldice Santana, do CNJ, no julgamento do Pedido de Providências 0005089-38.2017.2.00.0000, que discutia sobre a aplicação de audiência de custódia no procedimento de apuração de ato infracional, constou em seu voto: "Essa possibilidade de liberação do adolescente pelo Ministério Público prescinde de homologação judicial e da expedição de alvará de soltura"[855].

Por outro lado, caso o Ministério Público promova a **representação**, mesmo que não formule pedido de internação provisória, apenas a autoridade judiciária poderá liberar o adolescente, ante o teor da redação do art. 184: "Oferecida a representação, a autoridade judiciária designará audiência de apresentação do adolescente, decidindo, desde logo, sobre a decretação ou manutenção da internação, observado o disposto no art. 108 e parágrafo"[856].

2.17.3.8 Complementação de diligências

O Ministério Público deve formar a sua *opinio delicti* com os elementos contidos no boletim de ocorrência circunstanciado ou no auto de apreensão, bem como durante a oitiva informal, se for o caso.

Todavia, se houver diligência essencial faltante, poderá pugnar pelo retorno dos autos à autoridade policial para a **realização de novas diligências**, nos termos do art. 16 do CPP[857], aplicável ao procedimento de apuração de ato infracional, em razão do art. 152 do ECA.

2.17.4 Fase judicial

2.17.4.1 Aplicação do procedimento comum ordinário do CPP

O ECA tem procedimento próprio para a apuração da prática de ato infracional, iniciando-se com a audiência de apresentação para o interrogatório do adolescente e oitiva de seus

---

[854] Nesse sentido: SARAIVA, João Batista Costa. *Compêndio de direito penal juvenil*: adolescente e ato infracional. 4. ed. Porto Alegre: Livraria do Advogado, 2010, p. 118; LIBERATI, Wilson Donizeti. *Comentários ao Estatuto da Criança e do Adolescente*. 12. ed. São Paulo: Malheiros Editores, 2015, p. 222; MORAES, Bianca Mota de; RAMOS, Helane Vieira. A prática de ato infracional. In: MACIEL, Kátia Regina Ferreira Lobo Andrade (coord.). *Curso de direito da criança e do adolescente*: aspectos teóricos e práticos. 9. ed. rev. e atual. São Paulo: Saraiva, 2016, p. 1.105; FERNANDES. Márcio Mothé. *Ação socioeducativa pública. Inovação do Estatuto da Criança e do Adolescente*. 2. ed. rev., ampl. e atual. Rio de Janeiro: Editora Lumen Juris, 2002, p. 40.

[855] Pedido de Providências 0005089-38.2017.2.00.0000, Cons. Rel. Daldice Santana, j. 05.06.2018.

[856] Nesse sentido: MORAES, Bianca Mota de; RAMOS, Helane Vieira. A prática de ato infracional. In: MACIEL, Kátia Regina Ferreira Lobo Andrade (coord.). *Curso de direito da criança e do adolescente*: aspectos teóricos e práticos. 9. ed. rev. e atual. São Paulo: Saraiva, 2016, p. 1.105, p. 1.107.

[857] Art. 16 do CPP: "O Ministério Público não poderá requerer a devolução do inquérito à autoridade policial, senão para novas diligências, imprescindíveis ao oferecimento da denúncia".

pais ou responsável. Em seguida, há designação de audiência em continuação para a produção de prova oral (vítima, testemunhas, informante e perito), se requerida pelas partes.

Já no procedimento comum ordinário do CPP, após a Lei 11.719/2008, há somente uma audiência de instrução e julgamento, oportunidade na qual é produzida a prova oral e realizado o interrogatório do acusado, nesta ordem (art. 400).

Anteriormente, prevalecia o entendimento de que o art. 152 do ECA determina a *aplicação subsidiária* da legislação processual pertinente, o que não significava substituir o rito próprio expressamente previsto. Sobre o tema, o **STJ** mantinha jurisprudência pacífica no sentido de que o ECA tinha procedimento próprio (norma especial) e as normas do CPP apenas incidiam de forma subsidiária, "não havendo nulidade quanto à oitiva do adolescente antes do depoimento das testemunhas"[858].

Entretanto, a 3ª Seção do STJ, por ocasião do julgamento do HC 769.197/RJ, consolidou o entendimento de que a oitiva do representado deve ser o último ato da instrução no procedimento de apuração de ato infracional, em consonância com o art. 400 do CPP. Todavia, a nulidade pela inversão na ordem do interrogatório depende de sua arguição no momento processual oportuno e da demonstração de prejuízo efetivo à defesa[859].

2.17.4.2 *Audiência de custódia*

O CNJ, mediante a Resolução 213, de 15 de dezembro de 2015, regulamentou a apresentação de toda pessoa presa à autoridade judiciária no prazo de 24h (vinte e quatro horas), para ser ouvida sobre as circunstâncias nas quais ocorreu a sua prisão ou apreensão. Posteriormente, a audiência de custódia passou a ter previsão no art. 310 do Código de Processo Penal, com redação dada pela Lei 13.964, de 24 de dezembro de 2019.

Sobre tal instituto, surgiu questionamento acerca de sua aplicação também no procedimento de apuração de ato infracional, uma vez que a mencionada Resolução diz que se aplica a "toda pessoa presa", de forma que englobaria o adolescente autor de ato infracional apreendido em flagrante.

Por provocação da Defensoria Pública do Estado de Santa Catarina, foi instaurado no CNJ o Pedido de Providências 0005089-38.2017.2.00.0000 que, por unanimidade, julgou improcedente o pedido, nos seguintes termos:

> 1. O Estatuto da Criança e do Adolescente (Lei n. 8.069/1990) estabelece rito sumário para a liberação imediata de adolescentes apreendidos em flagrante de ato infracional, pela Autoridade Policial ou pelo Ministério Público, sem a necessidade de homologação judicial (arts. 107, 108 e 173 a 186). 2. A audiência de custódia de que trata a Resolução CNJ n. 213/2015 não é compatível o sistema de apuração de ato infracional atribuído a adolescente. 3. A aplicação da Resolução CNJ n. 213/2015 aos adolescentes apreendidos em flagrante configura sobreposição de rito especial – dotado de finalidade protetiva – delineado pela Lei n. 8.069/1990. 4. Pedido improcedente[860].

Acertada a decisão do CNJ, tendo em vista que o procedimento de apuração de ato infracional previsto no ECA, já dispõe de rito próprio que assegura a apresentação do adolescente

---

858 AgRg no REsp 1.961.474/PR, 6ª T., Rel. Min. Rogerio Schietti Cruz, *DJe* 27.09.2022; AgRg no HC 748.754/SC, 5ª T., Rel. Min. Reynaldo Soares da Fonseca, *DJe* 22.08.2022; HC 434.903/MG, 6ª T., Rel. Min. Nefi Cordeiro, *DJe* 06.06.2018. No mesmo sentido: AgRg no AREsp 1.689.954/GO, 5ª T., Rel. Min. Joel Ilan Paciornik, *DJe* 10.08.2020; HC 348.104/SP, 6ª T., Rel. Min. Maria Thereza de Assis Moura, *DJe* 15.04.2016; HC 320.876/SP, 5ª T., Rel. Min. Gurgel de Faria, *DJe* 01.09.2015. Inclusive, o próprio TJGO, em julgado posterior, reconheceu que o CPP somente se aplica de forma subsidiária ao disposto no art. 184 ECA: Apelação 5275879-32.2018.8.09.0051, 1ª Câmara Criminal, Rel. Fernando de Castro Mesquita, *DJe* 26.06.2019.

859 HC 769.197/RJ, 3ª S., Rel. Min. Ministro Rogerio Schietti Cruz, *DJe* 21.06.2023; HC 833.084/GO, 5ª T., Rel. Min. Daniela Teixeira, *DJEN* 16.12.2024.

860 Pedido de Providências 0005089-38.2017.2.00.0000, Cons. Rel. Daldice Santana, j. 05.06.2018.

apreendido em flagrante ao Ministério Público, no mesmo dia ou, no máximo, no dia seguinte, com a possibilidade de o Promotor de Justiça promover a liberação do adolescente na hipótese de arquivamento ou remissão.

Além disso, a própria autoridade policial está legalmente autorizada a liberar o adolescente apreendido em flagrante quando não for o caso de lavratura de auto de apreensão em flagrante (art. 174 do ECA).

Portanto, conclui-se que o tratamento dispensado pelo ECA é mais benéfico do que o previsto na audiência de custódia, pois já possibilita a pronta liberação do adolescente apreendido em flagrante, prescindindo de intervenção judicial.

2.17.4.3 *Recebimento ou rejeição da representação*

O ECA silencia acerca da existência de decisão de recebimento da representação. Contudo, por aplicação subsidiária do CPP, há necessidade de seu formal recebimento (art. 396 do CPP), não se exigindo fundamentação exauriente por parte da autoridade judiciária[861]. A decisão que recebe a representação é causa interruptiva da prescrição da medida socioeducativa (art. 117, I, do CP).

Por outro lado, a autoridade judiciária rejeitará a representação caso ausentes os seus requisitos legais ou constatada a ocorrência de qualquer causa de sua improcedência (art. 189 do ECA)[862].

A decisão que rejeita a representação acarreta a extinção do processo e desafia recurso de apelação do CPC (art. 198 do ECA).

2.17.4.4 *Audiência de apresentação*

Oferecida a representação, a autoridade judiciária decidirá sobre o seu recebimento e, se for o caso, acerca da manutenção ou a da decretação da internação provisória do adolescente. Em seguida, de acordo com o ECA, o juiz designará audiência de apresentação (art. 184, *caput*), com a finalidade de oitiva do adolescente e de seus pais ou responsável (art. 186, *caput*).

No entanto, conforme visto anteriormente (item 2.17.4.1), o STJ consolidou o entendimento de que o interrogatório do adolescente é o último ato da instrução processual[863].

Desse modo, a audiência de apresentação, que era a primeira oportunidade na qual o adolescente compareceria perante a autoridade judiciária para dar a sua versão dos fatos ou permanecer em silêncio, agora limita-se à análise da decretação ou da manutenção da internação provisória e à apreciação da possibilidade de remissão judicial, sendo vedada atividade probatória, e eventual confissão não poderá, isoladamente, fundamentar a procedência da representação.

Portanto, a presença do adolescente já não constitui de condição de procedibilidade da audiência e prosseguibilidade do processo de apuração de ato infracional, conforme entendimento anterior ao novo precedente do STJ[864].

Contudo, se o adolescente for citado e não comparecer à audiência, a autoridade judiciária ainda poderá determinar a sua condução coercitiva (art. 187).

---

[861] STJ, HC 504.035/SC, 5ª T., Rel. Min. Reynaldo Soares da Fonseca, *DJe* 17.02.2020.

[862] Art. 189 do ECA: "A autoridade judiciária não aplicará qualquer medida, desde que reconheça na sentença: I – estar provada a inexistência do fato; II – não haver prova da existência do fato; III – não constituir o fato ato infracional; IV – não existir prova de ter o adolescente concorrido para o ato infracional".

[863] HC 769.197/RJ, 3ª S., Rel. Min. Ministro Rogerio Schietti Cruz, *DJe* 21.06.2023.

[864] STJ, AgRg no HC 691.998/SC, 5ª T., Rel. Min. Ribeiro Dantas, *DJe* 14.02.2022; AgRg no REsp 1.886.148-MG, 5ª T., Rel. Min. Reynaldo Soares da Fonseca, j. 15.09.2020.

Podem ocorrer as seguintes situações para a cientificação (citação) do adolescente a respeito do teor da representação e de seu comparecimento à audiência de apresentação:

Hipóteses	Formas de cientificação e consequências
Adolescente responde em liberdade	A cientificação será realizada na pessoa do adolescente e de seus pais ou responsável (art. 184, § 1º).
Adolescente está internado provisoriamente	Os pais serão notificados e a unidade de internação do adolescente terá requisitada a sua apresentação (art. 184, § 4º). Além da requisição, há a necessidade de citação pessoal do adolescente.
Adolescente é notificado, mas não comparece à audiência de apresentação	Será expedido mandado de condução coercitiva e designação de nova data para audiência de apresentação (art. 187).
Adolescente não é localizado para citação e não comparece à audiência de apresentação	Haverá determinação para expedição de mandado de busca e apreensão, com prazo máximo de 6 (seis) meses de validade, podendo ser renovado, e suspensão do processo até a efetiva apresentação do adolescente (art. 184, § 3º).

O mandado de citação do adolescente e de seus pais ou responsável deve acompanhar cópia da representação por escrito ou oral, bem como indicar a necessidade de comparecerem acompanhados de advogado (art. 184, § 1º). Como se vê, o ECA exige dupla citação para a audiência de apresentação (adolescente + pais ou responsável).

Caso compareçam o adolescente e seus pais ou responsável à audiência de apresentação desacompanhados de advogado, a autoridade judiciária deverá, obrigatoriamente, proceder a nomeação de um defensor, em que pese a redação do art. 186, § 2º:

> **Art. 186, § 2º** Sendo o fato grave, passível de aplicação de medida de internação ou colocação em regime de semiliberdade, a autoridade judiciária, verificando que o adolescente não possui advogado constituído, nomeará defensor, designando, desde logo, audiência em continuação, podendo determinar a realização de diligências e estudo do caso.

Da redação legal, percebe-se que apenas haverá a necessidade de nomeação de advogado após a oitiva judicial do adolescente e se o fato for grave, passível de aplicação de medida de internação ou colocação em regime de semiliberdade.

Todavia, **sempre há a necessidade de participação de advogado desde o início da audiência de apresentação** até o desfecho do processo de apuração de ato infracional, independentemente da gravidade deste, de acordo com o STJ[865] e doutrina[866].

De fato, o art. 184, § 1º, dispõe: "O adolescente e seus pais ou responsável serão cientificados do teor da representação, e notificados a comparecer à audiência, *acompanhados de advogado*" (grifou-se).

Do contrário, há violação ao art. 227, § 3º, IV, da CF, que determina: "garantia de pleno e formal conhecimento da atribuição de ato infracional, igualdade na relação processual e defesa técnica por profissional habilitado, segundo dispuser a legislação tutelar específica".

865 HC 160.705/SP, 5ª T., Rel. Min. Gilson Dipp, *DJe* 17.08.2011; HC 147.069/MG, 5ª T., Rel. Min. Jorge Mussi, *DJe* 16.11.2010; HC 67.826/SP, 6ª T., Rel. Min. Maria Thereza de Assis Moura, *DJe* 01.07.2009.

866 Nesse sentido: BUENO DA SILVA, Rafael Simonetti; MASSON, Cléber (coord.). *Estatuto da Criança e do Adolescente (ECA)*: Magistratura e Ministério Público. Rio de Janeiro: Forense, 2011, p. 191; SARAIVA, João Batista Costa. *Compêndio de direito penal juvenil*: adolescente e ato infracional. 4. ed. Porto Alegre: Livraria do Advogado, 2010, p. 113; LIBERATI, Wilson Donizeti. *Comentários ao Estatuto da Criança e do Adolescente*. 12. ed. São Paulo: Malheiros Editores, 2015, p. 231; MARÇURA, Jurandir Norberto; MUNIR, Cury; PAULA, Paulo Afonso Garrido de. *Estatuto da Criança e do Adolescente anotado*. 2. ed. rev. e atual. São Paulo: Editora Revista dos Tribunais, 2000, p. 165.

Do mesmo modo, ocorre ofensa ao art. 207 do ECA, o qual prevê: "Nenhum adolescente a quem se atribua a prática de ato infracional, ainda que ausente ou foragido, será processado sem defensor".

O STJ entende que o adolescente, na audiência de apresentação, tem o direito de entrevistar-se com o advogado (art. 185, § 2º, do CPP), sob pena de nulidade do ato[867].

Se os pais ou responsável do adolescente não forem localizados, o juiz nomeará curador especial para acompanhá-lo (art. 184, § 2º, do ECA).

2.17.4.5 *Remissão judicial*

Se o juiz entender possível a concessão de remissão própria (sem cumulação de medida socioeducativa) ou acordo de remissão imprópria (com cumulação de medida socioeducativa), ouvirá o Ministério Público, decidindo em seguida (art. 186, § 1º). O STJ já reconheceu a nulidade do feito, por ausência de intervenção do Ministério Público[868] e de ausência de defesa técnica para a homologação da remissão judicial[869].

A remissão judicial poderá ocorrer em qualquer momento processual *anterior à sentença* (art. 188)[870].

Por outro lado, o benefício da suspensão condicional do processo está previsto no art. 89 da Lei 9.099/1995 e tem aplicação para as infrações penais com pena mínima igual ou inferior a um ano. Este benefício **não tem aplicação** no âmbito de ato infracional, uma vez que o ECA já prevê expressamente a remissão, não sendo o caso, portanto, de aplicação subsidiária da legislação processual penal (art. 152 do ECA)[871].

2.17.4.6 *Estudo pela equipe interprofissional ou relatório polidimensional*

Após a oitiva do adolescente e de seus pais ou responsável, a autoridade judiciária poderá solicitar a opinião de profissional qualificado (art. 186, *caput*). Da mesma forma dispõe o art. 186, § 2º, ao versar "*podendo* determinar a realização de diligências e estudo do caso" (grifou-se).

Portanto, a realização deste estudo pela equipe interprofissional não é obrigatória para a prolação da sentença, se o juiz dispuser de outros elementos para aplicação da medida socioeducativa, consoante jurisprudência do STF e STJ[872].

O STJ também denomina referido estudo de **relatório polidimensional**[873].

2.17.4.7 *Defesa prévia*

A defesa prévia é a primeira manifestação técnica apresentada pelo adolescente a quem se imputa a prática de ato infracional.

Deve ser ofertada no prazo de 3 (três) dias, contado da audiência de apresentação, podendo conter rol de testemunhas, observado o máximo de até 8 (oito) para ato infracional com

---

[867] HC 345.390/DF, 5ª T., Rel. Min. Felix Fischer, *DJe* 09.12.2016; HC 138.024/MT, 5ª T., Rel. Min. Laurita Vaz, *DJe* 11.10.2010.

[868] REsp 1.024.580/MG, 5ª T., Rel. Min. Laurita Vaz, *DJe* 15.09.2008; AgRg no REsp 696.280/MG, 6ª T., Rel. Min. Paulo Medina, *DJ* 19.06.2006.

[869] AgInt no REsp 1.824.227/BA, 5ª T., Rel. Min. Ribeiro Dantas, *DJe* 14.10.2019; HC 415.295/DF, 6ª T., Rel. Min. Sebastião Reis Júnior, *DJe* 03.09.2018.

[870] O tema "remissão judicial" foi amplamente debatido no item 2.12.7.

[871] STJ, HC 523.413/SC, 5ª T., Rel. Min. Reynaldo Soares da Fonseca, *DJe* 28.02.2020; RHC 9.736/SP, 5ª T., Rel. Min. Gilson Dipp, *DJ* 25.02.2002.

[872] STF, HC 107.473, 1ª T., Rel. Min. Rosa Weber, *DJe* 14.03.2013. STJ, REsp 1.622.914, Rel. Min. Sebastião Reis Júnior, p. 16.11.2016; AgRg nos EDcl no REsp 1.319.704/RS, 6ª T., Rel. Min. Sebastião Reis Júnior, *DJe* 14.12.2012; HC 142.489/MG, 5ª T., Rel. Min. Laurita Vaz, *DJe* 07.02.2011.

[873] HC 397.957/SC, 6ª T., Rel. Min. Maria Thereza de Assis Moura, *DJe* 01.08.2017; HC 316.461/SP, 5ª T., Rel. Min. Felix Fischer, *DJe* 12.06.2015.

pena igual ou superior a quatro anos (art. 401 do CPP) e até 5 (cinco) para o ato infracional com pena inferior a quatro anos (art. 532 do CPP).

A obrigatoriedade legal é apenas para a concessão de prazo para o oferecimento da defesa prévia, sendo a sua apresentação facultativa[874], tanto que o STJ decidiu que a omissão da defesa prévia pode constituir estratégia de defesa[875], e que a testemunha intempestivamente arrolada pela defesa não deve ser ouvida[876].

Essa mesma Corte decidiu no sentido de que a não apresentação de defesa prévia somente acarreta nulidade se efetivamente demonstrado prejuízo, principalmente quando "todas as teses defensivas foram deduzidas em sede de memoriais e devidamente afastadas pela sentença"[877].

2.17.4.8 *Assistente de acusação*

A figura do assistente de acusação é a possibilidade de o ofendido ou seu representante legal, ou, na falta, cônjuge, ascendente, descendente ou irmão, intervir em todos os termos de ação penal pública (art. 268 do CPP).

O art. 206 do ECA diz que "qualquer pessoa que tenha legítimo interesse na solução da lide" poderá intervir nos procedimentos nele afetos.

Diante disso, há quem sustente a possibilidade de habilitação de assistente de acusação no procedimento de apuração de ato infracional, por entender que a vítima tem interesse na apuração da verdade e na aplicação de medida socioeducativa ao adolescente[878].

Entretanto, assim como o STJ, entendemos que há impossibilidade de habilitação de assistente de acusação no processo de apuração de ato infracional, uma vez que "não se admite a intervenção no procedimento para apuração de ato infracional que não seja a voltada para a garantia dos interesses do menor"[879].

2.17.4.9 *Audiência em continuação*

A audiência em continuação é destinada à produção de provas, de forma que é **dispensável a presença do adolescente**, o qual, inclusive, já compareceu à audiência de apresentação e tomou conhecimento do ato infracional que lhe é imputado na audiência de apresentação, consoante pacífica jurisprudência do STJ[880].

Além disso, o art. 187 apenas permite a condução coercitiva para a audiência de apresentação, silenciando quanto à audiência em continuação. Todavia, o adolescente deve ser

---

874 STJ, REsp 203.882/SC, 6ª T., Rel. Min. Vicente Leal, *DJ* 19.03.2001. Nesse sentido: COSTA, Tarcísio José Martins. *Estatuto da Criança e do Adolescente comentado*. Belo Horizonte: Del Rey, 2004, p. 360.

875 HC 156.544/RJ, 5ª T., Rel. Min. Laurita Vaz, *DJe* 21.11.2011. No mesmo sentido, acerca da desnecessidade de apresentação de defesa prévia: LIBERATI, Wilson Donizeti. *Comentários ao Estatuto da Criança e do Adolescente*. 12. ed. São Paulo: Malheiros Editores, 2015, p. 232.

876 RHC 35.369/PA, 6ª T., Rel. Min. Marilza Maynard (Desembargadora convocada do TJSE), *DJe* 23.05.2014.

877 AgRg no HC 516.290/MG, 5ª T., Rel. Min. Joel Ilan Paciornik, *DJe* 17.09.2019.

878 Nesse sentido, dentre outros: SARAIVA, João Batista Costa. *Direito penal juvenil*: adolescente e ato infracional: garantias processuais e medidas socioeducativa. 2. ed., rev. e ampl. Porto Alegre: Livraria do Advogado, 2002, p. 72; FERNANDES, Márcio Mothé. *Ação socioeducativa pública. Inovação do Estatuto da Criança e do Adolescente*. 2. ed. rev., ampl. e atual. Rio de Janeiro: Editora Lumen Juris, 2002, p. 53; FILHO, Nazir David Milano; MILANO, Rodolfo Cesar. *Estatuto da Criança e do Adolescente*: comentado e interpretado de acordo com o novo Código Civil. 2. ed. São Paulo: Livraria e Editora Universitária, 2004, p. 214.

879 HC 190.651/SC, 5ª T., Rel. Min. Jorge Mussi, *DJe* 05.12.2011; REsp 1.089.564/DF, 6ª T., Rel. Min. Sebastião Reis Júnior, *DJe* 07.05.2012; REsp 1.044.203/RS, 5ª T., Rel. Min. Arnaldo Esteves Lima, *DJe* 16.03.2009.

880 AgRg no HC 691.998/SC, 5ª T., Rel. Min. Ribeiro Dantas, *DJe* 14.02.2022; AgRg no HC 623.582/SC, 6ª T., Rel. Min. Nefi Cordeiro *DJe* 05.03.2021; HC 348.002/SP, 5ª T., Rel. Min. Felix Fischer, *DJe* 03.11.2016; HC 288.762/SP, 5ª T., Rel. Min. Felix Fischer, *DJe* 21.05.2015.

intimado da data da referida sessão de oitiva de testemunhas, para, querendo, se fazer presente. Já o defensor do adolescente deverá estar presente na audiência.

Todavia, importante observar que há entendimento que defende que a autoridade judiciária poderá determinar a condução coercitiva do adolescente que não comparecer à audiência em continuação, por aplicação extensiva do art. 187[881].

O art. 186, § 4º, do ECA disciplina a audiência em continuação, determinando que serão "ouvidas as testemunhas arroladas na representação e na defesa prévia", silenciando quanto à vítima. Em verdade, aplicando-se a sistemática do art. 400 do CPP, a vítima será a primeira a ser inquirida, depois serão ouvidas as testemunhas do MP e da defesa, nesta ordem.

Se houver expedição de carta precatória para oitiva de testemunha do MP, a ordem poderá ser alterada, tendo em vista que não há previsão legal para a suspensão da instrução (art. 222 do CPP).

As testemunhas serão inquiridas diretamente pelas partes que as arrolou, após pela parte adversa e, por fim, pelo juiz, sobre pontos não esclarecidos (art. 212 do CPP).

Com o novo entendimento do STJ, aplicando de forma supletiva o art. 400 do CPP, o adolescente será interrogado ao final da instrução, e não mais na audiência de apresentação[882]. Durante o interrogatório, o adolescente será advertido sobre o direito constitucional de permanecer em silêncio.

O interrogatório seguirá a sistemática prevista no art. 187 do CPP, sendo dividido em duas partes: perguntas sobre sua vida e sobre o ato infracional[883]. Conforme a **Súmula 342 do STJ**: "No procedimento para aplicação de medida socioeducativa, é nula a desistência de outras provas em face da confissão do adolescente".

Concluída a instrução, e cumpridas as diligências requeridas pelas partes e juntado o relatório da equipe interprofissional, se este tiver sido requisitado pela autoridade judiciária (art. 186, *caput* e § 2º, do ECA), será dada a palavra ao MP e ao defensor, sucessivamente, pelo tempo de vinte minutos cada, prorrogável por mais dez, a critério da autoridade judiciária, que proferirá sentença em seguida ou determinará os autos conclusos para tanto (art. 186, § 4º).

Sobre a ausência do defensor e a designação de outro para o ato, v. item 2.15.9.

2.17.4.10 Sentença

A sentença que julga a representação, em regra, deve ser proferida na própria audiência em continuação. Contudo, nada impede que seja realizada em momento posterior à citada audiência, podendo ser de procedência ou improcedência.

A sentença de **procedência** é a que reconhece a existência da prova da autoria e da materialidade do ato infracional, impondo medida(s) socioeducativa(s) e/ou medida(s) de proteção ao adolescente.

---

881 COSTA, Tarcísio José Martins. *Estatuto da Criança e do Adolescente comentado*. Belo Horizonte: Del Rey, 2004, p. 361.

882 HC 769.197/RJ, 3ª S., Rel. Min. Ministro Rogerio Schietti Cruz, *DJe* 21.06.2023.

883 Art. 187 do CPP: "O interrogatório será constituído de duas partes: sobre a pessoa do acusado e sobre os fatos. § 1º Na primeira parte o interrogando será perguntado sobre a residência, meios de vida ou profissão, oportunidades sociais, lugar onde exerce a sua atividade, vida pregressa, notadamente se foi preso ou processado alguma vez e, em caso afirmativo, qual o juízo do processo, se houve suspensão condicional ou condenação, qual a pena imposta, se a cumpriu e outros dados familiares e sociais. § 2º Na segunda parte será perguntado sobre: I – ser verdadeira a acusação que lhe é feita; II – não sendo verdadeira a acusação, se tem algum motivo particular a que atribuí-la, se conhece a pessoa ou pessoas a quem deva ser imputada a prática do crime, e quais sejam, e se com elas esteve antes da prática da infração ou depois dela; III – onde estava ao tempo em que foi cometida a infração e se teve notícia desta; IV – as provas já apuradas; V – se conhece as vítimas e testemunhas já inquiridas ou por inquirir, e desde quando, e se tem o que alegar contra elas; VI – se conhece o instrumento com que foi praticada a infração, ou qualquer objeto que com esta se relacione e tenha sido apreendido; VII – todos os demais fatos e pormenores que conduzam à elucidação dos antecedentes e circunstâncias da infração; VIII – se tem algo mais a alegar em sua defesa".

Quanto à materialidade do crime de tráfico de drogas (art. 33 da Lei 11.343/2006), o STJ, em sede de julgamento de recurso repetitivo no EREsp 1.544.057/RJ, na data de 26.10.2016, assentou a tese de que o laudo toxicológico preliminar assinado por perito, aliado à confissão e à prova testemunhal, é suficiente para possibilitar a condenação[884], sendo este posicionamento também aplicado no âmbito de ato infracional[885].

Tal entendimento se mostra importante na hipótese em que o adolescente está internado provisoriamente, pois, não raras vezes, o laudo definitivo não é concluído no prazo de 45 (quarenta e cinco) dias, o que poderia ensejar sua liberação prematura.

Por seu turno, a sentença de **improcedência** ocorre quando o juiz reconhece uma das situações elencadas nos incisos do art. 189:

1) **estar provada a inexistência do fato** (inciso I): significa dizer que ficou provado que o fato não existiu e, por consequência, não há falar em ato infracional.
2) **não haver prova da existência do fato** (inciso II): importa no reconhecimento de dúvida sobre o fato, equivalente a uma insuficiência de provas (princípio do *in dubio pro reo*).
3) **não constituir o fato ato infracional** (inciso III): é a situação na qual ficou provado o fato, porém a conduta não se subsume a crime ou contravenção penal. Logo, trata-se de conduta atípica. Também ocorre quando o juiz reconhece a presença de excludente de antijuridicidade ou culpabilidade, bem como a escusa absolutória do art. 181 do CP.
4) **não existir prova de ter o adolescente concorrido para o ato infracional** (inciso IV): é a hipótese em que não há provas de que o adolescente tenha sido o seu autor ou partícipe, correspondendo ao princípio do *in dubio pro reo*.

O citado artigo dispõe que, na sentença de improcedência, a autoridade judiciária "não aplicará qualquer medida". Ante esta redação, surgiram duas correntes sobre a **possibilidade de imposição de medida de proteção**, caso seja demonstrada situação de risco do adolescente:

1) a primeira sustenta que, como o legislador utilizou a expressão "qualquer medida", por óbvio, também se inclui a medida de proteção. Se o juiz constatar a situação de risco, deverá instaurar procedimento próprio para a imposição da medida de proteção[886]; e
2) a doutrina majoritária, com a qual concordamos, defende que o legislador apenas pretendeu restringir a aplicação de medida socioeducativa, nada impedindo a imposição de medida de proteção se o adolescente estiver em situação de risco[887].

---

[884] EREsp 1.544.057/RJ, 3ª S., Rel. Min. Reynaldo Soares da Fonseca, *DJe* 09.11.2016.

[885] HC 471.128/RS, 5ª T., Rel. Min. Joel Ilan Paciornik, *DJe* 06.05.2019; AgRg no AREsp 1.203.950/AL, 6ª T., Rel. Min. Antonio Saldanha Palheiro, *DJe* 14.08.2018; AgInt no AREsp 1.083.449/MG, 6ª T., Rel. Min. Rogério Schietti Cruz, *DJe* 27.10.2017; HC 365.599/PE; 5ª T., Rel. Min. Reynaldo Soares da Fonseca, *DJe* 14.12.2016.

[886] Nesse sentido: PAULA, Paulo Afonso Garrido de. Comentários ao art. 189. In: CURY, Munir (org.). *Estatuto da Criança e do Adolescente comentado. Comentários jurídicos e sociais.* 11. ed. São Paulo: Malheiros Editores. 2010, p. 833.

[887] Nesse sentido: MARÇURA, Jurandir Norberto; MUNIR, Cury; PAULA, Paulo Afonso Garrido de. *Estatuto da Criança e do Adolescente anotado.* 2. ed. rev. e atual. São Paulo: Editora Revista dos Tribunais, 2000, p. 168; MORAES, Bianca Mota de; RAMOS, Helane Vieira. A prática de ato infracional. In: MACIEL, Kátia Regina Ferreira Lobo Andrade (coord.). *Curso de direito da criança e do adolescente*: aspectos teóricos e práticos. 9. ed. rev. e atual. São Paulo: Saraiva, 2016, p. 1.119; FERNANDES, Márcio Mothé. *Ação socioeducativa pública. Inovação do Estatuto da Criança e do Adolescente.* 2. ed. rev., ampl. e atual. Rio de Janeiro: Editora Lumen Juris, 2002, p. 21; DEL-CAMPO, Eduardo Roberto Alcântara; OLIVEIRA, Thales Cezar de. *Estatuto da Criança e do Adolescente. Série leituras jurídicas: provas e concursos.* 7. ed. São Paulo: Atlas, 2012. v. 28, p. 383; DIGIÁCOMO, Murilo José. DIGIÁCOMO, Ildeara de Amorim. *Estatuto da Criança e do Adolescente anotado e interpretado.* 6. ed. Curitiba: Ministério Público do Estado do Paraná. Centro de Apoio Operacional das Promotorias da Criança e do Adolescente, 2013, p. 281-2.

A consequência da sentença de improcedência é a imediata liberação do adolescente que estiver internado provisoriamente (art. 189, § 2º).

Por fim, cumpre registrar que o STJ possui pacífica jurisprudência no sentido de que eventual confissão do adolescente não tem o condão de abrandar a sua medida socioeducativa, uma vez que esta não possui natureza de pena e inexiste previsão legal para tanto[888].

2.17.4.11 *Princípio da identidade física do juiz*

O art. 399, § 2º, do CPP, prevê: "O juiz que presidiu a instrução deverá proferir a sentença". É o princípio da identidade física do juiz que não tem correspondência legislativa no ECA.

Diante da regra do art. 152 do ECA, poder-se-ia argumentar a sua incidência nos processos de apuração de ato infracional. Todavia, em razão da existência de duas audiências, sendo uma de apresentação e outra em continuação, o STJ entende que não há aplicação desse princípio ao ECA[889].

2.17.4.12 *Intimação da sentença*

A forma de intimação da **sentença de procedência** da representação é disciplinada no art. 190, variando conforme a natureza da medida socioeducativa aplicada:

Hipóteses	Formas de intimação
Sentença que aplica a medida de internação ou semiliberdade	A intimação deverá ser feita na pessoa do adolescente e de seu defensor (art. 190, I). Caso o adolescente não seja localizado, a intimação será feita na pessoa de seus pais ou responsável e do defensor (art. 190, II).
Sentença que aplica qualquer outra medida socioeducativa	A intimação é feita exclusivamente na pessoa do advogado (art. 190, § 1º).

Portanto, na aplicação das medidas de ***internação ou semiliberdade***, o ECA prevê **dupla intimação** (adolescente + defensor; ou pais ou responsável + defensor), inexistindo previsão de intimação editalícia para qualquer medida socioeducativa.

Os Tribunais Superiores entendem que o **advogado dativo** tem ***direito à intimação pessoal*** de todos os atos do processo[890].

Quando o adolescente é intimado pessoalmente, este poderá manifestar se deseja ou não recorrer da sentença (art. 190, § 2º). Se manifestar o desejo de recorrer, será aberta vista para a defesa técnica apresentar as razões recursais.

Havendo **conflito entre a vontade do adolescente e da defesa técnica**, deve prevalecer a vontade de recorrer, segundo pacífico entendimento do STJ[891]. Aliás, para esta situação

888 AgRg no AgRg no AREsp 1.773.926/GO, 5ª T., Rel. Min. Ribeiro Dantas, *DJe* 07.06.2021; AgRg no HC 550.756/SP, 5ª T., Rel. Min. Joel Ilan Paciornik, *DJe* 05.03.2020; HC 389.828/SC, 6ª T., Rel. Min. Maria Thereza de Assis Moura, *DJe* 11.05.2017; HC 354.973/SC, Rel. Min. Nefi Cordeiro, *DJe* 22.08.2016.

889 HC 164.369/DF, 6ª T., Rel. Min. Vasco Della Giustina (Desembargador convocado do TJRS), *DJe* 09.11.2011; HC 165.059/DF, 5ª T., Rel. Min. Marco Aurélio Bellizze, *DJe* 01.02.2012; HC 165.058/DF, 5ª T., Rel. Min. Gilson Dipp, *DJe* 17.08.2011; HC 171.213/DF, 5ª T., Rel. Min. Laurita Vaz, *DJe* 01.06.2011.

890 STJ, RHC 50.739/SC, 5ª T., Rel. Min. Reynaldo Soares da Fonseca, *DJe* 05.04.2017; RHC 30.469/PA, 6ª T., Rel. Min. Vasco Della Giustina (Desembargador convocado do TJRS), *DJe* 28.11.2011. STF, ARE 814.800 AgR, 1ª T., Rel. Min. Dias Toffoli, *DJe* 17.11.2014.

891 HC 268.100/SP, 6ª T., Rel. Min. Rogério Schietti Cruz, *DJe* 06.04.2015; HC 269.213/SP, 6ª T., Rel. Min. Sebastião Reis Júnior, *DJe* 03.02.2015.

também pode ser invocada a **Súmula 705 do STF**: "A renúncia do réu ao direito de apelação, manifestada sem a assistência do defensor, não impede o conhecimento da apelação por este interposta"[892].

O ECA é omisso quanto à hipótese de **os pais ou responsável do adolescente também não serem localizados** para intimação da sentença que impôs a medida de internação ou semiliberdade. O autor José Luiz Mônaco da Silva defende que a autoridade judiciária deverá nomear curador especial ao adolescente e, em seguida, intimá-lo da sentença, para, querendo, recorrer[893].

O ECA também silencia quanto à forma de intimação da **sentença de improcedência**. Assim, se na sentença que impõe medida socioeducativa em meio aberto apenas deve ser intimado o advogado, tal regra também deve ser aplicada à sentença de improcedência. Se, todavia, o adolescente não tiver advogado, sua intimação deverá ser pessoal.

2.17.4.13 *Prazo máximo para a conclusão do processo*

Os arts. 108 e 183 estipulam o prazo máximo e improrrogável de 45 (quarenta e cinco) dias para a internação provisória, não se suspendendo em feriado, final de semana e recesso, *sendo iniciada a contagem no dia da apreensão* (art. 16, § 2º, da Resolução CNJ 165/2012).

Ultrapassado referido prazo sem que tenha sido proferida sentença, o adolescente deverá ser imediatamente liberado, sob pena do crime previsto no art. 235[894]. Os Tribunais Superiores são uníssonos acerca da impossibilidade de prorrogação desse prazo[895].

Contudo, conforme se posiciona parcela da doutrina, em situações excepcionais, analisado o caso concreto e ponderada a razoabilidade, tal como na situação em que a instrução se findou e a defesa ainda não apresentou os memoriais escritos, embora superado seu prazo, justifica-se a manutenção da internação provisória do adolescente, mesmo que ultrapassado o prazo de 45 (quarenta e cinco) dias[896].

Noutro giro, caso o adolescente esteja em liberdade, o ECA não estipulou prazo para a conclusão do procedimento. Todavia, considerando os princípios da intervenção precoce e da atualidade (art. 100, parágrafo único, VI e VIII), recomenda-se celeridade para sua conclusão.

2.17.4.14 *Local de cumprimento da internação provisória*

O ECA assevera que a internação provisória não poderá ser cumprida em estabelecimento prisional (art. 185) e, inexistindo local na comarca, o adolescente será imediatamente transferido para a localidade mais próxima (art. 185, § 1º).

Na impossibilidade da transferência imediata, o adolescente aguardará sua remoção em repartição policial, desde que em cela isolada dos adultos e com instalações próprias, não podendo ultrapassar o prazo de 5 (cinco) dias, sob pena de responsabilidade (art. 185, § 2º).

---

892 No mesmo sentido: DIGIÁCOMO, Murilo José. DIGIÁCOMO, Ildeara de Amorim. *Estatuto da criança e do adolescente anotado e interpretado*. 6. ed. Curitiba: Ministério Público do Estado do Paraná. Centro de Apoio Operacional das Promotorias da Criança e do Adolescente, 2013, p. 283.

893 SILVA, José Luiz Mônaco da. *Estatuto da criança e do adolescente: 852 perguntas e respostas*. São Paulo: Editora Juarez de Oliveira, 2000, p. 254.

894 Art. 235 do ECA: "Descumprir, injustificadamente, prazo fixado nesta Lei em benefício de adolescente privado de liberdade: Pena – detenção de seis meses a dois anos".

895 STF, HC 102.057, 1ª T., Rel. Min. Ricardo Lewandowski, *DJe* 18.06.2010. STJ, HC 306.667/SP, 6ª T., Rel. Min. Rogério Schietti Cruz, *DJe* 02.03.2015; RHC 27.268/RS, 5ª T., Rel. Min. Laurita Vaz, *DJe* 15.03.2010.

896 Nesse sentido: ROSSATO, Luciano Xavier; LÉPORE, Paulo Eduardo; CUNHA, Rogério Sanches da. *Estatuto da Criança e do Adolescente*: Lei n. 8.069/90 comentado artigo por artigo. 8. ed. rev., atual. e ampl. São Paulo: Saraiva, 2016, p. 341; ISHIDA, Válter Kenji. *Estatuto da Criança e do Adolescente*: doutrina e jurisprudência. 17. ed. rev., ampl. e atual. Salvador: JusPodivm, 2016, p. 323; MORAES, Bianca Mota de; RAMOS, Helane Vieira. A prática de ato infracional. In: MACIEL, Kátia Regina Ferreira Lobo Andrade (coord.). *Curso de direito da criança e do adolescente*: aspectos teóricos e práticos. 8. ed. rev. e atual. São Paulo: Saraiva, 2016, p. 1.147.

2.17.4.15 *Recurso*

Por força do art. 152, no procedimento de apuração de ato infracional aplica-se subsidiariamente o CPP. Todavia, em matéria recursal, tem incidência o CPC em razão de previsão expressa do art. 198 do ECA.

A sentença que **rejeita a representação** ocorrerá nas hipóteses do art. 395 do CPP[897], sendo cabível recurso de apelação. Do mesmo modo, a sentença de **procedência ou improcedência da representação** desafia o recurso de apelação, a ser interposto pelo Ministério Público, pelo adolescente ou seu defensor.

A legitimidade do adolescente encontra previsão no art. 190, § 2º, do ECA: "Recaindo a intimação na pessoa do adolescente, deverá este manifestar se deseja ou não recorrer da sentença".

2.17.4.16 *Justiça restaurativa*

O CNJ, mediante a Resolução 225, de 31 de maio de 2016, dispôs sobre a Política Nacional de Justiça Restaurativa no âmbito do Poder Judiciário. Como um dos fundamentos para a edição de referida Resolução, foram considerados os incisos II e III do art. 35 da Lei do Sinase[898].

Assim, constata-se que, no âmbito das medidas socioeducativas, o legislador estabeleceu a possibilidade de incidência da Justiça Restaurativa, cujo conceito é trazido pelo art. 1º da citada Resolução:

> **Art. 1º** A Justiça Restaurativa constitui-se como um conjunto ordenado e sistêmico de princípios, métodos, técnicas e atividades próprias, que visa à conscientização sobre os fatores relacionais, institucionais e sociais motivadores de conflitos e violência, e por meio do qual os conflitos que geram dano, concreto ou abstrato, são solucionados de modo estruturado.

Para aplicação da Justiça Restaurativa, há necessidade de participação do adolescente, do defensor, da vítima, das suas famílias e dos demais envolvidos no fato danoso, bem como a presença dos representantes da comunidade direta ou indiretamente atingidos pelo fato e de um ou mais facilitadores definitivos (art. 1º, I).

Tem por objetivo a satisfação das necessidades de todos os envolvidos, a responsabilização ativa daqueles que contribuíram para a ocorrência do evento danoso e o empoderamento da comunidade, destacando a necessidade da reparação do dano e da recomposição do tecido social rompido pelo conflito e as suas implicações para o futuro (art. 1º, III).

Para a prática restaurativa há necessidade de prévio consentimento, livre e espontâneo, de todos os seus participantes, assegurada a retratação a qualquer tempo, até a homologação do procedimento restaurativo (art. 2º, § 2º).

O atendimento restaurativo judicial poderá receber procedimentos e processos judiciais em qualquer fase de tramitação, sendo encaminhados pelo juiz, de ofício ou a requerimento do MP, da Defensoria Pública, das partes, dos advogados e dos setores técnicos de psicologia e serviço social. Além disso, a autoridade policial também poderá sugerir, no termo circunstanciado ou no relatório do inquérito policial, o encaminhamento do conflito ao procedimento restaurativo (art. 7º, *caput*, e parágrafo único).

---

[897] Art. 395 do CPP: "A denúncia ou queixa será rejeitada quando: I - for manifestamente inepta; II - faltar pressuposto processual ou condição para o exercício da ação penal; III - faltar justa causa para o exercício da ação penal".

[898] Art. 35, II e III, da Lei do Sinase: "A execução das medidas socioeducativas reger-se-á pelos seguintes princípios: [...] II - excepcionalidade da intervenção judicial e da imposição de medidas, favorecendo-se meios de autocomposição de conflitos; III - prioridade a práticas ou medidas que sejam restaurativas e, sempre que possível, atendam às necessidades das vítimas".

No âmbito da prática de ato infracional, a Justiça Restaurativa pode ser realizada nas fases pré-processual ou processual, inclusive no processo de execução de medida socioeducativa[899].

2.18 RECURSOS

2.18.1 Noções gerais

O ECA, entre os arts. 198 ao 199-E, prevê a incidência da sistemática recursal da Lei 5.869, de 11 de janeiro de 1973 (CPC) - atual Lei 13.105/2015 (CPC - art. 1.046, § 4º)[900], para os "procedimentos afetos à Justiça da Infância e Juventude, inclusive os relativos à execução das medidas socioeducativas", com algumas peculiaridades que serão estudadas a seguir.

Segundo a literalidade do art. 198 do ECA, para todos os procedimentos nele previstos (arts. 152 a 197-E), há a **unificação do sistema recursal** para incidir o CPC. Portanto, são cabíveis todos os recursos previstos no art. 994 deste diploma legal[901].

Entretanto, quanto ao **procedimento de infiltração de agentes de polícia para a investigação de crimes contra a dignidade sexual de criança e de adolescente**, embora previsto no ECA (arts. 190-A a 190-E), conforme visto nos itens 2.16.1.1 e 2.16.8, é de competência do juízo criminal, de forma que os meios de impugnação e os prazos são os previstos na legislação processual penal, salvo se o investigado for adolescente.

Contra as decisões proferidas com base no art. 149 do ECA, que dispõe sobre portaria e alvará judicial para disciplinar a entrada e permanência de crianças e adolescentes, caberá apelação (art. 199).

Atenção

As peculiaridades do art. 198 somente têm incidência para os procedimentos previstos nos arts. 152 ao 197-E, **com exceção dos arts. 190-A a 190-E.** Para as demais ações cíveis individuais ou coletivas, há a aplicação integral do sistema recursal do CPC, inclusive quanto ao prazo recursal, nos termos do art. 212, § 1º, do ECA: "Aplicam-se às ações previstas neste Capítulo as normas do Código de Processo Civil".

2.18.2 Legitimidade

O recurso pode ser interposto pela "parte vencida, pelo terceiro prejudicado e pelo Ministério Público, como parte ou como fiscal da ordem jurídica" (art. 996 do CPC).

Em matéria de ato infracional, o **adolescente** também possui legitimidade recursal, conforme redação do art. 190, § 2º, do ECA: "Recaindo a intimação na pessoa do adolescente, deverá este manifestar se deseja ou não recorrer da sentença". Manifestada a vontade de recorrer, será aberta vista para a defesa técnica apresentar as razões recursais.

Havendo **conflito entre a vontade do adolescente e da defesa técnica**, prevalecerá a vontade de recorrer, segundo pacífico entendimento do STJ[902]. Além disso, também pode ser

[899] No mesmo sentido: ZAGAGLIA, Rosângela M. A.; PAIVA, Osório; MELO, Henrique Rodrigues de. Mediação na lei do sistema nacional de atendimento socioeducativo. In: VERONESE, Josiane Rose Petry; ROSSATO, Luciano Alves; LÉPORE, Paulo Eduardo (coord.). *Estatuto da Criança e do Adolescente*: 25 anos de desafios e conquistas. São Paulo: Saraiva, 2015, p. 414-5.

[900] Art. 1.046, § 4º, do CPC/2015: "As remissões a disposições do Código de Processo Civil revogado, existentes em outras leis, passam a referir-se às que lhes são correspondentes neste Código".

[901] Art. 994 do CPC: "São cabíveis os seguintes recursos: I - apelação; II - agravo de instrumento; III - agravo interno; IV - embargos de declaração; V - recurso ordinário; VI - recurso especial; VII - recurso extraordinário; VIII - agravo em recurso especial ou extraordinário; IX - embargos de divergência".

[902] HC 268.100/SP, 6ª T., Rel. Min. Rogério Schietti Cruz, *DJe* 06.04.2015; HC 269.213/SP, 6ª T., Rel. Min. Sebastião Reis Júnior, *DJe* 03.02.2015.

invocada a **Súmula 705 do STF**: "A renúncia do réu ao direito de apelação, manifestada sem a assistência do defensor, não impede o conhecimento da apelação por este interposta".

No tocante ao **assistente de acusação**, embora exista divergência doutrinária acerca da possibilidade de sua habilitação no processo de apuração de ato infracional, o STJ é pacífico acerca desta impossibilidade. Por consequência, em matéria recursal, o Tribunal da Cidadania também entende que lhe falece legitimidade[903].

2.18.3 Peculiaridades do art. 198 do ECA

O art. 198, *caput*, diz que o sistema recursal do CPC se aplica "com as seguintes adaptações" que são referentes ao preparo, prazo, preferência de julgamento e dispensa de revisor e juízo de retratação. Vejamos:

2.18.3.1 Preparo

O art. 141, § 2º, prescreve: "As ações judiciais da competência da Justiça da Infância e Juventude são isentas de custas e emolumentos, ressalvada a hipótese de litigância da má-fé". Por consequência, o art. 198, I, prevê que os recursos independem de preparo.

Todavia, a regra de isenção de custas e emolumentos é de aplicação restrita às crianças e adolescentes enquanto partes, não alcançando as demais pessoas que eventualmente demandem na Infância e Juventude, consoante pacífica jurisprudência do STJ[904].

2.18.3.2 Prazo

O inciso II do art. 198 prevê: "*em todos* os recursos, salvo nos embargos de declaração, o prazo para o Ministério Público e para a defesa será sempre de 10 (dez) dias" (grifou-se). O recurso de embargos de declaração tem o prazo de 5 (cinco) dias (art. 1.003, § 5º, do CPC).

Como se vê, o legislador utilizou a expressão "em todos os recursos" e somente excepcionou os embargos de declaração do prazo de 10 (dez) dias. Assim, se se tratar de procedimento previsto no ECA (arts. 152 e 197), eventuais recursos especial e extraordinário também estarão sujeitos ao prazo de 10 (dez), e não de 15 (quinze) dias. Quanto ao tema, o STJ, em recentes julgados, adotou esse entendimento[905].

Segundo pacífica jurisprudência dessa Corte Superior, "os prazos previstos no inciso II do art. 198 da Lei 8.069/1990 somente são aplicáveis aos *procedimentos especiais previstos nos arts. 152 a 197 do ECA*" (grifou-se)[906]. Portanto, em se tratando de recurso contra alvará ou portaria do art. 149 ou de decisão proveniente de ação civil individual ou coletiva, bem como mandado de segurança, o prazo seguirá o previsto no art. 1.003, § 5º, do CPC[907], por força do art. 212, § 1º, do ECA[908].

---

903 REsp 1.089.564/DF, 6ª T., Rel. Min. Sebastião Reis Júnior, *DJe* 07.05.2012; HC 190.651/SC, 5ª T., Rel. Min. Jorge Mussi, *DJe* 05.12.2011; REsp 1.044.203/RS, 5ª T., Rel. Min. Arnaldo Esteves Lima, *DJe* 16.03.2009; REsp 605.025/MG, 5ª T., Rel. Min. Gilson Dipp, *DJ* 21.11.2005.

904 AgRg no AREsp 672.687/DF, 2ª T., Rel. Min. Mauro Campbell Marques, *DJe* 27.05.2015; AgRg no AREsp 538.722/DF, 2ª T., Rel. Min. Herman Benjamin, *DJe* 09.10.2014; AgRg no REsp 996.558/RJ, 1ª T., Rel. Min. Benedito Gonçalves, *DJe* 02.02.2010.

905 AREsp 2.309.946/PR, 5ª T., Rel. Min. Daniela Teixeira, *DJEN* 23.12.2024; AgRg no AREsp 2.220.684/PR, 6ª T., Rel. Min. Otávio de Almeida Toledo (Desembargador convocado do TJSP), *DJEN* 04.09.2024; AgRg no AREsp 2.154.011/PA, 5ª T., Rel. Min. Ribeiro Dantas, *DJe* 18.10.2022; AgRg no AREsp 1.569.416/RS, 6ª T., Rel. Min. Rogerio Schietti, *DJe* 17.06.2020; AgInt no AREsp 1.400.530/PR, 2ª T., Rel. Min. Assusete Magalhães, *DJe* 10.03.2020.

906 REsp 839.709/RS, 2ª T., Rel. Min. Mauro Campbell Marques, *DJe* 04.10.2010. No mesmo sentido: REsp 1.002.571/RS, 1ª T., Rel. Min. José Delgado, *DJe* 23.06.2008; REsp 851.947/RS, 2ª T., Rel. Min. Eliana Calmon, *DJe* 19.05.2008.

907 Art. 1.003, § 5º, do CPC: "Excetuados os embargos de declaração, o prazo para interpor os recursos e para responder-lhes é de 15 (quinze) dias".

908 Art. 212, § 1º, do ECA: "Aplicam-se às ações previstas neste Capítulo as normas do Código de Processo Civil".

O prazo para a interposição dos recursos dos procedimentos previstos no ECA conta-se em **dias corridos**, excluídos o dia do começo e incluído o dia do vencimento (art. 152, § 2º, do ECA)[909].

2.18.3.2.1 Ministério Público, Fazenda Pública e Defensoria Pública

O art. 198, II, versa que o prazo para o MP e a defesa "será sempre de 10 (dez) dias", salvo para os embargos de declaração.

Diante disso, indaga-se: os arts. 180, 183 e 186 do CPC, que tratam, respectivamente, do MP, da Fazenda Pública e da Defensoria Pública, e preveem o prazo em dobro para todas as manifestações, têm incidência na sistemática recursal do ECA?

O STJ possuía entendimento de que, no âmbito do ECA, também se aplicava o prazo em dobro para o Ministério Público[910], a Fazenda Pública[911] e a Defensoria Pública[912].

Todavia, o § 2º do art. 152, acrescido pela Lei 13.509/2017, é expresso quanto à **vedação ao prazo em dobro para a Fazenda Pública e o Ministério Público**. Assim, as 5ª e 6ª Turmas do STJ, em recentes julgados, decidiram pela inaplicabilidade do prazo em dobro ao MP, tendo em vista a atual redação de mencionado dispositivo e que a contagem de prazo referente aos procedimentos especiais do ECA se dá em dias corridos[913].

E a **Defensoria Pública**, tem **prazo em dobro**? O § 2º do art. 152 é expresso quanto à vedação do prazo em dobro para a Fazenda Pública e o Ministério Público. Logo, para esta instituição persiste a prerrogativa do prazo em dobro, tendo em vista o silêncio eloquente do legislador[914]. O STJ, em recentes julgados[915], confirmou que o silêncio do legislador quanto à Defensoria Pública foi proposital ao incluir o § 2º no art. 152 do ECA pela Lei 13.509/2017, mantendo, assim, a prerrogativa do prazo em dobro para essa instituição. A decisão fundamentou-se em três razões: *(i)* o grande volume de trabalho da Defensoria Pública; *(ii)* a histórica deficiência estrutural do serviço jurídico-assistencial público; e *(iii)* o princípio da indeclinabilidade das causas. Todavia, registre-se que há entendimento no sentido de que a expressão "Fazenda Pública" inclui a Defensoria Pública.

Todavia, registre-se que há entendimento no sentido de que a expressão "Fazenda Pública" inclui a Defensoria Pública[916].

2.18.3.2.2 Ação civil pública e demais ações cíveis

A **sistemática recursal do art. 198 não é aplicável para a ação civil pública e demais ações cíveis**, disciplinadas no título VI, capítulo VII ("da proteção judicial dos interesses individuais, difusos e coletivos"), entre os arts. 208 e 224.

Com efeito, o art. 224 diz: "Aplicam-se subsidiariamente, no que couber, as disposições da Lei 7.347, de 24 de julho de 1985".

---

909 HC 475.610/DF, 6ª T., Rel. Min. Rogerio Schietti Cruz, *DJe* 03.04.2019.

910 REsp 839.709/RS, 2ª T., Rel. Min. Mauro Campbell Marques, *DJe* 04.10.2010; REsp 727.044/SC, 2ª T., Rel. Min. Carlos Fernando Mathias (Juiz convocado do TRF 1ª Região), *DJe* 17.04.2008; REsp 873.361/SC, 5ª T., Rel. Min. Laurita Vaz, *DJ* 23.04.2007.

911 REsp 873.361/SC, 5ª T., Rel. Min. Laurita Vaz, *DJ* 23.04.2007; REsp 784.285/RS, 1ª T., Rel. Min. Denise Arruda, *DJ* 04.12.2006.

912 HC 290.719/SP, 5ª T., Rel. Min. Marco Aurélio Bellizze, *DJe* 01.08.2014.

913 AgInt no HC 440.658/DF, 5ª T., Rel. Min. Jorge Mussi, *DJe* 01.02.2019; HC 475.610/DF, 6ª T., Rel. Min. Rogerio Schietti Cruz, *DJe* 03.04.2019.

914 No mesmo sentido: ISHIDA, Válter Kenji. Estatuto da Criança e do Adolescente: doutrina e jurisprudência. 19. ed. rev., ampl. e atual. Salvador: JusPodivm, 2018, p. 497.

915 REsp 2.138.845/PR, 3ª T., Rel. Min. Nancy Andrighi, *DJe* 29.08.2024; REsp 2.042.708/DF, 3ª T., Rel. Min. Marco Aurélio Bellizze, *DJe* 28.08.2023.

916 Nesse sentido: NUCCI, Guilherme de Souza. Estatuto da Criança e do Adolescente comentado: em busca da Constituição Federal das crianças e dos adolescentes. 4. ed. rev., atual. e ampl. Rio de Janeiro: Forense, 2018, p. 632.

Por seu turno, o art. 19 desta Lei preceitua: "Aplica-se à ação civil pública, prevista nesta Lei, o Código de Processo Civil, aprovado pela Lei 5.869, de 11 de janeiro de 1973[917], naquilo em que não contrariar suas disposições".

Portanto, o **prazo para os recursos de apelação e agravo de instrumento é de 15 (quinze) dias** (art. 1.003, § 5º, do CPC), e não de 10 (dez) dias (art. 198, II, do ECA)[918]. O Ministério Público, a Fazenda Pública e a Defensoria Pública possuem prazo em dobro (arts. 180, 183 e 186 do CPC).

2.18.3.3 *Preferência de julgamento e dispensa de revisor*

Os recursos oriundos de processos da Infância e Juventude têm preferência de julgamento por força do princípio da proteção integral, tanto que o relator deverá colocar o processo em pauta no prazo máximo de 60 (sessenta) dias, a contar da sua conclusão (art. 199-D do ECA).

Com o fim de garantir a celeridade, o parágrafo único do art. 199 prevê que o MP será intimado da data do julgamento e poderá apresentar oralmente seu parecer na sessão, se entender necessário.

A previsão de dispensa de revisor se justificava porque o art. 551 do CPC/1973 exigia revisor para o julgamento do recurso de apelação, o que retardava a marcha processual. Entretanto, o atual CPC extinguiu a necessidade de revisor (art. 931) a fim de imprimir celeridade ao julgamento.

Segundo o art. 199-E do ECA, o Ministério Público poderá requerer a instauração de procedimento para apuração de responsabilidade se constatar o descumprimento das providências e prazos previstos no ECA. Por óbvio, a apuração de responsabilidade também abarca eventual falta funcional do membro do MP.

2.18.3.4 *Juízo de retratação*

O art. 198, VII, do ECA prevê a existência de juízo de retratação para os recursos de agravo e apelação: "antes de determinar a remessa dos autos à superior instância, *no caso de apelação, ou do instrumento, no caso de agravo*, a autoridade judiciária proferirá despacho fundamentado, mantendo ou reformando a decisão, no prazo de cinco dias" (grifou-se).

Contudo, o presente inciso **não mais se aplica ao recurso de agravo de instrumento**, por ser este interposto diretamente no Tribunal (art. 1.016 do CPC).

A razão do inciso VII do art. 198 conter a previsão "do instrumento, no caso de agravo" é que, à época da aprovação do ECA, tinha vigência o CPC/1973, cujo art. 522 estabelecia o rito de formação do recurso de agravo que se processava em primeiro grau e somente após a apresentação da resposta, havia a subida dos autos ao segundo grau.

Entretanto, desde a Lei 9.139/1995, que deu nova redação ao art. 524 do CPC/1973, o recurso de agravo de instrumento é interposto perante o Tribunal e não em primeiro grau.

O próprio ECA, em seu art. 198, IV e V, estabelecia o rito do recurso de agravo segundo o CPC/1973 antes da Lei 9.139/1995. Todavia, citados incisos foram revogados expressamente pela Lei 12.010/2009.

Assim, o agravo de instrumento será processado perante o Tribunal e, apenas com a juntada da cópia da interposição do agravo no processo, o juiz poderá modificar a sua decisão em instância singela (art. 1.018, § 1º, do CPC).

---

[917] Art. 1.046, § 4º, do CPC/2015: "As remissões a disposições do Código de Processo Civil revogado, existentes em outras leis, passam a referir-se às que lhes são correspondentes neste Código".

[918] STJ, HC 290.719/SP, 5ª T., Rel. Min. Marco Aurélio Bellizze, *DJe* 01.08.2014; REsp 851.947/RS, 2ª T., Rel. Min. Eliana Calmon, *DJe* 19.05.2008; REsp 610.438/SP, 2ª T., Rel. Min. Franciulli Netto, Rel. para acórdão Min. Castro Meira, *DJ* 30.03.2006.

Quanto ao recurso de **apelação**, após a apresentação das contrarrazões, o magistrado, em despacho fundamentado, pode se retratar ou manter a decisão, no prazo de 5 (cinco) dias. Caso apenas se limite a remeter os autos ao Tribunal, entende-se que houve uma decisão implícita de manutenção da sua sentença[919], situação na qual o escrivão deverá remeter os autos ao Tribunal dentro de 24 (vinte e quatro) horas, independentemente de novo pedido do recorrente (art. 198, VIII).

Havendo retratação da sentença, a remessa dos autos ao Tribunal dependerá de pedido expresso da parte contrária, em simples petição, no prazo de 5 (cinco) dias, a contar da intimação (art. 198, VIII).

2.18.3.5 *Apresentação das razões recursais de apelação*

A apelação do CPC é interposta juntamente com as razões recursais (art. 1.010, II e III). Portanto, se a defesa técnica apresenta a petição de interposição do recurso de apelação sem as razões de inconformismo, não haverá seu conhecimento[920].

O STJ, em recente julgado, entendeu que a apresentação intempestiva das razões recursais pelo Ministério Público não impede o conhecimento de seu recurso, desde que a interposição tenha sido tempestiva[921]. Discordamos desse posicionamento, haja vista que, em matéria recursal, há aplicação da sistemática do CPC, a qual determina a interposição de recurso juntamente com as razões recursais, na forma dos incisos II e III do art. 1.010.

Entretanto, em processo de apuração de ato infracional no qual há a imposição de medida de internação ou semiliberdade, o ECA admite que o próprio adolescente manifeste o desejo de recorrer (art. 190, § 2º). Nesta situação, posteriormente, a defesa técnica será intimada para oferecer as razões recursais e, segundo o STJ, ainda que o faça fora do prazo, será conhecido o recurso pelo Tribunal[922].

Tal entendimento se justifica para prestigiar o princípio constitucional da ampla defesa e da proteção integral do adolescente, tendo em vista que houve a manifestação da vontade de recorrer, de forma que eventual desídia da defesa técnica não pode ter o condão de prejudicar o duplo grau de jurisdição.

2.18.3.6 *Técnica do art. 942 do CPC para processo de apuração de ato infracional ou de execução de medida socioeducativa*

O art. 198, *caput*, do ECA adota o sistema recursal do CPC. Na vigência do CPC/1973, dentre as suas espécies recursais, era previsto o recurso de embargos infringentes, o qual era cabível em face de acórdão não unânime que houvesse reformado, em grau de apelação, a sentença de mérito (art. 530). Ou seja, se a maioria reformasse a sentença de mérito, era possível a interposição de recurso de embargos infringentes, para o fim de ver vencedor o voto minoritário.

O vigente CPC não prevê os embargos infringentes como espécie recursal, mas o seu art. 942 contempla a seguinte **técnica de julgamento**:

---

919 Nesse sentido: BORDALLO, Galdino Augusto Coelho. Recursos. In: MACIEL, Kátia Regina Ferreira Lobo Andrade (coord.). *Curso de direito da criança e do adolescente*: aspectos teóricos e práticos. 9. ed. rev. e atual. São Paulo: Saraiva, 2016, p. 1.065; LAMENZA, Francismar; MACHADO, Antônio Cláudio da Costa (org.). *Estatuto da Criança e do Adolescente interpretado*: artigo por artigo, parágrafo por parágrafo. Barueri: Manole, 2012, p. 321.

920 STJ, HC 63.792/SE, 5ª T., Rel. Min. Felix Fischer, *DJ* 30.04.2007.

921 AgRg no AREsp 664.929/MS, 5ª T., Rel. Min. Reynaldo Soares da Fonseca, *DJe* 29.08.2018.

922 HC 268.100/SP, 6ª T., Rel. Min. Rogério Schietti Cruz, *DJe* 06.04.2015; HC 269.213/SP, 6ª T., Rel. Min. Sebastião Reis Júnior, *DJe* 03.02.2015; REsp 744.619/RS, 5ª T., Rel. Min. Laurita Vaz, *DJ* 06.02.2006.

Art. 942. Quando o resultado da apelação for não unânime, o julgamento terá prosseguimento em sessão a ser designada com a presença de outros julgadores, que serão convocados nos termos previamente definidos no regimento interno, em número suficiente para garantir a possibilidade de inversão do resultado inicial, assegurado às partes e a eventuais terceiros o direito de sustentar oralmente suas razões perante os novos julgadores.

Pela atual sistemática do CPC, se o resultado da apelação não for unânime, independentemente de recurso e de reforma da sentença de primeiro grau, haverá a continuidade do julgamento com a presença de outros julgadores que integram o órgão colegiado.

Diante disso, considerando que o ECA determina a aplicação do sistema recursal do CPC, mostra-se possível a aplicação da técnica de julgamento do art. 942 do CPC aos processos de apuração de ato infracional ou de execução de medida socioeducativa, ainda que a maioria inicial seja favorável ao adolescente infrator e possa ser revertida pelos demais integrantes não votantes ou, até mesmo, com revisão de voto dos participantes do primeiro julgamento.

Além disso, no sistema recursal do ECA inexiste previsão de aplicação do CPP, o qual somente prevê embargos infringentes em favor da defesa (art. 609, parágrafo único).

O STJ possui julgados, das 5ª e 6ª Turmas, pela aplicabilidade do art. 942 do CPC no âmbito do ECA[923], Contudo, tal tema não é pacífico, e há julgado do STJ entendendo pela inaplicabilidade de referida técnica de julgamento quando puder acarretar prejuízo ao adolescente infrator, haja vista que isso poderia implicar em *reformatio in pejus*, tendo em vista a natureza sancionatória da medida socioeducativa[924]. Além disso, permitir a ampliação do colegiado violaria o princípio do tratamento mais benéfico ao adolescente em relação ao imputável (art. 35, I, da Lei do Sinase)[925].

Portanto, de acordo com esse entendimento, se no julgamento inicial se formasse maioria para aplicação de uma medida socioeducativa em meio aberto (tese defensiva), não seria admissível a técnica do art. 942 do CPC, que poderia implicar na confirmação da sentença de primeiro grau que aplicou medida em meio fechado.

2.18.3.7 *Teoria da causa madura em apuração de ato infracional*

O art. 1.013, § 3º, do CPC preceitua que, se o processo estiver em condições de imediato julgamento, o tribunal deve decidir desde logo o mérito quando: "I – reformar sentença fundada no art. 485; II – decretar a nulidade da sentença por não ser ela congruente com os limites do pedido ou da causa de pedir; III – constatar a omissão no exame de um dos pedidos, hipótese em que poderá julgá-lo; IV – decretar a nulidade de sentença por falta de fundamentação".

A essas hipóteses dá-se o nome de teoria da causa madura, pois permite que, no julgamento de recurso de apelação, o tribunal julgue diretamente o mérito, sem necessidade de devolução do processo para que o juízo de primeiro grau profira outra sentença.

Embora previsto no CPC, o STJ passou a admitir a sua aplicação por analogia ao processo penal, por força do art. 3º do CPP: "A lei processual penal admitirá interpretação extensiva e aplicação analógica, bem como o suplemento dos princípios gerais de direito", sem isso implicar ofensa ao princípio do duplo grau de jurisdição, pois em consonância com a razoável duração do processo (art. 5º, LXXVIII, da CF)[926].

---

[923] AgRg no REsp 1.763.919/RJ, 5ª T., Rel. Min. Ribeiro Dantas, *DJe* 15.02.2019; AgRg no REsp 1.673.215/RJ, 5ª T., Rel. Min. Reynaldo Soares da Fonseca, *DJe* 30.05.2018; HC 407.674/RJ, 6ª T., Rel. Min. Nefi Cordeiro, *DJe* 23.10.2017.

[924] REsp 1.694.248/RJ, 6ª T., Rel. Min. Maria Thereza de Assis Moura, *DJe* 15.05.2018.

[925] AREsp 2.221.877/RJ, 5ª T., Rel. Min. Daniela Teixeira, *DJEN* 20.12.2024.

[926] EDcl no AgRg no AREsp 1.792.372/PR, 5ª T., Rel. Min. Jesuíno Rissato (Desembargador convocado do TJDFT), Rel. para acórdão Min. Joel Ilan Paciornik, *DJe* 01.02.2022; AgRg no AREsp 1.546.583/SP, 6ª T., Rel. Min. Laurita Vaz, *DJe* 03.02.2020; REsp 1.731.183/BA, 5ª T., Min. Joel Ilan Paciornik, *DJe* 07.10.2019.

Dessa forma, também se mostra admissível a aplicação da teoria da causa madura em processo de apuração de ato infracional, desde que inexista a necessidade de produção de outras provas, conforme julgado do STJ[927].

2.18.4 Efeitos da sentença

2.18.4.1 Regra geral

Como regra geral, por aplicação da sistemática recursal do CPC, o recurso de apelação possui os efeitos devolutivo e suspensivo (art. 1.012). Todavia, as situações a seguir tratadas constituem exceções a esta regra, seja por previsão legal ou por entendimento do STJ.

2.18.4.2 Sentença que impõe medida socioeducativa

Acesse e assista à aula explicativa sobre este assunto.

> *http://uqr.to/21kuc*

O art. 198, VI, em sua redação original, estabelecia que a apelação seria recebida apenas no efeito devolutivo, podendo a autoridade judiciária conceder efeito suspensivo sempre que houvesse perigo de dano irreparável ou de difícil reparação.

Dessa forma, com a prolação da sentença, era possível o cumprimento imediato da medida socioeducativa, salvo se o juiz concedesse efeito suspensivo à apelação.

Todavia, com a edição da Lei 12.010, de 3 de agosto de 2009, foi revogado o inciso VI do art. 198 do ECA, determinando a aplicação da sistemática recursal do CPC, que, em regra, dota a apelação dos efeitos devolutivo e suspensivo (art. 1.012).

Por seu turno, o art. 1.012, § 1º, V, do CPC (art. 520, VII, do CPC/1973) prevê que, na hipótese de confirmação de tutela antecipada anteriormente concedida, a apelação não terá efeito suspensivo.

Diante desse contexto, o STJ entendia que, se o adolescente estivesse internado provisoriamente durante o curso do processo e, na sentença, fosse imposta a medida socioeducativa de internação, seria possível seu imediato cumprimento, ainda que houvesse a interposição de recurso de apelação, por corresponder a uma confirmação de tutela antecipada[928].

Noutro giro, se o adolescente tivesse respondido o processo em liberdade, o STJ entendia que não era possível a sentença determinar o cumprimento imediato da medida de internação[929].

Entretanto, no mês de abril de 2016, a 3ª Seção do STJ (reunião das 5ª e 6ª Turmas, responsáveis pelo julgamento de processos referentes a atos infracionais), no julgamento do **HC 346.380/SP**, cujo relator foi o Ministro Rogerio Schietti Cruz, por maioria de votos (5 x 4), entendeu que também **é possível o cumprimento imediato da medida socioeducativa de**

---

[927] AgRg no HC 681.622/SC, 6ª T., Rel. Min. Laurita Vaz, *DJe* 19.09.2022.

[928] RHC 31.377/PA, 6ª T., Rel. Min. Og Fernandes, *DJe* 07.11.2013; RHC 32.100/PA, 5ª T., Rel. Min. Marco Aurélio Bellizze, *DJe* 26.06.2012.

[929] RHC 56.546/PE, 5ª T., Rel. Min. Reynaldo Soares da Fonseca, *DJe* 10.12.2015; HC 216.584/PA, 5ª T., Rel. Min. Laurita Vaz, Quinta T., *DJe* 11.12.2012.

internação, mesmo que o adolescente tenha respondido o processo em liberdade, se ficar demonstrada na sentença a necessidade do cumprimento imediato da medida[930].

Também foram utilizados como argumentos o **princípio da intervenção precoce** (art. 100, parágrafo único, V) e o **art. 215 do ECA**, o qual dispõe que o juiz poderá conceder efeito suspensivo ao recurso para evitar dano irreparável à parte[931]. Além disso, a exigência do trânsito em julgado é óbice ao escopo ressocializador da medida e permite que o adolescente permaneça em situação de risco, "exposto aos mesmos fatores que o levaram à prática infracional"[932].

Em julgados posteriores, o STJ tem reiterado o posicionamento pela possibilidade do cumprimento imediato da medida de internação[933]. Este entendimento também se aplica ao regime de **semiliberdade**[934].

Da mesma forma, se houver a imposição de medidas socioeducativas de **prestação de serviços à comunidade** e **liberdade assistida**, que são menos graves do que as medidas de meio fechado, entendemos que também será possível o início de suas execuções, ainda que haja recurso de apelação pendente de julgamento, caso fique demonstrada sua necessidade. O STJ, inclusive, já decidiu pela possibilidade do cumprimento imediato da liberdade assistida[935].

2.18.4.3 Adoção e destituição do poder familiar

Quanto aos efeitos do recurso de apelação nas ações de adoção e destituição do poder familiar, os arts. 199-A e 199-B possuem as seguintes previsões:

Hipóteses	Efeitos do recurso de apelação
Adoção nacional (art. 199-A)	Em regra, apenas efeito devolutivo, salvo se houver perigo de dano irreparável ou de difícil reparação ao adotando, caso em que também poderá ser atribuído efeito suspensivo.
Adoção internacional (art. 199-A)	Devolutivo e suspensivo.
Sentença que destituir ambos ou qualquer dos genitores do poder familiar (art. 199-B)	Apenas devolutivo.

2.19 PROTEÇÃO JUDICIAL DOS INTERESSES INDIVIDUAIS, DIFUSOS E COLETIVOS

2.19.1 Introdução

No capítulo VII do título II, (arts. 208 a 224), o ECA trata da "proteção judicial dos interesses individuais, difusos e coletivos". A disposição dos artigos não se encontra separada por

[930] HC 346.380/SP, 3ª S., Rel. Min. Maria Thereza de Assis Moura, Rel. para acórdão Min. Rogério Schietti Cruz, j. 13.04.2016, *DJe* 13.05.2016.

[931] Art. 215 do ECA: "O juiz poderá conferir efeito suspensivo aos recursos, para evitar dano irreparável à parte".

[932] STJ, AgRg no HC 459.153/SC, 6ª T., Rel. Min. Rogério Schietti Cruz, *DJe* 05.11.2018.

[933] AgRg no HC 856.671/SP, 5ª T., Rel. Min. Reynaldo Soares da Fonseca, *DJe* 16.11.2023; AgRg no HC 664.773/SC, 6ª T., Rel. Min. Olindo Menezes (Desembargador convocado do TRF 1ª Região), *DJe* 30.08.2021; AgRg no HC 442.051/SC, 6ª T., Rel. Min. Rogerio Schietti Cruz, *DJe* 12.06.2018; AgRg no HC 376.779/PR, 5ª T., Rel. Min. Felix Fischer, *DJe* 29.08.2017; HC 372.194/SC, 6ª T., Rel. Min. Maria Thereza de Assis Moura, *DJe* 17.11.2016.

[934] Para uma melhor análise do tema "semiliberdade provisória", v. 2.11.13.1.

[935] AgRg no HC 472.186/SC, 6ª T., Rel. Min. Nefi Cordeiro, *DJe* 22.02.2019; HC 453.335/SC, 6ª T., Rel. Min. Nefi Cordeiro, *DJe* 24.09.2018; AgRg no HC 351.917/PR, 5ª T., Rel. Min. Ribeiro Dantas, j. 05.10.2017, *DJe* 11.10.2017.

ações individuais e coletivas, de forma que, para facilitar a compreensão do tema, analisaremos cada modalidade de ação em tópicos distintos.

2.19.2 Proteção judicial dos interesses individuais

O art. 208 do ECA dispõe:

> **Art. 208.** Regem-se pelas disposições desta Lei as ações de responsabilidade por ofensa aos direitos assegurados à criança e ao adolescente, referentes ao não oferecimento ou oferta irregular:
>
> **I** – do ensino obrigatório;
>
> **II** – de atendimento educacional especializado aos portadores de deficiência;
>
> **III** – de atendimento em creche e pré-escola às crianças de zero a cinco anos de idade;
>
> **IV** – de ensino noturno regular, adequado às condições do educando;
>
> **V** – de programas suplementares de oferta de material didático-escolar, transporte e assistência à saúde do educando do ensino fundamental;
>
> **VI** – de serviço de assistência social visando à proteção à família, à maternidade, à infância e à adolescência, bem como ao amparo às crianças e adolescentes que dele necessitem;
>
> **VII** – de acesso às ações e serviços de saúde;
>
> **VIII** – de escolarização e profissionalização dos adolescentes privados de liberdade;
>
> **IX** – de ações, serviços e programas de orientação, apoio e promoção social de famílias e destinados ao pleno exercício do direito à convivência familiar por crianças e adolescentes;
>
> **X** – de programas de atendimento para a execução das medidas socioeducativas e aplicação de medidas de proteção.

O ECA, após prever direitos ao longo de seu texto, optou por agrupá-los em um único artigo, a fim de sistematizar a proteção dos direitos e garantias da criança e do adolescente.

Esse rol é meramente exemplificativo, haja vista que o § 1º do art. 208 preceitua: "As hipóteses previstas neste artigo não excluem da proteção judicial outros interesses individuais, difusos ou coletivos, próprios da infância e da adolescência, protegidos pela Constituição e pela Lei" (grifou-se).

Em caso de **desaparecimento de crianças ou adolescentes**, a investigação será realizada *imediatamente* após a notificação dos órgãos competentes, que comunicarão o fato aos portos, aeroportos, Polícia Federal e companhias de transporte interestaduais e internacionais, fornecendo-lhes dados necessários à identificação do desaparecido (art. 208, § 2º).

A **notificação** do desaparecimento deverá ser imediatamente comunicada ao Cadastro Nacional de Pessoas Desaparecidas e ao Cadastro Nacional de Crianças e Adolescentes Desaparecidos, os quais serão prontamente atualizados a cada nova informação sobre o caso (art. 208, § 3º, incluído pela Lei 14.548/2023). Além disso, a linha de ação da política de atendimento relativa à localização de desaparecidos será executada em cooperação com os referidos cadastros nacionais e os demais cadastros existentes, sejam eles nacionais, estaduais ou municipais (art. 87, parágrafo único, incluído pela Lei 14.548/2023).

Portanto, a autoridade policial não pode se recusar a registrar a ocorrência por ausência de lapso temporal de 24 (vinte e quatro) horas do desparecimento da criança ou adolescente.

Com a edição da Lei 14.811/2024, foi incluído o art. 244-C no ECA para tipificar como crime a conduta do pai, mãe ou responsável legal que, dolosamente, deixar de comunicar à autoridade pública o desaparecimento de criança ou adolescente, com pena de reclusão de 2 (dois) a 4 (quatro) anos, e multa.

Os temas sobre competência, sistema recursal, efeitos do recurso e pagamento de custas e emolumentos, aplicáveis às ações individuais e coletivas do âmbito do ECA, serão tratados a seguir.

2.19.3 Proteção judicial dos interesses difusos e coletivos

O art. 210, *caput*, do ECA, prevê: "Para as ações cíveis fundadas em interesses difusos ou coletivos...". Por seu turno, o art. 81, parágrafo único, do CDC, conceituou interesses difusos, coletivos e individuais homogêneos:

> I – interesses ou direitos difusos, assim entendidos, para efeitos deste código, os transindividuais, de natureza indivisível, de que sejam titulares pessoas indeterminadas e ligadas por circunstâncias de fato;
>
> II – interesses ou direitos coletivos, assim entendidos, para efeitos deste código, os transindividuais, de natureza indivisível de que seja titular grupo, categoria ou classe de pessoas ligadas entre si ou com a parte contrária por uma relação jurídica base;
>
> III – interesses ou direitos individuais homogêneos, assim entendidos os decorrentes de origem comum.

Diante da redação legal acima transcrita, poder-se-ia questionar se os interesses individuais homogêneos das crianças e adolescentes também podem ser tutelados pelas ações coletivas do ECA.

A resposta é positiva, pois esse Estatuto apenas não mencionou esta categoria de interesses, vez que referida classificação surgiu no ordenamento jurídico com o advento do CDC, que é posterior. Além disso, pode-se argumentar que seu art. 224 dispõe sobre a aplicação subsidiária da Lei 7.347/1985 (Lei da Ação Civil Pública - LACP), cujo art. 21 também prevê a aplicação subsidiária do CDC.

2.19.3.1 Competência

O art. 209 preceitua: "As ações previstas neste Capítulo serão propostas no foro do local onde ocorreu ou deva ocorrer a ação ou omissão, cujo juízo terá competência absoluta para processar a causa, ressalvadas a competência da Justiça Federal e a competência originária dos tribunais superiores".

O ECA, em seus arts. 147 e 148, também trata sobre competência da Justiça da Infância e Juventude. Todavia, para fixação da Justiça competente, conforme já abordado, deve-se proceder a análise do processo na seguinte ordem:

1) se o processo é de competência originária dos Tribunais Superiores;

2) se o processo deve ser julgado por alguma das Justiças especializadas (Justiça do Trabalho ou Justiça Militar), de primeira ou segunda instância;

3) não sendo da Justiça especializada, se o processo é da justiça estadual ou federal, de primeira ou segunda instância;

4) confirmada a competência da justiça estadual, verifica-se se a competência é da Justiça da Infância e Juventude (art. 148). Se positivo, observa-se qual será o foro competente (art. 147 e 209). **No caso, o art. 209 fixa a competência no local onde ocorreu ou deva ocorrer a ação ou omissão**[936].

2.19.3.2 Legitimidade

Para a proteção dos direitos difusos e coletivos das crianças e dos adolescentes, o ECA legitimou concorrentemente nos incisos do art. 210:

> Art. 210. [...]
>
> I – o Ministério Público;

[936] O tema "competência" foi amplamente abordado nos itens 2.15.3, 2.15.4, 2.15.5 e 2.15.6.

> **II** - a União, os estados, os municípios, o Distrito Federal e os territórios;
>
> **III** - as associações legalmente constituídas há pelo menos um ano e que incluam entre seus fins institucionais a defesa dos interesses e direitos protegidos por esta Lei, dispensada a autorização da assembleia, se houver prévia autorização estatutária.

É admissível o **litisconsórcio** entre o Ministério Público da União e o dos Estados na defesa dos interesses e direitos de que cuida o ECA (art. 210, § 1º). Nesta situação, a ação deverá ser proposta perante a Justiça Federal.

Embora a previsão de litisconsórcio seja entre os Ministérios Público da União e dos Estados, há quem entenda cabível o litisconsórcio entre a União e os demais entes federados, bem como as associações[937].

Caso a associação legitimada ajuíze ação na defesa dos direitos da criança e do adolescente protegidos pelo ECA, mas dela **desista ou a abandone**, segundo o art. 210, § 2º, "o Ministério Público ou outro legitimado poderá assumir a titularidade ativa".

Observa-se que o legislador utilizou a expressão "poderá" até mesmo para o Ministério Público. Logo, diante do caso concreto, o representante ministerial analisará a assunção do polo ativo da ação coletiva.

2.19.3.3 Ministério Público

Em razão do perfil constitucional do Ministério Público, o ECA destaca a sua legitimidade para a proteção dos interesses difusos e coletivos das crianças e adolescentes, fazendo-o nos seguintes dispositivos:

> **Art. 216.** Transitada em julgado a sentença que impuser condenação ao Poder Público, o juiz determinará a remessa de peças à autoridade competente, para apuração da responsabilidade civil e administrativa do agente a que se atribua a ação ou omissão.
>
> **Art. 220.** Qualquer pessoa poderá e o servidor público deverá provocar a iniciativa do Ministério Público, prestando-lhe informações sobre fatos que constituam objeto de ação civil, e indicando-lhe os elementos de convicção.
>
> **Art. 221.** Se, no exercício de suas funções, os juízes e tribunais tiverem conhecimento de fatos que possam ensejar a propositura de ação civil, remeterão peças ao Ministério Público para as providências cabíveis.

2.19.3.3.1 Inquérito civil

O inquérito civil, regulamentado pela Resolução 23/2007 do CNMP, é o instrumento de **titularidade exclusiva do Ministério Público** e tem por finalidade a coleta de elementos para analisar a necessidade de providências para a proteção de interesses difusos ou coletivos, podendo ser iniciado de ofício ou por provocação.

A sua instauração é prescindível para a propositura de ação civil pública, caso o representante ministerial já disponha de elementos suficientes.

O interessado, embora não possa instaurar inquérito civil para instruir a sua petição inicial, poderá requerer às autoridades competentes as certidões e informações que julgar necessárias, que serão fornecidas no prazo de 15 (quinze) dias (art. 222).

Após esgotadas todas as diligências no inquérito civil ou nas peças de informação, se o representante do Ministério Público se convencer da inexistência de fundamento legal para a propositura da ação cível, fundamentadamente, promoverá o seu arquivamento (art. 223, § 1º).

---

[937] Nesse sentido: LAMENZA, Francismar; MACHADO, Antônio Cláudio da Costa (org.). *Estatuto da Criança e do Adolescente interpretado*: artigo por artigo, parágrafo por parágrafo. Barueri: Manole, 2012, p. 347.

Em seguida, após a cientificação dos interessados, os autos serão remetidos ao Conselho Superior do Ministério Público – CSMP, no caso do Ministério Público Estadual ou à Câmara de Revisão na hipótese do Ministério Público Federal, no prazo de 3 (três) dias, sob pena de falta funcional grave (art. 223, § 2º). Estes órgãos são os responsáveis pelo exame e deliberação da promoção de arquivamento (art. 223, § 4º).

Enquanto não for homologado o arquivamento do inquérito civil ou das peças de informação em sessão dos citados órgãos, poderão as associações legitimadas apresentar razões escritas ou documentos, que serão juntados aos autos (art. 223, § 3º).

Caso o CSMP ou a Câmara de Revisão não homologue a promoção de arquivamento, será designado outro representante para o ajuizamento da ação (art. 223, § 5º).

2.19.3.3.2 Recomendação

O art. 201, § 5º, *c*, dispõe que, para o efetivo respeito aos direitos e garantias assegurados às crianças e adolescentes, o Ministério Público poderá "efetuar recomendações visando à melhoria dos serviços públicos e de relevância afetos à criança ou adolescente, fixando prazo razoável para sua perfeita adequação".

A Resolução 164/2017 do CNMP disciplina a expedição de recomendações pelo Ministério Público, a qual, em regra, somente pode ser efetivada no curso de inquérito civil, procedimento administrativo ou procedimento preparatório (art. 3º, *caput*). Contudo, em casos que reclamem urgência, o Ministério Público poderá, de ofício, expedir recomendação, procedendo, posteriormente, à instauração do respectivo procedimento (art. 3º, § 2º).

2.19.3.4 Ação civil pública

A ação civil pública é destinada para a proteção dos direitos difusos, coletivos e individuais homogêneos. Diante disso, há questionamento doutrinário se seria possível o manejo de ação civil pública para tutelar **direito individual indisponível de uma criança ou adolescente**, existindo duas correntes:

1) a primeira entende que não é possível, tendo em vista o objeto difuso ou coletivo que deve ser veiculado na referida ação[938],

2) a segunda afirma que é possível e "é prática comum a utilização de denominação ação civil pública, principalmente em razão das previsões legais pertinentes"[939].

Concordamos com a segunda corrente, pois o art. 201, V, do ECA é expresso ao prever como atribuição do Ministério Público a promoção de inquérito civil para a "proteção dos *interesses individuais*, difusos ou coletivos" (grifou-se). Inclusive, em recente precedente, o STF aprovou a seguinte tese: "O Ministério Público é parte legítima para ajuizamento de ação civil pública que vise o fornecimento de remédios a portadores de certa doença"[940].

O STJ já admitiu o manejo de ação civil pública para proteção de interesse individual de criança e adolescente para fornecimento de medicamento[941], vaga em creche[942],

---

938 Nesse sentido: BORDALLO, Galdino Augusto Coelho. Outras ações previstas no Estatuto. In: MACIEL, Kátia Regina Ferreira Lobo Andrade (coord.). *Curso de direito da criança e do adolescente*: aspectos teóricos e práticos. 9. ed. rev. e atual. São Paulo: Saraiva, 2016, p. 1.023.

939 Nesse sentido: ROSSATO, Luciano Xavier; LÉPORE, Paulo Eduardo; CUNHA, Rogério Sanches da. *Estatuto da Criança e do Adolescente*: Lei n. 8.069/90 comentado artigo por artigo. 8. ed. rev., atual. e ampl. São Paulo: Saraiva, 2016, p. 543.

940 RE 605.533/MG, Tribunal Pleno, rel. Min. Marco Aurélio, j. 15.08.2018.

941 REsp 1.486.219/MG, 2ª T., Rel. Min. Herman Benjamin, *DJe* 04.12.2014; REsp 948.944/SP, 1ª T., Rel. Min. José Delgado, *DJe* 21.05.2008.

942 AREsp 817.723/MG, Rel. Min. Herman Benjamin, p. 10.02.2016; REsp 440.502/SP, 2ª T., Rel. Min. Herman Benjamin, *DJe* 24.09.2010.

exame de supletivo[943] e fornecimento de histórico escolar de estabelecimento de ensino particular[944].

2.19.3.5 *Termo de ajustamento de conduta*

O art. 211 estipula: "Os órgãos públicos legitimados poderão tomar dos interessados compromisso de ajustamento de sua conduta às exigências legais, o qual terá eficácia de *título executivo extrajudicial*" (grifou-se). Idêntica redação há no art. 5º, § 6º, da Lei 7.347/1985.

O TAC também está disciplinado na Resolução 179/2017 do CNMP e tem eficácia de título executivo extrajudicial se for celebrado extraprocessualmente (art. 784, XII, do CPC). Contudo, se for ajustado no curso de ação, sua natureza será de título executivo judicial em razão da sentença homologatória (art. 515, II, do CPC).

A associação não possui legitimidade para celebração de termo de ajustamento de conduta, mas somente os órgãos públicos.

2.19.3.6 *Ações admissíveis*

Como decorrência do princípio da proteção integral, para a defesa das ações individuais e coletivas de direitos previstos no ECA, são cabíveis todas as espécies de ações pertinentes (art. 212, *caput*), aplicando-se subsidiariamente as normas do CPC (art. 212, § 1º).

Embora o legislador tenha explicitado o cabimento de "todas as espécies de ações pertinentes", o § 2º do art. 212 também menciona o cabimento de mandado de segurança contra atos ilegais e abusivos da autoridade pública ou agente de pessoa jurídica que lesem direito líquido e certo previsto no ECA.

2.19.3.7 *Ação de obrigação de fazer ou não fazer*

O art. 213 e seus parágrafos dispõem sobre ação de cumprimento de obrigação de fazer ou não fazer e tem por objetivo dar concretude ao princípio da proteção integral da criança ou adolescente. O juiz pode conceder a tutela específica da obrigação ou determinar as providências que assegurem o resultado prático equivalente ao do adimplemento.

Como exemplo dessa última situação, cita-se a decisão que determina o bloqueio de verbas públicas, no caso de recusa ou omissão no fornecimento de medicamento[945].

A tutela provisória de urgência antecipatória pode ser concedida sem a justificação prévia do réu, desde que demonstrado o relevante fundamento da demanda e haja justificado receio de ineficácia do provimento final (§ 1º).

Na decisão interlocutória que defere a tutela de urgência ou na sentença, o juiz pode, de ofício, independentemente de pedido do autor, impor **multa diária ao réu**, se for suficiente ou compatível com a obrigação, fixando prazo razoável para o cumprimento da obrigação (§ 2º).

O STJ também entende possível a fixação de **multa pessoal ao gestor**, desde que ele figure no polo passivo da ação, como forma de garantir o contraditório e ampla defesa[946].

---

943 REsp 1.231.489/SE, 2ª T., Rel. Min. Eliana Calmon, *DJe* 19.06.2013; REsp 1.201.623/SE, 2ª T., Rel. Min. Mauro Campbell Marques, *DJe* 13.04.2011.

944 REsp 167.541/GO, 3ª T., Rel. Min. Antônio de Pádua Ribeiro, *DJ* 19.12.2003; REsp 208.872/GO, 3ª T., Rel. Min. Waldemar Zveiter, *DJ* 09.04.2001.

945 STJ, AgInt no AREsp 879.520/MG, 2ª T., Rel. Min. Humberto Martins, *DJe* 08.06.2016; REsp 1.069.810/RS, 1ª S., Rel. Min. Napoleão Nunes Maia Filho, *DJe* 06.11.2013.

946 AgRg no REsp 1.388.716/RN, 2ª T., Rel. Min. Humberto Martins, *DJe* 30.10.2014.

A multa somente será exigível após o trânsito em julgado da sentença favorável ao autor, sendo devida desde o seu descumprimento (§ 3º).

2.19.3.8 *Custas e honorários advocatícios*

Visando facilitar o ajuizamento de **ações individuais e coletivas**, o art. 219 do ECA dispõe: "Nas ações de que trata este Capítulo, não haverá adiantamento de custas, emolumentos, honorários periciais e quaisquer outras despesas".

Todavia, caso caracterizada litigância de má-fé (art. 80 do CPC) em ação coletiva promovida por associação, o juiz condenará solidariamente a associação autora e os diretores responsáveis pela propositura da ação, até o pagamento de dez vezes o valor das custas, sem prejuízo de responsabilidade por perdas e danos (art. 218, parágrafo único, do ECA).

Além disso, se o juiz constatar que a pretensão da associação é manifestamente infundada, a condenará ao pagamento de honorários advocatícios ao réu (art. 218, *caput*).

2.19.3.9 *Multas*

O art. 214 prevê que os valores das multas reverterão ao fundo gerido pelo Conselho dos Direitos da Criança e do Adolescente do respectivo município. Por seu turno, o art. 154 determina: "Aplica-se às multas o disposto no art. 214".

Desse modo, as multas que serão revertidas em favor do fundo do CMDCA são as decorrentes de **infração administrativa ou por descumprimento de obrigação de fazer ou de não fazer de ação coletiva**, previstas no ECA, tendo em vista as disposições expressas dos arts. 154 e 214[947].

Contudo, se a multa for decorrente de ação de direito individual ajuizada pelo próprio titular do direito, por intermédio de advogado, será devida ao autor e não ao referido fundo[948]. Aliás, tal regra decorre do art. 537, § 1º, do CPC: "O valor da multa será devido ao exequente".

Há julgado do STJ determinando que a **multa decorrente de crime** previsto no ECA também seja revertida em favor do referido fundo[949].

Todavia, não comungamos de tal entendimento, pois o ECA, em momento algum, disciplina a destinação do valor da multa de crime, de maneira que deve ser revertida ao fundo penitenciário, por força do art. 226: "Aplicam-se aos crimes definidos nesta Lei as normas da Parte Geral do Código Penal e, quanto ao processo, as pertinentes ao Código de Processo Penal"[950]. Desse modo, o art. 49 do CP determina que a multa consiste no pagamento ao fundo penitenciário.

Por outro lado, inexistindo fundo municipal dos direitos da criança e do adolescente, o dinheiro será depositado em estabelecimento oficial de crédito, em conta com correção monetária (art. 214, § 1º, do ECA).

Caso a multa não seja recolhida até trinta dias após o trânsito em julgado, o MP deverá formular cumprimento de sentença, facultada igual iniciativa aos demais legitimados (art. 214, § 2º).

---

947 STJ, AREsp 879.684/SP, Rel. Min. Herman Benjamin, p. 18.05.2016; REsp 564.749/ES, 5ª T., Rel. Min. Gilson Dipp, *DJ* 03.11.2004; REsp 564.722/ES, 1ª T., Rel. Min. Luiz Fux, *DJ* 22.11.2004; REsp 512.145/ES, 5ª T., Rel. Min. José Arnaldo da Fonseca, *DJ* 24.11.2003.

948 No mesmo sentido: ROSSATO, Luciano Xavier; LÉPORE, Paulo Eduardo; CUNHA, Rogério Sanches da. *Estatuto da Criança e do Adolescente*: Lei n. 8.069/90 comentado artigo por artigo. 8. ed. rev., atual. e ampl. São Paulo: Saraiva, 2016, p. 562.

949 STJ, REsp 614.985/ES, 5ª T., Rel. Min. Laurita Vaz, *DJ* 23.08.2004.

950 No mesmo sentido: BENJAMIM, Antonio Herman V. Comentários ao art. 214. In: CURY, Munir (org.). *Estatuto da Criança e do Adolescente comentado. Comentários jurídicos e sociais.* 11. ed. São Paulo: Malheiros Editores, 2010, p. 999.

2.19.3.10 Cumprimento de sentença condenatória e destinação do valor

Após o transcurso do prazo de 60 (sessenta) dias do trânsito em julgado da sentença condenatória sem que a associação autora promova seu cumprimento ou o réu, voluntariamente, não efetue o pagamento ou cumpra a obrigação que lhe foi imposta, o **Ministério Público** tem o **dever legal** de tomar as medidas legais para tanto, enquanto os **demais legitimados** têm esta **faculdade** (art. 217).

Atenção

Observa-se que, em caso de omissão da associação para o cumprimento de sentença, o Ministério Público tem o dever legal de fazê-lo. Por outro lado, se há desistência ou abandono da ação coletiva, o Ministério Público dispõe de faculdade para avaliar a assunção da titularidade ativa (art. 210, § 2º).

A diferença de tratamento ocorre porque, no cumprimento de sentença condenatória transitada em julgado, já existe uma certeza do direito e o Ministério Público não possui razão para quedar-se inerte.

O ECA apenas menciona sobre a destinação das "multas" aplicadas nos procedimentos e nas ações decorrentes dos direitos e garantias nele previstos, silenciando quanto às sentenças condenatórias no âmbito da proteção coletiva.

Reza o art. 13 da Lei 7.347/1985: "Havendo condenação em dinheiro, a indenização pelo dano causado reverterá a um fundo gerido por um Conselho Federal ou por Conselhos Estaduais". Assim, em princípio, poder-se-ia afirmar que os valores das sentenças condenatórias de ações coletivas seriam revertidos em favor do fundo estadual de defesa dos interesses difusos.

Todavia, ao nosso sentir, toda sentença condenatória em ação coletiva por violação aos direitos da criança e do adolescente deve ter como destinatário o fundo gerido pelo Conselho dos Direitos da Criança e do Adolescente, pois este é o espírito do ECA, fortalecer as políticas públicas municipais com a participação popular.

Além disso, se a multa de infração administrativa por violação a direito individual é revertida ao fundo gerido pelo CMDCA, o mesmo deve ocorrer em relação à sentença condenatória decorrente de ação coletiva[951].

A propósito, o STJ já confirmou sentença condenatória em ação civil pública que impôs ao réu o pagamento de **danos morais difusos** ao fundo municipal dos direitos da criança e do adolescente, por tratamento desumano e vexatório aos adolescentes internos durante rebeliões havidas na unidade[952].

2.19.3.11 Sistema recursal e efeitos do recurso

Como visto anteriormente, as peculiaridades do art. 198 somente têm incidência para os *procedimentos previstos nos arts. 152 ao 197-E*. Para as demais **ações cíveis**, individuais ou coletivas, há a incidência integral do sistema recursal do CPC, nos termos do art. 212, § 1º, do ECA: "Aplicam-se às ações previstas neste Capítulo as normas do Código de Processo Civil".

Portanto, em se tratando de recurso contra alvará ou portaria do art. 149 do ECA, bem como de decisão proveniente de ação civil individual ou coletiva, o prazo seguirá o previsto

---

[951] No mesmo sentido: ROSSATO, Luciano Xavier; LÉPORE, Paulo Eduardo; CUNHA, Rogério Sanches da. *Estatuto da Criança e do Adolescente*: Lei n. 8.069/90 comentado artigo por artigo. 8. ed. rev., atual. e ampl. São Paulo: Saraiva, 2016, p. 565.

[952] AgRg no REsp 1.368.769/SP, 2ª T., Rel. Min. Humberto Martins, *DJ* 14.08.2013.

no art. 1.003, § 5º, do CPC[953], por força do art. 212, § 1º, do ECA. Este também é o entendimento do STJ[954].

Quanto aos **efeitos do recurso das ações** individuais ou coletivas do âmbito do ECA, o art. 215 preceitua: "O juiz poderá conceder efeito suspensivo aos recursos, para evitar dano irreparável à parte".

Assim, como regra geral, contra as sentenças proferidas em ações individuais e coletivas do ECA, o recurso de apelação será dotado apenas de efeito devolutivo, ao contrário do que ocorre no CPC, que, em regra, a apelação é recebida no duplo efeito (devolutivo e suspensivo), nos termos do art. 1.012, *caput*.

Para as ações do ECA, o efeito suspensivo depende de sua concessão expressa, desde que seja para evitar dano irreparável à parte.

2.19.3.12 *Aplicação subsidiária da LACP e do CDC*

O art. 224 determina: "Aplicam-se subsidiariamente, no que couber, as disposições da Lei n. 7.347, de 24 de julho de 1985 (Lei da Ação Civil Pública)". Todavia, no processo coletivo do ECA, também há incidência da Lei n. 8.078, de 11 de setembro de 1990 (Código de Defesa do Consumidor).

A razão da omissão dessa previsão de aplicação subsidiária no art. 224 do ECA é que o CDC foi aprovado posteriormente, inexistindo no ordenamento jurídico brasileiro quando da sua redação original. Essas Leis formam o *microssistema de processo coletivo*, tanto que um diploma remete à aplicação subsidiária ao outro (art. 21 da Lei 7.347/1985 e art. 90 da Lei 8.078/1990).

---

953 Art. 1.003, § 5º, do CPC: "Excetuados os embargos de declaração, o prazo para interpor os recursos e para responder-lhes é de 15 (quinze) dias".

954 Nesse sentido: REsp 839.709/RS, 2ª T., Rel. Min. Mauro Campbell Marques, *DJe* 04.10.2010; REsp 1.002.571/RS, 1ª T., Rel. Min. José Delgado, *DJe* 23.06.2008; REsp 851.947/RS, 2ª T., Rel. Min. Eliana Calmon, *DJe* 19.05.2008.

CAPÍTULO 3

DIREITOS DA PESSOA COM DEFICIÊNCIA

LAURO RIBEIRO

Acesse e assista à aula explicativa sobre este assunto.

> *http://uqr.to/21kud*

3.1 NOÇÕES INTRODUTÓRIAS

3.1.1 A sociedade moderna

A feição atual do mundo, caracterizada pela **globalização**, a transnacionalização, o multiculturalismo e o **antropocentrismo**, tem a projeção do ser humano como o centro de todas as preocupações. Tem, também, uma faceta ética, própria dos direitos humanos, que é ver no outro um ser merecedor de igual consideração e profundo respeito, dotado do direito de desenvolver, plenamente, todas as suas potencialidades, com liberdade, igualdade e autonomia.

Dessa forma, vê-se uma retomada histórica ao imperativo categórico kantiano[1] de que o ser humano é um fim em si mesmo e nunca um meio para atingir alguma finalidade, ou seja, tem dignidade e não um valor de compra ou de troca, como acontece com as mercadorias, porque cada ser humano é insubstituível. É o reconhecimento da unidade humana, em meio às diversidades individuais e culturais.

Abandona-se a dicotomia do "**eu contra o outro**" de outrora, que pregava o aniquilamento do diferente, que tinha na diferença o fundamento para conceber o outro como um

---

1 KANT, Immanuel. Fundamentação da metafísica dos costumes e outros escritos. São Paulo: Martin Claret, 2006, p. 59.

indivíduo "menor" em dignidade e direitos (p. ex., o escravo negro) para reconhecer-se o **direito à diferença**, o direito de respeito à diferença e à diversidade, assegurando-se tratamento diferenciado a quem dele necessitar, a partir de uma concepção contemporânea dos direitos humanos.

A Constituição da República de 1988, como norma jurídica fundamental, adotou essa concepção estabelecendo, já no seu preâmbulo, que dela é parte integrante com relevante papel na tarefa interpretativa e integrativa, que nosso Estado Democrático (de Direito) está pautado em uma **sociedade fraterna (solidária), pluralista e sem preconceitos, onde esteja assegurada a igualdade de e entre todos**[2].

Temos muito a evoluir para alcançarmos uma sociedade inclusiva, em que não haja excluídos[3] e todos se preparem para conviver com a diferença[4].

O mundo todo foi surpreendido em 2020[5] com a pandemia do coronavírus – e a Covid-19, nome da doença causada pelo vírus –, algo nunca visto nos últimos cem anos. No Brasil, o desastre em número de mortos, no impacto social e econômico é por todos nós conhecido e, infelizmente, sentido.

Pela excepcionalidade da situação e, consequentemente, das medidas adotadas nos três níveis e no plano dos Poderes Executivo, Legislativo e Judiciário, deixamos de tratar delas neste capítulo, fazendo referência a algumas ações em trâmite perante o Supremo Tribunal Federal, com a indicação dos temas ali tratados, no capítulo da saúde (item 7.7.1), apenas para direcionar o leitor e a leitora que tenham interesse específico. Sobre o impacto dessa pandemia às pessoas com deficiência no Brasil, tivemos a oportunidade de fazer breves anotações no estudo *O direito à saúde e a pandemia da Covid-19 – um olhar às pessoas com deficiência*, na obra *O Direito em épocas extraordinárias*, coordenada por Marcos Stefani e Gregório Assagra de Almeida, editora D'Plácido[6].

3.1.2 A sociedade moderna e a pessoa com deficiência

No âmbito das pessoas com deficiência e em meio a tanto pluralismo, tantas exclusões e carências, a Assembleia Geral das Nações Unidas, em 1990, por meio da Resolução 45/1991, propôs uma **sociedade para todos** a ser alcançada até 2010, alvo que não foi atingido e está longe de o ser.

Precisamos avançar muito, afinal, segundo os dados preliminares da amostra do Censo 2022, o Brasil tinha 14,4 milhões de pessoas com deficiência, o que corresponde a 7,3% dos 198,3 milhões de pessoas com dois anos ou mais de idade na população[7].

---

[2] Nesse sentido, o voto do então ministro Carlos Britto, do STF, no julgamento da ADI 3.768, da relatoria da Ministra Carmen Lúcia (j. 19.09.2007), sobre gratuidade do transporte público ao idoso, ao reconhecer o *"surgimento de um novo constitucionalismo fraternal, altruístico, como preferem os italianos, com ações distributivas e solidárias, pois não se trata de um direito social, mas de um direito fraternal para amainar direitos tradicionalmente negligenciados"*.

[3] No julgamento do REsp 1728069/MG, Rel. Min. Marco Aurélio Bellizze, *DJe* 26.10.2018, a Corte reconheceu que a criação de comunidade virtual no intuito de expor, para além dos limites de sua cidade, conduta pública inadequada e vexatória atribuída à deficiência do desenvolvimento mental da vítima caracteriza grave desrespeito à condição humana das pessoas com deficiência, acarretando dano moral indenizável.

[4] Sobre a "igualdade (material) como reconhecimento", que se refere ao respeito às minorias e ao tratamento da diferença em geral, ver o voto do Rel. Min. Luís Roberto Barroso na ADC 41/DF (sobre a reserva de cotas para negros – Lei 12.990/2014).

[5] A doença foi identificada pela primeira vez em Wuhan, na província de Hubei, República Popular da China, em 1° de dezembro de 2019, mas o primeiro caso foi reportado em 31 de dezembro do mesmo ano.

[6] STEFANI, Marcos; ALMEIDA, Gregório Assagra de (coord). *O Direito em épocas extraordinárias*. Belo Horizonte, São Paulo: D'Plácido, 2020.

[7] As informações são da publicação *Censo demográfico 2022*: pessoas com deficiência e pessoas diagnosticadas com transtorno do espectro autista: resultados preliminares da amostra (disponível em: https://agenciadenoticias.ibge.gov.br/agencia-noticias/2012-agencia-de-noticias/noticias/43463-censo-2022-brasil-tem-14-4-milhoes-de-pessoas-com-deficiencia) de 23.05.2025. Acesso em: 24 maio 2025). Atendendo à Lei 13.861/2019, foram divulgados os números de pessoas autistas: 2,4 milhões (MINISTÉRIO DOS DIREITOS HUMANOS E DA CIDADANIA. *IBGE divulga censo sobre pessoas com deficiência no Brasil*. 23

Temos um bom arsenal legislativo voltado a garantir esta sociedade plural, solidária e sem preconceitos, que acolha o diferente, mas sem ilusões, pois, lembra Luis Recasens Siches[8] uma **norma jurídica** – portanto, vale para a Constituição Federal – é aquilo que ela faz e não aquilo que o legislador imaginou fazer, ou seja, **é aquilo que resultar da experiência de sua aplicação**.

Periodicamente, o Observatório Parlamentar da RPU (Revisão Periódica Universal – mecanismo da ONU no qual os países-membros se avaliam mutuamente e fazem recomendações com o objetivo de melhorar a situação dos direitos humanos, sediado na Comissão de Direitos Humanos e Minorias da Câmara dos Deputados, em uma parceria com o Alto Comissariado das Nações Unidas para os Direitos Humanos) avalia os avanços ou retrocessos em relação ao cumprimento das recomendações feitas ao Brasil no âmbito da RPU. Em 2021, avaliou-se que 8 das 242 recomendações aceitas pelo Brasil no último ciclo da RPU, iniciado em 2017, teriam evoluído, como foi constatado, por exemplo, em relação à proteção e assistência às pessoas com deficiência em condição de vulnerabilidade, com os avanços legislativos para a concessão do BPC e pensão para pessoas com Síndrome da Talidomida e com Síndrome Congênita do Zika Vírus, assim como com a regulamentação da Lei Brasileira de Inclusão, enquanto as demais não tiveram avanço. É o caso, por exemplo, do combate à discriminação em razão da deficiência, ao fortalecimento do direito das pessoas com deficiência, da participação das pessoas com deficiência na força de trabalho, especialmente as mulheres. Os participantes da sociedade civil manifestaram preocupação com propostas legislativas (a algumas fazemos menção neste nosso estudo), que vão contra o estabelecido na Convenção Internacional sobre os direitos das pessoas com deficiência e na Lei Brasileira de Inclusão (Lei 13.146/2015), além de lamentarem a interrupção das atividades do Conselho Nacional das Pessoas com Deficiência[9] durante o mandato do último Presidente da República.

Isso mostra o quanto precisamos evoluir – o Estado brasileiro e a sociedade como um todo – para alcançarmos patamar satisfatório de respeito à dignidade desse segmento da sociedade.

3.2 CONCEITO DE PESSOA COM DEFICIÊNCIA – PCD[10]

A CF/1988, primitivamente, não se preocupou em elaborar um conceito de pessoa com deficiência (PCD), nem o fez, logo após, a **Lei 7.853/1989,** que tratou do apoio e da integração dessas pessoas, além de instituir a tutela jurisdicional coletiva (em sentido amplo); isso veio a acontecer através do **Decreto 3.298/1999**, regulamentador da Lei 7.853/1989, que no art. 3º **traz a definição de deficiência, de deficiência permanente e de incapacidade,** e no art. 4º, posteriormente alterado pelo art. 70 do Decreto 5.296/2004, elenca as hipóteses em que se considera uma pessoa com deficiência[11].

de maio de 2025. Disponível em: https://www.gov.br/mdh/pt-br/assuntos/noticias/2025/maio/pela-primeira-vez-ibge-divulga-dados-sobre-pessoas-com-deficiencia-no-brasil. Acesso em: 24 maio 2025).

8 *Experiencia jurídica, naturaliza de la cosa y logica "razonable".* México: Fondo de Cultura Econômica/UNAM,1971, p. 521.

9 O STF invalidou partes de dois decretos presidenciais (10.177/2019 e 10.812/2021), que mudavam os critérios de escolha e composição desse Conselho Nacional, ao julgar a ADPF 936, reconhecendo que é inconstitucional norma que, a pretexto de regulamentar a participação da sociedade civil no aludido Conselho, acaba por dificultá-la.

10 Sobre essa questão conceitual, consultar: DIAS, Joelson et al. (org.). *Novos comentários à Convenção sobre os Direitos das Pessoas com Deficiência*. 3. ed. Brasília: Secretaria Nacional de Promoção dos Direitos da Pessoa com Deficiência, 2014; FERRAZ, Carolina Valença et al. LEITE, Glauco Salomão (coord.). *Manual dos direitos da pessoa com deficiência*. São Paulo: Saraiva, 2102; e nosso *Manual dos direitos da pessoa com deficiência*. São Paulo: Verbatim, 2010. Também há um interessante material produzido pelo antigo Ministério do Trabalho, através da Secretaria de Inspeção do Trabalho – Divisão de Fiscalização para Inclusão de Pessoas com Deficiência e Combate à Discriminação no Trabalho denominado Caracterização das Deficiências, orientações para fins de cumprimento do art. 93 da Lei 8.213/1991, que traz explicações didáticas sobre os vários tipos de deficiência.

11 Esses decretos adotam a Classificação Internacional de Impedimentos, Deficiências e Incapacidades (CIDD), com base na perspectiva médica.

A **Convenção sobre os Direitos das Pessoas com Deficiência (CDPD)**, também conhecida por **Convenção de Nova Iorque**, cidade onde gestada, incorporada em nosso ordenamento jurídico através do Decreto Legislativo 186/2008 e do Decreto Presidencial 6.949/2009, com equivalência de emenda constitucional (**art. 5º, § 3º, da CF/1988**[12]), conceitua pessoa com deficiência logo no art. 1º[13], no que foi seguida, com pequena alteração de redação e sem mudança do sentido, **pela Lei Brasileira de Inclusão da Pessoa com Deficiência (LBI - Lei 13.146/2015)**, também denominada **Estatuto da Pessoa com Deficiência**, em seu art. 2º[14].

Nota-se em ambos os conceitos que a caracterização da deficiência pressupõe sua **longa permanência**, diferentemente do que consta da Convenção Internacional para Eliminação de Todas as Formas de Discriminação contra as Pessoas Portadoras de Deficiência, adotada pelo Brasil através do Decreto Legislativo 3.956/2001[15], que admite a temporária. A Lei 10.098/2000 (que trata essencialmente da acessibilidade) trouxe uma definição no art. 2º, III, bem próxima a esta, atrelando à deficiência a condição de limitação temporária ou permanente[16] da capacidade da pessoa de relacionar-se com o meio e utilizá-lo.

A carga obrigacional da CDPD determina que os países que a firmaram, como foi o caso brasileiro, adotem o conceito nela positivado, podendo ampliá-lo, mas não o restringir para aquém do pactuado, como bem anota Luiz Alberto David Araújo[17].

Nota-se neste conceito uma inter-relação entre a pessoa com deficiência, as barreiras atitudinais (preconceito e desconhecimento) e físicas (arquitetônicas, urbanísticas etc.) e o ambiente, que impedem a plena e efetiva participação da pessoa na sociedade.

Em outras palavras, adotou-se o **modelo social (de direitos humanos) da deficiência** proposto desde 1983 pelo sociólogo inglês Michael Oliver e **que realça o impacto que o ambiente causa na funcionalidade do indivíduo, de forma que, quanto maiores os obstáculos, visíveis ou invisíveis (preconceitos), encontrados no meio onde a pessoa esteja, maior será a repercussão da deficiência na vida dela e, inversamente, quanto menores os obstáculos, menor este impacto.**

Num ambiente totalmente acessível, a deficiência não gerará qualquer restrição social a quem a ostente e as limitações funcionais (cegueira, falta de membros etc.) representarão apenas a **diversidade humana**.

Este conceito representou importante **mudança de paradigma** para o enfrentamento do tema "deficiência", porque **retirou da pessoa** e transferiu para o "**meio**" as ditas **deficiências**: meio ambiente sem "deficiência" = restrições funcionais não prejudiciais à pessoa e vice-versa;

---

12 *Art. 5º, § 3º: Os tratados e convenções internacionais sobre direitos humanos que forem aprovados, em cada Casa do Congresso Nacional, em dois turnos, por três quintos dos votos dos respectivos membros, serão equivalentes às emendas constitucionais.*

13 *Art. 1º Pessoas com deficiência são aquelas que têm impedimento de longo prazo de natureza física, mental, intelectual ou sensorial, os quais, em interação com diversas barreiras, podem obstruir sua participação plena e efetiva na sociedade em igualdades de condições com as demais pessoas.*

14 *Art. 2º Considera-se pessoa com deficiência aquela que tem impedimento de longo prazo de natureza física, mental, intelectual ou sensorial, o qual, em interação com uma ou mais barreiras, pode obstruir sua participação plena e efetiva na sociedade em igualdade de condições com as demais pessoas.*

15 *Artigo I – Para os efeitos desta Convenção, entende-se por: 1. Deficiência: O termo "deficiência" significa uma restrição física, mental ou sensorial, de natureza permanente ou transitória, que limita a capacidade de exercer uma ou mais atividades essenciais da vida diária, causada ou agravada pelo ambiente econômico e social.*

16 Atualmente, o dispositivo foi alterado pela LBI, passando a ter a seguinte redação: "pessoa com deficiência: aquela que tem impedimento de longo prazo de natureza física, mental, intelectual ou sensorial, o qual, em interação com uma ou mais barreiras, pode obstruir sua participação plena e efetiva na sociedade em igualdade de condições com as demais pessoas."

17 Diz o doutrinador: *"Portanto, o conceito de pessoa com deficiência, para o sistema interno do país, passou a ser o consagrado na Convenção (...). O decreto [n. 3.298/1999] continua no sistema apenas e tão somente para permitir que a Administração Pública reconheça, com mais facilidade, quem é pessoa com deficiência. No entanto, se o conceito do decreto for restritivo e excluir determinada situação do conceito da Convenção, é evidente que este deve ser aplicado. Estamos, portanto, diante de um caso de interpretação conforme"* (Proteção das pessoas com deficiência. In: SERRANO JUNIOR, Vidal (coord.). *Manual de direitos difusos.* São Paulo: Verbatim, 2009, p. 736).

é dizer, as **mudanças** devem ocorrer no "**meio**" (inclua-se aí a **sociedade e seus preconceitos**) e **não na pessoa** que tenha uma restrição física, sensorial ou mental dificilmente superável.

Não se retira da pessoa a obrigação de capacitar-se, por exemplo, o cego aprendendo métodos para se movimentar sozinho pelas ruas (com uso de bengala longa, com cão-guia), o cadeirante treinando sua autonomia para acessar o transporte público etc., mas o grande **protagonista** das mudanças deve ser o **meio**, a **sociedade**.

Para facilitar, exemplificamos com uma fórmula matemática que tem sido bastante divulgada, que é: **deficiência = limitação funcional da pessoa com deficiência × ambiente onde ela se encontre (escola, ônibus, trabalho etc.)**.

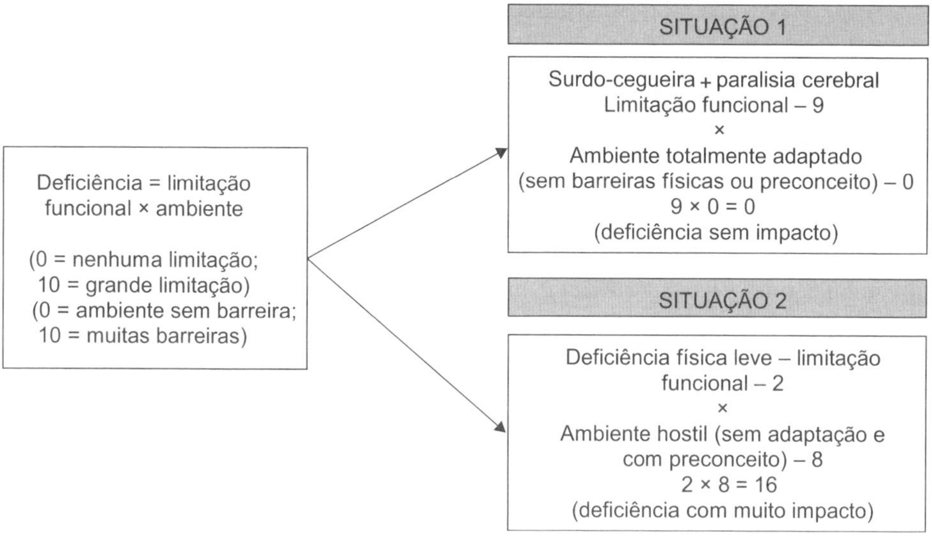

Conclui-se, portanto, que o impacto da deficiência na vida da pessoa será tanto menor quanto maior for a ausência de barreiras no ambiente e vice-versa. Portanto, o que precisa ser adaptado, melhorado, é o meio, o ambiente (incluída a sociedade), e não a pessoa.

Atenção

Insistimos: Isto não significa dizer que a pessoa deixou de ser cega, surda ou com uma deficiência física, mas, sim, que esta diferença apenas realça a diversidade humana.

Abandonou-se, deste modo, o **modelo médico** da deficiência, a partir do paradigma integracionista, que pressupunha que a condição física, sensorial ou intelectual da pessoa caracterizava-se como obstáculo para sua integração social, cabendo à pessoa com deficiência adaptar-se às condições existentes na sociedade, com a divisão feita em tipos de deficiência (física, mental, sensorial e múltipla) e como tal aferível por perícia médica, para o citado **modelo social concebido de acordo com o paradigma da inclusão**, valendo-se da nova sistemática avaliatória da Organização Mundial de Saúde, criada em maio de 2001 (Classificação Internacional de Funcionalidade, Incapacidade e Saúde - CIF[18]), levando-se em conta o ambiente, o meio em que a pessoa está inserida.

[18] Com a ratificação da Convenção da ONU pelo Brasil, este modelo de classificação (CIF) passou a ser, paulatinamente, incorporado em nosso ordenamento jurídico, como se deu na concessão de aposentadoria e na assistência social com a

Pelo novo parâmetro, a limitação funcional do indivíduo é considerada um fato, mas, valendo-se de recursos de acessibilidade e de apoios técnicos, não será um obstáculo ao exercício de seus direitos.

Para melhor compreensão segue forma sintetizada dos modelos médico e social.

MODELO MÉDICO ↔	Pessoa com deficiência é como uma pessoa doente, incapaz, que necessita de auxílio de terceiros.
MODELO SOCIAL ↔	A pessoa não é considerada um problema a ser tratado; a sociedade, sim, deve ser tratada, pois cria barreiras, visíveis (físicas, de comunicação etc.) e invisíveis (atitudinais, preconceituosas), que impedem ou dificultam a plena fruição do meio social por parte das pessoas.

Uma advertência necessária: a CDDP ou Convenção de Nova Iorque reconhece, na alínea *e* do preâmbulo, que "*(...) a deficiência é um conceito em evolução*". Nem poderia ser diferente, porque, a partir do momento em que a análise deixou de ser apenas segundo critérios biomédicos e passou a considerar também aspectos sociais, tornou-se impossível o estabelecimento de definições estanques e imutáveis, uma vez que, com a evolução da sociedade, aquele que outrora era pessoa com deficiência pode não ser mais.

Doutrina e jurisprudência se valeram e continuam a se valer dos parâmetros trazidos pelos referidos arts. 3º e 4º do Decreto 3.298/1999 (alterado pelo Decreto 5.296/2004), para considerar quem é ou não pessoa com deficiência[19], mas não sem controvérsias.

Nos referimos, por exemplo, às pessoas com **visão monocular**, que, embora fora dos parâmetros definidos no Decreto 3.298/1999, assim foram reconhecidas para fins de concurso público pelo STF. Na oportunidade, o então Min. Ayres Brito afirmou que a hipótese se afinava com o preâmbulo da Constituição de 1988 que erige a igualdade e a justiça como valores supremos de uma sociedade pluralista e fraterna e sem preconceitos, no que foi seguido pela Min. Cármen Lúcia, que realçou o papel do Judiciário de interpretar as normas jurídicas de

---

alteração do Decreto 6.214/2011, que trata do Regulamento do Benefício de Prestação Continuada (BPC), pelo Decreto 7.617/2011, que vinculou a concessão do BPC ao conceito de pessoa com deficiência da Convenção e baseado na CIF, o que pressupõe uma avaliação social e médica. Segundo o § 2° do art. 16 do Decreto 6.214, a *"avaliação social considerará os fatores ambientais, sociais e pessoais, a avaliação médica considerará as deficiências nas funções e nas estruturas do corpo e ambas considerarão a limitação do desempenho de atividades e a restrição da participação social, segundo suas especificidades"*. Algumas alterações periféricas foram introduzidas no Decreto 6.214/2011 pelo Decreto 8.805/2016 e devem ser observadas. Também foi editada, em 2014, a Portaria Interministerial da Secretaria de Direitos Humanos, Ministério da Previdência Social, Ministério da Fazenda, Mistério do Planejamento, Orçamento, Gestão e Advocacia-Geral da União 1, que cria instrumentos de avaliação do segurado. Bom lembrar que a Medida Provisória 870/2019 alterou a organização básica dos órgãos da Presidência da República e dos Ministérios, podendo se exemplificar com os Direitos Humanos que atualmente estão atrelados ao Ministério da Mulher, da Família e dos Direitos Humanos.

19 Pelo aludido Decreto 3.298/1999, a deficiência física, p. ex., se refere à alteração completa ou parcial de um ou mais segmentos do corpo humano, acarretando o comprometimento da função física, com expressa referência ao nanismo, ostomia e paralisia cerebral. A mesma norma exclui as deformidades estéticas e as que não produzam dificuldades para o desempenho de funções. Seguindo os mesmos parâmetros, a deficiência mental (ou intelectual, na terminologia moderna) é entendida como funcionamento intelectual significativamente inferior à média, com manifestação antes dos dezoito anos e limitações em algumas áreas de habilidade); a sensorial diz com cegueira e baixa visão, surdez, dentro de alguns padrões de perda deste sentido; e a múltipla (associação de duas ou mais deficiências, como p. ex., pessoa cadeirante e cega - deficiência física e sensorial). Deve-se atentar que os parâmetros inicialmente estabelecidos pelo Decreto 3.298/1999 foram alterados e hipóteses foram acrescidas pelo Decreto 5.296/2004, como, p. ex., o nanismo e a ostomia.

forma a atribuir a maior efetividade ao princípio da isonomia (Recurso Ordinário em Mandado de Segurança 26.071-1/DF, 1ª T., j. 13.11.2007).

A jurisprudência do Supremo Tribunal Federal assentou o entendimento de que "o candidato com visão monocular é deficiente físico. Ausência de argumentos capazes de infirmar a decisão agravada. Agravo regimental a que se nega provimento" (ARE 760.015 AgR, 1ª T., Rel. Min. Roberto Barroso, j. 24.06.2014). No mesmo sentido: RMS 26071, 1ª T., Rel. Min. Carlos Britto, j. 13.11.2007.

Este entendimento acabou sumulado pela 3ª Seção do STJ através do **Enunciado 377**: ***"O portador de visão monocular tem direito de concorrer, em concurso público, às vagas reservadas aos deficientes"***. Agora a questão foi resolvida pela edição da Lei 14.126/2021, que classificou a visão monocular como deficiência sensorial, do tipo visual, para todos os efeitos legais, seguida do Decreto 10.654/2021. Mas se deve observar que tanto a Lei como o Decreto dispõem que à visão monocular se aplica a regra do § 1º do art. 2º da LBI, segundo a qual, quando for necessária uma avaliação desta deficiência visual, ela será biopsicossocial, realizada por equipe multiprofissional e interdisciplinar, considerando os elementos elencados no referido § 1º do art. 2º da LBI.

O STJ, no AgInt no Recurso em Mandado de Segurança 70433/PE, Rel. Min. Benedito Gonçalves, *DJe* 30.08.2024, não garantiu a participação de candidato com baixa visão monocular na disputa de vagas para pessoas com deficiência, diante do fato de a perícia oficial ter afastado tal enquadramento (cegueira legal), com base no art. 4º do Decreto 3.298/1999, tal como previsto no edital do certame, enfatizando que os postulantes a cargo público estão sujeitos às regras definidas em referido edital e à legislação por ele expressamente consignada.

Ainda em relação à cegueira monocular, a mesma Corte Especial reconheceu o direito à reforma de servidor público militar temporário não estável, sem fazer distinção se ela atinge um ou os dois olhos, sendo dispensável a comprovação do nexo de causalidade com o serviço militar (processo em segredo de justiça, mas divulgado no Informativo de Jurisprudência daquela Corte 14, de 16.01.2024).

De outro modo, o **Enunciado 552 da Súmula do STJ** dispõe: ***"O portador de surdez unilateral não se qualifica como pessoa com deficiência para o fim de disputar as vagas reservadas em concursos públicos"***[20].

Igual entendimento foi firmado pela 2ª Turma do STF, como se observa dos julgados: MS 30.332-AgR. Rel. Min. Gilmar Mendes; MS 30.423-AgR, Rel. Min. Gilmar Mendes, e RMS 33.198, Rel. Min. Alexandre de Moraes.

Nada obstante, alguns julgados da Justiça do Trabalho (TST) têm admitido esta hipótese[21].

A Administração Pública, especialmente, tem adotado parâmetros do Decreto 3.298/1999, p. ex., nas cotas em concursos públicos, para dar adequado tratamento àqueles que tenham alguma deficiência e evitar abusos no enquadramento, como foi reconhecido pelo STF no MS 26.071/DF, 1ª T., Min. Cármen Lúcia, j. 13.11.2007, quando afirmou-se que estes parâmetros legais são confiáveis[22].

---

20 Mesmo se a lei estadual tiver previsão reconhecendo a surdez unilateral como caracterizadora da deficiência, para fins de concurso público, o STJ não tem reconhecido essa condição, p. ex., no REsp 1.684.229-SC, Rel. Min. Herman Benjamin.

21 "Recurso ordinário. Mandado de segurança. Concurso público. Perda auditiva unilateral. Inclusão na lista de candidatos com deficiência. Direito líquido e certo. A jurisprudência desta Eg. Corte – interpretando de forma harmônica as disposições do Decreto 3.298/99, em conjunto com as disposições legais e constitucionais pertinentes, bem como com o disposto na Convenção Internacional sobre os Direitos das Pessoas com Deficiência – tem reconhecido o direito de os candidatos com perda auditiva unilateral concorrerem, em concurso público, às vagas destinadas às pessoas com deficiência. Precedentes. Recurso Ordinário a que se dá provimento. Processo TST-RO-54-83.2015.5.12.0000, em 7.12.2015, Corte Especial TST".

22 Referiu a Ministra: *"Os decretos citados* [3.298/1999 e 5.296/2004] *são parâmetros confiáveis para a Administração Pública dar o tratamento adequado àqueles que são considerados deficientes físicos, posto serem indispensáveis para se evitar abusos de toda ordem – como, por exemplo, quem usa óculos passar a ser considerado como deficiente físico"*.

Estes dispositivos continuam a valer, porque compatíveis com o arcabouço normativo em vigor e não sofreram revogação ou alteração pela Lei Brasileira de Inclusão da Pessoa com Deficiência (LBI – Estatuto da Pessoa com Deficiência), mas sempre devem ser lidos em sintonia com a regra do art. 121 desta última[23], que adotou o **"princípio da norma jurídica mais benéfica"** à pessoa com deficiência (parágrafo único)[24] e até que venha a ser editado o critério avaliativo previsto na LBI.

Não concordamos com o alargamento além dos parâmetros do Decreto 3.298/1999, até que venham novos através da regulamentação do § 1º do art. 2º da LBI[25], repisamos, porque nos parece mais assistencialista que jurídico e permite, em tese, abarcar hipóteses em que a deficiência, de fato, não comprometa a capacidade de trabalho ou a vida social. Sobre a visão monocular, com a edição da lei acima referida, esse ponto fica resolvido, embora a crítica contra esse alargamento continue válida.

No julgamento do RMS 33.198, o Min. Alexandre de Moraes manteve o entendimento daquela Corte e do STJ e não se seduziu pelo argumento utilizado pela impetrante de que sua condição de pessoa com deficiência (surdez unilateral) para efeito de reserva de vagas decorria da CF/1988, da Convenção da ONU, não podendo o Decreto 3.298/1999, que é norma infralegal, de natureza complementar, restringir o conceito de deficiência da Convenção.

Além do mais, referida ampliação aumenta sobremaneira o rol de beneficiados pelo sistema de proteção, dificultando sua implementação para todos – principalmente aos mais necessitados da proteção especial – e citamos como exemplo o cumprimento da cota de contratação pelas empresas ou mesmo em concurso público por candidatos com deficiência leve (visão monocular), em detrimento de quem, realmente, precisa da proteção legal e que tenha uma deficiência maior (p. ex., paralisia cerebral) e que ficará de fora da reserva, já cumprida pelos primeiros.

Acreditamos que com a implantação do novo critério avaliativo (CIF), estas situações sejam mais bem solucionadas, nada obstante seja bom destacar que, conforme anotado no Preâmbulo da Convenção sobre os Direitos da Pessoa com Deficiência, "a deficiência é um conceito em evolução" (letra *e*).

3.2.1 Inovação conceitual trazida pela Lei Brasileira de Inclusão – LBI

A LBI em consonância com o novo conceito social da deficiência inovou trazendo no § 1º do art. 2º a determinação de que a **avaliação da deficiência**, quando necessária (não é obrigatória), **será biopsicossocial** (compreende, além do impedimento, as barreiras socioeconômicas, ambientais e atitudinais) e **realizada por equipe multiprofissional e interdisciplinar**, e considerará:

a) Os impedimentos nas funções e nas estruturas do corpo;

b) Os fatores socioambientais, psicológicos e pessoais;

c) A limitação no desempenho de atividades; e

d) A restrição de participação, cabendo ao Poder Executivo criar instrumentos para esta avaliação (§ 2º do art. 2º)

---

[23] *Art. 121. Os direitos, os prazos e as obrigações previstos nesta Lei não excluem os já estabelecidos em outras legislações, inclusive em pactos, tratados, convenções e declarações internacionais aprovados e promulgados pelo Congresso Nacional, e devem ser aplicados em conformidade com as demais normas internas e acordos internacionais vinculantes sobre a matéria.*

[24] Assim decidiu o STF no RMS 32.732 TADF, Rel. Min. Celso de Mello, *DJe* 19.05.2014.

[25] Infelizmente, até o término desta atualização ainda não temos esse regulamento implementado mediante um instrumento oficial. O que há são relatórios de um GTI (Grupo de Trabalho Interinstitucional), elaborado sob a liderança do Ministério da Economia.

A Lei 14.724/2023 fez pequena alteração nesse art. 2º, acrescentando um § 3º para tratar do exame médico-pericial.

Foi acrescido pela Lei 14.624/2023 o art. 2º-A, que institui o cordão de fita com desenhos de girassóis como símbolo nacional de identificação de pessoa com deficiências ocultas (ou seja, não imediatamente visíveis, como, p. ex., autismo e surdez), de uso facultativo e que não dispensa a apresentação de documento comprobatório da deficiência, caso seja solicitado pelo atendente ou pela autoridade competente.

É um avanço considerar a deficiência não apenas por critérios técnicos e funcionais, mas também levando em conta o meio onde ela está inserida e que, insistimos, pelo novo conceito social da deficiência, é determinante. Para tanto, a referência avaliatória é a CIF – Classificação Internacional de Funcionalidade, Incapacidades e Saúde, que, tal como antes referido, reconhece os meios social e físico para a classificação da deficiência.

A notória demora para a elaboração do instrumento de avaliação[26] ensejou representação formulada pelo Ministério Público Junto ao Tribunal de Contas da União dirigida à presidência daquela Corte de Contas no sentido de que avalie a oportunidade e a conveniência de planejar ação fiscalizatória sobre o resultado e os desdobramentos das ações do Grupo de Trabalho instituído pelo Decreto 11.487, de 11 de abril de 2023.

Essa mesma demora tem ocasionado a edição de atos normativos temporários para suprir essa omissão, e nos referimos à Lei 14.768/2023, que define deficiência auditiva, estabelece valor referencial da limitação auditiva e terá vigência até que sejam criados e implementados os instrumentos avaliativos de que estamos tratando (art. 2º da Lei); e o Decreto 11.063/2022, que estabelece os critérios e os requisitos para essa avaliação, para fins de concessão de isenção de Imposto sobre Produtos Industrializados na aquisição de automóvel, também com vigência até a regulamentação e implantação da avaliação biopsicossocial (art. 1º, parágrafo único).

Desnecessário destacar que essa omissão do Poder Executivo traz enorme insegurança jurídica e grande prejuízo ao pleno exercício de seus direitos pelas pessoas com deficiência.

Até pouco tempo, não havia uma definição certa quanto ao **autista**, se era ou não pessoa com deficiência; ele foi inserido neste rol pela Lei 12.764/2012, conhecida como "Lei Berenice Piana" – uma das ativistas mais notórias nesta área –, regulamentada pelo Decreto 8.368/2012.

3.2.2 Deficiência mental ou intelectual?[27] Ou ambas?

Um ponto a ser esclarecido pela doutrina e pela jurisprudência diz respeito à utilização dos termos **deficiência "mental"** e **"intelectual"** no conceito adotado tanto no texto da Convenção da ONU como da LBI. Serão sinônimas ou não? Esta questão é relevante para se verificar qual segmento social é protegido pelos direitos garantidos pelo microssistema de

[26] O Decreto 8.954/2017 (depois revogado) instituiu o Comitê do Cadastro Nacional de Inclusão da PCD e da Avaliação Unificada da Deficiência com a finalidade de criar instrumentos para avaliação biopsicossocial da deficiência e estabelecer diretrizes e procedimentos relativos ao Cadastro-Inclusão, que consiste no registro público eletrônico com a finalidade de coletar, processar, sistematizar e disseminar informações georreferenciadas que permitam a identificação e a caracterização socioeconômica da pessoa com deficiência, bem como das barreiras que impedem a realização de seus direitos. Pelo Decreto 10.415, de 06.07.2020, a Presidência da República instituiu um Grupo de Trabalho Interinstitucional (GTI) sobre o Modelo Único de Avaliação Biopsicossocial da Deficiência que tem como uma das missões formular propostas sobre ato normativo para regulamentar o art. 2º da Lei 13.146/2015 (LBI), que conterá os instrumentos e o modelo único de avaliação biopsicossocial da deficiência. O instrumento-base para a elaboração desse modelo único é o Índice de Funcionalidade Brasileiro Modificado, que também contempla a deficiência psicossocial e usa um sistema de pontuação, definindo a deficiência como leve, moderada e grave, e tem como ponto preponderante não o impedimento e sim a relação da pessoa com as barreiras, o contexto. Seguiram-se os Decretos 10.415/2020 e 11.487/2023. Como esclarecemos em nota anterior, infelizmente, até o término desta atualização ainda não temos esse regulamento implementado por meio de um instrumento oficial. O que há é um relatório final do último GT, ainda não aprovado. Para a concessão de aposentadoria de pessoa com deficiência no âmbito do INSS foi validado o Índice de Funcionalidade Brasileiro Aplicado à Aposentadoria (IFBrA).

[27] Cuidamos com mais vagar do tema da saúde mental no capítulo da saúde desta obra.

proteção da PCD os doentes mentais ou com transtorno mental (p. ex., os psicopatas) também serão alcançados por tal proteção?

Na história da aprovação da Convenção houve uma forte corrente pretendendo incluir na definição de pessoa com deficiência aqueles com doenças mentais, atualmente denominadas transtornos mentais ou psicossociais. À falta de consenso, optou-se por manter os dois, ficando a cargo de cada país regular o que entende por cada uma delas[28].

Infelizmente, a LBI não se desincumbiu desta tarefa, mantendo a controvérsia. Caberá à doutrina[29] e à jurisprudência resolver a questão.

O **alargamento do conceito** já é uma realidade, **abarcando alguns transtornos mentais, e assim tem ocorrido em outras hipóteses, como o foi na visão monocular,** agora transformada em lei, de que tratamos linhas acima[30].

Acreditamos que os transtornos mentais ou psicossociais não deveriam ser acolhidos no sistema de proteção das pessoas com deficiência porque retratam hipóteses distintas e na atualidade são tratados pela Administração Pública separadamente das pessoas com deficiência intelectual.

Justificamos nosso entendimento, embora seja necessário esclarecer que a nova tendência já é uma realidade sem volta.

Há uma política pública específica para este segmento e voltada para a saúde mental: a **Política Nacional de Saúde Mental,** cuja rede de serviços é composta por **Centros de Atenção Psicossocial (CAPS), Serviços Residenciais Terapêuticos (SRT), Centros de Convivência e Cultura, e leitos de atenção integral (em Hospitais Gerais), nos CAPS III**.

Contam, ainda, com a Lei 10.216/2001, que "dispõe sobre a proteção e os direitos das pessoas portadoras de transtornos mentais e redireciona o modelo assistencial em saúde

---

[28] Laís de Figueiredo Lopes traz os seguintes esclarecimentos: "Um ponto que também merece atenção é a inclusão de dois termos que, a primeira vista, podem parecer sinônimos. Trata-se de 'mental' e 'intelectual'. A sociedade civil internacional pleiteou a substituição da terminologia 'mental' para 'intelectual', que tem sido a palavra mais atualizada para designar as pessoas com deficiência mental, no intuito de diferenciar de forma mais incisiva a deficiência mental da doença mental. O termo 'deficiência intelectual' foi utilizado pela primeira vez por um organismo internacional representativo, reconhecido mundialmente, em 1995, no simpósio Deficiência Intelectual: Programas, Políticas e Planejamento para o Futuro (*Intellectual Disability: Programs, Policies and Planning for the Future*), organizado em Nova York pela ONU (...). Em 2004, o conceito da deficiência intelectual foi consagrado, durante o congresso internacional 'Sociedade Inclusiva', realizado pela Organização Pan-Americana da Saúde (OPAS) e pela Organização Mundial da Saúde (OMS), que culminou com a elaboração da Declaração de Montreal sobre Deficiência Intelectual. Ocorre que a sociedade civil pleiteou também a inclusão do termo 'psicossocial' no conceito de pessoas com deficiência. Para nosso país e alguns outros, concordar com a inclusão de transtornos psicossociais como uma das hipóteses de deficiência poderia dificultar o processo de ratificação da Convenção, já que tratamos de forma distinta em nossa legislação a deficiência e a saúde mental, com públicos diferenciados. Diante da dificuldade de acrescentar esse novo segmento no conceito de pessoas com deficiência, o que se conseguiu foi a manutenção do termo mental e a inclusão da expressão intelectual, a fim de permitir que cada país pudesse ter certa margem de negociação interna, para que, na regulamentação objetiva do conceito, quando do aprimoramento da legislação nacional, fosse possível decidir se as pessoas com transtornos psicossociais também seriam contempladas com os direitos previstos na Convenção. Essa discussão precisa aproximar politicamente os movimentos sociais do campo das pessoas com deficiência intelectual e os dos usuários da saúde mental ou pessoas com transtornos psíquicos. A despeito de não haver consenso acerca dessa aproximação, há menos dissenso do que se enxerga como oportunidade de reunião de esforços contra a discriminação e a conscientização sobre os direitos das pessoas. A nosso ver, é claro que a caracterização da deficiência depende de uma avaliação contextual que deve levar em consideração a existência de restrição à participação social da pessoa, fruto da interação das barreiras do meio com os impedimentos de natureza mental desta" (LOPES, Laís de Figueiredo. Comentário aos arts. 1° a 3°. *In*: LEITE, Flávia Piva Almeida; RIBEIRO, Lauro Luiz Gomes; COSTA FILHO, Waldir Macieira da (coords.). *Comentários ao Estatuto da Pessoa com Deficiência*. São Paulo: Saraiva, 2016, p. 48-49.

[29] André de Carvalho Ramos, em seu *Curso de direitos humanos*, Saraiva, 2. ed., 2015, embora não enfrente diretamente esta questão, trata das pessoas com deficiência em tópico distinto (41.1) do que trata das pessoas com transtornos mentais (41.2), numa clara distinção entre as hipóteses.

[30] Nesse sentido, Stella Camlot Reicher, para quem a presença das palavras "mental" e "intelectual" na Convenção assegura a extensão da proteção às pessoas com deficiências psicossociais (A Convenção sobre os Direitos das Pessoas com Deficiência: o cenário nacional pós-ratificação e os desafios à sua implementação. *Ministério Público, Sociedade e a Lei Brasileira de Inclusão da Pessoa com Deficiência*, p. 14). Esse argumento, por si, não nos parece satisfatório. Lembramos a distinção entre o enunciado normativo – que corresponde a uma *proposição jurídica no papel, é o texto ainda por interpretar* – e a norma – que é o *produto da incidência do enunciado normativo sobre os fatos da causa*, o fruto da interação entre texto e realidade e que autoriza concluir que de *um mesmo enunciado normativo se podem extrair diversas normas* (Luís Roberto Barroso, *Curso de Direito Constitucional Contemporâneo*, p. 231), não se devendo fixar a interpretação à literalidade do enunciado normativo.

mental", em boa hora eliminando o tratamento manicomial e proibindo a existência de hospitais psiquiátricos.

De igual forma, não nos parece correto associar, diretamente, uma doença a uma deficiência, como se fez no passado, sob risco de grande alargamento do espectro a ser protegido, deixando à margem da proteção aqueles que realmente estão excluídos da sociedade, no mais das vezes porque associam uma deficiência a uma condição social de vulnerabilidade[31].

Não é raro que uma doença possa levar a pessoa a uma deficiência, como é o caso da anemia falciforme, mas, antes disso, só a presença da doença não autoriza essa conclusão.

Diferente é o sentido dado pela **ONU**, em texto intitulado *"Respeitar o direito das pessoas com deficiência fazerem as suas próprias escolhas, incentiva o papel da ONU"*, no qual, em certo momento expressa: *"As pessoas com deficiência, incluindo aqueles com deficiências psicossociais ou cognitivas, devem ser apoiadas na tomada de decisões"*[32].

Em estudo recente a esse respeito e seguindo a linha de que, a partir da Convenção de Nova Iorque, que refere a deficiência mental e intelectual não como sinônimos, mas como duas situações distintas, passou-se a ser considerada como "deficiência psicossocial" a antiga "doença mental", Romeu K. Sassaki aponta existirem, a partir de então, 6 tipos de deficiência: física, visual, auditiva, intelectual, psicossocial[33] e múltipla (associação simultânea e dois ou mais tipos de deficiência).

Portanto, já é uma realidade a concepção do transtorno mental como uma deficiência, denominada "**psicossocial**"[34].

De qualquer forma, a LBI determina, no art. 2º, § 1º, como deverá ser feita a avaliação da deficiência segundo critérios biopsicossociais nele apontados, quando necessário, mas esta avaliação deverá iniciar-se em dois anos, a contar da entrada em vigor do estatuto (art. 124)[35].

Em recente Portaria Ministerial (n. 1.117, de 1º de novembro de 2018, do MEC) relativa à Lei 12.711/2012, o governo federal adotou, para os fins da referida Portaria, um conceito de pessoa com deficiência a partir da Linha de Corte do Grupo de Washington de Estatísticas sobre Deficiência, vinculado à Comissão de estatística da Organização das Nações Unidas – ONU, que foi a metodologia utilizada pelo Instituto Brasileiro de Geografia e Estatística – IBGE para a produção de indicadores referentes às pessoas com deficiência e que compreende os indivíduos que responderam ter "Muita dificuldade" ou "Não consegue de modo algum" em uma ou mais questões apresentadas no questionário do Censo 2010 referente ao tema. O conceito adotado na referida Portaria do MEC ficou o seguinte: *"pessoa com deficiência, aquela que, consoante a Linha de Corte do Grupo de Washington, tem impedimento de longo*

[31] O Conselho Nacional de Procuradores Gerais – CNPG –, em Plenária ocorrida em 2014, aprovou o enunciado 01/2014, apresentado pela Comissão Permanente de Defesa dos Direitos da Pessoa com Deficiência e do Idoso – COPEDPDI, do Grupo Nacional de Direitos Humanos, com o seguinte teor: *"À luz da Convenção dos Direitos da Pessoa Com Deficiência, a pessoa com transtorno mental, por si só, não deve ser considerada pessoa com deficiência, para aplicação dos direitos inerentes a esse segmento, inclusive no que se refere à reserva de vagas em concurso público e à destinação de cotas na iniciativa privada"*. E não se olvide que a LBI é declaradamente de inspiração na Convenção da ONU.

[32] Disponível em: http://www.unric.org/pt/actualidade/31460-respeitar-o-direito-das-pessoas-com-deficiencia-fazerem-as-suas-proprias-escolhas-incentiva-painel-da-onu. Acesso em: 20 jul. 2016. Não podemos esquecer que esse sentido do texto é atribuído para o contexto global de alcance da Convenção sobre os direitos da pessoa com deficiência, não especificamente para o sistema jurídico brasileiro, além de ser compreensiva a intenção "onusiana" de colocar o maior espectro possível de vulneráveis sob alguma forma de proteção, e o sistema de tutela das pessoas com deficiência é bastante atrativo.

[33] SASSAKI, Romeu K. Pessoas com deficiência psicossocial e seus direitos humanos. In: GUGEL, Maria Aparecida (Org.). *Diálogos aprofundados sobre os direitos das pessoas com deficiência*. Belo Horizonte: RTM, 2019. Segundo Sassaki, são exemplos a depressão, o transtorno bipolar e a esquizofrenia, cada uma correspondendo a um tipo de deficiência psicossocial (p. 57).

[34] O PL 4.918/2019, que tramita na Câmara dos Deputados Federais (com pedido de realização de audiências públicas), estabelece direitos e garantias às pessoas com transtornos mentais e inclui expressamente esse segmento no rol das pessoas com deficiência. Ele altera a Lei de reforma psiquiátrica 10.216/2001.

[35] O Comitê do Cadastro Nacional de Inclusão da Pessoa com Deficiência, criado pelo Decreto 8.954/2017, deverá terminar os trabalhos antes do decurso de até 2 anos concedido pelo art. 124 da LBI para a entrada em vigor do § 1º do art. 2º desta Lei.

prazo de natureza física, mental, intelectual ou sensorial, o qual, em interação com uma ou mais barreiras, pode obstruir sua participação plena e efetiva na sociedade em igualdade de condições com as demais pessoas". Por sua vagueza, nos parece totalmente inapropriada tal definição. Com a concretização dos critérios de avaliação de que trata o § 2º do art. 2º da Lei Brasileira de Inclusão, esperamos que tais artifícios sejam abandonados.

3.2.3 Terminologia correta

A correta terminologia a ser utilizada, a partir da Convenção da ONU, é **pessoa com deficiência**, com ênfase na palavra **pessoa**, abandonando-se a antiga "pessoa portadora de deficiência", uma vez que não se porta uma deficiência, como se faz com uma sacola, um guarda-chuvas, apesar de ter sido consagrada pela legislação mais antiga, talvez porque acolhida pelos primeiros movimentos de defesa dos direitos desse segmento social.

Deste modo, incorreta a utilização bastante usual de **"pessoas com necessidades especiais"**.

Não se nega que pessoas com deficiência possam ter necessidades especiais – e em regra as têm –, mas não é um pressuposto, porque outras pessoas também as têm e citamos como exemplo aquelas com "**mobilidade reduzida**" (art. 3º, IX, da LBI): as gestantes, os idosos, os obesos, que, embora tenham limitações, não podem ser identificados, por conta destas limitações, como pessoas com deficiência.

3.3 O SISTEMA NORMATIVO DE PROTEÇÃO DA PESSOA COM DEFICIÊNCIA NO PLANO INTERNACIONAL

Não custa lembrarmos que os documentos internacionais, apesar do dissídio jurisprudencial e doutrinário, na atualidade são reconhecidos, segundo a teoria do duplo estatuto: de natureza constitucional, quando aprovados pelo rito do art. 5º, § 3º, da CF/1988 e de natureza supralegal (abaixo da Constituição e acima da legislação interna), para todos os demais, quer sejam anteriores ou posteriores à EC 45/2004 e que tenham sido aprovados pelo rito comum (maioria simples, turno único em cada uma das Casas do Congresso).

Há um abrangente arcabouço jurídico de defesa das pessoas com deficiência, tanto no plano nacional como no internacional, este último com documentos importantes do sistema global e regional da ONU de proteção dos direitos humanos.

Lembramos que a Declaração da ONU de 1948 inovou a gramática dos direitos humanos, ao introduzir o que se denominou **concepção contemporânea dos direitos humanos**, que tem como marca a **universalidade** e **indivisibilidade** destes direitos: para sua fruição exige-se apenas que seja humano.

Esta universalização dos direitos humanos permitiu o surgimento de um sistema internacional de proteção, integrado por tratados internacionais mais amplos (denominado "sistema ONU" ou "onusiano"), p. ex., o Pacto de Direitos Civis e Políticos e a **Convenção sobre os Direitos da Pessoa com Deficiência,** e ao lado dele surgiram sistemas regionais de proteção integrados por documentos internacionais de alcance especial (no sistema interamericano, p. ex., o Pacto de São José da Costa Rica e a **Convenção Interamericana para Eliminação de Todas as Formas de Discriminação contra as Pessoas Portadoras de Deficiência**), que buscam internacionalizar os direitos humanos nos planos regionais, integrados pelos sistemas europeu, africano e interamericano, este último ao qual aderimos e que é composto pela Comissão Interamericana de Direitos Humanos e pela Corte Interamericana de Direitos Humanos.

São novos mecanismos protetivos (coexistentes e complementares um dos outros) de que se pode valer para a proteção e efetivação dos direitos humanos quando ocorrer desídia protetiva no plano interno ou nacional, este último sempre prevalente.

Nessa perspectiva, vale registrar, pela relevância, alguns documentos produzidos pela ONU no pós-Segunda Guerra Mundial porque este acontecimento (associado à Primeira Guerra Mundial) foi um importante divisor de águas para o estudo da proteção deste segmento social em razão das inúmeras pessoas que ficaram mutiladas.

Iniciamos pela Declaração Universal dos Direitos Humanos, de 1948, importante documento jurídico da história contemporânea, que se refere a todos os seres humanos.

A Organização Internacional do Trabalho deu sua relevante contribuição com a edição da Convenção 159, de 1983, que tratou da Reabilitação Profissional e Emprego das Pessoas com Deficiência.

Registramos, embora sem tanta repercussão na atualidade, a Declaração dos Direitos da Pessoa Portadora de Deficiência, de 1975, as Normas Uniformes sobre a Igualdade de Oportunidades para as pessoas Portadoras de Deficiência (ONU – 1993) e o Protocolo Facultativo ao Pacto de São José da Costa Rica (1998 – art. 18).

A **Declaração de Salamanca** e **Marco das Ações sobre Necessidades Educativas Especiais** (1994) representou importante documento de afirmação dos direitos educacionais das pessoas com deficiência.

A Convenção Interamericana para Eliminação de Todas as Formas de Discriminação contra as Pessoas Portadoras de Deficiência (mais conhecida por **Convenção da Guatemala** – 1999) destaca-se por tratar de tema da maior relevância, que é a **não discriminação derivada da deficiência** além de trazer uma **definição de deficiência**, agora superada por textos posteriores que serão aqui mencionados.

A **Convenção sobre os Direitos das Pessoas com Deficiência – Convenção de Nova Iorque** – (2006), atualmente a de maior relevância, razão pela qual será tratada exclusivamente a seguir, é o primeiro documento internacional de proteção dos direitos humanos incorporado ao nosso ordenamento jurídico com equivalência de emenda constitucional, juntamente com o seu Protocolo Facultativo[36] (art. 5º, § 3º, da CF/1988).

Mais recentemente, o Brasil também aderiu ao "**Tratado de Marraqueche** para facilitar o acesso a obras publicadas às pessoas cegas, com deficiência visual ou com outras dificuldades para aceder ao texto impresso", cujo objetivo é a elaboração de versões acessíveis a pessoas cegas, com deficiência visual (p. ex., baixa visão) ou outras dificuldades de leitura (p. ex., dislexia), de livros originalmente protegidos por leis de propriedade intelectual[37].

Esse tratado segue os princípios da igualdade de oportunidade, da não discriminação, de acessibilidade e da plena participação dessas pessoas na sociedade, segundo a linha da Convenção de Nova Iorque e vem ao encontro da denominada "fome de livro" (*book famine*), uma vez que é baixíssimo o percentual de livros editados na forma acessível tanto no Brasil como no resto do mundo. Ele possibilita a criação de cópias e o intercâmbio transfronteiriço de obras em formatos acessíveis, sem que, com isso, haja violação aos direitos autorais dos titulares das respectivas obras, como anuncia material produzido pelo Ministério do Turismo, através de sua secretaria nacional de direitos autorais e propriedade intelectual[38].

Também foi aprovado com *status* de emenda constitucional (através do Decreto Legislativo 261/2015 e do Decreto Presidencial 9.522/2018), passando a ser o terceiro nessa categoria, somando-se à referida Convenção e seu Protocolo Facultativo mencionados acima.

Este tratado foi regulamentado pelo Decreto 10.882/2021, que passou a vigorar a partir de 3 de janeiro de 2022.

---

36 Veja que o introito do Decreto legislativo 186/2008 diz: "Aprova o texto da Convenção sobre os Direitos das Pessoas com Deficiência e de seu Protocolo Facultativo, assinados em Nova Iorque, em 30 de março de 2007".

37 Disso trata o art. 68 da LBI.

38 Disponível no https://www.gov.br/turismo/pt-br/secretaria-especial-da-cultura/assuntos/direitos-autorais/noticias/pdfs/cartilha_tratado_marraqueche_061221-comprimida.pdf (acessado em 14.12.2021).

3.4 O SISTEMA NORMATIVO DE PROTEÇÃO DA PESSOA COM DEFICIÊNCIA NO PLANO CONSTITUCIONAL

A necessidade de imposição de limitações ao exercício do poder estatal e a exigência de preservação do regime das liberdades públicas, em benefício do ser humano, localiza-se na gênese do processo de organização do Estado sob a perspectiva democrática e constitucional.

Após a Segunda Guerra Mundial (1939 a 1945) e as atrocidades praticadas contra os seres humanos (exemplo disso é o holocausto praticado contra o povo judeu), grande parte da humanidade despertou para a necessidade de se reconhecer a sua importância central, de sua dignidade, liberdade e igualdade como atributos naturais de todos os indivíduos. Evoluiu-se para o reconhecimento do papel ativo do Estado e com ele a consagração dos direitos sociais e também econômicos e culturais, através de documentos internacionais (Declaração Universal de Direitos Humanos, Pactos de Direitos Civis e Políticos e de Direitos Econômicos, Sociais e Culturais).

A partir de então, surge um novo constitucionalismo, de orientação humanista, voltado a reconhecer e garantir direitos fundamentais de todos os indivíduos, sem admitir qualquer forma de discriminação negativa (prejudicial) e sem excluir qualquer direito fundamental, considerando o ser humano em sua dimensão social e individual.

O instrumento jurídico básico para a garantia desses direitos é a **Constituição**, que os consagra e prevê mecanismos para a sua efetivação[39].

E mais, em um Estado Democrático Constitucional onde haja a distribuição do exercício do poder político entre os seus detentores, que, por sua vez, estão submetidos ao controle dos destinatários do poder (seus detentores supremos), a Constituição, autêntico instrumento político-jurídico, converteu-se em uma arma fundamental para o controle do processo de poder.

Esta introdução é importante e serve para outros temas que trataremos nesta obra (p. ex., idoso e educação), porque a Constituição Federal Brasileira é e deve ser o fio condutor de qualquer análise sobre os direitos postos em prol de qualquer indivíduo, não sendo diferente em relação às pessoas com deficiência.

O que queremos destacar é a **força normativa** da Constituição na atual fase do **neoconstitucionalismo**, apesar deste reconhecimento ainda não ser frequente entre os aplicadores do direito no Brasil.

Konrad Hesse dedicou-se a contrapor às reflexões de Ferdinand Lassale expostas na obra *A essência da Constituição* para demonstrar que no embate entre os fatores reais de poder (históricos, sociais e políticos) e a Constituição esta última não deve, sempre, perder. A Constituição não é um mero pedaço de papel, como supõe Lassale. Há pressupostos realizáveis que permitem assegurar a força normativa da Constituição.

Sem se desprezar os fatores reais de poder (desde sempre influentes no destino do Estado e na concretização da Constituição), deve estar presente a chamada ***"vontade de Constituição"***[40]. É dizer, a Constituição deve ser uma força ativa e isso ocorrerá quando houver na consciência geral não só a vontade de poder, mas também a vontade de Constituição.

O direito constitucional, nas últimas décadas, passou por um significativo conjunto de transformações que modificaram o modo como ele é pensado e praticado e com ele a forma de se entender, valorizar e interpretar a Constituição.

---

[39] A este respeito, cf. DALLARI, Dalmo de Abreu. *A Constituição na vida dos povos - da idade média ao século XXI*. São Paulo: Saraiva, 2010.

[40] Diz Hesse: a Constituição "*transforma-se em força ativa se existir a disposição de orientar a própria conduta segundo a ordem nela estabelecida, se fizerem-se presentes, na consciência geral - particularmente na consciência dos principais responsáveis pela ordem constitucional - não só a vontade de poder (Wille zur Macht), mas também a vontade de Constituição (Wille zur Verfassung)*". HESSE, Konrad. *A força normativa da Constituição*. Trad. Gilmar Ferreira Mendes. Porto Alegre: Sergio Antonio Fabris Editor, 1991, p. 5.

O Brasil do pós-ditadura militar encontrou na CF/1988 um instrumento vigoroso de redemocratização e estabilização institucional.

O direito constitucional saiu do ostracismo jurídico que lhe foi imposto para ocupar lugar de destaque, gerando um verdadeiro *sentimento constitucional* no país.

Reaproxima-se o direito e a ética, surgindo como que uma terceira via entre o positivismo e o jusnaturalismo, o denominado **pós-positivismo**. Não é possível afastar-se o direito da moral e da política, porque são três dimensões que se influenciam mutuamente também na aplicação do direito e não só quando de sua elaboração. Desenvolve-se uma teoria dos direitos fundamentais edificada sobre a dignidade da pessoa humana.

Passa-se a reconhecer a força normativa das disposições constitucionais, atribuindo-se aplicabilidade direta e imediata, com grande expansão da jurisdição constitucional.

Outro marco relevante de transformação teórica foi o surgimento de um conjunto de ideias que se consolidaram como nova interpretação constitucional, através de princípios próprios (e podemos citar, como exemplo, o da **unidade da Constituição**, da **interpretação conforme**, da **máxima efetividade**, dentre outros).

Não pretendemos avançar muito mais por fugir do propósito deste capítulo, mas reconhecemos que a doutrina vem tratando de um tema que está umbilicalmente ligado à força da Constituição e que diz com o **direito supraconstitucional**, com ênfase no direito internacional dos Direitos Humanos.

Em síntese, nesta nova perspectiva, o Estado de Direito constitucional deve ser complementado pelas normas transnacionais, chegando-se a um **constitucionalismo mundial** integrado pelo sistema constitucional local e os sistemas global e regional de proteção dos direitos humanos da ONU, ao qual já nos referimos, cada um desses com estrutura jurídica própria.

O STF reconheceu o valor supralegal (ao menos) dos tratados internacionais de direitos humanos não aprovados com quórum especial (**RE 466.343-1/SP** e **HC 87.585/TO**), é dizer, estão acima das normas legais infraconstitucionais, mas abaixo da Constituição[41].

Importante

No estudo dos direitos das pessoas com deficiência não deve ser desprezada a fonte do direito internacional dos direitos humanos, em verdadeiro diálogo com as disposições constitucionais e infraconstitucionais, sem se esquecer da jurisprudência interna e internacional, p. ex., as decisões da Corte Interamericana de Direitos Humanos[42].

Especificamente sobre a tutela das pessoas com deficiência, destacam-se a Emenda Constitucional 1, de 1969, fortalecida pela Emenda Constitucional 12, de 1978, que traziam, sem maiores pretensões, disposições sobre educação, assistência, reabilitação e reinserção econômica e social, além da proibição de discriminação e obrigatoriedade de garantia de acesso a edifícios e logradouros públicos.

O atual texto constitucional, embora não de forma sistematizada, está repleto de disposições a respeito deste tema, como podemos citar:

Art. 7º, XXXI	Proibição de discriminação de salário e critério de admissão.
Art. 23, II	Competência material para cuidar da saúde, proteção e assistência pública: União, Estados, Distrito Federal e Municípios.

41 Voltaremos ao tema no tópico sobre o "diálogo das fontes", mais adiante.

42 A esse respeito, dentre outros, GOMES, Luiz Flávio; MAZZUOLI, Valério de Oliveira. *Direito supraconstitucional - do absolutismo ao Estado constitucional e humanista de direito*. Coleção Direito e Ciências Afins. São Paulo: Editora Revista dos Tribunais, 2010. v. 5.

Art. 24, XIV	Competência concorrente legislativa sobre proteção e integração social: União, Estados, Distrito Federal.
Art. 37, VIII	Reserva, por lei, de percentual de cargos e empregos públicos e definição de critérios de admissão.
Art. 203, IV e V	Prestação de assistência social a quem dela necessitar, independente de contribuição à Seguridade Social: habilitação, reabilitação e promoção da integração social; salário mínimo de benefício mensal a quem não tiver meios de prover sua própria manutenção ou tê-la provida pela família, na forma da lei.
Art. 208, III	Direito à educação mediante a garantida do atendimento educacional especializado, preferencialmente na rede regular de ensino.
Art. 227, § 1º, II	Programas de prevenção e atendimento especializado e de integração social do adolescente e jovem com deficiência, com treinamento para o trabalho e a convivência, com a facilitação do acesso a bens e serviços coletivos e eliminação de preconceitos e obstáculos arquitetônicos.
Arts. 227, § 2º, e 244	Disposição, por lei, sobre normas de construção dos logradouros e edifícios de uso público e de fabricação de veículos de transporte coletivo, a fim de garantir a acessibilidade e a adequação dos logradouros, dos edifícios de uso público e dos veículos de transporte coletivo atualmente existentes.

Trataremos deles com mais vagar linhas adiante.

A estas disposições esparsas seguiu-se a Convenção de Nova Iorque, sistematizada, que, como destacamos acima, está incorporada à Constituição, com *status* de emenda, assim como as disposições do Tratado de Marraqueche, de igual estatura constitucional.

3.4.1 Distribuição de competência entre os entes federativos para tratar do tema

A autonomia dos entes federativos (União, Estados, Distrito Federal e Municípios) pressupõe a repartição de competências, que são as diversas modalidades de poder de que se servem os órgãos ou entidades estatais para realizar suas funções.

Nosso modelo federativo está estruturado em um sistema complexo, compatibilizando autonomia e reservas de áreas exclusivas, privativas (com possibilidade de delegação) e comuns.

A técnica consiste em enumerar os poderes da União (arts. 21 e 22 da CF), os poderes remanescentes para Estados (art. 25, § 1º, da CF) e os poderes dos Municípios (art. 30, também da CF)[43].

Sobre a **competência material** – relacionada a atos da alçada do Executivo e Legislativo, tarefas específicas –, o **art. 23, II, da CF** determina que a atenção à saúde, assistência pública, proteção e garantias das pessoas com deficiência são de atribuição comum de **todos os entes federativos**[44].

[43] Na ADI 5.745/RJ, Rel. Min. Alexandre de Moraes, redator para acórdão. Min. Edson Fachin, j. 07.02.2019, ficou assentado, por maioria de votos, que a Federação não é apenas um mecanismo de distribuição de competências e rendas, mas também de desconcentração do poder político e, como tal, instrumento para estimular a democracia. Portanto, antes de ter-se como inconstitucional determinada norma que, aparentemente, se insere na competência normativa de outro ente, deve-se proceder a uma leitura sistemática e teleológica da Constituição Federal. No caso, cuidava-se de lei do Estado do Rio de Janeiro que obrigava empresas prestadoras de serviço de TV a cabo, por satélite ou digital a fornecer ao consumidor, previamente, informações sobre a identificação do servidor de serviço na sua residência. Entendeu-se que não se cuidava de matéria relativa a telecomunicações, de competência privativa da União e, sim, de segurança do consumidor e como tal sujeita a competência concorrente da União, dos Estados e do Distrito Federal (art. 24, V, da CF/1988). Cuidando da distribuição de competência, vale também consultar a ADI 5.873, Rel. Min. Alexandre de Moraes, j. 23.8.2019, tratando de lei estadual catarinense 17.142/2017 que trata da instalação de equipamentos telefônicos adaptados às pessoas com deficiência em estabelecimentos de grande circulação de público.

[44] Sobre essa solidariedade, conferir voto do Min. Ricardo Lewandowski na ADI 5.595 MC/DF. No STJ, REsp 1.203.244/SC e REsp 771.537/RJ, dentre outros.

A **competência legislativa** – das matérias sobre os quais eles podem legislar – é definida como **concorrente** (possibilidade de disposição sobre a mesma matéria por mais de um ente federado; primazia da União quanto à fixação de normas gerais) entre União, Estados e Distrito Federal para dispor sobre a proteção e integração social das pessoas com deficiências (art. 24, XIV, da CF).

A esse respeito, o STF já teve oportunidade de esclarecer que esta competência concorrente prevista no art. 24, XIV, pressupõe que ao Estado é permitido o exercício da competência plena apenas na ausência de legislação federal que fixe as normas gerais (§ 3º). Existindo lei nacional acerca da proteção e integração social das pessoas com deficiência, a legislação estadual com normas que contrastem com a norma geral nacionalmente estabelecida será formalmente inconstitucional (ADI 4.388-GO, Rel. Min. Rosa Weber, j. 03.03.2020). Em igual sentido, ADI 903, Rel. Min. Dias Toffoli, *DJe* 06.02.2014).

A **ausência do Município** neste rol não lhe retira competência para legislar sobre matérias de interesse local (p. ex., regras sobre a pessoa com deficiência no âmbito do funcionalismo público municipal) e de maneira suplementar à legislação nacional e estadual. Ele também conta com poderoso instrumento normativo que é sua lei orgânica.

3.4.2 O sistema normativo de proteção da pessoa com deficiência no plano convencional - Convenção de Nova Iorque (da ONU)

Este documento internacional foi produzido pela ONU e adotado em reunião de sua Assembleia Geral, de 13 de dezembro de 2006, em Nova Iorque, integrando o sistema global de proteção dos direitos humanos.

Entrou em vigor em 3 de maio de 2008 (30 dias após atingir o número mínimo de ratificações necessárias) e foi assinado pelo Brasil em 30 de março de 2007.

Resultado de ampla luta travada pelos movimentos políticos das pessoas com deficiência, é, como reafirmamos, juntamente com o seu Protocolo Facultativo, o **primeiro tratado de Direitos Humanos** recepcionado por nosso país com **equivalência de emenda constitucional**, ou seja, tem o mesmo valor que as normas constitucionais formais (art. 5º, § 3º, da CF/1988, incorporado pela EC 45/2004[45]). Foi aprovado através do Decreto Legislativo 186/2008 e promulgado pelo Decreto Presidencial 6.949/2009. Representa um poderoso instrumento de promoção de direitos e defesa destes direitos, facilitando a criação de políticas públicas e programas que estimulem um novo olhar, inclusivo, em relação a este segmento social e aos direitos humanos em geral, contribuindo para a identificação e coibição de exclusões, segregações e discriminações negativas.

Como destacamos em outro ponto, esta Convenção representou importante mudança de paradigma, ao substituir o conceito médico de deficiência (pessoa com deficiência é como uma pessoa doente, incapaz, que necessita de auxílio de terceiros e precisa se ajustar ao modelo social existente) pelo conceito ou modelo social da deficiência pelo qual esta última não está na pessoa como um problema a ser tratado, e, sim, na sociedade, que através das suas barreiras visíveis (físicas, de comunicação etc.) e invisíveis (atitudinais, preconceituosas), impedem ou dificultam a plena fruição do meio social por essas pessoas.

Dentro dessa concepção social da deficiência e estando ela no meio social e não na pessoa, vale a pena reprisar que as "deficiências" ou "diferenças", tais como ausência de membros no corpo, de sentidos ou déficit intelectual, apenas realçam a diversidade humana e não são condição de inferioridade ou desigualdade de quem a ostenta.

---

[45] *Art. 5º, § 3º Os tratados e convenções internacionais sobre direitos humanos que forem aprovados, em cada Casa do Congresso Nacional, em dois turnos, por três quintos dos votos dos respectivos membros, serão equivalentes às emendas constitucionais.*

Concomitantemente, o Brasil também firmou o Protocolo Facultativo à Convenção sobre os Direitos das Pessoas com Deficiência (Convenção de Nova Iorque), que constitui um instrumento complementar de direito público internacional através do qual se possibilita a grupos ou indivíduos (ou seus representantes) formular denúncias de violações de direitos ao Comitê de Monitoramento da Convenção (esses Comitês são comumente chamados de *treaty bodies*). Estas comunicações de violações devem, obrigatoriamente, ter origem em Estados Partes que ratificarem o protocolo.

A possibilidade das denúncias feitas por petições individuais é importante instrumento de fiscalização e representa um avanço no âmbito internacional, especialmente no plano da *international accountability*, reconhecendo outros protagonistas além dos Estados Partes[46-47].

É importante frisar que, uma vez incorporada a Convenção da ONU em nosso ordenamento jurídico, com **equivalência de emenda constitucional** (art. 5º, § 3º, da CF/1988), e, como tal, material e formalmente constitucional, resultam as seguintes consequências:

a) Integra o **bloco de constitucionalidade**[48], modificando o sistema do direito interno;
b) Não poderá ser denunciada (desistir de fazer parte dela) por iniciativa presidencial nem mesmo com Projeto de Denúncia elaborado pelo Congresso Nacional, podendo ser o Presidente da República responsabilizado em caso de descumprimento desta regra, pois essa Convenção equivalente à emenda constitucional é cláusula pétrea do texto constitucional, proibindo-se qualquer norma posterior de reduzir o conteúdo dos direitos e garantias nela constantes (art. 60, § 4º, da CF/1988).

3.5 O SISTEMA NORMATIVO DE PROTEÇÃO DA PESSOA COM DEFICIÊNCIA NO PLANO INFRACONSTITUCIONAL

Além de outros tantos menos específicos[49], os principais textos infraconstitucionais, ao lado dos tradicionais Código Civil brasileiro, Código Penal, Estatuto da Criança e do Adolescente (Lei 8.069/1990), Estatuto da Primeira Infância (Lei 13.257/2016); Estatuto da Pessoa Idosa (Lei 10.741/2003), Estatuto da Juventude (Lei 12.852/2013), Estatuto da Cidade (Lei 10.257/2001), Código de Defesa do Consumidor (Lei 8.078/1990), Consolidação das Leis Trabalhistas (Decreto-lei 5.452/1943), são:

a) a **Lei 7.853/1989**, que até agora foi o principal documento legal, porque, além de tratar de uma política nacional a ser adotada para tais pessoas (arts. 1º, 2º, e 9º a 18), traz **disposições processuais**, inclusive a

---

46 Há um regramento para a operacionalização da denúncia, para cuja comunicação exige-se que não ocorram as hipóteses previstas no art. 12 do Protocolo (anonimato, não esgotamento de todos os recursos internos disponíveis, salvo a demora injustificada, falta de fundamentação, dentre outras). Aceita a denúncia, o Estado Parte supostamente violador será comunicado para apresentar suas explicações escritas, sua versão sobre os fatos ou a solução dada, no prazo de 6 (seis) meses. Segue-se, conforme o caso, a investigação com sugestões pelo Comitê, de solução, visitas ao local e assim por diante, como é regra nesse tipo de procedimento internacional. É possível, em caráter excepcional, que o Comitê faça ao País destinatário um pedido urgente para que sejam tomadas medidas, provisórias ou não, no intuito de evitar danos irreversíveis.

47 A ONU prevê um mecanismo chamado *Revisão Periódica Universal* (RPU), pelo que se analisa a situação interna de direitos humanos nos países que são seus membros e no âmbito das pessoas com deficiência, o Brasil recebeu mais de duas centenas de recomendações de aprimoramento, aceitando a quase totalidade delas. A Câmara dos Deputados e o Escritório do Alto Comissariado das Nações Unidas para Direitos Humanos firmaram parceria e criaram um Observatório Parlamentar com objetivo de monitorar as recomendações recebidas pelo Brasil.

48 Bloco de constitucionalidade, define Alberto do Amaral Jr., a partir das lições de Celso Lafer, "*é um conjunto normativo que contém disposições, princípios e valores que no caso, em consonância com a Constituição de 1988, são materialmente constitucionais ainda que estejam fora do texto da Constituição*" (AMARAL JR., Alberto. *Introdução ao direito internacional público*. São Paulo: Atlas, 2008, p. 487).

49 Citamos como exemplo a Lei 12.933/2013, que dispõe sobre o benefício do pagamento de meia-entrada para estudantes, idosos, pessoas com deficiência (e acompanhante, se necessário – art. 1º, § 8º) e jovens de 15 a 29 anos comprovadamente carentes em espetáculos artístico-culturais e esportivos, e a Lei 11.126/2005, que trata do direito da pessoa com deficiência visual de ingressar e permanecer em ambientes de uso coletivo acompanhada de cão-guia, regulamentada pelo Decreto 5,904/2006.

respeito de **ação civil pública** (arts. 3º a 7º[50]) e, ainda, **disposições penais** (art. 8º); que foram parcialmente alteradas pelo art. 98 da LBI, nos arts. 3º e 8º. A Lei 15.155/2025 substitui a expressão "pessoa portadora de deficiência" por "pessoas com deficiência", inclui o incentivo ao empreendedorismo entre as medidas de apoio a estas pessoas e estabelece isenções para cosméticos artesanais;

b) o **Decreto 3.298/1999**, que regulamentou a lei citada na letra *a*, e que trouxe, em boa hora, um **conceito de pessoa com deficiência,** inexistente na CF/1988 e na referida lei, como visto ainda hoje utilizado, em especial pela Administração Pública, por ser mais objetivo do que o definido na Convenção da ONU, que é mais genérico, embora, por sua natureza constitucional, fique condicionado à interpretação a ser dada ao referido Decreto 3.298/1999 (interpretação conforme à constituição);

c) as **Leis 10.048/2000** e **10.098/2000,** que tratam da acessibilidade ao meio físico em geral (vias, logradouros públicos e de acesso ao público, construção e reforma de edifícios), à comunicação, ao transporte coletivo, inclusive das adaptações de veículos e de critérios para atendimento prioritário em repartições públicas, prestadoras de serviço público em geral, instituições financeiras etc., além do **Decreto 5.296/2004,** que as regulamentou e **alterou o art. 4º do Decreto 3.298/1999,** que define pessoas com deficiência;

d) a **Lei 8.213/1991,** que dispõe sobre Planos de Benefícios da Previdência Social, especialmente o seu art. 93, que estabelece o sistema de cotas a serem reservadas para pessoas com deficiência nas empresas;

e) a **Lei Orgânica da Assistência Social (LOAS – Lei 8.742/1993** e alterações posteriores), que trata do **benefício de prestação continuada** (popularmente conhecido por "BPC"), que consiste no pagamento de um salário mínimo mensal à pessoa com deficiência que não puder se manter ou ser mantida pela família, dentro de alguns critérios que serão mais bem analisados adiante e regula o auxílio-inclusão;

f) a **Lei 8.112/1990**, que estatuiu o regime jurídico dos servidores públicos civis da União e determina que serão reservados, no máximo, 20% das vagas em concursos para candidatos com deficiência e autoriza horário especial para servidor com deficiência, quando provada necessidade por junta médica, sem compensação de horário[51];

g) a **Lei 12.764/2012**[52], que estabelece a Política Nacional de Proteção dos Direitos da ***Pessoa com Transtorno do Espectro Autista*** (terminologia que substitui a leiga "*autista*"), aumenta o âmbito de abrangência, para abarcar outras síndromes, como a de Asperger, Kanner, Heller ou ainda o Transtorno Invasivo do Desenvolvimento sem Outra Especificação. Inseriu a pessoa com transtorno do espectro autista no **rol de pessoas com deficiência**, tirando-a da indefinição até então reinante e estabeleceu multa ao gestor escolar ou à autoridade competente que recusar matrícula ao aluno autista ou com qualquer outra deficiência (art. 7º) e seu **Decreto 8.368/2014**;

h) a **Lei 13.257/2016**, que trata das políticas públicas para a primeira infância (nos 6 primeiros anos completos de vida) e reitera a obrigação de não discriminar e a prioridade nas políticas sociais públicas;

i) a Lei 10.436/2002, que dispõe sobre a Lei Brasileira de Sinais, reconhecendo como meio legal de comunicação e expressão[53], regulamentada pelo Decreto 5.626/2005 (que também regulamentou o art. 18 da Lei 10.098/2000).

j) **o Decreto 4.228/2002**, que cria o Programa Nacional de Ações Afirmativas visando a atingir metas percentuais para pessoas com deficiência, afrodescendentes e mulheres;

k) a mais recente, a **Lei Brasileira da Inclusão – Lei 13.146/2015** –, um verdadeiro **Estatuto da Pessoa com Deficiência**, como era inicialmente conhecida e que merecerá trato particularizado em seguida, em razão de sua amplitude e importância;

---

50 Segundo o STJ, é cabível a ação civil pública que objetiva obrigação de fazer a fim de garantir acessibilidade nos prédios públicos ou privados às pessoas com deficiência: AgInt no REsp 1563459/SE, Rel. Min. Francisco Falcão, j. 03.08.2017; REsp 987280/SP, Rel. Min. Luiz Fux, j. 16.04.2009; REsp 1270420/MG (decisão monocrática), Rel. Min. Benedito Gonçalves, j. 15.05.2017.

51 A concessão de horário especial ao servidor com deficiência está prevista no art. 98, § 2º.

52 A Lei 13.977, de janeiro de 2020, alterou esta lei para instituir a Carteira de Identificação da Pessoa com Transtorno do Espectro Autista (Ciptea).

53 O parágrafo único do art. 4º dispõe que "A Língua Brasileira de Sinais – Libras não poderá substituir a modalidade escrita da língua portuguesa" e é objeto da ADI 5.820, sob o principal fundamento de que a impossibilidade de substituição da modalidade escrita da língua portuguesa pela língua de sinais inviabiliza a plena e efetiva participação dos surdos na sociedade, ofendendo os princípios da igualdade, da dignidade da pessoa humana, da democracia e da proporcionalidade.

l) o Decreto 9.451/2018, que regulamenta o disposto no art. 58 da Lei 13.146/2015, para dispor sobre os preceitos de acessibilidade relativos ao projeto e à construção de edificação de uso privado multifamiliar (entra em vigor 18 meses após sua publicação);

m) o Decreto 9.404/2018, que altera o Decreto 5.296/2004, para dispor sobre a reserva de espaços e assentos em teatros, cinemas, auditórios, estádios, ginásios de esporte, locais de espetáculos e de conferências e similares para pessoas com deficiência, em conformidade com o art. 44 da Lei 13.146/2015;

n) o Decreto 9.405/2018, que dispõe sobre o tratamento diferenciado, simplificado e favorecido dispensado às microempresas e às empresas de pequeno porte, previsto no art. 122 da Lei 13.146/2015;

o) o Decreto 9.345/2018, que altera o Regulamento do Fundo de Garantia do Tempo de Serviço – FGTS, aprovado pelo Decreto 99.684/1990, para dispor sobre as normas de movimentação da conta vinculada do FGTS para aquisição de órtese e prótese pelo trabalhador com deficiência;

p) o Decreto 9.296/2018, que regulamenta o art. 45 da Lei 13.146/2015, que trata da acessibilidade na construção de hotéis, pousadas e similares e nos projetos já existentes;

q) a Lei 15.069/2024, que, embora não trate especificamente da questão da pessoa com deficiência, é relevante porque instituiu a *Política Nacional de Cuidados* e estabeleceu que essa política é dever do Estado, compreendidos a União (a quem compete fazer um plano nacional de cuidados), os Estados, o Distrito Federal e os Munícipios (esses três entes federativos também poderão instituir as suas políticas, afinadas com a política nacional), no âmbito de suas competências e atribuições, em corresponsabilidade com as famílias, o setor privado e a sociedade civil e tendo como público-alvo crianças (especialmente a primeira infância) e adolescentes, pessoas com deficiência e pessoas idosas que necessitem de alguma assistência ou apoio para execução de atividades básicas do cotidiano, e os cuidadores, remunerados ou não (estes últimos que constituem uma parcela significativa e invisível da sociedade[54]). Ela tem uma preocupação com a necessidade de desfamiliarização das políticas públicas, ou seja, determinados direitos não podem depender exclusivamente da provisão familiar; ao contrário, precisam ser garantidos mesmo a quem não tenha família capaz de provê-los;

r) a Lei 15.156/2025, que cria indenização por dano moral e pensão especial mensal vitalícia para pessoa com deficiência decorrente de síndrome congênita associada à infecção pelo vírus Zika e estabelece requisitos para essa concessão e as hipóteses permissivas de acumulação desta pensão com outros benefícios ou, no caso de ser vedada a cumulação, quando se tratar de benefício pago pela União, será possível a opção pelo benefício mais vantajoso. Esta lei também traz alterações à Consolidação das Leis do Trabalho (CLT), na parte da proteção à maternidade, ao dispor que: "Art. 392 (...) § 6º *A licença-maternidade de que trata o* caput *deste artigo será prorrogada por 60 (sessenta) dias em razão de nascimento ou de adoção de criança com deficiência permanente decorrente de síndrome congênita associada à infecção pelo vírus Zika*", e também para acrescentar ao art. 473 o § 2º: "*§ 2º Na hipótese de nascimento ou de adoção de criança com deficiência permanente decorrente de síndrome congênita associada à infecção pelo vírus Zika, o prazo a que se refere o inciso III do* caput *deste artigo [licença do empregado] será ampliado para 20 (vinte) dias*". Por fim, altera a Lei 8.213/1991, no que diz respeito ao salário-maternidade.

Nos parece que a extensão do prazo de licença maternidade pode ser aplicada para qualquer hipótese de deficiência permanente e que requeira maiores cuidados, como é o caso da Zika, por aplicação analógica da norma (*ubi eadem ratio, ibi eadem jus*, ou seja, onde há a mesma razão deve haver o mesmo direito); e

s) podemos incluir algumas NBRs, que são normas técnicas emitidas pela Associação Brasileira de Normas Técnicas, como a NBR 9050, que trata da acessibilidade a edifícios, mobiliários, espaços e equipamentos urbanos; 13994, que cuida de acessibilidade em elevadores de passageiros; 14020, que cuida da acessibilidade a essas pessoas em trens de longo percurso; 14273, que cuida da acessibilidade ao transporte aéreo comercial; 15250, que cuida da acessibilidade dos terminais bancários de autoatendimento; 17060, que trata da acessibilidade em aplicativos de dispositivos móveis; 16537, que cuida de sinalização tátil de piso; 17225, que torna conteúdo e aplicações web mais acessíveis,

[54] Essa atividade em nosso país em geral é marcada por desigualdades e injustiças sociais, com significativa sobrecarga às mulheres.

principalmente para pessoas com deficiência; 24495-1, que, embora trate sobre linguagem simples, traz ínsita preocupação com a acessibilidade, pois permite que as informações sejam compreendidas por todos, dentre vários outros.

Desnecessário lembrar que todas as disposições legais que digam respeito a direitos das pessoas com deficiência anteriores à Convenção da ONU sobre os direitos das pessoas com deficiência (Convenção de Nova Iorque) e à Lei Brasileira de Inclusão – LBI (Estatuto da Pessoa com Deficiência – Lei 13.146/2015) devem ser interpretadas à luz dos princípios e regras trazidos por estas últimas, sem com elas conflitar. Buscando garantir ampla proteção, a LBI afirma: "*Art. 121. Os direitos, os prazos e as obrigações previstos nesta Lei não excluem os já estabelecidos em outras legislações, inclusive em pactos, tratados, convenções e declarações internacionais aprovados e promulgados pelo Congresso Nacional, e devem ser aplicados em conformidade com as demais normas internas e acordos internacionais vinculantes sobre a matéria. Parágrafo único. Prevalecerá a norma mais benéfica à pessoa com deficiência*". Há em tramitação no Congresso Nacional um projeto de lei (PL 1584/2025) que visa instituir uma a Consolidação das Leis Brasileiras de Inclusão da Pessoa com Deficiência (CBI). Nos parece medida totalmente desnecessária, considerando toda a legislação atualmente existente, em especial a Convenção de Nova Iorque e a LBI. Aliás, essa iniciativa é objeto de severas críticas por muitos movimentos de defesa das pessoas com deficiência, em razão de sua inutilidade e risco de eventual retrocesso.

3.5.1 Lei Brasileira de Inclusão da Pessoa com Deficiência (Lei 13.146/2015 – Estatuto da Pessoa com Deficiência) – LBI

3.5.1.1 Breve histórico e novidades introduzidas

Esta lei, também conhecida por **Estatuto da Pessoa com Deficiência,** entrou em vigor em 2 de janeiro de 2016, trazendo um amplo rol de direitos e garantias às pessoas com deficiência e deveres à sociedade, à família e ao Estado.

Internamente, discutiu-se sobre a necessidade de um Estatuto tendo em vista que já havia outro documento, da mais alta estatura jurídica (lembramos que a Convenção da ONU foi aprovada com equivalência à emenda constitucional), mas prevaleceu a argumentação da sua necessidade para tratar de temas novos trazidos por aquele tratado internacional, tais como a tipificação da discriminação de pessoas com deficiência, o conceito social da deficiência, o sistema de interdição e da capacidade civil destas pessoas.

O Estatuto trouxe **novidades**, como o **auxílio-inclusão**, o Cadastro Nacional de Inclusão da Pessoa com Deficiência (**Cadastro-Inclusão**), a alteração do modelo de incapacidade civil do CC, mantendo como única causa de absoluta incapacidade a idade inferior a 16 anos, com a introdução do instituto da **tomada de decisão apoiada**, alguns **tipos penais**, como praticar, induzir ou incitar a discriminação (art. 88); apropriar-se de ou desviar bens, proventos, pensão, benefícios, remuneração ou qualquer outro rendimento da pessoa com deficiência e reter ou utilizar cartão magnético ou qualquer meio eletrônico ou documento de pessoa com deficiência destinados ao recebimento de benefícios econômicos ou operações financeiras, com o fim de obter vantagem indevida para si ou para outrem e que se somam àqueles já previstos na legislação geral (CP, art. 140, § 3º – injúria; art. 173 – abuso de incapaz com alienação ou debilidade mental) e **alterações** em vários **diplomas legais**, como o Código de Defesa do Consumidor, o Estatuto da Cidade, a CLT, a Lei de Improbidade Administrativa e a Lei de Licitações.

3.5.1.2 Lei principiológica

A LBI é considerada uma **lei principiológica,** porque enuncia e fixa os princípios norteadores da tutela desse segmento social.

Tendo em vista sua forte vinculação à Convenção da ONU, que guarda *status* de emenda constitucional, a LBI projeta suas regras e princípios em prol de toda pessoa com deficiência para garantir-lhes condição de igualdade nas relações interpessoais, sociais e econômicas, no exercício dos direitos e liberdades fundamentais, com vistas a assegurar uma sociedade inclusiva e sua cidadania, esta entendida em sentido amplo do **direito a ter direito**, na feliz concepção de Hannah Arendt[55].

3.5.1.3 Principais eixos estruturantes dos direitos e garantias previstos na LBI

Esta lei, além de reproduzir o conceito de pessoa com deficiência na perspectiva de sua interação com o meio, traz artigos conceituais relevantes para a melhor compreensão do texto (p. ex., art. 3º, com definição de acessibilidade, desenho universal, tecnologia assistiva, dentre outros) e está estruturada nos seguintes eixos principais:

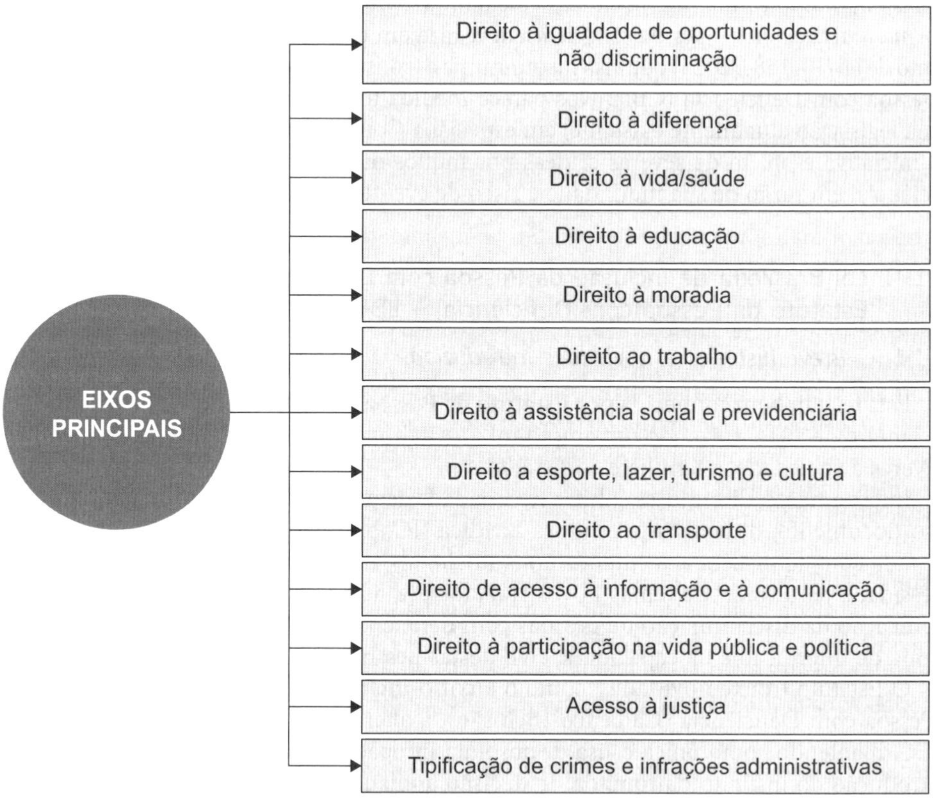

3.5.1.4 Vinculação à Convenção da ONU dos direitos da pessoa com deficiência

O parágrafo único do art. 1º da LBI esclarece que ela tem por base a Convenção da ONU sobre os Direitos da Pessoa com Deficiência de que tratamos no item anterior, o que serve de alerta ao intérprete de que **sempre deverá lê-la tendo como parâmetro os princípios e regras ali estabelecidos**[56], sem prejuízo da harmonização com a CF/1988 e demais leis pertinentes

[55] Diz a filósofa, pelas penas de Celso Lafer, que a cidadania é a garantia ao ser humano do papel de ser existente e integrante de uma comunidade e da humanidade e, como tal, sujeito de seu *status civitatis* (LAFER, Celso. *A reconstrução dos direitos humanos, diálogo com o pensamento de Hannah Arendt*. São Paulo: Companhia das Letras, 2003, p. 147).

[56] Reconhecendo a importância de se observar a Convenção de Nova Iorque, conferir: STF, ADI 2649/DF, Rel. Min. Cármen Lúcia, Pleno, j. 08.05.2008, *DJe* 17.10.2008; STF, RE 440028/SP, 1ª T., Rel. Min. Marco Aurélio, j. 29.10.2013, *DJe* 26.11.2013; e STF, ARE 860.979 AgR/DF, 2ª T., Rel. Min. Gilmar Mendes, j. 14.04.2015, *DJe* 06.05.2015.

que não tenham sido por ela revogadas, e, ilustramos, com a Lei 7.853/1989, que estabelece a política nacional de defesa da pessoa com deficiência, e a Lei 10.098/2000, que trata da acessibilidade (parcialmente alteradas pelos arts. 98 e 112, respectivamente, da LBI), dentre outras.

Este imbricamento entre a Convenção da ONU e a LBI teve sua origem nas discussões travadas nos cinco anos de gestação da Convenção, com nosso país assumindo o compromisso tanto de aprovar a elaboração daquele tratado internacional de direitos humanos como de resguardar à legislação nacional o papel regulamentar, em harmonia com as diretrizes traçadas no documento global.

3.5.1.5 *Diálogo "das fontes" e "das Cortes"*

A LBI, como verdadeiro estatuto, regula amplamente os atos da vida civil das pessoas com deficiência e é natural que, por esta abrangência, por vezes irá chocar-se ou conflitar-se com outras disposições legais, como, p. ex., o Código Civil, o Código de Defesa do Consumidor ou mesmo documentos internacionais.

Para haver conflito normativo, as duas normas devem estar em conformidade com o sistema, ou seja, devem ser válidas, e diante da antinomia jurídica deverá o aplicador do direito optar por uma, o que implicará a violação da outra, dilema para cuja solução se apresentam alguns critérios tradicionais, dentre os quais destacamos: o hierárquico (*lex superior derogat legi inferiori*), o cronológico (*lex posterior derrogat legi priori*) e o de especialidade (*lex specialis derrogat legi generali*).

Modernamente procura-se mais a harmonia e coordenação entre as normas do ordenamento jurídico (concebido como sistema) do que a exclusão de uma em razão da outra (é o que se denomina "coerência derivada ou restaurada").

Atento a isso, Erik Jayme (pai da teoria do "diálogo das fontes"), alerta que, em tempos de pós-modernidade, a pluralidade, a complexidade, o reconhecimento do direito a ser diferente (*droit à la différence*) e a ser tratado diferentemente não permitem mais uma solução do "ou tudo ou nada" próprio do conflito entre regras (ou vale uma ou outra, segundo o critério que se analise); caberá uma solução mais flexível, a permitir maior mobilidade. Deve-se abandonar a superação de paradigmas para substituí-la pela convivência deles.

Por isso, Erik Jayme propõe um "**diálogo das fontes**"[57] a permitir a **aplicação simultânea, coerente e coordenada das inúmeras fontes normativas convergentes, aplicação conjunta das duas normas ao mesmo tempo e ao mesmo caso**[58]. Essa teoria vem sendo bastante aceita no âmbito da defesa do consumidor, com a aplicação convergente do CDC e do CC, como se anota no capítulo próprio desta obra.

Uma boa justificativa para sua aplicação é sua funcionalidade. Diante do verdadeiro *Big Bang legislativo* que vivemos (na feliz alusão de Ricardo Lorenzetti), com uma explosão de leis, essa teoria surge como um "*leme nessa tempestade de complexidade*"[59].

Dentro do espírito de proteção integral e compatibilizando-se com o direito internacional, o art. 121 e seu parágrafo único da LBI estabelecem a prevalência dos direitos, obrigações e

---

[57] Exemplo de reconhecimento do microssistema de proteção e do "diálogo das fontes" é encontrado no AgInt no AREsp 1220572/SP, Rel. Min. Napoleão Nunes Maria Filho, *DJe* 26.03.2019, ao admitir a legitimidade ativa da Defensoria Pública para promover ação civil pública em favor da população idosa, que se enquadra na categoria de hipervulnerável, especialmente diante da hipossuficiência financeira constatada pela Corte de origem. Consta do voto: "(...)5. *Tal conclusão encontra fundamento, também, no diálogo das fontes entre o art .81 da Lei 10.741/2003 (o Estatuto do Idoso) e o art. 5°, II da Lei 7.347/1985, na formação de um microssistema de tutela coletiva em proteção da população idosa*". Vale conferir, também, REsp 1037759/RJ, Rel. Min. Nancy Andrighi, j. 23.02.2010, no qual a Relatora esclarece que "*Ao contrário, o art. 7° da Lei n. 8.078/90 fixa o chamado diálogo das fontes, segundo o qual sempre que uma lei garantir algum direito para o consumidor, ela poderá se somar ao microssistema do CDC, incorporando-se na tutela específica e tendo a mesma preferência no trato da relação de consumo*".

[58] Conferir Cláudia Lima Marques, na obra *Comentários ao Código de Defesa do Consumidor*, p. 34-37.

[59] TARTUCE, Flávio. *Direito civil:* Lei de Introdução e parte geral. 14. ed. rev., atual. e ampl. Rio de Janeiro: Forense, 2018, v. 1, p. 105. Esse autor traz outros exemplos didáticos de aplicação da tese.

prazos mais benéficos às pessoas com deficiência dentre os fixados nela e os já estabelecidos em outras leis, tratados, convenções e outros documentos internacionais.

Lembramos que, em matéria de exegese de direitos humanos e no caso de colisão ente normas (quer nacionais ou internacionais), existem dois importantes princípios que são o da interpretação ***pro homine*** e o da **primazia da norma mais favorável ao indivíduo**[60], nada obstante a dificuldade que a aplicação do primeiro poderá trazer considerando-se eventual colisão de direitos entre vários segmentos sociais (qual indivíduo deve ser privilegiado e qual indivíduo deve ter seu direito comprimido?). Uma solução, no caso de não ser possível encontrar a concordância prática entre as normas, poderá ser a prevalência da norma que mais promova a dignidade da pessoa humana.

Ele também fixa a necessidade de se proceder a uma interpretação que compatibilize todas as normas, nacionais e internacionais, sobre a matéria, quando forem aplicadas.

Vale lembrar que no processo interpretativo, que é constitutivo e não meramente declaratório, o texto/enunciado normativo é ponto de partida para, a partir dos dados de realidade, chegar-se à **norma interpretada**, que é a que interessará.

Como ensina Eros Grau: "*as normas resultam da interpretação e podemos dizer que elas, enquanto textos, enunciados, disposições, não dizem nada: elas dizem o que os intérpretes dizem que elas dizem*"[61].

Ao lado do "diálogo das fontes", em interessante artigo doutrinário, André de Carvalho Ramos[62] chama a atenção para a necessidade do **"diálogo das Cortes"** pelo qual se deve **usar a jurisprudência internacional como referencial na tomada de decisões pelas Cortes brasileiras, especialmente o STF**.

Afirma este autor que o "diálogo das Cortes" deve ser realizado internamente, para obstaculizar a violação de direitos humanos a partir de interpretações nacionais equivocadas dos tratados. Chama a atenção ao fato de que não é possível obrigar os juízes nacionais ao referido diálogo, pois desnaturaria a independência funcional e o Estado Democrático de Direito e, diante da ausência do diálogo ou sua insuficiência, deve ser aplicada a teoria do duplo controle ou crivo de direitos humanos, que reconhece a atuação separada do controle de constitucionalidade (pelo STF e juízes nacionais) e do controle de convencionalidade internacional (órgãos de direitos humanos do plano internacional)[63].

Esta ideia é concebida em razão do novo posicionamento adotado pelo STF a respeito da posição que os tratados internacionais de direitos humanos são incorporados ao nosso ordenamento jurídico[64].

Lembremos que até a EC 45/2004, que introduziu o parágrafo 3º ao art. 5º da CF/1988, o STF entendia que estes tratados internacionais de direitos humanos ingressavam em nosso sistema jurídico equivalentes à lei ordinária federal e, como tal, sujeitos à suspensão de eficácia caso surgisse lei posterior em sentido contrário[65].

---

60 Utilizando-se do princípio hermenêutico de atribuir primazia à norma que se revele mais favorável à pessoa humana, decidiu o Min. Celso de Mello no HC 91.361/SP, 2ª T., j. 23.09.2008, *DJe* 06.02.2009.

61 ADPF 153/DF, Rel. Min. Eros Grau, Pleno, j. 29.04.2010, *DJe* 06.08.2010. Anota Luís Roberto Barroso a distinção entre o enunciado normativo – que corresponde a uma *proposição jurídica no papel, é o texto ainda por interpretar* – e a norma – é o *produto da incidência do enunciado normativo sobre os fatos da causa*, o fruto da interação entre texto e realidade e que autoriza concluir que de *um mesmo enunciado normativo se podem extrair diversas normas* (Curso de direito constitucional contemporâneo, p. 231).

62 RAMOS, André de Carvalho. O diálogo das Cortes: o Supremo Tribunal Federal e a Corte Interamericana de Direitos Humanos. In: AMARAL JR. Alberto do; JUBILUT, Liliana Lyra (org.). *O STF e o direito internacional dos direitos humanos*. São Paulo: Quartier Latin, 2009, p. 805-850.

63 *Curso de direitos humanos*, p. 409-410.

64 A respeito, vale consultar os comentários de Valério Mazzuoli aos §§ 2º e 3º da CF/1988. In: CANOTILHO, J. J. Gomes et al. (coords.). *Comentários à Constituição do Brasil*. São Paulo: Saraiva/Almedina, 2013, p. 518-523.

65 Assim foi decidido na ADI-MC 1.480/DF, Pleno, Rel. Min. Celso de Mello, j. 04.09.1997, *DJ* 18.05.2001, e no HC 73.044/SP, 2ª T., Rel. Min. Maurício Correa, j. 19.03.1996, *DJ* 20.09.1996.

Todavia, este entendimento sempre teve ferozes críticos, apoiando-se no argumento de que desde 1988 a CF incorporou automaticamente as normas de tratados internacionais de direitos humanos ratificados pelo Brasil como de alçada constitucional, por força do art. 5º, §§ 1º e 2º[66].

A posição do STF passou por forte revisão no julgado RE 466.343/SP, Rel. Min. Cesar Peluso, j. 03.12.2008, que discutiu a possibilidade da prisão civil de depositário infiel (proibida pelo Pacto de São José da Costa Rica – art. 7º, item 7, ao qual o Brasil aderiu, mas autorizada pela CF/1988 no art. 5º, LXVII), até então admitida, para dar novo patamar normativo ao tratado de direitos humanos, por maioria de votos.

Esta nova posição foi capitaneada pelo Min. Gilmar Mendes, que, retomando o entendimento pioneiro de Sepúlveda Pertence (HC 79.785/RJ, no qual foi vencido), atribuiu aos **tratados internacionais de direitos humanos que não forem aprovados pela forma especial do art. 5º, § 3º, da CF/1988, a natureza de supralegal: abaixo da Constituição, mas acima de toda e qualquer lei**.

Neste mesmo julgado, foram vencidos os Ministros Celso de Mello, Cezar Peluso, Eros Grau e Ellen Gracie, que atribuíam a hierarquia constitucional de todos os tratados de direitos humanos aprovados ou não pelo rito especial do art. 5º, § 3º, da CF.

Portanto, é o momento de se valorizar as deliberações dos órgãos internacionais (especialmente, entre nós, da Corte Interamericana de Direitos Humanos, cuja jurisdição obrigatória foi reconhecida pelo Brasil em 1998, através do Decreto Legislativo 89/1998, embora tenhamos aderido à Convenção Americana de Direitos Humanos – "Pacto de São José da Costa Rica", onde ela está prevista, em 1992, pelo Decreto 678/1992) para construção da jurisprudência de nossos tribunais, especialmente o STJ e o STF, cumprindo-se os compromissos internacionais de adesão à jurisdição internacional de direitos humanos assumidos pelo Brasil e abandonando a má pratica de ratificar os tratados de direitos humanos, sem conseguir cumprir seus comandos normativos interpretados pelos órgãos internacionais ou mesmo sem vontade de cumpri-los.

Atenção

É preciso estar atento ao que foi interpretado pelos tribunais nacionais e internacionais, porque também integram o comando do art. 121 da LBI.

3.5.1.6 *Controle de convencionalidade*

O **diálogo** entre normas nacionais e internacionais também conduz ao "**controle de convencionalidade**".

Este controle consiste na análise da compatibilidade dos atos internos brasileiros (leis, decretos etc.) **em face das normas internacionais** (tratados, princípios gerais de direito, costumes internacionais)[67].

Coincidentemente, noticia Valério Mazzuoli que, para ele, a primeira ação de controle de convencionalidade de um tratado de direitos humanos entre nós foi da Convenção de Nova

[66] *Art. 5º, § 1º: As normas definidoras dos direitos e garantias fundamentais têm aplicação imediata. § 2º Os direitos e garantias expressos nesta Constituição não excluem outros decorrentes do regime e dos princípios por ela adotados, ou dos tratados internacionais em que a República Federativa do Brasil seja parte.*

[67] Valério Mazzuoli defende que mesmo os tratados internacionais de direitos humanos aprovados na forma do § 3º do art. 5º da CF/1988 estão sujeitos ao controle de convencionalidade e não de constitucionalidade (por terem equivalência de norma constitucional), porque apenas as disposições constitucionais genuínas estariam sujeitas ao controle de constitucionalidade, e indica alguns instrumentos processuais para esse controle (concentrado e difuso) de convencionalidade (MAZZUOLI, Valério de Oliveira. *Curso de direitos humanos*. 3. ed. Rio de Janeiro: Forense; São Paulo: Método, 2016, p. 208 e 215-220). Desse tema também trata André de Carvalho Ramos, em seu Curso de direitos humanos, p. 405-407, realçando a importância do controle de convencionalidade, que ele denomina de autêntico, realizado pelas Cortes Internacionais.

Iorque, de que tratamos múltiplas vezes neste capítulo, e ocorreu através da ADPF 182, de 2009. Com ela visou-se declarar, com eficácia *erga omnes* e efeito vinculante, a invalidade, por não recepção, do art. 20, § 2º, da Lei 8.742/1993 (Lei Orgânica da Assistência Social - LOAS), em face da citada Convenção, que emprega o conceito de "pessoa com deficiência" de modo mais abrangente e, portanto, mais protetivo que o conceito expresso na referida lei.

Esta ADPF foi proposta pelo Procurador-Geral da República, que, entretanto, não a rotulou de controle de convencionalidade, apenas dizendo que a Convenção, após ingressar em nosso ordenamento jurídico com equivalência de emenda constitucional, passou a integrar o bloco de constitucionalidade brasileiro. A ação perdeu seu objeto, porque a Lei 12.470/2011 alterou o dispositivo impugnado, atribuindo-se o conceito igual ao constante da Convenção da ONU. O § 2º do art. 20 da LOAS foi novamente alterado pelo art. 105 da LBI[68].

Registre-se, entretanto, que o STJ já entendeu de forma diversa ao decidir, quanto à discussão em torno de tratado ou convenção votado sob regime do art. 5º, § 3º, da CF, que a norma tem status de emenda constitucional e, desse modo, haverá controle de constitucionalidade (STJ, REsp 1.640.084/SP, 5ª T., Rel. Min. Ribeiro Dantas, j. 15.12.2016). Assim também referiu o Min. Roberto Barroso, do STF, no julgamento da ADI 6476, que tratou de participação da pessoa com deficiência em concurso público, ao afirmar que "*A Convenção compõe o chamado* ***bloco de constitucionalidade e constitui parâmetro para o controle de constitucionalidade***" (item 5 do voto).

3.5.1.7 *Alcance da eficácia social (efetividade) da LBI*

Apesar de ainda depender de complementações, como é o caso do cadastro-inclusão, do auxílio-inclusão, dos instrumentos de avaliação da deficiência e de ter algumas disposições com vigência projetada no tempo (a vigência da Lei 8.989 de 1995, que garante a isenção do Imposto sobre Produtos Industrializados - IPI, na aquisição de automóveis para utilização no transporte autônomo de passageiros ficou prorrogada até 31 de dezembro de 2021), é essencial que todos os operadores do direito e a sociedade em geral reconheçam a importância da aplicação desta lei e haja um determinação política do Poder Público para que ela alcance a desejada **eficácia social (efetividade)** que dela se espera - sua força operativa no mundo dos fatos[69]. Do contrário, poderá cair em desuso ou sua efetivação dependerá, frequentemente, da utilização da força estatal para sua imposição.

Esse aspecto é importante porque estamos diante de norma jurídica que enfrenta preconceito enraizado no seio social e desafia interesses de segmentos poderosos - podemos citar como exemplo o setor da educação privada, que não demorou para ingressar com uma ADI (n. 5357) no STF contra dispositivos que lhe pareciam desfavoráveis economicamente[70].

Outro ponto a merecer destaque e que também contribui para garantir a efetividade da norma é sua interpretação, e nesse aspecto vale o registro da decisão do STJ, da lavra do Ministro Benjamin, na qual ele adverte que a interpretação da legislação de proteção de sujeitos

---

[68] MAZZUOLI, Valério de Oliveira. *Curso de direitos humanos*. 3. ed. Rio de Janeiro: Forense; São Paulo: Método, 2016, p. 216.

[69] Deste tema tratou, superiormente, Luís Roberto Barroso, que assim a define: "*A efetividade significa, portanto, a realização do Direito, o desempenho concreto de sua função social. Ela representa a materialização, no mundo dos fatos, dos preceitos legais e simboliza a aproximação, tão íntima quanto possível, entre o dever ser normativo e o ser da realidade social*". Difere-se da eficácia jurídica, que é a possibilidade de aplicação da norma, embora dela dependa. E prossegue o mestre "*(...) de regra, um preceito legal é observado voluntariamente (...). Sem embargo, descartados os comportamentos individuais isolados, há casos de insubmissão numericamente expressiva, quando não generalizada, aos preceitos normativos, inclusive os de hierarquia constitucional. Assim se passa, por exemplo, quando uma norma confronta-se com um sentimento social arraigado, contrariando as tendências prevalentes na sociedade. Quando isso ocorre, ou a norma cairá em desuso ou sua efetivação dependerá da frequente utilização do aparelho de coerção estatal*" (BARROSO, Luís Roberto. *O direito constitucional e a efetividade de suas normas - limites e possibilidades da Constituição brasileira*. 7. ed. Rio de Janeiro: Renovar, 2003, p. 85-86).

[70] Retomaremos o assunto ao tratarmos do direito à educação, mas desde já destacando que esta ação foi julgada improcedente pela Suprema Corte.

vulneráveis deve se dar da forma mais proveitosa e que melhor possa viabilizar, na perspectiva da eficácia e de resultados práticos e, portanto, é vedado ao administrador e ao juiz "acrescentar, acentuar ou inferir limitações ao exercício pleno dos direitos individuais e sociais previstos na Constituição e nas leis" (REsp 1.568.331/MS, *DJe* 19.12.2018). Em sentido próximo, o REsp 1.678.883-DF, relatado pelo mesmo Ministro Herman Benjamin.

3.5.2 Inovações e alterações legislativas promovidas pela LBI

Várias inovações e modificações em outros instrumentos normativos foram promovidas por este Estatuto, com o escopo de atualizar o arcabouço legislativo às novas perspectivas adotadas relativamente à condição das pessoas com deficiência.

Além das anotações a seguir, cuidaremos de algumas destas alterações em tópicos específicos, juntamente com o direito já consagrado em outras leis (p. ex., sobre a acessibilidade e mudanças na legislação respectiva).

3.5.2.1 Cadastro Nacional de Inclusão da Pessoa com Deficiência

O art. 92 da LBI cria o Cadastro Nacional de Inclusão da Pessoa com Deficiência (**Cadastro-Inclusão**), cuja finalidade é a **criação de um registro público eletrônico com informações relevantes que permitam a identificação e a caracterização socioeconômica da pessoa com deficiência, bem como das barreiras que impedem a realização de seus direitos, podendo ser utilizado na fixação de políticas públicas e estudos, pesquisas e identificação de barreiras que impeçam a realização de direitos deste segmento social**[71]. Será administrado pelo Poder Executivo federal e deverá ter formato acessível.

Aos dados coletados deverão ser assegurados a confidencialidade, a privacidade, os princípios éticos e as liberdades fundamentais das pessoas com deficiência (§ 4º). Sua operacionalização está presa à definição de como será a avaliação biopsicossocial para caracterizar a pessoa com deficiência de que trata o art. 2º, § 1º.

3.5.2.2 Auxílio-inclusão

A novidade do **auxílio-inclusão** está prevista no art. 94. Terão direito a ele as pessoas com **deficiência moderada ou grave** que atendam aos requisitos estabelecidos nos incisos I e II desse artigo, quais sejam recebam o BPC (Benefício de Prestação Continuada – mensal –, previsto no art. 20 da Lei 8.742/1993) ou o tenham recebido nos últimos cinco anos e que passem a exercer atividade remunerada que permita que se enquadre como segurado obrigatório do Regime Geral de Previdência Social. Como ele poderia perder o BPC em razão da atividade remunerada, passaria a receber o auxílio-inclusão[72].

Dependia de regulamentação por lei para operacionalização junto à previdência social, o que ocorreu com a edição da Lei 14.176/2021.

Essa Lei 14.176/2021, no seu art. 2º, alterou o Capítulo IV da Lei 8.742/1993 (Lei Orgânica da Assistência Social – LOAS), acrescentando os arts. 26-A a 26-H, disciplinando a concessão do auxílio-inclusão, cujo valor corresponderá a 50% (cinquenta por cento) do valor do benefício de prestação continuada em vigor (art. 26-B).

---

[71] Como já referido, em 2017 foi editado o Decreto 8.954, que criou o Comitê do Cadastro Nacional de Inclusão da Pessoa com Deficiência – Cadastro-Inclusão e da Avaliação Unificada da Deficiência, com a finalidade de criar instrumentos para a avaliação biopsicossocial da deficiência e estabelecer diretrizes e procedimentos relativos ao Cadastro-Inclusão. O instrumento está em fase de validação.

[72] Prevê o parágrafo único do novo art. 26-B da LOAS: "*Parágrafo único. Ao requerer o auxílio-inclusão, o beneficiário autorizará a suspensão do benefício de prestação continuada, nos termos do art. 21-A desta Lei*".

O art. 26-A prevê os seguintes requisitos cumulativos, *verbis*:

I – receba o benefício de prestação continuada, de que trata o art. 20 desta Lei, e passe a exercer atividade: a) que tenha remuneração limitada a 2 (dois) salários mínimos; e b) que enquadre o beneficiário como segurado obrigatório do Regime Geral de Previdência Social ou como filiado a regime próprio de previdência social da União, dos Estados, do Distrito Federal ou dos Municípios; II – tenha inscrição atualizada no CadÚnico no momento do requerimento do auxílio-inclusão; III – tenha inscrição regular no CPF; e IV – atenda aos critérios de manutenção do benefício de prestação continuada, incluídos os critérios relativos à renda familiar mensal per capita exigida para o acesso ao benefício, observado o disposto no § 4º deste artigo.

O § 2º desse artigo prevê que o valor do auxílio-inclusão percebido por um membro da família não será considerado no cálculo da renda familiar mensal *per capita* de que trata o inciso IV do *caput* deste artigo, que citamos acima, para fins de concessão e de manutenção de outro auxílio-inclusão no âmbito do mesmo grupo familiar e, nesta mesma linha, o § 3º estabelece que o valor do auxílio-inclusão e o da remuneração do beneficiário do auxílio-inclusão de que trata a alínea *a* do inciso I do *caput* deste artigo, que também transcrevemos, percebidos por um membro da família não serão considerados no cálculo da renda familiar mensal *per capita* de que tratam os §§ 3º e 11-A do art. 20 da LOAS para fins de manutenção de benefício de prestação continuada concedido anteriormente a outra pessoa do mesmo grupo familiar.

Como destacamos anteriormente, pelo art. 26-C, "o pagamento do auxílio-inclusão não será acumulado com o pagamento de: I – benefício de prestação continuada de que trata o art. 20 desta Lei; II – prestações a título de aposentadoria, de pensões ou de benefícios por incapacidade pagos por qualquer regime de previdência social; ou III – seguro-desemprego." Ele não está sujeito a desconto de qualquer contribuição e não gera direito a pagamento de abono anual – 13º salário (art. 26-E). Sofrerá revisão daqui a 10 anos, com vistas a seu aprimoramento e ampliação (art. 26-H). O benefício começou a valer a partir de 01 de outubro de 2021 (art. 6º, II, da Lei 14.176/2021). A lei ainda dispõe sobre cessação do benefício e outras situações.

Já foram apresentadas críticas à lei, tais como a limitação da remuneração a dois salários mínimos, sem exclusão de eventuais verbas variáveis e não permanentes da remuneração; o risco de estagnação do trabalhador com deficiência na mesma atividade ou função, desestimulando o progresso profissional, com a elevação da remuneração, além da regra condicionar o recebimento do auxílio à permanência da condição de pobreza da família, já que impõe que a pessoa com deficiência atenda aos critérios econômicos previstos para o recebimento do BPC, o que não estava previsto na LBI.

3.5.2.3 Controle de acessibilidade pelos agentes públicos e proibição de exigência da presença da pessoa com deficiência a órgãos públicos quando sua condição pessoal e as condições de acessibilidade lhe imponham ônus desproporcional

Os arts. 93 e 95 da LBI se referem à necessidade do agente público fiscalizar o cumprimento desta lei, especialmente no aspecto da acessibilidade[73], quando forem realizadas inspeções e auditorias internas e externas (art. 93), como, p. ex., para a confirmação de dados para o cadastro-inclusão ou concessão do auxílio-inclusão, assim como é proibido que a Administração pública exija a presença da pessoa com deficiência a órgãos públicos quando sua limitação funcional e as condições de acessibilidade imponham-lhe ônus desproporcional e indevido (art. 95).

Neste último caso, o próprio dispositivo legal estabelece os procedimentos, em dois incisos: (I) se for do interesse da Administração, esta deve viabilizar a **visita domiciliar,** e (II)

[73] A acessibilidade é definida no art. 3º, I, da LBI como a "*possibilidade e condição de alcance para utilização, com segurança e autonomia, de espaços, mobiliários, equipamentos urbanos, edificações, transportes, informação e comunicação, inclusive seus sistemas e tecnologias, bem como de outros serviços e instalações abertos ao público, de uso público ou privado de uso coletivo, tanto na zona urbana como na rural, por pessoas com deficiência ou com mobilidade reduzida*".

se for do interesse da pessoa com deficiência, esta pode **pedir atendimento domiciliar** ou se **fazer representar** por procurador constituído para esta finalidade.

O parágrafo único do art. 95, embora de forma desnecessária, garante à pessoa com deficiência o **atendimento domiciliar** para realização de perícias médica e social pelo Instituto Nacional de Seguro Social, pelo serviço público de saúde assim como pelo privado, contratado ou conveniado, que integre o Sistema Único de Saúde (SUS) e pelas entidades da rede socioassistencial integrante do SUAS (Sistema Único de Assistência Social) sempre que sua limitação funcional e de condições de acessibilidade imponham-lhe ônus desproporcional e indevido.

3.5.2.4 Alterações ao Código Eleitoral

O **art. 96 da LBI altera o § 6º-A do art. 135 do Código Eleitoral** (Lei 4.737/1965), **para determinar que os Tribunais Eleitorais orientem os juízes eleitorais** – porque estão mais próximos da população e dos locais de votação – **a escolher locais de votação acessíveis ao eleitor e ao candidato com deficiência ou mobilidade reduzida** (p. ex., obeso, gestante), **incluindo-se nessa preocupação a viabilidade do entorno** (p. ex., calçadas próximas) **e do sistema de transporte que lhe der acesso** (ônibus, paradas, dentre outros recursos).

Essas determinações, que já estavam contidas na Resolução 23.381/2012 do Tribunal Superior Eleitoral (TSE), agora ganham maior visibilidade por integrarem o Código Eleitoral, embora já estivessem previstas, globalmente, nas regras de acessibilidade estabelecidas na CF/1988 e legislação infraconstitucional.

Para se garantir a efetividade dessa disposição legal, é necessário que o TSE e os TREs atuem, preocupando-se, também, para que as mensagens institucionais transmitidas pelos vários meios de comunicação sejam acessíveis, assim como os locais de cadastramento eleitoral etc.

Atenção

Este é um ponto importante, porque envolve o direito de votar e ser votado, o direito-dever de exercício da capacidade eleitoral ativa da pessoa com deficiência, que é fundamental em nossa democracia, que prestigia a representatividade para o exercício do poder através da escolha de mandatários. Reveste-se na roupagem de um direito público subjetivo do indivíduo.

3.5.2.5 Mudança na movimentação do FGTS

Outra alteração trazida foi a do art. 99, relativamente ao art. 20 da Lei 8.036/1990, que trata do Fundo de Garantia do Tempo de Serviço (FGTS).

Pela modificação imposta, aumentou-se o rol taxativo de possibilidades para movimentação da conta vinculada (inciso XVIII), autorizando-se o saque por pessoa com deficiência, que necessite adquirir órtese ou prótese para promoção de acessibilidade e inclusão social.

A operacionalização desta movimentação se deu através do Decreto 9.345/2018.

É mais uma forma de se facilitar e estimular a plena inclusão da pessoa com deficiência, sem ter que aguardar, muitas vezes por longo período, uma órtese ou prótese fornecida pelo Poder Público.

Ao lado dessa alteração trazida pela LBI, a movimentação do FGTS também sofreu mudança pela Lei 13.778/2018[74].

3.5.2.6 Alterações no Código de Defesa do Consumidor (CDC)

O CDC, Lei 8.078/1990, também mereceu alterações no art. 6º, parágrafo único, e no art. 43, § 6º, através do art. 100 da LBI.

[74] Cuida de operações de crédito destinadas às entidades hospitalares filantrópicas, bem como às instituições que atuam no campo das pessoas com deficiência, e sem fins lucrativos, que participem de forma complementar do Sistema Único de Saúde (SUS).

Como destacado em capítulo próprio desta obra (vol. 1), o CDC, resultado da sociedade de consumo de massa, com produção em série e com violação de direitos também em massa, surge na década de 90 como forte instrumento de defesa, nada obstante a demora que obrigou que em quase todo o século XX às relações de consumo fosse aplicado o CC de 1916.

Ao **art. 6º**, que trata dos direitos básicos do consumidor, **acrescentou-se um parágrafo único** que exige que a informação prestada sobre os diferentes produtos e serviços, com especificação correta de quantidade, características, qualidade e preço, bem como sobre os riscos que apresentem (exigência do inciso III do referido artigo), seja acessível às pessoas com deficiência, conforme disposto em regulamento.

Sabemos que o CDC inovou ao identificar o consumidor como um sujeito de direitos especial, e que deve receber proteção também especial, em regra tido como vulnerável.

Essa proteção do Estado ao consumidor, verdadeiro direito fundamental, decorre de comando constitucional (art. 5º, XXXII, da CF/1988) e está estruturada por um amplo sistema de regras e princípios, em grande parte inserido no CDC, lei protetiva especial exigida pelo constituinte de 1988 (art. 48 do ADCT).

Ao **consumidor com deficiência** ancorou-se uma proteção ainda maior, exigindo-se que a ele o direito à informação, no qual estão embutidos os princípios da transparência, da boa-fé objetiva, da confiança, dentre outros, seja acessível, ou seja, alcançável para ser utilizado, com segurança e autonomia.

Estão aí englobados os manuais de instrução dos produtos, os sítios eletrônicos dos fornecedores de produtos e serviços, as bulas de medicamentos e demais meios de comunicação entre fornecedor e consumidor, sempre de forma a atender a maior gama possível de limitações trazidas pela deficiência auditiva, visual, física e intelectual.

Com igual preocupação, o art. 100 da LBI também alterou o **art. 43, § 6º**, do CDC, que trata dos **bancos de dados e cadastros de consumidores**, garantindo-se a estes o acesso às informações existentes em cadastros, fichas, registros e dados pessoais e de consumo arquivados sobre ele, bem como as suas respectivas fontes, também de forma acessível.

Estas normas consumeristas agora alteradas ficam em sintonia com as demais disposições da LBI (p. ex., arts. 9º, III e V, e 63 a 73) e da Convenção da ONU (p. ex., art. 3º – dos princípios gerais; art. 4º – das obrigações gerais, art. 9, 2, *b*, dentre outros).

Nessa linha de pensamento está a concepção externada pelo Ministro Herman Benjamin, do Superior Tribunal de Justiça[75], ao caracterizar o **consumidor com deficiência como hipervulnerável**, necessitando de uma maior proteção na seara consumerista.

Lembre-se de que a ideia de hipervulnerabilidade da pessoa com deficiência também aparece na LBI (art. 5º, parágrafo único), relativamente à **criança, ao adolescente, à mulher e ao idoso deficientes** quando se tratar de proteção contra negligência, discriminação, exploração e outras formas desumanas e degradantes de tratamento.

3.5.2.7 *Mudanças na Lei 8.213/1991, que regula os planos de benefícios da Previdência Social*

O art. 101 da Lei 13.146/2015 alterou os **arts. 16, 77 e 93** da Lei 8.213/1991 e acrescentou ao seu texto o **art. 110-A**.

Essa lei dispõe sobre a Previdência Social, que tem por fim assegurar aos seus beneficiários meios indispensáveis de manutenção, por motivo de incapacidade, desemprego involuntário, idade avançada, tempo de serviço, encargos familiares e prisão ou morte daqueles de quem dependiam economicamente.

---

[75] *"A categoria ético-política, e também jurídica, dos sujeitos vulneráveis inclui um subgrupo de sujeitos hipervulneráveis, entre os quais se destacam, por razões óbvias, as pessoas com deficiência física, sensorial ou mental"* (STJ, REsp 931513/RS, 1ª S., Rel. Min. Herman Benjamin, j. 25.11.2009, *DJ* 27.09.2010 – *RSTJ* v. 220, p. 83). Assim o mesmo relator também decidiu no Recurso Especial 586.316/MG, j. 17.4.2007.

No **art. 16**, que trata dos beneficiários do Regime Geral de Previdência Social, na condição de dependentes do segurado, a LBI alterou:

a) o inciso I, que elenca o cônjuge, a companheira, o companheiro e o filho não emancipado, de qualquer condição, menor de 21 (vinte e um) anos ou inválido, para acrescentar também a pessoa que tenha deficiência intelectual ou mental ou deficiência grave;
b) o inciso III, que elenca o irmão não emancipado, de qualquer condição, menor de 21 (vinte e um) anos ou inválido, e também acrescenta aquele que tenha deficiência intelectual ou mental ou deficiência grave.

O **art.** 77, que trata do pagamento da pensão por morte no caso de existir mais de um pensionista, sofreu uma primeira alteração pela LBI, que acrescentou à hipótese de **não cessação da pensão** (inciso II do § 2º) a condição de pessoa com deficiência intelectual ou mental ou deficiência grave, e, na sequência, uma nova alteração, pela Lei 13.183/2015, que deixou o referido inciso II com a seguinte redação: "*II – para o filho, a pessoa a ele equiparada ou o irmão, de ambos os sexos, ao completar vinte e um anos de idade, salvo se for inválido ou tiver deficiência intelectual ou mental ou deficiência grave*".

Desse modo, ao completar 21 anos, o dependente não perderá esta condição se for inválido ou tiver deficiência intelectual ou mental ou deficiência grave.

O **art. 93** da Lei 8.213/1991, que dispõe sobre o percentual de funcionários beneficiários reabilitados pela previdência ou com deficiência habilitados, exigível de empresas com 100 ou mais empregados (de 2% a 5%)[76] foi alterado em seus **parágrafos 1º, 2º e 3º**, assim como as disposições sobre contratação do aprendiz (arts. **428 e 433** da CLT, alterados pelo art. 97 da LBI), o que será tratado no tópico específico do direito ao trabalho.

O **art. 110-A** acrescentado à Lei 8.213 **dispensa** a apresentação de **termo de curatela** ou de **beneficiário com deficiência** para o requerimento de benefícios operacionalizados pelo INSS, providência que se soma às alterações trazidas pela LBI ao instituto da capacidade civil ou legal, com vistas a garantir maior autonomia à pessoa com deficiência. Bastará demonstrar a condição de pessoa com deficiência, nos moldes previstos nesta lei, e submeter-se à avaliação multiprofissional da própria Previdência, conforme regulamento, para fazer caracterizar a condição de beneficiário e/ou dependente.

3.5.2.8 Modificações na "Lei Rouanet" - Lei 8.313/1991

O art. 102 da LBI alterou o **art. 2º** da Lei 8.313/1991 (conhecida como "Lei Rouanet", que cria o Programa Nacional de Apoio à Cultura), acrescentando o **parágrafo 3º**[77], o qual vincula a concessão dos incentivos aos **projetos culturais** que forem disponibilizados, sempre que tecnicamente possível, também em **formato acessível** às pessoas com deficiência (p. ex., audiodescrição, para o público cego ou de baixa visão).

3.5.2.9 Alterações na Lei de Improbidade Administrativa e na Lei de Licitações

O art. 103 da LBI trouxe importante reforço para a implantação da acessibilidade nos espaços públicos em geral ao acrescentar o **inciso IX ao art. 11** da Lei de Improbidade Administrativa (LIA – Lei 8.429/1992).

---

[76] *"Art. 93 A empresa com 100 (cem) ou mais empregados está obrigada a preencher de 2% (dois por cento) a 5% (cinco por cento) dos seus cargos com beneficiários reabilitados ou pessoas portadoras de deficiência, habilitadas, na seguinte proporção: I - até 200 empregados 2%; II - de 201 a 500 3%; III - de 501 a 1.000 4%; IV - de 1.001 em diante 5%."*

[77] *"Art. 2º, § 3º Os incentivos criados por esta Lei somente serão concedidos a projetos culturais que forem disponibilizados, sempre que tecnicamente possível, também em formato acessível à pessoa com deficiência, observado o disposto em regulamento."*

O art. 11 da LIA considera ato de improbidade administrativa aquele que atenta contra os princípios da Administração Pública (especialmente os elencados no art. 37 da CF/1988), por meio de ação ou omissão que viole os deveres de honestidade, imparcialidade, legalidade e lealdade às instituições.

Com a alteração trazida pela LBI, dentre esses atos ímprobos se incluiu "**deixar de cumprir a exigência de requisitos de acessibilidade previstos na legislação" (inciso IX)**.

Infelizmente, a Lei 14.230/2021 alterou, para pior, vários dispositivos da Lei de Improbidade, dentre eles **excluindo** o referido **inciso IX, do art. 11**.

O art. 104 da LBI alterou um artigo **(art. 3º, § 2º, V, e § 5º e seus incisos) e acrescentou o art. 66-A** à Lei de Licitações (Lei 8.666/1993), importante instrumento regulador do instituto da licitação e dos contratos administrativos, que tem como base o princípio da igualdade e como fundamento o art. 37 e seu inciso XXI da CF/1988.

O **art. 3º, § 2º** tratou dos **critérios de desempate**, assegurando algumas preferências a serviços e bens no procedimento administrativo licitatório.

O **inciso V**, acrescido, dispôs como último critério de preferência os bens e serviços produzidos ou prestados por empresas que comprovem cumprimento de reserva de cargos prevista em lei para pessoa com deficiência ou para reabilitado da Previdência Social e que atendam às regras de acessibilidade previstas na legislação.

Regra parecida foi acrescida ao **§ 5º, II**, do mesmo **art. 3º** (a redação dos incisos é igual), para autorizar que se estabeleça margem de preferência para bens e serviços prestados ou produzidos por empresas que atendem a exigência de cumprimento de cota de contratação de pessoa com deficiência e/ou reabilitada e que tenham acessibilidade.

O **art. 66-A**[78], acrescido à seção relativa à execução dos contratos, estava em sintonia com as alterações feitas ao art. 3º e com os princípios norteadores das licitações (em especial a igualdade de oportunidade de participação).

Procurou evitar-se condutas fraudulentas do interessado que visa beneficiar-se das preferências nos critérios de desempate contratando pessoas com deficiência no percentual da cota apenas durante o certame licitatório, dispensando-as após a contratação com a Administração. Impõe à Administração Pública fiscalizar os requisitos de acessibilidade nos serviços e nos ambientes de trabalho.

Esses dispositivos eram mais um estímulo ao empresariado para cumprir as cotas de que tratamos acima sobre a Lei 8.213/1991, pois é a ela que se referem os incisos referidos e o artigo acrescido.

A lei exigia **dois requisitos**: cumprimento da **cota de contratação** de empregados com deficiência habilitados e/ou outros reabilitados pela Previdência Social e **instalações acessíveis**.

A Lei de Licitações 8.666/1993 foi expressamente revogada pelo art. 193, II, da nova Lei de Licitações e Contratos Administrativos: **Lei 14.133/2021.**

Entretanto, essa revogação passou a valer a partir de 30 de dezembro de 2023 (art. 193, II, da nova lei), e durante esse interregno, de acordo com o art. 191 da nova lei, a Administração poderia optar por licitar ou contratar diretamente de acordo com ela ou de acordo com as leis citadas no referido inciso II do art. 193 (dentre elas a Lei 8.666/1993), observadas algumas exigências.

A nova Lei de Licitações traz, de forma expressa, em seu art. 45, VI que "*as licitações de obras e serviços de engenharia devem respeitar, especialmente, as normas relativas a: (...) VI –* ***acessibilidade para pessoas com deficiência*** *ou com mobilidade reduzida*".

---

78 *"Art. 66-A. As empresas enquadradas no inciso V do § 2º e no inciso II do § 5º do art. 3º desta Lei deverão cumprir, durante todo o período de execução do contrato, a reserva de cargos prevista em lei para pessoa com deficiência ou para reabilitado da Previdência Social, bem como as regras de acessibilidade previstas na legislação. Parágrafo único. Cabe à administração fiscalizar o cumprimento dos requisitos de acessibilidade nos serviços e nos ambientes de trabalho."*

No art. 6º, XXIV, alínea *e*, estabelece definições, entre as quais: "*XXIV – anteprojeto: peça técnica com todos os subsídios necessários à elaboração do projeto básico, que deve conter, no mínimo, os seguintes elementos: e) parâmetros de adequação ao interesse público, de economia na utilização, de facilidade na execução, de impacto ambiental e* ***de acessibilidade***".

Já o art. 92 exige que em todo contrato haja cláusula estabelecendo: "*XVII – a obrigação de o contratado cumprir as exigências de* ***reserva de cargos prevista em lei, bem como em outras normas específicas, para pessoa com deficiência,*** *para reabilitado da Previdência Social e para aprendiz*". Para além do momento da contratação, durante toda a execução do contrato a empresa deve manter a observância do disposto no art. 93 da Lei 8.213/1991, sob pena de extinção do contrato, na forma do art. 137 da Lei 14.133/2021: "*IX – não cumprimento das obrigações relativas* ***à reserva de cargos prevista em lei, bem como em outras normas específicas, para pessoa com deficiência,*** *para reabilitado da Previdência Social ou para aprendiz*".

Em síntese, a empresa que desatender ao número de vagas destinadas a pessoas com deficiência não poderá participar sequer do processo licitatório, uma vez que tais exigências legais acima referidas *são requisitos implícitos de habilitação no processo licitatório.*

3.5.2.10 Mudanças na Lei 9.250/1995 (dispõe sobre Imposto de Renda)

Foi acrescido pelo art. 108 da LBI o **§ 5º ao art. 35** da Lei 9.250/1995[79], reafirmando a preferência da pessoa com deficiência em receber a restituição do IRPF prevista no art. 9º, VI, da LBI[80].

3.5.2.11 Alterações no Código de Trânsito Brasileiro

O art. 109 da LBI altera o Código de Trânsito Brasileiro (Lei 9.503/1997) e o adequa à relevância atribuída à autonomia e à mobilidade da pessoa com deficiência, que são valores intrínsecos ao conceito de acessibilidade.

Pelo parágrafo único do art. 2º do CTB, **são consideradas vias terrestres as praias abertas à circulação pública, as vias internas pertencentes aos condomínios constituídos por unidades autônomas e as vias e áreas de estacionamentos privados de uso coletivo** (p. ex., *shopping centers*).

Com isso, tais espaços também ficam sujeitos às regras de acessibilidade e à fiscalização pela Administração Pública, especialmente o rebaixamento de guias, o mau uso de vagas reservadas a pessoas com deficiência.

O **art. 86-A**, incluído pela LBI, estabelece a **obrigatoriedade de sinalização com placa indicativa de destinação e dados sobre a infração por estacionamento indevido nas vagas reservadas**[81].

O acrescido **art. 147-A e seus dois parágrafos** disciplinam a **acessibilidade de comunicação aos candidatos com deficiência auditiva durante todo o processo de habilitação**

---

79 O Conselho Federal da OAB ajuizou ADI (5583), no STF, para questionar dispositivo da Lei 9.250/1995, que, ao prever relação de dependentes para fins de dedução do imposto de renda, não incluiu as pessoas com deficiência que exercem atividade laborativa. A ação foi julgada parcialmente procedente "*fixando-se interpretação conforme a Constituição do art. 35, III e V, da Lei n. 9.250/1995, para estabelecer que, na apuração do imposto sobre a renda de pessoa física, a pessoa com deficiência que supere o limite etário e seja capacitada para o trabalho pode ser considerada como dependente quando a sua remuneração não exceder as deduções autorizadas por lei*".

80 A Instrução Normativa da Secretaria da Receita Federal 1500/2014 determina, no seu art. 6º, que estão isentos ou não se sujeitam ao IRPF: "V – importâncias recebidas por deficiente mental a título de pensão, pecúlio, montepio e auxílio, quando decorrentes de prestações do regime de previdência social ou de entidades de previdência complementar, observado o disposto no § 6º; (Redação dada pela Instrução Normativa RFB n. 1869, de 25 de janeiro de 2019); VI – pensão especial recebida por pessoa física com deficiência física conhecida como 'Síndrome da Talidomida', quando dela decorrente; (Redação dada pela Instrução Normativa RFB n. 1756, de 31 de outubro de 2017)".

81 O art. 181, XVII, do CTN dispõe que se trata de infração grave. Já o inciso XX do mesmo artigo dispõe ser gravíssima a infração de estacionar nas vagas reservadas às pessoas com deficiência ou idosos, sem credencial que comprove tal condição.

para condução de veículo, que envolve o material didático utilizado nas aulas teóricas e o intérprete de Libras (Língua Brasileira de Sinais), nas aulas práticas e teóricas[82], a seu pedido e **sem acréscimo de valor** por isso.

A impossibilidade de cobrança adicional, embora não constante expressamente do dispositivo legal, decorre da interpretação sistêmica da LBI, que garante a igualdade de oportunidades e a não discriminação prejudicial, além de vedar cobrança adicional em outras hipóteses (p. ex., planos de saúde - art. 23; escolas privadas - art. 28, XI e seu § 1º; serviço de táxi - art. 51, § 1º; unidade habitacional - art. 58, § 2º).

A recusa em fornecer esta tecnologia assistiva (assim definida no art. 3º, III, da LBI) será considerada **discriminação** em razão da deficiência (art. 4º, § 1º, da LBI).

3.5.2.12 Alteração na Lei 9.615/1998 (normas gerais sobre desporto)

Pelo art. 110 da LBI aumenta-se a **alíquota da arrecadação bruta dos concursos de prognósticos e loterias federais** destinada ao fomento da prática desportiva e o percentual da arrecadação que deve ser destinado ao Comitê Paraolímpico Brasileiro (art. 56, VI e § 1º).

Este aumento é importante mecanismo de inclusão pelo desporto, especialmente às crianças, adolescentes e jovens com deficiência.

Infelizmente, este inciso e o parágrafo foram revogados pela Lei 13.756/2018.

3.5.2.13 Modificações no Estatuto da Cidade (Lei 10.257/2001)

O Estatuto da Cidade é importante instrumento de organização e implementação da política urbana[83], que é tratada nos arts. 182 e 183 da CF/1988.

As alterações propostas pelo art. 113 da LBI buscam melhorar as condições de fruição da cidade pelos citadinos em geral, por meio de uma mobilidade urbana preocupada com "todos".

Nova alteração foi introduzida pela Lei 13.699/2018 ao art. 2º, preocupada com a garantia de acessibilidade, utilização e conforto dos espaços internos das edificações urbanas, inclusive nas destinadas à moradia e ao serviço dos trabalhadores domésticos[84].

Pela nova redação dada ao **art. 3º,** acrescentou-se às atribuições da União, a serem exercidas por si e/ou em parceria com os demais entes federativos:

a) promover a melhoria das condições habitacionais, de saneamento básico, das calçadas, dos passeios públicos, do mobiliário urbano e demais espaços de uso público (**inciso III**);

b) instituir diretrizes do desenvolvimento urbano para além da habitação, saneamento básico e transporte, alcançando a mobilidade urbana, nelas incluindo regras de acessibilidade aos locais de uso público (**inciso IV**).

Complementando as mudanças, ao **art. 41,** que trata do **plano diretor** (instrumento normativo básico de implementação de uma política de desenvolvimento e expansão urbana), acrescentou-se um **parágrafo 3º,** que **obriga que nele sejam contemplados planos de rotas acessíveis**, implementada a acessibilidade nos passeios públicos, enfim, em todo o sistema viário

---

82 Ver Resolução do CONTRAN 558/2015.

83 O Estatuto assim apresenta o objetivo da política urbana: "Art. 2º A política urbana tem por objetivo ordenar o pleno desenvolvimento das funções sociais da cidade e da propriedade urbana, medicante as seguintes diretrizes gerais (...)".

84 Diz o dispositivo acrescido ao art. 2º do Estatuto da Cidade: "XIX - garantia de condições condignas de acessibilidade, utilização e conforto nas dependências internas das edificações urbanas, inclusive nas destinadas à moradia e ao serviço dos trabalhadores domésticos, observados requisitos mínimos de dimensionamento, ventilação, iluminação, ergonomia, privacidade e qualidade dos materiais empregados".

local, especialmente nos maiores polos geradores de circulação de pedestres, tais como órgão públicos, prestadores de serviços públicos e privados (educação, saúde, esporte, assistência social, correios, bancos etc.), sempre que possível de maneira integrada com os sistemas de transporte coletivo de passageiros.

Essas alterações vêm para somar ao conceito de "sistema" que orienta a concepção de acessibilidade trazida na LBI e pela Lei 12.587/2012, que dispõe sobre a Política Nacional de Mobilidade Urbana (especialmente os arts. 5º e 6º).

3.5.2.14 *Mudanças sobre uso de cão-guia (Lei 11.126/2005[85]) e acesso a museus (Lei 11.904/2009)*

O alcance da LBI é tamanho que veio a atingir os mais variados diplomas legais que tratem, de algum modo, dos direitos das pessoas com deficiência.

Pelo **art. 117, ampliou-se a liberdade dessas pessoas, que se utilizam de cão-guia[86], de ingressar e permanecer nos espaços públicos, de uso público e privados de uso coletivo, e em todos os meios de transporte** (cabeça do art. 1º) e, quanto a estes últimos, deixou claro que este direito se aplica a todas as modalidades e jurisdição ou seja União, Estados, Municípios e Distrito Federal (§ 2º).

A LBI, preocupada em alcançar todos os espaços de acesso ao público e, no caso, o acesso à cultura (art. 42), através do art. 118, alterou a redação do inciso IV do art. 46 da Lei 11.904/2009, que trata do **Estatuto de Museus**, para acrescentar um item obrigatório ao **plano museológico**, que é de acessibilidade para todos[87].

3.5.2.15 *Alterações à Lei 12.587/2012 (mobilidade urbana)*

O art. 119 acrescentou à Lei de Mobilidade Urbana (Lei 12.587/2012) o **art. 12-B, que determina que na outorga de exploração de serviço de taxi serão reservadas 10% das vagas para condutores com deficiência**, disciplinando em seus dois parágrafos como esta destinação será feita e a possibilidade de reversão destas vagas aos demais concorrentes, se não preenchidas.

3.5.2.16 *Disposições finais da LBI*

Os artigos finais da LBI dispõem sobre alguns **prazos** após os quais certos artigos entrarão em vigor, os **dispositivos revogados e prorrogados** e a exigência de **regulamentação** das regras atinentes às micro e pequenas empresas.

3.6 DIREITOS BÁSICOS DA PESSOA COM DEFICIÊNCIA

Antes de cuidarmos dos direitos fundamentais básicos, é importante destacarmos, rapidamente, como a jurisprudência de nossos tribunais superiores tem se posicionado quando

---

85 Regulamentada pelo Decreto 5.904/2006.

86 O STF julgou parcialmente procedente ADI 4267/SP proposta contra os arts. 81 e 85 da Lei do Estado de São Paulo (n. 12.907/08) que determinavam ao condutor de cão-guia que portassem documento comprobatório de registro expedido por escola vinculada à Federação Internacional de Cães-Guias, além de imporem a instrutores, treinadores e famílias de acolhimento igual registro, para terem os mesmos direitos assegurados aos usuários, "*para declarar a inconstitucionalidade da expressão 'devidamente vinculada à Federação Internacional de Cães-Guia' constante no art. 81 da Lei 12.907/2008 do Estado de São Paulo, bem como das expressões 'reconhecidos pela Federação Internacional de Cães-Guia' e 'filiadas à Federação Internacional de Cães-Guia', que constam no art. 85 da referida lei estadual*" (Rel. Min. Gilmar Mendes, j. Sessão Virtual, de 15.10 a 22.10.2021).

87 "Art. 46. O Plano Museológico do museu definirá sua missão básica e sua função específica na sociedade e poderá contemplar os seguintes itens, dentre outros: IV – Detalhamento dos programas: a) Institucional; b) de Gestão de Pessoas; c) de Acervos; d) de Exposições; e) Educativo e Cultural; e) de Pesquisa; f) Arquitetônico-urbanístico; g) de Segurança; h) de Financiamento e fomento; i) de Comunicação; e k) de acessibilidade a todas as pessoas."

se está diante da efetivação de direitos sociais, que são essencialmente prestacionais, e surge o debate sobre as possibilidades financeiras do Estado para disponibilizá-los.

Neste momento entrarão em cena conceitos como:

a) da **reserva do possível**, que em sentido amplo abrange tanto a possibilidade quanto o poder de disponibilização por parte do destinatário da norma (em regra o Estado). Envolverá o que se denomina de "**escolhas trágicas**", ou seja, em face da limitação de recursos públicos, o Estado fica diante do impasse de ter de escolher entre determinados valores, em detrimento de outros[88];

b) para a tomada desta difícil decisão, deve o Estado ter como parâmetro a *dignidade da pessoa humana*, dentro de uma perspectiva de preservação do **mínimo existencial**, que é integrado por aqueles direitos fundamentais relacionados às necessidades sem as quais não é possível viver uma vida digna; são uma fração nuclear da dignidade da pessoa humana. Contra o mínimo existencial não pode ser invocada a cláusula da reserva do possível[89], exceto se houver cabal demonstração de falta de condições para o atendimento, mesmo porque não impera a discricionariedade administrativa na implementação de direitos fundamentais[90];

c) por fim, em reforço argumentativo, surge o princípio da **proibição do retrocesso social**, proibição de "contrarrevolução social" ou da "evolução reacionária" que impede que as conquistas sociais já alcançadas pelo cidadão ou pela formação social em que vive sejam desconstituídas – suprimidas ou reduzidas – pelo Estado[91].

3.6.1 Capacidade civil: curatela e tomada de decisão apoiada

Acesse e assista à aula explicativa sobre este assunto.

> *http://uqr.to/21kue*

Esse tópico da capacidade legal (civil) da pessoa, disciplinado pelo Código Civil, sofreu significativas alterações pela LBI[92] (em obediência ao art. 12 da Convenção de Nova Iorque), nada obstante algumas dessas mudanças tenham sido alcançadas por alterações introduzidas pelo novo CPC.

---

88 Ensina Ingo Sarlet que a Corte Constitucional Alemã firmou jurisprudência no sentido de que "*a prestação reclamada deve corresponder ao que o indivíduo pode razoavelmente exigir da sociedade, de tal sorte que mesmo dispondo o Estado dos recursos e tendo o poder de disposição, não se pode falar em uma obrigação de prestar algo que não se mantenha dentro do limite do razoável*". Assim, pode-se recusar de prestar assistência social a quem dispõe de recursos próprios a tanto (SARLET, Ingo. *A eficácia dos direitos fundamentais*. 2. ed. rev. e atual. Porto Alegre: Livraria do Advogado, 2001, p. 265).

89 Nesse sentido: STJ, REsp 811.608/RS, 1ª T., Rel. Min. Luiz Fux, , j. 15.05.2007, *DJ* 04.06.2007; STJ, REsp 1041197/MS, 2ª T., Rel. Min. Humberto Martins, j. 25.08.2009, *DJe* 16.09.2009; STF, ADPF 45/DF, Rel. Min. Celso De Mello (*Informativo STF* 345/2004).

90 "*(...) não há discricionariedade administrativa frente aos direitos consagrados, quiçá constitucionalmente (...) a atividade administrativa é vinculada sem admissão de qualquer exegese que vise afastar a garantia pétrea*" (STJ, REsp 736524/SP, 1ª T., Rel. Min. Luiz Fux, j. 21.03.2006, *DJ* 03.04.2006).

91 STF, ARE 639.337 Ag/SP, 2ª T., Rel. Min. Celso de Mello, j. 23.08.2011, *DJe* 15.09.2011 e RE 658.312-SC, voto do Min. Celso de Mello. Segundo afirma Canotilho: o "*núcleo essencial dos direitos já realizado e efetivado através de medidas legislativas [...] deve considerar-se constitucionalmente garantido, sendo inconstitucionais quaisquer medidas estaduais que, sem a criação de outros esquemas alternativos ou compensatórios, se traduzam na pratica numa 'anulação', 'revogação' ou aniquilação pura e simples desse núcleo essencial*" (*Direito Constitucional e Teoria da Constituição*, p. 321).

92 Por determinação do art. 115 da LBI, o próprio "Título IV" do Livro de Direito de Família tem sua redação modificada, passando a se chamar "Da tutela, da Curatela e da Tomada de Decisão Apoiada".

Iniciamos lembrando que a capacidade jurídica é o instrumento pelo qual se realiza a personalidade jurídica e que não se pode confundir deficiência (seja ela qual for, física, mental, sensorial ou psicossocial) com incapacidade jurídica, porque nem todo incapaz o é em razão de ter alguma deficiência e citamos como exemplo os menores de 16 anos que são considerados absolutamente incapazes apenas em razão da idade (art. 3º do CC) e também o art. 6º da LBI que afirma que a deficiência não afeta a plena capacidade civil da pessoa.

Já não era sem tempo a necessidade de alteração dos institutos da interdição e curatela, eminentemente patrimonialista[93], pois são dos mais antigos do direito, para adequá-los ao novo modelo que tem o ser humano como centro das preocupações e salvaguardado em sua dignidade e personalidade[94], nos moldes da CF/1988.

O CC de 2002 trouxe inovações, estimulando a curatela parcial, prestigiando a vontade do curatelado, mas outras se seguiram através da Convenção da ONU sobre os direitos da pessoa com deficiência, é dizer, da própria Constituição Federal à qual esta foi inserida.

Pela regra geral, toda pessoa é capaz de direitos e deveres na ordem civil (art. 1º do CC), mas nem todas têm capacidade de exercício destes direitos[95].

Esta distinção somente se aplica para a hipótese de exercício dos direitos patrimoniais, e não para as situações jurídicas existenciais que visam a promoção da pessoa humana, como no caso dos direitos da personalidade, hipótese em que boa parte da doutrina afirma que "Qualquer pessoa – maior ou menor, dotada ou não de capacidade de fato – pode efetivar ou reclamar seus interesses existenciais pessoal e diretamente, sob pena de prejuízo à sua dignidade. Patrocinam essa tese os doutrinadores Joyceanne Bezerra de Menezes, Célia Barbosa Abreu, Nelson Rosenvald, Cristiano Chaves e Ana Carolina Brochado Teixeira (...)"[96].

O entendimento dessa capacidade legal deve harmonizar-se com o art. 12 da referida Convenção de Nova Iorque, ou seja, com a própria Constituição da República que prestigia a **autonomia, as habilidades e capacidades da pessoa** e garante àquelas com deficiência a **igualdade com as demais pessoas no gozo de sua capacidade legal** e destaca que as medidas restritivas ao exercício dessa capacidade devem ser **excepcionais** e respeitar os direitos, a vontade e as preferências da pessoa; devem ser isentas de conflito de interesses e de influência indevida; proporcionais e apropriadas às circunstâncias da pessoa; **aplicar-se pelo período mais curto possível** e devem ser **submetidas à revisão regular por uma autoridade ou órgão judiciário competente**, independente e imparcial.

A partir de então, a LBI, que, como vimos, materializa as normas da Convenção da ONU, no art. 114, trouxe várias alterações às regras da capacidade legal previstas no CC, de acordo com o novo conceito social da pessoa com deficiência, que prestigia sua funcionalidade, e não o conceito médico do CC/1916 que falava em "loucos de todo o gênero" e em incapacidade absoluta.

Essas alterações se harmonizam com outras disposições da LBI, como p. ex., o art. 6º, que afirma que *"[a] deficiência não afeta a plena capacidade civil da pessoa"*[97], o art. 84, que assegura

---

93 Lembra Flavio Tartuce que "o sistema de incapacidade anterior não protegia a pessoa em si, mas os negócios e atos praticados, em uma visão excessivamente patrimonialista, que sempre mereceu críticas" (TARTUCE, Flávio. *Direito civil:* Lei de Introdução e parte geral. 14. ed. rev., atual. e ampl. Rio de Janeiro: Forense, 2018, v. 1, p. 130).

94 A personalidade jurídica, na perspectiva do atual direito civil constitucional, ganhou patamar de valor fundamental, é conceituada como a soma dos caracteres corpóreos e incorpóreos da pessoa natural e jurídica, é dizer, a personalidade é compreendida como aquilo que a pessoa é, tanto no plano corpóreo quanto no social.

95 A capacidade de direito ou de gozo é aquela derivada da própria condição humana e consiste na aptidão genérica/ampla que toda pessoa possui desde o nascimento até a morte. Ao lado desta, a capacidade de fato ou de exercício consiste na capacidade da pessoa para praticar atos com efeitos jurídicos (alterando, modificando ou extinguindo relações jurídicas) e por isso admite gradações, abrangendo desde os plenamente capazes, os relativa e os absolutamente incapazes. A incapacidade é sempre a de fato, taxativamente prevista em lei, porque não existe no nosso sistema jurídico a incapacidade de direito, porque esta capacidade de direito é sempre absoluta como a personalidade (mesmo a indignidade, tratada no art. 1.814 e s. do CC, restringe-se à sucessão).

96 GAMA, Guilherme Calmon Nogueira da; NUNES, Marina Lacerda. Cuidado e a esfera existencial inclusiva da pessoa com deficiência. *Cuidado e o direito de ser*: respeito e compromisso. Rio de Janeiro: GZ Editora, 2018, p. 205.

97 Apesar desse artigo estabelecer que a plena capacidade civil envolve exercer direitos sexuais e reprodutivos (inciso II), ainda veem-se decisões judiciais autorizando a esterilização forçada de jovens e adultos (de ambos sexos) com deficiência, a pretexto

a estas pessoas "*o direito ao exercício de sua capacidade legal em igualdade de condições com as demais pessoas*" e o § 1º do art. 85, que afirma não ser alcançado pela curatela o direito ao próprio corpo, à sexualidade, ao matrimônio, à privacidade, à educação, saúde, trabalho e voto.

Pela nova redação do art. 3º do CC, são **absolutamente incapazes** de exercer pessoalmente os atos da vida civil apenas os **menores de dezesseis anos** e não mais também as pessoas que, **por enfermidade ou deficiência intelectual, não tiverem o necessário discernimento para a prática desses atos** e os que, mesmo por causa transitória, **não puderem exprimir sua vontade**. Portanto, no sistema privado brasileiro não existe mais pessoa absolutamente incapaz que seja maior de idade e, como consequência, ação de interdição absoluta. Valoriza-se a dignidade-liberdade e deixa-se de lado a dignidade-vulnerabilidade[98].

Para os **relativamente incapazes** do art. 4º do CC, as alterações consistiram em **retirar as pessoas com deficiência mental da parte final do inciso II** e dar essa nova redação ao inciso III: "**aqueles que, por causa transitória ou permanente, não puderem exprimir sua vontade**"[99].

Foi o suficiente para gerar muitas polêmicas, especialmente quanto à incapacidade absoluta limitada apenas pela idade inferior a dezesseis anos, deixando pessoas com deficiência intelectual mais severas de fora[100]. Já surgiram algumas manifestações judiciais contestando a constitucionalidade, ainda que de forma incidental, do aludido art. 114 da LBI[101].

Há vozes divergentes[102], algumas apontando que, para situações limites de incapacidade, p. ex., alguém com deficiência intelectual muito grave e despida totalmente de discernimento[103] – e há muitas pessoas nesta condição –, o novo texto do CC deverá ser analisado não de acordo com a literalidade da lei, mas à luz dos princípios de hermenêutica (p. ex., histórico, teleológico, integrativo etc.) e dos documentos internacionais, com vistas a garantir a dignidade, o respeito e a personalidade da pessoa humana[104], e também à luz do disposto no art. 723, parágrafo único, do CPC[105].

---

de uma "incapacidade absoluta" que não tem mais previsão legal, em flagrante violação à dignidade sexual e reprodutiva de tais pessoas.

98 Conferir TARTUCE, Flávio. *Direito civil:* Lei de Introdução e parte geral. 14. ed. rev., atual. e ampl. Rio de Janeiro: Forense, 2018, v. 1, p. 132.

99 Não se pode deslocar pura e simplesmente para aí a pessoa com deficiência, para entendê-la nessa condição de relativamente capaz, porque não foi isso que fez a Convenção de Nova Iorque.

100 Portugal acabou de editar a Lei 49/2018, que estabelece o instituto do "maior acompanhado" e elimina do Código Civil a interdição e a inabilitação. A lei estabelece um regime jurídico mais flexível em relação a pessoas com limitação física ou intelectual, atendendo ao apelo doutrinário local que tentava eliminar os rigores do instituto da interdição.

101 E nos referimos ao Incidente de Arguição de Inconstitucionalidade 0042379-63.2017.8.26.0000, suscitado pela 8ª Câmara de Direito Privado do TJSP, que acabou não sendo admitido, por não preencher os requisitos legais; TJSP Apel. 1003765-94.2015.8.26.0564, 9ª Câmara de Direito Privado, Rel. Des. Alexandre Lazzarini, j. 14.03.2017, afastando a declaração incidental de inconstitucionalidade reconhecida pelo magistrado de primeiro grau; com o mesmo resultado, pela mesma Câmara e relator, Ap. 1003461-42.2016.8.26.0344, j. 25.07.2017.

102 Sobre o tema, com análise ampla a respeito da capacidade civil destas pessoas e criticando a opção da LBI, consultar a obra "*Capacidade civil da pessoa com deficiência intelectual e mental: entre a autonomia e a desproteção jurídica*", Erika Mayumi Moreira da Silva, São Paulo: Thomson Reuters Brasil, 2021.

103 Assim decidiu o STJ, em decisão monocrática da lavra da Min. Maria Isabel Gallotti, no AREsp 1584117, reconhecendo a incapacidade total de pessoa maior, com base em avaliação pericial que atestava a incapacidade em grau total. Para nós, com o devido respeito, a r. decisão está em total falta de sintonia com o novo ordenamento jurídico (e podemos citar, como exemplo, o art. 85 da LBI, o art. 12 da Convenção de Nova Iorque, arts. 3º, 1772 e 1782 do CCivil), como indicamos neste tópico, não contribuindo para o avanço do entendimento da capacidade civil e presa a conceitos e ideias ultrapassadas.

104 Neste sentido se posiciona Waldir Macieira da Costa Filho na obra COSTA FILHO, Waldir Macieira da. Comentário aos artigos 84 a 87. In: LEITE, Flávia Piva Almeida; RIBEIRO, Lauro Luiz Gomes; na obra COSTA. (coords). *Comentários ao Estatuto da Pessoa com Deficiência*. São Paulo: Saraiva, 2016, p. 367-371.

105 Reafirmando que, em casos mais graves, nos quais a pessoa não consegue exprimir de forma alguma sua vontade, alguns tribunais têm ampliado os limites da curatela para alcançar o exercício de direitos de natureza extrapatrimonial, com base no art. 723, parágrafo único, do CPC, conferir o material de apoio disponibilizado pelo Conselho Nacional do Ministério Público (CNMP) sob o título "Tomada de Decisão Apoiada e Curatela – Medidas de apoio previstas na Lei Brasileira de Inclusão da Pessoa com Deficiência", p. 16, encontrado em https://www.cnmp.mp.br/portal/images/curatela.pdf. Acesso em: 1º dez. 2019.

Vale registrar que, no julgamento do RE 918315, em que se discutia a curatela e a lei do Distrito Federal que autoriza o pagamento de aposentadoria por invalidez decorrente de transtorno mental apenas ao curador do servidor público beneficiado, foi reconhecida repercussão geral (Tema 1096), bem como a inconstitucionalidade da lei, e estabelecida a seguinte tese em Repercussão Geral: "*A enfermidade ou doença mental, ainda que tenha sido estabelecida a curatela, não configura, por si, elemento suficiente para determinar que a pessoa com deficiência não tenha discernimento para os atos da vida civil*", recomendando-se a leitura do voto do Ministro Relator a respeito da capacidade civil e da curatela (necessidade de respeito à dignidade da pessoa humana e ao princípio da proporcionalidade), e das alterações trazidas pela LBI ao Código Civil.

Anotam Flávio Tartuce[106], Guilherme Calmon Nogueira da Gama e Marina Lacerda Nunes que, quando a pessoa tiver completa ausência de discernimento, será submetida ao regime da curatela e será reputada relativamente incapaz[107].

No mesmo sentido, e inadmitindo interpretação que restaure a concepção da incapacidade absoluta por violar o sistema de proteção da Convenção da ONU (especialmente o art. 12) e, consequentemente, a dignidade da pessoa humana, é o entendimento de Tartuce[108] e de Nelson Rosenvald[109].

Acertadamente, decidiu o STJ no REsp 1.927.423/SP, Rel. Min. Marco Aurélio Bellizze, reconhecendo que a partir da entrada em vigor da Lei Brasileira de Inclusão (ou Estatuto da Pessoa com Deficiência – Lei 13.146/2015), "*somente são consideradas absolutamente incapazes de exercer pessoalmente os atos da vida civil os menores de 16 (dezesseis) anos*".

Segundo o relator, o objetivo da Lei 13.146/2015, ao instituir o Estatuto da Pessoa com Deficiência, é assegurar e promover a inclusão social das pessoas com deficiência e garantir o exercício de sua capacidade em igualdade de condições com as demais pessoas.

No REsp 1694984, Rel. Min. Luis Felipe Salomão, *DJe* 01.02.2018, reconheceu-se que a deficiência, por si, não afeta a plena capacidade civil da pessoa (arts. 6º e 84 da Lei 13.146/2015) – algo que é óbvio, mas ainda precisa ser reafirmado –, especialmente quando se tratar de transtorno mental e do reconhecimento da incapacidade, é dizer, conforme constou da ementa do julgado: "A partir do novo regramento, observa-se uma dissociação necessária e absoluta entre o transtorno mental e o reconhecimento da incapacidade, ou seja, a definição automática de que a pessoa portadora de debilidade mental, de qualquer natureza, implicaria na constatação da limitação de sua capacidade civil deixou de existir".

Luiz Alberto David Araújo e Carlos Eduardo P. Ruzyk apontam que a capacidade legal prevista na Convenção da ONU aproxima-se do conceito adotado pelo Comissariado para Direitos Humanos do Conselho da Europa, denominado de "enfoque funcional", ou seja, centrado nas aptidões ou potencialidades dos indivíduos e a partir disto não mais "se cataloga a pessoa com deficiência como incapaz ou relativamente incapaz (...) O que decorre da norma jusfundamental definida na Convenção .– e chancelada pelo Estatuto da Pessoa com Deficiência –; é o reconhecimento da capacidade legal plena de todas as pessoas com deficiência"[110].

Entendemos que a questão é mais ampla e não deveria gerar tanta polêmica.

---

[106] TARTUCE, Flávio. *Direito civil:* Lei de Introdução e parte geral. 14. ed. rev., atual. e ampl. Rio de Janeiro: Forense, 2018, v. 1, p. 132 e 136.

[107] GAMA, Guilherme Calmon Nogueira da; NUNES, Marina Lacerda. Cuidado e a esfera existencial inclusiva da pessoa com deficiência. *Cuidado e o direito de ser*: respeito e compromisso. Rio de Janeiro: GZ Editora, 2018, p. 216.

[108] TARTUCE, Flávio. *Direito civil:* Lei de Introdução e parte geral. 14. ed. rev., atual. e ampl. Rio de Janeiro: Forense, 2018, v. 1, p. 131-137.

[109] "*A curatela como a terceira margem do rio*". Disponível em: https://www.nelsonrosenvald.info/single-post/2017/09/20/A-curatela-como-a-terceira-margem-do-rio. Acesso em: 15 dez. 2017; e "*A 'caixa de Pandora' da incapacidade absoluta*". Disponível em: https://www.nelsonrosenvald.info/single-post/2017/06/06/A-%E2%80%9Ccaixa-de-Pandora%E2%80%9D-da-incapacidade-absoluta. Acesso em: 15 dez. 2017.

[110] *A Perícia Multidisciplinar no Processo de Curatela e o Aparente Conflito entre o Estatuto da Pessoa com Deficiência e o Código de Processo Civil: Reflexões metodológicas à luz da Teoria Geral do Direito. Rev. Dir. Gar. Fund.*, Vitória, vol. 18, n. 1, p. 236.

Como já destacamos, nos tempos atuais, de valorização da pessoa humana e de sua dignidade, da não discriminação, da igualdade de oportunidades, de plena e efetiva participação na sociedade, de restabelecimento da importância da Constituição, o instituto da "capacidade civil" deve ser lido com as lentes do Direito Civil Constitucional[111] e de acordo com os princípios do *in dubio pro capacitas* e da intervenção mínima, deixando-se de lado o antigo regime das incapacidades e do modelo de direito protetivo pautado na substituição de vontades[112].

Por isso este tema da capacidade civil veio tratado na Convenção da ONU (de estatura constitucional, lembre-se) e sob a perspectiva da igualdade geral entre todos, inclusive e primordialmente entre as pessoas com deficiência e os demais indivíduos.

Pela leitura do seu art. 12, especialmente no item 2, fica clara esta situação:

> *Os Estados Partes reconhecerão que as pessoas com deficiência gozam de capacidade legal em igualdade de condições com as demais pessoas em todos os aspectos da vida.*

Procurou a Convenção quebrar o paradigma forte de "*presunção*" de que a pessoa com deficiência, seja ela qual for (p. ex., um amputado do braço ou um cego), por esta simples condição, era incapaz, e aquela com deficiência intelectual então, absolutamente incapaz; no Brasil sempre foi assim.

A partir desse novo modelo, pautado na dignidade humana, na autonomia e na isonomia, todos com condições de expressar sua vontade são plenamente capazes enquanto e porque pessoas, mas alguns podem precisar de apoio para o exercício dos direitos, apoio este também previsto na Convenção, sob a denominação de "*salvaguardas apropriadas e efetivas*" (item 4 do art. 12). Diante de situações mais extremas de comprometimento da capacidade de expressar a vontade, temos o instituto da curatela e nesta condição uma incapacidade relativa, como ocorre com as demais pessoas, tenham ou não deficiência[113].

A curatela (apenas para atos relacionados aos direitos de natureza **patrimonial e negocial** – art. 85 da LBI e art. 1.767 do CC), que, diferentemente de uma medida de substituição de vontade, visa atribuir maior relevo às circunstâncias pessoais do próprio curatelado, suas preferências e vínculos de afetividade, se formaliza via interdição[114-115]. ou por mero pedido de nomeação de curador.

---

[111] Tartuce adverte para o fenômeno de interação entre o Direito Civil e o Direito Constitucional (denominado neoconstitucionalismo ou invasão da Constituição), chamando a atenção para três princípios básicos do Direito Civil Constitucional: proteção da dignidade humana, solidariedade social e igualdade lato sensu. Exemplifica com o reconhecimento da horizontalização dos direitos fundamentais, que é o reconhecimento da existência e aplicação dos direitos que protegem a pessoa nas relações entre particulares (TARTUCE, Flávio. *Direito civil:* Lei de Introdução e parte geral. 14. ed. rev., atual. e ampl. Rio de Janeiro: Forense, 2018, v. 1, p. 100-101).

[112] GAMA, Guilherme Calmon Nogueira da; NUNES, Marina Lacerda. Cuidado e a esfera existencial inclusiva da pessoa com deficiência. *Cuidado e o direito de ser*: respeito e compromisso. Rio de Janeiro: GZ Editora, 2018, p. 209.

[113] Assim se expressa Tartuce: *"Também não se interditam mais os excepcionais sem completo desenvolvimento mental, caso do acometido por Síndrome de Down, tendo sido revogado o art. 1.767, inciso IV, do CC"* (o art. 1.767 relaciona aqueles sujeitos à curatela e que são os ébrios, toxicômanos e os que, por causa transitória ou permanente, não puderem exprimir sua vontade, não havendo mais a previsão aos "excepcionais sem completo desenvolvimento mental") (TARTUCE, Flávio. *Direito civil*: Direito de Família. 11. ed. rev., atual. e ampl. Rio de Janeiro: Forense, 2016. v. 5, p. 693). Acreditamos que em tais condições, conforme o caso concreto, a regra será flexibilizada, admitindo-se a curatela (apontando que isso vem ocorrendo na prática, cf. Ana Cláudia M. de Figueiredo e Eugenia Augusto Gonzaga, Pessoa com deficiência e seu direito fundamental à capacidade civil, *Ministério Público*, sociedade e a Lei Brasileira de Inclusão da Pessoa com Deficiência, p. 95).

[114] Para muitos civilistas o termo "interdição" deve ser abandonado porque traz uma carga preconceituosa e estigmatizante, revelando uma noção restritiva de direitos quando, ao contrário, pela nova sistemática se quer demonstrar que a pessoa não será interditada em seus direitos, mas curatelada por não poder exprimir adequadamente sua vontade. Neste sentido: GAMA, Guilherme Calmon Nogueira da; NUNES, Marina Lacerda. Cuidado e a esfera existencial inclusiva da pessoa com deficiência. *Cuidado e o direito de ser*: respeito e compromisso. Rio de Janeiro: GZ Editora, 2018, p. 222.

[115] Defendendo a sobrevida do processo de interdição, *cf.* GONZAGA, Eugênia Augusto. Comentário ao art. 12. *In:* DIAS, Joeson; FERREIRA, Laíssa da Costa; GUGEL, Maria Aparecida; COSTA FILHO, Waldir Macieira da. *Novos comentários à Convenção sobre os Direitos das Pessoas com Deficiência.* Brasília: SDH-PR/SNPD, 2014, p. 86-89.

Em decisão recente, o STJ[116] esclareceu que, diferentemente do que ocorre com a guarda compartilhada de filhos, que é obrigatória, na forma do art. 1.584 do CC (salvo se um dos genitores declarar ao magistrado que não deseja a guarda do infante), a adoção da curatela compartilhada de pessoa interdita não o é ao juízo, ainda que haja pedido expresso dos interessados, isso porque o art. 1.775-A do CC (introduzido pela LBI) estabelece que "*o juiz poderá estabelecer curatela compartilhada a mais de uma pessoa*" e não que deverá, como defende parte da doutrina, através da aplicação analógica da guarda de filhos. Para decidir sobre tal, deve o magistrado observar outras circunstâncias, como o interesse e a aptidão dos candidatos a exercê-la e a constatação de que a medida é a que melhor resguarda os interesses do curatelado. Isso se deve ao fato de que, de acordo com o princípio do melhor interesse, o incapaz deve ter seus direitos tratados com prioridade pelo Estado, pela sociedade e pela família, tanto na elaboração quanto na aplicação das normas jurídicas.

Também decidiu nossa Corte Cidadã que, apesar de o CPC atual ter dispensado a hipoteca legal no processo de interdição (especificação de imóvel de curador que será hipotecado como garantia do patrimônio do curatelado a ser administrado por ele), o juiz pode determinar a prestação de qualquer garantia ao curador, incluindo a própria hipoteca[117].

É por isso que a LBI[118], regulamentando a Convenção de Nova Iorque, teve que alterar as disposições do CC e reiterar, nos arts. 6º e 84, que a deficiência, seja ela qual for e por si só, não afeta a plena capacidade civil da pessoa, que deve ser entendida em igualdade com os demais indivíduos.

Portanto, o momento é de se despir de preconceitos e ideias ultrapassadas e acreditar no novo[119].

Oscar Wilde advertia que se fala muito na beleza da certeza, como se não tomasse conhecimento da sutil beleza da dúvida. Acreditar é muito monótono, duvidar é profundamente apaixonante. Manter-se alerta: eis a vida. Jazer na tranquilidade: eis a morte[120].

Isso já aconteceu em outros temas também tabus: a união concubinária, há certo tempo, era tida e havida como indecente e ilegal, assim como a união homoafetiva, e hoje já contam com respaldo constitucional de sua legalidade e social (apesar de algum preconceito ainda existente, mas que terá de ser superada). Bem marcante a situação da mulher casada que só veio a adquirir sua independência e autonomia em 1962, através do Estatuto da Mulher Casada (Lei 4.121), quando se alteraram os dispositivos do CC que as considerava relativamente incapaz (art. 6º). Para os dias atuais, isto é inconcebível.

Também é sob o novo olhar interpretativo *pro homine* e da "primazia da norma mais favorável ao indivíduo" que se deve encarar as alegações de que com a LBI prejudicou-se a pessoa com deficiência, porque contra ela passou a correr a prescrição (art. 198 do CC). E o dever de preservação de sua dignidade e sua proteção integral, espalhados por toda a Convenção de Nova Iorque, não neutralizam essa previsão legal geral?

Muita celeuma ainda surgirá e precisaremos aguardar a manifestação dos nossos Tribunais Superiores. Por ora, a bola está nas mãos dos intérpretes, que somos todos nós e que devemos dar ao texto legal seu sentido mais jurídico e justo.

---

[116] O número do processo não foi divulgado em razão do segredo judicial, mas a notícia consta do portal daquela Corte, de 03.08.2021. Também, sobre a curatela, seu alcance e finalidade, consultar o REsp 1.927.423/SP, *DJe* 04.5.2021.

[117] O número do processo não foi divulgado, por se tratar de segredo judicial, mas pode ser localizado no sitio eletrônico do tribunal sob essas rubricas de interdição e prestação de garantia.

[118] Reconhecendo a importância de se observar a Convenção de Nova Iorque, conferir STF: ADI 2649/DF, Pleno, Rel. Min. Cármen Lúcia, j. 08.05.2008, *DJe* 17.10.2008; RE 440028, 1ª T., Rel. Min. Marco Aurélio, j. 29.10.2013, *DJe* 26.11.2013 e ARE 860.979 AgR/DF, 2ª T., Rel. Min. Gilmar Mendes, j. 14.04.2015 *DJe* 06.05.2015.

[119] Nesse sentido, e criticando que o Brasil ainda tenha legislação restritiva da plena capacidade, ver o Relatório do Comitê de Acompanhamento da Convenção. Disponível em: http://www2.camara.leg.br/atividade-legislativa/comissoes/comissoes-permanente/cpd/documentos/relatorio-do-comite-da-onu-sobre-os-direitos-das-pessoas-com-deficiencia-traduzido-em-portugues.

[120] Passagem lembrada por Cassio Scarpinella Bueno, na nota prévia no seu *Novo Código de Processo Civil Anotado*. São Paulo: Saraiva, 2015, ao anotar sobre as mudanças do CPC.

Esse aspecto está sendo objeto de projeto de lei em tramitação no Senado Federal[121]. As demais alterações seguem no quadro comparativo abaixo:

Redação Anterior (CC de 2002)	Redação Atual (CC de 2002)
Sem correspondência.	Art. 228. (...) § 2º A pessoa com deficiência poderá testemunhar em igualdade de condições com as demais pessoas, sendo-lhe assegurados todos os recursos de tecnologia assistiva.
Art. 1.518. Até à celebração do casamento podem os pais, tutores ou curadores revogar a autorização.	Art. 1.518. Até a celebração do casamento podem os pais ou tutores revogar a autorização.
Sem correspondência.	Art. 1.550. (...) § 2º A pessoa com deficiência mental ou intelectual em idade núbia [núbil] poderá contrair matrimônio, expressando sua vontade diretamente ou por meio de seu responsável ou curador.
Art. 1.548. É nulo o casamento contraído: I - pelo enfermo mental sem o necessário discernimento para os atos da vida civil.	Revogado.
Art. 1.557. (...) III - a ignorância, anterior ao casamento, de defeito físico irremediável, ou de moléstia grave e transmissível, pelo contágio ou herança, capaz de pôr em risco a saúde do outro cônjuge ou de sua descendência; IV - a ignorância, anterior ao casamento, de doença mental grave que, por sua natureza, torne insuportável a vida em comum ao cônjuge enganado.	Art. 1.557. (...) III - a ignorância, anterior ao casamento, de defeito físico irremediável que não caracterize deficiência ou de moléstia grave e transmissível, por contágio ou por herança, capaz de pôr em risco a saúde do outro cônjuge ou de sua descendência; IV - Revogado.
Art. 1.767. (...) I - aqueles que, por enfermidade ou deficiência mental, não tiverem o necessário discernimento para os atos da vida civil; II - aqueles que, por outra causa duradoura, não puderem exprimir a sua vontade; III - os deficientes mentais, os ébrios habituais e os viciados em tóxicos; IV - os excepcionais sem completo desenvolvimento mental;	Art. 1.767. (...) I - aqueles que, por causa transitória ou permanente, não puderem exprimir sua vontade; II - Revogado. III - os ébrios habituais e os viciados em tóxico; IV - Revogado. V - os pródigos.
Sem correspondência.	Art. 1.775-A. Na nomeação de curador para a pessoa com deficiência, o juiz poderá estabelecer curatela compartilhada a mais de uma pessoa.
Art. 1.777. Os interditos referidos nos incisos I, III e IV do art. 1.767 serão recolhidos em estabelecimentos adequados, quando não se adaptarem ao convívio doméstico.	Art. 1.777. As pessoas referidas no inciso I do art. 1.767 receberão todo o apoio necessário para ter preservado o direito à convivência familiar e comunitária, sendo evitado o seu recolhimento em estabelecimento que os afaste desse convívio.

121 PL do Senado 757/2015, que altera o CC, a LBI e o CPC na parte da capacidade legal. Foi remetido à Câmara Federal e passou a ter o número 11091/18, ainda em tramitação.

Importante

A LBI também alterou os arts. 1.768, 1.769 e 1.772 do CC, que tratam do processo judicial de interdição, mas estes artigos foram revogados pelo art. 1.072 do CPC, porque ele passou a cuidar do instituto da "interdição" nos arts. 747 a 763. Logo, não há mais previsão expressa no CC sobre o procedimento de interdição.

Mantiveram-se as alterações feitas pela LBI ao CC: arts. 1.775-A e 1.777, conforme se observa do quadro comparativo acima.

Chamamos a atenção para a nova redação do art. 1.777, que afasta a preferência até então existente pela institucionalização da pessoa submetida à curatela (art. 1.767, I), determinando que se busque preservar a convivência familiar e comunitária, a partir da nova política antimanicomial (Lei 10.216/2001), tratada em capítulo próprio.

Além das inúmeras alterações feitas pela LBI ao CC, ela também trata da **capacidade legal** nos **arts. 84 a 87**, que resguardam os direitos e garantias previstos na Convenção, representando mudança do paradigma anterior, especialmente em relação às pessoas com deficiência intelectual, de interdição total, para prestigiar a curatela como medida protetiva e na dimensão do necessário, para resguardo dos interesses e vontade da pessoa curatelada.

Pelas novas disposições:

a) assegura-se à pessoa com deficiência (seja qual for) a igualdade no exercício de sua capacidade legal (art. 84);

b) faculta-se à pessoa com deficiência adotar o processo de tomada de decisão apoiada, de que trataremos abaixo (art. 84, § 2º);

c) a curatela é medida protetiva extraordinária, proporcional à sua necessidade (o menos restritiva possível da autonomia da pessoa) e com a menor duração possível (art. 84, § 3º);

d) a curatela só deve abranger atos relacionados aos direitos patrimoniais e negociais da pessoa com deficiência, não alcançando o direito ao próprio corpo, à sexualidade, ao matrimônio, à privacidade, à educação, saúde, ao trabalho e voto (art. 85 e seu § 1º);

e) a sentença de curatela deve estabelecer sua delimitação e se tratar-se de pessoa institucionalizada, a curatela deve recair, preferencialmente, em alguém que tenha vínculo familiar, afetivo ou comunitário com o curatelado (art. 85, §§ 2º e 3º).

Ainda como forma de garantir a excepcionalidade da curatela, o art. 86 da LBI proíbe que se exija a situação de curatela da pessoa com deficiência para emissão de documentos oficiais (p. ex., título eleitoral).

3.6.2 Tomada de decisão apoiada

Instituto novo é a **"tomada de decisão apoiada"**, incorporado pelo art. 116 da LBI e que está disciplinado no art. 1.783-A e seus onze parágrafos do Código Civil[122].

De inspiração tanto na Convenção da ONU sobre os direitos da pessoa com deficiência[123] como na figura do *amministratore di sostegno* (administrador de apoio), do Código Civil italiano (arts. 404 a 413), **a tomada de decisão apoiada está diretamente relacionada**:

---

[122] Como define o CC: "*Art. 1783-A. A tomada de decisão apoiada é o processo pelo qual a pessoa com deficiência elege pelo menos 2 (duas) pessoas idôneas, com as quais mantenha vínculos e que gozem de sua confiança, para prestar-lhe apoio na tomada de decisão sobre atos da vida civil, fornecendo-lhes os elementos e informações necessários para que possa exercer sua capacidade*".

[123] "*Art. 12.3: Os Estados Partes tomarão medidas apropriadas para prover o acesso de pessoas com deficiência ao apoio que necessitarem no exercício de sua capacidade legal.*"

a) ao ideal de igualdade (material, formal e real, *i.e.*, reconhecimento de identidades, como critérios de gênero, orientação sexual, idade, etnia, compleição física e outros);

b) ao direito à diferença e à equiparação de oportunidade consagrados na proteção das pessoas com deficiência e sua inclusão social; e

c) à acessibilidade dos serviços, informações e comunicação.

Afasta-se dos modelos protetivos tradicionais (curatela e tutela), não tendo aplicação aos menores de dezoito anos (não emancipados), que têm ao seu alcance a autoridade parental e a tutela.

É um instituto que vem para auxiliar na compreensão do direito das pessoas com deficiência de tomarem suas decisões de vida, com possibilidade de acertos e erros, desde que a elas sejam disponibilizados os apoios de que necessita. Sempre deve ser buscada a melhor interpretação de sua vontade e preferência, para não as submeter àquilo que terceiros acham ser a sua preferência.

Como adverte Joyceane Bezerra de Menezes, "coloca-se como alternativa intermediária para aquelas pessoas que estão situadas entre as que ostentam a integral aptidão para o exercício autônomo e independente da vida civil e aquelas que carecem da curatela pelo fato de não possuírem o discernimento necessário à compreensão e avaliação das coisas e circunstâncias que lhes cercam com bom senso e clareza"[124].

Na tomada de decisão apoiada o beneficiário (denominado "**pessoa apoiada**") conservará sua capacidade de fato e em alguns casos definidos contará com a participação e colaboração de "**apoiadores**" por ela eleitos, sendo que a decisão tomada pela pessoa apoiada terá validade e efeitos perante terceiros, sem restrição, quando inserida nos limites do apoio acordado (§ 4º do art. 1.783-A).

Aplica-se em favor de pessoa com **qualquer tipo de deficiência** (física, sensorial, intelectual[125] ou múltipla).

Cuida-se de figura bem mais elástica que a curatela e tem o mérito de afastar o estigma da incapacidade que ronda esta última.

Serve para aquelas pessoas com deficiência que se sintam impedidas, de qualquer modo, de praticar atos cotidianos da vida civil e requerem um apoio, p. ex., um cego – deficiência sensorial – que, para facilitar as coisas, se socorre de apoiadores para lidar com suas questões financeiras, ou pessoa com deficiência intelectual que não tenha grau de comprometimento compatível com uma curatela (e que nesse caso será considerada relativamente incapaz)[126-127].

---

[124] Tomada de decisão apoiada: instrumento de apoio ao exercício da capacidade civil da pessoa com deficiência instituído pela Lei Brasileira de Inclusão (Lei n. 13.146/2015). *Revista Brasileira de Direito Civil*, Belo Horizonte, v. 9, n. 3, jul.-set. 2016. p. 44. Disponível em: https://rbdcivil.ibdcivil.org.br/rbdc/article/view/53. Acesso em: 1° dez. 2019).

[125] Também admitindo a legitimidade para a pessoa com deficiência intelectual, ainda que grave, mas que de algum modo possa exprimir a vontade, consultar Ana Cláudia M. de Figueiredo e Eugenia Augusto Gonzaga, Pessoa com deficiência e seu direito fundamental à capacidade civil, Ministério Público, sociedade e a Lei Brasileira de Inclusão da Pessoa com Deficiência, p. 98.

[126] Como adverte Nelson Rosenvald: "*Aliás, a tomada de decisão apoiada ultrapassa amplamente o âmbito do revogado art. 1.780 do Código Civil, pois atrai para o seu centro gravitacional não apenas as pessoas com deficiência física ou sensorial, porém, preferencialmente aquelas com deficiência psíquica ou intelectual que tenham limitações na sua aptidão de se expressar e fazer-se compreender. Ao contrário das pessoas objetivamente impossibilitadas de se autogovernar – que serão interditadas e se converterão em relativamente incapazes –, os sujeitos que sofram restrições no autogoverno preservarão a capacidade plena e terão nos apoiadores a garantia da promoção de sua autonomia*" (*A tomada de decisão apoiada*: primeiras linhas sobre um novo modelo jurídico promocional da pessoa com deficiência, p. 9. Disponível em: http://www.ibdfam.org.br/assets/upload/anais/253.pdf. Acesso em: 1° set. 2019).

[127] Para Joyceane Bezerra de Menezes: "*Embora a sua previsão no Código Civil seja derivada da alteração promovida pelo Estatuto da Pessoa com Deficiência, a tomada de decisão apoiada pode ser utilizada por qualquer pessoa maior que sinta a necessidade de apoio para o exercício de sua capacidade legal, tais como: idosos, drogaditos ou alcóolicos, pessoas que tenham dificuldade para locomoção, limitadas por sequelas de acidente vascular cerebral ou aquelas que estão nas fases iniciais de doença de Alzheimer, além daquelas que têm alguma deficiência física, psíquica ou intelectual*" (MENEZES, Joyceane Bezerra de. Tomada de decisão apoiada: instrumento de apoio ao exercício da capacidade civil da pessoa com deficiência instituído pela lei brasileira de

Deve ser definida em **processo judicial** de jurisdição voluntária[128], de competência de uma vara de família, de iniciativa da pessoa a ser apoiada, que indicará as pessoas apoiadoras (pelo menos duas), idôneas e de sua confiança, no qual haverá intervenção do Ministério Público, como "fiscal da ordem jurídica" (nova denominação do atual CPC – art. 179).

A legitimidade ativa do interessado e sua indicação dos apoiadores reforça o propósito emancipatório do instituto.

Nada obstante, para parte da doutrina, como essa medida é protetiva à pessoa com deficiência e partindo da premissa de que "quem pode o mais, pode o menos", a legitimidade para postulá-la deve ser ampliada, valendo-se do rol previsto para a curatela. Nesse sentido, Nelson Rosenvald e Cristiano Chaves[129].

Entretanto, na VIII Jornada de Direito Civil STJ/CJF (2018), foi aprovado o enunciado 639 que dispõe: *"A opção pela tomada de decisão apoiada é de legitimidade exclusiva da pessoa com deficiência. A pessoa que requer o apoio pode manifestar, antecipadamente, sua vontade de que um ou ambos os apoiadores se tornem, em caso de curatela, seus curadores"*.

O STJ, no julgamento do REsp 1795395/MT, Rel. Min. Nancy Andrighi, *DJe* 06.05.2021, afirmou a impossibilidade de instituição da tomada de decisão apoiada de ofício pelo magistrado, sendo de legitimidade exclusiva da pessoa com deficiência.

Em outro julgamento, mantido em segredo de justiça[130], o STJ reafirmou a necessidade de apurar a vontade da pessoa com deficiência para postular a TDA (tomada de decisão apoiada). Nesse caso concreto em que se pretendia a substituição da curatela pela tomada de decisão apoiada também se decidiu que, para o levantamento da interdição e da curatela, substituindo-se por uma tomada de decisão apoiada, deve haver o desaparecimento ou a mitigação das circunstâncias que justificaram a medida inicial. Explicou-se que o encerramento da curatela, quando provado o fim da causa que a determinou, pode levar ao reconhecimento de que a pessoa está novamente apta a praticar quaisquer atos da vida civil; ou, se houver melhora significativa do quadro clínico, pode levar à adoção de uma medida menos gravosa do que a interdição, como a TDA (art. 1.783-A do Código Civil).

Para formular o pedido, a pessoa com deficiência e os apoiadores devem apresentar termo onde indicarão os limites do apoio a ser oferecido e os compromissos dos apoiadores de respeito à vontade e aos direitos e interesses da pessoa a ser apoiada, assim como o prazo de vigência do acordo, que não foi delimitado no texto legal, deixando a dúvida se pode ser indeterminado (§ 1º do art. 1.783-A)[131].

Os **apoiadores**, pela tarefa que desempenharão, **deverão estar no pleno gozo de sua capacidade civil**. Não há previsão para que sejam remunerados, mas o instituto denota afeição à solidariedade, o que afastaria essa possibilidade.

A pessoa apoiada pode pedir ao juiz, a qualquer tempo, o **término do acordo** firmado no processo (§ 9º do art. 1.783-A), que não poderá ser recusado pelo magistrado, assim como poderá o apoiador solicitar a **exclusão** de sua participação do processo de tomada de decisão

inclusão (Lei n. 13.146/2015). *Revista Brasileira de Direito Civil*, Belo Horizonte, v. 9, n. 3, jul.-set. 2016. p. 44. Disponível em: https://rbdcivil.ibdcivil.org.br/rbdc/article/view/53. Acesso em: 1º dez. 2019, p. 17).

128 CPC, art. 719.

129 GAMA, Guilherme Calmon Nogueira da; NUNES, Marina Lacerda. Cuidado e a esfera existencial inclusiva da pessoa com deficiência. *Cuidado e o direito de ser*: respeito e compromisso. Rio de Janeiro: GZ Editora, 2018, p. 218.

130 SEM MELHORA NA SAÚDE DO INTERDITADO, NÃO É POSSÍVEL SUBSTITUIR CURATELA POR TOMADA DE DECISÃO APOIADA. *Superior Tribunal de Justiça*, Notícias, 12 fev. 2025. Disponível em: https://www.stj.jus.br/sites/portalp/Paginas/Comunicacao/Noticias/2025/12022025-Sem-melhora-na-saude-do-interditado--nao-e-possivel-substituir-curatela-por-tomada-de-decisao-apoiada.aspx. Acesso em: 20 maio 2025.

131 Esse pode ser um aspecto de polêmica e, se for seguir o modelo italiano, é possível a indeterminação (*artigo 405, V, 2: "[V]. Il decreto di nomina dell'amministratore di sostegno deve contenere l'indicazione: (...) 2. della durata dell'incarico, che può essere anche a tempo indeterminato"*). Já pelo modelo francês, o prazo deve ser de um ano, prorrogado por mais um (artigo 439, primeira parte do Código Civil francês: "*Artigo 439. Sous peine de caducité, la mesure de sauvagarde de justice ne peut excéder un an, renouvelable une fois dan les condition fixées au quatrième alinéa de l'article 442*").

apoiada, que valerá somente após a manifestação do magistrado (§ 10 do mesmo dispositivo) e deverá prestar contas, à semelhança do curador (art. 1.783-A, § 11, do CC).

A lei determina que em negócios jurídicos que possam trazer risco ou prejuízo relevante, havendo divergência entre as opiniões do apoiado e um dos apoiadores, a questão será levada, p. ex., pelo apoiador dissidente, ao juiz do processo de tomada de decisão que, ouvido o Ministério Público, a solucionará (§ 6º do art. 1.783-A).

Note-se que apenas quando houver a possibilidade de **risco ou prejuízo relevante** é que ocorrerá a intervenção estatal, através das figuras do magistrado e membro do Ministério Público; nas demais, prevalece a vontade do apoiado, em razão da própria natureza do instituto que busca preservar a autonomia da pessoa apoiada. Neste último caso, o apoiador divergente pode consignar sua discordância, para preservar-se de eventual imputação de negligência.

Em todos os atos da vida civil que não estiverem abrangidos pelo acordo do apoio, o seu beneficiário ostentará total capacidade e autodeterminação, mas naqueles outros, o terceiro com quem a pessoa apoiada estiver negociando poderá solicitar que os apoiadores contra-assinem o documento respectivo, evitando o risco de alegação de vício de vontade (§ 5º do art. 1.783-A).

Os apoiadores estão sujeitos à **prestação de contas**, nos limites do apoio dado e naquilo que couber (§ 11), tal qual ocorre na curatela.

Na hipótese de **apoiador desidioso** ou que atente contra os interesses da pessoa apoiada, dispõem os §§ 7º e 8º que a pessoa apoiada ou qualquer outra poderá noticiar tal ocorrência ao Ministério Público (que também pode agir de ofício) ou ao juiz do processo de tomada de decisão apoiada, para que sejam adotadas as providências necessárias à **apuração dos fatos e imposição de responsabilidades** (*v.g.*, os crimes previstos nos arts. 89 e 91 da LBI).

Caso confirmada a denúncia, estabelece o § 8º que "*o juiz destituirá o apoiador e nomeará, ouvida a pessoa apoiada e se for de seu interesse, outra pessoa para a prestação do apoio*".

Nesses casos de destituição do apoiador, embora não previsto, deve ser garantido o **contraditório e a ampla defesa**, tal como ocorre, por similitude, com a destituição do curador (art. 761 do CPC), em razão das consequências que a destituição pode acarretar ao apoiador.

Dentro do propósito deste instituto, de manter a independência e autonomia da pessoa com deficiência, a melhor solução é atribuir a iniciativa de **indicação do substituto** ao próprio **interessado e não ao juiz**, mesmo porque o substituto deve ser alguém de confiança da pessoa apoiada, e não do magistrado.

Caso a pessoa apoiada não queira indicar substituto, parece-nos que este silêncio deve ser interpretado como pedido de extinção do processo de tomada de decisão apoiada, não cabendo ao magistrado impor sua continuação.

Alguns impasses poderão surgir em relação às pessoas com deficiência intelectual, por ser um instituto novo em nosso sistema jurídico, e a participação da doutrina e da jurisprudência será fundamental. A LBI dá algumas dicas nos arts. 84 a 87.

Exemplificamos: (a) essa medida pode ser requerida pela pessoa com deficiência intelectual ao invés da interdição e antes dela? (b) um interdito/curatelado pode, por seu curador, postulá-la? (c) num pedido de levantamento de curatela formulado pelo interdito/curatelado, pode o promotor de justiça postular e o juiz deferir que ao invés do levantamento da curatela o interessado passe pelo processo de tomada de decisão apoiada?

a) Entendemos que, no primeiro caso, sim, a tomada de decisão apoiada poderá ser um substituto para a curatela (esta deve sempre ser excepcional – art. 85, § 2º, da LBI), por não pressupor plena capacidade de exercício de direitos, ser mais ampla – diz com qualquer ato da vida civil (*v.g.*, escolha da melhor escola, período de frequência, se diurno, vespertino ou noturno, a escolha da sexualidade, o direito ao próprio corpo – art. 85, § 1º, da LBI) e atender ao espírito emancipatório dessas pessoas buscado pela Convenção da ONU (art. 19 – vida independente e inclusão na comunidade).

É menos invasiva e prestigia a autonomia da pessoa com deficiência, o seu **empoderamento**, é dizer, o uso do poder pessoal para, com independência, fazer escolhas, tomar decisões e assumir o controle da situação.

Eventual inapropriação da medida proposta diante da situação pessoal do requerente (p. ex., significativo comprometimento da capacidade de entendimento), poderá ser avaliada durante o processo judicial, quando o juiz deverá ouvir o Ministério Público e entrevistar-se com o interessado, se necessário assistido por equipe multidisciplinar (art. 1.783-A, § 3º, do CC).

Todavia, embora idealmente mais adequada, sua utilidade prática deve ser analisada em cada caso concreto.

Em regra, a tomada de decisão apoiada será de grande valia para atos negociais e patrimoniais (p. ex., para movimentações bancárias), embora diga respeito a todo e qualquer ato da vida civil, e, nestes casos, algumas vezes a curatela melhor assistirá e garantirá as necessidades da pessoa com deficiência intelectual num primeiro momento, até que este novo instituto seja mais bem conhecido e aplicado, ganhando a confiança das pessoas com quem o apoiado irá negociar.

Além desse fato, a curatela pode ser deferira a duas pessoas (curatela compartilhada) também idôneas, conforme autoriza o art. 1.175-A, aproximando-se da tomada de decisão apoiada.

Na VIII Jornada de Direito Civil STJ/CJF (2018) foi aprovado o Enunciado 640 que dispõe, de forma mais extrema: *"A tomada de decisão apoiada não é cabível, se a condição da pessoa exigir aplicação da curatela"*.

b) Caso o interessado já esteja sob curatela, entendemos em edições anteriores não existir impedimento, até mesmo como uma etapa preparatória e experimental para a substituição a que nos referimos acima.

Entretanto, melhor analisando, mudamos de pensamento porque não nos parece possível a concomitância dos institutos (tomada de decisão apoiada e curatela), como ocorreria durante a transição, pois a primeira, em concepção, foi criada para evitar a segunda, como regra[132]; são concorrente e não simultâneas. Será possível que o curatelado peça a substituição da curatela pela tomada de decisão apoiada, mas cada uma terá vida distinta (acaba a curatela, inicia a decisão apoiada), e não cumulativamente[133].

c) Por fim, diante de um pedido de levantamento de interdição ou nomeação de curador, não pode o Ministério Público postular, impositivamente, a passagem por um "estágio" de tomada de decisão apoiada, nem o pode determinar o magistrado, porque não há fundamento legal para tanto e isso e afrontaria, diretamente, a autonomia e independência do curatelado.

Não se perca de vista que um **contrato de mandato**, instrumentalizado pela **procuração** (art. 653 do CC), em muitos casos pode suprir muito do que se busca com a tomada de decisão apoiada. Entretanto, não sem risco do mal cumprimento do mandato pelo procurador, com

---

132 Neste sentido, Joyceane Bezerra de Menezes na obra citada, p. 46.

133 Também assim leciona Nelson Rosenvald (*A tomada de decisão apoiada*: primeiras linhas sobre um novo modelo jurídico promocional da pessoa com deficiência. Disponível em: http://www.ibdfam.org.br/assets/upload/anais/253.pdf. Acesso em: 1° set. 2019).

abuso ou desvio de finalidade. Nesse aspecto, a tomada de decisão apoiada traz mais segurança porque sujeita à fiscalização do Ministério Público e do Poder Judiciário.

3.6.3 Direito à dignidade da pessoa humana

Apesar da grande relevância que lhe é atribuída, não se deve trivializar a dignidade da pessoa humana, como se fosse uma "moeda pequena", no dizer da doutrina alemã, não se invocando para solucionar questões de pouca relevância ou que possam ser resolvidas com base em outros preceitos constitucionais ou legais[134].

Toda pessoa tem dignidade, porque possui um valor intrínseco ao seu ser, pelo simples e único fato de ser humano. Na célebre frase de Protágoras: "*O homem é a medida de todas as coisas*".

Na mesma linha é a concepção kantiana de que o homem não é mercadoria, não possuindo um valor de compra ou de troca, assim como possuem as coisas, porque cada ser humano é insubstituível e não tem preço, mas dignidade; o ser humano não pode nunca ser um meio para se alcançar uma finalidade, visto é um fim em si mesmo.

No plano dos direitos humanos, o artigo VI da Declaração Universal dos Direitos Humanos, da ONU (1948), apregoa: "*Toda pessoa tem o direito de ser, em todos os lugares, reconhecida como pessoa perante a lei*".

A CF/1988 exige o respeito à dignidade da pessoa humana, adotando tal princípio sob duplo enfoque: o primeiro, de um direito individual de proteção em face do Estado e dos demais indivíduos; o segundo, como verdadeiro dever de respeitar o outro como a si mesmo.

Outrossim, a dignidade vem sendo entendida como um supraprincípio constitucional que deve iluminar todos os demais princípios e normas de nosso ordenamento jurídico[135].

Enfim, através da dignidade confere-se ao indivíduo a aptidão de possuir direitos e deveres, de ser respeitado por todos os integrantes da sociedade, sendo, portanto, um direito indisponível[136].

Em contrapartida, essa dignidade é atingida sempre que a pessoa concreta (indivíduo) for rebaixada a objeto, a mero instrumento, tratada como uma coisa, seja descaracterizada e desconsiderada como sujeito de direitos.

O preconceito e o menosprezo, que muitos ainda nutrem pelo diferente, fazem com que se dê o devido respeito à dignidade, que perpasse todos os direitos e princípios no âmbito da pessoa com deficiência.

3.6.4 Direito à felicidade

Como consectário do princípio da dignidade da pessoa humana surge o direito à busca da felicidade[137].

---

134 COSTA NETO, João. *Dignidade humana:* visão do Tribunal Constitucional Federal alemão, do STF e do Tribunal Europeu. São Paulo: Saraiva, 2014, p. 112.

135 Assim decidiu o STF, no julgamento do HC 85.237, Rel. Min. Celso de Mello, j. 17.03.2005, ao afirmar, no ponto, que a dignidade da pessoa humana "*representa - considerada a centralidade desse princípio constitucional (CF, art. 1°, III) - significativo vetor interpretativo, verdadeiro valor-fonte que conforma e inspira todo o ordenamento constitucional vigente em nosso País e que traduz, de modo expressivo, um dos fundamentos em que se assenta, entre nós, a ordem republicana e democrática consagrada pelo sistema de direito constitucional positivo*".

136 Assim decidiu o Conselho de Estado, órgão de cúpula da jurisdição administrativa francesa, ao analisar concurso de arremesso de anão, que ficou conhecido como "*decisão 'Morsang-sur-Orge'*" (1995).

137 Análise recente e muito interessante sobre a evolução da ideia de felicidade é encontrada na obra "*Sapiens - Uma breve história da humanidade*", do historiador israelense Yuval Noah Harari. O tema é tratado no capítulo 19: "E eles viveram felizes para sempre". O direito à busca da felicidade também é tratado pelo Min. Celso de Mello, em seu voto (item 17) na ADO 26, que cuidou da criminalização da homofobia e pelo Ministro Luiz Fux, no RE 898060/SC, Tribunal Pleno, j. 21.09.16, que

Esclarece Fábio Comparato *que "A 'busca da felicidade' (...), é a razão de ser desses direitos inerentes à própria condição humana. Uma razão de ser imediatamente aceitável por todos os povos, em todas as épocas e civilizações"*[138]. Ninguém almeja uma vida de infelicidade.

Muito em evidência nas discussões judiciais relativamente à união homoafetiva, **o direito à felicidade** (consagrado na Declaração de Independência americana, de 1776, e na Declaração dos Direitos do Homem e do Cidadão, de 1789), **teve seu reconhecimento pelo STF à pessoa com deficiência, tetraplégica, vítima de um tiro, como um direito fundamental decorrente da dignidade humana**[139].

3.6.5 Direito a uma sociedade justa, solidária, sem preconceitos de qualquer espécie[140], desigualdades e discriminação

As pessoas com deficiência receberam, ao longo do tempo, tratamento que foi da exclusão social total ao atual estágio de inclusão (ainda em evolução), que envolve um processo pelo qual a sociedade se adapta para poder incluir, em seus sistemas sociais, a pessoa com deficiência, enquanto esta, concomitantemente, se prepara para assumir seu papel na sociedade, ideia bem sintetizada pela concepção de "equiparação de oportunidades", que consiste no processo através do qual os diversos sistemas da sociedade e do ambiente, tais como serviços, atividades, informações e documentação, são tornados disponíveis para todos[141].

Durante essa evolução passou-se por períodos de institucionalização (quase sempre por toda a vida) e de integração (a deficiência é tida como um problema da própria pessoa que a possua e por isso cabe unicamente a ela capacitar-se para viver em sociedade tal qual esta se apresenta, sem nada dela ser exigido de mudança).

Essas fases não se sucederam de maneira estanque, sendo que hoje, principalmente em países em desenvolvimento, como é o nosso, ainda se encontram práticas segregacionistas.

A partir dos anos 1980, houve um avanço qualitativo no trato internacional desse tema, especialmente pelas Nações Unidas e suas agências, a Organização Internacional do Trabalho e a Organização Mundial de Saúde, despertando as pessoas com deficiência para uma reivindicação mais vigorosa de seu papel de cidadão, em igualdade de condições com seus pares.

Recentemente, num plano mais global, uma vez não alcançada a meta dos "**Objetivos de Desenvolvimento do Milênio**" (ODM) até 2015, a ONU lançou naquele ano os "**Objetivos de Desenvolvimento Sustentável**" (ODS), consubstanciados em 17 propostas. Chama a atenção o uso da palavra "inclusivo" em muitas delas: educação inclusiva (n. 4), crescimento econômico inclusivo (n. 8), industrialização inclusiva (n. 9), sociedades pacíficas e inclusivas (n. 16), denotando a grande preocupação de se propor **objetivos para todos**.

---

cuidou da paternidade socioafetiva e o reconhecimento do vínculo de filiação concomitante baseado na origem biológica. Leituras recomendadas.

[138] COMPARATO, Fábio Konder. *A afirmação histórica dos direitos humanos*. 7. ed. rev. e atual. São Paulo: Saraiva, 2010, p. 62.

[139] Concluiu o Ministro Relator, Celso de Mello: "*(...).Conclui-se que a realidade da vida tão pulsante na espécie imporia o provimento do recurso, a fim de reconhece ao agravante, que inclusive poderia correr risco de morte, o direito de buscar autonomia existencial, desvinculando-se de um respirador artificial que o mantém ligado a um leito hospitalar depois de meses de estado de coma, implementando-se, com isso, o direito à busca da felicidade, que é um consectário do princípio da dignidade da pessoa humana*" (STF 223-AgR, Rel. para acórdão Min. Celso de Mello, julgamento em 14.04.2008, *Informativo* 502).

[140] Está em voga a utilização do termo "capacitismo", para definir uma atitude preconceituosa e discriminatória que vê a pessoa com deficiência inapta para o trabalho e incapaz de cuidar da própria vida. É dizer, diminui-se e discrimina-se a pessoa com deficiência por conta de uma condição e característica dela que não vai de acordo com a 'corponormatividade', que seria o padrão tido por "normal" para o corpo humano.

[141] Segundo Norberto Bobbio: "o princípio da igualdade de oportunidades, quando elevado a princípio geral, tem como objetivo colocar todos os membros daquela determinada sociedade na condição de participar da competição pela vida, ou pela conquista do que é vitalmente significativo, a partir de posições iguais" (BOBBIO, Norberto. *Igualdade e liberdade*. Trad. Carlos Nelson Coutinho. 4. ed. Rio de Janeiro: Ediouro, 2000, p. 30-31).

O Brasil lançou, em 2011, através do Decreto 7.612, o "Plano Nacional dos Direitos da Pessoa com Deficiência - Viver sem Limites", por meio do qual busca implementar novas iniciativas e intensificar as ações já existentes em prol dos direitos dessas pessoas.

O Supremo Tribunal Federal, no **RMS 32732 AGR/DF, Rel. Min. Celso de Mello**, j. 03.06.2014, assentou a primazia da norma mais favorável como critério que deve reger a interpretação judicial, de forma a tornar mais efetiva a proteção das pessoas e dos grupos vulneráveis, debitando respeito à diversidade humana e à igualdade de oportunidades, vedando-se qualquer ideia de discriminação que comprometa o próprio sentido de igualdade de oportunidade[142].

Nada obstante, em estudo realizado pelo IBGE (Instituto Brasileiro de Geografia e Estatística) sobre pessoa com deficiência e desigualdade social, divulgado em setembro de 2022 e tendo como base de dados a Pesquisa Nacional de Saúde (PNS) de 2019, constatou-se, dentre outros aspectos, que: (a) a maioria das pessoas com dois anos ou mais com algum tipo de deficiência era composta de mulheres e mais pessoas pretas e pardas, na faixa etária de 60 anos ou mais (24,8%); (b) as pessoas com deficiência com 14 anos ou mais tinham menos taxas de participação no mercado de trabalho (23,8%) e de formalização (34,3%) contra 66,3% e 50,9%, respectivamente, entre as pessoas sem deficiência; (c) as pessoas com deficiência recebiam 2/3 do rendimento daquelas sem deficiência; (d) pessoas com deficiência têm menos acesso à internet (68,8%) do que as sem deficiência (86,1%); (e) pessoas com deficiência tinham menor taxa de frequência escolar líquida (86,6%) que as sem deficiência (96,1%); (f) na saúde, também tinham menor acesso a plano de saúde (18%) em relação às sem deficiência (26,7%). Isso demonstra que ainda temos muito o que avançar, na busca pela redução das desigualdades sociais, para atendermos aos objetivos fundamentais de nossa República Federativa preconizados no art. 3º, III, da CF/1988.

É preciso lembrar que a **discriminação** vedada pelo texto constitucional (art. 3º, I e IV) é a **prejudicial**, que busca reduzir direitos e perspectivas de uns em benefício de outros[143], definida como **crime pela LBI** (art. 88) e não a que é positiva, **benigna**, que discrimina para igualar, as denominadas ações afirmativas[144] ou discriminações positivas[145], dentre as quais citamos o sistema de cotas estabelecido para os concursos públicos (art. 37, VIII, da CF/1988).

---

[142] Diz a ementa: "Concurso público. Pessoa portadora de deficiência. Reserva percentual de cargos e empregos públicos (CF, art. 37, VIII). Ocorrência, na espécie, dos requisitos necessários ao reconhecimento do direito vindicado pela recorrente. Atendimento, no caso, da exigência de compatibilidade entre o estado de deficiência e o conteúdo ocupacional ou funcional do cargo público disputado, independentemente de a deficiência produzir dificuldade para o exercício da atividade funcional. Pessoa portadora de necessidades especiais cuja situação de deficiência não a incapacita nem a desqualifica, de modo absoluto, para o exercício das atividades funcionais. Inadmissibilidade da exigência adicional de a situação de deficiência também produzir 'dificuldades para o desempenho das funções do cargo'. Reconhecimento, em favor de pessoa comprovadamente portadora de necessidades especiais, do direito de investidura em cargos públicos, desde que - obtida prévia aprovação em concurso público de provas ou de provas e títulos dentro da reserva percentual a que alude o art. 37, VIII, da Constituição - a deficiência não se revele absolutamente incompatível com as atribuições funcionais inerentes ao cargo ou ao emprego público. Incidência, na espécie, das cláusulas de proteção fundadas na Convenção das Nações Unidas sobre os Direitos das Pessoas com Deficiência. Incorporação desse ato de direito internacional público, com eficácia e hierarquia de norma constitucional (CF, art. 5º, § 3º), ao ordenamento doméstico brasileiro (Decreto n. 6.949/2009). Primazia da norma mais favorável: critério que deve reger a interpretação judicial, em ordem a tornar mais efetiva a proteção das pessoas e dos grupos vulneráveis. Precedentes. Vetores que informam o processo hermenêutico concernente à interpretação/aplicação da Convenção Internacional sobre os Direitos das Pessoas portadoras de deficiência (Artigo 3). Mecanismos compensatórios que concretizam, no plano da atividade estatal, a implementação de ações afirmativas. Necessidade de recompor, pelo respeito à diversidade humana e à igualdade de oportunidades, sempre vedada qualquer ideia de discriminação, o próprio sentido de igualdade inerente às instituições republicanas. Parecer favorável da Procuradoria-Geral da República. Recurso ordinário provido".

[143] A discriminação em razão da deficiência vem definida no § 1º do art. 4º da LBI: "*toda forma de distinção, restrição ou exclusão, por ação ou omissão, que tenha o propósito ou o efeito de prejudicar, impedir ou anular o reconhecimento ou o exercício dos direitos e das liberdades fundamentais, incluindo a recusa de adaptações razoáveis e de fornecimento de tecnologias assistivas*".

[144] Ações afirmativas podem ser definidas como políticas públicas e privadas voltadas à concretização do princípio constitucional da igualdade material e à neutralização dos efeitos da discriminação racial, de gênero, idade, origem nacional e compleição física. Tem um cunho pedagógico e psicológico de transformação cultura e social relevantes, demonstrando a utilidade e necessidade de observância dos princípios do pluralismo e diversidade no convívio humano.

[145] Assim está previsto no art. 5.4 da Convenção da ONU: "*Nos termos da presente Convenção, as medidas específicas que forem necessárias para acelerar ou alcançar a efetiva igualdade das pessoas com deficiência não serão consideradas discriminatórias*".

Os arts. 4º a 8º da LBI estabelecem mecanismos de efetivação da **igualdade** e de **não discriminação**, conceituando esta última (§ 1º do art. 4º), reconhecendo a condição de **especial vulnerabilidade** da criança[146], do adolescente, da mulher[147] e da pessoa idosa com deficiência (parágrafo único do art. 5º), estabelecendo a obrigação de todos (incluindo-se as autoridades do Poder Judiciário no exercício de suas funções) de comunicar à autoridade competente qualquer forma de ameaça ou violação a estes direitos (art. 7º e parágrafo único).

A Lei 13.257/2016, conhecida como **Estatuto da Primeira Infância,** que alcança crianças até seis anos completos (art. 2º), estabelece, no art. 4º, IV, que na fixação de políticas públicas para este segmento social, dentre outras preocupações, deve-se priorizar a "inclusão sem discriminação da criança" onde está inserida aquela com deficiência, reconhecidamente mais vulnerável (art. 5º da LBI).

Na linha do que foi destacado acima pelo STF, é importante ressalvar que estas **medidas afirmativas não podem ser obrigatórias**, sob risco de perderem seu propósito igualitário e de busca da autonomia (art. 4º, § 2º, da LBI).

Preocupada com a efetivação do reconhecimento da pessoa com deficiência como "pessoa", em igualdade de direitos e obrigações, a Convenção de Nova Iorque dispôs, em item específico (art. 8º), sobre a necessidade de os Estados-membros adotarem políticas de conscientização, voltadas a: (a) Conscientizar toda a sociedade, inclusive as famílias, sobre as condições das pessoas com deficiência e fomentar o respeito pelos direitos e pela dignidade das pessoas com deficiência; (b) Combater estereótipos, preconceitos e práticas nocivas em relação a pessoas com deficiência, inclusive aqueles relacionados a sexo e idade, em todas as áreas da vida; (c) Promover a conscientização sobre as capacidades e contribuições das pessoas com deficiência. O mesmo artigo ainda sugere medidas como campanhas de conscientização pública, fomento, no sistema educacional, de atitudes de respeito para com os direitos destas pessoas, incentivo para que as mídias retratem essas pessoas de forma positiva e a promoção de programas de capacitação das pessoas.

Em parte, disso cuida o art. 79, § 1º, da LBI, ao determinar a capacitação dos membros e servidores do Poder Judiciário, do Ministério Público, da Defensoria Pública, dos órgãos de segurança pública e do sistema penitenciário quanto aos direitos das pessoas com deficiência.

3.6.5.1 Sociedade solidária

Ao lado da dignidade e com ela intimamente atrelado, o **princípio da solidariedade** é consagrado no art. 3º da CF/1988, ao dispor que entre os objetivos de nossa República Federativa está a construção de uma sociedade livre, justa e solidária.

Amplamente reconhecido no sistema público de previdência social, o solidarismo é a doutrina moral e social baseada na solidariedade social e na busca pela justiça social, tendo na posição da Igreja Católica um importante marco para seu desenvolvimento, como se pode notar pela encíclica *Rerum Novarum*, do Papa Leão XIII, que enaltece o reconhecimento dos trabalhadores como seres humanos e prega uma maior solidariedade entre os indivíduos.

Para o Direito, integra a terceira dimensão de direitos fundamentais, ao lado dos direitos de liberdade (primeira dimensão) e dos direitos prestacionais (de segunda geração) e está atrelada à ideia de justiça social[148].

---

146 O STJ manteve a aplicação da multa prevista no art. 249 do ECA aos pais desidiosos de criança surda que não recebeu tratamento adequado oferecido pelo poder público desde os dois anos, deixando de desenvolver maiores habilidades dentro do seu potencial, apesar dos genitores terem sido orientados e advertidos sobre tal. Cuida-se de um recurso especial, relatado pelo Min. Villas Bôas Cueva, que não teve o número divulgado em razão do sigilo judicial.

147 A Lei 13.836/2019 altera a Lei Maria da Penha (n. 11.340/2006) para tornar obrigatória a informação sobre a condição de pessoa com deficiência da mulher vítima de agressão doméstica ou familiar e se, da violência sofrida, resultou deficiência ou agravamento dela.

148 Vale lembrar que a "Ordem Social", que tem como objetivo a justiça social, vem prevista no art. 193 da CF/1988, com a seguinte redação, dada pela EC 108/2020: "Art. 193. A ordem social tem como base o primado do trabalho, e como objetivo

Talvez esteja ainda em estágio embrionário em nossa sociedade, porque, como lembra Durkheim[149], a compreensão de solidariedade está diretamente vinculada ao grau de "*consciência coletiva*" de certa sociedade, consciência coletiva esta que pode ser entendida como o conjunto de crenças e dos sentimentos da média dos membros de uma mesma sociedade.

Postas as coisas nestes termos, nos dias atuais podemos afirmar que a **solidariedade** deixou de ser vista como um mero ato de caridade para representar um **sistema de proteção social** a ser praticado pelo Estado e pela sociedade na busca do bem-estar comum e na garantia da dignidade da pessoa humana, de tal modo que no seio social não haja pessoas excluídas nem marginalizadas.

Por este princípio reforça-se o dever da sociedade de **aceitação** do **pluralismo** e da **diversidade social**, com a responsabilidade de os excluídos receberem auxílio e apoio para que seus direitos fundamentais sejam efetivados.

Dessa concepção surge a solidariedade na linha vertical – através da intervenção do Estado – e na linha horizontal, decorrente do auxílio mútuo entre as pessoas, cabendo ao Estado o papel de fiador externo.

Pelo princípio da solidariedade é possível exigir-se que a **interpretação** da **ordem econômica** e dos **direitos sociais** esteja voltada para a consecução do **bem comum**, sendo todos responsáveis, uns pelos outros.

A ideia de solidariedade nos estimula a refletir sobre a tolerância, que foi definida em 1995, pela Conferência Geral da UNESCO (Declaração de Princípios sobre a Tolerância), como "a harmonia na diferença" e como o "sustentáculo dos direitos humanos, do pluralismo (inclusive cultural), da democracia e do Estado de Direito", não significando renúncia às próprias convicções e sim a aceitação e o respeito pela diversidade das pessoas e pela multiculturalidade, tal qual advertiu o Min. Celso de Mello no julgamento da ADO 26, que cuidou da criminalização da homofobia.

3.6.6 Direito à igualdade e à diferença

Como destacamos na introdução, durante longos anos (não muito distantes), prevaleceu a regra do "*eu versus o outro*", o que justificava ter-se o outro como o diferente e dotado de uma menor dignidade e, nesta condição, alvo autorizado de aniquilamento de seus direitos[150].

O reconhecimento do **diferente** foi fundamental para o aprimoramento do **conceito de igualdade**, a partir do momento em que se percebeu que a ideia primeira de **igualdade total** (formal), do ser humano tido e havido como uma abstração era uma ficção e não eliminava as desigualdades sociais, desatendendo aos seus propósitos constitutivos, exigindo que também se reconhecesse o ser humano em sua concretude e suas particularidades.

Essa evolução levou à concepção de **igualdade material** tanto sob a perspectiva que corresponde ao ideal de justiça social e distributiva (**igualdade pautada por critério socioeconômico**) como a que corresponde ao ideal de justiça enquanto reconhecimento de identidades (**igualdade orientada pelos critérios de gênero, orientação sexual, etnia, idade**,

---

o bem-estar e a justiça sociais. Parágrafo único. O Estado exercerá a função de planejamento das políticas sociais, assegurada, na forma da lei, a participação da sociedade nos processos de formulação, de monitoramento, de controle e de avaliação dessas políticas". A disposição do parágrafo único, trazido pela EC 108 é de eficácia limitada, por depender de lei.

149 DURKHEIM, Émile. *Divisão do trabalho*. São Paulo: Martins Fontes, 1999, p. 50-51 e 154.

150 Boaventura de Souza Santos é definitivo ao esclarecer a distinção entre os termos igualdade e diferença: "*temos direito a ser iguais quando nossa diferença nos inferioriza; e temos o direito de ser diferente quando nossa igualdade nos descaracteriza. Daí a necessidade de uma igualdade que reconheça as diferenças e de uma diferença que não produza, alimente ou reproduza as desigualdades*" (SANTOS, Boaventura de Souza (org.). Introdução: para ampliar o cânone do reconhecimento da diferença e da igualdade. *Reconhecer para libertar*: os caminhos do cosmopolitanismo multicultural. Rio de Janeiro: Civilização Brasileira, 2003, p. 429-461.

dentre outros, por alguns denominada **igualdade real**), que guarda direta relação com a evolução dos direitos sociais, que trouxeram a reboque as denominadas "ações afirmativas" de que tratamos alhures.

No julgamento da ADC 41/DF[151], o Relator, Ministro Roberto Barroso, chama a atenção para uma terceira dimensão da igualdade, além da formal e da material, que é a igualdade de reconhecimento.

Afirma que, em relação à igualdade como reconhecimento, esse aspecto identifica a igualdade quanto ao respeito às minorias e ao tratamento da diferença de um modo geral. Significa respeitar as pessoas nas suas diferenças e procurar aproximá-las, igualando as oportunidades.

Tal concepção vem expressa no art. 3.d da Convenção da ONU, nos princípios gerais: "*Os princípios da presente Convenção são: (d) O respeito pela diferença e pela aceitação das pessoas com deficiência como parte da diversidade humana e da humanidade*".

Não se perca de vista a distinção fundamental entre a **diferença** e a **desigualdade**. Nesta última os indivíduos ou grupos humanos estão juridicamente, uns em relação aos outros, em posição de superioridade-inferioridade, o que implica negação da igualdade e da dignidade. A diferença, ao contrário, realça a diversidade humana e deve ser comemorada[152].

3.6.7 Direito à vida

A vida é o bem mais precioso de que dispomos e a base para o gozo de todos os outros direitos. Para garanti-la com a necessária dignidade (uma vida que valha a pena ser vivida), nosso arcabouço legislativo traça uma verdadeira rede protetiva.

A CF/1988 trouxe em vários dispositivos essa pretensão, como, *v.g*, a elevou à condição de direito fundamental (art. 5º), estabeleceu a dignidade da pessoa humana como fundamento da república (art. 1º, III), vedou a pena de morte (salvo em caso de guerra declarada), de trabalho forçado e as penas cruéis (art. 5º, XLVII), assegurou a integridade física do preso (art. 5º, XLIX), estabeleceu o *habeas corpus* (art. 5º, LXVIII), estabeleceu os direitos sociais (arts. 6º e 7º, principalmente) e os sistemas protetivos, como a previdência e assistência social (arts. 193 e s. e 201 e s.), o sistema de saúde (art. 196 e s.), responsabilizou a todos pela preservação do meio ambiente, reconhecido como essencial à sadia qualidade de vida (art. 225), atribuiu à família, à sociedade e ao Estado a proteção da criança, do adolescente e do jovem (art. 227), do idoso (art. 230) e da pessoa com deficiência, nas disposições gerais a todos e também através dos dispositivos específicos inseridos pela Convenção de Nova Iorque.

A Convenção da ONU trata do tema no art. 10.

A LBI dispõe sobre o direito à vida nos arts. 10 a 13. Estabelece que, em caso de emergência ou de calamidade pública, a pessoa com deficiência deve ser considerada vulnerável, merecendo especial proteção (parágrafo único do art. 10).

Também é garantida a autonomia da pessoa com deficiência sobre seu próprio corpo (p. ex., em relação à pesquisa científica) e ao tratamento que lhe será dispensado, salvo em caso de risco de morte e de emergência, proibindo-se, por exemplo, a esterilização compulsória (arts. 11, 12, 13 e 6º, IV, da LBI).

Através da consagração do direito à vida fica bem demonstrada a **indivisibilidade** (mesma proteção jurídica), a **interdependência ou inter-relação** (todos os direitos fundamentais contribuem para a realização da dignidade humana, se complementam e interagem entre si)

---

[151] Esta ação discute a constitucionalidade da Lei 12.990/2014 que reserva a pessoas negras 20% das vagas oferecidas nos concursos públicos para provimento de cargos efetivos e empregos públicos no âmbito da administração pública federal direta e indireta e foi julgada procedente.

[152] COMPARATO, Fábio Konder. *A afirmação histórica dos direitos humanos*. 7. ed. rev. e atual. São Paulo: Saraiva, 2010, p. 302-303.

e a **unidade** (esta unidade faz com que, quando violado um direito, todos os demais ficam vulneráveis e comprometidos) dos **direitos fundamentais** (tal como dos direitos humanos)[153].

3.6.8 Direito à saúde[154]

Desdobramento do direito à vida, o direito à saúde, na atualidade, significa bem mais que a ausência de doença, como era na denominada "era terapêutica" dos anos 1930.

A saúde deve ser entendida como: *"um estado de completo bem-estar físico, mental e social e não somente ausência de afecções e enfermidades"*,[155] tal como afirmado no preâmbulo do documento de constituição da Organização Mundial de Saúde (1948), concepção que se aproxima do sentido original da palavra "saúde", do latim *salute*, que significa salvação, conservação da vida, cura, bem-estar.

Abandona-se a centralidade do indivíduo para se voltar à coletividade, ao meio ambiente e às interações sociais, ou seja, o ser humano não estará saudável sem que o meio onde vive e as pessoas que o cercam também o estejam ou tenham condições de salubridade; de igual forma, a tutela do direito à saúde, como um bem coletivo que é, não pode ficar restrita a um indivíduo.

Para a pessoa com deficiência, ao lado da garantia geral estabelecida na CF/1988 (**arts. 196 a 200 e 227, § 1º, II**) e na Lei 7.853/1989 (**art. 2º, II**), a Convenção da ONU (**art. 25**) buscou estabelecer mecanismos de maiores acessos *à saúde, respeitadas as necessidades especiais das pessoas com deficiência, eliminando-se qualquer forma de discriminação, inclusive na* **contratação de seguro de saúde**[156] **e de vida**[157], o que é corroborado pela Lei 9.656/1998, que regula os planos e seguros de saúde, em seu art. 14.

O art. 8º, IV, da Lei 7.853/1989 **criminaliza** a conduta de "*IV – recusar, retardar ou dificultar internação ou deixar de prestar assistência médico-hospitalar e ambulatorial à pessoa com deficiência*", sendo a **pena agravada** se a vítima for pessoa com deficiência **menor de 18 anos** (§ 1º) ou se o crime for praticado em **atendimento de urgência e emergência** (§ 4º); o § 3º estabelece que incorrerá nas mesma penas quem impedir ou dificultar o ingresso de pessoa com deficiência em planos privados de assistência à saúde, inclusive com cobrança de valores diferenciados[158].

O ECA dá atenção especial à criança e ao adolescente com deficiência no art. 11, §§ 1º e 2º, *e ao recém*-nascido no art. 10, III.

---

[153] Para os direitos humano, essa característica vem apontada na Declaração de Viena, de 1993.

[154] No julgamento perante o STF da ADI 5595, que questiona os arts. 2° e 3° da Emenda Constitucional 86/2015, que altera o chamado orçamento impositivo para a saúde, a ação foi julgada improcedente, por maioria de votos, declarando-se a constitucionalidade dos referidos artigos.

[155] Esse conceito amplo de saúde também é encontrado no art. 3° da Lei Orgânica de Saúde (Lei 8.080/1990): *"Art. 3° Os níveis de saúde expressam a organização social e econômica do País, tendo a saúde como determinantes e condicionantes, entre outros, a alimentação, a moradia, o saneamento básico, o meio ambiente, o trabalho, a renda, a educação, a atividade física, o transporte, o lazer e o acesso aos bens e serviços essenciais".*

[156] A Resolução Normativa 469/2021, da ANS (Agência Nacional de Saúde Suplementar), determina que beneficiários de planos de saúde portadores do Transtorno do Espectro Autista (TEA) passem a ter direito a número ilimitado de sessões com psicólogos, terapeutas ocupacionais e fonoaudiólogos para o tratamento de autismo, o que se soma à cobertura ilimitada que já era assegurada para as sessões com fisioterapeutas. Desse tema também trata a **Resolução Normativa (RN) 539/2022, que ampliou as regras de cobertura assistencial para TEA. A agência também noticiou a obrigatoriedade da cobertura de quaisquer métodos ou técnicas indicados pelo médico para transtornos globais de desenvolvimento. São inúmeros julgados tratando da abrangência de cobertura de plano de saúde para pessoa com autismo**, que não cabem em uma citação de rodapé, embora sejam de fácil consulta no *site* do STJ, para onde remetemos o atento leitor. Trazemos como mera referência os seguintes julgados: REsp 2.043.003 e REsp 1.901.869.

[157] Por conta dessas exigências, no Plano Nacional de Direitos da Pessoa com Deficiência – Viver sem Limite, foi instituída a Rede de Cuidado da Pessoa com Deficiência, no âmbito do SUS (Sistema Único de Saúde).

[158] A União Nacional das Instituições de Autogestão em Saúde ajuizou ADI (7208) no STF contra lei do estado de Mato Grosso que obriga empresas privadas que atuam na prestação direta ou na intermediação de serviços médico-hospitalares a assegurar atendimento integral e adequado às pessoas com deficiência. A tônica da discussão trazida na ação, ainda em fase inicial, é a eventual violação da competência privativa da União para legislar sobre o tema.

A LBI reservou os arts. 18 a 26 para assegurar a **atenção integral** *à saúde*[159], *por intermédio do SUS*[160], incluindo a capacitação continuada dos profissionais que prestarão a assistência.

Essas ações e serviços de saúde pública envolvem, dentre outros cuidados, o acompanhamento pré-natal, no parto e no puerpério, a oferta de órteses, próteses, medicamentos[161], insumos[162] e fórmulas nutricionais, meios auxiliares de locomoção (muletas, cadeiras de roda), bem como atenção sexual e reprodutiva, além de serviços de habilitação e reabilitação, tudo sempre prestado em espaços acessíveis (com eliminação de barreiras físicas, comunicacionais e atitudinais).

Igualmente, previu-se no art. 9º a prioridade de recebimento de atendimento ressalvada, nos serviços de emergência públicos e privados[163], a prioridade definida em protocolos de atendimento médico (§ 2º).

Atenção

O STF, no RE 855.178/SE – Tema 793 –, reconheceu o dever solidário de atendimento à saúde a todos os entes federados, de acordo com o que dispõe o art. 23, II, da CF/1988. Dessa forma, como tratamos com mais vagar no capítulo da saúde, a ação pode ser direcionada a qualquer um dos entes federativos (União, Estados, Distrito Federal e Municípios) ou a todos. Foi fixada a seguinte tese: *"Os entes da federação, em decorrência da competência comum, são solidariamente responsáveis nas demandas prestacionais na área da saúde, e diante dos critérios constitucionais de descentralização e hierarquização, compete à autoridade judicial direcionar o cumprimento conforme as regras de repartição de competências e determinar o ressarcimento a quem suportou o ônus financeiro"*[164].

De igual forma, atribuiu-se ao Poder Público o encargo de custear o atendimento de saúde em **serviços particulares**, quando inexistir disponibilidade da rede pública[165].

---

159 O STF, no julgamento da ADPF 567, ao declarar a constitucionalidade de lei estadual paulista (n. 16.897/2018), que proíbe fogos de artifício barulhentos, chamou a atenção para os malefícios trazidos por esses fogos à pessoa autista (e também a animais), o que justifica a proibição, em atenção à proteção à saúde.

160 O Sistema Único de Saúde (SUS) vem previsto no art. 198 da CF/1988, tendo como diretrizes a descentralização, o atendimento integral e a participação da comunidade (incisos I, II e III do art. 198). No plano infraconstitucional, a matéria vem regulada, basicamente, pela Lei 8.080/1990. O Ministério da Saúde anunciou, em 2023, a inclusão do tratamento para TEA na Política Nacional de Saúde da Pessoa com Deficiência (PNSPD), mediante cuidado multiprofissional. Para uma compreensão mais ampla, ver capítulo próprio nesta obra.

161 *"Pacientes destituídas de recursos financeiros. Direito à vida e à saúde. Fornecimento gratuito de medicamentos. Dever constitucional do Estado (CF, arts. 5º, caput, e 196 – Precedentes)"* (RE AgR 271286/RS, 2ª T., Rel. Min. Celso de Mello, j. 12.9.2000, *DJ* 24.11.2000).

162 Na Suspensão de Tutela Antecipada (STA) 818, ajuizada pela União, o Ministro Ricardo Lewandowski manteve decisão do TRF da 1ª Região, que assegura às pessoas com deficiência o fornecimento de fraldas pelo programa Farmácia Popular, da mesma forma como já é garantido aos idosos, sob o fundamento de que a decisão questionada assegura a dignidade da pessoa humana, preserva a proteção das pessoas com deficiência e a efetividade do direito à saúde.

163 O STF julgou procedente a ADI 7029, Rel. Min. Cármen Lúcia, proposta pela União Nacional das Instituições de Autogestão em Saúde contra a Lei estadual 11.782/2020, do estado da Paraíba, que obriga as operadoras de saúde a assegurar atendimento integral às pessoas com deficiência, conforme prescrição médica. Na ação, a autora alega que os estados não têm competência para legislar sobre direito civil e comercial, pois se trata de matéria reservada à União e que os contratos de planos de saúde estão sujeitos à Lei Federal n. 9.656/1998 e à regulamentação da Agência Nacional de Saúde Suplementar (ANS). Também, afirma ser inconcebível que existam diferenças entre a operadora de saúde e o beneficiário que firma contrato na Paraíba e os que o fazem em outro estado, violando, assim, o princípio da isonomia. No julgamento foi declarada a inconstitucionalidade da lei, porque se trata de matéria de direito civil e concernente à política de seguros, de competência legislativa privativa da União (incisos I e VII do art. 22 da Constituição da República).

164 As regras de repartição de competência administrativa do SUS não devem ser invocadas para alteração do polo, mas tão somente para redirecionar o cumprimento da sentença ou determinar o ressarcimento da entidade federada que suportou o ônus financeiro no lugar do ente público competente. Consoante entendimento pacificado no STJ, "a *ressalva contida na tese firmada no julgamento do Tema 793 pelo Supremo Tribunal Federal, quando estabelece a necessidade de se identificar o ente responsável a partir dos critérios constitucionais de descentralização e hierarquização do SUS, relaciona-se ao cumprimento de sentença e às regras de ressarcimento aplicáveis ao ente público que suportou o ônus financeiro decorrente do provimento jurisdicional que assegurou o direito à saúde.* Entender de maneira diversa seria afastar o caráter solidário da obrigação, o qual foi ratificado no precedente qualificado exarado pela Suprema Corte" (STJ, RE nos EDcl no AgInt no CC 175.234/PR, 1ª S., Rel. Min. Herman Benjamin, *DJe* 15.03.2022).

165 Nesse sentido: *"Não viola legislação federal a decisão judicial que impõe ao Estado o dever de garantir a internação em UTI conforme orientação médica e, inexistindo vaga na rede pública, arcar com os custos da internação em hospital privado"* (STJ, AgRg no AREsp 36394/RJ, 2ª T., Rel. Min. Herman Benjamin, , j. 28.02.12, *DJ* 12.04.2012).

Cuidamos da saúde mental, inclusive da questão antimanicomial, no capítulo do direito à saúde desta obra.

3.6.9 Direito à assistência social

Acesse e assista à aula explicativa sobre este assunto.

> *http://uqr.to/21kuf*

Desde Aristóteles[166] já há uma preocupação em se transformar a pessoa com deficiência em um ator social útil ao invés de mantê-lo preso a programas sociais.

A **assistência social** é um dos tripés da **seguridade social** (art. 194 da CF/1988), ao lado das políticas de **saúde** e **previdência social**.

Consiste, como política pública, num conjunto articulado de ações públicas e da própria sociedade, com vistas a prover a todo aquele em situação de vulnerabilidade social, com renda inferior ao mínimo legal, condições básicas para sua inclusão social e vida digna.

É de acesso universal[167] e **não pressupõe contrapartida contributiva** (como ocorre na previdência social).

Na forma do art. 203 da CF/1988, para as pessoas com deficiência, além da cobertura assistencial geral, objetiva sua **habilitação** e **reabilitação** e a garantia de um **salário mínimo mensal** ("benefício de prestação continuada") àquele que não tiver meios de prover a própria manutenção ou tê-la provida pela família (incisos IV e V)[168]. Essa proteção é ampliada quando se prevê sua incidência em favor de famílias em situação de pobreza ou extrema pobreza, na qual a pessoa com deficiência também pode estar inserida (inciso VI).

De acordo com o art. 204, I, da CF/1988, a gestão das ações de assistência social deve ocorrer na forma de sistema descentralizado e participativo.

A Lei Orgânica da Assistência Social (LOAS – Lei 8.742/1993[169]), alterada pela Lei 12.435/2011, ratifica as disposições constitucionais sobre a descentralização e participação e institui o Sistema Único de Assistência Social (SUAS)[170], que organiza-se pela Proteção Social Básica (PSB), com programas, ações e serviços preventivos (evitar o agravamento da vulnerabilidade social), como é exemplo o BPC, e pela Proteção Social Especial (PSE), de caráter

---

166 O filósofo grego dizia: "é mais fácil ensinar um aleijado a desempenhar uma tarefa útil do que sustentá-*lo como indigente*".

167 Nesse sentido, consultar: STF, RE 587970/SP, Pleno, Rel. Min. Marco Aurélio, j. 20.04.2017, *DJe* 22.09.2017, que discute e afirma o direito à assistência social pelo estrangeiro aqui domiciliado.

168 No âmbito da Convenção sobre os Direitos das Pessoas com Deficiência, a Proteção Social está prevista em seu art. 28, com destaque para a determinação de que os Estados-Partes devem assegurar o acesso de pessoas com deficiência, particularmente mulheres, crianças, idosos com deficiência e suas famílias, a programas de proteção social e de redução da pobreza e a assistência do Estado em relação aos gastos ocasionados pela deficiência, inclusive treinamento adequado, aconselhamento, ajuda financeira e abrigamento.

169 A Lei 13.714/2018 alterou a LOAS para criar a obrigatoriedade da instância coordenadora da Política Nacional de Assistência Social normatizar e padronizar o emprego e a divulgação da identidade visual do SUAS.

170 Sobre o funcionamento dos serviços do SUAS (Sistema Único de Assistência Social), as responsabilidades dos entes federativos (U, E, M, DF), objetivos da política de atendimento do sistema de assistência etc., consultar a Resolução CNAS (Conselho Nacional de Assistência Social) 33 de 12 de dezembro de 2012, que aprova a Norma Operacional Básica do Sistema Único de Assistência Social – *NOB/SUAS/2012*. Sobre a capacitação em recursos humanos – p. ex equipe mínima que cada serviço deve ter, princípios éticos, habilidades necessárias, diretrizes para plana de carreira, plano de capacitação continua etc. –, consultar a Norma Operacional Básica de Recursos Humanos do Sistema Único de Assistência Social – *NOB-RH/SUAS*, aprovada pela Resolução 269, de 13 de dezembro de 2006, do CNAS.

protetivo (quando está na iminência ou já ocorreu a violação de direitos e há necessidade de se resgatar a dignidade e as condições de vida da família ou indivíduo)[171].

3.6.10 Direito à habilitação, reabilitação e à promoção da inclusão social

A **habilitação** deve ser entendida como o direito de obter preparo para o trabalho, lazer, educação, é dizer, treinamento para o ingresso na vida social e para a efetivação da inclusão social. A **reabilitação** consiste em devolver a habilitação àquelas pessoas que a perderam por algum motivo[172].

Ambas visam reduzir a incapacidade e garantir a autonomia e independência funcional, contribuindo para o bem-estar pessoal e a participação social ativa, especialmente através da profissionalização, com vistas a alcançar aquela sociedade justa, solidária e sem discriminação prejudicial propalada e projetada pela CF/1988[173].

Pela relevância neste processo de capacitação, com vistas à autonomia e inclusão social, a LBI determina que os serviços do SUS e SUAS deverão promover ações articuladas para divulgar às pessoas com deficiência e seus familiares quais políticas públicas estão disponíveis (art. 17).

O fornecimento de órtese e prótese não se presta apenas à habilitação ou reabilitação para o **trabalho,** mas sim também para a **habilitação social**, com vistas a garantir uma vida digna[174]. O Decreto 9.345/2018 altera o Regulamento do Fundo de Garantia do Tempo de Serviço - FGTS, aprovado pelo Decreto 99.684/1990, para dispor sobre as normas de movimentação da conta vinculada do FGTS para aquisição de órtese e prótese pelo trabalhador com deficiência.

Vale lembrar que nessa seara são de extrema importância a tecnologia assistiva[175] ou ajuda técnica, que são os produtos, equipamentos, dispositivos, recursos, metodologias, estratégias, práticas e serviços que objetivem promover a funcionalidade, relacionada à atividade e à participação da pessoa com deficiência ou mobilidade reduzida, visando a sua autonomia, independência, qualidade de vida e inclusão social (art. 3º, III, da LBI).

Outra importante figura para fortalecer a integração social e familiar da pessoa com deficiência e evitar a sua institucionalização é o cuidador social de que trata o § 2º do art. 39 da LBI, direcionado àquelas pessoas "em situação de dependência".

Ainda pouco utilizada e, principalmente disponibilizada à população, a figura do cuidador social, no âmbito do SUAS (Sistema Único de Assistência Social) equipara-se ao do atendente pessoal[176], ou seja, alguém (da família ou não, remunerada ou não) que

---

171 De acordo com a Tipificação Nacional de Serviços Socioassistenciais, aprovada pela Resolução CNAS 109/2009, em relação às pessoas com deficiência, na PSB é oferecido o Serviço de Proteção Social Básica no domicílio para pessoas com deficiência e idosas, de abrangência municipal. Na PSE, no parâmetro de média complexidade, é oferecido o Serviço de Proteção Social Especial para Pessoas com Deficiência, Idosas e suas Famílias; no parâmetro de alta complexidade, é oferecido o Serviço de Acolhimento Institucional, na modalidade de Residência inclusiva.

172 De acordo com a Resolução CNAS 34, de 28 de novembro de 2011, a habilitação e a reabilitação da pessoa com deficiência e a promoção de sua integração à vida comunitária, no campo da assistência social, consiste em um processo que envolve um conjunto articulado de ações de diversas políticas no enfrentamento das barreiras implicadas pela deficiência e pelo meio, cabendo à assistência social ofertas próprias para promover o fortalecimento de vínculos familiares e comunitários, assim como a autonomia, a independência, a segurança, o acesso aos direitos e a participação plena e efetiva na sociedade.

173 O direito à habilitação e reabilitação, suas diretrizes e exigências são disciplinados pelos arts. 14 a 17 da LBI.

174 *"O INSS é parte legítima para figurar no polo passivo de demanda cujo escopo seja o fornecimento de órteses e próteses a segurado incapacitado parcial ou totalmente para o trabalho, não apenas quando esses aparelhos médicos sejam necessários à sua habilitação ou reabilitação profissional, mas, também, quando sejam essenciais à habilitação social. Isso porque, em conformidade com o Princípio Fundamental da Dignidade da Pessoa Humana e com os valores sociais buscados pela República Federativa do Brasil, a norma jurídica que exsurge do texto legal (art. 89, parágrafo único, "a", da Lei 8.213/1991) exige que a habilitação e a reabilitação não se resumam ao mercado de trabalho, mas que também abarquem a vida em sociedade com dignidade"* (STJ, REsp 1.528.410/PR, 2ª T., Rel. Min. Herman Benjamin, j. 02.06.2015, *DJe* 12.08.2015).

175 São alguns exemplos: Rampas de acesso a calçadas e a prédios; andadores; lupas manuais ou eletrônicas; softwares ampliadores de tela; aparelhos para surdez e avatares Libras.

176 A LBI ainda prevê a figura do acompanhante (art. 3º, XIV), que é aquele que acompanha a pessoa com deficiência, podendo ou não desempenhar as funções de atendente pessoal; vai estar com a pessoa com deficiência em situações específicas,

apoia a pessoa com deficiência nas atividades de vida diária (art. 3º, XII, da LBI). É dizer, o cuidador social é o profissional que faz as mesmas funções do atendente, mas no SUAS, na assistência social.

Cumpre salientar que essa situação de dependência de que estamos tratando "*não se restringe às situações mais severas de deficiência, mas a qualquer situação na qual seja requerido o apoio de outra pessoa, como os surdos que necessitam de intérprete de libras, os cegos que necessitem de acompanhantes e assim sucessivamente*"[177].

3.6.11 Direito ao Benefício de Prestação Continuada (BPC)

Trata-se de um salário mínimo mensal pago pela União à pessoa com deficiência e ao idoso (que não precisam estar interditados – art. 18 do Decreto 6.214/2007) que não dispuserem de meios de prover sua manutenção ou tê-la provida pela família, reconhecido como um direito fundamental de eficácia plena após o advento da Lei 8.742/1993[178].

Decorre do comando constitucional do art. 203, V, e está previsto no art. 20 da LOAS (Lei 8.742/1993), com alterações impostas pelo art. 105 da LBI e regulamentado pelo Decreto 6.214/2007 (e alterações trazidas pelos Decretos 7.617/2011, 8.805/2016 e 9.462/2018[179]) e integra a proteção social básica no âmbito do SUAS, sendo operacionalizado pelo INSS,[180] com recursos oriundos da União.

Por sua natureza assistencial, tem a **miserabilidade** como justificativa para sua concessão, razão pela qual se definiu, primeiramente, que a renda familiar *per capita* deveria ser inferior a ¼ do salário mínimo (art. 20, § 3º, da LOAS)[181].

O patamar de ¼ do salário mínimo foi recentemente aumentado para ½ salário mínimo, por força de alteração ao § 3º do art. 20 da LOAS introduzida pela Lei 13.981/2020, mas esta alteração está suspensa em razão de liminar concedida pelo Min. Gilmar Mendes na ADPF 662, proposta pela Advocacia Geral da União. Esse aumento foi objeto de impugnação pelo governo federal perante o Tribunal de Contas da União (proc. TC-011.564/2020-2º), que num primeiro momento suspendeu a aplicação da norma e, na sequência, suspendeu a liminar de suspensão, e assim permanece.

Para aumentar a confusão, a Lei 13.982/2020, que basicamente iria tratar de auxílio--emergencial em razão da pandemia do coronavírus, voltou a alterar o § 3º do art. 20 para estabelecer que até 31 de dezembro de 2020 a renda *per capita* deveria ser igual ou inferior a ¼ do salário mínimo.

---

como quando há necessidade dessa última fazer uma perícia médica no INSS e é assegurado o direito de ela permanecer com o acompanhante.

177 Célio Vanderlei Moraes. *Lei Brasileira de Inclusão da Pessoa com Deficiência – Comentada*, p. 139.

178 Neste sentido: STF, RE 214.427 AgR-ED-ED, 2ª T., Rel. Min. Nelson Jobim, j. 21.08.2001.

179 A Medida Provisória 871/2019 criou um Programa Especial para Análise de Benefícios com Indícios de Irregularidade e no seu art. 26 altera o art. 20 da LOAS, que trata do BPC, para dispor que: "*§ 12. São requisitos para a concessão, a manutenção e a revisão do benefício as inscrições no Cadastro de Pessoas Físicas – CPF e no Cadastro Único para Programas Sociais do Governo Federal – Cadastro Único, conforme previsto em regulamento; § 13. O requerimento, a concessão e a revisão do benefício ficam condicionados à autorização do requerente para acesso aos seus dados bancários, nos termos do disposto no inciso V do § 3º do art. 1º da Lei Complementar n. 105, de 10 de janeiro de 2001*".

180 Com a publicação do Decreto 8.805/2016, tornou-se obrigatório, a partir de 6 de novembro de 2016, para o requerimento, a concessão e a revisão bienal do BPC, que as famílias estejam inscritas no Cadastro Único para Programas Sociais do Governo Federal (Cadastro Único) com informações atualizadas. A utilização do Cadastro Único possibilita conhecimento mais aprofundado do perfil socioeconômico das famílias por possuir informações acerca das características da família, do domicílio, da escolaridade, da qualificação profissional, de despesas mensais, entre outras.

181 O art. 4º, VI, do Decreto 6.214/2007 define como se compõe a renda bruta da família e seu § 2º as rendas que são excluídas. O art. 20, § 9º, da LOAS, com a redação dada pela LBI, também exclui o rendimento decorrente de estágio supervisionado e de aprendizagem.

Acrescentou, também, o art. 20-A à LOAS para permitir que esta renda *per capita* provisória de ¼ do salário mínimo seja aumentada para ½ salário mínimo, desde que atendidos os requisitos estabelecidos nos seus quatro parágrafos, em razão da declaração de estado de calamidade pública e de emergência de saúde pública decorrente do coronavírus (posteriormente revogado pela Lei 14.176/2021 de que cuidaremos abaixo).

Esta Lei 13.982/2020 incluiu, ainda, no art. 20 da LOAS os parágrafos 14 e 15 para dispor que o BPC será devido a mais de um membro da família enquanto satisfeitos os requisitos legais e que o recebimento deste benefício ou o benefício previdenciário de valor até um salário mínimo por um idoso ou uma pessoa com deficiência não entra no cálculo da renda *per capita* prevista no § 3º de que estamos tratando, para a concessão a outra pessoa idosa ou com deficiência da mesma família.

Importante

Esse critério foi alterado no julgamento da **Reclamação 4.374/2013**, Rel. Min. Gilmar Mendes[182], que, por maioria de votos, declarou inconstitucional a limitação imposta pelo § 3° do art. 20 da LOAS (nesse sentido: STF, RE 214.427 AgR-ED-ED, Rel. Min. Nelson Jobim, j. 21.08.2001). Nela analisou-se o critério adotado na ADI 1232, ajuizada após a edição da LOAS e que reconheceu a constitucionalidade do aludido § 3° do art. 20, afirmando-se, no julgamento da Reclamação, que houve um processo de **inconstitucionalização** do referido § 3° e uma **omissão** inconstitucional parcial em relação ao deve constitucional de efetivar a norma do art. 203, V, da CF/1988 (ausência de regulamentação de todas as hipóteses de concessão do benefício, limitando-se ao fator renda, que é insuficiente), com a violação do **princípio da proibição de proteção insuficiente**.

Novas mudanças vieram em 2021[183], com a aprovação da Lei 14.176 (decorrente da MP 1.023/2020), que estabelece critério de renda familiar *per capita* para acesso ao benefício de prestação continuada, estipula parâmetros adicionais de caracterização da situação de miserabilidade e de vulnerabilidade social. Lembramos que o art. 6º desta nova Lei prevê 3 datas distintas para entrada em vigor de seus dispositivos, valendo conferi-las antes de aplicar os novos dispositivos.

Dispõe que fará jus ao benefício a pessoa com deficiência com renda *per capita* familiar mensal igual ou inferior a ¼ do salário mínimo (art. 20, § 3º, com a redação atual).

Para valer a partir de janeiro de 2022, também há previsão de situações de excepcionalidade, quando a renda per capita poderá chegar até a ½ salário mínimo, conforme dispuser o regulamento, desde que comprovado o comprometimento da renda com gastos no cuidado com a saúde, o grau da deficiência (a ser aferido pelo IFBRM[184], ainda não aprovado) e a dependência de terceiros para a realização das atividades básicas da vida diária (§ 11-A, do art. 20 e art. 20-B, da LOAS).

Vale lembrar que, como anotamos linhas acima, o STF, na Reclamação 4.374, reconheceu uma omissão inconstitucional parcial na utilização do fator renda, como único critério para avaliação da miserabilidade. A nova lei introduziu dispositivo permitindo sua elevação para até ½ salário mínimo, para situações excepcionais, válido a partir de 2022, conforme dispuser o regulamento, o que não nos parece suficiente para superar o fundamento de inconstitucionalidade adotado no acima citado julgamento.

---

182 Essa Reclamação traz uma verdadeira aula sobre o remédio constitucional da *Reclamação*, destinado a afastar afronta a determinada decisão ou súmula vinculante do STF ou usurpação de sua competência (arts. 102, I, *l*, e 103-A, § 3°, da CF/1988) ou do STJ (art. 105, I, *f*, da CF/1988) e também de tribunais inferiores (como o próprio STF reconheceu a legitimidade desta previsão nas constituições estaduais – p. ex., art. 74, X, da CE/SP e art. 988 do CPC) e todo o histórico jurisprudencial e legal a respeito do critério "renda" para concessão do BPC.

183 Várias são as críticas feitas a esta lei.

184 Instrumento de Funcionalidade Brasileiro Modificado, previsto no §§ 1° e 2°, do art. 2° da LBI e ainda não aprovado. Até a aprovação, a avaliação deve ser feita conforme previsto no art. 40-B da LOAS, acrescentado pela Lei 14.176/2021.

Acompanhando esta tendência, o art. 105 da LBI acrescentou o § 11 ao art. 20 da LOAS para autorizar essa extensão na avaliação da miserabilidade[185].

Agora, o fator renda é um dos critérios (se inferior ao patamar legal, a presunção de miserabilidade é absoluta – *jure et de jure*).

No art. 20 da LOAS, encontram-se as definições de pessoa com deficiência (§ 2º, cuja redação foi atualizada pelo art. 105 da LBI para compatibilizá-la com a Convenção da ONU) e de família[186], para fins de cálculo da renda (§ 1º).

Autoriza-se o recebimento por criança e adolescente – até 16 anos (art. 4º, § 1º, do Anexo ao Decreto 6.214/2007) – e portugueses aqui residentes que preencham os demais requisitos (art. 7º do Anexo ao Decreto 6.214/2007), assim como a mais de um membro da família (art. 19 do mesmo preceito regulamentador)[187].

Por sua natureza assistencial, este benefício não paga 13º salário e, em regra, não é acumulável com outro da Seguridade Social, salvo exceção prevista no dispositivo (§ 4º do art. 20 da LOAS) e no seu regulamento (art. 5º do Anexo ao Decreto 6.214/2007) e o auxílio-inclusão, introduzido pela LBI (art. 94), ainda não regulamentado, nem se transmite a beneficiários do titular.

O acolhimento institucional não veda o seu recebimento (§ 5º do art. 20 da LOAS), e, se cessou por qualquer razão, voltando os motivos que o autorizem, pode ser novamente requerido (art. 21, § 4º). De igual forma, a contratação da pessoa com deficiência como aprendiz não faz cessar a concessão do benefício, limitado pelo prazo de 2 anos o recebimento concomitante (art. 21-A, § 2º)[188].

Por fim, vale anotar que, consoante jurisprudência pacífica do STF, reproduzida no RE 1.086.351/RS, Rel. Min. Gilmar Mendes, *"as normas que regem a concessão de um benefício não podem ser interpretadas de modo a prejudicar os beneficiários"*.

Por envolver orçamento público expressivo para seu pagamento a essa população vulnerável (envolvendo também a pessoa idosa nessas condições), a concessão desse benefício é sempre objeto de alterações, muitas vezes para dificultar sua concessão, o que obriga à leitura sempre atualizada da Lei Orgânica de Assistência Social, especialmente nos artigos relativos a esse benefício (arts. 20 a 21-B, com inúmeras mudanças e acréscimos).

A recente alteração foi trazida pela Lei 15.077/2024, que já é objeto de uma ADI (7782), promovida pela Associação Brasileira de Advogados junto ao STF, na qual apontam que as mudanças no acesso ao benefício criaram barreiras desproporcionais e excludentes, principalmente para a população mais vulnerável. São três os pontos atacados: a obrigatoriedade do cadastro biométrico, a atualização cadastral periódica e a manutenção do modelo biomédico de avaliação da deficiência, focado nas limitações individuais, sem levar em conta fatores sociais e ambientais.

Já a Lei 15.157/2025 alterou o art. 20 da LOAS para acrescentar o § 16, que tem a seguinte redação: "*§ 16. Durante a avaliação da deficiência e do grau de impedimento de que trata o § 2º deste artigo, a perícia médica dos requerentes do benefício de prestação continuada*

---

185 *Art. 20, § 11.* Para concessão do benefício de que trata o *caput deste artigo, poderão ser utilizados outros elementos probatórios da condição de miserabilidade do grupo familiar e da situação de vulnerabilidade, conforme regulamento. A Advocacia-Geral da União editou a Instrução Normativa 04/2014, autorizando a não interposição de recurso ou sua desistência se a decisão judicial que determinou a concessão do benefício tivesse utilizado como fundamento único a comprovação da miserabilidade por outros meios além do disposto no § 3º do art. 20 da LOAS.*

186 O STJ, no julgamento do REsp 1741057, Rel. Min. Napoleão Nunes Maia Filho, j. 11.06.2019, reconheceu o direito de uma mulher com deficiência mental a receber o benefício por entender que, para verificar se a renda mensal da família não ultrapassa o limite legal, devem ser consideradas apenas as pessoas que moram na mesma casa e, na hipótese, a filha da interessada não morava com ela.

187 O STJ, no julgamento de recurso repetitivo REsp 1.355.052/SP (Tema 640) definiu que o benefício recebido por idoso ou deficiente que faça parte do núcleo familiar, não deve ser considerado na aferição da renda *per capita*, em sintonia com o que dispõe o art. 34, parágrafo único, do Estatuto da Pessoa Idosa.

188 Derivação dessa política pública é o "BPC na Escola", que procura garantir a permanência dos usuários do benefício no ambiente escolar, acompanhando as suas atividades escolares.

com síndrome da imunodeficiência adquirida deverá ter a participação de pelo menos 1 (um) médico especialista em infectologia".

Esta Lei ainda alterou o art. 21, também da LOAS, para dispensar de avaliação médico-pericial periódica a pessoa com deficiência beneficiária cujo impedimento seja permanente, irreversível ou irrecuperável, salvo se houver suspeita de fraude ou erro (§ 5º do referido artigo), o que representou uma grande conquista deste segmento social que sempre reclamou da necessidade de revisão nestes casos. Igual dispensa desta revisão, mas em relação às pessoas com deficiência permanente decorrente de síndrome congênita associada à infecção pelo vírus Zika, com impedimento permanente, irreversível e irrecuperável consta do § 6º do referido art. 21, introduzido pela Lei 15.156/2025.

Conforme anotamos no capítulo da pessoa idosa, mas que também se aplica às pessoas com deficiência em razão da identidade de fundamento (*"ubi eadem ratio, ibi idem jus", ou seja, onde houver o mesmo fundamento haverá o mesmo direito*), em razão da natureza assistencial deste benefício e para fazer frente a uma situação de miserabilidade, entendeu a 3ª Turma do STJ, no julgamento do REsp 1.834.231/MG, Rel. Min. Nancy Andrighi, j. 15.12.2020, por manter a decisão do TJMG que impediu uma instituição financeira, credora em dois empréstimos, de descontar mais do que 30% do BPC depositado na conta-corrente do idoso, apesar do argumento deduzido pela financeira de que o ato foi voluntário.

No julgamento, a Min. Nancy Andrighi lembrou que o BPC não é remuneração ou verba salarial, mas uma renda transferida pelo Estado ao beneficiário, de modo a lhe assegurar um mínimo de dignidade, condições de sobrevivência e enfrentamento da miséria. Bem por isso, sua autonomia da vontade é reduzida porque o benefício é direcionado à satisfação de necessidades vitais, diferentemente das verbas salariais que permitem ao trabalhador uma maior margem de utilização, p. ex. com lazer.

Nota-se que foi feito um ***distinguishing***[189] entre o REsp 1.555.722/SP (onde a Corte reconheceu a licitude do desconto, em conta utilizada para o recebimento de salário, das prestações de empréstimos livremente pactuadas) e o presente caso, porque a limitação dos descontos definida relativamente ao BPC não ocorre como analogia da hipótese da consignação em folha de pagamentos, mas, sim, como necessária ponderação entre o princípio da autonomia da vontade privada e o princípio da dignidade da pessoa humana.

Em sentido diverso decidiu o STF (ADI 7223), Rel. Min. Nunes Marques, autorizando a modalidade do crédito consignado para, dentre outros, aqueles que recebem o BPC, forte no argumento de que a posição de vulnerabilidade desse público-alvo não lhes retira as capacidades de iniciativa e de planejamento próprio, uma vez que o valor existencial de sua dignidade lhes dá liberdade e responsabilidade pelas próprias escolhas. Esse nos parece um raciocínio equivocado, pois o risco de superendividamento é real, comprometendo o orçamento de toda a família, especialmente porque não se trata de remuneração ou salário, mas de transferência de renda estatal para garantia de um mínimo de dignidade e resguardo do mínimo existencial.

3.6.12 Direito à previdência social

A previdência social, um direito social (art. 6º da CF/1988), vem prevista constitucionalmente no art. 201, integra a seguridade social (art. 194 da CF/1988) e é organizada sob a forma de regime geral, de **caráter contributivo e de filiação obrigatória**, para atender a coberturas de doença, invalidez, morte, maternidade, proteção ao trabalhador em situação de desemprego involuntário, salário-família, auxílio-reclusão, pensão por morte.

[189] "Distinguishing" (distinção): Se a questão que deve ser resolvida já conta com um precedente – se é a mesma questão ou se é semelhante, o precedente aplica-se ao caso. O raciocínio é eminentemente analógico. Todavia, se a questão não for idêntica ou não for semelhante, isto é, se existirem particularidades fático-jurídicas não presentes – e por isso não consideradas – no precedente, então é caso de distinguir o caso do precedente, recusando-lhe aplicação.

O § 1º do art. 201 excepciona a regra do tratamento igualitário e, como norma constitucional de eficácia limitada, remete ao legislador ordinário o disciplinamento dos critérios diferenciadores para concessão de aposentadoria especial a pessoas com deficiência dentro do Regime Geral da Previdência Social (RGPS), o que se deu através da Lei Complementar 142/2013 (regulamentada pelo Decreto 8.145/2013)[190].

Essa regra não vale ao **servidor público** das três esferas, porque regulados por sistema previdenciário próprio.

Igual quebra da isonomia de tratamento foi dada pelo art. 40, § 4º, I, da CF/1988, que cuida da aposentação por pessoa com deficiência servidor público.

Como ainda não foi regulamentada por lei complementar, como exige o dispositivo constitucional, o STF admitiu, em julgamento de **Mandado de Injunção**[191], que a eles se apliquem os mesmos critérios definidos na Lei Complementar 142/2013, até que sobrevenha disposição legal específica[192].

De forma desnecessária, diante de sua obviedade, a LBI estabelece que às pessoas com deficiência vinculadas ao RGPS é assegurada a aposentadoria especial de que trata a Lei Complementar 142/2013 (art. 41). Se for funcionário público, valerá a regra própria respectiva.

Embora sem ser tema específico da pessoa com deficiência, registramos que o Supremo Tribunal Federal, no julgamento do RE 1.221.446, com repercussão geral (Tema 1095), declarou a impossibilidade de concessão e extensão do "auxílio-acompanhante" (conhecido como grande aposentadoria) para todas as espécies de aposentadoria, limitando-a, apenas, para a hipótese prevista no art. 45 da Lei 8.213/1991, ou seja, aposentadoria por invalidez que necessite de assistência permanente, O fundamento da decisão foi a necessidade de lei para criar ou ampliar benefícios e vantagens previdenciárias[193].

3.6.13 Direito à moradia

Apesar das anteriores referências existentes no corpo da CF/1988 (p. ex., arts. 5º, XI, 7º, IV, e 23, IX), o direito fundamental à moradia só foi positivado expressamente através da EC 26/2000, não se confundindo com o direito de propriedade.

Até então, já havia um reconhecimento de direito fundamental implícito à moradia, como consequência da proteção à vida e à dignidade humana.

À falta de uma definição do conteúdo desse direito e valendo-se de parâmetros estabelecidos pelo Direito Internacional e pela jurisprudência, podemos designar alguns critérios materiais, como da segurança jurídica da posse, condições estruturais que garantam habitabilidade

---

190 *"Art. 3º É assegurada a concessão de aposentadoria pelo RGPS ao segurado com deficiência, observadas as seguintes condições: I - aos 25 (vinte e cinco) anos de tempo de contribuição, se homem, e 20 (vinte) anos, se mulher, no caso de segurado com deficiência grave; II - aos 29 (vinte e nove) anos de tempo de contribuição, se homem, e 24 (vinte e quatro) anos, se mulher, no caso de segurado com deficiência moderada; III - aos 33 (trinta e três) anos de tempo de contribuição, se homem, e 28 (vinte e oito) anos, se mulher, no caso de segurado com deficiência leve; ou IV - aos 60 (sessenta) anos de idade, se homem, e 55 (cinquenta e cinco) anos de idade, se mulher, independentemente do grau de deficiência, desde que cumprido tempo mínimo de contribuição de 15 (quinze) anos e comprovada a existência de deficiência durante igual período."*

191 STF, MI 3.322 AgR-segundo-ED-ED-AgR/DF, Pleno, Rel. Min. Celso de Mello, j. 10.08.2014, *DJe* 30.10.2014; MI 5126/DF, Rel. Min. Luis Fux, j. 21.05.2013, *DJe* 02.10.2013; MI 4.352/DF, Rel. Min. Gilmar Mendes, *DJe* 09.09.2013. Ainda pende de julgamento final o MI 1613 AGR/DF, que até o momento determina a aplicação, ao caso, do disposto no art. 57 da Lei 8.213/1991 até a entrada em vigor da Lei Complementar 142/2013 para fins de verificação do preenchimento dos requisitos para a aposentadoria especial do servidor portador de deficiência. Após a vigência da LC 142/2013, a referida aferição será feita nos moldes previstos na aludida Lei Complementar. Os MI 6.818/DF e MI 6.988/RR, relatados pelo Min. Marco Aurélio e julgados pelo STF em 13.08.2019 mantiveram o entendimento da aplicação das normas constantes da Lei Complementar 142/2013.

192 Sobre a aposentadoria do servidor público com deficiência, foi editada pelo Poder Executivo federal a Instrução Normativa MPS/SPPS 2/2014.

193 A tese fixada foi: *"No âmbito do Regime Geral de Previdência Social (RGPS), somente lei pode criar ou ampliar benefícios e vantagens previdenciárias, não sendo possível, por ora, a extensão do auxílio da grande invalidez (art. 45 da Lei n. 8.213/91) a todas as espécies de aposentadoria".*

saudável, o acesso a serviços essenciais, mas nunca se perdendo de vista a relação estreita com o princípio da dignidade da pessoa humana e com a garantia de padrões qualitativos mínimos de uma vida saudável.

Um **importante instrumento legal** para a efetivação deste direito é o **Estatuto da Cidade (Lei 10.257/2001)**, cuja principal meta é contribuir para a efetivação das diretrizes constitucionais sobre política urbana.

A partir desses parâmetros, a Convenção da ONU buscou **assegurar** a liberdade de escolha do local de residência, de onde e com quem morar (art. 19, *a*[194]), estimulando o protagonismo social da pessoa com deficiência, no que foi acompanhada pela **LBI, que garante o direito à moradia digna e no seio da família natural ou substituta ou em moradia para a vida independente (art. 31)**. O acolhimento institucional é exceção.

Previu-se a adoção de programas públicos e ações estratégicas para criação e manutenção de moradias para vida independente ou, para aqueles em situação de dependência e com vínculos familiares fragilizados, a modalidade de "residência inclusiva"[195-196], que integra o SUAS (art. 31, §§ 1º e 2º). Estabeleceu-se no **art. 32** que nos programas habitacionais públicos ou com participação de verba pública haja prioridade à pessoa com deficiência para aquisição de imóvel para moradia própria (apenas uma vez), mediante a reserva de, no mínimo, 3% das unidades habitacionais (liberadas às demais pessoas se não houver pessoa com deficiência interessada), com garantia de acessibilidade nas áreas de uso comum e nas unidades do piso térreo (no caso de edifício multifamiliar).

Não podemos nos esquecer que o Brasil vive uma crise habitacional, dentro da qual, infelizmente, fazem parte as políticas públicas relativas às pessoas com deficiência, de modo que muito do que está previsto não irá se concretizar a curto ou médio prazo, mas não deixa de ser um avanço legislativo.

3.6.14 Direito à educação

O direito à educação foi bem definido pelo educador baiano Anísio Teixeira como o **direito dos direitos**, uma vez que "*todos os outros direitos são vãos, se o homem continuar ignorante e desaparelhado para gozá-los ou conquistá-los*"[197].

É de fundamental importância por ser o mais significativo instrumento de justiça social, para corrigir desigualdades, e, exatamente por tal relevância, não cabe em apenas um tópico a sua análise mais aprofundada, tanto que nesta obra mereceu um capítulo específico, além de existirem inúmeros outros materiais doutrinários a respeito do tema.

---

194 Na perspectiva de uma vida independente e participativa na comunidade, a Convenção assegura que: "*a) As pessoas com deficiência possam escolher seu local de residência e onde e com quem morar, em igualdade de oportunidade com as demais pessoas, e que não sejam obrigadas a viver em determinado tipo de moradia*".

195 São destinadas a jovens e adultos com deficiência em situação de dependência e se constituem em uma modalidade de serviço de acolhimento do Sistema Único de Assistência Social - SUAS, organizada em pequenos grupos de até 10 pessoas por residência, cuja acolhida e convivência promovem o desenvolvimento de capacidades adaptativas para as atividades da vida diária, autonomia e participação social. Atua de forma articulada com os demais serviços para garantir a inclusão social dos residentes. Difere da residência terapêutica, cujo público alvo é a pessoa com transtorno mental. Trata das residências inclusivas a Resolução 6/2013 do Conselho Nacional de Assistência Social (CNAS). Consultar, também, as Resoluções CNAS 109/2009 e 13/2014.

196 Ainda sobre a distinção entre esse serviço às pessoas com deficiência e a residência terapêutica, tema que sempre gera alguma confusão, o Ministério Público de São Paulo disponibiliza cartilha explicativa, anotando, na linha acima referida, que a residência inclusiva está voltada a jovens e adultos com deficiência, em situação de dependência, que não disponham de condições de autossustentabilidade ou de retaguarda familiar, enquanto os serviços de residência terapêutica constituem "Dispositivo estratégico no processo de desinstitucionalização de pessoas em sofrimento mental. Caracterizam-se como residências inseridas na comunidade, constituídas para responder às necessidades de moradia de pessoas portadoras de transtornos mentais graves, que, em decorrência do longo histórico de internações psiquiátricas, acabaram apresentando cronificação de seus quadros de saúde mental, sendo excluídas socialmente de seus laços familiares e comunitários. Constituem-se, assim, como uma reparação histórica para com esses indivíduos". Das residências terapêuticas tratamos com um pouco mais de vagar no capítulo da saúde, especialmente sobre a saúde mental.

197 TEIXEIRA, Anísio. *Educação é um direito*. 2. ed. Rio de Janeiro: UFRJ, 1996, p. 129.

E não deveria ser diferente quando pensamos no direito à educação da pessoa com deficiência, ou seja, pela simples condição de pessoa, já lhe deve ser garantido esse direito, em igualdade de condições com as demais pessoas. Infelizmente não é assim, e todas as nuances que envolvem esse tema estão em constantes mudanças, algumas vezes para melhor, outras para pior.

Traçamos a seguir as linhas gerais que podem orientar o estudo desse tema e sugerimos, como complemento, a leitura do *Manual de atuação do Ministério Público em defesa da educação especial na perspectiva da educação inclusiva*, editado pelo Conselho Nacional do Ministério Público, em Brasília, em 2024.

3.6.14.1 Plano internacional

Três documentos internacionais da ONU (e seus organismos internos), dentre outros[198] não tão específicos às pessoas com deficiência, são marcos para a educação para todos, onde incluído o alunado com deficiência:

a) Declaração Mundial sobre Educação para Todos, realizada em Jomtien, na Tailândia, em 1990, focada em obter compromisso mundial de garantir o atendimento às necessidades básicas de aprendizagem a todas as crianças, jovens e adultos, com realce para os negros e as meninas;

b) Declaração de Salamanca de Princípios, Política e Prática para as Necessidades Educacionais Especiais (realizado na Espanha, em 1994), mais direcionada a estabelecer princípios, políticas e prática das necessidades educacionais para uma escola para todos, ou seja, as escolas devem acolher todas as crianças, independentemente de sua condição física, intelectual, social etc.;

c) a Convenção Interamericana para a Eliminação de Todas as Formas de Discriminação contra as Pessoas Portadoras de Deficiência (Convenção da Guatemala, de 1999, promulgada no Brasil pelo Decreto 3.956/2001) que afirma a igualdade das pessoas com deficiência no acesso à educação; e

d) a **Declaração de Incheon**, resultado do **Fórum Mundial de Educação** 2015, em Incheon, na Coreia do Sul, organizado pela UNESCO e outras entidades, no qual adotaram **referida Declaração de Incheon para a Educação 2030**, que estabelece uma nova visão para a educação para os próximos 15 anos e com ela **o Marco de Ação da Educação 2030**, que oferece orientações para a implementação da Educação 2030, documento esse que foi discutido no aludido Fórum Mundial 2015 e que teve seus elementos básicos acordados na Declaração de Incheon.

Mais recentemente, o Brasil aderiu ao Tratado de Marraquexe (ou Marraqueche) que, embora não esteja vocacionado para a educação como um todo, é importante complemento. **Ele vem** "para facilitar o acesso a obras publicadas às pessoas cegas, com deficiência visual ou com outras dificuldades para aceder ao texto impresso", e o objetivo é a elaboração de versões acessíveis a pessoas cegas, com deficiência visual (p. ex., baixa visão) ou outras dificuldades de leitura (p. ex., dislexia), de livros originalmente protegidos por leis de propriedade intelectual.

Seu Decreto regulamentador 10.882/2021 dispõe, dentre outras coisas, sobre quem são os beneficiários do Tratado, define o que é um exemplar em formato acessível, a forma de comprovação da deficiência dos beneficiários, os mecanismos de importação de obras em formato acessível, estabelece que ele deverá ser interpretado com o objetivo de garantir a completa e a efetiva participação e inclusão das pessoas com deficiência na sociedade, em conformidade com as diretrizes constantes na Lei Brasileira de Inclusão (Lei 13.146/2015) e que os direitos e

---

[198] P. ex., Declaração Universal dos Direitos Humanos da ONU, de 1948, art. XXVI.

as obrigações nele previstos não excluem os estabelecidos em outros atos normativos, inclusive em pactos, tratados, convenções e declarações internacionais aprovados e promulgados pelo Congresso Nacional, e serão aplicados da forma mais favorável aos seus beneficiários.

3.6.14.2 *Plano nacional*

Tido e havido como direito fundamental social (art. 6º da CF/1988) de todos[199] ao longo de toda nossa história constitucional, o direito à educação da pessoa com deficiência ganha contornos próprios, decorrentes das peculiaridades ou necessidades educacionais especiais deste segmento do alunado.

Lembra Beatriz Lopes de Oliveira[200] que, logo após a promulgação da Constituição de 1988 e durante algum tempo, o termo "preferencialmente" do art. 208, III, foi interpretado restritivamente, com o entendimento de que seria melhor manter as crianças em escolas especiais, onde conviviam apenas com outras crianças na mesma condição, como forma de protegê-las.

Apesar dos avanços na área de educação, nosso país tem muito a caminhar para alcançar o nível de qualidade do ensino desejado, o que passa, necessariamente, pela implantação da **educação inclusiva**. Infelizmente, o que se vê na atualidade é uma proposta de retrocesso na Política Nacional de Educação Especial, vislumbrando a possibilidade de retorno da escola especial, entre outros pontos negativos.

Esse retrocesso acabou acontecendo com a edição do Decreto 10.502, de 30 de setembro de 2020, revogado posteriormente pelo Decreto 11.370, de 2023, pelo qual a Presidência da República instituiu a Política Nacional de Educação Especial: Equitativa, Inclusiva e com Aprendizado ao Longo da Vida, assunto de que, pela sua relevância, trataremos com mais vagar linhas adiante.

Os dados do Censo Escolar da Educação Básica 2017[201] indicam que o número de matrículas de alunos de 4 a 17 anos com deficiência, transtornos globais do desenvolvimento ou altas habilidades na educação básica cresceu nos últimos anos. Em 2017, 90,9% deles estão em classes comuns.

Todavia, na mesma faixa etária, apenas 40,1% desses alunos de classe comum têm acesso ao AEE (Atendimento Educacional Especializado).

Em 2022, 94,2% dos alunos com deficiência na faixa etária de 4 a 17 anos estavam matriculados em classes comuns. De acordo com o Censo Escolar de 2023, quatro em cada dez crianças e adolescentes de 4 a 17 anos com deficiência, matriculados em classes comuns, têm acesso ao AEE[202], ou seja, o percentual de acesso ao AEE (em torno de 40%) ainda se mantém baixo. Isso demonstra que, apesar do maior afluxo de matrículas desses alunos, ainda não contam com o apoio necessário para permanecerem na escola, de maneira que o percentual alto de frequência na sala comum não significa, ao nosso ver, a prestação de uma educação de qualidade. A educação inclusiva é sinônimo de universalização da educação; processo de reconhecimento e atenção à diversidade humana, no acolhimento de todas as diferenças, tais como étnicas, de gênero, deficiência, religiosa, de orientação sexual, culturais e outras, de acordo com os princípios da educação em direitos humanos. Enfim, **educação inclusiva é educação para todos e todas**.

Um levantamento positivo realizado em julho de 2019 em pesquisa encomendada pelo Instituto Alana aponta que 86% dos entrevistados afirmaram que as escolas ficam melhores

---

199 *Art. 205. A educação, direito de todos e dever do Estado e da família, será promovida e incentivada com a colaboração da sociedade, visando ao pleno desenvolvimento da pessoa, seu preparo para o exercício da cidadania e sua qualificação para o trabalho.*

200 *Manual de Direitos Difusos*, p. 1075.

201 É realizado pelo Instituto Nacional de Estudos e Pesquisas Educacionais Anísio Teixeira (INEP) e pode ser acessado no sítio eletrônico www.inep.gov.br.

202 BRITO, Luan. 10 perguntas e respostas sobre o AEE. *Diversa*, 29 fev. 2024. Disponível em: https://diversa.org.br/noticias/10-perguntas-e-respostas-para-entender-o-atendimento-educacional-especializado-aee/. Acesso em: 12 mar. 2025.

quando incluem alunos com deficiência, sendo que 76% acredita que esses alunos aprendem mais ao lado de crianças sem deficiência e 68% não concordam que essa convivência atrasa o aprendizado dos alunos sem deficiência[203].

De grande interesse para nosso estudo nesta parte, dentro do capítulo reservado pela CF/1988 à educação (arts. 205 a 214), estão as disposições do art. 206, I (*Art. 206. O ensino será ministrado com base nos seguintes princípios: I – igualdade de condições para o acesso e permanência na escola)* e art. 208, III (*Art. 208. O dever do Estado com a educação será efetivado mediante a garantia de: III – atendimento educacional especializado aos portadores de deficiência, preferencialmente na rede regular de ensino)* e seu § 1º *(§ 1º O acesso ao ensino obrigatório e gratuito é direito público subjetivo).*

Completa o arsenal legislativo um grande número de leis, das quais destacamos: Lei de Diretrizes e Bases da Educação Nacional (LDB – Lei 9.394/1996, objeto de várias alterações posteriores, sendo as principais referenciadas no capítulo "Direito Educacional" desta obra), naquilo que não contrarie tanto as disposições da Convenção de Nova Iorque referida linhas abaixo, porque, se assim o fizer, nesse ponto não terá sido recepcionada pela aludida Convenção, que tem *status* de emenda constitucional, como a Lei 13.146/2015 (Estatuto da Pessoa com Deficiência), que trata da educação nos arts. 27 e 30, a Lei 13.005/2014, que aprovou o Plano Nacional de Educação, com duração por 10 anos (esse prazo foi prorrogado para 31 de dezembro de 2025 pela Lei 14.934, de 2024), o Estatuto da Criança e do Adolescente, a Lei 7.853/1989, a LBI (Estatuto da Pessoa com Deficiência – Lei 13.146/2015), mencionada acima, a Lei 11.096/2005 (institui o ProUni), a Lei 12.711/2012, que institui a reserva de vagas para estudantes que tenham cursado integralmente o ensino médio em escolas públicas ou em escolas comunitárias que atuam no âmbito da educação do campo conveniadas com o poder público, por pessoas com deficiência, negras, pardas e indígenas nas instituições federais de ensino, alterada pela Lei 14.723/2023 (cuidamos mais dela na parte da educação desta obra), a Lei 12.764/2012, que institui a Política Nacional de Proteção dos Direitos da Pessoa com Transtorno do Espectro Autista e ostenta disposições sobre o direito à educação (p. ex., arts. 3º, parágrafo único, e 7º).

Merece atenção a Lei 14.880/2024, que, ao mesmo tempo que altera o Marco Legal da Primeira Infância, institui *a Política Nacional de Atendimento Educacional Especializado a Crianças de Zero a Três Anos (Atenção Precoce),* determinando a priorização do atendimento a crianças de 0 a 3 anos que necessitem de atendimento educacional especializado e aos bebês que tenham nascido em condição de risco, como os prematuros, os acometidos por asfixia perinatal ou os que apresentem problemas neurológicos, malformações congênitas, síndromes genéticas, entre outros.

A lei dispõe sobre uma série de medidas que deverão ser adotadas para garantir o atendimento adequado, acessível, inclusivo e prioritário a esse segmento infantil, tais como atendimento em espaço físico e com estrutura e material pedagógico acessíveis e adequados ao trabalho a ser desenvolvido, priorização desses infantes nos programas de visita domiciliar, visando identificar precocemente as necessidades específicas de atenção e promovendo seu desenvolvimento integral. Essa política pública deve ser viabilizada por meio da criação e articulação de serviços multiprofissionais e intersetoriais de atenção precoce para potencializar o processo de desenvolvimento e de aprendizagem dessas crianças de 0 a 3 anos, preferencialmente em cooperação com os serviços de saúde e assistência social.

Portanto, aos alunos com deficiência[204] deve ser garantido o acesso e a permanência (progressão aos níveis mais elevados do ensino, alcançando o superior) na escola regular,

---

203 ALANA. *O que a população brasileira pensa sobre Educação Inclusiva.* Pesquisa Datafolha encomendada pelo Instituto Alana. São Paulo: Alana, 2019.

204 Cuidando da presença de um segundo professor na educação básica da rede pública, em salas com aluno com deficiência, lei de iniciativa parlamentar de Santa Catarina foi apreciada pelo STF no julgamento da ADI 5.786 e este decidiu que "*2. Ao estabelecer a obrigatoriedade de as escolas públicas de educação básica de Santa Catarina manterem a presença de um segundo*

comum, em igualdade de condições com os demais alunos (o que pressupõe a disponibilização de material didático acessível à sua necessidade pela escola), uma vez que se trata de um direito público subjetivo, ou seja, que transcende a esfera individual para alcançar o plano social, comunitário, de interesse de todos, exigível ao Estado e cuja fundamentalidade afasta a avaliação meramente discricionária da Administração Pública no processo de concretização[205], mas contando com serviços de apoio que são complementares ou suplementares e não substitutivos da escola regular e que se consubstanciam no **Atendimento Educacional Especializado (AEE)**[206], serviço assim definido pelo art. 2º da Resolução 4/2009 do Conselho Nacional de Educação/Câmara de Educação Básica:

> *Art. 2º O AEE tem como função complementar ou suplementar a formação do aluno por meio da disponibilização de serviços, recursos de acessibilidade e estratégias que eliminem as barreiras para sua plena participação na sociedade e desenvolvimento de sua aprendizagem. Parágrafo único. Para fins destas Diretrizes, consideram-se recursos de acessibilidade na educação aqueles que asseguram condições de acesso ao currículo dos alunos com deficiência ou mobilidade reduzida, promovendo a utilização dos materiais didáticos e pedagógicos, dos espaços, dos mobiliários e equipamentos, dos sistemas de comunicação e informação, dos transportes e dos demais serviços.*

Ao arcabouço constitucional foi incorporado o art. 24 da Convenção da ONU sobre os Direitos da Pessoa com Deficiência, que em linhas gerais estabelece a obrigatoriedade de organização de um sistema educacional inclusivo, bem como o aprendizado ao longo de toda a vida[207]. E toda a estrutura de uma educação inclusiva é complementada pelos arts. 27 a 30 da LBI.

O parágrafo único do art. 27 da Lei 13.146/2015 (LBI) deriva do ECA (art. 18), que estabelece os cuidados a serem dispensados às crianças e aos adolescentes.

No art. 28, também da LBI, são encontradas disposições que sintetizam aspectos relevantes contidos na Política Nacional de Educação Especial na Perspectiva da Educação Inclusiva (MEC – 2008)[208], na Resolução CNE/CB 4/2009, na Resolução CNE/CB 4/2010 (especialmente arts. 29 e 30) e na Lei 13.005/2014, que instituiu o Plano Nacional de Educação.

Para tanto, o sistema educacional inclusivo conta com instrumentos auxiliares, complementares e suplementares.

Um destes instrumentos é a **educação especial**[209], prevista no art. 58 e seg. da LDB, uma modalidade de ensino que, ao invés de substituir o ensino regular, lhe é complementar ou

professor de turma nas salas de aula que tiverem alunos com diagnóstico de deficiências e transtornos especificados no texto normativo, a lei estadual, de iniciativa parlamentar, viola regra constitucional que determina a iniciativa privativa do Poder Executivo para dispor sobre servidores públicos, seu regime jurídico, provimento de cargos, estabilidade e aposentadoria (CF, art. 61, § 1º, II, c)" (j. 13.09.2019). Divergiu e ficou vencido o Min. Edson Fachin, defendendo que a lei cuida, na verdade, da proteção da pessoa com deficiência e, portanto, de competência comum (arts. 23, II e 24, XIV, da CF/1988).

205 STF, RE 436.996/SP, Rel. Min. Celso de Mello, j. 26.10.2005, *DJ* 03.02.2006; STF, ARE 639337 AgR/SP, 2ª T., Rel. Min. Celso de Mello, j. 23.08.2011.

206 O AEE é um serviço que deve ser ofertado pela escola ao aluno, conforme sua necessidade, mas não é de frequência obrigatória ao aluno. Não irá adaptar o currículo da escola, mas buscará analisar as barreiras porventura existentes para o aluno com deficiência, de forma a tornar mais fácil o aprendizado ao aluno que usa o serviço. Não é serviço especializado em deficiência, mas sim que olha o ambiente educacional e identifica o que é necessário para melhorar o aproveitamento do aluno com deficiência: comunicação, tecnologia, adaptação física. Ele se formaliza mediante um instrumento chamado "plano de AEE", que é definido no art. 9º da Resolução 4/2009 do Conselho Nacional de Educação, e é mencionado no art. 28, VII, da LBI.

207 Esse sistema, na dicção do art. 24 da Convenção, deve garantir que: (a) as pessoas com deficiência não sejam excluídas, em nenhuma fase, do sistema educacional geral sob alegação da deficiência; (b) elas possam ter acesso à educação básica inclusiva, gratuita e de qualidade, em igualdade de oportunidades; (c) sejam promovidas adaptações razoáveis de acordo com as necessidades; (d) estas pessoas recebam o apoio necessário, no âmbito do sistema educacional geral, para facilitar sua efetiva educação e (e) sejam disponibilizadas efetivas medidas individualizadas de apoio em ambientes que maximizem o desenvolvimento acadêmico e social.

208 São objetivos desta Política Nacional: transversalidade da educação especial desde a educação infantil até a educação superior; atendimento educacional especializado; continuidade da escolarização nos níveis mais elevados de ensino; formação de professores para o atendimento educacional especializado e demais profissionais da educação para a inclusão escolar; participação da família e da comunidade; acessibilidade urbanística, arquitetônica, nos mobiliários, equipamentos, nos transportes, na comunicação e informação; e articulação intersetorial na implementação das políticas públicas.

209 Tratam do tema as Diretrizes Nacionais para Educação Especial na Educação Básica (Resolução CNE/CEB 2/2001), o Decreto 6.094/2007, vinculado ao Plano de Desenvolvimento da Educação (PDE) e o Decreto 6.571/2008, que dispõe

suplementar, na medida em que perpassa todos os níveis, etapas e modalidades (da educação infantil ao ensino superior), disponibiliza recursos[210] e serviços, realiza e orienta o AEE[211] nas turmas comuns do ensino regular[212], com vistas a assegurar a inclusão escolar de alunos com deficiência, transtornos, superdotados ou com altas habilidades em referidas turmas comuns[213]. Fica claro que o AEE tem caráter pedagógico, e não clínico (Nota Técnica 4/2014 do MEC/SECADI), tanto que laudo médico não é um documento obrigatório que deva constar do plano do AEE de determinado aluno com deficiência, mesmo porque alunos com o mesmo diagnóstico médico podem ter planos de AEE diferentes, conforme suas necessidades.

Ao lado do AEE e sem com ele se confundir, mas com ele se articulando, também há previsão de disponibilização de um profissional de apoio escolar[214] (arts. 3º, XIII, e 28, XVII,

---

sobe a atendimento educacional especializado e é complementado pela Resolução CNE/CEB 4/2009 e Resolução CNE/CB 4/2010 (arts. 29 e 30). Este último Decreto foi substituído pelo Decreto 7.611/2011 e este, ao tratar do aluno surdo ou com deficiência auditiva, remete ao Decreto 5626/2005, que regulamenta a Lei de Libras (Lei 10.436/2002), Decreto este alterado, parcialmente, pelo Decreto 9.656/2018.

210 O STF reconheceu, no ARE 832.007Ag/SP, 2ª T., Rel. Min. Gilmar Mendes, que a contratação de cuidador para atender ao aluno com deficiência não viola a separação de poderes. De igual forma a obrigatoriedade de contratação de professor especializado em Libras (ARE 860.979-AgR/DF, Rel. Min. Gilmar Mendes, j. 14.04.2015), RE 1.044.531, Rel. Min. Luiz Fux, j. 19.05.2017. No julgamento do ARE 759755 AgR/SP, Rel. Min. Alexandre de Moraes, em que se discutia a possibilidade de o Judiciário obrigar o Estado a contratar professores interlocutores de Língua Brasileira de Sinais (LIBRAS) para assistir alunos com deficiência auditiva matriculados na rede pública de ensino, foi negado provimento ao recurso extraordinário do Estado de São Paulo, para restabelecer o acórdão do TJSP. A jurisprudência estadual vem consagrando a obrigatoriedade das escolas disponibilizarem professor auxiliar ao alunado que dele necessitar (TJSP, Apelação/Reexame Necessário 3002088-19.2013.8.26.0223, Câmara Especial, Rel. Des. Pinheiro Franco; j. 13.10.2014; TJSP, Apelação/Reexame Necessário 0021128-14.2010.8.26.0071, Câmara Especial, Rel. Des. Presidente da Seção de Direito Privado, j. 26.11.2012 e transporte adaptado: TJSP, Apelação/Reexame Necessário 0032360-14.2009.8.26.0053, 4ª Câmara de Direito Público, Rel. Des. Ricardo Feitos, São Paulo, j. 30.07.2012, unânime; TJSP, Apelação 0002684-92.2009.8.26.0191, 13ª Câmara de Direito Público, Rel. Des. Peiretti de Godoy, Poá, j. 25.08.2010, unânime; TJSP, Apelação/Reexame Necessário 0032360-14.2009.8.26.0053, 4ª Câmara de Direito Público, Rel. Des. Ricardo Feitos, São Paulo, j. 30.07.2012, unânime; inclusive intermunicipal: TJSP, AI 2053954-39.2014.8.26.0000, 9ª Câmara de Direito Público, Rel. Oswaldo L. Palu, j. 30.04.2014).

211 O AEE, como forma de auxiliar na formulação da educação especial (procura desenvolver as potencialidades e habilidades do aluno, entender a forma como ele aprende), precisa constar do projeto político pedagógico da escola e deve ser realizado individualmente ou em pequenos grupos, conforme Plano de AEE de cada estudante; pressupõe o contato constante e permanente de seus professores (especializados em educação especial e bons conhecedores de recursos tecnológicos) com o professor regente da sala de aula do aluno por ele (AEE) atendido, repassando a este professor as maneiras como o aluno atendido aprende, quais suas necessidades, p. ex., relativamente ao ambiente educacional, tais como de comunicação alternativa, adequação de materiais didáticos (livros em Braille, letras ampliadas, contraste visual, mapas em relevo, engrossadores de lápis), tecnológicas (p. ex., sintetizadores de voz, teclado com colmeias), de orientação e mobilidade (p. ex., uso de bengala), de adaptação física. Quem ensina o aluno com deficiência é o professor da sala comum e não do AEE; não se trata de bidocência ou coensino. Consiste no atendimento prioritário em salas de recursos multifuncionais da própria escola ou em outra escola de ensino regular (mas também em centros especializados fora da escola), no turno inverso da escolarização, não sendo substitutivo das classes comuns. Consultar, também, a Resolução CNE/CEB 4/2009 e Nota Técnica 24/2013-MEC. Ele não se confunde com o "plano pedagógico individualizado" que a escola tem que ter, contemplando as estratégias pedagógicas que serão aplicadas ao aluno com necessidade educacional especial e permitindo uma avaliação de sua evolução ou não, do acerto ou não das estratégias propostas (adaptação do currículo). Há críticas a esta última estratégia, pois um conteúdo adaptado não atende ao princípio inclusivo que pressupõe preparar uma aula para todos. Significa que a escola está padronizada e precisa adaptar o conteúdo quando chega um aluno que foge do padrão. Esse instrumento desidrata o plano do AEE e é implementado, em regra, quando aquele não está funcionando bem, porque, se há um plano de AEE funcional na escola, não faz sentido precisar de outra ferramenta.

212 Esta definição está na prevista Política Nacional de Educação Especial, na Perspectiva da Educação Inclusiva do MEC, 2008.

213 Estão envolvidas na educação especial a formação de professores para o AEE, participação das famílias e comunidade, acessibilidade arquitetônica, no mobiliário, na comunicação etc.

214 As pesquisadoras do Laboratório de Estudos e Pesquisas em Ensino e Diferença da UNICAMP (*Campi* Campinas, no Estado de São Paulo) Eliane de Souza Ramos, Maria Isabel S. Dias Baptista, Maria Teresa E. Mantoan e Meire Cavalcante fazem uma análise crítica fundamentada a respeito do risco do abuso na utilização desse *profissional de apoio*. Apontam que ele não é professor, nem que se exige formação específica, e que sua presença precisa ser realmente necessária ao aluno e não uma comodidade ao professor ou à escola; pode acabar se tornando uma figura indispensável por agir como único interlocutor do aluno, com isso representando mais um entrave, uma barreira comunicacional entre o aluno apoiado, seu professor regente de sala de aula e colegas de classe e motivo de exclusão escolar. Enaltecem o trabalho executado pelo AEE, que também pode sofrer prejuízo pelos motivos anteriormente referidos. Estendem as preocupações e críticas à presença de profissional de saúde (p. ex., psicólogos, fonoaudiólogos, terapeutas educacionais) também em sala de aula na escola comum (chamadas "escolas-clínicas"), em razão da confusão dos papéis pedagógicos e clínicos (*Profissional de apoio e segundo professor*: da intenção à prática de excluir. Disponível em: https: https://inclusaoja.com.br/2019/10/18/profissional-de-apoio-e-segundo--professor-da-intencao-de-incluir-a-pratica-de-excluir. Acesso em: 10 dez. 2019).

LBI), serviço este que deve ser entendido à luz do conceito de adaptação razoável (art. 3º, VI, da LBI) e que deve ser disponibilizado pelos sistemas de ensino sempre que identificada a necessidade particular do aluno diante das barreiras apresentadas no ambiente escolar, visando à acessibilidade às comunicações e à atenção aos cuidados pessoais de alimentação, higiene e locomoção[215]. Deve, sempre, estar voltado a reforçar e não limitar a autonomia do aluno (art. 28, III, parte final, da LBI). Também disso trata a Lei 12.764/2012, em seu art. 3º, parágrafo único(que, como destacamos anteriormente, dispõe sobre o atendimento à pessoa com espectro autista)[216], e o Decreto 8.368/2014, ao tratar do acompanhante especializado, cujas funções são de eliminação de barreiras de comunicação e interação social do aluno autista. Administrativamente, esse serviço vem detalhado na Nota Técnica 24/2013 – MEC/SECADI/DPEE[217]. **Vale lembrar que as escolas particulares estão proibidas de realizar cobrança extra por esse serviço** (art. 28, § 1º, da LBI, reafirmado no julgamento da ADI 5.357).

A esse respeito, é importante não perder de vista que a necessidade ou não da presença desses profissionais em sala de aula não pode ter como fundamento qualquer indicação médica, pois se cuida de educação. Na concepção social da deficiência, esta última está presente nas barreiras, obstáculos enfrentados pela pessoa para sua participação plena e em igualdade de condições na vida social e, portanto, no ambiente escolar. Destarte, a maior preocupação deve estar voltada aos obstáculos que o aluno com deficiência possa encontrar na escola, dentro das práticas pedagógicas, atitudes dos profissionais de educação, famílias, demais alunos, funcionários, do que nas suas eventuais limitações funcionais; do contrário, estaremos regredindo ao modelo de integração social da pessoa com deficiência.

Esse tema chegou ao STF no ARE 1145501/SP, no qual se discute sobre a possibilidade de o Poder Judiciário determinar que o Poder Executivo contrate professor para atender, individualmente, aluno com deficiência que frequente a rede regular de ensino, nada obstante o estabelecimento de ensino dispor de sala especial[218].

Outro julgamento relevante do STF diz respeito à ADI 7028/AP[219], na qual a Suprema Corte teve oportunidade de analisar lei do Amapá que, ao ver dos ministros da Corte, restringia o conceito

---

[215] A denominação desse profissional varia muito de uma rede de ensino para outra, mas em geral são utilizados "cuidador", "segundo professor", "profissional de apoio", "auxiliar de inclusão", "mediador", "bidocente", "estagiário de inclusão", "codocente" (RAMOS, Eliane de Souza et al. *Profissional de apoio e segundo professor*: da intenção à prática de excluir. Disponível em: https: https://inclusaoja.com.br/2019/10/18/profissional-de-apoio-e-segundo-professor-da-intencao-de-incluir-a-pratica-de-excluir. Acesso em: 10 dez. 2019, p. 2).

[216] Apreciando essa questão, especificamente, ver REsp 1667748/DF, Rel. Min. Herman Benjamin, j. 27.06.2017.

[217] Segundo a Nota Técnica, o serviço destina-se aos estudantes que não realizam as atividades de alimentação, higiene, comunicação ou locomoção com autonomia e independência, possibilitando seu desenvolvimento pessoal e social; justifica-se quando a necessidade específica do estudante não for atendida no contexto geral dos cuidados disponibilizados aos demais estudantes; não é substitutivo à escolarização ou ao atendimento educacional especializado, mas articula-se às atividades da aula comum, da sala de recursos multifuncionais e demais atividades escolares; deve ser periodicamente avaliado pela escola, juntamente com a família, quanto a sua efetividade e necessidade de continuidade.

[218] Segundo o Informativo 922 STF: *"(...) Na origem, o Ministério Público estadual propôs ação civil pública buscando compelir o Estado a contratar professor auxiliar para acompanhar aluno em suas necessidades educacionais diárias e de forma individual, seja na escola onde se encontra (privada), seja em escola estadual para a qual se transferir. A parte agravante sustentou a inviabilidade de contratação de segundo professor para cada aluno que tiver necessidades especiais. Ressaltou que a rede estadual oferece uma sala de atendimento especial para essa finalidade, onde são reunidos alunos com necessidades especiais. Os pais da criança, no entanto, não aceitaram o ingresso do filho nessas salas e postularam que ele estudasse em sala normal com professor específico para auxiliá-lo". O Relator, Ministro Alexandre de Moraes, votou contrariamente à pretensão do Parquet.* A Ministra Rosa Weber abriu divergência, negando provimento ao recurso extraordinário fazendário e pediu vista o Ministro Barroso. Esse acompanhou o voto do Ministro Alexandre de Moraes e pediu vista o Ministro Luiz Fux. O resultado final foi que a Turma, nos termos do voto médio do Ministro Marco Aurélio, deu parcial provimento ao agravo regimental para que o recurso extraordinário tenha regular sequência. O Ministro Alexandre de Moraes, Relator, negava provimento ao agravo, e o Ministro Luís Roberto Barroso lhe dava parcial provimento apenas para determinar que o Estado de São Paulo forneça professor para o atendimento educacional especializado de acordo com as diretrizes do MEC. A Ministra Rosa Weber e o Ministro Luiz Fux davam provimento ao agravo para negar provimento ao recurso extraordinário do Estado de São Paulo. Redigirá o acórdão a Ministra Rosa Weber, nos termos do art. 38, IV, *b*, do RISTF. O acórdão ainda não está disponibilizado.

[219] São as seguintes disposições da Lei 2.151/2017 do Estado do Amapá, de interesse: *"Art. 1º Fica assegurada à pessoa com deficiência física, mental ou sensorial a prioridade de vaga em escola pública, que esteja localizada mais próxima de sua residência.*

de pessoa com deficiência, contrariava disposições da LBI, restringindo o seu conteúdo quanto ao alcance da proteção destinada à pessoa com deficiência, seja com a segregação daqueles com tipo de deficiência específica, seja modificando os critérios de aferição da deficiência ou ainda no que diz respeito à valorização e priorização do ensino inclusivo. Constou ainda do julgamento a referência de que a jurisprudência daquela Corte é firme no sentido de incentivar a educação livre de discriminação (CF/1988, art. 208, III), de modo que não se justifica eximir as escolas, ainda sem preparo, do dever de prestar a educação inclusiva. A tese fixada no julgamento foi: *"É inconstitucional lei estadual que (a) reduza o conceito de pessoas com deficiência previsto na Constituição, na Convenção Internacional sobre os Direitos das Pessoas com Deficiência, de estatura constitucional, e na lei federal de normas gerais; (b) desconsidere, para a aferição da deficiência, a avaliação biopsicossocial por equipe multiprofissional e interdisciplinar prevista pela lei federal; ou (c) exclua o dever de adaptação de unidade escolar para o ensino inclusivo"*.

Não se admite mais a **educação especial** como modalidade de ensino **substitutiva** da educação regular e consagrada em escolas especiais, segregacionistas, em geral criadas e mantidas para atender alunos com deficiência intelectual e sensorial[220].

Deve-se garantir o ensino de Libras (para surdos)[221], do Sistema Braille (para cegos) e de uso de tecnologia assistiva[222] e a acessibilidade para estudantes e trabalhadores da educação às edificações e ambientes e atividades educacionais[223], de todos os tipos e modalidades, públicas e privadas.

Importante inovação foi trazida pela Lei 14.191/2021, que disciplina a educação bilingue para surdos. Ela altera a Lei de Diretrizes e Bases da Educação Nacional e define como educação bilingue de surdos aquela em que a Língua Brasileira de Sinais (Libras) é considerada primeira língua e o português escrito a segunda língua. A oferta dessa modalidade de ensino deverá começar na educação infantil e se estender ao longo da vida estudantil. Consiste numa modalidade de ensino independente, diferentemente do que se previa antes, quando estava incluída como parte da educação especial de que tratamos antes.

Seu principal público-alvo são os estudantes surdos, surdos-cegos, com deficiência auditiva[224] sinalizantes (assim denominados os que utilizam Libras), surdos com altas habilidades ou superdotação ou com outras deficiências associadas e que tenham optado pela modalidade bilíngue. A educação bilíngue será aplicada em escolas bilíngues de surdos, classes bilíngues de surdos, escolas comuns ou em polos de educação bilíngue de surdos. Não é modalidade a ser seguida obrigatoriamente pelo surdo, surdocego etc. e, sim, mais uma opção, uma vez que não há impedimento de que esse aluno faça matrícula em escolas e classes regulares de acordo

---

(...) § 4º Consideram-se deficiências, para efeitos desta Lei, todas aquelas classificadas pela Organização Mundial da Saúde e que necessitam de assistência especial, decorrentes de problemas visuais, auditivos, mentais, motores, ou má formação congênita. § 5º As deficiências dos estudantes beneficiados serão comprovadas por meio de laudo médico fornecido por instituições médico-hospitalares públicas e competentes para prestar tal comprovação. (...) Art. 3º Ficam excluídos da prioridade de que o art. 1º os estabelecimentos de ensino que não possuam as condições necessárias para educação de portadores de deficiência mental e sensorial".

220 Como ocorreu por muito tempo, p. ex., na APAE/SP, que hoje não é mais escola especial.

221 Sobre Libras no ambiente constitucional, consultar *Direito Constitucional Brasileiro*, Virgílio Afonso da Silva, São Paulo: Universidade de São Paulo, 2021, especialmente p. 144 e nota 33, 292-293.

222 No julgamento da ADI 5.139, Rel. Min. Cármen Lúcia, j. 11.10.2019, decidiu-se pela constitucionalidade da iniciativa do legislador alagoano para editar a Lei estadual 7.508/2013, que determinava aos estabelecimentos de ensino, fundamental, médio, público e privado, e cursos de extensão, a disponibilização de cadeiras adaptadas para alunos com deficiência ou mobilidade reduzida, fazendo, apenas, uma interpretação conforme quanto ao número de cadeiras a serem disponibilizadas.

223 O art. 30 da LBI estabelece obrigações nos processos seletivos para ingresso e permanência nos cursos oferecidos pelas instituições de ensino superior e de educação profissional e tecnológica, pública e privada.

224 Muito se discute sobre surdez e deficiência auditiva, no âmbito da saúde, da antropologia etc., mas podemos usar o critério da Organização Mundial da Saúde, mais comum, no qual deficiência auditiva equivale à redução na capacidade de ouvir sons em um ou ambos os ouvidos enquanto a surdez é definida como a ausência ou perda total da capacidade de ouvir em um ou ambos os ouvidos. São chamadas oralizadas pessoas surdas que fazem reabilitação por meio de tecnologias como o implante coclear ou os aparelhos auditivos, ou mesmo quem não usa tecnologia, mas consegue fazer leitura labial e se comunicar em português.

com o que decidirem seus pais ou responsáveis ou ele próprio. As escolas deverão oferecer serviço de apoio educacional especializado para atender às especificidades linguísticas dos estudantes surdos, além de terem que disponibilizar material didático acessível e professores bilíngues com formação e especialização adequadas, em nível superior.

O Governo Federal, em regime de colaboração, concederá apoio técnico e financeiro e os sistemas de ensino deverão desenvolver programas integrados de ensino e pesquisa para oferecer a educação bilíngue com o objetivo de garantir aos surdos o acesso às informações e conhecimentos técnicos e científicos. Esses programas devem ser planejados com a participação das comunidades surdas, de instituições de ensino superior e de entidades representativas dos surdos.

O debate sobre esse tema é antigo, com muita produção doutrinária a respeito, tanto defendendo escolas especializadas para esse público como defendendo a escola comum, a partir do parâmetro da educação inclusiva e a proposta aprovada e transformada em lei vem ao encontro de aspirações desta parte da comunidade surda, que a vê como necessária por representar respeito a sua língua e sua cultura, além de impactar no desenvolvimento da subjetividade e no exercício da cidadania, assim como na formulação da imagem social sobre a pessoa surda. Para esta linha de pensamento, outra vantagem das escolas bilíngues é que elas priorizam a língua brasileira de sinais (Libras) como a língua primária e o português escrito como língua secundária para os alunos surdos, diferentemente das escolas comuns e regulares (inclusivas), que incluem os alunos surdos em salas de aulas mistas com alunos ouvintes, na qual a língua primária é o português e a secundária a Libras, tendo um interprete como mediador entre o aluno surdo e os demais ouvintes, o que seria um fator dificultador da aprendizagem àquele. Sendo assim, as escolas bilíngues são mais capazes de preparar seus estudantes para a vida (propósito da educação, estampado no art. 205 da CF/1988), facilitando o seu desenvolvimento e a aprendizagem na sala de aula. Aponta ter respaldo na Convenção de Nova Iorque quando trata, no art. 24, item 3, letras b e c, da "*[...] b) facilitação do aprendizado da língua de sinais e promoção da identidade linguística da comunidade surda; c) garantia de que a educação de pessoas, em particular crianças cegas, surdo-cegas e surdas, seja ministrada nas línguas e nos modos e meios de comunicação mais adequados ao indivíduo e em ambientes que favoreçam ao máximo seu desenvolvimento acadêmico e social*"[225].

Essa concepção não está imune a críticas daqueles que apontam como melhor opção a educação inclusiva (na qual nos incluímos), que garanta o convívio do aluno surdo com os demais alunos ouvintes, em uma perspectiva de valorização da educação na diversidade, que é resultado de um processo de conquistas sociais e deve ser priorizado, à luz deste paradigma expresso na Convenção sobre os Direitos das Pessoas com Deficiência, da ONU, aqui incorporada com "status" de emenda constitucional e na Lei 13.146/2015, mais conhecida como Estatuto da Pessoa com Deficiência ou Lei Brasileira de Inclusão da Pessoa com Deficiência. Há propostas intermediárias, como o "*bilinguismo concomitante*", que vai requerer maior acessibilidade sonora na escola. Evidentemente que esta proposta inclusiva deve ser estruturada de forma a garantir a este aluno surdo, surdo-cego etc. plenas condições de acesso e permanência na escola e na classe regular, o que ainda não acontece e é um entrave à implantação desta "escola para todos", que não admite ninguém fora dela. Essa discussão perpassa, obrigatoriamente, a educação, comum e geral, que deixa muito a desejar, que não prioriza as necessidades dos alunos, que, no âmbito público, como conhecemos, é negligenciada e abandonada, salvo raras exceções e no privado, em boa medida está entregue nas mãos de grandes conglomerados educacionais que a enxergam como "um negócio" que precisa gerar lucros aos investidores (sócios) e não um espaço de exercício de cidadania, dos mais democráticos,

225 Para o atual Ministério da Educação, adepto desta modalidade, "*Um ambiente escolar bilíngue não se constitui apenas de um espaço a ser adaptado para se tornar acessível aos surdos. Espaços educacionais bilíngues devem ser construídos com base no uso da Libras, que não deve ser utilizada como suporte de ensino, mas sim como base de uma reestruturação metodológica, cultural e linguística. Tal construção lança base para a organização da oferta de escolas bilíngues de surdos como espaços onde crianças e jovens surdos desenvolvam suas identidades e leituras de mundo como sujeitos sociais competentes, críticos e ativos*" (https://www.gov.br/mec/pt-br/centrais-de-conteudo/publicacoes/pnee-1/bilingue). Acesso em: 22 nov. 2021.

plural por excelência, de formação do aluno para a vida e para o trabalho, um ambiente solidário, que valorize a igualdade e não fomente a desigualdade, que também pode e deve dar lucro, dentro de nosso modelo capitalista (mas não só dar lucro), tal como apontamos ao tratar da educação na sociedade moderna, no capítulo específico de educação desta obra.

Inovação legislativa ainda mais recente foi trazida pela Lei 14.254, de 30 de novembro de 2021, e que dispõe sobre o acompanhamento integral para educandos com dislexia ou Transtorno do Déficit de Atenção com Hiperatividade (TDAH) ou outro transtorno de aprendizagem.

Ela estabelece que o poder público deve desenvolver e manter programa de acompanhamento integral para educandos com dislexia, Transtorno do Deficit de Atenção com Hiperatividade (TDAH) ou outro transtorno de aprendizagem, em parceria com a área da saúde, sempre que necessário, através de um acompanhamento integral que compreende a identificação precoce do transtorno, o encaminhamento do educando para diagnóstico, o apoio educacional na rede de ensino, bem como o apoio terapêutico especializado na rede de saúde. Dispõe, ainda, que as escolas da educação básica das redes pública e privada, com o apoio da família e dos serviços de saúde existentes, devem garantir o cuidado e a proteção ao educando com dislexia, TDAH ou outro transtorno de aprendizagem, com vistas ao seu pleno desenvolvimento físico, mental, moral, espiritual e social, com auxílio das redes de proteção social existentes no território, de natureza governamental ou não governamental. Prevê que caso seja verificada a necessidade de intervenção terapêutica, esta deverá ser realizada em serviço de saúde em que seja possível a avaliação diagnóstica, com metas de acompanhamento por equipe multidisciplinar composta por profissionais necessários ao desempenho dessa abordagem. Por fim, mas não menos relevante, a lei cuida da capacitação dos professores da educação básica, ao estabelecer que no âmbito do programa de acompanhamento integral para estes educandos os sistemas de ensino devem garantir aos professores da educação básica amplo acesso à informação, inclusive quanto aos encaminhamentos possíveis para atendimento multissetorial, e formação continuada para capacitá-los à identificação precoce dos sinais relacionados aos transtornos de aprendizagem ou ao TDAH, bem como para o atendimento educacional escolar dos educandos.

Para alunos com TEA (transtorno do espectro autista), foi editado o Parecer 50 CNE/CP 2023, que é orientativo e não deliberativo; na época de sua edição ele não foi homologado pelo MEC e não ficou imune a críticas, especialmente àquelas que apontam que cria grupo distinto de aluno com deficiência, separando os alunos por tipos de deficiência e isolando uns dos outros; traz os saberes médicos para o ambiente escolar, contrariando a concepção da Convenção de Nova Iorque, pautada no modelo social da deficiência (a deficiência está no meio e não na pessoa), por exemplo, ao prever, além de planos individualizados, a presença do atendente terapêutico (não que seja prejudicial a parceria entre profissionais da saúde e da educação, que deve acontecer, mas há o risco de se confundirem os respectivos papéis, ou seja, o psicólogo ou um terapeuta indo à escola se responsabilizar por questões pedagógicas, como previsto no referido parecer).

Em razão de tais críticas o parecer foi reanalisado e reeditado em 2024, agora com homologação pelo MEC, com várias mudanças; dentre elas, é mantida a figura do profissional de apoio, já prevista na legislação, com funções voltadas para auxílio em locomoção, higiene, comunicação e interação social, mas sem responsabilidades pedagógicas; foi retirada a exigência de um acompanhante especializado que participasse diretamente de atividades educacionais diferenciadas (a análise será feita em cada caso, pela escola); mantém-se o Plano de Educação Individualizado (PEI), mas com maior flexibilidade sobre a participação de familiares e profissionais externos, colocando a equipe pedagógica como central no processo; foram retiradas as práticas baseadas em reforço comportamental, apontadas por críticos como imposição de abordagem médica na educação e potencial favorecimento de interesses de mercado (p. ex., a intervenção ABA).

É uma pena que em nosso país muito do que é necessário para o atendimento dos alunos com deficiência deva ser imposto por lei e não nasça como uma consequência lógica e natural do avanço das políticas públicas (de estado e não de governo) voltadas à educação inclusiva, que contempla, de forma ampla, articulada e multiprofissional, evidentemente, estas demandas dos alunos com necessidades educacionais especiais. De qualquer forma, aí temos outra lei para resguardar esse sagrado direito à educação, de qualidade, às crianças e adolescentes.

Embora a prestação de serviço educacional seja tipicamente estatal, de forma salutar a CF/1988 autoriza a atuação pela **iniciativa privada**, mediante autorização e fiscalização do Poder Público, com a obrigação de cumprir as normas gerais da educação nacional (art. 209, I e II).

Nesta linha, o § 1º do art. 28 da LBI estabelece que as instituições privadas de qualquer nível (educação infantil, ensino fundamental e médio ou superior) e modalidades[226] (educação especial, educação no campo, de jovens e adultos, indígena, à distância, profissional, ambiental) devem, obrigatoriamente, atender a uma série de exigências previstas nos incisos I, II, III, V, VII, VIII, IX, X, XI, XII, XIII, XIV, XV, XVI e XVII do *caput* do art. 28, que trata das obrigações do Poder Público, sendo vedada a cobrança de valores adicionais de qualquer natureza nas mensalidades, anuidades e matrículas no cumprimento dessas determinações.

Essas disposições do § 1º do art. 28 e do art. 30, *caput,* foram alvo da ADI 5.357, ajuizada pela Confederação Nacional dos Estabelecimentos de Ensino (Confenen), julgada improcedente pelo Plenário do Supremo Tribunal Federal, por ampla maioria de votos, tendo como Relator o Ministro Edson Fachin[227].

O relator salientou que, embora o serviço público de educação seja livre à iniciativa privada, independentemente de concessão ou permissão, isso não significa que os agentes econômicos que o prestam possam atuar ilimitadamente ou sem responsabilidade, isso porque além da autorização e avaliação de qualidade pelo Poder Público, é necessário o cumprimento das normas gerais de educação nacional e concluiu: "*Em suma: à escola não é dado escolher, segregar, separar, mas é seu dever ensinar, incluir, conviver*".

O Plenário decidiu transformar o julgamento, que inicialmente seria para referendar a medida cautelar indeferida pelo relator, em exame de mérito.

A única divergência veio do Min. Marco Aurélio, que acolhia parcialmente a ADI, por entender constitucional a interpretação dos artigos atacados no que se refere à necessidade de planejamento quanto à iniciativa privada, sendo inconstitucional a interpretação de que são obrigatórias as múltiplas providências previstas nos arts. 28 e 30 da Lei 13.146/2015, isto porque o Estado não pode compelir a iniciativa privada a fazer o que ele não faz porque a obrigação principal é dele [Estado] quanto à educação. Em se tratando de mercado, "*a intervenção estatal deve ser minimalista. A educação é dever de todos, mas é dever precípuo do Estado*".

Complementando o sistema de proteção, o art. 8º, I, da Lei 7.853/1989 define como crime algumas condutas que visem obstaculizar a frequência deste aluno na rede regular[228], e o art. 7º da Lei 12.764/2012 (que trata da pessoa autista), regulamentada pelo Decreto 8.368/2014, determina multa de 3 (três) a 20 (vinte) salários mínimos ao "*gestor escolar, ou autoridade competente, que recusar a matrícula de aluno com transtorno do espectro autista, ou qualquer outro tipo de deficiência*".

Apesar do inegável acerto da proposta de uma educação inclusiva, na diversidade, sua implantação ainda encontra obstáculos em várias partes do mundo, inclusive no Brasil, e isto fica bem claro no "Comentário Geral n. 4 (2016) sobre o direito à educação inclusiva" (adotado em 26.08.2016), Comitê dos Direitos das Pessoas com Deficiência, da ONU, em que são apontadas as principais características dessa educação inclusiva, assim como os aspectos para sua implantação (art. 24 da Convenção de Nova Iorque) e as várias dificuldades encontradas,

---

226 Esses níveis e modalidades estão definidos na LDB a partir do Capítulo V, arts. 21 e s.

227 No mesmo sentido da proibição de cobrança de valores adicionais pelas instituições privadas, conferir RE 1.096.905, Rel. Min. Edson Fachin, j. 29.3.2021.

228 *Art. 8º, I – recusar, cobrar valores adicionais, suspender, procrastinar, cancelar ou fazer cessar inscrição de aluno em estabelecimento de ensino de qualquer curso ou grau, público ou privado, em razão de sua deficiência.* Pelo § 1º do mesmo dispositivo a pena será agravada se a vítima com deficiência for menor de 18 anos.

entre elas aquelas relacionadas à falta de material didático. Para tanto, sugere a implementação do Tratado de Marraqueche (que trata dessa disponibilidade de livros às pessoas cegas ou outras deficiências para acesso ao texto impresso, agora regulamentado pelo Decreto 10.882/2021), de que tratamos tanto neste tópico da educação (no plano internacional), como no tópico do sistema normativo internacional de proteção das pessoas com deficiência. Discorre-se sobre as particularidades da educação inclusiva, tendo como foco o aluno com deficiência e a necessidade de atender às suas particularidades, dentro de um ambiente acessível, seja qual for a deficiência e a dificuldade que apresente, assim como a preocupação com a capacitação dos professores. É realizada uma interface entre o direito à educação e os demais direitos assegurados na Convenção de Nova Iorque.

Enfim, para melhor compreender a educação inclusiva, a leitura deste relatório é fundamental[229].

Contrariando todos os argumentos que já alinhamos e seguindo na contramão da concepção de uma educação inclusiva, foi editado o Decreto 10.502, de 30.09.2020, que institui a Política Nacional de Educação Especial: Equitativa, Inclusiva e com Aprendizado ao Longo da Vida (PNEE 2020)[230].

Esse decreto foi totalmente revogado pelo Decreto 11.370, de 2023; aliás, esse segundo decreto tem dois artigos, apenas: "*Art. 1º Fica revogado o Decreto n. 10.502, de 30 de setembro de 2020; Art. 2º Este Decreto entra em vigor na data de sua publicação*".

Embora revogado, manteremos as considerações a seguir, apenas como reflexão sobre esse importante tema e os riscos permanentes a que se sujeitam as políticas educacionais em nosso país. Do ponto de vista social e educacional, a educação inclusiva vem caminhando[231]. A queda das barreiras está acontecendo, a educação inclusiva em plena construção, com a elevação do número de alunos com deficiência frequentando o ensino médio e as faculdades. De repente, a sociedade em geral e o segmento das pessoas com deficiência em especial, é

---

229 Tradução disponibilizada no sítio eletrônico <www.movimentodown.org.br/2017/12/comentario-geral-4-sobre-educacao-inclusiva-do-comite-da-convencao-da-onu-sobre-os-direitos-das-pessoas-com-deficiencia>. Acesso em: 24 dez. 2017.

230 Assim manifestou-se a Faculdade de Educação da Universidade de São Paulo: " (...) A publicação do Decreto n. 10.502, de 30 de setembro de 2020, pretende instituir uma política que se autodenomina inclusiva e equitativa, entretanto, impulsiona a criação e manutenção de escolas e classes especiais como serviços especializados, o que caracteriza retrocesso que impactará fortemente na escolarização das pessoas com deficiência, que hoje têm chegado à educação superior como resultado da sinergia de esforço dos últimos anos, bem como fruto do investimento de políticas educacionais na perspectiva da educação inclusiva (...) O referido decreto é um mecanismo de desresponsabilização do Estado quanto ao direito à educação, aos seus deveres de investimento na manutenção e desenvolvimento de uma escolarização pública e com garantia de uma permanência igualitária e de qualidade. A Faculdade de Educação da Universidade de São Paulo reitera seu compromisso com a educação pública, gratuita, estatal, laica, inclusiva, de qualidade socialmente referenciada. Assim, manifesta-se pela imediata revogação do Decreto n. 10.502/2020" (Disponível em: http://www4.fe.usp.br/manifesto-da-faculdade-de-educacao-da-universidade-de-sao-paulo-pela-imediata-revogacao-do-decreto-no-10-502-de-30-de-setembro-de-2020. Acesso em: 24 out. 2020).

231 Eis os principais pontos atacados pelo Laboratório de Estudos e Pesquisas em Ensino e Diferença, da Universidade de Campinas (UNICAMP), São Paulo: (1) que a Constituição Federal de 1988 seja desconsiderada, descumprida e renegada em seus preceitos educacionais, uma vez que seu texto define o acesso à escola comum como um direito indisponível do aluno, do qual a família e o Estado são os guardiões; (2) que o Brasil, mais uma vez, seja desonrado por descumprir e ignorar seus compromissos internacionais, visto que o país é signatário de documentos que pugnam pela inclusão, incondicionalmente; (3) que o aluno público-alvo da Educação Especial seja excluído e discriminado no sistema educacional brasileiro; (4) que argumentações tendenciosas e mal embasadas por estudos e posicionamentos retrógrados e incompletos venham se contrapor aos avanços e esforços despendidos por familiares e educadores, em todo o território nacional, que aderiram às diretrizes da PNEEPEI/2008, garantindo a matrícula, a participação e a aprendizagem, com dignidade, em escolas comuns de todo o país; (5) que sejam ofuscados ou esquecidos os ganhos obtidos pelos alunos que, em razão da inclusão escolar, puderam seguir trajetórias de vida jamais imaginadas no tempo em que eram vigentes no país a concepção que agora o governo federal busca desenterrar; (6) que seja interrompido o movimento de inclusão na educação básica que permitiu ao Brasil ampliar, de maneira inédita, o acesso desse público ao nível superior; (7) que o país volte a terceirizar a Educação Especial, alocando recursos públicos em instituições privadas, em detrimento da continuidade e da ampliação dos investimentos na escola pública comum; e (8) que sejam silenciadas as famílias que, junto com os educadores, lutaram ao longo desses 12 anos, fazendo o país matricular mais de 1 milhão de estudantes da educação especial nas escolas comuns, o que representa 87% de taxa de inclusão. Disponível em: https://inclusaoja.com.br/2020/10/01/carta-convocacao-do-leped-contra-a-destruicao-da-inclusao-no-brasil/. Acesso em: 24 out. 2020.

surpreendida com o retrocesso representado pelo aludido decreto. Eis aqui a primeira grande falha, porque não observou o lema do "nada sobre nós sem nós" (sempre ouvir as pessoas com deficiência envolvidas e interessadas na questão, sua plena participação do debate), que está contemplado no art. 4, item 3 da Convenção de Nova Iorque. Contraditoriamente, estabelece como diretriz para implantação da política: "priorizar a participação do educando e de sua família no processo de decisão sobre os serviços e os recursos do atendimento educacional especializado" (art. 6º, IV).

Pela nova política nacional, de mais *grave* há o restabelecimento das escolas especiais (agora denominadas de escola especializada - art. 2º, VI) e classes especiais (denominadas como classes especializadas - art. 2º, VII), como opção *substitutiva* da escola e da classe comum, regular.

Embora não o diga com todas as letras (para não deixar ainda mais evidente sua ilegalidade), é clara essa proposta de substituição - e não apenas de *complementação e suplementação* - da escola comum, regular, pela escola especial ou pela classe especial dentro da escola comum, chamada no Decreto de inclusiva.

Basta ver que entre as diretrizes previstas no art. 6º, I, do ato normativo secundário está oferecer atendimento educacional especializado (AEE) e de qualidade, *em classes e escolas regulares inclusivas*, classes e escolas especializadas ou classes e escolas bilíngues de surdos a todos que demandarem esse tipo de serviço.

Escolas regulares e classes regulares inclusivas e escolas e classes especializadas em escolas inclusivas são *conceitos antagônicos e inconciliáveis*: escola e classe inclusiva pressupõem *diversidade* (acolhimento de todas as *diferenças*, sejam *étnicas*, de *gênero*, em razão de uma *deficiência*, *religiosas*, de *orientação sexual*, *culturais* e outras), *ninguém fora da escola e da sala de aula, professores capacitados, material didático acessível, espaço físico acessível*; já as *escolas e classes especializadas* são discriminatórias[232] e excludentes; separam e segregam os alunos com deficiência em escolas e classes apenas para eles, reconhecem que as limitações de aprendizado ou de aproveitamento escolar estão nesses alunos e não no sistema de ensino que não sabe lidar com suas necessidades educacionais especiais, que não disponibiliza material didático adaptado, intérprete de libras. Vão além, contrariando o conceito social da deficiência, que privilegia o potencial da pessoa e transfere para o meio as deficiências (no caso o meio ambiente escolar) de que cuidamos no início deste capítulo. Lança no lixo a educação na diversidade.

Para melhor compreensão, vale mencionar os conceitos encontrados no art. 2º, VI e VII do Decreto: (a) *escolas especializadas - instituições de ensino* planejadas para o atendimento educacional aos educandos da educação especial que *não se beneficiam*, em seu desenvolvimento, quando *incluídos* em *escolas regulares inclusivas* e que apresentam demanda por apoios múltiplos e contínuos; (b) *classes especializadas* - classes organizadas em escolas regulares inclusivas, com acessibilidade de arquitetura, equipamentos, mobiliário, projeto pedagógico e material didático, planejados com vistas ao *atendimento das especificidades do público ao qual são destinadas*, e que devem ser regidas por *profissionais qualificados* para o cumprimento de sua finalidade.

A história recente das escolas especiais - batizadas de escolas especializadas - e das classes especiais dentro das escolas regulares - agora batizadas de classes especializadas - é repleta de experiências negativas. Não conseguimos imaginar uma escola só para alunos cegos, alunos com deficiência física, intelectual ou uma sala de aula só para esses alunos, dentro de uma escola regular, permitindo uma convivência entre eles apenas em poucos horários do dia de

232 Lembrando que a Lei Brasileira de Inclusão afirma no art. 4º, § 1º: "Considera-se discriminação em razão da deficiência toda forma de distinção, restrição ou exclusão, por ação ou omissão, que tenha o propósito ou o efeito de prejudicar, impedir ou anular o reconhecimento ou o exercício dos direitos e das liberdades fundamentais de pessoa com deficiência, incluindo a recusa de adaptações razoáveis e de fornecimento de tecnologias assistivas".

aula. Certamente ocorrerão distorções, e pode acontecer de um aluno dito "problemático" na classe comum da escola regular (p. ex. passando por problemas familiares) ser encaminhado para uma classe especial.

E não se diga que o decreto afirma que elas apenas se direcionam para o aluno ou a aluna que não se beneficia, em seu desenvolvimento, quando incluído em escolas regulares inclusivas e que apresentam demanda por apoios múltiplos e contínuos porque na nossa realidade escolar cotidiana, a falta de apoios pedagógicos, o preconceito, a falta de acessibilidade no ambiente escolar e a falta de informação às famílias facilmente se transformam em "obstáculos" (falsos e fabricados) justificadores da escola e da classe especializadas.

Essa proposta educacional retroage ao período da integração social dessas pessoas[233], que antecedeu à proposta inclusiva (uma sociedade para todos, estruturada para atender às necessidades de cada um e de todos, das maiorias às minorias, dos privilegiados aos marginalizados) e que pressupõe que a deficiência é um "problema" da pessoa e de sua família, de maneira que cabe unicamente a esses capacitarem seu integrante com deficiência para viver em sociedade.

A existência da opção pela escola especializada e a classe especializada irá fortalecer, e muito, a resistência de muitas escolas ditas "normais" em aceitar alunos com deficiência, procurando convencer suas famílias das "vantagens" de uma escola especializada.

Há quem aprove tal medida – e nos referimos, especialmente, àquelas entidades que faziam esse atendimento antes da implantação da proposta inclusiva e que se viram esvaziadas, além de famílias que acreditam ser melhor ao filho ou à filha estudar em um local "especializado".

Do ponto de vista jurídico, em sintonia com o que consideramos no início deste capítulo, é difícil sustentar a legalidade e a constitucionalidade dessa proposta.

O decreto não passa por um controle de convencionalidade (sua confrontação com a Convenção de Nova Iorque), para aqueles que creem que, mesmo adquirindo status de emenda constitucional, o controle é convencional ou pelo controle de constitucionalidade, para aqueloutros que afirmam que, nesse caso, com a incorporação da Convenção ao texto constitucional, o controle é de constitucionalidade.

Basta lembrar as disposições do art. 24 da convenção que obriga o Estado a organizar um sistema educacional inclusivo.

Representa violação ao princípio da proibição do retrocesso social. Tem a doutrina constitucional europeia, especialmente a portuguesa, pelas mãos de J. J. Gomes Canotilho, sustentado que o princípio da democracia econômica e social aponta para a proibição do retrocesso social, ou seja, aqueles direitos sociais adquiridos pela comunidade – ex. prestação de saúde, subsídio de desemprego – não podem ser mais eliminados sem sua substituição por outros de igual eficácia, pena de isso caracterizar-se violação ao princípio da proteção da confiança, consectário do princípio do Estado de Direito e, consequentemente, haverá inconstitucionalidade de todas as medidas inequivocamente ameaçadoras do padrão de prestação estatal já alcançado. É um limite jurídico do legislador e uma obrigação ao administrador público de continuação de uma política congruente com esses direitos assegurados. O retrocesso na implantação do direito social à educação é inegável.

Também afronta, diretamente, as disposições sobre educação previstas nos arts. 27, 28, especialmente os incisos I, II, e III, X, XIII e 30 da multicitada Lei Brasileira de Inclusão (Lei 13.146/2015), que, no art. 121, parágrafo único, prevê que, na interpretação e aplicação do arcabouço jurídico de tutela das pessoas com deficiência, "prevalecerá a norma mais benéfica" a elas.

É difícil conciliar as disposições do decreto com a previsão do art. 8º da Lei 7.853/1989, que dispõe ser crime: "I – recusar, cobrar valores adicionais, suspender, procrastinar, cancelar

[233] As pessoas com deficiência passaram por um período de segregação total, evoluindo para a fase de institucionalização em entidades, até chegar à fase de integração e a atual, de uma sociedade inclusiva (para um aprofundamento desse aspecto, conferir nosso *Manual dos direitos da pessoa com deficiência*. São Paulo: Verbatim, 2010).

ou fazer cessar inscrição de aluno em estabelecimento de ensino de qualquer curso ou grau, público ou privado, em razão de sua deficiência". Sempre se justificará a recusa e as demais condutas discriminatórias do tipo penal com o fato da existência de escolas especializadas que atendem melhor o candidato à escola regular; é dizer, não se trata de discriminação e sim de orientação para a melhor opção educacional, o que é uma falácia.

Inconciliável, ainda, o decreto, com o art. 7º da Lei 12.764/2012 (que trata da pessoa autista), regulamentada pelo Decreto 8.368/2014, que determina multa de 3 (três) a 20 (vinte) salários mínimos ao "*gestor escolar, ou autoridade competente, que recusar a matrícula de aluno com transtorno do espectro autista, ou qualquer outro tipo de deficiência*".

Não é demasiado afirmar que a jurisprudência consolidou a proposta de educação inclusiva, que não admite escola especial ou classe especial ou especializada em substituição da escola regular, de que é prova o julgamento da ADI 5357, pelo Supremo Tribunal Federal, no qual, pelas penas do relator, Ministro Edson Fachin, reconheceu-se que "*À luz da Convenção e, por consequência, da própria Constituição da República, o ensino inclusivo em todos os níveis de educação não é realidade estranha ao ordenamento jurídico pátrio, mas sim imperativo que se põe mediante regra explícita*". E concluiu o ministro: "*Em suma: à escola não é dado escolher, segregar, separar, mas é seu dever ensinar, incluir, conviver*".

Por essa e outras razões, esse decreto foi objeto de uma ADPF (751), que teve como relator o Ministro Dias Toffoli, e que foi extinta por perda superveniente de objeto, uma vez que referido decreto foi expressamente revogado pelo Decreto 11.370, de 1º de janeiro de 2023, referido linhas atrás e que, por sua vez, não reproduziu qualquer norma questionada nessa ação; de uma Reclamação (44591), já julgada[234], cujo relator para liminar foi o Min. Ricardo Lewandowski, proposta pela Procuradoria-Geral de Justiça de São Paulo (muito bem fundamentada do ponto de vista do direito material posto, recomendando-se sua leitura), e foi apresentado na Câmara dos Deputados o projeto de decreto legislativo (PDL) 449/2020, que susta o decreto em exame, tendo como fundamento o disposto no art. 4º, 1, *a*, da Convenção de Nova Iorque[235].

Enfim, instituiu-se, por meio desse Decreto 10.502/2020, uma política nacional de educação especial que tem um nome bonito e atraente, em uma clara alusão (ou ilusão) ao objetivo sustentável 4, da ONU, ***"Assegurar a educação inclusiva e equitativa e de qualidade, e promover oportunidades de aprendizagem ao longo da vida para todas e todos"*** –, mas que esconde uma face preconceituosa e discriminatória e que contraria, entre outros, o item 4.5 do aludido documento onusiano que propõe, até 2030, eliminar as disparidades de gênero na educação e garantir a igualdade de acesso a todos os níveis de educação e formação profissional para os mais vulneráveis, incluindo as pessoas com deficiência, povos indígenas e as crianças em situação de vulnerabilidade.

Nada obstante as críticas, anotamos que o decreto traz como princípios (art. 3º): (a) a educação como direito para todos em um sistema educacional equitativo e inclusivo; (b) aprendizado ao longo de toda a vida; (c) ambiente escolar acolhedor e inclusivo; (d) desenvolvimento pleno das potencialidades do educando; (e) acessibilidade ao currículo e aos espaços escolares; (f) a participação de equipe multidisciplinar no processo de decisão da família ou do educando quanto à alternativa educacional mais adequada; (g) garantia de implementação

---

[234] No aspecto processual, esta Reclamação não foi admitida pelo relator, sob os fundamentos de que "*(...) a reclamação constitucional não é a via adequada para se questionar atos normativos em tese, ou seja, aqueles que possuem atributos de generalidade, impessoalidade e abstração*", além da existência da ADPF 751 e ADI 6.590 (que trataremos linhas adiante), que discutem o controle abstrato de constitucionalidade, havendo decisão liminar, confirmada pelo Plenário, suspendendo os efeitos do aludido Decreto.

[235] "Os Estados-Partes se comprometem a: a) Adotar todas as medidas necessárias, inclusive legislativas, para modificar ou revogar leis, regulamentos, costumes e práticas vigentes, que constituírem discriminação contra pessoas com deficiência."

de escolas bilíngues de surdos e surdos-cegos[236]; (h) atendimento aos educandos com deficiência, transtornos globais do desenvolvimento e altas habilidades ou superdotação no território nacional, incluída a garantia da oferta de serviços e de recursos da educação especial aos educandos indígenas, quilombolas e do campo; e (i) qualificação para professores e demais profissionais da educação.

Como objetivos (art. 4º): (a) garantir os direitos constitucionais de educação e de atendimento educacional especializado aos educandos com deficiência, transtornos globais do desenvolvimento e altas habilidades ou superdotação; (b) promover ensino de excelência aos educandos da educação especial, em todas as etapas, níveis e modalidades de educação, em um sistema educacional equitativo, inclusivo e com aprendizado ao longo da vida, sem a prática de qualquer forma de discriminação ou preconceito; (c) assegurar o atendimento educacional especializado como diretriz constitucional, para além da institucionalização de tempos e espaços reservados para atividade complementar ou suplementar; (d) assegurar aos educandos da educação especial acessibilidade a sistemas de apoio adequados, consideradas as suas singularidades e especificidades; (e) assegurar aos profissionais da educação a formação profissional de orientação equitativa, inclusiva e com aprendizado ao longo da vida, com vistas à atuação efetiva em espaços comuns ou especializados; (f) valorizar a educação especial como processo que contribui para a autonomia e o desenvolvimento da pessoa e também para a sua participação efetiva no desenvolvimento da sociedade, no âmbito da cultura, das ciências, das artes e das demais áreas da vida; e (g) assegurar aos educandos com deficiência, transtornos globais do desenvolvimento e altas habilidades ou superdotação oportunidades de educação e aprendizado ao longo da vida, de modo sustentável e compatível com as diversidades locais e culturais.

O Decreto também estabelece mecanismos e critérios de implementação e de monitoramento dessa implantação da nova política, além de indicar os atores, os serviços e os recursos da educação especial.

Mais recentemente, na apreciação da **ADI 6590**, o Min. Dias Toffoli, após reconhecer a excepcionalidade do cabimento de Ação Direta de Inconstitucionalidade contra este decreto sob o argumento de que ele não se limita a pormenorizar os termos da lei regulamentada (supostamente a LDB), mas promove a introdução de uma nova política educacional nacional, com o estabelecimento de institutos, serviços e obrigações, que, até então, não estavam inseridos na disciplina educacional do país, o relator reconheceu o compromisso nacional, no plano interno e internacional, com a educação inclusiva, que agrega e acolhe a todos e não segrega em grupos apartados da própria comunidade, conforme consubstanciado na incorporação da Convenção de Nova Iorque em nosso ordenamento jurídico com "status" de emenda constitucional. Referiu-se ao julgamento da ADI 5357/DF a que já aludimos neste capítulo, na qual se afirmou a obrigatoriedade, por parte das escolas privadas, além das escolas públicas, de implementação de atendimento educacional adequado e inclusivo às pessoas com deficiência, conforme previsto na Lei 13.146/2015 (Estatuto da Pessoa com Deficiência).

Embora equivoque-se, *d.v.*, ao tratar o termo "preferencialmente" previsto no art. 208, III, da CF/1988, com se percebe ao ler o voto (p. 22 e segs.), o fato é que, reconhecendo que a Política Nacional de Educação Especial ora questionada parece ir de encontro ao paradigma inclusivo, o relator deferiu a liminar pretendida, *ad referendum* do Plenário e este, por maioria, referendou a liminar para suspender a eficácia do Decreto 10.502/2020, em decisão de 21.12.2020.

O processo está em fase de preparação para realização de audiências públicas[237] designadas pelo relator, no intuito de ouvir o depoimento de autoridades e expertos sobre "i) a política

[236] A esse respeito, consultar nossos comentários feitos linhas atrás sobre a Lei 14.191/2021, que disciplina a educação bilíngue para surdos.

[237] Para auxiliar na realização de referida audiência pública, o STF criou a Bibliografia, Legislação e Jurisprudência Temática sobre a Política Nacional de Educação Especial: Equitativa, Inclusiva e com Aprendizado ao Longo da Vida (PNEE).

pública prevista no Decreto 10.502, de 30 de setembro de 2020, que instituiu a Política Nacional de Educação Especial: Equitativa, Inclusiva e com Aprendizado ao Longo da Vida – PNEE e ii) o impacto da norma, em geral e, especificamente, quanto a cada grupo de educandos com deficiência, transtornos globais do desenvolvimento, altas habilidades ou superdotação, na implementação do ensino inclusivo, com o qual o Brasil encontra-se comprometido internacionalmente". Depois deverá ter o julgamento definitivo.

As duas divergências referem-se à inadequação da via eleita da Ação Direta de Inconstitucionalidade porque o decreto em debate não inovou na ordem jurídica e não se mostra ato normativo abstrato autônomo.

O Min. Roberto Barroso acompanhou o relator, mas ressalvou a possibilidade de melhor análise em relação às escolas bilíngues para surdos porque, conforme defenderam alguns, poderiam ser comparadas a escolas internacionais (e.g. escolas americanas e francesas que funcionam no Brasil).

E sobre esse ponto anotado pelo Min. Barroso registramos que, a par da discussão do Decreto 10.502/2020, foi editada a Lei 14.191/2021, de que falamos linhas atrás e que disciplina a educação bilíngue para surdos e altera a Lei de Diretrizes e Bases da Educação Nacional.

O STF[238], através de sua Secretaria de Altos Estudos, Pesquisas e Gestão da Informação, em colaboração com a Assessoria de Assuntos Internacionais da Presidência do STF, elaborou uma ***Bibliografia, Legislação e Jurisprudência Temática*** *sobre a Política Nacional de Educação Especial: Equitativa, Inclusiva e com Aprendizado ao Longo da Vida* (PNEE), instituída pelo multicitado Decreto 10.502/2020, para auxiliar na compreensão deste importante tema, com vistas à audiência pública a que referimos linhas acima, designada na ADI 6.590 e também para oferecer à sociedade insumos para a compreensão desta matéria. Recomendamos a leitura porque ela traz vasta pesquisa de doutrina, disponibiliza a legislação relacionada ao tema e, ainda, um bom arsenal jurisprudencial nacional, do qual os que entendemos mais relevantes já integram este estudo e outras citadas repetidamente, e uma pesquisa de jurisprudência internacional.

Enfim, repita-se, com a revogação expressa do Decreto 10.502/2020, ficam nossas anotações para a reflexão do atento leitor.

3.6.15 Direito ao trabalho

Um dos fundamentos de nosso Estado Democrático de Direito é o reconhecimento dos valores sociais do trabalho (art. 1º, IV, da CF/1988), que também servem de base da ordem social (art. 193 da CF/1988).

O exercício do direito ao trabalho do trabalhador com deficiência vem estruturado a partir destes e de outros parâmetros constitucionais, como da dignidade e de igualdade de condições de acesso e oportunidade ao trabalho, em local de sua escolha, com autonomia e independência, em ambiente acessível e inclusivo.

Essas condições pressupõem a proibição de qualquer forma de discriminação de salário[239] e critério de admissão do trabalhador com deficiência (**art. 7º, XXXI, da CF/1988**) ou outras condutas discriminatórias ou limitativas ao acesso e manutenção à relação de emprego previstas na Lei 9.029/1995, com a redação dada pelo art. 107 da LBI, que introduziu a discriminação contra a pessoa com deficiência[240] e a equiparação de oportunidades, dois princípios

---

238 O material foi disponibilizado em agosto de 2021, no sítio eletrônico do STF.

239 A igualdade remuneratória por trabalho de igual valor inspira-se na Convenção 100 da Organização Internacional do Trabalho, com vigência no Brasil desde 1958, compondo a base para a remuneração igual entre homens e mulheres.

240 Importante mudança desta lei introduzida pela LBI se deu no art. 4º, cuja alteração beneficia tanto o empregado com deficiência como os demais trabalhadores, pois garante ao empregado, no rompimento da relação de trabalho por ato

importantes consagrados na Convenção de Nova Iorque (art. 27 da LBI), estruturantes para as demais garantias previstas.

Dentre estas garantias estão a da capacitação do trabalhador com deficiência, sua habilitação e reabilitação profissional, a garantia de acessibilidade ao local de trabalho com eliminação de obstáculos, tanto físicos como atitudinais (preconceitos, discriminações), e a contratação em emprego competitivo, incluído o emprego apoiado (**arts. 34 a 38 da LBI**) e a proteção ao adolescente trabalhador com deficiência (art. 66 do ECA).

Entre outras novidades introduzidas pela LBI, estão o contrato de trabalho por tempo determinado para a habilitação da pessoa com deficiência no trabalho[241], o estabelecimento de diretrizes para o desenvolvimento do emprego apoiado e a concessão do auxílio-inclusão para o trabalhador com deficiência que ingressa nesse mercado de que tratamos juntamente com as inovações trazidas pela LBI.

Atendendo ao art. 122 da LBI (tratamento diferenciado, simplificado e favorecido às micro e pequenas empresas), o Decreto 9.405/2018 regulamentou algumas regras de contratação e de acessibilidade, estabeleceu parâmetros para o que será considerado ônus desproporcional e indevido no caso de adaptação razoável para uma série de atividades industriais e comerciais exploradas por empresas com tais características (teatro, cinema, ginásios de esportes, hotéis, pousadas, frotas de táxi, sítios eletrônicos, dentre outros) e estabeleceu novos prazos para execução do necessário.

Quanto aos novos prazos estabelecidos, não podemos esquecer a regra expressa do art. 121 e seu parágrafo único da LBI, que determina a não exclusão daqueles já estabelecidos anteriormente, como é o caso das Leis 10.098/2000 e 10.048/2000 e seu Decreto regulamentador 5.296/2004, e que prevalecerá a norma mais benéfica à pessoa com deficiência, não podendo uma série de decretos, publicados periodicamente, tornar indefinido o prazo para as adaptações de acessibilidade dos ambientes, veículos e espaços públicos.

3.6.15.1 *Inclusão no trabalho[242], sistema de cotas e reservas em concurso público*

Um modo de inclusão da pessoa com deficiência no trabalho é a **colocação competitiva**[243], em igualdade de condições com os demais e que deve atender toda legislação trabalhista e previdenciária, sendo assegurado a estes trabalhadores os recursos tecnológicos necessários e adaptação razoável[244] no ambiente de trabalho, lembrando que a recusa em realizar essa adaptação razoável e o fornecimento de tecnologia assistiva significam discriminar por motivo

discriminatório, além do direito à reparação pelo dano moral, optar entre a reintegração com ressarcimento integral de todo o período de afastamento, mediante pagamento das remunerações devidas, corrigidas monetariamente e acrescidas de juros legais; e a percepção, em dobro, da remuneração do período de afastamento, corrigida monetariamente e acrescida dos juros legais.

[241] Essa novidade (art. 36, § 6°, da LBI) já era praticada como decorrência da atuação do Ministério Público do Trabalho e Ministério do Trabalho e Emprego, por meio de termos de ajustamento de conduta, com a pessoa com deficiência habilitando-se profissionalmente no curso de um contrato remunerado de trabalho. Vale lembrar que o Ministério do Trabalho foi extinto pela Medida Provisória 870/2019, tendo suas atribuições repartidas entre os Ministérios da Economia, Justiça e Cidadania.

[242] A Organização Internacional do Trabalho (OIT) lançou em língua portuguesa um guia denominado "Promovendo a Diversidade e a Inclusão Mediante Adaptações no Local de Trabalho – Guia Prático", voltado a ajudar empresas a promoverem a diversidade e a inclusão de trabalhadores com deficiência. Na obra é esclarecido que oferecer adaptação razoável significa proporcionar uma ou mais modificações necessárias às características ou diferenças individuais de um trabalhador ou um candidato a emprego, a fim de que ele ou ela possa desfrutar dos mesmos direitos dos demais. Na prática, traduz-se em intervenções ou adaptações que podem ir desde a adequações no cargo e modificações em máquinas e equipamentos até à rotina do trabalho.

[243] O Decreto 3.298/1999 prevê, no art. 35, as modalidades de colocação seletiva e promoção do trabalho por conta própria.

[244] São adaptações, ajustes necessários e adequados que não acarretem ônus desproporcional e indevido ao empregador, quando requeridos em cada caso, para que a pessoa com deficiência desenvolva suas tarefas em igualdade de condições (art. 3°, VI, da LBI). P. ex., se o trabalhador é cego e está acostumado a usar determinado tipo de *software* de computador, que é caro, o empregador pode disponibilizar outro, de igual eficiência, mas mais barato.

de deficiência (art. 4º, § 1º, parte final da LBI), o que pode caracterizar o crime previsto no art. 88 da LBI.

A contratação do trabalhador com deficiência poderá se dar por meio da **reserva de postos de trabalho** em empresas com **cem ou mais empregados** (de 2% a 5%, conforme o número de empregados)[245] seguindo a regra do art. 93 da Lei 8.213/1991 (com a redação dada pelo art. 101 da LBI), inclusive para a contratação obrigatória de substituto em condição semelhante (não necessita ser o mesmo tipo de deficiência) no caso de dispensa (§ 1º do art. 93 da Lei 8.213/1991), cujo objetivo principal é a manutenção da reserva do posto de trabalho para a pessoa com deficiência[246], em verdadeira política de ação afirmativa. Sua fiscalização é feita por Auditor-Fiscal do Trabalho, segundo a Instrução Normativa 2, de novembro de 2021, do Ministro de Estado do Trabalho e Previdência[247].

Pela regra do § 3º do art. 93, para a reserva de cargos será considerada somente a contratação direta[248] de pessoa com deficiência, **excluído o aprendiz** com deficiência de que trata a Consolidação das Leis do Trabalho[249], eliminando constantes controvérsias sobre a possibilidade ou não de utilização deste tipo especial de contratação pelas empresas para cumprimento da cota. O STF, no julgamento do ARE 1121633[250], reconheceu, pelo voto do Min. Gilmar Mendes, acompanhado pela maioria, a inconstitucionalidade de alteração de cota legal de pessoas com deficiência ou reabilitadas, por meio de Convenções Coletivas de Trabalho e de Acordos Coletivos de Trabalho. Afirmou o Ministro que "*(...) Por outro lado, considero oportuno assentar que a discussão travada nos presentes autos não abrange a validade de políticas públicas de inclusão de pessoas com deficiência e dos jovens e adolescentes no mercado de trabalho, que são definidas em legislação específica*".

No julgamento da ADI 5.760/DF, Rel. Min. Alexandre de Morais, declarou-se a inconstitucionalidade do art. 16-A da Lei 7.573/1986, inserido pelo art. 1º da Lei 13.194/2015, que excluía os trabalhadores marítimos embarcados do cálculo para apuração das vagas reservadas a pessoas com deficiência de que trata o art. 93 da Lei 8.213/1991 acima referida. Para o STF, essa exclusão é desprovida de razoabilidade e proporcionalidade, caracterizando-se como diferenciação normativa discriminatória, uma vez que a presença da deficiência não se equipara à incapacidade do trabalhador.

Os **concursos públicos** são um meio democrático de escolha de pessoal necessário ao serviço do Estado, com expressa previsão na CF/1988 (art. 37, II)[251].

---

245 Foi vetada alteração proposta pela LBI de previsão de empresas a partir de 50 empregados, sob a alegação de impacto na cadeia produtiva, em especial sobre empresas de pequeno e médio porte.

246 Essa postura já era exigida pelo Tribunal Superior do Trabalho (TST), para quem o seu desatendimento ensejava o direito à reintegração do funcionário com deficiência demitido. AI em Recurso de Revista AIRR 600404619995010028 60040-46.1999.5.01.0028, 6ª T., Rel. Aloysio Corrêa da Veiga, *DJ* 01.12.2006.

247 A questão dos reflexos sobre as cotas nas empresas em razão das alterações legislativas relativas à terceirização da atividade-fim (Lei 13.429/2017), da flexibilização das negociações (Lei 13.467/2017) e outros temas é tratada no artigo *Potenciais Impactos das Mudanças Recentes da Legislação Trabalhista no Emprego Formal das Pessoas com Deficiência*, no sítio eletrônico <http://www.cesit.net.br/wp-content/uploads/2018/07/ReformaTrabalhista_VF.pdf>. Acesso em 25 set. 2018.

248 Lembremos que em relação às empresas terceirizadas por meio de processo licitatório, na forma da Lei 8.666/1993, pelo art. 104 da LBI deverão comprovar o cumprimento da reserva de cargos durante todo o período de execução do contrato para pessoas com deficiência.

249 Isso porque esse tipo de contrato, na forma do art. 428 da CLT, é de natureza especial e está inserido em programa de aprendizagem de um ofício e integra o programa de ensino e formação escolar de jovens (de 14 a 24 anos – limite máximo não aplicável ao jovem com deficiência), com jornada não superior a seis horas diárias, sem possibilidade de hora extra, e pelo prazo máximo de dois anos. Os parágrafos 6º e 8º do art. 428 da CLT, assim como o art. 433, I, foram alterados pela LBI (art. 97) e dizem respeito aos contratos de aprendizagem e à impossibilidade de sua rescisão antecipada por desempenho insuficiente ou inadaptação se ao aprendiz com deficiência não forem disponibilizados recursos de acessibilidade ou de apoio.

250 Em referido processo, o STF fixou a seguinte tese sobre o tema analisado: "São constitucionais os acordos e convenções coletivas que, ao considerarem a adequação setorial negociada, pactuam limitações ou afastamentos de direitos trabalhistas, independentemente da explicitação especificada de vantagens compensatórias, desde que respeitados os direitos absolutamente indisponíveis" (Tema 1046).

251 Exatamente porque a competência é concorrente entre União e Estados, o STF, no julgamento da ADI 4388, reconheceu a inconstitucionalidade da lei do estado de Goiás que excluía pessoa com deficiência auditiva passível de correção do direito de

Abrindo um parêntese, é importante anotar que, em interessante julgado, o STJ, pela sua 2ª Turma, determinou à banca realizadora de um concurso para a magistratura do Rio Grande do Sul que atribuísse os pontos devidos por uma questão que a candidata respondeu seguindo a jurisprudência consolidada pelo tribunal em recurso repetitivo (Tema 872), sob o fundamento de que "*A recusa da banca em atribuir-lhe a pontuação relativa ao item em discussão nega a competência constitucional desta corte superior para uniformizar a interpretação da lei federal, ofende as normas legais que estruturam o sistema de precedentes no direito brasileiro e viola a norma editalícia que prevê expressamente a jurisprudência dos tribunais superiores no conteúdo programático de avaliação*", lembrando, ainda que "*o respeito à discricionariedade das bancas examinadoras de concurso não significa que o Judiciário não possa intervir em situações de flagrante violação à lei e aos princípios constitucionais da razoabilidade e da proporcionalidade, entendimento consolidado pelo Supremo Tribunal Federal (STF) no Tema 485 da repercussão geral*" (RMS 73.285). Dele devem se valer a Administração Direta e Indireta[252], como já definido desde 1993 pelo STF[253].

Para as pessoas com deficiência há regra constitucional especial estabelecendo que lei disciplinará **reserva de vagas em cargos e empregos públicos** e disciplinará os critérios de admissão (**art. 37, VIII**)[254]. É mais uma forma de dar concretude ao ideal de igualdade de acesso ao mercado de trabalho (no serviço público), consistindo em uma política de ação afirmativa, que, como tal, deve ser temporária, até que ocorra a efetiva inclusão da pessoa com deficiência no âmbito do serviço público.

É preciso distinguir **emprego público**, que é o núcleo de encargos de trabalho a ser preenchido por agente contratado sob relação trabalhista[255], e **cargo público**, que é o lugar, a lotação, na estrutura de um órgão contendo denominação própria e descrição das atribuições, bem como a previsão de vencimento correspondente, pelo regime não contratual.

Há legislação federal, estadual, distrital e municipal[256] dispondo sobre essas contratações, servindo o Decreto 3.298/1999[257] (arts. 37 a 44) de parâmetro, assim como a Lei Federal 8.112/1990.

O aludido Decreto 3.298/1999 teve a quase totalidade dos artigos relativos ao concurso público (arts. 37 ao 43) revogada pelo Decreto 9.508/2018.

---

reserva de vagas no serviço público local. Concluiu-se que a competência plena do Estado vale apenas na falta de lei federal que fixe as normas gerais e, no caso, já existia a Lei Federal 7.853/1989, que estabelece a política nacional de proteção da pessoa com deficiência. Sendo assim, a lei estadual não poderia estabelecer novos limites e definições, não podendo fazer concorrência à lei federal. O governador de Mato Grosso ajuizou ADI (6634) no STF contra Lei estadual 11.034/2019 que fixa cota de 2% das vagas para pessoas com síndrome de Down com nível de cognição compatível com a atividade a ser exercida, liberando tais vagas para as demais deficiências caso não preenchidas por estes candidatos, em concursos públicos no estado, sob o fundamento da vício de iniciativa e impacto orçamentário e que ainda está em andamento, tendo como Relator o Ministro Ricardo Lewandowski.

252 A Administração Pública Direta se constitui dos serviços que integram a estrutura administrativa da Presidência da República, Governadores e Prefeitos e dos Ministérios e Secretarias Estaduais e Municipais; a Administração Pública Indireta compreende as categorias de entidades, dotadas de personalidade jurídica própria como as autarquias, as empresas públicas, as sociedades de economia mista e as fundações públicas dos três níveis.

253 STF, MS 21.322-1/DF, Pleno, Rel. Min. Paulo Brossard, j. 03.12.1992, *DJ* 22.10.1993.

254 Além dela, a fixação da reserva de vagas em concursos públicos atende à Lei 7.853/1989, art. 2°, parágrafo único, que determina aos órgãos e entidades da Administração Pública Direta e Indireta o tratamento prioritário e adequado às pessoas com deficiência, e à Lei 13.146/2015 (LBI), que no art. 4°, §§ 1° e 2°, fundamenta o direito de a pessoa com deficiência ser igual em oportunidades às demais pessoas, sem sofrer nenhuma espécie de discriminação.

255 As pessoas vinculadas a empresas públicas ou sociedades de economia mista para trabalho subordinado, pessoal, não eventual e oneroso são tidos por empregados públicos, de vínculo celetista.

256 A respeito desse tema, conferir a ADI 7401, na qual se discute a constitucionalidade de lei e decreto regulamentador do Estado do Piauí, que fixa barreiras prévias ao acesso de PCDs a cargos, empregos e funções públicas naquela entidade da federação.

257 O STJ vem entendendo que, em concurso público, candidatos não podem ser inabilitados na cota reservada para pessoas com deficiência sob o fundamento de não ostentarem tal condição se assim já foram admitidos em outros certames ou que demonstrem essa condição por laudos médicos, dentro das definições trazidas pelo Decreto 3.298/1999 (nesse sentido, RMS 67.298, com remissão a outros julgados, inclusive do STF).

É discutível a necessidade da edição deste novo decreto em face da existência do outro, que poderia ter sofrido algum ajuste pontual para ficar bem afinado com as propostas da Convenção da ONU e a LBI[258].

Ele tem pontos positivos, uma vez que unifica práticas dos concursos para a administração direta e indireta e servirá de modelo para regulamentos estaduais e municipais.

Ao revogar os arts. 37 (especialmente o que estava disposto na sua parte final) e 38 (especialmente a exceção do inciso II – carreira que exija aptidão plena) do Decreto 3.298/1999, o novo não restaura a necessidade de verificação da compatibilidade entre a deficiência do candidato e as atribuições do cargo pleiteado que, portanto, fica abolida, o que encontra guarida, também, no § 3º do art. 34 da LBI, que veda exigência de aptidão plena.

Esse ponto deverá ensejar celeuma e até demandas judiciais, por quebrar visão antiga e arraigada que exigia a constatação de compatibilidade plena e era usada para excluir candidatos com deficiência dos certames.

Tal questão já havia sido enfrentada pelo STF, no RMS 32732 TADF[259], Rel. Min. Celso de Mello, que relativizou bastante essa exigência ao interpretar que a compatibilidade deveria ser avaliada no estágio probatório, a teor do disposto no agora revogado art. 43, § 2º, do Decreto 3.298/1999 (e não repetido no novo), e que deveria ser uma incompatibilidade absoluta e não apenas que exigisse maior esforço. Com o novo regulamento, haverá situações excepcionais que não autorizarão a disputa por uma vaga e exemplificamos com a condição de uma pessoa cega diante de um concurso público municipal para preenchimento de vaga de motorista de veículo de transporte coletivo. Mesmo que esgotadas as opções tecnológicas atuais ou atendidas suas necessidades pessoais, nos parece improvável a possibilidade de concorrência pela vaga; no futuro, não sabemos.

Contudo, a lição que fica é de se partir do pressuposto de garantir todas as condições para que o candidato com deficiência tenha sua potencialidade, sua funcionalidade valorizada, para disputa em igualdade de condições e não o inverso, é dizer, daquilo que possa lhe faltar; vale a advertência: são as decisões e não as condições pessoais que determinam o destino.

Tem inconsistências, como, p. ex., quando estabelece a divulgação do resultado do concurso em lista única e não em lista dupla, como previsto no Decreto 3.298/1999, o que pode comprometer a transparência e controle no preenchimento das vagas reservadas e também quando não se refere a condições especiais para realização das provas aos candidatos com deficiência intelectual[260].

Outrossim, o Decreto 9.508/2018 já sofreu alteração por meio do Decreto 9.546/2018, tendo sido excluída a previsão de adaptação das provas físicas para os candidatos com deficiência e restando estabelecido que os critérios de aprovação dessas provas poderão seguir os mesmos aplicados aos demais candidatos. Parecem-nos mudanças que ferem o princípio da igualdade de oportunidades para o ingresso em cargo ou emprego público, desconsiderando a exigência de adaptações para se avaliar a potencialidade e a funcionalidade do candidato. Por

---

[258] O novo Decreto se refere às contratações temporárias de excepcional interesse público, o que não estava contemplado no anterior e é positivo. Também trata das empresas públicas e sociedades de economia mista (garantindo o regramento do art. 93 da Lei 8.213/1991) e estabelece critérios para a realização de concurso regional ou por especialidade (seguindo orientação jurisprudencial assentada no AgInt no RMS 043947/DF, Rel. Min. Francisco Falcão, j. 06.03.2018), além do aproveitamento de vagas remanescentes e formação de cadastro de reserva, pontos em que o outro era omisso. Elenca algumas hipóteses de tecnologia assistiva ou adaptação razoável a serem disponibilizadas aos candidatos, relação esta que deve ser tida como apenas exemplificativa em razão do indiscutível direito do candidato à igualdade de condições para a realização das provas (art. 9º LBI e § 1º do art. 4º do aludido Decreto 9.508/2018).

[259] Em igual sentido, STJ, Recurso em Mandado de Segurança (RMS) 51880, Rel. Min. Sérgio Kukina.

[260] Não pretendemos discutir a abrangência das modificações, por fugir ao propósito desta obra, e remetemos o leitor, por todos, para o texto *Concurso Público para pessoas com Deficiência – Anotações prévias sobre o Decreto n. 9.508/2018*, de Maria Aparecida Gugel, encontrado no sítio eletrônico <www.ampid.org.br>. Sobre a ocorrência de ilegalidade na edição de um decreto, por extravasamento dos seus limites (que são a lei a ser regulamentada), ver ADI 996 MC, Rel. Min. Celso de Mello, j. 1994 e ADI 4.176 AgR, Rel. Min. Cármen Lúcia, j. 20.06.2012.

esse mesmo fundamento, o Partido Socialista Brasileiro ingressou no STF com ADI (6476), tendo como Relator o Ministro Luís Roberto Barroso e que foi julgada procedente, sob os fundamentos seguintes: (a) é uma ação direta contra decreto que tem por objeto "excluir a previsão de adaptação das provas físicas para candidatos com deficiência e estabelecer que os critérios de aprovação dessas provas poderão seguir os mesmos critérios aplicados aos demais candidatos"; (b) de acordo com o art. 2º da Convenção de Direitos das Pessoas com Deficiência – CDPD, a recusa de adaptação razoável é considerada discriminação por motivo de deficiência; (c) o art. 3º, VI, do Decreto 9.508/2018, estabelece uma faculdade em benefício do candidato com deficiência, que pode utilizar suas próprias tecnologias assistivas e adaptações adicionais, se assim preferir; (d) é inconstitucional a interpretação que exclua o direito desses candidatos à adaptação razoável; (e) o art. 4º, § 4º, do Decreto 9.508/2018, que estabelece que os critérios de aprovação nas provas físicas poderão ser os mesmos para candidatos com e sem deficiência, somente é aplicável às hipóteses em que essa exigência for indispensável ao exercício das funções próprias de um cargo público específico; (f) é inconstitucional a interpretação que submeta candidatos com e sem deficiência aos mesmos critérios nas provas físicas, sem a demonstração da sua necessidade para o desempenho da função pública.

Com esses fundamentos, foi referendada a medida cautelar e convertido em julgamento de mérito, sendo o pedido julgado procedente, com a fixação das seguintes **teses** de julgamento: "*1. É inconstitucional a interpretação que exclui o direito de candidatos com deficiência à adaptação razoável em provas físicas de concursos públicos; 2. É inconstitucional a submissão genérica de candidatos com e sem deficiência aos mesmos critérios em provas físicas, sem a demonstração da sua necessidade para o exercício da função pública*" (j. 04.03.2021).

Vale a leitura do voto do ministro Barroso, que ensina sobre discriminação indireta, propósitos da Convenção de Nova Iorque, sobre adaptação razoável e outros temas correlatos, além que lembrar outros julgados sobre esse tema, como da ADI 5.760, no qual o STF declarou inconstitucional norma que afastava a reserva de vagas no caso de trabalhadores marítimos embarcados (a que já aludimos neste estudo) e o RE 676.335, afastou-se o entendimento de que os cargos da carreira de policial federal não se coadunam com nenhum tipo de deficiência. Por fim, anuncia, na citação bibliográfica, livro que logo deve estar disponível e deverá ser de grande utilidade ao estudioso desse assunto: Luís Roberto Barroso e Carina Lellis, *O sistema constitucional de direitos da pessoa com deficiência e a jurisprudência do Supremo Tribunal Federal* (no prelo).

A Lei 8.112/1990 (conhecida como lei dos funcionários públicos) disciplina parte do comando constitucional determinando que às pessoas com deficiência seja assegurado o direito de se inscrever em concurso público em igualdade de condições com os demais candidatos, para provimento de cargo cujas atribuições sejam compatíveis com a deficiência que ostente, sendo-lhes reservadas até 20%[261] das vagas oferecidas no concurso (art. 5º, § 2º).

Deve haver igualdade de condições para a inscrição, adequada avaliação do candidato durante o estágio probatório, reserva do total de vagas oferecidas no certame[262], do percentual mínimo de 5% (**importante: concorre a todas e não apenas às reservadas** – art. 37, § 1º, do Decreto 3.298/1999, agora alterado pelo Decreto 9.508/2018), excetuados os cargos em comissão ou função de confiança[263], adaptação dos locais e provas (não de conteúdo ou critério de avaliação, mas de forma, p. ex., tamanho da fonte), consoante a necessidade especial dos participantes com deficiência.

261 O percentual da reserva varia, então, de 5% (previsto no § 1º do art. 37 do Decreto 3.298/1999 e agora no art. 1º, § 1º, do Decreto 9.508/2018) a 20% (previsto no art. 5º, § 2º, da Lei 8.112/1990).

262 Conferir STF, RMS 25.666/DF, Rel. Min. Joaquim Barbosa, *DJe* 03.12.2009; STJ, RMS 60776/PI. Rel. Min. Napoleão Nunes, *DJe* 05.09.2019.

263 Tais cargos não estão relacionados no art. 1º do Decreto 9.508/2018, como o fazia o Decreto 3.298/1999, mas, por suas características, é razoável que não sejam atingidos pela reserva de vagas a pessoas com deficiência.

Nos editais de concurso deve estar prevista, também, a atribuição dos cargos, sendo vedada à autoridade responsável pelo certame obstar a inscrição de tais candidatos, devendo eles declarar e comprovar essa condição, apontando os instrumentos de adaptação de que necessitarão para a realização do concurso. Caso o percentual de vagas aplicado resultar em número fracionado, deve ser arredondado para o número inteiro subsequente (art. 37, § 2º, do Decreto 3.298/1999, reproduzido no § 3º do art. 1º do Decreto 9.508/2018)[264]. Entretanto, a jurisprudência não tem admitido este arredondamento para mais quando ultrapasse o limite máximo fixado em lei[265].

Como já destacamos anteriormente, antes da alteração do Decreto 3.298/1999 eram publicadas duas listas de aprovados, uma geral, com todos, inclusive aqueles com deficiência, e outra especial, apenas com estes últimos (art. 42 do Decreto 3.298/1999) e a chamada alternada e proporcional entre as listas, conforme o percentual reservado de acordo com o edital do certame[266]. O Decreto 9.508/2018 prevê apenas uma lista (art. 8º).

Há quem sustente que este percentual de vagas a ser reservada em cada concurso deve incidir sobre o total de cargos e empregos públicos existentes no órgão (chamada "**reserva real**") e não sobre o total de vagas oferecidas em concurso, embora esta última ainda seja a regra observada expressivamente pela Administração Pública[267].

Questão nova, embora reflexa, surgiu com a edição da Lei 12.990/2014[268], que reserva aos negros 20% (vinte por cento) das vagas oferecidas nos concursos públicos para provimento de cargos efetivos e empregos públicos no âmbito da Administração Pública federal, das autarquias, das fundações públicas, das empresas públicas e das sociedades de economia mista controladas pela União.

No julgamento da ADC 41/DF, Rel. Min. Luiz Roberto Barroso, j. 08.06.2017 (ADC-41)[269], essa lei foi considerada constitucional e, segundo a maioria dos Ministros que dele participaram, ela obriga apenas os órgãos da União e não os dos Estados e Municípios, embora o Min. Luiz Fux tenha ponderado que, por se tratar de política pública calcada no preâmbulo da Constituição Federal, a lei vale para todas as unidades federadas.

O ponto que chama a atenção está no art. 4º da referida lei: "*A nomeação dos candidatos aprovados respeitará os critérios de alternância e proporcionalidade, que consideram a relação entre o número de vagas total e o número de vagas reservadas a candidatos com deficiência e a candidatos negros*".

Como será feita a nomeação entre os candidatos negros e os com deficiência, de modo a atender ao disposto nesta lei, na Constituição Federal (que trata da reserva às pessoas com deficiência) e demais legislação protetiva das pessoas com deficiência?

Entendemos que, para atender aos critérios de *alternância* e *proporcionalidade* previstos no art. 4º da Lei 12.990/2014, respeitando a primazia da determinação da reserva de vaga

---

264 STF, RE 227.299-1/MG, Pleno, Rel. Min. Ilmar Galvão, j. 14.10.2006, *DJ* 14.06.2000.

265 Nesse sentido: AgRg no REsp 1.137.619/RJ, Rel. Min. Regina Helena Costa; AgRg no REsp 1.353.071/CE, Rel. Min. Mauro Campbell; AgInt nos EDcl no AREsp 535.065/PR, Rel. Min. Benedito Gonçalves e REsp 1.291.912/SP, Rel. Min. Og Fernandes, j. em 20.02.2017 (decisão monocrática).

266 As vagas excedentes que surgirem na vigência de concurso público devem ser preenchidas de forma alternada entre candidatos aprovados na lista geral e na de pessoas com deficiência até atingir o percentual reservado a estas últimas. Não é preciso preencher um número determinado de vagas para não deficientes, para só depois nomear os candidatos com deficiência (STJ, RMS 44631/SP, 2ª T.,. Rel. Min. Humberto Martins, , j. 18.08.2015, *DJe* 26.08.2015 e ROMS 18669/RJ, 5ª T., Min. Gilson Dipp, j. 07.10.2004, *DJ* 19.11.2001). O Decreto 9.508/2018 trata disto no inciso II do art. 1º.

267 Sobre o tema, consultar, por todos, GUGEL, Maria Aparecida. *Pessoas com deficiência e o direito ao concurso público – reserva de cargos e empregos públicos – Administração Pública direta e indireta.* 3. ed. Goiânia: Editora da UCG, 2016, que pode ser baixado no sítio eletrônico: http://www.ampid.org.br/v1?p=2117#pettyPhoto. Este entendimento também foi adotado no MS 26.310-5/DF, Pleno, Rel. Min. Marco Aurélio, j. 20.09.2007, *DJe* 31.10.2007, no voto do Min. Ricardo Lewandowski.

268 Essa lei tinha vigência de 10 anos, mas o prazo foi prorrogado, em decisão liminar na ADI 7654, Rel. Min. Flávio Dino, até que o Congresso Nacional aprove nova norma sobre a matéria.

269 Apreciando Embargos de Declaração, a Corte reconheceu que a reserva de vagas também se aplica aos concursos promovidos pelas Forças Armadas.

para a pessoa com deficiência, que têm natureza constitucional (art. 37, VIII), mas cujo critério de admissão foi repassado para ser disciplinado por lei ordinária, e tendo em vista que a Lei 7.853/1989 determina no parágrafo único do art. 2º que *"(...) os órgãos e entidades da administração direta e indireta devem dispensar, no âmbito de sua competência e finalidade, aos assuntos objetos esta Lei, tratamento prioritário e adequado (...)"*, a melhor forma é estabelecer um percentual ou coeficiente de participação de cada segmento (pessoa com deficiência e negro) na composição da ordem de nomeação, observada a mesma alternância e proporcionalidade também entre o número de candidatos negros e com deficiência, tendo estes últimos prioridade na primeira ordem de chamada.

No âmbito do Ministério Público do Trabalho (MPT), a regra a ser observada está definida no art. 89 da Resolução 143, de 27 de abril 2017[270].

Nesse caso do MPT, a sistemática é mais simples porque para a reserva o percentual entre negros e pessoas com deficiência é o mesmo de 20%.

Questão interessante: havendo uma única vaga disponível, há entendimento de que é impossível a reserva de vagas para candidatos com deficiência, porque feriria a igualdade de concorrência entre os candidatos e a ordem de classificação, se o primeiro colocado não tiver deficiência[271]. Como ensina Maria Aparecida Gugel[272], nesse caso, deverá ser avaliado o número de cargos existentes já ocupados por pessoa com deficiência e se este for inexpressivo, a vaga deve ser destinada apenas a candidatos com deficiência; do contrário, não.

Entretanto, assim não entendeu o STF no MS 26.310/DF, 1ª T., Rel. Min. Marco Aurélio[273], j. 20.09.2007, *DJ* 18.08.1995 (vencidos os Min. Menezes Direito e Cármen Lúcia, que respaldavam a pretensão alegando a força mandatária da CF/1988), manifestando-se contrariamente à reserva de vagas quando, pelo pequeno número posto em concurso, a reserva atinja percentual acima do limite legal e desproporcional, p. ex., 2 vagas disponíveis e a reserva para candidato com deficiência de 1 – já que o número fracionado deve ser arredondado – resultaria em reservar 50% da vagas, quebrando a regra básica da igualdade entre os participantes.

Para os concursos regionalizados, antes da alteração trazida pelo Decreto 9.508/2018, a fim de dar aplicação ao comando constitucional, o percentual deve incidir sobre o total de vagas oferecidas no edital, e não sobre o total destinado por região que, se for pequeno, resultará na inviabilidade da reserva e violação constitucional (STJ, RMS 30.841 GO 2009/0219567-7, Rel. Min. Felix Fischer, j. 13.04.2010, e AgInt no RMS 043947/DF, Rel. Min. Francisco Falcão, j. 06.03.2018). Essa regra foi adotada pelo novo regulamento[274].

A Resolução 75/2009 do CNJ, com várias alterações posteriores, disciplina, de forma ampla, os concursos públicos no âmbito da magistratura nacional, incluindo a participação das pessoas com deficiência (especialmente a partir do art. 73). No CNMP, o acesso da pessoa com deficiência aos concursos públicos e processos seletivos realizados pelo Ministério

---

270 *Art. 89. A nomeação do(a)s candidato(a)s aprovado(a)s respeitará os critérios de alternância e de proporcionalidade, que considerem a relação entre o número total de vagas e o número de vagas reservadas a candidato(a)s com deficiência e a candidato(a)s negro(a)s. § 1º A aplicação do critério de alternância entre as listas geral e as especiais deve iniciar contemplando a convocação para a nomeação do(a) primeiro(a) candidato(a) colocado(a) na lista geral, seguindo-se a ordem, de acordo com o critério de proporcionalidade acima estabelecido, a partir da convocação do primeiro(a) candidato(a) com deficiência e depois do candidato(a) negro(a).* Ou seja, convoca-se o 1º colocado da lista geral, depois o 1º colocado da lista especial de pessoa com deficiência e depois o 1º colocado da lista de pessoa negra e assim sucessivamente.

271 Assim decidiu o TJPE, Proc. 49.931-8, 5ª Câmara Cível, Rel. Des. Márcio Xavier, *DJ* 17.04.2001.

272 GUGEL, Maria Aparecida. *Pessoas com deficiência e o direito ao concurso público – reserva de cargos e empregos públicos – Administração Pública direta e indireta.* 3. ed. Goiânia: Editora da UCG, 2016, p. 108-109.

273 Nesse acórdão citou-se o MS 25.074, Rel. Min. Cezar Peluso, também contrariamente à reserva, e o RE 227.299-1/MG, Rel. Min. Ilmar Galvão, em sentido oposto, acompanhando a minoria.

274 É o que dispõe o inciso I do § 4º do art. 1º do Decreto 9.508/2018.

Público brasileiro está disciplinado pela Resolução 240/2021, que altera a Resolução CNMP 81, de 31 de janeiro de 2012.

Para as **empresas públicas e sociedades de economia mista**[275], diante de seu perfil híbrido, Gugel apresenta critério distinto[276].

Como são empresas cuja contratação de empregado se dá por concurso público, mas a vinculação trabalhista é regida pela CLT, o percentual da reserva deve ser o do art. 93 da Lei 8.213/1991 (de 2% a 5%, conforme número de funcionários), de acordo com o § 2º do art. 1º do Decreto 9.508/2018[277].

As **autarquias e fundações públicas**, embora da Administração Pública indireta, têm personalidade jurídica de direito público e seguem as regras comuns da Administração direta.

Relembramos dois enunciados da Súmula do STJ: Enunciado 377: ***"O portador de visão monocular tem direito de concorrer, em concurso público, às vagas reservadas aos deficientes"*** e Enunciado 552: ***"O portador de surdez unilateral não se qualifica como pessoa com deficiência para o fim de disputar as vagas reservadas em concursos públicos"***.

A simples condição de pessoa com deficiência não autoriza aprovação no certame, devendo o candidato alcançar a nota exigida (TST/11ª Região, ROMS 705650/2000, 5ª T., Redator designado Min. Ives Gandra Martins Filho, , *DJ* 15.03.2002), assim como a não comprovação desta condição, nos termos do edital, justifica a eliminação (MS 14038/DF, Rel. Min. Francisco Falcão, j. 05.06.2009).

As discriminações negativas praticadas no âmbito do trabalho e nos concursos públicos podem caracterizar as condutas criminosas definidas no art. 8º, II, III, §§ 1º e 2º[278], da Lei 7.853/1989, também alteradas pela LBI (art. 98).

O art. 98, § 3º, da Lei 8.112/1990 (alterado pela Lei 13.370/2016), conhecida como lei dos funcionários públicos concede o **direito a horário especial** ao **servidor público federal** que tenha cônjuge, filho ou dependente com deficiência de qualquer natureza, sem exigência de compensação posterior. Mas atenção: é para servidor federal e não os demais, embora antes da alteração da lei a jurisprudência já a admitia, com fundamentos que podem servir para algumas hipóteses de legislação local (cf. MS 22.463/DF, Rel. Min. Mauro Campbell, j. 04.03.2016). O Conselho Nacional do Ministério Público (CNMP) tratou das condições especiais de trabalho para membros e servidores(as) do Ministério Público que se enquadrem na condição de pessoa com deficiência ou doença grave, ou que sejam pais ou responsáveis por dependentes nessa mesma condição na Resolução 237/2021. No âmbito do Conselho Nacional de Justiça (CNJ), a Resolução 343/2020 instituiu condições especiais de trabalho para magistrados(as) e servidores(as) com deficiência, necessidades especiais ou doença grave ou que sejam pais ou responsáveis por dependentes nessa mesma condição. A redução da jornada de trabalho para quem tem filhos ou dependentes com deficiência foi apreciada no STF, através do RE 1237867, com repercussão geral reconhecida (**Tema 1097**). O Ministro Ricardo Lewandowski, relator do recurso extraordinário, defendeu que a questão central da causa afeta os órgãos e

---

[275] Disso agora trata o § 2º do art. 1º do Decreto 9.508/2018.

[276] GUGEL, Maria Aparecida. *Pessoas com deficiência e o direito ao concurso público – reserva de cargos e empregos públicos – Administração Pública direta e indireta*. 3. ed. Goiânia: Editora da UCG, 2016, p. 114 a 120.

[277] E como se aplica a obrigatoriedade de substituição automática de um trabalhador com deficiência dispensado por outro também deficiente ou reabilitado (art. 93, § 1º, da LBI), o aconselhável é que estas estatais mantenham cadastro reserva, porque a dispensa sem a reposição poderá ensejar a anulação e a reintegração do empregado dispensado (TST, RR-646.255/2000/2ª Região, 3ª T., Rel. Min. Carlos Alberto Reis de Paula, *DJ* 04.04.2003.

[278] *Art. 8º Constitui crime punível com reclusão de 2 (dois) a 5 (cinco) anos e multa: (...) II – obstar inscrição em concurso público ou acesso de alguém a qualquer cargo ou emprego público, em razão de sua deficiência; III – negar ou obstar emprego, trabalho ou promoção à pessoa em razão de sua deficiência. § 1º Se o crime for praticado contra pessoa com deficiência menor de 18 (dezoito) anos, a pena é agravada em 1/3 (um terço). § 2º A pena pela adoção deliberada de critérios subjetivos para indeferimento de inscrição, de aprovação e de cumprimento de estágio probatório em concursos públicos não exclui a responsabilidade patrimonial pessoal do administrador público pelos danos causados.*

as entidades da Administração Pública federal, municipal e estadual, extrapolando o interesse das partes envolvidas e, do ponto de vista jurídico, esse esclarecimento será importante para uniformizar o entendimento do Poder Judiciário sobre o tema, evitando decisões conflitantes em casos similares. No julgamento (plenário virtual concluído em 16.12.2022), foi fixada a seguinte tese: "*Aos servidores públicos estaduais e municipais é aplicado, para todos os efeitos, o art. 98, § 2° e § 3°, da Lei 8.112/1990, nos termos do voto do Relator*". No âmbito da Justiça do Trabalho, tal direito foi garantido no julgamento do RR 10409-87.2018.5.15.0090, pelo Tribunal Superior do Trabalho, objeto de Recurso Extraordinário, no qual se faz remissão ao dispositivo da Lei 8.112/1990 (alterado pela Lei 13.370/2016) que mencionamos linhas acima (art. 98, § 3º).

A Lei 14.457/2022, que instituiu o Programa Emprega + Mulher e alterou algumas disposições da CLT, traz algumas disposições relativas à pessoa com deficiência, p. ex., a prioridade de ocupação de vagas para atividades em teletrabalho, trabalho remoto ou trabalho a distância, às empregadas e aos empregados com filho, enteado ou pessoa sob guarda judicial com deficiência, sem limite de idade (art. 7º, II); a concessão de uma ou mais medidas de flexibilização da jornada de trabalho (dentre as arroladas na lei) aos empregados e empregadas que tenham filho, enteado ou pessoa sob sua guarda, com 6 anos de idade ou com deficiência, com vistas a promover a conciliação entre o trabalho e a parentalidade (art. 8º); a flexibilização dos horários fixos da jornada a esses empregados e empregadas, quando a atividade assim o permitir (art. 14); o estímulo à melhoria da empregabilidade de mulheres com deficiência ou com filho com deficiência (art. 31).

3.6.16 Direito à mobilidade urbana e acessibilidade

O **direito à mobilidade urbana** vem expresso no art. 144, § 10, I, da CF/1988 (introduzido pela EC 82/2014), ao assegurar ao cidadão o direito à mobilidade urbana eficiente. Consiste na exigência de **meios públicos ou privados adequados ao deslocamento na área urbana**[279] e vem disciplinada pela Lei 12.587/2012, que institui a Política Nacional de Mobilidade Urbana.

Entre os princípios da política de mobilidade urbana estão a acessibilidade universal, equidade no acesso ao transporte público e equidade no uso do espaço público de circulação, vias e logradouros.

A concepção de mobilidade urbana se associa à concepção sistêmica de acessibilidade[280], de modo a criar uma grande rede articulada e coordenada de mecanismos e elementos urbanos, interligados e comunicantes, permitindo a todos o pleno exercício do **direito à cidade**[281].

É certo que a pandemia de Covid-19 trouxe mudanças no comportamento da sociedade, entre as quais, no Brasil, a incorporação do modelo de trabalho remoto ou teletrabalho (*home*

[279] O STJ, no julgamento do REsp 1.733.468, Rel. Min. Nancy Andrighi, manteve indenização a título de dano moral que uma empresa de transportes públicos terá de pagar a um cadeirante que precisava se esconder para poder embarcar no ônibus, já que os motoristas evitavam parar se soubessem que ele estava no ponto. Apontou-se violação ao direito fundamental de acessibilidade no transporte coletivo, quebra da igualdade de oportunidades com os demais indivíduos, com o agravamento da segregação social dessas pessoas e violação ao direito à cidade. No julgamento do REsp 1.912.548/SP, o STJ voltou a condenar, agora uma associação, a indenizar por danos morais um cadeirante que comprou ingressos em camarote para assistir a show, na cidade de Limeira, e por falta de acessibilidade passou por inúmeros problemas de locomoção no local.

[280] Merece destaque a preocupação trazida pela LBI da concepção sistêmica da acessibilidade, é dizer, não basta que alguns locais, p. ex., como os de votação (em regra escolas, que se já estiverem adaptadas facilitarão bastante as coisas) sejam acessíveis se o seu entorno (calçadas com guias rebaixadas, sinalização podotátil etc.) e o sistema de transporte não o forem (ônibus adaptados, pontos de parada acessíveis), afinal, está tudo interligado; não basta a seção eleitoral ser acessível, como uma ilha inalcançável, dentro de um oceano cheio de obstáculos e barreiras.

[281] O direito à cidade deve compreender os direitos inerentes às pessoas que vivem na cidade, quais sejam de ter condições de vida dignas, poder exercitar a cidadania em sua plenitude, de participar da gestão da cidade, de desfrutar de um meio ambiente ecologicamente equilibrado.

office), o incremento do comércio eletrônico, com compras pela internet (*e-commerce*), situações novas que não retiraram a importância da garantia da acessibilidade física, mas também exigem maior atenção à acessibilidade digital, especialmente dos sítios eletrônicos.

A **acessibilidade** é entendida, num conceito mais amplo do que aquele previsto na Lei 10.098/2000, como a possibilidade e condição para que a pessoa com deficiência alcance a **utilização, com segurança e autonomia - que pressupõe capacidade de tomar decisões informadas, independência (ausência de coerção ou manipulação) e escolha (existência real de alternativas) -, dos espaços, mobiliários, equipamentos urbanos e rurais, edificações, transportes, informação e comunicação e outros serviços e instalações abertos ao público, de uso público ou privado de uso coletivo** (art. 3º, I, da LBI)[282-283]. Alcança prédios escolares[284], fóruns[285], ambientes de trabalho, repartições públicas, hospitais, calçadas[286], ônibus, banheiros químicos quando disponibilizados em eventos públicos e privados[287] etc.

Foi elevada a **princípio**[288] - por sua **carga reveladora de valores e critérios orientadores da compreensão e aplicação do direito**[289] - pela Convenção de Nova Iorque, que logo no seu preâmbulo reconhece sua importância como forma de possibilitar às pessoas com deficiência o pleno gozo de todos os direitos humanos e liberdades fundamentais (letra *v*)[290].

É um direito fundamental indisponível e um direito meio para fruição[291] dos demais direitos[292].

---

282 O art. 3º ainda traz outras conceituações, p. ex.: barreiras, elementos de urbanização, desenho universal, pessoa com mobilidade reduzida, dentre outros.

283 Segundo o STJ, é cabível a ação civil pública que objetiva obrigação de fazer a fim de garantir acessibilidade nos prédios públicos ou privados às pessoas com deficiência, assim como há interesse de agir do Ministério Público Federal para tanto: AgInt no REsp 1.563.459/SE, Rel. Min. Francisco Falcão, j. 03.08.2017; REsp 987.280/SP, Rel. Min. Luiz Fux, j. 16.04.2009; REsp 1.270.420/MG (decisão monocrática), Rel. Min. Benedito Gonçalves, j. 15.05.2017.

284 No julgamento da ADI 5139, que apreciava a Lei estadual 7.508/2013, o STF entendeu que a determinação de que o número de cadeiras adaptadas devesse ser, no mínimo, igual ao número de alunos regularmente matriculados em cada sala de aula referia-se ao número de alunos com deficiência ou mobilidade reduzida regularmente matriculados em cada sala e não a todos os alunos, em respeito ao princípio da proporcionalidade.

285 A esse respeito, recomenda-se consultar a Resolução 401/2021 do Conselho Nacional de Justiça (CNJ), que dispõe sobre o desenvolvimento de diretrizes de acessibilidade e inclusão de pessoas com deficiência nos órgãos do Poder Judiciário e de seus serviços auxiliares, e regulamenta o funcionamento de unidades de acessibilidade e inclusão. Essa nova Resolução substitui a Resolução 230/2016, do CNJ. Também foi editada a Instrução Normativa 12/2019, do STJ, pela qual foram estabelecidas normas especiais para o atendimento dos advogados com deficiência ou mobilidade reduzida nas salas de julgamento e nas demais dependências da corte, p. ex., condições adequadas para fazer sustentação oral.

286 No REsp 1.320.356/SP, 2ª T., Rel. Min. Herman Benjamin, j. 25.10.2016, *DJe* 08.11.2016, o município de Santos, em São Paulo, foi obrigado a adequar as calçadas de um de seus bairros para garantir acessibilidade às pessoas com deficiência.

287 Essa exigência de disponibilização de 10% acessível do total e de ao menos 1 dos banheiros químicos instalados em eventos públicos e privados foi trazida pela Lei 13.825/2019, que alterou o art. 6º da Lei 10.098/2000, para acrescentar dois parágrafos.

288 A isso alude a Rel. Min Nancy Andrighi, no julgamento do REsp 1.912.548/SP, ao afirmar que a Convenção Internacional sobre os Direitos das Pessoas com Deficiência (Convenção de Nova Iorque) elevou *a acessibilidade* à categoria *de direito humano fundamental* e a partir desse princípio a acessibilidade prevê que as concepções de todos os espaços, ambientes, produtos e serviços devem permitir que as pessoas com deficiência possam ser seus usuários legítimos e dignos.

289 No julgamento do ARE 1.236.773/RN, Rel. Edson Fachin, ficou consignado que, consoante entendimento pacífico daquela Corte, o julgamento pelo Poder Judiciário da legalidade dos atos dos demais poderes, como *é a garantia de acessibilidade das pessoas com deficiência*, não representa ofensa ao princípio da separação de poderes.

290 Nesse sentido decidiu o STJ no REsp 1.733.468, no qual a Relatora, Ministra Nancy Andrighi, ressaltou que a Convenção de Nova Iorque alçou a acessibilidade como princípio geral a ser observado pelos Estados-partes, assim como um direito humano fundamental, sempre alinhado à visão de que a deficiência não está na pessoa e sim no meio, que cria e impõe barreiras ao pleno desempenho dos papéis sociais (conceito social da deficiência).

291 O STJ divulgou recentemente que possibilita às pessoas com deficiência visual o acesso a 100% das peças processuais de seu acervo através de softwares baseados em OCE (Optical Character Recognition), além de janelas de Libras, apoio para advogados com deficiência para sustentação oral, audiodescrição, dentre outros recursos. O STF lançou a série "Direito em Libras", que se destina a criar um glossário jurídico em Libras, por meio de episódios rápidos, cada um tratando de um termo jurídico em Libras. De igual forma, o STF, no julgamento da ADI 6989/PI, reconheceu a constitucionalidade de lei estadual que obriga empresas do setor têxtil a identificar as peças de roupas com etiquetas em braile ou outro meio acessível às pessoas com deficiência visual, não conflitando com os princípios da livre-iniciativa, da livre concorrência, da propriedade privada e da isonomia nem invadindo competência privativa da União.

292 Repetimos a remissão ao REsp 1.733.468, Rel. Min. Nancy Andrighi, no qual esse aspecto fica bem evidenciado.

Por conta dessa importância, o STJ vem afirmando que *"(...) não se mostra legítimo, ao Poder Público, invocar a cláusula da 'reserva do possível' para exonerar-se do dever constitucional de garantir aos idosos e, também, aos portadores de* ***deficiência*** *física, o direito fundamental de* ***acessibilidade***" (STJ, AgRg no REsp 1007376/MG, Rel. Min. Ricardo Villas Bôas Cueva, *DJe* 20.08.2013; STJ, AREsp 593676 RN2014/0254790-7, Rel. Min. Herman Benjamin, *DJ* 11.12.2014; STJ, EDcl no AgRg nos EREsp 1.419.355/BA, Rel. Min. Humberto Martins, j. 18.03.2015, *DJe* 30.03.2015; STJ, AREsp 687042 MG 2015/0075944-9, Rel. Min. Humberto Martins, *DJ* 30.04.2015)" (REsp 1991937, Rel. Min. Mauro Campbell Marques, p. 27.04.2022).

Embora esteja mais diretamente relacionado ao direito de ir, vir e permanecer (art. 5º, XV, da CF/1988), vincula-se diretamente à dignidade da pessoa, à garantia de sua autonomia, independência e igualdade de oportunidades[293].

Assume especial relevo nesse tema, diante no novo conceito social de deficiência, que, como vimos, está diretamente atrelado ao ambiente, às barreiras impostas à fruição deste ambiente, ou seja, como afirma o art. 53 da LBI, "**é direito que garante à pessoa com deficiência ou com mobilidade reduzida viver de forma independente e exercer seus direitos de cidadania e de participação social**".

A Convenção da ONU (art. 2º, "Discriminação por motivo da deficiência") e a LBI (art. 4º, § 1º) afirmam que a recusa de adaptação razoável é **conduta discriminatória**, que pode caracterizar crime (art. 88 da LBI).

Está contemplada na CF/1988 nos **arts. 227, § 1º, II, parte final, e § 2º** e **244**, que determinam as construções e adaptações em logradouros e veículos de transporte coletivo, tanto novos como existente à época, às pessoas com deficiência[294].

Também em vigor (demandando interpretação e aplicação conjuntas) e tratando deste tema: a Convenção da ONU (art. 9º), a Lei 7.853/1989 (art. 2º, V), as leis específicas sobre acessibilidade: Leis 10.048/2000 e 10.098/2000 (com alterações posteriores) e seu Decreto regulamentador, 5.296/2004[295], e a LBI (especialmente nos arts. 53 a 75).

A Lei 10.048/2000 sofreu pequena alteração pelo art. 111 da LBI para incluir no atendimento prioritário, além do idoso, da pessoa com deficiência, gestantes, lactantes e pessoas com crianças de colo, o obeso. Foi novamente alterada pela Lei 14.364/2022, para acrescentar que o acompanhante ou atendente pessoal das pessoas nela referidas serão atendidos junto e acessoriamente aos titulares da prioridade de que trata a lei.

Já a Lei 10.098/2000[296], mais abrangente e de maior importância, teve seus conceitos ajustados aos da LBI (art. 112) e outros acrescidos[297], sem modificação dos prazos lá fixados.

---

[293] No julgamento do agravo interno no REsp 1.563.459, em que se discutia direito de acesso a locais de votação, o STJ entendeu que essa matéria não é de competência da Justiça Eleitoral, como havia decidido o TRF da 5ª Região, porque a questão vai além do processo eleitoral, já que a questão de direito material diz respeito à acessibilidade de pessoas a prédios públicos ou particulares destinados à coleta de votos.

[294] A LBI dispõe, no art. 60, a obrigatoriedade de acessibilidade em planos diretores municipais, de transportes e trânsito, de mobilidade urbana, nos códigos de obras, dentre outros.

[295] O Decreto 7.823/2012 regulamentou as referidas leis quanto à destinação mínima de espaços e assentos nas instalações destinadas aos Jogos Olímpicos e Paraolímpicos de 2016.

[296] A Lei 13.443/2017 alterou parcialmente o parágrafo único do art. 4º desta Lei, que dispõe sobre a obrigatoriedade de se adaptar (tanto quanto tecnicamente possível) e identificar 5% de cada brinquedos e equipamentos de lazer em parques de uso público para pessoas com deficiência ou mobilidade reduzida. A Lei 13.825/2019 também alterou essa lei, para assegurar às pessoas com deficiência visual o direito de receber cartões de crédito e de movimentação de contas bancárias com as informações vertidas em caracteres de identificação tátil em braile.

[297] *A LBI também inseriu ou aperfeiçoou alguns outros artigos não previstos na redação original da lei de acessibilidade, como: "Art. 3º (...) Parágrafo único. O passeio público, elemento obrigatório de urbanização e parte da via pública, normalmente segregado e em nível diferente, destina-se somente à circulação de pedestres e, quando possível, à implantação de mobiliário urbano e de vegetação.*

Art. 9º (...) Parágrafo único. Os semáforos para pedestres instalados em vias públicas de grande circulação, ou que deem acesso aos serviços de reabilitação, devem obrigatoriamente estar equipados com mecanismo que emita sinal sonoro suave para orientação do pedestre.

Além dessa legislação, e como anotamos no item 3.5 (Sistema normativo infraconstitucional), há normas técnicas emitidas pelo Associação Brasileira de Normas Técnicas – ABNT (que são atualizadas periodicamente), sendo a mais conhecida a NBR 9050, que trata da acessibilidade a edifícios, mobiliários, espaços e equipamentos urbanos. A essas normas técnicas faz menção o Decreto 5.296/2004, p. ex., no art. 5º, § 3º; arts. 10 e 11, § 1º, e o STJ vem entendendo devam ser observadas, obrigatoriamente, nas adaptações, como se observa no julgamento do REsp 2017584, Rel. Min. Francisco Falcão, publicado em 22.08.2022, ou mesmo constam como de observância obrigatória em legislação local (nesse sentido, REsp 1991937, Rel. Min. Mauro Campbell Marques, publicado em 27.04.2022).

Mais recentemente, foram editados: o Decreto 9.451/2018, que regula o art. 58 da LBI, que trata dos projetos e construção de edificação multifamiliar (entra em vigor em 18 meses da sua publicação); o Decreto 9.404/2018, que altera o Decreto 5.296/2004 para dispor sobre a reserva de espaços e assentos em teatros, cinemas, auditórios, estádios, ginásios de esporte, locais de espetáculos e de conferências e similares para pessoas com deficiência, em conformidade com o art. 44 da LBI[298]; o Decreto 9.296/2018, que regulamenta o art. 45 da LBI, que trata da concepção e da implementação dos projetos arquitetônicos de hotéis, pousadas e estruturas similares e o Decreto 9.405/2018, que dispõe sobre o tratamento diferenciado, simplificado e favorecido às microempresas e às empresas de pequeno porte, previsto no art. 122 da LBI e que traz disposições sobre acessibilidade.

É importante lembrar que tais decretos, apesar de se reportarem à Lei Brasileira de Inclusão – LBI, não podem contrariar outras leis que tratam desse tema, como as Leis 10.098/2000 e 10.048/2000 e seu Decreto regulamentador 5.296/2004 naquilo que diz respeito, p. ex., a prazos e hipóteses de incidência, à luz do que dispõe o art. 121 e seu parágrafo único da LBI[299].

Neste aspecto, o STJ, no julgamento do REsp 1292875/PR, Rel. Min. Herman Benjamin, j. 15.12.2016, assentou que o prazo para as adaptações dos veículos de transporte coletivo está disciplinado pela Lei 10.098/2000 (art. 16), e não pela Lei 10.048/2000 (art. 5º, § 2º), e o Decreto 5.296/2004 que o estendeu para dez anos (art. 38, §§ 2º e 3º), cuja natureza regulamentadora não poderia ter alterado os prazos fixados em lei, é, neste ponto, ilegal por frustrar o escopo da norma.

Em outro importante julgado dessa Corte, cuja leitura recomendamos por seu conteúdo elucidador de vários aspectos relativos ao tema (REsp 2041463), a Relatora, Ministra Nancy Andrighi, destacou que não é de dispensar a exigência de acessibilidade às edificações que não passaram por reformas desde os anos 2000, como supostamente se pode entender pela literalidade do art. 11 da Lei 10.098/2000, porque o art. 57 da LBI exige a acessibilidade sem tal ressalva[300]. Também, no julgamento do REsp 1543465-RS, Rel. Min. Napoleão Nunes Maia

---

(...)

Art. 10-A. A instalação de qualquer mobiliário urbano em área de circulação comum para pedestre que ofereça risco de acidente à pessoa com deficiência deverá ser indicada mediante sinalização tátil de alerta no piso, de acordo com as normas técnicas pertinentes.

(...)

Art. 12-A. Os centros comerciais e os estabelecimentos congêneres devem fornecer carros e cadeiras de rodas, motorizados ou não, para o atendimento da pessoa com deficiência ou com mobilidade reduzida".

298 A Lei 14.009/2020 alterou o art. 125, § 6°, da LBI, aumentando o prazo para adaptação das salas de cinemas de 48 para 60 meses.

299 "Art. 121. Os direitos, os prazos e as obrigações previstos nesta Lei não excluem os já estabelecidos em outras legislações, inclusive em pactos, tratados, convenções e declarações internacionais aprovados e promulgados pelo Congresso Nacional, e devem ser aplicados em conformidade com as demais normas internas e acordos internacionais vinculantes sobre a matéria. Parágrafo único. Prevalecerá a norma mais benéfica à pessoa com deficiência".

300 Constou do voto da relatora, no ponto: "*(...) 40. Outrossim, ao menos restou comprovado nos autos se o estabelecimento do recorrente (VIA VAREJO S/A) não passou por reforma desde os anos 2000. Nada obstante, esse fator é completamente irrelevante para a discussão dos autos, haja vista que, conforme indicado no Primeiro Grau (fl. 275, e-STJ), o art. 57 da LBI determina que 'as edificações públicas e privadas de uso coletivo já existentes devem garantir acessibilidade à pessoa com deficiência em todas as suas dependências e serviços, tendo como referência as normas de acessibilidade vigentes'. 41. Assim, em consonância com o*

Filho, *DJe* 04.02.2019, embora de matéria distinta, foi destacada a impossibilidade de um decreto regulamentador extrapolar os limites de sua função, alterando conteúdo da lei regulamentada, gerando sua nulidade. Consta da ementa, neste ponto: "*5. Com efeito, o Decreto 5.943/2006, fulcrado no art. 84, IV da CF/1988, a pretexto de regulamentar o disposto do art. 40 do Estatuto do Idoso, exorbita o poder regulamentar, apontando ressalvas/condicionantes não previstas na legislação, sendo, portanto, nulo o parágrafo único do art. 8º do mencionado Decreto*".

A verificação do cumprimento dos prazos de ambas foi imposta pelo art. 120 da LBI.

De igual forma, em 2019 foi editado o Decreto 10.014, que altera o Decreto 5.296/2004, regulamentador das Leis 10.048/2000 e 10.098/2000, que tratam da prioridade de atendimento às pessoas com deficiência e a acessibilidade em geral, acrescentando outros espaços sujeitos à acessibilidade, tais como os acessos a piscinas, andares de recreação, salões de festas, quadras esportivas etc., integrantes de áreas internas e externas de uso comum das edificações de uso privado multifamiliar e das de uso coletivo.

Tal determinação nos parece superfetação, dentro da concepção sistêmica de acessibilidade e a partir da legislação já existente (p. ex., art. 32, III, da LBI[301]), pois não teria sentido exigir-se acessibilidade às áreas de uso comum sem se reconhecer incluídas piscinas, salões de festas, quadras esportivas etc.

Ao que se nota, o propósito dessa norma secundária foi mais o que se *excluiu* da exigência de adaptação: altar e batistério das edificações de uso coletivo utilizadas como templos de qualquer culto.

Para nós há flagrante ilegalidade[302] nessa exclusão por abuso no poder regulamentar, que gerou indevida inovação no plano legislativo. Exorbitou-se na regulamentação apontando ressalva/exclusão não prevista na legislação[303], ferindo de morte a obrigação assumida pelo Brasil de assegurar a progressividade do pleno exercício dos direitos, com vedação do retrocesso, estabelecido no art. 4, item 2, da Convenção de Nova Iorque, disposição essa que está em sintonia com o Pacto Internacional sobre Direitos Econômicos, Sociais e Culturais (Decreto 591/1992) e com o Protocolo Adicional à Convenção Americana sobre Direitos Humanos em matéria de Direitos Econômicos, Sociais e Culturais (Protocolo de São Salvador – Decreto 3.321/1999)[304].

A ressalva feita aos veículos destinados exclusivamente às empresas de transporte de fretamento e de turismo justifica-se porque a LBI fixou como momento para as adaptações a renovação de suas frotas (art. 49).

Também foi editado o Decreto 9.762/2019, voltado a regulamentar os arts. 51 e 52 da LBI, que estabelecem a obrigação de adaptações à frota de táxis e dos veículos de locadoras. Esse art. 52 foi objeto de ADI (5452), juntamente com o art. 127, também da LBI, sob o fundamento de que aquele primeiro dispositivo cria obrigação desarrazoada, desproporcional e incompatível com a livre-iniciativa e em decisão do Plenário, Sessão Virtual de 11.9.2020 a 21.9.2020. A ação foi julgada improcedente, reconhecendo, portanto, a constitucionalidade da exigência.

---

entendimento do Tribunal de origem, conclui-se que a ausência de rampa de acesso em estabelecimento comercial, vedando a entrada do recorrido, que é cadeirante, configura-se como fato de serviço, nos termos do art. 14 do CDC (fl. 445, e-STJ)".

301 *"Art. 32. Nos programas habitacionais, públicos ou subsidiados com recursos públicos, a pessoa com deficiência ou o seu responsável goza de prioridade na aquisição de imóvel para moradia própria, observado o seguinte:*
(...)
III – em caso de edificação multifamiliar, garantia de acessibilidade nas áreas de uso comum e nas unidades habitacionais no piso térreo e de acessibilidade ou de adaptação razoável nos demais pisos."

302 Vale lembrar que o STF tem entendido que é inviável o controle concentrado de ato regulamentador de lei, desafiando o controle de legalidade e não de constitucionalidade, mesmo porque o ataque não seria direto ao texto constitucional e, sim, reflexo (ADPF 589, Rel. Min. Edson Fachin, j. 06.06.2019).

303 Tratando de hipótese de abuso no poder regulamentar (na questão do idoso), conferir o REsp 1.543.465/RS, Rel. Min. Napoleão Nunes Maia Filho, j. 13.12.2018.

304 A isso nos referimos, p. ex., no capítulo desta obra sobre o Direito à Educação, ao cuidarmos do seu financiamento.

Podemos apontar as mesmas críticas que fizemos linhas acima sobre a sua ilegalidade em razão do abuso do poder regulamentar e do retrocesso, porque no seu art. 4º, § 1º estabelece que em suas adaptações as empresas locadoras deverão observar "*os seguintes percentuais: I – quarenta por cento para condutores com deficiência; e II – sessenta por cento para o transporte de uma pessoa em cadeira de rodas*".

Ora, o art. 52 da LBI (Lei 13.146/2015) determina a obrigatoriedade de oferecer veículo adaptado "*para uso de pessoa com deficiência*", não fazendo a distinção entre veículos para serem *conduzidos* por pessoas com deficiência ou apenas para *transportá-los*, como faz o decreto.

É uma sutileza que pode passar despercebida, mas reduziu-se o percentual de veículos a serem adaptados pelas locadoras para menos da metade (40%), porque para o transporte de um cadeirante (os outros 60%) não se exige quase nenhuma adaptação. Talvez o veículo não possa ser movido a gás, pelo espaço que o cilindro do produto ocupa no porta-malas, salvo se a cadeira de rodas for motorizada, o que ainda não é muito comum (e se pode disponibilizar um ou dois veículos para esses casos). Já a adaptação do veículo para o *condutor* com deficiência é bem mais ampla. Nesse caso também nos parece que a regulamentação foi para pior, um retrocesso.

Diretamente ligados ao direito à acessibilidade, temos os conceitos de **desenho universal** e **adaptação razoável**.

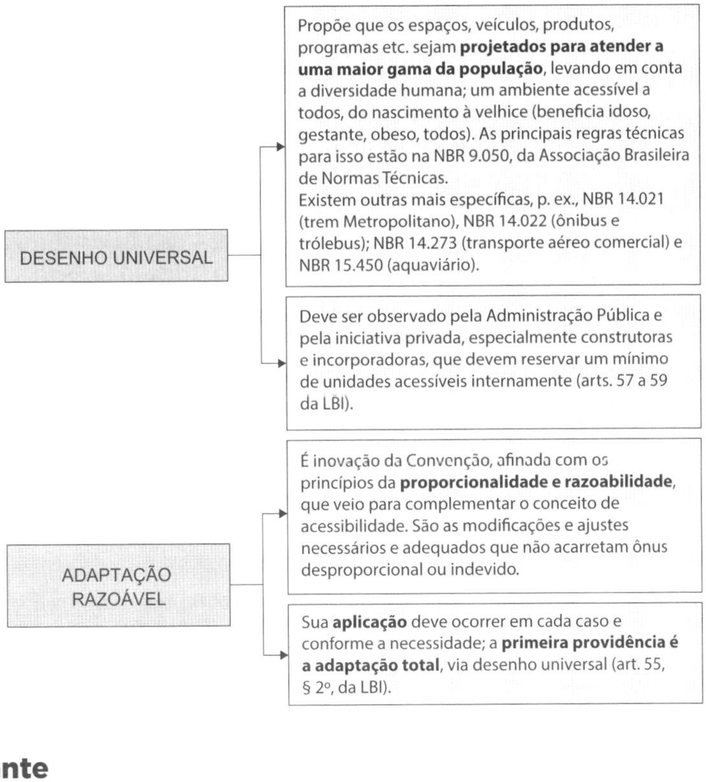

Importante

O entendimento corriqueiro entre nós já foi o de que a adaptação razoável se volta àquelas situações limítrofes de dificuldade de adaptação, v.g., do espaço físico, como pode ocorrer quando envolver locais tombados pelo patrimônio histórico; utiliza-se, nestes casos, a concepção da adaptação razoável. Extrai-se tal entendimento até mesmo da leitura do citado art. 55, § 2º, da LBI[305].

[305] Neste sentido, BARCELLOS, Ana Paula de; CAMPANTE, Renata Ramos. A acessibilidade como instrumento de promoção de direitos fundamentais. *In* FERRAZ, Carolina Valença; LEITE, George Salomão; LEITE, Glauber Salomão; LEITE, Glauco Salomão (Coords.). *Manual dos Direitos da Pessoa com Deficiência*. São Paulo: Saraiva, 2012.

Todavia, em uma concepção atrelada ao modelo de direitos humanos da deficiência, tem-se observado, com acerto, uma ampliação do conceito de acessibilidade e de adaptação razoável trazidos pela Convenção de Nova Iorque, e esta última surge em um terceiro momento, complementando a acessibilidade em geral (que deve ocorrer após a implantação do desenho universal) e é direcionada para cada pessoa, individualmente, e não para um grupo como acontece na acessibilidade em geral (é um direito da pessoa com deficiência individualmente considerado).

Veja-se o que diz o recente Comentário Geral 4 (2016) sobre o direito à educação inclusiva (adotado em 26.08.2016), Comitê dos Direitos das Pessoas com Deficiência, da ONU:

"29. O Comitê reitera a distinção entre o direito à acessibilidade em geral e a obrigação de proporcionar adaptação razoável. A acessibilidade beneficia grupos da população e é baseada em um conjunto de padrões que são implementados gradualmente. Desproporcionalidade ou carga indevida não podem ser alegadas para justificar a falta de acessibilidade. Adaptação razoável refere-se a um indivíduo e é complementar à obrigatoriedade de acessibilidade. Um indivíduo pode solicitar medidas de adaptações razoáveis legitimamente, mesmo que o Estado-Parte tenha cumprido seu dever de acessibilidade (...) As adaptações podem incluir a alteração da localização de uma sala de aula, fornecer diferentes formas de comunicação na classe, ampliar impressões, materiais e/ou conteúdos em sinais, ou oferecer material em um formato alternativo, oferecer aos alunos alguém que tome notas ou um intérprete de Libras ou outra língua, ou ainda permitir que os alunos usem tecnologia assistiva para situações de aprendizagem e avaliação"[306].

A exigência de adaptação razoável está atrelada à circunstância de isso não representar ônus excessivo ou indevido, conforme definição trazida no art. 2º da Convenção e art. 3º, VI, da LBI. Em síntese, podemos afirmar que adaptação razoável tem o sentido de eficácia desta adaptação do ambiente às necessidades da pessoa com deficiência beneficiária e sem representar uma desproporção entre custos e benefícios, levando-se em conta tanto os envolvidos diretamente (beneficiário e obrigado), como ainda eventuais vantagens indiretas ao obrigado, como p. ex., sendo uma pessoa jurídica, o reflexo positivo de sua imagem no mercado como empresa responsável socialmente[307].

Estão sujeitos ao cumprimento da acessibilidade (art. 54 da LBI): a aprovação de projeto arquitetônico e urbanístico[308], de comunicação e informação (tratado especificamente nos arts. 63 a 73 da LBI), fabricação de veículos de transporte coletivo, prestação de serviço[309] e execução de qualquer tipo de obra que tenham destinação pública ou coletiva[310]; outorga ou renovação de concessão, permissão, autorização ou habitação, aprovação de financiamento de projeto com uso de verba pública, contrato, convênio ou congênere e concessão de aval da União para obtenção de empréstimo e financiamento internacionais por entes públicos ou privados, além de, por solicitação contas e demais documentos de cobrança de tributos (art. 62).

Essas regras valem (arts. 63 a 73) para sítios da *internet*[311] de empresas sediadas ou com representação no Brasil, de órgão público, telecentros comunitários e *lan houses*, empresas

[306] Tradução disponibilizada no sítio eletrônico <www.movimentodown.org.br/2017/12/comentario-geral-4-sobre-educacao-inclusiva-do-comite-da-convencao-da-onu-sobre-os-direitos-das-pessoas-com-deficiencia/>. Acesso em: 24 dez. 2017. Este parece que também é o sentido atribuído pelo Decreto 9.451/2018, ao definir a unidade com adaptação razoável (art. 2º, IV). A ele nos referimos ao tratarmos do profissional de apoio escolar.

[307] Sobre o tema, inclusive com uma abordagem histórica, consultar MARTEL, Letícia de Campos Velho. *Adaptação razoável: o novo conceito sob as lentes de uma gramática constitucional inclusiva. In* SUR, v. 8, n. 14, jun. 2011, São Paulo: Sur – Rede Universitária de Direitos Humanos.

[308] Ver alterações trazidas pela LBI ao Estatuto da Cidade (Lei 10.257/2001) e à Lei de Improbidade Administrativa (Lei 8.429/1992) nos itens 3.5.2.13 e 3.5.2.9, respectivamente.

[309] No REsp 1.377.941, o Relator, Ministro Marco Aurélio Bellizze, reconheceu a necessidade de instituição financeira produzir documentos em braile (contratos de adesão e todos os demais necessários para a relação com consumidor com deficiência), como decorrência do direito à informação do consumidor, indispensável à validade da contratação e em respeito à dignidade da pessoa humana. Já a Lei 13.835/2019 acrescentou à Lei 10.098/2000 o art. 21-A, que assegura às pessoas com deficiência visual o direito de receber cartões de crédito e de movimentação de contas bancárias com as informações vertidas em caracteres de identificação tátil em braile.

[310] No REsp 1.607.472-PE (2016/0155431-8), Rel. Min. Herman Benjamin, j. 15.09.2016, determinou-se que a Universidade Federal de Pernambuco realize obras de acessibilidade à pessoa com deficiência em todos os seus prédios.

[311] A Resolução 667/2016 da ANATEL aprovou o Regulamento Geral de Acessibilidade em Serviços de Telecomunicação de interesse coletivo. Os prazos nela estabelecidos foram alterados pela Resolução 677/2017, da mesma Agência Nacional.

prestadoras de serviços de telecomunicação, serviços de radiodifusão[312] de sons e imagens, canais de comercialização virtual ou impressa, livros (mediante incentivo do Poder Público), congressos, seminários, oficinas e demais eventos de natureza científico-cultural. A Lei 14.863/2024 alterou a LBI (Estatuto da Pessoa com Deficiência), para assegurar a acessibilidade nas campanhas sociais, preventivas e educativas às pessoas com deficiência.

Também os edifícios públicos, de uso coletivo e de uso privado (arts. 56, 57 e 58 da LBI).

Jurisprudência

STF, RE 440028/SP, Rel. Min. Marco Aurélio, j. 29.10.2013 (adaptação de escolas), ARE 891.418, Rel. Min Rosa Weber (adaptação de escola), RE 756.778, Rel. Min. Luiz Fux (adaptação de escola). STJ: RMS 9.613/SP, Rel. Min. José Delgado, j. 11.05.1999 (adaptação da Assembleia Legislativa); REsp 583.464/DF, Rel. Min. Nancy Andrighi (adaptação de piscina de clube); REsp 1595018/RJ, Rel. Min. Humberto Martins (adaptação de ônibus); REsp 1320356, Rel. Min. Herman Benjamin (rebaixamento de guias), REsp 1607472/PE, Rel. Min. Herman Benjamin, j. 15.09.2016 (adaptação física de universidade pública)[313], AgInt no REsp 1.563.459. Rel. Min. Francisco Falcão (interesse de agir do MPF em demanda que trata de acessibilidade em locais de votação); REsp 1.107.981 e AgRg no AREsp 582.987, Rel. Min. Isabel Gallotti (acessibilidade em equipamentos e mobiliários de agências bancárias - edificações e serviços), REsp 1.349.188, Rel. Min. Felipe Salomão e REsp 1315822/RJ, Rel. Min. Marco Aurélio Bellize, j. em 24.03.2015 (direito à informação clara e adequada, nos contratos e outros documentos relativos à relação de consumo em instituição financeira), entre outros.

Todavia, o STJ vem firmando entendimento de que não constitui dano moral coletivo a conduta do motorista de estacionar veículo em vaga reservada a pessoas com deficiência, uma vez que isso resulta em mera infração da lei de trânsito, não consistindo em lesão à esfera extrapatrimonial de determinada comunidade representada por conduta que agride, de modo ilegal ou intolerável, os valores fundamentais da sociedade, causando repulsa e indignação na consciência coletiva, elementos necessários a tal configuração (nesse sentido AREsp 1927324).

Esse tema da acessibilidade tem trazido reflexões em todo o mundo, e aqui gostaria de referir dois termos bastante interessantes: "fadiga de acesso" e "intimidade forçada".

O primeiro foi cunhado por Annika Konrad, uma ativista pelos direitos da pessoa com deficiência, escritora, professora e pesquisadora nos EUA, e que significa a exaustão decorrente da necessidade diária de fazer com que as demais pessoas entendam e participem da ideia da relevância da acessibilidade, o que conduz, em alguns momentos, a uma tarefa tão árdua e penosa que faz refletir se vale a pena tanto esforço ou se é melhor desistir da garantia de acesso em determinadas situações.

O segundo (intimidade forçada) retrata situação cotidiana de muitas pessoas com deficiência, que precisam compartilhar informações pessoais sensíveis para exercer direitos básicos. Por exemplo, uma pessoa surda ter que confidenciar a um amigo ou a um mero conhecido, que seja ouvinte e servirá de interlocutor em uma chamada telefônica a uma unidade de saúde pública que não tenha acessibilidade de comunicação, seu problema de saúde para conseguir marcar consulta médica, ou mesmo um cadeirante que precise de ajuda para vencer uma barreira física ao ingressar em um ônibus e isso acarretar um contato pessoal íntimo indesejado (ser

312 O Plenário do STF referendou medida cautelar em Arguição de Descumprimento de Preceito Fundamental 309 para suspender decisão de Tribunal Regional Federal, que determinara o cumprimento de cronograma inicialmente proposto de implementação de audiodescrição por parte dos prestadores de radiodifusão de sons e imagens e de retransmissão de televisão. O Colegiado suspendeu, ainda, a Portaria 332/A/2013 do Ministério das Comunicações (atual Ministério da Ciência, Tecnologia, Inovações e Comunicações, conforme a Medida Provisória 870/2019, art. 19, III), editada em observância àquele pronunciamento judicial. O processo está com o relator desde 2015.

313 Neste julgado reconheceu-se que o direito de frequentar uma universidade pública integra o mínimo existencial, de forma que a universidade-ré não poderia alegar a cláusula da reserva do possível para não realizar as adaptações.

carregado no colo). Esse termo foi trazido por Mia Mingus, escritora, educadora e defensora dos direitos da pessoa com deficiência coreana.

3.6.17 Direito ao transporte

Os serviços de transporte coletivo terrestre[314], aquático e aéreo[315], nos níveis federal, estadual e municipal, devem ser acessíveis[316]. Integram estes serviços, dentro da concepção sistêmica de acessibilidade e de transporte, os veículos, terminais de operação, estações, portos, pontos de parada, o sistema viário e a prestação de serviço (**arts. 46 e 48 da LBI**).

Também estão garantidas vagas reservadas nos estacionamentos abertos ao público ou privados de uso coletivo (em prédios multifamiliares, p. ex.) e em vias públicas (estacionamentos rotativos), localizadas próximo aos acessos de circulação de pedestres[317]. Entretanto, é bom lembrar que o STF, no julgamento da ADI 5842, apreciando lei do Rio Grande do Norte que concedia gratuidade em estacionamento privado para pessoa com deficiência ou idosa, reconheceu, por maioria, que essa matéria – cobrança pelo uso de estacionamento privado – envolve o direito de propriedade e é de competência privativa da União, acolhendo em parte o pedido.

As frotas de táxi devem reservar 10% de seus veículos acessíveis e as locadoras[318] ao menos 1 (um) veículo adaptado, sendo vedada a cobrança diferenciada de tarifa ou valores adicionais (arts. 51, 52 e 119 da LBI)[319]. Lembre-se do que dissemos no item anterior (acessibilidade) a esse respeito, ao tratarmos do Decreto 9.762/2019, editado para regulamentar referidos arts. 51 e 52 da LBI e que está contaminado por ilegalidade em razão do abuso do poder regulamentar.

O STJ decidiu que adaptações feitas pelo adquirente em veículos para garantir sua dirigibilidade por pessoa com deficiência não integra o automotor e pode ser retida pelo contratante, em alienação fiduciária, se o bem for devolvido ao banco[320].

A gratuidade no transporte interestadual às pessoas com deficiência carentes está prevista na Lei 8.899/1994[321] e no Decreto 3.691/2000, que a regulamenta.

314 O Decreto 9.475/2018 alterou o art. 70 do Decreto 2.521/1998 para dispor sobre a exclusão de limites de peso e dimensão das cadeiras de rodas ou outro equipamento de tecnologia assistiva para o transporte gratuito e obrigatório de bagagem no transporte rodoviário interestadual e internacional de passageiros.

315 NBR 14.273 (transporte aéreo comercial) e NBR 15.450 (aquaviário).

316 No REsp 1.838.791/CE, Rel. Min. Villas Bôas Cueva, j. 08.10.2019, reconheceu-se o direito à reparação por dano moral a menina com deficiência múltipla que foi impedida pelo motorista de transporte coletivo a ingressar pela porta da frente. De igual forma, cita-se o REsp 1.611.915/RS, Rel. Min. Marco Buzzi, j. 06.12.2018, *DJe* 04.02.2019, no qual se determinou a indenização a passageiro com deficiência que teve tratamento indigno ao embarcar em aeronave. Também no REsp 1.733.468/MG, Rel. Min. Nancy Andrighi, j. 19.06.2018, *DJe* 25.06.2018, concedeu-se indenização por dano moral a usuário de cadeira de rodas motorizada que não conseguiu ingressar em coletivo em razão da falta de acessibilidade, além de ser tratada de forma discriminatória pelo preposto da empresa.

317 Para veículos transportando pessoas com deficiência e comprometimento de mobilidade, desde que devidamente identificados. O uso indevido da vaga constitui infração de trânsito (art. 47 da LBI).

318 No AREsp 2016704-SP, foi formulado acordo junto ao STJ, no qual empresa locadora de veículo comprometeu-se a adequar sua frota aos parâmetros da LBI, e caso houvesse algum impedimento, deveria oferecer alternativas ao cliente, como a disponibilização de motorista sem custo adicional, além de destinar 1 milhão de reais ao Fundo Especial de Defesa e Reparação de Interesses Difusos Lesionados, relativos a danos morais e multas.

319 A exigência para que as locadoras disponibilizem veículos adaptados (art. 52 da LBI) foi objeto da ADI 5452/DF, da Confederação Nacional do Transporte, julgada improcedente, porque não demonstrada contrariedade na norma legal ao disposto na Constituição da República. Recomenda-se a leitura do voto da Min. Cármen Lúcia, acolhido pelos demais, pelos ensinamentos que traz, especialmente sobre a incidência do princípio da proporcionalidade.

320 "Alienação fiduciária em garantia. Ação de busca e apreensão. Aparelhos de adaptação para condução veicular por deficiente físico ou com mobilidade reduzida. Pertenças que não seguem o destino do principal (carro). Direito de retirada das adaptações. Solidariedade social. CF/1988 e Lei 13.146/2015" (REsp 1305183/SP, 4ª T., Rel. Min. Luis Felipe Salomão, , j. 18.10.2016, *DJe* 21.11.2016).

321 Na ADI 2649-6, Rel. Min. Carmen Lúcia, reconheceu-se a constitucionalidade desta lei. Sobre a inclusão da isenção (de dois assentos) no *transporte aéreo*, REsp 677.872/PR, 3ª T., Rel. Min. Nancy Andrighi, j. 08.05.2006, *DJ* 08.05.2003, negou-se este direito até que seja regulamentada a lei específica (Lei 8.899/1994). Em sentido próximo foi o julgamento do REsp 1.155.590,

3.6.18 Direito à participação na vida pública e política

Consectário dos direitos assegurados às pessoas com deficiência, o direito à participação na vida pública e política, como cidadão ou cidadã em sua integralidade, tem sentido bem maior do que o de cidadão-eleitor.

É a cidadania entendida, na já referida definição de Hannah Arendt, como o **direito a ter direitos**, ou seja, a garantia ao ser humano do papel de ser existente e integrante de uma comunidade e da humanidade, porque a privação da cidadania afeta substancialmente a condição humana, o que faz com que lhe seja retirada sua qualidade substancial de ser tratado pelos outros como um semelhante[322].

Uma forma de atuação direta das pessoas com deficiência é por intermédio de Conselhos de Direito, tanto federal (CONADE – Conselho Nacional dos Direitos da Pessoa com Deficiência – vinculado ao Ministério da Mulher, da Família e dos Direitos Humanos[323]), como estaduais e municipais, representando a sociedade civil.

Sobre a participação social em conselhos deliberativos, vale o registro da tese fixada pelo STF, na ADPF 622/DF, embora apreciando questão relativa ao Conselho Nacional da Criança e o Adolescente (Conanda), *verbis: "É inconstitucional norma que, a pretexto de regulamentar, dificulta a participação da sociedade civil em conselhos deliberativos"*. E da ementa de aludida decisão extraímos a seguinte lição: **"Importância de evitar os riscos do constitucionalismo abusivo: prática que promove a interpretação ou a alteração do ordenamento jurídico, de forma a concentrar poderes no Chefe do Executivo e a desabilitar agentes que exercem controle sobre a sua atuação. Instrumento associado, na ordem internacional, ao retrocesso democrático e à violação a direitos fundamentais".**

Para tanto, além da CF/1988 e da Convenção da ONU e do Código Eleitoral[324], a LBI estabelece uma série de encargos ao Poder Público com vistas a estimular e efetivar esta participação política, dentre as quais a acessibilidade aos locais de votação[325], aos pronunciamentos oficiais, propaganda eleitoral e debates televisivos (art. 76).

Recente avanço na garantia de efetiva participação na vida em sociedade foi a adoção, pela ONU, a partir de iniciativa do governo brasileiro, de resolução que trata da comunicação simples para a acessibilidade de pessoas com deficiência intelectual e dificuldade de leitura.

Intitulada *"Promovendo e integrando uma comunicação fácil de entender para acessibilidade de pessoas com deficiência"*, a resolução tem como base a multicitada Convenção

---

Rel. Min. Marco Buzzi, *DJe* 07.12.2018, afirmando que o decreto regulamentador 3.691/2000 também é vago e a Portaria Interministerial 003/2001 só se refere aos modais rodoviário, ferroviário e aquaviário, permitindo concluir que foi deixado de fora o transporte aéreo deliberadamente, não podendo o STJ ampliar esse rol. Para o transporte de ônibus *interestadual*, no julgamento do REsp 1568331, Rel. Min. Herman Benjamin, j. 20.10.2016, a 2ª Turma confirmou a abrangência nacional de uma decisão do Tribunal Regional Federal da 3ª Região (TRF3) que reconheceu o direito às pessoas com deficiência comprovadamente carentes ao passe livre em ônibus interestaduais (Lei 8.899/1994), sem o limite de dois assentos por veículo estabelecido indevidamente pelo Decreto 3.691/2000. Nesse último aspecto, o relator argumentou que o TRF3 enfrentou o ponto com viés constitucional, deixando de apreciá-la, portanto, para não invadir seara do STF.

322 LAFER, Celso. *A reconstrução dos direitos humanos, diálogo com o pensamento de Hannah Arendt*. São Paulo: Companhia das Letras, 2003, p. 147 e 151.

323 Esse conselho está disciplinado, atualmente, pelo Decreto 10.177, de 16.12.2019, alterado pelo Decreto 10.841/2021, naquilo que trata da representação da sociedade.

324 Especialmente sobre esse tema, consultar as Resoluções TSE 21.920/2004, que torna facultativo o voto ou alistamento da pessoa com deficiência quando isso se tornar impossível ou demasiadamente oneroso; 23.381/2012, sobre locais de votação acessíveis, e 23.218/2010, que autoriza o voto com ajuda de terceiro, de confiança do eleitor com deficiência (art. 51).

325 A Resolução 23.611/2019, do TSE, dispõe a respeito dos atos gerais do processo eleitoral das eleições municipais de 2020 e foram incorporadas à norma diversas disposições destinadas a facilitar o exercício do voto por pessoas com deficiência. Em 2024, foi editada a Resolução 23.736, de 27 de fevereiro de 2024, que cuida da acessibilidade, no seu art. 18, § 7º. A obrigatoriedade de adaptação de prédios públicos para garantir os locais de votação foi objeto do REsp 1563459, Rel. Min. Francisco Falcão.

Internacional sobre os Direitos das Pessoas com Deficiência – Convenção de Nova Iorque, adotada pelo Brasil.

A comunicação fácil de entender, mais conhecida como linguagem simples, já vem sendo usada no Brasil em órgãos do Executivo, Legislativo e Judiciário. A técnica reúne orientações sobre redação, estrutura, desenho e validação de textos, tornando a informação acessível a pessoas com dificuldade de compreensão de leitura.

É uma técnica de comunicação, cujo objetivo é tornar textos e documentos de mais fácil leitura, pois a pessoa consegue localizar a informação de forma rápida, para entendê-la e usá-la, e uma causa social, porque garante o direito de entender as informações que irão orientar nosso cotidiano. Surgiu no Reino Unido e nos Estados Unidos, nos anos 1940. Hoje, está presente em mais de trinta países, em diversos idiomas.

3.6.19 Do acesso à justiça[326]

O acesso à justiça é um direito fundamental ou, como anota Mauro Cappelletti[327] "requisito fundamental – o mais básico dos direitos humanos – de um sistema jurídico moderno e igualitário que pretenda garantir, e não apenas proclamar os direitos de todos".

O termo acesso à justiça deve ser compreendido de forma ampla, para abranger não somente o acesso tradicional ao Poder Judiciário, mas também o acesso a meios alternativos de soluções de conflitos (conciliação, arbitragem) e a projetos de educação de direitos.

Para a efetivação do direito de acesso à justiça, previsto no art. 5º, XXXV, da CF/1988, incumbiu-se o Poder Público[328] do **dever** (não é faculdade) de garantir a igualdade de oportunidades às pessoas com deficiência (não só como integrantes do processo judicial, mas como advogados), mediante, quando **solicitado** (se **não for parte ou advogado – art. 79, *caput*, da LBI**) e **sempre** (se **parte ou advogado – art. 80 da LBI**), adaptações e recursos de tecnologia assistiva (p. ex., programas de processos digitais acessíveis), além da obrigação de capacitação dos membros e servidores do sistema de justiça (MP, Judiciário, Defensoria Pública etc.) sobre os direitos dessas pessoas.

Aos **serviços notariais e de registro** de caráter privado, que exercem múnus público por delegação (art. 236 da CF/1988), acrescentou-se: não podem negar ou criar óbices ou condições diferenciadas à prestação de serviços em razão da deficiência do solicitante, sob risco de constituir tal ato discriminação (art. 83 da LBI)[329].

O art. 3º da Lei 7.853/1989, que trata das "**medidas judiciais destinadas à proteção de interesses coletivos, difusos, individuais homogêneos e individuais indisponíveis**[330]

---

[326] A Resolução conjunta 1/2018, do Conanda (Conselho Nacional dos Direitos da Criança e do Adolescente) e do CONADE (Conselho Nacional dos Direitos da Pessoa com Deficiência), dispõe sobre o atendimento da criança e do adolescente com deficiência no Sistema de Garantia dos Direitos da Criança e do Adolescente.

[327] *Acesso à justiça*, p. 12. José M. Wanderley Gomes Neto, estudando o jurista italiano, afirma que o acesso à justiça é *"uma norma-princípio estruturando do Estado Democrático de Direito, consectário do monopólio estatal da solução de conflitos, da proibição da autodefesa e das exigências de paz e seguranças jurídicas"* (O acesso à justiça em Mauro Cappelletti: uma análise teórica desta concepção como "movimento" de transformação das estruturas do processo civil brasileiro, p. 17-18.

[328] O CNJ editou a Recomendação 27/2009 dirigida a todos os tribunais (exceto o STF), sugerindo adoção de medidas que removam todas barreiras físicas, arquitetônicas, de comunicação e atitudinais que dificultem o amplo acesso das pessoas com deficiência às suas instalações e serviços que prestam e às carreiras.

[329] Ainda é comum algumas serventias extrajudiciais negarem ou dificultarem, p. ex., o reconhecimento da firma de um cego, muitas vezes exigindo sua presença ao ato.

[330] O texto primitivo, de 1989, não tinha previsão sobre a tutela dos interesses individuais homogêneos e individuais indisponíveis nem a legitimidade da Defensoria Pública, o que foi corrigido com a alteração trazida pelo art. 98 da LBI, embora já admitidos pela doutrina.

da pessoa com deficiência"[331] atribui legitimidade, dentre outros entes e órgãos públicos e associações, ao **MP** e **à Defensoria Pública**[332] para tutela dos direitos dessas pessoas[333].

A menção expressa a essas duas últimas instituições decorre da vocação constitucional de ambas à defesa da democracia e dos direitos do cidadão como órgãos essenciais à função jurisdicional do Estado (art. 134 da CF – Defensoria Pública; art. 127 da CF – Ministério Público).

O **Ministério Público**[334] intervém como **fiscal da ordem jurídica (*custos iuris*)** quando a demanda discutir **interesses relacionados à deficiência** e não em face da simples presença de pessoa com deficiência em um dos polos (art. 5º da Lei 7.853/1989).

Uma particularidade da Lei 7.853/1989, prevista no § 1º do art. 4º, é que a sentença que concluir pela carência ou pela improcedência da ação fica sujeita ao duplo grau de jurisdição, o que leva à conclusão da inaplicabilidade do duplo grau obrigatório previsto no art. 496, I, do CPC nessas ações civis públicas[335].

Aos réus em processo criminal, o art. 81 da LBI[336] determina que se observem as particularidades previstas na legislação por ocasião da aplicação das sanções penais[337], assim como a **toda pessoa com deficiência**, e não só o réu, submetida à medida **restritiva de liberdade** (adolescente infrator apreendido ou internado, devedor de alimentos e autor de crime – art. 79, § 2º). Nesse contexto, o plenário do CNJ aprovou a Recomendação 81/2020, que estabelece diretrizes e procedimentos para a justiça criminal e da infância e da juventude quando os réus (adultos ou adolescentes em conflito com a lei) tiverem deficiência auditiva ou visual. Tal deliberação decorreu de recomendação feita pelo STF no julgamento do HC 154.434.

A respeito da prioridade processual (foi vetado o art. 82 da LBI), ela ainda prevalece, por força do próprio art. 9º, VII, da LBI e do art. 1.048 do CPC[338].

Uma particularidade: o art. 95 da LBI veda a exigência do comparecimento da pessoa com deficiência perante órgão público quando seu deslocamento, em razão das limitações físicas ou condições de acessibilidade, imponha ônus desproporcional e indevido, o que deve valer para atos judiciais (depoimentos, p. ex.).

Compatibilizando essa disposição (incisos I e II do art. 95) com a regra do art. 449, parágrafo único, do CPC, que trata da oitiva de testemunha impossibilitada de comparecer,

---

331 O art. 123, I, da LBI retirou as multas e indenizações decorrentes das ações previstas na Lei 7.853/1989 da composição do Fundo de Defesa de Direitos Difusos.

332 No julgamento do EDcl no REsp 1.712.163 o STJ admitiu a Defensoria Pública da União como "custos vulnerabilis", reconhecendo seu relevante papel na defesa individual e coletiva do hipossuficiente. Como "custos vulnerabilis" a intervenção da Defensoria Pública é mais ampla do que, p. ex., no papel de "amicus curiae". Em seu voto, o Min. Moura Ribeiro lembrou que tanto o STJ como o STF (ADI 3.943) têm ampliado o papel exercido pela Defensoria.

333 Sobre as novas tarefas da Defensoria Pública e do MP nessa seara, consultar também LEITE, Flávia Piva Almeida; RIBEIRO, Lauro Luiz Gomes; COSTA FILHO, Waldir Macieira da (coords.). *Comentários ao Estatuto da Pessoa com Deficiência*. São Paulo: Saraiva, 2016.

334 Sobre a atribuição dos Ministérios Públicos Estaduais e do Distrito Federal e do Ministério Público Federal perante os tribunais superiores (STJ e STF), consultar RE 985392, Pleno, Rel. Min. Gilmar Mendes, j. 25.05.2017, *DJe* 10.11.2017 com repercussão geral reconhecida, em que o relator, seguindo a jurisprudência dominante, propôs a seguinte tese: Os Ministérios Públicos dos Estados e do Distrito Federal têm legitimidade para propor e atuar em recursos e meios de impugnação de decisões judiciais em trâmite no STF e no STJ, oriundos de processos de sua atribuição, sem prejuízo da atuação do Ministério Público Federal.

335 Pela limitação de espaço, remetemos o leitor para nosso: O art. 475, II, do CPC e a tutela jurisdicional coletiva da criança, do adolescente e da pessoa portadora de deficiência. In: NERY JR., Nelson; WAMBIER, Teresa Arruda Alvim (coord.). *Aspectos polêmicos e atuais dos recursos cíveis e de outras formas de impugnação às decisões judiciais*. Série Aspectos Polêmicos e Atuais dos Recursos, n. 4, São Paulo: Editora Revista dos Tribunais, 2001, ainda atual, apesar do novo CPC.

336 Determinação parecida está nos arts. 32, § 3º, e 117, III, da Lei 7.210/1984 (Lei de Execuções Penais).

337 P. ex., o magistrado deve levar em conta a condição de tetraplégico de um réu na aplicação da sanção e do local onde deve cumprir a pena. O STJ, no julgamento do HC 88043, Rel. Min. Og Fernandes, determinou que adolescente infrator com problemas mentais cumprisse medida de internação compatível com suas limitações.

338 Pelo art. 9º, VII, garante-se atendimento prioritário em tramitação processual (judicial ou administrativa) e o art. 1.048, I, do CPC remete à Lei 7.713/1988, art. 6º, XIV, que se refere a algumas deficiências.

pode-se concluir que a pessoa será ouvida em sua residência e não em outro lugar, a critério do magistrado[339].

Dentro desse tema do acesso à Justiça, é importante lembrar de debate recorrente relativo aos parâmetros para nortear decisões judiciais a respeito de políticas públicas; no julgamento do RE 684612, com repercussão geral reconhecida (Tema 698), o STF entendeu que, em vez de determinar medidas pontuais, a decisão deve apontar as finalidades a serem alcançadas e determinar à Administração Pública que apresente um plano ou os meios adequados para alcançar tal resultado. A tese de repercussão geral fixada foi: "*1. A intervenção do Poder Judiciário em políticas públicas voltadas à realização de direitos fundamentais, em caso de ausência ou deficiência grave do serviço, não viola o princípio da separação dos poderes; 2. A decisão judicial, como regra, em lugar de determinar medidas pontuais, deve apontar as finalidades a serem alcançadas e determinar à Administração Pública que apresente um plano e/ou os meios adequados para alcançar o resultado; 3. No caso de serviços de saúde, o déficit de profissionais pode ser suprido por concurso público ou, por exemplo, pelo remanejamento de recursos humanos e pela contratação de organizações sociais (OS) e organizações da sociedade civil de interesse público (OSCIP)*".

3.6.20 Tipificação de crimes e infrações administrativas

A tutela penal das pessoas com deficiência[340] vem prevista de forma específica no art. 8º da Lei 7.853/1989 e nos arts. 88 a 91 da LBI; de forma esparsa, em várias outras legislações, p. ex., como hipótese de aumento de pena (art. 141, IV, do CP), na Lei 9.455/1997 (tortura), art. 1º, § 4º, II, ou prisão domiciliar (art. 117, III, da Lei 7.210/1984)[341].

As hipóteses do art. 8º, com a nova redação do *caput*, de vários incisos, e o acréscimo de quatro parágrafos, trazida pelo art. 98 da LBI, são de conduta dolosa, de mera conduta, de ação pública incondicionada, relacionadas a condutas discriminatórias contra pessoas com deficiência no ambiente escolar, do trabalho (público ou privado), no atendimento à saúde e também condutas atentatórias à administração da justiça. A pena prevista é de reclusão de dois a cinco anos e multa.

Na LBI, as hipóteses, também dolosas, de ação pública incondicionada[342] são de discriminação em geral, apropriação ou desvio de bens ou qualquer tipo de rendimento, abandono da pessoa com deficiência em hospitais, casas de saúde, entidades de abrigamento ou congênere ou deixar de prover-lhe as necessidades básicas e reter ou utilizar, para o fim de obter vantagem indevida, o cartão magnético ou outro meio eletrônico ou documental destinado ao recebimento de proventos ou rendimentos de pessoa com deficiência.

Lembre-se que a Resolução 181/2017 (art. 18) e a Resolução 183/2018, ambas do Conselho Nacional do Ministério Público, tratam da possibilidade de "Acordo de Não Persecução Penal".

---

339 A Lei 13.660/2018 estabelece que as custas referentes a honorários de intérpretes de Libras, na Justiça do Trabalho, serão pagas pela parte vencida e não por quem o contratou.

340 A Lei 13.769/2018 alterou o Código de Processo Penal, a Lei de Execução Penal e a Lei 8.072/1990 (Lei dos Crimes Hediondos) para estabelecer a substituição da prisão preventiva por prisão domiciliar da mulher gestante ou que for mãe ou responsável por crianças ou pessoas com deficiência e para disciplinar o regime de cumprimento de pena privativa de liberdade de condenadas na mesma situação.

341 O STF tem concedido medidas cautelares ou deferido ordens de *habeas corpus* em favor de mulheres presas *que sejam gestantes, lactantes, mães com filhos* de até 12 (doze) anos incompletos ou, ainda, *consideradas imprescindíveis aos cuidados especiais* de pessoa menor de 06 (seis) anos de idade ou com deficiência (HC 126.107/SP, Rel. Min. Cármen Lúcia, decisão do Ministro Ricardo Lewandowski; HC 126.937-MC/SP, Rel. Min. Gilmar Mendes; HC 128.325/SP, Rel. Min. Roberto Barroso; HC 134.069/DF, Rel. Min. Gilmar Mendes, HC 165.704, Rel. Min. Gilmar Mendes).

342 A Lei 13.721/2018 alterou o Código de Processo Penal para estabelecer que será dada prioridade à realização do exame de corpo de delito quando se tratar de crime que envolva violência doméstica e familiar contra mulher ou violência contra criança, adolescente, idoso ou pessoa com deficiência.

Alexandre de Matos Guedes[343] faz uma advertência pertinente e dura sobre a falta de uma efetiva proteção jurídico-penal às pessoas com deficiência.

Anota que, assim como ocorre com outros segmentos, p. ex., a criança e o adolescente, as mulheres e as pessoas idosas, os crimes cometidos contra as pessoas com deficiência, em razão da fragilidade da vítima e da falta de consciência social a respeito da gravidade das condutas cometidas, acabam por cair em um vazio estatístico dos crimes de "cifra oculta", "cifra obscura" ou "zona obscura" (*dark number*), que designa a defasagem que medeia a criminalidade real (isto é, as condutas criminalizáveis efetivamente praticadas) e a criminalidade estatística (aquela oficialmente registrada), isso porque são virtualmente invisíveis aos agentes encarregados de sua repressão.

O STJ, no julgamento do AgRg em HC 193928-SP, Rel. Min. Reynaldo Soares da Fonseca, entendeu atípica a conduta de comediante que fazia piadas sobre cadeirante em *show* de "stand up comedy", determinando o encerramento de inquérito policial que apurava prática do crime previsto no art. 88 da LBI, sob o argumento de que "*O fato de se tratar de um* show *de* stand up comedy *já denota a presunção do* animus jocandi, *sendo necessário, portanto, elementos no mínimo sugestionadores do dolo específico de discriminação, para que seja possível instaurar um inquérito*", trazendo como reforço argumentativo dessa tese da atipicidade, pela exclusão do elemento subjetivo, quando se tratar da intenção de caçoar (*animus jocandi*), de narrar (*animus narrandi*), de defender (*animus defendendi*), de informar ou aconselhar (*animus consulendi*), de criticar (*animus criticandi*) ou de corrigir (*animus corrigendi*) o quanto decidido também na QC 2/DF, Rel. Min. Laurita Vaz, j. 16.08.2023 e no HC 234.134/MT, Rel. Laurita Vaz, j. 06.11.2012.

Já conhecidas as decisões judiciais que substituem prisão preventiva por domiciliar para mãe de pessoa com deficiência, consoante definido no julgamento do STF no HC coletivo 143.641/SP e seguido, p. ex., pelo STJ no julgamento do AgRg no HC 788699-RS, Rel. Min. Reynaldo Soares da Fonseca, *DJe* 19.12.2022.

Por outro lado, a mesma Corte Cidadã, no julgamento do AgRg no HC 723545/SP, Rel. Min. Reynaldo Soares da Fonseca, *DJe* 31.03.2022, negou liberdade provisória a pessoa com deficiência física, por essa única condição, consignando que o pedido de prisão domiciliar por questão humanitária é inviável, porque a condição de cadeirante do paciente não evidencia a existência de doença grave.

3.6.21 Isenções

São previstos alguns benefícios fiscais federais com vistas a alcançar a igualdade material, conforme o quadro a seguir, sem prejuízo de serem estaduais ou municipais, mas vale sempre conferir a atualização dessas normas, especialmente dos atos normativos secundários, em constante modificação.

Imposto sobre a Renda (IR)	Instrução Normativa SRF 15/2001, isentos valores recebidos por deficientes mentais, cegos, fibrose cística, hansenianos, aposentados por acidente de trabalho, abrangendo pensão, pecúlio, montepio e decorrentes de regime de previdência social ou privada (art. 5º, XII, XXXV, §§ 1º e 2º).
Imposto sobre produtos Industrializados (IPI) para compra de veículos	Leis 8.989/1995 (art. 1º) e 10.754/2003 – pessoa com deficiência que dirige e deficiente físico, visual, mental profundo e autista (indica 3 condutores e condição financeira).

[343] Crimes contra as pessoas com deficiência – uma análise. In: GUGEL, Maria Aparecida; MACIEIRA, Waldir; RIBEIRO, Lauro (org.). *Deficiência no Brasil*: uma abordagem integral dos direitos das pessoas com deficiência, p. 480.

Imposto sobre Operações Financeiras (IOF)	Para pessoas com deficiência para financiamento para compra de veículos – art. 72, IV, da Lei 8.383/1991.
Imposto sobre a Circulação Mercadorias e sobre Prestação de Serviços (ICMS)	Convênio CONFAZ ICMS 38/2012. Convênio ICMS 50/2018.
Imposto sobre a Propriedade de Veículos Automotores (IPVA)	Está previsto nos Estados do Espírito Santo, Goiás, Minas Gerais, Paraíba, Paraná, Pernambuco, Piauí, Rio de Janeiro (art. 5°, V, da Lei Estadual 2.877/1997), Rio Grande do Norte, Rio Grande do Sul (art. 4°, VI, da Lei Estadual 8.115/1985), São Paulo (art. 13 da Lei Estadual 13.296/2008) e o Distrito Federal.

É razoável atribuir-se uma interpretação extensiva a tais benefícios, como, p. ex., a isenção do IPVA no estado de São Paulo (art. 13, III[344], da Lei Estadual 13.296/2008) refere a veículo conduzido por pessoa com deficiência e pode-se estender para veículos que conduzam pessoa com deficiência, como é o caso de pais que tenham filho com deficiência e que utilizam deste veículo para o transporte deste. Neste sentido a decisão do STJ, no AgRg no AREsp 137.112/SP, Rel. Min. Napoleão Maia Filho, destacando ser da jurisprudência daquela Corte a conclusão de que a peculiaridade de que o veículo seja conduzido por terceira pessoa não constitui óbice razoável ao gozo da isenção fiscal, de sorte que, preponderando o princípio da proteção às pessoas com deficiência, diante dos desfavores sociais que lhe são impostos, "(...) *deve ser superado o alcance da norma em prol das ações afirmativas, já que incumbe ao Estado soberano assegurar por si ou por seus delegatários o cumprimento do postulado do acesso adequado às pessoas portadoras de deficiência*". Os parâmetros são os princípios da isonomia, da dignidade da pessoa humana e da igualdade tributária. Em igual sentido, apontando: "*2. É discriminatória e fere o princípio da isonomia tributária a exigência de que o veículo seja conduzido pelo próprio solicitante, um vez que exclui aqueles que dependem de outra pessoa para se locomover, como no presente caso. 3. O fato de o veículo ser conduzido por terceira pessoa não constitui impedimento para ser deferida a isenção do IPVA, pois a intenção do legislador é justamente viabilizar a locomoção das pessoas com transtorno do espectro autista*" (RMS 51424-RJ, Rel. Min. Mauro Campbell Marques, *DJe* 14.05.2019).

O STJ reconheceu, no REsp 1.390.345/RS, Rel. Min. Napoleão Nunes Maia Filho, que, conforme o caso concreto e para atender a uma interpretação que satisfaça ao caráter humanitário da política fiscal, é possível aquisição de novo veículo antes do lapso temporal (Lei 8.989/1995), no caso de roubo do veículo anteriormente adquirido[345].

De igual forma, nossa Corte Cidadã decidiu, no caso de uma pessoa com visão monocular, que a Lei 8.989/1995 não exige o registro de restrições na Carteira Nacional de Habilitação (CNH) para que a pessoa com deficiência tenha direito à isenção do Imposto sobre Produtos Industrializados (IPI) na compra de carro. Assentou-se que a interpretação da norma deve priorizar sua finalidade social de promover a inclusão desse grupo de pessoas (REsp 2185814-RS, Rel. Min. Afrânio Vilela, *DJEN* 28.04.2025). O STF acolheu Ação Declaratória de Constitucionalidade (ADO 30), proposta pela Procuradoria-Geral da República, e reconheceu omissão inconstitucional, em relação às pessoas com deficiência auditiva, da Lei 8.989/1995,

[344] Este inciso foi alterado pela Lei Estadual 17.293/2020 e passou a ter a seguinte redação: "III - de um único veículo, de propriedade de pessoa com deficiência física severa ou profunda que permita a condução *de veículo automotor especificamente adaptado e customizado para sua situação individual*".

[345] Nesse sentido, as decisões monocráticas: REsp 1217934/RS, Rel. Min. Og Fernandes, j. 24.04.2017 e REsp 1458356/SP, Rel. Min. Benedito Gonçalves, j. 27.04.2016.

que citamos acima e que trata da isenção de IPI para pessoas com deficiência, estabelecendo o prazo de 18 meses, a contar da data da publicação do acórdão, para que o Congresso Nacional adote as providências necessárias para suprir a omissão legislativa. Enquanto perdurar a omissão, deve ser aplicado às pessoas com deficiência auditiva o art. 1º, IV, da referida lei, que beneficia com isenção dos tributos as pessoas com deficiência física, visual, mental e com autismo. Reconheceu-se a violação aos princípios da isonomia, da dignidade da pessoa humana, entre outros.

Foi sancionada a Lei 14.183/2021, resultante da Medida Provisória 1.034/2021, que, dentre outras disposições, altera a Lei 8.989/1995, mencionada acima, para dispor que em relação aos carros novos adquiridos por pessoas com deficiência com redução de IPI, até 31 de dezembro de 2021 o limite do valor do automóvel passa a ser de R$ 140.000,00 (na redação da MP 1.034/2021, o teto era de R$ 70.000,00), incluídos os tributos incidentes. Além disso, a partir dessa lei, o referido benefício só poderá ser utilizado a cada três anos, e não mais a cada dois anos, como estava previsto na Lei 8.989/1995.

Havia sido aprovada uma emenda estendendo a isenção do IPI para veículos novos comprados por pessoas com deficiência auditiva, o que supriria a omissão reconhecida pelo STF na ADO 30, mas a medida foi vetada pela presidência da República, sob o fundamento de que o benefício afeta as contas públicas. O veto foi mantido pela Câmara dos Deputados.

O Projeto de Lei 1.586/2020, sobre esse tema, que tramitada no Senado Federal, foi apensado ao Projeto de Lei 5.773/2009 da Câmara dos Deputados e ainda está em tramitação.

Em 31 de dezembro de 2021, foi editada a Lei 14.287, que altera a Lei 8.989/1995, para aumentar o teto do valor do automóvel para R$ 200.000,00, incluindo tributos, prorrogar até o final de 2026 a vigência da Lei 8.989/1995 e, consequentemente, a isenção do IPI na compra de automóveis por pessoas com deficiência física, visual, mental severa ou profunda, com transtorno do espectro autista e estender a isenção também para pessoas com deficiência auditiva. Fica mantida a periodicidade de 03 anos trazida pela Lei 14.183/2021 citada acima.

O Decreto 11.063/2022 estabeleceu os critérios e os requisitos para a avaliação de pessoas com deficiência ou pessoas com transtorno do espectro autista para fins de concessão de isenção do Imposto sobre Produtos Industrializados – IPI na aquisição de automóveis. Utiliza-se de critérios bastante parecidos aos do Decreto 3.298/1999. Ele valerá até que se proceda à regulamentação e à implementação da avaliação biopsicossocial de que trata o § 1º do art. 2º da Lei 13.146/2015 – Estatuto da Pessoa com Deficiência.

Foi editada a Lei Complementar (LC) 214/2025, relacionada à reforma tributária trazida pela EC 132/2023, e com essa lei as alíquotas de dois novos tributos, o Imposto sobre Bens e Serviços (IBS) e a Contribuição Social sobre Bens e Serviços (CBS), ficam zeradas para a compra de veículos para pessoas com deficiência. O benefício é válido na aquisição de veículos de até R$ 200 mil, mas a isenção incide apenas sobre o limite de R$ 70 mil. A lei traz uma lista das deficiências contempladas pela redução e restringe o benefício às de graus moderado ou grave, ou seja, que causam comprometimento parcial ou total das funções de partes do corpo. Contra tais disposições, foi proposta pelo Instituto Nacional de Direitos da Pessoa com Deficiência Oceano Azul a ADI 7779, sob a alegação de que a norma impõe novas restrições, o que gera insegurança jurídica e limita o acesso a direitos já garantidos.

CAPÍTULO 4

DIREITOS DA PESSOA IDOSA

LAURO RIBEIRO

Acesse e assista à aula explicativa sobre este assunto.

> *http://uqr.to/21kug*

4.1 INTRODUÇÃO

Assim como ocorreu com as pessoas com deficiência, a condição de idoso sempre veio associada a uma carga negativa, bastando lembrar que na mitologia grega a velhice é retratada como uma divindade triste e pouco valorizada diante da busca pela perfeição física e pela beleza; velhice era o "mal da vida"[1].

Na Roma antiga, o idoso encarnava o tirano e inflexível *pater familias* e, no século XIII, Roger Bacon associou a velhice à doença, à dependência.

No ano 44 a.C., quem elaborou ferrenha defesa da velhice foi Marco Tulio Cícero, na obra **De Senectute** ou **Catão, o Velho**, quando faz um elogio à velhice, que representa a sabedoria, o conhecimento e a honra, nada obstante a última etapa da vida, e elogia também a juventude "conveniente ou virtuosa"[2]. Disso trata Alexandre de Oliveira Alcântara na obra *Velhice no* **De Senectute** *de Marco Túlio Cícero*[3].

---

1 Sobre a velhice, Norberto Bobbio escreveu a obra *O tempo da memória: De Senectute* e outros escritos autobiográficos. 4. ed. Trad. Daniela Versiani. Rio de Janeiro: Campus, 1997.

2 Segundo Alcântara, a juventude conveniente ou virtuosa é aquela que escuta, respeita e acata os ensinamentos dos idosos, inversamente ao que se dá com a juventude inconveniente. O comportamento inconveniente ou não virtuoso do jovem leva ao conflito de gerações e, por isso, deve ser evitado (p. 20-22). Ele lembra como exemplo desse conflito, no âmbito privado, a passagem da obra em que se narra a tentativa de interdição do famoso dramaturgo grego Sófocles por seus filhos, tendo ele se defendido pessoalmente perante os juízes, entregando-lhes uma fábula que acabara de escrever (Édipo Coloneu) e indagando aos magistrados se aquela poderia ser uma obra de um velho insano. Foi absolvido por unanimidade (p. 22). Essa passagem tem tudo de atual e verdadeiro, infelizmente.

3 ALCÂNTARA, Alexandre de Oliveira. *Velhice no* De Senectute *de Marco Túlio Cícero*. Curitiba: Juruá, 2017.

A Revolução Industrial reafirmou esse quadro, porque se buscava a produtividade dos jovens e não a experiência do passado dos velhos.

O pós-Segunda Guerra foi marcado pelo desenvolvimento dos estudos sobre o envelhecimento, oportunidade em que o gerontólogo Huet cunhou a expressão "terceira idade", numa alusão à maturidade, era da experiência acumulada e da desvinculação do trabalho formal[4].

Não se pode ignorar que alguns países cultuam o respeito ao idoso, como é o caso do povo chinês, mas o hábito prevalecente ainda é o do desrespeito e o menosprezo.

Numa época em que a marcha da história segue a passos cada vez mais rápidos, a pessoa idosa está mais e mais marginalizada e a velhice se apresenta como uma grande e pendente questão social. A esse preconceito dá-se a denominação de "preconceito etário", "idadismo", "etarismo" ou "ageísmo" (com algumas nuances entre os termos).

As pessoas estão vivendo cada vez mais, e a população mundial com 60 anos ou mais cresce com maior rapidez do que todos os grupos etários mais jovens no mundo, a uma taxa de 3% ao ano. Estima-se que até 2050 todas as regiões do mundo, exceto da África, terão quase um quarto ou mais de suas populações com mais de 60 anos (estima-se cerca de 2 bilhões de pessoas nessa faixa etária), e, com isso, as doenças crônicas e a necessidade de assistência e previdência social também estão aumentando. O Estado, a sociedade e as famílias não foram nem são capazes de enfrentar tais mudanças, impondo a esse segmento social uma baixa qualidade de vida.

A expectativa de vida é fortemente influenciada por renda, educação, gênero, etnia e local de residência, entre muitos outros fatores. Algumas combinações desses fatores muitas vezes levam a uma desvantagem sistêmica desde cedo na vida.

Sem que haja políticas de prevenção, as desvantagens sistêmicas se reforçam mutuamente ao longo da vida. A situação leva a grandes disparidades nas idades mais avançadas, com consequências desastrosas para alcançar os almejados Objetivos de Desenvolvimento Sustentável (ODS), dentre os quais o *ODS 10, sobre Redução das Desigualdades.* Isso faz com que se repensem os sistemas de proteção social, especialmente com vistas a manter a sustentabilidade fiscal dos sistemas públicos de pensões, garantindo segurança de renda para todas as pessoas idosas.

O historiador Yuval Noah Harari faz uma análise sobre o envelhecimento e a vocação do ser humano de buscar a imortalidade na sua obra "*Homo Deus: uma breve história do amanhã*", trazendo a seguinte provocação: ao alcançarmos 150 anos a estrutura familiar, o matrimônio e as relações entre pais e filhos irão transformar-se?

Especula ele: hoje em dia as pessoas esperam estar casadas "*até que a morte as separe*" e boa parte da vida gira em torno dos filhos que são gerados. Caso uma pessoa de 150 anos se case aos 40 anos, ele ainda teria 110 anos pela frente. O casamento duraria mais de um século? É difícil e teremos um número cada vez maior de divórcios e de novos casamentos. De igual forma, uma pessoa que tenha dois filhos aos quarenta anos terá, quando completar 120 anos, apenas uma remota lembrança dos anos que se dedicou à criação dele, sendo de se indagar o tipo de relação entre pai e filhos haverá nestas circunstâncias.

Ele avança mais, destacando que com esta expectativa de vida de 150 anos, em um mundo constantemente sacudido por novas tecnologias, as carreiras serão muito mais longas e será preciso se reinventar permanentemente, mesmo aos noventa anos. Concomitantemente, as pessoas não vão mais se aposentar aos 65 anos nem abrir caminhos para a nova geração com suas ideias inovadoras e suas aspirações[5].

---

[4] Segundo Paulo Roberto Barbosa Ramos, o conceito de velhice surge na passagem do séc. XVIII para o séc. XIX, quando o envelhecimento passou a ser sinônimo de degeneração e decadência. *Curso de direito do idoso.* São Paulo: Saraiva, 2016, p. 25.

[5] RAMOS, Paulo Roberto Barbosa. *Curso de direito do idoso.* São Paulo: Saraiva, 2016, p. 35-36.

Da mesma forma como ocorreu com as pessoas com deficiência, a associação da velhice à doença permitiu justificar a exclusão social da pessoa idosa pela condição natural de incapacidade física e mental, escondendo os verdadeiros fatores econômicos e políticos presentes nessa marginalização.

Em suma, pode-se reconhecer que a velhice é um **desvalor social** e a pessoa idosa traz consigo a ideia de dependência, improdutividade, fraqueza, um fardo carregado pelos jovens.

> Portanto, grandes questões que afligem o segmento da pessoa idosa são a necessidade de sua proteção integral, de preservação de sua dignidade como pessoa humana e sua autonomia, a garantia da sua não discriminação e exclusão social (muitas vezes associadas à violência contra o idoso), com a consequente preocupação com seu cuidado e sua inclusão ativa na sociedade[6].

Mais recentemente, a discussão gira em torno da proposta da Organização Mundial de Saúde – OMS – de alteração da Classificação Internacional de Doenças (CID 11), adotada pela 72ª Assembleia Mundial da Saúde realizada em maio de 2019 e prevista para entrar em vigor em 01.01.2022, de substitui o termo senilidade (código R-54) por "*old age*" (código MG2A), que significa velhice.

Houve imediata reação de vários setores da sociedade brasileira, chamando a atenção para o fato de que tal alteração desvirtua a melhor compreensão sobre a velhice, reduzindo-a, de forma discriminatória, a um estado de deterioramento do ser[7]. Argumenta-se, ainda, que tal avaliação pode relacionar velhice a doença, impedir o registro correto das causas de mortes e aumentar a discriminação contra a população em idade mais avançada. Em resposta, a Organização Pan-Americana de Saúde – Opas –, braço da OMS para as Américas, afirmou que a CID não classificou velhice como doença, mas fez a inclusão porque a classificação agrupa fatores que influenciam a saúde. A intenção foi substituir "senilidade" por um termo mais neutro[8].

A OMS desistiu dessa proposta de alteração da CID e, ao que parece a velhice entrará como possível fator associado à causa de uma morte, por exemplo, e não mais como a causa definida e assim registrada no diagnóstico médico[9].

Apesar de todos esses problemas, ainda há no mundo um movimento otimista em relação ao idoso e que propõe mudanças na estrutura da economia, com a redução massiva da jornada de trabalho e consequente geração de emprego, veem na velhice uma oportunidade de aquecimento da economia por meio do consumo pelo idoso e a criação de novos serviços e postos de trabalho destinados ao lazer e ao cuidado dessa população[10].

A eles se antagonizam os pessimistas, em especial os neoliberais que apregoam a redução do Estado de Bem-Estar Social que não suportará a carga decorrente do envelhecimento populacional.

Propõem a transferência para a sociedade civil de grande parte da responsabilidade estatal, com estímulo à privatização dos serviços tradicionalmente prestados pelo Estado, inclusive

6 Entre nós, isso vem consagrado, especialmente, no art. 230 da CF/1988 e nos arts. 2º e 3º do Estatuto da Pessoa Idosa (Lei 10.741/2003).

7 Nesse sentido a Nota de Preocupação emitida pelo Ministério Público do Estado do Ceará.

8 Este debate também ocorreu na Câmara dos Deputados, com a presença de especialistas, conforme noticiado pela Agência Câmara de Notícias de 16.07.2021.

9 Nesse sentido, consultar https://longevinews.com.br/2021/12/14/urgente-oms-vai-retirar-a-classificacao-de-velhice-como-doenca-da-cid-11/. Acesso em: 17 dez. 2021.

10 Em 2020, havia 1,1 bilhão de idosos no mundo e deve-se alcançar 3,1 bilhões em 2100, segundo relatório de demografia e estudos populacionais da Universidade de Juiz de Fora. Disponível em: https://www.ufjf.br/ladem/2020/06/21/envelhecimento-populacional-continua-e-nao-ha-perigo-de-um-geronticidio-artigo-de-jose-eustaquio-diniz-alves/. Acesso em: 2 set. 2021.

com a difusão de planos de pensão privados que permitiriam o corte de serviços e benefícios oferecidos à população.

Fala-se em uma **revolução da longevidade** que traz como imperativo o desenvolvimento de uma **cultura de cuidado**[11] que seja sustentável, economicamente viável e feita com compaixão e de maneira universal. Mas para enfrentar essa fase, as famílias não estão preparadas ou estruturadas, o que levará a uma crescente crise global de insuficiência familiar.

No Brasil essa preocupação de cuidar de quem cuida além de quem é cuidado vem retratada na Lei 15.069/2024, que instituiu a *Política Nacional de Cuidados* e estabeleceu que essa política é dever do Estado, compreendidos a União (a quem compete fazer um plano nacional de cuidados), os Estados, o Distrito Federal e os Munícipios (esses três entes federativos também poderão instituir as suas políticas, afinadas com a política nacional), no âmbito de suas competências e atribuições, em corresponsabilidade com as famílias, o setor privado e a sociedade civil, tendo como público-alvo crianças (especialmente a primeira infância) e adolescentes, pessoas com deficiência e pessoas idosas que necessitem de alguma assistência ou apoio para execução de atividades básicas do cotidiano e os cuidadores, remunerados ou não (estes últimos que constituem uma parcela significativa e invisível da sociedade[12]). Nota-se uma preocupação com a necessidade de desfamiliarização das políticas públicas, ou seja, determinados direitos não podem depender exclusivamente da provisão familiar; ao contrário, precisam ser garantidos mesmo a quem não tenha família capaz de provê-los.

Dentro de toda celeuma sobre envelhecimento, seu custo aos cofres públicos, a dignidade da pessoa idosa, a exclusão social, a miséria e qualidade de vida na velhice esqueceu-se de importante discussão: o **envelhecimento ativo**.

O envelhecimento ativo é definido como o "**processo pelo qual se otimizam as oportunidades de bem-estar físico, social e mental durante toda a vida com o objetivo de ampliar a expectativa de vida saudável, a produtividade e a qualidade de vida na velhice**"[13].

Essa ideia se aplica tanto a indivíduos como a grupos populacionais, permitindo que as pessoas percebam seu potencial para o bem-estar físico, mental e social ao longo da vida, tendo a palavra "ativo" sentido maior que a capacidade de estar fisicamente ativo ou de fazer parte da força de trabalho, para alcançar a ideia de participação contínua nas questões sociais, econômicas, culturais, espirituais e civis. Para alcançar essa meta, é fundamental manter a autonomia e a independência da pessoa durante o processo de envelhecimento.

Nessa linha, a velhice, muito mais que um conceito biológico, é uma construção social atrelada ao contexto histórico e econômico[14], o que faz com que não se parta do extremo da concepção dela baseada na improdutividade ou na doença para uma outra imagem também homogeneizada oposta e igualmente extrema, de vitalidade e saúde (que transforma essas pessoas em seres obrigatoriamente saudáveis e produtivos – envelhecimento ativo), porque isso não é uma realidade em todos os países (e o Brasil é exemplo disso, onde pessoas ainda jovens – antes dos 60 anos – apresentam debilidades físicas decorrentes da desnutrição, trabalho penoso na área rural etc.).

A partir dessas concepções, percebe-se que o planejamento estratégico deixa de ter um enfoque baseado nas necessidades (que consideram as pessoas mais velhas como alvos passivos) e passa a ter uma abordagem baseada em direitos, o que permite o reconhecimento dos

[11] Ela pressupõe que se coloque o indivíduo – cuidador e o recebedor do cuidado – no seu núcleo e que promova o diálogo e a solidariedade intergeracional.

[12] Essa atividade em nosso país em geral é marcada por desigualdades e injustiças sociais, com significativa sobrecarga às mulheres.

[13] Definição trazida na II Assembleia Internacional sobre o Envelhecimento, da ONU, de 2002.

[14] Nos anos 1970 e 1980, a velhice se apresentava como sinônimo de improdutividade e decadência e atualmente o discurso se volta à revalorização da pessoa idosa pelo estímulo a sua participação e produtividade.

direitos desse segmento social à igualdade de oportunidades e tratamento em todos os aspectos da vida durante o envelhecimento.

Portanto, é importante reconhecer que esse tema da pessoa idosa esteve e estará em constante modificação, influenciado por fatores econômicos, sociais, políticos, nada obstante na atualidade a tônica seja a da valorização e do estímulo à **participação social da pessoa idosa, seu protagonismo**, sendo que a 4ª Conferência Nacional dos Direitos da Pessoa Idosa, realizada em 2016, teve justamente o tema "Empoderamento e Protagonismo da Pessoa Idosa".

A pandemia da Covid-19 alcançou em cheio a pessoa idosa, como integrante, em regra, do grupo de risco, assim como atingiu o fluxo de funcionamento de ILPIs (instituições de longa permanência para idosos)[15]. Todavia, em razão da excepcionalidade da situação e, consequentemente, das medidas adotadas nos três níveis e no plano dos Poderes Executivo, Legislativo e Judiciário, deixamos de tratar delas neste capítulo, fazendo referência a algumas ações em trâmite perante o Supremo Tribunal Federal, com a indicação dos temas ali tratados, no capítulo da saúde (item 7.7.1), apenas para direcionar o leitor e a leitora que tenham interesse específico.

4.2 CONCEITO DE PESSOA IDOSA

O critério é cronológico: o art. 1º do Estatuto da Pessoa Idosa (Lei 10.741/2003) define como pessoa idosa aquela com idade igual ou superior a 60 anos.

Entretanto, para o gozo de alguns direitos, o mesmo Estatuto definiu outra faixa etária, a exemplo do art. 39, que trata da gratuidade do transporte coletivo público urbano e semiurbano às pessoas maiores de 65 anos.

Mas atenção: essa diferenciação na idade teve sua constitucionalidade reconhecida na ADI 3.768/DF, Rel. Min. Cármen Lúcia, j. 19.09.2007, porque entendeu-se que o art. 39 do EPI simplesmente reproduziu o disposto no § 2º do art. 230 da CF/1988 (disso trataremos mais adiante).

Para alguns direitos o Estatuto da Pessoa Idosa (EPI) associou uma hipossuficiência financeira (p. ex., art. 40, que cuida da gratuidade no transporte interestadual).

4.2.1 O sistema de proteção da pessoa idosa no âmbito internacional

A Assembleia Geral das Nações Unidas declarou, em 14 de dezembro de 2020, o período de 2021 a 2030 como Década do Envelhecimento Saudável.

Essa deliberação, segundo a ONU, leva em consideração que a saúde é fundamental para a experiência na velhice e para as oportunidades que o envelhecimento traz. As iniciativas empreendidas como parte desta Década buscarão: mudar a forma como pensamos, sentimos e agimos em relação à idade e ao envelhecimento; facilitar a capacidade dos idosos de participar e contribuir com suas comunidades e sociedade; prestar atenção integrada e serviços de saúde primários que atendam às necessidades do indivíduo; e prover acesso a cuidados de longa duração para pessoas idosas que deles necessitem.

---

15 Vale registrar que o Corregedor Nacional de Justiça editou a Recomendação 46/2020, dispondo sobre medidas preventivas para que se evitem atos de violência patrimonial ou financeira contra pessoa idosa, especialmente vulnerável no período de Emergência em Saúde Pública de Importância Nacional – ESPIN –, no âmbito das serventias extrajudiciais e da execução dos serviços notariais, notadamente em atos de antecipação de herança, movimentação indevida de contas bancárias, venda de imóveis, dentre outras ali elencadas. Caberá aos notários e registradores, em caso suspeitos, comunicar imediatamente o Conselho Municipal do Idoso, Defensoria Pública, Polícia Civil ou Ministério Público.

Segundo aponta a ONU, em 2012 o mundo contava com mais de sete bilhões de pessoas, das quais 11,5% tinham 60 anos ou mais e estima-se que até 2050 esse número percentual será de 22% sobre uma população de 9 bilhões de pessoas[16].

A esses dados alarmantes somam-se alguns paradoxos na pirâmide social e populacional da atualidade, ou seja:

a) o grande número de adolescentes e jovens que tem escassas possibilidades de estudo e emprego;
b) a reduzida massa trabalhadora (economicamente ativa), que é pressionada; e
c) o crescimento do grupo de pessoas idosas, que traz consigo toda espécie de expectativas e encargos sociais e previdenciários a que já aludimos.

Sendo assim, é natural que haja uma preocupação mundial com o envelhecimento populacional e as consequências dele.

Apesar da escassez de diplomas internacionais, tanto no plano global como no regional de proteção de direitos humanos[17], ainda é possível apontar alguns documentos.

Vale destacar que os documentos internacionais, apesar do dissídio jurisprudencial e doutrinário, na atualidade são reconhecidos, segundo a teoria do duplo estatuto: de natureza constitucional, quando aprovados pelo rito do art. 5º, § 3º, da CF/1988, e de natureza supralegal (abaixo da Constituição e acima da legislação interna), para todos os demais, quer sejam anteriores ou posteriores à EC 45/2004 e que tenham sido aprovados pelo rito comum (maioria simples, turno único em cada uma das Casas do Congresso).

O mais recente deles, **embora ainda não ratificado pelo Brasil**[18], é a **Convenção Interamericana sobre a Proteção dos Direitos Humanos dos Idosos**[19].

Este documento destaca a importância de um instrumento regional juridicamente vinculante aos Estados que a ele aderirem, de proteção dos direitos humanos dos idosos e o fomento do envelhecimento ativo a que já nos referimos.

Enaltece, entre outros pontos, que se garantam o pleno gozo e exercício de direitos e liberdades fundamentais; o pleno acesso à justiça em igualdade de condições com os demais; a incidência do princípio hermenêutico básico de atribuir-se primazia à norma mais favorável à pessoa humana (já proclamado no art. 29 da Convenção Americana de Direitos Humanos); a aplicação dos princípios gerais da dignidade, independência, protagonismo, autonomia, participação e inclusão social plena e efetiva, solidariedade e o fortalecimento da proteção familiar e comunitária.

Prevê mecanismos de acompanhamento de sua implementação (uma Conferência de Estados Partes e um Comitê de Peritos) e autoriza que qualquer pessoa, grupo de pessoas ou entidade não governamental legalmente reconhecida em um ou mais Estados-membros da OEA possa apresentar à Comissão Interamericana de Direitos Humanos petições que contenham denúncias ou queixas de violação da Convenção por um Estado Parte.

Apesar de ainda não incorporada em nosso ordenamento jurídico, foi adotada como um dos fundamentos para decisão do STJ, em processo que trata da proteção da pessoa idosa consumidora. Diz a ementa, neste ponto "*(...): 8. Na hipótese, inclusive, verifica-se que o consumidor é pessoa idosa (75 anos – imigrante digital), razão pela qual a imputação de responsabilidade há de ser feita sob as luzes do Estatuto do Idoso e da Convenção Interamericana sobre a*

16 *World population prospects*: the 2012 revision. New York, 2013.

17 Sobre o sistema global e os sistemas regionais, conferir item homônimo no capítulo que trata da pessoa com deficiência.

18 Dele cuida o Projeto de Decreto Legislativo (PDL) 863/2017. A Lei 13.646/2018 instituiu 2018 como o "Ano de Valorização e Defesa dos Direitos Humanos da Pessoa Idosa", instituindo algumas ações de valorização da pessoa idosa.

19 No dia 15 de junho de 2015, a Organização dos Estados Americanos – OEA –, por ocasião de sua 45ª reunião, aprovou a Convenção Interamericana sobre a Proteção dos Direitos Humanos dos Idosos.

Proteção dos Direitos Humanos dos Idosos, considerando a sua peculiar situação de consumidor hipervulnerável" (REsp 2.052.228/DF, Rel. Min. Nancy Andrighi, j. 12.09.2023).

Merece referência a Declaração Universal dos Direitos Humanos, de 1948, que, embora trate da pessoa humana em geral, traz um cuidado especial a grupos vulneráveis (desempregados, inválidos, doentes e outros), nos quais se pode, perfeitamente, incluir a pessoa idosa (art. XXV, 1).

No Sistema Interamericano, ao lado da Convenção Americana sobre Direitos Humanos, conhecida como Pacto de São José da Costa Rica (ratificada pelo Brasil em 1992), que traz disposições gerais sobre direitos e garantias da pessoa humana, seu Protocolo Adicional à Convenção Americana sobre Direitos Humanos ou Protocolo de San Salvador trata no art. 17 especificamente sobre os direitos da pessoa idosa[20].

Apesar de a Assembleia da ONU chamar atenção para o problema em 1973, foi apenas em 1982 que se deu uma Assembleia das Nações Unidas sobre o envelhecimento (I Conferência Internacional sobre o Envelhecimento), da qual se extraiu o **Plano de Ação Internacional de Viena sobre o Envelhecimento,** com 62 recomendações sobre esse tema.

Em 1991, também a Assembleia da ONU elaborou a Carta de Princípios das Nações Unidas em prol da Pessoa Idosa (Res. 46/1991), documento dividido em cinco seções: independência, participação, cuidados, autorrealização e dignidade.

Em 1999, a ONU estabeleceu aquele ano como sendo o do idoso, com o *slogan* "Uma sociedade para todas as idades".

Avançando um pouco mais, em 2002, na II Conferência Internacional da ONU, além de se avaliar os progressos da I Conferência, estabeleceu-se o **Segundo Plano Internacional para o Envelhecimento**, com a elaboração da **Declaração Política e o Plano de Ação Internacional de Madri sobre Envelhecimento** (em inglês, **Madrid International Plan of Action on Ageing** – MIPAA), do qual se extraíram recomendações em três áreas: como colocar o envelhecimento populacional na agenda do desenvolvimento; a importância singular e global da saúde; como desenvolver políticas de meio ambiente que atendam às necessidades de indivíduos e sociedades que envelhecem.

4.2.2 Âmbito nacional: Constituição Federal

A realidade brasileira também aponta para a necessidade de políticas públicas na área da pessoa idosa e um consistente sistema legal de proteção.

O Brasil ultrapassou a marca de 30,2 milhões de idosos em 2020. Atualmente, segundo o Censo 2022[21], 15,8% da população brasileira tem 60 anos ou mais, representando um aumento de 56% em relação a 2010.

Segundo projeção do IBGE (Instituto Brasileiro de Geografia e Estatística), em seu estudo "projeção de população", nosso país terá, a partir de 2043, um quarto da população com mais de 62 anos[22].

No plano constitucional brasileiro, nossa Carta Política trata desse assunto no **art. 230 e seus §§ 1º e 2º**[23]. No **art. 201 prevê que** a **previdência social atenderá a cobertura** do evento

---

[20] O art. 4º, item 5, da Convenção Americana sobre Direitos Humanos veda a imposição de pena de morte à pessoa que no momento do crime for maior de 70 anos.

[21] CENSO 2022: brasileiros com 60 anos ou mais superam 32 milhões de pessoas. *Agência GOV*, 2023. Disponível em: https://agenciagov.ebc.com.br/noticias/202310/brasileiros-com-60-anos-ou-mais-superam-32-milhoes-de-pessoas-mdhc-reforca-importancia-do-cuidado-e-respeito-com-essa-faixa-etaria#:~:text=Norte%20%C3%A9%20regi%C3%A3o%20menos%20envelhecida,idade%22%2C%20acrescenta%20o%20secret%C3%A1rio. Acesso em: 12 fev. 2025.

[22] Disponível em: https://censo2020.ibge.gov.br/2012-agencia-de-noticias/noticias/24036-idosos-indicam-caminhos-para-uma-melhor-idade.html#:~:text=De%20acordo%20com%20a%20Organiza%C3%A7%C3%A3o,13%25%20da%20popula%C3%A7%C3%A3o%20do%20pa%C3%ADs. Acesso em 29 set. 2020.

[23] *Art. 230. A família, a sociedade e o Estado têm o dever de amparar as pessoas idosas, assegurando sua participação na comunidade, defendendo sua dignidade e bem-estar e garantindo-lhes o direito à vida.*

idade avançada (**inciso I**), dispondo no **§ 7º, II,** sobre os requisitos de idade (65 para homens e 60 para mulheres) para aposentação pelo regime geral da previdência.

Em sintonia com a proteção dispensada à criança, ao adolescente e ao jovem, a CF/1988 dá tratamento especial à pessoa idosa, reconhece sua **vulnerabilidade** e estabelece o dever de **solidariedade** ao atribuir a obrigação da família, da sociedade e do Estado de zelar pelo seu bem-estar e a preservação de sua dignidade, como forma de garantir o direito à vida também digna.

Outro ponto destacado pelo texto constitucional é o direito do idoso à participação comunitária, como protagonista de sua vida e não mero coadjuvante, o que pressupõe o respeito à sua **autonomia**.

Isso perpassa pelo direito ao relacionamento intergeracional e à preservação da memória e de identidade cultural que devem ser transmitidas às gerações mais jovens.

Reforçando o direito à participação comunitária e os deveres familiares, o comando constitucional do art. 230 estabelece que os **programas de amparo ao idoso privilegiem sua execução em seus lares** (§ 1º) e **não em entidades asilares**.

Ainda preocupado com a participação comunitária, o § 2º do mesmo dispositivo garante o **transporte coletivo urbano gratuito a partir dos 65 anos**, mobilidade que é um facilitador dessa participação e essencial em uma cidade.

O § 2º é **norma de eficácia plena e aplicabilidade imediata**, dispensando regulamentação por lei, como decidiu o STF na ADI 3.768, Rel. Min. Carmen Lúcia (j. 19.09.2007) e no AI 707.810 AgR/RJ, Rel. Min. Rosa Weber (j. 22.05.2012).

Ao lado desse artigo específico, também se cuidou da questão do idoso nos seguintes dispositivos constitucionais:

a) **art. 3º, IV** (vedação de preconceito em razão da idade);
b) **art. 7º, XXIV** (previsão da aposentadoria como direito do trabalhador) **e XXX** (vedação da discriminação de salário, exercício de função e critério de admissão em razão da idade);
c) art. 100, § 2º estabelece a prioridade de pagamento ao idoso de precatório de natureza alimentar, nas condições que estabelece[24];
d) art. **203, I** (estabelece a proteção à velhice como objetivo da assistência social); e **V** (estabelece um salário mínimo mensal ao idoso sem recursos para se manter ou sem condições de ser mantido pela família); e
e) **art. 229** (obrigação dos filhos maiores de ajudar e amparar os pais na velhice).

Não há distribuição de competência entre os Entes Federativos para tratar especificamente desse tema.

Diante da relevância atribuída pela CF/1988 à pessoa idosa, há quem aponte que a **velhice é um direito fundamental**[25].

Nesse sentido se manifesta Paulo Roberto Barbosa Ramos sob o entendimento de que a velhice é expressão do direito à vida com dignidade, direito essencial a todos os seres humanos, tendo como principal marco a Declaração Universal da ONU, de 1948, em seu art. XXV, 1,

---

§ 1º Os programas de amparo aos idosos serão executados preferencialmente em seus lares.
§ 2º Aos maiores de sessenta e cinco anos é garantida a gratuidade dos transportes coletivos urbanos.

24 No julgamento do RMS 54069, o STJ afirmou que a preferência se dá apenas a precatórios de natureza alimentar e não de outra natureza. Em sentindo próximo, indicando, além da natureza alimentar, também tal prerrogativa tanto para a pessoa idosa como para a portadora de doença grave, RMS 65747/SP, Rel. Min. Assusete Magalhães, *DJe* 08.04.2021, e AgInt no RMS 59676/RO, Rel. Min. Benedito Gonçalves, *DJe* 11.09.2019.

25 Art. 8º do Estatuto da Pessoa Idosa (Lei 10.741/2003): *O envelhecimento é um direito personalíssimo e sua proteção um direito social.*

que assegura a todos o direito a um padrão de vida digno (alimentação, vestuário, habitação, assistência médica e social e segurança) na velhice e em outras situações[26].

4.2.3 Estatuto da Pessoa Idosa (EPI) - Lei 10.741/2003

Desde logo, devemos advertir que a Lei n. 14.423/2022 alterou o Estatuto do Idoso, para substituir as expressões "idoso" e "idosos" por "pessoa idosa" e "pessoas idosas", e o próprio Estatuto passou a se denominar Estatuto da Pessoa Idosa. É alteração aparentemente sem maiores implicações, mas é relevante, porque se dá destaque à palavra "pessoa", e não à condição de "idoso".

O Estatuto da Pessoa Idosa é, no âmbito infraconstitucional, o instrumento legal mais importante de proteção da pessoa idosa e veio para consolidar alguns direitos já assegurados e instituir outros à pessoa com 60 anos ou mais, estabelecendo que ela goza de todos os direitos inerentes à pessoa humana, a ela sendo dispensada **proteção integral** (semelhante à criança e ao adolescente), assegurando-se, por todos os meios, igualdade de oportunidades e facilidades para preservação de sua saúde física, mental e seu aperfeiçoamento moral, intelectual, espiritual e social, em condições de igualdade e dignidade (art. 2º)[27].

O art. 3º estabelece a prioridade absoluta na consecução dos direitos fundamentais que elenca, vindo o § 1º a definir o que está compreendido na garantia de prioridade, tal como se observa no Estatuto da Criança e do Adolescente (parágrafo único do art. 4º). Vale conferir.

Conforme jurisprudência do STJ, ele tem aplicação imediata sobre todas as relações jurídicas de trato sucessivo, ainda que firmadas anteriormente à sua vigência, por se tratar de norma cogente, de ordem pública, e pode incidir de ofício[28].

Atenção

Entre outras providências, define medidas de proteção, obrigações de entidades assistenciais e a forma de sua fiscalização, condutas criminosas contra a pessoa idosa, meios de acesso à justiça para tutela de interesses individuais e difusos, coletivos, individuais homogêneos e indisponíveis, muito embora, neste aspecto, deva ser conjugado com disposições da Lei 7.347/1985 (Lei da Ação Civil Pública), do CDC e do CPC, tudo formando um microssistema de proteção judicial.

4.2.3.1 Principais eixos estruturantes dos direitos e garantias do EPI

Há notável preocupação do EPI com o valor da dignidade humana, com a não discriminação da pessoa idosa, sua proteção integral para permitir sua autonomia, integração social, com participação ativa na sociedade, criminalizando a violência e condutas discriminatórias.

Para tanto, o EPI está estruturado nos seguintes eixos principais:

---

26 *Curso de direito do idoso*. São Paulo: Saraiva, 2014, p. 73-75.

27 Exemplo de aplicação da proteção integral é encontrado na MC (Medida Cautelar) 25.053, Rel. Min. Sérgio Kukina, STJ, na qual se garantiu a concessão de percentual dos rendimentos a casal de idosos que teve os investimentos e a única conta bancária bloqueados em função de dívida tributária com a Fazenda Nacional, a partir do poder geral de cautela do magistrado.

28 AgInt no AREsp 1045603/RS, Rel. Min. Marco Aurélio Bellizze, j. 17.10.2017; AgInt nos EDcl no AREsp 622381/SP, Rel. Min. Maria Isabel Gallotti, j. 27.04.2017; AgInt no AREsp 990938/SP, Rel. Min. Luis Felipe Salomão, j. 21.02.2017; AgRg no AREsp 60268/RS, Rel. Min. Raul Araújo, j. 05.02.2001; REsp 1280211/SP, Rel. Min. Marco Buzzi, j. 23.04.2014.

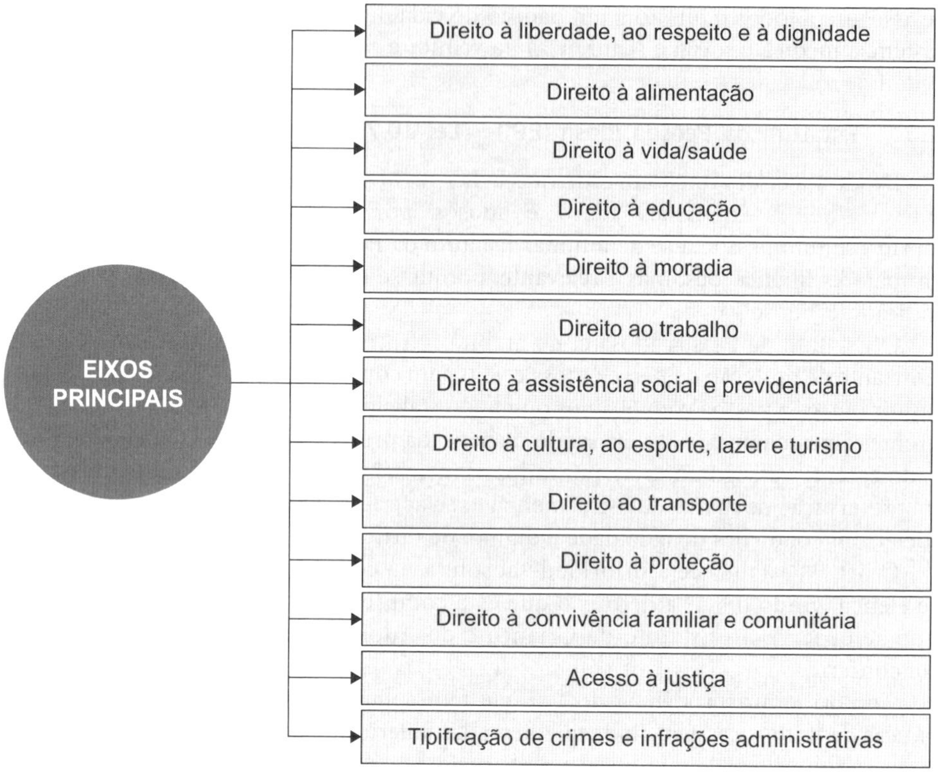

4.2.3.2 Lei principiológica

Tal como a Lei Brasileira de Inclusão da Pessoa com Deficiência (LBI), o Estatuto da Pessoa Idosa (EPI) é uma **lei principiológica,** porque enuncia e fixa os princípios norteadores da tutela desse segmento social.

Constitui-se num **microssistema**[29] de proteção do idoso que irá comunicar-se com os demais diplomas legais pertinentes, em verdadeiro diálogo das fontes[30].

Reiteramos que o STJ (2ª Seção), no julgamento do REsp 1.280.211, Rel. Min. Marco Buzzi, pacificou o entendimento de que o EPI tem aplicação imediata sobre todas as relações jurídicas de trato sucessivo, ainda que tenham sido firmadas antes da sua entrada em vigor, sob o fundamento de que se trata de norma cogente, é dizer, de ordem pública e, por isso, imperativa. Para os Ministros que participaram do julgamento, o direito à vida, à dignidade e ao bem-estar das pessoas idosas encontra especial proteção na Constituição Federal (art. 230), o que culminou com a edição do Estatuto da Pessoa Idosa, cujo interesse social exige sua aplicação

[29] Essa ideia parte da concepção de *sistema* como o "*conjunto de regras e princípios sobre uma matéria, tendo relações entre si, formando um corpo de doutrinas e contribuindo para a realização de um fim*" (SILVA, De Plácido e. *Vocabulário jurídico*. Atualizadores Nagib Slaibi Filho e Priscila Vasques Gomes. 29. ed. Rio de Janeiro: Forense, 2012, verbete: sistema, p. 1.301).

[30] Exemplo de reconhecimento do microssistema de proteção e do "diálogo das fontes" é encontrado no AgInt no AREsp 1220572/SP, Rel. Min. Napoleão Nunes Maria Filho, *DJe* 26.03.2019, ao admitir a legitimidade ativa da Defensoria Pública para promover ação civil pública em favor da população idosa, que se enquadra na categoria de hipervulnerável, especialmente diante da hipossuficiência financeira constatada pela Corte de origem. Consta do voto: "(...) 5. *Tal conclusão encontra fundamento, também, no diálogo das fontes entre o art. 81 da Lei 10.741/2003 (o Estatuto do Idoso) e o art.5°, II da Lei 7.347/1985, na formação de um microssistema de tutela coletiva em proteção da população idosa*". Vale conferir, também, REsp 1037759/RJ, Rel. Min. Nancy Andrighi, j. 23.02.2010, no qual a Relatora esclarece que "*Ao contrário, o art. 7° da Lei n. 8.078/90 fixa o chamado diálogo das fontes, segundo o qual sempre que uma lei garantir algum direito para o consumidor, ela poderá se somar ao microssistema do CDC, incorporando-se na tutela específica e tendo a mesma preferência no trato da relação de consumo*".

sobre todas as relações jurídicas de trato sucessivo, incluindo contratos firmados antes de sua vigência, exemplificando com os contratos de plano de saúde. Dúvida paira sobre sua incidência irrestrita nos planos de saúde, o que é objeto do RE 630.852/RS, com julgamento ainda não concluído, como pode ser melhor compreendido adiante, quando tratamos do direito à saúde.

4.2.4 Política Nacional do Idoso – Lei 8.842/1994[31]

A Lei 8.842/1994, regulamentada pelo Decreto 1.948/1996, hoje revogado e substituído pelo Decreto 9.921/2019, criou a **Política Nacional do Idoso**[32], estabelecendo em seu art. 1º que ela tem por **objetivo**: assegurar os direitos sociais desse segmento, criando condições para promover autonomia, integração e participação efetiva da pessoa idosa na sociedade, estabelecendo a idade de 60 anos para a definição da pessoa idosa (art. 2º).

Por ela fixou-se os **princípios e diretrizes da política nacional do idoso**, que são, na esteira da CF/1988:

a) estabelecer a responsabilidade da família (que deve prioritariamente atender à pessoa idosa, preferencialmente ao atendimento asilar), da sociedade e do estado de zelar pelos direitos da pessoa idosa;
b) o reconhecimento do processo de envelhecimento como uma questão social e não apenas familiar;
c) a proibição da discriminação negativa contra a pessoa idosa;
d) protagonismo da pessoa idosa em temas que lhe digam respeito;
e) respeito às diferenças econômicas, sociais e locais (meio urbano e rural) na definição das políticas públicas nessa área;
f) descentralização político-administrativa, com valorização do Município;
g) fomento e divulgação da política pública de atendimento e de informações de caráter educativo sobre o envelhecimento;
h) priorização do atendimento da pessoa idosa sem respaldo familiar nos órgãos públicos e particulares prestadores de serviço (arts. 3º e 4º).

O art. 6º da Lei 8.842/1994 prevê os **conselhos nacional, estaduais, do Distrito Federal e municipais da pessoa idosa**.

São órgãos **permanentes, paritários e deliberativos, compostos por igual número de representantes dos órgãos e entidades públicas e de organizações representativas da sociedade civil ligadas à área**.

A eles compete a **supervisão, o acompanhamento, a fiscalização e a avaliação da política nacional da pessoa idosa, no âmbito das respectivas instâncias político-administrativas** (art. 7º).

O Decreto 4.227/2002 criou, originariamente, o **Conselho Nacional dos Direitos da Pessoa Idosa**, vinculado ao antigo Ministério da Justiça e Cidadania, atual Ministério da Mulher, da Família e dos Direitos Humanos, estabelecendo sobre a sua criação, competências e

---

31 Foi editado o Decreto 10.133/2019, que institui no âmbito do Ministério da Mulher, da Família e dos Direitos Humanos o "Programa Viver – Envelhecimento Ativo e Saudável", voltado a proporcionar a inclusão digital e social, para possibilitar a participação do idoso em atividades de saúde, tecnologia digital, educação, e a mobilidade física, com a melhoria da sua qualidade de vida.

32 Sobre o tema, conferir: ALCÂNTARA, Alexandre de Oliveira; CAMARANO, Ana Amélia; GIACOMIN Karla Cristina (org.). *Política nacional do idoso:* velhas e novas questões. IPEA, 2016.

composição. Esse decreto foi revogado pelo Decreto 5.109/2004 que, por sua vez, foi revogado pelo Decreto 9.893/2019, revogado pelo Decreto 11.483/2023, em vigor.

Esclarecemos: o Decreto 9.759/2019 extinguiu inúmeros conselhos, entre os quais o do idoso, em âmbito nacional. Em seu lugar foi editado o Decreto 9.893/2019, objeto de inúmeras críticas, porque reduziu tanto o número de conselheiros governamentais como não governamentais e, com isso, retirou das discussões algumas pastas, como as de Saúde, Cultura, Transportes e outras, reduzindo o espectro de análise ampla das questões relativas às pessoas idosas e desconsiderando a intersetorialidade das políticas públicas nessa área. Para os representantes da sociedade civil, a redução de representantes (três conselheiros) deixa de fora importantes entidades, além de alterar a periodicidade das reuniões (para trimestrais).

Há em tramitação o PDL (Projeto de Decreto Legislativo) 454/2019, que susta os efeitos do aludido Decreto 9.893/2019.

Contra o Decreto 9.759/2019 foi proposta ADI 6.121, pelo Partido dos Trabalhadores e, em 13.06.2019, o STF decidiu, por maioria, deferir parcialmente a medida cautelar para, suspendendo a eficácia do § 2º do art. 1º do Decreto 9.759/2019, na redação dada pelo Decreto 9.812/2019, afastar, até o exame definitivo da ação direta de inconstitucionalidade, a possibilidade de ter-se a extinção, por ato unilateralmente editado pelo Chefe do Executivo, de colegiado cuja existência encontre menção em lei em sentido formal, ainda que ausente expressa referência "sobre a competência ou a composição" e, por arrastamento, suspendeu a eficácia de atos normativos posteriores a promoverem, na forma do art. 9º do Decreto 9.759/2019, a extinção dos órgãos, nos termos do voto do Relator (Ministro Marco Aurélio). Foram vencidos os Ministros Edson Fachin, Roberto Barroso, Rosa Weber, Cármen Lúcia e Celso de Mello, que concediam integralmente a cautelar. Presidência do Ministro Dias Toffoli. O mérito ainda não foi julgado.

Entendeu-se que a medida cautelar acima referida não alcançou o Conselho Nacional dos Direitos da Pessoa Idosa porque esse foi criado por decreto (n. 4.227/2002) e não por lei, embora dele faça referência a Lei 8.842/1994 (art. 6º).

De acordo com o novo Decreto 11.483/2023, o Conselho é órgão de caráter deliberativo, integrante da estrutura organizacional da Secretaria Nacional dos Direitos da Pessoa Idosa do Ministério dos Direitos Humanos e da Cidadania, com as finalidades de elaborar as diretrizes para a formulação e a implementação da Política Nacional da Pessoa Idosa, observadas as diretrizes estabelecidas na Lei 10.741, de 1º de outubro de 2003, e de acompanhar e avaliar a sua execução (art. 1º, parágrafo único).

A ele compete (art. 2º):

> I – propor as diretrizes, os objetivos e as prioridades da Política Nacional da Pessoa Idosa;
>
> II – supervisionar, acompanhar, fiscalizar e avaliar a Política Nacional da Pessoa Idosa, na forma do disposto no art. 7º da Lei n. 8.842, de 4 de janeiro de 1994;
>
> III – apoiar os conselhos e os órgãos estaduais, distrital e municipais dos direitos da pessoa idosa e as entidades não governamentais, de modo a efetivar os direitos estabelecidos pela Lei n. 10.741, de 2003;
>
> IV – acompanhar as políticas estaduais, distrital e municipais da pessoa idosa e a atuação dos conselhos estaduais, distrital e municipais dos direitos da pessoa idosa;
>
> V – fiscalizar e propor, quando necessário, modificações nas estruturas públicas e privadas destinadas ao atendimento da pessoa idosa;
>
> VI – apoiar a promoção de campanhas educativas sobre os direitos da pessoa idosa, com a indicação das medidas a serem adotadas nos casos de atentado ou violação desses direitos;
>
> VII – acompanhar a elaboração e a execução da proposta orçamentária da União e recomendar alterações necessárias à consecução de ações para a promoção dos direitos da pessoa idosa;

VIII – elaborar o seu regimento interno, no qual será definida a forma de indicação do seu Presidente e do seu Vice-Presidente;

IX – gerir o Fundo Nacional do Idoso e estabelecer os critérios para sua utilização;

X – acompanhar e avaliar a expedição de orientações e recomendações sobre a aplicação da Lei n. 10.741, de 2003, e dos demais atos normativos relacionados à promoção e defesa dos direitos da pessoa idosa;

XI – promover a cooperação entre a União, os Estados, o Distrito Federal, os Municípios e a sociedade civil na formulação e na execução da Política Nacional da Pessoa Idosa;

XII – propor o desenvolvimento de sistemas de indicadores, em parceria com órgãos e entidades, públicos e privados, nacionais e internacionais, com vistas a estabelecer metas e procedimentos com base nesses índices, para monitorar as atividades relacionadas à Política Nacional da Pessoa Idosa;

XIII – realizar estudos, debates e pesquisas sobre a aplicação e os resultados estratégicos alcançados pelos programas e projetos de promoção e defesa dos direitos da pessoa idosa, desenvolvidos pela Secretaria Nacional dos Direitos da Pessoa Idosa do Ministério dos Direitos Humanos e da Cidadania; e

XIV – estimular a ampliação e o aperfeiçoamento dos mecanismos de participação e controle social, por intermédio de rede nacional de órgãos colegiados regionais, estaduais, distrital e municipais, com vistas a fortalecer a promoção e a defesa dos direitos da pessoa idosa.

O Decreto 1.948/1996 regulamentou originariamente a Lei 8.842/1994 e a forma de implementação da Política Nacional do Idoso, definindo atribuições aos ministérios, secretarias e órgãos públicos respectivos, apresentando definições, como atendimento asilar ou não asilar e até mesmo definindo direitos, como da preferência no atendimento perante órgãos públicos e privados prestadores de serviços à população (art. 17), fugindo de seu genuíno papel apenas regulamentar.

Ele foi revogado pelo Decreto 9.921/2019, que consolidou os atos normativos editados pelo Poder Executivo federal que dispõem sobre a temática da pessoa idosa.

O novo Decreto cuida das competências dos órgãos e das entidades da administração pública federal na implementação da Política Nacional da Pessoa Idosa, das modalidades de atendimento asilar e não asilar (tais como centros de convivência, hospital-dia e centro-dia, oficina abrigada de trabalho, casa-lar, atendimento domiciliar e outro desenvolvido pela própria comunidade), regulamenta a Estratégia Brasil Amigo da Pessoa Idosa (que visa incentivar as comunidades e as cidades a promover ações destinadas ao envelhecimento ativo, saudável, sustentável e cidadão da população, principalmente das pessoas mais vulneráveis) e cuida do acesso preferencial ao transporte coletivo pela pessoa idosa, no sistema de transporte coletivo interestadual nos modais rodoviário, ferroviário e aquaviário de que trata o art. 40 do EPI e, nesse aspecto, incide em ilegalidade ao estabelecer, no art. 44, parágrafo único, que as tarifas de pedágio e de utilização dos terminais estão excluídas da isenção, porque tal restrição, constante também do Decreto 5.934/2006, por ele revogado, já havia sido afastada, anteriormente, pela decisão do STJ no REsp 1543435, quando reconheceu que houve, nesse ponto, excesso no poder regulamentar.

4.2.5 Alguns outros diplomas legais de proteção à pessoa idosa

A Lei 8.212/1991, que organiza a Seguridade Social, estabelece no art. 4º o **direito à assistência social durante a velhice**.

A Lei 8.213/1991 estabelece os Planos de Benefícios da Previdência Social, entre os quais a **aposentadoria** e a **pensão**.

A Lei 8.742/1993 (Lei Orgânica da Assistência Social – LOAS), ao dispor sobre a assistência social, trata da pessoa idosa em vários dispositivos, seja para definir a proteção das pessoas idosas como um dos seus objetivos (arts. 2º, I, *a*, e 6º, § 1º), seja para prever o pagamento do

BPC – salário mínimo assistencial mensal (arts. 2º, I, *e*, e 20 e seus parágrafos) a que alude o art. 203, V da CF/1988.

A Lei 9.029/1995 **veda** qualquer **conduta discriminatória** na contratação e manutenção da relação empregatícia em razão da idade.

A Lei 10.048/2000 trata das prioridades no atendimento da pessoa idosa (juntamente com pessoas com deficiência, gestantes, lactantes, pessoas com crianças de colo e obesos) em repartições públicas, bancos e obriga as empesas públicas de transporte e concessionárias de transporte coletivo a reservarem assentos para tais pessoas (art. 3º). Essa lei foi alterada pela Lei 14.364/2022, para garantir aos acompanhantes ou atendentes pessoais das pessoas com prioridade de atendimento o direito de serem atendidos junto e acessoriamente aos titulares da prioridade.

A Lei 10.098/2000 cuida da acessibilidade às pessoas com deficiência ou com mobilidade reduzida.

Essas duas leis foram regulamentadas pelo Decreto 5.296/2004, que, no art. 5º, § 1º, II, define **pessoa com mobilidade reduzida** como aquela que, não se enquadrando no conceito de pessoa com deficiência, tenha, por qualquer motivo, dificuldade de movimentar-se, permanente ou temporariamente, gerando redução efetiva da mobilidade, flexibilidade, coordenação motora e percepção, definição que abrange, muitas vezes, a pessoa idosa.

O Código Civil, de ampla aplicação, faz expressa remissão ao idoso no **art. 38**, quando trata da sucessão do ausente que conte com mais de 80 anos, e no **art. 1.641,** que obriga o regime da separação de bens no casamento de pessoa maior de 70 anos.

O Código de Processo Civil dispõe sobre a prioridade de tramitação processual no art. 1.048 (regra repetida no art. 71 do EPI, que foi alterado pela Lei 13.466/2017, que lhe acrescentou o § 5º, dando prioridade, dentro da prioridade aos idosos, àqueles com 80 anos ou mais). O STJ já teve oportunidade de afirmar que a previsão de pagamento de custas processuais ao final do processo (art. 88 do EPI) aplica-se somente às ações referentes a interesses difusos, coletivos e individuais indisponíveis ou homogêneos (AgRg no AREsp 625.324, Rel. Min. Regina Helena Costa e AgRg no AREsp 645.393, Rel. Min. Mauro Campbell Marques).

No Código de Processo Penal[33] (CPP), o **art. 220** autoriza o **depoimento da pessoa idosa impossibilitada de comparecer ao fórum onde estiver,** e o art. 225 prevê a possibilidade de antecipação, pelo juiz, do depoimento de pessoa idosa.

Na Lei 7.210/1984 (Lei de Execuções Penais – LEP), o **art. 32, § 2º, faculta** ao idoso **solicitar ocupação** (como interno) adequada à sua idade, e o art. 117, I **faculta ao maior de 70 anos o regime aberto domiciliar**.

O Código Penal trata da questão do idoso em algumas passagens, podendo-se destacar o **art. 61, h,** que estabelece como circunstância agravante o fato de o crime ter sido praticado contra pessoa maior de 60 anos; o **art. 115,** que reduz pela metade o prazo de prescrição quando o criminoso for, ao tempo da sentença, maior de 70 anos[34]; e o **244, que** trata do crime de abandono material.

O Código Eleitoral (Lei 4.337/1965) torna facultativo o voto do idoso maior de 70 anos (**art. 6º, I, b**) e dá preferência a ele no ato de votar (**art. 143, § 2º**).

O Código de Defesa do Consumidor (**CDC** – Lei 8.078/1990) define como **circunstância agravante dos crimes de que trata serem cometidos contra pessoa com mais de 60 anos** (art. 76, IV, **b**).

---

33 A Lei 13.721/2018 alterou o Código de Processo Penal para estabelecer que será dada prioridade à realização do exame de corpo de delito quando se tratar de crime que envolva violência doméstica e familiar contra mulher ou violência contra criança, adolescente, idoso ou pessoa com deficiência.

34 No RHC 16856/RJ, Rel. Gilson Dipp, o STJ manteve a idade de 70 anos para essa redução do prazo prescricional, não aplicando a idade de 60 anos prevista no art. 1º do EPI.

Também nessa seara consumerista, registramos o reconhecimento, pelo STJ, a partir do julgamento do REsp 586.316/MG, j. 17.04.2007, relatado pelo Min. Herman Benjamin, da condição de hipervulnerabilidade ao idoso consumidor, decorrente de uma situação social, fática e objetiva, de agravamento da vulnerabilidade da pessoa física consumidora (expressamente reconhecida no art. 4º, I, do CDC), em razão de circunstâncias pessoais conhecidas do fornecedor ou aparentes.

4.3 DIREITOS BÁSICOS DA PESSOA IDOSA

Acesse e assista à aula explicativa sobre este assunto.

> http://uqr.to/21kuh

Ao lado do arcabouço constitucional que alcança todas as pessoas na garantia de seus direitos fundamentais, trataremos a seguir de alguns direitos em espécie e sua proteção infraconstitucional.

4.3.1 Direito à liberdade, ao respeito e à dignidade

Esses direitos, definidos no art. 10 do EPI, estão umbilicalmente ligados ao **direito de envelhecer**, que integra o processo natural da vida que se inicia com a fecundação do óvulo; e não está despregada da infância, juventude e maturidade[35].

Formam um tripé de sustentação do princípio da **proteção integral** (art. 2º do EPI), baseado no reconhecimento de direitos especiais e específicos de toda pessoa idosa que devem ser assegurados pela família, comunidade, sociedade e pelo Poder Público, com **prioridade absoluta** (art. 3º do EPI), e dizem respeito à titularidade de direitos civis, políticos, individuais e sociais da pessoa idosa.

A prioridade absoluta deve ser entendida com as devidas ressalvas, pois convive e deve se harmonizar com a prioridade absoluta estabelecida no art. 227 da CF/1988 à criança, ao adolescente e ao jovem que, por sua matriz constitucional, deve prevalecer.

Liberdade[36], **respeito**[37] e **dignidade** são valores por demais conhecidos para serem tratados separadamente neste trabalho.

Como anota Ingo W. Sarlet, a partir do conceito kantiano de que sempre que o ser humano for desconsiderado como pessoa e tido por objeto terá sua dignidade atingida, toda vez que houver desrespeito pela vida, pela dignidade da vida, pela integridade física e moral da pessoa, e não houver limitação de poder, "**enfim, onde a liberdade e a autonomia, a igualdade (em direitos e dignidade) e os direitos fundamentais não forem reconhecidos e minimamente**

---

[35] Assim se manifesta Norberto Bobbio na obra *O tempo da memória: De Senectude* e outros escritos autobiográficos. Trad. Daniela Versiani. 4. ed. Rio de Janeiro: Campus, 1997, p. 29.

[36] Diz o § 1º do art. 10 do EPI que: "*O direito à liberdade compreende, entre outros, os seguintes aspectos: I - faculdade de ir, vir e estar nos logradouros públicos e espaços comunitários, ressalvadas as restrições legais; II - opinião e expressão; III - crença e culto religioso; IV - prática de esportes e de diversões; V - participação na vida familiar e comunitária; VI - participação na vida política, na forma da lei; VII - faculdade de buscar refúgio, auxílio e orientação.*"

[37] § 2º do art. 10 do EPI: "*O direito ao respeito consiste na inviolabilidade da integridade física, psíquica e moral, abrangendo a preservação da imagem, da identidade, da autonomia, de valores, ideias e crenças, dos espaços e dos objetos pessoais.*"

assegurados, não haverá espaço para a dignidade da pessoa humana" e essa pessoa poderá não passar de mero objeto de injustiça e arbítrio[38].

Portanto, dignidade humana compreende o ser humano como um ser intelectual e moral, capaz de determinar-se e desenvolver-se em liberdade e como tal senhor das escolhas das próprias finalidades e objetivos de vida.

Esse conceito conduz a outro que, embora antigo para o Direito, é novo entre nós, que é a **busca da felicidade**[39].

Consectária – e **princípio constitucional implícito** – do princípio da dignidade da pessoa humana, a busca da felicidade, juntamente com esse último, traz um mandamento comum: o de que indivíduos são senhores dos seus próprios destinos, condutas e modos de vida, sendo vedado a quem quer que seja, incluindo-se legisladores e governantes, pretender submetê-los aos seus próprios desejos em nome de coletivos, tradições ou projetos de qualquer sorte[40].

Isso se reflete na preocupação legislativa em preservar a autonomia e a independência da pessoa idosa.

4.3.2 Direito à alimentação

O direito à alimentação é um **direito social**[41], conforme prevê o art. 6º da CF/1988.

Como tal, integra a segunda dimensão (ou geração, como querem alguns) de direitos fundamentais, caracterizando-se, em regra, como prestação positiva proporcionada pelo Estado, direta ou indiretamente, visando alcançar a igualdade real.

Por esta condição de direito fundamental social, tem aplicação imediata (art. 5º, § 1º[42]), como já reconheceu o Supremo Tribunal Federal em várias hipóteses: ADI 3.768/DF, Rel. Min. Cármen Lúcia, assegurando a aplicabilidade direta do art. 230, § 2º, da CF/1988, garantindo a eficácia imediata do direito do idoso à gratuidade do transporte público; RE 410.715 Age/SP, Rel. Min. Celso de Mello, assegurando aplicabilidade direta ao art. 208, IV da CF/1988, garantindo o direito de creche; RE 271286/RS, Rel. Min. Celso de Mello, reconhecendo aplicabilidade imediata ao art. 196 da CF/1988 e garantindo a eficácia plena e imediata do direito à saúde; RE 367089/RS, Rel. Min. Moreira Alves, admitindo a autoaplicabilidade de normas de direitos sociais como saúde e previdência social, não se podendo ter sua proteção e fruição negada apenas sob o argumento de que se trata de direito positivado por norma programática[43].

Deriva do dever familiar estabelecido no art. 229 da CF/1988: "**(...) e os filhos maiores têm o dever de ajudar e amparar os pais na velhice, carência ou enfermidade**".

Em relação à pessoa idosa, esta obrigação alimentar é tratada no art. 11 do EPI, que remete ao que dispõe a "lei civil", ou seja, o Código Civil (arts. 1.694 a 1.710) e a Lei 5.478/1968 (Lei de Alimentos).

---

[38] *Dimensões da dignidade*: ensaios de filosofia do direito e direito constitucional. Trad. Ingo W. Sarlet, Luis Marcos Sander, Pedro Scherer de Mello Aleixo e Rita Dostal Zanini. 2. ed. rev. e ampl. Porto Alegre: Livraria do Advogado, 2009, p. 35.

[39] Lembramos as palavras de Thomas Jefferson no preâmbulo da declaração de independência americana, de 4 de julho de 1776, de que são verdades autoevidentes certos direitos inalienáveis, dentre os quais *o direito à vida, à liberdade e à busca da felicidade*.

[40] Sobre o direito à busca da felicidade já decidiu o STF nos julgados: RE 477.554 AgR/MG, 2ª T., Rel. Min. Celso de Mello, j. 16.08.2011, *DJe* 26.08.2011; ADPF 132, Rel. Min. Ayres Britto, Pleno, j. 05.05.2011, *DJe* 14.10.2011 e RE 898.060/SC, Rel. Min. Luiz Fux, Pleno, j. 21.09.2016, *DJe* 24.08.2017.

[41] Dispõe o art. 193 da CF, com a redação dada pelo EC 108/2020: "*Art. 193. A ordem social tem como base o primado do trabalho, e como objetivo o bem-estar e a justiça sociais. Parágrafo único. O Estado exercerá a função de planejamento das políticas sociais, assegurada, na forma da lei, a participação da sociedade nos processos de formulação, de monitoramento, de controle e de avaliação dessas políticas*". De notar que a alteração trazida pela referida EC 108, acrescentando o parágrafo único, é de eficácia limitada, por depender de lei.

[42] *"As normas definidoras de direitos e garantias fundamentais têm aplicação imediata"*.

[43] Nesse sentido, SARLET, Ingo. Comentário ao artigo 5º, § 1º. *In*: CANOTILHO, J. J. Gomes; MENDES, Gilmar F.; STRECK, Lenio L. (coord.). *Comentários à Constituição do Brasil*. São Paulo: Saraiva, Almedina, 2013, p. 514.

Portanto, esse **dever alimentar decorre do parentesco e do dever de solidariedade familiar**[44], na preservação da dignidade humana.

Dessa forma, quanto ao pedido formulado por idoso contra parente em linha reta (filhos, netos etc.), não haverá limite, enquanto se pleiteado contra parente em linha colateral, haverá limitação até o segundo grau (irmãos germanos – filhos do mesmo pai e da mesma mãe – ou unilaterais), conforme disposto no art. 1.697 do CC.

Atenção

Há quem sustente[45] que essa obrigação do colateral deve alcançar até os parentes de quarto grau, sob o fundamento de que tais parentes integram a ordem de vocação hereditária (art. 1.829 do CC), na ausência de descendentes, ascendentes ou cônjuge supérstite.

Na **ausência da família, a obrigação recairá sobre o Estado**, supletivamente (art. 14 do EPI), e uma das formas é por meio do Benefício de Prestação Continuada (BPC), de que trataremos mais adiante.

O EPI também dispõe que a **obrigação alimentar é solidária (art. 12)**, podendo o idoso **optar entre os parentes**, diferentemente do que ocorre no CC, que reconhece a obrigação como conjunta e divisível (art. 1.698) e que, portanto, nessa parte não é aplicável.

Como leciona Maria Berenice Dias: "*A mais significativa alteração foi explicitar que a obrigação alimentar é solidária, podendo o credor optar entre os prestadores (EPI 12). O idoso pode acionar, indistintamente, seus parentes, ou seja, qualquer de seus netos, irmãos, filhos e sobrinhos*"[46].

Nesse sentido decidiu o STJ no REsp 775.565/SP, Rel. Min. Nancy Andrighi, destacando a preferência da lei especial (EPI) à lei geral (CC), ao que se somou a invocação do art. 3º do EPI para reconhecer a política pública de imposição do dever da família, da comunidade, da sociedade e do Estado, com absoluta prioridade, de assistir a pessoa idosa, o que requer celeridade processual, que afasta a possibilidade de outros eventuais devedores integrarem o processo.

Dessa forma, **pode a pessoa idosa escolher com quem quer litigar, não sendo o caso de formação de litisconsórcio passivo necessário**, podendo ocorrer o litisconsórcio passivo facultativo, por opção do autor idoso (em igual sentido, EDcl no REsp 2003.210, Rel. Paulo de Tarso Sanseverino, *DJe* 01.08.2022).

Importante

A matéria ainda não é pacífica, preponderando[47] o entendimento doutrinário da possibilidade de formação de litisconsórcio passivo facultativo – por insistência do devedor demandado –, o que não deixa de contrariar a natureza solidária estabelecida, expressamente, no EPI.

A **ação de alimentos** poderá ser proposta comparecendo o idoso ao cartório judicial (na forma da Lei 5.478/1968), também conhecida por "alimentos de balcão" ou pelo meio convencional, mediante um processo judicial iniciado por petição.

Se não houver vara especializada do idoso em seu domicílio, a ação deverá ser proposta na vara de família.

---

44 Sobre solidariedade familiar, consultar o voto do Min. Marco Aurélio no RE 566.471/RN.

45 Assim: DIAS, Maria Berenice. *Manual de direito das famílias*. 7. ed. São Paulo: Editora Revista dos Tribunais, 2010, p. 531.

46 *Manual de Direito das Famílias*. 4. ed. São Paulo: Revista dos Tribunais, 2007, p. 416.

47 Assim anota SERAPHIM, Carla Matuck Barbosa. *Comentários ao Estatuto do Idoso*. São Paulo: Saraiva, 2016, p. 68-69.

Transações relativas a alimentos podem **ser celebradas** perante o representante do **Ministério Público** ou da **Defensoria Pública** e, uma vez referendado por um deles, tem força de título executivo extrajudicial (art. 13 do EPI), o que dispensa o processo judicial.

Essa possibilidade tem nítido caráter **protetivo** e de afirmação da **celeridade** na obtenção da verba alimentar ao idoso. Por isso, também, a providência não requer homologação judicial (REsp 1117639/MG, 3ª T., Rel. Min. Massami Uyeda, j. 20.05.2010, *DJe* 21.02.2011).

Ao lado dessa disposição, a pessoa idosa pode se valer do art. 784, IV, do CPC, que reconhece igual valor ao instrumento de transação homologado pelo Ministério Público, pela Defensoria Pública, pela Advocacia Pública, pelos advogados dos transatores ou por conciliador ou mediador credenciado pelo tribunal.

Sendo a pessoa idosa a devedora de alimentos, tem entendido o STJ que a execução em ação de alimentos, nesse caso, pode acontecer sem o uso de prisão civil como técnica coercitiva, mas também exige que o credor seja maior de idade que exerce atividade profissional (HC 875013/RN, Rel. Min. Moura Ribeiro, *DJe* 23.02.2024; RHC 91642/MG, Rel. Min. Nancy Andrighi, *DJe* 09.03.2018, e decisão monocrática no HC 944395/RJ, Rel. Min. Marco Aurélio Bellizze, publicada em 17.09.2024.

4.3.3 Direito à vida/saúde[48]

Não há dúvida de que a vida[49] é o bem mais precioso de que dispomos, pois é a partir dela que gozamos de todos os outros direitos. Assim, para garanti-la com a necessária dignidade (uma vida que valha a pena ser vivida), nosso ordenamento jurídico traça uma autêntica rede protetiva.

Como destacamos na parte relativa à pessoa com deficiência desta obra, a CF/1988 trata do direito à vida em vários dispositivos, como, *v.g.*, elevando-a à condição de direito fundamental (art. 5º); vedando penas de morte (salvo em caso de guerra declarada), de trabalho forçado, cruéis (art. 5º, XLVII); assegurando a integridade física do preso (art. 5º, XLIX); estabelecendo o *habeas corpus* (art. 5º, LXVIII), os direitos sociais (arts. 6º e 7º, principalmente) e os sistemas protetivos, como a previdência e assistência social (arts. 193 e segs. e 201 e segs.) e o sistema de saúde (art. 196 e segs.); dispondo que todos são responsáveis pela preservação do meio ambiente, reconhecido como essencial à sadia qualidade de vida (art. 225); e atribuindo à família, à sociedade e ao Estado a proteção da criança, do adolescente e do jovem (art. 227), do idoso (art. 230) e da pessoa com deficiência.

O **EPI** (art. 9º) **atribui ao Estado a obrigação de garantir à pessoa idosa a proteção à sua vida e saúde,** mediante efetivação de políticas públicas sociais que garantam um envelhecimento saudável e em condições dignas.

Obriga, ainda, a destinação privilegiada de recursos públicos e prioridade de acesso à rede de serviços públicos e privados disponibilizados à população (art. 3º, § 1º, I, III e VIII).

A saúde, direito fundamental de todos e dever do Estado[50] (art. 196 da CF/1988), umbilicalmente ligada à vida (STF, RE 271.286-AgR), consubstancia-se no direito de acesso aos serviços próprios com vistas à sua preservação tanto física como mental. Pode ser conceituada, a partir da definição adotada pela Organização Mundial de Saúde, como "um estado de completo bem-estar físico, mental e social e não somente ausência de afecções e enfermidades".

---

[48] No julgamento da ADI 5.595, que questiona os arts. 2º e 3º da Emenda Constitucional 86/2015, que altera o chamado orçamento impositivo para a saúde. A ação pede a suspensão da redução do financiamento federal para o setor, mediante piso anual progressivo para custeio pela União, o STF entendeu que, diante da possibilidade de flexibilização na fixação dos parâmetros referidos no art. 198, § 2º, da CF, e não sendo a matéria qualificada como cláusula pétrea, não há vício na referida EC, e a ação foi julgada improcedente.

[49] José Afonso da Silva define a vida como "*um processo (processo vital) que se instaura com a concepção (ou germinação vegetal), transforma-se, progride, mantendo sua identidade, até que muda de qualidade, deixando de ser vida para ser morte*" (*Curso de direito constitucional positivo*. São Paulo: Malheiros, p. 197).

[50] No RE 271286/RS, Rel. Min. Celso de Mello, reconhece-se a aplicabilidade imediata ao art. 196 da CF/1988, garantindo-se a eficácia plena e imediata do direito à saúde.

Exige **igualdade horizontal**, isto é, tratamento igualitário para todos os pacientes iguais, e **vertical**, é dizer, tratamento desigual aos desiguais, especialmente àqueles em condição de vulnerabilidade social, em que se enquadra, em muitos casos, a pessoa idosa.

Encontra-se no âmbito da seguridade social e está baseada no princípio da universalidade e igualdade da cobertura e do atendimento[51], com vistas a redução do risco de doença e outros males, assegurando a promoção, proteção e recuperação da saúde.

Como já destacamos alhures, a saúde está intimamente ligada ao **direito ao envelhecimento saudável**, o que pressupõe que ocorra de forma ativa, livre de qualquer dependência funcional[52] e requer que tal atendimento de saúde ocorra durante toda a vida.

O **EPI assegura a atenção integral à saúde da pessoa idosa, via SUS**[53], mediante ações e serviços integrados, reconhecidos como de relevância pública, para promoção, prevenção, proteção e recuperação daquela, com especial atenção às doenças próprias do idoso (art. 15), priorizando-se ações preventivas (arts. 198, II, da CF/1988 e 7º da Lei 8.080/1990).

A Lei 13.466/2017, alterando o art. 15 do EPI, concedeu prioridade sobre a prioridade ao estabelecer que os maiores de 80 anos preferem aos demais idosos, exceto em caso de emergência (art. 15, § 7º).

Para esse fim, foi criada a **Política Nacional de Saúde do Idoso** (PNSI), que estabelece as diretrizes essenciais que norteiam e direcionam as ações e serviços em saúde, em consonância com os objetivos estabelecidos pela Lei 8.842/1994, que estabelece a Política Nacional do Idoso, qual seja de "**assegurar os direitos sociais do idoso, criando condições para promover sua autonomia, integração e participação efetiva na sociedade**" (art. 1º).

Tamanha é a relevância atribuída aos cuidados com a saúde da pessoa idosa que o EPI elenca, no § 1º do art. 15, as **cinco diretrizes** para a sua prevenção e manutenção:

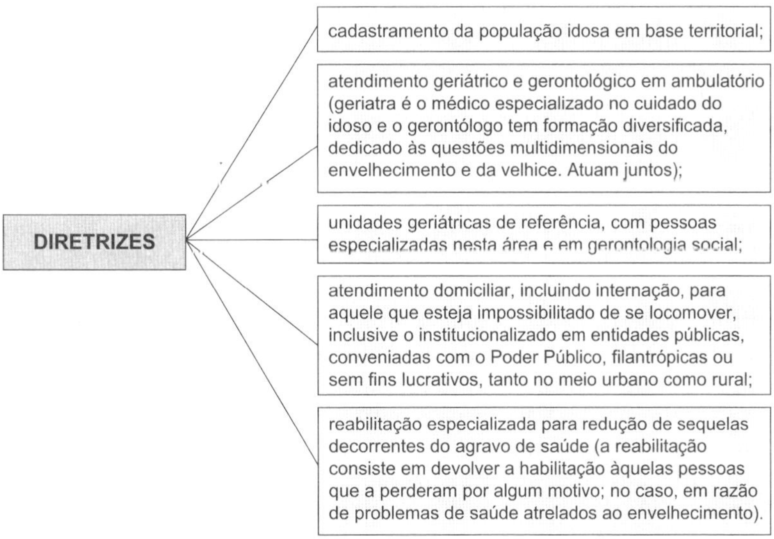

51 A Lei 8.080/1990, que disciplina o Sistema Único de Saúde (SUS), assim dispõe no art. 2º, § 1º: "*O dever do Estado de garantir a saúde consiste na formulação e execução de políticas econômicas e sociais que visem à redução de riscos de doenças e de outros agravos e no estabelecimento de condições que assegurem acesso universal e igualitário às ações e aos serviços para a sua promoção, proteção e recuperação*". A Lei 8.142/1990 dispõe sobre a participação da sociedade na gestão do SUS e a transferência intergovernamental de recursos.

52 O tema da saúde está previsto no item 62 e seguintes do Plano de Ação Internacional para o Envelhecimento, resultado da II Assembleia Mundial de Envelhecimento (Madri, 2002).

53 O SUS apresenta-se como rede regionalizada e hierarquizada de ações e serviços de saúde, caracterizada pela descentralização, atendimento integral e participação comunitária (art. 198 da CF/1988).

Atenção

A integralidade do atendimento exige que o Poder Público forneça, gratuitamente, medicamentos, especialmente os de uso contínuo, próteses, órteses e outros recursos relativos ao tratamento, à habilitação e reabilitação (art. 15, § 2º, do EPI).

O **tema da saúde chegou ao STF, que reconheceu a solidariedade entre os entes federativos** (União, Estados, Municípios e Distrito Federal), na forma do art. 23, II, da CF/1988, para responder pelo fornecimento de medicamentos, insumos e tratamentos de saúde (Tema 793[54] – Recurso Extraordinário 855178/SE, Rel. Min. Luiz Fux, Pleno, j. 05.03.2015, *DJe* 16.03.2015).

Também decidiu o STJ: **"Não viola legislação federal a decisão judicial que impõe ao Estado o dever de garantir a internação em UTI conforme orientação médica e, inexistindo vaga na rede pública, arcar com os custos da internação em hospital privado"** (AgRg no AREsp 36394/RJ, 2ª T., Rel. Min. Herman Benjamin, j. 28.02.2012, *DJe* 12.04.2012).

De igual forma, no **Recurso Extraordinário 684612 (Rel. Min. Cármen Lúcia, Pleno, j. 06.02.2014, *DJe* 06.06.2014 – Tema 698**), com repercussão geral já reconhecida, interposto pelo Município do Rio de Janeiro, foi decidida pelo plenário da Corte a forma como o Poder Judiciário pode obrigar o Poder Executivo a implementar políticas públicas de saúde.

Definiu-se que a atuação judicial deve pautar-se por critérios de razoabilidade e eficiência, respeitando o espaço de discricionariedade do administrador público.

Prevaleceu o voto do Ministro Luís Roberto Barroso, que considerou que, em situações em que a inércia administrativa impede a realização de direitos fundamentais, não há como negar ao Poder Judiciário algum grau de interferência para a implementação de políticas públicas. Nesses casos, a intervenção não viola o princípio da separação dos Poderes, mas há a necessidade da construção de parâmetros para permitir essa atuação, que são os seguintes, estabelecidos na ***Tese fixada***: "*1. A intervenção do Poder Judiciário em políticas públicas voltadas à realização de direitos fundamentais, em caso de ausência ou deficiência grave do serviço, não viola o princípio da separação dos poderes. 2. A decisão judicial, como regra, em lugar de determinar medidas pontuais, deve apontar as finalidades a serem alcançadas e determinar à Administração Pública que apresente um plano e/ou os meios adequados para alcançar o resultado; 3. No caso de serviços de saúde, o déficit de profissionais pode ser suprido por concurso público ou, por exemplo, pelo remanejamento de recursos humanos e pela contratação de organizações sociais (OS) e organizações da sociedade civil de interesse público (OSCIP)*".

Mais recentemente, o STF, por maioria de votos, apreciando a ADI 2.435, julgou inconstitucional Lei estadual 3.542/2001 do Rio de Janeiro, que concedia desconto de até 30% aos idosos para aquisição de medicamentos em farmácias do estado. Prevaleceu o voto do Min. Gilmar Mendes, que reconhecia que a regra invade a competência da União para a regulação do setor e pode gerar desequilíbrios nas políticas públicas federais.

Lembrou o Ministro que a comercialização de medicamentos no país é regida por uma regulação restrita pela União, que impõe o preço máximo de fábrica (PF) e o preço máximo de comercialização de medicamentos (PMC) ao consumidor e a margem de lucro permitida para ser acrescida ao preço de revenda pelos estabelecimentos.

Destacou, também, que a referida lei estadual extrapolou sua competência legislativa supletiva, invadindo campo de norma geral sobre proteção e defesa da saúde, direito econômico e proteção ao consumidor, reservado à União.

---

[54] A tese fixada no julgamento foi: "*Os entes da federação, em decorrência da competência comum, são solidariamente responsáveis nas demandas prestacionais na área da saúde, e diante dos critérios constitucionais de descentralização e hierarquização, compete à autoridade judicial direcionar o cumprimento conforme as regras de repartição de competências e determinar o ressarcimento a quem suportou o ônus financeiro.*" – Plenário, 23.05.2019.

Na ADI 6.452, o STF declarou, por maioria, a inconstitucionalidade de dispositivo da Lei estadual 9.394/2010, do Espírito Santo, que estabelecia o prazo de 24 horas para que os planos de saúde que operam naquele estado autorizassem solicitação de exames e procedimentos cirúrgicos aos usuários acima de 60 anos. Prevaleceu o entendimento do Min. Alexandre de Moraes, para quem o conteúdo da norma interfere no núcleo essencial da atividade prestada pelas operadoras de planos de saúde (essencialidade que não se confunde com a competência suplementar dos estados para legislar sobre saúde e proteção ao consumidor), estabelecida previamente em contrato, em usurpação da competência privativa da União para legislar sobre direito civil e política de seguros (art. 22, I e VII, da CF/1988).

Pelo EPI (art. 15, § 4º), as pessoas idosas com deficiência ou com limitação incapacitante terão **atendimento especializado**, nos termos da legislação específica de que tratamos ao discorrermos sobre a tutela da pessoa com deficiência.

Tema espinhoso diz com o atendimento à pessoa idosa e os **planos de saúde**. Pelo **§ 3º do art. 15 do EPI**, não pode haver discriminação à pessoa idosa nos planos de saúde, com cobranças de valores diferenciados em razão da idade.

É uma disposição de extremo relevo, dentro do propósito do EPI de proteção integral e respeito à dignidade humana, tendo em conta as constantes divergências verificadas entre consumidores idosos de planos de saúde e as empresas contratadas.

As dúvidas surgiram logo que o EPI entrou em vigor, para se definir que essas disposições novas valeriam para os contratos antigos e que se projetassem no tempo até a data da vigência do Estatuto.

Pelo entendimento da Agência Nacional de Saúde Suplementar – ANS (órgão regulador e fiscalizador de saúde suplementar no Brasil):

a) Quanto aos contratos anteriores a 1º de janeiro de 2004 (data em que passou a valer a regra do art. 15, § 3º, do EPI), prevalecem as **regras das cláusulas contratuais, exceto** quanto aos **critérios de fixação de reajuste por faixa etária,** que, para os contratos firmados entre **1999 a 31 de dezembro de 2003,** são os estabelecidos nos contratos, mas observadas as regras previstas na Resolução 6/1998 do Conselho Suplementar de Saúde – CONSU[55]. Esta resolução autoriza reajustamento por faixa etária até os 70 anos (última faixa);
b) a partir de **janeiro de 2004, os contratos assinados estão sujeitos à restrição imposta pelo EPI** e o reajustamento por faixa etária vai até os 59 anos (última faixa); a partir de então, os reajustes são os comuns e não por mudança de idade (faixa etária).

A doutrina vem defendendo a incidência da norma estatutária também aos contratos anteriores a 2004 e que se prolongam até os dias atuais, diante do caráter de ordem pública da determinação estampada no art. 15, § 3º, do EPI.

A esse argumento se somam mais dois:

a) a regra do art. 421 do CC, que estabelece expressamente que a liberdade de contratar está presa aos limites da função social do contrato; e
b) o art. 2.035 do mesmo diploma civil, dispondo que a validade dos negócios constituídos antes da sua entrada em vigor obedece ao disposto nas leis anteriores, mas

[55] Esse entendimento decorreu da similitude com o que decidiu liminarmente o STF, na ADI 1931/DF (Pleno, Rel. Min. Marco Aurélio, j. 22.10.2014, *DJe* 20.11.2014), contra dispositivos da Lei 9.656/1998 (Lei dos Planos de Saúde). Essa decisão sofreu embargos de declaração julgados em outubro de 2014 para declarar que a determinação dada consiste em que *apenas os contratos de saúde assinados após a vigência dela terão seus reajustes dependentes de prévia anuência da ANS, não alcançando os contratos anteriores.*

os efeitos de tais negócios, produzidos após a vigência do CC, aos preceitos dele se subordinam, salvo expressa previsão em contrário entre as partes.

Para os contratos assinados antes de janeiro de 1999, quando entrou em vigor a Lei 9.656/1998 (Lei dos Planos de Saúde), não havia regras claras sobre o reajuste e os aumentos excessivos podiam ser discutidos como abusivos pelo beneficiário, em ação judicial.

Ocorre que em 2020 o STF, por maioria de votos, deu provimento ao Recurso Extraordinário 948.634, Rel. Min. Ricardo Lewandowski, com repercussão geral (Tema 123), para fixar a seguinte tese:

> *As disposições da Lei 9.656/1998, à luz do art. 5º, XXXVI, da Constituição Federal, somente incidem sobre os contratos celebrados a partir de sua vigência, bem como nos contratos que, firmados anteriormente, foram adaptados ao seu regime, sendo as respectivas disposições inaplicáveis aos beneficiários que, exercendo sua autonomia de vontade, optaram por manter os planos antigos inalterados.*

O fundamento principal foi a garantia da irretroatividade das leis, em respeito à primazia do direito adquirido, no qual estão inseridos a coisa julgada e o ato jurídico perfeito, além do fato da Lei 9.656/1998 haver franqueado a migração dos antigos contratos para suas novas regras, por vontade do contratante.

Essa decisão impacta o segmento das pessoas idosas porque elas integram boa parcela dos que detêm contratos antigos e anteriores a 1998. Com a publicação do acórdão foi possível saber que nos votos dos ministros não se tratou do alcance da vedação da retroatividade também das disposições do Estatuto da Pessoa Idosa (EPI), aspecto salientado apenas no voto do Min. Edson Fachin, que abriu divergência por entender que o caso também diz respeito à violação do Estatuto da Pessoa Idosa e do Código de Defesa do Consumidor. Vinculou-se o julgado naquilo estabelecido na Repercussão Geral e que tem a ver com a discussão da aplicação no tempo da Lei 9.656/1998[56]. Os embargos de declaração, com pedido de efeito infringente, interpostos pela Procuradoria-Geral da República foram rejeitados.

Tal decisão também poderá influenciar no resultado do julgamento do RE 630.852, ainda não concluído, com repercussão geral reconhecida (Tema 381), da relatoria da Ministra Rosa Weber, que cuida da **aplicação do Estatuto da Pessoa Idosa a contrato de plano de saúde firmado anteriormente à sua vigência**.

Interessante notar que nesse último Recurso Extraordinário, ainda não concluído em razão do pedido de vista do Min. Dias Toffoli, os Ministros Rosa Weber, Edson Fachin, Ricardo Lewandowski, Alexandre de Moraes e Celso de Mello conheceram do recurso extraordinário e negaram-lhe provimento, fixando a seguinte tese: "A garantia constitucional do ato jurídico perfeito não elide a incidência da Lei 10.741/2003 – a vedar a discriminação do idoso nos planos de saúde pela cobrança de valores diferenciados em razão da idade –, quando o ingresso em faixa etária diferenciada for posterior à vigência do denominado Estatuto do Idoso (1º.1.2004), ainda que se trate de contratos de plano de saúde anteriormente firmados", ou seja, até agora está vencedora a tese que afasta a barreira do ato jurídico perfeito na hipótese que menciona e reconhece a retroatividade do EPI. Até a conclusão do julgamento há possibilidade de mudança de posição e voto daqueles que já se manifestaram, mas não parece que será o caso.

Por fim, cotejando-se os valores sociais protegidos nos contratos de assistência à saúde e os interesses econômicos que visam assegurar o equilíbrio entre as partes, devem prevalecer os primeiros, em homenagem à dignidade da pessoa humana[57].

---

56 Neste sentido, vinculativo ao tema da repercussão geral foi o voto do Ministro Relator Ricardo Lewandowski, como se observa a fls. 14 de sua manifestação.

57 Nesse sentido, Elaine Cardoso de Matos Novais Teixeira, comentando o art. 15, § 3º, que traz o escólio de Cláudia Lima Marques e Nelson Nery Jr., na obra *Estatuto do Idoso comentado*, Naide Maria Pinheiro (coord.), p. 183-195.

No sentido de reconhecer que os contratos assinados antes da vigência do EPI, que projetaram seus efeitos para depois, passam a sujeitar-se ao multicitado comando do art. 15, § 3º, estão as seguintes decisões do STJ: REsp 989.380/RN, Rel. Min. Nancy Andrighi, j. 06.11.2008; REsp 809.329/RJ, Rel. Min. Nancy Andrighi, j. 25.03.2008 e AgInt no AREsp 1.045.603, Rel. Min. Marco Aurélio Bellize, j. 17.10.2017.

A questão do reajuste de mensalidade fundado na mudança de faixa etária, para contratos familiares e individuais, foi objeto de afetação pela 2ª Seção do STJ para julgamento de recurso repetitivo (art. 1.036 do CPC) e é o **tema 952** (REsp 1568244/RJ), firmando a seguinte tese: **"O reajuste de mensalidade de plano de saúde individual ou familiar fundado na mudança de faixa etária do beneficiário é válido desde que (i) haja previsão contratual, (ii) sejam observadas as normas expedidas pelos órgãos governamentais reguladores e (iii) não sejam aplicados percentuais desarrazoados ou aleatórios que, concretamente e sem base atuarial idônea, onerem excessivamente o consumidor ou discriminem o idoso.**"

Para planos de saúde coletivos, a 2ª Seção do STJ passou a adotar, desde então, por analogia, o mesmo entendimento firmado para contratos familiares e individuais, até que, no julgamento do REsp 1.715.798 e outros, também sob a forma de recurso repetitivo – **Tema 1.016** –, na linha do que vinha julgando, fixaram-se duas teses relativas à validade da cláusula de reajuste por faixa etária nos contratos coletivos de plano de saúde: "**1) Aplicabilidade das teses firmadas no Tema 952 aos planos coletivos, ressalvando-se, quanto às entidades de autogestão, a inaplicabilidade do Código de Defesa do Consumidor (CDC). 2) A melhor interpretação do enunciado normativo do art. 3º, II, da Resolução 63/2003 da Agência Nacional de Saúde Suplementar (ANS) é aquela que observa o sentido matemático da expressão "variação acumulada", referente ao aumento real de preço verificado em cada intervalo, devendo-se aplicar, para sua apuração, a respectiva fórmula matemática, estando incorreta a simples soma aritmética de percentuais de reajuste ou o cálculo de média dos percentuais aplicados em todas as faixas etárias**".

Ainda nessa seara, o STJ, no julgamento do REsp 2.029.978, Rel. Min. Nancy Andrighi, decidiu que, após mais de dez anos de contribuição, a pessoa idosa que perde a condição de dependente em virtude da morte do titular tem o direito de assumir a titularidade do plano de saúde coletivo por adesão, enquanto estiver vigente o contrato celebrado entre a operadora e a estipulante, e desde que ela arque integralmente com o custeio. Dentre outros pontos abordados na decisão, destacou-se o reconhecimento da situação de hipervulnerabilidade da pessoa idosa, a necessidade de preservação da assistência à saúde para aposentados, justamente pela dificuldade de nova filiação, em razão da idade, a incidência da regra hermenêutica de que, onde há a mesma razão de ser, prevalece a mesma razão de decidir; ou, onde houver o mesmo fundamento, haverá o mesmo direito, diante da ausência de previsão legal ou administrativa regulamentando a situação dos dependentes em caso de morte do titular e de que não se trata de concessão de direito vitalício ao beneficiário, visto que o seu vínculo com a operadora perdurará apenas enquanto vigente o contrato celebrado entre esta e a pessoa jurídica estipulante. É, ademais, facultado àquele exercer, a qualquer tempo, o direito à portabilidade de carências para a contratação de outro plano de saúde.

Outras hipóteses de cláusulas contratuais abusivas estão sujeitas ao Código de Defesa do Consumidor – CDC –, cujas disposições não se antagonizam com as regras protetivas estatutárias; ao contrário, como destacamos linhas atrás, ao nos referirmos ao CDC, a jurisprudência e a doutrina vêm reconhecendo a condição de hipervulnerabilidade do consumidor pessoa idosa.

À pessoa idosa enferma é proibido exigir o comparecimento a órgãos públicos adotando-se o procedimento seguinte: (a) se do interesse do poder público, ele fará o contato na residência do idoso; e (b) se do interesse deste, ele se fará representar por procuração (art. 15, § 5º do EPI).

Caso seja necessária uma perícia médica ao idoso enfermo para fins de obtenção de direitos sociais e isenção tributária, ela se dará mediante atendimento domiciliar por profissionais do

INSS ou pelo serviço público ou privado de saúde (contratado ou conveniado) que integre o sistema SUS (§ 6º do art. 15).

Ainda sobre saúde, a preocupação com a autonomia da pessoa idosa vem retratada no art. 17 do EPI, que dispõe que àquele que esteja no domínio de suas faculdades mentais é assegurado o direito de **optar pelo tratamento** de saúde que lhe for reputado mais favorável[58].

Não estando nessas condições, a decisão será, nesta ordem:

a) dele e de seu curador, se interditado/sujeito à curatela[59];
b) de seus familiares, quando não tiver curador ou este não puder ser contatado em tempo hábil;
c) do médico, quando houver risco iminente de vida e não houver tempo de consultar curador e familiares; e
d) do médico, quando não houver curador ou familiar conhecido (nesse caso será comunicado o fato ao Ministério Público para que investigue algum crime relativo à proteção ao idoso).

Para a preservação de um atendimento humanitário, é também assegurado ao idoso internado ou em observação hospitalar o **direito a acompanhante**, independentemente da gravidade da situação (medida já prevista na Política Nacional de Atenção à Saúde do Idoso e na **Portaria 280/1999**, editada pelo Ministério da Saúde, que determina que os hospitais contratados ou conveniados com o Sistema Único de Saúde (SUS) permitam a presença de acompanhantes para os pacientes maiores de 60 anos, autorizando o prestador do serviço a cobrar pelas despesas do acompanhante) em tempo integral, salvo se por restrição médica, justificada por escrito, isto não for aconselhável (art. 16 do EPI)[60].

Na mesma linha, a recente Lei 14.198, de 2 de setembro de 2021, dispôs sobre videochamadas entre pacientes internados em serviços de saúde impossibilitados de receber visitas e seus familiares, diariamente, observadas as restrições e exigências nela previstas.

Consequência da doutrina da proteção integral (art. 230 da CF/1988), o art. 19 do EPI determina que os serviços de saúde, públicos ou privados[61], são obrigados a comunicar à **autoridade sanitária ou policial, ao Ministério Público, Conselho Estadual do Idoso e Conselho Nacional dos Direitos da Pessoa Idosa**[62] qualquer suspeita ou confirmação de **violência** praticada contra pessoa idosa, violência essa entendida em sentido amplo, que pode ser por ação ou omissão, em local público ou privado, da qual resulte morte, dano ou sofrimento físico ou psicológico (§ 1º do art. 19 do EPI).

Por fim, o art. 100, III, do Estatuto determina que constitui crime recusar, retardar ou dificultar atendimento ou deixar de prestar assistência à saúde, sem justa causa, à pessoa idosa.

---

58 O tema da autonomia é recorrente no novo ramo do Direito, denominado *Biodireito*, no qual também seria tratada a possibilidade ou não de o idoso dispor do "testamento vital", manifestação escrita de última vontade a respeito do tratamento médico ou prolongamento artificial da vida.

59 Com a alteração do Código Civil na parte relativa à capacidade civil promovida pela Lei Brasileira de Inclusão (Lei 13.146/2015), não se pode mais falar em pessoa maior de 18 anos absolutamente incapaz, como decidiu a Terceira Turma do STJ – REsp 1.927.423/SP, *DJe* 04.5.2021 –, de maneira que o art. 17 do EPI deve ser lido na perspectiva da incapacidade relativa da pessoa idosa, contando com a assistência de seu curador (ver, a esse respeito, o capítulo da Pessoa com Deficiência).

60 No REsp 1.793.840, decidiu o STJ que cabe aos planos de saúde o custeio das despesas (diárias e refeições) dos acompanhantes de pacientes idosos que estejam internados.

61 O art. 57 do EPI define como infração administrativa o fato de o profissional de saúde ou responsável por estabelecimento de saúde ou instituição de longa permanência deixar de comunicar à autoridade competente os casos de crimes contra idoso de que venha a saber.

62 A essa notificação compulsória se aplica a Lei 6.259/1975, que trata da vigilância epidemiológica sobre o programa nacional de imunizações (art. 19, § 2º, do EPI).

No âmbito do seguro de vida, o STJ decidiu, no REsp 1.816.750-SP, que a cláusula de reajuste por faixa etária é legal, ressalvadas as hipóteses em que o contrato já tenha previsto alguma outra técnica de compensação do "desvio de risco" dos segurados idosos[63].

Para o fornecimento de fralda geriátrica, há o Programa Farmácia Popular do Brasil.

4.3.4 Direito à educação

Há um capítulo inteiro nesta obra tratando da educação em suas múltiplas vertentes.

O educador baiano Anísio Teixeira[64] é definitivo: educação é o direito dos direitos, porque todos os outros direitos são vãos se continuamos ignorantes e desaparelhados para gozá-los ou conquistá-los.

A ministra Cármen Lúcia, do STF, no julgamento do AI 684.829/SP, realçou a importância da educação como componente do **mínimo existencial**[65].

Num mundo cada vez mais complexo e conflituoso, a educação é um dos remédios eficientes para se conquistar um mundo mais seguro, próspero e que favoreça o progresso social, econômico, cultural e a tolerância.

Portanto, educação é conceito bem maior que ensino formal, dispensado no ambiente escolar ou universitário; é desenvolver, ministrar o necessário para o crescimento da personalidade do indivíduo, para que ele aprenda mais do que acumular informações; aprenda a transformá-las em conhecimento.

Destacamos, desde logo, os **propósitos da educação**, estampados no art. 205 da CF/1988, que não têm limitação de idade:

a) **pleno desenvolvimento da pessoa**;
b) seu **preparo para o exercício da cidadania**; e
c) **sua qualificação para o trabalho**.

Para sua implementação, o art. 214 da CF prevê a edição de lei que estabeleça o **Plano Nacional de Educação**, de duração decenal e que conduza a:

a) erradicação do analfabetismo;
b) universalização do atendimento escolar;
c) melhoria da qualidade do ensino;
d) formação para o trabalho;
e) promoção humanística, científica e tecnológica do País; e
f) estabelecimento de metas de aplicação de recursos públicos em educação como proporção do produto interno bruto.

Nesse passo, anotamos algumas peculiaridades relativas à pessoa idosa.

Começamos pela disposição do **art. 20 do EPI, que garante o direito à educação**, redundância da previsão do art. 205 da CF/1988 pela qual a educação é direito de todos e dever

---

63 Esclareceu-se que no caso de seguros/planos de saúde, a legislação impõe às seguradoras uma técnica que mais se aproxima da pulverização do risco, pois o "desvio de risco" verificado na faixa etária dos assistidos idosos deve ser suportado, em parte, pelos assistidos mais jovens, numa espécie de solidariedade intergeracional. Por sua vez, no âmbito dos contratos de seguro, não há norma impondo às seguradoras a adoção de uma ou outra técnica de compensação do "desvio de risco" dos segurados idosos.

64 *Educação é um direito*. 2. ed. Rio de Janeiro: UFRJ, 1996, p. 129.

65 Afirmou a ministra: "*A educação compõe o mínimo existencial, de atendimento estritamente obrigatório pelo Poder Público, dele não podendo se eximir qualquer das entidades que exercem as funções estatais. O mínimo existencial afirma o conjunto de direitos fundamentais sem os quais a dignidade da pessoa humana é confiscada.*"

do Estado, da família, com a colaboração da sociedade e que deve estar disponível àqueles que não tiveram acesso na idade própria (art. 208, I, da CF), assegurando a igualdade de condições de acesso e permanência na escola (art. 206, I, da CF), respeitadas as peculiaridades da pessoa idosa (art. 20, parte final, do EPI)[66].

A **Lei 9.394/1996** (Lei de Diretrizes e Bases da Educação Nacional – LDBEN), embora não dedique nenhum artigo específico à pessoa idosa, estabelece no art. 4º, VII, a **obrigatoriedade de o Poder Público disponibilizar a educação escolar regular de jovens e adultos**, com características e modalidades adequadas às suas particularidades e disponibilidades (p. ex., garantir condições de acesso e permanência ao aluno trabalhador)[67].

O Estatuto da Pessoa Idosa em mais de um passo enaltece a importância do acesso à educação, estabelecendo que **ao Poder Público incumbe criar oportunidades de educação à pessoa idosa**, ajustando currículos (com estímulo por conteúdo voltado à tecnologia), metodologia etc. à realidade das pessoas idosas e permitindo que elas possam transmitir aos mais jovens seus conhecimentos e vivências (art. 21).

Estimula a divulgação de conteúdos voltados ao processo de envelhecimento e à valorização da pessoa idosa nos currículos mínimos (conteúdo básico) dos diversos níveis de ensino formal (nas escolas e universidades), como mecanismo de eliminação do preconceito (art. 22), a serem disciplinados pela União dentro de sua competência maior (art. 9º, IV e VII, da LDBEN), e, complementarmente, pelos Estados (art. 10, V, da LDBEN), Distrito Federal (art. 10, parágrafo único) e Municípios (art. 11, III, da LDBEN).

De igual forma, o EPI dispõe competir ao Poder Público apoiar a criação das conhecidas "universidades abertas da terceira idade" que favoreçam a atualização do conhecimento, o desenvolvimento de habilidades, a integração do idoso na sociedade e lhe garantam melhor qualidade de vida, sem maior preocupação com as formalidades acadêmicas próprias de um curso superior regular e a publicação de livros e periódicos de conteúdo voltado a esse público e em padrão de acessibilidade adequado (art. 25[68]).

Os meios de comunicação não foram esquecidos pelo Estatuto que, apoiado nas exigências dos arts. 221 (que estabelece os princípios da produção e programação das emissoras de rádio e TV) e 222, § 3º, da CF/1988, a eles direciona o dever de informar a todos sobre o processo de envelhecimento, no intuito de colaborar com o fim do estigma e preconceito a esse respeito (art. 24) e com prioridade (art. 3º, parágrafo único, do EPI).

Sabemos das dificuldades de implantação dessa disposição estatutária não só pela abrangência do termo "meios de comunicação" nesta era da internet, como tendo em vista a resistência a qualquer tipo de ação que possa resultar em censura (ou imposição de conteúdo) à liberdade de manifestação e expressão (art. 5º, IX, da CF/1988)[69].

4.3.5 Direito à moradia

A preocupação com a moradia para a pessoa idosa, no plano internacional, é encontrada no Plano de Ação Internacional sobre o Envelhecimento, elaborado na II Assembleia Mundial

---

66 Na Lei 8.842/1994, que traça a Política Nacional do Idoso, tal direito está tratado no art. 10, III, *e*.

67 A Lei 13.632/2018 alterou os arts. 3º, XIII, 37 e 58, § 3º, da LDB para enfatizar que a garantia do direito à educação e à aprendizagem se projeta ao longo da vida e a Lei 13.663/2018 acrescentou ao art. 12, também da LDB, os incisos IX e X, que tratam da promoção de medidas de conscientização, de prevenção e de combate a todos os tipos de violência, especialmente a intimidação sistemática (*bullying*) no âmbito escolar, e do estabelecimento de ações destinadas a promover a cultura de paz nas escolas.

68 A Lei 13.535/2017 alterou esse artigo para estabelecer que as instituições de educação superior ofertarão às pessoas idosas, na perspectiva da educação permanente, cursos e programas de extensão, presenciais ou a distância, constituídos por atividades formais e não formais.

69 Nesse sentido, vale consultar o voto do Min. Dias Toffoli na ADI 2404/DF, especialmente quando alude à lição de J. J. Gomes Canotilho sobre a *liberdade de programação* (p. 7 do voto).

sobre o Envelhecimento, e também no Protocolo de San Salvador (art. 17) – que integra o Pacto de São José da Costa Rica.

No Brasil, esse direito social (art. 6º da CF/1988), assegurado à pessoa idosa[70] e diretamente atrelado ao princípio da dignidade da pessoa humana, guarda algumas particularidades em função da própria condição dessa pessoa e a preocupação legislativa de garantir-lhe a autonomia, a privacidade, o direito ao convívio familiar e comunitário e a uma condição digna de vida[71].

Boas lições a esse respeito são encontradas no voto do Ministro Herman Benjamin, no julgamento do REsp 1680686, que trata de ação civil pública proposta pelo Ministério Público estadual contra uma municipalidade, objetivando, dentre outras providências, a implantação de uma ILPI, pública, esclarecendo o ministro sobre a responsabilidade de todos no cuidado com as pessoas idosas (arts. 2º, 3º e 4º do Estatuto), anotando que tal encargo, no âmbito estatal, não se trata de altruísmo ou favor do Estado, mas inequívocas obrigações constitucional e legal, e que não se inserem na órbita da discricionariedade do administrador público os direitos fundamentais de tais pessoas e o dever de solidariedade intergeracional, dentre outros pontos relevantes.

Por isso, é assegurado que a pessoa idosa possa optar, a seu critério[72], por permanecer no seio da família[73], natural (de sangue, biológica, ou natural, de acordo com o art. 25 do ECA) ou substituta (que a acolheu, independentemente de laços consanguíneos), ou desacompanhado, bem como em instituição pública ou privada (art. 37 do EPI).

A **pessoa idosa que não tiver condições de se manter ou ser mantida pela família ou estiver em situação de abandono tem o direito de ser institucionalizada em local público ou, inexistindo este, em local particular,** às expensas do Estado (arts. 5º, § 1º, 23, II, e 203, I, da CF/1988 e 37, *caput*, do EPI)[74].

Infelizmente, tem sido observado o acolhimento institucional de pessoas que não são idosas e são acometidas de sofrimento psíquico ou deficiência intelectual, o que é ilegal[75].

> **Viver em entidade de longa permanência** (Instituição de Longa Permanência para Idoso – ILPI, atual denominação dos asilos) é exceção (art. 230 e § 1º da CF/1988, art. 37, § 1º, do EPI e art. 4º, III, da Lei 8.842/1994) à preferência do convívio familiar e deve ocorrer: (a) por opção da pessoa idosa; (b) nos casos de inexistência de grupo familiar ou casa-lar; (c) se houver abandono ou carência financeira própria ou da família.

Nesse caso, as ILPIS devem garantir as condições de habitabilidade, alimentação e higiene compatíveis com as necessidades da pessoa idosa (art. 37, § 3º, c.c. art. 9º e 3º, *caput*, do EPI)[76].

---

70 A Política Nacional do Idoso trata disso no art. 10, V, da Lei 8.842/1994, de forma genérica.

71 Bem por isso, o STJ reconheceu a impenhorabilidade de imóvel (Lei 8.009/1990) ocupado exclusivamente por mãe idosa de devedor, como usufrutuária vitalícia, admitindo ser ela integrante da família do filho (REsp 950.663/SC, 4ª T., Rel. Min. Luis Felipe Salomão, j. 10.04.2012, *DJe* 23.04.2012).

72 Essa autonomia é reforçada no art. 10, § 1º, II, e § 2º, do EPI.

73 O STF tem atribuído conceito amplo à família, envolvendo relação hetero e homoafetiva, existindo ou não casamento civil (ADI 4.277/DF, Pleno, Rel. Min. Ayres Brito, j. 05.05.2011, *DJe* 14.10.2011).

74 No julgamento da ADI 3534-DF, Rel. Min. Marco Aurélio de Mello, o STF julgou constitucional Lei Distrital 3.593, de 27 de abril de 2005, que estabelecia que as creches não governamentais ficavam autorizadas a atender pessoas idosas, desde que não portadoras de doenças infectocontagiosas ou que exigiam assistência médica permanente ou enfermagem intensiva, cuja ausência coloque em risco a própria vida ou a de terceiros. O acórdão tem a seguinte ementa, no ponto: "*CRECHES – IDOSOS – COMPETÊNCIA NORMATIVA. Surge, no âmbito da competência concorrente prevista no artigo 25 da Constituição Federal, a disciplina do atendimento a idosos em estabelecimentos privados, autorizando-os a manter espaço próprio, com as cautelas devidas, nas creches ditas destinadas a crianças*".

75 Também é vedado o acolhimento em ILPI de pessoa com transtorno mental de forma substitutiva à internação de que trata a Lei Antimanicomial 10.216/2001 (art. 4º, § 3º). A esse respeito, conferir o artigo Abrigamento de pessoas não idosas em instituições de longa permanência para idoso, da Promotora de Justiça paulista Cláudia Maria Beré, encontrado no sítio eletrônico da Associação Nacional dos Membros do Ministério Público de Defesa dos Direitos dos Idosos e Pessoas com Deficiência – AMPID (Disponível em: http://www.ampid.org.br/v1/?s=Abrigamento+de+pessoas+n%C3%A3o+idosas+em+instituições%C3%A7%C3%B5es+de+longa+perman%C3%AAncia+para+idoso).

76 A inobservância dessas garantias pode tipificar o crime do art. 99 do EPI.

Lembramos

Abandonar pessoa idosa em entidade de longa permanência ou congênere caracteriza o tipo penal previsto no art. 98 do EPI.

Esse abandono é material; o abandono afetivo, por si só, não é suficiente para caracterizá-lo, como anota Juliana do Val Ribeiro, com apoio em Guilherme de Souza Nucci[77].

As várias modalidades **não asilares** de atendimento, que devem preferir à institucionalização, são encontradas no art. 4º do Decreto 1.948/1996, que regulamentou a Lei 8.842/1994, revogado e substituído pelo Decreto 9.921/2019 (art. 17): **centro de convivência, centro de cuidados diurno** (hospital-dia, centro-dia), **casa-lar**, **oficina abrigada de trabalho**, **atendimento domiciliar** e **outras formas** propostas por iniciativa da própria comunidade.

Com vistas a efetivar o direito à moradia digna e à proteção integral, com prioridade no estabelecimento de políticas públicas e em verdadeira estratégia promocional da igualdade, nos programas habitacionais públicos ou privados, mas subsidiados com recursos públicos, a pessoa idosa tem **prioridade na aquisição de imóvel** para sua moradia e para tanto deve-se:

a) reservar 3% das unidades habitacionais para idosos, preferencialmente no pavimento térreo;
b) implantar equipamentos urbanos comunitários voltados aos idosos;
c) garantir a acessibilidade, com eliminação de barreiras;[78] e
d) estabelecer critérios diferenciados de financiamento compatíveis com a renda do idoso.

4.3.6 Direito ao trabalho

A CF/1988 adota os valores sociais do trabalho (art. 6º) como um dos fundamentos de nosso Estado Democrático de Direito (art. 1º, IV) e como base da ordem social, que tem por objetivo o bem-estar e a justiça social (art. 193), expressamente repudiando qualquer forma de discriminação preconceituosa em relação a salário, exercício de função e critério de admissão por motivo de idade (art. 7º, XXX).

A **proibição constitucional da discriminação em razão da idade** vem reproduzida também no art. 3º, IV, que trata dos objetivos fundamentais de nossa República Federativa, na garantia de igualdade entre todos (art. 5º, *caput*), na liberdade para o exercício de qualquer trabalho, ofício ou profissão, atendidas as exigências legais (art. 5º, XIII) e na punição por lei de qualquer discriminação atentatória dos direitos e liberdades fundamentais (art. 5º, XLI).

Por sua vez, o EPI prevê que a pessoa idosa tem direito ao exercício de qualquer atividade profissional, adequada à sua condição física, intelectual e psíquica (art. 26), competindo à família, à comunidade, à sociedade e ao Poder Público assegurar, com absoluta prioridade, a efetivação desse direito (art. 3º).

A ONU, por meio da **Resolução 46/1991**, estabeleceu alguns princípios a serem adotados pela comunidade internacional em relação ao idoso, entre eles o de igualdade de oportunidades de trabalho, o direito de determinar o momento em que vai parar de trabalhar e igualdade de trabalho comunitário como voluntário.

---

77 RIBEIRO, Juliana do Val. Comentário ao art. 37. *In*: GARCIA, Maria; LEITE, Flavia Piva Almeida; SERAPHIM, Carla Matuck Borba (coord.). *Comentários ao Estatuto do Idoso*. São Paulo: Saraiva, 2016, p. 141.

78 Em sintonia com a exigência de acessibilidade prevista na Lei 10.098/2000, art. 1º, encaixando-se o idoso na definição de pessoa com mobilidade reduzida (art. 5º, § 1º, II, do Decreto regulamentador do tema acessibilidade - Decreto 5.296/2004).

A preocupação com a garantia do pleno exercício do direito social ao trabalho guarda perfeita sintonia com a proposta de envelhecimento ativo e produtividade de que tratamos no introito deste estudo.

A ampla liberdade laboral[79], de forma adequada, para a realidade brasileira de desemprego, de baixa remuneração e muitas vezes de pequena qualificação profissional, representa, no caso de aposentadoria, uma ilusão, pois a pessoa idosa acaba por sujeitar-se indefinidamente ao trabalho penoso e muitas vezes insalubre como mecanismo de sobrevivência.

Por outro lado, paradoxalmente, o idoso está retornando ao mercado de trabalho para complementação da aposentadoria e para aquelas atividades que exigem atenção, maior senso de responsabilidade e, muitas vezes, para que seu empregador tire vantagem de alguns direitos que lhe são assegurados, como a prioridade no atendimento bancário e gratuidade no transporte público.

Atento à realidade preconceituosa brasileira, o EPI, na esteira das vedações constitucionais já referidas, proíbe qualquer discriminação ou fixação de limite máximo de idade para a contratação da pessoa idosa, inclusive em concursos públicos (em que deve imperar o princípio da igualdade – arts. 5º e 37, II, da CF/1988), ressalvadas, evidentemente, as hipóteses em que a natureza, as atribuições e exigências do cargo o exigir (art. 27 do EPI)[80].

O STF vem consolidando seu entendimento de que são inconstitucionais dispositivos de leis que preveem limite etário para ingresso na magistratura estadual. Exemplo recente vem no julgamento das ADIs 6.794 (CE), 6.795 (MS) e 6.796 (RO).

Segundo o relator dessas ações, Ministro Gilmar Mendes, não há, na Constituição da República nem na Loman (Lei Orgânica da Magistratura Nacional – Lei Complementar 35/1979), previsão de limites etários para ingresso na carreira de magistrado.

E mais, como autêntica política de ação afirmativa, o mesmo dispositivo estatutário prevê no seu parágrafo único que "**o primeiro critério de desempate em concurso público será a idade, dando-se preferência ao de idade mais elevada**", regra que deve estar contida no edital.

Está claro que, embora o art. 27 trate do momento da admissão, a discriminação durante o vínculo laboral e no ato de dispensa também devem receber proteção legal.

Ao lado dessas disposições, a **Lei 9.029/1995** veda qualquer conduta discriminatória na contratação e manutenção da relação empregatícia em razão da idade[81].

De igual forma, a Lei 8.842/1994 estabelece uma política de não discriminação da pessoa idosa no mercado de trabalho, tanto na área pública como privada e de preparação para a aposentação (art. 10, IV, **a** e **c**).

Ocorrendo dispensa com feição discriminatória[82], tal conduta irá caracterizar uma **rescisão de caráter abusivo do poder potestativo de despedir**, ensejando a possibilidade de anulação do ato demissório e, havendo relação de emprego[83], a reintegração no serviço ou uma indenização a título compensatório, a critério do queixoso. Tratando-se de profissional

---

79 É uma realidade a situação de exclusão do mercado de trabalho de pessoas que atingem 40 anos de idade (e que integram o grupo dos "idosos precoces") e a "juvenilização" do trabalho, com preferência pela contratação daquele que conhece o novo, o tecnológico.

80 Nesse sentido a tese fixada no Tema 646: "*O estabelecimento de limite de idade para inscrição em concurso público apenas é legítimo quando justificado pela natureza das atribuições do cargo a ser preenchido*". Assim segue também o STJ: *v.g.* AgInt no RE no AgInt no RMS 61.504/MS, Rel. Min. Maria Thereza de Assis Moura, *DJe* 28.08.2020. Sobre o princípio da igualdade e as discriminações permitidas e proibidas, por todos, MELLO, Celso Antônio Bandeira de. *O conteúdo jurídico do princípio da igualdade*. São Paulo: Malheiros, 2015.

81 *Art. 1º É proibida a adoção de qualquer prática discriminatória e limitativa para efeito de acesso à relação de trabalho, ou de sua manutenção, por motivo de sexo, origem, raça, cor, estado civil, situação familiar, deficiência, reabilitação profissional, idade, entre outros, ressalvadas, nesse caso, as hipóteses de proteção à criança e ao adolescente previstas* no inciso XXXIII do art. 7º da Constituição Federal.

82 Assim se manifestou, em decisão paradigmática, o Tribunal Superior do Trabalho no julgamento do ED-RR 462.888-56.1998.5.9.5555, Rel. Juiz convocado André L. M. Oliveira, *DJ* 26.09.2003.

83 Tais situações estão previstas no art. 4º da Lei 9.029/1995.

autônomo, a situação poderá ensejar indenização (patrimonial e moral) com base no direito civil e, em caso de servidor público, nos termos da legislação respectiva.

A conduta de obstar o acesso de alguém a qualquer cargo público em razão da idade ou negar, por igual motivo, emprego ou trabalho constitui os **crimes** definidos no art. 100, I e II, respectivamente, do EPI.

Dentro do espectro da proteção integral, o EPI impõe ao **Poder Público** o **dever** de:

a) criar e estimular programas de profissionalização voltada à pessoa idosa (sua habilitação, qualificação e requalificação), em estreita relação com o direito à educação;

b) a preparação do idoso para a aposentadoria e a inatividade que trazem impactos negativos ao trabalhador, especialmente estimulando novos projetos sociais; e

c) buscar estimular a iniciativa privada para essa admissão do idoso no trabalho, rompendo com tradicional preconceito, isso por meio de incentivos fiscais, financeiros ou outras formas de estímulo (art. 28).

4.3.7 Direito à assistência e previdenciária social

4.3.7.1 Da assistência social

A assistência social, já o dissemos alhures, é um dos tripés da seguridade social, ao lado das políticas de saúde e previdência social (art. 194 da CF/1988).

Consiste, como **política pública**, num conjunto articulado de ações públicas e da própria sociedade, com vistas a prover todo aquele em situação de vulnerabilidade social, com renda inferior ao mínimo legal, condições básicas para sua inclusão social e vida digna.

É de **acesso universal** e **não pressupõe contrapartida contributiva** (como ocorre na previdência social).

Na forma do art. 203 da CF/1988, além da cobertura assistencial geral, ela objetiva a proteção à velhice (inciso I) e a garantia de um **salário mínimo mensal** (BPC) àquele idoso que não tiver meios de prover a própria manutenção ou tê-la provida pela família (inciso V). Essa proteção é ampliada quando se prevê sua incidência em favor de famílias em situação de pobreza ou extrema pobreza, na qual a pessoa idosa também pode estar inserida (inciso VI).

A Lei Orgânica da Assistência Social (LOAS – Lei 8.742/1993), alterada pela Lei 12.435/2011, ratifica as disposições constitucionais sobre a descentralização político-administrativa e participação popular (art. 204 da CF/1988) e institui o Sistema Único de Assistência Social (SUAS), que organiza-se pela Proteção Social Básica (PSB), com programas, ações e serviços preventivos (evitar o agravamento da vulnerabilidade social), e pela Proteção Social Especial (PSE), de caráter protetivo (quando está na iminência ou já ocorreu a violação de direitos e há necessidade de se resgatar a dignidade e condições de vida da família ou indivíduo).

4.3.7.2 Direito ao Benefício de Prestação Continuada (BPC)

Trata-se de um **salário mínimo mensal pago ao idoso, que não dispuser de meios de prover sua manutenção ou de tê-la provida pela família**, reconhecido como um direito fundamental e de eficácia plena desde o advento da Lei 8.742/1993[84].

Decorre do comando constitucional do art. 203, V, e é previsto no art. 20 da LOAS (Lei 8.742/1993), que sofreu alterações pelo art. 105 da Lei 13.146/2015 (LBI), foi regulamentado pelo Decreto 6.214/2007 (e alterações trazidas pelo Decreto 7.617/2011 e 8.805/2016) e integra

[84] Nesse sentido: STF, RE 214.427 AgR-ED-ED/SP, 2ª T., Rel. Min. Nelson Jobim, j. 21.08.2001, *DJ* 05.10.2001.

a proteção social básica no âmbito do Sistema Único de Assistência Social – SUAS, sendo operacionalizado pelo INSS, com recursos oriundos da União.

Por ter natureza assistencial, a **miserabilidade** é justificativa para sua concessão, razão pela qual definiu-se, primeiramente, que a renda familiar *per capita* deve ser inferior a ¼ do salário mínimo (art. 20, § 3º, da Lei 8.742/1993)[85].

Esse critério de renda foi reconhecido pelo STF como constitucional no julgamento da ADI 1.232, mas reiteradamente revisto pela jurisprudência, que elevava esse valor de renda mensal familiar *per capita*[86].

Importante

Por fim, este critério foi alterado no julgamento da **Reclamação 4.374/2013/PE**, Rel. Min. Gilmar Mendes[87], que por maioria de votos declarou inconstitucional a limitação imposta pelo § 3º do art. 20 da LOAS[88].

Nessa reclamação reanalisou-se o critério adotado na referida ADI 1.232, pela qual o STF primitivamente reconheceu a constitucionalidade do § 3º do art. 20 da LOAS, para admitir que houve um processo de **inconstitucionalização** do referido parágrafo e uma **omissão inconstitucional parcial** em relação ao dever constitucional de efetivar a norma do art. 203, V, da CF/1988 (ausência de regulamentação de todas as hipóteses de concessão do benefício, limitando-se ao fator renda, que é insuficiente), violando o **princípio da proibição de proteção insuficiente**.

Em fevereiro de 2020 foi aprovada a Lei 13.981 que aumenta o limite da renda familiar *per capita* para idosos e pessoas com deficiência, de ¼ para ½ salário mínimo, para terem acesso ao BPC. Esse aumento foi objeto de impugnação pelo governo federal perante o Tribunal de Contas da União (proc. TC-011.564/2020-2º), que num primeiro momento suspendeu a aplicação da norma e na sequência suspendeu a liminar de suspensão. De igual forma, o aumento é objeto da ADPF 662, no STF, tendo como Relator o Ministro Gilmar Mendes, que concedeu liminar para suspender a eficácia do art. 20, § 3º, da Lei 8.742, na redação dada pela Lei 13.981, de 24 de março de 2020, enquanto não sobrevier a implementação de todas as condições previstas no art. 195, § 5º, da CF, art. 113 do ADCT, bem como nos arts. 17 e 24 da LRF e ainda do art. 114 da LDO, situação processual que perdura.

Essa lei foi decorrente da derrubada do veto 55/2019 da presidência da república.

Para aumentar a confusão, a Lei 13.982/2020, que basicamente iria tratar de auxílio-emergencial em razão da pandemia do coronavírus, voltou a alterar o § 3º do art. 20 para estabelecer que até 31 de dezembro de 2020 a renda *per capita* deve ser igual ou inferior a ¼ do salário mínimo.

Acrescentou, também, o art. 20-A à LOAS para permitir que essa renda *per capita* provisória de ¼ do salário mínimo seja aumentada para ½ salário mínimo, desde que atendidos os requisitos estabelecidos nos seus quatro parágrafos, em razão da declaração de estado de

[85] O art. 4º, VI, do Decreto 6.214/2007, define como se compõe a renda bruta da família e o seu § 2º as rendas que são excluídas.

[86] A esse respeito, recomendamos a leitura dos votos exarados no julgamento do RE 567985.

[87] Esse julgamento trata a fundo do remédio constitucional *Reclamação*, destinado a afastar afronta a determinada decisão ou súmula vinculante do STF, ou usurpação de sua competência (art. 102, I, *l*, e 103-A, § 3º, da CF), ou do STJ (art. 105, I, *f*, da CF) e também de tribunais inferiores (como o próprio STF reconheceu a legitimidade desta previsão nas Constituições estaduais – p. ex., art. 74, X, da CE/SP e art. 988 do CPC) e todo o histórico jurisprudencial e legal a respeito do critério "renda" para concessão do BPC, razão pela qual recomenda-se sua leitura.

[88] Vencido o Ministro Teori Zavascki, que a julgava procedente. Os Ministros Dias Toffoli, Ricardo Lewandowski e Joaquim Barbosa votaram pelo não conhecimento da Reclamação.

calamidade pública e de emergência de saúde pública decorrente do coronavírus (posteriormente revogado pela Lei 14.176/2021 de que cuidaremos a seguir).

Novas mudanças vieram em 2021[89], com a aprovação da Lei 14.176 (decorrente da MP 1.023/2020), que estabelece critério de renda familiar *per capita* para acesso ao benefício de prestação continuada, estipula parâmetros adicionais de caracterização da situação de miserabilidade e de vulnerabilidade social. Lembramos que o art. 6º desta nova lei prevê três datas distintas para entrada em vigor de seus dispositivos, valendo conferi-las antes de aplicar os novos dispositivos.

Dispõe que fará jus ao benefício a pessoa idosa (a partir dos 65 anos) com renda *per capita* familiar mensal igual ou inferior a ¼ do salário mínimo (art. 20, § 3º, com a redação atual).

Para valer a partir de janeiro de 2022, também há previsão de situações de excepcionalidade, quando a renda *per capita* poderá chegar até a ½ salário mínimo, conforme dispuser o regulamento, desde que comprovado o comprometimento da renda com gastos no cuidado com a saúde, a dependência de terceiros para a realização das atividades básicas da vida diária (§ 11-A do art. 20 e art. 20-B da LOAS).

Vale lembrar que, como anotamos em linhas anteriores, o STF, na Reclamação n. 4.374, reconheceu uma omissão inconstitucional parcial na utilização do fator renda, como único critério para avaliação da miserabilidade. A nova lei introduziu dispositivo permitindo sua elevação para até ½ salário mínimo, para situações excepcionais, válido a partir de 2022, conforme dispuser o regulamento, o que não nos parece suficiente para superar o fundamento de inconstitucionalidade adotado no julgamento citado.

Acompanhando essa tendência, o art. 105 da Lei Brasileia da Inclusão da Pessoa com Deficiência (LBI – Lei 13.146/2015) acrescentou o § 11 ao art. 20 da LOAS para autorizar essa extensão na avaliação da miserabilidade[90]. No sentido de autorizar a demonstração da condição de miserabilidade do beneficiário por outros meios de prova, quando a renda familiar ultrapassa o patamar legal, foi o julgamento do REsp Repetitivo 1.112.557, Rel. Min. Napoleão N. Maia Filho, *DJe* 20.11.2009.

Agora, o **fator renda** é um dos **critérios** (se igual ou inferior a ¼ do salário mínimo, a presunção de miserabilidade é absoluta – *jure et de jure*), admitindo-se outros[91].

Pelo art. 20 da LOAS, faz jus ao benefício a pessoa com 65 anos ou mais (a CF/1988 não estabeleceu idade, apenas referindo-se a "idoso"); define-se a família, para fins de cálculo da renda (§ 1º).

Autoriza-se o recebimento por portugueses aqui residentes que preencham os demais requisitos (art. 7º do Anexo do Decreto 6.214/2007), assim como a mais de um membro da família (art. 19 do Anexo do Decreto 6.214/2007).

Por sua natureza assistencial, esse benefício, em regra, não é acumulável com outro da Seguridade Social, salvo exceção prevista no dispositivo (§ 4º do art. 20 da LOAS) e no seu regulamento (art. 5º do Anexo do Decreto 6.214/2007), nem se transmite a beneficiários do titular e sua concessão será revista a cada dois anos (art. 21 da LOAS). O acolhimento institucional não veda o seu recebimento (art. 20, § 5º).

O EPI trata desse tema no art. 34, também estabelecendo a idade mínima de 65 anos para o recebimento do benefício.

O parágrafo único do **art. 34** estabelece que o benefício de prestação continuada já concedido a qualquer **membro idoso** da família não será computado para os fins do cálculo da renda familiar *per capita* de que trata o § 3º do art. 20 da LOAS.

---

89 Várias são as críticas feitas a esta lei.

90 *Art. 20, § 11. Para concessão do benefício de que trata o caput deste artigo, poderão ser utilizados outros elementos probatórios da condição de miserabilidade do grupo familiar e da situação de vulnerabilidade, conforme regulamento.*

91 O art. 117 do EPI determina que o Poder Executivo encaminhará ao Congresso Nacional projeto de lei revendo os critérios de concessão desse benefício, mas, como se notou, a alteração decorreu da intervenção judicial, e não legislativa.

Atenção

No julgamento do RE 580.963/PR, o Plenário do STF, por maioria, embora reconhecendo que o próprio STF e outros tribunais[92] vinham dando interpretação mais elástica ao referido parágrafo único do art. 34, admitindo a não incidência de outros benefícios na renda familiar *per capita*[93], reconheceu incidentalmente a inconstitucionalidade desse dispositivo, porque feria a isonomia na medida em que só excluía do cômputo da renda outro benefício de igual espécie (BPC a pessoa idosa), deixando de lado, p. ex., aquela família em que uma pessoa com deficiência já recebia um benefício ou mesmo em que outro idoso recebia um benefício previdenciário (p. ex., aposentadoria de um salário mínimo)[94].

A Medida Provisória (MP) 1.023/2020 estabelece os critérios de elegibilidade para requerimento do Benefício de Prestação Continuada (BPC), a partir de 1º de janeiro de 2021. Ela foi substituída pela Lei 14.176/2021 a que aludimos em linhas anteriores. Esse benefício, por sua natureza não contributiva que garanta seu custeio pelo contribuinte, é sempre alvo de modificações, a depender da política pública a ser adotada pelo Chefe do Executivo nacional e, infelizmente, sempre com viés de redução de sua concessão.

Exatamente por isso, quase impossível manter uma versão sempre atualizada dos requisitos autorizadores de sua concessão, o que exige do leitor uma consulta aos vários sítios eletrônicos oficiais que trazem essas informações atualizadas.

Basta ver, além das alterações citadas acima, agora a Lei 15.077, de 27 de dezembro de 2024, que traz novas mudanças, obrigando o cadastramento do beneficiário realizado pelo poder público, a forma de cálculo da renda familiar, a maneira de avaliação do grau de deficiência ou incapacidade, para o caso de beneficiário com deficiência (o que não se aplica à pessoa idosa, obviamente), dentre outras.

Justamente por essa natureza assistencial e para fazer frente a uma situação de miserabilidade, entendeu a Terceira Turma do STJ, no julgamento do REsp 1.834.231/MG, Rel. Min. Nancy Andrighi, j. 15.12.2020, por manter a decisão do TJMG que impediu uma instituição financeira, credora em dois empréstimos, de descontar mais do que 30% do BPC depositado na conta-corrente do idoso, apesar do argumento deduzido pela financeira de que o ato foi voluntário.

No julgamento, a Min. Nancy Andrighi lembrou que o BPC não é remuneração ou verba salarial, mas uma renda transferida pelo Estado ao beneficiário, de modo a lhe assegurar um mínimo de dignidade, condições de sobrevivência e enfrentamento da miséria. Bem por isso, sua autonomia da vontade é reduzida porque o benefício é direcionado à satisfação de necessidades vitais, diferentemente das verbas salariais que permitem ao trabalhador uma maior margem de utilização, p. ex., com lazer.

Nota-se que foi feito um *distinguishing*[95] entre o REsp 1.555.722/SP (onde a Corte reconheceu a licitude do desconto, em conta utilizada para o recebimento de salário, das prestações de empréstimos livremente pactuadas) e o presente caso, porque a limitação dos descontos

---

92 O STJ, no julgamento de recurso repetitivo - REsp 1.355.052/SP - (Tema 640) definiu que o benefício recebido por idoso ou deficiente que faça parte do núcleo familiar não deve ser considerado na aferição da renda *per capita*, em sintonia com o que dispõe o art. 34, parágrafo único, do Estatuto do Idoso.

93 *Vide* o AI-AgR 590.169, Rel. Min. Sepúlveda Pertence, j. 09.02.2007; o RE 561.936, Rel. Min. Cezar Peluso, j. 09.05.2008 e o RE 569.065, Rel. Min. Joaquim Barbosa, j. 01.10.2010.

94 No julgamento, exemplificou-se com a seguinte situação reconhecida como anti-isonômica: dois idosos que formam um casal podem receber o BPC por idade (nada impede que, um deles recebendo tal benefício, venha o outro a recebê-lo também), conforme dispõe o parágrafo único do art. 34; mas sendo um dos dois pessoa com deficiência que já recebe o BPC nessa condição, isso inviabilizará que o outro também receba tal benefício.

95 "*Distinguishing*" (distinção): se a questão que deve ser resolvida já conta com um precedente - se é a mesma questão ou se é semelhante, o precedente aplica-se ao caso. O raciocínio é eminentemente analógico. Todavia, se a questão não for idêntica ou não for semelhante, isto é, se existirem particularidades fático-jurídicas não presentes - e por isso não consideradas - no precedente, então é caso de distinguir o caso do precedente, recusando-lhe aplicação.

definida relativamente ao BPC não ocorre como analogia da hipótese da consignação em folha de pagamentos, mas sim, como necessária ponderação entre o princípio da autonomia da vontade privada e o princípio da dignidade da pessoa humana.

4.3.7.3 Da previdência social

A previdência social é um direito social (art. 6º da CF) e vem prevista no art. 201 da CF, integrando o sistema de seguridade social (art. 194 da CF/1988), que visa ao atingimento da justiça social e do bem-estar da coletividade (art. 3º, III, da CF/1988).

Como forma de proteção social, é organizada em um regime geral, de **caráter contributivo e de filiação obrigatória**, para atender a coberturas de doença, invalidez, morte, maternidade, proteção ao trabalhador em situação de desemprego involuntário, salário-família, auxílio-reclusão e pensão por morte.

O § 1º do art. 201 veda a adoção de requisitos e critérios diferenciados para concessão de aposentadoria dentro do Regime Geral da Previdência Social (RGPS), salvo exceções previstas em lei (**p. ex.**, **aposentadoria especial a pessoas com deficiência**), o que se deu por meio da Lei Complementar 142/2013 (regulamentada, no que diz respeito a pessoa com deficiência, pelo Decreto 8.145/2013, que alterou, nesse aspecto, o Decreto 3.048/1999, regulamentador da Previdência Social).

Essa regra não vale ao **servidor público** das três esferas, porque são regulados por sistema previdenciário próprio.

A **aposentadoria** é um direito do trabalhador (art. 7º, XXIV, da CF/1988) e decorre dos fatores idade e tempo de contribuição, mas seus aspectos gerais fogem do propósito específico desse estudo[96].

Nesse ponto, o EPI não inovou no sistema previdenciário geral (art. 201 e §§ da CF/1988), apenas enaltecendo a preocupação com a preservação do valor real do benefício.

O EPI estabelece ao Poder Público o dever de preparar o trabalhador para a aposentadoria (jubilação), com antecedência mínima de um ano (art. 28, II), evitando os impactos negativos da inatividade (mudança do ritmo de vida, perda do *status* decorrente do cargo ocupado etc.), embora isso se mostre, para a realidade brasileira de mazelas com o trabalhador, uma utopia.

Apenas lembramos que idosos que necessitam de assistência permanente de outra pessoa têm direito a um acréscimo de 25% na aposentadoria, conforme estipula **o art. 45, *caput*, da Lei 8.213/1991** (Lei de Benefícios da Previdência Social) e o art. 45 do Decreto 3.048/1999 (Regulamento da Previdência Social). Ainda nos termos desse último dispositivo, o direito a esse benefício estendido exige a aposentadoria por invalidez, circunstância afastada pela jurisprudência[97].

4.3.8 Direito a cultura, esporte, lazer e turismo

Tratados no EPI juntamente com o direito à educação (art. 20), o acesso à cultura, ao esporte, lazer e turismo (garantidos nos arts. 215 a 217 da CF/1988) guardam relação com o direito à sadia qualidade de vida, à participação na comunidade em igualdade de oportunidades e a concepção já referida de envelhecimento ativo.

E mais, para a efetivação de tais direitos a Lei 8.842/1994 estabeleceu apenas ao Poder Público a obrigação de propiciar acesso aos locais e eventos culturais mediante preços reduzidos (art. 10, VII, **b**).

---

96 Sobre cálculo dos benefícios, ver Lei 8.213/1991 (Lei de Benefícios da Previdência Social).

97 Tem-se afastado essa exigência da aposentadoria por invalidez, admitindo-se, também, para as aposentadorias por idade ou tempo de contribuição (Turma Nacional de Uniformização dos Juizados Especiais Federais, proc. 5000107-25.4.04.7100 e 5011904-42.2013.404.7205).

O Estatuto da Pessoa Idosa (EPI) foi mais abrangente para alcançar também as empresas privadas organizadoras de eventos culturais e de lazer e optou por conceder incentivos, tais como a gratuidade do transporte público aos maiores de 65 anos e **descontos** de pelo menos 50% nos ingressos para eventos esportivos, artísticos, culturais, expositivos e de lazer e acesso preferencial aos locais onde eles ocorram (art. 23)[98].

O STJ, no julgamento do REsp 1.512.087, Rel. Min. Herman Benjamin, teve oportunidade de reconhecer que essa benesse legal também se aplica a outros serviços que sejam diretamente vinculados ao lazer, como foi, no caso concreto, a hipótese da "linha turismo" da cidade de Curitiba e que consiste em ônibus especial que circula nos principais pontos turísticos da cidade.

Para concessão do desconto mínimo nos ingressos são exigidas duas condições: **idade mínima de 60 anos e evento de natureza artística, cultural, esportiva ou de lazer.**

O acesso preferencial não se confunde com o atendimento prioritário de que trata a Lei 10.048/2000 e seu decreto regulamentador (Decreto 5.296/2004) ou da prioridade estabelecida nos parágrafos 1º e 2º do art. 3º do EPI, que são mais abrangentes.

Aqui se trata de facilitação do acesso, p. ex., com preferência na compra de ingresso, no acesso no dia do evento.

4.3.9 Direito ao transporte gratuito

O transporte cumpre papel relevante entre as funções sociais da cidade identificadas na conhecida Carta de Atenas[99], de 1933: habitar, trabalhar, recrear-se e circular.

O **direito à gratuidade do transporte é uma condição mínima de mobilidade e guarda direta relação com a liberdade e participação comunitária da pessoa idosa**, além de facilitar o convívio com familiares e o acesso a serviços essenciais e de lazer.

Por essa relevância, a CF/1988 estabeleceu, no art. 230, § 2º, a gratuidade, aos maiores de 65 anos, do transporte coletivo urbano, de forma irrestrita no âmbito municipal (urbano e rural[100]) e com limitações nos demais, como se apontará linhas adiante. Essa regra constitucional é de aplicabilidade direta e eficácia imediata, como decidiu o STF na ADI 3.768/DF, Pleno, Rel. Min. Cármen Lúcia, j. 19.09.1997, *DJe* 26.10.2007.

Como ressaltou o STJ, no julgamento do REsp 1.543.465/RS, Rel. Min. Napoleão N. Maia Filho (*DJe* 04.02.2019), trata-se, além de um direito, de uma garantia, pois tem o escopo, além de facilitar o dever de amparo ao idoso, assegurar sua participação na comunidade, seu bem-estar e sua dignidade, conforme o disposto nos arts. 229 e 230 da CF/1988.

O EPI estendeu a gratuidade do transporte urbano ao transporte coletivo semiurbano (art. 39), mas mantendo de fora o modelo especial e o seletivo, prestados paralelamente ao regular, o que foi objeto da ação direta de inconstitucionalidade acima referida (ADI 3.768/DF), julgada improcedente pelo STF[101].

> O STF[102] reconheceu que o referido art. 39 do EI é constitucional na medida em que apenas repete os termos do comando constitucional referido e determina que se concretize o quanto constitucionalmente disposto.

---

98 Ver Lei 12.933/2013, que dispõe sobre meia-entrada para estudantes, idosos, pessoas com deficiência e jovens de 15 a 29 anos comprovadamente carentes em espetáculos artístico-culturais e esportivos e revoga a MP 2.208/2001. Essa lei foi alterada pela Medida Provisória 895/2019, que perdeu sua eficácia pelo decurso do prazo. Em tramitação o PL 4585/2020, apensado ao PL 281/2020, da Câmara Federal.

99 Documento produzido pelo arquiteto Le Corbusier como conclusão do *IV Congresso Internacional de Arquitetura Moderna*, de 1933, e que sintetiza os princípios do urbanismo moderno.

100 Conferir AREsp 41.795/MG, Rel. Min. Sérgio Kukina, *DJ* 01.07.2015.

101 Essa ADI 3.768/DF foi proposta pela Associação Nacional das Empresas de Transporte Urbano – ANTU.

102 ADI 3.768/DF, Rel. Min. Cármen Lúcia e AI 707.810 AgR/RJ, 1ª T., Rel. Min. Rosa Weber, j. 22.05.2012, *DJe* 06.06.2012.

> Para o transporte intermunicipal a disciplina da gratuidade fica à critério de lei estadual, mas com condicionantes que se aproximam da gratuidade interestadual[103].

Para superar a divergência etária prevista como regra no EPI (60 anos), o § 3º do art. 39 autoriza que legislação local[104] estabeleça essa gratuidade no transporte a partir dos 60 anos, podendo essa alteração legislativa se dar por iniciativa da própria Câmara Municipal e não só do Poder Executivo, conforme RE 702.848/SP, Rel. Min. Celso de Mello[105].

A prova de idade se faz por documento pessoal (art. 39, § 1º, do EPI), sendo ilegal exigir-se cadastramento prévio nas empresas concessionárias[106].

No transporte coletivo interestadual rodoviário, ferroviário e aquaviário (art. 40 do EPI)[107] a regra é: **reserva de duas vagas** gratuitas por veículo para idoso com **renda igual ou inferior a dois salários mínimos** e **50% de desconto**, no mínimo, do valor da passagem, às pessoas idosas que excederem aquele limite que também tenham **igual baixa renda**[108].

O Superior Tribunal de Justiça decidiu, no REsp 1.543.465-RS, Rel. Min. Napoleão Nunes Maia Filho, j. 13.12.2018 (*DJe* 04.02.2019), que essa reserva de dois assentos (art. 40, I, do EPI) não se limita ao valor das passagens, abrangendo eventuais custos relacionados diretamente com o transporte, em que se incluem as tarifas de pedágio e de utilização dos terminais rodoviários, sendo que, nesse aspecto, o Decreto 5.493/2006[109] e a Resolução 1.692 da ANTT (Agência Nacional de Transportes Terrestres) estão eivados de nulidade por extrapolarem o poder regulamentar.

Nota-se que, relativamente ao art. 40 do EPI, não há imposição do benefício a pessoa maior de 65 anos, como é o caso da CF/88 e do art. 39 do EPI, daí por que é correto interpretar que prevalece a regra geral que reconhece como pessoa idosa aquela com idade igual ou superior a 60 anos, para fins de fruição desse benefício. Aliás, o Decreto 9.921/2019, que consolida atos normativos editados pelo Poder Executivo federal que dispõem sobre a temática da pessoa idosa, inclusive esse tema, apenas alude à idade de 60 anos. Assim também se posiciona a doutrina[110].Nos veículos de transporte coletivo, serão reservados 10% dos assentos para idosos, assim como é assegurada a reserva, nos termos da lei local,

---

[103] Pode acontecer de existir região metropolitana cuja característica do transporte se ajuste ao conceito de urbano ou semiurbano e, nesse caso, a gratuidade seguirá a regra do art. 39 do EPI, ou seja, para todos os idosos. No julgamento do AREsp 41.795/MG, definiu-se que é possível a imposição da gratuidade prevista no art. 39 do EPI, porque não foi excepcionado, tal como ocorre com o transporte interestadual (gratuidade limitada a 2 assentos e hipossuficiência financeira).

[104] A competência legislativa dos municípios decorre da regra constitucional do art. 30, I e V (assunto de interesse local, especialmente organizar o serviço essencial de transporte coletivo), prevalecendo sobre a regra geral do art. 22, XI, que atribui à União competência para legislar sobre diretriz nacional de política de transporte.

[105] Vale a leitura do voto do Ministro Celso de Mello, porque trata com muita clareza da autonomia municipal e suas características.

[106] STJ, REsp 1.057.274/RS, 2ª T., Rel. Min. Eliana Calmon, j. 01.12.2009, *DJe* 26.02.2010.

[107] Esse dispositivo foi regulamentado pelo Decreto 5.934/2006, revogado pelo Decreto 9.921/2019. Sobre o transporte aéreo, ainda se discute a aprovação de lei nesse sentido, por ele não ter sido referido no EPI. No julgamento da Suspensão de Segurança (SS 3052) feito pela Agência Nacional de Transportes Terrestres (ANTT), o Min. Gilmar Mendes, do STF, afirmou que: *"Afigura-se inequívoco que a Lei n. 10.741/03, que concede o benefício da gratuidade nos transportes coletivos para idosos com renda igual ou inferior a dois salários mínimos, confere parcial concretização à norma constitucional em apreço"*.

[108] Sobre o tema, conferir também o REsp 1357919, Rel. Min. Napoleão Nunes Maia Filho, j. 31.08.2016, em que se assentou que a jurisprudência da Corte Superior de Justiça é no sentido de que eventual desequilíbrio econômico-financeiro constatado na execução do contrato de concessão do serviço de transporte interestadual deverá ser submetido ao exame da Administração, o que não constitui empecilho à concessão da gratuidade e dos descontos nas passagens destinadas a pessoa idosa. Interessante que, na ação civil pública de onde se originou esse Recurso Especial, o MPF postula o reconhecimento da imediata aplicação dos dispositivos do art. 40 do EPI, para pessoas a partir de 60 anos, e não 65.

[109] *Refere-se ao art. 8º, parágrafo único, do referido decreto: "Art. 8º O benefício concedido ao idoso assegura os mesmos direitos garantidos aos demais passageiros. Parágrafo único. Não estão incluídas no benefício as tarifas de pedágio e de utilização dos terminais e as despesas com alimentação".* Esse decreto, como vimos, foi revogado pelo Decreto 9.921/2019, que comete a mesma impropriedade no art. 44, parágrafo único.

[110] NOBREGA, Flávio Henrique de Oliveira. Comentário ao art. 40. *In*: PINHEIRO, Naide Maria (coord.). *Estatuto do Idoso comentado*. Campinas: Servanda, 2014, p. 332.

de 5% das vagas nos estacionamentos[111] públicos e privados[112]. Entretanto, a esse respeito é bom lembrar que o STF, no julgamento da ADI 5.842, apreciando lei do Rio Grande do Norte que concedia *gratuidade* em estacionamento privado para pessoa com deficiência ou idosa, reconheceu, por maioria, que essa matéria – cobrança pelo uso de estacionamento privado – envolve o direito de propriedade e é de competência privativa da União, acolhendo em parte o pedido.

Para melhor fruição desse direito, o EPI estabelece prioridade ao idoso nos procedimentos de embarque e desembarque nos veículos do sistema de transporte coletivo como um todo (art. 42).

A violação ao direito de transporte gratuito poderá caracterizar a conduta criminosa prevista no art. 96 do Estatuto.

4.3.10 Direito à proteção

Neste tópico serão tratadas as diversas hipóteses relativas às medidas de proteção à pessoa idosa[113], o reconhecimento de seu estado de vulnerabilidade, o cuidado de longa duração[114], o acolhimento em instituição de atendimento de longa permanência para idoso (ILPI) e formas de fiscalização desse serviço.

Busca-se garantir a esse segmento social uma cidadania plena, que não é aquela que garante vários direitos a um número limitado de pessoas, e sim assegura todos os direitos ao maior número possível deles, na perspectiva de uma equidade ou justiça social.

Relembramos a regra do art. 230 da CF/1988, que determina que a família, a sociedade e o Estado têm o dever de manter a pessoa idosa livre de qualquer forma de discriminação, violência e exclusão social, e do art. 229 da mesma Carta, que atribui aos filhos maiores o dever de ajudar e amparar os pais na velhice.

Nossa Carta Política preocupou-se com a proteção a grupos que sofrem discriminação histórica e estrutural – como é o caso das pessoas idosas –, principalmente quando são levadas em conta as interseccionalidades, como a perspectiva de gênero ou raça.

Está em tramitação o PL 4438/2021 (em análise do substitutivo no Senado), que prevê medidas protetivas de urgência para pessoas idosas e pessoas com deficiência que tenham sofrido violência ou estejam na iminência de sofrê-la, medidas estas parecidas com as previstas na Lei Maria da Penha.

Tema recorrente na atualidade é a preocupação com o superendividamento dos consumidores, de uma forma geral, o que também reflete na pessoa idosa consumidora.

Em vista dessa preocupação, foi editada a Lei 14.181/2021, que altera o CDC e o Estatuto do Idoso.

Ela confere mais direitos aos consumidores – neles incluídas as pessoas idosas – e, por sua vez, impõe aos credores obrigações que devem trazer mais segurança jurídica e transparência à negociação de débitos.

---

[111] A utilização indevida da vaga é infração de trânsito, prevista no Código de Trânsito Brasileiro – CTB (estacionar em desacordo com regulamentação).

[112] No RMS 32.340/DF, 1ª T., Rel. Min. Benedito Gonçalves, j. 26.10.2010, *DJe* 04.11.2010, o STJ não reconheceu direito de advogado idoso de utilizar vaga dentro do estacionamento do fórum, sob o argumento de que, embora o prédio seja público, o estacionamento está em área restrita de uso especial (art. 99, II, do CC). No mesmo sentido, RMS 20043/SP, 1ª T., Rel. Min. Teori Zavascki, j. 21.09.2006, *DJ* 21.09.2006.

[113] Vale a leitura do voto do Min. Herman Benjamin, no julgamento do REsp 1680686, a que já aludimos ao tratarmos, linhas atrás, do direito à moradia.

[114] Cuidados de longa duração também se aplicam ao uso, em termos temporários, de instituições que oferecem apoio para que as pessoas com restrições funcionais possam continuar a viver em casa, como centros comunitários, centros-dia e serviços de descanso do cuidador. Inclui também cuidados assistidos, adaptações e arranjos domésticos para pessoas que necessitam de ajuda de forma regular, garantindo maior grau de autonomia e gestão da própria vida.

Criou novo capítulo no CDC, sobre prevenção do superendividamento da pessoa natural, sobre o crédito responsável e sobre a educação financeira do consumidor e dispõe, no art. 54-C, IV, que é vedado, expressa ou implicitamente, na oferta de crédito ao consumidor, publicitária ou não, assediar ou pressionar o consumidor para contratar o fornecimento de produto, serviço ou crédito, principalmente se se tratar de consumidor idoso, analfabeto, doente ou em estado de vulnerabilidade agravada ou se a contratação envolver prêmio.

Essa lei foi regulamentada pelo Decreto 11.150/2022, sobre o qual se lançaram inúmeras críticas no ponto em que fixa o valor equivalente a 25% do salário mínimo, como uma garantia do assim chamado "mínimo existencial", que corresponde – nos termos do referido decreto – à quantia mínima da renda de uma pessoa para pagar as despesas básicas, não podendo ser utilizado para a quitação de débitos. Para muitos – e com total acerto –, ao adotar valor tão irrisório, o governo federal acabou por desvirtuar a intenção original do legislador, abrindo caminho para um endividamento maior dos consumidores, em vez de assegurar o contrário. Esse decreto foi objeto de duas ações constitucionais promovidas pela Associação Nacional das Defensoras e Defensores Públicos e a Associação Nacional dos Membros do Ministério Público, junto ao STF – respectivamente, a ADPF 1.005 e a ADPF 1.006[115]. Posteriormente, esse decreto foi alterado pelo Decreto Presidencial 11.567/2023, que estipulou que o mínimo protegido é de R$ 600,00, também objeto de contestação judicial perante o STF pela mesma associação de Defensores Públicos (ANADEP), por meio da ADPF 1097, sob relatoria do Ministro André Mendonça.

A alteração do EPI foi pequena, para fazer constar no art. 96, que trata da tipificação da discriminação da pessoa idosa (com pena de reclusão de 6 meses a 1 ano e multa), uma excludente de tipicidade (art. 96, § 3º), qual seja, "*não constitui crime a negativa de crédito motivada por superendividamento do idoso*".

Esta alteração legislativa, por envolver as poderosas instituições de crédito, pode despertar uma dúvida sobre sua "finalidade social": visa proteger a pessoa idosa, tida e havida como vulnerável e para tanto restringindo sua autonomia ou proteger a instituição financeira contra eventual alegação de discriminação ao impor restrições ao crédito deste segmento de pessoas?

Para essa reflexão, lembramos que no julgamento do REsp 1.358.057/PR, que teve origem em uma ação civil pública promovida pelo Ministério Público Federal em que buscava a anulação de contrato de cartão de crédito sênior oferecido por um banco em razão de supostas cláusulas abusivas, o entendimento do Relator, Ministro Moura Ribeiro, que prevaleceu, foi no sentido de não ser possível presumir, de forma geral e abstrata, que todos os idosos sejam intelectualmente débeis e vítimas fáceis da estratégia de contratação da instituição financeira, de forma que eventual abuso ou superendividamento deve ser analisado em ação individual e não em tutela coletiva. De certa forma, protegeu o agente financeiro credor, mas deixou uma porta aberta para a proteção ao consumidor idoso em casos individuais e concretos.

No julgamento do REsp 1.783.731/PR, Rel. Min. Nancy Andrighi, j. 23.04.2019, o STJ decidiu que o critério de vedação ao crédito consignado – a soma da idade do cliente com o prazo do contrato não pode ser maior que 80 anos – não representa discriminação negativa que coloque em desvantagem exagerada a população idosa, que pode se socorrer de outras modalidades de acesso ao crédito bancário, e não afronta o art. 96 do EPI.

A relatora explicou que a adoção do critério etário para distinguir o tratamento da população em geral é válida quando é adequadamente justificada e fundamentada no ordenamento jurídico, avaliando-se sua razoabilidade diante dos princípios da igualdade e da dignidade humana. Aqui nos parece que o crédito saiu mais protegido que o tomador do crédito.

---

[115] Sobre o tema, pode ser consultado o artigo do Prof. Ingo Wolfgang Sarlet: Notas sobre o decreto do mínimo indecente para uma vida indigna. *Consultor Jurídico*, 26 set. 2022. Disponível em: https://www.conjur.com.br/2022-set-26/direitos-fundamentais-notas-decreto-minimo-indecente-vida-indigna. Acesso em: 25 mar. 2025.

Ainda na seara do consumidor pessoa idosa, entendeu o STJ que, na hipótese em que o consumidor for pessoa idosa (hipervulnerável), a responsabilidade da instituição financeira por falha na prestação de serviços bancários deve ser imputada com base no Estatuto da Pessoa Idosa e na Convenção Interamericana sobre a Proteção dos Direitos Humanos dos Idosos (REsp 2052228/DF, Rel. Min. Nancy Andrighi, *DJe* 15.09.2023, e AgInt no AREsp 2201401/RJ, Rel. Min. Marco Aurélio Bellizze, *DJe* 01.06.2023).

A realidade brasileira justifica a cautela com essa parcela populacional idosa porque temos muitas pessoas nessa condição hipervulneráveis, especialmente aquelas que tiveram pouco acesso à educação em geral e à educação financeira em especial durante a vida, embora outra parcela é de pessoas suficientemente autônomas (p. ex. ex-presidente Fernando Henrique Cardoso, aos 90 anos, e o ex-presidente Lula, aos 76 anos). Será sempre melhor que se analise caso a caso, mas é fundamental que haja um maior rigor na fiscalização da atuação das instituições que oferecem créditos aparentemente mais vantajosos a este segmento, em claro abuso.

O STF, também pendendo para o reconhecimento da maior vulnerabilidade da pessoa idosa[116], julgou improcedente a ADI 6.727, declarando a constitucionalidade de lei do estado do Paraná (Lei 20.276/2020), que veda a correspondentes bancários, sociedades de arrendamento mercantil e instituições financeiras a utilização de campanhas publicitárias, ações de telemarketing ou qualquer tipo de atividade tendente a convencer aposentados e pensionistas a celebrarem contratos de empréstimos, forte no fundamento de que tal iniciativa resulta do legítimo exercício da competência concorrente[117] do ente federado em matéria de defesa do consumidor, suplementando-se os princípios e as normas do CDC e reforçando-se a proteção de grupo em situação de especial vulnerabilidade econômica e social (ADI 6.727, Rel. Min. Cármen Lúcia, j. 12.5.2021).

Na ADI 7027, Rel. Min. Gilmar Mendes, o STF reconheceu a constitucionalidade de uma lei do Estado da Paraíba, que exige a presença física da pessoa idosa em contratos de operação de crédito, ao argumento de que se cuida de relação de consumo, para a qual o Estado tem competência suplementar e visa assegurar que o cliente idoso tenha plena ciência dos contratos que assina e que seja o seu desejo efetuar determinada contratação, lembrando que o Código de Defesa do Consumidor reconhece que a idade do cliente deve ser levada em consideração na forma como as informações são transmitidas.

A esses dispositivos constitucionais associam-se outros: o art. 3º, I (construção de uma sociedade livre, justa e solidária), III (redução das desigualdades, da marginalização e da pobreza) e IV (promoção do bem de todos, independentemente da idade), o art. 5º, III (proibição da tortura ou tratamento desumano, cruel ou degradante), X (inviolabilidade da honra, intimidade, vida privada e imagem, assegurada indenização pelo dano material ou moral), XV (liberdade de locomoção), XLI (punição, na forma da lei, de qualquer discriminação atentatória dos direitos e liberdades fundamentais), LIV (proibição da privação de liberdade e de bens sem o devido processo legal), LXXIV (prestação de assistência judiciária gratuita

---

116 Consta do voto da Relatora: "10. *Deve ser acentuado também que o consumidor aposentado ou pensionista, em geral ou, pelo menos, em grande parte, põe-se em situação de inquestionável vulnerabilidade econômica e social, dependendo dos proventos para a sua subsistência e da família e para a manutenção dos cuidados com a saúde. Expressivo número de aposentados e pensionistas é de pessoas idosas, é dizer, com idade superior a sessenta anos, nos termos do art. 1º da Lei n. 10.741/2003, devendo, portanto, receber tratamento prioritário e proteção integral pela sociedade*" (fls. 12-13).

117 Extraiu-se do voto da Relatora, neste aspecto, o seguinte: "*A jurisprudência do Supremo Tribunal Federal consolidou interpretação do direito posto a prestigiar, na repartição de competências legislativas, o federalismo cooperativo, com divisão de responsabilidades entre os entes políticos para a consecução dos objetivos fundamentais da República Federativa do Brasil de construir uma sociedade livre, justa e solidária; garantir o desenvolvimento nacional; erradicar a pobreza e a marginalização e reduzir as desigualdades sociais e regionais; promover o bem de todos, sem preconceitos de origem, raça, sexo, cor, idade e quaisquer outras formas de discriminação (art. 3º da Constituição republicana). Em tema de proteção ao consumidor, cabe à União editar as normas gerais e aos Estados suplementá-las, tal como se dispõe nos §§ 1º e 2º do art. 24 da Constituição da República, não existindo, portanto, supremacia de um ente político em detrimento do outro. Há divisão de competências legislativas para a preservação da segurança jurídica e da organicidade do sistema.*" (fls. 09)

ao necessitado), art. 5º, § 1º (aplicabilidade imediata das normas definidoras de direitos e garantias fundamentais) e 203, *caput* (garantia da assistência social a quem dela necessitar), e V (garantia do benefício de prestação continuada de um salário mínimo àquele que não puder se manter ou ser mantido pela família).

De igual alcance as disposições do Estatuto da Pessoa Idosa (EPI), especialmente as de caráter mais abrangente dos arts. 2º (fruição de todos direitos fundamentais, sem prejuízo da proteção integral), 3º e seus parágrafos (dever da família, comunidade, sociedade e Estado proteger a pessoa idosa, com absoluta prioridade, prioridade essa que é especial aos idosos maiores de 80 anos, em relação aos demais idosos), 4º (proibição de qualquer forma de discriminação, negligência, violência, crueldade e opressão), 8º (proteção ao envelhecimento), 10, § 3º (é dever de todos colocar a pessoa idosa a salvo de qualquer tratamento desumano, violento, aterrorizante, vexatório ou constrangedor).

Em remate à rede legislativa protetiva, a Lei 8.842/1994 estabelece, de forma abrangente, a Política Nacional do Idoso.

Há, ainda, boa parte da doutrina defendendo a aplicação analógica da Lei de Alienação Parental (n. 12.318/2010[118]), em princípio dirigida a tutelar a criança e ao adolescente, diante da lacuna no Estatuto do Idoso – que em vários passos dá semelhante tratamento à pessoa idosa daquele dispensado à criança e adolescente – a respeito desse tema, considerando que a alienação parental provoca danos à saúde emocional e psicológica das pessoas idosas, violando direitos básicos da dignidade do ser humano e se configura como maus-tratos ao idoso, que por diversas razões pode se encontrar em situação de vulnerabilidade[119]. A este e outros temas interessantes se refere o REsp 1952150, da relatoria do Ministro Ricardo Villas Bôas Cueva, *DJe* 13.06.2022, apreciando decisão da Corte paulista que, dentre outros aspectos, aplicou a alienação parental à pessoa idosa.

Em reforço, acrescentamos que há um microssistema de proteção da pessoa idosa, integrado pelas disposições da CF/1988, do Estatuto do Idoso, da Lei 8.842/1994, que institui a Política Nacional do Idoso, Lei 7.347/1985 dentre outras e que interagem em verdadeiro diálogo das fontes, no qual bem cabe a Lei 12.318/2010 porque não se antagoniza em nada com as medidas protetivas às pessoas idosas nas suas relações familiares.

Outro exemplo de viés protetivo à pessoa idosa (também de seu patrimônio e dos seus herdeiros necessários, evitando que o casamento tenha como mote o mero interesse econômico) é a adoção obrigatória do regime de separação de bens ao maior de 70 anos (art. 1.641, II, do CC). Essa disposição recebeu abrandamento com a consolidação do entendimento, pelo STF, da comunicação do patrimônio adquirido na constância do casamento (Enunciado 377 da Súmula daquela Corte), o que também vale para a união estável. O STJ, a seu turno e de forma mais restritiva, ressalta que tal comunhão de aquestos depende da demonstração do esforço comum (EREsp 1.623.858/MG, Rel. Min. Lázaro Guimarães, *DJe* 30.05.2018), o que também é aplicável na união estável (Enunciado 655 da Súmula daquela Corte, por meio da 2ª Seção), além de admitir a possibilidade de os cônjuges, unidos sob o regime de separação obrigatória de bens, estabelecerem, em acréscimo a esse regime protetivo, um pacto antenupcial convencionando a separação total de bens e afastando a incidência do referido Enunciado 377 da Súmula do STF (REsp 1922347, Rel. Min. Luis Felipe Salomão, j. 07.12.2021), o que prestigia, a nosso ver, a autonomia privada.

Mais recentemente, o STF, no julgamento do ARE 1309642, com repercussão geral (Tema 1236), fixou a seguinte tese: "*Nos casamentos e uniões estáveis envolvendo pessoa maior de 70 anos, o regime de separação de bens previsto no artigo 1.641, II, do Código Civil, pode ser afastado por expressa manifestação de vontade das partes mediante escritura pública*". Também ficou decidido

118 A Lei de Alienação Parental foi alterada pela Lei 14.340/2022, modificando alguns procedimentos relativos à alienação parental e algumas disposições do ECA.

119 Nesse sentido Maria Luiza Pólvora Cruz, Os idosos e o convívio. *IBDFAM*, 6 nov. 2017. Disponível em: https://ibdfam.org.br/artigos/1242/Os+idosos+e+o+conv%C3%ADvio. Acesso em: 9 set. 2021.

que, para as pessoas nessa condição, que já estão casadas à época do julgamento, é possível alterar o regime, mas mediante autorização judicial (no caso de casamento) ou manifestação por escritura pública (no caso de união estável), mas a alteração só produzirá efeitos patrimoniais para o futuro.

Não é exagero relembrar que o Estatuto da Pessoa Idosa traz uma série de disposições que se espelharam no Estatuto da Criança e do Adolescente – p. ex., a proteção integral, a prioridade absoluta, a preferência da convivência familiar, reconhecimento de seu estado de vulnerabilidade e a possibilidade de aplicação de medidas protetivas (art. 43 do EPI e art. 98 do ECA) –, o que denota a semelhança entre os sistemas protetivos.

4.3.10.1 *Incidência das medidas de proteção*

Semelhante ao que dispõe o ECA no art. 98, e de forma a proteger os dois extremos da humanidade – infância e velhice –, a rede protetiva está direcionada a toda pessoa idosa que, na forma do **art. 43 do EPI**, tiver seus direitos ameaçados ou violados:

a) por ação ou omissão da sociedade ou do Estado;
b) por falta, omissão ou abuso da família, curador ou entidade de atendimento;
c) em razão de sua condição pessoal.

A abrangência das hipóteses legais de vulnerabilidade exige que se analise cada caso, isolada e concretamente.

Em regra, as violações são de violência, que podem ser:

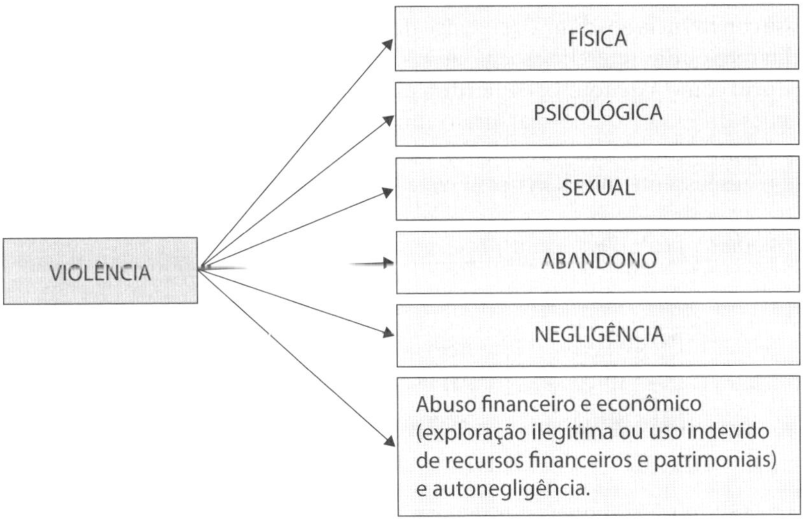

Estado e sociedade em geral negligenciam no cuidado em razão da falta ou da não efetivação de políticas sociais e públicas de atenção à pessoa idosa.

A condição pessoal configura-se com a autonegligência, com ocorrência mais comum no caso de transtornos mentais que afetam a plena consciência da pessoa idosa, colocando-a em situação de risco e vulnerabilidade social[120].

A família, o curador e a entidade de atendimento têm um espectro maior de violação que pode abranger todas as possibilidades indicadas linhas acima, em conjunto ou isoladamente, e que são condição que legitimam a imposição de medidas protetivas.

[120] A "síndrome de Diógenes", que, em regra, ataca pessoas com mais de 60 anos e pode estar associada à demência senil, caracteriza-se por descuido extremo com a higiene pessoal, negligência com o asseio da própria moradia, isolamento social, suspeição e comportamento paranoico, sendo frequente a ocorrência de colecionismo (armazenamento de bugigangas).

Na família, o abandono pode ser tanto material como afetivo.

Entenda-se que não se trata de obrigar a amar, porque o amor não se impõe, mas de dedicar cuidado, zelo, respeito, amparo[121], formas de concretização da solidariedade familiar.

Como **adverte** Juliana do Val Ribeiro[122], as violações a esses direitos geram ao menos **duas consequências jurídicas**: (**a**) a adoção das **medidas protetivas** às vítimas, para resguardo de seus direitos, entre as previstas, exemplificativamente, no art. 45 do EPI, por provocação do Ministério Público ou dos demais legitimados, como a Defensoria Pública e o próprio idoso (p. ex., para lhe garantir tratamento médico, vaga em ILPI) ou seu curador (arts. 45 e 74, § 1º) e (**b**) o dever do Estado de punir os autores dessa violação, considerando a **criminalização** de várias condutas pelo EPI, especialmente no art. 98: abandono de idoso em hospital, casa de saúde, entidade de longa permanência ou congênere e não prover suas necessidades básicas, quando obrigado por lei ou mandado.

4.3.10.2 Especial obrigação da família

A família é o primeiro e principal núcleo responsável pelo cuidado com a pessoa idosa, que, por seu turno, tem direito à convivência familiar.

Entretanto, não se pode esquecer que o núcleo familiar mudou muito de perfil nos últimos anos. Diminuíram de tamanho, reduzindo sua capacidade assistencial; houve significativa inserção da mulher no mercado de trabalho, retirando-a do ambiente doméstico e do tradicional cuidado com os filhos, os pais idosos dependentes e doentes.

Esses aspectos têm comprometido tanto o êxito da família em cumprir seu papel como a garantia dessa convivência ao idoso, o que exige políticas públicas de apoio a ambos: idoso e família.

Acreditamos que as referências legislativas à convivência familiar envolvem tanto o **núcleo familiar natural** como a denominada **família extensa ou ampliada**, valendo-nos, por analogia, das disposições do ECA (art. 25, parágrafo único), reconhecidamente uma fonte inspiradora do EPI, que a define como sendo aquela formada por parentes próximos, com os quais o idoso (a criança e o adolescente, no ECA) conviva e mantenha vínculos de afinidade e afetividade.

4.3.10.3 Medidas protetivas em espécie

Acesse e assista à aula explicativa sobre este assunto.

> http://uqr.to/21kui

Pelo art. 45[123] do EPI, podem ser determinadas, judicialmente (no domicílio do idoso – art. 80 do mesmo Estatuto), exemplificativamente (*numerus apertus*)[124], as seguintes medidas de proteção à pessoa idosa em situação de vulnerabilidade social (art. 43)[125]:

---

[121] Neste sentido, REsp 1.159.242/SP, Rel. Min. Nancy Andrighi.

[122] RIBEIRO, Juliana do Val. Comentário ao art. 43 In: GARCIA, Maria; LEITE, Flavia Piva Almeida; SERAPHIM, Carla Matuck Borba (coord.). *Comentários ao Estatuto do Idoso*. São Paulo: Saraiva, 2016, p. 164-165.

[123] O PL 5532/2019 (conhecido como Lei Dona Cotinha) altera o art. 45, para incluir a possibilidade de colocação da pessoa idosa em família substituta, mediante *adoção*. Para alguns há risco de infantilização da pessoa idosa e afronta a proposta de autonomia e empoderamento. Alguns são favoráveis ao apadrinhamento ou família acolhedora. Também propõem a adoção da pessoa idosa os PLs 4702/12 e 956/19 (apensado ao 4702/2012).

[124] P. ex.: pedido do Ministério Público de bloqueio de conta corrente de idoso que esteja sendo explorado por seu curador ou do benefício junto ao INSS por suspeita de fraude.

[125] Há municípios em que se pretende a criação do Conselho Tutelar do Idoso (p. ex., Projeto de Lei 293/2016, da capital paulista, que acabou arquivado em 13.01.2021 em razão do término da legislatura) e que é repudiado pelo Conselho Nacional dos

a) **encaminhamento à família ou curador**, mediante termo de responsabilidade;
b) **orientação, apoio e acompanhamento** temporários;
c) **requisição para tratamento** de sua saúde, em regime ambulatorial, hospitalar ou domiciliar;
d) **inclusão em programa oficial ou comunitário** de apoio e tratamento de drogadição (para drogas lícitas e ilícitas) ao próprio idoso ou pessoa de sua convivência que lhe cause perturbação;
e) **abrigo em entidade**; e
f) **abrigo temporário**, até que cesse a situação de risco justificadora.

Destaque

Vale o destaque da medida de tratamento de usuário de droga, lícita ou ilícita, que tanto pode ser do próprio idoso ou de alguém que com ele conviva (não precisa ser parente) e por esse comportamento lhe cause perturbação, ou seja, postula-se em juízo o tratamento de um irmão, filho, enteado etc. que convivam e estejam perturbando a vida da pessoa idosa (situação corriqueira), como forma reflexa de lhe garantir proteção integral[126].

As medidas protetivas podem ser aplicadas **isolada ou cumulativamente**, conforme a necessidade e devem estar voltadas ao fortalecimento dos vínculos familiares e comunitários.

Embora sem previsão expressa, mas se espelhando no que dispõe o ECA (art. 99) e tendo em vista sua finalidade protetiva, essas medidas **podem ser substituídas** a qualquer tempo, sempre que necessário e levando em consideração o superior interesse da pessoa idosa.

As medidas de acolhimento institucional (**abrigamento**[127]) serão sempre **excepcionais** em razão da primazia do atendimento do idoso no âmbito de sua família (art. 230, § 1º, da CF/1988, art. 3º, V e 37, § 1º, do EPI e art. 4º, III, da Lei 8.842/1994), valendo para os casos de carência de recursos financeiros, ausência, abandono ou maus-tratos familiar.

De igual forma, em reforço às medidas de proteção previstas no EPI, outras poderão ser adotadas, em especial para casos emergenciais, com base no **poder geral de cautela** do magistrado, dentro do rol das medidas de urgência de que tratam os arts. 300 e 301 do CPC c.c. art. 82 do EPI[128], sendo a mais comum o afastamento de agressor do lar do idoso[129].

O Código de Processo Penal prevê no art. 313, III, com a redação dada pela Lei 12.403/2011, a possibilidade da prisão preventiva pela prática de crime envolvendo violência doméstica e familiar contra idoso, para assegurar a execução de medidas protetivas de urgência.

Há **discussão doutrinária e jurisprudencial,** que alcançou tribunais estaduais, sobre a possibilidade de **aplicação**, por analogia, das **medidas protetivas da Lei 11.340/2006** ("Lei Maria da Penha"), para o **idoso homem**, considerando-se que tanto esta como a Lei 10.741/2003

Direitos do Idoso em razão de atentar contra a proposta de empoderamento e protagonismo da pessoa idosa (Nota oficial de esclarecimento CNDI 0231616 SEI 00005.214336/2016-83).

126 Vale lembrar também a Lei 10.216/2001, que dispõe sobre proteção e direitos das pessoas com transtorno mental e que redireciona a política de atendimento para o modelo antimanicomial, mas prevendo a medida de internação voluntária, involuntária e compulsória.

127 Nesse sentido, REsp 1680686/RJ, Rel. Min, Herman Benjamin, *DJe* 07.08.2020, e *Habeas Corpus* 957725-MG, Rel. Min. Nancy Andrighi, j. 04.02.2025, de cuja ementa se extrai: *"(...) 3. Sobre essa medida específica de proteção, a Segunda Turma do STJ consignou que 'o abrigamento é procedimento extremo, cuja utilização se admite somente quando outras ações protetivas dos idosos se mostrarem insuficientes ou inviáveis para afastar situação de risco à vida, saúde, integridade física e mental'"* (REsp 1.680.686/RJ, j. 21.11.2017, *DJe* 07.08.2020).

128 *Art. 82. Para defesa dos interesses e direitos protegidos por esta Lei, são admissíveis todas as espécies de ação pertinentes.*

129 O art. 37 do EPI garante ao idoso o direito à moradia digna, acompanhado ou não de familiares.

(EPI) buscam tutelar os direitos dos sujeitos reconhecidos como mais frágeis e merecedores de tutela estatal específica, nada obstante aquela esteja voltada à questão de gênero (argumento de quem é contrário à aplicação)[130].

Lembramos que a aplicação da Lei Maria da Penha – que sofreu alteração pela Lei 13.827/2019 para autorizar a aplicação de medidas protetivas de urgência também pelo delegado de polícia ou pelo policial, nas hipóteses que especifica – para a proteção da mulher idosa não requer maiores indagações, apenas destacando-se que se tem admitido sua aplicação nas ações de natureza cível também[131].

Como referimos em item anterior, está em tramitação o PL 4438/2021 (em análise do substitutivo no Senado), que prevê medidas protetivas de urgência para pessoas idosas e pessoas com deficiência que tenham sofrido violência ou estejam na iminência de sofrê-la, medidas estas parecidas com as previstas na Lei Maria da Penha.

4.3.10.4 Política de atendimento ao idoso

Complementando as medidas protetivas, o EPI, juntamente com a Lei 8.842/1994, estabelece que a política de atendimento ao idoso deve ocorrer mediante um conjunto articulado de ações governamentais e não governamentais da União, dos Estados, dos Municípios e do Distrito Federal[132] (arts. 46 e 47 do EPI; 4º, IV, e 5º da Política Nacional do Idoso – Lei 8.842/1994).

Entre as linhas de ação dessa política de atendimento (art. 47 do EPI) estão o cumprimento das políticas definidas na Lei 8.842/1994 (especialmente no art. 10), políticas e programas de assistência social[133], incluindo serviços especiais de prevenção e atendimento a idosos vítimas de abusos, maus-tratos e negligência[134] (psicológico, de saúde etc.), serviços de apoio jurídico-social por entidades de defesa dos direitos deste segmento (inclusive o Poder Público, p. ex., por meio da Defensoria Pública – art. 5º, LXXIV, c.c. art. 134 da CF/1988), serviços de localização de parentes ou responsáveis por idosos em situação de abandono hospitalar ou em ILPI e mobilização social em favor do atendimento ao idoso[135].

---

130 Nesse sentido, RIBEIRO, Juliana do Val. Comentário ao art. 45. *In*: GARCIA, Maria; LEITE, Flavia Piva Almeida; SERAPHIM, Carla Matuck Borba (coord.). *Comentários ao Estatuto do Idoso*. São Paulo: Saraiva, 2016, p. 170-173; FREITAS JR., Roberto Mendes de. *Direitos e garantias*: doutrina, jurisprudência e legislação. Belo Horizonte, 2008, p. 156-157 e FELIX, Renan Paes. *Estatuto do Idoso*. 6. ed. São Paulo: JusPodivm, 2014, p. 153-154.

131 Nesse sentido: "Direito processual civil. Violência doméstica contra a mulher. Medidas protetivas da Lei 11.340/2006 (Lei Maria da Penha). Incidência no âmbito cível. Natureza jurídica. Desnecessidade de inquérito policial, processo penal ou civil em curso. 1. As medidas protetivas previstas na Lei n. 11.340/2006, observados os requisitos específicos para a concessão de cada uma, podem ser pleiteadas de forma autônoma para fins de cessação ou de acautelamento de violência doméstica contra a mulher, independentemente da existência, presente ou potencial, de processo-crime ou ação principal contra o suposto agressor. 2. Nessa hipótese, as medidas de urgência pleiteadas terão natureza de cautelar cível satisfativa, não se exigindo instrumentalidade a outro processo cível ou criminal, haja vista que não se busca necessariamente garantir a eficácia prática da tutela principal. 'O fim das medidas protetivas é proteger direitos fundamentais, evitando a continuidade da violência e das situações que a favorecem. Não são, necessariamente, preparatórias de qualquer ação judicial. Não visam processos, mas pessoas' (DIAS, Maria Berenice. *A Lei Maria da Penha na justiça*. 3. ed. São Paulo: Editora Revista dos Tribunais, 2012). 3. Recurso especial não provido" (STJ, REsp 1.419.421/GO, 4ª T., Rel. Min. Luis Felipe Salomão, j. 11.02.2014).

132 Políticas públicas são, no dizer de Maria Paula Dallari Bucci, *"programas de ação governamental visando a coordenar os meios à disposição do Estado e as atividades privadas, para a realização de objetivos socialmente relevantes e politicamente determinados" (Direito administrativo e políticas públicas*. São Paulo: Saraiva, 2002, p. 241).

133 Sobre o funcionamento dos serviços do SUAS (Sistema Único de Assistência Social), as responsabilidades dos entes federativos (U, E, M,DF), objetivos da política de atendimento do sistema de assistência etc., consultar a Resolução CNAS (Conselho Nacional de Assistência Social) 33 de 12 de dezembro de 2012, que aprova a Norma Operacional Básica do Sistema Único de Assistência Social – *NOB/SUAS/2012*. Sobre a capacitação em recursos humanos – p. ex equipe mínima que cada serviço deve ter, princípios éticos, habilidades necessárias, diretrizes para plana de carreira, plano de capacitação continua etc. –, consultar a Norma Operacional Básica de Recursos Humanos do Sistema Único de Assistência Social – *NOB-RH/SUAS*, aprovada pela Resolução 269, de 13 de dezembro de 2006, do CNAS.

134 Lembrar que o art. 19 do EPI trata da notificação compulsória dos casos de suspeita ou ocorrência de violência contra pessoa idosa e os arts. 98 e 99 do mesmo Estatuto definem crimes nessas hipóteses.

135 Vale a indicação de trabalho muito bem elaborado pelo Ministério Público do Estado do Rio de Janeiro, intitulado *Pequenos ensaios sobre grandes temas*: 2017 – 2020. [livro digital] / Grupo de Apoio Técnico Especializado do Ministério Público do

Por serem, em regra, políticas de **assistência social**, presume-se que estejam direcionadas às pessoas idosas sem recursos financeiros e dependentes de tal assistência.

Enfim, buscou o legislador cercar a pessoa idosa de todos os mecanismos de proteção de sua vida e dignidade, sempre com foco na manutenção do idoso no seio da família ou, se ausente a família, se ela não possuir recursos ou se for negligente, com seu atendimento tanto em meio aberto (centros-dia, centros de convivência), como em instituições públicas de longa permanência (ILPI).

Atenção

É certo que, se no município de residência da pessoa idosa em situação de vulnerabilidade social não houver entidade pública de atendimento (ILPI), ou vaga nessa entidade, competirá à municipalidade arcar com as despesas da pessoa em uma entidade privada (arts. 3°, 46 e 47, do EPI; 3°, I, da Lei 8.842/1994; e 230 da CF/1988[136]).

4.3.11 Direito à convivência familiar e comunitária

A partir de tudo que já foi dito, assegurar ao idoso o direito à convivência familiar saudável e comunitária se mostra repetitivo.

Como reiteradamente afirmado, a CF/1988, no art. 230, destaca o dever da **família, da sociedade e do Estado** de assistirem à pessoa idosa, garantindo sua participação comunitária e sua permanência, preferencialmente, no seio da família.

No mesmo sentido o regramento do art. 3º do EPI, que acrescenta ao rol dos obrigados, ao lado da família, da sociedade e do Estado, também a **comunidade**, que é integrada pelas pessoas que convivem de forma mais próxima, que tem relações mais estreitas com a pessoa idosa e conhecem melhor seus problemas. Dessa forma, busca-se dar maior efetividade à norma protetiva.

Tanto a convivência familiar como comunitária irão trazer à pessoa idosa mais satisfação e o sentimento de estar vivo e de ser útil, contribuindo com toda sua experiência e conhecimento para a evolução das gerações e da cultura daquela comunidade.

Por essa razão, o legislador insiste muito que o atendimento asilar deve ser adotado sempre como medida excepcional (art. 230, § 1º, da CF/1988) e quando a ausência ou abuso familiar justificarem a implantação de medidas protetivas (art. 43, II, do EPI).

4.3.11.1 Entidades de atendimento à pessoa idosa

Apesar da preferência do atendimento da pessoa idosa no ambiente de sua própria família ou da família extensa ou ampliada (arts. 230, § 1º, da CF; 3º, § 1º, V, e 37, § 1º, do EPI; e art. 4º, III e VIII, da Lei 8.842/1994), na hipótese de **falta de recursos do próprio idoso, ausência ou falta de recursos da família ou maus-tratos, omissão e abuso desta com ele**, entram em cena as **entidades de atendimento**.

Atenção

Há um capítulo específico no EPI a esse respeito (arts. 48 a 51), mas as entidades de atendimento - públicas e privadas - também são tratadas no art. 35 e §§ 1° e 2° (obrigatoriedade de se firmar contratos de prestação de serviço com a pessoa idosa, cuja contraprestação, no caso

Estado do Rio de Janeiro - GATE/MPRJ. - Rio de Janeiro, RJ: MPRJ, 2020, que traz várias diretrizes técnicas e explicações sobre serviços e programas na área da assistência social, saúde e outras, direcionados à pessoa idosa.

[136] O Decreto 1.948/1996, que regulamentava a Lei 8.842/1994, no art. 17, parágrafo único, previa: "*o idoso que não tenha meios de prover à sua própria subsistência, que não tenha família ou cuja família não tenha condições de prover à sua manutenção, terá assegurada a assistência asilar, pela União, pelos Estados, pelo Distrito Federal e pelos Municípios, na forma da lei*". Igual previsão está contida no art. 18, parágrafo único, do Decreto 9.921/2019, que substituiu o primeiro.

de entidade filantrópica e casa-lar, não pode exceder a 70% - setenta por cento - de qualquer benefício previdenciário ou de assistência social recebido pela pessoa idosa, conforme estabelecer o Conselho Municipal do Idoso ou o Conselho Municipal da Assistência Social) e no art. 37 e §§ 1°, 2° e 3° (direito à moradia digna, se for o caso, em instituição pública ou privada, que deverá manter identificação externa visível, para facilitar sua localização e a fiscalização, além de dispor de padrão de habitação compatível com a necessidade da pessoa idosa, garantindo-lhe alimentação regular e higiene adequada).

Essas entidades de atendimento[137] **não se limitam à institucionalização de longa permanência** (ILPI - antigos "asilos"), abrangendo **atendimento não asilar** como os centros de convivência, centro de cuidado diurno, oficina abrigada de trabalho e outras formas de atendimento que visem à promoção e participação da pessoa idosa no ambiente de sua família e da comunidade[138].

Para regular funcionamento e com vistas à proteção da pessoa idosa, as entidades, públicas e privadas, de atendimento devem ter inscrição de seus programas junto à **Vigilância Sanitária** e ao **Conselho Municipal da Pessoa Idosa** (na sua falta, junto ao **Conselho Estadual ou Nacional da Pessoa Idosa**), especificando a forma de atendimento, oferecendo instalações físicas adequadas (de habitabilidade, higiene, salubridade e segurança), regularidade formal e objetivos estatutários e planos de trabalho compatíveis com o propósito do EPI, além da idoneidade de seus dirigentes (art. 48, parágrafo único, do EPI).

Quer nos parecer que apenas os programas destinados a atendimentos mais duradouros e voltados à atenção integral da pessoa idosa estão sujeitos à inscrição, sejam públicos ou privados, e não aquelas hipóteses de intervenção temporária e pontual.

Exemplificamos: uma mera campanha isolada de avaliação de catarata, realizada por uma secretaria municipal de saúde em determinada época do ano, sem continuidade, estaria dispensada de tal inscrição, porque já está sob a égide das políticas públicas municipais próprias e sob a fiscalização dos demais órgãos governamentais.

Uma boa solução a essa questão é os próprios órgãos fiscalizadores (Vigilância Sanitária e o Conselho Municipal da Pessoa Idosa) disciplinarem, internamente, quais programas exigem ou não a referida inscrição prévia.

O art. 50 do EPI elenca mais um rol de obrigações[139] atribuídas a essas entidades, como a celebração de contrato escrito de prestação de serviços ao idoso, preservação dos vínculos familiares, instalações adequadas, boa alimentação e higiene, que se caracterizam pela preocupação com respeito a dignidade, cidadania, autonomia, individualidade, bem-estar físico e mental e preservação de vínculo familiar.

Para tal fim, conta-se com o apoio do Ministério Público, que deverá ser comunicado sobre a ocorrência de violação a esses direitos.

[137] Em decisão de 10.10.2019, no julgamento da ADI 3.534 do governo do Distrito Federal, que questionava a Lei Distrital 3.593/2005, que autoriza o atendimento de idosos em creches, sob o argumento de que esses estabelecimentos se destinam por lei ao atendimento de crianças entre zero e seis anos de idade e que é incompatível atender devidamente às crianças e aos idosos, a norma distrital teve a sua validade confirmada pelo STF. Entendeu a Corte que se trata apenas de compartilhamento de espaço de convivência, não dispondo a referida lei sobre a tutela da criança e do adolescente. Além disso, destacou-se o caráter facultativo da norma impugnada, que não obriga, mas autoriza creches privadas a também receber pessoas idosas contanto que adequem o espaço físico, as atividades desempenhadas e a equipe profissional para tanto. Pontuou-se, acertadamente, não existir prejuízo potencial no convívio da pessoa idosa com crianças; ao contrário, cumpre o dever constitucional de garantir àquelas a convivência comunitária. Destacou-se, ainda, que o "diploma legal em análise pode facilitar a rotina de famílias compostas por idosos e crianças, ao possibilitar o atendimento dos integrantes do núcleo familiar no mesmo local".

[138] Essas modalidades de atendimento estavam previstas nos arts. 3° e 4° do Decreto 1.948/1996, que regulamentava a Lei 8.842/1994 e agora constam do art. 17 do Decreto 9.921/2019, que revogou e substituiu o primeiro.

[139] Caso a entidade seja *pública*, terá que também disponibilizar vestuário (art. 50, III).

Para desenvolver essa atividade, as entidades aqui referidas devem contar com corpo técnico composto por vários profissionais, como médicos, enfermeiros, fisioterapeutas e psicólogos, entre outros.

Chama a atenção o fato do EPI ter reconhecido nesse tipo de atividade um serviço profissional e social e, assim, submetido às **regras consumeristas**, tal como a exigência de **celebração de contrato escrito de prestação do serviço** (art. 50), renovada no art. 35 quando trata das ILPIs e casa-lar.

Caso seja entidade filantrópica ou sem fim lucrativo, terão direito a assistência judiciária gratuita[140].

4.3.11.2 Instituições de Longa Permanência para Idosos - ILPIs

As ILPIs[141] podem ser definidas como **instituições governamentais ou não governamentais, de caráter residencial, destinadas a domicílio coletivo de pessoa com idade igual ou superior a 60 anos, com ou sem suporte familiar, em condições de liberdade e dignidade e cidadania**[142].

Por essa característica de aproximar-se a uma residência, o EPI (art. 49) obriga que nesses locais se busque a preservação dos vínculos familiares (família natural e extensa ou ampliada), até mesmo com vistas a uma desinstitucionalização.

O atendimento deve ser personalizado, em pequenos grupos e com envolvimento em atividades internas e externas (comunitárias), preferencialmente com sua manutenção na mesma entidade, sem rotatividade e perda de sua identidade com o local e as pessoas com quem estabeleceu vínculos afetivos[143].

Tamanho é o cuidado com esse tipo de atendimento que o legislador ordinário previu no parágrafo único do art. 49 do EPI que o dirigente da entidade responde civil e criminalmente pelos atos que praticar em detrimento do idoso, sem prejuízo das sanções administrativas (especialmente no caso de instituição pública), impostas ao dirigente e à própria entidade (arts. 55 a 58).

Note-se que as sanções são distintas e podem ser cumulativas: tanto o apenamento pela prática de crime como a responsabilidade civil pelo dano moral ou material imposto à pessoa idosa[144].

4.3.11.3 Fiscalização nas entidades de atendimento

Todas as entidades de atendimento ao idoso – governamentais ou não – sofrerão fiscalização, independentes e autônomas (sem prejuízo de uma atuação integrada), e dentro dos respectivos poderes de polícia administrativa, dos Conselhos do Idoso (Nacional, Estadual e Municipal), do Ministério Público[145] (Estadual, do Trabalho, Federal, cada qual em razão de sua área de atribuição), da Vigilância Sanitária e, não rotineiramente, do Corpo de Bombeiro, do Poder Judiciário ou outro órgão com tal atribuição.

---

140 CF/1988 art. 5º, LXXIV. A Lei 1.060/1950 cuida da assistência judiciária e justiça gratuita, aplicável à pessoa física e à jurídica (enunciado 481 da Súmula do STJ: "*Faz jus ao benefício da justiça gratuita a pessoa jurídica com ou sem fins lucrativos que demonstrar sua impossibilidade de arcar com os encargos processuais*"). A gratuidade da justiça é tratada no CPC nos arts. 98 a 102.

141 Que também guardam semelhança com as disposições do ECA (art. 92).

142 Definição dada pela Resolução da Diretoria Colegiada da Anvisa (RDC 502/2021) e que está mais afinada com o perfil desse tipo de atendimento.

143 A Resolução 33/2017 do Conselho Nacional dos Direitos da Pessoa Idosa estabelece diretrizes e parâmetros para a regulamentação do art. 35 da Lei 10.741/2003 (Estatuto do Idoso), que dispõe sobre o contrato de prestação de serviços de toda entidade de longa permanência, ou casa-lar, com a pessoa idosa abrigada, substituindo a Resolução CNDI 12/2008.

144 Nesse sentido, o art. 935 do CC: "*A responsabilidade civil é independente da criminal, não se podendo questionar mais sobre a existência do fato, ou sobre quem seja o seu autor, quando estas questões se acharem decididas no juízo criminal*". Ver, ainda, arts. 63 a 68 do CPP. O STF vem reconhecendo a independência entre as instâncias civil, criminal e administrativa (MS 27.542/DF, 2ª T., Rel. Min. Dias Toffoli, j. 10.10.2016, *DJe* 27.10.2017).

145 Art. 74 do EPI: "*Compete ao Ministério Público: VIII - inspecionar as entidades públicas e particulares de atendimento e os programas de que trata esta Lei, adotando de pronto as medidas administrativas ou judiciais necessárias à remoção de irregularidades porventura verificadas*".

A tentativa de embaraçar essa atividade fiscalizadora pela entidade caracteriza o crime previsto no art. 109 do EPI.

4.3.11.4 *Das infrações e sanções administrativas previstas no EPI*

O EPI prevê como **infrações administrativas**:

a) deixar a entidade de atendimento de cumprir as obrigações estabelecidas no seu art. 50[146] (art. 56). Nesse caso, se se tratar de uma ILPI que vier a ser interditada, os acolhidos serão transferidos a outra instituição, a expensas da entidade interditada, enquanto durar a interdição (art. 56, parágrafo único);

b) deixar o profissional de saúde ou responsável por estabelecimento de saúde ou ILPI de comunicar à autoridade competente casos de crimes (embora não haja referência no EPI à contravenção penal, por amor ao princípio do maior interesse da pessoa idosa entendemos ser possível essa extensão interpretativa, até porque o dispositivo trata de infração administrativa e não de infração penal, quando incidiria o princípio da reserva legal – art. 1º do Código Penal) contra o idoso do qual venha a ter conhecimento no exercício desta função (art. 57);

c) deixar, aquele que assim estiver obrigado (art. 3º, *caput*, art. 42, art. 71 e §§ 3º e 4º do EPI), de cumprir as disposições do EPI sobre prioridade no atendimento da pessoa idosa. Nesse caso, além da multa administrativa há previsão de multa civil a ser aplicada pelo juiz, proporcionalmente ao dano sofrido pelo idoso (art. 58).

O **descumprimento das obrigações sujeitará as entidades** – sem prejuízo da apuração civil e criminal da conduta dos dirigentes e prepostos – às penalidades indicadas a seguir, aplicáveis por meio de processo administrativo ou judicial, conforme o caso e com todas as garantias do devido processo legal (arts. 59 a 68 do EPI).

Tais medidas incidirão **isolada ou cumulativamente**[147], conforme a natureza e a gravidade da infração, os danos decorrentes aos idosos, as circunstâncias agravantes ou atenuantes e os antecedentes da entidade. São elas:

Entidades governamentais →	Advertência; afastamento provisório e definitivo do dirigente, fechamento de unidade ou interdição de programa.
Entidades não governamentais →	Advertência, multa, suspensão parcial ou total de verba pública, quando verificada sua má aplicação ou desvio de finalidade, interdição de unidade ou suspensão de programas, proibição de atendimento a idosos a bem do interesse público, afastamento provisório do dirigente, suspensão de programa ou interdição de unidade caso haja fraude em programas ou qualquer dano aos idosos.

146 A multa prevista deixará de ser aplicada se o fato constituir crime (não há referência à contravenção que, dessa forma, não deve inviabilizar a multa).

147 No mesmo sentido, ante a ausência de proibição de tal cumulação no EPI, MAIO, Iadya Gama. Comentário ao art. 55. *In*: PINHEIRO, Naide Maria (coord.). *Estatuto do Idoso comentado*. 3. ed. rev., atual. e ampl. Campinas: Servanda, 2014, *p. 395-396.*

Verificada a ocorrência de quaisquer dessas infrações, o **Ministério Público deverá ser comunicado para adotar as providências pertinentes** entre as elencadas ou outras que se mostrarem necessárias.

4.3.11.5 *Da apuração administrativa de infração contra pessoa idosa*

A apuração administrativa de infração às normas de proteção ao idoso (por exemplo, por um hospital) difere da apuração judicial de irregularidade em entidade de atendimento (regulada pelos arts. 64 a 68 do EPI) e se dá na forma dos arts. 59 a 63, com vistas a imposição também de sanções administrativas.

Apesar de ainda não termos em nosso ordenamento normas gerais nacionais de processo administrativo (nada obstante os insistentes reclamos dos administrativistas), é consenso doutrinário que em **todo e qualquer processo administrativo**[148] devem ser observados os seguintes princípios: **legalidade** (obediência ao trâmite previsto na legislação respectiva), **publicidade** (divulgação dos atos processuais, salvo quando a defesa da intimidade ou o interesse social exigirem o sigilo), **oficialidade** (o impulso deve ser dado pela Administração Pública), **contraditório** (e ampla defesa), **motivação** (decisão motivada - art. 93, X, da CF/1988) e **recorribilidade** (duplo grau administrativo - art. 5º, LV, da CF/1988).

Inicia-se: por **requisição - que tem caráter de determinação e não de requerimento - do Ministério Público**[149] à autoridade administrativa com atribuição para imposição da penalidade, ou pelo **auto de infração** lavrado por servidor **efetivo**[150] (no momento da apuração ou em 24 horas, se houver motivo justificado), se possível assinado por duas testemunhas e, posteriormente, endereçado à autoridade competente.

Quando iniciado por auto de infração, este deve conter a natureza e as circunstâncias da infração, de molde a permitir a **ampla defesa** (o que pressupõe o uso de todos os meios de prova lícitos) do autuado (pessoa física ou jurídica[151]), que, em ambas as hipóteses, deverá ocorrer **10 dias** após a intimação (o correto seria "citação", já que dá início ao processo administrativo sancionatório) pessoal, se estiver presente à autuação, e no próprio corpo do auto de infração ou do recebimento do aviso postal, se ausente ou se por iniciativa do *Parquet*.

Nota

O prazo se conta da intimação (excluindo o primeiro dia e incluindo o último) e não da juntada do comprovante dela nos autos do processo administrativo, como ocorre nos feitos judiciais.

---

[148] O processo administrativo é a sucessão de atos racionalmente dispostos para alcançar um resultado jurídico desejável, sendo que essa sucessão de atos se materializa num procedimento (MOREIRA NETO, Diogo de Figueiredo. *Curso de direito administrativo*. 16. ed. rev. e atual. Rio de Janeiro: Forense, 2014, p. 628).

[149] O MP poderá fazer investigação prévia dos fatos, por meio de sindicância (art. 74, VI, do EPI).

[150] O autuante, portanto, não pode ocupar cargo de caráter temporário, como, p. ex., cargo em comissão, dada a natureza precária dessa investidura, sob pena de invalidação do ato, que, todavia, pode ser convalidado, resguardadas as garantias ao autuado.

[151] Para pessoa física, se a intimação for por meio postal, o comprovante de entrega deve ser assinado pelo interessado, não bastando a entrega em seu endereço (STJ, REsp 80.068/GO, 4ª T., Rel. Min. Barros Monteiro, j. 09.04.1996; *DJ* 24.06.1996); se pessoa jurídica de direito privado, valerá se entregue a um funcionário que não comunicar, no ato, sua impossibilidade de recebimento por falta de poderes (STJ, REsp 582005/BA, 4ª T., Rel. Min. Fernando Gonçalves, j. 18.03.2004, *DJ* 05.04.2004).

O EPI prevê, ainda, que a autoridade administrativa estabeleça as sanções a serem aplicadas de acordo com a gravidade da infração: se gerar risco de vida ou à saúde do idoso ou não (arts. 62 e 63), isso sem prejuízo das demais providências ou sanções aplicáveis por outros órgãos não disciplinares (p. ex., Corpo de Bombeiros sobre medidas de segurança contra incêndio).

4.3.11.6 Da apuração judicial de irregularidade em entidade de atendimento

No caso de apuração de irregularidade em entidade de atendimento de que trata o art. 48 do EPI, as regras estão estabelecidas nos arts. 64 a 68 do mesmo Estatuto, e se dará judicialmente.

O legislador ordinário não foi feliz ao disciplinar esse aspecto.

Há uma impropriedade ao menos topográfica do art. 64 ao determinar a aplicação subsidiária das disposições da Lei 6.437/1977 (que cuida de infração à legislação sanitária federal e disciplina o processo administrativo próprio a tal apuração) e da Lei 9.784/1999 (que regula o processo administrativo no âmbito da Administração Federal), pois aqui se trata de irregularidade em entidade de atendimento, especificamente, e por meio judicial, sendo desnecessária a referida remissão à legislação estranha a esse procedimento.

Também não há muita clareza no procedimento a ser adotado, como veremos.

O processo poderá ser iniciado por provocação do Ministério Público ou de qualquer pessoa interessada, por meio de petição fundamentada que permita o direito de defesa.

O interesse é presumido quando se trata do *Parquet*, em razão de sua vocação estatutária (art. 74 e s. do EPI) e constitucional (art. 127), e genérico do terceiro, que pode ser, p. ex., um parente, um funcionário da entidade ou qualquer outra pessoa que tenha conhecimento de alguma irregularidade, que o fará à luz do que determina o art. 230 da CF/1988 e os arts. 6º e 10, *caput* e seu § 3º, do EPI (dever atribuído a todos de zelar pelos direitos e a dignidade da pessoa idosa).

Recebida a petição inicial, o magistrado, dentro de seu poder geral de cautela, havendo motivo grave, poderá determinar qualquer medida acautelatória de urgência para afastar o risco de lesão a direito das pessoas idosas, inclusive o afastamento provisório do dirigente da entidade[152], seja ela pública (at. 68, § 2º, do EPI) ou privada (art. 55, § 1º, do mesmo Estatuto), ouvindo previamente o Ministério Público, se ele não for o autor, e determinará a citação do dirigente da entidade para oferecer resposta escrita, em 10 dias, com todas as garantias do contraditório e da ampla defesa (art. 5º, LV, da CF/1988).

Atenção

A partir de então surgem **duas opções:**

[152] Sendo entidade pública, o magistrado deve comunicar o superior imediato ao afastado para que cumpra a determinação em 24 horas, tanto no caso de afastamento temporário como no definitivo.

1) designar audiência de instrução e julgamento, deliberando sobre a necessidade de produzir provas. Se as partes e o *Parquet* não se manifestarem em audiência, deverão fazê-lo em 5 dias.

Terminado o prazo e antes de aplicar qualquer das medidas do art. 55, o magistrado pode fixar prazo razoável para que a entidade corrija e remova as irregularidades apuradas no processo e, se satisfeitas, extinguir o feito, sem julgamento do mérito (isto não impede a apuração da prática de ilícito penal ou civil específico).

É claro que esta providência pode ser determinada a qualquer tempo pelo juiz, dentro do propósito conciliatório bastante estimulado ultimamente.

O § 4º do art. 68 do EI autoriza o magistrado a aplicar as penalidades de advertência ou multa não apenas ao dirigente, mas, se for o caso, ao responsável pelo programa de atendimento.

2) o art. 68 ainda dá ao magistrado a opção de proceder na forma do art. 69, que se limita a remeter à aplicação subsidiária do procedimento sumário do CPC, naquilo que não contrarie os prazos mais benéficos do Estatuto. Este procedimento foi suprimido pelo novo CPC, valendo, agora, o rito comum do art. 318, mas a conclusão deverá ser pela aplicação de uma das sanções previstas no art. 55 do EI.

Parece-nos mais útil a aplicação do rito do próprio EI (opção "1"), mais ágil e simplificado para eliminar a situação de risco.

4.3.12 Tutela judicial de direito individual disponível

Nas ações para tutela individual de interesse da pessoa idosa, o art. 69 do EPI, que inaugura o Título de acesso à justiça, manda aplicar, subsidiariamente, o procedimento comum do CPC (art. 318)[153], naquilo que não prejudique os prazos previstos no Estatuto.

O art. 70 do EPI estabelece a faculdade do Poder Público (leia-se Tribunal de Justiça) de criar vara especializada e exclusiva do idoso.

Segundo a jurisprudência, não se aplica a regra do art. 80 do EPI[154] para todas as ações em que a pessoa idosa figure como parte. Essa regra só prevalece para a tutela coletiva e individual homogênea e/ou indisponível e não para ações individuais comuns, p. ex., para

[153] O EPI estabelecia aplicação do procedimento sumário que foi suprimido, valendo as regras do processo comum (CPC, art. 318 c.c. art. 1.049: "*Art. 1.049. Sempre que a lei remeter a procedimento previsto na lei processual sem especificá-lo, será observado o procedimento comum previsto neste Código*". Atente-se, ainda, para o que dispõe o § 1º do art. 1.046: "*§ 1º As disposições da Lei n. 5.869, de 11 de janeiro de 1973, relativas ao procedimento sumário e aos procedimentos especiais que forem revogadas aplicar-se-ão às ações propostas e não sentenciadas até o início da vigência deste Código*".

[154] "*As ações previstas neste Capítulo serão propostas no foro do domicílio do idoso, cujo juízo terá competência absoluta para processar a causa, ressalvadas as competências da Justiça Federal e a competência originária dos Tribunais Superiores*" (art. 102 e s. da CF/1988). Nesse sentido, o STJ decidiu que é absoluta a competência do foro do domicílio do idoso nas causas, individuais ou coletivas, que versam sobre serviços de saúde, assistência social ou atendimento especializado à pessoa idosa com deficiência, limitação incapacitante ou doença infectocontagiosa, ressalvadas a competência da Justiça Federal e a competência originária dos tribunais superiores (REsp 1896379/MT, Rel. Min. Og Fernandes, *DJe* 13.12.2021; REsp 1903920/MT, Rel. Min. Og Fernandes, *DJe* 13.12.2021;RMS 64531/MT, Rel. Min. Og Fernandes, *DJe* 09.12.2021; RMS 65165/MT, Rel. Min. Assusete Magalhães, *DJe* 08.04.2021).

discutir obrigação alimentar (prevalece o domicílio do alimentando), questões bancárias, quando prevalecerá a regra do CPC[155], ou mesmo do ECA, considerada a proteção integral e prioridade absoluta atribuída pela CF/1988 ao infante. Ainda assim, deve-se ter atenção para o caso concreto, pois, embora a escolha do legislador tenha sido pelo critério territorial (domicílio do idoso), o tratou como competência absoluta, improrrogável e em prol do idoso, mas tal situação poderá não ocorrer, p. ex., se for mais interessante a ele que a demanda coletiva seja proposta no local do fato, como previsto no art. 2º da Lei da Ação Civil Pública (Lei 7.347/1985).

No julgamento, pelo STJ, do Recurso em Mandado de Segurança (RMS) 64.534-MT, j. 13.10.2020, o Relator, Ministro Herman Benjamin, faz importante análise sobre a questão, tratando da especialização de vara e órgãos fracionários dos Tribunais e dos limites constitucionais e legais na organização judiciária nos estados, ao cuidar de ação de mandado de segurança proposta por pessoa idosa contra ato do magistrado que, na ação originária de disponibilização de medicamentos proposta contra a Fazenda Pública no seu domicílio, declinou de sua competência para uma vara especializada da Fazenda Pública, competente para questões de saúde, distante cerca de 500 km de onde proposta a ação, atendendo a Resolução do Órgão Especial do TJ local (Resolução 9/2019). Como resultado do julgado, para acolher o pedido do impetrante de retomada da competência de seu domicílio, concluiu o relator que, apesar da competência do Poder Judiciário para deliberar sobre especialização de Vara, Câmara/Turma, porque é matéria que se insere na organização judiciária do Tribunal, em um Estado Social de Direito "o acesso à justiça para hipossuficiente e vulnerável – portador de debilidade jurídica, econômica, técnica ou informativa, perdurável ou contingencial – deve, no verbo e na prática, ser facilitado, e não embaraçado". A prerrogativa de escolha de foro processual (pessoa idosa o de seu domicílio) visa garantir a superação ou, ao menos, a mitigação de vários obstáculos naturais, formais, financeiros e psicológicos que impedem ou dificultam o acesso à justiça a todos em igualdade real de condições, antagonizando-se ao propósito de um Poder Judiciário de elite e a serviço desta elite. Lembrou o ministro que a especialização se justifica não só por convocação de pura eficiência econômica, mas sobretudo em decorrência de "legítimas inquietações éticas e políticas com a dignidade da pessoa humana, os fins sociais do Direito, as exigências do bem comum, a qualidade da prestação jurisdicional e a segurança jurídica".

Especificamente em função da Resolução 9/2019 do Tribunal de Justiça de Mato Grosso, a 1ª Seção do Superior Tribunal de Justiça, em julgamento do RMS 64.531, feito em sede de incidente de assunção de competência (IAC), previsto no art. 947 do CPC[156], decidiu proibir que tribunais elejam varas especializadas como as únicas competentes para tramitar processos cuja competência prevista em lei seja sensivelmente maior, estabelecendo quatro teses:

Tese A) Prevalecem sobre quaisquer outras normas locais, primárias ou secundárias, legislativas ou administrativas, as seguintes competências de foro: i) em regra, do local do dano, para ação civil pública (art. 2º da Lei 7.347/1985); ii) ressalvada a competência da Justiça Federal, em ações coletivas, do local onde ocorreu ou deva ocorrer o dano de impacto restrito, ou da capital do Estado, se os danos forem regionais ou nacionais, submetendo-se ainda os casos à regra geral do CPC, em havendo competência concorrente (art. 93, I e II, do CDC).

---

155 STJ, REsp 1246739/MG, 3ª T., Rel. Min. Nancy Andrighi, j. 02.05.2013, *DJe* 08.05.2013.

156 Art. 947. É admissível a assunção de competência quando o julgamento de recurso, de remessa necessária ou de processo de competência originária envolver relevante questão de direito, com grande repercussão social, sem repetição em múltiplos processos. § 1° Ocorrendo a hipótese de assunção de competência, o relator proporá, de ofício ou a requerimento da parte, do Ministério Público ou da Defensoria Pública, que seja o recurso, a remessa necessária ou o processo de competência originária julgado pelo órgão colegiado que o regimento indicar. § 2° O órgão colegiado julgará o recurso, a remessa necessária ou o processo de competência originária se reconhecer interesse público na assunção de competência. § 3° O acórdão proferido em assunção de competência vinculará todos os juízes e órgãos fracionários, exceto se houver revisão de tese. § 4° Aplica-se o disposto neste artigo quando ocorrer relevante questão de direito a respeito da qual seja conveniente a prevenção ou a composição de divergência entre câmaras ou turmas do tribunal.

Tese B) São absolutas as competências: i) da Vara da Infância e da Juventude do local onde ocorreu ou deva ocorrer a ação ou a omissão, para as causas individuais ou coletivas arroladas no ECA, inclusive sobre educação e saúde, ressalvadas a competência da Justiça Federal e a competência originária dos tribunais superiores (arts. 148, IV, e 209 da Lei 8.069/1990; e Tese 1058/STJ); ii) do local de domicílio do idoso nas causas individuais ou coletivas versando sobre serviços de saúde, assistência social ou atendimento especializado ao idoso portador de deficiência, limitação incapacitante ou doença infectocontagiosa, ressalvadas a competência da Justiça Federal e a competência originária dos tribunais superiores (arts. 79 e 80 da Lei 10.741/2003; e 53, III, *e*, do CPC/2015); iii) do Juizado Especial da Fazenda Pública, nos foros em que tenha sido instalado, para as causas da sua alçada e matéria (art. 2º, § 4º, da Lei 12.153/2009); iv) nas hipóteses do item iii, faculta-se ao autor optar livremente pelo manejo de seu pleito contra o Estado no foro de seu domicílio, no do fato ou ato ensejador da demanda, no de situação da coisa litigiosa ou, ainda, na capital do Estado, observada a competência absoluta do juizado, se existente no local de opção (art. 52, parágrafo único, do CPC/2015, c/c o art. 2º, § 4º, da Lei 12.153/2009).

Tese C) A instalação de vara especializada não altera a competência prevista em lei ou na Constituição Federal, nos termos da Súmula 206/STJ ("A existência de vara privativa, instituída por lei estadual, não altera a competência territorial resultante das leis de processo"). A previsão se estende às competências definidas no presente IAC 10/STJ.

Tese D) A Resolução 9/2019/TJMT é ilegal e inaplicável quanto à criação de competência exclusiva em comarca eleita em desconformidade com as regras processuais, especificamente quando determina a redistribuição desses feitos, se ajuizados em comarcas diversas da 1ª Vara Especializada da Fazenda Pública da Comarca de Várzea Grande/MT.

A lógica do raciocínio, expressa no voto do Relator, Ministro Og Fernandes, é a de que o Estado está presente em todo o seu território, mas o cidadão e a cidadã não podem ser onerados pela imposição de foro único escolhido arbitrariamente pela administração judicial para ser o competente para tais feitos, especialmente se for distante de seu domicílio.

O art. 71 do EPI, que garante a prioridade à pessoa idosa maior de 80 anos em relação ao idoso mais jovem, assegura **prioridade na tramitação** dos processos e procedimentos e na execução dos atos e diligências judiciais, tal qual o art. 1.048 do CPC.

Prevalecem os seguintes entendimentos:

a) somente se aplicam às partes da relação jurídico-processual (partes e intervenientes) com idade igual ou superior a 60 anos, de maneira que não alcança o advogado que não for parte (pode ser se em causa própria), salvo se estiver executando honorários definitivamente impostos[157];

b) basta uma das partes ser idosa para incidir a preferência;

c) não se aplica à pessoa jurídica integrada por sócio idoso, que com ela não se confunde[158];

d) postula-se ao juiz da causa, com prova da idade;

e) a prioridade se estende em favor do cônjuge supérstite, companheiro ou companheira, com união estável, com 60 anos ou mais[159];

---

157 STJ, AgReg REsp 285.812/ ES, 4ª T., Rel. Min. Aldir Passarinho Jr., j. 07.06.2005, *DJ* 01.08.2005.

158 STJ, AgRg Ag 468.648/SP, 3ª T., Rel. Min. Antônio de Pádua Ribeiro, j. 06.11.22003, *DJ* 01.12.2003. Embora se tenha reconhecido essa prioridade a pessoa jurídica integrada por sócio idoso em processo administrativo na Ap.MS-487TO0000487-20.2011.4.01.4300, do TRF-1.

159 Entendemos que também se aplica a regra para a **união homoafetiva** em função do que ficou decidido na ADPF 132 (autor o Governador do Rio de Janeiro) e na ADI 4.277 (autoria a Procuradoria-Geral da República), em que o STF determinou a submissão dessa união ao regime jurídico da união estável (art. 1.723 do CC).

f) se estende aos processos e procedimentos administrativos junto à Administração direta (União, Estados, Distrito Federal e Municípios) e indireta (autarquias, fundações públicas, empresas públicas, sociedades de economia mista), aos órgãos públicos em geral, ao Poder Legislativo, Poder Judiciário (feitos administrativos), Ministério Público, Delegacias de Polícia, Defensorias Públicas, abrangendo o atendimento prioritário (art. 3º, §§ 1º e 2º, do EPI) – que também é garantido pela Lei 10.048/2000 –, especialmente nos serviços de assistência judiciária, as instituições financeiras, empresas prestadoras de serviços públicos em geral;

g) o pedido de prioridade de tramitação processual por idade deve ser feito pelo próprio idoso, por se tratar de direito subjetivo processual, em sintonia com o disposto no art. 18 do CPC, segundo o qual ninguém poderá pleitear direito alheio em nome próprio, salvo quando autorizado pelo ordenamento jurídico[160].

Foi editada a Resolução 520/2023 do Conselho Nacional de Justiça (CNJ), que estabelece a Política Judiciária sobre Pessoas Idosas e suas interseccionalidades, na qual são definidos princípios, diretrizes, objetivos e ações para o enfrentamento da violência contra as pessoas idosas, bem como garantindo a adequada solução de conflitos. Na resolução está previsto que o CNJ elaborará, em 180 dias, manual voltado à orientação dos tribunais e magistrados quanto à implementação das medidas previstas nesta resolução (art. 17).

4.3.13 Tutela judicial de direitos individuais indisponíveis, individuais homogêneos e coletivos (*lato sensu*: difusos e coletivos em sentido estrito)

Dentro do **microssistema de defesa**, a tutela de direitos individuais homogêneos e coletivos (*lato sensu*) das pessoas idosas não está organizada em um único documento normativo e se dá na forma da **Lei da Ação Civil Pública** – LACP (Lei 7.347/1985), com algumas disposições previstas no EPI (arts. 79 a 93)[161], no CDC e no CPC.

Destaca-se a preocupação do legislador em atribuir celeridade na tutela judicial da pessoa idosa, dispondo, p. ex., sobre a prioridade na tramitação do processo (art. 71 do EPI).

Não trataremos especificamente da ação civil pública ou da ação coletiva[162], porque objeto de análise em capítulo próprio desta obra (v. 1), destacando a seguir alguns pontos relevantes ou que o EPI trate de forma diversa da LACP e que pelo princípio da especialidade devem prevalecer.

4.3.13.1 Pontos relevantes

Além das disposições comuns à tutela judicial coletiva (tutela difusa, coletiva em sentido estrito e de interesses individuais homogêneos), alguns pontos merecem destaques:

a) o EPI fez constar, expressamente, neste capítulo (art. 81), sua utilização para a defesa do **interesse individual indisponível** (em regra, trata-se de direito fundamental, aquele que não pode ser renunciado, disposto a terceiro, alienado e que deve ser protegido e zelado, como, p. ex., o direito à vida e à integridade dela), que não é, genuinamente, um direito coletivo, mas por sua importância merece especial proteção.

---

160 Assim foi decidido no REsp 1.801.884, 3ª T., Rel. Min. Villas Bôas Cueva, j. 21.05.2019, *DJe* 30.05.2019. No caso, o pedido de prioridade havia sido feito pela pessoa jurídica exequente em desfavor do idoso executado.

161 *Lembrar da anotação feita ao art. 69 sobre a incidência da regra da competência absoluta prevista no art. 80 do EPI apenas nas ações de direito individual indisponível, homogêneo ou coletivo em sentido amplo.*

162 Há uma distinção doutrinária entre as denominações, alguns sugerindo que se adote "ação coletiva" para aquela proposta por associações e voltada para a tutela dos interesses individuais homogêneos e "ação civil pública" para aquelas propostas pelos demais legitimados para a tutela dos interesses difusos e coletivos.

Com isso, parece-nos que se reduzem algumas discussões doutrinárias e jurisprudenciais relativamente aos legitimados para esse tipo de ação, como é o caso do Ministério Público[163], nada obstante ainda perdure a questão relativa à legitimidade da Defensoria Pública em cotejo com a ministerial[164];

b) as hipóteses tratadas no art. 79 do EPI são exemplificativas (a teor do que contém seu parágrafo único) e, quando analisadas no conjunto das disposições processuais estatutárias (considerando que a lei não contém palavras inúteis), dizem respeito a ações de **ressarcimento de dano (material ou moral)** causado pela omissão ou oferta irregular de serviços relevantes, como saúde, assistência social, educação, entre outros, tanto pelo Poder Público como pelo particular (p. ex., serviço privado de saúde) e de natureza individual indisponível, individual homogênea ou coletiva, em sentido amplo (difusa e coletiva em sentido estrito).

Procurou-se dar especial atenção às hipóteses de maior vulnerabilidade: pessoa idosa com deficiência e ou portador de doença infecciosa (incisos II e III do art. 79). Renovamos que essa vulnerabilidade foi tratada pelo STJ, no Recurso Especial 586.3131/MG, relatado pelo Min. Herman Benjamin, como uma hipervulnerabilidade[165], assim definida como aqueles que, exatamente por serem minoritários e amiúde discriminados ou ignorados, mais sofrem com a massificação do consumo e a pasteurização" das diferenças que caracterizam e enriquecem a sociedade moderna. Segundo o relator, "*ser diferente ou minoria, por doença ou qualquer outra razão não é ser menos consumidor, nem menos cidadão, tampouco merecer direitos de segunda classe ou proteção apenas retórica do legislador*" e seriam as crianças, as pessoas idosas, doentes, pessoas com deficiência, permanente ou temporária.

Merece destaque, ainda em sede de proteção ao vulnerável ou ao hipervulnerável, outra decisão do STJ, da lavra do mesmo ministro Benjamin, na qual ele adverte que a interpretação da legislação de proteção de sujeitos vulneráveis deve se dar da forma mais proveitosa e que melhor possa viabilizar, na perspectiva da eficácia e de resultados práticos e, portanto, é vedado ao administrador e ao juiz "*acrescentar, acentuar ou inferir limitações ao exercício pleno dos direitos individuais e sociais previstos na Constituição e nas leis*" (REsp 1.568.331/MS, *DJe* 19.12.2018).

Também tem sido admitida a reparação de **dano moral coletivo** para **"aqueles que o fato transgressor seja de razoável significância e desborde os limites da tolerabilidade. Deve ser grave o suficiente para produzir verdadeiros sofrimentos, intranquilidade social e alterações relevantes na ordem extrapatrimonial coletiva"**[166].

Tema novo, mas que merece atenção e estudo mais aprofundado, que foge do propósito deste capítulo, é o do dano social.

---

[163] O STF, em 2 de abril de 2010, reconheceu a existência de repercussão geral na matéria constitucional versada no RE 605.533/MG, Pleno, Rel. Min. Marco Aurélio, j. 01.04.2010, *DJe* 30.04.2010, qual seja a legitimidade do Ministério Público para ajuizar ação civil pública com o objetivo de compelir entes federados a entregar medicamentos a pessoas necessitadas. Na Sessão de julgamento concluída em 15 de agosto de 2018, o Pleno proveu recurso extraordinário, assentando a seguinte tese: "*O Ministério Público é parte legítima para ajuizamento de ação civil pública que vise o fornecimento de remédios a portadores de certa doença*".

[164] No REsp 620.622/RS, 2ª T., Rel. Min. Eliana Calmon, , j. 04.09.2007, *DJ* 27.09.2007, preferiu-se atribuir à Defensoria a tutela individual de pessoa carente.

[165] No mesmo sentido: EREsp 1.192.577/RS, Rel. Min. Laurita Vaz, *DJe* 13.11.2015; AgInt no AREsp 1220572/SP, Rel. Min. Napoleão Nunes Maia Filho, *DJe* 26.03.2019; EREsp 1515895/MS, Rel. Min. Humberto Martins, *DJe* 27.09.2017; REsp 1188105/RJ, Rel. Min. Luis Felipe Salomão, *DJe* 12.04.2013.

[166] STJ, REsp 1.221.756/RJ, 3ª T., Rel. Min. Massami Uyeda, j. 02.02.2012, *DJe* 10.02.2012. No mesmo sentido, REsp 1.180.078/MG, 2ª T., Rel. Min. Herman Benjamin, j. 02.12.2010, *DJe* 28.02.2010, REsp 1,057.274, Rel. Min. Eliana Calmon, j. 01.12.2009. Para a configuração do dano moral coletivo, basta demonstrar a violação, dispensando-se a prova de prejuízo concreto (STJ, REsp 331.517/GO, 4ª T., Rel. Min. Cesar Asfor Rocha, j. 27.11.2001, *DJ* 25.03.2001) e o *quantum* deve ser arbitrado caso a caso, levando-se em conta o grau de culpa e o nível econômico do agente, mas de molde a não ensejar um enriquecimento sem causa da vítima, porém com efetiva compensação pelos danos morais causados (STJ, REsp 1.374.284/MG, 2ª S., Rel. Min. Luis Felipe Salomão, j. 27.08.2014, *DJe* 05.09.2014).

Desenvolvido entre nós por Antonio Junqueira de Azevedo, é por ele definido como as **"lesões à sociedade, no seu nível de vida, tanto por rebaixamento de seu patrimônio moral – principalmente a respeito da segurança – quanto por diminuição na qualidade de vida"**[167]. Decorre de condutas socialmente reprováveis, de comportamentos exemplares negativos, que afrontam a principiologia adotada pelo Código Civil de 2002, que tem como um de seus pilares a socialidade, é dizer, a valorização do "nós" em detrimento do "eu", a mudança do paradigma individualista e egoísta da codificação anterior para a preocupação com o outro. Decorre da função social da responsabilidade civil, tendo como referência o valor fundamental da dignidade da pessoa humana. Pode ter incidência, p. ex., em condutas discriminatórias e ofensivas à dignidade da comunidade idosa ou de pessoas com deficiência.

É dizer, a reparação civil extrapatrimonial deixou de ser limitada ao sofrimento pessoal, para alcançar qualquer ofensa ao espírito coletivo, aos valores fundamentais compartilhados pela coletividade e não a um titular individualizado.

Nesses casos, o valor da indenização será depositado no Fundo da Pessoa Idosa, onde existir, ou, do contrário, no Fundo Municipal de Assistência Social para atendimento ao idoso (art. 84 do EPI);

c) as hipóteses do art. 83 do EPI tratam das **obrigações de fazer e não fazer**, já analisadas nesta obra (v. 1) no capítulo referente à ação civil pública, e guardam sintonia com o art. 84 do CDC[168] e as regras do art. 536 do CPC[169].

Buscam garantir a máxima efetividade do processo judicial, prevendo, na mesma linha da ação civil pública e do CPC, várias providências judiciais, nos parágrafos desse artigo, voltadas a assegurar o resultado prático equivalente ao cumprimento da obrigação, que deve preceder e preferir à convolação em perdas e danos.

> **Apenas lembramos dois aspectos:** há certa divergência doutrinária e jurisprudencial sobre a concessão de **tutela antecipatória de ofício**[170] e não se autoriza a **tutela que vá além da sentença possível**, que, por sua vez, está vinculada ao pedido inicial[171].

Diferentemente da LACP, o EPI, com acerto, prevê que os valores das multas decorrentes dos processos judiciais (também conhecidas por "astreintes"[172]) reverterão ao **Fundo da Pessoa Idosa**[173], onde houver, e tais verbas, no âmbito federal[174], se prestam a projetos "de" e "para" o empoderamento social da comunidade idosa e do sistema de garantias e não para financiar

---

167 Por uma nova categoria de dano na responsabilidade civil: o dano social. *In*: FILOMENO, José Geraldo Brito; WAGNER JÚNIOR, Luiz Guilherme da Costa; GONÇALVES, Renato Afonso (coord.). *O Código Civil e sua interdisciplinaridade*. Um exemplo prático foi uma fraude ocorrida em um sistema de loterias, no Rio Grande do Sul, conhecido como "Toto Bola". Apurou-se que a loteria seria fraudulenta, retirando do consumidor as chances de vencer. No julgamento do Recurso Cível 71001281054, *DJ* 18.07.2007, o TJRS determinou indenização a título de dano social para o Fundo de Proteção aos Consumidores.

168 *Art. 84. Na ação que tenha por objeto o cumprimento da obrigação de fazer ou não fazer, o juiz concederá a tutela específica da obrigação ou determinará providências que assegurem o resultado prático equivalente ao do adimplemento.*

169 *Art. 536. No cumprimento de sentença que reconheça a exigibilidade de obrigação de fazer ou de não fazer, o juiz poderá, de ofício ou a requerimento, para a efetivação da tutela específica ou a obtenção de tutela pelo resultado prático equivalente, determinar as medidas necessárias à satisfação do exequente.*

170 STJ, REsp 1.178.500, 3ª T., Rel. Min. Nancy Andrighi, j. 04.12.2012, *DJe* 18.12.2012 (negando a tutela antecipatória de ofício); admitindo tal tutela, em caráter excepcional: AgRg no AREsp 429.451/RJ, 4ª T., Rel. Min. Antônio Carlos Ferreira, j. 09.09.2014, *DJe* 18.09.2014.

171 STF, Pleno, *RTJ* 10/453.

172 Há quem distinga entre multa diária – aquela aplicada na sentença – e multa liminar – aquela deferida como medida liminar.

173 A Lei 13.797/2019 altera a Lei 12.213, de 20 de janeiro de 2010, para autorizar a pessoa física a realizar doações aos fundos controlados pelos Conselhos Municipais, Estaduais e Nacional do Idoso diretamente em sua declaração de Ajuste Anual do Imposto sobre a Renda da Pessoa Física.

174 O Fundo Nacional do Idoso foi criado pela Lei 12.213/2010 e regulamentado pelo Decreto 9.569/2018, com a alteração trazida pelo Decreto 10.042/2019.

políticas públicas de caráter continuado[175] ou, na falta dele, ao Fundo Municipal de Assistência Social, ficando vinculados ao atendimento do idoso.

Portanto as multas destinam-se, especificamente, ao atendimento das necessidades da comunidade idosa e não a um fundo genérico de reparação de "bens lesados", como prevê o art. 13 da Lei da Ação Civil Pública.

O EPI **não** estabelece se se trata de Fundo Nacional, Estadual ou Municipal, mas, por paralelismo com a previsão da utilização supletiva do Fundo Municipal de Assistência Social, o que denota uma vontade de dispor dos recursos pela comunidade de idosos afetada pelo descumprimento das regras estatutárias, parece-nos mais correto admitir que esse fundo seja o **Municipal**, criado por lei também municipal.

Entretanto, não vemos óbice à criação, por lei, de um Fundo Estadual, que poderá conviver com fundos municipais[176].

> **Lembre-se**: a multa só é exigível do réu após o trânsito em julgado da sentença favorável ao autor (mas é devida desde o descumprimento), de maneira que, se a ação for julgada improcedente ou extinta sem julgamento do mérito, a multa liminar não será devida.

Nas obrigações de fazer e não fazer, para sua incidência deve haver a prévia intimação pessoal do devedor (enunciado 410 da Súmula do STJ[177]) e, se não recolhida em 30 dias após o trânsito em julgado, caberá ao *Parquet* a execução (dever), abrindo-se essa possibilidade (faculdade) aos demais legitimados, em caso de inércia ministerial (art. 84, parágrafo único, do EPI);

d) o art. 82 do EPI viabiliza a utilização de qualquer espécie de ação para a defesa dos direitos previstos no Estatuto, dando destaque o parágrafo único do artigo para o uso de **ação mandamental**[178] quando se tratar de ato ilegal de autoridade pública ou agente de pessoa jurídica no exercício de atribuições do Poder Público que lesem direito líquido e certo previsto no EPI. Essa ação se regerá pelas normas da lei que disciplina o mandado de segurança (Lei 12.016/2009). O dispositivo guarda semelhança com o art. 212, § 2º, do ECA;

e) com o trânsito em julgado da sentença que condenou o Poder Público, o magistrado comunicará o fato à autoridade competente, para apuração civil e administrativa do agente a quem se atribua a ação ou omissão (art. 86 do EPI);

f) diferentemente da Lei 7.347/1985 (art. 18), nas ações fundadas no EPI, ainda que o autor não tenha agido de má-fé, estará sujeito ao ônus da sucumbência, com exceção do Ministério Público (art. 88 e parágrafo único); também por essa regra, o pagamento das custas processuais podem acontecer ao final do processo; todavia, conforme entendeu o STJ nos julgamentos do AgRg no AREsp 625.324/SP de relatoria da Ministra Regina Helena Costa e AgRg no AREsp 645.393/SP, de relatoria do Ministro Mauro Campbell Marques, tal possibilidade

---

175 Assim dispõe a Resolução 19/2012, do Conselho Nacional dos Direitos da Pessoa Idosa (arts. 7º e 8º). Em regra, a utilização de tais verbas vem definida nas leis estadual e municipal que criam os respectivos fundos e em seu regulamento, tendo as diretrizes do Fundo Nacional como um bom parâmetro.

176 Isso acontece no Estado de São Paulo, cuja Lei Estadual 14.874/2012 criou tal fundo, que coexiste com leis municipais (de São Caetano do Sul – Lei 5.127/2013, e de Santos – Lei 2.936/2013). Basta que a lei estadual discipline tal situação de coparticipação.

177 Apesar do dissenso doutrinário e jurisprudencial a respeito de sua aplicação, os recentes julgados do STJ consultados ratificaram a aplicação do enunciado 410, como se verifica do AgInt. no AREsp 1295123/SP, j. 04.10.2018; AgInt no REsp 1726817/MG, j. 04.09.2018 e AgInt no REsp 1669121/PR, j. 21.08.2018.

178 Essa denominação origina-se da classificação de Pontes de Miranda sobre a carga de eficácia da sentença buscada: declaratória, constitutiva, de condenação, mandamental e executiva. Pode-se dizer que o mandado de segurança, o *habeas corpus*, entre outras, são espécies do gênero ação mandamental. É aquela que tem por fim preponderante que alguma pessoa atenda, imediatamente, ao que o juízo manda; o juiz, ao condenar o réu, emite uma ordem a ser cumprida, que permite, sem necessidade de um processo autônomo, tomar medidas concretas e efetivas, destinadas a proporcionar ao vencedor a efetiva satisfação de seu direito.

somente aplica-se às ações referentes a interesses difusos, coletivos e individuais homogêneos ou indisponíveis e não em qualquer ação em que a pessoa idosa seja parte.

g) mais amplo que a exigência do art. 7º da Lei 7.347/1985 (limitada aos magistrados), o art. 90 do EPI determina que os agentes públicos em geral e os juízes (de todos os graus), no exercício de suas funções, comuniquem ao *Parquet* fato que possa configurar crime de ação pública contra idoso ou dar ensejo ao ajuizamento de ação civil para sua defesa, encaminhando as peças pertinentes;

h) o art. 91 é uma reprodução do art. 8º da LACP, apenas reduzindo o prazo de resposta ao pedido de informação e certidão, de 15 para 10 dias;

> **Lembrete**: esta norma é destinada aos demais legitimados para a ação civil pública, uma vez que em relação ao *Parquet* aplicam-se as disposições dos arts. 74 e 92 do EPI.

i) nas disposições relativas ao **inquérito civil**, comparativamente à LACP, o EPI estabelece prazo distinto para as respostas a requisições de informações, perícias etc. formuladas pelo *Parquet* (o prazo do EPI é de 10 dias corridos – art. 92, enquanto a LACP fala em 10 dias úteis – art. 8º, § 1º) e traz a distinção entre os órgãos colegiados da administração superior do Ministério Público que tratam dos inquéritos civis: Conselho Superior, em regra para os Ministérios Públicos estaduais, e Câmara de Coordenação e Revisão, para os Ministérios Públicos da união.

4.3.13.2 *Legitimados ativos*

Ao dispor sobre a legitimidade ativa para a ação civil pública, o EPI trouxe inovações:

a) ao lado do rol do art. 5º da LACP, fez constar, expressamente, a legitimidade da **Ordem dos Advogados do Brasil** (autarquia federal especial – inciso III do art. 81);
b) deixou clara a legitimidade do *Parquet* para a tutela individual de direito indisponível, tema que ainda agita a jurisprudência em outras áreas, como anotamos na letra *a* do item anterior (inciso I do mesmo artigo);
c) dispôs que as **associações** legitimadas não necessitam de autorização assemblear se houver prévia autorização estatutária (art. 81, IV, *in fine*), contrastando com a nova orientação do STF[179], e, quando filantrópica e sem fins lucrativos, que preste serviços a pessoas idosas institucionalizadas e provenientes de condições de vulnerabilidade, tem direito aos benefícios da Justiça Gratuita;
d) ainda sobre as associações legitimadas, embora não esteja previsto no EPI, mas com ele não se antagoniza, ao contrário, aumenta o potencial defensivo dos direitos da pessoa idosa, entendemos que se aplica a regra da dispensa do prazo anual mínimo prevista no art. 5º, § 4º, da Lei da Ação Civil Pública[180], por força do art. 93 do EPI.

A esse rol de legitimados elencados no art. 81 do EPI devem ser acrescidos os **sindicatos** regularmente constituídos (art. 8º, III, da CF/1988), por sua destinação original de defesa judicial dos direitos e interesses coletivos e individuais da categoria que represente.

---

179 O STF, por ocasião do julgamento do RE 573.232/SC (Tribunal Pleno, *DJe* 19.09.2014), sob o regime do art. 543-B do CPC, decidiu que a atuação da associação, como parte legitimada para promover ação coletiva, se dá na qualidade de representante de seus associados (defesa de direito alheio em nome alheio), e não na qualidade de substituto processual (defesa de direito alheio em nome próprio), a demandar, por conseguinte, expressa autorização de seus associados, seja individualmente, seja por deliberação assemblear, não bastando, para tanto, a previsão genérica no respectivo estatuto.

180 *Art. 5º, § 4º O requisito da pré-constituição poderá ser dispensado pelo juiz, quando haja manifesto interesse social evidenciado pela dimensão ou característica do dano, ou pela relevância do bem jurídico a ser protegido.*

De igual modo e por força de sua vocação constitucional de proteção dos interesses dos necessitados (art. 134 da CF/1988), a **Defensoria Pública** também está legitimada para a defesa individual e coletiva da pessoa idosa[181], além da jurisprudência começar a reconhecer sua legitimidade para intervir, autonomamente, como *custos vulnerabilis*. Com isso, a atuação não ocorre como representante da parte em juízo, mas sim como fiscal dos vulneráveis[182].

Acrescentamos, ainda, as **entidades e órgãos da Administração Pública, direta ou indireta, ainda que sem personalidade jurídica que se destinem à defesa dos interesses e direitos da pessoa idosa**, na forma do art. 82, III, do CDC, aplicável por força dos arts. 93 do EPI, 21 da Lei 7.347/1985 e 90 do CDC.

Para facilitar sua memorização, segue quadro elencando os legitimados.

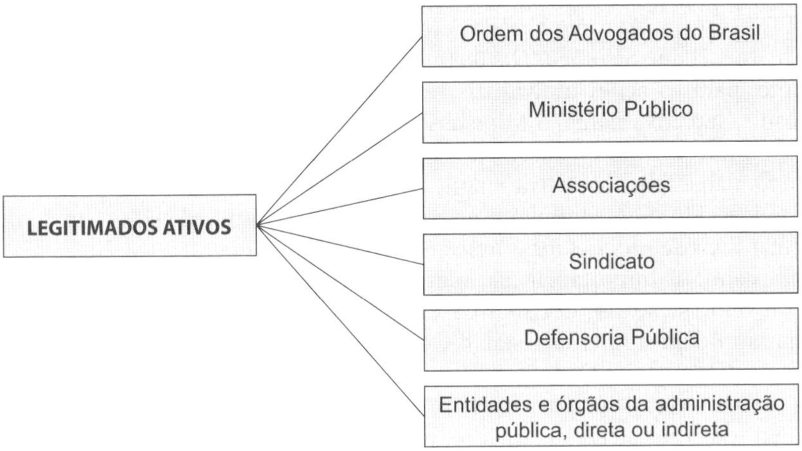

4.3.13.3 O papel do Ministério Público

Entre os legitimados ativos para a tutela judicial, o Ministério Público mereceu destaque no EPI, sendo tratado nos arts. 73 a 77.

O art. 74 traz extenso rol de atribuições do *Parquet*, compatíveis com sua vocação constitucional (art. 127, 129 e 230 da CF/1988 e art. 25 da Lei 8.625/1993)[183].

O inciso I remete à possibilidade de instauração de **inquérito civil** e **ação civil pública**[184], tema tratado nesta obra (v. 1) em capítulo próprio (Ação Civil Pública).

---

181 Essa legitimidade também decorre do art. 82, III, do CDC, aplicável por força do art. 93 do EPI, que remete à Lei 7.347/1985, que, a seu turno, se refere aos arts. 81 a 104 do CDC. O alcance dessa legitimidade foi tratado na ADI 3.943/DF, em que se reconheceu a possibilidade do uso da ação civil pública, sem que isso afete as atribuições ministeriais. Para a tutela de interesses coletivo em sentido estrito e individuais homogêneos tem se exigido sejam pessoas necessitadas: STJ, REsp 555.111/RJ, 3ª T., Rel. Min. Casto Filho, j. 05.09.2006, *DJ* 18.12.2006; REsp 912.849/RS, 1ª T., Rel. Min. José Delgado, j. 26.02.2008, *DJe* 28.04.2008.

182 Assim entenderam, recentemente: o STJ, no julgamento do EDcl no REsp 1.712.163, em ação que envolve planos de saúde, admitindo que como *custos vulnerabilis* a atuação da Defensoria é mais ampla do que como *amicus curiae*; a 1ª Câmara Cível do Tribunal de Justiça de Rondônia, para quem a Defensoria tem "*legitimação para a defesa de direitos individuais homogêneos pertencentes a pessoas socialmente hipossuficientes*", medida que garante o contraditório da comunidade vulnerável em ações possessórias; o Tribunal Regional Federal da 4ª Região, ao admitir a Defensoria em processo que tratava de reintegração de posse de terra indígena da comunidade Ponta do Arado, em Porto Alegre; o Tribunal de Justiça de Santa Catarina, por meio da 5ª Câmara de Direito Civil, também considerou que não intimar a Defensoria conduziria à "*nulidade de todos os atos processuais*"; no Mato Grosso, a 1ª Câmara de Direito Privado do Tribunal de Justiça afirmou que a Defensoria detém legitimidade recursal reconhecida como *custos vulnerabilis*.

183 A Lei 8.625/1993 é a Lei Orgânica Nacional do Ministério Público. Tratamos de forma mais ampla dessas atribuições ministeriais na obra *Comentários ao Estatuto do Idoso*. Maria Garcia, Flavia Piva Almeida Leite e Carla Matuck Borba Seraphim (coord.). São Paulo: Saraiva, 2016.

184 Para o STJ: O Ministério Público tem legitimidade para ajuizar ação civil pública com o objetivo de assegurar os interesses individuais indisponíveis, difusos ou coletivos em relação à infância, à adolescência e aos idosos, mesmo quando a ação

O inciso II legitima o *Parquet*, como substituto processual, a ajuizar **ações em defesa da pessoa idosa**, tais como de alimentos, interdição/curatela e designação de curador especial, além de outras pertinentes (§ 2º do art. 74 do EPI), assim como oficiar, como fiscal da ordem jurídica, nos feitos em que figuram idosos em **situação de risco** (hipóteses do art. 43 do EPI)[185].

A legitimidade ativa deve ser compatibilizada com a real necessidade da intervenção ministerial, como nas situações de risco, situação de risco essa que deve ser analisada em cada caso concreto, pois não se pode presumir a incapacidade do idoso **a priori**[186].

Nesse sentido, o STJ admitiu a legitimidade do *Parquet* para o ajuizamento de ação civil pública contra a cobrança abusiva de honorários advocatícios em demandas previdenciárias que envolvam pessoa idosa (REsp 2079440/RO, Rel. Min. Nancy Andrighi, *DJe* 01.03.2024; AgInt no AREsp 1860919/PR, Rel. Min. Luis Felipe Salomão, *DJe* 27.04.2022; AgInt no REsp 1585784/MT, Rel. Min. Antonio Carlos Ferreira, *DJe* 01.04.2020, e AgInt no REsp 1528630/SP, Rel. Min. Luis Felipe Salomão, *DJe* 08.09.2017).

Portanto, para as ações individuais referidas no inciso II, o primeiro legitimado é o próprio idoso e, supletivamente, o Ministério Público.

A falta de intervenção que acarreta a nulidade do feito (art. 77 do EPI) é a da ausência de intimação e não a falta de efetiva manifestação[187].

Tem prevalecido o entendimento de que só ocorrerá nulidade se a falta de intervenção causar prejuízo (*pas de nullité sans grief*)[188].

Reconhecendo a importância da aplicação de documentos internacionais e, ainda, a relevância de valorização das decisões da Corte Interamericana de Direitos Humanos para criar uma jurisprudência internacional, o Conselho Nacional do Ministério Público editou a Recomendação CNMP 96/2023 (não é uma exigência e sim uma sugestão), na qual recomenda aos órgãos do Ministério Público brasileiro que observem, em seus respectivos âmbitos de atribuição, em todas as esferas de atuação, as normas dos tratados, convenções e protocolos internacionais de direitos humanos em vigor no Brasil e as demais normas imperativas do Direito Internacional dos Direitos Humanos, além do efeito vinculante das decisões da Corte Interamericana de Direitos Humanos, nos casos em que o Brasil é parte, nos termos do artigo 68 da Convenção Americana sobre os Direitos Humanos.

---

vise à tutela de pessoa individualmente considerada. AgRg no REsp 1.368.769/SP, 2ª T., Rel. Min. Humberto Martins, j. 06.08.2013, *DJe* 14.08.2013; REsp 509.968/SP, 3ª T., Rel. Min. Ricardo Villas Bôas Cueva, j. 06.12.2012, *DJe* 17.12.2012; AgRg no REsp 1.094.914/RS, 3ª T., Rel. Min. Massami Uyeda, j. 06.09.2012, *DJe* 13.09.2012; REsp 976.021/MG, 3ª T., Rel. Min. Nancy Andrighi, j 14.12.2010, *DJe* 03.02.2011; REsp 1.005.587/PR, 1ª T., Rel. Min. Luiz Fux, j. 02.12.2010, *DJe* 14.12.2010; REsp 440.502/SP, 2ª T., Rel. Min. Herman Benjamin, j. 15.12.2009, *DJe* 24.09.2010; EREsp 488.427/SP, 1ª S., Rel. Min. Francisco Falcão, j. 10.09.2008, *DJe* 29.09.2008; EREsp 695.665/RS, 1ª S., Rel. Min. Eliana Calmon, j. 23.04.2008, *DJe* 12.05.2008.

185 No entendimento pacificado do STJ, essa intervenção como fiscal da ordem jurídica é obrigatória nas ações que envolvem direito coletivo e naquelas em que haja exposição de pessoa idosa aos riscos previstos no art. 43 do Estatuto do Idoso. Nesse sentido: AgRg no AREsp 755.993, Rel. Min. João Otávio de Noronha; AgRg no AREsp 557.517, Rel. Min. Luís Felipe Salomão; AgRg no REsp 1202107/SP, Rel. Min. Ricardo Villas Bôas Cueva; AgRg no AREsp 300800/SP, Rel. Min. Paulo de Tarso Sanseverino; AgRg nos EDcl nos EREsp 1267621/DF, Rel. Min. Gilson Dipp; AgRg no AREsp 115629/MG, Rel. Min. Mauro Campbell Marques.

186 Negou-se a legitimidade ministerial em ação previdenciária, por sua natureza disponível (STJ, AgRg no REsp 1.180.890/RS, Rel. Min. Celson Limongi, j. 21.09.2010 e REsp 502.744/SC, Rel. Min. José Arnaldo Fonseca, j. 12.04.2005). Dispensou-se a intervenção do MP em ação revocatória de doação (STF, ARE 809.245, Rel. Min. Gilmar Mendes, *DJe* 08.05.2014).

187 REsp 5.469-0/MS, Rel. Min. Sálvio de Figueiredo, j. 20.10.1992.

188 *"Não há nulidade sem prejuízo"*. Assim se manifestou o STF: "*1. Este Tribunal, em várias oportunidades, firmou o entendimento de que, não havendo prejuízo para qualquer das partes, nenhum ato processual será declarado nulo, conforme o brocardo 'pas de nullité sans grief'. No caso dos autos, não houve tal comprovação. Não há que falar, portanto, em cerceamento de defesa. Precedentes (...). 4. Agravo regimental improvido*" (AI 764.402-AgR/SP, 2ª T., Rel. Min. Ellen Gracie, j. 01.06.2010, *DJe* 25.06.2010). No mesmo sentido: STJ, REsp 5.469/MS, 4ª T., Rel. Min. Sálvio de Figueiredo Teixeira, j. 20.10.1992, *DJ* 23.11.1992; STJ, REsp 26.898-2 - Edcl/SP, 3ª T., Rel. Min. Dias Trindade, j. 10.11.1992, *DJ* 30.11.1992; STJ, REsp 915.539-AgReg/RJ, Rel. Min. Maria Thereza de Assis Moura, *DJe* 09.08.2007; REsp 449.407-EDcl/PR, 2ª T., Rel. Min. Mauro Campbell, j. 28.10.2008, *DJe* 25.11.2008.

Devem ser observadas, também, a jurisprudência da Corte Interamericana de Direitos Humanos, quando adequada ao caso, a promoção do controle de convencionalidade das normas e práticas internas, dentre várias outras recomendações.

Essa **legitimidade** não exclui a de terceiros, porque é **concorrente e disjuntiva** (art. 74, § 1º, do EPI).

Outras atribuições e prerrogativas foram outorgadas ao *Parquet* para facilitar o exercício do múnus protetivo aos direitos do idoso (incisos IV, V, VI e VII do art. 74 do EPI), tais como a promoção da **revogação de instrumento procuratório** outorgado por idoso em situação de risco, quando necessário (deve-se preservar ao máximo sua autonomia), que poderá ser **administrativa**, no bojo de um procedimento administrativo instaurado pelo próprio Ministério Público (p. ex., inquérito civil) e com a intervenção dos interessados e da serventia do Cartório de Notas se se tratar de instrumento público ou **judicial**; instauração de **procedimentos investigatórios** (sindicâncias, inquérito civil, investigação criminal[189]) com as prerrogativas a eles inerentes, como a expedição de notificações, requisições de informações, pericias etc.[190].

Merece destaque, ainda, a obrigação do *Parquet* de **inspecionar as entidades públicas e privadas de atendimento e os programas** respectivos; para tanto tem livre acesso[191] a toda entidade de atendimento (§ 3º do art. 74), podendo contar com a colaboração dos serviços de saúde, assistência social, requisição de força policial etc.

Outra atribuição que busca efetivar a tutela dos direitos do idoso diz com a possibilidade de o membro do *Parquet* **referendar transações** envolvendo interesses e direitos da pessoa idosa (art. 74, X, do EPI)[192].

Tal como previsto no art. 784, IV, do CPC, o instrumento de transação homologado pelo membro do Ministério Público valerá como título executivo extrajudicial, permitindo sua execução direta.

4.4 CRIMES DEFINIDOS NO EPI

Acesse e assista à aula explicativa sobre este assunto.

> http://uqr.to/21kuj

O EPI abre essa seção com o **art. 94,** estabelecendo que aos crimes nele previstos, com pena máxima privativa de liberdade que não ultrapasse **quatro anos,** será aplicada a Lei 9.099/1995 e, subsidiariamente, o CP e o CPP.

Esse artigo ensejou divergências doutrinárias sobre sua constitucionalidade, tendo em vista que, pela Lei 9.099/1995, são considerados de menor potencial ofensivo os crimes e contravenções cuja pena máxima seja igual ou inferior a **dois anos**; a regra estatutária poderia beneficiar o autor da infração penal mais grave contra o idoso, com pena de até quatro anos, e não proteger esse último, que é a finalidade do Estatuto.

---

189 A atribuição do Ministério Público para investigação criminal foi reconhecida RE 593727, Rel. Min. Cezar Peluso, Tribunal Pleno, Rel. para acórdão Min. Gilmar Mendes, j. 14.05.2015, Ac El. Repercussão Geral - Mérito *DJe* 08.09.2015.

190 Sobre as ferramentas investigativas postas à disposição do Ministério Público, conferir capítulo desta obra (v. 1) sobre a ação civil pública.

191 A resistência indevida ao acesso do representante do MP pode caracterizar o crime tipificado no art. 109 do EPI.

192 O art. 13 do EPI prevê a possibilidade de referendo de transação relativa a alimentos.

Duas correntes principais, dentre seis, se formaram, basicamente:

a) **aplicação integral da Lei 9.099/1995** aos crimes previstos no EPI, ou seja, transação penal e suspensão condicional do processo; e

b) aplica-se **apenas a celeridade processual** da referida lei e não os benefícios da transação penal e suspensão do processo, porque, se aplicada integralmente, iria contrariar o propósito de maior proteção à pessoa idosa que inspirou o EPI, ao se ampliar o espectro de incidência para aqueles crimes apenados com até quatro anos.

Apesar da duvidosa constitucionalidade de ambas as interpretações[193], o STF, no julgamento da ADI 3.096, Pleno, Rel. Cármen Lúcia, j. 16.06.2010, acabou optando pela segunda e dando uma **interpretação conforme** ao art. 94, reconhecendo que se aplica **apenas o procedimento previsto na Lei 9.099/1995 (o que é mais benéfico por ser mais célere e permitir uma pronta punição ao agente)** e **não outros benefícios** nela previstos para as hipóteses que prescrevem penas entre **dois e quatro anos**[194].

Nas hipóteses de **penas não superiores a dois anos**, valem os benefícios da Lei 9.099/1995.

Síntese: aos crimes definidos no EPI aplica-se toda a Lei 9.099/1995 para as hipóteses apenadas com até dois anos de privação de liberdade; só a parte processual da Lei 9.099/1995 para as hipóteses apenadas com mais de dois até quatro anos; não se aplica a Lei 9.099/1995 para as hipóteses mais graves.

Esta discussão ficou superada, para casos novos, com a edição da Lei 15.163/2025, que alterou o art. 94 do EPI, acrescentando um parágrafo único, para vedar, expressamente, a aplicação da Lei 9.099/1995, nos seguintes termos: "*Art. 94. Aos crimes previstos nesta Lei aplicam-se, no que couber, as disposições do Decreto-lei n. 2.848, de 7 de dezembro de 1940 (Código Penal), e do Decreto-lei n. 3.689, de 3 de outubro de 1941 (Código de Processo Penal). Parágrafo único. Aos crimes previstos nesta Lei e aos crimes praticados com violência contra a pessoa idosa, independentemente da pena prevista, não se aplica a Lei n. 9.099, de 26 de setembro de 1995*". Poderão surgir debates relacionados a fatos criminosos pretéritos, porque para muitos a Lei 9.099/1995 também contém conteúdo de direito material e que, se mais benéfico ao réu, em tese deve ser aplicado, seguindo-se, então, na linha do que já havia sido decidido pelo STF.

O **art. 95** estabelece que as **ações penais** por crimes praticados contra pessoa idosa seja de caráter patrimonial ou não, com ou sem violência ou grave ameaça, são **públicas incondicionadas**, **não se aplicando** as **imunidades absoluta e relativa** previstas, respectivamente, nos arts. 181 e 182 do CP[195].

Sobre esse último aspecto, a disposição é inócua diante do que prevê o art. 183, III, do CP, acrescido pelo próprio EPI (art. 110)[196].

Os **crimes**[197] são **dolosos** e se constituem em:

a) **art. 96** – discriminação em geral (impedir ou dificultar o acesso) para realização de atos da vida civil (operações bancárias[198], de meios de transportes, de contratos em

---

193 Nesse sentido, NUCCI, Guilherme de Souza. *Leis penais e processuais penais comentadas*. 7. ed. rev., atual. e ampl. São Paulo: Editora Revista dos Tribunais, 2013. v. 1, p. 412.

194 Na decisão, o STF também reduziu o texto do art. 94, excluindo a expressão "*do Código Penal*".

195 *Art. 181 – É isento de pena quem comete qualquer dos crimes previstos neste título, em prejuízo: I – do cônjuge, na constância da sociedade conjugal; II – de ascendente ou descendente, seja o parentesco legítimo ou ilegítimo, seja civil ou natural. Art. 182 – Somente se procede mediante representação, se o crime previsto neste título é cometido em prejuízo: I – do cônjuge desquitado ou judicialmente separado; II – de irmão, legítimo ou ilegítimo; III – de tio ou sobrinho, com quem o agente coabita.*

196 *Art. 183 – Não se aplica o disposto nos dois artigos anteriores (...) III – se o crime é praticado contra pessoa com idade igual ou superior a 60 (sessenta) anos.*

197 Segundo o banco de dados do Relatório Justiça em Números, elaborado pelo CNJ, no período de 2015 a 2017, ingressaram no Poder Judiciário 28.965 processos de crimes enquadrados nos arts. 96 a 108 do Estatuto do Idoso, embora o número deva ser maior atualmente, considerando-se os novos e aqueles crimes que não foram registrados como sendo relativos a idosos.

198 A Terceira Turma do Superior Tribunal de Justiça (STJ) decidiu que não caracteriza discriminação abusiva a prática das instituições financeiras de impor restrições ao empréstimo consignado quando a soma da idade do cliente com o prazo do

geral[199] ou qualquer instrumento necessário ao exercício da cidadania[200]). Lembre-se de que a Lei 14.181/2021 acrescentou o § 3º, que dispõe: "*não constitui crime a negativa de crédito motivada por superendividamento do idoso*";

b) **art. 100, I e II** – discriminação no acesso a cargo público e a emprego ou trabalho em razão da idade[201];

c) **art. 97** – deixar de prestar assistência à saúde da pessoa idosa, embaraçá-la ou não solicitá-la à autoridade pública competente, sem justa causa[202];

d) **art. 99** – expor a perigo sua integridade física e psíquica, seja submetendo-a a condições desumanas ou degradantes, como privando de alimentos e cuidados indispensáveis ou sujeitando a trabalho excessivo ou inadequado[203];

e) **art. 102** – apropriação ou desvio de bens ou qualquer tipo de rendimento[204];

f) **art. 103** – recusa de acolhimento ou permanência ao idoso que negar-se a outorgar procuração à entidade de atendimento[205];

g) **art. 104** – retenção do cartão magnético de conta bancária relativa a benefícios ou proventos ou qualquer outro documento da pessoa idosa objetivando assegurar recebimento de dívida[206];

h) **art. 105** – exibição ou veiculação de informações ou imagens depreciativas ou injuriosas à pessoa idosa por qualquer meio de comunicação[207];

i) **art. 106** – indução da pessoa idosa sem discernimento a outorgar procuração com poderes de administração de bens ou sua livre disposição[208];

j) **art. 107** – qualquer forma de coação[209] contra idoso para que doe, contrate, teste ou outorgue procuração;

---

contrato for maior que 80 anos. REsp 1.783.731/PR, Min. Nancy Andrighi, *DJe* 26.04.2019). Na ação civil pública proposta pelo MPF contra a instituição financeira apontou-se violação ao art. 96 do EPI. Na decisão, a Corte Especial destacou que o bem tutelado é a dignidade da pessoa idosa e, para negar o pedido ministerial, adotou como principais argumentos: o critério etário para distinguir o tratamento da população em geral é válido quando é adequado, razoável, fundado no ordenamento jurídico, atentando-se aos princípios da igualdade e da dignidade da pessoa humana; o Código Civil também se vale de critério positivo de discriminação ao exigir, p. ex., o regime da separação de bens aos maiores de 70 anos (art. 1.641, II); há uma realidade fática de superendividamento da pessoa idosa; a facilidade de acesso ao crédito consignado; o caráter irrevogável da operação e a disponibilização de outras opções de acesso ao crédito.

199 A Central Nacional de Entidade Representativas dos Beneficiários da Seguridade Social ingressou com ADPF (589) contra ato do Presidente do INSS que regulamenta empréstimo consignado para aposentados e pensionistas, ao ver da autora, criando indevidas restrições. O relator não conheceu da ação porque, nos termos da jurisprudência daquela Corte, é inviável o controle concentrado de instrução normativa editada para regulamentar lei, desafiando o controle de legalidade e não de constitucionalidade.

200 A fórmula aberta do art. 96: "*qualquer meio ou instrumento necessário ao exercício da cidadania*" não é a mais indicada para um tipo penal, permitindo várias contestações.

201 Embora o tipo penal não diga qual é essa idade, por uma interpretação lógico-sistemática deve-se adotar a idade de 60 anos prevista no próprio Estatuto. Dolo específico: *por motivo de idade*. Para Guilherme Nucci admite-se interpretação extensiva de "cargo público" para alcançar a "função pública" e o "emprego público" (*Leis penais e processuais penais comentadas*. 7. ed. rev., atual. e ampl. São Paulo: Editora Revista dos Tribunais, 2013. v. 1, p. 420.).

202 O elemento normativo do tipo é "sem justa causa", que comporta valoração caso a caso.

203 Novamente Nucci esclarece: apesar de ter um verbo considerado principal no preceito (*expor*), o tipo é misto alternativo: agente pode praticar única conduta (expor a perigo a saúde do idoso com privação de alimento) ou várias (privação de alimentos, de cuidados indispensáveis etc.) e o delito será único, desde que no mesmo cenário e contra mesma vítima (*Leis penais e processuais penais comentada*. 7. ed. rev., atual. e ampl. São Paulo: Editora Revista dos Tribunais, 2013. v. 1, p. 420, p. 418). Este artigo teve as penas aumentadas pela Lei 15.163/2025.

204 Sendo a vítima idosa, esse crime prevalece sobre o de apropriação indébita (art. 168 do CP).

205 Sujeito ativo: somente o administrador da entidade ou o responsável pelo acolhimento.

206 O elemento subjetivo específico é o objetivo de "assegurar recebimento de dívida".

207 O elemento subjetivo específico implícito é o desejo de menosprezar a vítima, mas o *animus jocandi* (vontade de fazer piada ou brincadeira) afasta o crime (NUCCI, Guilherme de Souza. *Leis penais e processuais penais comentada*. 7. ed. rev., atual. e ampl. São Paulo: Editora Revista dos Tribunais, 2013. v. 1, p. 427).

208 A expressão "sem discernimento" exige valoração conforme o ambiente, grau de instrução e outros fatores tanto do agente como da vítima, a serem analisados caso a caso.

209 A coação poder ser física ou moral e realizada de qualquer modo.

k) **art. 108** – lavrar ato notarial que envolva pessoa idosa sem discernimento de seus atos e sem a devida representação legal[210];

l) **art. 98** – abandonar pessoa idosa em hospitais, casas de saúde, entidades de abrigamento ou congênere ou deixar de prover-lhe as necessidades básicas quando obrigado a isso[211];

Também se pune a conduta voltada a **dificultar ou inibir**:

m) **art. 109** – a ação fiscalizadora do *Parquet* ou de qualquer outro agente fiscalizador;

n) a proteção judicial da pessoa idosa, seja deixando de cumprir, retardando ou frustrando, sem justo motivo, a execução de ordem judicial expedida em ação civil pública embasada no EPI (**art. 100, IV**) ou nas ações em que o idoso for parte ou interveniente (**art. 101**); e

o) **art. 100, V** – recusando, retardando ou omitindo dados técnicos indispensáveis à propositura de ação civil pública, quando requisitados pelo *Parquet*[212].

Lembre-se de que, quanto ao Ministério Público, a Resolução 181/2017 (art. 18) e a Resolução 183/2018, ambas do Conselho Nacional do Ministério Público, tratam da possibilidade de "Acordo de Não Persecução Penal" (ANPP), que agora vem consagrado no art. 28-A do CPP. Em uma análise apressada, vislumbramos que o ANPP contém previsão protetiva para a pessoa idosa vítima, pois estabelece a reparação de dano ou restituição da coisa.

Todavia, na forma do § 2º, IV, do referido art. 28-A do CPP (**"IV – nos crimes praticados no âmbito de violência doméstica ou familiar, ou praticados contra a mulher por razões da condição de sexo feminino, em favor do agressor"**) não poderá ser aplicado o ANPP quando a vítima for mulher idosa nas condições que especifica, mas tal se justifica por questão de gênero e não de idade.

Também entendendo possível o ANPP, embora na área da pessoa com deficiência, fundamento que aqui é perfeitamente aplicável, assim se expressam Rogério Sanches Cunha e Cristiano Chaves de Farias, forte no argumento de que por tal instituto o *Parquet* pode conquistar, com grande rapidez, "*a solução mais esperada pela vítima: a reparação do dano, ou a sua rápida inclusão, sem diferenças*".

Os mesmos autores lembram que alguns operadores do direito querem negar tal possibilidade, sob o argumento de que o preconceito externado, direta ou indiretamente, em muitos dos tipos penais, é grave por ferir fundamento do nosso Estado Democrático de Direito, de maneira que a aplicação da justiça negocial significaria violação à proibição da proteção insuficiente do Estado[213].

Além dos tipos penais aqui previstos, lembramos da existência de outros, p. ex., no Código Penal, ao tratar da injúria qualificada (art. 140, § 3º).

---

210 O ato notarial é aquele praticado por tabelião. O preceito ostenta norma penal em branco, que remete à legislação civil que defina hipóteses que exigem representação legal (p. ex., curatela).

211 Por falta de amparo no Direito Penal, o abandono ou a falta de provisão não podem ser de afeto e amor, que dizem mais com o desejo (um querer passivo) do que vontade (querer ativo) (NUCCI, Guilherme de Souza. *Leis penais e processuais penais comentada*. 7. ed. rev., atual. e ampl. São Paulo: Editora Revista dos Tribunais, 2013. v. 1, p. 416).

212 Há necessidade de que a requisição legal do *Parquet* diga respeito a dado técnico (informe especializado) e indispensável (não só útil) para a propositura de ação civil pública. Cuida-se de uma desobediência específica.

213 *Estatuto da pessoa com deficiência comentado artigo por artigo*, p. 270.

CAPÍTULO 5

DIREITO EDUCACIONAL

LAURO RIBEIRO

Acesse e assista à aula explicativa sobre este assunto.

> *http://uqr.to/21kuk*

5.1 NOÇÕES INTRODUTÓRIAS

Para concretizar o Estado, é fundamental a existência de um cuidadoso sistema educacional, com vistas a tornar possível "implantar a justiça verdadeira na alma individual, a partir da qual se espalharia pela vida de toda a comunidade", na feliz advertência de Platão, no Livro Sétimo de sua obra *A República*, verdadeiro estatuto educacional.

A educação é um importante instrumento de construção nacional de um povo, **indispensável para o exercício saudável da democracia**.

E não é por outra razão que o conhecido escritor e promotor de justiça Monteiro Lobato cunhou a frase: "*Quem mal lê, mal ouve, mal fala, mal vê*".

Isso se percebe com facilidade ao se constatar que, num regime ditatorial, a educação é desprezada, porque quanto mais ignorante um povo, mais fácil será dominá-lo; isso se dá, inversamente, numa democracia.

A pandemia de Covid-19 alcançou em cheio a educação e escancarou a desigualdade educacional, , produzindo ainda mais desigualdade, pois durante aquele período excepcional a educação pública foi gravemente afetada, uma vez que grande parte dos alunos não teve condições de aderir ao ensino remoto pela falta de acesso à internet e a equipamentos. Por conta dessa situação, o Conselho Nacional do Ministério Público editou a Recomendação 94/2022, voltada aos ramos e unidades do MP, recomendando a adoção de medidas que promovam a busca ativa escolar e a recomposição de aprendizagem, para minimizar os prejuízos advindos dessa pandemia, o que nos fez lembrar Paulo Freire, que advertia sobre a impertinência de se falar em evasão escolar, pois esta pressupõe ato voluntário, sendo o correto "expulsão escolar".

Todavia, em razão da excepcionalidade da situação e, consequentemente, das medidas adotadas nos três níveis e no plano dos Poderes Executivo, Legislativo e Judiciário, deixamos de tratar delas neste capítulo, fazendo referência a algumas ações em trâmite perante o Supremo Tribunal Federal, com a indicação dos temas ali tratados, no capítulo da saúde (item 7.7.1), apenas para direcionar o leitor e a leitora que tenham interesse específico.

5.1.1 Educação na sociedade moderna

Na atualidade[1], diante de uma ordem social complexa[2], com modelo de produção capitalista globalizado, que pressupõe economia de livre mercado, com grandes conglomerados econômicos assumindo o controle de sistemas de ensino e ditando o tipo de Estado que lhes interessa, a educação acaba negligenciada, como se dá no Brasil[3], nada obstante as amarras legais que procuram garantir sua boa qualidade e nos referimos, p. ex., à vinculação de receitas para educação e saúde previstas na CF/1988 (art. 212 c.c. art. 167, IV).

A proposta atual de educação (ou de reflexão sobre ela)[4] a partir da concepção trazida pelo *Relatório Jacques Delors*[5] baseia-se nos **quatro pilares do conhecimento**, que servirão a cada indivíduo ao longo de toda a sua vida: aprender a conhecer, aprender a fazer, aprender a ser e aprender a viver junto[6].

Significam:

---

1 Uma boa obra de consulta sobre o papel da educação num mundo em que não há mais visão clara de futuro e o papel do educador diante de jovens com profundas incertezas quanto à sua sorte é *Sobre educação e juventude*, de Zygmunt Bauman, trad. de Carlos Alberto Medeiros, Zahar, 2013.

2 Segundo dados apresentados na Conferência de Alto Nível para Financiamento da iniciativa *"Education Cannot Wait"* (educação não pode esperar), existem 78 milhões de meninas e meninas em todo o mundo que não vão à escola por causa de conflitos, desastres climáticos e deslocamentos, e outras dezenas de milhões a mais não recebem aulas com regularidade (*ONU News*, 16.02.2023).

3 Segundo o respeitável Programa Internacional de Avaliação de Alunos (em inglês, *Programme for International Student Assessment* - PISA), de 2016 (ano-base 2015), que avalia alunos de 15 anos em 70 países, o Brasil gastou naquele ano, por aluno, 42% do gasto dos demais países da Organização para a Cooperação e Desenvolvimento Econômico (OCDE), responsável pelo levantamento. Embora tenha sido uma porcentagem maior que a de 2012, isso não se refletiu em melhoria do ensino. O Brasil continua nas últimas posições nas três áreas avaliadas (Ciências, Leitura e Matemática). Na avaliação de todas elas os alunos brasileiros se saíram melhor em questões que envolviam a explicação de conceitos, mas foram mal em questões mais elaboradas, sobre a aplicação prática deles, ou nas que exigiam interpretação de informação e relacionar dados, o que indica necessidade de reformulação na forma de ensinar, para que o aluno aprenda a pensar. Na avaliação de 2018, divulgada em 2019 (as avaliações são a cada três anos), o Brasil continua com péssimo desempenho, ocupando o 67ª colocação em ciências (na última edição de 2015 ocupava a 63ª posição); a 71ª posição em matemática (antes ocupava a 66ª posição) e 58ª posição em leitura (na última edição estava em 59ª). Os dados ainda mostram que o Brasil continua bastante abaixo da média obtida pelos países da OCDE nas três áreas avaliadas e que 50% dos alunos não entendem o que leem. Em síntese, pode-se apontar que o Brasil necessita: investir mais, valorizar o professor, tornando a carreira atrativa, e reformular a forma de ensinar as disciplinas. Os resultados de 2022 do mesmo Programa: no domínio da matemática,73% dos estudantes brasileiros não alcançaram o nível básico (nível 2), considerado pela OCDE o mínimo necessário para que os jovens possam exercer plenamente a cidadania, enquanto no domínio da leitura 50% dos estudantes brasileiros também não atingiram esse nível mínimo. Já no domínio das ciências, 55% dos estudantes brasileiros não alcançaram o nível básico. O desempenho brasileiro nesses domínios ficou significativamente inferior ao desempenho médio dos países da OCDE. O Censo Escolar da Educação Básica 2017, feito pelo Instituto Nacional de Estudos e Pesquisas Educacionais Anísio Teixeira (Inep), em articulação com as secretarias estaduais e municipais de educação, traz um retrato sobre a situação educacional em nosso país. Ele aponta que em nosso país há 184,1 mil escolas de educação básica, estando a maioria da rede sob responsabilidade dos municípios (cerca de 2/3 das escolas - 112,9 mil); a participação das escolas da rede privada é de 21,7%. Em 2023, os resultados do mesmo Censo realizado pelo INEP apontam para 47,3 milhões de estudantes, considerando todas as etapas educacionais, distribuídos em 178,5 mil escolas, sendo que há 5,3 milhões de alunos matriculados na pré-escola, enquanto no ensino fundamental houve 26,1 milhões de matrículas. Já no ensino médio foram registradas 7,7 milhões de matrículas. O Censo revela que o Brasil está a cerca de 900 mil matrículas de atingir a meta de crianças na creche. O objetivo foi estabelecido no Plano Nacional de Educação (2014-2024), que propõe chegar, em 2024, a 50% da população de até 3 anos matriculada.

4 Vale conferir a publicação da Unesco (2016), *Repensar a Educação*. Disponível em: Unesco@unesco.org.br. Acesso em: 4 dez. 2017.

5 Elaborado pela Comissão Internacional sobre Educação para o Século XXI, sob o título *Educação - um tesouro a descobrir*, é comumente conhecido como *Relatório Jacques Delors* e foi produzido pela Unesco.

6 UNESCO. *Educação: um tesouro a descobrir*. 5. ed. São Paulo: Cortez, Brasília: MEC, 2001, p. 89-102.

a) **aprender a conhecer**, ou seja, uma aprendizagem que visa ao domínio dos próprios instrumentos do conhecimento, antes mesmo da aquisição de um vasto repertório de saberes. Envolve a participação na pesquisa e no processo de construção do conhecimento. Aumentando-se o saber é possível compreender melhor o ambiente que nos cerca sob suas múltiplas facetas, favorecendo o aguçamento da curiosidade intelectual, estimulando o espírito crítico;
b) **aprender a fazer**, que é voltado mais especificamente à questão da formação profissional. Deve-se adquirir uma competência que vá além de uma profissão e que prepare o indivíduo para enfrentar as mais variadas situações e que facilite o trabalho em equipe;
c) **aprender a ser**, o que está vinculado à concepção de que todo o ser humano deve ser preparado para elaborar pensamentos autônomos e formular avaliações críticas próprias, que permitam decidir por si mesmo;
d) **aprender a viver junto ou a conviver**[7]; num mundo historicamente conflituoso é necessário desenvolver-se o conhecimento sobre os outros, suas culturas, suas tradições e, a partir de então, desenvolver um espírito novo voltado à efetivação de projetos e objetivos comuns, elaborando-se estratégias e reconstrução da convivência na diferença e na diversidade.

Esse último pilar representa, sem dúvida, um dos maiores desafios da educação no século atual, porque o mundo ainda está muito carente do valor de compreender melhor o outro e o próprio mundo, o respeito à alteridade.

Certeira a observação de Yuval Noah Harari,[8] historiador israelense, de que no mundo atual as crianças e adolescentes são inundados por enormes quantidades de informações, muitas delas irrelevantes e falsas. Num mundo assim, diz ele, a última coisa que um professor precisa dar a seus alunos é informação, porque eles já as têm demais. O que eles precisam é de capacidade para extrair um sentido da informação, perceber a diferença entre o que é importante e o que não é, e acima de tudo combinar os muitos fragmentos de informação num amplo quadro do mundo. Essa observação se aproxima muito do pensamento do educador Edgar Morin, de que cuidamos em nossa obra sobre a educação básica e federalismo, quando aborda a distinção entre formar alunos com cabeça bem-feita e não com cabeça bem-cheia, ou seja, a meta é formar "*cabeças bem-feitas*", que acumulam saberes e têm aptidão geral para trabalhar os problemas e os princípios organizadores, que permitem ligar os saberes e lhes dar sentido em vez de "*cabeças bem-cheias*", que se limitam a conter um acúmulo, um empilhamento do saber, sem seleção ou organização, que lhe dê sentido[9].

Também podemos apontar **cinco características** essenciais para uma boa educação:

a) gratuita;
b) de qualidade;
c) não discriminatória;
d) com boa infraestrutura; e
e) em uma escola que se adapte a seu grupo de alunos e respeite suas culturas.

O estágio atual da sociedade da informação, associado ao avanço avassalador da tecnologia, com uma enxurrada de informações, muitas vezes despejadas rapidamente e sem

---

7 A respeito do *bullying* e *cyberbullying*, conferir a Lei 13.185/2015.
8 *21 lições para o século 21*, p. 322.
9 *A cabeça bem-feita: repensar a reformar o pensamento*, apud *Direito Educacional: Educação Básica e federalismo*, p. 176-178.

confirmação, ininterruptamente e por vários meios (redes sociais, posts, memes, publicidades convencionais) tem despertado outra preocupação entre os educadores, que é a necessidade de uma educação midiática às crianças e adolescentes.

A ideia central é capacitá-los para uma leitura crítica e uma escrita que seja responsável e atenta aos compromissos éticos. Isso passa, transversalmente, por todo processo de alfabetização, permitindo ao alunado em formação entender a mensagem que é transmitida a ele, separar o "joio do trigo" e, assim, transformar essas informações em conhecimento.

Dentro dessa linha de preocupação, foi editada a Lei 14.533/2023, que institui a Política Nacional de Educação Digital, com o propósito de "*(...) potencializar os padrões e incrementar os resultados das políticas públicas relacionadas ao acesso da população brasileira a recursos, ferramentas e práticas digitais, com prioridade para as populações mais vulneráveis*" (art. 1º). Um dos eixos estruturantes dessa política é o Eixo Educação Digital Escolar, que "*tem como objetivo garantir a inserção da educação digital nos ambientes escolares, em todos os níveis e modalidades, a partir do estímulo ao letramento digital e informacional e à aprendizagem de computação, de programação, de robótica e de outras competências digitais (...)*" (art. 3º). Esse eixo "Educação Digital Escolar" deve estar em consonância com a base nacional comum curricular e com outras diretrizes curriculares específicas (art. 3º, § 2º). Foi editado, em 2025, pela União, o guia *Crianças, adolescentes e telas: guia sobre usos de dispositivos digitais*, que tem como propósito declarado a construção de um ambiente digital mais saudável para as crianças e adolescentes brasileiros.

Em sentido próximo a essa preocupação com o uso abusivo de ferramentas e práticas digitais também a Lei 15.100/2025, que proibiu o uso de celulares e outros aparelhos eletrônicos portáteis em escolas públicas e particulares durante as aulas, recreios e intervalos.

Esse tema do uso de celulares nas escolas já havia sido objeto de preocupação internacional, tanto que igual medida foi adotada em outros países e foi objeto de relatório da Unesco (Organização das Nações Unidas para Educação, Ciência e Cultura[10]), que chama a atenção para o uso excessivo dos *smartphones* e seus impactos negativos para o aprendizado, em especial para a interação humana.

Enfim, segue na linha da ideia de "cabeça bem-feita" a que aludimos acima, a partir dos ensinamentos de Edgar Morin.

Cuida-se de preocupação que alcança vários países da Europa e Américas, chegando à Unesco (por meio, p. ex., de seu manual intitulado *Alfabetização midiática e informacional: currículo para formação de professores* – Unesco/UFTM, 2013), e tem uma interface com a educomunicação, que pode ser entendida como nova forma de ensino, que consiste na adoção de técnicas utilizadas pelos meios de comunicação e tecnologia, encontrados principalmente nas mídias (rádio, TV, internet), juntamente com a área da educação, ou seja, ela (educomunicação) dialoga com educação e comunicação, buscando transformações sociais, desde a alfabetização, o exercício da expressão como fator de aprendizagem. Preocupa-se, fundamentalmente, com o fortalecimento da capacidade de expressão da criança, adolescente e jovem[11].

O STF decidiu pela constitucionalidade de uma lei do Estado da Bahia que proíbe propagandas impressas (cartazes, banners, outdoor) e não impressas de produtos infantis (alimentos e bebidas pobres em nutrientes e com alto teor de açúcar, gorduras saturadas ou sódio) dentro do espaço físico dos estabelecimentos de educação básica e, consequentemente,

10 RELATÓRIO DE MONITORAMENTO GLOBAL DA EDUCAÇÃO, RESUMO 2023, A TECNOLOGIA NA EDUCAÇÃO: uma ferramenta a serviço de quem? (*ONU News*, seção Cultura e Educação, 26 jul. 2023).

11 Sobre este tema, vale consultar artigo "*Educomunicação e Educação Midiática: vertentes históricas de aproximação entre Comunicação e Educação*". Ismar de Oliveira Soares, disponível em https://www.revistas.usp.br/comueduc/article/view/72037/87468. Acesso em: 31 out. 2022.

julgou improcedente ADI 5.631, sob o fundamento de que a norma estadual visa proteger o espaço e o que ocorre nele quanto à educação dos infantes[12].

Tema que tem preocupado os educadores e o poder público é a mudança climática, que tem causado temperaturas elevadas dentro das salas de aula, que não têm infraestrutura para enfrentar esse problema, prejudicando o aprendizado, uma vez que o calor está associado à lentidão da função cognitiva e à redução da capacidade de concentração, conforme indica o estudo "O calor extremo afeta o desenvolvimento e a saúde na primeira infância", realizado pela universidade de Harvard[13].

5.2 CONCEITO E NATUREZA JURÍDICA

A palavra "educação" deriva do latim *educere*, que significa desenvolver, extrair, ministrar o necessário ao crescimento da personalidade do indivíduo, acompanhando-o do nascimento à morte.

Ela será **formal** quando se desenvolver sistematicamente, segundo planos e métodos previamente estabelecidos para atingir objetivo determinado, que é a formação do ser humano (em regra nas escolas), e será denominada **informal** quando ocorrer sem a intencionalidade, sem um projeto previamente desenvolvido, derivando basicamente do convívio social com parentes, amigos, colegas de trabalho etc. Ambos os modelos ocorrem simultaneamente.

A educação é um **direito fundamental social** prestacional e como tal integrante da denominada **segunda geração ou dimensão** dos direitos fundamentais e que tem como característica (juntamente com os direitos econômicos e culturais) sua progressividade no tempo (em geral não curto) para a plena implantação.

O educador Anísio Teixeira é definitivo: a educação é o **direito dos direitos** porque **"todos os outros direitos são vãos, se o homem continuar ignorante e desaparelhado para gozá-los ou conquistá-los"**[14].

No julgamento do AI 761.908, de Santa Catarina, Rel. Min. Luiz Fux, reconheceu-se a **repercussão geral** sobre o seguinte tema: **autoaplicabilidade do art. 208, IV, da Constituição Federal**, que atribui o dever do Estado de assegurar o atendimento em creche e pré-escola às crianças de zero a seis anos de idade (a partir da EC 53/2006 a idade passou a ser de zero a cinco anos). O mérito ainda será julgado.

De igual forma, o STF reconheceu, no âmbito da educação infantil, mas que também vale para toda a educação básica, que o direito à educação integra o mínimo existencial[15], **ou seja, o conjunto de direitos fundamentais sem os quais a dignidade da pessoa humana é confiscada e, por essa razão, não pode ser aviltado nem servir de justificação para a**

---

12 Nessa ação, o Relator, Ministro Edson Fachin, também tratou: (a) da proteção à saúde do alunado, à luz de recomendações da Organização Mundial da Saúde dirigida aos Estados, para que regulem publicidade de bebidas não alcoólicas e de alimentos ricos em gordura e açucares para o público infantil, afastando de locais em que crianças se reúnam, como p. ex. escolas e imediações; (b) da defesa contra propaganda abusiva, que também pode ser feita pelos estados, no intuito de restringir o alcance da publicidade dirigida às crianças enquanto estiverem nos estabelecimentos de educação básica.

13 Leia mais em: MIOLA, Cezar. Com mudanças climáticas, infraestrutura escolar adequada é urgente. *Poder360*, 13 mar. 2025. Disponível em: https://www.poder360.com.br/opiniao/infraestrutura-escolar-adequada-e-urgente-com-mudancas-climaticas/. Acesso em: 3 abr. 2025. Nesse mesmo texto há notícia de que em 2023 foi realizada uma operação pelos Tribunais de Conta e entidades de controle externo, com visitas a mais de mil escolas, identificando-se que quase 16% tinham desconformidades no abastecimento de energia elétrica, elemento fundamental para manter a climatização nas salas de aula. Esse material irá fundamentar outras ações fiscalizatórias.

14 TEIXEIRA, Anísio. *Educação é um direito*. 2. ed. Rio de Janeiro: UFRJ, 1996, p. 129.

15 *"A educação compõe o mínimo existencial, de atendimento estritamente obrigatório pelo Poder Público, dele não podendo se eximir qualquer das entidades que exercem as funções estatais. O mínimo existencial afirma o conjunto de direitos fundamentais sem os quais a dignidade da pessoa humana é confiscada"* (STF, AI 684.829/SP, Rel. Min. Cármen Lúcia, j. 30.09.2008, *DJe* 15.10.2008). Em igual sentido: STJ, REsp 1.330.590/SP, 2ª T., Rel. Min. Herman Benjamin, j. 02.12.2010, *DJe* 04.02.2011.

omissão estatal e é fator de **limitação da discricionariedade político-administrativa** dos entes federativos[16].

Por essas características, a efetivação desse direito não está sujeita às limitações da **reserva do possível**[17], como vem entendendo, reiteradamente, o STF[18], salvo justificadíssimas exceções.

Nesses julgados afirma-se que o não fazer do Estado constitui-se em uma **omissão inconstitucional** que justifica a intervenção excepcional do Poder Judiciário em seara própria do Poder Executivo, com o escopo de determinar a implantação de política pública de educação[19].

A partir da sacralidade atribuída ao direito à educação, é importante relembrar que nesse tema incide o **princípio da proibição do retrocesso social**[20]**, segundo o qual, ensina a doutrina, o núcleo essencial desse direito social já realizado e efetivado por meio de políticas públicas ou medidas legislativas não pode retroceder sem que se criem outros esquemas alternativos compensatórios, sob pena de ser inconstitucional**[21].

Insistimos nesses pontos, por sua relevância.

Vejamos que no julgamento do Ag. Reg. no RE 581.352 do Amazonas, Rel. Min. Celso de Mello, ficou assentado que em tema de implementação de políticas públicas, quando configurada hipótese de abusividade governamental, é **inoponível o arbítrio estatal** (**discricionariedade administrativa**) à efetivação dos direitos sociais, econômicos e culturais em razão da necessidade de preservação, em favor dos indivíduos, da integralidade e intangibilidade do núcleo consubstanciador do **mínimo essencial**, afirmando-se, categoricamente: "**Mais do que nunca, é preciso enfatizar que o dever estatal de atribuir efetividade aos direitos fundamentais, de índole social, qualifica-se como expressiva limitação à discricionariedade administrativa**".

No mesmo julgado, o Min. Celso de Mello reproduz lição doutrinária: "**Conclui-se, portanto, que o administrador não tem discricionariedade para deliberar sobre a oportunidade e conveniência de implementação de políticas públicas discriminadas na ordem social constitucional, pois tal restou deliberado pelo Constituinte e pelo legislador que elaborou as normas de integração**" (FRISCHEISEN, Luiza Cristina Fonseca. *Políticas públicas*: **a responsabilidade do administrador e o Ministério Público**, p. 59, 95 e 97, 2000, Max Limonad).

No mesmo sentido: ADPF 45, Distrito Federal, Rel. Min. Celso de Mello; RE 436.996 Ag.Rg, Rel. Min. Celso de Mello, j. 22.11.2005 e RE 582.825, Rel. Min. Carlos Ayres Brito, decisão monocrática de 22.02.2012.

Destacou-se nesse julgado, entretanto, que uma vez provada **cabalmente** e não indiciariamente a **insuficiência financeira** do ente estatal para implementação dos direitos sociais, desse não se poderá exigir razoavelmente a imediata satisfação, ou seja, o empecilho é **financeiro** e não por mera **liberalidade** da administração pública.

---

16 RE 956.475/RJ e RE 410.715 AgR/SP, 2ª T., Rel. Min. Celso de Mello, j. 22.11.2005, *DJ* 03.02.2006.

17 A tese da "reserva do possível" tem origem na doutrina alemã e baseia-se, em síntese, no entendimento de que o Estado-Administração apenas poderia realizar os direitos fundamentais que exigissem prestações materiais conforme a sua disponibilidade orçamentária.

18 STF, ARE 639337 AgR/SP, 2ª T., Rel. Min. Celso de Mello, j. 23.08.2011, *DJe* 15.09.2011; RE 410.715 AgR/SP, 2ª T., Rel. Min. Celso de Mello, j. 22.11.2005, *DJ* 03.02.2006; RE 956475/RJ, Rel. Min. Celso de Mello. Assim também entendeu o STJ: REsp 1041197/MS, 2ª T., Rel. Min. Humberto Martins, j. 25.08.2009, *DJe* 16.09.2009.

19 STF, ADI 1484/DF, Pleno, Rel. Min. Celso de Mello, j. 21.08.2001, *DJ* 28.08.2001; RE 595595 AgR/SC, 2ª T., Rel. Min. Eros Grau, j. 28.04.2009, *DJe* 29.05.2009.

20 Nesse sentido: STF, Ag.Reg. no AI 708.667/SP, 1ª T., Rel. Min. Dias Toffoli, j. 28.02.2012, *DJe* 10.04.2012.

21 CANOTILHO, J. J. G. *Direito constitucional e teoria da Constituição*. 3. ed. Coimbra: Almedina, 1999, p. 327.

Para facilitar a memorização, sintetizamos esses pontos:

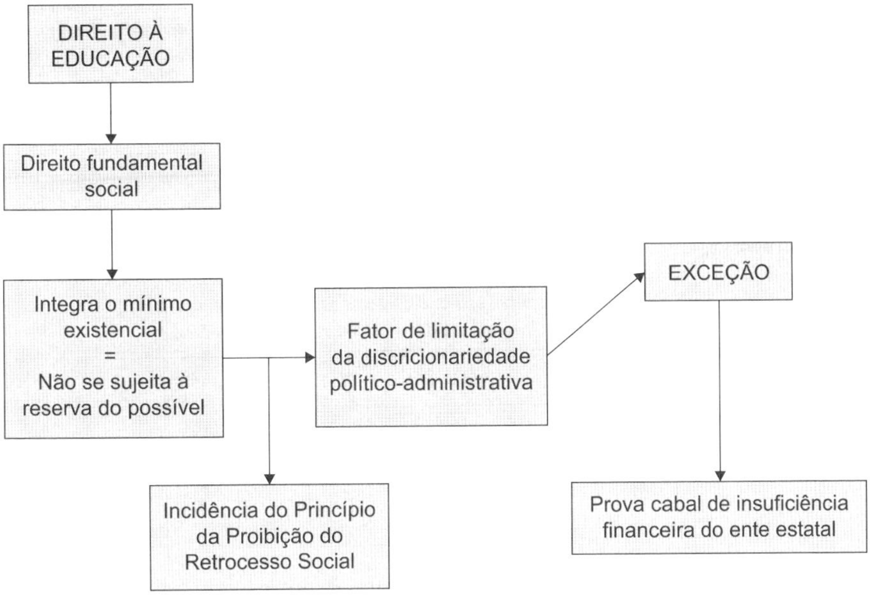

Por fim, no recente documento elaborado pela Unesco (2016), **Repensar a Educação**, adota-se o conceito de educação também como um **bem comum**, assim entendido como aqueles bens que, independentemente de qualquer origem, pública ou privada, caracterizam-se por um destino comum vinculante, sendo necessários para a concretização dos direitos fundamentais de todas as pessoas. É dizer, bem comum como "**constituído por bens que os seres humanos compartilham intrinsecamente e que comunicam entre si, como valores, virtudes cívicas e um senso de justiça**"[22].

5.3 EDUCAÇÃO, ENSINO E ESCOLA

É importante não se confundir a educação com o ensino; a primeira, como visto, é bem mais abrangente que o segundo.

A **educação** envolve a visão daquilo que desenvolve o indivíduo por dentro, permitindo que seja ele próprio o protagonista de sua vida, além de ser uma prática social.

O **ensino,** por sua vez, é a transmissão do conhecimento. Surge a partir do momento em que a educação se sujeita à pedagogia, como uma teoria da educação, quando são criadas situações próprias para seu exercício (métodos, regras, tempos e executores especializados – o professor).

Bem por isso, ele deve ser ministrado tendo como base os seguintes **princípios** (art. 206 da CF/1988):

22 Disponível em: Unesco@unesco.org.br. Acesso em: out. 2016, p. 334-335.

PRINCÍPIOS

- I – igualdade de condições para o acesso e permanência na escola;
- II – liberdade de aprender, ensinar, pesquisar e divulgar o pensamento, a arte e o saber;
- III – pluralismo de ideias e de concepções pedagógicas, e coexistência de instituições públicas e privadas de ensino;
- IV – gratuidade do ensino público em estabelecimentos oficiais;
- V – valorização dos profissionais da educação escolar, garantidos, na forma da lei, planos de carreira, com ingresso exclusivamente por concurso público de provas e títulos, aos das redes públicas;
- VI – gestão democrática do ensino público, na forma da lei;
- VII – garantia de padrão de qualidade;
- VIII – piso salarial profissional nacional para os profissionais da educação escolar pública, nos termos de lei federal.

Nesse contexto surge a **escola** como uma antecâmara entre a família e o mundo, instância educativa com o peculiar papel de criar conscientemente experiências de aprendizagem que são reconhecidas como tais pelos sujeitos envolvidos no processo educativo.

Sua tarefa é levar a criança a "ser", a se descobrir e a afirmar sua existência, fixando seu centro na ampliação de conhecimento de si próprio, do outro, do tempo e do espaço do seu existir[23], dentro da diversidade[24] e num ambiente solidário e democrático[25]. A Lei 13.868/2019 alterou a

[23] Discute-se, na atualidade, a pertinência das "*escolas sem partido*". A prática se constitui em editar uma lei que proíba o professor de colégios públicos e particulares de realizar doutrinação política e ideológica, bem como quaisquer outras condutas, por parte tanto do corpo docente como da administração escolar, que imponham aos alunos ou os induzam a opiniões político-partidárias, religiosas ou filosóficas. É objeto do PL 7.180/2014, que ainda tramita no Congresso Nacional. O STF julgou procedente a ADI 5537 promovida pela Confederação Nacional dos Trabalhadores em Educação contra a Assembleia Legislativa de Alagoas sob o fundamento tanto da inconstitucionalidade forma, em razão da violação à competência privativa da União para legislar sobre diretrizes e bases da educação nacional (CF, art. 22, XXIV): a liberdade de ensinar e o pluralismo de ideias são princípios e diretrizes do sistema (CF, art. 206, II e III) como material, por violação do direito à educação com o alcance pleno e emancipatório que lhe confere a Constituição.

[24] Sobre a *diversidade sexual*, o Procurador-Geral da República (PGR) ingressou com ação de Arguição de Descumprimento de Preceito Fundamental (ADPF 479) no STF contra lei do Município de Nova Iguaçu que proíbe a distribuição, exposição e divulgação de material didático contendo orientação sobre diversidade de gênero. Na ação o autor afirma que "Ao excluir qualquer tipo de material que trate de diversidade sexual, a norma atacada afronta não apenas o direito fundamental à educação de estudantes e professores, como viola os direitos de quem esteja fora do padrão heteronormativo (como a população LGBT) de terem seus corpos, sua sexualidade, sua realidade e seus dilemas representados nos livros e abordados nas escolas". O Min. Alexandre de Moraes negou seguimento à ADPF sob o argumento de caber tal ação perante o Tribunal de Justiça local. Outra ação, também da PGR, tratando do tema (ADPF 461 MC79), cujo Relator, Ministro Barroso, concedeu medida liminar para suspender os efeitos de artigo de lei municipal no trecho em que veda o ensino sobre gênero e orientação sexual e, ao final, a ação foi julgada procedente. Vale a leitura dessa decisão. Assim também decidiu, liminarmente, o Min. Barroso na ADPF 465, igualmente ajuizada pela PGR contra lei municipal de Palmas (TO) e que também foi julgada procedente. Também tramita a ADPF 522, proposta pelo Partido Socialismo e Liberdade (PSOL) e com a relatoria do Ministro Marco Aurélio de Mello, contra leis municipais pernambucanas de Petrolina e Garanhuns, ainda sem apreciação do mérito. Cuidam desse tema relacionado a ideologia de gênero, também, as ADPF 462, ADPF 457, ADPF 526, ADPF 460 e ADPF 600. No julgamento da ADPF 460, reconheceu-se a inconstitucionalidade da legislação estadual que proibia, de forma genérica, a inclusão de certos conteúdos nos currículos escolares, sob o fundamento da violação do princípios da liberdade, em suas várias facetas: como pressuposto da cidadania, da liberdade de ensinar e aprender, da valorização dos profissionais da educação escolar, da gestão democrática do ensino, do padrão de qualidade social do ensino, da livre manifestação do pensamento e da livre expressão da atividade intelectual, artística, científica e de comunicação, independentemente de censura ou licença. Esse precedente serviu de paradigma para outras decisões: na ADPF 461, ADI 5.580, ADI 6.038 e ADI 5.537. Vale a leitura dos votos. Outras tantas ingressam na Corte com bastante frequência.

[25] A diversidade refere-se à educação dos indígenas, das pessoas com deficiência, dos filhos de ciganos e, mais recentemente, à educação dos filhos de refugiados.

classificação das instituições de ensino dos diferentes níveis, previstas no art. 19 da LDB, para incluir as comunitárias, e revogou o art. 20 da mesma Lei, que trazia as modalidades de entidades privadas.

Dessa forma, a classificação passa a ser a seguinte:

a) **públicas**, criadas ou incorporadas, mantidas e administradas pelo Poder Público;
b) **privadas**, as mantidas e administradas por pessoas físicas ou jurídicas de direito privado; e
c) **comunitárias**, – instituídas por grupos de pessoas físicas ou por uma ou mais pessoas jurídicas, inclusive cooperativas educacionais, sem fins lucrativos, que incluam na sua entidade mantenedora representantes da comunidade.

As instituições privadas e comunitárias podem qualificar-se como confessionais, atendidas a orientação confessional e a ideologia específicas[26]. Também podem ser certificadas como filantrópicas, na forma da lei[27].

As instituições confessionais e filantrópicas podem ser assim definidas:

a) **confessionais**, assim entendidas as que são instituídas por grupos de pessoas físicas ou por uma ou mais pessoas jurídicas que atendem a orientação confessional e ideologia específicas; e
b) **filantrópicas**, que se caracterizam como uma instituição de educação que presta serviços educacionais e/ou de assistência social, colocando-os à disposição da população sem exigir por eles qualquer tipo de remuneração.

5.4 O SISTEMA NORMATIVO NO PLANO INTERNACIONAL

A educação está presa ao ser humano desde que o mundo existe, dela tendo se ocupado desde Confúcio (base da educação chinesa), Sócrates (e a maiêutica), Platão (em *A República*), passando por Rousseau (em *Emílio*), chegando aos dias atuais com Paulo Freire, Theodor Adorno, John Dewey e outros.

Vários são os documentos internacionais que tratam desse tema, merecendo destaque, pela influência que exerceram em nosso sistema normativo, os seguintes: **Declaração Universal dos Direitos Humanos** (art. 26); **Pacto Internacional de Direitos Econômicos, Sociais e Culturais** (1966, promulgado pelo Decreto Legislativo n. 592/1992 – art. 13); **Declaração de Salamanca, produzida na Conferência Mundial sobre Necessidades Educativas Especiais**, realizada pela Unesco em Salamanca, Espanha (1994); **Declaração Mundial sobre Educação para Todos, de Jomtien – Tailândia** (1990) e seu **Plano de Ação para Satisfação das Necessidades Básicas de Aprendizagem; Pacto de São José da Costa Rica** (1969 – art. 26); **Convenção contra a Discriminação do Ensino** (1960); **Convenção sobre os Direitos da Criança** (1989, art. 28º); e **Convenção sobre os Direitos da Pessoa com Deficiência** (2006, art. 24). Mais recentemente, foi elaborada a **Declaração de Incheon**, resultado do **Fórum Mundial de Educação** 2015, em Incheon, na Coreia do Sul, organizado pela Unesco e outras entidades, no qual adotaram **referida Declaração de Incheon para a Educação 2030**, que estabelece uma nova visão para a educação para os próximos 15 anos e com ela **o Marco de Ação da Educação 2030**, que oferece orientações para a implementação da Educação 2030, documento esse que foi discutido no aludido Fórum Mundial 2015 e que teve seus elementos básicos acordados na Declaração

[26] Conforme previsto no § 1º do art. 19, incluído pela Lei 13.868/2019.
[27] Conforme o § 2º do mesmo art. 19 da LDB, também incluído pela Lei 13.868/2019.

de Incheon. Da educação tratam o item 4[28] e seus subitens dos Objetivos de Desenvolvimento Sustentável da ONU, também conhecidos como Agenda 2030 (data-limite para termos um mundo mais sustentável), lembrando que tais objetivos são um apelo global à ação para eliminação da pobreza, proteção ao meio ambiente e o clima, garantia que as pessoas, em todos os lugares, possam desfrutar de paz e prosperidade.

A relevância de conhecer e aplicar tais disposições foi sentida pelo Conselho Nacional do Ministério Público, que editou a Recomendação CNMP 96/2023, no sentido de que os ramos e as unidades ministeriais observem tratados, convenções e protocolos internacionais de direitos humanos e as recomendações da Comissão Interamericana de Direitos Humanos e a jurisprudência da Corte Interamericana de Direitos Humanos. Em sentido próximo e com precedência, também tratou disso o Conselho Nacional de Justiça, por meio da Recomendação 123/2022, recomendando aos órgãos do Poder Judiciário brasileiro a observância dos tratados e convenções internacionais de direitos humanos e o uso da jurisprudência da Corte Interamericana de Direitos Humanos.

5.5 O SISTEMA NORMATIVO NO PLANO NACIONAL

No plano nacional, o **direito à educação vem contemplado em todos os textos constitucionais desde a Constituição de 1824**, passando por várias reformas educacionais voltadas a estabelecer a estrutura e o funcionamento dos ensinos nos níveis básico e superior e alguns Planos Nacionais de Educação.

Dentro do compromisso do Estado Brasileiro de concretização dos direitos humanos, o governo federal, juntamente com a Organização das Nações Unidas para a Educação, a Ciência e a Cultura (Unesco), lançou em 2006 o Plano Nacional de Educação em Direitos Humanos, que objetiva, dentre as suas ações, promover uma educação de qualidade para todos, entendida como direito humano essencial.

Na atualidade, o texto constitucional é pródigo em disposições a esse respeito, como será visto a seguir.

Também tratam da educação, de maneira não específica, o Código Civil (p. ex., quando faz cessar a menoridade com a conclusão de curso superior – art. 5º, parágrafo único, IV, e quando cita o dever dos pais com a educação – art. 1.589), o Estatuto da Primeira Infância (Lei 13.257/2016, que trata da criança nos 6 primeiros anos de vida – p. ex., art. 14, § 2º, e que sofreu importante alteração pela Lei 14.880/2024, para instituir a Política Nacional de Atendimento Educacional Especializado a Crianças de Zero a Três Anos – Atenção Precoce – e para determinar prioridade de atendimento em programas de visitas domiciliares a crianças da educação infantil apoiadas pela educação especial e a crianças da educação infantil com sinais de alerta para o desenvolvimento); o Estatuto da Criança e do Adolescente (p. ex., no art. 4º dever da família, sociedade e Estado de prestar e nos arts. 53 a 59, que são mais específicos), tratado em capítulo próprio deste livro; o Estatuto da Juventude (Lei 12.852/2013 – p. ex., nos arts. 7º a 13); o Estatuto da Pessoa Idosa (Lei 10.741/2003); o Estatuto da Pessoa com Deficiência (Lei Brasileira da Inclusão da Pessoa Com Deficiência – Lei 13.146/2015), de que já tratamos linhas atrás; a Lei 12.711/2012, que reserva percentual de vagas das instituições de ensino federal superior para alunos egressos de escola pública, de baixa renda, negros, pardos, indígenas e pessoas com deficiência e seu Decreto Regulamentar 7.824/2012, com as alterações trazidas pelo Decreto 9.034/2017, além de outros diplomas menos relevantes nessa área[29]. O

[28] *Objetivo 4. Assegurar a educação inclusiva e equitativa e de qualidade, e promover oportunidades de aprendizagem ao longo da vida para todos e todas.*

[29] Dessa implementação também cuida a Portaria Normativa 18/2012 do MEC.

Decreto 10.959/2022 dispõe sobre o Programa Brasil Alfabetizado, por meio do qual a União poderá prestar assistência técnica e financeira aos Estados, ao Distrito Federal e aos Municípios, com vistas à universalização da alfabetização da população com idade igual ou superior a quinze anos.

Especificamente sobre educação, temos de relevante a **Lei de Diretrizes e Bases da Educação Nacional - LDB** (Lei 9.394/1996) e a Lei 13.005/2014, que institui o **Plano Nacional de Educação - PNE** que serão tratadas separadamente e lidam com a educação nacional[30].

5.5.1 Constituição Federal de 1988

A Constituição Federal de 1988 ocupou-se mais com a **educação escolarizada**, demonstrando uma preocupação imediata com a escola, esta instituição mais palpável e mais reclamada, afastando-se um pouco do tema "educação", que é de difícil abordagem em razão de sua amplitude.

Na CF/1988 a educação está tratada sob **três configurações distintas**:

a) normas específicas sobre educação, em capítulo próprio (arts. 205 a 214);

b) preceitos espalhados em diversos dispositivos, como o art. 6º, *caput* (que o capitula como um direito social); o art. 22, XXIV (que cuida da competência privativa da União para legislar sobre diretrizes e bases da educação nacional[31]); o art. 30, VI (que atribui competência aos Municípios para manter, com a cooperação técnica e financeira da União e dos Estados, programas de educação infantil e ensino fundamental); o art. 225, § 1º, VI (que trata da promoção da educação ambiental); o art. 227, *caput* e § 3º, III (que atribui à família, à sociedade e ao Estado o dever de assegurar à criança, ao adolescente e ao jovem, com absoluta prioridade, o direito à educação e garante o acesso do trabalhador adolescente à escola); o art. 60, *caput*, do ADCT - Ato das Disposições Constitucionais Transitórias -, que trata da destinação dos recursos à manutenção e desenvolvimento da educação básica e remuneração dos trabalhadores da educação); o art. 167, IV (que excepciona a proibição de vinculação de receita, quando se trata da saúde e educação); e

c) disposições que não tratam especificamente do tema, mas guardam afinidade no resguardo deste direito, como é o caso do art. 5º, LXIX, que cuida do mandado de segurança.

Os órgãos encarregados da administração da educação são: no plano federal, o Ministério da Educação (MEC - competente, primordialmente, para fazer cumprir as determinações do Conselho Nacional de Educação e as leis sobre ensino) e o Conselho Nacional de Educação (CNE - órgão normativo da educação nacional); no plano estadual, as Secretarias Estaduais da

---

30 A LDB estrutura a educação nacional e a Lei 13.005/2014 institui o atual Plano Nacional vocacionado à articulação e ao desenvolvimento do ensino nos vários níveis (PNE).

31 Na ADI 4.060, o STF reconheceu a legitimidade dos estados para fixar o número máximo de alunos por sala de aula. Consta da ementa, no ponto *"(...) 3. A prospective overruling, antídoto ao engessamento do pensamento jurídico, revela oportuno ao Supremo Tribunal Federal rever sua postura* prima facie *em casos de litígios constitucionais em matéria de competência legislativa, para que passe a prestigiar, como regra geral, as iniciativas regionais e locais, a menos que ofendam norma expressa e inequívoca da Constituição de 1988. 4. A competência legislativa do Estado-membro para dispor sobre educação e ensino (CRFB, art. 24, IX) autoriza a fixação, por lei local, do número máximo de alunos em sala de aula, no afã de viabilizar o adequado aproveitamento dos estudantes. 5. O limite máximo de alunos em sala de aula não ostenta natureza de norma geral, uma vez que dependente das circunstâncias peculiares a cada ente da federação, tais como o número de escola colocadas à disposição da comunidade, a oferta de vagas para o ensino, o quantitativo de crianças em idade escolar para o nível fundamental e médio, o número de professores em oferta na região, além de aspectos ligados ao desenvolvimento tecnológico nas áreas de educação e ensino".*

Educação e o Conselho Estadual de Educação; e, no plano municipal, as respectivas Secretarias ou Departamentos de Educação e os Conselhos Municipais de Educação.

5.5.2 Síntese da educação na CF/1988

A educação vem delineada com as seguintes características:

a) é um **direito de todos** e **dever do Estado**, da **família**, com a colaboração da **sociedade** (ou seja, é um dever de todos), visando ao **pleno desenvolvimento da pessoa**, ao seu **preparo para o exercício da cidadania** e à **qualificação para o trabalho**, sendo o acesso ao **ensino obrigatório e gratuito (dos 4 aos** 17 **anos - EC 59/2009) um direito público subjetivo** e o **não oferecimento** desse **ensino obrigatório** pelo **Poder Público**, ou sua **oferta irregular**, importa **responsabilidade da autoridade competente**;

b) o ensino deve ser desenvolvido visando à **igualdade** de condições de **acesso e permanência na escola**, à **liberdade** de aprender, à **pluralidade de ideias**, à gratuidade do ensino público nos estabelecimentos oficiais, à **gestão democrática**, à garantia do **padrão de qualidade**, à **valorização** dos **profissionais** da educação e à garantia do direito à educação e à aprendizagem ao longo da vida[32];

c) a **liberdade de ensino à iniciativa privada, cumpridas as normas gerais** da educação nacional[33];

d) organização de um **Plano Nacional de Educação** (que será tratado a seguir) e dos respectivos **sistemas de ensino** pelos entes federados, em **regime de colaboração**;

e) **aplicação**, pelos entes da Federação, de **percentual mínimo de receita** de impostos em educação; e

f) **autonomia pedagógica, administrativa e de gestão financeira** das escolas.

O **dever do Estado** com a educação (art. 208 da CF/1988) se dará com a garantia de: "I - **educação básica obrigatória e gratuita** dos **4 (quatro)** aos **17 (dezessete) anos** de idade, assegurada inclusive sua **oferta gratuita** para todos os que a ela não tiveram **acesso na idade própria**; II - **progressiva universalização** do ensino **médio gratuito**; III - **atendimento educacional especializado** às **pessoas com deficiência**, preferencialmente na **rede regular** de ensino; IV - **educação infantil**, em creche e pré-escola, às **crianças** até **5 (cinco) anos** de idade; V - acesso aos **níveis mais elevados do ensino, da pesquisa e da criação artística**, segundo a capacidade de cada um; VI - oferta de **ensino noturno regular**, adequado às condições do educando; VII - atendimento ao educando, em todas as etapas da **educação básica**, por meio de **programas suplementares de material didático escolar, transporte, alimentação e assistência à saúde**".

5.5.3 Lei de Diretrizes e Bases da Educação Nacional - Lei 9.394/1996

Essa lei serve de um dos pilares legislativos no trato do direito à educação, juntamente com a CF/1988 e o Plano Nacional de Educação. A eles se somam as legislações não específicas (p. ex., ECA, LBI e outras).

---

32 Inserido pela EC 108/2020.

33 Nos termos do art. 6º da Lei 9.870/1999, *"São proibidas a suspensão de provas escolares, a retenção de documentos escolares ou a aplicação de quaisquer outras penalidades pedagógicas por motivo de inadimplemento, sujeitando-se o contratante, no que couber, às sanções legais e administrativas, compatíveis com o Código de Defesa do Consumidor, e com os arts. 177 e 1.092 do Código Civil Brasileiro, caso a inadimplência perdure por mais de noventa dias."*

Como é próprio de uma lei nacional, a **LDB** é voltada a estruturar a educação em todo o nosso país, regulamentando as grandes linhas definidas na CF/1988, disciplinando a educação escolar desde a educação básica até a superior, sem se descuidar (arts. 3º e 4º) da educação para jovens e adultos que não puderam estudar na época apropriada, do alunado com necessidades educacionais especiais (com deficiência, transtornos globais do desenvolvimento e altas habilidades ou superdotação[34]), educação profissional desenvolvida articuladamente com o ensino regular ou por estratégia de educação continuada, com a participação da família, da sociedade e das comunidades escolares e locais em conselhos, além da garantia de vaga na escola pública de educação infantil ou de ensino fundamental mais próxima de sua residência a toda criança a partir do dia em que completar 4 (quatro) anos de idade, atendimento ao educando, em todas as etapas da educação básica, por meio de programas suplementares de material didático-escolar, transporte, alimentação e assistência à saúde, valorização da experiência extraescolar, vinculação entre a educação escolar, o trabalho e as práticas sociais e a consideração com a diversidade étnico-racial[35]. Define que os currículos da educação infantil, do ensino fundamental e do ensino médio devem ter base nacional comum, a ser complementada, em cada sistema de ensino e em cada estabelecimento escolar, por uma parte diversificada, exigida pelas características regionais e locais da sociedade, da cultura, da economia e dos educandos (art. 26)[36].

A lei também trata dos recursos financeiros[37], dos níveis e modalidades de ensino e educação, da gestão democrática do ensino público na educação básica, seguindo os princípios da participação dos profissionais da educação na elaboração do projeto da escola e a progressiva autonomia pedagógica, administrativa e de gestão da escola.

Define as incumbências, a jurisdição e a forma de relacionamento dos Sistemas de Ensino, inovando sobre a lei anterior (Lei 4.024/1961) ao explicitar as responsabilidades das escolas e professores.

Igualmente inovou com a alteração da organização dos diferentes ciclos, com nova denominação:

a) educação básica, formada pela educação infantil (creche e pré-escola)[38], ensino fundamental e ensino médio[39] e

b) educação superior.

---

34 Desses alunos com altas habilidades ou superdotação também trata o inciso IV-A do art. 9º.

35 A Lei 13.663/2018 acrescentou ao art. 12 da LDB os incisos IX e X, que tratam da promoção de medidas de conscientização, de prevenção e de combate a todos os tipos de violência, especialmente a intimidação sistemática (*bullying*), no âmbito escolar e de estabelecer ações destinadas a promover a cultura de paz nas escolas. A Lei 13.796/2019 alterou a LDB acrescentando o art. 7º-A para fixar, em virtude de escusa de consciência, prestações alternativas à aplicação de provas e à frequência a aulas realizadas em dia de guarda religiosa.

36 A Lei 14.164/2021 alterou a redação do § 9º deste artigo, para incluir conteúdo sobre a prevenção da violência contra a mulher (além da criança e do adolescente) nos currículos da educação básica e instituiu a Semana Escolar de Combate à Violência contra a Mulher.

37 Sobre destinação de recursos financeiros para garantir a acessibilidade nas escolas públicas da educação básica (municipais, estaduais e do DF), ver a Resolução 20, de 19.10.18, do Fundo Nacional de Desenvolvimento da Educação (FNDE).

38 Note-se que a LDB, no seu art. 4º, I, divide a educação básica em pré-escola, ensino fundamental e médio e no art. 30 dispõe que "a educação infantil será oferecida em: I – creches, ou entidades equivalentes, para crianças de até três anos de idade; II – pré-escolas, para as crianças de 4 (quatro) a 5 (cinco) anos de idade"; já o art. 29 define a educação infantil como a primeira etapa da educação básica. O termo "pré-escola" aparece em dois momentos distintos, nomeando a educação infantil e como uma etapa dela.

39 Lembramos que a LDB prevê, em seu art. 23, várias formas de organização da educação básica, tais como séries anuais, períodos semestrais, ciclos, alternância regular de períodos de estudos, grupos não seriados, com base na idade, na competência e em outros critérios, sempre que o interesse do processo de aprendizagem assim o recomendar. Como exemplo, comum em áreas rurais, encontramos sala multisseriada, com todos os alunos do ciclo de alfabetização (1º, 2º e 3º anos) na mesma sala. Sobre esse tema pode ser consultado: CASTRO, Éden Santos de. A classe multisseriada: um espaço de garantia de direito. *Revista Científica Multidisciplinar Núcleo do Conhecimento*, ano 3, ed. 12, v. 6, p. 44-59, dez. 2018. Disponível em: https://www.nucleodoconhecimento.com.br/?p=24159, https://periodicos.sbu.unicamp.br/ojs/index.php/histedbr/article/view/8640296. Acesso em: 25 mar. 2025.

Reconhece, tal qual a CF/1988, que o acesso à educação básica obrigatória é um **direito público subjetivo**, podendo **qualquer cidadão, grupo de cidadãos, associação comunitária, organização sindical, entidade de classe ou outra legalmente constituída e, ainda, o Ministério Público acionarem o Poder Público para exigi-lo** (art. 5º, *caput* e seu § 3º)[40].

Para garantir a efetivação desse direito subjetivo, incumbiu-se o Poder Público de **recensear** anualmente as crianças e adolescentes em **idade escolar**, bem como os jovens e adultos que **não concluíram** a educação básica, fazendo-lhes a chamada pública e **zelando**, junto aos pais ou responsáveis, pela **frequência** à escola, para tanto contando com o apoio do Conselho Tutelar.

A obrigação de matricular as crianças na educação básica a partir dos 4 (quatro) anos de idade também é imposta aos pais ou responsáveis (art. 6º)[41].

A Lei 13.415/2017 (conhecida como Reforma do Ensino Médio) alterou vários dispositivos da Lei de Diretrizes e Bases, afetando, principalmente, a estruturação do ensino médio. Entre as alterações trazidas por essa lei, destacamos a carga horária mínima anual de 1.000 horas (5h/dia) e não mais 800 horas (a ser implantado em até 5 anos), progressivamente ampliado para 1.400 horas anuais (7h/dia) no futuro. O currículo escolar foi alterado para contemplar disciplinas obrigatórias (português, matemática e língua inglesa) e, do restante das disciplinas, 60% serão definidas pela Base Nacional Comum Curricular (BNCC) e 40% integrarão o itinerário formativo no qual o aluno poderá escolher que área do conhecimento deseja estudar. Permite-se que o professor com "notório saber" (ou seja, sem formação específica na área da atuação) lecione no ensino técnico e profissional.

Essas alterações tinham cronograma de implantação, que se iniciaram em 2022, no 1º ano do ensino médio, e para estarem concluídas, progressivamente, até 2024 em todos os três anos dessa etapa (elas sofreram alterações com a reforma parcial trazida pela Lei 14.945/2024, conforme mencionamos linhas abaixo), e foram resultado da percepção de uma estagnação dos índices de desempenho dos estudantes brasileiros, além de ser a etapa da educação básica com maiores taxas de abandono, reprovação e distorção idade-série (considerado o atraso escolar de dois anos ou mais), principalmente por ser um ensino de baixa qualidade, generalista, com número excessivo de disciplinas e distante da realidade das necessidades dos alunos e dos problemas do mundo atual.

Os especialistas apontam que pela reforma o novo modelo está voltado ao mercado de trabalho, incentivando o papel de protagonista do aluno, valorizando suas aptidões e interesses (p. ex., pelo Projeto Vida, que orientará os jovens a entender seus gostos). Nesse novo ensino médio, ganha força a educação *maker*, conceito centrado na aprendizagem por meio de atividades e soluções práticas (seria a conhecida fórmula *mão na massa*), que se aliam à criatividade, inovação, sustentabilidade e autonomia, temas bastante atuais.

Essa reforma foi objeto da **Ação Direta de Inconstitucionalidade (ADI) 5599**, Rel. Min. Edson Fachin, ajuizada pelo Partido Socialismo e Liberdade (PSOL) contra a Medida Provisória (MP) 746/2016, que a instituiu. A MP resultou no Projeto de Lei de Conversão 34/2016 e, posteriormente, na Lei 13.415/2017, de que tratamos acima. A ação foi julgada improcedente justamente sob essa perspectiva de que a lei aprovada guardava pouca simetria com o texto da MP 746/2016 (sofreu 586 emendas) e que o controle da urgência ou não (fundamento da ação)

---

40 A Lei 13.632/2018 alterou os arts. 3º, XIII, 37 e 58, § 3º, da LDB para enfatizar que a garantia do direito à educação e à aprendizagem se projeta ao longo da vida. Já a Lei13.984/2020 altera o art. 22 da Lei Maria da Penha (Lei 11.340/2006) para estabelecer como medidas protetivas de urgência a frequência do agressor a centro de educação e de reabilitação, além de acompanhamento psicossocial.

41 A PEC 36/2019 prioriza as crianças com deficiência no acesso à educação infantil. Segundo a autora do projeto, os cuidados na primeira infância são determinantes no desenvolvimento pleno da criança., isso porque "*nos três primeiros anos de vida, a criança forma mais de 90% de suas conexões cerebrais, por meio da interação com estímulos do meio ambiente. O desafio é maior para as crianças com necessidades educacionais especiais, que exigem intervenção de profissionais preparados. Deixar essas crianças em casa, sem estimulação, é literalmente um crime.*"

cabe ao Poder Legislativo e, apenas, excepcionalmente ao Poder Judiciário, não havendo prova de falta de tal urgência. Sob a proposta de ajuste para solução de alguns problemas surgidos na implantação da reforma dessa etapa do ensino, o governo federal lançou uma Consulta Pública para a Avaliação e Reestruturação da Política Nacional de Ensino Médio, e após longos debates foi apresentado projeto de lei que acabou convolado na Lei 14.945/2024, que instituiu uma nova *Política Nacional de Ensino Médio,* alterando-se, novamente, a estrutura do ensino médio, com modificações na LDB e revogação parcial da Lei 13.415/2017, passando a valer a partir do ano letivo de 2025.

Na perspectiva governamental, a nova lei avançou em três pontos fundamentais: a retomada da carga horária da formação geral básica para 2.400 horas, permitindo o retorno de disciplinas como história, biologia, sociologia e educação física; o fomento da matrícula de ensino técnico no ensino médio e, por fim, a regulamentação dos itinerários formativos, garantindo que todas as escolas ofereçam, no mínimo, alguns itinerários para a formação dos alunos, eliminando a pulverização excessiva que existia anteriormente. Será necessária uma regulamentação a ser realizada pelo Conselho Nacional de Educação em conjunto com o MEC, para assegurar uma oferta equitativa desses itinerários, adaptando-se às necessidades específicas de cada escola e região.

Segundo dados fornecidos pelo MEC, havia dificuldades na implementação da Lei 13.415/2017, especialmente para as turmas do noturno, da educação de jovens e adultos (EJA) e da educação escolar do campo, indígena e quilombola. De acordo com aquela pasta, em 2022, 48% das unidades federativas não haviam iniciado a implementação nas turmas de EJA; 15% declararam que não a iniciaram nas turmas do noturno; e 22%, nas escolas indígenas. Entre os Estados que começaram a implementar a lei, a maioria declarou não ter realizado a implementação em 100% da rede. Além disso, 51% dos municípios brasileiros possuem apenas uma escola de ensino médio[42].

Em síntese, com as novas mudanças, que foram positivas, a *carga horária obrigatória* (ensino regular) passou a ser de 2.400 horas para componentes curriculares (Formação Geral Básica), previstos na Base Nacional Comum Curricular, e 600 horas para itinerários formativos; os *Componentes curriculares* (anteriormente conhecidos como disciplinas obrigatórias e que eram português e matemática, em todos os anos do ensino médio, passaram a ser português, inglês, artes, educação física, matemática, ciências da natureza (biologia, física, química) e ciências humanas (filosofia, geografia, história, sociologia), em todos os anos do ensino médio, sendo a língua espanhola opcional); nos *Itinerários formativos*, que são compostos por disciplinas, projetos, oficinas e outras atividades optativas disponibilizadas aos estudantes, que complementam as matérias obrigatórias e possibilitam aprofundar conhecimentos em áreas específicas de interesse, cada escola deve ofertar, pelo menos, dois itinerários formativos, com exceção das escolas que oferecem ensino técnico. No ensino regular, eles devem ser complementares à formação geral básica, em quatro áreas: linguagens, matemática, ciências da natureza e ciências humanas, e no *ensino técnico* também houve aumento da carga horária para 2.100 horas de componentes curriculares e até 1.200 horas para o ensino técnico (itinerários formativos técnicos)[43].

É certo que ainda serão necessárias normas infralegais que detalharão essa reimplantação da reforma do ensino médio, com alterações dos currículos estaduais, de maneira que algumas mudanças ficarão para o ano de 2026.

---

[42] SANCIONADA LEI QUE REESTRUTURA O ENSINO MÉDIO. *Ministério da Educação*, 1° ago. 2024. Disponível em: https://www.gov.br/mec/pt-br/assuntos/noticias/2024/agosto/sancionada-lei-que-reestrutura-o-ensino-medio. Acesso em; 24 mar. 2025.

[43] SANCIONADA LEI QUE REESTRUTURA O ENSINO MÉDIO. *Ministério da Educação*, 1° ago. 2024. Disponível em: https://www.gov.br/mec/pt-br/assuntos/noticias/2024/agosto/sancionada-lei-que-reestrutura-o-ensino-medio. Acesso em; 24 mar. 2025.

Foi aprovada pelo Conselho Nacional de Educação e homologada pelo MEC, passando a vigorar em todo o país, a Base Nacional Comum Curricular (BNCC), um documento de caráter normativo que indica o que deve ser ensinado nas escolas públicas e privadas de todo o País a cada ano na educação básica (educação infantil e ensino fundamental – 1º ao 9º anos)[44], visando garantir a aprendizagem do mesmo conteúdo por todos os alunos. Está atrelada à CF/1988, que prevê a fixação de conteúdos mínimos para o ensino fundamental, à LDB, que reforçou essa necessidade, e ao Plano Nacional de Educação em vigor, que colocou a construção desse documento como meta. A BNCC integra a política nacional da educação básica.

A partir da Base Nacional Comum Curricular e sem com ela se confundir, o currículo de cada escola ou de cada rede deve garantir o que está na Base, ajustando-se à realidade de cada região e do histórico das escolas quanto às estratégias de trabalho pedagógico nas salas de aula, o que deve ocorrer, preferencialmente, em 2019, com o prazo máximo até o ano letivo de 2020.No nível superior, como vimos anteriormente, a Lei 13.868/2019 alterou a LDB para incluir as universidades comunitárias[45] entre as instituições de ensino públicas e privadas já previstas e torna essas universidades parte do sistema federal de ensino.

A LDB, para enfrentar o tema da escusa de consciência[46] em caso de atividades escolares em dia de guarda religiosa[47], sofreu alteração pela Lei 13.796/2019, que acrescentou ao texto o art. 7º-A para autorizar ao aluno regularmente matriculado em instituição de ensino pública ou privada, de qualquer nível, no exercício da liberdade de consciência e de crença, o direito de, mediante prévio e motivado requerimento, ausentar-se de prova ou de aula marcada para dia em que, segundo os preceitos de sua religião, seja vedado o exercício de tais atividades. Nesse caso, a critério da instituição e sem custos para o aluno, deve ser atribuída uma das seguintes prestações alternativas, que substituirão a anterior obrigação: I – prova ou aula de reposição, conforme o caso, a ser realizada em data alternativa, no turno de estudo do aluno ou em outro horário agendado com sua anuência expressa; II – trabalho escrito ou outra modalidade de atividade de pesquisa, com tema, objetivo e data de entrega definidos pela instituição de ensino. As instituições de ensino terão dois anos, a contar da entrada em vigor da lei, que ocorrerá 60 dias após sua publicação, para implementar e adaptar-se a essa mudança. Tal regra não se aplica ao ensino militar (art. 7º-A, § 4º, da Lei 9394/1996, incluído pela Lei 13.766/2019), que é regulado por lei específica (art. 83 da LDB).

Vale lembrar que, em 2009, o STF, apreciando pedido de suspensão de tutela antecipada (STA) 389 AgR, Rel. Min. Gilmar Mendes (Presidente), em que se pretendia o restabelecimento dos efeitos da decisão do Tribunal *a quo* que possibilitaria a participação de estudantes judeus no Exame Nacional do Ensino Médio (Enem) em data alternativa ao Shabat, em razão da inobservância ao direito fundamental de liberdade religiosa e ao direito à educação, decidiu que a designação de data alternativa para a realização dos exames não se revela em sintonia com o princípio da isonomia, convolando-se em privilégio para um determinado grupo religioso.

---

44 Com a reforma do ensino médio, as discussões sobre a Base Nacional Curricular desse nível foram adiadas e atualmente encontram-se em consulta pública por todo o País.

45 Essas universidades estão disciplinadas na Lei 12.881/2013, que dispõe sobre a definição, qualificação, prerrogativas e finalidades das Instituições Comunitárias de Educação Superior – ICES, embora já existam há mais tempo, como em Santa Catarina, onde surgiram nos anos 1970.

46 Havia discussão parecida no STF por meio da ADI 3.714, promovida pela Confederação Nacional dos Estabelecimentos de Ensino, contra a Lei estadual paulista 12.142/2005, que tratou dos horários de provas de concursos públicos e exames vestibulares, estipulando que esses exames devem ocorrer preferencialmente "no período de domingo a sexta-feira, no horário compreendido entre as 8h e as 18h". Na eventualidade de ocorrerem em dia de sábado, a lei faculta aos candidatos alegarem "motivo de crença religiosa", sendo-lhe assegurada a possibilidade de realização do exame após as 18 horas. Com a edição da Lei 13.796/2019, essa ação teve seu prosseguimento negado.

47 A escusa ou objeção de consciência ou a alegação de imperativo de consciência significa o direito que a pessoa tem de se recusar a cumprir uma obrigação ou realizar determinado ato em razão de sua convicção religiosa, filosófica ou política. Esse direito está elencado no art. 5º, VIII, da CF/1988. Caso haja recusa no cumprimento da obrigação originária e também da alternativa, a pessoa terá seus direitos políticos suspensos, conforme estabelecidas no art. 15, IV, da CF/1988.

A Lei 13.803/2019 também alterou a LDB em seu art. 12, VIII, ao reduzir para 30% o número de faltas a partir da qual deverá ser notificado o Conselho Tutelar do Município.

O Supremo Tribunal Federal enfrentou a questão do ensino religioso nas escolas públicas (art. 210, § 1º, da CF/1988; art. 33, *caput* e §§ 1º e 2º, da Lei 9.394/1996 - LDB; e art. 11, § 1º, do acordo Brasil - Santa Sé[48]), julgando improcedente a ADI 4439.

Na **ADI 4.439**, de relatoria do Ministro Luís Roberto Barroso, o Procurador-Geral da República postulou, com fundamento no princípio da laicidade do Estado, que o STF assente que o ensino religioso em escolas públicas deve ter natureza **não confessional**, ou seja, **sem vinculação a religiões específicas**, com a proibição de admissão de professores na qualidade de representantes das confissões religiosas.

Para a Procuradoria-Geral da República o ensino religioso só pode ser oferecido se o conteúdo programático da disciplina consistir na exposição "das doutrinas, práticas, histórias e dimensão social das diferentes religiões", sem que o professor privilegie nenhum credo.

No julgamento, os Ministros Celso de Mello, Luiz Fux, Marco Aurélio e Rosa Weber acompanharam o Relator, Ministro Luís Roberto Barroso, para dar interpretação conforme a Constituição e declarar que o ensino religioso nas escolas públicas de todo o país deve ser de forma não confessional.

Em seu voto[49], o Ministro Barroso chama a atenção para os seguintes pontos: (a) o Estado deve desempenhar dois papéis decisivos na sua relação com a religião: em primeiro assegurar a liberdade religiosa, promovendo um ambiente de respeito e segurança para que as pessoas possam viver suas crenças livres de constrangimento ou preconceito e em segundo conservar-se numa posição de neutralidade no tocante às diferentes religiões, sem privilegiar ou desfavorecer qualquer uma delas; (b) para a solução dessa controvérsia constitucional, estão em jogo três normas diversas: a que prevê o ensino religioso (CF/1988, art. 210, § 1º), a que assegura a liberdade religiosa (CF/1988, art. 5º, VI) e a que consagra o princípio da laicidade do Estado (CF/1988, art. 19, I); (c) a simples presença do ensino religioso em escolas públicas já constitui uma exceção constitucional a essa laicidade do Estado e por isso mesmo não pode receber uma interpretação ampliativa para permitir que o ensino religioso seja vinculado a uma específica religião; (d) o princípio da laicidade possui três conteúdos jurídicos distintos: separação formal entre Igreja e Estado; neutralidade estatal em matéria religiosa; e garantia da liberdade religiosa; (e) o ensino religioso nas escolas públicas, em tese, pode ser ministrado em três modelos distintos: confessional, que tem como objeto a promoção de uma ou mais confissões religiosas; interconfessional, que corresponde ao ensino de valores e práticas religiosas com base em elementos comuns entre os credos dominantes na sociedade; e não confessional, que é desvinculado de religiões específicas. Somente o modelo não confessional de ensino religioso nas escolas públicas é capaz de se compatibilizar com o princípio da laicidade estatal, porque nela a disciplina consiste na exposição neutra e objetiva das doutrinas práticas, história e dimensões sociais das diferentes religiões, incluindo posições não religiosas, e é ministrada por professores regulares da rede pública de ensino e não por pessoas vinculadas às confissões religiosas.

Os Ministros Alexandre de Moraes, Edson Fachin, Dias Toffoli, Ricardo Lewandowski, Gilmar Mendes e Cármen Lúcia votaram a favor do ensino confessional nas escolas por entenderem que os estados podem estabelecer como será ministrada a matéria, mas de forma

[48] Aprovado por meio do Decreto Legislativo 698/2009 e promulgado por meio do Decreto presidencial 7.107/2010 o Acordo entre o Governo da República Federativa do Brasil e a Santa Sé relativo ao *Estatuto Jurídico da Igreja Católica no Brasil* foi firmado na Cidade do Vaticano, em 13 de novembro de 2008. Ele dá o arcabouço jurídico à consideração do Estado Brasileiro com relação ao reconhecimento da personalidade jurídica da Igreja Católica. Os temas tratados estão diretamente ligados com questões referentes às relações entre o Estado Brasileiro e a Igreja Católica, e com o exercício da liberdade religiosa da comunidade católica brasileira.

[49] Conforme Informativo STF 875.

facultativa para os estudantes, conforme determina a Lei de Diretrizes da Educação (art. 33), tese que acabou vitoriosa[50].

Pode-se destacar do voto do Min. Alexandre de Moraes os seguintes pontos: (a) o Poder Público, observado o binômio laicidade do Estado (CF/1988, art. 19, I) e consagração da liberdade religiosa no seu duplo aspecto (CF/1988, art. 5º, VI), deverá atuar na regulamentação integral do cumprimento do preceito constitucional previsto no art. 210, § 1º, da CF, autorizando, na rede pública, em igualdade de condições, o oferecimento de ensino confessional das diversas crenças, mediante requisitos formais de credenciamento, de preparo, previamente fixados pelo Ministério da Educação; (b) com isso será permitido ao alunado se matricular voluntariamente para que possam exercer o seu direito subjetivo ao ensino religioso como disciplina dos horários normais das escolas públicas, mas o ensino deve ser ministrado por integrantes, devidamente credenciados, da confissão religiosa do próprio aluno, a partir de chamamento público já estabelecido em lei para hipóteses semelhantes (Lei 13.204/2015) e, preferencialmente, sem qualquer ônus para o Poder Público; (c) como a CF/1988 garante a liberdade de expressão às concepções ideológicas majoritárias e a minoritárias, progressistas e conservadoras, políticas e ideias religiosas, não se pode, previamente, censurar a propagação de dogmas religiosos no ensino religioso para aquele que realmente quer essas ideias e (d) como os dogmas da fé são diferentes em relação a cada uma das crenças, o Estado não pode substituí-los por algo neutro. A neutralidade no ensino religioso não existe. O que deve existir é o respeito às diferenças no ensino religioso.

Próximo a este tema, em recente julgamento, o Plenário do STF, por unanimidade de votos, julgou procedente a ADI 5256 e declarou inconstitucionais dispositivos da Lei 2.902/2004, do Mato Grosso do Sul, que tornaram obrigatória a manutenção de exemplares da Bíblia nas escolas da rede estadual de ensino e nas bibliotecas públicas, às custas dos cofres públicos. Entendeu-se que a lei estadual desprestigiou as demais denominações religiosas e os que não professam nenhuma crença, lembrando que a proteção à liberdade religiosa é um traço comum às Constituições do período republicano e, na de 1988, foi alçada a direito fundamental, mas isso não autoriza ao Estado manifestar, de maneira oficial, predileção por qualquer denominação religiosa.

Em julgamento conjunto e por seis votos contra cinco, o Plenário do STF julgou constitucional a fixação da data limite de 31 de março para que estejam completadas as idades mínimas de quatro e seis anos para ingresso, respectivamente, na educação infantil (pré-escola) e no ensino fundamental[51]. Esse foi o resultado do julgamento da Ação Declaratória de Constitucionalidade (ADC) 17/DF[52] e da Ação de Descumprimento de Preceito Fundamental (ADPF) 292/DF[53].

Até o julgamento pelo Plenário do STF, essa restrição de faixa etária para o acesso ao ensino fundamental já havia sido afastada pelo STJ no julgamento do REsp 753.565, Relator o então Ministro Luiz Fux, sob o principal fundamento da quebra do princípio da isonomia

---

[50] Art. 33. O ensino religioso, de matrícula facultativa, é parte integrante da formação básica do cidadão e constitui disciplina dos horários normais das escolas públicas de ensino fundamental, assegurado o respeito à diversidade cultural religiosa do Brasil, vedadas quaisquer formas de proselitismo" (proselitismo: catequese; esforço contínuo para converter alguém. Disponível em: www.dicio.com.br/proselitismo. Acesso em: 30 ago. 2017).

[51] A partir dessa decisão, o Conselho Nacional de Educação – Câmara de Educação Básica – editou a Resolução 2, de 09.10.2018, definindo Diretrizes Operacionais complementares para a matrícula inicial de crianças na educação infantil e no ensino fundamental, respectivamente, aos 4 (quatro) e aos 6 (seis) anos de idade. De igual forma, o MEC editou a Portaria 1.035/2018, tratando do tema.

[52] Cuida-se de ação declaratória de constitucionalidade, com pedido de medida limitar, proposta pelo governador do Estado do Mato Grosso do Sul, tendo por objeto os arts. 24, II, 31 e 32, *caput*, da Lei 9.394/1996 – LDB e que foi julgada procedente.

[53] Essa ação foi ajuizada pela Procuradoria-Geral da República questionando os arts. 2º, 3º e 4º da Resolução 6/2010 e os arts. 2º e 3º da Resolução 1/2010, ambas do Conselho Nacional de Educação e que definem, respectivamente as diretrizes operacionais para a matrícula no ensino fundamental e na educação infantil e as diretrizes operacionais para implantação do ensino fundamental de nove anos. Foi julgada improcedente.

entre crianças de idades próximas, a teor do direito à educação consagrado no art. 208, V, da CF/1988 e no art. 54, V, do ECA.

Outro tema em discussão no STF diz respeito à liberdade de ensinar e divulgar o pensamento (liberdade de cátedra), a arte e o saber, o pluralismo de ideias e de concepções pedagógicas e a gestão democrática do ensino previstos na LDB[54]. A discussão deveria ocorrer no âmbito da Arguição de Descumprimento de Preceito Fundamental (ADPF) 624, ajuizada em setembro de 2019 pela Procuradoria-Geral da República, na qual postula a vedação de qualquer ato do Poder Público que autorize ou promova a realização de vigilância e censura da atividade docente, com base em vedações genéricas e vagas à "doutrinação" política e ideológica e à emissão de opiniões político-partidárias, religiosas ou filosóficas, entre outras. Para a autora da ação há iniciativas concretas ocorrendo nas escolas nas quais se pretende implantar práticas de censura, perseguição ou delação de professores. Problema correlato diz respeito à violência contra o professor que, no âmbito do debate sobre a "Escola sem Partido"[55], pode colocá-lo como um "inimigo" (verdadeiro "nós contra eles"). Segundo dados da OCDE (Organização para a Cooperação e Desenvolvimento Econômico), que congrega 34 países, divulgado em audiência pública na Câmara Federal[56], o Brasil lidera o *ranking* de violência tanto física quanto moral e ameaças de morte contra professores. Entretanto, o Relator, Ministro Celso de Mello, não conheceu da arguição, restando prejudicado o exame do pedido liminar, sob o fundamento de que a petição inicial não indicou nem identifica, com a necessária clareza, quais os atos estatais seriam objeto do processo de controle de constitucionalidade. Desses pontos também tratamos anteriormente, no tópico "Educação, ensino e escola", com remissões a julgamentos em notas de rodapé.

A Lei 13.826/2019 alterou o § 1º do art. 44 da LDB, para dispor sobre a forma de divulgação de resultado de processo seletivo de acesso a cursos superiores de graduação. Com isso, ela garante o direito ao candidato não classificado de ter acesso às suas notas ou indicadores de desempenho em todas as provas, exames e demais atividades da seleção, além da sua posição na ordem de classificação final. Torna obrigatória também a divulgação da relação nominal dos classificados, da respectiva ordem de classificação e do cronograma das chamadas para matrícula, de acordo com os critérios para preenchimento das vagas constantes do edital dos certames.

No julgamento de mérito da Ação Direta de Inconstitucionalidade (ADI) 2667, ajuizada pela Confederação Nacional dos Estabelecimentos de Ensino (Confenen), suspensa desde 2002 por força de liminar, o STF reconheceu que lei do Distrito Federal (n. 2.921/2002) que obrigava as instituições de ensino a emitir certificado de conclusão do ensino médio a alunos da terceira série que, independentemente do número de aulas frequentadas, comprovassem aprovação em vestibular para ingresso em curso de nível superior é inconstitucional porque invade competência da União para legislar sobre matéria já regulamentada na LDB[57].

Tema próximo a este diz respeito à possibilidade ou não de aluno menor de 18 anos fazer o exame do EJA (educação de jovens e adultos), para concluir o ensino médio mais

---

54 Esse tema também foi tratado na Reclamação 39089, no qual um professor universitário reclama da vedação de um curso seu a respeito do impeachment de Dilma Rousseff, com consequente desrespeito do que foi decidido na ADPF 548, no qual o Plenário do STF se posicionou favorável à garantia da liberdade de expressão e de difusão do pensamento no âmbito das universidades. O Relator, Ministro Luiz Fux, acolheu a reclamação sob o fundamento de que a decisão atacada de fato violou o entendimento perfilhado na aludida ADPF 548.

55 É objeto do Projeto de Lei 246/2019.

56 Audiência realizada em 06.06.2019.

57 Na sua fundamentação, o Relator, Ministro Celso de Mello afirmou que a norma é "destituída de qualquer coeficiente de razoabilidade", por ter invertido, "de modo inteiramente arbitrário, a ordem natural de formação acadêmica dos alunos matriculados em cursos de ensino médio, para atribuir-lhes, independentemente de qualquer frequência às aulas ministradas na terceira série das escolas de segundo grau, o direito à expedição do certificado de conclusão do curso, desde que comprovada a sua aprovação em exame vestibular para ingresso em instituição universitária" (Imprensa do STF de 07.10.2020).

rapidamente e entrar na faculdade mais cedo (esse atalho tem sido utilizado por muitos jovens que conseguem aprovação no vestibular antes de terminarem o ensino médio regular).

O STJ, no julgamento dos REsp 1945851 e 1945879, sob o rito dos recursos repetitivos (***Tema 1.127***), negou essa possibilidade, embora tenha preservado os efeitos das decisões judiciais proferidas antes da publicação do acórdão repetitivo e que autorizaram menores de idade a fazerem o exame da EJA. No julgamento de embargos de declaração opostos foi enfrentada a questão dos alunos emancipados e aqueles com altas habilidades e superdotação[58], esclarecendo o julgado que a legislação tem instrumento diverso, destinado aos estudantes com altas habilidades ou superdotação, com acompanhamento educacional especializado. A emancipação não afasta a necessidade de observância da idade mínima exigida para a matrícula em cursos de EJA, conforme previsto no art. 6º, parágrafo único, da Resolução 3/2010 do Conselho Nacional de Educação[59].

No julgamento advertiu o Relator, Ministro Afrânio Vilela, que a educação de jovens e adultos tem por finalidade viabilizar o acesso ao ensino a quem não teve possibilidade de ingresso na idade própria e recuperar o tempo perdido, e não antecipar a possibilidade de jovens ingressarem na universidade. O tratamento isonômico, nesse caso, manda tratar de forma diferente os que estejam em condições diversas. Por isso, a limitação de idade prevista no art. 38, § 1º, II, da Lei 9.394/1996 é válida, observando que o Judiciário não pode substituir Legislativo e Executivo nas políticas sobre educação. É certo que Ministério da Educação editou a Resolução CNE/CEB 3/2010, segundo a qual o curso de educação de jovens e adultos se destina às pessoas maiores de idade.

Vale lembrar que a LDB não autoriza saltos de níveis educacionais por vontade do aluno e sim prevê essa possibilidade por iniciativa da própria escola ao constatar que o aluno, em razão de sua maturidade intelectual e pessoal, tem a aptidão para passar a um nível mais alto do que o previsto para sua idade, independentemente da escolarização anterior. Ao superdotado também é assegurada a frequência do AEE (Atendimento Educacional Especializado, de que cuidamos no capítulo referente às pessoas com deficiência, nesta obra).

A Lei 14.407/2022 alterou os arts. 4º e 22 da LDB, para estabelecer um compromisso da educação básica com a formação do leitor e o estímulo à leitura, valorizando a capacitação gradual do aluno para a leitura ao longo dessa fase e realçando como um dos objetivos da educação básica, além da alfabetização plena, a formação de leitores.

Inovação recente trazida pelo governo federal foi o *Programa Nacional das Escolas Cívico-Militares*, uma iniciativa do Ministério da Educação e do Ministério da Defesa, objetivando uma gestão compartilhada entre educadores e militares em escolas públicas de ensino regular que possuam as etapas de ensino fundamental II e/ou ensino médio.

Em apertada síntese, na concepção do programa federal de então, os militares atuariam fortalecendo valores "humanos, éticos e morais", em atividades de supervisão escolar e psicopedagogia, para melhorar o processo de ensino e aprendizagem, e em ações para melhorar a infraestrutura e organização das escolas. A implementação seria iniciada no ano de 2020, e o plano é que, até 2023, seriam implantadas em todo o país 216 Escolas Cívico-Militares, sendo 54 escolas por ano. Ainda segundo o programa federal, as secretarias estaduais de educação

---

58 Não há unanimidade, na literatura especializada, para um conceito de superdotação ou altas habilidades, mas podemos entender que a alta habilidade pode manifestar-se de diferentes formas, tais como elevada capacidade de abstração, rapidez no pensamento, grande memória, notável criatividade, talento artístico, destacada fluência linguística, singular desempenho psicomotor ou mesmo a combinação dessas características.

59 A tese fixada, após apreciação dos embargos de declaração referidos no texto, foi: "*É ilegal menor de 18 anos, mesmo que emancipado ou com altas habilidades, antecipar a conclusão de sua educação básica submetendo-se ao sistema de avaliação diferenciado oferecido pelos Centros de Educação de Jovens e Adultos – CEJAs, ainda que o intuito seja obter o diploma de ensino médio para matricular-se em curso superior*". Consta, ainda, do julgado: "*8. Modulam-se os efeitos do julgado para manter a consequência das decisões judiciais – que autorizaram menor de 18 (dezoito) anos que não tenha concluído a educação básica a se submeter ao sistema de avaliação diferenciado de jovens e adultos – proferidas até a data da publicação do acórdão*".

continuariam responsáveis pelos currículos escolares, cabendo aos militares a atuação como monitores na gestão educacional.

Tramitam no STF duas ADIs (7662 e 7665) nas quais se discutirá o Programa Escola Cívico-Militar do Estado de São Paulo, instituído por lei complementar estadual (1.398/2024), para escolas públicas estaduais e municipais de educação básica. Para enfrentar esse tema, o Min. Gilmar Mendes está coordenando audiências públicas cujas principais questões a serem esclarecidas são: a evolução das escolas militares e cívico-militares no Brasil; a distinção prática entre escolas militares e escolas cívico-militares; os impactos financeiros e orçamentários na implementação de escolas cívico-militares; a dinâmica pedagógica das escolas convencionais, das militares e das cívico-militares; as repercussões das escolas cívico-militares na segurança pública. São inúmeros os argumentos apresentados pelos especialistas ouvidos, tanto a favor com contra e que podem ser consultados, em resumo, no sítio eletrônico do STF, na notícia veiculada em 21.10.2024. Ainda no âmbito da LDB, foi aprovada a Lei 14.862/2024, que a altera, permitindo que os professores da educação básica utilizem os veículos de transporte escolar dos Estados, do Distrito Federal e dos Municípios, e a Lei 14.560/2023, que inseriu como despesa de manutenção e desenvolvimento do ensino, aquela realizada com atividades curriculares complementares, voltadas ao aprendizado dos alunos ou à formação continuada dos profissionais da educação, tais como exposições, feiras ou mostras de ciências da natureza ou humanas, matemática, língua portuguesa ou língua estrangeira, literatura e cultura.

Também foi editada a Lei 14.644/2023, que altera a LDB, para prever, no âmbito do ensino público na educação básica (art. 14, II, da LDB), a instituição de Conselhos Escolares e de Fórum dos Conselhos Escolares, na perspectiva de valorização da gestão democrática do ensino público, a democratização do acesso e permanência e da qualidade da educação.

Alinhado ao propósito de democratização, controle social e qualidade da educação, foi editada a Lei 15.001/2024, que altera vários dispositivos da LDB, prevendo requisitos mínimos de transparência pública e controle social em matéria educacional, tanto na educação básica como superior, p. ex., garantindo aos pais, aos responsáveis e aos estudantes acesso aos resultados das avaliações de qualidade e de rendimento escolar ou mesmo incumbindo à União, os Estados, o Distrito Federal e os Municípios adotar, como princípios de gestão de suas redes de ensino, a transparência e o acesso à informação, devendo disponibilizar ao público, em meio eletrônico, informações acessíveis referentes a, p. ex., número de vagas disponíveis e preenchidas por instituição de ensino, lista de espera, quando houver, por ordem de colocação, e, no caso de instituições federais, especificação da reserva de vagas, nos termos da Lei 12.711, de 29 de agosto de 2012.

Lembramos que alguns temas educacionais, porque voltados mais ao alunado com deficiência, foram tratados com maior profundidade no capítulo próprio desta obra, no qual nos referimos, p. ex., ao AEE (Atendimento Educacional Especializado), profissional de apoio, e o Parecer 50/2023, do Conselho Nacional de Educação, que cuida do alunado com TEA (transtorno do espectro autista).

5.5.4 Plano Nacional de Educação – PNE

A Emenda Constitucional 59/2009 mudou a condição do Plano Nacional de Educação (PNE), que passou de uma disposição transitória da LDB (Lei 9.394/1996) para uma exigência constitucional com periodicidade decenal, o que significa que planos plurianuais devem tomá-lo como referência. O plano também passou a ser considerado o articulador do Sistema Nacional de Educação[60]. Os planos estaduais, distrital e municipais devem ser construídos e aprovados em sintonia com o PNE.

60 O Sistema Nacional de Educação é objeto de dois PLPs, o 25/2019 e o 235/2019 (o primeiro acabou apensado ao segundo), e ainda não foi aprovado. Seu principal objetivo é aperfeiçoar a organização da educação para que as políticas públicas sejam

O PNE atual foi instituído pela Lei 13.005/2014, em obediência aos arts. 214 da CF/1988 e 87, § 1º, da LDB.

Segundo o referido **art. 214 da CF**, o PNE tem **duração de dez anos** e objetiva articular o sistema nacional de educação (ainda não implementado) em regime de colaboração entre os entes da Federação (União, Estados, Distrito Federal e Municípios), definindo diretrizes, objetivos, metas e estratégias para a implementação e melhoria da educação, com vistas a: "**I – erradicação do analfabetismo; II – universalização do atendimento escolar; III – melhoria da qualidade do ensino; IV – formação para o trabalho; V – promoção humanística, científica e tecnológica do País; e VI – estabelecimento de meta de aplicação de recursos públicos em educação como proporção do produto interno bruto**".

O atual PNE estabeleceu dez diretrizes (art. 2º) e 20 metas a serem cumpridas (art. 3º), relacionadas no Anexo da Lei 13.005/2014, entre elas destacando-se a inclusão escolar e a definição de regras de investimento para a área.

Também merece destaque a educação em tempo integral na educação básica. Uma definição de educação em tempo integral é dada pelo § 1º do art. 1º do Decreto 7.083/2010, que dispõe sobre o Programa Mais Educação, do governo federal, como a jornada escolar com duração igual ou superior a sete horas diárias, durante todo o período letivo, compreendendo o tempo total em que o aluno permanece na escola ou em atividades escolares em outros espaços educacionais.

A LDB (Lei 9.394/1996) a ela se refere no art. 34, § 2º, ao dispor sobre o ensino fundamental:

Art. 34. A jornada escolar no ensino fundamental incluirá pelo menos quatro horas de trabalho efetivo em sala de aula, sendo progressivamente ampliado o período de permanência na escola. § 2º O ensino fundamental será ministrado progressivamente em tempo integral, a critério dos sistemas de ensino. Para a educação infantil deve haver uma preocupação com a jornada escolar excessiva, compatibilizando-se o período de permanência na escola (direito à educação) com a convivência familiar, de modo que devem incidir os princípios da razoabilidade e proporcionalidade[61].

Sua finalidade vai muito além da extensão da carga horária de 4 para, pelo menos, 7 horas diárias (e não mais de 10 horas diárias), durante todo o período letivo.

Sua implantação requer contratação de mais professores e funcionários, cursos de formação continuada, material pedagógico atualizado e em grande quantidade aos professores, além de uma atenção maior à merenda que será fornecida, porque os alunos farão mais refeições.

Não menos importante ao gestor educacional é o cuidado com o currículo, escolhendo bem as disciplinas e atividades que os alunos irão desenvolver nas horas a mais em que permanecerão na escola e isso deve ser construído juntamente com um Projeto Político Pedagógico afinado com a Base Nacional Comum Curricular, contando com a participação dos educadores, das famílias e da comunidade.

O PNE determina, na Meta 6: "**oferecer educação em tempo integral em, no mínimo, 50% (cinquenta por cento) das escolas públicas, de forma a atender, pelo menos, 25% (vinte e cinco por cento) dos (as) alunos (as) da educação básica**", o que deve ocorrer no prazo de vigência do PNE, desde que não haja prazo inferior definido para metas e estratégias específicas (art. 3º da Lei 13.005/2014, que o aprovou). Portanto, um bom parâmetro para essa exigência é verificar se o município em análise já alcançou ao menos os 50% das escolas públicas e os 25% dos alunos da rede.

A reformulação do ensino médio aprovada em 2017 pela Lei 13.415 também sinaliza que as matrículas em tempo integral sejam progressivamente ampliadas.

---

mais orgânicas e capazes de assegurar o direito constitucional com equidade. É constituído pela integração do sistema federal, dos sistemas estaduais, do sistema distrital e dos sistemas municipais de ensino. Podemos dizer que ele já existe porque está previsto no art. 214 da CF/1988 e no art. 13 da Lei 13.005/2014, que aprovou o PNE (decenal), mas ainda carece de regulamentação, que tramita no Congresso Nacional, como indicamos acima.

61 A esse respeito, conferir o Parecer 17/2012 do CNE e disso tratou o STF no julgamento do ARE 677008/SC, Rel. Min. Luiz Fux, j. 29.03.2012, quando se reconheceu a faculdade e não obrigação da oferta em tempo integral.

O art. 24, § 1º, da LDB (incluído pela lei da reforma) prevê que a carga horária mínima anual de 800 horas deverá ser ampliada de forma progressiva, no ensino médio, para 1.400 horas, devendo os sistemas de ensino oferecer, no prazo máximo de cinco anos, pelo menos 1.000 horas anuais de carga horária, a partir de 2 de março de 2017.

Especialistas afirmam que um dos entraves para a implantação da escola em tempo integral é o seu financiamento. Em seminário realizado na Câmara Federal em 16.04.2019, apontou-se que o custo do aluno em tempo integral é de R$ 6 mil ao ano, sendo que o Fundeb é de R$ 3 mil.

As vantagens do tempo integral são visíveis, pois os professores desses estabelecimentos são de dedicação exclusiva, o que lhes dá maior integração com os alunos e com a comunidade, reduzindo a evasão escolar, que é um dos principais problemas nessa etapa do ensino médio.

No referido evento, apresentou-se a experiência do Estado de Pernambuco, cujo resultado do Ideb (Índice de Desenvolvimento da Educação Básica) passou de 2,7 em 2007 para 4 em 2017, índice superior à média nacional de 3,5.

Uma escola com carga horária mínima de 7 horas é o padrão no resto do mundo.

Todavia, no RMS 59.964/PR, Rel. Min. Herman Benjamin, j. 26.03.2019, o STJ decidiu que não há obrigatoriedade da educação infantil em tempo integral, valendo-se do disposto no art. 31, III, da LDB ("III – atendimento à criança de, no mínimo, 4 (quatro) horas diárias para o turno parcial e de 7 (sete) horas para a jornada integral"), reproduzindo o entendimento do STF no ARE 677.008/SC, Rel. Min. Luiz Fux, *DJe* 09.04.2012[62].

O art. 2º, III, da Lei Federal 13.005/2014, que, como referimos acima, instituiu o PNE, foi objeto de uma **ADI no STF (5668)**, e a Corte terminou por julgar parcialmente procedente a ação, para dar interpretação conforme à Constituição ao referido artigo, a fim de reconhecer a obrigação, por parte das escolas públicas e particulares, de coibir as discriminações por gênero, por identidade de gênero e por orientação sexual, coibindo também o *bullying* e as discriminações em geral de cunho machista (contra meninas cisgênero e transgênero) e homotransfóbicas (contra *gays*, lésbicas, bissexuais, travestis e transexuais).

A fiscalização do cumprimento do PNE está a cargo:

a) do Ministério da Educação – MEC;
b) da Comissão de Educação da Câmara dos Deputados e Comissão de Educação, Cultura e Esporte do Senado Federal;
c) do Conselho Nacional de Educação – CNE; e
d) do Fórum Nacional de Educação.

Infelizmente, o país não cumpriu nenhuma das ações do PNE com prazos previstos para este ano.

Outrossim, diante do quase total descumprimento das metas do Plano, o que tem sido uma constante, sem maiores debates sobre sua causa, a vigência do Plano foi prorrogada até

[62] Diz a ementa desse recurso: "RECURSO EXTRAORDINÁRIO COM AGRAVO. DIREITO CONSTITUCIONAL. EDUCAÇÃO INFANTIL. ATENDIMENTO DE CRIANÇA EM CRECHE E PRÉ-ESCOLA. DIREITO ASSEGURADO PELO TEXTO CONSTITUCIONAL (ART. 208, IV, DA CONSTITUIÇÃO FEDERAL). DEVER DO ESTADO. POSSIBILIDADE DE INTERVENÇÃO DO PODER JUDICIÁRIO PARA GARANTIR A EFETIVA CONCRETIZAÇÃO DO DIREITO FUNDAMENTAL PÚBLICO SUBJETIVO. (...) Contudo, o sistema educacional brasileiro não adota, com obrigatoriedade, a educação em período integral. O art. 34 da Lei das Diretrizes e Bases da Educação dispõe que a jornada escolar no ensino fundamental deve ser de, no mínimo, quatro horas diárias e, de acordo com as possibilidades do ente público, este período deve ser ampliado, porém nada dispõe sobre o tempo de permanência das crianças no sentido infantil. É importante ressaltar que não se defende a educação em apenas um período. Talvez, o ideal para os infantis seria o acesso à creche e à pré-escola em período integral, porém é preciso valer-se dos princípios da razoabilidade e da proporcionalidade e adequar-se ao caso concreto. 4. Agravo a que se nega seguimento."

31 de dezembro de 2025, por meio da Lei 14.934/2024; aliás, nem mesmo o projeto de lei do próximo PNE foi enviado pelo Executivo federal ao Congresso a tempo de análise e votação.

Como anota Élida Graziane Pinto, em artigo publicado no Consultor Jurídico[63], "*A Campanha Nacional pelo Direito à Educação estimou em cerca de 90% o patamar de descumprimento das metas e estratégias do plano educacional, conforme o último balanço disponível, publicado aqui*", e acrescenta que as divergências atuais se concentram no teor do próximo PNE, que deve ser elaborado a partir do documento de referência aprovado pela Conferência Nacional de Educação (Conae) em 30.01.2024, para concluir que, "*Aparentemente para contornar a severa polarização contra a construção democrática promovida no âmbito da Conae, a iminente prorrogação da vigência do PNE 2014-2024 corresponde a uma espécie de anistia estratégica que adia o debate do PNE 2024-2034, sem abrir qualquer responsabilização pelo diagnóstico de fracasso do plano educacional vigente*".

5.6 ESTRUTURA EDUCACIONAL

Acesse e assista à aula explicativa sobre este assunto.
> *http://uqr.to/21kul*

A **educação escolar**[64], como já destacado anteriormente, está dividida em:

a) **educação básica**; e

b) **ensino superior** (art. 21, LDB).

A **educação básica** abrange **educação infantil** (creche e pré-escola[65]), **ensino fundamental**[66] e **ensino médio**[67-68] (que pode ser estendido para contemplar a educação profissional, geralmente oferecida em escolas técnicas[69]).

[63] PINTO, Élida Graziane. Atual PNE tende a ser prorrogado porque foi quase totalmente descumprido. *Consultor Jurídico*, 28 maio 2024. Disponível em: https://www.conjur.com.br/2024-mai-28/atual-pne-tende-a-ser-prorrogado-porque-foi-quase-totalmente-descumprido/. Acesso em: 24 mar. 2025.

[64] Pelo Decreto 9.765/2019, o governo federal instituiu a *Política Nacional de Alfabetização*, por meio da qual "*a União, em colaboração com os Estados, o Distrito Federal e os Municípios, implementará programas e ações voltados à promoção da alfabetização baseada em evidências científicas, com a finalidade de melhorar a qualidade da alfabetização no território nacional e de combater o analfabetismo absoluto e o analfabetismo funcional, no âmbito das diferentes etapas e modalidades da educação básica e da educação não formal*". A meta é a redução do *analfabetismo absoluto* (condição daquele que não sabe ler nem escrever) e do *analfabetismo funcional* (condição daquele que possui habilidades limitadas de leitura e de compreensão de texto).

[65] Art. 30 da LDB: I – creche ou equivalente para crianças de 0 a 3 anos e II – pré-escola para crianças de 4 e 5 anos.

[66] Art. 32 da LDB: duração de 9 anos, iniciando-se aos 6 anos de idade. Nas escolas também é desenvolvida a *educação de jovens e adultos* (EJA) que não tiveram acesso ou continuidade de estudos no fundamental e médio na idade apropriada.

[67] Art. 35 da LDB: etapa final da educação básica, com duração mínima de 3 anos, com as alterações trazidas pela Lei 13.415/2017 (conhecida como da Reforma do Ensino Médio).

[68] A Lei 12.933/2013 dispõe sobre o benefício do pagamento de meia-entrada para estudantes, idosos, pessoas com deficiência e jovens de 15 a 29 anos comprovadamente carentes em espetáculos artístico-culturais e esportivos. Foi regulamentada pelo Decreto 8.537/2015.Em relação aos profissionais de ensino das redes públicas estaduais e municipais do Estado de São Paulo, o STF julgou constitucional a Lei 10.858/2001, que concede a tais profissionais meia-entrada em estabelecimentos de lazer e entretenimento (ADI 3753), sob o entendimento de que a competência para legislar sobre direito econômico é concorrente de todos os entes da Federação, fazendo uma distinção entre a lei estadual e a Lei Federal 12.933/2013, porque tratam de grupos distintos.

[69] A Lei 14.645/2023 altera a LDB, Lei 9.394/1996, para dispor sobre a educação profissional e tecnológica e articular a educação profissional técnica de nível médio com programas de aprendizagem profissional.

5.6.1 Educação básica

Na **educação básica**, a responsabilidade[70] – e os respectivos encargos – pela educação é comum e compartilhada entre a União, os Estados, o Distrito Federal e os Municípios.

O objetivo maior de nossa Carta Constitucional é a universalização do acesso à educação básica, a partir do ensino fundamental[71].

Nos termos do art. 211, §§ 2º e 3º, da CF/1988 os **Municípios** atuarão **prioritariamente** (e não exclusivamente) no ensino **fundamental** e na **educação infantil**[72] (creche e pré-escola) e os **Estados** e o **Distrito Federal** atuarão **prioritariamente** no ensino fundamental e médio. A União não está impedida de atuar nesta etapa.

A relevância dessa etapa da educação foi realçada pelo Min. Barroso, do STF, no julgamento da ADI 3446/DF, ao destacar que em estudo que fez sobre o tema encontrou dados do Banco Mundial que revelam que a estimulação às crianças na primeira idade significa um aumento de mais de 25% nos seus ganhos futuros. As crianças que começam na escola na primeira idade vão muito mais além na sua escolaridade, com redução importante da criminalidade e na quantidade de meninas grávidas ainda na adolescência.

O ministro vai além, para afirmar que o problema da educação no Brasil é a não alfabetização da criança na idade certa; é a evasão escolar no ensino médio; é o *déficit* de aprendizado com que a criança conclui os ensinos fundamental e médio – faz os testes e ela não aprendeu o mínimo que tinha que aprender; é a carreira docente do ensino médio, que se tornou extremamente desestimulante e já não consegue motivar professores nem recrutar jovens. E conclui que investir na educação básica é a fórmula da verdadeira revolução brasileira, sugerindo, nos limites de seu conhecimento pedagógico, que a melhor opção é a escola em tempo integral desde a primeira idade, especialmente para as crianças que não terão condições de receber esses valores e fatores relevantes em casa.

Tomamos a liberdade de sugerir ao dedicado leitor que faça a leitura de todo o acórdão que julgou a ação totalmente improcedente, com severas críticas ao que foi postulado, e que não trata, na essência, de educação, mas de direitos fundamentais da criança e do adolescente e que o autor da ação (um partido político) pretendia destruir, de forma autoritária e higienista, ao postular o reconhecimento da inconstitucionalidade de dispositivos do Estatuto da Criança e do Adolescente que garantem o direito de ir e vir aos infantes, que criminaliza a conduta de apreender criança e adolescente fora das hipóteses de flagrante de ato infracional ou ordem judicial, que estabelece apenas medidas protetivas (e não socioeducativas) a crianças autoras de atos infracionais, a cargo do Conselho Tutelar, sem judicialização de suas condutas para imposição de medidas e as que exigem descumprimento injustificado de outras medidas ou reiteração de atos infracionais, por adolescentes, para justificar sua internação.

A jurisprudência é pródiga em decisões favoráveis à efetivação do direito à educação básica e a Lei 13.716/2018 acrescentou o art. 4º-A, à Lei de Diretrizes e Bases da Educação Nacional para determinar que é assegurado atendimento educacional, durante o período de internação, ao aluno da educação básica internado para tratamento de saúde em regime hospitalar ou

[70] A Lei 13.722/2018 torna obrigatória a capacitação em noções básicas de primeiros socorros de professores e funcionários de estabelecimentos de ensino públicos e privados de educação básica e de estabelecimentos de recreação infantil. Deverá ser regulamentada em alguns aspectos.

[71] As Leis 10.639/2003 e 11.645/2008 alteraram a LDB (Lei 9.394/1996) para tornar obrigatório o ensino da história e da cultura afro-brasileira e indígena em todas as escolas, públicas e particulares, do ensino fundamental até o ensino médio (art. 26-A da LDB).

[72] Para um aprofundamento sobre a situação dessa etapa de ensino, o governo federal, em parceria com outros órgãos públicos e entidades particulares, realizou um levantamento que está disponibilizado no "*Retrato da Educação Infantil: acesso e disponibilidade de vagas*", disponível em meio eletrônico (MINISTÉRIO DA EDUCAÇÃO. Relatório de consolidação das informações do Levantamento Nacional Retrato da Educação Infantil e de recomendações ao MEC. Brasília, 2024. Disponível em: https://www.gov.br/mec/pt-br/pnei/RelatriodeConsolidaoRetratoEIMEC.pdf. Acesso em: 25 mar. 2025).

domiciliar por tempo prolongado, conforme dispuser o Poder Público em regulamento, na esfera de sua competência federativa.

A Lei 13.882/2019 alterou a Lei Maria da Penha (n. 11.340/2006) para garantir a prioridade na matrícula ou transferência dos dependentes da mulher vítima de violência doméstica e familiar em instituição de educação básica mais próxima de seu domicílio (art. 9º, § 7º, da Lei 11.340/2006). Também incluiu entre as medidas protetivas a serem aplicadas pelo juiz: "Art. 23. (...) V – determinar a matrícula dos dependentes da ofendida em instituição de educação básica mais próxima do seu domicílio, ou a transferência deles para essa instituição, independentemente da existência de vaga".

A Lei 13.845/2019 alterou o art. 53 do ECA para garantir vagas no mesmo estabelecimento a irmãos que frequentem a mesma etapa ou ciclo de ensino da educação básica.

A Lei 13.935/2019 dispõe sobre a prestação de serviços de psicologia e de serviço social nas redes públicas de educação básica por meio de equipes multiprofissionais. Os sistemas de ensino disporão de 1 (um) ano, a partir da data de publicação da Lei, para tomar as providências necessárias ao cumprimento de suas disposições.

Nada obstante a crescente preocupação dos educadores e de todos que se dedicam ao tema educacional com a violência, em suas variadas formas, e a importância da atuação interdisciplinar articulada no trato da educação (embora não necessariamente no mesmo ambiente educacional), esses serviços ainda não foram implementados em grande parte das redes de ensino do país, apesar do prazo estipulado (até 2020), contando com inúmeras resistências (basta ver que seu projeto de lei tramitou por quase 20 anos, e a lei foi inicialmente vetada pelo Chefe do Executivo à época, sob argumento da falta de recursos, veto depois derrubado pelo Congresso Nacional), inclusive dos poderes executivos nos vários níveis, para a contratação desses profissionais ou deslocamento de profissionais de outras áreas, especialmente por municípios pequenos, regulamentação das atividades de tais profissionais, dentre outros problemas.

A esse respeito e apontando a premência de implementação dessa lei, manifestou-se o Conselho Nacional de Procuradores-Gerais, por intermédio da Comissão Permanente de Educação – COPEDUC, editando o Enunciado 4/2023 – COPEDUC/COPEIJ, do seguinte teor: "*Para resultado efetivo no combate à violência contra e nas escolas, a médio e longo prazo, é essencial o cumprimento da Lei nº 13.935/2019, com a contratação de assistentes sociais e psicólogos nas redes escolares para participação no processo de ensino e aprendizagem em número compatível com seu porte. As funções desses profissionais no processo educacional não se confundem com as exercidas nas políticas de assistência social e saúde, mas a articulação e a comunicação entre esses serviços, e todos os demais que integram a sistema de garantia de direitos, devem ser mantidas de forma permanente*".

Alinhada a essa preocupação, a Lei 14.819/2024 institui a *Política Nacional de Atenção Psicossocial nas Comunidades Escolares*, que tem como objetivo: "I – promover a saúde mental da comunidade escolar; II – garantir aos integrantes da comunidade escolar o acesso à atenção psicossocial; III – promover a intersetorialidade entre os serviços educacionais, de saúde e de assistência social para a garantia da atenção psicossocial; IV – informar e sensibilizar a sociedade sobre a importância de cuidados psicossociais na comunidade escolar; V – promover a formação continuada de gestores e de profissionais das áreas de educação, de saúde e de assistência social no tema da saúde mental; VI – promover atendimento, ações e palestras direcionadas à eliminação da violência; e VII – divulgar informações cientificamente verificadas e esclarecer informações incorretas relativas à saúde mental" (art. 2º).

Mantendo a preocupação com a violência no ambiente escolar, foi editada a Lei 14.811/2024, que institui medidas de proteção à criança e ao adolescente contra a violência nos estabelecimentos educacionais ou similares, públicos ou privados, a serem implementadas pelo Poder Executivo municipal e do Distrito Federal, em cooperação federativa com os Estados e a União, prevê a Política Nacional de Prevenção e Combate ao Abuso e Exploração Sexual da Criança e do Adolescente, alterando , inclusive, artigos do Código Penal, da Lei de Crimes Hediondos e o próprio ECA.

Prevê a lei, ainda, que as políticas públicas de prevenção e de combate ao abuso e à exploração sexual da criança e do adolescente não se restringem às vítimas e devem considerar o contexto social amplo das famílias e das comunidades, estabelecendo, ainda, a obrigatoriedade de capacitação continuada de todos os agentes públicos que atuam com crianças e adolescentes em situação de violência sexual.

E, para dar efetividade a tais medidas, a lei prevê que os conselhos de direitos da criança e do adolescente, organizações da sociedade civil e representantes do Ministério Público realizarão, em conjunto com o poder público, em intervalos de 3 (três) anos, avaliações periódicas da implementação dos Planos de Prevenção e Combate ao Abuso e Exploração Sexual da Criança e do Adolescente, a serem definidas em regulamento, com o objetivo de verificar o cumprimento das metas estabelecidas e de elaborar recomendações aos gestores e aos operadores das políticas públicas.

O legislador, ainda preocupado com a violência no ambiente escolar, editou a Lei 15.159/2025, que altera o Código Penal, para estabelecer que é circunstância agravante da pena: "*art. 61, II – ter o agente cometido o crime: (...) m) nas dependências de instituição de ensino*". Outrossim, é considerado homicídio qualificado aquele praticado "*art. 121, § 2º, X – nas dependências de instituição de ensino*" e, ainda: "*§ 2º-C. A pena do homicídio cometido nas dependências de instituição de ensino é aumentada de: I – 1/3 (um terço) até a metade se a vítima é pessoa com deficiência ou com doença que acarrete condição limitante ou de vulnerabilidade física ou mental; II – 2/3 (dois terços) se o autor é ascendente, padrasto ou madrasta, tio, irmão, cônjuge, companheiro, tutor, curador, preceptor ou empregador da vítima ou por qualquer outro título tem autoridade sobre ela ou, ainda, se é professor ou funcionário da instituição de ensino*". Na hipótese de lesão corporal dolosa, aumenta-se a pena: *de 1/3 (um terço) a 2/3 (dois terços)*, se for praticada: "*art. 129, § 12, I, c) nas dependências de instituição de ensino*" e "*art. 129, § 12, II – 2/3 (dois terços) ao dobro se a lesão dolosa for praticada nas dependências de instituição de ensino se: a) a vítima for pessoa com deficiência ou com doença que acarrete condição limitante ou de vulnerabilidade física ou mental; ou b) o autor for ascendente, padrasto ou madrasta, tio, irmão, cônjuge, companheiro, tutor, curador, preceptor ou empregador da vítima ou por qualquer outro título tiver autoridade sobre ela ou, ainda, for professor ou funcionário da instituição de ensino*".

A mesma lei também altera o art. 1º da Lei 8.072/1990 (Lei dos Crimes Hediondos), para considerar hediondo: "*I-A – lesão corporal dolosa de natureza gravíssima (art. 129, § 2º) e lesão corporal seguida de morte (art. 129, § 3º), quando praticadas: c) nas dependências de instituição de ensino*".

Agora com a atenção voltada aos profissionais de educação, a Lei 14.679/2023, alterou o art. 61 da LDB para incluir como fundamento da formação de tais profissionais a proteção integral dos direitos de crianças e adolescentes e o apoio à formação permanente desses profissionais para identificação de maus-tratos, de negligência e de violência sexual praticados contra crianças e adolescentes.

Prosseguindo neste relevante tema de combate à violência, não podemos deixar de abordar, ainda que com as limitações de espaço próprios da proposta desta obra, a questão do *racismo* no ambiente escolar.

Destacamos que o STJ, por meio do julgamento do MS 27.818, concluiu que o Conselho Nacional de Educação (CNE) não infringiu normas nem contrariou políticas públicas de combate ao racismo ao recomendar que as escolas públicas adotassem, em 2011, algumas obras de Monteiro Lobato, tal como alegavam uma associação privada e um cidadão, ao impetrarem o mandado de segurança, sob alegação de conterem expressões racistas. No julgamento entendeu-se a impertinência do uso do *writ* pelos autores uma vez indemonstrado prejuízo a ambos, e, ainda que se tratasse de defesa de interesses difusos (no caso de um mandado de segurança coletivo), não se vislumbrou no aludido parecer (Parecer CNE/CEB 6/2011) um viés racista; ao contrário, o parecer, reconhecendo a importância histórico-literária da obra ficcional de

Monteiro Lobato, reafirma diretrizes voltadas à educação antirracista, orientando sistemas de ensino e educadores a promoverem uma leitura crítica de obras literárias com potenciais estereótipos raciais, sem vetar a sua circulação, mas assegurando o direito à não discriminação.

Um dado preocupante é que, segundo a pesquisa "Percepções do racismo no Brasil"[73], o ambiente escolar é um dos principais locais onde ocorre a violência racial no Brasil, ou seja, das pessoas negras pesquisadas que afirmaram ter sofrido alguma situação de racismo, 38% afirmaram que isso ocorreu na escola, faculdade ou universidade e 63% das mulheres negras confirmaram que percebem a raça como principal fator motivador de violência nas escolas.

O estudo reflete sobre a falta de implementação da Lei 10.639/2023, que torna obrigatório o ensino de história e cultura afro-brasileira nos estabelecimentos de ensino fundamental e médio, oficiais e particulares, o que prejudica a construção de uma educação antirracista.

O estudo aponta para a implementação de práticas antirracistas a partir de sete indicadores: relacionamento e atitudes racistas; currículo e prática pedagógica; recursos e materiais didáticos; acompanhamento, permanência e sucesso; a atuação dos profissionais de educação; gestão democrática e participação; para além da escola: a relação com o território.

É certo que, apesar de o Brasil contar com grande parte da população negra na escola pública, e ainda são eles que mais sofrem com a exclusão e discriminação. Embora o ambiente escolar deva ser o mais democrático, acolhedor e de socialização, acaba sendo palco de violência física e simbólica, pois o racismo é um gerador de violência.

Também tratando desse cuidado com nossas crianças contra a violência o Decreto 12.083/2024, que estabelece as diretrizes para a elaboração da Política Nacional Integrada para a Primeira Infância no âmbito da administração pública federal, tal como disposto na Lei 13.257/2016, prevê como uma das diretrizes o fomento da igualdade de oportunidades, por meio de ações de enfrentamento do racismo em todas as formas, que promovam a equidade étnico-racial de crianças na primeira infância e suas famílias (art. 3º, IX), ao lado da garantia mínima do acesso e da qualidade da educação infantil (art. 4º, II).

O STF não ficou alheio a esse debate, e relembramos que, no julgamento da **ADI 5668**, julgou parcialmente procedente a ação, para dar interpretação conforme à Constituição ao art. 2º, III, da Lei Federal 13.005/2014 (Plano Nacional de Educação), a fim de reconhecer a obrigação, por parte das escolas públicas e particulares, de coibir as discriminações por gênero, por identidade de gênero e por orientação sexual, coibindo também o *bullying* e as discriminações em geral de cunho machista (contra meninas cisgênero e transgênero) e homotransfóbicas (contra *gays*, lésbicas, bissexuais, travestis e transexuais).

Consta da ementa do julgado a importante advertência de que "*2. O Estado Democrático de Direito é definido por um sentido expandido de igualdade. Entre os objetivos da República Federativa do Brasil, inscritos no art. 3º da Constituição Federal, materializa-se também o combate às desigualdades baseadas na construção social do gênero. 3. O direito à educação, incluído em seu bojo a instrução pública e a privada, orienta-se para a consecução dos objetivos republicanos de liberdade e igualdade. 4. É dever constitucional do Estado agir positivamente para a concretização de políticas públicas, incluídas as de cariz social e educativo, voltadas à promoção de igualdade de gênero e de orientação sexual. 5. Viola a Constituição da República e o direito convencional qualquer leitura da cláusula de abertura semântica da igualdade que não albergue o combate às desigualdades de gênero e de orientação sexual*".

No julgamento do ARE 878911 (**Tema 917**), o STF validou lei do Estado do Rio de Janeiro que prevê instalação de câmeras de segurança em escolas públicas. Para o colegiado, embora

[73] Pesquisa encomendada ao IPEC (Inteligência em Pesquisa e Consultoria Estratégica) pelo projeto SETA (Sistema de Educação por uma Transformação Antirracista) e pelo Instituto de Referência Negra Peregum: AMBIENTE ESCOLAR É UM DOS PRINCIPAIS LOCAIS DE VIOLÊNCIA RACIAL NO PAÍS, APONTA PESQUISA. *Alma Preta*, 8 jan. 2024. Disponível em: https://almapreta.com.br/sessao/cotidiano/ambiente-escolar-violencia-racial-pesquisa/. Acesso em: 24 mar. 2025.

crie despesa para a administração, a iniciativa não trata da sua estrutura, de seus servidores ou da atribuição de seus órgãos.

A Lei 14.172/2021 dispõe sobre a garantia de acesso à internet, com fins educacionais, a alunos e professores da educação básica pública.

Essa disponibilização de acesso à internet para alunos e professores da educação básica pública é de indiscutível relevância, a uma pela imprescindibilidade, no momento atual da humanidade, do acesso à rede mundial de computadores, a duas para auxiliar na redução das desigualdades sociais e educacionais e a três, como mecanismo imprescindível tanto para o enfrentamento da pandemia de Covid-19, com aulas virtuais, como para se combater a evasão escolar[74] neste pós-pandemia.

A lei foi inicialmente vetada pelo Presidente da República e, diante da derrubada deste veto pelo Congresso Nacional, é objeto da ADI 6926, proposta pela presidência da República, a pretexto de haver vício de iniciativa (a matéria exige iniciativa do Chefe do Executivo) e por resultar em quebra do teto de gastos estabelecido pela EC 95/2016. No plantão judiciário foi concedida liminar apenas para aumentar em 25 dias o prazo estabelecido pelo § 2º, do art. 2º da lei (30 dias após a publicação da lei) para o repasse de verba pela União. Dessa decisão foi tirado agravo regimental ainda não julgado. O Relator, Ministro Dias Toffoli aplicou à ação o rito abreviado e ela aguarda julgamento.

Essa ação acabou sendo julgada improcedente, com o reconhecimento da legalidade da referida Lei 14.172/2021, sob o principal fundamento de que o direito à educação é o primeiro dos direitos sociais consagrados na Constituição de 1988 e o acesso à internet é um pressuposto para sua concretização, o que ficou mais evidente diante do contexto da pandemia de Covid-19, além da questão de o teto de gastos não ser afetado, como informou nos autos a Advocacia-Geral da União.

O Partido dos Trabalhadores entrou com ADI (6925) contra o Decreto 1.329/2021, do Governador de Santa Catarina, que "veda expressamente a instituições de ensino e bancas examinadoras de seleção e concursos públicos a utilização, em documentos escolares oficiais e editais, de novas formas de flexão de gênero e de número das palavras da língua portuguesa, em contrariedade às regras gramaticais consolidadas". A alegação é de violação aos princípios constitucionais da igualdade, da não discriminação, da dignidade humana e do direito à educação.

Para o autor da ação, no universo de diferentes tipos de gênero, há quem se identifique como mulher ou homem ou nenhum deles (os não binários ou não conformistas com o gênero que lhe foi atribuído no momento do nascimento) e estes últimos não se sentem representados pela língua portuguesa, de forma que são necessárias estratégias gramaticais de neutralização de gênero, para garantir a efetivação do princípio da igualdade, o que é vedado pelo decreto impugnado. Não foi concedida liminar buscada na ação, para suspender a eficácia do decreto.

Importante inovação foi trazida pela Lei 14.191/2021, que disciplina a educação bilingue para surdos. Ela altera a Lei de Diretrizes e Bases da Educação Nacional e define como educação bilíngue de surdos aquela em que a Língua Brasileira de Sinais (Libras) é considerada primeira língua e o português escrito a segunda língua. A oferta dessa modalidade de ensino deverá começar na educação infantil e se estender ao longo da vida estudantil. Consiste numa modalidade de ensino independente, diferentemente do que se previa antes, quando estava incluída como parte da educação especial.

Seu público-alvo principal são os estudantes surdos, surdos-cegos, com deficiência auditiva[75] sinalizantes (assim denominados os que utilizam Libras), surdos com altas habilidades

74 Conforme noticiado em debate na Câmara dos Deputados, segundo dados do Fundo das Nações Unidas para a Infância (Unicef), a evasão escolar no Brasil atinge 5 milhões de alunos. Durante a pandemia de Covid-19, esses números aumentaram em 5% entre os alunos do ensino fundamental e 10% no ensino médio. Para os que ainda estão matriculados, a dificuldade foi de acesso, com 4 milhões de estudantes sem conectividade (Agência Câmara de Notícias, em 06.10.21).

75 Muito se discute sobre surdez e deficiência auditiva, no âmbito da saúde, da antropologia etc., mas podemos usar o critério da Organização Mundial da Saúde, mais comum, no qual deficiência auditiva equivale à redução na capacidade de ouvir

ou superdotação ou com outras deficiências associadas e que tenham optado pela modalidade bilíngue. A educação bilíngue será aplicada em escolas bilíngues de surdos, classes bilíngues de surdos, escolas comuns ou em polos de educação bilíngue de surdos. Não é modalidade a ser seguida obrigatoriamente pelo surdo, surdo-cego etc. e, sim, mais uma opção, uma vez que não há impedimento de que esse aluno faça matrícula em escolas e classes regulares de acordo com o que decidirem seus pais ou responsáveis ou ele próprio. As escolas deverão oferecer serviço de apoio educacional especializado para atender às especificidades linguísticas dos estudantes surdos, além de terem que disponibilizar material didático acessível e professores bilíngues com formação e especialização adequadas, em nível superior.

O Governo Federal, em regime de colaboração, concederá apoio técnico e financeiro e os sistemas de ensino deverão desenvolver programas integrados de ensino e pesquisa para oferecer a educação bilíngue com o objetivo de garantir aos surdos o acesso às informações e conhecimentos técnicos e científicos. Esses programas devem ser planejados com a participação das comunidades surdas, de instituições de ensino superior e de entidades representativas dos surdos.

O debate sobre esse tema é antigo e a proposta aprovada vem ao encontro de aspirações de parte da comunidade surda, mas não sem críticas daqueles que apontam como melhor opção a educação inclusiva, que garante o convívio do aluno surdo com os demais alunos ouvintes, em uma perspectiva de valorização da educação na diversidade, que é resultado de um processo de conquistas sociais e deve ser priorizado, à luz deste paradigma expresso na Convenção sobre os Direitos das Pessoas com Deficiência, da ONU, aqui incorporada com "status" de emenda constitucional e na Lei 13.146/2015, mais conhecida como Estatuto da Pessoa com Deficiência ou Lei Brasileira de Inclusão da Pessoa com Deficiência. Há propostas intermediárias, como o "*bilinguismo concomitante*", que vai requerer maior acessibilidade sonora na escola. Esse assunto iremos retomar, com mais vagar, no capítulo sobre os direitos da pessoa com deficiência, desta obra, para onde remetemos o leitor.

Esse tema poderia aparecer no debate sobre a constitucionalidade do Decreto 10.502/2020, que alterava a política nacional de educação e é objeto da ADI 6590, cujo relator é o Ministro Dias Toffoli, uma vez que o Ministro Barroso aludiu a ele em seu voto quando o colegiado referendou a liminar concedida pelo relator[76]. Entretanto, esse decreto foi totalmente revogado pelo Decreto 11.370, de 2023, o que levou à extinção da ADI 6590, por perda superveniente de objeto, perdendo importância o debate.

Mais recentemente foi editada a Lei 14.254, de 30 de novembro de 2021, e que dispõe o acompanhamento integral para educandos com dislexia ou Transtorno do Déficit de Atenção com Hiperatividade (TDAH) ou outro transtorno de aprendizagem.

Ela estabelece que o poder público deve desenvolver e manter programa de acompanhamento integral para educandos com dislexia, Transtorno do Déficit de Atenção com Hiperatividade (TDAH) ou outro transtorno de aprendizagem, em parceria com a área da saúde, sempre que necessário, através de um acompanhamento integral que compreende a identificação precoce do transtorno, o encaminhamento do educando para diagnóstico, o apoio educacional na rede de ensino, bem como o apoio terapêutico especializado na rede de saúde. Dispõe, ainda, que as escolas da educação básica das redes pública e privada, com o apoio da família e dos serviços de saúde existentes, devem garantir o cuidado e a proteção ao educando com dislexia, TDAH ou outro transtorno de aprendizagem, com vistas ao seu pleno desenvolvimento físico, mental,

sons em um ou ambos os ouvidos enquanto a surdez é definida como a ausência ou perda total da capacidade de ouvir em um ou ambos os ouvidos. São chamadas oralizadas pessoas surdas que fazem reabilitação por meio de tecnologias como o implante coclear ou os aparelhos auditivos, ou mesmo quem não usa tecnologia, mas consegue fazer leitura labial e se comunicar em português.

[76] Consignou o Ministro Barroso, naquela oportunidade, que referendava a liminar concedida pelo Relator, mas "*com a ressalva de que reservo a possibilidade de revisitar o tema da educação especial de pessoas com deficiências que afetam a comunicação, e em particular no que diz respeito à educação bilíngue de surdos, no julgamento do mérito da presente demanda*".

moral, espiritual e social, com auxílio das redes de proteção social existentes no território, de natureza governamental ou não governamental. Prevê que caso seja verificada a necessidade de intervenção terapêutica, esta deverá ser realizada em serviço de saúde em que seja possível a avaliação diagnóstica, com metas de acompanhamento por equipe multidisciplinar composta por profissionais necessários ao desempenho dessa abordagem. Por fim, mas não menos relevante, a lei cuida da capacitação dos professores da educação básica, ao estabelecer que no âmbito do programa de acompanhamento integral para estes educandos os sistemas de ensino devem garantir aos professores da educação básica amplo acesso à informação, inclusive quanto aos encaminhamentos possíveis para atendimento multissetorial, e formação continuada para capacitá-los à identificação precoce dos sinais relacionados aos transtornos de aprendizagem ou ao TDAH, bem como para o atendimento educacional escolar dos educandos.

Como já destacamos no capítulo reservado às pessoas com deficiência desta obra, lamenta-se que em nosso país muito do que é necessário para o atendimento dos alunos com deficiência deva ser imposto por lei e não nasça como uma consequência lógica e natural do avanço das políticas públicas (de estado e não de governo) voltadas à educação inclusiva, que contempla, de forma ampla, articulada e multiprofissional, evidentemente, estas demandas dos alunos com necessidades educacionais especiais. De qualquer forma, aí temos outra lei para resguardar esse sagrado direito à educação, de qualidade, às crianças e adolescentes.

No julgamento do ARE 639.337 AgR/SP, 2ª T., Rel. Min. Celso de Mello, j. 23.8.2011, foram abordados os principais aspectos constitucionais e legais a respeito do direito à creche e à pré-escola[77], assentando os seguintes pontos:

A. é direito da criança de até 5 anos de idade ser atendida em creche e pré-escola, cabendo notadamente ao Município (art. 211, § 2º, da CF/1988) o dever de **matriculá-la em unidade de ensino infantil próxima de sua residência ou do endereço de trabalho de seus responsáveis legais**;

B. este direito vem **assegurado** pelo próprio texto constitucional (art. 208, IV);

C. há legitimidade constitucional para a **intervenção do Poder Judiciário** em caso de **omissão estatal** (descumprimento dos encargos políticos-jurídicos que sobre ela incidem em caráter impositivo) na implantação de políticas públicas previstas na CF/1988, o que **afasta** a alegação de transgressão do postulado da **separação de poderes**;

D. a educação infantil, por qualificar-se como direito fundamental de toda criança, **não se expõe, em seu processo de concretização, a avaliações meramente discricionárias da Administração Pública (conveniência e oportunidade) ou de pragmatismo governamental**;

E. quando o Poder Público **se abstém de cumprir**, total ou parcialmente, o dever de implementar políticas públicas definidas no próprio texto constitucional, transgride a própria integridade da CF/1988 estimulando, no âmbito do Estado, o fenômeno da **erosão da consciência constitucional** (“**nada se revela mais nocivo, perigoso e ilegítimo do que elaborar uma Constituição, sem a vontade de fazê-la cumprir integralmente,**

[77] No âmbito do STJ, conferir o REsp 1.771.912, Rel. Min. Herman Benjamin, j. 11.12.2018, com referência a vários outros julgados que asseguram o direito à vaga em creche e pré-escola. No STF, ao apreciar a SL 1314, o Min. Dias Toffoli negou pedido de uma prefeitura para suspender decisão do Tribunal de Justiça local que determinou ao ente público a concessão de vagas em creche próximas às residências das crianças, custeando as mensalidades em entidades privadas que prestem igual serviço, apontando a necessidade do gestor de recursos públicos terem consciência da importância da priorização das políticas voltadas à educação infantil. No julgamento do AgRegRE 1301366, o STF reconheceu o direito de criança de 11 anos ser matriculada em escola pública próxima de sua residência, respondendo à tese adotada no Tribunal de Justiça local, de que a criança deveria seguir a lista de espera da Secretaria da Educação, que “*o tratamento isonômico que deve ser buscado pelo Estado é aquele em que crianças e adolescentes possam estudar em escolas próximas a suas casas, com a ampliação de vagas na rede pública*”, dando-se a “*máxima efetividade ao artigo 208 da Constituição*”.

ou, então, de apenas executá-la com o propósito subalterno de torná-la aplicável somente nos pontos que se mostrarem ajustados à conveniência e aos desígnios dos governantes, em detrimento dos interesses maiores dos cidadãos", diz o voto do Ministro);

F. a destinação de **recursos**, sempre **escassos**, faz instaurar situações de conflito quer na execução de políticas públicas, quer com a própria implantação de direitos sociais muitas vezes igualmente relevantes, levando o Poder Público, para superar este dilema de falta de recursos, a proceder a verdadeiras "**escolhas trágicas**", cujo parâmetro de decisão deverá ser a dignidade da pessoa humana, tendo como perspectiva a **intangibilidade do mínimo existencial,** de forma a conferir real efetividade às normas constitucionais programáticas;

G. a cláusula da **reserva do possível** não pode ser invocada pelo Poder Público para **fraudar ou inviabilizar a implantação de políticas públicas** definidas na Constituição, pois encontra o limite constitucional da **garantia do mínimo existencial** que é decorrência direta do postulado da **dignidade da pessoa humana** e pode ser entendido como **um complexo de prerrogativas cuja concretização se revele apta para garantir condições adequadas de existência digna, em ordem a assegurar, à pessoa, acesso efetivo ao direito geral de liberdade e também a prestações positivas originárias do Estado, viabilizadoras da plena fruição de direitos sociais básicos, tais como o direito à educação, à proteção integral à criança e ao adolescente, à saúde, à assistência social, à moradia, à alimentação e à segurança**;

H. o princípio da **proibição do retrocesso** impede, em tema de direitos fundamentais sociais, que sejam **desconstituídas as conquistas já alcançadas pelo cidadão ou pela formação social em que ele vive;** é um obstáculo a que níveis de concretização de tais prerrogativas, uma vez atingidos, venham a ser ulteriormente reduzidos ou suprimidos pelo Estado – e se traduz no processo de efetivação desses direitos fundamentais individuais ou coletivos.

Embora a consagração do direito à creche parecesse tema já superado, como não foi decidido em repercussão geral, isso motivou nova apreciação, recente, pelo STF, por meio do julgamento do RE 10008166, agora com repercussão geral (Tema 548).

O Tribunal, por maioria, negou provimento ao recurso extraordinário e, por unanimidade, foi fixada a seguinte tese: "*1. A educação básica em todas as suas fases – educação infantil, ensino fundamental e ensino médio – constitui direito fundamental de todas as crianças e jovens, assegurado por normas constitucionais de eficácia plena e aplicabilidade direta e imediata. 2. A educação infantil compreende creche (de zero a 3 anos) e a pré-escola (de 4 a 5 anos). Sua oferta pelo Poder Público pode ser exigida individualmente, como no caso examinado neste processo. 3. O Poder Público tem o dever jurídico de dar efetividade integral às normas constitucionais sobre acesso à educação básica*" (Plenário, 22.09.2022).

Além das conclusões que podemos extrair diretamente da leitura da tese fixada, por exemplo, que o dever constitucional do Estado de assegurar o atendimento em creche e pré-escola é de aplicação direta e imediata, sem necessidade de regulamentação do Congresso Nacional, ou seja a norma constitucional é autoaplicável, houve um interessante destaque no voto da Min. Rosa Weber, ao lembrar a Ministra que, ao lado da oferta de creche e pré-escola à criança, a CF/88, nesse ponto, também assegura às mães segurança no exercício do direito ao trabalho e à família, em razão da maior vulnerabilidade da trabalhadora na relação de emprego, devido às dificuldades para conciliação dos projetos de vida pessoal, familiar e laboral, ou seja, esse direito social tem correlação com os da liberdade e igualdade de gênero, pois proporciona à mulher a possibilidade de ingressar ou retornar ao mercado de trabalho. Concluiu ela: *"Em razão da histórica divisão assimétrica da tarefa familiar de cuidar de filhos e filhas, o tema insere-se na abordagem do chamado* ***constitucionalismo feminista****"*.

Esse constitucionalismo feminista, nós lembramos, embora seja expressão pouco trabalhada na doutrina brasileira, já faz parte de estudos acadêmicos internacionais e surge, para se dizer de uma maneira bastante simples e resumida, como uma proposta de releitura da dogmática constitucional tradicional, mas pela voz, raciocínio e experiência das mulheres.

Ainda com vistas à concretização desse direito, que, como destacado acima, alcança também o direito ao trabalho e à família da mãe - com os outros reflexos já referidos -, foi editada a Lei 14.851/2024, que torna obrigatórios o levantamento e a divulgação da demanda por vagas em creche. O levantamento é anual e a cargo dos municípios e o Distrito Federal (entes federativos encarregados de oferecer essas vagas), com a cooperação da União e dos Estados, e a divulgação da demanda deve ser feita para as vagas de crianças 0 a 3 anos de idade. Apurada essa demanda não atendida (de crianças de 0 a 3 anos), o Distrito Federal e cada Município realizarão, na respectiva instância, o planejamento da expansão da oferta de vagas para a educação infantil pública, em cooperação federativa, elaborando filas de espera. Entre os critérios para o preenchimento das vagas estão a condição socioeconômica familiar e a condição de monoparentalidade das famílias (ou seja, apenas um dos pais mora com os filhos, em regra a mãe).

Imagina-se que tal sondagem poderá ser feita por meio de busca ativa de crianças a serem matriculadas, podendo os municípios e o Distrito Federal se valerem de seus próprios órgãos de educação, assistência social, saúde, proteção à infância, dentre outros, e também cruzar informações com outros bancos de dados tanto estaduais como federais.

É bom relembrar que as **escolas particulares**, embora possam prestar os serviços educacionais independentemente de concessão ou permissão, executam serviço público não privativo e nessa condição devem acatar rigorosamente as normas gerais da educação nacional, estando sujeitas à autorização e avaliação de qualidade pelo Poder Público (art. 209 da CF/1988), além das disposições do Estado-membro, no exercício de competência legislativa suplementar - art. 24, § 2º, da CF/1988.

Também tem sido reconhecido o direito ao **transporte escolar gratuito**, como um **direito-meio** para efetivação do direito à educação, tanto no ambiente urbano como na zona rural.

Assim decidiram o STF, no RE 603.575, AgR, Rel. Min. Eros Grau, e o STJ, no AgRg no REsp 897.501, Rel. Min. Mauro Campbell, apoiando-se na determinação da LDB (arts. 10 e 11). Igual determinação encontra-se nos arts. 208, VII, da CF/1988 e 54, VII, do ECA.

Essa obrigação pode ser compartilhada (solidariedade) entre Estado e Município, na forma do art. 211, § 4º, da CF/1988, principalmente na prestação do transporte gratuito aos alunos da **zona rural**.

De igual forma, reconheceu o STF o dever do Estado de disponibilizar **professores**[78] em número necessário e suficiente para a prestação de serviço de educação básica - art. 205 da CF/1988 (RE 594.018, AgR, Rel. Min. Eros Grau).

A jurisprudência tem reconhecido a legitimidade do Ministério Público para ajuizar ação civil pública com o fim de impedir a cobrança abusiva de mensalidade escolar[79].

---

[78] Vale lembrar que a jornada de trabalho dos profissionais de magistério representa 2/3 do tempo em sala de aula (atividade que envolva interação com os educandos) e 1/3 para dedicação às atividades extraclasse, conforme dispõe o art. 2º, § 4º, da Lei 11.738/2008, cuja constitucionalidade foi confirmada pelo STF no julgamento da ADI 4.167.

[79] AgRg no REsp 1.311.156/SE, Rel. Min. Sidnei Beneti, j. 23.10.2012, *DJe* 08.11.2012; REsp 437.277/SP, Rel. Min. Eliana Calmon, j. 07.10.2004, *DJ* 13.12.2004. Decisões Monocráticas: Ag 1.066.419/MG, Rel. Min. Aldir Passarinho, j. 19.08.2009; REsp 951535/RJ, Rel. Min. Denise Arruda, j. 03.08.2009; REsp 234.488/SP, Rel. Min. Luis Felipe Salomão, j. 16.03.2009.

O STJ reconheceu, em julgamento sob o rito dos recursos repetitivos[80] (REsp 1.846.781 e 1.853.701 – **Tema 1.058**), que "a **Justiça da Infância e da Juventude tem competência absoluta para processar e julgar causas envolvendo matrícula de menores em creches ou escolas, nos termos dos arts. 148, IV, e 209 da Lei 8.069/90**" (ECA), independentemente da criança ou adolescente estar em situação de risco. No corpo do julgado a relatora, Ministra Assusete Magalhães, assentou que aquela Corte já vem decidindo que causas relativas à proteção de direitos individuais, difusos ou coletivos à saúde e educação de crianças e adolescentes devem ser julgadas pelo juízo da infância e da juventude (competência absoluta), independentemente de estarem em situação de risco ou abandono e não em uma vara da Fazenda Pública.

Com base nesse julgamento e tendo como fundamento que, além do acesso à educação, a CF/1988 e a LDB garantem a sua permanência, o que implica a permanência física e funcionamento das instalações da instituição de ensino sem riscos à integridade física dos alunos e professores, ou seja, acesso e permanência são mutuamente dependentes, o STJ reconheceu, no AREsp 1.840.462, a competência da **Justiça da Infância e da Juventude para julgar processos que discutem reformas de estabelecimentos de ensino para crianças e adolescentes**.

Interessante anotar que, no âmbito penal, o STJ, por sua 6ª Turma, decidiu[81] que o assédio sexual pode ser caracterizado entre professor e aluno (art. 216-A do CP).

Na decisão, o Relator, Ministro Rogério Schietti Cruz, reconheceu o dissídio doutrinário e jurisprudencial a respeito, mas afirmou que é inegável a relação de superioridade hierárquica entre professor e aluno, nas hipóteses em que o docente se vale da profissão para obter vantagem sexual.

Na Ação Direta de Inconstitucionalidade por Omissão (Rel. Min. Cármen Lúcia, j. 25.02.2010) buscou-se atribuir a responsabilidade do Presidente da República por sua inércia para **erradicar o analfabetismo** no país e para a implementação do **ensino fundamental obrigatório e gratuito** a todos os brasileiros (arts. 6º; 23, V; 208, I, e 214, I, da CF/1988).

Essa ação foi julgada improcedente, porque entendeu-se que os dados do recenseamento do IBGE demonstravam uma redução do índice de analfabetismo e um aumento na escolaridade de jovens e adultos.

Outro tema voltado a garantir o direito de acesso a uma educação básica inclusiva da criança e do adolescente é a possibilidade de travestis e transexuais adotarem o uso do nome social nos registros escolares (matrícula etc.), tendo como parâmetros evitar a evasão escolar em razão da violência e do abandono da escola em função do *bullying*, assédio, constrangimento, preconceito, o respeito à diversidade, à dignidade humana, à identidade de gênero e à diversidade sexual, o propósito de se formar estudantes com respeito aos valores humanos que acenem para uma sociedade fraterna e harmoniosa, a comprovada existência de discriminação aos estudantes LGBTQIA+ nas escolas brasileiras em função de suas identidades de gênero e o impacto positivo que o nome social pode representar em suas vidas.

Essa faculdade está prevista na Resolução CNE/CP 1/2018, homologada pelo MEC no mesmo ano, e pode ser requerida pelos alunos maiores de 18 anos ou pelos pais ou responsáveis legais dos menores de idade.

Essa resolução ainda determina que as escolas de educação básica brasileiras, públicas ou privadas, na elaboração e implementação de suas propostas curriculares e projetos pedagógicos, assegurem diretrizes e práticas com o objetivo de combater qualquer forma de discriminação

[80] Art. 1.036 do CPC, ou seja, o STJ define uma tese que deve ser aplicada aos processos em que discutida idêntica questão de direito. Como esclarece o próprio STJ em sua página eletrônica, essa sistemática tem como objetivo concretizar os princípios da celeridade na tramitação de processos, da isonomia de tratamento às partes processuais e da segurança jurídica.

[81] Os dados do processo foram omitidos em razão de segredo judicial, mas a notícia do julgamento foi divulgada pelo STJ em 09.09.2019.

em função de orientação sexual e identidade de gênero de estudantes, professores, gestores, funcionários e respectivos familiares[82].

5.6.2 Ensino superior

Quanto ao **ensino superior**[83], a atuação é de todos os entes da Federação, com predominância da União, mas sem expressa determinação de prioridade[84].

Pautado nos princípios da igualdade de condições de acesso e permanência na escola[85], o Pleno do STF (ADI 3.330/DF, de 03.05.2012) decidiu pela **constitucionalidade** do programa governamental (Programa Universidade para Todos – ProUni[86]) que concede **bolsa de estudos** em universidades privadas para alunos de **renda familiar** de pequena monta, com **cotas para negros**, **pardos**, **indígenas** e **pessoas com deficiência**[87].

Também, no julgamento da Arguição de Descumprimento de Preceito Fundamental 186/DF-2012, o STF **reconheceu a legitimidade da adoção de políticas de ação afirmativa** para seleção de ingresso em ensino superior por meio da instituição de **cotas**, especialmente em estabelecimento de ensino público.

Exemplo dessa política de ação afirmativa é prevista na Lei 12.711/2012, que sofreu alterações, com ampliações de sua abrangência, pelas Leis 14.723/2023 e 14.945/2024, para estabelecer a reserva de vagas em instituições federais de ensino superior, em cada concurso seletivo para ingresso nos cursos de graduação, para estudantes que tenham cursado integralmente o ensino médio em escolas públicas ou em escolas comunitárias que atuam no âmbito da educação do campo conveniadas com o poder público, sendo que 50% (cinquenta por cento) deverão ser reservadas aos estudantes oriundos de famílias com renda igual ou inferior a um salário mínimo *per capita* e por autodeclarados pretos, pardos, indígenas e quilombolas e por pessoas com deficiência, nos termos da legislação, em proporção ao total de vagas no mínimo

---

82 Há, no Estado de São Paulo, na secretaria de educação, um Documento Orientador CGEB 15, da Coordenadoria de Gestão da Educação Básica, que cuida do tratamento nominal de discentes travestis e transexuais, com interessante material de apoio.

83 A autonomia didático-científica, administrativa e de gestão financeira e patrimonial das universidades, de que trata o art. 207 da CF/1988, não é irrestrita nem exime da obrigatoriedade de autorização, avaliação e fiscalização do Poder Público para funcionamento de novo curso, na forma do art. 209 da Magna Carta e do art. 7º da LDB (Lei 9.394/1996). Na ADI 6282, o presidente do STF, Min. Dias Toffoli reconheceu que a autonomia das universidades públicas em matéria financeira e patrimonial é de gestão e que o seu regime jurídico não é o mesmo dos Poderes da República ou as instituições às quais a CF/1988 atribuiu autonomia financeira em sentido amplo. Em igual sentido ADI 5946.

84 Sobre o Fundo de Financiamento ao Estudante do Ensino Superior (Fies), ver a Lei 10.260/2001 e os recentes Decretos 9.305/2018 e 9.304/2018.

85 O STJ, no REsp 1616635, decidiu que origem em escola filantrópica privada não dá direito a vaga universitária pelo sistema de cotas de egresso de escola pública de que trata a Lei 12.711/2012 (dispõe sobre o ingresso nas universidades federais e nas instituições federais de ensino técnico de nível médio, reservando vaga para egressos do ensino público, de baixa renda, pessoas com deficiência, negros, pardos e indígenas). No STF, o Recurso Extraordinário 601580, com repercussão geral reconhecida (Tema 57), discutiu a possibilidade de militar transferido ingressar em universidade pública, na falta de universidade privada congênere à de origem. No julgamento, a Corte decidiu que é constitucional a previsão legal que assegure, na hipótese de transferência ex officio do servidor, essa matrícula em instituição pública, na falta de instituição congênere à de origem.

86 O STJ, no julgamento do conflito de competência (CC)171094, reconheceu a competência da justiça estadual para decidir sobre pedido de inscrição pelo Prouni em instituição de ensino particular, não se podendo falar em interesse da União, na espécie.

87 O Decreto 10.972/2022 alterou o Decreto 5.493, de 18 de julho de 2005, que regulamenta a Lei 11.096, de 13 de janeiro de 2005, para dispor sobre a pré-seleção dos estudantes a serem beneficiados pelo Programa Universidade para Todos, estabelecendo que: "Art. 4º A pré-seleção dos estudantes a serem beneficiados pelo ProUni terá como base o resultado obtido no Exame Nacional do Ensino Médio – Enem – e considerará as duas últimas edições imediatamente anteriores ao processo seletivo do ProUni para ingresso em curso de graduação ou sequencial de formação específica, na forma estabelecida em ato do Ministro de Estado da Educação". Novas mudanças foram introduzidas pela Lei 14.350/2022, p. ex., permitindo que estudantes que cursaram o ensino médio em escolas particulares, com bolsa parcial ou sem bolsa de estudos, possam participar do programa, passando a contar com uma ordem de prioridade no processo de classificação dos bolsistas. Houve mudanças nas bolsas para cotistas, além de agora estudantes oriundos dos serviços de acolhimento familiar e institucional, caso constem na base de dados do Sistema Nacional de Adoção e Acolhimento do Conselho Nacional de Justiça (CNJ), passarem a compor o **sistema de cotas** do ProUni.

igual à proporção respectiva de pretos, pardos, indígenas e quilombolas e de pessoas com deficiência na população da unidade da Federação onde está instalada a instituição, segundo o último censo da Fundação Instituto Brasileiro de Geografia e Estatística (IBGE)[88]. Para a pós-graduação *stricto senso*, dispõe a lei que essas instituições federais de ensino superior, no âmbito de sua autonomia e observada a importância da diversidade para o desenvolvimento científico, tecnológico e de inovação, promoverão políticas de ações afirmativas para inclusão de pretos, pardos, indígenas e quilombolas e de pessoas com deficiência.

Igualmente é prevista a reserva nas instituições federais de ensino técnico de nível médio, em cada concurso seletivo para ingresso em cada curso, por turno, no mínimo 50% (cinquenta por cento) de suas vagas para estudantes que cursaram integralmente o ensino fundamental em escolas públicas, sendo que 50% (cinquenta por cento) deverão ser reservadas aos estudantes oriundos de famílias com renda igual ou inferior a um salário mínimo *per capita* e por alunos autodeclarados pretos, pardos, indígenas e quilombolas e por pessoas com deficiência, nos termos da legislação, em proporção ao total de vagas no mínimo igual à proporção respectiva de pretos, pardos, indígenas e quilombolas e de pessoas com deficiência na população da unidade da Federação onde está instalada a instituição, segundo o último censo do IBGE.

Em ambas as hipóteses, os candidatos não concorrerão apenas às cotas reservadas, devendo primeiramente ser observadas as notas pela ampla concorrência e, posteriormente, as reservas de vagas para cotas. Entretanto, há **restrição**: esse sistema de cotas não pode estar baseado no local de origem do candidato à vaga (p. ex., reservar-se no vestibular de uma universidade de determinado Estado da Federação vagas aos alunos egressos da rede pública apenas desse mesmo Estado e não de outro), pois ferirá **o princípio da isonomia federativa** estampado no **art. 19, III, da CF/1988,** que prestigia a igualdade entre todos os brasileiros, independente do Estado-membro de nascimento ou domicílio[89]. Nesse sentido, acolhendo ação direta de inconstitucionalidade (4868), o STF declarou inconstitucional a expressão "do Distrito Federal", constante do art. 1º da Lei Distrital 3.361/2004, que restringia as vagas cotistas nas Universidades e faculdades públicas do Distrito Federal para alunos da educação básica egressos de escolas públicas apenas do Distrito Federal.

O STF, no julgamento do RE 597.285 (Tema 203) considerou constitucional o sistema de cotas adotado pela Universidade Federal do Rio Grande do Sul – reserva de 30% de vagas para egressos do sistema público, destinando, desse total, 50% para autodeclarados negros, que se coaduna com as premissas estabelecidas na ADPF 186/DF referida acima.

De igual forma, baseado na gratuidade do ensino público, o STF editou a **Súmula Vinculante (SV) 12: "A cobrança de taxa de matrícula nas universidades públicas viola o**

---

88 Exemplo prático de aplicação desse sistema é encontrado no Instituto Federal Santa Catarina. Conforme informa seu *blog*, a implementação é feita assim: 50% do total para alunos do ensino público. Destes, 50% são reservados para quem tem renda baixa e 50% para quem tem renda superior ao patamar previsto na lei. Dentro de cada um desses percentuais é reservado 15,7% para pretos, pardos e indígenas e, ainda, 7,69% para pessoas com algum tipo de deficiência. Esses percentuais, segundo a instituição consultada, não são aleatórios; são definidos proporcionalmente a partir da população preta, parda, indígena e PCD de Santa Catarina, de acordo com os dados do Censo do IBGE (INGRESSO POR COTAS: reflexões sobre os 10 anos da Lei n. 12.711. *Instituto Federal Santa Catarina*, Portal Blog dos Intercambistas, 8 abr. 2025. Disponível em: https://www.ifsc.edu.br/postagens-blog-intercambistas/-/asset_publisher/qYC5Mt2Bw6wv/content/id/13371667/ingresso-por-cotas-reflex%C3%B5es-sobre-os-10-anos-da-lei-n-12711. Acesso em: 29 mar. 2025).

89 Nesse sentido julgou o STF, no RE 614.873-Amazonas, com remissão ao quanto julgado na ADI 4382, em acórdão assim ementado: "Ementa: Recurso Extraordinário. Reserva de vagas em vestibular de universidade estadual para egressos de escolas de ensino médio da respectiva unidade federativa. Lei do Estado do Amazonas 2.894/2004, que cria sistema de cotas para preenchimento de vagas em universidade estadual para candidatos egressos de escolas localizadas no respectivo ente federativo. Não pode o ente federativo criar discriminações regionais infundadas, de forma a favorecer apenas os residentes em determinada região, sob pena de violação aos artigos 3°, IV; 5°, *caput*; e 19, iii, todos da Constituição Federal. Impossibilidade de os entes da Federação Brasileira estabelecerem relações de preferências entre brasileiros em razão de sua origem ou procedência. Precedentes".

disposto no art. 206, IV, da Constituição Federal"[90], é dizer, tudo que envolva a manutenção e o desenvolvimento do ensino deve ser gratuito.

Por outro lado, o mesmo STF, no RE 597854, com repercussão geral reconhecida, afirmou que a garantia constitucional da gratuidade de ensino não obsta a cobrança, por universidades públicas, de mensalidades em cursos de especialização. Segundo o Relator, Ministro Edson Fachin, a CF/1988 traz uma diferenciação entre ensino, pesquisa e extensão e a previsão de um percentual da receita das unidades da Federação para a manutenção e desenvolvimento do ensino público não se estendeu a este caso, aplicando-se a SV 12.

Para o Supremo, o art. 213 da CF/1988 autoriza as universidades a captarem recursos privados para pesquisa e extensão, porque é impossível afirmar, a partir de leitura estrita da Constituição Federal, que as atividades de pós-graduação são abrangidas pelo conceito de manutenção e desenvolvimento do ensino, parâmetro para destinação com exclusividade dos recursos público.

O único voto divergente foi o do Min. Marco Aurélio, para quem o inciso IV do art. 206 da CF garante a gratuidade do ensino público nos estabelecimentos oficiais e que isso é um princípio inafastável.

A seu ver, as universidades oficiais são públicas e não híbridas e a Constituição estabelece a igualdade de condições de acesso e permanência na escola, de forma que onde o texto não distingue, não cabe ao intérprete distinguir.

Noutro ponto, o STJ reconheceu que a instituição de ensino superior responde objetivamente pelos danos causados ao aluno em decorrência da falta de **reconhecimento do curso pelo MEC** (REsp 1244685/SP, Rel. Min. Luis Felipe Salomão, j. 03.10.2013).

De igual forma, após reconhecer que a prestação de serviços educacionais se caracteriza como **relação de consumo**, a Corte Especial decidiu que a instituição de ensino superior não pode recusar a matrícula de aluno aprovada em vestibular em razão de inadimplência em **curso diverso** do anteriormente frequentado por ele na mesma instituição (REsp 1.583.798/SC, Rel. Min. Herman Benjamin, j. 24.05.2016)[91-92].

A Corte Cidadã também decidiu, com base em forte jurisprudência, que o servidor municipal, estadual ou federal, aluno de instituição de ensino superior, que for transferido de ofício, tem assegurado o direito a matrícula, desde que congêneres as instituições de ensino, excetuando-se a regra em caso de inexistência de estabelecimento de ensino da mesma natureza no local da nova residência ou em suas imediações (AgInt no REsp 1.875.056/RN, Rel. Min. Herman Benjamin, *DJe* 09.12.2020).

O STF teve oportunidade de apreciar o princípio da autonomia universitária. Na Arguição de Descumprimento de Preceito Fundamental (ADPF) 548, a Procuradoria-Geral da Justiça contesta decisões de juízes eleitorais que determinaram a busca e a apreensão de panfletos e materiais de campanha eleitoral em universidades e nas dependências das sedes de associações de docentes, proibiram aulas com temática eleitoral e reuniões e assembleias de natureza política, impondo a interrupção de manifestações públicas de

90 Súmula 570 do STJ: *"Compete à Justiça Federal o processamento e julgamento de demanda em que se discute a ausência de ou o obstáculo ao credenciamento de instituição particular de ensino superior no Ministério da Educação como condição de expedição de diploma de ensino a distância aos estudantes"*.

91 A respeito de funcionamento e organização de centros e diretórios acadêmicos no âmbito das universidades estaduais, ver julgamento da ADI 3757, ajuizada pela Confederação Nacional de Estabelecimentos de Ensino (Confenen) contra a Lei 14.808/2005, do Estado do Paraná.

92 No julgamento do conflito de competência (CC) 172020, o STJ reconheceu a possibilidade de mandado de segurança ser impetrado no foro do domicílio do impetrante quando se refere a ato de autoridade integrante da administração pública federal, sendo que o reitor de instituição de ensino privado atua por delegação da União ao expedir o diploma, razão pela qual esse ato se encontra sujeito à jurisdição federal.

apreço ou reprovação a candidatos nas eleições gerais de 2018 em universidades federais e estaduais, sob o argumento de que violam preceitos fundamentais da Constituição do Brasil, em especial aos incs. IV, IX e XVI do art. 5º e nos incs. II e III do art. 206 e no art. 207. As medidas estariam embasadas na legislação eleitoral, que veda a veiculação de propaganda de qualquer natureza em prédios e outros bens públicos (art. 37 da Lei 9.504/1997).

Foi concedida medida liminar pela Rel. Min. Cármen Lúcia, depois confirmada pelo plenário, para assegurar a livre manifestação do pensamento e das ideias em universidades. Em seu voto, seguido por unanimidade, salientou que os atos judiciais e administrativos questionados na ação contrariam a CF/1988 e destacou que a autonomia universitária está entre os princípios constitucionais que garantem toda a forma de liberdade. No mérito a Ação de Descumprimento de Preceito Fundamental foi julgada procedente, confirmando-se a liminar concedida, para se reconhecer, em apertada síntese, que os atos questionados na arguição de descumprimento de preceito fundamental desatendem os princípios constitucionais assecuratórios da liberdade de manifestação do pensamento e desobedecem as garantias inerentes à autonomia universitária.

Também foi apreciada pelo STF a possibilidade ou não da previsão no edital de atribuição de nota zero aos alunos que, na redação do Exame Nacional do Ensino Médio (Enem) – que, embora concebido para avaliar a qualidade do ensino médio, serve de acesso a curso superior em universidades públicas brasileiras, por meio do Sistema de Seleção Unificada (SiSU), assim como em algumas universidades no exterior –, desrespeitassem os direitos humanos. A matéria foi objeto da Ação de Descumprimento de Preceito Fundamental (ADPF) 613, ajuizada pelo Partido Socialista Brasileiro contra decisão tomada pelo TRF da 1ª Região que, em ação proposta pelo grupo associativo Escola sem Partido, deferiu liminar impedindo a anulação de redações de candidatos nessas condições. No mérito, a Relatora, Ministra Rosa Weber, não admitiu o cabimento da ação, negando-lhe seguimento por não atender ao requisito da subsidiariedade da medida.

Outro tema debatido na mais alta Corte, com repercussão geral reconhecida no RE 1.177.699 (Tema 1.032), é o direito de candidato estrangeiro à nomeação em concurso público para provimento de cargos de professor, técnico e cientista em universidades e instituições de pesquisa científica e tecnológica federais, nos termos do art. 207, § 1º, da Constituição Federal, regulamentado pela Lei 8.112/1990 (que institui o Regime Jurídico dos Servidores Públicos Civis da União, das autarquias, inclusive as em regime especial, e das fundações públicas federais), em especial seu art. 5º, com a redação dada pela Lei 9.515/1997. Ao final, foi dado provimento ao recurso extraordinário, sendo fixada a seguinte tese: "*O candidato estrangeiro tem direito líquido e certo à nomeação em concurso público para provimento de cargos de professor, técnico e cientista em universidades e instituições de pesquisa científica e tecnológica federais, nos termos do art. 207, § 1º, da Constituição Federal, salvo se a restrição da nacionalidade estiver expressa no edital do certame com o exclusivo objetivo de preservar o interesse público e desde que, sem prejuízo de controle judicial, devidamente justificada*".

No julgamento da ADI 5951, o STF reconheceu a constitucionalidade da obrigatoriedade da devolução ao aluno de taxa de matrícula em caso de trancamento de curso ou pedido de transferência antes do início das aulas em universidades e faculdades particulares.

Em 2025, foi editado o Decreto 12.410, que regulamenta o Programa Diversidade na Universidade, de que trata a Lei 10.558/2002, destinado à promoção do acesso ao ensino superior de pessoas pertencentes a grupos socialmente desfavorecidos, prioritariamente oriundas da escola pública, com renda familiar *per capita* de até um salário mínimo, indígenas, pessoas com deficiência, negros ou quilombolas, e institui a Rede Nacional de Cursinhos Populares.

5.6.3 Sistemas de ensino

O **sistema de ensino**[93] implica a organização dos serviços educacionais[94] direcionados para a realização de objetivos comuns.

Esse tema foi tratado pelo STF no julgamento da Ação Cível Originária (ACO), na qual uma universidade, que é autarquia da administração indireta do Estado do Ceará, pretendia oferecer curso superior do Estado da Paraíba. No julgamento enfrentou-se a questão da organização e do funcionamento dos Sistemas Nacional e Estaduais de Educação, especialmente por se tratar de realização de cursos em outro estado da federação, sem autorização anterior ou em território diverso daquele para o qual foi inicialmente cadastrada.

Dentro do nosso modelo educacional, de acordo com o art. 211 da CF/1988, "**A União, os Estados, o Distrito Federal e os Municípios organizarão em regime de colaboração seus sistemas de ensino**".

Os sistemas de ensino também vêm disciplinados pelos arts. 8º a 18 da LDB e devem ser concebidos pelos entes federativos sob a forma de colaboração mútua, observadas as regras nacionais de educação, mas com autonomia[95], elegendo suas competências próprias.

> **Atenção**
>
> Os Municípios têm uma **particularidade**: podem conceber seu sistema de ensino ou optar por se integrar ao sistema estadual de ensino ou compor com ele um sistema único de educação básica (art. 11, parágrafo único, da LDB).

A articulação entre os sistemas de ensino da União, Estados, Distrito Federal e Municípios justifica a existência de um Plano Nacional de Educação de que já tratamos.

As instituições de ensino e órgãos de educação que integram cada sistema de ensino vêm elencadas nos arts. 16 a 18 da Lei 9.394/1996 (LDB).

Dispõe o § 4º do art. 211 da CF/1988, com a redação dada pela EC 108/2020: "*§ 4º* **Na organização de seus sistemas de ensino, a União, os Estados, o Distrito Federal e os Municípios definirão formas de colaboração, de** *forma* **a assegurar a universalização,** *a qualidade e a equidade* **do ensino obrigatório**".

Pela EC 108/20 foram acrescidos os parágrafos 6º e 7º ao art. 211, com a seguinte redação:

> § 6º A União, os Estados, o Distrito Federal e os Municípios exercerão ação redistributiva em relação a suas escolas.
>
> § 7º O padrão mínimo de qualidade de que trata o § 1º deste artigo considerará as condições adequadas de oferta e terá como referência o Custo Aluno Qualidade (CAQ), pactuados em regime de colaboração na forma disposta em lei complementar, conforme o parágrafo único do art. 23 desta Constituição.

---

[93] Sistema de ensino pode ser entendido como um conjunto harmônico dos serviços educacionais (agrega o conjunto de instituições educacionais - elementos humanos e materiais que as integram) que, sob normas comuns, estão direcionados ao atingimento dos objetivos a serem alcançados pela educação.

[94] À luz da LDB, cabe à União, por meio do MEC, autorizar, reconhecer, credenciar, supervisionar e avaliar os cursos das instituições de educação superior e os estabelecimentos do seu sistema de ensino, o que deslegitima qualquer ato normativo de Conselhos Profissionais que invada essa área de competência administrativa (STJ, REsp 200201685900, 1ª T., Rel. Min. Francisco Falcão, j. 22.02.2005, *DJ* 04.04.2005).

[95] Esta autonomia dos entes federados é reconhecida pelo STJ: REsp 8582/PR, 2ª T., Rel. Min. Ilmar Galvão, j. 17.04.1991, *DJ* 13.05.1991; CC 45658/PB, 1ª S., Rel. Min. Luiz Fux, j. 23.02.2005, *DJ* 28.03.2005; REsp 742716/SC, 1ª T., Rel. Min. Teori Zavascki, j. 07.06.2005, *DJ* 27.06.2005: "*1. As universidades estaduais e municipais gozam de total autonomia para organizar e gerir seus sistemas de ensino (CF, art. 211), e seus dirigentes não agem por delegação da União. Por isso que a apreciação jurisdicional de seus atos é da competência da Justiça Estadual*".

5.6.4 A repartição de competências e financiamento da educação

Sobre as **competências**[96], na forma do § 1º do art. 211 da CF/1988, à **União**[97] compete (**competência material**) organizar o sistema federal de ensino e o dos Territórios, financiar as instituições de ensino públicas federais e exercer, em matéria educacional, função redistributiva e supletiva, de forma a garantir equalização de oportunidades educacionais e padrão mínimo de qualidade do ensino mediante assistência técnica e financeira aos Estados, ao Distrito Federal e aos Municípios[98].

A competência **legislativa**[99] vem assim definida: à União, **privativamente**, cabe legislar sobre as diretrizes e bases da educação nacional[100] (art. 22, XXIV, da CF/1988) e, **concorrentemente** com os Estados e Distrito Federal, sobre as normas gerais de educação (art. 24, IX).

> **Vale lembrar que no âmbito da legislação concorrente**: (a) compete à União estabelecer normas gerais; (b) esta competência para legislar sobre normas gerais não exclui a competência suplementar dos Estados; (c) inexistindo lei federal sobre normas gerais, os Estados exercerão a competência legislativa plena, para atender a suas peculiaridades; e (d) com a superveniência de lei federal sobre normas gerais suspende a eficácia da lei estadual, no que lhe for contrária (art. 24 e seus parágrafos da CF/1988).

Especificamente sobre matéria de educação, a jurisprudência do STF, interpretando o art. 22, XXIV, da CF, em conjunto com o art. 24, IX, da CF, afirma se tratar de competência concorrente entre União e Estados a disciplina de Educação e Ensino, no sentido de que a competência para legislar sobre "diretrizes e bases da educação nacional", tratada no art. 22, XXIV, da CF, redundaria na competência para editar normas gerais em matéria de legislação

---

96 Na ADI 5.745/RJ, Rel. Min. Alexandre de Moraes, redator para acórdão Min. Edson Fachin, j. 07.02.2019, ficou assentado, por maioria de votos, que a Federação não é apenas um mecanismo de distribuição de competências e rendas, mas também de desconcentração do poder político e, como tal, instrumento para estimular a democracia. Portanto, antes de ter-se como inconstitucional determinada norma que, aparentemente, se insere na competência normativa de outro ente, deve-se proceder a uma leitura sistemática e teleológica da Constituição Federal. No caso, cuidava-se de lei do Estado do Rio de Janeiro, que obrigava empresas prestadoras de serviço de TV a cabo, por satélite ou digital, a fornecer ao consumidor, previamente, informações sobre a identificação do servidor de serviço na sua residência. Entendeu-se que não se cuidava de matéria relativa a telecomunicações, de competência privativa da União e, sim, de segurança do consumidor, e como tal sujeita à competência concorrente da União, dos Estados e do Distrito Federal (art. 24, V, da CF/1988).

97 Lembrando que aos Municípios cabe, prioritariamente, o ensino fundamental e infantil e aos Estados e Distrito Federal o fundamental e médio (art. 211, §§ 1º e 2º, da CF).

98 Decidiu o STF que cabe ao Ministério Público Federal e não ao Ministério Público Estadual conduzir as investigações para apurar supostas irregularidades praticadas por instituição privada de ensino superior (ACO 2516/SP, Min. Dias Toffoli, j. 09.03.2016, *DJe* 27.04.2016).

99 O STF reafirmou jurisprudência dominante no sentido de que não invade a competência privativa do chefe do Poder Executivo lei de iniciativa parlamentar que, embora crie despesa para os cofres municipais, não trate da estrutura ou da atribuição de órgãos do Município nem do regime jurídico de servidores públicos (ARE 878911/RJ, Pleno, Rel. Min. Gilmar Mendes, j. 29.09.2016, *DJe* 11.10.2016). É objeto de ADI (6593) parte dos dispositivos da Lei Complementar estadual 1.333/2018 de São Paulo que classificam as despesas necessárias ao equilíbrio atuarial e financeiro do sistema estadual de Previdência como gastos com manutenção e desenvolvimento do ensino, sob o fundamento de invasão de competência privativa da União para legislar sobre manutenção e desenvolvimento do ensino.

100 Na ADI 4167/DF, Pleno, Rel. Min. Joaquim Barbosa, j. 27.4.2011, *DJe* 09.10.2013, reconheceu-se a competência da União para dispor sobre normas gerais relativas ao piso salarial dos professores da educação básica. Em consequência, reconheceu-se a constitucionalidade da lei nacional que fixou o piso salarial dos professores e a reserva de percentual mínimo de 1/3 da carga horária dos docentes da educação básica para dedicação às atividades extraclasse (Lei 11.738/2008). Na ADI 6312 o Min. Roberto Barroso concedeu liminar para suspender os efeitos de lei estadual do Rio Grande do Sul que estipula a idade de ingresso no primeiro ano do ensino fundamental, baseado no entendimento de que é competência privativa da União editar normas gerais sobre educação e ensino. Na aludida decisão, Barroso afirmou que "*há, ainda, jurisprudência consolidada no Tribunal acerca da inconstitucionalidade de normas estaduais e distritais que disponham de forma conflitante em matéria atinente a 'diretrizes e bases' da educação. Nesse sentido: ADI 2501, Rel. Min. Joaquim Barbosa, j. 04.09.2008, e ADI 2667 MC, Rel. Min. Celso de Mello, j. 19.06.2002*" (item 7 do despacho).

concorrente (art. 24, § 1º, da CF). Nesse sentido, o precedente firmado no julgamento da ADI 3.669 (Rel. Min. Cármen Lúcia, *DJe* 28.06.2007)[101]. De igual forma, ao apreciar a ADI 4.060/SC, que trata da competência legislativa para fixar o número de alunos em sala de aula, o STF destacou que o princípio federativo brasileiro reclama, contemporaneamente, o abandono de qualquer leitura excessivamente inflacionada das competências normativas da União (tanto privativas como concorrentes), bem como a descoberta de novas searas normativas que possam ser adotadas pelos Estados, pelos Municípios e pelo Distrito Federal, tudo isso em conformidade com o pluralismo político, um dos fundamentos da República Federativa do Brasil (CF, art. 1º, V).

Lembra que a ***prospective overruling***[102], verdadeiro antídoto ao engessamento do pensamento jurídico, autoriza o Supremo Tribunal Federal a rever sua postura em casos de litígios constitucionais em matéria de competência legislativa, para que passe a prestigiar, como regra geral, as iniciativas regionais e locais, a menos que ofendam norma expressa e inequívoca da Constituição de 1988.

Em vista disso, afirma que a competência legislativa do Estado-membro para dispor sobre educação e ensino (CF/1988, art. 24, IX) autoriza a fixação, por lei local, do número máximo de alunos em sala de aula, no afã de viabilizar o adequado aproveitamento dos estudantes, isso porque o limite máximo de alunos em sala de aula não ostenta natureza de norma geral, uma vez que depende das circunstâncias peculiares a cada ente da federação, tais como o número de escolas colocadas à disposição da comunidade, a oferta de vagas para o ensino, o quantitativo de crianças em idade escolar para o nível fundamental e médio, o número de professores em oferta na região, além de aspectos ligados ao desenvolvimento tecnológico nas áreas de educação e ensino.

De outro lado, o STF, por maioria, no julgamento da ADI 7657, reconheceu a inconstitucionalidade de lei do Estado do Rio de Janeiro que obrigava escolas particulares a estenderem a alunos antigos os mesmos benefícios e as mesmas promoções dados a clientes mais novos. Para o colegiado, essa norma conflita com legislação federal. O voto vencido, do Min. Edson Fachin, entendia que a lei estadual se enquadraria na competência dos Estados para legislar sobre relações de consumo.

Também sobre a competência privativa da União, vale referir o julgamento da ADPF 457, relatada pelo Min. Alexandre de Moraes, principalmente quando o constitucionalista, a certa altura do seu voto, destaca que a premissa básica do Estado Constitucional é a existência de complementaridade entre Democracia e Estado de Direito, pois, enquanto a Democracia se consubstancia no governo da maioria, baseado na soberania popular, o Estado de Direito consagra a supremacia das normas constitucionais, editadas pelo poder constituinte originário, o respeito aos direitos fundamentais e o controle jurisdicional do Poder Estatal, não só para a proteção da maioria, mas também, e basicamente, dos direitos da minoria.

É o que se convencionou denominar de papel contramajoritáro do STF, ou seja, quando, no controle de constitucionalidade, atua como mecanismo de proteção de direitos fundamentais

---

101 Diz a ementa: "Ação direta de inconstitucionalidade. Lei Distrital n. 3.694, de 8 de novembro de 2005, que regulamenta o § 1º do art. 235 da Lei Orgânica do Distrito Federal quanto à oferta de ensino da língua espanhola aos alunos da rede pública do Distrito Federal. Ausência de afronta à Constituição da República. 1. Competência concorrente entre a União, que define as normas gerais e os entes estaduais e Distrito Federal, que fixam as especificidades, os modos e meios de cumprir o quanto estabelecido no art. 24, inc. IX, da Constituição da República, ou seja, para legislar sobre educação. 2. O art. 22, inc. XXIV, da Constituição da República enfatiza a competência privativa do legislador nacional para definir as diretrizes e bases da educação nacional, deixando as singularidades no âmbito de competência dos Estados e do Distrito Federal. 3. Ação direta de inconstitucionalidade julgada improcedente." No mesmo sentido, ADI 3.714, Rel. Min. Alexandre de Moraes, no qual ainda há referência doutrinária de Fernanda Dias Menezes de Almeida (*Comentários à Constituição do Brasil*. 2. ed., p. 813).

102 *Prospective overruling* é, *grosso modo*, a técnica de superação, atualização de precedentes já ultrapassados.

e salvaguarda das minorias contra a vontade da maioria política. Podemos citar, como outro exemplo, o julgamento da ADPF 787, de que tratamos no capítulo da saúde, especificamente no tópico da judicialização.

Sob outra perspectiva, o STF, no julgamento da ADI 6445/PA, Rel. Min. Marco Aurélio (redator para o acórdão Min. Dias Toffoli), por maioria, afirmou a inconstitucionalidade de lei estadual do Pará que reduziu mensalidade no âmbito da rede privada de ensino durante a pandemia de Covid-19 sob o fundamento da natureza de direito civil das normas incidentes sobre a contraprestação de serviços educacionais, por tratarem de questão relacionada a contratos e não de típica disciplina acerca da proteção do consumidor contra eventuais ações abusivas por parte dos prestadores de serviços educacionais. Para a maioria dos ministros da Corte, houve usurpação da competência privativa da União para legislar sobre direito civil. No aspecto material, entendeu-se que a norma impugnada contraria a livre iniciativa e interfere de forma desproporcional em relações contratuais regularmente constituídas.

> O **financiamento** da educação depende, essencialmente, do bom desempenho do poder econômico do Estado, porque educação de qualidade custa caro.

Devemos nos lembrar que os direitos fundamentais trazem como característica uma eficácia dirigente e irradiante, na medida em que contêm uma ordem ao Estado a respeito da sua obrigação permanente de concretização e realização de tais direitos – verdadeiros "imperativos de tutela" –, o que também pode ser traduzido no reconhecimento de um direito à sua proteção mediante a organização e o procedimento, a fim de lhes assegurar concreta consecução pelo Estado[103].

Vale anotar que a importância de se assegurar os recursos necessários[104] tem origem no dever de progressividade assumido pelo Brasil no art. 2º, item 1, do Pacto Internacional sobre Direitos Econômicos, Sociais e Culturais (promulgado pelo Decreto 591/1992) e no art. 1º do Protocolo Adicional à Convenção Americana sobre Direitos Humanos em matéria de Direitos Econômicos, Sociais e Culturais (Protocolo de São Salvador, promulgado pelo Decreto 3.321/1999), o qual contém regra específica que obriga os Estados signatários a adotarem medidas econômicas para assegurar a progressiva prestação dos direitos sociais.

Dessa forma, serão inconstitucionais dispositivos legais que visem distorcer tal garantia, pois irão se chocar com o princípio da vedação de proteção deficiente de bens jurídicos constitucionalmente tutelados, princípio este que é um desdobramento do princípio da proporcionalidade, derivado da cláusula pétrea do devido processo legal substantivo (art. 5º, LIV, da CF/1988).

Para fazer frente a essa despesa, a CF/1988 optou pelo critério da vinculação de receita tributária (arts. 167, IV, e 212 e §§): a **União** aplicará, anualmente, **nunca menos** de **18**, e os **Estados, o Distrito Federal e os Municípios 25%**, no **mínimo**, da **receita** resultante **de impostos**, compreendida a proveniente de transferências, na manutenção e desenvolvimento do ensino.

A EC 108/2020 alterou o art. 212, acrescentando os §§ 7º, 8º e 9º, para proibir o uso desses recursos para pagamento de aposentadoria e pensões, o tratamento a ser dado na hipótese de extinção ou substituição de impostos e para definir que lei disporá sobre normas de fiscalização, de avaliação e de controle das despesas com educação nas esferas estadual, distrital e municipal.

---

[103] Nesse sentido, Ingo W. Sarlet. A eficácia dos direitos fundamentais: uma teoria geral dos direitos fundamentais na perspectiva constitucional, p. 145-151. Destacando o valor e a importância do orçamento público, Heleno Taveira Torres, Direito constitucional financeiro: Teoria da Constituição Financeira, p. 359 e ss.

[104] A EC 108/2020 alterou o art. 158, para estabelecer que da parcela do ICMS pertencente aos Municípios " (...) até 35% (trinta e cinco por cento), de acordo com o que dispuser lei estadual, observada, obrigatoriamente, a distribuição de, no mínimo, 10 (dez) pontos percentuais com base em indicadores de melhoria nos resultados de aprendizagem e de aumento da equidade, considerado o nível socioeconômico dos educandos". Dependerá de lei estadual a ser editada em até dois anos (art. 3º da EC 108/2020).

Essa previsão de gasto deve ser contemplada na Lei de Diretrizes Orçamentárias de cada unidade federativa, para cumprimento em cada exercício financeiro.

Parcela do que é arrecadado de impostos pode ser agrupado em Fundos, como o Fundo de Manutenção e Desenvolvimento da Educação Básica e de Valorização dos Profissionais da Educação – Fundeb, para o financiamento da educação básica.

O Fundeb foi criado pela EC 53/2006 para vigorar de 2007 até 2020 em função da obrigação de investimento prevista no art. 212 da CF/1988. É formado, na quase totalidade, por recursos provenientes dos impostos e transferências dos Estados, Distrito Federal e Municípios.

São destinatários dos recursos do Fundeb os Estados, Distrito Federal e Municípios que oferecem atendimento na educação básica. Na distribuição desses recursos, são consideradas as matrículas nas escolas públicas e conveniadas, apuradas no último censo escolar realizado pelo Instituto Nacional de Estudos e Pesquisas Educacionais (Inep/MEC). Está disciplinado, atualmente, pela Lei 14.113/2020, ressalvado o art. 12 da Lei 11.494/2007 e seu Decreto 10.656/2021 e veio previsto no **art. 60, I,** do Ato das Disposições Constitucionais Transitórias (**ADCT**)[105].

Com a aproximação do seu término, foi objeto de discussão, tanto na Câmara Federal (PEC 15/2015) como no Senado Federal (PEC 33/2019), tornando-se definitivo, com alterações das fontes de recursos por meio da Emenda Constitucional 108, de 2020 de que trataremos durante este capítulo, uma vez reconhecida sua importante fonte de recursos de financiamento da rede pública de ensino no país.

Ele veio substituir o Fundo de Manutenção e Desenvolvimento do Ensino Fundamental e de Valorização do Magistério – Fundef, que era destinado ao ensino fundamental apenas, e ampliar seu espectro para alcançar **toda a educação básica** que envolve, como sabemos, a educação infantil (creche e pré-escola), o ensino fundamental e o ensino médio (incluída a Educação para Jovens e Adultos – EJA).

Também diferentemente do Fundef (destinado à rede pública), o Fundeb pode atingir **escolas da rede privada**, como é o caso das escolas confessionais ou filantrópicas e conveniadas com o Poder Público que atendam certos pressupostos (arts. 213 da CF/1988 e 7º, § 3º, da Lei 14.113/2020).

Esse fundo é **instituído um** em cada **Estado e um no Distrito Federal**[106], transformando-se em vários, e destinam-se à manutenção da educação básica pública e à valorização dos trabalhadores em educação, incluindo sua remuneração condigna.

Sua criação, em cada Estado e no Distrito Federal é disciplinada, agora, pelo art. 212-A e seus vários incisos e parágrafos, incluído pela EC 108/2020.

Ele passa a ser permanente, com as seguintes características e critérios de composição que transcrevemos abaixo, para facilitar a compreensão:

---

105 Na Suspensão de Liminar (SL) 1.186, ajuizada pela Procuradoria-Geral da República, foi determinada a imediata suspensão de todas as ações que tenham autorizado o pagamento de honorários advocatícios contratuais em precatórios expedidos pela União para quitar diferenças de complementação de verbas do Fundeb. O Min. Dias Toffoli reconheceu que a jurisprudência pacífica do STF é no sentido da plena vinculação da verba do referido fundo exclusivamente ao uso em educação pública. Já no julgamento do RE 1428399 (**Tema 1.256**), sobre o mesmo tema, fixou-se a seguinte tese: "*1. É inconstitucional o emprego de verbas do Fundef/Fundeb para pagamento de honorários advocatícios contratuais. 2. É possível a utilização dos juros de mora inseridos na condenação relativa a repasses de verba do Fundef para pagamento dos honorários contratuais*". No AgIntREsp1.819.469, com remissão ao REsp 1.703.697/PE reconheceu-se que os recursos do Fundeb encontram-se constitucional e legalmente vinculados a uma destinação específica, sendo vedada a sua utilização em despesa diversa da manutenção e desenvolvimento da educação básica. Por maioria de votos, o STF, no julgamento da ADPF 528, julgou constitucional a decisão do Tribunal de Contas da União que havia desobrigado Estados e Municípios de destinarem percentual mínimo de recursos complementados pela União, via precatórios, para pagamento de profissionais do magistério, ou seja, os recursos recebidos a título de complementação, por força de decisão judicial referente a erro no cálculo do valor do antigo Fundef, no período de 1998 a 2006, deveriam permanecer com aplicação vinculada à educação, mas não deveria persistir a destinação de 60% para pagamento dos professores da educação básica, pois isso poderia resultar em aumentos salariais insustentáveis que, em razão da regra de irredutibilidade salarial, pressionaria o orçamento público dos períodos subsequentes, sem a correspondente receita, podendo gerar sérios problemas futuros.

106 O Fundo Nacional de Desenvolvimento da Educação (FNDE) é responsável por coordenar e acompanhar o Fundeb.

I – a distribuição dos recursos e de responsabilidades entre o Distrito Federal, os Estados e seus Municípios é assegurada mediante a instituição, no âmbito de cada Estado e do Distrito Federal, de um Fundo de Manutenção e Desenvolvimento da Educação Básica e de Valorização dos Profissionais da Educação (Fundeb), de natureza contábil;

II – os fundos referidos no inciso I do *caput* deste artigo serão constituídos por 20% (vinte por cento) dos recursos a que se referem os incisos I, II e III do *caput* do art. 155, o inciso II do *caput* do art. 157, os incisos II, III e IV do *caput* do art. 158 e as alíneas *a* e *b* do inciso I e o inciso II do *caput* do art. 159 desta Constituição;

III – os recursos referidos no inciso II do *caput* deste artigo serão distribuídos entre cada Estado e seus Municípios, proporcionalmente ao número de alunos das diversas etapas e modalidades da educação básica presencial matriculados nas respectivas redes, nos âmbitos de atuação prioritária, conforme estabelecido nos §§ 2º e 3º do art. 211 desta Constituição, observadas as ponderações referidas na alínea *a* do inciso X do *caput* e no § 2º deste artigo;

IV – a União complementará os recursos dos fundos a que se refere o inciso II do *caput* deste artigo;

V – a complementação da União será equivalente a, no mínimo, 23% (vinte e três por cento) do total de recursos a que se refere o inciso II do *caput* deste artigo, distribuída da seguinte forma:

a) 10 (dez) pontos percentuais no âmbito de cada Estado e do Distrito Federal, sempre que o valor anual por aluno (VAAF), nos termos do inciso III do *caput* deste artigo, não alcançar o mínimo definido nacionalmente;

b) no mínimo, 10,5 (dez inteiros e cinco décimos) pontos percentuais em cada rede pública de ensino municipal, estadual ou distrital, sempre que o valor anual total por aluno (VAAT), referido no inciso VI do *caput* deste artigo, não alcançar o mínimo definido nacionalmente;

c) 2,5 (dois inteiros e cinco décimos) pontos percentuais nas redes públicas que, cumpridas condicionalidades de melhoria de gestão previstas em lei, alcançarem evolução de indicadores a serem definidos, de atendimento e melhoria da aprendizagem com redução das desigualdades, nos termos do sistema nacional de avaliação da educação básica;

VI – o VAAT será calculado, na forma da lei de que trata o inciso X do *caput* deste artigo, com base nos recursos a que se refere o inciso II do *caput* deste artigo, acrescidos de outras receitas e de transferências vinculadas à educação, observado o disposto no § 1º e consideradas as matrículas nos termos do inciso III do *caput* deste artigo;

VII – os recursos de que tratam os incisos II e IV do *caput* deste artigo serão aplicados pelos Estados e pelos Municípios exclusivamente nos respectivos âmbitos de atuação prioritária, conforme estabelecido nos §§ 2º e 3º do art. 211 desta Constituição;

VIII – a vinculação de recursos à manutenção e ao desenvolvimento do ensino estabelecida no art. 212 desta Constituição suportará, no máximo, 30% (trinta por cento) da complementação da União, considerados para os fins deste inciso os valores previstos no inciso V do *caput* deste artigo;

IX – o disposto no *caput* do art. 160 desta Constituição aplica-se aos recursos referidos nos incisos II e IV do *caput* deste artigo, e seu descumprimento pela autoridade competente importará em crime de responsabilidade;

X – a lei disporá, observadas as garantias estabelecidas nos incisos I, II, III e IV do *caput* e no § 1º do art. 208 e as metas pertinentes do plano nacional de educação, nos termos previstos no art. 214 desta Constituição, sobre:

a) a organização dos fundos referidos no inciso I do *caput* deste artigo e a distribuição proporcional de seus recursos, as diferenças e as ponderações quanto ao valor anual por aluno entre etapas, modalidades, duração da jornada e tipos de estabelecimento de ensino, observados as respectivas especificidades e os insumos necessários para a garantia de sua qualidade;

b) a forma de cálculo do VAAF decorrente do inciso III do *caput* deste artigo e do VAAT referido no inciso VI do *caput* deste artigo;

c) a forma de cálculo para distribuição prevista na alínea *c* do inciso V do *caput* deste artigo;

d) a transparência, o monitoramento, a fiscalização e o controle interno, externo e social dos fundos referidos no inciso I do *caput* deste artigo, assegurada a criação, a autonomia, a manutenção e a consolidação de conselhos de acompanhamento e controle social, admitida sua integração aos conselhos de educação;

e) o conteúdo e a periodicidade da avaliação, por parte do órgão responsável, dos efeitos redistributivos, da melhoria dos indicadores educacionais e da ampliação do atendimento;

XI – proporção não inferior a 70% (setenta por cento) de cada fundo referido no inciso I do *caput* deste artigo, excluídos os recursos de que trata a alínea *c* do inciso V do *caput* deste artigo, será destinada ao pagamento dos profissionais da educação básica em efetivo exercício, observado, em relação aos recursos previstos na alínea *b* do inciso V do *caput* deste artigo, o percentual mínimo de 15% (quinze por cento) para despesas de capital;

XII – lei específica disporá sobre o piso salarial profissional nacional para os profissionais do magistério da educação básica pública;

XIII – a utilização dos recursos a que se refere o § 5º do art. 212 desta Constituição para a complementação da União ao Fundeb, referida no inciso V do *caput* deste artigo, é vedada.

§ 1º O cálculo do VAAT, referido no inciso VI do *caput* deste artigo, deverá considerar, além dos recursos previstos no inciso II do *caput* deste artigo, pelo menos, as seguintes disponibilidades:

I – receitas de Estados, do Distrito Federal e de Municípios vinculadas à manutenção e ao desenvolvimento do ensino não integrantes dos fundos referidos no inciso I do *caput* deste artigo;

II – cotas estaduais e municipais da arrecadação do salário-educação de que trata o § 6º do art. 212 desta Constituição;

III – complementação da União transferida a Estados, ao Distrito Federal e a Municípios nos termos da alínea *a* do inciso V do *caput* deste artigo.

§ 2º Além das ponderações previstas na alínea *a* do inciso X do *caput* deste artigo, a lei definirá outras relativas ao nível socioeconômico dos educandos e aos indicadores de disponibilidade de recursos vinculados à educação e de potencial de arrecadação tributária de cada ente federado, bem como seus prazos de implementação.

§ 3º Será destinada à educação infantil a proporção de 50% (cinquenta por cento) dos recursos globais a que se refere a alínea *b* do inciso V do *caput* deste artigo, nos termos da lei.

De se notar que muitas destas disposições dependem de lei (p. ex., inciso X, supra) que necessitavam ser aprovadas até o final de 2020, para permitir o correto funcionamento do fundo e isso se deu através da Lei 14.113, de 25.12.2020.

Aliás, alguns pontos interessantes que podem ser destacados dela são a alteração da lógica de redistribuição de recursos do Fundo orientada pelo critério Valor Aluno Ano/Total, fazendo com que municípios de menor renda para educação recebem maior fatia da parcela federal; o total de recursos vinculados ao Fundeb nos Estados, Municípios e Distrito Federal deve observar patamar mínimo (igual à média dos três últimos exercícios) e com isso a verba para educação fica protegida de eventual reforma tributária que acabe por substituir ou eliminar impostos hoje vinculados ao desenvolvimento e manutenção do ensino; fortaleceu-se os Conselhos de Acompanhamento e Controle Social a que aludiremos adiante, assegurando sua autonomia e, ainda, reafirmou-se a relevância do Ministério Público na fiscalização da aplicação dos recursos dos Fundos locais[107]. Essa lei será atualizada e disto já trata o PL 3.418/2021, em tramitação no Senado Federal.

A complementação[108] mínima da União na composição desses Fundos passou de 10% para 23%, aumento este que foi escalonado da seguinte forma: I – 12% (doze por cento), no primeiro ano; II – 15% (quinze por cento), no segundo ano; III – 17% (dezessete por cento),

[107] Disso trata o art. 32 da Lei 14.113/2020.

[108] Complementará o recurso do fundo respectivo quando algum estado ou o Distrito Federal não atingir o valor anual mínimo de gasto por aluno fixado nacionalmente.

no terceiro ano; IV – 19% (dezenove por cento), no quarto ano; V – 21% (vinte e um por cento), no quinto ano; VI – 23% (vinte e três por cento), no sexto ano, de acordo com a nova redação dada ao art. 60 do ADCT.

Os vários Fundebs existentes (no total 27 – cada um em um Estado e no Distrito Federal) não se comunicam nem se correlacionam.

Embora o art. 1º da Lei 14.113/2020 o define como fundo estadual e de natureza contábil, o Fundeb não pode ser considerado, individualmente, um Fundo Estadual, porque ele é comum ao governo do Estado e dos respectivos Municípios, na condição de provedores e beneficiários, simultaneamente, dos recursos, como expressão de uma interação e reciprocidade que denotam o comprometimento com um objetivo comum.

O **acompanhamento** e o **controle social** sobre a distribuição, a transferência e a aplicação dos recursos dos Fundos[109] serão exercidos, atualmente, junto aos respectivos governos, no âmbito da União, dos Estados, do Distrito Federal e dos Municípios, por Conselhos instituídos especificamente para esse fim, denominados **Conselhos de Acompanhamento e Controle Social** (art. 33 da Lei 14.113/2020[110]).

As Ações Cíveis Originárias (ACOs) 648, 660, 669 e 700, interpostas no STF, cujo Relator é o Ministro Marco Aurélio, discutem os valores repassados pela União aos Estados como complementação do valor pago por aluno ao antigo Fundef, substituído pelo Fundeb, como já mencionado.

Por maioria de votos, o Plenário do Supremo Tribunal Federal condenou a União ao pagamento de diferenças relacionadas à complementação do Fundef. De acordo com a decisão, o valor mínimo repassado por aluno em cada unidade da Federação não pode ser inferior à média nacional apurada, e a complementação ao fundo, fixada em desacordo com a média nacional, impõe à União o dever de suplementação desses recursos. Também ficou estabelecido que os recursos recebidos retroativamente deverão ser destinados exclusivamente à educação. O julgamento vale apenas para as unidades da Federação que ajuizaram as ações civis ordinárias acima mencionadas e refere-se a **valores apurados para os exercícios financeiros de 1998 a 2007**, quando o Fundef foi substituído pelo Fundeb. Também por maioria, o Plenário autorizou os Ministros a decidirem monocraticamente em novas ações sobre a mesma matéria[111].

A referida EC 108/2020 tratou de outros temas, como p. ex. sobre a participação da sociedade nas definições de políticas sociais (art. 193, parágrafo único, da CF/1988, embora de eficácia limitada) – e para o que nos interessa foram inseridos nos capítulos respectivos desta obra – mas, na essência, além de tornar o Fundeb permanente e elevar o percentual mínimo de participação da União na complementação de recursos, como já referimos anteriormente, estabeleceu que seus efeitos financeiros começam a ser produzidos a partir de 1º de janeiro de 2021, sendo que até lá continuam valendo os efeitos do art. 60 do ADCT.

A EC 180/2020 ainda acrescentou o art. 60-A ao ADCT, dispondo que os critérios de distribuição da complementação da União e dos fundos a que se refere o inciso I do *caput* do art. 212-A da Constituição Federal serão revistos em seu sexto ano de vigência e, a partir dessa primeira revisão, periodicamente, a cada dez anos.

---

[109] Vale lembrar que a fiscalização dos recursos estaduais, municipais e do Distrito Federal do Fundeb é feita pelos Tribunais de Contas dos Estados e dos Municípios (onde houver), sendo que o STF, no julgamento da ADI 5791, ratificou o entendimento de que o Tribunal de Contas da União tem competência para fiscalizar a aplicação, pelos Estados, Municípios e Distrito Federal, dos recursos integrantes desse fundo que receberem complementação da União, sem prejuízo da atuação dos respectivos Tribunais de Contas estaduais, já que o fundo é composto por recursos estaduais e municipais.

[110] O inciso X, letra *d*, do art. 212-A prevê que lei disporá sobre o monitoramento e controle interno, externo e social dos fundos.

[111] Há inúmeras ações judiciais questionando a aplicação irregular dessas verbas pelo Poder Público e exigindo a reposição dos valores faltantes, como é exemplo o REsp 1.713.034, no qual é réu o município do Rio de Janeiro, que foi obrigado a fazer o repasse das diferenças.

Foi promulgada pelo Congresso Nacional recentemente a Emenda Constitucional 119, que desobriga estados e municípios de terem aplicado, em 2020 e 2021, o percentual mínimo exigido pela CF/1988 em educação. A justificativa foram as crises econômica e sanitária causadas pela pandemia de Covid-19.

A medida também isenta de responsabilidade (administrativa, civil ou criminal) os gestores públicos pela não alocação desses recursos no período. Em contrapartida, os entes federados terão a obrigação de complementar o que não foi aplicado nesses dois anos até o exercício financeiro de 2023[112].

Em 2023, a EC 132 trouxe a reforma tributária, que, embora não trate diretamente do Fundeb, altera a tributação sobre o consumo e o patrimônio, o que pode impactar nos recursos do fundo e na participação da União nesse financiamento. Foram alterados por essa EC alguns incisos do art. 212-A. O impacto tributário dessa reforma no Fundo escapa do propósito deste estudo, por sua especificidade.

A edição da EC 95/2016 limita os gastos federais – só da União e não dos demais entes federativos – (com exceção do pagamento de juros sobre a dívida pública) pelos próximos 20 anos a um teto definido pelo montante gasto no ano anterior reajustado pela inflação acumulada, aferida pelo índice nacional de preços ao consumidor ampliado (IPCA A), ou seja, o valor a ser aplicado em ações de saúde ficará congelado, sendo tão somente corrigido pelo IPCA, na forma do art. 110, II, combinado com o art. 107, § 1º, II, todos do ADCT (também inseridos pela EC 95).

Especialistas temem que para a educação haverá uma redução de recursos em algo próximo a 35%. Também haverá reflexos para o Plano Nacional de Educação (2014/2024), que estabeleceu como meta atingir 7% do PIB até 2019 e 10% até 2024, que a partir da emenda será dificilmente atingida. A esses fatores se soma a recessão econômica que afeta o desempenho financeiro da União, dos Estados e Municípios no recebimento de tributos, com reflexos nos repasses ao Fundeb.

O Partido Socialismo e Liberdade (PSOL) ajuizou no Supremo Tribunal Federal Ação Direta de Inconstitucionalidade (ADI 5680) contra a Emenda Constitucional 95/2016; de igual forma e contra a mesma emenda, o Partido Democrático Trabalhista (PDT) ajuizou a ADI 5658.

Vale lembrar que o STF homologou recentemente acordo firmado entre a Procuradoria-Geral da República, a Câmara dos Deputados e a União Federal para destinação à educação de R$ 1,6 bilhão recuperados da Petrobras a partir da operação "Lava Jato"[113].

Mais recentemente, a verba para educação sofreu novo golpe, com os vetos presidenciais à Lei Complementar 194, de 23 de junho de 2022 (oriunda do PLP 18/2022), que altera em todo o país os critérios de arrecadação do Imposto sobre Circulação de Mercadorias (ICMS) sobre combustíveis e energia elétrica, o que poderá representar, segundo levantamento feito pelo Comitê Nacional dos Secretários Estaduais da Fazenda (Comsefaz), uma diminuição potencial de aproximadamente 26 bilhões de reais, como aponta a Nota Técnica do Conselho Nacional de Procuradores-Gerais do Ministério Público dos Estados e da União (CNPG), de 8 de julho de 2022.

Em sessão virtual extraordinária concluída em dezembro de 2022, o Plenário do STF, por unanimidade, homologou acordo firmado entre os Estados, o Distrito Federal e a União

[112] A Lei 14.325/2022 regulamentou o uso dos recursos não aproveitados do Fundeb (Fundo de Manutenção e Desenvolvimento da Educação Básica) e de seu antecessor, o extinto Fundef, para o pagamento do magistério na educação básica da rede pública de ensino. O texto trata do chamado "passivo do Fundef" – decisões judiciais que obrigaram a União a corrigir para cima seus cálculos e complementar sua participação no fundo. Essa complementação foi feita por meio de precatórios. O texto especifica que os valores pagos têm caráter indenizatório e não podem ser incorporados aos salários ou às aposentadorias.

[113] A Ordem dos Advogados do Brasil ajuizou Ação de Descumprimento de Preceito Fundamental (ADPF 595/19) contra o contingenciamento de verbas de universidades federais (tratam da mesma matéria da ADI 6.127 e da ADPFs 582 e 583).

acerca do ICMS sobre combustíveis. Segundo o termo homologado, a União encaminhará ao Congresso Nacional propostas de aperfeiçoamento legislativo da Lei Complementar 194/2022, que passou a considerar essenciais bens e serviços relativos aos combustíveis, e da Lei Complementar 192/2022, que uniformizou as alíquotas do ICMS sobre combustíveis em todo o país. Esse acordo decorreu do trabalho de comissão especial criada pelo ministro Gilmar Mendes no âmbito da ADI 7191 e da ADPF 984.

5.6.5 Responsabilidade civil das instituições públicas de ensino (art. 37, § 6º, da CF/1988)

Dispõe o § 6º do art. 37 da CF/1988 sobre a responsabilidade das pessoas jurídicas de **direito público** e **direito privado** pelos danos causados por seus agentes a terceiros[114], servidor público ou não[115].

Como uma norma constitucional definidora de direito e garantia fundamental é autoaplicável e de eficácia plena, conclusão que deflui tanto da leitura do próprio dispositivo, que não reclama concretização por lei, como pela densidade normativa decorrente dos demais princípios que fundamentam nosso Estado Democrático de Direito e que com ele guardam conexão.

Dessa forma, respondem civilmente as pessoas jurídicas de direito público pelos danos causados aos alunos matriculados nas redes oficiais de ensino[116].

Essa responsabilidade é, em regra, **objetiva** – ou do **risco administrativo,** é dizer, decorre do risco criado pelo próprio Estado no exercício de seu múnus –, e exige que a vítima comprove a existência do fato, sendo desnecessária a presença de maiores elementos para caracterizar a responsabilidade estatal: "**(...) A inequívoca presença do nexo de causalidade entre o ato administrativo e o dano causado ao terceiro não usuário do serviço é condição suficiente para estabelecer a responsabilidade objetiva da pessoa jurídica de direito privado**" (RE 591.874, Rel. Min. Ricardo Lewandowski, j. 26.08.2009). No mesmo sentido, ARE 675.793, Rel. Min. Gilmar Mendes, e AI 831.327 AgR, Rel. Min. Cármen Lúcia.

Em igual posição, decidiu o STF que o Estado responde objetivamente por tiro de arma de fogo desferido por aluno contra professora no local de trabalho (ARE 663.647 AgR/PR, Rel. Min. Cármen Lúcia, j. 14.02.2012, *DJe* 06.03.2012).

Da mesma forma, o Poder Público ao receber o estudante em qualquer estabelecimento da rede oficial de ensino "**(...) assume o grave compromisso de velar pela preservação de sua integridade física, devendo empregar todos os meios necessários ao integral desempenho desse encargo jurídico (...)**", sob pena de incidir em responsabilidade civil pelos eventos lesivos ocasionados ao aluno (RE 109.615, 1ª T., Rel. Min. Celso de Mello, j. 28.05.1996, *DJ* 02.08.1996).

A pesquisa sobre a **culpa da vítima** pode ocorrer para o fim de abrandar, atenuar tal responsabilidade (causalidade concorrente) ou mesmo excluí-la – ausência do nexo de causalidade na ocorrência do dano (STF, AI 636.814 AgR/DF, 2ª T., Rel. Min. Eros Grau, j. 22.05.2007, *DJe* 15.06.2007).

---

[114] CF/1988, art. 37, § 6º *"As pessoas jurídicas de direito público e as de direito privado prestadoras de serviços públicos responderão pelos danos que seus agentes, nessa qualidade, causarem a terceiros, assegurado o direito de regresso contra o responsável nos casos de dolo ou culpa."*

[115] AI 473.381 AgR/AP, 2ª T., Rel. Min. Carlos Veloso, j. 20.09.2005, *DJe* 28.10.2005. No mesmo sentido, RE 435.444 Ag/RS, 1ª T., Rel. Min. Roberto Barroso, j. 18.03.2014, *DJe* 09.06.2014.

[116] No Recurso Extraordinário (RE) 1.027.633, que teve repercussão geral reconhecida (Tema 940), Rel. Min. Marco Aurélio, o STF fixou a seguinte tese: "A teor do disposto no art. 37, § 6º, da Constituição Federal, a ação por danos causados por agente público deve ser ajuizada contra o Estado ou a pessoa jurídica de direito privado prestadora de serviço público, sendo parte ilegítima para a ação o autor do ato, assegurado o direito de regresso contra o responsável nos casos de dolo ou culpa". Sobre o mesmo tema e ainda pendente de julgamento pelo STF, o AI 720117.

Ainda de acordo com o STF, para a configuração da responsabilidade objetiva do Estado não é necessário que o **ato** praticado seja **ilícito** (RE 456.302 AgR/RR, 1ª T., Rel. Min. Sepúlveda Pertence, j. 06.02.2007, *DJ* 16.03.2007).

Na hipótese de dano moral a responsabilidade será *in re ipsa*, ou seja, deriva do próprio fato ofensivo, de tal modo que, provada a ofensa, *ipso facto* está demonstrado o dano moral à guisa de uma presunção natural, uma **presunção** "*hominis*" **ou** "*facti*", que decorre das regras da experiência comum.

Tratando-se de responsabilidade **subjetiva**, é necessário demonstrar a culpa do agente público (professor, diretor, funcionário do local), quer no **não enfrentamento, quer** no enfrentamento **insuficiente** do problema (conduta omissiva).

Essa distinção entre os dois tipos de responsabilidade não é nova e decorreu da evolução doutrinária na análise do papel do Estado (Poder Público) na vida da sociedade.

Em mais de uma oportunidade, o STF decidiu que a responsabilidade da Administração, seja por ato comissivo ou omissivo, será sempre objetiva[117]: STF, RE 109615/RJ, 1ª T., Rel. Min. Celso de Mello, , j. 28.05.1996, v.u., RTJ 163/1107 e RT 733/130, nesse caso tratando de dano sofrido por aluno dentro da escola pública e causado por ato de outro aluno.

Entretanto, já se entendeu que em se tratando de **omissão estatal**, a responsabilidade é subjetiva, pelo que se exige o dolo ou culpa do agente, essa última numa das seguintes modalidades: negligência, imprudência e imperícia. A falta do serviço não dispensa, todavia, o requisito da causalidade, é dizer, do nexo de causalidade entre a ação omissiva atribuída ao ente estatal e o dano causado a terceiro (RE 369.820, 2ª T., Rel. Min. Carlos Veloso, j. 04.11.2003, *DJ* 27.02.2004; RE 602.223 AgR/RN, 2ª T., Rel. Min. Eros Grau, j. 09.02.2010, *DJe* 12.02.2010).

No mesmo sentido, também o posicionamento adotado pelo STJ no REsp 1.040.895/MG, 1ª T., Rel. Min. Luiz Fux, j. 01.06.2010, *DJe* 30.06.2010, destacando a necessidade, no caso de omissão estatal, de se demonstrar a inércia do Poder Público e o mau funcionamento do serviço. **Vide** também, no STJ: REsp 1.210.064/SP, 2ª S., Rel. Min. Luis Felipe Salomão, j. 08.08.2012, *DJe* 31.08.2012 e AgInt no REsp 1.628.608/PB, 2ª T., Rel. Min. Francisco Falcão, j. 20.06.2017, *DJe* 26.06.2017.

No tocante às instituições privadas de ensino, elas se sujeitam ao regime civil do Código de Defesa do Consumidor.

5.7 *BULLYING*

Um tema que vem despertando atenção no âmbito do direito educacional e que guarda direta relação com aspectos que já tratamos do respeito pela diferença e pelo diferente é o *bullying* no ambiente escolar.

O *bullying* foi objeto de um **Programa de Combate à Intimidação Sistemática (*Bullying*)** em todo o território nacional por meio da Lei 13.185/2015. Também mereceu atenção da Lei 13.663/2018, que promoveu mudanças no art. 12 da Lei de Diretrizes e Bases da Educação Nacional, ao acrescentar os incisos IX e X, que tratam da promoção de medidas de conscientização, de prevenção e de combate a todos os tipos de violência, especialmente a intimidação sistemática (*bullying*), no âmbito escolar e visa estabelecer ações destinadas a promover a cultura de paz nas escolas.

[117] No julgamento do RE 136.861 (Tema 366 da repercussão geral) em que se discute a existência de responsabilidade civil do Estado por danos decorrentes de omissão do dever de fiscalizar comércio de fogos de artifício (Informativo 917), cujos argumentos se aproveitam para o que estamos tratando, foi fixada a seguinte tese em repercussão geral: "*Para que fique caracterizada a responsabilidade civil do Estado por danos decorrentes do comércio de fogos de artifício, é necessário que exista a violação de um dever jurídico específico de agir, que ocorrerá quando for concedida a licença para funcionamento sem as cautelas legais ou quando for de conhecimento do poder público eventuais irregularidades praticadas pelo particular*".

Por essa lei, considera-se **intimidação sistemática** (*bullying*) todo ato de violência física ou psicológica, intencional e repetitivo que ocorre sem motivação evidente, praticado por indivíduo ou grupo, contra uma ou mais pessoas, com o objetivo de intimidá-la ou agredi-la, causando dor e angústia à vítima, em uma relação de desequilíbrio de poder entre as partes envolvidas (art. 1º, § 1º, da Lei 13.185/2015).

Essa intimidação sistemática estará caracterizada quando houver violência física ou psicológica em atos intimidativos, de humilhação ou discriminação, e ainda: ataques físicos; insultos pessoais; comentários sistemáticos e apelidos pejorativos; ameaças por quaisquer meios; grafites depreciativos; expressões preconceituosas; isolamento social consciente e premeditado e piada (art. 2º).

São partes nesse processo, nas escolas, os agressores ou *bullies*, em geral aqueles alunos mais populares no ambiente escolar e que necessitam de plateia para dar seu *show*; as **vítimas** ou "**alvos de** *bullying*", aquelas escolhidas aleatoriamente (apesar de ser mais comum naqueles que apresentem alguma deficiência, inabilidade para os esportes, padrões de beleza fora dos aceitos socialmente – obesos, de baixa estatura –, tímidos), que passam a sofrer ameaças, humilhações e intimidações; os **espectadores**, que são as testemunhas dos casos, em regra a maioria dos estudantes, que assistem passivamente às humilhações sem interferir; as **vítimas agressoras**, que são aquelas que ao mesmo tempo em que sofrem agressões, também as praticam contra outros mais fracos; e as **vítimas provocadoras**, que são aquelas que provocam e atraem reações agressivas contra as quais não conseguem lidar bem; quase sempre é responsável por causar tensões no ambiente em que se encontra.

Quando praticado no ambiente da rede mundial de computadores, será considerado *cyberbullying* (art. 2º, parágrafo único) e poderá consistir em depreciar, incitar a violência ou adulterar fotos e dados pessoais com o intuito de criar meios de constrangimento psicossocial.

Esse tipo de intimidação pela internet ou tecnologia relacionada, adverte Anderson Schreiber, atinge outro patamar de violência psicossocial em razão dos seguintes fatores: (a) anonimato do agressor; (b) dificuldade de sua identificação (uso de apelidos – *nicknames* – perfis falsos); (c) é indelével, porque pode ser ressuscitada a intimidação a qualquer momento quando, por exemplo, alguém do convívio social da vítima o localize na rede; (d) não tem fronteira espacial nem limitação de espectadores[118]. As ações judiciais de reparação de dano, nesses casos, têm sido direcionadas contra o próprio praticante ou, se menor, seus pais (art. 932, I, do CC).

Também se fala em *cyberstalking*, que consiste na perseguição praticada pela rede de computadores. Muitas dessas condutas já encontravam tipificação penal no Código Penal, independentemente da legislação específica para a *internet*: *bullying*, *cyberbullying* em regra são crimes contra a honra, e *stalking* e *cyberstalking* são crimes de perseguição, tal como definido na Lei 14.132/2021, que acrescentou ao Código Penal esse novo tipo, no art. 147-A[119] e revogou o art. 65 do Decreto-lei 3.688/1941 (Lei das Contravenções Penais).

O *bullying*, como mecanismo de opressão, humilhação e agressão repetidas, imposto pelo agente à sua vítima, motivadamente ou não, com sérias consequências emocionais a essa última (a ponto de causar o suicídio, o que se convencionou denominar "bullycídio"[120]), se verificado

---

118 *Cyberbullying*: responsabilidade civil e efeitos na família. *Jornal Carta Forense*, dez. 2018, p. B8. Esse autor aponta que o Brasil está em segundo lugar no *ranking* mundial em que crianças e adolescentes mais sofrem o *cyberbullying*, atingindo ainda quatro em cada dez professores.

119 *"Art. 147-A. Perseguir alguém, reiteradamente e por qualquer meio, ameaçando-lhe a integridade física ou psicológica, restringindo-lhe a capacidade de locomoção ou, de qualquer forma, invadindo ou perturbando sua esfera de liberdade ou privacidade. Pena – reclusão, de 6 (seis) meses a 2 (dois) anos, e multa. § 1º A pena é aumentada de metade se o crime é cometido: I – contra criança, adolescente ou idoso; II – contra mulher por razões da condição de sexo feminino, nos termos do § 2º-A do art. 121 deste Código; III – mediante concurso de 2 (duas) ou mais pessoas ou com o emprego de arma. § 2º As penas deste artigo são aplicáveis sem prejuízo das correspondentes à violência. § 3º Somente se procede mediante representação."*

120 A esse respeito, consultar: BONFIM, Silvano Andrade. *Bullying* e responsabilidade civil: uma nova visão do direito de família à luz do direito civil constitucional, *Revista Brasileira de Direito das Famílias e das Sucessões*, IBDFAM, Magister, a. XIII, n. 22, 2011.

no ambiente escolar público, sem o correto enfrentamento pelo Poder Público, juntamente com os professores, coordenadores, diretores e familiares para fazer cessar imediatamente, pode gerar a responsabilização da Administração Pública – art. 37, § 6º, da CF/1988, de que tratamos linhas atrás –, em função do reconhecimento da responsabilidade do ente público pelo risco administrativo[121].

O Poder Judiciário vem oferecendo técnicas restaurativas de solução de conflito em salas de aula – como é o caso do *bullying* – para promover a paz nos ambientes escolares e com isso evitar a judicialização de novos conflitos. Aplica-se a **mediação** e os chamados **círculos restaurativos** em conflitos escolares, práticas que estão em conformidade com a Política Nacional de Resolução de Conflitos no Judiciário, instituída pelo Conselho Nacional de Justiça (CNJ) por meio da Resolução 125/2010, e com a Resolução 225/2016, que contém diretrizes para implementação e difusão da **Justiça Restaurativa**[122] **no Poder Judiciário.**

O *bullying* antagoniza-se com a ideia de **tolerância**, que foi definida em 1995, pela Conferência Geral da Unesco (Declaração de Princípios sobre a Tolerância), como "a harmonia na diferença" e como o "sustentáculo dos direitos humanos, do pluralismo (inclusive cultural), da democracia e do Estado de Direito", não significando renúncia às próprias convicções e sim a aceitação e o respeito pela diversidade das pessoas e pela multiculturalidade, tal qual advertiu o Min. Celso de Mello no julgamento da ADO 26, que cuidou da criminalização da homofobia.

5.8 DESESCOLARIZAÇÃO (*UNSCHOOLING*) E EDUCAÇÃO DOMICILIAR (*HOMESCHOOLING*)

Apoiadas no fracasso da educação formal escolar, novas propostas de educação fora da escola têm surgido e vêm sendo chamadas **"desescolarização"** (*unschooling*) e **"educação domiciliar"** (*homeschooling*). Sobre essa última já se referiu no capítulo que trata da infância e da juventude desta obra.

O termo **"desescolarização"** remete para a valorização dos espaços e das oportunidades educacionais fora do ambiente escolar. Para seus adeptos, a aquisição de conhecimento pode ocorrer não só em casa, mas no bairro, na interação com a comunidade, no clube, na internet, na igreja ou em qualquer ambiente, pois todos eles são ambientes educacionais[123].

Surgida no final da década de 1960, essa proposta educacional ganhou impulso em 1971, com a publicação da obra *Sociedade sem escolas*, do austríaco Ivan Illich, que critica as instituições escolares, sob o argumento de que monopolizam os recursos de aprendizado e desincentivam o desenvolvimento da autonomia de aprender e de ensinar fora delas.

Referido autor não acredita na universalização educacional por meio da escola, porque se tornaram burocráticas e hierarquizadoras, afastando-se do propósito de empoderar o aluno a transformar suas próprias experiências em um contínuo processo de aprendizado, e sugere um sistema alternativo.

Os seus adeptos entendem que o método prioriza as experiências do cotidiano, da família e da comunidade, de forma que o aprendizado seja dotado de significado e afetividade, estimulando o desenvolvimento da autonomia da criança.

Nessa proposta, são as próprias pessoas que criam seu percurso curricular e aprendem a ler e escrever "no seu tempo", sem precisar frequentar a escola.

---

[121] Especificamente sobre a responsabilidade objetiva no caso de *bullying*: TJDF, APC 2006.03.1.008331-2, Rel. Des. Waldir Leôncio Júnior, j. 07.08.2008.

[122] A Justiça Restaurativa é uma técnica de auxílio na solução de conflitos que tem como foco a escuta das vítimas e dos ofensores. Ela tem sido utilizada em diversos casos, inclusive na resolução de crimes contra a vida.

[123] Também a literatura, a poesia, o romance, o cinema são escolas da vida, consequentemente espaços de educação, pelos valores, emoções, descobertas de si e do outro, lições de vida que trazem, auxiliando no conhecimento da complexidade e da própria condição humana.

Diferente da educação domiciliar, não há currículo preestabelecido.

O sistema ainda é pouco adotado no Brasil e nos parece francamente ilegal por afronta ao art. 205 da CF/1988.

Essa ilegalidade foi reconhecida no julgamento do Tema 822 da repercussão geral, no RE 888815, ao se analisar a possibilidade do *homeschooling*[124], de que trataremos linhas abaixo.

Em seu voto, que saiu vencedor, o Min. Alexandre de Moraes destacou que, aparentemente, a CF/1988 veda três das quatro espécies mais conhecidas do ensino domiciliar, que é a desescolarização radical e a moderada (*unschooling*), além do ensino domiciliar puro (uma das formas de *homeschooling*), porque afastam por completo o Estado do seu dever de participar da educação. Só admitiu, e ainda assim após regulamentação por lei, o que denominou de ensino domiciliar "utilitarista", que permite fiscalização e acompanhamento.

Também apoiada no referido fracasso escolar, a proposta de **educação domiciliar** em nosso país está mais organizada, contando, *v.g.*, com uma Associação Nacional de Educação Domiciliar (ANED) e com o Projeto de Lei 3.179/2012[125], além de debates acadêmicos.

Legalizada em países como Canadá, Austrália, Áustria, Bélgica, Estados Unidos, Itália e França, a educação domiciliar é proibida na Alemanha e na Suécia. Na maior parte dos países onde vigora, a lei exige que os estudantes sejam avaliados anualmente.

Segundo a ANED, no Brasil, apesar de não legalizado, esse tipo de educação atendeu mais de 6.000 alunos em 2016.

Por esse método as crianças não ficam sem um suporte, porque as famílias (ou "*homeschooler*") seguem um roteiro definido, com uso de apostilas e livros baseados no currículo formal escolar, mas a metodologia é diferente – e exige mais disciplina. Isso pressupõe o estabelecimento de horários para começar e terminar os estudos, as matérias a serem tratadas a cada dia, as metas, os períodos destinados ao estudo etc.

Há atividades extracurriculares. Também, para os seus adeptos, a socialização das crianças é mais natural quando elas escolhem seus grupos espontaneamente – e não apenas pelo fato de estudarem no mesmo local.

Enfim, na **educação domiciliar** o estudante **não frequenta escolas formais**. Todo o aprendizado se dá em casa, sob a orientação e supervisão dos pais, a partir de um currículo preestabelecido, semelhante ao adotado nas escolas.

Conforme mencionamos acima, como a educação domiciliar está mais difundida, sua aplicação já chegou ao Supremo Tribunal Federal (RE 888.815 RG/RS, Pleno, Rel. Min. Roberto Barroso, j. 04.06.2015, *DJe* 15.06.2015)[126], com repercussão geral reconhecida, e com o seguinte tema: **Possibilidade de o ensino domiciliar ("*homeschooling*"), ministrado pela família, ser considerado meio lícito de cumprimento do dever de educação, previsto no art. 205 da Constituição Federal.**

No caso *sub judice*, a parte interessada impetrou mandado de segurança contra ato da Secretária Municipal de Educação de Canela/RS, que, em resposta à solicitação dos seus pais, que pretendiam educá-la em regime domiciliar, recomendou a imediata matrícula na rede regular de ensino. A segurança foi negada pelo Tribunal de Justiça gaúcho e interposto recurso perante o STF.

Aguardava-se o julgamento porque a legalidade destas modalidades extraescolares de educação deveria ser enfrentada, especialmente, à luz do que dispõe a CF/1988, estruturalmente

---

124 O Conselho Nacional de Procuradores-Gerais – CNPG emitiu Nota Técnica manifestando-se contrariamente à possibilidade da educação domiciliar.

125 Acrescenta parágrafo ao art. 23 da Lei 9.394/1996 para dispor sobre a possibilidade de oferta domiciliar da educação básica: "*§ 3º É facultado aos sistemas de ensino admitir a educação básica domiciliar, sob a responsabilidade dos pais ou tutores responsáveis pelos estudantes, observadas a articulação, supervisão e avaliação periódica da aprendizagem pelos órgãos próprios desses sistemas, nos termos das diretrizes gerais estabelecidas pela União e das respectivas normas locais.*"

126 Também no STJ: MS 7.407/DF, 1ª S., Rel. Min. Francisco Peçanha Martins, j. 24.04.2002, *DJ* 21.03.2005.

pensada para a educação escolar (art. 205 e seguintes) e assim reconhecida pela jurisprudência ("**A educação, notadamente a escolar ou formal, é direito social que a todos deve alcançar**" - STF, ADI 3.330, Pleno, Rel. Min. Ayres Brito, j. 03.05.2012, *DJe* 22.03.2013), o ECA (art. 53 e seguintes), a LDBN (Lei 9.394/1996, art. 1º)[127], o papel preponderante dos pais ou responsáveis nesta escolha, tal como estabelecido no art. 227 da CF/1988, no ECA (art. 55)[128], na LDBN (art. 2º e 3º), e no Código Civil (art. 1.634, I)[129].

E, de fato, no julgamento do RE 888815 (Tema 822), o Plenário do STF, por maioria de votos[130], negou provimento ao recurso extraordinário interposto pela autora do mandado de segurança, para reconhecer, na linha do voto condutor do Min. Alexandre de Moraes (que passou a ser o redator para o acórdão), a necessidade de regulamentação, por lei, dessa forma de ensino.

A tese fixada foi: "**Não existe direito público subjetivo do aluno ou de sua família ao ensino domiciliar, inexistente na legislação brasileira**"[131].

Segundo o voto de Alexandre de Moraes, apesar de a CF/1988 não prever expressamente a possibilidade nem proibir o ensino domiciliar, estabelece uma parceria obrigatória entre a família e o Estado na educação, uma solidariedade do dever de educação entre ambos, a fim de garantir sua maior efetividade.

Prossegue o ministro afirmando que a Constituição estabelece princípios, preceitos e regras aplicáveis ao ensino, que integra a educação em seu sentido amplo e que valem para a família e para o Estado; são eles, em síntese: a necessidade de ensino básico obrigatório entre os quatro e dezessete anos (art. 208, I); a existência de núcleo mínimo curricular (art. 210) e a observância de convivência familiar e comunitária (art. 227).

Em conclusão, esclarece que o ensino domiciliar precisa ser regulamentado pelo Poder Legislativo, de forma a estabelecer mecanismos de avaliação e fiscalização que respeitem os mandamentos constitucionais, especialmente o art. 208, § 3º, prescrevendo o que será a frequência, para evitar a evasão, garantindo a socialização do indivíduo e a convivência com a pluralidade de ideias.

A partir dessa decisão, havia em andamento no Congresso Nacional o Projeto de Lei 2.401/2019, de autoria do governo federal, que tramitava em conjunto com o PL 3.179/2012, regulamentando a prática da educação domiciliar no Brasil. Objeto de críticas e apoios, acabou arquivado, mantendo-se apenas este último).

Na linha do quanto já decidido pelo STF (Tema 822), essa Corte reconheceu a inconstitucionalidade de uma lei do Distrito Federal que instituía a educação domiciliar, ao fundamento de que qualquer legislação municipal, estadual ou distrital que o adote será inconstitucional, por invadir a competência privativa da União para legislar sobre diretrizes e bases da educação (RE 1492951).

---

127 *"Art. 1º A educação abrange os processos formativos que se desenvolvem na vida familiar, na convivência humana, no trabalho, nas instituições de ensino e pesquisa, nos movimentos sociais e organizações da sociedade civil e nas manifestações culturais".*

128 *"Art. 55. Os pais ou responsável têm a obrigação de matricular seus filhos ou pupilos na rede regular de ensino".*

129 *"Art. 1.634 Compete a ambos os pais, qualquer que seja a sua situação conjugal, o pleno exercício do poder familiar, que consiste em, quanto aos filhos: I - dirigir-lhes a criação e a educação".*

130 Vale ler os argumentos dos demais ministros, com olhares distintos sobre o tema. Destacamos o entendimento dos Ministros Luiz Fux e Ricardo Lewandowski, para quem a educação domiciliar é incompatível com a Constituição, particularmente em razão do que prevê o art. 205. Fux ainda destacou que a autonomia da vontade dos pais não pode se sobrepor ao direto da criança de estudar com todas as externalidades positivas que decorrem do ambiente escolar, ponto para nós relevante, ao lembrarmos que, de fato, o titular do direito à educação é a criança e o adolescente e não seus pais, que apenas devem orientar para a melhor opção, no exercício do poder familiar.

131 Consequência dessa decisão é a inconstitucionalidade de lei estadual ou municipal que preveja essa modalidade (*homeschooling*) sem prévia regulamentação nacional em bases gerais. Também deve ser lembrado que o Congresso Nacional não está obrigado a aprovar essa regulamentação. O Poder Executivo Federal já encaminhou projeto de lei nesse sentido.

CAPÍTULO 6

LEI ANTICORRUPÇÃO EMPRESARIAL

LANDOLFO ANDRADE

Acesse e assista à aula explicativa sobre este assunto.

> http://uqr.to/21kum

6.1 INTRODUÇÃO

A Lei 12.846/2013, também conhecida como Lei Anticorrupção Empresarial, representa um importante marco no cumprimento de compromissos internacionais assumidos pelo Brasil, com vistas a promover um efetivo combate à corrupção. Sua promulgação está ligada, diretamente, aos seguintes diplomas internacionais:

(i) **"Convenção sobre o Combate da Corrupção de Funcionários Públicos Estrangeiros em Transações Comerciais Internacionais"**, da Organização para a Cooperação e Desenvolvimento Econômico (OCDE), assinada pelo Brasil em dezembro de 1997, aprovada pelo Decreto Legislativo 125/2000 e promulgada pelo Decreto 3.678/2000[1];

(ii) **"Convenção das Nações Unidas contra a Corrupção"**, conhecida como *Convenção de Mérida,* assinada pelo Brasil em 2003, aprovada pelo Decreto Legislativo 348/2005 e promulgada pelo Decreto 5.687/2006[2].

1 O artigo 2° preconiza a adoção de medidas necessárias ao estabelecimento da responsabilidade de pessoas jurídicas pela corrupção de funcionário público estrangeiro, de acordo os princípios jurídicos de cada Estado Parte. O artigo 3°, 2, a seu turno, dispõe: "Caso a responsabilidade criminal, sob o sistema jurídico da Parte, não se aplique a pessoas jurídicas, a Parte deverá assegurar que as pessoas jurídicas estarão sujeitas a sanções não criminais efetivas, proporcionais e dissuasivas contra a corrupção de funcionário público estrangeiro, inclusive sanções financeiras".

2 Artigo 26: "1. Cada Estado Parte adotará as medidas que sejam necessárias, em consonância com seus princípios jurídicos, a fim de estabelecer a responsabilidade de pessoas jurídicas por sua participação nos delitos qualificados de acordo com a

Referidas convenções preconizam a responsabilização das pessoas jurídicas corruptoras com sanções nas esferas cível, administrativa e penal. Na hipótese de o sistema jurídico do Estado Parte não admitir a responsabilização criminal da pessoa jurídica – realidade brasileira para os casos de corrupção –, o país-membro deverá assegurar que as pessoas jurídicas estarão sujeitas a sanções não criminais efetivas, proporcionais e dissuasivas contra a corrupção, inclusive de natureza pecuniária.

A Lei 12.846/2013 foi impulsionada por essas diretrizes. A partir da sua entrada em vigor, no início de 2014, as empresas estão obrigadas a prevenir os atos considerados lesivos à Administração Pública, nacional ou estrangeira, sob pena de sofrerem severas sanções administrativas e civis.

Nas palavras de Moreira Neto e Freitas, conferiu-se "eficácia exógena" ao princípio da moralidade administrativa, para condicionar também a atuação de pessoas jurídicas que se relacionam com a Administração Pública[3].

Nesse cenário, em que estruturar os negócios com base em princípios éticos deixa de ser uma opção e torna-se uma condição de funcionamento, sobrevivência e competitividade das empresas, ganham especial relevância questões como integridade e cooperação, termos esses que, conforme veremos, não foram esquecidos pela Lei Anticorrupção Empresarial, que passamos a identificar pela sigla LAE.

Dentre as principais inovações da Lei 12.846/2013[4], destacam-se:

1) a imposição de responsabilidade objetiva, civil e administrativa à pessoa jurídica por atos lesivos à Administração Pública, nacional ou estrangeira;
2) a possibilidade de responsabilização das pessoas jurídicas por atos lesivos à Administração Pública, nacional ou estrangeira, mesmo nas hipóteses em que não há participação de agente público;
3) a ampliação da responsabilização nas esferas administrativa e civil, na medida em que a lei alcança as pessoas jurídicas, inclusive as que resultarem de alteração contratual, transformação, incorporação, fusão ou cisão societária; alcança também os respectivos dirigentes, com previsão expressa da desconsideração da personalidade jurídica (arts. 3º e 14);
4) a previsão do chamado acordo de leniência, a ser celebrado com as pessoas jurídicas responsáveis pela prática dos atos lesivos previstos na lei, para incentivá-las a colaborar efetivamente com as investigações e o processo administrativo (arts. 16 e 17);
5) a possibilidade de atenuação da sanção por intermédio de mecanismos de integridade da pessoa jurídica (*compliance*);
6) a possibilidade de aplicação da sanção civil de dissolução compulsória da pessoa jurídica, que corresponde à pena de porte da pessoa natural (art. 19, § 1º, I e II);
7) a possibilidade de punir atos lesivos praticados por pessoa jurídica brasileira contra a Administração Pública estrangeira, ainda que cometidos no exterior (extraterritorialidade); e

presente Convenção. 2. Sujeito aos princípios jurídicos do Estado Parte, a responsabilidade das pessoas jurídicas poderá ser de índole penal, civil ou administrativa. 3. Tal responsabilidade existirá sem prejuízo à responsabilidade penal que incumba às pessoas físicas que tenham cometido os delitos. 4. Cada Estado Parte velará em particular para que se imponham sanções penais ou não-penais eficazes, proporcionadas e dissuasivas, incluídas sanções monetárias, às pessoas jurídicas consideradas responsáveis de acordo com o presente Artigo".

3 MOREIRA NETO, Diogo de Figueiredo; FREITAS, Rafael Véras de. A juridicidade da lei anticorrupção: reflexões e interpretações prospectivas. Revista Fórum Administrativo, Belo Horizonte, ano 14, n. 156, p. 9-20, fev. 2014.

4 Em âmbito federal, a Lei Anticorrupção Empresarial passou a ser regulamentada pelo Decreto 11.129, de 11 de julho de 2022, em decorrência da revogação do Decreto 8.420/2015.

8) a criação do Cadastro Nacional de Empresas Punidas, cujo objetivo é dar publicidade às sanções aplicadas às pessoas jurídicas infratoras.

O amadurecimento institucional do País condiz com mais e melhores mecanismos de controle. A caminhada é longa, mas nada tem de utópica – basta ver o tanto que se avançou, nesse processo contínuo de fortalecimento democrático, com instrumentos como a Lei de Improbidade Administrativa, a Lei de Responsabilidade Fiscal e, mais recentemente, a Lei da Transparência.

A má gestão pública reinante em nosso país não se associa apenas às lacunas normativas de tratamento à corrupção, mas também delas não se dissocia. Daí a importância do novo diploma, que ao lado de outras normas legais de conteúdo penal, administrativo, civil e político, igualmente voltadas ao combate à corrupção, compõe o que se pode denominar de **microssistema de tutela do patrimônio público.**

A adoção de um instrumental jurídico eficiente para salutar prevenção e exemplar punição dos atos lesivos ao patrimônio público nas mais variadas instâncias, em consonância com a tendência internacional no tratamento da matéria, é providência necessária para a credibilidade da democracia e das instituições.

6.2 NOÇÃO DE CORRUPÇÃO EMPRESARIAL

A expressão **corrupção**, derivada do latim *corruptio* (corromper, estragar, destruir), possui etimologicamente o sentido de ação de depravar, destruir ou adulterar[5].

Sob o prisma léxico, muitos são os significados do termo corrupção. Tanto pode indicar a ideia de destruição como a de mera degradação, ocasião em que assumirá perspectiva natural, como acontecimento efetivamente verificado na realidade fenomênica, ou meramente valorativa. Antônio Houaiss registra que corromper é subornar (pessoa) em função de interesse próprio ou de outrem[6].

Em nosso ordenamento jurídico, o ato de corrupção pode atrair a incidência de diversos tipos penais incriminadores. O Código Penal, por exemplo, define os crimes de corrupção passiva e ativa, respectivamente, em seus arts. 317 e 333. Na corrupção passiva, o funcionário público solicita ou recebe, para si ou para outrem, direta ou indiretamente, ainda que fora da função ou antes de assumi-la, mas em razão dela, vantagem indevida, ou aceita promessa de tal vantagem. Já na corrupção ativa, o corruptor oferece a funcionário público alguma vantagem para que este retarde, pratique ou omita ato de ofício.

O Estatuto da Criança e do Adolescente, a seu turno, descreve o crime de corrupção de menores em seu art. 244-B. Na espécie, o meio utilizado pelo agente, para corromper a criança ou o adolescente, desagregando sua personalidade, ainda em formação, é a sua inserção no mundo do crime[7].

Vê-se, portanto, que a noção de corrupção, em nosso sistema jurídico, é bastante ampla.

Especificamente em relação à esfera estatal, a corrupção indica o abuso da função pública para ganho pessoal direto ou indireto.[8] Os pressupostos necessários para a instalação da corrupção na esfera estatal, portanto, são o *desvio de poder* e a *ausência de interesse ou compromisso com o bem comum.*

Conforme veremos adiante, a maior parte das condutas lesivas à Administração Pública tipificadas no art. 5º da LAE pode ser praticada unilateralmente por pessoa natural vinculada

5 DE PLÁCIDO E SILVA. *Vocabulário jurídico*. Rio de Janeiro: Forense, 1984, v. 1, p. 449.

6 HOUAISS, Antônio. *Dicionário Houaiss da língua portuguesa*. Rio de Janeiro: Objetiva, 2001, p. 848.

7 NUCCI, Guilherme de Souza. *Leis penais e processuais penais comentadas*. 8. ed. Rio de janeiro: Forense, 2014, v. 2, p. 118.

8 GARCIA, Emerson; ALVES, Rogério Pacheco. *Improbidade administrativa*. 4. ed. Rio de Janeiro: Lumen Juris, 2008, p. 7.

à pessoa jurídica de direito privado beneficiada pelo ato, isto é, sem que haja a participação de agente público.

É o caso da conduta tipificada no art. 5º, IV, *e*, que consiste em "*criar, de modo fraudulento ou irregular, pessoa jurídica para participar de licitação pública ou celebrar contrato administrativo*". Exemplificando, se uma determinada empresa está impedida de contratar com o Poder Público, por algum motivo, e decide criar, por meio de seus dirigentes, uma empresa de fachada para poder continuar oferecendo seus serviços à Administração Pública, tal ato atrairá a incidência da norma em análise. Note, no exemplo, que os dirigentes da pessoa jurídica de direito privado em questão não precisarão do auxílio de nenhum agente público para praticarem a conduta descrita em lei como ilícita. Vale dizer, tal ato prescinde da existência de prévio conluio entre a pessoa jurídica de direito privado e o agente público.

No particular, reprise-se que essa possibilidade de aplicar sanções administrativas e civis à pessoa jurídica de direito privado, independentemente da participação de agente público na prática do ilícito consiste num dos maiores avanços que a LAE proporcionou ao microssistema de tutela do patrimônio público.

Não raras vezes, as licitações e contratos são fraudados sem a participação de agentes públicos. Cite-se, por exemplo, a prática comum de combinação de preços entre os licitantes, com vistas a esvaziar o caráter competitivo do certame. Nesses casos, em que não há a participação de agentes públicos, os particulares não são alcançados pela Lei de Improbidade Administrativa (Lei 8.429/1992). Assim, antes do advento da LAE, eles poderiam ser condenados à reparação dos danos causados ao patrimônio público, bem como às penas da Lei 8.666/1993 (Lei de Licitações e Contratos[9]) e da Lei 12.529/2011 (Lei Antitruste). Agora, com a Lei 12.846/2013, a eles também poderão ser aplicadas, num regime de responsabilidade objetiva, as severas sanções administrativas e civis previstas na LAE, o que certamente poderá consistir em importante fator dissuasivo da prática de novas ações lesivas aos interesses da Administração Pública.

Embora a aplicação da Lei 12.846/2013 exija a presença de um ente público e, em alguns casos, de um agente público, no mais das vezes alcança atos lesivos praticados por particulares no exclusivo interesse de um agente econômico não ligado ao setor público.

Conclui-se, assim, que os elementos essenciais para a aplicação da Lei 12.846/2013 são:

(i) **a ofensa aos interesses da Administração pública, nacional ou estrangeira;**

(ii) **praticada no interesse ou em benefício, exclusivo ou não, da pessoa jurídica de direito privado.**

Dada a amplitude do campo de aplicação da Lei 12.846/2013, entendemos mais correto designá-la pelo epíteto "Lei Anticorrupção Empresarial". Afinal, o diploma em exame impõe punição não apenas às práticas de corrupção estatal, nas quais, necessariamente, há a participação de agente público, como também – e principalmente – às práticas de **corrupção empresarial**, assim entendidas as condutas empresariais desonestas e ofensivas aos interesses da Administração Pública nacional ou estrangeira.

---

[9] A nova Lei de Licitações e Contratos Administrativos (Lei 14.133/2021) revogará, após dois anos de sua vigência, a Lei 8.666/1993 (atual Lei Geral), a Lei 10.520/2002 (Lei do Pregão) e os artigos da Lei 12.462/2011 que estabelecem o Regime Diferenciado de Contratações (RDC). A nova lei entrou em vigor na data de sua publicação (art. 194). Optou-se, assim, por estabelecer um prazo de convivência entre a nova lei e aquelas que irá revogar. Nos termos do *caput* do art. 191 da Lei 14.133/2021, durante o prazo em que não houver a revogação da Lei 8.666/1993, da Lei do Pregão e dos dispositivos legais referentes ao RDC, ou seja, nos dois primeiros anos da vigência da nova Lei de Licitações e Contratos Administrativos, esses quatro regimes gozarão de vigência simultânea e poderão ser aplicados à escolha da administração pública, sendo apenas vedada a aplicação combinada. O biênio em que conviveremos com esse regime híbrido demandará, certamente, esforços para adaptação daqueles que operam licitações e contratações públicas, seja enquanto atores públicos, seja enquanto atores privados.

6.3 APLICAÇÃO DA LEI ANTICORRUPÇÃO EMPRESARIAL NO TEMPO

O art. 31 da LAE estabeleceu a sua entrada em vigor após o transcurso de um período de 180 (cento e oitenta) dias, contado da sua publicação na imprensa oficial. Tendo ocorrido a publicação no *Diário Oficial da União*, em 2 de agosto de 2013, conclui-se que o diploma passou a ter vigência plena em 29.01.2014.

Em geral, uma lei é feita para vigorar e produzir seus efeitos para o futuro. Seu *limite temporal* pode ser nela mesma demarcado ou não. Seu texto, às vezes, delimita o tempo durante o qual ela regerá a situação fática prevista. Outras vezes ela é feita para regular situação transitória, decorrida a qual perde a vigência e, consequentemente, a eficácia. O mais comum, contudo, é que uma lei só perca o vigor quando outra a revogue expressa ou tacitamente.

A Constituição Federal de 1988 (art. 5º, XXXVI) e a Lei de Introdução às Normas do Direito Brasileiro (art. 6º), afinadas com a tendência contemporânea, adotaram o princípio da irretroatividade das leis como regra, e o da retroatividade como exceção[10].

Acolheu-se, outrossim, a teoria de Gabba, de respeito ao *ato jurídico perfeito*, ao *direito adquirido* e à *coisa julgada*. Vale dizer, portanto, que ***se a Constituição não veda a retroatividade da lei*** *(a não ser a da lei penal mais gravosa ao réu)*, ***a ela impõe limites***. Assim, em princípio, a lei nova terá aplicação aos casos pendentes e futuros, só podendo atingir fatos pretéritos (*retroagir*) quando ela própria, de forma expressa, o estabelecer, resguardados os ***direitos adquiridos*, o *ato jurídico perfeito* e a *coisa julgada*.** Como já decidido pelo STF:

> No sistema constitucional brasileiro, a eficácia retroativa das leis – a) que é sempre excepcional; b) que jamais se presume; e c) que deve necessariamente emanar de disposição legal expressa – não pode gerar lesão ao ato jurídico perfeito, ao direito adquirido e à coisa julgada[11].

Fixadas essas premissas, e constatada a ausência de preceito na LAE que disponha sobre sua retroatividade, é correto afirmar que somente os atos praticados após a sua entrada em vigor estarão sujeitos às sanções por ela instituídas.

Isso não significa dizer, contudo, que a pessoa jurídica ficará imune a toda e qualquer sanção pelos atos lesivos à Administração Pública que praticara anteriormente a 29 de janeiro de 2014, data da entrada em vigor da LAE. A par de eventuais reprimendas previstas na Lei Antitruste, ou mesmo na Lei 8.666/1993 (Lei de Licitações e Contratos), estariam as empresas sujeitas: 1) às sanções previstas na Lei 8.429/1992 (Lei de Improbidade Administrativa), quando constatada a participação de agente público na prática do ato lesivo; e 2) à obrigação de reparar o dano causado ao erário, pretensão legítima, a teor dos arts. 186 e 932, III, do Código Civil, e imprescritível, em conformidade com o texto constitucional (art. 37, § 5º, da CF).

Nessa temática, questão interessante é saber se a LAE alcança as **infrações continuadas** ou **permanentes** a que se refere o seu art. 25, *caput*[12], quando iniciadas antes da sua entrada em vigor. Por outras palavras, se uma infração permanente ou continuada teve a execução iniciada antes do dia 29 de janeiro de 2014 e se prolongou no tempo, atingindo o lapso temporal de plena vigência da LAE, será por esta alcançada?

Antes de enfrentar tal questão, faz-se necessário diferenciar os conceitos de infração permanente e infração continuada. Para tanto, diante da omissão da LAE, podemos nos valer do mesmo critério da doutrina penal.

---

10 SILVA, José Afonso da. *Curso de direito constitucional positivo*. 15. ed. São Paulo: Malheiros, 1998. p. 433-444.

11 AI 244.578/RS, Rel. Min. Celso de Mello, j. 23.06.1999.

12 *Art. 25. Prescrevem em 5 (cinco) anos as infrações previstas nesta Lei, contados da data da ciência da infração ou, no caso de infração permanente ou continuada, do dia em que tiver cessado.*

Assim, considera-se **permanente** a infração cuja consumação se prolonga no tempo, por vontade do agente[13]. Exemplificando, se uma empresa investigada oculta documentos do Ministério Público por 2 (dois) anos, com o claro propósito de prejudicar a investigação ministerial, estaremos diante de uma infração permanente, que se subsume na tipologia do art. 5º, V, da LAE: "*Dificultar atividade de investigação ou fiscalização de órgãos, entidades ou agentes públicos, ou intervir em sua atuação, inclusive no âmbito das agências reguladoras e dos órgãos de fiscalização do sistema financeiro nacional*".

Por sua vez, infração **continuada** é aquela composta de mais de uma conduta, mas que, pelas condições de tempo, lugar, maneira de execução e outras semelhantes, devem as subsequentes ser havidas como continuação da primeira. A título de exemplo, se uma pessoa jurídica que presta serviços à Administração Pública em caráter continuado consegue obter vantagem indevida, por meio de sucessivas prorrogações fraudulentas do contrato, é possível falar em infração continuada (art. 5º, IV, *f*, da LAE).

Fixados os conceitos, entendemos que a LAE deverá sim alcançar as infrações continuadas ou permanentes, nas hipóteses em que sua vigência for anterior à cessação da continuidade ou permanência, pois o agente que insistiu na prática ilícita, depois da entrada em vigor na nova lei, tinha a opção de seguir ou não seus mandamentos. Além disso, se a infração continuada – a exemplo da infração permanente – é uma única infração para fins de aplicação de sanção, deve incidir a lei em vigor por ocasião da sua cessação. No particular, aplica-se, por analogia, o disposto na **súmula 711 do STF**, que assim dispõe: "*A lei penal mais grave aplica-se ao crime continuado ou ao crime permanente, se a sua vigência é anterior à cessação da continuidade ou da permanência*".

Por fim, anote-se que **em relação às normas de natureza processual** da Lei 12.846/2013, **sua aplicabilidade é imediata,** respeitados os efeitos dos atos processuais já praticados, que continuam regulados pela lei do tempo em que foram consumados[14].

6.4 APLICAÇÃO DA LEI ANTICORRUPÇÃO EMPRESARIAL NO ESPAÇO

É possível que a prática das infrações previstas na LAE atinja interesses protegidos por dois ou mais estados soberanos, o que poderá acarretar um conflito transnacional de jurisdição, além de alguma controvérsia a respeito de limites territoriais para a aplicação das sanções nela previstas.

Em razão da soberania nacional, nota característica do princípio da **igualdade soberana** de todos os membros da comunidade internacional (art. 2º, § 1º, da Carta da ONU), as normas têm aplicação dentro do território delimitado pelas fronteiras do Estado. Nesse sentido, dúvidas não há de que a Lei 12.846/2013 se aplica a todos os atos lesivos à Administração Pública, nacional ou estrangeira, quando praticados no território brasileiro. É a regra da **territorialidade**.

Noutro flanco, o art. 28 prevê uma hipótese em que a Lei 12.846/2013 tem aplicação a atos cometidos no exterior. A propósito, confira-se:

> **Art. 28.** Esta Lei aplica-se aos atos lesivos praticados por pessoa jurídica brasileira contra a administração pública estrangeira, ainda que cometido no exterior.

Esse dispositivo, de forma expressa, permite a aplicação da LAE a atos lesivos praticados no exterior por pessoa jurídica brasileira contra a Administração Pública estrangeira. É a **extraterritorialidade** da Lei Anticorrupção Empresarial brasileira, em consonância com os

---

13 MASSON, Cleber. Direito penal. 2. ed. São Paulo: Método, 2009, p. 177.

14 Art. 14 do CPC: "A norma processual não retroagirá e será aplicável imediatamente aos processos em curso, respeitados os atos processuais praticados e as situações jurídicas consolidadas sob a vigência da norma revogada".

termos da *Convenção sobre o Combate da Corrupção de Funcionários Públicos Estrangeiros em Transações Comerciais Internacionais*, da OCDE (Organização para a Cooperação e Desenvolvimento Econômico), firmada pelo Brasil em 1997 e ratificada no ano 2000. Referida Convenção, em seu art. 4º, que trata da jurisdição, estabelece o seguinte:

(i) cada Parte deverá tomar todas as medidas necessárias ao estabelecimento de sua jurisdição em relação à corrupção de um funcionário público estrangeiro, quando o delito é cometido integral ou parcialmente em seu território (§ 1º);

(ii) a Parte que tiver jurisdição para processar seus nacionais por delitos cometidos no exterior deverá tomar todas as medidas necessárias ao estabelecimento de sua jurisdição para fazê-lo em relação à corrupção de um funcionário público estrangeiro, segundo os mesmos princípios (§ 2º);

(iii) quando mais de uma Parte tem jurisdição sobre um alegado delito descrito na presente Convenção, as Partes envolvidas deverão, por solicitação de uma delas, deliberar sobre a determinação da jurisdição mais apropriada para a instauração de processo.

Vê-se que o art. 28 da LAE adota o critério da **nacionalidade ativa**, segundo o qual, para fins de punibilidade, interessa apenas a nacionalidade da pessoa jurídica infratora[15], independentemente do local onde tenha sido praticada a infração. Assim, o Brasil terá jurisdição sobre casos em que pessoa jurídica brasileira praticar ato lesivo à Administração Pública estrangeira, ainda que cometido no exterior.

No ponto, a grande questão que se coloca é saber se a aplicação extraterritorial da LAE é incondicionada ou condicionada. Isto é, o fato de o art. 28 da LAE não estabelecer nenhum requisito à sua aplicação para atos lesivos praticados por pessoa jurídica brasileira no exterior nos autoriza a concluir que sua extraterritorialidade é incondicionada? Trata-se de tema polêmico, em relação ao qual existem dois principais entendimentos:

1º) **A extraterritorialidade prevista no art. 28 da LAE é incondicionada**[16]: argumenta-se nesse sentido, que a Lei 12.846/2013, ao contrário do Código Penal, não exige condições concorrentes e concomitantes para a responsabilização de pessoas jurídicas pela prática de atos lesivos à Administração Pública estrangeira fora do território nacional. Além disso, alega-se que o Código Penal apenas autoriza a extraterritorialidade, na hipótese aqui trabalhada, quando o Estado brasileiro previamente se obrigou, por tratado ou convenção, a reprimir determinadas condutas previamente definidas como crimes. A LAE não traz tal exigência.

2º) **A extraterritorialidade prevista no art. 28 da LAE é condicionada**[17]: os defensores dessa tese argumentam que devem ser impostos limites à aplicação extraterritorial da LAE, em respeito à igualdade de soberania de nações estrangeiras, prevista no

[15] Ao longo deste capítulo, a expressão pessoa jurídica infratora será utilizada para designar a pessoa jurídica em cujo interesse ou benefício o ato lesivo foi praticado.

[16] Entre outros, vejam-se: ASSUNÇÃO, Leandro Garcia Algarte. Comentários aos artigos 22 a 31. In: CAMBI, Eduardo; GUARAGNI, Fábio André (coord.). *Lei anticorrupção*: comentários à Lei 12.846/2013. São Paulo: Almedina, 2014, p. 264; BAPTISTA, Renata Ribeiro. Dilemas e boas práticas do modelo multijurisdicional no combate a ilícitos transfronteiriços: algumas pautas para a aplicação da Lei 12.846/2013. In: MUNHÓS, Jorge; QUEIROZ, Ronaldo Pinheiro (coord.). *Lei Anticorrupção e temas de compliance*. 2. ed. Salvador: JusPodivm, 2016, p. 103; PETRELLUZZI, Marco Vinicio; RIZEK JUNIOR, Rubens Naman. *Lei Anticorrupção*: origens, comentários e análise da legislação correlata. São Paulo: Saraiva, 2014, p. 103-104; e HEINEN, Juliano. *Comentários à Lei Anticorrupção*. Belo Horizonte: Fórum, 2015, p. 305.

[17] Nesse sentido: MOTTA, Fabrício; SPIRIDON, Nicofotis Anyfantis. Comentários ao artigo 28. In: DI PIETRO, Maria Sylvia Zanella; MARRARA, Thiago. *Lei Anticorrupção comentada*. Belo Horizonte: Fórum, 2017, p. 322; DIPP, Gilson; Castilho, Manoel L. Volkmer. *Comentários sobre a Lei Anticorrupção*. São Paulo: Saraiva, 2016, p. 117; CARVALHOSA, Modesto. *Considerações sobre a Lei Anticorrupção das Pessoas Jurídicas*. São Paulo: RT, p. 132.

art. 4º da Convenção das Nações Unidas contra a Corrupção. Diante da lacuna da LAE e dada sua natureza de Direito Administrativo Sancionador[18], deve-se aplicar, por analogia, o disposto no art. 7º, § 2º, do Código Penal.

Por outras palavras, impõe-se, com algum temperamento, a observância das condições para a extraterritorialidade da lei previstas no art. 7º, § 2º, do CP[19], com todas as garantias à soberania estrangeira nele previstas. Nesse passo, a aplicação da LAE aos atos lesivos praticados no exterior estaria condicionada à presença dos seguintes requisitos: (a) ser o fato punível também no país em que foi praticado; (b) não ter sido a pessoa jurídica absolvida no estrangeiro ou não ter aí cumprido a pena; (c) não ter havido o perdão da Administração Pública estrangeira ao ato; e (d) não estar extinta, por qualquer razão, a punibilidade, segundo as normas do país em que praticado o ato.

Entendemos mais correto esse segundo entendimento. Em reforço aos argumentos já expendidos, obtempera-se que a própria "*Convenção sobre o Combate da Corrupção de Funcionários Públicos Estrangeiros em Transações Comerciais Internacionais*" – diploma internacional de maior influência sobre a LAE –, em seu art. 4º, acima destacado, preconiza, para os atos de corrupção de funcionário público estrangeiro, a **observância dos mesmos princípios** respeitados pelo Estado Parte para a punição de crimes cometidos por seus nacionais no exterior. Do necessário diálogo entre a LAE, a citada Convenção e o Código Penal, é imperioso concluir que a extraterritorialidade da Lei Anticorrupção Empresarial prevista em seu art. 28 também é condicionada.

Essa extraterritorialidade da LAE aumenta a necessidade de o Brasil estar preparado para lidar eficazmente com mecanismos de cooperação jurídica internacional, seja em matéria penal, seja em matéria cível.

6.5 OS BENS JURÍDICOS TUTELADOS PELA LAE

A identificação dos bens jurídicos protegidos pela Lei 12.846/2013 é essencial para sua correta interpretação e aplicação, pois o conteúdo material dos tipos descritos em seu art. 5º se baseia, justamente, na lesão ou ameaça de lesão a bens relevantes para a Administração Pública e para o interesse público.

Para os fins da Lei Anticorrupção Empresarial (art. 5º), constituem atos lesivos à Administração Pública, nacional ou estrangeira, todos aqueles praticados pelas pessoas jurídicas de direito privado, que atentem contra: (a) o **patrimônio público nacional ou estrangeiro**; (b) os **princípios da Administração Pública**; e (c) os **compromissos internacionais assumidos pelo Brasil**. São esses, portanto, os três bens jurídicos que a LAE busca proteger.

O conceito de **patrimônio público** é extraído do art. 1º, § 1º, da Lei da Ação Popular (Lei 4.717/1965), e compreende o complexo de bens e direitos de valor econômico, artístico, estético, histórico ou turístico pertencentes à União, ao Distrito Federal, aos Estados, aos Municípios e aos respectivos órgãos da administração indireta[20]. Nesse particular, dois aspectos merecem especial destaque:

(i) a LAE busca preservar o patrimônio público em sua concepção mais ampla. Vale dizer: todas as condutas que causarem danos aos bens e interesses de natureza eco-

---

18 Tem-se denominado Direito Administrativo Sancionador uma família do Direito Público que reúne as características e limitações inerentes ao poder punitivo estatal em suas mais diferenciadas manifestações.

19 Art. 7º, § 2º - *Nos casos do inciso II, a aplicação da lei brasileira depende do concurso das seguintes condições: a) entrar o agente no território nacional; b) ser o fato punível também no país em que foi praticado; c) estar o crime incluído entre aqueles pelos quais a lei brasileira autoriza a extradição; d) não ter sido o agente absolvido no estrangeiro ou não ter aí cumprido a pena; e) não ter sido o agente perdoado no estrangeiro ou, por outro motivo, não estar extinta a punibilidade, segundo a lei mais favorável.*

20 Art. 1º, § 1º, da Lei 4.717/1965: "Consideram-se patrimônio público para os fins referidos neste artigo, os bens e direitos de valor econômico, artístico, estético, histórico ou turístico".

nômica, estética, artística, histórica, turística ou ambiental poderão ser alcançadas pela Lei 12.846/2013, como na hipótese da pessoa jurídica que oferece propina a agente público para que este permita a ocupação ilegal de área verde; e

(ii) a LAE tutela, inclusive, o patrimônio público estrangeiro, sendo esta uma das principais inovações proporcionadas por esse diploma em nosso ordenamento jurídico.

Vê-se, assim, que o patrimônio público protegido pela LAE abrange não só os bens materiais e imateriais pertencentes às entidades da Administração Pública (os bens públicos referidos pelo Código Civil, como os imóveis, os móveis, o erário, a imagem etc.), mas também aqueles bens materiais e imateriais que pertencem a todos, de uma maneira geral, como o patrimônio cultural, o patrimônio ambiental e o patrimônio moral[21]. Isto é, a LAE tutela as parcelas econômicas e não econômicas do patrimônio público.

A exemplo da Lei de Improbidade Administrativa, a LAE também protege os **princípios da Administração Pública**. No ponto, importa salientar que a tutela não recai somente sobre os princípios constitucionais da Administração Pública previstos expressamente no *caput* do art. 37 da Constituição Federal, mas sim sobre todos os princípios regentes da atividade estatal, previstos expressa ou implicitamente no texto constitucional ou em normas infraconstitucionais, com destaque para os princípios da *legalidade, impessoalidade, moralidade, publicidade, eficiência, supremacia do interesse público, razoabilidade, proporcionalidade, motivação, devido processo legal, ampla defesa, finalidade* e *segurança jurídica.*

A referência aos **compromissos internacionais** envolve os diversos instrumentos jurídicos regulados pelo direito internacional – como tratados, convenções, protocolos e acordos – por meio dos quais Estados assumem obrigações entre si ou perante organismos internacionais ou supranacionais.

No âmbito do combate à corrupção, as principais convenções assinadas pelo Brasil são: a "*Convenção sobre o Combate da Corrupção de Funcionários Públicos Estrangeiros em Transações Comerciais Internacionais*", da OCDE (Organização para a Cooperação e Desenvolvimento Econômico), a "*Convenção Interamericana contra a Corrupção*", da OEA (Organização dos Estados Americanos) e a "*Convenção das Nações Unidas contra a Corrupção*", este último considerado o maior instrumento vinculante internacional de combate à corrupção.

Interessa notar que a defesa de tais bens jurídicos não pertence a uma pessoa isolada, nem a um grupo delimitado de pessoas, mas sim à coletividade como um todo. Por outro lado, o interesse no respeito a tais bens é a um só tempo de todos os membros da coletividade e de cada qual, o que denota sua indivisibilidade.

Vistas as principais características dos bens tutelados pela LAE, é correto afirmar que **a lesão ou ameaça de lesão a tais bens ofende diretamente interesse difuso da coletividade**[22], consistente na exigência de respeito ao patrimônio público, aos princípios da Administração Pública e aos compromissos internacionais assumidos pelo Brasil.

6.6 SUJEITOS DO ATO LESIVO À ADMINISTRAÇÃO PÚBLICA

6.6.1 Sujeito passivo

No plano do direito material, o **sujeito passivo** dos atos de corrupção empresarial tipificados na Lei 12.846/2013 é a Administração Pública, nacional ou estrangeira, atingida pelos efeitos da infração.

---

21 BITTENCOURT, Sidney. *Comentários à Lei Anticorrupção*: Lei 12.846/2013. São Paulo: RT, 2014, p. 44.

22 No mesmo sentido: MARQUES, Silvio Antonio. Harmonização entre a Lei de Improbidade Administrativa e a Lei Anticorrupção Empresarial. *Apontamentos à Lei Anticorrupção Empresarial*: Lei 12.846/2013. São Paulo: MPSP, 2015, p. 37.

Por **Administração Pública nacional** compreende-se a Administração *direta* ou *indireta* de qualquer dos Poderes da União, dos Estados, do Distrito Federal e dos Municípios.

O conceito de **Administração Pública estrangeira** é legal, conforme se depreende do disposto no art. 5º, §§ 1º e 2º, da LAE:

> **Art. 5º** (...)
>
> **§ 1º** Considera-se administração pública estrangeira os órgãos e entidades estatais ou representações diplomáticas de país estrangeiro, de qualquer nível ou esfera de governo, bem como as pessoas jurídicas controladas, direta ou indiretamente, pelo poder público de país estrangeiro.
>
> **§ 2º** Para os efeitos desta Lei, equiparam-se à administração pública estrangeira as organizações públicas internacionais.

O § 1º do art. 5º abriga o conceito de *Administração Pública* estrangeira em sentido estrito, que compreende os órgãos e entidades estatais ou representações diplomáticas de país estrangeiro, de qualquer nível ou esfera de governo, bem como as pessoas jurídicas controladas, direta ou indiretamente, pelo poder público de país estrangeiro.

Já o § 2º do mesmo dispositivo traz um conceito de *Administração Pública* estrangeira por equiparação, que abrange as **organizações públicas internacionais**, entidades constituídas em regra por tratados ou acordos internacionais, que têm personalidade jurídica própria e devem atuar para a obtenção de finalidades comuns a seus membros. É o caso, por exemplo, da ONU (Organização das Nações Unidas), da OEA (Organização dos Estados Americanos) e da OCDE (Organização para a Cooperação e Desenvolvimento Econômico). O ato lesivo ao patrimônio de tais entidades também atrai a incidência da LAE.

Vê-se que o legislador ampliou a esfera de proteção da Administração Pública, em ordem a alcançar também atos de corrupção empresarial praticados contra o patrimônio da Administração Pública de país estrangeiro.

Assim, tem-se:

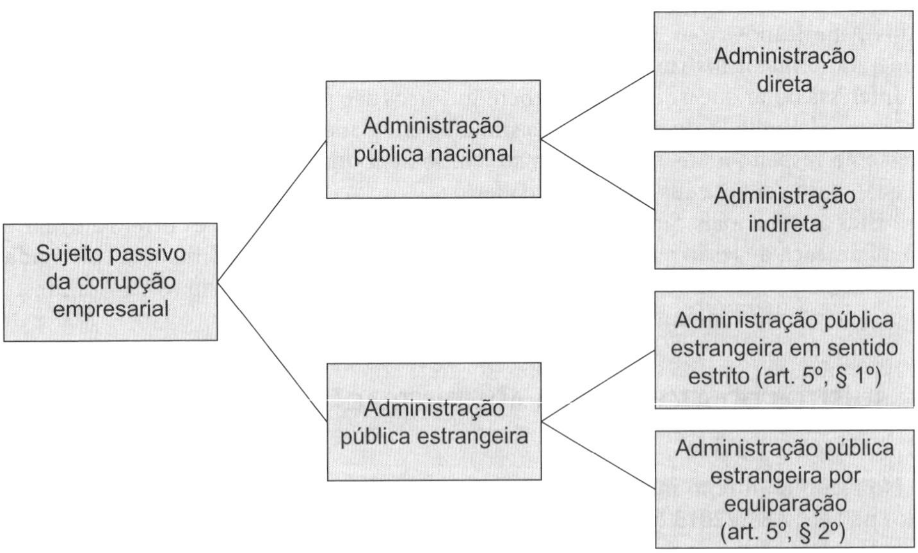

6.6.2 Sujeito ativo

O **sujeito ativo** do ato de corrupção empresarial é a pessoa jurídica de direito privado cujo comportamento, tipificado pela norma, é pressuposto da aplicação da sanção.

No primeiro volume da nossa obra, mais especificamente em seu capítulo 6, estudamos que **o grande protagonista da Lei de Improbidade Administrativa é o agente público**. São os atos de improbidade administrativa por ele praticados que a LIA busca punir.

Já **na Lei Anticorrupção Empresarial, a grande protagonista é a pessoa jurídica de direito privado**. São as ações ofensivas ao patrimônio da Administração Pública, nacional ou estrangeira, praticadas em seu interesse ou benefício, que a LAE, em especial, busca reprimir. Nesse ponto, remarque-se, encontra-se a diferença mais importante entre a LAE e a LIA: a primeira não exige a presença de um agente público como autor, coautor, partícipe ou beneficiário do ato lesivo, abrindo caminho para a responsabilização exclusiva, por exemplo, de administradores e de sociedades empresárias em decorrência da formação de cartéis em licitações públicas.

No sistema adotado pela LAE, a responsabilização da pessoa jurídica não exclui a responsabilidade individual de seus dirigentes ou administradores ou de qualquer pessoa natural, autora, coautora ou partícipe do ato ilícito (art. 3º). Vale dizer, além da pessoa jurídica de direito privado que se beneficia do ato de corrupção empresarial, responsabiliza-se também a pessoa natural que realiza a conduta típica descrita na tipologia do art. 5º, ou que concorre para a sua prática.

Identificam-se, portanto, duas categorias de sujeitos ativos: 1) as **pessoas jurídicas de direito privado**; 2) as **pessoas naturais** *autoras*, *coautoras* ou *partícipes* do ato ilícito.

Por fim, anote-se que as pessoas jurídicas de direito público, interno ou externo, não podem ser sujeitos ativos de atos lesivos à Administração Pública. A uma, porque são, primariamente, gestoras do patrimônio público e, via de consequência, as entidades a cuja proteção se destina a LAE. A duas, porque só podem perseguir fins que se conciliem com o interesse público, não havendo que se falar na prática de ato ilícito em seu interesse ou benefício, como exige a LAE[23].

6.6.2.1 Pessoa jurídica de direito privado

O *caput* do art. 5º da LAE identifica o sujeito ativo do ato lesivo à Administração Pública, nacional ou estrangeira, fazendo remissão ao parágrafo único do art. 1º, que assim dispõe:

> **Art. 1º, parágrafo único.** Aplica-se o disposto nesta Lei às sociedades empresárias e às sociedades simples, personificadas ou não, independentemente da forma de organização ou modelo societário adotado, bem como a quaisquer fundações, associações de entidades ou pessoas, ou sociedades estrangeiras, que tenham sede, filial ou representação no território brasileiro, constituídas de fato ou de direito, ainda que temporariamente.

Essa regra tem por objetivo definir quais pessoas jurídicas[24] podem ser alcançadas pela lei como sujeito ativo das práticas cominadas.

No ponto, faz-se necessário ressaltar o caráter meramente exemplificativo das pessoas jurídicas indicadas no dispositivo em exame, pois a livre criação e organização dos empreendimentos na sociedade pós-industrial segue a lógica das descobertas tecnológicas e de mercado,

---

23 No mesmo sentido: PETRELLUZZI, Marco Vinicio; RIZEK JUNIOR, Rubens Naman. *Lei Anticorrupção*: origens, comentários e análise da legislação correlata. São Paulo: Saraiva, 2014, p. 54.

24 Distinguem-se os conceitos de pessoa jurídica, empresa e sociedade. Pessoa jurídica é a pessoa moral, a forma que assume ente autônomo em relação às pessoas físicas que a compõe, licitamente constituído para fins econômicos (empresa ou sociedade simples) ou não (associações e fundações). Empresa é o efetivo exercício de atividade econômica organizada, com fim lucrativo. Sociedade é a forma associativa de constituição da pessoa jurídica, que visa o lucro. Essas categorias estão imbricadas e não é raro sua confusão, mesmo na linguagem técnica. Dada a amplitude da LAE, que se aplica a qualquer espécie de pessoa coletiva, mesmo não constituídas (sociedades de fato), usamos neste trabalho os termos de modo indistinto, salvo observação expressa.

cada vez mais complexas e dinâmicas. Recomenda-se, assim, ter como metodologia a de relação não exaustiva das pessoas jurídicas de direito privado sujeitas ao alcance da LAE, sob pena de conferir-se uma proteção insuficiente ao patrimônio público, nacional ou estrangeiro. Como bem observa André Pimentel Filho, essa amplitude nada mais é do que aplicação do princípio geral segundo o qual a ninguém é dado beneficiar-se da própria torpeza. Afinal, como explica o autor:

> Se a lei restringisse de alguma maneira sua aplicação a determinadas formas de sociedade estar-se-ia permitindo que dolosamente se furtasse a sua aplicação pessoas jurídicas que propositadamente adotassem forma diversa, ou não adotassem forma alguma, optando pela constituição apenas de fato[25].

Assim, para além das pessoas jurídicas expressamente indicadas – **sociedades empresárias** e **sociedades simples**, **fundações**, **associações de entidades ou pessoas** e **sociedades estrangeiras** – o parágrafo único do art. 1º coloca sob o alcance da LAE qualquer pessoa não natural, nacional ou estrangeira que, de qualquer forma, tenham relação com o Poder Público, também nacional ou estrangeiro, independentemente da forma de organização adotada, modelo contratual, ainda que exista apenas de fato[26].

O amplo espectro da LAE abarca organizações temporárias e formalmente irregulares, não fazendo distinção entre o caráter empresário ou não da pessoa jurídica. Desse teor a lição do professor Modesto Carvalhosa:

> Quando a presente Lei fala de sociedades empresárias, não está identificando aquelas com fins lucrativos que organizam os fatores de produção, no conceito clássico de empresa. Está a Lei se referindo à forma de organização e de governança da pessoa jurídica, independentemente de ter ela fins lucrativos ou associativos, beneméritos, assistenciais etc.[27].

Fixada a premissa de que o parágrafo único do art. 1º da LAE estabelece um **rol exemplificativo** (*numerus apertus*) de pessoas jurídicas que podem praticar os atos lesivos descritos em seu art. 5º, entendemos que a interpretação de tal dispositivo deve ser feita em consonância com a regra estabelecida no art. 44 do Código Civil, que consagra o rol das pessoas jurídicas de direito privado[28].

Do diálogo entre essas duas normas, é correto afirmar que a LAE também alcança as **organizações religiosas** e os **partidos políticos**[29], pessoas jurídicas de direito privado que, ao se relacionarem com o Poder Público, podem praticar as condutas previstas no art. 5º. Esse aproveitamento da base conceitual do Código Civil pela LAE confere coesão e uniformidade ao ordenamento jurídico, em respeito ao princípio da segurança jurídica.

Da mesma forma, embora a LAE não tenha elencado as **entidades do Terceiro Setor** – Serviços Sociais Autônomos (Sistema S), Organizações Sociais, Organizações da Sociedade Civil de Interesse Público e Fundações de Apoio – dentre as pessoas jurídicas enquadráveis

---

25 PIMENTEL FILHO, André. Comentários aos artigos 1° ao 4° da Lei Anticorrupção. In: MUNHÓS, Jorge; QUEIROZ, Ronaldo Pinheiro (coord.). *Lei Anticorrupção e temas de compliance*. 2. ed. Salvador: JusPodivm, 2016, p. 59-60.

26 Nesse mesmo sentido: BITTENCOURT, Sidney. *Comentários à Lei Anticorrupção*: Lei 12.846/2013. São Paulo: RT, 2014, p. 32.

27 CARVALHOSA, Modesto. Considerações sobre a Lei Anticorrupção das Pessoas Jurídicas. São Paulo: RT, p. 62.

28 Art. 44. *São pessoas jurídicas de direito privado: I – as associações; II – as sociedades; III – as fundações; IV – as organizações religiosas; V – os partidos políticos.*

29 No mesmo sentido: GUARAGNI, Fábio André. Comentários aos artigos 1° a 4°. In: CAMBI, Eduardo; GUARAGNI, Fábio André (coord.). *Lei Anticorrupção*: comentários à Lei 12.846/2013. São Paulo: Almedina, 2014, p. 56; CARVALHOSA, Modesto. *Considerações sobre a Lei Anticorrupção das Pessoas Jurídicas*. São Paulo: RT, p. 60. BITTENCOURT, Sidney. *Comentários à Lei Anticorrupção*: Lei 12.846/2013. São Paulo: RT, 2014, p. 33; GUARAGNI, Fábio André. Comentários aos artigos 1° a 4°. In: CAMBI, Eduardo; GUARAGNI, Fábio André (coord.). *Lei Anticorrupção:* comentários à Lei 12.846/2013. São Paulo: Almedina, 2014, p. 56. Para Marco Vinicio Petrelluzzi e Rubens Naman Rizek Junior, a LAE não alcança os partidos políticos, pois eles possuem características que os colocam na categoria de instituições inerentes ao regime democrático, embora sejam sujeitos ao regime jurídico privado (*Lei Anticorrupção*: origens, comentários e análise da legislação correlata. São Paulo: Saraiva, 2014, p. 56-57).

no parágrafo único do art. 1º, é imperioso concluir que elas também podem ser sujeitos ativos do ato lesivo à Administração Pública, dada a finalidade da norma.

Referidas entidades são pessoas jurídicas de direito privado e estão expostas a riscos na busca por seus objetivos sociais, tanto quanto as sociedades empresariais. Quando se relacionam com o Poder Público e firmam contratos de gestão, termos de parceria, convênios e acordos, tais riscos tornam-se mais recorrentes, o que acaba exigindo delas um melhor acompanhamento das atividades.

A LAE alcança, portanto, as hipóteses de violações legais no estabelecimento de parcerias entre entidades do Terceiro Setor e o Poder Público[30].

No que toca às **sociedades empresárias estatais**, assim consideradas as entidades civis ou comerciais, sob o controle acionário do Estado, englobando as empresas públicas, as sociedades de economia mista, suas subsidiárias e as demais sociedades controladas pelo Estado, entendemos que também poderão figurar como sujeitos ativos do ato de corrupção empresarial, nas hipóteses em que estiverem explorando atividade econômica[31].

Isso porque o art. 173, § 1º, II, da Constituição Federal estabelece a sujeição das estatais "*ao regime jurídico próprio das empresas privadas, inclusive quanto aos direitos e obrigações civis, comerciais, trabalhistas e tributários*". Em sendo assim, parece inexorável admiti-las como sujeitos ativos da prática de atos lesivos à Administração Pública. Não é difícil de imaginar, por exemplo, uma sociedade empresária estatal da área de prospecção de petróleo obter contrato mediante corrupção de administrações públicas estrangeiras. Para que não restassem dúvidas sobre a incidência da LAE a esses entes, a Lei 13.303/2016, que dispõe sobre o estatuto jurídico da empresa pública, da sociedade de economia mista e de suas subsidiárias, admitiu, em seu art. 94, que as sanções previstas na Lei 12.846/2013 alcançam as sociedades empresárias estatais, salvo as previstas nos incisos II, III e IV do *caput* do art. 19 da referida Lei.

Assim, se uma determinada estatal praticar um ato lesivo à Administração Pública, a ela poderão ser aplicadas as sanções administrativas previstas no art. 6º da LAE e, quanto às sanções judiciais, a única sanção aplicável consiste no perdimento de bens ou valores, prevista no inciso I do art. 19 da LAE.

Nesse particular, faz-se mister registrar que a punição das sociedades empresárias estatais pressupõe que o ato lesivo tenha sido praticado em prejuízo da Administração Pública estrangeira ou da administração de outros níveis da federação. Afinal, como bem observa Emerson Garcia, não pode haver confusao entre os sujeitos ativo e passivo do ato lesivo, o que inviabilizaria uma espécie de autoimolação do Poder Público[32].

Em conclusão, toda e qualquer entidade coletiva ou formal, que não se confunda com pessoa física, potencialmente se enquadra no espectro da lei, bastando que tenham sede, filial ou representação em território nacional.

6.6.2.2 *Pessoas naturais: o art. 3º da LAE*

A LAE tem a plena carga sancionatória voltada para as pessoas jurídicas, brasileiras ou estrangeiras, tal qual definidas em seu art. 1º, parágrafo único.

---

[30] Nesse sentido: CHARLES, Ronny. *Terceiro Setor - entre a liberdade e o controle*. Salvador: JusPodivm, 2013, p. 45; CARVALHOSA, Modesto. *Considerações sobre a Lei Anticorrupção das Pessoas Jurídicas*. São Paulo: RT, p. 60. BITTENCOURT, Sidney. *Comentários à Lei Anticorrupção*: Lei 12.846/2013. São Paulo: RT, 2014, p. 33; SOUSA, Horácio Augusto Mendes. *A Lei Anticorrupção e a análise dos atos lesivos no âmbito das parcerias da administração pública com o Terceiro Setor*. In: MUNHÓS, Jorge; QUEIROZ, Ronaldo Pinheiro (coord.). *Lei Anticorrupção e temas de compliance*. 2. ed. Salvador: JusPodivm, 2016, p. 121-146.

[31] No mesmo sentido: PETRELLUZZI, Marco Vinicio; RIZEK JUNIOR, Rubens Naman. *Lei Anticorrupção*: origens, comentários e análise da legislação correlata. São Paulo: Saraiva, 2014, p. 55. Em sentido contrário: GUARAGNI, Fábio André (coord.). *Lei Anticorrupção:* comentários à Lei 12.846/2013. São Paulo: Almedina, 2014, p. 57.

[32] GARCIA, Emerson; ALVES, Rogério Pacheco. *Improbidade administrativa*. 9. ed. São Paulo: Saraiva, 2017, p. 781-782.

O protagonismo da pessoa jurídica no regime de responsabilização administrativa e civil inaugurado pela Lei 12.846/2013 é notado desde o preâmbulo da norma.

Os arts. 1º e 2º tratam de definir que essa responsabilidade das pessoas jurídicas é objetiva. Já a redação do art. 5º deixa estreme de dúvidas que as pessoas jurídicas são os sujeitos ativos dos atos lesivos à Administração Pública, nacional ou estrangeira, que a LAE pretende punir.

Os arts. 6º e 19, a seu turno, definem quais sanções podem ser aplicadas às pessoas jurídicas pela prática de atos lesivos à Administração Pública nacional ou estrangeira.

Nesse contexto, a redação do art. 3º da LAE mostra-se adequada e necessária. Veja-se:

> **Art. 3º** A responsabilização da pessoa jurídica não exclui a responsabilidade individual de seus dirigentes ou administradores ou de qualquer pessoa natural, autora, coautora ou partícipe do ato ilícito.

Se inexistisse tal norma, poder-se-ia apressadamente concluir que a LAE não alcançava as pessoas naturais, o que representaria indesejado privilégio. Contudo, atenta às repercussões na matéria disciplinada, a lei dissipa e elimina qualquer equívoco neste ponto.

Muito embora o foco principal da lei seja a responsabilização da pessoa jurídica, a norma deixa claro que isso não exclui a responsabilidade individual de seus dirigentes ou administradores ou até mesmo de qualquer pessoa natural, autora, coautora ou partícipe do ato ilícito.

Autoria é a identidade subjetiva de quem pratica a conduta tipificada na lei, a conduta que está no núcleo do tipo legal. **Coautoria** é a modalidade de concurso em que duas ou mais pessoas realizam a conduta ilícita descrita no tipo legal. **Participação**, por sua vez, é a modalidade de atuação de pessoas naturais em que o sujeito não realiza diretamente o núcleo do tipo legal, mas de qualquer modo concorre para o ilícito.

O § 1º do art. 3º dispõe que a pessoa jurídica será responsabilizada independentemente da responsabilização das pessoas naturais mencionadas. Em complemento, o § 2º estabelece que os dirigentes ou administradores somente serão responsabilizados por atos ilícitos **na medida da sua culpabilidade**. Da análise de tais dispositivos, podemos extrair duas importantes conclusões:

a) a responsabilidade dos dirigentes, administradores e de qualquer pessoal natural que concorra para o ato lesivo à Administração Pública é **subjetiva** (dolo ou culpa), diferentemente da responsabilidade das pessoas jurídicas, que é objetiva (art. 2º);

b) a pessoas jurídicas poderão ser responsabilizadas pela prática de atos lesivos à Administração Pública, nacional ou estrangeira, independentemente da responsabilização das pessoas naturais, o que significa dizer que poderão figurar sozinhas na condição de ré. O reverso, contudo, não é verdadeiro. Conforme será visto no momento oportuno, a responsabilização da pessoa natural, para os fins da LAE, está condicionada à responsabilização da pessoa jurídica em cujo benefício ou interesse foi praticado o ato lesivo à Administração Pública.

Repare-se que o art. 3º não se referiu expressamente aos **sócios** da pessoa jurídica beneficiada pelo ato lesivo. A despeito disso, os sócios também poderão ser responsabilizados individualmente, bastando, para tanto, que sejam autores, coautores ou partícipes do ilícito.

Noutro flanco, é importante ressaltar que a aplicação da LAE às pessoas naturais deve ser feita naquilo que couber. Dúvidas não há de que as pessoas naturais poderão ser condenadas, quer seja na esfera administrativa, quer seja na esfera judicial, à reparação dos danos causados ao patrimônio público em razão da prática dos atos lesivos tipificados no art. 5º da LAE.

Sem embargo, importa destacar que **às pessoas naturais não poderão ser aplicadas as sanções previstas nos arts. 6º e 19 da LAE,** por força da própria redação das disposições, que erigem o ente coletivo como destinatário expresso da pretensão punitiva estatal decorrente da prática do ato lesivo[33].

---

33 Nesse mesmo sentido: GUARAGNI, Fábio André. Comentários aos artigos 1º a 4º. In: CAMBI, Eduardo; GUARAGNI, Fábio André (coord.). *Lei Anticorrupção*: comentários à Lei 12.846/2013. São Paulo: Almedina, 2014, p. 97.

Por outras palavras, para os fins da LAE, como regra, **as pessoas naturais** que concorrem para a prática dos atos lesivos previstos no art. 5º da mesma lei **estão sujeitas à pretensão repressivo-reparatória** (voltada à reparação do dano decorrente do ato lesivo), **mas não estão sujeitas à pretensão repressivo-punitiva** (voltada à aplicação das sanções previstas nos arts. 6º e 19).

A única exceção em que a pretensão punitiva estatal decorrente da prática de ato lesivo pode alcançar as pessoas naturais é trazida pelo art. 14 da LAE, que disciplina a desconsideração da personalidade jurídica na esfera administrativa.

Conforme será visto mais à frente, nas hipóteses de desvio de finalidade ou confusão patrimonial, referido dispositivo autoriza a extensão dos efeitos das sanções aplicadas à pessoa jurídica aos seus administradores ou sócios com poderes de administração, observados o contraditório e a ampla defesa.

Assim, tem-se:

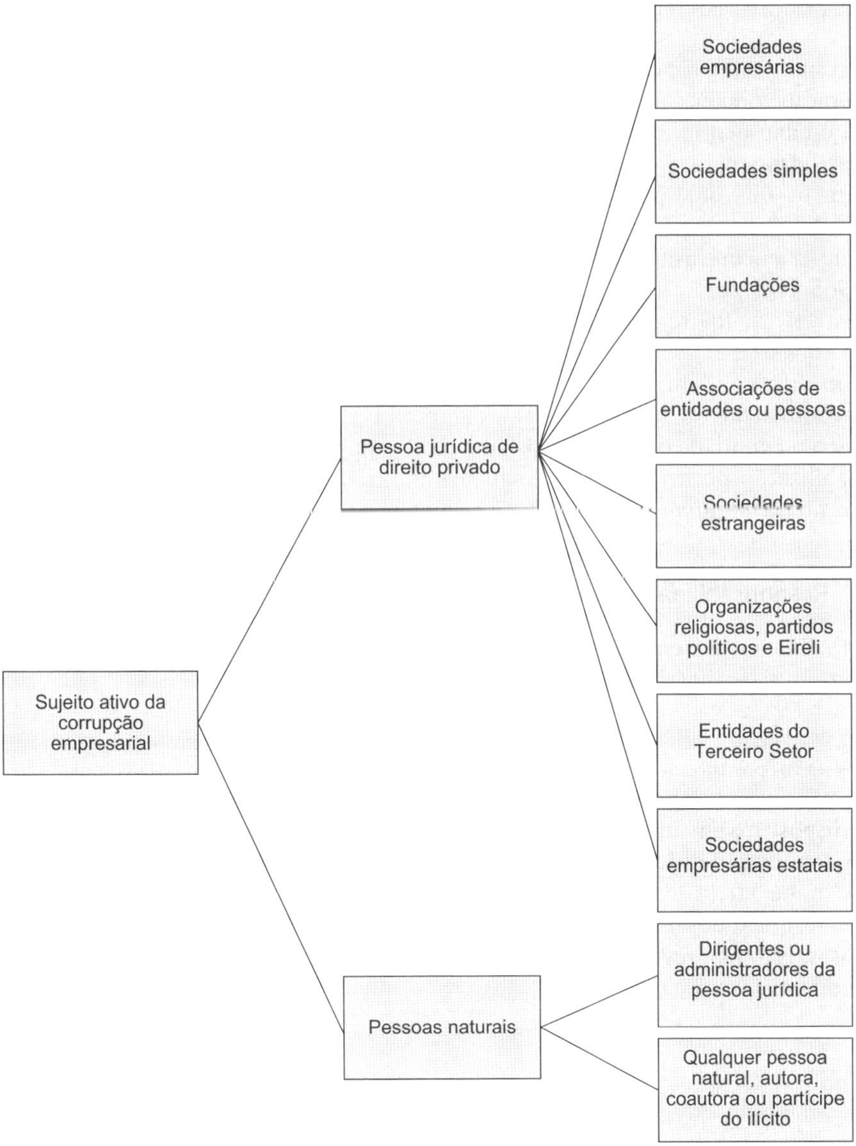

6.7 RESPONSABILIZAÇÃO ADMINISTRATIVA E CIVIL DA PESSOA JURÍDICA

Acesse e assista à aula explicativa sobre este assunto.

> *http://uqr.to/21kun*

A Lei 12.846/2013 dispõe sobre a responsabilização administrativa e civil das pessoas jurídicas de direito privado, nacionais ou estrangerias. Confira-se:

> **Art. 1º** Esta Lei dispõe sobre a responsabilização objetiva administrativa e civil de pessoas jurídicas pela prática de atos contra a administração pública, nacional ou estrangeira.

A responsabilidade civil está fundada no princípio do *neminem laedere*, ou seja, a fórmula de elaboração romana, que nos recomenda agir de forma a não lesar os direitos de outrem. Quando o dano ocorre, busca-se compensar, ainda que parcialmente, o equilíbrio perdido. A responsabilidade civil centra-se, portanto, na obrigação de reparar um dano injustamente causado.

Para os fins da LAE, enseja a **responsabilização civil** da pessoa jurídica a prática de condutas lesivas ao patrimônio público, nacional ou estrangeiro. Tal responsabilidade, que já encontrava respaldo nos arts. 186 e 927 do Código Civil, no art. 11 da Lei 4.717/1965 (Lei da Ação Popular) e no art. 12 da Lei 8.429/1992 (Lei de Improbidade Administrativa), foi reafirmada na LAE, em diversos outros dispositivos (arts. 2º; 6º, § 3º; 13; 16, § 3º e 21, parágrafo único).

A mesma conduta lesiva justifica a responsabilização da pessoa jurídica infratora na **esfera administrativa**. Nesse domínio, competirá à autoridade administrativa máxima de cada órgão ou entidade de poder a instauração e o julgamento do processo administrativo de responsabilização, podendo aplicar as sanções administrativas previstas na LAE, a saber, *multa* e *publicação extraordinária da decisão condenatória*.

6.7.1 Responsabilidade objetiva da pessoa jurídica

A LAE estabelece em seu art. 2º a responsabilidade objetiva da pessoa jurídica, nas esferas cível e administrativa. Confira-se:

> **Art. 2º** As pessoas jurídicas serão responsabilizadas objetivamente, nos âmbitos administrativo e civil, pelos atos lesivos previstos nesta Lei praticados em seu interesse ou benefício, exclusivo ou não.

O dispositivo em análise assinala explicitamente o propósito de atribuir à pessoa jurídica a **responsabilização objetiva** pelos atos lesivos descritos na LAE, quando praticados em seu interesse ou benefício, exclusivo ou não.

Sucede que todos os tipos legais previstos no art. 5º da LAE se referem a condutas humanas dolosas. Não há previsão típica referida à atividade[34]. Significa dizer que apenas a pessoa física pode satisfazer as exigências típicas.

[34] O Código de Defesa do Consumidor, por exemplo, comina a responsabilidade civil objetiva do fornecedor em razão da atividade de fornecimento de produtos e serviços no mercado de consumo. Hipótese típica de responsabilidade objetiva direta ou pura.

A conduta de *prometer, oferecer ou dar, direta ou indiretamente, vantagem indevida a agente público, ou a terceira pessoa a ele relacionada*, por exemplo, só pode ser praticada por meio de uma ação humana, consciente e voluntária.

Se os atos ilícitos que a LAE busca punir só podem ser praticados por meio de conduta dolosa, de que modo subsiste a responsabilização objetiva das pessoas jurídicas em cujo interesse ou benefício o ilícito foi realizado?

O que a LAE faz é conceber a existência de duas normas jurídicas que, conjugadas, fazem nascer a responsabilização.

Uma primeira norma descreve o comportamento doloso do agente faltoso – pessoa natural vinculada, de alguma forma, à pessoa jurídica em cujo interesse ou benefício o ato foi realizado. Uma segunda norma prevê a responsabilização objetiva da pessoa jurídica tendo, por pressuposto, o ilícito cometido.

Na sistemática da LAE, portanto, a ocorrência do ato lesivo é investigada segundo o comportamento subjetivo do agente faltoso. Uma vez verificada a existência do ilícito, deflagra-se a responsabilização objetiva da pessoa jurídica. E, porque objetiva a responsabilidade, a sociedade empresária não poderá alegar que desconhecia a conduta do agente faltoso – pessoa natural a ela vinculada, de alguma maneira[35].

Nessa ordem de ideias, pode-se afirmar que a responsabilidade das pessoas jurídicas pelos atos lesivos à Administração Pública é indireta, decorrente da conduta de pessoa física que pratica o ato lesivo em seu benefício ou interesse.

Para que a pessoa jurídica responda, é necessário provar a conduta dolosa da pessoa natural a ela vinculada. Fala-se, então, em ***responsabilidade objetiva indireta*** ou ***objetiva impura***, conforme a doutrina de Álvaro Villaça Azevedo[36].

Cabe lembrar que na ordem jurídica brasileira os empregadores respondem objetivamente pelos ilícitos civis dos seus empregados (arts. 932, III, e 933, ambos do Código Civil), o que só reforça a linha interpretativa proposta.

Por último, anote-se que a **responsabilidade objetiva** administrativa e civil da pessoa jurídica na LAE está fundada na **teoria do risco**, na modalidade de ***risco-proveito***, em que o responsável é aquele que tira proveito da atividade danosa.

6.7.2 Pressupostos para a responsabilização administrativa e civil da pessoa jurídica

A LAE consagrou em seu art. 2º o regime de responsabilidade objetiva, nas esferas administrativa e cível, que prescinde da análise da culpa da pessoa jurídica. Assim, para a responsabilização da pessoa jurídica pelos atos lesivos à Administração Pública, basta provar que em seu interesse ou benefício foi praticado o ato lesivo descrito no art. 5º, por pessoa natural a ela vinculada, de alguma forma.

São três, portanto, os pressupostos da responsabilidade administrativa e civil da pessoa jurídica pelos atos lesivos à Administração Pública, nacional ou estrangeira:

a) subsunção da conduta na tipologia do art. 5º da LAE;

b) conduta realizada no interesse ou em benefício da pessoa jurídica, exclusivo ou não (art. 2º);

c) existência de algum vínculo entre o autor do ato lesivo e a pessoa jurídica beneficiada.

---

35 No mesmo sentido: ZOCKUN, Maurício. Comentários ao artigo 1º. In: DI PIETRO, Maria Sylvia Zanella; MARRARA, Thiago. *Lei Anticorrupção comentada*. Belo Horizonte: Fórum, 2017, p. 18.

36 AZEVEDO, Álvaro Villaça. *Teoria geral das obrigações*. 10 ed. São Paulo: Atlas, 2004, p. 284.

6.7.2.1 *Subsunção da conduta na tipologia do art. 5º da LAE*

No regime da LAE, o fato gerador da responsabilização administrativa e civil da pessoa jurídica é o ato lesivo à Administração Pública nacional ou estrangeira. A conduta imputada ao agente, portanto, deve se subsumir nos tipos legais de corrupção empresarial.

As condutas típicas descritas na lei, as quais encerram o preceito primário deste sistema punitivo, encontram-se no art. 5º da LAE. Já os preceitos secundários – sanções – situam-se no art. 6º (esfera administrativa) e no art. 19 (esfera judicial).

A ofensa ao preceito primário é o primeiro pressuposto para a deflagração da responsabilização da pessoa jurídica.

Reprise-se que as condutas previstas no art. 5º da LAE exigem comportamento humano consciente e voluntário, isto é, somente se aperfeiçoam por meio de ação ou omissão dolosa, conforme será visto, como maior detalhamento, no tópico 6.8.

6.7.2.2 *Interesse ou benefício da pessoa jurídica, exclusivo ou não*

Vimos que a prova da prática do ato lesivo à Administração Pública, por si só, não é suficiente para a responsabilização da pessoa jurídica.

O art. 2º da Lei 12.846/2013 dispõe expressamente que a responsabilidade da pessoa jurídica somente existirá **quando o ilícito for praticado em seu interesse ou benefício, exclusivo ou não**. Trata-se de pressuposto semelhante ao da responsabilização penal da pessoa jurídica por atividades lesivas ao meio ambiente[37].

É necessário demonstrar, portanto, que o ato lesivo à Administração Pública nacional ou estrangeira visava atender aos interesses da pessoa jurídica ou lhe trazer algum benefício, ainda que não exclusivos.

Deve-se entender por **interesse** a vinculação que a pessoa jurídica estabelece com determinado objeto, de modo que as atividades da pessoa jurídica sejam direcionadas à obtenção do referido objeto. Exemplificando, a pessoa jurídica pode ter interesse em firmar um contrato de prestação de serviços com o Poder Público.

O **benefício** da pessoa jurídica, por sua vez, é fato concreto que traz vantagem de qualquer natureza, e não somente econômica. Por outras palavras, o benefício é a materialização do objeto de interesse. No exemplo anterior, se o dirigente da pessoa jurídica suborna um agente público para que este direcione a licitação em favor da pessoa jurídica, obtendo êxito, a consequente celebração do contrato representa o benefício auferido pela sociedade empresária.

Anote-se, por último, que o interesse ou benefício não precisam ser exclusivos. Uma fraude à licitação, por exemplo, pode beneficiar duas ou mais pessoas jurídicas, fato comum nas hipóteses de licitação por itens[38].

6.7.2.3 *Existência de algum vínculo entre o autor do ato lesivo e a pessoa jurídica beneficiada*

Conforme visto, o art. 2º da LAE traz como pressupostos para a incidência da responsabilidade objetiva da pessoa jurídica a *subsunção da conduta num dos tipos legais especificados no art. 5º*, além de *interesse ou benefício, exclusivo ou não*. Numa interpretação literal do

---

[37] Lei 9.605/1993, art. 3º: "As pessoas jurídicas serão responsabilizadas administrativa, civil e penalmente conforme o disposto nesta Lei, nos casos em que a infração seja cometida por decisão de seu representante legal ou contratual, ou de seu órgão colegiado, no interesse ou benefício da sua entidade".

[38] Na hipótese de licitação por itens, a Administração concentra, no mesmo certame, objetos diversos que serão contratados (ex.: a licitação para compra de equipamentos de informática pode ser dividida em vários itens, tais como microcomputador, impressora etc.).

dispositivo, bastaria a prática de uma conduta prevista no art. 5º, no interesse ou em benefício da pessoa jurídica, para a sua punição.

Note-se que a redação do art. 2º sequer exige que o ato tenha sido praticado por decisão de seu representante legal ou contratual, ou de seu órgão colegiado, no que se difere da Lei 9.605/1998, que traz tal exigência em seu art. 3º, para as hipóteses de responsabilização administrativa, civil e penal das pessoas jurídicas pela prática de infrações ambientais. Na literal dicção da LAE, basta que o ato lhe seja benéfico.

Teria a LAE adotado, assim, numa interpretação literal do seu texto, concepção amplíssima de responsabilidade objetiva, em que se admite a responsabilização da pessoa jurídica por atos de quaisquer terceiros?

Essa não parece ser a melhor hermenêutica. Se, por um lado, a LAE não limitou a possibilidade de responsabilização das pessoas jurídicas às hipóteses de atos praticados por decisão de seus representantes legais ou contratuais, ou de seus órgãos colegiados, por outro, não estendeu essa possibilidade à prática de atos por terceiros que não guardem nenhum tipo de vínculo com o ente abstrato.

A interpretação que parece mais consentânea com a *ratio legis* e com os arts. 1º e 3º da LAE é a de que **o ato lesivo deve ter sido praticado por pessoa natural vinculada, de algum modo, à pessoa jurídica beneficiada com a prática corrupta**.

Entendimento diverso estaria, na verdade, dispensando a prova do próprio nexo de causalidade entre a atividade desenvolvida pela pessoa jurídica e o dano causado à Administração Pública, o que, embora tecnicamente possível (seria uma espécie de presunção absoluta), é absolutamente excepcional[39].

A análise de algumas normas anticorrupção no direito comparado favorece a linha interpretativa proposta. No Reino Unido, por exemplo, o *UK Bribery Act* – que entrou em vigor em 1º de julho de 2011 e é considerado o diploma legal anticorrupção mais restritivo do mundo – condiciona a responsabilização penal, civil e administrativa das pessoas jurídicas à presença de agente que seja de algum modo relacionado (*associated*) ao ente coletivo. Na Espanha, em 2010, houve importante reforma para possibilitar a responsabilização penal das pessoas jurídicas por envolvimento em ações criminosas, exigindo-se que o órgão ou representante da pessoa jurídica tenha atuado por conta e em seu proveito.

Nessa quadra, fixada a premissa de que deve existir algum tipo de vínculo entre a pessoa natural que pratica o ato lesivo e a pessoa jurídica em cujo interesse ou benefício o ato é cometido, pode surgir questionamento a respeito da natureza desse vínculo. Vale dizer, exige-se algum vínculo formal, ou basta que o agente atue *para* ou *em nome* da empresa, sem oposição desta?

A LAE foi originária do Projeto de Lei 6.826/2010, gestado pela Controladoria-Geral da União (CGU). Na redação original do citado projeto de lei, o *caput* do art. 2º fazia referência aos "*atos praticados por qualquer agente ou órgão que a represente*". Sucede que na tramitação legislativa essa redação foi abandonada. A ausência de qualquer referência ao tipo de vínculo entre a pessoa física autora ou partícipe do ato lesivo e a pessoa jurídica no texto aprovado indica que a legislação trilhou opção ampliativa, isto é, optou-se pela **não exigência de vínculo formal**[40].

---

39 Nesse mesmo sentido: PIMENTEL FILHO, André. Comentários aos artigos 1º ao 4º da Lei Anticorrupção. In: MUNHÓS, Jorge; QUEIROZ, Ronaldo Pinheiro (coord.). *Lei Anticorrupção e temas de compliance*. 2. ed. Salvador: JusPodivm, 2016, p. 61-62.

40 Nesse sentido, dentre outros: OLIVEIRA, José Roberto Pimenta. Comentários ao artigo 2º. In: DI PIETRO, Maria Sylvia Zanella; MARRARA, Thiago. *Lei Anticorrupção comentada*. Belo Horizonte: Fórum, 2017, p. 33; PIMENTEL FILHO, André. Comentários aos artigos 1º ao 4º da Lei Anticorrupção. In: MUNHÓS, Jorge; QUEIROZ, Ronaldo Pinheiro (coord.). *Lei Anticorrupção e temas de compliance*. 2. ed. Salvador: JusPodivm, 2016, p. 64. Em sentido contrário, há quem defenda a necessidade de demonstração da existência de relação jurídica entre a pessoa natural infratora e a pessoa jurídica, que a legitime a agir em nome desta (MARINELA, Fernanda; PAIVA, Fernando; RAMALHO, Tatiany. *Lei Anticorrupção*. São Paulo: Saraiva, 2015, p. 67).

Assim, basta que a pessoa natural se comporte como representante da pessoa jurídica ou atue para satisfazer seus interesses, não importando se é seu procurador, empregado, dirigente, administrador, preposto ou sócio. Nesse particular, andou bem o legislador. Afinal, se a lei exigisse prova da existência de um vínculo formal, bastaria à pessoa jurídica contar com lobistas, *freelancers*, colaboradores sem qualquer formalização, para que se visse livre das sanções.

Essa também é a solução adotada pelo *UK Bribery Act*. De acordo com a Lei Anticorrupção do Reino Unido, o que diz se a pessoa atua *para* ou *em nome* da pessoa jurídica são as circunstâncias relevantes do caso concreto, não importando o vínculo formal entre agente e empresa (art. 8º).

Para os fins da LAE, portanto, se a pessoa natural se comporta como representante da pessoa jurídica ou atua para satisfazer seus interesses, ***sem oposição desta***, perante a Administração Pública e terceiros, haverá relação apta a gerar a responsabilização civil e administrativa, independentemente da existência de vínculo formal entre o agente infrator e a empresa.

Exemplificativamente, imaginemos que um determinado lobista atue em favor dos interesses de uma dada pessoa jurídica de direito privado, com o seu conhecimento. Não há nenhum contrato ou representação formal, mas é do conhecimento do Poder Público e de terceiros que referido lobista representa os interesses da pessoa jurídica em questão. Se tal lobista corrompe um servidor público para beneficiar a empresa em uma licitação, mediante direcionamento e superfaturamento do preço do contrato, o ente abstrato em cujo benefício foi praticado o ato lesivo será responsabilizado nas esferas cível e administrativa.

A sociedade empresária não poderá alegar que desconhecia a conduta corrupta do agente faltoso, porque sua responsabilidade é objetiva. Tampouco poderá alegar, em sua defesa, a ausência de relação jurídica formal com o lobista, pois a LAE não a exige.

Em conclusão, o comportamento que a pessoa física infratora assume perante a Administração Pública e terceiros é mais importante do que a qualificação jurídica que ela carrega (se é dirigente, administrador, sócio, empregado, procurador, preposto etc.).

6.7.3 Responsabilidade da pessoa jurídica diante dos atos de seus dirigentes, administradores, empregados ou prepostos

Na sistemática da LAE, a pessoa jurídica responde objetivamente, nas esferas cível e administrativa, pelos atos lesivos praticados em seu interesse ou benefício, desde que a pessoa natural autora ou partícipe do ilícito possua algum tipo de vínculo com a sociedade empresária, ainda que informal (art. 2º).

Vimos também que a responsabilidade dos dirigentes, administradores e de qualquer pessoal natural que concorra para o ato lesivo à Administração Pública é subjetiva (art. 3º, § 2º).

Da conjugação desses dois dispositivos, é imperioso concluir que a pessoa jurídica pode ser responsabilizada pelos atos lesivos praticados, em seu interesse ou benefício, exclusivo ou não, por seus dirigentes, administradores, empregados ou prepostos.

No particular, questão interessante é saber se a atuação do dirigente, administrador, empregado ou preposto dentro dos limites de sua atribuição também foi adotada como requisito para a responsabilização da pessoa jurídica. É dizer, se um empregado agir fora de seu rol de atribuições, ou ainda, se um dirigente exceder os limites de seus poderes definidos no ato constitutivo, poderá a pessoa jurídica ser responsabilizada?

A atuação da pessoa natural dentro do escopo de atribuições conferidas pela pessoa jurídica não foi adotada como pressuposto para a responsabilização do ente abstrato. As propostas que limitavam a responsabilidade das pessoas jurídicas a essa atuação dentro do rol de atribuições foram todas rechaçadas[41]. Dessa forma, basta que o ato tenha sido cometido em nome da pessoa jurídica e em seu benefício ou interesse, por pessoa a ela vinculada.

---

41 O Instituto Brasileiro de Direito Empresarial propôs limitar a responsabilidade das empresas, dando ao art. 2º a seguinte redação: "A pessoa jurídica responderá objetivamente pelos atos ilícitos praticados em seu benefício ou interesse por qualquer

Para ilustrar, confira-se a seguinte situação hipotética: a empresa "A" resolve participar de licitação pública para o fornecimento de determinado produto à Administração Pública. Sem que a empresa "A" ou outros funcionários tenham conhecimento, o gerente de vendas, designado para trabalhar no projeto, oferece uma recompensa financeira ao responsável técnico do órgão licitante a fim de que a empresa "A" ganhe a licitação e ele alcance sua meta de vendas. No exemplo, o oferecimento de propina está fora do escopo de atribuições que lhe foram conferidas pela empresa. Contudo, sua atuação na licitação e seus esforços de venda estão diretamente relacionados ao escopo de suas atividades e atribuições profissionais, podendo, desta forma, sujeitar a pessoa jurídica a sanções.

O escopo da LAE é claro: fazer com que as pessoas jurídicas estabeleçam sistema de controle sobre as condutas de seus agentes, de modo a evitar práticas de corrupção entre seus colaboradores e representantes. Como nem sempre isso será possível, se a empresa demonstrar que desenvolve efetivos mecanismos e procedimentos internos de integridade - programa de *compliance* -, pode ter as sanções atenuadas (art. 7º, VIII).

6.7.4 Responsabilidade da pessoa jurídica diante dos atos de agente de empresa terceirizada

Conforme visto, a LAE não exige vínculo formal entre a pessoa jurídica beneficiada pelo ato lesivo e a pessoa natural infratora. Basta que as circunstâncias do caso concreto demonstrem que a pessoa infratora atua *para* ou *em nome* da pessoa jurídica.

Outro questionamento que fatalmente nossos tribunais irão enfrentar consiste em saber se a pessoa jurídica pode ser responsabilizada por ato lesivo praticado por agente de empresa por ela contratada para a prestação de serviços (empresa terceirizada).

Imagine-se, por exemplo, que uma incorporadora contrata uma empresa de engenharia com o objetivo de obter a aprovação de um empreendimento imobiliário junto à secretaria de habitação e urbanismo de uma determinada prefeitura. Sem que a empresa contratante ou seus funcionários tenham conhecimento, o administrador da empresa terceirizada oferece propina para o responsável técnico da secretaria a fim de que a aprovação do projeto seja "agilizada" na prefeitura, o que resultaria, por consectário lógico, no adiantamento do pagamento dos honorários da prestadora de serviços. Nessa situação hipotética, a empresa contratante responderá pelo ato lesivo praticado pelo agente da prestadora de serviços contratada?

A resposta só pode ser positiva. Primeiro, porque o administrador da empresa contratada cometeu o ato lesivo para atender, a um só tempo, interesse da sua empresa (recebimento dos honorários) e da pessoa jurídica contratante (aprovação do projeto do empreendimento imobiliário na prefeitura). Segundo, porque, ao fazê-lo, agiu em nome da tomadora de serviços, o que autoriza a responsabilização de ambas as empresas. Por se tratar de responsabilidade objetiva, a incorporadora contratante não poderá alegar que desconhecia a conduta do agente da prestadora de serviços contratada.

Nessa mesma trilha, se uma corporação contrata um terceiro para obtenção de licença pública para determinada atividade, e este usa de propina para obter o documento, ambos serão punidos, contratante e contratado.

Solução diferente deve ser adotada na hipótese de o ato lesivo ser praticado no interesse exclusivo da prestadora de serviços. Neste caso, diante da ausência de um dos pressupostos da responsabilização da pessoa jurídica contratante (*interesse ou benefício, exclusivo ou não*), apenas a empresa terceirizada será responsabilizada pelo ilícito de seu agente.

---

terceiro, empregado, ou órgão que a represente, desde que dentro do escopo de atribuições conferidas pela pessoa jurídica, mesmo que o ato praticado não proporcione a ela vantagem efetiva ou que eventual vantagem não a beneficie direta e exclusivamente".

Concluindo, **é perfeitamente possível a responsabilização da empresa tomadora de serviços pelo ato lesivo praticado por agente da empresa terceirizada**, bastando, para tanto, que o ilícito tenha sido cometido no interesse ou em benefício, mesmo que não exclusivo, da pessoa jurídica contratante.

6.7.5 Possibilidade de responsabilização da pessoa jurídica em caso de não identificação da pessoa natural infratora

Conforme será visto mais à frente, a construção dos tipos legais do art. 5º condiciona a caracterização dos atos lesivos à demonstração da prática de uma ação ou omissão humana, consciente e voluntária.

No regime de responsabilização da LAE, vimos que a ocorrência do ato lesivo é investigada segundo o comportamento subjetivo do agente infrator. Uma vez verificada a existência do ilícito, deflagra-se a responsabilização objetiva da pessoa jurídica.

Para a punição das pessoas jurídicas, portanto, faz-se mister provar que o ato lesivo foi praticado, dolosamente, por pessoa natural que agia *para* ou *em seu nome*.

Nessa sistemática, é correto afirmar que a responsabilização da pessoa jurídica, em regra, opera-se após a identificação da pessoa física envolvida: dirigente, administrador, empregado preposto ou terceiro a ela vinculado, de algum modo.

Contudo, nem sempre será possível identificar o agente infrator. Em não raras oportunidades, as responsabilidades internas pelo fato estarão diluídas ou parcializadas de tal modo que não permitirão a identificação do responsável direto pelo ato lesivo.

Imagine-se, por exemplo, que uma determinada pessoa jurídica de direito privado é contratada pelo Poder Público, mediante concessão, para explorar economicamente uma rodovia estadual. Pelo contrato, a concessionária assume a obrigação de promover melhorias na rodovia, por sua conta e risco, sendo remunerada pelos futuros usuários. Parte dessa remuneração deve ser repassada ao ente público contratante. Apura-se que, durante a execução do contrato, a empresa contratada manipula o fluxo de veículos nas praças de pedágio por ela exploradas. Com essa manobra, passa a repassar à Administração Pública valor inferior ao devido, fraudando, assim, o equilíbrio econômico-financeiro do contrato. Instada a identificar o responsável direto pela fraude, a empresa alega não ser capaz de fazê-lo, sob o argumento de que vários de seus funcionários têm acesso ao sistema de controle de fluxo de veículos, não sendo possível identificar, especificamente, qual deles manipulou os dados. Nessa situação hipotética, em que não se consegue identificar o empregado ou preposto diretamente responsável pela fraude, a empresa poderá responder objetivamente pelo ato lesivo à Administração Pública?

Entendemos que sim. No sistema adotado pela LAE, exige-se a comprovação da ocorrência de um ato lesivo à Administração Pública, praticado no interesse ou em benefício da pessoa jurídica. Exige-se, também que o autor do ato lesivo tenha algum vínculo com a pessoa jurídica beneficiada, mesmo que informal.

Para fins de responsabilização, portanto, faz-se necessária a comprovação do ato de corrupção empresarial e do **nexo de causalidade** entre tal ato e a pessoa jurídica por ele beneficiada. Essa relação de causalidade dispensa a prova da identidade do agente infrator, bastando que não haja dúvidas de que o ato lesivo foi cometido por pessoa física vinculada, de alguma forma, à pessoa jurídica beneficiada. É esse também o pensamento de Sidney Bitencourt:

> Evidentemente, a responsabilização da pessoa jurídica dar-se-á, quase sempre, após a identificação dos prepostos envolvidos (pessoas físicas). Mas, mesmo que não seja possível a identificação dessas pessoas físicas, é factível, em função da responsabilidade objetiva corporativa, o prosseguimento do

feito contra a pessoa jurídica. Para fins de responsabilização, é suficiente, portanto, a comprovação do ato de corrupção e o nexo de causalidade entre ele e a pessoa jurídica[42].

As organizações corporativas complexas da atualidade se caracterizam pela descentralização e distribuição de atribuições e responsabilidades, sendo inerentes, a esta realidade, as dificuldades para imputar o fato ilícito a uma pessoa concreta.

A identificação dos setores e agentes internos da empresa determinantes da produção do fato ilícito tem relevância e deve ser buscada no caso concreto como forma de esclarecer se esses indivíduos ou órgãos atuaram ou deliberaram no interesse ou em benefício da entidade coletiva. Tal esclarecimento, relevante para fins de imputar determinado ato lesivo à pessoa jurídica, não se confunde, todavia, com subordinar a responsabilização da pessoa jurídica à identificação e responsabilização conjunta e cumulativa das pessoas físicas envolvidas. Em não raras oportunidades, as responsabilidades internas pelo fato estarão diluídas ou parcializadas de tal modo que não permitirão a imputação de responsabilidade individual.

Nesse cenário, eventual exigência de identificação da pessoa natural infratora redundaria numa larga rota de fuga da incidência da LAE. Bastaria à pessoa jurídica estabelecer uma estrutura organizacional que viabilizasse o exercício diluído das atividades de relacionamento com o Poder Público por vários prepostos ou empregados, sem individualização de suas funções, para que se visse livre das sanções. Com certeza, não é esse o escopo da LAE. Lembremos, mais uma vez, que as pessoas jurídicas doravante não possuem apenas o dever de não corromper, mas, sobretudo, o dever de ativamente tentar evitar a prática de atos de corrupção em seus domínios, já que não poderão se isentar de responsabilidade alegando desconhecimento da conduta lesiva.

Em reforço a esse entendimento, reprise-se que o art. 3º, § 1º, da LAE dispõe que **a pessoa jurídica será responsabilizada independentemente da responsabilização individual das pessoas naturais referidas no *caput*.** Condicionar a aplicação do art. 3º, § 1º a uma concreta imputação também a pessoa física implica indevida restrição da norma, expressa a intenção do legislador ordinário não apenas de ampliar o alcance das sanções civis e administrativas, mas também de evitar a impunidade pelos atos de corrupção frente às imensas dificuldades de individualização dos responsáveis internamente às corporações, além de reforçar a tutela do patrimônio público.

Há inegável paralelismo entre a regra analisada e aquela prevista no art. 3º da Lei 9.605/1998, que trata da responsabilização das pessoas jurídicas por infrações ambientais[43].

Ao enfrentar essa mesma problemática – necessidade ou não de identificação da pessoa natural autora do ilícito para responsabilização da pessoa jurídica – na temática ambiental, o Supremo Tribunal Federal decidiu que a responsabilização penal da pessoa jurídica não pode ser condicionada à identificação e responsabilização concomitante da pessoa física infratora (RE 548.181/PR, 1ª T., Rel. Min. Rosa Weber, j. 06.08.2013).

No julgado, a Suprema Corte entendeu que a possibilidade de responsabilização das pessoas jurídicas por ilícitos ambientais, mesmo quando não identificado o autor direto do delito, fundamenta-se na extrema dificuldade de obtenção da prova da autoria de ilícitos cometidos no ambiente empresarial e de conglomerados associativos, de intensa e intrincada segmentação na tomada de decisões e na condução técnica e de opções da sociedade, muitas vezes desenvolvidas em etapas sucessivas e complementares.

---

[42] BITTENCOURT, Sidney. *Comentários à Lei Anticorrupção*: Lei 12.846/2013. São Paulo: RT, 2014, p. 35-36. No mesmo sentido: GUARAGNI, Fábio André (coord.). *Lei Anticorrupção*: comentários à Lei 12.846/2013. São Paulo: Almedina, 2014, p. 97-98.

[43] *Art. 3º As pessoas jurídicas serão responsabilizadas administrativa, civil e penalmente conforme o disposto nesta Lei, nos casos em que a infração seja cometida por decisão de seu representante legal ou contratual, ou de seu órgão colegiado, no interesse ou benefício da sua entidade. Parágrafo único. A responsabilidade das pessoas jurídicas não exclui a das pessoas físicas, autoras, coautoras ou partícipes do mesmo fato.*

Indiscutivelmente, essa decisão do STF milita em favor da interpretação ora perfilhada, dada a semelhança dos sistemas de responsabilização da pessoa jurídica estabelecidos na Lei 9.605/1998 e na Lei 12.846/2013.

Concluindo, para os fins da LAE, **a pessoa jurídica poderá ser responsabilizada civil e administrativamente, ainda que incerta a identidade do responsável direto pelo ilícito**. Para tanto, bastará a identificação o mais aproximada possível dos setores e agentes internos da empresa determinantes na produção do fato ilícito, **como forma de esclarecer se a atuação se deu no interesse ou em benefício da entidade abstrata**. Mas esse esclarecimento, relevante para fins de imputar determinado ato lesivo à pessoa jurídica, não se confunde com subordinar a responsabilização da pessoa jurídica à identificação e responsabilização conjunta das pessoas físicas envolvidas.

6.7.6 Alterações contratuais e operações societárias

A LAE adotou, como regra, a **subsistência da responsabilidade** da pessoa jurídica beneficiada pelo ato lesivo, nas hipóteses de alteração contratual, transformação, incorporação, fusão ou cisão societária. Desse teor o art. 4º, *caput:*

> **Art. 4º** Subsiste a responsabilidade da pessoa jurídica na hipótese de alteração contratual, transformação, incorporação, fusão ou cisão societária.

Isso significa dizer que a Lei 12.846/2013 consagrou ampla sucessão de responsabilidade civil e administrativa nas hipóteses de alteração contratual e operações societárias[44].

Trata-se de regra importante para prevenir eventual burla do modelo sancionador. Afinal, seria muito fácil eximir-se de qualquer punição caso a pessoa jurídica sucessora não fosse responsável pelos atos lesivos praticados antes da mudança havida no ente abstrato sucedido. No regime adotado pela LAE, a pessoa jurídica infratora também não poderá esquivar-se das consequências sancionatórias, alegando a ocorrência de alterações contratuais.

A **transformação**[45] é simples mudança do tipo societário. Ocorre, por exemplo, quando uma sociedade limitada se transforma em uma sociedade anônima, e vice-versa.

Incorporação[46] é a operação pela qual uma ou mais sociedades são absorvidas por outra, que lhes sucede em todos os direitos e obrigações.

A **fusão**[47], por sua vez, é a operação pela qual se unem duas ou mais sociedades para formar uma nova sociedade, que lhes sucederá em todos os direitos e obrigações.

Já a **cisão**[48] é a operação pela qual a companhia transfere parcelas do seu patrimônio para uma ou mais sociedades, constituídas para esse fim ou já existentes, extinguindo-se a companhia cindida, se houver versão de todo o seu patrimônio, ou dividindo-se o seu capital, se parcial a versão.

Para os fins da LAE, não importa se a pessoa sucessora foi diligente e investigou, a fundo, a vida financeira pregressa da empresa sucedida, não constatando a existência sequer indiciária da prática de atos de corrupção empresarial. Com a operação, a empresa sucessora assume integralmente o risco de ser responsabilizada por quaisquer atos lesivos pretéritos.

---

44 No campo do direito societário, são muito comuns as chamadas *operações societárias*, nas quais as sociedades se relacionam entre si, transformando-se, fundindo-se, incorporando outras ou transferindo parcela de seu patrimônio a outras. Em todos esses casos, haverá mudanças relevantes na estrutura das sociedades, que trarão consequências jurídicas igualmente relevantes.

45 Art. 220 da Lei 6.404/1976.

46 Art. 227 da Lei 6.404/1976.

47 Art. 228 da Lei 6.404/1976.

48 Art. 229 da Lei 6.404/1976.

Registre-se, contudo, que o mesmo art. 4º, em seu § 1º relativiza tal regra, ao dispor que, em casos de **fusão e incorporação,** a aplicação das sanções ficará restrita à obrigação de **pagamento de multa e reparação integral do dano causado,** até o limite do patrimônio transferido, não lhe sendo aplicáveis as demais sanções previstas na LAE decorrentes de atos e fatos ocorridos antes da data da fusão ou incorporação, *exceto no caso de simulação ou evidente intuito de fraude, devidamente comprovados.*

Essa opção do legislador por conferir tratamento diferenciado às operações de fusão e incorporação é atribuída à necessidade de não se inviabilizar as transações lícitas e potencialmente positivas para a economia, que poderiam ser desestimuladas diante da possibilidade de transferência de passivos ocultos incalculáveis.

Para as hipóteses de fusão e incorporação, portanto, a LAE confere tratamento especial, limitando a responsabilidade a duas consequências: (i) possibilidade de aplicação de multa; e (ii) possibilidade de condenação à reparação integral do dano. No ponto, importa destacar que a empresa sucessora nem sempre responderá pela integralidade do valor da multa e do valor da reparação do dano causado pelo ato lesivo, porque a transferência de responsabilidade civil e administrativa opera-se **até o limite do patrimônio transferido**.

Atenção

Se houver simulação ou fraude na fusão ou incorporação, permanecerá íntegra a possibilidade de responsabilização, com transmissibilidade de todas as sanções previstas na LAE à empresa sucessora (art. 4º, § 1º, *in fine*), não limitadas ao patrimônio transferido.

6.7.7 Responsabilidade solidária entre sociedades controladoras, controladas, coligadas e consorciadas

O § 2º do art. 4º da LAE estabelece a **responsabilidade solidária** entre a pessoa jurídica em cujo interesse ou benefício o ato lesivo é praticado e aquelas que com esta mantenham relação de controle (controlada ou controladora), estejam coligadas ou consorciadas mediante contrato. A propósito, confira-se:

> **Art. 4º, § 2º** As sociedades controladoras, controladas, coligadas ou, no âmbito do respectivo contrato, as consorciadas serão solidariamente responsáveis pela prática dos atos previstos nesta Lei, restringindo-se tal responsabilidade à obrigação de pagamento de multa e reparação integral do dano causado.

Recorrendo-se ao conceito do art. 264 do Código Civil, em diálogo das fontes, é correto afirmar que a LAE instituiu, na hipótese, uma forma de solidariedade passiva, ou seja, quando na mesma obrigação concorre mais de um devedor, cada um obrigado à dívida toda.

As empresas **coligadas** e com **relação de controle** são solidariamente responsáveis com a empresa infratora pelo pagamento da multa e pela reparação integral do dano causado, independentemente de qualquer participação no ato corrupto.

Note-se que a responsabilidade solidária em análise **é limitada à obrigação de pagamento de multa e reparação integral do dano causado**. Não há solidariedade, portanto, em relação às demais sanções aplicáveis à pessoa jurídica beneficiada pelo ato lesivo.

Para as **sociedades consorciadas**, a LAE fixa outro limitador: a responsabilidade solidária só opera em relação aos atos lesivos praticados no âmbito do objeto do contrato de consórcio.

A responsabilização solidária das empresas consorciadas é acertada. A LAE descreve vários tipos legais de atos lesivos específicos em matéria de licitações e contratos (art. 5º, IV, *a* e *g*). Mostra-se pertinente, assim, a disciplina sobre a responsabilidade solidária, nas hipóteses em que tais ilícitos sejam cometidos em contexto de formação de consórcios[49]. Afinal, quando a Administração Pública habilita um consórcio num certame, considera o conjunto de fatores técnicos e documentais dos seus componentes, analisando-o como um todo.

Por ser especial[50], a regra em exame prevalece sobre a norma geral dos consórcios (art. 278 da Lei 6.404/1976), que não presume solidariedade entre as empresas consorciadas.

Ao enfatizar a solidariedade entre as sociedades controladoras, controladas, coligadas ou, no âmbito do respectivo contrato, as consorciadas, para fins de responsabilização por atos de corrupção empresarial, a LAE procura facilitar a persecução e responsabilização de todos os agentes econômicos envolvidos.

6.8 ATOS LESIVOS À ADMINISTRAÇÃO PÚBLICA NACIONAL OU ESTRANGEIRA

6.8.1 Noções introdutórias

Para os fins da Lei Anticorrupção Empresarial, constituem **atos lesivos à Administração Pública**, nacional ou estrangeira, todos aqueles praticados pelas pessoas jurídicas mencionadas no parágrafo único do art. 1º, que atentem contra o patrimônio público nacional ou estrangeiro, contra princípios da Administração Pública ou contra os compromissos internacionais assumidos pelo Brasil (art. 5º, *caput*).

Tais atos, que também identificaremos neste trabalho pelo epíteto **"corrupção empresarial"**, estão definidos no art. 5º da LAE, nos incisos de I a V.

Inicialmente, faz-se necessário analisar se o rol dos atos lesivos tipificados no art. 5º da LAE é taxativo ou exemplificativo.

Há posicionamento no sentido de que o rol trazido pelo mencionado preceito legal é meramente exemplificativo[51]. Argumenta-se, nesse sentido, que a LAE não é uma lei penal e, por isto, não se submete ao princípio da tipicidade estrita. Significa dizer que a Administração dispõe de certa margem de apreciação no enquadramento da infração dentre os ilícitos previstos na lei. Além disso, por integrar o microssistema de combate à corrupção, o art. 5º deve ser interpretado sistematicamente, de modo a assegurar a punição de todo e qualquer ato lesivo ao patrimônio público, aos princípios da Administração Pública e aos compromissos internacionais assumidos pelo Brasil, sob pena, inclusive, de ofensa ao princípio da proporcionalidade, sob o viés da proibição da proteção deficiente.

Contudo, a **corrente doutrinária majoritária**, que reputamos acertada, sustenta que **o rol de ilícitos tem natureza taxativa**[52], sobretudo pelo uso da expressão "assim definidos" no final do *caput* do art. 5º. Fosse o rol meramente exemplificativo, ter-se-ia optado pela expressão "notadamente", empregada nos arts. 9º e 10 da Lei de Improbidade Administrativa. Na hipótese, a aplicação do princípio da reserva legal e da tipicidade normativa é decorrência inafastável dos princípios constitucionais da legalidade, segurança jurídica e devido processo

---

49 No mesmo sentido: OLIVEIRA, José Roberto Pimenta. Comentários ao artigo 2º. In: DI PIETRO, Maria Sylvia Zanella; MARRARA, Thiago. *Lei Anticorrupção comentada.* Belo Horizonte: Fórum, 2017, p. 77.

50 Embora a Lei 6.404/1976 deixe assente que não se presume solidariedade entre as empresas consorciadas, o inciso V do art. 33 da Lei de Licitações (Lei 8.666/1993) também estabelece a solidariedade entre os consorciados perante a Administração. No mesmo sentido, prevê o inciso V do art. 15 da Nova Lei de Licitações e Contratos Administrativos (Lei 14.133/2021).

51 CAMBI, Eduardo. Comentários ao artigo 5º. In: CAMBI, Eduardo; GUARAGNI, Fábio André (coord.). *Lei Anticorrupção*: comentários à Lei 12.846/2013. São Paulo: Almedina, 2014, p. 127-134; DIAS, Jefferson Aparecido; MACHADO, Pedro Antonio de Oliveira. Atos de corrupção relacionados com licitações e contratos. In: MUNHÓS, Jorge; QUEIROZ, Ronaldo Pinheiro (coord.). *Lei Anticorrupção e temas de compliance.* 2. ed. Salvador: JusPodivm, 2016, p. 87-88.

52 Dentre outros, vejam-se: PETRELLUZZI, Marco Vinicio; RIZEK JUNIOR, Rubens Naman. *Lei Anticorrupção*: origens, comentários e análise da legislação correlata. São Paulo: Saraiva, 2014, p. 62; CARVALHOSA, Modesto. *Considerações sobre a Lei Anticorrupção das pessoas jurídicas.* São Paulo: RT, p. 173; BITTENCOURT, Sidney. *Comentários à Lei Anticorrupção*: Lei 12.846/2013. São Paulo: RT, 2014, p. 47; e DIPP, Gilson; CASTILHO, Manoel L. Volkmer. *Comentários sobre a Lei Anticorrupção.* São Paulo: Saraiva, 2016, p. 42.

legal. Nesse sentido, toda e qualquer apreciação de atos lesivos deve ser conduzida para o enquadramento da conduta nos tipos descritos no art. 5º, que arrola taxativamente as condutas passíveis de penalização.

Outro aspecto a ser destacado é que todos os tipos legais de atos lesivos descritos nos incisos de I a V do art. 5º exigem ação ou omissão humana para se aperfeiçoarem. Significa dizer que apenas as pessoas físicas podem satisfazer as exigências típicas.

A responsabilidade civil e administrativa da pessoa jurídica, portanto, é indireta, decorrente da conduta de pessoa natural que pratica o ato lesivo em seu benefício ou interesse. Por outras palavras, para que a pessoa jurídica responda pelo ato lesivo, faz-se necessário provar que a conduta da pessoa natural a ela vinculada se enquadra na tipologia do art. 5º.

Na espécie, conforme asseverado alhures, fala-se em **responsabilidade objetiva indireta** ou **objetiva impura** da pessoa jurídica.

6.8.2 Elemento subjetivo do ato lesivo

Conforme já asseverado, todos os tipos legais descritos no art. 5º da LAE só se aperfeiçoam por meio de condutas humanas. Significa dizer que apenas a pessoa física pode satisfazer as exigências típicas.

Para além da exigência de conduta humana, a caracterização dos atos lesivos à Administração Pública está condicionada à presença do elemento subjetivo **dolo**. É dizer: os ilícitos descritos no art. 5º da LAE só são punidos na forma dolosa.

Diz-se dolosa a conduta do agente quando animada pela vontade livre e consciente de praticar o ato ilícito objetivamente proibido pela norma.

Essa conclusão é extraída da análise dos próprios tipos legais, cuja configuração é incompatível com o elemento subjetivo culpa.

Exemplificativamente, ninguém oferece propina culposamente a agente público. Da mesma forma, ninguém frauda uma licitação, por imprudência. Tampouco se pode imaginar que alguém dificulte uma investigação, por culpa.

Em reforço a esse entendimento, cabe destacar que os ilícitos em estudo não foram previstos na modalidade culposa. E a culpa, diferentemente do dolo, é um elemento subjetivo que há de ser expressamente contemplado na descrição típica da norma de direito sancionador. Desse teor o escólio de Emerson Garcia:

Na medida em que a LRPJ é primordialmente voltada à responsabilização objetiva das pessoas jurídicas, é mais que justificada a ausência de qualquer referência à culpa na tipologia do seu art. 5º Portanto, a aplicação dessa tipologia, às pessoas naturais, exigirá, necessariamente, a demonstração do dolo, elemento naturalístico da conduta e que independe de previsão expressa[53].

A configuração do ato lesivo, portanto, será sempre subjetiva, a depender da identificação da vontade consciente e livre (dolo) de praticar a conduta prevista em abstrato na norma proibitiva.

6.8.3 Atos lesivos elencados no art. 5º

Nessa breve introdução ao estudo dos atos lesivos à Administração Pública foi asseverado que para a corrente doutrinária majoritária o rol de ilícitos do art. 5º é taxativo. Vimos também que o elemento subjetivo de todos os tipos legais descritos na LAE é o dolo.

A seguir, serão analisadas as condutas típicas descritas no art. 5º, I a V, que encerram os preceitos primários do sistema punitivo em estudo.

---

53 GARCIA, Emerson; ALVES, Rogério Pacheco. *Improbidade administrativa*. 9. ed. São Paulo: Saraiva, 2017, p. 787-789.

6.8.3.1 *Promessa ou oferecimento de vantagem indevida a agente público (corrupção ativa)*

> I – prometer, oferecer ou dar, direta ou indiretamente, vantagem indevida a agente público, ou a terceira pessoa a ele relacionada;

A LAE qualifica como ilícita a conduta de prometer, oferecer ou dar, direta ou indiretamente, vantagem indevida a agente público, ou a terceira pessoa a ele relacionada.

Claramente, o dispositivo em análise teve inspiração no crime de corrupção ativa previsto no art. 333 do Código Penal[54], que trata como conduta penalmente relevante a de "*oferecer ou prometer vantagem indevida a funcionário público, para determiná-lo a praticar, omitir ou retardar ato de ofício*".

Preliminarmente, faz-se mister analisar quem seriam os **agentes públicos** para os fins da LAE. No que diz respeito aos **agentes públicos estrangeiros**, o conceito é legal. Veja-se:

> **Art. 5º, § 3º** Considera-se agente público estrangeiro, para os fins desta Lei, quem, ainda que transitoriamente ou sem remuneração, exerça cargo, emprego ou função pública em órgãos, entidades estatais ou em representações diplomáticas de país estrangeiro, assim como em pessoas jurídicas controladas, direta ou indiretamente, pelo poder público de país estrangeiro ou em organizações públicas internacionais.

Já em relação aos **agentes públicos nacionais**, diante da lacuna da lei, poderá ser adotada noção semelhante à do art. 327 do Código Penal[55], de modo a abarcar todos os que exerçam, ainda que transitoriamente ou sem remuneração, por qualquer forma de investidura ou vínculo, mandato, cargo, emprego ou função pública na administração direta ou indireta da União, dos Estados, do Distrito Federal, dos Municípios, de Território, assim como em pessoas jurídicas controladas, direta ou indiretamente, pelo Poder Público[56].

Há também quem defenda o aproveitamento do conceito de agente público da LIA[57], os quais, atualmente, resultam da conjugação do art. 1º, §§ 5º a 7º, c.c art. 2º, *caput*[58]. Contudo, essa não é a melhor solução, porque a Lei de Improbidade Administrativa trabalha com uma noção mais ampla de sujeição passiva no plano material, em ordem a proteger também algumas entidades privadas que, sem integrarem a Administração direta ou indireta, recebam investimento ou auxílio de ordem pública. Para os fins da LAE, referidas entidades privadas,

---

[54] O ato lesivo em questão também se identifica com o crime de corrupção ativa em transação comercial internacional, previsto no art. 337-B do Código Penal: "Prometer, oferecer ou dar, direta ou indiretamente, vantagem indevida a funcionário público estrangeiro, ou a terceira pessoa, para determiná-lo a praticar, omitir ou retardar ato de ofício relacionado à transação comercial internacional".

[55] *Art. 327 - Considera-se funcionário público, para os efeitos penais, quem, embora transitoriamente ou sem remuneração, exerce cargo, emprego ou função pública. § 1º - Equipara-se a funcionário público quem exerce cargo, emprego ou função em entidade paraestatal, e quem trabalha para empresa prestadora de serviço contratada ou conveniada para a execução de atividade típica da Administração Pública.*

[56] No mesmo sentido: CAMBI, Eduardo. Comentários ao artigo 5º. In: CAMBI, Eduardo; GUARAGNI, Fábio André (coord.). *Lei Anticorrupção*: comentários à Lei 12.846/2013. São Paulo: Almedina, 2014, p. 113.

[57] A propósito, veja-se: PETRELLUZZI, Marco Vinicio; RIZEK JUNIOR, Rubens Naman. *Lei Anticorrupção*: origens, comentários e análise da legislação correlata. São Paulo: Saraiva, 2014, p. 63.

[58] *Art. 1º (...) § 5º Os atos de improbidade violam a probidade na organização do Estado e no exercício de suas funções e a integridade do patrimônio público e social dos Poderes Executivo, Legislativo e Judiciário, bem como da administração direta e indireta, no âmbito da União, dos Estados, dos Municípios e do Distrito Federal. § 6º Estão sujeitos às sanções desta Lei os atos de improbidade praticados contra o patrimônio de entidade privada que receba subvenção, benefício ou incentivo, fiscal ou creditício, de entes públicos ou governamentais, previstos no § 5º deste artigo. § 7º Independentemente de integrar a administração indireta, estão sujeitos às sanções desta Lei os atos de improbidade praticados contra o patrimônio de entidade privada para cuja criação ou custeio o erário haja concorrido ou concorra no seu patrimônio ou receita atual, limitado o ressarcimento de prejuízos, nesse caso, à repercussão do ilícito sobre a contribuição dos cofres públicos. (...) Art. 2º Para os efeitos desta Lei, consideram-se agente público o agente político, o servidor público e todo aquele que exerce, ainda que transitoriamente ou sem remuneração, por eleição, nomeação, designação, contratação ou qualquer outra forma de investidura ou vínculo, mandato, cargo, emprego ou função nas entidades referidas no art. 1º desta Lei.*

justamente por não integrarem a Administração Pública direta ou indireta, não podem ser vítimas dos atos lesivos. Logo, o paralelismo com o conceito da LIA, diretamente associado a tal sujeição passiva, não se mostra adequado.

O núcleo do tipo em estudo é representado pelos verbos *prometer*, *oferecer* ou *dar*, que se relacionam com o elemento normativo *vantagem indevida*.

Prometer é obrigar-se a dar a vantagem indevida, ou, no mínimo, assegurar previamente a concessão da vantagem. **Oferecer** significa propor ou apresentar a vantagem indevida para que seja aceita, ou ainda, colocá-la à disposição. Por sua vez, **dar** traduz a ideia de, efetivamente, entregar a vantagem indevida.

Tais ações podem ser praticadas de forma **direta** (sem interposta pessoa, de forma clara) ou **indireta** (por intermédio de interposta pessoa, física ou jurídica, de forma dissimulada). Isso favorece, sem dúvida, a punição, pois o sujeito ativo não poderá alegar em sua defesa não ter havido qualquer assédio ao agente público, unicamente por ter se valido de um cerco tortuoso para alcançar seu propósito de corrompê-lo. Cite-se, como exemplo, a doação de benesses a instituições sociais ligadas a agentes públicos.

Vantagem indevida é aquela que não se sustenta em título jurídico válido, ou seja, vantagem que não representa prestação devida pelo particular em decorrência de vínculo obrigacional legitimamente estabelecido com o agente público. Por outras palavras, é aquela a que o agente público não tem direito. Logo, não precisa ser, necessariamente, de caráter patrimonial, podendo ser de outra natureza (sexual, moral, política etc.).

Referida vantagem pode ter como destinatário tanto o **agente público** como **terceira pessoa a ele relacionada**. A expressão "relacionada", presente no texto legal, não se limita à ideia de eventual parentesco com o agente público, mas abrange qualquer relação relevante, ainda que informal, capaz de influir na conduta do agente público.

Pontue-se que a configuração do ato lesivo de corrupção ativa prescinde da aceitação da vantagem pelo agente público ou terceiro a ele relacionado. Trata-se, portanto, de **infração formal**, que se consuma no momento em que o sujeito ativo promete ou oferece a vantagem indevida a agente público ou a terceiro a ele relacionado. Ainda que o agente público recuse a promessa ou a oferta, restará configurado o ato lesivo.

Diferentemente do tipo penal da corrupção ativa (CP, art. 333), que exige elemento subjetivo específico, consistente na vontade de fazer o agente público praticar, omitir ou retardar ato de ofício, o tipo legal em estudo não traz tal exigência.

Para os fins da LAE, portanto, não se mostra necessária a prova de que a promessa, oferta ou fornecimento da vantagem tenha por objetivo compelir o agente público à prática de ato de ofício (omissivo ou comissivo). No silêncio da lei, presume-se que o corruptor sabe ou acredita que a simples aceitação da vantagem já consiste, por si só, em desempenho indevido de relevante função ou atividade. Como bem observado por Beatriz Lopes de Oliveira e Rita de Cassia Bergamo[59], o ato lesivo previsto no inciso I do art. 5º assemelha-se a uma das hipóteses de infrações previstas no artigo 15 do *Uk Bribery Act* (Lei Anticorrupção britânica), na qual também não se exige demonstração de especial finalidade do sujeito ativo, consistente na vontade de fazer o agente público praticar, omitir ou retardar ato de ofício.

Anote-se, por último, que se o agente público solicitar ou receber a vantagem indevida, ou aceitar a promessa de recebê-la, responderá pelo crime de corrupção passiva (art. 317 do CP) e por ato de improbidade administrativa.

[59] Nesse sentido: OLIVEIRA, Beatriz Lopes; BERGAMO, Rita de Cassia *et al*. Responsabilização e atos lesivos à administração pública nacional ou estrangeira na Lei 12.846/2013. *Apontamentos à Lei Anticorrupção Empresarial (Lei 12.846/13)*. São Paulo: MPSP, 2015, p. 66; PETRELLUZZI, Marco Vinicio; RIZEK JUNIOR, Rubens Naman. *Lei Anticorrupção*: origens, comentários e análise da legislação correlata. São Paulo: Saraiva, 2014, p. 64.

6.8.3.2 Financiamento ou patrocínio de prática dos atos ilícitos

> **II** – comprovadamente, financiar, custear, patrocinar ou de qualquer modo subvencionar a prática dos atos ilícitos previstos nesta Lei;

O emprego do advérbio "comprovadamente" denota falta de apreço à técnica legislativa. Afinal, parece óbvia a impossibilidade de punição da pessoa jurídica sem que exista a inequívoca comprovação da ocorrência do ilícito.

A norma sanciona qualquer tipo de apoio financeiro à prática dos atos lesivos previstos na LAE. Seu escopo é prevenir a ingerência indevida de interesse privados no âmbito da Administração Pública, nacional ou estrangeira.

São quatro os verbos que representam o núcleo do tipo, todos conceitualmente muito semelhantes entre si: *financiar*, *custear*, *patrocinar* e *subvencionar*.

Financiar é fornecer ativos para outra pessoa, de modo que esta possa executar um dos atos lesivos previstos na lei. **Custear** é prover as despesas da prática do ato lesivo. **Patrocinar** é dar apoio, que pode se materializar pelo repasse de ativos, pela provisão de recursos humanos, ou ainda, pelo fornecimento de insumos materiais. **Subvencionar** é conceder algum subsídio ou auxílio pecuniário. Note-se que em todas essas ações, o que se busca é viabilizar, financeiramente, a execução do ato lesivo.

Trata-se de **infração material**, que se consuma no momento em que é praticado o ato lesivo financiado.

Anote-se, por último, que o ilícito em questão só se configura quando o administrador, empregado ou preposto da pessoa jurídica financiadora tem ciência da destinação do recurso utilizado.

6.8.3.3 Utilização de interposta pessoa

> **III** – comprovadamente, utilizar-se de interposta pessoa física ou jurídica para ocultar ou dissimular seus reais interesses ou a identidade dos beneficiários dos atos praticados;

No que se refere ao advérbio "comprovadamente", reiteram-se as observações feitas nos comentários do inciso anterior.

O dispositivo define como lesiva à Administração Pública a utilização de interpostas pessoas com o objetivo de ocultar ou dissimular: (i) seus reais interesses; ou (ii) a identidade dos beneficiários dos atos praticados.

Ocultar significa esconder, encobrir, não revelar a quem de direito. **Dissimular** é distorcer a realidade, usar de astúcia contra terceiro, falsear a realidade à vítima.

O escopo da norma é punir uma prática muito usual no Brasil, a saber, a utilização de interpostas pessoas, também conhecidas por "empresas de fachada" ou "laranjas", para a prática de atos lesivos ao patrimônio público.

Para ilustrar, imagine-se que Caio, administrador da empresa "A", seja condenado numa ação civil de improbidade administrativa à sanção de proibição de contratar com o Poder Público, direta ou indiretamente, ainda que por intermédio de pessoa jurídica da qual seja sócio majoritário, pelo prazo de 10 (dez) anos. Na sentença, reconheceu-se que os serviços prestados pela empresa "A" a um dado município, consistentes em compensação tributária, eram fraudulentos e causaram danos ao erário. Para burlar tal sanção, Caio convence Tício, administrador da empresa "B", a "emprestar" o CNPJ da sua firma para que a empresa "A" dê continuidade às suas atividades fraudulentas de compensação tributária, em prejuízo do erário de outros municípios. À medida que os novos municípios contratantes efetuam os pagamentos pelos serviços prestados, mediante depósito na conta bancária da empresa "B" (formalmente, a prestadora de serviços contratada), esta promove a transferência de tais valores para a principal beneficiária do ilícito, qual seja a empresa "A" (real prestadora de serviços). Vê-se que a empresa "B" foi utilizada como "empresa de fachada", prestando-se a utilizar suas contas bancárias como passagem de valores para a empresa "A", e a servir como pessoa jurídica prestadora de serviços, quando na verdade apenas camuflava o recebimento e movimentação de dinheiro de origem ilícita. A sua utilização nesse contexto, como instrumento de prestação de serviços indubitavelmente espúrios, a torna mecanismo de simulação de empresa, exatamente para dissimular a origem de valores ilícitos.

Nessa situação hipotética, a interposta pessoa jurídica (empresa "B") responderá pelo ato lesivo ao patrimônio público, juntamente com a pessoa detentora dos interesses espúrios (empresa "A"). Também serão solidariamente responsáveis os administradores de tais empresas.

Entendemos que **o tipo legal em exame amplia o alcance da LAE**, pois abarca outras situações de atos lesivos ao patrimônio público, aos princípios da Administração Pública e aos compromissos internacionais assumidos pelo Brasil, não previstas nos demais incisos do art. 5º, mas que tenham sido praticadas por meio da fraudulenta interposição de pessoas.

Pense-se, por exemplo, numa contratação direta realizada fora das hipóteses de dispensa de licitação. Tal contratação, a despeito de lesiva ao patrimônio público, não será punida, a princípio, pela LAE, pois não se enquadra em nenhum dos tipos legais de ilícitos previstos no art. 5º. Verificando-se, contudo, que a pessoa jurídica beneficiada empregou o expediente de interposição de pessoa para ocultar seus reais interesses e viabilizar essa indevida contratação direta, sua conduta se subsumirá no tipo legal em exame, sendo passível de punição nas esferas cível e administrativa.

Por outras palavras, a incidência do dispositivo não se subordina à comprovação da prática dos atos lesivos previstos nos incisos I, II, IV e V do art. 5º, mas apenas à prova de causar, a mera interposição de pessoa física ou jurídica para ocultar ou dissimular seus reais interesses ou a identidade dos beneficiários dos atos praticados, lesão aos bens jurídicos protegidos pela LAE. De outra forma, seria de indiscutível inutilidade o inciso III, pois é certo que, ocorrendo alguma das hipóteses dos incisos I, II, IV e V do art. 5º, a pessoa jurídica beneficiada poderia ser responsabilizada, independentemente de haver ou não interposição de pessoas[60].

O ilícito se consuma com a ofensa aos bens jurídicos tutelados pela LAE, por meio da utilização de interposta pessoa. Trata-se de **infração material**, portanto.

Anote-se, por último, que a prática do ato lesivo previsto no inciso III autoriza a aplicação da mais severa das sanções previstas na Lei Anticorrupção Empresarial, qual seja a **dissolução compulsória da pessoa jurídica** (art. 19, § 1º, II).

6.8.3.4 Atos lesivos referentes a licitações e contratos

IV – no tocante a licitações e contratos:

O inciso IV especifica condutas praticadas no âmbito de licitações ou de contratos celebrados com a Administração Pública nacional ou estrangeira. O escopo é proteger a lisura das licitações e dos contratos administrativos.

Conforme será visto na sequência, muitas das condutas descritas nas alíneas de *a* a *g* possuem redação semelhante a tipos penais que estavam previstos Lei 8.666/1993, tipos esses que foram revogados pela Nova Lei de Licitações e Contratos[61].

---

[60] Em sentido contrário, entendendo que a incidência do inciso III está condicionada à prática dos atos lesivos previstos nos incisos I, II, IV e V do art. 5°, veja-se: MOTTA, Fabrício; SPIRIDON, Nicofotis Anyfantis. Comentários ao artigo 5°. In: DI PIETRO, Maria Sylvia Zanella; MARRARA, Thiago. *Lei Anticorrupção comentada*. Belo Horizonte: Fórum, 2017, p. 100.

[61] A Nova Lei de Licitações e Contratos revogou todas as normas penais incriminadoras que estavam previstas na Lei 8.666/1993. Em contrapartida, inseriu 11 novos tipos penais no Código Penal (arts. 337-E a 337-P), todos relacionados a crimes cometidos em licitações e contratos administrativos.

a) frustrar ou fraudar, mediante ajuste, combinação ou qualquer outro expediente, o caráter competitivo de procedimento licitatório público;

O dispositivo guarda semelhança com o tipo penal previsto no revogado art. 90 da Lei 8.666/1993[62], atual art. 337-F do Código Penal[63].

A ação física está expressa pelos verbos *frustrar* e *fraudar*. **Frustrar** significa iludir, decepcionar a expectativa de alguém. **Fraudar** é a ação astuciosa ou maliciosa, promovida de má-fé, para ocultação da verdade ou fuga do cumprimento do dever.

Frustrar ou fraudar o caráter competitivo de procedimento licitatório significa descumprir, mediante ajuste, combinação ou qualquer outro expediente, as normas e os princípios da licitação, de forma a restringir, comprometer ou mesmo eliminar o seu caráter competitivo, em prejuízo real da igualdade entre os concorrentes e da seleção da proposta mais vantajosa para a Administração Pública.

As expressões **mediante ajuste, combinação ou qualquer outro expediente** tornam clara a exigência do elemento subjetivo dolo para a caracterização do ilícito. Afinal, ninguém combina, culposamente, frustrar ou fraudar o caráter competitivo de licitação.

O escopo da norma é proteger, especialmente, a livre competição entre as empresas, condição para a seleção objetiva da proposta mais vantajosa para a Administração e a promoção do desenvolvimento nacional sustentável.

Da ação ou omissão deve decorrer dano ao caráter competitivo do certame, isto é, **o ilícito se consuma com o prejuízo à competição.** Não se exige, portanto, que a pessoa jurídica obtenha efetiva vantagem, embora tal circunstância seja levada em consideração no momento da aplicação da sanção (art. 7º, II, da LAE).

A Organização para Cooperação e Desenvolvimento Econômico (OCDE), em importante estudo sobre fraudes em concorrências públicas[64], identificou várias estratégias de conluio comumente utilizadas por particulares em licitações:

- **Propostas Fictícias ou de Cobertura**: são a forma mais frequente de implementação dos esquemas de conluio entre concorrentes. Ocorre quando indivíduos ou empresas combinam submeter propostas que envolvem, pelo menos, um dos seguintes comportamentos: (1) um dos concorrentes aceita apresentar uma proposta mais elevada do que a proposta do candidato escolhido; (2) um concorrente apresenta uma proposta que já sabe de antemão que é demasiado elevada para ser aceita; ou (3) um concorrente apresenta uma proposta que contém condições específicas que sabe de antemão que serão inaceitáveis para o comprador. As propostas fictícias são concebidas para dar a aparência de uma concorrência genuína entre os licitantes.
- **Supressão de propostas**: envolvem acordos entre os concorrentes nos quais uma ou mais empresas estipulam abster-se de concorrer ou retiram uma proposta previamente apresentada para que a proposta do concorrente escolhido seja aceita. Fundamentalmente, a supressão de propostas implica que uma empresa não apresenta uma proposta para apreciação final.

---

62 *Art. 90. Frustrar ou fraudar, mediante ajuste, combinação ou qualquer outro expediente, o caráter competitivo do procedimento licitatório, com o intuito de obter, para si ou para outrem, vantagem decorrente da adjudicação do objeto da licitação: Pena – detenção, de 2 (dois) a 4 (quatro) anos, e multa.*

63 Art. 337-F. Frustrar ou fraudar, com o intuito de obter para si ou para outrem vantagem decorrente da adjudicação do objeto da licitação, o caráter competitivo do processo licitatório: Pena – reclusão, de 4 (quatro) anos a 8 (oito) anos, e multa (inserido no CP pela Nova Lei de Licitações).

64 Organização para Cooperação e Desenvolvimento Econômico – OCDE. Diretrizes para combater o conluio entre concorrentes em contratações públicas, 2009, p. 2.

- **Propostas Rotativas ou Rodízio**: as empresas conspiradoras continuam a concorrer, mas combinam apresentar alternadamente a proposta vencedora (*v.g.*, a proposta de valor mais baixo). A forma como os acordos de propostas rotativas são implementados pode variar. Por exemplo, os conspiradores podem decidir atribuir aproximadamente os mesmos valores monetários de um determinado grupo de contratos a cada empresa ou atribuir a cada uma valores que correspondam ao seu respectivo tamanho.
- **Divisão do Mercado**: os concorrentes definem os contornos do mercado e acordam em não concorrer para determinados clientes ou em áreas geográficas específicas. As empresas concorrentes podem, por exemplo, atribuir clientes específicos ou tipos de clientes a diferentes empresas, para que os demais concorrentes não apresentem propostas (ou apresentem apenas uma proposta fictícia) para contratos ofertados por essas classes de potenciais clientes. Em troca, o concorrente não apresenta propostas competitivas a um grupo específico de clientes atribuído a outras empresas integrantes do cartel.

Por fim, cabe destacar duas diferenças importantes entre o ilícito em questão e o ato de improbidade previsto no art. 10, VIII, da LIA[65]:

(i) a ação de fraudar ou frustrar o caráter competitivo do procedimento licitatório prevista na LAE pode ser praticada por particulares sem nenhuma ajuda ou conivência de agentes públicos, ao passo que o ato de improbidade lesivo ao erário só se caracteriza se houver a participação de agente público; e

(ii) O ato de improbidade em questão, com as mudanças promovidas pela Lei 14.230/2021 na LIA, exige que ocorra uma perda patrimonial efetiva, enquanto no dispositivo da LAE não há essa exigência de forma expressa.

Cumpre registrar que ambos os atos (art. 5º, IV, *a*, da LAE, e art. 10, VIII, da LIA) são puníveis apenas se praticados na modalidade dolosa. Anteriormente, na LIA, o ato de improbidade correspondente era punível se fosse praticado na modalidade dolosa ou culposa, porém, com as alterações introduzidas pela Lei 14.230/2021, passou-se a exigir o elemento dolo na conduta.

b) impedir, perturbar ou fraudar a realização de qualquer ato de procedimento licitatório público;

A norma busca tutelar a regularidade do funcionamento da Administração Pública quanto aos procedimentos licitatórios, coibindo atos que venham a impedi-los, perturbá-los ou fraudá-los.

São três os verbos que representam o núcleo do tipo: *impedir*, *perturbar* e *fraudar*.

Impedir é a ação de obstar, por meios reprováveis, a realização de um ato do procedimento licitatório. Não se realiza o tipo quando se obtém do Poder Judiciário, por exemplo, medida judicial proibindo a prática do ato. **Perturbar** significa atrapalhar, criar empecilho ou dificuldade à execução do ato. É o caso, por exemplo, de um licitante que dificulta o acesso de potenciais interessados ao recinto onde serão praticados os atos de licitação. **Fraudar** designa a ideia de empregar embuste, artifício ou outro meio ardiloso para alcançar determinado fim, de modo que o ato se realiza, mas nasce viciado.

---

65 *Art. 10. Constitui ato de improbidade administrativa que causa lesão ao erário qualquer ação ou omissão dolosa, que enseje, efetiva e comprovadamente, perda patrimonial, desvio, apropriação, malbaratamento ou dilapidação dos bens ou haveres das entidades referidas no art. 1° desta Lei, e notadamente: (...) VIII – frustrar a licitude de processo licitatório ou de processo seletivo para celebração de parcerias com entidades sem fins lucrativos, ou dispensá-los indevidamente, acarretando perda patrimonial efetiva. (Redação dada pela Lei n. 14.230, de 2021.)*

O ilícito guarda semelhança com tipo penal previsto no revogado art. 93 da Lei 8.666/1993[66], atual art. 337-I do Código Penal[67], e se consuma com o efetivo impedimento, perturbação ou fraude da licitação.

c) afastar ou procurar afastar licitante, por meio de fraude ou oferecimento de vantagem de qualquer tipo;

O dispositivo guarda semelhança com o tipo penal previsto no revogado art. 95 da Lei 8.666/1993[68], atual art. 337-K do Código Penal[69].

Sanciona-se a conduta de afastar ou procurar afastar licitante, por meio de fraude ou oferecimento de vantagem de qualquer tipo. O escopo, mais uma vez, é proteger a competitividade da licitação.

Na hipótese, **afastar** traduz a ideia de repelir, rechaçar, ou ainda, impedir a participação de outro interessado na licitação. **Procurar afastar** significa a prática de conduta voltada a impedir que algum interessado participe do certame.

Note-se que o legislador equiparou as condutas. Logo, tanto consuma a infração quem efetivamente afasta o licitante do certame como aquele que apenas procura afastar esse mesmo licitante. Equiparou-se, portanto, a tentativa ao ato consumado.

Os meios de execução são a fraude ou o oferecimento de vantagem de qualquer tipo. A **fraude** é o ardil o engodo, a manipulação de circunstâncias que leva a outrem a agir em detrimento de seus interesses. A **vantagem** que se oferece pode ser de qualquer tipo, como diz o preceito. Pode ser benefício de ordem econômica, política, sexual ou de qualquer outra natureza.

Aliás, sequer se exige que o licitante aceite a vantagem oferecida. Contudo, caso aceite e se afaste do procedimento, também será responsabilizado pelo ato lesivo.

d) fraudar licitação pública ou contrato dela decorrente;

A LAE considera ilícita a conduta de fraudar licitação pública ou contrato dela decorrente.

Observe-se que a norma em estudo, de ampla densidade, tem a mesma finalidade dos tipos previstos nas demais alíneas do inciso IV do art. 5º da LAE, qual seja proteger a lisura das licitações e dos contratos administrativos. Daí ser correto afirmar que a alínea *d* tem **natureza residual**, isto é, terá aplicação quando a conduta dolosa do agente infrator não se subsumir à tipologia das demais alíneas do sobredito inciso.

Com isso, o legislador integrou de forma inteligente o sistema, de modo a alcançar toda e qualquer ação ou omissão, consciente e voluntária, que tenha por finalidade fraudar licitações ou contratos públicos. Dito de outro modo, o dispositivo procura "fechar o cerco" da atividade ilícita, proibindo o agente de fraudar, por qualquer meio, as licitações e os correspondentes contratos públicos.

Alguns exemplos de condutas fraudulentas podem ser encontrados no crime previsto no art. 337-L do Código Penal[70], que assim dispõe:

> Art. 337-L. Fraudar, em prejuízo da Administração Pública, licitação ou contrato dela decorrente, mediante:

---

[66] *Art. 93. Impedir, perturbar ou fraudar a realização de qualquer ato de procedimento licitatório: Pena – detenção, de 6 (seis) meses a 2 (dois) anos, e multa.*

[67] Art. 337-I Impedir, perturbar ou fraudar a realização de qualquer ato de processo licitatório: Pena – detenção, de 6 (seis) meses a 3 (três) anos, e multa (inserido no CP pela Nova Lei de Licitações).

[68] *Art. 95. Afastar ou procurar afastar licitante, por meio de violência, grave ameaça, fraude ou oferecimento de vantagem de qualquer tipo: Pena – detenção, de 2 (dois) a 4 (quatro) anos, e multa, além da pena correspondente à violência.*

[69] Art. 337-K Afastar ou tentar afastar licitante por meio de violência, grave ameaça, fraude ou oferecimento de vantagem de qualquer tipo: Pena – reclusão, de 3 (três) anos a 5 (cinco) anos, e multa, além da pena correspondente à violência. Parágrafo único. Incorre na mesma pena quem se abstém ou desiste de licitar em razão de vantagem oferecida (inserido no CP pela Nova Lei de Licitações).

[70] Essa conduta estava originariamente tipificada no art. 96 da Lei 8.666/1993, que foi revogado pela Nova Lei Geral de Licitações e Contratos.

I - entrega de mercadoria ou prestação de serviços com qualidade ou em quantidade diversas das previstas no edital ou nos instrumentos contratuais;

II - fornecimento, como verdadeira ou perfeita, de mercadoria falsificada, deteriorada, inservível para consumo ou com prazo de validade vencido;

III - entrega de uma mercadoria por outra;

IV - alteração da substância, qualidade ou quantidade da mercadoria ou do serviço fornecido;

V - qualquer meio fraudulento que torne injustamente mais onerosa para a Administração Pública a proposta ou a execução do contrato.

Pena - reclusão, de 4 (quatro) anos a 8 (oito) anos, e multa.

Dada a tessitura aberta do tipo em análise, para além das condutas previstas na lei penal acima destacada, qualquer outra ação ou omissão que configure fraude a licitação ou a contrato dela decorrente atrairá a incidência da LAE.

e) criar, de modo fraudulento ou irregular, pessoa jurídica para participar de licitação pública ou celebrar contrato administrativo;

O dispositivo guarda semelhança com a conduta lesiva prevista no inciso III, que sanciona a utilização de interposta pessoa física ou jurídica para ocultar ou dissimular seus reais interesses ou identidade dos beneficiários dos atos praticados.

A diferença, no tipo em exame, é que há a **criação**, fraudulenta ou irregular, de pessoa jurídica para participar de licitação ou celebrar contrato administrativo.

A criação fraudulenta de pessoa jurídica pode se dar, por exemplo, para burlar eventual sanção administrativa de declaração de idoneidade para licitar ou contratar com a Administração Pública, prevista no art. 156, IV, da Lei 14.133/2021.[71]. Deixa-se de lado a empresa apenada e cria-se nova pessoa jurídica com CNPJ diverso daquela, mas, não raro, com objeto e sócios idênticos e até mesmo com a mesma composição de pessoal, mesmo endereço como sede etc.

Outra situação que se enquadra no tipo em estudo é a criação de "empresas de fachada" para simular competitividade em processos licitatórios. Não raras vezes, as empresas criadas sequer existem de fato. São verdadeiras "empresas fantasmas": não são encontradas no endereço indicado como sede, não possuem funcionários contratados, tampouco dispõem de capacidade técnica ou financeira para a execução do objeto da licitação ou contrato.

O tipo exige um **elemento subjetivo específico**, consistente na intenção de participar de licitação pública ou celebrar contrato administrativo.

Note-se que a norma em exame pune os atos preparatórios da fraude à licitação ou ao contrato dela decorrente. Trata-se de **infração autônoma**, portanto, que se consuma com a criação, de forma fraudulenta ou irregular, da pessoa jurídica.

Dito de outro modo, não se exige que a empresa criada fraude efetivamente uma licitação ou contrato, pois a sua simples criação fraudulenta ou irregular, para esse fim, já constitui um ato de corrupção empresarial, sob o enfoque cível e administrativo, passível de sanção, o que representa uma maior proteção ao patrimônio público[72].

f) obter vantagem ou benefício indevido, de modo fraudulento, de modificações ou prorrogações de contratos celebrados com a administração pública, sem autorização em lei, no ato convocatório da licitação pública ou nos respectivos instrumentos contratuais;

71 Art. 156. Serão aplicadas ao responsável pelas infrações administrativas previstas nesta Lei as seguintes sanções: (...) IV - declaração de inidoneidade para licitar ou contratar.

72 No mesmo sentido: DIAS, Jefferson Aparecido; MACHADO, Pedro Antonio de Oliveira. Atos de corrupção relacionados com licitações e contratos. In: MUNHÓS, Jorge; QUEIROZ, Ronaldo Pinheiro (coord.). *Lei Anticorrupção e temas de compliance*. 2. ed. Salvador: JusPodivm, 2016, p. 96.

O tipo guarda semelhança com a norma penal incriminadora prevista no revogado art. 92 da Lei 8.666/1993[73], atual art. 337-H do Código Penal[74].

Sanciona-se a obtenção de vantagem ou benefício indevido, de modo fraudulento, de modificações ou prorrogações contratuais, sem autorização em lei, no ato convocatório da licitação pública ou nos respectivos instrumentos contratuais.

Os contratos administrativos sujeitam-se a regime jurídico diferenciado, não lhes sendo reconhecido o mesmo grau de liberdade dos particulares para a estipulação de suas obrigações.

Por força do princípio da legalidade, os contratos celebrados com a Administração Pública possuem estrita vinculação ao ordenamento jurídico que lhes condiciona a forma, o objeto, o conteúdo e a finalidade, entre outros aspectos. Por consectário lógico, as prorrogações e modificações contratuais devem ser expressamente permitidas pelo ordenamento jurídico, não bastando o mero consenso entre as partes.

As modificações e prorrogações contratuais realizadas com desrespeito às regras legais, por meio de fraude, com a obtenção de vantagem ou benefício indevido para a pessoa jurídica, atraem a incidência da norma.

Ao contrário dos demais atos lesivos previstos no art. 5º da LAE, **o tipo em análise reclama a participação de agente público**. De fato, não se pode conceber uma modificação ou prorrogação contratual fraudulenta, ofensiva à normatividade pertinente, sem a conivência de agente público. Trata-se do único ato lesivo previsto na LAE que exige a participação de agente público para a configuração do ilícito. Trata-se, portanto, de infração de concurso necessário. Em todos os demais, remarque-se, o ato lesivo pode ser praticado única e exclusivamente por conduta da pessoa natural vinculada à pessoa jurídica.

Por último, anote-se que a consumação do ato lesivo se dá com a efetiva obtenção da vantagem ou benefício indevido, por parte da pessoa jurídica.

g) manipular ou fraudar o equilíbrio econômico-financeiro dos contratos celebrados com a administração pública.

Sanciona-se o ataque ao equilíbrio econômico-financeiro do contrato administrativo, mediante manipulação ou fraude.

Manipular é engendrar, forjar, maquinar em proveito próprio. **Fraudar** é enganar, iludir, falsear a verdade.

Nas palavras de Celso Antônio Bandeira de Mello, equilíbrio econômico-financeiro "é a relação de igualdade formada, de um lado, pelas obrigações assumidas pelo contratante no momento do ajuste e, de outro lado, pela compensação econômica que lhe corresponderá"[75].

A proteção ao equilíbrio econômico-financeiro do contrato está consagrada no art. 37, XXI, da CF, que estabelece a necessidade de manutenção das "condições efetivas da proposta" vencedora na licitação ou na contratação direta.

A legislação consagra vários mecanismos para evitar o desequilíbrio dessa equação econômica no curso do contrato, com especial destaque para o reajuste, a revisão, a atualização financeira e a repactuação.

---

73 *Art. 92. Admitir, possibilitar ou dar causa a qualquer modificação ou vantagem, inclusive prorrogação contratual, em favor do adjudicatário, durante a execução dos contratos celebrados com o Poder Público, sem autorização em lei, no ato convocatório da licitação ou nos respectivos instrumentos contratuais, ou, ainda, pagar fatura com preterição da ordem cronológica de sua exigibilidade, observado o disposto no art. 121 desta Lei: Pena – detenção, de dois a quatro anos, e multa. Parágrafo único. Incide na mesma pena o contratado que, tendo comprovadamente concorrido para a consumação da ilegalidade, obtém vantagem indevida ou se beneficia, injustamente, das modificações ou prorrogações contratuais.*

74 Art. 337-H Admitir, possibilitar ou dar causa a qualquer modificação ou vantagem, inclusive prorrogação contratual, em favor do contratado, durante a execução dos contratos celebrados com a Administração Pública, sem autorização em lei, no edital da licitação ou nos respectivos instrumentos contratuais, ou, ainda, pagar fatura com preterição da ordem cronológica de sua exigibilidade: Pena – reclusão, de 4 (quatro) anos a 8 (oito) anos, e multa (inserido no CP pela Nova Lei de Licitações).

75 MELLO, Celso Antônio Bandeira. *Curso de direito administrativo*. 27. ed. São Paulo: Malheiros, 2010, p. 642.

A manipulação e a fraude ao equilíbrio econômico-financeiro do contrato podem ser identificadas, especialmente, nos mecanismos de *revisão* (art. 65, II, *d*, da Lei 8.666/1993[76]; art. 124, II, "d", da Nova Lei de Licitações[77]) e *repactuação* (art. 12 do Decreto 9.507/2018), pois a demonstração do desequilíbrio, nesses casos, incumbe ao contratado.

O mecanismo da repactuação tem aplicação nos contratos de terceirização de serviços contínuos e deverá considerar a variação de custos devidamente comprovada pela parte contratada. A manipulação ou fraude dessas informações para sugerir um desequilíbrio que de fato não ocorreu pode caracterizar o ato lesivo em exame.

A infração se consuma com a fraude ou a manipulação da equação econômica do contrato, independentemente de obtenção de efetiva vantagem pela empresa em cujo interesse o ato lesivo é praticado.

6.8.3.5 *Dificultar atividade de investigação ou fiscalização de órgãos, entidades ou agentes públicos, ou intervir em sua atuação*

> V – dificultar atividade de investigação ou fiscalização de órgãos, entidades ou agentes públicos, ou intervir em sua atuação, inclusive no âmbito das agências reguladoras e dos órgãos de fiscalização do sistema financeiro nacional.

O inciso refere-se à conduta de dificultar atividade de investigação ou fiscalização de órgãos, entidades ou agentes públicos, ou intervir em sua atuação.

O escopo da norma é proteger a normalidade das atividades de investigação ou fiscalização. O núcleo do tipo é representado pelos verbos *dificultar* ou *intervir*.

Dificultar é criar embaraço, opor obstáculo, prejudicar a atividade de investigação ou fiscalização dos órgãos competentes. Exemplificativamente, se uma determinada empresa, com o claro propósito de sonegar informações ou documentos imprescindíveis à investigação do Ministério Público, desatende requisição ministerial, sua conduta poderá ser enquadrada no tipo legal em estudo.

Intervir, na hipótese, traduz a ideia de influenciar o normal desenvolvimento da atuação dos órgãos de fiscalização e investigação. A Comissão de Valores Mobiliários, por exemplo, pode procrastinar a investigação de uma operação fraudulenta no mercado de capitais, em razão de uma forte ingerência política exercida sobre o órgão, a pedido da investigada. Da mesma forma, a Agência Nacional de Saúde pode suspender a comercialização de um determinado plano de saúde, para atender interesse de operadora concorrente. Por outro lado, não se descarta a possibilidade de a empresa infiltrar agentes ou colaboradores nos órgãos de investigação ou fiscalização, para atender seus interesses, o que também atrai a incidência da norma.

Nota-se, assim, que o alcance do dispositivo é amplo e deve abarcar todas as instituições que possuam, entre suas atribuições, o dever de investigar e fiscalizar atos de interesse da Administração Pública nacional ou estrangeira, caso das agências reguladoras, dos órgãos de

---

[76] *Art. 65. Os contratos regidos por esta Lei poderão ser alterados, com as devidas justificativas, nos seguintes casos: (...) II – por acordo das partes: (...) d) para restabelecer a relação que as partes pactuaram inicialmente entre os encargos do contratado e a retribuição da administração para a justa remuneração da obra, serviço ou fornecimento, objetivando a manutenção do equilíbrio econômico-financeiro inicial do contrato, na hipótese de sobrevirem fatos imprevisíveis, ou previsíveis porém de consequências incalculáveis, retardadores ou impeditivos da execução do ajustado, ou, ainda, em caso de força maior, caso fortuito ou fato do príncipe, configurando álea econômica extraordinária e extracontratual.*

[77] Art. 124. Os contratos regidos por esta Lei poderão ser alterados, com as devidas justificativas, nos seguintes casos: (...) II – por acordo entre as partes: (...) d) para restabelecer o equilíbrio econômico-financeiro inicial do contrato em caso de força maior, caso fortuito ou fato do príncipe ou em decorrência de fatos imprevisíveis ou previsíveis de consequências incalculáveis, que inviabilizem a execução do contrato tal como pactuado, respeitada, em qualquer caso, a repartição objetiva de risco estabelecida no contrato.

fiscalização do sistema financeiro nacional, das Controladorias-Gerais, do Ministério Público, das Receitas Federal e Estaduais, dos Tribunais de Contas, da Polícia Judiciária, das Comissões parlamentares de Inquérito etc.

O Superior Tribunal de Justiça já decidiu que o tipo em exame abrange a constituição das chamadas "empresas de fachada" com o fim de frustrar a fiscalização tributária. O julgado tratava de uma "*paper company*", criada para dificultar atividades de investigação e fiscalização tributária. A empresa nunca funcionou de fato, foi única e simplesmente criada para ocultar e branquear seus reais ganhos, sonegando e ludibriando a Receita Federal, gerando um enorme prejuízo ao erário[78].

A infração se consuma no momento em que a atividade de investigação ou fiscalização sofre efetiva interferência pela conduta do sujeito ativo, que criou dificuldades concretas ou influenciou o normal desenvolvimento da atuação dos órgãos ou agentes encarregados de tais atividades.

6.8.4 Atos lesivos tentados

Conforme visto, a LAE prevê, num rol taxativo, as condutas consideradas lesivas à Administração Pública nacional ou estrangeira.

No ponto, a questão cinge-se a saber se o ato lesivo tentado atrai a incidência do sistema punitivo em estudo. Diz-se tentado o ato quando, iniciada a execução, não se consuma por circunstâncias alheias à vontade do agente[79]. O ato de tentativa é, necessariamente, um ato de execução. Exige-se que tenha o sujeito praticado atos executórios, daí não sobrevindo a consumação por forças estranhas ao seu propósito, o que acarreta em tipicidade não finalizada, sem conclusão.

Como regra, **as infrações previstas no art. 5º admitem a tentativa,** que também será punida, nas esferas administrativa e cível. Essa conclusão é extraída da análise do art. 7º da LAE, que dá o rol de circunstâncias que devem ser levadas em consideração na aplicação das sanções. O inciso III do citado dispositivo estabelece que "**a consumação ou não da infração**" é um dos parâmetros para a aplicação das sanções. Forçoso concluir, pois, que a infração tentada também deve ser punida.

Nem poderia ser diferente, afinal, a mera tentativa da prática do ato lesivo já ofende os princípios da Administração Pública. No sistema da LAE, portanto, é perfeitamente possível antecipar-se a tutela legal para abarcar os atos executórios prévios à consumação.

Esse entendimento é reforçado pelo fato de que todos os atos lesivos previstos no art. 5º são dolosos, guardando compatibilidade, assim, com a tentativa, pouco importando sejam materiais, formais ou de mera conduta.

A única hipótese que não admite a tentativa é a do ato lesivo previsto no art. 5º, IV, *c*. Conforme visto, tanto consuma a infração quem efetivamente afasta o licitante do certame como aquele que apenas procura afastar esse mesmo licitante. Nesse caso, a lei equiparou a tentativa ao ato consumado.

Em conclusão, para os fins da LAE, pune-se tanto a infração consumada como a tentada. O fato de a infração ter atingido ou não a consumação é relevante para a aplicação das sanções, mas não influencia na tipificação da conduta.

6.8.5 Princípio da insignificância: inadmissibilidade

O princípio da insignificância surgiu inicialmente no Direito Civil, derivado do brocardo *de minimus non curat praetor*. No Direito Penal, funciona como causa de exclusão da tipicidade, desempenhando uma interpretação restritiva do tipo penal.

---

78 Nesse sentido, confira-se: STJ, 2ª T., REsp 1.803.585/RN, Rel. Min. Herman Benjamin, j. 22.09.2020; REsp 1808952/RN, 2ª T., Rel. Min. Herman Benjamim, j. 11.06.2024.

79 Aplicação, por analogia, do disposto no art. 14, II, do Código Penal.

Atualmente, a aplicação desse princípio na seara criminal é admitida pela doutrina e pela jurisprudência dominantes, postura que tende a se acentuar cada vez mais, em consonância com os postulados da fragmentariedade e da intervenção mínima do Estado em matéria penal.

Resta saber se o princípio da insignificância pode ser aplicado para afastar a incidência da LAE nas hipóteses de danos de pequena monta ao erário.

Mesmo no âmbito do Direito Penal, o princípio da insignificância é aplicado com parcimônia, porquanto o dano produzido não é avaliado apenas sob a ótica patrimonial, mas, sobretudo, pela social. A propósito, anote-se que o STJ já afastou a aplicação do princípio da insignificância em hipótese de crime de responsabilidade praticado por prefeito, ao fundamento de que, por sua condição, exige-se dele um comportamento adequado, do ponto de vista ético e moral[80].

Ora, se é assim na responsabilização penal, com maior razão o será no âmbito de aplicação da Lei Anticorrupção Empresarial, que disciplina a responsabilização das pessoas jurídicas nas esferas cível e administrativa.

Com efeito, vimos que a LAE visa salvaguardar, essencialmente, o patrimônio público, os princípios da Administração Pública e os compromissos internacionais assumidos pelo Brasil. O valor moralidade administrativa deve ser objetivamente considerado, é dizer, não comporta relativização a ponto de permitir "só um pouco" de ofensa. Por outro lado, não há que se tolerar a pequena ofensa ao patrimônio público, porquanto em nosso sistema jurídico vige o princípio da indisponibilidade do interesse público, a que o Poder Judiciário também está jungido.

Vimos que os tipos de atos lesivos da LAE só se aperfeiçoam mediante ação dolosa, de que se conclui que a ofensa aos princípios da Administração é inerente a todos os atos de corrupção empresarial, tentados ou consumados. Daí ser correto afirmar que o princípio da insignificância não pode ser aplicado no universo da Lei 12.846/2013.

A extensão do dano causado ao erário não deve ser levada em consideração pelo juiz no momento da tipificação da conduta (*juízo de ilicitude da conduta*), mas sim no momento da aplicação da sanção (*juízo de aplicação da sanção*), como parâmetro para fixação das sanções, sob a luz do princípio da proporcionalidade[81].

6.8.6 Necessidade de prova de dano ao erário

Uma questão importante a ser enfrentada na temática dos atos lesivos é a seguinte: a responsabilização das pessoas jurídicas pela prática dos ilícitos previstos na LAE está condicionada à comprovação da ocorrência de efetivo dano ao erário?

Conforme visto, a LAE visa salvaguardar, essencialmente, o patrimônio público, os princípios da Administração Pública e os compromissos internacionais assumidos pelo Brasil.

No que toca ao patrimônio público, a lei busca preservá-lo em sua concepção mais ampla. Assim, todas as condutas que causarem danos aos bens e interesses de natureza econômica, estética, artística, histórica, turística ou ambiental poderão ser alcançadas pela Lei 12.846/2013. Significa dizer que a LAE tutela as parcelas econômica e não econômica do patrimônio público.

A rigor, qualquer fato que se amolde às hipóteses elencadas nos incisos do art. 5º da LAE tem a sua lesividade implícita. Por outras palavras, nas hipóteses descritas no art. 5º, I a V, presume-se a lesão aos bens jurídicos tutelados pela lei.

[80] HC 145.114/GO, 5ª T., Rel. Min. Jorge Mussi, j. 17.08.2010. *No mesmo sentido*: REsp 769.317/AL, 5ª T., Rel. Min. Gilson Dipp, *DJ* 27.03.2006.

[81] Cf. art. 7º, I, IV e V, da LAE.

Isso posto, é forçoso concluir que a subsunção da conduta a algum dos tipos legais prescinde da prova da efetiva ocorrência de dano ao erário. Tal prova apenas condiciona a condenação da pessoa jurídica à reparação dos danos causados ao erário.

6.9 RESPONSABILIZAÇÃO ADMINISTRATIVA

6.9.1 Noções introdutórias

Os atos lesivos previstos no art. 5º da LAE, por opção legislativa, foram classificados como ilícitos extrapenais, passíveis de responsabilização nas esferas administrativa e judicial, sem prejuízo de que também sejam considerados ilícitos penais, cíveis ou administrativos por outras leis.

Nosso ordenamento jurídico admite que uma mesma conduta, a partir do mesmo fato, possa caracterizar, ao mesmo tempo, ilícitos de natureza civil, penal, administrativa e política. Também é certo que o autor de tal conduta poderá responder por todos esses ilícitos, não havendo que se falar em afronta ao princípio do *ne bis in idem*.

Não há nenhum problema em que se proceda dessa forma, porque cada norma jurídica violada, vinculada a um específico *sistema de responsabilização*[82], pode gerar uma sanção autônoma relativa ao respectivo domínio de responsabilidade. A esse fenômeno jurídico dá-se o nome de **independência de instâncias**, tendo cada uma delas autonomia para atuar repressivamente na conduta ilícita prevista no tipo legal.

A ofensa ao princípio do *ne bis in idem* apenas ocorre quando o autor do ilícito é punido, mais de uma vez, pela mesma conduta, no mesmo sistema de responsabilização, isto é, na mesma instância.

A conduta consistente em "*fraudar licitação pública ou contrato dela decorrente*", por exemplo, está prevista na LAE como ato lesivo, ensejando, assim, a responsabilização nas esferas administrativa e judicial (art. 5º, IV, *d*). A mesma conduta poderá ser punida na esfera penal, pois também está prevista em lei como crime (art. 337-L do Código Penal, inserido pela Nova Lei de Licitações), sem prejuízo da responsabilização das pessoas naturais que concorrerem ou se beneficiarem do ato de improbidade administrativa, na hipótese em que o agente público concorrer para a fraude (art. 10, VIII, da LIA).

Tratando-se de domínios de responsabilidade distintos e independentes, as sanções aplicadas pela prática da mesma conduta em cada uma dessas esferas de responsabilidade não ofendem o mencionado princípio.

A regra geral do sistema punitivo é que não haja comunicabilidade entre as instâncias. Vale dizer: os julgamentos são independentes entre si em cada um desses sistemas de responsabilização. Assim é que a absolvição na instância criminal, a princípio, não projeta efeitos nas esferas administrativa, civil e de improbidade administrativa.

Essa independência, contudo, é relativa. É princípio assente na jurisprudência do STF[83] que a decisão na instância penal terá repercussão nas instâncias civil[84] e administrativa[85] quando aquela se manifesta pela *inexistência material do fato* ou pela *negativa da sua autoria* (CPP, art. 386, I e IV).

---

82 Haverá um sistema de responsabilização toda vez que o ordenamento jurídico organizar e ordenar sistematicamente o exercício de competências punitivas a partir de quatro elementos essenciais: os *bens jurídicos tutelados*, os *ilícitos fixados*, as *sanções oponíveis* e o *processo regular a ser observado* (OLIVEIRA, José Roberto Pimenta. Comentários ao art. 2º. In: DI PIETRO, Maria Sylvia Zanella; MARRARA, Thiago. *Lei Anticorrupção comentada*. Belo Horizonte: Fórum, 2017, p. 24).

83 STF, MS 21.113-0/DF, Pleno, Rel. Min. Moreira Alves, *DJU* 14.06.1991.

84 CC, art. 935. *A responsabilidade civil é independente da criminal, não se podendo questionar mais sobre a existência do fato, ou sobre quem seja o seu autor, quando estas questões se acharem decididas no juízo criminal.*

85 Lei 8.112/1990, art. 126. *A responsabilidade administrativa do servidor será afastada no caso de absolvição criminal que negue a existência do fato ou sua autoria.*

Por outras palavras, nas hipóteses de absolvição com fundamento na **inexistência do fato** ou na **negativa de autoria**, a instância penal terá sim interferência direta nas demais instâncias, isentando o agente de responsabilidade.

Contudo, atenção: essa interferência da sentença criminal absolutória nas esferas administrativa e judicial da LAE deve ser aceita com temperamentos.

Explico melhor: vimos que os atos lesivos previstos no art. 5º da LAE guardam simetria tanto com os crimes contra a Administração Pública tipificados no Código Penal, como com os crimes em Licitações e Contratos Administrativos, previstos no mesmo estatuto repressivo (arts. 337-E a 337-O). E as infrações penais previstas na Legislação Penal só podem ser praticadas por pessoa natural, pois seus tipos legais exigem conduta humana.

Por consectário lógico, eventual sentença absolutória na esfera penal, quando fundamentada na negativa de autoria, terá interferência sobre a responsabilização pessoal do agente absolvido, mas não impedirá a discussão da responsabilidade da pessoa jurídica nos âmbitos administrativo e judicial da LAE, pois tal questão não se achará decidida no juízo criminal.

A Administração Pública poderá provar, por exemplo, que o ato lesivo não foi praticado pelo preposto "A" – absolvido na esfera criminal, por negativa de autoria – da pessoa jurídica, mas sim pelo preposto "B".

Já nos casos de absolvição criminal por inexistência do fato, a sentença penal, invariavelmente, irá interferir nas demais instâncias de responsabilização, inclusive nas esferas administrativa e judicial da LAE, tanto em face do agente como da pessoa jurídica supostamente beneficiada. Isso porque a existência ou inexistência do fato, pressuposto para a responsabilização da pessoa jurídica, já terá sido discutida no juízo criminal.

Por serem ilícitos administrativos, os atos lesivos previstos no art. 5º da LAE são passíveis de sanções administrativas, aplicadas, em regra, pela própria Administração no exercício da função administrativa, num processo administrativo litigioso, no qual se assegure o direito à ampla defesa e ao contraditório (CF, art. 5º, LIV e LV).

Aliás, o que caracteriza a infração como administrativa é justamente a constatação de que o exercício de apuração, processamento e imposição da sanção ocorre no âmbito da função administrativa do Estado.

O reconhecimento formal e oficial do ilícito administrativo ensejará, portanto, a aplicação de sanções na esfera administrativa, independentemente da coexistência da responsabilidade civil, na esfera judicial. É o que decorre dos princípios gerais regentes de nosso ordenamento jurídico e é também o que se pode extrair do art. 18 da LAE, que assim dispõe:

> **Art. 18.** Na esfera administrativa, a responsabilidade da pessoa jurídica não afasta a possibilidade de sua responsabilização na esfera judicial.

As sanções administrativas previstas no art. 6º da LAE são de duas espécies, a saber:

a) **multa,** no valor de 0,1% (um décimo por cento) a 20% (vinte por cento) do faturamento bruto do último exercício anterior ao da instauração do processo administrativo, excluídos os tributos, a qual nunca será inferior à vantagem auferida, quando for possível sua estimação; e
b) **publicação extraordinária da decisão condenatória**.

Em caso de omissão das autoridades competentes para promover a responsabilização na esfera administrativa, as sanções previstas no art. 6º da LAE poderão ser aplicadas na esfera judicial, em ação civil pública ajuizada pelo Ministério Público (art. 20)[86], sem prejuízo da responsabilização penal, civil e administrativa da autoridade omissa nos termos da legislação específica aplicável (art. 27)[87].

Registre-se que as sanções administrativas poderão ser aplicadas **isolada ou cumulativamente**, sempre de forma fundamentada, de acordo com as peculiaridades do caso concreto e com a gravidade e natureza das infrações (art. 6º, § 1º, LAE).

A seguir, passamos a examinar os aspectos mais importantes de cada uma dessas sanções.

6.9.2 Multa

6.9.2.1 Natureza jurídica

A multa é uma **sanção de natureza pecuniária** que visa desestimular a prática dos atos lesivos à Administração Pública nacional ou estrangeira, mediante a cominação de forte repercussão no patrimônio da pessoa jurídica infratora.

Por seu caráter aflitivo, deve ser suficientemente severa para inverter a lógica de incentivos que atualmente o corruptor possui ao incorporar práticas ilícitas em sua dinâmica negocial com a Administração Pública. Por outras palavras, deve ser apta a inibir a prática dos atos lesivos em todos os potenciais corruptores, incrementando a consciência jurídica de validade da norma e de eficiência dos órgãos de fiscalização.

Se, por um lado, a LAE não autoriza a fixação de uma multa que leve a empresa à falência, por outro não admite que seja ela fixada em valor irrisório. Enfim, o desafio é encontrar multas severas que sejam, concomitantemente, proporcionais e razoáveis.

6.9.2.2 Base de cálculo da multa

A **base de cálculo** para a aplicação da pena de multa será, em regra, **o faturamento bruto do último exercício anterior ao da instauração do processo administrativo**, excluídos os tributos. Veja-se:

> **Art. 6º** Na esfera administrativa, serão aplicadas às pessoas jurídicas consideradas responsáveis pelos atos lesivos previstos nesta Lei as seguintes sanções:
>
> I – multa, no valor de 0,1% (um décimo por cento) a 20% (vinte por cento) do **faturamento bruto do último exercício anterior ao da instauração do processo administrativo**, excluídos os tributos, a qual nunca será inferior à vantagem auferida, quando for possível sua estimação (grifou-se);

O dispositivo foi claramente inspirado na Legislação Antitruste (Lei 12.529/2011)[88], que traz regra semelhante para o cálculo da pena de multa aplicável aos responsáveis pela prática de infração da ordem econômica.

A multa poderá ser fixada no valor de **0,1% (um décimo por cento) a 20% (vinte por cento)** do faturamento bruto[89] do último exercício anterior ao da instauração do processo

---

86 *Art. 20. Nas ações ajuizadas pelo Ministério Público, poderão ser aplicadas as sanções previstas no art. 6º, sem prejuízo daquelas previstas neste Capítulo, desde que constatada a omissão das autoridades competentes para promover a responsabilização administrativa.*

87 *Art. 27. A autoridade competente que, tendo conhecimento das infrações previstas nesta Lei, não adotar providências para a apuração dos fatos será responsabilizada penal, civil e administrativamente nos termos da legislação específica aplicável.*

88 *Art. 37. A prática de infração da ordem econômica sujeita os responsáveis às seguintes penas: I – no caso de empresa, multa de 0,1% (um décimo por cento) a 20% (vinte por cento) do valor do faturamento bruto da empresa, grupo ou conglomerado obtido, no último exercício anterior à instauração do processo administrativo, no ramo de atividade empresarial em que ocorreu a infração, a qual nunca será inferior à vantagem auferida, quando for possível sua estimação; (...).*

89 Na esfera federal, a Controladoria-Geral da União, por meio da Instrução Normativa 01, de 07 de abril de 2015, estabeleceu metodologia para a apuração do faturamento bruto e dos tributos a serem excluídos para fins de cálculo da multa a que

administrativo, excluídos os tributos. Pontue-se que **o valor da multa nunca será inferior à vantagem auferida,** quando for possível sua estimação.

Caso não seja possível utilizar o critério do valor do faturamento bruto da pessoa jurídica, a multa será de R$ 6.000,00 (seis mil reais) a R$ 60.000.000,00 (sessenta milhões de reais), nos termos do art. 6º, § 4º, da LAE[90]. Trata-se de **critério subsidiário** de cálculo da multa.

É possível imaginar algumas situações em que a pessoa jurídica não apresente registros contábeis e dados fiscais confiáveis, ou que não tenha obtido faturamento no ano anterior ao da instauração do processo administrativo de responsabilização, o que acaba inviabilizando o cálculo do valor da multa com base em seu faturamento. Nesses casos, deverá ser adotado o critério do art. 6º, § 4º, e não o do faturamento bruto.

São dois, portanto, os critérios para o cálculo do valor da multa na LAE: (i) o principal, vinculado ao faturamento bruto da empresa; e (ii) o subsidiário, com valores nominais previstos no § 4º do art. 6º, para as hipóteses em que a apuração do faturamento bruto se mostrar inviável.

Independentemente do critério adotado, percebe-se a existência de uma larga amplitude entre os parâmetros mínimos e máximos de estipulação do valor da multa. A medida é salutar, pois traz à Administração a possibilidade de definir com justeza e proporcionalidade as sanções pecuniárias a serem impostas em cada caso concreto.

Outro aspecto importante a ser destacado é que, **mesmo quando utilizado o critério subsidiário de cálculo da multa** (art. 6º, § 4º), **esta nunca será inferior à vantagem auferida**, quando possível sua estimação. Do contrário, bastaria à pessoa jurídica criar empecilhos à apuração de seu faturamento bruto para obter uma sanção mais branda.

Por outras palavras, independentemente do critério adotado para o cálculo da sanção, o valor da vantagem auferida pelos responsáveis pelo ato lesivo, quando possível sua estimação, atuará sempre como piso mínimo para a fixação do valor da multa.

6.9.2.3 Aplicação da pena de multa

As sanções administrativas da LAE podem ser aplicadas isolada ou cumulativamente, de forma fundamentada, de acordo com as peculiaridades do caso concreto e com a gravidade e natureza da infração (art. 6º, § 1º).

O art. 7º, por sua vez, estabelece outros parâmetros que deverão ser levados em consideração na aplicação das sanções, além da gravidade e da natureza da infração. Confira-se:

> **Art. 7º** Serão levados em consideração na aplicação das sanções:
>
> I – a gravidade da infração;
>
> II – a vantagem auferida ou pretendida pelo infrator;
>
> III – a consumação ou não da infração;
>
> IV – o grau de lesão ou perigo de lesão;
>
> V – o efeito negativo produzido pela infração;
>
> VI – a situação econômica do infrator;
>
> VII – a cooperação da pessoa jurídica para a apuração das infrações;

se refere o art. 6º da LAE. Para o cálculo da multa, o faturamento bruto compreende a receita bruta de que trata o art. 12 do Decreto-Lei 1.598, de 26 de dezembro de 1977. Para os contribuintes optantes pelo Regime Especial Unificado de Arrecadação de Tributos e Contribuições devidos pelas Microempresas e Empresas de Pequeno Porte – Simples Nacional, o faturamento bruto compreende a receita bruta de que trata o § 1º do art. 3º da Lei Complementar 123, de 14 de dezembro de 2006. Deverão ser excluídos do faturamento bruto os tributos de que trata o inciso III do § 1º do art. 12 do Decreto-lei 1.598, de 1977.

90 Nesse particular, a LAE foi bem mais branda que a Lei Antitruste (Lei 12.529/2011), a qual prevê, em seu art. 37, II, que, não sendo possível a utilização do critério do faturamento, a multa poderá atingir R$ 2.000.000.000,00 (dois bilhões de reais).

> VIII – a existência de mecanismos e procedimentos internos de integridade, auditoria e incentivo à denúncia de irregularidades e a aplicação efetiva de códigos de ética e de conduta no âmbito da pessoa jurídica;
>
> IX – o valor dos contratos mantidos pela pessoa jurídica com o órgão ou entidade pública lesados;

É forçoso reconhecer que os parâmetros estabelecidos na LAE, porque altamente subjetivos, não tornarão fácil a tarefa de aplicação isonômica e proporcional das sanções pelas autoridades administrativas competentes. Objetivando aperfeiçoar esse sistema, o Decreto 11.129/2022[91] fixou parâmetros objetivos para o processo de dosimetria da pena de multa.

Nos termos do Decreto 11.129/2022, o cálculo da pena multa segue um **sistema bifásico**, é dizer, sua aplicação deve respeitar duas fases distintas e sucessivas, quais sejam:

1ª) aplicação das circunstâncias agravantes: o cálculo da multa se inicia com a soma dos valores correspondentes às circunstâncias agravantes, nos seguintes percentuais do faturamento bruto da pessoa jurídica do último exercício anterior ao da instauração do processo administrativo excluídos os tributos (art. 22):

> I – até quatro por cento, havendo concurso dos atos lesivos;
>
> II – até três por cento para tolerância ou ciência de pessoas do corpo diretivo ou gerencial da pessoa jurídica;
>
> III – até quatro por cento no caso de interrupção no fornecimento de serviço público, na execução de obra contratada ou na entrega de bens ou serviços essenciais à prestação de serviços públicos ou no caso de descumprimento de requisitos regulatórios;
>
> IV – um por cento para a situação econômica do infrator que apresente índices de solvência geral e de liquidez geral superiores a um e lucro líquido no último exercício anterior ao da instauração do PAR;
>
> V – três por cento no caso de reincidência, assim definida a ocorrência de nova infração, idêntica ou não à anterior, tipificada como ato lesivo pelo art. 5º da Lei n. 12.846, de 2013, em menos de cinco anos, contados da publicação do julgamento da infração anterior; e
>
> VI – no caso de contratos, convênios, acordos, ajustes e outros instrumentos congêneres mantidos ou pretendidos com o órgão ou com as entidades lesadas, nos anos da prática do ato lesivo, serão considerados os seguintes percentuais:
>
> a) um por cento, no caso de o somatório dos instrumentos totalizar valor superior a R$ 500.000,00 (quinhentos mil reais);
>
> b) dois por cento, no caso de o somatório dos instrumentos totalizar valor superior a R$ 1.500.000,00 (um milhão e quinhentos mil reais);
>
> c) três por cento, no caso de o somatório dos instrumentos totalizar valor superior a R$ 10.000.000,00 (dez milhões de reais);
>
> d) quatro por cento, no caso de o somatório dos instrumentos totalizar valor superior a R$ 50.000.000,00 (cinquenta milhões de reais); ou
>
> e) cinco por cento, no caso de o somatório dos instrumentos totalizar valor superior a R$ 250.000.000,00 (duzentos e cinquenta milhões de reais).
>
> Parágrafo único. No caso de acordo de leniência, o prazo constante do inciso V do *caput* será contado a partir da data de celebração até cinco anos após a declaração de seu cumprimento.

2ª) aplicação das circunstâncias atenuantes: do resultado da soma dos valores das circunstâncias agravantes, serão subtraídos os valores correspondentes às circunstâncias atenuantes, nos seguintes percentuais do faturamento bruto da pessoa jurídica do último exercício anterior ao da instauração do processo administrativo, excluídos os tributos (art. 23):

---

91 Regulamenta a Lei 12.846/2013 (LAE) na esfera federal.

> I - até meio por cento no caso de não consumação da infração;
>
> II - até um por cento no caso de:
>
> a) comprovação da devolução espontânea pela pessoa jurídica da vantagem auferida e do ressarcimento dos danos resultantes do ato lesivo; ou
>
> b) inexistência ou falta de comprovação de vantagem auferida e de danos resultantes do ato lesivo;
>
> III - até um e meio por cento para o grau de colaboração da pessoa jurídica com a investigação ou a apuração do ato lesivo, independentemente do acordo de leniência;
>
> IV - até dois por cento no caso de admissão voluntária pela pessoa jurídica da responsabilidade objetiva pelo ato lesivo; e
>
> V - até cinco por cento no caso de comprovação de a pessoa jurídica possuir e aplicar um programa de integridade, conforme os parâmetros estabelecidos no Capítulo V.
>
> Parágrafo único. Somente poderão ser atribuídos os percentuais máximos, quando observadas as seguintes condições:
>
> I - na hipótese prevista na alínea *a* do inciso II do *caput*, quando ocorrer a devolução integral dos valores ali referidos;
>
> II - na hipótese prevista no inciso IV do *caput*, quando a admissão ocorrer antes da instauração do PAR; e
>
> III - na hipótese prevista no inciso V do *caput*, quando o plano de integridade for anterior à prática do ato lesivo.

Note-se que os critérios de dosimetria da multa previstos no Decreto 11.129/2022 não substituem os parâmetros de aplicação de sanções fixados na LAE, mas sim os complementam. Prova disso é que a autoridade competente deverá se valer dos parâmetros do art. 7º da LAE tanto para decidir pela aplicação isolada ou cumulativa da pena de multa como para decidir entre os percentuais variáveis fixados nos incisos dos arts. 22 e 23 do Decreto 11.129/2022.

Percorridas as duas fases da dosimetria estabelecidas no Decreto 11.129/2022, a autoridade competente terá concluído o cálculo da multa, que pode ser assim sintetizado:

Aplicação das circunstâncias agravantes	→	Aplicação das circunstâncias atenuantes	→	Valor final da multa

Observe-se que a base de cálculo para as operações de soma e subtração dos valores correspondentes às circunstâncias agravantes (art. 22) e atenuantes (art. 23) é o faturamento bruto da pessoa jurídica do último exercício anterior ao da instauração do processo administrativo.

Nas hipóteses em que não é possível aferir o faturamento bruto do exercício anterior, qual será a base de cálculo para a aplicação dos percentuais previstos nos arts. 22 e 23 do Decreto 11.129/2022? A resposta é dada pelo art. 21 do mesmo Decreto. Veja-se:

> Art. 21. Caso a pessoa jurídica comprovadamente não tenha tido faturamento no último exercício anterior ao da instauração do PAR, deve-se considerar como base de cálculo da multa o valor do último faturamento bruto apurado pela pessoa jurídica, excluídos os tributos incidentes sobre vendas, que terá seu valor atualizado até o último dia do exercício anterior ao da instauração do PAR.

Mas, atenção: o que o Decreto 11.129/2022 fez em seu art. 21 foi definir bases de cálculo que viabilizem a aplicação dos percentuais correspondentes às agravantes e atenuantes dos seus arts. 22 e 23. Isso não significa dizer que os limites mínimo e máximo da multa, nessas hipóteses, sofreram alteração. Ao contrário, o parágrafo único do citado dispositivo dispõe expressamente que nas hipóteses previstas no *caput* o valor da multa será fixado entre R$

6.000,00 (seis mil reais) e R$ 60.000.000,00 (sessenta milhões de reais), em consonância com o disposto no art. 6º, § 4º, da LAE.

O art. 25, § 2º, do Decreto 11.129/2022 traz outra regra importante: na **ausência de circunstâncias agravantes ou atenuantes**, ou **quando o resultado das operações de soma e subtração for igual ou inferior a zero**, o valor da multa corresponderá, conforme o caso, a:

(i) 0,1% (um décimo por cento) do faturamento bruto do último exercício anterior ao da instauração do PAR, excluídos os tributos; ou

(ii) R$ 6.000,00 (seis mil reais), na hipótese do art. 21, isto é, caso a pessoa jurídica comprovadamente não tenha tido faturamento no último exercício anterior ao da instauração do PAR.

Repise-se que, em qualquer hipótese, o valor da multa nunca poderá ser inferior ao valor da vantagem auferida pelos responsáveis pelo ato lesivo (LAE, art. 6º, I).

O Decreto 11.229/2022 também determina que a existência e a quantificação das circunstâncias agravantes e atenuantes deverão ser apontadas no relatório final da comissão, o qual também conterá a estimativa, sempre que possível, dos valores da vantagem auferida e da pretendida.

Esse método de cálculo da multa possibilita que o processo de dosimetria seja claro e objetivo, em respeito ao direito fundamental de individualização da sanção (CF, art. 5º, XLVI), à necessidade de fundamentação das decisões (CF, art. 93, IX) e ao princípio da proporcionalidade.

Anote-se, por último, que eventual celebração de acordo de leniência reduzirá em até 2/3 (dois terços) o valor da multa aplicável (art. 16, § 2º, da LAE).

6.9.2.4 *Garantia de pagamento da multa*

Conforme se verá, o Ministério Público ou a Advocacia Pública ou órgão de representação judicial, ou equivalente, do ente público poderá requerer a **indisponibilidade** de bens, direitos ou valores necessários à garantia do pagamento da multa ou da reparação integral do dano causado, conforme previsto no art. 7º, ressalvado o direito do terceiro de boa-fé (art. 19, § 4º, da LAE).

6.9.2.5 *Cobrança da multa*

Como a LAE não disciplinou o processo de cobrança da multa aplicada, isso deverá ser feito por cada unidade da federação. Na esfera federal, por exemplo, a questão foi regulamentada pelo Decreto 11.129/2022, nos seguintes termos:

> **Art. 29.** A multa aplicada será integralmente recolhida pela pessoa jurídica sancionada no prazo de trinta dias, observado o disposto no art. 15.
>
> § 1º Feito o recolhimento, a pessoa jurídica sancionada apresentará ao órgão ou à entidade que aplicou a sanção documento que ateste o pagamento integral do valor da multa imposta.
>
> § 2º Decorrido o prazo previsto no *caput* sem que a multa tenha sido recolhida ou não tendo ocorrido a comprovação de seu pagamento integral, o órgão ou a entidade que a aplicou encaminhará o débito para inscrição em Dívida Ativa da União ou das autarquias e fundações públicas federais.
>
> § 3º Caso a entidade que aplicou a multa não possua Dívida Ativa, o valor será cobrado independentemente de prévia inscrição.
>
> § 4º A multa aplicada pela Controladoria-Geral da União em acordos de leniência ou nas hipóteses previstas nos art. 17 e art. 18 será destinada à União e recolhida à conta única do Tesouro Nacional.

§ 5º Os acordos de leniência poderão pactuar prazo distinto do previsto no caput para recolhimento da multa aplicada ou de qualquer outra obrigação financeira imputada à pessoa jurídica.

O dispositivo estabelece que o prazo para o pagamento da multa é de 30 (trinta) dias e o inadimplemento, parcial ou total, acarretará a sua inscrição na Dívida Ativa da União ou das autarquias e fundações públicas federais[92].

6.9.2.6 *Destinatários dos valores arrecadados*

O art. 24 da LAE estabelece que a multa e o perdimento de bens, direitos ou valores aplicados com fundamento na lei serão destinados **preferencialmente** aos órgãos ou entidades públicas lesadas.

O emprego do advérbio "preferencialmente" deixa certa margem de discricionariedade para a Administração Pública decidir sobre o destino dos recursos provenientes da aplicação das sanções de natureza pecuniária.

Destarte, a Administração Pública pode reverter o valor das multas para fundos com gestão colegiada, a exemplo do que se verifica com o Fundo Nacional de Direitos Difusos (art. 13 da Lei 7.347/1985)[93], que criou hipótese de receita vinculada a determinado fim, qual seja a recuperação dos bens lesados.

Essa possibilidade de reversão dos recursos da multa a uma finalidade específica tem o efeito positivo de evitar que a sanção seja utilizada indevidamente como instrumento arrecadatório. Contudo, tal reversão dependerá de aprovação de lei específica do ente federado que optar por fazê-la.

6.9.3 Publicação extraordinária da decisão condenatória

A segunda sanção administrativa prevista na LAE é a **publicação extraordinária da decisão condenatória**.

No modelo atual de mercado, as pessoas jurídicas investem cada vez mais em publicidade, com o objetivo de construir uma imagem de empresa comprometida com os padrões de boa governança.

A publicação extraordinária de uma decisão condenatória, imposta justamente como uma censura pelo desvio ético, pode comprometer seriamente a reputação da empresa, tornando-a menos competitiva.

Sabe-se que nos processos e procedimentos desenvolvidos no âmbito da Administração Pública, a regra é a da publicidade dos respectivos atos, ressalvadas as hipóteses de sigilo previstas em lei. Assim é que toda decisão administrativa deve ser publicada como pressuposto de sua própria eficácia. A publicação *ordinária* se dá, normalmente, pela imprensa oficial, veículo de alcance restrito para um público especializado.

O que a LAE prevê como sanção é uma publicação *extraordinária* da decisão condenatória, que visa atingir a imagem da empresa especialmente perante sua clientela, afetando-a na área da prática da infração e de sua atuação, tudo custeado pelo infrator condenado.

A publicação extraordinária da decisão condenatória ocorrerá necessariamente na forma de extrato de sentença, a expensas da pessoa jurídica, por três vias distintas (LAE, art. 6º, § 5º):

---

92 O Município de São Paulo adotou regra semelhante (Decreto 55.107/2014, art. 22).

93 *Art. 13. Havendo condenação em dinheiro, a indenização pelo dano causado reverterá a um fundo gerido por um Conselho Federal ou por Conselhos Estaduais de que participarão necessariamente o Ministério Público e representantes da comunidade, sendo seus recursos destinados à reconstituição dos bens lesados.*

a) em meios de comunicação de grande circulação na área da prática da infração e de atuação da pessoa jurídica ou, na sua falta, em publicação de circulação nacional;
b) por meio de afixação de edital, pelo prazo mínimo de 30 (trinta) dias, no próprio estabelecimento ou no local de exercício da atividade, de modo visível ao público; e
c) no sítio eletrônico na rede mundial de computadores.

A exigência de que essa publicação seja feita na forma de "**extrato de sentença**" assegura que a sanção represente com maior fidelidade e imparcialidade a situação jurídica da empresa condenada. Com isso, evita-se o emprego de expressões subjetivas, assim entendidas aquelas impregnadas de sentimentos, opiniões pessoais, interesses e preconceitos, que podem agravar ainda mais os efeitos da sanção.

A utilização da expressão "sentença", na hipótese, representa mera impropriedade técnica do legislador, que certamente quis se referir ao ato que decide o processo administrativo.

Por último, anote-se que **a celebração de acordo de leniência isentará a pessoa jurídica da sanção** em análise (art. 16, § 2º).

6.9.4 Aplicação das sanções

A aplicação das sanções administrativas previstas na LAE demanda decisão fundamentada (art. 6º, § 1º) e a observância de todas as etapas do devido processo legal, no qual se destaca a precedência de parecer jurídico (art. 6º, § 2º).

Cuida-se de ato discricionário juridicamente vinculado. A autoridade competente está presa aos parâmetros que a lei estabelece. Dentro deles poderá fazer as suas opções, para chegar a uma aplicação justa da sanção, atenta às exigências da espécie concreta, isto é, às suas singularidades, sob a luz dos princípios da proporcionalidade e razoabilidade.

Isso não se confunde com discricionariedade administrativa. Ainda que haja vários fatores a serem levados em consideração na definição da sanção aplicável, não é possível cogitar-se de decidir segundo critérios de oportunidade e conveniência, inaceitáveis na fixação do *quantum* da sanção.

6.9.4.1 Parâmetros para a aplicação das sanções

As sanções administrativas podem ser impostas isolada ou cumulativamente, de acordo com as peculiaridades do caso concreto e com a **gravidade e natureza das infrações** (art. 6º, § 1º).

O art. 7º inscreve outros parâmetros para a aplicação das sanções:

> **Art. 7º** Serão levados em consideração na aplicação das sanções:
>
> I – a gravidade da infração;
>
> II – a vantagem auferida ou pretendida pelo infrator;
>
> III – a consumação ou não da infração;
>
> IV – o grau de lesão ou perigo de lesão;
>
> V – o efeito negativo produzido pela infração;
>
> VI – a situação econômica do infrator;
>
> VII – a cooperação da pessoa jurídica para a apuração das infrações;
>
> VIII – a existência de mecanismos e procedimentos internos de integridade, auditoria e incentivo à denúncia de irregularidades e a aplicação efetiva de códigos de ética e de conduta no âmbito da pessoa jurídica;
>
> IX – o valor dos contratos mantidos pela pessoa jurídica com o órgão ou entidade pública lesados; e

X – (VETADO).

Parágrafo único. Os parâmetros de avaliação de mecanismos e procedimentos previstos no inciso VIII do *caput* serão estabelecidos em regulamento do Poder Executivo federal.

O dispositivo proporciona à autoridade competente uma larga margem de apreciação para a aplicação das sanções, indicando circunstâncias de natureza diversa, algumas relacionadas *com o ato lesivo em si* (como a gravidade da lesão, a consumação ou não da infração, o grau de lesão, o efeito negativo da infração), outras pertinentes *ao infrator* (como a sua situação econômica) e outras ainda que podem ser classificadas como *atenuantes ou agravantes* (como a cooperação para a apuração das infrações e a existência de mecanismos internos de integridade).

O inciso I prevê a **gravidade da infração** como parâmetro para a aplicação das sanções, sem indicar, contudo, qualquer critério para a medição dessa gravidade.

Assim, a apuração do grau de gravidade da infração deverá ser combinada com outros parâmetros estabelecidos no art. 7º, especialmente os previstos nos incisos II (vantagem auferida ou pretendida pelo infrator), III (consumação ou não da infração), IV (grau de lesão ou perigo de lesão), V (efeito negativo produzido pela infração) e IX (o valor do contrato administrativo).

A respeito da **vantagem auferida ou pretendida** (II), importa notar que tal critério não se iguala, necessariamente, ao eventual valor da lesão ou prejuízo sofrido pelo ente público, que também será avaliado para a fixação da sanção, conforme aponta o inciso IV (grau de lesão ou perigo de lesão). A correta identificação da circunstância prevista no inciso II, conforme visto, é de fundamental importância, uma vez que a multa nunca poderá ser fixada em valor inferior ao da vantagem indevida (art. 6º, I).

Imagine-se, por exemplo, que o representante de uma pessoa jurídica pague propina a agentes públicos de uma determinada prefeitura e consiga, mediante fraude à licitação, que sua empresa seja contratada para a prestação de serviço de coleta de lixo com patente sobrepreço.

Na situação hipotética posta, o valor do sobrepreço, indiscutivelmente, caracterizará vantagem indevida.

Dúvida surge quando entramos na discussão sobre a possibilidade de se considerar como vantagem indevida todo o valor do contrato decorrente da licitação fraudada.

Entendemos que a vantagem indevida, na hipótese, se limita ao sobrepreço do contrato e ao valor das vantagens dadas aos agentes públicos. O valor do contrato, por sua vez, corresponderá à lesão ao patrimônio público, que se presume nas hipóteses de fraude à licitação.

Em reforço a essa linha interpretativa, o art. 20, §§ 2º e 3º do Decreto 8.420/2015 dispõe que o valor da vantagem auferida ou pretendida equivale aos ganhos obtidos ou pretendidos pela pessoa jurídica que não ocorreriam sem a prática do ato lesivo, somado, quando for o caso, ao valor correspondente a qualquer vantagem indevida prometida ou dada a agente público ou a terceiros a ele relacionados, determinando que sejam deduzidos custos e despesas legítimos comprovadamente executados ou que seriam devidos ou despendidos caso o ato lesivo não tivesse ocorrido.

As circunstâncias inscritas nos incisos VI a VII não interferem propriamente na gravidade da infração, mas devem ser consideradas para a aplicação das sanções.

A **situação econômica do infrator** (inciso VI) é fator determinante para a aplicação da multa, que deverá ser fixada em valor apto a cumprir as funções retributiva e de prevenção (especial e geral) da sanção, à luz do princípio da proporcionalidade.

O inciso VII contempla a circunstância que poderá atenuar ou agravar a sanção, consistente na **cooperação da pessoa jurídica para a apuração das infrações**, independentemente da celebração de acordo de leniência.

Assim, a cooperação para a apuração do ilícito será recompensada com a aplicação isolada de sanção administrativa, ou ainda, com a diminuição da pena de multa, ao passo que a conduta resistente e de confronto com as investigações poderá servir para o agravamento da sanção. Difere do acordo de leniência, que isentará a pessoa jurídica das sanções previstas no inciso II do art. 6º e no inciso IV do art. 19 e reduzirá em até 2/3 (dois terços) o valor da multa aplicável.

As disposições do inciso VIII do art. 7º e seu parágrafo único, por sua relevância e ineditismo no Direito Administrativo, merecem ser abordadas em separado.

6.9.4.2 *Programas de* Compliance

O inciso VIII do art. 7º da LAE contempla, como circunstância que poderá atenuar ou agravar a sanção, *a existência de mecanismos e procedimentos internos de integridade, auditoria e incentivo à denúncia de irregularidades e a aplicação efetiva de códigos de ética e de conduta no âmbito da pessoa jurídica infratora.*

Essa hipótese visa beneficiar as empresas que adotem o chamado ***compliance*** ou **programa de integridade**.

A expressão *compliance*, termo em inglês derivado do verbo *to comply*, isto é, "cumprir", "obedecer", "agir de acordo com a regra", pode ser definida como o conjunto de medidas adotadas por determinada empresa para garantir o cumprimento de exigências legais e regulamentares e implementar princípios de ética e integridade no ambiente negocial. Nesse sentido, confira-se o teor do art. 56 do Decreto 11.129/2022:

> Art. 56. Para fins do disposto neste Decreto, programa de integridade consiste, no âmbito de uma pessoa jurídica, no conjunto de mecanismos e procedimentos internos de integridade, auditoria e incentivo à denúncia de irregularidades e na aplicação efetiva de códigos de ética e de conduta, políticas e diretrizes, com objetivo de:
>
> I – prevenir, detectar e sanar desvios, fraudes, irregularidades e atos ilícitos praticados contra a administração pública, nacional ou estrangeira; e
>
> II – fomentar e manter uma cultura de integridade no ambiente organizacional.
>
> Parágrafo único. O programa de integridade deve ser estruturado, aplicado e atualizado de acordo com as características e os riscos atuais das atividades de cada pessoa jurídica, a qual, por sua vez, deve garantir o constante aprimoramento e a adaptação do referido programa, visando garantir sua efetividade.

A Lei 12.846/2013, seguindo tendência inaugurada pelo *Foreign Corrupt Act* – FCPA (Lei Anticorrupção dos Estados Unidos) e, mais recentemente, adotada pelo *UK Bribery Act* (Lei Anticorrupção do Reino Unido), determina que seja levada em consideração, no momento de aplicação das sanções, a existência de programas de *compliance*.

Trata-se de uma tendência mundial, justificada pela percepção de que a existência de programas de *compliance* tem o condão de melhorar a governança corporativa, implementando padrões éticos à conduta das empresas, o que contribui para um ambiente de negócios mais limpo e conforme as regras éticas e jurídicas que devem pautar as relações negociais. O incentivo à implementação de programas de integridade é muito positivo, pois garante às empresas que essa circunstância será levada em consideração pela autoridade competente no momento da aplicação da sanção pela prática de ato lesivo à Administração Pública.

6.9.4.2.1 Regulamentação dos parâmetros de avaliação de mecanismos e procedimentos de *compliance*

Nos termos do art. 7º, parágrafo único, da LAE, os **parâmetros de avaliação de mecanismos e procedimentos** previstos no inciso VIII do *caput* serão estabelecidos em regulamento do Poder Executivo federal.

Esse tema foi disciplinado pelo Decreto 11.129/2022, segundo o qual o programa de integridade deve ser estruturado, aplicado e atualizado de acordo com as características e riscos atuais das atividades de cada pessoa jurídica, a qual por sua vez deve garantir o constante aprimoramento e adaptação do referido programa, visando garantir sua efetividade (art. 56, parágrafo único).

O art. 57 do Decreto 11.129/2022 estabelece, em quinze incisos, os parâmetros para avaliação do programa de integridade:

> Art. 57. Para fins do disposto no inciso VIII do *caput* do art. 7º da Lei n. 12.846, de 2013, o programa de integridade será avaliado, quanto a sua existência e aplicação, de acordo com os seguintes parâmetros:
>
> I – comprometimento da alta direção da pessoa jurídica, incluídos os conselhos, evidenciado pelo apoio visível e inequívoco ao programa, bem como pela destinação de recursos adequados;
>
> II – padrões de conduta, código de ética, políticas e procedimentos de integridade, aplicáveis a todos os empregados e administradores, independentemente do cargo ou da função exercida;
>
> III – padrões de conduta, código de ética e políticas de integridade estendidas, quando necessário, a terceiros, tais como fornecedores, prestadores de serviço, agentes intermediários e associados;
>
> IV – treinamentos e ações de comunicação periódicos sobre o programa de integridade;
>
> V – gestão adequada de riscos, incluindo sua análise e reavaliação periódica, para a realização de adaptações necessárias ao programa de integridade e a alocação eficiente de recursos;
>
> VI – registros contábeis que reflitam de forma completa e precisa as transações da pessoa jurídica;
>
> VII – controles internos que assegurem a pronta elaboração e a confiabilidade de relatórios e demonstrações financeiras da pessoa jurídica;
>
> VIII – procedimentos específicos para prevenir fraudes e ilícitos no âmbito de processos licitatórios, na execução de contratos administrativos ou em qualquer interação com o setor público, ainda que intermediada por terceiros, como pagamento de tributos, sujeição a fiscalizações ou obtenção de autorizações, licenças, permissões e certidões;
>
> IX – independência, estrutura e autoridade da instância interna responsável pela aplicação do programa de integridade e pela fiscalização de seu cumprimento;
>
> X – canais de denúncia de irregularidades, abertos e amplamente divulgados a funcionários e terceiros, e mecanismos destinados ao tratamento das denúncias e à proteção de denunciantes de boa-fé;
>
> XI – medidas disciplinares em caso de violação do programa de integridade;
>
> XII – procedimentos que assegurem a pronta interrupção de irregularidades ou infrações detectadas e a tempestiva remediação dos danos gerados;
>
> XIII – diligências apropriadas, baseadas em risco, para:
>
> a) contratação e, conforme o caso, supervisão de terceiros, tais como fornecedores, prestadores de serviço, agentes intermediários, despachantes, consultores, representantes comerciais e associados;
>
> b) contratação e, conforme o caso, supervisão de pessoas expostas politicamente, bem como de seus familiares, estreitos colaboradores e pessoas jurídicas de que participem; e
>
> c) realização e supervisão de patrocínios e doações;
>
> XIV – verificação, durante os processos de fusões, aquisições e reestruturações societárias, do cometimento de irregularidades ou ilícitos ou da existência de vulnerabilidades nas pessoas jurídicas envolvidas; e
>
> XV – monitoramento contínuo do programa de integridade visando ao seu aperfeiçoamento na prevenção, na detecção e no combate à ocorrência dos atos lesivos previstos no art. 5º da Lei n. 12.846, de 2013.

Na avaliação de tais parâmetros, serão considerados o porte e as especificidades da pessoa jurídica, tais como a quantidade de funcionários, empregados e colaboradores, a complexidade da hierarquia interna e a quantidade de departamentos, diretorias ou setores, dentre outros (art. 57, § 1º).

No curso do processo administrativo, caso a pessoa jurídica apresente em sua defesa informações e documentos referentes à existência e ao funcionamento de programa de integridade, a comissão processante deverá examiná-lo segundo os parâmetros indicados no Capítulo V, para a dosimetria das sanções a serem aplicadas (art. 8º, § 2º, do Decreto 11.129/2022).

Noutro flanco, é importante enfatizar que **a existência de mecanismos de *compliance* não isenta de responsabilidade a pessoa jurídica infratora**.

Os mecanismos de *compliance* apenas podem, quando se demonstrarem efetivos, atenuar as sanções. No caso da multa, por exemplo, a existência de programas de integridade acarretará a subtração de valores correspondentes a até 5% do faturamento bruto da pessoa jurídica do último exercício anterior ao da instauração do processo administrativo (art. 23, V, do Decreto 11.129/2022).

6.9.4.2.2 *Due Diligence* de integridade

A LAE estabeleceu rigoroso regime de responsabilidade objetiva das pessoas jurídicas e as incentivou a adotar programas de integridade, de forma que a efetividade das medidas anticorrupção não dependa exclusivamente da ação punitiva do Estado, mas também compreenda medidas preventivas por todos os atores com atuação no mercado.

Uma das principais consequências desse regime de responsabilidade objetiva envolve o relacionamento das empresas com terceiros, quais sejam, empresas que prestam serviços, advogados, despachantes aduaneiros, contadores, representantes comerciais etc. Conforme visto, se um preposto da empresa contratada se envolver com corrupção, a empresa contratante poderá ser responsabilizada, bastando, para tanto, que o ilícito tenha sido cometido no interesse ou em benefício, mesmo que não exclusivo, da contratante.

Exatamente por isso é que as grandes empresas estão se preocupando também em trabalhar a **cadeia de valor**: se antes os terceiros eram utilizados por elas para a prática de ilícitos a fim de mascarar responsabilidades, atualmente, por força da LAE, os terceiros precisam passar uma tranquilidade mínima em relação às atividades que desempenham.

Antes de estabelecer relações de negócio, portanto, cabe à diretoria de *compliance* das empresas a responsabilidade pela avaliação do perfil de risco dos pretensos parceiros estratégicos, assim como sua participação e reputação nos mercados em que atuam. Nessa quadra, para prevenir ou mitigar a responsabilização da empresa por atos ilícitos eventualmente praticados por terceiros, é importante pesquisar o passado dos parceiros, verificar se esses terceiros possuem um programa de integridade efetivo implementado, realizar auditorias de *compliance* e até oferecer treinamentos a seus funcionários.

O Decreto 8.420/2015 estabelece que, entre os critérios para avaliação de programas de integridade, devem ser considerados, entre outros, a existência de "diligências apropriadas para contratação e, conforme o caso, supervisão, de terceiros, tais como fornecedores, prestadores de serviço, agentes intermediários e associados" (art. 42, XIII). A *due diligence* de integridade cumpre exatamente esse papel.

Fato é que o objetivo de promover um ambiente de negócios íntegro e afastar os efeitos nefastos da corrupção não pode ser alcançado se o programa de integridade não compreender um controle voltado aos riscos associados a terceiros que se relacionam com a empresa, incluindo fornecedores, riscos esses que podem ser mitigados com a realização de ***due diligencie* de integridade** (DDI).

Como bem observado por Marcelo Zenkner[94], das constatações realizadas durante a *due diligence* de integridade (DDI), três soluções podem ser sugeridas: a) a formalização do

[94] ZENKNER, Marcelo. *Integridade governamental e empresarial: um espectro da repressão e da prevenção à corrupção no Brasil e em Portugal*. 2ª reimp. Belo Horizonte: Fórum, 2019, p. 384.

contrato, por inexistência de riscos para o contratante; b) a formalização de contrato com inclusão de procedimento de controle, em razão de riscos de baixa intensidade; e c) a rejeição da contratação, por força de riscos de alta intensidade.

Note-se que essa cautela no relacionamento com terceiros também deve ser observada pelas estatais. Vale dizer, as sociedades empresárias estatais também devem adotar verificações prévias (*due diligence*) à contratação e medidas visando a supervisão de terceiros contratados, principalmente em situações de elevado perfil de risco à integridade.

Entre as diretrizes a serem observadas nas licitações promovidas por empresas públicas e sociedades de economia mista, e seus respectivos contratos, o art. 32 da Lei 13.303/2016 (Lei das Estatais) destaca, em seu inciso V, a "observação da política de integridade nas transações com partes interessadas".

Lastreada em tal diretriz, a Petrobras aprovou o Programa Petrobras de Prevenção à Corrupção (PPPC), com base no qual editou o Regulamento de Licitações e Contratos da Petrobras (RLCP), publicado em 15.01.2018, cujo art. 4º, § 3º veda a participação de procedimentos de contratação com a empresa de partes interessadas às quais seja atribuído grau de risco de integridade (GRI) alto. Referida norma está sendo impugnada por várias empresas que foram impedidas de contratar com a Petrobras justamente por apresentarem um grau de risco de integridade (GRI) alto. Na visão dessas empresas, a Lei das Estatais não prevê, em nenhum momento, que a avaliação unilateral da estatal sobre o grau de risco de integridade de determinado fornecedor dê ensejo a uma sanção automática, que impeça a participação do fornecedor em determinada licitação.

Um desses questionamentos foi rechaçado pelo Superior Tribunal de Justiça, em decisão monocrática da lavra do Ministro Benedito Gonçalves (j. 28.07.2020). Como bem assentado pelo Ministro em sua decisão:

> A recorrente, ao deduzir a tese no sentido de que a Lei das Estatais não prevê, em nenhum momento, que a avaliação unilateral da PETROBRAS sobre o grau de risco de integridade de determinado fornecedor tenha relevância prática, muito menos que um suposto "risco de integridade" decorrente da falta de programa de compliance adequado (aos olhos da avaliação secreta da PETROBRAS) dê ensejo a uma sanção automática, que impeça a participação do fornecedor em determinada LICITAÇÃO (fl. 1906), deixou de impugnar o fundamento do acórdão recorrido segundo o qual "em harmonia com os ditames da Lei 12.846/2013 ('Lei Anticorrupção'), em especial os seus artigos 63 a 65, embasam e respaldam as normas do Regulamento de Licitações e Contratos da Petrobras (RLCP) que preveem a atribuição de um Grau de Risco de Integridade (GRI) aos fornecedores da Petrobras como uma das etapas da chamada Due Diligence de Integridade (DDI)".

Também pensamos assim. A atribuição de grau de risco de integridade alto à interessada na contratação com a estatal não configura nenhuma ilegalidade, tratando-se de critério de seleção obtido a partir da análise de fatores de risco de integridade (DDI), que se coaduna com a hodierna necessidade de adoção de políticas contra a corrupção, em consonância com o disposto na LAE, no Decreto 8.420/2015 (art. 42, XIII) e na Lei das Estatais (arts. 32 e 63 a 65).

6.9.4.2.3 *Compliance* na Nova Lei Geral de Licitações e Contratos

Conforme visto, o escopo da LAE é fazer com que as pessoas jurídicas estabeleçam sistema de controle sobre as condutas de seus agentes, de modo a evitar práticas de corrupção entre seus colaboradores e representantes. Como nem sempre isso será possível, se a empresa demonstrar que desenvolve efetivos mecanismos e procedimentos internos de integridade – programa de *compliance* –, pode ter as sanções atenuadas (art. 7º, VIII).

Seguindo a mesma diretriz de incentivar a adoção de mecanismos de integridade empresarial, a Nova Lei Geral de Licitações e Contratos também prevê, em seu art. 156, § 1º, V, que, na aplicação das sanções administrativas serão considerados a implantação ou aperfeiçoamento de programa de integridade, conforme normas e orientações dos órgãos de controle. Vale dizer, a existência de efetivo programa de integridade funcionará como **circunstância atenuante** na aplicação das sanções administrativas previstas na lei.

Por outro lado, em caso de empate entre duas ou mais propostas, a Nova Lei Geral de Licitações e Contratos também prevê que o desenvolvimento pelo licitante de programa de integridade será utilizado como **critério de desempate** (art. 60, IV).

Mas não é só isso. Nas contratações de obras, serviços e fornecimentos de grande vulto, a Nova Lei Geral de Licitações e Contratos estabelece que o edital deverá prever a **obrigatoriedade de implantação de programa de integridade pelo licitante vencedor, no prazo de 6 (seis) meses, contado da celebração do contrato**, conforme regulamento que disporá sobre as medidas a serem adotadas, a forma de comprovação e as penalidades pelo seu descumprimento (art. 25, § 4º)[95].

Vê-se, assim, que a Lei 14.133/2021 avançou bastante em relação à Lei 8.666/1993 e, certamente, motivará as empresas que se relacionam com o Poder Público a implementar sistemas de integridade efetivos e, por conseguinte, trilhar o caminho da probidade empresarial.

6.9.4.3 *Prévia manifestação jurídica*

Na forma do art. 6º, § 2º, da LAE, a aplicação das sanções administrativas será precedida da manifestação jurídica elaborada pela Advocacia Pública ou pelo órgão de assistência jurídica, ou equivalente, do ente público.

Referida manifestação deve enfrentar todas as questões formais e de mérito importantes para amparar, juridicamente, a tomada de decisão. Vale dizer, deverá analisar a observância das formalidades legais do processo administrativo; deverá dizer se restaram provados os pressupostos para a responsabilização da pessoa jurídica infratora e das pessoas naturais que concorreram para a prática do ato lesivo; ainda, deverá sugerir, quando for o caso, as sanções aplicáveis.

A despeito de obrigatória, essa manifestação jurídica não vincula a autoridade competente, uma vez que se trata de mera opinião a ser adotada ou não[96].

6.9.5 Reparação integral do dano causado

Além das sanções administrativas previstas no art. 6º da LAE, o infrator ficará sujeito à reparação integral do dano causado à Administração Pública, nacional ou estrangeira, conforme previsto no § 3º do art. 6º:

> **Art. 6º, § 3º** A aplicação das sanções previstas neste artigo não exclui, em qualquer hipótese, a obrigação da reparação integral do dano causado.

---

[95] O Decreto 12.304/2024 regulamenta o art. 25, § 4º, o art. 60, *caput*, IV, e o art. 163, parágrafo único, da Lei 14.133, de 1º de abril de 2021, para dispor sobre os parâmetros e a avaliação dos programas de integridade, nas hipóteses de contratação de obras, serviços e fornecimentos de grande vulto, de desempate de propostas e de reabilitação de licitante ou contratado, no âmbito da administração pública federal direta, autárquica e fundacional.

[96] A esse respeito, já se manifestou o STF: "(...) o parecer não é ato administrativo, sendo, quando muito, ato de administração consultiva, que visa a informar, elucidar, sugerir providências administrativas a serem estabelecidas nos atos de administração ativa" (MS 24.073/DF, Pleno, Rel. Min. Carlos Velloso, j. 06.11.2002, *DJ* 31.10.2003).

Atente-se que a obrigação de reparar o dano não possui uma dimensão punitiva, mas sim reparatória. Situada no plano da responsabilidade civil, consiste no dever jurídico de ressarcir o dano causado a outrem por ato ilícito (CC, arts. 186, 187 e 927). Justifica-se a norma, portanto, como decorrência do princípio geral de direito segundo o qual quem quer que cause dano a outrem fica obrigado a repará-lo.

O reconhecimento da natureza não sancionatória da reparação do dano traz duas importantes consequências práticas:

(i) Possibilidade de transferência, aos sucessores do condenado, da responsabilidade patrimonial pela obrigação de reparar os danos causados, até o limite do valor do patrimônio transferido, na forma expressamente autorizada pela Constituição Federal (art. 5º, XLV);

(ii) Impossibilidade de decisão condenatória, seja na esfera administrativa, seja na esfera judicial, que fixe apenas a obrigação de ressarcimento integral do dano, sem imputar ao réu nenhuma das sanções previstas, respectivamente, nos arts. 6º e 19 da LAE. Uma vez demonstrada a ocorrência de ato lesivo ao patrimônio público, o correspondente ressarcimento constitui o mais elementar consectário jurídico, não se equiparando a uma sanção propriamente dita e, portanto, não sendo suficiente, por si só, para atender ao espírito punitivo da Lei 12.846/2013, devendo ser cumulado com ao menos alguma das sanções previstas em seus arts. 6º e 19[97].

A generalidade da expressão "reparação integral do dano" – empregada pelo legislador – permite a compreensão de que **a reparação deve abranger tanto o dano patrimonial como o dano extrapatrimonial** causados em razão da prática do ato lesivo[98].

O montante do dano pode ser apurado na própria esfera administrativa, no respectivo processo administrativo de responsabilização. Não reparado o dano, o crédito apurado será inscrito em dívida ativa da fazenda pública e poderá ser cobrado judicialmente (art. 13, parágrafo único).

6.9.6 Processo administrativo de responsabilização

A aplicação das sanções administrativas previstas na LAE, por expressa disposição constitucional, pressupõe a observância do devido processo legal, no qual se assegure ao investigado o direito à ampla defesa e ao contraditório (CF, art. 5º, LIV e LV).

A Lei Anticorrupção Empresarial, alinhada ao mandamento constitucional, disciplina o processo administrativo de responsabilização da pessoa jurídica pela prática de atos lesivos à Administração Pública nos seus arts. 8º a 15.

Deve-se enfatizar que referidos dispositivos têm aplicação adstrita ao campo da União, tratando-se, neste ponto, de lei federal e não de lei nacional. Consoante entendimento majoritário em doutrina, todos os entes federativos possuem competência legislativa para editar regras sobre a matéria "processo administrativo" (não havendo delimitação pelos arts. 22, I,

---

[97] O Superior Tribunal de Justiça já empregou esse entendimento nas ações de responsabilidade civil por ato de improbidade administrativa, de caráter igualmente punitivo. Veja-se: "O ressarcimento não constitui sanção propriamente dita, mas sim consequência necessária do prejuízo causado. Caracterizada a improbidade administrativa por dano ao Erário, a devolução dos valores é imperiosa e deve vir acompanhada de pelo menos uma das sanções legais que, efetivamente, visam a reprimir a conduta ímproba e a evitar o cometimento de novas infrações. Precedentes do STJ" (REsp 1.184.897/PE, 2ª T., Rel. Min. Herman Benjamin, j. 15.10.2010, *DJe* 27.04.2011).

[98] No mesmo sentido: NOHARA, Irene Patrícia. Comentários ao artigo 13. In: DI PIETRO, Maria Sylvia Zanella; MARRARA, Thiago. *Lei Anticorrupção comentada*. Belo Horizonte: Fórum, 2017, p. 163.

e 24, XI, ambos da CF)[99]. Assim, cada ente federativo detém competência para editar normas específicas reguladoras dos respectivos processos administrativos de responsabilização das pessoas jurídicas por atos de corrupção empresarial.

Sem embargo, nada que impede que, a exemplo do que ocorre na aplicação da Lei 9.784/1999 (Lei de Processo Administrativo Federal)[100], os demais entes federados, na ausência de normatização específica, apliquem subsidiariamente os preceitos previstos nos arts. 8º a 15 da LAE.

Nas hipóteses de lacuna na Lei Anticorrupção Empresarial, poderão ser aplicados, subsidiariamente, os preceitos da Lei 9.784/1999, conforme preceitua seu art. 69[101]. Nesse particular, atenção: se os Estados e Municípios possuírem lei específica sobre processo administrativo, tal lei é que deverá ser aplicada, subsidiariamente, nas hipóteses de lacuna da LAE[102].

Frise-se, demais disso, que o art. 15 do Código de Processo Civil também determina sua aplicação supletiva e subsidiária aos processos administrativos, o que deve ser harmonizado, evidentemente, com a Lei de Processo Administrativo[103].

Como de costume nos processos administrativos litigiosos, o legislador federal estabeleceu três fases de desenvolvimento: a) instauração; b) instrução e c) julgamento.

Passamos, na sequência, a analisar os aspectos mais importantes de cada uma dessas fases.

6.9.6.1 *Instauração*

A iniciativa para a instauração do processo administrativo poderá dar-se de ofício, ou mediante provocação (art. 8º, *caput,* da LAE).

O processo administrativo inicia-se **de ofício** quando a Administração, por impulso interno, inicia a investigação. Aliás, o agir de ofício na instauração do processo administrativo é característica da Administração Pública. A rigor, trata-se de verdadeiro dever – de agir quando noticiada a infração –, tanto que pode ser responsabilizada penal, civil e administrativamente a autoridade competente que, tendo conhecimento das infrações previstas na LAE, não adotar providências para a apuração dos fatos (art. 27).

A instauração mediante **provocação** dá-se quando a Administração age por impulso de terceiro. A forma mais comum de provocação é a **representação**, que encontra assento, inclusive, no texto constitucional (art. 5º, XXXIV, *a*)[104].

Toda e qualquer pessoa física ou jurídica detém legitimidade para representar à Administração Pública, cobrando a adoção das providências cabíveis em face da prática de um ato de corrupção empresarial. Não se exige nenhuma condição especial do interessado para o exercício desse direito.

Quanto aos requisitos formais da representação, no silêncio da LAE, deve ser observado o disposto no art. 6º da Lei 9.784/1999[105]. Grosso modo, a representação deverá conter os seguintes dados:

---

99 Nesse sentido: MUNHÓS, Jorge. Responsabilização administrativa na Lei Anticorrupção. In: MUNHÓS, Jorge; QUEIROZ, Ronaldo Pinheiro (coord.). *Lei Anticorrupção e temas de compliance.* 2. ed. Salvador: JusPodivm, 2016, p. 225.

100 O Superior Tribunal de Justiça tem entendido ser lícita a adoção da Lei 9.784/1999 por Estados e Municípios que não detenham legislação própria. Nesse sentido, confira-se: REsp 1148460/PR, 2ª T., Rel. Min. Castro Meira, j. 10.10.2010.

101 *Art. 69. Os processos administrativos específicos continuarão a reger-se por lei própria, aplicando-se-lhes apenas subsidiariamente os preceitos desta Lei.*

102 No município de São Paulo, por exemplo, aplica-se, no que não confrontar com as normas e finalidades previstas na LAE e no Decreto 55.107/2014, que a regulamenta no Poder Executivo municipal, o disposto na Lei 14.141, de 27 de março de 2006, com as alterações introduzidas pela Lei 14.614, de 7 de dezembro de 2007, que disciplina o processo administrativo na Administração Pública Municipal, bem como no Decreto 51.714, de 13 de agosto de 2010, que a regulamenta.

103 *Art. 15. Na ausência de normas que regulem processos eleitorais, trabalhistas ou administrativos, as disposições deste Código lhes serão aplicadas supletiva e subsidiariamente.*

104 *Art. 5º (...) XXXIV – "são a todos assegurados, independentemente do pagamento de taxas: a) o direito de petição aos Poderes Públicos em defesa de direitos ou contra ilegalidade ou abuso de poder"; (...).*

105 *Art. 6º O requerimento inicial do interessado, salvo casos em que for admitida solicitação oral, deve ser formulado por escrito e conter os seguintes dados: I – órgão ou autoridade administrativa a que se dirige; II – identificação do interessado ou de quem o*

a) identificação do órgão ou autoridade administrativa a que se dirige;

b) qualificação do representante; e

c) descrição do fato supostamente lesivo e dos respectivos fundamentos.

Se tais formalidades não forem observadas, nada impede, ao contrário, recomenda-se que o representante seja notificado para complementar a representação (art. 6º, parágrafo único, da Lei 9.784/1999). No particular, exige-se da autoridade administrativa uma postura responsável e equilibrada. Ao mesmo tempo em que deve coibir as acusações levianas e infundadas, não deve desprezar denúncias verossímeis sobre fatos graves em nome do excesso de formalismo. Tanto é assim que nossos tribunais de superposição têm admitido a instauração de processo administrativo até mesmo em caso de **denúncia anônima**[106]. A esse respeito, já decidiu o Superior Tribunal de Justiça:

> É firme o entendimento no âmbito do STJ no sentido de que inexiste ilegalidade na instauração de sindicância investigativa e processo administrativo disciplinar com base em denúncia anônima, por conta do poder-dever de autotutela imposto à Administração (art. 143 da Lei 8.112/1990), ainda mais quando a denúncia decorre de Ofício do próprio Diretor do Foro e é acompanhada de outros elementos de prova que denotariam a conduta irregular praticada pelo investigado, como no presente caso[107].

É certo que a CF/1988 veda o anonimato (art. 5º, IV). No entanto, essa previsão deve ser harmonizada, com base no princípio da concordância prática, com a defesa dos princípios da Administração Pública (art. 37, *caput*), da probidade administrativa (art. 37, § 4º) e da livre concorrência (art. 170, IV).

No mesmo passo, não podemos olvidar do poder-dever da Administração Pública de anular seus próprios atos (autotutela), quando eivados de vícios que os tornem ilegais, porque deles não se originam direitos (Súmula 473 do STF). Assim, caso chegue ao conhecimento da Administração a existência de um vício insanável numa licitação, por fraude, ainda que mediante denúncia anônima, o fato deverá ser investigado, em respeito ao princípio da autotutela, que rege o processo administrativo. Em reforço a essa tese, cabe ressaltar que a denúncia anônima é tida como instrumento adequado de combate à corrupção, conforme previsão do art. 13, item 2, do Decreto 5.687/2006, que incorporou a **Convenção das Nações Unidas contra a Corrupção** em nosso ordenamento jurídico, de 31.12.2003. Veja-se:

> Cada Estado Parte adotará medidas apropriadas para garantir que o público tenha conhecimento dos órgãos pertinentes de luta contra a corrupção mencionados na presente Convenção, e facilitará o acesso a tais órgãos, quando proceder, para a denúncia, inclusive anônima, de quaisquer incidentes que possam ser considerados constitutivos de um delito qualificado de acordo com a presente Convenção.

Em resumo, é correto afirmar que o representante, como regra, deverá se identificar, uma vez que a Constituição Federal veda o anonimato. Contudo, em caráter excepcional, a representação apócrifa poderá ensejar a instauração de um processo administrativo, bastando, para

represente; III – domicílio do requerente ou local para recebimento de comunicações; IV – formulação do pedido, com exposição dos fatos e de seus fundamentos; V – data e assinatura do requerente ou de seu representante. Parágrafo único. É vedada à Administração a recusa imotivada de recebimento de documentos, devendo o servidor orientar o interessado quanto ao suprimento de eventuais falhas.

106 Na jurisprudência do STJ, vejam-se: RMS 37.166/SP, 1ª T., Rel. Min. Benedito Gonçalves, *DJe* 15.04.2013 (*Informativo* STJ 522); RMS 30.510/RJ, 2ª T., Rel. Min. Eliana Calmon, j. 17.12.2009; MS 13.348/DF, 3ª T., Rel. Min. Laurita Vaz, *DJe* 16.09.2009; MS 7.069/DF, 3ª S., Rel. Min. Felix Fischer, *DJ* 12.03.2001. No STF: MS 24.369, Rel. Min. Celso de Mello, j. 10.10.2002 (*Informativo* STF 286).

107 RMS 44298/PR, 2ª T., Rel. Min. Mauro Campbell Marques, j. 18.11.2014.

tanto, que o fato narrado esteja descrito de forma objetiva e seja verossímil. Nessa temática, aplica-se, por analogia, o disposto na **Súmula 611** do STJ:

> Desde que devidamente motivada e com amparo em investigação ou sindicância, é permitida a instauração de processo administrativo disciplinar com base em denúncia anônima, em face do poder-dever de autotutela imposto à Administração.

Da leitura da Súmula 611, percebe-se que a Corte Superior condicionou a instauração de um processo administrativo disciplinar a partir de uma denúncia anônima à apuração prévia do fato denunciado. A motivação da instauração, referida no enunciado da súmula em exame, consiste, justamente, na constatação da verossimilhança dessa denúncia apócrifa nessas apurações preliminares.

Na esfera federal[108], ao tomar ciência da possível ocorrência de ato lesivo à Administração Pública, em sede de juízo de admissibilidade e mediante despacho fundamentado, a autoridade competente poderá optar por abrir uma **investigação preliminar,** que terá caráter sigiloso e não punitivo e será destinada à apuração de indícios de autoria e materialidade de atos lesivos à Administração Pública federal[109].

Concluída a investigação preliminar, no prazo de 60 (sessenta) dias, prorrogável por igual período, a autoridade competente deverá decidir pela instauração do processo administrativo de responsabilização ou pelo arquivamento da matéria.

A instauração deverá ser materializada num ato formal, que conterá a descrição do fato a ser apurado, delimitando-se, com isso, o objeto da investigação.

Por último, cabe destacar que **a instauração do processo administrativo de investigação interrompe o prazo prescricional**, nos termos do art. 25, parágrafo único, da LAE.

6.9.6.2 Competência

Nos termos do art. 8º, *caput,* da LAE, a instauração e o julgamento de processo administrativo para apuração da responsabilidade de pessoa jurídica cabem à **autoridade máxima** de cada órgão ou entidade dos Poderes Executivo, Legislativo e Judiciário.

Como o dispositivo não é claro quanto à indicação dessa autoridade, a definição da competência deve ser antecedida da identificação do órgão ou entidade em face da qual foi praticado o ato lesivo. Uma vez identificado tal órgão ou entidade, fica mais fácil identificar sua autoridade máxima, assim entendida aquela que se encontra, sob o prisma administrativo, no topo da sua estrutura hierárquica.

Nesse sentido, para os casos de atos lesivos praticados em face de órgãos da administração direta, por exemplo, serão autoridades máximas, no âmbito do Poder Executivo federal, os Ministros de Estado[110], em relação aos correspondentes Ministérios da União.

Já na hipótese de ato lesivo praticado em face de órgão ou entidade da administração indireta da União, serão autoridades máximas, exemplificativamente, os Presidentes da Petrobras e da Caixa Econômica Federal, assim como as Diretorias ou Conselhos Diretores (órgãos colegiados) da Agência Nacional de Telecomunicações (Anatel) e da Agência Nacional de Energia Elétrica (Aneel).

Reprise-se que a competência em análise pode ser disciplinada de forma diferente pelas demais unidades da federação, uma vez que todos os entes federativos possuem competência legislativa para editar regras sobre "processo administrativo".

---

[108] Cf. art. 3º, I, do Decreto 11.129/2022.

[109] O Decreto 55.107/2014, que regulamenta a LAE no Município de São Paulo, traz regra semelhante em seu art. 3º, § 1º.

[110] Nesse sentido, aliás, dispõe o art. 4º do Decreto 11.129/2022, que regulamenta a LAE na esfera federal: "A competência para a instauração e para o julgamento do PAR é da autoridade máxima da entidade em face da qual foi praticado o ato lesivo ou, em caso de órgão da administração pública federal direta, do respectivo Ministro de Estado".

No âmbito do Poder Executivo do Município de São Paulo, por exemplo, o Decreto 55.107/2014 definiu que a Controladoria-Geral do Município é o único órgão responsável pela instauração do processo administrativo destinado a apurar a responsabilidade administrativa de pessoas jurídicas pela prática de atos contra a Administração Pública Municipal Direta e Indireta (art. 3º).

A nosso ver, a opção do Município de São Paulo pela concentração da competência na Controladoria-Geral do Município é acertada. A uma, porque viabiliza a especialização do órgão encarregado do desempenho de tal função. A duas, porque facilita a padronização das decisões prolatadas nos processos administrativos dessa espécie, em homenagem ao princípio da segurança jurídica. A três, porque reduz o risco de influência política nas decisões.

6.9.6.2.1 Delegação da competência

Nos termos do § 1º do art. 8º da LAE, a competência para a instauração e o julgamento do processo administrativo de apuração de responsabilidade da pessoa jurídica poderá ser delegada, vedada a subdelegação.

A delegação é um instrumento jurídico por meio do qual um órgão administrativo e seu titular transferem parte da sua competência a outros órgãos ou titulares, ainda que estes não lhe sejam hierarquicamente subordinados, quando for conveniente, em razão de circunstâncias de índole técnica, social, econômica, jurídica ou territorial.

O ato de delegação, revogável a qualquer tempo, deve especificar as matérias e poderes transferidos, os limites da atuação do delegado, a duração e os objetivos da delegação e o recurso cabível, podendo conter ressalva de exercício da atribuição delegada. Como a LAE não disciplina essa delegação, aplicam-se, supletivamente, as regras procedimentais da delegação previstas nos arts. 12 a 14 da Lei 9.784/1999.

6.9.6.2.2 As competências da Controladoria-Geral da União

No âmbito do Poder Executivo federal, a Controladoria-Geral da União (CGU) desempenhará protagonismo, uma vez que exercerá:

a) **competência concorrente** para instaurar processos administrativos de responsabilização de pessoas jurídicas (LAE, art. 8º, § 2º, c.c. o art. 17, I, do Decreto 11.129/2022);
b) **competência exclusiva** para avocar os processos instaurados por outras autoridades, com o objetivo de examinar sua regularidade ou corrigir-lhes o andamento, inclusive promovendo a aplicação da penalidade administrativa cabível (LAE, art. 8º, § 2º, c.c. o art. 17, II, do Decreto 11.129/2022).

Por força do disposto no art. 17, § 1º, do Decreto 11.129/2022, a CGU somente poderá exercer as competências acima destacadas, se presentes quaisquer das seguintes circunstâncias:

(i) caracterização de omissão da autoridade originariamente competente;
(ii) inexistência de condições objetivas para sua realização no órgão ou entidade de origem;
(iii) complexidade, repercussão e relevância da matéria;
(iv) valor dos contratos mantidos pela pessoa jurídica com o órgão ou entidade atingida; ou
(v) apuração que envolva atos e fatos relacionados a mais de um órgão ou entidade da Administração Pública federal.

Vê-se que a LAE conferiu à CGU uma nova função, qual seja a de fiscalizar tanto a instauração de processos pelas autoridades responsáveis, como a de inspecionar os respectivos andamentos, o decoro e a lisura de sua instrução, o cumprimento de prazos, a diligências das autoridades que os presidem e a eventual omissão ou desídia dos técnicos que neles funcionam.

Trata-se de indicação expressa à máquina federal de que eventuais anomalias na condução dos processos administrativos destinados à responsabilização de pessoas jurídicas poderão ser detectadas e aqueles que lhes derem causa poderão também ser responsabilizados.

Por último, importa destacar que a CGU também terá **competência privativa** para a apuração, o processo e o julgamento dos atos ilícitos previstos na LAE, praticados contra a Administração Pública estrangeira (LAE, art. 9º).

6.9.6.3 Instrução

A LAE adotou um **sistema misto** de apuração do ato lesivo à Administração Pública, em que o processo administrativo é realizado por uma comissão processante, cabendo a decisão final à autoridade competente.

A fase instrutória será conduzida por **comissão** designada pela autoridade competente no ato de instauração do processo administrativo de responsabilização (PAR), composta por **dois ou mais servidores estáveis** (art. 10).

Em entidades da Administração Pública federal cujos quadros funcionais não sejam formados por servidores estatutários, a comissão será composta por dois ou mais empregados públicos, preferencialmente com no mínimo três anos de tempo de serviço na entidade[111].

No curso da instrução, poderão ser requeridas, por intermédio do órgão de representação judicial da Administração, as medidas judiciais necessárias para a investigação e o processamento das infrações, inclusive de busca e apreensão (art. 10, § 1º).

Naturalmente, faz-se necessário que o pleito judicial seja deduzido em nome da pessoa jurídica vitimada, e pela correspondente "procuradoria jurídica", haja vista que a comissão não possui personalidade jurídica nem tampouco legitimidade para fazê-lo por conta própria.

Concluído o processo administrativo, a Comissão deverá apresentar relatório a respeito dos fatos apurados e da eventual responsabilidade administrativa da pessoa jurídica, bem como, quando for o caso, da sua desconsideração.

Naturalmente, a comissão deverá embasar suas conclusões nos elementos probatórios colhidos no processo, mencionando-os expressamente no relatório.

Concluindo pela responsabilização da pessoa jurídica, o relatório sugerirá, de forma motivada, as sanções a serem aplicadas, bem como a sua dosimetria.

No caso de a pessoa jurídica ter celebrado acordo de leniência, o relatório deverá informar se ele foi cumprido, indicando quais as contribuições para a investigação, e sugerir o percentual de redução da pena.

6.9.6.4 Suspensão cautelar dos efeitos do ato ou processo

A comissão poderá, cautelarmente, apoiada em razões fundamentadas, propor à autoridade instauradora que **suspenda os efeitos do ato ou processo objeto da investigação** (art. 10, § 2º, da LAE).

Como toda e qualquer medida cautelar, deverão estar presentes os requisitos do *periculum in mora* e *fumus boni iuris*.

---

111 Cf. art. 5º, § 1º, do Decreto 11.129/2022.

Imagine-se, por exemplo, que a Agência Nacional de Saúde (ANS) receba uma denúncia a respeito da comercialização de um medicamento, registrado de forma fraudulenta. A comissão processante poderá propor à autoridade competente que determine, cautelarmente, a suspensão da circulação do produto como medida acautelatória do direito à saúde coletiva.

Identifica-se, portanto, a existência de um poder geral de cautela fundamentando o trabalho da autoridade instauradora.

Note-se que **a aplicação da cautelar em exame não está condicionada à proposição da comissão processante**. Nada impede que a autoridade instauradora aplique a cautelar de ofício, quando vislumbrar, por entendimento próprio, a possibilidade de o ato investigado produzir efeitos nocivos ao interesse público.

Esse poder conferido à autoridade instauradora é reforçado pelo art. 45 da Lei 9.784/1999, que assim dispõe: "Em caso de risco iminente, a Administração Pública poderá motivadamente adotar providências acauteladoras sem a prévia manifestação do interessado".

6.9.6.5 *O direito à defesa no processo administrativo*

Conforme visto, a aplicação das sanções administrativas previstas na LAE pressupõe a observância do devido processo legal, no qual se assegure ao investigado o direito à ampla defesa e ao contraditório (CF, art. 5º, LIV e LV).

Em respeito a esse mandamento constitucional, a LAE determina que seja concedido à pessoa jurídica **prazo de 30 (trinta) dias para defesa**, contados a partir da intimação.

Na esfera federal, "concluído o relatório final, a comissão lavrará ata de encerramento dos seus trabalhos, que formalizará sua desconstituição, e encaminhará o PAR à autoridade instauradora, que determinará a intimação da pessoa jurídica processada do relatório final para, querendo, manifestar-se no prazo máximo de dez dias"[112].

Registre-se que a ausência de advogado constituído ou de defensor dativo, por si só, não importa nulidade do PAR, sendo esta inclusive a orientação da **súmula vinculante 5** do Supremo Tribunal Federal (aplicável por analogia), que dispõe *in verbis*: "a falta de defesa técnica por advogado no processo administrativo disciplinar não ofende a Constituição".

O que se exige da Administração Pública é que seja viabilizada a presença de advogado no processo administrativo de responsabilização, cientificando-se a pessoa jurídica investigada acerca da possibilidade de contratação desse profissional para sua defesa. Observado isso, a ausência de defesa técnica por advogado não gera a nulidade do PAR.

6.9.6.6 *Prazo de conclusão*

A comissão deverá concluir o processo no prazo de **180 (cento e oitenta) dias,** contados da data da publicação do ato de instituição da comissão (art. 10, § 3º), o qual poderá ser prorrogado mediante despacho fundamentado da autoridade instauradora.

A prorrogação não está limitada a uma vez, o que sugere ser possível mais de uma, por igual período, desde que adequadamente justificada, conforme as circunstâncias do caso concreto.

6.9.6.7 *Julgamento*

O julgamento do processo administrativo compete à mesma autoridade a quem incumbe instaurá-lo. Com o recebimento do relatório elaborado pela comissão, a autoridade instauradora proferirá a sua decisão, devidamente fundamentada.

[112] Art. 12 do Decreto 11.129/2022.

Remarque-se que a aplicação das sanções administrativas será precedida da manifestação jurídica elaborada pela Advocacia Pública ou pelo órgão de assistência jurídica, ou equivalente, do ente público (art. 6, § 2º), cujo conteúdo não será em hipótese alguma vinculante para o administrador. Tratando-se de parecer obrigatório e não vinculante, não havendo disposição em sentido contrário, deverá ser emitido no prazo máximo de quinze dias, cujo transcurso autorizará o prosseguimento do feito e o julgamento com sua dispensa, sem prejuízo da responsabilização de quem se omitiu no atendimento[113].

Embora a LAE não demarque termo para decisão, deve reputar-se que autoridade competente tem, no âmbito federal, o prazo de 30 (trinta) dias para tanto, por força da aplicação subsidiária do art. 49[114] da Lei 9.784/1999.

Quando a decisão estiver em consonância com o relatório da comissão, com o parecer jurídico, ou, especialmente, com ambos, a autoridade competente poderá apenas fazer remissão ou reproduzir trechos ou a íntegra dessas peças, afirmando categoricamente que concorda com elas[115].

Na esfera federal, por força do disposto no art. 14 do Decreto 11.129/2022, a decisão será publicada no *Diário Oficial da União* e no sítio eletrônico do órgão ou entidade pública responsável pela instauração do PAR.

Da decisão cabe pedido de reconsideração com efeito suspensivo, no prazo de dez dias, contado da data de publicação da decisão (art. 15 do Decreto 11.129/2022). A pessoa jurídica contra a qual foram impostas sanções e que não apresentar pedido de reconsideração terá o prazo de 30 (trinta) dias para cumpri-las, contados do termo final para a propositura do pedido de reconsideração (art. 15, § 1º). A autoridade julgadora terá o prazo de 30 (trinta) dias para de decidir sobre a matéria alegada no pedido de reconsideração e publicar a nova decisão (art. 15, § 2º). Mantida a decisão administrativa sancionadora, será concedido à pessoa jurídica novo prazo de trinta dias para cumprimento das sanções que lhe foram impostas, contado da data de publicação da nova decisão (art. 15, § 3º).

6.9.6.8 O processo administrativo de reparação do dano

Conforme visto, a aplicação das sanções administrativas previstas na LAE não exclui, em qualquer hipótese, a obrigação da reparação integral do dano causado (art. 6º, § 3º).

Ocorre que a comprovação da prática de um ato lesivo previsto no art. 5º da LAE pode ser tarefa mais simples do que a respectiva quantificação do dano decorrente de tal ilícito. De fato, em muitos casos a identificação do dano integral pode demandar um aprofundamento probatório capaz de retardar, demasiadamente, a conclusão do PAR.

Imagine-se, por exemplo, uma hipótese de superfaturamento qualitativo e quantitativo na execução de um contrato de construção de centenas de casas populares. Encerrada a instrução do PAR, são colhidas provas suficientes da responsabilidade da empresa contratada pela Administração Pública pela prática do ato lesivo, mas a quantificação exata do dano causado ao patrimônio público depende de maior dilação probatória: perícias nas áreas de engenharia e contabilidade, não raras vezes morosas.

Foi pensando nessas situações que a LAE previu a possibilidade de instauração de um **processo administrativo específico de reparação integral do dano**, no qual será investigada

---

113 Cf. art. 42 da Lei 9.784/1999.

114 *Art. 49. Concluída a instrução de processo administrativo, a Administração tem o prazo de até trinta dias para decidir, salvo prorrogação por igual período expressamente motivada.*

115 Aplicação, em caráter complementar, do disposto no art. 50, § 1º, da Lei 9.784/1999: "A motivação deve ser explícita, clara e congruente, podendo consistir em declaração de concordância com fundamentos de anteriores pareceres, informações, decisões ou propostas, que, neste caso, serão parte integrante do ato".

a exata extensão da ofensa causada ao patrimônio público, sem prejuízo da possibilidade de aplicação imediata de sanções administrativas ao infrator, no PAR. Por outras palavras, a finalidade do processo administrativo previsto no art. 13 é quantificar o dano cuja existência fora reconhecida pela autoridade competente no PAR.

Entendemos que o reconhecimento da responsabilidade do infrator no PAR é condição para a instauração do processo administrativo específico de reparação integral do dano. É dizer, em primeiro lugar, deverá a autoridade competente condenar a pessoa jurídica à reparação integral do dano, para só depois, então, determinar a instauração de processo específico para sua quantificação, de forma que as sanções administrativas da LAE poderão ser imediatamente aplicadas.

Nesse processo administrativo especial, portanto, não se discutirá mais sobre a existência do dano ao patrimônio público (*an debeatur*), tampouco sobre a responsabilidade pela prática do ato lesivo, mas tão somente a quantificação desse dano (*quantum debeatur*). Do contrário, haveria risco de decisões conflitantes: a pessoa jurídica poderia ser absolvida no PAR e condenada no processo específico em exame, ou vice-versa. Isso sem falar na desnecessária repetição de esforços por parte da Administração Pública, que seria forçada a investigar, duas vezes, o mesmo fato[116].

Concluído o processo administrativo e não havendo pagamento do dano, o crédito apurado será inscrito em dívida ativa da fazenda pública (art. 13, parágrafo único).

6.9.6.9 *Desconsideração da personalidade jurídica*

A desconsideração da personalidade jurídica é uma teoria com raízes no *Common Law* (*disregard of legal entity*), concebida para permitir que o juiz, em casos de abuso ou fraude em prejuízo da própria sociedade ou de terceiros, desconsidere o princípio de que as pessoas jurídicas têm existência distinta da dos seus membros, para atingir e vincular os bens particulares dos sócios ou administradores à satisfação das dívidas da sociedade.

No Brasil, referida teoria foi introduzida por Rubens Requião, por meio de um artigo publicado no ano de 1969[117], sendo logo admitida na doutrina e jurisprudência. Adverte, porém, o mesmo Requião, que não se trata de considerar ou declarar nula a personificação, mas de torná-la ineficaz para determinados atos. Significa dizer que a desconsideração **é momentânea** e para o **caso concreto**.

A positivação da teoria da desconsideração da personalidade jurídica só ocorreu no ano de 1990, com o Código de Defesa do Consumidor, cujo art. 28 contém um elenco de situações nas quais o juiz pode desconsiderar a personalidade da sociedade, em favor do consumidor.

Posteriormente, referida teoria foi inserida no art. 18 da Lei 8.884/1994 – Lei do Cade (atualmente encontra-se no art. 34, parágrafo único, da Lei 12.529/2011), no art. 4º da Lei 9.605/1998 (dispõe sobre sanções penais e administrativas derivadas de condutas e atividades lesivas ao meio ambiente), no Código Civil de 2002, em seu art. 50, e, finalmente, no art. 14 da Lei Anticorrupção Empresarial.

6.9.6.9.1 Desconsideração na LAE

A LAE admite a aplicação do instituto da desconsideração da personalidade jurídica na **esfera administrativa** quando a pessoa jurídica for utilizada com **abuso do direito.** Desse teor o art. 14:

[116] O projeto de lei original tinha uma redação mais clara a respeito da finalidade desse processo administrativo de reparação do dano, dispondo, no então art. 16: "Após o julgamento, caso seja aplicada a sanção de reparação integral do dano, a autoridade competente, conforme o art. 11, determinará a instauração de processo específico para sua quantificação, de forma que as demais sanções poderão ser imediatamente aplicadas".

[117] REQUIÃO, Rubens. Abuso de direito e fraude através da personalidade jurídica (*disregard doctrine*). *RT*, v. 410, p. 12, 1969.

> **Art. 14.** A personalidade jurídica poderá ser desconsiderada sempre que utilizada com abuso do direito para facilitar, encobrir ou dissimular a prática dos atos ilícitos previstos nesta Lei ou para provocar confusão patrimonial, sendo estendidos todos os efeitos das sanções aplicadas à pessoa jurídica aos seus administradores e sócios com poderes de administração, observados o contraditório e a ampla defesa.

A possibilidade de desconsideração da personalidade jurídica na esfera administrativa não representa nenhuma novidade em nosso ordenamento jurídico, porquanto já era admitida na Lei Antitruste (antigo art. 18 da Lei 8.884/1994; atual art. 34, parágrafo único, da Lei 12.529/2011).

A nosso ver, **a grande novidade consiste na possibilidade de se desconsiderar a personalidade jurídica para fins punitivos**, isto é, com vistas a estender os efeitos das sanções aplicadas às pessoas jurídicas aos administradores e sócios com poderes de administração, observados o contraditório e a ampla defesa.

A lei fala em extensão dos efeitos das sanções e não propriamente da extensão das sanções aplicadas às pessoas jurídicas aos administradores e sócios com poderes de administração, o que pode suscitar dúvidas sobre o alcance real da desconsideração.

A nosso ver, trata-se de imprecisão técnica do legislador. O que a norma autoriza, com o escopo de inibir o abuso do direito e a fraude, é a transmissibilidade das sanções aplicadas às pessoas jurídicas às pessoas físicas.

6.9.6.9.1.1 Hipóteses autorizadoras

A LAE autoriza a desconsideração da personalidade jurídica quando houver **abuso do direito**, nas seguintes hipóteses:

a) **desvio de finalidade:** utilização da personalidade jurídica para *facilitar*, *encobrir* ou *dissimular* a prática dos atos lesivos à Administração Pública; ou

b) **confusão patrimonial:** utilização da personalidade jurídica para confundir os negócios pessoais dos sócios com os da sociedade.

A redação do art. 14 sugere que as hipóteses que autorizam a desconsideração da personalidade jurídica devam ser aferidas subjetivamente (*teoria subjetiva da desconsideração*).

Noutras palavras, embora a responsabilidade da pessoa jurídica pela prática dos atos lesivos previstos no art. 5º da LAE seja objetiva, a desconsideração da personalidade jurídica só pode ser admitida quando demonstrado que o desvio de finalidade ou a confusão patrimonial decorre da atuação dolosa ou culposa dos sócios e administradores, sobretudo em face do caráter excepcional de que se reveste esta providência.

Em situações como essas, conforme será visto no momento oportuno, cabe, na esfera judicial, a dissolução compulsória (art. 19, III) da pessoa jurídica.

Na hipótese de a comissão processante, ainda que antes da finalização do relatório, constatar suposta ocorrência de uma das situações previstas no art. 14 da LAE, dará ciência à pessoa jurídica e citará os administradores e sócios com poderes de administração, informando sobre a possibilidade de a eles serem estendidos os efeitos das sanções que porventura venham a ser aplicadas àquela, a fim de que exerçam o direito ao contraditório e à ampla defesa.

Outro aspecto a merecer a atenção do intérprete é que a aplicação do instituto da desconsideração na esfera administrativa **prescinde da prova da insolvência da pessoa jurídica infratora**.

Com efeito, dada a finalidade predominantemente punitiva da Lei 12.846/2013, todas as vezes em que a pessoa jurídica for utilizada com abuso do direito para facilitar, encobrir ou dissimular a prática dos atos lesivos à Administração Pública ou para provocar confusão patrimonial, a autoridade competente estará autorizada a desconsiderar sua personalidade e estender os efeitos das sanções aos seus administradores e sócios com poderes de administração, independentemente da prova da insolvência.

Nessa ordem de ideias, é correto afirmar que o instituto da desconsideração da personalidade jurídica poderá ter aplicação mesmo nas hipóteses de atos lesivos que não acarretem dano ao patrimônio público, bastando, para tanto, a demonstração da ocorrência de abuso da personalidade jurídica.

6.9.6.9.1.2 Alcance subjetivo

O art. 14 limita a extensão dos efeitos das sanções aplicadas às pessoas jurídicas aos seus **administradores e sócios com poderes de administração**. Significa dizer que a desconsideração para fins de punição não alcançará os demais sócios da pessoa jurídica infratora.

Sem embargo, no que concerne à pretensão de reparação dos danos causados ao patrimônio público, cremos ser possível a aplicação do instituto da desconsideração para alcançar o patrimônio de todos os sócios da pessoa jurídica, nos mesmos moldes do que preconiza o art. 50 do Código Civil, hipótese em que essa salvaguarda não aproveitará os sócios sem poderes de administração[118].

6.9.6.9.1.3 Alcance objetivo

No ponto, a questão que se coloca é saber quais sanções da LAE podem ser estendidas aos seus administradores e sócios com poderes de administração com fundamento na norma em exame.

Por se tratar de regra restritiva de direitos inserida no capítulo que disciplina o processo administrativo de responsabilização, entendemos, à primeira vista, que apenas as sanções administrativas previstas no art. 6º da LAE, a saber, multa e publicação extraordinária da decisão condenatória, podem ser estendidas aos administradores ou sócios com poderes de administração.

Diz-se à primeira vista porque dessas duas sanções administrativas, apenas a multa é materialmente extensível à pessoa natural.

A sanção consistente em publicação extraordinária da decisão condenatória é um instrumento que potencializa o efeito dissuasório da condenação, por meio da censura imposta pelo desvio ético da pessoa jurídica. Dada sua finalidade, é forçoso concluir que tal sanção não pode ser aplicada às pessoas físicas autoras, coautoras ou partícipe do ato lesivo, por absoluta incompatibilidade lógica.

Na esteira da classificação proposta por Daniel Ferreira, a transmissibilidade da sanção de multa, prevista no art. 6º, I, da LAE, decorre da sua natureza de sanção real[119]. Em reforço a essa tese, Heraldo Garcia Vitta anota que as sanções pecuniárias são uma modalidade das sanções reais e que umas e outras, para serem transmissíveis, demandam lei formal que disponha em tal sentido[120]. *In casu*, a lei formal que autoriza a transmissão da multa aplicada às pessoas jurídicas aos seus administradores ou sócios com poderes de administração é justamente a LAE, em seu art. 14.

Remarque-se, por último, que para fins de reparação do dano causado ao patrimônio público, a desconsideração poderá alcançar os bens particulares de todos os sócios, nos mesmos

118 No mesmo sentido: PETRELLUZZI, Marco Vinicio; RIZEK JUNIOR, Rubens Naman. *Lei Anticorrupção*: origens, comentários e análise da legislação correlata. São Paulo: Saraiva, 2014, p. 88.

119 FERREIRA, Daniel. *Sanções administrativas*. São Paulo: Malheiros, 2001, p. 46.

120 VITTA, Heraldo Garcia. *A sanção no direito administrativo*. São Paulo: Malheiros Editores, 2003, p. 12.

moldes do que estabelece o art. 50 do Código Civil[121], não incidindo, nesse particular, aquela limitação pessoal prevista no art. 14 da LAE.

O quadro abaixo traz um resumo das principais ideias estudadas no presente tópico:

DESCONSIDERAÇÃO DA PERSONALIDADE JURÍDICA NA LAE (art. 14)	
Competência	Autoridade instauradora do PAR
Hipóteses autorizadoras	**Desvio de finalidade:** utilização da personalidade jurídica com o objetivo de facilitar, encobrir ou dissimular a prática dos atos lesivos à Administração Pública; **Confusão patrimonial:** utilização da personalidade jurídica com o objetivo de confundir os negócios pessoais dos sócios com os da sociedade.
Alcance subjetivo	**Pretensão punitiva**: a extensão dos efeitos das sanções aplicadas à pessoa jurídica alcança apenas os ***administradores*** e ***sócios com poderes de administração***; **Pretensão reparatória**: a vinculação de bens particulares pode alcançar o patrimônio pessoal de ***todos os sócios***.
Alcance objetivo	**Pretensão punitiva**: possibilidade de extensão dos efeitos da pena de ***multa***. **Pretensão reparatória:** possibilidade de vinculação do ***patrimônio pessoal*** de todos os sócios.

6.9.6.9.1.4 Desconsideração na esfera judicial

A desconsideração da personalidade jurídica, a despeito da posição topográfica – está prevista no capítulo que trata do Processo Administrativo de Responsabilização –, **também poderá ser aplicada na esfera judicial**, com fundamento tanto no art. 14 do diploma em estudo, como no art. 50 do Código Civil, aplicável em diálogo das fontes.

Com efeito, se a LAE autoriza a desconsideração na esfera administrativa, em que a defesa técnica sequer é obrigatória, com maior razão a autorizará na esfera judicial, em que a defesa por advogado é obrigatória, o que acaba assegurando maior efetividade à ampla defesa e ao contraditório.

Na esfera judicial, as hipóteses autorizadoras da desconsideração serão praticamente as mesmas previstas no art. 14 da LAE, é dizer, abuso do direito por **desvio de finalidade** (utilização da personalidade jurídica para *facilitar*, *encobrir* ou *dissimular* a prática dos atos lesivos à Administração Pública) ou **confusão patrimonial** (utilização da personalidade jurídica para confundir os negócios pessoais dos sócios com os da sociedade).

A principal diferença é que **na esfera judicial a desconsideração não poderá ser aplicada com finalidade punitiva**, isto é, com o propósito de estender aos administradores e aos sócios com poderes de administração da pessoa jurídica lesada as sanções previstas no art. 19 da LAE.

Isso porque, diferentemente da esfera administrativa, não há nenhuma norma autorizando o emprego do instituto nesse viés repressivo também na esfera judicial.

Nesse particular, por se tratar de norma restritiva de direitos, não se pode conferir uma interpretação extensiva ao art. 14 da LAE, com vistas a legitimar a desconsideração para fins punitivos também na esfera judicial, sob pena de afronta aos princípios da legalidade, devido processo legal e segurança jurídica.

121 *Art. 50. Em caso de abuso da personalidade jurídica, caracterizado pelo desvio de finalidade ou pela confusão patrimonial, pode o juiz, a requerimento da parte, ou do Ministério Público quando lhe couber intervir no processo, desconsiderá-la para que os efeitos de certas e determinadas relações de obrigações sejam estendidos aos bens particulares de administradores ou de sócios da pessoa jurídica beneficiados direta ou indiretamente pelo abuso.*

Na esfera judicial, portanto, a finalidade da medida será assegurar a reparação integral do dano causado ao patrimônio público. Daí ser correto afirmar que a aplicação do instituto da desconsideração em juízo exigirá, para além da prova do abuso da personalidade, a demonstração da insolvência da pessoa jurídica (adoção da teoria maior da desconsideração), nos mesmos moldes do que é exigido no art. 50 do CC.

6.9.6.10 A comunicação ao Ministério Público

A LAE determina que, tendo concluído o procedimento administrativo, a comissão designada para apuração da responsabilidade de pessoa jurídica deverá dar conhecimento ao Ministério Público de sua existência, visando a possível apuração de eventuais ilícitos. Desse teor o art. 15:

> **Art. 15.** A comissão designada para apuração da responsabilidade de pessoa jurídica, após a conclusão do procedimento administrativo, dará conhecimento ao Ministério Público de sua existência, para apuração de eventuais delitos.

De proêmio, destaca-se a imprecisão técnica do legislador ao empregar a expressão *procedimento administrativo*, quando quis se referir a processo administrativo de responsabilização.

A **finalidade** da comunicação em exame é **oportunizar ao Ministério Público a investigação de outros ilícitos civis e penais**. Conforme visto, o ato lesivo à Administração Pública também poderá configurar ilícito penal e ato de improbidade administrativa.

Destarte, à vista da comunicação, o Ministério Público poderá: (i) requisitar a instauração de inquérito policial ou diligências investigatórias complementares; (ii) instaurar investigação criminal própria; (iii) ajuizar ação penal ou civil de responsabilidade por ato de improbidade administrativa, se os elementos de convicção colhidos no processo administrativo forem suficientes para o exercício responsável desse *múnus*; ou (iv) instaurar inquérito civil, sem prejuízo de fazê-lo mesmo sem a comunicação em exame.

Cremos, porém, que a lei disse menos do que queria dizer. Afinal, ao tomar conhecimento da existência do processo administrativo, o Ministério Público também está legitimado para a propositura de ação civil pública de responsabilização da pessoa jurídica por ato lesivo à Administração Pública (art. 19). Como bem aponta o art. 18 da LAE, a responsabilidade da pessoa jurídica na esfera administrativa não afasta a possibilidade de sua responsabilização no âmbito judicial.

Cabe destacar que a norma impõe a comunicação ao Ministério Público **independentemente da decisão de mérito a que se chegou no processo administrativo**.

Noutras palavras, mesmo que a pessoa jurídica tenha sido isentada de responsabilidade, deverá o Ministério Público ser cientificado da decisão e de todos os elementos que instruíram o processo para que avalie, em sua esfera de atribuições e em consonância com o princípio institucional da independência funcional (CF, art. 127, § 1°), as providências a serem adotadas[122]. A linha interpretativa proposta encontra reforço no próprio art. 20 da LAE, que autoriza o Ministério Público a requerer, nas ações civis públicas de responsabilização da pessoa jurídica por ato lesivo à Administração Pública, a aplicação das sanções previstas no art. 6º, quando constatada a omissão das autoridades competentes para promover a responsabilização administrativa.

---

[122] No mesmo sentido: PETRELLUZZI, Marco Vinicio; RIZEK JUNIOR, Rubens Naman. *Lei Anticorrupção*: origens, comentários e análise da legislação correlata. São Paulo: Saraiva, 2014, p. 88.

6.9.6.10.1 Momento da comunicação

O art. 15 da LAE **só torna obrigatória a ciência ao Ministério Público após a conclusão do processo administrativo**. A despeito disso, nada impede, ao contrário, recomenda-se que a comunicação seja feita no momento da instauração do processo administrativo.

Com efeito, além de proporcionar a fiscalização externa do organismo de controle interno, a comunicação imediata favorece atuações conjuntas ou concomitantes e paralelas, mas independentes e que têm a potencialidade de colaborar no esclarecimento dos fatos inclusive mediante o compartilhamento dos elementos probatórios obtidos numa e noutra vias[123].

A norma em exame precisa ser harmonizada com a regra prevista no art. 15 da Lei 8.429/1992 (Lei de Improbidade Administrativa), que dispõe *in verbis*:

> **Art. 15.** A comissão processante dará conhecimento ao Ministério Público e ao Tribunal ou Conselho de Contas da existência de procedimento administrativo para apurar a prática de ato de improbidade.

Esse dispositivo tem melhor balizamento que o similar contido no art. 15 da LAE, porque impõe à comissão processante, quando da instauração do procedimento administrativo de apuração de ato de improbidade pela Administração Pública, a imediata ciência da sua existência ao Ministério Público e ao Tribunal ou Conselho de Contas, que poderão designar representante para acompanhar o procedimento.

Não se compreende a razão pela qual a LAE não inclui no art. 15 a comunicação ao Tribunal de Contas, órgão vocacionado constitucionalmente ao exercício do controle externo da Administração Pública.

Vê-se, assim, que os momentos da comunicação ao Ministério Público da existência do procedimento investigatório são distintos, conforme se trate de ato de improbidade administrativa (exige-se a ciência no início do procedimento – art. 15 da LIA) ou de ato lesivo à Administração Pública (a ciência é exigida após a conclusão do processo administrativo – art. 15 da LAE).

Ocorre que uma mesma conduta pode caracterizar, a um só tempo, ato de improbidade administrativa e ato lesivo à administração Pública, hipótese em que será admitida a aplicação simultânea da LIA (para as pessoas naturais, agentes públicos ou não) e da LAE (para as pessoas jurídicas). Para esses casos, uma vez instaurado o processo administrativo para a investigação do fato, em qual momento deverá ser comunicado o Ministério Público da sua existência? No início do processo, como manda o art. 15 da LIA, ou após a conclusão do processo, como determina o art. 15 da LAE?

A nosso sentir, sempre que existirem indícios de que o ato lesivo previsto no art. 5º da LAE também pode configurar ato de improbidade administrativa, a comunicação concomitante à instauração do processo administrativo é imperativa, vale dizer, terá primazia o art. 15 da LIA. Isso porque a Lei 8.429/1992 é a Lei Geral de Improbidade Administrativa, à qual todas as demais leis especiais setorizadas estão subordinadas.

Optou-se, acertadamente, por aprovar uma "Lei Geral de Improbidade Administrativa" que contivesse os preceitos fundamentais do sistema de responsabilização do agente ímprobo, isto é, que projetasse suas normas e princípios sobre todo e qualquer ato de improbidade[124].

Portanto, havendo indícios de que o ato lesivo investigado também encontra enquadramento na tipologia da LIA, torna-se obrigatória a imediata comunicação da existência

---

[123] Nesse sentido: MARTINS JÚNIOR, Wallace Paiva. Comentários ao art. 15. In: DI PIETRO, Maria Sylvia Zanella; MARRARA, Thiago. *Lei Anticorrupção comentada*. Belo Horizonte: Fórum, 2017, p. 186-187.

[124] Sobre a natureza de "Lei Geral da Improbidade Administrativa" da Lei 8.429/1992, confira-se: OSÓRIO, Fábio Medina. *Teoria da improbidade administrativa*: má gestão pública: corrupção: ineficiência. 2. ed. São Paulo: RT, 2010, p. 187-188.

do processo administrativo tanto ao Ministério Público como ao Tribunal de Contas. Nesse mesmo sentido, confira-se o escólio de Wallace Paiva Martins Junior:

> A prática, portanto, deve ser a comunicação imediata da instauração ao Ministério Público e ao Tribunal de Contas, à vista da interação entre as leis n. 8.429/92 e n. 12.846/13 que pertencem ao microssistema de proteção do patrimônio público e se interagem naquilo que não for incompatível.

Em conclusão, tem-se:

i) nas hipóteses em que o ato lesivo à Administração Pública não atrair a incidência da LIA, a comunicação ao Ministério Pública deve ser feita após a conclusão do processo administrativo, nada impedindo que tal comunicação, pelas razões já expostas, seja feita em momento anterior;

ii) nas hipóteses em que o ato lesivo à Administração Pública também caracterizar ato de improbidade administrativa, a comunicação ao Ministério Pública deve ser feita no início do processo administrativo, por força do disposto no art. 15 da LIA.

O esquema a seguir resume as principais fases do processo administrativo de responsabilização (PAR):

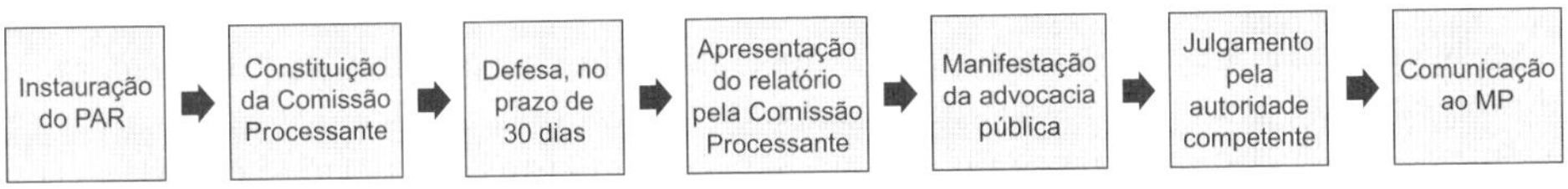

6.9.7 Acordo de leniência

A palavra leniência é originária do latim *lenitate*, que tem o significado de mansidão, brandura, suavidade.

A etimologia dessa expressão ajuda a compreender o papel do acordo de leniência no âmbito do sistema punitivo estatal. Trata-se de um ajuste que integra o processo administrativo sancionador, celebrado entre o Poder Público e um infrator, que se propõe a colaborar com a Administração Pública na execução de suas tarefas instrutórias, viabilizando, assim, tanto a identificação de outros infratores como a comprovação da materialidade da infração, e tendo por contrapartida a liberação ou diminuição das penalidades que seriam a ele impostas com base nos mesmos fatos.

A complexidade e a sofisticação dos ilícitos cotidianos, as dificuldades e os custos referentes à investigação de tais infrações pelo Estado, a necessidade de se promover, com maior eficácia, a defesa da ordem jurídica e do interesse público primário (como o combate à corrupção, a proteção da concorrência etc.) e o anseio popular por uma máquina administrativa mais eficiente são algumas das razões a justificar a construção de uma cultura utilitarista de cooperação, diálogo e consenso no âmbito do poder sancionador estatal.

No direito penal, motivos como esses resultaram na proliferação dos acordos de colaboração premiada. No direito administrativo, eles ocasionaram a adoção dos programas de leniência.

Os Estados Unidos foram o primeiro país a adotar uma política de leniência, em 1978, no âmbito concorrencial. Contudo, essa primeira experiência não trouxe resultados expressivos, em virtude dos critérios subjetivos que conferiam excessiva discricionariedade à autoridade governamental, o que gerava grande insegurança jurídica para os possíveis interessados, desestimulando a sua utilização.

Somente com as alterações implementadas no ano de 1993, que deram origem a um novo programa de leniência, denominado *Amnesty Program*, é que o instituto passou a ser utilizado com eficiência no combate a cartéis, tendo se solidificado, por fim, em 2004, com importantes mudanças introduzidas pelo *The Antitrust Penalty Enhancement ad Reform Act*.

Na Europa, o programa de leniência é atualmente objeto da "Comunicação da Comissão relativa à imunidade em matéria de penas e à redução do seu montante nos processos relativos a cartéis", de 2006. Referido programa prima pela transparência e previsibilidade dos resultados no acordo de leniência, o que, segundo a OCDE, vem gerando importantes resultados na persecução dos cartéis.

No Brasil, o primeiro programa de leniência foi previsto para o setor concorrencial, no ano de 2000, com a edição da Medida Provisória 2.055-4/2000, posteriormente convertida na Lei Federal 10.149/2000, que incluiu os arts. 35-B e 35-C na Lei do CADE vigente à época (Lei 8.884/1994).

Atualmente, o programa de leniência no setor concorrencial está previsto na nova Lei do CADE (Lei 12.529/2011). Referido diploma manteve os benefícios na esfera administrativa previstos na lei anterior, a saber, extinção da ação punitiva da Administração Pública ou redução da penalidade aplicável à pessoa física ou jurídica autora de infração à ordem econômica, a depender do momento da celebração do acordo. Contudo, houve importante alteração no que diz respeito aos efeitos do acordo de leniência na esfera penal. No novo programa, a extinção da punibilidade do infrator colaborador não mais se reduz aos crimes contra a ordem econômica previstos na Lei 8.137/1990, abrangendo também os demais crimes diretamente relacionados à prática do cartel, tais como os tipificados nos arts. 337-E a 337-O e no art. 288 do Código Penal.

No ano de 2013, a Lei Anticorrupção Empresarial previu a possibilidade de celebração de acordo de leniência com as pessoas jurídicas responsáveis pela prática dos atos lesivos tipificados em seu art. 5º, de modo a isentá-las das sanções previstas no inciso II do art. 6º (publicação extraordinária da decisão condenatória) e no inciso IV do art. 19 (proibição de receber incentivos, subsídios, subvenções, doações ou empréstimos de órgãos ou entidades públicas e de instituições financeiras públicas ou controladas pelo poder público, pelo prazo de 1 a 5 anos), possibilitando também a redução do valor da multa aplicável em até 2/3 (dois terços).

Por se tratar de instituto de direito premial, a concessão dos benefícios legais convencionados no acordo de leniência pressupõe que a pessoa jurídica processada colabore efetivamente com as investigações e com o processo administrativo, de modo que desta colaboração resultem a identificação dos demais atores envolvidos na infração e a obtenção célere de informações e documentos que comprovem o ilícito sob apuração.

Mais recentemente, a Lei 13.506/2017, que dispõe sobre o processo administrativo sancionador nas esferas de atuação do Banco Central do Brasil e da Comissão de Valores Mobiliários, também previu a possibilidade de celebração de acordos de leniência, nos quais pessoas físicas ou jurídicas poderão confessar a prática de infrações às normas legais ou regulamentares, obtendo assim privilégios como redução de 1/3 (um terço) a 2/3 (dois terços) da penalidade aplicável ou até mesmo extinção de sua ação punitiva.

A seguir, passamos a analisar os principais aspectos do programa de leniência da LAE.

6.9.7.1 *Competência para a celebração do acordo de leniência na LAE*

Nos termos do art. 16, *caput,* da LAE, compete à **autoridade máxima** de cada órgão ou entidade pública celebrar acordo de leniência com as pessoas jurídicas responsáveis pela prática dos atos ofensivos à Administração Pública.

No âmbito do Poder Executivo federal, bem como no caso de atos lesivos praticados contra a Administração Pública estrangeira, houve delegação expressa da competência para a **Controladoria-Geral da União** – CGU (art. 16, § 10).

A nosso sentir, seria salutar que essa delegação para órgãos de controle interno também fosse observada nas esferas estadual e municipal, atendidos os princípios constitucionais, sobretudo o da impessoalidade. Conforme já asseveramos alhures, a concentração da competência num único órgão traz várias vantagens: (i) possibilidade de especialização do órgão encarregado do desempenho de tal função; (ii) padronização das decisões adotadas nos programas de leniência, o que gera segurança jurídica para os possíveis interessados; e (iii) redução do risco de influência política nas decisões.

No âmbito do Poder Executivo do Município de São Paulo, por exemplo, o Decreto 55.107/2014 delegou a competência para a celebração de acordos de leniência à Controladoria-Geral do Município, centralizando a aplicação do programa em um único órgão.

6.9.7.2 *A participação do Ministério Público na celebração dos acordos de leniência*

A LAE não confere expressamente ao Ministério Público competência para a celebração de acordos de leniência com as pessoas jurídicas responsáveis pelos atos lesivos à Administração Pública, tampouco exige sua participação na celebração desses acordos pela autoridade administrativa processante. Sem embargo, nada impede, ao contrário, recomenda-se que o Ministério Público seja convidado a participar desses acordos, como forma de buscar a melhor solução para o interesse público e o maior nível de segurança jurídico para os administrados infratores.

A atuação do Ministério Público no chamado "microssistema de combate à corrupção" tem lastro constitucional (CF, art. 129, III) e permite divisar vários caminhos que recomendam a intervenção do *Parquet* na fase administrativa de elaboração dos acordos de leniência.

Imaginemos, por exemplo, que um determinado ato lesivo à Administração Pública (art. 5°, I, da LAE)[125], envolvendo agentes públicos e privados (estes, na condição de prepostos de determinada pessoa jurídica), esteja sendo investigado pelo Ministério Público na esfera criminal há 6 (seis) meses, período em que foram colhidas diversas provas de autoria e materialidade do ato ilícito.

Nessa situação hipotética, o Ministério Público não é chamado a intervir na celebração do acordo de leniência a respeito do mesmo fato, investigado pela Administração Pública no âmbito da LAE, por falta de previsão legal explícita. Como a autoridade que preside o PAR desconhece a tramitação da investigação criminal, muito provavelmente será levado a efeito acordo de leniência inútil, inadequado e sem valor para a Administração Pública. As provas que a empresa infratora vier a apresentar serão redundantes e desinteressantes para a Administração Pública, pois já haviam sido coletadas no procedimento investigatório do Ministério Público.

Um acordo de leniência celebrado nessas condições não teria validade, porquanto ausente o requisito da utilidade. Como bem observa Tiago Marrara, "o Estado não está autorizado a mitigar ou extinguir as sanções em benefício de um infrator que conduz ao processo provas repetidas, provas impertinentes ou provas que o Estado possa obter facilmente por suas próprias forças e meios"[126].

Um outro cenário hipotético reforça a importância da participação do Ministério Público na celebração dos acordos de leniência no âmbito da LAE, a despeito da ausência de previsão legal nesse sentido. Imagine-se que a Administração Pública investigue um ato de corrupção empresarial, sem que haja qualquer investigação a respeito do mesmo fato na esfera criminal. A pessoa jurídica infratora e a Administração Pública celebram um acordo de leniência sem a participação do Ministério Público, no qual a empresa compromete-se a entregar provas do fato e colaborar para que os responsáveis sejam identificados e processados pelo Estado. Finalizado o PAR, a autoridade administrativa processante haverá de dar ciência ao Ministério Público, por força do disposto no art. 15 da LAE.

Ao receber a cópia do processo administrativo, o Ministério Público pode entender que não era hipótese de celebração de acordo de leniência, porquanto ausentes os requisitos legais.

---

[125] *Art. 5°, I - prometer, oferecer ou dar, direta ou indiretamente, vantagem indevida a agente público, ou a terceira pessoa a ele relacionada;*

[126] MARRARA, Thiago. Comentários ao artigo 16. In: DI PIETRO, Maria Sylvia Zanella; MARRARA, Thiago. *Lei Anticorrupção comentada*. Belo Horizonte: Fórum, 2017, p. 222.

Nesse caso, em razão da independência entre as instâncias e da prevalência da via jurisdicional, o *Parquet* poderá ajuizar ação civil pública, com fundamento no art. 20 da LAE, na qual pedirá a anulação do acordo de leniência e a aplicação cumulativa das sanções previstas nos arts. 6º e 19 à pessoa jurídica infratora[127]. Concomitantemente, representará contra a autoridade administrativa pela prática de infração disciplinar, alegando que a omissão em questão, porque dolosa, ofendeu os princípios da Administração Pública, e moverá uma ação penal em face dos representantes da pessoa jurídica, pela prática de crime de corrupção ativa.

A pessoa jurídica, muito possivelmente, sentir-se-á vítima de um déficit de segurança jurídica, pois imaginava ter negociado, com sucesso, a redução das sanções, quiçá a imunidade ampla perante o Estado.

Cuidam-se, assim, de situações problemáticas, em tudo evitáveis, contudo, se observada a comunicação prévia ao Ministério Público, de modo a oportunizar ao *Parquet* a participação na fase administrativa de celebração do acordo de leniência.

Para além de conferir maior segurança jurídica aos interessados, a participação do Ministério Público na fase de negociações do acordo de leniência é a maneira mais eficaz para se assegurar a transversalidade do ajuste, altamente recomendada em virtude da potencial repercussão do ilícito em outras esferas de responsabilização.

A depender dos atos lesivos praticados, a pessoa jurídica estará sujeita a responsabilidade perante: a) o órgão ou ente da Administração Pública lesado, na forma da legislação licitatória aplicável, a exemplo dos arts. 86 a 88 da Lei 8.666/1993 e art. 47 da Lei 12.462/2011; b) o CADE, no caso de práticas cartelizadas em licitações públicas, nos termos do art. 36 da Lei 12.529/2011; e c) o Tribunal de Contas competente.

No que toca às pessoas físicas, embora as sanções da LAE não as alcancem, as esferas de responsabilização supracitadas lhes são igualmente aplicáveis, às quais se acresce a esfera da LIA e a responsabilização penal, derivada da prática de crimes, tipificados, dentre outros, como crimes contra a Administração Pública (Código Penal), crimes em Licitações e Contratos Administrativos (arts. 337-E a 337-P do Código Penal); crime de lavagem de dinheiro (Lei 9.613/1998, art. 1º) e de organização criminosa (Lei 12.850/2013, art. 2º).

Essa incidência concomitante de distintas e autônomas instâncias de responsabilização do direito sancionador revela a importância da transversalidade da negociação, para a qual a participação do Ministério Público, na condição de titular da ação penal e responsável, por força de norma constitucional, pela defesa do patrimônio público (art. 129, III, da CF), se mostra indispensável. O acordo de leniência da LAE pode tornar-se ineficaz como ferramenta negocial de combate à corrupção, se não entendido e aplicado de modo amplo.

O tratamento transversal desses acordos proporciona, a um só tempo, maiores benefícios para os infratores e uma atuação mais coerente por parte do Estado. Por consectário lógico, a cooperação se torna muito mais atrativa, o que torna a corrida pela leniência muito mais acirrada, afinal, os infratores sabem que quanto mais eles demorarem para procurar a Administração e oferecer cooperação, maiores serão os riscos de que não obtenham quaisquer benefícios ou obtenham benefícios diminutos.

Louvável, nesse sentido, o Acordo de Cooperação Técnica de 25 de abril de 2025, firmado entre a CGU, a AGU e o MPF, que prevê a atuação conjunta na negociação e acompanhamento de acordos de leniência com empresas que praticaram condutas ilícitas. Pela parceria, as três instituições de controle vão priorizar a atuação coordenada para garantir segurança jurídica aos colaboradores, evitando a duplicidade de sanções e divergências de interpretação quanto aos termos pactuados em acordos de leniência. A medida também vai otimizar o trabalho

---

127 Nesse mesmo sentido, veja-se: PETRELLUZZI, Marco Vinicio; RIZEK JUNIOR, Rubens Naman. *Lei Anticorrupção*: origens, comentários e análise da legislação correlata. São Paulo: Saraiva, 2014, p. 100.

de investigação, facilitando o acesso a provas, bem como assegurar a responsabilização mais célere dos envolvidos em atos ilícitos e a devolução dos valores desviados aos cofres públicos. O documento define o fluxo de trabalho e de comunicação sempre que uma empresa manifestar ao MPF ou à CGU interesse em firmar um acordo de leniência. Ela prevê que os demais órgãos sejam informados para iniciarem o trabalho coordenado na definição dos valores a serem pactuados, das sanções aplicadas e dos benefícios oferecidos. O acordo de cooperação técnica vai facilitar a troca de informações entre as instituições e o compartilhamento de provas, assegurando o sigilo dos dados e a proteção dos colaboradores. A ideia é que os três órgãos também definam em conjunto metodologias de cálculo dos valores de multa e de ressarcimento, com base nos danos causados, assim como os parâmetros de avaliação e monitoramento dos programas de integridade a serem seguidos pelas empresas. O termo terá vigência de cinco anos de duração, podendo ser prorrogado.

6.9.7.2.1 A competência do Ministério Público para a celebração do acordo de leniência no âmbito da LAE

Afirmamos no tópico anterior que a LAE não confere expressamente ao Ministério Público competência para a celebração de acordos de leniência com as pessoas jurídicas responsáveis pelos atos lesivos à Administração Pública.

A despeito dessa omissão, entendemos, a partir de uma interpretação lógico-sistemática das normas da LAE, que o Ministério Público está sim autorizado a celebrar acordos de leniência, com vistas a suprir eventual omissão das autoridades administrativas na abertura e condução de um processo administrativo sancionador. Tratar-se-ia, portanto, de uma espécie de **competência subsidiária** do *Parquet*.

Mais à frente, será visto que o Ministério Público detém legitimidade para o ajuizamento de ação civil pública objetivando a imposição das sanções civis previstas no art. 19 da LAE. Para além de tais sanções civis, o Ministério Público também está autorizado a pleitear, de forma cumulativa e com exclusividade, nas ações civis públicas por ele propostas, as sanções administrativas previstas no art. 6º da LAE, consistentes em multa e publicação extraordinária da decisão condenatória. Para tanto, deverá ser constatada a omissão da autoridade competente para promover a responsabilização administrativa. Por outras palavras, na ação civil pública movida pelo Ministério Público, pode-se solicitar tanto as sanções civis quanto a aplicação das sanções administrativas, "desde que constatada a omissão das autoridades competentes para promover a responsabilização administrativa" (art. 20, parte final).

Nessa situação especial de aplicação de sanções administrativas na esfera judicial, questão interessante é saber de quem será a competência para a celebração do acordo de leniência. O silêncio da LAE significa que, nesse caso especial, o programa de leniência foi suprimido? Pensamos que não.

O fato de se delegar à autoridade judicial a competência para a aplicação das sanções administrativas do art. 6º da LAE em caso de omissão da autoridade competente na esfera administrativa também deve deslocar para o Ministério Público a competência para negociar e eventualmente celebrar acordo de leniência, que, nesse contexto excepcional, deverá ser homologado em juízo.

Por outras palavras, a lacuna da LAE em relação à possibilidade de acordo nessas ações civis públicas propostas exclusivamente pelo Ministério Público não afasta a aplicação do programa de leniência nessas situações excepcionais. Ele continua cabível, nas mesmas condições do art. 16, mas há que ser celebrado perante o Ministério Público. Desse teor o escólio de Thiago Marrara[128]:

---

[128] MARRARA, Thiago. Comentários ao artigo 16. In: DI PIETRO, Maria Sylvia Zanella; MARRARA, Thiago. *Lei Anticorrupção comentada*. Belo Horizonte: Fórum, 2017, p. 208-209.

A transferência da competência de imposição de sanções administrativas ao Judiciário nos casos de omissão administrativa do ente lesado ocasiona de maneira automática a transferência de competência para a celebração de leniência ao Ministério Público.

Em síntese, a despeito da lacuna legal, entendemos que o Ministério Público está autorizado a celebrar acordos de leniência no âmbito da LAE, em caráter subsidiário, sempre que identificada a omissão das autoridades competentes na esfera administrativa.

Esse tema, contudo, está longe de ser pacífico. O Ministério Público Federal, por meio da sua 5ª Câmara de Coordenação e Revisão, por exemplo, tem defendido a ampla e incondicionada legitimidade do Ministério Público para a celebração de acordos de leniência no domínio na LAE[129]. Nesse sentido, argumenta-se que as normas da LAE integram o microssistema normativo de tutela do patrimônio público, o qual, admitindo a celebração de acordos na esfera penal, não pode desautorizar idêntica possibilidade na esfera civil, incluindo o domínio da LAE, no bojo do qual tem a legitimação ativa para propositura das ações civis públicas competentes. É esse também o entendimento do Ministério Público do Estado do Rio Grande do Sul, formalizado no Provimento 58/2018-PGJ.

Ao perscrutar os acordos de leniência pactuados no âmbito da operação Lava Jato pelo Ministério Público Federal, o TRF4 entendeu que a "*legitimatio*" para celebrá-los, na esfera da Administração Pública Federal, é exclusiva da Controladoria Geral da União (CGU)[130]. Sem embargo, até para preservar a higidez do microssistema de combate à corrupção, o TRF4 entendeu que o acordo de leniência celebrado unicamente pelo órgão ministerial não estaria viciado, na hipótese de o órgão competente (no caso, a CGU) o ratificasse. O posicionamento é louvável, na medida em que, no campo do direito administrativo, o vício de competência, via de regra, descortina-se convalidável[131].

Respeitadas as opiniões contrárias, pensamos que a possibilidade de o Ministério Público promover a defesa do patrimônio público em juízo, por si só, não confere à instituição a legitimidade para, isoladamente, negociar a aplicação de sanções, mediante colaboração, na esfera administrativa, seara em que os acordos de leniência normalmente são celebrados. É o que se depreende da dicção do art. 16 da LAE.

O melhor sistema, sem sombra de dúvidas, é aquele que seja capaz de gerar o envolvimento de todos os órgãos estatais na elaboração do acordo de leniência: Advocacia Pública, Ministério Público, Tribunal de Contas, e Controladorias, pois, assim, haveria, ao mesmo tempo, segurança jurídica, possibilidade de concessão de maiores benefícios e afastamento dos riscos de impunidade. É nesse sentido que a legislação precisa avançar, a fim de pacificar o entendimento jurisprudencial acerca da matéria.

6.9.7.3 *Condições e requisitos*

Não é qualquer proposta de cooperação que autoriza a autoridade administrativa a celebrar um acordo de leniência com as pessoas jurídicas responsáveis pela prática dos atos lesivos à Administração Pública. O art. 16 da LAE estabelece determinadas **condições** a serem preenchidas para esse fim, a saber:

(i) identificação dos demais envolvidos na infração, quando couber; e

(ii) obtenção célere de informações e documentos que comprovem o ilícito sob apuração.

[129] Esse entendimento já foi adotado pela 4ª Turma do TRF da 1ª Região, no julgamento do AI 0019619-52.2017.4.01.000, da relatoria do Desembargador Olindo Menezes, *DJF1* 05.09.2019.

[130] TRF4, AG 5023972-66.2017.4.04.0000, 3ª T., Rel. Vânia Hack de Almeida, juntado aos autos em 24.08.2017.

[131] Art. 55 da Lei 9.784/1999. No mesmo sentido, o STJ ao julgar, em 25.05.2016, o MS 14.181/DF, Rel. Min. Antonio Saldanha Palheiro.

Essas condições foram fixadas com o objetivo de assegurar a **efetividade** da colaboração. É da natureza do acordo de leniência produzir efeitos concretos na investigação e no PAR.

O acordo deve contribuir para elucidar a verdade dos fatos, permitindo a **comprovação da autoria e da materialidade da infração.** Mais do que isso: essa elucidação deve ser rápida e precisa, de modo a assegurar a eficaz punição de todos os responsáveis pela prática do ato lesivo.

Se a colaboração de que trata o art. 16 não for efetiva, eficaz, concreta, no sentido de se apurar precisamente a participação dos envolvidos e a materialidade dos atos lesivos, então o acordo não deve ser celebrado, havendo a proposta da pessoa jurídica infratora que ser indeferida. Por outras palavras, a apresentação de provas tanto da autoria como da materialidade do ilícito condiciona a celebração do acordo de leniência.

A LAE estabelece, ainda, no § 1º do art. 16, que o acordo de leniência somente poderá ser celebrado se a pessoa jurídica infratora atender, **cumulativamente**[132], aos seguintes requisitos:

a) **ser a primeira a se manifestar sobre seu interesse em cooperar para a apuração do ato ilícito:** o legislador adotou o critério do primeiro colaborador, não estendendo os efeitos da leniência àqueles que se proponham a colaborar posteriormente à primeira denúncia. Esse modelo acaba criando uma "corrida pela leniência", pois só será beneficiado o primeiro a "tocar o sino"[133]. Se fossem admitidas leniências múltiplas, a despeito da ordem de chegada, os infratores tenderiam a procrastinar a busca por colaboração com o objetivo de verificar se o acordo lhe seria útil ou não diante das provas obtidas pelo Estado. Ao impor a regra da leniência única com o primeiro a se manifestar sobre seu interesse em cooperar, a LAE afasta esse risco, pois desestabiliza a relação entre os infratores e os induz a correr para o acordo;

b) **cessar completamente seu envolvimento na infração investigada, a partir da data de propositura do acordo:** violaria a moralidade administrativa a cooperação do estado com uma pessoa jurídica que ainda se beneficiasse de um ato lesivo à Administração Pública, nele prosseguindo após à propositura do acordo;

c) **admitir sua participação no ilícito:** a pessoa jurídica deve confessar sua participação na prática do ato lesivo previsto no art. 5º, não sendo suficiente a cooperação na elucidação da verdade;

d) **cooperar plena e permanentemente com as investigações e o processo administrativo, comparecendo, sob suas expensas, sempre que solicitada, a todos os atos processuais, até seu encerramento**: a cooperação com as investigações e o PAR deve ser plena, contínua e regular, sob pena de não celebração ou invalidação do acordo.

6.9.7.4 *Efeitos da celebração do acordo de leniência na LAE*

São três os principais efeitos da celebração do acordo de leniência:

1) Concessão de benefícios à pessoa jurídica infratora: nos termos do art. 16, § 2º, a celebração do acordo *isentará* a pessoa jurídica das sanções previstas no inciso II do art. 6º (publicação extraordinária da decisão condenatória) e no inciso IV do art. 19 (proibição de

[132] *Art. 16, § 1º O acordo de que trata o caput somente poderá ser celebrado se preenchidos, cumulativamente, os seguintes requisitos: I - a pessoa jurídica seja a primeira a se manifestar sobre seu interesse em cooperar para a apuração do ato ilícito; II - a pessoa jurídica cesse completamente seu envolvimento na infração investigada a partir da data de propositura do acordo; III - a pessoa jurídica admita sua participação no ilícito e coopere plena e permanentemente com as investigações e o processo administrativo, comparecendo, sob suas expensas, sempre que solicitada, a todos os atos processuais, até seu encerramento.*

[133] Tratando do mesmo requisito do acordo de leniência na área concorrencial (Lei 12.529/2011), Ana Paula Martinez afirma que a empresa deve ser a primeira a "tocar o sino" (*Repressão a cartéis*. São Paulo: Singular, 2013, p. 263).

receber incentivos, subsídios, subvenções, doações ou empréstimos de órgãos ou entidades públicas e de instituições financeiras públicas ou controladas pelo poder público, pelo prazo de 1 a 5 anos), e *reduzirá* o valor da multa aplicável em até 2/3 (dois terços).

Vê-se que os benefícios concedidos ao subscritor do acordo de leniência não são os mesmos previstos no programa da Lei do CADE, em que a pessoa jurídica e as pessoas físicas envolvidas podem receber a imunidade penal e administrativa, a depender do momento da celebração do acordo, prêmios esses, a toda evidência, mais atraentes.

A não concessão de benefícios às pessoas físicas em outras esferas de responsabilização é uma falha da LAE. Afinal, os atos lesivos previstos no art. 5º só podem ser praticados por pessoas físicas vinculadas às pessoas jurídicas. É dizer, por trás de cada ato de corrupção empresarial, há executivos, administradores e prepostos responsáveis pela decisão de corromper um agente público em troca de benefícios escusos. E a pessoa jurídica, para ter a proposta de acordo de leniência acolhida, deverá entregar provas do ato lesivo, assim como indicar os demais envolvidos, ou seja, as pessoas jurídicas e as pessoas físicas que concorreram para a prática da infração.

Nessa situação, não havia muito incentivo para que os executivos das empresas buscassem a celebração de acordo de leniência por atos lesivos à Administração Pública, com benefícios exclusivos à empresa para a qual trabalhavam, sabedores de que, na sequência, com as provas fornecidas, eles próprios seriam processados criminalmente. Ressalvadas as hipóteses também alcançadas pela Lei 12.850/2013 (Lei de Organização Criminosa), em que já se podia negociar, concomitantemente, a celebração de um acordo de colaboração premiada, com benefícios para as pessoas físicas na esfera criminal, pouco incentivo havia para a celebração de acordo de leniência no âmbito da LAE.

Essa falha da LAE foi parcialmente sanada pela Lei Anticrime (Lei 13.964/2019), que inseriu no art. 28-A do Código de Processo Penal um importante instrumento de justiça negociada, o chamado **acordo de não persecução penal**. Força dessa nova regra, não sendo caso de arquivamento do inquérito policial e tendo o investigado confessado formal e circunstancialmente a prática de infração penal sem violência ou grave ameaça e com pena mínima inferior a 4 (quatro) anos, o Ministério Público poderá propor um acordo de não persecução penal, desde que necessário e suficiente para reprovação e prevenção do crime, mediante o cumprimento de algumas condições.

Por exemplo, se um preposto de uma empresa oferecer propina a um agente público, para que este favoreça o ente moral, praticará o crime de corrupção ativa (art. 333 do CP). Desde que preenchidos os requisitos legais, ele poderá celebrar um acordo de não persecução penal com o Ministério Público concomitantemente às tratativas do acordo de leniência e, com isso, deixará de ser processado criminalmente.

Diz-se que a falha foi parcialmente sanada porque se o preposto da empresa não preencher os requisitos para o acordo de não persecução penal, inevitavelmente, será processado criminalmente, independentemente do peso de sua colaboração para as investigações do ilícito. Da mesma forma, ainda que o preposto preencha os requisitos legais, se o Ministério Público entender, de acordo com critérios de conveniência e oportunidade, que o acordo não é suficiente para a prevenção e prevenção do crime, ele também será denunciado.

2) Interrupção do prazo prescricional: nos termos do art. 16, § 9º, a celebração do acordo de leniência interrompe o prazo prescricional dos atos ilícitos previstos na LAE. Observe-se que a mera proposta não afeta o curso do prazo prescricional. A interrupção só opera com a celebração do acordo de leniência.

3) Divulgação do acordo: uma vez celebrado o acordo de leniência, sua divulgação ao público é obrigatória, salvo nas situações em que a publicidade possa prejudicar as investigações ou a condução do processo administrativo (art. 16, § 6º). Na fase de negociação do acordo, a proposta eventualmente apresentada pela pessoa jurídica é sigilosa. Uma vez celebrado o acordo, como regra, dá-se publicidade aos termos da avença, a não ser que essa publicidade possa trazer algum prejuízo para a instrução do PAR.

Imagine-se, por exemplo, que a pessoa jurídica infratora apresente provas não apenas do ato ilícito do qual é responsável, mas também da ocorrência de outro ato ilícito, estranho ao objeto do PAR, mas a este conexo. A divulgação dos termos desse acordo, se prejudicial à apuração desse outro ato ilícito, justifica a manutenção do sigilo do ajuste, mesmo depois da sua celebração.

Da mesma forma, a manutenção do sigilo após à celebração do acordo pode ser importante para assegurar a efetividade da medida cautelar de indisponibilidade dos bens dos investigados, com vistas a assegurar o futuro ressarcimento dos danos e a perda dos bens ou valores ilicitamente obtidos.

6.9.7.4.1 Efeitos do acordo de leniência para o grupo econômico

A LAE estabelece em seu art. 16, § 5º, que os efeitos do acordo de leniência poderão ser estendidos às pessoas jurídicas que integram o mesmo grupo econômico, de fato e de direito, desde que firmem o acordo em conjunto, respeitadas as condições nele estabelecidas.

Por grupo econômico entende-se o conjunto de empresas que, ligadas por vínculo de coordenação ou subordinação, atuam em sincronia com o intuito de lograr maior eficiência em sua atividade.

O objetivo da LAE é viabilizar a inclusão no programa de leniência de membros do grupo, incluindo aqueles baseados em convenções e os estruturados em participações societárias.

Conforme visto, por força do disposto no art. 4º, § 2º, da LAE, as empresas que integram o mesmo grupo econômico são solidariamente responsáveis pela reparação integral do dano e pela multa prevista no art. 6º, I. Assim, é vantajosa a participação no acordo das sociedades controladoras, controladas, coligadas ou consorciadas, especialmente em razão do benefício de redução em até 2/3 do valor da multa.

6.9.7.4.2 Efeitos do acordo de leniência para a pessoa física infratora

Conforme visto, a ausência de previsão expressa da possibilidade de concessão de benefícios às pessoas físicas infratoras que colaborem com as investigações é uma falha da LAE, podendo comprometer, inclusive, a efetividade do instituto em exame. Afinal, que estímulo terão os dirigentes, prepostos ou empregados das pessoas jurídicas infratoras para colaborarem com as investigações se souberem, de antemão, que com as provas fornecidas, eles próprios poderão ser processados tanto na esfera criminal como na esfera de improbidade administrativa?

Dúvidas não há de que nas hipóteses também alcançadas pela Lei 12.850/2013 (Lei das Organizações Criminosas), se poderá negociar, concomitantemente, a celebração de um acordo de colaboração premiada, com benefícios para as pessoas físicas na esfera criminal.

Vimos também que a Lei Anticrime (Lei 13.964/2019) inseriu no art. 28-A do Código de Processo Penal (CPP) o instrumento do **acordo de não persecução penal**. Força dessa nova regra, se um preposto de uma empresa oferece propina a um agente público, praticando, assim, o crime de corrupção ativa (art. 333 do CP), poderá deixar de ser processado criminalmente, caso preencha os requisitos para a celebração desse acordo. Doravante, portanto, também se poderá negociar, concomitantemente às tratativas para o acordo de leniência, a celebração de um acordo de não persecução penal com o preposto da empresa infratora.

No particular, já destacamos que a regra do art. 28-A preencheu apenas em parte a lacuna da LAE, uma vez que o acordo de não persecução penal não está vinculado ao peso da colaboração do agente com as investigações do ilícito, mas sim aos requisitos previstos no próprio

Código de Processo Penal. Por outras palavras, ainda que o infrator colabore efetivamente com as investigações, auxiliando tanto na identificação dos demais envolvidos na infração – quando for o caso –, quanto na obtenção célere de informações e documentos que comprovem o ilícito sob apuração, não terá garantias de que receberá algum benefício na esfera penal.

Remanescendo a lacuna legal, entendemos perfeitamente possível a inclusão de pessoas físicas nos acordos de leniência da LAE, para além das hipóteses de incidência concomitante da Lei 12.850/2013 e do art. 28-A do CPP. É dizer, ainda que não haja envolvimento de organização criminosa na prática do ato lesivo, e independentemente da celebração de um acordo de não persecução penal, as pessoas físicas colaboradoras poderão receber benefício de imunidade na esfera penal, aplicando-se, por analogia, o disposto nos arts. 86, §§ 2º e 6º, e 87, ambos da Lei 12.529/2011 (Lei do CADE).

Se o acordo de leniência previsto na Lei 12.259/2011 expressa a possibilidade de concessão de benefícios às pessoas físicas na esfera penal, nada mais lógico, em prol da coerência do microssistema de tutela do patrimônio público, que também os acordos de leniência da Lei Anticorrupção possam produzir tais efeitos.

Por outro lado, pensamos que as pessoas físicas contempladas nesse acordo também poderão ser beneficiadas na esfera de improbidade administrativa. Afinal, não abona a regra da isonomia (art. 5º, *caput*, da CF/1988) admitir que a pessoa jurídica beneficiada pela prática de ato lesivo à Administração Pública e que também configure ato de improbidade administrativa possa ser beneficiada pelo acordo de leniência, enquanto a pessoa física que pratica tal ato, mesmo colaborando efetivamente para o sucesso das investigações, não faça jus a nenhum tipo de benefício na esfera cível. Essa tese, inclusive, é reforçada pelo art. 17-B da LIA, recentemente inserido pela Lei 14.230/2021, o qual admite expressamente a celebração de acordo de não persecução cível na esfera de improbidade administrativa.[134]

6.9.7.5 Rejeição da proposta de acordo de leniência

A negociação não culmina necessariamente na celebração do acordo de leniência. Cabe ao Estado avaliar, discricionariamente, a utilidade da leniência, tendo em vista, por exemplo, o momento em que foi proposta e os benefícios que gerará ao processo. Caso não se chegue ao consenso, a negociação restará frustrada.

A rejeição de uma proposta de acordo de leniência não implicará o reconhecimento da prática do ato ilícito pela pessoa jurídica investigada (art. 16, § 7º).

A norma estabelece que a mera busca do acordo não equivale à confissão. Por consectário lógico, a proposta não poderá ser empregada como elemento de prova em desfavor do infrator que tentou cooperar com o Poder Público, mas não obteve êxito.

Nesse sentido, andou bem a União ao inserir, no Decreto 11.129/2022, as seguintes regras:

> Art. 43. A desistência da proposta de acordo de leniência ou a sua rejeição não importará em reconhecimento da prática do ato lesivo.
>
> § 1º Não se fará divulgação da desistência ou da rejeição da proposta do acordo de leniência, ressalvado o disposto no § 4º do art. 38.
>
> § 2º Na hipótese prevista no *caput*, a administração pública federal não poderá utilizar os documentos recebidos durante o processo de negociação de acordo de leniência.
>
> § 3º O disposto no § 2º não impedirá a apuração dos fatos relacionados com a proposta de acordo de leniência, quando decorrer de indícios ou provas autônomas que sejam obtidos ou levados ao conhecimento da autoridade por qualquer outro meio.

134 A respeito do acordo de não persecução cível e da possibilidade de extensão dos efeitos do acordo de leniência para a esfera de improbidade administrativa, remetemos o leitor para o capítulo 6 do volume 1 da nossa obra.

Essa devolução dos elementos de prova em caso de negociação frustrada contribui para a credibilidade geral do programa de leniência, em respeito aos princípios da moralidade administrativa e boa-fé objetiva, pois impede que a Administração Pública use as negociações de forma maliciosa, isto é, para obter provas sem celebrar o acordo e sem oferecer os devidos benefícios ao infrator colaborador.

6.9.7.6 *Descumprimento do acordo de leniência*

A LAE foi bastante tímida no tratamento do descumprimento do acordo de leniência. Ela não esclarece o que se entende por descumprimento, não trata de sanções contratuais, tampouco da possibilidade de extinção do ajuste antes do julgamento do PAR. Como bem observa Thiago Marrara, essas lacunas deverão ser preenchidas pelos regulamentos na União, dos estados e dos municípios[135].

De todo modo, é importante que a negociação trate especificamente dessas questões, vale dizer, é essencial que o acordo disponha expressamente sobre as sanções contratuais e as consequências do descumprimento das condições do acordo, no intuito de conferir previsibilidade ao colaborador infrator.

A despeito da lacuna legal, pensamos que a autoridade competente detém o poder de rescindir unilateralmente o acordo de leniência, em razão de seu descumprimento, **antes mesmo da conclusão do processo administrativo de responsabilização**, de modo a viabilizar a celebração de um novo acordo com os demais infratores interessados. Essa solução é útil tanto para a hipótese de celebração maliciosa de acordo de leniência, por infrator que busca boicotar a colaboração de outras empresas, como para o caso em que o colaborador se comporta de modo desidioso.

O art. 16, § 8º, estabelece que **em caso de descumprimento do acordo, a pessoa jurídica ficará impedida de celebrar novo acordo pelo prazo de 3 (três) anos,** contados do conhecimento pela Administração Pública do referido descumprimento. Para conferir eficácia a essa regra, o art. 22, § 4º, estabelece que o descumprimento do acordo de leniência deve ser anotado no Cadastro Nacional de Empresas Punidas – CNEP, que reúne e dá publicidade às sanções aplicadas pelos órgãos ou entidades dos Poderes Executivo, Legislativo e Judiciário de todas as esferas de governo com base na LAE. Registre-se que **essa punição se estende a todos os entes da federaçao.**

Por último, remarque-se que o descumprimento do acordo cessa os efeitos de todos os benefícios concedidos à pessoa jurídica, previstos no § 2º do art. 16.

6.9.7.7 *Ressarcimento do dano*

O acordo de leniência não exime a pessoa jurídica da obrigação de reparar integralmente o dano derivado do ato ilícito (art. 16, § 3º, da LAE). Como a leniência é relativa às sanções, tem inteira pertinência essa ressalva.

Sem embargo, nada impede, ao contrário, recomenda-se que a obrigação de reparar o dano possa constituir uma das obrigações assumidas pela pessoa jurídica como medida para garantia do resultado útil do processo[136], tanto que viabiliza a indisponibilidade de bens como providência cautelar para esse escopo (art. 19, § 4º).

Noutras palavras, o acordo de leniência poderá estipular a obrigação de reparar o dano como uma das condições necessárias a assegurar o resultado útil do processo[137].

---

135 MARRARA, Thiago. Comentários ao artigo 16. In: DI PIETRO, Maria Sylvia Zanella; MARRARA, Thiago. *Lei Anticorrupção comentada*. Belo Horizonte: Fórum, 2017, p. 225.

136 *Art. 16, § 4º O acordo de leniência estipulará as condições necessárias para assegurar a efetividade da colaboração e o resultado útil do processo.*

137 Nesse sentido: MARTINS JÚNIOR, Wallace Paiva. Comentários ao art. 15. In: DI PIETRO, Maria Sylvia Zanella; MARRARA, Thiago. *Lei Anticorrupção comentada*. Belo Horizonte: Fórum, 2017, p. 267.

6.9.7.8 Possibilidade de celebração de acordo de leniência em relação aos ilícitos previstos na Lei 14.133/2021 (Lei Geral de Licitações e Contratos)

O art. 17 da LAE autoriza a celebração de acordo de leniência nas hipóteses de ilícitos previstos na Lei 8.666/1993 (Lei de Licitações e Contratos). Confira-se:

> **Art. 17.** A administração pública poderá também celebrar acordo de leniência com a pessoa jurídica responsável pela prática de ilícitos previstos na Lei n. 8.666, de 21 de junho de 1993, com vistas à isenção ou atenuação das sanções administrativas estabelecidas em seus arts. 86 a 88.

De proêmio, anoto que deverá ser aplicada a Lei 14.133/2021 à hipótese prevista no dispositivo em análise, que faz referência à revogada Lei 8.666/1993[138].

A imprecisão da redação da norma em exame traz várias dúvidas sobre seu real significado e alcance.

Afinal, o art. 17 da LAE está autorizando a celebração de acordo de leniência para qualquer tipo de ilícito previsto na Lei Geral de Licitações e Contratos? Quais são os requisitos para a celebração desse novo tipo de acordo de leniência?

Na omissão da LAE, entendemos que os requisitos para a celebração de acordo de leniência na esfera de responsabilização administrativa da Lei 14.133/2021 são os mesmos previstos no art. 16 da Lei 12.846/2013, aplicado por analogia.

No que toca ao alcance do art. 17 da LAE, o estudo da definição e do objetivo do acordo de leniência, instituto típico de direito premial, nos autoriza concluir que a regra em estudo não poderá ser aplicada para todo e qualquer tipo de ilícito previsto na Lei 14.133/2021.

A celebração do acordo somente será cabível nas hipóteses em que a cooperação do infrator se mostrar útil para o Poder Público identificar outros responsáveis e obter, de forma célere, provas da materialidade da infração.

Nesse sentido, obtempera-se que tanto na hipótese de atraso injustificado na execução do contrato como na de inadimplemento contratual, previstas, respectivamente, nos arts. 162 e 155, I, II e III, da Lei 14.133/2021, eventual celebração de acordo de leniência não traria nenhuma utilidade à Administração Pública.

Referidos ilícitos contratuais não são praticados em coautoria; não há como cessar o envolvimento na infração, pois o atraso e o inadimplemento são fatos consumados; a confissão é irrelevante, a exemplo da cooperação, diante da fácil constatação de tais acontecimentos.

Nessa esteira, entendemos que o acordo de leniência referido no art. 17 da LAE só poderá ser aplicado nas hipóteses previstas no art. 155, VIII (*infratores que apresentaram declaração ou documentação falsa exigida para o certame ou prestaram declaração falsa durante a licitação ou a execução do contrato*), IX (*infratores que fraudaram a licitação ou praticaram ato fraudulento na execução do contrato*), X (*infratores que se comportaram de modo inidôneo ou cometeram fraude de qualquer natureza*), XI (*infratores que praticaram atos ilícitos visando frustrar o objetivo das licitações*), e XII (infratores que praticaram ato lesivo previsto no art. 5º da Lei 12.846, de 1º de agosto de 2013), da Lei 14.133/2021. Nessas situações, o acordo de leniência poderá ser celebrado com o objetivo de identificar outros envolvidos na infração e obter, de forma célere, provas da sua ocorrência.

Noutra banda, é oportuno destacar que o acordo de leniência celebrado em relação aos ilícitos da Lei 14.133/2021 poderá isentar o infrator de todas as sanções administrativas (art. 17 da LAE). Vê-se, portanto, que o acordo eventualmente celebrado na esfera da Lei Geral

---

138 Desse teor o art. 189 da Lei 14.133/2021: "Aplica-se esta Lei às hipóteses previstas na legislação que façam referência expressa à Lei 8.666, de 21 de junho de 1993 , à Lei 10.520, de 17 de julho de 2002, e aos arts. 1° a 47-A da Lei 12.462, de 4 de agosto de 2011".

de Licitações e Contratos pode ser mais benéfico ao infrator do que o acordo de leniência celebrado no âmbito da LAE, que não autoriza a isenção total das sanções.

No ponto, merece destaque uma decisão da 2ª Turma do STF, em sede de mandado de segurança[139], na qual se discutia a possibilidade de o Tribunal de Contas da União impor sanção de inidoneidade para participar de licitação na administração pública federal, prevista no art. 46 da Lei 8.443/1992, à empresa que tenha realizado acordo de leniência com a AGU/CGU, em decorrência dos mesmos fatos, com fundamento no art. 17 da LAE. Referido acordo continha previsões expressas no sentido de afastar as sanções administrativas da Lei Anticorrupção, as sanções previstas nos incisos I a IV do art. 87 da Lei 8.666/1993 e ainda os efeitos e as penalidades previstas na Lei 8.429/1992. Além disso, o acordo previa a obrigação de reparação integral do dano. Para o TCU, contudo, como a LAE, em seu art. 17, não prevê a possibilidade de o acordo de leniência abarcar os ilícitos previstos na Lei 8.443/1992, com vistas à isenção ou atenuação das sanções administrativas estabelecidas em tal diploma legal, o acordo celebrado com a AGU/CGU sobre os mesmos fatos não o impedia de aplicar a pena de inidoneidade.

No acórdão em exame, a 2ª Turma pontuou que as penas de inidoneidade para contratar com o Poder Público listadas na Lei 8.666/1993 (antiga Lei Geral de Licitações e Contratos) e na Lei 8.443/1992 (Lei do TCU), de fato, são diversas, e a Lei 12.846/2013 prevê expressamente apenas a isenção da inidoneidade mencionada na Lei de Licitações em caso de celebração do acordo de leniência. Todavia, diante da sobreposição fática entre os ilícitos admitidos pelas colaboradoras perante a CGU/AGU e o objeto de apuração do controle externo, a possibilidade de o TCU impor sanção de inidoneidade pelos mesmos fatos que deram ensejo à celebração de acordo de leniência com a CGU/AGU não é compatível com o princípio constitucional da segurança jurídica e com a noção de proporcionalidade da pena. Apesar de a LAE não precluir a incidência da Lei 8.443/1992, nos casos concretos a imposição de inidoneidade pelo TCU poderia resultar em ineficácia das cláusulas dos acordos de leniência que preveem a isenção ou a atenuação das sanções administrativas estabelecidas nos arts. 86 a 88 da Lei 8.666/1993, por consequência, esvaziando a força normativa do art. 17 da Lei 12.846/2013. A Lei 8.433/1992 prevê outros meios menos gravosos para que o TCU possa garantir a reparação integral do dano ao erário, tais como a decretação de indisponibilidade de bens (art. 44, § 2º) e a aplicação de multa (arts. 57 e 58). Essas medidas sancionatórias devem ser manejadas pela Corte de Contas considerando a sua proporcionalidade e os impactos sobre os acordos pactuados com a Administração Pública. Forte em tais razões, a 2ª Turma do STF concedeu a segurança para afastar a possibilidade de o TCU declarar a inidoneidade das impetrantes pelos fatos abarcados por acordo de leniência firmado com a AGU/CGU ou com o MPF.

Perfilhamos desse mesmo entendimento. A coexistência de múltiplos regimes de leniência requer um esforço normativo de alinhamento dos incentivos premiais dos sistemas e de criação de mecanismos de cooperação entre as agências responsáveis pelo *enforcement* das legislações. No caso em testilha, havia sido firmado um acordo de leniência com o Poder Público, ainda que com órgãos distintos, e a imposição da pena de inidoneidade pelo TCU inviabilizaria o cumprimento de tal acordo, contrariando o motivo primordial para o qual foi criado.

Em conclusão, tem-se:

(i) a norma em estudo só terá incidência sobre as hipóteses do art. 155, IX a XII, da Lei 14.133/2021;

(ii) não será admitida a celebração de acordo de leniência nas hipóteses dos arts. 155, I a VII, e 162 da Lei 14.133/2021;

---

[139] STF, MS 35435, 2ª T., Rel. Min. Gilmar Mendes, j. 30.03.2021.

(iii) os requisitos para a celebração do acordo de leniência são os mesmos previstos no art. 16 da LAE, aplicado por analogia;

(iv) o acordo de leniência celebrado no âmbito da Lei Geral de Licitações e Contratos pode ser mais benéfico ao infrator do que aquele celebrado no âmbito da LAE, porquanto autoriza a isenção total das sanções; e

(v) apesar de a LAE não precluir a incidência da Lei 8.443/1992, o STF tem decidido pela impossibilidade de o TCU declarar a inidoneidade das impetrantes pelos fatos abarcados por acordo de leniência firmado com a AGU/CGU ou com o MPF.

Por fim, cabe destacar que os atos previstos como infrações administrativas na Lei 14.133/2021 ou em outras leis de licitações e contratos da Administração Pública que também sejam tipificados como atos lesivos na Lei 12.846/2013, serão apurados e julgados conjuntamente, nos mesmos autos, observados o rito procedimental e a autoridade competente definidos na LAE[140].

6.10 RESPONSABILIZAÇÃO JUDICIAL

Acesse e assista à aula explicativa sobre este assunto.

> *http://uqr.to/21kuo*

6.10.1 Noções introdutórias

Os atos lesivos previstos no art. 5º da LAE são passíveis de responsabilização nas esferas administrativa e judicial, sem prejuízo de que também sejam considerados ilícitos penais, cíveis ou administrativos por outras leis.

Conforme visto, a responsabilização da pessoa jurídica infratora na esfera administrativa não afasta a possibilidade de sua responsabilização da esfera judicial (art. 18).

A responsabilização judicial é deflagrada por meio de uma ação civil de responsabilização da pessoa jurídica, na qual se buscará a aplicação, de forma isolada ou cumulativa, das sanções civis previstas no art. 19 da LAE, a saber: (a) perdimento dos bens, direitos ou valores que representem vantagem ou proveito direta ou indiretamente obtidos da infração, ressalvado o direito do lesado ou de terceiro de boa-fé; (b) suspensão ou interdição parcial de suas atividades; (c) dissolução compulsória da pessoa jurídica; e (d) proibição de receber incentivos, subsídios, subvenções, doações ou empréstimos de órgãos ou entidades públicas e de instituições financeiras públicas ou controladas pelo poder público, pelo prazo mínimo de 1 (um) e máximo de 5 (cinco) anos.

Essa ação civil de responsabilização da pessoa jurídica infratora prevista no art. 19 da LAE é **espécie de ação civil pública**, na medida em que se destina, em última análise, à proteção do patrimônio público e do interesse público primário, bens de natureza difusa[141].

Prova disso é que o art. 21 da LAE determina a adoção do rito previsto na Lei da Ação Civil Pública (Lei 7.347/1985) nas ações de responsabilização por atos lesivos à Administração Pública.

---

140 Art. 159 da Lei 14.133/2021.

141 Nesse sentido: MARTINS JR., Wallace Paiva. Comentários ao art. 15. In: DI PIETRO, Maria Sylvia Zanella; MARRARA, Thiago. *Lei Anticorrupção comentada*. Belo Horizonte: Fórum, 2017, p. 264.

Referida ação integra, portanto, o denominado microssistema de tutela processual coletiva, no qual se comunicam a Lei da Ação Civil Pública e o Código de Defesa do Consumidor – normas centrais – e diversas outras normas periféricas, como o Estatuto da Criança e do Adolescente, a Lei da Ação Popular, a Lei de Improbidade Administrativa etc.

Dessa forma, às ações de responsabilização das pessoas jurídicas por atos lesivos à Administração Pública serão aplicadas, em caráter principal, as disposições processuais da LAE, por conta do princípio da especialidade. Em caso de lacuna, haverá a incidência das normas do microssistema de tutela processual coletiva. Permanecendo a omissão, restará valer-se, subsidiariamente, do CPC.

Noutro flanco, veremos que a responsabilização judicial poderá abranger, excepcionalmente, as sanções administrativas previstas no art. 6º da LAE, se houver omissão das autoridades competentes para promover a responsabilização administrativa (art. 20).

Além disso, também pode ser objeto da ação civil pública em estudo a responsabilização por perdas e danos, na hipótese de não ter havido, na esfera administrativa, a reparação integral do dano derivado do ato lesivo.

Passamos, na sequência, a analisar os principais aspectos da responsabilização judicial da pessoa jurídica.

6.10.2 Competência

Conforme visto, a ação civil de responsabilização de que cuida o art. 19 é espécie de ação civil pública. Partindo dessa premissa, e considerando que a LAE não traz regras específicas sobre competência jurisdicional, é correto afirmar que a definição da competência nas ações civis de responsabilização em estudo segue as mesmas regras fixadas pelo microssistema do processo coletivo, estudadas no 1º volume da nossa obra, mais especificamente no capítulo da ação civil pública[142].

Nesse sentido, competirá à **Justiça Comum** processar e julgar as ações civis de responsabilização por ato lesivo à Administração Pública, de que cuida o art. 19 da LAE.

Na Justiça Comum, a competência das Justiças Estaduais e da Distrital é residual em relação à competência da Justiça Federal. Primeiro, verifica-se se a causa se insere dentre aquelas de competência da Justiça Federal. Caso contrário, será da competência de uma das Justiças Estaduais ou da Distrital, definida conforme a regra da competência de foro.

A competência cível da Justiça Federal está determinada na própria Constituição Federal, no seu art. 109. Dentre as hipóteses nele previstas, as que mais frequentemente se verificam são as do seu inciso I: "as causas em que a União, entidade autárquica ou empresa pública federal forem interessadas na condição de autoras, rés, assistentes ou oponentes, exceto as de falência, as de acidentes de trabalho e as sujeitas à Justiça Eleitoral e à Justiça do Trabalho". A locução *entidade autárquica* compreende, também, as fundações públicas federais.

Rememore-se que, para que tal inciso tenha aplicação, é indispensável, além da especial qualidade da pessoa jurídica interessada (União, entidade autárquica ou empresa pública federal), que ela *efetivamente intervenha no processo*. Não basta que da natureza da causa se vislumbre potencial interesse de uma daquelas entidades. *É fundamental que uma delas concretamente participe do processo na condição de autora, ré, assistente ou oponente.* Estando uma delas presente no processo, por força do art. 109, I, da CF, a competência para conhecer a causa será da Justiça Federal.

Em outras palavras: para constatação da competência segundo o critério do art. 109, I, da CF, que é *ratione personae*, basta examinar se algum dos entes apontados na referida norma

142 Sobre competência em ação civil pública, confira-se o tópico 2.5 (capítulo 2) do primeiro volume da nossa obra.

figura na relação jurídica processual. Estando ele presente, a Justiça Federal será competente; *a contrario sensu*, não se verificando nenhuma outra hipótese dos demais incisos do art. 109 da CF, a competência será de uma das Justiças Estaduais ou da Justiça do Distrito Federal.

No que toca ao **aspecto territorial**, como a LAE também é omissa, **a competência** será determinada pelo local do dano, cujo juízo terá competência funcional para processar e julgar a causa, nos termos do art. 2º da Lei 7.347/1985.

6.10.2.1 *Competência em caso de ato lesivo praticado no exterior*

Conforme visto, a LAE aplica-se aos atos lesivos praticados por pessoa jurídica brasileira contra a Administração Pública estrangeira, ainda que cometidos no exterior (art. 28).

Nesses casos de extraterritorialidade da LAE, questão interessante é saber qual será a Justiça competente.

Para parte da doutrina, a competência será da Justiça Federal, sob o argumento de que incide, na hipótese, a regra prevista no art. 109, III, da Constituição Federal, segundo a qual compete aos juízes federais as causas fundadas em tratado ou contrato da União com Estado estrangeiro ou organismo internacional. Tratar-se-ia de competência fixada em razão da matéria[143].

A doutrina majoritária, contudo, defende que a competência, nesses casos é da Justiça Estadual, pois a ação de responsabilização da pessoa jurídica pela prática de ato lesivo cometido no exterior está fundada em lei ordinária nacional, qual seja a Lei 12.846/2013, não se aplicando o art. 103, III, da Constituição Federal[144].

Também pensamos assim. Apenas as causas reguladas exclusivamente por tratado internacional atrairão a competência da Justiça Federal. As causas que tenham por objeto obrigações derivadas diretamente de lei federal – caso da ação de responsabilização por ato lesivo à Administração Pública estrangeira, fundada na Lei 12.846/2013 –, são da alçada da Justiça Estadual.

Para dirimir eventual dúvida, ante a abrangente redação do art. 109, III, da CF, tanto o Supremo Tribunal Federal[145] quanto o Superior Tribunal de Justiça têm esposado o entendimento de que somente estarão afetas à competência federal as causas que tenham por objeto essencial obrigações derivadas de disposições contidas no próprio tratado, como aquelas relativas ao nome comercial (Convenção de Paris) e ao ressarcimento de danos causados por vazamento ocorrido em navio de petróleo (Convenção Internacional sobre Responsabilidade Civil por Danos causados por Poluição de Óleo – Decreto 79.437/1977).

Por outras palavras, a nossos tribunais de superposição têm mitigado bastante a interpretação do inciso III do art. 109 da CF que, aplicado literalmente, autorizaria que um sem-número de causas fosse ajuizado perante a Justiça Federal, tendo em vista que inúmeras matérias são reguladas em tratados internacionais.

Noutro flanco, anote-se que nos casos de extraterritorialidade da LAE **o foro competente será o do lugar onde está a sede da pessoa jurídica infratora**, nos termos do art. 53, III, *a*, do Código de Processo Civil[146]. Diante da omissão da Lei 12.846/2013, que não disciplina a

---

[143] Nesse sentido: QUEIROZ, Ronaldo Pinheiro. Responsabilização judicial da pessoa jurídica na Lei Anticorrupção. In: MUNHÓS, Jorge; QUEIROZ, Ronaldo Pinheiro (coord.). *Lei Anticorrupção e temas de compliance*. 2. ed. Salvador: JusPodivm, 2016, p. 589-591.

[144] DIDIER JR., Fredie. *Curso de direito processual civil*: introdução do direito processual civil, parte geral e processo de conhecimento. 19. ed. Salvador: JusPodivm, 2017, p. 285-286; PERRINI, Raquel Fernandez. *Competência da justiça federal comum*. São Paulo: Saraiva, 2001, p. 191. MARQUES, Silvio Antonio. Harmonização entre a Lei de Improbidade Administrativa e a Lei Anticorrupção Empresarial. *Apontamentos à Lei Anticorrupção Empresarial (Lei 12.846/13)*. São Paulo: MPSP, 2015, p. 43-44.

[145] STF, CJ 6147/RS, Pleno, Rel. Min. Xavier de Albuquerque, j. 29.03.1979, *DJ* 19.04.1979.

[146] *Art. 53. É competente o foro: (...) III – do lugar: a) onde está a sede, para a ação em que for ré pessoa jurídica.*

competência de foro em caso de ato lesivo praticado no estrangeiro, e considerando que o microssistema de processo coletivo não supre essa omissão, resta valer-se, subsidiariamente, do Código de Processo Civil.

6.10.3 Legitimação

6.10.3.1 Legitimação ativa concorrente e disjuntiva

Nos termos do art. 19, *caput*, da LAE, são **legitimados ativos** para a ação civil pública de responsabilização por atos lesivos à Administração Pública, nacional ou estrangeira:

1) a **União**;
2) os **Estados**;
3) os **Municípios**;
4) o **Distrito Federal**; e
5) o **Ministério Público**.

Para parte da doutrina, que adota uma interpretação literal da norma em exame, apenas as pessoas políticas da administração direta (União, Estados, Distrito Federal e Municípios) detêm legitimidade *ad causam* para a propositura da ação civil pública de que cuida o art. 19 da LAE. Para os defensores dessa tese, se um ato lesivo ofender o patrimônio de órgão ou entidade que integre a administração indireta federal, por exemplo, esta deverá provocar a União para pleitear a correspondente responsabilização judicial da pessoa jurídica infratora[147].

Em sentido contrário, há quem defenda uma interpretação extensiva para o art. 19 da LAE, de modo a incluir entre os legitimados ativos as entidades da administração indireta[148]. Argumenta-se, nesse sentido, que um maior número de legitimados tornará a proteção ao patrimônio público mais efetiva.

Respeitadas as vozes contrárias, também entendemos que a norma em exame deva ser interpretada extensivamente. Embora compreensível que o legislador tenha pretendido entregar à advocacia pública e ao Ministério Público a iniciativa dessas ações judiciais, tudo recomenda a compreensão de que quando se tratar de pessoa jurídica integrante da Administração Pública indireta seja sua a legitimidade *ad causam*, até porque daí decorrem efeitos de competência jurisdicional ou de foro territorial e até em razão da pessoa[149].

Frise-se, demais disso, que as pessoas políticas da administração direta, quando ajuizarem uma ação em defesa dos interesses dos entes da administração indireta, terão por certo dificuldade para demonstrar seu interesse jurídico, bem como a pertinência temática.

Imagine-se, por exemplo, a prática de um ato lesivo contra o patrimônio de uma sociedade de economia mista federal. Consoante entendimento já consolidado na jurisprudência do Supremo Tribunal Federal, a presença de sociedade de economia mista em procedimento

147 Nesse sentido: BITTENCOURT, Sidney. *Comentários à Lei Anticorrupção*: Lei 12.846/2013. São Paulo: RT, 2014, p. 123; e PETRELLUZZI, Marco Vinicio; RIZEK JUNIOR, Rubens Naman. *Lei Anticorrupção*: origens, comentários e análise da legislação correlata. São Paulo: Saraiva, 2014, p. 9.

148 QUEIROZ, Ronaldo Pinheiro. Responsabilização judicial da pessoa jurídica na Lei Anticorrupção. In: MUNHÓS, Jorge; QUEIROZ, Ronaldo Pinheiro (coord.). *Lei Anticorrupção e temas de compliance*. 2. ed. Salvador: JusPodivm, 2016, p. 592-593; e ROCHA, Mauro Sérgio. Comentários aos artigos 18 a 21. In: CAMBI, Eduardo; GUARAGNI, Fábio André (coord.). *Lei Anticorrupção*: comentários à Lei 12.846/2013. São Paulo: Almedina, 2014, p. 229-230; MARQUES, Silvio Antonio. Harmonização entre a Lei de Improbidade Administrativa e a Lei Anticorrupção Empresarial. *Apontamentos à Lei Anticorrupção Empresarial (Lei 12.846/13)*. São Paulo: MPSP, 2015, p. 44.

149 A propósito, confira-se: DIPP, Gilson; Castilho, Manoel L. Volkmer. *Comentários sobre a Lei Anticorrupção*. São Paulo: Saraiva, 2016, p. 96.

investigatório não acarreta, por si só, na presunção de violação de interesse, econômico ou jurídico, da União[150].

Para a Suprema Corte, o interesse da União deve ser direto e específico e não meramente genérico ou reflexo. Nesse cenário, a União seria carecedora da ação, quer seja por falta de interesse processual, quer seja por falta de legitimidade ativa, decorrente da ausência de autorização legal expressa para atuar como substituta processual da sociedade de economia mista federal.

Por outro lado, nessa mesma situação hipotética, a sociedade de economia mista lesada terá competência para proceder à responsabilização da pessoa jurídica infratora na esfera administrativa, podendo, inclusive, por meio de seu órgão de representação judicial, ou equivalente, requerer as medidas judiciais necessárias para a investigação e o processamento das infrações, inclusive de busca e apreensão (art. 10, § 1º). Dada a natureza assecuratória de tais medidas, e considerando que a LAE confere legitimidade tanto à administração direta como à administração indireta para deduzi-las em juízo, é forçoso presumir que esses mesmos sujeitos terão legitimidade para propor em juízo o pedido principal.

Contudo, se adotada a interpretação literal do art. 19, essa mesma entidade que promoveu a responsabilização na esfera administrativa e deduziu, em juízo, pedidos de medidas cautelares, não terá legitimidade para ajuizar a correspondente ação de responsabilização da pessoa jurídica infratora, devendo provocar a União a fazê-lo, correndo-se o risco, inclusive, de a advocacia pública da União chegar a conclusão diversa da do representante judicial da entidade lesada, em prejuízo da segurança jurídica. Essa solução, à evidência, não se coaduna com o espírito da LAE, que busca proteger da maneira mais eficaz possível o patrimônio público e moralidade administrativa.

Uma interpretação lógico-sistemática nos autoriza concluir, portanto, que a LAE disse menos do que queria em seu art. 19, razão pela qual essa norma merece ser interpretada extensivamente, de modo a incluir as entidades da administração indireta entre os legitimados para a propositura da ação civil pública *sub analise*.

Atenção

Se indagados em prova objetiva a respeito dos legitimados ativos para a ação civil pública de responsabilização por atos lesivos à Administração Pública, recomendamos que seja adotada a resposta que esteja em consonância com o texto do artigo 19, vale dizer, são legitimados apenas a União, os Estados, o Distrito Federal, os Municípios e o Ministério Público.

Tem-se, na hipótese, uma espécie de **legitimidade ativa concorrente e disjuntiva** entre os entes federativos e o Ministério Público, já que todos têm interesse na apuração das irregularidades.

Diz-se concorrente (como expressamente refere o art. 82, *caput*, do CDC), porque a legitimidade não foi deferida com exclusividade a determinado ente. Desde que preenchidos os requisitos legais, todos aqueles previstos no art. 19 podem propor a ação civil pública. É disjuntiva, porque cada legitimado pode agir sozinho, caso queira. O litisconsórcio com qualquer ou quaisquer dos outros legitimados é facultativo. É o que se infere da leitura dos §§ 2º e 5º do art. 5º da LACP.

No caso de a ação civil pública ter sido proposta pelo Ministério Público, entendemos que deve ser aplicado, no que couber, o disposto no § 3º do art. 6º da Lei de Ação Popular (Lei 4.717/1965). Significa dizer que a pessoa jurídica lesada poderá escolher em qual situação processual ficará: no *polo passivo*, podendo contestar o pedido do autor (litisconsórcio

[150] STF, Ag.Reg. na Petição 5.123/ES, 1ª T., Rel. Min. Marco Aurélio, j. 18.08.2015, *DJe* 17.09.2015.

facultativo passivo); no *polo ativo*, coadjuvando a atuação do autor (litisconsórcio facultativo ativo); ou simplesmente omitir-se quanto às alternativas anteriores.

Em virtude do apontado microssistema de processo coletivo, é absolutamente natural que haja maior proximidade nas relações entre as Leis 8.429/1992 e 12.846/2013, porque ambas integram o direito sancionador e tutelam basicamente os mesmos bens jurídicos (patrimônio público e princípios da Administração Pública), de tal sorte que suas disposições se inteiram com maior extensão.

Por último, registre-se que **o Ministério Público, se não intervier no processo como parte, atuará obrigatoriamente como fiscal da ordem jurídica** (*custos juris*), por força do disposto no art. 5º, § 1º, da Lei da Ação Civil Pública.

6.10.3.2 *Legitimação ativa exclusiva do Ministério Público*

O art. 20 da LAE prevê a possibilidade de imposição judicial das sanções administrativas previstas no art. 6º. Confira-se:

> **Art. 20.** Nas ações ajuizadas pelo Ministério Público, poderão ser aplicadas as sanções previstas no art. 6º, sem prejuízo daquelas previstas neste Capítulo, desde que constatada a omissão das autoridades competentes para promover a responsabilização administrativa.

Essa possibilidade excepcional de aplicação das sanções administrativas na esfera judicial está condicionada à presença de dois requisitos, a saber:

(i) que a ação tenha sido proposta pelo Ministério Público; e

(ii) omissão das autoridades competentes para promover a responsabilização administrativa.

Conforme visto, o Ministério Público detém legitimidade concorrente e disjuntiva para o ajuizamento de ação civil pública objetivando a imposição das sanções civis previstas no art. 19 da LAE.

Para além de tais sanções civis, o Ministério Público também está autorizado a pleitear de forma cumulativa e com exclusividade, nas ações civis públicas por ele propostas, as sanções administrativas previstas no art. 6º da LAE, consistentes em multa e publicação extraordinária da decisão condenatória. Para tanto, conforme já asseverado, deverá ser constatada a omissão da autoridade competente para promover a responsabilização administrativa.

Vê-se, assim, que o art. 20 criou uma hipótese de **legitimidade *ad causam* exclusiva do Ministério Público**. E a razão dessa exclusividade é intuitiva: se a Administração Pública descurou da responsabilização da pessoa jurídica infratora na esfera administrativa, por certo também não cuidará dessa responsabilização na esfera judicial, cabendo ao Ministério Público, instituição constitucionalmente vocacionada à defesa do patrimônio público e dos interesses sociais, fiscalizar tais omissões para evitar a impunidade e possibilitar ao Poder Judiciário a aplicação não só das sanções civis, previstas no art. 19, como também das sanções administrativas, previstas no art. 6º.

Nessa temática, questão importante é saber em quais hipóteses a omissão administrativa restará caracterizada. Afinal, ausente essa condição, o Ministério Público será carecedor da ação em relação à admissão excepcional da pretensão de aplicação de sanções administrativas, por falta de interesse processual.

A expressão omissão, tal qual empregada pelo legislador no dispositivo em exame, designa a ideia de não agir quando legalmente obrigado, é dizer, descumprir um dever jurídico positivo, consistente no dever de persecução administrativa.

Na esteira da melhor doutrina[151], entendemos que a omissão pode ser caracterizada nas seguintes hipóteses:

(i) **Inércia em instaurar um processo administrativo a partir do conhecimento do fato**: a autoridade que tomar ciência do ato lesivo à Administração Pública é obrigada a instaurar um processo administrativo de responsabilização, para promover a sua apuração imediata. Se não o fizer, restará caracterizada a omissão em análise, sem prejuízo da possibilidade de sua responsabilização pessoal. Desse teor o art. 27 da LAE: "A autoridade competente que, tendo conhecimento das infrações previstas nesta Lei, não adotar providências para a apuração dos fatos será responsabilizada penal, civil e administrativamente nos termos da legislação específica aplicável". O prejuízo decorrente dessa inércia é evidente, pois a prescrição começa a correr da ciência da infração (art. 25).

(ii) **Demora exagerada e injustificada na sua tramitação:** o escoamento imotivado dos prazos para a conclusão e decisão do processo administrativo de responsabilização também configura omissão por parte da autoridade competente. Conforme visto, o § 3º do art. 10 fixa o prazo de 180 (cento e oitenta) dias para a conclusão do PAR pela comissão, sendo admitida a prorrogação (art. 10, § 4º). Se esse prazo é ultrapassado sem que tenha havido prorrogação formal, ou ainda, se a prorrogação formalizada carece de fundamento ou razoabilidade, restará caracterizada a omissão por inércia de tramitação. Da mesma forma, se a autoridade competente, na esfera federal, ultrapassa, imotivadamente, o prazo de 30 (trinta) dias para proferir decisão, a omissão em exame também restará positivada.

(iii) **Manifestação inequívoca tendente à impunidade**: se a decisão da autoridade competente pela isenção de responsabilidade da pessoa jurídica investigada é manifestamente contrária à prova dos autos, ou ainda, se um acordo de leniência é celebrado de forma açodada pela Administração Pública, sem a observância dos requisitos legais, também restará caracterizada a omissão da autoridade competente, para os fins do art. 20. Do contrário, qualquer simulacro de responsabilização, forjado para beneficiar o agente infrator, seria apto a esvaziar o poder-dever de persecução administrativa.

Uma vez recebida a petição inicial da ação civil pública ajuizada pelo Ministério Público, com fundamento no art. 20 da LAE, convém cientificar a Administração Pública omissa da transferência da esfera de responsabilização administrativa para a esfera judicial, a fim de evitar o *bis in idem*.

6.10.3.3 Legitimação passiva

São **legitimados passivos** para a ação civil pública em estudo os sujeitos ativos do ato lesivo à Administração Pública, nacional ou estrangeira, quais sejam:

1) **as pessoas jurídicas de direito privado** (art. 2º); e
2) **as pessoas naturais *autoras*, *coautoras* ou *partícipes* do ato ilícito** (art. 3º).

Conforme visto, o grande protagonista da Lei Anticorrupção Empresarial é a pessoa jurídica de direito privado. São as ações ofensivas ao patrimônio da Administração Pública,

[151] MARTINS JR., Wallace Paiva. Comentários ao art. 15. In: DI PIETRO, Maria Sylvia Zanella; MARRARA, Thiago. *Lei Anticorrupção comentada*. Belo Horizonte: Fórum, 2017, p. 256-257.

nacional ou estrangeira, praticadas em seu interesse ou benefício, que a LAE, em especial, busca reprimir.

Muito embora o foco principal da LAE seja a responsabilização da pessoa jurídica, seu art. 3º deixa claro que isso não exclui a responsabilidade individual de seus dirigentes ou administradores ou de qualquer pessoa natural, autora, coautora ou partícipe do ato ilícito.

No particular, dois aspectos precisam ser relembrados: (i) a responsabilização dos dirigentes, administradores e de qualquer pessoa natural que concorra para o ato lesivo à Administração Pública é **subjetiva** (art. 3º, § 2º), diferentemente da responsabilidade das pessoas jurídicas, que é **objetiva** (art. 2º, *caput*); e (ii) as pessoas naturais não estão sujeitas às sanções civis previstas no art. 19 da LAE, por força da própria redação da disposição, que erige o ente coletivo como destinatário expresso da pretensão punitiva estatal decorrente da prática do ato lesivo[152].

Para os fins da LAE, portanto, as pessoas naturais que concorrem para a prática dos atos lesivos previstos no art. 5º da LAE também são legitimadas para figurar no polo passivo das ações civis públicas de responsabilização. Contudo, estão sujeitas apenas à pretensão repressivo-reparatória (voltada à reparação do dano decorrente do ato lesivo), não sendo alcançadas, portanto, pela pretensão repressivo-punitiva (voltada à aplicação das sanções previstas no art. 19).

6.10.3.3.1 Litisconsórcio passivo necessário?

Questão interessante é saber se existe *litisconsórcio passivo necessário* entre a pessoa jurídica de direito privado em cujo interesse ou benefício o ato lesivo foi praticado e as pessoas naturais autoras, coautoras ou partícipes do ato ilícito.

Diz-se que o litisconsórcio é *necessário* quando sua formação é imprescindível para a propositura da ação. Tal instituto está regulado no art. 114 do CPC, que assim dispõe:

> **Art. 114.** O litisconsórcio será necessário por disposição de lei ou quando, pela natureza da relação jurídica controvertida, a eficácia da sentença depender da citação de todos que devam ser litisconsortes.

Se, por um lado, é certo que as pessoas naturais que concorram para a prática do ato lesivo estão sujeitas aos ditames da LAE (art. 3º), por outro, também é certo que não há imposição legal de formação de *litisconsórcio passivo necessário* na correspondente ação civil pública de responsabilização. Muito ao contrário, o § 1º do art. 3º dispõe que **a pessoa jurídica será responsabilizada independentemente da responsabilização das pessoas naturais mencionadas**.

Da mesma forma, não se identifica, na hipótese, nenhuma natureza incindível da relação jurídica de direito material afirmada em juízo, em razão da natureza objetiva da responsabilidade da pessoa jurídica de direito privado.

Conforme asseverado alhures, para fins de responsabilização, faz-se necessária a comprovação do ato de corrupção empresarial e do nexo de causalidade entre tal ato e a pessoa jurídica por ele beneficiada. Essa relação de causalidade dispensa a prova da identidade do agente infrator, bastando que não haja dúvidas de que o ato lesivo foi cometido por pessoa física vinculada, de alguma forma, à pessoa jurídica beneficiada.

Assim, por não estar presente nenhuma das hipóteses previstas no art. 114 do CPC (disposição legal ou relação jurídica unitária), é correto afirmar que nas ações civis públicas de responsabilização por ato lesivo à Administração Pública *inexiste litisconsórcio passivo*

[152] A única exceção em que a pretensão punitiva estatal decorrente da prática de ato lesivo pode alcançar as pessoas naturais é trazida pelo art. 14 da LAE, que disciplina a desconsideração da personalidade jurídica na esfera administrativa. Conforme visto no tópico 6.9.6.9.1.1, nas hipóteses de desvio de finalidade ou confusão patrimonial, referido dispositivo autoriza a extensão dos efeitos das sanções aplicadas à pessoa jurídica aos seus administradores ou sócios com poderes de administração, observados o contraditório e a ampla defesa.

necessário entre a pessoa jurídica beneficiada pelo ilícito e a pessoa natural autora, coautora ou partícipe do ato lesivo.

Fixada essa premissa, afigura-se perfeitamente possível o ajuizamento de ação civil pública de responsabilização tão somente em face da pessoa jurídica de direito privado.

O reverso, contudo, não é verdadeiro. Quando estudamos o sujeito ativo do ato lesivo à Administração Pública, vimos que a responsabilização das pessoas naturais, embora possível, está condicionada à comprovação de que a conduta foi realizada no interesse ou em benefício da pessoa jurídica a ela vinculada. Ausente essa comprovação, há que ser afastada a incidência da LAE, estando a pessoa natural sujeita a sanções previstas em outras disposições legais.

Noutras palavras, *a pessoa natural não poderá figurar sozinha no polo passivo de uma ação civil pública de responsabilização por ato lesivo*, nele tendo de participar, necessariamente, a pessoa jurídica em cujo interesse ou benefício o ilícito fora cometido, o que não impede, contudo, o eventual ajuizamento de ação civil pública comum para obter o ressarcimento do dano causado ao patrimônio público.

6.10.4 Providências cautelares: a indisponibilidade dos bens

A LAE prevê, em seu art. 19, § 4º, a medida cautelar de **indisponibilidade dos bens**. Confira-se:

> **Art. 19, § 4º** O Ministério Público ou a Advocacia Pública ou órgão de representação judicial, ou equivalente, do ente público poderá requerer a indisponibilidade de bens, direitos ou valores necessários à garantia do pagamento da multa ou da reparação integral do dano causado, conforme previsto no art. 7º, ressalvado o direito do terceiro de boa-fé.

Dada a natureza assecuratória de tal medida, terão **legitimidade** para pleiteá-la em juízo todos os sujeitos que são legitimados a deduzir em juízo o pedido principal, vale dizer, o Ministério Público e os entes da Administração Pública direta ou indireta.

A cautelar de indisponibilidade dos bens, como o próprio nome indica, impede a livre disposição dos bens pelo requerido, obstando a prática de qualquer ato jurídico que implique a transferência de domínio. Nesse particular, observe-se que **a cautelar em estudo acarreta a inalienabilidade** dos bens do agente infrator, **mas não o desapossamento desses bens**, que permanecem em poder do demandado.

A **finalidade** da medida é assegurar o futuro ressarcimento do dano, bem como resguardar o pagamento da pena de multa.

Trata-se de medida que pode ser pleiteada tanto em **caráter antecedente**, hipótese em que o autor deverá observar o procedimento previsto nos arts. 305 a 310 do Código de Processo Civil (aplicados em caráter subsidiário), como em caráter **incidental**.

A providência cautelar admite a concessão de **liminar *inaudita altera parte*** (CPC, art. 300, § 2º), hipótese em que a medida será decretada antes mesmo do recebimento da petição inicial.

Por outro lado, revela-se desnecessária a oitiva prévia de representantes judiciais da pessoa jurídica de direito público para a concessão de liminares em ação civis públicas de responsabilização por atos lesivos.

Com efeito, vimos que o art. 2º da Lei 8.437/1992 impõe a instalação do contraditório previamente à apreciação de qualquer liminar requerida em face de pessoa jurídica de direito público, com vistas a evitar graves prejuízos ao Poder Público[153].

Ocorre que as liminares nas ações civis públicas em exame são requeridas não em face da pessoa jurídica de direito público – vítima do ato lesivo –, mas sim dos agentes infratores, e sempre com o objetivo de resguardar o patrimônio público.

---

[153] Cf. Capítulo 2 do primeiro volume da nossa obra, tópico 2.9.2.3.

Em reforço a essa linha interpretativa, cabe recordar que a jurisprudência do Superior Tribunal de Justiça é sólida no sentido da inaplicabilidade do art. 2º da Lei 8.437/1992 na ação civil de improbidade administrativa, pois esta espécie de ação não se direciona a impugnar ato administrativo da pessoa jurídica de direito público, mas sim atos praticados por agentes públicos em prejuízo do patrimônio da entidade lesada[154].

Idêntica construção hermenêutica deve ser dispensada por absoluta similitude à Lei 12.846/2013, afastando-se, assim, a necessidade de oitiva prévia de representantes judiciais da pessoa jurídica de direito público para a concessão de liminares nas ações civis públicas de responsabilização por ato lesivo.

Anote-se que a previsão da cautelar de indisponibilidade dos bens na LAE não impede a concessão de outras medidas assecuratórias, com base no Código de Processo Civil.

Verificados o risco de dano (*periculum in mora*) e a verossimilhança do direito tutelado (*fumus boni iuris*) na ação civil pública em estudo, a tutela urgente de natureza cautelar poderá ser efetivada mediante **qualquer medida idônea para asseguração desse direito**, nos termos do art. 301 do CPC (aplicável subsidiariamente), a começar pela suspensão dos efeitos do ato ou processo objeto da investigação (art. 10, § 2º, da LAE), nas hipóteses de omissão das autoridades administrativas competentes.

6.10.4.1 *Pressupostos*

Em qualquer hipótese, cumpre ao requerente comprovar o pressuposto do ***fumus boni iuris*** (verossimilhança do direito invocado), que na espécie corresponde à existência de fundados indícios da prática do ato lesivo à Administração Pública.

Faz-se desnecessária, contudo, a comprovação do *periculum in mora*, porque a indisponibilidade dos bens prevista na LAE é uma daquelas hipóteses em que a existência do perigo de dano está implícita no próprio comando legal.

Note-se que em nenhum momento a LAE faz menção ao requisito da urgência para a concessão da cautelar em exame, diferentemente da nova disciplina dada pela Lei 14.230/2021 à cautelar de indisponibilidade de bens na esfera de improbidade administrativa. O art. 16, § 3º, da LIA passou a prever que o pedido de indisponibilidade de bens será deferido mediante a demonstração no caso concreto de perigo de dano irreparável ou de risco ao resultado útil do processo.

Aproveito para destacar que a jurisprudência do STJ também é firme no sentido de que, nas ações de improbidade administrativa, a decretação de indisponibilidade não depende da individualização dos bens pelo *Parquet*[155]. Esse mesmo entendimento deve ser adotado para a cautelar em estudo, dada a similitude da finalidade das medidas.

6.10.4.2 *Alcance*

A indisponibilidade **não incide sobre todo o patrimônio dos agentes infratores**, limitando-se a constrição aos bens que assegurem o ressarcimento integral do dano e o pagamento da multa.

Em regra, a cautelar em exame só pode alcançar **os bens penhoráveis** do demandado, dado que somente em relação a estes será possível promover a execução forçada de sentença condenatória.

---

[154] REsp 1.038.467/SP, 1ª T., Rel. Min. Teori Albino Zavascki, j. 12.05.2009, *DJe* 20.05.2009. No mesmo sentido: REsp 1.018.614/PR, 2ª T., Rel. Min. Eliana Calmon, j. 17.06.2008, *DJe* 06.08.2008.

[155] AgRg no REsp 1311013/RO, 2ª T., Rel. Min. Humberto Martins, j. 04.12.2012, *DJe* 13.12.2012; AgRg no REsp 1307137/BA, 2ª T., Rel. Min. Mauro Campbell Marques, j. 25.09.2012, *DJe* 28.09.2012; e REsp 1177290/MT, 2ª T., Rel. Min. Herman Benjamin, j. 22.06.2010, *DJe* 01.07.2010.

Sublinhe-se que a indisponibilidade dos bens não tem natureza de sanção, mas sim de medida de garantia destinada a assegurar a base patrimonial da futura efetivação de sentença condenatória de reparação dos danos ou pagamento de multa. E, justamente por não se tratar de sanção é que tal medida *pode atingir os bens adquiridos pelo agente anteriormente à prática do ato lesivo, ou até mesmo ao início da vigência da LAE*[156].

6.10.5 Pedido

A ação civil pública de responsabilização por ato lesivo à Administração Pública, nacional ou estrangeira, tem natureza preponderantemente repressiva.

O objetivo principal dessa ação não é prevenir a ofensa aos bens jurídicos tutelados pela LAE, mas sim impor sanções aos responsáveis pela prática do ilícito. Daí ser correto afirmar que a pretensão deduzida em tais ações é de natureza condenatória: busca-se a **condenação** do autor do ato de corrupção empresarial **às sanções legais**.

Veremos que uma das sanções previstas na LAE, qual seja o *perdimento dos bens, direitos ou valores que representem vantagem ou proveito direta ou indiretamente obtidos da infração, ressalvado o direito do lesado ou de terceiro* (art. 19, I), tem natureza reparatória, ao passo que todas as demais sanções têm natureza punitiva.

Além disso, o parágrafo único do art. 21 contempla expressamente a possibilidade de a decisão condenar o réu a reparar o dano causado pelo ilícito. Como se sabe, o ressarcimento do dano não pode ser considerado propriamente sanção, senão consequência reagente à prática de ilícito com resultado material negativo.

A partir dessa distinção, é possível identificar duas espécies principais de pretensões nessas ações civis públicas:

a) **pretensão repressivo-reparatória:** é aquela que busca a reparação do dano material ou imaterial causado à Administração Pública;

b) **pretensão repressivo-punitiva:** é aquela que busca a aplicação das sanções de natureza punitiva (*v.g.*, a dissolução compulsória da pessoa jurídica).

Remarque-se que a pretensão repressivo-punitiva, em caso de omissão da autoridade administrativa competente, incluirá as sanções administrativas previstas no art. 6º da LAE, nas ações civis públicas propostas pelo Ministério público (art. 20).

Noutro flanco, importante ressaltar que o fato de a pretensão deduzida na ação civil pública em exame ter natureza tipicamente condenatória não impede a cumulação de outros pedidos, de natureza diferente, dada a incidência da malha processual protetiva instituída pela LACP e complementada pelo CDC.

Em outras palavras, a aplicação subsidiária das normas do microssistema da tutela dos direitos difusos e coletivos possibilita a cumulação, em uma mesma ação, de pedidos baseados tanto na LAE como na LACP.

Assim, poderá o Ministério Público, por exemplo, na ação civil pública de responsabilização por ato lesivo, pleitear: a) a condenação da pessoa jurídica infratora às sanções da LAE e à reparação do dano causado pelo ato lesivo; b) a condenação da ré em obrigação de fazer, visando corrigir ou obstar a continuidade da prática dos atos lesivos à Administração Pública; e c) a anulação de um contrato originado de uma licitação fraudada (pretensão constitutiva negativa).

[156] Nesse sentido, aliás, está consolidada jurisprudência do STJ no que diz respeito à indisponibilidade dos bens prevista na LIA (a título de exemplo: AgRg no REsp 1.191.497/RS, 2ª T., Rel. Min. Humberto Martins, j. 20.11.2012, *DJe* 28.11.2012). Aqui, mais uma vez, em razão da similitude das medidas e dos sistemas punitivos da LAE e da LIA, deverá ser adotada a mesma solução pela Corte Superior.

6.10.6 Procedimento

Conforme visto, o art. 21 da LAE determina a adoção do rito previsto na Lei da Ação Civil Pública (Lei 7.347/1985) nas ações de responsabilização por atos lesivos à Administração Pública.

Quando do estudo da ação civil pública[157], vimos que esta pode seguir diferentes ritos, a depender da causa de pedir e do pedido em jogo. O mais frequente, reprise-se, é que ela se processe segundo o rito do procedimento comum.

Fixadas tais premissas, e considerando a natureza repressiva das pretensões deduzíveis na ação civil de responsabilização de que cuida a LAE, é forçoso concluir que ela seguirá o procedimento comum (CPC, art. 318), ressaltando-se a inexistência de fase preliminar de admissibilidade da ação.

Se a petição inicial observar os requisitos legais (art. 319 do CPC) e estiver acompanhada de lastro probatório mínimo da ocorrência do ato lesivo imputado ao demandado (justa causa), o juiz deverá recebê-la e determinar a citação do requerido, para apresentar contestação.

Não se exigirá, nesta fase, prova robusta do cometimento de atos lesivos. Existindo meros indícios da prática de atos enquadráveis na Lei 12.846/2013, a petição inicial há de ser recebida, fundamentadamente, pois, nessa fase postulatória vigora o **princípio *in dubio pro societate***, a fim de possibilitar o maior resguardo do interesse público[158].

Por último, cabe recordar que, em caso de desistência infundada ou abandono da ação pelo autor, o Ministério Público ou outro legitimado assumirá a titularidade ativa (art. 5º, § 3º, da LACP).

6.10.7 Sentença

Sentença é o pronunciamento que encerra a fase cognitiva do processo ou a execução, com fundamento nos arts. 485 ou 487, ambos do CPC.

Tendo por critério o tipo de fundamentação, as sentenças classificam-se em:

a) processuais (ou terminativas): aquelas proferidas nos casos elencados pelo art. 485 do CPC, em que o juiz não entra no mérito, mas interrompe prematuramente a marcha procedimental, sem alcançar a solução do mérito; e

b) de mérito (ou definitivas): as que julgam o mérito, ou que endossam (homologando) manifestação de vontade das partes, resolvendo a lide. São prolatadas nas hipóteses enumeradas no art. 487 do CPC e representam o alcance do escopo da jurisdição.

As sentenças de mérito (definitivas), a seu turno, podem ser de procedência ou improcedência.

Para os fins da LAE, a **sentença de procedência** é aquela que acolhe a pretensão do autor, reconhecendo ilícita a conduta praticada em benefício ou no interesse da pessoa jurídica demandada e impingindo-lhe as sanções previstas na LAE. A mesma sentença de procedência condenará o réu a reparar o dano causado pelo ilícito, quando for o caso.

A **sentença de improcedência**, por sua vez, é aquela que não acolhe a pretensão deduzida na inicial, quer seja por *ausência de provas* (quanto à existência da conduta lesiva; quanto à

---

157 Cf. capítulo 2, tópico 2.9, do primeiro volume da nossa obra.

158 Dada a similitude entre as ações, a mesma jurisprudência consolidada no STJ a respeito do recebimento na petição inicial da ação civil de improbidade administrativa (ex: AgRg no REsp 1.317.127/ES, 2ª T., Rel. Min. Mauro Campbell Marques, j. 07.03.2013, *DJe* 13.03.2013) deverá ser adotada em relação às ações civis públicas de responsabilização por atos lesivos, autorizando-se o recebimento da inicial diante da existência de meros indícios da ocorrência do ilícito previsto no art. 5º da LAE.

autoria, concurso ou participação; quanto aos elementos essenciais à caracterização do ato lesivo), quer seja *por outros fundamentos* (prova da inexistência do ato; atipicidade da conduta; prova da ausência de vinculação entre a pessoa natural que praticou a conduta lesiva e a pessoa jurídica beneficiada).

Essa distinção é importante para o estudo da coisa julgada nas ações civis públicas em estudo, conforme será visto mais adiante.

6.10.7.1 *Correlação entre pedido e sentença*

O princípio da correlação entre o pedido e a sentença traduz a ideia de que o juiz, uma vez iniciada a prestação jurisdicional, não pode se afastar do pedido do autor, devendo a ele cingir-se, apreciando a lide nos limites em que foi proposta, sendo-lhe defeso conhecer de questões não suscitadas, a cujo respeito a lei exige iniciativa da parte (art. 141 do CPC).

Por força desse mesmo princípio, é defeso ao juiz proferir sentença, a favor do autor, de natureza diversa da pedida, bem como condenar o réu em quantidade superior ou em objeto diverso do que lhe foi demandado (CPC, art. 492).

Apesar de o art. 492 do CPC prever uma adstrição da sentença somente ao pedido formulado pelo autor, ela também existe para a causa de pedir, sendo tradicional a lição que determina não poder a sentença ser fundada em causa de pedir diversa da constante do processo. Havendo a limitação da sentença à causa de pedir, não pode o juiz conceder o pedido elaborado na petição inicial com fundamento em causa de pedir não descrita pelo autor em sua petição inicial. Se desconsiderar essa vinculação, proferirá decisão *extra causa petendi*.

É indiscutível que o fundamento jurídico da pretensão integra a causa de pedir, mas a vinculação exigida entre causa de pedir e a sentença não é exigida quanto a este elemento. Há lições doutrinárias[159] e decisões judiciais[160] que liberam o juiz em sua decisão no tocante ao fundamento jurídico do pedido, **restando a vinculação limitada aos fatos jurídicos narrados na petição inicial**.

Noutras palavras, o fundamento jurídico do pedido integra a causa de pedir, mas não vincula o juiz e o seu ajuste na decisão à luz da demanda inicial não importa em violação da regra da congruência, consubstanciada nos arts. 141 e 492 do CPC.

Nos limites do pano de fundo estabelecido pela causa de pedir e pedido, ao juiz sempre foi dada a possibilidade de enquadramento da pretensão na melhor moldura oferecida pelo ordenamento jurídico, o que se encontra consagrado nas máximas *iura novit curia* ou *narra mihi factum dabo tibi ius*.

Note-se, contudo, que o fato de o juiz poder conhecer de ofício do direito não o desonera do dever de submeter sua perspectiva jurídica previamente às partes (vedação à decisão surpresa[161]), acaso os horizontes da discussão do processo não tivessem divisado aquela.

Dito de outro modo, ainda que o magistrado não se encontre adstrito aos fundamentos jurídicos apresentados pelas partes, tendo liberdade para atribuir, aos fatos da causa, a qualificação jurídica que lhe pareça mais adequada a uma solução substancialmente mais justa, tal prerrogativa não o desobriga de oferecer às partes a oportunidade para se manifestarem previamente sobre o tema, em homenagem ao contraditório e à ampla defesa.

---

159 DIDIER JÚNIOR, Fredie; BRAGA, Paula Sarno; OLIVEIRA, Rafael. *Curso de direito processual civil*: teoria da prova, direito probatório, teoria do precedente, decisão judicial, coisa julgada e antecipação dos efeitos da tutela. 12. ed. Salvador: JusPodivm, 2016, p. 407-422. v. II.

160 STJ, 1ª T., AgInt no AREsp 1.415.942/SP, Rel. Min. Benedito Gonçalves, j. 17.11.2020.

161 *Art. 10. O juiz não pode decidir, em grau algum de jurisdição, com base em fundamento a respeito do qual não se tenha dado às partes oportunidade de se manifestar, ainda que se trate de matéria sobre a qual deva decidir de ofício.*

Postas essas premissas, questão interessante é saber se o juiz, nas ações civis públicas de que cuida a LAE, pode dar classificação jurídica diversa ao ato lesivo para condenar o demandado pela prática de ilícito diverso do que lhe foi imputado na inicial. Poderá um juiz, por exemplo, discordar da tipificação adotada pelo autor na inicial e condenar o réu como incurso em outro tipo legal de ato lesivo? Entendemos que sim, uma vez que na ação civil pública por ato lesivo à administração pública, a exemplo do que se observa em qualquer outro tipo de ação, o juiz está adstrito aos fatos e não aos fundamentos jurídicos do pedido.

Ainda que assim o seja, reprise-se que tal prerrogativa não desonera o magistrado de oferecer às partes a oportunidade para se manifestarem sobre a nova tipologia por ele visualizada. Por óbvio, acaso o réu se antecipe, discutindo previamente uma determinada posição jurídica, o reconhecimento de tal questão pelo magistrado independe de nova e prévia manifestação[162].

Esse entendimento, que vinha sendo adotado pelo Superior Tribunal de Justiça nas ações de improbidade administrativa[163] antes da reforma promovida pela Lei 14.230/2021 deve ser aplicado, pela similitude, às ações civis públicas da LAE.

No particular, importa registrar que a Lei 14.230/2021, que promoveu uma ampla e profunda reforma na Lei 8.429/1992, aparenta ter conferido um caráter ainda mais restritivo ao princípio da congruência nas ações de improbidade administrativa, ao exigir que a adstrição do juízo seja tanto aos fatos jurídicos como ao fundamento jurídico alegado pelo autor. Desse teor o art. 17, § 10-C, da LIA:

> **Art. 17 (...) § 10-C.** Após a réplica do Ministério Público, o juiz proferirá decisão na qual indicará com precisão a tipificação do ato de improbidade administrativa imputável ao réu, sendo-lhe vedado modificar o fato principal e a capitulação legal apresentada pelo autor. (Incluído pela Lei n. 14.230/2021.)

Por outro lado, o texto reformado fixa a nulidade da sentença na ação de improbidade administrativa que condenar o réu por tipo diverso do indicado na inicial (LIA, art. 17, § 10-F, I).

Para parte da doutrina, a conjugação desses dois dispositivos deixa clara a intenção da Lei 14.320/2021 de conferir um novo significado ao princípio da congruência no domínio da probidade administrativa, ao exigir que a adstrição do juízo seja tanto aos fatos jurídicos como ao fundamento jurídico alegado pelo autor da ação de improbidade administrativa[164]. Em sendo assim, ainda que o fato imputado ao agente ímprobo esteja corretamente descrito na petição inicial, o emprego da tipologia incorreta pelo autor na petição inicial impede o juiz de condenar o réu por tipo diverso.

Ousamos discordar desse entendimento. A rigor, a interpretação literal das disposições acima pode fomentar juízo de inconstitucionalidade.

Explico. A vedação à alteração da tipificação da conduta, reconhecida no saneamento (art. 17, §10-C), associada à nulidade da sentença que condenar por tipo diverso do indicado na inicial (art. 17, §10-F, I), colide frontalmente com a garantia de acesso à justiça, prevista no art. 5º, XXXV, da CF. Esta não se esgota na possibilidade de propor a demanda em juízo, alcançando a efetiva chance de obter tutela jurisdicional, com decisão favorável ou desfavorável ao autor. Nesse passo, qualquer regra que impeça o juiz de aplicar a qualificação jurídica que

---

162 Confira-se, nesse sentido: DELLORE, Luiz (et al.). *Comentários ao Código de Processo Civil.* 4. ed. Rio de Janeiro: Forense, 2021, p. 25.

163 AgInt no AREsp 1.415.942/SP, 1ª T., Rel. Min. Benedito Gonçalves, j. 17.11.2020; REsp 1.375.840/MA, 2ª T., Rel. Min. Og Fernandes, j. 07.06.2018; REsp 842428, 2ª T., Rel. Min. Eliana Calmon, j. 24.04.2007, *DJ* 21.05.2007. No mesmo sentido: REsp 439280/RS, 1ª T., Rel. Min. Luiz Fux, j. 26.10.2004, *DJU* 16.06.2003; REsp 1.096.702/SP, 2ª T., Rel. Min. Castro Meira, j. 04.02.2010, *DJe* 22.03.2010.

164 GOMES JUNIOR, Luiz Manoel; FAVRETO, Rogério. *Comentários à Nova Lei de Improbidade Administrativa.* 5. ed. São Paulo: RT, 2021, p. 357.

lhe pareça mais adequada a uma solução substancialmente mais justa não se harmoniza com garantia constitucional de acesso à justiça.

Se não bastasse, a vedação em exame também parece esbarrar na estrutura de divisão de poder e de seu exercício, impedindo que o juiz cumpra seu papel, ou seja, julgue.

Registre-se, por oportuno, que nem mesmo na esfera penal, *ultima ratio* do direito sancionador, o juiz está vinculado à capitulação jurídica dada ao fato na peça vestibular acusatória. Ao contrário, o art. 383 do Código de Processo Penal permite expressamente que o juiz atribua uma definição jurídica diversa ao fato contido na denúncia ou queixa[165].

Propõe-se, assim, uma interpretação desses dispositivos (LIA, art. 17, §§ 10-C e 10-F, I) em conformidade com a Constituição Federal, em ordem a concluir que a sentença que condenar o réu por tipo diverso do indicado na inicial só será nula quando o juiz, para alcançar tal resultado, modificar os fatos jurídicos descritos na petição inicial.

Aliás, esse tem sido o entendimento adotado pelo STJ em casos envolvendo o direito administrativo sancionador. Confira-se:

> A ampliação da acusação ou mesmo mudança da tipificação da conduta infracional não determina a invalidade do procedimento porquanto, como cediço, o indiciado se defende dos fatos que lhe são imputados e não de sua classificação legal. A descrição dos fatos ocorridos, desde que feita de modo a viabilizar a defesa do acusado, afasta a alegação de ofensa ao princípio da ampla defesa[166].

No dia 11 de setembro de 2024, a 1ª Seção do STJ aprovou a Súmula 672, que assim dispõe: "A alteração da capitulação legal da conduta do servidor, por si só, não enseja a nulidade do processo administrativo disciplinar" (Info 825).

Esse também é o entendimento do Supremo Tribunal Federal: "Processo administrativo-disciplinar: congruência entre a indiciação e o fundamento da punição aplicada, que se verifica a partir dos fatos imputados e não de sua capitulação legal" (MS 23.299, Plenário, Rel. Min. Sepúlveda Pertence, j. 06.03.2002; no mesmo sentido: RMS 24536, 2ª T., Rel. Min. Gilmar Mendes, j. 02.12.2003; e STF, RMS 25300 AgR, 1ª T., Rel. Min. Rosa Weber, j. 12.11.2018).

Em conclusão, tem-se que a melhor forma de se harmonizar os princípios da congruência e da vedação à decisão surpresa no domínio tanto da LIA quanto da LAE consiste em autorizar o magistrado a modificar na sentença a tipologia da conduta imputada ao réu, bastando, para tanto, que ele não modifique a descrição do fato contida na petição inicial e faculte às partes a oportunidade para se manifestarem previamente sobre o tema.

6.10.8 Sanções civis

Em caso de procedência da pretensão deduzida na ação civil de responsabilização por ato lesivo à Administração Pública, a autoridade judicial poderá aplicar, de forma isolada ou cumulativa, as sanções civis previstas no art. 19 da LAE, a saber:

> I) perdimento dos bens, direitos ou valores que representem vantagem ou proveito direta ou indiretamente obtidos da infração, ressalvado o direito do lesado ou de terceiro de boa-fé;
>
> II) suspensão ou interdição parcial de suas atividades;
>
> III) dissolução compulsória da pessoa jurídica; e

---

165 *Art. 383. O juiz, sem modificar a descrição do fato contida na denúncia ou queixa, poderá atribuir-lhe definição jurídica diversa, ainda que, em consequência, tenha de aplicar pena mais grave.*

166 STJ, MS 22.200/DF, 1ª S., Rel. Min. Napoleão Nunes Maia Filho, j. 28.08.2019.

IV) proibição de receber incentivos, subsídios, subvenções, doações ou empréstimos de órgãos ou entidades públicas e de instituições financeiras públicas ou controladas pelo poder público, pelo prazo mínimo de 1 (um) e máximo de 5 (cinco) anos.

A seguir, passamos a destacar os principais aspectos de cada uma dessas sanções.

6.10.8.1 *Perdimento dos bens, direitos ou valores que representem vantagem ou proveito direta ou indiretamente obtidos da infração, ressalvado o direito do lesado ou de terceiro de boa-fé (art. 19, I)*

A aplicação da pena de perdimento dos bens, direitos ou valores que representem vantagem ou proveito direta ou indiretamente obtidos da infração visa remover o enriquecimento ilícito alcançado pela pessoa jurídica com a prática do ato lesivo à Administração Pública, nacional ou estrangeira.

A rigor, a perda de bens ou valores não representa verdadeira sanção, pois buscará unicamente reconduzir o agente à situação anterior à prática do ilícito. Tratando-se, assim, de medida de natureza ressarcitória e não punitiva é dever do magistrado aplicá-la, sempre que constatado e comprovado o enriquecimento ilícito, não estando a escolha dessa sanção na sua esfera de discricionariedade[167].

A pena não alcança o patrimônio legítimo da empresa, só recaindo sobre o acréscimo indevido, constatação que a distingue da reparação do dano, que repercute indistintamente no patrimônio da pessoa jurídica infratora, alcançando, sem exceções, os bens, direito ou valores alheios à prática lesiva, ainda que adquiridos antes da prática delituosa.

O perdimento dos bens, direitos ou valores incidirá sobre os bens acrescidos ilicitamente ao patrimônio do agente (vantagem direta), bem como sobre seus frutos e produtos (ex.: dinheiro obtido com a venda de bem desviado do erário; acréscimos financeiros obtidos com a aplicação dos valores etc.).

Quando os bens e direitos forem infungíveis e a restituição não se mostrar possível, seja porque foram consumidos pela pessoa jurídica infratora, seja porque foram repassados para terceiros de boa-fé, se perderam ou se deterioraram, a execução incidirá sobre o equivalente existente no patrimônio do infrator.

Por último, anote-se que a sanção de perda dos bens, direitos ou valores havidos ilicitamente **reverterá preferencialmente em favor dos órgãos ou entidades públicas lesadas**, nos ditames do art. 24 da LAE[168].

6.10.8.2 *Suspensão ou interdição parcial da atividade (art. 19, II)*

A sanção de suspensão ou interdição parcial da atividade aflige a pessoa jurídica infratora em sua dimensão interna, diferentemente da proibição de receber incentivos, subsídios, subvenções, doações ou empréstimos de órgãos ou entidades públicas e de instituições financeiras públicas ou controladas pelo poder público, que a atinge em sua dimensão externa.

A gravidade da infração pode recomendar a aplicação da sanção em exame, impondo à empresa uma restrição de atividade que limite sua atuação no mercado. Essa restrição pode alcançar uma das atividades desenvolvidas pela pessoa jurídica, ou, de forma semelhante, um

[167] Nesse mesmo sentido: QUEIROZ, Ronaldo Pinheiro. Responsabilização judicial da pessoa jurídica na Lei Anticorrupção. In: MUNHÓS, Jorge; QUEIROZ, Ronaldo Pinheiro (coord.). *Lei Anticorrupção e temas de compliance*. 2. ed. Salvador: JusPodivm, 2016, p. 613; MARQUES, Silvio Antonio. Harmonização entre a Lei de Improbidade Administrativa e a Lei Anticorrupção Empresarial. *Apontamentos à Lei Anticorrupção Empresarial*: Lei 12.846/2013. São Paulo: MPSP, 2015, p. 47.

[168] *Art. 24. A multa e o perdimento de bens, direitos ou valores aplicados com fundamento nesta Lei serão destinados preferencialmente aos órgãos ou entidades públicas lesadas.*

de seus estabelecimentos, com delimitação de alcance geográfico, quando o ato lesivo comprometer, por exemplo, apenas uma de suas filiais.

Como a LAE não fixou prazo de duração para a sanção, caberá à autoridade judicial determinar o período de tempo da suspensão ou interdição, de acordo com as características do caso concreto e à luz dos princípios da proporcionalidade e razoabilidade.

6.10.8.3 *Dissolução compulsória (art. 19, III)*

A dissolução compulsória é a sanção civil mais severa prevista na LAE e equivale à pena de morte da pessoa jurídica. Não se deve confundi-la com a despersonalização da pessoa jurídica, que permite a continuidade do ente abstrato e visa, somente, alcançar o patrimônio das pessoas naturais ou jurídicas que são acionistas da pessoa jurídica penalizada.

Justamente em razão da gravidade da consequência, a LAE restringiu a aplicação dessa penalidade a duas hipóteses. Confira-se:

> **Art. 19, § 1º** A dissolução compulsória da pessoa jurídica será determinada quando comprovado:
>
> I – ter sido a personalidade jurídica utilizada de forma habitual para facilitar ou promover a prática de atos ilícitos; ou
>
> II – ter sido constituída para ocultar ou dissimular interesses ilícitos ou a identidade dos beneficiários dos atos praticados.

Em ambas as hipóteses autorizadoras da aplicação da dissolução compulsória, constata-se o abuso da personalidade jurídica, vale dizer, o desvio de finalidade para alcançar benefícios indevidos.

A primeira hipótese se verifica, por exemplo, quando uma mesma pessoa jurídica é condenada, em várias instâncias de responsabilização, pela prática de vários atos lesivos previstos no art. 5º da LAE, o que denota a habitualidade da sua atividade ilícita.

A segunda hipótese ocorre, exemplificativamente, quando após punição prevista na Lei de Improbidade Administrativa (proibição de contratar com o poder público), a empresa infratora cria outra pessoa jurídica, com os mesmos sócios, o mesmo patrimônio, a mesma sede, para continuar a exercer a mesma atividade ilícita. Também se enquadra nessa hipótese a situação da empresa fictícia, que só existe no papel (*paper company*), tendo sido criada para simular uma disputa artificial entre empresas pertencentes a um mesmo grupo econômico, conferindo ares de legalidade a uma licitação ilegítima, ou ainda, para ocultar e branquear seus reais ganhos, sonegando e ludibriando a Receita Federal[169]. Ainda há os casos das falsas microempresas, constituídas à margem das grandes empresas, com o objetivo de usufruir dos benefícios conferidos às microempresas pelo ordenamento jurídico.

Em situações como essas, cabe, na esfera administrativa, a desconsideração da personalidade jurídica (art. 14) e, na esfera judicial, a dissolução compulsória da pessoa jurídica (art. 19, III).

A sentença que decreta a dissolução compulsória da pessoa jurídica, de natureza constitutiva negativa, prescinde de atividade executiva material. Bastará ao juízo, pois, oficiar ao respectivo Cartório de Registro de Pessoa Jurídica e Junta Comercial para promoverem a devida assentada da extinção da pessoa jurídica penalizada.

6.10.8.4 *Proibição de receber incentivos, subsídios, subvenções, doações ou empréstimos (art. 19, IV)*

A proibição de receber incentivos, subsídios, subvenções, doações ou empréstimos de órgãos ou entidades públicas e de instituições financeiras públicas ou controladas pelo poder

[169] Nesse sentido, confira-se: STJ, REsp 1.803.585/RN, rel. Min. Herman Benjamin, decisão monocrática, j. 30.03.2020.

público, pelo prazo mínimo de 1 (um) e máximo de 5 (cinco) anos, afeta a pessoa jurídica em sua dimensão externa, criando uma restrição temporária de estabelecer determinadas relações negociais com o ente estatal.

Seria contrário aos princípios da moralidade administrativa e da razoabilidade admitir que pessoa jurídica causadora de grave dano ao Poder Público ainda fosse favorecida com benefícios dele percebidos.

Observe-se que essa penalidade é de caráter menos abrangente do que aquela prevista no art. 12 da Lei de Improbidade Administrativa. No âmbito da LIA, para além da proibição de receber benefícios ou incentivos fiscais ou creditícios, a pessoa jurídica que concorre para o ato de improbidade, ou dele se beneficia, também fica impedida de contratar com o Poder Público. Para os fins da LAE, contudo, não se estabeleceu a proibição de contratar com o Poder Público, remanescendo, pois, essa possibilidade.

Remarque-se, por último, que essa sanção pode ser excluída em razão da celebração de acordo de leniência, conforme previsto no art. 16, § 2º, da LAE.

6.10.9 Aplicação das sanções

6.10.9.1 *Juízo de ilicitude da conduta e juízo de aplicação da sanção*

A aplicação da Lei Anticorrupção Empresarial pelo Poder Judiciário segue uma espécie de silogismo, concretizado em dois momentos, distintos e consecutivos, da sentença ou acórdão, que deságua no dispositivo final de condenação: o **juízo de ilicitude da conduta** (premissa maior) e o **juízo de aplicação da sanção** (premissa menor).

No **juízo de ilicitude da conduta**, o magistrado faz um exame minucioso da situação fática narrada na petição inicial, com o objetivo de verificar se a conduta imputada ao réu se amolda ou não à tipologia da LAE.

Superado esse primeiro momento, passará o magistrado – se convencido da prática do ato lesivo – para a fase do **juízo de aplicação da sanção**, em que deverá decidir quais sanções serão aplicadas (se cumuladas ou não) e em qual medida (dosimetria), sob a luz dos princípios constitucionais da **razoabilidade** e da **proporcionalidade**, exigindo-se correlação entre a natureza do ato lesivo e a penalidade a ser imposta à pessoa jurídica responsável.

Observe-se que são duas as decisões a serem tomadas pelo juiz nessa fase: a primeira, sobre as sanções que serão aplicadas entre as previstas (se cumuladas ou não); e a segunda, sobre a medida dessas sanções (juízo de dosimetria da sanção), na qual o juiz determina a quantidade da pena aplicada relativamente àquelas que possuem variação (ex.: *proibição de receber incentivos, subsídios, subvenções, doações ou empréstimos*).

6.10.9.2 *Parâmetros para aplicação das sanções*

O art. 7º da LAE fornece os parâmetros que deverão ser levados em consideração pela autoridade competente na aplicação das sanções na esfera administrativa[170].

---

170 Art. 7º Serão levados em consideração na aplicação das sanções: I – a gravidade da infração; II – *a vantagem auferida ou pretendida pelo infrator; III – a consumação ou não da infração; IV – o grau de lesão ou perigo de lesão; V – o efeito negativo produzido pela infração; VI – a situação econômica do infrator; VII – a cooperação da pessoa jurídica para a apuração das infrações; VIII – a existência de mecanismos e procedimentos internos de integridade, auditoria e incentivo à denúncia de irregularidades e a aplicação efetiva de códigos de ética e de conduta no âmbito da pessoa jurídica; IX – o valor dos contratos mantidos pela pessoa jurídica com o órgão ou entidade pública lesados.*

A despeito da posição topográfica – o art. 7º está situado no Capítulo III da LAE, que disciplina a responsabilização administrativa –, esses mesmos parâmetros deverão ser observados na esfera judicial. Significa dizer que o juiz também deverá levá-los em consideração para decidir quais sanções civis serão aplicadas e em qual medida.

6.10.9.3 *Aplicação cumulativa das sanções*

As sanções civis previstas na LAE poderão ser aplicadas de forma isolada ou cumulativa, conforme previsto expressamente no art. 19, § 3º.

Registre-se, contudo, que em algumas hipóteses, a natureza da penalidade, por si só, afastará automaticamente as demais.

As penas de suspensão ou interdição parcial da atividade e dissolução compulsória, por exemplo, são excludentes entre si; aplica-se uma ou outra.

A pena de dissolução compulsória, da mesma forma, exclui automaticamente a pena de proibição de receber incentivos, subsídios, subvenções, doações ou empréstimos de órgãos ou entidades públicas e de instituições financeiras públicas ou controladas pelo poder público.

Além da cumulatividade das sanções civis previstas no art. 19, não é demais ressaltar que a mesma cumulatividade existirá com relação às sanções administrativas previstas no art. 6º, na hipótese de a ação civil pública ter sido proposta pelo Ministério Público, quando identificada a omissão da autoridade competente na esfera administrativa (art. 20).

6.10.9.4 *Aplicação de sanções não pedidas pelo autor*

Questão interessante é saber se o julgador deve ater-se às sanções postuladas pelo autor em seu pedido inicial, ou se ele pode aplicar sanções outras que não constem expressamente do pedido.

A aplicação de uma sanção não pleiteada na petição inicial pode parecer indevida. Tratar-se-ia, afinal, de uma espécie de julgamento *ultra* ou *extra petita*. Esse raciocínio, contudo, não resiste a uma análise mais detida da questão.

Com efeito, na ação civil pública de que cuida a LAE, o que se pede é a condenação da pessoa jurídica infratora pela prática de ato lesivo à Administração Pública; as sanções são mera consequência da procedência da pretensão[171].

Frise-se, demais disso, que a aplicação cumulativa ou isolada das sanções previstas no art. 19 tem por destinatário principal o julgador, a quem compete, no juízo de aplicação das sanções, diante das circunstâncias do caso concreto e em conformidade com os parâmetros já destacados, decidir, de forma motivada, quais sanções serão aplicadas ao demandado e em qual medida.

Essa mesma discussão é travada nas ações civis de improbidade administrativa, tendo o Superior Tribunal de Justiça consolidado o seguinte entendimento: "Não há julgamento *ultra* ou *extra petita* o juiz acrescentar à condenação do responsável pelo ato de improbidade as penas cominadas pelo art. 12, inciso III, da Lei n. 8.429/92"[172]. Pela similitude dos dois sistemas, pensamos que esse mesmo entendimento deva ser aplicado às ações civis públicas da LAE.

6.10.10 Sanções da LAE diante de outras sanções previstas em outras normas

Conforme visto, nosso ordenamento jurídico admite que uma mesma conduta, a partir do mesmo fato, possa caracterizar, ao mesmo tempo, ilícitos de natureza civil, penal, administrativa e política. Também é certo que o autor de tal conduta poderá responder por todos esses ilícitos, não havendo que se falar em afronta ao princípio do *non bis in idem*.

---

[171] Nesse sentido, confira-se: STJ, REsp 1.803.585, Rel. Min. Herman Benjamin, decisão monocrática, j. 30.03.2020.

[172] REsp 324.282/MT, Rel. Min. Humberto Gomes de Barros, *DJ* 01.04.2002. *No mesmo sentido:* Agrg no REsp 1.125.634, 1ª T., Arnaldo Esteves Lima, *DJe* 02.02.2011; REsp 324.282/MT, 1ª T., Rel. Min. Humberto Gomes de Barros, *DJ* 01.04.2002.

Não há nenhum problema em que se proceda desta forma, porque cada norma jurídica violada, vinculada a um específico *sistema de responsabilização*, pode gerar uma sanção autônoma relativa ao respectivo domínio de responsabilidade. A esse fenômeno jurídico dá-se o nome de **independência de instâncias**, tendo cada uma delas autonomia para atuar repressivamente na conduta ilícita prevista no tipo legal.

A própria Lei Anticorrupção Empresarial (LAE), que introduziu em nosso ordenamento jurídico duas novas instâncias de responsabilização para os atos lesivos à Administração Pública, deixa clara a independência entre ambas quando, em seu art. 18, prescreve que: "Na esfera administrativa, a responsabilidade da pessoa jurídica não afasta a possibilidade de sua responsabilização na esfera judicial".

Guardando coerência com a orientação normativa do nosso sistema jurídico, a LAE vai além e afirma a independência de suas instâncias de responsabilização com relação:

(i) aos **atos que constituam infração à ordem econômica**, de competência do Conselho Administrativo de Defesa Econômica, do Ministério da Justiça e do Ministério da Fazenda[173] (art. 29);

(ii) aos **atos de improbidade administrativa** previstos na LIA (art. 30, I);

(iii) aos **atos ilícitos alcançados pela Lei 8.666/1993**, ou outras normas de licitações e contratos da Administração Pública[174], inclusive no tocante ao Regime Diferenciado de Contratações Públicas – RDC instituído pela Lei 12.462/2011 (art. 30, II).

O art. 29 da LAE, portanto, reafirma a competência do CADE e do Ministério da Fazenda para o processo e julgamento, na esfera administrativa, do ilícito que caracteriza, a um só tempo, ato lesivo à Administração Pública e infração à ordem econômica[175]. Significa dizer que o agente infrator poderá ser responsabilizado, concomitantemente, pelas instâncias de responsabilização previstas na LAE e na Lei de Concorrência (Lei 12.529/2011), sem se desconsiderar, ademais, a possibilidade de sua responsabilização na esfera penal, quando for o caso.

O art. 30[176], a seu turno, ressalva, expressamente, a independência das sanções previstas na LIA e na Lei 8.666/1993, bem como em outras normas de licitações e contratos públicos.

Ainda na temática da independência das instâncias, merece especial atenção o impacto que a reforma promovida na LIA pela Lei 14.230/2021 causou na interpretação e aplicação da LAE. Pela importância do tema, passamos, na sequência, a tratar da necessária harmonização entre a LAE e a LIA.

---

173 Respectivamente, atuais Ministérios da Justiça e Segurança Pública e da Economia, conforme alteração produzida pela Medida Provisória 870/2019.

174 Essa independência também se aplica aos ilícitos previstos na Nova Lei Geral de Licitações e Contratos, por força do disposto em seu art. 189, que assim dispõe: "Aplica-se esta Lei às hipóteses previstas na legislação que façam referência expressa à Lei n. 8.666, de 21 de junho de 1993, à Lei n. 10.520, de 17 de julho de 2002, e aos arts. 1° a 47-A da Lei n. 12.462, de 4 de agosto de 2011".

175 *Art. 29. O disposto nesta Lei não exclui as competências do Conselho Administrativo de Defesa Econômica, do Ministério da Justiça e do Ministério da Fazenda para processar e julgar fato que constitua infração à ordem econômica.*

176 *Art. 30. A aplicação das sanções previstas nesta Lei não afeta os processos de responsabilização e aplicação de penalidades decorrentes de: I – ato de improbidade administrativa nos termos da Lei n. 8.429, de 2 de junho de 1992; e II – atos ilícitos alcançados pela Lei n. 8.666/1993, de 21 de junho de 1993, ou outras normas de licitações e contratos da administração pública, inclusive no tocante ao Regime Diferenciado de Contratações Públicas – RDC instituído pela Lei 12.462, de 4 de agosto de 2011.*

6.10.11 O diálogo entre a Lei 12.846/2013 (Lei Anticorrupção Empresarial) e a Lei 8.429/1992 (Lei de Improbidade Administrativa)

Acesse e assista à aula explicativa sobre este assunto.
> *http://uqr.to/21kup*

A Lei 8.429/1992, denominada Lei de Improbidade Administrativa (LIA), vem regulamentar o art. 37, § 4º, da Constituição Federal. Trata-se de diploma que define e classifica os atos de improbidade administrativa em três modalidades distintas (*enriquecimento ilícito, lesão ao erário* e *atentado contra os princípios da Administração Pública*), cominando-lhes sanções políticas, civis e administrativas.

Perseguindo o mesmo intuito moralizante, a Lei Anticorrupção Empresarial combate os atos lesivos à Administração Pública, nacional ou estrangeira, praticados em benefício ou no interesse de pessoa jurídica de direito privado, cominando-lhes sanções administrativas e civis.

Vimos que os bens jurídicos tutelados por ambos os diplomas são muito semelhantes, com destaque para a defesa do patrimônio público e dos princípios da Administração Pública. Ademais, muitas das condutas consideradas ilícitas para os fins da LIA, também o são para os fins da LAE. Nota-se, assim, uma zona de coincidência entre os objetos tutelados pela Lei de Improbidade Administrativa e pela Lei Anticorrupção Empresarial.

Nesse cenário, é natural que surjam dúvidas sobre a escorreita aplicação dessas normas.

Wallace Paiva Martins Júnior, por exemplo, ao cotejar as Leis 8.429/1992 e 12.846/2013, antes mesmo da reforma promovida na primeira pela Lei 14.230/2021, já descartava a possibilidade de aplicação simultânea dos dois diplomas. Para o autor, as diferentes instâncias de responsabilização se excluem: ou há improbidade administrativa decorrente de conduta ilícita de agente público, hipótese em que só incide a LIA, por força do princípio da especialidade, ou há prática de ato lesivo à Administração Pública resultante de comportamento ilícito de pessoa jurídica de direito privado, hipótese só alcançada pela LAE[177].

Em sentido contrário, respeitadas vozes defendiam a possibilidade de aplicação cumulativa das sanções previstas nos dois diplomas legais[178].

Também pensávamos assim. Afinal, a própria LAE estabelece que sua aplicação *não impede* a imposição de cominações decorrentes de atos de improbidade administrativa (art. 30, I). Da mesma forma, a LIA previa em seu art. 12 que a aplicação das sanções nele previstas *não excluía* a aplicação de outras sanções penais, civis e administrativas previstas na legislação específica[179].

---

[177] MARTINS JÚNIOR, Wallace Paiva. Comentários ao art. 15. In: DI PIETRO, Maria Sylvia Zanella; MARRARA, Thiago. *Lei Anticorrupção comentada*. Belo Horizonte: Fórum, 2017, p. 339-348.

[178] GARCIA, Emerson; ALVES, Rogério Pacheco. *Improbidade administrativa*. 9. ed. São Paulo: Saraiva, 2017, p. 794-797; QUEIROZ, Ronaldo Pinheiro. Responsabilização judicial da pessoa jurídica na lei anticorrupção. In: MUNHÓS, Jorge; QUEIROZ, Ronaldo Pinheiro (Coord.). *Lei Anticorrupção e temas de compliance*. 2. ed. Salvador: JusPodivm, 2016, p. 581-584; MARQUES, Silvio Antonio. Harmonização entre a lei de improbidade administrativa e a lei anticorrupção empresarial. *Apontamentos à Lei Anticorrupção Empresarial: Lei 12.846/2013*. São Paulo: MPSP, 2015, p. 45-48; e PETRELLUZZI, Marco Vinicio; RIZEK JUNIOR, Rubens Naman. *Lei Anticorrupção*: origens, comentários e análise da legislação correlata. São Paulo: Saraiva, 2014, p. 105.

[179] *Art. 12. Independentemente das sanções penais, civis e administrativas previstas na legislação específica, está o responsável pelo ato de improbidade sujeito às seguintes cominações, que podem ser aplicadas isolada ou cumulativamente, de acordo com a gravidade do fato: (...) (redação anterior à reforma promovida na LIA pela Lei 14.230/2021).*

Os dois diplomas em análise, portanto, reconheciam expressamente que as instâncias de responsabilização eram autônomas. Nesse cenário, mostrava-se perfeitamente possível a aplicação concomitante dos dois diplomas às pessoas jurídicas de direito privado infratoras, com a consequente cumulação das sanções previstas na LIA e na LAE, sem que isso importasse em ofensa ao princípio do *non bis in idem*. Nas precisas palavras de Jorge Munhós de Souza, "o princípio do *non bis in idem* não veda que sejam constituídos diversos títulos condenatórios, com sanções simétricas, decorrentes da prática de um mesmo fato"[180].

Ocorre que a Lei 14.230/2021 inseriu na LIA uma regra nova, que representa uma importante modificação no tratamento da matéria. Desse teor o § 2º do art. 3º da LIA:

> **Art. 3º (...)** § **2º** As sanções desta Lei não se aplicarão à pessoa jurídica, caso o ato de improbidade administrativa seja também sancionado como ato lesivo à administração pública de que trata a Lei n. 12.846, de 1º de agosto de 2013.

Referida norma afasta a possibilidade de incidência das sanções da LIA às pessoas jurídicas nas hipóteses em que os atos de improbidade administrativa também configurarem atos lesivos à Administração Pública previstos no art. 5º da LAE.

A opção do legislador se justifica, provavelmente, na semelhança existente entre algumas sanções previstas nos dois diplomas, caso da multa, do perdimento de bens e da proibição de receber incentivos, fiscais ou creditícios do Poder Público, cuja incidência cumulativa importaria, para alguns, em *bis in idem*. Prova disso é que a Lei 14.230/2021 também incluiu o § 7º no art. 12 da LIA, para dispor que as sanções aplicadas a pessoas jurídicas com base na LIA e na LAE deverão observar o princípio constitucional do *non bis in idem*.

A nosso sentir, essa nova regra inserida na LIA pela Lei 14.230/2021 torna necessária uma releitura do art. 30, I, da LAE.

Imagine-se, por exemplo, a conduta consistente em fraudar o processo licitatório, mediante ajuste, acarretando perda patrimonial efetiva. Tal conduta, *prima facie*, se amolda ao tipo legal do 5º, IV, *a*, da LAE[181]. Acaso reste demonstrada a participação de agente público como autor, coautor, partícipe ou beneficiário dessa fraude, referida conduta também atrairá a tipologia do art. 10, VIII, da LIA[182]. Antes da reforma promovida na LIA pela Lei 14.230/2021, mostrava-se viável a cumulação das sanções previstas tanto LIA como na LAE à pessoa jurídica infratora que tivesse concorrido ou se beneficiado da mesma prática fraudulenta, com base no art. 30, I, da LAE. Depois da reforma, contudo, essa solução não se mostra mais possível.

No exemplo citado, por força da regra prevista no § 2º do art. 3º da LIA, a pessoa jurídica infratora só poderá ser punida na esfera da Lei Anticorrupção Empresarial, pela prática do ato lesivo previsto no art. 5º, IV, *a*, da LAE. Por outro lado, o agente público e as pessoas naturais que concorreram para a fraude à licitação ou dela se beneficiaram deverão ser punidos com base na Lei 8.429/1992, pela prática do ato lesivo ao erário tipificado no art. 10, VIII.

É correto afirmar, portanto, que **a partir da entrada em vigor da Lei 14.230/2021, a aplicação da LIA às pessoas jurídicas passa a ser subsidiária.** Noutras palavras, a pessoa jurídica que concorrer ou se beneficiar de um ato de improbidade administrativa somente poderá ser punida no domínio da LIA se tal ato não puder ser punido na esfera da LAE. Nesse sentido, inclusive, já decidiu a 1ª Turma do STJ:

---

180 MUNHÓS, Jorge. Responsabilização administrativa na Lei Anticorrupção. In: MUNHÓS, Jorge; QUEIROZ, Ronaldo Pinheiro (Coord.). *Lei Anticorrupção e temas de compliance*. 2. ed. Salvador: JusPodivm, 2016, p. 238.

181 *Art. 5º, IV: a) frustrar ou fraudar, mediante ajuste, combinação ou qualquer outro expediente, o caráter competitivo de procedimento licitatório público.*

182 *Art. 10, VIII* – frustrar a licitude de processo licitatório ou de processo seletivo para celebração de parcerias com entidades sem fins lucrativos, ou dispensá-los indevidamente, acarretando perda patrimonial efetiva.

Processual civil e administrativo. Negativa de prestação jurisdicional. Inexistência. Lei de Improbidade Administrativa e Lei Anticorrupção. Utilização conjunta. Possibilidade. Princípio do *non bis in idem*. Violação. Não ocorrência.

(...) 2. A utilização conjunta das Leis 8.429/1992 (Lei de Improbidade Administrativa) e 12.846/2013 (Lei Anticorrupção) para fundamentar uma mesma ação civil não configura, por si só, violação ao princípio do *non bis in idem*.

3. É possível que as duas legislações sejam empregadas concomitantemente para fundamentar uma mesma ação ou diferentes processos, pois o que não é admissível é a imposição de sanções idênticas com base no mesmo fundamento e pelos mesmos fatos. Caso, ao final da demanda, sejam aplicadas as penalidades previstas na Lei Anticorrupção, aí, sim, é que deverá ficar prejudicada a imposição de sanções idênticas estabelecidas na Lei de Improbidade relativas ao mesmo ilícito.

4. A preocupação com a não sobreposição de penalidades deve ser devidamente examinada no momento da sentença, quando se analisará o mérito e a natureza das infrações, e não na fase preliminar da ação.

5. O art. 30, I, da Lei 12.846/2013 reforça a compatibilidade entre os diplomas, determinando que as sanções da Lei Anticorrupção não excluem aquelas previstas na Lei de Improbidade[183].

Note-se que o art. 3º, § 2º, da LIA não revogou a regra prevista no art. 30, I, da LAE. Apenas impôs uma adaptação sistemática do seu significado e alcance, em razão da influência da Lei Geral de Defesa da Probidade Administrativa.

Nessa ordem de ideias, ao dispor que a aplicação das sanções previstas na LAE não afeta os processos de responsabilização e aplicação de penalidades decorrentes de ato de improbidade administrativa, o art. 30, I, da LAE, sob o influxo do art. 3º, § 2º, da LIA, traduz a ideia de que a responsabilização da pessoa jurídica infratora no âmbito da LAE não influenciará na responsabilização das pessoas naturais (agentes públicos ou particulares) na esfera de improbidade administrativa, dada a independência entre as instâncias.

No particular, questão interessante é saber se essa nova regra inserida na LIA alcançará os atos lesivos à administração pública praticados antes da entrada em vigor da Lei 12.430/2021[184]. Imagine-se, por exemplo, uma fraude à licitação praticada no dia 20 de janeiro de 2021 (antes da entrada em vigor do texto reformado da LIA, portanto) por uma pessoa jurídica de direito privado que contou com o auxílio de um agente público. O art. 3º, § 2º, da LIA, que impede a aplicação cumulativa das penas previstas na LAE e na LIA, indiscutivelmente, é mais favorável à empresa infratora. Tal regra poderá ser aplicada de forma retroativa?

Embora o STF ainda não tenha se manifestado sobre essa regra em particular, pensamos que, por uma questão de coerência, deva ser aplicado o mesmo entendimento adotado pela Suprema Corte no Julgamento do ARE 843.989/PR (j. 18.08.2022), com repercussão geral reconhecida (Tema 1199). Nesse julgado, dentre outras coisas, o Plenário do STF decidiu que a nova Lei 14.230/2021 aplica-se aos atos de improbidade administrativa culposos praticados na vigência do texto anterior da lei, porém sem condenação transitada em julgado, em virtude da revogação expressa do texto anterior. Por outras palavras, decidiu-se que a regra mais benéfica da Lei 14.230/2021 – revogação da modalidade culposa do ato de improbidade administrativa – retroage para alcançar os atos praticados na vigência do texto anterior da Lei 8.429/1992, por força da garantia prevista no art. 5º, XL, da CF, respeitadas, contudo, as decisões condenatórias já transitadas em julgado (art. 5º, XXXVI, da CF). Pelos votos da maioria dos Ministros, a garantia da retroatividade da norma penal mais benéfica seria um princípio constitucional do direito administrativo sancionador, aplicável no domínio da LIA, com respeito à coisa julgada (art. 5º, XXXVI, CF)[185]. Se considerarmos que a regra prevista no art. 3º, § 2º, para

183 REsp 2.107.398-RJ, 1ª T., Rel. Min. Gurgel de Faria, j. 18.02.2025.

184 A Lei 14.230/2021 entrou em vigor no dia 26 de outubro de 2021.

185 Para uma análise mais aprofundada desse tema, recomendamos a leitura do capítulo 6 do volume 1 desta obra.

além de mais benéfica ao infrator, tem natureza de direito material, é inexorável concluir que ela também irá alcançar os atos lesivos à administração pública praticados antes do dia 26 de outubro de 2021, respeitadas, contudo, as decisões condenatórias já transitadas em julgado.

6.10.11.1 Acordo de não persecução cível: aplicação no domínio da LAE

O art. 17, § 1º da Lei de Improbidade Administrativa (Lei 8.429/1992), em sua redação originária, vedava a celebração de transação, acordo ou conciliação nas ações de improbidade administrativa. Posteriormente, com a redação dada pela Lei 13.964/2019, que entrou em vigor no dia 23 de janeiro de 2020, referida norma passou a admitir expressamente a solução consensual.

Se, por um lado, a Lei 14.230/2021 revogou o § 1º do art. 17 da LIA, por outro, acrescentou o art. 17-B, que manteve a possibilidade de solução negociada na esfera de improbidade administrativa e disciplinou de forma muito mais ampla o instituto do acordo de não persecução civil. Confira-se:

> Art. 17-B. O Ministério Público poderá, conforme as circunstâncias do caso concreto, celebrar acordo de não persecução civil, desde que dele advenham, ao menos, os seguintes resultados: (Incluído pela Lei 14.230, de 2021.)
>
> I – o integral ressarcimento do dano; (Incluído pela Lei 14.230, de 2021.)
>
> II – a reversão à pessoa jurídica lesada da vantagem indevida obtida, ainda que oriunda de agentes privados. (Incluído pela Lei n. 14.230, de 2021.)
>
> § 1º A celebração do acordo a que se refere o *caput* deste artigo dependerá, cumulativamente: (Incluído pela Lei n. 14.230, de 2021.)
>
> I – da oitiva do ente federativo lesado, em momento anterior ou posterior à propositura da ação; (Incluído pela Lei n. 14.230, de 2021.)
>
> II – de aprovação, no prazo de até 60 (sessenta) dias, pelo órgão do Ministério Público competente para apreciar as promoções de arquivamento de inquéritos civis, se anterior ao ajuizamento da ação; (Incluído pela Lei n. 14.230, de 2021.)
>
> III – de homologação judicial, independentemente de o acordo ocorrer antes ou depois do ajuizamento da ação de improbidade administrativa. (Incluído pela Lei n. 14.230, de 2021.)
>
> § 2º Em qualquer caso, a celebração do acordo a que se refere o *caput* deste artigo considerará a personalidade do agente, a natureza, as circunstâncias, a gravidade e a repercussão social do ato de improbidade, bem como as vantagens, para o interesse público, da rápida solução do caso. (Incluído pela Lei n. 14.230, de 2021.)
>
> § 3º Para fins de apuração do valor do dano a ser ressarcido, deverá ser realizada a oitiva do Tribunal de Contas competente, que se manifestará, com indicação dos parâmetros utilizados, no prazo de 90 (noventa) dias. (Incluído pela Lei n. 14.230, de 2021.)
>
> § 4º O acordo a que se refere o *caput* deste artigo poderá ser celebrado no curso da investigação de apuração do ilícito, no curso da ação de improbidade ou no momento da execução da sentença condenatória. (Incluído pela Lei n. 14.230, de 2021.)
>
> § 5º As negociações para a celebração do acordo a que se refere o *caput* deste artigo ocorrerão entre o Ministério Público, de um lado, e, de outro, o investigado ou demandado e o seu defensor. (Incluído pela Lei n. 14.230, de 2021.)
>
> § 6º O acordo a que se refere o *caput* deste artigo poderá contemplar a adoção de mecanismos e procedimentos internos de integridade, de auditoria e de incentivo à denúncia de irregularidades e a aplicação efetiva de códigos de ética e de conduta no âmbito da pessoa jurídica, se for o caso, bem como de outras medidas em favor do interesse público e de boas práticas administrativas. (Incluído pela Lei n. 14.230, de 2021.)

§ 7º Em caso de descumprimento do acordo a que se refere o *caput* deste artigo, o investigado ou o demandado ficará impedido de celebrar novo acordo pelo prazo de 5 (cinco) anos, contado do conhecimento pelo Ministério Público do efetivo descumprimento. (Incluído pela Lei n. 14.230, de 2021.)

A expressão **"acordo de não persecução cível"** designa a ideia de autocomposição na esfera de improbidade administrativa, que torna desnecessária a propositura ou a continuidade da ação eventualmente proposta com o objetivo principal de impor sanções ao agente ímprobo. Por outras palavras, estabeleceu-se, no plano normativo, instituto de consensualidade e cooperação que permite a conciliação antes ou depois da propositura da ação de improbidade administrativa[186].

No ponto, questão interessante é saber se esse novo instituto de justiça negociada pode ser aplicado no âmbito da LAE, com vistas à aplicação consensual das sanções civis previstas no art. 19. Diz-se sanções civis porque em relação às sanções administrativas a LAE instituiu um sistema específico de autocomposição, cujo elemento central é o acordo de leniência, com regras e pressupostos próprios.

Conforme visto, a responsabilização judicial é deflagrada por meio de uma ação civil de responsabilização da pessoa jurídica, na qual se buscará a aplicação, de forma isolada ou cumulativa, das sanções civis previstas no art. 19 da LAE.

Essa ação civil de responsabilização da pessoa jurídica infratora prevista no art. 19 da LAE é **espécie de ação civil pública**, na medida em que se destina, em última análise, à proteção do patrimônio público e do interesse público primário, bens de natureza difusa[187]. Referida ação integra, portanto, o denominado microssistema de tutela processual coletiva.

Por considerar não haver diferença substancial entre os regimes sancionatórios (administrativo e civil) das Leis 8.429/1992 e 12.846/2013, especialmente se considerarmos que os bens jurídicos tutelados pela LIA e pela LAE são muito semelhantes e que muitos dos atos de improbidade administrativa também podem configurar os atos lesivos previstos na Lei 12.846/2013, absolutamente razoável sustentar, doravante, ser possível a celebração de acordo de não persecução cível com a pessoa jurídica investigada por ato lesivo à Administração Pública, nos termos do art. 17-B, da LIA, aplicável em caráter complementar à LAE.

Com efeito, não abona a isonomia admitir que o dirigente de uma empresa que concorre para um ato de improbidade administrativa, que concomitantemente configure ato lesivo à Administração Pública, possa ser beneficiado pelo ANPC na esfera da LIA, ao passo que a empresa tenha que responder a uma ação civil pública na esfera da LAE, pela prática da mesma conduta, mesmo concordando com a aplicação antecipada de uma ou algumas das sanções previstas no art. 19 da LAE.

Em reforço a esse entendimento, obtempera-se que as recentes modificações na LIA trouxeram ao microssistema de tutela do patrimônio público a aplicação do princípio da consensualidade punitiva[188], que é uma diretriz expressa do atual sistema processual brasileiro. Não faria sentido, portanto, limitar materialmente a aplicação desse instituto, dada a grande convergência dos campos de incidência da LIA e da LAE.

Noutras palavras, a partir das alterações realizadas na LIA, que passaram a admitir expressamente a solução negociada no domínio da improbidade administrativa, pensamos que

---

186 O acordo de não persecução cível é tratado no capítulo 6 do volume 1 da nossa obra *Interesses Difusos e Coletivos*, para a qual remetemos o leitor.

187 Nesse sentido: MARTINS JR., Wallace Paiva. Comentários ao art. 15. In: DI PIETRO, Maria Sylvia Zanella; MARRARA, Thiago. Lei Anticorrupção comentada. Belo Horizonte: Fórum, 2017, p. 264.

188 CPC: Art. 3º Não se excluirá da apreciação jurisdicional ameaça ou lesão a direito. § 1º É permitida a arbitragem, na forma da lei. § 2º O Estado promoverá, sempre que possível, a solução consensual dos conflitos. § 3º A conciliação, a mediação e outros métodos de solução consensual de conflitos deverão ser estimulados por juízes, advogados, defensores públicos e membros do Ministério Público, inclusive no curso do processo judicial.

os legitimados à propositura da ação civil pública prevista na LAE também poderão celebrar ANPC com as empresas infratoras, com o objetivo de aplicar, consensualmente, uma ou mais das sanções previstas no art. 19 da Lei 12.846/2013. O acordo também deverá contemplar a recomposição integral do patrimônio público lesado, o que se considera o núcleo irrenunciável de tutela do interesse público na matéria (LAE, art. 6º, § 3º, e art. 21, parágrafo único).

O próprio êxito do ANPC no domínio da improbidade administrativa pode ficar comprometido se o reconhecimento de responsabilidade do dirigente da pessoa jurídica na instância da LIA, em troca de algum tipo de benefício, puder implicar responsabilização integral da pessoa jurídica no domínio da LAE.

O tratamento transversal desses acordos proporciona, a um só tempo, maior segurança jurídica, maior proteção ao patrimônio público e uma atuação mais coerente por parte do Estado.

Representativa dos novos paradigmas de atuação sancionatória é a adoção dos institutos de acordos nesta atividade restritiva de direitos. É o caso da colaboração premiada, na esfera criminal, e do acordo de leniência, no direito administrativo sancionador. A LIA, ao prever o ANPC, se insere neste contexto e permite a aplicação de parte de suas regras aos demais instrumentos do microssistema de defesa do patrimônio público, caso da LAE.

A inserção de instrumentos de consensualidade no direito sancionador implica a adoção de novas posturas interpretativas na aplicação de leis punitivas sob a égide constitucional. A ordem é promover a harmonização entre dispositivos legais, para conferir racionalidade, coerência, razoabilidade e efetividade ao sistema jurídico como um todo. Esse novo desenho do regime sancionatório enseja a alteração de *standards* na incidência da legislação afeta ao direito administrativo sancionador, seja *stricto sensu* (no processo administrativo), seja na via judicial (chamada na LAE de responsabilidade civil), de pessoas jurídicas, que devem se adequar aos pressupostos que fundamentam e justificam a solução negocial incentivada pelo ordenamento.

Afigura-se, por tais razões, que outras sanções cabíveis, além das mencionadas na própria LIA, como aquelas previstas na LAE, possam eventualmente ser negociadas e fixadas em acordos de não persecução cível[189].

Noutro flanco, no que concerne à possibilidade de aplicação consensual das sanções administrativas previstas no art. 6º da LAE, alguns esclarecimentos precisam ser feitos.

Os atos lesivos previstos no art. 5º da LAE são passíveis de responsabilização nas esferas administrativa e judicial, sem prejuízo de que também sejam considerados ilícitos penais, cíveis ou administrativos por outras leis.

Na esfera administrativa, a Lei Anticorrupção Empresarial previu a possibilidade de celebração de acordo de leniência com as pessoas jurídicas responsáveis pela prática dos atos lesivos tipificados em seu art. 5º, de modo a isentá-las das sanções previstas no inciso II do art. 6º (publicação extraordinária da decisão condenatória) e no inciso IV do art. 19 (proibição de receber incentivos, subsídios, subvenções, doações ou empréstimos de órgãos ou entidades públicas e de instituições financeiras públicas ou controladas pelo poder público, pelo prazo de 1 a 5 anos), possibilitando também a redução do valor da multa aplicável em até 2/3 (dois terços).

Por se tratar de instituto de direito premial, a concessão dos benefícios legais convencionados no acordo de leniência pressupõe que a pessoa jurídica processada colabore efetivamente com as investigações e com o processo administrativo, de modo que desta colaboração resultem a identificação dos demais atores envolvidos na infração e a obtenção célere de informações e documentos que comprovem o ilícito sob apuração.

[189] Esse entendimento foi adotado pela 5ª Câmara de Coordenação e Revisão do Ministério Público Federal na Orientação 10, que fixa as diretrizes a serem observadas na celebração de acordos nas esferas extrajudicial e judicial da Lei 8.429/1992 e Lei 12.846/2013.

Nos termos do art. 16, *caput*, da LAE, compete à autoridade máxima de cada órgão ou entidade pública celebrar acordo de leniência com as pessoas jurídicas responsáveis pela prática dos atos ofensivos à Administração Pública. Trata-se, como se vê, de instituto de direito premial incidente na esfera de responsabilização administrativa.

A responsabilização judicial, a seu turno, é deflagrada por meio de uma ação civil de responsabilização da pessoa jurídica, na qual se buscará a aplicação, de forma isolada ou cumulativa, das sanções civis previstas no art. 19 da LAE. Dúvidas não há de que o Ministério Público detém legitimidade para o ajuizamento dessa ação civil objetivando a imposição das sanções civis previstas no art. 19 da LAE.

Para além de tais sanções civis, o Ministério Público também está autorizado a pleitear, de forma cumulativa e com exclusividade, nas ações civis públicas por ele propostas, as sanções administrativas previstas no art. 6º da LAE, consistentes em multa e publicação extraordinária da decisão condenatória. Para tanto, deverá ser constatada a omissão da autoridade competente para promover a responsabilização administrativa.

Por outras palavras, na ação civil pública movida pelo Ministério Público, pode-se solicitar tanto as sanções civis quanto a aplicação das sanções administrativas, "desde que constatada a omissão das autoridades competentes para promover a responsabilização administrativa" (art. 20, parte final).

Nessa situação especial de aplicação de sanções administrativas na esfera judicial, questão interessante é saber de quem será a competência para a celebração do acordo de leniência. O silêncio da LAE significa que, nesse caso especial, o programa de leniência foi suprimido? Pensamos que não.

O fato de se delegar à autoridade judicial a competência para a aplicação das sanções administrativas do art. 6º da LAE em caso de omissão da autoridade competente na esfera administrativa também deve deslocar para o Ministério Público a competência para negociar e eventualmente celebrar acordo de leniência, que, nesse contexto excepcional, deverá ser homologado em juízo.

Por outras palavras, a lacuna da LAE em relação à possibilidade de acordo nessas ações civis públicas propostas exclusivamente pelo Ministério Público não afasta a aplicação do programa de leniência nessas situações excepcionais. Ele continua cabível, nas mesmas condições do art. 16, mas há que ser celebrado perante o Ministério Público.

Nessa ordem de ideias, a aplicação consensual das sanções administrativas previstas no art. 6º da LAE, na hipótese de ação civil pública proposta pelo Ministério Público, quando constatada a omissão das autoridades competentes para promover a responsabilização administrativa, deve observar o regime jurídico do acordo de leniência, previsto no art. 16 da Lei 12.846/2013.

Dito de outro modo, a aplicação consensual das sanções previstas no art. 6º da LAE deve ser formalizada num acordo de leniência, celebrado preferencialmente na esfera administrativa, e excepcionalmente na esfera judicial, na hipótese acima citada, observando-se, em qualquer caso, as condições e os requisitos previstos no art. 16 da LAE.

É correto afirmar, portanto, que o ANPC celebrado na esfera da LAE só poderá englobar as sanções civis previstas no art. 19 da LAE. Quanto às sanções administrativas, previstas no art. 6º da LAE, sua aplicação consensual ficará limitada à celebração do acordo de leniência, observadas as condições e os requisitos previstos no art. 16 da LAE.

Entendimento contrário, no sentido de que ANPC também poderia englobar as sanções do art. 6º da LAE, independentemente do cumprimento das condições do art. 16 da LAE praticamente esvaziaria o instituto do acordo de leniência, servindo, assim, de desestímulo à colaboração efetiva da pessoa jurídica com as investigações.

A solução proposta harmoniza as normas da LIA e da LAE, conferindo racionalidade, coerência, razoabilidade e efetividade ao sistema jurídico como um todo.

Em conclusão, tem-se:

i. as sanções civis previstas no art. 19 da LAE podem eventualmente ser negociadas e fixadas em acordos de não persecução cível, nos termos do disposto no art. 17-B da LIA, aplicável em caráter complementar;
ii. as sanções administrativas previstas no art. 6º da LAE só podem ser negociadas e aplicadas consensualmente em acordos de leniência, observado o regime jurídico deste instituto, previsto no art. 16 da LAE; referido acordo, celebrado preferencialmente na esfera administrativa, também poderá ser celebrado pelo Ministério Público na esfera judicial de responsabilização, em caráter excepcional, na hipótese prevista no art. 20, parte final, da LAE.

6.10.12 Coisa julgada

A LAE não disciplina o regime da coisa julgada nas ações civis públicas de responsabilização por atos lesivos à Administração Pública, nacional ou estrangeira.

Na lacuna da lei, a coisa julgada segue o regime do microssistema do processo coletivo. Significa dizer que a sentença na ação civil pública de responsabilidade por ato lesivo faz coisa julgada erga omnes (art. 18 da Lei da Ação Popular; art. 16 da Lei da Ação Civil Pública; e art. 103, I, do CDC), dada a dimensão difusa dos interesses por ela tutelados (patrimônio público e princípios da Administração Pública).

Seguindo o regime do microssistema do processo coletivo, tem-se:

a) a sentença de **procedência** na ação civil pública de responsabilidade por ato lesivo faz coisa julgada *erga omnes;*
b) a sentença de **improcedência por falta de provas** não faz coisa julgada;
c) a sentença de **improcedência por outros fundamentos** (ex.: atipicidade da conduta; inexistência do ato lesivo; prova da ausência de participação etc.) faz coisa julgada *erga omnes.*

Por fim, registre-se que o regime da coisa julgada na ação civil pública, aplicável, como visto, à ação civil de responsabilidade por ato lesivo à Administração Pública, é estudado com maior fôlego no Capítulo 2 do primeiro volume deste trabalho, para o qual remetemos o leitor.

6.10.13 Prescrição

A pessoa jurídica de direito privado em cujo interesse ou benefício é praticado o ato lesivo à Administração Pública não pode ficar indefinidamente sujeita a responder pelo ilícito.

Ainda que subsista interesse público na apuração do ato lesivo e na aplicação das correspondentes sanções, predomina a segurança jurídica de que aquilo que não foi tempestivamente examinado não poderá justificar a punição do agente ímprobo.

A única ressalva refere-se à pretensão de ressarcimento do dano ao erário, imprescritível por determinação constitucional (CF, art. 37, § 5º).

A LAE optou pela segurança jurídica, em detrimento da punição do infrator, ao estipular, em seu art. 25, o **prazo prescricional de 5 (cinco) anos** para o exercício da pretensão punitiva estatal. Confira-se:

> **Art. 25.** Prescrevem em 5 (cinco) anos as infrações previstas nesta Lei, contados da data da ciência da infração ou, no caso de infração permanente ou continuada, do dia em que tiver cessado.

Observe-se que a LAE estabeleceu dois termos de início para o cômputo do prazo prescricional, a saber:

a) data da ciência da infração (regra geral); ou
b) data da cessão do ilícito, no caso de infração permanente ou continuada.

Sobre o primeiro marco temporal (data da ciência do fato), não há necessidade de que a autoridade tenha conhecimento da autoria. Basta que tome ciência formal do fato para que o curso do prazo prescricional tenha início.

O segundo marco temporal trata de infração permanente ou continuada, caso em que o prazo prescricional terá início na data em que tiver cessado a prática da conduta ilícita.

Conforme visto, considera-se *permanente* a infração cuja consumação se prolonga no tempo, por vontade do agente. Por sua vez, infração *continuada* é aquela composta de mais de uma conduta, mas que, pelas condições de tempo, lugar, maneira de execução e outras semelhantes, devem as subsequentes ser havidas como continuação da primeira. Em ambas as situações, o prazo prescricional só começa a correr na data em que tiver cessado o ilícito.

6.10.13.1 Interrupção da prescrição

A LAE prevê duas hipóteses de interrupção do prazo prescricional:

a) **a instauração do processo que tenha por objeto a apuração da infração** (art. 25, parágrafo único): opera-se a interrupção do prazo prescricional com a instauração tanto do processo administrativo de responsabilização, quanto do processo judicial;
b) **a celebração do acordo de leniência** (art. 16, § 9º): a mera proposta não afeta o curso do prazo prescricional. A interrupção só ocorre com a celebração do acordo de leniência.

Com o advento de uma dessas causas interruptivas, o prazo prescricional volta a correr do início, desprezando-se o prazo anteriormente percorrido.

6.10.14 O Cadastro Nacional de Empresas Punidas – CNEP

O art. 22 da LAE criou, no âmbito do Poder Executivo federal o **Cadastro Nacional de Empresas Punidas – CNEP**, que reunirá e dará publicidade às sanções aplicadas pelos órgãos ou entidades dos Poderes Executivo, Legislativo e Judiciário de todas as esferas de governo com base nesta Lei.

Os órgãos e entidades referidos no *caput* do art. 22 deverão informar e manter atualizados, no CNEP, os dados relativos às sanções por eles aplicadas. Além disso, também deverão manter atualizados os dados referentes aos acordos de leniência celebrados.

A medida fornece transparência às punições impostas, facilitando o acesso e a consulta pelos interessados, especialmente pelos órgãos da Administração Pública.

6.10.15 O Cadastro Nacional de Empresas Inidôneas e Suspensas

O art. 23 da LAE cuida de outro cadastro também gerido pelo Poder Executivo da União: o Cadastro Nacional de Empresas Inidôneas e Suspensas – CEIS.

Trata-se de cadastro similar ao CNEP, mas a diferença fundamental é que este mecanismo tem como objeto dados referentes às sanções administrativas aplicadas com base nos arts. 87 e 88 da Lei 8.666/1993, ou, ainda, com base no art. 156 da Nova Lei Geral de Licitações e Contratos.

Os órgãos ou entidades dos Poderes Executivo, Legislativo e Judiciário de todas as esferas de governo também deverão informar e manter atualizados, para fins de publicidade, no Cadastro Nacional de Empresas Inidôneas e Suspensas – CEIS, de caráter público, instituído no âmbito do Poder Executivo federal, os dados relativos às sanções por eles aplicadas, nos termos do disposto nos arts. 87 e 88 da Lei 8.666/1993, ou, ainda, nos termos do art. 156 da Nova Lei Geral de Licitações e Contratos.

CAPÍTULO 7

DIREITO À SAÚDE

LAURO RIBEIRO

7.1 NOÇÕES INTRODUTÓRIAS

Acesse e assista à aula explicativa sobre este assunto.

> http://uqr.to/21kuq

Dizem alguns que um dos marcos do início da civilização humana foi a descoberta de um "fêmur quebrado que foi calcificado", isso porque, em razão do ambiente hostil pela sobrevivência, um fêmur calcificado significa que essa pessoa que, em princípio, seria abandonada à própria sorte em face dessa fratura, foi cuidada por alguém, permitindo sua cura, ou seja, alguém cuidou do outro para que pudesse se recuperar, o que significa dizer que essa capacidade de cuidado entre seus membros possibilitou que as comunidades começassem a se desenvolver, dando início ao processo civilizatório.

A saúde deve ser estudada a partir de uma concepção mais ampla, de **saúde pública**, é dizer, dentro de uma perspectiva além da condição individual ou pessoal de cada um.

A evolução histórica mostra que o atual conceito de **saúde pública ou coletiva** começa a se delinear no Renascimento, juntamente com desenvolvimento do Estado Moderno.

Lembramos a ideia platônica de à concepção de saúde acrescentar o campo da alma e a correspondente necessidade de uma relação adequada entre ela (alma) com o corpo. Assim, o estado de equilíbrio interno do homem e dele com a organização social e a natureza é sinônimo de saúde para a Antiguidade grega, sentido não muito diferente da compreensão atual, como veremos adiante.

Anota Sueli G. Dallari[1], avançando um pouco na história, que será no início do séc. XX que encontraremos instaurada a proteção sanitária como uma política de governo e surge a clássica hierarquização das formas de prevenção: a **primária**[2], que se preocupa com a eliminação das causas e condições de surgimento das doenças, agindo sobre o ambiente (como, p. ex., investindo no saneamento básico) ou sobre a própria pessoa (estimulando comportamentos como de realização de exercícios físicos e boa dieta alimentar); a **secundária** ou prevenção específica, voltada a impedir o surgimento de determinada doença, p. ex., por meio de vacinação; e a **terciária**, que busca restringir a prevalência de incapacidades crônicas ou de recidivas.

O Estado do Bem-Estar Social da metade daquele século realça a concepção econômica, em razão da inegável interdependência entre as condições de saúde e de trabalho, passando a existir uma preocupação com a implementação de uma prevenção sanitária, instituindo-se os sistemas de **assistência social** – voltado à população mais vulnerável e baseado no princípio da solidariedade, o que corresponde à inexistência de uma contraprestação financeira do assistido e sim o financiamento por fundos públicos estatais – e **previdência social**, mecanismo assecuratório restrito aos trabalhadores, mediante contraprestação pecuniária.

Entretanto, exatamente porque a prevenção sanitária era um dos objetivos do desenvolvimento do Estado, se estabeleceu que o conceito de seguridade social engloba os subsistemas de assistência, previdência e saúde públicas, algo próximo do que assistimos atualmente no Brasil, no qual a seguridade social (art. 194 da CF/1988)[3] é composta pelo tripé: assistência social, previdência social e saúde.

Os últimos anos do século passado, contudo, observa Sueli Dallari, revelam uma nova concepção da saúde pública, fortemente influenciada seja pelo parcial fracasso das políticas estatais de prevenção, que não conseguiram superar os limites impostos pela exclusão social, seja pela constatação (científica) da importância decisiva de comportamentos individuais no estado de saúde das pessoas. Por outro lado, o predomínio da ideologia neoliberal provocou uma diminuição do papel do Estado na sociedade em favor dos grupos e associações e da própria responsabilidade individual[4]. O Estado passa a preocupar-se mais com a equação econômica do custo/benefício do que com os dados epidemiológicos, comprometendo o trabalho preventivo que sempre esteve atrelado ao conceito de saúde pública.

Nesse mesmo período, a sociedade moderna viu surgir, após a II Guerra Mundial, um **direito** preocupado com a saúde das pessoas, a que se chamou de "**direito sanitário**"[5].

Ele sofrerá um avanço no último quartel do século XX e terá como característica mais marcante a mudança da ideia de saúde como ausência de doença, que imperava durante a denominada "era terapêutica" dos anos 1930, para uma concepção mais ampla, abandonando a centralidade do indivíduo para se voltar à coletividade, ao meio ambiente e às interações

---

1 *Direito Sanitário*. Disponível em: http://www.saude.ba.gov.br/conferenciaST2005/cdrom/CD%20colet%C3%A2 nea%20 leis%20e%20textos/Artigos/10.doc. Acesso em: 18 maio 2018.

2 A Lei 13.958/2019 instituiu, no âmbito da atenção primária à saúde no SUS, o Programa Médicos Pelo Brasil e autorizou o Poder Executivo federal a implantar serviço social autônomo denominado Agência Para o Desenvolvimento da Atenção Primária à Saúde.

3 Art. 194 da CF/1988: *"A seguridade social compreende um conjunto integrado de ações de iniciativa dos Poderes Públicos e da sociedade, destinadas a assegurar os direitos relativos à saúde, à previdência e à assistência social."*

4 Exemplo disso ocorreu com a organização dos cuidados com a AIDS: prevaleceu a ideia de que a proteção contra a doença é responsabilidade individual e que os grupos – de doentes ou de portadores do vírus ou de familiares ou amigos deles – devem organizar a prestação dos cuidados de saúde, cabendo ao Estado, subsidiariamente, a responsabilidade pelo controle da qualidade do sangue, fator importante, mas certamente não o único.

5 Não adentraremos na discussão doutrinária se o direito sanitário é um ramo autônomo da Ciência Jurídica ou não por fugir do propósito desse estudo. Para quem quiser se aprofundar neste tema, remetemos ao trabalho acadêmico de Alexandre Nemer Elias, *Direito sanitário: autonomia e princípios, Revista de Direito Sanitário*, USP, São Paulo, v. 9, n. 2 p. 47-64, jul./out. 2008 e Sueli Gandolfi Dallari, Direito sanitário. Disponível em: http://www.saude.ba.gov.br/conferenciaST2005/cdrom/CD%20colet%C3%A2nea%20leis%20e%20textos/Artigos/10.doc. Acesso em: 18 maio 2018, p. 12 e seguintes.

sociais, o que significa dizer que para o indivíduo ser saudável o meio onde vive e as pessoas com quem se relaciona também precisam ostentar boas condições de salubridade[6].

Um grande indutor da mudança de paradigma no entendimento do que vem a ser a saúde pública foi a eliminação de judeus e outras minorias na II Guerra Mundial, durante o Holocausto nazista, o que culminou com a criação oficial da Organização Mundial de Saúde/OMS, em 1948, agência especializada nessa área e vinculada à ONU. Tempos depois, realizou-se a Primeira Conferência Internacional sobre Promoção da Saúde, em Ottawa (1986), da qual foi tirada a Carta de Ottawa, uma Carta de Intenções que busca contribuir com as políticas de saúde em todos os países, de forma equânime e universal.

O pós-guerra também produziu importantes avanços no âmbito da pesquisa, do tratamento e de experimentos com seres humanos, resultado do conhecido julgamento militar de Nuremberg, no qual muitos médicos foram julgados como criminosos de guerra e condenados por suas condutas e experimentos, destacando-se dez pontos que davam legitimidade a tais experimentos médicos e que foram incorporados ao Código de Nuremberg (com especial destaque aos critérios da beneficência e autonomia do paciente), e, posteriormente, integraram a Declaração de Helsinque (elaborada em 1964), que disciplinou a relação médico-paciente, e em 1983 inspiraram as Diretrizes Internacionais para Pesquisa Biomédica Envolvendo Seres Humanos. Esses temas dizem mais respeito à medicina preditiva (que se caracteriza por práticas cuja proposta é antever o surgimento de doenças) e às novas disciplinas da bioética (estudo da ética aplicada às biociências médicas e biológicas, em temas de saúde como eutanásia, clonagem, reprodução humana assistida etc.) e do biodireito (ramo do Direito que objetiva, de forma bem resumida, regular e ordenar a atividade científica à luz do ordenamento jurídico, com vistas à preservação da vida e da dignidade humana, dentre outros valores fundamentais)[7], que fogem do âmbito de nosso estudo.

O tema da saúde ainda hoje permeia todos os documentos da ONU e, recentemente, num plano mais global, em 2015, essa organização intergovernamental lançou os "**Objetivos de Desenvolvimento Sustentável**" (ODS), consubstanciados em 17 propostas, complementando os "Objetivos de Desenvolvimento do Milênio" (ODM) que não foram alcançados até aquele ano. A saúde é o terceiro deles e consiste em **"assegurar uma vida saudável e promover o bem-estar para todas e todos, em todas as idades"**, nada obstante apareça em vários outros, como, p. ex., na "ação contra a mudança global do clima" (13º objetivo), "fome zero e agricultura sustentável" (2º objetivo) e "água potável e saneamento" (6º objetivo).

Em outubro de 2022, a Organização Mundial da Saúde, braço da ONU sobre o tema, lançou o primeiro projeto de pesquisa sobre o combate à demência, doença, que pode afetar 78 milhões de pessoas até o fim de 2030 e que já é a 7ª maior causa de morte no mundo. Para a agência de saúde, a demência é um dos maiores desafios de saúde pública da atual geração, sendo que o mundo está atrasado na implementação do Plano de Ação Global sobre a Resposta de Saúde Pública à Demência 2017-2025. Para a cientista-chefe da OMS, Soumya Swaminathan, falta maior empenho mundial em pesquisa e inovação, lembrando que o montante reservado à pesquisa global sobre demência é de menos de 1,5% de toda a produção na área de saúde[8].No Brasil, lembra Reynaldo Mapelli Jr.[9], um marco para o avanço no cuidado com a saúde se deu por meio do movimento sanitarista da década de 1980, que criticava o modelo assistencial-privatista da saúde então vigente e procurava formular propostas de um

---

6 Exemplo disso pode ser o surto de dengue que atingiu várias cidades brasileiras algumas vezes, agravado pela má manutenção das residências ou das ruas, permitindo a formação de criadouros do mosquito em águas paradas e poças d'água.

7 Existe bastante produção doutrinária nessa área. Para uma visão geral, consultar *O estado atual do biodireito*, de Maria Helena Diniz, da editora Saraiva.

8 https://news.un.org/pt/story/2022/10/1804302. Acesso em: 12 dez. 2022.

9 *Judicialização da saúde*: regime jurídico do SUS e intervenção na administração pública, p. 1.

sistema público que contemplasse todos os brasileiros, cujo acontecimento mais vigoroso foi a **VIII Conferência Nacional de Saúde** de 1986, que contou com ampla participação social e cujo relatório final serviu de base para o capítulo da saúde no texto constitucional de 1988.

Sendo um bem coletivo, o direito à saúde não pode ficar restrito a um único indivíduo. É de interesse de toda sociedade que a integralidade dos seus membros – aí incluídos os brasileiros e os estrangeiros – tenha acesso amplo aos serviços de saúde de forma que todo o funcionamento do sistema de atenção à saúde e o aparelhamento público destinado à prestação deste serviço acaba por se constituir em um interesse difuso a ser tutelado e fiscalizado por meio de todo instrumental de proteção existente, tal como a ação civil pública, os TACs, utilizando-se, para tanto, do arsenal legislativo que compõe este sistema (p. ex., o Código de Defesa do Consumidor, o Estatuto da Pessoa Idosa e a Lei da Ação Civil Pública).

Nesse sentido a lição de André de Carvalho Ramos: "**O direito à saúde possui faceta individual e difusa, pois há o direito difuso de todos de viver em um ambiente sadio, sem o risco de epidemias ou outros malefícios à saúde**"[10].

Exemplo trazido da jurisprudência diz com a condenação de empresa farmacêutica de pagar indenização por dano social[11] **causado pela interrupção abrupta e sem observar os trâmites administrativos junto à Anvisa (RDC 48/2009), de um medicamento disponível à população.**

Segundo a decisão do STJ, no julgamento do REsp 2.040.311-SP, Rel. Min. Nancy Andrighi, *"(...) o rompimento indevido dessa expectativa* (sobre a segurança e eficácia do medicamento, para o uso a que se propõe, como também sobre a continuidade de sua fabricação e oferta no mercado de consumo) *gera, sem dúvida, intranquilidade social, pois ultrapassa a esfera de direitos de quem está submetido a tratamento, que se sujeita a sua inesperada interrupção, e atinge todos nós, enquanto potenciais consumidores de medicamentos em geral, que sofremos o abalo na percepção de qualidade da saúde e bem-estar"*, configurando, *"desse modo, o dano social, porquanto está caracterizado o 'comportamento socialmente reprovável' praticado pela MERCK que frustra a confiança depositada pela sociedade no Sistema Nacional de Vigilância Sanitária e, assim, implica manifesto 'rebaixamento do nível de vida da coletividade', em especial quanto à efetividade das ações institucionais destinadas a eliminar, diminuir ou prevenir os riscos à saúde da população (art. 8º da Lei 9.782/1999 c/c art. 6º, § 1º, da Lei 8.080/1990)".*

É bom destacar que a responsabilidade estatal delineada tanto no texto constitucional como na legislação infraconstitucional não se limita à disponibilização de serviços de saúde, alcançando também o dever de regulamentação, fiscalização e controle de todas e quaisquer ações e serviços de saúde, sendo todos eles considerados de relevância pública, ainda quando prestados pela iniciativa privada (o que justifica sua fiscalização e controle).

Esse aspecto é descrito por Ingo W. Sarlet[12], ao apontar que boa parte da doutrina e da jurisprudência vincula a defesa da saúde à tutela do **mínimo existencial**[13]– que vai além da

10 *Curso de direitos humanos*, p. 648.

11 Consta do voto condutor a transcrição da seguinte lição doutrinária sobre dano social: "20. Sobre o dano social, afirma Antonio Junqueira de Azevedo: 'Os danos sociais, por sua vez, são lesões à sociedade, no seu nível de vida, tanto por rebaixamento de seu patrimônio moral – principalmente a respeito da segurança – quanto por diminuição de sua qualidade de vida. Os danos sociais são causa, pois, de indenização punitiva por dolo ou culpa grave, especialmente, repetimos, se atos que reduzem as condições coletivas de segurança, e de indenização dissuasória, se atos em geral de pessoa jurídica, que trazem uma diminuição do índice de qualidade de vida da população' (Junqueira de Azevedo, Antonio. Por uma nova categoria de dano na responsabilidade civil: o dano social. *Revista Trimestral de Direito Civil*, Rio de Janeiro, ano 5, n. 19, p. 211-218, jul./set., 2004 *apud* AZEVEDO, Antônio Junqueira de. *Novos Estudos e Pareceres de Direito Privado*, 1ª edição. São Paulo: Editora Saraiva, 2012, p. 388-395. E-book. ISBN 9788502145269. Disponível em: https://stj.minhabiblioteca.com.br/#/books/9788502145269/. Acesso em: 21 set. 2023)".

12 SARLET, Ingo W. Comentário ao art. 196. *In*: CANOTILHO, J. J. Gomes; MENDES, Gilmar F.; STRECK, Lenio. *Comentários à Constituição do Brasil*. São Paulo: Saraiva/Almedina, 2013, p. 1933.

13 "Consoante a clássica lição do professor Ricardo Lobo Torres, o direito ao mínimo existencial não possui positivação autônoma na Carta de 1988, mas pode ser extraído de inúmeras normas constitucionais contidas nos artigos 1º, 3º, 5º e 6º. Trata-se

mera sobrevivência do indivíduo para proteger a garantia de condições materiais mínimas para uma vida saudável –, o que pressupõe o fornecimento de prestações materiais. Outrossim, diz o autor, a dimensão objetiva do direito à saúde tem justificado a imposição de inúmeros deveres ao Estado, concretizados com a edição de normas penais, normas e medidas nas áreas da vigilância sanitária, da tutela do consumidor, da proteção ao trabalhador e de outros grupos sociais, como os idosos, as crianças, os adolescentes e jovens, dentre outros, assim como do meio ambiente.

É do mesmo doutrinador a advertência de que há de existir todo um arranjo protetivo voltado à máxima garantia do direito à saúde, na medida em que seu dever de realização progressiva advém da lógica do art. 5º, § 1º, da CF/1988, segundo a qual a todas as normas de direito fundamental há de se outorgar a máxima eficácia e efetividade possíveis, dentro de um processo que deve levar em conta "**(...) a necessária otimização do conjunto de princípios (e direitos) fundamentais, sempre à luz das circunstâncias do caso concreto**"[14].

Nessa mesma linha de raciocínio, o Min. Ricardo Lewandowski, em seu voto na ADI 5595 MC/DF[15], afirma a proibição da restrição do dever de **progressividade** previsto no art. 5º, §§ 1º e 2º, e 194, parágrafo único, IV, todos da CF/1988, porque lastreados no comando de preservação da dignidade humana (art. 1º, *caput* e III, da CF/1988).

Vale também o registro de excerto do voto do Ministro aposentado do STF, Marco Aurélio Mello, no julgamento de questão emblemática que foi o fornecimento de medicamentos não incorporados ao SUS (RE 566471/RN – Tema 6, que será tratado com mais vagar neste capítulo): "*A saúde, nela englobado o acesso a medicamentos, constitui bem vinculado à dignidade do homem. É verdade que o desenvolvimento da dimensão objetiva do direito à saúde deve ficar a cargo de políticas públicas. Todavia, os traços de fundamentalidade, inalienabilidade, essencialidade e plena judicialização desses direitos estarão sempre presentes na dimensão do mínimo existencial. O direito à saúde como direito ao mínimo existencial é direito fundamental*".

A *saúde indígena* não escapou do foco de atenção do STF, pois tem que enfrentar o julgamento da ADPF 709, proposta pela Articulação dos Povos Indígenas do Brasil e outros, que tem por objeto ações e omissões do poder público que colocam em risco a saúde e a subsistência desse povo originário. No seu bojo o Ministério da Saúde vem sendo cobrado sobre a completa implantação do Plano de Aperfeiçoamento do Subsistema de Atenção à Saúde Indígena (SasiSUS).

Importante julgamento será feito pelo STF, para enfrentar a ADPF 976, promovida pela Rede Sustentabilidade, o Partido Socialismo e Liberdade (PSOL) e o Movimento dos Trabalhadores Sem Teto, na qual postulam providências para minorar as condições desumanas de vida das pessoas em situação de rua. Para os autores da ação, há um verdadeiro estado de coisas inconstitucional em relação a essa parcela da população, com violação de diversos preceitos fundamentais, entre os quais a dignidade da pessoa humana e seus direitos fundamentais, como vida, igualdade, saúde e moradia. Os autores da ação pretendem, dentre outros pedidos, que os Executivos federal estaduais e municipais promovam ações para preservar a saúde e a vida dessa parcela da população que parece invisível aos olhos de muitos (e perde essa invisibilidade quando passa a "incomodar" os demais, como ocorre ao dormirem na frente de lojas, ingressarem em *shopping centers* etc., gerando a indignação e o inconformismo), além da adoção de providências legislativas, orçamentárias e administrativas a fim de auxiliar tais pessoas em reconhecida situação de vulnerabilidade.

de direito implícito, na realidade, pré-constitucional, pré-estatal, inerente à condição humana digna e fundamentado na liberdade" (extraído do voto do Min. Marco Aurélio, no Julgamento do RE 566471/RN – Tema 6).

14 *Reserva do possível, mínimo existencial e direito à saúde*: algumas aproximações, p. 17.

15 *Reserva do possível, mínimo existencial e direito à saúde*: algumas aproximações, p. 26.

Em julgamento por meio de Sessão Virtual de 11.08.2023 a 21.08.2023, a Suprema Corte referendou liminar anteriormente concedida pelo relator e, após reconhecer o quadro grave de omissões do Poder Público, que resulta em um potencial estado de coisas inconstitucional, o que autoriza a intervenção da Suprema Corte para impor medidas urgentes necessárias à preservação da dignidade da pessoa humana e à concretização de uma sociedade livre, justa e solidária, deliberou, independentemente de adesão formal dos entes federativos que cita, estabelecer a obrigatoriedade da observância da Política Nacional para a População em Situação de Rua pelos Estados, Distrito Federal e Municípios, consubstanciada nas seguintes determinações: A formulação pelo Poder Executivo Federal, no prazo de 120 (cento e vinte) dias, do Plano de Ação e Monitoramento para a Efetiva Implementação da Política Nacional para a População em Situação de Rua e aos Poderes Executivos Municipais e Distrital, bem como onde houver atuação, aos Poderes Executivos Federal e Estaduais, uma série ampla de providências, no âmbito de suas zeladorias urbanas e nos abrigos de suas respectivas responsabilidades, tais como, p. ex.: *"II.1) Efetivem medidas que garantam a segurança pessoal e dos bens das pessoas em situação de rua dentro dos abrigos institucionais existentes; II. 2) Disponibilizem o apoio das vigilâncias sanitárias para garantir abrigo aos animais de pessoas em situação de rua; II.3) Proíbam o recolhimento forçado de bens e pertences, assim como a remoção e o transporte compulsório de pessoas em situação de rua; II.4) Vedem o emprego de técnicas de arquitetura hostil contra as populações em situação de rua, bem como efetivem o levantamento das barreiras e equipamentos que dificultam o acesso a políticas e serviços públicos, assim como mecanismos para superá-las".* Especificamente em relação à *ação em saúde*, estabeleceu-se: *"II.5.5) Determinem a participação de agentes de serviço social e saúde em ações de grande porte"*; e a *"II.8) Formulação de um protocolo intersetorial de atendimento na rede pública de saúde para a população em situação de rua"*, muito embora todas as providências gerais refiram-se a uma busca por condição de vida digna e, consequentemente, de saúde, conforme o conceito de saúde que será tratado no item seguinte. No curso do processo, que ainda tramita, a União apresentou "*Plano de Ação e Monitoramento para Efetivação da Política Nacional para a População em Situação de Rua*", e determinou-se a cientificação dos Procuradores-Gerais de Justiça dos Ministérios Públicos dos Estados e do Distrito Federal e Territórios a respeito do conteúdo da medida cautelar concedida, para fiscalização da implementação das providências cautelares determinadas.

A ampla judicialização da saúde também alcançou o tema da *saúde reprodutiva*, conceituada *como um estado de completo bem-estar físico, mental e social e não simples ausência de doenças ou enfermidades, em todas as matérias concernentes ao sistema reprodutivo e a suas funções e processos*, consoante adotado na Conferência do Cairo, de 1994 e também é objeto de atenção da OMS, que introduziu esse conceito para integrar os programas de reprodução humana às dimensões sociais, expandindo as políticas para além do simples planejamento familiar. No STF tramita a *ADI 5911*, que trata da constitucionalidade de dispositivos da Lei de Planejamento Familiar (9.263/1996), em especial a validade da norma que impõe condições como idade mínima de 21 anos ou dois filhos vivos para a realização de esterilização voluntária (laqueadura e vasectomia).

Dada a complexidade e amplitude do conceito de saúde, tal como vimos até agora, o estudo do direito sanitário deve envolver, também e necessariamente, uma visão multifocal.

Como o propósito deste capítulo é mais restrito, considerando-se o que já foi desenvolvido em outros capítulos desta obra, não avançaremos em questões relativas à saúde da criança e do adolescente, da pessoa idosa, da pessoa com deficiência, à saúde suplementar e complementar[16], aos planos de saúde, meio ambiente, regime jurídico do sistema de saúde dos

[16] A saúde complementar deve ser entendida como um conjunto de ações e serviços de saúde que, embora prestados por pessoas jurídicas de direito privado (sendo privilegiadas as entidades filantrópicas e aquelas sem fins lucrativos), são consideradas ações e serviços públicos de saúde em razão da existência de uma relação jurídica própria, concretizada por

servidores públicos etc., limitando-nos aos temas mais gerais referentes à saúde, neles incluída a saúde mental e o Sistema Único de Saúde.

Não podemos deixar de registrar a importância da consulta, para complementação dos estudos e em uma perspectiva bastante prática, dos Enunciados Aprovados e Consolidados nas várias Jornadas da Saúde, realizadas periodicamente pelo Conselho Nacional de Justiça.

7.2 CONCEITO DE SAÚDE

Nem as constituições anteriores nem a atual trazem um conceito de saúde que seja adequado.

Será no preâmbulo do documento de constituição da Organização Mundial de Saúde (1948) que encontraremos a definição atualmente adotada: a saúde é **"um estado de completo bem-estar físico, mental e social e não somente ausência de afecções e enfermidades"**,[17] concepção que se aproxima do sentido original da palavra "saúde", do latim *salute*, que significa salvação, conservação da vida, cura, bem-estar.

A tal respeito anota Mapelli Jr. que "**No 'Preâmbulo' da Constituição da OMS, cujos dizeres indicam que estamos diante de um direito fundamental que deve ser implementado da forma mais ampla possível pelos Estados mediante a adoção de medidas sanitárias e sociais adequadas, firmou-se o consagrado conceito internacional de saúde**"[18].

Portanto, a ideia de saúde não está restrita à mera cura ou tratamento de doenças e ao seu conceito interagem outros elementos independentes, como a alimentação, o meio ambiente, o saneamento básico, o transporte, o lazer (art. 3º da Lei 8.080/1990 – Lei Orgânica da Saúde – LOS)[19] e deve se desenvolver por meio de políticas públicas voltadas aos cuidados primários da população, conforme preconiza a **Declaração de Alma-Ata** (1978), formulada por ocasião da Conferência Internacional sobre Cuidados Primários de Saúde, reunida naquela localidade, na República do Cazaquistão (ex-República Socialista Soviética), a que aludiremos em outras passagens deste capítulo.

Essa concepção de saúde traz, como vimos, o reconhecimento da essencialidade do equilíbrio interno e também o equilíbrio do ser humano com o ambiente (bem-estar físico, mental e social) e guarda relação com o fato de que o indivíduo é um ser social, um ser gregário por excelência, como já definia Aristóteles, vive na "polis" e como tal deve haver uma preocupação com sua "saúde social", que se traduz na alegria de viver, em seu bem-estar físico,

contratos ou convênios firmados entre essas pessoas jurídicas e os entes federativos: União, Estados, Distrito Federal e Municípios. Suas balizas legais são o art. 199 da CF/1988: *"A assistência à saúde é livre à iniciativa privada"* e pelos arts. 24 a 26 da Lei 8.080/1990. Já a saúde suplementar é aquela na qual estão inseridos os serviços privados de saúde prestados exclusivamente na esfera privada. A assistência é prestada diretamente por operadoras de planos e seguros de saúde, a partir de contrato firmado com o interessado, conforme previsto nas Leis Federais 9.961/2000 (cria a Agência Nacional de Saúde Suplementar – ANS) e 9.656/1998 (dispõe sobre os planos e seguros privados de assistência à saúde) e segundo as diretrizes e fiscalização da ANS.

17 Esse conceito amplo de saúde também é encontrado no art. 3º da Lei Orgânica de Saúde (Lei 8.080/1990): *"Art. 3º Os níveis de saúde expressam a organização social e econômica do País, tendo a saúde como determinantes e condicionantes, entre outros, a alimentação, a moradia, o saneamento básico, o meio ambiente, o trabalho, a renda, a educação, a atividade física, o transporte, o lazer e o acesso aos bens e serviços essenciais". Antonio J. S. Fernandes, na obra Direito à saúde: tutela coletiva e mediação sanitária, anota que esse conceito da OMS foi alterado em 1998, pelo Conselho Executivo daquele órgão por meio da Resolução EB 101.R2 que definiu "A saúde é um estado dinâmico de completo bem-estar físico, mental, espiritual e social, e não consiste apenas na ausência de doença ou de enfermidade"* (p. 72). Todavia, nos documentos da OMS o conceito de saúde continua sendo aquele a que nos referimos.

18 Ministério Público: atuação na área da saúde. *In*: SABELLA, Walter Paulo; DAL POZZO, Antonio Araldo Ferraz; BURLE FILHO, José Emmanuel (coord). *Ministério Público: vinte e cinco anos do novo perfil constitucional*. São Paulo: Malheiros, 2013, p. 457.

19 Exemplo claro dessa interferência externa é que o tratamento médico dispensado a uma pessoa diabética e hipertensa que viva intensamente as atividades numa comunidade carioca, frequentando escola de samba e outros eventos alegres e iterativos, praticando atividade física, será muito menos intenso do que aquela que, com as mesmas moléstias, viva sozinho, num apartamento, sem atividade ou diversão e muito propensa a uma depressão.

mental, econômico, relacionado ao meio em que vive, à sua família. É dizer: esse "mínimo existencial" não pode ser confundido ou reduzido a um "**mínimo vital**", responsável apenas pela sobrevivência do indivíduo; ao contrário, deve ser capaz de garantir uma vida saudável, uma vida que valha a pena ser vivida.

A saúde como um bem coletivo guarda direta relação com a ideia de democracia, que alcança o Direito de uma forma global: não basta que haja um Estado de Direito, ele precisa ser democrático (como anuncia o preâmbulo de nossa Constituição Federal: **"Nós, representantes do povo brasileiro, reunidos em Assembleia Nacional Constituinte para instituir um Estado Democrático"**), o que significa dizer que em tema de saúde, como há interesse de toda a coletividade, ela deve participar das discussões e, de fato, há espaço para isso, especialmente quando nos referimos ao Sistema Único de Saúde, que pressupõe um controle social e uma gestão participativa, o que se dá por meio dos Conselhos e Conferências de saúde[20], como veremos em breve.

Outrossim, como adverte Canotilho[21], é preciso reconhecer que **"a otimização dos direitos sociais não deriva só, ou primordialmente, da proclamação exaustiva do texto constitucional, mas da** *good governance* **dos recursos públicos e privados afectados ao sistema de saúde"**.

Infelizmente, na atualidade, esse conceito está apequenado, voltando a centrar as preocupações novamente para a concepção restritiva de saúde como ausência de doença e isso fica claro ao verificarmos que, no Brasil, as grandes demandas judiciais a respeito desse tema se voltam para o fornecimento de medicamentos, exigidos tanto do Poder Público (via SUS) como do particular (via planos de saúde).

7.3 SISTEMA NORMATIVO DE PROTEÇÃO À SAÚDE NO PLANO INTERNACIONAL

Pela sua magnitude e a partir da preocupação mundial no pós-Segunda Guerra Mundial (associado às consequências da Primeira Guerra Mundial), o direito à saúde vem contemplado no plano internacional a partir de inúmeros documentos, seja no âmbito do sistema global (também denominado "onusiano"), como no sistema regional[22] de proteção dos direitos humanos.

Destaca-se, desde logo, no **sistema "onusiano"**, a **Declaração Universal dos Direitos Humanos**, de 1948, que se dedica a ele nos arts. 22 e 25.

Como é sabido, tal declaração, embora sem caráter vinculante e obrigatório, traz uma forte carga obrigacional moral, um catálogo de direitos, consagrando os ideais permanentes e notabilizados na Revolução Francesa (1789-1799) de igualdade, liberdade e fraternidade, mediante a promoção universal dos direitos humanos, das liberdades fundamentais, delineando também os direitos civis, políticos, sociais, econômicos e culturais.

Ela incorpora a moderna concepção dos direitos humanos, que tem como característica a universalidade, interdependência e indivisibilidade desses direitos, é dizer, basta ser humano para desfrutá-los.

Para a saúde, no art. 25, preconiza que toda pessoa humana tem direito a um padrão de vida capaz de assegurar, para si e sua família, saúde e bem-estar, alcançando todas as fases da vida, do nascimento à velhice.

---

[20] A participação comunitária na gestão do SUS vem disciplinada, basicamente, pela Lei 8.142/1990.

[21] *Estudos sobre direitos fundamentais*, p. 249.

[22] Lembremos que a universalização dos direitos humanos do pós-guerra permitiu o surgimento de um sistema internacional de proteção, composto por tratados (em sentido lato) internacionais mais amplos (denominado "sistema ONU" ou "onusiano"), como a Declaração Universal dos Direitos Humanos e ao lado dele surgiram sistemas regionais de proteção integrados por documentos internacionais de alcance especial (no sistema interamericano é exemplo o Pacto de São José da Costa Rica), que buscam internacionalizar os direitos humanos nos planos regionais, como o são o sistema europeu, africano e interamericano (ao qual aderimos e que é composto pela Comissão Interamericana de Direitos Humanos e pela Corte Interamericana de Direitos Humanos).

Buscando tornar juridicamente vinculante aos Estados vários direitos contidos na Declaração Universal, concretizando seu conteúdo, detalhando-os e criando mecanismos de controle e monitoramento internacional de implantação dos direitos declarados, o **Pacto Internacional de Direitos Econômicos, Sociais e Culturais (PIDESC),** de 1966, internalizado entre nós pelo Decreto Legislativo 226/1991 e promulgado pelo Decreto 591/1992, é tido e havido como um marco por ter dado destaque aos direitos sociais, econômicos e culturais, quebrando a resistência de muitos Estados e de boa parte da doutrina que o viam, em sentido amplo, como meras recomendações e exaltações. Ele cuida do direito à saúde – física e mental – **no art. 12.**

A ela também fazem alusão a Convenção sobre a Eliminação de Todas as Formas de Discriminação Racial (art. 5º, *e*, IV) – promulgada pelo Decreto 65.810/1969 –, a Convenção sobre a Eliminação de Todas as Formas de Discriminação contra a Mulher (arts. 11, *f*, e 12) – promulgada pelo Decreto 4.377/2002 –, a Convenção sobre os Direitos da Criança (art. 24)[23] – promulgada pelo Decreto 99.710/1990 e a Convenção sobre os Direitos das Pessoas com Deficiência, promulgada pelo Decreto 6.949/2009.

No **plano regional interamericano**, podemos destacar a Convenção Americana de Direitos Humanos (Pacto de São José da Costa Rica), internalizado pelo Decreto Legislativo 27/1992 e promulgado pelo Decreto 678/1992 (arts. 4º e 5º), o Protocolo Adicional à Convenção Americana sobre Direitos Humanos em matéria de Direitos Econômicos, Sociais e Culturais (Protocolo de São Salvador), internalizado pelo Decreto Legislativo 56 e promulgado pelo Decreto 3.321/1999, que disso trata no art. 10. Vale registrar que nesse Protocolo Adicional acrescenta-se uma interpretação restritiva e a ressalva de que se trata de obrigações progressivas, condicionadas ao grau de desenvolvimento e à legislação interna dos países signatários (art. 1º)[24].

A esses diplomas internacionais, o Pacto Internacional de Direitos Econômicos, Sociais e Culturais e os documentos internacionais do sistema regional, refere-se o voto do Min. Edson Fachin, no julgamento da ADI 5501/DF, lembrando que a força normativa de tais diplomas internacionais é buscada no § 2º, do art. 5º, da CF/1988, recomendando a leitura do Comentário Geral 14, do Comitê de Direitos Econômicos, Sociais e Culturais (E/C.12/200/4/2000), que traz valiosas contribuições sobre os desdobramentos do direito garantido no art. 12 do Pacto Internacional (PIDESC).

No plano específico da saúde destacam-se o citado documento de constituição da **Organização Mundial da Saúde** (OMS), agência especializada em saúde e subordinada à ONU, em cujo preâmbulo está consagrado o conceito contemporâneo de direito à saúde: estado de completo bem-estar físico, mental e social e a **Declaração de Alma-Ata**[25].

Essa Declaração realça a necessidade de priorizar a atenção primária à saúde (APS), por isso, a cada cinco anos acontece reunião organizada pela Organização Mundial de Saúde, para avaliação do cumprimento dos compromissos assumidos e quais serão os próximos passos, o que inclui o Brasil.

---

[23] Todas essas Convenções foram ratificadas pelo Brasil: Discriminação Racial, em 27.03.1968; Discriminação contra a Mulher, em 01.02.1984 e sobre os Direitos da Criança, em 24.09.1990 e Convenção da Pessoa com Deficiência em 2008.

[24] Nesse sentido, Antonio Joaquim Schellenberger Fernandes, *Direito à saúde*: tutela coletiva e mediação sanitária, p. 74. Para Fernandes, a redação do art. 10 desse Protocolo, que cuida da saúde, procura limitar a interpretação, arrolando apenas medidas voltadas ao controle de doenças, o que, segundo ele, é bom exemplo de como impor-se retrocessos na concepção de saúde e sua proteção jurídica sem alterar substancialmente as palavras (p. 74).

[25] Em setembro de 1978, a Conferência Internacional sobre Cuidados Primários de Saúde, realizada pela Organização Mundial da Saúde (OMS) em Alma-Ata, na República do Cazaquistão, expressava a "*necessidade de ação urgente de todos os governos, de todos os que trabalham nos campos da saúde e do desenvolvimento e da comunidade mundial para promover a saúde de todos os povos do mundo*". A Declaração de Alma-Ata – documento síntese desse encontro – afirmava a partir de dez pontos que os cuidados primários de saúde precisavam ser desenvolvidos e aplicados em todo o mundo com urgência, particularmente nos países em desenvolvimento. Nesse encontro, os países signatários e os organismos internacionais participantes se comprometeram com a *meta de garantir saúde para todos até o ano de 2000*, o que, infelizmente, está longe de ser atendido.

A Declaração, quando firmada, tinha como perspectiva o combate à desigualdade em saúde, uma vez que considera a APS a chave para que as pessoas atinjam um nível de saúde que lhes permita levar uma vida social e economicamente produtiva, tendo relevante papel de prevenção e cuidado comunitário; ela trouxe a noção de intersetorialidade, instrumento para o sucesso da estratégia.

O Brasil também foi signatário de outra importante declaração, a de Astana, em 2018, que, além de reafirmar e atualizar a Alma-Ata, no propósito de fortalecer os sistemas de atenção a saúde como passo essencial para alcançar a cobertura universal de saúde, também focou o combate às desigualdades que persistem.

Mais recentemente, em decorrência da propagação do coronavírus no mundo, foi publicado o Decreto 10.212/2020, que promulga o texto do **Regulamento Sanitário Internacional**[26], acordado na 58ª Assembleia Geral da Organização Mundial de Saúde, em 23 de maio de 2005, revisado. Ele traz o conceito de emergência de saúde pública de interesse internacional, no qual a pandemia de Covid-19 se enquadra. Por se tratar de um acordo internacional, o texto foi aprovado pelo Senado Federal em 2009. Após um intenso trabalho internacional, por intermédio do Órgão Intergovernamental de Negociação (INB), criado em 2021, no auge da pandemia, pela Organização Mundial de Saúde (OMS), do qual o Brasil participou, foi alcançado um Acordo sobre Pandemias da OMS, durante a 78ª Assembleia Mundial da Saúde, em maio de 2025, pelo qual se estabelece parâmetros para que governos ampliem sua capacidade de atuação conjunta no compartilhamento de informações sobre surtos, no fortalecimento de sistemas de saúde pública, na criação de mecanismos de financiamento e no acesso equitativo a vacinas, tratamentos e diagnósticos.

Vale destacar que os documentos internacionais, apesar de algum dissídio doutrinário e jurisprudencial, na atualidade[27] são reconhecidos, segundo a teoria do duplo estatuto: de natureza constitucional, para os aprovados pelo rito do art. 5º, § 3º, da CF/1988, e de natureza supralegal (abaixo da Constituição e acima da legislação interna), para todos os demais, quer sejam anteriores ou posteriores à EC 45/2004 e que tenham sido aprovados pelo rito comum (maioria simples, turno único em cada Casa do Congresso).

7.4 SISTEMA NORMATIVO DE PROTEÇÃO À SAÚDE NO PLANO CONSTITUCIONAL

Ao abordarmos a questão da saúde, tendo em mira seu alcance e abrangência, intimamente ligada ao **direito à vida** (STF, RE 271.286-AgR), é importante lembrarmos que a Constituição de 1988 inovou ao incluir em sua "declaração de direitos" não apenas os direitos civis e políticos, mas também os direitos sociais que anteriormente estavam misturados com a ordem econômica e espalhados nos textos constitucionais.

Essa estruturação, associando os direitos civis e políticos aos direitos sociais, está em sintonia com a concepção contemporânea dos Direitos Humanos, acolhendo o princípio da **indivisibilidade** e **interdependência** entre eles, de maneira que, por exemplo, o direito à liberdade se conjuga ao da igualdade, dele não podendo se dissociar, e assim outros tantos.

26 O Regulamento Sanitário Internacional (RSI) é o principal instrumento jurídico internacional, vinculante a todos os 196 Estados membros da Organização Mundial da Saúde (OMS), entre os quais o Brasil, estabelecido com o objetivo de "prevenir, proteger, controlar e dar uma resposta de saúde pública contra a propagação internacional de doenças, de maneiras proporcionais e restritas aos riscos para a saúde pública e que evitem interferências desnecessárias com o tráfego e o comércio internacionais" (ANVISA, 2009, art. 2º). O RSI também indica, nos casos de emergências de interesse mundial, a utilização das chamadas medidas não farmacêuticas, como o estímulo à prática de higiene pessoal e o distanciamento social, com o fechamento do comércio e de escolas.

27 Essa nova posição prevalecente no STF foi capitaneada pelo Ministro Gilmar Mendes (valendo-se das primitivas ponderações do ex-Ministro Sepúlveda Pertence em seu voto no HC 79.785-RJ), no julgamento do RE 466.343.

A constitucionalização da saúde como direito fundamental é uma das inovações trazidas pela CF/1988, uma vez que garante tal direito como sendo de todos e um dever do Estado, enquanto os textos anteriores, quando existentes, traziam avanços e retrocessos e diziam respeito às regras sobre distribuição de competências (materiais e legislativas) ou cobertura específica de algum direito de trabalhador.

Esse progresso decorreu de conquistas nessa área oriundas de avanços nos sistemas de proteção estabelecidos na legislação ordinária com a criação do **Sistema Nacional de Saúde** (Lei 6.229/1975), depois substituído pelo **Sistema Unificado de Saúde**, além das reivindicações do Movimento de Reforma Sanitária, especialmente a partir da VIII Conferência Nacional de Saúde, em 1986, inspiradores dos constituintes de 1987/1988.

Nossa Carta Política trata da saúde primordialmente a partir do Título VIII – da "Ordem Social"[28] –, no capítulo da **Seguridade Social**, que **"compreende um conjunto integrado de ações de iniciativa dos poderes públicos e da sociedade, destinadas a assegurar os direitos relativos à saúde, à previdência e à assistência social"** (art. 194). Um exemplo da articulação entre a assistência social e a saúde está no art. 19, XII e seu parágrafo único, da Lei Orgânica da Assistência Social (LOAS), Lei 8.742/1993 (acrescido pela Lei 13.714/2018), que determina aos órgãos de assistência social: "Art. 19. (...) XII – **articular-se com os órgãos responsáveis pelas políticas de saúde e previdência social, bem como com os demais responsáveis pelas políticas socioeconômicas setoriais, visando à elevação do patamar mínimo de atendimento às necessidades básicas**".

É encontrada no **art. 6º** dentro dos direitos sociais[29] e, como tal, um direito prestacional (de segunda geração ou dimensão) e de realização progressiva, sendo sua proteção mais detalhada nos **arts. 196 a 200,** muito embora não se possa esquecer que, por estar umbilicalmente atrelado à vida, à saúde também se referem, entre outros, o **art. 7º, IV** (que trata das garantias do trabalhador), o **art. 23, II** (que fala da competência material comum entre União, Estados, Distrito Federal e Municípios no cuidado da saúde e assistência pública), o **art. 24, XII** (que dispõe sobre a competência legislativa concorrente da União, dos Estados e do Distrito Federal sobre proteção e defesa da saúde), o **art. 30, VII** (que trata da prestação pelo Município, com a cooperação técnica e financeira da União e do Estado, de serviços de atendimento à saúde da população), o **art. 227**, *caput* (que cuida da responsabilidade da família, da sociedade e do Estado para a saúde da criança, do adolescente e do jovem, com absoluta prioridade), seu **§ 1º** (que atribui ao Estado o dever de promover programas de assistência integral à saúde da criança, do adolescente e do jovem), e também dos **arts. 55** (que trata da destinação de percentual do orçamento da seguridade social para o setor de saúde), **74 e 75** (que cuidam da contribuição para a saúde), **77** (custeio da saúde) e **79** (que criou o Fundo de Combate e Erradicação da Pobreza), todos do ADCT. Indiretamente, as referências são infindáveis, como, p. ex., a garantia de um meio ambiente ecologicamente equilibrado, **"bem de uso comum do povo e essencial à sadia qualidade de vida"** (art. 225). Ingo W. Sarlet também atribui ao direito à saúde a posição de direito de defesa (ou direito negativo), por ter como objeto a proteção da saúde individual e da saúde pública contra ingerências do Estado ou da sociedade[30].

---

[28] Dispõe o art. 193 da CF, com a redação dada pelo EC 108/2020: "*Art. 193. A ordem social tem como base o primado do trabalho, e como objetivo o bem-estar e a justiça sociais. Parágrafo único. O Estado exercerá a função de planejamento das políticas sociais, assegurada, na forma da lei, a participação da sociedade nos processos de formulação, de monitoramento, de controle e de avaliação dessas políticas*". Deve-se observar que o parágrafo único, introduzido pela EC 108, é de eficácia limitada, por depender de lei.

[29] A respeito da natureza do direito à saúde e das dificuldades de sua concretização, consultar o voto do Ministro Gilmar Mendes no Agravo Regimental na STA 175, do STF.

[30] SARLET, Ingo W. Comentário ao art. 196. *In*: CANOTILHO, J. J. Gomes; MENDES, Gilmar F.; STRECK, Lenio L. à obra do Ingo W. Sarlet (coord.). *Comentários à Constituição do Brasil*. São Paulo: Saraiva/Almedina, 2013, p. 1933.

O **art. 196** inaugura a seção de saúde, reconhecendo que ela é um **direito de todos** – de titularidade universal –, ou seja, sob as luzes dos princípios do acesso universal e igualitário e de um dever do Estado, é garantido não de forma aleatória, mas por meio de políticas públicas[31] (sociais e econômicas) voltadas:

a) à redução do risco de doenças e
b) à garantia do acesso universal e igualitário às ações e serviços para sua promoção, proteção e recuperação – dimensões preventiva, promocional e curativa –, o que justifica defini-lo como **"direito a proteção e promoção da saúde"** e de natureza **indisponível**[32] em razão dos valores que visa proteger: a inviolabilidade do direito à vida, traduzida por uma existência digna (CF/1988, art. 170, *caput*), integridade física e psíquica, adequadas condições de vida e de desenvolvimento do ser humano, entre outros.

Essa titularidade universal, defende Ingo Sarlet, não afasta, todavia, a possibilidade de limitações, especialmente no que diz com o acesso generalizado e sem limites ao sistema de saúde[33], como também tem reconhecido a jurisprudência, sendo exemplo a relevante decisão, à época, pelo **STJ**, do **Tema 106** (REsp 1.657.156), submetido ao rito dos recursos representativos de controvérsia repetitiva, que cuidou da obrigatoriedade do Poder Público de fornecer medicamentos não incorporados **em atos normativos do SUS** cuja tese firmada estabeleceu como **requisitos cumulativos** a comprovação da imprescindibilidade ou necessidade do medicamento, por laudo médico expedido pelo profissional que assiste o paciente, a ineficácia do tratamento ou medicamento fornecido pelo SUS e a existência de *registro na Anvisa do medicamento* (além da incapacidade financeira da pessoa de arcar com os custos do medicamento prescrito). No mesmo sentido da limitação, o STF: RE 607.381 AgR, Rel. Min. Luiz Fux, j. 31.05.2011; ARE 774.391 AgR, Rel. Min. Marco Aurélio, j. 18.02.2014.

Essa tese foi alterada na parte relativa à *exigência de registro na Anvisa*, por força de acolhimento de embargos de declaração, para ficar com a seguinte redação: **"(...) existência de registro do medicamento na Anvisa, observados os usos autorizados pela agência".** Para o relator do recurso, Ministro Benedito Gonçalves, o esclarecimento em embargos de declaração foi necessário para evitar que o sistema público fosse obrigado a fornecer medicamentos que, devidamente registrados, tenham sido indicados para utilizações *off label*[34], que não fossem reconhecidas pela Anvisa nem mesmo em caráter excepcional. Ainda segundo o relator, mesmo que determinado uso não conste do registro na Anvisa, na hipótese de haver autorização, mesmo precária, para essa utilização, deve ser resguardado ao usuário do SUS o direito de também ter acesso ao medicamento.

---

31 Política pública é definida por Maria Paula Dallari Bucci como: "[o] *programa de ação governamental que resulta de um processo ou conjunto de processos juridicamente regulados – processo eleitoral, processo de planejamento, processo de governo, processo orçamentário, processo legislativo, processo administrativo, processo judicial – visando coordenar os meios à disposição do Estado e as atividades privadas, para a realização de objetivos socialmente relevantes e politicamente determinados*" (*Políticas públicas*: reflexões sobre o conceito jurídico, p. 39).

32 Assim tem entendido a jurisprudência do STJ quando afirma que "é ilegítimo o corte de fornecimento de energia elétrica quando puder afetar o direito à saúde e à integridade física do usuário" (REsp 853392, Rel. Min. Castro Meira, j. 21.09.2006); decisão monocrática no AREsp 452420/SP, Rel. Min. Herman Benjamin, j. 19.12.2013, e também "é ilegítimo o corte no fornecimento de serviços essenciais quando inadimplente unidade de saúde, uma vez que prevalecem os interesses de proteção à vida e à saúde" (AgRg no Ag 1329795/CE, Rel. Min. Herman Benjamin, j. 19.10.2010 e AgRg no REsp 1142903/AL, Rel. Min. Humberto Martins, j. 28.09.2010).

33 SARLET, Ingo W. Comentário ao art. 196. *In*: CANOTILHO, J. J. Gomes; MENDES, Gilmar F.; STRECK, Lenio. *Comentários à Constituição do Brasil*. São Paulo: Saraiva/Almedina, 2013, p. 1934.

34 Uso *off label* é definido pela Anvisa como o uso em situações divergentes das constantes na bula de um medicamento nela registrado. Pode incluir diferenças na indicação, faixa etária/peso, dose, frequência, apresentação ou via de administração.

É importante frisar que, nesse caso, o STJ realizou a modulação de efeitos do julgamento, porque é vinculativo (art. 927, III, do CPC/2015), no sentido de que **"os critérios e requisitos estipulados somente serão exigidos para os processos que forem distribuídos a partir da conclusão do presente julgamento"**, que se deu, ao que nos parece, com a publicação do acórdão no *DJe* de 04.05.2018, quando se deu publicidade à decisão.

Ocorre que esse julgamento aconteceu bem antes do julgamento, pelo Supremo Tribunal Federal, dos *Temas 6* (RE 566.471/RN) e *1234* (RE 1.366.243/SC), que também trataram dessa questão de medicamentos não incorporados, mas com registro na Anvisa, dos quais cuidaremos com mais vagar adiante, o que leva a concluir que agora deverão prevalecer os critérios adotados em ambos os julgamentos do STF e não mais os adotados no aludido Tema 106 do STJ, até porque a modulação dos efeitos da decisão do Tema 1234 foi estabelecida apenas na questão da competência da Justiça Federal e não das várias outras questões ali decididas sobre o fornecimento de medicamentos. É certo que a grande judicialização desse tema de medicamentos e a falta de uniformização e até mesmo de observância dos entendimentos adotados pelas Cortes Superiores pelas instâncias inferiores de todo o país não nos dá a necessária segurança para afirmar que serão abandonados os critérios adotados no Tema 105 do STJ. A aguardar, para sabermos o encaminhamento a ser dado.

A possibilidade e os limites da exigibilidade do direito à saúde, como um direito subjetivo individual ou postulado coletivamente são tema controvertido[35], justificando algumas anotações.

No caso de demanda judicial por **medicamento incorporado pelo SUS** (incluído na política pública de saúde e, portanto, de dispensação gratuita), não há dúvida acerca da obrigação do Estado de fornecê-lo e, não o fazendo, ser compelido judicialmente. Em tais circunstâncias, a atuação do Judiciário volta-se apenas a **efetivar as políticas públicas já** formuladas no âmbito do sistema de saúde[36].

Também não há maiores dificuldades em se admitir a garantia da tal efetividade quando se cuida do **direito de defesa**, oponível contra o Estado e a sociedade, assim como para o desenvolvimento da função protetiva do direito à saúde, que se dá por meio da organização de instituições (p. ex., a Anvisa) e procedimentos que eventualmente podem depender da edição de normas conformadoras (p. ex., transplante de órgão), hipótese em que a discussão é transferida para o âmbito de controle das **omissões inconstitucionais** na hipótese de insuficiência ou inexistência das medidas concretizadoras do direito à saúde (p. ex., ação direta de inconstitucionalidade por omissão e mandado de injunção).

Como um **direito individual**, no RE-AgR 271.286/RS (*DJ* 24.11.2000), considerado o *leading case* sobre essa matéria, o STF afirmou que o direito à saúde constitui direito fundamental[37] e subjetivo, assegurado à generalidade de pessoas pela própria CF/1988, representando uma consequência constitucional indissociável do direito à vida.

---

[35] Exemplo que dá margem a essa discussão é a decisão do STJ (o número do processo não foi divulgado por segredo de justiça), em sede liminar, que determinou ao Ministério da Saúde o depósito de quase R$ 6,7 milhões de reais para a compra do medicamento "Zolgensma", um dos mais caros do mundo, para o tratamento de um bebê, que padece de atrofia muscular espinhal (AME). Segundo a decisão, além de outros elementos, os documentos juntados aos autos que comprovam a elegibilidade da criança para o tratamento, os benefícios superiores a 90% verificados com o uso do Zolgensma e a necessidade de que o medicamento seja administrado o mais rápido possível. A solicitação de fornecimento do remédio - que ainda não foi aprovado no Brasil - foi apresentada ao Ministério da Saúde, que negou o pedido sob o fundamento de que já havia outro medicamento aprovado e autorizado para o tratamento da patologia (notícia do STJ de 06.10.2020). Igual determinação de disponibilização deste medicamento Zolgensma pela União foi dada pelo Ministro Luiz Fux, na Suspensão de Tutela Provisória 803, para uso *off label*, (o registro na Anvisa é para uso de criança até 2 anos e o paciente tem 3 anos, mas agências renomadas no exterior autorizam até 05 anos). Como o processo corre em segredo de justiça, não foi possível constatar se se trata do mesmo feito.

[36] Nesse sentido a lição do Ministro Luís Roberto Barroso no RE 566471/RN; a decisão no RE 924158-MG, Rel. Min. Cármen Lúcia, e o voto do Ministro Gilmar Mendes no agravo regimental na STA 175.

[37] Esse foi o fundamento adotado pelo STF no HC 83.358/SP (*DJ* 04.06.2004) para afirmar que a condenação por crime hediondo não impede, por si só, a concessão de prisão domiciliar, a fim de proteger a saúde e a dignidade do condenado, especialmente em se tratando de pessoa idosa.

Realçando esse caráter individual, foi editada a Lei 14.198/2021, que dispõe sobre videochamadas diárias entre pacientes internados[38] em serviços de saúde impossibilitados de receber visitas e seus familiares, previamente autorizadas pelo profissional responsável pelo acompanhamento do paciente (a contraindicação deve ser justificada e anotada no prontuário). As videochamadas serão realizadas mesmo no caso de pacientes inconscientes, desde que previamente autorizadas pelo próprio paciente enquanto gozava de capacidade de se expressar de forma autônoma, ainda que oralmente, ou por familiar, e o serviço de saúde zelará pela confidencialidade dos dados e das imagens produzidas durante a videochamada. De notar que a lei não distingue entre os serviços de saúde públicos e privados, valendo, portanto, para ambos, já que ao intérprete não cabe estabelecer restrições onde a lei não o faça.

No AI 550.530AgR, Rel. Min. Joaquim Barbosa, decidiu-se que, conforme jurisprudência consolidada daquela Corte, embora o art. 196 da CF/1988 traga norma de **caráter programático**, o Município não pode furtar-se do dever de propiciar os meios necessários ao gozo do direito à saúde por todos os cidadãos, de forma que se uma pessoa necessita de tratamento adequado para garantir o seu direito à saúde, é dever solidário da União, do Estado e do Município providenciá-lo.

Também no RE 924.158/MG, Rel. Min. Carmen Lúcia, consta da ementa: **"(...) A jurisprudência do Supremo Tribunal Federal é firme no sentido de que, apesar do caráter meramente programático atribuído ao art. 196 da Constituição Federal, o Estado não pode se eximir do dever de propiciar os meios necessários ao gozo do direito à saúde dos cidadãos"**. No mesmo sentido, AgRegRE, com agravo 801.676/PE, Rel. Min. Luís Roberto Barroso[39].

É conhecida a passagem do voto do Min. Celso de Mello, no julgamento do **RE 271.286 AgR,** quando afirma que a interpretação da **norma programática** do art. 196 não pode transformá-la em **promessa constitucional inconsequente**[40].

Também vale a pena ler o voto proferido pelo Min. Gilmar Mendes no **agravo regimental na STA 175,** no qual são examinadas as principais questões trazidas a lume no contexto da concretização do direito social à saúde: os princípios regentes, as correntes doutrinárias envolvidas, a intervenção do Poder Judiciário, a tensão entre reserva do possível e mínimo existencial à luz da dignidade da pessoa humana e outros temas de interesse, além de afirmar que ao atribuir ao **art. 196** da CF/1988 a condição de mera **norma programática,** incapaz de produzir efeitos e ser só uma diretriz, estar-se-á negando a força normativa da Constituição[41].

---

38 Vale lembrar que em relação à criança e ao adolescente há a regra do art. 12 do ECA: "Art. 12. *Os estabelecimentos de atendimento à saúde, inclusive as unidades neonatais, de terapia intensiva e de cuidados intermediários, deverão proporcionar condições para a permanência em tempo integral de um dos pais ou responsável, nos casos de internação de criança ou adolescente. Parágrafo único. Será garantido à criança e ao adolescente o direito de visitação à mãe ou ao pai internados em instituição de saúde, nos termos das normas regulamentadoras*".

39 Diz a ementa: *"A jurisprudência do Supremo Tribunal Federal é firme no sentido de que, apesar do caráter meramente programático atribuído ao art. 196 da Constituição Federal, o Estado não pode se eximir do dever de propiciar os meios necessários ao gozo do direito à saúde dos cidadãos. O Supremo Tribunal Federal assentou o entendimento de que o Poder Judiciário pode, sem que fique configurada violação ao princípio da separação dos Poderes, determinar a implementação de políticas públicas nas questões relativas ao direito constitucional à saúde. O Supremo Tribunal Federal entende que, na colisão entre o direito à vida e à saúde e interesses secundários do Estado, o juízo de ponderação impõe que a solução do conflito seja no sentido da preservação do direito à vida"*.

40 Continua o Ministro: *"(...) O caráter programático da regra inscrita no art. 196 da Carta Política – que tem por destinatário todos os entes políticos que compõem, no plano institucional, a organização federativa do Estado brasileiro – não pode converter-se em promessa constitucional inconsequente, sob pena de o Poder Público, fraudando justas expectativas nele depositadas pela coletividade, substituir, de maneira ilegítima, o cumprimento de seu impostergável dever, por um gesto irresponsável de infidelidade governamental ao que determina a própria Lei Fundamental do Estado"*.

41 Em seu voto, Gilmar Mendes cita o mestre lusitano Canotilho e seu estudo sobre a concretização dos *direitos econômicos, sociais e culturais*, quando afirma que a doutrina jurídica ainda não alcançou conclusões razoáveis e satisfatórias sobre o tema da implementação de tais direitos (CANOTILHO, J. J. Gomes. *Metodologia "fuzzy" e "camaleões normativos" na problemática actual dos direitos econômicos, sociais e culturais. Estudos sobre direitos fundamentais.* Coimbra: Coimbra, 2004). Nessa obra, Canotilho se refere à *metodologia fuzzy*, extraída de fora do direito (na lógica) e que significa, de forma bem singela, uma técnica de raciocínio aproximado, quando não há certeza definitiva sobre o resultado final, mas apenas do resultado possível, o que traduz, na hipótese, que o jurista, ao tratar dos problemas complexos desses direitos, "não sabem do que estão

No julgamento do REsp 1.682.836-SP, Rel. Min. Og Fernandes, j. 24.04.2018, o STJ, ao apreciar o **Tema 766** (legitimidade ministerial para demandas com beneficiários individualizados) reconheceu que se trata de um **direito subjetivo, indisponível, "com base na interpretação do conjunto de regras legais acerca da matéria, se encontra albergado no âmbito de decisões do Supremo Tribunal Federal (RE 407.902/RS, Rel. Min. Marco Aurélio, *DJe* 28.08.2009)".**

Embora prevaleça esse entendimento da titularidade individual do direito à saúde, há quem sustente que se deva priorizar a efetivação do direito à saúde pela via judicial mediante a tutela coletiva[42].

Nota-se, pela dicção do dispositivo constitucional em análise (art. 196), que, além de um direito fundamental, é um **dever fundamental**, um **direito-dever** cuja efetivação foi precipuamente entregue ao poder público, mas sem deixar de lado a **responsabilidade individual** pela sua saúde (e quando omissa poderá ensejar a intervenção estatal, como é o caso da medida de internação compulsória) e a de **terceiro** (a ofensa à integridade física e à saúde de outrem pode caracterizar crime e ensejar indenização).

Sobre a responsabilidade pessoal pela própria saúde[43], a PGR ingressou com Arguição de Descumprimento de Preceito Fundamental (ADPF 618) postulando garantir a testemunhas de Jeová maiores e capazes o direito de recusar a transfusão de sangue, tendo por fundamento os direitos constitucionais à vida digna e à liberdade de crença. Para a PGR há diversos dispositivos normativos (p. ex., art. 146, § 3º, I, do CP, Resolução 1.021/1980 do Conselho Federal de Medicina) que geram insegurança jurídica ao estabelecerem como dever do médico a realização da transfusão, mesmo diante da recusa do paciente ou seus responsáveis, na perspectiva de que a medicina deve cuidar da saúde do ser humano, sem preocupação de ordem religiosa, e que a recusa pode ser encarada como suicídio.

Ainda sobre essa questão, no julgamento do RE 979742 (Tema 952), em que se discutia se o direito à liberdade religiosa (testemunha de Jeová) justifica o custeio, pelo poder público, de tratamento médico alternativo compatível com as convicções religiosas do paciente, inclusive despesas de locomoção para ele e um acompanhante, quando o tratamento não estiver disponível na rede pública de seu domicílio, definiu-se a seguinte tese: "*1. Testemunhas de Jeová, quando maiores e capazes, têm o direito de recusar procedimento médico que envolva transfusão de sangue, com base na autonomia individual e na liberdade religiosa. 2. Como consequência, em respeito ao direito à vida e à saúde, fazem jus aos procedimentos alternativos disponíveis no Sistema Único de Saúde – SUS, podendo, se necessário, recorrer a tratamento fora de seu domicílio*".

Consta do corpo da ementa, como fundamento da decisão, que: "*O direito à recusa de transfusão de sangue por convicção religiosa tem fundamento nos princípios constitucionais da dignidade da pessoa humana e da liberdade de religião. A dignidade humana exige o respeito à autonomia individual na tomada de decisões sobre a saúde e o corpo. Já a garantia da liberdade religiosa impõe ao Estado a tarefa de proporcionar um ambiente institucional e jurídico adequado para que os indivíduos possam viver de acordo com os ritos, cultos e dogmas de sua fé, sem coerção ou discriminação*", mas foram feitas as seguintes ressalvas: a recusa de transfusão de sangue somente pode ser manifestada em relação ao *próprio interessado, sem estender-se a terceiros*, inclusive e notadamente *filhos menores*. Em relação a eles, afirmou-se que, "*havendo*

a falar" – p. 100). A expressão "*camaleões normativos*" parece aproximar a ideia da indeterminação dos direitos sociais, que conduz a resultados jurídicos diversos a depender do enfoque e da decisão judicial.

42 Nesse sentido, BARROSO, Luiz Roberto. *Da falta de efetividade à judicialização excessiva: direito à saúde, fornecimento gratuito de medicamentos e parâmetros para a atuação judicial. Interesse Público*, n. 46, nov.-dez. 2007, p. 31-61.

43 Tema relacionado a esse direito subjetivo é o da *recusa terapêutica*, disciplinada pela Resolução CFM (Conselho Federal de Medicina) 2.232/2019, como um direito do paciente maior de idade, capaz, lúcido, orientado e consciente no momento da decisão, apenas para tratamentos eletivos (não urgentes), Resolução esta que é objeto da ADPF 642 proposta pelo Partido Socialismo e Liberdade (PSOL) exatamente por limitar o rol dos possíveis optantes (exclui grupos vulneráveis como crianças, adolescentes, pessoas com sofrimento psíquicos e outros) e também a hipótese (exclui a urgência). Essa ação foi redistribuída para o mesmo Relator da ADPF 618, Ministro Nunes Marques, e ainda tramita.

tratamento alternativo eficaz, conforme avaliação médica, os pais poderão optar por ele". Foram opostos embargos de declaração, até o momento não julgados.

Também sobre transfusão de sangue e *testemunha de Jeová*, no julgamento do RE 1212272 (Tema 1069 de repercussão geral), o STF enfrentou a questão da possibilidade de paciente submeter-se a tratamento médico disponível na rede pública sem a necessidade de assinatura de termo de consentimento para eventual realização de transfusão de sangue, em respeito a sua convicção religiosa. Consta da ementa do julgado que a atuação médica em respeito à legítima opção realizada pelo paciente não pode ser caracterizada, *a priori*, como uma conduta criminosa, assim como não pode ensejar responsabilidade civil do Estado ou do agente estatal em razão de danos sofridos pela ausência de emprego de meios não aceitos pelo paciente. A tese fixada foi "*1. É permitido ao paciente, no gozo pleno de sua capacidade civil, a recusa, por motivos religiosos, de submeter-se a tratamento de saúde. A recusa, por razões religiosas, a tratamento de saúde é condicionada à decisão inequívoca, livre, informada e esclarecida do paciente, inclusive, quando veiculada por meio de diretivas antecipadas de vontade. 2. É possível a realização de procedimento médico, disponibilizado a todos pelo sistema público de saúde, com a interdição da realização de transfusão sanguínea ou outra medida excepcional, caso haja viabilidade técnico-científica de sucesso, anuência da equipe médica com a sua realização e decisão inequívoca, livre, informada e esclarecida do paciente*". Foram opostos embargos de declaração, ainda não apreciados até este momento.

Note-se que, nos referidos julgados, há expressa menção a pessoas maiores e capazes e desde que a decisão não afete terceiros e seja tomada de forma livre, consciente e informada, de maneira que não alcance a criança e o adolescente (ainda que filhos), quando deve prevalecer o princípio do melhor interesse para a saúde e vida desses grupos. No RE 979742/AM, apesar de excepcionar a validade da recusa à criança e ao adolescente, foi feita a ressalva "*havendo tratamento alternativo eficaz, conforme avaliação médica, os pais poderão optar por ele*".

A partir da ideia de um dever fundamental, é possível afirmar seu vínculo ao princípio da solidariedade, no sentido de que toda a sociedade se torna, de alguma forma, corresponsável pela efetivação do direito à saúde, tanto no plano da saúde de todos como de cada um, além da responsabilidade conjunta dos entes estatais (União, Estados, Município e Distrito Federal), na forma do art. 23, II, da CF/1988[44].

Exemplo recente desse dever de solidariedade teve que encontrar no STF a solução. Referimo-nos à proibição imposta pela Agência Nacional de Vigilância Sanitária para que homossexuais sejam doadores de sangue.

No julgamento da ADI 5543, o Min. Edson Fachin chamou a atenção para a necessidade de uma desconstrução do Direito posto a fim de permitir a concretização da Justiça, adotando-se, na intepretação do Direito, o "*compromisso com um tratamento igual e digno a essas pessoas que desejam exercer a alteridade e doar sangue*". Lembrou que orientação sexual não contamina ninguém e sim condutas de risco. Ao final, a Corte Suprema, por maioria de votos, julgou o pedido procedente e reconheceu a inconstitucionalidade dos atos normativos secundários[45]. Nada obstante a decisão, mais recentemente a Associação Brasileira de Lésbicas, Gays, Bissexuais, Travestis, Transexuais e Intersexos ingressou com Reclamação (41506) no STF na qual postula o cumprimento imediato da decisão exarada na aludida ADI.

Essa solidariedade do art. 23, II, da CF/1988, para disponibilizar tratamento, medicamento ou material, foi reconhecida pelo STF, no julgamento do RE 855178, de 23.05.2019 (**Tema 793**),

44 Sobre a imprescindibilidade do reconhecimento dessa solidariedade em razão de tantas distorções fáticas no cumprimento do dever de gasto mínimo em saúde, conferir voto do Ministro Ricardo Lewandowski na ADI 5595 MC/DF, p. 15.

45 São as seguintes disposições normativas alcançadas pela decisão: art. 64, IV, da Portaria 158/2016 do Ministério da Saúde, e o art. 25, XXX, *d*, da Resolução da Diretoria Colegiada – RDC 34/2014 da Agência Nacional de Vigilância Sanitária – Anvisa. Foram vencidos os Ministros Alexandre de Moraes, Marco Aurélio, Ricardo Lewandowski e Celso de Mello que julgavam improcedente o pedido.

no qual fixou-se a seguinte tese: "**Os entes da federação, em decorrência da competência comum, são solidariamente responsáveis nas demandas prestacionais na área da saúde, e diante dos critérios constitucionais de descentralização e hierarquização, compete à autoridade judicial direcionar o cumprimento conforme as regras de repartição de competências e determinar o ressarcimento a quem suportou o ônus financeiro**"[46].

Entretanto, é importante esclarecer que o STF vem entendendo que a participação da União será obrigatória quando se tratar de medicamento não incorporado ao SUS por ato administrativo do Ministério da Saúde, com apoio da Conitec (art. 19-Q da Lei 8.080/1990), conforme constou do voto do Min. Edson Fachin nos embargos de declaração tirados contra o v. acórdão proferido no RE 855178, antes referido (de onde extraído o Tema 793), aclaratórios estes que não foram acolhidos, por maioria de votos, e vem assim ementado: "*Constitucional e administrativo. Embargos de declaração em recurso extraordinário com repercussão geral reconhecida. Ausência de omissão, contradição ou obscuridade. Desenvolvimento do procedente. Possibilidade. Responsabilidade de solidária nas demandas prestacionais na área da saúde. Desprovimento dos embargos de declaração. 1. É da jurisprudência do Supremo Tribunal Federal que o tratamento médico adequado aos necessitados se insere no rol dos deveres do Estado, porquanto responsabilidade solidária dos entes federados. O polo passivo pode ser composto por qualquer um deles, isoladamente, ou conjuntamente. 2. A fim de otimizar a compensação entre os entes federados, compete à autoridade judicial, diante dos critérios constitucionais de descentralização e hierarquização, direcionar, caso a caso, o cumprimento conforme as regras de repartição de competências e determinar o ressarcimento a quem suportou o ônus financeiro. 3. As ações que demandem fornecimento de medicamentos sem registro na Anvisa deverão necessariamente ser propostas em face da União. Precedente específico: RE 657.718, Rel. Min. Alexandre de Moraes. 4. Embargos de declaração desprovidos*" (Plenário, *DJe* 16.04.2020). Sobre essa questão dos medicamentos não incorporados pelo SUS e a competência para o ajuizamento das ações trataremos separadamente, como já salientado, ao cuidarmos do RE 1366243 e o respectivo ***Tema 1234***, que pela extensão mereceu atenção especial. Registramos que, conforme anotado adiante, na apreciação de um dos vários embargos de declaração opostos no referido RE 1366243 foi decidido que "***Apenas a matéria discutida no tema 1.234*** *está* ***excluída do tema 793***".

Veja-se que a esse julgamento dos embargos de declaração se refere o Min. Dias Toffoli, na recente apreciação da Reclamação 49.890-MS, julgada em 22.03.2022, que foi acolhida, para cassar a decisão reclamada e determinar a inclusão da União no polo passivo da ação e o envio dos autos à Justiça Federal, mantendo, contudo, a medida liminar concedida na origem até que o direito seja apreciado pelo juízo competente (processo originário 0801074-76.2019.8.12.0003, que tramitou no Tribunal de Justiça de Mato Grosso do Sul). De igual teor a decisão proferida pelo Min. Dias Toffoli na Reclamação 50414, também de Mato Groso do Sul, na qual se determinou a inclusão da ação no polo passivo "*(...) sem prejuízo da presença do estado e/ou do município na relação processual*".

Além de ser um direito de todos (art. 196), a saúde foi qualificada no **art. 197** da CF/1988 como prestação de **relevância pública**, o que acentua seu caráter indisponível, em termos subjetivos e objetivos – é dizer, do ponto de vista do direito individual e coletivo, bem assim da

---

[46] Esclareceu o Ministro Edson Fachin (Relator para o acórdão) que a tese não trata da formação do polo passivo. Caso se direcione e depois se alegue que, por alguma circunstância, o atendimento possa ter levado um ente da Federação a eventual ônus excessivo, a autoridade judicial determinará o ressarcimento a quem suportou o ônus financeiro. Para os Ministros vencidos, a demanda deve ser dirigida à pessoa política com competência administrativa para o fornecimento, dispensação daquele tratamento, medicamento ou material, ressalvada, em todos os casos, a responsabilidade subsidiária da União. Crítica que se faz a esse julgado é que o STF desconsiderou a forma do sistema adotado, que determina a integração das ações e serviços de saúde de forma regionalizada e hierarquizada, tendo-se em conta, entre outros fatores, o grau de complexidade do atendimento, de maneira que um município, a depender de suas características, não está obrigado nem autorizado a realizar transplante de órgão. Assim, não pode ser obrigado judicialmente a tanto.

garantia da existência do próprio Sistema Único de Saúde –, **"de ordem a legitimar a atuação do Ministério Público e do Poder Judiciário naquelas hipóteses em que os órgãos estatais, anomalamente, deixassem de respeitar o mandamento constitucional"**[47], cabendo ao Poder Público, como função estatal típica, dispor sobre sua regulamentação, fiscalização e controle, mediante uma política sanitária, e que se dá em grande parte pelo Sistema Nacional de Vigilância (controle e registro de medicamentos, insumos farmacêuticos e outros e até mesmo intervenção na regulação de preços no mercado de medicamentos), devendo sua execução ser feita diretamente ou por meio de terceiros, pessoa física ou jurídica, inclusive de direito privado (art. 197, parte final) – englobando tanto a atividade privada prestada em função de convênios e contratos administrativos firmados com o SUS, como na saúde suplementar (mediante contratos de planos e seguros de saúde). Sua assistência é livre à iniciativa privada[48] (art. 199).

Portanto, os serviços e ações de saúde não são exclusivos do Estado e podem ser prestados pela iniciativa privada, mas serão sempre considerados de "relevância pública", o que autoriza a intensa regulamentação e fiscalização estatal.

Na síntese de Ingo Sarlet, pode-se dizer que essas atividades desenvolvidas pelo Estado concretizam diferentes dimensões do dever fundamental de proteção à saúde que é imposto ao Estado na condição de obrigação de tutela e, bem por isso, **"sujeito aos controles de suficiência (princípio da proporcionalidade como proibição de insuficiência) e eficiência (CF, art. 37, *caput*) por parte do Judiciário"**[49].

O **art. 198** cuida da essência da atual **sistemática de atenção à saúde**. Inicia afirmando que todas as ações e serviços de saúde integram um **sistema único**, compreendido por uma rede regionalizada e hierarquizada, com vistas ao adequado atendimento à população em geral.

Da dicção do dispositivo extrai-se como consequência lógica que todos os entes federativos – União, Estados, Distrito Federal e Municípios – participam desse sistema único e são solidariamente responsáveis pela prestação de todos os serviços e ações inerentes à proteção, recuperação e promoção da saúde, na linha do que dispõe o **art. 23, II,** da CF/1988, como já afirmado e reiteradamente reconhecido pela jurisprudência, não sendo de admitir o chamamento ao processo, p. ex., da União, pois se cuida de litisconsórcio facultativo[50], exceto se se tratar de medicamento não incorporado ao SUS, como anotamos linhas atrás.

---

[47] Extraído do voto do Ministro Celso de Mello no REAgR 271.286.

[48] Essa liberdade também vem afirmada na Lei 8.080/1990, quando menciona a participação complementar da iniciativa privada (art. 4º, § 2º, da Lei 8.080/1990), e por isso é possível afirmar que no Brasil o público e o privado se misturam no atendimento à saúde. A predominância dessa atuação está na saúde complementar e suplementar, esta última por meio de planos e seguros de saúde.

[49] SARLET, Ingo W. Comentário ao art. 196. *In*: CANOTILHO, J. J. Gomes; MENDES, Gilmar F.; STRECK, Lenio. *Comentários à Constituição do Brasil*. São Paulo: Saraiva/Almedina, 2013, p. 1938.

[50] STF, RE 607.381/SC, de relatoria do Ministro Luiz Fux. No STJ – REsp 1203244/SC –, *matéria decidida pelo rito de recurso repetitivo (Tema 686) e relativa à desnecessidade do chamamento da União ao processo que é movido contra o Estado de Santa Catarina, afirmou-se: "(...) A Primeira Turma do Supremo Tribunal Federal entende que 'o recebimento de medicamentos pelo Estado é direito fundamental, podendo o requerente pleiteá-los de qualquer um dos entes federativos, desde que demonstrada sua necessidade e a impossibilidade de custeá-los com recursos próprios', e 'o ente federativo deve se pautar no espírito de solidariedade para conferir efetividade ao direito garantido pela Constituição, e não criar entraves jurídicos para postergar a devida prestação jurisdicional', razão por que 'o chamamento ao processo da União pelo Estado de Santa Catarina revela-se medida meramente protelatória que não traz nenhuma utilidade ao processo, além de atrasar a resolução do feito, revelando-se meio inconstitucional para evitar o acesso aos remédios necessários para o restabelecimento da saúde da recorrida' (RE 607.381 AgR, Relator Ministro Luiz Fux, Primeira Turma, DJ 17.6.2011)"*. A tese firmada pelo STJ neste caso foi: *O chamamento ao processo da União com base no art. 77, III, do CPC, nas demandas propostas contra os demais entes federativos responsáveis para o fornecimento de medicamentos ou prestação de serviços de saúde, não é impositivo, mostrando-se inadequado opor obstáculo inútil à garantia fundamental do cidadão à saúde* (este e outros julgados sobre o tema estão disponibilizados na edição 168 do caderno "Jurisprudência em Teses", do STJ, item 4, de 23.04.2021). Nesse sentido, mais recentemente, o julgamento CC 188.002/SC, 1ª S., Rel. Min. Gurgel de Faria, j. 12.04.2023, *DJe* 18.04.2023, quando se afirmou que, *"embora seja possível aos entes federais organizarem-se de maneira descentralizada com relação às políticas públicas na área da saúde, essa organização administrativa não afasta o dever legal de o Estado (lato sensu) assegurar o acesso à medicação ou ao tratamento médico a pessoas desprovidas de recursos financeiros, em face da responsabilidade solidária entre eles. Em outras palavras, a possibilidade de o usuário do SUS escolher quaisquer das esferas de poder para obter a medicação e/ou os insumos desejados, de forma isolada e indistintamente conforme ratificado pelo próprio*

Em razão da sua natureza constitucional, o SUS assume a condição de uma autêntica **garantia institucional** fundamental, o que lhe outorga, nas palavras de Sarlet, a condição de **limite material à reforma constitucional** e está protegido contra qualquer **retrocesso** que possa advir de eventuais medidas tendentes a aboli-lo ou esvaziá-lo, formal e materialmente, até mesmo quanto aos princípios que o alicerçam, porque **"não apenas a saúde é protegida, mas o próprio SUS, como instituição pública, é sujeito à tutela constitucional protetiva"**. De igual forma, a estruturação constitucional do SUS significa que a efetivação do direito à saúde deve ocorrer de conformidade com os princípios e diretrizes pelos quais ele foi constitucionalmente instituído, especialmente a partir dos arts. 198 a 200 da CF/1988[51].

Por ser o sistema ÚNICO (princípio da unidade do SUS), todos os serviços e ações de saúde, sejam públicos ou privados, devem seguir e desenvolver-se a partir das mesmas políticas e diretrizes, ainda que divididas nos níveis nacional, regional, estadual e municipal.

Essas diretrizes do sistema estão elencadas nos três incisos do art. 198: **descentralização; atendimento integral** e **participação comunitária,** ao que se acrescenta a **gratuidade.**

A **primeira** delas, a **descentralização**, deve ser entendida a partir da preocupação de não se estabelecer a responsabilidade político-administrativa pelo sistema em um órgão **único e central**, mas sim por meio do repasse paulatino dessa prestação e direção ao município, porque é lá que os órgãos públicos estão mais próximos da população e conhecem melhor as necessidades e dificuldades próprias (art. 30, VII, da CF/1988). Há um liame claro entre a estruturação do SUS e o nosso modelo federativo, que tem a característica de contar com esse "tertius", o município, como nível de poder; dessa maneira, a municipalização pode ser reconhecida como a principal forma de descentralização e regionalização do SUS.

Essa **descentralização** é apenas administrativa e refere-se à repartição de funções entre os entes federativos, mas não afasta a solidariedade dessas esferas na obrigação da prestação do serviço.

A descentralização complementa a ideia de regionalização e hierarquização estabelecida no mesmo art. 198, o que é explicitado no art. 7º, IX, *a* e *b*, da Lei 8.080/1990 (Lei Orgânica da Saúde – LOS): (a) a regionalização permite uma atuação por meio de ações e serviços que atendam às necessidades locais e (b) a hierarquização, como termo técnico do setor sanitário, indica a divisão em ordem crescente de complexidade, é dizer, o acesso à saúde deve ocorrer a partir dos mais simples (atenção básica) para os de maior complexidade (alta complexidade), de acordo com o caso concreto, excetuadas, por motivos óbvios, as urgências ou emergências[52].

Sobre a **gratuidade**, entendida como a vedação a qualquer forma de contraprestação ao serviço oferecido pelo SUS, não vem expressa como ocorre, p. ex., no art. 222, V, da Constituição do Estado de São Paulo, embora decorra do próprio sistema, como definiu o STJ no julgamento do ROHC 8271-HC[53] e do AgRg no AREsp 606139/SC[54].

STF no julgamento do Tema 793, afasta a figura do litisconsórcio compulsório ou necessário, por notória antinomia ontológica". Portanto, as regras de repartição de competência administrativa do SUS não devem ser invocadas para alteração do polo, mas tão somente para redirecionar o cumprimento da sentença ou de determinar o ressarcimento da entidade federada que suportou o ônus financeiro no lugar do ente público competente.

51 SARLET, Ingo W. Comentário ao art. 196. *In*: CANOTILHO, J. J. Gomes; MENDES, Gilmar F.; STRECK, Lenio. *Comentários à Constituição do Brasil*. São Paulo: Saraiva/Almedina, 2013, p. 1938-1939.

52 A "urgência" é definida como a "ocorrência imprevista de agravo a saúde com ou sem risco potencial de vida, cujo portador necessita de assistência médica imediata", e a "emergência" é "a constatação médica de condições de agravo à saúde que impliquem em risco iminente de vida ou sofrimento intenso, exigindo, portanto, tratamento médico imediato" (Resolução 1.451/95 do Conselho Federal de Medicina).

53 Diz a ementa, no ponto de interesse: "(...) *IV. Inobstante a descrição típica do art. 316 do CP não exigir o recebimento de vantagem indevida para a caracterização do delito de concussão – que é de natureza formal, vislumbra-se a lesão ao interesse da União, no que respeita à fiel prestação de seus serviços, face ao preceito constitucional da gratuidade dos serviços de saúde pública, ressaltando-se, por outro lado, que o nosocômio particular efetivamente recebe verbas federais pelo convênio firmado.*" (Rel. Min. Gilson Dipp).

54 Diz a ementa, no ponto de interesse: "(...) *III. No caso, a decisão ora agravada conheceu do Agravo, para dar provimento ao Recurso Especial do Ministério Público Federal, 'a fim de determinar que a União, o Estado de Santa Catarina e o Município de*

Assim também aponta a doutrina[55], porque é nota característica de todo direito fundamental a sua incondicionalidade e foi um ponto de mudança importante trazido pela CF/1988 em relação ao regime anterior caracterizado pela abrangência parcial da população, ou seja, apenas daqueles que contribuíam para a previdência social.

Entretanto, Ingo Sarlet[56] chama a atenção para o fato de que em países com grande desigualdade social, como o nosso, a **gratuidade** deve ser analisada em cotejo com a real possibilidade de quem postula e da comunidade. Para ele, a efetiva necessidade de recebimento do serviço gratuito deve ser um dos parâmetros a ser considerado, juntamente com os princípios da solidariedade, da proporcionalidade (que permite a ponderação concreta dos interesses em jogo) e da subsidiariedade, isso para que possa estar conectado com o princípio da isonomia, que impõe o tratamento desigual aos desiguais e não o mesmo tratamento para todas as pessoas, indistintamente.

Ele observa que essa relativização vem estabelecida na Constituição Portuguesa, que prevê o atendimento **"tendenciosamente gratuito"**, levando em consideração as **"condições econômicas e sociais dos cidadãos"** (art. 64º).

Em síntese, para o multicitado autor, com essa melhor equalização da concessão da gratuidade é possível uma distribuição mais equitativa das responsabilidades e encargos, maximizando o acesso ao sistema público de saúde (em número de pessoas) e alcançando melhor qualidade do serviço.

Esse entendimento doutrinário coaduna-se com o exposto anteriormente, pelo mesmo autor, quanto à possibilidade de relativização do sentido de universalidade de atendimento, o que será referido quando cuidarmos da sua integralidade, com apoio em decisões tanto do STF como do STJ.

Nada obstante, o STF, apreciando a hipótese de **internação hospitalar** na modalidade "**diferença de classe**" (segunda porta), negou tal situação (**tema 579** da repercussão geral – RE 581.488/RS), e fixou tese nos seguintes termos:

> **É constitucional a regra que veda, no âmbito do Sistema Único de Saúde, a internação em acomodações superiores, bem como o atendimento diferenciado por médico do próprio Sistema Único de Saúde, ou por médico conveniado, mediante o pagamento da diferença dos valores correspondentes**[57].

Toda essa sistematização indica que o SUS harmoniza-se com os **princípios da subsidiariedade**[58] e da **eficiência**, na medida em que as ações e serviços devem ser executados pelo ente federativo que possua as melhores condições para satisfação do direito.

Gaspar/SC forneçam, de forma solidária, gratuitamente e conforme prescrição de médico vinculado ao SUS, a todos os pacientes portadores de transtorno depressivo recorrente (CID 10 F-33.4), os medicamentos Paroxetina 20mg e Trazodona 100mg, em regime de gratuidade, segundo os critérios médicos, no prazo de 10 (dez) dias, contados de eventual pedido que venha a ser deduzido na via administrativa."

55 MAPELLI JR., Reynaldo; COIMBRA, Mario; MATOS, Yolanda Alves Pinto Serrano. *Direito sanitário*. São Paulo: Imprensa Oficial, 2012, p. 26.

56 SARLET, Ingo W. Comentário ao art. 196. *In*: CANOTILHO, J. J. Gomes; MENDES, Gilmar F.; STRECK, Lenio. *Comentários à Constituição do Brasil*. São Paulo: Saraiva/Almedina, 2013, p. 1936-1937.

57 Diz a ementa, no ponto: *"(...) 2. O procedimento da 'diferença de classes', tal qual o atendimento médico diferenciado, quando praticados no âmbito da rede pública, não apenas subverte a lógica que rege o sistema de seguridade social brasileiro, como também afronta o acesso equânime e universal às ações e serviços para promoção, proteção e recuperação da saúde, violando, ainda, os princípios da igualdade e da dignidade da pessoa humana. Inteligência dos arts. 1°, inciso III; 5°, inciso I; e 196 da Constituição Federal. 3. Não fere o direito à saúde, tampouco a autonomia profissional do médico, o normativo que veda, no âmbito do SUS, a assistência diferenciada mediante pagamento ou que impõe a necessidade de triagem dos pacientes em postos de saúde previamente à internação."*

58 Bom lembrar que esse princípio, embora pouco estudado entre nós, característico das propostas descentralizadoras, está afinado com o modelo federativo e tem a compreensão, trazida por Canotilho, de que *"as comunidades ou esquemas organizatório-políticos superiores só deverão assumir as funções que as comunidades mais pequenas não podem cumprir da mesma forma ou de forma mais eficiente"* (J. J. CANOTILHO, Gomes. *Direito Constitucional e a Teoria da Constituição*, p. 346). Traz, como corolário, os critérios da "realização eficiente" e da "melhor realização".

No âmbito administrativo, a partir do comando constitucional (art. 198, I), a **direção do SUS** deve ser **única em cada esfera de governo**, competindo: ao Ministério da Saúde, no âmbito da União, e, respectivamente, às Secretarias Estaduais (ou órgão equivalente), nos Estados e no Distrito Federal, e Municipais (ou órgão equivalente), nos municípios (art. 9º da Lei 8.080/1990 – LOS).

A **integralidade do atendimento** (**segunda diretriz** do sistema), com prioridade para as atividades preventivas que evitam atendimentos médicos e significam redução de custos ao sistema de saúde, sem prejuízo dos serviços assistenciais, indica que a cobertura oferecida pelo SUS deve ser a mais ampla possível[59], incluindo não apenas os serviços (reserva de leitos hospitalares, realização de exames, procedimentos etc.), mas também a disponibilização de remédios e insumos essenciais na prevenção e na manutenção da saúde (p. ex., **fraldas descartáveis**[60] **e leite especial**[61]).

A isso alude o multicitado Ingo Sarlet, quando afirma que a integralidade pode sofrer restrições e limites, sobretudo técnicos, como nas hipóteses de tratamentos experimentais ou mesmo na determinação genérica de prestação de qualquer tratamento solicitado, que pode não ser adequado[62], medicamentos não incorporados, entre outras.

Esse ponto é objeto de discussão na jurisprudência, p. ex., no STJ, quando trata da obrigatoriedade de o Poder Público fornecer medicamentos não incorporados em atos normativos do SUS, em sede de incidente de resolução de demandas repetitivas (IRDR – **Tema 106** – REsp 1.657.156, Rel. Min. Benedito Gonçalves)[63], recentemente decidido.

O STF julgou, com repercussão geral reconhecida no RE 657718 RG/MG (**tema 500**), acerca da obrigatoriedade ou não de o Estado, ante o direito à saúde constitucionalmente garantido, fornecer medicamento não registrado na Agência Nacional de Vigilância Sanitária – Anvisa e fixou a seguinte **tese**, por maioria: "*1. O Estado não pode ser obrigado a fornecer medicamentos experimentais. 2. A ausência de registro na Anvisa impede, como regra geral, o fornecimento de medicamento por decisão judicial. 3. É possível, excepcionalmente, a concessão judicial de medicamento sem registro sanitário, em caso de mora irrazoável da Anvisa em apreciar o pedido (prazo superior ao previsto na Lei n. 13.411/2016), quando preenchidos três requisitos: (i) a existência de pedido de registro do medicamento no Brasil (salvo no caso de medicamentos*

59 A Lei 12.845/2013 dispõe sobre o atendimento obrigatório e integral de pessoas em situação de violência sexual em todos os hospitais integrantes da rede do SUS. Na ADI 6552, proposta perante o STF pelo Instituto Brasileiro das Organizações Sociais de Saúde questiona-se a Portaria 2.282/2020 do Ministério da Saúde, que introduziu novas regras para a realização de aborto legal nas unidades do SUS. Alega-se que a norma transfere para o médico e demais profissionais de saúde atividade policial e investigativa que não guarda relação com suas funções, além de constranger e causar sofrimento à vítima, como forma de demovê-la da interrupção da gravidez. Na véspera do julgamento desta ação, o Ministério da Saúde editou nova Portaria (n. 2.561/2020), com algumas mudanças, o que ensejou a retirada do julgamento de pauta, sendo posteriormente negado seguimento à ação, por decisão monocrática do relator, a partir do que foi decidido na ADPF 737/DF, de idêntico objeto e que reconheceu a perda parcial do objeto das ações com a edição da nova Portaria 2.561/2020 e a inexistência de outro vício no restante, dentro do poder regulamentar do Ministério da Saúde, considerando-se outras portarias já editadas e não contestadas.

60 Dever de fornecer fraldas descartáveis: RE 668.722 AgR, Rel. Min. Dias Toffoli, com remissão a outras decisões.

61 AgRg no RMS 26.647/RJ, Rel. Min. Napoleão Nunes Maia Filho, *DJe* 22.03.2017.

62 Para esse autor, vige, nesses casos, o princípio da prevenção (controle dos riscos já verificados) e da precaução (evitar riscos ainda hipotéticos ou potenciais), umbilicalmente ligados à ideia de eficácia e segurança, assim como os princípios da razoabilidade e eficiência, *"pois não se pode considerar razoável um tratamento cuja eficiência (aqui não sob uma ótica economicista e utilitarista) não seja comprovada ou que acarrete sérios riscos à saúde da coletividade, por exemplo"* (SARLET, Ingo W. Comentário ao art. 196. *In*: CANOTILHO, J. J. Gomes; MENDES, Gilmar F.; STRECK, Lenio. *Comentários à Constituição do Brasil*. São Paulo: Saraiva/Almedina, 2013, p. 1940).

63 Como anotamos anteriormente, a tese firmada foi: A concessão dos medicamentos não incorporados em atos normativos do SUS exige a presença cumulativa dos seguintes requisitos: (i) Comprovação, por meio de laudo médico fundamentado e circunstanciado expedido por médico que assiste o paciente, da imprescindibilidade ou necessidade do medicamento, assim como da ineficácia, para o tratamento da moléstia, dos fármacos fornecidos pelo SUS; (ii) incapacidade financeira de arcar com o custo do medicamento prescrito; (iii) existência de registro na Anvisa do medicamento, *observados os usos autorizados pela agência*. Modulou-se a incidência da decisão *para os processos que forem distribuídos a partir da conclusão do julgamento*, que se deu, ao que nos parece, com a publicação do acórdão no *DJe* de 04.05.2018, quando se deu publicidade à decisão.

órfãos para doenças raras e ultrarraras); (ii) a existência de registro do medicamento em renomadas agências de regulação no exterior; e (iii) a inexistência de substituto terapêutico com registro no Brasil. 4. As ações que demandem fornecimento de medicamentos sem registro na Anvisa deverão necessariamente ser propostas em face da União" (j. 22.05.2019)[64].

Outro tema relevante que foi apreciado pela Corte Suprema, com repercussão geral reconhecida no RE 566.471/RN (**Tema 6**), é o do dever do Estado de fornecer medicamento de alto custo a portador de doença grave que não possui condições financeiras para comprá-lo. Por maioria de votos foi desprovido o recurso, para reconhecer que o Estado não é obrigado a fornecer medicamentos de alto custo solicitados judicialmente quando não estiverem registrados na Agência Nacional de Vigilância Sanitária (Anvisa), salvo em situações excepcionais que **ainda iriam ser definidas na posterior formulação da tese de repercussão geral**.

Nesse julgamento envolvendo **medicamento de alto custo,** os ministros que votaram apresentam fundamentos e interpretações diversas sobre o tema, que se mostra dos mais sensíveis a serem analisados, valendo a sua leitura, especialmente do voto do ministro Luís Roberto Barroso, que analisa quais valores estão em jogo, a inevitável limitação orçamentária, a necessidade de **"escolhas trágicas"**, a suposta mais valia da vida e da saúde de quem pode socorrer-se do Poder Judiciário em prejuízo daqueles que são invisíveis ao sistema de justiça, a excessiva judicialização da saúde que pode conduzir à desorganização administrativa, ineficiência alocativa dos recursos e seletividade (benefício apenas à parte do processo e não à universalidade), entre outros pontos relevantes.

É fato que, quando a questão envolve **tratamento ou fármaco de elevado custo**, há uma natural preocupação com a realidade da maioria dos municípios e alguns estados brasileiros, que não estão em situação financeira favorável e as determinações judiciais podem desorganizar o orçamento local, privando os demais citadinos do desfrute de direitos fundamentais. Entretanto, o que se nota na jurisprudência é uma atenção maior a outras circunstâncias, como o registro do fármaco na Anvisa, a existência de protocolo clínico e diretriz terapêutica estabelecidos pelo SUS para o tratamento, além da eficácia do tratamento oferecido, a partir das características próprias da fundamentalidade do direito à saúde. Exemplo disso é a decisão do STF na STA 223 AgR, Rel. Min. Celso de Mello, na qual se determinou ao Estado do Rio Grande do Norte o pagamento de cirurgia no exterior ao paciente, para implante de marca-passo, a um custo elevado (150 mil dólares americanos), tendo como premissa a omissão inconstitucional do Estado, a inaplicação da teoria da reserva do possível diante do mínimo existencial, a proibição do retrocesso social e da proteção insuficiente.

Ocorre que, antes da conclusão do julgamento desse recurso (RE 566.471/RN – **Tema 6**) para estabelecimento da *tese* do julgamento, foi ampliado seu espectro, para decidir se e sob quais condições o Poder Judiciário pode determinar a concessão de *medicamento não incorporado ao SUS, independentemente do custo* (e não mais apenas os de alto custo) ,e também se deliberou que era necessário seu julgamento conjunto com o RE 1366243 (que então teve repercussão geral reconhecida – *Tema 1234*), e que trata da *legitimidade passiva da União e*

64 Vale registrar que o Relator originário do RE 657718 RG/MG, Ministro Marco Aurélio, indicou o RE 1.165.959 para substituir esse caso piloto (Tema 500 da repercussão geral). No entanto, o plenário não aceitou essa indicação de substituição feita pelo antigo relator e manteve o julgamento do mérito deste RE 657.718, com o resultado anotado no texto acima. Como foi mantida a vinculação dos autos do RE 1.165.959 ao referido Tema 500, o novo Relator indicado daqueles autos, Ministro Alexandre de Moraes, deliberou que como havia uma sobreposição de processos, isso poderia gerar dúvidas e confusões. Assim, foi determinado que o RE 1.165.959 seja o *leading case* de um novo tema de repercussão geral – Tema 1161, cuja tese fixada foi: "*Cabe ao Estado fornecer, em termos excepcionais, medicamento que, embora não possua registro na Anvisa, tem a sua importação autorizada pela agência de vigilância sanitária, desde que comprovada a incapacidade econômica do paciente, a imprescindibilidade clínica do tratamento, e a impossibilidade de substituição por outro similar constante das listas oficiais de dispensação de medicamentos e os protocolos de intervenção terapêutica do SUS.*

da competência da Justiça Federal nas demandas sobre fornecimento de medicamentos não incorporados ao SUS, oncológicos e outras avenças, de que falaremos logo mais adiante[65].

Nesse *Tema 6*, consta do julgamento como "razões de decidir" que a concessão judicial de medicamentos nessas condições deve se limitar a casos excepcionais, e isso em razão de três premissas principais ali apontadas: 1. Como os *recursos públicos são limitados*, é necessário estabelecer políticas e parâmetros aplicáveis a todas as pessoas, sendo inviável ao poder público fornecer todos os medicamentos solicitados. A judicialização excessiva gera grande prejuízo para as políticas públicas de saúde, comprometendo a organização, a eficiência e a sustentabilidade do SUS; 2. É preciso garantir a *igualdade no acesso à saúde*. A concessão de medicamentos por decisão judicial beneficia os litigantes individuais, mas produz efeitos sistêmicos que prejudicam a maioria da população que depende do SUS, de modo a afetar o princípio da universalidade e da igualdade no acesso à saúde e 3. É preciso *respeito à expertise técnica e medicina baseada em evidências*, é dizer, o Poder Judiciário deve ser autocontido e ceder deferência às análises dos órgãos técnicos, como a Conitec[66], que têm *expertise* para tomar decisões sobre a eficácia, segurança e custo-efetividade de um medicamento. A concessão judicial de medicamentos deve estar apoiada em avaliações técnicas à luz da medicina baseada em evidências.

A tese fixada para esse julgamento, por maioria, foi a seguinte:

> ***1. A ausência de inclusão de medicamento nas listas de dispensação do Sistema Único de Saúde - SUS (RENAME, RESME, REMUME, entre outras) impede, como regra geral, o fornecimento do fármaco por decisão judicial, independentemente do custo. 2. É possível, excepcionalmente, a concessão judicial de medicamento*** **registrado na Anvisa,** ***mas*** **não incorporado às listas de dispensação do Sistema Único de Saúde,** ***desde que preenchidos, cumulativamente, os seguintes requisitos, cujo ônus probatório incumbe ao autor da ação:***
>
> ***(a) negativa de fornecimento do medicamento na via administrativa, nos termos do item '4' do Tema 1234 da repercussão geral;***
>
> ***(b) ilegalidade do ato de não incorporação do medicamento pela Conitec, ausência de pedido de incorporação ou da mora na sua apreciação, tendo em vista os prazos e critérios previstos nos artigos 19-Q e 19-R da Lei n. 8.080/1990 e no Decreto n. 7.646/2011;***
>
> ***(c) impossibilidade de substituição por outro medicamento constante das listas do SUS e dos protocolos clínicos e diretrizes terapêuticas;***
>
> ***(d) comprovação, à luz da medicina baseada em evidências, da eficácia, acurácia, efetividade e segurança do fármaco, necessariamente respaldadas por evidências científicas de alto nível, ou seja, unicamente ensaios clínicos randomizados e revisão sistemática ou meta-análise;***
>
> ***(e) imprescindibilidade clínica do tratamento, comprovada mediante laudo médico fundamentado, descrevendo inclusive qual o tratamento já realizado; e***
>
> ***(f) incapacidade financeira de arcar com o custeio do medicamento.***
>
> ***3. Sob pena de nulidade da decisão judicial, nos termos do artigo 489, § 1º, incisos V e VI, e artigo 927, inciso III, § 1º, ambos do Código de Processo Civil, o Poder Judiciário, ao apreciar pedido de concessão de medicamentos não incorporados, deverá obrigatoriamente: (a) analisar o ato administrativo comissivo ou omissivo de não incorporação pela Conitec ou da negativa de fornecimento da via administrativa, à luz das circunstâncias do caso concreto e da legislação de regência, especialmente a política pública do SUS, não sendo possível a incursão no mérito do ato administrativo; (b) aferir a presença dos requisitos de dispensação do medicamento, previstos no item 2, a partir da prévia con-***

65 Uma boa cronologia dos acontecimentos que marcaram esse julgamento (em conjunto com o RE 1366243 - Tema 1234), a partir da sua primeira parte, ocorrida em 11.3.2020, quando se negou provimento ao recurso e se deliberou pela posterior fixação da tese do julgamento, encontra-se a partir de fls. 318 do acórdão e integra o voto conjunto dos Ministros Gilmar Mendes e Roberto Barroso, que se inicia a fls. 312.

66 A essa Comissão Nacional de Incorporação de Tecnologias no SUS (Conitec) faz menção o art. 19-Q da Lei Orgânica da Saúde.

> ***sulta ao Núcleo de Apoio Técnico do Poder Judiciário (NATJUS), sempre que disponível na respectiva jurisdição, ou a entes ou pessoas com* expertise *técnica na área, não podendo fundamentar a sua decisão unicamente em prescrição, relatório ou laudo médico juntado aos autos pelo autor da ação; e (c) no caso de deferimento judicial do fármaco, oficiar aos órgãos competentes para avaliarem a possibilidade de sua incorporação no âmbito do SUS. Por fim, determinou, tal como no Tema 1.234, que essas teses sejam transformadas em enunciado sintetizado de súmula vinculante, na forma do art. 103-A da Constituição Federal, com a seguinte redação: 'A concessão judicial de medicamento registrado na Anvisa, mas não incorporado às listas de dispensação do Sistema Único de Saúde, deve observar as teses firmadas no julgamento do Tema 6 da Repercussão Geral (RE 566.471)'".***
>
> **A partir desse julgamento, em 3 de outubro de 2024 foi publicada a *Súmula Vinculante 61*, do seguinte teor: "A concessão judicial de medicamento registrado na Anvisa, mas não incorporado às listas de dispensação do Sistema Único de Saúde, deve observar as teses firmadas no julgamento do Tema 6 da Repercussão Geral (RE 566.471)".**

Essa matéria também havia sido tratada pelo STF na **STA 175** AgR, Rel. Min. Gilmar Mendes, j. 17.03.2010[67]. Em síntese, esclareceu o Ministro: em geral deve ser **privilegiado** o tratamento fornecido pelo SUS àquele de escolha do paciente, sempre que não for comprovada a **ineficácia ou impropriedade** da política pública de saúde existente. Isso não afasta a possibilidade de a **própria administração** decidir que, no caso concreto e em razão de justificada particularidade, é possível optar pelo fornecimento de medida diferente daquela custeada pelo SUS, uma vez comprovada a **ineficácia** desse último tratamento; essa providência também pode ser determinada pelo **Poder Judiciário**, o que significa dizer que os **Protocolos Clínicos e Diretrizes Terapêuticas** do SUS não são inquestionáveis; ao contrário, requerem **revisão periódica e elaboração de novos protocolos**. Diferente é a situação dos **tratamentos experimentais** (sem comprovação científica de sua eficácia), que, por se consubstanciarem em pesquisas clínicas, regem-se pelas normas que regulam a pesquisa médica e **não obrigam o Estado** nem pode ele ser condenado a fornecê-los. Quanto aos **tratamentos novos** (ainda não incorporados ao SUS) prestados pela iniciativa privada, explica Gilmar Mendes, podem ser exigidos da administração ou judicialmente, evidentemente que com a devida atenção (leia-se com necessária instrução processual, com ampla produção de provas), uma vez que não se pode privar o paciente do SUS de um melhor tratamento já adotado corriqueiramente pelo atendimento médico privado em razão da demora burocrática de atualização ou elaboração de novos Protocolos Clínicos e Diretrizes Terapêuticas, nada obstante a existência de tais protocolos e diretrizes sejam importantes para a melhor distribuição de recursos públicos e segurança dos pacientes.

No julgamento do **RE 924158/MG**, Rel. Min. Cármen Lúcia, da ementa constou, em resumo, que no julgamento das **Suspensões de Tutela Antecipada** (STA) 175, 211 e 278, das **Suspensões de Segurança 3724, 2944, 2361, 3345 e 3355** e da **Suspensão de Liminar** (SL) **47**, o STF estabeleceu alguns critérios para o **fornecimento de medicamentos**, sendo eles, em síntese: **(i)** quando o medicamento pleiteado está incluído em uma política pública de fornecimento de medicamentos e houver recusa do Poder Público em fornecê-los, o Poder Judiciário pode obrigar o fornecimento, uma vez que não estaria criando política pública, mas somente determinando sua efetivação; **(ii)** quando o medicamento pleiteado não está incluído em nenhuma política pública, há de se indagar se a não inclusão se deu por **(ii.i)** omissão administrativa; **(ii.ii)** decisão administrativa em não fornecer os medicamentos; ou **(ii.iii)** vedação legal ao fornecimento. Em caso de decisão administrativa em não fornecer **(ii.ii)**, é preciso saber se

[67] Relembramos que, em relação ao fornecimento de medicamentos não incorporados em atos normativos do SUS, o STJ, em sede de incidente de resolução de demandas repetitivas (IRDR – Tema 106 – REsp 1.657.156, Rel. Min. Benedito Gonçalves), determinou sua concessão, observados requisitos que seguem a mesma lógica exposta pelo STF na STA 175, conforme nota de rodapé anterior.

tal decisão se deu **(ii.ii.i)** pela inexistência de tratamento/protocolo clínico cientificamente comprovado para a doença do requerente; **(ii.ii.ii)** pela inexistência de tratamento/protocolo clínico aprovado pela autoridade de saúde (SUS) para a doença do requerente, ou **(ii.ii.iii)** pela existência de métodos/tratamentos alternativos eficazes para a doença do requerente. De todas essas situações, concluiu o STF que a **única** em que há a **impossibilidade** do Judiciário compelir o Poder Público a fornecer medicamentos é aquela descrita em **(ii.ii.i)**, ou seja, **quando não há tratamento/protocolo clínico cientificamente comprovado para a doença do postulante**. Nos demais casos, **deve** o Poder Público **fornecer** os tratamentos/medicamentos conforme o caso concreto, eis que **não pode a obrigação constitucional ser considerada mera declaração de intenções**. Até mesmo em casos de vedação legal (*v.g.*, fornecimento de medicamentos ainda não registrados pela Anvisa), há situações excepcionais em que se entendeu pela possibilidade de se ordenar judicialmente o fornecimento, não podendo o cidadão ter sua saúde prejudicada pela burocracia administrativa. Esse último tema já ganhou foro de repercussão geral, por meio do RE 657.718 **(tema 500) recentemente julgado.**

Atenção

Lembre-se de que o STF reconheceu Repercussão Geral da matéria relativa ao fornecimento de medicamentos *não registrados na Anvisa* no RE 657.718 (tema 500) e no julgamento fixou a seguinte tese, como já mencionado: "O Estado não pode ser obrigado a fornecer medicamentos experimentais. 2. A ausência de registro na Anvisa impede, como regra geral, o fornecimento de medicamento por decisão judicial. 3. É possível, excepcionalmente, a concessão judicial de medicamento sem registro sanitário, em caso de mora irrazoável da Anvisa em apreciar o pedido (prazo superior ao previsto na Lei n. 13.411/2016), quando preenchidos três requisitos: (i) a existência de pedido de registro do medicamento no Brasil (salvo no caso de medicamentos órfãos para doenças raras e ultrarraras); (ii) a existência de registro do medicamento em renomadas agências de regulação no exterior; e (iii) a inexistência de substituto terapêutico com registro no Brasil. 4. As ações que demandem fornecimento de medicamentos sem registro na Anvisa deverão necessariamente ser propostas em face da União".

Como mencionamos acima, outro tema recentemente decidido no STF que demandou grande discussão e exaustivos debates entre os julgadores e comissões de especialistas diz respeito ao RE 1366243/SC, no qual se reconheceu a *repercussão geral* (**Tema 1234**), nos seguintes termos: "*Legitimidade passiva da União e competência da Justiça Federal, nas demandas que versem sobre fornecimento de* medicamentos registrados na Agência Nacional de Vigilância Sanitária - Anvisa, mas não padronizados no Sistema Único de Saúde - SUS" (*DJe* 13 set. 2022). Lembre-se que no julgamento final foi determinada a apreciação conjunta entre esse Recurso Extraordinário e o RE 566.471, com repercussão geral reconhecida (**Tema 6**), de que tratamos linhas atrás.

A partir do julgamento desse Tema 1234, em 20 de setembro de 2024, foi publicada a *Súmula Vinculante 60*, do seguinte teor: "O pedido e a análise administrativos de fármacos na rede pública de saúde, a judicialização do caso, bem ainda seus desdobramentos (administrativos e jurisdicionais), devem observar os termos dos 3 (três) acordos interfederativos (e seus fluxos) homologados pelo Supremo Tribunal Federal, em governança judicial colaborativa, no tema 1.234 da sistemática da repercussão geral (RE 1.366.243)".

Em rápida retrospectiva, anotamos que essa matéria da competência para julgar, pela sua relevância, na mesma época do reconhecimento da repercussão geral pelo STF (RE 1.366.243/SC - Tema 1234), foi objeto do *Incidente de Assunção de Competência 14* no STJ e lá se fixou uma tese[68]. Paralelamente, nos autos do citado RE 1.366.243/SC, o STF concedeu

68 A tese então fixada e que, posteriormente, com o julgamento do Tema 1234, foi *cancelada* pelo STJ, como será explicado no corpo do texto, foi a seguinte: "*a) Nas hipóteses de ações relativas à saúde intentadas com o objetivo de compelir o Poder Público*

tutela provisória incidental para estabelecer que, até o julgamento definitivo do *Tema 1.234* da Repercussão Geral, a atuação do Poder Judiciário deveria ser regida pelos seguintes parâmetros: "*(i) nas demandas judiciais envolvendo medicamentos ou tratamentos padronizados: a composição do polo passivo deve observar a repartição de responsabilidades estruturada no Sistema Único de Saúde, ainda que isso implique deslocamento de competência, cabendo ao magistrado verificar a correta formação da relação processual, sem prejuízo da concessão de provimento de natureza cautelar ainda que antes do deslocamento de competência, se o caso assim exigir; (ii) nas demandas judiciais relativas a medicamentos não incorporados: devem ser processadas e julgadas pelo Juízo, estadual ou federal, ao qual foram direcionadas pelo cidadão, sendo vedada, até o julgamento definitivo do Tema 1234 da Repercussão Geral, a declinação da competência ou determinação de inclusão da União no polo passivo; (iii) diante da necessidade de evitar cenário de insegurança jurídica, esses parâmetros devem ser observados pelos processos sem sentença prolatada; diferentemente, os processos com sentença prolatada até a data desta decisão (17 de abril de 2023) devem permanecer no ramo da Justiça do magistrado sentenciante até o trânsito em julgado e respectiva execução (adotei essa regra de julgamento em: RE 960429 ED-segundos Tema 992, de minha relatoria, DJe de 5.2.2021); (iv) ficam mantidas as demais determinações contidas na decisão de suspensão nacional de processos na fase de recursos especial e extraordinário*".

Prosseguindo no julgamento do RE 1.366.243/SC, para solução consensual desse tema, no STF foi criada Comissão Especial composta por entes federativos, especialistas e entidades envolvidas. Os debates resultaram em acordos sobre competência, custeio e ressarcimento em demandas que envolvam medicamentos não incorporados, entre outros temas. No curso do processo, foi determinado pelo Rel. Min. Gilmar Mendes a suspensão nacional do processamento dos recursos especiais e extraordinários que tratam da questão controvertida no Tema 1234 da repercussão geral, inclusive dos processos em que se discute a aplicação do Tema 793 da repercussão geral (que trata da responsabilidade solidária entre os entes federativos – art. 23, II, da CF/1988), ao qual nos referimos anteriormente neste capítulo, até o julgamento definitivo desse recurso extraordinário, e também foi vedada a declinação da competência ou a determinação de inclusão da União no polo passivo dessas ações.

A leitura atenta do relatório apresentado no voto do relator dá uma visão clara da complexidade da matéria e da profundidade da discussão levada a efeito, que foi muito além do debate processual sobre competência, para se valorizar a autocomposição entre os entes federativos, enfatizar a relevância da participação no debate de agentes externos à Corte Constitucional (o relator destaca a pertinência da aplicação da prática americana do *amicus curiae brief*, como importante instrumento de qualificação da prestação jurisdicional da Suprema Corte), trazendo importantes contribuições e reflexões a respeito de aspecto jurídicos, políticos, sociais e econômicos envolvidos, em colaboração com os ministros julgadores, para alcançar o que o relator denominou como uma das facetas mais formidáveis da interpretação constitucional: o pensamento do possível no Federalismo cooperativo e na exegese constitucional.

---

ao cumprimento de obrigação de fazer consistente na dispensação de medicamentos não inseridos na lista do SUS, mas registrado na Anvisa, deverá prevalecer a competência do juízo de acordo com os entes contra os quais a parte autora elegeu demandar. b) as regras de repartição de competência administrativas do SUS não devem ser invocadas pelos magistrados para fins de alteração ou ampliação do polo passivo delineado pela parte no momento da propositura ação, mas tão somente para fins de redirecionar o cumprimento da sentença ou determinar o ressarcimento da entidade federada que suportou o ônus financeiro no lugar do ente público competente, não sendo o conflito de competência a via adequada para discutir a legitimidade ad causam, *à luz da Lei n. 8.080/1990, ou a nulidade das decisões proferidas pelo Juízo estadual ou federal, questões que devem ser analisada no bojo da ação principal. c) a competência da Justiça Federal, nos termos do art. 109, I, da CF/88, é determinada por critério objetivo, em regra, em razão das pessoas que figuram no polo passivo da demanda (competência ratione personae), competindo ao Juízo federal decidir sobre o interesse da União no processo (Súmula 150 do STJ), não cabendo ao Juízo estadual, ao receber os autos que lhe foram restituídos em vista da exclusão do ente federal do feito, suscitar conflito de competência (Súmula 254 do STJ)" (CC 187.276/RS, 1ª S., Rel. Min. Gurgel de Faria, j. 12.04.2023, DJe 18 abr. 2023).*

A leitura do acórdão final (lembrando que foram várias sessões de julgamento, com a participação dos membros da Comissão Especial) autoriza algumas conclusões, como a preocupação em preservar que o ente público responsável pela disponibilização do medicamento o faça com o pagamento do menor valor; com o estabelecimento de uma forma de ressarcimento aos Estados, Distrito Federal e Municípios que tiverem custeado medicamentos ou tratamentos que não eram de sua responsabilidade; com a garantia de eficácia no cumprimento de ordens judiciais (p. ex., o magistrado que estiver julgando a causa pode promover a inclusão de entes federativos no polo passivo – União, Estados e Municípios); com a facilitação da identificação do ente federativo responsável pelo fornecimento do medicamento, via a plataforma nacional criada e também descendo a minúcias não tão necessárias, como a vedação da incursão no mérito do ato administrativo que indeferiu o fornecimento do medicamento. O julgamento termina por apresentar uma proposta de Súmula Vinculante.

O resultado final do julgamento primitivo, antes da análise dos aclaratórios, foi: *"Decisão: O Tribunal, por unanimidade, apreciando o tema 1.234 da repercussão geral, negou provimento ao recurso extraordinário e homologou, em parte, os termos dos 3 (três) acordos, com as condicionantes e adaptações, assim sintetizados como as teses fixadas no presente tema da sistemática da repercussão geral, a saber (..) Ao final, determinou a comunicação ao relator do IAC 14 no Superior Tribunal de Justiça para adequação ao presente entendimento. Tudo nos termos do voto do Relator"*. O STJ então cancelou o referido IAC 14, embora reconhecendo que essa decisão não tem efeito retroativo, para atingir as soluções jurídicas dadas aos conflitos de competência e demais incidentes que ingressaram anteriormente naquela Corte.

Reproduzimos a seguir a enorme ementa do acórdão, que foi objeto de 6 embargos de declaração também já julgados e em parte acolhidos, a que fazemos remissão nesta transcrição, para facilitar a compreensão. Os destaques no texto também são nossos.

> Recurso extraordinário com repercussão geral. **Tema 1.234**. **Legitimidade passiva** da **União** e competência da **Justiça Federal** nas demandas que versam sobre **fornecimento de medicamentos registrados na Anvisa, mas não incorporados no SUS**. Necessidade de **ampliação do diálogo**, dada a complexidade do tema, desde o custeio até a compensação financeira entre os entes federativos. Designação de comissão especial como método autocompositivo de solução de conflitos. Instauração de uma instância de diálogo interfederativa.
>
> **Questão em discussão**: Análise administrativa e judicial quanto aos **medicamentos incorporados e não incorporados**, no âmbito do **SUS**. Acordos interfederativos: **Análise conjunta com Tema 6**. Em 2022, foi reconhecida a repercussão geral da questão relativa à **legitimidade passiva da União e à competência da Justiça Federal** nas demandas sobre **fornecimento de medicamentos não incorporados ao SUS** (**tema 1234**). Para solução consensual desse tema, foi criada Comissão Especial, composta por entes federativos e entidades envolvidas. Os debates resultaram em **acordos** sobre **competência, custeio e ressarcimento em demandas** que envolvam **medicamentos não incorporados**, entre **outros temas**. A **análise conjunta** do presente **tema 1234 e do tema 6** é, assim, fundamental para evitar soluções divergentes sobre matérias correlatas. **Homologação parcial dos acordos**, com observações e condicionantes.
>
> I. COMPETÊNCIA 1) Para fins de **fixação de competência**, as demandas relativas a **medicamentos não incorporados na política pública do SUS, mas com registro na Anvisa**, tramitarão perante a **Justiça Federal**, nos termos do art. 109, I, da Constituição Federal, quando **o valor do tratamento anual específico do fármaco ou do princípio ativo, com base no Preço Máximo de Venda do Governo (PMVG – situado na alíquota zero), divulgado pela Câmara de Regulação do Mercado de Medicamentos (CMED – Lei 10.742/2003), for igual ou superior ao valor de 210 salários mínimos**, na forma do art. 292 do CPC (aqui teve modificação pelos ***aclaratórios*** para **incluir** os medicamentos **oncológicos com registro na Anvisa**);
>
> 1.1) Existindo **mais de um medicamento do mesmo princípio ativo** e não sendo solicitado um **fármaco específico**, considera-se, para efeito de **competência**, aquele listado no **menor valor** na lista CMED (PMVG, situado na alíquota zero).

1.2) No caso de **inexistir valor fixado na lista CMED**, considera-se **o valor do tratamento anual do medicamento solicitado** na demanda, podendo o magistrado, em caso de impugnação pela parte requerida, solicitar auxílio à CMED, na forma do art. 7º da Lei 10.742/2003.

1.3) No caso de **cumulação de pedidos**, para fins de **competência**, será considerado apenas o **valor** do(s) **medicamento(s) não incorporado**(s) que deverá(ão) ser somado(s), independentemente da existência de cumulação alternativa de outros pedidos envolvendo obrigação de fazer, pagar ou de entregar coisa certa.

II. DEFINIÇÃO DE **MEDICAMENTOS NÃO INCORPORADOS** 2.1) Consideramos **medicamentos não incorporados** aqueles que **não constam na política pública do SUS**; medicamentos previstos nos PCDTs para **outras finalidades**; medicamentos **sem registro na Anvisa**; e medicamentos ***off label* sem PCDT ou** que **não integrem listas do componente básico**.

2.1.1) Conforme decidido pelo Supremo Tribunal Federal na tese fixada **no tema 500** da sistemática da repercussão geral, é **mantida** a **competência** da **Justiça Federal** em relação às ações que demandem fornecimento **de medicamentos sem registro na Anvisa,** as quais deverão necessariamente ser propostas em face da **União,** observadas as **especificidades já definidas no aludido tema**.

(No julgamento dos 6 ED acima referidos, na parte dos embargos de declaração da União, constou como razão de decidir, sobre esse ponto, o seguinte: *8.1. Ausência de omissão quanto ao* ***tema 500****, o qual* ***se aplica aos medicamentos não registrados na Anvisa***).

III. **CUSTEIO** 3) As ações de fornecimento **de medicamentos incorporados ou não incorporados**, que se inserirem na competência da **Justiça Federal**, serão custeadas **integralmente** pela **União**, cabendo, em caso de haver **condenação supletiva** dos **Estados e do Distrito Federal**, o **ressarcimento integral pela União**, via repasses Fundo a Fundo (FNS ao FES), na situação de ocorrer redirecionamento pela impossibilidade de cumprimento por aquela, a ser implementado mediante ato do Ministério da Saúde, previamente pactuado em instância tripartite, no prazo de até 90 dias.

3.1) Figurando somente a **União** no **polo passivo**, cabe ao **magistrado**, se necessário, promover a **inclusão do Estado ou Município** para possibilitar o **cumprimento efetivo da decisão**, o que não importará em **responsabilidade financeira** nem em **ônus de sucumbência**, devendo ser realizado o **ressarcimento** pela via acima indicada em caso de eventual custo financeiro ser arcado pelos referidos entes.

3.2) Na **determinação judicial** de fornecimento do medicamento, o magistrado deverá estabelecer que o **valor de venda do medicamento** seja **limitado ao preço com desconto**, proposto no processo de incorporação na Conitec (se for o caso, considerando *o venire contra factum proprium/tu quoque* e observado o índice de reajuste anual de preço de medicamentos definido pela CMED), **ou valor já praticado pelo ente em compra pública**, aquele que seja identificado como **menor valor**, tal como previsto na parte final do art. 9º na Recomendação 146, de 28.11.2023, do CNJ. Sob **nenhuma hipótese**, poderá haver **pagamento** judicial às pessoas físicas/jurídicas acima descritas em **valor superior ao teto do PMVG**, devendo ser operacionalizado pela serventia judicial junto ao fabricante ou distribuidor.

3.3) As ações que permanecerem na **Justiça Estadual** e cuidarem de **medicamentos não incorporados**, as quais impuserem condenações aos **Estados e Municípios**, serão **ressarcidas** pela **União**, via repasses Fundo a Fundo (FNS ao FES ou ao FMS). Figurando somente **um dos entes** no polo passivo, cabe ao magistrado, **se necessário**, promover a **inclusão do outro** para possibilitar o **cumprimento efetivo da decisão**. 3.3.1) O ressarcimento descrito no item 3.3 ocorrerá no **percentual de 65%** (sessenta e cinco por cento) dos desembolsos decorrentes de condenações oriundas de **ações** cujo **valor da causa** seja **superior a 7 (sete) e inferior a 210 (duzentos e dez) salários mínimos,** a ser implementado mediante ato do Ministério da Saúde, previamente pactuado em instância tripartite, no prazo de até 90 dias.

3.4) Para fins de **ressarcimento interfederativo**, quanto aos **medicamentos** para tratamento **oncológico**, as ações ajuizadas previamente a **10 de junho de 2024** serão ressarcidas pela **União** na proporção de **80%** (oitenta por cento) **do valor total pago por Estados e por Municípios, independentemente do trânsito em julgado da decisão**, a ser implementado mediante ato do Ministério da Saúde, previamente pactuado em instância tripartite, no prazo de até 90 dias. O ressarcimento para os **casos posteriores a 10 de junho de 2024** deverá ser **pactuado** na CIT, no mesmo prazo.

(Registre-se que consta das razões de decidir dos *embargos de declaração* supra, que "5. O **Estado** deve **ressarcir** os valores gastos por **Municípios** para o **cumprimento de decisão judicial** na qual o fornecimento do medicamento seja de **responsabilidade do Estado**")

IV. **ANÁLISE JUDICIAL DO ATO ADMINISTRATIVO DE INDEFERIMENTO DE MEDICAMENTO PELO SUS** 4) Sob pena de **nulidade** do ato jurisdicional (art. 489, § 1º, V e VI, c/c art. 927, III, §1º, ambos do CPC), o Poder Judiciário, ao apreciar pedido de **concessão de medicamentos não incorporados**, deverá **obrigatoriamente** analisar o ato administrativo comissivo ou omissivo da **não incorporação** pela Conitec e da **negativa de fornecimento na via administrativa**, tal como acordado entre os Entes Federativos em autocomposição no Supremo Tribunal Federal.

4.1) No exercício do **controle de legalidade**, o **Poder Judiciário não pode** substituir a **vontade do administrador**, mas tão somente **verificar** se o ato administrativo específico daquele caso **concreto está em conformidade com as balizas presentes na Constituição Federal, na legislação de regência e na política pública no SUS**.

4.2) A **análise jurisdicional** do ato administrativo que **indefere o fornecimento de medicamento não incorporado** restringe-se ao exame da **regularidade do procedimento** e da **legalidade do ato de não incorporação** e do ato administrativo questionado, à luz do **controle de legalidade** e da **teoria dos motivos determinantes**, **não** sendo possível incursão no **mérito administrativo**, ressalvada a **cognição** do **ato administrativo discricionário**, o qual se vincula **à existência, à veracidade e à legitimidade dos motivos apontados como fundamentos** para a sua **adoção**, a **sujeitar o ente público aos seus termos**.

4.3) Tratando-se de **medicamento não incorporado**, é do **autor** da ação o **ônus** de demonstrar, com fundamento na **Medicina Baseada em Evidências**, a **segurança e a eficácia do fármaco**, bem como **a inexistência de substituto terapêutico incorporado pelo SUS**.

4.4) Conforme decisão da STA 175-AgR, **não basta** a simples alegação de **necessidade do medicamento**, mesmo que acompanhada de relatório médico, sendo necessária a **demonstração** de que a **opinião do profissional encontra respaldo em evidências científicas de alto nível**, ou seja, unicamente ensaios clínicos randomizados, revisão sistemática ou meta-análise.

V. **PLATAFORMA NACIONAL** 5) Os **Entes Federativos**, em governança colaborativa com o Poder Judiciário, **implementarão** uma **plataforma nacional** que **centralize** todas as **informações** relativas às **demandas administrativas e judiciais** de acesso a fármaco, de fácil consulta e informação pelo cidadão, na qual constarão **dados básicos** para possibilitar a análise e eventual resolução administrativa, além de posterior controle judicial.

5.1) A **porta de ingresso** à plataforma será via **prescrições eletrônicas**, devidamente certificadas, possibilitando o **controle ético** da prescrição posteriormente, mediante ofício do Ente Federativo ao respectivo conselho profissional.

5.2) **A plataforma nacional** visa a **orientar** todos os **atores ligados** ao **sistema público de saúde**, possibilitando a eficiência da análise pelo Poder Público e **compartilhamento de informações** com o Poder Judiciário, mediante a criação de **fluxos de atendimento diferenciado**, a depender de a solicitação estar ou não incluída na **política pública** de **assistência farmacêutica do SUS** e de acordo com os fluxos administrativos aprovados pelos próprios Entes Federativos em autocomposição.

5.3) A **plataforma**, entre outras medidas, deverá **identificar** quem é o **responsável pelo custeio e fornecimento administrativo entre os Entes Federativos**, com base nas **responsabilidades** e **fluxos** definidos em autocomposição entre todos os Entes Federativos, além de possibilitar o **monitoramento** dos **pacientes beneficiários de decisões judiciais**, com permissão de consulta virtual dos dados centralizados nacionalmente, pela simples consulta pelo CPF, nome de medicamento, CID, entre outros, com a observância da Lei Geral de Proteção da Dados e demais legislações quanto ao tratamento de dados pessoais sensíveis.

5.4) O **serviço de saúde** cujo **profissional prescrever medicamento não incorporado ao SUS** deverá assumir a **responsabilidade contínua** pelo **acompanhamento clínico do paciente**, apresentando, periodicamente, **relatório** atualizado do **estado clínico** do paciente, com informações detalhadas sobre o progresso do tratamento, incluindo melhorias, estabilizações ou deteriorações no estado de saúde do paciente, assim como qualquer mudança relevante no plano terapêutico.

VI. **MEDICAMENTOS INCORPORADOS** 6) Em relação aos **medicamentos incorporados**, conforme conceituação estabelecida no âmbito da Comissão Especial e constante do Anexo I, os Entes concordam em **seguir o fluxo administrativo e judicial** detalhado no Anexo I, inclusive em relação à **competência judicial** para apreciação das demandas e **forma de ressarcimento entre os Entes**, quando devido.

6.1) A(o) magistrada(o) deverá **determinar** o **fornecimento em face de qual ente público deve prestá-lo (União, Estado, Distrito Federal ou Município)**, nas hipóteses previstas no **próprio fluxo** acordado pelos Entes Federativos, integrantes do presente acórdão.

VII. **OUTRAS DETERMINAÇÕES** 7.1) Os órgãos de **coordenação nacional** do **MPF**, da **DPU** e de **outros órgãos técnicos de caráter nacional** poderão apresentar **pedido de análise de incorporação de medicamentos no âmbito do SUS**, que ainda **não tenham sido avaliados pela Conitec**, respeitada a **análise técnica** dos órgãos envolvidos no procedimento administrativo usual para a incorporação, quando observada a existência de demandas reiteradas.

7.2) A previsão de **prazo de revisão** quanto **aos termos dos acordos extrajudiciais** depende da devida **homologação pelo Supremo Tribunal Federal**, em governança judicial colaborativa, para que a alteração possa ser dotada de **eficácia plena**. Até que isso ocorra, **todos os acordos permanecem existentes, válidos e eficazes**.

7.3) Até que sobrevenha a **implementação da plataforma**, os juízes devem **intimar a Administração Pública** para **justificar** a **negativa** de **fornecimento** na **seara administrativa**, nos moldes do presente acordo e dos fluxos aprovados na Comissão Especial, de modo a **viabilizar** a **análise** da **legalidade do ato de indeferimento**.

7.4) **Excepcionalmente**, no prazo de até **1 (um) ano** a contar da publicação da ata de julgamento – em caso de **declinação** da **Justiça Estadual para a Federal** (unicamente para os **novos casos**) e na hipótese de **inocorrer atendimento pela DPU**, seja pela inexistência de atuação institucional naquela Subseção Judiciária, seja por ultrapassar o limite de renda de atendimento pela DPU –, admite-se que a **Defensoria Pública Estadual** (DPE), que tenha **ajuizado a demanda** no **foro estadual**, **permaneça patrocinando a parte autora** no **foro federal**, em copatrocínio entre as Defensorias Públicas, até que a **DPU** se **organize administrativamente** e **passe a defender**, **isoladamente**, os **interesses** da(o) **cidadã**(o), aplicando-se supletivamente o disposto no art. 5º, § 5º, da Lei 7.347/1985.

7.5) Concessão de **prazo de 90 dias à Ministra da Saúde**, para editar o ato de que dispõem os **itens 2.2. e 2.4** do acordo extrajudicial e adendo a este, respectivamente, ambos firmados na reunião da CIT, ressaltando que os pagamentos devem ser realizados no prazo máximo de 5 anos, a contar de cada requerimento, abarcando a possibilidade de novos requerimentos administrativos.

7.6) **Comunicação**: (i) à **Anvisa**, para que proceda ao cumprimento do item 7, o qual será objeto de acompanhamento por esta Corte na fase de implementação do julgado, além da **criação e operacionalização da plataforma nacional de dispensação de medicamentos** (item 5 e subitens do que foi aprovado na Comissão Especial), a **cargo** da equipe de TI do **TRF da 4ª Região**, **repassando**, após sua criação e fase de testes, ao **Conselho Nacional de Justiça**, que **centralizará** a governança em rede com os órgãos da CIT do SUS, conjuntamente com as demais instituições que envolvem a judicialização da saúde pública, **em diálogo com a sociedade civil organizada**; (ii) ao **CNJ**, para que tome ciência do presente julgado, operacionalizando-o como entender de direito, além de proceder à divulgação e fomento à atualização das magistradas e dos magistrados.

VIII. **MODULAÇÃO DE EFEITOS TÃO SOMENTE QUANTO À COMPETÊNCIA**: somente haverá **alteração** aos feitos que **forem ajuizados após a publicação do resultado do julgamento de mérito no Diário de Justiça Eletrônico**, **afastando** sua **incidência** sobre os processos em **tramitação** até o referido marco, sem possibilidade de suscitação de conflito negativo de competência a respeito dos processos anteriores ao referido marco.

(Nos aclaratórios foi esclarecido: "**acolheu parcialmente** os embargos opostos pela **União**, tão somente quanto à **modulação** dos efeitos da decisão no que se refere à **competência**, para **abarcar também** os **medicamentos incorporados**, devendo ser **suprimido** do **Capítulo 5** do voto condutor do acórdão embargado a **remissão ao 'item 1 do acordo firmado na Comissão Especial'**, por referir-se **unicamente** aos medicamentos **não incorporados**").

IX. **PROPOSTA DE SÚMULA VINCULANTE: 'O pedido e a análise administrativos de fármacos na rede pública de saúde, a judicialização do caso, bem ainda seus desdobramentos (administrativos e jurisdicionais), devem observar os termos dos 3 (três) acordos interfederativos (e seus fluxos) homologados pelo Supremo Tribunal Federal, em governança judicial colaborativa, no tema 1.234 da sistemática da repercussão geral (RE 1.366.243)'** (RE 1366243, Tribunal Pleno, Rel. Min. Gilmar Mendes, *DJe* 11.10.2024 – eDOC 520).

Dos seis embargos de declaração, julgados conjuntamente, extraímos os seguintes pontos que reputamos mais relevantes:

1) **Não** conheceram dos embargos opostos pelos *amici curiae* e por Vinícius Aluísio de Moraes, como assistente, por ausência dos requisitos legais.

2) **Rejeitaram** os embargos de declaração opostos pelo Estado de Santa Catarina, acolhendo-o, porém, a título de **esclarecimentos e sem efeitos modificativos** para constar do **item 1**, referente à **Competência**, a seguinte redação:

> *1) Para fins de **fixação de competência,** as demandas relativas a **medicamentos não incorporados** na **política pública do SUS** e **medicamentos oncológicos, ambos com registro na Anvisa**, tramitarão perante a **Justiça Federal,** nos termos do art. 109, I, da Constituição Federal, **quando** o **valor** do tratamento **anual específico do fármaco ou do princípio ativo,** com base no **Preço Máximo de Venda do Governo (PMVG situado na alíquota zero),** divulgado pela **Câmara de Regulação do Mercado de Medicamentos** (CMED – Lei 10.742/2003), for **igual ou superior ao valor de 210 salários mínimos**, na forma do art. 292 do CPC.*

3) **Acolheram parcialmente** os embargos opostos pela **União,** tão somente quanto à **modulação** dos efeitos da decisão no que se refere à **competência**, para **abarcar também** os **medicamentos incorporados**, devendo ser **suprimido** do **Capítulo 5** do voto condutor do acórdão embargado a **remissão ao "item 1 do acordo firmado na Comissão Especial"**, por referir-se **unicamente** aos medicamentos **não incorporados**.

Consequentemente, os **efeitos** do **Tema 1234**, quanto à **competência**, somente se aplicam às **ações** que forem **ajuizadas após a publicação** do resultado do julgamento de mérito no *Diário de Justiça Eletrônico* (**19.09.2024**), afastando sua incidência sobre os processos em tramitação até o referido marco, **sem** possibilidade de **suscitação de conflito negativo** de **competência** a respeito dos processos **anteriores** ao referido marco jurídico, nos termos do voto do Relator. Em razão dessa modulação dos efeitos do julgamento pelo Supremo Tribunal Federal, atualmente o STJ, ao julgar conflitos de atribuição entre as Justiças Estadual ou Federal sobre esse tema, vem entendendo que naquelas hipóteses anteriores à data estabelecida na modulação, prevalece as regras definidas no IAC 14, que segue a mesma linha da decisão do STF concedida na tutela provisória incidental no RE 1.366.243/SC, ou seja, prevalece a competência do juízo de acordo com os entes contra os quais a parte autora elegeu demandar[69].

E do tópico "**razão de decidir**" dos aclaratórios, reproduzimos os seguintes trechos de maior interesse:

> *4. É desnecessário o **esgotamento das vias executivas** para que ocorra o **redirecionamento** nos casos de **responsabilidade pelo cumprimento (competência comum)**, de acordo com as **normas estabelecidas pelo SUS**. 5. O **Estado** deve **ressarcir** os valores gastos por **Municípios** para o **cumprimento de decisão judicial** na qual o fornecimento do medicamento seja de **responsabilidade do Estado**, nos termos dos fluxos aprovados por meio dos acordos firmados nestes autos.*
>
> *7. Em caso de **dificuldade operacional** de **aquisição do medicamento**, o **Judiciário** poderá determinar ao **fornecedor** que entregue o medicamento ao ente federativo, mediante **posterior apresentação de nota fiscal e/ou comprovante de entrega do medicamento recebido**.*

---

69 Nesse sentido, STJ, AgInt no Conflito de Competência 189718-SC, Rel. Min. Benedito Gonçalves, j. 19.03.2025.

> *8. Embargos de declaração da* ***União:***
>
> *8.1. Ausência de omissão quanto ao* ***Tema 500****, o qual* ***se aplica aos medicamentos não registrados na Anvisa****.*
>
> (Vale lembrar o teor da tese fixada nesse Tema: "1. O Estado não pode ser obrigado a fornecer medicamentos experimentais. 2. A ausência de registro na Anvisa impede, como regra geral, o fornecimento de medicamento por decisão judicial. 3. É possível, excepcionalmente, a concessão judicial de medicamento sem registro sanitário, em caso de mora irrazoável da Anvisa em apreciar o pedido (prazo superior ao previsto na Lei 13.411/2016), quando preenchidos três requisitos: (i) a existência de pedido de registro do medicamento no Brasil (salvo no caso de medicamentos órfãos para doenças raras e ultrarraras); (ii) a existência de registro do medicamento em renomadas agências de regulação no exterior; e (iii) a inexistência de substituto terapêutico com registro no Brasil. 4. As ações que demandem fornecimento de medicamentos sem registro na Anvisa deverão necessariamente ser propostas em face da União").
>
> *8.2.* ***Apenas a matéria discutida no tema 1.234*** *está* ***excluída do tema 793****.*
>
> *8.3. Ausência de contradição no acórdão embargado, envolvendo a modulação dos efeitos de* ***medicamentos incorporados*** *e* ***não incorporados****, modulação que* ***envolveu apenas esses últimos****.*
>
> *8.4. Presença, no entanto, dos requisitos autorizadores da modulação de efeitos, nos termos do art. 27 da Lei 9.868/1999, também em relação aos* ***medicamentos incorporados****, apreciada nos presentes embargos de declaração*[70].

Ainda sobre a judicialização do fornecimento de medicamento de alto custo, na Reclamação 68709 o STF determinou, inicialmente, à União, a aquisição do medicamento Elevidys (indicado para o tratamento de crianças com Distrofia Muscular de Duchenne), sendo que, posteriormente, o Tribunal, por unanimidade, referendou a decisão que homologou parcialmente a proposta autocompositiva apresentada conjuntamente pela Roche Brasil, com outras determinações. Também, na Reclamação 62049, o STF julgou procedente a reclamação, para cassar a decisão reclamada, restabelecendo os efeitos da decisão que obrigou a União Federal a fornecer o medicamento Zolgens, para crianças com mais de 02 anos que sofrem de amiotrofia espinhal (AME tipo 1), fármaco considerado o mais caro do mundo. No julgamento, reconheceu-se a eficácia do medicamento e que a idade da criança não pode ser obstáculo ao seu fornecimento, até porque esse fármaco já está incorporado na lista do SUS.

A **terceira diretriz** do sistema, a **participação comunitária no** SUS – decorrência do princípio da solidariedade – se caracteriza pela participação direta ou indireta da comunidade, tanto na definição como no controle das ações e políticas de saúde (o que se denomina **controle social**), o que se dá por meio de representantes da sociedade civil nas Conferências de Saúde (com competência para apresentar proposições sobre as políticas de saúde em cada nível da federação), nos Conselhos de Saúde (com atuação de planejamento e controle do SUS, também em todas as esferas de governo, federal, estadual, municipal e distrital) ou mesmo junto às agências reguladoras (Anvisa – Agência Nacional de Vigilância Sanitária, ANS – Agência Nacional de Saúde suplementar), entre outros. Essa participação popular vem disciplinada na Lei 8.142/1990, complementar à Lei 8.080/1990 (Lei Orgânica da Saúde – LOS).

Para sintetizar o direito à saúde e as suas diretrizes e facilitar a memorização:

---

[70] Interessante estudo sobre os reflexos dos julgamentos desses Temas 6 e 1234 pelo STF foi feito pela Procuradoria-Geral do Estado de Mato Grosso, por meio do Manual Explicativo *Teses fixadas nos temas de repercussão geral n. 1.234 e n. 6 Pelo Supremo Tribunal Federal*, de janeiro de 2025. Disponível em: https://www.pge.ms.gov.br/wp-content/uploads/2025/01/PGE-MANUAL-EXPLICATIVO-STJ-jan-25-1.pdf. Acesso em: 14 maio 2025.

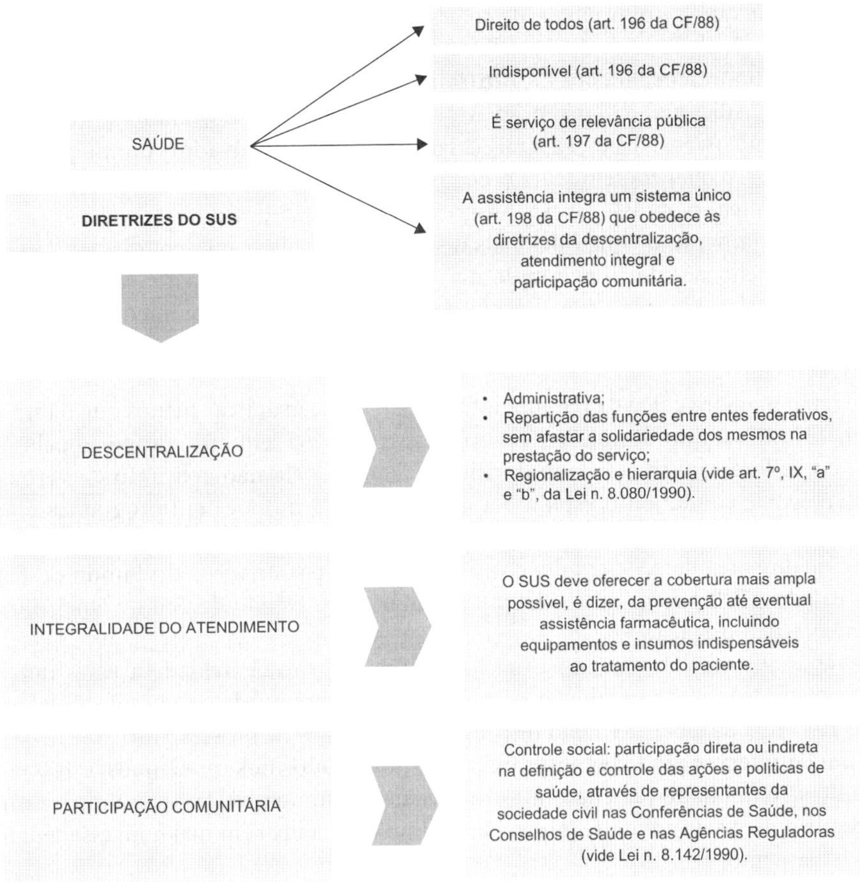

Atenção

Não se esqueça da GRATUIDADE que, embora não esteja expressa, decorre do próprio sistema e veda qualquer tipo de contraprestação dos serviços oferecidos pelo SUS.

O art. 198 da CF/1988 ainda define um aspecto bastante sensível do sistema, que é o **financiamento público** do direito à saúde, via SUS[71]. Ele, tal como ocorre com a educação, é um dos **pilares de sustentação** do sistema, porque o gasto para a garantia de vida com qualidade é alto. Pressupõe progressividade, ao menos até que se cumpra a meta do acesso universal e igualitário (art. 196 da CF/1988).

Não devemos nos esquecer de que os direitos fundamentais trazem como característica uma eficácia dirigente e irradiante, na medida em que contêm uma ordem ao Estado a respeito da sua obrigação permanente de concretização e realização de tais direitos – verdadeiros "**imperativos de tutela**" –, o que também pode ser traduzido no reconhecimento de um direito à sua proteção mediante a organização e o procedimento, a fim de lhes assegurar concreta consecução pelo Estado[72].

---

71 Não deixa de ser uma forma de garantir o financiamento da saúde a regra processual civil do art. 833, que afirma serem impenhoráveis os recursos públicos recebidos por instituições privadas para aplicação compulsória em educação, saúde ou assistência social (inciso IX).

72 Nesse sentido, SARLET, Ingo W. *A eficácia dos direitos fundamentais: uma teoria geral dos direitos fundamentais na perspectiva constitucional*, p. 145-151. Destacando o valor e a importância do orçamento público, TORRES, Heleno Taveira. *Direito constitucional financeiro*: teoria da Constituição financeira, p. 359 e ss.

Vale anotar que a importância de se assegurar os recursos necessários tem origem no dever de progressividade assumido pelo Brasil no art. 2º, item 1, do **Pacto Internacional sobre Direitos Econômicos, Sociais e Culturais** (promulgado pelo Decreto 591/1992) e no art. 1º do Protocolo Adicional à Convenção Americana sobre Direitos Humanos em matéria de Direitos Econômicos, Sociais e Culturais (**Protocolo de São Salvador**, promulgado pelo Decreto 3.321/1999), o qual contém regra específica que obriga os Estados signatários a adotarem medidas econômicas para assegurar a progressiva prestação dos direitos sociais.

Dessa forma, serão inconstitucionais dispositivos legais que visem distorcer essa garantia, pois irão se chocar com o **princípio da vedação de proteção deficiente** de bens jurídicos constitucionalmente tutelados, princípio esse que é um desdobramento do princípio da proporcionalidade, derivado da cláusula pétrea do devido processo legal substantivo (art. 5º, LIV, da CF/1988).

De igual maneira é ilegal qualquer estado da federação aplicar menos que o estabelecido nesta área. Neste sentido decidiu o STJ, no REsp 1.752.162, em ação proposta pelo Ministério Público Federal contra o Estado do Rio de Janeiro, pela não aplicação da verba no ano de 2005. A Corte condenou o estado a aplicar R$ 183,5 milhões em programas e ações de saúde, para reparar o dano causado pela não alocação do valor mínimo de recursos previsto constitucionalmente, além de condenar a União a só repassar verba do Fundo de Participação dos Estados (FPE) e de transferências voluntárias ao Estado do Rio de Janeiro mediante cumprimento da obrigação[73].

Nesse contexto, a nossa Constituição reserva, com exclusividade a esses dois setores (saúde e educação), uma **vinculação de receita** que para a saúde está prevista nos arts. 167, IV, 195 e 198, § 2º, da CF/1988, além de prever mecanismos de proteção (art. 34, VII, *e*, 35, III, que tratam da intervenção federal nos estados e dos estados nos municípios, e 160, § 1º, II).

Muito se tem lutado para garantir um orçamento compatível para a saúde[74]. Entretanto, essa conquista nem sempre foi reconhecida ou implementada sem que houvesse tentativas de seu desvirtuamento.

Ensinam Fábio K. Comparato, Heleno T. Torres, Élida G. Pinto e Ingo W. Sarlet,[75] que o aprendizado histórico na vivência de nossa Constituição de 1988 é o da prioridade do nosso pacto federativo na promoção democrática dos direitos fundamentais, com destaque para os direitos sociais, que são garantidores de uma cidadania inclusiva e ativa. Justamente por isso, a vinculação de receita na área da saúde (assim como para a manutenção do ensino) tem sido instrumento poderoso e exitoso na efetivação de tal direito, tido e havido, juntamente com a educação, como de posição preferencial na arquitetura constitucional.

Esses autores lembram, ainda, que desde a redação originária da Carta de 1988 havia dispositivo atento a esse aspecto, assegurando proporcionalidade mínima para a saúde dentro do Orçamento da Seguridade Social (OSS), e se referem ao art. 55 do Ato das Disposições Constitucionais Transitórias (ADCT), que previa 30%, no mínimo, desse orçamento à saúde, percentual esse que, se tivesse sido mantido, a disponibilidade de custeio em 2016 seria quase três vezes maior que a prevista para aquele ano.

---

73 Na decisão o STJ rechaçou o argumento do Tribunal de Justiça carioca que havia reduzido o aporte a ser repassado, sob o argumento de que a verba não aplicada na saúde o foi em outras áreas, atendendo, de alguma forma, uma finalidade pública. Para o Relator, Ministro Herman Benjamin, esse argumento não pode ser utilizado uma vez que o setor de saúde se encontra extremamente precário e deve-se restaurar a ordem pública, à luz do comando constitucional.

74 Prova disso é a Lei 13.871/2019, que altera a Lei 11.340/2006 (Lei Maria da Penha) e dispõe sobre a responsabilidade do agressor pelo ressarcimento dos custos relacionados aos serviços de saúde prestados pelo SUS às vítimas de violência doméstica e familiar e aos dispositivos de segurança por elas utilizados.

75 *Financiamento dos direitos à saúde e à educação: mínimos inegociáveis*. Disponível em: http://www.conjur.com.br, publicação de 27.7.2016. Acesso em: 06.12.2018.

Anotam que, no ano de 2000, foi promulgada a EC 29, preocupada em superar a constante instabilidade fiscal na promoção desse direito. Tal Emenda instituiu a proteção do custeio mínimo na saúde em moldes próximos aos da educação. Apesar do piso federal nessa área haver sido alterado pela EC 86/2015, a progressividade de financiamento vinculado ao nível da receita se mantém, *ex vi* do art. 198 da CF/1988, um dever atribuído a todos os entes federativos.

É importante destacar que a proporcionalidade entre a receita e a despesa nos setores da saúde e educação é uma sistemática **"de proteção formal e material (garantia equiparável ao *habeas corpus* e ao mandado de segurança, por exemplo)"**[76], não admitindo retrocesso na efetivação de tais direitos, por força do princípio da **proibição do retrocesso social**, que visa a proteger o núcleo essencial dos direitos fundamentais (art. 1º, *caput* e inciso III, da CF/1988).

Cuida-se de um modelo misto, tripartite (com recursos da União, dos Estados, do Distrito Federal e dos Municípios), prescrevendo no art. 198, § 1º, da CF/1988 que ele ocorrerá com recursos do orçamento da seguridade social (lembrando que a saúde integra o tripé da seguridade social, juntamente com a previdência e assistência social - art. 194 da CF/1988), que é financiada por toda a sociedade, de forma direta e indireta, com recursos públicos e privados (arts. 149 e 195), da União, Estados, Distrito Federal e Município, além de outras fontes. Essas "outras fontes" estão previstas no art. 195, § 4º, c.c. art. 154, I, ambos da CF/1988. A proposta orçamentária da seguridade social deve ser elaborada de forma integrada pelos órgãos responsáveis pela saúde, previdência e assistência social, cabendo a cada qual a gestão de seus recursos.

Como dissemos, o primitivo sistema de financiamento foi aprimorado por meio da EC 29/2000, que buscou impor gastos mínimos - nos moldes do piso da educação -, a partir da inserção do § 2º ao art. 198, e também pela edição da Lei Complementar 141/2012[77], prevista no § 3º do art. 198 (também acrescido pela EC 29/2000) para estabelecer os percentuais indicados nos incisos II e III do § 2º do mesmo artigo, os critérios dos rateios dos recursos da União vinculados à saúde e destinados aos Estados, Distrito Federal e Municípios e dos Estados destinados aos seus respectivos Municípios. Nova regulamentação de parte dessa matéria foi feita pela EC 86/2015, que no seu art. 1º altera o inciso I do § 2º do art. 198 e o inciso I do § 3º do mesmo artigo. No seu art. 2º, a EC 86 escalona a aplicação da parte da União no financiamento, e no art. 3º acrescenta verbas decorrentes da exploração de petróleo e gás natural (pré-sal).

A EC 86/2015 foi objeto da ADI 5595/DF, patrocinada pela Procuradoria-Geral da República sob o principal fundamento de que, a pretexto de melhorar o financiamento da saúde, na verdade retira parcela significativa de recursos e que, por decisão do pedido cautelar nela formulado, teve suspensos os seus arts. 2º e 3º. O art. 2º da EC 86/2015 foi expressamente revogado, posteriormente, pelo art. 3º da EC 95/2016. A isso retomaremos mais adiante.

Na decisão do pedido cautelar, o Relator, Ministro Ricardo Lewandowski, lembrou que a Constituição Federal prevê, ao lado do direito subjetivo público à saúde, o dever estatal da sua consecução, cuja garantia pressupõe **"políticas sociais e econômicas que visem à redução do risco de doença e de outros agravos e ao acesso universal e igualitário às ações e serviços para a sua promoção, proteção e recuperação"** (art. 196). Para alcançar tal finalidade, lembrou ele, fontes de receita relativas à seguridade social (arts. 195 e 198, § 1º) e o dever de gasto mínimo nas ações e serviços públicos de saúde[78] (arts. 167, IV, e 198, §§ 2º e 3º) se conjugaram

[76] Texto citado.

[77] Essa lei teve seu art. 11 declarado inconstitucional no julgamento da ADI 5897/SC, Rel. Min. Luiz Fux, j. 24.04.2019, tanto por vício formal como material, conforme anotamos no tópico referente à distribuição de competências entre os entes federativos.

[78] Consta do voto que o déficit de aplicação dos recursos mínimos em ações e serviços de saúde enseja a responsabilização da pessoa do gestor inadimplente (principalmente por improbidade administrativa) e as sanções de suspensão de transferência voluntaria de que trata o art. 25, § 1º, IV, *b*, da Lei de Responsabilidade Fiscal (LC 101/2000) - p. 15.

na garantia de financiamento **estável** e **progressivo**. Desse modo, não é oponível a alegação imotivada e discricionária de **restrição orçamentária** em face desse direito à saúde em razão da sua essencialidade para assegurar uma vida digna, bem como porque ele é amparado por fontes próprias de receita e dever de gasto mínimo[79].

Essa ação foi, ao final, julgada improcedente, por maioria de votos, reconhecendo-se a constitucionalidade dos aludidos artigos, em julgamento em sessão virtual de 07.10.2022 a 17.10.2022.

A partir de 2017, a **EC 95/2016** limita os gastos federais (com exceção do pagamento de juros sobre a dívida pública) pelos próximos 20 anos a um teto definido pelo montante gasto no ano anterior reajustado pela inflação acumulada, aferida pelo índice nacional de preços ao consumidor ampliado (IPCA A), ou seja, os valores a serem aplicados em ações de saúde ficarão congelados, sendo tão somente corrigido pelo IPCA, na forma do art. 110, II, combinado com o art. 107, § 1º, II, todos do ADCT (também inseridos pela EC 95).

Pela emenda, não há teto específico para a despesa com saúde, de maneira que, em tese, a verba da saúde não foi congelada. Esse gasto faz parte da despesa total do Poder Executivo. Portanto, o somatório da despesa em saúde com as demais despesas do Poder Executivo (transportes, energia, educação, saneamento etc.) não pode extrapolar o limite. Mas cada um dos setores ou cada um dos Ministérios que compõem o Poder Executivo não está submetido a um teto específico.

Na prática, todavia, dificilmente a saúde será priorizada nessa disputa dos Ministérios pelo bolo de despesas do Poder Executivo.

A crítica que se faz decorre do fato de ser impossível essa limitação de despesas em razão do envelhecimento da população (estima-se que em 2030 teremos 40,5 milhões de pessoas com mais de 60 anos), que traz como consequência doenças crônicas. Também deverá ser enfrentado sério problema de saúde decorrente da alteração de hábitos alimentares e de estilo de vida (p. ex., a obesidade infantil decorrente de má alimentação e pouca atividade física), além das doenças infecciosas (p. ex., febre amarela), as doenças crônicas que não atingem apenas os idosos (p. ex., diabetes e hipertensão arterial) e a violência (entre as pessoas, no trânsito, com sequelas e quadros graves de saúde).

Enfim, em termos práticos, como visto, a Emenda 95 traz implicações sérias para o financiamento das ações e serviços públicos de saúde (ASPS) ao não permitir a adequação dos valores transferidos pelo governo federal (Ministério da Saúde) para os Estados e Municípios, com reflexos na tentativa de redistribuição de recursos entre os entes federativos de piores condições financeiras, impossibilitando a formulação de políticas de investimentos voltadas para a superação das desigualdades sociais e regionais.

Por tais razões, as disposições da **EC 95/2016** também foram objeto de ação direta de inconstitucionalidade – **ADI 5658/DF** –, promovida pelo Partido Democrático Trabalhista (PDT), até a presente data ainda sem apreciação do pedido liminar de reconhecimento parcial de inconstitucionalidade e da **ADI 5680**, patrocinada pelo Partido Socialismo e Liberdade (PSOL), também sem apreciação de pedido liminar e da **ADI 5633** ajuizada pela Associação dos Magistrados Brasileiros – AMB, Associação Nacional dos Magistrados da Justiça do Trabalho – ANAMATRA e Associação dos Juízes Federais do Brasil – AJUFE, todas sob relatoria da Ministra Rosa Weber. Essas três ações foram extintas, sem julgamento do mérito, por perda superveniente de objeto, seja pela revogação posterior de alguns dos dispositivos impugnados por meio de outras emendas constitucionais, seja pela impossibilidade de o STF atuar como legislador positivo, ou mesmo inépcia da petição inicial para apontar a inconstitucionalidade de outros dispositivos impugnados (no caso da ADI 5680).

---

[79] Voto, p. 21.

Não se pode desconsiderar a realidade da escassez econômica e do subfinanciamento da saúde, que deve piorar ainda mais com a aplicação da desvinculação de Receitas da União (DRU), prorrogada até 2023 e ampliada pela Emenda Constitucional 93, de 08.09.2016, que autorizou a União a realocar livremente 30% das receitas obtidas com taxas, contribuições sociais e de intervenção sobre o domínio econômico (Cide), que hoje são destinadas, por determinação constitucional ou legal, a órgãos, fundos e despesas específicos.

Mais recentemente, a verba para saúde sofreu novo golpe, com os vetos presidenciais à Lei Complementar 194, de 23 de junho de 2022 (que teve origem no PLP 18/2022), que altera em todo o país os critérios de arrecadação do Imposto sobre Circulação de Mercadorias (ICMS) sobre combustíveis e energia elétrica, o que poderá representar, segundo levantamento feito pelo Comitê Nacional dos Secretários Estaduais da Fazenda (Comsefaz), uma diminuição potencial de aproximadamente 15 bilhões de reais, como aponta a Nota Técnica do Conselho Nacional de Procuradores-Gerais do Ministério Público dos Estados e da União (CNPG), de 8 de julho de 2022.

Em sessão virtual extraordinária concluída em dezembro de 2022, o Plenário do STF, por unanimidade, homologou acordo firmado entre os Estados, o Distrito Federal e a União acerca do ICMS sobre combustíveis. Segundo o termo homologado, a União encaminhará ao Congresso Nacional propostas de aperfeiçoamento legislativo da Lei Complementar 194/2022, que passou a considerar essenciais bens e serviços relativos aos combustíveis, e da Lei Complementar 192/2022, que uniformizou as alíquotas do ICMS sobre combustíveis em todo o país. Esse acordo decorreu do trabalho de comissão especial criada pelo Ministro Gilmar Mendes no âmbito da ADI 7191 e da ADPF 984. Fica claro, diante do que expusemos, que a questão do financiamento da saúde, atualmente, se mostra das mais confusas e complexas, caminhando na contramão da necessária garantia de estabilidade e progressividade.

E, apesar dos bons propósitos legislativos, não faltam críticas ao subfinanciamento da saúde pública, a falta de uma reforma administrativa para transformar a gestão do sistema e o contínuo incentivo pelo poder público, ao longo das últimas décadas, à saúde de mercado (explorada pela iniciativa privada), especialmente por meio de renúncias fiscais e do estabelecimento de teto de gastos. Prova disso é que nosso investimento público em saúde é de 4% do PIB, contra 11% da Alemanha, 10,4% da França, 10,3% do Reino Unido, 7,1% da Colômbia e 5,9% do Chile.

Encontraremos no **art. 200** uma explicação mais ampla sobre o que é saúde e quais os fatores que a condicionam.

Conjugado com os arts. 198 e 199, esse artigo estabelece o **contorno constitucional do SUS**, sem prejuízo de todo arsenal legislativo infraconstitucional que trata do tema e será visto adiante. Reproduz em seus incisos as competências a serem concretizadas por meio das ASPS (Ações e Serviços Públicos de Saúde), que vão da vigilância sanitária – atividade eminentemente protetiva, tanto da saúde individual como coletiva e pública, por meio do controle de substâncias, procedimentos e produtos, até a interface com o direito à educação e ao trabalho (incisos II e V), realçando o caráter unitário do sistema. Embora desnecessário, por sua obviedade, o inciso VIII retoma o elo entre o SUS e o meio ambiente, nele compreendido o do **trabalho**[80].

A partir da arquitetura constitucional de proteção desse direito, podemos afirmar que a saúde para todos (art. 196), deve ser garantida mediante políticas públicas sociais e econômicas, e para satisfazer tal direito a CF/1988 criou o SUS[81], verdadeira garantia institucional. Até

---

80 Interessante notar que será neste inciso VIII do art. 200 que encontraremos a referência sobre a garantia de boas condições do ambiente de trabalho, fora do capítulo próprio do meio ambiente.

81 Existem, basicamente, no mundo, três sistemas de saúde: o de *assistência residual*, no qual alguma assistência é prestada aos mais carentes e os demais pagam pelo serviço, o de *seguro social*, no qual a proteção à saúde é dada apenas para quem contribuir para a previdência, e a *seguridade social*, que é o nosso sistema e será estudado neste capítulo.

então, o sistema de saúde público prestava assistência apenas aos trabalhadores vinculados à previdência social, cabendo aos demais indivíduos a assistência de entidades filantrópicas. Com o SUS, proporcionou-se o acesso universal ao sistema público de saúde, sem discriminação.

Essa mesma feição atribuída por nossa Constituição Federal ao direito à saúde nos remete à **teoria da reserva do possível**, ao princípio da **proibição do retrocesso social** e à concepção do **mínimo existencial**.

Relembramos, rapidamente, esses conceitos:

a) a **teoria da reserva do possível**, de origem germânica, busca limitar a efetivação dos direitos sociais à disponibilidade orçamentária e financeira do ente público responsável, tendo-se em conta a natureza prestacional e de realização progressiva desses direitos e como tal geradora de gastos – direitos sociais custam caro[82];
b) preso a ela, o princípio da **proibição do retrocesso social** ou **proibição de "contrarrevolução social"** ou da **"evolução reacionária"** pode ser entendido, a partir das lições de Canotilho, pela afirmação de que o **"núcleo essencial dos direitos já realizado e efetivado por meio de medidas legislativas [...] deve considerar-se constitucionalmente garantido, sendo inconstitucionais quaisquer medidas estaduais que, sem a criação de outros esquemas alternativos ou compensatórios, se traduzam na prática numa 'anulação', 'revogação' ou aniquilação pura e simples desse núcleo essencial"**[83]; e
c) **o mínimo existencial** é o conteúdo essencial dos direitos fundamentais e por isso deve ser garantido a todos os indivíduos, independentemente de sua condição financeira. Terá esse conteúdo de existencialidade mínima aquele direito a situações dignas, é dizer, a dignidade humana e as condições materiais da existência não podem retroceder para aquém de um mínimo, do qual ninguém pode ser privado[84]. É o que a Corte Alemã define como o necessário à existência digna[85].

Da decisão sobre o pedido cautelar formulado pela Procuradoria-Geral da República na ADI 5595, que impugna alterações ao financiamento à saúde trazidas pela EC 86/2015, é possível extrair interessantes lições, já consagradas pela doutrina e pela jurisprudência e que reforçam nosso estudo.

Traz o ensinamento de Ingo Sarlet sobre a existência de uma eficácia dirigente e irradiante dos direitos fundamentais, na medida em que eles contêm **"uma ordem dirigida ao Estado no sentido de que a este incumbe a obrigação permanente de concretização e realização"**, bem como **"fornecem impulsos e diretrizes para a aplicação e interpretação do direito infraconstitucional"**[86].

---

82 Nossa jurisprudência é farta ao afastar a aplicação da teoria da reserva do possível diante da necessidade de efetivação de direitos que integram o mínimo existencial, salvo absoluta impossibilidade financeira do obrigado: STF, ARE 639337 AgR/SP, 2ª T., Rel. Min. Celso de Mello; RE 410.715-AgR/SP, Rel. Min. Celso de Mello; RE 956475/RJ, Rel. Min. Celso de Mello. Assim também entendeu o STJ: REsp 1041197/MS, Rel. Min. Humberto Martins. Por todas, vale a lição de Celso de Mello, no julgamento da ADPF 45 MC/DF: *"(...) É que a realização dos direitos econômicos, sociais e culturais – além de caracterizar-se pela gradualidade de seu processo de concretização – depende, em grande medida, de um inescapável vínculo financeiro subordinado às possibilidades orçamentárias do Estado, de tal modo que, comprovada, objetivamente, a incapacidade econômico-financeira da pessoa estatal, desta não se poderá razoavelmente exigir, considerada a limitação material referida, a imediata efetivação do comando fundado no texto da Carta Política".*

83 *Direito constitucional e teoria da Constituição*, p. 321 e 327 Adotando e explicitando a aplicação desse princípio, ver voto do Min. Celso de Mello no RE 658.312/SC.

84 Anota a Ministra Cármen Lúcia, do STF, que esse princípio do *mínimo existencial* não pode ser tido como um "mito jurídico" ou "ilusão da civilização", mas um dado constitucional de cumprimento incontornável "que encarece o valor da humanidade que todo ser humano ostenta desde o nascimento e que se impõe a respeito de todos" (AI 564.035/SP, *DJ* 15.05.2007).

85 Nesse sentido: STJ, REsp 1041197/MS, 2ª T., Rel. Min. Humberto Martins, *DJe* 16.09.2009.

86 *A eficácia dos direitos fundamentais*: uma teoria geral dos direitos fundamentais na perspectiva constitucional, p. 145-151.

Para tal é fundamental a existência de um orçamento público voltado a alocar todos os meios necessários para a realização desse fim constitucional e um bom governo, isso porque **"ao direito fundamental à saúde, correspondem garantias fundamentais de organização sistêmica (SUS) e de financiamento suficiente e progressivo, conforme a disponibilidade das receitas da seguridade social e o piso de custeio no setor"**.

De igual forma, o Estado não pode se furtar a essa obrigação se valendo de uma "**omissão abusiva**", nem permitir que as ações e serviços públicos que lhe dão consecução e concretude sofram risco de descontinuidade, frustrando seu custeio adequado.

O que venha a ser custeio adequado deve estar pautado em bases juridicamente estáveis (em prestígio ao princípio da segurança jurídica) e fiscalmente progressivas (de acordo com os princípios da proporcionalidade e reserva do possível), tal como ficou assentado no julgamento da **ADPF-MC 45**, na qual o Min. Celso de Mello, após lembrar a característica da **gradualidade** do processo de concretização dos direitos sociais, como o é o direito à saúde, consignou que não é lícito ao Poder Público **"criar obstáculo artificial que revele o ilegítimo, arbitrário e censurável propósito de fraudar, de frustrar e de inviabilizar o estabelecimento e a preservação, em favor da pessoa e dos cidadãos, de condições materiais mínimas de existência"** mediante indevida manipulação de sua atividade financeira e/ou político-administrativa, advertindo que a **cláusula da "reserva do possível"** - ressalvada a ocorrência de justo motivo objetivamente aferível - **"não pode ser invocada, pelo Estado, com a finalidade de exonerar-se do cumprimento de suas obrigações constitucionais"**, especialmente quando, dessa conduta governamental negativa, puder resultar **"nulificação ou, até mesmo, aniquilação de direitos constitucionais impregnados de um sentido de essencial fundamentalidade"**[87].

Isso quer dizer que a discricionariedade administrativa e a aplicação do princípio da reserva do possível são limitadas pelo núcleo duro do "**mínimo existencial**", por um conjunto irredutível de condições necessárias a uma existência digna e essenciais à própria sobrevivência do indivíduo. Trata-se do postulado da dignidade da pessoa humana em seu aspecto material, fundamentado no princípio do Estado Social.

7.5 DISTRIBUIÇÃO DE COMPETÊNCIA ENTRE OS ENTES FEDERATIVOS PARA TRATAR DA SAÚDE

Como regra geral, a autonomia dos entes federativos (União, Estados, Distrito Federal e Municípios) pressupõe a repartição de **competências** - essa repartição é característica inarredável de um Estado Federal -, que são as diversas modalidades de poder de que se servem os órgãos ou entidades estatais para realizar suas funções.

Nosso modelo de Estado federativo é estruturado em um sistema complexo, compatibilizando autonomia e reserva de áreas exclusivas, privativas (com possibilidade de delegação) e comuns.

A técnica consiste em enumerar os poderes da União (arts. 21 e 22 da CF/1988), com os poderes remanescentes para os Estados (art. 25, § 1º, com previsão de algumas poucas competências no art. 18, § 4º, e 25, §§ 2º e 3º, da CF/1988) e os poderes dos Municípios (art. 30 da CF/1988). O Distrito Federal, ente federativo autônomo (em virtude de sua tríplice capacidade de auto-organização, autogoverno e autoadministração), ostenta, em matéria de competência,

[87] Apontando que a não alocação de verbas necessárias denota uma deliberação incompatível com a Constituição e, portanto, inválida e apta a ensejar o controle jurisdicional do descumprimento desse dever jurídico: BARCELLOS, Ana Paula de. *O direito a prestações de saúde: complexidades, mínimo existencial e o valor das abordagens coletiva e abstrata*. *In*: SOUZA NETO, Claudio Pereira de; SARMENTO, Daniel (coord.). *Direitos sociais*: fundamentos, judicialização e direitos sociais em espécie. Rio de Janeiro: Lumen Juris, 2010, p. 816.

todas as competências legislativas[88] e tributárias reservadas aos Estados e Municípios (arts. 32, § 1º, e 147 da CF/1988).

Entre as competências concorrentes, as materiais estão disciplinadas no art. 23, que incumbem à União, aos Estados, Municípios e ao Distrito Federal, e as legislativas no art. 24, atribuídas à União, aos Estados e Distrito Federal, participando os Municípios no exercício das mesmas competências, nos termos do art. 30, II, que lhes confere o poder de suplementar a legislação federal e estadual no que couber[89-90].

Sobre a saúde se destacam, como já mencionado, o art. 23, II, que tem sido invocado, nas lides judiciais, para justificar a **solidariedade** entre os entes federativos para prestação desse serviço[91] e que é objeto do **tema 793** do STF, com repercussão geral reconhecida (RE 855178-SE, Rel. Min. Luiz Fux), já julgado[92], o art. 24, XII, e, no Município, o art. 30, VII. As atribuições das instâncias federativas vêm elencadas nos arts. 15 a 18 da Lei Orgânica da Saúde (Lei 8.080/1990).

O STF, ao apreciar a ADI 6059, julgou procedente o pedido para declarar a inconstitucionalidade do art. 138 da Constituição do Estado de Roraima, com a redação conferida pela Emenda Constitucional 48/2016, com o fundamento de que a regulamentação dos limites para a alocação de políticas públicas de saúde constitui matéria de competência legislativa da União, conforme art. 138 da CF/1988 (julgamento de 26.09.2019)[93].

De igual forma, o STF declarou a inconstitucionalidade do art. 11 da Lei Complementar 142/2012[94], que, ao atribuir ao constituinte estadual ou municipal competência legislativa para dispor sobre conteúdo que lhe foi delegado excepcionalmente e expressamente pela CF/1988, usurpou a competência reservada ao poder constituinte nacional, em afronta ao disposto nos arts. 167, IV e 198, § 3º, I da Constituição (ADI 5897/SC, Rel. Min. Luiz Fux, j. 24.04.2019).

---

[88] Defendendo que ao Distrito Federal também cabem as competências materiais exclusivas dos Estados e Municípios, embora a elas não se refira o enunciado, pois seria um contrassenso, o Distrito Federal ser titular de competências legislativas relevantes se não ostentasse também as respectivas atividades administrativas a ela atinentes, consultar LEONCY, Leo Ferreira. Comentário ao art. 32. *In*: CANOTILHO, J. J. Gomes; MENDES, Gilmar F.; STRECK, Lenio L.; SARLET, Ingo W. (coord.). *Comentários à Constituição do Brasil*. São Paulo: Saraiva/Almedina, 2013, p. 796.

[89] Não se faz menção ao Distrito Federal, porque ele não pode dividir-se em municípios (art. 32, *caput*, da CF/1988).

[90] A esse respeito, elucidativa decisão do STF: "*3. Em relação à saúde e assistência pública, a Constituição Federal consagra a existência de competência administrativa comum entre União, Estados, Distrito Federal e Municípios (art. 23, II e IX, da CF), bem como prevê competência concorrente entre União e Estados/Distrito Federal para legislar sobre proteção e defesa da saúde (art. 24, XII, da CF), permitindo aos Municípios suplementar a legislação federal e a estadual no que couber, desde que haja interesse local (art. 30, II, da CF); e prescrevendo ainda a descentralização político-administrativa do Sistema de Saúde (art. 198, CF, e art. 7º da Lei 8.080/1990), com a consequente descentralização da execução de serviços, inclusive no que diz respeito às atividades de vigilância sanitária e epidemiológica (art. 6º, I, da Lei 8.080/1990). 4. O Poder Executivo federal exerce o papel de ente central no planejamento e coordenação das ações governamentais em prol da saúde pública, mas nem por isso pode afastar, unilateralmente, as decisões dos governos estaduais, distrital e municipais...*" (Referendo na Medida Cautelar na Arguição de Descumprimento de Preceito Fundamental 672 – Distrito Federal, Rel. Min. Alexandre de Moraes).

[91] Assim foi decidido pelo STF no RE 195.192/RS: "*O direito à saúde – além de qualificar-se como direito fundamental que assiste a todas as pessoas – representa consequência constitucional indissociável do direito à vida. O Poder Público, qualquer que seja a esfera institucional de sua atuação no plano da organização federativa brasileira, não pode mostrar-se indiferente ao problema da saúde da população, sob pena de incidir, ainda que por censurável omissão, em grave comportamento inconstitucional*" (RE 271.286-AgR, Rel. Min. Celso de Mello).

[92] Como anotamos linhas atrás, no julgamento do *Tema 793* foi fixada a seguinte tese: "*Os entes da federação, em decorrência da competência comum, são solidariamente responsáveis nas demandas prestacionais na área da saúde, e diante dos critérios constitucionais de descentralização e hierarquização, compete à autoridade judicial direcionar o cumprimento conforme as regras de repartição de competências e determinar o ressarcimento a quem suportou o ônus financeiro*".

[93] Segundo o Relator, Ministro Alexandre de Moraes, desde a EC 29/2000 compete à União legislar, mediante lei complementar, sobre percentuais de alocação e critérios de rateio de recursos públicos para o financiamento do Sistema de Saúde, o que foi atendido pela Lei Complementar 141/2012.

[94] Essa lei regulamenta o § 3º do art. 198 da Constituição Federal para dispor sobre os valores mínimos a serem aplicados anualmente pela União, Estados, Distrito Federal e Municípios em ações e serviços públicos de saúde; estabelece os critérios de rateio dos recursos de transferências para a saúde e as normas de fiscalização, avaliação e controle das despesas com saúde nas 3 (três) esferas de governo. O art. 11 estabelece que "Os Estados, o Distrito Federal e os Municípios deverão observar o disposto nas respectivas Constituições ou Leis Orgânicas sempre que os percentuais nelas estabelecidos forem superiores aos fixados nesta Lei Complementar para aplicação em ações e serviços públicos de saúde".

Na Ação Civil Originária (ACO) 3463, o Min. Ricardo Lewandowski concedeu liminar, posteriormente referendada pelo Plenário do STF, para impedir que a União requisite insumos contratados pelo Estado de São Paulo, destinados à execução do plano nacional de imunização contra a Covid-19. A decisão interessa para entender-se o cabimento ou não do fenômeno da requisição administrativa entre os entes federados.

O Ministro afirmou que "*(...) O instituto da requisição administrativa possui fundamento nos arts. 5°, XXIII e XXV, e 170, III, da Constituição. Mais especificamente, 'no caso de iminente perigo público, a autoridade competente poderá usar de propriedade particular, assegurada ao proprietário indenização ulterior, se houver dano' (art. 5°, XXV, da CF)*", mas lembrou que, segundo a jurisprudência daquela Corte[95], a requisição administrativa não pode se voltar contra bem ou serviço de outro ente federativo, a caracterizar indevida interferência na autonomia de um sobre o outro, citando como exemplo o julgamento da ACO 3393, relatada pelo Min. Roberto Barroso, na qual também se vedou à União requisição de ventiladores pulmonares adquiridos pelo Estado do Mato Grosso junto à empresa privada e o MS 25.295/DF, Rel. Min. Joaquim Barbosa.

O STF também julgou procedente a ADI 3454, proposta pelo partido Democratas, e reafirmou o entendimento de que constituiu ofensa ao princípio federativo a requisição administrativa de bens e serviços públicos de titularidade de outros entes federativos.

Consequentemente, por unanimidade, a Corte excluiu do art. 15, XIII, da Lei Orgânica da Saúde (Lei 8.080/1990) interpretação que possibilite a requisição administrativa.

No voto condutor do julgamento, o Ministro Alexandre de Moraes explicou que o dispositivo impugnado trata da possibilidade de *requisição no contexto das atribuições do SUS e, portanto, de competência comum entre os entes federativos*. A hipótese, para ele, *pressupõe a existência de uma situação de necessidade coletiva, urgente e transitória, que afetará todos os níveis de entes federativos, exigindo coordenação horizontal entre eles.*

Nesse sentido, *não é possível estender a hipótese do art. 5º, XXV, da CF/1988, que prevê a requisição administrativa de bens particulares em caso de iminente perigo público, às relações entre entes federativos, que devem ser caracterizadas pela horizontalidade e cooperação.*

Outro tema ligado à competência dos entes federados e que teve destaque por conta da pandemia de Covid-19 foi apreciado pelo STF no ARE 1418846 (Tema 1246), e essa corte constitucional reafirmou sua jurisprudência no sentido de que estados e municípios têm competência para editar normas com determinações que visam impedir introdução ou propagação de doenças contagiosas e cujo descumprimento pode configurar o crime definido no art. 268[96] *do Código Penal (infração de medida sanitária preventiva). A tese de repercussão geral fixada foi: "O artigo 268 do Código Penal veicula norma penal em branco que pode ser complementada por atos normativos infralegais editados pelos entes federados (União, estados, Distrito Federal e municípios), respeitadas as respectivas esferas de atuação, sem que isso implique ofensa à competência privativa da União para legislar sobre direito penal (artigo 22, inciso I, da Constituição Federal)".*

---

95 Referiu-se, neste julgamento, a excerto de decisão do Ministro Celso de Mello, na ACO 3.385/MA, nos seguintes termos: "*[...] os bens integrantes do patrimônio público estadual e municipal acham-se excluídos, porque a ele imunes, do alcance desse extraordinário poder que a Lei Fundamental, tratando-se, unicamente, 'de propriedade particular', outorgou à União Federal (art. 5°, XXV), ressalvadas as situações que, fundadas no estado de defesa (CF, art. 136, § 1°, II) e no estado de sítio (CF, art. 139, VII), outorgam, ao Presidente da República, os denominados 'poderes de crise', cujo exercício está sujeito à rígida observância, pelo Chefe do Executivo da União, dos limites formais e materiais definidos pelo modelo jurídico que regula, em nosso ordenamento positivo, o sistema constitucional de crises ou de legalidade extraordinária [ ]*".

96 *Art. 268. Infringir determinação do poder público, destinada a impedir introdução ou propagação de doença contagiosa: Pena – detenção, de um mês a um ano, e multa. Parágrafo único. A pena é aumentada de um terço, se o agente é funcionário da saúde pública ou exerce a profissão de médico, farmacêutico, dentista ou enfermeiro.* Cuidou-se de processo criminal do Estado do Rio Grande do Sul, no qual um comerciante foi denunciado pelo MP por esse crime por manter em funcionamento seu estabelecimento durante a pandemia de Covid-19, contrariando normas estaduais e municipais.

Em outra decisão, agora tratando de uma lei estadual de Santa Catarina que dispõe sobre dispensação gratuita de insulina pelo SUS, o STF reconheceu que, apesar de estabelecer política pública, a lei estadual não cria órgão nem disciplina a organização e o funcionamento da administração pública, afastando a alegação de exclusividade de iniciativa do chefe do Poder Executivo. Na decisão, a Corte ainda acentuou que a Constituição Federal de 1988 confere à União, aos Estados e ao Distrito Federal a competência legislativa sobre proteção e defesa da saúde. E, em razão da descentralização político-administrativa do SUS, os Estados, além de suprir eventuais lacunas nas normas gerais federais, podem editar normas específicas para atender a suas peculiaridades locais (ADI 5758).

Também apreciando questão relativa a vício de iniciativa de lei municipal, o STF validou uma lei do Município de São José do Rio Preto, que determina a divulgação, em unidades públicas de saúde, de uma lista com nomes, especialidade e horários de atendimento de todos os seus profissionais de área e suas especialidades (RE 1481861). O projeto de lei foi de iniciativa parlamentar e não do chefe do Executivo. Na decisão, o Relator, Ministro Nunes Marques ressaltou que lei instituiu uma política pública que não viola a competência do prefeito para estabelecer regras sobre o funcionamento da administração pública, lembrando a tese fixada por aquela Corte, no Tema 917 de repercussão geral, de que não viola a competência privativa do chefe do Poder Executivo a lei que, embora crie despesa para o poder público, não trata da sua estrutura ou da atribuição de seus órgãos nem do regime jurídico de servidores públicos.

Embora nosso arranjo federativo[97] seja do tipo cooperativo, ele se configura como um modelo com profundas disparidades regionais e o texto constitucional não conseguiu completar a engenharia institucional necessária para dar organicidade a um processo de descentralização que atenda a tais diversidades e extrema extensão territorial. Não é difícil imaginar que a extensa região norte sofra muito mais com a escassez de assistência à saúde pública que as regiões sudeste e sul.

7.6 SISTEMA NORMATIVO INFRACONSTITUCIONAL

Acesse e assista à aula explicativa sobre este assunto.

> *http://uqr.to/21kur*

Dentro do sistema normativo infraconstitucional[98], nos limites estabelecidos para esse estudo, analisaremos, basicamente, o Sistema Único de Saúde e a legislação que o integra, ou de alguma forma está com ele conectado, e a saúde mental.

Há, no mundo, basicamente, três sistemas de saúde:

---

97 Sobre o federalismo e alguns de seus problemas tratamos na obra *Direto Educacional: Educação Básica e Federalismo*. São Paulo: Quartier Latin, 2009.

98 A Lei 13.722/2018, ao tratar da obrigatoriedade da capacitação em noções básicas de primeiros socorros de professores e funcionários de escolas públicas e privadas de educação básica e de recreação infantil, estabelece no art. 5º que esses estabelecimentos de ensino *"deverão estar integrados à rede de atenção de urgência e emergência de sua região e estabelecer fluxo de encaminhamento para uma unidade de saúde de referência"*. A Lei 13.931, de 10.12.2019 alterou a Lei 10.778, de 24 de novembro de 2003, para dispor sobre a notificação compulsória dos casos de suspeita de violência contra a mulher.

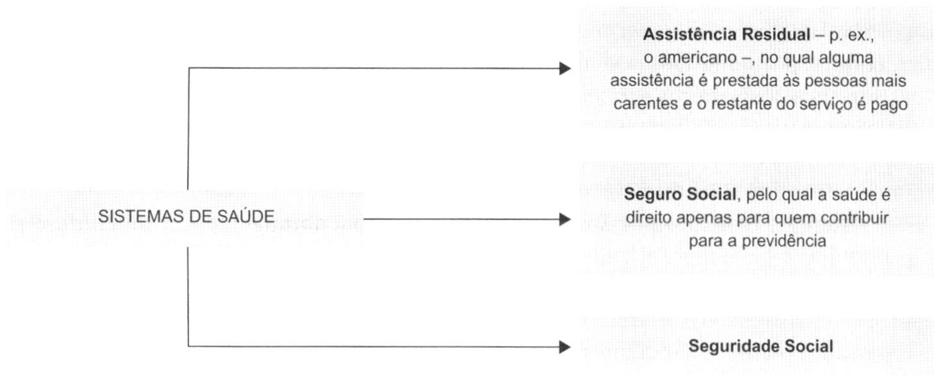

A **seguridade social é o sistema adotado por nós** e será tratado a seguir.

7.6.1 Sistema Único de Saúde - SUS

É um **sistema solidário**, inspirado no sistema de saúde europeu de concepção universalista, em especial o inglês, pautado, dentre outros, pelos princípios da **integralidade de atendimento** e do **acesso universal e igualitário** (por isso é para "todos"), razão pela qual qualquer pessoa[99] tem direito a ser atendido, residente ou não em nosso país, em situação regular ou irregular no Brasil. A assistência integral pode incluir o acesso de pacientes residentes em um determinado Estado a serviços assistenciais localizados em município do mesmo Estado ou de Estados diferentes. Quando esgotados todos os meios de tratamento e/ou a realização de exames no local da residência (Município ou Estado) do paciente, e desde que o local indicado possua o tratamento mais adequado à resolução do problema, será disponibilizado o TFD (tratamento fora do domicílio), que pode garantir o transporte para tratamento e hospedagem, quando indicado. Esse atendimento é concedido exclusivamente para pacientes atendidos pela rede pública e referenciada (SUS). Pode ser autorizado o pagamento de despesas para acompanhante quando houver indicação médica. Esse TFD é regulado pela Portaria 55/1999 da Secretaria de Assistência à Saúde do Ministério da Saúde[100].

Nada obstante essas características, a Lei 13.714/2018 alterou, desnecessariamente, a Lei 8.742/1993 (Lei Orgânica da Assistência Social - LOAS) para acrescentar um parágrafo único ao art. 19, dispondo que a atenção integral à saúde, inclusive a dispensação de medicamentos e produtos de interesse para a saúde, às famílias e indivíduos em situações de vulnerabilidade ou risco social e pessoal dar-se-á independentemente da apresentação de documentos que comprovem domicílio ou inscrição no cadastro no Sistema Único de Saúde (SUS).

Nesse sentido, no RE 271286 AgR/RS, 2ª T., Rel. Min. Celso de Mello, ficou assentado que o direito público subjetivo à saúde representa **"prerrogativa jurídica indisponível assegurada**

---

[99] Nesse "todos" deve-se entender, obviamente, a pessoa presa. A tal respeito dispõe o art. 14 e seus parágrafos da Lei de Execuções Penais, além da Portaria 482/2014 do Ministério da Saúde.

[100] O STF, no julgamento da Ação Direta de Inconstitucionalidade (ADI) 5872, reconheceu, por unanimidade, a constitucionalidade da Lei 17.129/2017 de Santa Catarina, na parte em que instituiu no estado as chamadas "casas de passagem" para acolhimento de cidadãos que precisem de tratamento médico fora de seus domicílios. Segundo a Relatora, Ministra Cármen Lúcia, a política pública instituída por ela, de incentivo à instituição e à manutenção de casas de passagem, alinha-se ao escopo de "atendimento integral" previsto no inciso II do artigo 198 da CF/1988 para ações e serviços públicos de saúde. Entendeu-se, todavia, que a determinação de alocação de recursos em leis orçamentárias e a fixação de prazos para que o Executivo regulamente as casas de passagem viola o princípio constitucional da separação dos Poderes e, nesse ponto, a lei catarinense é inconstitucional.

à generalidade das pessoas pela própria Constituição da República (art. 196)", traduzindo-se em um bem jurídico constitucionalmente tutelado, por cuja integridade deve o Poder Público, com responsabilidade, velar, uma vez que lhe incumbe formular – e implementar – políticas sociais e econômicas idôneas que visem a garantir aos cidadãos **"o acesso universal e igualitário à assistência farmacêutica e médico-hospitalar. O direito à saúde – além de qualificar-se como direito fundamental que assiste a todas as pessoas – representa consequência constitucional indissociável do direito à vida"**.

Esse sistema é elogiado por sua concepção moderna, abrangente, estimulando a participação popular, e bastante criticado por suas amarras burocráticas, excessiva normatização administrativa e algumas vezes contraditória por parte da União, com acertada transferência da execução do sistema aos municípios, onde as pessoas vivem, efetivamente, sem que a eles sejam repassados recursos suficientes ou mesmo estrutura adequada. Está aí uma das principais distorções do seu funcionamento, porque os Municípios ficam com os encargos e não recebem da União o correspondente financeiro suficiente para realizá-los, gerando uma dependência econômica e política.

Desde sua criação, o SUS proporcionou a atenção integral à saúde e não apenas cuidados assistenciais e está à disposição de todos, desde a gestação e por toda a vida.

A normatização administrativa desse sistema é feita pela União. Os Estados-membros acabam tendo um papel de menor relevância, uma vez que a execução dos serviços é feita pelos Municípios, com vistas não apenas a evitar a sobreposição de estruturas administrativas, mas para conferir eficiência, economicidade e agilidade ao sistema, condição indispensável a garantir aos cidadãos, da melhor maneira possível, o acesso universal e igualitário aos serviços de saúde.

Essa atribuição municipal da execução e prestação direta dos serviços veio prevista no art. 18, I, IV e V, da Lei 8.080/1990 (LOS), compatibilizando o sistema, neste ponto, com o estabelecido pela CF/1988 no seu art. 30, VII: **"Compete aos Municípios (...) prestar, com a cooperação técnica e financeira da União e do Estado, serviços de atendimento à saúde da população"**[101].

Os princípios informadores do sistema, como já destacamos, são o da **integralidade, da universalidade, da gratuidade**, da **igualdade** e da **descentralização** (nele incluídos a **regionalização** e a **hierarquização**), da **participação social** (gestão participativa), características vistas ao analisarmos as normas constitucionais respectivas. Ao rol desses princípios e diretrizes constantes do art. 7º da Lei Orgânica da Saúde a Lei 15.126/2025 acrescentou "*atenção humanizada*" (inciso XVI), com o objetivo de assegurar que os serviços de saúde ofereçam um atendimento com mais respeito, empatia e acolhimento, indo além do tratamento meramente técnico, para considerar o paciente como um indivíduo com necessidades e experiências únicas, tema que vem se somar às propostas contidas na Política Nacional de Humanização (HumanizaSUS), existente desde 2003.

A doutrina[102] acrescenta o princípio da **equidade,** que, embora ligado ao princípio da igualdade, consiste na necessidade de atendimento das demandas em saúde de acordo com a vulnerabilidade social dos usuários, buscando oferecer mais a quem mais precisa e com isso reduzir as desigualdades sociais (disso tratam o art. 13, I, do Decreto 7.508/2011 e o art. 30, §§ 2º e 3º, da Lei Complementar 141/2012).

Também podemos acrescentar o **princípio da informação**, pelo qual se garante às pessoas atendidas o conhecimento total sobre o seu real estado de saúde, os prognósticos, os meios

[101] Assim decidiu o STJ no REsp 873196/RS.

[102] MAPELLI JR., Reynaldo. *Judicialização da saúde*: regime jurídico do SUS e intervenção na administração pública. Rio de Janeiro: Atheneu, 2017, p. 54.

terapêuticos e riscos. Abrange, ainda, a divulgação de informações quanto ao potencial dos serviços de saúde e sua utilização pelo usuário (art. 7º, VI, da Lei 8.080/1990).

Destacamos, pela relevância prática, a **hierarquização** e a **regionalização**.

A concepção constitucional de uma **rede regionalizada e hierarquizada (art. 198)** decorre da necessidade de tornar o sistema o mais amplo e acessível possível em razão das dimensões continentais de nosso país, sem perder de vista as peculiaridades de cada região.

A hierarquização do atendimento, complementando a regionalização, implica em que a prestação do serviço deve ser dividida em classes, conforme a sua complexidade: do menos complexo ao mais complexo, assim divididos:

(a) **atendimento primário** (baixa complexidade - **atenção básica**[103]);

(b) **atendimento secundário** (média complexidade); e

(c) **atendimento terciário** (alta complexidade).

Dentro desse quadrante, a porta de entrada do sistema são as **unidades de atendimento primário**, que em regra consolidam todo o atendimento médico necessário, uma vez que, na maioria dos casos (próxima de 80%[104]) a cura da doença se dá sem a exigência de expressivo aporte de recursos, seja humanos seja materiais e medicamentosos, podendo o atendimento ser realizado apenas nas Unidades Básicas de Saúde[105].

Na hipótese de se exigir atendimento mais complexo, o paciente será "referenciado" (encaminhado) para uma unidade de média ou alta complexidade, conforme o fluxo estabelecido nas Redes de Atenção à Saúde (RAS), que contém portas de entrada reguladas (art. 9º do Decreto 7.508/2011) e encaminhamento automático para serviços mais especializados (sistema de referência e contrarreferência - art. 10 do Decreto), permitindo o acompanhamento contínuo da assistência ao usuário em todas as fases do tratamento pelo Poder Público (art. 7º, *caput*, II, da LOS).

Em suma, a regionalização e a hierarquização do SUS operam mediante um sistema de referências e contrarreferências de atendimento médico, sempre com vistas à otimização do uso dos recursos. Exemplo disso é a situação de municípios de pequeno porte cuja demanda é insuficiente para justificar a implantação e a manutenção de uma unidade de alta complexidade, e, caso haja necessidade, o munícipe será atendido em outra localidade da região que disponha do serviço.

A estruturação do sistema se dá por meio de um emaranhado legislativo (leis, resoluções, atos normativos secundários do Ministério da Saúde, Anvisa etc.), destacando-se, pela importância, a **Lei Orgânica da Saúde (LOS) - Lei 8.080/1990**.

Decorrência da imposição constitucional do art. 197 e a partir da atribuição também constitucional das competências à União, aos Estados e ao Distrito Federal (art. 24, XII), a **LOS** destina-se a regular, no âmbito nacional, as ações e os serviços de saúde, executados em caráter permanente ou eventual, por pessoas naturais ou jurídicas, de direito público ou privado (art. 1º).

No corpo da lei encontra-se, em síntese:

a) a reafirmação da promessa constitucional de que a saúde é direito de todos e um dever estatal, assim como os fatores determinantes e condicionantes da saúde (arts. 1º a 3º);

---

[103] A Portaria GM/MS 4279/2010 estabelece a forma de implantação de rede de atenção primária.

[104] Dentro da Atenção Básica de Saúde no Brasil, a saúde da família é uma estratégia correta; a equipe da Saúde da Família é interdisciplinar, mas, infelizmente, ainda tem uma cobertura baixa.

[105] A recomendação de priorização da atenção básica de saúde é bastante enfatizada pela Declaração de Alma-Ata, quando destaca a importância-chave do atendimento primário, principalmente em países em desenvolvimento.

b) a delimitação do SUS, estabelecendo sua composição (todos os órgãos e instituições públicas federais, estaduais e municipais, da Administração direta e indireta e das fundações mantidas pelo Poder Público e as instituições públicas federais, estaduais e municipais de controle de qualidade, pesquisa e produção de insumos, medicamentos, inclusive de sangue e hemoderivados, e de equipamentos para saúde, além dos hospitais universitários e de ensino, esses mediante convênio – art. 45), reafirmando a possibilidade de a iniciativa privada integrar o SUS, em caráter complementar (art. 4º e parágrafos);

c) a fixação dos objetivos e atribuições do SUS (atuação e atividades a serem desenvolvidas, de forma integral e que devem ir da atenção básica até o atendimento mais complexo, de forma articulada e sem precisar sair do sistema[106]), bem como os seus princípios e diretrizes, estabelecendo as bases de sustentação do sistema (arts. 5º a 7º);

d) toda a organização, direção e gestão do sistema e das comissões intersetoriais (arts. 8º a 14);

e) as atribuições comuns dos entes federativos e as competências específicas de cada uma das esferas de governo (arts. 16[107] a 19);

f) dos serviços privados de assistência à saúde, estabelecendo que essa participação complementar na cobertura pública do SUS se dará preferencialmente por entidades filantrópicas (arts. 20 a 26[108]);

g) os recursos humanos do SUS e o seu financiamento (arts. 27 a 38);

h) a caracterização de "crime de emprego irregular de verbas ou rendas públicas" **(Código Penal, art. 315)** e a utilização de recursos financeiros do Sistema Único de Saúde (SUS) em finalidades diversas das previstas nesta lei[109].

A LOS sofreu alterações pela **Lei 12.401/2011**, que instituiu regras restritivas para a assistência farmacêutica e a incorporação de tecnologia em saúde no SUS, e pela **Lei 12.466/2011,** que reconheceu as Comissões intergestores Bipartite e Tripartite (**CIB e CIT**)[110] e os Conselhos Nacionais de Secretários de Saúde (**CONASS**) e Secretários Municipais de Saúde (**CONASEMS**) como instâncias de pactuação e representatividade no SUS.

Ambas as leis sofrem críticas, porque foram elaboradas sem que houvesse participação popular, um dos pilares do sistema (art. 198, III, da CF/1988), não somente pela exclusão dos Conselhos de Saúde como da própria comunidade, resultado claro da falta de tradição de respeito à vontade popular por parte do Poder Legislativo.

---

106 Dispõe o art. 7º, II: *"II – integralidade de assistência, entendida como conjunto articulado e contínuo das ações e serviços preventivos e curativos, individuais e coletivos, exigidos para cada caso em todos os níveis de complexidade do sistema".*

107 Esse artigo foi alterado pela Lei 14.141/2021, para dispor sobre a remessa de patrimônio genético ao exterior em situações epidemiológicas que caracterizem emergência em saúde pública, decorrente da Covid-19.

108 A Lei 13.650/2018 alterou a Lei de Improbidade Administrativa (Lei 8.429/1992) para dar a seguinte redação ao inciso X do art. 11: *"X – transferir recurso a entidade privada, em razão da prestação de serviços na área de saúde sem a prévia celebração de contrato, convênio ou instrumento congênere, nos termos do parágrafo único do art. 24 da Lei n. 8.080, de 19 de setembro de 1990"*. Agora esse inciso X foi expressamente revogado pela Lei 14.230/2021.

109 O Decreto-lei 201/1967 define, no art. 1º, como crime de responsabilidade de Prefeito: *"III – desviar, ou aplicar indevidamente, rendas ou verbas públicas"*, e foi com base nesse dispositivo legal que o STF condenou o ex-deputado Roberto Góes por desviar recursos do programa DST/AIDS. No seu voto, o Relator, Ministro Roberto Barroso destacou que, para a configuração do crime basta que a utilização da verba tenha ocorrido de forma diferente da prevista em lei e, no caso de verbas destinadas à saúde, a Lei 8.080/1990 (LOS) veda expressamente a transferência de recursos para o financiamento de outras ações, a não ser em situações emergenciais ou de calamidade pública (art. 36, § 2º). Cuida-se da AP (ação penal) 984-Amapá, j. 11.06.2019.

110 Essas comissões são foros adequados para que os gestores das respectivas esferas federativas definam as questões financeiras, administrativas e operacionais da gestão interfederativa compartilhada, concretizando a organização regionalizada e hierarquizada do sistema, conforme dispõe a CF/1988 (MAPELLI JR., Reynaldo; COIMBRA, Mario; MATOS, Yolanda Alves Pinto Serrano. *Direito sanitário*. São Paulo: Imprensa Oficial, 2012, p. 32).

A Lei 12.401/2011, em especial, foi editada com forte viés de enfrentamento ao fenômeno da "judicialização" da saúde, uma vez que reduz o âmbito de incidência da norma constitucional, ao definir o que deve ser entendido como assistência terapêutica integral, acrescentando o art. 19-M à LOS.

Traz a definição de **protocolo clínico** e **diretriz terapêutica (PCDT)**: **"Art. 19-N, II – protocolo clínico e diretriz terapêutica: documento que estabelece critérios para o diagnóstico da doença ou do agravo à saúde; o tratamento preconizado, com os medicamentos e demais produtos apropriados, quando couber; as posologias recomendadas; os mecanismos de controle clínico; e o acompanhamento e a verificação dos resultados terapêuticos, a serem seguidos pelos gestores do SUS".**

Em regra, os médicos devem prescrever de acordo com esses protocolos clínicos[111] e diretrizes terapêuticas e o gestor do SUS adquirir e dispensar também de acordo com eles, nada obstantes situações excepcionais possam exigir tratamento diverso, devidamente fundamentados. A falta de protocolo clínico ou de diretriz terapêutica aptos a garantir a integralidade do atendimento é resolvida pelo art. 19-P da LOS, acrescido também por essa Lei.

É bom lembrar que a integralidade do atendimento pressupõe um conjunto articulado e contínuo de ações e serviços preventivos e curativos, dirigidos para atender a todas as necessidades dos usuários e em todos os níveis de complexidade do sistema, *ex vi* do disposto no art. 7º, II, da LOS.

Como já mencionamos, para garantir essa integralidade incide o princípio da proibição do retrocesso social e a proibição de ataque à cláusula pétrea de vedação de supressão de direito fundamental (art. 60, § 4º, IV, da CF/1988). Essa ideia de integralidade é melhor desenvolvida ao tratarmos do art. 198 da CF/1988.

A Lei 12.401/2011 ainda previu o processo administrativo para a incorporação, a exclusão e a alteração dos recursos terapêuticos padronizados pelo SUS. Ela também proibiu o fornecimento de medicamentos sem registro na Anvisa, dos experimentais e dos importados.

A LOS foi alterada pela Lei 14.679/2023, que acrescentou o inciso XV ao art. 7º, para impor maior proteção à *criança e ao adolescente*, ao incluir a proteção integral dos direitos humanos e a atenção à identificação de maus-tratos, de negligência e de violência sexual contra esse segmento social entre os princípios do Sistema Único de Saúde (SUS). Em relação às *mulheres vítimas de violência*, a Lei 14.847/2024 acrescentou um parágrafo único ao mesmo art. 7º, para dispor que "*as mulheres vítimas de qualquer tipo de violência têm o direito de serem acolhidas e atendidas nos serviços de saúde prestados no âmbito do SUS, na rede própria ou conveniada, em local e ambiente que garantam sua privacidade e restrição do acesso de terceiros não autorizados pela paciente, em especial o do agressor*".

Já a Lei 14.572/2023 institui a *Política Nacional de Saúde Bucal* no âmbito do SUS, para tanto alterando a LOS para incluir tal atenção no campo de atuação do SUS.

Por seu turno, ainda em relação à proteção da mulher, a LOS sofreu alterações pela Lei 14.737/2023, no capítulo que trata do *subsistema de acompanhamento à mulher no serviço de saúde*, garantindo que em consultas, exames e procedimentos realizados em unidades de saúde públicas ou privadas, toda mulher tem o direito de fazer-se acompanhar por pessoa maior de idade, durante todo o período do atendimento, independentemente de notificação prévia e

[111] Na Suspensão de Liminar (SL) 1022, o Ministro Dias Toffoli, após apresentar judiciosas considerações sobre o sistema de saúde, tendo como referência a STA 175, relatada pelo Ministro Gilmar Mendes, suspendeu decisão do Tribunal de Justiça do Distrito Federal e dos Territórios que havia determinado ao governo do Distrito Federal o fornecimento a pacientes com hemofilia tipo A de tratamento em quantidades superiores ao protocolo padrão do Ministério da Saúde, ressalvando, entretanto, a necessidade de terapia diversa devidamente comprovada por junta médica oficial. Para o ministro, impor a terapia diversa – mais custosa – implicaria violação à ordem administrativa, seja pela inversão dos papéis na adoção de nova tecnologia (privilegiando-se a prescrição médica em detrimento da revisão sistemática), seja pela imposição de maior custo para obtenção de resultado clínico aparentemente semelhante.

disciplinando esse proceder. Antes, tais prerrogativas eram dadas durante o parto. Vale lembrar que, para a pessoa idosa (art. 16), a criança e o adolescente (art. 12) e as pessoas com deficiência (art. 22), os respectivos estatutos trazem disposições relativas a tal direito ao acompanhante.

A Lei Orgânica da Saúde (LOS) foi regulamentada mais de 20 anos depois pelo **Decreto 7.508/2011** naquilo relativo ao planejamento da saúde, à assistência à saúde e à articulação interfederativa dos gestores.

Veio em boa hora, porque deu organização e transparência ao emaranhado normativo do SUS e com sua leitura é possível entender a articulação que deve ocorrer entre os entes da federação e o processo de hierarquização e descentralização por meio das Regiões de Saúde. Falhou ao não regulamentar o financiamento nem o art. 35 da LOS, que prevê critérios para o estabelecimento de valores a serem transferidos da União para os Estados, Municípios e Distrito Federal.

Traz a **Renases** (Relação Nacional de Ações e Serviços de Saúde), que compreende todas as ações e serviços oferecidos pelo SUS aos usuários (art. 21), ao lado da Relação Nacional de Medicamentos Essenciais – **Rename**, que compreende a seleção e a padronização de medicamentos indicados para atendimento de doenças ou de agravos no âmbito do SUS (art. 25) – tais relações podem ser complementadas por relações específicas dos Estados, Distrito Federal e Municípios (art. 27) – e os Protocolos Clínicos e Diretrizes Terapêuticas (art. 26).

Anota a doutrina[112] a importância da previsão do art. 20 do aludido Decreto 7.508/2011, ao estabelecer que a **"integralidade da assistência à saúde se inicia e se completa na Rede de Atenção à Saúde"** (**RAS**), o que realça o significado de que o usuário potencial deve ingressar no sistema pelas portas de entrada (art. 9º) e nele permanecer até o final (art. 28 e seus incisos), valendo-se de toda a estrutura de tratamento e de medicamento constante da rede pública de saúde que lhe é oferecida, em igualdade com os demais citadinos. A crítica se volta àqueles que, tendo recursos financeiros próprios, ficam transitando entre o atendimento particular (em regra via planos de saúde) e o público: o tratamento é feito com médico particular e os medicamentos, especialmente os de alto custo (p. ex., os oncológicos), exigidos do SUS, muitas vezes pelo Poder Judiciário, em prejuízo da maioria da população que não dispõe de tais instrumentos.

Ainda nessa linha argumentativa, esclarece Marlon Weichert, o SUS é estruturado para permitir o acesso igualitário e equitativo (art. 196) a todos. Para tanto, há portas de entrada regulamentadas e disciplinadas que servem tanto para garantir o acesso igualitário e não discriminatório ao serviço público como para proteger a organização do próprio sistema. Portanto, para a assistência curativa, o usuário do SUS – qualquer indivíduo – deverá ter atenção integral. Dessa forma, **"O SUS não está – como regra constitucional – obrigado a fornecer insumos isolados àqueles que optaram pelo uso de serviços privados"**[113].

A LOS foi complementada pela **Lei 8.142/1990**, que dispõe sobre a **participação da comunidade** na gestão do SUS, instituindo as **Conferências de Saúde** e os **Conselhos de Saúde**, instituições colegiadas destinadas precipuamente a viabilizar e concretizar a participação e o controle sociais nas ações e serviços de saúde pública (ASSP).

Na forma do § 1º do art. 1º da Lei 8.142/1990, as **Conferências** não são permanentes e se reúnem a cada **quatro anos**, sempre para avaliar a qualidade da saúde (dificuldades e avanços) e propor diretrizes para a formulação da política de saúde nos níveis correspondentes (nos municípios, estados e no país).

---

112 Conferir MAPELLI JR., Reynaldo; COIMBRA, Mario; MATOS, Yolanda Alves Pinto Serrano. *Direito sanitário*. São Paulo: Imprensa Oficial, 2012, p. 37-38; WEICHERT, Marlon Alberto. *O direito à saúde e o princípio da integralidade*. In: SANTOS, Lenir (org.). Direito da saúde no Brasil. Campinas: Saberes, 2010, p. 108.

113 WEICHERT, Marlon Alberto. O direito à saúde e o princípio da integralidade. In: SANTOS, Lenir (org.). *Direito da saúde no Brasil*. Campinas: Saberes, 2010, p. 108.

Tais Conferências devem ser realizadas nos três níveis de governo, devendo o nacional observar o referido prazo quadrienal e os estaduais e municipais podem fixar, em lei própria, prazo inferior a ele.

As regras de organização e funcionamento das conferências de saúde (escolha do tema, número de delegados, duração do encontro e outros) devem estar previstas em regimento interno próprio, aprovado pelo Conselho de Saúde respectivo. A primeira conferência remonta a 1941, mas a mais relevante foi a VIII, de 1986, indutora de ampla discussão, conforme destacamos ao tratar da evolução do atendimento em saúde.

Já os **Conselhos**, previstos no § 2º do art. 1º da Lei 8.142/1990, são órgãos colegiados compostos por representantes do governo, prestadores de serviço, profissionais de saúde e usuários, de caráter permanente e deliberativo, atuando na formulação de estratégias e no controle da execução da política de saúde na instância correspondente (municipal, estadual e federal), inclusive nos aspectos econômicos e financeiros (os valores são depositados em contas especiais), cujas decisões serão homologadas pelo chefe do poder legalmente constituído em cada esfera do governo. Isso quer dizer que, embora tenha atribuição deliberativa sobre a linha a ser adotada pelo gestor do sistema de saúde, não ostentam competência executiva, ou seja, a execução do quanto deliberado dependerá de implementação pelo gestor[114].

Esse papel de fiscalização dos recursos financeiros pelos Conselhos de Saúde das instâncias respectivas vem estabelecido no art. 77, § 3º, do ADCT – acrescido pela EC 29/2000 – e no art. 33 da LOS (Lei 8.080/1990).

Em síntese, as **atribuições** dos Conselhos de Saúde fixam-se em **dois eixos**: deliberar sobre a **gestão** do sistema de saúde e a política de saúde a ser adotada em seu âmbito de governo e **fiscalizar** a execução dessa política, inclusive sob o aspecto financeiro.

Sua criação por meio de uma lei (municipal, estadual e federal, conforme o caso) é recomendação que consta da segunda diretriz proposta pela Resolução 333/2003, do Conselho Nacional de Saúde.

Há uma preocupação em se manter uma **representação paritária**[115] entre os usuários (representantes da comunidade) e os representantes do governo, prestadores de serviços e profissionais de saúde (§ 4º do art. 1º da Lei 8.142/1990) para que se alcance a finalidade almejada, que é a efetiva participação da comunidade na gestão.

Para o recebimento de recursos do Fundo Nacional de Saúde, os Municípios, os Estados e o Distrito Federal devem contar, no respectivo âmbito de governo, com um Conselho de Saúde (art. 4º, II, da Lei 8.142/1990).

A importância dos Conselhos de Saúde na estruturação do SUS é reconhecida pela jurisprudência, tendo o STJ se pronunciado no sentido de ser lícita a exigência de parecer favorável de Conselho Municipal de Saúde para o credenciamento de laboratório de propriedade particular no sistema.

Tal conclusão decorreu do fato de o SUS se expressar por meio de uma complexa organização estatal e social, na qual colaboram pessoas jurídicas de direito público e privado.

Afirmaram os ministros que, apesar de a integração de prestadores privados no SUS ser desejável e permitida mediante credenciamento, para tanto é necessário o atendimento de normas gerais de direito público, conforme previsto no art. 24, parágrafo único, da Lei 8.080/1990.

---

114 Assim também afirmam Reynaldo Mapelli Jr., Mário Coimbra e Yolanda Alves P. S de Matos. *Direito sanitário*. São Paulo: Imprensa Oficial, 2012, p. 149, citando decisão de igual teor do TJRS, AC 70004591947, j. 23.10.2002. Os mesmos autores ainda apontam a impossibilidade de o Poder Executivo deixar de respeitar as competências deliberativas, de intervenção e acompanhamento da gestão do sistema de saúde do ente respectivo pelos Conselhos de Saúde, trazendo decisão do TJSP, AC 689.255.5/7, j. 24.02.2010, p. 148.

115 A Resolução 333/2003, do Conselho Nacional de Saúde, estabelece, além da questão da paridade, outras diretrizes e recomendações para composição dos Conselhos de Saúde.

Realçaram a importância da participação popular porque: "(...) **para garantir o seu próprio funcionamento concatenado, o sistema, desde os seus primórdios, possui uma lógica de permeabilidade para a participação social, que se expressa por meio de conselhos (art. 198, III, da CF e art. 7º, VIII, da Lei n. 8.080/1990)**".

E arrematam que a Lei 8.142/1990, regulamentadora da participação da comunidade na gestão do SUS, "**prevê a atuação dos Conselhos de Saúde em cada esfera de governo, em especial no que se refere à formulação de estratégias e no controle da execução da política de saúde**", para concluir pela legalidade da exigência de parecer favorável de Conselho Municipal de Saúde para o credenciamento do particular[116].

Ainda sobre a participação social em conselhos deliberativos, vale o registro da tese fixada pelo STF, na ADPF 622/DF, embora apreciando questão relativa ao Conselho Nacional da Criança e do Adolescente – Conanda, *verbis: "É inconstitucional norma que, a pretexto de regulamentar, dificulta a participação da sociedade civil em conselhos deliberativos"*. E da ementa de aludida decisão extraímos a seguinte lição: "**Importância de evitar os riscos do constitucionalismo abusivo: prática que promove a interpretação ou a alteração do ordenamento jurídico, de forma a concentrar poderes no Chefe do Executivo e a desabilitar agentes que exercem controle sobre a sua atuação. Instrumento associado, na ordem internacional, ao retrocesso democrático e à violação a direitos fundamentais**".

A Lei 8.142/1990 também tratou da alocação dos recursos do Fundo Nacional de Saúde e do repasse desses recursos aos Estados, Municípios e Distrito Federal, fixando as condições mínimas para que os entes federativos possam receber e administrar tais verbas[117].

A **Lei Complementar 141/2012** veio regulamentar o **§ 3º do art. 198** da CF/1988 e normatizou os recursos sanitários e os critérios de rateio entre os entes federativos. Estabeleceu que o orçamento do SUS somente pode ser usado para as atividades que atendam, simultaneamente, aos vários princípios previstos no art. 7º da LOS e às diretrizes dos três incisos do seu art. 2º[118]. Criou a obrigação dos Estados e do Distrito Federal de aplicarem, anualmente, em ações e serviços de saúde, no mínimo **12%** da arrecadação dos tributos que indica e aos Municípios **15%** (arts. 6º e 7º) e elencou uma série de atividades que não são de responsabilidade do setor da saúde e, portanto, não podem ser desenvolvidas com recursos do SUS (art. 4º). Como já anotamos, ela teve seu art. 11 declarado inconstitucional na ADI 5897/SC, por vício formal e material.

Outra infinidade de legislação é encontrada, mas lembramos da **Lei 9.787/1999,** que alterou a Lei 6.360/1976 (que estabelece que ficam sujeitos às normas da vigilância sanitária os medicamentos, as drogas, os insumos farmacêuticos e correlatos, entre outros) e dispõe que em relação aos medicamentos a serem disponibilizados deve prevalecer o **princípio ativo** e não a marca, e da **Lei 10.216/2001**, que cuida da proteção das pessoas com transtorno mental e redireciona o modelo assistencial em saúde mental, da qual trataremos mais adiante.

Entre as normas administrativas[119] (lembrando que elas sofrem alterações constantes, o que recomenda uma consulta prévia sobre seu texto), destacamos: **Portaria de Consolidação**

---

116 RMS 45.638-RS, Rel. Min. Humberto Martins, j. 05.08.2014.

117 Esse repasse também tem sido judicializado, como é exemplo o MS 24496 – STJ, Rel. Min. Francisco Falcão, no qual o Município de Viçosa pleiteia o repasse de sua parcela dos recursos do Programa de Atenção Básica, suspenso pelo governo federal porque o município não tem médico ativo em seu quadro de profissionais. Foi denegado o MS, sem resolução do mérito.

118 *"Art. 2º, I – sejam destinadas às ações e serviços públicos de saúde de acesso universal, igualitário e gratuito; II – estejam em conformidade com objetivos e metas explicitados nos Planos de Saúde de cada ente da Federação; e III – sejam de responsabilidade específica do setor da saúde, não se aplicando a despesas relacionadas a outras políticas públicas que atuam sobre determinantes sociais e econômicos, ainda que incidentes sobre as condições de saúde da população"* (Lei Complementar 141/2012).

119 Em 2017, foram editadas, pelo Ministério da Saúde, duas portarias de consolidação de normas que são relevantes: a Portaria 2, que consolida normas sobre as políticas nacionais de saúde do Sistema Único de Saúde, e a Portaria 3, que consolida normas sobre as redes do Sistema Único de Saúde.

2/2017 - Anexo XXVII - Política Nacional de Medicamentos); **Resolução CNS 338/2004** (Política Nacional de Assistência Farmacêutica), **Portaria de Consolidação 3** (Política Nacional de Saúde Mental)[120] e **Portarias MS 2439/2005** e **874** (Política Nacional de Assistência Oncológica[121]).

Outro ponto que tem despertado interesse é a **terceirização dos serviços de saúde**. Ela vem autorizada no texto constitucional (art. 197) e deve ocorrer apenas de forma **complementar** (independentemente do tipo de instrumento jurídico formalizador da parceria) e segundo as diretrizes do SUS, mediante contrato de direito público ou convênio e preferencialmente com entidades filantrópicas e sem fins lucrativos (art. 199, § 1º).

A **LOS** também cuida dessa hipótese autorizativa no art. 24, destacando o § 2º do art. 26 que os serviços contratados submeter-se-ão às normas técnicas e administrativas e aos princípios e diretrizes do Sistema Único de Saúde (SUS), mantido o equilíbrio econômico e financeiro do contrato.

Em todo o país passou a ocorrer tal terceirização, principalmente por intermédio de contratos de gestão celebrados com **Organizações Sociais** (OS) ou contratos de parceria celebrados com **Organizações da Sociedade Civil de Interesse Público** (OSCIP)[122], entidades que integram o Terceiro Setor[123].

Em 2015, o Plenário do Supremo Tribunal Federal concluiu o julgamento da **Ação Direta de Inconstitucionalidade (ADI) 1.923**[124], ajuizada com o objetivo de ver declarada a inconstitucionalidade de toda a Lei 9.637/1998, que implantou o modelo de parceria entre o Poder Público e as "Organizações Sociais", e do inciso XXIV do art. 24 da Lei 8.666/1993, então vigente, que autorizou a dispensa de licitação para a celebração de contratos de prestação de serviços com as organizações sociais, qualificadas no âmbito das respectivas esferas de governo, para atividades contempladas no contrato de gestão. Por votação majoritária, a ação direta teve o pedido julgado parcialmente procedente, para conferir interpretação conforme à Constituição à Lei 9.637/1998 e ao art. 24, XXIV, da Lei 8.666/1993, incluído pela Lei 9.648/1998[125].

---

120 Da política de saúde mental também cuida o Anexo II da Portaria de Consolidação 2/2017.

121 Da Política Nacional para Prevenção e Controle do Câncer (PNPCC) cuida o Anexo IX da Portaria de Consolidação 2/2017.

122 A *OS* é disciplinada pela Lei 9.637/1998 e pelo Decreto 9.190/2017 e sua qualificação jurídica é conferida pela União a pessoas jurídicas de direito privado, desde que não tenham fins lucrativos e prevejam em seus estatutos o exercício de atividade voltada ao ensino, pesquisa científica, desenvolvimento tecnológico, proteção e preservação do meio ambiente, à saúde e à cultura (art. 1º). É uma associação civil ou uma fundação que recebe tal qualificação quando atendem aos requisitos da citada lei. Ela receberá tratamento jurídico peculiar, podendo assumir a gestão de bens públicos, ser beneficiada por recursos públicos e obter os serviços de servidores públicos. A ideia é que, embora de direito privado, desempenhe funções de interesse coletivo. A *OSCIP* é disciplinada pela Lei 9.790/1999 e regulamentada pelo Decreto 3.100/1999 e alterações posteriores, dos quais extraem-se todos os requisitos necessários para a qualificação de uma pessoa jurídica como tal. Especialmente deve ser constituída por iniciativa de particular e não pode ter fins lucrativos e entre seus objetivos e finalidades estão a promoção da assistência social, da cultura, promoção gratuita da educação e da saúde, da segurança alimentar e nutricional, do meio ambiente, entre outros. O âmbito de atuação da OSCIP é muito mais amplo do que o da OS. Para uma maior compreensão sobre ambas, consultar, entre outros, Marçal Justen Filho, *Curso de direito administrativo*, 10. ed. São Paulo: RT, 2014, p. 333-336.

123 Há quem sustente a ilegalidade dessas contratações, porque ainda não foi regulamentada pela Presidência da República a Lei 9.637/1998, criando o Programa Nacional de Publicização (art. 20). Nesse sentido, Lucas de Souza Lehfeld e Marcos Aurelio Manaf, A ineficácia dos direitos sociais fundamentais na ausência de regulamentação da Lei 9.637/1998: a (i)legalidade dos contratos de gestão entre o Poder Público e Organizações Sociais (OS).

124 A petição inicial dessa ADI sustenta a inconstitucionalidade da Lei 9.637/1998, sob o principal argumento de que o modelo adotado implica na indevida transferência do encargo constitucional do Estado de prestar serviços públicos arrolados no artigo 1º do referido diploma legal (saúde, educação, proteção ao meio ambiente, patrimônio histórico e acesso à ciência) às organizações sociais, entidades privadas não integrantes do aparelho estatal, assim qualificadas por ato discricionário do Poder Executivo.

125 A interpretação conforme, extraída do voto condutor do julgamento exarado pelo Ministro Luiz Fux, foi para que: (i) o procedimento de qualificação seja conduzido de forma pública, objetiva e impessoal, com observância dos princípios do *caput* do art. 37 da CF, e de acordo com parâmetros fixados em abstrato segundo o que prega o art. 20 da Lei 9.637/1998; (ii) a celebração do contrato de gestão seja conduzida de forma pública, objetiva e impessoal, com observância dos princípios do *caput* do art. 37 da CF; (iii) as hipóteses de dispensa de licitação para contratações (Lei 8.666/1993, art. 24, XXIV) e outorga de permissão de uso de bem público (Lei 9.637/1998, art. 12,

Extrai-se do corpo do acórdão a afirmação de que o texto constitucional não exige que o Poder Público atue exclusivamente de forma direta. Pelo contrário, há expressa autorização constitucional para a atuação indireta, por meio do fomento[126] (atuação complementar do setor privado) principalmente em âmbitos sensíveis, como o são a saúde (art. 199, § 2º, interpretado ao contrário – **"é vedada a destinação de recursos públicos para auxílios ou subvenções às instituições privadas com fins lucrativos"**) e a educação (art. 213).

Afirmaram os ministros, ainda, que **"cabe aos agentes democraticamente eleitos a definição da proporção entre a atuação direta e a indireta, desde que, por qualquer modo, o resultado constitucionalmente fixado – a prestação dos serviços sociais – seja alcançado"**, o que pode dar ensejo a que se entenda que o percentual do serviço de saúde transferido, complementarmente, ao setor privado, seja significativamente superior ao executado diretamente, em clara distorção do propósito constitucional de que essa participação seja apenas complementar.

E concluem, incluindo na decisão também as OSCIPs: **"Daí porque não há inconstitucionalidade na opção, manifestada pela Lei das OSs, publicada em março de 1998, e posteriormente reiterada com a edição, em maio de 1999, da Lei 9.790/1999, que trata das Organizações da Sociedade Civil de Interesse Público, pelo foco no fomento para o atingimento de determinados deveres estatais"**.

A partir dos parâmetros estabelecidos nesse julgamento pelo STF, a contratação de OSCIPs tem ensejado discussão em sede de improbidade administrativa, p. ex., dispêndio irregular de valores recebidos por intermédio de convênio firmado com o Ministério da Saúde, o uso de tal expediente para indevida contratação de funcionários pela municipalidade sem observância de concurso público, entre outros, como se observa dos julgados do STJ, tais como AgRg no AREsp 567988/PR; Rel. Min. Napoleão Nunes Maia Filho; REsp 1314092/PA, Rel. Min. Diva Malerbi; AREsp 1329586, Rel. Mauro Campbell Marques; AREsp 662501, Rel. Min. Sérgio Kukina.

No **AREsp 567.988/PR**, Rel. Min. Napoleão Nunes Maia Filho, há uma interessante abordagem não só histórica (com alusão à Reforma Administrativa do Estado promovida em 1995 pelo governo federal por meio do Plano Diretor da Reforma do Aparelho do Estado, como do Consenso de Washington, que foi uma recomendação internacional elaborada em 1989, que visava propalar a conduta econômica neoliberal com a intenção de combater as crises e misérias dos países subdesenvolvidos, sobretudo os da América Latina), como jurídica, da evolução da participação de interesses privados na Administração Pública, com destaque para a questão da prestação da saúde e a legalidade da participação do terceiro setor.

No âmbito administrativo, anota Marçal Justen Filho a preocupação do Tribunal de Contas da União em definir critérios para a hipótese em que há potenciais interessados (OSCIPs) em firmar parcerias com o Estado.

Traz a decisão exarada no Acórdão 1.0006/2011 daquela Corte de Contas pela qual, apesar do silencio da legislação, nessas hipóteses o recomendável é a realização de licitação, nada obstante a previsão de um concurso de projetos pelo órgão estatal no art. 23 do Decreto

§ 3º) sejam conduzidas de forma pública, objetiva e impessoal, com observância dos princípios do *caput* do art. 37 da CF; (iv) os contratos a serem celebrados pela Organização Social com terceiros, com recursos públicos, sejam conduzidos de forma pública, objetiva e impessoal, com observância dos princípios do *caput* do art. 37 da CF, e nos termos do regulamento próprio a ser editado por cada entidade; (v) a seleção de pessoal pelas Organizações Sociais seja conduzida de forma pública, objetiva e impessoal, com observância dos princípios do *caput* do art. 37 da CF, e nos termos do regulamento próprio a ser editado por cada entidade; e (vi) para afastar qualquer interpretação que restrinja o controle, pelo Ministério Público e pelo TCU, da aplicação de verbas públicas.

126 Consta da ementa o esclarecimento: "A finalidade de *fomento*, *in casu*, é posta em prática pela cessão de recursos, bens e pessoal da Administração Pública para as entidades privadas, após a celebração de contrato de gestão, o que viabilizará o direcionamento, pelo Poder Público, da atuação do particular em consonância com o interesse público, através da inserção de metas e de resultados a serem alcançados, sem que isso configure qualquer forma de renúncia aos deveres constitucionais de atuação. 7. Na essência, preside a execução deste programa de ação institucional a lógica, que prevaleceu no jogo democrático, de que a atuação privada pode ser mais eficiente do que a pública em determinados domínios, dada a agilidade".

3.100/1999, porque aí sim estariam sendo privilegiados os princípios constitucionais da moralidade e da impessoalidade[127]. No Proc. TC108.739/2012-1, o Tribunal de Contas da União também traz inúmeras recomendações a respeito desse tipo de terceirização na saúde.

7.6.1.1 *Normas operacionais e Pacto pela Saúde*

O **Pacto pela Saúde** foi um conjunto de reformas institucionais do Sistema Único de Saúde pactuado entre as três esferas de gestão (União, Estados e Municípios) com o objetivo de promover inovações nos processos e instrumentos de gestão, com vistas a alcançar maiores eficiência e qualidade nos serviços prestados e mais equidade social. Ao mesmo tempo, o Pacto pela Saúde redefiniu as responsabilidades de cada gestor.

A implementação do Pacto pela Saúde se dá pela adesão de Municípios, Estados, Distrito Federal e União ao Termo de Compromisso de Gestão (TCG). Ele estabelece metas e compromissos para cada ente da federação, sendo renovado anualmente.

Entre as prioridades definidas estavam a redução da mortalidade infantil e materna, o controle das doenças emergentes e endemias (como dengue e hanseníase) e a redução da mortalidade por câncer de colo de útero e da mama, entre outras.

Nele também foram definidas as formas de transferência dos recursos federais para Estados e Municípios e que desde então se dá de forma integrada em cinco grandes blocos de financiamento (Atenção, Básica, Média e Alta Complexidade da Assistência, Vigilância em Saúde, Assistência Farmacêutica e Gestão do SUS).

O Pacto pela Saúde foi contemplado no documento das **Diretrizes do Pacto pela Saúde** de 2006 – Consolidação do Sistema Único de Saúde, publicado na **Portaria/GM 399**, de 22 de fevereiro de 2006[128], e foi estruturado em suas três dimensões: **pela Vida, em Defesa do SUS e de Gestão**. No pacto estão distribuídas as responsabilidades gerais da gestão do SUS entre os Municípios, Estados, Distrito Federal e União.

Conforme extrai-se dos textos produzidos pelo Ministério da Saúde[129], é possível definir essas três dimensões, sinteticamente, em:

(a) **Pacto pela Vida:** é o compromisso entre os gestores do SUS em torno de prioridades que apresentam impacto sobre a situação de saúde da população brasileira. A definição de prioridades deve ser estabelecida por meio de metas nacionais, estaduais, regionais ou municipais. Prioridades estaduais ou regionais podem ser agregadas às prioridades nacionais, conforme pactuação local. Os estados/regiões/municípios devem pactuar as ações necessárias para o alcance das metas e dos objetivos propostos;

(b) **Pacto em Defesa do SUS:** estabelece que o trabalho dos gestores das três esferas de governo e dos outros atores envolvidos nesse pacto deve considerar as seguintes diretrizes: 1. Expressar os compromissos entre os gestores do SUS com a consolidação da Reforma Sanitária Brasileira, explicitada na defesa dos princípios do SUS estabelecidos na Constituição Federal; 2. Desenvolver e articular ações, no seu âmbito de competência e em conjunto com os demais gestores, que visem qualificar e assegurar o Sistema Único de Saúde como política pública;

(c) **Pacto pela Gestão**: estabelece as diretrizes para a gestão do sistema nos aspectos da Descentralização; Regionalização; Financiamento; Planejamento; Programação

---

127 *Curso de direito administrativo*, p. 336.

128 Essa portaria foi revogada pela Portaria 2.048/2009, que manteve o Pacto pela Saúde como Anexo III e esta, por sua vez, revogada pela Portaria 2.501/2017.

129 *Série Pactos pela Saúde: Diretrizes Operacionais: Pactos pela Vida, em Defesa do SUS e de Gestão*, v. 1, 2006.

Pactuada e Integrada – PPI; Regulação; Participação e Controle Social; Gestão do Trabalho e Educação na Saúde.

A sobrevivência do Pacto pela Saúde não é tema pacífico, porque, com a edição do Decreto 7.508/2011, que regulamentou a Lei Orgânica da Saúde, tudo ou quase tudo que foi pactuado agora está disciplinado nele (Decreto) e, dentro da pirâmide jurídica, em patamar superior (não mais por sucessivas portarias oriundas de autoridades de escalão mais baixo e sim por Decreto do Chefe do Poder Executivo).

7.6.1.2 *Programação Pactuada entre gestores*

Programação Pactuada e Integrada da Assistência em Saúde pode ser entendida como um processo instituído no âmbito do Sistema Único de Saúde (SUS), que busca definir e quantificar as ações de saúde para a população residente em cada território, bem como estabelecer pactos intergestores, voltado à garantia de acesso da população aos serviços de saúde, a partir de um processo de planejamento; é uma ferramenta inserida no processo de planejamento.

Seu objetivo, como o nome sugere, é organizar a rede de serviços, dando transparência aos fluxos estabelecidos e definir, a partir de critérios e parâmetros pactuados, os limites financeiros destinados à assistência da população local e das referências (encaminhamentos) oriundas de outros municípios.

Dentre os principais objetivos do processo de programação pactuada e integrada podemos citar: a busca da igualdade de acesso de toda a população às ações e serviços de saúde em todos os níveis de complexidade; a orientação sobre alocação dos recursos financeiros de custeio da assistência à saúde; definir que os limites financeiros para a assistência de média e alta complexidade de todos os municípios serão compostos por parcela destinada ao atendimento da população do próprio município em seu território e pela parcela correspondente à programação das referências (encaminhamentos) de outros municípios; possibilitar a visualização da parcela dos recursos federais, estaduais e municipais, destinados ao custeio de ações de assistência à saúde; fornecer subsídios para os processos de regulação do acesso aos serviços de saúde; contribuir para a organização das redes regionalizadas e hierarquizadas de serviços de saúde; possibilitar a transparência dos pactos intergestores resultantes do processo de programação pactuada e integrada da assistência.

Embora idealmente seja uma concepção correta, a partir das diretrizes da integralidade do atendimento, da descentralização – nela inserida a regionalização e a hierarquização – e da participação comunitária, na prática qualquer compartilhamento de gestão traz, intrinsecamente, problemas relacionados ao interesse do gestor em atrair mais e o melhor ao seu território, comprometendo a eficácia do processo.

7.6.1.3 *Lei Geral de Proteção de Dados (LGPD) e saúde pública*

Em um rápido apanhado sobre este tema[130], lembramos que a Lei 13.709/2018 – conhecida como **Lei Geral de Proteção de Dados Pessoais** (LGPD) teve longo período de vacância, entrando em vigor em agosto de 2020 (com algumas disposições em data posterior, como p. ex., as sanções administrativas, em agosto de 2021), trazendo consigo ainda muitas dúvidas e inquietações diante da necessidade de implantação de programas eficazes e boas práticas para resguardar e proteger os dados pessoais pertencentes ao cidadão e à cidadã, dados estes com

[130] Para essas anotações nos valemos da obra *LGPD na saúde*, coordenada por Analluza Bolivar Dallari e Gustavo Ferraz de Campos Monaco, publicada pela Thomson Reuters, em São Paulo, 2021 (primeira edição e quarta tiragem).

alto potencial de causar danos tanto patrimoniais como morais[131], além de propiciar condutas discriminatórias e preconceituosas, em havendo seu uso indevido, pela sua elevada carga de informações.

Neste tópico nos interessa mais, ainda que de forma suscinta, seus reflexos para a saúde pública e o correto funcionamento do SUS e começamos por anotar que a nova lei exigiu de nosso país, tanto do setor público como do privado, enorme empenho para atender ao novo paradigma de proteção de dados, preocupação que se somou a todas as outras que já conhecemos, como o financiamento da saúde pública, acesso a serviços de qualidade, dentre outras.

O DATASUS (Departamento de Informática do Sistema Único de Saúde), criado em 1991 e vinculado ao Ministério da Saúde, vem trabalhando para melhorar e aprimorar sua missão de prover os dados em saúde necessários ao bom funcionamento do sistema, ao planejamento e execução de políticas públicas em saúde, isso através da modernização de Tecnologias de Informação e Comunicação (TIC).

O desenvolvimento da tecnologia, com o surgimento da internet, seu avanço descontrolado e extremamente veloz, proporcionando novidades como a telemedicina, a inteligência artificial e outras ferramentas de trabalho, levaram a Organização Mundial da Saúde (OMS) a recomendar aos seus Estados Membros a elaboração de planos estratégicos de longo prazo voltados ao desenvolvimento e implementação de serviços da denominada **"Saúde Digital"**, permitindo a troca de informações entre sistemas de prontuários eletrônicos e outros benefícios, tudo com vistas a proporcionar maior equidade de acesso aos serviços de saúde disponibilizados no sistema.

Podemos afirmar que há um consenso mundial em saúde de que o uso estratégico e inovador de TIC é um fator essencial para a garantia de um acesso universal a uma saúde de qualidade.

Nosso país, em 2020, por meio de uma ação pactuada na gestão tripartite (federal, estadual e municipal) concebeu, através de uma nova *Estratégia de Saúde Digital para o Brasil 2020 – 2028*, mecanismos e metas para que nossa **Rede Nacional de Dados em Saúde** (RNDS), que é uma plataforma nacional de integração de dados em saúde, seja reconhecida como uma plataforma de inovação, informação e serviços de saúde para todo o Brasil, em benefícios aos usuários (pacientes), comunidades, gestores, profissionais e organizações de saúde.

Essa estratégia se alinha à LGPD, especialmente através da valorização da participação do cidadão e da cidadã, que, ao fim e ao cabo, são os titulares e principais protagonistas no processo de tratamento e garantia de segurança de seus dados pessoais de saúde.

A pandemia de Covid-19 obrigou ajustes e mudanças de rumo, colocando à prova a eficiência desse sistema de informação, passando nossa RNDS a ser grande repositório de dados desta pandemia.

Todo esse movimento tecnológico de aprimoramento da Rede Nacional de Dados em Saúde se deu com os olhos fixos em ações centrais para assegurar a segurança da informação, a proteção de seu conteúdo e a adesão às propostas protetivas trazidas pela LGPD.

A dinâmica da vida e dos avanços tecnológicos exigirá vigilância e trabalho permanentes de todos os personagens envolvidos no funcionamento do SUS, para que esse sistema continue a ser uma referência internacional em eficiência.

A EC 115/2022 alterou a Constituição Federal de 1988 para incluir a proteção de dados pessoais entre os direitos e garantias fundamentais (inciso LXXIX do art. 5º) e para fixar a competência privativa da União para legislar sobre proteção e tratamento de dados pessoais (arts. 21, XXVI, e 22, XXX).

---

131 Já decidiu o STJ que, tratando-se de contrato de seguro de vida, ocorrendo o vazamento de dados pessoais sensíveis, como relativos à saúde do contratante, *"verifica-se a responsabilização objetiva da seguradora e a caracterização de dano moral presumido"* (REsp 2121904/SP, Rel. Min. Nancy Andrighi, *DJEN* 17.02.2025).

Está na ordem do dia a discussão de uma reforma sanitária digital em face do desenvolvimento cada vez mais acelerado da Inteligência Artificial (IA) e a necessidade do seu uso ético no Sistema Único de Saúde (SUS), de forma a torná-lo de fato universal, mas fora do ciclo de competição-exploração (a posse, o domínio e o controle de todo esse saber continuam concentrados como propriedade de poucos) e tendo em conta a segurança dos dados da população.

Nesta análise não se pode perder de vista os princípios da precaução, da beneficência, da não maleficência, da justiça social, da transparência, tendo sempre em mente a preocupação permanente com as gerações futuras, ou seja, o desenvolvimento tecnológico deve vir acompanhado do desenvolvimento social, para não se correr o risco de um resultado adverso, qual seja, de ampliação das disparidades regionais e mesmo a negação do atendimento médico a amplas faixas da população com dificuldade de acesso à tecnologia.

Especialistas também chamam a atenção para outra preocupação que deve levar em conta os novos modelos de geração de linguagem baseados em *deep learning*, como os precursores ChatGPT, BARD e outros. Basta ver que tal uso pode levar o problemas do tipo: a) os dados utilizados para treinar a IA podem ter vieses que geram riscos à saúde ou problemas de equidade; b) as ferramentas podem gerar respostas completamente equivocadas mas muito convincentes; c) algumas das plataformas podem utilizar dados sensíveis dos usuários sem preocupação com privacidade; d) os modelos de linguagem podem ser usados para disseminar desinformação e e) formuladores de políticas públicas devem garantir a proteção dos pacientes acima de tudo. Atenta a esses aspectos, a Organização Mundial de Saúde (OMS) criou, em 2021, um guia de *Ética e governança em inteligência artificial para saúde*[132].

Uma curiosidade: a inevitabilidade da presença do mundo digital nos dias atuais, não só na saúde, mas na vida das pessoas em geral, alcançou as reformas propostas ao Código Civil[133], em discussão no Congresso Nacional, cujo projeto acrescenta o Capítulo II, "*Da Pessoa no Ambiente Digital*", o qual, por sua vez, está inserido no Livro VI, "*Do Direito Civil Digital*", trazendo a ideia e o conceito dos denominados **neurodireitos**.

É certo que esses novos direitos não serão objeto de nosso estudo aqui, por enquanto, mas apenas fazemos o registro para que o leitor possa familiarizar-se com isso, caso ainda não tenha tido esse contato, pois será tema recorrente num futuro próximo.

Segundo o referido projeto de lei de reforma: "*São considerados neurodireitos as proteções que visam preservar a privacidade mental, a identidade pessoal, o livre-arbítrio, o acesso justo à ampliação ou melhoria cerebral, a integridade mental e a proteção contra vieses, das pessoas naturais, a partir da utilização de neurotecnologias*" (art. 2.027-O, § 1º).

A necessidade de cunhar esses novos direitos, como o próprio nome sugere, surge a partir dos avanços da neurociência, e podemos exemplificar com a possibilidade de comunicação direta entre o cérebro humano e dispositivos tecnológicos, permitindo que pessoas com deficiências físicas severas possam recuperar mobilidade e independência por meio do implante cerebral e com ele acionando dispositivos do computador por meio de sinais cerebrais, Eventual manipulação de informações advindas do uso dessa tecnologia digital, p. ex., de dados neurais, de informações cerebrais, certamente podem colocar em risco o

---

132 A esse respeito, consultar notícia veiculada no *site* da Organização Pan-Americana da Saúde (OPAS), vinculada à OMS: OMS PUBLICA PRIMEIRO RELATÓRIO GLOBAL SOBRE INTELIGÊNCIA ARTIFICIAL NA SAÚDE E SEIS PRINCÍPIOS ORIENTADORES PARA SUA CONCEPÇÃO E USO. *OPAS – Organização Pan-Americana da Saúde*, 28 jun. 2021. Disponível em: https://www.paho.org/pt/noticias/28-6-2021-oms-publica-primeiro-relatorio-global-sobre-inteligencia-artificial-na-saude-e#:~:text=28%20de%20junho%20de%202021,novas%20orienta%C3%A7%C3%B5es%20da%20Organiza%C3%A7%C3%A3o%20Mundial. Acesso em: 25 mar. 2025.

133 Extraímos dos dados constantes do PL 4/2025, em tramitação no Senado Federal, e as previsões dos neurodireitos aparecem no art. 2.027-0 do texto em revisão.

direito à dignidade das pessoas e seu bem-estar e, por que não dizer, sua própria saúde física e mental, justificando a criação de normas jurídicas protetivas. Como se sabe, o direito sempre está correndo atrás dos fatos sociais, dos avanços e modificações comportamentais na sociedade, e esse é só mais um exemplo, tal como se deu com o surgimento do biodireito, a partir dos avanços da bioética.

7.6.2 Política Nacional de Medicamentos

Anota Mapelli Jr. que a **Política Nacional de Medicamentos (PNM)** se constitui em um **"conjunto de programas governamentais de atividades articuladas para o acesso a medicamentos, insumos terapêuticos e produtos de interesse para a saúde, e o acompanhamento do tratamento para garantir segurança terapêutica (farmacovigilância)"**, embora possa ser mais bem denominada de **Política Nacional de Assistência Farmacêutica (PNAF),** uma vez que engloba mais produtos do que apenas remédios[134].

A assistência farmacêutica integra a estruturação do SUS na perspectiva da universalidade, integralidade e equidade com vistas à promoção, proteção e recuperação da saúde de forma integral (arts. 196 e 198 da CF/1988 e art. 7º, II, da LOS – Lei 8.080/1990). Dessa forma, ao lado das atribuições previstas no art. 200 da CF/1988, ao SUS também incumbe a execução de ações de assistência farmacêutica (art. 6º, I, *d*, da LOS), formulação de políticas de medicamentos, equipamentos e insumos de saúde, além do controle e fiscalização (art. 6º, VI e VII, da LOS), funções que ocorrem mediante a vigilância sanitária e a vigilância epidemiológica (art. 6º e §§ 1º e 2º da LOS).

A partir dessa estruturação, o STF, no julgamento da Medida Cautelar na ADI 5.501 MC, Rel. Min. Marco Aurélio, por maioria, suspendeu, até o julgamento da ação, a eficácia da Lei 13.269/2016, que autoriza o uso da **fosfoetanolamina sintética** por pacientes diagnosticados com câncer, fármaco que tomou os noticiários da época com o nome da "**pílula do câncer**".

Segundo a decisão, a lei ostenta vício formal, porque não poderia dispensar a exigibilidade de registro sanitário do medicamento (Anvisa) sem ferir o art. 196 da CF/1988. O dever de fornecer medicamento à população se contrapõe à responsabilidade de zelar pela qualidade e segurança dos produtos em circulação no território nacional. A decisão ainda alude ao exercício da atividade fiscalizatória do Estado (art. 174 da CF/1988) e à exigência da aprovação do medicamento prevista no art. 12 da Lei 6.360/1976[135].

Apreciando o mérito, o Plenário, por maioria, confirmou a medida cautelar e julgou procedente o pedido formulado para declarar a inconstitucionalidade da aludida lei, afirmando que "*O direito à saúde não será plenamente concretizado se o Estado deixar de cumprir a obrigação de assegurar a qualidade de droga mediante rigoroso crivo científico, apto a afastar desengano, charlatanismo e efeito prejudicial.*"

No mesmo sentido, no julgamento da ADI 5.779, promovida pela Confederação Nacional dos Trabalhadores na Saúde, o STF, por maioria de votos, declarou inconstitucional a Lei 13.454/2017, que autorizava a produção, a comercialização e o consumo dos inibidores de apetite sibutramina, anfepramona, femproporex e mazindol, forte no fundamento de que a norma, ao contrariar recomendação da Agência Nacional de Vigilância Sanitária (Anvisa) e autorizar a produção das substâncias, não protege de maneira eficiente o direito à saúde e ofende o princípio da proibição do retrocesso social, que impossibilita, como já destacamos,

---

134 MAPELLI JR., Reynaldo. *Judicialização da saúde*: regime jurídico do SUS e intervenção na administração pública. Rio de Janeiro: Atheneu, 2017, p. 79.

135 Essa lei dispõe sobre a Vigilância Sanitária a que ficam sujeitos os medicamentos, as drogas, os insumos farmacêuticos e correlatos, cosméticos, saneantes e outros produtos.

a adoção de medidas que visem revogar direitos sociais já consagrados na ordem jurídica. No seu voto vencedor, o Min. Ricardo Lewandowski citou o precedente anterior (ADI 5.501), para lembrar que o Congresso não pode autorizar a distribuição de medicamentos sem controle prévio de viabilidade sanitária.

Lembra Mapelli Jr. que remonta à década de 1970 a preocupação da Organização Mundial de Saúde em garantir a universalidade do acesso da população aos medicamentos nos países em desenvolvimento, recomendando que se formulasse uma relação de medicamentos tidos por essenciais, ou seja, que satisfaçam as necessidades primárias de saúde da população, o que no Brasil se concretizou pela **Relação Nacional de Medicamentos Essenciais** (**Rename**[136]), muitas vezes complementada pela **Relação Municipal de Medicamentos Essenciais** (**Remune**) dos municípios[137].

A **Portaria 3.916/1998 (posteriormente** revogada pela Portaria de Consolidação 2/2017, que cuida da Política de Medicamentos no Anexo XXVII) do Ministério da Saúde foi um marco legal da assistência farmacêutica em nosso país, tendo como meta garantir as necessárias segurança, eficácia e qualidade dos medicamentos, a promoção do uso racional e o acesso da população àqueles considerados essenciais, acesso que pode se dar de forma ambulatorial (o usuário retira o medicamento em farmácias públicas) ou hospitalar (quando o medicamento é fornecido em regime de internação).

Sintetiza o mesmo autor que o **núcleo essencial** da Política Nacional de Medicamento (PNM), com vistas à universalização, é a **promoção do uso racional de medicamentos**, o que significa dizer a prescrição apropriada; a disponibilidade oportuna e a preço acessível; a dispensação em condições adequadas e o consumo em doses indicadas[138]. Tais critérios de eficiência, segurança, efetividade e custo-efetividade para a escolha do medicamento estão consagrados no art. 19-O da LOS.

A Portaria 3.916/1998 estabelece que o Ministério da Saúde é responsável pela formulação das políticas gerais e listas de medicamentos do SUS, cabendo a distribuição aos Estados (medicamentos estratégicos, especializados e oncológicos) e aos Municípios (medicamentos essenciais).

Para alcançar seus objetivos, a Política Nacional de Medicamentos estabeleceu diretrizes, entre as quais a reorientação da assistência farmacêutica. Assim, por meio da Resolução 338/2004, do Conselho Nacional de Saúde, foi aprovada a Política Nacional de Assistência Farmacêutica, que se insere no contexto das políticas públicas maiores, como a Política Nacional de Medicamentos e o próprio sistema público de saúde.

O STJ enfrentou a questão da **obrigatoriedade da dispensação de medicamentos não constante de lista do SUS** e à luz do disposto nos arts. 19-M e 19-T, II, da LOS (Lei 8.080/1990), por meio do **Tema 106**, pelo rito os recursos repetitivos (art. 1.036 do CPC), no REsp 1.657.156/RJ, Rel. Min. Benedito Gonçalves, j. 25.04.2018, definiu a tese de que a concessão dos medicamentos não incorporados em atos normativos do SUS exige a presença cumulativa dos seguintes requisitos:

---

136 A Portaria 3.047, de 28 de novembro de 2019, do Ministério da Saúde, aprovou a Relação Nacional de Medicamentos Essenciais - Rename 2020.

137 MAPELLI JR., Reynaldo. *Judicialização da saúde*: regime jurídico do SUS e intervenção na administração pública. Rio de Janeiro: Atheneu, 2017, p. 79-80.

138 MAPELLI JR., Reynaldo. *Judicialização da saúde*: regime jurídico do SUS e intervenção na administração pública. Rio de Janeiro: Atheneu, 2017, p. 80-81.

I. comprovação, por meio de laudo médico fundamentado e circunstanciado expedido por médico que assiste o paciente, da imprescindibilidade ou necessidade do medicamento, assim como da ineficácia, para o tratamento da moléstia, dos fármacos fornecidos pelo SUS;

II. incapacidade financeira de arcar com o custo do medicamento prescrito; e

III. existência de registro na Anvisa do medicamento, observados os usos autorizados pela agência.[126]

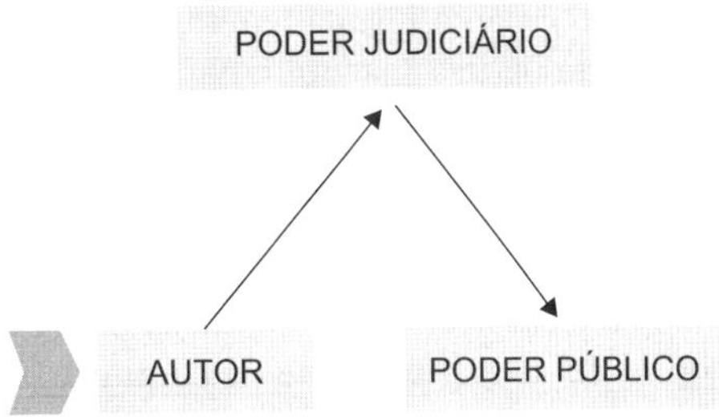

No julgamento do RE 657.718/MG, Rel. Min. Marco Aurélio, com repercussão geral reconhecida, o STF decidiu sobre o dever do Estado de fornecer **medicamento não registrado na Anvisa** (**Tema 500**). Fixou-se a seguinte tese, por maioria de votos: "O Estado não pode ser obrigado a fornecer medicamentos experimentais. 2. A ausência de registro na Anvisa impede, como regra geral, o fornecimento de medicamento por decisão judicial. 3. É possível, excepcionalmente, a concessão judicial de medicamento sem registro sanitário, em caso de mora irrazoável da Anvisa em apreciar o pedido (prazo superior ao previsto na Lei 13.411/2016), quando preenchidos três requisitos: (i) a existência de pedido de registro do medicamento no Brasil (salvo no caso de medicamentos órfãos para doenças raras e ultrarraras); (ii) a existência de registro do medicamento em renomadas agências de regulação no exterior; e (iii) a inexistência de substituto terapêutico com registro no Brasil. 4. As ações que demandem fornecimento de medicamentos sem registro na Anvisa deverão necessariamente ser propostas em face da União".

O STJ teve a oportunidade de julgar **hipótese inédita**, autorizando uma família a importar diretamente canabidiol (medicamento extraído da *Cannabis sativa*, não disponível na rede pública nem particular) para tratamento de filha com **paralisia cerebral** que sofre de convulsões intratáveis. Para o relator, não é razoável a conclusão de que a garantia de acesso aos medicamentos, inclusive pelo meio de importação direta, deva ficar restrita ao ente público responsável pelo registro, no caso, a Anvisa. Para ele, muitas vezes o acesso aos fármacos e insumos não é obstado por questões financeiras, mas sim por entraves burocráticos e administrativos que prejudicam a efetividade do direito fundamental à saúde (REsp 1.657.075, Rel. Min. Francisco Falcão).

A Anvisa aprovou, em 2019, a venda em farmácias de medicamentos à base de "*Cannabis*", mas proibiu seu cultivo no país. Com isso, a produção dependerá da importação do extrato da planta. No julgamento do Conflito de Competência (CC) 171.206, o STJ decidiu que cabe

---

139 Conforme já destacamos anteriormente, essa tese foi alterada na parte relativa à exigência de registro na Anvisa, por força de acolhimento de embargos de declaração, para ficar com a seguinte redação: *"(...) existência de registro do medicamento na Anvisa, observados os usos autorizados pela agência"*. Para o Relator do recurso, Ministro Benedito Gonçalves, o esclarecimento em embargos de declaração é necessário para evitar que o sistema público seja obrigado a fornecer medicamentos que, devidamente registrados, tenham sido indicados para utilizações *off label* (uso em situações divergentes da bula de um medicamento nela registrado), que não sejam reconhecidas pela Anvisa nem mesmo em caráter excepcional. Ainda segundo o Relator, mesmo que determinado uso não conste do registro na Anvisa, na hipótese de haver autorização, mesmo precária, para essa utilização, deve ser resguardado ao usuário do SUS o direito de também ter acesso ao medicamento. Na modulação dos efeitos, fixou-se que *"os critérios e requisitos estipulados somente serão exigidos para os processos que forem distribuídos a partir da conclusão do presente julgamento"*, que se deu, ao que nos parece, com a publicação do acórdão no *DJe* de 04.05.2018, quando se deu publicidade à decisão.

à justiça estadual e não à justiça federal apreciar *habeas corpus* preventivo em favor de quem planta, transporta ou usa maconha para fins terapêuticos.

No RHC 147169, o STJ concedeu salvo-conduto para pacientes cultivarem Cannabis com fim medicinal (extrair óleo medicinal para uso próprio). O principal argumento adotado é o de que tal produção artesanal não representa risco de lesão à saúde pública ou a qualquer outro bem jurídico protegido pela legislação antidrogas. Nos casos julgados, havia receituário e laudo médico e chancelado pela Anvisa para autorizar a importação.

Reconheceu-se a atipicidade da conduta, seja pela falta de dolo de preparar substâncias entorpecentes com as plantas cultivadas, seja por não vulnerar, sequer potencialmente, o bem jurídico tutelado pelas normas incriminadoras da Lei de Drogas, qual seja, a saúde pública; ao contrário, busca promover a saúde.

Há, entretanto, entendimento diverso no âmbito do próprio STJ, sob o fundamento de que cabe à Anvisa a análise técnica para autorizar ou não o cultivo e colheita da planta, não cabendo ao Poder Judiciário imiscuir-se nessa discussão, salvo no caso de demora excessiva na avaliação do pedido por aquele órgão, mas ainda assim no âmbito cível (nesse sentido, Ag no Recurso em HC 155610-CE, rel. Min João Otávio de Noronha, com remissão ao RHC 123.402/RS, Rel. Min. Reynaldo Soares da Fonseca, e AgRg no RHC 157.190/CE, Rel. Min. Olindo Menezes).

A reconhecida Fundação Oswaldo Cruz (Fiocruz), por meio de seu Programa Institucional de Políticas de Drogas, Direitos Humanos e Saúde Mental, publicou nota técnica abordando as robustas evidências científicas de que a Cannabis medicinal é benéfica à saúde, defendendo a inclusão dos medicamentos à base de maconha no Sistema Único de Saúde (SUS)[140].

No julgamento do RE 1.165.959, Rel. Min. Marco Aurélio, o Estado de São Paulo questiona decisão judicial que o obrigou a fornecer medicamento à base de canabidiol, ainda não registrado na Anvisa, mas com importação permitida. Por unanimidade foi negado provimento ao recurso e por maioria foi fixada a seguinte tese: "*Cabe ao Estado fornecer, em termos excepcionais, medicamento que, embora não possua registro na Anvisa, tem a sua importação autorizada pela agência de vigilância sanitária, desde que comprovada a incapacidade econômica do paciente, a imprescindibilidade clínica do tratamento, e a impossibilidade de substituição por outro similar constante das listas oficiais de dispensação de medicamentos e os protocolos de intervenção terapêutica do SUS*".

Nada obstante o julgamento, ocorreu que o novo Relator designado, Ministro Alexandre de Morais, esclareceu que esse Recurso Extraordinário 1.165.959 foi indicado por seu Relator originário, Ministro Marco Aurélio, para substituir o caso piloto do Tema 500 da repercussão geral (RE 657.718) que citamos linhas acima. No entanto, o plenário manteve o julgamento do mérito do RE 657.718, apesar da perda de objeto informada pelo Relator. Como foi mantida a vinculação deste recurso 657.718 ao referido Tema 500, há uma sobreposição de processos, o que pode gerar dúvidas e confusões. Assim, foi determinado que o RE 1.165.959 seja o *leading case* de um novo *tema* de repercussão geral (Tema 1161), tema esse assim descrito: "*Dever do Estado de fornecer medicamento que, embora não possua registro na Anvisa, tem a sua importação autorizada pela agência de vigilância sanitária*".

O **financiamento** da assistência farmacêutica, na forma do art. 19-U da LOS, é de responsabilidade das três esferas de gestão do SUS, por meio da pactuação da Comissão Intergestores Tripartite (CIT), órgão colegiado de negociação (Lei 12.466/2011). Completava a Política Nacional de Medicamentos (PNM) **a Portaria MS 204/2007**, revogada em razão da consolidação das normas sobre o financiamento e a transferência dos recursos federais para as ações e os

140 LANG, Pamela. Fiocruz divulga nota técnica sobre cannabis medicinal. *Agência Fiocruz de Notícias*, 19 abr. 2023. Disponível em: https://agencia.fiocruz.br/fiocruz-divulga-nota-tecnica-sobre-cannabis-medicinal#:~:text=O%20Programa%20Institucional%20de%20Pol%C3%ADticas,em%20cannabis%20e%20seus%20derivados. Acesso em: 20 abr. 2025.

serviços de saúde do Sistema Único de Saúde trazida pela Portaria de Consolidação 6/2017, também parcialmente alterada pela Portaria 2663/2017, que organiza o **repasse dos recursos federais**, sendo um deles o de Financiamento da Assistência Farmacêutica (arts. 535 e ss.)[141].

Sobre o preço dos medicamentos, há normas administrativas estabelecidas pela Câmara de Regulação do Mercado de Medicamentos (CMED), que definem a regulação para o setor farmacêutico, com o propósito de garantir essa assistência à população, mediante mecanismos que estimulem a oferta de medicamentos e a competitividade do setor. É garantido ao Poder Público um **desconto mínimo obrigatório** a ser concedido pelas produtoras e distribuidoras de medicamentos na venda de determinados medicamentos, p. ex., do programa de tratamento de DST/AIDS e que se não for observado poderá configurar eventual improbidade administrativa[142].

Como anotamos no capítulo dos direitos da pessoa idosa, mais recentemente, o STF, por maioria de votos, apreciando a ADI 2435, julgou inconstitucional Lei estadual 3.542/2001 do Rio de Janeiro, que concedia desconto de até 30% aos idosos para aquisição de medicamentos em farmácias do estado. Prevaleceu o voto do Min. Gilmar Mendes, que reconhecia que a regra invade a competência da União para a regulação do setor e pode gerar desequilíbrios nas políticas públicas federais.

Lembrou o Ministro que a comercialização de medicamentos no país é regida por uma regulação restrita pela União, que impõe o preço máximo de fábrica (PF) e o preço máximo de comercialização de medicamentos (PMC) ao consumidor e a margem de lucro permitida para ser acrescida ao preço de revenda pelos estabelecimentos.

Destacou, também, que a referida lei estadual extrapolou sua competência legislativa supletiva, invadindo campo de norma geral sobre proteção e defesa da saúde, direito econômico e proteção ao consumidor, reservado à União.

Ainda está para ser julgada no STF, Rel. Min. Cármen Lúcia, a ADI 4234, proposta pela PGR, questionando a legalidade dos arts. 230 e 231 da Lei de Propriedade Industrial (Lei 9.279/1976) que, segundo a PGR representa uma espécie de apropriação de um bem comum do povo sem qualquer amparo constitucional e cujo resultado, segundo noticiou a imprensa, enseja considerável aumento no preço de medicamento[143].

Uma advertência necessária diz respeito às **exceções** previstas na Política Nacional de Assistência Farmacêutica e que se referem ao acesso a produtos fármacos sem registro na Anvisa e não previstos nos protocolos clínicos e listas oficiais do SUS: pesquisa clínica experimental, programa de acesso expandido, fornecimento de medicamento pós-estudo e programa de uso compassivo. Nesses casos, uma vez observados os procedimentos técnico-jurídico do SUS e a autorização do Ministério da Saúde, torna-se possível até mesmo a importação de medicamentos, insumos e produtos[144].

É bom lembrar que constitui **crime** importar medicamento sem registro na Anvisa (art. 273, § 1º-B, do CP). A proporcionalidade do sancionamento desse tipo penal é objeto do **Tema 1003**, com repercussão geral reconhecida pelo STF no RE 979.962/RS e em cujo julgamento reconheceu-se a desproporcionalidade do sancionamento, fixando-se

---

141 A esse respeito tratou o STJ no REsp 873196/RS: "*(...) No que se refere especificamente à assistência farmacêutica, cumpre à União, como gestora federal do SUS, o repasse de recursos financeiros, cabendo aos Municípios e, supletivamente, aos Estados, a aquisição e a adequada dispensação de medicamentos.*"

142 MAPELLI JR., Reynaldo. *Judicialização da saúde*: regime jurídico do SUS e intervenção na administração pública. Rio de Janeiro: Atheneu, 2017, p. 84.

143 Discute-se a chamada "patente *pipeline*", que é uma modalidade de proteção à propriedade industrial que permite a sua concessão a produtos que já estavam em domínio público ou eram impossíveis de serem patenteados no Brasil, antes da vigência da lei de propriedade industrial, mas que já se encontravam patenteadas no exterior.

144 Para um estudo mais aprofundado, remetemos o leitor para a obra de Mapelli Jr.: *Judicialização da saúde*: regime jurídico do SUS e intervenção na administração pública. Rio de Janeiro: Atheneu, 2017, a partir da p. 84.

a seguinte **tese**: "*É inconstitucional a aplicação do preceito secundário do art. 273 do Código Penal, com redação dada pela Lei n. 9.677/98 (reclusão, de 10 a 15 anos, e multa), à hipótese prevista no seu § 1º-B, I, que versa sobre a importação de medicamento sem registro no órgão de vigilância sanitária. Para esta situação específica, fica repristinado*[145] *o preceito secundário do art. 273, na redação originária (reclusão, de um a três anos, e multa)*".

Uma curiosidade: no âmbito da tutela ao consumidor, o STJ, no julgamento do REsp 1.774.372/RS, Rel. Min. Nancy Andrighi, reconheceu a responsabilidade objetiva do laboratório fabricante de medicamento que teria levado o paciente a um quadro incontrolável conhecido como "jogo patológico", o qual acarretou a dilapidação de todo seu patrimônio. Considerou-se típico acidente de consumo e que houve ausência de prévia informação qualificada quanto aos possíveis efeitos colaterais da medicação, ainda que se trate do chamado risco de desenvolvimento.

Ainda sobre medicamentos, vale uma rápida abordagem a respeito da **prescrição médica**.

A preocupação maior nesse tema é com a exigência de que a prescrição de produto fármaco pelo profissional médico tenha a **denominação genérica ou o princípio ativo** e não pela marca comercial, pois tal conduta é um direito básico do consumidor ("liberdade de escolha" e "igualdade nas contratações"), sendo vedado ao fornecedor de serviços qualquer prática que possa induzir em erro ou prejuízo o consumidor (paciente), de acordo com os arts. 6º, II e III, e 39 a 41 do Código de Defesa do Consumidor – CDC. No âmbito do **SUS**, essa obrigatoriedade da prescrição médica pela denominação genérica ou Denominação Comum Brasileira (DCB) decorre de disposição legal expressa no art. 3º da Lei 9.787/1999 que, ao alterar a Lei 6.360/1976 também estabeleceu no art. 3º que as aquisições de medicamentos, sob qualquer modalidade de compra, e as prescrições médicas e odontológicas de medicamentos, no âmbito do Sistema Único de Saúde – SUS, **"adotarão obrigatoriamente a Denominação Comum Brasileira (DCB) ou, na sua falta, a Denominação Comum Internacional (DCI)"**.

No julgamento do RE 924.158/MG, Rel. Min. Cármen Lúcia determinou-se que, uma vez havendo equivalência na ação do medicamento comercial ou do genérico, **"(...) deve-se dar preferência a este último, sempre que a aquisição do mesmo se mostrar mais conveniente sob a ótica do princípio da economicidade, evitando-se, deste modo, o dispêndio desnecessário de recursos públicos"**.

Ainda a esse respeito, o STJ tem admitido a prescrição por **médico particular** como elemento de prova, como se observa do RMS 33.463/MG, Rel. Min. Benedito Gonçalves, j. 20.10.2011: **"(...) 2. Embora o laudo emitido por médico particular possa ser qualificado como elemento de prova (*v. g.*: AgRg no Ag 1107526/MG, Rel. Min. Mauro Campbell Marques, Segunda Turma, *DJe* 29/11/2010; AgRg no Ag 1194807/MG, Rel. Ministro Luiz Fux, Primeira Turma, *DJe* 01/07/2010), no caso do presente mandado de segurança (...)"**.

Desse posicionamento discorda Mapelli Jr. sob o argumento, em síntese, de que há obrigatoriedade legal da prescrição por médico do SUS (art. 28, II, do Decreto 7.508/2011), para tratamento nos serviços públicos, em conformidade com os protocolos clínicos e relações de medicamentos e dispensação em farmácia pública regular (art. 28, I, III e IV do aludido decreto), além do que, e principalmente, quebra-se a regra de que o paciente deve ingressar na rede pública e ter seu tratamento acompanhado pelo SUS, o que não se dá quando o paciente faz o tratamento em hospitais e clínicas particulares e, sem ingressar na rede pública, utiliza o SUS tão somente para obter o medicamento e produtos prescritos à margem dos procedimentos técnico-administrativos que organizam a assistência farmacêutica do ente público. Para ele, isso representa um **"desrespeito à equidade em saúde, pois os pacientes privados conseguem**

145 Lembrando que a repristinação ocorreu neste caso porque o dispositivo legal em análise voltou a vigorar após a declaração de inconstitucionalidade da norma que a revogou.

acesso rápido e não padronizado e não cumprem regramentos do SUS, prejudicando a população que se utiliza da rede pública de saúde"[146].

Entretanto, apenas a prescrição médica pode ser insuficiente, como destacou a mesma Corte Especial no RMS 30.746/MG, Rel. Castro Meira, j. 27.11.2012 e no AgRg no RMS 34.545/MG, Rel. Min. Benedito Gonçalves, j. 14.02.2012: **"3. (...) O laudo médico, vale dizer, não é espécie de prova suprema ou irrefutável, ainda mais quando a solução da controvérsia, de natureza complexa, depende de conhecimento técnico-científico, necessário para se saber a respeito da possibilidade de substituição do medicamento ou sobre sua imprescindibilidade"**.

Em ambos julgados citados acima, além de outros (RMS 46.393/RO, 2ª T., Rel. Min. Humberto Martins, *DJe* 30.10.2014; AgRg no RMS 34.545/MG, 1ª T., Rel. Min. Benedito Gonçalves, *DJe* 03.02.2012; RMS 30.746/MG, 2ª T., Rel. Min. Castro Meira, *DJe* 06.12.2012; RMS 28.338/MG, 2ª T., Rel. Min. Eliana Calmon, *DJe* 17.06.2009), tal fundamentação foi utilizada para afastar a possibilidade de utilização do mandado de segurança para a postulação.

Mais recentemente, o STJ vem entendendo que nas ações em que se busca o fornecimento de medicamentos, a **escolha do fármaco** compete a médico habilitado e conhecedor do quadro clínico do paciente, podendo ser tanto um profissional particular quanto um da rede pública[147].

Também foi realçada a posição do STF no julgamento da SL 47/PE, precedida de audiência pública, de que reconhecimento do direito a determinados medicamentos deve ser analisado caso a caso, conforme as peculiaridades fático-probatórias, ressaltando que, **"em geral, deverá ser privilegiado o tratamento fornecido pelo SUS em detrimento de opção diversa escolhida pelo paciente, sempre que não for comprovada a ineficácia ou a impropriedade da política de saúde existente"**.

7.7 REGULAÇÃO ASSISTENCIAL: VIGILÂNCIA SANITÁRIA, EPIDEMIOLÓGICA E AMBIENTAL

Quando nos referimos à gestão da saúde, logo vem à lembrança o serviço assistencial. Entretanto, ao lado dela caberá a todo gestor de um sistema local ou regional de saúde promover a execução de ações de natureza coletiva e a implementação de ações preventivas, é dizer, de proteção e de promoção da saúde e, entre essas, aquelas denominadas pelo sistema de saúde como "vigilâncias".

Do ponto de vista da legislação, as bases para a construção das vigilâncias em saúde encontram-se no art. 200 da CF/1988 (que estabelece as competências do SUS nessa área) e na LOS (Lei 8.080/1990). A CF/1988 ainda define, no inciso II do art. 198, que, sem prejuízo dos "serviços assistenciais", deve ser conferida prioridade às atividades preventivas, em cujo escopo se incluem as vigilâncias.

A Portaria 1.378/2013, do Ministério da Saúde, que revogou a primitiva Portaria 3.252/2009[148], regulamenta as responsabilidades e define as diretrizes para execução e financiamento das ações de **Vigilância em Saúde** pela União, Estados, Distrito Federal e

[146] MAPELLI JR., Reynaldo. *Judicialização da saúde*: regime jurídico do SUS e intervenção na administração pública. Rio de Janeiro: Atheneu, 2017, p. 134 e ss.

[147] AgInt no REsp 1.373.566/SC, 1ª T., Rel. Min. Napoleão Nunes Maia Filho, *DJe* 27.08.2020; EDcl no REsp 1.801.213/RS, 2ª T., Rel. Min. Herman Benjamin, *DJe* 20.08.2020; RMS 61.891/GO, 2ª T., Rel. Min. Herman Benjamin, *DJe* 19.12.2019; AgInt no AREsp 405.126/DF, 1ª T., Rel. Min, Gurgel de Faria, *DJe* 26.10.2016; decisões monocráticas: AgInt no REsp 1.658.552/RJ, 1ª T., Rel. Min. Gurgel de Faria, j. 29.03.2021, p. 05.04.2021; REsp 1.866.082/MG, 1ª T., Rel. Min. Benedito Gonçalves, j. 26.05.2020, p. 02.06.2020.

[148] Tal portaria, em seu art. 2°, definia de forma mais clara as ações de Vigilância em Saúde: *vigilância epidemiológica* (de controle de doenças e agravos); de *promoção da saúde*; *vigilância da situação de saúde*; *vigilância em saúde ambiental* (para conhecimento e detecção de mudanças nos fatores determinantes e condicionantes do meio ambiente que interferem na saúde humana, com ações preventivas e de controle); *vigilância da saúde do trabalhador* (promoção da sua saúde e redução de riscos) e *vigilância sanitária* (ações para eliminar, diminuir ou prevenir riscos à saúde decorrentes do meio ambiente, da produção e circulação de bens e serviços de consumo ou outros de interesse da saúde).

Municípios, relativos ao Sistema Nacional de Vigilância em Saúde e Sistema Nacional de Vigilância Sanitária.

Também define a Vigilância em Saúde como sendo um processo contínuo e sistemático de coleta, consolidação, análise e disseminação de dados sobre eventos relacionados à saúde, com vistas ao planejamento e à implementação de medidas de saúde pública para a proteção da saúde da população, a prevenção e controle de riscos, agravos e doenças, bem como para a promoção da saúde[149].

As ações de Vigilância em Saúde devem ser coordenadas com as demais ações e serviços desenvolvidos e ofertados no Sistema Único de Saúde (SUS), de forma a garantir a integralidade da atenção à saúde da população.

Devem abranger toda a população brasileira e estão voltadas para: I – a **vigilância da situação de saúde** da população, com a produção de análises que subsidiem o planejamento, estabelecimento de prioridades e estratégias, monitoramento e avaliação das ações de saúde pública; II – a detecção oportuna e adoção de medidas adequadas para a resposta às **emergências de saúde pública**; III – a **vigilância**, prevenção e controle das doenças transmissíveis; IV – a **vigilância** das doenças crônicas não transmissíveis, dos acidentes e violências; V – a **vigilância** de populações expostas a **riscos ambientais** em saúde; VI – a **vigilância da saúde do trabalhador**; VII – **vigilância sanitária** dos riscos decorrentes da produção e do uso de produtos, serviços e tecnologias de interesse a saúde; e VIII – **outras ações de vigilância** que, de maneira rotineira e sistemática, podem ser desenvolvidas em serviços de saúde públicos e privados nos vários níveis de atenção, laboratórios, ambientes de estudo e trabalho e na própria comunidade.

Embora decorrente da pandemia de Covid-19, mas que serve como diretriz geral de atendimento à saúde através de programas de imunização, o STF teve oportunidade de decidir, em caráter provisório, mas com liminar ratificada pelo Plenário, que a súbita modificação da sistemática de distribuição dos imunizantes contra Covid-19 pela União (repita-se, vale para qualquer programa de imunização da população) — com abrupta redução do número de doses — evidencia a possibilidade de frustração do planejamento sanitário estabelecido pelos entes federados e acarretam uma indesejável descontinuidade das políticas públicas de saúde desses entes, podendo ocasionar um lamentável aumento no número de óbitos e de internações hospitalares de doentes infectados pelo novo coronavírus, aprofundando, com isso, o temor e o desalento das pessoas que se encontram na fila de espera da vacinação (ACO 3518 MC-Ref/DF, Rel. Min. Ricardo Lewandowski).

Do mesmo modo e pelo mesmo propósito, registramos a decisão adotada pelo STF, Rel. Min. Ricardo Lewandowski, na ADPF 756 (Oitava Tutela Provisória Incidental), que deferiu liminar para assentar que a decisão de promover a imunização de adolescentes acima de 12 anos é da competência dos estados, do Distrito Federal e dos municípios. Segundo o ministro, para efetuar a imunização, os entes federados devem considerar as situações concretas que vierem a enfrentar, sempre sob sua exclusiva responsabilidade, e observar as cautelas e as recomendações dos fabricantes das vacinas, da Agência Nacional de Vigilância Sanitária (Anvisa) e das autoridades médicas. O Plenário da Corte referendou a decisão liminar do relator, destacando a necessidade de observância da ordem de prioridade de vacinação.

---

[149] Como exemplo, a Lei 13.301/2016, que garante a adoção das medidas de vigilância em saúde quando verificada situação de iminente perigo à saúde pública pela presente do mosquito transmissor do vírus da Dengue, Chikungunya e Zika. Essa lei foi objeto da ADI 5592/DF relativamente ao inciso IV do § 3° do art. 1°, que trata de mecanismos de controle vetorial por aeronaves e a proteção ao meio ambiente. A conclusão do julgamento foi de que "*a aprovação das autoridades sanitárias e ambientais competentes e a comprovação científica da eficácia da medida são condições prévias e inafastáveis à incorporação de mecanismos de controle vetorial por meio de dispersão por aeronaves, em atendimento ao disposto nos artigos 225, § 1°, incisos V e VII, 6° e 196 da Constituição da República*".

Tema também realçado a partir da pandemia de Covid-19 diz respeito às campanhas de vacinação. Muito embora o Brasil fosse uma referência mundial nessa área, por questões as mais variadas e que não cabe aqui discutir, a pandemia de Covid-19 colocou em xeque esse programa de imunização, inclusive com edição de leis municipais contrariando esse programa.

O STF foi chamado, desde a época pandêmica, a se manifestar sobre o tema, como referimos acima. No julgamento do ARE 1267879 (Tema 1103), o Plenário rejeitou a possibilidade de pais deixarem de vacinar seus filhos menores com fundamento em convicções filosóficas, religiosas, morais e existenciais. Foi fixada a seguinte tese: "*É constitucional a obrigatoriedade de imunização por meio de vacina que, registrada em órgão de vigilância sanitária, (i) tenha sido incluída no Programa Nacional de Imunizações ou (ii) tenha sua aplicação obrigatória determinada em lei ou (iii) seja objeto de determinação da União, Estado, Distrito Federal ou Município, com base em consenso médico-científico. Em tais casos, não se caracteriza violação à liberdade de consciência e de convicção filosófica dos pais ou responsáveis, nem tampouco ao poder familiar*".

Em razão dessa decisão, é possível afirmar que pais que se recusarem a vacinar seus filhos contra a Covid-19 estarão sujeitos à multa prevista no art. 249 do ECA.

Ainda nessa linha, a Suprema Corte declarou inconstitucional a lei de Uberlândia que proibia no território municipal a vacinação compulsória contra a Covid-19 e a aplicação de restrições e sanções a pessoas não vacinadas, inclusive agentes e servidores públicos (ADPF 946), lembrando o Relator, Ministro Luís Roberto Barroso, que vacinação compulsória não se confunde com vacinação forçada, porque no primeiro caso as pessoas não são obrigadas a se vacinar, mas o poder público pode impor medidas indiretas para aquelas que não se vacinarem, p. ex., restrição de atividades e de acesso a estabelecimentos, desde que previstas em lei ou dela decorrentes.

De igual forma, nossa Corte Constitucional invalidou lei de Santa Catarina que dispensava a exigência de vacina contra Covid-19 para matrícula e rematrícula na rede pública de ensino (ADPF 1123). Nessa decisão o Relator, Ministro Cristiano Zanin reafirmou que não é individual ou de cada unidade familiar a decisão de vacinar-se ou não, mas sim um dever geral de proteção que cabe a todos, especialmente ao Estado, mesmo porque o direito assegurado a todos os brasileiros de conviver em um ambiente sanitariamente seguro sobrepõe-se a eventuais pretensões individuais de não se vacinar.

Tema que vem preocupando os gestores da saúde pública são os **suicídios** (com evento morte) e as automutilações ou **violência autoprovocada** que compreende autoagressões, automutilações e tentativas de suicídio em pessoas de ambos os sexos, cujo desfecho não resulta em óbito.

Segundo a Secretaria de Vigilância em Saúde, do Ministério da Saúde[150], é possível afirmar que o suicídio é um fenômeno que ocorre em todas as regiões do mundo. Pela estimativa anual, mais de 800 mil pessoas morrem por suicídio e, a cada adulto que se suicida, pelo menos outros 20 atentam contra a própria vida. Segundo dados da Organização Mundial da Saúde (OMS), o suicídio representa 1,4% de todas as mortes em todo o mundo, tornando-se, em 2012, a 15a causa de mortalidade na população geral; entre os jovens de 15 a 29 anos, é a segunda principal causa de morte.

Para o enfrentamento dessa questão em nosso país temos a Lei 13.819/2019, que institui a **Política Nacional de Prevenção da Automutilação e do Suicídio**, a ser implementada pela União em cooperação com os Estados, o Distrito Federal e os Municípios, com a participação da sociedade civil e de instituições privadas.

---

150 *Boletim Epidemiológico*, v. 48, n. 30, 2017.

Ela foi recentemente regulamentada pelo Decreto 10.225/2020, que instituiu o **Comitê Gestor da Política Nacional de Prevenção da Automutilação e do Suicídio**, além de regulamentar a Política Nacional de Prevenção da Automutilação e do Suicídio acima referida. Ele também objetiva estabelecer normas relativas à notificação compulsória de violência autoprovocada.

A **notificação** é obrigatória para responsáveis por **instituições de ensino públicas ou privadas**, além de **médicos e outros profissionais de saúde**.

As hipóteses de suicídio e violência provocada alcançam tanto adultos como jovens e adolescentes. Conforme dados da OMS[151], divulgados em 2019, o suicídio já se tornou a segunda causa de morte entre jovens de 15 a 29 anos no mundo, perdendo apenas para acidentes de trânsito.

Mais recentemente, foi promulgada a Lei 14.214/2021, que instituiu o **Programa de Proteção e Promoção da Saúde Menstrual**[152] e também altera a Lei 11.346, de 15 de setembro de 2006 (que criou o Sistema Nacional de Segurança Alimentar e Nutricional – SISAN com vistas em assegurar o direito humano à alimentação adequada) para determinar que as cestas básicas entregues no âmbito do Sistema Nacional de Segurança Alimentar e Nutricional deverão conter como item essencial o absorvente higiênico feminino.

Nada obstante a importância da medida, pois visa combater a precariedade menstrual, identificada como a falta de acesso a produtos de higiene e a outros itens necessários ao período da menstruação feminina, ou a falta de recursos que possibilitem a sua aquisição e oferecer garantia de cuidados básicos de saúde e desenvolver meios para a inclusão das mulheres em ações e programas de proteção à saúde menstrual[153], a lei sofreu veto da presidência da república em pontos importantes, como a previsão de distribuição gratuita de absorventes higiênicos para estudantes carentes dos ensinos fundamental e médio, mulheres em situação de vulnerabilidade e presidiárias. Esses vetos são objeto de muitas críticas, especialmente porque a lei, tal como sancionada, limita-se a exigir campanhas informativas. Na justificativa do veto, o Poder Executivo alega que a oferta gratuita de absorventes higiênicos femininos não se compatibiliza com a autonomia das redes e estabelecimentos de ensino, além de não indicar a fonte de custeio ou medida compensatória. Há grande chance de serem derrubados pelo Congresso Nacional.

Destacamos, também, em face da enorme repercussão social causada, a Lei 13.979, de 06.02.2020, que dispõe sobre as medidas para enfrentamento da **emergência de saúde pública de importância internacional** decorrente do **coronavírus**[154] (vírus SARS-CoV-2), responsável pelo surto de 2019 no mundo e que alcançou o Brasil durante todo este ano de 2020. É um novo desafio à humanidade, que já experimentou doenças graves como a peste negra, a gripe espanhola e a Aids[155].

---

151 UM SUICÍDIO OCORRE A CADA 40 SEGUNDOS NO MUNDO, DIZ ORGANIZAÇÃO MUNDIAL DA SAÚDE. *Conselho Nacional de Saúde*, 29 ago. 2024. Disponível em: https://www.gov.br/conselho-nacional-de-saude/pt-br/assuntos/noticias/2019/setembro/um-suicidio-ocorre-a-cada-40-segundos-no-mundo-diz-organizacao-mundial-da-saude. Acesso em: 25 mar. 2025.

152 No julgamento do RE 1497273, o STF considerou constitucional uma lei da cidade paulista de Piracicaba que determina à prefeitura o fornecimento gratuito de absorventes higiênicos para mulheres de baixa renda nas unidades de saúde do Município. Ao julgar a ação direta de inconstitucionalidade ainda no âmbito da Corte paulista, a pedido do MP, o Tribunal de Justiça considerou parcialmente constitucional a norma e determinou a inclusão das pessoas transgênero (transmasculinos) como destinatários da medida. No STF a questão discutida dizia respeito ao art. 2° da lei municipal, tida pelo TJ como inconstitucional, por dispor sobre os locais de distribuição do material higiênico. Por maioria, a Suprema Corte acolheu recurso ministerial para também reconhecer a constitucionalidade desse aludido art. 2°, uma vez que a "*norma da lei municipal apenas direcionou o fornecimento dos absorventes para unidades preexistentes, nas quais se realizam serviços análogos. Não se promoveu qualquer alteração no organograma da Administração Pública local, na forma vedada pelo Tema 917 da repercussão geral*".

153 Segundo dados apontados em debate na Câmara Federal após o veto, o estudo "Pobreza Menstrual no Brasil" aponta que 713 mil meninas vivem sem acesso ao banheiro ou a chuveiro em seu domicílio e 4 milhões não têm acesso a cuidados mínimos menstruais, por isso muitas vezes deixam de ir à escola porque estão no período menstrual.

154 No âmbito da saúde mental, é possível conferir as orientações dadas pela Organização Mundial da Saúde (OMS) por meio do *Guia de cuidados para saúde mental durante a pandemia* em https://news.un.org/pt/story/2020/03/1707792.

155 O Superior Tribunal de Justiça, na onda da pandemia, fez publicar em seu sítio eletrônico (em 19.04.2020 – "STJ e Epidemias") algumas decisões que considera importantes relacionadas a epidemias. Estão relacionadas aos seguintes julgados: REsp 1.299.900 (Aids); REsp 1.133.257 (dengue); REsp 177.883 (legitimidade do MP na área da saúde); REsp 1.220.776 (gripe suína) e REsp 1.450.216 (febre amarela).

A lei afirma cuidar-se de medida voltada à proteção de toda a coletividade e traz conceitos como: a) **isolamento**: separação de pessoas doentes ou contaminadas, ou de bagagens, meios de transporte, mercadorias ou encomendas postais afetadas, de outros, de maneira a evitar a contaminação ou a propagação do coronavírus; e b) **quarentena**: restrição de atividades ou separação de pessoas suspeitas de contaminação das pessoas que não estejam doentes, ou de bagagens, contêineres, animais, meios de transporte ou mercadorias suspeitos de contaminação, de maneira a evitar a possível contaminação ou a propagação do coronavírus.

Estabelece, ainda, a possibilidade de outras medidas, tais como: I – realização compulsória de: a) exames médicos; b) testes laboratoriais; c) coleta de amostras clínicas; d) vacinação e outras medidas profiláticas; ou e) tratamentos médicos específicos; II – exumação, necropsia, cremação e manejo de cadáver; III – restrição excepcional e temporária de entrada e saída do País, conforme recomendação técnica e fundamentada da Agência Nacional de Vigilância Sanitária (Anvisa), por rodovias, portos ou aeroportos; IV – requisição de bens e serviços de pessoas naturais e jurídicas, hipótese em que será garantido o pagamento posterior de indenização justa; e V – autorização excepcional e temporária para a importação de produtos sujeitos à vigilância sanitária sem registro na Anvisa. Essas medidas, quando impostas, justificam a falta ao serviço público ou privado pelo tempo necessário à sua execução.

Garante aos pacientes afetados pela doença: a) o direito de serem informadas permanentemente sobre o seu estado de saúde e a assistência à família conforme regulamento; b) o direito de receberem tratamento gratuito; e c) o pleno respeito à dignidade, aos direitos humanos e às liberdades fundamentais das pessoas, conforme preconiza o art. 3 do Regulamento Sanitário Internacional.

A situação gerada por esse coronavírus está colocando à prova a eficiência da concepção de nosso sistema SUS, estruturado a partir das três diretrizes básicas, que são a descentralização administrativa, o atendimento integral e a participação comunitária, e com isso permite um controle mais amplo em todo o país, a partir de políticas públicas de saúde a serem adotadas, simultaneamente, em todos os mais de cinco mil municípios brasileiros.

Dá para imaginar a dificuldade se cada um desses municípios adotasse um sistema próprio de saúde, que dificilmente se comunicaria com os demais e com os outros órgãos governamentais de outros níveis.

Ainda assim, o que se viu foram desencontros entre os entes da federação (União, Estados, D.F. e Municípios) a respeito de uma necessária atuação cooperativa e harmônica, afinal nosso modelo federativo é o de cooperação, sendo o Supremo Tribunal Federal constantemente provocado a resolver questões entre tais entes federativos. Mostramos linhas abaixo alguns dos relevantes temas tratados pelo STF durante a pandemia.

Deixamos registrado que, apesar de todos os esforços dos poderes constituídos, o que se viu nesta pandemia foi o escancaramento das desigualdades sociais, trazendo a reboque o que Edgar Morin denominou de um "darwinismo social", ou seja, a sobrevivência dos mais fortes.

7.7.1 Covid-19

Neste tópico queremos trazer ao leitor a indicação de algumas das inúmeras ações ajuizadas perante o Supremo Tribunal Federal[156-157] relativamente à pandemia de Covid-19 que

[156] No STJ, no pedido de suspensão de liminar e de sentença 2687-SP, envolvendo decreto municipal pelo qual impunha o recolhimento residencial ou equivalente a pessoa idosa com 60 anos ou mais, além de proibir o acesso ao transporte público municipal, a presidência da Corte Especial afirmou que a competência para apreciar a espécie é do STF em razão da presença de questões com expresso fundamento na CF/1988. No STF, o presidente Dias Toffoli negou seguimento a ele (pedido de suspensão de liminar SL 1209).

[157] O STF lançou o site especial "*Combate à Covid-19*", elencando a atuação deste Tribunal. No STJ, grande acervo bibliográfico sobre esse tema é encontrado na Biblioteca Ministro Oscar Saraiva, no catálogo Covid-19.

entendemos tratar de tema relevante, independentemente do resultado e sem maior aprofundamento, uma vez que se trata de situação excepcional e, como tal, de interesse também temporário e excepcional, mas que, a critério do atento leitor, poderá despertar a vontade de um aprofundamento no estudo. São elas:

(1) Partido dos Trabalhadores ingressou com pedido de tutela de urgência incidental na ADI (5715) em trâmite, em que postula a suspensão, em relação ao sistema de saúde pública, da EC 95/2016, que limita gastos. Ação foi extinta, sem julgamento do mérito e sem concessão da tutela de urgência requerida (tema de interesse: financiamento da saúde);

(2) Partido Democrático Brasileiro ingressou com ADI (6341)[158] e nela é analisada a competência concorrente dos entes federados (União, Estados, Distrito Federal e Municípios) e a possibilidade de tomada de providências normativas administrativas e administrativas no enfrentamento da pandemia à luz do que dispõe a MP 926/2020 do Governo Federal (agora convertida na Lei 14.035/2020), que alterou a Lei 13.979/2020 (tema de interesse: divisão de competência e descentralização dos serviços na área da saúde, em nossa federação). A cautelar foi referendada pelo plenário, "*a fim de explicitar que, preservada a atribuição de cada esfera de governo, nos termos do inciso I do art. 198 da Constituição, o Presidente da República poderá dispor, mediante decreto, sobre os serviços públicos e atividades essenciais*";

(3) Partido Democrático Brasileiro ingressou com ADI (6342/DF) contra dispositivo da MP 927/2020 que autoriza empregador a adotar providências excepcionais (tema de interesse: saúde do trabalhador). A ação foi extinta por perda do objeto em razão do término do prazo de vigência da referida Medida Provisória;

(4) Confederação Nacional dos Transportes ingressou com ADPF (665) contra decretos municipais e estaduais que determinaram o fechamento de limites entre municípios e divisas entre estados (tema de interesse: pacto federativo, direitos à saúde e transporte). A ação foi extinta, por perda superveniente de objeto, porque todos os dispositivos atacados nela foram revogados posteriormente;

(5) Conselho Federal da OAB ingressou com ADI (6351/DF)[159] contra disposição da Lei 13.979/2020, alterada pela MP 928/2020, que restringia o acesso à informação (tema de interesse: princípios da publicidade e da transparência). Esta ação foi extinta porque a MP 928/2020, que lhe dava lastro, perdeu sua eficácia pelo decurso de prazo, sem apreciação pelo Congresso Nacional;

(6) Partido Rede Sustentabilidade e Confederação Nacional dos Trabalhadores Metalúrgicos ingressaram com ADPF (668 e 669) contra produção e circulação de campanha, pelo governo federal, que contrariasse a determinação de isolamento social (temas de interesse: direito à vida, à saúde e à informação da população, bem como princípios da prevenção e precaução). Ambas as ações foram extintas, diante da informação da Presidência da República de que não haverá veiculação da campanha impugnada;

(7) Partido Socialismo e Liberdade ingressou com ADPF (671)[160] pleiteando que o poder público passe a regular a utilização de leitos de UTI, mesmo na rede privada, durante

---

158 Em sentido próximo os pedidos de Suspensão de Tutela Provisória (STP) 449 e 442.

159 Esse tema também é tratado na ADPF (690), ajuizada pelos partidos políticos Rede Sustentabilidade, PCdoB e PSOL.

160 Em sentido parecido a ADI 6362 ajuizada pela Confederação Nacional de Saúde, no qual se destaca nosso modelo federativo cooperativo e a Suspensão de Tutela Provisória (STP) 192 – STF.

a pandemia (tema de interesse: direito à saúde, requisição administrativa de leitos privados e separação de poderes). Foi negado seguimento à ação, em razão de sua inadequação;

(8) Instituto de Defesa do Direito de Defesa ingressou com petição na ADPF (347), em que o plenário do STF anteriormente reconheceu o "estado de coisas inconstitucional do sistema penitenciário brasileiro", buscando que se determine medidas imediatas para reduzir o potencial lesivo do coronavírus entre a população carcerária (tema de interesse: população carcerária). Foi homologado o Plano Pena Justa, com outras determinações constantes da ementa;

(9) Conselho Federal da OAB ingressou com ADPF (672) contra atos comissivos e omissivos do Poder Executivo federal durante a pandemia (tema de interesse: separação de poderes e federalismo cooperativo e suas regras de divisão de competência). Convertido o referendo de medida cautelar em julgamento definitivo de mérito, com parcial acolhimento da ação e interessante lição sobre as distribuições de competência dos entes federativos em matéria de saúde;

(10) Município de Niterói ingressou com suspensão de segurança (5.364) para sustar os efeitos de decisões do TJRJ que permitiu funcionamento de lojas de conveniência em postos de gasolina (tema de interesse; federalismo de cooperação e separação de poderes). Foi homologado pedido de desistência da medida.

Mais de uma centena de outras decisões foram tomadas e continuam a ser e são facilmente localizadas no sítio eletrônico do STF, com a palavra-chave pandemia.

Um ponto que gostaria de salientar, até porque tem alcance maior que a pandemia, nada obstante a ela se refira, diz respeito à ADPF 822, ajuizada por 18 entidades coletivas, questionando as políticas de saúde do governo federal no enfrentamento da pandemia de Covid-19.

Pelo voto do Relator, Ministro Marco Aurélio, convertia-se a apreciação da liminar em julgamento final e assentava a procedência de parte dos pedidos formulados, declarando o **estado de coisas inconstitucional**[161] na condução das políticas públicas destinadas à realização dos direitos à vida e à saúde, considerada a pandemia de Covid-19; julgava procedente, em parte, o pedido para determinar aos entes federados, sob a coordenação do Executivo federal, que implementem: (a) análise diária dos impactos na redução de casos, taxas de ocupação de leitos hospitalares e óbitos; (b) campanha educativa e distribuição, em áreas de concentração populacional e baixo percentual de adesão à utilização, de máscaras de pano multicamadas; (c) orientação para a adoção de providências de bloqueio: (d) comunicação à população para que permaneça o maior tempo possível em casa, sem se deslocar, fazendo-o apenas ante necessidade extrema; e (e) apoio aos grupos em situação de vulnerabilidade, havendo participação da comunidade. Negou-se pedido de decretação de *lockdown*. Após, pediu vista o Min. Gilmar Mendes. Ao final (em março de 2023), a ação foi julgada prejudicada em razão da substancial alteração do quadro fático que ensejou seu ajuizamento, com a vacinação da população e a volta à quase normalidade.

O que chama a atenção é que nesta decisão fica evidenciada a natureza estrutural do debate, porque se busca a alteração de uma realidade, que está violando direitos fundamentais, para outra realidade que os assegure, além da nítida interferência do Poder Judiciário no funcionamento de outro Poder, o Executivo, nada obstante tenha o relator procurado minimizar esse ponto, destacando que ao tribunal cumpre atuar "*incentivando a formulação e a implementação de políticas públicas*", reservando "*ao Legislativo e ao Executivo o campo democrático*

[161] Em sintonia com a declaração do estado de coisas inconstitucional verificada na medida cautelar da Arguição de Descumprimento de Preceito Fundamental (ADPF) 347, que trata do estado de calamidade do sistema carcerário brasileiro.

e técnico das escolhas, inclusive orçamentárias, sobre a forma mais adequada à superação da crise, colocando a máquina estatal em movimento e cuidando da harmonia dessas ações"[162].

Esse processo (ADPF 822) demonstra a possibilidade de processos estruturais que se desenvolvem de forma adequada no âmbito do controle de constitucionalidade exercido pela Suprema Corte. É tema novo na doutrina nacional e, por isso, não pode passar desapercebido ao estudioso do direito[163], assim como é nova a experiência da declaração judicial de estado de coisas inconstitucional que, para muitos, não tem qualquer repercussão prática. Esquecem-se tais críticos da carga ou *efeito simbólico* que tal declaração traz, ao atuar sobre a opinião pública, lançando luzes sobre temas que eram invisibilizados, transformando-os em questões de direitos humanos, de necessária atenção de todos, em especial dos operadores do Direito.

7.8 JUDICIALIZAÇÃO DA SAÚDE

A complexidade que envolve a efetivação do direito à saúde e que procuramos demonstrar ao longo deste estudo fica bastante evidenciada pela enormidade de demandas judiciais envolvendo esse tema (mais de um milhão e trezentas mil ações tramitaram no Judiciário em 2016 e 600 mil ações novas ingressaram em 2024[164]) e pelas inúmeras soluções que se buscam criar[165].

Com o advento da Constituição Federal de 1988, a efetivação do direito à saúde começou a tomar corpo após inúmeras ações judiciais que chegaram às portas do STF. Se inicialmente essas decisões eram "solitárias" dos magistrados espalhados por todo o país, sem uma padronização mais sólida dos limites da decisão judicial, nos últimos anos, com a projeção cada vez maior do protagonismo judicial, o próprio Poder Judiciário e o Conselho Nacional de Justiça (CNJ) resolveram enfrentar de forma mais sistemática o ato de julgar em saúde e tem buscado fazer que ele não seja necessariamente uma decisão "solitária".

Em 2010, o Conselho Nacional de Justiça editou a **Recomendação 31,** que, considerando o volume de centenas de milhares de processos envolvendo saúde em andamento, teve como objetivo orientar os tribunais na adoção de medidas que subsidiem os magistrados para assegurar maior eficiência na solução das demandas judiciais envolvendo a assistência à saúde pública. No mesmo ano, publicou a **Resolução 107**, a partir de dados coletados na Audiência Pública 4, realizada pelo STF (em 2009) sobre o assunto, e nessa Resolução instituiu o Fórum Nacional do Judiciário para monitoramento e resolução das demandas de assistência à saúde (**Fórum Nacional do Poder Judiciário para a Saúde**), que vem trabalhando em várias frentes no intuito de aperfeiçoar os procedimentos e prevenir novos conflitos na área. Desde então, foram editadas inúmeras resoluções, portarias, recomendações, listas de medicamentos (Rename), manuais de treinamento etc. com vistas a subsidiar a atuação dos magistrados. Destaca-se a **Resolução CNJ 238**, aprovada em 2016, que dispõe sobre a criação e a manutenção de **comitês estaduais de saúde**, bem como a especialização em comarcas com mais de uma Vara de Fazenda Pública. Também foi firmada parceria entre o CNJ, o Ministério da Saúde e o Hospital Israelita Albert Einstein para disponibilizar aos magistrados brasileiros assessoria

---

[162] Voto do Relator, p. 19.

[163] Sugerimos, como primeira leitura, o artigo *Técnicas extrajudiciais de tutela coletiva na pandemia de Covid-19: horizontes do processo civil estrutural*, do professor Edilson Vitorelli, na obra *O direito em épocas extraordinárias*, de Marcos Stafani, Gregório Assagra de Almeida (coords.). 1. ed. Belo Horizonte; São Paulo: D'Plácido, 2020.

[164] Dados fornecidos no *Seminário Acesso à Justiça: o Custo do Litígio no Brasil e o Uso Predatório do Sistema de Justiça*, promovido pelo Superior Tribunal de Justiça em 21.05.2018, e, mais recentemente, constante do julgamento do RE 1366243, a partir de dados do painel de saúde intitulado *Estatísticas Processuais de Direito à Saúde*, do Datajud, do CNJ (p. 5).

[165] Por exemplo, no Maranhão, os magistrados criaram uma Câmara de Mediação em Direito de Saúde (Camed). O CNJ tem um projeto que prevê a criação dos Núcleos de Apoio Técnico do Poder Judiciário (NAT-Jus) vinculados aos tribunais para subsidiar os magistrados em ações judiciais na área de saúde. Ao receber um pedido para concessão de tratamento ou medicamento, o juiz poderá encaminhar a demanda por e-mail (formulário) ao NAT-Jus, para uma análise técnica. São Paulo já conta com esse serviço.

técnica 24 horas por dia, todos os dias da semana. Seu funcionamento é disciplinado pelo Provimento 84/2019 da Corregedoria Nacional de Justiça.

Embora não diretamente ligado à saúde, mas visando maior acesso à justiça, foi aprovada na 338ª sessão ordinária desse colegiado Resolução que estabelece aos órgãos que compõem o Poder Judiciário a criação de estruturas próprias para receber a população em situação de rua nas suas dependências e também ações para ir ao encontro dessas pessoas, com serviços itinerantes. Também está prevista a disponibilização de guarda-volumes e local para guarda de animais de estimação.

Nesta mesma linha de atenção à garantia de acesso à justiça aos vulneráveis, no julgamento, pelo STJ, do Recurso em Mandado de Segurança (RMS) 64.534-MT, j. 13.10.2020, o Relator, Ministro Herman Benjamin, faz importante análise sobre a especialização de vara e órgãos fracionários dos Tribunais e dos limites constitucionais e legais na organização judiciária nos estados, ao cuidar de ação de mandado de segurança proposta por pessoa idosa contra ato do magistrado que, na ação originária de disponibilização de medicamentos proposta contra a Fazenda Pública no seu domicílio, declinou de sua competência para uma vara especializada da Fazenda Pública, competente para questões de saúde, distante cerca de 500 km de onde proposta a ação, atendendo a Resolução do Órgão Especial do TJ local. Como resultado do julgado, para acolher o pedido do impetrante de retomada da competência de seu domicílio, concluiu o relator que, apesar da competência do Poder Judiciário para deliberar sobre especialização de Vara, Câmara/Turma, porque é matéria que se insere na organização judiciária do Tribunal, em um Estado Social de Direito "o acesso à justiça para hipossuficiente e vulnerável - portador de debilidade jurídica, econômica, técnica ou informativa, perdurável ou contingencial - deve, no verbo e na prática, ser facilitado, e não embaraçado". A prerrogativa de escolha de foro processual (p. ex. pessoa idosa o de seu domicílio) visa garantir a superação ou, ao menos, a mitigação de vários obstáculos naturais, formais, financeiros e psicológicos que impedem ou dificultam o acesso à justiça a todos em igualdade real de condições, antagonizando-se ao propósito de um Poder Judiciário de elite e a serviço desta elite. Ele lembrou que a especialização se justifica não só por convocação de pura eficiência econômica, mas sobretudo em decorrência de "legítimas inquietações éticas e políticas com a dignidade da pessoa humana, os fins sociais do Direito, as exigências do bem comum, a qualidade da prestação jurisdicional e a segurança jurídica".

Juristas, economistas, profissionais da área da saúde, administradores públicos se defrontam analisando os resultados positivos e negativos dessa **judicialização**.

Ela aflora todas as contradições, mazelas e contrastes já vistos neste texto, colocando a nu os problemas da necessidade de efetivação do direito social à saúde e a escassez de recursos públicos, a dificuldade de compatibilizar o dever de garantir a integralidade da assistência farmacêutica do SUS com o surgimento diário de novos produtos fármacos, frequentemente caros e nem sempre inovadores, a desorganização orçamentária causada pelo excesso de protagonismo do Poder Judiciário, com as determinações judiciais de fornecimento de tratamentos e medicamentos custosos nem sempre incorporados ao SUS, com consequente realocação de recursos de outras políticas públicas (não há mágica orçamentária nem há país no mundo que garanta acesso a medicamentos e tratamentos de forma generalizada), as posições doutrinárias antagônicas sobre tal fenômeno, as decisões judiciais em regra prestigiando as postulações que visem a concretização desse direito social. Enfim, um problema sobre o qual muitos se debruçam[166] e ainda estamos longe de encontrar uma solução justa.

166 Oportuna a referência à obra *Judicialização da saúde*: regime jurídico do SUS e intervenção na Administração Pública, tese de doutoramento de Reynaldo Mapelli Júnior, citado algumas vezes neste capítulo. Outro material interessante para consulta foi produzido e publicado pelo CNJ, em 2015, intitulado *Justiça Pesquisa*: judicialização da saúde no Brasil - dados e experiências, disponibilizado no sítio eletrônico daquele órgão, um relatório de abrangência nacional elaborado nos anos de 2013 e 2014

Alguns temas têm aparecido com maior frequência nas discussões judiciais, podendo se destacar as alegações defensivas mais constantes formuladas pelas Fazendas Públicas (ré em potencial), que são: impossibilidade de intervenção do Poder Judiciário em matéria de política pública, própria do Poder Executivo dentro de seu poder discricionário, risco de violação do princípio da separação de poderes; a natureza meramente programática do art. 196 da CF/1988, retirando-lhe a força coercitiva; necessidade de obediência à repartição de competências administrativas entre os entes federativos, de acordo com a complexidade do tratamento ou custo da medicação e ausência de solidariedade entre tais obrigações; desobrigação de fornecimento de medicamentos e tratamento não constantes da relação do SUS ou de seus protocolos clínicos; ausência de registro de medicamentos na Anvisa; necessidade de esgotamento da via administrativa e comprovação da negativa do Poder Público em fornecer o fármaco ou o tratamento; necessidade de relatório ou receituário médico firmado por médico credenciado pelo SUS; necessidade de observância da lei de responsabilidade fiscal e de realização de licitação para aquisição de medicamentos; impossibilidade de bloqueio de verbas públicas para assegurar o cumprimento da decisão e ilegitimidade ativa do *Parquet* para questões individuais.

A maioria deles foi por nós mencionada no correr do estudo e outras desenvolveremos agora.

O STF, inevitavelmente, teve oportunidade de analisar várias vezes o fenômeno da judicialização, criticando-o e procurando estabelecer algumas diretrizes ao seu enfrentamento, à luz da natureza fundamental e de direito subjetivo à saúde, de que são titulares todos os indivíduos.

Exerceu e exerce o papel contramajoritário quando, no controle de constitucionalidade, atua como mecanismo de proteção de direitos fundamentais e salvaguarda das minorias contra a vontade da maioria política. Exemplo disso foi a decisão liminar concedida pelo Min. Gilmar Mendes, na ADPF 787, ajuizada pelo Partido dos Trabalhadores, determinando, dentre outras providências, que o Ministério da Saúde altere, em 30 dias, os sistemas de informação do SUS para garantir que as marcações de consultas e exames de todas as especialidades médicas sejam realizadas independentemente do registo do sexo biológico. Segundo ele "É necessário garantir aos homens e mulheres-trans acesso igualitário a todas as ações e programas de saúde do SUS, especialmente aqueles relacionados à saúde sexual e reprodutiva", ou seja, consultas em ginecologia, obstetrícia e urologia independentemente da identidade de gênero da pessoa atendida. O julgamento da liminar foi convertido em julgamento de mérito da ação, com o acolhimento do pedido inicial e estabelecimento de uma série de medidas a serem adotadas pelo Ministério da Saúde, de modo a garantir o acesso das pessoas transexuais e travestis às políticas públicas de saúde[167].

A esse relevante papel contramajoritário refere o Min. Alexandre de Moraes, no julgamento da ADPF 457, de que cuidamos no capítulo da educação, no tópico da distribuição de competências.

Entre o material desenvolvido por aquela Corte, vale destacar as lições de **Gilmar Mendes** no **Agravo Regimental na STA 175,** quando aprofunda a análise, sinalizando desde logo que se atribuir ao art. 196 da CF/1988 a condição de mera **norma programática**, incapaz de produzir efeitos e ser só uma diretriz, é negar a força normativa da Constituição. Destaca a necessidade de se reconhecer o direito à saúde como um direito público subjetivo assegurado

(Disponível em: http://www.cnj.jus.br/files/conteudo/arquivo/2018/02/4292ed5b6a888bdcac178d51740f4066.pdf. Acesso em: 4 dez. 2018).

[167] Ainda sobre transexualidade, iniciou-se discussão no STF, no âmbito da ADI 7806, sobre a legalidade da Resolução 2.427/2025 do Conselho Federal de Medicina que, entre outros pontos, veda a prescrição de bloqueadores hormonais para crianças trans, a administração de hormônios sexuais para induzir características secundárias condizentes com a identidade de gênero de pacientes menores de 18 anos e aumenta para 21 anos a idade mínima para cirurgia de afirmação de gênero com efeito esterilizador.

à generalidade das pessoas, que conduz o indivíduo e o Estado a uma relação jurídica obrigacional, ao mesmo tempo em que se deve admitir que há uma natural **limitação orçamentária** que condiciona a garantia judicial da prestação individual à saúde ao **não comprometimento do funcionamento do Sistema Único de Saúde** (SUS), o que, por certo, deve ser sempre **demonstrado e fundamentado** de forma clara e concreta, **caso a caso**.

A partir de audiência pública que realizou, o ministro Gilmar Mendes apontou um dado interessante: na maioria dos casos, a **intervenção judicial** não ocorre em razão de uma **omissão absoluta** em matéria de **políticas públicas** voltadas à proteção do direito à saúde, mas tendo em vista uma necessária determinação judicial para o **cumprimento de políticas já estabelecidas**.

Portanto, **não** se pode falar em **indevida ingerência** do Poder Judiciário em âmbitos discricionários de outro Poder, em quebra da **separação de poderes** e sim da **determinação do cumprimento de política pública já estabelecida**[168]. Por outro lado, se a prestação de saúde pleiteada **não estiver** entre as políticas do SUS, é imprescindível distinguir se a não prestação decorre de (1) uma **omissão legislativa ou administrativa**, (2) de uma **decisão administrativa de não a fornecer** ou (3) de uma **vedação legal à** sua dispensação. A partir disso são construídas algumas premissas necessárias ao enfrentamento da questão e que são esmiuçadas no referido voto, para o qual remetemos o leitor.

Ainda nessa linha e retomando o quanto já tratamos com mais vagar anteriormente ao cuidarmos da obrigação de disponibilização de medicamentos não incorporados pelo SUS, também merece destaque o voto do Min. Luís Roberto Barroso no **RE 566.471/RN** (Tema 6 de repercussão geral), que principia chamando a atenção para o fato de que a **ponderação** que se faz nessa matéria **não** envolve o **direito à saúde** e à **vida**, de um lado, e a **separação de Poderes** e **regras orçamentárias**, de outro lado. Como os recursos são limitados e precisam ser distribuídos entre fins alternativos, **a ponderação** termina sendo entre **vida** e **saúde** de uns *versus* **vida** e **saúde** de outros. A vida e a saúde de quem tem condições de ir a juízo não têm valor maior do que a dos muitos que são invisíveis para o sistema de justiça. Avança anotando que a **interferência judicial**, quando **desordenada**, traz consequências graves que incluem: (i) a **desorganização administrativa**; (ii) a **ineficiência alocativa** e (iii) a **seletividade.** Ao tratar do fornecimento de medicamentos, segue a linha traçada por Gilmar Mendes na mencionada STA 175, para indicar que, em se tratando de **medicamento incorporado** em política pública do SUS, a intervenção judicial visa apenas **cumprir a política** já definida. Entretanto, mesmo nesses casos, adverte para a necessidade de **preenchimento** de **dois requisitos**: (a) prova da **adequação e da necessidade** do fármaco para o paciente e (b) o **prévio pedido administrativo**, com a recusa ou demora na resposta, rotina que é a lógica do sistema, pois o Judiciário não pode ser a **principal porta** de demanda e ao postulante cabe demonstrar o **interesse de agir** pela **necessidade de ir a juízo**.

Vejam, caros leitores, que essas são algumas soluções apresentadas, ao que certamente se somam outras e que fizemos constar em nossos comentários nos itens próprios.

O STF decidiu positivamente à **legitimidade do Ministério Público** para ajuizar ação para entrega de medicamento (**Tema 262 da repercussão geral**), em defesa de interesse individual. A questão foi analisada no julgamento do **RE 605.533**, Rel. Min. Marco Aurélio. Em decisão unânime, os ministros acompanharam o voto do relator no sentido de prover o recurso e de determinar o retorno do processo ao TJMG para que prossiga no julgamento de mérito. A

168 No RE 1075733 AgR/SC, Rel. Min. Edson Fachin, j. 29.04.2019, *DJe* 07.05.2019, reafirmou-se, na ementa, *verbis:* "2. É firme o entendimento deste Tribunal de que o Poder Judiciário pode, sem que fique configurada violação ao princípio da separação dos Poderes, determinar a implementação de políticas públicas nas questões relativas ao direito constitucional à saúde". Assim também se decidiu no AgReg no RE 642.536/AMAPÁ, Rel. Min. Luiz Fux, e no AgRg no RE 740.800/RS, Rel. Min. Cármen Lúcia.

tese fixada no julgamento, proposta pelo relator, foi a seguinte: "**O Ministério Público é parte legítima para ajuizamento de ação civil pública que vise ao fornecimento de remédios a portadores de certa doença**".

O voto do relator poderia ter sido mais direto, pois ele não afirma tal legitimidade para tutela individual, uma vez que conclui: **"A ação, sem dúvida alguma, ganhou contornos de ação civil pública, atendendo-se ao disposto do art. 129, inciso III, da Constituição Federal"**, porque atenderia a todos os pacientes portadores da doença objeto da ação. Entretanto, no seu todo, ao que parece, está sufragada a tese da legitimidade ministerial, mesmo porque tutela interesse indisponível (vida e saúde), como destacou o Min. Alexandre de Moraes: **"não há dúvidas sobre a legitimidade de o MP propor essas ações, uma vez que a Constituição é clara ao falar que incumbe também ao MP a defesa dos direitos individuais indisponíveis"**[169].

A mesma **legitimidade** foi admitida pelo STJ, em recurso repetitivo, no **tema 766**, cuja tese é no sentido de que o *Parquet* é parte legítima **"para pleitear tratamento médico ou entrega de medicamentos nas demandas de saúde propostas contra os entes federativos, mesmo quando se tratar de feitos contendo beneficiários individualizados, porque se refere a direitos individuais indisponíveis, na forma do art. 1º da Lei 8.625/1993 (Lei Orgânica Nacional do Ministério Público)"**.

O STJ também reconheceu a legitimidade ministerial para ajuizar ação civil pública com o objetivo de assegurar assistência médica e odontológica à **comunidade indígena**, em razão da natureza indisponível dos bens jurídicos salvaguardados e do *status* de hipervulnerabilidade dos sujeitos tutelados (REsp 1064009/SC, Rel. Min. Herman Benjamin, *DJe* 27.04.2011).

Vale o registro do surgimento do entendimento de que a Defensoria Pública tem legitimidade para intervir em processos que digam respeito a interesses de segmento de pessoas vulneráveis na qualidade de "*custos vulnerabilis*". Com isso, a atuação não ocorre como representante da parte em juízo, mas como fiscal dos direitos dos vulneráveis. Embora incipiente a tese, assim já decidiram o STJ, no julgamento do EDcl no REsp 1.712.163[170], a 1ª Câmara Cível do TJ de Rondônia, a 1ª Câmara do TJ do Amazonas, o Tribunal Regional da 4ª Região e a 5ª Câmara de Direito Civil do TJ de Santa Catarina, essas últimas sem relação direta com a questão da saúde (os casos envolviam ações possessórias).

Aproximando-se do entendimento do Min. Marco Aurélio a respeito na natureza coletiva da ação em que se busca o fornecimento de determinado medicamento para um paciente, mas que servirá a outros com a mesma patologia, a jurisprudência do STJ firmou entendimento no sentido de que é possível atribuir **efeito *erga omnes*** à decisão proferida em **Ação Civil Pública** que visa tutelar direitos individuais homogêneos, cabendo a cada prejudicado provar o seu enquadramento na previsão albergada pela sentença. Conforme anotado no REsp 1.243.887/PR, Rel. Min. Luis Felipe Salomão, *DJe* 12.12.2011, decidido em recurso repetitivo, os efeitos e a eficácia da sentença não estão circunscritos a lindes geográficos, mas aos limites objetivos e subjetivos do que foi decidido, levando-se em conta, para tanto, sempre a extensão do dano e a qualidade dos interesses metaindividuais postos em juízo (arts. 468, 472 e 474, CPC e 93 e 103, CDC). Nesse sentido: AgReg no REsp 1572533/SC, Rel. Min. Assusete Magalhães, *DJe* 02.06.2016; REsp 1.377.400/SC, Rel. Ministro Og Fernandes, 2a T., *DJe* 13.03.2014; AgRg no REsp 1.377.340/SC, Rel. Min. Benedito Gonçalves, 1ª T., *DJe* 20.06.2014 (STJ, AgRg no REsp 1.545.352/SC, Rel. Min. Herman Benjamin, *DJe* 05.02.2016). A Corte Especial também decidiu

---

169 O recurso volta-se contra decisão do TJ de Minas Gerais, que entendeu que, "*não se inserindo no âmbito objetivo da ação civil pública o fornecimento de medicamentos a pessoas determinadas, deve ser indeferida a petição inicial por ilegitimidade ativa do Ministério Público*". A decisão do STF afastou a ilegitimidade ativa e determinou a volta dos autos ao tribunal para apreciar o mérito.

170 Nesse julgamento, fixou-se a tese de que as operadoras de planos de saúde não são obrigadas a fornecer medicamentos não registrados pela Anvisa. Segundo o Relator, Ministro Moura Ribeiro, como *custos vulnerabilis* a Defensoria tem uma atuação mais alargada do que de *amicus curiae*.

que "a análise dos efeitos *erga omnes* da sentença proferida ação civil pública, mediante interpretação do art. 16 da Lei n. 7.347/85, não demanda o revolvimento de matéria fático-probatória" (AgReg no REsp 1.378.094/SC, Rel. Min. Benedito Gonçalves, *DJe* 15.09.2014).

De igual modo, a 1ª Seção do STJ entendeu possível atribuir efeito *erga omnes* à sentença proferida em ação civil pública, na qual se pedem medicamentos para um paciente específico (REsp 1.377.135, Rel. Min. Sérgio Kukina, j. 10.05.2022).

Também está assente no STJ a possibilidade de conceder **antecipação dos efeitos da tutela contra a Fazenda Pública** para obrigá-la ao fornecimento de medicamento[171].

A respeito da possibilidade de **bloqueio/sequestro** de verba para atendimento à saúde, conferir o REsp. 840.912/RS, Rel. Min. Teori Zavascki; REsp. 1.058.836/RS, Rel. Min. Mauro Campbel; AgRg no RMS 40.625/GO, Rel. Min. Mauro Campbell Marques; AgRg no RMS 44.502/GO, Rel. Min. Og Fernandes; REsp 1680715/MT, Rel. Min. Herman Benjamin; AgRg no REsp. 936.011/RS, Rel. Min. Denise Arruda e o **REsp Repetitivo 1.069.810**/RS, Rel. Min. Napoleão Nunes Maia Filho (**Tema 84**)[172].

No STF, em decisão monocrática da Ministra Ellen Gracie, que negou seguimento ao RE 607.582, consta: reconheceu-se a existência da **repercussão geral** da matéria **(Tema 289)** para que os efeitos do art. 543-B do CPC/1973 possam ser aplicados e também ficou assentado que aquela Corte firmou o entendimento no sentido da **possibilidade do bloqueio de verbas públicas** para garantir o fornecimento de medicamentos, sendo citados os seguintes precedentes: AI 553.712-AgR, Rel. Min. Ricardo Lewandowski; AI 597.182-AgR, Rel. Min. Cezar Peluso; RE 580.167, Rel. Min. Eros Grau; AI 669.479, Rel. Min. Dias Toffoli; RE 562.528, Rel. Min. Ellen Gracie; AI 640.652, Rel. Min. Joaquim Barbosa e AI 724.824, Rel. Min. Cármen Lúcia.

Por outro lado, o Ministro Alexandre de Moraes, do STF, no julgamento da Reclamação 48403, cassou decisão do Tribunal Superior do Trabalho, que manteve o bloqueio de recursos do Fundo Estadual de Saúde do Espírito Santo, para pagamento de créditos referentes a uma ação trabalhista. Para o Ministro houve violação ao quanto decidido por ele na ADPF 664, oportunidade em que foi decretada a inconstitucionalidade das decisões judiciais que determinaram o bloqueio de verbas públicas oriundas do referido Fundo Estadual em contas vinculadas a contratos de gestão ou termos de parceira para execução de ações de saúde pública.

Também está pacificada no STJ a possibilidade de aplicação de multa à Fazenda Pública em condenações de obrigação de fazer constantes de fornecimento de medicamentos (REsp 1.474.665/RS, sob o rito dos recursos repetitivos – Tema 98).

Quanto ao destino, o STJ vem entendendo que esse valor da multa cominatória imposta em razão do descumprimento da obrigação de fornecer tratamento e medicamentos adequados ao portador de doença grave deve ser revertido em favor do credor independentemente do recebimento de perdas e danos[173].

Ainda sobre multa, nossa Corte Cidadã vem decidindo que é possível o reconhecimento do direito de sucessores ao recebimento de multa diária imposta em demandas cujo objetivo

---

171 AgRg no REsp 1291883/PI, 2ª T., Rel. Min. Castro Meira, j. 20.06.2013, *DJe* 01.07.2013; AgRg no Ag 1299000/RS, 1ª T., Rel. Min. Benedito Gonçalves, j. 07.02.2012, *DJe* 10.02.2012; REsp 852084/RS, 2ª T., Rel. Min. Humberto Martins, j. 17.08.2006, *DJ* 31.08.2006 p. 312; REsp 703901/PR, 2ª T., Rel. Min. Franciulli Netto, j. 06.09.2005, *DJ* 20.03.2006 p. 243. Decisões monocráticas: Ag 1259406/MT, 1ª T., Rel. Min. Marga Tessler (Juíza Federal convocada do TRF 4ª Região), j. 15.10.2014, p. 17.10.2014; REsp 1454378/PB, 1ª T., Rel. Min. Sérgio Kukina, j. 29.08.2014, p. 03.09.2014.

172 Diz a ementa: "Processual civil. Administrativo. Recurso especial. Adoção de medida necessária à efetivação da tutela específica ou à obtenção do resultado prático equivalente. Art. 461, § 5º, do CPC. Bloqueio de verbas públicas. Possibilidade conferida ao julgador, de ofício ou a requerimento da parte. Recurso especial provido. Acórdão submetido ao rito do art. 543-C do CPC e da Resolução 08/2008 do STJ".

173 AgInt no AREsp 1663064/SP, 2ª T., Rel. Min. Assusete Magalhães, j. 30.11.2020, *DJe* 02.12.2020; AgInt no REsp 1171875/RS, 2ª T., Rel. Min. Herman Benjamin, j. 27.08.2019, *DJe* 05.09.2019. Decisões monocráticas: AREsp 1663064/SP, 2ª T., Rel. Min. Assusete Magalhães, j. 06.08.2020, p. 12.08.2020; AREsp 1481080/DF, 4ª T., Rel. Min. Marco Buzzi, j. 16.08.2019, p. 20.08.2019.

é a efetivação do direito à saúde, pois referido valor não se reveste da mesma natureza personalíssima que possui a pretensão principal, tratando-se de crédito patrimonial, portanto, transmissível aos herdeiros[174].

Do mesmo modo, como assentado no REsp 1.203.244/SC, Rel. Min. Herman Benjamin, j. 09.04.2014, a jurisprudência do STJ e do STF assentou entendimento de que o **chamamento ao processo** (art. 77, III, CPC/1973) não é adequado às ações que tratam de fornecimento de medicamentos, por ser obstáculo inútil ao cidadão que busca garantir seu direito fundamental à saúde (no caso se tratava de chamamento da União). Essa tese foi julgada sob o rito do art. 543-C do CPC/1973 – **Tema 686** do STJ. Entretanto, não se pode esquecer que no julgamento do RE 657.718/MG **(Tema 500)**, que cuida de medicamento não registrado na Anvisa, a tese fixada pelo STF obriga o direcionamento da ação contra a União.

Uma questão interessante que vem sendo enfrentada pelo STJ diz respeito à **alteração do pedido inicial de medicamentos**. Essa Corte tem firmada a jurisprudência de que a simples alteração de alguns medicamentos postulados na inicial não incorre em modificação de pedido, vedada após a citação (art. 264 do CPC/1973), uma vez que é comum durante um tratamento médico a alteração de medicações bem como dos procedimentos adotados à garantia de saúde do paciente, pois a ação encontra-se fundamentada no art. 196 da CF/1988, o qual garante o direito à saúde da população (AgRg no REsp 1.377.162/RS, Rel. Min. Napoleão Nunes Maia Filho, *DJ* 07.04.2017). No mesmo sentido: AgInt no RMS 47529/SC, Rel. Min. Napoleão Nunes Maia Filho, *DJe* 25.06.2019; AgInt no REsp 1706278/MG, Rel. Min. Gurgel de Faria, *DJe* 24.05.2019; AgInt no REsp 1637732/RJ, Rel. Min. Regina Helena Costa, *DJe* 12.06.2017; AgREsp 1.496.397/RS, Rel. Min. Assusete Magalhães, *DJe* 10.03.2015, AgRg no REsp 1.222.387/RS, Rel. Min. Herman Benjamin, *DJe* 01.04.2011; AgReg no Ag. 1.352.744/RS, Rel. Hamilton Carvalhido, *DJe* 18.02.2011. Portanto, nesses casos, não se trata de julgamento *extra* ou *ultra petita* porque se defere o fornecimento de medicamentos necessários ao tratamento da doença e não a concessão de um determinando medicamento (REsp 1.652.220, Rel. Min. Francisco Falcão, j. 27.04.2017. No mesmo sentido, AgRg no REsp 955.388/RJ, Rel. Min. Benedito Gonçalves, *DJe* 24.05.2012).

Pertinente a esse tema, o STJ vem entendendo que não incorre em **condenação genérica** a decisão que determina ao Estado o fornecimento de medicamento especificado na inicial, bem como de outros que se mostrem necessários no decorrer do tratamento da doença objeto da ação, desde que devidamente comprovada a necessidade[175]. Também se decidiu que não há julgamento extra petita condenação ao fornecimento de medicamento, considerando necessária a apresentação de **receita médica** como forma de fiscalização, sobretudo em se tratando de sentença sujeita a reexame necessário[176-177]. Ainda, julgou-se que não há ofensa

---

[174] AgInt no REsp 1761086/SP, 2ª T., Rel. Min. Francisco Falcão, j. 23.11.2020, *DJe* 25.11.2020; AgInt no AREsp 1139084/SC, 1ª T., Rel. Min. Napoleão Nunes Maia Filho, j. 21.03.2019, *DJe* 28.03.2019; REsp 1722666/RJ, 3ª T., Rel. Min. Ricardo Villas Bôas Cueva, j. 24.04.2018, *DJe* 08.06.2018. Decisões monocráticas: REsp 1906319/MG, 2ª T., Rel. Min. Herman Benjamin, j. 03.12.2020, p. 18.02.2021; REsp 1912594/SP, 2ª T., Rel. Min. Og Fernandes, j. 05.02.2021, p. 08.02.2021; REsp 1530165/AL, 1ª T., Rel. Min. Gurgel de Faria, j. 10.02.2020, p. 13.02.2020.

[175] AgInt no REsp 1868760/SC, Rel. Min. Herman Benjamin, *DJe* 01.10.2020; AgInt no REsp 1841230/SC, Rel. Min. Sérgio Kukina, *DJe* 01.07.2020; AgRg no AREsp 604503/RS, Rel. Min. Olindo Menezes (Desembargador convocado do TRF 1ª Região), *DJe* 16.11.2015; AgRg no AREsp 450960/SP, Rel. Min. Benedito Gonçalves, *DJe* 07.04.2014.

[176] AgInt no AREsp 1020781/PE, Rel. Min. Assusete Magalhães, *DJe* 09.06.2017; AgRg no AREsp 295706/MG, 2ª T., Rel. Min. Eliana Calmon, j. 14.05.2013, *DJe* 20.05.2013; AgRg no AREsp 85191/MG, 1ª T., Rel. Min. Benedito Gonçalves, j. 16.02.2012, *DJe* 23.02.2012. Decisões monocráticas: AREsp 300038/MG, 2ª T., Rel. Min. Herman Benjamin, j. 25.02.2014, p, 12.03.2014.

[177] Sobre a necessidade de receita médica, o Enunciado 2 do Conselho Nacional de Justiça, cujo texto foi atualizado na VI Jornada de Direito da Saúde – 15.06.2023 –, estabelece que: "Concedidas medidas judiciais de prestação continuativa, em tutela provisória ou definitiva, é necessária a renovação periódica do relatório, com definição de metas terapêuticas a fim de avaliar a efetividade do tratamento e adesão do paciente e prescrição médicas, a serem apresentados preferencialmente ao executor da medida, no prazo legal ou naquele fixado pelo julgador como razoável, considerada a natureza da enfermidade, de acordo com a legislação sanitária (Portaria SVS/MS 344/1998), sob pena de perda de eficácia da medida".

à **coisa julgada** quando o autor pleiteia a substituição ou o complemento de medicamento diverso do requerido na petição inicial, desde que relativo à mesma enfermidade, para fins de mera adequação do tratamento, em atenção aos princípios da celeridade processual e da instrumentalidade das formas[178].

Matéria que aguardava decisão no RE 684612 RG/RJ, Rel. Min. Cármen Lúcia, já tendo repercussão geral reconhecida (**Tema 698**), diz respeito aos **limites do Poder Judiciário** para determinar obrigações de fazer ao Estado, tais como a realização de concursos públicos, contratação de servidores e execução de obras que atendam o direito social à saúde, ao qual a CF/1988 garante proteção especial.

Ao término do julgamento, que acolheu em parte o RE para anular o processo e determinar nova análise pelo Tribunal de Justiça de origem de acordo com o caso concreto, estabeleceu-se a seguinte tese: "*1. A intervenção do Poder Judiciário em políticas públicas voltadas à realização de direitos fundamentais, em caso de ausência ou deficiência grave do serviço, não viola o princípio da separação dos poderes. 2. A decisão judicial, como regra, em lugar de determinar medidas pontuais, deve apontar as finalidades a serem alcançadas e determinar à Administração Pública que apresente um plano e/ou os meios adequados para alcançar o resultado; 3. No caso de serviços de saúde, o déficit de profissionais pode ser suprido por concurso público ou, por exemplo, pelo remanejamento de recursos humanos e pela contratação de organizações sociais (OS) e organizações da sociedade civil de interesse público (OSCIP)*".

A respeito da necessidade ou não do **pedido administrativo e a recusa** pelo ente público, vimos que havia a posição favorável do Ministro Barroso no RE 566471/RN (Tema 6) e que acabou reconhecida mais recentemente para aquele julgamento e também para o julgamento do RE 1366243 (Tema 1234), que ocorreu em conjunto e para temas específicos, conforme analisamos com mais vagar no item 7.4, muito embora o que se tem observado – agora podendo surgir mudança de entendimento jurisprudencial a partir dos julgamentos antes referidos – é a dispensa de tal requisito sob o principal argumento de que não há exigência constitucional para o prévio esgotamento da via administrativa, o que feriria a garantia do acesso à justiça (art. 5º, XXXV, da CF/1988), além de a relevância do direito em discussão (vida e saúde) não poder se sujeitar a medidas meramente burocráticas, que ficam satisfeitas (p. ex., a recusa) com a simples apresentação da contestação fazendária na ação (STJ, RMS 11183/PR, Rel. Min. José Delgado; RMS 24197/PR, Rel. Min. Luiz Fux, com remissão à Suspensão de Segurança 175/CE, Rel. Min. Gilmar Mendes).

Sobre a exigência de observância do sistema de **precatório** (art. 100 da CF/1988), a jurisprudência tem negado tal argumento sob a afirmação de que a Constituição da República excepcionou a exigência aos créditos de natureza alimentícia, tais como aqueles relacionados à garantia da manutenção da vida, o que ocorre com o fornecimento de medicamento pelo Estado (AgRg no REsp 795.921, Rel. Min. João Otávio Noronha). No STF, autorizando o bloqueio de valores sem que represente violação ao art. 100 da CF/1988, AI 553712 AgR/RS, Rel. Min. Ricardo Lewandowski; AI 597.182/RS, Rel. Min. Cesar Peluso e AI 662822/RS, Rel. Min. Celso de Mello; STA 434-BA, Rel. Min. Gilmar Mendes.

Vale lembrar, por fim, que a recente alteração trazida pela **Lei 13.655/2018**, com a introdução de dez novos artigos (do arts. 20 ao 30) à **Lei de Introdução às Normas do Direito Brasileiro** poderá impactar nas decisões judiciais de saúde (especialmente os arts. 20 a 24, 27 e 28), porque exige que se decida com base no mundo real.

As dificuldades se iniciam com a compreensão do que sejam os tais "valores jurídicos abstratos" previstos no art. 20. Para a área da saúde é interessante a determinação do art. 22 de que, na

178 REsp 1795761/SE, Rel. Min. Herman Benjamin, *DJe* 30.05.2019. Decisão monocrática: REsp 1888557/PR, Rel. Min. Mauro Campbell Marques, *DJe* 12.11.2020.

interpretação de normas sobre gestão pública, serão considerados os obstáculos e as dificuldades reais do gestor e as exigências das políticas públicas a seu cargo, sem prejuízo dos direitos dos administrados. Ao que parece, quer se evitar exatamente que ao gestor sejam impostas ações de cumprimento impossível, que pode acontecer, p. ex., quando a uma só pessoa é concedido um direito que consuma todo o orçamento de um município. A partir de agora, o julgador deverá inteirar-se da situação do gestor – e a esse incumbe demonstrá-la – e ter em conta a realidade, não bastando a alegação genérica que a ele cabe dar efetividade a políticas públicas.

Como vimos ao tratarmos de medicamentos de alto custo, já há uma preocupação da jurisprudência em estabelecer limites, parâmetros, de modo a não autorizar que uma determinação judicial inviabilize o próprio funcionamento do SUS.

Essa disposição nova realça a necessidade de se produzir prova, caso assim deseje o administrador público, deixando de lado decisões precipitadas (p. ex., adotando julgamento no estado do processo) e afastando alegações infundadas ou indemonstradas do ente público sobre o comprometimento de seu orçamento, p. ex., com a concessão de fármaco de custo baixo.

Por fim, a jurisprudência tem admitido submeter ao rito dos Juizados Especiais Federais as causas que envolvem fornecimento de medicamentos/tratamento médico, cujo valor seja de até 60 salários mínimos, ajuizadas pelo Ministério Público ou pela Defensoria Pública em favor de pessoa determinada[179].

O Plenário do STF, no julgamento da ADI 3311, ajuizada pela Confederação Nacional da Indústria (CNI), considerou válidos dispositivos legais que restringem a propaganda comercial de cigarros e demais produtos fumígenos, derivados ou não do tabaco, e preveem advertências sanitárias na embalagem desses produtos.).

A norma mais recente sobre a matéria (Lei 12.546/2011) proibiu a propaganda visual nos locais de venda, permitindo a exposição dos produtos. Também aumentou o espaço para a advertência sobre os malefícios do fumo, que deve cobrir toda a face posterior e uma das laterais das embalagens.

Para a entidade que promoveu a ação, os dispositivos ferem, entre outros pontos, a liberdade de expressão, de informação, de iniciativa econômica e de concorrência. A Relatora, Ministra Rosa Weber, destacou, em seu voto pela improcedência da ação, que as medidas são necessárias para o combate à "epidemia do tabaco", encontrando apoio no art. 220 da CF/1988, além de advertir que a publicidade de cigarro, historicamente, tem se dirigido ao público jovem, visando à substituição dos consumidores que pararam de fumar ou morreram. Ela ainda frisou, ao examinar a proporcionalidade ou a ponderação dos valores em discussão, que a promoção da saúde pelas medidas questionadas, diante da reconhecida existência de perigo à saúde pública, de proporção global, justifica a restrição da livre iniciativa e da liberdade de expressão empresarial, de forma constitucionalmente válida. Por fim, explicou que a lei impõe restrição de grau elevado, mas é necessária para fazer frente a um problema de saúde pública de notória gravidade, que resultou na adesão do Brasil à Convenção-Quadro das Nações Unidas para o Controle do Tabaco, ao lado de outros 181 países.

7.9 SAÚDE COMPLEMENTAR E SAÚDE SUPLEMENTAR

Nos dedicamos neste capítulo ao estudo bastante rápido da saúde complementar e suplementar pelas razões expostas na parte introdutória, apenas trazendo noções bem básicas e remetendo o leitor ao capítulo do direito do consumidor desta coleção.

---

[179] AgRg no AREsp 374299/MG, 1ª T., Rel. Min. Regina Helena Costa, j. 27.10.2016, *DJe* 21.11.2016; AgRg no REsp 1354068/RS, 2ª T., Rel. Min. Assusete Magalhães, j. 18.06.2015, *DJe* 01.07.2015; AgRg no REsp 1469836/MG, 2ª T., Rel. Min. Humberto Martins, j. 03.03.2015, *DJe* 09.03.2015; AgRg no REsp 1198286/SC, 1ª T., Rel. Min. Arnaldo Esteves Lima, j. 04.02.2014, *DJe* 24.02.2014; REsp 1409706/MG, 1ª T., Rel. Min. Benedito Gonçalves, j. 07.11.2013, *DJe* 21.11.2013; AgRg no REsp 1214479/SC, 2ª T., Rel. Min. Og Fernandes, j. 17.10.2013, *DJe* 06.11.2013.

A **saúde complementar** deve ser entendida como as ações e serviços de saúde (ASS) que, embora prestados por pessoas jurídicas de direito privado (privilegiadas as entidades filantrópicas e aquelas sem fins lucrativos), são consideradas **ações e serviços públicos** de saúde em razão da existência de uma relação jurídica própria, concretizada por contratos ou convênios firmados entre essas pessoas jurídicas e os entes federativos: União, Estados, Distrito Federal e Municípios. Suas balizas legais são o art. 199 da CF/1988 e os arts. 24 a 26 da Lei 8.080/1990.

Já na **saúde suplementar** estão inseridos os serviços privados de saúde prestados exclusivamente na esfera privada. A assistência é prestada diretamente por operadoras de planos e seguros de saúde, a partir de contrato firmado com o interessado, conforme previsto nas Leis Federais 9.961/2000 (que cria a ANS) e 9.656/1998 (que dispõe sobre os planos e seguros privados de assistência à saúde) e segundo as diretrizes e fiscalização da ANS (Agência Nacional de Saúde Suplementar).

De relevo a decisão proferida em 7 de fevereiro de 2018, no **RE 597064/RJ (Tema 345)**, da relatoria do Ministro Gilmar Mendes, em que se reconheceu a **constitucionalidade** do **art. 32** da Lei 9.656/1998 (dos planos e seguros privados de assistência à saúde), o qual autoriza que se exija o ressarcimento, pela iniciativa privada (operadoras de planos de saúde), de despesas realizadas pelo SUS.

Diz a ementa: *Administrativo. Ressarcimento SUS. Operadoras de Planos de Saúde. Art. 32 da Lei 9.656/98. Art. 199 da Constituição Federal. Constitucionalidade. Impugnação. Contraditório e ampla defesa assegurados. Princípio da irretroatividade. Fatos jurígenos posteriores à vigência da lei federal.*

Esclarece a decisão que tal cobrança tem natureza jurídica indenizatória *ex lege* e que este ressarcimento **"(...) é aplicável aos procedimentos médicos, hospitalares ou ambulatoriais custeados pelo SUS posteriores a 4.6.1998, desde que assegurado o exercício do contraditório e da ampla defesa, no âmbito administrativo, em todos os interstícios amparados por sucessivas reedições de medidas provisórias".**

Em contrapartida, por unanimidade, o STF decidiu que o valor indenizatório devido a hospitais da rede privada não conveniados ao Sistema Único de Saúde (SUS) por serviços prestados a pacientes do sistema, por determinação judicial, deve ser o mesmo adotado para ressarcir o SUS por atendimento a beneficiários de planos de saúde.

A questão foi discutida no RE 666.094, com repercussão geral **(Tema 1033)**, resultando na seguinte tese: "*O ressarcimento de serviços de saúde prestados por unidade privada em favor de paciente do Sistema Único de Saúde, em cumprimento de ordem judicial, deve utilizar como critério o mesmo que é adotado para o ressarcimento do Sistema Único de Saúde por serviços prestados a beneficiários de planos de saúde*".

Nesse processo o Distrito Federal questionava decisão do Tribunal de Justiça local que o condenou ao pagamento, em valores de mercado, dos serviços de saúde prestados a um usuário do SUS que, por falta de vaga na rede pública, obteve ordem judicial determinando sua internação em hospital da rede privada não conveniada. Postulava que os valores deveriam ser limitados à tabela do SUS.

O Relator, Ministro Roberto Barroso, entendeu que a prestação de serviço de saúde por agente privado em cumprimento de ordem judicial não é um ato negocial, mas uma intervenção do Estado na propriedade privada, admitida de forma excepcional, nos casos em que há necessidade de atendimento de interesse público concreto. Em relação ao pagamento por esses serviços, não considera possível impor à unidade privada de saúde a "Tabela SUS" nem estabelecer que a indenização deve corresponder ao valor arbitrado unilateralmente pelo agente privado. Concluiu que a solução razoável, aplicando-se a analogia, em razão da falta de previsão legal sobre a modalidade de ressarcimento, é a adoção dos mesmos valores de referência fixados pela ANS, que deve atuar como árbitro do sistema, para que os planos de saúde indenizem o SUS pela prestação de serviços a seus beneficiários.

No âmbito do STJ, no julgamento do REsp 1.945.959, decidiu-se que os entes federados, ao cumprirem diretamente *ordem judicial* para prestar atendimento pelo SUS, possam requerer, judicialmente e independentemente de prévio procedimento administrativo na Agência Nacional de Saúde (ANS) – rito previsto na referida lei para os casos em que o paciente, segurado de plano privado, por razões de urgência ou emergência, usufrui de serviços do SUS –, o ressarcimento das despesas pela operadora do plano de saúde privado do qual o paciente seja segurado, *ex vi* do disposto na Lei 9.656/1998.

A 1ª Seção do STJ acolheu a proposta de afetação dos REsps 1.978.141/SP e 1.978.155/SP ao rito dos recursos repetitivos, a fim de uniformizar o entendimento a respeito da seguinte controvérsia: definir: 1) qual o prazo prescricional aplicável em caso de demanda que envolva pedido de ressarcimento ao Sistema Único de Saúde na hipótese do art. 32 da Lei 9.656/1998: se é aplicável o prazo quinquenal previsto no art. 1º do Decreto 20.910/1932, ou o prazo trienal prescrito no art. 206, § 3º, do Código Civil; 2) qual o termo inicial da contagem do prazo prescricional: se começa a correr com a internação do paciente, com a alta do hospital, ou a partir da notificação da decisão do processo administrativo que apura os valores a serem ressarcidos. É o **Tema 1147**.

7.10 SAÚDE MENTAL

Acesse e assista à aula explicativa sobre este assunto.

> http://uqr.to/21kus

Nas Idades Antiga e Média, a loucura sempre esteve associada a questões espirituais e religiosas e, consequentemente, os pacientes eram tratados com exorcismo e bruxarias, afastando seu atendimento como uma questão de saúde, o que só veio acontecer a partir do século XVIII, com o reconhecimento da doença mental, que deu início à própria psiquiatria. Ainda assim, o "louco" era tido como alguém indesejado, sem discernimento e que precisava ficar excluído socialmente, em manicômios/hospícios. Foi um período marcado pela dominação e hierarquização do médico em relação ao paciente/doente, prevalecendo a proposição hospitalocêntrica elaborada pelo médico francês Philippe Pinel.

No mundo, especialmente no pós-Segunda Guerra Mundial e o ressurgimento do debate sobre os direitos humanos, essa concepção hospitalocêntrica e o excesso de medicalização da loucura (modelo clássico de psiquiatria baseado na internação asilar perpétua e medicalização constante) fez com que os hospitais psiquiátricos fossem comparados a verdadeiros campos de concentração e passassem a ser denunciadas todas as formas de violência praticadas contra esses doentes, buscando resgatar-lhes a condição de cidadãos e como tal detentores de direitos fundamentais.

A política pública de saúde mental no Brasil também foi por bom tempo concentrada na internação psiquiátrica desses doentes, até as décadas de 1970 e 1980, nessa última quando passam a surgir as primeiras propostas e ações para a reorientação da assistência a essas pessoas, influenciadas pela experiência de Franco Basaglia, na Itália, que via na loucura uma existência-sofrimento do sujeito em relação ao corpo social, e surge, em 1987, na cidade de São Paulo, o primeiro Centro de Atenção Psicossocial – CAPS do Brasil[180].

180 Exemplo dessa mudança é a edição da Lei 11.520/2007, que dispõe sobre a concessão de pensão especial às pessoas atingidas pela hanseníase que foram submetidas a isolamento e internação compulsórios em hospitais-colônia, até 31.12.1986.

Uma mudança radical, verdadeira reforma psiquiátrica, veio a partir dos anos 1990, quando passamos a adotar um modelo baseado no tratamento ambulatorial, por meio de serviços de base comunitária, abandonando-se o tratamento baseado na internação em hospitais com características asilares. Esses doentes passaram a ser denominados como **pessoas com sofrimento psíquico**, com **transtornos mentais** ou **usuários dos serviços de saúde mental** porque isso transmite melhor a ideia de sofrimento psíquico a que são impostos.

A mudança baseia-se na adoção dos princípios contidos no documento intitulado *A reestruturação da atenção psiquiátrica na América Latina: uma nova política para os serviços de saúde mental*, conhecido como **Declaração de Caracas**, que marca as reformas na atenção à saúde mental nas Américas e a que nosso país aderiu em 1990[181], e também apresentou justificativas coesas para o abandono do modelo antigo por vários outros países, na medida em que demonstraram a insuficiência do modelo psiquiátrico tradicional, que não permitia uma atenção descentralizada, comunitária, participativa, contínua e preventiva. Nesse mesmo período, a Assembleia Geral da Organização das Nações Unidas adota, em dezembro de 1991, os **Princípios para a Proteção dos Enfermos Mentais e para a Melhoria da Atenção à Saúde Mental**.

Nessa declaração estão elencados os direitos básicos dos pacientes psiquiátricos, tais como a liberdade de viver no seio da sociedade – sempre que possível –; o direito à confidencialidade, às normas de atenção e a ser tratado em um ambiente o menos restritivo possível; o direito de acesso à informação relativa a si mesmo, de consentimento para o tratamento (ou, na sua impossibilidade, dos procedimentos indispensáveis para que o tratamento necessário ou a admissão involuntária possam ser adotados) e de condições adequadas nas instituições psiquiátricas.

Mas o mundo está longe do ideal. Um novo informe do Relator Especial para saúde mental das Nações Unidas, Dainius Pūras, enfatiza que condições estruturais como pobreza, discriminação e violência ainda são causas profundas dos transtornos e sofrimento mental. Ele observa que uma boa saúde mental e bem-estar não podem ser definidos pela ausência de algum sintoma, mas sim pelo ambiente social, psicossocial, político, econômico e físico, o que possibilita que os indivíduos vivam uma vida digna, com pleno gozo de seus direitos. Portanto, para ele, o compromisso de se promover o direito à saúde mental deve incluir a abordagem dos determinantes sociais e relacionais subjacentes da saúde, como a pobreza, a discriminação, o *bullying* e várias formas de violência. Em contrapartida, deve haver uma redução da coerção, da institucionalização e da medicalização, especialmente porque a supermedicalização encobriu os determinantes sociais da saúde e jogou o ônus da saúde sobre as costas do indivíduo[182].

Há um consenso de que muitas questões que são tratadas como de saúde mental[183] são, em verdade, questões que dizem respeito à emancipação do indivíduo, direitos humanos, cidadania, ou seja, problemas de falta de reconhecimento social, falta de efetivação de direitos sociais, políticos, humanos acabam sendo relacionados a problemas de saúde mental[184].

---

181 Esse movimento no Brasil avançou a partir da década de 1970 e tomou força com o Encontro dos Trabalhadores da Saúde Mental de Bauru, que teve como lema "Uma sociedade sem manicômios", dando musculatura à Luta Antimanicomial.

182 Conferir em: https://www.un.org/en/ga/search/view_doc.asp?symbol=A/HRC/41/34. Acesso em: 4 out. 2019.

183 Não há espaço nesta obra para um aprofundamento a respeito de muitas críticas que são feitas por profissionais da área de saúde sobre o fenômeno da *patologização*, que podemos entender, de forma bastante simples, como o processo que torna o que é da ordem das experiencias diversas e múltiplas da vida em doença, sintoma ou anormalidade, e um exemplo sempre lembrado é a transformação do significado da experiência da tristeza em depressão, expressão que passa a conter o sentido de doença, ou seja, não se fala em depressão sem associá-la a doença, a um transtorno, como se não fosse mais possível viver sem sofrer, ficar deprimido. O resultado disso é que tudo na vida pode virar doença, ter um diagnóstico e, consequentemente, demandar o uso muitas vezes abusivo de medicamentos, realidade em grande medida estimulada pela indústria farmacêutica, as conhecidas *Big Pharma*. Para um aprofundamento no tema é indicada a obra pioneira da ex-professora de Harvard Marcia Angell intitulada *A verdade sobre os laboratórios farmacêuticos: como somos enganados e o que podemos fazer a respeito* (Rio de Janeiro: Record, 2007).

184 Interessante relatório elaborado a partir da realidade feminina, da constatação de que muitas vezes as mulheres são diagnosticadas com sofrimento psíquico quando as causas são mais relacionadas à falta de reconhecimento, discriminação, pobreza

O Brasil tem procurado implementar a mudança do modelo hospitalocêntrico para o baseado na excepcionalidade da internação e na prevalência da assistência em meio aberto, extra-hospitalar, no qual as pessoas com transtornos mentais continuam recebendo atendimento especializado, sem ficar internadas e sem se afastar do convívio familiar, priorizando o atendimento, p. ex., em **CAPS**[185] **(Centros de Atenção Psicossocial)** e a desinstitucionalização dos pacientes de longa permanência (há mais de um ano), substituída por projetos terapêuticos visando sua reinserção na sociedade e a retomada do convívio familiar[186]. Entretanto, é bom lembrar que nem sempre foi assim, tanto que o Brasil foi condenado pela Corte Interamericana de Direitos Humanos, da OEA (integrante do sistema regional de proteção dos direitos humanos), no caso Damião Ximenes, pessoa com transtorno mental e que faleceu, vítima de maus -tratos, decisão que estabeleceu fossem criados programas de capacitação para profissionais de atendimento psiquiátrico no Brasil. Esse tema da saúde mental no Brasil também é tratado na obra *Holocausto brasileiro – genocídio: 60 mil mortos no maior hospício do Brasil*, da jornalista Daniela Arbex[187].

A rede de atenção à saúde mental em nosso país está integrada no **SUS**, denomina-se RAPS (Rede de Atenção Psicossocial) e atua de forma articulada e comunitária, com vistas a garantir às pessoas com transtorno mental uma assistência à saúde eficaz.

Conforme destacamos no capítulo referente à pessoa com deficiência, para muitos a pessoa com transtorno mental enquadra-se naquela definição – com o que não concordamos, pelos motivos lá expostos, embora admitindo a prevalência desse entendimento –, de maneira que também se aplicam a ela as disposições protetivas **da Lei Brasileira de Inclusão,** também conhecida por Estatuto da Pessoa com Deficiência (Lei 13.146/2015).

Em 2001, foi aprovada a Lei 10.216, de forte ideologia antimanicomial, estabelecendo um tratamento humanitário ao paciente com sofrimento, psíquico, privilegiando o atendimento extra-hospitalar. No mesmo ano, com a III Conferência Nacional de Saúde Mental, consolida-se a reforma psiquiátrica como política de governo, valorizando-se os CAPS como modelos substitutivos aos manicômios e como ente regulador da porta de entrada do serviço de assistência em saúde mental. Também se expandem os **Serviços de Residências Terapêuticas (SRT)**[188] **ou**

---

e desamparo (conferir relatório *Esgotadas*, produzido pela ONG Think Olga: THINK OLGA. *Esgotadas*. Laboratório Think Olga de Exercícios Futuros. 2023. Disponível em: https://lab.thinkolga.com/wp-content/uploads/2023/08/LAB-Think-Olga-Esgotadas.pdf. Acesso em: 22 abr. 2025.

185 Os CAPS, regulamentados pelas Portarias 3/2017 (Anexo V, arts 7° e 20) e 3.089/2011, do Ministério da Saúde, são unidades de saúde mental especializadas, comunitárias, que atendem, prioritariamente, pessoas com intenso sofrimento psíquico nos diferentes momentos e modalidades de suas necessidades, podendo ser voltados para crianças e adolescentes (CAPSi), adultos (CAPS I e CAPS II) ou pessoas com problemas relacionados ao uso abusivo de álcool e drogas (CAPS ad), e também ter funcionamento 24 horas, com leitos de retaguarda (CAPS III). Nos CAPS são oferecidos desde cuidados clínicos até atividade de reinserção social do paciente. Nesses centros, promove-se o acesso ao trabalho, lazer, direitos civis e o fortalecimento dos laços familiares e sociais. São serviços criados como substitutivo às internações em hospitais psiquiátricos. A equipe do CAPS é composta de psiquiatras, psicólogos, terapeutas ocupacionais, professores de educação física, assistentes sociais, enfermeiras e auxiliares de enfermagem (COSTA FILHO, Waldir Macieira da. *A pessoa com deficiência mental e com dependência química: garantias para efetivação de seus direitos fundamentais pelo Ministério Público. Tendências em direitos fundamentais: possibilidades de atuação do Ministério Público*. Conselho Nacional do Ministério Público, v. 2, ano 2017, p. 142).

186 Exemplo disso é notado na nova redação do art. 1.777 do CC, trazida pelo Estatuto da Pessoa com Deficiência (Lei 13.146/2015): *"Art. 1.777. As pessoas referidas no inciso I do art. 1.767* [aqueles que, por causa transitória ou permanente, não puderem exprimir sua vontade] *receberão todo o apoio necessário para ter preservado o direito à convivência familiar e comunitária, sendo evitado o seu recolhimento em estabelecimento que os afaste desse convívio."*

187 ARBEX, Daniela. *Holocausto brasileiro - genocídio*: 60 mil mortos no maior hospício do Brasil. São Paulo: Geração Editorial, 2013.

188 O Serviço Residencial Terapêutico (SRT) – ou residência terapêutica ou simplesmente "moradia", regulamentados inicialmente pelas Portarias GM 106/2000 e 1.220/2000 e agora pela Portaria de Consolidação 3/2017 (Anexo V, art. 77) do Ministério da Saúde, são casas localizadas no espaço urbano, constituídas para responder às necessidades de moradia de pessoas portadoras de transtornos mentais graves, institucionalizadas há mais tempo ou não. Um dos pontos da nova política de saúde mental é a expansão dos SRT, que também passam a acolher pacientes com transtornos metais em outras situações de vulnerabilidade, como aqueles em situação de rua. O Ministério da Saúde disponibiliza em seu sítio eletrônico (em "residências terapêuticas") material amplo de apoio, indicando o serviço oferecido, quem é o público-alvo etc.

Residências Terapêuticas[189] e os **Centros de Convivência**. Iniciou-se uma agressiva redução de leitos psiquiátricos.

Anota Waldir Macieira[190] que, de acordo com o disposto no art. 9º da Portaria MS 106/2000, para implantação dos **Serviços Residenciais Terapêuticos (SRT)**, deve-se priorizar os municípios onde já existam outros serviços ambulatoriais de saúde mental de natureza substitutiva aos hospitais psiquiátricos (CAPS). Tais residências estão vinculadas ao CAPS, em que as pessoas recebem desde cuidados clínicos até atividades de reinserção social. O financiamento dos serviços residenciais terapêuticos e do atendimento em CAPS é realizado com recursos do Fundo de Ações Estratégicas e Compensação, do Ministério da Saúde, de acordo com as Portarias 1220/2000 e 626/2002.

Entretanto, na prática o que se viu foi a redução dos leitos psiquiátricos sem a expansão dos serviços extra-hospitalares, resultando, àqueles com transtorno mais severo, na falta de vagas em hospitais psiquiátricos e de atendimento alternativo, levando à desassistência na área da saúde mental. Não se admite mais que a desinstitucionalização seja sinônimo de fechamento de leitos e de hospitais psiquiátricos, simplesmente porque em nosso país há uma cobertura deficitária na modalidade assistencial.

Ainda que a política de saúde seja da atenção extra-hospitalar, não se nega que casos excepcionais justificam a hospitalização, especialmente os transtornos mais graves que resultam de uma complexa interação de fatores biológicos, psicológicos e sociais e que não podem ser desconsiderados. Isso não significa volta ao modelo manicomial, mas sim a utilização da internação para os casos graves, por períodos geralmente curtos, em regra em hospitais gerais. É importante lembrar que a **Lei 10.216/2001,** no art. 4º, § 3º, **veda a internação de pacientes portadores de transtornos mentais em instituições com características asilares**, ou seja, aquelas desprovidas dos recursos mencionados no § 2º do mesmo artigo e que não assegurem aos pacientes os direitos enumerados no parágrafo único do art. 2º da referida lei.

Exemplo de situações extraordinárias são as **internações involuntárias** e as **compulsórias,** mas que sempre contam com apoio técnico especializado de médico.

Um ponto de preocupação diz respeito ao atendimento da **pessoa presa** que tenha um transtorno psíquico. Nada obstante a Lei 7.210/1984 (**Lei de Execuções Penais – LEP**) trate do atendimento médico ao preso, de uma forma geral, no art. 14, §§ 2º e 3º[191], complementado, atualmente, pela Portaria 482/2014, do Ministério da Saúde, que institui normas para a operacionalização **da Política Nacional de Atenção Integral à Saúde das Pessoas Privadas de Liberdade no Sistema Prisional (PNAISP)** no âmbito do SUS, falta local adequado para esses indivíduos que já cumpriram a medida de segurança em ala psiquiátrica de presídio ou penitenciária permanecerem para dar continuidade ao tratamento.

---

189 O Ministério Público de São Paulo disponibiliza cartilha explicativa sobre serviços residenciais terapêuticos e sobre residência inclusiva (voltada a jovens e adultos com deficiência, em situação de dependência, que não disponham de condições de autossustentabilidade ou de retaguarda familiar). Por referido documento, na linha da definição trazida na nota anterior, os serviços de residência terapêutica constituem "Dispositivo estratégico no processo de desinstitucionalização de pessoas em sofrimento mental. Caracterizam-se como residências inseridas na comunidade, constituídas para responder às necessidades de moradia de pessoas portadoras de transtornos mentais graves, que, em decorrência do longo histórico de internações psiquiátricas, acabaram apresentando cronificação de seus quadros de saúde mental, sendo excluídas socialmente de seus laços familiares e comunitários. Constituem-se, assim, como uma reparação histórica para com esses indivíduos".

190 COSTA FILHO, Waldir Macieira da. *A pessoa com deficiência mental e com dependência química: garantias para efetivação de seus direitos fundamentais pelo Ministério Público. Tendências em direitos fundamentais: possibilidades de atuação do Ministério Público.* Conselho Nacional do Ministério Público, v. 2, ano 2017, p. 143.

191 *"Art. 14. A assistência à saúde do preso e do internado de caráter preventivo e curativo, compreenderá atendimento médico, farmacêutico e odontológico. § 1º (Vetado). § 2º Quando o estabelecimento penal não estiver aparelhado para prover a assistência médica necessária, esta será prestada em outro local, mediante autorização da direção do estabelecimento. § 3º Será assegurado acompanhamento médico à mulher, principalmente no pré-natal e no pós-parto, extensivo ao recém-nascido".* Ver, também, a Portaria Conjunta 1/2014 do Ministério da Saúde e do Ministério da Justiça.

Uma questão relevante refere-se ao fato de que muitos desses presos são abandonados pela família após a prisão, não ostentando qualquer vínculo afetivo nem a possibilidade de moradia em família substituta.

Nesses casos, grande parte dos indivíduos já têm diagnóstico da equipe médica forense para suspensão de suas medidas de segurança e estão em condições de retornar ao convívio social, mas necessitam continuar o uso de medicação. Nada obstante, na prática, como esses cidadãos e cidadãs não possuem família ou acompanhantes para auxiliá-los no tratamento terapêutico, acabam não saindo da ala ou hospital forense em que se encontram, que se tornam verdadeira "prisão perpétua", o que é vedado por nosso ordenamento jurídico, no art. 5º, XLVII, da CF/1988.

Capítulo novo neste assunto surge com a edição da Resolução CNJ 487/2023, que, alinhada com a Lei 10.216/2001 (a lei de reforma psiquiátrica), instituiu a Política Antimanicomial do Poder Judiciário, por meio de procedimentos para o tratamento das pessoas com transtorno mental ou qualquer forma de deficiência psicossocial que estejam custodiadas, sejam investigadas, acusadas, rés ou privadas de liberdade, em cumprimento de pena ou de medida de segurança, em prisão domiciliar, em cumprimento de alternativas penais, monitoração eletrônica ou outras medidas em meio aberto, e conferir diretrizes para assegurar os direitos dessa população.

Para fins de aplicação dessa resolução, pessoa com transtorno mental ou com qualquer forma de deficiência psicossocial é aquela com algum comprometimento, impedimento ou dificuldade psíquica, intelectual ou mental que, confrontada por barreiras atitudinais ou institucionais, tenha inviabilizada a plena manutenção da organização da vida ou lhe cause sofrimento psíquico e que apresente necessidade de cuidado em saúde mental em qualquer fase do ciclo penal, independentemente de exame médico-legal ou medida de segurança em curso.

São definidos princípios e diretrizes para o tratamento das pessoas com transtorno mental no âmbito da jurisdição penal, pautados, dentre outros, no respeito à dignidade humana, na singularidade e autonomia de cada pessoa, no respeito ao devido processo legal, ao contraditório e a ampla defesa, na proscrição à prática de tortura e outros tratamentos desumanos, no direito à saúde integral, na impossibilidade de encaminhamento compulsório a estabelecimentos que não componham a Raps (que é a rede de atenção psicossocial do SUS).

Há disposições cuidando da audiência de custódia, durante a prisão preventiva ou outra medida cautelar e após a sentença e durante a execução da pena ou de medida de segurança. Também tem previsão de interdição de hospitais de custódia e tratamento psiquiátrico em prazos progressivos, com a substituição do atendimento nesses locais e direcionamento para hospitais gerais, ou equipamentos de saúde sem características asilares ou, preferencialmente, em ambiente ambulatorial.

Essa resolução é alvo de inúmeras críticas, em especial por entidades médicas, como o Conselho Federal de Medicina, em coautoria com outras entidades médicas, que emitiu nota pública criticando algumas das determinações, que entendem impraticáveis, como a determinação de encerramento do funcionamento dos referidos hospitais.

É elogiada por outros, que relembram as atrocidades e desumanidades cometidas nos porões de muitos desses hospitais durante décadas, p. ex., no hospital em Barbacena, no Hospital Colônia de Juquery e no caso Damião Ximenes, que mencionamos linhas acima, dentre outros. Esses defensores afirmam que tais medidas estão em consonância com as exigências da Lei 10.216/2001, já em vigor há mais de 20 anos e sem a devida efetivação, e apontam como solução a migração do atendimento para os CAPS, que precisam estar bem aparelhados para isso.

O conteúdo dessa resolução é objeto de ações judiciais perante o STF, como a ADI 7389/DF, a ADI 7.454/DF e a ADPF 1.076/DF, da relatoria do Ministro Edson Fachin e a Medida Cautelar em Mandado de Segurança 39.747/RJ, impetrado pelo Estado do Rio de Janeiro, que busca autorização para manter em funcionamento hospital de custódia e outros hospitais destinados ao cumprimento de medidas de segurança e cautelares de internação, *writ* da relatoria do Ministro Flávio Dino.

É certo que essa parte da resolução está longe de ser totalmente cumprida, apesar de alguns avanços já conseguidos.

O mesmo autor também chama a atenção para outra situação: o **SRT** seria adequado em internações compulsórias, por determinação judicial em ações movidas pelo Ministério Público, para usuários de drogas e álcool, para tratamentos invasivos e coercitivos? Muitos entendem que entre deixá-los nas ruas sem assistência ou, após operações policiais, prendê-los em penitenciárias, a SRT seria o meio termo para tratá-los e resgatá-los ao convívio social, livrando-os do álcool e das drogas[192].

Como dito, a rede de atenção à saúde mental está integrada ao SUS. Em razão do aumento excessivo do consumo de álcool e outras drogas não só entre os adultos, mas também entre as crianças e os adolescentes, foi instituído, em 2002, por meio da **Portaria 816**, um programa específico denominado **Programa Nacional de Atenção Comunitária Integrada a Usuários de Álcool e Outras Drogas,** desenvolvido de forma articulada pelo Ministério da Saúde, Secretarias Estaduais e Municipais de Saúde. Ele deve ser estruturado com atenção básica, CAPS-AD, outras unidades extra-hospitalares especializadas, atenção hospitalar de referência e rede de suporte social, complementar à rede de serviços disponibilizada pelo SUS, como, p. ex., associações de ajuda mútua e entidades da sociedade civil[193].

A esse programa seguiram-se outros, como o **Plano Emergencial de Ampliação do Acesso ao Tratamento e Prevenção em Álcool e outras Drogas no SUS (PEAD)**, criado pela **Portaria 1.190/2009**, voltado a ampliar o acesso ao tratamento e prevenção em álcool e outras drogas dentro no sistema SUS. Também o **Plano Integrado de Enfrentamento ao *Crack* e outras Drogas,** por meio do **Decreto 7.179/2010.**

A atual **Política Nacional de Saúde Mental** compreende as estratégias e diretrizes adotadas pelo país com o objetivo de organizar a assistência às pessoas com transtornos mentais. Abrange a atenção a pessoas com necessidades relacionadas a transtornos mentais incluindo aquelas com quadro de uso nocivo e dependência de substâncias psicoativas (álcool, cocaína, *crack* e outras drogas).

Dentro das diretrizes do SUS, de que tratamos em item próprio, propõe-se a implantação de uma rede de serviços com diferentes graus de complexidade (desde as mais simples às mais complexas/graves) e que promovam assistência integral para diferentes demandas. Busca-se a promoção de uma maior integração social, fortalecendo tanto a autonomia como o protagonismo e a participação social do indivíduo com sofrimento psíquico. Os pacientes que apresentam transtornos mentais, no âmbito do SUS, recebem atendimento, como já referido anteriormente, na **Rede de Atenção Psicossocial (RAPS),** instituída pela **Portaria GM 3.088/2011**[194] **e substituída pela Portaria de Consolidação 3, em seu Anexo V, em parte alterado pela Portaria 3.588/2017,** que acontece nos municípios.

Para a construção de uma rede de assistência mais segura, eficaz e humanizada a tais pessoas, uma Comissão Intergestores Tripartite (CIT), que envolve o Ministério da Saúde e representantes dos estados (CONASS) e municípios (CONASEMS), apontou, em 2017, medidas para fortalecer esse atendimento no SUS, promovendo mudanças na **Política Nacional de Saúde Mental** (Resolução CIT 32/2017).

---

192 COSTA FILHO, Waldir Macieira da. *A pessoa com deficiência mental e com dependência química: garantias para efetivação de seus direitos fundamentais pelo Ministério Público. Tendências em direitos fundamentais: possibilidades de atuação do Ministério Público*. Conselho Nacional do Ministério Público, v. 2, ano 2017, p. 145.

193 A esse respeito, consultar a Portaria Ministerial 2.197/2004.

194 Essa Portaria do Ministério da Saúde "*Institui a Rede de Atenção Psicossocial para pessoas com sofrimento ou transtorno mental e com necessidades decorrentes do uso de crack, álcool e outras drogas, no âmbito do Sistema Único de Saúde (SUS)*".

Tais mudanças estão estabelecidas na **Portaria 3.588/2017**[195], que tratou dos serviços da **RAPS (Rede de Atenção Psicossocial)**, na **Portaria Interministerial 2/2017**, que institui o **Comitê Gestor Interministerial**, com o objetivo de melhoria na política de **Comunidades Terapêuticas** e na **Portaria 3.491/2017,** que dispõe sobre a prevenção de **suicídios.**

A **rede de atenção à saúde mental** é integrada por vários serviços e equipamentos, abrangendo: **(a) Unidade Básica de Saúde**, composta do Núcleo de Apoio a Saúde da Família; Consultório de Rua; Apoio aos Serviços do componente Atenção Residencial de Caráter Transitório; Centros de Convivência e Cultura **(b) Atenção Psicossocial**, composta por Centros de Atenção Psicossocial (CAPS) nas suas diferentes modalidades; **(c) Atenção de Urgência e Emergência** composta do SAMU 192; Sala de Estabilização; UPA 24 horas e portas hospitalares de atenção à urgência/pronto-socorro, Unidades Básicas de Saúde; **(d) Atenção Residencial de Caráter Transitório** por meio de Unidade de Acolhimento (UAs)[196] e Serviço de Atenção em Regime Residencial (entre elas as *comunidades terapêuticas acolhedoras*[197], que são entidades privadas de "acolhimento" voluntário de usuário ou dependente de droga, em regime residencial e temporário (por até 9 meses) e, como tal, são proibidas de atender em qualquer modalidade de internação – voluntária, involuntária e compulsória –, como preceitua o art. 23-A, § 9º, da Lei 11.343/2006, com a redação dada pela Lei 13.840/2019, o art. 4º, §§ 2º e 3º, da Lei 10.216/2001 e o art. 19, III, da Resolução Anvisa RDC 29/2011, uma vez que tais internações só podem ocorrer em unidades de saúde e estabelecimentos hospitalares – art. 23-A, § 2º da referida Lei 11.343/2006. Não pode acolher crianças e adolescentes diante da incompatibilidade com o sistema de acolhimento institucional preconizado pelo ECA), muito embora, na contramão, contou por algum tempo com o beneplácito da Resolução 3, de 24 de julho de 2020, do Conselho Nacional de Políticas sobre Drogas – CONAD, que "Regulamenta o acolhimento de adolescentes em Comunidades Terapêuticas", mas essa resolução teve sua eficácia suspensa pela Resolução 10/2024, do mesmo Conselho, que reconheceu a incompatibilidade que referimos anteriormente. Em 2024, o Conselho Nacional dos Direitos das Crianças e dos Adolescentes (Conanda) editou a Resolução 249, que, expressamente, proíbe, em todo o território nacional, o acolhimento, atendimento, tratamento e acompanhamento de crianças e adolescentes em comunidades terapêuticas ou em instituições que prestam serviços de atenção a pessoas com transtornos decorrentes do uso, abuso ou dependência de substâncias psicoativas (SPA), em

---

195 A Nota Técnica 10/2019– CGMAD/DAPES/SAS/MS, da Coordenação-Geral de Saúde Mental, Álcool e Outras Drogas, do Ministério da Saúde traz esclarecimentos sobre política de saúde mental. É alvo de críticas (p. ex., do Conselho Federal de Psicologia, conforme verifica-se do sítio eletrônico daquele conselho, acessado em 04.10.2019) porque estimula a criação de leitos em hospitais psiquiátricos e comunidades terapêuticas, retornando ao modelo manicomial.

196 De acordo com o art. 9º, I, da Portaria de Consolidação 3/2017, o serviço de *Unidade de Acolhimento* oferece acolhimento voluntário e cuidados contínuos de saúde, com funcionamento de vinte e quatro horas, em ambiente residencial, para pessoas com necessidades decorrentes do uso de *crack*, álcool e outras drogas, de ambos os sexos, que apresentem acentuada vulnerabilidade social e/ou familiar e demandem acompanhamento terapêutico e protetivo de caráter transitório cujo tempo de permanência é de até seis meses. Existe na modalidade adulto (para maiores de 18 anos) e infanto-juvenil (de 12 a 18 anos completos). É referenciado pelo CAPS.

197 Delas trata o art. 26-A da Lei de Drogas (Lei 11.343/2006 com a redação dada pela Lei 13.840/2019). Exige-se a oferta de projetos terapêuticos ao usuário ou dependente de drogas que visam à abstinência; que a adesão e permanência sejam voluntárias e formalizadas por escrito, devendo ser entendidas como uma etapa transitória para a reinserção social e econômica do usuário ou dependente de drogas; deve-se oferecer ambiente residencial, propício à formação de vínculos, com a convivência entre os pares, atividades práticas de valor educativo e a promoção do desenvolvimento pessoal, vocacionada para acolhimento ao usuário ou dependente de drogas em vulnerabilidade social; é necessária avaliação médica prévia e elaboração de plano individual de atendimento na forma do art. 23-B da aludida Lei, havendo vedação de isolamento físico do usuário ou dependente de drogas. O § 1º do citado art. 26-A ainda veda o acolhimento de pessoas com comprometimentos biológicos e psicológicos de natureza grave que mereçam atenção médico-hospitalar contínua ou de emergência. Administrativamente, estão referidas na Resolução Anvisa RDC 29/11, nas Portarias 3/2017, anexo V, art. 9º e 3.088/2011 (art. 9º, II), do Ministério da Saúde. Também cuida das comunidades terapêuticas a Resolução 1/2015 do Conselho Nacional de Políticas sobre Drogas (CONAD), que as define como: pessoas jurídicas, sem fins lucrativos, que apresentam as características indicadas anteriormente. Não podem oferecer serviços assistenciais de saúde ou executarem procedimentos de natureza clínica distintos dos serviços previstos na Resolução (art. 2º e seu § 1º). Sobre o acolhimento de adolescentes, ver anotação feita no próprio texto.

regime de residência, e que utilizam como principal instrumento terapêutico a convivência entre os pares; **(e) Atenção Hospitalar**, por meio de enfermaria especializada em hospital geral; Serviço Hospitalar de Referência (SHR) para atenção às pessoas com sofrimento ou transtorno mental e com necessidades decorrentes do uso de *crack*, álcool e outras drogas; **(f) Estratégia de Desinstitucionalização**, mediante os Serviços Residenciais Terapêuticos (SRT) e Programa de Volta para Casa (PVC) e **(g) Estratégias de Reabilitação Psicossocial**, tais como Iniciativas de Geração de Trabalho e Renda e Empreendimentos Solidários Cooperativas Sociais.

A Lei 10.216/2001 ("**Lei da Reforma Psiquiátrica**"), como já referimos, complementa o amplo espectro de mudanças ocorridas na política de saúde mental em nosso país.

O art. 2º principia afirmando que os direitos e a proteção das pessoas com transtorno mental são assegurados sem qualquer forma de discriminação quanto a raça, cor, sexo, orientação sexual, religião, opção política, nacionalidade, idade, família, recursos econômicos, ao grau de gravidade ou tempo de evolução de seu transtorno, ou qualquer outra. No seu parágrafo único elenca os **direitos básicos dessas** pessoas, além, evidentemente, de todos os assegurados para fruição de uma vida saudável: (a) acesso ao melhor tratamento do sistema de saúde, consentâneo às suas necessidades; (b) ser tratada com humanidade e respeito e no interesse exclusivo de beneficiar sua saúde, visando alcançar sua recuperação pela inserção na família, no trabalho e na comunidade; (c) ser protegida contra qualquer forma de abuso e exploração; (d) ter garantia de sigilo nas informações prestadas; (e) ter direito à presença médica, em qualquer tempo, para esclarecer a necessidade ou não de sua hospitalização involuntária; (f) ter livre acesso aos meios de comunicação disponíveis; (g) receber o maior número de informações a respeito de sua doença e de seu tratamento; (h) ser tratada em ambiente terapêutico pelos meios menos invasivos possíveis; e (i) ser tratada, preferencialmente, em serviços comunitários de saúde mental.

O art. 4º reforça a opção antimanicomial: "**A internação, em qualquer de suas modalidades, só será indicada quando os recursos extra-hospitalares se mostrarem insuficientes**". Como dito, o seu § 3º veda a internação de pacientes portadores de transtornos mentais em **instituições** com características **asilares**, como é o caso de uma **ILPI (Instituição de Longa Permanência para Idoso)**.

São definidas três **modalidades** de internação psiquiátrica, todas elas **precedidas de laudo médico** circunstanciado que caracterize os seus motivos (art. 6º):

(a) internação voluntária: aquela que se dá com o consentimento do usuário;

(b) internação involuntária: aquela que se dá extrajudicialmente, sem o consentimento do usuário e a pedido de terceiro; e

(c) internação compulsória: aquela determinada pelo Poder Judiciário.

A lei ainda define os requisitos específicos para as internações e desinternações voluntária e involuntária, destacando-se que essa **última modalidade** deverá, no prazo de setenta e duas horas, ser **comunicada ao Ministério Público Estadual** pelo responsável técnico do estabelecimento no qual tenha ocorrido, devendo esse mesmo procedimento ser adotado quando da respectiva **alta**. A Lei 11.343/2006, que institui o Sistema Nacional de Políticas Públicas sobre Drogas – Sisnad, com a redação dada pela Lei 13.840/2019, estabelece em seu art. 23-A, § 7º, que todas as internações e altas de que ela trata (voluntária e involuntária – art. 23-A, § 3º) deverão ser informadas, em, no máximo, 72 (setenta e duas) horas, ao Ministério Público, à Defensoria Pública e a outros órgãos de fiscalização.[198] Caso haja necessidade de internação involuntária, pode ocorrer de a família não conseguir promover a avaliação médica do familiar com sofrimento psíquico por meio dos serviços do Município, porque aquele está ausente do

[198] Também dispõe que o atendimento preferencial é na modalidade ambulatorial (art. 23-A) e dependerá da elaboração de um PIA – Plano Individual de Atendimento (art. 23-B, II), e trata do atendimento em comunidades terapêuticas acolhedoras (art. 26-A) de que tratamos linhas atrás.

lar, em situação de rua, p. ex., ou mesmo por falta de tal serviço público. Nesse caso, o familiar deverá ingressar com ação judicial de obrigação de fazer e que deve ser direcionada, conforme for o órgão regulador das vagas de internação, contra a Municipalidade, visando que promova a busca ativa do paciente, faça a avaliação médica psiquiátrica e contra o Estado, p. ex., como ente regulador e que irá disponibilizar a vaga se a avalição médica municipal assim o indicar.

Nesse caso, poderá surgir a dúvida a respeito da necessidade ou não de a pessoa com transtorno mental integrar a lide, como réu, tendo em vista que a internação involuntária, feita extrajudicialmente, obviamente, não conta com a intervenção dele. Considerando-se que será diretamente atingido, entendemos que deva figurar no polo passivo e com nomeação de curador especial a ele.

O **Ministério Público** tem papel de destaque nessa lei, pois, como dito acima, a ele devem ser comunicadas as internações involuntárias.

Também está legitimado para a ação civil pública postulando a **internação compulsória** em razão da ausência de familiares e atendidos os pressupostos da Lei 10.216/2001, especialmente a indicação médica. Caso ainda não tenha essa avaliação médica, porque o paciente está em situação de rua, p. ex., poderá se valer da mesma medida judicial indicada acima, com vistas à busca ativa.

Um aspecto bastante importante, que muitas vezes não se observa na prática forense, é que, em caso de internação compulsória, a **alta do paciente** deve ficar unicamente vinculada ao parecer médico[199] e não ao juízo que determinou a internação (o que pode ocasionar atraso de dias ou meses para se concretizar, em flagrante constrangimento ilegal). Parece-nos uma conclusão lógica que decorre do próprio sistema: como só o médico pode avaliar a necessidade ou não da internação, também a ele cabe a decisão da desinternação.

O Conselho Nacional de Justiça, por meio do Enunciado 1 das I, II e III Jornadas de Direito da Saúde, definiu que: "01 A tutela individual para internação de pacientes psiquiátricos ou em situação de drogadição ocorrerá pelo menor tempo possível, sob estrito critério médico. As decisões que imponham tal obrigação devem determinar que seus efeitos cessarão no momento da alta concedida pelo médico que atende o paciente na respectiva instituição de saúde, devendo o fato ser imediatamente comunicado pelo prestador do serviço ao Juízo competente" (Redação dada pela III Jornada de Direito da Saúde - 18.03.2019).

No caso de infância e juventude, para sua proteção, a internação hospitalar deve ocorrer na presença de um acompanhante, sejam os pais, sejam os responsáveis, seja alguém designado pelo poder público (p. ex., conselheiro tutelar, educador social), atentando-se ao fato de que o tratamento hospitalar objetiva somente a compensação médica, clínica ou psiquiátrica, não atendendo a outras demandas sociais, familiares ou educacionais (p. ex., abrigamento, medida socioeducativa, conflitos familiares, proteção a testemunhas).

Essa legitimidade ministerial decorre, principalmente, de sua vocação constitucional de tutela de direitos individuais indisponíveis, no caso a tutela do direito individual à saúde, bem como o interesse público pela recuperação da saúde mental do paciente (art. 127 da CF/1988).

Nesse sentido se decidiu no AgRg no Resp 1045750/RS e no REsp 856194/RS, Rel. Min. Humberto Martins, esse último com a seguinte ementa: **"Administrativo e Processo civil - Ação civil pública - Internação Compulsória para tratamento médico e atendimento de urgência - menor gestante - ameaça de aborto - risco à vida - direito à saúde: individual e indisponível - legitimação extraordinária do Parquet - art. 127 da CF/1988 - Precedentes"**[200].

---

[199] Nesse sentido, o Enunciado 1, publicado na III Jornada de Direito da Saúde do CNJ, de 18.03.2019, que recomenda que na tutela individual de pacientes psiquiátricos ou em situação de drogadição, a internação deve ocorrer pelo menor prazo possível, a estrito critério médico, devendo a decisão judicial ordenar que seus efeitos cessarão no momento da alta médica concedida pelo médico que atende ao paciente na respectiva instituição de saúde, comunicando-se imediatamente ao juízo competente.

[200] Do corpo do Acórdão consta: "1. *O tema objeto do presente recurso já foi enfrentado pelas Turmas de Direito Público deste Tribunal. O entendimento esposado é de que o Ministério Público tem legitimidade para defesa dos direitos individuais indisponíveis,*

A postulação pode ser feita em defesa do interesse da **pessoa idosa**, como previsto nos arts. 45, IV, e 74, I e III, do Estatuto da Pessoa Idosa (Lei 10.741/2003), visando ao tratamento de usuários dependentes de drogas lícitas ou ilícitas, seja o próprio idoso ou pessoa de sua convivência que lhe cause perturbação.

A **Defensoria Pública** também está autorizada, em tese, a promover ação judicial de internação compulsória ao hipossuficiente e ao vulnerável, em razão de sua vocação constitucional (art. 134 da CF/1988) e conforme estabelecido na Lei Complementar 80/1994 (especialmente no art. 4º, VIII, X e XI).

Entretanto, há vozes contrárias justificando, com boa dose de razão, que a vocação institucional é de defesa da pessoa vulnerável, o que se antagoniza com medidas voltadas à sua internação compulsória. Dentro dessa linha de raciocínio, a atuação da Defensoria Pública pode ocorrer, p. ex., ajuizando ação de obrigação de fazer contra o Estado ou Município para obter uma vaga hospitalar para internação voluntária (a pedido da pessoa com transtorno psíquico e com recomendação médica), quando seu assistido não consegue obtê-la administrativamente. Na mesma linha de raciocínio, a Defensoria Pública pode agir para assistir a família do paciente, no caso de uma internação involuntária, para obtenção da vaga.

Vale lembrar que a responsabilidade pela efetivação de uma internação compulsória ou mesmo a disponibilização de vaga para as internações voluntárias e involuntárias é **solidária** entre os **entes federativos**, na forma do art. 23, II, da CF/1988, por se tratar de direito à saúde, de forma que pode figurar no polo passivo da ação, isolada ou em litisconsórcio[201].

A internação compulsória que não atenda aos requisitos legais ou que extrapole o tempo necessário pode ensejar o ingresso de *habeas corpus* em razão do flagrante constrangimento ilegal[202].

Conforme se decidiu no HC 169.172/SP, Rel. Min. Luis Felipe Salomão, embora a internação, em qualquer de suas modalidades, só será iniciada quando os recursos extra-hospitalares se mostrarem insuficientes, o art. 4º contém ressalva em sua parte final, dispensando a aplicação dos recursos extra-hospitalares se houver demonstração efetiva da insuficiência de tais medidas. Portanto, afirma o Ministro Salomão, a internação compulsória em sede de ação de interdição não tem caráter penal, não devendo ser comparada à medida de segurança ou à medida socioeducativa.

No mesmo HC deixou-se bem claro a exigência do laudo médico indicativo da necessidade da custódia compulsória: **"(...) É claro, portanto, o seu caráter excepcional, exigindo-se, para sua imposição, laudo médico circunstanciado que comprove a necessidade de tal medida"**. No mesmo sentido, HC 130155/SP, Rel. Min. Massami Uyeda.

No âmbito do atendimento a pessoas envolvidas com uso de drogas, a Lei 11.343/2006, que institui o Sistema Nacional de Políticas Públicas sobre Drogas – Sisnad, com a redação dada pela Lei 13.840/2019, estabelece em seu art. 23-A, § 2º, que a internação de dependentes de drogas somente será realizada em unidades de saúde ou hospitais gerais, dotados de

---

mesmo quando a ação vise a tutela de pessoa individualmente considerada (art. 127, CF/1988). Precedentes. 2. Nessa esteira de entendimento, na hipótese dos autos, em que a ação visa garantir o tratamento, em caráter de urgência, à menor gestante, há de ser mantido o acórdão a quo que reconheceu a legitimação do Ministério Público, a fim de garantir a tutela dos direitos individuais indisponíveis à saúde e à vida".

201 Em regra, o que se observa são ações civis movidas contra o Estado e Município ou só contra esse último.

202 Assim decidiu o STJ, no HC 135.271/SP, Rel. Min. Sidnei Beneti, j. 17.12.2013: *"É cabível a impetração de* habeas corpus *para reparar suposto constrangimento ilegal à liberdade de locomoção decorrente de decisão proferida por juízo cível que tenha determinado, no âmbito de ação de interdição, internação compulsória. De fato, a jurisprudência do STJ entende que o* habeas corpus *não constitui via processual idônea para a impugnação de decisão proferida por juízo cível competente para a apreciação de matérias relativas a Direito de Família (HC 206.715SP, Quarta Turma, DJe 1/2/2012; e HC 143.640-SP, Terceira Turma, DJe 12/11/2009). Todavia, a hipótese de determinação de internação compulsória, embora em decisão proferida por juízo cível, apresenta-se capaz, ao menos em tese, de configurar constrangimento ilegal à liberdade de locomoção, justificando, assim, o cabimento do remédio constitucional, nos termos do art. 5º, LXVIII, da CF, segundo o qual o* habeas corpus *será concedido 'sempre que alguém sofrer ou se achar ameaçado de sofrer violência ou coação em sua liberdade de locomoção, por ilegalidade ou abuso de poder'"*.

equipes multidisciplinares, e deverá ser obrigatoriamente autorizada por médico devidamente registrado no Conselho Regional de Medicina do Estado em que se localize o estabelecimento no qual se dará a internação.

Define **dois tipos de internação**, a **voluntária** e a **involuntária**, acrescentando, quanto a essa última, que além do tradicional pedido de familiar ou do responsável legal, também poderá ocorrer, na absoluta falta daqueles, por pedido de servidor público da área de saúde, da assistência social ou dos órgãos públicos integrantes do Sisnad, com exceção de servidores da área de segurança pública, que constate a existência de motivos que justifiquem a medida.

A falta de menção à internação compulsória, nos parece, decorreu de mero descuido do legislador, pois ela continua prevista na Lei Antimanicomial 10.216/2001, de que tratamos linhas acima, e não foi alcançada pelas alterações trazidas pela Lei 13.840/2019.

Dessa forma, no caso de drogadição, o Ministério Público continua legitimado para ajuizar ação de internação compulsória quando o assistido não dispuser de respaldo familiar e estiverem satisfeitos os demais requisitos legais, especialmente a recomendação médica, e também poderá intentar ação civil pública de obrigação de fazer contra a Municipalidade, caso seja necessário buscar-se uma avaliação médica e a pessoa estiver em situação de rua e sem respaldo familiar, deixando, a partir da constatação da necessidade, que a internação ocorra na modalidade involuntária e a pedido de servidor público da área de saúde, da assistência social ou dos órgãos públicos integrantes do Sisnad, com exceção de servidores da área de segurança pública.

7.10.1 Plano Nacional de Atuação do Ministério Público em Saúde Pública

Assim como vimos a preocupação do Poder Judiciário com esse tema, especialmente com a judicialização da saúde, por meio do Conselho Nacional de Justiça, no âmbito ministerial existe um **Plano Nacional de Atuação do Ministério Público em Saúde Pública**, aprovado pelo Conselho Nacional de Procuradores-Gerais do Ministério Público dos Estados e da União (CNPG), na sua reunião ordinária, ocorrida em Salvador/BA, nos dias 25 a 27 de agosto de 2004, bem como I Encontro Nacional do Ministério Público em Defesa da Saúde (AMPASA), conforme documento intitulado "Carta de Salvador", que tem uma proposta de Recomendação que **"Sugere parâmetros para a atuação do Ministério Público no dever constitucional de defesa do acesso e da qualidade da Atenção Básica de Saúde e na execução das atividades relacionadas à Ação Nacional da Saúde, e dá outras providências"**.

7.10.2 Papel da família, do Estado e da sociedade

De tudo o que tratamos até agora não fica difícil avaliar a relevância da família, da sociedade e do Estado na garantia do direito à saúde à pessoa com transtorno ou sofrimento psíquico.

Um ponto que deve ser inicialmente destacado nesse tema é a preocupação de se procurar, sempre, garantir a **autonomia** e a **dignidade** da pessoa que esteja precisando de apoio. O papel da família no cuidado de um dos seus entes é tema que comporta longa e multidisciplinar análise[203], o que foge de nosso propósito.

Esse **cuidado** alcançou maior relevância jurídica a partir de julgamentos tanto do STJ, e nos referimos ao REsp 1.159.242, Rel. Min. Nancy Andrighi, no qual se previu o pagamento de indenização por omissão no dever de cuidar da prole, como no STF, que no RE 898.060,

[203] O tema do *cuidado* vem sendo tratado de forma multidisciplinar e em vários quadrantes (família, idoso, pessoa com deficiência, mulher, saúde etc.) mediante uma série de obras publicadas sob a coordenação de Tania da Silva Pereira, Antônio Carlos Mathias Coltro e Guilherme de Oliveira (de Portugal).

com repercussão geral reconhecida, entendeu que a existência de paternidade socioafetiva não afasta a responsabilidade do pai biológico.

Para o Direito, em especial o de família, o cuidado, assim como o afeto, enfim, as relações afetivas, são valores inafastáveis e inquebrantáveis, porque sempre estiveram na origem das relações familiares, uma vez que é lá o lugar natural dessa prática da identidade entre os seus integrantes e atualmente tal vem potencializado, como demonstra, p. ex., a concepção da paternidade socioafetiva.

O cuidado decorre de obrigação constitucionalmente estabelecida entre os cônjuges igualmente ("despatriarcalização" com o surgimento da "família democrática") e sua prole (art. 226 e 227), esmiuçada no Código Civil Brasileiro (p. ex., arts. 1.583 a 1.590 - "da proteção da pessoa dos filhos", arts. 1.630 a 1.638 - "do poder familiar"), no Estatuto da Criança e do Adolescente (quase que por inteiro), no Estatuto do Jovem (p. ex., arts. 3º, 17, 36 e 37), no Código Penal (p. ex., arts. 133, 135 e 136) e na recente Lei 13.257/2016, conhecida como Estatuto da Primeira Infância, que dispõe sobre políticas públicas para a primeira infância - os 6 anos completos (p. ex., arts. 13 e 14, §§ 1º, 3º e 5º).

Portanto, é dever da família e de cada um de seus membros prestar assistência e cuidado ao seu integrante enfermo.

A sociedade, por seu turno, como destacamos antes, se torna, de alguma forma, corresponsável pela efetivação do direito à saúde de seus integrantes, tanto no plano da saúde de todos como de cada um e o consectário dever de cuidado decorrente do princípio constitucional da solidariedade (art. 3º, I).

Vale também lembrar que um dos princípios orientadores do SUS é a **participação da comunidade** na sua gestão, por meio das **Conferências de Saúde** e dos **Conselhos de Saúde**, instituições colegiadas destinadas precipuamente a viabilizar e concretizar a participação e o controle sociais nas Ações e Serviços de Saúde Pública (ASSP).

Por fim, ao Estado em sentido amplo compete a concretização da atenção à saúde da população, de forma integral e solidária.

7.10.3 Rede de Atenção Psicossocial (RAPS) - Álcool e outras drogas no SUS. Redução de danos

Conforme já destacamos, a Política Nacional de Saúde Mental, Álcool e outras Drogas está estruturada a partir das diretrizes da multicitada Reforma Psiquiátrica, estabelecida pela Lei 10.216/2001. Para tanto, prioriza iniciativas que visam garantir o cuidado integral do paciente em sofrimento psíquico centrado nos territórios, buscando garantir os direitos e a promoção da autonomia e o exercício da cidadania, com a progressiva inclusão social[204].

Nessa perspectiva, a **Rede de Atenção Psicossocial (RAPS)** - Portaria GM/MS 3.088/2011, **substituída pela Portaria de Consolidação 3, em seu Anexo V, em parte alterado pela Portaria 3.588/2017** - volta-se ao atendimento das pessoas com transtorno mental e com necessidades decorrentes do uso de *crack*, álcool e outras drogas.

É basicamente **formada** por: Atenção Básica em Saúde; Atenção Psicossocial Especializada; Atenção de Urgência e Emergência; Atenção Residencial de Caráter Transitório; Atenção Hospitalar; Estratégias de Desinstitucionalização e a Reabilitação Psicossocial.

---

204 Referência exitosa de enfrentamento ao uso de drogas vem da Alemanha, no final da década de 1980 e que ficou conhecida como "Caminho de Frankfurt". Iniciou com a percepção de que o vício é uma doença, estabelecendo como estratégia o combate ao traficante e não ao usuário. Criaram-se, também, terapias de substituição (p. ex. a heroína foi substituída por outras drogas menos prejudiciais, como a metadona, com uso monitorado por médico) e salas supervisionadas para o uso de drogas. Essa estratégia não tem efeitos positivos comprovados em relação ao *crack* (a esse respeito, consultar reportagem disponível em: https://www.cartacapital.com.br/mundo/como-a-alemanha-acabou-com-sua-cracolandia/). Acesso em: 20 set. 2020.

Entre seus principais **objetivos**, destacam-se: a ampliação do acesso da população em geral; a promoção do acesso das pessoas com transtornos mentais e com necessidades decorrentes do uso de *crack*, álcool e outras drogas e suas famílias aos locais de atendimento e garantir a articulação e integração desses locais de atenção das redes de saúde no território, melhorando o cuidado por meio do acolhimento, do acompanhamento contínuo e da atenção às urgências.

Ainda dentro dessa perspectiva de atendimento em saúde mental, a **redução de danos** deve ser entendida como um conjunto de políticas, programas e práticas (um repertório de cuidados) cujo objetivo é reduzir os danos que são associados ao **uso de drogas psicoativas** em pessoas que não podem ou não querem parar de usá-las. Conhecida pela sigla RD, foi criada no início da década de 1990 pelo Ministério da Saúde em resposta à epidemia de HIV/Aids. Ela está focada nas pessoas que continuam usando drogas e visa a prevenção dos danos (p. ex., prevenção de doenças como hepatite e Aids) e não a prevenção do uso de drogas. Incluem-se nas estratégias de prevenção, p. ex., a recomendação do não compartilhamento de instrumentos e a utilização de materiais descartáveis. Redução de danos complementa outras medidas que visam diminuir o consumo de drogas como um todo e beneficia as pessoas que usam droga, suas famílias e a comunidade.

REFERÊNCIAS BIBLIOGRÁFICAS

ALANA. *O que a população brasileira pensa sobre educação inclusiva*. Pesquisa Datafolha encomendada pelo Instituto Alana. São Paulo: Alana, 2019.

ALCÂNTARA, Alexandre de Oliveira. *Velhice no* De Senectute *de Marco Túlio Cícero*. Curitiba: Juruá, 2017.

ALEXY, Robert. *Teoria dos direitos fundamentais*. Tradução de Virgílio Afonso da Silva. São Paulo: Malheiros, 2008.

ALICKE, José Luís. Comentários ao art. 102. *In*: CURY, Munir (org.). *Estatuto da Criança e do Adolescente comentado*: comentários jurídicos e sociais. 11. ed. São Paulo: Malheiros, 2010.

AMADO, Frederico. *Direito ambiental esquematizado*. 6. ed. rev., atual. e ampl. São Paulo: Método, 2015.

AMARAL JR., Alberto do. *Introdução ao direito internacional público*. São Paulo: Atlas, 2008.

AMBIENTE escolar é um dos principais locais de violência racial no país, aponta pesquisa. *Alma Preta*, 8 jan. 2024. Disponível em: https://almapreta.com.br/sessao/cotidiano/ambiente-escolar-violencia-racial-pesquisa/. Acesso em: 24 mar. 2025.

AMIN, André Rodrigues. Dos direitos fundamentais. *In*: MACIEL, Kátia Regina Ferreira Lobo Andrade (coord.). *Curso de direito da criança e do adolescente*: aspectos teóricos e práticos. 8. ed. rev. e atual. São Paulo: Saraiva, 2016.

AMIN, André Rodrigues. Doutrina da proteção integral. *In*: MACIEL, Kátia Regina Ferreira Lobo Andrade (coord.). *Curso de direito da criança e do adolescente:* aspectos teóricos e práticos. 8. ed. rev. e atual. São Paulo: Saraiva, 2016.

ANDRADE, Adriano; MASSON, Cleber; ANDRADE, Landolfo. *Interesses difusos e coletivos esquematizado*. 5. ed. rev., atual. e ampl. São Paulo: Método, 2015.

ANDRADE, Landolfo. *O ônus da prova na ação civil pública*. São Paulo: Verbatim, 2015.

ANGELL, Marcia. *A verdade sobre os laboratórios farmacêuticos*: como somos enganados e o que podemos fazer a respeito. Rio de Janeiro: Record, 2007.

ANTUNES, Paulo de Bessa. *Manual de direito ambiental*. 4. ed. São Paulo: Atlas, 2012.

ANTUNES, Paulo de Bessa. *Comentários ao novo Código Florestal*. São Paulo: Atlas, 2013.

ARAUJO, Luiz Alberto David. Proteção das pessoas com deficiência. *In*: SERRANO JUNIOR, Vidal (coord.). *Manual de direitos difusos*. São Paulo: Verbatim, 2009.

ARAUJO, Luiz Alberto David; RUZYK, Carlos Eduardo Pianovski. A perícia multidisciplinar no processo de curatela e o aparente conflito entre o estatuto da pessoa com deficiência e o Código de Processo Civil: reflexões metodológicas à luz da teoria geral do direito. *Rev. Dir. Gar. Fund.*, Vitória, v. 18, n. 1, jan.-abr. 2017.

ARBEX, Daniela. *Holocausto brasileiro – genocídio*: 60 mil mortos no maior hospício do Brasil. São Paulo: Geração Editorial, 2013.

ASSUNÇÃO, Leandro Garcia Algarte. Comentários aos artigos 22 a 31. *In*: CAMBI, Eduardo; GUARAGNI, Fábio André (coord.). *Lei anticorrupção:* comentários à Lei 12.846/2013. São Paulo: Almedina, 2014.

ÁVILA, Humberto. *Teoria dos princípios:* da definição à aplicação dos princípios jurídicos. 12. ed. ampl. São Paulo: Malheiros, 2011.

AZEVEDO, Álvaro Villaça. *Teoria geral das obrigações*. 10. ed. São Paulo: Atlas, 2004.

AZEVEDO, Antonio Junqueira de. Por uma nova categoria de dano na responsabilidade civil: o dano social. *In*: FILOMENO, José Geraldo Brito; WAGNER JÚNIOR, Luiz Guilherme da Costa; GONÇALVES, Renato Afonso (Coord.). *O Código Civil e sua interdisciplinaridade*. Belo Horizonte: Del Rey, 2004.

BANDEIRA DE MELLO, Celso Antônio. *Curso de direito administrativo*. 27. ed. São Paulo: Malheiros, 2010.

BANDEIRA DE MELLO, Celso Antônio. *Grandes temas de direito administrativo*. São Paulo: Malheiros, 2007.

BAPTISTA, Renata Ribeiro. Dilemas e boas práticas do modelo multijurisdicional no combate a ilícitos transfronteiriços: algumas pautas para a aplicação da Lei 12.846/2013. *In*: MUNHÓS, Jorge; QUEIROZ, Ronaldo Pinheiro (coord.). *Lei anticorrupção e temas de* compliance. 2. ed. Salvador: JusPodivm, 2016.

BARATTA, Alessandro. Comentários ao art. 120. *In*: CURY, Munir (org.). *Estatuto da Criança e do Adolescente comentado*. Comentários jurídicos e sociais. 11. ed. São Paulo: Malheiros, 2010.

BARCELLOS, Ana Paula de. O direito a prestações de saúde: complexidades, mínimo existencial e o valor das abordagens coletiva e abstrata. *In*: SOUZA NETO, Claudio Pereira de; SARMENTO, Daniel (coord.). *Direitos sociais*: fundamentos, judicialização e direitos sociais em espécie. Rio de Janeiro: Lumen Juris, 2010.

BARCELLOS, Ana Paula de; CAMPANTE, Renata Ramos. A acessibilidade como instrumento de promoção de direitos fundamentais. *In*: FERRAZ, Carolina Valença; LEITE, George Salomão; LEITE, Glauber Salomão; LEITE, Glauco Salomão (coord.). *Manual dos direitos da pessoa com deficiência*. São Paulo: Saraiva, 2012.

BARROS, Guilherme Freire de Melo. *Direito da criança e do adolescente*. 5. ed. rev., ampl. e atual. Salvador: JusPodivm, 2017.

BARROSO, Luís Roberto. *O direito constitucional e a efetividade de suas normas*: limites e possibilidades da Constituição brasileira. 7. ed. Rio de Janeiro: Renovar, 2003.

BARROSO, Luís Roberto. A constitucionalização do direito e suas repercussões no âmbito administrativo. *In*: ARAGÃO, Alexandre Santos de; MARQUES NETO, Floriano de Azevedo. *Direito Administrativo e seus novos paradigmas*. Belo Horizonte: Fórum, 2008.

BARROSO, Luís Roberto. *Curso de Direito Constitucional Contemporâneo:* os conceitos fundamentais e a construção do novo modelo. São Paulo: Saraiva, 2009.

BECHARA, Erika. *Aspectos relevantes da política nacional de resíduos sólidos*. São Paulo: Atlas, 2013.

BELCHIOR, Germana Parente Neiva. *Hermenêutica jurídica ambiental*. São Paulo: Saraiva, 2011.

BENJAMIM, Antônio Herman V. Comentários ao art. 214. *In*: CURY, Munir (org.). *Estatuto da Criança e do Adolescente comentado*. Comentários jurídicos e sociais. 11. ed. São Paulo: Malheiros, 2010.

BIANCHI, Patrícia. *Eficácia das normas ambientais*. São Paulo: Saraiva, 2010.

BITTENCOURT, Sidney. *Comentários à Lei anticorrupção*: Lei 12.846/2013. São Paulo: Editora Revista dos Tribunais, 2014.

BOBBIO, Norberto. *Igualdade e liberdade*. Trad. Carlos Nelson Coutinho. 4. ed. Rio de Janeiro: Ediouro, 2000.

BOBBIO, Norberto. *O tempo da memória:* de senectude e outros escritos autobiográficos. Trad. Daniela Versiani. 4. ed. Rio de Janeiro: Campus, 1997.

BOFF, Leonardo. *Sustentabilidade:* o que é, o que não é. Petrópolis: Vozes, 2012.

BONTEMPO, Alexandra Gotti. O direito à saúde: perspectivas e possibilidades para uma proteção judicial mais exitosa. *In*: AMARAL JR., Alberto do; JUBILUT, Liliana Lyra (org.). *O STF e o direito internacional dos direitos humanos*. São Paulo: Quartier Latin, 2009.

BORDALLO, Galdino Augusto Coelho. Adoção. *In*: MACIEL, Kátia Regina Ferreira Lobo Andrade (coord.). *Curso de direito da criança e do adolescente:* aspectos teóricos e práticos. 9. ed. rev. e atual. São Paulo: Saraiva, 2016.

BORDALLO, Galdino Augusto Coelho. As regras gerais do processo. *In*: MACIEL, Kátia Regina Ferreira Lobo Andrade (coord.). *Curso de direito da criança e do adolescente*: aspectos teóricos e práticos. 9. ed. rev. e atual. São Paulo: Saraiva, 2016.

BORDALLO, Galdino Augusto Coelho. O advogado. *In*: MACIEL, Kátia Regina Ferreira Lobo Andrade (coord.). *Curso de direito da criança e do adolescente*: aspectos teóricos e práticos. 9. ed. rev. e atual. São Paulo: Saraiva, 2016.

BORDALLO, Galdino Augusto Coelho. Outras ações previstas no Estatuto. *In*: MACIEL, Kátia Regina Ferreira Lobo Andrade (coord.). *Curso de direito da criança e do adolescente*: aspectos teóricos e práticos. 9. ed. rev. e atual. São Paulo: Saraiva, 2016.

BORDALLO, Galdino Augusto Coelho. Procedimento da habilitação para adoção. *In*: MACIEL, Kátia Regina Ferreira Lobo Andrade (coord.). *Curso de direito da criança e do adolescente*: aspectos teóricos e práticos. 9. ed. rev. e atual. São Paulo: Saraiva, 2016.

BORDALLO, Galdino Augusto Coelho. Recursos. *In*: MACIEL, Kátia Regina Ferreira Lobo Andrade (coord.). *Curso de direito da criança e do adolescente*: aspectos teóricos e práticos. 9. ed. rev. e atual. São Paulo: Saraiva, 2016.

BRITO, Alexis Couto de; VAY, Giancarlo Silkunas. Justiça negociada e a defesa dos direitos dos adolescentes nos processos socioeducativos. *In*: ANDREUCCI, Ana Cláudia Pompeu Torezan; CARACIOLA, Andrea Boari; JUNQUEIRA, Michelle Asato (org.). *Estatuto da Criança e do Adolescente:* 25 anos. São Paulo: LTr, 2015.

BRITO, Luan. 10 perguntas e respostas sobre o AEE. *Diversa,* 29 fev. 2024. Disponível em: https://diversa.org.br/noticias/10-perguntas-e-respostas-para-entender-o-atendimento-educacional-especializado-aee/.

BUCCI, Maria Paula Dallari. *Políticas públicas:* reflexões sobre o conceito jurídico. São Paulo: Saraiva, 2013.

BUCCI, Maria Paula Dallari. *Direito administrativo e políticas públicas.* São Paulo: Saraiva, 2002.

BUENO DA SILVA, Rafael Simonetti; MASSON, Cléber (coord.). *Estatuto da Criança e do Adolescente (ECA):* Magistratura e Ministério Público. Rio de Janeiro: Forense, 2011.

CAHALI, Yussef Said. Comentários ao art. 35. *In*: CURY, Munir (org.). *Estatuto da Criança e do Adolescente comentado.* Comentários jurídicos e sociais. 11. ed. São Paulo: Malheiros, 2010.

CAMBI, Eduardo. *Neoconstitucionalismo e neoprocessualismo*: direitos fundamentais, políticas públicas e protagonismo judiciário. São Paulo: Editora Revista dos Tribunais, 2009.

CANOTILHO, J. J. Gomes. *Estudos sobre direitos fundamentais.* 1. ed. brasileira e 2. ed. portuguesa. Portugal: Coimbra Editora e São Paulo, 2008.

CANOTILHO, J. J. Gomes. *Direito constitucional e teoria da Constituição.* 3. ed. Coimbra: Almedina, 1999.

CAPPELLETTI, Mauro; GARTH, Bryant. *Acesso à justiça.* Trad. Ellen Gracie Northfleet. Porto Alegre: Sérgio Antonio Fabris, 1988.

CARELLI, Andrea Mismotto (org.). *Comentários à Lei n. 12.594/2012*. Belo Horizonte: Revista do Ministério Público do Estado de Minas Gerais, 2014.

CARNEIRO, Fernando Ferreira (org.). *Dossiê Abrasco*: um alerta sobre os impactos dos agrotóxicos na saúde. Rio de Janeiro: EPSJV; São Paulo: Expressão Popular, 2015.

CARSON, Rachel. *Primavera silenciosa*. São Paulo: Gaia, 2010.

CARVALHO, Jeferson Moreira de. *Estatuto da Criança e do Adolescente:* manual funcional. 3. ed. rev. e atual. Belo Horizonte: Del Rey, 2012.

CARVALHO, Reinaldo Cintra Torres de. Comentários ao art. 52. *In*: CURY, Munir (org.). *Estatuto da Criança e do Adolescente comentado*. Comentários jurídicos e sociais. 11. ed. São Paulo: Malheiros, 2010.

CASTRO, Éden Santos de. A classe multisseriada: um espaço de garantia de direito. *Revista Científica Multidisciplinar Núcleo do Conhecimento*, ano 3, ed. 12, v. 6, p. 44-59, dez. 2018. Disponível em: https://www.nucleodoconhecimento.com.br/?p=24159.

CENSO 2022: brasileiros com 60 anos ou mais superam 32 milhões de pessoas. *Agência GOV*, 2023. Disponível em: https://agenciagov.ebc.com.br/noticias/202310/brasileiros-com-60-anos-ou-mais-superam-32-milhoes-de-pessoas-mdhc-reforca-importancia-do-cuidado-e-respeito-com-essa-faixa-etaria#:~:text=Norte%20%C3%A9%20regi%C3%A3o%20menos%20envelhecida,idade%22%2C%20acrescenta%20o%20secret%C3%A1rio.

CHARLES, Ronny. *Terceiro setor*: entre a liberdade e o controle. Salvador: JusPodivm, 2013.

CHAVES, Antônio. *Comentários ao Estatuto da Criança e do Adolescente*. 2. ed. São Paulo: LTr, 1997.

CIRQUEIRA DE SOUZA, Jadir. *Depoimento especial de crianças e adolescentes no sistema de justiça*. São Paulo: Pillares, 2018.

COMPARATO, Fábio Konder *et al*. *Financiamento dos direitos à saúde e à educação:* mínimos inegociáveis. Consultor Jurídico, 2016.

COMPARATO, Fábio Konder. *A afirmação histórica dos direitos humanos*. 7. ed. rev. e atual. São Paulo: Saraiva, 2010.

CONCEIÇÃO JÚNIOR, Hermes Siedler da; PES, João Hélio Ferreira. Os direitos das crianças e adolescentes no contexto histórico dos direitos humanos. *In*: PES, João Hélio Ferreira (coord.). *Direitos humanos:* crianças e adolescentes. 2. reimpr. Curitiba: Juruá, 2010.

CONSELHO NACIONAL DO MINISTÉRIO PÚBLICO. *Manual de atuação do Ministério Público em defesa da educação especial na perspectiva da educação inclusiva*. Brasília: CNMP, 2024. Disponível em: https://www.cnmp.mp.br/portal/images/cije/Apresenta%C3%A7%C3%B5es/Manual_MP_Educa%C3%A7%C3%A3o_Inclusiva_-_V10_online.pdf.

COSTA FILHO, Waldir Macieira da. Comentário aos artigos 84 a 87. *In*: LEITE, Flávia Piva Almeida; RIBEIRO, Lauro Luiz Gomes (coord.). *Comentários ao Estatuto da Pessoa com Deficiência*. São Paulo: Saraiva, 2016.

COSTA FILHO, Waldir Macieira da. A pessoa com deficiência mental e com dependência química: garantias para efetivação de seus direitos fundamentais pelo Ministério Público. Tendências em Direitos Fundamentais: possibilidades de atuação do Ministério Público. Conselho Nacional do Ministério Público, v. 2, ano 2017.

COSTA NETO, João. *Dignidade humana*: visão do Tribunal Constitucional Federal Alemão, do STF e do Tribunal Europeu. São Paulo: Saraiva, 2014.

COSTA, Ana Paula Motta. *Os adolescentes e seus direitos fundamentais:* da invisibilidade à indiferença. Porto Alegre: Livraria do Advogado, 2012.

COSTA, Tarcísio José Martins. *Estatuto da Criança e do Adolescente comentado*. Belo Horizonte: Del Rey, 2004.

COSTA, Daniel Ribeiro. A lei anticorrupção e a atuação do Ministério Público. *De Jure*, v. 16, n. 2, jul.-dez. 2017.

CRUZ, Maria Luiza Pólvora. Os idosos e o convívio. *IBDFAM*, 6 nov. 2017. Disponível em: https://ibdfam.org.br/artigos/1242/Os+idosos+e+o+conv%C3%ADvio.

CURY, Munir (org.). *Estatuto da Criança e do Adolescente comentado*. Comentários jurídicos e sociais. 11. ed. São Paulo: Malheiros, 2010.

D'ISEP, Clarissa Ferreira Macedo. *Água juridicamente sustentável*. São Paulo: Editora Revista dos Tribunais, 2010.

DALLARI, Dalmo de Abreu. *A Constituição na vida dos povos*: da idade média ao século XXI. São Paulo: Saraiva, 2010.

DALLARI, Dalmo de Abreu. Comentários ao art. 4o. *In*: CURY, Munir (org.). *Estatuto da Criança e do Adolescente comentado*. Comentários jurídicos e sociais. 11. ed. São Paulo: Malheiros, 2010.

DALLARI, Sueli Gandofi. *Direito sanitário*. Disponível em: http://www.saude.ba.gov.br/conferenciast2005/cdrom/cd%20colet%c3%a2nea%20leis%20e%20textos/artigos/10.doc.

DE PLÁCIDO E SILVA. *Vocabulário jurídico*. Rio de Janeiro: Forense, 1984. v. 1.

DEZEM, Guilherme Madeira; AGUIRRE, João Ricardo Brandão; FULLER, Paulo Henrique Aranda. *Estatuto da Criança e do Adolescente*: difusos e coletivos. 3. ed. rev., atual. e ampl. São Paulo: Editora Revista dos Tribunais, 2013.

DEL-CAMPO, Eduardo Roberto Alcântara; OLIVEIRA, Thales Cezar de. *Estatuto da Criança e do Adolescente*. Série leituras jurídicas: provas e concursos. 7. ed. São Paulo: Atlas, 2012. v. 28.

DIAS, Maria Berenice. *Filhos do afeto*. São Paulo: Editora Revista dos Tribunais, 2016.

DIAS, Maria Berenice. *Manual de direito das famílias*. 11. ed. rev., atual. e ampl. São Paulo: Editora Revista dos Tribunais, 2016.

DIDIER JR., Fredie. *Curso de direito processual civil*: introdução do direito processual civil, parte geral e processo de conhecimento. 19. ed. Salvador: JusPodivm, 2017.

DIDIER JR., Fredie. *Curso de direito processual civil*: teoria da prova, direito probatório, ações probatórias, decisão, precedente, coisa julgada e antecipação dos efeitos da tutela. 11. ed. Salvador: JusPodivm, 2016.

DIGIÁCOMO, Murilo. Comentários ao art. 50. *In*: CURY, Munir (org.). *Estatuto da Criança e do Adolescente comentado*. Comentários jurídicos e sociais. 11. ed. São Paulo: Malheiros, 2010.

DIGIÁCOMO, Murilo; DIGIÁCOMO, Ildeara de Amorim. *Estatuto da Criança e do Adolescente anotado e interpretado*. 6. ed. Curitiba: Ministério Público do Estado do Paraná. Centro de Apoio Operacional das Promotorias da Criança e do Adolescente, 2013.

DIPP, Gilson; CASTILHO, Manoel L. Volkmer. *Comentários sobre a Lei anticorrupção*. São Paulo: Saraiva, 2016.

DOLINGER, Jacob; TIBÚRCIO, Carmen. *Direito internacional privado*. 13. ed. rev., atual. e ampl. Rio de Janeiro: Forense, 2017.

DUPRET, Cristiane. *Estatuto da Criança e do Adolescente*. Salvador: JusPodivm, 2016.

DUPRET, Cristiane. *Curso de direito da criança e do adolescente*. 3. ed. Belo Horizonte: Letramento, 2015.

DURKHEIM, Émile. *Divisão do trabalho*. São Paulo: Martins Fontes, 1999.

DWORKIN, Ronald. *Levando os direitos a sério*. Trad. Nelson Boeira. 3. ed. São Paulo: WMF Martins Fontes, 2010.

ELIAS, Roberto João. *Comentários ao Estatuto da Criança e do Adolescente*: Lei n. 8.069, de 13 de julho de 1990. 4. ed. São Paulo: Saraiva, 2010.

FARIAS, Cristiano Chaves; ROSENVALD, Nelson. *Curso de direito civil:* famílias. 8. ed., rev. e atual. Salvador: JusPodivm, 2016.

FARIAS, Cristiano Chaves; CUNHA, Rogério Sanches; PINTO, Ronaldo Batista. *Estatuto da pessoa com deficiência comentado artigo por artigo.* 4. ed., rev. ampl. e atual. São Paulo: JusPodivm, 2021.

FEIGELSON, Bruno. *Curso de direito minerário.* São Paulo: Saraiva, 2012.

FENSTERSEIFER, Tiago; SARLET, Ingo Wolfgang. Estado socioambiental e mínimo existencial (ecológico?). *In*: SARLET, Ingo Wolfgang (org.). *Estado socioambiental e direitos fundamentais.* Porto Alegre: Livraria do Advogado, 2010.

FERNANDES, Antonio Joaquim Schellenberger. *Direito à saúde*: tutela coletiva e mediação sanitária. Belo Horizonte: D'Plácido, 2016.

FERNANDES, Márcio Mothé. *Ação socioeducativa pública.* Inovação do Estatuto da Criança e do Adolescente. 2. ed. rev., ampl. e atual. Rio de Janeiro: Lumen Juris, 2002.

FERRANDIN, Mauro. *Ato penal juvenil*: aplicabilidade dos princípios e garantias do ato penal. Curitiba: Juruá, 2009.

FERRAZ JR., Tercio Sampaio. *Introdução ao estudo do direito.* 3. ed. São Paulo: Atlas, 2001.

FERREIRA, Daniel. *Sanções administrativas.* São Paulo: Malheiros, 2001.

FERREIRA, Luiz Antônio Miguel. Comentários aos arts. 197-A e 197-E. *In*: CURY, Munir (org.). *Estatuto da Criança e do Adolescente Comentado.* Comentários jurídicos e sociais. 11. ed. São Paulo: Malheiros, 2010.

FERREIRA, Luiz Antônio Miguel. *Adoção:* guia prático doutrinário e processual com as alterações da Lei n. 12.010, de 3/8/2009. São Paulo: Cortez, 2010.

FIGUEIREDO, Ana Cláudia Mendes de; GONZAGA, Eugênia Augusta. Pessoas com deficiência e seu direito fundamental à capacidade civil. *In*: GONZAGA, Eugênia Augusta; MEDEIROS, Jorge Luiz Ribeiro de. *Ministério Público, sociedade e a Lei Brasileira de Inclusão da Pessoa com Deficiência.* Brasília: ESMPU, 2018.

FIGUEIREDO, Guilherme José Purvin de. *Curso de direito ambiental.* 6. ed. rev., atual. e ampl. São Paulo: Editora Revista dos Tribunais, 2013.

FIGUEIRÊDO, Luiz Carlos de Barros. *Adoção para homossexuais.* 2. ed. Curitiba: Juruá, 2015.

FIGUEIRÊDO, Luiz Carlos de Barros. *Guarda*: Estatuto da Criança e do Adolescente. Curitiba: Juruá, 2011.

FONSECA, Antônio Cézar Lima da. *Direitos da criança e do adolescente.* 3. ed. São Paulo: Atlas, 2015.

FRANCISCO DE SOUZA, Ismael. Conselho tutelar: novos caminhos para proteção aos direitos de crianças e adolescentes no Brasil. *In*: VERONESE, Josiane Rose Petry (org.). *Estatuto da Criança e do Adolescente: 30 anos:* grandes temas, grandes desafios. Rio de Janeiro: Lumen Juris, 2020.

FRASSETO, Flávio Américo. *Pela necessidade de uma doutrina do processo de execução de medida socioeducativa.* Congresso Nacional da Associação Brasileira de Magistrados e Promotores da Infância e Juventude. Belém/PA, 2002.

FREITAS, Gilberto Passos de. *Ilícito ambiental e reparação do dano.* São Paulo: Editora Revista dos Tribunais, 2005.

FREITAS, Juarez. *Sustentabilidade:* direito ao futuro. Belo Horizonte: Fórum, 2011.

FULLER, Paulo Henrique Aranda. *Estatuto da Criança e do Adolescente comentado.* São Paulo: Editora Revista dos Tribunais, 2017.

GAMA, Guilherme Calmon Nogueira da; NUNES, Marina Lacerda. Cuidado e a esfera existencial inclusiva da pessoa com deficiência. *In*: PEREIRA, Tânia da Silva Pereira; OLIVEIRA, Guilherme de; COLTRO, Antonio Carlos Mathias (coord.). *Cuidado e o direito de ser*: respeito e compromisso. Rio de Janeiro: GZ, 2018.

GARCIA, Emerson; ALVES, Rogério Pacheco. *Improbidade administrativa*. 4. ed. Rio de Janeiro: Lumen Juris, 2008.

GARCIA, Emerson; ALVES, Rogério Pacheco. *Improbidade administrativa*. 9. ed. São Paulo: Saraiva, 2017.

GOMES NETO, José M. Wanderley. *O acesso à justiça em Mauro Cappelletti*: uma análise teórica desta concepção como "movimento" de transformação das estruturas do processo civil brasileiro. Porto Alegre: Sergio Antonio Fabris, 2005.

GOMES, Luiz Flávio; MAZZUOLI, Valério de Oliveira. *Direito supraconstitucional*: do absolutismo ao Estado Constitucional e Humanista de Direito. São Paulo: Editora Revista dos Tribunais, 2010. v. 5. (Coleção Direito e Ciências Afins)

GONÇALVES, Carlos Roberto. *Direito civil brasileiro:* direito de família. 14. ed. São Paulo: Saraiva, 2017. v. 6.

GONZAGA, Eugênia Augusto. Comentário ao art. 12. *In*: DIAS, Joeson; FERREIRA, Laíssa da Costa; GUGEL, Maria Aparecida; COSTA FILHO, Waldir Macieira da. *Novos comentários à Convenção sobre os Direitos das Pessoas com Deficiência*. Brasília: SDH-PR/SNPD, 2014.

GUARAGNI, Fábio André (coord.). *Lei anticorrupção*: comentários à Lei 12.846/2013. São Paulo: Almedina, 2014.

GUEDES, Alexandre de Matos. Crimes contra as pessoas com deficiência: uma análise. *In*: GUGEL, Maria Aparecida; MACIEIRA, Waldir; RIBEIRO, Lauro (org.). *Deficiência no Brasil*: uma abordagem integral dos direitos das pessoas com deficiência. Florianópolis: Obra Jurídica, 2007.

GUGEL, Maria Aparecida. *Pessoas com deficiência e o direito ao concurso público*: reserva de cargos e empregos públicos: administração pública direta e indireta. 3. ed. Goiânia: Editora da UCG, 2016.

HARARI, Yyval Noah. *21 lições para o século 21*. Trad. Paulo Geiger. São Paulo: Companhia das Letras, 2018.

HARARI, Yyval Noah. *Homo Deus*: uma breve história do amanhã. Trad. Paulo Geiger. São Paulo: Companhia das Letras, 2018.

HEERDT, Fábio Vieira. A audiência de tomada do depoimento especial: a vítima no seu lugar, por direito. *In*: PÖTTER, Luciane (org.). *A escuta protegida de crianças e adolescentes:* os desafios da implantação da Lei n. 13.431/2017. Porto Alegre: Livraria do Advogado, 2019.

HEINEN, Juliano. *Comentários à Lei anticorrupção*. Belo Horizonte: Fórum, 2015.

HERZOG, Cecilia Polacow. *Cidade para todos*: (re) aprendendo a conviver com a natureza. Rio de Janeiro: Mauad X: Inverde, 2013.

HESSE, Konrad. *A força normativa da Constituição*. Trad. Gilmar Ferreira Mendes. Porto Alegre: Sergio Antonio Fabris, 1991.

HOUAISS, Antônio; VILLAR, Mauro de Salles. *Grande dicionário Houaiss da língua portuguesa*. Rio de Janeiro: Objetiva, 2001.

INGRESSO por cotas: reflexões sobre os 10 anos da Lei nº 12.711. *Instituto Federal Santa Catarina*, Portal Blog dos Intercambistas, 8 abr. 2025. Disponível em: https://www.ifsc.edu.br/postagens-blog-intercambistas/-/asset_publisher/qYC5Mt2Bw6wv/content/id/13371667/ingresso-por-cotas-reflex%C3%B5es-sobre-os-10-anos-da-lei-n-12711.

INSTITUTO BRASILEIRO DE GEOGRAFIA E ESTATÍSTICA (IBGE). *Censo demográfico 2010*: características gerais da população: religião e pessoas com deficiência. Rio de Janeiro: IBGE, 2012.

INSTITUTO BRASILEIRO DE GEOGRAFIA E ESTATÍSTICA (IBGE). *Censo demográfico 2022*: pessoas com deficiência e pessoas diagnosticadas com transtorno do espectro autista. Resultados preliminares da amostra. Rio de Janeiro: IBGE, 2025. Disponível em: https://biblioteca.ibge.gov.br/visualizacao/livros/liv102178.pdf.

ISHIDA, Válter Kenji. *Estatuto da Criança e do Adolescente:* doutrina e jurisprudência. 19. ed. rev., ampl. e atual. Salvador: JusPodivm, 2018.

ISHIDA, Válter Kenji. *Estatuto da Criança e do Adolescente:* doutrina e jurisprudência. 17. ed. rev., ampl. e atual. Salvador: JusPodivm, 2016.

ISHIDA, Válter Kenji. *A infração administrativa no Estatuto da Criança e do Adolescente.* 2. ed. São Paulo: Atlas, 2015.

ISHIDA, Válter Kenji. *Estatuto da Criança e do Adolescente:* doutrina e jurisprudência. 16. ed. São Paulo: Atlas, 2015.

KANT, Immanuel. *Fundamentação da metafísica dos costumes e outros escritos.* São Paulo: Martin Claret, 2006.

LAFER, Celso. *A reconstrução dos direitos humanos, diálogo com o pensamento de Hannah Arendt.* São Paulo: Companhia das Letras, 2003.

LAMENZA, Francismar; MACHADO, Antônio Cláudio da Costa (org.). *Estatuto da Criança e do Adolescente interpretado:* artigo por artigo, parágrafo por parágrafo. Barueri: Manole, 2012.

LANG, Pamela. Fiocruz divulga nota técnica sobre cannabis medicinal. *Agência Fiocruz de Notícias,* 19 abr. 2023. Disponível em: https://agencia.fiocruz.br/fiocruz-divulga-nota-tecnica-sobre-cannabis-medicinal#:~:text=O%20Programa%20Institucional%20de%20Pol%C3%ADticas,em%20cannabis%20e%20seus%20derivados.

LEHFELD, Lucas de Souza; MANAF, Marcos Aurelio. A ineficácia dos direitos sociais fundamentais na ausência de regulamentação da Lei 9.637/1998: a (i)legalidade dos contratos de gestão entre o poder público e organizações sociais(os). *Revista de Direito Constitucional e Internacional,* São Paulo: RT, v. 107, maio/jun. 2018.

LEMOS, Patrícia Faga Iglecias. *Meio ambiente e responsabilidade civil do proprietário.* São Paulo: Editora Revista dos Tribunais, 2012.

LIBERATI, Wilson Donizeti. *Adoção*: adoção internacional: doutrina e jurisprudência (de acordo com o novo Código Civil – Lei 10.406/2002). 2. ed. São Paulo: Malheiros, 2003.

LIBERATI, Wilson Donizeti. *Adolescente e ato infracional.* Medida socioeducativa é pena? 2. ed. São Paulo: Malheiros, 2012.

LIBERATI, Wilson Donizeti. *Comentários ao Estatuto da Criança e do Adolescente.* 12. ed. São Paulo: Malheiros, 2015.

LIBERATI, Wilson Donizeti. *Políticas públicas no Estado constitucional.* São Paulo: Atlas, 2013.

LIBERATI, Wilson Donizeti. *Processo penal juvenil.* A garantia da legalidade na execução da medida socioeducativa. São Paulo: Malheiros, 2006.

LIBERATI, Wilson Donizeti; CYRINO, Públio Caio Bessa. *Conselhos e fundos no Estatuto da Criança e do Adolescente.* 2. ed. São Paulo: Malheiros, 2003.

LEITE, Eduardo de Oliveira. *Alienação parental:* do mito à realidade. São Paulo: Editora Revista dos Tribunais, 2015.

LEONARD, Annie. *A história das coisas:* da natureza ao lixo, o que acontece com tudo que consumimos. Trad. Heloisa Mourão. Rio de Janeiro: Zahar, 2011.

LIMA, Miguel Moacyr Alves. Comentários ao art. 115. *In*: CURY, Munir (org.). *Estatuto da Criança e do Adolescente comentado.* Comentários jurídicos e sociais. 11. ed. São Paulo: Malheiros, 2010.

LÔBO, Paulo. *Direito civil:* famílias. 7. ed. São Paulo: Saraiva, 2017.

LOPES, Laís de Figueiredo. Comentário aos arts. 1º a 3º. *In*: LEITE, Flávia Piva Almeida; RIBEIRO, Lauro Luiz Gomes; COSTA FILHO, Waldir Macieira da (coord.). *Comentários ao Estatuto da Pessoa com Deficiência*. São Paulo: Saraiva, 2016.

MACHADO, Paulo Affonso Leme. *Direito ambiental brasileiro*. 13. ed. rev., atual. e ampl. São Paulo: Malheiros, 2005.

MACHADO, Pedro Antonio de Oliveira. Atos de corrupção relacionados com licitações e contratos. *In*: MUNHÓS, Jorge; QUEIROZ, Ronaldo Pinheiro (coord.). *Lei anticorrupção e temas de* compliance. 2 ed. Salvador: JusPodivm, 2016.

MACIEL, Kátia Regina Ferreira Lobo Andrade (coord.). *Curso de direito da criança e do adolescente:* aspectos teóricos e práticos. 9. ed. rev. e atual. São Paulo: Saraiva, 2016.

MACIEL, Kátia Regina Ferreira Lobo Andrade. Ação de guarda. *In*: MACIEL, Kátia Regina Ferreira Lobo Andrade (coord.). *Curso de direito da criança e do adolescente*: aspectos teóricos e práticos. 9. ed. rev. e atual. São Paulo: Saraiva, 2016.

MACIEL, Kátia Regina Ferreira Lobo Andrade. Ação de tutela e procedimentos correlatos. *In*: MACIEL, Kátia Regina Ferreira Lobo Andrade (coord.). *Curso de direito da criança e do adolescente*: aspectos teóricos e práticos. 9. ed. rev. e atual. São Paulo: Saraiva, 2016.

MACIEL, Kátia Regina Ferreira Lobo Andrade. Guarda. *In*: MACIEL, Kátia Regina Ferreira Lobo Andrade (coord.). *Curso de direito da criança e do adolescente*: aspectos teóricos e práticos. 9. ed. rev. e atual. São Paulo: Saraiva, 2016.

MACIEL, Kátia Regina Ferreira Lobo Andrade. Procedimento de apuração de irregularidades em entidade de atendimento. *In*: MACIEL, Kátia Regina Ferreira Lobo Andrade (coord.). *Curso de direito da criança e do adolescente*: aspectos teóricos e práticos. 9. ed. rev. e atual. São Paulo: Saraiva, 2016.

MACIEL, Kátia Regina Ferreira Lobo Andrade. Regras gerais sobre a colocação em família substituta. *In*: MACIEL, Kátia Regina Ferreira Lobo Andrade (coord.). *Curso de direito da criança e do adolescente*: aspectos teóricos e práticos. 9. ed. rev. e atual. São Paulo: Saraiva, 2016.

MACIEL, Kátia Regina Ferreira Lobo Andrade. Tutela. *In*: MACIEL, Kátia Regina Ferreira Lobo Andrade (coord.). *Curso de direito da criança e do adolescente*: aspectos teóricos e práticos. 9. ed. rev. e atual. São Paulo: Saraiva, 2016.

MADALENO, Rolf. *Direito de família*. 6. ed. rev., atual. e ampl. Rio de Janeiro: Forense, 2017.

MAIO, Iadya Gama. Comentário ao art. 55. *In*: PINHEIRO, Naide Maria (coord.). *Estatuto do Idoso comentado*. 3. ed. rev., atual. e ampl. Campinas: Servanda, 2014.

MAIOR, Olympio Sotto. Comentários ao art. 113. *In*: CURY, Munir (org.). *Estatuto da Criança e do Adolescente comentado*. Comentários jurídicos e sociais. 11. ed. São Paulo: Malheiros, 2010.

MANCUSO, Rodolfo de Camargo. *Ação civil pública:* em defesa do meio ambiente, do patrimônio cultural e dos consumidores: Lei 7.347/1985 e legislação complementar. 14. ed. rev., atual. e ampl. São Paulo: Editora Revista dos Tribunais, 2016.

MAPELLI JR., Reynaldo. *Judicialização da saúde*: regime jurídico do SUS e intervenção na administração pública. Rio de Janeiro: Atheneu, 2017.

MAPELLI JR., Reynaldo. Ministério Público: atuação na área da saúde. *In*: SABELLA, Walter Paulo; DAL POSSO, Antonio Araldo Ferraz; BURLE FILHO, José Emmanuel (coord.). *Ministério Público*: vinte e cinco anos do novo perfil constitucional. São Paulo: Malheiros, 2013.

MAPELLI JR., Reynaldo *et al*. *Direito sanitário*. São Paulo: Imprensa Oficial, 2012.

MARÇURA, Jurandir Norberto; MUNIR, Cury; PAULA, Paulo Afonso Garrido de. *Estatuto da Criança e do Adolescente anotado*. 2. ed. rev. e atual. São Paulo: Editora Revista dos Tribunais, 2000.

MARÇURA, Jurandir Norberto. Comentários ao art. 179. *In*: CURY, Munir (org.). *Estatuto da Criança e do Adolescente comentado.* Comentários jurídicos e sociais. 11. ed. São Paulo: Malheiros, 2010.

MARINELA, Fernanda; PAIVA, Fernando; RAMALHO, Tatiany. São Paulo: Saraiva, 2015.

MARQUES, Cláudia Lima; BENJAMIN, Antonio Herman V.; MIRAGEM, Bruno. *Comentários ao Código de Defesa do Consumidor.* 4. ed. rev., atual. e ampl. São Paulo: Editora Revista dos Tribunais, 2013.

MARQUES, Silvio Antonio. Harmonização entre a lei de improbidade administrativa e a lei anticorrupção empresarial. *In*: *Apontamentos à lei anticorrupção empresarial*: Lei 12.846/2013. São Paulo: MPSP, 2015.

MARRARA, Thiago. *Lei anticorrupção comentada.* Belo Horizonte: Fórum, 2017. São Paulo: Método, 2014.

MARRARA, Thiago. Comentários ao artigo 16. *In*: DI PIETRO, Maria Sylvia Zanella; MARRARA, Thiago. *Lei anticorrupção comentada.* Belo Horizonte: Fórum, 2017.

MARTINEZ, Ana Paula. *Repressão a cartéis.* São Paulo: Singular, 2013.

MARTINS JÚNIOR, Wallace Paiva. Comentários ao art. 15. *In*: DI PIETRO, Maria Sylvia Zanella; MARRARA, Thiago. *Lei anticorrupção comentada.* Belo Horizonte: Fórum, 2017.

MARTEL, Letícia de Campos Velho. Adaptação razoável: o novo conceito sob as lentes de uma gramática constitucional inclusiva. *In*: *SUR*, v. 8, n. 14, jun. 2011, São Paulo: Sur - Rede Universitária de Direitos Humanos.

MAZZUOLI, Valerio de Oliveira. *Curso de direitos humanos.* 3. ed. Rio de Janeiro: Forense; São Paulo: Método, 2016.

MAZZUOLI, Valerio de Oliveira. *Curso de direito internacional público.* 10. ed. São Paulo: Editora Revista dos Tribunais, 2016.

MAZZUOLI, Valerio de Oliveira. *Curso de direito internacional privado.* 2. ed. reform., atual. e ampl. Rio de Janeiro: Forense, 2017.

MAZZUOLI, Valerio de Oliveira. *Curso de direitos humanos.* 4. ed. rev., atual. e ampl. Rio de Janeiro: Forense, 2017.

MAZZILLI, Hugo Nigro. Comentários ao art. 201. *In*: CURY, Munir (org.). *Estatuto da Criança e do Adolescente comentado.* Comentários jurídicos e sociais. 11. ed. São Paulo: Malheiros, 2010.

MENDEZ, Emílio Garcia; COSTA, Antônio Carlos Gomes da. *Das necessidades aos direitos.* São Paulo: Malheiros, 1994.

MENESES, Elcio Resmini. *Medidas socioeducativas*: uma reflexão jurídico-pedagógica. Porto Alegre: Livraria do Advogado, 2008.

MENEZES, Joyceane Bezerra de. Tomada de decisão apoiada: instrumento de apoio ao exercício da capacidade civil da pessoa com deficiência instituído pela lei brasileira de inclusão (Lei n. 13.146/2015). *Revista Brasileira de Direito Civil*, Belo Horizonte, v. 9, n. 3, jul.-set. 2016. p. 44. Disponível em: https://rbdcivil.ibdcivil.org.br/rbdc/article/view/53. Acesso em: 1º dez. 2019.

MESSIAS CARVALHO, Dimas. *Adoção e guarda.* 2. ed. Belo Horizonte: Del Rey, 2013.

MILANO FILHO, Nazir David; MILANO, Rodolfo Cesar. *Estatuto da Criança e do Adolescente:* comentado e interpretado de acordo com o novo Código Civil. 2. ed. São Paulo: Livraria e Editora Universitária, 2004.

MILARÉ, Édis. *Direito do ambiente.* 8. ed. rev., atual. e ampl. São Paulo: Editora Revista dos Tribunais, 2013.

MILARÉ, Édis; MACHADO, Paulo Affonso Leme. *Novo Código Florestal:* comentários à Lei 12.651/2012. 2. ed., rev., atual. e ampl. São Paulo: Editora Revista dos Tribunais, 2013.

MINISTÉRIO DA EDUCAÇÃO. Relatório de consolidação das informações do Levantamento Nacional Retrato da Educação Infantil e de recomendações ao MEC. Brasília, 2024. Disponível em: https://www.gov.br/mec/pt-br/pnei/RelatriodeConsolidaoRetratoEIMEC.pdf. Acesso em: 25 mar. 2025.

MINISTÉRIO DOS DIREITOS HUMANOS E DA CIDADANIA. *IBGE divulga censo sobre pessoas com deficiência no Brasil.* 23 de maio de 2025. Disponível em: https://www.gov.br/mdh/pt-br/assuntos/noticias/2025/maio/pela-primeira-vez-ibge-divulga-dados-sobre-pessoas-com-deficiencia-no-brasil.

MINISTÉRIO PÚBLICO DO ESTADO DE SÃO PAULO. *Cartilha Residência Inclusiva e Serviços Residenciais Terapêuticos: Semelhanças e diferenças na perspectiva do atendimento territorializado.* São Paulo, 2022. p. 4-5.

MIOLA, Cezar. Com mudanças climáticas, infraestrutura escolar adequada é urgente. *Poder360,* 13 mar. 2025. Disponível em: https://www.poder360.com.br/opiniao/infraestrutura-escolar-adequada-e-urgente-com-mudancas-climaticas/.

MIRABETE, Júlio Fabbrini. Comentários ao art. 128. *In*: CURY, Munir (org.). *Estatuto da Criança e do Adolescente comentado.* Comentários jurídicos e sociais. 11. ed. São Paulo: Malheiros, 2010.

MOLINARO, Carlos Alberto. *Direito ambiental:* proibição de retrocesso. Porto Alegre: Livraria do Advogado, 2007.

MORAES, Bianca Mota de; RAMOS, Helane Vieira. A prática de ato infracional. *In*: MACIEL, Kátia Regina Ferreira Lobo Andrade (coord.). *Curso de direito da criança e do adolescente*: aspectos teóricos e práticos. 9. ed. rev. e atual. São Paulo: Saraiva, 2016.

MORAES, Célio Vanderlei. Comentário ao art. 39. *In*: SETUBAL, Joyce Marquezin; FAYAN, Regiane Alves Costa (org.). *Lei brasileira de inclusão da pessoa com deficiência comentada.* Campinas: Fundação FEAC, 2017.

MORAES, Rodrigo Jorge. *Setor sucroalcooleiro*: regime jurídico ambiental das usinas de açúcar e álcool. São Paulo: Saraiva, 2011.

MOREIRA NETO, Diogo de Figueiredo. *Curso de direito administrativo.* 16. ed. rev. e atual. Rio de Janeiro: Forense, 2014.

MOREIRA NETO, Diogo de Figueiredo; FREITAS, Rafael Véras de. A juridicidade da lei anticorrupção: reflexões e interpretações prospectivas. *Revista Fórum Administrativo*, Belo Horizonte, ano 14, n. 156, p. 09-20, fev. 2014.

MORIN, Edgard. *A cabeça bem-feita*: repensar a reformar o pensamento. 9. ed. Trad. Eloá Jacobina, Rio de Janeiro: Beltrand Brasil, 2004 *apud Direito educacional*: educação básica e federalismo. RIBEIRO, Lauro Luiz Gomes. São Paulo: Quartier Latin, 2009.

MOTTA COSTA, Ana Paula. *As garantias processuais e o direito penal juvenil*: como limite na aplicação da medida socioeducativa de internação. Porto Alegre: Livraria do Advogado, 2005.

MOTTA, Fabrício; SPIRIDON, Nicofotis Anyfantis. Comentários ao artigo 28. *In*: DI PIETRO, Maria Sylvia Zanella; MARRARA, Thiago. *Lei anticorrupção comentada.* Belo Horizonte: Fórum, 2017.

NARVAES, Patrícia. *Dicionário ilustrado de meio ambiente.* 2. ed. São Caetano do Sul: Yendis; Secretaria do Meio Ambiente do Estado de São Paulo, 2012.

NOBREGA, Flávio Henrique de Oliveira. Comentário ao art. 40. *In*: PINHEIRO, Naide Maria (coord.). *Estatuto do Idoso comentado.* Campinas: Servanda, 2014.

NOGUEIRA, Paulo Lúcio. *Estatuto da Criança e do Adolescente comentado*: Lei n. 8.069, de 13 de julho de 1990. 4. ed., aum. e atual. São Paulo: Saraiva, 1998.

NOHARA, Irene Patrícia. Comentários ao artigo 13. *In*: DI PIETRO, Maria Sylvia Zanella; MARRARA, Thiago. *Lei anticorrupção comentada.* Belo Horizonte: Fórum, 2017.

NUCCI, Guilherme de Souza. *Estatuto da Criança e do Adolescente comentado:* em busca da Constituição Federal das crianças e dos adolescentes. 4. ed. rev., atual. e ampl. Rio de Janeiro: Forense, 2018.

NUSDEO, Ana Maria de Oliveira. *Pagamento por serviços ambientais:* sustentabilidade e disciplina jurídica. São Paulo: Atlas, 2012.

NUSDEO, Ana Maria de Oliveira. *Estatuto da Criança e do Adolescente comentado*: em busca da Constituição Federal das crianças e dos adolescentes. 3. ed. rev., atual. e ampl. Rio de Janeiro: Forense, 2016.

NUSDEO, Ana Maria de Oliveira. *Leis penais e processuais penais comentadas.* 7. ed. rev., atual. e ampl. São Paulo: Editora Revista dos Tribunais, 2013. v. 1.

NUSDEO, Ana Maria de Oliveira. *Leis penais e processuais penais comentadas.* 8. ed. Rio de janeiro: Forense, 2014. v. 2.

ODUM, Eugene P; BARRET, Gary W. *Fundamentos de ecologia.* São Paulo: Cengage Learning, 2015.

OLIVEIRA, Beatriz Lopes. Tutela do idoso e da pessoa com deficiência. *In*: VITORELLI, Edilson (org). *Manual de direitos difusos.* Salvador: JusPodivm, 2018.

OLIVEIRA, Beatriz Lopes; BÉRGAMO, Rita de Cassia *et al.* Responsabilização e atos lesivos à administração pública nacional ou estrangeira na Lei 12.846/2013. *Apontamentos à Lei anticorrupção empresarial (Lei 12.846/13).* São Paulo: MPSP, 2015.

OLIVEIRA, J. M. Leoni Lopes de. *Guarda, tutela e adoção.* 3. ed. Rio de Janeiro: Lumen Juris, 2000.

OLIVEIRA, José Roberto Pimenta. Comentários ao artigo 2°. *In*: DI PIETRO, Maria Sylvia Zanella; MARRARA, Thiago. *Lei anticorrupção comentada.* Belo Horizonte: Fórum, 2017.

OLIVEIRA, Rafael Carvalho Rezende. *Curso de direito administrativo.* 2. ed. rev., atual. e ampl. Rio de Janeiro: Forense; São Paulo: Método, 2014.

OMS publica primeiro relatório global sobre inteligência artificial na saúde e seis princípios orientadores para sua concepção e uso. *OPAS – Organização Pan-Americana da Saúde*, 28 jun. 2021. Disponível em: https://www.paho.org/pt/noticias/28-6-2021-oms-publica-primeiro-relatorio-global-sobre-inteligencia-artificial-na-saude-e#:~:text=28%20de%20junho%20de%202021,novas%20orienta%C3%A7%C3%B5es%20da%20Organiza%C3%A7%C3%A3o%20Mundial.

PAULA, Paulo Afonso Garrido de. Comentários ao art. 189. *In*: CURY, Munir (org.). *Estatuto da Criança e do Adolescente comentado.* Comentários jurídicos e sociais. 11. ed. São Paulo: Malheiros, 2010.

PACHI, Carlos Eduardo. Comentários ao art. 41. *In*: CURY, Munir (org.). *Estatuto da Criança e do Adolescente comentado.* Comentários jurídicos e sociais. 11. ed. São Paulo: Malheiros, 2010.

PASCOAL SILVA, André. Comentários aos arts. 130, 131 e 136. *In*: CURY, Munir (org.). *Estatuto da Criança e do Adolescente comentado.* Comentários jurídicos e sociais. 11. ed. São Paulo: Malheiros, 2010.

PELUSO, Antônio Cézar. Comentários ao art. 166. *In*: CURY, Munir (org.). *Estatuto da Criança e do Adolescente comentado.* Comentários jurídicos e sociais. 11. ed. São Paulo: Malheiros, 2010.

PERRINI, Raquel Fernandez. *Competência da Justiça Federal comum.* São Paulo: Saraiva, 2001.

PES, João Hélio Ferreira (coord.). *Direitos humanos*: crianças e adolescentes. Curitiba: Juruá, 2010.

PESTANA, Denis. *Manual do conselheiro tutelar.* Curitiba: Juruá, 2011.

PETRELLUZZI, Marco Vinicio; RIZEK JUNIOR, Rubens Naman. *Lei anticorrupção*: origens, comentários e análise da legislação correlata. São Paulo: Saraiva, 2014.

PIEROZAN, Júlia Höpner; VERONESE, Josiane Rose Petry. Apadrinhamento afetivo como garantia do direito à convivência familiar. *In*: VERONESE, Josiane Rose Petry (org.). *Estatuto da Criança e do Adolescente: 30 anos:* grandes temas, grandes desafios. Rio de Janeiro: Lumen Juris, 2020.

PIMENTEL FILHO, André. Comentários aos artigos 1º ao 4º da lei anticorrupção. *In*: MUNHÓS, Jorge; QUEIROZ, Ronaldo Pinheiro (coord.). *Lei anticorrupção e temas de* compliance. 2 ed. Salvador: JusPodivm, 2016.

PINHO DE CARVALHO, Márcio. *Execução de medidas socioeducativas*: prática processual de aplicação da Lei do Sinase e da Resolução n. 165 do Conselho Nacional de Justiça. Rio de Janeiro: Processo, 2018.

PINTO DE OLIVEIRA, Olívia Marcelo. *O parto anônimo à luz do constitucionalismo brasileiro.* Curitiba: Juruá, 2011.

PINTO, Élida Graziane, Atual PNE tende a ser prorrogado porque foi quase totalmente descumprido. *Consultor Jurídico*, 28 maio 2024. Disponível em: https://www.conjur.com.br/2024-mai-28/atual-pne-tende-a-ser-prorrogado-porque-foi-quase-totalmente-descumprido/.

PROCURADORIA-GERAL DO ESTADO DE MATO GROSSO DO SUL. *Teses fixadas nos temas de repercussão geral nº 1.234 e nº 6 Pelo Supremo Tribunal Federal.* Janeiro de 2025. Disponível em: https://www.pge.ms.gov.br/wp-content/uploads/2025/01/PGE-MANUAL-EXPLICATIVO-STJ-jan-25-1.pdf.

QUEIROZ, Ronaldo Pinheiro. Responsabilização judicial da pessoa jurídica na Lei anticorrupção. *In*: MUNHÓS, Jorge; QUEIROZ, Ronaldo Pinheiro (coord.). *Lei anticorrupção e temas de* compliance. 2 ed. Salvador: JusPodivm, 2016.

RAMIDOFF, Mário Luiz. *Lições de direito da criança e do adolescente.* Ato infracional e medidas socioeducativas. 3. ed. Curitiba: Juruá, 2011.

RAMIDOFF, Mário Luiz. *Sistema Nacional de Atendimento Socioeducativo (SINASE).* Comentários à Lei n. 12.594, de 18 de janeiro de 2012. São Paulo: Saraiva, 2012.

RAMOS, André de Carvalho. *Curso de direitos humanos.* 2. ed. rev, atual. e ampl. São Paulo: Saraiva, 2015.

RAMOS, André de Carvalho. O diálogo das Cortes: o Supremo Tribunal Federal e a Corte Interamericana de Direitos Humanos. *In*: AMARAL JUNIOR, Alberto do; JUBILUT, Liliana Lyra (org.). *O STF e o direito internacional dos direitos humanos.* São Paulo: Quartier Latin, 2009.

RAMOS, Patrícia Pimentel de Oliveira Chambers. Procedimento das infrações administrativas. *In*: MACIEL, Kátia Regina Ferreira Lobo Andrade (coord.). *Curso de direito da criança e do adolescente*: aspectos teóricos e práticos. 9. ed. rev. e atual. São Paulo: Saraiva, 2016.

RAMOS, Paulo Roberto Barbosa. *Curso de direito do idoso.* São Paulo: Saraiva, 2014.

RANGEL, Paulo. *A redução da menor idade penal*: avanço ou retrocesso social? A cor do sistema penal brasileiro. São Paulo: Atlas, 2015.

REICHER, Stella Camlot. A Convenção sobre os Direitos das Pessoas com Deficiência: o cenário nacional pós-ratificação e os desafios à sua implementação. *In*: GONZAGA, Eugênia Augusta; MEDEIROS, Jorge Luiz Ribeiro de. *Ministério Público, sociedade e a Lei Brasileira de Inclusão da Pessoa com Deficiência.* Brasília: ESMPU, 2018.

RELATÓRIO de monitoramento global da educação, resumo 2023, a tecnologia na educação: uma ferramenta a serviço de quem? *ONU News,* seção Cultura e Educação, 26 jul. 2023.

RIBEIRO, Juliana do Val. Comentário aos arts. 37, 43 e 45. *In*: GARCIA, Maria; LEITE, Flavia Piva Almeida; SERAPHIM, Carla Matuck Borba (coord.). *Comentários ao Estatuto do Idoso.* São Paulo: Saraiva, 2016.

RIBEIRO, Lauro Luiz Gomes. *Direto educacional:* educação básica e federalismo. São Paulo: Quartier Latin, 2009.

RODRIGUES, Marcelo Abelha. *Direito ambiental esquematizado.* 2. ed. São Paulo: Saraiva, 2015.

ROSA, Conrado Paulino. *Curso de direito de família contemporâneo.* Salvador: JusPodivm, 2016.

ROSA, Conrado Paulino da. *Curso de direito de família contemporâneo.* 6. ed. rev., ampl. e atual. Salvador: JusPodivm, 2020.

ROSENVALD, Nelson. *A curatela como a terceira margem do rio.* Disponível em: https://www.nelsonrosenvald.info/single-post/2017/09/20/A-curatela-como-a-terceira-margem-do-rio.

ROSENVALD, Nelson. *A "caixa de Pandora" da incapacidade absoluta.* Disponível em: https://www.nelsonrosenvald.info/single-post/2017/06/06/A-E2%80%9Ccaixa-de-Pandora%E2%80%9D-da-incapacidade-absoluta.

ROSENVALD, Nelson. *A tomada de decisão apoiada*: primeiras linhas sobre um novo modelo jurídico promocional da pessoa com deficiência. Disponível em: http://www.ibdfam.org.br/assets/upload/anais/253.pdf.

ROSSATO, Luciano Xavier; LÉPORE, Paulo Eduardo; CUNHA, Rogério Sanches da. *Estatuto da Criança e do Adolescente*: Lei n. 8.069/90 comentada artigo por artigo. 8. ed. rev., atual. e ampl. São Paulo: Saraiva, 2016.

RUFINO, Almir Gasquez. Comentários aos arts. 192 e 193. *In*: CURY, Munir (org.). *Estatuto da Criança e do Adolescente comentado.* Comentários jurídicos e sociais. 11. ed. São Paulo: Malheiros, 2010.

SANCHES, Helen Crystine Corrêa; VERONESE, Josiane Rose Petry. *Justiça da criança e do adolescente*: da vara de menores à vara da infância e juventude. Rio de Janeiro: Lumen Juris, 2016.

SANCIONADA lei que reestrutura o ensino médio. *Ministério da Educação,* 1º ago. 2024. Disponível em: https://www.gov.br/mec/pt-br/assuntos/noticias/2024/agosto/sancionada-lei-que-reestrutura-o-ensino-medio.

SANTOS, Ângela Maria Silveira dos. Procedimento de portaria e de expedição de alvará. *In*: MACIEL, Kátia Regina Ferreira Lobo Andrade (coord.). *Curso de direito da criança e do adolescente*: aspectos teóricos e práticos. 8. ed. rev. e atual. São Paulo: Saraiva: 2016.

SANTOS, Ângela Maria Silveira dos. Prevenção. *In*: MACIEL, Kátia Regina Ferreira Lobo Andrade (coord.). *Curso de direito da criança e do adolescente*: aspectos teóricos e práticos. 8. ed. rev. e atual. São Paulo: Saraiva: 2016.

SANTOS, Boaventura de Souza (org.). Introdução: para ampliar o cânone do reconhecimento da diferença e da igualdade. *Reconhecer para libertar*: os caminhos do cosmopolitanismo multicultural. Rio de Janeiro: Civilização Brasileira, 2003.

SARAIVA, João Batista Costa. *Adolescente em conflito com a lei*: da indiferença à proteção integral: uma abordagem sobre a responsabilidade penal juvenil. 4. ed. rev. e atual. Porto Alegre: Livraria do Advogado, 2013.

SARAIVA, João Batista Costa. *Compêndio de direito penal juvenil*: adolescente e ato infracional. 4. ed. Porto Alegre: Livraria do Advogado, 2010.

SARAIVA, João Batista Costa. *Descontruindo o mito da impunidade*: um ensaio de direito (penal) juvenil. Brasília: GV Formulários, 2002.

SARAIVA, João Batista Costa. *Direito penal juvenil*: adolescente e ato infracional: garantias processuais e medidas socioeducativa. 2. ed. rev. e ampl. Porto Alegre: Livraria do Advogado, 2002.

SARLET, Ingo W. Comentário ao art. 196. *In*: CANOTILHO, J. J. Gomes; MENDES, Gilmar F.; STRECK, Lenio L. (coord.). *Comentários à Constituição do Brasil.* São Paulo: Saraiva/Almedina, 2013.

SARLET, Ingo W.; FENSTERSEIFER, Tiago. Notas sobre os deveres de proteção do Estado e a garantia da proibição de retrocesso em matéria (socio)ambiental. *In*: MORATO LEITE, José Rubens (coord.). *Dano ambiental na sociedade de risco.* São Paulo: Saraiva, 2012.

SARLET, Ingo W. *A eficácia dos direitos fundamentais*: uma teoria geral dos direitos fundamentais na perspectiva constitucional. 10. ed. Porto Alegre: Livraria do Advogado, 2009.

SARLET, Ingo W. *A eficácia dos direitos fundamentais*. 2. ed. rev. e atual. Porto Alegre: Livraria do Advogado, 2001.

SARLET, Ingo W. Notas sobre o decreto do mínimo indecente para uma vida indigna. *Consultor Jurídico*, 26 set. 2022. Disponível em: https://www.conjur.com.br/2022-set-26/direitos-fundamentais-notas-decreto-minimo-indecente-vida-indigna.

SARLET, Ingo W. (org.). *Dimensões da dignidade*: ensaios de filosofia do direito e direito constitucional. Trad. Ingo W. Sarlet, Luis Marcos Sander, Pedro Scherer de Mello Aleixo e Rita Dostal Zanini. 2. ed. rev. e ampl. Porto Alegre: Livraria do Advogado, 2009.

SARLET, Ingo W. Comentário ao artigo 5º, § 1º. *In*: CANOTILHO, J. J. Gomes; MENDES, Gilmar F.; STRECK, Lenio L. (coord.). *Comentários à Constituição do Brasil*. São Paulo: Saraiva, Almedina, 2013.

SASSAKI, Romeu K. Pessoas com deficiência psicossocial e seus direitos humanos. *In*: GUGEL, Maria Aparecida (org.). *Diálogos aprofundados sobre os direitos das pessoas com deficiência*. Belo Horizonte: RTM, 2019.

SCAFF, Fernando Facury. Direito à saúde e os tribunais. *In*: NUNES, António José Avelãs; SCAFF, Fernando Facury. *Os tribunais e o direito à saúde*. Porto Alegre: Livraria do Advogado, 2012.

SCHREIBER, Anderson. Cyberbullying: responsabilidade civil e efeitos na Família. *Jornal Carta Forense*, dez/18.

SEM melhora na saúde do interditado, não é possível substituir curatela por tomada de decisão apoiada. *Superior Tribunal de Justiça*, Notícias, 12 fev. 2025. Disponível em: https://www.stj.jus.br/sites/portalp/Paginas/Comunicacao/Noticias/2025/12022025-Sem-melhora-na-saude-do-interditado--nao-e-possivel-substituir-curatela-por-tomada-de-decisao-apoiada.aspx.

SHECAIRA, Sérgio Salomão. *Sistemas de garantias e o direito penal juvenil*. 2. ed. rev. e atual. São Paulo: Editora Revista dos Tribunais, 2015.

SICHES, Luis Recasens. *Experiência jurídica, naturaliza de la cosa y logica "razonable"*. México: Fondo de Cultura Econômica/unam,1971.

SILVA, De Plácido e. *Vocabulário jurídico*. Atualizadores Nagib Slaibi Filho e Priscila Vasques Gomes. 29. ed. Rio de Janeiro: Forense, 2012.

SILVA, José Afonso da. *Comentário contextual à Constituição*. 6. ed. São Paulo: Malheiros, 2009.

SILVA, José Afonso da. *Curso de direito constitucional positivo*. 15. ed. São Paulo: Malheiros, 1998.

SILVA, José Afonso da. *Curso de direito constitucional positivo*. São Paulo: Malheiros, 2006.

SILVA, José Luiz Mônaco da. *A família substituta no Estatuto da Criança e do Adolescente*. São Paulo: Saraiva, 1995.

SILVA, José Luiz Mônaco da. *Estatuto da Criança e do Adolescente*: 852 perguntas e respostas. São Paulo: Juarez de Oliveira, 2000.

SILVA, José Luiz Mônaco da. *Estatuto da Criança e do Adolescente*: comentários. São Paulo: Editora Revista dos Tribunais, 1994.

SILVA FILHO, Artur Marques da. *Adoção:* regime jurídico, requisitos, efeitos, inexistência e anulação. 4. ed. rev., atual. e ampl. São Paulo: RT, 2020.

SILVA, Virgílio Afonso da. *Direito constitucional brasileiro*. São Paulo: Universidade de São Paulo, 2021.

SINGER, Peter. *Libertação animal*. São Paulo: WMF Martins Fontes, 2010.

SIRVINSKAS, Luís Paulo. *Manual de Direito ambiental*. São Paulo: Saraiva, 2017.

SOUZA NETO, Claudio Pereira de; SARMENTO, Daniel (coord.). *Direitos sociais*: fundamentos, judicialização e direitos sociais em espécie. Rio de Janeiro: Lumen Juris, 2010.

SPOSATO, Karyna Batista. *Direito penal de adolescentes*: elementos para uma teoria garantista. São Paulo: Saraiva, 2013.

SPOSATO, Karyna Batista. *O direito penal juvenil.* São Paulo: Editora Revista dos Tribunais, 2006.

STEFANI, Marcos; ALMEIDA, Gregório Assagra de (coord). *O Direito em épocas extraordinárias.* Belo Horizonte, São Paulo: D'Plácido, 2020.

TARTUCE, Flávio. *Direito civil:* Lei de Introdução e parte geral. 14. ed. rev., atual. e ampl. Rio de Janeiro: Forense, 2018. v. 1.

TARTUCE, Flávio. *Direito civil*: Direito de Família. 11. ed. rev., atual. e ampl. Rio de Janeiro: Forense, 2016. v. 5.

TAVARES, José de Farias. *Comentários ao Estatuto da Criança e do Adolescente.* 8. ed. rev. e atual. Rio de Janeiro: Forense, 2012.

TAVARES, Patrícia Silveira. A política de atendimento. *In*: MACIEL, Kátia Regina Ferreira Lobo Andrade (coord.). *Curso de direito da criança e do adolescente*: aspectos teóricos e práticos. 9. ed. rev. e atual. São Paulo: Saraiva, 2016.

TAVARES, Patrícia Silveira. O conselho tutelar. *In*: MACIEL, Kátia Regina Ferreira Lobo Andrade (coord.). *Curso de direito da criança e do adolescente:* aspectos teóricos e práticos. 9. ed. rev. e atual. São Paulo: Saraiva, 2016.

TEIXEIRA, Anísio. *Educação é um direito.* 2. ed. Rio de Janeiro: UFRJ, 1996.

TEIXEIRA, Elaine Cardoso de Matos Novais. Comentário ao art. 15, § 3º. *In*: PINHEIRO, Naide Maria (coord.). *Estatuto do Idoso comentado.* 3. ed. rev., atual. e ampl. Campinas: Sevanda, 2014.

THINK OLGA. *Esgotadas.* Laboratório Think Olga de Exercícios Futuros. 2023. Disponível em: https://lab.thinkolga.com/wp-content/uploads/2023/08/LAB-Think-Olga-Esgotadas.pdf.

UM SUICÍDIO ocorre a cada 40 segundos no mundo, diz Organização Mundial da Saúde. *Conselho Nacional de Saúde,* 29 ago. 2024. Disponível em: https://www.gov.br/conselho-nacional-de-saude/pt-br/assuntos/noticias/2019/setembro/um-suicidio-ocorre-a-cada-40-segundos-no-mundo-diz-organizacao-mundial-da-saude.

VENOSA, Sílvio de Salvo. *Direito civil*: família. 17. ed. São Paulo: Atlas, 2017.

VERONESE, Josiane Rose Petry. *Direito penal juvenil e responsabilização estatutária*: elementos aproximativos e/ou distanciadores? O que diz a Lei Sinase: a imputabilidade penal em debate. Rio de Janeiro: Lumen Juris, 2015.

VIANNA, Guaraci. *Direito infantojuvenil*: teoria, prática e aspectos multidisciplinares. Rio de Janeiro: Freitas Bastos, 2004.

VIEIRA, Francisco Xavier Medeiros. Comentários ao art. 80. *In*: CURY, Munir (org.). *Estatuto da Criança e do Adolescente comentado.* Comentários jurídicos e sociais. 11. ed. São Paulo: Malheiros, 2010.

VITTA, Heraldo Garcia. *A sanção no direito administrativo.* São Paulo: Malheiros, 2003.

WEBER, Lídia Natália Dobrianskyj. *Aspectos psicológicos da adoção.* 2. ed. (2003), 9. reimpr. Curitiba: Juruá, 2014.

WEICHERT, Marlon Alberto. O direito à saúde e o princípio da integralidade. *In*: SANTOS, Lenir (org.). *Direito da saúde no Brasil.* Campinas: Saberes, 2010.

ZAGAGLIA, Rosângela M. A; PAIVA, Osório; MELO, Henrique Rodrigues de. Mediação na lei do sistema nacional de atendimento socioeducativo. *In*: VERONESE, Josiane Rose Petry; ROSSATO, Luciano Alves; LÉPORE, Paulo Eduardo (coord.). *Estatuto da Criança e do Adolescente*: 25 anos de desafios e conquistas. São Paulo: Saraiva, 2015.

ZAGREBELSKY, Gustavo. *El derecho dúctil*: ley, derechos, justicia. 9. ed. Madrid: Editorial Trotta, 2009.

ZOCCAL ROSA, Rodrigo. *Das medidas socioeducativas e o ato infracional (do ECA ao SINASE).* 2. ed. Rio de Janeiro: Lumen Juris, 2019.

ZOCKUN, Maurício. Comentários ao artigo 1º. *In*: DI PIETRO, Maria Sylvia Zanella; MARRARA, Thiago. *Lei anticorrupção comentada.* Belo Horizonte: Fórum, 2018.

2025
1 2 3 4 5 6 7 8 9 10